Tacheles e.V.

Harald Thomé

Leitfaden
Alg II / Sozialhilfe
von A-Z

Stand: Februar 2021

Bibliografische Information der Deutschen Bibliothek

Die deutsche Bibliothek verzeichnet diese Publikation in der Deutschen Nationalbibliografie; detaillierte bibliografische Daten sind im Internet unter www.dnb.de abrufbar.

Impressum

DVS
Digitaler Vervielfältigungs- und VerlagsService
Frankfurt am Main 2021

Gesamtherstellung DVS

ISBN: 978-3-932246-68-5

Leitfaden
ALG II / Sozialhilfe
von A-Z

Stand: Februar 2021

Autorinnen und Autoren vom Leitfaden 2021

Matthias Butenob	LAG Schuldnerberatung Hamburg e.V. und BA Hamburg-Eimsbüttel, Straffälligen- und Gerichtshilfe, Hamburg (Konto, Pfändung/P-Konto, Schulden, Verjährung)
Volker Gerloff,	Rechtsanwalt, Berlin (Asylberechtigte, Behinderte, Datenschutz, Erwerbsminderung)
Inge Hannemann	Autorin, Publizistin (Arbeit, Arbeitsgelegenheiten, Arbeitslose, Bewerbungen, Eingliederungsvereinbarung)
Helge Hildebrand	Rechtsanwalt, Kiel (Anwälte, Beratungshilfe, Prozesskostenhilfe)
Annette Höpfner	Rechtsanwältin, Fachanwältin für Sozialrecht, Halle (Bedarfsgemeinschaft, Bestattungskosten, Einstehensgemeinschaft, Schmerzensgeld, Umzug, Wohngemeinschaft, Wohnungsbeschaffungskosten)
Frank Jäger	Tacheles e.V. und Dozent für Sozialrecht, Wuppertal (Aids-Erkrankte, Alleinerziehende, Ältere Menschen, Altersvorsorge, Eigenheim, Fahrtkosten, Grundsicherung, Kinderzuschlag, Regelsatz, Schenkung, Sozialgeld, Sozialpass, Sterbegeld, Strafgefangene, Umgangskosten, Wohngeld, Wohnungslose)
Lars Johann	Rechtsanwalt, Fachanwalt für Sozialrecht, Wuppertal (Kaution, Kinder, Kindergeld, Kfz, Selbstständige, Vermögen)
Uwe Klerks	Rechtsanwalt, Fachanwalt für Sozial- und Versicherungsrecht, Duisburg (Bedarfsberechnung, Einkommen, Einkommensbereinigung, Einkommensgrenzen, Erbe, Erwerbsfähigkeit, Erwerbsminderung, Erwerbstätige, Haushaltsgemeinschaft, Hausrat, Lebensversicherung, Ortsabwesenheit, Vorläufige Leistungsgewährung, Aufrechnung, Ermessen, Rückforderung)
Claudia Mehlhorn	Dozentin für Krankenversicherungsrecht, Berlin (Haushaltshilfe, Krankenkost, Krankenversicherung, Krankheit, Kur, Pflegebedürftige, Schwangerschaftsabbruch
Volker Mundt	Rechtsanwalt, Fachanwalt für Sozialrecht, Berlin (Heizkosten, Jugendliche, Sanktionen, Schwarzarbeit, Strom, Telefon, Warmwasser, Darlehen, Widerspruch)
Joachim Schaller	Rechtsanwalt Hamburg (Auszubildende, Rundfunkbeitrag, Schüler, Studierende, Unterhaltsvorschuss, Weiterbildung)
Sven Schumann	Rechtsanwalt, Stein bei Nürnberg (Elterngeld, Miete, Mietnebenkosten, Mietschulden, Räumung, Renovierung, Rentenversicherung, Unterhalt für Kinder, Unterhaltspflicht)
Harald Thomé	Tacheles e.V. und Dozent für Sozialrecht, Wuppertal (Deutsche im Ausland, Einmalige Beihilfen, Frauenhaus, Härtefallregelung, Kleidung, Mehrbedarf, Nothelfer, Schwangerschaft, Verhütung, Akteneinsicht, Amtsarzt, Antragstellung, Auskunftsrecht, Befangenheit, Beistand, Beratung, Bescheid, Beschwerde, Bevollmächtigte, Datenabgleich, Einstweilige Anordnung, Hausbesuch, Klage, Kontoauszüge, Kostenerstattung, Mitwirkung, Nachzahlung, Öffentlich-rechtlicher Vertrag, Sachleistung, Untätigkeit, Verwaltungsrichtlinien, Wehren, Zuständigkeit)
Claudius Voigt	Sozialarbeiter, Gemeinnützige Gesellschaft zur Unterstützung Asylsuchender e.V. (GGUA Flüchtlingshilfe), Münster (Ausländer)

Weitere MitarbeiterInnen

Miguel Thomé	Lektorat Göttingen

Tacheles e.V. (Hrsg.)
Leitfaden Alg II / Sozialhilfe von A - Z
31. Auflage, Stand 1. Februar 2021

Der Leitfaden kostet je Exemplar 19,00 Euro (einschließlich Versandkosten)

Bestellungen
Bitte ausschließlich über DVS. Wie und was Sie sonst noch bestellen können, finden Sie auf Seite 848

Beratung zu Problemen mit Alg II / Sozialhilfe
Wie und wo Sie zu Problemen mit Alg II, HzL/ GSi der Sozialhilfe beraten werden können, finden Sie unter dem Stichwort ⇨Beratung auf S. 845
Suchen Sie am besten zunächst im Tacheles-Adressverzeichnis unter www.my-sozialberatung.de nach einer Beratungsstelle in Ihrer Nähe.

Tacheles e.V.
Rudolfstr. 125
42285 Wuppertal
www.tacheles-sozialhilfe.de
info@tacheles-sozialhilfe.de
Tel.: 0202/ 31 84 41
Fax: 0202/ 30 66 04
(Tacheles e.V. ist ein Verein für Erwerbslose und SozialhilfebezieherInnen.)

Verlag DVS
Schumannstr. 51
60325 Frankfurt
info@dvs-buch.de
Tel./Fax: 069/ 74 01 69
Onlinebestellung: www.dvs-buch.de

Die Würde

des Menschen

ist

unantastbar

Vorwort

Sie haben die 31. Auflage dieses Leitfadens vor sich liegen. Dieser war ursprünglich ein Projekt von Prof. Rainer Roth (a.D.) und seinen Studierenden an der Fachhochschule Frankfurt. Das Projekt hat dort 20 Jahre lang Studierende an die Praxis herangeführt. Nachdem Rainer in Rente gegangen ist, haben Frank Jäger und ich, Harald Thomé, von Tacheles e.V. in Wuppertal das Leitfadenprojekt übernommen und nunmehr seit etwa zwölf Jahre weitergeführt. Derzeit liegt die redaktionelle Arbeit und Koordination weitgehend in meinen Händen, daher fungiere bei ich bei dieser Ausgabe als alleiniger Herausgeber. Es hat sich zunächst aus Not, nun mit Spaß und Freude ein neues, breit aufgestelltes Autor*innenteam gefunden und wir denken, dass der Leitfaden somit auch in Zukunft auf einer Vielzahl von Schultern verteilt bleiben wird.
Das Sozialgesetzbuch II (SGB II) ist nun im 16. Jahr. Das SGB II-Gesetz wurde seit Beginn 113 Mal geändert; wenn wir die Änderungen in den Verordnungen mitrechnen, sind wir bei rund 40 weiteren Änderungen: das ergibt somit rund 150 normative Änderungen in 16 Jahren. Hinzu kommt die laufende höchstrichterliche Rechtsprechung, das sogenannte „Richterrecht", in der Rechtsfragen ausgelegt, geklärt oder manchmal auch nicht geklärt werden.

Diese Ausgabe des Leitfadens erscheint mitten in der Corona-Pandemie. Alleine die Sozialschutzpakete haben eine Vielzahl von Änderungen geschaffen. Am 5. Nov. 2019 erfolgte das Urteil des Bundesverfassungsgerichts zu den Sanktionen, an diesem Gerichtsverfahren waren der Verein Tacheles, aber auch weitere Autor*innen unmittelbar beteiligt. Damit haben wir es geschafft, zumindest die schlimmsten Auswüchse des Sanktionsregimes auszubremsen und die ständige Drohung mit der Existenzvernichtung über die Sanktionen zu begrenzen. Die gesetzlichen Maßgaben des BVerfG wurden bis heute nicht umgesetzt, wir haben versucht, diese Dinge so gut wie möglich in den Leitfaden einzuarbeiten.

Der Leitfaden ist gegenüber dem vorherigen wiederum um ca. 100 Seiten angewachsen und liegt somit bei rund 900 Seiten. Zudem enthält er ein völlig neu überarbeitetes und deutlich ausgeweitetes Stichwortverzeichnis, wir hoffen, dass er dadurch für die Benutzenden besser handhabbar ist. Mehr Seiten und höheres Porto bedeutet leider auch einen gestiegenen Preis. Dies tut uns in der Seele weh, aber wir sind davon überzeugt, dass es gut investiertes Geld ist und es sich für die Leser*innen wirklich lohnen wird.

Die gesellschaftliche Spannung, die durch die Agenda 2010-Politik entstanden ist, hat sich im Laufe der Jahre und besonders in der Corona-Pandemie zunehmend verschärft. Die SPD, als Hauptverantwortliche für diese Politik, möchte am liebsten das Wort „Hartz IV" aus dem deutschen Wortschatz streichen. Es geht aber nicht um die Streichung dieses Wortes, sondern um eine grundlegende Abkehr von einem System, das auf systematischer Unterfinanzierung und Entrechtung der Leistungsbeziehenden aufbaut. Dafür müssen bedarfsdeckende Regelbedarfe und Unterkunftskosten her, die Sippenhaftgemeinschaften, modern Bedarfs- und Einstehensgemeinschaft genannt, müssen aufgegeben werden und die vielen kleinen Stellräder, mit denen im Bereich SGB II/SGB XII und AsylbLG ein Sonder- und Ausnahmerecht geschaffen wurde, müssen beendet werden. Die genannten Grundsicherungssysteme müssen wieder ein **Sozialrecht** werden und kein Ausnahme- und Sonderrecht.

Bis zu einer grundlegenden Revision der sozialen Sicherung werden wir alle, die Leistungsbeziehenden und die Berater- und Unterstützer*innen, uns weiter mit den Fein- und Gemeinheiten dieses Gesetzes und der damit verbundenen Folgen für die betroffenen Menschen, deren Würde ständig und stetig mit Füßen getreten wird und deren gesellschaftliche Ausgrenzung die politische Polarisierung in Deutschland befördert, auseinandersetzen müssen.

Als Autor*innen liefern wir **unseren Teil für ein solidarisches Miteinander und gegen die Spaltung in dieser Gesellschaft**. Wir wollen die von diesem Drangsalierungssystem Betroffenen stützen, ihnen Mut machen, sich zu wehren und Wege aufzeigen, dass und wie sie sich wehren können.

Wir wollen mit diesem Leitfaden dazu beitragen und dazu ermutigen,

- dass Erwerbslose selbstbewusst ihre noch existierenden Rechte durchsetzen und sich gegen die fortschreitende Entrechtung und Zumutungen der Jobcenter/ Sozialämter wehren,
- dass sie bei Sozialberater*innen, Anwält*innen, aber auch fitten Behördenmitarbeiter*innen die parteiische Unterstützung für die rechtliche Gegenwehr erhalten, die sie dringend benötigen,
- dass sich Erwerbslose lokal organisieren und gemeinsam ihre Interessen vertreten und
- dass solidarische Bündnisse zwischen Erwerbslosen, Beschäftigten, aber auch von länger hier lebenden und neu zugereisten Menschen sowie anderen vom Sozialabbau betroffenen Gruppen geschmiedet werden, die dem sozialen Kahlschlag und Lohndumping und der scheinbaren Alternative und Rassisten und Nazis den Kampf ansagen.

Als Herausgeber und Verantwortlicher, dieser Ausgabe des Leitfadens möchte ich mich bei meinen Mitautor*innen Matthias Butenob, Volker Gerloff, Inge Hannemann, Helge Hildebrandt, Annette Höpfner, Frank Jäger, Lars Johann, Uwe Klerks, Claudia Mehlhorn, Volker Mundt, Joachim Schaller, Sven Schumann und Claudius Voigt, ganz herzlich bedanken! Ein besonderes Lob an meinen Sohn Miguel Thomé, der geduldig und aufmerksam das Lektorat gemacht hat. Er hat uns so gründlich auf nicht mehr existierende Paragrafen und Widersprüche in den Argumentationen hingewiesen, dass er damit den Leitfaden in der Qualität deutlich weitergebracht hat.

Ich danke auch den Partner*innen, Familien und den Kindern, Kolleg*innen und Freund*innen, die den Autor*innen den Rücken für den Leitfaden freigehalten und/ oder uns auf vielfältige Art bei dieser Arbeit unterstützt haben.

10. Februar 2021 Harald Thomé

www.harald-thome.de
www.tacheles-sozialhilfe.de
auf Twitter: @hatho05
auf Facebook: harald.thome.3

Gebrauchsanweisung

1. Orientieren Sie sich über das Stichwortverzeichnis
Es enthält alle behandelten Themen und prägnante Suchbegriffe. Das Stichwortverzeichnis ist in dieser Ausgabe deutlich ausgeweitet worden, sodass die einzelnen Themen besser zu finden sind. Gleichzeitig ist das Leitfaden nach 126 Schlagworten sortiert, diese finden Sie in **alphabetischer Reihenfolge.**
Im Stichwortverzeichnis sind diejenigen Verweise **fett gedruckt**, in denen das Stichwort am relevantesten ist, während die nicht fett gedruckten Verweise Stellen benennen, in denen das Stichwort untergeordnet auftaucht. Das Zeichen ⇨ verweist auf andere Stichworte und Unterkapitel. **Nutzen Sie die Querverweise!**

2. Inhaltsübersichten und Überschriften bieten Orientierung innerhalb einzelner Kapitel
Alle Schlagworte haben wir zur Übersicht mit einer Inhaltsübersicht ausgestattet. Hier können Sie sich bei der Klärung konkreter Fragen orientieren und **auf Unterthemen direkt zugreifen**. Bei „kleineren" Kapiteln haben wir darauf verzichtet. Dort können Sie die Überschriften schnell „überfliegen", um sich einen Überblick zu verschaffen.

3. Im Teil I
des Leitfadens finden Sie Schlagworte zu den Sozialleistungen und damit zusammenhängenden Fragen, im **Teil II** Problemstellungen und Schlagworte zum Vorgehen gegenüber den zuständigen Behörden und zur Durchsetzung Ihrer Rechte.

4. Wie Sie die Höhe Ihrer Leistung berechnen
können, finden Sie unter ⇨**Bedarfsberechnung**.

5. Die Höhe der Regelbedarfe (ehemals: Regelsätze)
finden Sie unter dem Stichwort ⇨Regelbedarfe, auch Regelleistungen oder bis 2011 Regelsätze genannt.

6. Die Sozialhilfe ist ab 2005 in drei Teile zerfallen:
Alg II („Hartz IV") nach dem Sozialgesetzbuch II (SGB II) sowie Hilfe zum Lebensunterhalt (**HzL**) und Grundsicherung im Alter und bei Erwerbsminderung (**GSi**), beides Leistungen der Sozialhilfe (SGB XII).
Der Leitfaden behandelt diese Teile in den jeweiligen Stichworten **gemeinsam**, sofern Gemeinsamkeiten weiter bestehen. Sind die Regelungen unterschiedlich, finden Sie bei den jeweiligen Themen **besondere Abschnitte für Alg II, HzL/ GSi der Sozialhilfe**. Wir haben in dieser Auflage durchgängig den Begriff **Hilfe zum Lebensunterhalt (HzL)** verwendet, weil der „*alte*" Begriff der Sozialhilfe zu Missverständnissen führt. Als Leistungen der Sozialhilfe bezeichnet man alle SGB XII-Leistungen.

7. Die Behörde:
Die ⇨Zuständigkeiten sind seit der Aufteilung der Leistungen ebenfalls völlig zersplittert (Jobcenter, Optionskommunen, Arbeitsagenturen, Sozialamt usw.). Deswegen nennen wir die zuständige Verwaltung der Einfachheit halber oft „die Behörde"/ „das Amt", auch wenn die Jobcenter, die sich aus Vertreter*innen von AA und Kommune zusammensetzen, schon privatrechtlich organisiert sind.

8. Die Paragrafen

Um Ihnen die eigene Recherche zu erleichtern und Sie in die Lage zu versetzen, die entsprechenden Vorschriften z.B. in Behördenschreiben zu benennen bzw. zu zitieren, haben wir Aussagen über und Zitate von Rechtsnormen mit genauen Angaben zu den jeweiligen Paragrafen (§§) im Gesetz versehen. Da das Sozialrecht ein ständiger Reparaturbetrieb mit laufenden Änderungen ist, wurden in wenigen Fällen §§ mit der Rechtslage ab **2021** mit **„neu“** gekennzeichnet. Das gilt sowohl für neue Gesetzesformulierungen als auch für „alte“ Textpassagen, die im Gesetz an eine neue Stelle gerückt sind. Allerdings werden Gesetze regelmäßig geändert, wir empfehlen daher, im Zweifel immer die aktuelle Version des Gesetzestextes im Internet abzufragen.

9. Die Urteile

Rechtskräftige Urteile oder Beschlüsse gelten zunächst nur für den Einzelfall bzw. den jeweiligen Zuständigkeitsbereich der Gerichte.

Urteile der Bundesgerichte, z.B. des Bundessozial-, Bundesverwaltungs- oder Bundesarbeitsgerichts, sind keine Gesetze. Sie bedeuten nur, dass bei einem Verfahren bis dorthin wahrscheinlich eben diese Entscheidung fallen wird. Nur deshalb halten sich Behörden von sich aus an höchstrichterliche Urteile, wenn Sie es überhaupt tun.

Urteile der Sozialgerichte finden Sie im Internet, vor allem unter www.sozialgerichtsbarkeit.de und bei www.tacheles-sozialhilfe.de ðRechtssprechungsticker. Sie können aber auch einfach das Aktenzeichen bei Google eingeben. Oder Sie finden sie in den genannten Fachzeitschriften. Sie können Urteile auch unter Angabe des Datums oder Aktenzeichens auch beim jeweiligen Gericht bestellen. Allerdings müssen Sie Kopierkosten zahlen. Zugänglich sind Urteile teilweise auch über die Internetseiten der Gerichte.

Zur Auslegung der unbestimmten Rechtsbegriffe gibt es Verwaltungsanweisungen der jeweiligen Behörden, die von der BA finden Sie regelmäßig aktualisiert hier: https://t1p.de/buca

10. Beratung

Wenden Sie sich möglichst an die nächstgelegene Beratungsstelle, Erwerbslosen- und/ oder Sozialhilfeinitiative. Adressen finden Sie über die Internetadressen im Anhang (www.my-sozialberatung.de). Unter ⇨Beratung können Sie auch nachlesen, wie Sie das Beratungsangebot von Tacheles e.V. in Wuppertal und anderen Orten nutzen können.

Inhalt

Schlagworte

Stichworte

Abkürzungsverzeichnis

a.A. anderer Ansicht
AA Agentur für Arbeit
ABM Arbeitsbeschaffungsmaßnahmen
Abs. Absatz
Abt. Abteilung (der EVS)
AG Amtsgericht
AGH Arbeitsgelegenheiten
Alg Arbeitslosengeld (I)
Alg II-V Verordnung zur Berechnung von Einkommen und Vermögen bei Alg II/ Sozialgeld
Alhi Arbeitslosenhilfe
AO Abgabenordnung
ArbG Arbeitsgericht
ARGE Arbeitsgemeinschaften zwischen AA und Sozialämtern, jetzt **Jobcenter**
Art. Artikel
AsylbLG Asylbewerberleistungsgesetz
AufenthG Aufenthaltsgesetz
Az. Aktenzeichen
BA Bundesagentur für Arbeit ⇨Literatur)
BAB Berufsausbildungsbeihilfe
BAföG Berufsausbildungsförderungsgesetz
BAG Bundesarbeitsgericht
BAG-SHI Bundesarbeitsgemeinschaft der Erwerbslosen- und Sozialhilfe-initiativen
BAMF Bundesamt für Migration und Flüchtlinge
BEEG Gesetz zum Elterngeld und zur Elternzeit
BerHG Beratungshilfegesetz
BeschV Verordnung über die Beschäftigung von Ausländerinnen und Ausländern
BFH Bundesfinanzhof
BG Bedarfsgemeinschaft
BGB Bürgerliches Gesetzbuch
BGBl. Bundesgesetzblatt
BGH Bundesgerichtshof
BHO Bundeshaushaltsordnung
BMAS Bundesministerium für Arbeit und Soziales
BMFSFJ Bundesministerium für Familie, Senioren, Frauen und Jugend
BMG Bundesmeldegesetz
BORA Berufsordnung der Rechtsanwältinnen und Rechtsanwälte
BR-Drs. Bundesrats-Drucksache
BSG Bundessozialgericht
BSHG Bundessozialhilfegesetz
BT-Drs. Bundestags-Drucksache
BüMA Bescheinigung über die Meldung als Asylsuchender
BVerfG Bundesverfassungsgericht
BVerfGE Bundesverfassungsgericht (Entscheidungen)
BVerwG Bundesverwaltungsgericht
BVerwGE Bundesverwaltungsgericht (Entscheidungen)
bzw. beziehungsweise
d.h. das heißt
DV Deutscher Verein für öffentliche und private Fürsorge
DPWV Deutscher Paritätischer Wohlfahrtsverband
DT Düsseldorfer Tabelle
EAO Erreichbarkeitsanordnung
EFA Europäisches Fürsorgeabkommen
EinV Eingliederungsvereinbarung
ESF Europäischer Sozialfonds
EStG Einkommensteuergesetz
EuGH Europäischer Gerichtshof
EVS Einkommens- und Verbrauchsstichprobe
f., ff. folgende Seite(n)
FamRZ Zeitschrift für das gesamte Familienrecht
FAZ Frankfurter Allgemeine Zeitung
FEVS Fürsorgerechtliche Entscheidungen der Verwaltungs- und Sozialgerichte
FM Fallmanager (⇨pAp)
FR Frankfurter Rundschau
FreizügG/EU Freizügigkeitsgesetz EU
FRL Frankfurter Richtlinien
FTD Financial Times Deutschland
FW Fachliche Weisungen der Bundesagentur für Arbeit
GA Geschäftsanweisung
GG Grundgesetz
ggf. gegebenenfalls
GSi Grundsicherung im Alter und bei Erwerbsminderung

HEGA Handlungsempfehlung Geschäftsanweisung der Bundesagentur für Arbeit
Hrsg. Herausgeber
HzL Hilfe zum Lebensunterhalt (Sozialhilfe)
IAB Institut für Arbeitsmarkt- und Berufsforschung
IDAS Informationsdienst der Diakonie für ambulante Sozialarbeit
i.d.R. in der Regel
info also Informationen zum Arbeitslosen- und Sozialhilferecht
i.V. in Verbindung
LG Landgericht
LHO Landeshaushaltsordnung
LPK Lehr- und Praxiskommentar
LSG Landessozialgericht
MiLoG Mindestlohngesetz
mtl. monatlich
NDV Nachrichtendienst des Deutschen Vereins
NDV-RD NDV-Rechtsdienst
NJW Neue Juristische Wochenschrift
Nr. Nummer
NRW Nordrhein-Westfalen
NVwZ Neue Zeitschrift für Verwaltungsrecht
o.ä. oder ähnliches
OLG Oberlandesgericht
OVG Oberverwaltungsgericht
pAp persönlicher Ansprechpartner (Arbeitsvermittler/ Fallmanager)
PSA Personalserviceagentur
Rbs Regelbedarfsstufe
Rn Randnummer
RL Richtlinie
SG Sozialgericht
SGB Sozialgesetzbuch
SGB I Allgemeiner Teil
SGB II Grundsicherung für Arbeitssuchende
SGB III Arbeitsförderung
SGB V Gesetzliche Krankenversicherung
SGB VI Gesetzliche Rentenversicherung
SGB IX Rehabilitation und Teilhabe behinderter Menschen
SGB X Verwaltungsverfahren
SGB XII Sozialhilfe
SGG Sozialgerichtsgesetz
SHR Sozialhilferichtlinien
s.o. / s.u. siehe oben / siehe unten
SoVD Sozialverband Deutschlands
SZ Süddeutsche Zeitung
u.a. und anderes mehr, unter anderem
usw. und so weiter
VG Verwaltungsgericht
VGH Verwaltungsgerichtshof
vgl. vergleiche
VO Verordnung
VV RVG Vergütungsverzeichnis Rechtsanwaltsvergütungsgesetz
VwGO Verwaltungsgerichtsordnung
VwV Verwaltungsvorschrift zum AufenthG und zum FreizügG/EU
VwVfG Verwaltungsverfahrensgesetz
WoGG Wohngeldgesetz
z.B. zum Beispiel
ZfF Zeitschrift für das Fürsorgewesen
ZfSH/SGB Zeitschrift für Sozialhilfe und Sozialgesetzbuch
ZKG Zahlungskontengesetz
ZPO Zivilprozessordnung
z.T. zum Teil

So berechnen Sie Ihren Bedarf an Alg II*, HzL/ GSi der Sozialhilfe

(Das Zeichen ⇨ verweist auf das entsprechende Stichwort)

Bedarf	Herr/Frau XY	PartnerIn	Kind**	Kind** (1.- 4.)	Gesamt-bedarf
1. ⇨**Regelsätze**/ Regelleistungen					
2. ⇨**Mehrbedarf** Weiterer Mehrbedarf					
3. **Unterkunftskosten** ⇨Miete; ⇨Eigenheim) 3.1 ⇨Heizkosten					
4. **Beiträge zur ⇨Kranken-, ⇨Pflege-, ⇨Rentenversicherung** (nur bei HzL/GSi der Sozialhilfe möglich)					
5. **Einzelbedarf/ Gesamtbedarf**					

Die Summe von 1.- 4. ergibt die Einzelbedarfe bzw. den Gesamtbedarf der ⇨Bedarfsgemeinschaft

⇨**Einkommen**	Herr/Frau XY	PartnerIn	Kind**	Kind** (1.- 4.)	Gesamt-bedarf
6. **Erwerbseinkommen netto** (⇨Erwerbstätige; ⇨Selbständige)					
7. **Weitere Einkommen** 7.1 Rente 7.2 Alg I 7.3 ⇨Unterhalt 7.4 ⇨Kindergeld 7.5 Sonstige E.					
8. **Gesamteinkommen**					

⇨**Einkommen**	Herr/Frau XY	PartnerIn	Kind	Kind (1.-4.)	Gesamt-eink.
9. Vom Einkommen abzuziehen: 9.1 „Werbungskosten“ (⇨Erwerbstätige) 9.2 Freibetrag für ⇨Erwerbstätige 9.3 ⇨Altersvorsorge Freiwillige Beiträge 9.4.1 zur ⇨Krankenvers. 9.4.2 zur ⇨Pflegevers. 9.4.3 zur ⇨Rentenvers./ ⇨Altersvorsorge 9.5 angemessene private Versicherungen 9.6 KfZ-Haftpflicht (⇨Einkommensbereinigung 1.2)					
10. bereinigtes Einkommen (8. minus 9.)					
Alg II, HzL/GSi der Sozialhilfe (5. minus 10.)					
+ bei Bedarfsgemeinschaften mit Kindern „Leistungen zur Bildung und Teilhabe“ (⇨ SchülerInnen 5.1) + ⇨einmalige Beihilfen + Zuschüsse zur privaten Alterssicherung bzw. Kranken- und Pflegeversicherung bei Selbständigen					

* Die „AlgII - Leistung“ (SGB II) für nicht erwerbsfähige Kinder bis zur Vollendung des 15. Lebensjahres und für Personen mit einer vorübergehenden ⇨Erwerbsminderung heißt ⇨Sozialgeld.

** Bei der Prüfung der Hilfebedürftigkeit von ⇨Bedarfsgemeinschaften mit Kindern müssen die nachfolgenden Beträge für Bedarfe von SchülerInnen und Kindern in Kindertagesstätten berücksichtigt werden:

- **plus** mtl. 3 € für Ausflüge in Schulen und Kindertagesstätten,
- **plus** ggf. die Kosten einer mehrtägigen Klassenfahrt, die auf die folgenden sechs Monate nach Antragstellung verteilt werden,
- **minus** Ersparnis durch Mittagsverpflegung in Schulen/ Kindertagesstätten, in Höhe von 1 € pro Schul-/ Kindergartentag. (§ 5a Alg II-V) Der Aufschlag für mehrtägige Klassenfahrt und der Abzug für Verpflegung dürfen nur berücksichtigt werden, wenn die Bedarfe tatsächlich anfallen.

Teil I
Alg II, HzL / GSi der Sozialhilfe von A - Z

Aids-Erkrankte/ HIV-Infizierte

Sind Sie mit dem Humane Immundefizienz-Virus (HIV) infiziert bzw. an Aids erkrankt, können Sie zur Sicherung Ihres Lebensunterhalts Alg II/Sozialgeld oder Hilfe zum Lebensunterhalt (HzL) bzw. Grundsicherung (GSi) der Sozialhilfe beziehen.

a. Solange Sie als ⇨erwerbsfähig oder teilweise erwerbsgemindert gelten, haben Sie Anspruch auf **Alg II**.

b. Wenn Sie durch die Behörde als nicht erwerbsfähig, d.h. voll ⇨erwerbsgemindert eingestuft werden, die Rentenversicherung Sie hingegen **nicht** als **dauerhaft und** voll erwerbsgemindert anerkennt, haben Sie Anspruch auf **HzL** der Sozialhilfe.

c. Leben Sie aber als **nicht dauerhaft** voll erwerbsgeminderte Person mit einem/r erwerbsfähigen Partner*in oder einem 15- bis 24-jährigen Kind zusammen in einer ⇨Bedarfsgemeinschaft, erhalten Sie ⇨**Sozialgeld** nach dem SGB II.

d. Wenn Sie von der Rentenversicherung als dauerhaft **und** voll erwerbsgemindert anerkannt sind oder das gesetzliche Regelrentenalter erreicht haben, haben Sie Anspruch auf ⇨**Grundsicherung** im Alter und, bei dauerhafter Erwerbsminderung, (GSi) nach dem SGB XII.

Inhaltsübersicht:

1.1 Regelbedarfserhöhung

HzL/GSi der Sozialhilfe

Wenn Sie einen erhöhten Hygienebedarf haben (durch Fieber, Pilzbefall, Hautausschläge, Schweißausbrüche usw.), brauchen Sie mehr Körperpflegemittel und Wäsche als im Regelbedarf vorgesehen.
Beziehen Sie HzL/GSi, kann der Regelbedarf aufgrund des **überdurchschnittlichen Bedarfs** erhöht werden (§ 27a Abs. 4 Satz 1 SGB XII), z.B. um eine mtl. Hygienepauschale von 20,45 € (SG Berlin 22.3.2005 - S 49 SO 204/05). Ein Darlehen darf das Sozialamt nicht gewähren.
Wenn Sie Essen auf Rädern benötigen, aber die Kosten dafür höher sind, als im Regelbedarf vorgesehen, ist es ebenfalls möglich, dass dieser erhöht wird.
Das gilt auch, wenn Sie eine ⇨Haushaltshilfe benötigen.

Alg II

Die individuelle Erhöhung der Alg II-Leistung in Form eines ⇨**Mehrbedarf**szuschlages ist möglich: *„Bei Leistungsberechtigten wird ein Mehrbedarf anerkannt, soweit im Einzelfall ein unabweisbarer, besonderer Bedarf besteht; bei einmaligen Bedarfen ist weitere Voraussetzung, dass ein Darlehen nach § 24 Absatz 1 ausnahmsweise nicht zumutbar oder wegen der Art des Bedarfs nicht möglich ist“* (§ 21 Abs. 6 SGB II - neu). Diese sogenannte ⇨**Härtefallregelung** wurde durch ein Urteil des Bundesverfassungsgerichts über die Verfassungsmäßigkeit der ⇨Regelbedarfe am 9.2.2010 eingeführt (1 BvL 1, 3, 4/09) und 2011 als Mehrbedarf nach § 21 Abs. 6 SGB II in das Gesetz aufgenommen.
So können z.B. Kosten für einen erheblichen Hygienebedarf, nicht verschreibungspflichtige Medikamente, Fahrten zu Ärzt*innen oder Behandlungen und Haushaltshilfen im Rahmen der Härtefallregelung übernommen werden. Zum 1.1.2021 wurde die Regelung unter strengen Vorgaben auf einmalige Bedarfe ausgeweitet (⇨Härtefall 3.). Zuvor wurde der „Härtefallmehrbedarf“ nur bei laufenden, nicht nur einmaligen Bedarfen gewährt.

Nach Ansicht der BA ist es Leistungsberechtigten *„vorrangig zumutbar, einen höheren Bedarf in einem Lebensbereich durch geringere Ausgaben in einem anderen Lebensbereich auszugleichen"* (FW 21.38). Ein hoher Bedarf besteht dann, wenn er **nicht** *„durch die Zuwendungen Dritter [z.B. Kranken- oder Pflegekasse, Angehörige usw.] sowie unter Berücksichtigung von Einsparmöglichkeiten"* gedeckt ist (§ 21 Abs. 6 Satz 2 SGB II). Bei der Entscheidung sind aber immer die Besonderheiten des Einzelfalles zu berücksichtigen (FW 21.38).

Die BA listet Beispiele auf, wann ein besonderer Bedarf vorliegt (FW 21.41). Genannt werden u.a. *„Hygieneartikel bei ausgebrochener HIV-Infektion"* sowie *„Putz-/Haushaltshilfe für körperlich stark beeinträchtigte Personen"*. Die Liste der BA ist nicht vollständig, sondern kann, falls nötig, ergänzt werden.

Tipp 1: Welche mtl. Aufwendungen besonders hoch sind und wann ein besonderer/atypischer Bedarf vorliegt, ist im Gesetz nicht ausdrücklich geregelt. Die Kosten sind auch zu übernehmen, wenn es sich um einen Bedarf von weniger als zehn Prozent des Regelbedarfes handelt (BSG 4.6.2014 - B 14 AS 30/13 R). Gegen einen solchen ablehnenden Bescheid, können Sie ⇨Widerspruch einlegen und ⇨Klage erheben.

Tipp 2: Wollen Sie die Härtefallregelung in Anspruch nehmen, sollten Sie sich von Ihrem/r Ärzt*in eine Bescheinigung über die Notwendigkeit der Mehraufwendungen besorgen, sowie eine Kostenaufstellung der Apotheke.

1.2 Mehrbedarf bei Gehbehinderung

Ihnen steht ein Mehrbedarf in Höhe von **17 Prozent** des für Sie geltenden Regelbedarfs zu, wenn Sie

- nach Rentenrecht voll erwerbsgemindert sind **oder** das Regelrentenalter erreicht haben, Leistungen nach SGB XII beziehen **und**
- über einen Schwerbehindertenausweis mit Merkzeichen „G" oder „aG" verfügen (§ 30 Abs. 1 SGB XII).

Das gilt im SGB II **nur** für voll erwerbsgeminderte Beziehende von Sozialgeld mit einem Schwerbehindertenausweis mit Merkzeichen „G" oder „aG" (§ 23 Nr.4 SGB II).

1.3 Mehrbedarf für kostenaufwendige Ernährung (⇨Krankenkostzulage)

In den neuen *„Empfehlungen des Deutschen Vereins zur Gewährung des Mehrbedarfs gemäß § 30 Abs. 5 SGB XII"* (DV 20/12, September 2020, 10) werden an Aids erkrankten Personen nicht mehr explizit als Berechtigte eines Mehrbedarfs für eine kostenaufwendige Ernährung aufgeführt. Die Liste der hier aufgeführten Erkrankungen ist aber nicht abschließend. Deshalb kann Aids-Erkrankten eine solche Zulage in Höhe von zehn Prozent ihres Regelbedarfs zustehen, wenn sie unter *„krankheitsassoziierter Mangelernährung"* (bisher bezeichnet als *„konsumierende Erkrankungen")* leiden. Das wäre vor allem der Fall, wenn die Erkrankung einen besonders schweren Verlauf nimmt oder eine gesicherte Diagnose einer Mangelernährung vorliegt. Auf diese Empfehlungen beziehen sich die Leistungsträger und die Sozialgerichte. Sie sind auch auf das SGB II anzuwenden. Ein darüberhinausgehender Ernährungsbedarf muss vom Kranken selbst nachgewiesen werden.

Nach Ansicht des DV liegen Anzeichen einer Mangelernährung vor, wenn der Body-Mass-Index (BMI) infolge der Krankheit unter 20 liegt (bei über 70-Jährigen unter 22) oder die/der Betroffene innerhalb der letzten sechs Monate aufgrund seiner Erkrankung mehr als fünf Prozent oder mehr als zehn Prozent in einem Zeitraum von über sechs Monaten an Gewicht verloren hat.

Tipp 1: Leiden Sie unter starkem Gewichtsverlust, sollten Sie diesen von Ihrem/r Ärzt*in dokumentieren lassen.

Tipp 2: Verlangt die Behörde ein ärztliches Attest, das eine kostenaufwendige Ernährung oder einen besonderen Bedarf bescheinigt, muss sie gemäß der Gebührenordnung der Ärzt*innen die Kosten auch übernehmen (FW 21.30). Sie haben aber nur einen Anspruch auf Erstattung der vorgeleisteten Kosten, wenn Sie dies beantragen (§ 65a SGB I).

1.4 Höhere Unterkunftskosten

Für Ihre Wohnung müssen unter Umständen auch unangemessen hohe ⇨Mieten übernommen werden, wenn Ihnen ein Umzug *„nicht möglich oder nicht zumuten ist"*

(§ 22 Abs. 1 Satz 3 SGB II; § 35 Abs. 2 Satz 2 SGB XII). Ist Ihre Wohnung für Sie ungeeignet (z.B. feucht, kalt), haben Sie Anspruch auf eine geeignete Wohnung und die Finanzierung des ⇨Umzugs. Falls Sie krankheitsbedingt mehr Wärme benötigen und deshalb stärker heizen müssen, werden die höheren ⇨Heizkosten übernommen.

1.5 Einmalige Beihilfen

Für einmalige Anschaffungen (z.B. Ersatzbeschaffung einer defekten Waschmaschine) wird als *„unabweisbarer Bedarf"* nur ein Darlehen gewährt. Die Kosten werden von der laufenden Leistung wieder abgezogen. (§ 24 Abs. 1 SGB II iVm § 42a Abs. 2 SGB II, § 37 Abs. 1 und 4 SGB XII; ⇨Einmalige Beihilfen).

Tipp: Beantragen Sie schriftlich, dass diese Rückforderungsansprüche von der Behörde erlassen werden, weil *„deren Einziehung nach Lage des Einzelfalles unbillig wäre"* (§ 44 SGB II). Das geht nur bei Alg II-/Sozialgeldbezug.

Die **Deutsche AIDS-Stiftung** gewährt auf schriftlichen Antrag einmalige Beihilfen für bedürftige HIV-Positive und an Aids erkrankte Menschen in Not. Wenden Sie sich an die örtliche Aids-Hilfe oder an die AIDS-Stiftung direkt (s.u.). Bekommen Sie Beihilfe von der Stiftung, wird sie ihnen nicht auf das Einkommen angerechnet. *„Soweit nicht im Einzelfall andere Erkenntnisse offensichtlich sind, ist hiervon bei Zuwendungen der Freien Wohlfahrtspflege auszugehen"* (FW 11.100). Leistungen nach dem HIV-Hilfe-Gesetz können auch nicht angerechnet werden (FW 11.81; ⇨Einkommen 2.9.1 ff.).

2. Beiträge zur ⇨Krankenversicherung und Zusatzbetrag

Siehe zum Zusatzbeitrag unter ⇨Krankenversicherung 1.1.4

3. Leistungen zur Pflege

HIV-Infizierte im klinischen Stadium 2b (ARC) oder Aids-Vollbild-Erkrankte haben regelmäßig Anspruch auf Leistungen der Pflegeversicherung (SGB XI), wenn sie bei einzelnen Verrichtungen des täglichen Lebens Unterstützung brauchen. Reichen die Leistungen der Pflegeversicherung nicht aus, können unter Umständen zusätzliche Leistungen der Hilfe zur Pflege (Siebtes Kapitel SGB XII) vom Sozialamt erbracht werden. Beziehen Sie Leistungen der Hilfe zur Pflege, HzL oder GSi der Sozialhilfe, werden unterhaltsverpflichtete Eltern oder volljährige Kinder nur zum Unterhalt herangezogen, wenn deren Jahreseinkommen 100.000 € übersteigt (§ 94 Abs. 1a SGB XII neu; Stand: 2020).

4. Vorbeugende Gesundheitshilfe

Seit 1999 gehört der **Aids-Test** zu den Kassenleistungen, wenn die Krankheitszeichen auf eine Infektion hindeuten. In vielen Gesundheitsämtern wird der Test anonym und kostenlos oder gegen eine geringe Gebühr durchgeführt.
Im Rahmen der vorbeugenden Gesundheitshilfe (§ 47 Satz 1 SGB XII) müssen Kosten für einen Aids-Test bei Personen einer Risikogruppe übernommen werden, denn er dient der *„Früherkennung von Krankheiten"*. Kassenleistungen sind hier jedoch immer vorrangig in Anspruch zu nehmen.
Kondome werden von den Gesundheitsämtern vielerorts kostenlos oder als freiwillige Leistung der Städte und Kreise über deren Sozialbehörden ausgegeben.

5. Eingliederungshilfe für Menschen mit Behinderung (zweiter Teil SGB IX)

Ist die Krankheit ausgebrochen, können Sie bei erheblichen gesundheitlichen Einschränkungen Eingliederungshilfe beantragen. Diese umfasst Hilfsmittel wie Autolifter, Diktiergeräte usw. sowie alles, was zur Linderung der Behinderung beiträgt, wie etwa Beschaffung und Erhaltung einer behindertengerechten Wohnung oder Hilfen zur Teilnahme am Leben in der Gemeinschaft. Unter Letzteres fallen z.B. Leistungen wie Ambulant Betreutes Wohnen oder eine Assistenz zur Freizeitgestaltung.

6. ⇨Haushaltshilfe

Wenn Sie aufgrund Ihrer Krankheit **vorübergehend** nicht in der Lage sind, den Haushalt weiterzuführen, können Sie die Kostenübernahme für eine Haushaltshilfe nach § 70 SGB XII beim Sozialamt beantragen.

Benötigen Sie **dauerhaft** eine Hilfe bei der Haushaltsführung, kann der Bedarf
- bei Beziehenden von HzL und GSi der Sozialhilfe durch eine Erhöhung des Regelbedarfs (§ 27a Abs. 4 Satz 1 SGB XII; ⇨1.1),
- bei Beziehenden von Alg II/Sozialgeld im Rahmen der Härtefallregelung (§ 21 Abs. 6 SGB II; ⇨1.1) übernommen werden.

Bei ⇨ **Pflegebedürftigen** ist der Bedarf vorrangig durch Leistungen der Pflegeversicherung (SGB XI) oder durch ergänzende Hilfe zur Pflege (Siebtes Kapitel SGB XII) zu decken (⇨3.).

7. Zuzahlungen im Krankheitsfall

Therapiepflichtige mit HIV infizierte Personen und Erkrankte mit dem Vollbild Aids müssen als chronisch Kranke im Jahr „nur" **ein Prozent** ihres jährlichen Bruttoeinkommens bzw. des aufs Jahr hochgerechneten Regelbedarfs zuzahlen. Sammeln Sie alle Belege bis zum Erreichen der *„Belastungsgrenze"* und beantragen Sie bei der Krankenkasse die **Befreiung** von der Zuzahlung.

Die Belastungsgrenze für Chroniker*innen bei Alg II/Sozialhilfe beträgt 53,52 € bei einem Regelbedarf von 446 € (2021), nicht chronisch Erkrankte zahlen im Krankheitsfall 107,04 € (2 %) zu.

Forderungen

Höhere Regelbedarfsanteile für gesunde Ernährung und medizinische/hygienische Versorgung!

Erhöhung des Regelbedarfs auch bei einem geringfügig dauerhaft erhöhten krankheitsbedingten Bedarf entsprechend der Härtefallregelung!

Information

Deutsche AIDS-Hilfe, www.aidshilfe.de

Deutsche AIDS-Stiftung, www.aids-stiftung.de

Leitfaden Sozialhilfe für Menschen mit Behinderungen und bei Pflegebedürftigkeit von A-Z, AG TuWas (Hrg.), 10. Aufl., Frankfurt 2018, ⇨Bestellung s. Anhang

Aids-Beratungsstellen in Deutschland können über die **Deutsche AIDS-Hilfe** telefonisch unter 0180/331 94 11 abgefragt werden oder online abgerufen über www.aidshilfe.de/adressen

Informationen zum persönlichen, telefonischen oder online-Beratungsangebot der Aids-Hilfe unter https://aidshilfe-beratung.de

Alleinerziehende

Fast jede fünfte Familie mit minderjährigen Kindern ist eine Einelternfamilie. 2019 lebten in Deutschland über 1,52 Mio. Alleinerziehende (1996: 1,3 Mio.) mit über 2,16 Mio. Kindern (1996: 2 Mio.; Ergebnisse Mikrozensus 2019, www.destatis.de). Insgesamt 526.635 Alleinerziehende bezogen im Jahresdurchschnitt 2019 Alg II (BA Monatsberichte Arbeitsmarkt 07/2019-04/2020, eigene Berechnung).

Inhaltsübersicht:

1.1 Wer ist alleinerziehend?

Alleinerziehende sind *„Personen, die mit einem oder mehreren minderjährigen Kindern zusammenleben und allein für deren Pflege und Erziehung sorgen"* (§ 21 Abs. 3 SGB II; § 30 Abs. 3 SGB XII).

Sie müssen also nicht Mutter oder Vater des Kindes, ja nicht einmal mit ihm verwandt sein, um als alleinerziehend zu gelten. Sie müssen auch nicht das Sorgerecht haben oder volljährig sein. Entscheidend ist, dass Sie mit einem Kind „zusammenleben" und es *„alleine erziehen"*.

„Ein ‚alleinerziehender' Hilfeempfänger sorgt [...] dann nicht allein für die Pflege und

Erziehung, wenn ihn eine andere Person so nachhaltig bei der Pflege und Erziehung des Kindes unterstützt, wie es sonst der andere Elternteil zu tun pflegt" (OVG Lüneburg 08.7.1997 - FEVS 1998, 24).
Allein bedeutet nicht, dass außer Ihnen kein weiterer Mensch (z.B. Lehrer*in, Kindergärtner*in, Eltern, Geschwister, *„Super Nanny"* usw.) Ihre Kinder erzieht oder *„pflegt"*. Auch wenn Ihr Kind in den Kindergarten, die Schule und den Kinderhort geht (oder zu Hause vorm Fernseher sitzt), sind Sie weiterhin der alleinerziehende Elternteil.

Beziehen Sie Leistungen zum Lebensunterhalt, haben Sie **Anspruch** auf einen **Mehrbedarfszuschlag** für Alleinerziehende (§ 21 Abs. 3 SGB II; § 30 Abs. 3 SGB XII; ⇨2.2). Der steht Ihnen nach herrschender Rechtsprechung zu, *„wenn der hilfebedürftige Elternteil während der Betreuungszeit von dem anderen Elternteil, Partner oder einer anderen Person nicht in einem Umfang unterstützt wird, der es rechtfertigt, von einer nachhaltigen Entlastung auszugehen. Entscheidend ist danach, ob eine andere Person in* ***erheblichem Umfang*** *bei der Pflege* ***und*** *Erziehung mitwirkt"* (BSG 12.11.2015 - B 14 AS 23/14 R, Rn. 14).

Sie haben diesen Anspruch,
- wenn Ihr*e Partner*in im Gefängnis sitzt (SG Trier 25.6.12 – S 4 AS 239/12 ER),
- schwer krank oder pflegebedürftig ist (VG Bremen 27.2.2008 - S 3 K 447/06),
- länger im Krankenhaus/in Kur ist oder
- an einem anderen Ort arbeitet und dort einen zweiten Haushalt führt.

SGB II und SGB XII machen keine Zeitangaben, ab wann Alleinerziehung vorliegen kann. Es kann sich auch um kürzere bzw. befristete Zeiträume handeln.

Sie haben außerdem Anspruch,
- wenn Sie mit einem/r **Freund*in** zusammenleben, der/die sich nur unwesentlich oder gar nicht an der Erziehung und Pflege Ihres Kindes beteiligt (VG Stuttgart 10.12.2001 - Info also 2003, 41 ff.). Das gilt vor allem, wenn **keine** eheähnliche Gemeinschaft besteht (SG Düsseldorf 18.4.2005 - S 23 AS 104/05 ER),
- wenn der geschiedene oder getrenntlebende Elternteil regelmäßig sein **Umgangsrecht** wahrnimmt (SG Lüneburg 31.5.2007 - S 24 AS 82/07), auch wenn er im gleichen Wohnhaus wohnt (SG Berlin 14.2.2006 - S 104 AS 271/06 ER), **solange Sie den maßgeblichen Anteil von Pflege und Erziehung leisten,**
- wenn Sie in einer **Haushaltsgemeinschaft** oder im ⇨Frauenhaus leben, aber in der Pflege und Erziehung Ihrer Kinder **nicht** oder nur **in geringem Umfang** von Ihren Mitbewohner*innen unterstützt werden (OVG Lüneburg 8.7.21997 - FEVS 38, 209).

Das LSG Berlin-Brandenburg meint, dass Einkaufen, Kochen und Wäsche waschen (also Beteiligung an der *„Pflege")* für das Kind eines Partners/einer Partnerin dessen/deren Mehrbedarf für Alleinerziehung ausschließen (16.6.2006 - L 14 14B 1138/05 AS ER) würde. **Aber:** Die Beteiligung an der Erziehung ist ausschlaggebend, nicht die hauswirtschaftliche Versorgung. Es heißt alleinerziehend, nicht alleinversorgend.

Deshalb erziehen Sie alleine,
- wenn Sie in einer **Wohngemeinschaft** leben,
- wenn Sie durch eine **Haushaltshilfe** unterstützt werden (OVG Lüneburg - FEVS 29, 117),
- wenn Sie mit einem minderjährigen **und** mit einem volljährigen Kind in einem Haushalt wohnen (SG Münster 01. 3.2007 - S 16 AS 199/06) oder
- wenn Sie mit einem Kind im **Haushalt ihrer Eltern** und/oder
- mit dem Kind zusammen mit Ihren **Geschwistern** wohnen (für die letzten beiden Punkte: BSG 23.8.2012 - B 4 AS 167/11 R).

Es ist nicht entscheidend, dass sich andere Personen an der Kinderbetreuung hätten beteiligen können.
Erst wenn die Eltern der Mutter *„für mindestens gleiche Teile des Tages mit der Erziehung oder Pflege betraut sind"*, gelten Mütter nicht mehr als alleinerziehend (SG Oldenburg 16.1.2007 - S 45 1800/06; ⇨3.1). Das gilt auch für Väter.

Schüler*innen, Studierende und **Auszubildende**, die ihr Kind allein erziehen, haben ebenfalls Anspruch auf den Mehrbedarf für Alleinerziehende (§ 27 Abs. 2 SGB II; ⇨Studierende ⇨Schüler*innen ⇨Auszubildende).

Tipp: Selbst wenn Sie als Studierende*r keinen Anspruch auf Alg II- oder Sozialhilfeleistungen zum Lebensunterhalt haben, können Sie den Mehrbedarfszuschlag und Leistungen für Ihr Kind i.d.R. beim Jobcenter beantragen.

1.2 Gemeinsame Sorge und Mehrbedarf

Haben die getrenntlebenden Eltern das gemeinsame Sorgerecht und **teilen** sich die Erziehung des Kindes/der Kinder **zu gleichen Teilen** (Wechselmodell), ist der Mehrbedarf für Alleinerziehende jeweils anteilig bei jedem Elternteil zu berücksichtigen.

Das BSG geht davon aus, dass der Mehrbedarfszuschlag hälftig aufgeteilt wird, wenn ein Kind im Wechsel z.B. eine Woche beim Vater und eine Woche bei der Mutter lebt und die Eltern auch die Erziehungskosten zu gleichen Teilen übernehmen (BSG 3.3.2009 - B 4 AS 50/07 R).

Das OLG Koblenz spricht von einem solchen Wechselmodell, wenn sich die Eltern die Erziehungs- und Betreuungszeiten außerhalb der Kita teilen (3.7.2008 - 11 WF 547/078).

Als Orientierung für die Beurteilung, ob ein Elternteil alleinerziehend ist, können unterhaltsrechtliche Entscheidungen herangezogen werden. Liegt **kein** Wechselmodell mit ausgeglichenen Betreuungszeiten und Verantwortlichkeiten vor, muss im Einzelfall geprüft werden, wer *„das deutliche Schwergewicht der Betreuung"* und die *„Hauptverantwortung für das Kind"* trägt (OLG Schleswig 27.2.2008 - 10 UF 212/07). Diesem Elternteil stünde dann auch der Mehrbedarf für Alleinerziehende zu.

Wenn z.B. ein Elternteil sein Kind **nur an zwei Tagen** die Woche betreut, hat der andere Elternteil Anspruch auf den ungeminderten Mehrbedarfszuschlag für Alleinerziehende (LSG Niedersachsen-Bremen 13.5.2008 - L 9 AS 119/08 ER, zitiert nach Geiger 2019, 273). Auch wenn der Elternteil zu **40 Prozent** für die Betreuung verantwortlich ist, steht ihm nach Ansicht des LSG Schleswig-Holstein kein anteiliger Mehrbedarf zu (23.3.2011 - L 11 AS 40/09, zitiert nach Geiger 2019, 273). Schließlich komme eine anteilige Zuerkennung des Mehrbedarfs für Alleinerziehende nicht in Betracht, wenn sich die getrenntlebenden Eltern *„die Pflege und Erziehung des Kindes nicht* ***in etwa hälftig teilen****"* (BSG 11.2.2015 - B 4 AS 26/14 R).

Eine **zeitweise mtl. Anerkennung** eines Mehrbedarfszuschlages ist zudem **ausgeschlossen**, wenn sich das Kind etwa nur **vorübergehend** überwiegend beim umgangsberechtigten Elternteil aufhält, wie es z.B. ausnahmsweise in einzelnen Ferienmonaten auftreten kann. *„Mit dem Merkmal der alleinigen Sorge […] ist die Anerkennung des Mehrbedarfs wegen Alleinerziehung nicht an einen besonderen zeitlichen Umfang der Kinderbetreuung geknüpft, sondern daran ausgerichtet, ob die Verantwortung für die dem Kindeswohl gerecht werdende Versorgung allein bei einer Person liegt"* (BSG 12.11.2015 - B 14 AS 23/14 R, Rn.18).

1.3 Pflegegeld nach § 39 SGB VIII

Auch Pflegemütter, die allein ein Pflegekind versorgen, betreuen und Pflegegeld erhalten, haben Anspruch auf den Mehrbedarfszuschlag (BSG 27.1.2009 - B 14/7b AS 8/07 R).

2. Alg II/Sozialhilfe

2.1 Regelbedarf

Wenn Sie alleinerziehend sind, beträgt Ihr Regelbedarf **immer 100 Prozent**, d.h. 446 € (§ 20 Abs. 2 SGB II, Stand 2021). Das gilt auch für alleinerziehende junge Erwachsene unter 25 Jahren. Auch dann, wenn sie im Haushalt ihrer Eltern leben und wenn sie noch minderjährig sind. Die volle Regelleistung wird auch für Alleinerziehende gezahlt, die in einer Bedarfsgemeinschaft mit einem/r Partner*in leben, der/die **nicht** leiblicher Elternteil ist **und** sich nicht gleichermaßen an der Erziehung des Kindes beteiligt (SG Düsseldorf 18.4.2005 - S 23 AS 104/05).

2.2 Mehrbedarfszuschlag für Alleinerziehende

Sie erhalten einen Mehrbedarfszuschlag von 36 Prozent Ihres Regelbedarfs, d.h. 160,56 €,
wenn Sie mit
- einem Kind **unter** sieben Jahren **oder**
- zwei oder drei Kindern unter 16 Jahren zusammenleben.

Sie erhalten einen Mehrbedarfszuschlag

von zwölf Prozent Ihres Regelbedarfs, d.h. 53,52 € **für jedes Kind**,
wenn Sie mit
- einem Kind **über** sieben Jahren **oder**
- einem Kind unter 16 und einem oder mehreren Kindern zwischen 16 und 18 Jahren oder
- einem Kind unter 18 Jahren zusammenleben.

Wenn Sie vier Kinder haben, liegt Ihr Mehrbedarf bei 4 x 12% = 48% des Regelbedarfs (214,08 €).
Wenn Sie fünf und mehr Kinder haben, erhalten Sie 60 Prozent des Regelbedarfs (267,60 €). **60 Prozent** ist die **Höchstgrenze** für den Mehrbedarf für Alleinerziehende (Höhe der angegebenen Mehrbedarfszuschläge: Stand 2021).

Wenn Sie **Hilfe zum Lebensunterhalt** (HzL) oder **Grundsicherung** der Sozialhilfe beziehen, gelten die Mehrbedarfszuschläge nur, *„soweit kein abweichender Bedarf besteht"* (§ 30 Abs. 3 SGB XII). Wenn Sie z.B. mit zwei oder drei Kindern unter sieben Jahren zusammenleben, kann Ihnen ein höherer Mehrbedarfszuschlag zustehen (VG Hannover 13.6.1989 - info also 1/90).

2.3 Erhöhte Wohnungsgröße oder Mietkosten

Weil nach den landesrechtlichen Ausführungsbestimmungen des Gesetzes über soziale Wohnraumförderung (WoFG) Alleinerziehenden eine größere Wohnfläche zusteht, galt das nach Ansicht des LSG Berlin-Brandenburg (29.7.2008 - L 14 B 248/08 AS ER) und des LSG Niedersachsen Bremen (27.7.2010 - L 12 AS 77/06) auch für Alg II-/Sozialhilfebeziehende (⇨Miete 2.1 ff.).
Das **BSG** hat diese Auffassung in einem Urteil zurückgewiesen. Demnach sei es egal, ob zwei Erwachsene oder Mutter mit Kind eine Wohnung bewohnen. Beim Bezug von Leistungen richte sich die „angemessene" Wohnfläche nach der Zahl der betroffenen Bewohner*innen. Abweichungen könne es nur unter Berücksichtigung des **Einzelfalles** geben, wenn aus individuellen, etwa gesundheitlichen Gründen mehr Wohnraum erforderlich ist (BSG 22.8.2012 - B 14 AS 13/12 R).

Tipp 1: Wenn Sie als Alleinerziehende*r eine größere Wohnung beanspruchen wollen, müssen Sie den Einzelfall darlegen. Das (*„schwierige"*) Alter der Kinder, plus Erkrankung/en oder andere Umstände können ggf. einen erhöhten Wohnraumbedarf ergeben.
Tipp 2: Wenn Sie zum ⇨Umzug aufgefordert werden, weil Ihre Wohnung zu groß/zu teuer ist, können Sie sich unter Umständen darauf berufen, dass ein Umzug nicht zumutbar oder unwirtschaftlich wäre (⇨Miete).

Es gibt jedoch **Ausnahmen**: In Berlin werden z.B. im Rahmen einer Sonderregelung Alleinerziehenden **mit einem Kind** 65 m² statt, wie üblich für zwei Personen, 60 m² zuerkannt, *„da hier regelmäßig ein größerer Wohnflächenbedarf als bei Paarhaushalten besteht"* (Anlage 1 zur AV Wohnen Berlin, in der ab 1.1.2018 gültigen Fassung, www.berlin.de).

Nach neuerer BSG-Rechtsprechung können Alleinerziehende, die SGB II-Leistungen beziehen, unter Umständen eine **größere und teurere Wohnung** durch das Jobcenter finanzieren lassen, wenn sie mit einem unter 25-jährigen Kind zusammenleben, das seinen Bedarf mit eigenen Einkommen (z.B. Unterhalt, UVG, Wohngeld und Kindergeld) decken kann. Hier werden die tatsächlichen Aufwendungen für die Unterkunft nach Kopfanteilen auf die Personen aufgeteilt. Die vom Jobcenter als angemessen anzuerkennenden Unterkunftskosten orientieren sich dann an der **angemessenen Wohnungsgröße** der SGB II-berechtigten Mitglieder der Bedarfsgemeinschaft. Das Kind mit bedarfsdeckendem Einkommen wird nicht mitgezählt. Die alleinerziehende Person und ggf. weitere Kinder im SGB II-Bezug profitieren dann von dem **höheren Kopfanteil der Kosten**, der regelmäßig bei den angemessenen Unterkunftskosten kleinerer Haushalte zu berücksichtigen sein wird. Das Kind mit eigenem Einkommen muss allerdings in der Lage sein, seinen entsprechenden Anteil der Unterkunftskosten mit eigenem Einkommen zu finanzieren (BSG, 25.4.2018 - B 14 AS 14/17 R) Das gilt auch bei SGB XII-Leistungsbezug.

Tipp: Jobcenter prüfen solche Fallkonstellationen i.d.R. nicht von selbst. Suchen Sie bei Bedarf eine Beratungsstelle auf oder legen Sie im Zweifelsfall unter Berufung auf das BSG-Urteil ⇨Widerspruch ein.

3. Unterhalt und Weiteres

3.1 Die Unterhaltspflicht der Eltern entfällt gegenüber deren schwangeren Kindern und gegenüber deren Kindern, die ihr eigenes Kind bis zur Vollendung des sechsten Lebensjahres betreuen, **immer** (§ 33 Abs. 2 Nr. 3 SGB II; § 94 Abs. 1 Satz 4 SGB XII).
Das gilt auch, wenn Sie das 25. Lebensjahr noch nicht vollendet haben **und**
im Haushalt Ihrer Eltern wohnen (§ 9 Abs. 3 SGB II) **oder**
Ihre Erstausbildung noch nicht abgeschlossen haben (§ 33 Abs. 2 Nr. 3 SGB II).
(⇨Unterhaltspflicht; *„Hartz-IV-Sonderunterhaltspflicht“* der Eltern gegenüber unter 25-Jährigen ⇨Jugendliche und junge Erwachsene)

Schwangere und Eltern, die ein eigenes Kind unter sechs Jahren betreuen, dürfen demnach **nicht auf Unterhaltsleistungen der eigenen Eltern verwiesen werden.**

Freiwillige Unterhaltszahlungen der Eltern zählen dagegen immer als Einkommen und werden auf das Alg II oder HzL/GSi der Sozialhilfe angerechnet (⇨Einkommen). Ein kleines „Taschengeld“ zählt jedoch nicht als Leistung zum Unterhalt und ist i.d.R. anrechnungsfrei.

3.2 ⇨Unterhalt für Kinder

3.3 ⇨Unterhaltsvorschuss

3.4 Umgangsrecht des getrennt lebenden Elternteils
Näheres finden Sie unter ⇨Umgangskosten.

3.5 Die Arbeitspflicht
ist für Alleinerziehende eingeschränkt. Ab wann und in welchem Umfang Arbeit zumutbar ist, finden Sie unter dem Stichwort ⇨Arbeit 1.3.6 ff.

3.6 Beiträge für Kindergarten und Krippe
Reguläre **Beiträge für die Kindertagesstätte** werden Haushalten mit geringem Einkommen i.d.R. im Rahmen von kommunalen Befreiungsregelungen ganz oder teilweise erlassen.
Mit dem ***„Gute-KiTa-Gesetz“*** wurden für die Gebührenbefreiung **zum 1.8.2019** bundeseinheitliche Vorgaben gemacht (§ 90 Abs. 4 SGB VIII): Für Kindertagesstätten soll der Kostenbeitrag **auf Antrag** erlassen oder vom Träger der öffentlichen Jugendhilfe übernommen werden, *„wenn die Belastung durch Kostenbeiträge den Eltern und dem Kind nicht zuzumuten ist. Nicht zuzumuten sind Kostenbeiträge immer dann, wenn Eltern oder Kinder“*
- Alg II bzw. Sozialgeld nach dem SGB II
- HzL oder GSi nach dem SGB XII,
- Leistungen nach §§ 2 und 3 des AsylbLG,
- Kinderzuschlag (§ 6a BKGG) oder Wohngeld beziehen.

Tipp: Erkundigen Sie sich bei der Kommune – diese ist gesetzlich zur Beratung verpflichtet – und stellen Sie entsprechende Anträge.

Sie können die Übernahme zusätzlicher Kosten einer Kinderbetreuung unter Umständen beim Jugendamt beantragen (⇨Kinder) bzw. die Kosten als Werbungskosten vom Arbeitseinkommen absetzen (⇨Erwerbstätige).

Kritik
Seit Jahren arbeiten die Hartz IV-Parteien daran, Partner*innen in neuen Beziehungen möglichst frühzeitig zum vollen Unterhalt für diese und ihre Kinder heranziehen (⇨eheähnliche Gemeinschaft) und spätestens nach einjährigem Zusammenleben (in der Praxis oft schon nach dem Zusammenziehen) den/die neue*n Partner*in zwingen, auch für alle Kinder aus früheren Beziehungen des/r anderen Partners/Partnerin voll einzustehen (⇨Bedarfsgemeinschaft). Dies kann im Zweifel erhebliche Zweifel an dem Willen von zwei Menschen streuen, aus partnerschaftlichen Gründen zusammenzuziehen, oder kann diese dazu drängen, nicht die ganze Wahrheit über ihre privaten Verhältnisse zu offenbaren. Wie viel Geld man aus

dem/r neuen Partner*in herausholen kann, ist offensichtlich der wichtigste Maßstab, unter dem die Hartz IV-Parteien menschliche Beziehungen betrachten.
Familienfreundlich geben sie sich nur noch beim Elterngeld für Erwerbstätige. Doch das Elterngeld für Hartz IV-Familien ohne Hinzuverdienst hat die schwarz-gelbe Bundesregierung 2011 abgeschafft. Kinder sind hier offensichtlich unerwünscht. Das trifft besonders Alleinerziehende, die aufgrund fehlender Kinderbetreuung oft keiner Erwerbstätigkeit nachgehen können.

Information
Verband alleinerziehender Mütter und Väter (VAMV)
Bundesverband, Hasenheide 70, 10967 Berlin, Tel. 030/69 59 78-6, www.vamv.de
Informationsbroschüren: www.vamv.de/publikationen

Ältere Menschen

Inhaltsübersicht:

1. Leistungen

Beziehende von Altersrente und vergleichbaren Ruhestandsbezügen (Beamtenpensionen und Knappschaftsausgleichsleistungen) haben **keinen** Anspruch auf Alg II (§ 7 Abs. 4 SGB II).

Menschen, die das gesetzliche Rentenalter erreicht haben (vgl. § 7a SGB II und § 41 Abs. 2 SGB XII), haben regelmäßig den vorrangigen Anspruch auf ⇨**Grundsicherung im Alter** (GSi) nach dem Vierten Kapitel SGB XII, aber nur, wenn die Rente nicht zum Leben reicht. Ältere Menschen haben zudem Anspruch auf Altenhilfe (⇨4.) nach § 71 SGB XII.

2. ⇨Rentenversicherung

2.1 Beim Übergang vom Alg II in die Regelaltersrente

besteht Anspruch auf Alg II i.d.R. **bis zur Vollendung** des Monats, in dem das **reguläre Rentenalter** erreicht wurde (§ 7 Abs. 1 Nr. 1 i.V. mit § 7a SGB II).
Hier entsteht regelmäßig eine **Bedarfsdeckungslücke**, weil das letzte Alg II i.d.R. am Ende des Monats **vor** dem letzten Monat des Leistungsbezugs ausgezahlt wird, während die erste Rente am Ende des Monats **nach** Eintritt in die Rente fließt.
Diese Lücke wurde zum 1.7.2017 zumindest für diejenigen geschlossen, deren künftige Rente **nicht** zum Leben reicht, die also nach Erreichen des Regelrentenalters ihre Rente mit Sozialhilfe aufstocken und einen Antrag auf GSi stellen müssen (⇨2.1.1).
Für alle, die künftig das Existenzminimum mit ihrer Rente (ggf. plus Wohngeld) abdecken können, kommt diese Möglichkeit nicht in Betracht, weil sie nicht leistungsberechtigt nach dem SGB XII sind.

Tipp 1: Wenn Ihre künftige Rente zum Leben reicht, Sie aber die Bedarfsdeckungslücke schließen müssen, fragen Sie am besten beim Jobcenter, ob Sie dort auf Kulanz ein Darlehen erhalten. Sie haben darauf zwar keinen Rechtsanspruch, aber das klappt öfter als man denkt. Sie sparen sich unter Umständen den Gang zum Sozialamt, weil auch dort ein Darlehen bei vorübergehender Notlage (§ 38 SGB XII) erbracht werden kann.
Tipp 2: Vereinbaren Sie schriftlich eine Tilgung des Darlehens, die Ihrer finanziellen Leistungsfähigkeit entspricht.

2.1.1 Überbrückungsdarlehen bei Renteneintritt

Wenn Ihre künftige Rente nicht zum Leben reicht und Sie leistungsberechtigt nach dem

SGB XII sind, können Sie beim Sozialamt ein **Darlehen** beantragen, um die Bedarfsdeckungslücke bis zur ersten Rentenzahlung zu schließen (§ 37a SGB XII).

Das Darlehen muss Ihnen auf Antrag gewährt werden. Es ist ab dem Folgemonat in Raten zu fünf Prozent des Eckregelbedarfs (Regelbedarfsstufe/RB 1: 446 € = **22,30 €**) zurückzuzahlen und wird automatisch mit der zustehenden Leistung aufgerechnet (§ 37a Abs. 3 i.V. mit § 44b SGB XII). Die Tilgung des Überbrückungsdarlehens ist auf den Maximalbetrag in Höhe des halben Eckregelbedarfs (**223 €**, Stand 2021) beschränkt (§ 37a Abs. 2 SGB XII).

Beispiel: Hat das Sozialamt Ihnen ein Überbrückungsdarlehn in Höhe von 450 € gewährt, darf es max. 223 € davon in zehn Raten zu 22,30 € von Ihnen zurückfordern. Die Restschuld ist per Gesetz erlassen.

Ein solches Überbrückungsdarlehen ist Ihnen **auch bei anderen** erst am Monatsende fälligen **Einkünften** zu gewähren (§ 37a Abs. 2 S. 2 SGB XII), z.B. bei sonstigen Renten und Pensionen, Abfindungen sowie Unterhaltsbeiträgen.

2.2. Beim Übergang in die vorgezogene Altersrente mit Abschlägen

erlischt die Anspruchsberechtigung auf Alg II erst **bei Bezug der** vorgezogenen Rentenleistung (§ 7 Abs. 4 SGB II). Das Jobcenter darf nicht einfach die Leistungen einstellen, wenn der Rentenversicherungsträger die vorgezogene Altersrente per Bescheid bewilligt hat, sondern erst, wenn diese tatsächlich ausgezahlt wurde (SG Berlin 15.1.2016 - S 149 AS 119/16 ER; a.A. LSG Rheinland-Pfalz 17.8.2015 - L 3 AS 370/15 B ER).

Entsteht beim Übergang in die vorgezogene Altersrente eine **Bedarfsdeckungslücke**, steht Ihnen ein Darlehen (⇨2.1.1) zu.

2.2.1 Zwangsverrentung älterer Arbeitsloser

Beziehen Sie Alg II, kann das Jobcenter Sie **ab Vollendung des 63. Lebensjahres** auffordern, einen Antrag auf vorgezogene Altersrente mit Abschlägen zu stellen (§ 12a SGB II - vorrangige Leistungen). Kommen Sie dieser Aufforderung nicht nach, **kann** das Amt für Sie den Rentenantrag auch gegen Ihren Willen stellen. Wird die Frühverrentung durch den Rentenversicherungsträger bewilligt, drohen Ihnen aktuell lebenslängliche Rentenabschläge von 10,5 Prozent, die sich mit der Rente ab 67 schrittweise auf bis zu 14,4 Prozent summieren.

2.2.2 Wann ist vorgezogener Rentenbezug nicht zumutbar?

Eine Zwangsverrentung ist nach Auffassung des Bundesarbeitsministeriums ***„unbillig“*, d.h. nicht zumutbar**, wenn

- diese zum **Verlust von Alg-Ansprüchen** führen würde (§ 2 Unbilligkeitsverordnung),
- eine abschlagsfreie **Rente bevorsteht** (§ 3 UnbilligkeitsV),
- bei **Ausübung einer Erwerbstätigkeit** ein *„entsprechend“* hohes Einkommen erzielt wird (§ 4 UnbilligkeitsV),
- die Aufnahme einer **Erwerbstätigkeit in Aussicht** steht (§ 5 UnbilligkeitsV) und
- Leistungsberechtigte dadurch **hilfebedürftig im Alter** werden würden (§ 6 UnbilligkeitsV, gültig seit 1.1.2017, ⇨2.2.3).

Diese Aufzählung ist nach Auffassung des BSG **abschließend**. Weitere Unbilligkeitsfälle sind demnach nur denkbar, wenn ein ***„atypischer Härtefall“*** vorliegt (BSG 19.8.2015 - B 14 AS 1/15 R).

Hierüber hat das Jobcenter durch Ausübung des pflichtgemäßen ⇨Ermessens zu entscheiden: Es **kann** *„den Antrag stellen sowie Rechtsbehelfe und Rechtsmittel einlegen“* (§ 5 Abs. 3 Satz 1 SGB II) oder auch davon absehen.

Darüber, wann ein *„atypischer Härtefall“* vorliegt, hat das BSG sich leider nicht konkret geäußert, sondern nur **Hinweise** gegeben. Eine atypische Unbilligkeit, die vorgezogene Altersrente mit Abschlägen beantragen zu müssen, **kann** demnach vorliegen, wenn

a. Alg II und **Krankengeld** bezogen werden. Hier würde mit der Zwangsverrentung der Krankengeldanspruch verloren gehen,

b. eine **andere Sozialleistung** (z.B. Erwerbsminderungsrente bei Sozialgeldbezug oder Verletztengeld) mit SGB II-Leistungen aufgestockt wird, deren Anspruch verloren gehen würde,

c. der/die **Partner*in** innerhalb der nächsten

sechs Monate eine **Beschäftigung** mit bedarfsdeckendem Einkommen aufnimmt und dies glaubhaft dargelegt werden kann,

d. bei Ausübung eines **Minijobs** die ungünstigeren Erwerbstätigenfreibeträge der Sozialhilfe zum Einkommensverlust führen würden (LSG NRW 19.5.2015 - L 7 AS 260/14 B ER; nach dem BSG-Urteil vom 19.8.2015 eher fraglich),

e. der Leistungsbezug durch Erzielung eines **einmaligen Einkommens** (z.B. Erbschaft) unterbrochen wird **oder**

f. durch den Bezug der vorzeitigen Altersrente die Erzielung von **Rentenansprüchen** vereitelt würde, was bei Personen der Fall sein kann, die Angehörige pflegen.

Nach den strikten Vorgaben des BSG ist davon auszugehen, dass sowohl Jobcenter als auch Rechtsprechung bei der Frage der Unbilligkeit sehr **strenge Maßstäbe** anlegen werden.

Tipp: Auch wenn Sie die genannten Voraussetzungen nicht erfüllen, können Sie sich gegen eine Zwangsverrentung wehren **oder** das Verfahren zumindest hinauszögern.

Wenn das Jobcenter Sie schriftlich **per Bescheid** auffordert, einen Rentenantrag zu stellen, können Sie unter Umständen ⇨Widerspruch einlegen, weil eine **Zwangsverrentung unbillig** wäre. Das kann der Fall sein, wenn eine der oben aufgeführten Voraussetzungen erfüllt ist.
Ziel dieses Verfahrens könnte sein, als *„Härtefall"* anerkannt zu werden. Außerdem können Sie **nur gewinnen**, nämlich Zeit: Jeder Monat, den Sie später in Zwangsrente geschickt werden, erhöht Ihre Rente bis zum Lebensende um 0,3 Prozent.

2.2.3 Was heißt: hilfebedürftig im Alter werden?

Von diesem seit dem **1.1.2017** geltenden Unbilligkeitsgrund sollen ältere Personen profitieren, die voraussichtlich nur einen Anspruch auf eine **Minirente unterhalb des Grundsicherungsniveaus** haben werden und deren Rente allein nicht zum Leben reicht.

„Unbillig ist die Inanspruchnahme, wenn Leistungsberechtigte dadurch hilfebedürftig im Sinne der Grundsicherung im Alter und bei Erwerbsminderung [...] werden würden" (§ 6 Satz 1 UnbilligkeitsV). Dies sei *„insbesondere anzunehmen, wenn der Betrag in Höhe von **70 Prozent** der bei Erreichen der Altersgrenze (§ 7a SGB II) zu erwartenden monatlichen Regelaltersrente **niedriger** ist als der zum Zeitpunkt der Entscheidung über die Unbilligkeit maßgebende"* **Alg II-Bedarf** (§ 6 Satz 2 UnbilligkeitsV). *„Insbesondere"* heißt, dass auch andere Fallkonstellationen denkbar sind und im Rahmen einer Ermessensentscheidung durch das Jobcenter geprüft werden müssen.

Die **Formulierung** *„unbillig ist die Inanspruchnahme, wenn Leistungsberechtigte dadurch hilfebedürftig [...] werden würden"* ist **missverständlich** und lässt eine andere Deutung zu: Die vorzeitige Verrentung wäre nach dem Wortlaut von § 6 Satz 1 UnbilligkeitsV **nicht** unbillig, wenn Ihre Rente so niedrig ist, dass sie ohnehin mit HzL und später GSi aufgestockt werden müsste – die Hilfebedürftigkeit also nicht durch die Rentenabschläge hervorgerufen würde. Dann müsste durch den vorzeitigen Bezug von Altersrente z.B. Hilfebedürftigkeit nach der HzL in Kauf genommen werden und unter Umständen SGB II-Schonvermögen verbraucht (z.B. ein ⇨Kfz; ⇨Vermögen) oder in seltenen Fällen Angehörige zum Unterhalt herangezogen werden (⇨Unterhaltspflicht).
Durch die im zweiten Satz des § 6 UnbilligkeitsV formulierte „Obergrenze" des zu erwartenden Rentenniveaus stellt die Bundesregierung jedoch eindeutig klar, **dass auch niedrigere Rentenansprüche unter den Unbilligkeitsgrund fallen.**
Dem folgt das SG Berlin, denn § 6 UnbilligkeitsV setze **nicht** voraus, *„dass **allein** durch die Abschläge auf die Altersrente bei vorzeitiger Beantragung Hilfebedürftigkeit nach dem SGB XII entsteht. Maßgeblich ist vielmehr, ob Leistungsberechtigte bei Ausscheiden aus dem Leistungsbezug nach dem SGB II **überhaupt** nach dem SGB XII anspruchsberechtigt wären."* Dies ergebe sich zum einen aus dem Wortlaut des §

6 Satz 2 UnbilligkeitV, zum anderen aus dessen Entstehungsgeschichte und der Verordnungsbegründung. (SG Berlin 1.9.2017 - S 179 AS 9879/17 ER)

Tipp: Sollte Ihr Jobcenter anderer Meinung sein und Sie mit der Aussicht auf eine niedrigere Rente zur Antragstellung auffordern, legen Sie ⇨Widerspruch ein.

Die BA geht zudem davon aus, dass bei einer **geringfügigen Überschreitung** des 70%igen Regelalter-Rentenniveaus **durch** den aktuellen Alg II-Bedarf von *„bis zu 10 Prozent des maßgebenden Regelbedarfs [...] von der Aufforderung im Ermessenswege (§ 5 Absatz 3 SGB II) Abstand zu nehmen“* ist. Damit würde die Hilfebedürftigkeit im Alter infolge regelmäßiger Regelbedarfserhöhungen vermieden (FW 12a.42). Achten Sie darauf, dass dieser Sicherheitsaufschlag berücksichtigt wird.

2.2.4 Ermessenentscheidung

Das Jobcenter darf Sie erst auffordern, einen Rentenantrag zu stellen, wenn im Rahmen einer ⇨**Ermessensentscheidung** geprüft wurde, ob eine vorgezogene Altersrente für Sie eine unbillige Härte bedeuten würde, d.h. mit außergewöhnlichen Nachteilen verbunden wäre. Wird im Bescheid, mit dem Sie aufgefordert werden, einen Rentenantrag zu stellen, das Ermessen **nicht begründet**, ist die Aufforderung **rechtswidrig** (BSG 19.8.2015 - B 14 AS 1/15 R; LSG NRW 12.1.2015 - L 19 AS 2211/14 B ER; LSG Sachsen-Anhalt 10.12.2014 - L 2 AS 520/14 B ER; LSG Berlin-Brandenburg 5.11.2014 - L 25 AS 2731/14 B ER).

Tipp: Über die Aufforderung, einen Rentenantrag zu stellen, entscheiden die Jobcenter i.d.R. nach „Schema F“. Legen Sie dann Widerspruch ein, wenn kein Ermessen ausgeübt wurde und es an einer entsprechenden Begründung mangelt.

2.2.5 Verfahrensregeln

Unterschreiben Sie keine ⇨**Eingliederungsvereinbarung,** in der Sie verpflichtet werden, eine Rente mit Abschlägen zu beantragen. Wird diese Vereinbarung dann durch einen Verwaltungsakt eingesetzt, können Sie Widerspruch einlegen, denn die Verpflichtung, eine vorrangige Sozialleistung zu beantragen, darf seit dem **1.8.2016** nicht mehr in die Eingliederungsvereinbarung aufgenommen werden.

Wenn das Amt Sie auffordert, Ihren **Rentenverlauf zu klären**, lassen Sie sich viel Zeit und fordern Sie ggf. schriftlich eine Fristverlängerung.

Die Aufforderung, den Rentenantrag selbst zu stellen, ist ein **Verwaltungsakt** (BSG 16.12.2011 - B 14 AS 138/11 B), gegen den Sie Widerspruch einlegen und Klage erheben können. **Widerspruch und Klage** entfalten an dieser Stelle **keine aufschiebende Wirkung** (§ 39 Nr. 1 SGB II).

Tipp: Die aufschiebende Wirkung müssen Sie vom zuständigen Sozialgericht per ⇨**einstweiliger Anordnung** verfügen lassen. Das gilt bei allen oben genannten Widerspruchsverfahren.

Die Einsetzung der aufschiebenden Wirkung durch das Sozialgericht wird allerdings nur Erfolg haben, wenn
- unter Umständen eine unbillige Härte vorliegt und eine Zwangsverrentung nicht zugemutet werden kann (⇨2.2.2 f.) **oder**
- das Jobcenter bei der Entscheidung das Ermessen nicht pflichtgemäß ausgeübt hat (⇨2.2.4).

Erst wenn Sie sich weigern, den Rentenantrag selbst zu stellen, **kann das Jobcenter die Antragstellung an Ihrer Stelle vornehmen** (§ 5 Abs. 3 SGB II). Bei einer Weigerung, den Antrag zu stellen, darf das Jobcenter Ihre Leistungen jedoch **nicht** wegen fehlender Mitwirkung versagen (LSG NRW 10.2.2014 - L 19 AS 54/14 B ER).

Sollten Sie erfahren, dass das Jobcenter Ihre Rente **hinter Ihrem Rücken** bereits beantragt hat, schreiben Sie an den Rentenversicherungsträger und nehmen Sie den Rentenantrag vorsorglich zurück. Ihnen entstehen dadurch keine Nachteile.

Tipp: Eine vom Jobcenter verfrüht vorgenommene Rentenantragstellung stellt im weiteren Sinn einen belastenden Verwaltungsakt dar. Sie können dagegen mit einem Widerspruch vorgehen. Außerdem müssen Sie beim Sozialgericht die Herstellung der aufschiebenden Wirkung beantragen (s.o.). Wird dem stattgegeben, muss das Jobcenter den Rentenantrag zurückziehen (LSG Berlin-Brandenburg 16.12.2014 - L 5 AS 2740/14 B ER).

War die Aufforderung des Jobcenters, den Rentenantrag zu stellen, rechtswidrig und wurde die Rentenantragsstellung mit Hilfe eines Widerspruchs zurückgenommen, stellt das einen wirksamen Verzicht auf Leistungen nach § 46 Abs. 1 SGB I dar (LSG Hessen 24.5.2011 - L 7 AS 88/11 B ER; LSG Sachsen 3.11.2010 - L 7 AS 677/10 B ER). Das heißt, Sie erhalten dann keine Rente und haben weiterhin Anspruch auf Alg II.

Wird ein vom Jobcenter gestellter **Rentenantrag abgelehnt** oder wird die Altersrente **versagt**, weil Sie gegenüber dem Rentenversicherungsträger Ihren **Mitwirkungspflichten** nicht nachgekommen sind – z.B. erforderliche Dokumente nicht eingereicht haben –, darf das Jobcenter Ihre Leistungen nicht kürzen oder ganz entziehen. Es gibt zwar eine zum **1.1.2017** in Kraft getretene Regelung, die Leistungsberechtigte bei Androhung der Leistungsversagung zur Mitwirkung gegenüber vorrangigen Leistungsträgern verpflichten soll. Diese ist aber nicht auf die vorzeitige Inanspruchnahme einer Rente wegen Alters anzuwenden (§ 5 Abs. 3 Sätze 3 bis 6 SGB II).

Tipp: Werden Ihnen trotzdem die Leistungen versagt, können Sie Widerspruch einlegen und dessen aufschiebende Wirkung mit einer einstweiligen Anordnung vom Sozialgericht einsetzen lassen.

3. Zur Eingliederung älterer und behinderter Erwerbsloser in Arbeit

können Lohnzuschüsse (§§ 88 f. SGB III) gezahlt werden. Liegen besondere „*Vermittlungshemmnisse*“ vor, ist eine Beschäftigungsförderung nach §16e SGB II möglich (⇨Arbeit 2.1.4).

4. Altenhilfe

Angebote der städtischen **Altenhilfe** haben das Ziel, alten Menschen eine möglichst selbständige Teilhabe am Gemeinschaftsleben zu sichern. Die Altenhilfe nach § 71 SGB XII umfasst daher ganz unterschiedliche Leistungen. Angebote der Kommunen, die über die Pflichtberatung für ältere Menschen hinausgehen, sind freiwillig, d.h., es besteht kein Rechtsanspruch.

Über die örtliche Altenhilfe können Sie z.B.

- Informationen zum Bezug von **Essen auf Rädern** erhalten,
- sich in Fragen des **altersgerechten Wohnens** beraten lassen,
- evtl. kostenlose bzw. verbilligte **Urlaubs- und Freizeitangebote** wahrnehmen,
- sich evtl. Ihre **Wohnung** altersgerecht einrichten lassen oder
- evtl. mit einem örtlichen **Sozialpass** kostenlos bzw. verbilligt öffentliche Einrichtungen bzw. den öffentlichen Nahverkehr nutzen (⇨Sozialpass; auch bei der Deutschen Bahn gibt es Ermäßigungen).

Erkundigen Sie sich bei der zuständigen Stadtverwaltung, dem Bürgerbüro oder in einer Sozialberatungsstelle. In vielen Kommunen können Sie sich über ein örtliches Senioren- oder Bürgertelefon über Leistungen der Altenhilfe informieren.

Beratungsangebote, die mit **Pflege, Heimaufnahme** oder **altersgerechten Diensten** zu tun haben, werden auch von den sogenannten **Pflegestützpunkten** erbracht.

Leistungen der Altenhilfe werden nicht auf die Grundsicherung angerechnet.

Näheres ⇨Leitfaden Sozialhilfe für Menschen mit Behinderung und bei Pflegebedürftigkeit von A-Z ⇨Altenhilfe

Altersvorsorge

(private)

Inhaltsübersicht:

1.1 Riester-Rente als Vermögen geschützt

Für alle Beziehende von **Alg II, Hilfe zum Lebensunterhalt** (HzL) und Grundsicherung (GSi) der Sozialhilfe ist eine staatlich geförderte Altersvorsorge einschließlich ihrer Erträge als Vermögen geschützt. Die förderungsfähige Höchstgrenze beträgt bei der Riester-Rente 2.100 € pro Jahr (§ 10a Abs. 1 EStG). Das gilt allerdings nur, solange Sie den Vertrag nicht vorzeitig kündigen und verwerten (§ 12 Abs. 2 Nr. 2 SGB II; § 90 Abs. 2 Nr. 2 SGB XII).

Darunter fallen alle Altersvorsorgeverträge, die seit 1.1.2002 staatlich gefördert werden, seien es private Altersvorsorgeverträge (u.a. in Form einer ⇨Lebensversicherung, von Fonds- oder Banksparplänen usw.) oder Altersvorsorge nach dem Betriebsrentengesetz (Pensionsfonds, Pensionskassen oder Direktversicherungen; ⇨2.3.).

Auf einen Riester-Vertrag müssen jährlich mindestens 60 € Eigenleistung angespart werden. Absetzungsfähig ist nur der Mindesteigenbeitrag, der sich aus den Einkünften des Vorjahres errechnet. Bei Alg II/ HzL/ GSi Bezug im Vorjahr sind lediglich 5 €/mtl. Mindesteigenbeitrag fällig und vom Einkommen abzusetzen.

1.2 Rürup-Rente ebenfalls geschützt

Seit 1.1.2005 gibt es die sogenannte Rürup-Rente. Hier sind Beiträge bis zu 20.000 € im Jahr zu 92 Prozent steuerlich absetzbar (Stand: 2021; bis 2025 auf 100 Prozent ansteigend). Sie wird als Leibrente im Rentenalter bis zum Ende des Lebens ausgezahlt und ist nicht kündbar. Stirbt der/die Versicherte vorher, ist das Geld verloren. Eine Rürup-Rente ist nicht verwertbar (BA 12.8). Selbst wenn das hier angesparte Alterssicherungsvermögen den geschützten Betrag von 750 € pro Lebensjahr übersteigt, führt das nicht zum Leistungsausschluss. Das gilt auch für Personen, die HzL der Sozialhilfe oder GSi wegen Erwerbsminderung beziehen und das Regelrentenalter noch nicht erreicht haben. Erst im Rentenalter wird die Leibrente als ⇨Einkommen angerechnet, allerding mit neuen Freibeträgen (⇨3.1.).

2. Alg II

2.1 Zusätzliches Altersvorsorgevermögen

Beim Alg II ist zusätzliche Altersvorsorge (oft ⇨Lebensversicherungen) für Sie und Ihre*n Partner*in bis jeweils 750 € pro Lebensjahr geschützt. Das gilt aber nur, *„soweit die Inhaberin oder der Inhaber sie [die Rentenansprüche] vor dem Eintritt in den Ruhestand auf Grund einer unwiderruflichen vertraglichen Vereinbarung nicht verwerten kann"* (§ 12 Abs. 2 Nr. 3 SGB II). *„Ein Ausschluss der Verwertung vor dem 60. Lebensjahr reicht aus"*; ist ein früherer Rentenbeginn zu erwarten, genügt auch ein früherer Zeitpunkt (FW 12.20). Vorsorgevermögen, das diesen Freibetrag übersteigt, ist zu verwerten (FW 12.21).

Tipp: Schließen Sie vertraglich mit Ihrer Versicherung die Verwertung des geschützten Altersvorsorgevermögens vor Eintritt in den Ruhestand aus. Das ist nach § 168 des Gesetzes über den Versicherungsvertrag möglich.

Fehlt ein solcher Verwertungsausschluss, müssen Sie den Vertrag kündigen und das Vermögen oberhalb Ihres geschützten Barvermögens verwerten. Eine Verwertung ist i.d.R. nicht zumutbar, wenn der Rückkaufwert der Versicherung mehr als 10 Prozent unter den von Ihnen eingezahlten Beträgen liegt (FW 12.37; Näheres ⇨Vermögen).

Tipp: Ist die Verwertung Ihrer Lebensversicherung nicht ausgeschlossen, d.h. verwertbares Vermögen, und bekommen Sie deshalb kein Alg II, können Sie, anstatt die

Lebensversicherung mit einem niedrigeren Rückkaufswert kündigen zu müssen, diese auch an private Gesellschaften, die diese dann übernehmen, weiter bedienen und am Ende die Prämie kassieren, oder auch an Verwandte verkaufen. Von dem daraus resultierende Vermögen können Sie dann ganz normal als „Nichtleistungsbeziehende*r" leben (Vermögen ⇨9.2), allerdings müssen Sie sich dann freiwillig kranken- und pflegeversichern.

Mit **Ablauf des Verwertungsausschlusses** müssen Sie die Alterssicherungsanlage bis zum Erreichen des Regelrentenalters verlängern, wenn Sie das 60. Lebensjahr erreichen, oder erneut eine Anlage mit Verwertungsausschluss vereinbaren (FW 12.21).
Wenn eine kurzfristige Anlage der Altersvorsorge mit Verwertungsausschluss für fünf bis sieben Jahre aus wirtschaftlichen oder sonstigen Gründen nicht möglich oder zumutbar ist, greift die **Härtefallregelung** (§ 12 Abs. 3 Satz 1 Nr. 6 SGB II).

Tipp: Sie müssen dann das Altersvorsorgevermögen z.B. auf einem Festgeldkonto so anlegen, dass die Absicht erkennbar ist, es für den Ruhestand nutzen zu wollen. Dann ist Ihr Vorsorgevermögen bis zur Rente geschützt (FW 12.22).

2.2 Von der Versicherungspflicht befreit?

Wenn Sie nach § 6 SGB VI von der Versicherungspflicht befreit und Alg II-berechtigt sind, dann sind *„als für die Altersvorsorge bestimmt bezeichnete Vermögensgegenstände in angemessenem Umfang"* geschützt (§ 12 Abs. 3 Nr. 3 SGB II). Davon profitiert aber nur ein stark eingeschränkter Personenkreis. Es muss **klar erkennbar** sein, dass das Vermögen der Alterssicherung dient. Es kann eine Lebensversicherung sein, aber z.B. auch eine nicht selbst genutzte Immobilie.
In einem Berechnungsbeispiel hält das LSG Baden-Württemberg einen Betrag für angemessen, der bei Renteneintritt die Höhe von ca. 313.864 € erreicht (27.2.2009 - L 12 AS 3486/08; fortgeschrieben mit dem Rentenwert (West) auf dem Stand ab 01.07.2020: Rentenwert 34,19 € x 45 Beitragsjahre x 204 Monate=17 Jahre Rentenbezug).
Bei unter 65-Jährigen reduziert sich dieser Betrag pro Jahr bis zum Renteneintritt um 1/45 oder 6.675 €. Zusätzlich zu diesem Freibetrag bleiben mögliche Ansprüche auf einen Riester-Rentenvertrag geschützt. *„Von der Möglichkeit, einen niedrigeren Betrag – vergleichbar etwa § 851c Abs. 2 ZPO [pfändungsfreies Alterssicherungsvermögen] – festzulegen hat der Gesetz- oder Verordnungsgeber keinen Gebrauch gemacht"* (Eicher/Luik, 4. Aufl., § 12 Rn 85).

2.3 Betriebsrente

Betriebliche Altersvorsorge bleibt als **Vermögen** außer Betracht, wenn sie ausschließlich arbeitgeberfinanziert und ein Zugriff auf sie vor Eintritt des Versorgungsfalls nicht möglich ist. Das ist bei Direktversicherungen, Pensionsfonds und -kassen immer der Fall. Ist sie arbeitnehmerfinanziert, wird zumindest für den selbst finanzierten Teil der betrieblichen Altersvorsorge geprüft werden, ob eine Verwertung möglich ist (FW 12.7).
Beiträge zur betrieblichen Altersvorsorge, die direkt vom Bruttolohn abgezogen werden, werden nicht als Einkommen an das Alg II angerechnet, soweit sie 30 € mtl. nicht übersteigen. Liegt der mtl. Beitrag darüber und haben Sie die Betriebsrente schon vor dem Alg II-Bezug abgeschlossen, ist Ihnen eine Schonfrist bis zur ersten rechtlichen Änderungsmöglichkeit des Rentenvertrages einzuräumen, damit Sie die Rentenbeiträge an die 30-Euro-Grenze anpassen können (BSG 9.11.2010 - B 4 AS 7/10 R).

2.4 Härtefall

Auch Ersparnisse oberhalb des Vermögensfreibetrags können als Härtefall geschützt sein, wenn es Rücklagen zur Altersvorsorge sind, Sie kurz vor dem Rentenalter stehen und keine ausreichende Rente beziehen würden (§ 12 Abs. 3 Nr.6 SGB II; FW 12.40).

2.5 Beiträge zur Altersvorsorge vom Einkommen absetzen

- zur Absetzung der Beiträge für **Rürup-Rente** oder anderer **Altersvorsorge bei Selbständigen** ⇨Einkommensbereinigung 2.3
- zur Absetzung der Beiträge für **Riester-Rente** ⇨Einkommensbereinigung 3.

2.6 Gesetzliche ⇨Rentenversicherung

Kritik

Bis zum Dezember 2010 waren Alg II-Beziehende rentenversichert. Sie erwarben aber nach der letzten Rentenkürzung 2007 nach einem Jahr gerade noch einen lächerlichen Rentenanspruch von mtl. 2,09 €. Zum Januar 2011 hat die schwarz-gelbe Bundesregierung die Rentenzahlungen für „Hartz IV-Abhängige“ komplett gestrichen. Diese Kürzung stand unter dem Motto *„Die Grundpfeiler unserer Zukunft stärken“* und sollte in den Jahren 2011 bis 2014 7,2 Mrd. € einsparen helfen (Meldung v. 7.6.2010, www.bundesregierung.de). Um die Krise zu meistern, werden Arbeitslose zur Kasse gebeten. Das hat bei der Altersvorsorge seit 1999 Tradition: Die für Langzeitarbeitslose pro Jahr gezahlten durchschnittlichen Rentenbeiträge sind seitdem in vier Schritten von 2.500 € auf null gefahren worden (vgl. P. M. Schröder, BIAJ Kurzmitteilung vom 11.6.2010). Für die Zukunft von Arbeitslosen haben die regierenden Parteien eben nicht besonders viel übrig.

Um Rentenkürzungen mit einer privaten Minirente auszugleichen, hat die Bundesregierung im April 2010 den Freibetrag für Altersvorsorge von 250 auf 750 € pro Lebensjahr erhöht. Dabei haben nur wenige Alg II-Neuantragstellende überhaupt noch so „viel“ privates Alterssicherungsvermögen, um von dieser Erhöhung auf max. 48.750 € pro Person (im Alter von 65 Jahren) zu profitieren.

Versicherungskonzerne fordern diese Anhebung schon lange. Sie sind am Ausbau des privaten Marktes und an gesetzlichen Armutsrenten finanziell interessiert. Die Riester-Rente (September 2012: ca. 15,6 Mio. Verträge) verschafft den Versicherungskonzernen Milliarden an Beitragseinnahmen. Die Bundesregierung förderte die Anlage nach eigener Aussage bis Anfang 2010 mit 6,5 Mrd. €.

Alg II- bzw. HzL-Beziehende haben weder von der gesetzlichen noch von der privaten Altersvorsorge viel zu erwarten. Vor allem Geringverdienende und Personen, die länger im Leistungsbezug sind, werden im Alter größtenteils auf die ⇨Grundsicherung angewiesen sein. Eine Zunahme der Altersarmut zeichnet sich bereits ab. So stieg die Zahl der Beziehenden von Leistungen der Grundsicherung, die das Regelrentenalter erreicht haben, von 257.734 Ende 2003 auf **561.969 im Dezember 2019** (www.destatis.de).

Tipp: Private Vorsorge, die nur staatliche Leistungen ersetzt, sie aber nicht übersteigt, ergibt keinen Sinn. Rechnen Sie Ihre Rentenansprüche durch und überprüfen Sie, ob sich die „private Vorsorge“ für Sie überhaupt lohnt. Lesen Sie aber bitte zunächst dieses Stichwort zu Ende.

3. HzL/ GSi der Sozialhilfe

3.1 Zusätzliche Altersvorsorgebezüge in der Sozialhilfe anrechnungsfrei

Zum 1.1.2018 wurde für Beziehende von HzL/ GSi ein **Freibetrag neu eingeführt**. Er wird für eine freiwillige zusätzliche Altersvorsorge gewährt, die nach Erreichen des Regelrentenalters als Leibrente ausgezahlt wird. Von diesen Einkünften bleibt zunächst ein „Grundfreibetrag“ von 100 € mtl. anrechnungsfrei. Leibrenteneinkünfte, die den 100€-Grundbetrag übersteigen, sind zu 30 Prozent anrechnungsfrei zu stellen. Die Höhe des Freibetrages ist mtl. auf 50 Prozent des Eckregelbedarfs in Höhe von **223 €** (Stand 2021) beschränkt (§ 82 Abs. 4 SGB XII).

*„Einkommen aus einer zusätzlichen Altersvorsorge im Sinne des Absatzes 4 ist **jedes** monatlich **bis zum Lebensende ausgezahlte Einkommen**, auf das der Leistungsberechtigte vor Erreichen der Regelaltersgrenze **auf freiwilliger Grundlage** Ansprüche erworben hat und das dazu bestimmt und geeignet ist, die Einkommenssituation des Leistungsberechtigten gegenüber möglichen Ansprüchen aus Zeiten einer Versicherungspflicht [...] zu verbessern“* (§ 82 Abs. 5 S. 1 SGB XII).

Darunter zählen auch Zahlungen aus

*„1. einer **betrieblichen Altersversorge** im Sinne des Betriebsrentengesetzes“* (Betriebs- und Werksrenten oder Rente einer betrieblichen Zusatzversorgungskasse),

„2. einem nach § 5 des Altersvorsorgeverträge-Zertifizierungsgesetzes zertifizierten Altersvorsorgevertrag“ **(Riester-Rente)** und

„3. einem nach § 5a des Altersvorsorgeverträge-Zertifizierungsgesetzes zertifizierten Basisrentenvertrag“ **(Rürup-Rente)** (§ 82 Abs. 5 S. 2 SGB XII)

Der Begriff freiwillige zusätzliche Altersvorsorge ist offen formuliert und nicht auf die unter 1. bis 3. aufgezählten Altersvorsorgeeinkünfte beschränkt, wie von Sozialämtern immer wieder behauptet wurde. Wichtig ist, dass die Ansprüche auf eine Leibrente freiwillig erworben wurden. *„In welchem Alterssicherungssystem die Ansprüche erworben wurden und ob daneben auch Ansprüche aus einer Versicherungspflicht bestehen, schränkt das Gesetz nicht ein"* (Grube/Wahrendorf/Flint, 7. Aufl. SGB XII § 82 Rn 114).
Die Altersvorsorgebezüge können auch aus diversen privaten Altersvorsorgeverträgen oder aus Versicherungszeiten resultieren, in denen eine von der Versicherungspflicht befreite Personen nach § 7 oder § 232 SGB VI freiwillig Beiträge in die gesetzliche Rentenversicherung eingezahlt hat.

Der Freibetrag wird nur gewährt, wenn aus der freiwilligen zusätzlichen Altersvorsorge ein **Anspruch auf Monatsleistungen** in Form einer Leibrente entsteht. Diese mtl. Ansprüche können auch ohne Nachteile **für längere Zeiträume** bis maximal zwölf Monate **zusammengefasst ausgezahlt** werden (z.B. vierteljährlich, halbjährlich oder jährlich). In diesem Fall sind die Einkünfte gleichmäßig auf den Zeitraum zu verteilen, für den die Auszahlung erfolgte (§ 82 Abs. 5 S. 3 SGB XII). Über eine solche Auszahlungsphase hinweg wird auch eine für mehrere Monate zusammengefasst ausgezahlte Leibrente **nicht als Vermögen berücksichtigt** (§ 90 Abs. 2 Nr. 2 SGB XII). Selbst wenn Ihr Schonvermögen mit dem 5.000 €-Barbetrag schon ausgeschöpft ist, können Sie einen übersteigenden Betrag, der aus einer Leibrentenauszahlung resultiert, über die Auszahlungsphase hinweg verbrauchen.

Beispiel: Felix Fuchs, 66 Jahre alt, hat nur eine geringe Altersrente, die er mit Leistungen der GSi aufstocken muss. Er erhält zusätzlich eine mtl. Leibrente aus seinem Riester-Rentenvertrag in Höhe von 55 € und eine vierteljährliche Zahlung aus einer Rürup-Rente in Höhe von 360 €. Die Rürup-Einkünfte werden auf drei Monate verteilt angerechnet. Felix erzielt demnach mtl. 175 € zusätzliche Altersvorsorge-Einkünfte, die auf freiwilliger Basis angespart wurden. Davon sind der Grundbetrag in Höhe von **100 €** plus 30 Prozent des 100 € überschreitenden Einkommens, hier **22,50 €** (30 % von 75 €) als Vorsorgeeinkommen fürs Alter anrechnungsfrei zu stellen. 52,50 € werden bedarfsmindernd an die GSi angerechnet.

3.2 Altersvorsorgevermögen mit der Härtefallregelung schützen

Ältere Erwerbslose mit verminderter Leistungsfähigkeit können kurz vor Erreichen des Regelrentenalters als voll erwerbsgemindert eingestuft und vom Alg II in die Sozialhilfe abgeschoben werden (⇨Erwerbsfähigkeit). Neben Riester- und Rürup-Rente ist aber in der Sozialhilfe kein weiteres Altersvorsorgevermögen geschützt. Beziehenden von HzL/GSi steht lediglich ein Vermögensfreibetrag von 5.000 € für jede erwachsene Person und 500 € pro Kind zu (§ 1 Abs. 1 Nr. 1, 2 BarBetrV; ⇨Vermögen). Gerade in Bezug auf Altersvorsorgevermögen sind die Freibeträge im SGB II jedoch deutlich günstiger als in der Sozialhilfe. Personen mit bedarfsdeckendem Rentenanspruch laufen dann Gefahr, kurz vor Erreichen des Regelrentenalters, ihre Altersvorsorge aufbrauchen zu müssen.

Tipp: Wenn Sie kurz vor der Verrentung stehen und nur vorübergehend auf Sozialhilfe angewiesen sind, können Sie einen Härtefall geltend machen, um Ihr Alterssicherungsvermögen zu schützen (§ 90 Abs. 3 Satz 1 SGB XII).

4. Alg II und HzL/ GSi der Sozialhilfe: Neuer Freibetrag für die „Grundrente"

Die Grundrente für langjährig Versicherte ist **zum 1.1.2021** in Kraft getreten. Wer **mindestens 33 Jahre** lang in der gesetzlichen Rentenversicherung oder einer anderen verpflichtenden Alterssicherung versichert war, hat Anspruch auf einen Grundrentenzuschlag. Ab **35 Jahren** Versicherungszeit wird der Zuschlag **in voller Höhe** berechnet. Aufgrund der notwendigen Vorbereitung kann die Auszahlung dieser Zusatzrente nicht pünktlich beginnen und wird entsprechend nachgezahlt. Die Ansprüche gelten

jedoch rückwirkend zum 1.1.2021. Ob ein Anspruch auf Grundrente besteht, wird durch die Rentenversicherung automatisch geprüft. Ein Antrag ist nicht erforderlich. ⇨Rentenversicherung

Anspruchsberechtigte der Grundrente erhalten einen **zusätzlichen Freibetrag** bei Leistungen der HzL und GSi nach dem SGB XII (§ 82a SGB XII neu) sowie beim Bezug von Alg II/Sozialgeld (§ 11b Abs. 2a SGB II). Für Letztere dürfte der Freibetrag nur in Übergangsphasen greifen, da der Bezug einer Altersrente den Bezug von Leistungen nach dem SGB II ausschließt. Der Freibetrag wird aus dem Einkommen aus der gesetzlichen Rente berechnet.
Wie beim Freibetrag für Einkünfte aus freiwilliger zusätzlicher Altersvorsorge (⇨3.1.) soll hier mtl. ein **Grundbetrag** in Höhe von **100 € anrechnungsfrei** bleiben, zuzüglich **30 Prozent** des diesen Betrag übersteigenden gesetzlichen Renteneinkommens. Auch hier ist der Freibetrag auf **max. 50 Prozent** der Regelbedarfsstufe 1 (223 €, Stand 2021) begrenzt. Der ab 2018 eingeführte Freibetrag für eine zusätzliche Altersvorsorge (u.a. Betriebs-, Riester- oder Rürup-Rente; ⇨3.1) bleibt daneben bestehen und ist zusätzlich zu gewähren.

Auch beim **Wohngeld** und bei den fürsorgerechtlichen **Leistungen der sozialen Entschädigung** ist dieser zusätzliche Freibetrag für Anspruchsberechtigte der Grundrente ab 2021 zu berücksichtigen (§ 17a WoGG neu, § 3c BVG neu mit Abweichung beim Höchstbetrag; ⇨Regelung SGB II/XII).

Arbeit/Eingliederung

Alg II

„Erwerbsfähige Leistungsberechtigte und die mit ihnen in einer Bedarfsgemeinschaft lebenden Personen haben in eigener Verantwortung alle Möglichkeiten zu nutzen, ihren Lebensunterhalt aus eigenen Mitteln und Kräften zu bestreiten. Erwerbsfähige Leistungsberechtigte müssen ihre Arbeitskraft zur Beschaffung des Lebensunterhalts für sich und die mit ihnen in einer Bedarfsgemeinschaft lebenden Personen einsetzen" (§ 2 Abs. 2 SGB II).

Inhaltsübersicht

1.1 Wer gilt als *„leistungsberechtigt"*?

Das SGB II dehnt nicht nur die ⇨Bedarfsgemeinschaft auf Personen aus, die gar nicht hilfebedürftig sind, es macht auch jedes erwerbsfähige Mitglied dieser Bedarfsgemeinschaft zum/r *„Leistungsberechtigten"* (vormals *„Hilfebedürftigen"*), wenn die Bedarfsgemeinschaft insgesamt Anspruch auf Leistungen hat (⇨Bedarfs-/ Einzelberechnung).
Wenn eine vierköpfige Familie Anspruch auf

400 € Alg II hat, werden auch Eltern, die mit Erwerbsarbeit ihren eigenen Lebensunterhalt selbst bestreiten können, zu Leistungsberechtigten ernannt, weil sie den Lebensunterhalt der beiden Kinder in der Bedarfsgemeinschaft nicht voll decken können.
Dann werden sie vom Gesetz angehalten, *„in eigener Verantwortung alle Möglichkeiten zu nutzen, ihren Lebensunterhalt aus eigenen Mitteln und Kräften zu bestreiten"* (s.o.). Das aber tun sie sowieso schon Tag für Tag.

Tipp: Sind Sie erwerbstätig und dadurch ausreichend auf dem Arbeitsmarkt integriert, müssen Sie i.d.R. keine ⇨Eingliederungsvereinbarung (EinV) abschließen. Sollten Sie dennoch in die Eingliederungsmühlen der Behörde geraten, legen Sie ggf. ⇨Widerspruch ein.

Wenn Sie als **Alg I-Beziehende*r** aufstockend Alg II bekommen, gelten Sie auch als erwerbsfähige*r Leistungsberechtigte*r. Trotzdem ist seit dem **1.1.2017** die **Agentur für Arbeit** für alle Leistungen zur Eingliederung zuständig (§ 5 Abs. 4 SGB II i.V. mit § 22 Abs. 4 Satz 5 SGB III). Vor diesem Stichtag waren es i.d.R. die Jobcenter.
Die wichtigsten Eingliederungsleistungen, die Ihnen als Aufstocker*in zustehen, finden Sie unter ⇨2.2 f.

1.2.1 Vorrang der eigenen Arbeitssuche?

Das SGB II nennt sich Grundsicherung für **Arbeitssuchende.** ***„In eigener Verantwortung alle Möglichkeiten nutzen"*** bedeutet, dass Sie Alg II im Prinzip nur bekommen, wenn Sie Arbeit suchen. Die Einschränkung besteht darin, dass die Arbeitssuche und auch die gefundene Arbeit selbst zumutbar sein müssen.
Als Vertreter*in der Behörde schließt Ihr „persönlicher Ansprechpartner", kurz pAp, oder Arbeitsvermittler*in, mit Ihnen eine ⇨Eingliederungsvereinbarung (EinV) ab. In ihr soll festgelegt werden, *„welche Bemühungen erwerbsfähige Leistungsberechtigte in welcher Häufigkeit zur Eingliederung in Arbeit mindestens unternehmen müssen und in welcher Form diese Bemühungen nachzuweisen sind"* (§ 15 Abs. 2 Nr. 2 SGB II).
Die EinV *„soll regelmäßig, spätestens jedoch nach Ablauf von sechs Monaten, gemeinsam überprüft und fortgeschrieben werden"* (§ 15 Abs. 3 Satz 1 SGB II).

Tipp: Wenn die Behörde Ihnen sofort ungeeignete Arbeitsangebote unterbreitet, sollten Sie sich auf den Vorrang der eigenen Arbeitssuche berufen und diesen zunächst für den in der EinV festgelegten Zeitraum durchzusetzen.

Trotzdem müssen Sie weiterhin auf alle Stellen- und Maßnahmenangebote des Jobcenters **reagieren**, denn seit 1.8.2016 gilt der **Grundsatz:** *„Bei der Beantragung von Leistungen nach diesem Buch sollen* ***unverzüglich*** *Leistungen zur Eingliederung in Arbeit [...]* ***erbracht werden"*** (§ 3 Abs. 2 Satz 1 SGB II).

1.2.2 *„Sofortangebote"* schon bei Antragstellung?

Auch wenn die Sofortangebote für bestimmte Zielgruppen (§ 15a SGB II alt) zum **1.8.2016** aus dem SGB II gestrichen wurden, leben sie im Grundsatz des § 3 Abs. 2 SGB II weiter. Und zwar in der Form, dass dies jetzt für alle gilt, die Leistungen beantragen, und dass es sich auf alle Eingliederungsmaßnahmen bezieht, die das SGB II bereithält.

Bei den „alten" Sofortangeboten war die Praxis bundesweit sehr uneinheitlich: Es gab bereits im Erstgespräch „Sofortangebote", es gab aber auch die Möglichkeit, diese erst in den Folgegespräche auszugeben. Leider gibt es bis heute die Praxis, dass im Erstgespräch ⇨Eingliederungsvereinbarungen sofort abgeschlossen werden. Da man beim Erstkontakt jedoch keine „passgenauen" Vereinbarungen abschließen kann, die auf die individuellen Bedürfnisse der Antragsstellenden zugeschnitten sind, sollte unbedingt darauf aufmerksam gemacht werden, dass diese individuell zugeschnitten sein müssen (⇨Eingliederungsvereinbarung 1.3.2)!

Tipp: Unterschreiben Sie daher nicht vorschnell eine Eingliederungsvereinbarung, sondern informieren Sie sich vorher genau.

Inwieweit bei der Antragstellung für **bestimmte Zielgruppen** (z.B. junge An-

tragstellende, Hochschulabsolvierende, Arbeitslose ohne Anspruch auf Alg I) Ein-Euro-Jobs oder Trainingsmaßnahmen *„erbracht werden"*, hängt oft von der „Geschäftspolitik" der jeweiligen Jobcenter ab. Solche „Maßnahmen" hatten schon immer das Ziel, *„die Bereitschaft des Hilfesuchenden zur Arbeitsaufnahme zu prüfen"* (BT-Drs 16/1410, 21). *„Mit solchen Schritten kann eine Konzentration der Mittel auf die wirklich Bedürftigen erreicht werden"* (SPD-Experte Brandner, FTD 19.04.2006).

Als **Abschreckungsinstrument** wird die *„unverzügliche"* Erbringung von *„Leistungen zur Eingliederung in Arbeit"*, die bisher als „Sofortangebote" gehandelt wurde, weiter Bestand haben.
Das heißt aber nicht, dass die Behörde berechtigt ist, statt Geld zu zahlen, Sie nur auf Arbeitsmöglichkeiten zu verweisen. Sie verlieren Ihren Anspruch auf Alg II selbst dann nicht, wenn Sie sofort einen Ein-Euro-Job oder eine andere Stelle zugewiesen bekommen.

1.2.3 Jugendliche und junge Erwachsene unter 25 Jahren

Der Grundsatz der *„unverzüglichen"* Förderung durch die Behörde gilt auch hier. Neben den *„Leistungen zur Eingliederung in Arbeit"* sollen Jobcenter *„bei fehlendem Berufsabschluss [...] insbesondere die Möglichkeiten zur Vermittlung in eine Ausbildung [...] nutzen"* (§ 3 Abs. 2 Satz 2 SGB II).
Näheres unter ⇨Jugendliche 2.

1.2.4 ⇨Bewerbungen

1.2.5 Abweisung von Hilfebedürftigen, ...weil sie eine Stelle finden könnten?

Diese schon früher bei einigen Sozialämtern verbreitete Praxis ist rechtswidrig.

Alg II darf Hilfebedürftigen nur verweigert werden, wenn ihr Einkommen ihren Bedarf bzw. ihr verwertbares ⇨Vermögen die jeweiligen Freibeträge übersteigt: nicht aber deshalb, weil sie theoretisch Arbeit finden **könnten**.
Die Leistung kann allenfalls **gekürzt** werden, wenn zumutbare Eigenbemühungen nicht eingehalten (⇨Bewerbungen) und zumutbare Arbeiten oder Maßnahmen abgelehnt bzw. abgebrochen werden (⇨Sanktionen).

Tipp: Gegen ablehnende Bescheide können Sie ⇨Widerspruch einlegen und die Behörde mit einer ⇨einstweiligen Anordnung zur Zahlung verpflichten. Auch eine mündliche Ablehnung ist ein Verwaltungsakt (Bescheid). Wenn Sie es ausdrücklich verlangen, muss das Jobcenter aufgrund der mündlichen Ablehnung einen schriftlichen Bescheid erlassen (§ 33 Abs. 2 Satz 2 SGB X).

...weil sie im folgenden Monat den ersten Lohn erwarten?

Das ist ebenfalls rechtswidrig. Alg II muss weitergezahlt werden. Lohn ist erst in dem Monat ⇨Einkommen, in dem er eingeht (FW 11.5ff). Das gilt z.B., wenn Sie eine Arbeit aufnehmen und der erste Lohn im Folgemonat gezahlt wird.

1.3 Zumutbare Arbeit

Nicht alle Beziehenden von Alg II müssen Arbeit suchen. Und sie müssen auch nicht jede Arbeit zu jeder Bedingung annehmen. Die Bundesregierung bemüht sich jedoch, die Zumutbarkeiten in diese Richtung auszudehnen. Die Gründe für Unzumutbarkeit von Arbeit finden sich in § 10 Abs. 1 SGB II und auch in den Weisungen zu § 10 der BA (FW 10.5ff).

1.3.1 Qualifikation

Für Alg II-Beziehende gilt:
„Eine Arbeit ist nicht allein deshalb unzumutbar, weil
1. sie nicht einer früheren beruflichen Tätigkeit entspricht, für die die erwerbsfähige leistungsberechtigte Person ausgebildet ist oder die früher ausgeübt wurde" oder
„2. sie im Hinblick auf die Ausbildung der erwerbsfähigen leistungsberechtigten Person als geringerwertig anzusehen ist" (§ 10 Abs. 2 SGB II).
Alg II-Beziehende genießen also keinen Qualifikationsschutz.

Unzumutbar ist nur eine Arbeit, durch die *„die künftige Ausübung der bisherigen überwiegenden Tätigkeit wesentlich erschwert würde, weil die bisherige Tätigkeit besondere*

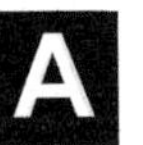

körperliche Anforderungen stellt" (§ 10 Abs. 1 Nr. 2 SGB II).
Ein*e arbeitslose*r Konzertpianist*in darf nicht in den Steinbruch abkommandiert werden, wohl aber ins Archiv einer Bibliothek.

Dennoch spielt die Qualifikation eine bedeutende Rolle.
Die Behörde soll mit Ihnen eine ⇨Eingliederungsvereinbarung (EinV) abschließen, die bestimmt, welche Leistungen Sie zur Eingliederung in Arbeit erhalten (§ 15 Abs. 1 SGB II). *„Bei den Leistungen zur Eingliederung in Arbeit sind [...] die Eignung [...] der erwerbsfähigen Leistungsberechtigten zu berücksichtigen"* (§ 3 Abs. 1 Nr. 1 SGB II). Bei der Feststellung der Eignung soll das *„Kundenprofil"* ermittelt werden. *„Eine sorgfältige Standortbestimmung gemeinsam mit der erwerbsfähigen leistungsberechtigten Person, die die Stärken und den Unterstützungsbedarf identifiziert und daraus folgende Handlungsbedarfe aufzeigt, ist **zwingende Grundlage** für eine erfolgreiche Eingliederungsstrategie"* (FW 15.2). Qualifikation und Fähigkeiten sowie deren Erhaltung und Entwicklung gehören zu den Grundlagen, die bei der EinV berücksichtigt werden müssen.
Mit dem Neunten SGB II-Änderungsgesetz wurden erstmals qualitative Mindeststandards für den Abschluss einer EinV ins Gesetz aufgenommen: demnach sollen Jobcenter *„unverzüglich zusammen mit jeder erwerbsfähigen leistungsberechtigten Person die für die Eingliederung erforderlichen beruflichen und persönlichen Merkmale, berufliche Fähigkeiten und die Eignung feststellen" (Potenzialanalyse)* (§ 15 Abs. 1 Satz 1 SGB II).

Tipp: Drängen Sie darauf, dass Ihre *„beruflichen Fähigkeiten"* und Qualifikationen bei konkreten Schritten zur *„Eingliederung"* berücksichtigt werden. Überlegen Sie selbst, welche Ihrer Fähigkeiten und Qualifikationen bei der Arbeitssuche eine Rolle spielen sollten und machen Sie Vorschläge.

Bei jugendlichen Arbeitslosen soll der Erwerb einer schulischen bzw. beruflichen Ausbildung sogar gefordert bzw. unterstützt werden, weil *„eine Qualifikation für ihren weiteren beruflichen Lebensweg und zur Vermeidung von Langzeitarbeitslosigkeit eine besondere Bedeutung hat"* (Begründung zum Gesetzesentwurf BT-Dr. 15/1516, 51). Es wäre ein Widerspruch, wenn Ihre bereits **erworbene Qualifikation** keine Rolle spielen sollte, aber die künftige Qualifikation eine besondere Bedeutung für die **Beendigung der Arbeitslosigkeit** hat.

Da Sie zunächst einmal selbst Arbeit suchen können bzw. müssen (⇨1.2.1), suchen Sie natürlich bevorzugt Stellen, die Ihrer Qualifikation entsprechen.

Umgekehrt gilt: *„Reichen die beruflichen Qualifikationen bzw. Erfahrungen für die Ausübung der Beschäftigung nicht aus, ist die **Tätigkeit unzumutbar**"* (FW 10.8).

1.3.2 Beschäftigungsort und Wohnort

Jede Arbeit ist zumutbar, auch wenn *„der Beschäftigungsort vom Wohnort der erwerbsfähigen leistungsberechtigten Person weiter entfernt ist als ein früherer Beschäftigungs- oder Ausbildungsort"* (§ 10 Abs. 2 Nr. 3 SGB II). Diese Regelung entspricht der des SGB III für Beziehende von Alg I, aber erst seit Mitte 2014 wird sie auch tatsächlich auf das Alg II/ SGB II angewendet.
Zumutbar sind demnach **Pendelzeiten**:
- bis zu insgesamt 2,5 Stunden Hin- und Rückfahrt (vorher 3) bei einer Arbeitszeit von mehr als sechs Stunden und
- insgesamt 2 Stunden (vorher 2,5) bei einer Arbeitszeit unter sechs Stunden (§ 140 Abs. 4 SGB III).

In Regionen, in denen längere Pendelzeiten üblich sind, verlängert sich die Zumutbarkeit dementsprechend. Allerdings können längere Pendelzeiten auch aus wirtschaftlichen Gründen unzumutbar sein (FW 10.34).

Umzüge in Wohnorte außerhalb des zumutbaren Pendelbereichs sind für Alg I- wie Alg II-Beziehende nach drei Monaten Arbeitslosigkeit *„in der Regel zumutbar"*, es sei denn ein *„wichtiger Grund"* steht dem entgegen (§ 140 Abs. 4 Satz 6 SGB III;). *„Ein wichtiger Grund kann sich insbesondere aus familiären Bindungen ergeben"* (§ 140 Abs. 4 Satz 7 SGB III, FW 10.27), d.h. eine besondere Situation von Ehe- und

Lebenspartnern, Kindern, pflegebedürftigen Angehörigen usw. kann einen Umzug unzumutbar machen. Ebenso das Alter, der Gesundheitszustand oder ortsgebundene Aktivitäten (z.B. Ehrenämter usw.).
Wenn Sie umziehen müssen, kann die Behörde Ihnen eine **Umzugskostenbeihilfe** aus dem sogenannten Vermittlungsbudget in unbestimmter Höhe bewilligen (§ 44 Abs. 1 SGB III i.V. mit § 16 SGB II). Bis 2008 gab es hier Summen bis zu 4.500 €, jetzt werden ohne eine Rechtsgrundlage 2.000 € als Obergrenze genannt (Leitfaden für Arbeitslose 2015, 64).
Eine Beschäftigung, die *„vorübergehend eine getrennte Haushaltsführung erfordert"*, ist ebenfalls zumutbar (§ 140 Abs. 5 SGB III).

1.3.3 Höhe des Lohns

„Erwerbsfähige Leistungsberechtigte und die mit ihnen in einer Bedarfsgemeinschaft lebenden Personen müssen alle Möglichkeiten zur Beendigung oder Verringerung ihrer Hilfebedürftigkeit ausschöpfen" (§ 2 Abs. 1 Satz 1 SGB II).
Dazu gehören nicht nur sozialversicherungspflichtige Arbeitsverhältnisse, sondern auch Minijobs, Gelegenheitsarbeiten oder selbstständige Tätigkeiten. Befristete Jobs sind zumutbar. *„Alle Möglichkeiten"* bedeutet aber nicht, dass Sie für 3 € die Stunde putzen gehen müssen.

1.3.3.1 Zumutbarkeit von untertariflicher Bezahlung – tariflicher/ gesetzlicher Mindestlohn

Die Arbeitslosenverwaltung zwingt Arbeitslose schon seit Jahren zu Lohndumping. Je niedriger der zumutbare Lohn ist, desto besser für Unternehmen. Hartz IV fördert diese Entwicklung, weil Niedriglöhne, die nicht zum Leben reichen, durch Alg II aufgestockt werden.

Wenn Sie Arbeit in Betrieben aufnehmen, die **tarifgebunden** sind, sind untertarifliche Löhne nicht zumutbar. Die entsprechenden Tarife gelten auch für Sie.
Wenn Sie Arbeit in Branchen aufnehmen, in denen Mindestlöhne gelten, haben Sie Anspruch auf den entsprechenden **Mindestlohn**.

Der allgemeine gesetzliche Mindestlohn (§ 1 MiLoG) ab 2021/2022 je Zeitstunde

- Seit 1. Januar 2021	9,50 €
- Ab 1. Juli 2021	9,60 €
- Ab 1. Januar 2022	9,82 €
- Ab 1. Juli 2022	10,45 €

Mindestlohn nach Arbeitnehmer-Entsendegesetz (AentG) je Zeitstunde

Abfallwirtschaft

- Seit 10/2020 bis 09/2021	10,25 €
- Ab 10/2021 bis 09/2022	10,45 €

Leiharbeit/Zeitarbeit nach Arbeitnehmerüberlassung (§ 3a AÜG) je Zeitstunde

West	09/2020 bis 03/2021	10,15 €
Ost inkl. Berlin	10/2020 bis 03/2021	10,10 €
West und Ost	04/2021 bis 03/2022	10,45 €
West und Ost	04/2022 bis 12/2022	10,88 €

(www.boeckler.de/pdf/ta_mindestloehne.pdf)

Tipp: Bevor Sie eine Stelle zu einem möglicherweise untertariflichen oder *„sittenwidrigen"* Lohn annehmen, bitten Sie um Bedenkzeit, damit Sie sich z.B. bei der zuständigen **Gewerkschaft** nach dem Tariflohn/ Mindestlohn, dem ortsüblichen Lohn bzw. dem Lohnniveau in Ihrer Region erkundigen können. Sie können auch das Tarifarchiv des WSI-Instituts im Internet nutzen (http://www.boeckler.de/index_wsi_tarifarchiv.htm).

Sollten Sie von der Behörde unter Androhung von Kürzungen gezwungen werden, eine untertarifliche Bezahlung in tarifgebundenen Bereichen anzunehmen, können Sie die Arbeit als unzumutbar ablehnen. Sie können die Arbeit aber auch annehmen und nach der Einstellung Ihre Tarifansprüche gegen den Arbeitgeber gerichtlich durchsetzen (BAG 28.03.2000 - 1ABR 16/99), was leichter ist, wenn Sie gewerkschaftlich organisiert sind.

In Unternehmen, die **nicht tarifgebunden** sind, sind alle Löhne zumutbar, sofern sie nicht unter dem **gesetzlichen Mindestlohn von** 9,50 € (ab 1.1.2021) liegen (§ 1 MiLoG; Ausnahmen s.u.) oder sittenwidrig sind – z.B. dort, wo der Mindestlohn nicht gilt.

Sittenwidrig ist ein Lohn, wenn er in einem *„auffälligen Missverhältnis zu der Leistung"* steht (§ 138 Abs. 2 BGB).
Das ist nach Auffassung des Bundesarbeitsgerichts der Fall, wenn die Entlohnung nicht einmal zwei Drittel eines in der betreffenden Branche und Wirtschaftsregion üblicherweise gezahlten Tariflohns beträgt (BAG 22.4.2009 - 5 AZR 436/08). *„Die Üblichkeit der Tarifvergütung kann [laut BAG] angenommen werden, wenn mehr als 50 % der Arbeitgeber eines Wirtschaftsgebiets tarifgebunden sind oder wenn die organisierten Arbeitgeber mehr als 50 % der Arbeitnehmer eines Wirtschaftsgebietes beschäftigen"* (nach Leitfaden für Arbeitslose 2013, 157). *„In Bereichen, in denen keine einschlägigen Tarifverträge existieren, sind ggf. verwandte Tarifverträge als Vergleichsmaßstab heranzuziehen"* (FW 10.4).

Vergleichsgrundlage für Sittenwidrigkeit sind die Tariflöhne des jeweiligen Wirtschaftszweigs, nicht die Tariflöhne der Branche (BAG, s.o.). Für Beschäftigte in Leiharbeitsfirmen gilt also nicht der Tariflohn der Branche des Entleihbetriebs, sondern der Tariflohn bzw. übliche Lohn in der Leiharbeitsbranche.

Sittenwidrige Löhne sind **Lohnwucher** und dieser ist **strafbar**. *„Wer die Zwangslage [...] eines anderen dadurch ausbeutet, dass er sich oder einem Dritten [...] Vermögensvorteile versprechen oder gewähren lässt, die in einem auffälligen Missverhältnis zu der Leistung stehen, wird [...] bestraft"* (§ 291 Abs. 1 Satz Nr. 3 Strafgesetzbuch). Sie können in diesem Fall das Unternehmen verklagen, das Ihnen den Hungerlohn zahlt.

Sittenwidrig ist ebenso ein Stellenangebot in der Prostitution. Es ist auch dann sittenwidrig und unzumutbar, wenn sie in der Vergangenheit bereits ausgeübt wurde (§ 10 Absatz 1 Nr. 5 SGB II).

Tipp: Machen Sie Ihre*n Arbeitsvermittler*in darauf aufmerksam, dass er sich strafbar macht, wenn der Lohn der Ihnen angebotenen Stelle sittenwidrig sein sollte oder nach § 10 Absatz 1 Nr. 5 SGB II verstößt. Sie könnten ihn/sie wegen Beihilfe zum Lohnwucher verklagen.

Jobcenter können von Arbeitgebern, die ihren Beschäftigten gesetz- oder tarifwidrige Löhne zahlen, Entschädigungen fordern, wenn die Beschäftigten aufgrund des Niedriglohns auf aufstockendes Alg II angewiesen sind. Die Behörde kann nur die Differenz zum rechtmäßigen Lohn einfordern, abzüglich der Absetzbeträge und des Erwerbstätigenfreibetrags (⇨Einkommensbereinigung) sowie des rechtmäßigen Lohnanteils, der über dem Alg II liegt (LAG Mecklenburg Vorpommern 2.11.2010 - 5 Sa 91/10). Diese Lohnanteile stehen dem/r Arbeitnehmer*in zu, wenn er/sie die Forderung gegenüber dem Arbeitgeber durchsetzt.

1.3.3.2 Der gesetzliche Mindestlohn gilt nicht für:

- Jugendliche unter 18 Jahren ohne abgeschlossene Berufsausbildung, Auszubildende – unabhängig von ihrem Alter – im Rahmen der Berufsausbildung,
- Langzeitarbeitslose während der ersten sechs Monate ihrer Beschäftigung nach Beendigung der Arbeitslosigkeit,
- Praktikant*innen, wenn das Praktikum verpflichtend im Rahmen einer schulischen oder hochschulischen Ausbildung stattfindet,
- Praktikant*innen, wenn das Praktikum freiwillig bis zu einer Dauer von drei Monaten zur Orientierung für eine Berufsausbildung oder Aufnahme eines Studiums dient,
- Jugendliche, die an einer Einstiegsqualifizierung als Vorbereitung zu einer Berufsausbildung oder an einer anderen Berufsbildungsvorbereitung nach dem Berufsbildungsgesetz teilnehmen,
- **ehrenamtlich Tätige** (§ 22 MiLoG).

Einen Anspruch auf den Mindestlohn haben hingegen auch Untersuchungs- oder Strafgefangene, die innerhalb von Haftanstalten arbeiten.

Forderungen
Verpflichtung der Unternehmen, bei der Meldung offener Stellen die Lohnhöhe zu nennen!
Verpflichtung der Jobcenter, vor der Vermittlung von Amts wegen zu prüfen, ob Lohnwucher/ Unterschreitung des Mindestlohns vorliegt!

Keine Ausnahmen beim gesetzlichen Mindestlohn bei regulären Arbeitsverhältnissen!

1.3.3.3 Zumutbarkeit von Minijobs und geringfügiger Beschäftigung

Sie müssen auch Minijobs oder andere geringfügige Beschäftigungen annehmen, da diese zur angesprochenen *„Verringerung [I]hrer Hilfebedürftigkeit“* (§ 2 Satz 1 SGB II) führen.

Bei Minijobs ist die Arbeitszeit nicht vorgeschrieben. Es ist z.B. zulässig, 20 bis 25 Stunden wöchentlich zu arbeiten. Allerdings gilt auch bei Minijobs der Mindestlohn von 9,50 € pro Stunde. Bei einem max. Monatslohn von 450 € ergibt das eine maximale monatliche Arbeitszeit von rund 47,5 Stunden.

1.3.3.4 Lohnwucher schon bei Löhnen unterhalb des Alg II-/ Sozialhilfeniveaus?

Löhne unterhalb von Alg II/ Sozialhilfe entsprechen nach Meinung des arbeitgeberfreundlichen Bundesarbeitsgerichts und der Hartz IV-Parteien den guten Sitten des Kapitals. Lohnwucher liegt aber nach Meinung anderer Gerichte schon vor, wenn der Lohn für eine Vollzeitstelle noch unter dem Sozialhilfebedarf eines/r Alleinstehenden liegt (SG Berlin 27.2.2006 - S 77 AL 742/05; SG Fulda 17.3.2004 - S 1 AL 77/03; ArbG Bremen 30.8.2000 - 5 Ca 5151/5198/00).

Unserer Meinung nach ist Lohnwucher bei Vollzeitjobs auch dann gegeben, wenn der **Nettolohn** unter dem Alg II-Bedarf eines/r Alleinstehenden inklusive Freibetrag liegt. Der durchschnittliche Alg II-Bedarf einer alleinstehende Person belief sich 2019 auf rund 806 € Leistung pro Monat + 300 € Freibeträge = 1.106 € (Netto). Daraus ergibt sich ein Bruttolohn von rund 1.465 € (Alleinstehend, Steuerklasse I, keine Kinder, Kirchensteuer, gesetzlich versichert). Erwerbsarbeit bei Mindestlohn bedeutet 1.520 € brutto bei einer 40 Stundenwoche, das sind dann 1.140 € netto. Das bedeutet Einkommen auf Hartz IV-Niveau zzgl. Erwerbstätigenfreibetrag. Neben hohen Mieten kommen oft Unterhalts- oder Schuldverpflichtungen hinzu: dann ist der der Mindestlohn nicht bedarfsdeckend. Er ist Elendslohn auf Niveau von Hartz IV.

1.3.3.5 Vorrang von Lohnarbeit, durch die Sie aus der Alg-II-Bedürftigkeit herauskommen?

„Das Recht des Sozialgesetzbuchs [...] soll dazu beitragen, [...] den Erwerb des Lebensunterhalts durch eine frei gewählte Tätigkeit zu ermöglichen“ (§ 1 Abs. 1 SGB I). Schöne Worte.

Auch der erste Satz des SGB II lautet:

„Die Grundsicherung für Arbeitssuchende soll [...] dazu beitragen, dass sie [die erwerbsfähigen Leistungsberechtigten] ihren Lebensunterhalt unabhängig von der Grundsicherung aus eigenen Mitteln und Kräften bestreiten können“ (§ 1 Abs. 2 Satz 1 SGB II).

Wenn Ihnen unter Androhung von Kürzungen untertarifliche Arbeit bzw. Minijobs oder ⇨Arbeitsgelegenheiten aufgezwungen werden, trägt das nicht dazu bei, dass Sie Ihren Lebensunterhalt **unabhängig** von der Grundsicherung bestreiten können. Sie würden in eine Lage gezwungen, in der Sie sich **nicht selbst helfen** können. Was heißt hier noch *„Hilfe zur Selbsthilfe“*? Wichtiger als Ihre Unabhängigkeit von Alg II ist das Interesse von Kapital **und** Hartz IV-Parteien an Lohndumping und Kostensenkungen, denn Niedriglöhne und mickrige Sozialleistungen befördern sich gegenseitig.

Letztlich dienen Jobs, mit denen Sie Alg II-abhängig bleiben, nicht Ihrer Eingliederung. Die Eingliederung soll sie ja nicht abhängig, sondern unabhängig von Alg II machen. Dennoch werden Sie unter Androhung von ⇨Sanktionen gezwungen, solche Jobs anzunehmen.

1.3.4 Zumutbarkeit von Leiharbeit

„Die Arbeit bei einer Zeitarbeitsfirma (Personalleasing) ist zumutbar, auch wenn erstmals eine solche Arbeit ausgeübt wird“ (FH 10.35). Die *„Vermittlung in ein Leiharbeitsverhältnis, das den Vorgaben des AÜG [Arbeitnehmerüberlassungsgesetz] entspricht, [ist] einem Arbeitslosen nicht generell - also ohne Berücksichtigung besonderer Umstände des Einzelfalles - nicht zuzumuten“* (BSG 8.11.2001 - B 11 AL 31/01 R).

Tipp: Unzumutbar kann Leiharbeit aber sein, wenn gesetzliche Mindestbestimmungen, z.B. bei Lohnfortzahlung, Urlaub usw., vor allem aber beim Lohn selbst nicht eingehalten werden. Prüfen Sie, ob der Lohn untertariflich oder sittenwidrig ist (⇨1.3.3.1 f.).

1.3.5 Zumutbarkeit abhängig von körperlicher, geistiger oder seelischer Verfassung

Jede Arbeit ist zumutbar, es sei denn, Sie sind *„körperlich, geistig oder seelisch nicht in der Lage"*, sie auszuüben (§ 10 Abs. 1 Nr.1 SGB II). Wenn Sie einen Bandscheibenvorfall hatten, können Sie nicht beim Spargelstechen eingesetzt werden. Wenn Sie schwerhörig, gehbehindert, schwer asthmakrank oder zu alt sind usw., sind Sie für bestimmte Arbeiten nicht geeignet. Das Gleiche kann gelten, wenn Sie unter starken Ängsten leiden.

Inwieweit das alles der Fall ist, kann durch den ärztlichen Dienst der Agentur für Arbeit, dem die Jobcenter angegliedert sind, mithilfe einer Untersuchung festgestellt werden. In diesem Fall müssen Sie aber damit rechnen, dass Sie nicht unbedingt von einem Facharzt/einer Fachärztin für Ihre Beschwerden untersucht werden. Legen Sie selbst ein Gutachten vor, müssen Sie dieses i.d.R. selbst veranlassen und mögliche Kosten auch selbst übernehmen. Trotzdem kann es passieren, dass das ärztliche Gutachten durch das Jobcenter einen höheren Stellenwert hat als des Ihres/r Fachärzt*in. Verweigern Sie den Termin zum ärztlichen Dienst, kann der Regelbedarf um zehn Prozent gekürzt werden (⇨Sanktionen). Verweigern Sie die Abgabe des vom Jobcenter ausgegebenen Gesundheitsfragebogens und der Schweigepflichtsentbindungen kann Ihr Jobcenter Ihre Leistungen nach § 66 SGB I wegen „fehlender Mitwirkung" einstellen. Die Zahlung erfolgt erst dann wieder, wenn Sie den Gesundheitsfragebogen komplett (verschlossen) beim Jobcenter oder direkt beim ärztlichen Dienst der zuständigen Agentur für Arbeit eingereicht haben. Beachten Sie die Grenzen der ⇨ Mitwirkung

1.3.6 Zumutbarkeit und Kindererziehung

Leistungsberechtigten ist jede Arbeit zumutbar, es sei denn, dass *„die Ausübung der Arbeit die Erziehung ihres Kindes oder des Kindes ihrer Partnerin oder ihres Partners gefährden würde"* (§ 10 Abs. 1 Nr. 3 SGB II). Das hängt vom Alter des Kindes und der Art seines Betreuungsbedarfs ab.

Allgemein aber gilt, dass Arbeiten wie Schichtarbeit, Wochenendarbeit und Bewerbungstrainings in den Sommerferien, wenn Kindergärten geschlossen sind, oder Bewerbungen für das ganze Bundesgebiet, insbesondere für Alleinerziehende, nicht zumutbar sind. Dennoch wird es immer wieder versucht.

1.3.6.1 Betreuungspersonen mit Kindern unter drei Jahren

Für diese ist Arbeit nicht zumutbar (FW 10.15; OVG NW 17.5.2001, ZfS 2001, 333 f.). In einer Familie *„kann sich [aber nur] einer der Partner wegen der Kinderbetreuung auf die Unzumutbarkeit der Arbeitsaufnahme berufen"* (FW 10.15).

Das gilt auch, wenn Sie noch **weitere** Kinder haben, die älter sind als drei Jahre. Sie beziehen dann zwar Grundsicherung für Arbeitssuchende, müssen aber als Betreuungsperson weder Arbeit suchen noch eine Eingliederungsvereinbarung unterschreiben.

1.3.6.2 Betreuungspersonen mit Kindern zwischen drei und sechs Jahren

Für diese ist Halbtagstätigkeit bzw. stundenweise Tätigkeit zumutbar, wenn ihr Kind anderweitig betreut wird.

„[D]ie Erziehung eines Kindes, das das dritte Lebensjahr vollendet hat, ist in der Regel nicht gefährdet, soweit seine Betreuung in einer Tageseinrichtung oder in Tagespflege [...] oder auf sonstige Weise sichergestellt ist; die zuständigen kommunalen Träger sollen darauf hinwirken, dass erwerbsfähigen Erziehenden vorrangig ein Platz zur Tagesbetreuung des Kindes angeboten wird" (§ 10 Abs.1 Nr. 3 SGB II).

Wenn Ihr Kind also einen Kindergarten besucht, ist es Ihnen zuzumuten, in der Zeit, in der es betreut wird, arbeiten zu gehen. Wenn Ihr Kind betreut wird und Sie sich dennoch weigern, zumutbare Arbeit anzunehmen, müssen Sie mit Kürzungen rechnen (VGH BW 11.10.1999, FEVS 2000, 426).

Die Behörde soll darauf hinwirken, dass

Ihnen ein Platz zur Tagesbetreuung angeboten wird.

Was aber passiert, wenn Sie mit der Art der angebotenen Betreuung (Tagesmutter) oder dem Kindergarten (z.B. einer bestimmten Konfession etc.) nicht einverstanden oder der Meinung sind, dass Sie Ihr Kind bis zum Schulalter selbst großziehen wollen? Im Grundgesetz heißt es: *„Pflege und Erziehung der Kinder sind das natürliche Recht der Eltern und die zuvörderst ihnen obliegende Pflicht“* (Art. 6 Abs. 2 GG). Dieses Grundrecht ist im Vorschulalter nicht durch eine gesetzliche Kindergartenpflicht bzw. Betreuungspflicht durch Tagesmütter eingeschränkt. Der/die Arbeitsvermittler*in darf nicht versuchen, Ihnen gegen Ihren Willen einen Ganztagskindergartenplatz aufzuzwingen. Nur Sie haben ein Aufenthaltsbestimmungsrecht für Ihr Kind.

Daraus folgt, dass das Amt Ihnen nicht den Regelbedarf kürzen darf, wenn Sie Ihren Erziehungspflichten in der von Ihnen gewählten Art nachkommen. Im SGB II sind daher auch keine Kürzungen vorgesehen, wenn Sie ein Angebot an Kinderbetreuung nicht annehmen oder sich weigern, Dritte wie z.B. Großmutter, Eltern, Freunde, Bekannte usw. zu fragen, ob sie die Betreuung sicherstellen.

Die Behörde versucht jedoch, Ihnen indirekt eine **Betreuungspflicht** aufzuzwingen: *„eine bedarfsgerechte Betreuung des Kindes durch Dritte [ist gewährleistet], wenn nachweislich geeignete Kinderbetreuungsplätze z. B. in einer Kindertagesstätte zur Verfügung stehen“* (FW 10.15).

Die Jobcenter gehen also davon aus, dass die vorgehaltenen Betreuungsangebote Ihnen und Ihrem Kind zuzumuten sind. Wenn Sie dann ein Jobangebot für die durch das Amt gewährleistete Betreuungszeit ablehnen, können Sie sanktioniert werden.

Und: *„Ein erhöhter Betreuungsbedarf kann bei verhaltensauffälligen Kindern bestehen, z. B. bei hyperaktiven Kindern“* (FW 10.15.).

Tipp: Legen Sie im Einzelnen schriftlich dar, warum Sie ein solches Betreuungsangebot nicht annehmen können, oder warum ein bestimmtes Angebot für Ihr Kind nicht geeignet ist. Legen Sie, falls vorhanden, entsprechende Atteste vor.

Die Betreuung minderjähriger oder behinderter Kinder fällt unter die Leistungen *„für die Eingliederung […] in das Erwerbsleben“* (§ 16a Nr. 1 SGB II). Auch wenn Ihr*e Arbeitsvermittler*in verlangen könnte, dass Sie die Suche nach einem Kindergartenplatz nachweisen, darf eine solche Verpflichtung nicht in eine ⇨Eingliederungsvereinbarung aufgenommen werden. Eine entsprechende EinV wäre rechtswidrig und damit nichtig (§ 58 Abs. 2 Nr. 1 SGB X).

1.3.6.3 Betreuungspersonen mit Kindern im schulpflichtigen Alter

In dieser Situation ist eine Halbtagstätigkeit zumutbar (VGH HE 31.8.1992, FEVS 1994, 25 ff.; OVG HH FEVS 1991, 205; VGH BW 18.5.1998, IDAS 2/99 I.2.2).

Alleinerziehenden mit einem 9-jährigen Kind war früher regelmäßig nur eine Halbtagsarbeit zumutbar (BVerwG 17.05.1995, FEVS 1996, 12). Der Bundesgerichtshof verschärft nun den Druck und verpflichtet Alleinerziehende mit **einem** Grundschulkind in aller Regel zu einer Vollzeittätigkeit, wenn eine Betreuungsmöglichkeit besteht (BGH 15.6.2011 - XII ZR 94/09).

Zumutbar hin oder her: eine feste Altersgrenze, ab der **Vollzeitarbeit** zumutbar ist, gibt es nicht. Die Erziehung Ihres Kindes kann auch *„gefährdet“* sein, wenn es älter als zwölf oder 15 Jahre ist. Das ist ggf. durch Attest oder eine Stellungnahme von Lehrer*innen/Sozialarbeiter*innen nachzuweisen. Erziehungsschwierigkeiten, Versetzungsprobleme usw. stehen der Vollzeitarbeit entgegen. Hier muss eine Entscheidung unter Berücksichtigung des Einzelfalls getroffen werden.

Bei **drei und mehr** Kindern im schulpflichtigen Alter ist Arbeit i.d.R. nicht zumutbar (VGH BW FamRN 1999, 409, 410). Das hängt heutzutage aber auch von den persönlichen und örtlichen Verhältnissen ab (LPK SGB II, § 10, Rn. 20).

1.3.7 Zumutbarkeit und Pflege

Jede Arbeit ist zumutbar, es sei denn, dass *„die Ausübung der Arbeit mit der Pflege einer oder eines Angehörigen nicht vereinbar wäre und die Pflege nicht auf andere Weise sichergestellt werden kann“* (§ 10 Abs.1 Nr. 4 SGB II).

Wie viel Stunden Arbeit pro Tag als zumutbar gelten, hängt vom Grad der Pflegebedürftigkeit des Angehörigen ab. Bei Pflegegrad 1 hält die BA Vollzeitarbeit für zumutbar, ab Pflegegrad 2 bis Pflegegrad 3 ebenfalls, jedoch abhängig von der erforderlichen Präsenz der Pflegeperson bis zu 6 Stunden pro Tag. Ab Pflegegrad 4 hält die BA definitiv eine Arbeit der pflegenden Person für nicht mehr zumutbar (FW 10.18).

Diese Richtlinien sind **lebensfremd**. Bei Pflegegrad 2 kann die zeitliche Belastung bis zu drei Stunden, bei Pflegegrad 3 bis zu fünf Stunden am Tag reichen. Die Zeit, in der Pflegebedürftige (insbesondere Personen mit erhöhtem Betreuungsaufwand) beaufsichtigt werden müssen, ist in den Pflegezeiten nicht enthalten. Bei Pflegegrad 2 ist dreimal täglich Pflege zu verschiedenen Tageszeiten gefordert. Die als zumutbar geltenden Arbeitszeiten sind mit all dem nicht zu vereinbaren. Daher gibt die BA zu, dass sich *„bei Pflegegrad 1 bis 3 [...] aus der Pflege zudem Einschränkungen hinsichtlich Dauer, Lage und Verteilung der Arbeitszeit ergeben [können]“* (ebenda).

Tipp: Weisen Sie individuelle Einschränkungen und die tatsächliche Pflegezeit nach und bestehen Sie auf eine einzelfallbezogene Entscheidung darüber, ob und wie viel Arbeit Ihnen wann zuzumuten ist.

Häusliche Pflege durch andere zu erbringen, zählt ebenfalls zu den Leistungen der Eingliederung in das Erwerbsleben (§ 16a Nr. 1 SGB II). Sie können aufgefordert werden, Pflege zu organisieren, um mehr arbeiten zu können. Auch das ist von Sanktionen bedroht. Es ist aber unzumutbar, einem Pflegebedürftigen gegen seinen Willen ambulante Pflege aufzuzwingen.

1.3.8 Wichtige Gründe, die der Arbeitsaufnahme entgegenstehen

Jede Arbeit ist zumutbar, es sei denn, dass *„der Ausübung der Arbeit ein sonstiger wichtiger Grund entgegensteht“* (§ 10 Abs. 1 Nr. 5 SGB II).

Wichtige Gründe sind u.a.:

- Die angebotene Arbeit ist wegen **Lohnwuchers** sittenwidrig.
- Trotz Tarifbindung oder vorgeschriebenem Mindestlohn soll **untertariflich** gearbeitet werden.
- Arbeiten verstoßen gegen **andere** gesetzliche Regelungen, z.B. das Arbeitszeit-, Jugendschutz- oder das Arbeitsstättengesetz usw.
- Sie lehnen ein Arbeitsangebot ab, weil Sie zu Ihrem/r Partner*in an einen anderen Wohnort ziehen wollen.
- Sie treten in wenigen Wochen ohnehin eine **neue Stelle** an oder **beenden** aus anderen Gründen die **Hilfebedürftigkeit** (FW 10.22).
- Sie betreuen einen Schwerpflegebedürftigen und wollen eine bis zu sechsmonatige Pflegezeit nach dem Pflegezeitgesetz in Anspruch nehmen (FW 10.22).
- Sie besuchen noch die **Schule** (⇨Schüler*innen; FW 10.22 f.).
- Sie wollen Ihre (Zweit-)**Ausbildung** beenden (FW 10.24).
- Sie treten eine **Erstausbildung** an, weil Sie noch keine Berufsausbildung haben (FW 10.22).
- Sie beginnen eine berufsvorbereitende Bildungsmaßnahme (FW 10.22).
- Sie unterliegen nach Beendigung der Schulzeit bis 18 der **Berufsschulpflicht** und das steht einer Arbeit entgegen (FW 10.23).
- Sie absolvieren einen **Jugendfreiwilligendienst/ Bundesfreiwilligendienst** oder einen Dienst in einem entsprechenden Programm (BA 10.22).
- Sie können als Angehöriger einer bestimmten Volksgruppe, Religionsgemeinschaft oder eines anderen Kulturkreises eine bestimmte Beschäftigung aufgrund **kultureller oder religiöser Konflikte** nicht ausüben (FW 10.22).
- Sie wollen als **Prostituierte*r** Ihren Beruf nicht weiter ausüben (FW 10.22).

„Der Auffangtatbestand der Nummer 5 [sonstiger wichtiger Grund] ist restriktiv [eingeschränkt] anzuwenden“, weil die persönlichen Interessen hinter den Interessen der Allgemeinheit, die die Arbeitslosen aus Steuermitteln finanziert, *„grundsätzlich“* zurückstehen müssen (BT-Dr. 15/1516, 53).
Die BA setzt das in ihren Durchführungshinweisen wie folgt um: *„Bei der Entscheidung inwieweit Zumutbarkeit gegeben ist, muss*

eine Abwägung der persönlichen Interessen der Leistungsberechtigten mit den Interessen der Allgemeinheit erfolgen" (FW 10.30).

2. Leistungen der Eingliederung in Arbeit

Eingliederungsleistungen sind fast nur **„Kann-Leistungen"**, die im Ermessen des Arbeitsvermittlers/der Arbeitsvermittlerin liegen. ⇨ Ermessen auszuüben, bedeutet nicht, Entscheidungen im rechtsfreien Raum zu treffen, sondern: Möglichkeiten abzuwägen, mit denen der angegebene Zweck des Gesetzes, die Eingliederung in den *„Ersten Arbeitsmarkt"*, erreicht werden kann.

Wenn jedoch der Arbeitsvermittler **„Eingliederungsmaßnahmen"** in der EinV vorschreibt, sind Sie gezwungen, sie anzunehmen, wollen Sie keine Kürzungen des Regelbedarfs riskieren.

2.1 „Eingliederungsleistungen" des SGB II nach dem Teilhabechancengesetz

Mit dem *„Gesetz zur Neuausrichtung der arbeitsmarktpolitischen Instrumente"* wurden die Eingliederungsleistungen des SGB II zum 1.1.2009 ergänzt und in den §§ 16 bis 16g SGB II neu geordnet. Zum 1.4.2011 wurden im Zuge der sogenannten *„Instrumentenreform"* die Eingliederungsleistungen des SGB III *„gestrafft"* und umstrukturiert sowie die SGB II-Leistungen eingeschränkt. Mit dem *„Neunten SGB-II-Änderungsgesetz"* wurden zum 1.8.2016 Leistungen neu formuliert und z.T. ergänzt, ohne hierfür die notwendigen Haushaltsmittel einzuplanen.

Während der Bundeshaushalt im Jahr 2005 noch ca. 9,6 Mrd. € für Eingliederungsleistungen nach dem SGB II (inkl. Bundesprogramme) vorsah, waren es 2010 noch 6,35 Mrd. €, 2016 3,6 Mrd. € (ohne Mittel für Geflüchtete) und 2020 rund 4,9 Milliarden. *„Gestrafft"* wurden vor allem die Ausgaben für solche Leistungen.

2020 traten mit dem neuen Eingliederungsinstrument „Teilhabe am Arbeitsleben" (§§ 16e, 16i SGB II) neue Förderinstrumente in Kraft ⇨ Arbeitsgelegenheiten.

Für Langzeitarbeitslose ab dem vollendeten 25. Lebensjahr ist mit dem neuen § 16i SGB II ein neues Instrument, **„Teilhabe am Arbeitsleben"**, eingeführt wurden. *„Gefördert wird eine sozialversicherungspflichtige Beschäftigung auf dem allgemeinen und sozialen Arbeitsmarkt"* (BMAS, 2020). Parallel zur Arbeitsaufnahme soll durch *„eine ganzheitliche beschäftigungsbegleitende Betreuung (Coaching) sehr arbeitsmarktfernen Langzeitarbeitslosen soziale Teilhabe ermöglicht werden"* (ebenda). Arbeitslose müssen mindestens sechs Jahre innerhalb der letzten sieben Jahre Arbeitslosengeld II bezogen haben. Menschen mit einer Schwerbehinderung und Personen mit mindestens einem minderjährigen Kind in einer ⇨ Bedarfsgemeinschaft können bereits nach fünf Jahren gefördert werden (ebenda). Gefördert werden sozialversicherungspflichtige Beschäftigung bei Arbeitgebern, sozialen Einrichtungen oder Kommunen. Eine Förderung ist bis zu fünf Jahren möglich. Sie wird geleistet, indem ein degressiver Lohnkostenzuschuss von bis zu fünf Jahren gezahlt wird.

Der Zuschuss zum Arbeitsentgelt beträgt in den fünf Jahren (§ 16i Abs. 2, 1-4 SGB II):

- in den ersten beiden Jahren Zuschuss von 100 Prozent zum Mindestlohn
- im dritten Jahr: Zuschuss von 90 %
- im vierten Jahr: Zuschuss von 80 % und
- im fünften Jahr: Zuschuss von 70 %

Bemessungsgrundlage:

- die arbeitsvertragliche vereinbarte Arbeitszeit
- Höhe des allgemeinen Mindestlohns nach dem Mindestlohngesetz (MiLogG)
- bei tarifgebundenen oder tariforientierte Arbeitgebern, die nach kirchlichen Arbeitsrechtsregelungen entlohnen, erfolgt die Bemessung auf Basis des zu zahlenden Arbeitsentgelt.

Eingliederungsleistungen nach § 16e SGB II

Neu ist auch seit 2020 die Förderung von **„Eingliederung von Langzeitarbeitslosen"** (§ 16e SGB II). Voraussetzung ist eine Arbeitslosigkeit von mindestens zwei Jahren. Wie nach § 16i SGB II soll eine ganzheitliche beschäftigungsbegleitende Betreuung (*Coaching*) durch die Agentur für Arbeit oder das Jobcenter gewährleistet werden (§ 16e Absatz 4). Gefördert werden sozialversicherungspflichtige Beschäftigungsverhältnisse bei allen Arbeitgebern mit dem Ziel der Integration in den allgemeinen ersten Arbeitsmarkt. Arbeitgeber können mit Lohnzuschüssen rechnen, wenn der Arbeitsvertrag mindestens auf zwei Jahre geschlossen wird. Er beträgt

- im ersten Jahr zum Arbeitsentgelt: 75 % und
- im zweiten Jahr: 50 % (§ 16e Absatz 2 SGB II).

Die Bemessungsgrundlage bezieht sich auf das tarifliche oder, wenn keine tarifliche Regelung besteht, auf das ortsübliche Arbeitsentgelt, zuzüglich des pauschalierten Anteils des Arbeitgebers i.H.v. 19 Prozent des Gesamtsozialversicherungsbeitrags (ohne Beitrag zur gesetzlichen Arbeitslosenversicherung).

Nach dem Ende der Förderung besteht eine Nachbeschäftigungspflicht des Arbeitgebers von sechs Monaten (§ 92 Absatz 2 Satz 5 SGB III).

Die Bundesregierung hat für die neuen Förderprogramme insgesamt vier Milliarden Euro zur Verfügung gestellt. Rund 150.000 geförderte Arbeitsplätze sollen damit geschaffen werden.

2.1.1 Kommunale Eingliederungsleistungen (§ 16a SGB II)

Die kommunalen Träger können Leistungen erbringen (und finanzieren), *„die für die Eingliederung der oder des erwerbsfähigen Leistungsberechtigten in das Erwerbsleben erforderlich sind“* (§ 16a SGB II).
Der Gesetzgeber nennt hier abschließend: Angebote zur Betreuung minderjähriger oder behinderter Kinder (⇨ 1.3.6.2), häusliche Pflege von Angehörigen (⇨ 1.3.7), Schuldnerberatung, psychosoziale Betreuung und Suchtberatung (ebenda).
Der/die Arbeitsvermittler*in kann solche *„Leistungen“* in einer EinV verordnen.

2.1.2 Einstiegsgeld (§16b SGB II)

„Zur Überwindung der Hilfebedürftigkeit kann erwerbsfähigen Leistungsberechtigten bei Aufnahme einer sozialversicherungspflichtigen oder selbstständigen Erwerbstätigkeit ein Einstiegsgeld erbracht werden, wenn dies zur Eingliederung in den allgemeinen Arbeitsmarkt erforderlich ist“ (§ 16b SGB II).
Das Einstiegsgeld wird als anrechnungsfreier Zuschuss zum Arbeitslosengeld II erbracht. 2018 wurde rund 54.600 Mal Einstiegsgeld bewilligt. Rund 1.900 Mal für Selbstständige und 52.700 Mal bei abhängiger sozialversicherungspflichtiger Erwerbstätigkeit (Der Arbeitsmarkt in Deutschland 2018, BA).
Einstiegsgeld soll **Selbstständige** unterstützen, allerdings mit mickrigen Beträgen. Bei neu eingestellten sozialversicherungspflichtig Beschäftigen kann es in Form eines **Lohnzuschusses** erbracht werden, wenn die neue Beschäftigung 15 Wochenstunden überschreitet.

Über die **Höhe** des Einstiegsgelds entscheidet i.d.R. der/die Arbeitsvermittler*in. Diese*r soll dabei die Dauer der Arbeitslosigkeit und die Größe der Bedarfsgemeinschaft berücksichtigen (§ 16b Abs. 2 SGB II). Der Grundbetrag soll 50 Prozent der maßgeblichen Regelleistung betragen. Bei längerer Arbeitslosigkeit oder besonderen Vermittlungshemmnissen soll dieser um 20 Prozent der Regelleistung erhöht werden. Außerdem erhöht sich der Zuschuss mit jedem zusätzlichen Mitglied der Bedarfsgemeinschaft um 10 Prozent auf max. 100 Prozent der Regelleistung (§1 Einstiegsgeld-Verordnung - ESGV). Abhängig vom Alg II-Träger kann Einstiegsgeld auch in Form einer Pauschale erbracht werden, die 75 Prozent der Regelleistung nicht übersteigen darf (§ 2 ESGV).
Der Zuschuss soll höchstens für 24 Monate gezahlt werden. Die Förderentscheidung soll einmalig für den gesamten Bewilligungszeitraum getroffen werden, um den Geförderten Planungssicherheit zu geben. Bei längeren Förderzeiträumen als sechs Monaten kann das Einstiegsgeld auch degressiv (abschmelzend) oder stufenweise gemindert bewilligt werden, um z.B. bei Selbstständigen den Anreiz zur Gewinnerzielung zu erhöhen. Endet die Erwerbstätigkeit oder wird sie nicht mehr hauptberuflich ausgeübt, entfällt das Einstiegsgeld (BA, Arbeitshilfe zu § 16b SGB II, 20).

Das Einstiegsgeld kann auch erbracht werden, wenn die Hilfebedürftigkeit durch oder nach Aufnahme der Erwerbstätigkeit entfällt (§ 16b

Abs. 1 Satz 2 SGB II). Wenn Sie aufgrund von Einkommen aus der Hilfebedürftigkeit herausfallen, soll es trotzdem bis zum Ende des zuvor bewilligten Zeitraumes gezahlt werden.

Tipp: Lassen Sie sich nicht mit einer Förderdauer von sechs Monaten abspeisen. Das reicht nicht, um eine Existenz zu gründen oder auf dem „Ersten Arbeitsmarkt" Fuß zu fassen. Lassen Sie sich über die Dauer und Höhe des Einstiegsgeldes einen schriftlichen Bescheid ausstellen.

2.1.3 Eingliederung von Selbstständigen (§ 16c SGB II)

Zur Aufnahme einer selbstständigen, hauptberuflichen Tätigkeit können Leistungen in Form von **Zuschüssen oder Darlehen** gewährt werden, *„wenn zu erwarten ist, dass die selbständige Tätigkeit wirtschaftlich tragfähig ist und die Hilfebedürftigkeit durch die selbständige Tätigkeit innerhalb eines angemessenen Zeitraums dauerhaft überwunden oder verringert wird"* (§ 16c Abs. 1 Satz 1 SGB II). Um das nachzuweisen, sollten Sie eine Stellungnahme bei einer fachkundigen Stelle, z.B. der IHK oder einer Unternehmens- bzw. Steuerberatung einholen.

Liegen diese Fördervoraussetzungen vor, können zur Beschaffung von *„notwendigen und angemessenen"* Sachgütern Darlehen und Zuschüsse erbracht werden. **Zuschüsse** sind auf max. **5.000 €** begrenzt (§ 16c Abs. 1 Satz 2 SGB II).

Tipp 1: Ein Darlehen kann für Ihre Existenzgründung eine erhebliche Belastung darstellen. Beantragen Sie ausdrücklich den Zuschuss.

Tipp 2: Darlehen oder Zuschuss für die Existenzgründung schließen eine Förderung mit Einstiegsgeld nach § 16b SGB II (⇨2.1.2) nicht aus.

Daneben können seit 2012 Selbstständige *„durch geeignete Dritte durch Beratung oder Vermittlung von Kenntnissen und Fertigkeiten gefördert werden"* (§ 16c Abs. 2 SGB II). Hierbei handelt es sich **nicht** um berufliche Weiterbildung, sondern um die Vermittlung spezieller Kenntnisse für Selbstständige, etwa im Rahmen eines **Existenzgründerkurses** (z.B. Vermittlung von Grundlagen des Steuerrechts, der Buchhaltung und des Marketings).

2.1.4 ⇨Arbeitsgelegenheiten (Ein-Euro-Jobs) (§16d SGB II)

2.1.5 Förderung von Langzeitarbeitslosen (§ 16e SGB II)

Der frühere Beschäftigungszuschuss wurde 2012 gekürzt und in **„Eingliederung von Langzeitarbeitslosen"** umbenannt. **Arbeitgeber** können den Zuschuss beantragen, wenn sie langzeitarbeitslose und arbeitsmarktferne Personen einstellen, die mindestens zwei Jahre arbeitslos sind (§ 16e Abs. 1 SGB II). Dabei müssen die letzten zwei Jahre nicht zusammenhängend sein, vielmehr wird der Zeitraum der letzten fünf Jahre berücksichtigt (§ 18 Abs. 2 SGB III). Zu prüfen sind Vermittlungsbemühungen in den allgemeinen Arbeitsmarkt, die nicht erfolgreich waren, wie zum Beispiel: Bewerbungen oder Förderungen von weiteren Eingliederungsleistungen nach dem SGB II. Eine Förderung nach dem § 16e Absatz 1 SGB II ist erfüllt, wenn andere Förderinstrumente nach dem SGB II nicht passgenauer sind. Dies können z.B. Eingliederungszuschüsse (s.u.) nach den §§ 88 ff SGB III oder eine Förderung der beruflichen Weiterbildung (FbW) nach §§ 81 ff. SGB III sein.

Der zukünftige Arbeitgeber hat mit dem/r Erwerbslosen einen sozialversicherungspflichtigen Arbeitsvertrag von mindestens 15 Wochenarbeitsstunden über mindestens zwei Jahre abzuschließen. In den ersten sechs Monaten der Beschäftigung hat der Arbeitgeber den/die Arbeitnehmer*in für eine ganzheitliche beschäftigungsbegleitendende Betreuung (Coaching) in angemessenem Umgang unter Fortzahlung des Arbeitsentgelts freizustellen (§ 16e Absatz 4 SGB II).

Höhe der Förderung:

- **Im ersten Jahr des Arbeitsverhältnisses:** 75 Prozent
- **Im zweiten Jahr des Arbeitsverhältnisses:** 50 Prozent des zu berücksichtigendes

Arbeitsentgelts + 19 Prozent pauschal am Gesamtsozialversicherungsbeitrag (ohne Beitrag zur Arbeitslosenversicherung!)

Hinweis: Ein Anspruch auf Arbeitslosengeld I wird somit nicht erworben!

Eingliederungszuschuss nach dem SGB III (Arbeitslosengeld I)

Die Höhe des Eingliederungszuschusses nach dem SGB III (§§ 88 ff SGB III) unterscheidet sich nicht groß von den Bedingungen nach dem SGB II. Auch hier gibt es max. 50 Prozent für maximal zwölf Monate und einer Nachbeschäftigungsfrist bei einer „Vermittlungserschwernis“ und einer „Minderleistung“ bezogen auf den zu besetzenden Arbeitsplatz. Arbeitgeber, die Arbeitnehmer*innen über 50 Jahren einstellen; können statt der zwölf Monate bis zu 36 Monate einen Zuschuss erhalten. Selbiges gilt für Erwerbslose, die von Langzeitarbeitslosigkeit bedroht sind. Sonderkonditionen gibt es für Menschen mit (Schwer)-Behinderung, sofern die Bundesagentur für Arbeit zuständiger Reha-Leistungsträger ist. In diesem Fall erhält der Arbeitgeber maximal 70 Prozent Förderung bis zu einer Dauer von maximal zwei Jahren.

Hinweis: Die Dauer der Nachbeschäftigung entspricht der Förderdauer; jedoch maximal zwölf Monate! Ausnahme: Bei schwerbehinderten Menschen ist keine Nachbeschäftigung erforderlich!

2.1.6 Freie Förderung (§ 16f SGB II)

Die SGB II-Träger können Eingliederungsmittel für Förderleistungen einsetzen, um *„die Möglichkeiten der gesetzlich geregelten Eingliederungsleistungen durch freie Leistungen zur Eingliederung in Arbeit [zu] erweitern“* (§ 16f Abs.1 SGB II). Dabei dürfen andere gesetzliche Eingliederungsleistungen nicht umgangen oder aufgestockt werden. Lediglich bei Langzeitarbeitslosen und unter 25-Jährigen mit schweren Vermittlungshemmnissen dürfen Eingliederungsleistungen durch Mittel der freien Förderung umgangen bzw. aufgestockt werden (§ 16f Abs. 2 SGB II).

Hier gibt es Ermessenspielräume für individuelle Förderung, z.B.

- Finanzierung des Führer- bzw. Personenbeförderungsscheins,
- Reparatur oder Beschaffung eines Pkw,
- Übernahme des Mietanteils fürs Atelier bei Alg-II-beziehenden Künstlern (BSG 23.11.2007 - B 11b AS 3/05 R) oder
- Förderung von Projektstellen.

2.1.7 Leistungen bei Wegfall der Hilfebedürftigkeit (§ 16g SGB II)

Entfällt die Hilfebedürftigkeit, **kann** eine Eingliederungsleistung weiter gewährt werden, wenn es wirtschaftlich erscheint und **Aussicht auf einen erfolgreichen Abschuss** besteht (§ 16g Abs. 1 SGB II). Die Vorschrift, nach der die Förderung als Darlehen erbracht werden soll, entfiel zum **1.8.2016**.

Dafür wird im zweiten Absatz klargestellt, dass *„zur nachhaltigen Eingliederung in Arbeit“* alle hier aufgeführten SGB II-Eingliederungsleistungen inklusive kommunaler Leistungen und Maßnahmen zur beruflichen Stabilisierung (Coaching; § 45 Abs. 1 Satz 1 Nr. 5 SGB III) *„bis zu sechs Monate nach Beschäftigungsaufnahme auch erbracht werden, wenn die Hilfebedürftigkeit“* aufgrund des erzielten Einkommens beendet wurde. Für diese Nachförderungsphase sollen Sie eine Eingliederungsvereinbarung abschließen (§ 16g Abs. 2 SGB II neu). Das bedeutet eine deutliche Verbesserung und Klarstellung gegenüber der Vorgängerregelung.

2.1.8 Förderung schwer zu erreichender junger Menschen (§ 16 h SGB II)

Während in der Regierungskoalition keine Einigkeit darüber bestand, mit dem Neunten SGB-II-Änderungsgesetz wenigstens die verschärften ⇨Sanktionen für unter 25-Jährige zu entschärfen, war man sich einig, den jungen Menschen, die mit dem Fördern und Fordern ihre Schwierigkeiten haben, demonstrativ die Hand zu reichen.

Ab dem 1.8.2016 können Jobcenter unter 25-jährigen Alg II-Beziehenden Leistungen erbringen, um deren situationsbedingte Schwierigkeiten zu überwinden,

„1. eine schulische, ausbildungsbezogene oder berufliche Qualifikation abzuschließen oder anders ins Arbeitsleben einzumünden und

2. Sozialleistungen zu beantragen und anzunehmen.“

Zu diesem Zweck können *„zusätzliche Betreuungs- und Unterstützungsleistungen"* erbracht werden, damit Alg II in Anspruch genommen wird, *„erforderliche therapeutische Behandlungen eingeleitet werden und an Regelangebote dieses Buches zur Aktivierung und Stabilisierung und eine frühzeitige intensive berufsorientierte Förderung herangeführt wird"* (§ 16h Abs. 1 SGB II).

Die genannten Leistungen sollen bereits erbracht werden, wenn die Anspruchsvoraussetzungen **voraussichtlich** vorliegen oder *„eine Leistungsberechtigung dem Grunde nach besteht"*. Damit die Förderung niedrigschwellig einsetzen kann, können Leistungen ohne Antragstellung gewährt werden (§ 16h Abs. 2 SGB II).
Über die Leistungserbringung sollen sich Jobcenter und Jugendamt abstimmen (§ 16h Abs. 3 SGB II neu).

Ob Jobcenter die Jugendlichen und jungen Erwachsenen, die zuvor oft infolge von Null-Sanktionen und damit einhergehendem Wohnungsverlust aus dem Leistungsbezug hinausbefördert wurden, mit bislang noch nicht konzipierten Betreuungs- und Unterstützungsleistungen wieder ins Alg II und in die Förderung holen können, bleibt weiterhin abzuwarten, da bis heute keine Evaluierungen vorliegen. Eines dagegen ist bereits abzusehen: Weil keine zusätzlichen Mittel für die *„Förderung schwer zu erreichender junger Menschen"* bereitgestellt werden, müssen die erforderlichen Mittel von der freien Förderung und dem Beschäftigungszuschuss nach § 16e SGB II abgezogen werden. Faktisch findet die Förderung von schwer zu erreichenden jungen Menschen bisher kaum Anwendung, in wenigen Modellprojekten wird das erprobt.

2.1.9 Gemeinsames Budget für Kombilohn, freie Förderung und den neuen § 16h

Für die Förderung von Arbeitsverhältnissen nach § 16e SGB II, die freie Förderung nach § 16f SGB II und die Förderung der jungen Leistungsberechtigten nach § 16h SGB II dürfen die Jobcenter zusammen 20 Prozent ihrer Eingliederungsmittel ausgeben (§ 46 Abs. 2 Satz 2 SGB II).

2.2 Eingliederungsleistungen nach dem SGB III

Viele Leistungen zur Eingliederung aus dem SGB III sind Alg II-Beziehenden regelmäßig als Kann-Leistung zugänglich. Dies ist in § 16 SGB II in Verbindung mit den jeweiligen SGB-III-Normen geregelt. Diese Leistungen zahlt jedoch nicht die Arbeitslosenversicherung (zwecks Schonung der Arbeitgeberbeiträge), sondern der Bund (§ 46 Abs. 1 SGB II).
Die wichtigsten Leistungen werden nachfolgend aufgeführt:

Zusätzlich zu den hier beschriebenen SGB III-Eingliederungsleistungen können **Alg I-Beziehende**, die **aufstockend Alg II** beziehen und für deren Beratung, Vermittlung und Förderung seit **1.1.2017** die **Agentur für Arbeit allein zuständig** ist, den (Existenz-) Gründungszuschuss beantragen (§§ 93, 94 SGB III).

Tipp: Fragen Sie bei Bedarf Ihre*n Arbeitsvermittler*in.

2.2.1 Berufsberatung

Die Jobcenter haben allen Alg II-Berechtigten Berufsberatung für Arbeitnehmer*innen und Auszubildende anzubieten, die ihre Neigung, Eignung und Leistungsfähigkeit berücksichtigt. Die Eignung kann mit Einverständnis der Erwerbslosen durch ärztliche oder psychologische Gutachten festgestellt werden. Bei Schüler*innen kann die Berufsorientierung unterstützt werden (§§ 29 ff. SGB III).

2.2.2 Vermittlung

Die Jobcenter sind für die Arbeitsvermittlung der Alg II-Berechtigten zuständig (nach den Regeln der §§ 35 ff. SGB III).
Neben den **Arbeitsangeboten** der Jobcenter sind zwei weitere SGB III-Vermittlungsleistungen wichtig:

2.2.2.1 Vermittlungsbudget

Finanzielle Hilfen bei der Stellensuche können nach § 16 Abs. 1 SGB II i.V. mit § 44 SGB III erbracht werden. Seit 2009 gibt es dieses sogenannte Vermittlungsbudget, aus dem Kosten erstattet werden können, die bei der Suche und Aufnahme einer Beschäftigung anfallen. Kosten werden aber nur übernommen, wenn die Förderung *„notwendig"* ist. Darüber entscheidet der/die Arbeitsvermittler*in.

Leistungen aus dem Vermittlungsbudget sind vage formuliert, es fehlt an konkreten finanziellen Vorgaben und die Bewilligung erfordert eine bürokratische Einzelfallprüfung. Letztlich führt die gesetzliche Unklarheit zur Beschneidung von Ansprüchen und zu Kürzungen bei den Eingliederungsleistungen. Das Vermittlungsbudget ersetzt eine Reihe von Regelungen zur Übernahme der Kosten für die Stellensuche und zur Anbahnung einer Beschäftigung. Diese alten Leistungen, die zum Januar 2009 aus dem SGB III gestrichen wurden, können unserer Meinung nach weiterhin als **Orientierung** für das Vermittlungsbudget herangezogen werden.

Frühere Leistungen für Vermittlung und Stellensuche:

- für **Bewerbung**sunterlagen wie Mappe, Kopien, Foto und Porto bis 260 € pro Jahr, in der Regel 5 € pro nachgewiesener Bewerbung (§ 45 Satz 2 Nr. 1 SGB III alt; manche Jobcenter zahlen inzwischen nur pauschal 3 bis 4 € oder nachgewiesene Kosten),
- für **Fahrten** zur Arbeitsagentur bzw. Jobcenter sowie
- für Fahrten zu **Vorstellungsgesprächen** bis 130 € pro Fahrt (§ 45 Satz 2 Nr. 2 SGB III alt) und
- für **Arbeitskleidung** oder Werkzeuge, die für eine neue Arbeit angeschafft werden müssen, bis 260 € pro Jahr (§§ 53 Abs. 2 Nr. 2, 54 Abs. 2 SGB III alt).

Tipp: Wenn Sie als Alg II-Beziehende Bewerbungskosten nicht vorstrecken können, beantragen Sie einen Vorschuss.

Frühere Mobilitätshilfen zur Aufnahme einer Beschäftigung in Entfernung zum Wohnort:

- für Fahrten zum Antritt einer Arbeit bis 300 € pro Jahr (§§ 53 Abs. 2 Nr. 3a, 54 Abs. 3 SGB III alt),
- für tägliche Fahrten zwischen Wohnung und Arbeitsstelle sechs Monate lang bis zu 260 € pro Monat (§§ 53 Abs. 2 Nr. 3b, 54 Abs. 4 SGB III alt),
- für getrennte, doppelte Haushaltsführung sechs Monate lang bis zu 260 € pro Monat (§§ 53 Abs. 2 Nr. 3c, 54 Abs. 5 SGB III alt) und
- für die notwendigen Umzugskosten bis 4.500 € (§§ 53 Abs. 2 Nr. 3d, 54 Abs. 6 SGB III alt; inzwischen werden 2.000 € genannt).

Tipp: Anträge auf Erstattung von Kosten der Stellensuche und der Arbeitsaufnahme sollten schriftlich gestellt werden, bevor die Kosten anfallen. Orientieren Sie sich an den genannten Beträgen.

Darüber hinaus können im Rahmen des Vermittlungsbudgets übernommen werden:

- Kosten für Nachweise (z.B. Gesundheitszeugnisse, Lizenzen),
- Kosten für die Verbesserung des Erscheinungsbildes (z.B. Friseurkosten, Bekleidung oder Zahnsanierung) und
- sonstige in Frage kommenden Kosten.

2.2.2.2 Aktivierungs- und Vermittlungsgutschein

Sind Sie länger als sechs Wochen arbeitslos und wurden innerhalb einer Frist von drei Monaten nicht vermittelt oder in Maßnahmen aktiviert, kann Ihnen das Jobcenter als *„Leistung zur Eingliederung"* einen Aktivierungs- und Vermittlungsgutschein aushändigen. Damit können Sie

- die Dienste eines/r zugelassenen privaten Arbeitsvermittlers/Arbeitsvermittlerin in Anspruch nehmen,
- eine Aktivierungs- oder Eingliederungsmaßnahme bei einem zugelassenen Träger oder
- eine betriebliche Aktivierungsmaßnahme bei einem Arbeitgeber absolvieren

(§ 16 Abs. 1 SGB II i.V. mit § 45 Abs. 4-7 SGB III).

Dem früheren Vermittlungsgutschein wurden also noch Aktivierungsmöglichkeiten angehängt. Sie bekommen dann den Gutschein für Ihre Trainingsmaßnahme (⇨2.2.4) in die Hand gedrückt.

Der Vermittlungsgutschein in Höhe von 2.000 € (bei Langzeitarbeitslosen und behinderten Arbeitslosen 2.500 €) gilt für jeweils drei Monate. Er wird an den Vermittler übergeben, wenn dieser eine versicherungspflichtige Stelle von mindestens 15 Wochenstunden vermittelt.

Kritik
Private Arbeitsvermittlung wurde 2002 legalisiert. Sie gilt „Arbeitsmarktreformern" als effiziente Alternative zur „schwerfälligen" Arbeitslosenverwaltung. 2006 haben 29.700 Arbeitslose mit einem Vermittlungsgutschein eine Arbeit gefunden, die sie länger als sechs Monate ausübten. Laut Bundesrechnungshof lag die durchschnittliche Dauer der vermittelten Beschäftigungsverhältnisse bei sieben Monaten. Gerade lang genug, um die Gebühr zu kassieren (FR 16.9.2006). Das IAB fand heraus, dass sich die Arbeitsmarktchancen der Geförderten durch die Beauftragung Dritter im Bereich der Vermittlung kaum verbessern (IAB-Kurzbericht 11/2011, 2). Die privaten Vermittler*innen bringen es also genauso wenig wie die BA.
Der Vermittlungsgutschein dient Unternehmen dazu, Kosten der Personalrekrutierung auf staatlich bezahlte Makler zu verlagern. Um das zu fördern, hat die Bundesregierung die Regelung bis auf weiteres verlängert. Außerdem verschwinden die Empfänger*innen der Gutscheine vorübergehend aus der Arbeitslosenstatistik.

2.2.3 Bewerbungskosten (⇨Bewerbungen)

2.2.4 Trainingsmaßnahmen

Ihr*e Arbeitsvermittler*in kann Sie zu Trainingsmaßnahmen abkommandieren, die Ihre *„berufliche Eingliederung durch*

1. Heranführung an den Ausbildungs- und Arbeitsmarkt,
2. Feststellung, Verringerung oder Beseitigung von Vermittlungshemmnissen,
3. Vermittlung in eine versicherungspflichtige Beschäftigung,
4. Heranführung an eine selbständige Tätigkeit oder
5. Stabilisierung einer Beschäftigungsaufnahme

unterstützen" (§ 45 Abs. 1 Satz 1 SGB III).

Solche Maßnahmen haben höchst unterschiedliche Inhalte und Zielsetzungen. Bis Ende 2008 war ihre **Maßnahmendauer** auf zwölf Wochen beschränkt. Ab 2009 muss die Dauer der Maßnahme nur noch *„ihrem Zweck und ihrem Inhalt entsprechen"*. Maßnahmen zur Vermittlung beruflicher Kenntnisse dürfen die Dauer von acht **Wochen** und betriebliche Maßnahmen (kostenlose Praktika) die Dauer von sechs **Wochen** nicht überschreiten (§ 45 Abs. 2 SGB III). Bei langzeitarbeitslosen unter 25-jährigen Alg II-Beziehenden mit besonderen Vermittlungshemmnissen kann die Dauer der betrieblichen Praktika auf bis zu zwölf **Wochen** verlängert werden (§ 46 Abs. 3 Satz 2 SGB II).
Während der Trainingsmaßnahme zahlt das Jobcenter Alg II weiter und zusätzlich eine Fahrtkostenpauschale.

Maßnahmen zur Unterstützung der Arbeitssuche und Vermittlung oder Maßnahmen zum Erlernen von Kenntnissen, die eine Vermittlung oder Weiterbildung erleichtern, werden meist bei Beschäftigungsträgern durchgeführt.

Die häufigsten Trainingsmaßnahmen sind

- ca. zweiwöchige Bewerbungstrainings oder umfangreichere Maßnahmen, in denen Arbeitslose bei der Arbeitsplatzsuche beraten und unterstützt werden sollen,
- Kurse, um kurzfristig behebbare Qualifikationsdefizite abzubauen (z.B. Computerlehrgänge, Internetkurse etc.),
- Kurse zur Vorbereitung einer Existenzgründung,
- Maßnahmen zur Überprüfung der Mitwirkung am *„Integrationsprozess"* und
- immer öfter: betriebliche Praktika.

Die **Qualität** dieser Maßnahmen lässt häufig zu wünschen übrig. Das liegt an den oft zweifelhaften Zielen und Inhalten, aber auch an der Zusammensetzung der Kurse: Sie werden nicht selten mit Teilnehmenden unterschiedlicher Qualifikationen und Interessen gefüllt. Immer häufiger werden auch Trainingszentren eingerichtet, um die Arbeitsbereitschaft und -fähigkeit der Teilnehmenden zu prüfen. Hier steht die Abschreckung im Vordergrund.

Durch ein unentgeltliches **betriebliches Training** entsteht kein Arbeitsverhältnis. Zweck der betrieblichen Maßnahme darf es daher nicht sein, überwiegend Arbeit zu leisten, für die sonst normaler Lohn gezahlt werden müsste. Eine Trainingsmaßnahme ist außerdem unzumutbar, wenn mehr als die Hälfte des Unterrichtsangebots die Arbeitslosen stark unterfordert, z.B. wenn Sie als Fachmann wochenlang Anfängerwissen vorgesetzt bekommen. Dann dient das „*Training*" nicht der Verbesserung der Eingliederungsaussichten (LSG Hessen 24.3.2003 – L 6/10 AL 1404/01). Es ist vielmehr ein Mittel, Sie zum Abbruch zu provozieren und dann Ihre Leistungen zu kürzen.

Tipp: Legen Sie Widerspruch gegen solche Willkürakte ein. Trainingsmaßnahmen sind Leistungen der Eingliederung in Arbeit. Diese müssen also *„zur Vermeidung oder Beseitigung, Verkürzung oder Verminderung der Hilfebedürftigkeit für die Eingliederung erforderlich"* sein (§ 3 Abs. 1 SGB II). Und sie müssen die *„individuelle Lebenssituation"* berücksichtigen (§ 3 Abs. 1 Satz 2 SGB II).

Kritik

Trainingsmaßnahmen, wie Coaching oder das klassische Bewerbungstraining (inkl. Coaching), werden in Massen und im Vorfeld über Ausschreibungen der Bundesagentur für Arbeit durch die Regionalen Einkaufszentren (REZ) eingekauft. Diese Plätze müssen, auch aus wirtschaftlichen Gründen, irgendwie besetzt werden. Eine genaue Suche bei den „Kunden" durch die Mitarbeiter*innen der Jobcenter kann i.d.R. aus Zeitgründen nicht stattfinden, sodass Erwerbslose, wenn sie nicht sanktioniert werden wollen, gezwungen sind, das x-te Bewerbungstraining oder unpassende Trainingsmaßnahmen zu absolvieren. Als Beispiel sei genannt: IT-Fachfrau sitzt in einer Maßnahme „Grundkurs EDV". Maßnahmeteilnehmer*innen gelten nicht mehr als arbeitslos, sondern nur noch als arbeitssuchend und werden in der Arbeitslosenstatistik nicht mehr erwähnt. Indem die Maßnahmen unter Zeitdruck irgendwie gefüllt werden müssen, laufen die Zuweisungen am Gesetz vorbei. Oftmals folgen bei den erwerbslosen Teilnehmenden im Laufe der Maßnahmen Demotivation, Frust oder das Gefühl von Sinnlosigkeit.

2.2.5 Berufliche ⇨Weiterbildung (Umschulung)

Lesen Sie hier nach zum Thema **Bildungsgutschein** und zum nachträglichen Erwerb eines **Hauptschulabschlusses**.

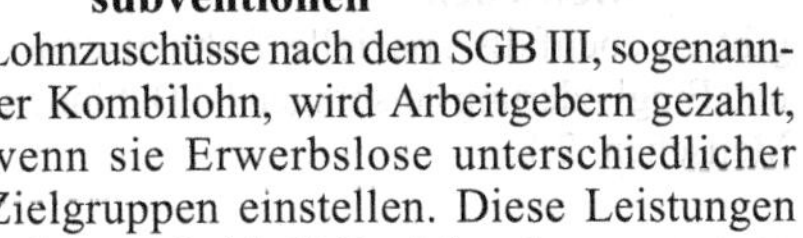

2.2.6 Eingliederungszuschüsse – Lohnsubventionen

Lohnzuschüsse nach dem SGB III, sogenannter Kombilohn, wird Arbeitgebern gezahlt, wenn sie Erwerbslose unterschiedlicher Zielgruppen einstellen. Diese Leistungen stehen auch Alg II-Beziehenden zu.

2.2.6.1 Für schwer Vermittelbare

„Arbeitgeber können zur Eingliederung von Arbeitnehmerinnen und Arbeitnehmern, deren Vermittlung wegen in ihrer Person liegender Gründe erschwert ist, einen Zuschuss zum Arbeitsentgelt zum Ausgleich einer Minderleistung erhalten" (Eingliederungszuschuss) (§ 88 SGB III).

Der Lohnzuschuss (in Prozent des berücksichtigungsfähigen Arbeitsentgelts) beträgt unabhängig vom Alter der Geförderten

- max. 50 % des Arbeitsentgelts für eine Dauer von zwölf **Monaten** bei schwer vermittelbaren Personen, z.B. Geringqualifizierten, Berufsrückkehrer*innen oder jüngeren Arbeitnehmer*innen mit abgeschlossener außerbetrieblicher Ausbildung (§ 89 SGB III),
- max. 70 % im 1. Jahr und max. 60% im 2. Jahr für eine Dauer von **24 Monaten** bei schwerbehinderten oder sonstigen behinderten Menschen und
- max. 70 % im 1. und 2. Jahr, danach jährlich eine Absenkung um 10 %, mindestens jedoch 30 % des Arbeitsentgelts für eine Dauer von **60 Monaten** bei besonders betroffenen schwerbehinderten Menschen,
- max. 70 % im 1. und 2. Jahr, danach jährlich eine Absenkung um 10 %, mindestens jedoch 30 % des Arbeitsentgelts für eine Dauer von **96 Monaten** bei besonders betroffenen schwerbehinderten Menschen über **55 Jahren**

(§ 90 SGB III).

Für Erwachsene

gibt es besondere Leistungen zur Eingliederung, z.B. ausbildungsbegleitende Hilfen, außerbetriebliche Ausbildung, Lohnzuschüsse für junge Menschen mit „Vermittlungshemmnissen" (⇨Jugendliche und junge Erwachsene, 3.1 ff).

2.2.6.3 Für erwerbsfähige ⇨behinderte Menschen

gibt es ebenfalls spezielle Lohnzuschüsse und Eingliederungsleistungen (⇨Behinderte Menschen, 2.).

Kritik

In den Jahren 2005 bis 2019 unterlagen die Eingliederungszuschüsse starken Schwankungen. So wurden im Jahr 2005 60.300 Zuschüsse insgesamt bewilligt (18.600 im SGB II; 41.700 im SGB III). Den Höhepunkt erreichten sie 2009 mit rund 136.000, bis 2019 sind sie jedoch auf insgesamt 53.900 gesunken. Dabei wurden 24.700 im SGB II und 29.200 Eingliederungszuschüsse im SGB III vergeben (Arbeitsmarktpolitische Instrumente, BA 2020). Die Eingliederungszuschüsse sind sogenannte „Kann-Leistungen", die nach Begründungen durch die Arbeitgeber bewilligt werden können. Der Bundesrechnungshof kritisierte 2015 die Eingliederungszuschüsse bei Zeitarbeitsfirmen als Steuerverschwendung. So heißt es, dass Zeitarbeitsfirmen *„ungerechtfertigt begünstigt"* werden, da sie selbst nicht vor Ort Minderleistungen bei Arbeitnehmer*innen ausgleichen. Das machen die Unternehmen selbst und haben damit *„den Aufwand für die Behebung der Minderleistung"*. Trotzdem kassieren aber die Zeitarbeitsunternehmen den Zuschuss – ohne einen entsprechenden Aufwand zu haben. Der Bundesrechnungshof wird noch schärfer, indem er von *„Lohnsubvention für einzelne Unternehmen"* spricht. Allein in den Jahren 2013 und 2014 wird von einer Fördersumme von knapp zehn Millionen Euro gesprochen. Die Bundesagentur für Arbeit wies diese Kritik zurück und begründet die Förderung mit dem Sammeln von Berufserfahrungen für die Erwerbslosen. Für die Bundesagentur für Arbeit sind die Zuschüsse ein lukratives Geschäft: schwer vermittelbare „Kunden" werden sie los und nebenbei können sie auf einfacherem Weg ihre eigene Arbeitslosenstatistik aufpolieren. Mit Beginn der Agenda 2010 stieg die Zeitarbeit rasant an. Waren es zu Beginn noch rund 300.000 Leiharbeiterinnen waren es in 2019 bereits 934.000. Jedes zweite Arbeitsverhältnis endete allerdings innerhalb von sechs Monaten (Entwicklungen in der Zeitarbeit, BA Juli 2020). Die Kritik des Bundesrechnungshofes ist anhand dieser Zahlen mehr als nachvollziehbar. Zeitarbeit bleibt damit eine Unternehmensform, die oftmals mit „hire and fire" einhergeht und am Ende vor allem dem Unternehmen selbst, aber kaum den Arbeitnehmer*innen nützt.

2.3.1 Programm zum Abbau von Langzeitarbeitslosigkeit

Das ESF-Bundesprogramm *„zur Eingliederung langzeitarbeitsloser Leistungsberechtigter nach dem Zweiten Buch Sozialgesetzbuch (SGB II) auf dem allgemeinen Arbeitsmarkt"* sollte arbeitsmarktferne langzeitarbeitslose Alg II-Beziehende *„nachhaltig"* in den allgemeinen Arbeitsmarkt integrieren. Gefördert werden sollten von 2014 bis 2020 insgesamt 30.000 Arbeitslose mit 885 Mio. €, davon über die Hälfte aus ESF-Mitteln (Förderrichtlinie zum ESF-Bundesprogramm, 19.11.2014, www.bmas.de; Quelle auch für die nachfolgenden Angaben).

Gefördert werden konnten Arbeitslose, wenn sie

- zwei Jahren ohne Unterbrechung arbeitslos waren,
- das 35. Lebensjahr vollendet hatten,
- über keinen oder keinen verwertbaren Berufsabschluss verfügten und
- voraussichtlich nicht auf andere Weise in den allgemeinen Arbeitsmarkt eingegliedert werden konnten.

Ende Dezember 2017 waren 20.342 Eintritte zu verzeichnen, was 85 Prozent der geplanten Eintritte entsprach. Zwei Drittel der Geförderten waren Männer. Jeder Fünfte davon war älter als 54 Jahre. Der Migrationsanteil dabei betrug 16 Prozent, jede zweite Stelle war eine Teilzeitstelle und insgesamt war jede zweite Stelle befristet. Die Arbeitgeber fanden sich eher im Bereich der Klein- und Kleinstbetriebe sowie im Sozialen. Deren Bewertung über das Programm als auch über die Arbeitnehmer*innen fiel überwiegend positiv aus – insbesondere, was die Leistungsfähigkeit der Geförderten betrifft. Die Entlohnung der Geförderten bewegte sich hauptsächlich im Bereich des Niedriglohnsektors zwischen acht und zwölf Euro die Stunde. Mehr als die Hälfte der Geförderten konnte ihren SGB II-Bezug während der

Förderung beenden. Eine Gesamtevaluierung fand zu 2021 noch nicht statt.

3. Wenn Sie „zumutbare Arbeit" ablehnen ...

„Leistungen zur Eingliederung in Arbeit" sind Kann-Leistungen, die im Ermessen Ihres Arbeitsvermittlers/ihrer Arbeitsvermittlerin liegen. Sie haben **keinen Anspruch** darauf. Bietet Ihr*e Vermittler*in Ihnen aber einen Maßnahme- oder Arbeitsplatz an, so ist das ein **Angebot, das sie nicht ablehnen können**. Bei Ablehnung oder Abbruch einer Beschäftigung drohen Ihnen sonst harte „Geldstrafen" (⇨Sanktionen).

4. Sozialhilfe - Grundsicherung

Hilfe zum Lebensunterhalt (HzL) oder Grundsicherung im Alter und bei Erwerbsminderung (GSi) der Sozialhilfe beziehen i.d.R. Personen,

- die nicht erwerbsfähig sind, d.h. die weniger als drei Stunden am Tag auf dem allgemeinen Arbeitsmarkt arbeiten können, oder
- die das Regelrentenalter erreicht haben.

Dennoch unterliegen manche Sozialhilfebeziehende der Arbeitspflicht.

„Können Leistungsberechtigte durch Aufnahme einer zumutbaren Arbeit Einkommen erzielen, sind sie hierzu sowie zur Teilnahme an einer erforderlichen Vorbereitung verpflichtet" (§ 11 Abs. 3 Satz 4 SGB XII).

Diese Arbeitsobliegenheit zielt z.B. auf Personen ab, die in einer Werkstatt für behinderte Menschen arbeiten oder arbeiten könnten.

4.1 Arbeit ist nicht zumutbar,

- wenn Sie wegen Erwerbsminderung, **Krankheit**, Behinderung oder Pflegebedürftigkeit hierzu nicht in der Lage sind (§ 11 Abs. 4 Nr. 1 SGB XII),
- wenn Sie das **Rentenalter** erreicht haben (§ 11 Abs. 4 Nr. 2 SGB XII),
- wenn der Tätigkeit ein sonstiger **wichtiger Grund** entgegensteht (§ 11 Abs. 4 Nr. 3 SGB XII, vgl. dazu ⇨1.3.8) und
- wenn die geordnete **Erziehung** eines Kindes gefährdet wäre (§ 11 Abs. 4 Satz 2 SGB XII). Die Regelungen für Kindererziehende entsprechen denen im SGB II (⇨1.3.6).

*„Auch sonst sind die Pflichten zu berücksichtigen, die den Leistungsberechtigten durch die **Führung eines Haushalts** oder die **Pflege eines Angehörigen** entstehen"* (§ 11 Abs. 4 Satz 4 SGB XII).

Ein-Euro-Jobs oder Ähnliches sind für Sozialhilfebeziehende nicht vorgesehen.

4.2 Wenn Sie zumutbare Arbeit ablehnen...

gibt es auch bei der HzL/ GSi Strafen in Form von Regelbedarfskürzungen (⇨Sanktionen).

Kritik

Nach der ILO-Definition (Internationale Arbeitsorganisation) gelten alle Personen ab 15 Jahren als Erwerbstätige, die mindestens eine Stunde täglich entgeltlich gearbeitet haben. Dazu zählen Selbstständige, Freie Berufe, Soldat*innen, Tätige in der Landwirtschaft, aber auch mithelfende Familienangehörige im Familienbetrieb, ohne dafür Lohn oder Gehalt zu beziehen. *„Im Oktober 2020 waren nach vorläufigen Berechnungen des Statistischen Bundesamtes (Destatis) rund 44,8 Millionen Personen erwerbstätig"*. Jeder Fünfte der Erwerbstätigen war 2019 atypisch beschäftigt (WSI 06/19). Als atypisch beschäftigt gilt, wer 20 Stunden oder weniger pro Woche arbeitet, wer einen befristeten Arbeitsvertrag besitzt und/oder wer sich in Leiharbeit befindet. Als „Jobwunder" wird die steigende Zahl der Erwerbstätigen medial aufbereitet: noch nie sei die Zahl der Beschäftigten so hoch gewesen. Werden allerdings die ILO-Kriterien berücksichtigt, löst sich das Jobwunderland Deutschland schnell auf. Dafür ist die Gruppe viel zu heterogen und der genauere Blick zeigt, dass ein „Normaljob" mit 40 Stunden pro Woche und unbefristetem Arbeitsvertrag eben längst nicht mehr der Normalzustand für die Mehrheit der Bevölkerung ist. Lohnkostenzuschüsse, Eingliederungsprogramme für Erwerbslose, Trainingsmaßnahmen und Ein-Euro-Jobs klingen nach sozialer Wohltat für die Erwerbslosen. Dass es auch Statistikmaßnahmen sind, zeigt die monatliche Arbeitslosenstatistik, in der regelmäßig zwischen 900.000 und einer Million Personen nicht mit einberechnet werden, weil sie älter als 58 Jahre sind, sich

in Elternzeit oder einer Trainingsmaßnahme befinden oder ihre Angehörigen pflegen. Der „Jobwundererfolg" machen die atypischen Beschäftigungen aus und das Verschieben der Erwerbslosen in teure Maßnahmen, die mehr die Finanzindustrie der Bildungsträger subventioniert als die Erwerbslosen selbst. Es geht schon lange nicht mehr um die Erwerbslosen, sondern vielmehr darum, den anvisierten Niedriglohnsektor (Gerhard Schröder 2003, Davos) auszubauen und weiterhin zu zementieren. Es braucht ein Bündnis zwischen Gewerkschaften, Erwerbslosen und Beschäftigten, damit Erwerbslose nicht weiterhin als Lohndrücker fungieren müssen. Denn nicht sie haben den Niedriglohnsektor zu verantworten.

Forderungen
- Mindestlohn von 13 €/Stunde ab sofort
- Eckregelbedarfe in Hartz IV und Grundsicherung von mindestens 650 € ab sofort
- Tatsächliche Übernahme der Miet- und Nebenkosten
- Kindergrundsicherung

Arbeitsgelegenheiten
(Ein-Euro-Jobs)

„Erwerbsfähige Leistungsberechtigte können zur Erhaltung und Wiedererlangung ihrer Beschäftigungsfähigkeit, die für eine Eingliederung in Arbeit erforderlich ist, in Arbeitsgelegenheiten zugewiesen werden" (§ 16d SGB II).

Es gibt nur noch **Arbeitsgelegenheiten gegen Mehraufwandsentschädigung** (⇨3.1; Ein-Euro-Jobs).
Sozialversicherungspflichtige Arbeitsgelegenheiten (⇨2.1; zum Auslaufmodell) und Arbeitsbeschaffungsmaßnahmen/ ABM wurden abgeschafft.

Seit 2010 werden die Eingliederungsmittel des Bundes kontinuierlich zurückgefahren. Darunter haben auch die bei den Kommunen so beliebten Arbeitsgelegenheiten (AGH) stark „zu leiden".

Auch wenn die AGH gegen Mehraufwandsentschädigung in den letzten Jahren stark eingeschränkt wurde, birgt die Bewilligungspraxis viele Problemfelder, die hier etwas ausführlicher dargestellt werden sollen.

Inhaltsübersicht

1. Arbeitsgelegenheiten (AGH) – letztes Mittel

AGH sind grundsätzlich *„immer **nachrangig** gegenüber einer Vermittlung in Arbeit und Ausbildung sowie Maßnahmen der Berufsvorbereitung, der Berufsausbildung und der beruflichen Weiterbildung (ultima ratio)"* (FW 16d. 1.3). *„Als AGH nach § 16d SGB II werden ausschließlich Maßnahmen gefördert, in denen die Teilnehmenden zusätzliche, im öffentlichen Interesse liegende und wettbewerbsneutrale Arbeiten verrichten. Mit AGH sollen arbeitsmarktferne Menschen ihre Beschäftigungsfähigkeit erhalten bzw. wiedererlangen und Integrationsfortschritte erzielen. AGH begründen kein Arbeitsverhältnis und stellen keine Gegenleistung für erbrachte Sozialleistungen dar.*
AGH sollen eine (soziale) Teilhabe am Arbeitsleben ermöglichen und als mittelfristige Brücke das Ziel einer Integration in den

allgemeinen Arbeitsmarkt unterstützen“, so die BA zu den AGH (FW 16d.1.1).SEPZuerst sind alle Möglichkeiten auszuschöpfen, selbst Arbeit zu suchen bzw. mit Hilfe von Eingliederungsmaßnahmen nach SGB III und SGB II eine Erwerbstätigkeit aufzunehmen (⇨Arbeit 1.2.1ff.).

„Wenn eine Erwerbstätigkeit auf dem allgemeinen Arbeitsmarkt in absehbarer Zeit nicht möglich ist, hat die erwerbsfähige leistungsberechtigte Person eine ihr angebotene zumutbare Arbeitsgelegenheit zu übernehmen“ (§ 2 Abs. 1 Satz 3 SGB II). Die Behörde muss also eine Prognose stellen, ob Sie in absehbarer Zeit keine Arbeit auf dem allgemeinen Arbeitsmarkt finden können (SG Berlin 27.6.2005, info also 2005, 277f.). Als „absehbare Zeit” gilt ein Zeitraum von mindestens sechs Monaten im Alg II-Bezug (LPK SGB II, 7. Aufl. § 2, Rn 33).

Tipp: Prüfen Sie, ob das auf Sie zutrifft. Fragen Sie Ihre*n Arbeitsvermittler*in, wieso eine Arbeitsaufnahme für Sie nicht möglich sein soll. Fragen Sie, welches Ermessen er/sie ausgeübt hat, Ihnen die zahlreichen Eingliederungsmaßnahmen nahe zu bringen. Denn auch das eröffnet Möglichkeiten, eine Stelle auf dem allgemeinen Arbeitsmarkt zu finden.

Hinweis: Beachten Sie, dass Sie auch bei einer Arbeitsgelegenheit in der Lage sein müssen, bestimmte Arbeit körperlich, geistig oder seelisch auszuüben (Ausführlich zur Zumutbarkeit § 10 SGB II ⇨Arbeit 1.3. ff.).

2. Sozialversicherungspflichtige Arbeitsgelegenheiten

wurden in den vergangenen Jahren massiv abgebaut. Der Hartz IV-Reform selbst fielen 200.000 AGH der Entgeltvariante nach dem alten Bundessozialhilfegesetz (BSHG) zum Opfer.

2.1 Neue = alte Entgeltvariante (AGH E)

An Stelle der BSHG-Entgeltvariante wurde mit der Hartz IV-Reform vorübergehend eine andere Form sozialversicherungspflichtiger Arbeitsgelegenheiten geschaffen, die sogenannte AGH E. 2010 waren dort im Jahresdurchschnitt immerhin noch 46.458 Personen sozialversicherungspflichtig beschäftigt. Doch die AGH E wurde zum 1. April 2012 **abgeschafft**. Bereits bewilligte Maßnahmen liefen in Abwicklung weiter.

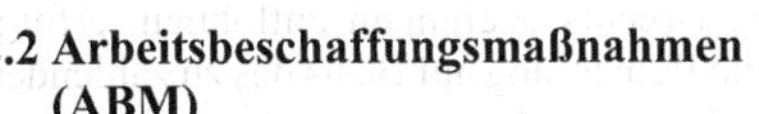

2.2 Arbeitsbeschaffungsmaßnahmen (ABM)

wurden zum Januar 2009 für Alg II-Beziehende abgeschafft und kurzzeitig durch die AGH E ersetzt. 2012 wurden die ABM auch im Bereich des SGB III ersatzlos gestrichen.

2.3 Neue Namen seit 2020 – „Teilhabe am Arbeitsmarkt“ nach §§ 16i, 16e SGB II

Für Langzeitarbeitslose ab dem vollendeten25. Lebensjahr ist mit dem neuen § 16i SGB II das Instrument **„Teilhabe am Arbeitsleben“** eingeführt wurden. *„Gefördert wird eine sozialversicherungspflichtige Beschäftigung auf dem allgemeinen und sozialen Arbeitsmarkt“* (BMAS, 2020). Parallel zur Arbeitsaufnahme soll durch *„eine ganzheitliche beschäftigungsbegleitende Betreuung (Coaching) sehr arbeitsmarktfernen Langzeitarbeitslosen soziale Teilhabe ermöglicht werden“* (ebenda). Arbeitslose müssen dafür mindestens sechs Jahre innerhalb der letzten sieben Jahre Arbeitslosengeld II bezogen haben. Menschen mit einer Schwerbehinderung und Personen mit mindestens einem minderjährigen Kind in einer ⇨Bedarfsgemeinschaft können bereits nach fünf Jahren gefördert werden (ebenda). Gefördert werden sozialversicherungspflichtige Beschäftigung bei Arbeitgebern, sozialen Einrichtungen oder Kommunen, indem ein degressiver Lohnkostenzuschuss von bis zu fünf Jahren gezahlt wird.

Der Zuschuss zum Arbeitsentgelt beträgt in den fünf Jahren (§ 16i Abs. 2, 1-4 SGB II):

- in den ersten beiden Jahren Zuschuss von 100 % zum Arbeitgeberbrutto
- im dritten Jahr: Zuschuss von 90 %
- im vierten Jahr: Zuschuss von 80 % und
- im fünften Jahr: Zuschuss von 70 %

Bemessungsgrundlage:
- die arbeitsvertraglich vereinbarte Arbeitszeit
- Höhe des allgemeinen Mindestlohns nach dem Mindestlohngesetz (MiLogG)

- bei tarifgebundenen oder tariforientierten Arbeitgebern, die nach kirchlichen Arbeitsrechtsregelungen entlohnen, erfolgt die Bemessung auf Basis des zu zahlenden Arbeitsentgelt

Eingliederungsleistungen nach § 16i SGB II
Neu seit 2020 ist auch die Förderung von **„Eingliederung von Langzeitarbeitslosen"** (§ 16e SGB II). Voraussetzung ist eine Arbeitslosigkeit von mindestens zwei Jahren. Wie nach § 16i SGB II soll eine ganzheitliche beschäftigungsbegleitende Betreuung (*Coaching*) durch die Agentur für Arbeit oder das Jobcenter gewährleistet werden (§ 16e Absatz 4). Gefördert werden sozialversicherungspflichtige Beschäftigungsverhältnisse bei allen Arbeitgebern mit dem Ziel der Integration in den allgemeinen ersten Arbeitsmarkt. Arbeitgeber können mit Lohnzuschüssen rechnen, wenn der Arbeitsvertrag mindestens auf zwei Jahre geschlossen wird. Er beträgt im

- ersten Jahr zum Arbeitsentgelt: 75 % und
- im zweiten Jahr: 50 % (§ 16e Absatz 2 SGB II).

Die Bemessungsgrundlage bezieht sich auf das tarifliche oder, wenn eine tarifliche Regelung nicht besteht, auf das ortsübliche Arbeitsentgelt, zuzüglich des pauschalierten Anteils des Arbeitgebers i.H.v. 19 Prozent des Gesamtsozialversicherungsbeitrags – ohne Beitrag zur gesetzlichen Arbeitslosenversicherung.

Nach dem Ende der Förderung besteht eine Nachbeschäftigungspflicht des Arbeitgebers von sechs Monaten (§ 92 Absatz 2 Satz 5 SGB III).

Kritik: Beide Instrumente zur **„Teilhabe am Arbeitsmarkt"** leben von den Lohnkostenzuschüssen an Arbeitgeber und folgen damit einer Subventionslogik der bereits bestehenden Eingliederungszuschüssen für Arbeitslose mit Vermittlungshemmnissen (§ 88 SGB III). Diese Zuschüsse können (und sollen) verwendet werden, um neue Arbeitsplätze zu generieren, die es ansonsten nicht geben würde. Mit der restriktiven Begrenzung auf maximal 150.000 Förderungsberechtigte wird eine mögliche übermäßige Inanspruchnahme des Instrumentes vermieden und ist damit eher eine haushälterische als eine sachlogische Entscheidung. Wie bei allen anderen Instrumenten zur Eingliederung in Arbeit oder der Teilnahme an sogenannten Trainingsmaßnahmen greift auch hier der Sanktionsmechanismus, der dazu führen kann, dass die Zuweisung in den Arbeitsmarkt unter Zwang erfolgt, obwohl man ja eigentlich den Langzeitarbeitslosen etwas Gutes tun will. Inwiefern dann das begleitende Coaching seinen Sinn erfüllt, bleibt abzuwarten. Der größte offene Punkt ist jedoch das Fehlen von Beitragszahlungen in die gesetzliche Arbeitslosenversicherung. Damit ist garantiert, dass nach Ende der Förderung die Arbeitslosen erneut im Jobcenter stehen und wieder Hartz IV beantragen müssen, wenn sie nicht übernommen werden. Somit sind sie genau wieder dort wie zu Beginn der Förderung: in den Mühlen der Jobcenter.

3. Ein-Euro-Jobs
An die Stelle sozialversicherungspflichtiger AGH traten die billigeren ***„Arbeitsgelegenheiten gegen Mehraufwandsentschädigung"*** (AGH MAE), sogenannte Ein-Euro-Jobs. Im November 2019 waren es 74.903 (BA Monatsbericht 2019). Im Rahmen der Corona-Pandemie *„sind die pandemiebedingte Situation und sich daraus ergebende besondere persönliche Umstände der erwerbsfähigen leistungsberechtigten Personen zu berücksichtigen (z.B. Zugehörigkeit zu einer Risikogruppe oder Personen, die unter Quarantäne gestellt sind) (Fachliche Weisung BA 202007006 v. 08.07.2020 – gültig bis 30.06.2022)*.

Ein-Euro-Jobber*innen müssen sich zwar um reguläre Arbeit bemühen, sie fallen aber aus der Arbeitslosenstatistik heraus und werden als Erwerbstätige gezählt.
Ein-Euro-Jobs begründen **kein Arbeitsverhältnis** im Sinne des Arbeitsrechts. Es wird kein Lohn gezahlt. Deshalb gibt es auch weder Weihnachtsgeld, Urlaubsgeld, Lohnfortzahlung im Krankheitsfall noch andere betriebliche Sozialleistungen. Es werden keine Beiträge zur Sozialversicherung abgeführt (§ 16d Abs. 7 Satz 2, SGB II). Ein-Euro-Jobber*innen sind über Alg II sozialversichert. Sie arbeiten ohne Lohn als staatlich anerkannte Schwarzarbeiter*innen und können

mangels Kündigungsschutz jederzeit gefeuert werden.
Nach dem Bundesurlaubsgesetz steht Ihnen aber ein **Mindesturlaub** von zwei Tagen je Beschäftigungsmonat zu. Es gelten die allgemeinen Vorschriften über den **Arbeitsschutz** (Mutterschutz, Jugendarbeitsschutz, Arbeitsstättenverordnung, Unfallverhütungsvorschriften usw.) und Sie sind über den Träger **unfallversichert** (FW 16d.2.23).

3.1 Ist der Ein-Euro-Job für Ihre Eingliederung erforderlich?

Denn zunächst gilt: *„Leistungen zur Eingliederung in Arbeit [...], mit denen die Aufnahme einer Erwerbstätigkeit auf dem allgemeinen Arbeitsmarkt unmittelbar unterstützt werden kann, haben Vorrang gegenüber der Zuweisung in Arbeitsgelegenheiten“* (§ 16d Abs. 5 SGB II; ⇨1.).

Die Teilnahme an einer AGH soll in einer ⇨**Eingliederungsvereinbarung** festgehalten werden. Sollte Ihr*e Arbeitsvermittler*in für Sie einen Ein-Euro-Job vorsehen, muss er/sie sich dazu äußern, warum gerade Sie dafür geeignet sind und wie dieser dazu beiträgt, Sie dauerhaft einzugliedern. Fragen Sie ihn/sie also. Denn: Es *„„es ist im Rahmen des pflichtgemäßen Ermessens fest[zulegen], ob eine AGH für die weitere Eingliederungsstrategie notwendig und zielführend ist.“ Des Weiteren muss durch den/die Arbeitsvermittler*in ein „auf die bzw. den Teilnehmenden bezogene[s] Eingliederungskonzept mit der AGH verfolgt“ werden“, (FW 16d. 1.6).*
Arbeitsgelegenheiten bzw. Eingliederungsvereinbarungen, die diese Voraussetzungen für Ihre Eingliederung nicht berücksichtigen, sind rechtswidrig. *„Die Praxis der ARGE, Langzeitarbeitslosen Eingliederungsmaßnahmen ohne ein konkretes, individuell auf sie bezogenes Eingliederungskonzept zuzuweisen, ist nach Auffassung des Vorsitzenden der Kammer 53 rechtlich nicht haltbar“* (Pressemeldung SG Hamburg 30.11.2005 zum Verfahren SG Hamburg S 53 AS 1088/05).
Laut Begründung zum Gesetzesentwurf geht es um eine *„maßgeschneiderte Ausrichtung der Eingliederungsleistungen auf den erwerbsfähigen Hilfebedürftigen“* (BR-DRs. 558/03, 101). Wenn Ihnen der Anzug nicht passt, ist er nicht maßgeschneidert. Das gilt auch für Ein-Euro-Jobs.

Als „erforderlich” gelten solche Jobs aber auch, um die **Beschäftigungsfähigkeit** wiederherzustellen und darüber die Eingliederung indirekt zu fördern. Hier geht es um die Gewöhnung an Zeitstrukturen, Arbeitsbelastung usw.

Tipp: Wenn Sie in dieser Hinsicht keine Probleme haben, wenn Sie also „beschäftigungsfähig” sind, sind Ein-Euro-Jobs für Sie nicht erforderlich. Wenn Sie schon geringfügig beschäftigt sind, wenn Sie gerade erst Ihre Stelle verloren haben und kürzer als ein halbes Jahr arbeitslos sind oder wenn Sie eine Stelle konkret in Aussicht haben, ist Ihre Beschäftigungsfähigkeit nicht eingeschränkt. Somit ist in diesen Fällen ein Ein-Euro-Job zu Ihrer Eingliederung nicht erforderlich.

3.2 Ist der Ein-Euro-Job zumutbar?

Wenn Ihnen Arbeit nicht zumutbar ist, sind es auch Arbeitsgelegenheiten nicht (Ausführlich zur Zumutbarkeit ⇨Arbeit 1.3 ff.).

3.2.1 Arbeitszeit

Die Arbeitszeit bei Ein-Euro-Jobs ist gesetzlich nicht festgelegt.
Das Bundessozialgericht setzt bei Ein-Euro-Jobs keine starren Arbeitszeitgrenzen. Der **zeitliche Umfang** der Maßnahme ist unter Berücksichtigung ihrer Erforderlichkeit im Einzelfall mit Blick auf die geforderten Eigenbemühungen zur beruflichen Eingliederung und die besonderen Belastungen der Teilnehmenden festzulegen. Die häufig geforderte Beschäftigungszeit von **30 Stunden** wöchentlich ist dabei unbedenklich, wenn der Ein-Euro-Jobber dazu gesundheitlich in der Lage ist (16.12.2008 - B 4 AS 60/07 R).

Tipp: Wenn Sie der Ansicht sind, dass in Anbetracht Ihrer persönlichen Belastungen (gesundheitliche Einschränkungen, Kinderbetreuung, Pflege usw.) die Arbeitszeit zu umfangreich ist, um sich auf dem ersten Arbeitsmarkt bewerben zu können, verlangen Sie eine Herabsetzung der Stunden.

Bei der Beurteilung, ob Ihnen genug Zeit zur Jobsuche bleibt, spielt auch der tägliche **Arbeitsweg** eine Rolle. Bei einer Wochenarbeitszeit von 30 Stunden zuzüglich einer täglichen Wegezeit von 90 Minuten kann eine ernsthafte Stellensuche schon erheblich eingeschränkt sein (LSG Rheinland-Pfalz 18.3.2008 - L 3 AS 127/08).

Termine, die Sie für Bewerbungen auf dem allgemeinen Arbeitsmarkt brauchen, haben Vorrang. Sie können auch den Ein-Euro-Job selbst jederzeit „kündigen", wenn Sie etwas Besseres auf dem ersten Arbeitsmarkt gefunden haben. Dann brauchen Sie keine „Leistung zur Eingliederung" mehr.

3.2.2 Dauer der Maßnahme

Alg II-Beziehenden *„dürfen innerhalb eines Zeitraums von fünf Jahren* ***nicht länger als insgesamt 24 Monate*** *in Arbeitsgelegenheiten zugewiesen werden"* (§ 16d Abs. 6 Satz 1 SGB II). Vor Hartz IV waren es maximal drei Monate. Mit der Höchstdauer von 24 Monaten soll sichergestellt sein, dass *„kein dauerhafter Einsatz in AGH erfolgen kann"* (BA AGH, 16). Zwei Jahre sind scheinbar nicht dauerhaft genug.

Wenn aber die Beschäftigungsfähigkeit weiterhin erhalten und wiedererlangt werden muss **und** sichergestellt ist, dass Leistungen zur Eingliederung in den ersten Arbeitsmarkt vorrangig sind, können Alg II-Beziehende *„nach Ablauf der 24 Monate* ***bis zu zwölf weitere Monate*** *in Arbeitsgelegenheiten zugewiesen werden"* (§ 16d Abs. 6 Satz 3 SGB II). Das gilt **seit 1.8.2016** und dürfte auf so gut wie jede*n Ein-Euro-Jobber*in zutreffen. Die Bundesregierung hätte auch in Satz 1 die Höchstdauer auf 36 Monate erhöhen können. Eine durch die Corona-Pandemie ausgesetzte Arbeitsgelegenheit gilt als unterbrochen, wenn sowohl diese als auch die begleitende sozialpädagogische Betreuung nicht mehr durchgeführt wurden. Die Unterbrechung verlängert nicht automatisch die Zuweisungsdauer des/r Teilnehmenden. Das zuständige Jobcenter entscheidet im Einzelfall über eine Verlängerung der Zuweisungsdauer – auch dann, wenn die maximale Förderdauer der Arbeitsgelegenheit nach § 16d Absatz 6 SGB II überschritten wird *(Fachliche Weisung BA 202007006 v. 08.07.2020 – gültig bis 30.06.2022).*

Tipp: Die Dauer der Maßnahme hängt auch von der Haltung des/der Arbeitsvermittlers/*in, der „Geschäftspolitik" des örtlichen Jobcenters, **vor allem** aber von der **Art der Maßnahme** und der **individuellen Integrationsstrategie** ab (FW 16d.1.4). Lassen Sie sich Ziel und Strategie von Ihrem/r Fallmanager*in darlegen.

Bundesweit hat sich eine Regeldauer von sechs bis zwölf Monaten eingestellt. Die Regierung hat aber schon die Weichen für die Verlängerung der AGH gestellt.

Ein-Euro-Jobs für ältere Alg-II-Beziehende, die vor April 2012 bewilligt wurden, dürfen generell länger als 24 Monate dauern (§ 78 SGB II).

3.2.3 Höhe der Mehraufwandsentschädigung (MAE)

Auch über die Höhe der MAE steht nichts im Gesetz. Sie soll *„angemessen"* sein. Früher galt sie als angemessen, wenn sie *„nicht unter 1 €"* lag (BA Arbeitshilfe 2005, 8). Die Fachlichen Hinweise der BA ab 2009 verzichten auf konkrete Vorgaben. Die örtlichen Träger können die Höhe der MAE selbst regeln. Es darf auch weniger als 1 € die Stunde sein. Das war 2010 bei 1,3 Prozent der Ein-Euro-Jobs der Fall. Der Durchschnitt lag im ersten Halbjahr 2010 allerdings bei **1,27 €** (BA Sonderbericht AGH 2010, Tab. 5.2). Inzwischen sind auch höhere Sätze wie **1,75 €** pro Stunde keine Seltenheit. In Wuppertal werden für MAE-„Anleiter*innen" sogar 2,50 € pro Stunde gezahlt. Bei Krankheit, Urlaub oder an Feiertagen/ Wochenenden wird keine MAE gezahlt, sondern nur Alg II (⇨4.5).

„Die MAE [inklusive der gesamten zusätzlichen Kosten] kann den Teilnehmenden als pauschalierte Leistung gewährt werden" (FW 16d.2.9).

Sie ist also kein „Arbeitsanreiz", kein Betrag zu Ihrer freien Verfügung, sondern dient nur der **Entschädigung** für den Mehraufwand, den Sie wegen Ihrer Arbeit haben. Von dem einen Euro pro Stunde sollen Sie alle Aufwendungen für **Arbeitskleidung** und **Fahrtkosten** zur Arbeit, für den Mehraufwand an Verpflegung und Getränken, für Körperreinigung und zusätzliche Wäsche bezahlen. Einen Anspruch auf Erhöhung der MAE haben Sie

nur, wenn Sie dem Träger nachweisen, dass ihre Arbeitsaufwendungen die MAE übersteigen (BSG 13.11.2008 - B 14 AS 66/07 R).
Ist der Träger dann nicht bereit, die MAE entsprechend anzuheben, liegt nach unserer Auffassung ein **wichtiger Grund** vor, die Arbeitsgelegenheit **abzulehnen**. Selbst Geld draufzahlen zu müssen geht nicht.

Tipp: Die Träger der Ein-Euro-Jobs erhalten vom Jobcenter eine *„Maßnahmenkostenpauschale"*, für *„die unmittelbar im Zusammenhang mit der Verrichtung von [AGH-]Arbeiten [...] erforderlichen Kosten, einschließlich der Kosten, die bei besonderem Anleitungsbedarf für das erforderliche Betreuungspersonal entstehen"* (§ 16d Abs. 8 SGB II). Regen Sie an, dass auch die Fahrtkosten aus der Maßnahmenkostenpauschale getragen werden. Das steht im Ermessen des Trägers, er muss es aber nicht tun (BSG, ebenda). In Frankfurt, Wuppertal und anderen Städten wird z.B. die Monatskarte für den öffentlichen Nahverkehr (noch) übernommen.

Da Alg II plus MAE weder als Arbeitseinkommen noch überhaupt als Einkommen gelten, können Werbungskosten, Versicherungen oder die KfZ-Haftpflicht nicht vom ⇨Einkommen abgezogen werden.

3.2.4 Qualifizierung?

„AGH sollen eine (soziale) Teilhabe am Arbeitsleben ermöglichen und als mittelfristige Brücke das Ziel einer Integration in den allgemeinen Arbeitsmarkt unterstützen" (FW 16d. 1.2).
Qualifizierung selbst ist im Rahmen von Ein-Euro-Jobs kein Ziel mehr. Deshalb hat die Bundesregierung 2012 auch die dafür vorgesehenen Mittel gestrichen.
Überwiegend wird das Ausüben der Tätigkeit selbst schon als Qualifizierung betrachtet. Eine **zusätzliche** Qualifizierung **kann** das Jobcenter im Rahmen von anderen Eingliederungsleistungen (insbesondere nach § 16 Abs. 1 SGB II i.V. mit § 45 SGB III; ⇨Arbeit 2.2.4) *„vor, während oder nach einer AGH"* erbringen (ebenda). Stellen Sie bei Bedarf einen Antrag.

3.3 Ein-Euro-Jobs müssen zusätzlich sein

„Arbeiten sind zusätzlich, wenn sie ohne die Förderung nicht, nicht in diesem Umfang oder erst zu einem späteren Zeitpunkt durchgeführt würden. Arbeiten, die auf Grund einer rechtlichen Verpflichtung durchzuführen sind [...], sind nur förderungsfähig, wenn sie ohne die Förderung voraussichtlich erst nach zwei Jahren durchgeführt würden" (§ 16d Abs. 2 SGB II). 2012 wurden Kriterien für Zusätzlichkeit von Ein-Euro-Jobs erstmals ins Gesetz aufgenommen. Weitere mögliche Einsatzbereiche sind *„Naturkatastrophen und sonstige außergewöhnlichen Ereignisse"* (ebenda).

„Arbeiten, die keinen zeitlichen Aufschub dulden, erfüllen nicht das Kriterium der Zusätzlichkeit. [...] Nicht förderfähig sind Aufgaben, für deren Erledigung eine rechtliche Verpflichtung besteht, Pflichtaufgaben im Rahmen der Pflegeversicherung, Arbeiten, die zur Wahrnehmung von Verkehrssicherungspflichten gehören (z. B. Schneeräumung auf Verkehrswegen) sowie laufende Instandsetzungs- und Unterhaltungsarbeiten, soweit sie von der Natur der Sache her unaufschiebbar sind" (FW 16d.2.2).
Achten Sie darauf!

Tipp: Ob eine Regelaufgabe einer Verwaltung oder Kommune durch Ein-Euro-Jobs ersetzt wurde, können Sie (außer durch eigene Beobachtung) auch über den zuständigen Betriebs- oder Personalrat herausfinden. Wegen der Eingruppierung in Lohngruppen sind sämtliche Aufgaben und Arbeitsplätze im Tarifvertrag festgelegt. Hier gilt das Kriterium „zwei Jahre ungefördert" (§ 16d Abs. 2 SGB II).

Kritik
Das Bundesarbeitsministerium begründete 2016 die Ein-Euro-Jobs mit der schwierigen Lage für Langzeitarbeitslose. Ihnen sei es *„auch bei guter Konjunktur kaum möglich, vom Aufbau der Beschäftigung zu profitieren und auf dem allgemeinen Arbeitsmarkt Fuß zu fassen"*. Diese Jobs sollen wettbewerbsneutral und zusätzlich sein und im öffentlichen Interesse liegen. Es ist den Unternehmen verboten sozialversicherungspflichtige Beschäftigungen abzubauen, um billigere subventionierte Ein-Euro-Jobber*innen einzustellen. Und trotzdem sieht man sie als zusätzliche Arbeitskräfte in Alten- und Pflegeheimen, Kindergärten,

Schulen, Museen, Sozialkaufhäuser oder sonstigen öffentlichen Einrichtungen. Das ist nur möglich, weil die Definition der Zusätzlichkeit schwammig ist. Werden auf der einen Seite Gelder für öffentliche Einrichtungen gekürzt, fehlt auf der anderen Seite das eigentlich notwendige Personal. Somit können Ein-Euro-Jobber*innen zusätzlich für das notwendige Stammpersonal eingesetzt werden und verrichten offizielle Tätigkeiten. Notwendiges Stammpersonal wird durch die Ein-Euro-Jobs vernichtet.

3.4 Ein-Euro-Jobs müssen *„im öffentlichen Interesse"* sein,

nicht mehr „gemeinnützig", wie es vor Hartz IV im BSHG hieß.

„Arbeiten liegen im öffentlichen Interesse, wenn das Arbeitsergebnis der Allgemeinheit dient" (§ 16d Abs. 3 Satz 1 SGB II).

„Einnahmen infolge von durch die AGH ausgeübten Arbeiten, schließen alleine noch kein öffentliches Interesse und damit eine Förderung aus […]", sondern erst, *„wenn es sich um überwiegend erwerbswirtschaftliche auf Gewinn gerichtete Arbeiten handelt"* (FW 16d.2.3). Ein-Euro-Jobs – ggf. als Arbeitnehmerverleih – in der Privatwirtschaft sind nach den Fachlichen Hinweisen der BA nicht grundsätzlich ausgeschlossen, wenn es sich dabei nur um „Maßnahmen" handelt.
Im Gegensatz dazu hält das LAG Düsseldorf Versuche, AGH in der Privatwirtschaft zu installieren, für rechtswidrig (LAG Düsseldorf 25.2.2005 - 9 Sa 1843/04).

Kritik

Der Begriff „öffentliches Interesse" ist ebenso schwammig wie die „Zusätzlichkeit". Ist es ein „öffentliches Interesse", wenn eine kommunale Müllabfuhr statt festes Stammpersonal Ein-Euro-Jobber*innen beschäftigt, um doch dieselbe Arbeit zu verrichten wie ihre festangestellten Kolleg*innen des öffentlichen Dienstes? Parkreinigung, Gehwegreinigung oder das Leeren von Mülleimern gehört zur Tätigkeit einer Kommune, die in diesem Fall durch billige Arbeitskräfte ausgeführt werden. Man vermeidet den Kampf um höhere öffentliche Gelder durch den Bund und weicht auf scheinbare „soziales Engagement" aus.

3.5 Neues Kriterium: Wettbewerbsneutralität

„Arbeiten sind wettbewerbsneutral, wenn durch sie eine Beeinträchtigung der Wirtschaft infolge der Förderung nicht zu befürchten ist und Erwerbstätigkeit auf dem allgemeinen Arbeitsmarkt weder verdrängt noch in ihrer Entstehung verhindert wird" (§ 16d Abs. 4 SGB II).
Schöne Worte. Das Kriterium „wettbewerbsneutral" wurde 2012 **zusätzlich** zur Zusätzlichkeit (⇨3.3) mit ins Gesetz aufgenommen. Es soll die Zusätzlichkeit im Bereich der privaten Wirtschaft abdecken. Es ist schon bezeichnend, dass zwei Begriffe, die für den Arbeitsmarkt exakt die gleiche Bedeutung haben, als Dopplung in den § 16d SGB II eingefügt wurden. Nach dem Motto: Man muss es nur oft genug wiederholen, dann wird man uns die guten Absichten schon irgendwann abkaufen.

Kritik

Straßenreinigen, Heckenschneiden und Laubkehren in Grünanlagen oder Friedhöfen, Schwimmbäder putzen, Sportanlagen pflegen, Wäschereiarbeiten im Krankenhaus, Ausleihe in Bibliotheken, Hausmeistertätigkeiten in Schulen usw. sind keine zusätzlichen/ wettbewerbsneutralen Arbeiten. Egal, ob sie vorher durch den öffentlichen Dienst oder ein privates Unternehmen erledigt wurden.
Wenn neben Ihnen jemand die gleiche Arbeit für normalen Lohn verrichtet, kann Ihre Arbeit nicht zusätzlich/ wettbewerbsneutral sein.
Wenn Ihre Arbeit eine (gestrichene) Planstelle ersetzt oder Sie auf einer (nicht besetzten) Planstelle arbeiten, kann man nicht von Zusätzlichkeit/ Wettbewerbsneutralität reden. Ebenso wenig bei Urlaubs-, Krankheits- und Schwangerschaftsvertretungen oder beim Einsatz als Streikbrecher (FW 16d.2.4).

Der Bundesrechnungshof stellte 2010 fest, *„dass insbesondere kommunale Körperschafen Arbeitsgelegenheiten dazu nutzen, ihren – meist auf ein Minimum reduzierten – regulären Personalkörper zu ergänzen, um ihre Aufgaben trotz einer oftmals schwierigen Haushaltslage in gewohntem Umfang erfüllen zu können. Ähnliches gilt für Maß-*

nahmenträger aus dem sozialen und Weiterbildungsbereich". Öffentlich geförderte Beschäftigung verdrängt *„nicht nur im sozialen oder öffentlichen Bereich, sondern auch auf dem allgemeinen Markt für Güter und Dienstleistungen reguläre Beschäftigung"* und benachteiligt ungeförderte Unternehmen (Bericht über die Prüfung der Arbeitsgelegenheiten und Leistungen der Beschäftigungsförderung (§§ 16d und 16 e SGB II), 12.8.2010, 43).

Die ehemalige schwarz-gelbe Bundesregierung und die damalige Arbeitsministerin von der Leyen wussten, dass Ein-Euro-Jobs massenhaft reguläre Arbeit verdrängen. Ihnen kam die Kritik des Rechnungshofs gelegen, um 2012 mit verschärften gesetzlichen Kriterien für die Vergabe von AGH die Reißleine zu ziehen. Ziel des Bundes ist es, seine Ausgaben für Eingliederung drastisch herunterzufahren.

Das Argument, den Missbrauch der Kommunen bei den Ein-Euro-Jobs und Verdrängungseffekte auf dem Arbeitsmarkt einschränken zu wollen, ist allerdings durchsichtig. Der Bund ist maßgeblich an der Trockenlegung der kommunalen Haushalte beteiligt und hat durch Steuersenkungen und Privatisierungspolitik dem Kahlschlag bei der öffentlichen Daseinsfürsorge sowie im Sozial- und Bildungsbereich Vorschub geleistet. Es ist also kein Wunder, dass sich klamme Städte und Landkreise an den (noch) verfügbaren Eingliederungsmitteln des Bundes bedienen, um ihre Versorgungslöcher mit billigen Ein-Euro-Arbeitskräften zu stopfen.

4. Möglichkeiten der Gegenwehr

Wenn Sie den Abschluss einer ⇨Eingliederungsvereinbarung (EinV) ablehnen, weil Sie den darin angebotenen Ein-Euro-Job für rechtswidrig halten, werden die hier vorgesehenen Pflichten i.d.R. per Eingliederungsverwaltungsakt (⇨Bescheid) eingesetzt. Wenn Sie den Job dann nicht antreten, kann der/die Arbeitsvermittler*in Sie mit ⇨Sanktionen belegen.

Tipp 1: Wenn Sie die Eingliederungsvereinbarung nicht unterzeichnen und die Einsetzung per Verwaltungsakt abwarten, haben Sie günstigere Voraussetzungen der Gegenwehr.

Tipp 2: Achtung! Wenn Sie sich konsequent gegen rechtswidrige Ein-Euro-Jobs wehren wollen, bleibt Ihnen nach der überwiegenden Meinung der Rechtsprechung als letztes Mittel nur der Abbruch der Maßnahme mit dem Risiko einer Sanktion. Bereiten Sie sich gut vor und wägen Sie Ihre Chancen ab. Sie sollten im Vorfeld Beratung durch einen Verband, eine Initiative, Beratungsstelle oder eine*n Anwält*in einholen.

Sie haben verschiedene Möglichkeiten, Ihr Recht durchzusetzen:

a. Sie können die Zulässigkeit der Job-Zuweisung durch einen ⇨Widerspruch gegen den Eingliederungsverwaltungsakt überprüfen lassen. Dieser Widerspruch hat keine aufschiebende Wirkung. Bei Ablehnung des Widerspruchs können Sie vor dem Sozialgericht klagen.
Damit Sie während des laufenden Verfahrens keinen Nachteil haben, z.B. weil Sie den Ein-Euro-Job nicht antreten und daher mit einer Sanktion zu rechnen haben, müssen Sie die Anordnung der aufschiebenden Wirkung des Widerspruchs mit einer ⇨einstweiligen Anordnung beim Sozialgericht beantragen (§ 86b Abs. 1 Nr. 2 SGG). Wird die aufschiebende Wirkung durch das Gericht angeordnet, darf für die Dauer des Verfahrens keine Kürzung vorgenommen werden. In der Regel wird die Eilbedürftigkeit einer Entscheidung im Rahmen einer einstweiligen Anordnung von den Sozialgerichten aber erst anerkannt, wenn der Regelbedarf um 30 Prozent gekürzt worden ist.
Um das Risiko einer Sanktion zu vermeiden, können Sie auch den Ein-Euro-Job vorerst antreten und die Entscheidung im Widerspruchsverfahren abwarten.

b. Sie können den Eingliederungsverwaltungsakt hinnehmen, aber den Ein-Euro-Job selbst nicht antreten bzw. abbrechen. Wenn Ihr Regelbedarf dann aufgrund einer ⇨Sanktion gekürzt wird, können Sie Widerspruch gegen den Sanktionsbescheid einlegen und bei Bedarf klagen. Sie sollten dann die aufschiebende Wirkung des Widerspruchs mit einer einstweiligen Anordnung beantragen (s.o.). Wird Ihrem Antrag vor Gericht stattgegeben, darf

keine Leistungskürzung vorgenommen werden, solange die Rechtmäßigkeit der Sanktion im Rahmen von Widerspruch und Klage überprüft wird.

c. Wenn die Ein-Euro-Job-Zuweisung von Ihrer Behörde als Verwaltungsakt eingestuft wird, können Sie schon gegen diese Zuweisung mit Widerspruch und Klage vorgehen (⇨b.). Den Verwaltungsakt erkennen Sie an der Rechtsfolgenbelehrung.

d. Sie können auch den Ein-Euro-Job beginnen, Ihre Arbeitsaufträge und Einsatzgebiete protokollieren und die Arbeit einstellen, wenn die Stelle tatsächlich nicht „im öffentlichen Interesse liegend" bzw. zusätzlich/ wettbewerbsneutral ist oder die Arbeitsbedingungen unzulässig sind. Gegen die darauffolgende Sanktion legen Sie Widerspruch ein und lassen die Zulässigkeit der Maßnahme ggf. gerichtlich überprüfen (⇨b.).

e. Weicht die zu verrichtende Tätigkeit von der Zuweisung ab, sollten Sie nach Arbeitsaufnahme Ihre Arbeitsaufträge und Einsatzgebiete protokollieren, um nachzuweisen, dass Sie nicht zusätzlich sind bzw. zum normalen Betriebsablauf gehören. Dann müssen Sie Ihre*n Arbeitsvermittler*in darauf hinweisen, dass die Ihnen abverlangte Arbeit nicht durch die Zuweisung gedeckt ist. Wenn die Behörde darauf nicht reagiert, können Sie die Zulässigkeit der Ein-Euro-Job-Zuweisung mit einer Feststellungsklage (§ 55 Abs. 1 Nr. 1 SGG) vor dem Sozialgericht überprüfen lassen.

Besonders in den Fällen **b.** und **c.** müssen Sie konfliktfreudig sein und möglichst ein finanzielles Polster im Hintergrund haben (z.B. Schonvermögen), um mögliche Leistungskürzungen zu überbrücken. Wenn Sie nicht anhand eindeutiger Belege glaubhaft machen können, dass der Job selbst, die damit verbundene Eingliederungsvereinbarung (⇨4.3) oder Zuweisung (⇨4.4) rechtswidrig sind, wird es schwer sein, eine einstweilige Anordnung vor Gericht und damit die aufschiebende Wirkung von Widerspruch und Klage durchzusetzen.

Wenn Sie sich gegen eine bestimmte Zuweisung zur Wehr setzen, sind Sie während des laufenden Verfahrens nicht vor anderen Ein-Euro-Job-Angeboten sicher, wenn diese durch eine Eingliederungsvereinbarung oder einen Eingliederungsverwaltungsakt gedeckt sind.

4.1 Anspruch auf tarifliche Vergütung?

Ein-Euro-Jobs begründen **kein Arbeitsverhältnis**. Arbeitsrechtliche Ansprüche gegenüber dem Maßnahmenträger erwerben Sie nach Ansicht des Bundesarbeitsgericht (BAG) auch dann nicht, wenn Sie im Rahmen der Maßnahme eine **reguläre Tätigkeit** ausgeübt haben, die nicht den Maßgaben des § 16 Abs. 3 Satz 2 SGB II entspricht (BAG 26.9.2007 - 5 AZR 857/06). Das soll einer Klagewelle auf reguläre **Lohnzahlung** oder **Festeinstellung** bei den Arbeitsgerichten einen Riegel vorschieben.

Ein-Euro-Jobber*innen sind also in einem öffentlich-rechtlichen Rechtsverhältnis „gefangen". Lohn- oder Kündigungsschutzklagen vor den Arbeitsgerichten sind nur auf Grundlage eines privatrechtlichen Arbeitsverhältnisses (⇨4.2) möglich.

Die Zuständigkeit liegt demnach im Regelfall bei den **Sozialgerichten**. Hier haben Klagen gegen den SGB II-Träger auf einen „***Wertersatz***" Aussicht auf Erfolg, wenn der/ die Ein-Euro-Jobber*in nachweisen kann, dass die Maßnahme nicht zusätzlich/ wettbewerbsneutral war und durch die Tätigkeit ein Vermögensvorteil entstanden ist.

Auch das **BSG** sieht die Möglichkeit eines Wertersatzes im Rahmen des **öffentlich-rechtlichen Erstattungsanspruch**, z.B. wenn die rechtlichen Voraussetzungen für eine AGH MAE nicht erfüllt sind, weil es z.B. an der Zusätzlichkeit/ Wettbewerbsneutralität mangelt oder die Zuweisung an sich schon rechtswidrig war.

Wurde im Rahmen des Ein-Euro-Jobs z.B. eine „nicht zusätzliche", d.h. reguläre Tätigkeit ausgeübt, entsteht ein fiktiver Vermögensvorteil bei dem Jobcenter, das die Zuweisung zum Maßnahmenträger veranlasst hat. Der/die Maßnahmenteilnehmende hat dann einen öffentlich-rechtlichen Erstattungsanspruch in Form eines Wertersatzes gegenüber dem Jobcenter. Zur Ermittlung der **Höhe der Erstattung** muss der reguläre Tariflohn der im

gleichen Zeitraum erhaltenen **MAE plus Alg II-Leistung** (inklusive der Aufwendungen für Kranken und Pflegeversicherung) gegenübergestellt werden. Die Differenz ist als Wertersatz zu erstatten (BSG 13.4.2011 - B 14 AS 98/10 R u. B 14 AS 101/10R; 27.8.2011 - B 4 AS 1/10 R).
Konkret hat das BSG im Fall eines Umzugshelfers und einer Raumpflegerin bei einem Wohlfahrtsverband einen Wertersatz anerkannt.
Sie müssen allerdings das Jobcenter rechtzeitig auf die rechtswidrigen Umstände Ihres Ein-Euro-Jobs hinweisen. Erst wenn dort keine Konsequenzen gezogen werden, können Sie den Erstattungsanspruch geltend machen (BSG 22.8.2013 - B 14 AS 75/12 R; nach Geiger 2017, 743).

Tipp 1: Prüfen Sie, ob sich eine Klage auf Wertersatz überhaupt lohnt. Ermitteln Sie für den streitigen Zeitraum den Netto-Tariflohn für die entsprechende Teilzeitbeschäftigung (gemessen an der Arbeitszeit der AGH) und stellen Sie dem die im Zeitraum gezahlten SGB II-Leistungen gegenüber (MAE, Alg II, KV/PV). Nur wenn die Lohnforderung höher ausfällt, muss das Jobcenter erstatten.

Tipp 2: Wenn Sie beim Sozialgericht einen **Wertersatz** einklagen wollen, sollten Sie die Art Ihrer Tätigkeit und ihren Umfang möglichst täglich protokollieren, um nachzuweisen, dass die Arbeiten nicht zusätzlich sind. Wenn Sie auf tarifliche Vergütung klagen, müssen Sie damit auch nachweisen, inwieweit Ihre Arbeit die Tatbestandsmerkmale der angestrebten Vergütungsgruppe erfüllt.

Kritik

Auch mit der neuen Rechtsprechung des BSG im Rücken wird es für ausgebeutete Ein-Euro-Jobber*innen in rechtswidrigen Arbeitsgelegenheiten nicht leicht sein, Erstattungsansprüche gegen das Jobcenter durchzusetzen. Letztlich müssen sie den Beweis führen, dass eine Zuweisung rechtswidrig war oder eine reguläre Arbeit ausgeübt wurde. Wenn Ein-Euro-Jobber*innen eine „Maßnahme“ vorzeitig abbrechen oder gar nicht erst antreten, wird ihnen die Leistung gekürzt. Das Risiko tragen sie alleine, denn sie sind i.d.R. darauf angewiesen, dass ein Gericht die Rechtswidrigkeit der Maßnahme feststellt und die Sanktion im Eilverfahren aufhebt.
Ob letztlich beim öffentlich-rechtlichen Erstattungsanspruch überhaupt ein nennenswerter Wertersatz herauskommt, sollten Sie vorab prüfen.

4.2 Anspruch auf Festeinstellung?

Als Ein-Euro-Jobber*in können Sie **keinen Anspruch** auf Festeinstellung durchsetzen, weil im Normalfall kein privatrechtliches Arbeitsverhältnis begründet wird (⇨4.1, BAG, ebenda).

Sie können auf Festeinstellung klagen, wenn kein öffentlich-rechtliches, sondern ein **privatrechtliches Arbeitsverhältnis** begründet worden ist. Haben Sie **zusätzlich** zur Zuweisung der Alg II-Behörde einen **unbefristeten Vertrag** mit dem Maßnahmenträger abgeschlossen, der als Arbeitsvertrag gewertet werden kann, besteht nämlich ein unbefristetes Arbeitsverhältnis, das nur durch eine Kündigung beendet werden kann (ArbG Leipzig 24.3.2000, info also 2001, 36 ff.; ArbG Berlin info also 1990, 35).

Ein **faktisches Arbeitsverhältnis** zwischen Ein-Euro-Job-Träger und Ein-Euro-Jobber*in entsteht auch **ohne Vertrag**, wenn

- die vom Maßnahmenträger zugewiesene Arbeit nicht mit der Zuweisung bzw. dem Einsatzplan übereinstimmt **und**
- sich der Maßnahmenträger durch den maßnahmewidrigen Einsatz dem Reglungskreis des § 16d SGB II entzieht.

Der Ein-Euro-Job-Träger *„kann sich hier nicht darauf berufen, es habe am Willen zum Vertragsschluss gefehlt“* (Geiger 2014, 633).
Wenn das Beschäftigungsverhältnis nicht deutlich gegenüber den Arbeitsverhältnissen abgegrenzt ist, die der Maßnahmenträger als Arbeitgeber des ersten Arbeitsmarktes geschlossen hat, entsteht ein faktisches Arbeitsverhältnis (BAG 7.7.1999, ZfSH/SGB 2000, 683).
Selbst wenn der Arbeitgeber Ihre Dienste nicht mehr in Anspruch nimmt, besteht dennoch ein Arbeitsverhältnis mit Anspruch auf das ortsübliche oder tarifliche Entgelt.
„Kommt der Dienstberechtigte mit der Annahme der Dienste in Verzug, so kann der

Verpflichtete für die in Folge des Verzugs nicht geleisteten Dienste die vereinbarte Vergütung verlangen, ohne zur Nachleistung verpflichtet zu sein" (§ 615 BGB).

Ob unter gleichen Voraussetzungen eine **Lohnklage** zulässig ist, ist umstritten, da das BAG die Zuständigkeit für Ein-Euro-Jobs mit Ausnahme von Kündigungsschutzklagen bei den Sozialgerichten sieht (BAG 17.1.2007 - 5AZB 43/06, nach M. Hannes, Soziale Sicherheit 10/2007, 355).

Die Autor*innen vertreten demgegenüber die Ansicht, dass beim Vorliegen eines faktischen Arbeitsverhältnisses eine Lohnklage vor dem Arbeitsgericht zulässig ist und auch Chancen hat.

Tipp: Wer auf Festeinstellung klagen will, muss dem Maßnahmenträger mit Ablauf des faktischen Arbeitsverhältnisses schriftlich seine Arbeitskraft anbieten und binnen Monatsfrist Klage einreichen.

4.3 Heranziehung nur über eine ⇨Eingliederungsvereinbarung

„Die Teilnahme an einer AGH wird entweder mit einer konkreten und den Erfordernissen an die Bestimmtheit der AGH entsprechenden individuellen Eingliederungsvereinbarung, die mit der bzw. dem Teilnehmenden vor Maßnahmeeintritt abgeschlossenen wurde, oder dem diese Eingliederungsvereinbarung ersetzenden Verwaltungsakt [...] festgelegt" (FW 16d.2.17).

Die Zuweisung in Ein-Euro-Jobs ist zumindest nach Meinung des SG Berlin nur rechtmäßig, wenn eine Eingliederungsvereinbarung (EinV) abgeschlossen wurde (SG Berlin 27.6.2005 - S 37 AS 4507/05 ER).

Es muss ferner eine „Potentialanalyse" (früher „Profiling") stattgefunden haben und die Frage geprüft worden sein, ob besondere Probleme bei der Eingliederung in den Arbeitsmarkt bestehen. Der Ein-Euro-Job muss nämlich für Sie erforderlich sein (⇨3.1).

Fehlt beides oder kommt eine EinV nicht rechtmäßig zustande, können Sie sich weigern, den Ein-Euro-Job anzutreten, ohne dass Sanktionen rechtmäßig wären.

4.4 Heranziehung nur bei Bestimmtheit der Zuweisung

Wenn Ihnen Arbeitsinhalte, wöchentliche Arbeitszeit und ihre Verteilung, Höhe der Mehraufwandsentschädigung sowie Dauer des Arbeitseinsatzes nicht vorab mitgeteilt werden, ist die Zuweisung unbestimmt und deswegen rechtswidrig (BSG 16.12.2008 - B 4 AS 60/07; BVerwG 10.2.1983, FEVS 32, 265).

Nur wenn das Angebot bestimmt ist, können Erwerbslose **prüfen**, ob die angebotene Arbeit nach den Bestimmungen des SGB II abgelehnt werden darf, ohne eine Kürzung des Regelbedarfs befürchten zu müssen (LSG Hamburg 11.7.2005 - L 5 B 16/05 ER AS).

Es ist also rechtswidrig, wenn das Jobcenter Sie ohne nähere Angaben einer Einsatzstelle zuweist. Sie müssen prüfen können, ob der Ein-Euro-Job angemessen, erforderlich und geeignet ist. Wenn nicht, können Sie dagegen vorgehen (⇨4. ff.).

4.5 Fortzahlung der MAE bei Krankheit und Urlaub?

Ein-Euro-Jobber*innen haben **keinen** gesetzlichen Anspruch auf Zahlung der Mehraufwandsentschädigung (MAE) bei Krankheit und Urlaub. Bezüglich des Urlaubsentgelts ist das klar geregelt (§ 16d Satz 2 3.Halbsatz SGB II).

Tipp: Bei Krankheit müssen Sie sich dennoch umgehend beim Maßnahmenträger arbeitsunfähig melden, weil Sie sonst den Abbruch der Maßnahme und eine Sanktion riskieren.

Kritik

Obwohl die MAE als Entschädigung für den arbeitsbedingten Mehraufwand gezahlt wird, vertreten wir die Auffassung, dass sie auch bei Krankheit, an gesetzlichen Feiertagen und während des Urlaubs gezahlt werden müsste, wie in einem „ordentlichen" Arbeitsverhältnis.

Arbeitsverhältnisse zweiter Klasse sind auch im öffentlich-rechtlichen Rechtsverhältnis nicht akzeptabel. Krankheiten treten oft in unmittelbarem Zusammenhang mit der verrichteten Arbeit auf. Die Streichung der MAE führt dann zur doppelten Bestrafung. Auch der Erholungsurlaub ist dazu bestimmt, die Regeneration der Arbeitskraft zu unterstützen. Der Anspruch auf Erholung leitet sich direkt aus der Arbeitsbelastung ab. Das gilt für privatrechtliche Arbeitsverhältnisse genauso wie für öffentlich-rechtliche Arbeitsgelegenheiten. Wie soll denn ein*e Ein-Euro-Jobber*in den Mehraufwand für die Regeneration seiner Arbeitskraft im Erholungsurlaub aufbringen? Über den Regelbedarf ist dieser Bedarf jedenfalls nicht abgedeckt. Dafür muss die Mehraufwandsentschädigung weiter zur Verfügung stehen.

Wer seine Arbeitskraft unter unwürdigen Bedingungen einbringt, wird nicht eingegliedert, sondern an den Rand gedrängt. Das läuft dem erklärten Zweck der Eingliederung über Ein-Euro-Jobs zuwider. Eine derartige Diskriminierung kann aber nur politisch, nicht juristisch bekämpft werden.

4.6 Andere Möglichkeiten der Gegenwehr

Personalräte können bei *„Entscheidungen zur Abgrenzung der Einsatzbereiche und der dort anfallenden Tätigkeiten unter dem Gesichtspunkt der Zusätzlichkeit"* mitbestimmen (BVerwG 26.1.2000 - 6 P 2/99 NVwZ 2000, Heft 10, 1182-4). Das gilt auch für Ein-Euro-Jobs (VG Mainz 24.6.2005 - 5 K 193/05; SG Oldenburg 22.6.2005 - 9 A 1738/05). Die Beschäftigung von Ein-Euro-Jobber*innen ist **mitbestimmungspflichtig**. Das geht u.a. auch aus § 77 Abs. 2a Hessisches Personalvertretungsgesetz hervor (entsprechende Regelungen gibt es auch in anderen Bundesländern). Ohne Zustimmung des Personalrats dürfen Ein-Euro-Jobber*innen nicht eingestellt werden. Ein-Euro-Jobs sind zwar keine Arbeitsverhältnisse, die entsprechenden Personen werden aber in die Dienststellen eingegliedert und verüben weisungsgebundene Tätigkeiten (BAG 2.10.2007 - 5 ATR 857/06).

Tipp: Personalräte, die der Einrichtung von Ein-Euro-Jobs für Regelaufgaben zustimmen, fördern den Personalabbau. Personalräte sollten Übersichten über die Stellenentwicklung an den Einsatzstellen der Ein-Euro-Jobber*innen anfertigen, um nachzuweisen, dass diese „Jobs" Ausdruck des Personalabbaus sind, statt diesen zu fördern.

Betriebsräte haben das Recht, Personalplanungsunterlagen anzufordern (§ 92 BetrVG). Aus diesen muss hervorgehen, in welchen Funktionen und mit wie vielen Stunden welche Arbeitnehmer*innen beschäftigt sind. Hieraus ergeben sich Anhaltspunkte, ob neu geschaffene Ein-Euro-Jobs zusätzlich sind oder nicht. Arbeitgeber sind auch verpflichtet, den Betriebsrat über die Planung der Arbeitsgelegenheiten zu informieren (§ 90 Abs. 1 Nr. 4 BetrVG). Der Betriebsrat kann seine Zustimmung zur Einstellung von Alg II-Beziehenden verweigern, wenn deren Tätigkeit nicht zusätzlich ist. Das Mitbestimmungsrecht schließt auch Beschäftigte ein, die keine Arbeitnehmer*innen des Betriebs sind. Auch für Leiharbeitnehmer*innen ist der Betriebsrat zuständig, obwohl sie nicht Arbeitnehmer*innen des aufnehmenden Betriebes sind. Wird der Betriebsrat nicht informiert bzw. beteiligt, kann er die Entfernung des/r Beschäftigten aus dem Betrieb erwirken (§ 101 BetrVG) (nach Klaus Stähle, Ein-€-Jobs im Betrieb/ Handlungsmöglichkeiten für Betriebsräte, http://arch.tacheles-sozialhilfe.de/harry/view.asp?ID=1406).

Betriebs- und Personalräten wird das Mitbestimmungsrecht bei der Einstellung von Ein-Euro-Jobber*innen inzwischen sowohl vom BAG (ebenda) als auch vom BVerwG zugestanden (21.3.2007 - 6 P 4/06 und 6 P 8/06). Mitarbeiter*innenvertretungen in **evangelischen** Einrichtungen wird ein Mitbestimmungsrecht eingeräumt, in **katholischen** jedoch (noch) nicht (Geiger 2017, 748).

4.7 SGB II-Jobs – Verstoß gegen das Grundgesetz?

Sie verurteilen Zwangsarbeit und denken an das Grundgesetz, das in Art. 12 erklärt: *„Niemand darf zu einer bestimmten Arbeit gezwungen werden, außer im Rahmen einer herkömmlichen allgemeinen, für alle gleichen öffentlichen Dienstleistungspflicht."*

Die Hüter der Verfassung sehen dadurch aber nicht Arbeitsgelegenheiten mit Mehraufwandsentschädigung (in der Weimar Republik: Pflichtarbeit) ausgeschlossen, sondern nur Arbeitslager, wie sie die Nazis betrieben haben (BVerfG 8.7.1982 - 1 BvR 735.82).

Arbeitsgelegenheiten gelten nicht als Zwangsarbeit, da Sie nicht mit Polizeigewalt erzwungen werden. Die ökonomische Gewalt mit der Drohung des Hungers und der Obdachlosigkeit durch Entzug der Existenzsicherung verbietet das GG nicht.

4.8 SGB II-Jobs – Verstoß gegen das ILO-Abkommen?

Die Internationale Arbeitsorganisation (ILO) hat in ihrem Übereinkommen Nr. 29 vom 28.6.1930 ebenfalls ein Verbot der Zwangsarbeit verfügt. Das Übereinkommen wurde als Gesetz am 13.6.1957 in der BRD in Kraft gesetzt.

Als Zwangsdienst wird *„jede Art von Arbeit- und Dienstleistung [bezeichnet], die von einer Person unter Androhung irgendeiner Strafe verlangt wird und für die sie sich nicht freiwillig zur Verfügung gestellt hat".* Die alte „Gemeinnützige Arbeit" galt aber in der deutschen Rechtsprechung noch nie als Zwang. Sie gilt als „Hilfsangebot", das die Selbsthilfe fördern soll (BVerwGE 129 und 132). Die neuen SGB II-Jobs gelten als Leistung zur Eingliederung, die die Persönlichkeitsentwicklung fördern sollen, nicht als Zwang.

Ein von der Hans-Böckler-Stiftung in Auftrag gegebenes Gutachten kommt dagegen zum Ergebnis, dass die Heranziehung zu AGH MAE *„zumindest in zahlreichen Fällen zu einem Verstoß gegen das von Deutschland ratifizierte Übereinkommen (Nr. 29) über Zwangsarbeit"* führt (Max Kern, Zur Frage der Vereinbarkeit von Recht und Praxis der Arbeit nach § 16 Abs. 3 SGB II i.V. mit § 31 SGB II mit dem IAO-Übereinkommen (Nr. 29) über Zwangs- oder Pflichtarbeit, 2008, 80).

5. Eingliederungsbilanz

In § 54 SGB II wird eine Eingliederungsbilanz gefordert. Die Wirkung der verschiedenen Maßnahmen soll erforscht werden (§ 55 SGB II). Es muss eine Bilanz erstellt werden, in welcher Weise Ein-Euro-Jobs der Eingliederung gedient haben. Wenn sich zeigt, dass sie diesem Ziel nicht entsprechen, sind sie abzuschaffen.

Im Berichtsjahr 2019 für das Jahr 2018 wird die „Eingliederungsquote" bei Arbeitsgelegenheiten nach § 16d SGB II (Beschäftigung schaffende Maßnahmen) bundesweit mit 11,6 Prozent angegeben (Daten zur Eingliederungsbilanz, Tab. 6_8b). Die Quote stellt den Anteil von Personen dar, die zwischen Januar und Dezember 2018 aus Arbeitsgelegenheiten ausgeschieden waren und sechs Monate später eine sozialversicherungspflichtige Beschäftigung einschließlich Minijob ausgeübt hatten, gegenüber allen Personen, die im gleichen Zeitraum aus AGH ausgeschieden waren. Allerdings waren nur sechs Prozent der ausgeschiedenen Personen „ohne Folgeförderung" sozialversicherungspflichtig beschäftigt (BA Eingliederungsbilanzen, 2014, Tab. 6).

Gerade weil die Ein-Euro-Jobs mit Integration auf dem ersten Arbeitsmarkt so gut wie nichts zu tun haben, haben Arbeitsmarktkosmetiker der BA den Namen „Beschäftigung schaffende Maßnahmen" für sie kreiert. Das ist zumindest ehrlicher als frühere Bezeichnungen, z.B. „INjobs" = „Integrationsjobs".

Beschäftigung schaffende Maßnahmen sind für sich genommen schon die Eingliederung. Sie *„bieten schwer vermittelbaren Arbeitslosen eine grundsätzlich zeitlich befristete Tätigkeit und geben ihnen damit die Möglichkeit, ihre Beschäftigungsfähigkeit zu erhalten oder wiederherzustellen; die Eingliederung in den „Ersten Arbeitsmarkt" ist dabei nicht primäres Ziel"* (BA Arbeitsmarkt 2011, 48).

Beschäftigungsfähigkeit sichern fast ohne Aussicht auf Beschäftigung? Die BA hat sich schon von den Paragrafen-Phrasen des SGB II verabschiedet. Sie entwickelt eigene Definitionen. Wie soll aber die Beschäftigungsfähigkeit erhalten werden, wenn die Ein-Euro-Jobs nach sechs bis zwölf Monaten beendet sind?

6. Kritik an Ein-Euro-Jobs

Schon die alte Pflichtarbeit gegen Mehraufwandsentschädigung (MAE, genannt „Hilfe zur Arbeit") sollte *„für eine bessere Eingliederung des Hilfe Suchenden in das Arbeitsleben geeignet sein"* (§ 19 Abs. 1 Satz 3 BSHG). War sie aber nicht. Herbert Jacobs stellte fest, dass nur etwa 20 bis 30 Prozent der Sozialhilfearbeiter*innen der Sprung auf reguläre Stellen gelang. Es waren überwiegend Personen mit abgeschlossener Berufsausbildung, Arbeitskräfte unter 34 Jahren und Personen mit kurzem Sozialhilfebezug (NDV 3/2000, 78 f.). Sie wären vermutlich meist auch ohne „Hilfe zur Arbeit" aus dem Bezug ausgeschieden.

Die heutigen Eingliederungsquoten sind erheblich niedriger als die der 80er- und

90er-Jahre (⇨5). Kein Wunder, denn die Langzeitarbeitslosigkeit ist gestiegen und das Interesse, Langzeitarbeitslose einzugliedern, hat nachgelassen.

Als Grund für die weitgehende Reduzierung von ABM-Maßnahmen und Maßnahmen beruflicher Weiterbildung sowie für die Abschaffung sozialversicherungspflichtiger Sozialhilfe-Beschäftigung wurde angegeben, die Eingliederungsquote habe nur bei 30 bis 50 Prozent gelegen.
Bei den Ein-Euro-Jobs ist die Eingliederungsbilanz noch wesentlich schlechter als bei ABM oder Umschulungen. Die Streichung dieser „Jobs" wird aber nicht verlangt, sie werden lediglich zurückgefahren. Würde das Gesetz ernst genommen, müsste man die meisten Ein-Euro-Jobs für rechtswidrig erklären.
Unternehmensvertreter sehen Ein-Euro-Jobs als Abarbeiten der Unterstützung bzw. als abschreckende Testjobs zur Prüfung der **Arbeitsbereitschaft** an, statt als Vorbereitungsjobs auf den ersten Arbeitsmarkt (Deutscher Industrie- und Handelskammertag, Mehr Chancen am Arbeitsmarkt, Berlin 2006, 2). Offensichtlich halten sie nichts vom Eingliederungsziel des SGB II.

Die **wirklichen Aufgaben** der Ein-Euro-Jobs sind unserer Ansicht nach:

1. den Abbau sozialversicherungspflichtiger Arbeitsplätze im öffentlichen Dienst und bei sozialen Einrichtungen abzufedern und zu fördern,
2. die Tarife im öffentlichen Dienst und allgemein anzugreifen (Arbeit ohne „Lohnnebenkosten", Tarife und Kündigungsschutz wie bei den Ein-Euro-Jobs: das ist der Traum jedes Arbeitgebers),
3. die staatlichen Personalausgaben, Zuschüsse und Pflegesätze für soziale Einrichtungen zu senken,
4. Arbeitslose abzuschrecken, um Sozialausgaben zu sparen (erfahrungsgemäß lehnen 10 bis 20 Prozent der Arbeitslosen solche „Hilfen" ab) und um mit all dem
5. einen Beitrag für die Kommunen und Kreise zu leisten, Steuerausfälle in Folge der massiven Gewinnsteuersenkungen aufzufangen sowie
6. den Noch-Erwerbstätigen zu drohen, was auf sie als Arbeitslose zukommen kann, wenn sie nicht spuren, Armutslöhne nicht akzeptieren und ihre Entlassung riskieren.

Erwerbslose gewinnen Ein-Euro-Jobs häufig positive Seiten ab. Für sie können Ein-Euro-Jobs kurzfristig eine **Erleichterung** darstellen. Sich wenigstens ein paar Monate etwas mehr leisten zu können, mehr unter Leute zu kommen und unter Umständen etwas Neues zu lernen, ist nicht das Schlechteste. Wenn auch noch ihre Motivation und ihre Fertigkeiten berücksichtigt werden, kann man auch aus solchen Arbeiten eine gewisse Befriedigung ziehen. Die Erfahrung aber zeigt, dass die Befriedigung im Laufe der Zeit abnimmt, wenn man inzwischen die dritte oder vierte Maßnahme durchlaufen hat, ohne dass sich die Perspektiven verbessert hätten. Man erkennt, dass Qualifikation und Arbeitskraft ohne Gegenleistung ausgenutzt werden. Auch das produziert Frust.
Eine **Chance**, eine Stelle in den Einsatzbereichen zu bekommen, hat man i.d.R. nicht, denn Staat und Wohlfahrtsverbände bauen Personal ab, statt einzustellen. Deshalb ist Enttäuschung vorprogrammiert, wenn man Hoffnungen mitbringt.
Wenn Ein-Euro-Jobs überwiegend eine Chance wären, hätte man auf die Sanktionsandrohung bei Ablehnung der „Maßnahme" verzichten können.

Auch die **Träger** haben ein starkes Interesse, die Ein-Euro-Stellen ohne Rücksicht auf die Eingliederungschancen der Arbeitslosen zu besetzen. Sie können damit die Lücken stopfen, die sinkende Zuschüsse und Personalabbau hinterlassen haben. Das, nicht die Eingliederung, ist ihr Hauptzweck.
Die Jobber*innen sind für die Träger kostenlos. Sie bekommen eine Pauschale, die z.B. in Leipzig nach Maßnahmengröße und Anzahl der Teilnehmenden pro Monat sowie für allgemeine Bürokosten aufgeteilt ist. Darüber hinaus werden die Kosten für zusätzliches, in der Maßnahme eingestelltes Personal in ortsüblicher, tariflicher oder gesetzlicher Höhe und die Kosten einer notwendigen sozialpädagogischen Betreuung übernommen
Die Pauschale für Arbeitsgelegenheiten nach § 5 Asylbewerberleistungsgesetz (AsylbLG)

beträgt 500 €. Die Teilnehmenden hingegen erhalten 0,80 € pro Stunde.

Ob der Ein-Euro-Job für Ihre Eingliederung erforderlich ist, hängt entscheidend davon ab, ob die in der Maßnahme geforderten Tätigkeiten und Qualifikationen überhaupt nachgefragt werden. Das wäre nur möglich, wenn offene Stellen in den entsprechenden Bereichen angeboten würden. Wenn in den Einsatzbereichen in der Vergangenheit **Stellen abgebaut** und durch AGH ersetzt wurden, können die Ein-Euro-Jobs nicht der Eingliederung in Arbeit dienen. Sie stopfen nur die Lücken, die beim Personalabbau in den Kommunen entstanden sind. Hier stagnieren die Zahlen: von rund 4,9 Millionen Beschäftigten in 2000 über 4,6 Millionen in 2005 auf wieder 4,88 Millionen in 2019 (destatis).

Forderungen

Abschaffung der Ein-Euro-Jobs!

Ersetzung der befristeten SGB II-Jobs durch unbefristete, sozialversicherungspflichtige Arbeitsverhältnisse!

Tarifliche Bezahlung öffentlicher Arbeitsplätze für ehemalige Arbeitslose und deren Finanzierung durch Rücknahme der Gewinnsteuersenkungen!

Solange die SGB II-Jobs nicht abgeschafft sind:

Es ist unzumutbar, dass jeder Alg II-Beziehende selber prüfen muss, ob die ihm zugewiesene Arbeit zusätzlich ist. Und das unter der Drohung, die Leistung gekürzt zu bekommen, weil ein Widerspruch gegen eine Sanktion keine aufschiebende Wirkung hat. Die Zusätzlichkeit jedes Arbeitsplatzes muss vorher festgestellt werden. Dabei müssen Personalräte, Gewerkschaften und Erwerbslosen-Organisationen mitwirken.

Fortzahlung der MAE bei Krankheit und Urlaub (⇨4.5)!

Keine Anwendung von SGB-II-Sanktionen

Solange Kommunen und Wohlfahrtsverbände Ein-Euro-Jobs als Hilfsmittel des Personalabbaus missbrauchen, hat die Kürzung von Alg II bei Weigerung, Ein-Euro-Arbeit zu leisten, den Charakter eines Zwangsmittels zur Durchsetzung von Lohndumping.

Information

BA, Fachliche Hinweise: Arbeitsgelegenheiten (AGH) nach § 16d SGB II, Stand: 11.01.2017, http://www.harald-thome.de/sgb-ii---hinweise.html

Herbert Jacobs, Wie wirksam ist die „Hilfe zur Arbeit?" NDV 3/2000, 77-84

Utz Krahmer, Helga Spindler, Rechtliche Maßstäbe für die Erbringung von Arbeitsgelegenheiten für Arbeitssuchende nach § 16 Abs. 3 SGB II, NDV 1/2005 oder http://tacheles-sozialhilfe.de/startseite/aktuelles/d/n/1348/

Günther Stahlmann (Hrsg.) u.a., Recht und Praxis der Ein-€-Jobs – Beschäftigungsverhältnisse ohne Arbeitsvertrag nach dem SGB II (Handbuch), Frankfurt/M 2006

Praxis und neue Entwicklungen bei 1-Euro-Jobs; DGB (Arbeitsmarkt aktuell Nr. 04/2009), www.sozialpolitik-aktuell.de/tl_files/sozialpolitik-aktuell/_Kontrovers/HartzIV/DGB_Arbeitsmarkt_Aktuell_0409.pdf

Arbeitslose

Inhaltsübersicht

1.1 Meldung bei der Agentur für Arbeit

Auch wenn Sie keinen Anspruch auf Alg I oder Alg II haben, sollten Sie sich arbeitslos melden, wenn Sie arbeitslos sind.

- Die Meldung bei der Agentur für Arbeit für das Arbeitslosengeld I ist Voraussetzung für die Anerkennung von Anrechnungszeiten in der Rentenversicherung. Diese zählen als Wartezeiten. Bei Ansprüchen auf eine Rente wegen Erwerbsminderung muss z.B. eine

Wartezeit von fünf Jahren erfüllt sein.
- Arbeitslose, die das 18. aber noch nicht das 21.Lebensjahr vollendet haben, müssen sich arbeits- bzw. ausbildungssuchend melden, um Anspruch auf Kindergeld zu haben (§ 2 Abs. 2 Nr. 1 BKGG).
- Wenn Sie sich nicht arbeitssuchend melden, verschwindet wieder ein Arbeitsloser aus der offiziellen Statistik. Wollen Sie das?

Arbeitslosmeldung und Corona:
Mit der Weisung 200930_Covid_19 wurde die Regelung zur nicht persönlichen Arbeitslosmeldung von Ende 2020 bis zum 31.05.2021 verlängert. Durch die Einschränkung der Corona-Pandemie ist seit März 2020 ein persönlicher Kundenverkehr in den Agenturen für Arbeit nicht oder nur eingeschränkt möglich. Entsprechend wurde das Einladungsverfahren und die persönliche Abgabe der Anträge auf Arbeitslosengeld I angepasst. Die persönliche Identifizierung findet über ein Self-Ident-Verfahren einer App statt. Ist dieses nicht möglich oder nicht gewollt, wird auf Einladung der zuständigen Agentur für Arbeit eine persönliche Identifizierung im Hause vereinbart.

1.2 Ansprüche an die Arbeitslosenversicherung

Ansprüche an die Arbeitslosenversicherung gelten erst ab dem Tag der Antragstellung. Zuständig ist die örtliche **Agentur für Arbeit**.

Sie haben **Anspruch auf Arbeitslosengeld** (Alg I)
- für ein halbes Jahr, wenn Sie innerhalb der letzten 24 Monate mindestens zwölf Monate versicherungspflichtig gearbeitet haben,
- für acht Monate, wenn Sie innerhalb der letzten 24 Monate 16 Monate beitragspflichtig gearbeitet haben,
- für zehn Monate, wenn Sie innerhalb der letzten 24 Monate 20 Monate beitragspflichtig gearbeitet haben und
- für ein Jahr, wenn Sie die gesamten 24 Monate beitragspflichtig gearbeitet haben.

Über 50-Jährige haben nach ununterbrochenem Versicherungspflichtverhältnis einen Anspruch auf Alg I für 15 Monate, wenn sie zuvor 30 Monate beitragspflichtig gearbeitet haben,
über 55-Jährige für 18 Monate, wenn sie zuvor 36 Monate beitragspflichtig gearbeitet haben und
über 58-Jährige für 24 Monate, wenn sie zuvor 48 Monate beitragspflichtig gearbeitet haben.

Nach § 150 SGB III gibt es einen Bemessungszeitraum und Bemessungsrahmen. Der Bemessungsrahmen umfasst ein Jahr und endet mit dem letzten Tag der sozialversicherungspflichtigen Tätigkeit. Der Bemessungszeitraum umfasst die sozialversicherungspflichtigen Tätigkeiten. Beim Bemessungszeitraum bleiben **außer Betracht**:

- Zeiten, in den Übergangsgeld gezahlt wurde (Teilhabe am Arbeitsleben, Teilübergangsgeld, Teilarbeitslosengeld)
- Zeiten einer Beschäftigung als Freiwillige*r im Sinne des Jugendfreiwilligendienstes (JFDG: FSJ, FÖJ) oder des Bundesfreiwilligendienstes (BFDG)
- Zeiten, in den Elterngeld oder Erziehungsgeld bezogen wurde. Das gilt auch, wenn die oder der Anspruchsberechtige aufgrund des Einkommens keinen Anspruch hatte
- Zeiten, in denen ein Kind unter drei Jahren betreut und erzogen wurde, weswegen das Arbeitsentgelt oder die durchschnittliche wöchentliche Arbeitszeit reduziert wurde
- Pflegezeiten nach § 3 Absatz 1 Satz 1 des Pflegezeitgesetzes, wenn deswegen das Arbeitsentgelt oder die durchschnittliche wöchentliche Arbeitszeit reduziert wurde
- Arbeitszeiten, die um 20 Prozent, aber mindestens um fünf Stunden wöchentlich reduziert waren, wenn die bisherige Beschäftigung mit einer höheren Arbeitszeit von mindestens sechs zusammenhängenden Monaten innerhalb der letzten dreieinhalb Jahre ausgeübt wurde. Eine Teilzeitvereinbarung nach dem Altersteilzeitgesetz ist davon ausgenommen.

Der Anspruch auf Arbeitslosengeld hat sich zum 1.1.2020 nach dem „Qualifizierungschancengesetz“ für Beschäftigte, die vor 2020 in einem Arbeitsverhältnis standen, von 24 Monaten auf 30 Monaten verlängert.

Wichtig! Nach Auslaufen Ihres Alg I **oder**, wenn dieses unterhalb des Existenzminimums liegt (⇨Bedarfsberechnung), haben Sie auf ⇨Antrag **Anspruch auf Arbeitslosengeld II** (Alg II).

Kritik

Trotz erweiterter Rahmenfrist für den Anspruch auf Alg I bleibt die Bezugsdauer unverändert, so dass bereits nach einem Jahr der Gang in ein Jobcenter (Hartz IV) unwiderruflich möglich bleibt. Damit kann den Leistungsberechtigten, unter Sanktionsandrohungen, jedwede Tätigkeit angeboten werden. Die Gefahr einer Dequalifizierung der eigenen Ausbildung oder des Studiums steigt mit jeder Annahme einer fachfremden Tätigkeit und gleichzeitig wächst der Druck auf die Leistungsberechtigten auch im Niedriglohnsektor zu arbeiten. Die Intention der Agenda 2010, den größten europäischen Niedriglohnsektor aufzubauen besteht bis heute. Eine grundpolitische Veränderung ist nicht absehbar. Dazu müsste die Sozialgesetzgebung nach dem Sozialgesetzbuch II (Hartz IV) grundlegend reformiert werden. Dieses steht jedoch nicht auf der politischen Agenda.

1.3 Alg I reicht nicht: aufstockendes Alg II beantragen

Wenn Alg I nicht reicht, um Sie und ggf. Ihre Familie zu ernähren, können Sie zunächst versuchten, den Bedarf zu Lebensunterhalt zu decken, indem Sie ⇨**Wohngeld**, unter Umständen in Kombination mit dem ⇨**Kinderzuschlag**, beantragen.

Reicht auch das aller Voraussicht nicht aus, stellen Sie beim Jobcenter am besten mit dem Alg I auch gleich einen Antrag auf Alg II. Das nennt sich **Alg II aufstocken**. Auch über eine **Sperrzeit** von der Arbeitsagentur können Sie sich als Alg II-Aufstockender retten, auch wenn Ihr Alg II-Anspruch gleich mit gekürzt wird (⇨2.2).

Wenn Sie als Alg I-Beziehender aufstockend Alg II bekommen, ist seit dem **1.1.2017** die **Agentur für Arbeit** für **alle** Leistungen zur Eingliederung zuständig (§ 5 Abs. 4 SGB II i.V. mit § 22 Abs. 4 Satz 5 SGB III). Vor diesem Stichtag waren es i.d.R. die Jobcenter.

Näheres unter ⇨Arbeit 2.2 f.

2. Arbeitslosengeld II

Alg II ist keine Lohnersatzleistung. Sie trägt den Namen Arbeitslosengeld zu Unrecht. Sie ist eine modernisierte Sozialhilfe für Arbeitslose und Niedrigverdienende.

Sie müssen weder sozialversicherungspflichtig beschäftigt gewesen sein, um Anspruch auf Alg II zu haben, noch eine Anwartschaftszeit erfüllen. Sie müssen vorher auch keinen Anspruch auf Alg I gehabt haben. Sie müssen nur ⇨**erwerbsfähig, hilfebedürftig** und zwischen **15 Jahren** und dem **Rentenalter** alt sein sowie ihren gewöhnlichen Aufenthalt in Deutschland haben. Das unterscheidet Alg II von der alten Arbeitslosenhilfe. Zuständig für Alg II sind die **Jobcenter**, mancherorts auch unter anderem Namen.

Tipp: Verbrauchen Sie nicht Ihre Ersparnisse bzw. Ihren letzten Lohn, bevor Sie einen Alg II-Antrag stellen. Beides ist als ⇨Vermögen innerhalb bestimmter Grenzen geschützt. Machen Sie keine Schulden, um Zeiten ohne Leistungen zu überbrücken. Die ersetzt Ihnen keiner. Ausnahme: Wenn Sie eine andere Sozialleistung erhalten (Kindergeld, Krankengeld, Wohngeld, Unterhaltsvorschuss usw.), die Ihren Bedarf zum Lebensunterhalt nicht deckt, können Sie Ansprüche auf Alg II auch noch rückwirkend geltend machen (wiederholte ⇨Antragstellung, ⇨Bedarfsberechnung).

2.1 Alg II während Sperrzeiten von Alg I?

Sperrzeiten sind das schärfste Druckmittel der Arbeitsagentur. Ihr Arbeitslosengeld kann zwischen einer Woche (Terminversäumnis ohne wichtigen Grund) und bis zu 12 Wochen gesperrt werden. Die Anspruchsdauer vermindert sich um die Sperrzeit. In Fällen einer Sperrzeit wegen Arbeitsaufgabe mindert sich der Anspruch auf Arbeitslosengeld um zwölf Wochen; jedoch mindestens um ein Viertel der Anspruchsdauer. 2019 wurden 807.767 Sperrzeiten gegen Beziehende von Alg I verhängt. 2018 waren es 797.066; also eine Steigerung von 10.701. Mit 544.644 war die einwöchige Sperrzeit der größte Anteil gefolgt von 210.330 Sperrzeiten von 12 Wochen.

In diesem Fall haben Sie **Anspruch auf Alg II**, allerdings in der ersten Stufe um 30 Pro-

zent gekürzt (§ 31 Abs. 2 Nr. 3 und 4 SGB II).
Das gekürzte Alg II wird **ab dem Eintritt der Sperrzeit** gezahlt, nicht erst ab dem Folgemonat (§ 31b Abs. 1 Satz 2 SGB II).
Das Jobcenter kann das für die Dauer der Sperrzeit gewährte Alg II zurückfordern (Kostenersatz; ⇨Rückforderung 3.1).

Bei Alg II selbst gibt es keine Sperrzeiten. Hier heißen diese ⇨**Sanktionen** bzw. im Juristendeutsch *„Absenkung und Wegfall"*. Wenn Sie zumutbare Arbeit usw. ablehnen oder gegen die Pflichten der ⇨Eingliederungsvereinbarung verstoßen, wird die Leistung nach dem Urteil (1 BvL 7/16 – Rn. 137, 158, 159) vom 5. November 2019 des Bundesverfassungsgerichts bis zu 30 Prozent und bis zu drei Monaten gekürzt.

Tipp: Versuchen Sie, Sperrzeiten oder Sanktionen mit einem Widerspruch vom Tisch zu bekommen. Arbeitslose nehmen sie häufig hin, auch obwohl sie rechtswidrig sind. Widersprüche und Klagen von Betroffenen im Hartz IV-Bezug haben hohe Erfolgsaussichten. Im Jahr 2019 wurden laut der Bundesagentur für Arbeit 34 Prozent der Widersprüche und knapp 40 Prozent der Klagen teileweise oder völlig stattgegeben.
Widersprüche schieben die Sperrzeit nicht auf. Wenn Ihr Widerspruch aber erfolgreich war, bekommen Sie Arbeitslosengeld nachgezahlt. Das nachgezahlte Alg I wird dann, dank neuester Rechtsänderung aus dem SPD-geführten Arbeitsministerium, als einmalige Einnahme angerechnet, auf sechs Monate verteilt und somit zur Gänze vom JC „geklaut". Das bedeutet, das Geld ist auf jeden Fall immer weg, selbst wenn Sie zur Lebensunterhaltsfinanzierung Schulden gemacht haben (§ 11 Abs. 3 S. 2 SGB II).

3. Arbeitslosenzahlen
Viele Arbeitslose tauchen in den offiziellen Statistiken der Arbeitslosenverwaltung nicht auf. Mit Inkrafttreten des *„sechsten SGB III-Änderungsgesetzes"* im Januar 2008 wurden die Arbeitslosenzahlen erneut bedeutend reduziert: Alle über 58-jährigen Erwerbslosen, die mind. ein Jahr lang SGB II-Leistungen beziehen, ohne dass ihnen eine sozialversicherungspflichtige Beschäftigung angeboten wurde, werden seitdem grundsätzlich aus der Statistik gestrichen (§ 53a Abs. 2 SGB II). Außerdem können seit 2008 die über 63-Jährigen Alg II-Beziehenden mit Abschlägen in die Zwangsrente geschickt werden (§ 12a SGB II, ⇨Ältere Menschen). Bei gleichzeitig verlängerter Lebensarbeitszeit bedeutet der erzwungene Renteneintritt für ältere Erwerbslose eine schmerzhafte Rentenkürzung. Das Sozialgericht Dresden schränkte die Zwangsverrentung allerdings ein (SG Dresden 21.2.2014 - S 28 AS 567/14 ER). Sie ist unzulässig, wenn zuvor durch die Jobcenter keine umfassende Interessenabwägung vorgenommen wurde. D.h., die konkrete Rentenhöhe muss zuvor ermittelt werden. Folgt auf einem vorzeitigen Rentenbezug und den damit möglichen Abschlägen ein lebenslanger Bezug auf Grundsicherung im Alter (SGB XII), wäre eine Zwangsverrentung durch ein Jobcenter rechtswidrig.

Tipp: Wer eine Zwangsverrentung durch das Jobcenter nicht akzeptieren will, sollte nicht warten bis das Jobcenter den vorzeitigen Rentenantrag stellt. Vielmehr sollte bereits gegen die Aufforderung des Jobcenters Widerspruch eingelegt werden.

Ebenfalls nicht in den Arbeitslosenzahlen enthalten sind über eine Million arbeitslose und arbeitsuchende *„Maßnahmeteilnehmende"*, Erwerbslose, die vorübergehend keine Arbeit suchen können (z.B. arbeitsunfähig Erkrankte, Krankengeldbeziehende, Kindererziehende und Pflegende) sowie alle älteren Arbeitslosen, die die 58er-Regelung unterzeichnet haben. Ganz zu schweigen von den „Nicht-Gemeldeten", der sogenannten „stillen Reserve". Auch wenn Sie krankgeschrieben sind, werden Sie zum Zwecke der Optimierung der Arbeitslosenstatistik als nicht mehr arbeitssuchend verbucht.

4. Informationen

Literatur
Arbeitslosenprojekt TuWas, Leitfaden für Arbeitslose (2019/2020), Für Sommer 2021 ist die nächste Ausgabe zu erwarten. Der Rechtsratgeber zum SGB III, Stand Januar 2019, Fachhochschulverlag, Kleiststr. 10, 60318 Frankfurt, Fax: 069/1533-2840, www.fhverlag.de

Koordinierungsstelle gewerkschaftlicher Arbeitslosengruppen, Ratgeber „*Erste Hilfe für Arbeitslos-Werdende" (bevorstehender) Arbeitslosigkeit*" (Stand: 2020), Broschüre, DIN A5, 40 S., Bestellung: www.erwerbslos.de/ Weitere Bücher ⇨Anhang Literatur

Mit laufenden Informationen versorgt Sie ***quer***, die Onlinezeitschrift für Erwerbslose und alle Anderen, www.also-zentrum.de/zeitschrift-quer.html

Beratung

Ein umfassendes Verzeichnis mit Beratungsstellen finden Sie u.a. auf der Internetseite von Tacheles e.V.: unter: www.tacheles-sozialhilfe.de/adressen/default.aspx (⇨Beratung)

Internet

www.tacheles-sozialhilfe.de (Erwerbslosen- und Sozialhilfeverein Tacheles, Wuppertal)
www.erwerbslos.de (Koordinierungsstelle gewerkschaftlicher Arbeitslosengruppen)
www.arbeitsagentur.de ⇨Bürgerinnen & Bürger ⇨Arbeitslosigkeit

Adressen

von Arbeitslosengruppen/-zentren sowie Beratungsmöglichkeiten finden Sie im Anhang.

5. Interessenvertretung selbst gründen!

Unabhängige Beratung und Unterstützung für Arbeitslose sind vielerorts kaum noch zu finden. Deshalb sollten sich Arbeitslose zusammenschließen, um solidarische Selbsthilfe zu organisieren. Diese beginnt mit der gegenseitigen Unterstützung als ⇨Beistand bei Ämterterminen und geht bis zur selbstorganisierten Beratungsinitiative. Bilden Sie freie Gruppen und versuchen Sie mit Mitstreiter*innen bei einer Kirchengemeinde, Gewerkschaft, der Kommune usw. einen Raum aufzutreiben. Die Koordinierungsstelle gewerkschaftlicher Arbeitslosengruppen und BAG Prekäre Lebenslagen (http://www.bag-plesa.de) unterstützen solche Initiativen mit Tipps, Beratungswissen und möglichen regionalen Ansprechpartnern (⇨3.4).

Asylberechtigte
(Asylbewerberleistungsgesetz)

Verschiedene Ausländer*innen, insbesondere Asylbewerber*innen und Duldungsinhaber*innen erhalten anstelle der Sozialhilfe (nach dem SGB XII) bzw. Alg II (nach dem SGB II) nur Leistungen nach Asylbewerberleistungsgesetz (§ 1 AsylbLG). Voraussetzung dafür ist, wie bei den anderen Existenzsicherungsleistungen auch, die materielle Bedürftigkeit, d.h. kein ausreichendes Einkommen und Vermögen zu haben (§ 7 AsylbLG). Das AsylbLG regelt zudem die Versorgung bei Krankheit, Behinderung und Pflegebedürftigkeit, also all das, was für „*normale Menschen*" im SGB V (Krankenversicherung), SGB IX (Leistungen bei Behinderung) und SGB XI (Pflege) geregelt ist. Für „*normale Menschen*" gelten also fünf dicke Gesetzbücher (SGB II/V/IX/XI/XII), um ein menschenwürdiges Leben zu garantieren – das AsylbLG kommt mit 26 Paragrafen aus. Schon daraus spricht die tiefe Verachtung des Gesetzgebers gegenüber den hier Betroffenen, die durch die fehlende Sorgfalt bei der Abfassung der paar Paragrafen noch bekräftigt wird. Im Klartext muss man sagen: Das AsylbLG ist ein schlampig hingerotztes Gesetz und in Gesetzesform gegossener Rassismus. Dennoch ist es ein real existierendes Gesetz, das einer ernsthaften Betrachtung bedarf.

Dass man sich mit so einem abgrundtief üblen Gesetz überhaupt auseinandersetzen muss und dass es in der Praxis gegenüber Behörden und Gerichten ernsthaft notwendig ist, mit großem Aufwand zivilisatorische Selbstverständlichkeiten zu erklären, ist ein Skandal und beschämend. Dieses Gesetz gehört als „dunkles Kapitel" ins Museum!

Inhaltsübersicht:

4. Die Leistungen nach dem AsylbLG
   Darunter: Grundleistungen, Unterkunft, medizinische Versorgung, Einkommen und Vermögen, Leistungseinschränkungen
5. Nach 18 Monaten Leistungen in Höhe der Sozialhilfe
   Darunter: Rechtsmissbräuchliche Beeinflussung der Aufenthaltsdauer, anrechenbare Zeit, Wohnungsanmietung

Information

1. Menschenwürdige Existenzsicherung - Grundrecht auch für Asylsuchende

Wer seinen notwendigen Lebensunterhalt mangels ausreichenden Einkommens und Vermögens nicht selbst sichern kann, hat Anspruch auf staatliche Leistungen zur Existenzsicherung. Das Bundesverfassungsgericht (BVerfG) hat in seinen Grundsatzurteilen zum Alg II und zum AsylbLG festgestellt, dass sich aus Art. 1 (Menschenwürde) und Art. 20 (Sozialstaat) des Grundgesetzes ein Grundrecht auf ein menschenwürdiges Existenzminimum ergibt (zum Alg II: BVerfG 9.2.2010 – 1 BvL 1/09; zum AsylbLG: BVerfG 18.7.2012 – 1 BvL 10/10).

Dieses Grundrecht steht laut BVerfG-Urteil zum AsylbLG deutschen und ausländischen Staatsangehörigen, die sich in Deutschland aufhalten, gleichermaßen zu. Es umfasst neben dem Schutz der physischen Existenz (durch Unterkunft, Heizung, Kleidung, Hygiene, Gesundheit und medizinische Versorgung) auch ein Mindestmaß an Teilhabe am gesellschaftlichen, kulturellen und politischen Leben sowie die Zusicherung, zwischenmenschliche Beziehungen pflegen zu können (BVerfG 18.7.2012 - 1 BvL 10/10, Leitsätze 1 und 2).

Das BVerfG stellt fest, dass Art. 1 des Grundgesetzes diesen Anspruch als Menschenrecht begründet. Migrationspolitische Erwägungen, die Leistungen für Flüchtlinge niedrig zu halten, um Anreize für Wanderungsbewegungen zu vermeiden, rechtfertigten von vornherein kein Absenken der Leistungen unter das physische und soziokulturelle Existenzminimum. Das BVerfG stellt klar, dass das Existenzminimum in jedem Fall und zu jeder Zeit sichergestellt sein muss und dass die im Grundgesetz garantierte Menschenwürde migrationspolitisch nicht zu relativieren ist (BVerfG ebenda, Rn. 120, 121).

Das BVerfG hält – unabhängig von Aufenthaltsstatus und Aufenthaltsprognose – eine Beschränkung auf ein etwaiges abgesenktes Existenzminimum für einen spezifischen niedrigeren Bedarf allenfalls bei Kurzaufenthalten für möglicherweise gerechtfertigt. Die seinerzeit für 48 Monate gegenüber dem SGB II/XII geminderten Leistungen nach § 3 AsylbLG erklärte das BVerfG für verfassungswidrig, da nach 48 Monaten die Spanne eines Kurzaufenthaltes deutlich überschritten sei (BVerfG ebenda, Rn. 100, 101, 102, 119). Zudem sind besondere Leistungen für Ausländer*innen nur dann verfassungsrechtlich möglich, wenn der Bedarf an existenznotwendigen Leistungen von dem anderer Bedürftiger signifikant abweicht und dies folgerichtig in einem inhaltlich transparenten Verfahren anhand des tatsächlichen Bedarfs gerade dieser Gruppe belegt werden kann (BVerfG, ebenda, Rn. 73)

AsylbLG-Novelle 2015

Aufgrund des BVerfG-Urteils zum AsylbLG wurde das AsylbLG geändert und die Bedarfsermittlung für die Grundleistungen nach § 3 AsylbLG und deren jährliche Anpassung an die Einkommens- und Preisentwicklung an die Maßgaben zum Alg II angeglichen. Die AsylbLG-Beträge wurden etwa zehn Prozent niedriger als die Alg II-Regelbedarfe festgesetzt, weil nach AsylbLG der Bedarf für Hausrat und Möbel nicht in den Regelbedarfen enthalten, sondern separat zu beantragen ist (⇨4.2).

Nach 15 Monaten Aufenthaltsdauer in Deutschland konnten Leistungen gemäß § 2 AsylbLG in Höhe und Umfang der Sozialhilfe nach SGB XII einschließlich einer vollwertigen Gesundheitskarte beansprucht werden, wenn der/die Leistungsberechtigte seine/ihre Aufenthaltsdauer nicht rechtsmissbräuchlich beeinflusst hat (⇨5). Dann endet auch die eingeschränkte medizinische Versorgung nach §§ 4 und 6 AsylbLG (⇨4.4).

Der Sachleistungsvorrang wurde auf Asylsuchende beschränkt, die in einer "Aufnahmeeinrichtung" nach AsylG wohnen müssen. Im Anschluss sind für Leistungsberechtigte in Gemeinschaftsunterkünften oder Wohnungen vorrangig Geldleistungen zur Selbstversorgung zu erbringen.

Zum 21.8.2019
wurde die Wartezeit im § 2 Abs. 1 AsylbLG für die Erlangung von analogen Sozialhilfeleistungen nach SGB XII von 15 auf 18 Monate verlängert.

Zum 1.9.2019
wurde ein vollständig neues System von Grundbedarfen nach §§ 3, 3a AsylbLG eingeführt (⇨4). Zugleich wurden auch die Leistungsminderungen nach § 1a AsylbLG neu sortiert und ausgeweitet. Damit bestehen nun in Deutschland folgende Bedarfsgruppen, die alle für sich beanspruchen, das menschenwürdige Existenzminimum zu sichern (Stand: 2021 für alleinstehende Erwachsene):

- Regelbedarf nach SGB II / XII: 446 €
- Grundbedarf nach §§ 3, 3a AsylbLG: 364 €
- unabweisbarer Bedarf nach § 1a AsylbLG: ca. 202 €

Den Regelbedarf und den Grundbedarf kann man nicht ohne weiteres eins zu eins miteinander vergleichen (dazu ⇨4). Um aber zu erkennen, dass der unabweisbare Bedarf nichts mehr mit einem menschenwürdigen Existenzminimum zu tun hat, muss man nicht studiert haben. Auch der Gesetzgeber weiß daher sehr gut, dass er hier gegen die Verfassung verstößt. Das wird aber in Kauf genommen, da die Betroffenen keine starke Lobby haben und der Einspareffekt zu verlockend scheint. Dennoch ist eine Verfassungsbeschwerde dazu anhängig, die seit 2017 beim BVerfG liegt (1 BvR 2682/17).

2. Ausländer- und asylrechtliche Restriktionen

2.1. Unterbringung

Am Anfang des Aufenthalts erfolgt die Unterbringung in einer Aufnahmeeinrichtung (§ 47 AsylG).

Es bestand bis zum 20.8.2019 nach § 47 Abs. 1 AsylG aF die **Pflicht**, bis zu sechs Wochen und maximal **bis zu sechs Monaten** in einer (Erst-)Aufnahmeeinrichtung „zu wohnen". Diese Regelung wurde zum 21.8.2019 massiv verschärft:
Nun gilt eine maximale Dauer der Verpflichtung, in einer Aufnahmeeinrichtung *„zu wohnen"*, von **18 Monaten**. Für minderjährige Kinder und ihre Eltern sowie volljährige unverheiratete Geschwister bleibt es jedoch bei den maximal sechs Monaten. Neu ist zudem eine Ausnahme, die für folgende Personengruppen eine **dauerhafte Unterbringung** in der Aufnahmeeinrichtung vorsieht:

a) Mitwirkungsverweigerung bzgl. bestimmter Pflichten im Asylverfahren (§ 47 Abs. 1 S. 3 Nr. 1 und 2 AsylG),
b) Täuschung über Identität oder Staatsangehörigkeit oder fortgesetzt falsche Angaben (§ 47 Abs. 1 S. 3 Nr. 3 AsylG),
c) Weigerung der Mitwirkung bei der Abschiebung.

Nur in extremen Ausnahmefällen kann von der Unterbringung in einer Aufnahmeeinrichtung abgesehen werden (§ 49 Abs. 2 AsylG).

Nach der (Erst-)Aufnahmeeinrichtung
erfolgt eine Verteilung in eine Gemeinschaftsunterkunft innerhalb des zugewiesenen Bundeslandes (§ 53 AsylG). Ein **Absehen von der Unterbringung kann nur in atypischen Fällen** erfolgen. Dann ist auch der Umzug in eine Wohnung noch während des AsylbLG-Bezuges möglich.

Sondereinrichtungen – „Lager"
Die Länder können **Ausreiseeinrichtungen** für vollziehbar ausreisepflichtige Ausländer*innen schaffen (§ 61 Abs. 2 AufenthG). In den Ausreiseeinrichtungen soll durch Betreuung und Beratung die **Bereitschaft zur freiwilligen Ausreise gefördert** und die Erreichbarkeit für Behörden und Gerichte sowie die Durchführung der Ausreise gesichert werden.
Einige Bundesländer haben von dieser Möglichkeit Gebrauch gemacht. Zugespitzt kann zusammengefasst werden, dass diese Einrichtungen eine verschärfte Form der Gemeinschaftsunterkünfte sein sollen, in denen das Leben so unerträglich gemacht werden

soll, dass die Motivation zur freiwilligen Ausreise gesteigert wird. Ob und welche *„Erfolge"* diese Praxis bisher gebracht hat, ist nicht bekannt.

Für die Bundesländer ist zudem die Möglichkeit eröffnet, „**besondere Aufnahmeeinrichtungen**" zu schaffen (§ 46 Abs. 1 AsylG). Dort werden ggf. folgende Gruppen von Asylsuchenden untergebracht:

a) aus sichere Herkunftsstaaten;
b) mit dem Vorwurf der Identitätstäuschung / falscher Angaben;
c) mit dem Vorwurf, den Pass vernichtet zu haben;
d) Folgeantragstellende;
e) Vorwurf des Asylantrags zur Verzögerung einer Abschiebung.

Ausnahmen für Kinder, Kranke oder sonstige besonders Schutzbedürftige sind nicht vorgesehen.

Von den Öffnungsklauseln des Gesetzes macht insbesondere Bayern exzessiv Gebrauch. Die berüchtigten **zentralen Aufnahme-, Entscheidungs- und Rückführungseinrichtungen (AnKER-Zentren)** fallen darunter.

Recht auf Wohnen

Es stellt sich die Frage, ob mit den besagten Unterkünften der existenzsichernde Bedarf „Wohnen" tatsächlich adäquat gedeckt werden kann. Es ist anerkannt, dass eine **angemessene Wohnung Teil des menschenwürdigen Existenzminimums** ist *(Art. 25 Nr. 1 Allgemeine Erklärung der Menschenrechte; Art. 28 Abs. 1 S. 1 VerfBln: „Jeder Mensch hat das Recht auf angemessenen Wohnraum."; Art. 17 Abs. 2 VerfMeck-Pomm: „Land, Gemeinden und Kreise wirken im Rahmen ihrer Zuständigkeit darauf hin, dass jedem angemessener Wohnraum zu sozial tragbaren Bedingungen zur Verfügung steht."; Art. 47 Abs. 1 VerfBbg: „Das Land ist verpflichtet, im Rahmen seiner Kräfte für die Verwirklichung des Rechts auf eine angemessene Wohnung zu sorgen"; Art. 40 Abs. 1 VerfLSA: „Das Land und die Kommunen [...] haben durch [...] geeignete Maßnahmen die Bereitstellung ausreichenden, menschenwürdigen Wohnraumes zu angemessenen Bedingungen für alle zu fördern."; Art. 15 S. 1 VerfThüringen: „Es ist ständige Aufgabe des Freistaats, darauf hinzuwirken, dass in ausreichendem Maße angemessener Wohnraum zur Verfügung steht."; Art. 7 Abs. 1 VerfSachsen: „Das Land erkennt das Recht eines jeden Menschen auf ein menschenwürdiges Dasein, insbesondere [...] auf angemessenen Wohnraum, [...] als Staatsziel an."; Art. 14 Abs. 1 S. 1 VerfBremen: „Jeder Bewohner der Freien Hansestadt Bremen hat Anspruch auf eine angemessene Wohnung."; Art. 6a VerfNds: „Das Land wirkt darauf hin, [...] dass die Bevölkerung mit angemessenem Wohnraum versorgt ist."; Art. 63 VerfRh-Pf: „Das Land, die Gemeinden und Gemeindeverbände wirken auf die Schaffung und Erhaltung von angemessenem Wohnraum hin."; Art. 106 Abs. 1 Bay: „Jeder Bewohner Bayerns hat Anspruch auf eine angemessene Wohnung."; BSG 4.9.1979 – 7 RAr 115/78; BSG 25.3.1999 – B 7 AL 28/98 R; BSG v. 5.6.2003 – B 11 AL 55/02 R: Anerkennung des „Grundbedürfnis Wohnen")*. Das bedeutet also, dass alle Staatsgewalten verfassungsrechtlich verpflichtet sind, ein Abweichen von dieser Norm zu beseitigen. Jedem Eingriff in die Menschenwürde haben schließlich alle Staatsgewalten effektiv entgegenzuwirken. Wenn aber Menschen über Jahre mangels Wohnung keine Privatsphäre und keine Individualität durch Wohnen haben, dann ist das ein massiver Eingriff in die Menschenwürde.

2.2. Residenzpflicht und Wohnsitzauflagen

Eine Wohnsitzauflage bestimmt, wo jemand den Wohnsitz zu nehmen hat. Davon zu unterscheiden ist die Residenzpflicht, wonach ein zugewiesenes Gebiet nur mit Erlaubnis von der Ausländerbehörde verlassen werden darf. Die Regelungen zu Wohnsitzauflagen und Residenzpflichtregelungen sind mittlerweile so umfangreich und komplex, dass es hier den Rahmen sprengen würde, darauf detailliert einzugehen. Daher nur ein grober Überblick, wo dazu Regelungen zu finden sind:

- Wohnsitzauflage während Asylverfahren (§ 60 Abs. 1 AsylG),
- Residenzpflicht während Asylverfahren (§§ 56, 59, 59a, 59b, 71 Abs. 7 AsylG),
- Wohnsitzauflage nach erfolgreichem Asylverfahren (§ 12a AufenthG),

- Wohnsitzauflage gegenüber vollziehbar ausreisepflichtigen Ausländer*innen (§ 46 Abs. 1 AufenthG),
- Wohnsitzauflage während Duldung (§§ 60b Abs. 5 S. 3; 61 Abs. 1d, 1e),
- Bußgeld bei Verstoß gegen Wohnsitzauflage (§ 98 Abs. 3 Nr. 2a AufenthG),
- Strafbarkeit bei Verstoß gegen Wohnsitzauflage (§ 95 Abs. 1 Nr. 6a AufenthG),
- Residenzpflicht bei Visum oder Aufenthaltserlaubnis (§§ 12 Abs. 2-4; 51 Abs. 6 AufenthG),
- Residenzpflicht für „Straftäter*innen und Gefährder*innen" (§ 56 Abs. 2 AufenthG),
- Residenzpflicht bei Duldung (§§ 61 Abs. 1-1c; 51 Abs. 6 AufenthG),
- Bußgeld bei Verstoß gegen Residenzpflicht (§ 98 Abs. 3 Nr. 5a AufenthG),
- Strafbarkeit bei Verstoß gegen Residenzpflicht (§ 95 Abs. 1 Nr. 6a, 7 AufenthG).

2.3. Beschäftigungserlaubnis bei Duldung oder Aufenthaltsgestattung

Wann und wie die Erlaubnis zur Erwerbstätigkeit erteilt wird, ist höchst komplex geregelt. Die Regel lautet, dass eine Beschäftigungserlaubnis durch die Ausländerbehörde nach Zustimmung durch die Agentur für Arbeit erteilt werden kann. Die Agentur für Arbeit ermittelt, ob die Beschäftigung nachteilige Auswirkungen auf den Arbeitsmarkt hätte. Was das konkret bedeutet, legen die jeweiligen Agenturen für Arbeit fest. Die eigentlich obligatorische Vorrangprüfung (§ 38a Abs. 3 S. 1 AufenthG) ist für Geduldete und Gestattete unbefristet ausgesetzt (§ 32 BeschV).

Es ergeben sich verschiedene Varianten der Erteilung der Beschäftigungserlaubnis:
- Ausschluss der Erteilung (insb. § 32 Abs. 1 S. 1 BeschV; § 60a Abs. 6 AufenthG; § 61 Abs. 1 AsylG);
- Erteilung nach Zustimmung der Agentur für Arbeit (ohne Vorrangprüfung);
- Erteilung ohne Zustimmung der Agentur für Arbeit (§ 32 Abs. 2 BeschV).

Ausschlüsse

Solange ein*e Asylbewerber*in verpflichtet ist, in einer Aufnahmeeinrichtung zu wohnen, gilt grundsätzlich ein absolutes Beschäftigungsverbot (§ 61 Abs. 1 S. 1 AsylG). Da diese Verpflichtung nun für verschiedene Personenkreise verschieden lang gilt (maximal sechs oder 18 Monate oder dauerhaft), wurde zum 21.8.2019 ein Ausnahmetatbestand geschaffen (§ 61 Abs. 1 S. 2 AsylG): Trotz Wohnsitzverpflichtung in einer Aufnahmeeinrichtung ist die Beschäftigung zu erlauben, wenn
- das Asylverfahren nicht innerhalb von neun Monaten nach der Stellung des Asylantrags unanfechtbar abgeschlossen ist,
- die Bundesagentur für Arbeit zugestimmt hat oder durch Rechtsverordnung bestimmt ist, dass die Ausübung der Beschäftigung ohne Zustimmung der Bundesagentur für Arbeit zulässig ist,
- der/die Ausländer*in nicht Staatsangehörige*r eines sicheren Herkunftsstaates (§ 29a) ist und
- der Asylantrag nicht als offensichtlich unbegründet oder als unzulässig abgelehnt wurde, es sei denn das Verwaltungsgericht hat die aufschiebende Wirkung der Klage gegen die Entscheidung des Bundesamtes angeordnet.

Eine noch weitergehende Ausnahme sieht § 61 Abs. 2 S. 1 AsylG vor: Wenn die Bundesagentur für Arbeit zugestimmt hat oder durch Rechtsverordnung bestimmt ist, dass die Ausübung der Beschäftigung ohne Zustimmung der Bundesagentur für Arbeit zulässig ist, dann soll eine Beschäftigungserlaubnis im Asylverfahren auch schon nach drei Monaten Aufenthalt möglich sein.

Generell gilt für alle Geduldeten, ein absolutes Arbeitsverbot für die ersten drei Monate des Aufenthalts (§ 32 Abs. 1 S. 1 BeschV). Für Geduldete ergeben sich zudem aus § 60a Abs. 6 AufenthG folgende Arbeitsverbotstatbestände:
- **Einreise, um Leistungen nach dem AsylbLG zu beziehen** (§ 60a Abs. 6 Nr. 1 AufenthG),
- Abschiebung aus von dem/r Ausländer*in zu vertretenden Gründen nicht durchführbar (§ 60a Abs. 6 Nr. 2 AufenthG),
- Herkunft aus „sicherem Herkunftsstaat" nach 31.08.2015 gestellter und abgelehnter Asylantrag (§ 60a Abs. 6 Nr. 3 AufenthG).

Seit dem 21.8.2019 gilt durch § 60b Abs. 5 S. 2 AufenthG ein neues Arbeitsverbot für alle Inhaber*innen einer Duldung mit dem Zusatz „für Personen mit ungeklärter Identität".

Beschäftigungserlaubnis mit Zustimmung der Agentur für Arbeit
Der Grundsatz der Erteilung nach der Zustimmung der Agentur für Arbeit gilt für alle Fälle, für die kein Ausschluss besteht und auch sonst keine besonderen Regelungen gelten.

Beschäftigungserlaubnis ohne Zustimmung der Agentur für Arbeit
Die Zustimmung der Agentur für Arbeit entfällt nach § 32 Abs. 2 BeschV vollständig für folgende Konstellationen:
- Praktikum nach § 22 Abs. 1 S. 2 Nr. 1-4 MiLoG,
- Berufsausbildung in einem staatlich anerkannten oder vergleichbar geregelten Ausbildungsberuf,
- Privilegierte Beschäftigungen: § 32 Abs. 2 Nr. 3 BeschV,
- Mithelfende Familienangehörige,
- vier Jahre Aufenthalt,
- Bundesfreiwilligendienst / Freiwilliges Soziales Jahr, § 14 BeschV.

Besondere Duldungen
Für die Beschäftigung von Geduldeten gelten zwei besondere Duldungsvarianten: die Ausbildungsduldung (§ 60c AufenthG) und die Beschäftigungsduldung (§ 60d AufenthG). Dazu siehe: *Der Paritätische Gesamtverband, Arbeitshilfe zum Thema Flucht und Migration - Ausbildung und Arbeit als Wege zu einem sicheren Aufenthalt? Die Ausbildungs- und Beschäftigungsduldung, Oktober 2020.*

3. Welche Ausländer*innen fallen unter das AsylbLG?

3.1. Anwendungsbereich des AsylbLG
Folgende Personengruppen sind von den Sondernormen des AsylbLG betroffen (§ 1 Abs. 1 AsylbLG):
- Nr. 1: Inhaber*innen einer Aufenthaltsgestattung
  Hier kommt es nicht auf den Besitz einer Bescheinigung über die Aufenthaltsgestattung an (§§ 63, 63a AsylG) – entscheidend ist natürlich, dass die Aufenthaltsgestattung kraft Gesetzes besteht (§ 55 Abs. 1 AsylG);
- Nr. 1a: seit 01.09.2019: Personen, die ein Asylgesuch geäußert haben, aber a) keine Gestattung haben, b) nicht im „Flughafenverfahren" sind, c) nicht vollziehbar ausreisepflichtig sind, d) kein Zweit- oder Folgeantrag vorliegt;
  diese Regelung wurde nötig, um auf die Änderung im AsylG zu reagieren, wonach die Aufenthaltsgestattung nicht mehr mit dem Asylgesuch entsteht;
- Nr. 2: Personen im „Flughafenverfahren";
- Nr. 3: Inhaber*innen von folgenden Aufenthaltserlaubnissen
  § 23 Abs. 1 AufenthG: Aufenthalt auf Anordnung der obersten Landesbehörde,
  § 24 AufenthG: Aufenthalt aufgrund EU-Ratsbeschluss nach RL 2001/55/EG (Verteilung von Flüchtlingen bei „Massenzustrom von Vertriebenen"),
  § 25 Abs. 4 S. 1 AufenthG: vorübergehender Aufenthalt aus humanitären Gründen für nicht vollziehbar ausreisepflichtige Ausländer*innen,
  § 25 Abs. 5 AufenthG: Aufenthalt aus humanitären Gründen für vollziehbar ausreisepflichtige Ausländer*innen – wenn Aussetzung der Abschiebung noch keine 18 Monate andauert;
- Nr. 4: Inhaber*innen einer Duldung nach § 60a AufenthG
  Darunter fallen alle Duldungen! Auch die Duldungen nach §§ 60b-d; § 72 Abs. 4 S. 1; § 81 Abs. 3 S. 2 AufenthG; § 43 Abs. 3 AsylG sind jeweils Duldungen nach § 60a AufenthG;
- Nr. 5: sonstige vollziehbar ausreisepflichtige Ausländer*innen
  Hier geht es um Personen, die zwar vollziehbar ausreisepflichtig sind, aber keine Duldung haben;
- Nr. 6: Ehegatten, Lebenspartner*innen oder mdj. Kinder der oben genannten Personen
  Keine Anwendung auf deutsche Kinder (LSG Ba-Wü 8.1.2007 – L 12 AS 5604/06 ER-B);
- Nr. 7: Ausländer*innen, die einen Folge- (§ 71 AsylVfG) oder Zweitantrag (§ 71a AsylVfG) gestellt haben
  Hier muss aufgepasst werden, da diese Personen auch Duldungen haben. Sie fallen aber unter Nr. 7 und nicht unter Nr. 4.

3.2. Ende der Anwendung
Seit dem 1.9.2019 heißt es: Die Leistungsberechtigung endet mit der Ausreise oder mit

Ablauf des Monats, in dem die Leistungsvoraussetzung entfällt. Damit verlängert sich der AsylbLG-Bezug. Wenn das BAMF eine Anerkennung (Asyl, Flüchtlingseigenschaft oder subsidiärer Schutz) ausspricht oder durch ein Gericht dazu verpflichtet wird, muss der/die Betroffene auf die Unanfechtbarkeit der Entscheidung warten, bevor er/sie ins SGB II wechseln kann (§ 67 Abs. 1 S. 1 Nr. 6 AsylG i.V.m. § 1 Abs. 1 Nr. 1 AsylbLG). Die offizielle Begründung ist, dass Rückabwicklungsschwierigkeiten vermieden werden sollen, wenn das BAMF gegen eine positive Gerichtsentscheidung erfolgreich Rechtsmittel einlegt (BT-Drs. 19/10052, S. 18). Wenn ein Verwaltungsgericht einen Schutzstatus verfügt, dann ist nach § 67 Abs. 1 S. 1 Nr. 6 AsylG darauf abzustellen, wann der BAMF-Bescheid, der das Urteil umsetzt, bestandskräftig wird (vgl. auch: FW 7.58).

Wird im Asylverfahren nur ein Abschiebungsverbot anerkannt, so ist weder der Bescheid des BAMF noch dessen Bestandskraft noch die Rechtskraft eines Urteils entscheidend – hier richtet sich der „Rechtskreiswechsel" nach dem Zeitpunkt der Erteilung der Aufenthaltserlaubnis nach § 25 Abs. 3 AufenthG.

Für minderjährige Kinder, die eine Aufenthaltserlaubnis nach § 25 Abs. 5 AufenthG besitzen und die mit ihren Eltern in einer Haushaltsgemeinschaft leben, endet die Leistungsberechtigung auch dann, wenn die Leistungsberechtigung eines Elternteils, der eine Aufenthaltserlaubnis nach § 25 Abs. 5 AufenthG besitzt, entfallen ist (§ 1 Abs. 3 S. 2 AsylbLG).

3.3 Ausländer*innen in Bedarfsgemeinschaft mit Alg II/Sozialhilfeberechtigten

Ausländer*innen, die nach ihrem Aufenthaltsstatus unter das AsylbLG fallen, erhalten auch dann **keine** HzL/ GSi oder Alg II, wenn sie in Bedarfsgemeinschaft mit einer Person leben, die Sozialhilfe oder Alg II erhält. Dies gilt nach der Rechtsprechung des BSG auch für nach ihrem Status unter das AsylbLG fallende (z.B. geduldete oder asylsuchende) **Familienangehörige anerkannter** und subsidiär geschützter **Flüchtlinge**.

In solchen gemischten Bedarfsgemeinschaften ist aber zu beachten, dass bei Partner*innen, der Regelbedarfssatz 1 statt 2 anzuwenden sein kann. Ob und wie darauf ein Anspruch besteht, ist noch nicht geklärt (BSG 6.10.2011 – B 14 AS 171/10 R: RBS 1 bejaht für alte Rechtslage; BSG 12.10.2017 – B 4 AS 37/16 R: RBS 1 verneint für Rechtslage 2014). Es empfiehlt sich, den RBS 1 geltend zu machen, um eine gerichtliche Klärung herbeizuführen. Anwaltliche Hilfe ist dabei dringend zu empfehlen.

4. Die Leistungen nach §§ 3, 3a, 4, 6 AsylbLG

WICHTIG: Das unter 4.1. bis 4.6 beschriebene abgesenkte Leistungsniveau nach §§ 3, 4, 6 AsylbLG gilt **nicht** für Beziehende von Leistungen nach § 2 AsylbLG (⇨5.). Auch auf Berechtigte nach § 2 AsylbLG anwendbar sind jedoch die unter 4.7 bis 4.9 beschrieben Maßnahmen und Sanktionen.

4.1 Die Grundleistungen nach §§ 3, 3a AsylbLG

Die Grundleistungen unterteilen sich in drei Blöcke:

Notwendiger Bedarf (§ 3 Abs. 1 S. 1 AsylbLG)
Ernährung; Kleidung; Gesundheitspflege; Gebrauchs- und Verbrauchsgütern des Haushalts

Notwendiger persönlicher Bedarf (§ 3 Abs. 1 S. 2 AsylbLG)
Verkehr; Nachrichtenübermittlung; Freizeit, Unterhaltung, Kultur andere Waren und Dienstleistungen

Weitere Bedarfe (§ 3 Abs. 3 S. 3 AsylbLG)
Unterkunft; Heizung; Hausrat; Wohnungsinstandhaltung; Haushaltsenergie

Bildung und Teilhabe (§ 3 Abs. 4 AsylbLG)

Ob diese Bedarfe durch Sachleistungen, Wertgutscheine oder Bargeld gedeckt werden, richtet sich nach einem komplexen Regelungssystem:

in Aufnahmeeinrichtungen:

- notwendiger Bedarf: Sachleistungen (§ 3 Abs. 2 S. 1 AsylbLG)
  wenn Kleidung nicht möglich: Gutscheine oder andere unbare Abrechnungen (§ 3 Abs. 2 S. 2 AsylbLG),

- Gebrauchsgüter des Haushalts: leihweise nach Ermessen (§ 3 Abs. 2 S. 3 AsylbLG),
- Notwendiger persönlicher Bedarf: soweit möglich durch Sachleistungen (§ 3 Abs. 2 S. 4 AsylbLG).
  Wenn Sachleistungen nicht möglich: Wertgutscheine, andere unbare Abrechnungen oder Geld nach Ermessen (§ 3 Abs. 2 S. 5 AsylbLG),
- Unterkunft, Heizung, Hausrat, Wohnungsinstandhaltung, Haushaltsenergie: Geld oder Sachleistung (§ 3 Abs. 3 S. 3 AsylbLG).
  Außerhalb von Aufnahmeeinrichtungen:
- Notwendiger Bedarf: vorrangig Geldleistungen (§ 3 Abs. 3 S. 1 AsylbLG).
  Soweit nach den Umständen erforderlich: unbare Abrechnungen, Wertgutscheine oder Sachleistungen nach Ermessen (§ 3 Abs. 3 S. 2 AsylbLG),
- Unterkunft, Heizung, Hausrat, Wohnungsinstandhaltung, Haushaltsenergie: Geld oder Sachleistung (§ 3 Abs. 3 S. 3 AsylbLG),
- Gebrauchsgüter des Haushalts: leihweise nach Ermessen (§ 3 Abs. 3 S. 4 i.V.m. Abs. 2 S. 3 AsylbLG),
- Notwendiger persönlicher Bedarf: Geld (§ 3 Abs. 3 S. 5 AsylbLG).
  Ausnahme: in Gemeinschaftsunterkünften soweit als möglich auch Sachleistungen nach Ermessen möglich.

Leistungen in Geld oder Geldeswert sollen persönlich ausgehändigt werden (§ 3 Abs. 5 S. 1 AsylbLG).

Wenn Bedarfe durch Sachleistungen gedeckt werden, ist darauf zu achten, dass diese Sachleistungen die Bedarfe auch tatsächlich decken. Wenn das nicht der Fall ist, ist Abhilfe zu verlangen. Wenn bspw. nur ungenießbares Essen serviert wird, dann ist der Bedarf an Ernährung nicht gedeckt; wenn bspw. kein Tiefkühlfach oder kein Rundfunkgerät zur Verfügung steht, dann ist der Bedarf an Hausrat nicht gedeckt usw.

Für den Fall der Geldleistungen gelten folgende Sätze:

	notw. pers. Bedarf	notw. Bedarf	gesamt
Abs. 1, 2 Nr. 1: Erwachsene in Wohnung / Jugendliche ohne mind. ein Elternteil in Wohnung	162	202	364
Abs. 1, 2 Nr. 2a: Erwachsene mit Partner*in in Whg.	146	182	328
Abs. 1, 2 Nr. 2b: Erwachsene in Sammelunterkunft	146	182	328
Abs. 1, 2 Nr. 3a: 18- bis 24-Jährige, unverheiratete, mit mind. einem Elternteil in Wohnung	130	162	292
Abs. 1, 2 Nr. 3b: Erwachsene in stat. Einrichtung	130	162	292
Abs. 1, 2 Nr. 4: 14- bis 17-Jährige	110	213	323
Abs. 1, 2 Nr. 5: 6- bis 13-Jährige	108	174	282
Abs. 1, 2 Nr. 6: bis 5-Jährige	104	143	247

Nicht vergessen! Zusätzlich zu erbringen sind: Unterkunft, Heizung, Hausrat, Gebrauchs- und Verbrauchsgüter des Haushalts, Kosten der Wohnungsinstandhaltung, Haushaltsenergie (Strom), Warmwasser, Bildungs- und Teilhabeleistungen.

Diese deutlich niedrigeren Sätze als beim Regelbedarf im SGB II/XII ergeben sich durch konsequentes Herausrechnen von Bedarfen. Der Gesetzgeber hat sich also den Regelbedarf als Ausgangspunkt genommen und dann Punkt für Punkt jeden Einzelbedarfsposten geprüft. Dabei wurden dann folgende Posten herausgerechnet:
Bedarfe, die regelmäßig als Sachleistung erbracht werden:
Aus Abteilung 4 - Wohnen, Energie und Wohnungsinstandhaltung
- Strom
- Ausgaben für Instandhaltung und Schönheitsreparaturen, Eigenleistungen Mieter-/Untermieter*innen für Haupt-, Zweit- und Freizeitwohnungen
- Ausgaben für Instandhaltung und Schönheitsreparaturen – Fremdleistungen Mieter-/Untermieterinnen für Haupt-, Zweit- und Freizeitwohnungen

Aus Abteilung 5 - Innenausstattung, Haushaltsgeräte und -gegenstände, laufende Haushaltsführung
- Möbel und Einrichtungsgegenstände,
- Teppiche und elastische Bodenbeläge,
- Heimtextilien,
- Kühlschränke, Gefrierschränke und -truhen,
- Waschmaschinen, Wäschetrockner, Geschirrspül- und Bügelmaschinen,
- sonstige größere Haushaltsgeräte,
- kleine elektrische Haushaltsgeräte,
- Glaswaren, Geschirr und andere Haushaltsgegenstände,
- andere Gebrauchsgüter fürs Haus (Metallwaren, Elektroartikel)
- nicht elektrische Werkzeuge (inkl. Reparaturen, Miete),
- Verbrauchsgüter für die Haushaltsführung.

Aus Abteilung 9 – Freizeit, Unterhaltung, Kultur
- Fernseh- und Videogeräte, TV-Antennen.

Wenn also irgendetwas davon tatsächlich nicht durch Sachleistungen gedeckt wird, dann ist der entsprechende Geldbetrag zu verlangen, bis die Sachleistung erbracht wird.
Folgende Bedarfe sollen regelmäßig anderweitig erbracht werden:
Aus Abteilung 6 – Gesundheitspflege
- pharmazeutische Erzeugnisse – für gesetzlich Krankenversicherte – mit Rezept (nur Eigenanteil/ Zuzahlung),
- andere medizinische Erzeugnisse – für gesetzlich Krankenversicherte – mit Rezept (nur Eigenanteil/Zuzahlung),
- therapeutische Mittel und Geräte (einschl. Eigenanteile).

Auch hier ist im Einzelfall genau zu prüfen, ob diese Leistungen auch tatsächlich „anderweitig" erbracht werden. Gerichtlich wird zu klären sein, ob es generell zulässig ist, diese Geldbeträge zu streichen, wenn der Gesundheitsbedarf tatsächlich nicht besteht. Menschen im SGB II-/XII-Bezug müssen schließlich auch nicht nachweisen, dass bei ihnen tatsächlich jeden Monat alle Einzel-Bedarfspositionen aus dem Regelbedarf anfallen.
Und folgende Bedarfe werden als komplett unbeachtlich angesehen:
Aus Abteilung 7 – Verkehr
- Kauf oder Leasing von Fahrrädern.

Aus Abteilung 9 – Freizeit, Unterhaltung, Kultur
- Datenverarbeitungsgeräte sowie System- und Anwendungssoftware (einschl. Downloads und Apps),
- langlebige Gebrauchsgüter und Ausrüstungen für Sport, Camping und Erholung, Musikinstrumente,
- außerschulische Sport- und Musikunterrichte, Hobbykurse.

Aus Abteilung 10 – Bildung
Aus Abteilung 12
- Anschaffung eines Personalausweises.

Wir sind der Auffassung, dass dieses Herausrechnen von Bedarfen aus dem Regelbedarf verfassungswidrig ist, sodass das gesamte Konstrukt des Grundbedarfs als Existenzminimum unterhalb des menschenwürdigen Existenzminimums verfassungswidrig ist. Das BVerfG verlangt eine wissenschaftliche, transparente und nachvollziehbare

Bedarfsermittlung für die Bestimmung des Existenzminimums (BVerfG vom 9.2.2010 – 1 BvL 1/09 und BVerfG vom 18.7.2012 – 1 BvL 10/10). Dieses stumpfsinnige Herausrechnen von Bedarfen ist erkennbar vom Einsparwillen getragen, orientiert sich aber nicht an den Bedarfen der Betroffenen. Es fehlt eine Erhebung dazu, welche tatsächlichen Bedarfe Personen in Aufnahmeeinrichtungen, Gemeinschaftsunterkünften, Lagern und Wohnungen haben, die vom AsylbLG erfasst werden.

Vor allem aber ist zu beachten, dass das BVerfG in seiner Sanktionsentscheidung (5.11.2019 – 1 BvL 7/16, Rn. 190) klargestellt hat, dass der Regelbedarf nur deshalb gerade noch so verfassungsgemäß ist, weil er als Gesamtpauschale in Geld ausgezahlt wird und somit ein unterstes Mindestmaß an Selbstbestimmung bei der Verwendung des Geldes verbleibt. Gerade der Umstand, dass der Regelbedarf Bedarfe enthält, die nicht jeden Monat anfallen (bei vielen nie anfallen), rettet ihn vor der Einstufung als verfassungswidrig zu niedrig. Gerade dieses Konzept wird nun aber vom Grundbedarf beerdigt. Alle Bedarfe, die nicht auf jeden Fall monatlich anfallen, wurden gestrichen, so dass kein Raum mehr für selbstbestimmtes Verwenden der Leistungen bleibt.

4.2. Der Grundbedarf 2b – Alleinstehende und Alleinerziehende in Sammelunterkünften

Die Einsparungen durch das Herunterrechnen des Grundbedarfs 1 haben noch nicht gereicht, also wurde der Gesetzgeber erfinderisch: alleinstehende und alleinerziehende Erwachsene haben nur noch Anspruch auf 90 Prozent der (ohnehin schon gekürzten) Leistungen, wenn sie in einer Sammelunterkunft untergebracht sind, was auf die allermeisten zutrifft.

Der Gesetzgeber hat sich zur Begründung diverse Annahmen ausgedacht, die hier in aller Kürze dargestellt und kritisiert werden sollen:

Die erste Annahme ist, dass der Regelbedarfssatz 2 aus dem SGB II/XII (Paare in Bedarfsgemeinschaft) auf Alleinstehende und Alleinerziehende in Sammelunterkünften übertragbar sei. Alleinstehende und Alleinerziehende in Flüchtlingsunterkünften sollen also vergleichbar sein mit Paaren im Alg II oder HzL/GSi? Die Menschen in den Unterkünften sind dort behördlich eingewiesen und Fremde unter Fremden und es ist ein Kommen und Gehen. Wo soll das nötige Vertrauen herkommen, um wie Paare gemeinsam zu wirtschaften? Dazu kommt, dass der Regelbedarfssatz 2 im SGB II/XII vor allem damit gerechtfertigt wird, dass Paare eine gemeinsame Wohnung bewohnen und somit Einsparungen bei den Haushalts- und Wohnungsbedarfen erzielt werden könnten. Sämtliche Haushalts- und Wohnungsbedarfe sind aus dem Grundbedarf herausgerechnet worden. Der Gesetzgeber verlangt also Einsparungen bei Geldern, die gar nicht ausgezahlt werden. Das Ganze kann nur als haarsträubender Unsinn bezeichnet werden.

Weiter nimmt der Gesetzgeber an, dass Sammelunterkünfte regelmäßig Festnetz- oder Internetanschlüsse zur Mediennutzung bereitstellen. Auch diese Annahme hat mit der Realität wenig zu tun. Nicht alle Unterkünfte stellen WLAN zur Verfügung und von frei verfügbaren Festnetzanschlüssen ist noch nie etwas bekannt geworden. Die WLAN-Anschlüsse sind zudem oft schwach oder es handelt sich um Hotspots, die nur in Gemeinschaftsräumen funktionieren etc.. Im 21. Jahrhundert sollte es aber anerkannt sein, dass ein Recht auf eigenen Internetanschluss besteht, der jederzeit und überall nutzbar ist. Das muss besonders für Flüchtlinge gelten, die Kontakte zu Familie und Freunden in der Regel nur per Internet halten können.

Noch absurder wird es bei der Annahme des Gesetzgebers, dass gemeinsame Nutzungen oder Austausche bei den Bedarfen Freizeit, Unterhaltung und Kultur zu Einsparungen führen. Die Bewohner*innen von Flüchtlingsunterkünften sollen also ernsthaft ihre Freizeit, Unterhaltung und Kultur gemeinsam organisieren, um so Geld zu sparen? Man muss sich verdeutlichen, dass Leute für diesen Unsinn viel Geld verdient haben…

Die zentrale Annahme ist schließlich, dass durch den gemeinsamen Einkauf und Verbrauch größerer Mengen an Küchenbedarf und Lebensmitteln Einsparungen erzielt würden. Die Bewohner*innen von Flüchtlingsunterkünften sollen also gemeinsam einkaufen gehen und Großpackungen Küchen- und Lebensmittelbedarf einkaufen, um diese Sachen dann solidarisch gemeinsam zu verbrauchen. Sich gegenseitig völlig fremde Menschen, die oft nicht dieselbe Sprache sprechen usw., sollen also ernsthaft gemeinsame Haushalte führen. Solche Unterkünfte bestehen oft aus hunderten Bewohner*innen – sollen nun hunderte gemeinsam einkaufen und wirtschaften; oder sich Paare finden oder irgendetwas dazwischen? Dass so etwas vom Bundestag ernsthaft „durchgewunken" wird, ist nur noch erschreckend.

Weiter heißt es in der Gesetzesbegründung: *„Die Leistungsberechtigten befinden sich im Asylverfahren ungeachtet ihrer Herkunft in derselben Lebenssituation und bilden der Sache nach eine Schicksalsgemeinschaft"*. Der homosexuelle Flüchtling befindet sich also in derselben Lebenssituation, wie der christliche oder islamische Fundamentalist? Die Alleinerziehende, die vor geschlechtsspezifischer Verfolgung mit drei Kindern geflohen ist, befindet sich in derselben Lebenssituation, wie ein 18-jähriger Kriegsflüchtling? Geflüchtete werden hier vom Gesetzgeber als Einheitsmasse ohne menschliche Eigenschaften betrachtet – das Problem heißt Rassismus!

Der Gipfel der Dreistigkeit ist dann schließlich die Annahme, dass die Unterkünfte das gemeinsame Wirtschaften ermöglichen würden. Die Sozialarbeiter*innen sollen das ganze also managen. Für einen Moment ernst genommen, würde das bedeuten:

- Gruppen mit gleichem Einkommen ermitteln (Beziehende von § 1a; § 2 oder § 3 AsylbLG Leistungen; Beziehende von SGB II/XII Leistungen; Erwerbstätige mit eigenem Einkommen),
- Gruppen bilden, die grds. gemeinsam wirtschaften könnten, wie Paare (Sprache, Kultur, Geschlecht, Lebenssituation, Gesundheit etc.),
- Befähigen der Gruppen zum sparsamen gemeinsamen Wirtschaften bzgl. Ernährung; Mediennutzung; Freizeit/Unterhaltung/Kultur,
- entsprechende Haushaltskassen ermöglichen (wer soll die Kassen verwalten?),
- „solidarischen Verbrauch" der gemeinsam angeschafften Verbrauchsgüter überwachen,
- Koordination mit anderen Unterkünften, falls nicht alle Bewohner*innen in entsprechenden Gruppen untergebracht werden können und Schaffen gemeinsamer Lösungen.

Keine Unterkunft kann diesen logistischen Aufwand leisten!

Besonders absurd wird es in Pandemie-Zeiten, wo einerseits Abstands- und Kontaktverbote gelten und andererseits verlangt wird, dass gemeinsam gewirtschaftet wird und Freizeit, Kultur, Unterhaltung gemeinsam genutzt werden. Daher sehen einige Gerichte zumindest während Corona keine Anwendbarkeit für den beschriebenen Unsinn (SG Oldenburg 9.6.2020 – S 25 AY 21/20 ER; SG Aurich 5.6.2020 – S 23 AY 13/20 ER; SG Berlin 18.5.2020 – S 90 AY 57/20 ER).

Am Ende sei noch angemerkt, dass Alleinerziehenden im AsylbLG schon der Mehrbedarf für Alleinerziehende verwehrt wird, was immerhin 36 Prozent des maßgebenden Regelbedarfs sind (§ 30 Abs. 3 Nr. 1 SGB XII; § 21 Abs. 3 Nr. 1 SGB II). Eine Alleinerziehende im SGB II-Bezug hat damit monatlich 606,56 € zur Verfügung, während alleinerziehenden Geflüchteten in einer Unterkunft nur 328 € zugestanden werden. Die Leistungen für die Kinder sind im AsylbLG natürlich auch deutlich niedriger. Die Rechte zur sozialen Sicherheit für Familien und insbesondere für Kinder werden hier von Deutschland mit Füßen getreten.

4.3 Kosten der Sammelunterkunft, Miete für eine Wohnung, Mietnebenkosten, Möbel und Hausrat, Strom, Schönheitsreparaturen

Zusätzlich zu den Grundleistungen sind nach § 3 Abs. 3 S. 3 AsylbLG die *Kosten für Unterkunft, Heizung und Hausrat sowie für Wohnungsinstandhaltung und Haushaltse-*

nergie zu übernehmen, soweit sie notwendig und angemessen sind.

Unterkunft und Hausrat werden *„als Geld- oder Sachleistung"* erbracht Wenn es also migrationsrechtlich möglich ist (keine Wohnsitzauflage, die jeden Wohnsitz außerhalb einer Sammelunterkunft ausschließt), dann kann das Sozialamt den Umzug in eine Wohnung nach Ermessen zulassen. Für die Wohnung sind dann Geldleistungen zu erbringen, wobei es dabei kompliziert werden kann. Für *„normale Menschen"* sind die Bedarfe für Strom und Schönheitsreparaturen etc. im Regelbedarf enthalten. Hier müssen diese Bedarfe nun

a) konkret geltend gemacht werden und
b) wird die Notwendigkeit und Angemessenheit geprüft.

Wer also ein Wohnung bewohnt und Stromkosten hat, muss diese Stromkosten zunächst gegenüber dem Sozialamt nachweisen und geltend machen und das Sozialamt übernimmt dann die notwendigen und angemessenen Stromkosten. Wenn es dabei zu Bearbeitungsverzögerungen oder Streit kommt, drohen Stromschulden mit allen Konsequenzen. Hier hat der Gesetzgeber also für Betroffene und Behörden Mehraufwand geschaffen. Entscheidend ist aber, dass hier Bestandteile des menschenwürdigen Existenzminimums (Haushaltsenergie und Wohnungsinstandhaltung) unter einen Ermessens-Vorbehalt gestellt werden. Das halten wir für verfassungswidrig. Das BVerfG hat sehr deutlich gesagt, dass sämtliche Bestandteile des Existenzminimums als eindeutiger Anspruch zu gewähren sind (BVerfG 18.7.2012 – 1 BvL 10/10; 2/11, Rn. 89).

Aus **politischen Gründen** (Abschreckung potentieller Asylsuchender) verweigern manche Länder und Kommunen Asylsuchenden generell die Anmietung von Wohnungen, knüpfen diese an zusätzliche Voraussetzungen (besondere Schutzbedürftigkeit, Mindestaufenthaltsdauer von zwölf Monaten usw.) oder an Atteste zur Unzumutbarkeit der Gemeinschaftsunterkunft wegen Krankheit. Spätestens dann besteht auch ein Rechtsanspruch auf Übernahme der Miete, ebenso im Falle einer Leistungsberechtigung nach § 2 AsylbLG. Berlin ermöglicht seit 2003 AsylbLG-Berechtigten nach drei Monaten generell die Anmietung von Wohnungen, ebenso Bremen seit 2013 (zu den Konditionen in Berlin www.fluechtlingsinfo-berlin.de/fr/pdf/Mietobergrenzen_2018.pdf).

Werden die Kosten einer **Mietwohnung** übernommen, müssen zudem als *„Kosten der Unterkunft"* neben der ⇨**Miete** auch die ⇨**Mietneben-** und ⇨**Heizkosten**, Neben- und Heizkosten**nachzahlungen**, ggf. die Miet⇨**kaution bzw. Genossenschaftsanteile** und ggf. der Mietpartei in rechtlich zulässiger Weise vertraglich auferlegte ⇨**Renovierungen** übernommen werden. Nach der Systematik der AsylbLG-Grundleistungsbeträge sind bei dezentraler Warmwasserbereitung wie im SGB II/ SGB XII zusätzlich die ⇨**Warmwasser**kosten zu übernehmen.

Beim Hausrat ist es wie beim Strom: er wird zusätzlich gewährt, wenn er notwendig und angemessen ist. Neben Möbeln, Kühlschrank, Waschmaschine etc. gehören auch Putz- und Waschmittel (vgl. BT-Drs. 17/3404, 54) zum Haushalt. Das bedeutet also, dass die Quittungen für die Anschaffung von diesen Sachen beim Sozialamt eingereicht werden müssen, dort auf Notwendigkeit und Angemessenheit überprüft werden und dann die Kosten erstattet werden. Die Hoffnung des Gesetzgebers ist sicher, dass viele diesen Aufwand scheuen werden oder gar nicht erst erkennen, dass sie die Quittungen einreichen könnten.

Bei Anmietung einer **Wohnung** kann eine Erstausstattung an Hausrat und Möbeln beantragt werden, wie Herd, Kühlschrank, Waschmaschine, Betten, Stühle, Tische, Schränke, Kochtöpfe, Geschirr, Besteck, Handtücher, Bettwäsche usw. (⇨Hausrat).

In **Gemeinschaftsunterkünften** wird der Bedarf an Hausrat einschließlich Bettwäsche und Handtüchern durch den Wohnheimbetreiber als **Sachleistung** erbracht. Neben Erstausstattungen ist dabei auch der laufende Ergänzungsbedarf zu übernehmen, z.B. für defektes Geschirr und Kochgerät. Auch Spül-, Putz- und Waschmittel (und die zugehörigen Gerätschaften) sind kostenfrei bereitzustellen. Bedarfe, die die Gemeinschaftsunterkunft nicht stellt, können beim **Sozialamt** beantragt werden (z.B. bei fehlender Waschmaschine die Kosten für den Waschsalon).

4.4 Medizinische Versorgung
(§§ 4 und 6 AsylbLG)

Die hier beschriebenen Einschränkungen der medizinischen Versorgung gelten **nicht** für Leistungsberechtigte, die nach § 2 AsylbLG Anspruch auf eine vollwertige Gesundheitskarte einer Krankenkasse haben (⇨5).

Nicht unter § 2 AsylbLG fallende Berechtigte erhalten je nach Bundesland und Landkreis entweder Krankenscheine des Sozialamts oder eine AsylbLG-Gesundheitskarte (s.u.). Damit kann gemäß § 4 Abs. 1 und § 6 Abs. 1 AsylbLG eine Krankenbehandlung beansprucht werden:
- bei **akuten** Erkrankungen,
- bei **akut behandlungsbedürftigen** Erkrankungen,
- bei Erkrankungen, die mit **Schmerzen** verbunden sind, und
- bei Erkrankungen, deren Behandlung **zur Sicherung der Gesundheit unerlässlich** ist.

Die Behauptung, **nur akute** Krankheiten seien nach AsylbLG zu behandeln, **ist falsch**. Unterbleibt z.B. bei Diabetes die Behandlung, wird die chronische Krankheit sofort akut. Eine strenge Unterscheidung zwischen **chronischer** und akuter Krankheit ist medizinisch meist nicht möglich. Maßstab kann daher immer nur der **akute Behandlungsbedarf** sein. Dabei ist auch eine Behandlung chronischer Krankheiten regelmäßig zur Sicherung der Gesundheit (§ 6 AsylbLG) unerlässlich. Auch aus Artikel 1, 2 und 20 GG (Menschenwürde, Recht auf Leben und körperliche Unversehrtheit, Sozialstaatsprinzip), der ärztlichen Ethik und nicht zuletzt aus den Menschenrechten folgt ein Behandlungsanspruch bei allen hierzulande behandelbaren Krankheiten entsprechend der gesetzlichen Krankenversicherung (dazu ausführlich: Lars Hillmann, Rechtliche Gestaltungsvorgaben für die Gesundheitsversorgung Geflüchteter, in: Brecht-Heitzmann (Hrsg.), Die Integration Geflüchteter als Herausforderung für das Sozialrecht, S. 83, 98 ff.; Born, Europa- und verfassungsrechtliche Anforderungen an die Leistungen für Asylbewerber, 2014, S. 378 f.; Frerichs, in: Schlegel/Voelzke, jurisPK-SGB XII, Stand: 5. März 2018, § 4 AsylbLG Rn. 24; Greiser/Frerichs, SGb 2018, 213 (220); Krauß, in: Siefert, AsylbLG, 2018, § 6 Rn. 39 m.w.N.; im Erg. auch Eichenhofer, ZAR 2013, 169; (SG Kassel 17.5.2019 – S 12 AY 8/19 ER; LSG Meck.-Pomm 28.8.2019 – L 9 AY 13/19 B ER).

Das **Landessozialgericht Hessen** (LSG) hat dies mit Beschluss vom 11.7.2018 (L 4 AY 9/18 B ER) erstmals deutlich bestätigt. Es hat daher für einen Ausländer mit Duldung eine antivirale Hepatitis C-Therapie nach §§ 4 und 6 AsylbLG bewilligt. Zwar sei die Erkrankung weder akut noch schmerzhaft. Nach Auffassung des LSG ist § 6 AsylbLG aber verfassungskonform *„weit auszulegen"*, weshalb bis auf wenige Ausnahmen alle Leistungen im gleichen Umfang wie für gesetzlichen Krankenversicherte erbracht werden müssten. Alles andere würde dem Grundgesetz (Menschenwürdegrundsatz und Sozialstaatsprinzip, Art. 1 und 20 GG) widersprechen.

Bereits nach dem insoweit eindeutigen **Wortlaut** des § 4 AsylbLG **sind ohne Einschränkung** auch folgende Leistungen stets in gleichem Umfang wie für gesetzlich Krankenversicherte zu erbringen:
- alle Leistungen bei **Schwangerschaft** und Entbindung, einschl. **Hebammenhilfe** (Geburtsvorbereitung, Nachsorge) und **Vorsorge** (§ 4 Abs. 2 AsylbLG),
- alle empfohlenen **Vorsorgeuntersuchungen**, z.B. Zahnvorsorge, Kinderuntersuchungen, Krebsvorsorge, Gesundheitsuntersuchung etc. (§ 4 Abs. 1 Satz 2 AsylbLG) und
- alle empfohlenen **Schutzimpfungen** (www.rki.de ⇨Kommissionen ⇨Ständige Impfkommission ⇨Empfehlungen), bei drohender Abschiebung auch im Hinblick auf den nötigen Schutz im Herkunftsland (§ 4 Abs. 1 Satz 2, § 4 Abs. 3 Satz 2 AsylbLG).

Auf **Zahnersatz** besteht nach AsylbLG nur Anspruch, soweit dies *„aus medizinischen Gründen unaufschiebbar"* ist (§ 4 Abs. 1 AsylbLG). Das ist jedenfalls dann der Fall, wenn bei Nichtbehandlung Folgeschäden am Gebiss oder gar am Magen drohen. Zumindest muss ein „Gebiss" in einfacher Ausfertigung zur Verfügung gestellt werden. Die normale Zahnbehandlung (Karies, Wurzelentzündung, Zahnfleischerkrankung usw.) ist uneingeschränkt zu gewähren, da

es sich um akute oder schmerzhafte Erkrankungen handelt oder die Behandlung zur Sicherung der Gesundheit (Zahnerhalt) unerlässlich ist.
Zu den Leistungen nach AsylbLG gehören auch Heil- und **Hilfsmittel** wie Brillen, Hörgeräte, Prothesen, Rollstühle, orthopädische Schuhe, Physiotherapie usw., ggf. als *„sonstige zur Genesung, zur Besserung oder zur Linderung von Krankheiten oder Krankheitsfolgen erforderliche Leistungen"* (§ 4 Abs. 1 Satz 1 und 6 Abs. 1 AsylbLG). Es gelten jedoch die gleichen Beschränkungen bzw. Voraussetzungen, wie bei einer gesetzlichen Krankenversicherung (dazu: Deibel in: GK-AsylbLG, § 6 AsylbLG Rn. 165-171).

Ergänzend zu den medizinischen Leistungen nach § 4 AsylbLG sind in **verfassungskonformer Auslegung** des AsylbLG als **zur Sicherung der Gesundheit unerlässliche Leistungen** nach **§ 6 AsylbLG** (⇨4.5) u.a. folgende Leistungen zu erbringen:

- medizinisch notwendige Behandlungen chronischer Erkrankungen sowie nicht schmerzhafter Erkrankungen,
- zur Diagnostik, ärztlichen Aufklärung sowie Psychotherapie nötige Dolmetscherkosten,
- Leistungen zur ambulanten und stationären Pflege behinderter und pflegebedürftiger Menschen,
- Eingliederungshilfeleistungen für behinderte Kinder,
- Eingliederungshilfeleistungen für Erwachsene zur sozialen und psychischen Eingliederung und aufgrund des durch das Integrationsgesetz eröffneten Zugangs zu Arbeit und Integrationskursen ggf. auch Hilfeleistungen zur schulischen und beruflichen Eingliederung,
- psychotherapeutische Behandlung,
- Mehrkosten für besonderen Ernährungsbedarf bei Krankheit oder Schwangerschaft,
- Schwangerschaftsverhütung und Vorsorge gegen sexuell übertragbare Krankheiten.

Eine Untersuchung und **Diagnosestellung** durch eine*n Ärzt*in – und damit auch die Ausgabe eines **Krankenscheins** – ist zur Klärung des Behandlungsbedarfs stets unerlässlich. Ein*e medizinisch nicht qualifizierte*r Sachbearbeiter*in darf ohne ärztliche Untersuchung keine negative Entscheidung über Krankenscheine bzw. medizinische Leistungen treffen!
Unterschiede zwischen dem auf das *„Maß des Notwendigen"* (§ 12 Abs. 1 SGB V) beschränkten Anspruchs gesetzlich Krankenversicherter und dem Anspruch AsylbLG-Berechtigter lassen sich weder medizinisch, noch ethisch oder menschenrechtlich rechtfertigen (Eichenhofer, Gesundheitsleistungen für Flüchtlinge, ZAR 5-6/2013, 169, www.zar.nomos.de/fileadmin/zar/doc/Aufsatz_ZAR_13_5-6.pdf). Verweigert ein*e Ärzt*in eine notwendige Behandlung, kann er/sie wegen Verstoßes gegen die Berufsordnung von der Ärztekammer belangt werden. Ärzt*innen und Sachbearbeiter*innen können sich wegen unterlassener Hilfeleistung auch **strafbar** machen.

Ein ⇨**Schwangerschaftsabbruch** ist keine Leistung nach dem AsylbLG. AsylbLG-Bezieherinnen können aber mit einem Einkommensnachweis (AsylbLG-Bescheid) als nicht gesetzlich krankenversicherte Frauen für den Abbruch eine **Kostenübernahmebescheinigung** gemäß § 19 ff. „Schwangerschaftskonfliktgesetz" von der **gesetzlichen Krankenkasse** erhalten. Asylbewerberinnen ohne Krankenversicherung können zu diesem Zweck eine Krankenkasse an ihrem Wohnort frei auswählen (§ 21 Abs. 1 Schwangerschaftskonfliktgesetz). Die Kasse muss dann „unverzüglich" den Kostenübernahmebescheid für den Abbruch ausstellen. Das Bundesland erstattet dann der Krankenkasse die Kosten.

Zahlreiche Bundesländer und Kommunen haben Verträge mit Gesetzlichen Krankenkassen gemäß § 264 Abs. 1 SGB V über die Ausgabe von speziellen **Gesundheitskarten nach §§ 4 und 6 AsylbLG** geschlossen. Die ambulante und stationäre Behandlung wird dort über die AsylbLG-Gesundheitskarte weitgehend nach den Maßgaben für gesetzlich Krankenversicherte erbracht. Genehmigungspflichtig ist in der Praxis meist nur, was auch bei gesetzlich Versicherten geprüft wird, z.B. Zahnersatz oder Psychotherapien. Rechtlich besteht allerdings kein erweiterter Anspruch. Eilantrag, Widerspruch und Klage wegen verweigerter Behandlung richten

sich gegen die Krankenkasse, man sollte die Sozialbehörde im Sozialgerichtsverfahren *„beiladen"* lassen (§ 75 SGG).

Tipp: Mancherorts werden nach AsylbLG rechtswidrig nur *„unabweisbare"* oder *„lebensnotwendige"* Behandlungen gewährt. Behandlungen, die zur Sicherung der Gesundheit unerlässlich sind, werden verschleppt oder verweigert, ebenso Impfungen, die Behandlung durch Fachärzt*innen, kostenaufwändige Diagnostik (MRT), Hilfsmittel, Prothesen usw. Hier sollten alle Mittel zur Durchsetzung genutzt werden (Rechtsmittel, politische Gremien, Öffentlichkeit usw.).

4.4.1 Keine Zuzahlungen und Eigenleistungen

Das AsylbLG enthält – anders als die gesetzliche Krankenversicherung – **keine** Rechtsgrundlage für Zuzahlungen und Eigenleistungen. Daher dürfen **keine Zuzahlungen** verlangt werden (Ausnahme: Leistungsberechtigte nach § 2 AsylbLG; ⇨5). Krankenhäuser, Apotheken, Krankentransporte, Physiotherapeuten usw. können ihre Leistungen nach §§ 4 und 6 AsylbLG zu 100 Prozent mit dem Sozialamt abrechnen. Verlangen sie dennoch eine Zuzahlung, kassieren sie doppelt und machen sich wegen Abrechnungsbetrugs strafbar. Die Leistungsberechtigung ergibt sich aus dem Eintrag des Sozialamts auf dem AsylbLG-Krankenschein bzw. der AsylbLG-Gesundheitskarte. Der/die Ärzt*in **muss** dies **auf dem Rezept vermerken**, das mit dem Sozialamt abzurechnen ist. Das genügt den Apotheken usw. für die volle Erstattung.

Auch für **Brillen**, Hörgeräte, Physiotherapie, orthopädische Schuhe, Zahnersatz, Dolmetscherkosten, Fahrten zur ambulanten Krankenbehandlung, rezeptfreie Medikamente usw. muss man – anders als gesetzlich Versicherte – **keine Eigenleistung** erbringen, vorausgesetzt die medizinische Notwendigkeit liegt vor. **Zahnärzt*innen** müssen nach § 4 AsylbLG – ebenso wie für SGB II/ XII und § 2 AsylbLG Berechtigte (vgl. § 55 Abs. 2 SGB V) – stets eine **zuzahlungsfreie** Behandlungsvariante anbieten.

4.4.2. Keine Beschränkung auf zugelassene Therapeut*innen

Dadurch dass die AsylbLG-Gesundheitskarte keine gesetzliche Krankenversicherung begründet und maßgeblich die §§ 4 und 6 AsylbLG bleiben, greift die Beschränkung auf zugelassene Therapeut*innen (wie im SGB V) nicht. Es können also auch Kosten für Behandlungen bei nicht zugelassenen Therapeut*innen übernommen werden (LSG Hamburg, Beschluss vom 18.6.2014 – L 1 KR 52/14 B ER).

4.5 Sonstige Leistungen (§ 6 AsylbLG)

„Sonstige Leistungen können insbesondere gewährt werden, wenn sie im Einzelfall zur Sicherung des Lebensunterhalts oder der Gesundheit unerlässlich, zur Deckung besonderer Bedürfnisse von Kindern geboten oder zur Erfüllung einer verwaltungsrechtlichen Mitwirkungspflicht erforderlich sind" (§ 6 Abs. 1 Satz 1 AsylbLG).

In Frage kommen neben den bereits unter 4.4 genannten medizinischen Leistungen nach § 6 AsylbLG u.a. Erstausstattungen bei **Schwangerschaft** und **Geburt**, Eingliederungshilfen für **behinderte** Kinder und Erwachsene, Leistungen zur ambulanten oder stationären **Pflege** (aber kein pauschales Pflegegeld), Bestattungskosten sowie **Pass**beschaffungskosten für Geduldete (auch zum Verbleib in Deutschland) einschließlich Fahrt zur Botschaft (OVG Sachsen 3.6.2008 - 4 A 144/08).

Zu den Kosten verwaltungsrechtlicher Mitwirkungspflichten zählen auch **Kosten der Mitwirkung im Asylverfahren** nach § 15 AsylG, z.B. die Beschaffung und Übersetzung von Dokumenten.

Achtung: Während des Asylverfahrens und nach Flüchtlingsanerkennung ist jeder Kontakt zu Behörden des Herkunftslandes (auch zur Passbeschaffung) zu unterlassen, da dies zur Ablehnung des Asylantrags bzw. zum Widerruf des Flüchtlingsschutzes führen kann!

Eine sehr wichtige verwaltungsrechtliche Mitwirkungspflicht ist die unverzügliche Beschaffung von qualifizierten ärztlichen Bescheinigungen (§ 60a Abs. 2c und 2c AufenthG). Solche Bescheinigungen sind sowohl im Asylverfahren als auch zur Begründung gesundheitsbedingter Abschiebungshindernisse vorzulegen. Die Anforderungen an diese Bescheinigungen werden von Behörden und Gerichten oft völlig überzogen, so dass viele Ärzt*innen den Aufwand scheuen oder hohe Gebühren (bis zu 3.000 €) dafür verlangen. Da es sich aber um eine verwaltungsrechtliche Mitwirkungspflicht handelt, kann der/die Ärzt*in gebeten werden, einen Kostenvoranschlag zu erstellen, der dann mit dem Antrag zur Kostenübernahme beim Sozialamt eingereicht wird. Gegenüber dem BAMF oder der Ausländerbehörde ist dann der Kostenantrag nachzuweisen, da so auch nachgewiesen ist, dass man unverzüglich die ärztliche Bescheinigung vorlegen wird. Unverzüglich im juristischen Sinne heißt schließlich, „ohne schuldhaftes Zögern" und für die Verzögerung durch die Kostenübernahmeentscheidung kann man ja nichts.

Besonders schutzbedürftige Asylsuchende wie behinderte und schwer kranke Menschen, Schwangere und Alleinerziehende, Minderjährige und Ältere, Traumatisierte und Folteropfer haben gemäß § 6 AsylbLG i.V. mit Artikel 19 ff. *„Asylaufnahmerichtlinie"* (RL 2013/33/EU) Anspruch auf die *„erforderliche medizinische oder sonstige Hilfe, einschließlich erforderlichenfalls einer geeigneten psychologischen Betreuung"*. **Psychotherapien, Therapien und Hilfsmittel für Menschen mit Behinderung** sind dann im *„erforderlichen"* Umfang zu erbringen, also nach den gleichen Maßstäben wie für Deutsche. Bei der Eingliederungshilfe für Behinderte gilt dies für Kinder und Jugendliche in jedem Fall, ebenso für Erwachsene zur sozialen und psychischen Eingliederung, nach Ermessen aber auch zur Eingliederung in Integrationskurse, Arbeit und Bildung.

Die Mehrbedarfe aus dem „normalen" Sozialleistungsrecht (§ 30 SGB XII; § 21 SGB II) gelten hier nicht. Eine analoge Anwendung der „normalen" Normen aus SGB II / XII scheidet aus, so dass die Betroffenen keinen Zugang zu den Mehrbedarfen haben (BSG vom 25.10.2018 – B 7 AY 1/18 R). Dennoch sollte man immer wieder Mehrbedarfe über § 6 AsylbLG geltend machen – die Bedarfe müssen dann aber so genau wie möglich bezeichnet und nachgewiesen werden. In Berlin werden immerhin die Mehrbedarfe bei Schwangerschaft und für Warmwasser gewährt (Rundschreiben Soz Nr. 09/2019 über die Bedarfssätze Grundleistungen nach § 3a Asylbewerberleistungsgesetz (AsylbLG); Punkt 4).

4.6 Einkommen und Vermögen (§ 7 AsylbLG)

§ 7 AsylbLG ist nicht auf Leistungsberechtigte nach **§ 2 AsylbLG** anwendbar, für die die Einkommens- und Vermögensfreibeträge des SGB XII gelten (⇨Einkommen, ⇨Vermögen).

Verfügbares Einkommen und Vermögen des/r Leistungsberechtigten, seiner im Haushalt lebenden **Familienangehörigen** und des/r **eheähnlichen Partners/Partnerin** sind vorrangig einzusetzen. Dabei gilt nach § 7 Abs. 5 AsylbLG ein **Vermögensfreibetrag von 200 €** pro Leistungsberechtigten und jeden im Haushalt lebenden Familienangehörigen. Nicht angerechnet werden Vermögensgegenstände, die zur Ausbildung oder Erwerbstätigkeit unentbehrlich sind (soweit zutreffend Kfz usw.). Hat ein*e Familienangehörige*r Anspruch auf Existenzsicherung nach § 2 AsylbLG, Alg II, HzL oder GSi der Sozialhilfe, BAföG usw., muss ihm/r dieser Anspruch inklusive seiner/ihrer Einkommens- und Vermögensfreibeträge **ungekürzt** erhalten bleiben.
Unklar ist nach dem Gesetzeswortlaut, ob auch Einkommen und Vermögen weiterer in **⇨Haushaltsgemeinschaft** lebender Familienangehöriger (Onkel, Schwester, Großeltern etc.) herangezogen werden dürfen und wie hoch ggf. der Selbstbehalt dieser Angehörigen ist. Rechtsprechung und Kommentierung gehen jedoch überwiegend davon aus, dass es nur auf Einkommen und Vermögen des **Ehepartners/der Ehepartnerin** und der minderjährigen **Kinder** ankommt (LSG Niedersachsen-Bremen 29.6.2007 - L 11 AY 80/06; BSG 26.06.2013 – B 7 AY 6/11 R, Rn 24; für erwachsene Kinder im Haushalt: BSG 26.6.2013 – B 7 AY 6/11 R; SG Berlin, Beschluss vom 30.1.2018 – S 70 AY 232/17 ER; LSG Berlin-Brandenburg 10.4.2018 – L 15 AY 5/18 B ER).

Erwerbstätige Flüchtlinge können einen **„Freibetrag"** in Höhe von 25 Prozent ihres Einkommens beanspruchen, maximal jedoch

50 Prozent der Grundleistungsbetrags der erwerbstätigen Person nach § 3 Abs. 1 und 2 AsylbLG, also bis zu 50 Prozent von 354 € = 177 €. Dieser Freibetrag wird aus dem Bruttoeinkommen errechnet. Er steht für jeden Monat der Erwerbstätigkeit zu, unabhängig davon, in welchem Monat das erzielte Einkommen tatsächlich zufließt. Vom Einkommen sind Steuern und Sozialabgaben, die mit der Erzielung des Einkommens verbundenen Ausgaben wie Fahrtkosten und Arbeitsmittel und der errechnete Freibetrag abzuziehen. Was übrig bleibt, wird auf die Leistungen nach AsylbLG angerechnet (§ 7 Abs. 3 AsylbLG; ⇨Einkommensbereinigung).

Für Einnahmen aus einem Ehrenamt gelten seit dem 1.9.2019 die gleichen Regeln, wie im SGB II/XII (§ 7 Abs. 3 S. 2 und 4, 5 AsylbLG = § 82 Abs. 2 S. 2 SGB XII und § 11b Abs. 2 S. 3 SGB II).

Erwerbstätige Flüchtlinge müssen die **Kosten der Unterbringung** in Gemeinschaftsunterkünften *„in angemessener Höhe"* erstatten, wenn nach Deckung ihres Eigenbedarfs ein Restbetrag übrig bleibt. Voraussetzung ist nach Rechtsprechung und Kommentierung zudem eine der rechtlichen Mindestanforderungen genügende kommunale Gebührensatzung oder zumindest ein entsprechender Nutzungsvertrag. Die Gebühr muss gemessen an den Maßstäben des örtlichen Wohnungsmarkts „angemessen" sein. Erstattungen für Kosten der Sozialbetreuung, Heimleitung, Security etc. dürfen nicht verlangt werden (Siehe die im Ratgeber für Geflüchtete in Berlin, Kapitel 7.5 www.fluechtlingsinfo-berlin.de/fr/ratgeber.html zitierte Rechtsprechung und das Urteil des VGH Bayern 12.5.2018 –12 N 18.9).

Wie bei Alg II/ Sozialhilfe werden **Schmerzensgeld** (§ 7 Abs. 5 AsylbLG) sowie **Pflegegeld** der Pflegeversicherung (§ 13 Abs. 5 Satz 1 SGB XI) nicht als Einkommen bzw. Vermögen angerechnet. Auch Leistungen der **Stiftung Mutter und Kind** dürfen nicht angerechnet werden (§ 5 MuKiStiftG). Anrechnungsfrei sind auch Entschädigungsrenten für **Gewaltopfer** und weitere Leistungen nach Bundesversorgungs- und Bundesentschädigungsgesetz (§ 7 Abs. 2 AsylbLG). „Aufwandsentschädigungen" für Arbeitsdienste nach §§ 5 oder 5a AsylbLG gelten nicht als Einkommen.

Überblick-Tabelle zu Einkommensanrechnung nach §§ 3, 1a; 2 AsylbLG / SGB II / SGB XII:
https://ggua.de/fileadmin/downloads/tabellen_und_uebersichten/einkommensanrechnung.pdf

4.7 Gemeinnützige Arbeit, Integrationskurse, Programm FIM (§§ 5, 5a, 5b AsylbLG)

§§ 5, 5a, 5b AsylbLG und die zugehörigen Sanktionen sind auf Leistungsberechtigte nach **§ 2** und nach **§§ 3 - 7 AsylbLG** gleichermaßen anwendbar (§ 2 Abs. 1 Satz 1 AsylbLG).

Für eine „Aufwandsentschädigung" von **80 Cent/ Stunde** können Leistungsberechtigte, die nicht mehr im schulpflichtigen Alter sind, nach § 5 AsylbLG zu Arbeitsgelegenheiten in Asylunterkünften, bei kommunalen und gemeinnützigen Trägern verpflichtet werden. Eine Arbeitserlaubnis ist dafür nicht nötig. Die Aufwandsentschädigung betrug seit 1993 2 DM/ Stunde bzw. 1,05 €/ Stunde. Sie wurde mit dem „Integrationsgesetz" vom August 2016 auf 80 Cent/ Stunde gesenkt. Die Aufwandsentschädigung beinhaltet den **Mehraufwand** (Werbungskosten) für Fahrtkosten usw. Nur wer nachweislich einen höheren Mehraufwand für die Tätigkeit hat, kann eine höhere Aufwandsentschädigung beanspruchen (§ 5 Abs. 2 AsylbLG). Die Tätigkeit muss zusätzlich sein, darf also keine regulären Arbeitskräfte ersetzen. Für die Heranziehung gelten dieselben Voraussetzungen wie bei Ein-Euro-Jobs (⇨Arbeitsgelegenheiten).

Die Regelungen gelten nach § 5a AsylbLG und der dazu vom BMAS erlassenen Richtlinie entsprechend auch für Arbeitsgelegenheiten im Programm ***„Flüchtlingsintegrationsmaßnahmen"*** **(FIM)**,
vgl. www.bmas.de/SharedDocs/Downloads/DE/Thema-Arbeitsmarkt/richtlinie-fluechtlingsintegrationsmassnahmen.pdf).

§ 5b AsylbLG sieht vor, dass die Sozialbehörde Asylbewerber*innen, bei denen ein rechtmäßiger dauerhafter Aufenthalt zu erwarten ist (§ 44 Abs. 4 AufenthG), zum ***„Integrationskurs"*** verpflichten kann. Dies betrifft nach Auffassung der Bundesregierung derzeit nur Asylsuchende aus Iran, Irak,

Eritrea, Somalia und Syrien. Ein Anspruch auf Teilnahme besteht nur im Rahmen verfügbarer freier Plätze.

Die Tätigkeiten und der Integrationskurs können aus *„**wichtigem Grund**“* wie zeitliche Unvereinbarkeit mit weiterführenden Integrations-, Bildungs- oder Beschäftigungsangeboten, Schulbesuch, berufliche Ausbildung, Studium, Erwerbsarbeit, Kinderbetreuung, Erwerbsunfähigkeit, Krankheit, Rentenalter etc. abgelehnt werden (§ 5 Abs. 3, § 5a Abs. 2 und § 5b Abs. 2 AsylbLG, jeweils i.V. mit § 11 Abs. 4 SGB XII). Solange Leistungsberechtigte gemeinnützige Arbeit, FIM oder Integrationskurs *„**unbegründet**“* ablehnen, wird die Leistung entsprechend § 1a Abs. 2 AsylbLG gekürzt (⇨4.9).

4.8 Sanktionen und Kürzungen

(§§ 1a, 5 bis 5b und 11 AsylbLG)

Das AsylbLG enthält eine **Reihe von Sanktionsgründen**, die bei „missbräuchlichem Verhalten“ Leistungskürzungen ermöglichen. Ob die Kürzungen auch auf Leistungsberechtigte nach **§ 2 AsylbLG** anwendbar sind, ist umstritten (Zum Streitstand: LSG Hessen 2.6.2020 – L 4 AY 7/20 B ER, Rn 26). Es wird vertreten, dass die analoge Anwendung des SGB XII (über § 2 AsylbLG) die Anwendung von § 1a AsylbLG ausschließen würde – nur noch Normen des SGB XII seien anwendbar (SG Duisburg 2.11.2020 – S 48 AY 34/20 ER; SG Landshut 28.2.2018 – S 11 AY 66/18 ER, Rn. 107). Das wird aber leider juristisch nicht haltbar sein, da auch Leistungen nach § 2 AsylbLG weiter AsylbLG-Leistungen bleiben (LSG Schleswig-Holstein 6.7.2020 – L 9 AY 78/20 B ER, Rn 26 ff.). Aber immerhin: es ist eine umstrittene Frage.

Es ist nach unserer Auffassung klar, dass die durch die Asylpakete 2015 und 2016 nochmals verschärften Kürzungen im Hinblick auf das Grundrecht auf ein menschenwürdiges Existenzminimum und das ohnehin bereits gegenüber dem SGB II/XII geringere Leistungsniveau des AsylbLG verfassungswidrig sind (vgl. statt vieler: Janda, info also 2020, 103 ff.; Mülder, SGb 2020, 30 ff.; anhängige Verfassungsbeschwerde: 1 BvR 2682/17; Seidl ASR 5/2020). Derzeit gilt aber noch der real existierende § 1a AsylbLG, sodass eine Auseinandersetzung mit dieser unwürdigen Norm unerlässlich ist.

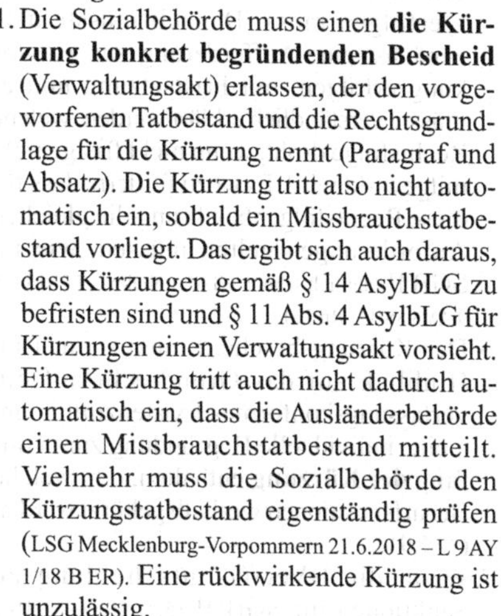

Generelle Voraussetzungen für eine Kürzung:

1. Die Sozialbehörde muss einen **die Kürzung konkret begründenden Bescheid** (Verwaltungsakt) erlassen, der den vorgeworfenen Tatbestand und die Rechtsgrundlage für die Kürzung nennt (Paragraf und Absatz). Die Kürzung tritt also nicht automatisch ein, sobald ein Missbrauchstatbestand vorliegt. Das ergibt sich auch daraus, dass Kürzungen gemäß § 14 AsylbLG zu befristen sind und § 11 Abs. 4 AsylbLG für Kürzungen einen Verwaltungsakt vorsieht. Eine Kürzung tritt auch nicht dadurch automatisch ein, dass die Ausländerbehörde einen Missbrauchstatbestand mitteilt. Vielmehr muss die Sozialbehörde den Kürzungstatbestand eigenständig prüfen (LSG Mecklenburg-Vorpommern 21.6.2018 – L 9 AY 1/18 B ER). Eine rückwirkende Kürzung ist unzulässig.
2. Kürzungen nach AsylbLG sind **auf maximal sechs Monate zu befristen** (§ 14 AsylbLG; ⇨4.9) Ein Kürzungsbescheid ohne Befristung ist von Anfang an unwirksam (LSG Bayern 19.3.2018 – L 18 AY 7/18 B ER). Nach dem Wortlaut der Norm muss die Leistungskürzung immer sechs Monate dauern. Natürlich darf die Behörde die Befristung aber auch kürzer ansetzen. Dies ergibt sich bereits aus dem zwingend anzuwenden Verhältnismäßigkeitsgebot (Oppermann, ZESAR, 2017, 55, 57; BT-Drs. 18/6185, 65).
3. Die Sozialbehörde muss im Kürzungsbescheid die geforderten Verhaltensänderungen bzw. **Mitwirkungshandlungen** konkret benennen. Die Mitwirkung muss eine gesetzliche Grundlage haben und zumutbar sein. Die Behörde darf keine einfachere Möglichkeit haben, sich die zur Aufenthaltsbeendung nötigen Informationen oder Dokumente selbst zu beschaffen.
4. Der/die Leistungsberechtigte ist vor der Entscheidung über die Kürzung zu dem vorgeworfenen Missbrauchstatbestand **anzuhören**. Ihm/r ist dann von der Sozialbehörde eine angemessene Frist zur Änderung seines/ihres leistungsmissbräuchlichen Verhaltens zu setzen, damit er/sie die beabsichtigte Kürzung noch abwenden kann (LSG Bayern 13.9.2016 – L 8 AY 21/16 B ER).

A

5. Umstritten ist, ob auch eine Rechtsfolgenbelehrung – wie bei Sanktionen im SGB II – erfolgen muss. Danach müsste also zunächst eine Aufforderung zur Mitwirkung erfolgen, mit Fristsetzung und es müsste verständlich erklärt werden, welche Rechtsfolge droht, wenn nicht fristgerecht mitgewirkt wird. Es ist zu fordern, dass für diese Rechtsfolgenbelehrung die gleichen Anforderungen gelten müssen, wie im SGB II (ähnlich schon: SG Mannheim 2.7.2013 – S 9 AY 988/13, Rn 26).
6. Der Kürzungsbescheid muss – auch im Hinblick auf das Grundrecht auf ein verfassungskonformes Existenzminimum – eine individuelle Begründung zum **Umfang der Kürzung** enthalten, d.h. welche Bedarfspositionen weshalb gekürzt werden (⇨4.9).
7. Wenn die BVerfG-Entscheidung zu Sanktionen im SGB II (5.11.2019 – 1 BvL 7/16) ernst genommen wird, ist auch zu fordern, dass im Bescheid eine Prognose erkennbar werden muss, ob und warum die Leistungskürzung hier Aussicht auf Erfolg haben wird. Es muss also dargestellt werden, warum das gewünschte Verhalten durch die Leistungskürzung zu erreichen sein soll.
8. Will man gegen die Kürzung vorgehen, ist zu prüfen, ob der angegebene **Kürzungsgrund** vorliegt. Zu prüfen ist auch der **Aufenthaltsstatus**, da manche Kürzungsgründe nur auf Ausländer*innen mit Duldung und/ oder auf vollziehbar Ausreisepflichtige ohne Duldung, andere nur auf Asylbewerber*innen und/ oder auf Asylfolgeantragstellende anwendbar sind. Zudem ist zu prüfen, ob die Sozialbehörde die genannten formalen Voraussetzungen einer Kürzung eingehalten hat. Schließlich sind die nach dem AsylbLG zulässige **Dauer** und die **Höhe** der Kürzung zu prüfen (⇨4.9).

Kürzungsgründe:
4.8.1. Leistungskürzungen nach § 1a AsylbLG

Die Rechtsfolgen sind für alle Tatbestände des § 1a AsylbLG gleich:

- Anspruch auf Leistungen nach §§ 2, 3, 6 AsylbLG entfällt,
- Anspruch auf Leistungen zur Deckung folgender Bedarfe entsteht:
  Ernährung; Körper- und Gesundheitspflege; Unterkunft einschließlich Heizung („Bett-Brot-Seife"),
- Leistungen sollen als Sachleistung erbracht werden.

Der Leistungsanspruch nach §§ 2, 3, 6 AsylbLG entfällt also vollständig. Es wird ein neuer Anspruch geschaffen, der lediglich den Kern des physischen Existenzminimums („Bett-Brot-Seife") abdecken soll. Die **Bedarfe** des physischen Existenzminimums **für Bekleidung und Schuhe sowie Gebrauchs- und Verbrauchsgüter des Haushalts sollen ausdrücklich nicht gedeckt werden**. Bedarfe des soziokulturellen Bedarfs sind vollständig ausgeschlossen.

Schließlich wird hier das **Sachleistungsprinzip als Sollbestimmung** eingeführt. Damit kommt nur in atypischen Fällen eine Geldleistung in Betracht. Angesichts der BVerfG-Rechtsprechung (BVerfG 18.7.2012 - 1 BvL 10/10, juris Rn. 109) ist dabei besonders darauf zu achten, dass die tatsächlich gewährten Sachleistungen auch wirklich die entsprechenden Bedarfe decken. Wenn also die Ernährung durch Sachleistungen gesichert wird, so muss gewährleistet werden, dass ausreichende Mahlzeiten mit adäquater Qualität verfügbar sind. Nur wenn der Ernährungsbedarf tatsächlich durch die angebotene Sachleistung gedeckt wird, ist die Leistungspflicht erfüllt. Daher muss auch auf religiöse, kulturelle, gesundheitsbedingte oder weltanschauungsbedingte Ernährungsmodalitäten Rücksicht genommen werden.

Soweit auch Leistungen nach § 6 AsylbLG ausgeschlossen werden, ist das vor allem bzgl. der Gesundheitsversorgung problematisch. Wenn, wie oben dargestellt, verfassungskonforme Gesundheitsleistungen nur über § 4 **und** § 6 AsylbLG erreicht werden können, dann führt der Ausschluss von § 6 AsylbLG dazu, dass die Gesundheitsversorgung nur über § 4 AsylbLG verfassungswidrig wird.

Wenn Geldleistungen gewährt werden, bestimmt sich die Leistungshöhe wie folgt:

2020

Nahrungsmittel und Getränke (Abteilungen 1 und 2)	150,44 €
Gesundheitspflege (Abteilung 6)	16,39 €
Körperpflege (84,3 % der Abteilung 12)	28,83 €
Gesamt (gerundet):	**196,00 €**

2021

Nahrungsmittel und Getränke (Abteilungen 1 und 2)	155,00 €
Gesundheitspflege (Abteilung 6)	17,00 €
Körperpflege (84,3 % der Abteilung 12)	31,19 €
Gesamt (gerundet):	**203,00 €**

Kaum ein „1a Bescheid" weist diese Beträge tatsächlich aus – sehr oft wird noch weniger bewilligt. Meist ist das darauf zurückzuführen, dass auch hier der Grundbedarf 2b herangezogen wird, weil die Betroffenen meist in Sammelunterkünften leben. Das ist unzulässig! § 3a AsylbLG findet hier keine Anwendung. Die Bedarfssätze des § 1a Abs. 1 AsylbLG ergeben sich ausschließlich aus dem Regelbedarf 1.

Das Gesetz bietet die Möglichkeit, soweit im Einzelfall besondere Umstände vorliegen, weitere Leistungen zu gewähren (§ 1a Abs. 1 S. 3 AsylbLG). Es kommen aber nur Leistungen für Kleidung und Gebrauchs- und Verbrauchsgüter des Haushalts in Frage.

Da der Wortlaut des Gesetzes offensichtlich den Vorgaben des BVerfG widerspricht, wonach das Existenzminimum unteilbar aus dem physischen und dem soziokulturellen Existenzminimum besteht, wird vertreten, dass die Norm verfassungskonform auszulegen ist (LSG Hessen 26.2.2020 – L 4 AY 14/19 B ER, Rn 49; a.A. LSG NRW 13.3.2020 – L 20 AY 48/19 B ER). Im begründeten Einzelfall sollen daher alle Bedarfe gedeckt werden können – also auch das soziokulturelle Existenzminimum (notwendiger persönlicher Bedarf). Nach dieser Auffassung soll die Sanktion dann darin bestehen, dass Leistungen nicht mehr pauschal monatlich bewilligt werden, sondern alle Bedarfe (die über die Deckung der Bedarfe für Ernährung, Unterkunft, Heizung, Körper- und Gesundheitspflege hinausgehen) konkret geltend gemacht werden müssen. Ob sich diese Ansicht durchsetzen wird und ob das wirklich ein „Gewinn" wäre, bleibt abzuwarten.

Zu bedenken ist, dass das BVerfG bereits festgestellt hat, dass Ermessensleistungen grundsätzlich nicht geeignet sind, das menschenwürdige Existenzminimum zu decken (BVerfG 18.7.2012 – 1 BvL 10/10, Rn. 89). Zu denken ist auch an das ganz praktische Problem, dass verschiedene Behörden Ermessen sehr unterschiedlich ausüben können – es wird also zur „Lotterie", ob weitere Leistungen bewilligt werden oder nicht. Vor allem ist aber zu berücksichtigen, dass sich alle Bestandteile des Regelbedarfs aus dem Menschsein ergeben. Wenn also gesagt wird, dass das Bestehen von einzelnen Regelbedarfen im Einzelfall nachzuweisen ist, dann heißt das letztlich, dass das Anerkennen des Menschseins unter den Vorbehalt des Nachweises gestellt wird; im Klartext: man muss nachweisen, dass man wirklich ein Mensch ist. Denn wenn das Menschsein geklärt ist, dann ist auch geklärt, dass alle Bedarfe des Regelbedarfs bestehen; oder anders gesagt: Niemand hat sich dafür zu rechtfertigen, dass er das Existenzminimum wirklich benötigt (LSG Berlin-Brandenburg 25.9.2020 – L 15 SO 124/20 B ER, Rn 4).

Bemerkenswert ist, dass nach dem Wortlaut der Norm und auch nach der verfassungskonformen Auslegung unter keinen Umständen Leistungen zur Wohnungsinstandhaltung und Haushaltsenergie erbracht werden dürfen. In der Praxis würde das bedeuten, dass in den Zimmern der Betroffenen die Steckdosen unbrauchbar zu machen wären (bspw. Verplombung), das Licht von der Stromversorgung abzutrennen wäre und sämtlicher Zugang zu stromverbrauchenden Verrichtungen in der Unterkunft für die Betroffenen zu sperren wäre. Zudem dürften erforderliche Reparaturen an und in der Unterkunft nicht durchgeführt werden, soweit ein Betroffener von § 1a AsylbLG davon (mit)profitieren würde. Im Ergebnis wären wohl Sonder-Lager ohne Stromversorgung und in baufälligem Zustand zu schaffen, um die Vorgaben des Gesetzes zu erfüllen. Freilich handelt es sich lediglich um eine der zahlreichen Unüberlegtheiten

mangels Sorgfalt bei der Gesetzgebung. In der Praxis wird weiter Strom zur Verfügung gestellt und notwendige Reparaturen werden unabhängig vom Leistungsbezug der Bewohnenden durchgeführt.

a) Abs. 1 – vorwerfbares Scheitern der Ausreise/Abschiebung

Dieser Tatbestand ist auf folgende Betroffene anwendbar: vollziehbar Ausreisepflichtige (§ 1 Abs. 1 Nr. 5 AsylbLG). Insbesondere Betroffene mit Duldung können von dieser Leistungskürzung also nicht erfasst werden, wodurch der praktische Anwendungsbereich sehr gering bleibt.

Die Tatbestandsvoraussetzungen sind: Ausreisetermin steht fest und Ausreisemöglichkeit steht fest; Ausreise fand nicht statt, aus Gründen, die der/die Betroffene zu vertreten hat.

b) Abs. 2 – Einreise, um AsylbLG-Leistungen zu beziehen

Der persönliche Anwendungsbereich umfasst hier Duldungsinhaber*innen (§ 1 Abs. 1 Nr. 4 AsylbLG), sonstige vollziehbar Ausreisepflichtige (§ 1 Abs. 1 Nr. 5 AsylbLG) sowie deren Familienangehörige (§ 1 Abs. 1 Nr. 6 AsylbLG). Alle sonstigen Leistungsberechtigten nach § 1 Abs. 1 AsylbLG fallen bereits nicht in den Anwendungsbereich der Norm. Sobald also bspw. ein Asylfolgeantrag anhängig ist, kommt eine Leistungskürzung nach diesem Absatz nicht in Betracht, da § 1 Abs. 1 Nr. 7 AsylbLG nicht erwähnt wird (LSG Ba-Wü 4.2.2014 – L 7 AY 288/14 ER-B).

Der Tatbestand ist übersichtlich: Begeben in den Geltungsbereich des AsylbLG (Einreise nach Deutschland); Einreisemotiv des Bezugs von Leistungen nach AsylbLG.

Die Norm bestraft also ausschließlich ein Verhalten aus der Vergangenheit, das nicht mehr abgeändert werden kann. Eine solche rein repressive Sanktionierung verstößt aber gegen die Verfassung (LSG Hessen 31.3.2020 – L 4 AY 4/20 B ER mit Bezug auf: BVerfG vom 5.11.2019 - 1 BvL 7/16). Daneben scheitert die Anwendung der Norm in der Praxis regelmäßig daran, dass die Behörde für die Motivation des AsylbLG-Bezugs darlegungs- und beweispflichtig ist. Sobald andere Motive bei der Einreise im Vordergrund standen, greift der Tatbestand nicht. Zudem muss das AsylbLG bei Einreise den Betroffenen bekannt gewesen sein – nur wer das AsylbLG kennt, kann auch dessen Leistungen begehren.

c) Abs. 3 – Verweigerung der Mitwirkung an der Abschiebung

Der persönliche Anwendungsbereich der Norm erstreckt sich hier sowohl auf vollziehbar Ausreisepflichtige (§ 1 Abs. 1 Nr. 5 AsylbLG) als auch auf Duldungsinhaber*innen (§ 1 Abs. 1 Nr. 4 AsylbLG). Auch hier sind bspw. Duldungsinhaber*innen mit einem anhängigen Asylfolgeantrag nicht erfasst, da dieser Personenkreis unter § 1 Abs. 1 Nr. 7 AsylbLG fällt.

Der Tatbestand enthält folgende Merkmale: aufenthaltsbeendende Maßnahmen können nicht vollzogen werden; der/die Betroffene hat dies selbst zu vertreten; Vollziehbarkeit einer Abschiebungsandrohung oder Abschiebungsanordnung.

Das **Vertretenmüssen der Betroffenen** wird in der Praxis regelmäßig den **Hauptstreitpunkt** darstellen. Oft scheitert die Abschiebung an mehreren Gründen. Wenn der/die Betroffene davon auch nur einen Grund nicht selbst zu vertreten hat, darf es keine Leistungskürzung geben (BSG 27.2.2019 – B 7 AY 1/17 R). Auch eingelegte Rechtsmittel, die die Abschiebung verhindern, dürfen nicht zu einer Leistungskürzung führen, obwohl das natürlich von der/dem Betroffenen zu vertreten ist. Erforderlich ist daher auch eine Vorwerfbarkeit des Verhaltens (BVerwG 4.12.1998 – 1 C 8/98). An dieser Vorwerfbarkeit fehlt es auch, wenn Mitwirkungshandlungen wegen einer Pandemie unmöglich oder unzumutbar sind (SG Neuruppin, 23.3.2020 – S 27 AY 3/20 ER). Dagegen wird die Inanspruchnahme von Kirchenasyl überwiegend als vorwerfbares Verhalten eingestuft, wenn dadurch kausal eine mögliche Abschiebung verhindert wird (LSG Bayern 11.11.2016 – L 8 AY 28/16 B ER).

Meist wird der Vorwurf der fehlenden Mitwirkung bei der Beschaffung von Reisedokumenten zu einer Leistungskürzung führen. Hier ist genau zu prüfen, ob ein Vertretenmüssen bejaht werden kann. Vor allem folgende Voraussetzungen sind zu beachten:

- Aufforderung zur Mitwirkung mit konkreten Angaben zur geforderten Mitwirkungshandlung (dazu ausführlich: VG Lüneburg, 22.5.2019 – 6 B 27/19) + konkretem Bezug zur betreffenden Person und deren Lebensumständen, die in engem zeitlichem Zusammenhang mit der Leistungskürzung stehen (SG Neuruppin 24.4.2019 – S 27 AY 5/19 ER: zeitlicher Zusammenhang zwischen Pflichtverstoß und Leistungskürzung ist zwingend; SG Frankfurt/Oder 15.6.2018 – S 9 AY 20/18 ER: keine Leistungskürzung, wenn Textbaustein-Mitwirkungsaufforderung + letzte Aufforderung vor einem Jahr genügt nicht),
- geforderte Mitwirkungshandlung kann auf eine gesetzliche Grundlage gestützt werden (OVG Niedersachsen 11.12.2002 – 4 LB 471/02),
- geforderte Mitwirkungshandlung muss geeignet und zumutbar sein (VGH Baden-Württemberg 7.3.1996 – 13 S 1443/95),
- für die Ausländerbehörde besteht keine einfachere Möglichkeit, die geforderten Dokumente/Informationen zu beschaffen (Streit/Hübschmann, ZAR 1998, 266, 269).

Die verweigerte Abgabe einer „Ehrenerklärung“ (Erklärung, dass man freiwillig in die „Heimat“ zurückzukehren möchte), ist nicht vorwerfbar, weil niemand gezwungen werden kann, zu lügen (BSG 30.10.2013 – B 7 AY 2/12 R).

Bevor die Ausländerbehörde und/oder das Sozialamt Mitwirkungsaufforderungen mit der Drohung der Anwendung von § 1a AsylbLG verbinden, ist zu fordern, dass **zunächst alle denkbaren migrationsrechtlichen Sanktionen / Vollstreckungsmaßnahmen** versucht wurden und gescheitert sind. Absatz 3 ist die drastischste Verknüpfung migrationsrechtlicher Mitwirkungsverstöße mit sozialrechtlichen Sanktionen. Wenn so etwas überhaupt als zulässig angesehen werden sollte, dann zumindest nur, wenn der Staat sonst tatsächlich hilflos und ohnmächtig der Verweigerungshaltung der Betroffenen gegenüberstünde. Anerkannt ist zumindest, dass eine **restriktive Anwendung der Norm** zu verlangen ist (LSG Berlin-Brandenburg 13.6.2019 – L 15 AY 4/19 B ER; Hessisches LSG 6.1.2014 – L 4 AY 19/13 B ER). Man stelle sich nur vor, jemand parkt regelmäßig im Halteverbot und bezieht Leistungen nach SGB II oder XII und die Ordnungsbehörde findet, dass eine drastische Leistungskürzung viel wirksamer wäre als Bußgelder, Punkte in Flensburg o.ä. und die Sozialleistungsbehörde würde auf Zuruf der Ordnungsbehörde tatsächlich die Leistungen auf „Bett-Brot-Seife“ absenken dürfen… Nichts anderes passiert hier durch § 1a Abs. 3 AsylbLG (Kürzung auf Zuruf ohne eigene Ermittlungen ist natürlich rechtswidrig, aber ständige Praxis).

d) Abs. 4 S. 1 – „relocated people“

Vom persönlichen Anwendungsbereich sind hier Leistungsberechtigte mit Aufenthaltsgestattung (§ 1 Abs. 1 Nr. 1 AsylbLG), nach Asylgesuch aber noch ohne Ankunftsnachweis (§ 1 Abs. 1 Nr. 1a AsylbLG) und vollziehbar Ausreisepflichtige (§ 1 Abs. 1 Nr. 5 AsylbLG) betroffen. Das bedeutet einmal mehr, dass Betroffene, für die ein Duldung besteht, nicht von dieser Norm betroffenen sein können (SG Stade 9.1.2019 – S 19 AY 11/18). Gegen die Einbeziehung von Inhaber*innen einer Aufenthaltsgestattung bestehen erheblich verfassungsrechtliche Bedenken, sodass einige Gerichte die Anwendung in diesen Fällen zu Recht verweigern (vgl.: SG Hamburg 8.7.2019 – S 28 AY 48/19 ER).

Der Tatbestand ist auch hier sehr übersichtlich: Sanktioniert wird die bloße Zugehörigkeit zur Gruppe der „relocated people“. Dazu sollen Drittstaatsangehörige, für deren Asylverfahren Deutschland nach den Dublin-III-Regeln nicht zuständig ist und für die eine Verteilungsentscheidung getroffen wurde, die von der Regelzuständigkeit nach Dublin III abweicht (sog. Relokationsbeschlüsse des Rates der Europäischen Union mit Quotenregelungen) gehören.

Der Tatbestand ist aus unserer Sicht verfassungswidrig, da er nicht an ein beeinflussbares Verhalten, sondern an einen unabänderbaren Status anknüpft. Damit handelt es sich – wie bei Abs. 2 – um eine reine Repressionsnorm.

e) Abs. 4 S. 2 Nr. 1 – Internationaler Schutz in EU-Staat

Betroffen sind hier Personen mit Aufenthaltsgestattung (§ 1 Abs. 1 Nr. 1 AsylbLG) nach Asylgesuch, aber noch ohne Ankunftsnachweis (§ 1 Abs. 1 Nr. 1a AsylbLG) und vollziehbar Ausreisepflichtige (§ 1 Abs. 1 Nr. 5 AsylbLG).

Der Tatbestand ist abermals übersichtlich: Ein anderer EU-Mitgliedstaat hat bereits internationalen Schutz gewährt und das entsprechende Aufenthaltsrecht besteht in diesem anderen EU-Mitgliedstaat fort.

Die Norm ist nach unserer Ansicht ebenfalls verfassungswidrig, weil auch hier allein an einen Status angeknüpft wird und durch kein Verhalten die Leistungskürzung vermieden werden kann. Die meisten Gerichte lösen die Sache hier aber über die Nicht-Absicherung eines ausreichenden menschenwürdigen Existenzminimums im Staat, in den abgeschoben werden soll (LSG NRW 27.3.2020 – L 20 AY 20/20 B ER; SG Berlin 23.12.2019 – S 50 AY 166/19 ER; SG München 12.12.2018 – S 42 AY 342/18 ER; SG Magdeburg 5.12.2018 – S 25 AY 35/18 ER; LSG Bayern 17.9.2018 – L 8 AY 13/18 B ER; a.A. LSG Sachsen-Anhalt2.8.2018 – L 8 AY 2/18 B ER).

Es wird schließlich auch vertreten, dass die Norm zumindest dann nicht mehr angewendet werden darf, wenn sich der/die Betroffene schon 18 Monate und länger in Deutschland aufhält (LSG Hessen 2.6.2020 – L 4 AY 7/20 B ER).

f) Abs. 4 S. 2 Nr. 2 – sonstiger Aufenthaltsstatus in EU-Staat

Statt internationalem Schutz in einem anderen EU-Staat geht es hier um sonstige Aufenthaltstitel in einem anderen EU-Staat, die dort fortbestehen. Im Übrigen gilt das gleiche wie für Abs. 4 S. 2 Nr. 1.

g) Abs. 5 – asylrechtliche Mitwirkungsverstöße

Vom persönlichen Anwendungsbereich sind Asylbewerber*innen mit einer Aufenthaltsgestattung (§ 1 Abs. 1 Nr. 1 AsylbLG) nach Asylgesuch aber noch ohne Ankunftsnachweis (§ 1 Abs. 1 Nr. 1a AsylbLG) oder mit einem anhängigen Asylfolge- oder Zweitantrag (§ 1 Abs. 1 Nr. 7 AsylbLG) umfasst.

Der Tatbestand knüpft an folgende Mitwirkungsverstöße nach dem AsylG an:

Nr. 1: Verletzung der Pflicht zur unverzüglichen Asylantragstellung (§ 13 Abs. 3 S. 3 AsylG);

Nr. 2: Verletzung der Pflicht zur Passvorlage (§ 15 Abs. 2 Nr. 4 AsylG)

Zumindest für Gestattete stellt dieser Tatbestand einen Verstoß gegen Art. 20 Abs. 1 Aufnahme-RL dar, der eine abschließende Auflistung enthält, bei welchem „Fehlverhalten“ eine Leistungskürzung für Asylsuchende zulässig ist. Zudem wird kein Raum zur Anwendung der Norm bestehen, da die Behörde den tatsächlichen Besitz eines Passes zu beweisen hat, was nur gelingen dürfte, wenn die Behörde selbst den Pass besitzt;

Nr. 3: Verletzung der Pflicht zur Vorlage von Unterlagen (vom BAMF festgestellt) (§ 15 Abs. 2 Nr. 5 AsylG)

Auch hier ist Art. 20 EU-Aufnahme-RL zumindest für Gestattete zu beachten. Die Norm nennt als zulässigen Grund für eine Leistungskürzung, wenn Asylsuchende „Melde- und Auskunftspflichten“ nicht nachkommen. Die Pflicht nach § 15 Abs. 2 Nr. 5 AsylG geht aber darüber hinaus. Im konkreten Einzelfall wir also auch hier eine Europarechtswidrigkeit zu prüfen sein;

Nr. 4: Verletzung der Pflicht zur Mitwirkung bei Beschaffung von Identitätspapieren (vom BAMF festgestellt) (§ 15 Abs. 2 Nr. 6 AsylG)

Erneut ist die Vereinbarkeit mit Art. 20 Aufnahme-RL (für Gestattete) problematisch. Eine Pflicht zur Mitwirkung bei der Beschaffung von Identitätspapieren findet sich in der Auflistung nicht.

Zu berücksichtigen ist, dass das Verlangen der Beschaffung von Identitätspapieren während des Asylverfahrens generell problematisch ist. Regelmäßig werden solche Papiere nur mittels Einschaltung der Botschaft zu erlangen sein. Wenn sich aber Asylbewerber*innen an die Botschaft des Herkunftsstaates wendet, kann dies als Indiz gegen eine echte Verfolgungsgefahr gewertet werden, was zur Ablehnung des Asylantrags führen würde (Siefert, AsylbLG, 2. Aufl., § 1a Rn

69). Daher ist im Einzelfall zu prüfen, ob das verlangte Papier tatsächlich für das Asylverfahren erforderlich ist und ob der/die Betroffene durch die geforderte Handlung das Asylverfahren gefährden könnte;

Nr. 5: Verletzung der Pflicht zur Duldung erkennungsdienstlicher Maßnahmen (§ 15 Abs. 2 Nr. 7 AsylG)
Auch hier gilt für Gestattete, dass dieser Tatbestand europarechtswidrig ist. Abermals findet sich dieser Tatbestand nicht in der Auflistung des § 20 Aufnahme-RL.
Unabhängig vom Europarecht erscheint der Tatbestand auch verfassungswidrig, da eine sozialrechtliche Sanktion aufgrund einer migrationsrechtlichen Pflichtverletzung bestenfalls dann gerechtfertigt sein könnte, wenn die migrationsrechtlich zuständige Behörde sonst hilf- und machtlos der Verweigerungshaltung des/der Betroffenen gegenüberstünde (siehe oben zu Abs. 3). Hier kann aber die Pflicht zur Duldung erkennungsdienstlicher Maßnahmen ohne weiteres mittels Verwaltungsvollstreckung erzwungen werden;

Nr. 6: Verletzung der Pflicht zur Wahrnehmung des Termins zur Asylantragstellung;

Nr. 7: Verletzung der Pflicht zu Angaben über Identität und Staatsangehörigkeit (§ 30 Abs. 3 Nr. 2 Alt. 2 AsylG)
Ob dieser Tatbestand erfüllt ist, wird vom BAMF im Asylbescheid entschieden. Wenn der Tatbestand als erfüllt angesehen wird, wird der Asylantrag als offensichtlich unbegründet abgelehnt. Dann erlischt aber auch die Aufenthaltsgestattung, so dass der personelle Anwendungsbereich entfällt. Offenbar verlangt der Gesetzgeber also, dass der Sozialleistungsträger selbst (noch vor dem BAMF) den Tatbestand des § 30 Abs. 3 Nr. 2 Alt. 2 AsylG feststellt. Ob das praxistauglich ist, darf bezweifelt werden (vgl.: Siefert, AsylbLG, § 1a Rn 74).

Zusätzlich müssen bei allen Mitwirkungsverstößen folgende Voraussetzungen vorliegen: Die Pflichtverletzung ist von dem/r Betroffenen zu vertreten und es lag kein wichtiger Grund für die Pflichtverletzung vor; zusätzlich für Gestattete: Entscheidung nach Art. 20 Abs. 5 Aufnahme-RL.
Aus Art. 20 Abs. 6 Aufnahme-RL ergibt sich, dass für Betroffene, die ein Asyl(erst)verfahren betreiben, erst dann eine Leistungsminderung wirksam werden kann, wenn eine Entscheidung nach Art. 20 Abs. 5 Aufnahme-RL ergangen ist. Dort heißt es, dass die Entscheidung jeweils für den Einzelfall, objektiv und unparteiisch getroffen und begründet werden muss. Weiter ist die Entscheidung aufgrund der besonderen Situation der betreffenden Personen unter Berücksichtigung des Verhältnismäßigkeitsprinzips zu treffen. Und schließlich ist in jedem Fall Zugang zur medizinischen Versorgung und ein würdiger Lebensstandard zu gewährleisten. Im Klartext wird hier eine Ermessensentscheidung beschrieben und gefordert. Da § 1a AsylbLG aber ausdrücklich kein Ermessen zulässt, ist die Norm für alle Tatbestände, die auf Gestattete anwendbar sind, europarechtswidrig.

h) Abs. 6 – Täuschung über Vermögen
Der personelle Anwendungsbereich umfasst hier alle volljährigen Leistungsberechtigten nach § 1 Abs. 1 AsylbLG.

Die Tatbestandmerkmale sind:
Es bestand Vermögen, das gem. § 7 Abs. 1 und 5 AsylbLG vor Eintritt von Leistungen aufzubrauchen war und
Nr. 1: dieses Vermögen wurde nicht angegeben oder
Nr. 2: der Bestand dieses Vermögen wurde nicht unverzüglich mitgeteilt;
Vorsatz oder grobe Fahrlässigkeit bezüglich der Pflichtverstöße; zu Unrecht bezogene Leistungen nach AsylbLG; Kausalität zwischen Pflichtverletzung und unrechtmäßigem Leistungsbezug.

Hier muss in der Praxis mit dem Grundrecht auf menschenwürdiges Existenzminimum argumentiert werden. Da die zu Unrecht erbrachten Leistungen von der Behörde zurückgefordert werden müssen und somit durch eine parallele Sanktion massive finanzielle Belastungen entstehen können, wird im Einzelfall zu prüfen sein, ob durch die Leistungskürzung eine unzumutbare Unterdeckung des Existenzminimums eintritt.

Schließlich liegt zwar ein vorwerfbares Verhalten vor – dieses Verhalten kann aber nicht mehr geändert werden, so dass der/die Betroffene keine Möglichkeit hat, die Leistungsminderung durch eigenes Verhalten zu stoppen. Es handelt sich um eine reine Bestrafungsmaßnahme, was jedoch nach der BVerfG-Rspr. nicht zulässig ist (BVerfG 5.11.2019 – 1 BvL 7/16, Rn 132 ff.).

i) Nr. 7: Dublin-Fälle

Personell umfasst sind hier Gestattete (§ 1 Abs. 1 Nr. 1 AsylbLG) und vollziehbar Ausreisepflichtige (§ 1 Abs. 1 Nr. 5 AsylbLG).

Die Tatbestandsmerkmale sind: BAMF hat Asylantrag als unzulässig abgelehnt (Unanfechtbarkeit muss noch nicht vorliegen) (§§ 29 Abs. 1 Nr. 1 i.V.m. 31 Abs. 6 AsylG); Abschiebungsanordnung (§ 34a Abs. 1 S. 1 Fall 2 AsylG); keine gerichtliche Anordnung der aufschiebenden Wirkung.

Da auch hier ein vorwerfbares Verhalten als geschriebenes Tatbestandsmerkmal fehlt, muss – wie oben (Abs. 2 und 4) – verlangt werden, dass ein Tatbestandsmerkmal „vorwerfbares Verhalten" erfüllt ist. Ein vorwerfbares Verhalten kann hier aber beim besten Willen nicht konstruiert werden. Die Norm dürfte damit verfassungswidrig sein.

Auch hier ist für Gestattete Art. 20 Abs. 5 und 6 Aufnahme-RL zu beachten (siehe Abs. 5).

4.8.2. Verweigerte Arbeits- und Integrationsmaßnahmen

a) § 5 Abs. 4 AsylbLG: verweigerte Arbeitsgelegenheit

Hier werden die Leistungen analog zu § 1a AsylbLG gekürzt, wenn: Leistungsberechtigung nach AsylbLG besteht; Arbeitsfähigkeit besteht; keine Erwerbstätigkeit besteht; eine wirksame Verpflichtung zur Ableistung einer Arbeitsgelegenheit besteht; keine Schulpflicht mehr besteht; die Arbeitsgelegenheit zumutbar ist (vgl.: § 11 Abs. 4 SGB XII); eine Rechtsfolgenbelehrung erfolgte; die Belehrung in einer für die Betroffenen verständlichen Sprache verfasst war (SG Leipzig 7.6.2018 – S 10 AY 4/18 ER); die Arbeitsgelegenheit abgelehnt wurde und es dafür keinen wichtigen Grund gab.
Die Kürzung endet, sobald die Teilnahmebereitschaft (wieder) besteht.

Für Gestattete ist diese Leistungskürzung europarechtswidrig, da sich diese Variante nicht in der Auflistung von Art. 20 Aufnahme-RL findet.

b) § 5a Abs. 3 AsylbLG: verweigerte Flüchtlingsintegrationsmaßnahme (FIM)

Hier setzt die Leistungskürzung Folgendes voraus: Leistungsberechtigung nach AsylbLG, aber keine Herkunft aus sicheren Herkunftsstaaten (§ 29a AsylG), keine Duldungsinhaber*innen und keine vollziehbar Ausreisepflichtigen; wirksame Zuweisung zu einer FIM per Verwaltungsakt; Zuweisung muss bestimmt genug sein (Art der Arbeit, ihr zeitlicher Umfang und ihre zeitliche Verteilung sowie die angemessene Entschädigung für Mehraufwendungen müssen im Einzelnen bestimmt sein); Zumutbarkeit der Maßnahme; Rechtsfolgenbelehrung in verständlicher Sprache; Aufnahme oder Fortführung der FIM wird verweigert; kein wichtiger Grund vorhanden.
Die Kürzung endet, sobald die Teilnahmebereitschaft (wieder) besteht.

Für Gestattete ist auch diese Leistungskürzung europarechtswidrig, da sich diese Variante nicht in der Auflistung von Art. 20 Aufnahme-RL findet.

c) § 5b Abs. 2 AsylbLG: verweigerter Integrationskurs

Die Voraussetzungen für eine Leistungskürzung sind auch hier ähnlich, wie oben: Leistungsberechtigung nach AsylbLG; Arbeitsfähigkeit; keine Erwerbstätigkeit; keine Schulpflicht; Volljährigkeit; Zugang zum Integrationskurs ist eröffnet (§ 44 Abs. 4 S. 2 Nr. 1-3 AufenthG); Zuweisung per Verwaltungsakt; Zumutbarkeit; Rechtsfolgenbelehrung in verständlicher Sprache; Aufnahme oder Fortführung wird verweigert; kein wichtiger Grund vorhanden.
Die Kürzung endet, sobald die Teilnahmebereitschaft (wieder) besteht.

Für Gestattete liegt abermals Europarechtswidrigkeit vor, da sich auch diese Variante nicht in der Auflistung von Art. 20 Aufnahme-RL findet.

4.8.3. sonstige Leistungskürzungen

a) § 11 Abs. 2 S. 1, 3 AsylbLG: Besonderheit bei Verstoß gegen Residenzpflichtverstoß

Die Norm besagt, dass Leistungsberechtigten in den Teilen der Bundesrepublik Deutschland, in denen sie sich einer räumlichen Beschränkung (Residenzpflicht) zuwider aufhalten, von der für den tatsächlichen Aufenthaltsort zuständigen Behörde regelmäßig nur eine **Reisebeihilfe** zur Deckung des unabweisbaren Bedarfs für die Rückfahrt zu ihrem rechtmäßigen Aufenthaltsort gewährt werden. Die Leistungen können als Sach- oder Geldleistung erbracht werden.

Hier ist zu fordern, dass die Norm streng am Wortlaut und im Lichte der Bedeutung der Existenzsicherung ausgelegt wird. Allgemein wird die Norm so ausgelegt, dass die örtliche Zuständigkeit wechselt, wenn der Tatbestand der Norm erfüllt ist, mit dem Ergebnis, dass die Behörde am Wohnort keine Leistungen mehr erbringen dürfe (bspw. BeckOK SozR/Korff, 54. Ed. 1.9.2019, AsylbLG § 11 Rn. 9 mit Bezug auf: jurisPK-SGB XII/Groth Rn. 31). Das ergibt sich aber nicht aus dem Wortlaut – die örtliche Zuständigkeit der Behörde am Wohnort/Zuweisungsort wird nicht beendet und es wird vor allem kein Ausschluss vom Zugang zu Leistungen nach §§ 2, 3, 4, 6 AsylbLG geregelt. Hier wird lediglich klargestellt, dass der Leistungsberechtigte von der Behörde am tatsächlichen Aufenthaltsort nicht mehr als „das unabweisbar Notwendige" (in der Regel eine Beihilfe zur Rückreise) verlangen kann – die Behörde am Wohnort/Zuweisungsort bleibt aber für die Grundleistungsgewährung zuständig und muss weiter die Grundbedarfe i.S.d. §§ 2, 3, 4, 6 AsylbLG sichern (strittig).

Wenn eine Rückreise (bspw. aus familiären oder gesundheitlichen Gründen) unmöglich oder unzumutbar ist, dann kann unter dem „unabweisbar Notwendigen", das die Behörde am tatsächlichen Aufenthaltsort zu erbringen hat, auch ausnahmsweise die vollständige Gewährung der Bedarfe nach §§ 2, 3, 4, 6 AsylbLG zu verstehen sein.

b) § 11 Abs. 2 S. 2, 3: Besonderheit bei Verstoß gegen Wohnsitzauflage

Seit dem 21.8.2019 gilt das unter a) Gesagte auch für Verstöße gegen eine Wohnsitzauflage. Ein solcher Verstoß liegt vor, wenn tatsächlich der Wohnsitz entgegen einer wirksamen Auflage verlagert wurde.

c) § 11 Abs. 2a S. 1: Leistungskürzung bis zur Ausstellung eines Ankunftsnachweises (1)

Leistungsberechtigte nach § 1 Abs. 1 Nr. 1a AsylbLG erhalten bis zur Ausstellung eines Ankunftsnachweises (§ 63a des AsylG) lediglich Leistungen analog § 1a AsylbLG. Es gelten aber Ausnahmen, bei denen volle Leistungen gewährt werden:

- die asylrechtlich vorgeschriebene erkennungsdienstliche Behandlung ist bereits erfolgt,
- der/die Leistungsberechtigte wurde von der zuständigen Aufnahmeeinrichtung bereits aufgenommen und
- der/die Leistungsberechtigte hat die fehlende Ausstellung des Ankunftsnachweises nicht zu vertreten (BT-Drs. 18/7538, 24).

d) § 11 Abs. 2a S. 5 Nr. 1 AsylbLG: Leistungskürzung bis zur Ausstellung eines Ankunftsnachweises (2)

Bis zur Ausstellung eines Ankunftsnachweises werden die Leistungen auch für vollziehbar Ausreisepflichtige ohne Duldung, die aus einem sicheren Drittstaat unerlaubt eingereist sind und als Asylsuchende nach den Vorschriften des AsylG oder des AufenthG erkennungsdienstlich zu behandeln sind, auf das Niveau analog § 1a AsylbLG reduziert.

Es gilt das unter c) Dargestellte entsprechend.

e) § 11 Abs. 2a S. 5 Nr. 2 AsylbLG: Leistungskürzung bis zur Ausstellung eines Ankunftsnachweises (3)

Bis zur Ausstellung eines Ankunftsnachweises werden die Leistungen auch für Leistungsberechtigte, die einen Folge- oder

Zweit-Asylantrag gestellt haben, die einer Wohnverpflichtung (§ 71 Abs. 2 S. 2 oder § 71a Abs. 2 S. 1 AsylG i.V.m. §§ 47 bis 50 AsylG) unterliegen, auf das Niveau entsprechend § 1a AsylbLG reduziert.
Es gilt auch hier das unter c) Dargestellte entsprechend.

f) § 1 Abs. 4 AsylbLG: kompletter Leistungsausschluss bei internationalem Schutz in EU-Staat

Diese unsägliche Norm ist nur auf vollziehbar Ausreisepflichtige ohne Duldung (§ 1 Abs. 1 Nr. 5 AsylbLG) anwendbar. Sobald also eine Duldung ausgestellt ist oder ein Anspruch auf eine Duldung besteht, greift die Norm nicht. Der praktische (legale) Anwendungsbereich dürfte daher sehr gering sein.

Der Tatbestand verlangt lediglich, dass in einem anderen EU-Staat internationaler Schutz gewährt wurde und der daraus folgende legale Aufenthaltsstatus in diesem anderen EU-Staat fortbesteht. Als Rechtsfolge entfällt jeder Leistungsanspruch.

Im Übrigen gelten Regelungen, die identisch mit denen des § 23 Abs. 3 S. 3 ff. SGB XII (⇨Ausländer*innen) sind, wobei die Regeldauer für Überbrückungsleistungen hier mit zwei Wochen bemessen ist.

4.9 Dauer der Kürzungen nach AsylbLG

a) Erst-Anwendung der Leistungskürzung

Nach § 14 Abs. 1 AsylbLG ist die Anwendung von Leistungskürzungen zeitlich zwingend auf sechs Monate zu befristen. Bzgl. der maximalen Dauer der Anwendung mag dies so absolut gelten – es steht der Behörde jedoch selbstverständlich auch frei, einen kürzeren Zeitraum zu wählen (Oppermann, ZESAR, 2017, 55, 57, BT-Drs. 18/6185, 65). Die Dauer der Befristung ist im Bescheid zu begründen, wobei erklärt werden muss, warum eine so drastische Beschränkung der Menschenwürde für die Dauer der festgesetzten Frist angewandt werden soll. In der Praxis erfolgt oft gar keine Befristung und schon gar keine Begründung – das ist rechtswidrig (Bay LSG 1.3.2018 – L 18 AY 2/18 B ER; LSG Mecklenburg-Vorpommern 21.8.2018 – L 9 AY 1/18 B ER).

Auf § 1 Abs. 4 AsylbLG ist § 14 AsylbLG wohl nicht anwendbar, weil dort speziellere Regeln zur Dauer der „Aussetzung der Menschenwürde" gelten.

b) Verlängerung der Leistungskürzung

§ 14 Abs. 2 AsylbLG eröffnet die Möglichkeit von Anschluss-Leistungskürzungen, soweit die gesetzlichen Voraussetzungen weiter vorliegen. Insbesondere für den zeitlichen Zusammenhang zwischen konkreten Mitwirkungsverletzungen und der konkreten Leistungskürzung dürfte dies stets problematisch werden. Grds. dürften Dauer- und Ketten-Leistungskürzungen unzulässig sein (Oppermann, ZESAR, 2017, 55, 57; SG Landshut 17.10.2018 – S 11 AY 153/18 ER; a.A. LSG Berlin-Brandenburg 20.9.2018 – L 23 AY 19/18 B ER).

Eine Verlängerung der sechsmonatigen Sanktion setzt eine neue Verwaltungsentscheidung (mit Anhörung) auf der Basis einer erneuten Überprüfung der Sach- und Rechtslage voraus, und nicht nur eine bloße wiederholende Mitteilung der Behörde. Eine offene Rechtsfrage ist, wie die Befristung einer Verlängerung konkret zu erfolgen hat. In der Praxis wird überwiegend von einem 6-Monats-Zeitraum ausgegangen. Es wird aber auch vertreten, dass mangels einer klaren Vorgabe im Gesetzeswortlaut auch deutlich längere Befristungen möglich wären – nur unbefristete Verlängerungen scheiden aus (LSG Berlin-Brandenburg 13.6.2019 – L 15 AY 4/19 B ER). Den Gesetzesmaterialien ist lediglich zu entnehmen, dass zur Wahrung des Verhältnismäßigkeitsgrundsatzes eine Sanktionierung nicht fortwirken soll, wenn ein zurückliegendes Fehlverhalten nicht mehr änderbar oder sogar bereits korrigiert worden ist (LSG Berlin-Brandenburg 13.6.2019 – L 15 AY 4/19 B ER; BT-Dr. 18/6185, 47f.; LSG Berlin-Brandenburg 20.9.2018 – L 23 AY 19/18 B ER).

Eine Verlängerung scheidet in jedem Fall aus, wenn überhaupt kein abänderbares Fehlverhalten sanktioniert wird – soweit für diese Fälle nicht ohnehin eine Unzulässigkeit der Leistungskürzung angenommen wird. Das trifft auf § 1a Abs. 2, 4, 6, 7 AsylbLG zu.

5. Nach 18 Monaten Leistungen in Höhe der Sozialhilfe (§ 2 AsylbLG)

Leistungsberechtigte nach AsylbLG erhalten **seit dem 21.8.2019** § 2 AsylbLG *„abwei-*

chend von den §§ 3 und 4 sowie 6 bis 7 AsylbLG" Leistungen in entsprechender Anwendung des **SGB XII**, *„wenn sie sich **seit 18 Monaten** ohne wesentliche Unterbrechung im Bundesgebiet aufhalten und die Dauer des Aufenthalts nicht rechtsmissbräuchlich selbst beeinflusst haben."* Davor betrug die Wartezeit „nur" 15 Monate und vor dem 1.3.2015 wurde die Wartezeit sogar schrittweise exzessiv von zwölf bis 48 Monate ausgeweitet. Nachdem der Gesetzgeber durch die BVerfG-Entscheidung (BVerfG 18.7.2012 – 1 BvL 10/10) kurzzeitig „ansatzweise ein schlechtes Gewissen" bekam, wurde die Wartezeit von 48 auf 15 Monate herabgesetzt. Aber der Gesetzgeber hat sich zuverlässig von dieser „Gewissenssache" wieder erholt, so dass nun 18 Monate gelten und abzuwarten bleibt, ob und wann die Reise wieder in Richtung 48 Monate geht.

Art und Umfang der Leistungen nach § 2 AsylbLG richten sich nach dem SGB XII. Dies beinhaltet die Hilfe zum Lebensunterhalt (HzL) nach dem 3. Kapitel SGB XII und die *„Hilfen in besonderen Lebenslagen"* (5. - 9. Kapitel SGB XII). Für das häufig auftauchende Problem der Passbeschaffungskosten gibt es hier leider keine Chance für eine Kostenübernahme (BSG 12.9.2018 – B 4 AS 33/17 R). Auch die **Einkommens- und Vermögensfreibeträge** der Sozialhilfe sind anzuwenden. Unabhängig von ihrer Erwerbsfähigkeit haben Leistungsberechtigte nach § 2 AsylbLG jedoch keinen Anspruch auf Alg II (§ 7 Abs. 1 SGB II). Die Zuweisung in Maßnahmen (§ 5 ff AsylbLG, ⇨4.7) sowie die Regelungen des AsylbLG zum Verwaltungsverfahren bleiben anwendbar (§§ 7a bis 13 AsylbLG; VwVfG anstelle des SGB I/X). Ob auch die Anwendung von § 1a AsylbLG möglich bleibt, ist umstritten (⇨4.8).

Leistungsberechtigte nach § 2 AsylbLG erhalten „normale" **Regelbedarfe** als Geldleistungen, **Mehrbedarfszuschläge**, **Erstausstattungen**, die Kosten für eine **Mietwohnung** und nach § 264 Abs. 2 SGB V eine **Gesundheitskarte** durch eine vom Leistungsberechtigten frei zu wählende Krankenkasse. Mit der Gesundheitskarte erhalten sie die gleichen Leistungen wie gesetzlich Krankenversicherte, jedoch keine Pflegeversicherungsleistungen. Pflegebedürftige haben aber nach § 2 AsylbLG i.V.m. § 61 ff. SGB XII Anspruch auf Pflegesachleistungen und ggf. Pflegegeld vom Sozialamt.

Zum 1.9.2019 wurde § 2 Abs. 1 S. 4 Nr. 1 AsylbLG eingeführt. Dadurch erhalten Alleinstehende und Alleinerziehende in Sammelunterkünften auch hier nur 90 Prozent des vollen Regelbedarfs (Regelbedarfsstufe 2; siehe dazu oben: Grundbedarf 2b). Hier ist zusätzlich die Frage offen, ob durch § 15 AsylbLG zumindest denjenigen volle Leistungen zu gewähren sind, die schon am 21.8.2019 Analogleistungen bezogen haben (dafür: SG Freiburg 11.8.2020 – S 9 AY 1173/20; SG Bayreuth 27.1.2020 – S 4 AY 4/20 ER; SG Magdeburg 5.5.2020 – S 16 AY 5/20 ER; SG Fulda 5.12.2019 – S 7 AY 6/19 ER).

Vereinzelt werden zwecks **Abschreckung** gemäß § 2 Abs. 2 AsylbLG weiter **Sachleistungen in Gemeinschaftsunterkünften** erbracht. Das ist rechtswidrig. Zulässig wäre dies nur wegen der besonderen Verhältnisse der einzelnen Unterkunft, z.B. weil dort keine Kochgelegenheiten geschaffen werden können.

5.1 Rechtsmissbräuchliche Beeinflussung der Aufenthaltsdauer?

Leistungen nach § 2 AsylbLG sind auch nach 18 Monaten ausgeschlossen, wenn *„die Dauer des Aufenthaltes rechtsmissbräuchlich selbst beeinflusst"* wird (§ 2 Abs. 1 AsylbLG). Das ist z.B. der Fall, wenn ein*e **ausreisepflichtige*r Ausländer*in** sich geweigert hat, bei der Passbeschaffung mitzuwirken oder falsche Angaben zu seiner/ihrer Identität gemacht hat. Dabei soll auch ein bereits länger zurückliegendes Verhalten zum dauerhaften Verlust des Anspruchs nach § 2 führen (BSG 17.6.2008 - B 8/9b AY 1/07 R). Wir halten eine dauerhafte Kürzung auf das Leistungsniveau der §§ 3 bis 7 AsylbLG jedoch für unvereinbar mit dem AsylbLG-Urteil des BVerfG vom 18.7.2012. Es gibt hier auch durchaus Bewegung in der Rechtsprechung, sodass die Frage, ob (vergangenes) rechtsmissbräuchliches Verhalten, einen dauerhaften Ausschluss vom Zugang zu „normalen" Existenzsicherungsleistungen gerechtfertigt ist, als offene Rechtsfrage anzusehen ist (an-

hängige Revision dazu beim BSG: B 7 AY 2/20 R; LSG Sachsen 26.2.2020 – L 8 AY 5/14).

Wenn ein*e geduldete*r Ausländer*in **freiwillig ausreisen könnte**, dies aber nicht tut, ist dies laut BSG (17.6.2008 - B 8/9b AY 1/07 R) **nicht** als rechtsmissbräuchliche Beeinflussung der Aufenthaltsdauer zu werten. Asylbewerber*innen kann in keinem Fall unterstellt werden, dass sie ihre Aufenthaltsdauer rechtsmissbräuchlich beeinflussen, da sie lediglich ihr Recht auf Prüfung des Flüchtlingsschutzes in Anspruch nehmen. Ein rechtsmissbräuchliches Verhalten muss der/die Leistungsberechtigte selbst zu verantworten haben. Ein Verhalten der Eltern kann deshalb **nicht zum Ausschluss ihrer Kinder** von Leistungen nach § 2 AsylbLG führen. Allerdings führt eine **Leistungseinschränkung** nach §§ 1a, 5 bis 5b oder 11 AsylbLG (⇨4.8) auch zum Ausschluss von Leistungen nach § 2 AsylbLG.

Ansonsten kann auch auf die Darstellung zu § 1a Abs. 3 AsylbLG verwiesen werden. Allerdings wird hier das Kirchenasyl etwas freundlicher von der Rechtsprechung behandelt. Es ist zumindest umstritten, wie das Kirchenasyl zu behandeln ist (kein Rechtsmissbrauch: SG Hamburg 14.9.2020 – S 10 AY 50/20 ER; LSG Meck-Pomm 13.9.2020 – L 9 AY 9/20 B ER; LSG Hessen 4.6.2020 – L 4 AY 5/20 B ER; SG Stade 17.3.2016 - S 19 AY 1/16 ER; für Rechtsmissbrauch [jeweils mit Raum für Abweichungen im Einzelfall]: LSG Nds.-Bremen 26.10.2020 – L 8 AY 73/20 B ER; LSG Bayern 28.5.2020 – L 19 AY 38/18; SG Bremen 13.1.2020 – S 38 AY 121/19 ER).

5.2 Welche Zeiten werden angerechnet?

Maßgeblich ist nach § 2 AsylbLG allein die **Aufenthaltsdauer in Deutschland**, nicht die Dauer des Leistungsbezugs nach AsylbLG. Kurzfristige Auslandsaufenthalte zählen nicht als Unterbrechung, ebenso wenig Strafhaft (LSG Bayern 13.4.2015 – L 8 AY 6/15 B ER), Kirchenasyl oder Untertauchen ohne Verlassen der Bundesrepublik.

5.3 Anmieten von Wohnungen

Spätestens nach § 2 AsylbLG muss die Anmietung von Wohnungen genehmigt und die ⇨Miete nach den für die Sozialhilfe geltenden Maßstäben übernommen werden. Dies gilt auch für die Übernahme von ⇨Kautionen und Genossenschaftsanteilen. Ggf. muss zusätzlich bei der Ausländerbehörde beantragt werden, eine eingetragene Auflage zur Wohnsitznahme in einer Sammelunterkunft aufzuheben.

Nach all dem kann gesagt werden: Jeder(!) Bescheid nach dem AsylbLG ist angreifbar – und sollte auch angegriffen werden –, der nicht vollständig die Leistungen gewährt, die der Regelbedarf nach SGB II/XII als menschenwürdiges Existenzminimum definiert!

Information

www.einwanderer.net ⇨Übersichten und Arbeitshilfen der GGUA Flüchtlingshilfe zum AsylbLG

www.fluechtlingsrat-berlin.de ⇨Gesetzgebung: Rechtsprechung und Arbeitshilfen zum AsylbLG; ⇨Ratgeber für Geflüchtete in Berlin

www.asyl.net Beratungsadressen, Asylmagazin, Rechtsprechungsdatenbank

www.ecoi.net Datenbank mit Herkunftsländerinfos

Ausländische Staatsangehörige

(Drittstaatsangehörige und Unionsbürger*innen)

Inhaltsübersicht

1. Drittstaatsangehörige mit einem Aufenthaltsrecht nach AufenthG

Das Aufenthaltsrecht von „Drittstaatsangehörigen" (Menschen ohne deutsche Staatsangehörigkeit aus Nicht-EU-Ländern) einschließlich ausländischer Familienangehöriger von Deutschen richtet sich normalerweise nach dem Aufenthaltsgesetz (AufenthG). Für einen Aufenthalt in Deutschland ist dann in der Regel ein „Aufenthaltstitel" (z.B. eine Aufenthaltserlaubnis oder Niederlassungserlaubnis) von der Ausländerbehörde erforderlich. Nur bei Familienangehörigen von Unionsbürger*innen richtet sich der Aufenthalt nach dem Freizügigkeitsgesetz und es ist kein Aufenthaltstitel erforderlich (⇨2.). Die Angaben im Aufenthaltstitel (Titel, Paragraf, erlaubte Erwerbstätigkeit, ggf. Auflage zum Wohnort) sind wichtig für die Prüfung Ihrer Ansprüche auf Sozialleistungen. Der Zugang zu existenzsichernden Sozialleistungen ist in einigen Fällen eingeschränkt und es gibt Sonderregelungen, die aufgrund des Aufenthaltsstatus zu beachten sind.

Im Folgenden sollen die ausländerrechtlichen

Sonderregelungen und Leistungsausschlüsse dargestellt werden, zunächst für den Rechtskreis des SGB II, dann für das SGB XII.

1.1 Alg II / Sozialgeld nach SGB II

Grundsätzlich haben ausländische Staatsangehörige den gleichen Anspruch auf Alg II wie Deutsche. Sie müssen im Alter zwischen 15 Jahren und dem Rentenalter sowie ⇨erwerbsfähig und hilfebedürftig sein und ihren „gewöhnlichen Aufenthalt" in Deutschland haben. Auslandsaufenthalte bis zu drei Wochen im Jahr sind mit Zustimmung des Jobcenters erlaubt (§ 7 Abs. 4a SGB II; ⇨Ortsabwesenheit).

Ausländische Staatsangehörige, die diese allgemeinen Voraussetzungen zwar erfüllen, sind in bestimmten Fällen dennoch ggf. vom Alg II ausgeschlossen. Dies trifft in erster Linie Unionsbürger*innen. In seltenen Fällen können aber auch Drittstaatsangehörige von diesen Leistungsausschlüssen betroffen sein, wenn sie „nur zum Zweck der Arbeitsuche" in Deutschland sind. Die Gesetzgeberin sieht für diese Gruppen dann lediglich zeitlich befristete und stark eingeschränkte „Überbrückungsleistungen" und „Härtefallleistungen" nach dem SGB XII bis zur Ausreise vor. Diese weitgehenden Leistungsausschlüsse sind politisch und juristisch sehr umstritten. Nach unserer Auffassung widersprechen sie dem Grundgesetz (Anspruch auf Gewährleistung eines menschenwürdigen Existenzminimums aus Art. 1 Abs. 1 und Art. 20 Abs. 1 GG) sowie internationalen Menschenrechtsabkommen und Verträgen (Europäisches Fürsorgeabkommen, Internationaler Pakt über wirtschaftliche, soziale und kulturelle Rechte, Europäische Sozialcharta, UN-Kinderrechtskonvention). Auch das Bundesverfassungsgericht hat grundsätzlich immer wieder die staatliche Pflicht zur Gewährleistung eines menschenwürdigen Existenzminimums, bestehend aus dem physischen und dem sozialen Existenzminimum, festgestellt.

1.1.1 Gewöhnlicher Aufenthalt?

Die Voraussetzung des „gewöhnlichen Aufenthalts" (§ 7 Abs. 1 Satz 1 Nr. 4 SGB II) ist bei allen legal hier lebenden ausländischen Staatsangehörigen in aller Regel erfüllt. Der gewöhnliche Aufenthalt liegt dort, wo sich die betreffende Person unter Umständen aufhält, die erkennen lassen, dass er oder sie an diesem Ort oder in diesem Gebiet nicht nur vorübergehend verweilt (§ 30 Abs. 3 SGB I). Entscheidend ist dabei, ob der örtliche Schwerpunkt der Lebensverhältnisse faktisch dauerhaft im Inland ist. Dauerhaft ist ein solcher Aufenthalt, wenn und solange er nicht auf Beendigung angelegt, also **zukunftsoffen** ist. Hierbei kommt es in erster Linie auf die subjektive Absicht und deren objektive Verwirklichung an, in Deutschland den Lebensmittelpunkt zu nehmen, und weniger auf das Vorliegen eines bestimmten Aufenthaltsstatus. Das BSG hat dazu entschieden: *„Jedenfalls für den Bereich des SGB II läuft es der Vereinheitlichung des Begriffs des gewöhnlichen Aufenthalts zuwider, wenn [...] dem Gesetzeswortlaut nicht zu entnehmende Tatbestandsmerkmale im Sinne von rechtlichen Erfordernissen zum Aufenthaltsstatus aufgestellt werden [...] und damit einzelnen Personengruppen der Zugang zu existenzsichernden Leistungen zur Sicherung des Lebensunterhalts versperrt wird. [...] Ein [...] zu dem gewöhnlichen Aufenthalt hinzutretendes Anspruchsmerkmal im Sinne des Innehabens einer bestimmten Freizügigkeitsberechtigung nach dem FreizügG/EU bzw eines bestimmten Aufenthaltstitels nach dem AufenthG fehlt im SGB II"* (BSG 30.1.2013 - B 4 AS 54/12 R).

Ausreichend ist somit z.B. auch ein Visum zum Familiennachzug oder als aufgenommener Flüchtling, eine „Fiktionsbescheinigung" (§ 81 AufenthG, wenn der Aufenthalt laut Bescheinigung als „erlaubt" gilt) oder grundsätzlich jeder andere befristete Aufenthaltstitel. Auch ein Touristenvisum oder ein visumfreier Aufenthalt können den gewöhnlichen Aufenthalt begründen, wenn die subjektive Absicht besteht, dass der Lebensmittelpunkt in Deutschland längerfristig begründet werden soll und dies auch objektiv nicht ausgeschlossen ist – etwa, weil Familienangehörige in Deutschland leben oder humanitäre Gründe erfüllt sind. Auch von vornherein befristete und zweckgebundene Aufenthaltstitel, z.B. für einen Aufenthalt zum Zwecke der Anerkennung einer ausländischen Berufsqualifikation (§ 16d AufenthG), zum Zweck der Ausbildung oder des Studiums (§ 16a und b AufenthG) oder für die Arbeitsuche (§ 20 AufenthG) begründen den gewöhnlichen Aufenthalt, zumal grundsätzlich jeder befristete Aufenthaltstitel einer Verlängerung oder dem Wechsel in einen anderen Aufenthaltszweck offen steht (§ 39 Nr. 1 AufenthV).

Vom Alg II **ausgeschlossen aufgrund des fehlenden gewöhnlichen Aufenthalts** sind damit normalerweise allein in manchen Fällen ausländische **Tourist*innen** (visumsfrei oder mit Touristenvisum) und in manchen Fällen **Saisonarbeitnehmer*innen**. Sie erfüllen die Voraussetzung des „gewöhnlichen Aufenthalts" normalerweise nicht, können unter Umständen aber Leistungen nach SGB XII (⇨1.2) oder die „Überbrückungsleistungen" nach SGB XII (⇨3.) beanspruchen.

1.1.2 Ausländerrechtliche Erwerbsfähigkeit

Der Besitz einer Arbeitserlaubnis ist **für den Alg II-Anspruch nicht erforderlich.** Als erwerbsfähig gelten Ausländer*innen, wenn ihnen die Aufnahme einer Beschäftigung erlaubt ist oder **erlaubt werden könnte**. Dabei ist die rechtliche Möglichkeit, eine Beschäftigung vorbehaltlich einer Zustimmung der Agentur für Arbeit und der Erlaubnis durch die Ausländerbehörde aufzunehmen, ausreichend (§ 8 Abs. 2 SGB II; FW 8). Somit reicht auch ein **nachrangiger Zugang** zum Arbeitsmarkt, wenn eine Arbeitserlaubnis voraussetzt, dass für den Job keine bevorrechtigten (deutschen usw.) Arbeitssuchenden vermittelbar sind. Auf die Chance, vor Ort tatsächlich eine Arbeitserlaubnis zu erhalten, kommt es nicht an. **Drittstaatsangehörige** mit **Aufenthaltserlaubnis** haben nach dem Aufenthaltsgesetz fast immer die Berechtigung zur Erwerbstätigkeit, zumindest aber einen begrenzten Arbeitsmarktzugang (z.B. für eine bestimmte Tätigkeit mit einem gewissen Stundenumfang; Tätigkeiten, die darüber hinaus gehen, **können** zusätzlich erlaubt werden, § 4a Abs. 3 AufenthG). § 8 Abs. 2 SGB II schließt auch sie nicht vom Alg II aus. **Drittstaatsangehörige** mit **Visum** zum Familiennachzug oder zur Aufnahme als Flüchtlinge können einen Aufenthaltstitel mit Berechtigung zur Erwerbstätigkeit beanspruchen. Sie haben daher – anders als z.B. Ausländer*innen mit Touristenvisum (*„Schengenvisum"*) – ebenfalls stets die rechtliche Möglichkeit, zu arbeiten. Für **Familienangehörige in Bedarfsgemeinschaft** eines/r erwerbsfähigen Hilfebedürftigen ist die ausländerrechtliche Erwerbsfähigkeit **keine Voraussetzung** für den Leistungsbezug; sie können unabhängig davon Sozialgeld beanspruchen (LSG Hessen 6.9.2011 - L 7 AS 334/11 B ER; FW 7.89).

Fazit: Ausgeschlossen aufgrund der fehlenden ausländerrechtlichen Erwerbsfähigkeit sind nur Ausländer*innen mit **absolutem Arbeitsverbot**. Das sind – neben manchen ohnehin unter das AsylbLG fallenden Personen – vor allem **Tourist*innen** aus Drittstaaten. In akuten Notfällen können diese Personen aber unter Umständen Leistungen nach SGB XII (⇨1.2) oder die „Überbrückungsleistungen" und „Härtefallleistungen" nach SGB XII (⇨3.) beanspruchen.

1.1.3 Ausschluss bei Leistungsberechtigung nach dem Asylbewerberleistungsgesetz

Kein Alg II und kein Sozialgeld erhalten Ausländer*innen, die aufgrund ihres Aufenthaltsstatus unter das AsylbLG fallen. Das betrifft vor allem Asylsuchende mit einer Aufenthaltsgestattung oder einem Ankunftsnachweis, geduldete und „illegal" hier lebende Personen (⇨Asylbewerber*innen). **Anerkannte Flüchtlinge und Personen mit subsidiärem Schutzstatus** haben ab Zustellung des BAMF-Anerkennungsbescheids Anspruch auf Alg II, nicht erst ab Ausstellung des Aufenthaltstitels. Dies gilt auch dann, wenn sie gegen einen ablehnenden Teil des BAMF-Bescheids noch vor dem Verwaltungsgericht klagen (FW 7.58; ⇨Asylbewerber*innen).
Auch **in Deutschland geborene Kinder**, deren Eltern bereits einen Flüchtlingsstatus haben oder aus anderen Gründen eine Aufenthaltserlaubnis, Niederlassungserlaubnis oder eine Erlaubnis zum Daueraufenthalt-EU besitzen, haben ab Geburt Anspruch auf Sozialgeld nach SGB II – unabhängig davon, ob die Ausländerbehörde bereits einen Aufenthaltstitel erteilt hat oder nicht (FW 7.60a).

1.1.4 Ausschluss in den ersten drei Monaten ab Einreise

Der Ausschluss innerhalb der ersten drei Monate des Aufenthalts gem. § 7 Abs. 1 Satz 2 Nr. 1 SGB II **sollte laut Gesetzesbegründung eigentlich nur Unionsbürger*innen** ausschließen, die sich bis zu drei Monate ohne weitere Voraussetzungen hier aufhalten dürfen. Der Ausschluss gilt nach seinem eindeutigen Wortlaut allerdings **auch für Drittstaatsangehörige**. Maßgeblich für die Dreimonatsfrist ist der (ggf. durch Tickets, eidesstattliche Versicherung usw. nachzuweisende) Tag der **tatsächlichen Einreise**, nicht die Vorsprache bei der Meldestelle, Ausländer-, Sozialbehörde usw.

Der Ausschluss gilt nach seinem Wortlaut aber **nicht**

- für Ausländer*innen, die eine **Erwerbstätigkeit** ausüben,
- **Familienangehörige** von Personen, die eine Erwerbstätigkeit ausüben, sowie
- für aufgenommene bzw. anerkannte **Flüchtlinge** mit Aufenthaltserlaubnis aus **humanitären, völkerrechtlichen oder politischen Gründen** („Kapitel 2, Abschnitt 5 des Aufenthaltsgesetzes", das sind die §§ 22 bis 26 AufenthG; § 7 Abs. 1 Satz 3 SGB II).

Der Ausschluss gilt auch nicht für zu Flüchtlingen mit Aufenthaltserlaubnis nach §§ 22 bis 26 AufenthG **nachgezogene Familienangehörige**. Hat die Bezugsperson einen Aufenthaltstitel nach §§ 22 bis 26 AufenthG, sind auch ihre Angehörigen mit Visum zum Familiennachzug oder Aufenthaltserlaubnis aus familiären Gründen nicht vom Leistungsausschluss innerhalb der ersten drei Monate erfasst. Die BA erläutert in ihren „Fachlichen Weisungen", dass sich der Anspruch der Familienangehörigen insoweit vom Recht der Bezugsperson ableitet (FW 7.48f.; LSG Niedersachsen-Bremen 19.9.2014 - L 11 AS 502/14 B ER; SG Berlin 16.7.2015 - S 175 AS 13627/15 ER). Der Ausschluss gilt auch nicht für zu **Deutschen nachgezogene Familienangehörige** (FW 7.22; BSG 30.1.2013 - B 4 AS 37/12 R). Die Argumentation des BSG-Urteils ist auf zu **Unionsbürger*innen wie auch zu Drittstaatsangehörigen** nachziehende Familienangehörige übertragbar.

1.1.5 Ausschluss bei einem Aufenthaltsrecht „allein zur Arbeitsuche"

Gem. § 7 Abs. 1 Satz 2 Nr. 2b) SGB II sind Ausländer*innen von Leistungen des SGB II ausgeschlossen, wenn sich ihr Aufenthaltsrecht allein aus dem Zweck der Arbeitsuche ergibt. Auch diese Regelung wurde ursprünglich in erster Linie eingeführt, um arbeitsuchende Unionsbürger*innen vom Leistungsanspruch auszuschließen. Allerdings kann dieser Leistungsausschluss in einigen wenigen Fällen auch Drittstaatsangehörige mit einem Aufenthaltstitel nach AufenthG betreffen. Der Leistungsausschluss ist jedoch nur dann anwendbar, wenn das Aufenthaltsrecht sich **allein** auf den Zweck der Arbeitsuche begründet. Der Ausschluss ist daher nicht anwendbar, wenn jemand zwar (auch) Arbeit sucht, aber über einen Aufenthaltstitel zu einem anderen Zweck verfügt (z.B. als Familienangehörige*r, zum Zwecke der Beschäftigung oder aus humanitären Gründen).

Allein zum Zweck der Arbeitsuche sieht das Aufenthaltsgesetz (AufenthG) ausschließlich die Aufenthaltserlaubnisse des § 20 AufenthG vor. **In keinem anderen Fall kann bei Drittstaatsangehörigen mit einem Aufenthaltsrecht nach dem Aufenthaltsgesetz dieser Leistungsausschluss angewandt werden.** Auch die Aufenthaltserlaubnis nach § 17 AufenthG unterliegt nicht diesem Ausschluss, denn diese wird für den Zweck der Ausbildungsplatzsuche erteilt und nicht für den Zweck der Arbeitsuche.

Der weitere Leistungsausschluss in § 7 Abs. 1 Satz 2 Nr. 2a) SGB II („*die kein Aufenthaltsrecht besitzen*") sind nur für Unionsbürger*innen und deren Familienangehörige anwendbar. Sie spielen für Drittstaatsangehörige normalerweise keine Rolle. Denn Drittstaatsangehörige, die über kein Aufenthaltsrecht verfügen, sind (vollziehbar) ausreisepflichtig und unterliegen daher dem AsylbLG.

1.1.6 Kein Ausschluss mehr nach fünf Jahren Aufenthalt

Falls sich die betreffenden Personen, die einem Leistungsausschluss insbesondere wegen des „*Aufenthalts allein zum Zweck der*

Arbeitsuche" unterliegen, bereits fünf Jahre in Deutschland aufhalten (z.B. während des Zeitraums der Arbeitsuche nach einem vorangegangenen mehrjährigen Studium, nachgewiesen durch ein Meldebestätigung), ist der Leistungsausschluss nicht mehr anwendbar (§ 7 Abs. 1 Satz 4 SGB II). Auch mit einem Aufenthaltsrecht allein zum Zweck der Arbeitsuche besteht dann ein Leistungsanspruch. Dieser kann jedoch das Aufenthaltsrecht gefährden (⇨1.3). Der Fünfjahreszeitraum beginnt mit der erstmaligen Anmeldung bei der Meldebehörde, Zeiten eines „nicht rechtmäßigen Aufenthalts", in denen eine Ausreisepflicht bestand (z.B. mit einer Duldung), werden nicht mitgerechnet.

1.1.7 Überbrückungsleistungen

Statt der Leistungen nach dem SGB II ist für ausgeschlossene Personen mit Aufenthaltsrecht allein zur Arbeitsuche ein Anspruch auf „Überbrückungsleistungen" und „Härtefallleistungen" im System des SGB XII eingeführt worden, die zeitlich regelmäßig auf einen Monat beschränkt sind und sogar das rein physische Existenzminimum deutlich unterschreiten, in besonderen Fällen aber alle Leistungen des SGB XII erfassen und auch über einen Monat hinaus erbracht werden müssen (⇨3.).

1.1.8 Räumliche Beschränkung der Leistungen nach SGB II – Wohnsitzregelung und Wohnsitzauflagen

Wohnsitzregelung nach § 12a AufenthG für anerkannte Flüchtlinge

Es gibt eine „*Wohnsitzregelung*" für Geflüchtete, die **als Asylberechtigte, Flüchtlinge** oder **subsidiär Schutzberechtigte anerkannt** werden (Aufenthaltserlaubnis nach § 25 Abs. 1 oder 2 AufenthG) oder die nach **§ 22, § 23** oder **§ 25 Abs. 3 AufenthG** erstmals eine Aufenthaltserlaubnis **erhalten** (§ 12a AufenthG).

Diese Flüchtlinge werden – angeblich zum Zweck ihrer besseren „Integration" – **für maximal drei Jahre**, gerechnet ab dem Tag ihrer Anerkennung oder erstmaligen Erteilung der Aufenthaltserlaubnis, verpflichtet, in dem **Bundesland** ihren **Wohnsitz** zu nehmen, dem sie für das Asylverfahren oder Aufnahmeverfahren zugewiesen wurden. Die Verpflichtung gilt bis zum Ablauf der für den Flüchtling geltenden Frist auch für nachziehende Familienangehörige. Diese auf ein Bundesland bezogene Wohnsitzauflage entsteht zum Zeitpunkt der Anerkennung oder Erteilung der Aufenthaltserlaubnis in allen Bundesländern kraft Gesetzes, ein Verwaltungsakt ist hierfür nicht erforderlich.

Ein unter die Regelung fallender Flüchtling, der in einer vorübergehenden Unterkunft wohnt, **kann** darüber hinaus binnen sechs, maximal zwölf Monaten nach Anerkennung oder Aufnahme zwecks Versorgung mit angemessenem **Wohnraum** und/oder zur Förderung seiner **nachhaltigen Integration** verpflichtet werden, innerhalb des Bundeslandes seinen Wohnsitz **an einem bestimmten Ort** zu nehmen. Diese „gemeindescharfe" Zuweisung entsteht nur durch einen Verwaltungsakt als **Ermessensentscheidung**. Nur wenige Bundesländer wenden diese kommunale Wohnsitzregelung an (z.B. NRW, Bayern, Baden-Württemberg, Sachsen).

Antrag auf Aufhebung der Wohnsitzregelung:

Eine Wohnsitzauflage entsteht gar nicht erst oder sie ist auf Antrag aufzuheben, wenn Angehörige der Kernfamilie an einem anderen Ort wohnen oder der **Flüchtling**, sein*e **Ehegatte/*in** oder sein minderjähriges **Kind** eine **sozialversicherte Beschäftigung** mit mindestens 15 Stunden wöchentlich und einem Einkommen von mindestens dem durchschnittlichen Miet- und Regelbedarf ausübt (für 2020: 764 € netto pro Monat) oder an einem anderen Ort aufnimmt. Dies gilt ebenso, wenn der Flüchtling, sein*e Ehegatte/*in oder minderjähriges Kind an einer **Berufsausbildung**, einem **Studium,** einer berufsvorbereitenden Maßnahme oder einem Studienkolleg teilnimmt. Die Verpflichtung ist dann für die ganze Familie (Ehepartner*innen und minderjährige Kinder) aufzuheben (§ 12a Abs. 1 und Abs. 5 AufenthG).

Eine Wohnsitzregelung ist gemäß § 12a Abs. 5 AufenthG auf Antrag zur **Vermeidung einer Härte** zu ändern, wenn nach Einschätzung des Jugendamtes Maßnahmen der Jugendhilfe nach SGB VIII beeinträchtigt würden (z.B. Kita, Hort, Einzelfallhilfe nach SGB VIII), aus dringenden persönlichen

A

Gründen die Übernahme durch ein anderes Land zugesagt wurde oder aus **sonstigen Gründen** vergleichbare unzumutbare Einschränkungen entstehen (z.B. aufgrund Pflegebedürftigkeit, häuslicher Gewalt, Frauenhausaufenthalt o. ä.).

Anspruch auf Alg II:
Örtlich **zuständig** ist der Träger nach SGB II, in dessen Gebiet der/die Leistungsberechtigte nach § 12a AufenthG **seinen/ihren Wohnsitz zu nehmen hat** (§ 36 Abs. 2 SGB II). In der Praxis verweigern die Jobcenter die Leistungen, wenn eine Person entgegen einer bestehenden Wohnsitzregelung an einen anderen Ort umgezogen ist und verlangen, dass man an den vorgeschriebenen Ort zurückzieht und beim dortigen Jobcenter Leistungen beantragt. Das Jobcenter des neuen Wohnortes ist jedoch verpflichtet, den Antrag entgegenzunehmen, an das zuständige Jobcenter weiterzuleiten und für normalerweise sechs Wochen vorläufige Leistungen zu erbringen (analog § 43 SGB I; BA: „Fachliche Weisungen für die Bearbeitung von Anträgen auf Leistungen nach dem Zweiten Buch Sozialgesetzbuch (Loseblattsammlung)"). Nach Auffassung einiger Sozialgerichte besteht trotz Wohnsitznahme an einem anderen Ort entgegen der Wohnsitzregelung ein Anspruch auf Leistungen gegenüber dem „neuen" Jobcenter (z.B. LSG NRW 12.12.2016 - L 7 AS 2184/16 B ER u. L 7 AS 2185/16 B). Dies gilt jedenfalls dann, wenn es sich um eine „landesbezogene" und nicht um eine „gemeindescharfe" Wohnsitzregelung handelt. Falls das neue Jobcenter die Leistung verweigert, sollten daher umgehend Rechtsmittel (Eilantrag beim Sozialgericht) eingelegt und Gründe vorgetragen werden, warum ein „Rückzug" nicht möglich oder jedenfalls integrationshemmend wäre. Außerdem sollte natürlich möglichst vor einem Umzug ein Antrag auf Streichung oder Änderung der Wohnsitzauflage gestellt werden. In vielen Fällen besteht ein Rechtsanspruch auf Streichung der Wohnsitzauflage.

Kritik
Es ist umstritten, ob die Wohnsitzregelung nach dem neuen § 12a AufenthG mit **internationalem Recht** (Genfer Flüchtlingskonvention, EU-Qualifikationsrichtlinie) vereinbar ist, zumal sehr zweifelhaft ist, ob das laut EuGH ggf. zulässige **Ziel einer besseren „Integration"** durch die Regelung überhaupt erreicht wird (EuGH 1.3.2016 - C-443/14, C-444/14). Erst die freie Wohnsitzwahl ermöglicht es, sich dort niederzulassen, wo etwa Verwandte Wohnung oder Job vermitteln können. Studien zeigen, dass die ersten Jahre des Aufenthalts für die nachhaltige Integration in den Arbeitsmarkt entscheidend sind. Zwingt man die Menschen zum Verbleib in Regionen mit hoher Arbeitslosigkeit, ist dies integrationspolitisch kontraproduktiv. Dies gilt erst Recht, wenn sie an einem anderen Ort bereits Wohnung und (geringfügige) Arbeit gefunden haben oder andere „Integrationserfolge" nachweisen können. In diesen Fällen würde der Zwang zum Zurückziehen das offizielle Ziel der Wohnsitzregelung ad absurdum führen. Außerdem widerspricht die Wohnsitzregelung Art. 12 des UN-Zivilpakts, nach dem alle Personen mit rechtmäßigem Aufenthalt in Deutschland das Recht haben, ihren Wohnsitz frei zu wählen.

Wohnsitzauflagen nach § 12 AufenthG bei anderen humanitären Aufenthaltserlaubnissen
Die Ausländerbehörden verbieten Ausländer*innen mit anderen Aufenthaltserlaubnissen aus humanitären Gründen (z.B. §§ 23a, 24 oder 25 Abs. 4 bis 5 AufenthG) durch „Wohnsitzauflagen" gemäß § 12 AufenthG den Umzug an einen anderen Ort, solange sie auf Sozialleistungen nach SGB II, SGB XII oder AsylbLG angewiesen sind (AVwV zu § 12 AufenthG). Die Wohnsitzauflage **ist aufzuheben**, wenn die Person woanders eine Arbeit findet, die ein Einkommen ohne Leistungen nach SGB II, SGB XII oder AsylbLG absehbar dauerhaft sichert. Für die Umzugserlaubnis sind ein Arbeitsvertrag und die Zustimmung der Ausländerbehörde am neuen Wohnort nötig. Ein Leistungsbezug von maximal zehn Prozent des Lebensunterhalts für die Bedarfsgemeinschaft wird laut den Allgemeinen Verwaltungsvorschriften (AVwV) zum AufenthG, Nr. 12.2.5.2.4, ingenommen. Sie ist unabhängig von Arbeit und Einkommen auch dann aufzuheben, wenn der Umzug zur Herstellung der Familieneinheit (Ehegatt*innen und minderjährige Kinder), aus Gründen einer Pflegebedürftigkeit oder wegen Bedrohung durch den/die (Ex-)-Partner*in erforderlich ist.

Anspruch auf Alg II:
Beim Alg II gilt in diesem Fall keine Beschränkung. Maßgeblich ist – anders als bei der Wohnsitzregelung des § 12a AufenthG – allein der gewöhnliche (nach erfolgtem Umzug also der neue) Aufenthaltsort (§ 36 Abs. 1 SGB II; LSG NRW, Urteil vom 25. Februar 2016, L 7 AS 1391/14). Das neue Jobcenter darf daher die Leistung nicht mit Verweis auf eine Wohnsitzauflage nach § 12 AufenthG ablehnen. Dies sieht auch die Bundesagentur in ihren Fachlichen Weisungen zu § 36 Abs. 2 SGB II so (FW 36.14).

Tipp: Die Wohnsitzauflagen können Sie rechtlich anfechten (vor dem Verwaltungsgericht, ggf. mit einem Antrag auf Erlass einer einstweiligen Anordnung). Gute Aussichten haben Sie, wenn Sie anderswo eine nur teilweise existenzsichernde Arbeit, Ausbildung oder Qualifizierung finden oder Ihre Familienangehörigen dort leben.

1.2 Leistungen der Sozialhilfe (SGB XII)

Sozialhilfe zum Lebensunterhalt (HzL) nach dem 3. Kapitel SGB XII und Krankenhilfe nach dem 5. Kapitel SGB XII kommen für Ausländer*innen in manchen Fällen in Frage, wenn sie trotz Erwerbsfähigkeit aufgrund der für Ausländer*innen geltenden Sonderregelungen vom SGB II ausgeschlossen sind. Sozialhilfe ist dann als nachrangige Hilfe zu prüfen. Zumindest besteht ein Anspruch auf „Überbrückungsleistungen" (⇨3.).

Sozialhilfe in besonderen Lebenslagen nach dem 5. bis 9. Kapitel SGB XII können Ausländer*innen wie Deutsche ggf. auch zusätzlich zum Alg II beanspruchen.

Ausländer*innen, die sich **tatsächlich** im Inland aufhalten, haben Anspruch auf **HzL der Sozialhilfe**, **Krankenhilfe** einschließlich Hilfe bei Schwangerschaft sowie **Hilfe zur Pflege** (§ 23 Abs. 1 Satz 1 SGB XII). Da der tatsächliche Inlandsaufenthalt reicht, ein *„gewöhnlicher Aufenthalt"* (⇨1.1.1) nicht gefordert ist, ist in bestimmten Fällen z.B. auch Krankenhilfe an Tourist*innen in unvorhergesehenen Notlagen zu gewähren, zumindest im Rahmen der „Überbrückungsleistungen" (⇨3.). Da ausreisepflichtige Ausländer*innen unter das AsylbLG fallen (⇨Asylbewerber*innen), ist ein legaler Aufenthalt gefordert.

Ausländer*innen, die sich mit einem (befristeten oder unbefristeten) Aufenthaltstitel **absehbar auf Dauer in Deutschland** aufhalten werden, können über HzL, Krankenhilfe und Hilfe bei Schwangerschaft sowie Hilfe zur Pflege hinaus sämtliche Hilfearten der **Sozialhilfe in besonderen Lebenslagen** nach 5. bis 9. Kapitel SGB XII **beanspruchen**, z.B. Hilfe zur Überwindung besonderer sozialer Schwierigkeiten, Hilfe in sonstigen Lebenslagen, Bestattungskosten usw. (§ 23 Abs. 1 Satz 4 SGB XII). Ein absehbarer Daueraufenthalt ist ausländerrechtlich der Regelfall. Ausländer*innen ohne absehbaren Daueraufenthalt, wie z.B. Tourist*innen, oder mit Erwerbsaufenthalten nach § 19c AufenthG, wenn nach der Beschäftigungsverordnung (BeschV) eine Verlängerung ausgeschlossen ist (z.B. Au Pair, Saisonarbeitnehmer*innen), erhalten über § 23 Abs. 1 Satz 1 SGB XII hinausgehende Hilfen nur als Ermessensleistungen. Insbesondere bei der Eingliederungshilfe für Kinder mit Behinderungen (§ 100 SGB IX), beim Frauenhausaufenthalt und den Bestattungskosten dürfte jedoch das Ermessen regelmäßig auf null reduziert sein.

Anspruch auf **Grundsicherung im Alter und bei Erwerbsminderung** haben Ausländer*innen mit *„gewöhnlichem Aufenthalt"* im Inland. Diese Voraussetzung ist gegeben, wenn sie sich absehbar auf Dauer in Deutschland aufhalten. Steht der *„gewöhnliche Aufenthalt"* in Frage, ist zumindest Sozialhilfe nach dem 3. Kapitel SGB XII zu leisten. Da nach § 41 SGB XII (anders als bei der HzL nach § 23 Abs. 1 SGB XII) der gewöhnliche (überwiegende) Inlandsaufenthalt ausreicht, kann die Grundsicherung bei vorübergehendem Auslandsaufenthalt weiterbezogen werden (SG Duisburg 12.8.2011 - S 2 SO 175/09, ⇨Ortsabwesenheit 2. f.).

Keine Sozialhilfe erhalten Ausländer*innen in bestimmten Fällen **innerhalb der ersten drei Monate** des Aufenthalts, mit einem

Aufenthaltsrecht **nur zur Arbeitsuche, Leistungsberechtigte nach dem AsylbLG** sowie Ausländer*innen, die eingereist sind, um hier Sozialhilfe zu erhalten.

1.2.1 Ausschluss bei Leistungsberechtigung nach dem Asylbewerberleistungsgesetz

Unter das AsylbLG fallende Ausländer*innen sind vom SGB XII ausgeschlossen. Hierbei handelt es sich in erster Linie um Asylsuchende mit einer Aufenthaltsgestattung oder einem Ankunftsnachweis sowie geduldete oder heimlich (also „illegal") hier lebende Personen. Sie können zwar unter bestimmten Voraussetzungen **nach 18 Monaten** Aufenthaltsdauer gemäß § 2 AsylbLG Leistungen **im Umfang** der HzL des SGB XII, eine vollwertige Krankenversichertenkarte nach § 264 Abs. 2 SGB V und bei Bedarf Sozialhilfe in besonderen Lebenslagen nach SGB XII erhalten (⇨Asylbewerber*innen 5.). Auch wenn kein Daueraufenthalt absehbar ist, sind ggf. Eingliederungshilfe für Menschen mit Behinderung nach dem SGB IX und Hilfe zur Überwindung besonderer sozialer Schwierigkeiten als Ermessensleistungen zu prüfen. Bei diesen so genannten „Analogleistungen" handelt es sich jedoch nicht um Leistungen **nach** dem SGB XII, sondern nur **„analog" der Regelungen** des SGB XII.

1.2.2. Ausschluss in den ersten drei Monaten ab Einreise

Nach § 23 Abs. 3 Satz 1 Nr. 1 SGB XII erhalten Ausländer*innen innerhalb der ersten drei Monate des Aufenthalts unter bestimmten Bedingungen keine Sozialhilfe nach dem SGB XII. Maßgeblich für die Dreimonatsfrist ist der (ggf. durch Tickets, eidesstattliche Versicherung usw. nachzuweisende) Tag der **tatsächlichen Einreise**, nicht die Vorsprache bei der Meldestelle, Ausländer-, Sozialbehörde usw.

Der Ausschluss gilt nach seinem Wortlaut **nicht**

- für Ausländer*innen, die bereits in den ersten drei Monaten eine **Erwerbstätigkeit** ausüben (auch eine geringfügige Tätigkeit reicht hierfür aus),
- **Familienangehörige** von Personen, die eine Erwerbstätigkeit ausüben, sowie
- für aufgenommene bzw. anerkannte **Flüchtlinge** mit Aufenthaltserlaubnis aus **humanitären Gründen** (Kapitel 2, Abschnitt 5 des Aufenthaltsgesetzes; §§ 22 bis 26 AufenthG; § 23 Abs. 3 Satz 2 SGB XII).

Der Ausschluss dürfte auch nicht für zu Flüchtlingen mit Aufenthaltserlaubnis nach §§ 22 bis 26 AufenthG **nachgezogene Familienangehörige** gelten. Hat die Bezugsperson einen Aufenthaltstitel nach §§ 22 bis 26 AufenthG, sind auch ihre Angehörigen mit Visum zum Familiennachzug oder Aufenthaltserlaubnis aus familiären Gründen nicht vom Leistungsausschluss für die ersten drei Monate erfasst. Hier ist die Rechtsauffassung der Bundesagentur für Arbeit zum identischen Leistungsausschluss in § 7 SGB II auf den Rechtskreis des SGB XII übertragbar (⇨1.1.4). Der Ausschluss gilt auch nicht für zu **Deutschen nachgezogene Familienangehörige** (BSG 30.1.2013 - B 4 AS 37/12 R). Die Argumentation des BSG-Urteils ist auf den Rechtskreis des SGB XII sowie auf zu **Unionsbürger*innen wie auch zu Drittstaatsangehörigen** nachziehende Familienangehörige übertragbar.

1.2.3 Ausländer*innen, deren „Aufenthaltsrecht sich allein aus dem Zweck der Arbeitssuche ergibt"

Ausländer*innen, deren Aufenthaltsrecht sich **allein aus dem Zweck der Arbeitsuche ergibt,** erhalten keine Leistungen des SGB XII (auch nicht in Form einer Ermessensleistung). Der Leistungsausschluss ist nur dann anwendbar, wenn das Aufenthaltsrecht sich rechtlich **allein** auf den Zweck der Arbeitsuche begründet und ist daher nicht anwendbar, wenn jemand zwar (auch) Arbeit sucht, aber über einen Aufenthaltstitel zu einem anderen Zweck verfügt (z.B. als Familienangehörige*r, zum Zwecke der Beschäftigung oder aus humanitären Gründen).

Allein zum Zweck der Arbeitsuche sieht das Aufenthaltsgesetz (AufenthG) ausschließlich die Aufenthaltserlaubnisse des § 20 AufenthG vor. Dieser Ausschluss von den Leistungen des SGB XII dürfte für Drittstaatsangehörige nur eine geringe Bedeutung haben, zumal es sich in aller Regel um erwerbsfähige Personen handelt.

1.2.4 Einreise zum Zweck des Sozialhilfebezugs

Ausländer*innen, die nach Deutschland eingereist sind, **um hier Sozialhilfe zu erlangen**, erhalten keine reguläre Sozialhilfe nach dem SGB XII, sondern allenfalls „Überbrückungsleistungen" und „Härtefallleistungen" (⇨3.). Der Leistungsausschluss gilt jedoch nicht für Personen mit einer humanitären Aufenthaltserlaubnis (§§ 22 bis 26 AufenthG; Kapitel 2 Abschnitt 5 des Aufenthaltsgesetzes; § 23 Abs. 3 Satz 2 SGB XII). Auch deren Familienangehörige dürfen nicht von den Leistungen aus diesem Grund ausgeschlossen werden.

Voraussetzung für die Anwendung des Leistungsausschlusses ist, dass der Sozialhilfebezug für den **Einreiseentschluss prägend** war. Es reicht nicht, dass der Sozialhilfebezug nur billigend in Kauf genommen wurde. Die vor allem auf **Tourist*innen** anwendbare Regelung (die aber bereits wegen des Ausschlusses innerhalb der ersten drei Monate des Aufenthalts normalerweise ohnehin keine Leistungen erhalten), soll eine **missbräuchliche Einreise** zum Sozialhilfebezug verhindern und auf eine Rückkehr hinwirken. Ist die Einreise erfolgt, um Sozialhilfe zu erhalten, besteht zumindest Anspruch auf die so genannten Überbrückungsleistungen und Härtefallleistungen (⇨3.).

Das Sozialamt ist für das Vorliegen einer **missbräuchlichen Einreiseabsicht** beweispflichtig. Der/die Antragsteller*in hat aber die prägenden Motive seiner/ihrer Einreise darzulegen. Ist jemand vor allem wegen **Gefahr für Leib und Leben** im Heimatland, zur Herstellung der **familiären Gemeinschaft** in Deutschland oder wegen einer **Arbeitsplatzzusage** eingereist, greift der Ausschluss nicht. War der Lebensunterhalt im Herkunftsland gesichert, oder ist die Notlage **unvorhergesehen** (z.B. durch einen Unfall) bzw. erst einige Zeit nach Einreise eingetreten, spricht auch dies gegen eine missbräuchliche Einreiseabsicht.

Ausländer*innen, die sich zur **Behandlung einer Krankheit** nach Deutschland begeben haben, erhalten Krankenhilfe nur zur Behebung eines akut lebensbedrohlichen Zustandes oder für eine unaufschiebbare und unabweisbar gebotene Behandlung einer schweren oder ansteckenden Erkrankung (§ 23 Abs. 3 Satz 2 SGB XII).

1.2.5 Kein Ausschluss mehr nach fünf Jahren Aufenthalt

Falls sich die betreffenden Personen, die einem Leistungsausschluss unterliegen, bereits fünf Jahre in Deutschland aufhalten (z.B. während des Zeitraums der Arbeitsuche nach einem vorangegangenen mehrjährigen Studium), ist der Leistungsausschluss nicht mehr anwendbar (§ 23 Abs. 3 Satz 6 SGB XII). Dann müssen sämtliche Leistungen des § 23 Abs. 1 Satz 1 und 2 SGB XII erbracht werden. Dies sind Hilfe zum Lebensunterhalt, Hilfe zur Pflege, Hilfe bei Krankheit und Hilfe bei Schwangerschaft und Mutterschaft. Auf Hilfe in besonderen sozialen Schwierigkeiten besteht auch nach fünf Jahren kein Anspruch. Auch mit einem Aufenthaltsrecht allein zum Zweck der Arbeitsuche besteht dann Leistungsanspruch. Dieser kann jedoch das Aufenthaltsrecht gefährden (⇨1.3). Der Fünfjahreszeitraum beginnt mit der erstmaligen Anmeldung bei der Meldebehörde, Zeiten eines „nicht rechtmäßigen Aufenthalts", in denen eine Ausreisepflicht bestand (z.B. mit einer Duldung), werden nicht mitgerechnet.

1.2.6 Anspruch nach dem Europäischen Fürsorgeabkommen: Sonderregelung für türkische Staatsangehörige

Entgegen dem Gesetzeswortlaut besteht eine Besonderheit für bestimmte Staatsangehörige: Für Staatsangehörige, für die das Europäische Fürsorgeabkommen (EFA) gilt und die einen „erlaubten" Aufenthalt haben, sind die oben genannten Leistungsausschlüsse nicht anwendbar. Sie haben regulären Anspruch auf Hilfe zum Lebensunterhalt oder Grundsicherung nach dem SGB XII. Auch auf andere Leistungen des SGB XII (z.B. Krankenhilfe, Bildungs- und Teilhabepaket usw.) besteht Anspruch, da das Fürsorgeabkommen ausdrücklich auch die „Gesundheitsfürsorge" einbezieht. Unter „Fürsorge" ist darüber hinaus alles zu verstehen, das den „Lebensbedarf sowie die Betreuung" umfasst, „die ihre Lage erfordert". Eine Aus-

nahme gilt nur für die Hilfe bei besonderen sozialen Schwierigkeiten (§§ 67ff.), die im Europäischen Fürsorgeabkommen ausdrücklich ausgenommen worden sind. Über § 67 ff. Leistungen muss in diesen Fällen nach Ermessen entschieden werden.

Das Europäische Fürsorgeabkommen (EFA) gilt ganz überwiegend für Staatsangehörige der „alten" EU-Staaten (⇨2.), ist aber auch auf türkische Staatsangehörige anwendbar.

Staatsangehörigen der Türkei ist daher, wenn sie sich in Deutschland *„erlaubt aufhalten und nicht über ausreichende Mittel verfügen, in gleicher Weise wie seinen eigenen Staatsangehörigen und unter den gleichen Bedingungen die Leistungen der sozialen und Gesundheitsfürsorge [...] zu gewähren"* (Art. 1 EFA). Für türkische Staatsangehörige mit Aufenthaltserlaubnis oder Visum (d. h. einem „erlaubten Aufenthalt") sind daher die Ausschlüsse des § 23 Abs. 3 SGB XII nicht anwendbar: Auch innerhalb der ersten drei Monate oder bei einem Aufenthalt allein zum Zweck der Arbeitsuche besteht nach dem EFA ein Anspruch auf Sozialhilfe nach dem SGB XII. Auch der Vorwurf einer „Einreise zum Zwecke des Sozialhilfebezugs" führt nach dem EFA nicht zu einem Leistungsausschluss. Dies hat das Bundessozialgericht bereits im Jahr 2010 klargestellt (BSG 19.10.2010 - B 14 AS 23/10 R).

1.2.7 Überbrückungsleistungen

Statt der regulären Leistungen zur Sicherung des Lebensunterhalts ist für von den regulären Leistungen ausgeschlossene Personen (auch Drittstaatsangehörige) ein Anspruch auf „Überbrückungsleistungen" und „Härtefallleistungen" im System des SGB XII eingeführt worden, die zeitlich regelmäßig auf einen Monat beschränkt sind und sogar das rein physische Existenzminimum deutlich unterschreiten, in besonderen Fällen aber alle Leistungen des SGB XII erfassen und auch über einen Monat hinaus erbracht werden müssen (⇨3.).

1.2.8 Räumliche Beschränkung der Sozialhilfe. Wohnsitzregelung und Wohnsitzauflagen

Ziehen Ausländer*innen entgegen einer **Wohnsitzregelung** oder **Wohnsitzauflage** nach § 12 oder § 12a AufenthG (⇨1.1.9) um, darf der am tatsächlichen Aufenthaltsort zuständige Sozialhilfeträger nur die nach den Umständen des Einzelfalls gebotene Leistung erbringen (§ 23 Abs. 5 SGB XII). Unabweisbar geboten ist regelmäßig eine Reisebeihilfe an den zugewiesenen Wohnort. Nur wenn besondere Umstände (zum Beispiel Reiseunfähigkeit) vorliegen, sind weitergehende Leistungen zu gewähren, z.B. auch Krankenhilfe.

Das Gleiche gilt, wenn ein*e Ausländer*in mit Aufenthaltstitel **ohne Wohnsitzauflage** nach §§ 23a, 24 oder 25 Abs. 4 oder 5 AufenthG umzieht. Der Sozialhilfebezug ist dann auf das Bundesland beschränkt, *„in dem der Aufenthaltstitel erstmals erteilt worden ist"*. Nur in Härtefällen können Leistungen am Zuzugsort beansprucht werden, etwa bei Familienzusammenführung oder *„vergleichbar wichtigen Gründen"* (§ 23 Abs. 5 SGB XII). Infrage kommen z.B. Pflege Angehöriger oder die Betreuung durch ein psychosoziales Behandlungszentrum, aber auch im Falle familiärer Gewalt und Bedrohung.

1.3 Nichtverlängerung der Aufenthaltserlaubnis bei Inanspruchnahme öffentlicher Mittel?

Bereits ein **Anspruch** auf Sozialleistungen nach SGB II, SGB XII oder AsylbLG kann für **Drittstaatsangehörige** negative aufenthaltsrechtliche Folgen haben. Von Nachteil ist bereits die Bedürftigkeit. Darauf, ob die Sozialleistungen auch tatsächlich bezogen werden, kommt es in der Regel nicht an. Bei unzureichender Lebensunterhaltssicherung ist die Ablehnung eines besseren Aufenthaltsrechts oder die Nichtverlängerung einer Aufenthaltserlaubnis möglich. Hingegen ist die Voraussetzung der Lebensunterhaltssicherung erfüllt, wenn das anrechenbare, bereinigte Einkommen mindestens den Alg II-Bedarf deckt.

„Der Lebensunterhalt eines Ausländers ist gesichert, wenn er ihn einschließlich ausreichenden Krankenversicherungsschutzes ohne Inanspruchnahme öffentlicher Mittel bestreiten kann" (§ 2 Abs. 3 Satz 1 AufenthG).

Nicht als Inanspruchnahme öffentlicher Mittel gelten dabei der Bezug von **Kinder-**

geld, Kinderzuschlag, Elterngeld, Ausbildungsförderung nach SGB III, **BAföG** oder „Meister-BAföG", öffentlichen Mitteln, die auf Beitragsleistungen beruhen (Rente, Alg I, Krankengeld) oder die gewährt werden, um den Aufenthalt im Bundesgebiet zu ermöglichen (Stipendien), und Leistungen nach **Unterhaltsvorschussgesetz** (§ 2 Abs. 3 Satz 2 AufenthG).

Leistungen nach **SGB II, SGB XII** und **AsylbLG** gelten hingegen als **aufenthaltsrechtlich schädlich**, da sie nicht auf Beiträgen beruhen.

Umstritten ist, ob die **Freibeträge** für Erwerbstätige beim Alg II (§ 11b SGB II) das erforderliche Einkommen erhöhen. Laut BVerwG bleiben für **Aufenthaltserlaubnisse aus familiären Gründen** die Freibeträge nach § 11b SGB II außer Betracht (BVerwG 16.11.2010 - 1 C 20.09). Für Werbungskosten kann auf Nachweis ein geringerer Betrag als der 100-€-Grundfreibetrag angesetzt werden.
Der Bezug von **Wohngeld** ist aufenthaltsrechtlich jedenfalls dann von Nachteil, wenn der Lebensunterhalt im Sinne des SGB II/ SGB XII ohne diese Leistung nicht gesichert wäre (BVerwG 29.11.2012 - 10 C 4.2012). Wenn hingegen der Lebensunterhalt ohne das Wohngeld gesichert ist und das Wohngeld nur „zusätzlich" erbracht wird, darf es nicht als ausländerrechtlich schädlich eingestuft werden. Die AVwV zu § 2 Abs. 3 AufenthG, die Wohngeld in jedem Fall für schädlich erklärt, ist insoweit obsolet.

Tipp: Das AufenthG sieht zahlreiche Ausnahmen vor, die trotz Inanspruchnahme öffentlicher Mittel die Erteilung oder Verlängerung Ihres Aufenthaltsrechts ermöglichen. Wenden Sie sich ggf. an eine Migrations- oder Flüchtlingsberatungsstelle, da die Regelungen hier nicht umfassend dargestellt werden können und teils auch regional unterschiedlich ausgelegt werden.

Ermessen bei der Aufenthaltsverlängerung für Drittstaatsangehörige
Grundsätzlich ist Ermessen auszuüben, wenn ein Aufenthaltstitel verlängert werden soll. Gegen eine Nichtverlängerung spricht

- ein voraussichtlich nur kurzer Bezug von Leistungen, d.h. weniger als sechs Monate,
- die Inanspruchnahme von nur einmaligen Beihilfen,
- der Bezug lediglich von Leistungen nach dem 5. bis 9. Kapitel SGB XII, da diese Leistungen anders als Alg II, HzL und GSi nicht der „Lebensunterhaltssicherung" dienen.

Bei der Verlängerung kommt es vor allem auf die künftig zu erwartende Situation an (Prognose).

Arbeitnehmer*innen aus der Türkei
Arbeitnehmer*innen aus der Türkei sind nach dem **Assoziationsabkommen ARB 1/80 EWG-Türkei** vor Nichtverlängerung ihrer Aufenthaltserlaubnis geschützt, wenn sie in Deutschland mindestens vier Jahre regulär als Arbeitnehmer*in beschäftigt waren und weiter Arbeitnehmer*in sind. Dafür reicht eine regelmäßige, nicht völlig unbedeutende Beschäftigung (z.B. ein Minijob mit acht Stunden/ Woche). Zeiten der Arbeitslosigkeit über mindestens sechs Monate sind unschädlich. Auch nicht erwerbstätige **Kinder** unter 21 Jahren und **Ehepartner*in des/r Arbeitnehmers/*in** sind durch den ARB 1/80 EWG-Türkei vor Nichtverlängerung ihrer Aufenthaltserlaubnis geschützt, ältere Kinder nur, wenn diesen Unterhalt gewährt wird. Solange der Schutz nach ARB 1/80 besteht, ist Sozialleistungsbezug aufenthaltsrechtlich unschädlich.
Keine Gefahr der Nichtverlängerung besteht nach **Europäischem Fürsorgeabkommen (EFA)** (⇨ 1.2.6) für türkische Staatsbürger*innen , die vor dem 55. Lebensjahr eingereist sind und mehr als fünf Jahre in Deutschland leben bzw. nach dem 55. Lebensjahr eingereist sind und mehr als zehn Jahre hier leben.

Tipp: Da die Ausländerbehörden hier häufig Fehler machen, empfiehlt sich bei Bedarf eine anwaltliche Beratung.

Drittstaatsangehörige mit Aufenthaltserlaubnis
Unabhängig vom Sozialleistungsbezug verlängert werden Aufenthaltserlaubnisse von Ausländer*innen, die

- mit einem/r deutschen Ehepartner*in und/ oder ihrem deutschen minderjährigen Kind zusammenleben (§ 28 Abs. 1 AufenthG),
- als minderjähriges Kind bei den Eltern leben, wenn beide Eltern oder der allein sorgeberechtigte Elternteil sich mit Aufenthaltserlaubnis oder Niederlassungserlaubnis bzw. Erlaubnis zum Daueraufenthalt EU in Deutschland aufhalten (§ 34 Abs. 1 AufenthG), oder
- als Flüchtling einen Aufenthaltstitel nach §§ 24, 25 Abs. 1, 2, 3, 4a oder 4b AufenthG besitzen oder beanspruchen können (§ 5 Abs. 3 AufenthG).

Eigenständiges Aufenthaltsrecht der Ehepartner*innen

Die Verlängerung der Aufenthaltserlaubnis der Ehepartner*innen von Drittstaatsangehörigen steht bei Bedürftigkeit nach SGB II / SGB XII im Ermessen (§ 30 Abs. 3 AufenthG). Sind gemeinsame Kinder vorhanden, deren Aufenthalt nicht wegen Sozialleistungsbezugs beendet werden kann, oder hat der/die andere Partner*in eine Niederlassungserlaubnis bzw. Erlaubnis zum Daueraufenthalt EU, fällt die Ermessenentscheidung i.d.R. zugunsten einer befristeten Verlängerung aus. Maßgeblich ist, ob der/die nachgezogene Ehepartner*in durch Erwerbstätigkeit zum Familieneinkommen beiträgt. Nach einer Trennung wird die Aufenthaltserlaubnis des/r Ehepartners/*in von Drittstaatsangehörigen oder Deutschen für mindestens ein Jahr trotz Sozialleistungsbezugs verlängert, wenn das Aufenthaltsrecht seit mindestens drei Jahren bestanden hat (§ 31 AufenthG).

Eigenständiges Aufenthaltsrecht der Kinder

Die Aufenthaltserlaubnis für Kinder von Drittstaatsangehörigen ist trotz Sozialleistungsbezugs zu verlängern, solange ein personensorgeberechtigter Elternteil eine Aufenthaltserlaubnis, Niederlassungserlaubnis oder Erlaubnis zum Daueraufenthalt EG/EU besitzt und das Kind mit ihm in familiärer Lebensgemeinschaft lebt. Kinder können trotz Sozialleistungsbezugs eine unbefristete Niederlassungserlaubnis beanspruchen, wenn sie zum Zeitpunkt ihres 16. Geburtstags seit fünf Jahren eine Aufenthaltserlaubnis besitzen. Das Gleiche gilt, wenn sie volljährig sind, seit fünf Jahren eine Aufenthaltserlaubnis besitzen, über ausreichende Deutschkenntnisse (A 2) verfügen und sich in einer anerkannten Schul- oder Berufsausbildung befinden. Solange die genannten Voraussetzungen nicht erfüllt sind, steht die Verlängerung der Aufenthaltserlaubnis bei Sozialleistungsbezug im Ermessen der Ausländerbehörde (§§ 34, 35 AufenthG). Bei Kindern mit türkischer Staatsangehörigkeit ist zusätzlich das Assoziationsabkommen EWG-Türkei zu beachten (⇨1.3.3).

Flüchtlinge und Drittstaatsangehörige mit Aufenthaltserlaubnis aus humanitären Gründen

Aufenthaltserlaubnisse nach § 24, § 25 Abs. 1, 2 oder 3; § 25 Abs. 4a, § 25 Abs. 4b AufenthG werden gemäß § 5 Abs. 3 AufenthG **unabhängig** von der Bedürftigkeit nach SGB II/ SGB XII erteilt und verlängert. Die Erteilung und Verlängerung einer Aufenthaltserlaubnis nach §§ 22, 23, 23a, 25 Abs. 4, 5, 25a, 25b AufenthG steht bei Bedürftigkeit nach SGB II/ SGB XII oder AsylbLG **im Ermessen** der Ausländerbehörde, § 5 Abs. 3 AufenthG. Für die Verlängerung gilt grundsätzlich der gleiche Maßstab wie bei der Erteilung. Keine Gefahr der Nichtverlängerung besteht, wenn ein dauerhafter Sozialleistungsbezug von der Ausländerbehörde hingenommen wurde (z.B. Bleiberecht nach § 25b Abs. 3 AufenthG für alte, kranke oder Menschen mit Behinderung). Eine Verlängerung kann ausgeschlossen sein, wenn Voraussetzung der Aufenthaltserlaubnis die künftige eigenständige Sicherung des Lebensunterhaltes war. Dies betrifft viele Altfallregelungen für ehemals Asylsuchende und Geduldete. Nach § 25b AufenthG (Aufenthaltsgewährung bei nachhaltiger Integration) 2007 ist in der Regel eine **intensive Arbeitsuche** nachzuweisen.

Drittstaatsangehörige mit Aufenthaltsgestattung, Duldung, Grenzübertrittsbescheinigung

Hier kann möglicherweise eine **Abschiebung** drohen, die Bedürftigkeit spielt dafür aber in der Regel keine Rolle.

Tipp: Für die Beantragung eines Bleiberechts nach einer Altfall- oder Härtefallregelung sind jedoch Erwerbs- und Ausbildungsbemühungen wichtig.

Aufenthaltserlaubnis für Drittstaatsangehörige zum Studium oder zur Erwerbstätigkeit
Bei Aufenthaltserlaubnissen nach §§ 16a bis 21 sowie § 38a AufenthG droht grundsätzlich eine **Nichtverlängerung bei Bedürftigkeit**. Dies gilt auch bei Sozialleistungsbezug für Angehörige, z.B. Kinder ausländischer Studierender. Allerdings kann die Ausländerbehörde in besonderen Ausnahmefällen auch hier auf die (vollständige) Lebensunterhaltssicherung als Voraussetzung verzichten (§ 5 Abs. 1 AufenthG; die Voraussetzung der Lebensunterhaltssicherung besteht nur „in der Regel"). Im Hinblick auf den verfassungsrechtlichen Schutz des ungeborenen Lebens sind aufenthaltsrechtliche Sanktionen während der Schwangerschaft und der Betreuung kleiner Kinder umstritten. Ein kurzzeitiger Sozialleistungsbezug und der Bezug einmaliger Leistungen anlässlich von Schwangerschaft und Geburt sollten nicht zur Aufenthaltsbeendigung führen (AVwV AufenthG Nr. 2.3.1.1).

Auflösende Bedingungen
In manchen Aufenthaltserlaubnissen vermerken die Ausländerbehörden so genannte „Auflösende Bedingungen" (etwa: „Erlischt beim Bezug von SGB II-/ XII-Leistungen" oder „Erlischt bei Verlust des Arbeitsplatzes"). Derartige auflösende Bedingungen halten wir für rechtswidrig, da sie pauschal und ohne Ausübung von Ermessen zum Verlust des Aufenthaltstitels führen, wenn Leistungen beantragt werden oder der Arbeitsplatz verloren geht (vgl.: VGH Baden-Württemberg 11.12.2013 - 11 S 2077/13; Kommentierung von Müller zu § 12 AufenthG in Hofmann: Ausländerrecht 2016). Denn durch eine solche auflösende Bedingung wird die gesetzlich vorgesehene Pflicht zur Einzelfallprüfung, ob ein atypischer Ausnahmefall vorliegt oder ob der Lebensunterhalt prognostisch (wieder) gesichert werden kann, ausgehebelt (vgl. auch: Allgemeine Verwaltungsvorschriften zum AufenthG, Rn. 12.2.3). Es sollte daher ein Antrag bei der Ausländerbehörde auf Streichung der auflösenden Bedingungen gestellt und gegen eine Ablehnung Klage und Eilantrag beim Verwaltungsgericht eingelegt werden. Falls das Jobcenter oder Sozialamt mit Verweis auf die auflösende Bedingung Leistungen ablehnen sollte, empfiehlt sich ein Eilantrag beim Sozialgericht.

2. Unionsbürger*innen und ihre Familienangehörigen mit einem Aufenthaltsrecht nach dem FreizügG

Das Aufenthaltsrecht der Unionsbürger*innen (EU-Angehörige) und ihrer (auch aus Drittstaaten stammenden) Familienangehörigen richtet sich normalerweise nach dem Freizügigkeitsgesetz/EU (FreizügG). Unionsbürger*innen benötigen keinen Aufenthaltstitel. Sie besitzen automatisch ein Aufenthaltsrecht, wenn sie einen der im Folgenden erläuterten Freizügigkeitstatbestände erfüllen. Sie erhalten – genauso wie Deutsche – nur eine normale **Anmeldebescheinigung** von der Meldebehörde. Die frühere „*Freizügigkeitsbescheinigung*" ist abgeschafft. Bestätigungen über das Aufenthaltsrecht werden nicht mehr erteilt (Ausnahme: das in der Regel nach fünf Jahren erworbene Daueraufenthaltsrecht wird auf Antrag bescheinigt, s.u.). Im Zweifel ist daher zu prüfen, ob und welches Aufenthaltsrecht sich aus den tatsächlichen Lebensumständen des/r Unionsbürgers/*in ergibt.

Familienangehörige von hier lebenden Unionsbürger*innen haben auch als Drittstaatsangehörige ein Aufenthaltsrecht nach dem FreizügG/EU (z.B. die kenianische Ehefrau des kroatischen Minijobbers). Aus Drittstaaten kommende Familienangehörige von Unionsbürger*innen erhalten auf Antrag eine „*Aufenthaltskarte nach FreizügG/EU*". Aufenthaltsrecht und Leistungsansprüche können auch ohne dieses Dokument bestehen, das Jobcenter muss dann prüfen, ob die „materiellen" Voraussetzungen erfüllt sind. Die hier erläuterten Aufenthaltsrechte der Unionsbürger gelten für alle Angehörigen **aller EU-Länder** und gleichermaßen auch für Ausländer*innen mit der Staatsangehörigkeit von **Norwegen, Island, Liechtenstein** und der **Schweiz.** Menschen aus **Großbritannien** behalten ihr Recht auf Freizügigkeit auch nach dem 1. Januar 2021, wenn sie sich

bereits zuvor freizügigkeitsberechtigt in Deutschland aufgehalten haben. Sie müssen bis zum 30. Juni 2021 ihren Aufenthalt bei der Ausländerbehörde anzeigen und erhalten dann ein „Aufenthaltsdokument-GB“. Britische Staatsbürger*innen, die ab dem 1. Januar 2021 *erstmals* nach Deutschland einreisen, unterliegen hingegen nicht mehr dem FreizügG, sondern werden wie andere Drittstaatsangehörige nach dem AufenthG behandelt.

Ein **Freizügigkeitsrecht** besteht für Unionsbürger*innen u. a. für folgende Zwecke:

- Für drei Monate voraussetzungslos, und danach:
- Zum Zweck der Arbeitsuche
- Als Arbeitnehmer*in oder für eine Berufsausbildung
- Als selbstständig Erwerbstätige
- Als Nicht-Erwerbstätige
- Als Familienangehörige
- Mit Daueraufenthaltsrecht nach fünfjährigem rechtmäßigen Aufenthalt.

Als eigenständiges Aufenthaltsrecht, das weder im FreizügG noch in der Unionsbürgerrichtlinie (UnionsRL) geregelt ist, besteht darüber hinaus ein spezielles Aufenthaltsrecht für **Kinder ehemaliger EU-Arbeitnehmer*innen nach Art. 10 der EU-Verordnung 492/2011** bis zum Abschluss ihrer Schul- oder Berufsausbildung. Dieses Aufenthaltsrecht erstreckt sich auch auf die Eltern, die die Personensorge tatsächlich ausüben.

Zudem kann in Ausnahmefällen auch die Voraussetzung für die **Erteilung eines Aufenthaltstitels nach dem AufenthG** erfüllt sein, wenn dies eine bessere Rechtstellung bedeuten sollte (Besserstellungsgebot nach § 11 Abs. 14 FreizügG).

Es wird schnell deutlich, dass prinzipiell jede*r Unionsbürger*in in eine dieser Kategorien hineinpasst und insofern auch grundsätzlich immer das Recht auf Freizügigkeit bestehen dürfte. Allerdings sind die Voraussetzungen, die für die jeweilige Kategorie erfüllt werden müssen, unterschiedlich. Und auch die Folgen sind in den verschiedenen Kategorien unterschiedlich – gerade was den Anspruch auf Leistungen nach dem SGB II oder SGB XII angeht.

Daher ist es in der Beratung sehr wichtig zu prüfen, welches die passende „Schublade“ ist – insbesondere deshalb, weil durchaus eine Hierarchie unter den Schubladen besteht: Es gibt gute und weniger gute, was die soziale und ausländerrechtliche Absicherung angeht. Welche Kategorie die passende ist, hängt immer von den tatsächlichen Gegebenheiten ab und ist auch nur temporär gültig Das heißt: Man kann während eines Aufenthalts durchaus mehrfach zwischen den Kategorien wechseln, wenn sich die Lebenssituation ändert.

2.1 Freizügigkeitsrechte mit uneingeschränktem SGB II- und SGB XII-Anspruch

Für das Prüfen eines Leistungsanspruchs sowohl nach dem SGB II als auch nach SGB XII ist es sinnvoll, zunächst zu prüfen, ob ein Freizügigkeitsrecht vorliegt, mit dem ein unbeschränkter Leistungsanspruch besteht. Dies ist bei folgenden Gruppen der Fall:

- Als Arbeitnehmer*in, oder für eine Berufsausbildung
- Als selbstständig Erwerbstätige
- Als Familienangehörige dieser Gruppen
- Mit Daueraufenthaltsrecht nach fünfjährigem rechtmäßigen Aufenthalt
- Mit einem (fiktiven) Aufenthaltsrecht nach dem Aufenthaltsgesetz
- Mit einem Aufenthaltsrecht für Kinder in der Schule mit unionsangehörigen Elternteilen, die früher einmal Arbeitnehmer*in waren, nach Art. 10 VO 492/2011.

2.1.1 Als Arbeitnehmer*in oder zur betrieblichen Berufsausbildung

Es ist nicht Voraussetzung, dass die Arbeit existenzsichernd ist. Auch eine Tätigkeit mit einem Monatseinkommen von 175 € bei einem Umfang von 5,5 Wochenstunden kann den Arbeitnehmer*innenstatus begründen (EUGH 4.2.2010 - Genc, C-14/09; BVerwG 19.4. 2012 - 1 C 10.11). Das Bundessozialgericht hat in einer jüngeren Entscheidung vom 12. September 2018 (B 14 AS 18/17 R) den Arbeitnehmer*innenstatus bei einem Einkommen von zunächst 100 und später 250 €

für gegeben gehalten. Wichtig sind dabei aber immer die Umstände des Einzelfalls (Dauer des Arbeitsverhältnisses, Arbeitsvertrag mit Regelungen zur Lohnfortzahlung im Krankheitsfall und Urlaubsansprüchen). Auch Studierende oder Schüler*innen, die neben dem Studium/Schule einen Nebenjob ausüben, können als Arbeitnehmer*innen gelten und somit die für Studierende/Schüler*innen vorgesehenen Leistungen des SGB II beanspruchen (EuGH 21.2.2013 - C 46/12).

Das Landessozialgericht NRW hat ein monatliches Einkommen von 172 bis 156 € als ausreichend gewertet (LSG NRW 16.12.2016 - L 12 AS 1420/16 B ER). Nach anderen Entscheidungen reicht auch ein monatliches Einkommen, das über der Freibetragsgrenze des § 11b Abs. 2 SGB II in Höhe von 100 € liegt (LSG NRW 7.10.2016 - L 12 AS 965/16 B ER), eine Tätigkeit von fünf Wochenstunden und 187 € Monatseinkommen (LSG Bayern 6.2.2017 - L 11 AS 887/16 B ER) oder fünf Wochenstunden und 180 € Einkommen (LSG Berlin-Brandenburg 27.2.2017 - L 18 AS 2884/16).

Auch ein (rechtswidriger) arbeitsvertraglicher Ausschluss der Lohnfortzahlung im Krankheitsfall spricht nicht gegen einen Arbeitnehmer*innenstatus. Das gleiche dürfte gelten, wenn rechtswidrig der Mindestlohn nicht gezahlt wird oder wenn nur ein mündlicher Arbeitsvertrag geschlossen worden ist. Eine betriebliche Berufsausbildung ist einer Arbeitnehmertätigkeit gleich gestellt. Seit dem Jahr 2016 haben Auszubildende, die keine oder zu niedrige Berufsausbildungsbeihilfe (BAB) erhalten, Anspruch auf aufstockende Leistungen nach dem SGB II vom Jobcenter.

Für Arbeitnehmer*innen und betrieblich Auszubildende gilt: Es besteht Anspruch auf Leistungen nach dem SGB II sowie ggf. sämtliche Leistungen des SGB XII (z.B. Hilfe zur Pflege, Hilfe nach § 67ff).

2.1.2 Bei Aufrechterhaltung des Freizügigkeitsrechts als Arbeitnehmer*in bei unfreiwilliger Arbeitslosigkeit

Es besteht eine Schutzregelung, nach der nach einer unverschuldeten Arbeitslosigkeit trotz Verlusts des Arbeitsplatzes weiterhin der Status „Arbeitnehmer*in" erhalten bleibt.

Unfreiwillig ist der Verlust, wenn die *Person „die Gründe, die zur Beendigung des Arbeitsverhältnisses (Kündigung, Aufhebungsvertrag) geführt haben, nicht zu vertreten hat."* Voraussetzung ist, dass die Person sich arbeitslos bei der Arbeitsagentur meldet, *„den Vermittlungsbemühungen der zuständigen Arbeitsagentur zur Verfügung steht und sich selbst bemüht, seine Arbeitslosigkeit zu beenden"* (AVV FreizügG; 2.3.1.2).

- Bei unverschuldeter Kündigung **nach weniger als einem Jahr** Erwerbstätigkeit oder einem auf weniger als ein Jahr befristeten Arbeitsvertrag: Der Arbeitnehmer*innenstatus bleibt **für sechs Monate** bestehen (§ 2 Abs. 3 Nr. 2 FreizügG).
- Bei unverschuldeter Kündigung **nach genau einem Jahr Erwerbstätigkeit** oder länger oder einem auf mindestens ein Jahr befristeten Arbeitsvertrag bleibt der Arbeitnehmer*innenstatus **unbefristet bestehen** (und damit jeweils auch der Leistungsanspruch) (§ 2 Abs. 3 Nr. 3 FreizügG). Nach Auffassung des Bundessozialgerichts müssen für die Berechnung der Jahresfrist Beschäftigungszeiten **auch dann zusammengerechnet** werden, wenn dazwischen Unterbrechungszeiten liegen (BSG 13.7.2017 - **B 4 AS 17/16 R**). Dies gilt jedenfalls dann, wenn die Unterbrechungszeiten „kurz" sind.
- Bei **vorübergehender Arbeitsunfähigkeit infolge Krankheit oder Unfall** – in diesem Fall bleibt der Arbeitnehmer*innenstatus ohne eine zeitliche Befristung erhalten. Dies gilt auch für eine Frau, die *„ihre Erwerbstätigkeit oder Arbeitssuche wegen der körperlichen Belastungen im Spätstadium ihrer Schwangerschaft und nach der Geburt des Kindes aufgibt"* und *„"Arbeitnehmereigenschaft" im Sinne dieser Vorschrift behält, sofern sie innerhalb eines angemessenen Zeitraums nach der Geburt ihres Kindes ihre Beschäftigung wieder aufnimmt oder eine andere Stelle findet"* (EuGH 19.06.2014 - C-507/12, Saint Prix gg. United Kingdom) (§ 2 Abs. 3 Nr. 1 FreizügG).
- Bei Aufnahme einer **Berufsausbildung** bleibt der Arbeitnehmer*innenstatus auch dann erhalten, wenn eine vorangegangene Beschäftigung freiwillig aufgegeben worden ist, sofern zwischen der Ausbildung

und der früheren Erwerbstätigkeit ein inhaltlicher Zusammenhang besteht (§ 2 Abs. 3 Nr. 3 FreizügG).

Für Personen, bei denen der Arbeitnehmer*innenstatus erhalten bleibt, gilt: Es besteht Anspruch auf Leistungen nach dem SGB II sowie ggf. sämtliche Leistungen des SGB XII (z.B. Hilfe zur Pflege, Hilfe nach § 67ff).

2.1.3 Als Selbstständige

Auch wenn mit der Selbstständigkeit (noch) kein Gewinn erwirtschaftet wird und nur wenige Aufträge eingegangen sind, kann der Selbstständigenstatus gegeben sein. Es reicht allerdings nicht, sich nur einen Gewerbeschein ausstellen zu lassen, sondern die Tätigkeit muss auch tatsächlich in Deutschland ausgeübt werden (z.B. in Form von Werbung, Auftragsakquise, Anschaffung von Produktionsmitteln usw.). Auch eine freiberufliche Tätigkeit (z.B. Dolmetscher*in oder Übersetzer*in) zählt als Selbstständigkeit. Auch die selbstständige Tätigkeit als Prostituierte*r kann das Freizügigkeitsrecht zum Zwecke der Ausübung einer selbstständigen Tätigkeit begründen. Wenn wegen der wirtschaftlichen Lage oder aufgrund eines vorübergehenden Tätigkeitsverbots (z.B. im Zuge der Pandemiebekämpfung) die selbstständige Tätigkeit vorübergehend nicht ausgeübt werden kann, besteht der Selbstständigenstatus fort.

Die selbstständige Tätigkeit darf wie bei Arbeitnehmer*innen nicht völlig untergeordnet und unwesentlich sein und es muss zumindest das Ziel bestehen, perspektivisch einen Gewinn zu erwirtschaften. Bei der erforderlichen Höhe des Einkommens sollte man sich an den Eckpunkten für Arbeitnehmer*innen orientieren können (§ 2 Abs. 2 Nr. 2 FreizügG). Das Landessozialgericht Sachsen-Anhalt hat **monatliche Einnahmen aus selbstständiger Tätigkeit als Schrottsammlung in Höhe von rund 188 €** als ausreichend angesehen (LSG Sachsen-Anhalt 5.4.2016 - L 2 AS 102/16 B ER). Das Landessozialgericht Berlin-Brandenburg hat Gesamteinnahmen von 520 € innerhalb von zwei Monaten aus einer selbstständigen Tätigkeit der Sperrmüllentsorgung als ausreichend beurteilt (LSG Berlin-Brandenburg 20.12.2016 - L 25 AS 2611/16 B ER).

Für Selbstständige gilt: Es besteht Anspruch auf Leistungen nach dem SGB II sowie ggf. sämtliche Leistungen des SGB XII (z.B., Hilfe zur Pflege, Hilfe nach § 67ff).

2.1.4 Bei Aufrechterhaltung des Aufenthaltsrechts als Selbstständige bei Aufgabe der selbstständigen Tätigkeit

Für Selbstständige, die ihre selbstständige Tätigkeit unfreiwillig aufgeben müssen, gelten bezüglich der Aufrechterhaltung des Selbstständigenstatus weitgehend dieselben Regelungen wie bei Arbeitnehmer*innen (Art. 7 Abs. 3 UnionsRL; AVV FreizügG, 2.3.1.2).

Unfreiwillig ist die Aufgabe einer selbstständigen Tätigkeit, *„wenn die – ggf. auch nur vorübergehende – Einstellung einer selbständigen Tätigkeit in Umständen begründet liegt, auf die der Selbständige keinen Einfluss hatte. Das kann z. B. bei einer unverschuldeten Geschäftsaufgabe aus gesundheitlichen Gründen der Fall sein oder wenn eine Geschäftsaufgabe während des gesetzlichen Mutterschutzes erfolgt"* (AVV FreizügG; 2.3.1.2).

Unfreiwillig ist die Aufgabe der selbstständigen Tätigkeit zum Beispiel wegen Schwangerschaft oder Krankheit, wegen Insolvenz, wegen eines Scheiterns der ursprünglichen Geschäftsidee usw. Die Arbeitslosigkeit ist solange unfreiwillig, wie der/die Betroffene weiterhin Bemühungen unternimmt, die Arbeitslosigkeit zu überwinden, d.h. die Anforderungen des Jobcenters oder der Agentur für Arbeit erfüllt.

- Wenn die Selbstständigkeit zuvor **mindestens ein Jahr** ausgeübt worden ist, bleibt der Status des/r Selbstständigen unbefristet erhalten, solange die Arbeitslosigkeit unfreiwillig ist.
- Wenn die Selbstständigkeit **weniger als ein Jahr** ausgeübt worden ist, bleibt der Status des/r Selbstständigen für sechs Monate bestehen (§ 2 Abs. 3 FreizügG i.V.m. Art. 7 Abs. 3 UnionsRL).
- Bei vorübergehender Erwerbsunfähigkeit wegen **einer Krankheit oder eines Unfalls** bleibt der Selbstständigenstatus ohne Frist erhalten

- Wenn der/die Selbstständige seine/ihre selbstständige Tätigkeit freiwillig aufgibt, weil er/sie eine **Berufsausbildung** aufnimmt, die mit der früheren Tätigkeit in einem Zusammenhang steht, bleibt der Selbstständigenstatus ebenfalls erhalten.

Für Personen, deren Selbstständigenstatus erhalten bleibt, gilt: Es besteht Anspruch auf Leistungen nach dem SGB II sowie ggf. sämtliche Leistungen des SGB XII (z.B. Hilfe zur Pflege, Hilfe nach § 67ff).

2.1.5 Als Familienangehörige

Familienangehörige von freizügigkeitsberechtigten Unionsbürger*innen verfügen ebenfalls über ein Freizügigkeitsrecht – unabhängig davon, ob sie selbst EU-Angehörige sind oder Drittstaatsangehörige sind. Freizügigkeitsberechtigte Familienangehörige aus Drittstaaten erhalten von der Ausländerbehörde eine „**Aufenthaltskarte**". Der Familiennachzug im Sinne des Freizügigkeitsgesetzes beinhaltet sowohl den tatsächlichen Nachzug (d. h., der/die Unionsbürger*in lebt bereits in Deutschland) als auch die gleichzeitige Einreise. Unerheblich ist auch, ob die Ehe bzw. Lebenspartnerschaft in Deutschland geschlossen wird oder bereits vor der Einreise bestanden hat. Freizügigkeitsberechtigte Familienangehörige haben immer einen freien Zugang zum Arbeitsmarkt (Art. 23 UnionsRL).

Der Begriff des/r Familienangehörigen ist in § 3 FreizügG sowie in Art. 2 Nr. 2 UnionsRL geregelt.

Danach besteht ein Freizügigkeitsrecht für

- die **Ehegatt*in** (auch wenn sie dauernd getrennt leben),
- den/die **eingetragene*n** (gleichgeschlechtliche) **Lebenspartner*in** (auch wenn sie dauernd getrennt leben) – nicht erfasst sind davon eheähnliche Gemeinschaften,
- die **Verwandten in gerader absteigender Linie** des/r freizügigkeitsberechtigten Unionsbürgers/*in (also Kinder, Enkel usw.) oder ihrer Ehegatt*in (also Stiefkinder, Stiefenkel usw.) **bis zu einem Alter von einschließlich 20 Jahren**,
- die **Verwandten in gerader absteigender Linie** des/r freizügigkeitsberechtigten Unionsbürgers/*in (also Kinder, Enkel usw.) oder ihrer Ehegatt*in (also Stiefkinder, Stiefenkel usw.) **ab einem Alter von 21 Jahren** – in diesem Fall unter der Voraussetzung, dass ihnen ein Teil des Unterhalts gewährt wird,
- **Verwandte in gerader aufsteigender Linie** des/r Unionsbürgers/*in (also Eltern, Großeltern usw.) oder ihrer Ehegatt*in (also Schwiegereltern usw.) – in diesem Fall ebenfalls unter der Voraussetzung, dass ihnen ein Teil des Unterhalts gewährt wird.

Der Unterhalt für die beiden letztgenannten Gruppen muss einen **Teil des Bedarfs** abdecken und muss keineswegs existenzsichernd sein. Auch Naturalunterhalt (Betreuung, Pflege, kostenloses Wohnrecht usw.) wird als Unterhaltsleistung gewertet. **Ergänzend zum Unterhalt kann ein Anspruch auf Sozialleistungen bestehen.**
Das Landessozialgericht NRW hat etwa in einem Fall entschieden, dass auch ein Unterhalt in Höhe **von 100 € ausreichen kann**, um die Eigenschaft als Familienangehöriger geltend machen zu können (LSG NRW 28.5.2015 - L 7 AS 372/15 B ER und L 7 AS 373/15 B; vergleiche auch: LSG NRW 15.4.2015 - L 7 AS 428/15 B ER).
Der Status als Familienangehörige ist nicht auf eine bestimmte Altersspanne beschränkt; also *nicht* etwa auf Kinder bis zum 25. Geburtstag: Jemand kann im Sinne des Freizügigkeitsrechts Familienangehörige*r sein, obwohl er/sie nach den Regelungen des SGB II nicht mehr Teil der Bedarfsgemeinschaft ist.

Für Familienangehörige von Arbeitnehmer*innen sowie Selbstständigen und Daueraufenthaltsberechtigten besteht Anspruch auf Leistungen nach dem SGB II sowie ggf. sämtliche Leistungen des SGB XII (z.B. Hilfe zur Pflege, Hilfe nach § 67ff).
2.1.6 Bei Aufrechterhaltung des Aufenthaltsrechts als Familienangehörige
Die Familienangehörigen behalten auch nach dem Tod oder Wegzug des/r Unionsbürgers/*in oder bei einer Scheidung unter bestimmten Voraussetzungen ein eigenständiges Aufenthaltsrecht:

- Beim Tod des/r Unionsbürgers/*in behalten Familienangehörige ein **eigenständiges Recht auf Aufenthalt**, wenn sie sich vor

A

dem Tod des/r Unionsbürgers/*in mindestens ein Jahr als ihre Familienangehörigen im Bundesgebiet aufgehalten haben.

- Bei **Scheidung** bleibt ein Freizügigkeitsrecht als Familienangehörige bestehen, wenn die Ehe mindestens drei Jahre bestanden hatte, davon mindestens ein Jahr im Bundesgebiet. Es kommt hierbei nicht auf den Zeitpunkt der Trennung an, sondern auf den Zeitpunkt der „Einleitung des gerichtlichen Scheidungsverfahrens" (§ 3 Abs. 5 Nr. 1 FreizügG). In diesen beiden Fällen ist es allerdings zudem erforderlich, dass sie in eigener Person eine der Freizügigkeitsvoraussetzungen aus § 2 Abs. 2 FreizügG erfüllen (also z.B. Arbeitnehmer*in oder Selbstständige*r bzw. Arbeitssuchende*r sind) (§ 3 Abs. 3 FreizügG).
- **Minderjährige Kinder in Schul- oder Berufsausbildung** und ihr Elternteil behalten ein familiäres Aufenthaltsrecht, wenn ein EU-angehöriger Elternteil verstirbt oder wegzieht. Die Kinder von Unionsbürger*innen und der Elternteil, der die elterliche Sorge tatsächlich ausübt, haben immer und uneingeschränkt ein Aufenthaltsrecht und damit einen Anspruch auf sozialrechtliche Gleichbehandlung, wenn sie sich in einer Ausbildung befinden (Grundschule bis Berufsausbildung bzw. Studium) *und* wenn ein EU-angehöriger Elternteil verstirbt oder wegzieht (§ 3 Abs. 4 FreizügG). Auch das LSG NRW hat bestätigt, dass in einem solchen Fall sowohl das Freizügigkeitsrecht (unabhängig von der Lebensunterhaltssicherung) fortbesteht, als auch ein Anspruch auf Leistungen nach dem SGB II oder SGB XII besteht (LSG NRW 27.12.2016 - L 7 AS 2148/16 B ER).

2.1.7 Aufenthaltsrecht für unverheiratete Elternteile minderjähriger Kinder

Der Lebenswirklichkeit von „Patchwork-Familien" wird der Wortlaut des Freizügigkeitsrechts zwar nicht immer gerecht, aber durch die Rechtsprechung des Bundessozialgerichts (BSG 30.1.2013 - AZ: B 4 AS 54/12 R) ist mittlerweile klar, dass auch für derartige Konstellationen ein **Aufenthaltsrecht unabhängig von der Arbeitsuche** besteht. Dies gilt auch schon vor der Geburt des Kindes. Aus dieser Rechtsprechung ergibt sich ein **weiterer Aufenthaltszweck** aus familiären Gründen, der aus dem Zusammenleben der Partner*innen mit einem gemeinsamen Kind oder dem Kind eines/r Partners/*in folgt. Diese Personengruppen bilden jeweils eine Familie im Sinne des Art. 6 GG und der §§ 27 Abs. 1, 28 Abs. 1, 29 und 32 AufenthG und können sich auch auf den Schutz aus Art. 8 Konvention des Europarates zum Schutz der Menschenrechte und Grundfreiheiten berufen. Dies gilt nach den Ausführungen des BSG **ausdrücklich auch für unverheiratete Paare mit Kind**.

2.1.8 Personen mit Daueraufenthaltsrecht

Unionsbürger*innen sowie ihre freizügigkeitsberechtigten Familienangehörigen haben nach fünf Jahren ein zweckungebundenes Daueraufenthaltsrecht. Für das Daueraufenthaltsrecht wird nicht lediglich ein fünfjähriger tatsächlicher Aufenthalt in Deutschland vorausgesetzt, sondern der Aufenthalt muss **durchgehend einen Freizügigkeitsgrund nach dem Freizügigkeitsgesetz** erfüllt haben. Es zählen also Zeiten,

- in denen die Personen Arbeitsuchende (i. d. R. für sechs Monate),
- Arbeitnehmer*innen,
- Selbstständige oder deren Familienangehörige waren.
- Auch Zeiten, in denen der Arbeitnehmer*innenstatus oder Selbstständigenstatus wegen unfreiwilligem Verlust der Arbeit fortbestanden hat (für sechs Monate oder dauerhaft), zählen hierfür mit (⇨2.1.2).
- Auch Zeiten, in denen nicht-erwerbstätige Personen selbst über ausreichende Existenzmittel verfügt haben, zählen mit.

In einigen Fällen entsteht das Daueraufenthaltsrecht auch schon nach weniger als fünf Jahren. Über das Bestehen des Daueraufenthaltsrechts stellt die Ausländerbehörde eine **Bescheinigung** aus, drittstaatsangehörige Familienangehörige erhalten eine unbefristete „Daueraufenthaltskarte".

Personen mit Daueraufenthaltsrecht und ihre Familienangehörigen haben immer einen regulären Anspruch auf alle Leistungen nach dem SGB II / XII sowie auf sämtliche Zusatzleistungen des SGB XII (z.B. Hilfe zur Pflege, Hilfe nach § 67ff).

2.1.9 Aufenthaltsrechte nach Art. 10 VO 492/2011

Nach Art. 10 VO 492/2011 haben **die Kinder eines/r Unionsbürgers/*in, der/die in Deutschland beschäftigt ist oder früher beschäftigt gewesen ist,** das Recht, *„unter den gleichen Bedingungen wie die Staatsangehörigen dieses Mitgliedstaats am allgemeinen Unterricht sowie an der Lehrlings- und Berufsausbildung teil(zu)nehmen."* Dies gilt auch dann, wenn der Elternteil die Arbeitnehmer*inneneigenschaft mittlerweile verloren hat (etwa, weil er/sie länger als sechs Monate arbeitslos war oder die Arbeit nicht „unfreiwillig" aufgegeben hat).

Aus diesem „Schulbesuchsrecht" der Kinder ergibt sich nach ständiger Rechtsprechung des EuGH zwingend auch ein autonomes Recht auf Aufenthalt, das unabhängig von einem gesicherten Lebensunterhalt besteht (EuGH, C-310/08, Ibrahim sowie EuGH, C-480/08, Teixeira). Dieses Aufenthaltsrecht überträgt sich nach der Rechtsprechung des EuGH auch auf den Elternteil (oder beide Elternteile), *„der die elterliche Sorge für dieses Kind tatsächlich wahrnimmt"*. Dabei spielt es keine Rolle, ob der Elternteil, der die Personensorge tatsächlich ausübt, selbst EU-Bürger*in ist oder Drittstaatsangehörige*r. Auch die Staatsangehörigkeit der Kinder ist unerheblich. Es spielt auch keine Rolle, ob die Eltern miteinander verheiratet sind. Der Schulbesuch muss nicht zwingend schon dann vorgelegen haben, als der EU-angehörige Elternteil noch Arbeitnehmer*in war. Entscheidend ist jedoch, dass der Elternteil, der früher einmal gearbeitet hat, EU-Bürger*in ist und dass ein Kind die Schule besucht.

Personen mit einem Aufenthaltsrecht nach Art. 10 VO 492/2011 haben immer einen regulären Anspruch auf alle Leistungen nach dem SGB II / XII sowie auf sämtliche Zusatzleistungen des SGB XII (z.B. Hilfe zur Pflege, Hilfe nach § 67ff).

2.1.10 Aufenthaltsrechte aus dem Aufenthaltsgesetz

Das Aufenthaltsgesetz ist ausnahmsweise auch auf Unionsbürger*innen anwendbar, wenn es einen besseren Status zur Folge hat, als ihn das FreizügG vorsieht (§ 11 Abs. 14 FreizügG7

Beispiele hierfür sind der § 25 Abs. 4a für Opfer von Menschenhandel, Frauen während der Schwangerschaft oder ein Aufenthaltsrecht aus humanitären oder familiären Gründen, das im Freizügigkeitsgesetz nicht vorgesehen ist – etwa bei schweren Erkrankungen oder für unverheiratete Paare mit gemeinsamen Kindern (hier sind insbesondere § 25 Abs. 4 Satz 2, § 28 AufenthG oder § 7 AufenthG zu nennen).

Da die Ausländerbehörde in derartigen Fällen mit Verweis auf die ohnehin bestehende Freizügigkeit oft keine formale Aufenthaltserlaubnis erteilt, muss das Vorliegen eines **fiktiven Erteilungsgrundes** nach dem AufenthG auch vom Jobcenter geprüft werden, um zu klären, ob es ein Aufenthaltsrecht unabhängig von der Arbeitsuche geben könnte. Das Bundesverfassungsgericht hat mittlerweile bestätigt, dass diese Pflicht zur fiktiven Prüfung nicht von vornherein verweigert werden darf (BVerfG 8.7.2020 - 1 BvR 1094/20).

In diesen Fällen besteht daher ein regulärer Anspruch auf reguläre Leistungen nach dem SGB II / XII sowie auf sämtliche Zusatzleistungen des SGB XII (z.B. Eingliederungshilfe, Hilfe zur Pflege, Hilfe nach § 67ff).

2.2 Leistungsausschlüsse im SGB II

Grundsätzlich haben alle Unionsbürger*innen – sofern sie die allgemeinen Voraussetzungen wie Hilfebedürftigkeit, gewöhnlicher Aufenthalt, Erwerbsfähigkeit usw. erfüllen – einen Anspruch auf Leistungen nach dem SGB II. Allerdings gibt es eine **Reihe von Leistungsausschlüssen**, nach denen bestimmte Unionsbürger*innen dennoch von SGB II-Leistungen ausgeschlossen werden sollen. Es handelt sich dabei um folgende Gruppen:

- **in den ersten drei Monaten** des Aufenthalts (es sei denn, sie sind bereits in dieser Zeit Arbeitnehmer*innen, Selbstständige oder deren Familienangehörige) oder
- die nur über ein **Aufenthaltsrecht zur Arbeitsuche** verfügen oder
- die über **kein materielles Aufenthalts-**

recht verfügen (Nicht-Erwerbstätige ohne ausreichende Existenzmittel) sowie
- Leistungsberechtigte nach dem **Asylbewerberleistungsgesetz.**

Die Praxis zeigt, dass die Jobcenter immer häufiger rechtswidrig Leistungen verweigern, und dies zum Beispiel damit begründen, dass nur mit einer existenzsichernden Arbeit die Freizügigkeit bestehen würde oder dass das Einkommen mindestens sozialversicherungspflichtig sein müsse. Auch das Argument, dass die Aufnahme einer nur geringfügigen Tätigkeit und der daraus folgende Leistungsanspruch „rechtsmissbräuchlich" seien, wird von den Jobcentern immer häufiger herangezogen. Dies geht auch auf eine aktuelle interne Weisung der Bundesagentur für Arbeit zurück, in der die Jobcenter aufgefordert werden, „zur Bekämpfung von Missbrauch" Alg II-beantragende Unionsbürger*innen gleichsam unter einen Generalverdacht zu stellen (BA: Arbeitshilfe „Bekämpfung von organisiertem Leistungsmissbrauch im spezifischen Zusammenhang mit der EU-Freizügigkeit" aus Juli 2020, nur für den Dienstgebrauch). In den allermeisten Fällen sind die Leistungsverweigerungen jedoch rechtswidrig. Das Landessozialgericht Hessen etwa hat entschieden, dass für den Vorwurf des „Rechtsmissbrauchs" hohe Hürden anzulegen seien und die Tatsache, dass ein prekäres Beschäftigungsverhältnis unter Missachtung gesetzlich vorgesehener Arbeitnehmerschutzvorschriften keineswegs für einen „Missbrauch" spreche (LSG Hessen 7.12.2018 - L 6 AS 503/18 B ER).

Ein Leistungsausschluss besteht nur für diese Gruppen:

2.2.1 in den ersten drei Monaten

Unionsbürger*innen unterliegen einem **Leistungsausschluss in den ersten drei Monaten des Aufenthalts**. Der Leistungsausschluss gilt jedoch vom Wortlaut her **nicht**,
- für Unionsbürger*innen, die bereits in den ersten drei Monaten des Aufenthalts eine (geringfügige) **Erwerbstätigkeit** ausüben,
- für Unionsbürger*innen, die ihre **Arbeit in den ersten drei Monaten unfreiwillig verloren haben** sowie
- für **Familienangehörige** von Personen, die eine Erwerbstätigkeit ausüben.

2.2.2 Aufenthaltsrecht allein zum Zweck der Arbeitsuche

Für normalerweise sechs Monate haben Unionsbürger*innen sowie ihre Familienangehörigen ein Freizügigkeitsrecht nach § 2 Abs. 2 Nr. 1a FreizügG **für die Arbeitsuche.** Nach mehr als sechs Monaten besteht dieses Freizügigkeitsrecht nur, wenn sie nachweisen können, dass sie weiterhin Arbeit suchen und begründete Aussicht haben, eingestellt zu werden. **Während dieser Zeit unterliegen sie einem Leistungsausschluss** – jedoch nur dann, wenn tatsächlich kein anderes, unter 2.1. genanntes Freizügigkeitsrecht vorliegt, z.B. die Fortgeltung des Arbeitnehmer*innenstatus nach unfreiwilligem Verlust der Arbeit, aus familiären Gründen oder nach Art. 10 VO 492/2011.

2.2.3 Unionsbürger*innen „ohne Aufenthaltsrecht"

Unionsbürger*innen sowie ihre drittstaatsangehörigen Familienangehörigen, die **keinen der oben genannten Freizügigkeitsgründe** erfüllen, gelten als „Nicht-Erwerbstätige" und sind damit nur dann materiell freizügigkeitsberechtigt, wenn sie über „ausreichende Existenzmittel" und einen ausreichenden Krankenversicherungsschutz verfügen. Unter Nicht-Erwerbstätigen sind somit diejenigen zu verstehen, die weder erwerbstätig sind, noch Arbeit suchen (oder schon länger als sechs Monate erfolglos Arbeit gesucht haben), noch aus sonstigen Gründen freizügigkeitsberechtigt sind. In der Praxis handelt es sich in erster Linie um Rentner*innen, Studierende (sofern diese keine Nebenbeschäftigung ausüben), dauerhaft erwerbsunfähige Personen oder auch Personen, die keine Verbindung mit dem deutschen Arbeitsmarkt haben und hier zum Beispiel obdachlos sind.

Bei den Nicht-Erwerbstätigen und ihren Familienangehörigen handelt es sich um die **einzige Gruppe im Freizügigkeitsgesetz, die als Voraussetzung ihrer Freizügigkeit über ausreichende Existenzmittel und einen ausreichenden Krankenversiche-**

rungsschutz verfügen müssen (§ 4 FreizügG). Die Gruppe der Nicht-Erwerbstätigen ist daher streng von der Gruppe der Arbeitsuchenden oder denjenigen, die aus anderen Gründen über ein Freizügigkeitsrecht verfügen, zu unterscheiden. Nur wenn kein anderer oben genannter Freizügigkeitsgrund passt, handelt es sich um Nicht-Erwerbstätige. Als ausreichende Existenzmittel dürften in diesem Zusammenhang eigene Mittel in Höhe des Regelbedarfs nach dem SGB XII zuzüglich der Warmmiete gelten. Die Freibeträge dürfen dabei also ebenso wenig berücksichtigt werden wie die Leistungen der Sozialhilfe, die nicht der Sicherung des Lebensunterhalts dienen (etwa Hilfe zur Pflege, Eingliederungshilfe usw.).

Ein Anspruch auf Leistungen nach dem SGB II oder SGB XII besteht nach dem Gesetzeswortlaut nicht für Nicht-Erwerbstätige, die nicht die materiellen Voraussetzungen der ausreichenden Existenzmittel und auch keinen anderen Freizügigkeitsgrund erfüllen.

2.2.4 Leistungsberechtigte nach AsylbLG

Personen, die leistungsberechtigt sind nach dem **Asylbewerberleistungsgesetz**, erhalten keine Leistungen nach dem SGB II, sondern nach dem AsylbLG. Dies kann auch für Unionsbürger*innen relevant sein. Nach einer Feststellung über den Verlust oder das Nichtbestehen des Freizügigkeitsrechts durch die Ausländerbehörde sind die Betroffenen leistungsberechtigt nach dem Asylbewerberleistungsgesetz – entweder nach § 1 Abs. 1 Nr. 4 AsylbLG (wenn die Ausländerbehörde eine Duldung ausstellt) oder nach § 1 Abs. 1 Nr. 5 AsylbLG (wenn die Ausländerbehörde keine Duldung ausstellt) (vgl. LSG NRW 16.3.2020 - L 19 AS 2035/19 B ER; LSG Hessen 7.4.2015 - L 6 AS 62/15 B ER; LSG NRW 14.11.2018 - L 19 AS 1434/18 B ER).

2.2.5 Sonderregelung für österreichische Staatsangehörige

Für österreichische Staatsangehörige in Deutschland (wie auch für Deutsche in Österreich) gilt ein spezielles „Deutsch-Österreichisches Fürsorgeabkommen". Zum Deutsch-Österreichischen Fürsorgeabkommen hat die Bundesregierung bislang keinen Vorbehalt bezogen auf das SGB II erklärt, sodass österreichische Staatsangehörige aufgrund dieses Abkommens unabhängig vom Grund des Aufenthalts und unabhängig von der Freizügigkeitskategorie stets einen regulären SGB II bzw. XII-Anspruch haben dürften.

Das Sozialgericht München hat dazu geurteilt: *„Weil der Kläger als österreichischer Staatsangehöriger gemäß Art. 2 Abs. 1 DÖFA (Deutsch-Österreichisches Fürsorgeabkommen) einen Anspruch auf Gleichbehandlung bei Fürsorgeleistungen hat, Leistungen zur Sicherung des Lebensunterhalts nach SGB II Fürsorgeleistungen gemäß Art. 1 Nr. 4 DÖFA sind [...] und kein Ausschlusstatbestand nach dem Schlussprotokoll zum Abkommen vorliegt [...], ist § 7 Abs. 1 S. 2 SGB II auf ihn nicht anwendbar. Er hat Anspruch auf Arbeitslosengeld II wie ein deutscher Staatsbürger"* (SG München 10.2.2017 - S 46 AS 204/15).

Ähnlich entschieden hatte auch das Landessozialgericht Mecklenburg-Vorpommern (7.3.2012 -L 8 B 489/10 ER) sowie das LSG Berlin Brandenburg (11.5.2020 - L 18 AS 1812/19 sowie 8.6.2020 - L 18 AS 1641/19).

2.2.6 Kein Ausschluss mehr nach fünf Jahren Aufenthalt

Für Personen, die in Deutschland seit fünf Jahren ihren gewöhnlichen Aufenthalt haben und dies durch eine erstmalige behördliche Anmeldung nachweisen können, besteht seit Ende Dezember 2016 in jedem Fall ein regulärer SGB II-Anspruch – auch wenn sie nicht die gesamten fünf Jahre einen formalen Freizügigkeitsgrund erfüllt und somit noch kein Daueraufenthaltsrecht haben. Der Leistungsbezug kann in diesem Fall jedoch das Freizügigkeitsrecht gefährden. Für die fünf Jahre werden nur Zeiten berücksichtigt, für die die Ausländerbehörde nicht formal die Ausreisepflicht festgestellt hat – also keine formale Feststellung über den Verlust oder das Nichtbestehen des Freizügigkeitsrechts getroffen hat.

Nach Gesetzeswortlaut ist für den Nachweis des Fünfjahreszeitraums das Vorliegen einer erstmaligen Wohnsitzanmeldung erforderlich. Falls jedoch die Leistungen wegen der

fehlenden Wohnsitzanmeldung abgelehnt werden sollten, der gewöhnliche Aufenthalt aber anders glaubhaft gemacht werden kann (z.B. durch eidesstattliche Versicherungen, Bescheinigungen von Einrichtungen der Wohnungslosenhilfe, Kontoauszüge), sollten dagegen Rechtsmittel eingelegt werden. Das Landessozialgericht Berlin-Brandenburg hat entschieden, dass auch ohne Wohnsitzanmeldung der Fünfjahreszeitraum nachweisbar ist und andere Mittel zur Glaubhaftmachung ausreichen:

„Zwar ist nach dem Wortlaut des Gesetzes für den Beginn der Fünfjahresfrist eine melderechtliche Anmeldung erforderlich. Wie der Senat zur Parallelregelung des § 7 Abs. 1 Sätze 4 und 5 Sozialgesetzbuch/Zweites Buch (SGB II) bereits entschieden hat, kann die Dauer des Aufenthalts aber auch auf andere Weise als durch eine melderechtliche Anmeldung belegt und glaubhaft gemacht werden (und muss es unter Umständen sogar, Beschluss vom 5. April 2017 – L 15 SO 353/16 B ER –, veröffentlicht). Keine Bedeutung für die Bemessung des Fünfjahreszeitraums hat außerdem, ob die Antragstellerin tatsächlich über ein materielles Freizügigkeitsrecht als EU-Bürgerin verfügt. Solange der Verlust bzw. das Nichtbestehen eines Freizügigkeitsrechts nicht durch die Ausländerbehörde festgestellt ist, ist ihr Aufenthalt im Inland nicht rechtswidrig im Sinne des § 23 Abs. 3 Satz 9 SGB XII“ (LSG Berlin-Brandenburg 6.6.2017 - L 15 SO 112/17 B ER). Ähnlich hatte das Gericht bereits in einem anderen Fall entschieden (LSG Berlin-Brandenburg 5.4.2017 - L 15 SO 353/16 B ER).

Das Landessozialgericht NRW hat zudem entschieden, dass auch dann die Fünfjahresfrist erfüllt sein kann, wenn der Aufenthalt in Deutschland nicht durchgehend bestanden hat, sondern kurzfristig unterbrochen war. In diesem Fall war eine polnische Frau über mehrere Monate zur Pflege ihrer Mutter zwischen Deutschland und Polen gependelt und hatte sich in diesem Zeitraum für etwa vier Monate in Polen aufgehalten. Das LSG hat ihr dennoch einen SGB II-Anspruch aufgrund eines insgesamt fünfjährigen Aufenthalts zugesprochen; die Unterbrechungen seien nur „unwesentlich“ (Landessozialgericht NRW 15.3.2017 - L 19 AS 32/17 B ER).

Auch nach fünf Jahren kann eine Verlustfeststellung durch die Ausländerbehörde drohen, wenn die Voraussetzungen des Daueraufenthaltsrechts nicht erfüllt sind und auch kein anderer Freizügigkeitsgrund erfüllt ist.

2.2.7 Überbrückungsleistungen

Für von den regulären Leistungen ausgeschlossene Personen ist ein Anspruch auf innerhalb von zwei Jahren nur einmalig zu gewährende „Überbrückungsleistungen“ im System des SGB XII eingeführt worden, die zeitlich regelmäßig auf einen Monat beschränkt sind und sogar das rein physische Existenzminimum deutlich unterschreiten (⇨3.). Dennoch können diese Überbrückungsleistungen gemeinsam mit den „Härtefallleistungen“ eine Möglichkeit sein, das Existenzminimum in prekären Fällen zu sichern.

2.3 Leistungen der Sozialhilfe (SGB XII)

Die Hilfe zum Lebensunterhalt bzw. die Grundsicherung für erwerbsunfähige Personen nach dem SGB XII wird normalerweise nur an Personen erbracht, die die Altersgrenze überschritten haben oder längere Zeit voll erwerbsgemindert sind (⇨Erwerbsminderung). Zusätzlich gibt es spezielle Leistungen des SGB XII (wie etwa die Hilfe zur Pflege, die Eingliederungshilfe, Leistungen bei besonderen sozialen Schwierigkeiten usw.), die auch zusätzlich zu Leistungen des SGB II erbracht werden müssen.

Normalerweise haben alle Unionsbürger*innen – sofern sie die allgemeinen Voraussetzungen erfüllen – einen Anspruch auf sämtliche Leistungen nach dem SGB XII – auch auf Krankenhilfe, Hilfe zur Pflege und Hilfe zur Überwindung besonderer sozialer Schwierigkeiten. Die Einschränkung auf Ermessensleistungen nach § 23 Abs. 1 Satz 3 SGB XII dürfte für Unionsbürger*innen nicht anwendbar sein, da bei ihnen als Freizügigkeitsberechtigte ebenso wie bei Drittstaatsangehörige mit einem längerfristigen Aufenthaltstitel stets von einem voraussichtlich dauerhaften Aufenthalt ausgegangen werden muss (§ 23 Abs. 1 Satz 4 SGB XII).

Ausgenommen von sämtlichen Leistungen des SGB XII (außer „Überbrückungsleistungen"; ⇨3.) sind jedoch – ähnlich wie im SGB II – diejenigen Unionsbürger*innen,

- die **„eingereist sind, um Sozialhilfe zu erlangen"**,
- in den **ersten drei Monaten** des Aufenthalts (es sei denn, sie sind bereits in dieser Zeit Arbeitnehmer*innen, Selbstständige oder deren Familienangehörige),
- die nur über ein **Aufenthaltsrecht allein zur Arbeitsuche** verfügen oder
- die über **kein materielles Aufenthaltsrecht** verfügen (Nicht-Erwerbstätige ohne ausreichende Existenzmittel) (§ 23 Abs. 2 und 3 SGB XII),
- mit Leistungsberechtigung nach **AsylbLG** (nach Verlustfeststellung).

Zu den genaueren Regelungen für diese Gruppen vergleiche unter ⇨ 2.2.1 bis 2.2.5

2.3.1 Kein Ausschluss nach fünf Jahren Aufenthalt

Ähnlich wie im SGB II besteht jedoch auch für diese eigentlich ausgeschlossenen Gruppen ein Anspruch auf die meisten Leistungen des SGB XII (Hilfe zum Lebensunterhalt, Hilfe bei Schwangerschaft und Geburt, Hilfe zur Pflege und Hilfe bei Krankheit), wenn Unionsbürger*innen bereits seit fünf Jahren in Deutschland leben, ohne (durchgängig) einen materiellen Freizügigkeitsgrund erfüllt zu haben (§ 23 Abs. 3 Satz 7 SGB XII). Das Freizügigkeitsrecht darf jedoch noch nicht entzogen worden sein. Vorausgesetzt wird darüber hinaus eine (erstmalige) Wohnsitzanmeldung.

2.3.2 Staatsangehörige der Staaten des Europäischen Fürsorgeabkommens

Entgegen dem Gesetzeswortlaut besteht eine Besonderheit für bestimmte Staatsangehörige: Staatsangehörige, für die das Europäische Fürsorgeabkommen (EFA) gilt und

- die noch keine drei Monate in Deutschland leben oder
- deren Aufenthaltsrecht sich allein aus dem Zweck der Arbeitsuche ergibt,

und die deswegen *„dem Grunde nach"* keinen SGB II-Anspruch besitzen, haben nach den Urteilen des Bundessozialgerichts Anspruch auf die normale Hilfe zum Lebensunterhalt nach dem SGB XII, obwohl sie gesundheitlich erwerbsfähig sind (u. a. BSG 3.12.2015 - B 4 AS 59/13 R; LSG Baden-Württemberg 31.7.2017 - L 7 SO 2557/17 ER-B). Der Regelbedarf ist derselbe wie im SGB II. Der Leistungsbezug gefährdet das Freizügigkeitsrecht nicht.

Auch auf andere Leistungen des SGB XII (z.B. Krankenhilfe, Bildungs- und Teilhabepaket usw.) besteht Anspruch, da das Fürsorgeabkommen ausdrücklich auch die „Gesundheitsfürsorge" einbezieht. Unter „Fürsorge" ist darüber hinaus alles zu verstehen, das den „Lebensbedarf sowie die Betreuung" umfasst, „die ihre Lage erfordert". Eine Ausnahme gilt nur für die Hilfe bei besonderen sozialen Schwierigkeiten (§§ 67ff.), die im Europäischen Fürsorgeabkommen ausdrücklich ausgenommen worden sind. Über Leistungen nach § 67 ff. muss in diesen Fällen nach Ermessen entschieden werden.

Das Europäische Fürsorgeabkommen (EFA) gilt für folgende Staatsangehörige: **Belgien, Dänemark, Estland, Frankreich, Griechenland, Irland, Island, Italien, Luxemburg, Malta, Niederlande, Norwegen, Portugal, Schweden, Spanien, Türkei, Großbritannien.**

Die Bundesregierung hat zwar einen Vorbehalt für die Gültigkeit des EFA für das System des SGB II verkündet, jedoch nicht für das System der Sozialhilfe nach dem SGB XII. **Daher hat das Bundessozialgericht entschieden, dass Sozialhilfe nach dem SGB XII den EFA-Staatsangehörigen erbracht werden muss, auch wenn sie erwerbsfähig sind und damit eigentlich dem SGB II unterliegen würden.** Dieser Anspruch ist auch durch die jüngeren Gesetzesverschärfungen nicht eingeschränkt worden!

Für die Geltung des Gleichbehandlungsanspruchs aus dem EFA ist Voraussetzung, dass die Person über einen „erlaubten Aufenthalt" verfügen, so dass etwa ein Aufenthaltsrecht zur Arbeitsuche materiell vorliegen oder die Person sich noch innerhalb der ersten drei Monate des Aufenthalts befinden muss.

Von einem „erlaubten Aufenthalt" dürfte nach der jüngsten Rechtsprechung des Bundessozialgerichts dann nicht auszugehen

sein, wenn die Freizügigkeit zwar noch nicht formal entzogen wurde, aber auch kein materielles Freizügigkeitsrecht erfüllt ist (BSG 9.8.2018 - B 14 AS 32/17 R). Eine gegenteilige Auffassung vertritt das LSG Berlin-Brandenburg, das davon ausgeht, dass der Aufenthalt „erlaubt" ist, solange die Ausländerbehörde keine Verlustfeststellung getroffen hat (LSG Berlin-Brandenburg 14.3.2019 - L 15 SO 15/19 B ER).

Für Personen, die unter das EFA fallen, gilt

- **Kein Ausschluss in den ersten drei Monaten**
  Auch innerhalb der ersten drei Monate des Aufenthalts besteht nach dem EFA ein Anspruch auf Sozialhilfe nach dem SGB XII. Der Leistungsausschluss innerhalb der ersten drei Monate ist in diesem Fall nicht anwendbar.
- **Kein Ausschluss wegen „Einreise zum Sozialhilfebezug"**
  Der Vorwurf einer „Einreise zum Zwecke des Sozialhilfebezugs" führt nach dem EFA nicht zu einem Leistungsausschluss. Dies hat das Bundessozialgericht bereits im Jahr 2010 klargestellt (BSG 19.10.2010 - B 14 AS 23/10 R).

2.5 Verlust des Freizügigkeitsrechts

Innerhalb der ersten fünf Jahre des Aufenthalts kann die Ausländerbehörde aus besonderem Anlass das Fortbestehen des Rechts auf Freizügigkeit überprüfen. Als besonderer Anlass gilt zum Beispiel der Antrag auf Leistungen nach dem SGB II oder SGB XII. Die Folge einer solchen Überprüfung kann unter bestimmten Voraussetzungen die Feststellung über das Nicht-Bestehen eines Freizügigkeitsrechts sein.

Wegen der Inanspruchnahme von Sozialhilfeleistungen **kann nur im folgenden Fall** eine Verlustfeststellung des Rechts auf Freizügigkeit getroffen werden:

- Unionsbürger*innen in der Kategorie **„Nicht-Erwerbstätige"** und ihre Familienangehörigen, die *„unangemessene"* Sozialhilfeleistungen beziehen.

Bei allen anderen Gruppen besteht das Freizügigkeitsrecht immer unabhängig vom Vorliegen ausreichender Existenzmittel. Bei ihnen kann aus Gründen der Sozialhilfebedürftigkeit also in keinem Fall eine Verlustfeststellung getroffen werden. Dies betrifft vor allem:

- **Arbeitnehmer*innen oder Selbstständige,** die ergänzende Leistungen nach dem SGB II beziehen, und ihre Familienangehörigen,
- **Arbeitnehmer*innen oder Selbstständige,** deren Status bei unfreiwilliger Arbeitslosigkeit für sechs Monate oder sogar unbefristet fortbesteht, und ihre Familienangehörigen,
- **Arbeitsuchende: Bei ihnen kann allerdings** der Verlust des Freizügigkeitsrechts festgestellt werden, wenn nach sechs Monaten der Arbeitsuche objektiv keine Aussicht mehr besteht, dass eine Arbeitsstelle gefunden wird oder tatsächlich keine Arbeitssuche stattfindet,
- **Personen mit einem Aufenthaltsrecht nach** Art. 10 VO 492/2011 (Kinder in der Schule und ihre Eltern, wenn ein EU-angehöriger Elternteil früher eine Beschäftigung ausgeübt hat),
- **Personen mit einem Daueraufenthaltsrecht.**

Das Freizügigkeitsrecht endet nie automatisch, sondern nur durch eine Ermessensentscheidung (begründeter Bescheid) der Ausländerbehörde. Gegen einen solchen Verwaltungsakt können Rechtsmittel (in manchen Bundesländern ⇨ Widerspruch, ansonsten ⇨ Klage vor dem Verwaltungsgericht; ggf. auch ein „Antrag auf einstweilige Anordnung" nach § 80 Abs. 5 Verwaltungsgerichtsordnung – VwGO) eingelegt werden. Nach einem Aufenthalt von fünf Jahren, in denen durchgehend ein materieller Freizügigkeitsgrund erfüllt war, kann keine Verlustfeststellung mehr getroffen werden. Nach einem fünfjährigen materiell rechtmäßigen Aufenthalt besteht das **Daueraufenthaltsrecht**.

Die Verlustfeststellung führt zwar zum Eintreten einer Ausreisepflicht (§ 7 FreizügG), es besteht aber normalerweise keine Wiedereinreisesperre. Daher lebt das Freizügigkeitsrecht auch nach einer (kurzfristigen) Ausreise wieder neu auf. Auch ohne Ausreise lebt das

Freizügigkeitsrecht wieder auf, wenn sich ein neuer Freizügigkeitsgrund ergibt (z.B. durch Annahme eines Jobs).

Nach einer Verlustfeststellung durch die Ausländerbehörde entsteht die Ausreisepflicht. Falls keine Ausreise erfolgt und die Ausländerbehörde auch keine Abschiebung durchführt, gilt die Person als „geduldet". Es besteht dann auch für Unionsbürger*innen Anspruch auf Erteilung einer Duldung nach § 60a AufenthG. Die Duldung ist nämlich eine deklaratorische Bescheinigung, die von Amts wegen auszustellen ist, solange eine Abschiebung aus rechtlichen oder tatsächlichen Gründen nicht möglich ist (§ 60a Abs. 2 Satz 1 AufenthG), oder aufgrund einer Ermessensentscheidung vorübergehend nicht durchgeführt werden soll (§ 60a Abs. 2 Satz 3 AufenthG).

Personen, bei denen eine formale Verlustfeststellung durch die Ausländerbehörde erfolgt ist, haben Anspruch auf Leistungen nach dem Asylbewerberleistungsgesetz (§ 1 Abs. 1 Nr. 4 oder Nr. 5 AsylbLG, vgl. LSG NRW 16.3.2020 - L 19 AS 2035/19 B ER; LSG Hessen 7.4.2015 - L 6 AS 62/15 B ER; LSG NRW 14.11.2018 - L 19 AS 1434/18 B ER).

2.6 Kritik

Die vollständigen Leistungsausschlüsse für Unionsbürger*innen mit dem „falschen Freizügigkeitsgrund" sind mit dem Grundgesetz unvereinbar. Sie führen zur Verelendung, zu einer massiven Ausbeutbarkeit und zur Herausbildung einer neuen Klasse von „modernen Arbeitssklav*innen", die unter dem Damoklesschwert des vollständigen Aushungerns gezwungen sind, jede Arbeit anzunehmen. Insbesondere besonders schutzbedürftige Gruppen leiden unter diesen anachronistischen und eines sozialen Rechtsstaats unwürdigen Regelungen.
Es sollte unstrittig sein, dass Menschen, die faktisch (und ganz überwiegend sogar rechtmäßig) in Deutschland leben, einen Anspruch auf Sicherstellung ihres menschenwürdigen Existenzminimums haben und nicht durch ein „Aushungern" gezwungen werden dürfen, Deutschland zu verlassen – obwohl sie gar nicht ausreisepflichtig sind.

Das Bundesverfassungsgericht (18.7.2012 - 1 BvL 10/10 und 1 BvL 2/11, 5.11.2019 - 1 BvL 7/16) hat mehrfach festgestellt, dass das Grundgesetz *„ein Grundrecht auf Gewährleistung eines menschenwürdigen Existenzminimums"* garantiere. Bei diesem Anspruch handele es sich um ein Menschenrecht. *„Er umfasst sowohl die physische Existenz des Menschen als auch die Sicherung der Möglichkeit zur Pflege zwischenmenschlicher Beziehungen und ein Mindestmaß an Teilhabe am gesellschaftlichen, kulturellen und politischen Leben. Das Grundrecht steht deutschen und ausländischen Staatsangehörigen, die sich in der Bundesrepublik Deutschland aufhalten, gleichermaßen zu."*

Das Bundesverfassungsgericht hat entschieden, dass die Gewährleistung eines menschenwürdigen Existenzminimums nur von Mitwirkungspflichten abhängig gemacht werden darf, die geeignet sind, die Hilfebedürftigkeit konkret zu überwinden und die zumutbar, geeignet und verhältnismäßig sind und einen legitimen Zweck verfolgen. Das gesetzgeberische Ziel, den Ausreisedruck zu erhöhen, zählt jedoch nicht zu diesen legitimen Zwecken. Das Bundessozialgericht hatte hierzu entschieden: *„Auf die Möglichkeit einer Heimkehr des Ausländers in sein Herkunftsland kommt es in diesem Zusammenhang nicht an. Diese Möglichkeit ist im Hinblick auf die Ausgestaltung des genannten Grundrechts als Menschenrecht schon verfassungsrechtlich jedenfalls solange unbeachtlich, wie der tatsächliche Aufenthalt in Deutschland von den zuständigen Behörden faktisch geduldet wird"* (BSG 20.1.2016 - B 14 AS 35/15 R).

Der zentrale Satz im Urteil 1 BvL 10/10 und 1 BvL 2/11 lautet: *„Die Menschenwürde ist migrationspolitisch nicht zu relativieren."* Die Gesetzesbegründung argumentiert demgegenüber sogar ausdrücklich und in erster Linie migrationspolitisch: *„Es ist davon auszugehen, dass die Regelung des Leistungsausschlusses im SGB XII eine Lenkungswirkung entfalten wird."* Die Sozialleistungsausschlüsse, die in erster Linie und ausdrücklich aus migrationspolitischen Erwägungen erfolgt sind, sind insofern mit

der Rechtsprechung des BVerfG nicht zu vereinbaren.

3. Überbrückungsleistungen und Härtefallleistungen

Statt der regulären Leistungen zur Sicherung des Lebensunterhalts ist für von den regulären Leistungen ausgeschlossene Personen (sowohl Unionsbürger*innen als auch Drittstaatsangehörige) in § 23 Abs. 3 S. 3ff SGB XII ein Anspruch auf innerhalb von zwei Jahren nur einmalig zu gewährende „Überbrückungsleistungen" im System des SGB XII eingeführt worden, die zeitlich regelmäßig auf einen Monat beschränkt sind und sogar das rein physische Existenzminimum deutlich unterschreiten.

Die Überbrückungsleistungen haben folgenden Umfang:

- Ernährung (in Regelbedarfsstufe 1 betragen diese im Jahr 2021: 154,75 €)
- Körperpflege (ca. 30 €)
- Gesundheitspflege (17,02 €).

Dies ergibt einen **Anspruch auf Überbrückungsleistungen von etwa 200 €** in Regelbedarfsstufe 1 und damit weit weniger als die Hälfte des normalen Regelbedarfs. Das reguläre physische Existenzminimum in Regelbedarfsstufe 1 beläuft sich dagegen bereits auf rund 275 €.

Teil der „Überbrückungsleistungen" sind zudem Kosten für Unterkunft und Heizung sowie die Gesundheitsversorgung bei akuten oder schmerzhaften Erkrankungen und Hilfe bei Schwangerschaft und Mutterschaft. Zusätzlich besteht auf Antrag Anspruch auf darlehensweise Gewährung der angemessenen Rückreisekosten (§ 23 Abs. 3a SGB XII).

Ausgeschlossen sind damit regelmäßig unter anderem Leistungen für:

- Kleidung,
- Hausrat, Haushaltsgegenstände,
- Strom,
- Bildungs- und Teilhabepaket,
- Behandlung chronischer Erkrankungen,
- das gesamte soziale Existenzminimum (Fahrtkosten, Telefonkosten usw.) und
- sämtliche sonstigen Leistungen des SGB XII (Hilfe zur Pflege, Leistungen zur Überwindung besonderer sozialer Schwierigkeiten usw.).

In Ausnahmefällen: Auch andere Leistungen nach dem SGB XII

Nur soweit *„dies im Einzelfall besondere Umstände erfordern"*, besteht „zur Überwindung einer besonderen Härte" Anspruch auf andere Leistungen im Sinne von § 23 Absatz 1 SGB XII – also die gesamten Leistungen zur Sicherung des Lebensunterhalts sowie sämtliche übrigen Leistungen des SGB XII, die über § 23 Abs. 1 nach den Sätzen 1, 2 oder 3 SGB XII eröffnet sind. Die Gesetzesbegründung nennt beispielhaft lediglich Leistungen für Kleidung, es kann sich aber etwa auch um Leistungen bei besonderen sozialen Schwierigkeiten (§ 67ff SGB XII) handeln. Das LSG NRW hat die Erbringung von Überbrückungsleistungen in Höhe der regulären Hilfe zum Lebensunterhalt des SGB XII für einen heroinabhängigen und wohnungslosen litauischen Staatsbürger angeordnet (LSG NRW 28.3.2018 - L 7 AS 115/18 B ER). Ebenso hat das LSG Baden-Württemberg für eine dialysebedürftige Unionsbürgerin Überbrückungsleistungen in voller Regelbedarfshöhe angeordnet (LSG Baden-Württemberg 28.3.2018 - L 7 AS 430/18 ER-B), ebenso das LSG Berlin-Brandenburg (8.3.2018 L 25 AS 337/18 B ER).

In Ausnahmefällen: Auch länger als einen Monat Überbrückungsleistungen

Über den Zeitraum von einem Monat hinaus besteht nur dann Anspruch, *„soweit dies im Einzelfall aufgrund besonderer Umstände zur Überwindung einer besonderen Härte und zur Deckung einer zeitlich befristeten Bedarfslage geboten ist."* Die Gesetzesbegründung nennt hierzu beispielhaft eine amtsärztlich festgestellte Reiseunfähigkeit. Das LSG NRW hat in einem Fall Überbrückungsleistungen für zunächst sechs Monate angeordnet (28.3.2018 - L 7 AS 115/18 B ER), das LSG Baden-Württemberg hat ebenfalls die Leistungen für mehr als einen Monat angeordnet (LSG Baden-Württemberg 28.3.2018 - L 7 AS 430/18 ER-B), ebenso das LSG Hessen (13.6.2017 - L 4 SO 79/17 B ER), das LSG Berlin-Brandenburg hat in einem Fall sogar zeitlich unbefristete Überbrückungsleistungen angeordnet (8.3.2018 - L 25 AS 337/18 B ER).

Rechtsprechung: Dauerhafte Überbrückungsleistungen für die gesamte Zeit des Aufenthalts

Es gibt mittlerweile zwei Urteile in Hauptsacheverfahren von Landessozialgerichten, die in verfassungskonformer Auslegung angeordnet haben, dass die Überbrückungs- bzw. Härtefallleistungen stets dauerhaft für die gesamte Zeit des tatsächlichen Aufenthalts in Deutschland erbracht werden müssen. Nur so sei nämlich die grundgesetzliche Pflicht zur Gewährleistung eines menschenwürdigen Existenzminimums erfüllt. Der Anspruch auf Überbrückungsleistungen endet danach erst mit einer Verlustfeststellung durch die Ausländerbehörde oder mit dem Beginn eines regulären Leistungsanspruchs, etwa wegen Aufnahme einer Arbeit (LSG Hessen vom 1.7.2020 - L 4 SO 120/18 und LSG Berlin-Brandenburg vom 11.7.2019 - L 15 SO 181/18). Während das LSG Berlin-Brandenburg nur eingeschränkte Leistungen vorsieht, hat das LSG Hessen entschieden, dass während dieser Zeit **das gesamte physische und soziale Existenzminimum** sichergestellt werden muss. Allerdings sieht es für die Leistungen des sozialen Existenzminimums keine Pauschalierung vor, sondern die Bedarfe müssen im Einzelfall glaubhaft gemacht werden.

Kein gesonderter Antrag auf Überbrückungsleistungen erforderlich

Für die Erbringung der Überbrückungsleistungen besteht kein Antragserfordernis. Der Antrag auf Leistungen des SGB II bzw. reguläre Leistungen nach dem SGB XII muss vom Jobcenter an das Sozialamt weitergeleitet werden bzw. vom Sozialamt als Antrag auf Überbrückungsleistungen gedeutet werden (LSG Hessen 1.7.2020 - L 4 SO 120/18; LSG Berlin-Brandenburg 2.2.2018 - L 26 AS 24/18 B-ER). Da die Praxis jedoch anders aussieht, sollten die Überbrückungsleistungen ausdrücklich beantragt werden.

Erklärung eines „Ausreisewillens" nicht Voraussetzung für die Überbrückungsleistungen

Anders als dies viele Sozialämter handhaben, ist die Erklärung eines Ausreisewillens dem klaren Wortlaut nach keine Voraussetzung für die Erbringung von Überbrückungsleistungen (LSG Hessen 1.7. 2020; L 4 SO 120/18 und LSG Berlin-Brandenburg 11.7. 2019 - L 15 SO 181/18; LSG Hamburg 21.2. 2018 - L 4 SO 10/18 B ER; LSG NRW 28.3.2018 - L 7 AS 115/18 B ER). Auch die Bundesregierung hat diese Rechtsauffassung mittlerweile ausdrücklich bestätigt.

Bei der Beantragung von Überbrückungs- und Härtefallleistungen dürften in vielen Fällen Rechtsmittel gegen die Entscheidung der Sozialämter eingelegt werden müsse, da diese erfahrungsgemäß sehr restriktiv entscheiden. Im Widerspruch und im Eilantrag beim Sozialgericht sollten dann die Gründe vorgetragen werden, warum im Einzelfall bestimmte zusätzliche Leistungen erforderlich sind (z.B. Kleidung, Behandlung chronischer Erkrankungen, Leistungen zur sozialen Teilhabe wie Fahrtkosten, Telefonkosten, Hilfe zur Pflege, Hilfe zur Überwindung besonderer sozialer Schwierigkeiten usw.) und warum diese auch länger als einen Monat erbracht werden müssen (z.B. bei Krankheit, wenn Kinder in der Familie leben, bei Behinderung, bei Schwangerschaft usw.).

4. Die Meldepflicht

Es gibt eine Meldepflicht aller Behörden (außer Schulen u. ä.), wenn diese Kenntnis haben von Leistungsanträgen nach SGB II oder XII von Ausländer*innen, die

- über kein (unionsrechtliches) Aufenthaltsrecht verfügen,
- über ein Aufenthaltsrecht nur zum Zweck der Arbeitsuche verfügen oder
- einen fünfjährigen gewöhnlichen Aufenthalt nachweisen können.

Auch bei Anträgen auf die „Überbrückungsleistungen" nach § 23 Abs. 3 S. 3ff SGB XII besteht eine Meldepflicht an die Ausländerbehörde (§ 87 Abs. 2 Nr. 2a AufenthG).

Darüber hinaus besteht eine Meldepflicht der Jobcenter und Sozialämter an die Ausländerbehörde,

- **wenn Drittstaatsangehörige einen Antrag** auf Leistungen nach dem SGB II oder XII stellen, die von diesen Leistungen ausgeschlossen sind, weil sie über ein Aufenthaltsrecht allein zum Zweck der Arbeitsuche verfügen,
- **wenn Drittstaatsangehörige mit einer** Aufenthaltserlaubnis zum Zweck der Ausbildung, des Studiums oder der Erwerbstätigkeit (dies sind nur die Aufenthaltserlaubnisse nach §§ 16 bis 21 AufenthG) Leistungen nach dem SGB II oder XII beantragen (§ 87 Abs. 2 S. 3 AufenthG).

Die Mitteilung heißt jedoch nicht, dass dann automatisch das Aufenthaltsrecht nachträglich verkürzt oder eine Verlängerung abgelehnt bzw. eine Verlustfeststellung des Freizügigkeitsrechts getroffen werden darf. Hierfür muss die Ausländerbehörde stets eine Einzelfallentscheidung treffen.

5. Dolmetscher- und Übersetzungsleistungen

Für alle Staatsangehörigen eines EU-Staates, alle anerkannten Flüchtlinge, alle Staatenlosen und alle Drittstaatsangehörigen in einer „grenzüberschreitenden Situation" (d. h., die ihren rechtmäßigen Lebensmittelpunkt von einem EU-Staat in einen anderen verlagern) besteht nach der EU-Verordnung 883/2004 ein Anspruch auf Gleichbehandlung. Dieser Anspruch erstreckt sich auch darauf, dass Sprachschwierigkeiten keine Hürden bei der Inanspruchnahme von Leistungen sein dürfen, die in der genannten Verordnung geregelt sind. Unter anderem gilt dies für Familienleistungen, Rente, Arbeitsförderung, aber auch für die so genannten „besonderen beitragsunabhängigen Geldleistungen" gem. Art. 70 der Verordnung – das sind die Leistungen des SGB II. Im Klartext: Das Jobcenter muss Übersetzungen vornehmen lassen oder Dolmetscher*innen stellen und bezahlen, wenn es keine andere vernünftige Möglichkeit gibt. Geregelt ist dies ausdrücklich in einer Weisung der Bundesagentur für Arbeit (Handbuch Interner Dienstbetrieb: 14. Übersetzungsdienste und Kommunikationshilfen von Februar 2018).

Hierin ist eine Rangfolge der Inanspruchnahme von Sprachmittler*innen geregelt: In erster Linie sollen Kund*innen der Jobcenter (und Arbeitsagenturen oder Familienkassen) mit Sprachschwierigkeiten eine Person mit entsprechenden Sprachkenntnissen mitbringen.

„Stehen diese Möglichkeiten nicht zur Verfügung, ist die BA verpflichtet, Übersetzungen vorzunehmen und Dolmetscherdienste anzubieten. Gemäß der Verordnung (EG) Nr. 883/2004 des Europäischen Parlaments und des Rates zur Koordinierung der Systeme der sozialen Sicherheit sowie nach entsprechenden Regelungen in zwischenstaatlichen Abkommen und Übereinkommen über Soziale Sicherheit und Kindergeld darf die Bundesagentur für Arbeit bzw. das jeweilige Jobcenter Kundinnen und Kunden aus EU-Mitgliedsstaaten nicht benachteiligen. Dies gilt insbesondere für die Übersetzung der Anträge von Personen, die vom persönlichen Geltungsbereich dieser Verordnung sowie der zwischenstaatlichen Abkommen und Übereinkommen erfasst werden. Bei Erstkontakten (schriftlich und mündlich) werden notwendige Übersetzungen bzw. Dolmetscherdienste in jedem Fall veranlasst."

Die Weisung sieht ausdrücklich vor, dass für Unionsbürger*innen *„die Kosten für Übersetzungen von Schriftstücken und für Dolmetscherdienste […] bei allen Kontakten von Amts wegen übernommen"* werden müssen. Dies gilt also auch für die eigentliche Antragstellung: Es ist nicht zulässig, die Antragsannahme oder Vorsprache zu verweigern, weil Sprachschwierigkeiten bestehen. (⇨ Härtefallmehrbedarf 3.1).

6. Passkosten

Anders als Deutsche und Unionsbürger*innen, für die ein Personalausweis ausreicht, sind Drittstaatsangehörige nach § 3 AufenthG verpflichtet, einen gültigen Pass zu besitzen, um sich legal in Deutschland aufzuhalten. Die Kosten für die Fahrt zu Botschaft bzw. Konsulat und den Pass betragen oft mehrere hundert Euro. In Einzelfällen sind zur Passbeschaffung auch Reisen ins Herkunftsland nötig. Verstöße gegen die Passpflicht sind nach § 95 Abs. 1 Nr. 1 AufenthG strafbar. Da ein Reisepass für Deutsche nicht zum sozialhilferechtlichen Existenzminimum zählt, sind Passkosten nicht im Regelbedarf enthalten – lediglich 25 Cent sind als Teil des Regelbedarfs für die Beschaffung eines Personalausweises vorgesehen. Dennoch hat das Bundessozialgericht am 12. September 2018 entschieden, dass jedenfalls im Falle von „nicht extrem hohen" Passkosten allenfalls ein Anspruch auf ein Darlehen nach § 24 Abs. 1 SGB II im Rahmen eines unabweisbaren Bedarfs bestehe (B 4 AS 33/17 R).

Seit dem 1. Januar 2021 dürften Passkosten hingegen über die neuen einmaligen Beihilfen

des § 21 Abs. 6 SGB II als unabweisbare, besondere Bedarfe erbracht werden müssen (⇨Härtefallmehrbedarf 3.1).

Leistungsberechtigte nach AsylbLG können die Passkosten nach § 6 AsylbLG beanspruchen (⇨Asylbewerber*innen 4.5).

7. Verpflichtungserklärung

In manchen Fällen verlangen die Ausländerbehörden bzw. die deutschen Botschaften für die Erteilung eines Aufenthaltstitels eine Bürgschaft über möglicherweise in Anspruch genommene Sozialhilfekosten. Rechtsgrundlage für eine solche „Verpflichtungserklärung" sind § 68 und § 68a AufenthG. Mit der Abgabe einer Verpflichtungserklärung verpflichten sich Privatpersonen oder auch Institutionen (z.B. Kirchengemeinden, Vereine oder wissenschaftliche Einrichtungen), *„sämtliche öffentlichen Mittel zu erstatten, die für den Lebensunterhalt des Ausländers einschließlich der Versorgung mit Wohnraum sowie der Versorgung im Krankheitsfalle und bei Pflegebedürftigkeit aufgewendet werden, auch soweit die Aufwendungen auf einem gesetzlichen Anspruch des Ausländers beruhen"* (§ 68 Abs. 1 AufenthG). Sozialleistungen, die auf einer Beitragsleistung beruhen (z.B. Rentenzahlungen, Krankengeld), dürfen jedoch nicht zur Erstattung herangezogen werden.

Anders als dies oft von Sozialbehörden geäußert wird, ersetzt eine „Verpflichtungserklärung" jedoch keineswegs den individuellen Anspruch auf Sozialleistungen. Falls eine betroffene Person ihren Lebensunterhalt nicht anderweitig sichern kann (etwa weil die „Bürgen" nicht mehr zahlen können oder wollen), besteht ein regulärer Anspruch auf Leistungen nach SGB II oder XII (je nach Aufenthaltsstatus eventuell auch auf AsylbLG). Die Sozialbehörde muss Leistungen erbringen (FW 7.50). Allerdings wird das Jobcenter oder Sozialamt in der Folge den Bürgen (die so genannte „Verpflichtungsgeber*in") per Bescheid zur Kostenerstattung auffordern. Hierbei muss die Behörde in atypischen Fällen (plötzliche Erkrankung, unvorhergesehene wirtschaftliche Notlage) Ermessen ausüben und gegebenenfalls auf die Erstattung verzichten oder sie reduzieren.

Die Verpflichtungserklärung gilt normalerweise für fünf Jahre ab Einreise. Sie erlischt auch schon vor Ablauf dieses Zeitraums mit der Ausreise oder mit der „Erteilung eines Aufenthaltstitels für einen anderen Aufenthaltszweck" (Bundesministerium des Innern: „Bundeseinheitliches Merkblatt zur Verwendung des bundeseinheitlichen Formulars der Verpflichtungserklärung"). Dies wäre etwa dann der Fall, wenn nach der Einreise als Tourist*in eine Aufenthaltserlaubnis wegen der Heirat mit einem/r deutschen Staatsbürger*in erteilt würde.

Die Verpflichtungserklärung erlischt jedoch nicht vor Ablauf von fünf Jahren, wenn ein Asylantrag gestellt wurde und das Asylverfahren noch läuft (BVerwG 13.2.2014 -1 C 4.13). Sie erlischt auch nicht, wenn der Asylantrag anerkannt wird oder eine andere Aufenthaltserlaubnis aus humanitären Gründen erteilt worden ist (§ 68 Abs. 1 Satz 4 AufenthG).

Für Personen, die im Rahmen humanitärer Landesaufnahmeprogramme (i.d.R. Familienangehörige aus Syrien) aufgenommen wurden, soll in bestimmten Fällen auf die Heranziehung zur Erstattung verzichtet werden (BA, Weisung 201903003 vom 01.03.2019).

8. Weiterführende Informationen

GGUA Flüchtlingshilfe, www.einwanderer.net → Übersichten und Arbeitshilfen
Hier gibt es eine unter anderem eine ausführliche Arbeitshilfe **„Ausgeschlossen oder privilegiert? Zur aufenthalts- und sozialrechtlichen Situation von Unionsbürgern und ihren Familienangehörigen"** sowie eine fortlaufend aktualisierte **Rechtsprechungsübersicht** mit Entscheidungen der Sozialgerichte zu Leistungsansprüchen von Unionsbürger*innen sowie eine ausführliche Arbeitshilfe **„Soziale Rechte für Flüchtlinge"**.

Auszubildende

Oft reicht Auszubildenden die Ausbildungsvergütung nicht zum Leben. Sie können sie aber mit Berufsausbildungsbeihilfe (ggf. Ausbildungsgeld) und bei Bedarf Alg II aufstocken.

1. Berufsausbildungsbeihilfe (BAB)

wird nach den §§ 56 - 72 SGB III gezahlt
- für die erste Berufsausbildung in einem staatlich anerkannten Ausbildungsberuf, egal ob betrieblich oder außerbetrieblich,
- für eine betriebliche Altenpflegeausbildung,
- ausnahmsweise für eine Zweitausbildung, wenn dadurch eine Eingliederung erwartet werden kann,
- für berufsvorbereitende Maßnahmen, z.B. das Berufsgrundbildungsjahr, Maßnahmen, die mit einem Betriebspraktikum verbunden sind, oder die Vorbereitung des nachträglichen Erwerbs eines Hauptschulabschlusses (§§ 51 ff. SGB III).

Menschen mit Behinderung, die an einer Berufsausbildung oder berufsvorbereitenden Maßnahme einschließlich einer Grundausbildung teilnehmen, haben statt des Anspruchs auf BAB Anspruch auf Ausbildungsgeld. Das gilt auch für behinderte Menschen, die eine individuelle betriebliche Qualifizierung im Rahmen einer unterstützten Beschäftigung oder eine Maßnahme im Eingangsverfahren oder Berufsbildungsbereich einer Werkstatt für behinderte Menschen absolvieren, wenn kein Anspruch auf Übergangsgeld besteht (§ 122 SGB II; ⇨1.3)

1.1 Anspruch auf BAB haben

- **volljährige** Auszubildende, die **nicht** im Haushalt der Eltern oder eines Elternteils wohnen (Ausnahme: Azubis mit Behinderung; Azubis, die in der Wohnung der Eltern zur Untermiete wohnen und einen eigenen Haushalt führen),
- Azubis **unter 18 Jahren**, die nicht im Haushalt der Eltern wohnen, wenn die Ausbildungsstätte von der Wohnung eines Elternteils nicht in angemessener Zeit erreichbar ist (tägliche Hin- und Rückfahrt inkl. Wegezeiten bis zwei Stunden)..

Azubis **unter 18 Jahren** bekommen **außerdem** BAB,
- wenn sie selbst ein Kind haben oder verheiratet sind oder
- wenn schwerwiegende soziale Gründe gegen das Wohnen im Haushalt der Eltern sprechen

(§ 60 SGB III).

1.2 Die Höhe des BAB-Bedarfssatzes

orientiert sich am BAföG-Satz für Studierende.

Er beträgt **seit 1.8.2020**:
- Bei Ausbildung **723 €** mtl. (§ 61 SGB III i.V. mit § 13 Abs. 1 Nr. 1 und Abs. 2 Nr. 2 BAföG). Hinzu kommen Kosten für Ausbildungsbedarf, z.B. Arbeitskleidung **14 €**, Fahrtkosten, Kinderbetreuung (150 € je Kind) usw. Azubi-Vergütung, Einkommen von Ehepartner*innen und einzusetzendes Einkommen der Eltern werden angerechnet. **Kindergeld** wird auf BAB **nicht** angerechnet (außer im Rahmen der Vorausleistung).
- Bei berufsvorbereitenden Bildungsmaßnahmen **247 €** mtl., wenn Sie bei den Eltern wohnen. Bei Unterbringung außerhalb der Wohnung der Eltern **585 €** (§ 62 SGB III i.V. mit § 12 Abs. 1 Nr. 1 BAföG). Dazu kommen Lehrgangsgebühren, Lernmittel usw.

Diese BAB bei berufsvorbereitenden Bildungsmaßnahmen ist nicht vom Einkommen der Berechtigten und ihrer Eltern abhängig (§ 71 Abs. 4 SGB III).

Tipp: Haben Sie Anspruch auf BAB/ Ausbildungsgeld und wohnen nicht bei Ihren Eltern, können Sie sich vom ⇨Rundfunkbeitrag befreien lassen.

1.3 Höhe des Ausbildungsgeldes

Die Höhe des Ausbildungsgeldes variiert je nach Maßnahme, Alter und Wohnsituation behinderter Auszubildender. Sie ist geregelt

- bei Berufsausbildung in § 123 SGB III,
- bei berufsvorbereitenden Bildungsmaßnahmen, bei unterstützter Beschäftigung und bei Grundausbildung in § 124 SGB III und
- bei Maßnahmen in anerkannten Werkstätten in § 125 SGB III.

Information

Arbeitslosenprojekt TuWas, Leitfaden für Arbeitslose, Frankfurt 2020,
- BAB: Abschnitt M (S. 428- 449)
- Ausbildungsgeld: 551-554.

2. Anspruch auf Alg II, wenn Ausbildungsvergütung und BAB nicht reichen

2.1 Abschaffung des generellen Leistungsausschlusses für Auszubildende

Zum **1.8.2016** wurde der Leistungsausschluss für Auszubildende, *„deren Ausbildung [...] dem Grunde nach"* BAB-förderungsfähig ist (§ 7 Abs. 5 SGB II alt), aufgehoben. Das ist eine deutliche Verbesserung gegenüber der alten Regelung. Für bestimmte Auszubildende (⇨2.1.2.), einige ⇨Schüler*innen und viele ⇨Studierende besteht der Leistungsausschluss jedoch fort.

2.1.1 Wer hat Anspruch auf aufstockendes Alg II?

Seit 1.8.2016 haben alle Auszubildenden in Berufsausbildung oder in einer berufsvorbereitenden Bildungsmaßnahme Anspruch auf Alg II, sofern sie nicht beim Ausbilder, in einem Wohnheim oder einem Internat untergebracht sind. Alg II-Anspruch haben z.B. auch Auszubildende in einer Zweitausbildung, die regelmäßig eine BAB-Förderung ausschließt. Außerdem haben Auszubildende, deren **berufliche ⇨Weiterbildung** über das SGB III z.B. mit einem Bildungsgutschein gefördert wird, grundsätzlich Anspruch auf Alg II (BSG 30.08.2010 - B 4 AS 97/09 R; LSG NRW 30.11.2010 - L 6 AS 35/09, eine Verkürzung der Regelausbildungsdauer aufgrund von Vorkenntnissen wird dann verlangt).

Tipp: Aufstockende SGB II-Leistungen stehen auch den Auszubildenden zu, deren BAB aufgrund von Elterneinkommen abgelehnt wurde. Lassen Sie sich nicht vom Jobcenter abwimmeln!

2.1.2 Keinen Anspruch auf Alg II haben Auszubildende,

deren Ausbildung mit BAB oder Ausbildungsgeld dem *„Grunde nach förderungsfähig"* ist,

- die eine Berufsausbildung absolvieren, wenn sie *„mit voller Verpflegung in einem Wohnheim, einem Internat oder in einer anderen sozialpädagogisch begleiteten Wohnform im Sinne des SGB VIII untergebracht"* sind (§ 61 Abs. 2 SGB III),
- die eine berufsvorbereitenden Bildungsmaßnahme absolvieren, wenn sie *„mit voller Verpflegung in einem Wohnheim oder einem Internat untergebracht"* sind (§ 62 Abs. 3 SGB III),
- die als Menschen mit Behinderung eine Berufsausbildung absolvieren, *„bei Unterbringung in einem Wohnheim, Internat oder in einer besonderen Einrichtung für behinderte Menschen"* (§ 123 Nr. 2 SGB II) oder
- die als Menschen mit Behinderung eine berufsvorbereitende Bildungsmaßnahmen oder eine Grundausbildung absolvieren, *„bei Unterbringung in einem Wohnheim, einem Internat oder einer besonderen Einrichtung für behinderte Menschen"* (§ 124 Nr. 2 SGB II).

(§ 7 Abs. 5 Satz 2 SGB II)

2.2 SGB II-Leistungen für Auszubildende

2.2.1 Auszubildende mit Anspruch auf Alg II (⇨2.1.1),

deren Ausbildungsvergütung und BAB nicht reichen, um den Bedarf zum Lebensunterhalt zu decken, können zusätzlich Alg II beantra-

gen und Leistungen aufstocken. Der Bedarf zum Lebensunterhalt berechnet sich nach den Regelungen des SGB II (⇨Bedarfsberechnung). Dabei wird der maßgebliche ⇨Regelbedarf (ggf. der ⇨Mehrbedarf) plus der angemessenen Unterkunftskosten (⇨Miete) dem bereinigten Gesamteinkommen gegenübergestellt. Zum ⇨Einkommen gehört neben der Ausbildungsvergütung und der BAB auch das Kindergeld oder die Unterhaltszahlung der Eltern. Die ⇨Einkommensbereinigung ist nach § 11b SGB II vorzunehmen.

Ausbildungsvergütung ist wie Einkommen ⇨Erwerbstätiger zu bereinigen und anzurechnen (§ 11b Abs. 2 Sätze 1-3 SGB II neu). Wird keine Ausbildungsvergütung erzielt, ist vom BAB ein Betrag von „mindestens" 100 € für Versicherungsbeiträge, geförderte Altersvorsorge und Werbungskosten bzw. ausbildungsbedingte Kosten abzusetzen. Nachgewiesene höhere Kosten können in tatsächlicher Höhe berücksichtigt werden (§ 11b Abs. 2 Satz 5 SGB II; ⇨Erwerbstätige 2.2 ff., 2.3 ff.).

Das ⇨**Vermögen** von Auszubildenden wird unter Abzug des Schonvermögens nach § 12 SGB II berücksichtigt. Für die Aufnahme oder Fortsetzung einer Berufsausbildung oder Erwerbstätigkeit unentbehrliche Gegenstände sind nicht anzurechnen (§ 7 Abs. 1 Alg II-V).

Allerdings können die Eltern bei Leistungsfähigkeit zum Unterhalt herangezogen werden, wenn die/ der Auszubildende *„das 25. Lebensjahr noch nicht vollendet und die Erstausbildung noch nicht abgeschlossen"* hat (§§ 33 Abs. 2 Nr. 2 b SGB II; ⇨Unterhaltspflicht 3.1 ff.).

Tipp: Klären Sie Ihre Azubi-Kolleg*innen über den möglichen SGB II-Anspruch auf. Die Behörden behandeln ihn oft als „Geheimsache".

Unterkunfts- und Heizkosten werden nicht übernommen, wenn Sie **ohne Zustimmung** des Jobcenters **vor** Vollendung des 25. Lebensjahres aus der elterlichen Wohnung **ausgezogen** sind oder wenn Sie als Auszubildende*r vor Beantragung der Leistung in der Absicht umbzw. ausgezogen sind, die Voraussetzungen für den Leistungsbezug herbeizuführen (§ 22 Abs. 5 SGB II). Dann wird auch Ihr Regelbedarf auf 357 € mtl. beschränkt (§ 20 Abs. 3 SGB II).

2.2.2 Alg II-Bezug bei Ausbildungsaufnahme

Auszubildende können bei Ausbildungsaufnahme auch vorübergehend überbrückend SGB II-Leistungen beantragen, wenn die Ausbildungsvergütung erst im Folgemonat fließt oder es voraussichtlich längere Zeit dauert, bis die BAB bewilligt und ausgezahlt wird (§ 43 SGB I iVm §§ 102 ff SGB X oder § 27 Abs. 3 Satz 4 SGB II). Das Jobcenter kann dann einen **Anspruch** auf die zu erwartende BAB bei der Arbeitsagentur **auf sich überleiten**. Die nachgezahlte BAB wird dann direkt an das Jobcenter gezahlt. Das ist jedoch nur in Höhe des auf den Alg II-Bedarf anzurechnenden Einkommens möglich.

Tipp: Verlangen Sie vom Jobcenter einen Bescheid, welche BAB-Ansprüche übergeleitet und wie diese berechnet wurden. Liegt Ihr mtl. Einkommen über dem Alg II-Bedarf, steht der darüber liegende Anteil der BAB-Nachzahlung Ihnen zu.

2.2.3 SGB II-Leistungen für Auszubildende, die vom SGB II-Bezug ausgeschlossen sind?

Ja, die gibt es. Auszubildende, die keinen Anspruch auf aufstockendes Alg II haben (⇨2.1.2), können nach § 27 SGB II **zusätzliche Leistungen** nach dem SGB II für **nicht ausbildungsgeprägte Bedarfe** beanspruchen, die nicht im BAB-/ BAföG-Satz berücksichtigt sind. Darüber hinaus stehen unter Umständen **Darlehen** in besonderen Lebenslagen zu Verfügung.

Dieser Abschnitt gilt auch für ⇨**Schüler*innen** und ⇨**Studierende**, die vom SGB II-Bezug ausgeschlossen sind.

2.2.3.1 Mehrbedarfszuschläge

„Leistungen werden in Höhe der Mehrbedarfe nach § 21 Absatz 2, 3, 5 und 6 [...] erbracht, soweit die Mehrbedarfe nicht durch zu berücksichtigendes Einkommen oder Vermögen gedeckt sind" (§ 27 Abs. 2 SGB II).

Das betrifft ⇨Mehrbedarf bei ⇨Schwangerschaft, ⇨Alleinerziehenden, ⇨Krankenkost und nach der ⇨Härtefallregelung.
Näheres auch unter ⇨Studierende 3.1 ff.

2.2.3.2 Einmalige Beihilfen

„Leistungen werden [...] in Höhe der Leistungen nach § 24 Absatz 3 Nummer 2 erbracht, soweit die Mehrbedarfe nicht durch zu berücksichtigendes Einkommen oder Vermögen gedeckt sind" (§ 27 Abs. 2 SGB II).
Das betrifft lediglich **Erstausstattungen** für Bekleidung (⇨Kleidung) sowie ⇨**Schwangerschaft und Geburt**. Auch hier ist Einkommen und Vermögen einzusetzen, da es sich um einen einmaligen „Mehrbedarf" handelt.

Erstausstattungen für die **Wohnung** (§ 24 Abs. 3 Nr. 1 SGB II) sind für Auszubildende, die vom SGB II-Bezug ausgeschlossen sind, **nicht** vorgesehen, selbst wenn sie zum Zweck der Ausbildung aus dem Elternhaus ausgezogen sind. Ebenso wenig sind einmalige Beihilfen *„für Anschaffung und Reparaturen für orthopädische Schuhe, Reparaturen von therapeutischen Geräten und Ausrüstungen sowie die Miete von therapeutischen Geräten"* (§ 24 Abs. 3 Nr. 3 SGB II) für Auszubildende, die vom SGB II-Bezug ausgeschlossen sind, vorgesehen, obwohl beides zur Sicherung des menschenwürdigen Existenzminimums dazugehört.

2.2.3.3 Besondere Härtefälle

*„Leistungen können für Regelbedarfe, den Mehrbedarf nach § 21 Absatz 7, Bedarfe für Unterkunft und Heizung, Bedarfe für Bildung und Teilhabe und notwendige Beiträge zur Kranken- und Pflegeversicherung **als Darlehen** erbracht werden, sofern der Leistungsausschluss nach § 7 Absatz 5 eine besondere Härte bedeutet"* (§ 27 Abs. 4 Satz 1 SGB II).
Das gilt vor allem für Auszubildende, die **keinen Anspruch aufstockendes Alg II** haben, weil sie z.B. Ausbildungsgeld oder BAB beziehen und in einem Internat untergebracht sind (⇨2.1.2). Auch hier sind aufgrund des stark eingeschränkten BAB/ Ausbildungsgelds Bedarfe oft ungedeckt. Gerade solche Auszubildende können i.d.R. auch nicht auf einen Zuverdienst verwiesen werden wie ⇨Studierende (1.1).
Näheres unter ⇨Studierende 3.3

„Besondere Härten" sind z.B. dann gegeben,
- wenn der Ausbildungsabbruch übermäßig hart wäre, weil **nachweislich** Aussichten bestehen, dass der Abschluss der Ausbildung **in absehbarer Zeit** erfolgt **und** *„wenn der Lebensunterhalt während der Ausbildung durch [...] BAföG-/ SGB III-Leistungen oder [mit] anderen finanziellen Mittel[n] ... gesichert war, die kurz vor Abschluss der Ausbildung entfallen"* (*BSG 6.9.2007 - B 14/7b AS 28/06 R*). Wenn also z.B. ein*e verdienende*r Lebenspartner*in während der Ausbildung auszieht oder Eltern keinen Unterhalt mehr zahlen können.
- wenn eine Unterbrechung *„der bereits weit fortgeschrittenen und bisher kontinuierlich betriebenen Ausbildung"* auf Grund der konkreten Umstände des Einzelfalls **wegen einer Behinderung oder Erkrankung** droht (ebenda),
- wenn aufgrund besonderer sozialer oder persönlichkeitsbedingter Problemlagen *„die Ausbildung objektiv belegbar die **einzige** Zugangsmöglichkeit zum Arbeitsmarkt darstellt"* (*ebenda; BSG 6.9.2007 - B 14/7b AS 36/06 R*),
- wenn eine Ausbildung oder Berufsvorbereitungsmaßnahme notwendig ist, um den/die Hilfebedürftige*n in das Erwerbsleben zu integrieren, der Abbruch der Ausbildung oder Maßnahme aufgrund einer nicht gedeckten Bedarfslage droht und eine **besondere Schutzbedürftigkeit** des/r Hilfebedürftigen aufgrund der besonderen Umstände des Einzelfalls besteht, die den Leistungsausschluss als unzumutbar oder in hohem Maße unbillig erscheinen lässt (BSG 19.10.2016 - B 14 AS 40/15 R: Minderjähriger, der trotz internatsmäßiger Unterbringung in der Woche eine weitere Unterkunft für die Wochenenden und die Ferien benötigte).

Alg II bei Härtefällen gibt es für Auszubildende **nur als Darlehen**. Anders ist dies in bestimmten Fällen bei Schüler*innen über 30 Jahren (⇨Schüler*innen 1.3.3).

Tipp: Härtefall-Darlehen für Auszubildende sind erst nach Abschluss der Ausbildung fällig, sodass eine Aufrechnung mit laufenden Leistungen unzulässig ist. Über die Rückzahlung des ausstehenden Betrags soll eine Vereinbarung unter Berücksichtigung der wirtschaftlichen Verhältnisse der Darlehensnehmenden getroffen werden (§ 42a Abs. 5 i.V.m. Abs. 4 Satz 2 SGB II). Beantragen Sie ggf., dass das Jobcenter Ihnen die Rückzahlung des Darlehens erlässt. Das kommt in Betracht, *„wenn deren Einziehung [der Forderung] nach Lage des einzelnen Falles unbillig wäre"* (§ 44 SGB II). Das ist unserer Ansicht bei besonders erschwerten Bedingungen nach der Ausbildung der Fall, z.B. aufgrund von Erkrankung oder Behinderung.

2.2.3.4 Alg II-Darlehen bei Ausbildungsaufnahme

„Für den Monat der Aufnahme einer Ausbildung können Leistungen ... [als Darlehen] erbracht werden" (§ 27 Abs. 3 Satz 4 SGB II).
Dieses Darlehen können Sie zur Überbrükkung beantragen, wenn die erste Ausbildungsvergütung oder BAB voraussichtlich am Monatsende ausgezahlt wird und Ihr Bedarf zum Lebensunterhalt damit gedeckt ist.

Tipp: Wenn Sie nicht genau wissen, ob Ihre Einkünfte am Monatsende zufließen und ausreichen, um den Alg II-Bedarf zu decken, können Sie als Auszubildende*r zur Überbrückung **vorsorglich** aufstockendes Alg II beantragen. Zufließende Einkommen werden dann im Zuflussmonat angerechnet.

2.3 Weitere Ansprüche auf nicht-ausbildungsgeprägte Bedarfe

(Dieser Abschnitt gilt auch für Schüler*innen und Studierende)
Neben Mehrbedarfszuschlägen, Leistungen nach der Härtefallregelung (⇨2.2.3.1) und Erstausstattung für Bekleidung und bei Schwangerschaft und Geburt (⇨2.2.3.2), die als nicht ausbildungsgeprägter Bedarf gelten und auch bei Auszubildenden **ohne SGB II-Anspruch** zu übernehmen sind, haben Sie unter Umständen Anspruch auf Leistungen nach dem **Fünften bis Neunten Kapitel SGB XII**. Das sind alle Sozialhilfeleistungen, die keine Leistungen zur Sicherung des Lebensunterhalts sind, z.B.

- Hilfe zur Pflege,
- Hilfe zur Überwindung besonderer sozialer Schwierigkeiten,
- Hilfe zur Weiterführung des Haushalts,
- Blindenhilfe,
- Hilfe in sonstigen Lebenslagen oder
- Bestattungskostenübernahme.

Außerdem besteht auch Anspruch auf Eingliederungshilfe für behinderte Menschen und ggf. auf Leistungen der Jugendhilfe nach dem SGB VIII.

2.4 Schuldenübernahme zur Wohnraumsicherung

Leistungen, i.d.R. als **Darlehen**, für Auszubildende, Schüler*innen und Studierende können erbracht werden, wenn ⇨Mietschulden aufgelaufen sind und **Wohnungslosigkeit** droht oder unter bestimmten Voraussetzungen bei Energieschulden und einer bevorstehenden **Energiesperre** (⇨Mietschulden; ⇨Strom).
Die Übernahme der Mietschulden von Menschen in Ausbildung ist nach Ansicht des LSG Berlin-Brandenburg nicht gerechtfertigt, wenn das Jobcenter zuvor den Zuschuss zu den Unterkunftskosten gezahlt hat und trotzdem Mietschulden aufgelaufen sind (2.6.2010 - L 5 AS 557/10 B ER). Allerdings muss eine solche Entscheidung immer die Umstände des Einzelfalles berücksichtigen.

Seit 1.8.2016 sind für Leistungen zur Wohnraumsicherung von Auszubildenden, die **kein aufstockendes Alg II beziehen**, nach § 36 SGB XII die **Sozialämter zuständig**. Das resultiert aus der Streichung des früheren § 27 Abs. 5 SGB II, in dem die Miet- und Energieschuldenübernahme für **alle** Menschen in Ausbildung durch die Jobcenter geregelt war.
Auszubildende, Schüler*innen und Studierende, die **aufstockendes Alg II beziehen**, erhalten nach Auffassung der Bundesregierung Alg II *„für den Bedarf für Unterkunft und Heizung"*. Demnach ist die Voraussetzung zur Erbringung von Leistungen zur Wohnraumsicherung nach § 22 Abs. 8 SGB II gegeben; die **Jobcenter sind zuständig** (⇨2.1).

3.1 Auszubildende sind Erwerbstätige

(BVerwG 16.2.1972, FEVS 19, 281)

Ihr Einkommen wird bereinigt wie bei ⇨Erwerbstätigen. Ihnen steht auch der **Freibetrag** für Erwerbstätige zu. Fahrtkosten, andere Werbungskosten und Versicherungspauschale werden zusätzlich vom Einkommen abgezogen, soweit sie den 100-€-Grundfreibetrag übersteigen (FW 11.159, ⇨2.2.1).

3.2 Ausbildungsvergütung nicht zum Unterhalt der Eltern einsetzen

Azubi-Vergütung darf ebenso wenig wie BAB oder BAföG zum Unterhalt anderer Haushaltsangehöriger herangezogen werden. Das gilt, wenn Sie noch mit Eltern und Geschwistern zusammenwohnen. Nur das nicht zur Bedarfsdeckung des/r Auszubildenden benötigte ⇨**Kindergeld** darf beim kindergeldberechtigten Elternteil (⇨3.3) als Einkommen auf das Alg II angerechnet werden.

3.3 ⇨Kindergeld

Wenn Sie **volljährig** sind, ist Kindergeld grundsätzlich Einkommen der Eltern (BVerwG 17.12.2003 - Rechtsdienst der Lebenshilfe 3/04, 120).

Wenn das Kindergeld an ein nicht im Haushalt der Eltern lebendes Kind weitergeleitet wird, wird es nicht bei den Eltern angerechnet und zählt zum Einkommen des Kindes (§ 1 Abs. 1 Nr. 8 Alg II-V).

Die Familienkasse kann das Kindergeld **auf Antrag** auch direkt an das Kind auszahlen, wenn der kindergeldberechtigte Elternteil keinen oder keinen ausreichenden Unterhalt leistet (Abzweigung nach § 74 EStG).

Kritik

Wohnen Auszubildende noch bei ihren Eltern, werden sie auf deren Unterhaltszahlungen verwiesen, wenn die Ausbildungsvergütung nicht zum Leben reicht. Sind sie bereits ausgezogen, reicht die Berufsausbildungsbeihilfe oft nicht aus, um Lebensunterhalt und Unterkunft zu finanzieren. Das liegt daran, dass die Unterkunftssätze, die nach dem BAföG bemessen werden, zu niedrig sind. Auszubildende haben seit 1.8.2016 die Möglichkeit, beim Jobcenter aufstockendes Alg II zu beantragen, was gegenüber dem alten Zuschuss zu den Unterkunftskosten eine deutliche Verbesserung darstellt. Von dieser Regelung ausgenommen sind allerdings alle Auszubildenden, die in Wohnheimen, Internaten etc., untergebracht sind und dort voll verköstigt werden. Das trifft sehr häufig Menschen mit Behinderung, die Ausbildungsgeld für eine Ausbildung z.B. in Berufsbildungswerken beziehen und nicht einmal ein angemessenes Taschengeld, geschweige denn die Mietkosten für die eigene Wohnung gezahlt bekommen.

Forderungen

Existenzsichernde Mindestausbildungsvergütung!

BAB auch für Auszubildende, die zu Hause wohnen!

BAB unter Berücksichtigung angemessener Unterkunftskosten!

Die Möglichkeit der Alg II-Aufstockung für alle Auszubildenden, deren Existenzminimum nicht gedeckt ist!

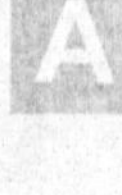

Bedarfs-/Einzelberechnung

Inhaltsübersicht

1. HzL/GSi der Sozialhilfe

1.1 Wer ist leistungsberechtigt/hilfebedürftig?

„Hilfe zum Lebensunterhalt [HzL] ist Personen zu leisten, die ihren notwendigen Lebensunterhalt nicht oder nicht ausreichend aus eigenen Kräften und Mitteln bestreiten können. [...] Bei nicht getrennt lebenden Ehegatten oder Lebenspartnern sind das Einkommen und Vermögen beider Ehegatten oder Lebenspartner gemeinsam zu berücksichtigen" (§ 27 Abs. 1 und Abs. 2 Satz 2 SGB XII).
Entsprechendes gilt für die Grundsicherung (GSi) (§19 Abs. 2 SGB XII).

Daraus folgt umgekehrt, dass jemand, dessen/deren Einkommen und Vermögen seinen Sozialhilfebedarf übersteigt, keine Leistungen erhält, folglich auch kein*e Sozialhilfeempfänger*in ist. *„Nach § 11 Abs. 1 BSHG [dem Vorläufer von §§ 19 und 27 SGB XII] hat jeder einzelne Hilfesuchende einen eigenen Anspruch auf Hilfe. Daran ändert sich auch nichts, wenn eine Familie hilfebedürftig ist*" (BVerwG 22.10.1992 - NDV 1993, 239 ff.).

Und: *„Als sozialhilfeberechtigt ist [...]* ***nicht*** *eine ‚Bedarfsgemeinschaft' mehrerer sozialhilfebedürftiger Personen anzusehen*" (ebenda), sondern eben jede*r Einzelne.

1.2 Vorteil der Einzelberechnung

Die vom Bundesverwaltungsgericht vorgeschriebene Einzelberechnung hat für Sie dann Vorteile, wenn Ihr Einkommen wenigstens Ihren Sozialhilfebedarf deckt (⇨2.1 Bedarfsberechnung).

Einkommen und Vermögen, das Ihren Bedarf bzw. Ihr Schonvermögen übersteigt, wird zwar für nicht getrenntlebende Ehegatten oder Lebenspartner bzw. Ihre minderjährigen unverheirateten Kinder *„berücksichtigt"*, wenn diese ihren Lebensunterhalt nicht eigenständig decken können. Dadurch werden Sie selbst aber nicht zum Hilfebedürftigen. Damit unterliegen Sie auch nicht den Pflichten, die das Sozialamt einfordern kann.

Tipp: Wenn Sie Einkommen unter dem Sozialhilfebedarf haben, ist die Einzelberechnung allerdings nur überflüssige Arbeit.

1.3 Antrag nur für die sozialhilfeberechtigten Haushaltsangehörigen stellen

Wenn Sozialämter trotz eindeutiger Rechtslage keine Einzelberechnung anerkennen, sollten Sie nur einen Antrag für die sozialhilfeberechtigten Haushaltsangehörigen stellen. Wenn z.B. nur ein Ehegatte und die minderjährigen Kinder sozialhilfeberechtigt sind, sollte der Ehegatte nur für sich und die Kinder einen Antrag stellen.

Da Sie einen Rechtsanspruch auf Einzelfallberechnung haben (⇨1.1), haben Sie auch Anspruch auf einen entsprechenden Bescheid (OVG HH 26.2.1993, FEVS 1994, 429 ff.).

2. Alg II

„Hilfebedürftig ist, wer seinen Lebensunterhalt nicht oder nicht ausreichend aus dem zu berücksichtigenden Einkommen und Vermögen sichern kann" (§ 9 Abs. 1 SGB II).

„Bei Personen, die in einer Bedarfsgemeinschaft leben, sind auch das Einkommen und

Vermögen des Partners zu berücksichtigen. Bei unverheirateten Kindern, die mit ihren Eltern oder einem Elternteil in einer Bedarfsgemeinschaft leben und die ihren Lebensunterhalt nicht aus eigenem Einkommen oder Vermögen sichern können, sind auch das Einkommen und Vermögen der Eltern oder des Elternteils und dessen […] Partnerin oder […] Partners zu berücksichtigen“ (§ 9 Abs. 2 SGB II).

Im Gegensatz zum SGB XII erklärt das SGB II Sie auch dann für hilfebedürftig, wenn Sie es gar nicht sind, wenn Sie also Ihren eigenen Lebensunterhalt selbst bestreiten können, aber nicht den Ihres/r Partners/*in und/oder den der unter 25-jährigen Kinder im Haushalt. Dies liegt daran, dass Einkommen und Vermögen nicht nur auf Ihren Bedarf, sondern auch auf den Bedarf der anderen in einer Bedarfsgemeinschaft lebenden Personen angerechnet wird.

Näheres ⇨2.3

Die Hartz IV-Architekten möchten Sie damit allen Pflichten des SGB II unterwerfen und Sie vor allem in die Pflicht nehmen, alles zu tun, um die Hilfsbedürftigkeit der ⇨**Bedarfsgemeinschaft** zu verringern oder zu beseitigen (Grundsatz des Forderns: § 2 Abs. 1 SGB II).

2.1 Beispiel Bedarfsberechnung

Eva und Max S. haben eine 4-jährige Tochter, Doris. Max ist arbeitslos geworden und bekommt mtl. 866 € Arbeitslosengeld I. Eva arbeitet nicht. Miete/NK und Heizung betragen mtl. 630 €.

2.2 Vertikale Anrechnungsmethode: Wie der (Einzel-)Bedarf bei Berücksichtigung des Einkommens nur bei dem Einkommensbezieher berechnet werden <u>müsste</u> (sog. vertikale Anrechnungsmethode)

A) Bedarf	**Alg II Max S.**	**Alg II Eva S.**	**Sozialgeld Doris S.**	**Gesamtbedarf**
Regelbedarf	401,00 €[1]	401,00 € [2]	283,00 €[3]	1085,00 €
+Miete	210,00 €[4]	210,00 €	210,00 €	630,00 €
Bedarf gesamt	(611,00 €)	611,00 €	493,00 €	(1.715,00 €)
Oder: Bedarf				
	Max S.	**Eva S.**	**Doris S.**	**Gesamtbedarf**
Regelbedarf	401,00 €	401,00 €	283,00 €	1085,00 €
Miete	210,00 €	210,00 €	210,00 €	630,00 €
Gesamtbedarf	611,00 €	611,00 €	493,00 €	1.715,00 €
B) Einkommen Alg	836,00 € [5]			gesamt
Einkommen KiG[6]			(219,00 €)	
Zwischensumme Bedarf- Einkommen	0,00 €	611,00 €	274,00 €	885,00 €

1 Werte im Jahre 2021, §§ 20 Abs. 4 SGB II, 8 Abs. 1 S. 1 Nr. 2 RBEG.
2 Werte wie bei Max S.
3 Werte im Jahre 2021, §§ 23 Nr. 1 SGB II, 8 Abs. 1 S. 1 Nr. 6 RBEG.
4 Die Unterkunftskosten werden nach der sog. Kopfteilmethode aufgeteilt, d.h. anteilig auf jedes Mitglied der Bedarfsgemeinschaft umgelegt. Zur Kopfteilmethode ausführlich □ Miete 1.2
5 Das Einkommen von Max wird pauschal um 30 € für private Versicherungen bereinigt, §§ 11b Abs. 1 S. 1 Nr. 3 SGB II, 6 Abs. 1 Nr. 1 Alg II-V. Weitere mögliche Absetzbeträge finden sich u.a. in § 11b SGB II.
6 Das Kindergeld gilt im SGB II gem. § 11 Abs. 1 S.4, 5 SGB II als Einkommen des Kindes. Das Kindergeld beläuft sich auf 219 € (Stand: Januar 2021).

überschüssiges Einkommen	225,00 €[7]			
Bedarfsanteil	0%	69,04%	30,96%	100%
Einkommen	-	155,34 €[8]	69,66 €[9]***	225,00 €

Oder:

	Max S.	Eva S.	Doris S.	Gesamt
Einkommen Alg	836,00 €			
Einkommen Kindergeld			219,00 €	
Zwischensumme Bedarf - Einkommen	611,00 € - 836,00 € 0,00 €	611,00 €	493,00 € - 219,00 € 274,00 €	885,00 €
überschüssiges Einkommen	225,00 €			
Bedarfsanteil	0%	75,34 %	30,96 %	100 %
Verteilung Einkommen Max S.		155,34 €	69,66 €	225,00 €

C) Leistung				gesamt
= A - B	0,00 €	455,66 €	204,34 €	660,00 €

Oder: Gesamtberechnung

	Max S.	Eva S.	Doris S.	Gesamt
Bedarf	611,00 €	611,00 €	493,00 €	1.715,00 €
Alg	836,00 €			836,00 €
Kindergeld			219,00 €	219,00 €
Bedarf - Einkommen	611,00 € - 836,00 € 0,00 €	611,00 €	493,00 € - 219,00 € 274,00 €	885,00 €
überschüssiges Einkommen	- 225,00 €			
Bedarfsanteil		69,04 %	30,96 %	100 %
Verteilung Einkommen Max S.		155,34 €	69,66 €	225,00 €
Ergebnis (Einzelbedarf – verteiltes Einkommen)	0,00 €	455,66 €	204,34 €	660,00 €

7 Das nicht zu Max' Bedarfsdeckung benötigte überschüssige Einkommen von 225 € ist bei Eva und Doris S. anzurechnen. Es wird im Verhältnis des jeweiligen Bedarfs von Eva und Doris zum Gesamtbedarf (885,00 €) auf die beiden aufgeteilt (Verhältnis- oder Prozentmethode, BSG 9.6.2011 – B 8 SO 20/09 R).

8 611 € Bedarf Eva im Verhältnis zum Gesamtbedarf von 885 € ergeben 69,04 %. 69,04 % von 225 € überschüssiges Einkommen sind auf Eva aufzuteilen = 155,34 €.

9 274 € Bedarf Doris im Verhältnis zum Gesamtbedarf von 885 € ergeben 30,96 %. 30,96% von 225 € (überschüssiges Einkommen) sind auf Doris aufzuteilen = 69,66 €.

Das Einkommen von Max übersteigt seinen Bedarf um 225 €. Er ist nicht hilfebedürftig. Max S. hat also keinen Alg II-Anspruch. **Sollte man zumindest meinen**, wenn man wie früher den Einzelbedarf ausrechnet.

2.3 Wie der Bedarf seit der „Hartz-Reform“ berechnet werden soll

Nach dem SGB II muss ganz anders gerechnet werden. Die Bedarfsgemeinschaft wird quasi als Gesamtperson behandelt. *„Ist in einer Bedarfsgemeinschaft nicht der gesamte Bedarf aus eigenen Kräften und Mitteln gedeckt, gilt jede Person der Bedarfsgemeinschaft im Verhältnis ihres eigenen Bedarfs zum Gesamtbedarf als hilfebedürftig, dabei bleiben Bedarfe nach § 28 außer Betracht“* (§ 9 Abs. 2 Satz 3 SGB II). Das nennt sich **„Bedarfsanteilsmethode“ oder horizontale Anrechnungsmethode**.

Als (neuer) Gesamtbedarf gilt jetzt **1.715 €**, da der Bedarf von Max miteinbezogen wird. Das Einkommen von Max gilt nicht mehr als sein persönliches Einkommen, sondern als Einkommen der Bedarfsgemeinschaft und wird auf deren Mitglieder verteilt (horizontale Berechnung).

	Max S.	**Eva S.**	**Doris S.**	**Gesamt**
Bedarf	401,00 € 210,00 € 611,00 €	401,00 € 210,00 € 611,00 €	283,00 € 210,00 € 493,00 €	1.715,00 €
Kindergeld			219,00 €	219,00 €
Zwischensumme	611,00 €	611,00 €	274,00 €	1.496,00 €
Bedarfsanteil	40,84 %[12]	40,84 %	18,32 %[13]	100 %
Verteilung Einkommen Max S. 836,00 €	341,42€	342,51 €	153,16 €	836,00 €
Ergebnis	269,58 €	269,58 €	120,84 €	660,00 €

Max ist plötzlich „hilfebedürftiger“ als seine Tochter, obwohl er mit seinem Einkommen über seinem individuellen Bedarf liegt und daher überhaupt nicht hilfebedürftig ist.

Wenn ihm Hilfebedürftigkeit aufgezwungen wird, unterliegt er wie ein *„erwerbsfähiger Leistungsberechtigter“* allen Pflichten nach dem SGB II. So muss er sich z.B. vor einer ⇨Ortsabwesenheit beim Jobcenter abmelden. Seit dem 1.1.2017 kann ihn das Jobcenter allerdings nicht mehr nach Herzenslust fordern und fördern. Als Bezieher von Arbeitslosengeld I hat ihn die Bundesregierung ab dem Stichtag für alle aktiven Leistungen zur Eingliederung der Bundesagentur für Arbeit zugeteilt (§§ 5 Abs. 4 SGB II, 22 Abs. 4 S. 5 SGB III). Seine Frau Eva hingegen wird bei den gängigen Eingliederungsleistungen der „schlechteren Behörde“, dem Jobcenter, unterstellt.

Kritik

Einzelberechnungen entwickeln sich mit dem SGB II zur Parodie.

Wenn Ehegatten/ Lebenspartner*innen Einkommen haben, das sie unabhängig von Alg II macht, wird eine Einzelberechnung **nicht** angestellt, um das ihren Bedarf übersteigende Einkommen auf die übrigen Haushaltsangehörigen zu verteilen. Sie wird als Fiktion ausgeführt, um den Grad der Hilfebedürftigkeit von *„Nicht-Hilfebedürftigen“* zu bestimmen.

Diese Berechnung führt in Verbindung mit der Anrechnungsmethode des § 19 Abs. 3 SGB II dazu, dass Einkommen vor allem dem Bund zugutekommt. Der Bund zahlt Regelbedarfe und Mehrbedarfe voll und trägt von den Unterkunftskosten einen Anteil (§ 46 SGB II). Das zu berücksichtigende Einkommen und Vermögen der Hilfebedürftigen mindert

12 611 €: 1.496 € = 0,4084 = (gerundet) 40,84 %.
13 274 € : 1.496 € = 0,183155 = (gerundet) 18,32 %.

zuerst die Zahlungen des Bundes. Wenn das Einkommen des/r Nichthilfebedürftigen zuerst diesem/r selbst zugutekäme (vertikale Berechnung), könnte der Bund es sich nicht vollständig zum Ausgleich seiner Kosten unter den Nagel reißen. Erst wenn sich der dominante Bund bedient hat, profitieren die Kommunen vom Einkommensrest.
Durch die Leistungen für **Bildung und Teilhabe** (⇨SchülerI*innen; § 28 SGB II) ist diese Bedarfsberechnung noch komplizierter geworden. Die Leistungen für Kinder und Schüler*innen werden erst nach Abschluss der „normalen" Berechnung nach der „Bedarfsanteilsmethode" als Bedarf des jeweiligen Kindes zugeordnet und berücksichtigt (FW 9.49a). Viel Spaß beim Nachrechnen!

3. Aus Einzelanspruch folgt nicht Einzelberechnung

Das Bundesverfassungsgericht (25.9.1992 - 2 BvL 5/91, 2 BvL 8/91, 2 BvL 14/91) hat es ausdrücklich verboten, *„einen Einsatzpflichtigen durch Entzug der für seinen eigenen Lebensunterhalt notwendigen Mittel selbst sozialhilfebedürftig zu machen. Eine solche Auslegung würde gegen das Grundrecht auf Achtung und Schutz der Menschenwürde (Art. 1 Abs. 1 GG) verstoßen, weil sie denjenigen, der sich selbst helfen könne, verpflichtete, seine Mittel für andere einzusetzen, mit der Folge, dass er dadurch selbst mittellos werde und dadurch auf staatliche Hilfe angewiesen sei"* (SG Schleswig 13.6.2006 - S 9 AS 834/05).
„Der in der verwaltungsgerichtlichen Rechtsprechung [...] zur Sozialhilfe entwickelte Grundsatz eines Individualanspruchs gilt auch im Leistungssystem des SGB II" (ebenda).

Auch nach unserer Ansicht wird ein*e Nichthilfebedürftige*r (z.B. Max S.) nicht selbst bedürftig, wenn er/sie als Bevollmächtigter **für die Bedarfsgemeinschaft** Anträge (nach § 38 SGB II) stellt.
Nach der Auffassung des Hartz IV-Gesetzgebers aber schon: Die Hartz IV-Parteien wollen, *„dass künftig einheitlich die Leistungsberechnung für [...] Familien in der Regel gemeinsam erfolgt und die Leistungsberechnung nur dann für einzelne Familienmitglieder durchgeführt wird, wenn zum Beispiel minderjährigen Kindern ausreichend eigenes Einkommen und Vermögen zur Verfügung steht"*. Die Fiktion, dass jede Person einer Bedarfsgemeinschaft im Verhältnis ihres Bedarfs zum Gesamtbedarf als hilfebedürftig gilt, hat den Zweck, die Verteilung der Einkommen in einer Bedarfsgemeinschaft zwischen Bund und Kommunen zu regeln. Wenn Sie dazu genutzt wird, nichthilfebedürftige Personen in Hilfebedürftige zu verwandeln (wie Max S. in unserem Beispiel), ist sie nach alter Rechtsprechung jedenfalls verfassungswidrig.

Auch im SGB II gibt es einen **individuellen Leistungsanspruch**. Das hat das BSG in einem Urteil am 7. November 2006 betont (B 7b AS 8/06 R). Daraus ergibt sich auch, dass Aufrechnungen/ Rückforderungen nur bei derjenigen Person erfolgen können, die zu Unrecht Leistungen bezogen hat und nicht bei der gesamten Bedarfsgemeinschaft (SG Koblenz 14.6.2006 - S 11 AS 305/05; vgl. auch BSG 29.11.2012 – B 14 AS 6/12 R). **Das gleiche gilt bei** Sanktionen. Sie werden nur gegen diejenige Person verhängt, die gegen SGB II-Pflichten verstoßen hat und nicht gegen die gesamte Familie.

Gleichzeitig hat das BSG an der *„neuen"* Bedarfsanteilsmethode nicht gerüttelt, da der Gesetzgeber (s.o.) sie ausdücklich gewollt habe. Damit ist die **Einzelberechnung im SGB II tabu**.
Umstritten und **verfassungsrechtlich bedenklich** ist die Bedarfsanteilsmethode allerdings, wenn die Person, die ihren Bedarf mit eigenen Einkommen decken kann, dem Hartz IV-Reglement unterworfen wird, sie z.B. eine Eingliederungsvereinbarung unterzeichnen oder sanktioniert werden soll. Diesem Problem soll laut BSG *„durch – eine ggf. verfassungskonforme – Auslegung Rechnung getragen werden"* (BSG 7.11.2006 – B 7b AS 8/06 R), was bedeutet, bei diesem Personenkreis auf Eingliederungsvereinbarungen, Sanktionen etc. zu verzichten.

Tipp: Wenn das Jobcenter Sie trotzdem in die Mangel nimmt, können Sie Widerspuch einlegen und dagegen klagen.

B

3.1 Einzelberechnung in Mischhaushalten

In einigen Haushalten leben Beziehende von **Alg II und Grundsicherung (GSi)** der Sozialhilfe wild durcheinander (sog. gemischte Bedarfsgemeinschaft). Die BA musste hier einräumen, dass mit der Definition der Hilfebedürftigkeit durch das SGB II auch Beziehende von Sozialhilfe zu SGB II-Beziehenden werden, wenn sie mit Alg II-Beziehenden in einer Bedarfsgemeinschaft leben. Das wird aber an anderer Stelle des Gesetzes (u.a. in § 7 Abs. 1 oder Abs. 4 SGB II) klar ausgeschlossen. Daher kann die *„Bedarfsberechnung"* nach ⇨2.2 trotz fehlender gesetzlicher Grundlage hier nicht gelten. Folglich muss, wenn jemand Altersrente oder Rente wegen voller Erwerbsminderung auf Dauer bezieht, der Bedarf so berechnet werden wie unter ⇨ 2.2. Nur das den Bedarf „überschießende" Einkommen des Rentners/der Rentnerin darf bei der SGB II-Bedarfsgemeinschaft angerechnet werden (BSG16.4.2013 – B 14 AS 71/12 R).

Das müsste für alle gelten, die sich selbst unterhalten können, nicht nur für Rentner*innen!

4. Bedarfsberechnung für Kinder

Je nachdem, ob die Ihre Kinder minderjährig oder volljährig sind, ergeben sich unterschiedliche Ansätze in der Bedarfsberechnung.

4.1 Bedarfsberechnung für minderjährige Kinder

Alg II und HzL/GSi der Sozialhilfe

Minderjährige Kinder zählen nur dann zur ⇨Bedarfsgemeinschaft, wenn sie unverheiratet sind und *„den notwendigen Lebensunterhalt aus ihrem Einkommen oder Vermögen nicht bestreiten"* können (§ 27 Abs. 2 Satz 3 SGB XII; vergleichbar § 9 Abs. 2 Satz 2 SGB II).
Verheiratete minderjährige Kinder müssen immer einzeln berechnet werden.

Wenn unter 25-Jährige im Ergebnis einer Einzelberechnung ihren notwendigen Lebensunterhalt selbst beschaffen können, weil ihr Einkommen (z.B. Unterhalt, Azubi-Vergütung, Kindergeld usw.) höher ist als ihr Bedarf, sind sie ebenfalls kein Teil der Bedarfsgemeinschaft mehr.
Achtung! Das übersteigende Einkommen darf dann – mit Ausnahme des Kindergeldes – nicht für den Lebensunterhalt der Eltern eingesetzt werden.

Beispiel

Der 17-jährige Martin lebt im Haushalt seiner Eltern, die beide Alg II beziehen. Er verfügt als Azubi über eine um Absetzbeträge und den Erwerbstätigenfreibetrag bereinigte Azubi-Vergütung von 650 € im Monat (⇨Einkommensbereinigung). Miete, Neben- und Heizkosten betragen 600 € im Monat. Martin hätte „dem Grunde nach" Anspruch auf Alg II, weil er bei den Eltern wohnt.

Bedarfsberechnung Martin

Regelbedarf Haushaltsangehöriger 17 Jahre	373,00 €
+ Mietanteil 1/3	200,00 €
= Bedarf Martin	573,00 €
bereinigter Nettolohn	650,00 €
+ Kindergeld	219,00 €
= Einkommen	869,00 €

Martin hat keinen Alg II-Anspruch, weil sein Einkommen in Höhe von 869 € höher ist als sein Bedarf in Höhe von 573 €. Das übersteigende Erwerbseinkommen in Höhe von 77 € (650 € - 573 €) darf Martin für sich behalten und muss es nicht für seine Eltern einsetzen. Dies gilt aber nicht für das Kindergeld (§ 11 Abs. 1 S. 5 SGB II). Wenn er es – wie in diesem Beispiel – gar nicht für seinen Lebensunterhalt benötigt, wird es dem kindegeldberechtigten Elternteil (hier: 219 €) angerechnet. Dort muss es aber bereinigt werden, z.B. um die Versicherungspauschale von 30 € (⇨ Einkommensbereinigung).

4.1 Bedarfsberechnung für volljährige Kinder

Sozialhilfe

Volljährige Kinder **im Haushalt** bedürftiger Eltern müssen in Sozialhilfehaushalten immer einzeln berechnet werden, da sie

kein Teil der Einsatzgemeinschaft mehr sind. Sie müssen also einen eigenen Antrag stellen. Ihr Regelbedarf ist dann auf 100 Prozent (446 €) zu erhöhen, wenn Sie sich am Haushalt beteiligen, d.h., wenn ein Mindestmaß an eigener Haushaltsführung vorhanden ist (BSG 23.7.2014 B 8 SO 14/13 R; B 8 SO 31/12 R, B 8 SO 12/13 R; ⇨ Regelbedarf).
Haben sie eigenes Einkommen und Vermögen, darf es nicht voll zum Lebensunterhalt ihrer Eltern herangezogen werden. Volljährige Kinder leben gegebenenfalls in einer ⇨ **Haushaltsgemeinschaft** mit ihren Eltern. Übersteigt ihr Einkommen und Vermögen ihren Bedarf bzw. die Schongrenzen, kann allenfalls vermutet werden, dass sie ihren Eltern etwas zuwenden (§ 9 Abs. 5 SGB II).

Alg II

Bis zum 1.8.2006 galten Volljährige, die im Haushalt ihrer Eltern wohnen, als alleinstehend und bekamen den vollen Regelbedarf. Seitdem gelten sie wie Minderjährige als Teil der Bedarfsgemeinschaft und haben bis zum 25. Lebensjahr nur Anspruch auf 357 € (⇨Jugendliche 1.2). Eine Einzelberechnung wird nicht durchgeführt.
Wenn sie allerdings – wie oben der 17-jährige Martin (⇨4.1) – eigenes Einkommen und Vermögen haben, mit dem sie ihren Bedarf selbst decken können, oder wenn sie verheiratet sind, sind unter 25-jährige Erwachsene **kein Teil** der Bedarfsgemeinschaft mehr (§ 7 Abs. 3 Nr. 4 SGB II). Dann ist eine Einzelberechnung notwendig (§ 9 Abs. 2 SGB II).
Ab 25 Jahre gelten volljährige Kinder im Haushalt der Eltern immer als alleinstehend, sind kein Teil der Bedarfsgemeinschaft mehr und haben Anspruch auf den vollen Regelbedarf.

4.2 Bedarfsberechnung für im Haushalt lebende Kinder, die schwanger sind oder ein Kind unter 6 Jahren haben

„Lebt eine Person bei ihren Eltern oder einem Elternteil und ist sie schwanger oder betreut ihr leibliches Kind bis zur Vollendung des 6. Lebensjahres, werden Einkommen und Vermögen der Eltern oder des Elternteils nicht berücksichtigt" (§ 19 Abs. 4 SGB XII; entsprechend § 9 Abs. 3 SGB II).

In diesen Fällen muss immer eine Einzelfallberechnung gemacht werden. Einkommen und Vermögen der Eltern spielen keine Rolle (FW 9.46).

5. Einzelberechnung für getrennt lebende Ehegatten

Eine Bedarfsgemeinschaft kann nur bei nicht getrennt lebenden Ehegatten bestehen, die gemeinsam wirtschaften.
Wenn Ehegatten
- in ihrer Wohnung getrennt leben (OVG NI, FEVS 37, 324) oder
- vorübergehend getrennt leben, z.B. wenn die Frau im Frauenhaus ist bzw. der Mann im Gefängnis,

muss jeder Ehegatte **einzeln** berechnet werden.

Forderungen
Generelle Einzelberechnung von Leistungen nicht nur im SGB XII, sondern auch im SGB II!
Vollständige Übernahme der Alg II-Kosten durch den Bund!

Bedarfsgemeinschaft

Inhaltsübersicht

B

1. Bedarfsgemeinschaft

„Lebt eine erwerbsfähige leistungsberechtigte Person mit anderen Personen –zumeist im Wesentlichen im Familienverband- zusammen, so wird einerseits unter bestimmten Voraussetzungen bei der Berechnung der Leistungen nicht nur deren Situation betrachtet, sondern auch das Einkommen und Vermögen der anderen Personen herangezogen. Andererseits führt das Zusammenleben auch dazu, dass bestimmte Personen überhaupt erst Leistungen nach dem SGB II erhalten (§ 7 Abs.2 Satz 1 SGB II). *Voraussetzung ist das Zusammenleben in einer sogenannten Bedarfsgemeinschaft (BG).*

„Grundsätzlich wird unabhängig von etwaigen Unterhaltsansprüchen nach dem BGB [...] von jedem Mitglied der BG erwartet, dass es sein Einkommen und Vermögen zur Deckung des Gesamtbedarfs aller Angehörigen der BG einsetzt" (FW 7.64).

Für diese Personen besteht daher eine im Sozialrecht begründete gesteigerte ⇨Unterhaltspflicht. Sie sind gesetzlich verpflichtet, ihr Einkommen und Vermögen füreinander einzusetzen.

1.1 Wer gehört zur Bedarfsgemeinschaft (BG)?

Alle Personen die in § 7 Abs. 3 SGB II genannt sind, gehören zur BG.

Mindestens ist ein*e **erwerbsfähige*r Leistungsberechtigte*r** erforderlich. Hinzu kommen weitere Personen die mit diesem/r in Beziehung stehen:

- **Eltern** oder Elternteile, die mit ihren unter 25-jährigen unverheirateten Kindern in einem Haushalt zusammenleben (§ 7 Abs. 3 Nr. 2 SGB II). Zu den Ausnahmen ⇨2.
- Partner*in, dies können sein: die nicht dauernd getrennt lebenden **Ehegatten**, ⇨Lebenspartner*innen **oder** die in ⇨eheähnlicher oder lebenspartnerschaftsähnlicher Gemeinschaft lebende **Partner*in** (§ 7 Abs. 3 Nr. 3a - c SGB II).
- die zum Haushalt gehörenden unverheirateten **Kinder unter 25 Jahren**, *„soweit sie die Leistungen zur Sicherung ihres Lebensunterhalts nicht aus eigenem Einkommen und Vermögen beschaffen können"* (§ 7 Abs. 3 Nr. 4 SGB II).

Eine sogenannte **„gemischte Bedarfsgemeinschaft"** bilden die genannten Personen, wenn sie unter unterschiedliche Leistungsgesetze fallen, z.B. erwerbsfähige SGB II-Bezieher*innen leben zusammen mit nicht erwerbsfähigen GSi-beziehenden Partner*innen (BSG 16.10.2007 - B 8/9b SO 2/06 R).

Zur Berücksichtigung von Einkommen und Vermögen der Partner ⇨Grundsicherung 1.5

Eine Bedarfsgemeinschaft bilden auch Personen, die wie einige ⇨Auszubildende oder ⇨Studierende **keinen vollen Anspruch** auf Leistungen nach dem SGB II haben und mit leistungsberechtigten Personen in einem Haushalt zusammen leben, z.B. mit ihren nicht erwerbsfähigen Kindern unter 15 Jahren. Die Kinder haben dann Anspruch auf ⇨Sozialgeld.

1.2 ⇨Eheähnliche Gemeinschaft

Partner*innen in einer eheähnlichen Gemeinschaft werden so behandelt, als ob sie Eheleute wären und bilden folglich eine BG. Gleiches gilt für gleichgeschlechtliche Partner*innen in einer partnerschaftsähnlichen Gemeinschaft. Voraussetzung ist jedoch immer, dass sie eine sogenannte Einstands- oder Einstehensgemeinschaft bilden.

„Zur Bedarfsgemeinschaft gehören [...] eine Person, die mit der erwerbsfähigen leistungsberechtigten Person in einem gemeinsamen Haushalt so zusammenlebt, dass nach verständiger Würdigung der wechselseitige Wille anzunehmen ist, Verantwortung füreinander zu tragen und füreinander einzustehen" (§ 7 Abs. 3 Nr. 3c SGB II).

Das bedeutet auch, dass nicht jede Partnerschaft automatisch eine Bedarfsgemeinschaft ist. Nur wenn zwischen den Partnern der wechselseitige Wille des Füreinandereinstehens gegeben ist, dürfen sie mit Ehepartner*innen verglichen und ebenso behandelt werden.

Um möglichst einfach bei vielen unverheirateten Paaren eine **„Einstandsgemeinschaft"** unterstellen zu können, wurden ins SGB II feste Kriterien aufgenommen, bei denen das Jobcenter eine solche Verantwortungs- und Einstehensgemeinschaft **vermuten** darf.

Die Vermutung greift, *„wenn Partner*
1. länger als ein Jahr zusammenleben,
2. mit einem gemeinsamen Kind zusammenleben,
3. Kinder oder Angehörige im Haushalt versorgen oder
4. befugt sind, über Einkommen oder Vermögen der anderen zu verfügen"
(§ 7 Abs. 3a SGB II).

Diese Vermutung muss durch Sie **widerlegt** werden.

Ausgangspunkt einer Einstandsgemeinschaft ist allerdings immer das Vorliegen einer **Partnerschaft** - dafür reicht selbst eine intensive Freundschaft gerade nicht aus (SG Schleswig 7.3.2016 - S 16 AS 48/16 ER) **und** das Zusammenleben in einem **gemeinsamen Haushalt**. Dabei liegt nicht jedes Mal, wenn Menschen in einer Wohnung zusammen leben, auch ein gemeinsamer Haushalt vor. Hierfür müssten sich beide an der Haushaltsführung beteiligen und wesentliche Kosten des Haushalts müssten gemeinsam bestritten werden (BSG 23.8.2012 – B 4 AS 34/12 R). Für diese objektiven Kriterien trägt das Jobcenter die Beweislast. Erst nachdem diese von Amts wegen ermittelt sind, können die Vermutungskriterien des § 7 Abs. 3a Nr. 1.-4. SGB II in Betracht kommen. Auch wenn Sie z.B. länger als ein Jahr mit jemandem zusammenwohnen, kann es sein, dass Sie mit demjenigen nur eine **Wohngemeinschaft** bilden. Dann sollten Sie dem Jobcenter gegenüber die getrennten Lebens- und Wirtschaftsbereiche darlegen.

Auch bei den Vermutungsregeln gilt jedoch der Amtsermittlungsgrundsatz. Das heißt, das Jobcenter muss darlegen, dass die Vermutungskriterien erfüllt sind. Wenn Sie sich darauf berufen, das Sie trotz Bestehens einer Partnerschaft und Erfüllung eines der Vermutungskriterien keine eheähnliche Gemeinschaft bilden, weil sie eben nicht wie mit einem Ehepartner zusammenleben, hat das Jobcenter Ihre Ausführungen nach § 20 SGB X zu berücksichtigen. Es sind keine allzu hohen Anforderungen an die Widerlegung der Vermutung Ihrerseits zu stellen. Ihre Darlegungen müssen schlüssig, also nachvollziehbar sein.

Wenn keines der Kriterien zutrifft, bilden Sie regelmäßig **keine** eheähnliche Gemeinschaft, also keine Einstandsgemeinschaft und dürfen das im ⇨Antrag auf Leistungen keinesfalls ankreuzen.

1.3 Wer gehört nicht zu einer BG?

- Dauernd getrennt lebende Ehegatten und Lebenspartner*innen – ausschlaggebend dafür ist der nach außen erkennbare Trennungswille (BSG 18.2.2011 - B 4 AS 49/09 R), nicht die räumliche Trennung,
- zusammenlebende Personen, die sich finanziell nicht unterstützen (in Abgrenzung zur eheähnlichen Gemeinschaft ⇨1.2),
- über 25-jährige Kinder (⇨2.2),
- minderjährige und volljährige Kinder bis zum Alter von 25 Jahren,
  * die ein eigenes Kind versorgen, wenn sie selbst erwerbsfähig sind,
  * die verheiratet sind oder mit einem/r Partner*in in Einstandsgemeinschaft zusammenleben oder
  * die ihren *„Lebensunterhalt aus eigenem Einkommen oder Vermögen bestreiten"* können (FW 7.77).

Aber: *„Einkommen und Vermögen der zur Bedarfsgemeinschaft gehörenden unverheirateten Kinder sind nicht auf den Bedarf der Eltern anzurechnen"* (FW 9.44).

Bei einem Kind unter 25 Jahren, das **schwanger** ist oder ein eigenes **Kind bis zum Alter von sechs Jahren** betreut und im Haushalt der Eltern lebt, entfällt die Pflicht der Eltern, das eigene Einkommen und Vermögen für das Kind einzusetzen (§ 9 Abs.3 SGB II, § 33 Abs. 2 Nr. 3 SGB II). Der volle Regelbedarf fällt diesen Kindern aber erst zu, wenn sie als Erwerbsfähige mit dem eigenen Kind im Haushalt der Eltern eine **eigene** BG bilden (§ 7 Abs. 3 Nr. 1 u. 4 SGB II).

Ferner gehören **nicht** zur BG:
in einem Haushalt zusammenlebende
- Großeltern und Enkelkinder,
- Onkel und Tanten, Nichten und Neffen,
- Pflegekinder und Pflegeeltern,
- ohne Eltern zusammenlebende Geschwister,
- sonstige Verwandte und Verschwägerte,
- Freunde oder Freundinnen bzw.
- nicht verwandte Personen.

Diese Personen gehören allenfalls zu einer ⇨**Haushaltsgemeinschaft**.

B

2. Ausweitung von Unterhaltspflichten innerhalb der BG

Mit der Hartz IV-Reform wurden per Gesetz massenhaft Bedarfsgemeinschaften (mit gesteigerter Unterhaltspflicht) geschaffen, deren Mitglieder nach bürgerlichem Recht überhaupt nicht oder jedenfalls nicht in gesteigertem Maße zueinander unterhaltspflichtig sind. Der Begriff „Bedarfsgemeinschaft“ als erweiterte Unterhaltsgemeinschaft wird seitdem durch Bezugnahmen auch in anderen Teilen des Sozialrechts eingeführt (vgl. u.a. § 5 WoGG). Prüfen Sie jedoch immer genau, ob die Voraussetzungen einer BG tatsächlich gegeben sind und wehren Sie sich, wenn dies fälschlicherweise angenommen wird!

2.1 Erwerbsfähige Personen in Wohngemeinschaften

§ 7 Abs. 3 regelt: *„Zur Bedarfsgemeinschaft gehören 1. die erwerbsfähigen Leistungsberechtigten, […]“* (§ 7 Abs. 3 Nr. 1 SGB II)
3. *„als Partnerin oder Partner der erwerbsfähigen Leistungsberechtigten*
a) […]
b) die nicht dauernd getrennt lebende Lebenspartnerin oder der nicht dauernd getrennte Lebenspartner“ (§ 7 Abs. 3 Nr. 1 lit. 3b SGB II) und
c) „eine Person, die mit der erwerbsfähigen leistungsberechtigten Person in einem gemeinsamen Haushalt so zusammenlebt, dass nach verständiger Würdigung der wechselseitige Wille anzunehmen ist, Verantwortung füreinander zu tragen und füreinander einzustehen“ (§ 7 Abs. 3 Nr. lit. 3c SGB II).

In der Praxis kommt es häufig vor, dass die Jobcenter immer dann, wenn Personen in einer Wohnung zusammenleben, eine „eheähnliche” Gemeinschaft oder nicht eingetragene Lebenspartnerschaft annehmen, wodurch auch ⇨Wohngemeinschaften zu Bedarfsgemeinschaften erklärt werden. Deren „erwerbsfähige Leistungsberechtigte” sollen dann ihr gesamtes Einkommen und Vermögen wechselseitig füreinander einsetzen. Damit werden auch Personen zu Hilfebedürftigen gemacht, die zwar ihren eigenen Lebensunterhalt bestreiten können, nicht aber den der in ihrer vermeintlichen Bedarfsgemeinschaft lebenden Personen (⇨Bedarfsberechnung 2.1).

Nach einem Jahr des Zusammenlebens greift die Vermutung, dass Freund*innen füreinander einstehen, als wären sie verheiratet, nur dann, wenn es sich um eine **Partnerschaft** in einem gemeinsamen Haushalt handelt. Ein reines Zusammenwohnen in einer Wohnung ist dabei nicht gleichzusetzen mit Zusammenleben in einem Haushalt. Das Vorliegen einer Partnerschaft und eines gemeinsamen Haushaltes unterliegt nicht der gesetzlichen Vermutung und ist daher nicht von Ihnen zu widerlegen, sondern vom Jobcenter **nachzuweisen**. ⇨1.2; Näheres ⇨eheähnliche Gemeinschaft 1.3).

2.2 Eltern im Verhältnis zu ihren volljährigen, unverheirateten Kindern

§ 7 Abs.3 regelt weiter: *„Zur Bedarfsgemeinschaft gehören […] 4. die dem Haushalt angehörenden unverheirateten Kinder der in den Nummern 1 bis 3 genannten Personen, wenn sie das 25. Lebensjahr noch nicht vollendet haben, soweit sie die Leistungen zur Sicherung des Lebensunterhalts nicht aus eigenem Einkommen und Vermögen bestreiten können“* (§ 7 Abs. 3 Nr. 4 SGB II; ebenso § 9 Abs. 2 Satz 2 SGB II).

Solange sie das 25. Lebensjahr noch nicht vollendet haben, gehören Kinder, die im Haushalt ihrer Eltern wohnen, zur Bedarfsgemeinschaft (§ 7 Abs. 3 Nr. 4SGB II). Damit werden Volljährige entgegen § 1603 Abs. 2 BGB wie Minderjährige behandelt (Näheres ⇨Jugendliche und junge Erwachsene 1.2). Voraussetzung hierfür ist allerdings, dass die unter 25-jährigen Erwachsenen gemeinsam mit ihren Eltern wirtschaften, d.h. einen **gemeinsamen Haushalt** führen und **nicht** in einer **Wohngemeinschaft** zusammenleben (LSG Bayern 4.5.2007 - L 7 AS 392/06) und dass die Kinder nicht über ausreichend Einkommen und Vermögen verfügen, um ihren eigenen SGB II-Bedarf zu decken.

Anders als von den Jobcentern gerne behauptet wird, sind Eltern volljähriger, unter 25-jähriger Kinder auch nicht verpflichtet, die Kinder im Haushalt zu behalten. Vielmehr können Sie gerade bei Konflikten das Zusammenleben grundsicherungsrechtlich folgenlos beenden (LSG Berlin-Brandenburg 12.09.2016 - L 25 AS 2137/16 B ER).

2.3 Stiefeltern im Verhältnis zu den Kindern ihrer Ehegatten bis zum 25. Lebensjahr

§ 7 Abs.3 Nr.4 SGB II weitet damit außerdem die Unterhaltspflicht auf Personen aus, die nach dem BGB gar nicht unterhaltspflichtig sind. Unter die Nummern 1 bis 3 fallen erwerbsfähige Leistungsberechtigte, Eltern oder Elternteile **und** ihre Partner*innen (Ehegatten, eingetragene Lebenspartner). Die BA erklärt deshalb in ihren Hinweisen ausdrücklich, dass unter 25-jährige Stiefkinder und der Stiefelternteil eine BG bilden (FW 9.26).
Das war vor Hartz IV rechtswidrig. Nur *„Verwandte in gerader Linie sind verpflichtet, einander Unterhalt zu gewähren"* (§ 1601 BGB; BSG 29.3.2001 - B 7 AL 26/00 R). Stiefeltern gehörten ebenso wenig dazu, wie Onkel und Tanten. Sie waren mit ihren Stiefkindern lediglich verschwägert und nur im Rahmen einer ⇨Haushaltsgemeinschaft eingeschränkt zum Unterhalt verpflichtet.

In § 9 Abs. 2 SGB II wird ausdrücklich erklärt, dass Einkommen und Vermögen des/r in der Bedarfsgemeinschaft lebenden Partners/Partnerin eines Elternteils für die unverheirateten Kinder des/r Lebensgefährt*in zu berücksichtigen sind. Das bedeutet, dass der/die Partner*in, der/die nicht Elternteil des Kindes ist, hier zum Unterhalt verpflichtet wird und das sogar bis zur Vollendung des 25. Lebensjahres.
Das führt außerdem dazu, dass nicht titulierte ⇨ **Unterhalt**szahlungen gegenüber den **eigenen**, getrenntlebenden **Kindern** hinter der „Zwangsunterhaltsverpflichtung" für die unter 25-jährigen im Haushalt lebenden **Kinder des/der Partners/Partnerin** zurückstehen müssen.
Das **Bundessozialgericht** hat die Verfassungswidrigkeit der Stiefelternhaftung verneint und die von zahlreichen Sozialgerichten geäußerten Bedenken verworfen. *„Der Gesetzgeber darf bei der Gewährung von Sozialleistungen unabhängig von bestehenden bürgerlich-rechtlichen Unterhaltspflichten die Annahme von Hilfebedürftigkeit davon abhängig machen, ob sich für den Einzelnen typisierend aus dem Zusammenleben mit anderen Personen Vorteile ergeben, die die Gewährung staatlicher Hilfe nicht oder nur noch in eingeschränktem Umfang gerechtfertigt erscheinen lassen"* (BSG 13.11.2008 - B 14 AS 2/08 R; LSG NRW 29.10.2009 - L 9 AS 24/08 und BSG 23.5.2013 - B 4 AS 67/11 R).

Wir bleiben dennoch bei unserer Auffassung: Im Sozialhilferecht wurde eine derart übersteigerte Unterhaltspflicht 1998 noch als Verletzung der Menschenwürde angesehen (BVerwG, s.o.). Sozialgerichte befanden u.a. eine *„verfassungswidrige Überspannung des Einkommenseinsatzes"* (SG Oldenburg 11.1.2007 - S 44 AS 1265/06 ER), die *„willkürliche Schlechterstellung gegenüber SGB XII-Leistungsberechtigten"* oder eine *„Familien sprengende Einstandshaftung"* (SG Berlin 20.12.2006 - S 37 AS 11401/06 ER).

Zu weiteren **ungeklärten Rechtsfragen** im Zusammenhang mit dem Steifelternunterhalt siehe: *Geiger 2019, 95 ff.*

2.4 Eheähnliche Partner*in im Verhältnis zu den unter 25-jährigen Kindern des/der Partners/ Partnerin

Auch Partner*innen in einer ⇨eheähnlichen Gemeinschaft oder einer nicht eingetragenen Lebenspartnerschaft gehören zu den Personen, mit denen die im Haushalt lebenden unverheirateten Kinder unter 25 Jahren eine Bedarfsgemeinschaft bilden sollen (§ 7 Abs. 3 Nr. 3c SGB II,).
Eheähnliche Partner*innen werden auf diese Weise faktisch zu Stiefeltern gemacht. Dass die auferlegten Unterhaltsansprüche zivilrechtlich nicht einklagbar sind, interessiert weder Bundesregierung noch BA. Das steht eindeutig im Widerspruch zu den gesetzlichen Unterhaltspflichten des BGB.

Wenn der gesteigerte Stiefelternunterhalt in einer Ehe verfassungswidrig ist (⇨2.3), gilt das schon lange für ein Konstrukt in einer „eheähnlichen" Gemeinschaft. Durch das Urteil des BSG (BSG 13.11.2008 - B 14 AS 2/08 R) sind aber auch in dieser Konstellation die Chancen, auf dem Klageweg aus der überzogenen Unterhaltspflicht herauszukommen, erheblich eingeschränkt worden. Es muss jedoch angenommen werden, dass, wenn sich der/die Partner*in, der/die nicht Elternteil des Kindes ist, weigert, dem Kind Unterhaltsleistungen zukommen zu lassen, keine Bedarfsgemeinschaft zwischen diesen beiden vorliegen (so auch LPK – SGB II, 7. Aufl., § 7 Rn 103).

3. Wer vertritt eine Bedarfsgemeinschaft?

Näheres unter ⇨Bevollmächtigte

4. „*Sippenhaftung*" innerhalb der BG

Im Fall einer ⇨Sanktion

5. Temporäre Bedarfsgemeinschaft bei Ausübung des Umgangsrechts

Näheres unter ⇨Umgangskosten 2.1

6. HzL/GSi der Sozialhilfe

Bei HzL und GSi der Sozialhilfe und den sonstigen Hilfen im SGB XII gibt es den Begriff der BG nicht. Hier sind die Personen der sog. **„Einsatzgemeinschaft"** verpflichtet, ihr Einkommen und Vermögen für den/die Leistungsberechtigte*n einzusetzen. Wobei die Personen, die nach dem SGB XII zur Einsatzgemeinschaft gehören, je nach Leistungsart verschieden sein können (§ 27 Abs.2, § 43 Abs.1 Satz 2, § 19 Abs.3 SGB XII). Hierzu zählen im Wesentlichen nur die Partner*innen und Kinder. Der Begriff der BG im SGB II ist daher wesentlich weiter.

„Personen, die in eheähnlicher oder lebenspartnerschaftsähnlicher Gemeinschaft leben, dürfen hinsichtlich der Voraussetzungen sowie des Umfangs der Sozialhilfe nicht besser gestellt werden als Ehegatten" (§ 20 SGB XII). Im SGB XII gibt es, anders als im SGB II, keine Vermutungsregelung, wann von einem wechselseitigen „Füreinandereinstehen" der Partner*innen auszugehen ist. Das Zusammenleben in einem **Haushalt** und der gemeinsame **Wille**, füreinander einzustehen sind hier entscheidend, nur dann kann man Sie Ehepartner*inen gleichstellen. Ist dies bei Ihnen und Ihrem/r Partner*in nicht der Fall, sind Sie ggf. eine Haushalts- oder Wohngemeinschaft und brauchen die eheähnliche Gemeinschaft im Antrag auch nicht anzukreuzen.

Zur Einsatzgemeinschaft in der **Sozialhilfe** (SGB XII) zählen außerdem, anders als im SGB II, nicht:

- Stiefeltern im Verhältnis zu ihren Stiefkindern und
- eheähnliche Partner*innen im Verhältnis zu den Kindern des/der Partners/Partnerin, die aus einer anderen Beziehung stammen.

Das Vorliegen der eheähnlichen oder partnerschaftsähnlichen Gemeinschaft ist vom Sozialamt im Wege der Amtsermittlung zu ermitteln (§ 20 SGB X) und nachzuweisen.

Kritik

Im SGB XII als direktem Nachfolger des BSHG wird der gemeinsame Einsatz des gesamten Einkommens und Vermögens auf Ehegatten mit ihren minderjährigen, unverheirateten Kindern und auf eingetragene Lebenspartner*innen sowie eheähnliche Gemeinschaften beschränkt (§ 27 Abs.2, §43 Abs.1, § 19 Abs.3, § 20 SGB XIISGB XII). Hier nennt sich das „Einsatzgemeinschaft".

Das SGB II dehnt den Einsatz des Einkommens und Vermögens füreinander auf alle Haushalte aus, in denen Erwachsene und unter 25-jährige Kinder zusammenleben. Der Einkommens- und Vermögenseinsatz sollte jedoch in beiden Gesetzen einheitlich sein und dabei auf diejenigen beschränkt sein, die auch nach dem BGB zum Unterhalt verpflichtet sind. Alles andere stellt eine überzogene Haftung für andere dar, die zudem dazu führt, dass die in die Haftung genommenen Menschen ihrerseits bestehende Verpflichtungen zum Unterhalt nicht erfüllen können.

Forderungen

Ersatzlose Streichung der Konstruktion der Bedarfsgemeinschaft im SGB II!

Individuelle Ansprüche erfordern die Einzelberechnung des Bedarfs!

Behinderte Menschen

„Menschen mit Behinderung sind Menschen, die körperliche, seelische, geistige oder Sinnesbeeinträchtigungen haben, die sie in Wechselwirkung mit einstellungs- und umweltbedingten Barrieren an der gleichberechtigten Teilhabe an der Gesellschaft mit hoher Wahrscheinlichkeit ***länger als sechs Monate*** *hindern können. Eine Beeinträchtigung nach Satz 1 liegt vor, wenn der Körper- und Gesundheitszustand von dem* ***für das Lebensalter typischen Zustand*** *abweicht"* (§ 2 Abs. 1 Satz 1 und 2 SGB IX).

„Zu den Menschen mit Behinderung zählen Menschen, die ***langfristige*** *körperliche, seelische, geistige oder Sinnesbeeinträchtigungen haben, welche sie in Wechselwirkung mit verschiedenen Barrieren an der vollen, wirksamen und gleichberechtigten Teilhabe an der Gesellschaft hindern können"* (Art. 1 UN-BRK).

Inhaltsübersicht

1. Sozialhilfe

1.1 Eingliederungshilfe für behinderte Menschen

können Personen bekommen, die durch eine Behinderung im Sinne des SGB IX *„wesentlich in ihrer Fähigkeit, an der Gesellschaft teilzuhaben, eingeschränkt oder von einer solchen wesentlichen Behinderung bedroht sind"* (§ 99 SGB IX i.V.m. § 53 Abs. 1 SGB XII; Eingliederungshilfeverordnung). Sie müssen also nicht nur behindert, sondern wesentlich behindert sein (Leistungsberechtigung ⇨Einkommensgrenzen).

Der **Begriff der Behinderung** ist bewusst weit gefasst, dabei kann es sich sowohl um eine körperliche, geistige als auch seelische Behinderung handeln. Unter Letzteres fallen chronische psychische Erkrankungen, Persönlichkeitsstörungen und Suchterkrankungen.

Ob Ihnen Leistungen der Eingliederungshilfe zur **Teilhabe am Arbeitsleben**, zur **Teilhabe an Bildung**, zu **Sozialer Teilhabe** oder zur **medizinischen Rehabilitation** zustehen und welche Leistungen von welchem Träger in Betracht kommen, können Sie bei verschiedenen Beratungsstellen erfahren (bspw. den Ergänzenden Unabhängigen Teilhabeberatungen: www.teilhabeberatung.de/beratung/beratungsangebote-der-eutb; ⇨Informationen).

Leistungen der Eingliederungshilfe für Menschen mit Behinderung, die (in der Regel) vom Sozialhilfeträger erbracht werden, bestimmen sich nach der Besonderheit des Einzelfalles, insbesondere nach der Art des Bedarfes, den persönlichen Verhältnissen, dem Sozialraum und den eigenen Kräften und Mitteln; dabei ist auch die Wohnform zu würdigen (§ 104 Abs. 1 S. 1 SGB IX). Dabei umfasst die Eingliederungshilfe:

- Beratung und Unterstützung (§ 106 SGB IX),
- Leistungen zur medizinischen Rehabilitation (§§ 42 ff. SGB IX),
- Leistungen zur Teilhabe am Arbeitsleben (§§ 49 ff. SGB IX),
- Leistungen zur Teilhabe an Bildung (§ 75 SGB IX) und
- Leistungen zur Sozialen Teilhabe (§§ 76 ff. SGB IX).

1.2 Mehrbedarf für erwerbsgeminderte oder ältere Menschen mit Gehbehinderung

Altersrentner*innen **oder** voll erwerbsgeminderte Personen mit einer **Gehbehinderung** (Merkzeichen G oder aG) haben Anspruch auf einen ⇨**Mehrbedarf** von **17 Prozent**

B

des maßgebenden Regelbedarfs (§ 30 Abs. 1 SGB XII). Eine volle Erwerbsminderung liegt eindeutig vor, wenn die Deutsche Rentenversicherung (DRV) eine Rente wegen voller Erwerbsminderung aus medizinischen Gründen (keine „Arbeitsmarktrente“) gewährt. Wenn es keinen Bescheid von der DRV gibt, weil Sie die versicherungsrechtlichen Voraussetzungen nicht erfüllen (insb. nicht genügend Beitragszeiten haben) oder weil sich das Verfahren bei der DRV hinzieht, dann muss der Sozialhilfeträger selbst die Erwerbsminderung ermitteln. Anders ist es leider in Bezug auf die Schwerbehinderung und das Merkzeichen „G“ bzw. „aG“. Hier zählt nur die Feststellung durch das zuständige Versorgungsamt. Der Mehrbedarf kann nicht rückwirkend gewährt werden, auch wenn das Versorgungsamt feststellt, dass die Voraussetzungen für die Vergangenheit bestanden. Erst ab dem Monat, in dem der Bescheid des Versorgungsamtes beim Sozialamt vorgelegt wird, kann der Mehrbedarf gewährt werden (BSG 25.4.2018 – B 8 SO 25/16 R).

2. Alg II

2.1. Leistungen zur Eingliederung

nach dem **SGB II und SGB III** können natürlich auch von erwerbsfähigen behinderten Menschen, die Alg II beziehen, beansprucht werden (⇨Arbeit).

Im SGB III gelten Menschen als behindert, *„deren Aussichten, am Arbeitsleben teilzunehmen oder weiter teilzuhaben, wegen Art und Schwere ihrer Behinderung im Sinne von Abs. 2 Satz 1 des Neunten Buches [s.o.] nicht nur vorübergehend wesentlich gemindert sind und die deshalb Hilfen zur Teilhabe am Arbeitsleben benötigen, einschließlich lernbehinderter Menschen. (2) Behinderten Menschen stehen Menschen gleich, denen eine Behinderung mit den in Absatz 1 genannten Folgen droht*“ (§ 19 SGB III).

Leistungen zur **Teilhabe am Arbeitsleben** nach dem **SGB III** können erwerbsfähigen behinderten Menschen, die Alg II beziehen, auch unter begünstigenden Bedingungen erbracht werden (§ 16 Abs. 1 Satz 3 SGB II). Das sind u.a.

- vermittlungsunterstützende Leistungen (§§ 115 Nr. 1, 116 Abs. 1 SGB III),
- Förderung der beruflichen Ausbildung (§§ 115 Nr. 2, 116 Abs. 2 SGB III; ohne Berufsvorbereitung und BAB),
- Förderung beruflicher Weiterbildung (§§ 115 Nr. 3, 116 Abs. 2 und 5 SGB III),
- besondere Maßnahmen der beruflichen Aus- und Weiterbildung in Werkstätten für behinderte Menschen, wenn aufgrund der Behinderung keine andere Möglichkeit besteht, wieder am Arbeitsleben teilzuhaben. Dazu zählen u.a. Maßnahmen in Berufsförderungs- oder Berufsbildungswerken (§ 117 SGB III). Übernommen werden hier für Alg II-Beziehende die Teilnahmekosten für eine Maßnahme. Dazu gehören die Lehrgangskosten, Lernmittel sowie Arbeitsausrüstung und -bekleidung, Kosten für Unterkunft und Verpflegung, Reisekosten, Kosten für ⇨Haushaltshilfe und Kinderbetreuung und eingliederungsbegleitende Dienste (§§ 118 Satz 1 Nr. 3, 127, 128 SGB III). Diese Leistungen können auch als trägerübergreifendes persönliches Budget erbracht werden (§ 118 Satz 2 SGB III).

Nähere Infos: Leitfaden für Arbeitslose 2020, Kapitel: Teilhabe behinderter Menschen am Arbeitsleben

2.2 Mehrbedarf zur Teilhabe am Arbeitsleben

Ein ⇨**Mehrbedarfszuschlag** in Höhe von **35 Prozent** des für Sie maßgebenden Regelbedarfs steht Ihnen zu (§ 21 Abs. 4 SGB II), wenn Sie im Rahmen der Eingliederungshilfe folgende Leistungen zur Teilhabe am Arbeitsleben erhalten:

- Hilfen zur Erhaltung oder Erlangung eines Arbeitsplatzes einschließlich Leistungen zur Aktivierung und beruflichen Eingliederung (§ 49 Abs. 3 Nr. 1 SGB IX),
- die individuelle betriebliche Qualifizierung im Rahmen Unterstützter Beschäftigung (§ 49 Abs. 3 Nr. 3 SGB IX),
- die berufliche Anpassung und Weiterbildung, auch soweit die Leistungen einen zur Teilnahme erforderlichen schulischen Abschluss einschließen (§ 49 Abs. 3 Nr. 4 SGB IX),
- die Förderung der Aufnahme einer selbständigen Tätigkeit (§ 49 Abs. 3 Nr. 6 SGB IX),

- sonstige Hilfen zur Förderung der Teilhabe am Arbeitsleben, um Menschen mit Behinderungen eine angemessene und geeignete Beschäftigung oder eine selbständige Tätigkeit zu ermöglichen und zu erhalten (§ 49 Abs. 3 Nr. 7 SGB IX),
- Leistungen zur Teilhabe an Bildung (§ 112 SGB IX),
- ggf. flankiert von Leistungen für medizinische, psychologische und pädagogische Hilfen:
- Hilfen zur Unterstützung bei der Krankheits- und Behinderungsverarbeitung (§ 49 Abs. 6 Nr. 1 SGB IX),
- Hilfen zur Aktivierung von Selbsthilfepotentialen (§ 49 Abs. 6 Nr. 2 SGB IX),
- die Information und Beratung von Partner*innen und Angehörigen sowie von Vorgesetzten und Kolleg*innen, wenn die Leistungsberechtigten dem zustimmen (§ 49 Abs. 6 Nr. 3 SGB IX),
- die Vermittlung von Kontakten zu örtlichen Selbsthilfe- und Beratungsmöglichkeiten (§ 49 Abs. 6 Nr. 4 SGB IX),
- Hilfen zur seelischen Stabilisierung und zur Förderung der sozialen Kompetenz, unter anderem durch Training sozialer und kommunikativer Fähigkeiten und im Umgang mit Krisensituationen (§ 49 Abs. 6 Nr. 5 SGB IX),
- das Training lebenspraktischer Fähigkeiten (§ 49 Abs. 6 Nr. 6 SGB IX),
- das Training motorischer Fähigkeiten (§ 49 Abs. 6 Nr. 7 SGB IX),
- die Anleitung und Motivation zur Inanspruchnahme von Leistungen zur Teilhabe am Arbeitsleben (§ 49 Abs. 6 Nr. 8 SGB IX) und
- die Beteiligung von Integrationsfachdiensten im Rahmen ihrer Aufgabenstellung (§ 49 Abs. 6 Nr. 9 SGB IX).

„*Die Anwendung des § 49 SGB IX schließt auch die zu ihrer näheren Ausführung ergangenen Einzelregelungen in den §§ 50 - 63 SGB IX ein*" (FW 21.17).

Darunter fallen u.a.:

- Ausbildungszuschüsse, Eingliederungszuschüsse, unterstützte Beschäftigung (§§ 50 und 55 SGB IX) oder befristete Probebeschäftigungen – Arbeitgeber können z.B. die Kosten für eine dreimonatige Probebeschäftigung behinderter Menschen ersetzt bekommen, wenn dadurch die Möglichkeit der Teilhabe am Arbeitsleben verbessert wird (§ 46 Abs. 1 SGB III),
- Leistungen in Einrichtungen der beruflichen Rehabilitation wie Berufsförderungswerke usw. (§ 51 SGB IX) und
- Leistungen im Eingangs- und Berufsbildungsbereich einer Werkstatt für behinderte Menschen (§ 57 SGB IX).

Um diesen Mehrbedarf zu erhalten, müssen Sie den Bewilligungsbescheid des jeweiligen Rehabilitationsträgers vorlegen, der die hier dargestellten Leistungen erbringt (FW 21.21). Reha-Träger für Leistungen zur Teilhabe am Arbeitsleben können außer der Bundesagentur für Arbeit z.B. sein: die Rentenversicherung, die Unfallversicherung oder die öffentliche Jugendhilfe.

Der Mehrbedarf kann übergangsweise auch **nach Beendigung** der Eingliederungsleistung und insbesondere während der Einarbeitung weiter geleistet werden. „*Die Dauer sollte drei Monate nicht überschreiten*" (FW 21 23).

3. Sozialgeld

Anspruch auf ⇨Sozialgeld haben voll erwerbsgeminderte Personen, die mit erwerbsfähigen Hilfebedürftigen in einer Alg II-Bedarfsgemeinschaft leben.

Behinderte Menschen, die Sozialgeld beziehen und das 15. Lebensjahr vollendet haben, haben Anspruch auf einen **Mehrbedarf**, wenn sie bestimmte Leistungen zur Teilhabe am Arbeitsleben erhalten (⇨2.2.; § 23 Abs. 1 Nr. 2 und 3 SGB II).

Der Mehrbedarf beträgt auch hier **35 Prozent** des maßgebenden Regelbedarfs.

Im SGB II gibt es (wie in der Sozialhilfe) einen **Mehrbedarf** von **17 Prozent** der maßgebenden Regelleistung für **voll erwerbsgeminderte** Sozialgeldbeziehende, die einen **Schwerbehindertenausweis** mit **Merkzeichen „G"** oder **„aG"** besitzen (§ 23 Abs. 1 Nr. 4 SGB II, ⇨1.2).

4. Höhe des Mehrbedarfszuschlags

Der Mehrbedarf bezieht sich immer auf den maßgebenden ⇨Regelbedarf im Jahr 2021.

	Maßgebender Regelsatz in €*	17% Mehrbedarf in €*	35% Mehrbedarf in €*
Alleinstehend/	446	75,82	**156,10**
Alleinerziehend Partner*in	401	**68,17**	**140,35**
18- bis 24-Jährige	357	**60,69**	**124,95**
15- bis 17-Jährige	373	**63,41**	**130,55**
(*Stand: 2021)			

5. Grundsicherung (GSi)

Wenn Sie über 18 Jahre alt und dauerhaft voll erwerbsgemindert sind, haben Sie Anspruch auf ⇨Grundsicherung.

Einer Feststellung der dauerhaften vollen Erwerbsminderung durch den Rentenversicherungsträger bedarf es nicht, wenn *„der Fachausschuss einer Werkstatt für behinderte Menschen über die Aufnahme in eine Werkstatt oder Einrichtung eine Stellungnahme […] abgegeben hat und der Leistungsberechtigte [dann] kraft Gesetzes […] als voll erwerbsgemindert gilt“* (§ 45 Satz 3 Nr. 3 SGB XII).

Behinderte und voll erwerbsgeminderte Menschen, die dauerhaft in einer Werkstatt aufgenommen sind, erhalten demnach regelmäßig GSi der Sozialhilfe.

6. Kindergeld für Menschen mit Behinderung

Näheres unter ⇨Kindergeld 2.2

7. Geschütztes Bausparvermögen für Wohnraum von behinderten oder pflegebedürftigen Menschen

Geschützt ist ein

„Vermögen, solange es nachweislich zur baldigen Beschaffung oder Erhaltung eines Hausgrundstückes von angemessener Größe bestimmt ist, soweit dies zu Wohnzwecken behinderter oder pflegebedürftiger Menschen dient oder dienen soll und dieser Zweck durch den Einsatz oder die Verwertung des Vermögens gefährdet würde“ (§ 12 Abs. 3 Nr. 5 SGB II; fast wortgleich § 90 Abs. 2 Nr. 3 SGB XII).

Blinde Menschen wurden im alten BSHG ebenfalls erwähnt. Sie fallen jetzt unter den Begriff behinderte Menschen. Die behinderten und pflegebedürftigen Menschen können gem. § 16 Abs. 5 SGB X auch entfernte Verwandte sein, die nicht der Bedarfsgemeinschaft angehören. Die Regelung soll vor allem Eltern behinderter Kinder begünstigen, bei denen eine Ansammlung von Bausparvermögen vorliegt (vgl. BT-Drs. 11/391 S. 5).

Nicht nur Neubau oder Erwerb, sondern auch Um- und Ausbau, Instandsetzung, Modernisierung und Sanierung eines Hauses ist mit dem Begriff „*Beschaffung und Erhaltung eines Hausgrundstücks*“ gemeint.

Außer einem Bausparvertrag sind auch andere Formen eines Vermögens, die dem oben genannten Zweck dienen, geschützt, z.B. Vermögen aus Lebensversicherungen oder Sparvermögen.

Vom ausgezahlten Bausparvermögen müssen die Arbeitnehmer-Sparzulage plus Sparprämien abgezogen werden, die bei vorzeitiger Auflösung zurückverlangt werden. Ebenso Steuern, die nachgezahlt werden müssen (OVG Münster 17.1.2000, NDV-RD 4/2000, 74).

Der behinderte oder pflegebedürftige Mensch muss selbst nicht hilfebedürftig sein. Das Vermögen muss nur nachweislich seinen Wohnzwecken dienen.

Zusammengefasst müssen folgende Voraussetzungen erfüllt sein:

- Das Vermögen dient zur baldigen Beschaffung oder Erhaltung eines Hausgrundstücks.
- Das Vermögen muss „nachweislich bestimmt“ sein.
- Das zu beschaffende oder zu erhaltende Hausgrundstück muss von angemessener Größe sein.

- Das Hausgrundstück muss zu Wohnzwecken behinderter oder pflegebedürftiger Menschen dienen oder dienen sollen.
- Der Wohnzweck für behinderte oder pflegebedürftige Menschen muss durch die Verwertung des Vermögens gefährdet sein.

Unter „baldiger“ Beschaffung versteht die BA einen Zeitraum grundsätzlich bis zu einem Jahr (FW 12.34). Letztlich muss eine Prognoseentscheidung getroffen werden, sodass ein starrer Jahreszeitraum generell ungeeignet ist. Dabei muss unter Berücksichtigung aller Besonderheiten des Einzelfalles bewertet werden, ob Sie mit dem vorhandenen Vermögen, der Art der Vermögens-Anlage und gegebenenfalls mit dem ergänzenden Sparplan voraussichtlich in der Lage sein werden, das angestrebte Objekt baldig zu beschaffen. Dazu gehört auch, dass die späteren laufenden Kosten der angestrebten Wohnung für Sie voraussichtlich bezahlbar sind und bei zusätzlich erforderlicher Finanzierung mit vorgesehenen Krediten deren Rückzahlung möglich erscheint (Hessisches LSG 26.1.2009 – L 9 SO 48/07, Rn. 14). Vor allem muss aber auch berücksichtigt werden, dass der Gesetzgeber es Ihnen auch ermöglichen wollte, noch ausreichend Zeit zu bekommen, das nötige Vermögen fertig anzusparen, um das Vorhaben zu beginnen.

Nachgewiesen ist die Zweckbestimmung insbesondere, wenn z.B. ein Kauf- oder Bauobjekt bereits ausgewählt wurde, die Finanzierung gesichert ist und Baupläne oder Kaufverträge oder Vorverträge vorliegen (Formann in: Schlegel/Voelzke, jurisPK-SGB II, 5. Aufl., § 12 [Stand: 15.10.2020], Rn. 174).

Information

Leitfaden Sozialhilfe für Menschen mit Behinderungen und bei Pflegebedürftigkeit von A-Z, AG TuWas (Hrg.), 10. Aufl., Frankfurt 2018, ⇨Bestellung s. Anhang

BAG SELBSTHILFE von Menschen mit Behinderung und chronischer Erkrankung und ihren Angehörigen e.V. (BAG SELBSTHILFE e. V.), Kirchfeldstr. 149, 40215 Düsseldorf, Tel: 0211/3 10 06-0, E-Mail: info@bag-selbsthilfe.de, www.bag-selbsthilfe.de

Bestattungskosten

„Die erforderlichen Kosten einer Bestattung werden übernommen, soweit den hierzu Verpflichteten nicht zugemutet werden kann, die Kosten zu tragen“ (§ 74 SGB XII).

Das gilt, wenn mittellose Menschen, z.B. Bezieher*innen von Alg II, GSi und HzL, die eigentlich verpflichtet sind, die Kosten einer Bestattung zu tragen, diese aber nicht zahlen können. Dabei ist nicht notwendig, dass die/der Verstorbene Sozialleistungen bezogen hat. Es ist auch nicht Voraussetzung für die Übernahme der Kosten, dass diejenige Person, die eigentlich die Kosten übernehmen muss, Sozialleistungen bezieht.

Inhaltsübersicht

1.1 Erforderliche Kosten der Bestattung

sind die Kosten einer würdigen, ortsüblichen und einfachen Bestattung. Was ortsüblich ist, bestimmt sich nach der jeweiligen Friedhofssatzung (LSG NRW 30.10.2008 – L 9 SO 22/07; VGH Baden -Württemberg 19.12.1990 – 6 S 1639/90).

Das Sozialamt darf nicht grundsätzlich auf eine kostengünstigere Form der Bestattung verweisen, wenn dies angemessenen Wünschen oder glaubensgebundenen Vorstellungen des/r Verstorbenen widerspricht (VG Hannover 23.4.2004 – 7 A 4014/03). Der Eindruck eines Armenbegräbnisses muss vermieden werden (LSG Hessen 20.3.2008 – L 9 SO 20/08).

B

Der VGH Baden-Württemberg (FEVS 1992, 380f.) betrachtet einen angemessenen **Grabstein** immer als erforderlich. Das gilt auch für jüdische Friedhöfe (VG Hannover 7.7.1998 - 15A 2895/98).

Zur ortsüblichen Bestattung gehören auch die Kosten für Leichenschau, Leichenbeförderung, Grabgebühren, Sargträger, Sarg, Kranz und Blumen (für 118 € - so VG Göttingen - 2A 2523/97, FR 10.8.2000; für 51 € nach VG Hannover 6.6.2000 - 3A 5028/99), für das Zurechtmachen der Leiche und die Kosten der Grabstätte inkl. Erstbepflanzung, für einen einfachen Grabstein, Einäscherungskosten, Urne usw. (SG Aachen 28.4.2009 - S 20 SO 88/08).
Die Höhe der im unmittelbaren Zusammenhang einer Bestattung entstehenden Kosten ist sehr verschieden. Die Preise schwanken erheblich nach Bestattungsunternehmen und Region. Die durchschnittlichen Bestattungskosten liegen laut Stiftung Warentest (Stand Oktober 2016) bei 6.000 € bis 8.000€.
Die **Angemessenheit** der Bestattungskosten darf vom Sozialamt nicht nach Maßgabe pauschaler Vergütungssätze begrenzt werden, sondern ist individuell zu ermitteln. Hinterbliebene sind angesichts der besonderen Situation nicht verpflichtet, unterschiedliche Angebote bei Bestattungsunternehmen im erweiterten Umkreis einzuholen, um das billigste auszuwählen. „*Vielmehr müssen alle Kostenansätze akzeptiert werden, die sich nicht außerhalb der Bandbreite eines wettbewerbsrechtlich orientierten Marktpreises bewegen*“ (BSG 25.8.2011 - B 8 SO 20/10 R).

Das VG Göttingen hält auch eine „*bescheidene*” **Todesanzeige** (51 € für eine 5x9 cm große Annonce) für erforderlich (2 A 2523/97 s.o.). Anderer Ansicht ist der VGH Hessen (10.2.2004, info also 6/2004, 276), wenn es sich um eine großstädtisch geprägte Region handelt, wo Todesanzeigen nicht ortsüblich sind.
Die **Überführung eines Toten ins Ausland** ist nur dann erforderlich, wenn z.B. am Sterbeort keine Beerdigung nach islamischem Brauchtum möglich und üblich ist (OVG Hamburg 21.2.1992, FEVS 1993, 66 f.). Eine entsprechende Bestattung dürfte inzwischen auch in Deutschland möglich und zumutbar sein.

1.2 Nicht erforderliche Kosten

Nicht erforderlich ist die Übernahme der Kosten für die laufende **Grabpflege** (LSG NRW 21.9.2006 - L 20 B 63/06 SO NZB) sowie Danksagungen, **Leichenschmaus**, Anreisekosten (LSG NW 16.7.2012 - L 20 SO 40/12) und **Bekleidung** (OVG Hamburg 12-3.1991 – Bs IV 85/91. Nur in Bayern werden die Gebühren für einen Geistlichen als Bestattungskosten übernommen.
Ist die Grabpflege in der Friedhofssatzung jedoch ausdrücklich vorgeschrieben, soll das Sozialamt entsprechende Kosten übernehmen (Spranger in ZfSH/SGB 1998, 334f.).

1.2.1 Reisekosten, Trauerkleidung, Bewirtungskosten

für Hinterbliebene und Trauergäste sind pauschal im ⇨Regelbedarf enthalten, müssen also von Ihnen daraus bestritten werden.
Sie können im Einzelfall nur als ⇨Darlehen übernommen werden, wenn ein „unabweisbarer” (§ 24 Abs. 1 SGB II) oder „*unabweisbar gebotener*” (§ 37 Abs. 1 SGB XII) Bedarf besteht. Nach der neuen, ab 1. Januar 2021 gelten Rechtslage im SGB II ist zu klären, ob diese Kosten nicht vom Härtefallbedarf umfasst sind. Wir vertreten diese Auffassung. ⇨ Härtefallbedarf 3.2

Für Angehörige ersten Grades kommt für die Reisekosten zur Beisetzung auch eine Zuschuss-Übernahme durch das Sozialamt als „*Hilfe in sonstigen Lebenslagen*“ in Betracht (§ 73 SGB XII; LSG Niedersachsen Bremen 19.6.2008 - L 7 AS 613/06; a.A. LSG NRW 16.7.2012 - L 20 SO 40/12).

1.3 Feuerbestattung und anonyme Bestattung durch das Sozialamt

Unzulässig ist es, wenn Sozialämter Hinterbliebene dazu drängen, für die Verstorbenen die kostengünstigste Bestattungsart zu wählen. Ein behördliches Drängen auf die kostengünstigste Art wie der Feuerbestattung ist nach dem Feuerbestattungsrecht rechtswidrig. Der Wille der Verstorbenen bzw. der Angehörigen ist ausschlaggebend (Tade Matthias Spranger in ZfF 6/2000, 323-327; VG Hannover 16.9.1997, info also 1998, 88).

Tipp: Geben Sie noch zu Lebzeiten eine entsprechende Willenserklärung schriftlich mit Unterschrift ab, und informieren Sie Ihre Angehörigen/ Bekannten darüber.

2.1 Wer ist zur Tragung der Bestattungskosten verpflichtet?

Anspruchsberechtigt sind Sie, wenn Sie verpflichtet sind, die Bestattungskosten zu tragen. Dies kann sein, weil:

- Sie dazu vertraglich verpflichtet sind, z.B. durch eine Vereinbarung im Altenteil oder eine mündliche Vereinbarung mit dem/r Verstorbenen (SG Oldenburg 2.12.2011 – S 21 SO 231/09),
- **Sie ein*e Erb*in sind, gesetzlich oder testamentarisch,**
- Sie unterhaltspflichtig sind, z.B. § 1615 m BGB,
- öffentlich-rechtliche Bestattungspflicht nach den Landesbestattungsgesetzen (BSG 29.9.2009 – B8 SO 23/08 R) besteht.

Verpflichtete sind in erster Linie die Erb*innen (§ 1968 BGB). Sie müssen die erforderlichen Bestattungskosten aus dem Nachlass decken. Dabei steht ihnen kein Vermögensfreibetrag zu (BVerwG 4.2.1999, FEVS 51, 5, BSG 25.08.2011 - B 8 SO 20/10 R).

Sind Sie aufgrund eines Bestattungsgesetzes Bestattungsverpflichtete*r und mittellos und haben Sie das **Erbe ausgeschlagen** (z.B. weil Sie keine Informationen über die Vermögenswerte des/r Verstorbenen hatten und keine Schulden erben wollten), hat die Übernahme der Bestattungskosten durch das Sozialamt, bei Vorliegen der weiteren Voraussetzungen, insbesondere der Erforderlichkeit (⇨ 1.1), zu erfolgen. Haben Erb*innen von ihrem Recht, das Erbe auszuschlagen, Gebrauch gemacht, muss das Sozialamt dies grundsätzlich hinnehmen. Die Erbausschlagung bewirkt, dass die Erbschaft nicht zugefallen ist und nicht auf die vorrangig einzusetzenden Nachlasswerte zugegriffen werden kann (SG Karlsruhe 30.10.2015 - S 1 SO 1842/15).

Besteht für Sie keine der oben genannten Verpflichtung zur Bestattung können die Kosten vom Sozialamt auch dann nicht übernommen werden, wenn Sie eine Bestattung veranlasst haben, z.B. weil Sie aus moralischen Gründen gehandelt haben und daher gegenüber dem Bestattungsunternehmen zur Zahlung der Kosten verpflichtet sind. Dies wurde so angenommen für die Bestattungskosten bei einer Fehlgeburt, denn hier sind nicht die mittellosen Eltern, sondern die Klinik bestattungspflichtig gewesen (LSG NRW14.10.2019 – L 20 SO 219/16 R).

Reichen Nachlass und ggf. vorhandenes Sterbegeld nicht aus oder ist kein Nachlass bzw. kein Erbe vorhanden, sind als Nächste die ⇨**Unterhaltspflichtigen** verpflichtet, die Bestattung zu zahlen (§§ 1615 Abs.2 und 1360a Abs.3 BGB).

Erfüllt ein*e Angehörige*r die **öffentlich-rechtliche Bestattungspflicht und lässt den/die Verstorbene*n bestatten, muss diese*r die Kosten dafür tragen**. Wer zu den Verpflichteten gehört, ist in den Bestattungsgesetzen der Länder geregelt. In NRW sind die „Hinterbliebenen" in folgender Reihenfolge verpflichtet, die Kosten zu tragen: Ehegatt*innen, Lebenspartner*innen, volljährige Kinder, Eltern, volljährige Geschwister, Großeltern und volljährige Enkelkinder (§ 8 Gesetz über das Friedhofs- und Bestattungswesen NRW vom17. Juni 2003). Demnach können z.B. auch Geschwister als Verwandte zweiten Grades **vorranging** zur Übernahme der Bestattungskosten **verpflichtet** sein (LSG Hessen 6.10.2011 - L 9 SO 226/10). Hier gibt es in jedem Bundesland entsprechende Gesetze, die auch jeweils unterschiedliche Regelungen, etwas zur Reihenfolge der Verpflichteten enthalten. Die Pflicht zur Bestattung besteht nach den landesrechtlichen Bestattungsgesetzen unabhängig davon, ob jemand Erb*in ist, d.h., auch die Erbausschlagung ändert nichts an der öffentlich-rechtlichen Bestattungspflicht. Die entstehenden Kosten kann der/die Bestattungspflichtige vom Sozialamt erhalten, wenn es keine*n vorrangig Verpflichtete*n, z.B. eine*n Erb*in gibt. Sie müssten also als Bestattungspflichtige*r darlegen, dass Sie vergeblich versucht haben, einen Erstattungsanspruch bei dem/r vorrangig Verpflichteten geltend zu machen. Falls es eine*n vorrangig Verpflichtete*n gibt, darf das Sozialamt die Kostenübernahme nur dann ablehnen, wenn Sie die Chance haben, die Ausgleichsansprüche von diesem/r auch zu bekommen. Das ist z. B. nicht der Fall, wenn Erb*innen nicht ermittelbar sind oder die Zahlung ablehnen, die dann gerichtlich oder im Ausland geltend gemacht werden müssten (BSG 29.9.2009 – B 8 SO 23/08 R, HessLSG 6.10.2011 – L 9 SO 226/10). Ein Verweis auf vorrangig Verpflichtete kann allenfalls dann in Betracht kommen, wenn zum Zeitpunkt, in dem der Bedarf eintritt, die Existenz und die Identität eines/r vorrangig Verpflichteten bereits endgültig und unwiderruflich feststeht (LSG Schleswig-Holstein 25.9.2019 - L 9 SO 8/16) Ggf. kann das Sozialamt Ausgleichsansprüche gegen Dritte auf sich überleiten (§ 93 SGB XII) und selbst geltend machen.

B

2.2 In welcher Höhe ist Verpflichteten die Übernahme der Bestattungskosten zumutbar?

Es wird Ihnen stets zuzumuten sein, vorhandenen Nachlass ohne Abzug von Nachlassverbindlichkeiten, Bestattungsvorsorgeverträge und ggf. Ihnen zustehende Beträge aus einer Sterbegeldversicherung für die Beerdigung einzusetzen (LSG NRW 20.8.2012 – L 20 SO 302/11). Ist der dafür nötige Betrag nicht vorhanden oder nicht ausreichend, wird geprüft, ob es Ihnen zumutbar ist, eigenes Einkommen und Vermögen einzusetzen. Wenn Ihr bereinigtes ⇨Einkommen unter der ⇨Einkommensgrenze nach § 85 SGB XII liegt, ist es Ihnen nicht zumutbar, die Bestattungskosten zu tragen.

Dies wird stets bei Bezieher*innen von Alg II, GSi und HzL der Fall sein (BSG 29.9.2009 – B 8 SO 23/08 R). Liegt Ihr Einkommen über der Einkommensgrenze, ist es zumutbar, das übersteigende Einkommen *„in angemessenem Umfang"* einzusetzen (§ 87 Abs.1 SGB XII). Auch wenn das über der Einkommensgrenze liegende Einkommen nicht ausreicht, um die Bestattungskosten insgesamt zu bezahlen, kann eine Zumutbarkeit der Kostentragung durch den/die Verpflichtete*n bejaht werden. Nach einer Entscheidung des BSG kommt es auf die Umstände des Einzelfalles an (BSG 4.4.2019 – B 8 SO 10/18 R). So kann geprüft werden, ob eine Aufteilung auf mehrere Monate z.B. durch eine Ratenzahlung, Stundung oder ggf. sogar eine Kreditaufnahme für den/die Verpflichtete*n möglich ist. Dabei ist auch die verwandtschaftliche Nähe des/r Verpflichteten und Verstorbenen von Bedeutung. Dabei können Sie für sich und ihre unterhaltsberechtigten Angehörigen *„besondere Belastungen"* berücksichtigen (⇨Unterhaltspflicht), z.B. sind Schuldverpflichtungen absetzbar.

Außerdem ist der Einsatz von Vermögen unterhalb der Freibeträge nicht zuzumuten (⇨Vermögen 3.).

Wenn ein schweres vorwerfbares Fehlverhalten des/r Verstorbenen gegenüber dem/r Verpflichteten vorliegt, z.B. aufgrund sexueller Misshandlung, schwerer Körperverletzung oder grober Verletzung der Unterhalsverpflichtungen, besteht i.d.R. ein Härtefall, der Sie von der Kostenübernahme entbindet, auch wenn ein hohes Einkommen oder Vermögen vorhanden ist (LSG Hamburg 20.11.2014 - L 4 SO 22/12).

Nahe Verwandte müssen hingegen Beerdigungskosten auch dann übernehmen, wenn das Verhältnis zu dem/r Verstorbenen zerrüttet war (OVG Niedersachsen 19.5.2003 - 8 ME 76/03) oder wenn es an Kontakt bzw. Nähe zwischen dem/r Verstorbenen und den Bestattungspflichtigen fehlte (VGH Mannheim 19.10.2004 - 1 S 681/04; zu beiden Kriterien: LSG Hessen ebenda).

2.3 Welches Sozialamt ist für die Kostenübernahme zuständig?

Für Bestattungskosten ist das Amt zuständig, das *„bis zum Tod der leistungsberechtigten Person Sozialhilfe leistete, in den anderen Fällen der Träger der Sozialhilfe, in dessen Bereich der Sterbeort liegt"* (§ 98 Abs. 3 SGB XII).

2.4 Kostenübernahme nur bei Antrag vor der Beerdigung?

Es ist rechtswidrig, wenn Sozialämter die Bestattungskosten nur zahlen, wenn **vor** der Beerdigung ein Antrag gestellt wurde.

Die Kostenübernahme ist *„ein sozialhilferechtlicher Anspruch eigener Art"*. Die Regelung unterscheidet sich von anderen Leistungen der Sozialhilfe dadurch, dass der Bedarf auch bereits gedeckt sein kann, z.B. auch dadurch, dass die Rechnung beim Bestattungsunternehmen bereits beglichen wurde. Die Verpflichtung des Sozialamts setzt nach § 74 SGB XII nur voraus, dass die ggf. bereits beglichenen Kosten erforderlich sind und es dem/r Verpflichteten nicht zugemutet werden kann, diese Kosten endgültig zu tragen (vgl. BSG vom 29.9.2009 - B 8 SO 23/08 R). Es reicht im Notfall aus, wenn Sie das Sozialamt **nach der Beerdigung** informieren (BVerwG 5.6.1997 – 5 C 13.96). Das kann innerhalb einer angemessenen Frist, etwa eines Zeitraums von **bis zu zwei Monaten geschehen** (LSG SH 21.7.2008 – L 9 SO 10/07PKH).

2.5 Wenn Sie eine Bestattung in Auftrag geben, ohne verpflichtet zu sein,
bleiben die Bestattungskosten (möglicherweise) an Ihnen hängen (VG Aachen 21.3.2006 - 2 K 1862/04; OVG Schleswig 18.3.1999, FEVS 51, 231 ff.). Sie müssten sich zwecks Erstattung der Kosten an die Verpflichteten halten. Nur diese haben Anspruch auf die Übernahme der Bestattungskosten durch das Sozialamt.

2.6 Zuständigkeit der Ordnungsbehörde?
Wenn keine Verpflichteten vorhanden sind oder diese nicht rechtzeitig für die Bestattung sorgen, übernimmt die Ordnungsbehörde die Kosten. Es muss schließlich eine Bestattungsfrist je nach Bundesland zwischen vier und 14 Tagen eingehalten werden. Lassen sich nachträglich Verpflichtete ermitteln, wird **Kostenersatz** von ihnen gefordert.

3. Rücklagen für die Beerdigung: geschütztes Vermögen?

Sozialhilfe

Sozialämter wollen in wachsendem Maße auf Gelder zugreifen, die Sie in Form eines **Grabpflege-** oder **Bestattungsvorsorgevertrages** angelegt haben. Wenn das eingezahlte Geld aber nicht verfügbar ist, da es i.d.R. unkündbar vertraglich gebunden ist, ist es auch nicht verwertbar im Sinne des § 90 Abs.1 SGB XII. Unabhängig davon ist ein Bestattungsvorsorgevertrag „*Schonvermögen im Sinne der Härtefallregelungen*" nach § 90 Abs. 3 SGB XII (BSG 18.3.2008 - B 8/9b SO 9/06 R, Rn. 22; BVerwG 11.12.2003 - 5 C 84.02, FEVS 56, 302 ff; vgl. BT-Drs. 16/239, 10, 15, 17). Denn nach der Entscheidung des BVerwG (11.12.2003 – 5 C 84.02) ist dem Wunsch des Menschen, für die Zeit nach seinem Tod durch eine angemessene Bestattung und Grabpflege vorzusorgen, Rechnung zu tragen. Vermögen aus einem Bestattungsvorsorgevertrag – sowohl für eine angemessene Bestattung als auch für eine angemessene Grabpflege – ist als Schonvermögen im Sinne der Härtefallregelungen anzusehen. Auf das Vermögen wird nur dann zugegriffen, wenn der Bestattungsvorsorgevertrag unmittelbar vor dem Eintritt der Hilfebedürftigkeit abgeschlossen wird, um die Hilfebedürftigkeit herbeizuführen. Einen entsprechenden Vorsatz müsste jedoch das Sozialamt beweisen.
Das SG Düsseldorf hat zusammengestellt, was „*instanzgerichtlich*" als angemessenes Bestattungsvorsorgevermögen anerkannt wurde: die Beträge liegen zwischen 3.200 € und 7.000 € (23.3.2011 - S 17 SO 57/10), können also über den Kosten einer „Sozialamtsbestattung" liegen.

Das sollte auch gelten, wenn Sie sich aus der Sozialhilfe Geld „vom Munde absparen", um einen Vorsorgevertrag zu finanzieren.

Achtung! Eine normale ⇨Sterbegeldversicherung oder Lebensversicherung ohne Zweckbindung für die Bestattung wird regelmäßig nicht als Härtefall-Schonvermögen anerkannt, da solche Verträge vorzeitig aufgelöst werden können und eine zweckentsprechende Verwendung der Mittel nicht gewährleistet ist.
Näheres unter ⇨Sterbegeldversicherung/Bestattungsvorsorge

Alg II

Bei Alg II muss eine Vermögensrückstellung für eine würdevolle Bestattung „*kurz vor dem Rentenalter*" nicht aufgelöst werden, z.B. ein Bestattungssparbuch, ein Treuhandvermögen oder ein Grabpflegevertrag. Sie gilt als Härtefall nach § 12 Abs. 3 Nr. 6 SGB II (FW 12.36). Das Rentenalter beginnt für die BA schon mit 60 Jahren (FW 12.19).

Information
Aeternitas - Verbraucherinitiative Bestattungskultur, Ratgeber Sozialbestattung, 2020, http://www.aeternitas.de/inhalt/downloads
Eike Westermann, Begriffe des Verpflichteten und der Zumutbarkeit gemäß § 15 BSHG, ZfF 5/2001, 105-108

Forderung
Angemessene Rücklagen für Beerdigungen müssen immer geschütztes Vermögen sein!

Bewerbungen

Im SGB II gibt es keine Aussage darüber, wie viele Bewerbungen Sie monatlich nachweisen müssen. Das wäre auch unsinnig. Wie viele Bewerbungen sinnvoll sind, hängt von den konkreten Bedingungen des Einzelfalls, den persönlichen Verhältnissen, der individuellen Arbeitsfähigkeit, der Arbeitsmarktlage und den Erfolgsaussichten von Bewerbungen ab. Die Anforderungen an Bewerbungsnachweise dürfen *„nicht überspannt werden"* (BVerwG 17.05.1995, NDV-RD 1996, 62). Die BA schrieb hierzu in einer älteren Geschäftsanweisung: *„Bemühungen sind **individuell** auf die Person und die vorliegenden Umstände abzustimmen. Das gilt auch für die ggf. geforderte Anzahl von Bewerbungen"* (BA GA 28/2006, 2). Das gilt noch immer. Das LSG Rheinland-Pfalz hält zwei Bewerbungen pro Woche für Zulässig (LSG Rheinland-Pfalz 16.12.2014 - L 3 AS 505/13)

Tipp: Pauschal von jedem Arbeitslosen zehn, 15 oder sogar 30 Bewerbungen monatlich oder fünf Bewerbungen wöchentlich zu verlangen, ist Rechtsbruch. Verlangen Sie, dass die Anzahl der Bewerbungen individuell auf Ihre Verhältnisse abgestimmt wird.

Inhaltsübersicht

1. Persönliche Verhältnisse und Arbeitsmarktchancen

„Gesundheitliche Einschränkungen physischer und psychischer Art", z.B. Schwerbehinderung und Alter (VG Hannover 26.6.2000, ZfF 6/2001, 133), Familienstand, bisherige Dauer der Arbeitslosigkeit, Vor- und Ausbildung, individuelle Kenntnisse und Fähigkeiten usw. müssen berücksichtigt werden.

Es ist unsinnig, von 59-jährigen Bauarbeiter*inne Bewerbungen zu verlangen, als ob ihnen die Erwerbswelt noch offenstehen würde.

Es ist unsinnig, von Schwerbehinderten Bewerbungen zu verlangen, als wären sie nicht behindert.

Es ist unsinnig, von Alleinerziehenden mit Schulkindern Bewerbungen zu verlangen, als wären ihre Arbeitsmöglichkeiten nicht eingeschränkt.

Wer geringere Chancen auf dem Arbeitsmarkt hat, kann das auch nicht ausgleichen, indem er sich doppelt so häufig bewirbt.

Ein Maßstab für Arbeitsmarktchancen ist die Zahl Ihrer bisherigen Bewerbungen. Wenn Sie sich schon 200-mal beworben und kaum Rückmeldungen hatten, ist es unsinnig, Ihnen 10 Bewerbungen pro Monat abzuverlangen. Das SG Berlin *„hält es für nicht zumutbar, einem ernsthaft um Eingliederung bemühten Arbeitsuchenden, woran hier keine Zweifel bestehen, die Verpflichtung aufzubürden, sein Monatspensum mit aussichtslosen Blindbewerbungen aufzufüllen"* (12.5.2006 - S 37 AS 11713/05).

2. Pauschal allenfalls wenige Bewerbungen monatlich

Unter Berücksichtigung all dieser Bedingungen muss die Zahl der pauschal (d.h. ohne Rücksicht auf den Einzelfall) zumutbaren Bewerbungen relativ gering ausfallen, z.B. drei Bewerbungen monatlich (OVG Lüneburg FEVS 52, 185; VG Hannover 12.2.1998, info also 1998, 80 ff.; drei bis zehn: BVerwG 98, 203).

Auch eine einzige Bewerbung im Monat kann schon ausreichend sein. Neun Bewerbungen in einem Jahr hielt das BVerwG im konkreten Fall eines Alleinerziehenden für ausreichend (BVerwG 17.5.1995, NDV-RD 1996,62). Zwischen drei bis zehn Bewerbungen pro Monat werden als adäquat erachtet (Eicher/ Luik, 4. Aufl., § 15 Rn. 62 mit Bezug auf BVerwGe 98, 203, 209). Das SG Berlin jedoch hat eine starre Mindestzahl an Bewerbungen als rechtswidrig bezeichnet (SG Berlin ebenda). Mehr als zehn Bewerbungen pro Monat können nicht verlangt werden, da die Bewerbungskosten für über zehn Bewerbungen/Monat nicht aus dem Regelbedarf finanziert werden können (⇨3.) (LSG Berlin-Brandenburg 28.8.2007 - L 25 B 1024/07 AS).

Eine allgemeingültige Richtschnur über die Höhe der Bewerbungsauflagen ist hier nicht möglich. Die meisten Landesozialgerichte halten aber zwei **bis vier Bewerbungen pro Monat** auch bei Personen mit eingeschränkten Vermittlungschancen für zumutbar. Die BA sagt: dies ist individuell auf die Person, die vorliegenden Umstände und den in Frage kommenden Arbeitsmarkt abzustimmen (FW 10.04).

Tipp: Rechnen Sie Ihrem/r Fallmanager*in vor, wie viele offene Stellen in Ihrem Arbeitsagenturbezirk auf wie viele Arbeitslose kommen. Das könnte eventuellen Übereifer dämpfen. Arbeitgeber werden abgeschreckt, wenn Ihnen dank Jobcentern massenweise Bewerbungen ins Haus flattern, nur weil Arbeitslose ihre Pflicht tun müssen. Anhaltspunkt für eine sinnvolle Zahl von Bewerbungen kann auch sein, wie viele Bewerbungen Sie finanzieren können (⇨3.).

3. Bewerbungskosten

Alg II-Empfänger*innen *„können aus dem **Vermittlungsbudget** der Agentur für Arbeit bei der Anbahnung oder Aufnahme einer versicherungspflichtigen Beschäftigung gefördert werden"* (§ 16 Abs. 1 SGB II i.V. mit § 44 Abs.1 SGB III; ⇨Arbeit 2.2.2.1). Bewerbungskosten fallen auch darunter, Sie haben darauf allerdings keinen Rechtsanspruch. Bis 2009 war für Bewerbungskosten ein Betrag von 260 € jährlich gesetzlich vorgesehen (§ 46 Abs.1 SGB III alt). Da in den Regelungen zum neuen Vermittlungsbudget konkrete Angaben über Bewerbungskosten fehlen, sollten Sie sich an den alten Beträgen orientieren. Die detaillierten Leistungen werden jeweils durch die einzelnen Jobcenter in Ihrer Region festgelegt und nennen sich meistens „ermessenslenkende Weisungen zum Vermittlungsbudget". Dazu müssen Sie arbeitslos oder von Arbeitslosigkeit bedroht und in der Arbeitsvermittlung gemeldet sein. Nicht selten wird in der ⇨ Eingliederungsvereinbarung ausgemacht, dass eine Stellensuche einen bestimmten Umkreis enthält. So ist es möglich, dass eine Kostenübernahme einer Bewerbung auf eine Tätigkeit in 200 km Entfernung abgelehnt wird, weil die Eingliederungsvereinbarung eine Stellensuche bis 100 km Entfernung beinhaltet.

Tipp: Wollen Sie Ihre Stellensuche im Umkreis erweitern, teilen Sie dieses Ihrem Jobcenter mit und bestehen Sie darauf, dass diese Änderung in der Eingliederungsvereinbarung „nachjustiert" wird.

Bewerbungskosten bestehen aus Kosten für Lichtbilder, Beglaubigungen, Gesundheitszeugnisse, Bewerbungsmappen, Kosten des Besuchs eines Internetcafés, für Telefongespräche mit Arbeitgebern bzw. Bewerbungsfaxe, Umschlag, Porto usw. Alle Kosten müssen belegt werden.

Die Behörde kann Bewerbungskosten pauschal mit **5 €** pro Bewerbung abgelten, wenn die Bewerbung nachgewiesen wird (§ 3 Abs. 1 und 2 der BA-Anordnung zur Unterstützung der Beratung und Vermittlung, 2003 - A-UBV). Das gilt eigentlich auch für **Onlinebewerbungen** (§ 4 A-UBV). Allerdings verliert die BA über die Höhe der Pauschale aus dem Vermittlungsbudget neuerdings kein Wort mehr (BA FW zum SGB III 44.15, 44.33).

Bei Bewerbungskosten von 5 € pro Bewerbung und einer max. Förderung von 260 € jährlich steht Ihnen nur Geld für höchstens 52 Bewerbungen im Jahr oder vier bis fünf Bewerbungen im Monat zur Verfügung. Wenn Ihre Bewerbungsmappen aufwendiger sind und z.B. im Durchschnitt 7,50 € kosten, könnten Sie sich nur 35 Bewerbungen oder drei Bewerbungen monatlich leisten.

Bewerbungskosten werden gesenkt, wenn Sie auf Kosten des Jobcenters Bewerbungen fotokopieren und verschicken können. Wenn Sie keine konkreten Bewerbungskosten nachweisen können, weil Sie sich von zu Hause online bewerben, wird eine pauschale Übernahme der Kosten immer häufiger von den Jobcentern abgelehnt.

Tipp: Weisen Sie Ihre*n Fallmanager*in darauf hin, dass die Zahl der verlangten Bewerbungen finanziell zumutbar sein muss. *„Neben den vereinbarten Bemühungen ist ergänzend eine Kostenerstattungsregelung des*

B

Jobcenters (§ 16 Abs. 1 i. V. m. § 44 SGB III) insbesondere für schriftliche Bewerbungen sowie Reisekosten zu Vorstellungsgesprächen in die EinV aufzunehmen" (FW 15.19).

Die BA schreibt eine verbindliche Kostenerstattungsregelung für in der ⇨Eingliederungsvereinbarung (EinV) ausgemachte schriftliche Bewerbungen vor:
Es „ist ergänzend eine Kostenerstattungsregelung des Jobcenters für schriftliche Bewerbungen sowie Reisekosten zu Vorstellungsgesprächen in die EinV aufzunehmen" (FW 15.19).
Aber auch ohne EinV müssen sich die Eigenbemühungen immer am Förderbetrag orientieren. Werden Bewerbungen von Ihnen verlangt, ohne Ihnen die Kosten zu ersetzen, wird Ihr Regelbedarf umso mehr gekürzt, je mehr Sie sich bewerben. Sie werden für Ihre Bemühungen bestraft. So raubt man Motivation.
Hinweis: Bewerbungskosten für Minijobs werden nicht erstattet, da die Arbeitslosigkeit damit i.d.R. nicht beendet wird. Bewerbungskosten können auch für selbst gesuchte Arbeitsstellen erstattet werden. Ein Vermittlungsvorschlag durch das Jobcenter ist nicht erforderlich. Alle Leistungen aus dem Vermittlungsbudget sind immer im Voraus zu beantragen! Es gilt das Datum der Antragstellung.

Weitere Leistungen aus dem Vermittlungsbudget nach dem Bewerbungsprozess:
Folgende Leistungen sind sogenannte Kann-Leistungen:
- Pendelfahrten zur neuen Arbeitsstelle (oftmals befristet)
- Unterstützung des persönlichen Auftretens (Friseurbesuch, Bekleidung für das Vorstellungsgespräch)
- Doppelte Haushaltsführung
- Anschaffung von PKW, Kleinkraftrad, Fahrrad, wenn es keinen ÖPNV gibt, und bei Vorlage eines sozialversicherungspflichtigen Arbeitsplatzes
- Führerschein, wenn der neue oder voraussichtliche Arbeitgeber die Kostenübernahme ablehnt und bei Vorlage eines sozialversicherungspflichtigen Arbeitsplatzes
- Umzugskosten – oftmals mit einer bestimmten Frist versehen, bis wann der Umzug zu erfolgen hat. I.d.R. müssen bis zu drei Kostenvoranschläge von Umzugsunternehmen vorgelegt werden.

Tipp: Sie müssen die Bewerbungskosten vorlegen, obwohl sie nicht im Regelbedarf enthalten sind. Oft werden sie erst Monate später erstattet, wenn überhaupt. Weisen Sie Ihre*n Fallmanager*in darauf hin, dass Sie nicht monatelang vorlegen können. Fordern Sie, dass Bewerbungskosten monatlich erstattet werden.

Da Bewerbungskosten mit der (zukünftigen) Erzielung eines Einkommens notwendig verbundene Ausgaben sind (§ 11 Abs. 2 Nr. 5 SGB II), können sie auch von Ihrem Erwerbseinkommen (über 400 € brutto) abgesetzt werden (⇨Einkommensbereinigung).

4. Fahrtkosten zu Vorstellungsgesprächen

Für eine alleinstehende Person sind im Regelbedarf 2021 40,01 € für die Nutzung von öffentlichen Verkehrsmitteln vorgesehen. Die Kosten für Fahrten zur Berufsberatung, Vermittlung, Eignungsfeststellung und zu Vorstellungsgesprächen konnten früher im Rahmen der Mobilitätshilfen übernommen werden. Heute ist eine Übernahme aus dem **Vermittlungsbudget** möglich (§ 44 Abs. 1 SGB III, ⇨Arbeit 2.2.2.1). Übernachtungen und Tagegelder können ebenfalls bezahlt werden.

Tipp 1: Beantragen Sie die Übernahme von Bewerbungskosten, Fahrtkosten und anderen mit dem Vorstellungsgespräch verbundenen Kosten unbedingt, **bevor** sie entstehen. Anderenfalls kann das Jobcenter die Erstattung ablehnen.

Tipp 2: Sie können auf Antrag eine Monatskarte für den Nahbereich bezahlt bekommen, wenn mit einer ausreichend hohen Zahl von Bewerbungen in dem entsprechenden Monat zu rechnen ist (§ 5 A-UBV). Fahrten müssen Sie nachweisen.

5. In welcher Form Bewerbungen nachweisen?

Die Behörde muss mit Ihnen in der EinV festlegen, in welcher Form Sie Ihre Bewer-

bungen nachzuweisen haben (§ 15 Abs. 1 Satz 2 Nr. 2 SGB II).
„Als Nachweis für Bewerbungen kann das Anschreiben dienen, ein Antwortschreiben oder Stempel des Arbeitgebers ist nicht notwendig" (BA 15, Anlage, 4.1 alt). Ausreichend ist z.B. auch die Dokumentation von E-Mails. Als Nachweise schriftliche Ablehnungen von Unternehmen bzw. einen Stempel des Arbeitgebers zu verlangen, hat keine gesetzliche Grundlage und ist reine Schikane. Unterbleibt – wie so oft – die förmliche Ablehnung oder weigert sich das Unternehmen, den Bewerbungsnachweis zu stempeln, ist das kein Beleg dafür, dass Sie sich nicht beworben haben. Ein sanktionsbewährter Verstoß liegt immer nur dann vor, wenn der Verstoß in Ihrem Einflussbereich liegt.

Um Bewerbungsnachweise zu erbringen, können Sie sich einen einfachen Vordruck für Bewerbungsbescheinigungen anfertigen, den Sie selbst abzeichnen. Er sollte den Namen des Unternehmens, den/die Ansprechpartner*in, das Datum der Anfrage/ Bewerbung und den Grund der Ablehnung enthalten.
Nachweise wären neben Ihren Schreiben auch monatliche Standardanfragen bei immer denselben Unternehmen, Notizen über Telefonanrufe und Anfragen sowie über Vorstellungsgespräche und Firmenkontakte, entsprechende E-Mails usw..

Zum **Bewerbungsprozess** kann auch gehören, dass Sie Stellen suchen, aber in Zeitungen oder Internet keine finden, auf die Sie sich hätten bewerben können. Auch das müssten Sie dokumentieren.

6. Ohne Regelungen über Unterstützung durch das Amt ist die EinV nichtig

Das BSG bestimmt, dass eine EinV ohne Regelung, welche „individuellen, konkreten und verbindlichen" Unterstützungsleistungen, das heißt bei Bewerbungen natürlich auch die Bewerbungskosten, für die Bewerbungen gewährt werden, nichtig ist (BSG 23.6.2016 - B14 AS 30/15R, siehe auch LSG NRW 31.8.2017 – L 2 AS 488/17).
Siehe dazu insbesondere bei *Geiger 2019, Seite 816*: Geiger führt Schadensersatzansprüche des Leistungsberechtigten gegenüber dem JC aus, wenn die in der EinV geforderten Bewerbungen das Budget von 260 € überschreiten.

7. Kürzung des Regelbedarfs bei nicht erfüllten Bewerbungsauflagen

Wenn Sie die Bewerbungsauflagen der ⇨Eingliederungsvereinbarung trotz schriftlicher Belehrung über die Folgen oder deren Kenntnis ohne wichtigen Grund nicht erfüllen, wird Ihr Regelbedarf für drei Monate um 30Prozent gekürzt (§ 31 Abs. 1 Nr. 1 SGB II; ⇨Sanktionen), dies gilt auch für unter 25-Jährige. ⇨ Eingliederungsvereinbarung, ⇨Sanktionen.

Sanktionen können nur ausgesprochen werden, wenn das Maß der geforderten Eigenbemühungen in einer EinV festgehalten worden ist (VG Bremen 15.11.2005 - S 2 V 2149/05).
Sie dürfen nicht sanktioniert werden, wenn Sie unter Druck eine EinV abgeschlossen haben, in der überzogene Bewerbungsbemühungen gefordert werden, deren Kosten nicht mehr von der Bewerbungskostenerstattung (nach § 44 Abs. 1 SGB III) gedeckt sind. Die Regelleistung ist so eng bemessen, dass damit nicht auch noch zusätzliche Bewerbungskosten finanziert werden können (vgl. BSG 6.12.2007 - B 14/7b AS 50/06 R zu Fahrtkostenerstattung, so auch LPK SGB II, 7. Aufl., § 15 Rn. 32).

Tipp: Fehlen Ihnen die Mittel für Bewerbungen, ist das ein wichtiger Grund, warum Sie die vereinbarten Pflichten nicht erfüllen können.

Das sieht auch das BSG so: Es erklärte Sanktionen wegen nicht erfüllter Bewerbungsauflagen für rechtswidrig, weil in der ⇨Eingliederungsvereinbarung zwar Bewerbungsbemühungen festgelegt waren, jedoch keine Übernahme der Bewerbungskosten. *„Denn die sanktionsbewehrten Verpflichtungen des Klägers zu den in den Vereinbarungen bestimmten Bewerbungsbemühungen sind unangemessen im Verhältnis zu den vom Jobcenter übernommenen Leistungsverpflichtungen zur Eingliederung in Arbeit"* (23.6.2016 - B 14 AS 30/15 R, Medieninformation Nr. 12/16 vom 23.6.2016).

Vorsicht!
Vergessen Sie kein einziges Bewerbungsgespräch, auch wenn Sie 50 Bewerbungen laufen haben. Das Bundessozialgericht meint, dass so etwas unentschuldbar wäre und eine Sperrzeit erforderlich sei (BSG - B 11 AL 67/03 R nach FR 15.7.2004).
Also lieber nur so viele Bewerbungen, wie vorgeschrieben werden, damit Sie den Überblick nicht verlieren.

8. Bewerbungstraining

In der Eingliederungsvereinbarung kann auch die Teilnahme an einem Bewerbungstraining gefordert werden (⇨Arbeit 2.2.4). Um eine Kürzung des Alg II zu vermeiden, müssen Sie dem nachkommen, auch wenn Sie schon genug trainiert worden sind.

Kritik

Die Übernahme der Bewerbungskosten ist immer wieder ein Streitpunkt zwischen Jobcenter und Erwerbslosen. Die Ursache liegt oftmals darin, dass jede Region ihre eigenen Regelungen zu den Erstattungen aus dem Vermittlungsbudget aufstellt. Bis heute sind viele Kostenübernahmen sogenannten Kann-Regelungen, die dann vom Gutdünken der einzelnen Sachbearbeitung abhängen. Wenn nach persönlicher Sympathie entschieden wird, kann von Willkür gesprochen werden. Es ist sinnlos und Verschwendung von Steuergeldern, wenn Jobcenter über Jahre fordern, dass sich Erwerbslose bei den immer selben Arbeitgebern bewerben, obwohl dort eine Anstellung aussichtslos ist. Trotz geringer Chance auf einen möglichen Arbeitsplatz fordern die Jobcentern teilweise Bewerbungsaktivitäten auf Stellenangebote, die entweder nicht auf die Person passen oder die aus unterschiedlichsten Gründen (Gesundheit, fehlende Qualifizierung) nicht ausgeübt werden können. Der Druck auf die Jobcentermitarbeiter*innen, eine vorgegebene Anzahl von Vermittlungsvorschlägen innerhalb einer bestimmten Zeit zu versenden, läuft am Bedarf und der Notwendigkeit der Erwerbslosen komplett vorbei. Statt Qualität zählt hier bloß Quantität. Mit dem Druck, Erwerbslosen Gelder zu streichen, wenn sie sich nicht bewerben, wird hier ein Machtinstrument aufgebaut, was nur unnötige Kosten und Zeit verschwendet.
Forderungen:
- Vollständige Übernahme der tatsächlichen Bewerbungskosten
- Keine pauschalen Bewerbungsauflagen
- Bewerbungsaufforderungen nach den regionalen Arbeitsmarktbedingungen und Voraussetzungen

Deutsche im Ausland

Inhaltsübersicht:
⇨Alg II
⇨HzL/GSi
⇨Kritik

Alg II

Alg I BezieherInnen können zum Zweck der **Arbeitssuche** für drei Monate in EU-, EWR-Staaten oder die Schweiz reisen und dort Leistungen beziehen (eine Verlängerung auf bis zu sechs Monate ist nach ⇨Ermessen möglich).
Ein vorübergehender, dh. bis zu **sechsmonatiger Auslandsaufenthalt** lässt den gewöhnlichen Aufenthalt im Sinne des § 7 Abs. 1 S. 1 Nr. 4 SGB II fortbestehen, wenn der deutsche Wohnsitz beibehalten wird und eine Rückkehr beabsichtigt ist (Geiger, 2020, S. 16, SG Bayreuth 3.5.2006 – S 5 As 608/05, SG HH 12.10.2007 – S 56 SO 350/06, vgl. LSG BaWü 22.1.2013-L 11 EG 3335/12, Bay LSG 8.3.2018-L 9 EG 24/169).
Mögliche Ansprüche bei vorübergehendem Auslandsaufenthalt könnten die KdU sein, diese sind wegen der ⇨Residenzpflicht nach § 7 Abs. 4a SGB II in der EinV zu klären.

Tipp: Zum Bezug des Alg I im Ausland sollten Sie rechtzeitig vor der geplanten Abreise ins Gastland bei der Arbeitsagentur die Mitnahme-Bescheinigung „Portable Document (PD) U2“ beantragen. Diese soll zeitnah ausgestellt werden. Danach brauchen Sie nur noch von Ihrer Krankenkasse eine „Europäische Krankenversicherungskarte“ (Informationen: Leitfaden für Arbeitslose 2015, 120 ff). In Corona- Zeiten achten Sie auf etwaige sinnvolle und notwendige Zusatzversicherungen. Vor Ihrer Abreise müssen Sie bei der Arbeitsagentur mindestens vier Wochen arbeitslos gemeldet gewesen sein (Ausnahmen sind möglich) und einen Antrag auf ein Formular U2 (früher: E 303) stellen (Genehmigung, Ihre Leistungen bei Arbeitslosigkeit mitzunehmen). → https://t1p.de/6d0m

„Die Regelungen der EAO gelten nicht für erwerbsfähige Leistungsberechtigte, die nicht arbeitslos sind (z. B. bei bestehender sozialversicherungspflichtiger Beschäftigung)“, so die BA in FW 7.124.
Wenn Sie Ihren gewöhnlichen Aufenthalt in Deutschland haben und sich zum Zweck der ⇨**Erwerbstätigkeit** zeitweilig **im Ausland** aufhalten, können Sie aufstockendes Alg II beziehen (FW 7.124).

Alle anderen, die Alg II beziehen, können bestenfalls nach Abmeldung beim Arbeitsvermittler für 21 Tage pro Jahr im Ausland eine **genehmigte Abwesenheit/ „Urlaub“** in Anspruch nehmen (⇨Ortsabwesenheit 1. ff.). Die Regelungen zur Erreichbarkeit gelten nicht für Personen, die nicht arbeitslos sind (FW 7.124), z.B. sozialversicherungspflichtig Beschäftigte.

HzL/GSi

„Deutsche, die ihren gewöhnlichen Aufenthalt im Ausland haben, erhalten keine Leistungen“ (§ 24 Abs. 1 SGB XII).
Ausnahmen gibt es nur, wenn das wegen einer *„außergewöhnlichen Notlage unabweisbar ist“* und zugleich eine Rückkehr nach Deutschland nicht möglich ist, wegen
- Pflege und Erziehung eines Kindes, das aus rechtlichen Gründen im Ausland bleiben muss,
- längerfristiger stationärer Betreuung oder Schwere der Pflegebedürftigkeit oder
- hoheitlicher Gewalt, z.B. bei strafrechtlichen Ermittlungen (§ 24 Abs. 1 Nr. 1 und 3 SGB XII).
  Eine Pandemiesituation ist in der abschließenden Aufzählung nicht enthalten, hier dürfte aber der Anspruch über verfassungskonforme Auslegung oder über die Hilfe in sonstigen Lebenslagen nach § 73 SGB XII herstellbar sein

Zum vorübergehenden **Auslandsaufenthalt schauen Sie bitte unter** ⇨Ortsabwesenheit 2.

Kritik

Sozialhilfe konnte bis zum 31.12.2003 auch an Deutsche im Ausland gezahlt werden. Sie war für diejenigen gedacht, die im Ausland nicht nur vorübergehend ihren Lebensmittelpunkt hatten und dort arm wurden (BVerwG 31.8.1995, NJW 1996, 1977 ff.).
In der Krise 1992/93 heizten Politiker und Medienkonzerne die Stimmung gegen

„Sozialhilfe unter Palmen" kräftig an und schafften den Anspruch 1995 faktisch ab. Sozialhilfe konnte nur noch *„in besonderen Notfällen"* gezahlt werden, d.h. wenn eine Heimkehr aufgrund eines bedeutenden Gesundheitsschadens oder der Gefährdung einer angemessenen Schulbildung nicht zumutbar war (BVerwG 05.6.1997, FEVS 1998, 98). Soziale Bindungen spielten keine Rolle mehr.

In der nächsten Krise ab 2001 brauchte man weiteres Futter für Stimmungsmache. BILD und Bundesregierung fanden es in *„Florida-Rolf"*, der nichts weiter getan hatte, als mit Hilfe von Verwaltungsgerichten trotz stark erschwerter Bedingungen Ansprüche durchzusetzen. Der Kampf gegen Rolf J. endete damit, dass nahezu allen Deutschen im Ausland die Sozialhilfe gestrichen wurde. 2010 bezogen nur noch 476 Personen, darunter 170 Inhaftierte, Sozialhilfeleistungen im Ausland (BMAS, Übersicht über das Sozialrecht, 2012/2013, 721).

Die Hetzkampagne gegen *„Florida-Rolf"* bereitete letztlich auch den Boden für die Einführung von Hartz IV die Abschaffung der Arbeitslosenhilfe sowie die Kürzung der Sozialhilfe. In Wirklichkeit ging es darum, die „Sozialhilfe für Deutsche im Inland" zusammenzustreichen. ⇨ Prof. Albrecht Brühl: Florida-Rolf, Viagra-Kalle und Yacht-Hans unter: https://t1p.de/5y85

Zum 01.07.2017 wurde der § 41a SGB XII für die Altersrentner und voll erwerbsgeminderte Personen eingeführt. Danach haben Leistungsberechtigte, die sich länger als 28 Tage ununterbrochen im Ausland aufhalten, erst ab ihrer nachgewiesenen Rückkehr ins Inland wieder Anspruch auf GSi-Leistungen. Mit dieser Neuregelung der damals verantwortlichen, sozialdemokratischen Arbeitsministerin Andrea Nahles wurden Menschen, die keiner Arbeitspflicht mehr unterliegen, residenzpflichtig gemacht. Im Grunde geht es hierbei auch nur darum, Hebel zu finden, um Leistungen streichen zu können. Besonders heftig ist, dass in der Neuregelung des § 41a SGB XII keine Härtefallregelungen getroffen wurden. Nach dem Willen von Frau Nahles sind nun bei Reiseunfähigkeit erkrankter GSi-LeistungsbezieherInnen oder bei kurzfristiger Reiseunfähigkeit durch einen Defekt des Autos, Streik oder Inhaftierung ohne Ausnahme die Leistungen komplett zu streichen.

Eheähnliche Gemeinschaft
(Einstehensgemeinschaft)

2017 lebten in Deutschland über 3,2 Mio. der insgesamt 20,8 Mio. Paare in gemischt- oder gleichgeschlechtlichen Lebensgemeinschaften, d.h. etwa 15 Prozent aller Paare (www.destatis.de; Datenreport 2018 - Sozialbericht für Deutschland).

Inhaltsübersicht:

Hilfe zum Lebensunterhalt (HzL)

„Personen, die in eheähnlicher oder lebenspartnerschaftsähnlicher Gemeinschaft leben, dürfen hinsichtlich der Voraussetzungen sowie des Umfangs der Sozialhilfe nicht besser gestellt werden als Ehegatten. § 39 [⇨ Haushaltsgemeinschaft] gilt entsprechend" (§ 20 SGB XII).

„Bei nicht getrennt lebenden Ehegatten oder Lebenspartnern sind das Einkommen und Vermögen beider Ehegatten oder Lebenspartner gemeinsam zu berücksichtigen" (§ 27 Abs.2 Satz 2 SGB XII).

Grundsicherung (GSi)

„Einkommen und Vermögen des nicht getrennt lebenden Ehegatten oder Lebenspartners sowie des Partners einer eheähnlichen oder lebenspartnerschaftsähnlichen Gemeinschaft, die dessen notwendigen Lebensunterhalt [...] übersteigen, sind zu berücksichtigen" (§ 43 Abs. 1 Satz 2 SGB XII).

Alg II

„Zur Bedarfsgemeinschaft gehören [...] eine Person, die mit der erwerbsfähigen leistungsberechtigten Person in einem gemeinsamen Haushalt so zusammenlebt, dass nach verständiger Würdigung der wechselseitige Wille anzunehmen ist, Verantwortung füreinander zu tragen und füreinander einzustehen" (§ 7 Abs. 3 Nr. 3c SGB II).

Das gesamte Einkommen und Vermögen eheähnlicher und auch *„lebenspartnerschaftsähnlicher"* Partner*innen (⇨5.) wird wie bei Ehegatten auf den Bedarf des Partners/der Partnerin angerechnet. Darüber hinaus wird dieses Einkommen im SGB II auch auf den Bedarf der Kinder und der Kinder des Partners/der Partnerin angerechnet.

Auch wenn die Jobcenter in der Praxis immer wieder versuchen, bei allen möglichen Formen des Zusammenwohnens eine Bedarfsgemeinschaft anzunehmen, sind diese auf **Partner*innen** beschränkt (⇨1.1). Eine Freundschaft alleine, selbst wenn es eine enge emotionale Bindung gibt, ist nicht ausreichend. Die Gesetzesbegründung (BT-Dr. 16/1410, 19) bezieht sich eindeutig nur auf das Zusammenleben von Partner*innen.

1. Was ist eine eheähnliche Gemeinschaft?

Nach der Rechtsprechung des BVerfG ist eine **eheähnliche Gemeinschaft** eine auf Dauer angelegte Lebensgemeinschaft zwischen Mann und Frau, die keine weitere Lebensgemeinschaft gleicher Art zulässt, sich durch innere Bindung auszeichnet, also über die Beziehung in einer Haushalts- und

Wirtschaftsgemeinschaft hinausgeht (BVerfG 17.11.1992 – BvL 8/87). Das BSG knüpft an das Bestehen einer eheähnlichen Gemeinschaft drei Voraussetzungen, die nach der Rechtsprechung des BVerfG und des BSG *„kumulativ"*, d.h. aufeinander aufbauend vorliegen müssen: *„Es muss sich 1. um Partner handeln, die 2. in einem gemeinsamen Haushalt zusammenleben, und zwar 3. so, dass nach verständiger Würdigung der wechselseitige Wille anzunehmen ist, Verantwortung füreinander zu tragen und füreinander einzustehen"*. Erst wenn **objektiv** festgestellt ist, ob 1. eine Partnerschaft sowie 2. eine Wohn- und Wirtschaftsgemeinschaft vorliegt, kann 3. die **subjektive** Voraussetzung des *„Einstehens- und Verantwortungswillens"* geprüft werden (BSG 23.8.2012 - B 4 AS 34/12 R, Rn. 14).

1.1 Erste Voraussetzung: Partnerschaft

„Von dem Bestehen einer Partnerschaft [...] ist auszugehen, wenn eine gewisse Ausschließlichkeit der Beziehung gegeben ist, die keine vergleichbare Lebensgemeinschaft daneben zulässt". Außerdem muss eine *„rechtlich zulässige Möglichkeit der Heirat bzw. Begründung einer Lebenspartnerschaft"* bestehen. Bei der Prüfung dieses Kriteriums sind z.B. sexuelle Beziehungen, anderweitige partnerschaftliche Bindung und das gemeinsame Auftreten außerhalb des häuslichen Bereichs zu berücksichtigen (BSG ebenda, Rn. 20).

Liegt keine Partnerschaft vor, handelt es sich um eine reine ⇨Wohngemeinschaft (WG) und nicht um eine Einstehensgemeinschaft (LSG Sachsen 18.12.2008 - L 7 B 737/08 AS-ER).

Wenn Sie darlegen, dass Sie keine Partner*innen sind und mit Ihrem/r Mitbewohner*in z.B. in einer WG **räumlich getrennt** zusammen**wohnen**, greift die Vermutung nicht. Eine räumliche Trennung liegt vor, wenn durch entsprechende Aufteilung der Zimmer jedem eine Privatsphäre ermöglicht wird. Wenn Sie mit mehreren Personen in einer WG zusammenwohnen, wird die Vermutung, dass eine eheähnliche Einstandsgemeinschaft vorliegt, regelmäßig keinen Bestand haben. Denkbar wäre allenfalls eine Wohngemeinschaft mehrerer Paare. Allerdings ist die räumliche Trennung innerhalb der Wohnung nicht das einzige Merkmal, um eine Einstehensgemeinschaft auszuschließen. Denn es gibt auch Partnerschaften, die aufgrund des Fehlens der weiteren Voraussetzungen (gemeinsames Wirtschaften, Füreinandereinstehen) nicht vergleichbar sind mit eheähnliche Gemeinschaften und daher nicht als solche gelten können. Es kommt dabei insbesondere nicht darauf an, ob zwischen den Partner*innen geschlechtliche Beziehungen bestehen (BMAS 9.5.2006 auf eine kleine Anfrage, BT-Dr 16/1328,5).

Ein klares Indiz gegen eine eheähnliche Gemeinschaft sind natürlich Beziehungen zu dritten Partnern, die regelmäßig in die Wohnung zu Besuch kommen (LSG Thüringen 20.2.2007 - L7 AS 942/06 R).

1.2 Zweite Voraussetzung: Wohn- und Wirtschaftsgemeinschaft

1.2.1 Häusliche Gemeinschaft

Im Gegensatz zur Ehe setzt eine eheähnliche Gemeinschaft *„zwingend"* ein *„Zusammenleben"* in einer **gemeinsamen Wohnung** voraus (BSG ebenda, Rn. 22).

Wenn Sie getrennte Wohnungen haben, spricht das trotz einer Liebesbeziehung gegen eine eheähnliche Gemeinschaft (OVG Sachsen 29.6.2000, FEVS 52, 223). Wenn Sie Besuche von einer nicht gleichgeschlechtlichen Person haben, wenn jemand bei Ihnen übernachtet, wenn Sie ein Doppelbett haben, in dem jemand schlafen könnte, wenn Zeichen früherer Besuche einer nicht gleichgeschlechtlichen Person aufgespürt werden (Bekleidung oder Hygieneartikel), wenn Sie mit jemanden in den Urlaub fahren, wenn Sie eine Wochenendbeziehung pflegen (SG Berlin 13.6.2005 - S 37 AS 3125/05 ER), bedeutet das nicht, dass Sie mit dieser Person in einer Wohnung zusammenleben.

Eine eheähnliche Gemeinschaft liegt auch dann nicht vor, wenn Sie ein gemeinsames Kind mit einer Person haben, die getrennt von Ihnen lebt und das Kind und damit auch Sie nur besucht (OLG Köln 19.10.2001 - 25 WF 185/01).

Eine eheähnliche Gemeinschaft setzt immer eine gemeinsame Wohnung voraus, weil erst hierdurch eine Verbundenheit nach außen dokumentiert wird, die mit der von Ehepartner*innen vergleichbar ist.

1.2.2 Gemeinsames Wirtschaften

Eine Ehe kann bestehen, ohne dass gemeinsam gewirtschaftet wird (BSG 18.2.2010 - B 4 AS 49/09 R), eine eheähnliche Gemeinschaft nicht. Ohne Haushalts- und Wirtschaftsgemeinschaft (⇨Wohngemeinschaft 1.) kein eheähnliches Verhältnis (BSG ebenda).

„Die Anforderungen an das gemeinsame Wirtschaften gehen daher über die gemeinsame Nutzung von Bad, Küche und ggf. Gemeinschaftsräumen hinaus. Auch der in Wohngemeinschaften häufig anzutreffende gemeinsame Einkauf [...] aus einer von allen Mitbewohnern zu gleichen Teilen gespeisten Gemeinschaftskasse begründet noch keine Wirtschaftsgemeinschaft“ (BSG ebenda, Rn. 23).

Indiz für eine **Wirtschaftsgemeinschaft** kann die gemeinsame Verfügung über ein einziges Konto sein bzw. eine gegenseitige Kontovollmacht oder die Befugnis, über Einkommen und Vermögen des Partners/der Partnerin tatsächlich verfügen zu können (vgl. auch § 7 Abs. 3a Nr. 4 SGB II). Die gemeinsame Verfügung über ein Auto kann als Indiz für gemeinsames Wirtschaften angenommen werden (LSG Berlin-Brandenburg 2.3.2006 - L 14 B 18/06 AS ER). Auch der gemeinsame Kauf einer Immobilie kann ein Indiz für gemeinsames Wirtschaften sein, oder mehrere gemeinsame Wohnungswechsel (LSG Niedersachsen-Bremen 30.5.2005 - L 8 AS 95/05 ER).

Geeignete Nachweise, dass **keine** Wohn- und Wirtschaftsgemeinschaft besteht, wären z.B.

- ein erfüllter Untermietvertrag (LSG Sachsen 22.1.2008 - L 3 B 359/07 AS-ER),
- mtl. Geldüberweisungen für die Miete auf das Konto des Mitbewohners/der Mitbewohnerin (LSG Baden-Württemberg 12.1.2006 - L 7 SO 5532/05 ER-B) und/oder
- getrennte Bankkonten und keine weiteren finanziellen Verflechtungen.

Von der hier als Voraussetzung für die eheähnliche Gemeinschaft erforderlichen Wohn- und Wirtschaftsgemeinschaft ist die ⇨Haushaltsgemeinschaft zu unterscheiden. Bei einer reinen Haushaltsgemeinschaft kann nur bei Bezug von **HzL** der Sozialhilfe (§ 39 SGB XII) vermutet werden, dass die andere Person Sie unterstützt ⇨Haushaltsgemeinschaft 1.4. Bei Bezug von **GSi** ist ausdrücklich bestimmt, dass nichts vermutet werden darf (§ 43 Abs. 6 SGB XII).

Das **SGB II** kennt eine solche Vermutung nur bei Verwandten oder Verschwägerten (§ 9 Abs. 5 SGB II).

1.3 Dritte Voraussetzung: Verantwortungs- und Einstehensgemeinschaft

Gemeinsames Wohnen und Wirtschaften von Partner*innen ist **keine** ausreichende Bedingung für eine eheähnliche Gemeinschaft. Beide objektiven Kriterien müssen aber zuerst festgestellt werden, bevor das dritte Kriterium geprüft wird (BSG ebenda, Rn. 25).

Eine eheähnliche Gemeinschaft liegt **nur** vor, *„wenn zwischen den Partnern so enge Bindungen bestehen, dass von ihnen ein gegenseitiges Einstehen in den Not- und Wechselfällen des Lebens erwartet werden kann [Verantwortungs- und Einstehensgemeinschaft]"* (BVerfG 17.11.1992 - 1 BvL 8/87).

Wenn eine Verantwortungs- und Einstehensgemeinschaft **nicht** existiert, sind Mann und Frau auch dann keine eheähnliche Gemeinschaft, wenn sie gemeinsam wohnen und wirtschaften (OVG Niedersachsen 26.1.1998, FEVS 1998, 545 f.; OVG Saarlouis 3.4.1998, FEVS 1998, 557 f.). Im Klartext heißt das, dass nicht jede Partnerschaft eine eheähnliche Gemeinschaft ist. Es kommt also nicht in erster Linie darauf an, ob man unter einem einzigen Wohnsitz angemeldet ist (BVerfG 2.9.2004 - 1 BvR 1962/04), einen gemeinsamen Eintrag im Telefonbuch hat, einen gemeinsamen Mietvertrag hat (LSG Sachsen-Anhalt 6.4.2006 - L 2 B 14/06 AS ER), ob man gemeinsam kocht und isst (LSG Niedersachsen-Bremen 9.3.2006 - L 9 AS 86/06) oder die Wäsche gemeinsam wäscht (LSG Hessen 16.3.2006 - L 7 AS 23/06 ER), ob der Kühlschrank getrennte Fächer hat, die Badutensilien getrennt aufbewahrt werden oder die Wohnung gemeinschaftlich genutzt wird (SG Gelsenkirchen 15.3.2007 - S 11 AS 43/07 ER).

„Dass gemeinsam gekocht, geputzt und eingekauft wird, hält der Senat bei freundschaftlichen Beziehungen ebenso für üblich, wie die ermittelte Tatsache, dass offenbar auch Wäsche von beiden in gemeinsamen

Waschgängen gereinigt wird" (LSG Hessen, ebenda). Allein aus einem freundschaftlichen Zusammenleben in einer Zweckgemeinschaft ergibt sich noch nicht die Vermutung, dass Unterhalt in vollem Umfang wie in einer Ehe geleistet wird (LSG NRW 25.6.2012 - L 19 AS 1397/11).

Andererseits können eheähnliche Partner ebenso wie Ehe- oder Lebenspartner*innen in einer (noch) gemeinsamen Wohnung dauerhaft getrennt leben, wenn sie ihre Beziehung aufgelöst haben und jemand nicht auszieht, weil noch keine andere bezahlbare Wohnung zu finden ist. Die *„Trennung von Tisch und Bett*" ist auch innerhalb einer Wohnung möglich (BGH 24.10.2001 - XII ZR 284/99). *„Dem hilfebedürftigen Partner muss es [...] zumindest für eine Übergangszeit, in der er eine neue Wohnung sucht, möglich sein, in der bisherigen gemeinsamen Wohnung zu verbleiben, ohne dass er dadurch seinen Hilfeanspruch verliert*" (OVG Lüneburg 20.3.2006 - S1 B 89/06). Dann kann man keine Einstandsgemeinschaft mehr erwarten.

Wie kann man nun anhand geeigneter **Indizien** (Hinweistatsachen) feststellen, ob ein gegenseitiges Einstehen füreinander vorliegt? Nach dem Wortlaut des § 7 Abs.3a SGB II löst jedes der unter **1.3.2 bis 1.3.5** genannten Kriterien für sich genommen die **Vermutung** aus, dass eine Verantwortungs- und Einstehensgemeinschaft existiert: dass also die Zusammenlebenden voll füreinander und für die Kinder des Partners aufkommen müssen. Doch zunächst wird erläutert, welche Kriterien diese Vermutung **nicht** auslösen.

1.3.1 *„Innere Bindungen"*

Vor dem Urteil des Bundesverfassungsgerichts von 1992 wurde die Wohn- und Wirtschaftsgemeinschaft als ausschlaggebend für eine eheähnliche Gemeinschaft angesehen. Auf innere Bindungen kam es nicht an. Diese Auffassung ist jetzt verfassungswidrig (Leitsatz Nr. 3 des Urteils des BVerfG, ebenda). Eine eheähnliche Gemeinschaft ist vielmehr gerade durch eine innere Bindung der Partner*innen gekennzeichnet, die ein gegenseitiges Einstehen füreinander begründet.
Nicht wenige Ermittler*innen, Medien, Behörden und Minister*innen riechen das Eheähnliche dennoch schon, wenn sie Spuren eines andersgeschlechtlichen Wesens entdecken: Warum stehen in der Wohnung eines Junggesellen Damenschuhe am Bett? Warum hängen Frauen- und Herrenwäsche gemeinsam auf der Leine? Warum kocht eine alleinstehende Frau acht Liter Linsensuppe? Andere schließen aus der Existenz eines Doppelbettes oder aus einem in Unterhose angetroffenen Mann auf eine faktische Ehe. Nichts von alledem ist jedoch relevant.
Das ehemalige Bundesministerium für Wirtschaft und Arbeit unter W. Clement bezeichnete Alg II-Bezug als *„Sozialmissbrauch"*, wenn vermutliche sexuelle Beziehungen und *„gefühlte"* Wirtschaftsgemeinschaften bestehen (Vorrang der Anständigen - Gegen Missbrauch, *„Abzocke*" und Selbstbedienung im Sozialstaat, August 2005).
Verfassungsrechtlich ist es jedoch unzulässig, Nachforschungen über das Intimleben von Partner*innen anzustellen (BVerfG ebenda; BVerwG 07.4.1995 - 5B 36.94). Außerdem verstößt das gegen den ⇨Datenschutz. Falls intime Beziehungen dennoch bekannt geworden sind, können sie allerdings ein Anhaltspunkt für innere Bindungen sein (LSG Sachsen 5.7.2007 - L 3 AS 32/06).

Die Kriterien, nach denen nun das Jobcenter einen wechselseitigen Willen des Füreinandereinstehens, also die innere Bindung, vermuten darf, regelt § 7 Abs. 3a Nr. 1 bis 4. SGB II. Diese sind:

1.3.2 „Länger als ein Jahr zusammenleben"

Das Bundesverfassungsgericht wertet *„langjähriges Zusammenleben"* (ebenda) als Indiz für eine Verantwortungs- und Einstandsgemeinschaft. Vor die eheähnliche Gemeinschaft ist gewissermaßen eine Probezeit geschaltet. Das Zusammenleben muss ***„auf Dauer angelegt"*** sein (ebenda). Die Partner*innen müssen (wie in einer Ehe) **Lebens**gefährt*innen sein.
Häufig erkennen Behörden diese Vorgaben des Bundesverfassungsgerichts nicht an, obwohl sie laut Grundgesetz Gesetzescharakter haben. Sie unterstellen immer wieder schon **beim Einzug** eines Partners/einer Partnerin oder **nach wenigen Monaten** des Zusammenlebens eine eheähnliche Gemeinschaft.

Seit 2006 ist im **SGB II** gesetzlich geregelt, dass **nach einem Jahr** des Zusammenlebens *„ein wechselseitiger Wille"*, füreinander einzustehen (§ 7 Abs. 3a Nr. 1 SGB) vermutet werden darf.
Seit wann aber ist einjähriges Zusammenleben das *„langjährige Zusammenleben"*, wie es das Bundesverfassungsgericht fordert? *„Langjährig"* bedeutet immer **mehrere** Jahre.
Der Bundesgerichtshof urteilte demzufolge, dass man frühestens nach zwei bis drei Jahren beurteilen könne, ob Partner*innen nur probeweise zusammenleben oder eine verfestigte Gemeinschaft bilden (BGH 12.3.1997 - XII ZR 153/95, NJW 1997, 1851).
Das Bundessozialgericht forderte eine dreijährige Dauer der Beziehung als Voraussetzung (BSG 29.4.1998 - B 7 AL 56/97 R). Da eine Ehe erst dann unwiderlegbar gescheitert ist, wenn die Ehegatten drei Jahre getrennt leben (§ 1566 Abs. 2 BGB), dürften im Umkehrschluss eheähnliche Verhältnisse erst nach drei Jahren angenommen werden.
Diese Grenze ist allerdings nach Auffassung des BSG keine absolute zeitliche Mindestgrenze (u.a. BSG 17.10.2002 - B 7 AL 96/00). *„Bei einem Zusammenleben von kürzerer Dauer als drei Jahren [können] andere Umstände von gleichem Gewicht an die Stelle der bisherigen Dauer der Beziehung treten"* (BSG 17.10.2002 - B 7 AL 72/00; ⇨1.3.3 ff.; ⇨2.3).

Das SGB II bestimmt beim Alg II die Jahresfrist zur Regel, obwohl sie nach Auffassung des BSG allenfalls eine Ausnahme sein kann, wenn besondere *„Umstände von gleichem Gewicht"* vorliegen. Das Kriterium „ein Jahr zusammenleben" ist seitdem ausreichend, um die Einstandsgemeinschaft zu unterstellen, ohne weitere „Hinweistatsachen" berücksichtigen zu müssen.

1.3.3 Zusammenleben mit einem gemeinsamen Kind

Ein gemeinsames Kind (BVerwG 20.1.1977, FEVS 25, 278) wird als Hinweistatsache für eine eheähnliche Gemeinschaft genommen. Dieses Indiz ist in § 7 Abs. 3a Nr. 2 SGB II nun als festes Kriterium definiert: *„Ein wechselseitiger Wille, [...] füreinander einzustehen, wird vermutet, wenn Partner [...] mit einem gemeinsamen Kind zusammenleben"*.

Dass ein nur kurz zusammenwohnendes Paar ein gemeinsames Kind erwartet, genügt nicht, um die *„Vermutungsregel"* auszulösen (LSG Hamburg 28.1.2008 - L 5 B 21/08 ER AS). Es müssen weitere Kriterien außer der **Schwangerschaft** vorliegen.

1.3.4 Versorgung von Kindern und Angehörigen im Haushalt

Als Kriterium für die Vermutung, dass Zusammenwohnende füreinander einstehen, gilt außerdem, *„Kinder oder Angehörige im Haushalt [zu] versorgen"* (§ 7 Abs. 3a Nr.3 SGB II). Die Versorgung von Kindern des Partners/der Partnerin, die nicht die eigenen sind, begründet die Vermutung für die Einstehensgemeinschaft. Für die Versorgung eines pflegebedürftigen Elternteils des Partners/der Partnerin im gemeinsamen Haushalt gilt das Gleiche. Die Versorgung eigener Kinder oder Angehöriger lässt übrigens keinen Rückschluss auf die Einstehensgemeinschaft zu.
Wenn jemand demnach mit einer alleinerziehenden Person zusammenzieht, ist er aufgrund der Kinder im Haushalt schneller zwangsverheiratet, als wenn zwei kinderlose Menschen zusammenziehen. Soll das abschrecken, Beziehungen zu alleinerziehenden Frauen und Männern einzugehen? Voller Unterhalt für das Kind des Partners/der Partnerin hat in dieser Konstruktion sogar Vorrang vor den nicht titulierten Unterhaltszahlungen an das eigene Kind, mit dem man nicht zusammenlebt (⇨Bedarfsgemeinschaft 3.3 f.).
Das Zusammenleben mit dem Kind oder pflegebedürftigen Angehörigen des Partners/der Partnerin in einem Haushalt kann für die Konstruktion einer Bedarfsgemeinschaft nicht ausreichen. Der Gesetzgeber spricht hier ausdrücklich von **versorgen**. Das bedeutet, dass man **maßgeblich** – nicht nur gelegentlich – an der Versorgung beteiligt ist (LSG Sachsen-Anhalt 17.11.2009 - L5 AS 385/09 B ER; ⇨Alleinerziehende).

1.3.5 Wechselseitiges Verfügen über Einkommen und Vermögen

Das BVerfG nannte als weitere Voraussetzung für eine eheähnliche Gemeinschaft auch die *„Befugnis, über Einkommen und Vermögensgegenstände des Partners zu verfügen"*.

E

Auch das wurde von der schwarz-roten Bundesregierung als Kriterium für die Vermutung, dass eine Einstehensgemeinschaft vorliegt, ins SGB II aufgenommen: *„Ein wechselseitiger Wille, [...] füreinander einzustehen, wird vermutet, wenn Partner [...] befugt sind, über Einkommen und Vermögen des anderen zu verfügen"* (§ 7 Abs. 3a Nr. 4 SGB II).

E

Wenn das (z.B. über eine Kontovollmacht) nicht gegeben ist, spricht das gegen eine Einstehensgemeinschaft, da sich der/die Partner*in nicht einfach das vom anderen nehmen kann, was er/sie zum Leben braucht. Wenn regelmäßige Zahlungen für die anteilige Miete und sonstige Aufwendungen auf dem Konto des Mitbewohners/der Mitbewohnerin eingehen, spricht auch das gegen eine eheähnliche Gemeinschaft (LSG NRW 25.6.2012 - L 19 AS 1397/11; LSG Baden-Württemberg 12.1.2006 - L 7 SO 5532/05 ER-B).

1.4 Die wichtigste Voraussetzung wäre: freiwillige Sicherung des gemeinsamen Lebensunterhalts, vorrangig vor den eigenen Bedürfnissen und Verpflichtungen

„Die Bundesregierung geht von den vom Bundesverfassungsgericht aufgestellten Voraussetzungen für das Bestehen einer eheähnlichen Gemeinschaft aus", zumindest behauptet sie das (BMAS am 9.5.2006 in der Antwort auf eine Kleine Anfrage BT-Drs. 16/1328).

Teilweise stimmt das sogar, denn das Gericht hat erklärt, dass sich eine eheähnliche Gemeinschaft *„in der Verwaltungspraxis nur anhand von* ***Indizien*** *feststellen"* lasse (BVerfG 17.11.1992, ebenda). Gemeint sind die unter 1.3.2 ff. genannten Hinweistatsachen, die – mit Ausnahme des *„langjährigen Zusammenlebens"* – in das SGB II aufgenommen wurden.

Das BVerfG stellt gleichzeitig jedoch auch fest, dass entscheidend für die eheähnliche Gemeinschaft nicht Indizien sind, nach denen eine Unterstützung erwartet werden kann, sondern ob diese Unterstützung tatsächlich erfolgt.

„Nur wenn sich die Partner einer Gemeinschaft so sehr füreinander verantwortlich fühlen, dass sie zunächst den gemeinsamen Lebensunterhalt sicherstellen, bevor sie ihr persönliches Einkommen zur Befriedigung eigener Bedürfnisse verwenden, ist ihre Lage mit derjenigen nicht dauernd getrennt lebender Ehegatten im Hinblick auf die verschärfte Bedürftigkeitsprüfung vergleichbar" (Ebenda).

Hier geht es nicht um Indizien, sondern um reale Zahlungen, die ausschließlich vom **Willen** der Beteiligten abhängen.

Die Einstehensgemeinschaft ist aufgelöst (oder besteht nicht), wenn ein*e Partner*in sein/ihr Einkommen und Vermögen ausschließlich zur Befriedigung eigener Bedürfnisse oder zur Erfüllung eigener Verpflichtungen verwendet (Ebenda).

Letztlich entscheidend ist also nicht die innere Bindung, die zu der Annahme bzw. der Erwartung führt, dass der/die eine den/die andere*n voll unterstützt (§ 7 Abs. 3 Nr. 3c SGB II), sondern die reale Unterstützung.

Die Bundesregierung dagegen beschränkt sich auf **Erwartungen**, unabhängig davon, ob die Unterstützung real geleistet wird oder nicht. Das senkt die Ausgaben. Das LSG Berlin-Brandenburg unterstützt das: *„Maßgeblich ist allein, ob sie [die Partner*innen] in Verhältnissen leben, welche eine solche Unterstützung erwarten lassen"* (2.3.2006 - L 14 B 18/06 AS ER).

Nach Auffassung des Bundesverfassungsgerichts jedoch liegt keine *„eheähnliche"*, d.h. mit einer Ehe vergleichbare Gemeinschaft vor, wenn jemand sein Einkommen und Vermögen **zunächst für seine Bedürfnisse** verwendet, **bevor** er seine*n Partner*in unterstützt.

„Die Ehegatten sind einander verpflichtet, durch ihre Arbeit und mit ihrem Vermögen die Familie angemessen zu unterhalten".

Die eheähnliche Gemeinschaft kann also nur dann gegeben sein, wenn die Unterhaltspflicht durch freiwillige tatsächliche Leistungen ersetzt wird. Deshalb *„können Leistungen nur dann entfallen, wenn sie durch andere Leistungen in gleicher Höhe tatsächlich ersetzt werden"* (SG Düsseldorf, 19.5.2005 - S 35 AS 112/05 ER, vor der Gesetzesänderung 2006).

Die eheähnliche Gemeinschaft begründet keinen einklagbaren Unterhaltsanspruch.

Deshalb kann jemand nicht auf das Einkommen eines anderen verwiesen werden, wenn dieser nicht zahlt. „*Eine ‚eheähnliche Gemeinschaft' kann daher nur angenommen werden, wenn die Partner ausdrücklich bestätigen [finanziell] – auch in Zukunft – füreinander einstehen zu wollen, denn nur so ist das Kriterium der ‚Eheähnlichkeit', das in Anlehnung an § 1360 BGB ein gegenseitiges ‚Unterhalten' fordert, erfüllt*" (SG Dresden 18.5.2005 - S 23 AS 175/05 ER, vor der Gesetzesänderung 2006).

Leider entspricht die „fortschrittliche" Rechtsprechung vergangener Tage schon lange nicht mehr den finanziellen Interessen von Kapital, Regierung, Bundestag und Behörden.
Wichtig ist daher, dass Sie für den Fall, dass eine eheähnliche oder lebenspartnerschaftsähnliche Gemeinschaft vom Jobcenter angenommen wird, all die genannten Kriterien genau hinterfragen. Wenn also der/die Partner*in sein/ihr Geld für sich selbst ausgibt oder sich nicht an den Haushaltskosten beteiligt oder jede*r für sich selbst lebt, dann fehlt es entweder schon an einer Wirtschaftsgemeinschaft oder aber es gibt gerade keine innere Bindung, kein Füreinandereinstehen, das vermutet werden darf. Denn die Verantwortung von Partner*innen füreinander ist letztlich das maßgebliche Kriterium für die Annahme, dass auch eheähnliche Gemeinschaften als Bedarfsgemeinschaften herangezogen werden.

2. Zwangsverehelichung per Gesetz

HzL/Grundsicherung der Sozialhilfe

Das SGB XII regelt nur, dass eine eheähnliche oder partnerschaftsähnliche Gemeinschaft nicht bessergestellt werden darf als die Ehe (§ 20 SGB XII). Eine Definition enthält das Gesetz jedoch nicht. Hier gelten die unter 1. ff. beschriebenen Beurteilungskriterien des Bundesverfassungsgerichts zur Feststellung, ob eine eheähnliche Gemeinschaft vorliegt oder nicht. Die entsprechenden Kriterien – auf Dauer angelegte Lebensgemeinschaft, keine weitere Lebensgemeinschaft gleicher Art, innere Bindung (⇨1.) – müssen vorhanden sein, insbesondere auch der Wille, Einkommen und Vermögen vorrangig für den gemeinsamen Lebensunterhalt anstatt für eigene Bedürfnisse einzusetzen. Das SGB XII enthält keine gesetzlich normierten Positivkriterien, nach denen die Behörde das Vorliegen einer eheähnlichen Gemeinschaft vermuten darf. Ob eine solche Gemeinschaft vorliegt, dafür trägt das **Sozialamt** die **alleinige Beweislast**.

Tipp: Häufig legen Sozialämter bereits die verschärften Maßstäbe an, die gesetzlich erst beim Alg II zum Tragen kommen (s.u.). Streicht Ihnen das Sozialamt z.B. mit der Begründung die Leistung, Sie würden länger als ein Jahr mit Ihrem/r Partner*in zusammenleben und diese*r könnte nun schließlich für Sie aufkommen, müssen Sie sich mit ⇨Widerspruch und ggf. ⇨einstweiliger Anordnung dagegen wehren.

Alg II

Die klaren Kriterien zur eheähnlichen Gemeinschaft, die das BVerfG und die Rechtsprechung aufgestellt haben, werden durch das SGB II jedoch wesentlich verschärft. Aufgrund § 7 Abs. 3a wird bei SGB II-Leistungsberechtigten kraft Gesetzes vermutet, dass der Wille füreinander einzustehen besteht, sobald feststehende Kriterien erfüllt sind (⇨1.3.2-1.3.5).

„*Ein wechselseitiger Wille, Verantwortung füreinander zu tragen, und füreinander einzustehen, wird **vermutet**, wenn Partner*
1. länger als ein Jahr zusammenleben,
2. mit einem gemeinsamen Kind zusammenleben,
3. Kinder oder Angehörige im Haushalt versorgen oder
4. befugt sind, über Einkommen oder Vermögen des anderen zu verfügen"
(§ 7 Abs. 3a SGB II).

Ihre eigenen Verpflichtungen, wie z.B. nicht titulierter Unterhalt an ein leibliches Kind aus einer anderen Beziehung, Schulden usw. sind dann bedeutungslos und die Bedarfe Ihres Partners/Ihrer Partnerin und ggf. seiner/ihrer Kinder haben regelmäßig Vorrang, sobald

Sie als Paar z.B. „nur" ein Jahr zusammenleben. Dann greift die Vermutung, dass Sie als Partner*innen füreinander einstehen und Sie müssen beweisen, dass diese nicht zutrifft (⇨2.1).

2.1 Beweislast

Grundsätzlich gilt für Träger von Sozialleistungen: *„Die Behörde ermittelt den Sachverhalt von Amts wegen"* (§ 20 Abs. 1 SGB X). *„Die Behörde hat alle für den Einzelfall bedeutsamen, auch für die Beteiligten günstigen Umstände zu berücksichtigen"* (§ 20 Abs. 3 SGB X).

Jedenfalls hat das Jobcenter die objektiven Kriterien der Partnerschaft, der Haushalts- und Wirtschaftsgemeinschaft und das Vorliegen der Vermutungskriterien nach § 7 Abs. 3a Nr. 1.-4. SGB II von Amts wegen zu ermitteln. Das Amt hat also die Beweislast dafür, ob jemand z.B. tatsächlich sein Einkommen und Vermögen vorrangig für den gemeinsamen Lebensunterhalt ausgibt oder nicht. So argumentierte auch das BVerwG (24.6.1999 - 5 B 114/98).

Allerdings haben Sie als Antragsteller grundsätzlich die Beweislast für das Vorliegen des Anspruchs auf Leistungen nach dem SGB II. Wenn das Gesetz nunmehr die Vermutung aufstellt, dass Sie mit Ihrem/r Partner*in eine Einstehensgemeinschaft bilden, müssen Sie darlegen und beweisen, dass die Vermutung des Gesetzes nicht zutrifft. Das kann in der Praxis sehr schwierig sein.

Dieser **Rückschritt** trat am 1.8.2006 mit dem *„Fortentwicklungsgesetz"* in Kraft, in dessen Begründung es heißt: *„Die Vermutung kann vom Betroffenen widerlegt werden. Ausreichend ist nicht die Behauptung, dass der Vermutungstatbestand nicht erfüllt sei; erforderlich ist, dass der Betroffene darlegt und nachweist, dass alle Kriterien des § 7 Abs. 3a nicht erfüllt werden bzw. die Vermutung durch andere Umstände entkräftet wird"* (BT - Drs. 16/1410, 19).

Dabei reicht es nicht aus darzulegen, dass Sie dem/r Partner*in keinen Unterhalt leisten, sondern Sie müssen anhand von **äußeren Tatsachen** glaubhaft machen, dass der **innere Wille** nicht vorhanden ist, für den anderen einzustehen. Das ist die Quadratur des Kreises.

Allerdings dürfen an diesen *„Gegenbeweis nicht so hohe Anforderungen gestellt werden, dass er im Ergebnis unmöglich wird. [...] Dies ergibt sich aus verfassungsrechtlicher Sicht auch schon daraus, dass das BVerfG in seinem Urteil vom 9. 2. 2010 (1 BvL 1/09 u.a., Rn. 136) nochmals darauf hingewiesen hat, dass Hilfesuchende nicht auf Ansprüche gegen andere verwiesen werden dürfen, die sie nicht durchsetzen können, weil ihnen insoweit kein subjektives Recht zur Seite steht"* (LSG Niedersachsen-Bremen 12.12.2011 - L 11 AS 79/11 B ER).

„[...] die Vermutung ist als widerlegt anzusehen, wenn nach verständiger Würdigung der wechselseitige Wille der Partner anzunehmen ist, keine Verantwortung füreinander zu tragen und nicht füreinander einzustehen" (LSG Sachsen 24.7.2007 - L 3 B 198/07 AS-ER; 9.1.2008 - L 3 B 552/07 AS-ER; nach Geiger 2014, 79).

Alle **Kriterien** für das Vorliegen einer Einstehensgemeinschaft nicht zu erfüllen, ist auf die Dauer unmöglich. Spätestens wenn Partner*innen **länger als ein Jahr** zusammenleben, ist ein Kriterium erfüllt und man wird von den „Standesbeamten" des Jobcenters gegen seinen Willen verheiratet.

Die **Vermutung**, nach einem Jahr faktisch eine Ehe eingegangen zu sein, kann allein durch die Erklärung, das nicht zu **wollen**, nicht entkräftet werden, sondern letztlich nur *„durch andere Umstände"*. Die von Ihnen vorgetragenen Umstände sind dann jedoch vom Jobcenter im Wege des Untersuchungsgrundsatzes (§ 20 SGB X) von Amts wegen zu berücksichtigen und zu prüfen.

2.2 Die Vermutung einer Verantwortungs- und Einstehensgemeinschaft greift erst

wenn die unter ⇨1.1 und ⇨1.2 beschriebenen **objektiven Voraussetzungen** (Partnerschaft sowie Wohn- und Wirtschaftsgemeinschaft) erfüllt sind. Erst dann können zur Vermutung der **subjektiven Voraussetzung** (Verantwortungs- und Einstehensgemeinschaft) die unter ⇨2. beschriebenen Kriterien herangezogen werden.

2.3 Eheähnlich schon nach kurzem Zusammenleben?

„Bei Partnern, die kürzer als ein Jahr zusammenleben, können nur besonders gewichtige Gründe die Annahme einer Einstehensgemeinschaft im Sinne von § 7 Abs. 3 Nr. 3c SGB II rechtfertigen“ (LSG NRW 4.7.2007 - L 19 B 56/07 AS ER).

Ein **wichtiger Grund** für die Vermutung einer Einstehenssgemeinschaft kann – selbst wenn keines der unter 2. genannten Kriterien zutrifft – vorliegen,

- wenn beide Partner*innen ihr Vermögen für den Kauf eines gemeinsamen Kfz zusammenlegen,
- wenn einer für den anderen Schulden zurückzahlt (LSG NRW 7.2.2007 - L 1 B 45/06 AS ER),
- bei Begünstigung des Partners/der Partnerin in einer Versicherungspolice (LSG Sachsen 13.9.2007 - L 2 B 312/07 AS-ER),
- wenn die Wohnung für das Zusammenleben umgebaut wird (VGH Baden-Württemberg 14.4.1997 - FEVS 48, 29) oder
- wenn ein*e Partner*in für den/die andere*n und dessen/deren Kind in der Vergangenheit freiwillig für den Unterhalt aufgekommen ist (LSG Niedersachsen-Bremen 9.5.2012 - L 13 AS 105/11).

2.4 Zwangsverehelichung bei der Antragstellung

In der Jobcenter-Praxis kommt es immer wieder vor, dass Paare **vom ersten Tag des Zusammenzuges** an als eheähnliche Einstehensgemeinschaft behandelt werden.

Oft passiert das, weil aus Unwissenheit im **Antragsformular** angegeben wird,

- dass man mit dem/r Partner* *„in einer Verantwortungs- und Einstehensgemeinschaft („eheähnliche Gemeinschaft“)“* lebt (Hauptantrag 2.), ohne zu wissen, was das überhaupt bedeutet. Hier sollten Sie das Kreuz nur setzen, wenn Sie tatsächlich mit der anderen Person *„aus einem Topf wirtschaften“*, d.h. eine Wohn- **und** Wirtschaftsgemeinschaft bilden und sie als Partner*innen **füreinander einstehen** wollen

oder

- dass im *Haushalt (eine) „weitere Person/en“* wohnt/ wohnen *„die nicht zur Bedarfsgemeinschaft, jedoch zur **Haushaltsgemeinschaft** gehört/ gehören“* (Hauptantrag 2.2).

Wurde die erste Frage mit *„Ja“* beantwortet, sollen Sie in der *„**Anlage VE** - Verantwortungs- und Einstehensgemeinschaft“* angeben, ob eine der unter ⇨2. erläuterten Kriterien zutrifft. Trifft keines der Kriterien zu, haben Sie Gelegenheit zu erklären, dass Sie mit Ihrem/r Partner*in (oder einfach nur Mitbewohner*in) **nicht** in einer Einstehensgemeinschaft zusammenleben und **warum nicht**.

Tipp: Hier sollten Sie möglichst keine Angaben machen. Sie müssen sich nicht erklären, wenn die Vermutungsregelung nicht greift und Ihr*e Partner*in sein/ihr Einkommen und Vermögen nicht **vorrangig für Sie** einsetzen will, bevor er/sie **seine/ihre eigenen** Bedürfnisse und Verpflichtungen erfüllt.

Falls Sie die Ausfüllhinweise der BA zur Hand haben, werden Sie ebenfalls in die Falle gelockt: *„Trotz der Vermutungsregelung ist es nicht ausgeschlossen, dass auch andere äußere Tatsachen das Vorliegen einer Verantwortungs- und Einstehensgemeinschaft begründen können. [...] Hierzu kann es erforderlich sein, weitere Daten zu erheben“* (Ausfüllhinweise der BA zum Antragsvordruck Arbeitslosengeld II, Jobcenter-AH.04.2020, 6).

Es fragt sich nur, wann die Ermittlungsverpflichtung der Behörde ausgelöst wird. Die gemeinsame Nutzung einer Wohnung ist nicht ausschlaggebend, sondern das **partnerschaftliche Verhältnis** und **gemeinsames Wohnen und Wirtschaften** *„aus einem Topf“*.

Ohne weitere, besonders gewichtige Gründe (s.o.) wird regelmäßig davon auszugehen sein, dass eine Einstehensgemeinschaft **frühestens nach einem Jahr vorliegt** und eine entsprechende Vermutung des Jobcenters ins Leere läuft.

2.4.1 Antrag falsch ausgefüllt?

Was Sie unter Haushaltsgemeinschaft, Verantwortungs- und Einstehensgemeinschaft oder eheähnlicher Gemeinschaft verstehen und was die herrschende Rechtsauffassung ist, kann völlig verschieden sein.

„Soweit sich der Antragsteller selbst als in eheähnlicher Gemeinschaft lebend ansieht, hat dies isoliert betrachtet, kaum Bedeutung, da zu dieser Feststellung eine juristische Wertung unter Beachtung der Rechtsprechung erforderlich ist, die juristischen Laien regelmäßig nicht abverlangt werden kann" (LSG NRW 21.12.2005 - L 19 B 81/05 AS ER; ebenso 17.2.2006 - L 19 B 85/05 AS ER).

Tipp: Haben Sie bei der Antragstellung irrtümlich angekreuzt, Sie bilden mit dem/r Mitbewohner*in eine Haushaltsgemeinschaft oder erklärt, Sie wären eine *„Einstehensgemeinschaft"*, ohne sich der rechtlichen Tragweite der Begriffe bewusst zu sein, und wollen aber Ihr Einkommen und Vermögen nicht voll füreinander einsetzen, können Sie Ihre Erklärung jederzeit wieder zurückziehen.

2.5 Was tun, wenn das Amt die Zahlung streicht, weil Sie länger als ein Jahr zusammenleben?

Wenn Ihr*e Partner*in gegen seinen/ihren und Ihren Willen mit Ihnen „zwangsverheiratet" wird, müssten Sie erklären, dass er/sie die ihm/r unterstellten Pflichten nicht anerkennt und Sie keine Zahlungen oder keine ausreichenden Zahlungen von ihm/r bekommen. Wenn Sie über kein oder kein ausreichendes Einkommen verfügen, muss die Behörde grundsätzlich Leistungen erbringen.
Sie darf Sie nicht durch voreilige Leistungseinstellung einer **Notlage aussetzen**. Demnach muss das Amt zuvor die **Gewissheit** haben, dass Ihre Existenz (und ggf. die Ihrer Kinder), der Krankenversicherungsschutz usw. durch tatsächliche Unterhaltsleistungen des Partners/der Partnerin sichergestellt sind. Ist eine solche Gewissheit nicht zu erreichen, ist die Leistung **zumindest** vorläufig nach § 41a SGB II zu bewilligen (LSG NRW 6.9.2007 - L 20 B 136/07 AS ER; LSG Berlin-Brandenburg 5.9.2006; nach Geiger 2019, 88.).

Haben Sie die Vermutung des Gesetzes in § 7 Abs.3a SGB II widerlegt und können konkrete andere Tatsachen, die eine Einstehensgemeinschaft belegen, nicht ermittelt werden, trägt das Jobcenter die Beweislast für das Vorliegen einer Bedarfsgemeinschaft (LSG Sachsen 7.1.2011 - L7 AS 115/09; ebenda).

Tipp: Wenn sich die Behörde dennoch weigert zu zahlen, müssten Sie eine ⇨einstweilige Anordnung vor Gericht beantragen. Das geht allerdings erst, wenn Sie Ihre bereiten Mittel zum Lebensunterhalt bereits verbraucht haben, z.B. weil Notdarlehen von Dritten nicht weitergezahlt werden und/ oder Ihr „Schonvermögen" aufgebraucht ist.

Selbst wenn Ihr*e Freund*in Ihnen im Rahmen der **Nothilfe** anstelle des Amts einen Vorschuss zahlt bzw. Ihre Mietzahlungen stundet, ist damit noch nicht bewiesen, dass jetzt die Einstehensgemeinschaft besteht. *„Die Intention, bedarfsdeckende Leistungen [...] nur vorschussweise im Wege der ‚Nothilfe' anstelle des Sozialhilfeträgers zu erbringen, ist unvereinbar mit der Annahme einer eheähnlichen Gemeinschaft"* (BVerwG 17.5.1995. NJW 1995, 2803 in Bezug auf Sozialhilfe; SG Freiburg 21.7.2006 - S 9 AS 3120/06 ER in Bezug auf Alg II).
Ansonsten könnten Jobcenter eine eheähnliche Gemeinschaft erzwingen, indem sie einfach bei allen Zusammenwohnenden nach einem Jahr die Leistungen einstellt und dadurch den/die Partner*in zwingt, z.B. die Mietzahlungen zu stunden oder Unterhalt zu leisten.

Tipp: Wenn eine Behörde offensichtlich nur den **Auszug** des/der Mitbewohners/Partners oder Mitbewohnerin/Partnerin als Beweis dafür akzeptiert, dass keine faktische Ehe existiert, kann dieser damit drohen, aus der gemeinsamen Wohnung auszuziehen. Die Behörde müsste dann zumindest zeitweise die volle Miete zahlen und müsste für spätere Umzugskosten aufkommen, weil die Wohnung dann für Sie zu groß ist. Sie hätte dann Ihr Zusammenwohnen erfolgreich verhindert und würde auf den höheren Kosten sitzen bleiben. Das Gleiche gilt, wenn Sie aus der Wohnung des Partners/der Partnerin ausziehen. So können Sie der Behörde die möglichen Folgen ihres Handelns deutlich vor Augen führen.

2.6 Versagung der Leistung aufgrund fehlender Mitwirkung?

Wenn das Amt mit welcher Begründung auch immer **feststellt**, dass eine Einstehensgemeinschaft vorliegt und Sie auffordert, Nachweise über das Einkommen und Vermögen des/der vermeintlichen Partners/Partnerin einzureichen, können Sie möglicherweise diese Nachweise gar nicht erbringen. Vielleicht ist Ihr*e Partner*in/Mitbewohner*in der Ansicht, dass er/sie nicht gesetzlich zum Unterhalt und zur Offenlegung seiner/ihren persönlichen Verhältnisse verpflichtet ist. Wenn er/sie die geforderten Nachweise nicht freiwillig herausrückt, haben Sie keinen Zugang zu Dokumenten.

Tipp: Legen Sie gegenüber der Behörde schriftlich dar, dass Ihr*e Partner*in nicht bereit ist, Ihnen seine/ihre persönlichen Unterlagen zur Vorlage beim Amt auszuhändigen. Das kann auch als Indiz dafür gewertet werden, dass keine eheähnliche Gemeinschaft besteht.

Sie haben dann alles Mögliche getan, um Ihre Mitwirkungspflichten zu erfüllen. Die Behörde darf Ihnen dann nicht mit Verweis auf § 66 SGB I (Folgen fehlender Mitwirkung) Leistungen versagen (LSG Niedersachsen-Bremen 14.1.2008 - L 7 AS 772/07 ER).

Das Jobcenter muss also zunächst das Vorliegen einer eheähnlichen Gemeinschaft **feststellen**, um daraufhin die Auskunft direkt **bei dem/r Partner*in** einzuholen (LSG Bayern 29.5.2006 - L7 B 235/06 AS ER). Näheres ⇨6.1 und →Mitwirkungspflichten

3. Statt eheähnlicher Gemeinschaft, allenfalls Haushaltsgemeinschaft?

Wenn Ihr*e Partner*in sein/ihr Einkommen und Vermögen nicht voll für Sie einsetzen will, Sie aber gemeinsam wohnen und wirtschaften, bilden Sie keine Verantwortungs- und Einstehensgemeinschaft, also keine eheähnliche Gemeinschaft. Sie sind allenfalls eine Wohngemeinschaft, lediglich im SGB XII wäre ggf. eine Haushaltsgemeinschaft anzunehmen.

Alg II

Auf der Grundlage einer Haushaltsgemeinschaft kann bei Alg II-Beziehenden aber nur dann *„vermutet"* werden, dass sie materiell unterstützt werden, wenn sie mit einem **Verwandten** oder **Verschwägerten** zusammenleben (§ 9 Abs. 5 SGB II). Ein*e Freund*in ist aber weder ein Verwandter, noch ein Verschwägerter. Deshalb darf gar nichts vermutet werden, wenn Sie nicht in eheähnlicher Gemeinschaft leben.

Sozialhilfe / HzL

Im § 20 SGB XII, der die eheähnliche Gemeinschaft regelt, steht als zweiter Satz: *„§ 39 gilt entsprechend"* (⇨Einleitung des Stichworts). *Lebt eine nachfragende Person gemeinsam mit anderen Personen in einer Wohnung [...] so wird vermutet, dass sie gemeinsam wirtschaften und dass die nachfragende Person* von den anderen Personen Leistungen zum Lebensunterhalt erhält" (§ 39 Satz1 SGB XII). Hier reicht es also, dass jegliche, auch nicht verwandte Personen zusammenleben um entsprechende Vermutungen auszulösen.

Im § 39 SGB XII steht klipp und klar: *„Soweit [...] die nachfragende Person von den Mitgliedern der Haushaltsgemeinschaft keine ausreichenden Leistungen zum Lebensunterhalt erhält, ist ihr Hilfe zum Lebensunterhalt zu gewähren"* (§ 39 Satz 2 SGB XII).

Das ist korrekt: Nur in dem Maße, wie der/die Partner*in Sie tatsächlich unterstützt, kann die Hilfe für Sie gekürzt werden.

GSi

Bei Bezug von **GSi** ist ausdrücklich bestimmt, dass die Unterhaltsvermutung innerhalb einer Haushaltsgemeinschaft nicht zum Tragen kommt: *„§ 39 Satz 1 ist nicht anzuwenden"* (§ 43 Abs. 6 SGB XII).

4. Volle „Unterhaltspflicht" für die Kinder des Partners?

Laut SGB II bilden eheähnliche Partner*innen auch eine **Bedarfsgemeinschaft** mit den Kindern ihrer Partnerin/ihres Partners. Sie

sollen ihr Einkommen und Vermögen voll für diese einsetzen, bis sie 25 Jahre alt geworden sind.
Schlagen Sie nach unter ⇨Bedarfsgemeinschaft, 3.3 f.

5. Gleichgeschlechtliche Lebenspartnerschaften

Unter Lebenspartner*innen sind im SGB II und SGB XII nur gleichgeschlechtliche Lebenspartner*innen nach dem Lebenspartnerschaftsgesetz zu verstehen (§ 33b SGB I). *„Zwei Personen gleichen Geschlechts begründen eine Lebenspartnerschaft, wenn sie gegenseitig [...] erklären, miteinander eine Partnerschaft auf Lebenszeit führen zu wollen. [...] Die Erklärungen werden wirksam, wenn sie vor der zuständigen Behörde erfolgen"* (§ 1 Abs. 1 Lebenspartnerschaftsgesetz). Die Lebenspartner sind dann zum gegenseitigen Unterhalt verpflichtet, als ob sie Ehegatten wären (§§ 1360a und b BGB). Seit Oktober 2017 ist diese Eintragung einer Lebenspartnerschaft nicht mehr möglich, vielmehr können eingetragene Lebenspartnerschaften wegen § 20 a LPartG in eine Ehe umgewandelt werden. Die Eingehung der Ehe auch zwischen gleichgeschlechtlichen Partnern ist 2017 rechtlich ermöglicht worden.
Konsequenterweise wurde die Konstruktion eheähnliche Gemeinschaft auch auf **nicht eingetragene** gleichgeschlechtliche Partnerschaften als ***„lebenspartnerschaftsähnliche Gemeinschaften"*** angewandt (§ 7 Abs. 3 Nr. 3c SGB II; § 20 SGB XII). Für die Grundsicherung im Alter gilt das ebenso (§ 43 Abs. 1 Satz 2 SGB XII).

Alle gleichgeschlechtlichen Personen, die länger als ein Jahr in einer Zweier-Wohngemeinschaft zusammenleben, könnten demnach unter **Verdacht** geraten, eine *„lebenspartnerschaftsähnliche Gemeinschaft"* zu bilden. Wenn eine der zusammenwohnenden Personen auf Alg II angewiesen ist, müsste diese ggf. gegenüber dem Jobcenter offenbaren, ob sie eine homosexuelle Beziehung führt oder nicht, um den Verdacht zu bestätigen oder zu **entkräften**. Damit laufen auch solche Wohnformen – wie zuvor die eheähnliche Gemeinschaft – Gefahr, von „Sozialdetektiven" überprüft zu werden. Das würde aber dem Urteil des BVerfG vom 17.11.1992 zuwiderlaufen, in dem ausdrücklich erklärt wird, dass sexuelle Beziehungen nicht erforscht werden dürfen. Sozialdaten über Ihr Sexualleben dürfen nur erhoben werden, wenn Sie dem zustimmen (§ 67b Abs. 1 SGB X).

Tipp: Bevor das Jobcenter von einer gleichgeschlechtlichen *„lebenspartnerschaftsähnlichen Gemeinschaft"* ausgeht, müssen **konkrete Hinweise** vorliegen, die es rechtfertigen, Sie mit den entsprechenden Fragen zu konfrontieren. Ein „Bauchgefühl" des Sachbearbeiters reicht hierzu nicht aus. Bestehen Sie auf einen **begründeten** Feststellungsbescheid, dass eine Einstehensgemeinschaft vorliegt.

6.1 Auskunftspflicht des Partners über dessen Einkommen und Vermögen

Auskunftspflichtig sind Partner*innen, wenn sie angeben, eine eheähnliche Gemeinschaft zu führen. Wenn eine Person erklärt, keine eheähnliche Gemeinschaft mit einem/r Mitbewohner*in zu bilden, gehört sie weder einer Haushaltsgemeinschaft an (im SGB II nur bei Verschwägerten und Verwandten) noch einer Bedarfsgemeinschaft mit ihrem/r Mitbewohner*in. Dann gilt: *„Weder dieser [der/die Mitbewohner*in] noch sie selbst sind daher zu Angaben über ihre [gemeinsamen] persönlichen Verhältnisse verpflichtet"* (BVerfG 2.9.2004 - 1 BvR 1962/04).

Weil nach einem Jahr Zusammenleben eine eheähnliche Bedarfsgemeinschaft vermutet wird, soll sich auch die Auskunftspflicht auf diese Personen, die länger als ein Jahr zusammenleben, erstrecken. *„Sind Einkommen oder Vermögen des Partners zu berücksichtigen [das ist der Fall, weil nach einem Jahr eine Bedarfsgemeinschaft unterstellt wird], haben 1. dieser Partner [...] der Agentur für Arbeit auf Verlangen hierüber Auskunft zu erteilen"* (§ 60 Abs. 4 SGB II).

Wenn die Einstehensgemeinschaft nach einem Jahr einfach unterstellt wird und Ihnen die Existenzmittel entzogen werden, übt das allerdings einen realen Zwang aus: Ihr*e Partner*in wäre gezwungen, seine/ihre finanziellen Verhältnisse offenzulegen, um nachzuweisen, dass er/sie eigene vorrangige Bedürfnisse und Verpflichtungen hat, die er/sie zuerst befriedigt und somit nicht einem/r Verheirateten gleichgestellt werden kann. Wenn Ihr*e Partner*in über seine/ihre Einkommens- und Vermögensverhältnisse aber keine Auskunft geben will, weil er/sie eine Einstandsgemeinschaft wie in einer Ehe bestreitet, darf Ihnen allein wegen der fehlenden Mitwirkung des Partners/der Partnerin Alg II **nicht** versagt werden (⇨2.5). Der/die hilfebedürftige Partner*in selbst kann nicht dazu verpflichtet werden, über die Einkommens- und Vermögensverhältnisse der mit ihm zusammenlebenden Person Auskunft zu geben (LSG Niedersachsen-Bremen 14.1.2008 - L 7 AS 772/07 ER).

Die Behörde muss zuerst die Einstehensgemeinschaft **feststellen**, bevor sie von dem/r Partner*in direkt Auskunft verlangen kann (LSG Bayern 29.5.2006 - L7 B 235/06 AS ER; VG Breisgau 8.4.2003 - 8 K 672/01). Dabei hat das Jobcenter darzulegen, warum es von einer Partnerschaft (⇨1.1). und einer Wohn- und Wirtschaftsgemeinschaft (⇨1.2). bzw. von den Kriterien, die eine gesetzliche Vermutung der Einstehensgemeinschaft (⇨1.3). erlauben, ausgeht (BSG 1.7.2009 – B 4 AS 78/08). Hierzu hat es den Sachverhalt von Amts wegen zu ermitteln und dabei alle Möglichkeiten auszuschöpfen.
Zur Feststellung der Einstehensgemeinschaft kann das Jobcenter den/die Partner*in/Mitbewohner*in nach § 12 Abs. 2 SGB X zur Überprüfung der Leistungsvoraussetzungen hinzuziehen und nach § 21 Abs. 2 SGB X verpflichten, Tatsachen und Beweismittel anzugeben. Außerdem kann der/die vermeintliche Partner*in vom Jobcenter auch als Zeuge vernommen werden (BSG 16.5.2007 - B 11b AS 37/06 B; nach Geiger 2014, 81).
Werden Auskünfte über die persönlichen Verhältnisse des Partners/der Partnerin **nicht freiwillig** herausgegeben, muss das Jobcenter zur Durchsetzung der Auskunftspflicht die folgenden Voraussetzungen für ein nachvollziehbares Feststellungs- und Auskunftsverfahren erfüllen:

a) Das Rechtsverhältnis „Verantwortungs- und Einstehensgemeinschaft" muss unter Würdigung der maßgeblichen Hinweistatsachen und Tatbestandsvoraussetzungen von der Behörde durch einen widerspruchsfähigen Verwaltungsakt festgestellt werden.
b) Der/die hilfebedürftige Partner*in muss die Einwilligung erteilen, dass Auskünfte von dem/r nichthilfebedürftigen Partner*in eingeholt werden können. Diese Einwilligung kann im Rahmen der Mitwirkungspflicht (§§ 60 ff. SGB I) durch die Behörde eingefordert werden.
c) Die Auskunfts- und Mitwirkungspflicht des/der vermeintlich unterhaltspflichtigen Partners/Partnerin nach § 60 Abs. 4 Satz 1 Nr. 1 SGB II muss durch einen Verwaltungsakt bekannt gemacht werden. Und sie kann bei fortgesetzter Weigerung auf dem Weg der Verwaltungsvollstreckung durchgesetzt werden.
d) Kommt der/die zur Auskunft verpflichtete Partner*in der Aufforderung nicht nach, droht ihm/r ein **Bußgeld** bis zu 2.000 € (§ 63 Abs. 2 SGB II). Eine Ordnungswidrigkeit setzt jedoch ein vorsätzliches oder fahrlässiges Verhalten voraus.

Auch im Rahmen der ⇨Haushaltsgemeinschaft gibt es eine Auskunftspflicht, aber nur wenn *„unwiderlegt vermutet wird, dass Sie Leistungen zum Lebensunterhalt an andere Mitglieder der Haushaltsgemeinschaft erbringen"* (§ 117 Abs. 1 Satz 3 SGB XII; ähnlich § 60 Abs. 2 SGB II i.V. mit § 7 Abs. 3a SGB II). Das gilt bei Alg II allerdings nur zwischen Verwandten und Verschwägerten. Zudem sind Sozialdaten zunächst immer beim jeweils Berechtigten zu erheben. Das heißt, auch wenn Sie „beantragende Person" im Sinne des § 38 SGB II sind, hat sich das Jobcenter bei der Erhebung der Daten immer an den jeweils Berechtigten zu wenden. Das nennt man *„Direkterhebungsgrundsatz"*, so § 67a Abs. 2 S. 1 SGB X.

6.2 ⇨Hausbesuche

tragen nicht dazu bei festzustellen, ob eine eheähnliche Gemeinschaft existiert, ob also auf Freiwilligkeit beruhende Unterstützungsleistungen tatsächlich gezahlt werden, die der gesetzlichen Unterhaltspflicht entsprechen (LSG Hessen 29.6.2005 - L 7 AS 1/05 ER und 21.7.2005 - L 7 AS 29/05 ER; SG Düsseldorf 22.4.2005 - S 35 AS 119/05 ER).

Sie sind ungeeignet, das Bestehen einer eheähnlichen Gemeinschaft zu belegen (SG Lüneburg 20.4.2006 - S 25 AS 385/06 ER; LSG Sachsen-Anhalt 22.4.2005 L 2 B 9/05 AS ER).
Die Ablehnung eines Hausbesuchs darf folglich auch nicht als Eingeständnis einer eheähnlichen Gemeinschaft gewertet werden oder eine **Leistungsversagung** aufgrund fehlender Mitwirkung nach sich ziehen. Sie ist durch das Grundrecht der Unverletzlichkeit der Wohnung gedeckt (LSG Baden-Württemberg 22.1.2008 - L 7 AS 6003/07 ER-B; SG Lübeck 14.2.2008 - AS 106/08 ER).

Tipp: Wenn die Behörde Sie aber mit Nachweisverpflichtungen überzieht, weil Sie eine Einstehensgemeinschaft mit einem/r Mitbewohner*in vermutet, können Sie eine „*Inaugenscheinnahme*" ihrer Wohnung auch **offensiv** dazu **nutzen**, den Verdacht auszuräumen. Wenn die räumliche Aufteilung und getrennte Privatsphären in der Wohnung offensichtlich auf eine Wohngemeinschaft hindeuten, können Sie einen Hausbesuch zur Klärung einfordern. Vereinbaren Sie mit der Behörde einen Termin, ziehen Sie eine Person Ihres Vertrauens als Zeugen hinzu, nehmen Sie Einblick in das Prüfprotokoll und lassen Sie sich möglichst eine Kopie davon aushändigen.

6.3 Ermittlungen über Befragungen Dritter

Die Behörde darf ohne Ihr Einverständnis und ohne Ihr Wissen nicht bei Nachbar*innen, Freund*innen, Vermieter*innen usw. Ermittlungen dazu anstellen, ob Sie in einer eheähnlichen Gemeinschaft leben (SG Düsseldorf 23.11.2005 - S 35 AS 343/05 ER).
Tun Ermittler*innen dies dennoch, erheben sie unbefugt Sozialdaten. Das ist ordnungswidrig und kann mit einem Bußgeld bis zu 300.000 € geahndet werden (§ 85 Abs. 2 Nr. 1 und Abs. 3 SGB X).
Grundsätzlich sind Befragungen Dritter und verdeckte Ermittlungen durch Sozialdetektive rechtswidrig (OVG Thüringen 25.11.2010 - 8 KO 527/08).

Das LSG NRW sah eine Observation allerdings als zulässig an, wenn datenschutzrechtliche Vorgaben eingehalten und weniger belastende Maßnahmen keine belastbaren Erkenntnisse einbringen (8.6.2012 - L 12 AS 201/11 B ER; nach Geiger 2014, 80).

Information

Christian Armborst, Verfahrensfragen zur Auskunftspflicht nichtehelicher Partner, info also 4/2007, 147
Franke Brosius-Gersdorf, Bedarfsgemeinschaft im Sozialrecht – Nichteheliche und nichtlebenspartnerschaftliche Lebensgemeinschaften als Verantwortungs- und Einstandsgemeinschaften in den Not- und Wechselfällen des Lebens, NZS 2007 Heft 8, 410
Ulrich Sartorius, Eheähnliche Gemeinschaft in: Ralf Rothkegel (Hrsg.), Sozialhilferecht, Baden-Baden 2005, 326-332

Kritik

„*Künftig muss es [für eine Einstandsgemeinschaft] genügen, wenn zwei zusammenleben und sich Bett und Schrank teilen*", stellt sich Peter Clever, Mitglied der Hauptgeschäftsführung der Bundesvereinigung der Deutschen Arbeitgeberverbände (BDA), die eheähnliche Gemeinschaft der Zukunft vor (Focus Nr. 1/2006).
Aber: „*Es sind mittlerweile viele Fälle bekannt, in denen Männer und Frauen über viele Jahre zusammenleben, ohne eine Not- und Einstehensgemeinschaft zu bilden. Während früher das Zusammenleben von Mann und Frau stets die Vermutung einer „Einstehensgemeinschaft" erlaubt haben mag, ist die Annahme von der gesellschaftlichen Realität nicht mehr gedeckt*" (LSG Niedersachsen-Bremen 6.3.2006 - L 9 AS 89/06).
Der Standpunkt des Staates ist reaktionär (rückwärtsgewandt), weil das seinem Interesse nützt: da er für Arbeitskräfte, die er aussortiert, nicht „unterhaltspflichtig" gemacht werden will, besteht das ökonomische Interesse, die Unterhaltspflichten der Lohnabhängigen untereinander maximal auszudehnen. Je weniger der Staat für Erwerbslose ausgibt, desto mehr können Gewinnsteuern gesenkt werden.

Zwar kennen die Urteile des Bundesverfassungsgerichts von 1992 und 2004 und das Bürgerliche Gesetzbuch keine Unterhaltspflicht für Nichtverheiratete, denn Unterhalt zwischen nicht verheirateten Paaren kann nur auf Freiwilligkeit beruhen. Um aber die Folgen der Arbeitslosigkeit auf die Lohnabhängigen verlagern zu können und den Bezug von Alg II/ Sozialhilfe so ungenießbar wie möglich zu machen, haben Bundesregierung und Bundestag die fehlende Unterhaltspflicht durch behördliche Leistungsverweigerung ersetzt, die den Unterhalt erzwingen soll. Das fördert Trennungen von Paaren und führt dazu, dass Paare erst gar nicht zusammenziehen.

Die Konstruktion der eheähnlichen Gemeinschaft richtet sich vor allem gegen Frauen. Sie werden rechtlos gestellt, indem sie und ihre Kinder auf einen Unterhaltsanspruch verwiesen werden, den sie gar nicht haben. Ein Grund für die Zunahme eheähnlicher Gemeinschaften ist der Umstand, dass Trennungen einfacher sind als bei Ehen und nicht mit gegenseitigen Unterhaltszahlungen belastet werden. Die Zunahme eheähnlicher Gemeinschaften ist eine indirekte Kritik an der jetzigen Form der Ehe. Auf drei Ehen, die geschlossen werden, kommt heute mehr als eine, die geschieden wird. 1960 gab es nur eine Scheidung auf zehn Ehen.

Eheähnliche Gemeinschaften sind trotz der Vorteile bei Scheidung im Allgemeinen nicht besser, sondern schlechter gestellt als Ehen.

1. Sie werden steuerlich als unverheiratet eingestuft. So etwas wie *„Ehegattensplitting"* gibt es bei eheähnlichen Gemeinschaften nicht. Die Summen, mit denen Alg II-/ Sozialhilfe-Partner*innen unterstützt werden, können bestenfalls steuerlich geltend gemacht werden (BFH 21.9.1993 zur Sozialhilfe NJW 1994, 2811; BFH 30.7.1993 - 111 R 3 8/92 zur Arbeitslosenhilfe; ebenso das Bundesministerium für Finanzen in einem Schreiben vom 28.3.2003 - IV C4 - S 2285 - 16/03).
2. Eheähnliche Partner*innen werden von der Krankenkasse nicht familienversichert, sodass zusätzliche Kosten für Krankenversicherung entstehen.
3. Eheähnliche Gemeinschaften stehen nicht wie die Ehe unter dem Schutz des Grundgesetzes. Sie profitieren demnach nicht von einer Vielzahl weiterer rechtlicher und materieller Privilegien und Schutznormen, die sich durch unser Rechtsystem ziehen.

Wer sich bewusst gegen die Institution „Ehe" und ihre Vorteile entscheidet oder sich bezüglich einer eingegangenen Bindung noch nicht sicher ist, darf auf der anderen Seite nicht mit Unterhaltspflichten überzogen werden, die sich einzig aus dem bürgerlich-rechtlichen Vertrag der Eheschließung ergeben.

Forderungen

Die Bundestagsabgeordneten, die dieses für Erwerbslose und Arme geltende Gesetz beschlossen haben, haben für sich selbst beschlossen, dass bei der Festsetzung ihrer Bezüge nicht geprüft werden darf, ob eine eheähnliche Gemeinschaft besteht (SZ 10./11.2005). Gleichstellung von Erwerbslosen und Armen mit Bundestagsabgeordneten!

Eigenheim/ Eigentumswohnung

Inhaltsübersicht

1. Kosten der Unterkunft bei Eigenheim/ Eigentumswohnung

Wenn Sie in einem Eigenheim oder einer Eigentumswohnung wohnen, müssen wie bei Mietwohnungen zunächst die *„tatsächlichen Aufwendungen"* als Unterkunftskosten anerkannt werden (⇨Miete).

1.1 Angemessene und unangemessene Kosten für das Eigenheim

Wenn die tatsächlichen Aufwendungen nicht **angemessen** sind, gilt wie bei Mietwohnungen, dass sie so lange zu übernehmen sind, *„wie es [...] nicht möglich oder nicht zuzumuten ist, durch einen Wohnungswechsel, durch Vermieten oder auf andere Weise die Aufwendungen zu senken, in der Regel jedoch längstens für sechs Monate"* (§ 22 Abs. 1 Satz 3 SGB II; entsprechend: § 35 Abs. 2 Satz 2 SGB XII).

Bei **unangemessen** hohen Kosten von Eigenheimen kann die Frist **im Ausnahmefall** auf zwölf Monate erweitert werden (SG Aurich 18.10.2005 - S 25 AS 167/05; SG Aurich 15.12.2005 - S 15 AS 341/05 ER).

Mit Blick auf die **Gleichbehandlung** von Immobilienbesitzenden und Mieter*innen schreibt das BSG allerdings auch bei unangemessenen Kosten für selbstgenutztes Wohneigentum eine **„Regelhöchstfrist"** zur Kostensenkung von sechs Monaten vor (BSG 19.9.2008 - B 14 AS 54/07 R, in Bezug auf unangemessene Heizkosten). Nur *„in seltenen Ausnahmefällen"* können die tatsächlichen Kosten für einen längeren Zeitraum übernommen werden, etwa wenn die Unmöglichkeit nachgewiesen wird, eine alternative Unterkunft zu beziehen, oder wenn ein Wohnungswechsel subjektiv unzumutbar ist (BSG 23.8.2011 - B 14 AS 91/10 R; ⇨Umzug).

„Die Kosten der Unterkunft werden wie in der Sozialhilfe in tatsächlicher, angemessener Höhe berücksichtigt", heißt es in der Gesetzesbegründung zum SGB II (BT-Dr. 15/1516, 57). Was als **angemessene Aufwendungen** bei Eigenheimen in der Sozialhilfe anerkannt wird, ist im § 7 der Verordnung zu § 82 SGB XII geregelt. Dieser gilt auch für das SGB II (BSG 7.7.2011 - B 14 AS 51/10 R; Eicher/Luik SGB II, 4. Aufl., § 22 Rn 57).

Dieser Paragraf bestimmt, wie Einnahmen aus Vermietung und Verpachtung berechnet und welche Kosten dabei als **notwendige Ausgaben** anerkannt werden. Diese notwendigen Ausgaben sollten auch bei Eigenheimbesitzenden als Unterkunftskosten anerkannt werden. Die Durchführungshinweise der BA nehmen dazu nicht Stellung, weil im SGB II die Kommunen und Landkreise für die Festlegung der angemessenen Unterkunftskosten zuständig sind.

Bei selbst genutztem Wohneigentum liegen die als ⇨Vermögen geschützten Haus- bzw. Wohnungsgrößen über den *„angemessenen"* Wohnungsgrößen von Mietwohnungen (⇨3. f.). Hier entsteht ein **„Wertungswiderspruch"** zwischen geschütztem Vermögen und den auf kleinere Wohneinheiten ausgerichteten angemessenen Unterkunftskosten. Bei Alg II-Beziehenden ist z.B. bei einem Vierpersonenhaushalt ein freistehendes Eigenheim bis 130 m² als geschütztes Vermögen anerkannt (BSG 16.5.2008 - B 11b AS 37/06 R). Die angemessene Größe einer Mietwohnung würde aber nur (abhängig vom Bundesland) 85-95 m² betragen. Das LSG Niedersachsen-Bremen meinte dazu, dass beim Wohneigentum die der tatsächlichen Wohnungsgröße entsprechenden angemessenen Unterkunftskosten anerkannt werden müssen (8.6.2006 - L7 AS 443/05 ER). Viele Sozialgerichte teilten diese Ansicht.

Dem hat das **BSG widersprochen**: *„Art. 3 Abs. 1 GG (Gleichbehandlungsgrundsatz) ist dagegen tangiert, wenn es um die Übernahme der Unterkunftskosten von Mietern einerseits und Haus- bzw. Wohnungseigentümern andererseits geht, etwa im Hinblick auf die Höhe der Kaltmiete einerseits und der Darlehenskosten andererseits sowie im Bezug auf die Heizungs- und sonstigen Nebenkosten. Im Rahmen der Angemessenheitsprüfung bei § 22 Abs. 1 SGB II wird eine Privilegierung von Eigentümern gegenüber Mietern nicht zu rechtfertigen sein"* (BSG 7.11.2006 - B 7b AS 2/05).

Die **Vermögen**sprivilegierung führt also nicht zur gleichzeitigen Privilegierung bei den **laufenden Kosten** der Unterkunft (BSG 2.9.2009 - B 14 AS 32/07). Demnach werden, selbst wenn sich die sonstigen laufenden Kosten des Eigenheims im Rahmen der Angemessenheit für Mietwohnungen bewegen, regelmäßig höhere Tilgungskosten (Zinsen und Gebühren; ⇨1.2.1) den Rahmen der angemessenen Unterkunftskosten sprengen.

Kritik

Mit dem ***„Wohn-Riester"*** unterstützt die Bundesregierung ab 1. Januar 2008 Riester-Sparer*innen beim Erwerb oder der Tilgung von Wohneigentum zur Alterssicherung. Die Hartz IV-Parteien, die das Eigenheim fördern, fordern von Arbeitslosen, dass sie ihre eigenen vier Wände als Alterssicherung aufgeben, weil die über der Angemessenheit liegenden Tilgungskosten beim Alg II nicht mehr übernommen werden.

Angemessenheitskriterien für die Unterkunftskosten von **Mietwohnungen** sind dem BSG zufolge für alle nachfolgend aufgeführten Betriebskosten von Immobilieneigentum als **Obergrenze** maßgebend. Doch bei der Beurteilung der angemessenen Unterkunftskosten von Wohneigentum müssen auch die Besonderheiten des Einzelfalles eine Rolle spielen.
„Unter Berücksichtigung der Tatsache, dass die Inanspruchnahme von Arbeitslosengeld II nach der Intention des Gesetzgebers in aller Regel vorübergehender Natur ist, sind Abweichungen möglich“ (FW 12.28), meint die BA in Bezug auf die **Vermögensfreigrenzen** bei geschütztem Wohneigentum. Das gilt **nicht** automatisch für die Übernahme der **laufenden** Unterkunftskosten bei Wohneigentum (s.o.), **kann** aber im Einzelfall berücksichtigt werden.

Einmalige nicht laufende Kosten, wie Nachforderungen auf Neben- und Heizkosten, gehören dabei grundsätzlich im Fälligkeitsmonat zu den Unterkunftskosten.
„Ebenso verhält es sich bei Aufwendungen für Eigentumswohnungen und Eigenheime, weil insbesondere die Betriebskosten für Eigenheime regelmäßig nicht monatlich, sondern ggf jährlich, halbjährlich oder vierteljährlich anfallen“ (BSG 8.5.2019 - B 14 AS 20/18 R). Das gilt auch, wenn lediglich im Monat der Fälligkeit Hilfebedürftigkeit nach dem SGB II oder SGB XII entsteht (⇨2.2).

1.2 Als notwendig anzuerkennende Ausgaben (nach § 7 der VO zu § 82 SGB XII):

gelten:

1.2.1 Schuldzinsen

und dauernde Lasten (z.B. Erbpacht; SG Duisburg 10.1.2006 - S 2 AS 98/05 ER; SG Oldenburg 6.4.2006 - S 46 AS 764/05), jedoch in Anlehnung an die Kosten einer angemessenen Mietwohnung (BSG, ebenda; BSG 15.4.2008 - B 14/7b AS 34/06).

1.2.2 Grundbesitzsteuern und sonstige öffentliche Abgaben

z.B. Kanalgebühren, Straßenreinigung, Müllabfuhr, Anliegerbeiträge (BSG 7.11.2006 - B 7b AS 8/06 R).

1.2.3 Versicherungsbeiträge

Gebäudebrandversicherung, Diebstahl-, Haftpflichtversicherung gegen Feuer-, Sturm- und Wasserschäden usw. (ebenda).

1.2.4 Erhaltungsaufwand

„Als Bedarf für die Unterkunft werden auch unabweisbare Aufwendungen für Instandhaltung und Reparatur bei selbst bewohntem Wohneigentum im Sinne des § 12 Absatz 3 Satz 1 Nummer 4 anerkannt, soweit diese unter Berücksichtigung der im laufenden sowie den darauffolgenden elf Kalendermonaten anfallenden Aufwendungen insgesamt angemessen sind“ (§ 22 Abs. 2 Satz 1 SGB II). Das gilt seit April 2011 beim Alg II und ist eine Klarstellung der bisherigen Rechtsprechung, die eine Übernahme notwendiger Reparaturen im Rahmen des Erhaltungsaufwandes anerkennt. Erhaltungsaufwand wird nur in Form ⇨**einmaliger Beihilfen** erbracht, wenn die Maßnahmen **notwendig** sind.

1.2.4.1 Was gehört zum Erhaltungsaufwand?

Nur die Ausgaben für Instandsetzung und Instandhaltung gehören zu den anzuerkennenden Kosten der Unterkunft, nicht die Ausgaben für Verbesserungen.
„Die Abgrenzung von wertsteigernden Erneuerungsmaßnahmen zum Erhaltungsaufwand ist am Kriterium der Notwendigkeit zu messen: Ist die Maßnahme notwendig und entspricht sie den Grundsätzen der Wirtschaftlichkeit und Sparsamkeit [§ 3 Abs. 2 S. 3 SGB II], handelt es sich um einen Erhaltungsaufwand“ (SG Leipzig 15.11.2005 - S 9 AS 855/05 ER). Das kann auch bedeuten, dass z.B. bei Erneuerung einer Heizanlage eine Instandsetzung mit moderner Technik mangels anderer Möglichkeiten ebenfalls als Erhaltungsaufwand gelten muss.

Notwendige **Reparaturen** müssen, insoweit sie der *„Instandhaltung und Instandsetzung“*

dienen, **in voller Höhe** als Unterkunftskosten anerkannt werden, soweit sie angemessen sind. Wenn Sie also Ihre defekte Heizungsanlage (z.B. einen Ölbrenner) für 1.100 € wieder instandsetzen müssen, gehört das zum notwendigen Erhaltungsaufwand (SG Leipzig 28.11.2006 - S 19 AS 1714/06 ER); genauso wie ein neuer Warmwasserboiler für 900 € (LSG Baden-Württemberg 26.5.2009 - L 12 AS 575/09). Zum Erhaltungsaufwand gehören z.B. die Instandsetzung des Dachs, der beschädigten Fassade, des Kamins usw. Es handelt sich hier nicht um Vermögensbildung, sondern um notwendige Aufwendung, um die Bewohnbarkeit Ihrer Unterkunft auf Dauer sicherzustellen.

1.2.4.2 Erhaltungsaufwand in welcher Höhe?

Alg II

Der Gesetzgeber geht davon aus, dass die Kosten für Instandhaltung/ Instandsetzung **angemessen** sind, wenn sie **zusammen** mit den **laufenden** Unterkunftskosten **für ein Jahr** die im Jahr anfallenden Kosten einer entsprechenden „angemessenen" Mietwohnung nicht übersteigen (§ 22 Abs. 2 Satz 1 SGB II). *„Übersteigen unabweisbare Aufwendungen für Instandhaltung und Reparatur den Bedarf für die Unterkunft nach Satz 1, kann der kommunale Träger zur Deckung dieses Teils der Aufwendungen ein Darlehen erbringen, das dinglich gesichert werden soll"* (§ 22 Abs. 2 Satz 2 SGB II; ⇨Miete 2. ff.).

Beispiel:
Die laufenden Kosten für das Eigenheim der vierköpfigen Familie Schmidt betragen ohne Heizkosten pro Jahr **5.400 €** (450 € x 12). Für einen vierköpfigen Haushalt erkennt das Jobcenter insgesamt **7.560 €** (630 € x 12) jährlich als „angemessene" kalte Unterkunftskosten (Bruttokaltmiete) an. Die Schmidts müssen für eine **erforderliche** Instandsetzung ihres Dachs **3.000 €** zahlen.
Das Jobcenter bewilligt eine **Beihilfe** für Instandsetzung in Höhe von **2.160 €** (7.560 € - 5.400 €). Um die vollen Reparaturkosten zahlen zu können, bekommen die Schmidts zusätzlich ein ⇨**Darlehen** von **840 €** bewilligt, das mit zehn Prozent des Regelbedarfs aufgerechnet wird. Aufgrund des geringen Betrags und der ⇨Aufrechnung verzichtet das Amt auf eine dingliche Sicherung der Forderung (z.B. Eintrag ins Grundbuch).

HzL/GSi der Sozialhilfe

Im SGB XII wurde auf eine entsprechende Regelung für Instandhaltung/ Instandsetzung verzichtet. Das BSG hatte zuvor dargelegt, dass § 7 Abs. 2 Satz 2 der VO zu § 82 SGB XII (Bereinigung von Mieteinnahmen um einen pauschalen Erhaltungsaufwand) zur Ermittlung von Instandsetzungskosten nicht geeignet ist. *„Berücksichtigungsfähig sind hingegen tatsächliche Aufwendungen für eine Instandsetzung oder Instandhaltung, soweit diese nicht zu einer Verbesserung des Standards des selbstgenutzten Eigenheims führen und sie angemessen sind"* (BSG 3.3.2009 - B 4 AS 38/08 R). Die Entscheidung zum Alg II ist auf die aktuelle Rechtslage in der Sozialhilfe anzuwenden.

1.2.4.3 Erhaltungspauschale bei Eigentumswohnungen

Das BSG vertritt die Auffassung, dass bei selbstgenutztem Wohneigentum nur Erhaltungsaufwand in Höhe des **tatsächlichen** Bedarfs geltend gemacht werden kann (ebenda). Das **freiwillige** Ansparen einer Erhaltungspauschale ist daher nicht möglich. Ob eine Erhaltungspauschale im Rahmen der laufenden Unterkunftskosten anerkannt wird, die als mtl. **Zwangsabgabe** von einer Eigentümergemeinschaft gefordert wird, ließ das BSG in diesem und einem weiteren Urteil offen (ebenda, BSG 22.8.2012 - B 14 AS 1/12 R).

Eine Erhaltungspauschale wird bei Eigentumswohnungen häufig im Rahmen des mtl. abzuführenden *„Hausgeldes"* von **allen** Wohnungseigentümer*innen gefordert. Wenn die Hauskosten inklusive der geforderten Erhaltungspauschale nicht die „angemessenen" Kosten einer entsprechenden Mietwohnung überschreiten, müssten diese mit Blick auf die Gleichbehandlung anerkannt werden. Anderenfalls wäre der/die betroffene Wohnungseigentümer*in gezwungen, sich bei der Eigentümergemeinschaft zu verschulden. Daher wird Erhaltungsaufwand im Zuge einer solchen mtl. **Instandhaltungsrücklage** bei Eigentumswohnung regelmäßig **anerkannt** (LSG Saarland 13.4.2010 - L 9 AS 18/09, LSG NRW 3.7.2009 - L 12 B 42/09 AS; LSG Baden-Württemberg 26.1.2007 - L 12 AS 3932/06, mit Differenzierung in Erhaltungsaufwand und Wertsteigerung). Als Erhaltungsaufwand kann auch eine von der Eigentümerschaft mehrheitlich beschlossene **Sonderumlage** für die Instandsetzung zum Gemeinschaftseigentum gehörender baufälliger Balkone übernommen werden (LSG NRW 28.2.2013 - L 7 AS 506/11, bestätigt vom BSG 18.9.2014 - B 14 AS 48/13 R). Das BSG hat bei dem hier genannten Urteil aber einen wichtigen Aspekt ergänzt: Unabweisbare Aufwendungen für die Instandsetzung oder Instandhaltung von selbstgenutztem Wohneigentum sind als Bedarf für die Unterkunft in Höhe der tatsächlichen Aufwendungen anzuerkennen, wenn zuvor die Kosten der Unterkunft nicht mittels Kostensenkungsaufforderung durch den Träger auf die Höhe der angemessenen Aufwendungen begrenzt wurden (ebenda).

1.2.5 Sonstige Aufwendungen für Bewirtschaftung (§ 7 Abs. 2 Nr. 5 der VO zu § 82 SGX XII)

wie Wassergeld, Schornsteinreinigung, Allgemeinstrom (z.B. Treppenhausbeleuchtung in Mehrfamilienhäusern), Entgelte für Hausverwalter*innen, Wartungskosten für die Heizungsanlage, Müllabfuhr, Straßenreinigung usw. werden **in tatsächlicher Höhe** als notwendig anerkannt. **Ohne Nachweis** werden sie nur in Höhe von einem Prozent der Jahresroheinnahmen, d.h. des ortsüblichen Mietwerts übernommen.

Tipp: Achten Sie darauf, Grundsteuer, Versicherungsbeiträge und, bei einer Zwangsabgabe, die Erhaltungspauschale im Antrag auf Alg II/ Sozialhilfe anzugeben. Nicht alle Aufwendungen werden im Antrag als Teil der nachzuweisenden Kosten der Unterkunft abgefragt. Sonst müssen Sie sie aus Ihrem Regelbedarf bezahlen.

2.1 Schuldentilgung als Unterkunftskosten?

Raten zur **Tilgung** von Eigenheimschulden werden i.d.R. nicht als Unterkunftskosten anerkannt. *„Die Leistungen nach dem SGB II sind auf die aktuelle Existenzsicherung beschränkt und sollen nicht der Vermögensbildung dienen"* (BSG 7.11.2006 - B 7b AS 8/06 R).

Nach § 22 Abs. 1 SGB II sind die tatsächlichen Aufwendungen für Unterkunft und Heizung zu übernehmen, soweit diese angemessen sind (entsprechend § 35 Abs. 1 Satz 2 SGB XII). Die Tilgungs**kosten** (Zinsen) gehören zu den tatsächlichen Aufwendungen. Wird aber die Tilgung an sich über einen längeren Zeitraum nicht anerkannt, werden Sie ggf. früher oder später gezwungen sein, das Wohneigentum aufzugeben, selbst wenn die tatsächlichen Aufwendungen inklusive Tilgung für das Eigenheim „angemessen" sind.

Nur in **besonderen Ausnahmefällen** lässt das BSG die Übernahme von Tilgungsraten im Rahmen der Unterkunftskosten zu, *„wenn es um die Erhaltung von Wohneigentum geht, dessen Finanzierung im Zeitpunkt des Bezugs von Grundsicherungsleistungen bereits weitgehend abgeschlossen"* ist (16.2.2012 - B 4 AS 14/11 R). Dann sei lediglich noch eine Restschuld abzutragen und der Aspekt der privaten Vermögensbildung trete in den Hintergrund (BSG 7.7.2011 - B 14 AS 79/10 R).

Das BSG hat in einem Fall entschieden, dass die Tilgung zusammen mit den laufenden Kosten der Unterkunft dann übernommen werden soll, wenn *„bei einer relativ geringen Belastung durch Darlehenszinsen und einer vergleichsweise hohen Tilgungslast das selbst genutzte Wohneigentum bereits weitgehend finanziert ist und es deshalb nicht um den Aufbau, sondern um den Erhalt bereits bestehender Vermögenswerte geht"* (18.6.2008 - B 14/11b AS 67/06 R).

Ein weiterer Umstand, der eine Übernahme der Tilgungslaste als Zuschuss rechtfertigt, ist neben der Feststellung, dass die **Finanzierung der Immobilie weitgehend abgeschlossen** ist, die absehbar **vorübergehende Dauer** des Leistungsbezuges. Das ist etwa der Fall, wenn der Bezug einer Altersrente bevorsteht, und künftige Tilgungsraten mit den zu erwartenden höheren Renteneinnahmen bestritten werden können (BSG 3.12.2015 - B 4 AS 49/14 R).

Tipp: Prüfen Sie nach, welche Unterkunftskosten die Behörde bei einer vergleichbaren Mietwohnung anerkennt. Bestehen Sie auf der Anerkennung der mtl. Tilgung, wenn Ihre Unterkunftskosten **inklusive** Tilgung die Kosten einer „angemessenen" Mietwohnung nicht übersteigen. Das ist erfolgsversprechend, wenn die Finanzierung des Wohneigentums weitgehend abgeschlossen bzw. der Leistungsbezug vorübergehender Natur ist **und** durch Übernahme der Tilgung die Unterkunft dauerhaft gesichert werden kann.

Wenn Sie wegen Nicht-Anerkennung der Tilgung im Rahmen der laufenden Unterkunftskosten in **Zahlungsrückstand** geraten und infolgedessen der Wohnungsverlust durch Zwangsversteigerung droht, können rückständige Tilgungsbeträge auch als ⇨**Darlehen** übernommen werden (BVerwG 24.04.1975, FEVS 23, 445).

Schulden *„sollen übernommen werden, wenn dies gerechtfertigt und notwendig ist und sonst Wohnungslosigkeit einzutreten droht"* (§ 36 Abs. 1 SGB XII; entsprechend § 22 Abs. 8 Satz 2 SGB II).

Eine darlehensweise Übernahme der Eigenheimschulden bei Zahlungsrückstand kommt aber allenfalls in Betracht, wenn die Finanzierung der Immobilie weitgehend abgeschlossen ist und die Unterkunft dadurch dauerhaft gesichert werden kann.

Näheres unter ⇨**Mietschulden**

Kritik

Die Nicht-Anerkennung der Tilgung führt zu einer mehr oder weniger massiven Senkung des Regelbedarfs. Eigenheimbesitzende können in ihrem geschützten Eigenheim entweder eine Hungerexistenz weit unterhalb des Alg II-/ Sozialhilfeniveaus fristen oder, wenn sie das nicht mehr aushalten, die Bedienung des Kredits einstellen. Dann wird der Kredit fällig, es folgt die Zwangsversteigerung und die Eigenheimbesitzenden in spe sind gezwungen, in eine Mietwohnung umzuziehen.

Vorteil für die Behörde: Ein vormals geschütztes ⇨Vermögen verwandelt sich in einen Geldbetrag, dessen Verwertung vorrangig verlangt wird.

2.2 Angemessene ⇨Heizkosten

Bei der Berücksichtigung von Eigenheimen/ Eigentumswohnungen als Schonvermögen (⇨3. f.) ist eine größere Wohnfläche angemessen als bei Mietwohnungen (⇨Miete 2.1.3). Deswegen wurden **früher** die **angemessenen Heizkosten** in diesem Rahmen für die tatsächliche Wohnfläche anerkannt (LSG Niedersachsen-Bremen 8.6.2006 - L 7 AS 443/05 ER).

Inzwischen gilt aber auch bei den Heizkosten die **Gleichbehandlung** von Eigenheimbesitzenden und Mieter*innen. Allerdings nicht in Form einer **Gesamtbetrachtung** der Unterkunftskosten, bei der man erhöhte Heizkosten mit niedrigeren sonstigen Bewirtschaftungskosten des Eigenheims ausgleichen könnte.

„Die [...] am Einzelfall orientierte Angemessenheitsprüfung für die Heizkosten hat grundsätzlich getrennt von der Prüfung der Angemessenheit der Unterkunftskosten zu erfolgen" (BSG 2.7.2009 - B 14 AS 33/08 R).

Damit orientieren sich auch die Richtwerte für die Heizkosten der i.d.R. größeren Eigenheime an den Quadratmeterzahlen einer Mietwohnung, die für die jeweilige Bedarfsgemeinschaft angemessen wäre. Um die Kosten auf das angemessene Maß zu senken, wären Sie ggf. gezwungen, ihre Unterkunft nur zum Teil zu beheizen.

Näheres unter ⇨Heizkosten 3.3

Unter Umständen setzen sich andere Kriterien durch:

Seit April 2011 ist es Kommunen und Kreisen erlaubt, die örtlich angemessenen Unterkunftskosten in **Satzungen** zu regeln und diese auch unter Einbeziehung angemessener Heizkosten als ***„Gesamtangemessenheitsgrenze"*** zu bestimmen (§ 22b Abs. 1 Satz 3 SGB II; derzeit sind solche Satzungen aufgrund landesrechtlicher Bestimmungen in Berlin, Hessen und Schleswig-Holstein möglich; ⇨Miete 2.5.1). Eine solche Satzung wäre regelmäßig auch für die Unterkunftskosten bei HzL und GSi der Sozialhilfe gültig.

Mit Inkrafttreten des Neunten SGB-II-Änderungsgesetzes **zum 1.8.2016** ist *„zur Beurteilung der Angemessenheit der Aufwendungen für Unterkunft und Heizung [...] die Bildung einer Gesamtangemessenheitsgrenze zulässig"* (§ 22 Abs. 10 SGB II). Jede Kommune/ jeder Landkreis kann selbst entscheiden, ob von der Möglichkeit Gebrauch gemacht wird.

Ist das in Ihrer Stadt/ Ihrem Landkreis der Fall, dann wäre es Mieter*innen **und Wohneigentümer*innen** möglich, höhere Heizkosten durch niedrigere sonstige laufende Unterkunftskosten auszugleichen. Diese Regelung wurde jedoch (noch) **nicht** in das Sozialhilferecht (SGB XII) übernommen. Daher ist es derzeit unwahrscheinlich, dass die angemessenen Unterkunftskosten im Rahmen einer Gesamtangemessenheitsgrenze bestimmt werden.

Tipp: Fragen Sie bei der Kommune/ dem Landkreis nach, ob eine solche Änderung bei den Unterkunftskosten geplant ist.

Bei der **Bevorratung mit Brennstoffen**, z.B. der Befüllung eines Heizöltanks mit einem Jahresvorrat an Heizöl, können einmalig hohe Kosten entstehen. Diese sind als **aktueller Bedarf** für Unterkunft und Heizung **im Monat der Fälligkeit** gemäß § 22 Absatz 1 Satz 1 SGB II auch dann anzuerkennen, wenn durch die Bevorratung mit Heizmaterial nur für den jeweiligen Monat **Hilfebedürftigkeit entsteht**. Diese Auffassung hat das BSG in einem Urteil vom 8.5.2019 bekräftigt (B 14 AS 20/18 R). Im SGB II (SGB XII) gebe es **keine Rechtsgrundlage**, einen in einem bestimmten Monat anfallenden Bedarf für Heizmaterial, das für einen längeren Zeitraum gekauft worden ist, auf einen längeren Zeitraum verteilt als Bedarf zu berücksichtigen. Das dürfte auch für das SGB XII gelten. Ebenso wenig sah das BSG im vorliegenden Fall (Jahresbevorratung von Heizöl im Wert von 1.385,23 € für eine fünfköpfige Familie) die Voraussetzungen für einen Ersatzanspruch des Jobcenters wegen sozialwidrigen Verhaltens nach § 34 Abs. 1 SGB II gegeben.

Tipp: Wenn Sie wegen der Kosten der Brennstoffbevorratung bedürftig werden, müssen Sie im Monat der Fälligkeit (i.d.R. Rechnungsstellung bzw. Liefertermin) einen vollständigen Alg II-Antrag beim Jobcenter stellen. Auch wenn Sie im Folgemonat Ihren Lebensunterhalt wieder unabhängig bestreiten können.

Stromkosten für den Betrieb von **Heizpumpe und Brenner** gehören zu den Heizkosten und sind in tatsächlicher Höhe zu übernehmen, soweit die Heizkosten insgesamt im Vergleich zu einer entsprechenden Mietwohnung angemessen sind. Entweder die Stromkosten können mittels Ablesegerät in tatsächlicher Höhe ermittelt werden oder sie sind anhand einer *„realitätsnahe[n] Schätzung des Energieanteils, der auf die Heizung entfällt"* festzulegen (BSG 7.7.2011 - B 14 AS 51/10 R; ⇨Heizkosten 7.3).

Stromkosten für die **Gartenpflege** und die **Außenbeleuchtung** eines Eigenheims sind dagegen Haushaltstrom und vom Regelbedarf zu zahlen (BSG, ebenda).

3. Hausbesitz als Vermögen

Ihr Eigenheim bzw. Ihre Eigentumswohnung ist für die Behörde Vermögen.

Alg II

Geschützt ist
„ein selbst genutztes Hausgrundstück von ***angemessener*** *Größe oder eine entsprechende Eigentumswohnung"* (§ 12 Abs. 3 Nr. 4 SGB II).
„Das Vermögen ist mit seinem Verkehrswert zu berücksichtigen" (§ 12 Abs. 4 SGB II). Und zwar zum Zeitpunkt des Antrags.

HzL/GSi der Sozialhilfe

Geschützt ist ein angemessenes Hausgrundstück,
*„das von der nachfragenden Person oder einer anderen in den § 19 Abs. 1 bis 3 genannten Person [d.h. ihrer Ehegatt*in bzw. Lebenspartner*in und minderjährigen, unverheirateten Kindern] allein oder zusammen mit Angehörigen ganz oder teilweise bewohnt wird und nach ihrem Tod von ihren Angehörigen bewohnt werden soll. Die Angemessenheit bestimmt sich nach der Zahl der Bewohner, dem Wohnbedarf (zum Beispiel behinderter, blinder oder pflegebedürftiger Menschen), der Grundstücksgröße, der Hausgröße, dem Zuschnitt und der Ausstattung des Wohngebäudes sowie dem Wert des Grundstücks einschließlich des Wohngebäudes"* (§ 90 Abs. 2 Nr. 8 SGB XII).

E

3.1 Selbst genutzt?

Geschützt ist bei **Alg II-Bezug** nur Wohneigentum, das Sie **selbst bewohnen**.
Bei Bezug von **HzL/ GSi** der Sozialhilfe ist es in diesem Fall ebenfalls **geschützt**. Dies gilt aber auch dann, wenn es neben Ihrem/r Ehe- oder Lebenspartner*in bzw. Ihren minderjährigen Kindern von anderen **Angehörigen** bewohnt wird, die nicht zur Einstandsgemeinschaft (⇨Bedarfsgemeinschaft) gehören. Außerdem, wenn Sie in ein Pflegeheim kommen und Ihr*e Ehepartner*in oder Ihre minderjährigen Kinder noch im Eigenheim leben.

Die **Einbeziehung von Angehörigen**, die nicht zur Einstandsgemeinschaft gehören, ist bei der Sozialhilfe ein Vorteil gegenüber dem Alg II. Durch die Einbeziehung weiterer Bewohner*innen erhöht sich die angemessene Wohnfläche eines geschützten Eigenheims (⇨3.3). Das Wohnen leistungsberechtigter Personen mit Angehörigen „unter einem Dach" kann **auch bei Alg II-Bezug** entsprechend berücksichtigt werden, z.B. wenn sich die Angehörigen für den Erhalt der Immobilie selbst verschuldet haben oder ebenfalls auf Leistungen zum Lebensunterhalt nach den SGB II oder SGB XII angewiesen sind. In diesem Fall stellt die Verwertung des gemeinsam bewohnten Eigenheims eine besondere Härte dar (§ 12 Abs. 3 Satz 1 Nr. 6 SGB II; BSG 12.12.2013 - B 14 AS 90/12 R).

Geschützt ist Ihr Wohneigentum im **Alg II-/ HzL-/ GSi**-Bezug auch, wenn Sie **es nicht selbst bewohnen,** aber andere Personen dort lebenslanges **Nießbrauchrecht** (Wohnrecht) besitzen. Hier ist der Verkauf auf absehbare Zeit regelmäßig ausgeschlossen (BSG 6.12.2007 - B14/7b AS 46/06 R). Allerdings kann eine **Beleihung** in Betracht kommen (BSG 12.7.2012 - B 14 AS 158/11 R). Das Darlehen müssten Sie dann vorrangig zum Lebensunterhalt verbrauchen.

Daraus folgt umgekehrt bei **HzL-/ GSi**-Bezug:
Nicht geschützt ist
Ihr Haus- oder Wohneigentum, wenn „nur" Ihr volljähriges Kind ggf. mit eigener Familie darin wohnt oder es „nur" von Brüdern, Schwestern, Enkeln oder Tanten bewohnt wird. Ebenso ist es nicht geschützt, wenn Sie es alleine bewohnt haben und nun dauerhaft in einem Heim leben müssen.
Allerdings kann die Verwertung eine besondere Härte bedeuten (§ 90 Abs. 3 SGB XII).

Nicht geschützt sind ferner bei Bezug von **Alg II/ HzL/ GSi**:
- Zweitwohnungen oder ein (Ferien-)Haus, das Sie nicht bewohnen.
  Das trifft insbesondere ausländische Familien hart, wenn sie angeben, in ihrer Heimat ein Haus zu besitzen. Besondere Lebensverhältnisse von ausländischen Familien können einen Härtefall darstellen (§ 12 Abs. 3 Nr. 6 SGB II; § 91 Abs. 3 SGB XII). Das könnte der Fall sein, wenn Sie im Alter zurückkehren wollen oder wenn Ihre Eltern in Ihrem Haus wohnen. Aber auch dann, wenn der Marktpreis des Hauses in Ihrem Herkunftsland um mehr als zehn Prozent unter seinem Kaufpreis liegt.
- bei einem Zweifamilienhaus der Teil des Hauses, den Sie nicht selbst bewohnen.
- Grundstücke, die nicht Wohnzwecken dienen (nicht gewerblich genutzte Äcker, Wiesen, unbebaute Grundstücke usw.).

3.2 Sind Sie nur Miteigentümer*in

eines Hauses, ist bei der Prüfung der Angemessenheit *„nur auf den aufgrund des Miteigentumsanteils als Wohnstatt genutzten Teil des Grundstücks abzustellen"* (BVerwG 25.6.1992, ZfSH/SGB 1993, 78).

3.3 Angemessene Wohnfläche

Alg II

Das BSG hat am 7.11.2006 die Angemessenheitsgrenzen für selbst genutztes Wohneigentum konkretisiert (B 7b AS 2/05). In Anlehnung an das 2. Wohnungsbaugesetz hat es einer vierköpfigen Haushaltsgemeinschaft eine **Eigentumswohnung** mit einer Wohnfläche von bis zu **120 m²** zugestanden. Analog dazu erfolgt die Orientierung bei angemessenem **Hausbesitz** bei **130 m²** Wohnfläche (BSG 16.5.2007 - B 11b AS 37/06 R). Für jede **weitere** Person im Haushalt erhöht sich die Wohnfläche um **20 m²**.

Neu an der Regelung ist die Reduzierung der angemessenen Wohnfläche bei kleineren Haushalten. Bei drei Personen im Haushalt werden demnach **20 m²**, bei nur zwei Personen **40 m²** vom Ursprungswert **abgezogen**.
Untergrenzen für angemessenen Wohnraum von Ein- und Zweipersonenhaushalten sind demnach **80 m²** bei Eigentumswohnungen und **90 m²** bei Eigenheimen.
Wenn die Haus-/Wohnungsgröße diese Grenzen nicht übersteigt, entfällt eine Überprüfung der Angemessenheit.

„Die genannten Größen sind allerdings nicht als Grenzwerte zu verstehen; maßgeblich sind die Lebensumstände im Einzelfall, wie z.B. Familienplanung oder voraussichtliche Dauer der Hilfebedürftigkeit. Die aufgeführten Werte orientieren sich am Durchschnittsfall. Dies bedeutet, dass eine Überprüfung der Leistungsfälle, bei denen die Angemessenheit bislang anerkannt wurde, nicht zwingend erforderlich ist" (FW 12.28).

Sich an den ***„Lebensumständen"*** zu orientieren, würde unserer Auffassung nach bedeuten, dass die Wohnfläche eines „familiären" Wohneigentums weiter als angemessen gilt, wenn die Kinder als Erwachsene die elterliche Wohnung längst verlassen haben (Eicher SGB II, 3. Aufl. § 12 Rn 92). Und tatsächlich **galt früher** ein ehemaliges Eigenheim mit 130 m² Wohnfläche für eine (ehemals) vierköpfige Familie noch als angemessen, wenn nur noch die Eltern darin wohnten.
Von dieser „kulanten" Betrachtungsweise hat sich das **BSG mit Urteil vom 12.10.2016** distanziert. Das Gericht urteilte, dass die angemessene Wohnfläche nach dem Auszug von Kindern regelmäßig an die im Eigentum verbleibenden Personen angepasst werden müsse. Die angemessenen Wohnungsflächen nach § 82 Abs. 2 S. 2 II. WoBauG seien im SGB II **nicht** (mehr) im Sinne einer Bestandsschutzregelung anzuwenden. Vielmehr habe der Gesetzgeber die Abkehr vom Lebensstandardprinzip und Hinwendung zum Bedarfsdeckungsprinzip im SGB II normativ klargestellt. Daher seien für die Beurteilung der Angemessenheit die **Lebensumstände während des Leistungsbezugs** maßgebend (BSG 12.10.2016 - B 4 AS 4/16 R).

Ein weiterer Bewertungsmaßstab bei der Angemessenheit des geschützten Wohneigentums berücksichtigt das **Stadt-Land-Gefälle**: Das SG Koblenz betrachtet nicht statisch die Quadratmeterzahl der Immobilie und des Bodens, sondern bezieht den Verkehrswert mit ein. Danach kann bei einem Eigenheim in ländlichem Raum mit unterdurchschnittlichem Verkehrswert eine Überschreitung der angemessenen Fläche zugelassen werden (SG Koblenz 3.5.2007 - S 11 AS 187/06).

HzL/GSi der Sozialhilfe

Angemessen ist hier ein Eigenheim, wenn ein Haushalt mit bis zu vier Personen bis zu 130 m² hat und eine Eigentumswohnung bis zu 120 m² (§ 39 Abs. 1 II. WoBauG).
Bei **pflegebedürftigen** Personen kommen **20 Prozent** der Wohnfläche hinzu (§ 39 Abs. 1 und § 82 II. WoBauG). **Rollstuhlfahrer*innen** haben einen zusätzlichen Flächenbedarf von **15 m²** (BVerwG 1.10.1992, NDV 1993, 238).
Für jede weitere Person im Haushalt erhöht sich die Fläche um 20 m². Wenn weniger Personen im Haushalt leben, kann die angemessene Fläche um 20 m² pro Person verringert werden, also bei drei Personen auf 110 m² usw. (s.o.).

Alg II und Hzl/GSi der Sozialhilfe

Wenn besondere persönliche Gründe (Krankheit, Behinderung) oder berufliche Bedürfnisse vorliegen (z.B. gewerbliche Werkstatt), kann die angemessene Wohnfläche überschritten werden.
Zweifamilienhäuser werden bis 200 m² Wohnfläche staatlich gefördert, sind i.d.R. aber nicht geschützt. Wenn allerdings eine achtköpfige Familie beide Wohnungen bewohnt, wäre die Gesamtgröße des Hauses angemessen.

3.3.1 Corona-Sonderregelungen: Keine Prüfung der Angemessenheit einer selbstgenutzten Immobilie

Wer zwischen dem **1.3.2020** und dem **31.3.2021** (dieser Zeitraum wird möglicherweise weiter verlängert) einen Antrag auf Alg II, HzL oder GSi stellt oder ohne vorheriger

Vermögensprüfung Leistungen weiter bewilligt bekommt, profitiert unter Umständen vom erleichterten Zugang zu Sozialleistungen, der im Rahmen der Corona-Pandemie geschaffen wurde. Wenn in diesem Zeitraum ein Bewilligungszeitraum beginnt, ist **Vermögen** (nach § 12 SGB II, § 90 SGB XII) **für die Dauer von sechs Monaten nicht zu berücksichtigen**. Antragstellende müssen lediglich erklären, dass **kein erhebliches Vermögen** vorhanden ist (§ 67 Abs. 2 SGB II, § 141 Abs. 2 SGB XII). Unter erhebliches Vermögen versteht der Gesetzgeber in Anlehnung an das Wohngeldgesetz (WoGG) verwertbares Vermögen in Höhe von **mehr als** 60.000 € für das erste zu berücksichtigende Haushaltsmitglied und mehr als 30.000 € für jedes weitere zu berücksichtigende Haushaltsmitglied.

*„Diese Höchstgrenze ist erforderlichenfalls nur anhand der Vermögensgegenstände zu prüfen, die **kurzfristig verwertbar** sind. [...] **Nicht in die Prüfung** der Erheblichkeitsgrenze **einzubeziehen** sind demnach Vermögensgegenstände, die nicht frei verfügbar und damit nicht geeignet sind, kurzfristig zur Bestreitung des Lebensunterhalts eingesetzt werden zu können. Dazu gehören insbesondere **selbstgenutzte Wohnimmobilien**, typische Altersvorsorgeprodukte wie Kapitallebens- oder -rentenversicherungen“* (FW § 67/ Sozialschutz-Pakete, 1.2, 5). Das sollte auch für HzL und GSi der Sozialhilfe gelten.

Wurden Ihnen im oben genannten Zeitraum unter den angeführten Voraussetzungen vom Jobcenter oder Sozialamt Leistungen zum Lebensunterhalt nur als **Darlehen gewährt**, weil Ihr selbstgenutztes Wohneigentum (das gilt auch für die Grundstücksfläche ⇨3.4) nach einer Vermögensprüfung als **nicht angemessen** eingestuft wurde, ist gegen Verfahrensgrundsätze verstoßen worden, die den erleichterten Zugang gewährleisten sollen. Wenn für den Zeitraum von sechs Monaten keine Prüfung von Immobilienvermögen erfolgen soll, hätte Ihnen statt des Darlehens eine Beihilfe bewilligt werden müssen.

Tipp: Stellen Sie einen Antrag auf Überprüfung der entsprechenden Bescheide nach § 44 SGB X und verlangen Sie eine Umwandlung des Darlehens in eine Beihilfe. ⇨Nachzahlung 3.2

3.4 Angemessene Grundstücksfläche

Alg II

„Eine Grundstücksfläche von 500 qm im städtischen und von 800 qm im ländlichen Bereich ist in der Regel als angemessen anzusehen. Darüber hinaus sind auch höhere Werte als angemessen anzuerkennen, wenn diese in Bebauungsplänen festgelegt sind” (FW 12.30).

HzL/GSi der Sozialhilfe

Der Deutsche Verein (DV) übernimmt in seinen Empfehlungen vom 15.12.2015 erstmals die bei Alg II gültigen Beträge (s.o.). Allerdings kann geprüft werden, ob *„ein Grundstück für eine weitere Bebauung teilbar und wirtschaftlich selbständig verwertbar ist“* (Empfehlungen des DV für den Einsatz von Einkommen und Vermögen in der Sozialhilfe, DV 25/15, Rn. 222).

3.5 Angemessener Verkehrswert

Alg II

Bei Alg II ist eine Prüfung der Angemessenheit eines Hausgrundstücks *entbehrlich*, wenn die angemessene Wohnfläche bzw. die angemessene Grundstücksgröße im konkreten Fall nicht überschritten wird (FW 12.28; ⇨3.3; ⇨3.4). Im Alg II-Antrag brauchen Sie dann keine Angaben über den Verkehrswert zu machen.
Der Verkehrswert des Hausgrundstücks spielt nur dann eine Rolle, wenn die angemessenen Flächen überschritten werden.

Der Verkehrswert kann durch ein Verkehrswertgutachten (nicht älter als drei Jahre), durch Bodenwertrichttabellen (bei unbebauten Grundstücken) oder Auskünfte aus der Kaufpreissammlung der Gutachterausschüsse bei den Katasterämtern (bei bebauten Grundstücken) festgestellt werden. Hier werden die Kaufpreise vergleichbarer Immobilien bzw. Grundstücke registriert.
Die Kosten dafür hat die Behörde zu tragen (⇨Kostenerstattung 4.).
„Bei der Feststellung des Werts einer Immobilie sind dingliche Belastungen (Grundschuld, Hypotheken und Nießbrauch) zu

berücksichtigen. Andere Verbindlichkeiten bleiben außer Betracht" (FW 12.48).

HzL/GSi der Sozialhilfe

Wenn ein Haus- oder Wohneigentum der Größe bzw. Grundstücksfläche nach angemessen ist, ist damit anders als beim Alg II nicht automatisch auch der Verkehrswert geschützt. Dieser kann trotzdem unangemessen hoch, also teilweise ungeschützt sein (OVG Bremen 17.10.1996, FEVS 1997, 443). Als Maßstab für die Angemessenheit des Verkehrswerts dienen die Verhältnisse am Wohnort. Der Verkehrswert muss sich im unteren Bereich der Verkehrswerte vergleichbarer Häuser am Wohnort halten, nicht im Landesdurchschnitt (BVerwG 17.1.1991 und 01.10.1992, NDV 1993, 237).
„Als Anhalt können für jeden Quadratmeter der anzuerkennenden Wohn- und Grundstücksfläche die im Bereich des örtlichen Trägers der Sozialhilfe üblichen Baukosten (Gesamtkosten ohne Baugrundstück) sowie die aus der einschlägigen Kaufpreissammlung ersichtlichen Bodenrichtwerte [...] herangezogen werden" (DV 25/15, Rn. 224). Die üblichen Baukosten können beim Bauamt erfragt werden.
„Der Hilfesuchende, der Sozialhilfe für sein Leben am Wohnort begehrt, darf nicht deshalb abgewiesen werden, weil er an einem anderen Ort billiger leben könnte" (BVerwG 17.1.1991, FEVS 41, 269).
Der Deutsche Verein meint, dass beim Einsatz des Immobilienvermögens *„vom Verkehrswert ... [auszugehen ist], wobei Belastungen des Grundstücks außer Betracht bleiben"* (DV 25/15, ebenda).

Tipp: Aufgrund der kleinlichen Angemessenheitsprüfung in der Sozialhilfe kann es vorkommen, dass ein*e nichterwerbsfähige*r Miteigentümer*in eines Hauses in stärkerem Maße herangezogen werden müsste als sein*e/ihr*e erwerbslose*r Partner*in, der/die Alg II bezieht. Bestehen Sie darauf, dass einheitlich die günstigeren Regeln des SGB II angewandt werden, weil die Verwertung eine unbillige Härte darstellen würde (§ 90 Abs. 3 SGB XII).

4. Verwertung des unangemessenen Teils

„Der Begriff der Verwertbarkeit ist ein rein wirtschaftlicher und beurteilt sich sowohl nach den tatsächlichen als auch nach den rechtlichen [z.B. Besitz-] Verhältnissen" (BSG 22.3.2012 - B 4 AS 99/11 R). *„Tatsächlich nicht verwertbar sind Vermögensgegenstände, für die in absehbarer Zeit kein Käufer zu finden sein wird, etwa weil Gegenstände dieser Art nicht (mehr) marktgängig sind oder weil sie, wie Grundstücke infolge sinkender Immobilienpreise, über den Marktwert hinaus belastet sind"* (BSG 6.12.2007- B 14/7b AS 46/06 R; ⇨Vermögen 3.).

Alg II

Der Teil des Hausgrundstücks, der die angemessene Größe übersteigt, wird mit dem entsprechend errechneten Wert (Verkehrswert minus Verbindlichkeiten pro m²) bewertet.
„Bei unangemessener Grundstücksgröße ist die Verwertung von eigentumsrechtlich abtrennbaren Grundstücksbestandteilen durch Verkauf oder Beleihung zu verlangen (Teilung des Grundstücks)" (FW 12.30).

Eine Abtrennung und der dann folgende Verkauf des abgetrennten Teils sind in der Realität meist nicht möglich. Bleibt die **Beleihung**. Sie müssten dann Ihren Lebensunterhalt auf Kreditbasis bestreiten und dafür auch noch Zinsen zahlen. Vorteil wäre, dass Sie das verwertete Vermögen nicht so ausgeben müssen, als wären Sie Leistungsbezieher*in (⇨Vermögen 3.).

Alg II/ Sozialhilfe kann auch bis zur Höhe des ungeschützten Vermögens als **⇨Darlehen** gezahlt werden, solange der unangemessene Teil nicht verwertet werden kann.
Das Darlehen *„kann davon abhängig gemacht werden, dass der Anspruch auf Rückzahlung dinglich oder in anderer Weise gesichert wird"* (§ 91 Satz 2 SGB XII; entsprechend § 24 Abs. 5 Satz 2 SGB II). Es ist zulässig, ein Darlehen zum Lebensunterhalt abzulehnen, wenn Sie die Eintragung ins Grundbuch verweigern (BSG 22.3.2012 - B 4 AS 99/11 R).
Kosten, die aus einer dinglichen Sicherung entstehen, hat die Behörde zu tragen, Gutachterkosten ebenfalls (§ 64 Abs. 2 SGB X i.V. mit § 21 SGB X).

Solange Sie in Ihrem „unangemessenen“ Haus wohnen bzw. Angehörige, die Nutzungsrechte haben, kann das Haus oder Teile davon i.d.R. nicht verkauft, d.h. verwertet werden. Hier ist zunächst zu prüfen, ob eine Beleihung möglich ist. Kommt das nicht in Frage und ist eine **Verwertung auf absehbare Zeit nicht möglich** (i.d.R. innerhalb des Bewilligungszeitraums), haben Sie dennoch Anspruch auf **Alg II als Beihilfe**, nicht als Darlehen (BSG 27.1.2009 - B 14 AS 42/07 R, 30.8.2010 - B 4 AS 70/09 R).

HzL/GSi der Sozialhilfe

Wenn Ihr Eigenheim oder Ihre Eigentumswohnung nicht als angemessenes Schonvermögen anerkannt wird, muss der unangemessene Teil grundsätzlich verwertet werden. Der angemessene Teil bleibt geschützt. Allerdings kann die Verwertung aufgeschoben werden, in dem die Leistung bis zur Höhe des zu verwertenden Vermögens auf ⇨Darlehensbasis gezahlt wird. Das Darlehen kann dinglich gesichert werden (§ 91 SGB XII). Auch eine Beleihung der Immobilie kann unter Umständen verlangt werden.

Forderungen
Anerkennung von Tilgungszahlungen im Rahmen des Gleichstellungsprinzips von Mieter*innen und Eigenheimbesitzenden bei angemessenen Kosten des Eigenheims!
Anerkennung der vollen Kosten der Unterkunft inklusive Heizung bei geschützten selbst bewohnten Eigenheimen!

Eingliederungsvereinbarung (EinV)

Die Eingliederungsvereinbarung ist der Dreh- und Angelpunkt des ***„Fordern und Fördern“*** von Alg II-Beziehenden.
Für die Behörde gilt:
„Die Agentur für Arbeit soll unverzüglich zusammen mit jeder erwerbsfähigen leistungsberechtigten Person die für die Eingliederung erforderlichen persönlichen Merkmale, berufliche Fähigkeiten und die Eignung feststellen (Potenzialanalyse)“ (§ 15 Abs. 1 SGB II).

Für Sie gilt:
- *welche Leistungen zur Eingliederung in Ausbildung oder Arbeit Sie erhalten*
- *welche Bemühungen Sie in welcher Häufigkeit zur Eingliederung in Arbeit mindestens unternehmen sollen und in welcher Form diese Bemühungen nachzuweisen sind und*
- *wie Leistungen anderer Leistungsträger (z.B. Schuldnerberatung, Träger) in den Eingliederungsprozess einbezogen werden (§ 15 Abs. 2 Satz 1.b bis 3. SGB II).*

„Eine erwerbsfähige leistungsberechtigte Person muss aktiv an allen Maßnahmen zu ihrer Eingliederung in Arbeit mitwirken, insbesondere eine Eingliederungsvereinbarung abschließen“ (§ 2 Abs. 1 Satz 2 SGB II). **Weigern** Sie sich, eine EinV zu unterzeichnen, droht **keine** unmittelbare **Strafe**, allerdings kann das Jobcenter den Inhalt der Vereinbarung als **Eingliederungsverwaltungsakt** erlassen. Die hierin festgelegten Pflichten wären dann ebenfalls für Sie bindend, wenn Sie keinen Widerspruch gegen den Verwaltungsakt einlegen.
Immerhin kann der Regelsatz **nicht mehr** in einer ersten Stufe um 30 Prozent gekürzt werden (§ 31 Abs. 1 Nr. 1a SGB II). Diese Strafandrohung für den Fall, dass Sie nicht „freiwillig“ unterschreiben, wurde 2011 aus dem Sanktionsparagraphen gestrichen. Der **Zwang**, einen Vertrag abzuschließen, obwohl es die **Freiheit** gibt, Verträge abzuschließen, war *„mit der grundgesetzlich geschützten Vertragsautonomie (Art. 2 Abs. 1 GG) unvereinbar“* (Berlit in: LPK SGB II, 6. Aufl., 2017, § 31 Rn. 16).

Beziehen Sie **Sozialhilfe**, soll das Sozialamt eine schriftliche ***„Leistungsabsprache“*** (§ 12 SGB XII) bis zu vier Wochen nach dem Zahlungsbeginn ausarbeiten und unterschreiben lassen, in der ggf. Wege zur Überwindung der Notlage und Möglichkeiten der aktiven Teilnahme in der Gemeinschaft gemeinsam festgelegt werden sollen. Die Leistungsabsprache ist eine freiwillige Absprache, die nicht mit Geldstrafen erzwungen werden kann. Wenn eine solche Absprache getroffen wurde, haben Sie nicht mit Sanktionen zu rechnen, wenn Sie sich nicht an das Vereinbarte halten. Die Leistungsabsprache wird in der Praxis der Existenzsicherung kaum angewendet, daher richtet sich dieses Stichwort an Leistungsberechtigte nach dem SGB II.

Inhaltsübersicht

Alg II

1.1 Was wird in der EinV „vereinbart"?

„In der Eingliederungsvereinbarung soll bestimmt werden,

1. *welche Leistungen zur Eingliederung in Ausbildung oder Arbeit nach diesem Abschnitt die leistungsberechtigte Person erhält,*
2. *welche Bemühungen erwerbsfähige Leistungsberechtigte in welcher Häufigkeit zur Eingliederung in Arbeit mindestens unternehmen sollen und in welcher Form diese Bemühungen nachzuweisen sind.*
3. *wie Leistungen anderer Leistungsträger in den Eingliederungsprozess einbezogen werden"* (§ 15 Abs. 1 Satz 2 SGB II).

Mit dem Neunten SGB-II-Änderungsgesetz wurde der Paragraph 15 generalüberholt. Neu **seit dem 1.8.2016** ist insbesondere

- die Stärkung der Ausbildung durch Aufnahme als mögliches Förderinstrument,
- die Einbeziehung von Leistungen anderer Träger und
- die Streichung des Passus, der bestimmte, dass vorrangige Sozialleistungen anderer Träger beantragt werden sollen.

Eine weitere, unter Umständen nützliche Konkretisierung ist, dass die EinV insbesondere bestimmen kann, *„in welche Tätigkeiten oder Tätigkeitsbereiche die leistungsberechtigte Person vermittelt werden soll"* (§ 15 Abs. 1 Satz 2 SGB II).

Damit ist zumindest auf dem Papier der Fokus wieder deutlich in Richtung Eingliederung verlagert und die Verpflichtung zur Beantragung vorrangiger Leistungen aus der EinV verbannt worden. Auch wenn Letzteres nach herrschender Rechtsprechung nicht mehr sanktioniert werden durfte, haben Jobcenter durch entsprechende Vereinbarungen weiterhin versucht, Druck insbesondere zur Beantragung von Rente auszuüben.

Zudem gilt **seit 1.8.2016** ein neuer § 56 Abs. 1 SGB II, der die Aufnahme der Anzeige- und Bescheinigungspflicht der **Arbeitsunfähigkeit** in die EinV normiert (1.1.5).

1.1.1. Leistungen der Eingliederung in Arbeit

Die EinV darf sich nur noch auf Leistungen der Eingliederung in Arbeit beziehen, nicht aber auf Leistungen zum Lebensunterhalt und damit im Zusammenhang stehende Mitwirkungspflichten (BSG 22.9.2009 - B4 AS 13/09 R; BSG 2.04.2014 - B 4 AS 26/13 R).

Gegenstand der EinV dürfen ferner nur Ermessensleistungen (Kann-Leistungen) sein, nicht Pflichtleistungen. Das ergibt sich daraus, dass die EinV ein öffentlich-rechtlicher Vertrag ist, für den die entsprechenden Vorschriften gelten (§ 53 Abs. 2 SGB X; 3.1).

Die Leistungen zur Eingliederung in Arbeit sind i.d.R. Kann-Leistungen und ausführlich

in den Stichworten Arbeit 2. ff; Arbeitsgelegenheiten, Behinderte, Jugendliche 3.1 ff. und Weiterbildung aufgeführt. Es versteht sich, dass nur zumutbare Arbeit vereinbart werden darf (Arbeit 1.3 ff.).
Personen ohne abgeschlossene Berufsausbildung sollten die EinV unter Umständen nutzen, um dem Jobcenter Maßnahmen zur Förderung der Aufnahme und des erfolgreichen Abschlusses einer Ausbildung abzutrotzen.

E

1.1.2 Bemühungen zur Eingliederung in Arbeit,

die in der EinV festzulegen sind, sind insbesondere eigene Bewerbungen und Bewerbungen auf Stellenangebote des Jobcenters.

Sie können aber auch **soziale Maßnahmen** betreffen: Die EinV kann die Verpflichtung zur Schuldnerberatung, psychosozialer Beratung, Suchtberatung usw. als *„Leistung zur Eingliederung in Arbeit"* vorsehen, ebenso wie Unterstützung bei Kinderbetreuung und häuslicher Pflege. Allerdings nur, wenn der finanziell zuständige kommunale Träger zustimmt.
Auch Sie sollten mit einem solchen Angebot einverstanden sein. Wenn Sie z.B. mit einer Beratung und Unterstützung gegen Ihr Einverständnis „zwangsbetreut" werden sollen, wird das in der Regel nicht zum Erfolg führen. Zwischen Ihnen und der Beratungsstelle wird kaum das nötige Vertrauensverhältnis entstehen. **Achtung!** Die Beratungsstelle darf unter Umständen Informationen an das Jobcenter weitergeben (§§ 18 Abs. 1 Satz 1 und 61 Abs. 1 SGB II).

Tipp: Sie müssen in diesem Fall keine „Schweigepflichtsentbindung" unterschreiben, denn die Datenweitergabe von Dritten an das Jobcenter ist grundsätzlich freiwillig und hängt von Ihrer Zustimmung ab (Datenschutz). Eine Schweigepflichtsentbindung darf kein Bestandteil der Eingliederungsvereinbarung sein und die Nichtunterzeichnung darf nicht sanktioniert werden.

1.1.3 Integrationskurse

sollen in der EinV vorgeschrieben werden, wenn Ausländer*innen mit frischer Aufenthaltserlaubnis oder Aufenthaltstitel nach § 23 Abs. 2 AufenthG oder Spätaussiedler nicht ausreichend Deutsch sprechen (FW 15.26). Die Ausländerbehörde kann, angeregt durch den/die Arbeitsvermittler*in/ Fallmanager*in eine Verpflichtung dazu aussprechen (§ 44a AufenthG).
Die Anlage FW 202011005 (v. 2.11.2020) regelt die Umsetzung der Deutschförderung (Integrationskurs und Berufssprachkurs) für die Agenturen für Arbeit.

Integrationskurs
- Erweiterung der Zugangsberechtigung für eine neue Gruppe von Ausländer*innen und Aktualisierung der Zugangsvoraussetzungen
- Regelungen zur Verfügbarkeit gemäß § 139 SGB III während der Teilnahme
- Aktualisierungen von Kostenbefreiungsregelungen
- Klarstellung zur Nachhaltung der Kursteilnahme
- Verbindliche Regelungen zum Absolventenmanagement

Berufsbezogene Deutschförderung (Berufssprachkurs)
- Erweiterung der Zugangsberechtigung für eine neue Gruppe von Ausländer*innen und Aktualisierung der Zugangsvoraussetzungen
- Regelungen zur Verfügbarkeit gemäß § 139 SGB III während der Teilnahme
- Einführung eines Brückenelements – Erhöhung der Stundenzahl der Berufssprachkurse mit dem Ziel B2 GER für Teilnehmende mit nicht gefestigtem B1-Niveau GER auf 500 Unterrichtseinheiten
- Regelungen zur Kostenbeteiligung für Beschäftigte
- Klarstellung zur Nachhaltung der Kursteilnahme
- Verbindliche Regelungen zum Absolventenmanagement

1.1.4 Schadenersatz – nicht mehr!

Bis zum 31.7.2016 durften in einer EinV mögliche Schadensersatzansprüche des Jobcenters vereinbart werden:
„Wird in der Eingliederungsvereinbarung eine Bildungsmaßnahme vereinbart, ist auch zu regeln, in welchem Umfang und

unter welchen Voraussetzungen die oder der erwerbsfähige Leistungsberechtigte schadenersatzpflichtig ist, wenn sie oder er die Maßnahme aus einem von ihr oder ihm zu vertretenden Grund nicht zu Ende führt" (§ 15 Abs. 3 SGB II alt).

Diese Regelung wurde gestrichen. **Seit 1.8.2016** dürfen Sie beim Abbruch einer Bildungsmaßnahme nicht zusätzlich zur drohenden Sanktion noch mit einer festgelegten Schadensersatzforderung belangt werden. Bei grob fahrlässigem oder vorsätzlichem Verhalten, das zum Abbruch einer Maßnahme führt, kann das Jobcenter Schadensersatz ggf. über einen Ersatzanspruch geltend machen (Rückforderung).

1.1.5 Anzeige- und Bescheinigungspflicht der Arbeitsunfähigkeit

Seit 1.8.2016 gilt:

„Die Agentur für Arbeit soll erwerbsfähige Leistungsberechtigte, die Leistungen zur Sicherung des Lebensunterhalts beantragt haben oder beziehen, in der Eingliederungsvereinbarung oder in dem diese ersetzenden Verwaltungsakt [...] verpflichten,

1. eine eingetretene Arbeitsunfähigkeit und deren voraussichtliche Dauer unverzüglich anzuzeigen

und

2. spätestens vor Ablauf des dritten Kalendertages nach Eintritt der Arbeitsunfähigkeit eine ärztliche Bescheinigung über die Arbeitsunfähigkeit und deren voraussichtliche Dauer vorzulegen. § 31 Absatz 1 findet keine Anwendung" (§ 56 Abs. 1 SGB II).

Die **allgemeine Anzeige- und Bescheinigungspflicht** der Arbeitsunfähigkeit, die bisher für **alle** erwerbsfähigen Leistungsberechtigte gilt, soll demnach in die EinV bzw. den Eingliederungsverwaltungsakt aufgenommen werden. Satz 2 stellt jedoch klar: Die Nichterfüllung dieser Pflicht darf **keine** Sanktionen (§ 31 Abs. 1 SGB II) nach sich ziehen.

Nach der Gesetzesbegründung wird damit lediglich *„die Anzeige- und Bescheinigungspflicht bei Arbeitsunfähigkeit flexibilisiert"* (BT-Drs. 18/8041, 58). Bislang unterlagen alle erwerbsfähigen Alg II-Beziehenden dieser Verpflichtung – auch über 15-jährige Schüler*Innen, Mütter, die ein Kind unter drei Jahren betreuen und Personen, die einem Vollzeitjob nachgehen. Künftig müssen sich nur diejenigen beim Jobcenter krankmelden, die dem Eingliederungsprozedere tatsächlich zur Verfügung stehen. Das ergibt Sinn und entlastet die Verwaltung.

Tipp: Machen Sie Ihre*n Arbeitsvermittler*in darauf aufmerksam, wenn er/sie Ihnen Sanktionen androht.

1.2 Leistungen zur Eingliederung müssen erforderlich sein

Einerseits sollen Jobcenter mit jedem Alg II-Beziehenden eine EinV abschließen, andererseits aber nur, wenn Eingliederungsleistungen überhaupt erforderlich sind.

„Leistungen zur Eingliederung in Arbeit können erbracht werden, soweit sie zur Vermeidung oder Beseitigung, Verkürzung oder Verminderung der Hilfebedürftigkeit für die Eingliederung erforderlich sind. Bei den Leistungen zur Eingliederung sind 1. die Eignung, 2. die individuelle Lebenssituation, insbesondere die familiäre Situation, 3. die voraussichtliche Dauer der Hilfebedürftigkeit und 4. die Dauerhaftigkeit der Eingliederung der erwerbsfähigen Hilfebedürftigen zu berücksichtigen" (§ 3 Abs. 1 Satz 2 SGB II).

Eine Eingliederungsvereinbarung soll also entgegen § 15 Abs. 2 SGB II nicht mit jedem abgeschlossen werden. „Auf den Abschluss einer EinV kann z. B. verzichtet werden, wenn ein erwerbsfähiger Leistungsberechtigter (eLb) bereits auf dem allgemeinen Arbeitsmarkt integriert ist und nicht zu erwarten ist, dass der Leistungsbezug durch eine Änderung im Beschäftigungsverhältnis, einen Stellenwechsel oder das Angebot von Eingliederungsmaßnahmen (z. B. berufsbegleitende Fortbildung) nachhaltig gesenkt oder beendet werden kann" (FW 15.9). Viele Jobcenter schließen mit jedem Leistungsbezieher eine EinV ab, das ist unzulässig.

1.2.1 Wer muss keine Eingliederungsvereinbarung abschließen?

Sie brauchen keine EinV abzuschließen,

- wenn Sie bereits eine ggf. längerfristige Zusage für einen Arbeits- oder Ausbildungsplatz in der Tasche haben,

- wenn Sie innerhalb von etwa 8 Wochen eine Stelle antreten werden,
- wenn eine Erwerbstätigkeit vorübergehend nicht zumutbar ist, z.B. wenn Sie Kinder unter drei Jahren haben bzw. Ihren Familienpflichten nachkommen,
- wenn Sie schwerstpflegebedürftige Angehörige pflegen,
- wenn noch geprüft wird, ob Sie überhaupt erwerbsfähig sind,
- wenn Sie Jugendlicher in Vollzeitschulpflicht oder
- wenn Sie unter 25-Jähriger in einer allgemein- oder berufsbildenden Schule sind, vorausgesetzt, Sie stehen nicht kurz vor dem Ende der Schulausbildung (s.u.),
- wenn Sie nicht in der Lage sein sollten, die Folgen einer EinV zu überschauen, z.B. bei Sucht und psychischen Erkrankungen, mangelnder Auffassungsgabe usw.

In all diesen Fällen sind Leistungen zur Eingliederung nicht erforderlich. Sie werden aus der Arbeitslosenstatistik entfernt, da Sie keine Arbeit suchen. In der Regel wird alle sechs Monate überprüft, ob die oben genannten Voraussetzungen noch vorliegen.

Erforderlich ist eine Eingliederungsvereinbarung regelmäßig auch dann nicht, wenn Sie schon **auf dem allgemeinen Arbeitsmarkt tätig** sind, denn das ist die allgemeine Definition der BA für den Erfolg der Eingliederung (1.2.2; Arbeitsgelegenheiten).

Schüler*innen sollen frühzeitig vor der Schulentlassung durch das Jobcenter bei Berufsorientierung und -beratung sowie Bewerbungs- und Vermittlungsbemühungen unterstützt werden. Das ist aber erst erforderlich, wenn Ihr Schulabschluss in weniger als 18 Monaten bevorsteht. Hier können bestenfalls die Teilnahme an einer Berufsberatung der Arbeitsagentur oder, bei bislang erfolglosen Eigenbemühungen, angemessene Bemühungen um einen Ausbildungs- bzw. Studienplatz und deren Nachweise in die EinV aufgenommen werden. Die Vorlage von Zeugnissen kann nur auf freiwilliger Basis erfolgen (FW 15, Anlage, 4).

*„Der Abschluss einer EinV mit einem erwerbsfähigen **Minderjährigen** bedarf der Zustimmung des gesetzlichen Vertreters“*, die/ der zuvor über die Rechtsfolgen belehrt werden muss (FW 15.10).

Tipp: Prüfen Sie, ob in Ihrem konkreten Fall überhaupt *„Leistungen“* zur Eingliederung in Arbeit erforderlich sind. Wenn keine erforderlich sind, können Sie dem Verlangen widersprechen, eine EinV abzuschließen.

1.2.2 EinV, wenn Sie Ihren Lebensunterhalt selbst bestreiten können?

Auch wenn Ihr Einkommen (z.B. aus Erwerbsarbeit) ausreicht, um Ihren eigenen Lebensunterhalt zu bestreiten, werden Sie mit Zusammenwohnenden in eine Bedarfsgemeinschaft gepresst und dadurch mit dem Stempel *„leistungsberechtigt“* versehen (früher hieß das *„hilfebedürftig“*; Einzelberechnung).

Im SGB II steht: *„Die Agentur für Arbeit soll [...] mit jeder erwerbsfähigen leistungsberechtigten Person [...] die für ihre Eingliederung erforderlichen Leistungen vereinbaren (Eingliederungsvereinbarung)“* (§ 15 Abs. 2 Satz 1 SGB II).

Trifft das auch für Vollzeitbeschäftigte zu, die zweifelsfrei eingegliedert sind?

Sind solche Vereinbarungen *„erforderlich“*, wenn Sie trotz eingeschränkter Leistungsfähigkeit schon einer Teilzeitbeschäftigung nachgehen?

Ja: *„Eine Arbeit ist nicht allein deshalb unzumutbar, weil [...] sie mit der Beendigung einer Erwerbstätigkeit verbunden ist“* (§ 10 Abs. 2 Nr. 5 SGB II).

Das Jobcenter kann Sie also unter Umständen zwingen, einen Job aufzugeben, um einen besser bezahlten aufnehmen zu können. Damit würden Sie vielleicht die Hilfebedürftigkeit Ihrer Bedarfsgemeinschaft verringern oder beenden.

Tipp 1: Lassen Sie sich anhand Ihres „Profiling“ (Potenzialanalyse) schriftlich darlegen, warum ein solcher Schritt und die damit verbundenen Bewerbungsbemühungen erforderlich und erfolgversprechend sind, um die Hilfebedürftigkeit zu verringern oder zu beenden.

Tipp 2: Achten Sie darauf, dass Sie nicht einen sicheren Job für ein paar Euro mehr gegen einen unsicheren, befristeten, eintauschen müssen. Das steht Ihrer Eingliederung entgegen und gehört auch nicht in eine EinV.

Tipp 3: Sind Sie bereits beschäftigt, haben Sie weniger Zeit, um sich zu bewerben. Das muss bei der Anzahl der festgelegten Bewerbungen berücksichtigt werden.

Außerdem gilt: *„Ist die erwerbsfähige leistungsberechtigte Person bereits auf dem Arbeitsmarkt integriert [...] und bezieht sie ergänzend Leistungen nach dem SGB II, kann ggf. auf den Abschluss einer EinV verzichtet werden"* (FW 15, Anlage, 3).

1.3 Wenn der Abschluss einer EinV unvermeidbar ist oder Sie selbst eine abschließen wollen

1.3.1 Voraussetzung: „Profiling"/ „Potenzialanalyse"

„Die Agentur für Arbeit soll unverzüglich zusammen mit jeder erwerbsfähigen leistungsberechtigten Person die für die Eingliederung erforderlichen beruflichen und persönlichen Merkmale, berufliche Fähigkeiten und die Eignung feststellen (Potenzialanalyse). Die Feststellungen erstrecken sich auch darauf, ob und durch welche Umstände die berufliche Eingliederung voraussichtlich erschwert sein wird" (§ 15 Abs. 1 SGB II).

Nur *„unter Berücksichtigung der Feststellungen nach Absatz 1"* darf das Jobcenter mit Ihnen eine EinV überhaupt abschließen (§ 15 Abs. 2 Satz 1 SGB II neu). Ein umfassendes und systematisches **„Profiling"** *(„Potenzialanalyse")* im Rahmen eines Beratungsgesprächs muss unverzüglich durchgeführt werden und hat jeder EinV vorauszugehen. Sie müssen erdulden, dass eine solche Potenzialanalyse ggf. im Auftrag des Jobcenters von einem Maßnahmenträger durchgeführt wird (§ 62 Abs. 2 Nr. 2 SGB II).

Tipp: Es ist rechtswidrig, wenn Sie bei Erstantragstellung sofort eine EinV unterschreiben sollen. Erst muss die Potenzialanalyse durchgeführt werden, dann kann auf dieser Grundlage eine EinV abgeschlossen werden. Berufen Sie sich darauf.

Das „Profiling" teilt Sie Klassen zu:

- Marktkunde (uneingeschränkt vermittelbar),
- Beratungskunde (mit Fördern und Fordern vermittelbar) und
- Betreuungskunde (mittelfristig unvermittelbar; Vermittlungshemmnisse sind erst zu beseitigen).

Das wurde früher offen so benannt, heute tituliert die BA diese dreiteilige Klassifizierung als *„Formen/ Varianten der Aktivierung bzw. Strategieauswahl"* und *„Profillage I bis III"* (FW 15, Anlage, 2 f.).

Tipp: Vom Ergebnis des „Profiling" hängen die Auflagen und Eingliederungsmaßnahmen des Jobcenters ab. Wenn Sie mit Ihrer Einstufung in einer *„Profillage"* nicht einverstanden sind, können Sie Einwände dagegen geltend machen und eine darauf basierende EinV nicht unterzeichnen.

1.3.2 Mindeststandards beim Abschluss einer EinV

Wenn die Potenzialanalyse als Grundlage fehlt oder unzureichend durchgeführt wurde und Ihnen im Rahmen des **Aushandlungsprozesses** kein individuelles, aus der Analyse abgeleitetes Angebot gemacht wird, ist das Verfahren schon unzulässig.

Ein vorgefertigtes oder aus Textbausteinen zusammengesetztes Standardformular, das Ihnen als EinV zur Unterschrift vorgelegt wird, ist nach vorherrschender Meinung der Sozialgerichte rechtswidrig (LSG NRW 7.2.2008 - L 7 B 201/07 AS ER; SG Nürnberg 24.5.2007 - S 20 AS 465/07; SG Hamburg 23.4.2007 - S 12 AS 820/07; SG Braunschweig 15.12.2005 - S 19 AS 866/05 und auch BSG 23.6.2016 B 14 AS 42/15 R).

Auch die **„Angebote"**, auferlegten **Pflichten** und geforderten Nachweise für Eigenbemühungen müssen klar in der EinV bestimmt sein. Das gilt auch für Ein-Euro-Jobs. Hier müssen der Maßnahmenträger, Arbeitszeit, Tätigkeit und Aufwandsentschädigung benannt werden (SG München 18.6.2008 - S 19 AS 923/08; SG Berlin 25.09.2015 - S 61 AS 19243/15 ER und BSG 16.12.2012 - B 4 AS 60/07 R).

Tausenden Arbeitslosen werden bundesweit immer noch im Massenverfahren – teilweise sogar auf Massenveranstaltungen – vorgefertigte, nicht auf die individuellen Bedürfnisse abgestimmte Eingliederungsvereinbarungen zur Unterschrift vorgelegt. Hier können Sie sich wehren (3.6).

Eine EinV muss immer verhandelbar sein. Sie müssen also Gelegenheit haben, **eigene Vorschläge** zu unterbreiten oder einen Alternativentwurf als Verhandlungsgrundlage vorzulegen. Ihr Angebot darf niemals unbegründet vom Tisch gefegt werden.
Außerdem dürfen **keine Bewerbungsauflagen** in eine EinV aufgenommen werden, **ohne** die Übernahme von **Bewerbungskosten** durch das Jobcenter verbindlich **zu regeln**. Ein Verstoß gegen solche unzureichenden Auflagen darf vom Jobcenter nicht sanktioniert werden (Bewerbungen 6.) (BSG 23.6.2016 - B 14 AS 30/15 R).

Tipp 1: Versuchen Sie, realistische **Ziele** und eine realistische Selbsteinschätzung zu entwickeln. Überlegen Sie, welche „Leistung" dazu dienen könnte, Ihre Chancen auf dem Arbeitsmarkt zu verbessern und welche Bemühungen zur Eingliederung in Arbeit wie gefördert werden könnten (Bewerbungen). Machen Sie Ihrem/r Arbeitsvermittler*in/ Fallmanager*in Vorschläge und verhandeln Sie mit ihm/ihr. Warten Sie nicht, bis sich jemand etwas für Sie ausdenkt. Je mehr Sie einbringen können, desto eher werden Maßnahmen nicht mit Strafen gegen Ihren Willen durchgesetzt. **Fordern Sie also die Eingliederungsleistungen**, die Ihrer Meinung nach für Sie geeignet sind. Sie finden diese unter den Stichworten: Arbeit 2. ff., Arbeitsgelegenheiten, Behinderte, Jugendliche und Weiterbildung.
Nicht alle Eingliederungsleistungen sind unserer Meinung nach sinnvoll. Ein-Euro-Jobs oder überflüssige Trainingsmaßnahmen etwa lehnen wir ab.

Tipp 2: Sie können trotz gültiger EinV **zusätzlich** einen Antrag auf eine **Eingliederungsleistung** stellen und eine verbindliche Entscheidung darüber verlangen. Bei Ablehnung können Sie mit Widerspruch und ggf. Klage dagegen vorgehen.

2. Wer schließt mit wem die Vereinbarung?

„Die Agentur für Arbeit [...] soll einen persönlichen Ansprechpartner für jede erwerbsfähige leistungsberechtigte Person und die mit dieser in einer Bedarfsgemeinschaft lebenden Personen benennen" (§ 14 Abs. 3 SGB II).
Ihr *„persönlicher Ansprechpartner"*, kurz **pAp**, schließt mit Ihnen die Vereinbarung ab. Ihr Schicksal hängt von den Fähigkeiten, der Qualifikation und dem Einfühlungsvermögen einer einzigen Person ab, die vom SGB II mit weitreichenden Befugnissen ausgestattet wurde. Anders als im SGB XII gibt es für den pAp im SGB II keine Qualifikationsanforderungen. Er muss weder von seiner Person her geeignet sein, noch über eine entsprechende Ausbildung verfügen, wie es im § 6 SGB XII vorgeschrieben ist. Er kann also auch befristet beschäftigt sein und z.B. aus dem Ordnungsamt stammen.

Mit jedem erwerbsfähigen Hilfebedürftigen sollen die Jobcenter die für die *„Eingliederung erforderlichen Leistungen"* vereinbaren (§ 15 Abs. 2 Satz 1 SGB II). Das gilt auch, wenn mehrere erwerbsfähige Hilfebedürftige in einer Bedarfsgemeinschaft zusammenleben.
Mit nichterwerbsfähigen Mitgliedern einer Bedarfsgemeinschaft (z.B. Kindern unter 15 Jahren; GSi-Empfänger*innen) kann keine EinV abgeschlossen werden, da sie keine *„Leistungen zur Eingliederung in Arbeit"* erhalten können.
In einer EinV kann aber auch vereinbart werden, *„welche Leistungen die Personen erhalten, die mit dem erwerbsfähigen Hilfebedürftigen in einer Bedarfsgemeinschaft leben. Diese Personen sind hierbei zu beteiligen"* (§ 15 Abs. 4 SGB II). Das bezieht sich vor allem auf die Übernahme von Kosten für Kinderbetreuung bzw. die häusliche Pflege, wenn damit die Eingliederung der Erwerbsfähigen in das Erwerbsleben gefördert oder ihre Hilfebedürftigkeit verringert werden kann (§ 7 Abs. 2 SGB II; § 16a Nr. 1 SGB II).

Tipp: Sie haben das Recht, zu den Verhandlungen über eine EinV einen Beistand mitzunehmen.

3.1 EinV – öffentlich-rechtlicher Vertrag

Die Eingliederungsvereinbarung ist ein öffentlich-rechtlicher Vertrag. Die Behörde kann mit erwerbsfähigen Hilfebedürftigen einen solchen Vertrag schließen, anstatt einen Verwaltungsakt zu erlassen (§ 53 Abs. 1 SGB X). Die EinV ist dem Verwaltungsakt gewissermaßen vorgeschaltet.

Da Sie einen Vertrag schließen, müssen Sie **verhandeln**, wenn Sie ein Ergebnis erzielen wollen, das Sie auch tatsächlich unterschreiben können. Sie müssen sich also Gedanken darüber machen, was in der EinV Ihrer Meinung nach stehen soll, damit Sie unterschreiben können (1.3).

Wenn Sie die EinV als „Vertragspartner" eines öffentlich-rechtlichen Vertrags unterschreiben, können Sie nachher dagegen **keinen Widerspruch** einlegen. Das könnten Sie nur, wenn die EinV ein Verwaltungsakt wäre, der Ihnen gegenüber erlassen wurde (4.1). Sie müssen also **vor** Abschluss dieses Vertrags widersprechen, wenn Sie eine festgelegte Maßnahme nicht für geeignet halten und versuchen, sich mit Ihrem pAp auf einen **Kompromiss** zu einigen.

Tipp 1: Sie müssen **nicht sofort** unterschreiben. Ihnen ist eine **Bedenkzeit** einzuräumen, damit Sie sich geeignete Eingliederungsangebote überlegen können. In der Rechtsprechung wird eine *„angemessene Überlegungsfrist"* vorausgesetzt (LSG Baden-Württemberg 16.4.2008 - L 7 AS 1398/08 ER-B; LSG NRW 7.2.2008 - L 7 B 201/07; LSG Berlin Brandenburg 28.11.2005 - L 10 B 1293/05 AS ER; LSG Sachsen-Anhalt 10.02.2014 – L5 AS 997 / 13 B ER). **Eine Woche** muss mindestens drin sein, um das zu überschlafen bzw. Rat einzuholen.

Tipp 2: Bringen Sie im persönlichen Gespräch gegenüber dem pAp Ihre Vorstellungen in die **Verhandlung** ein und versuchen Sie, ihn zu überzeugen. Sie können dazu auch einen Beistand Ihres Vertrauens hinzuziehen bzw. bei Nichteinigung eine Beratung und Entscheidung durch den Vorgesetzten des Fallmanagers verlangen . Das Ende der Verhandlungsphase muss der pAp durch Vorlage eines konkreten **Abschlussangebots** signalisieren. Machen Sie sich eigene Notizen zum Verlauf der Verhandlung.

Tipp 3: Wenn Sie eine **EinV unterschrieben** haben und zu der Auffassung gelangen, dass eine Vereinbarung rechtswidrig ist, auf Sie nicht mehr zutrifft oder unzumutbar ist, können Sie schriftlich die EinV ganz oder teilweise aufkündigen bzw. eine **Änderung** beantragen. Etwa für den Fall, dass Sie mit 20 Bewerbungen im Monat die Unternehmer in Ihrem strukturschwachen Landkreis nerven sollen und in unserem Leitfaden lesen, dass allenfalls fünf bis acht Bewerbungen zulässig sind.

Tipp 4: Sie müssen eine rechtswidrige oder unzumutbare EinV gar **nicht unterzeichnen**. Dann können Sie gegen den die EinV ersetzenden Verwaltungsakt Widerspruch einlegen.

Tipp 5: Wenn der pAp Sie **unter Druck gesetzt** und zur Unterzeichnung einer EinV genötigt hat, Sie aber deren Inhalte nicht akzeptieren können, ist es möglich, die Rechtmäßigkeit anschließend im Rahmen einer **Feststellungsklage** vor Gericht überprüfen zu lassen (SG München 18.6.2008 - S 19 AS 923/08; SG Hamburg 21.2.2007 - S 53 AS 352/07 ER; LSG Bayern 15.1.2007 - L 7 B 889/06 AS ER).

3.2 Für wie lange wird die EinV abgeschlossen?

*„Die Eingliederungsvereinbarung soll regelmäßig, **spätestens** jedoch nach Ablauf von **sechs Monaten**, gemeinsam überprüft und fortgeschrieben werden. Bei jeder folgenden Eingliederungsvereinbarung sind die bisher gewonnenen Erfahrungen zu berücksichtigen"* (§ 15 Abs. 3 Satz 1 u. 2 SGB II).

„Soll" heißt, dass in Ausnahmefällen auch eine längere Laufzeit festgelegt werden kann, falls eine Änderung der Situation in absehbarer Zeit nicht zu erwarten ist. Diese *„Ermessenserwägung"* ist im Einzelfall zu begründen (BSG 14.2.2013 - B 14 AS 195/11/R).

In der seit **1.8.2016** gültigen Fassung wurde aus der starren sechsmonatigen Laufzeit einer EinV eine sechsmonatige Regelhöchstdauer. *„Spätestens"* danach muss die EinV überprüft und fortgeschrieben werden. Da es somit keine gesetzlich vorgeschriebene Gültigkeitsdauer mehr gibt, werden in vielen Jobcentern mittlerweile unbefristete Verträge (bis auf Weiteres) geschlossen, die alle sechs

Monate überprüft und möglicherweise angepasst werden.
Das macht es für Sie jedoch einfacher, eine Anpassung der EinV **vor** Ablauf der sechs Monate zu verlangen, wenn Änderungsbedarf besteht. Nach Abschluss eines öffentlich-rechtlichen Vertrages können Sie dessen **Anpassung** verlangen, wenn sich die Verhältnisse so wesentlich geändert haben, dass es Ihnen nicht mehr zuzumuten ist, am Vertrag festzuhalten (§ 59 Abs. 1 SGB X).

Tipp: Sollte sich herausstellen, dass z.B. die Anforderungen an Bewerbungen unerfüllbar sind, sollten Sie eine Änderung der EinV verlangen, um Sanktionen zu vermeiden. Formulieren und begründen Sie die Anpassung am besten als Antrag.

3.3 Rechtsanspruch auf Leistungszusagen

Sind bestimmte Maßnahmen zur Eingliederung in der EinV vereinbart, gelten sie als bewilligt. *„Die EinV ist für beide Vertragsparteien verbindlich"* (FW 15.2), auch für die Behörde.
Das zwingt das Jobcenter zur Vorsicht, da die Eingliederungsleistungen immer nur abhängig vom jeweiligen Eingliederungsbudget und dessen Kassenstand angeboten werden können. Und dieses Budget ist seit 2010 kontinuierlich geschrumpft (Kritik).

4.1 Sie können sich nicht einigen – EinV als Verwaltungsakt

„Soweit eine Vereinbarung nach Absatz 2 nicht zustande kommt, sollen die Regelungen [vor allem Eingliederungsleistungen und Eigenbemühungen] durch Verwaltungsakt getroffen werden" (§ 15 Abs. 3 Satz 3 SGB II).
Leistungen zur Eingliederung und der Umfang der Eigenbemühungen können also auch **ohne Ihre Zustimmung** verfügt werden.

„Nicht zustande kommen" bedeutet in diesem Fall, dass zumindest eine Einigung im Gespräch gesucht wurde und Sie den Abschluss **abgelehnt** haben (BSG 14.2.2013 - B 14 AS 195/11 R). Der Verwaltungsakt (VA) setzt **nicht** voraus, dass Sie die Ablehnung einer EinV **verschuldet** haben.

Allerdings hat das Jobcenter vor Erlass des Eingliederungsverwaltungsakts den Versuch zu unternehmen, mit Ihnen konsensual eine Eingliederungsvereinbarung abzuschließen. Ferner trägt es die Beweislast dafür, zunächst mit entsprechenden Verhandlungen auf ein Zustandekommen der EinV hingewirkt zu haben (SG Köln 07.12.2015 - S 37 AS 3523/15 ER).

Weitere Gründe, eine Eingliederungsvereinbarung durch einen VA zu ersetzen, können in der Person des Erwerbslosen liegen: wenn z.B. die Person unter Betreuung steht, Analphabet*in ist oder eine seelische oder geistige Behinderung hat (SG Lüneburg 4.4.2007 - S 24 AS 342/07 ER). Hier ist allerdings immer darauf zu achten, ob überhaupt eine Eingliederungsvereinbarung und damit ersatzweise ein Verwaltungsakt erforderlich ist. Es muss nicht zwingend mit jeder leistungsberechtigten Person eine Eingliederungsvereinbarung geschlossen werden (LSG Baden-Württemberg 8.11.2016 - L9 AS 4164/15).

4.2 Mindestanforderungen an den „Eingliederungsverwaltungsakt"

Als Verwaltungsakt muss die gescheiterte EinV inhaltlich hinreichend bestimmt sein (§ 33 Abs. 1 SGB X; Bescheid 3.1). Ist dort lediglich geregelt, dass Sie *„alle verfügbaren Möglichkeiten und Initiative nutzen sollen, um die Hilfebedürftigkeit zu beenden"*, fehlt es an Bestimmtheit; der Bescheid ist rechtswidrig (LSG NRW 9.9.2014 - L 7 AS 1220/14 B ER).
Der Verwaltungsakt muss folglich auch die Leistungen, die Sie erhalten sollen, und den Umfang der Eigenbemühungen **konkret** benennen sowie die Form, in der sie nachzuweisen sind. Er muss auch das Ermessen begründen, das zur Entscheidung für eine bestimmte Eingliederungsleistung geführt hat. Und auch hier gilt: keine Bewerbungsauflagen ohne verbindliche Regelung der Übernahme von Bewerbungskosten (BSG 23.6.2016 - B 14 AS 30/15 R).

4.3 Keine Sanktion bei Weigerung

Da die Weigerung, eine EinV zu unterzeichnen, **seit 2011** nicht mehr sanktioniert werden darf, haben Sie nichts zu befürchten, wenn Sie mit dem „Angebot" des Jobcenters nicht einverstanden sind. Sie können es ablehnen und abwarten, bis ein **„Eingliederungsver-**

waltungsakt" erlassen wird. Dann können Sie gegen den Verwaltungsakt Widerspruch einlegen, weil z.B. die geforderten Eigenbemühungen so umfangreich sind, dass Sie sie kaum erfüllen können.

Ist der Verwaltungsakt allerdings **rechtskräftig**, weil Sie keinen Widerspruch eingelegt haben (oder das Widerspruchs- und Klageverfahren verloren haben), sind die im Eingliederungsverwaltungsakt festgelegten Pflichten für Sie **bindend**. Wenn Sie sie nicht einhalten, droht Ihnen eine **Sanktion**!

4.4 Widerspruch gegen den Eingliederungsverwaltungsakt – keine aufschiebende Wirkung

Seit 2009 hat der Widerspruch gegen eine EinV, die als Verwaltungsakt erlassen wurde, **keine** aufschiebende Wirkung mehr (§ 39 Nr. 1 SGB II). Sie müssen also trotz eingelegter Rechtsmittel die im Verwaltungsakt festgelegten Pflichten erfüllen, sonst drohen Sanktionen.

Tipp: Wenn Sie allerdings eine Verpflichtung, die hier geregelt ist, für unzumutbar halten und dagegen Widerspruch einlegen, können Sie zunächst beim Jobcenter und bei Ablehnung beim **Sozialgericht** beantragen, die aufschiebende Wirkung des Widerspruchs **anordnen** zu lassen (Widerspruch 5.).

5.1 Mindestanforderungen an Eingliederungsvereinbarungen

An das rechtmäßige Zustandekommen einer EinV sind folgende Voraussetzungen geknüpft:

a. Eine EinV muss auf der Grundlage eines qualifizierten **„Profilings"** (Potentialanalyse) getroffen werden und individuell auf Ihre Situation zugeschnitten sein (1.3.1).

b. Auf das „Profiling" folgt der **Aushandlungsprozess**. Hier sind Ihre begründeten Veränderungsvorschläge zu berücksichtigen. Es darf nicht starr an einer vorgefertigten Vereinbarung festgehalten werden. Zur Verhandlungsphase gehört, dass Ihnen eine angemessene **„Überlegungsfrist"** eingeräumt wird. Das Ende der Verhandlungsphase muss durch die Vorlage eines Abschlussangebots des pAp deutlich gemacht werden (1.3.2; 3.1).

c. Die festgelegten Pflichten müssen in einem **angemessenen Verhältnis** zur Gegenleistung des Jobcenters stehen. Ist in einer EinV eine Gegenseitigkeit nicht erkennbar, kann eine Pflichtverletzung keine Sanktionen nach sich ziehen (LSG Niedersachsen-Bremen 12.1.2012 - L 7 AS 242/B und auch BSG 23.6.2016 - B 14 AS 26 /15 R und B 14 AS 29/15 R).

d. Die Vereinbarungen, Maßnahmenangebote und Nachweispflichten müssen klare Festlegungen enthalten. Sie müssen **inhaltlich hinreichend bestimmt** sein (§ 53 Abs. 1 SGB X iVm § 33 Abs. 1 SGB X; 1.3.2).

5.2 Strafen

Nach dem Urteil des Bundesverfassungsgerichts vom 5.11. 2019 ist eine Bestrafung, also eine Geldkürzung bei Hartz IV, nur noch bis zu maximal 30 Prozent erlaubt; alles darüber hinaus ist verfassungswidrig (FW 31.31). Werden Sie maximal sanktioniert, bedeutet das eine Kürzung der Hartz IV-Regelleistung für Alleinstehende (446 € / Monat) von 133,80 € für die jeweils kommenden drei Monate. Nach dem Urteil des BVerfG zu den verschärften Sanktionen bei den unter 25-Jährigen lenkte die Bundesagentur für Arbeit ein und glich diese den über 25-Jährigen an. Das heißt, dass derzeit die Möglichkeit der Vollsanktionen bei den unter 25-Jährigen ausgesetzt ist (FW 31.34). Das BVerfG selbst urteilte am 5.11.2019 nicht darüber. Hier gilt es natürlich weiter zu beobachten, wie sich die BA in diesem Punkt zukünftig verhält.

Sanktionen sind nicht möglich, wenn Sie einen *„wichtigen Grund"* haben, die in der EinV festgelegten Pflichten nicht zu erfüllen (§ 31 Abs. 1 Satz 2 SGB II).

Ein **wichtiger Grund** liegt z.B. vor,

- wenn Sie sich verpflichten sollen, auch bei Krankheit an einer Trainingsmaßnahme teilzunehmen (SG Hamburg 27.1.2006 - S 56 AS 10/06 ER),
- wenn Sie sich mit der EinV zu einer ärztlichen Untersuchung zur Feststellung Ihrer Erwerbsfähigkeit verpflichten sollen (LSG Rheinland-Pfalz 5.7.2007 - L 9 ER 175/07 AS, nach Geiger 2017, 805),
- wenn Sie gegen Ihren Willen zur Durchführung einer Heilbehandlung oder Schuldner- bzw. Suchtberatung verpflichtet werden

sollen, da hier Freiwilligkeit vorausgesetzt werden muss (SG Braunschweig 11.9.2006 - S 21 AS 962/06 ER; SG Schleswig 22.10.2013 - S 16 AS 158/13 ER nach Geiger 2017, 807),
- wenn Sie Ihre Bewerbungsauflagen nicht erfüllen konnten, weil die Übernahme der Bewerbungskosten nicht verbindlich geregelt wurde (BSG 23.6.2016 - B 14 AS 30/15 R) oder
- wenn die Mindestanforderungen an Form und Inhalt der EinV nicht erfüllt sind (LSG Baden-Württemberg 22.1.2007 - L 13 AS 4160/06 ER-B; 5.1).

Weitere wichtige Gründe können sein:
- Aufenthalt im Frauenhaus
- Außergewöhnliche Härte
- Einladung oder Vermittlungsvorschlag nicht erhalten. Das Jobcenter trägt die Beweislast (§ 37 Absatz 2 SGB X)
- Fehlende Kinderbetreuung bei Kindern unter 3 Jahren
- Pflege von Angehörigen (§ 10 Absatz 1 Satz 4 SGB II) – Erwerbstätigkeit muss mit der Angehörigenpflege vereinbar sein.

Legen Sie Widerspruch ein!

Außergewöhnliche Härte-Definition:
Eine außergewöhnliche Härte liegt vor, wenn eine atypische Ausgangslage vorliegt und diese einen härteren Einschnitt bedeutet als eine Sanktion. Das liegt vor, wenn zwar die Mitwirkungspflicht erfüllt werden könnte, es aber unzumutbar erscheint, das Nichterfüllen der Mitwirkungspflicht zu sanktionieren. Diese Regelung gilt nicht nur für die sanktionierte Person, sondern für jedes Mitglied einer Bedarfsgemeinschaft. Die Bundesagentur für Arbeit nennt in ihren Fachlichen Hinweisen eine „drohende Obdachlosigkeit", „Gefährdung der Restschuldbefreiung bei einer Privatinsolvenz", oder „außergewöhnliche Umstände wie familiäre oder gesundheitliche Probleme".

6. Übersicht Rechtsdurchsetzung

Aus der im *„partnerschaftlichen Umgang"* zu entwickelnden Eingliederungsvereinbarung ist im rauen Jobcenteralltag ein **Eingliederungsdiktat** geworden. Das Eingliederungsverfahren weist jedoch in der Praxis so viele Mängel auf, dass es erhebliche Spielräume zur rechtlichen Gegenwehr eröffnet.

a. Fehlt es an einem **„Profiling"** (Potenzialanalyse), auf dessen Grundlage eine EinV erlassen wird, ist das Verfahren von vornherein rechtswidrig.

b. Nutzen Sie die Möglichkeit zu **verhandeln** und unter günstigen Bedingungen eine Ihren Interessen entgegenkommende EinV zu vereinbaren (1.3.2).

c. Ist die EinV rechtswidrig, unzumutbar oder nicht mehr aktuell, können Sie schriftlich eine **Änderung** beantragen (3.1 f.).

d. Ist die EinV unter Druck zustande gekommen und rechtswidrig, unzumutbar bzw. formal oder inhaltlich mangelhaft, können Sie sie mit einer **Feststellungsklage** überprüfen lassen (3.1).

e. Ist die EinV rechtswidrig, unzumutbar bzw. formal oder inhaltlich mangelhaft, sollten Sie diese erst gar **nicht unterzeichnen**. Wird sie dann als Verwaltungsakt erlassen, können Sie **Widerspruch und Klage** erheben. Sie müssen beantragen, die aufschiebende Wirkung von Widerspruch und Klage anordnen zu lassen (4.4).

f. Gegen eine Sanktion aufgrund der Nichterfüllung einer EinV oder eines Eingliederungsverwaltungsaktes können Sie ebenfalls **Widerspruch und Klage** erheben und einen Antrag auf Anordnung der aufschiebenden Wirkung stellen (4.3; 5.2).

Kritik

Die Eingliederungsvereinbarung soll auf „Augenhöhe" zwischen Erwerbslosen und Jobcenter verhandelt und schlussendlich vereinbart werden. Die Realität ist jedoch bis heute oftmals eine andere. Gerade „Neulingen" im Jobcenter sind die Bestimmungen zur Eingliederungsvereinbarung unbekannt. Aus Angst davor, Sanktionen oder keine Leistung zu erhalten, unterschreiben sie diese und stellen erst im Nachhinein fest, dass ihre Pflichten möglicherweise nur schwer zu erfüllen oder gar rechtswidrig sind. Gerade für die passgenauen Inhalte fehlt den Jobcentern die Zeit, diese ausführlich und nach der Potenzialanalyse zu besprechen. Die notwendigen Informations-, Auskunfts- und Beratungspflichten der Sozialleistungsträger (§§13-15 SGB I) werden damit vollständig, auf Kosten der Erwerbslosen, negiert.

Die Eingliederungsvereinbarung wurde 2005 mit dem Ziel eingeführt, einen *„partnerschaftlichen Umgang zwischen Agentur für Arbeit und erwerbsfähigen Hilfebedürftigen"* zu gewährleisten (BT-Drs. 15/1728, 14). Inzwischen ist sie eines der wichtigsten Instrumente, um Druck auf Erwerbslose auszuüben. Für die Jobcenter ist die Eingliederungsvereinbarung dank der damit verbundenen gesetzlich legitimierten Möglichkeiten der Sanktionen (§§ 31,31a,31b SGB II) ein beliebtes Werkzeug zur Sanktionierung. Statt diese Legitimation in Gänze auszuüben, wäre es sinnvoller und weitaus mehr auf Augenhöhe angesiedelt, das Profiling und die einzelnen Umstände beidseits zu reflektieren. Eingliederungsvereinbarungen ohne ein vorheriges persönliches Gespräch blind zu versenden, ist rechtswidrig und passiert doch. Geschuldet ist dieses dem internen Druck, eine vorgegebene Anzahl an Eingliederungsvereinbarungen mit den „Kunden" abzuschließen. Für die Erwerbslosen kann das fatale Folgen haben. Es kann bedeuten, dass, sie dann in den Widerspruch gehen müssen oder sich zumindest mit ihren Sachbearbeiter:*innen auseinanderzusetzen haben.

Im Jahr 2019 wurden 42% der Klagen stattgegeben oder teilweise stattgegeben. Bei den Widersprüchen waren es knapp 36% denen teilweise oder ganz stattgegeben wurden. Damit sind die Zahlen im Vergleich zum Vorjahr 2018 (Widersprüche 35%, Klagen 40% - Anfrage Die Linke - Drs. 19/12199) in etwa gleich hoch. Allerdings reduzierten sich die Zugänge (Jahressumme) der Widersprüche und Klagen in den Jahren 2018 und 2019. Waren es im Jahr 2018 600.078 Widersprüche so waren es 2019 577.109 Widersprüche. Die Klagen beliefen sich auf 105.145 im Jahr 2018 und 95.358 im Jahr 2019 (Bundesagentur für Arbeit, Statistik Widersprüche und Klagen SGB II). Trotz sinkender Anzahl an Widersprüchen und Klagen gegen die Jobcenter bleiben die Erfolgsquoten für die Erwerbslosen hoch, so dass sich Widersprüche und Klagen durchaus lohnen.

Einkommen

Einkommen und ⇨Vermögen werden angerechnet, wenn Sie Alg II oder HzL/ GSi der Sozialhilfe beziehen wollen (§ 9 Abs. 1 SGB II; § 19 Abs. 1, Abs. 2 SGB XII).

Einkommen darf nur angerechnet werden,
- wenn es um notwendige Ausgaben **bereinigt** worden ist (⇨Einkommensbereinigung) und
- wenn es tatsächlich vorhanden ist und Sie darüber **verfügen** können (⇨1.3 ff.).

Inhaltsübersicht

1.1 Was gehört zum Einkommen?

Bis zum 31.7. 2016 gab es beim Alg II und HzL/ GSi der Sozialhilfe bei der Bewertung von Einkommen **einheitliche Maßstäbe**:

Zum Einkommen gehören **„*Einnahmen*"** bzw. **„*alle Einkünfte*" „*in Geld oder Geldeswert*"** (§ 11 Abs. 1 Satz 1 SGB II alt; § 82 Abs. 1 SGB XII).

Mit dem Neunten SGB-II-Änderungsgesetz wurde mit Wirkung **zum 1.8.2016** der Einkommensbegriff beim **Alg II** eingeschränkt: „*Als Einkommen zu berücksichtigen sind Einnahmen in Geld*" (§ 11 Abs. 1 Satz 1 SGB II). Das ist eine Verbesserung, weil Sacheinnahmen, „*Einnahmen in Geldeswert*", in gewissem Umfang von der Anrechnung freigestellt werden. Angerechnet werden nach der neuen Regelung allerdings „*Einnahmen in Geldeswert, die im Rahmen einer Erwerbstätigkeit des Bundesfreiwilligendienstes oder des Jugendfreiwilligendienstes zufließen*" (§ 11 Abs. 1 Satz 2 SGB II). Wir müssen demnach bei „*Einnahmen in Geldeswert*" genauer zwischen Alg II und Sozialhilfe unterscheiden.

Alg II, HzL/ GSi der Sozialhilfe

1.1.1 Einnahmen in Geld sind

Zuflüsse von Zahlungsmitteln (Bargeld) und Zuflüsse, die zu unmittelbaren Einnahmen in Geld führen (Kontogutschriften). Dazu können auch Schecks gehören. Damit ist eine Einnahme in Geld i.d.R. alles, was an Geld zufließt und zum Lebensunterhalt zur Verfügung steht. Der Begriff des Einkommens ist aber kompliziert. Zunächst kann ein Zufluss Einkommen oder Vermögen sein (vgl. zur Abgrenzung von Einkommen und Vermögen ⇨ 4.); ist es Einkommen, muss es auch verfügbar sein (⇨ 1.3) und der betroffenen Person endgültig zustehen (⇨ 1.4). Ist diese Frage geklärt, muss geprüft werden, ob es ausnahmsweise nicht angerechnet wird (⇨ 2.), ob und welche Abzüge vorgenommen werden können (⇨ Einkommensbereinigung) und ob es als laufende oder einmalige Einnahme zu berücksichtigen ist (⇨ 3).
In diesem Sinne gehört i.d.R. zu den Einnahmen in Geld

- Einkommen aus nichtselbstständiger ⇨**Erwerbstätigkeit**, aus ⇨**selbstständiger** Tätigkeit,
- Kurzarbeitergeld (wird wie Einkommen aus Erwerbstätigkeit behandelt, also mit Abzug des Erwerbstätigenfreibetrags; BSG 14.3.2012 - B 14 AS 18/11 R),
- Insolvenzgeld (wird wie Einkommen aus Erwerbstätigkeit behandelt; BSG 13.5.2009 - B 4 AS 29/08 R),
- Arbeitslosengeld I (Alg I),
- Krankengeld (BSG 27.9.2011 - B 4 AS 180/10 R), Krankenhaustagegeld (BSG 18.1.2011 - B 4 AS 90/10 R),
- Renten, einschließlich Verletztenrente nach § 56 SGB VII, sind in vollem Umfang als Einkommen zu rechnen (BSG 5.9.2007 - B 11 AS 15/06 R; ⇨2.2),
- Zinsen und andere Kapitalerträge (soweit sie die Freibeträge übersteigen),
- ⇨Kindergeld,
- ⇨Unterhaltsvorschuss bzw. Unterhaltszahlungen,
- BAföG, Bundesausbildungsbeihilfe (BAB) und Reisekosten zur Teilhabe am Arbeitsleben nach § 127Abs. 1 Satz 1 SGB III (§ 11a Abs. 3 Nr. 3 bis 5 SGB II),
- Überbrückungsgeld (§ 11a Abs. 6 SGB II) nach der Haftentlassung von ⇨Strafgefangenen 3.3
- ⇨Wohngeld, sofern Sie es erhalten usw.

1.1.2 Einnahmen in Geldeswert

Alg II

Einnahmen in Geldeswert sind Zuflüsse, die einen Marktwert haben (BSG 17.6.2010 – B 14 AS 46/09 R). Bei Sachbezügen wie Kost und Logis, z.B. einem Sonntagsbraten bei den Eltern, Krankenhausverpflegung usw. oder Geschenken (⇨2.9.7) wurde beim Alg II schon vor der Gesetzesänderung meist ein Auge zugedrückt. Vieles wurde anrechnungsfrei gestellt.

Seit 1.8.2016 müssen **Sacheinahmen** unterschiedlich bewertet werden, je nachdem ob sie „im Rahmen einer Erwerbstätigkeit, des Bundesfreiwilligendienstes oder des Jugendfreiwilligendienstes zufließen" (§ 11 Abs. 1 Satz 2 SGB II) oder nicht.
Fließen Sacheinnahmen nicht im Rahmen einer beruflichen Tätigkeit zu, wird ihr Wert im Zuflussmonat nicht mehr als Einkommen angerechnet und sie werden wie ⇨Vermögen behandelt. Solche Sachbezüge sind im Rahmen des Schonvermögens anrechnungsfrei zu stellen.
Das gilt beispielsweise für

- ein angemessenes Kfz als Geschenk/ Erbe eines Verwandten (LSG Sachsen-Anhalt 26.8.2015 – L 4 AS 83/14),
- eine angemessene selbstgenutzte Eigentumswohnung als Geschenk/Erbe der Eltern,
- ein Sportfahrrad als Geschenk eines Freundes/einer Freundin, der/die es nicht mehr benötigt oder
- eine Waschmaschine als Geschenk von Bekannten, weil die alte kaputt gegangen ist.

Zur Anrechnung einer geldwerten Einnahme als ⇨Vermögen

Die Anrechnung von Sacheinnahmen bereitete Jobcentern in der Vergangenheit viel Mühe, da es oft schwierig und aufwendig ist, den Verkehrswert einer Einnahme in Geldeswert zu ermitteln. Die Nichtberücksichtigung von Sacheinnahmen als Einkommen entspricht der Lebenswelt von Leistungsberechtigten und ist als Maßnahme zum Bürokratieabbau zu begrüßen. Schade nur, dass diese „Rechtsvereinfachung" nicht auch für die HzL und GSi der Sozialhilfe gilt.

Die Bewertung der im Zusammenhang mit einer beruflichen Beschäftigung entstehenden geldwerten Einnahmen (z.B. bereitgestellte Verpflegung, Mobiltelefone, Kfz-Nutzung) erfolgt gem. § 2 Abs. 5, Abs. 6 Alg II-V. Für die Vollverpflegung am Arbeitsplatz werden täglich ein Prozent des maßgebenden Regelbedarfs (4,46 €) angesetzt, wobei für das Frühstück ein Anteil von 20 Prozent (0,89 €) und für das Mittag- und Abendessen ein Anteil von je 40 Prozent (ca. 1,78 €) entfällt (§ 2 Abs. 5 Alg II-V). Sonstige geldwerte Einnahmen werden mit dem Verkehrswert bewertet (§ 2 Abs. 6 Alg II-V).

Tipp: Sie müssen sich ggf. mit dem Jobcenter über die Bewertung nicht näher definierter Sachbezüge beim Alg II auseinandersetzen. Verlangen Sie immer einen nachvollziehbaren Beleg, wie ein Sachwert bemessen wurde.

HzL/GSi der Sozialhilfe

Die Bewertung von Sachbezügen wird auf der Grundlage der Sozialversicherungsentgeltverordnung (SvEV; § 17 Abs. 1 Satz 1 Nr. 4, Abs. 2~~Nr~~. SGB IV) vorgenommen (§ 2 der VO zu § 82 SGB XII).

1.2 Pflicht, vorrangige Leistungen zu beantragen

Unter den Voraussetzungen des § 12a Satz 1 SGB II sind Leistungsberechtigte verpflichtet, Sozialleistungen anderer Träger in Anspruch zu nehmen (Ausnahmen sieht § 12a Satz 2 SGB II vor: keine vorzeitige Inanspruchnahme einer Altersrente vor Vollendung des 63. Lebensjahrs, Wohngeld und Kinderzuschlag nur dann, wenn dadurch die Hilfebedürftigkeit aller Mitglieder der Bedarfsgemeinschaft für mindestens drei Monate beseitigt wird). Das Jobcenter kann auch an Ihrer Stelle den Antrag stellen (§ 5 Abs. 3 Satz 1 SGB II). Wirken Sie im Rahmen der Antragstellung gegenüber dem anderen Sozialleistungsträger nicht mit, kann Ihnen auch die Leistung nach dem SGB II entzogen werden (§ 5 Abs. 3 Satz 3 SGB II); dies gilt aber nur, wenn Sie zuvor schriftlich auf diese Folgen hingewiesen worden sind (§ 5 Abs. 3 Satz 4). Für die Jobcenter ist die Vorschrift nur schwer anwendbar, weil bei der Aufforderung zahlreiche Voraussetzungen zu beachten sind (vgl. dazu SG Duisburg 12.2.2019 – S 49 AS 5042/18 ER).

1.3 Einkommen nur anrechenbar, wenn

es tatsächlich als *„bereites Mittel"* zur Verfügung steht. Damit darf nicht auf „fiktives" Einkommen verwiesen werden (BSG 12.12.2013 – B 14 AS 76/12 R); Besonderheiten gelten allerdings beim Einmaleinkommen ⇨ 1.3.7; 3.2

1.3.1 Unterhaltsansprüche

sind nur Einkommen, wenn der Unterhalt tatsächlich gezahlt wird (LSG Rheinland- Pfalz 23.4.2009 - L 5 AS 81/07). Das Gleiche gilt für ⇨Kindergeld. Steht es nicht zur Verfügung, darf es nicht angerechnet werden (SG Berlin 11.10.2019 – S 37 AS 6694/19).

1.3.2 Künftiges Einkommen

Wenn Einkommen erst **in einigen Tagen oder Wochen** zufließt, darf Ihnen Alg II/ Sozialhilfe nicht mit der Begründung verweigert werden, dass Sie doch Einkommen zu erwarten hätten; fließt das Einkommen aber voraussichtlich in dem laufenden Monat zu, kann unter den Voraussetzungen des § 24 Abs. 4 Satz 1 SGB II ein Darlehen gewährt werden (vgl. LSG Schleswig-Holstein 19.1.2016 – L 7 R 181/15).

Beispiel: Wenn Sie zum 1.6. eine Arbeit aufnehmen und am 5.7. die erste Lohnzahlung bekommen, muss Alg II im Juni weitergezahlt werden. Der Lohn kann erst im Juli auf Ihren Bedarf angerechnet werden (FW 11.5).

1.3.3 Vermögenswirksame Leistungen (Arbeitgeberanteil)

sind zweckbestimmte Einnahmen und kein Einkommen (FW 11.22), weil sie nicht ausgezahlt werden und damit nicht zur Deckung des Bedarfs bereitstehen.

1.3.4 Gepfändetes Einkommen

ist kein Einkommen, da es nicht verfügbar ist (⇨Pfändung). Dies soll aber nur gelten, wenn die Pfändung „aus Rechtsgründen überhaupt nicht oder nicht ohne Weiteres" rückgängig gemacht werden kann (BSG 10.5.2011 – B 4 KG 1/10 R); dazu trifft das Jobcenter aber eine Beratungspflicht (vgl. zur Durchsetzung von Ansprüchen gegen einen Vermieter BSG 16.5.2012 – B 4 AS 132/11 R).

1.3.5 Titulierte bzw. notariell beurkundete ⇨Unterhaltszahlungen

sind vom Einkommen abzusetzen (§ 11b Abs. 1 Nr. 7 SGB II). Das dafür verwendete Einkommen ist nicht verfügbar. Zwingende Voraussetzung ist aber, dass es einen Titel oder eine notarielle Urkunde gibt (die Jugendämter können eine solche Urkunde gem. §§ 59 Abs. 1 Satz 1 Nr. 3, 4, 60 SGB VIII kostenfrei erstellen) (BSG 9.11.2010 B 4 AS 78/10 R).

1.3.6 Abgetretene Einkünfte

(z.B. Steuerrückzahlungen), die Sie an Gläubiger schon längere Zeit (mind. sechs Monate) **vor** Beginn des Leistungsbezuges wirksam abgetreten haben, sind nicht verfügbar und dürfen nicht angerechnet werden (vgl. dazu etwa LSG Baden-Württemberg 20.5.2020 – L 3 AS 227/20).

1.3.7 Einkommen, das Sie schon wieder ausgegeben haben

Nach altem Recht musste das Jobcenter die Zahlung wieder aufnehmen, wenn Einkommen vorzeitig verbraucht wurde, z.B. mit einer Steuerzahlung Schulden zurückgezahlt wurden; es kam dann ein Ersatzanspruch wegen sozialwidrigen Verhaltens in Betracht (BSG 29.11.2012 - B 14 AS 33/12 R; ⇨Rückforderung 3.1).

Seit dem 1.1.2017 gilt aber die **Sonderregel** des § 24 Abs. 4 Satz 2 SGB II: Wird eine einmalige Einnahme vorzeitig (vor dem in § 11 Abs. 3 Satz 4 SGB II geregelten Verteilzeitraum) verbraucht, kommt nur noch die Gewährung eines **Darlehens** in Betracht.

1.3.8 Einkommen, das Ihre Bank mit Kontoüberziehungen verrechnet,

stellt im ersten Monat der Einkommensberücksichtigung einen Zufluss im Sinne eines wertmäßigen Zuwachses dar. Hätte es dagegen (als Einmaleinkommen ⇨ 3.2) auf mehrere Monate verteilt werden müssen, ist es aber durch die Verrechnung „untergegangen", kann es nicht mehr als „bereites Mittel" angesehen werden; die leistungsberechtigte Person muss auch nicht erneut einen Dispositionskredit in Anspruch nehmen, um ihren Bedarf zu decken (BSG 24.6.2020 – B 4 AS 9/20 R).

1.4 Einkommen nur anrechenbar, wenn es endgültig zur Verfügung steht

Das Einkommen muss der leistungsberechtigten Person auch endgültig zur Verfügung stehen (BSG 17.6.2010 – B 4 AS 46/09 R).-->1.3

1.4.1 Darlehen

Einnahmen aus einem zivilrechtlichen Darlehen muss die leistungsberechtigte Person zurückzahlen, weshalb sie nicht als Einkommen angerechnet werden können. Um zu ermitteln, ob ein Darlehen oder eine Schenkung vorliegt, prüfen die Jobcenter intensiv, ob der Darlehensvertrag wirksam ist (BSG 8.12.2020 - B 4 AS 30/20 R; BSG 17.6.2010 – B 4 AS 46/09 R). Dagegen sind darlehensweise gewährte Sozialleistungen gem. § 11 Abs. 1 Satz 3 SGB II anzurechnen, soweit sie dem Lebensunterhalt dienen.

1.4.2 Ursprünglich bewilligte, aber später aufgehobene Sozialleistungen

Wird die Bewilligung von Sozialleistungen (Alg I, Kindergeld), die auf den Bedarf angerechnet wurden, später aufgehoben, bleiben sie anzurechnendes Einkommen; nach der Rechtsprechung entsteht die Rückzahlungspflicht mit dem Aufhebungsbescheid (BSG 23.8.2011 – B 14 AS 165/10 R). In diesen Fällen kann nur ein Erlassantrag bei dem Träger der anderen Sozialleistung (z.B. nach §§ 227 AO, 76 SGB IV) gestellt werden.

1.4.3 Einkommen aus Straftaten

Es ist umstritten, ob Einkommen aus Straftaten bedarfsmindernd angerechnet werden. Teilweise wird dies verneint mit der Begründung, das Opfer habe einen Anspruch auf Rückzahlung (BSG 6.4.2000 – B 11 AL 31/99 R; LSG Berlin-Brandenburg 9.1.2017 – L 23 SO 327/16 B ER). Teilweise wird die Ansicht vertreten, dass das Einkommen in jedem Fall angerechnet werden muss, weil es tatsächlich zur Bedarfsdeckung zur Verfügung stand (SG Duisburg 29.5.2020 – S 49 AS 3304/16).

2. Was wird nicht als Einkommen angerechnet?

§§ 11a SGB II, 1 Alg II-V, 82 Abs. 1 SGB XII regeln, welche Leistungen nicht als Einkommen angerechnet werden können.

2.1 Leistungen nach SGX II/SGB XII selbst

„Leistungen nach diesem Buch“ (§§ 11a Abs. 1 Satz 1 Nr. 1 SGB II, 82 Abs. 1 Satz 1 SGB XII) werden nicht angerechnet. Die Berücksichtigung solcher Leistungen im Rahmen der Bedarfsdeckung wäre sinnlos. Zu Leistungen nach diesem Buch gehören alle existenzsichernden Leistungen (laufenden Leistungen, Nachzahlungen von Leistungen) nach dem SGB II, dem SGB XII und dem AsylbLG (BSG 25.6.2015 – B 14 AS 17/14 R).

2.2 Grundrenten

nach dem **Bundesversorgungsgesetz** (BVG; ab 1.1.2024 SGB XIV) und nach Gesetzen, die eine entsprechende Anwendung des BVG vorsehen (z.B. Grundrenten für Contergangeschädigte, Wehrdienst- oder Zivildienstopfer, Impfgeschädigte, Opfer von Gewalttaten usw.; § 11a Abs. 1 Nr. 2 SGB II).

Kommt aufgrund des Bezugs einer **Verletztenrente** der Anspruch auf eine Grundrente zum Ruhen, ist diese in Höhe der Grundrente anrechnungsfrei zu stellen (BSG 29.4.2015 - B 14 AS 10/14 R). Demzufolge ist auch bei Alg II und GSi der Sozialhilfe neuerdings Verletztenrente, die Wehrdienstleistende der ehemaligen Nationalen Volksarmee beziehen, bis zur Höhe der entsprechenden Grundrente nach dem BVG anrechnungsfrei zu stellen (§ 1 Abs. 3 Alg II-V; § 43 Abs. 3 SGB XII; Bundeswehrangehörige erhalten anstelle der Verletztenrente eine Grundrente).

2.3 Renten und Beihilfen

nach dem **Bundesentschädigungsgesetz für Opfer der Nazis** (BEG) bis zur Höhe der Grundrente, genauso Entschädigungsrenten und -leistungen nach dem Gesetz über Entschädigung für NS-Opfer der ehemaligen DDR (§ 11a Abs. 1 Nr. 3 SGB II; FW 11.80 und § 82(1) SGB XII).

2.4 ⇨Schmerzensgeld

Auch andere **Entschädigungen** *„wegen eines Schadens, der kein Vermögensschaden ist“* sind anrechnungsfrei (§ 11a Abs. 2 SGB II und § 83Abs. 2 SGB XII)

Hierunter fallen z.B. auch Ausgleichszahlungen, die Alg II-Berechtigte wegen einer Diskriminierung im Rahmen eines Bewerbungsverfahrens erhalten (BSG 22.8.2012 - B 14 AS 164/11 R).

Angespartes Schmerzensgeld ist auch als ⇨Vermögen geschützt. Erzielen Sie aber mit angespartem Schmerzensgeld Zinsen, sind diese als Einkommen anzurechnen (BSG 22.8.2012 - B 14 AS 103/11 R).

2.5 ⇨Elterngeld

Wird seit Januar 2011 als Einkommen **angerechnet**; die teilweise Anrechnungsfreiheit gegenüber Sozialleistungen, deren Zahlung von anderen Einkommen abhängig ist (§ 10 Abs. 1 BEEG), gilt nicht für Leistungen nach dem SGB II und dem SGB XII (§ 10 Abs. 5 BEEG).

2.6 Leistungen der Stiftungen

„Mutter und Kind“ bzw. *„Familie in Not“*.(⇨Schwangerschaft).

2.7 Rentenerhöhungen aufgrund einer Kindererziehungsleistung

für Frauen der Jahrgänge 1921 West (1927 Ost) und älter sind für jedes Kind in Höhe des zweifachen aktuellen Rentenwerts bei Sozialhilfeleistungen anrechnungsfrei zu stellen (§ 294 ff. SGB VI). Seit 1.7.2016 sind das mtl. 62,06 € (West) und 59,38 € (Ost).

Frauen der Geburtsjahrgänge nach 1921 werden dadurch nicht benachteiligt, sagt das BVerfG.

2.8 Zweckbestimmte Leistungen,
die einem anderen Zweck als Alg II/ Sozialhilfe dienen, sind kein Einkommen (§ 11a Abs. 3 Satz 1 SGB II; § 83 Abs. 1 SGB XII).

Zum Beispiel: Arbeitnehmersparzulage, Arbeitsförderungsgeld in einer Werkstatt für Behinderte (WfbM) (§ 59 Abs. 2), Anpassungshilfe an ältere landwirtschaftliche Arbeitnehmer aus Mitteln der Gemeinschaftsaufgabe „Verbesserung der Agrarstruktur und des Küstenschutzes", Begrüßungsgelder für Neugeborene (auch Geburtshilfe für türkische Staatsbürger*innen), Blindenführhundleistungen.

2.8.1 Aufwandsentschädigungen
für Ehrenamtliche gehören zwar ab 2011 zum Einkommen, sind aber nach besonderen Regeln zu bereinigen. ⇨Erwerbstätige 3.1

2.8.2 Aufwendungsersatz und Erziehungsbeitrag bei Pflegekindern
Das Pflegegeld für die **Vollzeitpflege** (§ 39 SGB VIII) besteht aus einem **Aufwendungsersatz** für den notwendigen Lebensunterhalt des Kindes und einem **Erziehungsbeitrag**. Die Höhe des Erziehungsbeitrags variiert je nach Betreuungsaufwand und soll die *„Kosten der Erziehung"* abdecken.
Der Aufwendungsersatz zählt nicht als Einkommen von Pflegeeltern der Vollzeitpflege. Der Erziehungsbeitrag für das erste und zweite Pflegekind zählt ebenfalls nicht. Beim dritten Pflegekind werden 75 Prozent und ab dem vierten Pflegekind 100 Prozent des Erziehungsbeitrages als Einkommen angerechnet (§ 11a Abs. 3 Nr. 1 SGB II; FW 11.90 ff.).

Aber: Leistungen nach § 23 SGB VIII für die Kindertagespflege sind gem. § 11a Abs. 1 Satz 2 SGB II als Einkommen zu berücksichtigen (FW 11.95). Sie können nach § 3 Alg II-V und § 11b SGB II bereinigt werden (⇨Selbständige; ⇨Einkommensbereinigung).

2.8.3 Aufwendungen für Jugend- und Bundesfreiwilligendienst
Taschengeld für Absolvierende des „Freiwilligen Sozialen Jahrs" und für sogenannte „Bufdis", das einen Freibetrag von **250 €** übersteigt, wird i.d.R. als Einkommen angerechnet (§ 11b Abs. 2 Satz 6 SGB II).
Näheres unter ⇨Erwerbstätige 3.2

2.9.1 Zuwendungen der Wohlfahrtspflege
sind anrechnungsfrei, *„soweit sie die Lage der Hilfeempfänger nicht so günstig beeinflussen, dass daneben Leistungen nach diesem Buch nicht gerechtfertigt wären"* (§ 11a Abs. 4 SGB II; entsprechend: § 84 Abs. 1 SGB XII). Darunter fallen auch Zuwendungen von Sozialvereinen, ebenso von **„Tafeln" und zwar unabhängig davon**, ob sie einem Wohlfahrtsverband angeschlossen sind. Auch sie ergänzen Alg II-/ Sozialhilfeleistungen und ersetzen sie nicht. Dazu gehören auch Motivationsprämien der freien Wohlfahrtspflege (BSG 28.2.2013 – B 8 SO 12/12 R).
In welcher Höhe die Zuwendungen anrechnungsfrei zu stellen sind, ist eine Frage des Einzelfalls; dazu ist die Situation des/r Beziehenden von Leistungen nach § 11a Abs. 4 SGB II mit der Situation anderer leistungsberechtigter Personen nach dem SGB II in ähnlicher Situation zu vergleichen (BSG 17.9.2020 – B 4 AS 3/20 R).

2.9.2 Zuwendungen anderer,
ohne dass diese eine rechtliche oder sittliche Zuwendungspflicht haben, sollen nicht angerechnet werden, soweit dies eine besondere Härte wäre (§ 84 Abs. 2 SGB XII; entsprechend § 11a Abs. 5 Nr. 1 SGB II). Hier wird bei der „Gerechtfertigkeit" der Anrechnung auf die Umstände des Einzelfalls abgestellt; entsprechend der Zuwendungen der Wohlfahrtspflege (⇨ 2.9.1). Die Bestimmung stellt darauf ab, dass der Dritte die Leistung **aus freien Stücken** (z. B. aus Mitleid) erbringt. Indizien hierfür sind das Fehlen von Vereinbarungen und die Ungewissheit der Weitergewährung in der Zukunft (Hauck/Noftz, § 11b Rn 282). Ein allgemeines sittliches Gebot, in Not Geratenen zu helfen, ist auch unter Verwandten nicht privilegierungsschädlich (LSG Bayern 12.7.1989 - L 8 AL 280/87), entsprechende Zuwendungen werden also nicht angerechnet. Eine berücksichtigungsfreie freiwillige Zuwendung kann beispielsweise anzunehmen sein, wenn eine Mutter ihre arbeitslose, nicht unterhaltsberechtigte Tochter unterstützt (SG Hamburg 8.11 1990 - 13 Ar 117/90) oder wenn eine

sozialhilfebedürftige Mutter Kost und Logis gewährt (LSG Niedersachsen-Bremen 22. 6. 1999 - L 7 AL 251/98). Beide Urteile in Bezug auf Arbeitslosenhilfe müssten auch im SGB II so anzuwenden sein (Hauck/Noftz, § 11b Rn 285)

Demnach sind anrechnungsfrei etwa Trinkgelder (SG Karlsruhe 30.3.2016 – S 4 AS 2297/15, siehe aber ⇨ 2.9.4) oder Taschengeld von Großeltern (BT-Drs. 17/3404, 95). Beispiele: gesellschaftliche Preise zur Ehrung von Zivilcourage, Ehrengaben aus öffentlichen Mitteln (Altersjubiläum, Lebensrettung), Spenden aus Tombolas für bedürftige Menschen (insbesondere in der Vorweihnachtszeit), Entschädigungen für Blut-/Plasmaspendende, Leistungen aus Härtefonds für NS-Verfolgte, Zuwendungen aus dem Fonds Heimerziehung (alle Angaben: FW 11.102).

2.9.2.1 Geschenke und Zuwendungen Dritter,

die ohne „eine rechtliche oder sittliche Pflicht“ erbracht werden, …

„soweit sie die Lage der Hilfeempfänger nicht so günstig beeinflussen, dass daneben Leistungen nach diesem Buch nicht gerechtfertigt wären“ (§ 11a Abs. 5 Nr. 2 SGB II; FW 11.105; entsprechend § 84 Abs. 2 SGB XII).

Als Beispiele werden genannt: *„gesellschaftliche Preise zur Ehrung von Zivilcourage, Ehrengaben ... zum Altersjubiläum, zur Lebensrettung, Spenden aus Tombolas für bedürftige Menschen ..., Begrüßungsgelder für Neugeborene, Zuwendungen aus dem Fonds Heimerziehung West oder Ost zum Ausgleich von Folgeschäden aus einer Heimunterbringung in den Jahren 1949 - 1975/90”* (BA 11.102). Darüber hinaus beeinflussen aber i.d.R. auch Geschenke zu gewöhnlichen Anlässen, z. B. Geburtstag oder Weihnachten Ihre Lage „nicht so günstig“, dass das Jobcenter sie Ihnen gleich von Ihren Leistungen abziehen kann.

2.9.2.2 Pflegegeld

in Höhe der Zuwendungen, die eine sozialhilfebeziehende Pflegeperson vom Pflegebedürftigen erhält (BVerwG 4.6.1992 - NDV 1993, 27; § 13 Abs. 5 Satz 1 SGB XI). Das gilt auch für Alg-II-Beziehende, die als Pflegeperson nicht steuerpflichtige Einnahmen für Leistungen der Grundpflege und der hauswirtschaftlichen Versorgung haben (§ 1 Abs. 1 Nr. 4 Alg II-V). Pflegegeld soll der Erhaltung der Pflegebereitschaft dienen. Damit wäre eine Anrechnung nicht zu vereinbaren.

2.9.2.3 Stiftungsmittel, freiwillige Werksbeihilfen von Betrieben usw. ⇨ 2.9.1.

2.9.3 Einkommen aus „Ferienjobs“

von Schüler*innen allgemeinbildender oder berufsbildender Schulen wird gem. § 1 Abs. 4 Alg II-V nicht als Einkommen gerechnet, wenn es

- **2.400 €** nicht übersteigt **und**
- aufgrund einer Beschäftigung **in den Schulferien** erzielt wurde.

Anrechnungsfrei sind nur Beschäftigungen **bis** zu einer Dauer von **vier Wochen** pro Kalenderjahr (§ 1 Abs. 4 Alg II-V).

Der übersteigende Betrag ist wie Erwerbseinkommen anzurechnen, d.h., es sind die Erwerbstätigenfreibeträge anzurechnen (§ 11b Abs. 2 Satz SGB II).

2.9.4 Trinkgeldeinnahmen

sind *„grundsätzlich“* nicht laut SG Karlsruhe nicht anzurechnen (SH KA 30.3.2016 - S 4 AS 2297/15). Dagegen steht die wohl überwiegende Ansicht, dass Trinkgeld als Arbeitseinkommen anzurechnen sei (LSG Nordrhein-Westfalen 3.2.2019 – L 7 AS 1376/19).

2.9.5 Einmalige Einnahmen

bis **zehn € monatlich** für jedes Mitglied der Bedarfsgemeinschaft (§ 1 Abs. 1 Nr. 1 Alg II-V). Falls Sie mal ein paar Euros auf der Straße finden, brauchen Sie es nicht anzugeben, sehr großzügig! Das gilt **nicht** für die Sozialhilfe.

2.9.6 Einnahmen aus Kapitalvermögen

- bei **Alg II**-Bezug, soweit sie **100 € pro Jahr** nicht übersteigen (§ 1 Abs. 1 Nr. 3 Alg II-V) und
- bei Bezug von **GSi** der Sozialhilfe, soweit sie **26 € pro Jahr** nicht übersteigen (§ 43 Abs. 2 SGB XII). Das gilt **nicht** bei HzL.

2.9.7 Geldgeschenke für Minderjährige anlässlich der **Firmung, Kommunion,**

Konfirmation oder vergleichbarer religiöser Feste sowie der Jugendweihe, soweit sie das Kinderschonvermögen in Höhe von **3.100 €** nicht überschreiten (§ 1 Abs. 1 Nr. 12 Alg II-V). Das gilt **nicht** für die Sozialhilfe.

3. Laufende oder einmalige Einnahmen?

Das Gesetz unterscheidet zwischen **laufenden** Einnahmen (§ 11 Abs. 2 SGB II) und **einmaligen** Einnahmen (§ 11 Abs. 3 SGB II). Sie unterscheiden sich durch den Anrechnungszeitpunkt (§ 11 Abs. 2 Satz 1 SGB II: im Monat des Zuflusses; § 11 Abs. 3 Satz 1, 3 SGB II: im Monat des Zuflusses oder im Monat nach dem Zufluss) und den Anrechnungszeitraum (§ 11 Abs. 2 Satz 1 SGB II: nur im Monat des Zuflusses; § 11 Abs. 3 Satz 1, 4 SGB II: für einen Monat oder Verteilung auf sechs Monate).

3.1 Laufende Einnahmen

Laufende Einnahmen sind Einnahmen, die auf demselben Rechtsgrund beruhen und regelmäßig (monatlich) erbracht werden (BSG 24.4.2015 – B 4 AS 32/14 R) wie z.B. Arbeitslohn, Alg I, Renten usw.

Alg II

„Laufende Einnahmen sind in dem Monat zu berücksichtigen, in dem sie zufließen“ (§ 11 Abs. 3 SGB II).

Wenn Sie ein **laufendes Erwerbseinkommen** aus sozialversicherungspflichtiger (⇨Erwerbstätige) oder selbstständiger Beschäftigung erzielen, ist dieses oft schwankend, d.h., der tatsächliche Anspruch kann erst festgestellt werden, nachdem Sie das Einkommen erzielt und dem Jobcenter nachgewiesen haben. In diesem Fall ergeht keine endgültige Entscheidung, sondern eine ⇨ vorläufige Entscheidung.

Laufende Einnahmen sind für den Monat zu berücksichtigen, in dem sie zufließen (§ 11 Abs. 2 Satz 1 SGB II). Da Alg II-Anträge auf den Monatsersten zurückgerechnet werden (§ 37 Abs. 2 Satz 2 SGB II), wird auch das Einkommen angerechnet, das Sie im gleichen Monat **vor** der Antragstellung erzielt haben.

Tipp: Es kann sich für Sie lohnen, den Neuantrag auf Alg II auf den Folgemonat zu verschieben, wenn Sie in einem Monat ein höheres Einkommen erwarten. So wird das zugeflossene Einkommen vom Zufluss- auf den Zuflussfolgemonat als ⇨Vermögen gewertet.

HzL und GSi der Sozialhilfe

„Bei der Berechnung der Einkünfte ist von den monatlichen Bruttoeinnahmen auszugehen“ (§ 3 Abs. 3 Satz 1 der VO zu § 82 SGB XII). Auch hier sind laufende Einkommen zu bereinigen (Erwerbstätige ⇨2.3.2) und in tatsächlicher Höhe in dem Monat zu berücksichtigen, in dem sie zufließen. Seit dem 1.7.2017 gibt es für den Bereich der Grundsicherung auch die Vorgabe der vorläufigen Bewilligung von Leistungen, dies ist in § 44 a SGB XII geregelt. Inhaltlich entspricht diese Regelung zu großen Teilen der Regelung des SGB II (§ 41 a SGB II; ⇨ Vorläufige Entscheidung).

3.2 Einmalige Einnahmen

sind solche Einnahmen, die (nicht wie die laufenden Einnahmen) **nur einmal** erbracht werden; daneben gelten die Vorschriften über einmalige Einnahmen gem. § 11 Abs. 2 Satz 3 SGB II auch für laufende Einnahmen, die in größeren als monatlichen Zeitabständen zufließen. Dazu gehören:

Alg II

Seit dem 1.8.2016 werden auch einmalige, für einen Monat vor dem Zufluss erbrachte Zahlungen **aus einem laufenden Anspruch**, wie Nachzahlungen von Lohn, Renten, Arbeitslosen-, Kinder-, Krankengeld usw., als einmalige Einnahmen behandelt (§ 11 Abs. 3 Satz 2 SGB II).

Bis zum 31.7.2016 zufließende Nachzahlungen wurden nach der Rechtsprechung des BSG (17.07.2014 - B 14 AS 25/13 R; 24.4.2015 - B 4 AS 32/14 R) wie laufende Einnahmen behandelt. Das führte i.d.R. zu einer für Leistungsbeziehende günstigeren Einkommensanrechnung lediglich im Zuflussmonat und ermöglichte, Werbungskosten und den Erwerbstätigenfreibetrag mehrfach zu berücksichtigen.

Kritik

Die Bundesregierung hat mit der Gesetzesänderung die Rechtsprechung des BSG ausgehebelt und einseitig die Anrechnungs-

regeln zu Lasten der Alg II-Beziehenden verschoben. Während Nachzahlungen für einen laufenden Anspruch nun auf sechs Monate verteilt und verschärft angerechnet werden, wurden keine Vorkehrungen für den Fall getroffen, dass laufende Ansprüche (z.B. Kindergeld) nachträglich wegfallen und zurückgezahlt werden müssen. Obwohl die Leistungen unter Anrechnung des Einkommens gewährt wurden, das nachträglich wegfällt, gibt es keine Korrekturpflicht des SGB II-Trägers für die Vergangenheit. Leistungsberechtigte bleiben auf z.T. erheblichen Forderungen sitzen.
„Abweichungen vom strikten Zuflussprinzip aus Gerechtigkeitsgründen muss es in beide Richtungen geben, ansonsten leidet hier extrem das Gerechtigkeitsempfinden“ (Bernd Eckhardt, sozialrecht justament 4/2016, 19).

Unserer Ansicht nach sollten **Nachzahlungen** von Lohn, Renten und anderen Einkommen, die aus einem Zeitraum vor Eintreten der Hilfebedürftigkeit resultieren, ebenso wie **Rückzahlungen** von Darlehen oder **Lohnsteuerrückerstattungen** dem Vermögen zugerechnet werden. Ansprüche auf Geldzahlungen, die noch nicht befriedigt sind, sind Forderungen und damit Vermögen, wenn die Forderung vor dem Bedarfszeitraum von Alg II/ Sozialhilfe schon bestanden hat.
Das Bundessozialgericht erkennt zwar an, dass bei Forderungen die Einnahmen in aller Regel aus bereits bestehenden Rechtspositionen erzielt werden, das ändere aber nichts an dem tatsächlichen **Zufluss** im jeweiligen Monat. Grundsätzlich interessiere nicht das *„Schicksal der Forderung“*, sondern dass *„allein mit den tatsächlich zur Verfügung stehenden Geldmitteln [...] der grundsicherungsrechtlich relevante **Bedarf** durch den Leistungsempfänger **gedeckt** werden kann“* (BSG 12.11.2007 - B 14 AS 132/07 B). Das BSG knüpft damit an die sozialhilferechtliche Abgrenzung von Einkommen und Vermögen der Rechtsprechung von BVerwG und BSG an (⇨4.).

Tipp: Wenn Sie aber Ihre auf Forderungen bestehende Rechtspositionen bereits einige Zeit **vor dem Leistungsbezug** abgetreten oder verkauft haben, z.B. um bestehende Schulden zu tilgen, steht Ihnen der nachgezahlte Betrag nicht mehr zum Lebensunterhalt zur Verfügung. Um unnötige Diskussionen mit dem Amt zu vermeiden, sollten Abtretungen möglichst direkt an den Empfänger fließen.

Alg II

„Einmalige Einnahmen sind in dem Monat, in dem sie zufließen, zu berücksichtigen“ (§ 11 Abs. 3 Satz 1 SGB II).
Ausnahme: Alg II ist für diesen Monat schon ausgezahlt worden, was sehr oft der Fall ist. Dann wird die einmalige Einnahme im Folgemonat berücksichtigt (§ 11 Abs. 3 Satz 3 SGB II).

„Entfiele der Leistungsanspruch durch die Berücksichtigung in einem Monat, ist die einmalige Einnahme auf einen Zeitraum von sechs Monaten gleichmäßig aufzuteilen und monatlich mit einem entsprechenden Teilbetrag zu berücksichtigen“ (§ 11 Abs. 3 Satz 4 SGB II). Das gilt entsprechend für **laufende Einnahmen**, *„die in größeren als monatlichen Zeitabständen zufließen“* (§ 11 Abs. 2 Satz 3 SGB II).
Das bedeutet, dass das Einkommen in diesem Fall **sechs Monate** lang verteilt auf Ihr Alg II angerechnet wird. Dazu ist der Bedarf in einem Monat zu ermitteln (⇨ Bedarfsberechnung); dem Bedarf ist das in dem Monat zu berücksichtigende Einmaleinkommen (und – wenn vorhanden – auch das laufende Einkommen) gegenüberzustellen (vgl. etwa BSG 20.2.2020 – B 14 AS 52/18 R Rn 17).

Bei „höheren“ Beträgen, z.B. einer Erbschaft (⇨Erbe 2.1) oder Abfindung, kann es sein, dass Ihr **Gesamtbedarf** zum Lebensunterhalt (inklusive Krankenversicherungsbeiträge) durch das Einkommen länger als sechs Monate **gedeckt** ist. Dann verlieren Sie den Anspruch auf Alg II, die Leistungen werden wegen fehlender Hilfebedürftigkeit abgelehnt. In diesem Fall müssen Sie den Leistungsausschluss und die damit verbundenen Belastungen, z.B. durch die freiwillige **Krankenversicherung** in Kauf nehmen.
Nach **Ablauf der sechs Monate** „dürfen“ Sie wieder neue Leistungen beantragen

(Neuantrag). Falls Ihr vor sechs Monaten zugeflossenes Einkommen noch nicht vollständig verbraucht ist, dürfen Sie den Rest im Rahmen des für Sie vorgesehenen **Schon⇨vermögens** (6.1) behalten.

Wird die einmalige Einnahme **über mehrere Monate verteilt angerechnet**, sind Steuern, Sozialversicherungsbeiträge, die mit der Einkommenserzielung verbundenen Kosten und (bei Erwerbseinkommen, Weihnachts- oder Urlaubsgeld) der Erwerbstätigenfreibetrag ***„vorweg abzusetzen"*** (§ 11b Abs. 1 Satz 2 SGB II; ⇨Erwerbstätige).

In den **darauffolgenden Monaten** können vom verteilten Einkommensbetrag also nur noch die Versicherungspauschale, ggf. Kfz-Haftpflichtversicherung und die laufenden Kosten für Altersvorsorgebeiträge, wie die Riester-Rente, abgesetzt werden. Zu den abzuziehenden Beträgen können auch die Absetzung für die Kosten der Kranken- und Pflegeversicherung gehören; entweder sind diese Kosten von dem Einkommen abzuziehen (§ 11b Abs. 1 Satz 1 Nr. 3 a) SGB II), oder der Bedarf erhöht sich in Höhe der Zuschüsse gem. § 26 SGB II (vgl. BSG B 14 AS 10/14 R).

HzL und GSi der Sozialhilfe

„Einmalige Einnahmen, bei denen für den ***Monat des Zuflusses*** *bereits Leistungen ohne Berücksichtigung der Einnahme erbracht worden sind, werden im* ***Folgemonat*** *berücksichtigt"* (82 Abs. 74 Satz 1 SGB XII). Wie beim Alg II wird seit dem 1.1.2016 auch in der Sozialhilfe das Einkommen verteilt auf sechs Monate angerechnet, wenn der Leistungsanspruch durch die Berücksichtigung in einem Monat wegfallen würde (§ 82 Abs. 7 Satz 2 SGB XII). Allerdings ist *„in begründeten Einzelfällen [...] der Anrechnungszeitraum [...] angemessen zu verkürzen"* (§ 82 Abs. 7 Satz 3 SGB XII).

Bei Einkommen aus nichtselbstständiger Arbeit sind *„Sonderzuwendungen, Gratifikationen und gleichartige Bezüge und Vorteile, die in größeren als monatlichen Zeitabständen gewährt werden, [...] wie einmalige Einnahmen zu behandeln"* (§ 3 Abs. 3 Satz 2 der VO zu § 82 SGB XII).

Andere Einkünfte, die weder Erwerbseinkommen, Einkommen aus Kapitalvermögen noch aus Vermietung und Verpachtung sind und die nicht mtl. oder mtl. in unterschiedlicher Höhe erzielt werden, sind *„als Jahreseinkünfte zu berechnen"* (§ 8 Abs. 1 der VO zu § 82 SGB XII). Das heißt, sie werden **auf zwölf Monate verteilt** als Einkommen angerechnet. Das Einkommen ist entsprechend zu bereinigen (§ 82 Abs. 2 SGB XII). Das trifft z.B. auf Aufwandsentschädigungen zu, die halbjährlich oder jährlich ausgezahlt werden.

3.2.1 Einmaliges Einkommen vorzeitig verbraucht – Neuantrag vor Ablauf der Sechsmonatsfrist

Wenn Ihnen Alg II verwehrt wurde, weil Sie Ihren Gesamtbedarf (inklusive freiwillige Krankenversicherung) mit Ihrem einmaligen Einkommen sechs Monate lang decken sollen, kann es sein, dass das Geld schon vor Ablauf der Frist verbraucht ist. In diesem Fall dürfen Ihnen bei **Neuantrag**stellung existenzsichernde Leistungen **nicht** vorenthalten werden.

Alg II

Nach Ansicht des **BSG** ist die Behörde verpflichtet, das **Existenzminimum sicherzustellen**, selbst wenn die Einmalzahlung eigentlich leistungsmindernd (für sechs Monate) hätte angerechnet werden müssen (BSG 12.12.2013 - B 14 AS 76/12 R und 29.11.2012 - B 14 AS 33/12 R). Nach altem Recht entstand dann ein neuer Anspruch auf Zuschuss. Nach neuem Recht (seit dem 1.1.2017) sieht § 24 Abs. 2 Satz 2 SGB II die Gewährung eines Darlehens vor (vgl. dazu Geiger, ASR 2017, 2 ff.). Dadurch entfällt die frühere Möglichkeit, den Verbrauch mit einem Ersatzanspruch wegen sozialwidrigen Verhaltens zu „sanktionieren" (BT-Drs. 18/8041, 42). Voraussetzung für die Anwendung des § 24 Abs. 4 Satz 2 SGB II ist der „Verbrauch" des Einkommens, also die willentliche Ausgabe. Steht das Einkommen ohne Ihren Willen nicht mehr zur Verfügung (etwa durch Pfändung oder durch Diebstahl), ist für die Gewährung eines Darlehens kein Raum und es muss ein Zuschuss gezahlt werden.

Die Gewährung eines Darlehens bei vorzeitigem Verbrauch steht im Ermessen des Jobcenters (§ 24 Abs. 4 Satz 2 SGB II verweist auf § 24 Abs. 4 Satz 1 SGB II, wonach Leistungen als Darlehen erbracht werden „können"). Ob und unter welchen Voraussetzungen Zuschüsse erbracht werden können bzw. müssen, ist bisher nicht geklärt. Hier kommt es darauf an, ob der Verbrauch erfolgt ist, um einen nachvollziehbaren Bedarf zu decken. Dazu könnten die folgenden Fälle zählen:

- Sie verwenden das Einkommen für eine teure **und** notwendige Reparatur Ihres Kfz,
- Sie nehmen eine Beschäftigung auf und erwerben **dafür** ein angemessenes Kfz zur Bewältigung des Arbeitswegs,
- Sie verwenden das Einkommen für die Nachzahlung von Energielieferungen,
- Sie verwenden das Einkommen für eine teure Ersatzbeschaffung eines Haushaltsgeräts oder eines Möbelstücks.

Dagegen kommt ein Darlehen wohl in den folgenden Fällen in Betracht:

- Sie haben aufgrund besonderer Umstände (Umzug, Krankheit, Spielsucht, Existenzgründung etc.) erhöhte Ausgaben,
- Sie zahlen *„freiwillig"* Schulden zurück,
- Sie nehmen eine sinnvolle, aber nicht unbedingt erforderliche Anschaffung vor.

Tipp: Sollte das Einkommen vorzeitig verbraucht sein, sollten Sie sich sofort an das Jobcenter wenden und die Gewährung von Leistungen beantragen. Sie sollten auch alle Belege sammeln, damit Sie dem Jobcenter nachweisen können, dass und für welche Zwecke Sie das Einkommen verbraucht haben.

Eine **Sanktion** kann nur verhängt werden, wenn *„Einkommen und Vermögen in der Absicht vermindert"* wurde, den Leistungsbezug herbeizuführen (§ 31 Abs. 2 Nr. 1 SGB II). Ob wegen vorzeitigen Verbrauchs Alg II nur als Darlehen gewährt wird oder wegen absichtlichen „Geldausgebens" eine Sanktion verhängt werden kann, hängt vom Sachverhalt ab. Die Behörde muss prüfen, ob Sie das einmalige Einkommen sinnvoll und nach wirtschaftlichen Gesichtspunkten ausgegeben haben und die Entscheidung begründen.

HzL und GSi der Sozialhilfe

Im SGB XII gilt eine differenzierte Verteilungsregel bei einmaligen Einnahmen; in der Regel wird das Einkommen auf sechs Monate verteilt, der Anrechnungszeitraum ist aber „in begründeten Einzelfällen" angemessen zu verkürzen (§ 82 Abs. 7 Satz 2, 3 SGB XII). Wird in diesem Fall Einkommen vorzeitig verteilt, kommt ein Ersatzanspruch wegen sozialwidrigen Verhaltens gem. § 103 Abs. 1 SGB XII und eine Einschränkung der Leistungen auf das bis zum Lebensunterhalt Unerlässliche gem. § 26 Abs. 1 Satz 1 Nr. 1 SGB XII in Betracht.
Näheres unter ⇨Sanktionen und ⇨Rückforderung

Kritik

Die Behörden haben das Interesse, einen möglichst hohen Teil Ihrer Einnahmen zu kassieren. Deshalb die Erfindung, Einnahmen fiktiv auf sechs Monate zu verteilen, ganz gleich, ob sie noch vorhanden sind oder nicht. Selbst wenn Sie aus dem Bezug herausgefallen sind, werden Sie daran gehindert, Ihre Einnahmen so auszugeben, wie Sie es wollen. Jobcenter und Sozialamt wollen Sie vielmehr dazu zwingen, Einnahmen, die Sie von Alg II/ Sozialhilfe unabhängig machen, über einen längeren Zeitraum so einzuteilen, als wenn Sie von Alg II/ Sozialhilfe leben müssten. Nicht selten werden Anträge auf Leistungen rechtswidrig gar nicht entgegengenommen oder abgelehnt, wenn Einkommen *„vorzeitig"* verbraucht wurde. Mit Sanktionen und Kostenersatzforderungen sind die Behörden schnell zur Stelle. Noch einfacher macht es das Recht den Jobcentern künftig mit der Darlehensgewährung. Das nennt sich dann *„Rechtsvereinfachung"*.

3.3 Einmaliges Einkommen trifft laufendes Einkommen

Alg II

Beide Einkünfte werden zusammengerechnet. Wenn der Bedarf für einen laufenden

Monat aufgrund der zusätzlichen einmaligen Einnahme gedeckt ist, erfolgt eine **Verteilung des Einmaleinkommens** auf sechs Monate (⇨3.2).

Die Verteilung des einmaligen Einkommens auf sechs Monate entfällt, wenn Sie aber in dem Monat, in dem das einmalige Einkommen zufließt, oder während des sechsmonatigen Verteilzeitraums, alleine aufgrund eines **laufenden (Erwerbs-) Einkommens** aus dem Leistungsbezug fallen. Da Sie im Monat, in dem das laufende Einkommen zufließt, nicht mehr bedürftig sind, verwandelt sich das einmalige Einkommen bei Antragstellung im Folgemonat in ⇨Vermögen (BSG 30.9.2008 - B 4 AS 29/07 R).

4. Abgrenzung Einkommen und ⇨Vermögen

Einkommen und ⇨Vermögen (1.) werden nach der sog. modifizierten Zuflusstheorie nach der folgenden Formel unterschieden (BSG 24.5.2017 – B 14 AS 32/16 R):

- Einkommen ist alles, was in der Bedarfszeit zufließt,
- Vermögen ist alles, was bei Eintritt der Hilfebedürftigkeit schon vorhanden ist.

Für Leistungen nach dem SGB II und nach dem SGB XII sind aber Besonderheiten zu beachten.

Alg II

Maßgebliche Grenze ist hier **einerseits der Antrag auf Leistungen** gem. § 37 SGB II und andererseits der Zufluss. Leistungen nach dem SGB II werden auf Antrag gebracht. Es gilt aber die Besonderheit, dass der Antrag auf Leistungen zur Sicherung des Lebensunterhalts auf den Ersten des Monats zurückwirkt (§ 37 Abs. 2 Satz 2 SGB II). Damit sind die folgenden Fälle zu unterscheiden:

Beispiel 1: Sie bekommen am 28. Januar Ihren letzten Lohn oder das letzte Alg I für Januar ausgezahlt und stellen am 1. Februar einen Antrag auf Alg II. Der nicht verbrauchte Teil des Lohns oder des Alg I ist im Februar nicht Einkommen, sondern Vermögen.

Beispiel 2: Sie bekommen den Lohn oder das Alg I am 28. Januar ausgezahlt und stellen den Antrag auf Alg II noch im Januar. Dann gilt der Lohn oder das Alg I im Monat Januar als Einkommen; dies gilt unabhängig davon, ob Sie den Antrag auf Leistungen am 1. Januar, am 15. Januar oder am 31. Januar stellen.

Es ist nicht zulässig einen einmal gestellten Antrag zurückzunehmen, um nach Antragsrücknahme zugeflossenes Einkommen in Vermögen umzuwandeln (BSG 24.4.2015 – B 4 AS 22/14 R).

Tipp: Überlegen Sie sich, wann es am günstigsten ist, den Antrag zu stellen. Beantragen Sie Alg II erst im Monat nach Eingang von Zahlungen, können Sie z.B. Schulden vorrangig begleichen bzw. die Zahlungen als Vermögen behandeln.

Andererseits kommt es auf den **Zufluss des Geldes** an. I.d.R. ist der tatsächliche Zufluss maßgeblich (Zeitpunkt, zu dem das Geld tatsächlich zur Verfügung steht). In einzelnen Fällen ist aber auch der **normative Zufluss** maßgeblich, d.h., es kommt zu einer Abweichung vom tatsächlichen Zufluss. So kommt es für Zahlungen aufgrund eines Erbes nicht auf den Zufluss des Geldes, sondern darauf an, wann der Erbfall eingetreten ist (§ 1922 BGB; BSG 29.4.2015 – B 14 AS 10/14 R). Auch der Kinderzuschlag gem. § 6a BKGG wird nicht im Monat des Zuflusses angerechnet, sondern für den Monat, für den der Kinderzuschlag bewilligt worden ist (BSG 25.10.2017 - B 14 AS 35/16 R).

SGB XII

Für Leistungen nach dem Vierten Kapitel des SGB XII gilt das Antragsprinzip (§ 44 Abs. 1 Satz 1 SGB XII), weshalb die Abgrenzung zwischen Einkommen und Vermögen wie im SGB II erfolgt. Für Leistungen nach dem Dritten Kapitel des SGB XII gilt aber der Kenntnisgrundsatz (§ 18 SGB XII); hier erfolgt die Abgrenzung nach dem Bedarfszeitraum (BSG 9.6.2011 – B 8 SO 20/09 R); dies ist in der Regel der jeweilige Kalendermonat. Damit ist Einkommen, was im Bedarfszeitraum zufließt, und Vermögen, was im Bedarfszeitraum schon vorhanden ist.

5. Einkommen und Vermögen in einer „gemischten" Bedarfsgemeinschaft
Näheres unter ⇨Grundsicherung 1.5

6. ⇨Datenabgleich
Die Behörde überprüft spätestens alle drei Monate im Wege des automatisierten ⇨**Datenabgleich**s, ob und in welcher Höhe Sie z.B.
- Leistungen der Bundesagentur für Arbeit,
- der Sozialhilfe,
- der Unfall- oder Rentenversicherung,
- sozialversicherungspflichtige Einkommen bzw. Einkommen aus geringfügiger Beschäftigung bezogen oder
- Freistellungsaufträge für Zinseinnahmen haben

(§ 52 SGB II; § 118 SGB XII).

Einkommensbereinigung

Wenn ⇨Einkommen an Alg II und HzL/ GSi der Sozialhilfe angerechnet wird, ist es grundsätzlich zuvor zu bereinigen. Das anzurechnende Einkommen vermindert sich also um Geldbeträge, die Ihnen für bestimmte Zwecke belassen werden.
Voraussetzung für die Absetzbarkeit ist aber in jedem Fall, dass Sie ein Einkommen erzielen und dass es angerechnet werden darf (⇨Einkommen). Es kann Erwerbseinkommen sein, Unterhalt, eine andere Sozialleistung oder Einkünfte in Geldeswert, insofern die Geldeswerteinkünfte mit Arbeitseinkommen in Verbindung stehen (z.B. vom Arbeitgeber zur Verfügung gestelltes Essen, Kfz usw. oder bei HzL/ GSi der Sozialhilfe geerbte Sachwerte). Ansonsten sind seit dem 1.8.2016 im Alg II Einkünfte in Geldeswert als Einkommen nicht mehr anzurechnen (Änderung in § 11 Abs. 1 S. 1 SGB II).

Die Vorschriften zur Einkommensbereinigung finden sich für das Alg II in § 11b SGB II und für die HzL/GSi der Sozialhilfe in § 82 Abs. 2 ff. SGB XII.

Die besonderen Regelungen, mit denen **Erwerbseinkommen** bereinigt werden, finden Sie
- für **Einkommen aus nichtselbstständiger Arbeit** unter dem Stichwort ⇨**Erwerbstätige**,
- für **Einkommen aus selbstständiger Arbeit** unter dem Stichwort ⇨**Selbstständige.**

Besonders bei selbstständig tätigen Personen kann die „Einkommensbereinigung" auf drei Ebenen erfolgen:
- entweder sind Kosten (z.B. Versicherungen) schon auf der Bedarfsseite zu berücksichtigen (vgl. etwa §§ 26 SGB II, 32, 42 Nr. 2 SGB XII)
- oder sie sind als Betriebsausgaben direkt vom erzielten Einkommen abzuziehen (§ 3 Abs. 2 Alg II-V, § 4 Abs. 3 VO zu § 82 SGB XII)
- oder sie sind als Abzugsposten von dem um Ausgaben verminderten Einkommen abzuziehen (§§ 11b SGB II, 82 Abs. 2 ff. SGB XII)

Die folgenden Absetzmöglichkeiten gelten für **alle**, die Einkommen beziehen, ob Erwerbseinkommen oder sonstige Einkommen. An dieser Stelle werden nur die wichtigsten Absetzmöglichkeiten dargestellt.

Inhaltsübersicht

1. Pflichtbeiträge zur Sozialversicherung einschließlich der Beiträge zur Arbeitsförderung

Gem. § 11b Abs. 1 Satz 1 Nr. 2 SGB II, § 82 Abs. 2 Satz 1 Nr. 2 SGB XII sind die Pflichtbeiträge zur Sozialversicherung einschließlich der Beiträge zur Arbeitsförderung vom Einkommen abzusetzen. Zur Sozialversicherung gehören die Kranken-, Unfall- und Rentenversicherung, die Alterssicherung der Landwirte und die soziale Pflegeversicherung. Pflichtbeiträge sind Beiträge, die bezogen auf die jeweilige Person entstehen und von ihr gezahlt werden. Maßgebliche Vorschriften sind:

- ⇨Krankenversicherung: Beiträge bei Versicherungspflicht gem. § 5 SGB V oder bei freiwilliger Versicherung §§ 9, 188 Abs. 4 SGB V; Berechnung der Beiträge §§ 226 ff. SGB V; Tragung der Beiträge §§ 249 ff. SGB V
- Pflegeversicherung: Versicherungspflicht §§ 20, 21 SGB XI, Berechnung der Beiträge §§ 54 ff. SGB XI, Tragung der Beiträge §§ 58 ff. SGB XI
- Rentenversicherung: Versicherungspflicht §§ 1, 2 SGB VI (auch Minijobber § 5 Abs. 2 Satz 1 Nr. 1 SGB VI; aber Antrag auf Befreiung von der Rentenversicherungspflicht möglich, § 6 Abs. 1b SGB VI), zu Beiträgen und Verfahren §§ 157 ff. SGB VI
- Unfallversicherung: Versicherungspflicht §§ 2, 3 Abs. 1 Nr. 1 SGB VII, zu Beiträgen §§ 150 ff. SGB VII
- Arbeitslosenversicherung: Versicherungspflicht §§ 25, 26 SGB III (auch bei Antrags-Arbeitslosenversicherung § 28a SGB III), zu Beiträgen §§ 341 ff. SGB III

2. Beiträge zu angemessenen öffentlichen oder privaten Versicherungen

„Vom Einkommen sind abzusetzen […] Beiträge zu öffentlichen oder privaten Versicherungen oder ähnlichen Einrichtungen, soweit diese Beiträge gesetzlich vorgeschrieben oder nach Grund und Höhe angemessen sind" (§ 11b Abs. 1 Satz 1 Nr. 3 SGB II; ebenso: § 82 Abs. 2 Satz 1 Nr. 3 SGB XII). Das Gesetz unterscheidet zwischen gesetzlich vorgeschriebenen (dazu ⇨ 1.1) und nach Grund und Höhe angemessenen Beiträgen (dazu ⇨ 1.2); sie werden teilweise als Absetzungsbetrag unterschiedlich berücksichtigt, vgl. etwa § 6 Abs. 1 Nr. 1, 2 Alg II-V einerseits, § 6 Abs. 1 Nr. 3 Alg II-V andererseits. Wenn Sie kein Einkommen haben, besteht kein Anspruch auf Übernahme der Beiträge, da die Versicherungsbeiträge nicht zur Sicherung des Lebensunterhalts gehören (LSG Baden-Württemberg 30.6.2005 - L 8 AS 2374/05 ER-B – FEVS 57, 40).

Alg II

Beiträge für gesetzlich vorgeschriebene Versicherung werden seit dem 1.8.2016 in Höhe des Zwölftels der zum Zeitpunkt der Entscheidung über den Leistungsanspruch nachgewiesenen Jahresbeiträge berücksichtigt (§ 6 Abs. 1 Nr. 3 Alg II-V); für Leistungen bis zum 31.7.2016 wurde dies teilweise ebenso gesehen (Durchschnittsbetrag, LSG Nordrhein-Westfalen 11.6.2014 – L 2 AS 275/14 B), teilweise wurden die Beiträge nur für den Monat berücksichtigt, in dem sie entstanden und gezahlt worden sind (LSG Berlin-Brandenburg 30.8.2018 – L 32 AS 1423/15).

Für Beiträge für nach Grund und Höhe angemessene Versicherungen wird pauschal ein Betrag in Höhe von **30 €** vom Einkommen **jedes volljährigen Mitglieds** einer Bedarfsgemeinschaft abgesetzt (§ 6 Abs. 1 Nr. 1 Alg II-V). **Pauschal** abgesetzt bedeutet: Auch wenn Sie keine Versicherungen abgeschlossen haben, können Sie trotzdem 30 € behalten, um eventuell Versicherungen abzuschließen. Sie können das Geld natürlich auch für andere Zwecke ausgeben. Reicht dagegen Ihr Einkommen nicht aus, um alle Versicherungen zu bezahlen, *„können Restbeträge auch vom Einkommen anderer volljähriger Mitglieder der BG [Bedarfsgemeinschaft] abgesetzt werden"* (FW 11.134).

Minderjährige Leistungsbeziehende können die 30-Euro-Versicherungspauschale nur von ihrem Einkommen absetzen, wenn diese eine *„entsprechende Versicherung abgeschlossen"* haben, die *„nach Grund und Höhe angemessen"* ist (§ 6 Abs. 1 Nr. 2 Alg II-V). Dabei genügt es, wenn das Kind Begünstigte*r einer von den Eltern abgeschlossenen Versicherung ist (BSG 10.5.2011

- B 4 AS 139/10 R). Was hier angemessen ist, muss im Einzelfall entschieden werden (dazu unten ⇨ 1.2).

Tipp: Kindergeld **als Einkommen des Kindes** ist um die Versicherungspauschale zu bereinigen, wenn Ihr Kind eigene **angemessene** Versicherungen abgeschlossen hat. Wird das nicht zur Bedarfsdeckung des Kindes benötigte Kindergeld **bei den Eltern** als **Einkommen** angerechnet, ist es dort um die Versicherungspauschale zu bereinigen. Das ist z.B. bei volljährigen Kindern oder Kindern, für die Unterhalt gezahlt wird, oft der Fall. Erfolgt keine Bereinigung, legen Sie Widerspruch ein bzw. stellen Sie einen Überprüfungsantrag nach § 44 SGB X (⇨Nachzahlung; ⇨Kindergeld 2.2).

HzL/GSi der Sozialhilfe

Hier gibt es keinen Pauschalbetrag. Für jede Versicherung wird geprüft, ob sie als Pflichtversicherung oder als dem Grund und der Höhe nach angemessen anzuerkennen ist; die Kosten sind für den Monat zu berücksichtigen, in dem der Beitrag fällig ist (LSG Baden-Württemberg 17.12.2015 – L 7 SO 1475/15).

2.1 Gesetzlich vorgeschriebene Versicherung

Gesetzlich vorgeschriebene Versicherungen sind solche Versicherungen, die abgeschlossen werden müssen. Sie werden nur anerkannt, wenn sie einen spezifischen Bezug zu den Zielen des SGB II aufweisen (also entweder einem in die Existenzsicherung einbezogenen Bedarf oder der Eingliederung in Arbeit zuzuordnen sind) (BSG 8.2.2017 – B 14 AS 10/16 R; ähnlich zur Kfz-Versicherung BSG 4.4.2019 – B 8 SO 10/18 R: nur dann, wenn die Kfz-Haltung sozialhilferechtlich zu billigen ist, dann Berücksichtigung gem. § 82 Abs. 2 Satz 1 Nr. 4 SGB XII). Dazu gehören:

- die private Krankenversicherung (§ 193 Abs. 3 VVG) und die private Pflegepflichtversicherung (§ 23 Abs. 1 SGB XI) (die Beiträge für gesetzlich versicherte Personen werden gem. § 11b Abs. 1 Satz 1 Nr. 2 SGB II, § 82 Abs. 2 Satz 1 Nr. 2 SGB XII berücksichtigt [zur Höhe BSG 18.1.2011 – B 4 AS 108/10 R und § 26 SGB II, § 32 SGB II]); hier kann ein Anspruch auf Zuschuss gem. § 26 SGB II bzw. gem. § 32 SGB XII bestehen,
- eine Berufshaftpflichtversicherung für Angehörige freier Berufe (§ 113 Abs. 1 VVG),
- die Kfz-Haftpflichtversicherung (FW 11.128), wenn dies für die Aufnahme einer Erwerbstätigkeit förderlich ist (BSG 8.2.2017 – B 14 AS 10/16 R; im Sozialhilferecht gem. § 82 Abs. 2 Satz 1 Nr. 4 SGB XII BSG 4.4.2019 – B 8 SO 10/18 R und – nach alter Rechtsprechung – zu einem sozialhilferechtlich anerkannten Zweck erforderlich [OVG Lüneburg 15.12.1988 – 4 B 373/88 – FEVS 419: Transport der Kinder mit einem Kfz in den Kindergarten, weil andere Verkehrsmittel nicht zur Verfügung stehen und für den Besuch des Kindergartens beachtliche Gründe bestehen]; ansonsten keine Berücksichtigung, weil es leistungsberechtigten Personen grundsätzlich zuzumuten ist, auf die Haltung eines Kfz zu verzichten, SG Frankfurt/Main 27.3.2019 – S 27 SO 23/19).

2.2 Nach Grund und Höhe angemessene Beiträge

Eine Versicherung ist dem Grunde nach angemessen, wenn sie dem bei Inanspruchnahme staatlicher Fürsorgeleistungen zugrunde liegenden Lebensstandard entspricht (BT-Drs. 15/1516, 53). Zur Höhe gibt es keine Vorgaben. Dies führt dazu, dass die Voraussetzungen kaum prüfbar sind (kritisch gegenüber diesem Ansatz Klerks in: Handbuch Existenzsicherungsrecht Kap. 20 Rn. 163). Stattdessen wird das Kriterium der Üblichkeit einer solchen Versicherung gewählt; es ist dann erfüllt, wenn mehr als 50 Prozent der Haushalte knapp oberhalb der Sozialhilfegrenze eine entsprechende Versicherung abschließen (BSG 29.9.2009 – B 8 SO 13/08 R – BSGE 104, 207). Dazu gehören:

- die Haftpflichtversicherung (BVerwG 28.5.2003 – 5 C 8/02 – BVerwGE 118, 211; nicht dagegen für zweijährige – deliktsunfähige – Kinder, SG Chemnitz 11.11.2010 – S 35 AS 1612/10),
- die Hausratversicherung (OVG Lüneburg 29.11.1989 – 4 A 205/88 – FEVS 42, 104),
- die Unfallversicherung (SG Chemnitz 4.8.2010 – S 3 AS 6295/09; FW 11.131),
- die Rechtsschutzversicherung, wenn eine Absicherung gegen bestimmte Kosten der gerichtlichen Rechtsverfolgen notwendig ist (BSG 29.9.2009 – B 8 SO 13/08 R). Hauptargument ist, dass es die ⇨ Prozesskostenhilfe (PKH) gibt; wenn aber besondere Umstände gegen den Verweis auf PKH sprechen, kann eine Rechtsschutzversicherung anerkannt werden,
- die Sterbegeldversicherung; angemessene Beiträge zur Sterbegeldversicherung müssen seit dem 1.7.2017 als Bedarf berücksichtigt werden, wenn die Aufwendungen schon vor der Bedürftigkeit bestanden, § 33 Abs. 2 SGB XII (dazu BSG 9.6.2011 – B 8 SO 11/10 R).

Nicht zu berücksichtigen sind
- die Ausbildungsversicherung (LSG Bayern 25.6.2010- L 7 AS 404/10 B ER),
- die Zusatzkrankenversicherung für das Kind nur, wenn wegen eines besonderen gesundheitlichen Risikos notwendig (BSG 16.2.2012 – B 4 AS 89/11 R),
- die fondsgebundene Kinderrentenversicherung (BSG 16.2.2012 – B 4 AS 89/11 R),
- die Hundehaftpflichtversicherung (BSG 8.2.2017 – B 14 AS 10/16 R).

2.3 Beiträge zur freiwilligen Altersvorsorge

Beiträge zur freiwilligen Altersvorsorge etwa für
- Versorgungswerke z.B. für Architekt*innen und Rechtsanwält*innen (BSG 30.7.2008 – B 14 AS 44/07 R),
- private Versicherungen einschließlich Lebensversicherungen (LSG Bayern 11.5.2010 – L 7 AS 232/10 B ER) und
- Pensionskassen (BSG 9.11.2010 – B 4 AS 7/10 R)

sind für Personen zu berücksichtigen, die von der Versicherungspflicht in der gesetzlichen Rentenversicherung befreit sind (§ 6 SGB VI); eine Versicherungsfreiheit gem. § 5 SGB VI oder von Selbständigen außerhalb des Katalogs von § 2 SGB VI genügt nicht (BSG 7.5.2009 – B 14 AS 35/08 R). Die Angemessenheit bestimmt sich danach, ob die Altersvorsorge einen Schutz gewährleistet, der dem in der gesetzlichen Rentenversicherung entspricht; der Höhe nach wird der Mindesteigenbeitrag für die Riester-Förderung anerkannt (⇨ 3.), wobei es darauf ankommt, ab wann die Beiträge geändert werden können („Schonfrist", BSG 9.11.2010 – B 4 AS 7/10 R). Der Mindestbeitrag in der gesetzlichen Rentenversicherung ist in jedem Fall anzuerkennen (FW 11.133).

Beachten Sie, dass im SGB II an Stelle der Abzüge gem. § 11b Abs. 1 Satz 1 Nr. 3 SGB II bei Ausübung einer Erwerbstätigkeit (§ 11b Abs. 2 Satz 1, 2 SGB II), einer ehrenamtlichen Tätigkeit (§ 11b Abs. 2 Satz 3 SGB II, § 82 Abs. 2 Satz 2 SGB XII), bei Ausbildungsförderleistungen (§ 11b Abs. 2 Satz 5 SGB II) und bei Leistungen nach dem Bundesfreiwilligengesetz oder dem Jugendfreiwilligengesetz (§ 11b Abs. 2 Satz 6 SGB II) (höhere) Pauschalbeträge zwischen 100 € und 250 € anzusetzen sind (⇨ Erwerbstätige; unten ⇨ 6.).

3. Geförderte Beiträge zur Altersvorsorge

Da Ihr Riester-Vermögen geschützt ist, können Sie auch Beiträge zur Riester-Rente während des Alg II-, HzL-/ GSi-Bezugs von Ihrem Einkommen absetzen.

„Vom Einkommen sind abzusetzen [...] geförderte Altersvorsorgebeiträge nach § 82 des Einkommensteuergesetzes, soweit sie den Mindesteigenbetrag nach § 86 des Einkommensteuergesetzes nicht überschreiten" (§ 11b Abs. 1 Nr. 4 SGB II; ebenso: § 82 Abs. 2 Nr. 3 SGB XII).

Der Mindesteigenbetrag bei der Riester-Rente beträgt gem. § 86 Abs. 1, 10a EStG vier Prozent des beitragspflichtigen Vorjahreseinkommens, abzüglich der jährlichen Grundzulage (§ 84 EStG) und einer Kinderzulage für jedes Kind (§ 85 EStG). Gem. § 6 Abs. 1 Nr. 4 Alg II-V ist als Pauschbetrag *„ein Betrag in Höhe von 3 Prozent des Einkommens, mindestens 5 Euro"* abzusetzen, wobei sich *„der Prozentwert [...] um 1,5 Prozentpunkte je zulageberechtigtes Kind im Haushalt [mindert]".* Für das SGB XII gilt eine ähnliche Regelung (§§ 82 Abs. 2 Satz 1 Nr. 3, 33 Abs. 1 Satz 2 Nr. 5 SGB XII).

Haben Sie ein Bruttoarbeitseinkommen unter 400 €, sind die Beiträge zur Riester-Rente schon im Grundfreibetrag von 100 € enthalten (⇨ Erwerbstätige 2.3.1).

Beachten Sie im HzL-/ GSi-Bezug: seit **1.1.2018** gilt dort durch das „Betriebsrentenstärkungsgesetz" ein neuer Anrechnungsfreibetrag für eine zusätzliche private, monatlich ausgezahlte Altersvorsorge. Zunächst bleibt ein „Grundfreibetrag" von 100 € anrechnungsfrei, aus den übersteigenden Einkünften sind weitere 30 Prozent anrechnungsfrei (§ 82 Abs. 5 SGB XII).

Im SGB II sind an Stelle der Abzüge gem. § 11b Abs. 1 Satz 1 Nr. 4 SGB II bei Ausübung einer Erwerbstätigkeit (§ 11b Abs. 2 Satz 1, 2 SGB II), einer ehrenamtlichen Tätigkeit (§ 11b Abs. 2 Satz 3 SGB II, § 82 Abs. 2 Satz 2 SGB XII), bei Ausbildungsförderleistungen (§ 11b Abs. 2 Satz 5 SGB II) bzw. bei Leistungen nach dem Bundesfreiwilligengesetz oder dem Jugendfreiwilligengesetz (§ 11b Abs. 2 Satz 6 SGB II) (höhere) Pauschalbeträge zwischen 100 € und 250 € anzusetzen (⇨ Erwerbstätige; unten ⇨ 6.).

4. Sonstige notwendige Ausgaben

„Vom Einkommen sind abzusetzen [...] die mit der Erzielung des Einkommens verbundenen notwendigen Ausgaben" (§ 11b Abs. 1 Nr. 5 SGB II; ebenso § 82 Abs. 2 Nr. 4 SGB XII).

Es heißt Einkommen, nicht Erwerbseinkommen. Notwendige Ausgaben können also von **jedem** Einkommen abgesetzt werden, *„wenn die Zielrichtung der Aufwendung mit der Einkunftsart in einer Beziehung steht"* (BSG 27.9.2011 - B 4 AS 180/10 R). Der Begriff der „Notwendigkeit" wird wie folgt eingegrenzt:

- Die Ausgaben müssen durch die Erzielung des Einkommens bedingt sein (kausale Verknüpfung zwischen den Aufwendungen und der Erzielung des Einkommens, BSG 15.6.2016 – B 4 AS 41/15 R),
- mindestens muss die Verbindung zu eng sein, dass eine Einstellung des Aufwands nicht erwartet oder nicht ohne Weiteres reduziert werden kann (BSG 27.9.2011 – B 4 AS 180/18 R).

Zu den notwendigen Ausgaben, die nicht unmittelbar mit Einkommen ⇨Erwerbstätiger in Verbindung stehen, gehören:

4.1 Beiträge zu Gewerkschaften und Sozialverbänden

Beiträge zu **Gewerkschaften** und **Berufsverbänden** müssen nicht nur vom Einkommen absetzbar sein, wenn Sie lohnabhängig sind, sondern auch wenn Sie arbeitslos geworden sind. Sie sind z.B. bei Bezug einer Erwerbsminderungsrente vom Einkommen „Rente" abzusetzen (BSG 27.9.2011 – B 4 AS 180/10 R).

Das gilt auch, wenn Sie Grundsicherung beziehen. Gewerkschaftsbeiträge und Beiträge zu **Sozialverbänden** wie VdK oder SoVD sind immer absetzbar, wenn Sie Rentner*in sind (⇨Grundsicherung 1.4).

Beiträge zu **Erwerbslosen- und Sozialhilfegruppen** sollten allgemein ebenfalls absetzbar sein, ggf. auch Beiträge und Gebühren von Sozialberatungsstellen. Diese Ausgaben dienen der *„Erzielung, Sicherung und Erhaltung der Einnahmen"*, also dem Zweck, den die BA für die Anerkennung der *„notwendigen Aufwendungen"* voraussetzt (FW 11.139). Auch wenn Alg II bzw. HzL/ GSi der Sozialhilfe selbst nicht als Einkommen zählen, sind diese Aufwendungen mit der Erzielung **vorrangiger** Einkommensarten (Minijob, Selbständigkeit, Erwerbsminderungsrente, Kindergeld usw.) notwendig verbundene Ausgaben. Versuchen Sie es!

4.2 Weitere mit der Erzielung von Einkommen verbundene Ausgaben

Neben den klassischen „Werbungskosten" bei Erwerbseinkommen gibt es andere Kostenarten, die mit bestimmten Einkommen verbunden sein können, z.B.

- Fahrtkosten (Berechnung nach § 6 Abs. 1 Nr. 5, Abs. 2 Alg II-V, vgl. BSG 9.11.2011 – B 4 AS 7/10 R; vgl. auch LSG Sachsen 19.5.2005 – L 3 B 44/05 AS-ER [höhere Fahrtkosten oberhalb der Pauschale bei Unzumutbarkeit der Benutzung öffentlicher Verkehrsmittel], SG Neuruppin 18.8.2010 – S 26 AS 2002/08 – info also 2010, 267 [bei Transport von Material und Werkzeug]),
- Weiterbildungskosten (LSG Baden-Württemberg 25.9.2012 – L 13 AS 3794/12 ER-B – info also 2012, 276; 27.2.2014 L 12 AS 4836/12),
- Telefonkosten (BSG 26.5.2011 – B 14 AS 93/10 R),
- Ausgaben bei Verkauf eines ererbten Hauses und für die Beerdigung des Erblassers (LSG Niedersachsen-Bremen 9.2.2015 – L 11 AS 1352/14 B ER – ZFSH/SGB 2015, 276).

Im SGB II sind an Stelle der Abzüge gem. § 11b Abs. 1 Satz 1 Nr. 5 SGB II bei Ausübung einer Erwerbstätigkeit (§ 11b Abs. 2 Satz 1, 2 SGB II), einer ehrenamtlichen Tätigkeit (§ 11b Abs. 2 Satz 3 SGB II, § 82 Abs. 2 Satz 2 SGB XII), bei Ausbildungsförderleistungen (§ 11b Abs. 2 Satz 5 SGB II) bzw. bei Leistungen nach dem Bundesfreiwilligengesetz oder dem Jugendfreiwilligengesetz (§ 11b Abs. 2 Satz 6 SGB II) (höhere) Pauschalbeträge zwischen 100 € und 250 € anzusetzen (⇨ Erwerbstätige; unten ⇨ 6.).

5. Unterhaltsverpflichtungen

können vom Einkommen abgesetzt werden (§ 11b Abs. 1 Nr. 7 SGB II), aber nur wenn sie tituliert sind und den laufenden Unterhalt betreffen und nicht das Abbezahlen von Unterhaltsschulden

Näheres unter ⇨Unterhalt für Kinder 1.2

6. Ausbildungsbedarf beim BAföG/ BAB/Ausbildungsgeld

Bei ⇨Schüler*innen, ⇨Studierenden und ⇨Auszubildenden,

- die **aufstockende SGB II-Leistungen** oder

- ein **Härtefalldarlehen** beziehen/ beantragen,

muss bei der Berechnung des SGB II-Anspruchs eine ⇨ Bedarfsermittlung vorgenommen werden. Vom Einkommen wird anstelle der Absetzbeträge gem. § 11b Abs. 1 Satz 1 Nr. 3 bis 4 SGB II seit dem 1.8.2016 ein Pauschalbetrag in Höhe von monatlich 100 € abgezogen, wenn die Absetzbeträge nicht bereits im Rahmen eines Erwerbseinkommens oder einer Aufwandsentschädigung abgesetzt wurden (§ 11b Abs. 2 Satz 4 SGB II). Bei konkretem Nachweis der Kosten kann auch ein höherer Betrag abgesetzt werden. Dafür kommen etwa höhere Fahrtkosten (unter Berücksichtigung von ausbildungsbedingten Fahrtkostenzuschüssen), Kosten für Ausbildungsmaterial, Bücher, Lernmaterialien, Kopien, Kosten für einen Laptop und – entgegen der früheren Rechtsprechung – auch Kosten für Schulgeld und Studiengebühren (vgl. dazu LSG Hamburg 18.6.2019 – L 4 AS 155/19 B ER) in Betracht.

Kritik

Die mit dem Neunten SGB-II-Änderungsgesetz eingeführten Absetzbeträge können bei Auszubildenden, Schüler*innen und Studierenden zu erheblichen Einbußen gegenüber der bis zum 31.7.2016 gültigen Regelung führen. Diese sah ohne Nachweis höherer Kosten immerhin einen Absetzbetrag für den ausbildungsbedingten Bedarf in Höhe von 20 Prozent des maßgeblichen BAföG-Satzes vor, der seit dem 1.8.2016 bei 108,80 € und 129,80 € liegt. Darüber hinaus konnten u.a. die 30-Euro-Versicherungspauschale, Beiträge für Riester-Renten und gesetzlich vorgeschriebene Versicherungen abgesetzt werden.

7. Aufwandsentschädigung/ „Übungsleiterpauschale"

Näheres unter ⇨Erwerbstätige

8. Aufwendungen der Freiwilligendienste

„Freiwilliges Soziale Jahr" (Jungendfreiwilligendienst) und „Bundesfreiwilligendienst"

Näheres unter ⇨Erwerbstätige

Einkommensgrenzen

Beziehende von Alg II oder Hilfe zum Lebensunterhalt (HzL)/ Grundsicherung (GSi) der Sozialhilfe haben unter Umständen **Anspruch** auf weitere Sozialhilfeleistungen der

- Hilfe zur Gesundheit,
- Hilfe zur Pflege,
- Hilfe zur Überwindung besonderer sozialer Schwierigkeiten,
- Hilfe zur Weiterführung des Haushalts (⇨Haushaltshilfe),
- Altenhilfe,
- Blindenhilfe

sowie auf

- Übernahme der ⇨**Bestattung**skosten und
- Hilfen in sonstigen Lebenslagen nach dem Fünften bis Neunten Kapitel des SGB XII (früher: *„Hilfe in besonderen Lebenslagen"*; Leistungen nach dem früheren Sechsten Kapitel *„Eingliederungshilfe"* sind seit dem 1.1.2020 in Teil 2 des SGB IX geregelt).

Anspruch haben auch Personen, deren Einkommen **über** dem Bedarf von Berechtigten von Alg II, GSi und HzL liegt.

Maßgeblich dafür ist eine **Einkommensgrenze** (§ 85 Abs. 1 SGB XII). Sie beträgt 2021:

- **892 € Grundbetrag** für die „nachfragende Person" (doppelter „Eck"⇨Regelbedarf) **plus**
- **313€ Familienzuschlag** für nicht getrennt lebende Ehegatt*innen/ Lebenspartner*innen und von ihnen überwiegend unterhaltene Personen (70 Prozent des Eckregelbedarfs) **plus**
- die ***„Aufwendungen für die Unterkunft**, soweit diese den der Besonderheit des Einzelfalles angemessenen Umfang nicht übersteigen"* (§ 85 Abs. 1 Nr. 2 SGB XII). Mit dieser Neuregelung zum 1.1.2016 bestimmte die Bundesregierung, dass nur die Kosten der Unterkunft **ohne Heizkosten** anzuerkennen sind. Damit sollte Rechtsprechung des BSG neutralisiert werden, welche bei der alten Formulierung *„Kosten der Unterkunft"* die **Heizkosten** bei der Bemessung der Einkommensgrenze mit einbezog (Bruttowarmmiete; BSG 25.4.2013 - B 8 SO 8/12 R), das

BSG hat aber auch zum neuen Recht die Auffassung vertreten, dass die Heizkosten zu berücksichtigen sind (BSG 30.4.2020 – B 8 SO 1/19 R).

Mehrbedarfszuschläge sind **nicht** vorgesehen.

Die (kalten) Unterkunftskosten sollten i.d.R. als angemessen anerkannt werden. Es gelten nicht die niedrigen Angemessenheitsgrenzen von Alg II, HzL und GSi.

Ihr ⇨**Einkommen** wird **bereinigt** um Steuern, Sozialversicherungsbeiträge usw. (§ 82 Abs. 2 SGB XII) und besondere Belastungen (z.B. Schuld- oder Unterhaltsverpflichtungen, selbst zu tragende Behandlungskosten usw., § 87 Abs. 1 Satz 2 SGB XII). Ein Freibetrag für Erwerbstätigkeit wird nicht generell anerkannt, sondern nur im Rahmen bestimmter Leistungen berücksichtigt. So bei der Hilfe zum Lebensunterhalt und der GSi (§ 82 Abs. 3 Satz 1 SGB XII; ⇨Erwerbstätige) und bei erwerbstätigen Personen, die Leistungen der Hilfe zur Pflege erhalten (§ 82 Abs. 6 Satz 1 SGB XII). Dieser Freibetrag galt bis zum 31.12.2019 auch für Personen, die Leistungen der Eingliederungshilfe für behinderte Menschen erhalten (§ 82 Abs. 6 Satz 2 SGB XII). Für die Zeit seit 1.1.2020 ist das Eingliederungshilferecht nicht mehr Teil des Sozialhilferechts, sondern Teil des SGB IX. Es beinhaltet besondere Regeln zur Behandlung des Einkommens, bei dem die leistungsberechtigten Personen einen Beitrag aus ihrem Einkommen zahlen müssen, das Einkommen dabei aber zu einem großen Teil anrechnungsfrei bleibt (§§ 135 ff. SGB IX). Neu ist auch, dass ein Teil von Einkommen aus einer zusätzlichen Altersvorsorge anrechnungsfrei ist (§ 82 Abs. 4, Abs. 5 SGB XII).

Wenn Sie mit Ihrem so berechneten Einkommen **unter** der Einkommensgrenze liegen, haben Sie in der Regel vollen Anspruch auf die oben genannten Leistungen. Ausnahmsweise kann unter den Voraussetzungen des § 88 SGB XII die Aufbringung der Mittel auch dann verlangt werden, *„soweit das Einkommen unter der Einkommensgrenze liegt"*. Soweit das zu berücksichtigende Einkommen über der Einkommensgrenze liegt, ist Ihnen die Aufbringung der Mittel in „angemessenem Umfang zuzumuten" (§ 87 Abs. 1 Satz 1 SGB XII).

Kritik

Die allgemeine Einkommensgrenze der früheren Hilfen in besonderen Lebenslagen soll angeblich eine Lebensführung oberhalb des Sozialhilfebedarfs ermöglichen. Es verbleibt aber bestenfalls nur eine geringe Differenz. Denn nach dem Gesetz werden Mehrbedarfszuschläge sowie der Erwerbstätigenfreibetrag nur bei einzelnen Leistungen anerkannt und dann auch nur die „angemessenen", nicht die tatsächlichen Unterkunftskosten. Wenn Sie Erwerbseinkommen erzielen, von dem Freibeträge abgezogen werden können, sind diese Freibeträge niedrig, sodass Ihre Einkommensgrenze nicht viel höher das Niveau der HzL/ GSi ist.

Um das Bild abzurunden, wurden die Familienzuschläge 2005 von 80 auf 70 Prozent gesenkt, sodass sie noch unter dem Regelbedarf von über 14-jährigen Haushaltsangehörigen liegen. Je größer die Familie, desto tiefer rutscht die Einkommensgrenze in Richtung Sozialhilfeniveau. Hilfebeziehende und ihre Angehörigen werden stärker herangezogen, um die Haushaltslöcher ein bisschen zu stopfen, die durch die massiven Gewinn- und Einkommenssteuersenkungen für Besserverdienende gerissen wurden.

Aufgrund gestiegener Energiepreise sind ⇨Heizkosten inzwischen zur zweiten Miete mutiert. Deren offenbar durch den Gesetzgeber beabsichtigte Aberkennung zum Januar 2016 sollte zu einer erneuten drastischen Senkung der Einkommensgrenze führen. Das BSG jedoch hat die Nichtberücksichtigung der Heizkosten zu Recht als „systemwidrig" bezeichnet (BSG 25.4.2013 – B 8 SO 8/12 R). Durch die Gesetzesänderung hat sich zwar der Wortlaut geändert, nicht aber der Normzweck, sodass auch nach neuem Recht die Heizkosten zu berücksichtigen sind (BSG 30.4.2020 – B 8 SO 1/19 R).

Information

Leitfaden Sozialhilfe für Menschen mit Behinderungen und bei Pflegebedürftigkeit von A-Z, AG TuWas (Hrg.), 10. Aufl., Frankfurt 2018, ⇨Bestellung s. Anhang

Einmalige Beihilfen, unabweisbarer Bedarf

E

Inhaltsübersicht

1. Einmalige Beihilfen

Seit dem 1.1.2005 sind nahezu alle Leistungen, die früher in der Sozialhilfe als einmalige Beihilfen gezahlt wurden, pauschaliert im ⇨Regelbedarf von Alg II und HzL/ GSi der Sozialhilfe enthalten. Die Bundesregierung erwartet, dass Sie davon während des Leistungsbezuges Rücklagen bilden. Das BVerfG hat in seinem Urteil von 2014 darauf hingewiesen, dass die Regelsätze in einer Höhe festgesetzt wurden, das sie kurz vor Verfassungswidrigkeit sind. Das BVerfG hat hier verschiedene Änderungsbedarfe angemerkt, so insbesondere den Bereich der **Elektrogroßgeräte**, der **Brillen** (ebenda Rn 120) und der **einmaligen Bedarfe** (Rn 116) und die Sozialgerichte aufgefordert, die jeweiligen Bedarfe bis zur Schaffung einer Anspruchsgrundlage durch verfassungskonforme Auslegung zu gewähren (BVerfG 23.7.2014 – 1 BvL 10/12, Rn 116). Mit dem „Schulbuchurteil“ vom Mai 2019 hat das BSG eine solche verfassungskonforme Auslegung vorgenommen, in dem es einmalig anzuschaffende, aber laufend benötigte Schulbücher in den Härtfallmehrbedarf nach § 21 Abs. 6 SGB II (alte Fassung) einsortiert hat, in dem laut „einmalige Bedarfe“ nicht zulässig waren. (BSG 8.5.2019 - B 14 AS 6/18 R und B 14 AS 13/18 R). Damit hat das BSG die vom BVerfG geforderte Lücke vom Grundsatz her geschlossen. Im SGB XII wurde für einmalige, dem normalen Lebensunterhalt zuzuordnende Bedarfe keine Anspruchsgrundlage geschaffen, hier sind die Gerichte gefordert Anspruchsgrundlagen durch verfassungskonforme Auslegung zu gewähren (BVerfG 23.7.2014 – 1 BvL 10/12, Rn 116).

Zum 1.Januar 2021 wurde nun vom Gesetzgeber der Härtfallmehrbedarf auch für einmalige Bedarfe geöffnet. Es heißt nun im Gesetz: *„Bei Leistungsberechtigten wird ein Mehrbedarf anerkannt, soweit im Einzelfall ein unabweisbarer, besonderer Bedarf besteht; bei einmaligen Bedarfen ist weitere Voraussetzung, dass ein Darlehen nach § 24 Absatz 1 ausnahmsweise nicht zumutbar oder wegen der Art des Bedarfs nicht möglich ist“* (§ 21 Abs. 6 SGB II-neu). Die Details zur neuen Rechtslage finden Sie unter → Härtefallbedarfe

1.1 Einmalige Beihilfen über den Regelbedarf hinaus

gibt es nur noch für

- Erstausstattungen für die **Wohnung** einschließlich **Haushaltsgeräte** (§ 24 Abs. 3 Nr. 1 SGB II; § 31 Abs. 1 Nr. 1 SGB XII; ⇨Hausrat). Bei jungen Erwachsenen bis 25 Jahren aber nur, wenn der **Auszug** erlaubt wurde (⇨ Jugendliche); für **Kinder/ Jugendliche**, wenn ein Erstausstattungsbedarf nicht vom

Regelbedarf umfasst ist (⇨Kinder 2.3, Jugendbett statt Kindergitterbett),
- Erstausstattungen für **Bekleidung** (⇨Kleidung),
- Erstausstattungen bei ⇨**Schwangerschaft und Geburt** (§ 24 Abs. 3 Nr. 2 SGB II; § 31 Abs. 1 Nr. 2 SGB XII),
- *„Anschaffung und Reparatur von* ***orthopädischen Schuhen, Reparaturen von therapeutischen Geräten und Ausrüstungen*** *sowie die* ***Miete von therapeutischen Geräten, sowie Brillenreparatur*** (§ 24 Abs. 3 Nr. 2 SGB II; § 31 Abs. 1 Nr. 3 SGB XII; ⇨4.),
- Leistungen für Bildung und Teilhabe nach § 28 SGB II/§ 34 SGB XI, darunter fallen eintägige **Ausflüge** der Schule oder Kindertagesstätte, aber nur als Gutschein oder Direktzahlung (§ 28 Abs. 2 Nr. 1 SGB II; § 34 Abs. 2 Nr. 1 SGB XII; ⇨SchülerInnen),
- mehrtägige ⇨**Klassenfahrten** im Rahmen der schulrechtlichen Bestimmungen und entsprechende Fahrten bei Kindern, die eine Kita besuchen (§ 28 Abs. 2 Nr. 2 SGB II; § 34 Abs. 2 Nr. 2 SGB XII; ⇨SchülerInnen).
- Schulbedarfspaket von 154 € pro Schuljahr (§ 27 Abs. 3 SGB II/§ 34 Abs. 3 SGB XII)
- ⇨Teilhabeleistungen von 15 € monatlich für minderjährige Kinder und Jugendliche für angeleitete Aktivitäten im Bereich Sport, Spiel und Kultur (§27 Abs. 8 SGB II/§ 34 Abs. 7 SGB XII)
- sowie Schulbücher über den ab Januar 2021 geltenden Mehrbedarf für Aufwendungen zur Anschaffung oder Ausleihe von Schulbüchern oder gleichstehenden Arbeitsheften bestehen (§21 Abs. 6a SGB II/§ 30 Abs. 9 SG XII), in Umsetzung der Urteile des BSG zu Schulbüchern (BSG 8.5.2019 - B 14 AS 6/18 R und B 14 AS 13/18 R).

Einmalzahlungen für ⇨**Heizkosten** bei Ofen- oder Ölheizung, ⇨**Kautionen**, Maklergebühren, ⇨**Miet**schulden, Heiz- und Betriebskosten**nachzahlungen** (⇨Mietnebenkosten), ⇨**Renovierungen** bei Auszug/ Einzug, Kleinreparaturen, ⇨**Umzug**skosten und Wohnungsbeschaffungskosten sind keine einmaligen Beihilfen, sondern *„Leistungen für [die] Unterkunft"* (§ 22 SGB II; § 35 SGB XII). Sie haben einen Anspruch darauf, dass Unterkunftsleistungen **zusätzlich** zum Regelbedarf übernommen werden.

Tipp Stellen Sie immer schriftlich einen Antrag auf Kostenübernahme, bevor Sie den Bedarf decken.

1.2 Frühere einmalige Beihilfen, jetzt im Regelbedarf

Im Regelbedarf soll jetzt der gesamte, über den Bedarf an Erstausstattungen hinausgehende Aufwand für frühere einmalige Beihilfen enthalten sein, z.B.
- ⇨**Hausrat und Möbel** wie Waschmaschine, Toilettenschrank, Kinderbadewanne, Spiegel, Wäscheständer, Föhn usw.; Garderobe, Kleiderständer und Haken, Betten, Tisch, Schulschreibtisch mit Lampe und Stuhl, Laufstall, Kinderhochstuhl; Herd, Kühlschrank, Küchenschrank, Hängeschrank, Unterteile, Küchentisch, -stühle (auch für Besuch), -eckbank, Spüle, Abfalleimer usw., Geschirr-, Hand-, Küchen- und Wischtücher, Tischdecken, Kochtöpfe, Bratpfanne, Ess- und Kaffeeservice, Gläser, Besteck, Schüsseln, Küchenset, Handfeger, Schrubber, Besen; Kleiderschrank, Betten (Ausnahme ⇨1.1), Sprungrahmen, Lattenroste, Matratzen, Federbetten, Decken, Kopfkissen, Bettwäsche; Wohnzimmerschrank, Couch, Esstisch, Stühle (auch für Besuch), Sessel, Polstermöbel; Gardinen oder Rollos und Lampen, Bügeleisen, Bügelbrett, Nähmaschine, Staubsauger und Staubsaugerbeutel, Teppichboden, Aufwendungen für einen Waschsalon usw. sowie
- **Transportkosten und Reparaturen** von Haushaltsgeräten, Möbeln oder kleinere Reparaturen in der Wohnung (Instandhaltung der Wohnung, seit 2011 auch Schönheitsreparaturen) und Werkzeug;
- ⇨**Kleidung und Schuhe** sowie deren Reparaturkosten (Instandsetzung) und Kleiderbedarf bei besonderen Anlässen (Hochzeit, Krankenhaus usw.),
- **Gebrauchsgüter von längerer Gebrauchsdauer** und höherem Anschaffungswert wie Fahrrad, Fernseher usw. (auch Modem und Zimmerantenne bei Umstellung auf digitales Fernsehen) oder
- **Spielzeug**, z.B. Dreirad oder Roller, Lego-Basisbaukasten, Spielesammlung, Bilderbücher, Kinderposter, Babypuppen, Konstruktionsspielzeug usw. sowie

- einmalige Beihilfen für **besondere Anlässe,** die Bewirtungskosten bei runden Geburtstagen ab 70 Jahren, Hochzeit (auch Eheringe usw.), Kommunion/ Konfirmation, Jugendweihe, Taufe oder Beerdigung,
- Fahrtkosten zu **Hochzeiten**, Kommunion/ Konfirmation, runden Geburtstagen ab 70 Jahren, zu Verwandten, die ernstlich erkrankt sind, zum monatlichen Besuch von nächsten Angehörigen in einer JVA, zur Teilnahme an Bestattungen von Ehegatten und Verwandten in gerader Linie oder zur Familienheimfahrt anlässlich des Weihnachtsfestes,
- **Passgebühren**, Passbilder, Gebühren für Personalausweis, sonstige Gebühren

(Vgl. Abc einmaliger Leistungen in: LPK-BSHG, Baden-Baden 2003, 355-357).

Tipp: Gebühren für einen **Personalausweis** *„können"* für SGB II-/ SGB XII-Beziehende erlassen werden (§ 34 Nr. 8 PAuswG i.v. mit § 1 Abs. 6 PAuswGebV). Das gilt auch für den **Reisepass** (§ 20 Abs. 2 PaßG i.V. mit § 17 PassV). Nehmen Sie einen aktuellen Bewilligungsbescheid als Nachweis mit und beantragen Sie bei der Meldestelle einen Erlass. Näheres zu Personalausweiskosten ⇨ Kostenerstattung 6 und unter → Härtefallbedarf 3.2 d.).

Im Regelbedarf sind übrigens Kosten für einen Personalausweis in Höhe von mtl. **0,31 €** zum Ansparen vorgesehen (BT-Drs. 19(11)830, Seite 14 Daher müssen Sie der Meldestelle unter Umständen besondere finanzielle Belastungen nachweisen, um von der Gebühr befreit zu werden. Das Verwaltungsgericht Berlin hat entschieden, dass das Einwohnermeldeamt neu zu entscheiden und den Einzelfall zu berücksichtigen habe, da der klagende Alg II-Bezieher erst kurze Zeit Sozialleistungen bekommen habe. Deshalb käme unter Umständen ein vollständiger Gebührenerlass in Betracht (Urteil 21.4.2016 - VG 23 K 329.15). Das BSG hat jüngst geurteilt, dass die Kosten für Pässe von Nichtdeutschen auch im RB enthalten seien und als unabweisbarer Bedarf (nach § 24 Abs. 1 SGB II) auf Darlehensbasis zu übernehmen seien. Erst wenn es sich um „extrem hohen Kosten", also Kosten oberhalb von 217 €, handeln würde, bestünde eine Anspruchsgrundlage auf Zuschussbasis (BSG 12.9.2018 - B 4 AS 33/17 R). Welche das ist, hat das BSG allerdings nicht genannt. Infrage käme ein "Null-Darlehen" (Bewilligung nach § 24 Abs. 1 SGB II, Erlass nach § 44 SGB II) oder gleich Bewilligung nach § 73 SGB XII.

2. Ansparen statt Beihilfen beziehen

BezieherInnen von Alg II, HzL/ GSi der Sozialhilfe sollen, um ihren Bedarf zu decken, Beträge für die früheren einmaligen Beihilfen ansparen. Diese sollen jetzt im Regelbedarf enthalten sein. Wie hoch diese Beträge im Einzelnen sind, wird überwiegend geheim gehalten. Soweit sie bekannt wurden, finden Sie sie unter dem Stichwort ⇨Regelbedarf 2.2.

Sie sollen also Beträge in unbekannter Höhe für noch nicht bekannte Bedarfe ansparen. Am besten in vielen kleinen Sparbüchsen.

„Über die Verwendung der zur Deckung des Regelbedarfs erbrachten Leistungen entscheiden die Leistungsberechtigten eigenverantwortlich, dabei haben sie das Eintreten unregelmäßig anfallender Bedarfe zu berücksichtigen" (§ 20 Abs. 1 Satz 4 SGB II; singgemäß § 27a Abs. 3 Satz 3 SGB XII).

Daraus leitet sich unserer Ansicht nach keine gesetzliche Verpflichtung ab, für (unbekannte) Bedarfe der Zukunft (unbekannte) Beträge anzusparen (SG Aurich 6.12.2005 - S 25 AS 254/05 ER). Werden keine Rücklagen für *„unregelmäßig anfallende Bedarfe"* gebildet, können Sie nicht bestraft werden (LPK SGB XII, 12. Aufl.,§ 27a Rn 17). Auch im Rahmen der ⇨Corona-Pandemie wurden von diversen Gerichten Anträge auf einen Pandemie-Mehrbedarf abgelehnt. „Sollte es im Einzelfall zu unvermeidbaren Mehrkosten kommen, lägen diese in einem Bereich von wenigen Euro. Dies sei vom Leistungsberechtigten im Rahmen der pauschalen Betrachtung des Regelbedarfs hinzunehmen. Auch die zusätzlichen Aufwendungen für Hygieneartikel, Ernährungskosten stellten keinen unabweisbaren Mehrbedarf dar, da Aufwendungen für Seife und vergleichbare Reinigungsmittel im Regelbedarf enthalten seien. Auch die eingeführte Maskenpflicht in Baden-Württemberg führe ebenfalls zu keinem höheren Bedarf, da auch Schals und Tücher hierfür geeignet und erlaubt seien" (SG Stuttgart 6.5.2020 - S 15 AS 1315/20 ER).

Mit kaltem, technokratischem Ton und Formalien, wie der Bedarf wurde nicht glaubhaft gemacht, wird immer wieder die Armut und die systematische Bedarfsunterdeckung durch solche Entscheidungen zementiert.

2.1. Schutz des „Ansparvermögens"

Alg II

Da man Sie schlecht zum Sparen auffordern kann, um Ihnen dann das Gesparte als nicht geschütztes Vermögen wieder abzunehmen, dürfen Sie bis zu 750 € pro Angehörigen der Bedarfsgemeinschaft ansparen, ohne dass dieser Betrag als Vermögen angerechnet wird. *„Da davon ausgegangen wird, dass der Leistungsberechtigte aus dieser Regelleistung Ansparungen für größere Anschaffungen, wie z.B. für Haushaltsgeräte oder den Wintermantel, erbringt, müssen diese Ansparungen konsequenterweise bei der Vermögensanrechnung unberücksichtigt bleiben"* (BT-Drs. 15/1516, 53). Das war die Position des Gesetzgebers im Jahr 2003 zur Einführung der Hartz IV-Gesetze. Im Jahre 2011 wurde dann Folgendes geregelt: sollte ein/e Alg II-BezieherIn es ausnahmsweise nicht geschafft haben, aus dem Regelbedarf für zukünftige Bedarfe Gelder zurückzulegen, ist nur dann ein Darlehen dafür zu gewähren, wenn er/sie sich zuvor restlos entreichert und alles verfügbare Vermögen eingesetzt hat, so auch den 750 €-Ansparbetrag (§ 42 Abs. 1 Satz 1 SGB II).

HzL/GSi der Sozialhilfe

Hier müssen Leistungsbeziehende auch ansparen. Aber es gibt **einen zusätzlichen Schutz** ihres Ansparvermögens. Also passen Sie auf, dass das Sozialamt Ihre Ansparungen nicht als „Vermögen" einkassiert.

Wenn Sie nachweislich von den laufenden Leistungen zum Lebensunterhalt Rücklagen für unregelmäßig anfallende Bedarfe bilden und dadurch Ihr Schonvermögen (⇨Vermögen 3.) überschritten wird, stellt die Verwertung dieses „Ansparvermögens" eine **Härte** dar (LPK SGB XII, 12. Aufl., § 37 Rn 6). Besondere finanzielle Belastungen, die nicht vom SGB XII abgedeckt werden und für die Barvermögen vorgehalten werden muss, erhöhen nicht den allgemeinen Schonvermögensbetrag, können aber zu einer Härte des Vermögenseinsatzes führen. Im vorliegenden Fall ging es um einen in Vollzeit erwerbstätigen, schwerstpflegebedürftigen Empfänger: von Leistungen der Hilfe zur Pflege ist von seinem aus dem Erwerbseinkommen angesparten Vermögen ein Freibetrag zu belassen, der dem eines erwerbsfähigen Hilfebedürftigen nach dem SGB II entspricht (LPK SGB XII, 12. Aufl., § 90 Rn 88; BSG 28.3.2018 – B 8 SO 1/17 R).

2.2 Bezugsdauer reicht nicht zum Ansparen

Der Posten *„Waschmaschine"* wird zusammen mit Wäschetrockner, Geschirrspül- und Bügelmaschinen für 1,60 € im Regelbedarf (Stand 2021) veranschlagt (⇨Härtefall 3.2 a.). Wenn eine Gebrauchsdauer von zehn Jahren und dieselbe Regelbedarfshöhe unterstellt wird, hätte man zehn Jahre nach Antragstellung 192 € angespart. Was aber, wenn der Bedarf schon nach einem oder zwei Jahren auftritt?

Die Bundesregierung ging bei ihren Kostenberechnungen davon aus, dass AlgII-BezieherInnen durchschnittlich elf Monate im Bezug sind. Das traf 2004 auf die BezieherInnen von Arbeitslosenhilfe zu. Laut Bundesagentur für Arbeit waren etwa 46,9% der Alg II-Beziehenden länger als vier Jahre (BA, Arbeitsmarkt in Zahlen – Statistik der Grundsicherung für Arbeitsuchende, Verweildauern im SGB II, Jan. 2020) – viel Zeit zum Ansparen.

Doch auch wer die Zeit hätte, im Leistungsbezug anzusparen: die für größere Anschaffungen benötigten Summen kommen nicht zusammen. Bei den Experimenten zur Pauschalierung der Sozialhilfe, die 2001 bis 2003 durchgeführt wurden, konnte nur rd. ein Drittel der Haushalte überhaupt etwas ansparen (BAG-SHI Rundbrief 02/2004, 14).

Die Jobcenter gewährten Alg II-EmpfängerInnen 2017 nach Auskunft der BA Darlehen in Höhe von insgesamt 73 Mio. € für Darlehen wegen unabweisbaren Bedarfs: das sind jeden Monat durchschnittlich 13.700 Personen. Gegenüber den Vorjahren sind es zwar weniger SchuldnerInnen, dafür aber mit

höheren Darlehenssummen (O-Ton Arbeitsmarkt 7.12.2018).
Wenn Beziehende von Alg II, HzL/ GSi der Sozialhilfe eine Waschmaschine oder andere Dinge kaufen müssen, die sie gar nicht ansparen konnten, führt das zu einer massiven indirekten Regelbedarfssenkung.

3. Was ist ein unabweisbarer Bedarf?

Dass Sie einfach nur zu wenig Geld haben, reicht nicht. Ihr Bedarf muss unabweisbar sein, d.h. nicht aufschiebbar. Wenn Sie z.B. im Dezember einen Wintermantel brauchen und im Hochsommer einen Kühlschrank oder wenn eine Alleinerziehende mit zwei Kleinkindern eine Waschmaschine braucht, ist der Bedarf unabweisbar.
In der Rechtsprechung wird oft die Auffassung vertreten, dass ein notwendiger Bedarf erst unabweisbar ist, wenn seine Befriedigung dazu führt, dass das Regelbedarfsniveau um 20 % – also etwa 80 € – unterschritten wird (LSG NRW 14.7.2006 - L 1 B 23/06 AS ER, LSG Hessen 11.4.2006 - L9 AS 43/06 ER).
Das LSG Niedersachsen-Bremen geht schon bei 10 % Bedarfsunterdeckung von einem unabweisbaren Bedarf aus (30.1.2006 - L 9 AS 7/06 ER). Eine solche Entscheidung darf aber nicht pauschal erfolgen, sondern muss immer unter Würdigung sämtlicher Umstände des Einzelfalles getroffen werden (LPK SGB XII, 12. Aufl.,§ 37 Rn. 6).

3.1. Zuschuss zu „einmaligen Beihilfen" für Nichtleistungsbezieher

Einmalige Beihilfen nach SGB II/ SGB XII können Sie auch bekommen, wenn Sie keinen Anspruch auf laufende Alg II- und HzL-/ GSi-Leistungen für den Lebensunterhalt, Unterkunft und Heizung haben. Aber eine der oben genannten Erstausstattungen, eine Eigenbeteiligung für orthopädische Schuhe oder Kosten für Miete und Reparaturen therapeutischer Geräte „aus eigenen Kräften und Mitteln nicht voll decken können" (§ 24 Abs. 3 Satz 3 SGB II, ebenso § 31 Abs. 2 SGB XII bzw. § 42 Nr. 3 SGB XII).

Beispiel: Berechnung des Zuschusses
Nadja Schlau musste sich Hals über Kopf von ihrem erwerbslosen Mann trennen und ist mit ihrer sechsjährigen Tochter Ann-Katrin in eine eigene Wohnung gezogen. Da sie nur einen Teil der Wohnungsausstattung mitnehmen kann, hat sie einen Erstausstattungsbedarf in Höhe von 800 €. Das bereinigte Einkommen ihrer Bedarfsgemeinschaft (Nadjas Teilzeitjob sowie Ann-Katrins Kindergeld und Unterhaltsvorschuss) übersteigt deren Regelbedarf um 60 €. Die Behörde bewilligt die beantragte Erstausstattung in voller Höhe.
„In diesem Falle kann das Einkommen berücksichtigt werden, das Hilfebedürftige innerhalb eines Zeitraumes von bis zu sechs Monaten nach Ablauf des Monats erwerben, in dem über die Leistung entschieden worden ist" (§ 24 Abs. 3 Satz 4 SGB II; ebenso § 31 Abs. 2 Satz 2 SGB XII).
Der Monat der Entscheidung plus sechs weitere Monate ergeben insgesamt sieben Monate. Das überschießende Einkommen darf also bis zu sieben Mal angerechnet werden. Die Anrechnung ist eine Kann-Vorschrift. Die Behörde darf Ihr übersteigendes Einkommen nicht ohne Prüfung des Einzelfalls routinemäßig für sieben Monate anrechnen. Das ⇨Ermessen muss ausgeübt und begründet werden, besondere Bedarfslagen sind hier zu berücksichtigen.
Wenn Nadja Schlau die übersteigenden 60 € für sieben Monate einsetzen müsste, müsste sie im ungünstigsten Fall 7 x 60 € = 420 € als Eigenanteil in den Folgemonaten zurückzahlen. Den Rest von 380 € muss die Behörde als Beihilfe übernehmen.

Bei Auszubildenden und Studierenden wird im runderneuerten SGB II ausdrücklich darauf hingewiesen, dass sie Anspruch auf Erstausstattung für Bekleidung, Schwangerschaft und Geburt haben (§ 27 Abs. 2 SGB II). Warum sich dieser Anspruch nicht auf die anderen einmaligen Beihilfen des § 24 Abs. 3 SGB II bezieht, ist nicht nachvollziehbar. Gerade den Erstausstattungsbedarf für Wohnungen, der bei mittellosen Auszubildenden, SchülerI/innen und Studierenden anlässlich des Ausbildungsbeginns häufig entsteht, wollen Sozial- und BildungspolitikerI/innen der Bundesregierung partout nicht als Bedarf anerkennen.

3.2 Darlehen bei unabweisbarem Bedarf

Da einmalige Bedarfe in einem Regelbedarf enthalten sein sollen, aus dem sie aber nur schwer bezahlt werden können, haben die Hartz IV-Parteien Darlehen vorgesehen.

Alg II

„Kann im Einzelfall ein vom Regelbedarf zur Sicherung des Lebensunterhalts umfasster und nach den Umständen unabweisbarer Bedarf nicht gedeckt werden, erbringt die Agentur für Arbeit bei entsprechendem Nachweis den Bedarf als Sachleistung oder als Geldleistung und gewährt der oder dem Leistungsberechtigten ein entsprechendes Darlehen" (§ 24 Abs. 1 Satz 1 SGB II).
Um zu bekräftigen, dass die 446 € (Regelbedarf 2021) reichen müssen, wurde der Satz hinzugefügt: *„Weitergehende Leistungen sind ausgeschlossen"* (§ 24 Abs. 1 Satz 3 SGB II). Der Satz ist weder verfassungskonform, noch stimmt der mit der neuen Rechtslage von § 21 Abs. 6 SGB II-neu überein, wo ja weitere Leistungen eingeschlossen wurden.

Zuvor müssen Sie allerdings versuchen, den Bedarf durch Einsatz Ihres **Schon⇨Vermögens**, des Schonvermögens Ihres Kindes und des „Ansparvermögens" (750 € pro Person, s.o.) zu decken (⇨3.2).

HzL/GSi der Sozialhilfe

„Kann im Einzelfall ein von den Regelbedarfen umfasster und nach den Umständen unabweisbar gebotener Bedarf auf keine andere Weise gedeckt werden, sollen auf Antrag hierfür notwendige Leistungen als Darlehen erbracht werden" (§ 37 Abs. 1 SGB XII).

3.3. Bedarf aus dem Vermögen decken?

Alg II

Ist der Bedarf als unabweisbar anerkannt, müssen Sie zuerst auf Ihr ⇨Vermögen zurückgreifen, bevor ein Anspruch auf ein Darlehen besteht. Das gilt seit dem 1.4.2011 für fast alle Darlehen beim Alg II-Bezug (§ 42a Abs. 1 Satz 1 SGB II; Ausnahme: Darlehen zur Wohnraumsicherung nach § 22 Abs. 8 SGB II, hier bleibt das „Ansparvermögen" verschont).
Vorrangig zu verbrauchen sind also,
- der altersabhängige **Grundfreibetrag** von mind. 3.100 € bzw. **150 € pro Lebensjahr** für Volljährige (§ 12 Abs. 2 Satz 1 Nr. 1 SGB II),
- der **Grundfreibetrag** für minderjährige **Kinder** in Höhe von 3.100 € (§ 12 Abs. 2 Satz 1 Nr. 1a SGB II) und
- das **Ansparvermögen** in Höhe von **750 €** jedes Darlehensnehmers (§ 12 Abs. 2 Satz 1 Nr. 4 SGB II).

Sie müssen also auch das Vermögen einsetzen, dass Ihnen bei der Antragstellung noch für Sie und Ihre Bedarfsgemeinschaft als Schonvermögen anerkannt wurde.

Tipp: Beantragen Sie das Darlehen für einen unabweisbaren Bedarf am besten als Einzelperson, nicht aber für die ganze Bedarfsgemeinschaft. Damit reduzieren Sie ggf. den Einsatz des Schonvermögens und die Tilgungshöhe, mit der das Darlehen mit Ihrem laufenden Regelbedarf aufgerechnet wird, denn aufgerechnet werden darf nur beim Darlehensnehmer (§42a Abs. 2 S. 1 SGB II) (⇨3.5). Minderjährige scheiden als Darlehensnehmer vom Grundsatz her aus, denn damit würde der **→Minderjährigenschutz** umgangen werden (LSG NRW 17.9.2013 – L 19 AS 1501/13 B). Eine Ausdehnung der Darlehenserbringung auf zu Bedarfsgemeinschaften gehörende minderjährige Kinder wird als ermessensfehlerhaft angesehen, weil sie den gesetzlichen Minderjährigenschutz umgeht (Eicher/Luik, SGB II, 4. Aufl., § 42a Rn 26), In Bezug auf Mietschulden mit gleicher Argumentation (BSG 18.11.2014 – B 4 AS 3/14 R; zum Minderjährigenschutz allgemein: BSG 7.7.2011 – B 14 AS 153/10 R).

HzL/GSi der Sozialhilfe

SozialhilfebezieherInnen haben keinen Freibetrag für notwendige Anschaffungen. Hier gibt es Versuche, Sie auf Ihr Schonvermögen zu verweisen, wenn Sie nicht genügend Geld für notwendige Anschaffungen haben. Das macht die Bundesregierung (BT-Drs. 15/1514, 61, zu § 38 SGB XII), aber auch Sozialämter und deren MitarbeiterInnen. Das ist **rechtswidrig.** Denn *„Sozialhilfe darf nicht abhängig gemacht werden vom Einsatz oder der Verwertung [...] kleiner Barbeträge"* (§ 90 Abs. 2 Nr. 9 SGB XII). In der HzL/GSi hat der Gesetzgeber, anders als bei der SGB XII-– Darlehensregel unter § 42a Abs. 1 S. 1 SGB II, keine Regelung über den vorrangigen Einsatz von Schonvermögen getroffen. Deshalb darf der Einsatz des Schonvermögens auch nicht gefordert werden (LPK SGB XII, 12. Aufl., § 37 Rn. 6). Genau dazu aber werden Sie vielfach rechtswidrig aufgefordert, wenn das Schonvermögen für einen unabweisbaren Bedarf an Hausrat angegriffen werden soll.

E

Tipp: Wehren Sie sich dagegen, wenn Sie anderes mit Ihrem Vermögen geplant haben.

3.4 Nicht auf „*andere Weise*", d.h. nicht durch Gebrauchtwarenlager und Kleiderkammern gedeckt

Es ist grundsätzlich zumutbar, dass Sie Ihren Bedarf mit gebrauchten, gut erhaltenen Möbeln und Hausratsgegenständen (BVerwG 14.3.1991, FEVS 41, 397; LSG Rheinland-Pfalz 12.5.2005 - L 3 ER 45/05 AS; SG Dresden 29.5.2006 - S 23 AS 802/ER) und mit gebrauchter Kleidung (OVG Lüneburg 15.3.2005, FEVS 57, 15 ff.) befriedigen.

Laut BVerwG *„darf der Hilfeempfänger - nicht zuletzt aus Gründen der Sparsamkeit im Umgang mit öffentlichen Haushaltsmitteln - auch auf ihm zumutbare Sachleistungen verwiesen werden"* (ebd.). Das steht auch in der Gesetzesbegründung (BT-Drs. 15/1516, 57).

Der Regelbedarf ist so knapp bemessen, dass gebrauchte Möbel und Kleidung ohnehin *„eigenverantwortlich"* gekauft werden müssen (⇨Sachleistungen), um über die Runden zu kommen.

Entscheidend für die Frage nach der Zulässigkeit ist letztlich, ob der Bedarf gedeckt ist. *„Das Wahl- und Wunschrecht des Hilfesuchenden wie das Auswahlermessen [Sachleistung oder nicht] des Sozialhilfeträgers sind daher nur auf solche Hilfealternativen bezogen, bei denen kein sozialhilferechtlicher Bedarf offen bleibt"* (BVerwG 2.9.2004 - 5 B 18.04).

Da die Hartz IV-Parteien die Nutzung von Gebrauchtwarenlagern und Kleiderkammern vor die Vergabe eines Darlehens vorgeschaltet haben, ist der Verweis nur in dem Maße zulässig, wie der Bedarf dadurch gedeckt werden kann. Die Gegenstände müssen *„in Bezug auf Qualität, Gebrauchstauglichkeit und hygienischen Zustand einwandfrei"* sein (OVG Lüneburg, 15.3.2005, FEVS 57, 15 ff.). Kleidungsstücke müssen *„zeitgemäß gestaltet"* sein. Bei langlebigen Haushaltsgeräten sollte darauf geachtet werden, dass Sie nahezu neuwertig sind und einer günstigen Energieeffizienzklasse angehören. Wie sollen Sie sonst mit Ihrem Regelbedarfsanteil von 36,19 € (RB 2021) Ihren Haushaltsstrom bezahlen können?

Ist der notwendige Bedarf nicht zu decken oder werden Waren aus nachvollziehbaren Gründen abgelehnt, kommt ein Darlehen für den Neukauf in Frage.

Der Verweis auf kostenlose Second-Hand-Lager der Wohlfahrtsverbände oder Ausgabestellen der Tafeln etc. darf nicht die Regel sein, da Zuwendungen der Wohlfahrtsverbände nicht auf Alg II/ Sozialhilfe angerechnet werden dürfen. *„Zuwendungen der freien Wohlfahrtspflege bleiben als Einkommen außer Betracht"* (§ 84 Abs. 1 SGB XII; entsprechend: § 11a Abs. 4 SGB II; ⇨Einkommen 2.9). Unter *„Wohlfahrtspflege"* sind auch andere freie gemeinnützige Träger zu verstehen (Hauck/ Noftz SGB XII, § 84 Rn.4), z.B. das Tafelwesen. Dass der Verweis auf Wohlfahrtspflege sehr brüchig ist, hat die Lockdown-Zeit zu Anfang der Corona-Pandemie bewiesen, in der die meisten Tafeln über Monate geschlossen sowie auch sonstige Wohlfahrtsunterstützungseinrichtungen für die Menschen kaum erreichbar waren. Selbst vermeintlich banale Dinge, wie die Versorgung von Obdachlosen mit Trinkwasser, führte zu massiven Problemen. Daher gilt es unbedingt darauf zu achten, dass: Wohlfahrtszuwendungen in keinem Fall dem sozialrechtlichen Anspruch entgegengestellt werden.

Die Lage stellt sich anders dar, wenn Wohlfahrtsverbände in Kooperation mit dem Jobcenter/ Sozialamt ein Sozialkaufhaus betreiben bzw. wenn die Behörde einen direkten und erheblichen Einfluss auf die Second-Hand-Läden hat (VGH BW, FEVS 45, 258). In diesem Fall kann das Amt Sie vorrangig auf das Gebrauchtangebot verweisen.

3.5 Tilgung des Darlehens

Alg II

Rückzahlungsansprüche werden *„durch monatliche Aufrechnung in Höhe von 10 Prozent des maßgebenden Regelbedarfs getilgt"*

(§ 42a Abs. 3 Satz 1 SGB II). Seit dem 1.4.2011 ist von jedem Darlehensnehmer der Bedarfsgemeinschaft ein **starrer Anteil von 10 %** des jeweiligen Regelbedarfs festgelegt, mit dem die Darlehensschuld aufgerechnet wird. Bei dieser Entscheidung gibt es keinen Ermessensspielraum. Das sind im Alg II immerhin 44,60 € im Monat (Regelbedarf 2021).
Spielraum gibt es aber bei der Frage, wie viele Personen aus der Bedarfsgemeinschaft als Darlehensnehmer auftreten. Danach richtet sich auch die Höhe der mtl. Tilgungsbeträge (⇨3.5, ⇨Darlehen 1.4 ff.).

HzL/GSi der Sozialhilfe

„Für die Rückzahlung des Darlehens [...] können [...] Teilbeträge bis zur Höhe von jeweils 5 vom Hundert der Regelbedarfsstufe 1 [...] einbehalten werden“ (§ 37 Abs. 4 SGB XII).
5 % vom Eckregelbedarf, d.h. 22,30 € (Regelbedarf 2021) sind die **Obergrenze**. Es liegt also im Ermessen des Sachbearbeiters, wie hoch die Rückzahlung des Darlehens festgesetzt wird. Dabei müssen sowohl Ihre Leistungsfähigkeit als auch Ihre besondere persönliche Situation berücksichtigt werden. Näheres unter ⇨Darlehen 1.7. ff.

3.6 Darlehen an einzelne Personen der Bedarfsgemeinschaft

Nur Alg II

„Darlehen können an einzelne Mitglieder von Bedarfsgemeinschaften oder an mehrere gemeinsam vergeben werden“ (§ 42a Abs. 1 Satz 2 SGB II). Diese Regelung schafft Spielraum beim Einsatz von Schonvermögen und bei der Höhe des mtl. Aufrechnungsbetrags. Sie enthält keine Ermächtigung für das Jobcenter zu bestimmen, ob das Darlehen an eine oder mehrere Personen vergeben wird.

Wenn Sie nur Ihren **eigenen Bedarf** decken müssen, weil Sie z.B. ein Darlehen für ein neues Bett oder eine neue Matratze benötigen, liegt es auf der Hand, dass Sie nur als einzelne Person ein Darlehen benötigen und als alleiniger Darlehensnehmer auftreten. D.h. nur Ihr Schonvermögen muss – falls vorhanden – vorrangig herangezogen werden und auch die mtl. Tilgungsrate beschränkt sich auf 10 % Ihres Regelbedarfs.
Auch wenn ein unabweisbarer Bedarf für **mehrere Mitglieder der Bedarfsgemeinschaft** mittels Darlehen gedeckt werden muss, ist es unserer Auffassung nach möglich, dass **nur eine Person** (als Haushaltsvorstand) das Darlehen beantragt und als Darlehensnehmer auftritt. Auf diese Weise kann ggf. das Schonvermögen der anderen geschont und die Tilgungsrate auf 10 % des Regelbedarfs des Darlehensnehmers beschränkt werden.
Falls das Jobcenter sich darauf nicht einlassen will, wäre es hilfsweise möglich, ein Darlehen für die ganze Familie nur über die Eltern laufen zu lassen. Die dürfen nämlich ohne Zustimmung des Familiengerichts auf ihre minderjährigen Kinder gar keine Schulden aufnehmen. Dann bliebe zumindest das Schonvermögen der (minderjährigen) Kinder verschont und die Tilgungsrate wäre geringer.

Achtung: Dadurch das Gesetz fingiert wird, dass die antragstellende Person bevollmächtigt ist, einen SGB II-Antrag für die ganze Bedarfsgemeinschaft zu stellen, müssen Sie darauf achten, dass Sie das Darlehen unmissverständlich als einzelner Darlehensnehmer beantragen.
Näheres unter ⇨Darlehen 1.4 f.

4. Einmalige Beihilfe für kranke und behinderte Menschen

Seit dem 1.4.2011 werden Leistungen für *„Anschaffung und Reparatur von orthopädischen Schuhen, Reparaturen von therapeutischen Geräten und Ausrüstungen sowie die Miete von therapeutischen Geräten“* zusätzlich erbracht (§ 24 Abs. 3 Nr. 2 SGB II; § 31 Abs. 1 Nr. 3 SGB XII).
Sie müssen dafür einen gesonderten Antrag stellen (§ 37 Abs. 1 SGB II). Jobcenter und Sozialamt übernehmen nur die **Eigenbeteiligung**, die über die gesetzlichen Zuzahlungen der Krankenversicherung hinausgeht.

4.1 Orthopädische Schuhe

„[Kranken-]Versicherte haben Anspruch auf Versorgung mit [...] orthopädischen

und anderen Hilfsmitteln, die im Einzelfall erforderlich sind, um den Erfolg der Krankenbehandlung zu sichern, einer drohenden Behinderung vorzubeugen oder eine Behinderung auszugleichen, soweit die Hilfsmittel nicht als allgemeine Gebrauchsgegenstände des täglichen Lebens anzusehen [...] sind" (§ 33 Abs. 1 Satz 1 SGB V).

E

Zu den **Kassenleistungen** im Zusammenhang mit **orthopädischen Schuhen** gehören orthopädische Maßschuhe, Therapieschuhe, orthopädische Schuhzurichtungen an Konfektionsschuhen und Diabetes adaptierte Fußbettungen.

Sie haben ggf. einen Anspruch auf die Erstversorgung mit orthopädischen Maßschuhen sowie deren Änderung, Reparatur und die notwendige Ersatzbeschaffung.

Dazu gehören z.B.
- alle zwei Jahre zwei Paar orthopädische Straßenschuhe,
- alle vier Jahre ein Paar orthopädische Hausschuhe (bei RollstuhlfahrerInnen soll ein zusätzliches Paar Hausschuhe bewilligt werden),
- alle vier Jahre ein Paar Sport- und Badeschuhe zur Übungsbehandlungen im Wasser oder zur Krankengymnastik oder für den Schulsport und
- ein Paar orthopädische Interimsschuhe zur Versorgung während der frühen Krankheits- und Rehabilitationsphase.

Sie müssen für jeden dieser Spezialschuhe eine **Eigenbeteiligung** leisten, weil es sich dabei sowohl um medizinische Hilfsmittel als auch um Gebrauchsgegenstände des täglichen Lebens handelt. Die Eigenbeteiligung beträgt **pro Paar Schuhe 76 €**. Diesen Betrag bekommen Sie als einmalige Beihilfe vom Jobcenter/ Sozialamt erstattet. Hinzu kommt ggf. die gesetzliche Zuzahlung in Höhe von 10 €, die nicht vom Amt übernommen wird (FW 24.23).

4.2 Therapeutische Geräte

„Die Reparatur von therapeutischen Geräten und Ausrüstungen sowie die Miete von therapeutischen Geräten können als Sonderleistung erbracht werden" (FW 24.24). Kassenleistungen und Leistungen eines Rehabilitationsträgers (z.B. der Unfallversicherung) sind hier immer vorrangig in Anspruch zu nehmen. Zu den Reparaturkosten gehört nach Ansicht der BA nicht der Austausch von Verschleißteilen wie etwa einer Batterie (ebd.).

Hinweise, was unter therapeutischen Geräten zu verstehen ist, gibt eine Sonderauswertung der EVS des Statistischen Bundesamtes. Hier sind u.a. aufgeführt:

Elektrische und feinmechanische Gebrauchsgüter wie Hörgeräte, Massagegeräte, Bestrahlungsgeräte, Blutzucker- und Blutdruckmessgeräte, Ultraschall- und Kontaktlinsenreinigungsgeräte, andere therapeutische Geräte und Ausrüstungen sowie Krankenfahrstühle und -betten (vgl. Fachserie 15, EVS 2003, Heft 7, S. 103, www.destatis.de).

4.3 Brillenreparaturen

Das BSG hat nun entschieden, dass die Reparatur von Brillen auch zu den vom Jobcenter zu übernehmenden Kosten gehört und auf Zuschussbasis zu übernehmen ist. Denn Brillen gehören zu therapeutischen Geräten, daher sind Reparaturkosten in tatsächlicher Höhe vom Jobcenter zu übernehmen. Unter Reparatur (von lateinisch „reparare" bedeutet: wiederherstellen bzw. Instandsetzung) wird der Vorgang verstanden, bei dem ein defekter Gegenstand in den ursprünglichen, funktionsfähigen Zustand zurückversetzt wird. Eine Reparatur liegt ohne Zweifel dann vor, wenn das Gestell kaputt geht und repariert wird oder wenn z.B. nach einem Sturz das Glas zerbrochen ist und nun ein Ersatzglas eingesetzt werden muss (BSG 25.10.2017 - B 14 AS 4/17 R). Für das SGB XII hat das BSG entschieden, dass die Kosten für den Ersatz von Brillengläsern dann keine Reparaturkosten sind, wenn der Austausch wesentlich ursächlich wegen einer Änderung der Sehstärke erfolgt (BSG 18.7. 2019 – B 8 SO 13/18 R). Im RB (2021) sind therapeutische Mittel und Geräte unter (einschl. Eigenanteile) unter der Code-Nummern 0613 900 in Höhe von 2,23 € enthalten (Einnahmen und Ausgaben der privaten Haushalte 2013; DRs.: 19/22750 enthalten)

5. Leistungen für unabweisbare *„sonstige [atypische] Lebenslagen"*

„Leistungen können auch in sonstigen Lebenslagen erbracht werden, wenn sie den

Einsatz öffentlicher Mittel rechtfertigen" (§ 73 SGB XII).

Bis zur Entscheidung des **BVerfG** zum Hartz IV-⇨Regelbedarf am 9.2.2010 konnten atypische Bedarfslagen auch von Alg II-Beziehenden nach § 73 SGB XII übernommen werden. Mit der Regelbedarfsentscheidung hat das BVerfG eine solche *„Härtefallregelung"* im SGB II selbst eingeführt.
Inzwischen wurde die ⇨**Härtefallregelung** für *„unabweisbaren, laufenden, nicht nur einmaligen besonderen Bedarf"* (§ 21 Abs. 6 SGB II) ins Gesetz aufgenommen. Dennoch gibt es im SGB II eine **Regelungslücke für einmalige Bedarfe,** die von der Höhe erheblich abweichen und von den Regelsätzen nicht gedeckt sind. Diese Lücke kann unserer Auffassung nach nur über ergänzende Sozialhilfeleistungen nach § 73 SGB XII geschlossen werden.

Beispiele für solche einmalige Bedarfe sind:
- die Übernahme hoher Reisekosten für den Besuch naher Angehörigen in einer besonderen Notlage,
- Beschaffungskosten von Geburtsurkunden aus dem Ausland,
- Passgebühren oberhalb 217 € → Härtefall 3.2 d.

Weitere Infos dazu unter → Härtefall 1.2 ff

6. Leistungen für Bildung und Teilhabe (BuT)

BuT wird erbracht für Kinder, Jugendliche und Jungerwachsene, die das 25. Lebensjahr nicht vollendet haben, eine allgemein- oder berufsbildende Schule besuchen sowie weder eine Ausbildungsvergütung (§ 28 Abs. 1 S. 2 SGB II) noch Alg II (§ 28 ff SGB II), Sozialhilfe (§ 34, § 34a SGB XII), ⇨Wohngeld, ⇨Kinderzuschlag (§ 6b BKGG) oder AsylbLG (§ 3 Abs. 3 AsylbLG i.V. mit § 34 f. SGB XII) erhalten. BuT wird auch erbracht für Kinder und Jugendliche in SGB II-Haushalten, die selbst keine Alg II-Leistungen, Kinderzuschlag oder Kinderwohngeld erhalten (§ 6b Abs. 1 S. 2 BKGG). Anspruch auf BuT haben auch Haushalte, wenn sie BuT-Bedarfe nicht aus eigenen Mitteln vollständig bestreiten können und nicht im laufenden SGB II/SGB XII-Bezug stehen. Hier ist für arbeitsfähige und nicht arbeitsfähige Antragsteller das Sozialamt zuständig (§ 34a Abs. 1 S. 2 SGB XII).

6.1 Darlehen für unabweisbaren Bedarf für Nichtleistungsbezieher

Da der überwiegende Teil der früheren einmaligen Beihilfen im Zuge der Hartz IV-Reform durch die Möglichkeit der Darlehensvergabe (nach § 24 Abs. 1 SGB II und § 37 Abs. 1 SGB XII; s.o.) ersetzt wurde, drängt sich die Frage auf, wie akute Bedarfsspitzen (z.B. neue Waschmaschine) von Menschen gedeckt werden, die mit ihrem regelmäßigen Einkommen knapp über dem sozialhilferechtlichen Existenzminimum liegen.
Gemäß der unter 6.1. beschriebenen Regelung haben auch Personen, die dem SGB XII zuzuordnen sind, mit einem Einkommen knapp über dem Sozialhilfeniveau einen Anspruch auf ein Darlehen für unabweisbaren Bedarf, wenn dieser nicht aus dem verfügbaren Einkommen finanziert werden kann (LPK SGB XII, 12. Aufl., § 37 Rn. 3; Grube/Wahrendorf SGB XII, § 37 Rn. 10). Der Anspruch ist durch Antrag beim zuständigen Sozialamt geltend zu machen und von diesem gemäß der in 3.1 dargelegten Kriterien zu prüfen. Die Höhe der Tilgungsraten richtet sich nach den nachgewiesenen Einkommensverhältnissen.

Der Anspruch auf ein Darlehen für Nichtleistungsbezieher mit einem Einkommen nur geringfügig über dem Alg II-Bedarf ist nach dem Wortlaut des SGB II nicht vorgesehen. Dies führt zu einem *„verfassungsrechtlich bedenklichen"* Ergebnis (LPK SGB II, 6. Aufl., § 24 Rn. 7), weshalb die Autoren die Ansicht vertreten, dass nach verfassungskonformer Auslegung des § 24 Abs. 1 SGB II die Regelung entsprechend anzuwenden ist.

6.2 Einmalige Bedarfe im Rahmen der Härtefallregelung

Zum 1.Januar 2021 wurde nun vom Gesetzgeber der Härtfallmehrbedarf auch für einmalige Bedarfe geöffnet. Es heißt nun im Gesetz: *„Bei Leistungsberechtigten wird ein Mehrbedarf anerkannt, soweit im Einzelfall ein unabweisbarer, besonderer Bedarf besteht; bei einmaligen Bedarfen ist* *weitere Voraussetzung, dass ein Darlehen nach § 24 Absatz 1 ausnahmsweise nicht zumutbar oder wegen der Art des Bedarfs nicht möglich ist"* (§ 21 Abs. 6 SGB II-neu). Die Details zur neuen Rechtslage finden Sie unter ⇨ Härtefallbedarfe

Kritik

Mit der Hartz-Reform 2005 wurde der Regelbedarf der Sozialhilfe von 297 € um 48 € auf 345 € (West) erhöht. Der mtl. Erhöhungsbetrag als Pauschale für die weitgehende Abschaffung der einmaligen Beihilfen entsprach dem mtl. Durchschnittsbetrag, der in der Sozialhilfe für einmalige Beihilfen an Alleinstehende ausgezahlt wurde (16,2% des Regelbedarfs). Der monatliche Durchschnittsbetrag für einmalige Beihilfen in der Sozialhilfe lag bei Familien mit Kindern um gut 2% darüber. Bei ihnen wurden mit der Hartz-Reform die Leistungen gekürzt. Einmalige Beihilfen waren in den Jahren zuvor schon erheblich zusammengestrichen worden. 1980 betrugen die einmaligen Beihilfen noch durchschnittlich 23,1% der laufenden Regelbedarfe.

Die damalige rot-grüne Regierung erklärte stolz: *„Damit [mit der Pauschalierung der einmaligen Beihilfen] haben die Bezieherinnen und Bezieher von Sozialhilfe mehr Möglichkeiten, über die Verwendung des Geldes selbst zu bestimmen"* (info also 2004, 190): mehr Selbstbestimmung über weniger Geld.

Auch die BezieherInnen von GSi bekamen mit der neuen Pauschale weniger. Bis Ende 2004 bekamen sie rd. 342 € (297 € plus 15% des Regelbedarfs) und konnten diesen Betrag zusätzlich mit einmaligen Beihilfen aufstocken. Mit Hartz IV fiel diese Möglichkeit weg.

Der Hauptzweck der Einbeziehung der einmaligen Beihilfen in den Regelbedarf war die Senkung der Kosten.

Die fast vollständige Pauschalierung des früheren Kleidergelds hat gewiss ein paar Vorteile: Sie müssen keine Quittungen mehr vorlegen. Es gibt keine Karenzzeit von sechs Monaten mehr, in der man kein Kleidergeld bekommt. Es gibt keine Gutscheine mehr. Man wird nicht mehr zu Kleiderkammern geschickt, in denen man das findet, was man nicht braucht…

Die entwürdigende Gängelung ist aber ersetzt worden durch die *„Freiheit"*, Beträge ansparen zu müssen, die im Bedarfsfall niemals reichen. Pauschalen für einmalige Beihilfen sind im Prinzip sinnvoll. Sie bringen aber nur dann mehr Selbstbestimmung, wenn sie erheblich höher sind als die heutigen Beträge.

Forderungen

Eine gesetzliche Öffnungsklausel für Sonderbedarfe als einmalige Beihilfen, z.B. für Kühlschränke, Waschmaschinen oder Brillen!

Erlass von Darlehen, wenn sich Leistungsbeziehende wiederholt hoch verschulden müssen, um unabweisbare Bedarfslagen zu decken!

Erstausstattung für Wohnungen von Auszubildenden, SchülerInnen und Studierenden!

Erhöhung des Regelbedarf auf mindestens 600 €!

Elterngeld

Inhaltsübersicht

1. Leistungen für Kinderbetreuung

Am 1.1.2007 wurde mit dem Gesetz zum **Elterngeld** und zur **Elternzeit** (BEEG) das Elterngeld eingeführt. Es gilt für alle Kinder, die ab diesem Datum geboren wurden und ersetzt das bisherige Erziehungsgeld. Elterngeld gibt es in drei Varianten: Basiselterngeld (§ 4 Abs. 2 S. 1 BEEG), ElterngeldPlus (§ 4 Abs. 3 S. 1 BEEG) und Partnerschaftsbonus (§ 4 Abs. 4 S. 2 BEEG), die miteinander kombiniert werden können. Bitte beachten Sie, dass die nachfolgenden Ausführungen die Rechtslage darstellen, die für Kinder anwendbar ist, die ab dem 01.07.2015 geboren sind. Für Kinder, die vor dem 01.07.2015 geboren sind, sind die §§ 2 bis 22 BEEG in der bis zum 31.12.2014 geltenden Fassung weiter anzuwenden (§ 28 Abs. 1 S. 2 BEEG), welche hier nicht im Einzelnen dargestellt werden können und teilweise Abweichungen von der derzeitigen Rechtslage beinhalten. Sie sollten sich daher insoweit von einer zuständigen Stelle beraten lassen.

Zum 1.8.2013 wurde nach kontroverser öffentlicher Debatte das **Betreuungsgeld** für Eltern eingeführt, die Ihr Kind zwischen dem 15. und 36. Lebensmonat zu Hause betreuen. Allerdings wurde es bereits am 21.7.2015 vom Bundesverfassungsgericht (BVerfG) wieder **für nichtig erklärt**, da der Bund gar nicht die Gesetzgebungskompetenz habe, ein solches Gesetz zu erlassen.

Seit dem 1.7.2015 gibt es mit dem **„ElterngeldPlus“** eine Teilzeitvariante des Elterngeldes, mit flexiblen und verlängerten Bezugszeiten. Ebenfalls seit 1.7.2015 greift schließlich eine **flexiblere Variante** der **Elternzeit**.

Deutschland liegt mit 160 verschiedenen Zuwendungen für Familien ausgabenmäßig weltweit auf einem Spitzenplatz (SZ 25./26.7.2015). Angesichts dieser Fülle von Leistungen und Regelungen, die Erziehung und Betreuung von Babys und Kindern ermöglichen sollen, sollte man meinen, Deutschland wäre ein kinderfreundliches Land.

2.1 Anspruch auf Elterngeld

Elterngeld und „ElterngeldPlus“ bekommen Sie **nach der Geburt** von Kindern und Mehrlingen, wenn Sie

- Ihren Wohnsitz bzw. gewöhnlichen Aufenthalt in Deutschland haben,
- mit Ihrem Kind in einem Haushalt leben,
- die Betreuung und Erziehung dieses Kindes übernehmen und
- keiner oder keiner vollen Erwerbstätigkeit nachgehen, d.h. keiner durchschnittlichen wöchentlichen Arbeitszeit von über 30 Stunden (§ 1 Abs. 1 iVm. Abs. 6 BEEG).

Keinen Anspruch haben Personen, deren durchschnittlich zu versteuerndes Einkommen vor der Geburt des Kindes 250.000 € bzw. 500.000 € bei beiden Elternteilen übersteigt (§ 1 Abs. 8 BEEG).

⇨ Ausländer*innen, die freizügigkeitsberechtigt sind (aus den Mitgliedsstaaten der EU), haben Anspruch auf Elterngeld. Seit dem 01.03.2020 (§ 28 Abs. 3 S. 1 BEEG) haben auch deutlich mehr nicht freizügigkeitsberechtigte Ausländer*innen Anspruch auf Elterngeld als vorher (Näheres hierzu: https://www.der-paritaetische.de/fileadmin/user_upload/Publikationen/doc/broschuere_MBE_familienleistungen_2020_web.pdf).

Der Anspruch ist davon abhängig, welcher Aufenthaltstitel vorliegt. Geregelt ist dies in § 1 Abs. 7 BEEG. Danach besteht ein Anspruch mit folgenden Aufenthaltspapieren:

1. mit Niederlassungserlaubnis und Erlaubnis zum Daueraufenthalt-EU (§ 1 Abs. 7 S. 1 Nr. 1 BEEG),
2. mit Blauer Karte EU, ICT-Karte, Mobiler-ICT-Karte oder einer Aufenthaltserlaubnis, wenn diese für einen Zeitraum von mindestens sechs Monaten zur Ausübung einer Erwerbstätigkeit berechtigen oder berechtigt haben oder eine konkrete Erwerbstätigkeit erlauben (§ 1 Abs. 7 S. 1 Nr. 2 BEEG). Diese Voraussetzung ist bei fast allen Aufenthaltserlaubnissen erfüllt.

   Ausgeschlossen vom Anspruch auf Elterngeld bleiben danach nur folgende Aufenthaltserlaubnisse (§ 1 Abs. 7 S. 1 Nr. 2 a) BEEG):
   - § 16e AufenthG (studienbezogenes Praktikum-EU),
   - § 19c Abs. 1 AufenthG zum Zweck der Beschäftigung als Au-Pair oder zum Zweck der Saisonbeschäftigung,
   - § 19e AufenthG (Europäischer Freiwilligendienst) sowie
   - § 20 Absatz 1 und 2 AufenthG (Arbeitsplatzsuche für Fachkräfte aus dem Ausland).

Spezielle Voraussetzungen gelten **für** folgende Aufenthaltserlaubnisse (§ 1 Abs. 7 S. 1 Nr. 2 b) BEEG):

- § 16b AufenthG (Studium),
- § 16d AufenthG (Anerkennung ausländischer Berufsqualifikationen) sowie
- § 20 Abs. 3 AufenthG (Arbeitsplatzsuche nach Studium oder Berufsabschluss in Deutschland).

Diese Gruppen haben dann einen Elterngeldanspruch, wenn sie erwerbstätig sind, in Elternzeit sind oder Arbeitslosengeld I beziehen.

3. Ferner wurde der Anspruch auf Elterngeld für Personen mit **bestimmten humanitären Aufenthaltserlaubnissen** erweitert (§ 1 Abs. 7 S. 1 Nr. 2c), 3, 4 BEEG):
   Für § 23 Abs. 1 des AufenthG wegen eines Krieges im Heimatland oder nach den § 23a AufenthG, § 24 AufenthG, §§ 25 Abs. 3 bis 5 AufenthG besteht seit 1. März 2020 ein Anspruch auf Elterngeld, wenn die leistungsberechtigte Person entweder erwerbstätig ist, sich in Elternzeit befindet oder Arbeitslosengeld I bezieht (§ 1 Abs. 7 S. 1 Nr. 3 BEEG) oder bereits seit 15 Monaten in Deutschland lebt (§ 1 Abs. 7 S. 1 Nr. 4 BEEG; anzurechnen ist die gesamte Zeit des Aufenthalts). Für minderjährige Leistungsberechtigte ist die Erwerbstätigkeit auch innerhalb der ersten 15 Monate keine Voraussetzung (§ 1 Abs. 7 S. 2 BEEG).
4. Auch mit einer **Beschäftigungsduldung** (§ 60a Abs. 2 S. 3 i. V. m § 60d AufenthG) besteht Anspruch auf Elterngeld (§ 1 Abs. 7 S. 1 Nr. 5 BEEG).
   Kein Anspruch besteht weiterhin mit einer Ausbildungsduldung (§ 60a Abs. 2 S. 3 i. V. m. § 60c AufenthG), einer „normalen" Duldung (§ 60a AufenthG), einer „Duldung für Personen mit ungeklärter Identität" (§ 60a i. V. m. § 60b AufenthG) sowie einer Aufenthaltsgestattung (§ 55 AsylG).

Wegen der komplizierten Rechtslage sollten Sie sich von einer zuständigen Stelle beraten lassen.

Für **Adoptivkinder** wird Elterngeld ebenfalls gezahlt. Auch für **Stiefkinder**, wenn Sie diese betreuen und versorgen. **Verwandte bis zum dritten Grad** und ihre Partner*innen können unter besonderen Voraussetzungen (Behinderung, Krankheit oder Tod der Eltern) Elterngeld erhalten, wenn sie anstatt der Eltern das Kind versorgen (§ 1 Abs. 3, 4 BEEG).

Beziehen Sie Alg II oder HzL/ GSi der Sozialhilfe haben Sie auch einen Anspruch auf Elterngeld, es wird aber als Einkommen angerechnet (⇨2.4).

2.2 Höhe und Bezugsdauer des Elterngeldes

Das Elterngeld beträgt 67 Prozent des durchschnittlichen Nettoeinkommens der letzten zwölf Monate vor Geburt des Kindes („Bemessungszeitraum"; Zur Berechnung des maßgeblichen durchschnittlichen Nettoeinkommens vgl. §§ 2b ff BEEG).

Maximal werden 1.800 € Elterngeld gezahlt (§ 2 Abs. 1 BEEG). Liegt Ihr Nettoeinkommen unter 1.000 €, erhöht sich der Elterngeldbetrag schrittweise bis auf 100 Prozent bei 340 € Einkommen. Liegt Ihr Nettoeinkommen über 1.200 € verringert sich der Betrag schrittweise bis auf 65 Prozent bei 1.240 € Einkommen (§ 2 Abs. 2 BEEG).

Das Erwerbseinkommen wird nach steuerrechtlichen Vorschriften ermittelt. Einmalige Einnahmen werden nicht berücksichtigt, jedoch regelmäßig vom Arbeitgeber gezahlte Umsatzprovisionen (BSG 10.2.2010 - B 10 EG 3/09 R).

Gehaltsnachzahlungen, die der/die Elterngeldberechtigte außerhalb der für die Bemessung des Elterngeldes maßgeblichen zwölf Monate vor dem Monat der Geburt des Kindes (Bemessungszeitraum) „erarbeitet" hat, sind der Bestimmung der Höhe des Elterngeldes zugrunde zu legen, wenn sie im Bemessungszeitraum zugeflossen sind (BSG 27.6.2019 – B 10 EG 1/18 R)

Haben Sie vor der Geburt des Kindes **kein Erwerbseinkommen** erzielt, erhalten Sie den Sockelbetrag von **300 €** (§ 2 Abs. 4 BEEG).

Leben Sie mit zwei Kindern unter drei Jahren oder mindestens drei Kindern unter sechs Jahren im Haushalt, bekommen Sie zusätzlich einen „Geschwisterbonus" von 10 Prozent des zustehenden Elterngeldes, mindestens jedoch 75 € (§ 2a Abs. 1 BEEG).

Bei Mehrlingsgeburten erhöht sich der Anspruch um 300 € für jedes weitere neu geborene Kind (§ 2a Abs. 4 S. 1 BEEG). Mehrlinge zählen allerdings nicht für den „Geschwisterbonus".

Das Elterngeld wird für zwölf Monate gezahlt (§ 4 Abs. 4 S. 1 BEEG). Wenn der zweite Elternteil für mindestens zwei Monate seine Arbeitszeit auf wenigstens 30 Stunden reduziert, kommen zwei weitere Monate hinzu (§ 4 Abs. 4 S. 2, 1 Abs. 1 S. 1 Nr. 4 i.V.m. Abs. 6 BEEG). Alleinerziehende haben auch ohne Partner*in Anspruch auf 14 Monate Elterngeld.

Eltern können selbst entscheiden, wer von ihnen wie lange Elterngeld bezieht (§ 4 Abs. 4 Satz 1 BEEG). Die 14 Monate Bezugsdauer können flexibel untereinander aufgeteilt werden.

2.3 Höhe und Bezugsdauer des „Elterngeld Plus"

Das aufgrund von **Teilzeitarbeit** wegfallende Einkommen wird wie beim normalen Elterngeld abhängig vom vorherigen Einkommen zu 65 bis 100 Prozent ersetzt (§ 2 Abs. 3 BEEG). Das „ElterngeldPlus" beträgt **maximal die Hälfte** des zustehenden Elterngeldes, das den Eltern ohne Teilzeiteinkommen nach der Geburt zustünde. Es wird **für den doppelten Zeitraum**, im Normalfall 24 Monate, gezahlt und kann folglich über den 14. Lebensmonat des Kindes hinaus bezogen werden (§ 4 Abs. 3 BEEG).

Teilen sich die Eltern die Betreuung des Kindes und arbeiten **parallel** für vier Monate zwischen 25 und 30 Wochenstunden Teilzeit, erhalten sie jeweils **vier zusätzliche** „ElterngeldPlus"-Monate. Das nennt sich dann „Partnerschaftsbonus" (§ 4 Abs. 4 Satz 2 BEEG).

Auch bei **Alleinerziehenden,** die mit einer reduzierten Teilzeitbeschäftigung „ElterngeldPlus" beziehen können, verlängert sich der Anspruch um vier zusätzliche Monate, wenn sie in mindestens vier aufeinanderfolgenden Monaten zwischen 25 und 30 Wochenstunden arbeiten. Den Bonus gibt es also auch ohne Partner*in.

Bezugszeiten von Elterngeld und „ElterngeldPlus" sind frei kombinierbar (§ 4 Abs. 1, 2 S. 4 und Abs. 3 Satz 1 BEEG).

2.4. Elterngeld – anrechenbares Einkommen

Wenn Sie Alg II oder HzL/ GSi der Sozialhilfe beziehen, wird Elterngeld seit 2011 in voller Höhe als Einkommen angerechnet (§ 10 Abs. 5 S. 1 BEEG). Es ist dann allerdings wie normales Einkommen zu bereinigen, also um Versicherungspauschale, Kfz-Haftpflichtversicherung und Sozialversicherungszusatzbeiträge, Riester-, Gewerkschafts- und Sozialverbandsbeiträge (⇨Einkommensbereinigung).

Ausnahme! Haben Sie aber **vor der Geburt des Kindes Erwerbseinkommen erzielt**, bleibt Elterngeld in Höhe des im Jahr zuvor durchschnittlich erzielten Erwerbseinkommens **bis zu 300 €** im Monat unberücksichtigt (§ 10 Abs. 5 S. 2 BEEG). Sie dürfen es trotz Alg II-/ Sozialhilfebezuges behalten. Das übrige Elterngeld ist wie normales Einkommen anzurechnen und zu bereinigen, also abzüglich Versicherungspauschale und, wenn vorhanden, Kfz-Versicherung, Riester, Gewerkschafts- und Sozialverbandsbeiträge. Bei „ElterngeldPlus"-Bezug verringern sich die Beträge um die Hälfte (§ 10 Abs. 5 S. 3 BEEG). Jobcenter/ Sozialamt legen für das anrechnungsfrei zu stellende Einkommen das im **Elterngeldbescheid** festgelegte **durchschnittliche Jahreseinkommen** zugrunde.

2.5 Sonderregeln aus Anlass der Corona-Pandemie (§§ 2b Abs. 1 S. 3, 27 BEEG iVm. Beschäftigungssicherungsgesetz (BeschSiG))

Die Corona-Pandemie hat zur Folge, dass eine steigende Zahl von Eltern die Voraussetzungen für das Elterngeld nicht mehr einhalten können, weil sie zu systemrelevanten Berufen gehören und daher mehr als geplant arbeiten müssen oder weil sie z.B. von Kurzarbeit betroffen sind. Damit Eltern beim Elterngeld möglichst keine Nachteile durch die Folgen der Corona-Pandemie entstehen, wurden vorübergehende gesetzliche Änderungen im Hinblick auf Einkommensverlust, Bezugs-/Bemessungszeitraum sowie Änderung der Arbeitszeit vorgenommen.
Bestimmte Regelungen setzen voraus, dass Sie eine systemrelevante Tätigkeit ausüben. Wann eine derartige Tätigkeit vorliegt, können Sie der Verordnung zur Bestimmung kritischer Infrastrukturen nach dem Gesetz über das Bundesamt für Sicherheit in der Informationstechnik (BSI-Gesetz), der Verordnung zu Abweichungen vom Arbeitszeit-

gesetz infolge der COVID-19-Epidemie und den landesrechtlichen Bestimmungen für die Berechtigung zur Inanspruchnahme von Kindernotfallbetreuung entnehmen.
Wichtig ist, dass Sie dafür einen Nachweis Ihres Arbeitgebers vorlegen können (bei Selbständigen: plausible Erklärung).

Es wurde u.a. folgendes geregelt:

- geringeres Einkommen im Bezugszeitraum (§ 2b Abs. 1 S. 3, Abs. 2 S. 2 BEEG)
  Für die Höhe des Elterngeldes ist Ihr Einkommen im Bezugszeitraum maßgebend. Einkommensverluste, die Sie zwischen dem 1. März und dem 31. Dezember 2021 wegen der Corona-Pandemie haben (z.B. durch Kurzarbeit, Freistellung, Arbeitslosigkeit oder Schließung des ausgeübten Gewerbes), können Sie – wenn Sie möchten – auf Antrag bei der Berechnung des Elterngeldes ausklammern. Das bedeutet: diese Monate werden übersprungen und stattdessen das Einkommen aus davorliegenden Monaten für die Elterngeldbemessung berücksichtigt (§ 2b Abs. 1 S. 3 BEEG). Dies gilt auch, wenn Sie selbstständig waren oder Sie sowohl Einkünfte aus einer selbstständigen Tätigkeit als auch Einkünfte aus einer nicht-selbstständigen Tätigkeit hatten. Dann verschiebt sich – wenn Sie möchten – der Bemessungszeitraum auf das Kalenderjahr davor (§ 2b Abs. 2 S. 2 iVm. Abs. 1 S. 3 BEEG).
  Zu den Einkommensminderungen aufgrund der Corona-Pandemie zählen auch mittelbare Änderungen der Einkommenssituation, wie zum Beispiel die Reduzierung der Arbeitszeit zugunsten der Kinderbetreuung.
- Verschiebung von Bezug von Elterngeld bei Tätigkeit in systemrelevantem Beruf (§ 27 Abs. 1 BEEG)
  Wenn Sie in einem systemrelevanten Beruf arbeiten, können Sie Elterngeldmonate, die sie ursprünglich zwischen dem 1. März 2020 und dem 31. Dezember 2020 in Anspruch nehmen wollten, auf die Zeit nach der Krise verschieben. Sie können den verschobenen Elterngeldbezug bis spätestens 30. Juni 2021 antreten. Die entstehende Lücke im Bezug ist für Ihr Elterngeld kein Problem. Auch können Sie später noch Basiselterngeld nehmen, obwohl Ihr Kind dann bereits älter als 14 Monate ist.
- Auswirkungen auf Partnerschaftsbonus
  Partnerschaftsbonusmonate, die schon beantragt wurden, aber noch nicht begonnen haben, und ganz oder teilweise in die Zeit vom 01.03.2020 bis 31.12.2020 fallen, können unter den Voraussetzungen des § 27 Abs. 1 BEEG verschoben werden, wobei ausreichend ist, dass nur ein Elternteil einen systemrelevanten Beruf ausübt (§ 27 Abs. 2 S. 1 BEEG). Auch hier müssen die aufgeschobenen Partnerschaftsbonusmonate spätestens bis zum 30.06.2021 angetreten werden. Zu beachten ist auch, dass die vier Partnerschaftsbonusmonate von beiden Elternteilen aufgeschoben und zusammenhängend genommen werden müssen. Lücken vor Beginn der Partnerschaftsbonusmonate sind unschädlich.
  Wurde der Partnerschaftsbonus bis zum 27.05.2020 beantragt und lag der Bezug des Partnerschaftsbonus ganz oder teilweise zwischen dem 01.03.2020 und 31.12.2020, haben Eltern ihren Partnerschaftsbonus nicht verloren, wenn sie auf Grund der Corona-Pandemie mehr oder weniger gearbeitet haben als geplant. Denn es gelten hinsichtlich der Höhe des Einkommens und des Umfangs der Arbeitszeit die Angaben bei Antragstellung (§ 27 Abs. 3 BEEG).
- Änderung der Regelung des § 3 Abs. 1 S. 1 Nr. 5 BEEG (Anrechnung von anderen Einnahmen) für die Zeit vom 01.03.2020 bis 31.12.2021 (§ 27 Abs. 4 BEEG in der Fassung ab 01.01.2021)
  Die außergewöhnliche Situation durch das neuartige Coronavirus stellt eine besondere Härte dar. Sie erlaubt es, dass – entgegen der üblichen Regelung – im Elterngeldantrag getroffene Entscheidungen auch dann noch rückgängig gemacht werden können, wenn Ihnen bereits Monatsbeträge ausgezahlt wurden (§ 7 Abs. 2 S. 3 BEEG). Sie können eine Verschiebung nachträglich noch für bis zu drei zurückliegende Elterngeldmonate bei Ihrer Elterngeldstelle beantragen. Die bereits ausgezahlten Beträge werden zurückgefordert oder mit dem späteren Elterngeldanspruch verrechnet.

3. Elternzeit – Auszeit für Kinderbetreuung (§§ 15 - 21 BEEG)

Betreuen und erziehen Arbeitnehmer*innen ihr Kind selbst, haben sie bis zur Vollendung des dritten Lebensjahres des Kindes Anspruch auf **36 Monate** Elternzeit. Das gilt für beide Elternteile. Die Eltern können **24 Monate** Elternzeit **zwischen dem dritten und achten Geburtstag** des Kindes einsetzen. Eine Zustimmung des Arbeitgebers ist nicht mehr erforderlich, wenn die Zeiten mindestens 13 Wochen vor dem dritten Geburtstag des Kindes angemeldet wurden (§§ 15 Abs. 2 S. 2, 16 Abs. 1 S. 1 Nr. 2 BEEG). Die Eltern können die Elternzeit auf **drei** statt bisher zwei **Zeitabschnitte** pro Elternteil verteilen (§§ 16 Abs. 1 S. 6 BEEG) und dem Wunsch auf **Teilzeitbeschäftigung** mehr Nachdruck verleihen, weil Arbeitgeber diese nur noch mit dringenden betrieblichen Gründen ablehnen können (§ 15 Abs. 4 S. 3,4 bzw. § 15 Abs. 5 ff BEEG).

Während der Elternzeit besteht i.d.R. **Kündigungsschutz**. Dieser beginnt mit der Anmeldung der Elternzeit, frühestens jedoch acht Wochen vor Beginn einer Elternzeit bis zum vollendeten 3. Lebensjahr des Kindes und frühestens 14 Wochen vor Beginn einer Elternzeit zwischen dem 3. Geburtstag und dem vollendeten 8. Lebensjahr des Kindes. (§ 18 Abs. 1 BEEG).

Elternzeit kann für ein oder beide Elternteile auch als **Teilzeitbeschäftigung** zwischen 15 und 30 Wochenstunden gewährt werden. Das ist möglich in Betrieben ab 15 Beschäftigten und wenn betriebliche Gründe dem nicht entgegenstehen (Näheres hierzu § 15 Abs. 5 ff BEEG).

4. Betreuungsgeld (§§ 4a - 4d BEEG) und das Bayerische Betreuungs- bzw. Familiengeld (BayFamGG) sowie das Bayerische Krippengeld (Art. 23a BayKiBiG)

Das Betreuungsgeld (§§ 4a – 4d BEEG), im Volksmund auch ***„Herdprämie“*** genannt, wurde zum 1.8.2013 nach lautstarken politischen Auseinandersetzungen geschaffen und mit Wirkung zum 21.7.2015 nach weniger als zwei Jahren sang- und klanglos aufgehoben. Es wurde als Bundesleistung durch das **Bundesverfassungsgericht** (BVerfG v. 21.7.2015 – 1 BvF 2/13) für nichtig erklärt, da eine solche Familienleistung Ländersache sei und der Bund damit seine Gesetzgebungskompetenzen überschritten habe.

Anspruch auf Betreuungsgeld in Höhe von **150 €** mtl. (§ 4b BEEG) hatte bis zur Entscheidung des BVerfG **ein Elternteil**, wenn die Eltern für ihr Kind **keine** frühkindliche Betreuung in öffentlich bereitgestellten Kindertagesstätten oder anderen Einrichtungen in Anspruch nahmen (§ 4a Abs. 1 BEEG). Das bis 21.7.2015 bewilligte Betreuungsgeld konnte nach dem Elterngeldbezug vom **15. Lebensmonat** des Kindes an bezogen werden und wurde für maximal 22 Monate bis zur Vollendung des **36. Lebensmonats** gezahlt (§ 4 Abs. 1 BEEG). Elterngeld und Betreuungsgeld konnte i.d.R. nur nacheinander bezogen werden. Hatten Eltern mehrere Kinder, die diese Voraussetzungen erfüllten, konnte für jedes Kind Betreuungsgeld beantragt werden.

Wie das Elterngeld wurde auch das bis Juli 2015 bewilligte Betreuungsgeld bei Alg II, HzL und GSi der Sozialhilfe **als Einkommen angerechnet**, musste aber zuvor bereinigt werden (⇨2.4).

Die CSU und die bayerische Landesregierung, beide Befürworter des Betreuungsgeldes, hatten ein **Bayerisches Betreuungsgeldgesetz** als Leistung auf Landesebene eingeführt. Das am 21. Juni 2016 vom Landtag verabschiedete Gesetz ist am Folgetag in Kraft getreten. Es schließt nahtlos an die Bundesregelung an, d.h. Leistungen, die nach dem 21.7.2015 in Bayern beantragt wurden, sollen rückwirkend erbracht werden.

Das Bayerische Betreuungsgeld ist zum 01.09.2018 durch das **Bayerische Familiengeld** (BayFamGG) abgelöst worden. Der Freistaat Bayern gewährt den Eltern für jedes Kind im zweiten und dritten Lebensjahr, d. h. vom 13. bis zum 36. Lebensmonat 250 € pro Monat, ab dem dritten Kind sogar 300 € pro Monat. Das Familiengeld erhalten Eltern für ihre Kinder, die ab dem 1. Oktober 2015 geboren sind (Näher hierzu Art 1 ff BayFamGG, https://www.gesetze-bayern.de/Content/Document/BayFamGG?AspxAutoDetectCookieSupport=1).

Nach der gesetzlichen Regelung des Bayerischen Familiengeldgesetzes (Art. 1 BayFamGG) dient das Familiengeld der frühen Erziehung und Bildung der Kinder einschließlich gesundheitsförderlicher Maßnahmen und somit anderen Zwecken als der Existenzsicherung. Aus diesem Grund soll bzw. darf es nicht auf existenzsichernde Sozialleistungen und somit auch **nicht auf Alg II**-Leistungen **angerechnet** werden.

Trotz des eindeutigen Gesetzeswortlautes des Art. 1 BayFamGG sah der derzeitige Bundesminister für Arbeit und Soziales, Hubertus Heil, dies in der Vergangenheit anders und vertrat zunächst die Auffassung, dass das Familiengeld bedarfsmindernd auf Alg II Leistungen angerechnet werden muss. Anfang 2019 wurde zwischen dem Bundesministerium für Arbeit und Soziales (BMAS) und der Bayerischen Staatsregierung eine Einigung erzielt, dass das Bayerische Familiengeldes nicht auf Alg II-Leistungen anzurechnen ist. Mit Wirkung vom 31.05.2019 wurde der Wortlaut des Art. 2 Abs. 1 Satz 1 Nr. 3 BayFamGG dahingehend geändert, dass nach dem Wort „erzieht" die Wörter „und für eine förderliche frühkindliche Betreuung des Kindes sorgt" eingefügt wurden. Die Regionaldirektion Bayern der Bundesagentur für Arbeit als Grundsicherungsträger hat die unter Aufsicht des Bundes stehenden Jobcenter mit Datum vom 03. Juni 2019 angewiesen, die betroffenen Bescheide rückwirkend zu ändern und damit auch die Nachzahlungen der bisher gekürzten Grundsicherungsleistungen zu veranlassen.

Tipp: Sollte bei Ihnen das Familiengeld in der Vergangenheit oder aktuell auf das Alg II angerechnet worden sein bzw. werden, sollten Sie sich hiergegen mit Widerspruch bzw. Überprüfungsantrag gem. § 44 SGB X wehren.

Der Freistaat Bayern hat mit Wirkung zum 1. Januar 2020 das Bayerische Krippengeld (Art. 23a BayKiBiG) eingeführt. Damit werden Eltern bereits ab dem ersten Geburtstag ihres Kindes mit monatlich bis zu 100 € pro Kind bei den Elternbeiträgen für Kitas oder Tagespflege entlastet, wenn sie diese tatsächlich tragen und ihr Kind in einer nach dem Bayerischen Kinderbildungs- und -betreuungsgesetz (BayKiBiG) geförderten Kindertageseinrichtung oder Tagespflege („Tagesmutter") betreut wird. Bei der Tagespflege ist darauf abzustellen, ob für das konkrete Tagespflegeverhältnis Ihres Kindes eine Förderung nach BayKiBiG erfolgt. Das Bayerische Krippengeld erhalten nur Eltern, deren Einkommen eine bestimmte haushaltsbezogene Einkommensgrenze (bis 60.000 € und zusätzlich 5.000 € für jedes weitere Kind im Kindergeldbezug) nicht übersteigt (Art. 23a Abs. 3 - 5 BayKiBiG). Für die Einkommensermittlung ist das Kalenderjahr maßgeblich, in dem das Kind sein erstes Lebensjahr vollendet (Art. 23a Abs. 6 S. 1 BayKiBiG). Neben den Eltern können auch Adoptionspflegeeltern und Pflegeeltern vom Krippengeld profitieren. Das Bayerische Krippengeld erhalten Eltern für ihre Kinder, die nach dem 1. Januar 2017 geboren und bereits ein Jahr alt sind. Es wird bis zum 31.08. des Jahres gewährt, in dem das Kind drei Jahre alt wird. Für die Gewährung ist ein schriftlicher **Antrag** erforderlich(Art. 23a Abs. 10 S. 1 BayKiBiG). Eine **rückwirkende** Antragstellung ist für **zwölf Monate** möglich, **sofern** der Antrag spätestens bis zum 31.08. des Jahres gestellt wird, in dem das Kind das dritte Lebensjahr vollendet (Art. 23a Abs. 10 S. 4 BayKiBiG). Anspruch auf Krippengeld besteht **parallel** zum Anspruch auf BasisElterngeld, ElterngeldPlus, Partnerschaftsbonusmonate und Bayerisches Familiengeld.
Eine **Anrechnung** des Krippengeldes auf Alg II-Leistungen erfolgt **nicht.** Wie bereits erwähnt, können Sie das Krippengeld nur dann erhalten, wenn Sie die für die Betreuung Ihres Kindes anfallenden Elternbeiträge auch tatsächlich selbst tragen.

Tipp: Wenn Sie eine der folgenden Leistungen erhalten, können Sie im Rahmen der wirtschaftlichen Jugendhilfe auf Antrag vollständig von den Elternbeiträgen befreit werden (§ 90 Abs. 4 S. 2 SGB VIII):
- Leistungen zur Sicherung des Lebensunterhalts nach SGB II (Alg II, Sozialgeld, Bildung und Teilhabe),
- Leistungen zur Sicherung des Leensunterhalts nach dem 3. (HzL) und 4. Kapitel (GSi) des SGB XII

- Leistungen nach den §§ 2, 3 des Asylbewerberleistungsgesetzes,
- Kinderzuschlag (§ 6a BKGG),
- Wohngeld (WoGG)

Sofern Sie solche Leistungen beziehen, sollten Sie für künftige Zeiträume **statt Krippengeld die wirtschaftliche Jugendhilfe gemäß § 90 Abs. 4 S. 2 SGB VIII beim zuständigen Jugendamt** beantragen. So können Sie vollständig von den Elternbeiträgen entlastet werden (beim Krippengeld: maximal 100 € pro Kind und pro Kalendermonat). Sofern Sie das Krippengeld bereits beantragt haben oder beziehen, müssen Sie dem Zentrum Bayern Familie und Soziales (ZBFS) mitteilen, wenn das Jugendamt (oder eine andere öffentliche Stelle) Elternbeiträge übernimmt.

5. Antrag

Sie müssen den Antrag auf Elterngeld schriftlich und rechtzeitig stellen. Elterngeld wird rückwirkend nur für drei Monate **vor** Eingang Ihres Antrags gezahlt (§ 7 Abs. 1 BEEG).
Elterngeldstellen finden Sie meistens bei den Behörden der Landkreise oder Kreisfreien Städte. Infos im Netz unter www.familienportal.de; https://familienportal.de/action/familienportal/125008/action/suche

6. Erstattung von Elterngeld

Im Alg II-Bezug darf das Jobcenter das Elterngeld nicht als Einkommen anrechnen, solange es nicht zur Auszahlung gebracht wird, weil es nicht als „bereites Mittel" zufließt (§ 11 Abs. 1 S. 1 SGB II). Alg II muss dann in voller Höhe erbracht werden. Das Jobcenter soll dann aber bei der Elterngeldstelle einen Erstattungsanspruch nach § 102 ff SGB X stellen. Nachzuzahlendes Elterngeld wird dann von der Elterngeldstelle direkt an das Jobcenter ausgezahlt. § 104 Abs. 3 SGB X bestimmt, dass sich hierbei *„der Umfang des Erstattungsanspruchs [...] nach den für den vorrangig verpflichteten Leistungsträger geltenden Rechtsvorschriften"* richtet. Das bedeutet, das Jobcenter darf die Erstattung nur unter Abzug der Versicherungspauschale (und wenn vorhanden: Kfz-Versicherung, Riester, Gewerkschafts- und Sozialverbandsbeiträge) geltend machen. Hier liegt die Rechtsfehlerquote annähernd bei 100 Prozent.
Was ist zu tun: Wenn das Jobcenter sich zu viel hat erstatten lassen und die Elterngeldstelle einen Bescheid erlässt, in der die Erstattung bekanntgegeben wird und der zudem mit einer Rechtsmittelbelehrung versehen ist, dann muss von Ihnen gegen den feststellenden Bescheid der Elterngeldstelle Widerspruch eingelegt werden. Denn Ihr Anspruch auf Elterngeld gegenüber der Elterngeldstelle ist nur in dem Umfang erloschen, in welchem dem Jobcenter gegenüber der Elterngeldstelle auch ein wirksamer Erstattungsanspruch im Sinne der §§ 102 ff SGB X zusteht (§ 107 Abs. 1 SGB X). Hat die Elterngeldstelle z.B. dem Jobcenter einen Betrag in Höhe von 2.100 € erstattet, obwohl dem Jobcenter ein wirksamer Erstattungsanspruch gemäß §§ 102 ff SGB X nur in Höhe von 2.000 € zusteht, haben Sie gemäß § 107 Abs. 1 SGB X gegenüber der Elterngeldstelle einen Anspruch auf Elterngeld in Höhe von 100 €, da in dieser Höhe kein Erstattungsanspruch des Jobcenters besteht und somit Ihnen das Elterngeld in dieser Höhe zusteht. Die Elterngeldstelle muss sich dann das zu viel gezahlte Elterngeld in Höhe von 100 € vom Jobcenter wiederholen.

Wenn die Elterngeldstelle die Weiterleitung in voller Höhe an das Jobcenter nur mitteilt, dann sollten Sie sich direkt an das Jobcenter wenden und das Jobcenter zur Nachzahlung der nach § 104 Abs. 3 SGB X zu Unrecht erstatten Beträge auffordern.

Kritik

Das Elterngeld ist für Erwerbstätige ein gewisser Fortschritt. Es hat nicht mehr, wie das Erziehungsgeld, die Funktion, den Ausstieg aus der Erwerbsarbeit zu fördern. Es ist eine Lohnersatzleistung und gleicht Einkommensverluste bei Familiennettoeinkommen bis 2.600 € im ersten Lebensjahr des Kindes weitgehend aus. Was allerdings danach kommt, bleibt im Dunkeln. Mit „ElterngeldPlus" versucht die Regierung, durch Streckung der Mittel eine zweijährige Teilzeitoption zu schaffen, die allerdings von der Arbeitswelt erst noch angenommen werden muss. Nach wie vor mangelt es vielerorts an

bezahlbaren Krippen- und Ganztagsplätzen in Kindergärten und Schulen. Fraglich ist auch, ob der Lohnersatz hoch genug ist, um den Eltern wirklich eine freie Entscheidung zu ermöglichen.

Durch Elterngeld sollen „*positive Anreize zur Erwerbsarbeit gesetzt*" werden. Der Bedarf von Erwerbslosen sei mit Alg II allerdings ausreichend gedeckt (Pressemitteilung Bundesministerium für Familie, Senioren, Frauen und Jungend, 11.5.2006). Deshalb wird das Elterngeld Alg II-beziehenden Eltern seit Januar 2011 **voll** auf die Leistung angerechnet, wenn sie vor der Geburt des Kindes keine Erwerbseinkünfte erzielt haben. Arbeitslose Eltern und ihre Kinder benötigen offenbar keine Förderung, sie verlieren durch die Anrechnung 3.600 €. Elterngeld ist eben nicht dazu gedacht, die Bereitschaft zu fördern, Kinder in die Welt zu setzen und zu erziehen, sondern die Bereitschaft, trotz Kindererziehung zu arbeiten.

Forderungen

Flächendeckender Ausbau von kostenlosen Ganztagskrippen, -kindergärten und -schulen!

Deutliche Erhöhung der Regelbedarfe von Eltern und Kindern!

Familienförderung, die allen Eltern ermöglicht, frei zu entscheiden, wie sie ihre Kinder im Alter von 0 bis 3 Jahren betreuen möchten!

Information

Bundesministerium für Familie, Senioren, Frauen und Jugend (BMFSFJ), Elterngeld, ElterngeldPlus und Elternzeit - Das Bundeselterngeld- und Elternzeitgesetz, Broschüre, 174 Seiten, Stand: Mai 2020,
www.bmfsfj.de/bmfsfj/service/publikationen/elterngeld--elterngeldplus-und-elternzeit-/73770 (auch als PDF zum Herunterladen)

www.familien-wegweiser.de/Elterngeldrechner

www.bmfsfj.de (Bundesministerium für Familie, Senioren, Frauen und Jugend)

Richtlinien zum BEEG (https://www.bmfsfj.de/blob/156526/809880621377ee7aafdf207ca733c571/richtlinien-zum-beeg-data.pdf)

Bayerisches Familiengeld: www.zbfs.bayern.de ⇨Familie, Kinder und Jugend ⇨Bayerisches Familiengeld

Bayerisches Krippengeld: www.zbfs.bayern.de ⇨Familie, Kinder und Jugend ⇨Bayerisches Krippengeld

Der Paritätische Gesamtverband, Broschüre „Familienleistungen – Ansprüche für Menschen ohne deutsche Staatsangehörigkeit", 72 Seiten, Stand: Dezember 2020 (https://www.der-paritaetische.de/fileadmin/user_upload/Publikationen/doc/broschuere_MBE_familienleistungen_2020_web.pdf)

Erbe

Inhaltsübersicht

1.1. Kostenersatz aus dem Nachlass von Alg II-Beziehenden abgeschafft

Seit dem **1.8.2016** müssen Erb*innen von SGB II-Leistungsberechtigten nicht mehr befürchten, dass deren Nachlass zum Kostenersatz für bezogene SGB II-Leistungen herangezogen wird. Mit dem Neunten SGB-II-Änderungsgesetz wurde dieser Paragraf (§ 35 II alt) **ersatzlos gestrichen**. Die Streichung erfolgte nicht, um Erb*innen zu schonen, sondern zur Verwaltungsvereinfachung für die Jobcenter. *„Die Vorschrift hat sich [...] aufgrund erheblicher praktischer Probleme nur [als] schwer umsetzbar erwiesen“* (BT-Drs. 18/8041, 45). Der Kostenersatz wurde regelmäßig nur geltend gemacht, wenn die Leistungsberechtigten vor Erreichen der Altersgrenze verstorben waren oder das Jobcenter zufällig im Einzelfall von deren Tod erfuhr. *„Diesem hohen Verwaltungsaufwand standen nur geringe Mehreinnahmen gegenüber“* (Ebenda, 46).

In Fällen, in denen das Jobcenter einen **Kostenersatz vor dem Stichtag 1.8.2016 geltend gemacht** hat, gilt weiterhin, dass Erb*innen den Nachlass herausrücken müssen. Hier sind die unter 1.2 ff. beschriebenen Regelungen der Sozialhilfe mit z.T. abweichenden Bestimmungen (s. gekennzeichnete Textstellen oder Angaben in Klammern) anzuwenden.

1.2 Sozialhilfebeziehende sterben – was passiert mit dem Nachlass?

Bei Bezug von Sozialhilfe wird Ihnen zu Lebzeiten ein geschütztes ⇨**Vermögen** zugestanden, z.B. Hausrat, ein selbstbewohntes Eigenheim, in Sonderfällen ein Auto oder ein bescheidenes Barvermögen.

Nach Ihrem Tode greift das Sozialamt auf das zu, was es Ihnen gerade noch gelassen hat. Es verlangt von den Erb*innen des/r Leistungsbeziehenden **Kostenersatz** für die bezogenen Sozialhilfeleistungen. Der/die Erb*in muss den zum Zeitpunkt des Erbfalls vorhandenen Nachlass dafür einsetzen (§ 102 Abs. 1 SGB XII).

Aus dem eigenen Vermögen muss der/die Erb*in natürlich nichts zuzahlen.

Der Kostenersatz betrifft die „Kosten der Sozialhilfe“ (siehe § 8 SGB XII) mit Ausnahme der Grundsicherung und der Kosten der Tuberkulosehilfe (§ 102 Abs. 5 SGB XII). Die Eingliederungshilfe gehört seit dem 1.1.2020 nicht mehr zur Sozialhilfe, sondern ist nunmehr als Teil 2 des SGB IX in §§ 90 ff. SGB IX geregelt. Die Sozialhilfe muss rechtmäßig erbracht worden sein; ist sie rechtswidrig erbracht worden, ergibt sich eine Ersatzpflicht nicht aus § 102 SGB XII, sondern aus §§ 45, 50 SGB X (BSG 23.3.2010 – B 8 SO 2/09 R).

Lebten Partner*innen/ Ehegatt*innen getrennt, besteht keine Ersatzpflicht für die Kosten, die während des **Getrenntlebens** angefallen sind (§ 102 Abs. 1 Satz 3 SGB XII).

1.2.1 Vererbt werden kann nur, was Ihnen gehört

Wenn Sie z.B. ein ⇨Eigenheim besitzen, das als Vermögen geschützt ist, und es bereits **zu Lebzeiten** an Ihre Kinder verschenken oder an den/die Ehegatt*in übertragen, gehört es nicht mehr zum Nachlass (⇨Schenkung). An die Stelle tritt jedoch ein Schenkungsrückforderungsanspruch gem. § 528 BGB, der grundsätzlich zu berücksichtigen ist (BSG 16.3.2013 – B 14 AS 71/12 R; 2.2.2010 – B 8 SO 21/08 R). Umstritten ist, dass das Sozialamt diesen Rückforderungsanspruch gem. § 9 SGB XII auf sich überleiten kann. Nach einer Auffassung fehlt es an einer kausalen Verknüpfung im Sinne des § 93 Abs. 1 Satz 3 SGB XII, sodass der Anspruch nicht überleitungsfähig ist (LPK SGB XII, 12. Aufl., § 93 Rn. 33; OVG Nordrhein-Westfalen 27.4.1987 – 8 A 1750/85); hierfür wird auch auf die Entscheidung des BGH verwiesen, wonach Ansprüche dann nicht überleitungsfähig sind, wenn der/die Beschenkte das Geschenk rücküberträgt, um dem/r Beschenkten die Möglichkeit der Verwertung zu geben, damit diese*r nicht sozialhilfebedürftig wird (BGH 17.12.2009 – Xa ZR 6/09). Nach einer anderen Auffassung schuldet die beschenkte Person nicht die Herausgabe des Grundstücks (das gem. § 90 Abs. 2 Nr. 8 SGB XII geschützt wäre), sondern die Zahlung von Geld (das nicht geschützt ist). Denn wenn die geschenkte Immobilie selbst bewohnt ist, unterliegt sie dem Schutz nach § 90 Abs. 2 Nr. 8 SGB XII begeben (Grube/Wahrendorf/Flint, § 93 SGB XII Rn. 21; Schellhorn u.a., § 93 SGB XII Rn. 20.1).

1.2.2 Kosten zehn Jahre rückwirkend ersetzen!

Ersetzt werden müssen „nur“ alle Kosten, die **innerhalb der letzten zehn Jahre** vor dem Erbfall aufgelaufen sind.

Das gilt auch für alte Kostenersatzansprüche bei Alg II-Bezug, die **vor** dem 1.8.2016 geltend gemacht wurden.

1.2.3 In welcher Höhe wird Sozialhilfe zurückverlangt?

Ersetzt werden müssen Kosten für Sozialleistungen, die bei der Sozialhilfe die Bagatellgrenze von **2.676 €** (Stand 2021) übersteigen (§ 102 Abs. 1 S. 2 SGB XII; das Dreifache des Grundbetrags nach § 85 Abs. 1 SGB XII; ⇨Einkommensgrenze). Es gilt dabei die Höhe des Grundbetrags zum Zeitpunkt des Erbfalls.

1.2.4 In welcher Höhe wird der Nachlass herangezogen?

Die Rückzahlungsverpflichtung ist auf die Höhe des Nachlasses beschränkt. Nachlass ist gem. § 1967 Abs. 2 BGB das Aktivvermögen abzüglich der Nachlassverbindlichkeiten (LSG Nordrhein-Westfalen 20.7.2017 – L 9 SO 240/16) einschließlich der ⇨ Bestattungskosten gem. § 1968 BGB (LSG Bayern 23.2.2012 – L 8 SO 113/09), der Kosten für Nachlassverwaltung, für eine*n Rechtsanwält*in und für die Testamentsvollstreckung sowie für die Erbschaftssteuer.

Vom übrigen Nachlass bleiben **frei**:

- ein Erbe unter dem Betrag von **2.676 €**, auch wenn der Erstattungsbetrag die unter 1.2.3 genannte Bagatellgrenze überschreitet (§ 102 Abs. 3 Nr. 1 SGB XII),
- ein Betrag von **15.340 €**, wenn der/die Erb*in auch der/die Ehegatt*in/Lebenspartner*in des oder der verstorbenen Empfängers/Empfängerin war **oder** mit ihm/r verwandt war **und** nicht nur vorübergehend bis zum Tode des Leistungsempfängers/der Leistungsempfängerin mit diesem*r in häuslicher Gemeinschaft gelebt **und** ihn/sie gepflegt hat (§ 102 Abs. 3 Nr.2 SGB XII). Eine häusliche Gemeinschaft besteht schon bei einem Wohnen unter einem gemeinsamen Dach, es muss keine Haushaltsgemeinschaft bestehen; sie ist nicht nur vorübergehend, wenn sie auf eine längere Zeit geplant worden ist; eine bestimmte Mindestzeit ist nicht erforderlich. Zum Begriff der Pflege siehe § 61 Abs. 1 SGB XII.

Insgesamt bleibt beim Kostenersatz aus dem Nachlass eines Sozialhilfebeziehers/einer Sozialhilfebezieherin also immer ein Selbstbehalt von mindestens 2.676 €.

1.2 5 Wann und wie muss der Kostenersatz geltend gemacht werden?

Die Behörde muss ihre Forderung **innerhalb von drei Jahren** nach Ablauf des Jahres, in dem der/die Leistungsbeziehende von Sozialhilfe (Alg II) verstorben ist, gegenüber den Erb*innen geltend machen. Danach erlischt der Anspruch auf Kostenersatz (§ 102 Abs. 4 SGB XII). Der Kostenersatz wird durch Verwaltungsakt geltend gemacht; zur Höhe des Kostenersatzes kann die Behörde gem. § 117 SGB XII Auskunft über die Höhe des Erbes verlangen.

1.2.6 Gegen wen muss der Kostenersatz geltend gemacht werden?

Der Kostenersatz muss gegen den oder die Erben geltend gemacht werden. Wer Erb*in ist, ergibt sich aus den Vorschriften des BGB. Ist ein Erbschein vorhanden, sind die im Erbschein benannten Personen Erb*innen, solange der Schein nicht eingezogen ist (BSG 23.3.2010 – B 8 SO 2/09 R; 23.8.2013 – B 8 SO 7/12 R). Sind mehrere Erb*innen vorhanden, haften sie als Gesamtschuldner. Der Sozialhilfeträger kann jede*n Erb*in in voller Höhe in Anspruch nehmen, muss dabei aber ⇨ Ermessen ausüben (BSG 23.8.2013 – B 8 SO 7/12).

1.2.7 Härtefall

Kostenersatz von den Erb*innen soll nicht gefordert werden, „*soweit die Inanspruchnahme des Erben nach der Besonderheit des Einzelfalles eine besondere Härte bedeuten würde*" (§ 102 Abs. 3 Nr. 3 SGB XII).

Als Härtegründe kommen Gründe in der Person des/r Erb*in und Gesichtspunkte wirtschaftlicher Art in Betracht; daneben kann auch geltend gemacht werden, dass der Nachlass für den/die Erb*in selbst Schonvermögen wäre. Dagegen soll es nicht darauf ankommen, dass das Vermögen zu Lebzeiten des Erblassers gem. § 90 Abs. 2 Nr. 8 SGB XII (angemessenes Hausgrundstück) geschützt war (BSG 27.2.2019 – B 8 SO 15/17 R).

Kein Härtefall liegt z.B. vor, wenn die Erb*innen die Eltern eines/r contergangeschädigten Sozialhilfebeziehenden sind und der Nachlass insbesondere durch nicht anrechenbare Kapitalentschädigung sowie eine Rente der Stiftung „Hilfswerk für behinderte Kinder" entstanden ist (BSG 23.10.2010 - B 8 SO 2/09 R).

2.1 Alg II-/Sozialhilfebeziehende erben

Erbt ein*e Sozialhilfebezieher*in von seinem/ihrer Ehepartner*in oder von jemand anderem, muss er seine/sie ihre **früher bezogene Sozialhilfe** natürlich nicht daraus zurückzahlen (§ 102 Abs. 1 Satz 4 SGB XII). Das gilt auch für Alg II-Beziehende. Das Erbe muss nur für die Zukunft eingesetzt werden.

2.1.1 Ist die Erbschaft Einkommen oder Vermögen?

Alg II/Sozialhilfe

Ob das Erbe als Einkommen oder Vermögen gilt, bestimmt sich nach zwei Faktoren (⇨ Einkommen 4.):

- zum Ersten danach, wann das Erbe zugeflossen ist; hierbei kommt es aber nicht auf den Eingang von Zahlungen oder ähnlichem aus dem Erbe an, sondern auf den Erbfall (§ 1922 BGB),
- zum Zweiten danach, ob der Erbfall vor oder nach der Beantragung (§ 37 SGB II) von Leistungen bzw. vor oder in dem Bedarfszeitraum liegt.

Ein Erbe, das **vor dem Bezug** von Alg II/ Sozialhilfe zufließt, ist ⇨**Vermögen**; es ist im Rahmen der Vermögensfreibeträge geschützt. Das ist der Fall, wenn Sie erst im Monat, der auf den Zufluss des Erbes folgt, einen Antrag auf Sozialleistungen stellen. Ausschlaggebend ist in diesem Fall der **Zeitpunkt,** zu dem der Erbfall eintritt, nicht der Zeitpunkt, an dem die Erbschaft verwertbar ist (BSG 25.1.2012 – B 14 101/11 R); das Erbe ist auch dann Vermögen, wenn zwischen dem Erbfall und der Auszahlung ein Zeitraum von mindestens einem Monat liegt, in dem die betroffene Person nicht bedürftig war (BSG 8.5.2019 – B 14 AS 15/18 R).

Ein Erbe, das **während des Bedarfszeitraums** zufließt, wird demnach als **einmaliges ⇨Einkommen** bewertet und muss (wenn es höher ist als der monatliche Bedarf, vgl. § 11 Abs. 3 Satz 1, Satz 4 SGB II) über einen längeren Zeitraum verteilt angerechnet werden. Die Erbschaft ist mit dem Erbfall Einkommen. *„Dieses Einkommen ist jedoch erst ab dem Zeitpunkt [...] anzurechnen, zu dem der Vermögenszuwachs aus der Erbschaft tatsächlich zu realisieren war und [...] als ‚bereite Mittel' zur Verfügung stand"* (BSG 25.1.2012 - B 14 AS 101/11 R).

Alg II

Demnach gilt ein Erbe als einmaliges Einkommen und ist auf einen **Zeitraum von sechs Monaten** verteilt anzurechnen (§ 11 Abs. 3 SGB II). Übersteigt das Erbe den Alg II-Bedarf für sechs Monate, entfällt der Leistungsanspruch völlig. Sie können allerdings nach sechs Monaten erneut einen Antrag auf Alg II stellen. Der nicht zum Lebensunterhalt verbrauchte Teil Ihres Erbes ist dann **Vermögen** und ist im Rahmen der Vermögensfreibeträge geschützt.

HzL/GSi der Sozialhilfe

Auch bei der Sozialhilfe wird das Erbe auf einen längeren Zeitraum verteilt angerechnet. Der Verteilzeitraum beträgt bei einmaligem Einkommen ab 1.1.2016 im Regelfall **sechs Monate** (§ 82 Abs. 4 7 Satz 2 SGB XII; zuvor 12 Monate, §§ 8 und 11 VO zu § 82 SGB XII). *„In begründeten Einzelfällen ist der Anrechnungszeitraum [...] angemessen zu verkürzen"* (§ 82 Abs. 7 Satz 3 SGB XII). Wann ein begründeter Einzelfall vorliegt, wird nicht erläutert. Es muss ein Grund geltend gemacht werden, das Erbe über einen kürzeren Zeitraum als sechs Monate zu verteilen, damit die Sozialhilfe wieder früher einsetzen kann. Der nach dem Anrechnungszeitraum nicht verbrauchte Teil des Erbes ist Vermögen.

2.1.2 Erbschaft vorzeitig verbraucht

Ein*e Erb*in darf über einen Verteilzeitraum hinweg nur bedarfsmindernd berücksichtigt werden, wenn es als bereites Mittel **zur**

Verfügung steht, um den konkreten Bedarf im jeweiligen Monat zu decken. Ist es vorzeitig verbraucht, weil z.B. Schulden getilgt wurden, **müssen** Jobcenter Leistungen zum Lebensunterhalt gewähren (BSG 29.11.2012 - B 14 AS 33/12 R; 12.12.2013 - B 14 AS 76/12 R). Das gilt auch für HzL und GSi der Sozialhilfe.

HzL/GSi der Sozialhilfe

Bei vorzeitigem Verbrauch der Erbschaft kann die Behörde aber einen **Kostenersatz** geltend machen (⇨Rückforderung) (§ 103 SGB XII). Ein Kostenersatzanspruch kann aber nur bei *„sozialwidrigem Verhalten"*, d.h. **vorsätzlichem oder grob fahrlässigem Verhalten**, das Hilfebedürftigkeit herbeiführt, geltend gemacht werden (vgl. ⇨Rückforderung 3.3). Das wird bei Verschwendung zur Herbeiführung der Hilfebedürftigkeit angenommen (SG Braunschweig 23.2.2010 – S25 AS 1128/98); nach einer anderen Ansicht ist dies aber erst dann der Fall, wenn der Verbrauch in der Absicht erfolgte, wieder Leistungen zu beziehen (LSG Mecklenburg-Vorpommern 7.5.2019 – L 10 AS 632/16 – info also 2019, 270). Wenn Sie daher von Ihrem Erbe leben und lediglich etwas mehr Geld zum Leben ausgeben, als Ihnen als SGB XII-Leistungsberechtigte/r zur Verfügung gestanden hätte, bedeutet das noch lange nicht, dass Sie sozialwidrig gehandelt haben. Insbesondere, wenn der anzurechnende Nachlass so hoch ist, dass im Verteilzeitraum von sechs Monaten gar keine Leistungen mehr vom Sozialamt gezahlt werden.

Alg II

Seit dem **1.1.2017 können** allerdings bei vorzeitigem Verbrauch von einmaligen Einnahmen, die über den Zeitraum von sechs Monaten angerechnet werden, **Leistungen** nur **als Darlehen** erbracht werden (§ 24 Abs. 4 Satz 2 SGB II). Die Möglichkeit der Jobcenter, Kostenersatz geltend zu machen, entfällt damit. Die Rückzahlung des Darlehens darf nur durch Aufrechnung mit den laufenden Leistungen erfolgen (§42a Abs. 2 SGB II).
Ob bei vorzeitigem Verbrauch z.B. eines Erbes SGB II-Leistungen darlehensweise erbracht werden, muss im Rahmen einer ⇨**Ermessensentscheidung** entschieden und im Einzelfall begründet werden. Liegen **wichtige Gründe** für den vorzeitigen Verbrauch der Einnahme vor (z.B. Ersatzbeschaffung Waschmaschine, Reparatur Kfz usw.) müssen Sie diese dem Jobcenter darlegen.
Unklar ist, was unter **vorzeitigem Verbrauch** einer einmaligen Einnahme zu verstehen ist. Nach der Rechtsprechung des BSG (29.11.2012 - B 14 AS 33/12 R) ist der Grundgedanke einer Rückzahlungsverpflichtung der, das Leistungsbeziehende die Notlage **schuldhaft** herbeigeführt haben, weil sie die einmalige Einnahme nicht zur Deckung des Lebensunterhaltes vorrangig eingesetzt haben. Das setzt jedoch einerseits voraus, dass Sie diese Verpflichtung zum vorrangigen Einsatz für den Lebensunterhalt kennen, weil Sie hierüber informiert wurden (BSG 12.12.2013 - B 14 AS 76/12 R) und dass Sie überhaupt die Möglichkeit hatten, das Geld zum Lebensunterhalt zu verwenden. Dies ist gerade nicht der Fall, wenn Ihnen Mittel gegen Ihren Willen entzogen werden, z.B. ein Gläubiger im Rahmen einer Pfändung auf Geld zugreift, ohne dass Sie dies verhindern können oder dass Diebstahl vorliegt. Der Begriff „vorzeitig" muss also auch hier so ausgelegt werden, dass nur dann eine Darlehensbewilligung hingenommen werden muss, wenn es keinen zu billigenden Grund für die Verwendung des Nachlasses durch den/die Erb*in vor Ablauf des Verteilzeitraums gibt.
Es ist damit zu rechnen, dass Jobcenter bei Beziehenden von einmaligen Einnahmen, die einen Neuantrag vor Ablauf der Sechsmonatsfrist gestellt haben, Leistungen bis zur Erfüllung der Frist regelmäßig nur noch als Darlehen gewähren. Damit wird die Rechtsprechung des BSG, das eine Gewährung von Leistungen als Beihilfe auch bei vorzeitigem Verbrauch von einmaligen Einnahmen gefordert hat (BSG 12.12.2013 - B 14 AS 76/12 R), neutralisiert. Achten Sie also besonders darauf, ob die Darlehensgewährung im Rahmen einer Ermessensentscheidung nach § 24 Abs. 4 SGB II rechtmäßig ist.

Tipp 1: Jobcenter müssen Ermessen ausüben und die darlehensweise Gewährung von Leistungen begründen. Legen Sie ggf. Widerspruch und Klage ein. Nur über die Rechtsprechung kann einer ausufernden Darlehensgewährung Einhalt geboten werden.

Tipp2: Wenn Ihnen wegen vorzeitigen Verbrauchs ein Darlehen gewährt wird, haben Sie Anspruch auf Wohngeld (§ 7 Abs. 1 S.3 Nr. 1 WoGG), und zwar auf den Höchstsatz. Das wird dann als Einkommen angerechnet, mindert aber die zurückzuzahlenden Alg II-Leistungen.

2.1.3 Neue Alg II-Regelung: geerbte Sachwerte sind kein Einkommen

Seit **1.8.2016** sind Sachen, die als Erbe zufließen, kein anzurechnendes ⇨Einkommen: *„Als Einkommen zu berücksichtigen sind Einnahmen in Geld [...]"* (§ 11 Abs. 1 Satz 1 SGB II neu; Streichung der Wörter *„oder Geldeswert"*). Das gilt auch für ein **Erbe in Geldeswert**, etwa eine **Immobilie** oder ein **Kfz**. Eine Einnahme in Geldeswert ist im Folgemonat ⇨**Vermögen** und muss dann ggf. als Vermögen vorrangig zum Lebensunterhalt eingesetzt werden (FW 11.77). Das gilt jedoch nur unter der Voraussetzung, dass das Vermögen für den Lebensunterhalt zur Verfügung steht. Das ist z.B. dann nicht der Fall, wenn erst noch eine Erbauseinandersetzung stattfinden muss oder die Immobilie nicht verwertbar ist, weil ein*e Miterb*in noch im Haus wohnt.

Fällt das Erbe in Geldeswert aber unter das **Schonvermögen**, ist es vor der Verwertung geschont. Auf diese Weise sind künftig ein selbst genutztes angemessenes ⇨**Eigenheim** oder ein angemessenes ⇨**Kraftfahrzeug**, welches Alg II-Beziehende erben, vor dem Zugriff der Jobcenter geschützt. Auch Hausrat kann künftig im üblichen Rahmen geerbt werden, ohne dass dies leistungsrechtliche Probleme aufwirft.
Unter Umständen führt die Neuregelung zu einem verbesserten Erhalt des Familienvermögens beim Erben. Beziehenden von Sozialhilfeleistungen wollte man diese bescheidene Verbesserung allerdings nicht zugestehen.

2.1.4 Sonderfall: Geerbte Immobilie

Sozialhilfe

Problematisch ist die Bewertung des Erbes als anzurechnendes Einkommen bzw. im Folgemonat als vorrangig zu verwertendes Vermögen bei geerbten **Immobilien**, die **nicht sofort verwertbar** sind, im SGB XII: wenn z.B. das Erbe aus dem Teil eines Hauses besteht, in dem noch Miterb*innen wohnen. Denn hier sind auch Einnahmen mit Geldwert als Einkommen anzurechnen (§ 82 Abs.1 SGB XII).

Die Erbschaft ist nach der Entscheidung des BSG (25.1.2012 - B 14 AS 101/11 R) auch in dieser Konstellation bei Leistungen für den Lebensunterhalt erst bei möglicher Verwertung der Immobilie anzurechnen, wenn *„bereite Mittel"* zu realisieren sind.
Im SGB II hingegen ist es als anrechnungsfreie Einnahme mit Geldwert und als Vermögen ab dem Folgemonat des Zuflusses anzusehen ⇨2.1.3.

2.2 Anspruch auf den Pflichtteil

Auch wenn ein Alg II-/ Sozialhilfebeziehende vom Erblasser **enterbt wurde,** besteht immer ein Anspruch auf einen Pflichtteil, d.h. auf die Hälfte des Wertes des gesetzlichen Erbteils (§ 2303 BGB). Der Pflichtteilsanspruch ist nur unter sehr engen Voraussetzungen ausgeschlossen (§ 2333 BGB). Es handelt sich um einen geldwerten Anspruch, der sich gegen den/die Erb*in richtet und seit 1.8.2016 zum Vermögen gehört ⇨2.1.3. Die Behörde kann den Anspruch auf den Pflichtteil **auf sich überleiten**.
Ein **Pflichtteilsverzicht** ist zwar weder sittenwidrig noch unwirksam (BGH 19.1.2011 - IV ZR 7/10; ⇨2.3.2 f.), kann sich bei Alg II/ Sozialhilfebeziehenden jedoch nachteilig auswirken ⇨2.3.2.

2.3 Kann der Erblasser Vermögen vor dem Zugriff der Behörde schützen?

Der Erblasser – also diejenige Person, die vererbt – kann frei verfügen, wem das Vermögen nach dem eigenen Tode zufließen soll (Testierfreiheit). Das wird in einem Testament oder einem Erbvertrag geregelt.

2.3.1 Wie funktioniert es nicht?

Die Verfügungsfreiheit ist durch die Pflichtteilsregelung eingeschränkt. Es ist zwecklos, das Erbe vor dem Zugriff der Behörde schützen zu wollen, indem der Erblasser den/die erbberechtigte Alg II-/ Sozialhilfebeziehende*n enterbt.

Denn diese*r hat auf jeden Fall **Anspruch auf den Pflichtteil**. Wenn erbberechtigte Alg II-/ Sozialhilfebeziehende einen Erbteil bekommen, der den Pflichtteil unterschreitet, können sie von den Miterb*innen die Differenz zum Pflichtteil verlangen.

Sogar von **Schenkungen** des Erblassers im Zeitraum von bis zu zehn Jahren vor seinem Tode kann rückwirkend ein Pflichtteil verlangt werden.

Alle diese Ansprüche des/r Alg II/ Sozialhilfe beziehenden Erb*in sind **zugleich** Ansprüche der Behörde.

2.3.2 „Berliner Testament": Erbverzicht möglich, aber sanktionierbar

Das sogenannte „Berliner Testament", mit dem sich Ehepartner*innen gegenseitig als Alleinerb*innen einsetzen, hat das Ziel, das Gesamtvermögen für eine*n Ehepartner*in zu erhalten, wenn der/die andere verstirbt. Hier ist es regelmäßig so, dass entweder die bei Eintritt des Erbfalles pflichtteilsberechtigten Kinder schon zu Lebzeiten einen Pflichtteilsverzicht vor dem Notar erklären oder das Berliner Testament eine sog. Strafklausel enthält. Diese beinhaltet regelmäßig, dass das Kind, das gegenüber dem/r überlebenden Ehegatten seinen Pflichtteil geltend macht, auch bei Versterben des zweiten Ehegatten nur den Pflichtteil erhält.

In der Rechtsprechung und juristischen Literatur war es lange Zeit umstritten, ob ein solcher **Pflichtteilsverzicht** *„zu Lasten des Sozialhilfeträgers"* sittenwidrig und damit nichtig ist. Laut Bundesgerichtshof ist bei einem Pflichtteilsverzichts eines behinderten Kindes, das auf Leistungen nach dem SGB XII angewiesen ist, eine Sittenwidrigkeit jedoch nicht zu erkennen. Rechtsgeschäfte seien grundsätzlich aufgrund der verfassungsmäßig gewährleisteten Privatautonomie der Beteiligten solange wirksam, als sie nicht gegen entgegenstehende Gesetze verstoßen (BGH ebenda).

Das Urteil ist vom Grundsatz auf andere Fallkonstellationen, z.B. Erwerbslose oder erwerbsgeminderte Menschen, **übertragbar**. Demnach entsteht kein Anspruch, den der Sozialhilfeträger/ das Jobcenter auf sich überleiten kann.

Allerdings hat der BGH ausgeführt, dass *„die pflichtwidrige Herbeiführung der eigenen Bedürftigkeit [...] innerhalb des sozialrechtlichen Regelungssystems mit Leistungskürzungen sanktioniert werden"* kann (BGH ebenda; ⇨Sanktionen 4.1). Sollte der Träger von dieser Möglichkeit Gebrauch machen, wären eine **Kürzung** um 25 bis 30 Prozent des Regelbedarfs und etwaige **Kostenersatzansprüche** denkbar, weil Hilfebedürftigkeit vorsätzlich herbeigeführt wurde (⇨ Rückforderung 3.1). Entscheidungen der Sozialgerichte, ob solche drakonischen Maßnahmen insbesondere bei Menschen mit Behinderungen überhaupt rechtmäßig wären, liegen bislang noch nicht vor.

Demgegenüber hat das BSG für den Fall, dass eine Strafklausel existiert, damit aber die Geltendmachung des Pflichtteilanspruchs grundsätzlich möglich ist, Folgendes ausgeführt: hier scheidet eine Anrechnung nur aus, wenn sie ein unbillige Härte darstellt. Etwa weil der/die Erb*in gezwungen wäre, zur Erfüllung des Pflichtteilsanspruchs das bewohnte Haus zu veräußern (BSG 6.5.2010 – B 14 AS 2/09 R).

2.3.3 Wie funktioniert es? „Behindertentestament"

Der Erblasser kann einem/r Erb*in, der/die regelmäßig Sozialhilfe bezieht, die Verfügung über das Erbteil entziehen. Damit hat auch die Behörde keinen Zugriff auf das Vermögen mehr.

1. Dazu muss er ihn/sie als **Vorerb*in** einsetzen, welche*r verpflichtet ist, die Substanz des Erbes für eine*n **Nacherb*in** zu erhalten (§ 2100 BGB). Voraussetzung dafür ist, dass der/die Vorerb*in keine freien Entscheidungen treffen kann, die den Wert des Erbes vermindern. Er muss ein*e „nicht befreite*r Vorerb*in" sein. Der/die Vorerb*in kann aufgrund der Beschränkungen, von denen er/sie „nicht befreit" ist, nicht über das Erbe verfügen. Der/die Nacherb*in aber auch nicht. Der/die Nacherb*in (z.B. ein Geschwister) braucht beim Tode des/r sozialhilfebeziehenden, nicht befreiten Vorerb*in keinen Kostenersatz für dessen/deren Sozialhilfe zu leisten. Er/sie ist ja der/ die Erb*in des Erblassers, nicht des/r

sozialleistungsbeziehenden Vorerb*in. Gleichzeitig kann der/die Vorerb*in nicht über das Vermögen verfügen und durch dessen/deren Verwertung nicht unabhängig von Sozialhilfe leben.

2. Zudem muss der Erblasser einen **Testamentsvollstrecker** einsetzen und damit dem/r Erb*in die Verfügung über das Erbe noch stärker entziehen (§ 2211 Abs. 1 BGB). Der Testamentsvollstrecker vollstreckt den Willen des Erblassers. Der Erblasser kann ausdrücklich anordnen, dass der Sozialhilfeträger nicht durch Nachlassmittel entlastet werden darf. Er kann zudem anordnen, dass dem/r sozialhilfebeziehenden Vorerb*in entsprechende Mittel aus dem Erbe (z.B. Zinsen) zufließen, um die Kosten für Gesundheitsausgaben, Kuren, einen jährlichen Urlaub oder ein Hobby zu decken.

Diese Form der Gestaltung wird in der Praxis vor allem von Eltern behinderter, sozialhilfebeziehender Kinder gewählt, um sicherzustellen, dass das Erbe nicht für den Lebensunterhalt einzusetzen ist, sondern dem behinderten Kind anderweitig zugutekommen kann. Der BGH hat das „Behindertentestament" zuletzt mit Urteil von Januar 2011 (ebenda) für rechtmäßig erklärt und darauf verwiesen, dass der Gesetzgeber inzwischen länger als 20 Jahre Zeit gehabt hätte, auf die BGH-Rechtsprechung (BGH 21.3.1990 Monatsschrift des Deutschen Rechts 1990, 906; BGH 20.10.1993, NJW 1994, 248) zu reagieren und entsprechende Vorschriften im Sozialhilferecht zu ändern. Zudem wurde auch der Verzicht auf den Pflichtteil des Erbes als nicht sittenwidrig angesehen (⇨2.3.2) und die mögliche Anwendung dieser Testamentsform auf den Pflichtteil erweitert.

Offen ist aber, ob dies auch auf Nachlässe von erheblichem Wert anzuwenden ist.

Information

bvkm (Hrsg.), Katja Kruse/Günther Hoffmann, Vererben zugunsten behinderter Menschen, 6. Aufl. 2015, 33 ff., http://bvkm.de/wp-content/uploads/Vererben-2015-2.pdf

Kritik

Der **Kostenersatz** aus dem Erbe ist ein Altbestand der Rückzahlungspflicht für Fürsorgeleistungen, die es in den Anfängen der Bundesrepublik noch gab. Für Erb*innen von Alg II-Leizugsbeziehenden wurde das zum August 2016 abgeschafft, weil es Jobcentern übermäßigen Arbeitsaufwand und wenig Ertrag einbrachte. In der Sozialhilfe jedoch, bei der Leistungsberechtigte oft während des Leistungsbezugs versterben, wird das Relikt der Erbenhaftung gepflegt.

Theoretisch müssten Sozialämter bei jedem Wegfall des Bezugs durch Tod prüfen, ob jemand beerbt worden ist. Auch bei Wegfall des Bezugs aus anderen Gründen müssten Sozialämter bis zu zehn Jahre nach Ende des Bezugs prüfen, ob jemand verstorben ist und eine Erbschaft hinterlassen hat. Das würde in den Ämtern viele Arbeitsplätze schaffen. Aber es gibt nicht einmal eine Auskunftspflicht des/r potentiellen Erb*in oder des/r ehemaligen Leistungsbeziehenden. Und so laufen Behördenansprüche in der Praxis oft ins Leere.

Die Bewertung und Anrechnung einer Erbschaft als **Einkommen** anstatt als Vermögen bestraft vor allem Erb*innen kleinerer Barbeträge. Nur wenn man aus dem Leistungsbezug ausscheidet, eine Zeit lang von dem Erbe seinen Lebensunterhalt bestreitet und am Ende von sechs Monaten noch etwas davon übrig hat, kann man sein Schonvermögen durch den Restbetrag aufstocken.

Forderungen

Abschaffung des Kostenersatzes für Sozialhilfeleistungen aus dem Erbe!

Erbschaften, die während des Alg II-/ Sozialhilfebezuges zufließen, sind als Vermögen zu bewerten!

Erwerbsfähigkeit

Ob Sie Alg II oder Hilfe zum Lebensunterhalt (HzL)/ Grundsicherung (GSi) nach dem SGB XII (Sozialhilfe) bekommen, hängt nicht davon ab, ob Sie dem Arbeitsmarkt zur Verfügung stehen, sondern in erster Linie davon, ob Sie erwerbsfähig sind oder nicht.

E

1. Anspruch auf Alg II – nur bei Erwerbsfähigkeit

Anspruch auf Alg II haben Sie nur, wenn Sie erwerbsfähig sind **und** das 15. Lebensjahr vollendet, aber noch nicht die Altersgrenze zum Eintritt in die Altersrente erreicht haben.

„Erwerbsfähig ist, wer nicht wegen Krankheit oder Behinderung auf absehbare Zeit außerstande ist, unter den üblichen Bedingungen des allgemeinen Arbeitsmarkts mindestens drei Stunden täglich erwerbstätig zu sein" (§ 8 Abs. 1 SGB II).

Mit dieser Definition der Erwerbsfähigkeit lehnt sich der Gesetzgeber an die Definition der vollen Erwerbsminderung des Rentenversicherungsrechts (§ 43 Abs. 2 S. 2 SGB VI) an. Erwerbsfähig ist also, wer aufgrund seines gesundheitlichen Zustands auf absehbare Zeit **imstande** ist, unter den üblichen Bedingungen des allgemeinen Arbeitsmarkts mindestens **drei Stunden** täglich zu arbeiten.

Auch Bezieher einer so genannten Arbeitsmarktrente, deren Leistungsvermögen auf eine Arbeitszeit unter 6 Stunden täglich verringert ist, gelten als erwerbsfähig im Sinne des SGB II.

„Allgemeiner Arbeitsmarkt" bedeutet, dass Sie in der Lage sein müssen, auf dem allgemeinen Arbeitsmarkt irgendetwas zu tun. Welchen Beruf Sie erlernt haben oder was Sie konkret gerne tun möchten, spielt dabei keine Rolle.

„Absehbare Zeit" ist ein Zeitraum von **sechs Monaten** (LPK SGB II, 7. Aufl., § 8 Rn. 17). Wer die Erwerbsfähigkeit nicht in diesem Zeitraum herstellen kann, ist nicht erwerbsfähig und hat nur Anspruch auf Hilfe zum Lebensunterhalt oder Grundsicherung in der Sozialhilfe bzw. auf Sozialgeld, wenn er mit einem Erwerbsfähigen in einer Bedarfsgemeinschaft lebt.

1.1 *„Krankheit oder Behinderung"*

heißt, dass Sie nur unter diesen Bedingungen als nicht erwerbsfähig anerkannt werden können. Soziale Umstände, die sich nicht in Krankheit oder Behinderung äußern, zählen nicht.

Schwierig wird es, wenn Sie körperlich leistungsfähig sind, aber Drogen- oder Alkoholsucht, Depressionen, Neurosen, Psychosen und andere psychische Erkrankungen oder Störungen einer Arbeitsaufnahme entgegenstehen. Immerhin gehen mehr als 40 % aller Renten wegen Erwerbsminderung auf psychische Erkrankungen zurück.

Bei solchen Krankheiten oder Behinderungen ist entscheidend, ob von Ihnen innerhalb des nächsten halben Jahres eine *„zumutbare Willensanstrengung"* erwartet werden kann, mehr als drei Stunden täglich arbeiten zu gehen (LPK SGB II, 7. Aufl., § 8 Rz. 11; vgl. BSG 6.9.2001 - B 5 RJ 42/00 R). Wenn z.B. Ihre Sucht, Ihre Ängste, Ihre Aggressionen oder Ihre Wahnvorstellungen Sie so beherrschen, dass Sie diese mit Ihrem Willen auf absehbare Zeit nicht ausreichend beeinflussen können, um mindestens drei Stunden täglich zu arbeiten, dann sind Sie nicht erwerbsfähig. Gegen diese besondere Voraussetzung der „zumutbaren Willensanstrengung" werden allerdings Bedenken geltend gemacht und daran appelliert, sie nicht mehr anzuwenden (Kahlert, NZS 2016, 563; Peters-Lange, SGb 2019, 464, 471).

1.2 Beschäftigte in Werkstätten für behinderte Menschen (WfbM)

sind dann erwerbsfähig, wenn sie in der Lage sind, mehr als drei Stunden täglich auf dem allgemeinen Arbeitsmarkt zu arbeiten; die Beurteilung dieser Frage richtet sich nach § 8 SGB II. Demgegenüber stellt die BA darauf ab, dass zwar das Vorliegen einer Behinderung eine Erwerbsfähigkeit nicht ausschließt, dass aber im Eingangsverfahren idR von einer vollen, aber nicht dauerhaften Erwerbsminderung auszugehen ist. Im Arbeitsbereich geht man allerdings idR von einer vollen Erwerbsminderung auf Dauer aus. Letzteres könne aber durch ein Gutachten des Rentenversicherungsträgers widerlegt werden (FW 8.7 – 8.10a). Gegen diese Weisungslage spricht, dass die Erwerbsfähigkeit einer erwerbsfähigen leistungsberechtigten Person gem. § 44a Abs. 1 S. 7 SGB II fingiert wird. Die Wirkung des § 44a Abs. 1 Satz 7 SGB II kann nur durch ein Verfahren gem. § 44a Abs. 1 Satz 1 ff. SGB II unter Beteiligung (ua.) des Sozialhilfeträgers beseitigt werden. Nur auf diese Weise ist der „nahtlose" Übergang von einem Leistungssystem in ein anderes Leistungssystem gewährleistet (vgl auch SG Dortmund 12.10.2016 – S 19 AS 1355/14 – info also 2017, 29).

Tipp Arbeiten Sie im Berufsbildungsbereich einer Werkstatt und steht Ihre Eingliederung auf dem allgemeinen Arbeitsmarkt bevor, sollten Sie beim Jobcenter einen Antrag auf Alg II stellen. Beziehen Sie nämlich SGB-II-Leistungen, stehen Ihnen eine Reihe von Eingliederungsleistungen zur Verfügung (⇨Arbeit 2.).

1.3 Fehlende Erwerbsfähigkeit aufgrund des Aufenthalts in stationären Einrichtungen?

Alg II erhält nicht, *„wer in einer stationären Einrichtung untergebracht ist…"* Das gilt auch für Untersuchungs- und ⇨Strafgefangene in einem Gefängnis (§ 7 Abs. 4 S.1, 2 SGB II).

Trotz Aufenthalt in einer stationären Einrichtung erhält jedoch Alg II,

1. *„wer voraussichtlich für weniger als sechs Monate in einem Krankenhaus ... untergebracht ist oder*
2. *wer in einer stationären Einrichtung untergebracht und unter den üblichen Bedingungen des allgemeinen Arbeitsmarktes mindestens 15 Stunden wöchentlich erwerbstätig ist"* (§ 7 Abs. 4 Satz 3 SGB II).

Alg-II-Bezug ist demnach weiter **möglich**

- während eines „normalen" Krankenhausaufenthalts (⇨Krankheit 4.3) oder einer medizinischen Rehabilitation (Behandlungsdauer voraussichtlich weniger als sechs Monate),
- bei Personen, die in einem Wohnheim untergebracht sind und einer regelmäßigen Erwerbstätigkeit nachgehen oder
- bei Personen, die zwar in einer Einrichtung stationäre Leistungen erhalten und dort zwar formell aufgenommen, jedoch nicht im „engeren Sinne" untergebracht sind. Eine **stationäre Unterbringung** besteht **erst**, *„wenn der Träger der Einrichtung nach Maßgabe seines Konzeptes die Gesamtverantwortung für die tägliche Lebensführung und die Integration des Hilfebedürftigen übernimmt"* (BSG 5.6.2014 - B 4 AS 32/13 R). Das ist i.d.R. bei Einrichtungen für ⇨Wohnungslose (6.2) **nicht** der Fall.

Dagegen sind Strafgefangene seit dem 1.8.2016 vom ersten Tag des Aufenthalts in einer Einrichtung zum Vollzug richterlich angeordneter Freiheitsentziehung vom Leistungsbezug nach dem SGB II ausgeschlossen, weil § 7 Abs. 1 S. 2 SGB II nur auf § 7 Abs. 1 Satz 1 SGB II verweist, nicht dagegen auf § 7 Abs. 1 S. 3 SGB II -⇨ Strafgefangene.

1.4 Fehlende Erwerbsfähigkeit aufgrund eines Beschäftigungsverbots

Näheres unter ⇨Ausländer

2.1 Anspruch auf Hilfe zum Lebensunterhalt (HzL) – nur bei vorübergehender voller ⇨Erwerbsminderung

HzL der Sozialhilfe erhalten nur hilfebedürftige Personen, die vorübergehend (befristet) **nicht erwerbsfähig**, d.h. nicht dauerhaft voll erwerbsgemindert sind.

Ausnahme: Vorübergehend voll erwerbsgeminderte Personen, die mit Erwerbsfähigen in einer Alg-II-Bedarfsgemeinschaft leben, erhalten vorrangig **Sozialgeld** nach dem SGB II.

2.2 Anspruch auf ⇨Grundsicherung (GSi) – nur bei dauerhafter voller Erwerbsminderung

GSi erhalten hilfebedürftige, nicht erwerbsfähige Personen nur, wenn sie *„unabhängig von der jeweiligen Arbeitsmarktlage voll erwerbsgemindert ... sind* ***und*** *[es] ... unwahrscheinlich ist, dass die volle Erwerbsminderung behoben werden kann"* (§ 41 Abs. 1 Nr. 2 SGB XII). Man nennt das auch unbefristete volle Erwerbsminderung.

3. Wer stellt die volle Erwerbsminderung fest?

Alg II/HzL der Sozialhilfe

„Die Agentur für Arbeit stellt fest, ob die oder der Arbeitsuchende erwerbsfähig ist. Der Entscheidung können widersprechen: 1. kommunale Träger, 2. ein anderer Träger, der bei voller Erwerbsminderung zuständig wäre oder 3. die Krankenkasse, die bei Erwerbsfähigkeit Leistungen der Krankenversicherung zu erbringen hätte.

... Im Widerspruchsfall entscheidet die Agentur für Arbeit, nachdem sie eine gutachterliche Stellungnahme eingeholt hat. ... Bis

zu der Entscheidung über den Widerspruch erbringen die Agentur für Arbeit und der kommunale Träger bei Vorliegen der übrigen Voraussetzungen Leistungen der Grundsicherung für Arbeitsuchende" (§ 44a Abs. 1 SGB II). Für die *„gutachterliche Stellungnahme"* ist der Rentenversicherungsträger zuständig (§ 44a Abs. 1 S. 5 SGB II). Die Behörden sind an die Entscheidung des Rentenversicherungsträgers gebunden, § 44a Abs. 2 SGB II.

Tipp Sollten Sie mit dem Gutachten nicht einverstanden sein, können Sie erst gegen den ⇨Bescheid ⇨Widerspruch einlegen, der auf das Gutachten hin erlassen wird, z.B. gegen den Aufhebungsbescheid des Jobcenters.
Selbst wenn Sie Ihren Antrag beim falschen Leistungsträger gestellt haben und dieser Ihnen zu Recht Leistungen versagt, muss Ihnen der dann zuständige Träger rückwirkend Leistungen bis zum Tag der Erstantragstellung erbringen, wenn Sie dies beantragen (⇨Antragstellung 1.9).

HzL/GSi der Sozialhilfe

Wenn Sie das Rentenalter noch nicht erreicht haben und nicht erwerbsfähig, d.h. **nicht** dauerhaft voll erwerbsgemindert sind, haben Sie zunächst einmal **Anspruch auf HzL** der Sozialhilfe. Das Sozialamt wiederum kann den Rentenversicherungsträger ersuchen zu prüfen, ob bei Ihnen die Voraussetzungen für GSi wegen **dauerhafter** voller Erwerbsminderung (s.o.) vorliegen. *„Die Entscheidung des Trägers der Rentenversicherung ist für den ersuchenden Träger der Sozialhilfe bindend"* (§ 45 Satz 1, 2 SGB XII).

Behinderte Menschen, die auf Grundlage einer Stellungnahme des Fachausschusses einer WfbM dauerhaft zur Beschäftigung im Arbeitsbereich der Werkstatt aufgenommen werden, haben i.d.R. **Anspruch auf GSi**. Eine rentenrechtliche Feststellung der dauerhaften vollen Erwerbsminderung ist nicht erforderlich (§ 45 Satz 3 Nr. 3 SGB XII).

Kritik
Die Frage, ob jemand erwerbsfähig ist oder nicht, entscheidet darüber, wer die Kosten trägt - Bund oder Kommunen. Hier ist seit Hartz IV ein neuer Verschiebebahnhof entstanden. Das Sozialamt hat ein Interesse, möglichst viele Leistungsbeziehende ins Alg II oder in die Grundsicherung abzuschieben, weil hier Kosten vom Bund getragen werden.
Die Jobcenter und damit der Bund haben wiederum ein finanzielles Interesse daran, möglichst viele als nichterwerbsfähig, d.h. als nicht arbeitslos einzustufen. Das ist billiger und gut für die Arbeitslosenstatistik. Deshalb ist den Jobcentern die Prüfung übertragen worden, wer erwerbsfähig ist und wer nicht. Die Rentenversicherung wird nur beteiligt, wenn es zwischen den Beteiligten Streit gibt.

Unter dem Zuständigkeits- und Kostenfilter „Erwerbsfähigkeit" zerfallen zahllose Haushalte in Personen, die in wechselnden Kombinationen Alg II, HzL oder GSi der Sozialhilfe beziehen und damit unter die Regie verschiedener Behörden fallen. Dabei wurde Hartz IV einmal als *„Hilfe aus einer Hand"* angepriesen.

(Volle) Erwerbsminderung

hieß früher **Erwerbsunfähigkeit** und ist die Voraussetzung für den Bezug von **Hilfe zum Lebensunterhalt** oder **Grundsicherung** nach dem SGB XII.

- Sind Sie von der Rentenversicherung als **dauerhaft** (bzw. unbefristet) voll erwerbsgemindert anerkannt, haben Sie Anspruch auf ⇨Grundsicherung (GSi; § 19 Abs. 2 i.V. mit § 41 Abs. 1 SGB XII).
- Sind Sie nur **vorübergehend** (bzw. befristet) voll erwerbsgemindert, haben Sie Anspruch auf Hilfe zum Lebensunterhalt (HzL; § 19 Abs. 1 i.V. mit § 27 SGB XII).
- Sind Sie aber vorübergehend voll erwerbsgemindert **und** leben mit einem/r erwerbsfähigen Partner*in oder einem erwerbsfähigen 15- bis 24-jährigen Kind zusammen in einer **Bedarfsgemeinschaft**, erfüllen Sie die Anspruchsvoraussetzung für Leistungen nach dem SGB II. Dann erhalten Sie statt der Hilfe zum Lebensunterhalt vorrangig **Sozialgeld** nach §§ 7 Abs. 2, § 19 Abs. 1, § 23 SGB II (i.V. mit § 21 SGB XII).

Inhaltsübersicht

1.1 Wer ist voll erwerbsgemindert?

Sie sind voll erwerbsgemindert, wenn Sie *„auf nicht absehbare Zeit außerstande sind, unter den üblichen Bedingungen des Arbeitsmarktes* ***mindestens drei Stunden täglich*** *erwerbstätig zu sein"* (§ 43 Abs. 2 SGB VI).

Das ist der Fall,

- wenn Sie **vorübergehend** oder auf **Dauer** eine Rente wegen voller Erwerbsminderung (aus medizinischen Gründen) beziehen, aber auch,
- wenn Sie keine Rente beziehen, weil Sie *„auf absehbare Zeit"* zwar die gesundheitlichen Voraussetzungen für die volle Erwerbsminderung, aber nicht die versicherungsrechtlichen Voraussetzungen erfüllen (§ 8 Abs. 1 SGB II; ⇨Erwerbsfähigkeit).

Als voll erwerbsgemindert stuft die BA auch alle Beschäftigten ein, die im Eingangs- und Berufsbildungsbereich in anerkannten **Werkstätten für behinderte Menschen** arbeiten (FW 8.8.). Dieses Pauschalurteil ist nach unserer Auffassung nicht zulässig (vgl. LSG Rheinland Pfalz 29.9.2009 - L 3 AS 24/08, ⇨Erwerbsfähigkeit 1.2). Die BA verkennt, dass es maßgeblich darauf ankommt, ob eine Einsatzfähigkeit auf dem allgemeinen Arbeitsmarkt tatsächlich behinderungsbedingt ausgeschlossen ist (§ 43 Abs. 2 Satz 3 Nr. 1 SGB VI; SG Dortmund 12.10.2016 - S 19 AS 1355/14; Valgolio in: Hauck/Noftz, SGB, 04/19, § 8 SGB II, Rn. 32). Bei diesem ganzen Konstrukt kann oder muss gefragt werden, ob überhaupt eine Vereinbarkeit mit der UN-Behindertenkonvention besteht. Aus Art. 27 UN-BRK i.V.m. mit der Menschenwürde und dem Diskriminierungsverbot ergibt sich, dass es keinen Raum für eine Einteilung in „wirtschaftlich verwertbare" und „wirtschaftlich unverwertbare" Behinderte geben darf. Jeder Mensch mit Behinderung hat grundsätzlich das Recht, zu arbeiten. Daher kann ein Automatismus, dass Menschen, die in einer Werkstatt für behinderte Menschen tätig sind, zwingend als voll erwerbsgemindert anzusehen sind, nicht überzeugen.

Für Beschäftigte im Arbeitsbereich einer anerkannten Werkstatt für behinderte Menschen sieht die BA zumindest die Möglichkeit der Widerlegung der Annahme der vollen Erwerbsminderung vor (FW 8.9).

Wenn der **Ärztliche Dienst** der Arbeitsagentur durch Gutachten eine nicht dauerhafte volle Erwerbsminderung von länger als sechs Monaten prognostiziert (⇨Amtsarzt/Amtsärztin), führt das noch nicht zwingend dazu, dass Sie den Anspruch auf Alg II verlieren und HzL nach dem SGB XII oder Sozialgeld nach dem SGB II bekommen. Eine solche Feststellung des Ärztlichen Dienstes führt zur Aufforderung, einen Antrag bei der Rentenversicherung auf Rente wegen Erwerbsminderung zu stellen (§ 5 Abs. 3 SGB II). Lehnt die Rentenversicherung eine medizinische Prüfung ab, weil schon die versicherungsrechtlichen Voraussetzungen nicht erfüllt sind, leitet der Sozialhilfeträger diese medizinische Prüfung bei der Rentenversicherung ein (§ 44a SGB II, § 45 SGB XII).

Eine sechsmonatige **Arbeitsunfähigkeit** (Krankschreibung durch den/die behandelnde/n Ärzt*in) reicht für die Einstufung als voll erwerbsgemindert **nicht** aus.

1.2 Teilweise erwerbsgemindert

sind Personen, die in der Lage sind, unter den üblichen Bedingungen des Arbeitsmarktes **zwischen drei und unter sechs Stunden** zu arbeiten. Sie haben Anspruch auf **Alg II** und bei Vorliegen der Anspruchsvoraussetzungen auf ⇨Rente wegen teilweiser Erwerbsminderung.

2. Mehrbedarf für voll Erwerbsgeminderte

Bis zum Erreichen des Rentenalters steht Ihnen unter Umständen ein ⇨Mehrbedarf in Höhe von 17 Prozent des maßgebenden Regelbedarfs zu. Aber nur dann, wenn die volle Erwerbsminderung rentenrechtlich anerkannt ist **und** wenn Sie zudem einen Schwerbehindertenausweis mit dem Merkzeichen „G" oder „aG" besitzen, Ihre Bewegungsfähigkeit also erheblich beeinträchtigt ist (§ 30 Abs. 1 SGB XII; § 23 Abs. 4 SGB II).

3. Renten wegen voller oder teilweiser Erwerbsminderung

erhalten Sie als Versicherte der gesetzlichen ⇨Rentenversicherung (4.), wenn Sie entsprechende Beitrags- und Wartezeiten erfüllen und die medizinischen Voraussetzungen vorliegen.

4. Die Arbeitsmarktrente

stellt einen besonderen Fall dar, bei dem die medizinischen Gründe für eine volle Erwerbsminderung nicht vorliegen und dennoch eine Rente wegen voller Erwerbsminderungsrente bezogen wird. Grund dafür ist, dass der Arbeitsmarkt manchmal tatsächlich verschlossen ist. Wenn also aus medizinischen Gründen eine teilweise Erwerbsfähigkeit vorliegt (Leistungsfähigkeit auf dem allgemeinen Arbeitsmarkt von drei bis unter sechs Stunden) und die Deutsche Rentenversicherung keinen leidensgerechten (Teilzeit-)Arbeitsplatz benennen kann, dann wird eine Arbeitsmarktrente gewährt.

Das Besondere an der Arbeitsmarktrente ist also, dass aus medizinischer Sicht eine teilweise Erwerbsfähigkeit vorliegt und dennoch eine Rente wegen voller Erwerbsminderung gewährt wird. Die Arbeitsmarktrente schließt damit den Bezug von SGB II-Leistungen nicht aus (§ 8 Abs. 1 SGB II; FW 8.5.).

5. Arbeit

Wenn voll erwerbsgeminderte Beziehende von Sozialhilfe und GSi arbeiten, können Sie 30 Prozent ihres nicht bereinigten Einkommens behalten, allerdings können Sie aus Arbeitseinkommen nicht die ersten 100 € (sog. Grundfreibetrag) wie im Alg II behalten. Bei kleineren Einkünften ist die HzL-/GSi-Regelungen deutlich nachteilig (§ 82 Abs. 3 SGB XII; ⇨Erwerbstätige).

Erwerbstätige

Knapp 1,2 Mio. Erwerbstätige bezogen im November 2016 ergänzendes Alg II. 191.000 der Aufstockenden hatten einen Vollzeitjob, 513.000 eine geringfügige Beschäftigung bzw. lag für sie keine Meldung zur Art der Beschäftigung vor (BA Monatsbericht 03/2017, 27).

Inhaltsübersicht

1. Wer gilt als erwerbstätig?

Erwerbstätige sind alle, die ein Arbeitseinkommen haben, egal, wie hoch es ist, egal, ob sie nichtselbstständig oder selbstständig arbeiten und ob sie ⇨Auszubildende, Minijobber*innen oder Honorarkräfte sind. Entgelte, die eine Vergütung für geleistete Arbeit darstellen, werden wie Erwerbseinkommen behandelt, weshalb die Freibeträge bei Erwerbseinkommen abzuziehen sind. Dies gilt auch für **Kurzarbeitergeld** (BSG 14.3.2012 - B 14 AS 18/11 R) und Insolvenzgeld (BSG 13.5.2009 – B 4 AS 29/08 R).

Erwerbstätig sind Sie auch dann, wenn Ihre Arbeit nicht versicherungspflichtig bzw. steuerfrei ist.

Als Erwerbstätige werden nur Personen ab 15 Jahren anerkannt.

Zur **Anrechnung von Einkommen aus selbstständiger Arbeit** schlagen Sie unter ⇨Selbstständige nach.

Ehrenamtliche Tätigkeit ist keine Erwerbstätigkeit. Aufwandsentschädigungen für ehrenamtliche Tätigkeiten oder die sogenannte „Übungsleiterpauschale" werden aber ähnlich behandelt wie Erwerbseinkommen. (Ehrenamtliche Tätigkeit ⇨3.1; „Übungsleiterpauschale" ⇨Selbstständige).

Das gilt auch für das „Taschengeld", das Personen erhalten, die den Jugend- bzw. Bundesfreiwilligendienst absolvieren (⇨3.2).

2.1 Nachweis von ⇨Einkommen aus Lohnarbeit

Sie haben auf Verlangen des Jobcenters eine Bescheinigung Ihres Arbeitgebers vorzulegen, aus der sich Art und Dauer der Erwerbstätigkeit sowie die Höhe des Lohns ergeben (§ 58 SGB II).

Ihre Chefs/*innen sollen wissen, dass Sie Alg II beziehen. Die Behörden hoffen, dass Sie auf Alg II verzichten, damit Ihre Firma nichts erfährt.

Sie sind verpflichtet, dem Arbeitgeber diese Bescheinigung vorzulegen (§ 58 Abs. 2 SGB II) und Ihr*e Chef*in ist verpflichtet, sie auszufüllen und „*unverzüglich auszuhändigen*" (§ 58 Abs. 1 SGB II).

Kritik

Reichen Sie nur Ihre Lohn-, Gehaltsabrechnung und ggf. Ihren Arbeitsvertrag als Nachweis ein, haben Sie alle leistungsrelevanten Angaben belegt. Das ist auch die Meinung der Datenschutzbeauftragten. Das Jobcenter wird sich aber aufgrund der Gesetze aus Berlin damit nicht zufriedengeben. Für Hartz IV-Beziehende gelten eben andere Regeln als für normale Bürger*innen. Denn für diese gilt: Sozialdaten sind grundsätzlich bei dem/r Betroffenen zu erheben (§ 67a Abs. 2 SGB X; ⇨Datenschutz). Es sollen auch nur die Daten erhoben werden, die für die Leistungsgewährung erforderlich sind.

⇨Selbstständige müssen seit 2006 keine Bescheinigung ihrer „Arbeitgeber", also der Auftraggeber, mehr vorlegen. Das verstößt offensichtlich gegen den Datenschutz. Lohnabhängige müssten gleichbehandelt werden. Sie könnten ihr Erwerbseinkommen problemlos durch Lohnabrechnungen, Arbeitsvertrag oder Kontoauszüge nachweisen.

Für die Bearbeitung Ihres Antrags braucht das Jobcenter keine Angaben über die Arbeitszeit, die Art der Beschäftigung und die Dauer des Arbeitsverhältnisses. Das ist überflüssig und könnte, falls erforderlich, auch durch Ihre eigenen Angaben ergänzt werden. Aber Ihnen glaubt man dort grundsätzlich nichts.

2.2 Anrechnung von Einkommen aus nichtselbstständiger Arbeit

Ausgangspunkt für die Anrechnung von Erwerbseinkommen sind **alle erzielten Einnahmen** und Sachbezüge. Auch steuerfreie Zuschläge für Nacht-, Sonn- und Feiertage sind nach Auffassung des BSG voll anzurechnen (1.6.2010 - Az. B 4 AS 89/09 R). Zur Begründung wird ausgeführt, dass allein zweckgebundene Leistungen des Arbeitgebers anrechnungsfrei bleiben können. Der Zweck muss dabei außerhalb der allgemeinen Lebensführung liegen. Die Erschwernisse durch Nacht-, Sonn- und Feiertagsarbeit gehören offensichtlich zur allgemeinen Lebensführung von Erwerbstätigen.

Alg II

Bereinigung des Einkommens

Nicht das Bruttoeinkommen inklusive Zuschläge wird angerechnet, sondern das **bereinigte Nettoeinkommen**. Es wird berechnet, indem Sie vom Bruttoeinkommen die folgenden Beträge absetzen, d.h. abziehen:

- **Steuern**, die auf das Einkommen entrichtet werden (§ 11b Abs. 1 Satz 1 Nr. 1 SGB II),
- **Sozialversicherungsbeiträge** (§ 11b Abs. 1 Satz 1 Nr. 2 SGB II; ⇨Einkommensbereinigung 1.),
- **Versicherungsbeiträge** zu öffentlichen oder privaten Versicherungen, **pauschal 30 €** (⇨Einkommensbereinigung 2.),
- Beiträge zu gesetzlich vorgeschriebenen Versicherungen wie **Kfz-Haftpflicht** (⇨Einkommensbereinigung 2.1) (§ 11b Abs. 1 Satz 1 Nr. 3 SGB II),
- **Gewerkschafts- und Sozialverbandsbeiträge** (§ 11b Abs. 1 Satz 1 Nr. 3 SGB II; FW 11.139 und 11.124),
- Beiträge zur **Altersvorsorge** (⇨Einkommensbereinigung 3.) (§ 11b Abs. 1 Satz 1 Nr. 4 SGB II),
- **Werbungskosten:** „*die mit der Erzielung des Einkommens verbundenen notwendigen Ausgaben*" (§ 11b Abs. 1 Satz 1 Nr. 5 SGB II); die Pauschale in Höhe von **15,33 €** wurde zum 1.8.2016 ersatzlos gestrichen, seitdem können Sie nur noch Werbungskosten in nachgewiesener Höhe geltend machen (⇨2.2.1) und
- **Fahrtkosten** zum Betrieb, **pauschal 0,20 €** pro Entfernungskilometer zum Arbeitsplatz oder mehr (⇨2.2.2).

Bei Einkommen **bis 400 €** brutto sind Werbungs- und Fahrtkosten sowie Versicherungs- und Altersvorsorgebeiträge im anrechnungsfreien **Grundfreibetrag** von **100 €** enthalten (⇨2.3.1). Sie können erst wie nachfolgend beschrieben abgesetzt werden, wenn das Einkommen **400 € übersteigt**.

E

2.2.1 Werbungskosten

wurden bei Einkommen aus nichtselbstständiger Arbeit *„als mit seiner Erzielung verbundene notwendige Ausgaben"* pauschal mit 15,33 € abgezogen, *„soweit der erwerbsfähige Hilfebedürftige nicht höhere notwendige Ausgaben nachweist"* (§ 6 Abs. 1 Nr. 3a Alg II-V alt). Diese Regelung gilt nur für Einkommen, die **bis zum 31.7.2016** zugeflossen sind. Für den Zeitraum danach wurde die **Pauschale abgeschafft**. Die schwarz-rote Bundesregierung nennt es *„Rechtsvereinfachung"*, wenn Erwerbstätige ihre Werbungskosten nicht mehr pauschal geltend machen können. Wir nennen es: Leistungskürzung.

Für Erwerbseinkommen, die **ab dem 1.8.2016** zugeflossen sind, können nur noch *„die mit der Erzielung des Einkommens verbundenen notwendigen Ausgaben"* (§ 11b Abs. 1 Satz 1 Nr. 5 SGB II) in nachgewiesener Höhe geltend gemacht werden. Sie müssen dann eine Gesamtaufstellung machen und die Ausgaben belegen. Zu den Werbungskosten gehören nicht nur die steuerlich anerkannten Werbungskosten, sondern alle mit der Erzielung, Sicherung und Erhaltung des Arbeitseinkommens verbundenen Aufwendungen. Die Ausgaben müssen durch die Erzielung des Einkommens bedingt sein, d.h., es muss eine kausale Verknüpfung zwischen den Aufwendungen und der Erzielung des Einkommens bestehen (BSG 15.6.2016 – B 4 AS 41/15 R).

Zu den klassischen Werbungskosten, die mit der Erzielung des Einkommens verbunden sind, gehören:

2.2.1.1 Arbeitsmittel

wie Werkzeuge, Arbeitsmaterial, Arbeitskleidung, Bücher, IT/ Telefon.

2.2.1.2 Notwendige Aufwendungen bei doppelter Haushaltsführung

sind in voller Höhe anzuerkennen. Im SGB II ist eine Begrenzung der Höhe nicht vorgesehen. Die Miete des doppelten Haushalts ist abzugsfähig, wenn tägliche Pendelfahrten nicht möglich oder nicht zumutbar sind (LSG Bayern 6.8.2018 – L 11 AS 712/18 NZB).

Wenn Sie außerhalb Ihres Wohnortes beschäftigt sind und weder Umzug noch tägliche Rückkehr zumutbar sind, sind zu übernehmen

- die notwendigen Kosten der auswärtigen **Unterkunft**. Es gelten die Angemessenheitskriterien für Alleinstehende (FW 11.142).
- ohne Prüfung *„mindestens"* eine **Heimfahrt** im Monat bzw. zwei bei Ehepaaren/ Lebenspartner*innenn, jeweils in Höhe der Kosten für eine Bahnfahrt 2. Klasse unter Ausnutzung bestehender Tarifvergünstigungen (FW 11.144).

  Bei Paaren fördert das nicht gerade die Beziehung. Vier Heimfahrten pro Monat sind notwendig (LSG Thüringen 8.3.2005 – L 7 AS 112/05 ER).
- **Mehraufwand von 45 €** als Absetzbetrag, da der auswärts Beschäftigte als faktisch Alleinstehender eigentlich 446 € statt 401 € bekommen müsste (FW 11.143). Durch die aktuellen Regelleistungen 2021 (446 €, 401 €) ergibt sich so die Differenz von 45 €.

Unserer Meinung nach sind **beide** Ehegatten/ Partner*innen faktisch alleinstehend. Darum müsste jedem/r 446€ als Regelbedarf zuerkannt werden. Legen Sie ggf. Widerspruch ein!

2.2.1.3 Mehraufwendungen für Verpflegung

können in Höhe von **6 €** pro Tag abgesetzt werden, wenn Sie nicht am regulären Arbeitsort beschäftigt sind und **mindestens zwölf Stunden** von Ihrer Wohnung abwesend sind (§ 6 Abs. 3 Alg II-V). Die Beschränkung auf einen Pauschbetrag ist aber unwirksam, weil sie keine Öffnungsklausel vorsieht (BSG 11.12.2012 – B 4 AS 27/12 R). Es bietet sich eine Anwendung der Sätze des Bundesreisekostengesetzes an.

2.2.1.4 Ausgaben für Kinderbetreuung

Wenn Sie nur arbeiten können, wenn Ihr Kind betreut ist, sind die Gebühren für Kindergarten bzw. -krippe oder auch Tagespflege mit der Erzielung Ihres Einkommens *„verbunden"* und *„notwendig"*. Von daher müssen sie abgesetzt werden (FW 11.145; LSG Niedersachsen-Bremen 3.12.2009 - L 13/6 AS 8/06). Als vorrangig wird jedoch angesehen, dass Gebühren und Beiträge ganz oder teilweise erlassen oder vom Jugendamt übernommen werden, wenn die Belastung den Eltern nicht zumutbar ist (§ 90 Abs. 3 SGB VIII; FH 11.145). Das ist bei Alg II-Berechtigten i.d.R. der Fall.

2.2.1.5 Beiträge zu Gewerkschaften und Sozialverbänden

Näheres unter ⇨Einkommensbereinigung 4.1

2.2.2 Aufwendungen für Fahrten zwischen Wohnung und Arbeitsplatz

Es wird nicht mehr wie früher gefragt, ob das Auto notwendig ist, um zur Arbeit zu fahren.

„Als Pauschalbeträge sind abzusetzen [...] bei Benutzung eines Kraftfahrzeuges für die Fahrt zwischen Wohnung und Arbeitsstätte für Wegstrecken zur Ausübung der Erwerbstätigkeit 0,20 Euro für jeden Entfernungskilometer der kürzesten Straßenverbindung, soweit der oder die erwerbsfähige Leistungsberechtigte nicht höhere notwendige Ausgaben nachweist" (§ 6 Abs.1 Nr. 5 Alg II-V). Entfernungskilometer sind die Kilometer der Entfernung zwischen Wohnung und Arbeitsstätte (einfache Wegstrecke).

Sie können diese Aufwendungen auch dann geltend machen, wenn Sie mit einem geliehenen Pkw zur Arbeit fahren. Die *„Benutzung eines Kraftfahrzeugs"* zählt.

Beispiel:
Sie arbeiten im Monat 20 Tage. Sie haben 15 Entfernungskilometer zum Betrieb. Sie können also 3,00 € (15 x 0,20 €) pro Arbeitstag oder 60 € im Monat pauschal absetzen.

Die geltend gemachte **Entfernungspauschale** muss im Vergleich zu den bei der *„Benutzung eines zumutbaren öffentlichen Verkehrsmittels anfallenden Fahrtkosten"* **angemessen** sein (§ 6 Abs. 2 Alg II-V). Kfz-Kosten werden demnach nur bis zu einer bestimmten Obergrenze als angemessen anerkannt. Diese Grenze wäre nach alter Rechtsprechung zum BSHG überschritten, wenn die Kfz-Kosten **mehr als 30 Prozent** über den Kosten öffentlicher Verkehrsmittel liegen. In diesem Fall wären nur angemessene Kosten (ÖPNV-Kosten plus 30 Prozent) absetzbar.

Aber nicht nur die Kosten, sondern auch die Fahrtzeiten sind zu berücksichtigen. Wenn die Fahrtzeiten zur Arbeit mit dem Pkw erheblich geringer sind, sind auch höhere Pkw-Kosten angemessen (LSG Sachsen 15.9.2005 - L 3 B 44/05 AS-ER).

Wenn die Erwerbstätigkeit **ohne eigenen Pkw nicht möglich ist**, weil öffentliche Verkehrsmittel nicht nutzbar sind (früher Arbeitsbeginn, Schichtarbeit, flexible Arbeitszeiten, Einsatz im Kundendienst usw.) sind die Fahrtkosten in voller Höhe zu übernehmen (LSG Hessen 12.7.2006 - L 9 AS 69/06 ER, weitere Nachweise ⇨ Einkommensbereinigung 4.2), soweit *„höhere notwendige Ausgaben"* nachgewiesen werden.

Das LSG Hessen ermittelte die angemessenen Fahrtkosten mit der Formel *„Arbeitstage x Kilometer für Hin- und Rückfahrt x Durchschnittsverbrauch an Benzin pro 100 km geteilt durch 100 km x Benzinpreis"*. Der Verbrauch für den genutzten Pkw-Typ ergibt sich aus dem von der Deutschen Automobil-Treuhand herausgegebenen Leitfaden für Kraftstoffverbrauch und Co2-Emmissionen (aktuelle Ausgabe://www.dat.de/co2/).

Beispiel:
Einfache Entfernung 33 km
19 Arbeitstage x (33 km x 2) x 7,4 Liter macht 9.279,6
geteilt durch 100 ergibt 92,796
multipliziert mit 1,35 € macht 125,27€

Um die tatsächlichen Fahrtkosten zu ermitteln, können Sie natürlich auch ein Fahrtenbuch führen und die Tankbelege etc. sammeln (LSG NRW 19.7.2011 - L 19 AS 455/11 B).

Zusätzlich sind auch **Wartung**skosten, **TÜV**-Gebühren und **Reparatur**kosten zu 80 Prozent absetzbar (LSG Hessen ebenda; LSG Sachsen ebenda), ebenfalls die **Finanzierungs**-

kosten für Ihr Kfz, wenn es zur Ausübung der Arbeit angeschafft wurde (LSG Hessen, ebenda, im konkreten Fall in Höhe von 177,54 €; gilt nicht für Kfz-Kauf im Alg II-Bezug: LSG Hessen 27.11.2006 - L 9 AS 213/06 ER).

Wenn Sie Ihr Kind mit dem Auto in den **Kindergarten** bringen, um überhaupt arbeiten zu können, sind das keine Fahrten zwischen Wohnung und Arbeitsstätte. Es sind aber die *„mit der Erzielung des Einkommens verbundenen notwendigen Ausgaben"* (§ 11b Abs. 1 Satz 1 Nr. 5 SGB II). Folglich müssen die **zusätzlich** gefahrenen Kilometer voll absetzbar sein.

Für die Fahrten zwischen **mehreren Arbeitsstätten** werden – wenn die tatsächlichen Kosten nicht nachgewiesen werden können – die Wegstrecken von der Wohnung zur ersten Arbeitsstätte und von der letzten Arbeitsstätte zur Wohnung jeweils zur Hälfte berücksichtigt und die Wegstrecken zwischen den Arbeitsstätten voll.
Bei **wechselnden** Arbeitsstätten sind die tatsächlichen gefahrenen Kilometer, nicht die einfache Wegstrecke, mit 0,20 €/km abzusetzen. Das gilt auch für Leiharbeiter*innen (Geiger 2019, 477).

Wenn Sie ein Arbeitseinkommen und ein Auto haben, muss die ⇨**Kfz**-Haftpflicht immer als gesetzlich vorgeschriebene Versicherung vom Nettoeinkommen abgezogen werden.

Tipp: Benutzen Sie auf dem Weg zur Arbeit **öffentliche Verkehrsmittel**, können Sie anstelle der Fahrtkostenpauschale den Preis des jeweils günstigsten (Monats-) Tickets absetzen.

Kritik
2004 wurden bei Arbeitslosenhilfebeziehenden und Ihren Partner*innen als Kilometerpauschale noch 0,30 € für jeden Entfernungskilometer anerkannt (2002 noch 0,36 €).
Das wären bei 15 Kilometern und 20 Arbeitstagen pro Monat pauschal 90 € und anstatt der 60 € heute. Wollen Sie dagegen die tatsächlichen Kosten durch Fahrtenbuch belegen, ist das mit erheblichem Aufwand verbunden.

2.2.3 Absetzbeträge Sozialhilfe (HzL/GSi) Bereinigung des Bruttoeinkommens

Vom Bruttoeinkommen werden wie bei Alg II die folgenden Beträge **abgesetzt** (§ 82 Abs. 2 SGB XII i.V. mit § 3 der VO zu § 82 SGB XII):
- Steuern und
- Sozialversicherungsbeiträge,
- Versicherungsbeiträge für angemessenen öffentlichen oder privaten Versicherungen (⇨Einkommensbereinigung 2.). Die **Kfz-Haftpflicht** ist jedoch nur abzugsfähig, wenn ein Kfz erforderlich ist (⇨ Einkommensbereinigung 2.1),
- Beiträge zur **Altersvorsorge** (⇨Einkommensbereinigung 2.3) und
- **Werbungskosten**: *„die mit der Erzielung des Einkommens verbundenen notwendigen Ausgaben"* (§ 82 Abs. 2 Satz 1 Nr. 4 SGB XII).

Dazu gehören:
a. **Arbeitsmittel** in Höhe von pauschal 5,20 €, soweit nicht höhere Aufwendungen nachgewiesen werden,
b. **notwendige Fahrtkosten zur Arbeitsstätte** in der Regel für das günstigste (Monats-) Ticket bei öffentlichen Verkehrsmitteln. Ist z.B. ein Kfz notwendig, gilt eine mtl. Pauschale von 5,20 €/km für die einfache Wegstrecke zum Arbeitsplatz, jedoch nicht mehr als für 40 km,
c. Beiträge zu **Gewerkschaften und Sozialverbänden** und
d. notwendige Aufwendungen bei **doppelter Haushaltsführung**, bis zu 130 € im Monat plus eine Heimfahrt im Monat (§ 3 Abs. 4 bis 7 der VO zu § 82 SGB XII).

2.3 Freibetrag für Erwerbstätige

Die Regelbedarfe werden auf der Basis des Bedarfs von Nichterwerbstätigen festgesetzt. Da für Erwerbstätige ein höherer Bedarf an Ernährung, Körperpflege, Kosten für Kommunikation usw. angesetzt wird, hatten Sie im BSHG früher einen Mehrbedarfszuschlag wegen Erwerbstätigkeit. Daraus ist der heutige Freibetrag für Erwerbstätige entstanden. Erwerbstätige sind alle nichtselbstständig und selbstständig Beschäftigte.

2.3.1 Erwerbstätigenfreibetrag bei Alg II-Bezug

„Bei erwerbsfähigen Hilfebedürftigen, die

erwerbstätig sind, ist von dem monatlichen Einkommen aus Erwerbstätigkeit ein weiterer Betrag abzusetzen. Dieser beläuft sich
1. für den Teil des monatlichen Einkommens, das 100 € übersteigt und nicht mehr als 1.000 € beträgt, auf 20 Prozent und
2. für den Teil des monatlichen Einkommens, das 1.000 € übersteigt und nicht mehr als 1.200 € beträgt, auf 10 Prozent.
Anstelle des Betrags von 1.200 € tritt für erwerbsfähige Hilfebedürftige, die entweder mit mindestens einem minderjährigen Kind in Bedarfsgemeinschaft leben oder die mindestens ein minderjähriges Kind haben, ein Betrag von 1.500 €" (§ 11b Abs. 3 SGB II; ⇨Beispiele).

I. Der Grundfreibetrag von 100 € bleibt immer anrechnungsfrei

„Bei erwerbsfähigen Hilfebedürftigen, die erwerbstätig sind, ist anstelle der Beträge nach Absatz 1 Satz 1 Nr. 3 bis 5 ein Betrag von insgesamt 100 € monatlich vom Einkommen aus Erwerbsarbeit abzusetzen" (§ 11b Abs. 2 Satz 1 SGB II).

Die Pauschale soll alle Ausgaben für
- Beiträge zu öffentlichen und privaten ⇨Versicherungen, auch Kfz-Haftpflicht (Abs. 1 Satz 1 Nr.3),
- „riestergeförderte" ⇨Altersvorsorge (Abs. 1 Satz 1 Nr.4) und
- die mit der Erzielung des Einkommens verbundenen notwendigen Ausgaben wie Fahrtkosten, Arbeitsmittel, Gewerkschaftsbeitrag usw. (Abs. 1 Satz 1 Nr.5; ⇨2.2.6 ff.)

abdecken.

Diese Regelung gilt bei **Erwerbs**einkommen **bis 400 € brutto**. Mehr wird nicht anerkannt, auch wenn Ihre Werbungskosten höher sind (zur Sonderregelung, wenn Sie Erwerbseinkommen **und** eine Aufwandsentschädigung für ein Ehrenamt oder eine „Übungsleiterpauschale" beziehen, lesen Sie ⇨3.1.).
Wenn Sie aber Erwerbseinkommen und **sonstige** Einkommen haben, mit denen Sie auf **über 400 €** kommen, sind diese Ausgaben in voller Höhe absetzbar, wenn sie 100 € übersteigen:
„Beträgt das monatliche Einkommen aus Erwerbstätigkeit mehr als 400 €, gilt Satz 1 [die Begrenzung der Absetzbeträge auf 100 €] nicht, wenn der erwerbsfähige Hilfebedürftige nachweist, dass die Summe der Beträge nach Absatz 1 Satz 1 Nr. 3 bis 5 den Betrag von 100 € übersteigt" (§ 11b Abs. 2 Satz 3 SGB II).

II. Vom Einkommensbetrag, der den 100-Euro-Grundfreibetrag übersteigt, bleiben frei

- 20 Prozent der Differenz bis zu einem Bruttoeinkommen von 1.000 € (max. 20 % von 900 €),
- zehn Prozent ab 1.000 € bis 1.200 € brutto bzw. bis 1.500 € brutto, wenn Sie mindestens ein minderjähriges Kind haben (max. 10 % von 200 € bzw. 500 € Differenzbetrag).

Beispiel: Minijob 400 €
Frau Klein hat einen Minijob von 400 € mtl. Sie arbeitet vier Tage in der Woche je drei bis vier Stunden. Sie nutzt eine verbilligte Monatskarte. Da ihr Bruttoeinkommen die 400-€-Grenze nicht übersteigt, sind Fahrt- und Werbungskosten **immer** durch den 100-Euro-Grundfreibetrag abgedeckt.

	Betrag in €
Bruttoeinkommen	400,00
=	
Nettoeinkommen	400,00
minus **Grundfreibetrag**	**100,00**
	300,00
Freibetrag 20% von 300 €	**60,00**

Frau Klein behält den 100-Euro-Grundfreibetrag + 60 € Freibetrag = **160 €**.
Würde ihr Minijobeinkommen über 400 € liegen, könnte sie statt des 100-Euro-Grundbetrages die tatsächlichen Kosten absetzen, soweit entsprechende Kosten nachgewiesen werden können.

Beispiel: Vollzeitjob 1.200 € brutto
Herr Schwarz arbeitet fünf Tage in der Woche. Die Wohnung ist 20 km vom Betrieb entfernt. Er fährt mit dem Zug: Monatsticket 75 €. Er hat ein Kfz; die Kfz-Haftpflicht beträgt 40 €.

	Betrag in €
Bruttoeinkommen	1.200,00
Nettoeinkommen	920,93
minus **Absetzbeträge**	145,00
Versicherungen	30,00
Kfz-Haftpflicht	40,00
und Monatskarte	75,00
Netto bereinigt	**775,93**

Freibetrag (vom Bruttoeinkommen):	
20% von 100 bis 1.000 €	180,00
10% von 1.000 bis 1.200 €	20,00
minus	**200,00**
anzurechnendes Einkommen	**575,93**

Herrn Schwarz werden **345 €** seines Arbeitseinkommens (145 € [30 € + 40 € + 75 €] + 200 €) **nicht** angerechnet. Lägen seine Versicherungs-, Werbungs- und Fahrtkosten unter dem 100-Euro-Grundfreibetrag, würde dieser anstatt der Absetzbeträge vom Nettoeinkommen abgezogen. Dann wären 300 € anrechnungsfrei.

Kritik

Der Freibetrag ist bei einem 400-Euro-Minijob niedriger als der frühere bei Arbeitslosenhilfe (165 € plus Versicherungen und Fahrtkosten). Und ebenfalls niedriger als nach der alten Sozialhilferegelung. Damals waren es insgesamt 172,50 € gewesen (⇨2.3.2).

Der Höchstbetrag des Freibetrags ist dafür für Alleinstehende, verglichen mit der alten Sozialhilfe von maximal der Hälfte des Regelbedarfs (heute: 212 €) plus Absetzbeträge, auf jetzt 300 € gestiegen; bzw. auf 330 €, wenn ein minderjähriges Kind unterhalten wird. *„Damit wird der Anreiz zur Aufnahme einer Arbeit erhöht"*, behauptet die Bundesregierung (Presseerklärung vom 8.7.2005).
In den 300 € sind aber der 100-Euro-Grundfreibetrag für reale Ausgaben für Versicherungen, Altersvorsorge und Werbungskosten enthalten. Nur 200 € dienen als Mehrbedarf für Arbeit bzw. als Arbeitsanreiz. Damals wurden ein paar Euro mehr als bedeutende Verbesserung angepriesen. Denn Vorteile hat die neue Regelung im Wesentlichen nur dann, wenn man seine Versicherungen kündigt, keine private Altersvorsorge betreibt und möglichst keine Werbungskosten hat. Denn der 100-Euro-Grundfreibetrag bleibt ohne Nachweis frei.

2.3.1.2 Freibetrag bei Sozialgeld-Beziehenden unter 15 Jahren

Hier bleiben Einnahmen aus Erwerbstätigkeit bis zu 100 € frei (Grundfreibetrag; § 1 Abs. 1 Nr.9 Alg II-V).

2.3.2 Freibetrag bei Sozialhilfebezug (HzL/GSi)

„Bei der Hilfe zum Lebensunterhalt und Grundsicherung im Alter und bei Erwerbsminderung ist ferner ein Betrag in Höhe von 30 vom Hundert des Einkommens aus selbständiger und nichtselbstständiger Tätigkeit der Leistungsberechtigten abzusetzen", **höchstens** jedoch 50 Prozent des Regelbedarfs oder 223 € (§ 82 Abs. 3 SGB XII). Die Höchstgrenze wurde Ende 2006 von der rot-schwarzen Bundesregierung eingeführt, um den *„Missbrauch"* der leistungsgeminderten Erwerbsunfähigen zu begrenzen (BT-Drs. 16/2711, 9, 12).
Der Freibetrag beträgt 30 Prozent des **Bruttoeinkommens** (BSG 25.4.2018 – B 8 SO 24/16 R; Grube/Wahrendorf/Flint SGB XII, 7. Aufl., § 82 Rn. 107).

Beispiel:
Herr Kling ist nicht erwerbsfähig und arbeitet acht Stunden in der Woche als Zeitungsausträger. Er bekommt dafür 272 € im Monat. Auch er darf sein Einkommen bereinigen. Unterstellen wir, dass er keine Fahrtkosten zur Arbeit hat, aber 15 € mtl. für private Versicherungen aufwendet. Mit der Pauschale von 5,20 € für Arbeitsmittel und dem Versicherungsbeitrag kann er **20,20 €** vom Einkommen absetzen (⇨2.2.8). Er darf zudem den Freibetrag von 30 Prozent des Einkommens oder **81,60 €** behalten. **101,80 €** wären also anrechnungsfrei.

Kritik

Auch hier ist erheblich gekürzt worden. Voll Erwerbsgeminderte hatten in der alten Sozialhilfe 30 Prozent des Regelbedarfs als Grundbetrag, zuletzt 89,10 €, plus einen Steigerungsbetrag von 25 Prozent für das Einkommen, das über den Grundbetrag hinausging (Blinde und Schwerstbehinderte: 50 Prozent plus 25 Prozent). Herr Kling hätte damals 158,90 € anrechnungsfrei behalten dürfen. Heute liegt der Freibetrag bei 30 Prozent vom Einkommen, nicht vom Regelbedarf. Früher brauchte man ein bereinigtes Einkommen von 89,10 €, um den Grundbetrag zu bekommen. Heute muss das Einkommen ca. 300 € betragen, um auf diesen Betrag zu kommen. Erwerbsgeminderte, die heute trotz gesundheitlicher Einschränkungen noch Leistung erbringen, werden von der „Leistungsgesellschaft" abgestraft.

Ein Sonderfall ist in § 82 Abs. 6 SGB XII geregelt: Bei Personen, die Hilfe zur Pflege, Blindenhilfe oder Eingliederungshilfe nach dem SGB IX erhalten, bleibt das Einkommen aus selbstständiger oder nichtselbstständiger Tätigkeit in Höhe von 40 Prozent des Einkommens frei, höchstens aber 65 Prozent der Regelbedarfsstufe 1 (aktuell 2021 446 € [anrechnungsfrei 65 % = 289,90 €]).

2.4 Schwankende Erwerbseinkommen

Alg II

Ist Ihr Erwerbseinkommen nicht mtl. konstant, werden Leistungen **vorläufig** i.d.R. für sechs Monate bewilligt (§ 41a Abs. 1 Satz 1 Nr. 1 SGB II i.V. mit § 41 Abs. 3 Satz 2 SGB II).
Näheres unter ⇨vorläufige Entscheidung 2.

2.4 Andere Einkommen

Hinweise zur Anrechnung von Weihnachtsgeld, Urlaubsgeld, Lohnsteuerrückzahlungen, vermögenswirksamen Leistungen usw. finden Sie unter dem Stichwort ⇨Einkommen.

3.1 Aufwandsentschädigung/ „Übungsleiterpauschale"

Vom Einkommen aus ehrenamtlicher bzw. nebenberuflicher Tätigkeit (z.B. als Übungsleiter*in), das den Charakter einer Aufwandsentschädigung hat, sind **statt des Grundfreibetrags** von 100 € ein Betrag in Höhe des Einkommens von bis zu **250 € mtl. abzusetzen**. Können Sie **höhere**, mit der Tätigkeit verbundene **Kosten** nachweisen, sind diese in tatsächlicher Höhe vom Einkommen abzusetzen (§ 11b Abs. 2 Satz 3 SGB II; sinngleich § 82 Abs. 2 Satz 2, 3 SGB XII).

Unter diese Regelung fallen Aufwandsentschädigungen

- die nach **Bundes-** oder **Landesrecht** gezahlt werden (z.B. für Wahlhelfer*innen; § 3 Nr. 12 Einkommensteuergesetz/EStG),
- für ehrenamtliche **Betreuer*innen** nach § 1835a BGB (§ 3 Nr. 26b EStG) (Anrechnung nur einmal jährlich, BSG 24.8.2017 – B 4 AS 9/16 R, dazu LPK SGB II, 7. Aufl., § 11b Rn. 47),
- die im Rahmen einer **gemeinnützigen oder mildtätigen** Tätigkeit gezahlt werden oder von einer kirchlichen Organisation bzw. von Körperschaften des öffentlichen Rechts (§ 3 Nr. 26a EStG),
- für **Mitglieder kommunaler Vertretungen** und Ausschüsse, z.B. für politische Tätigkeiten im Stadtteilparlament (OVG Berlin 24.11.1988 - OVG 6 B 71.87) und
- steuerfreie Einnahmen aus nebenberuflicher Tätigkeit, z.B. als **Übungsleiter*in**, Ausbilder*in, Erzieher*in, Betreuer*in, aus nebenberuflicher künstlerischer Tätigkeit oder der Pflege alter, kranker oder behinderter Menschen bis zur Höhe von 2.400 € jährlich (§ 3 Nr. 26 Einkommensteuergesetz; ⇨Selbstständige 5.2).

Tipp: Prüfen Sie, ob Ihr Einkommen aus Nebentätigkeit den oben genannten Vorgaben entspricht, dann erhalten Sie ggf. den erhöhten Absetzbetrag.

Üben Sie nebeneinander **Erwerbstätigkeit und ehrenamtliche** bzw. **nebenberufliche Tätigkeit** aus, sind Absetzbeträge für jede Tätigkeit **gesondert** anzusetzen und können nebeneinander Anwendung finden: d.h., der erhöhte Grundbetrag in Höhe des Einkommens aus Ehrenamts-/Übungsleitertätigkeit oder Aufwandsentschädigung bis max. 250 € **und** der Grundbetrag für Erwerbseinkommen in Höhe des Erwerbseinkommens aus regulärer Arbeit bis max. 100 €.
Können Sie für die jeweiligen Einkommensarten **höhere** mit der Erzielung des Einkommens verbundene **Kosten** nachweisen, sind diese anstelle der **jeweiligen** Grundbeträge abzusetzen.
Der **Erwerbstätigenfreibetrag** beim Erwerbseinkommen steht Ihnen freilich weiterhin zu (⇨2.3.1; hier finden Sie auch, wann und wie höhere, nachgewiesene Kosten vom Erwerbseinkommen abzusetzen sind).

Mit der Neufassung des § 11b Abs. 2 Satz 3 SGB II wurde **mit Wirkung zum 1.8.2016** die Rechtsprechung des BSG (28.10.2014 - B 14 AS 61/13 R) in das Gesetz aufgenommen. In der alten Fassung war die Regelung derart unklar formuliert, dass Jobcenter beim Zusammentreffen von Erwerbseinkommen und Aufwandsentschädigungen oft nur einmal den erhöhten Grundbetrag von max. 200 € anerkannt haben. Das Problem dürfte sich nun erledigt haben.

3.2 Jugend- und Bundesfreiwilligendienst

Jugendliche bzw. junge Erwachsene, die ein sogenanntes **„Freiwilliges Soziales**

Jahr“ (FSJ) absolvieren, und Beschäftigte im **Bundesfreiwilligendienst** (Bufdis) sind sozialversichert und erhalten als Aufwandsentschädigung ein „Taschengeld“ sowie häufig freie Unterkunft und Verpflegung und ggf. Fahrtkostenerstattung. Sie haben Anspruch auf aufstockendes Alg II.

Vom Taschengeld dürfen Sie anstelle der 30-Euro-Versicherungspauschale (⇨1.1), ggf. Kfz-Haftpflichtbeiträge (⇨1.2), Beiträge für Riester-Rente und von Fahrt- und Werbungskosten (§ 11b Abs. 1 Nr. 3 bis 5 SGB II) einen Freibetrag von **bis zu 250 €** behalten (§ 11b Abs. 2 Satz 6 SGB II).

Mit Wirkung zum 1.8.2016 wurde die Möglichkeit **gestrichen**, auf Nachweis Kosten in **tatsächlicher Höhe** geltend zu machen, wenn sie 140 € mtl. übersteigen (§ 1 Abs. 7 Alg II-V alt). Die Rechtsvereinfachung hat Vorrang.

Bei freier Voll**verpflegung** werden pro Arbeitstag ein Prozent des Regelbedarfs für die Sachzuwendung „Essen“ auf die Leistung angerechnet. Bei Teilverpflegung werden entsprechende Anteile hiervon abgezogen: für das Frühstück 20 Prozent, für das Mittag- und Abendessen jeweils 40 Prozent (§ 2 Abs. 5 Alg II-V).
Bei freier **Unterkunft** werden natürlich keine Unterkunftskosten bezahlt, aber nur, wenn der Hauptwohnsitz aufgegeben wurde.

Information

www.pro-fsj.de
www.bmfsfj.de/BMFSFJ/freiwilliges-engagement,did=183816.html

Kritik

Der Staat muss die Lohnsteuer so festsetzen, dass *„kein Steuerpflichtiger [...] infolge einer Besteuerung seines Einkommens darauf verwiesen wird, seinen existenznotwendigen Bedarf durch Inanspruchnahme von Staatsleistungen zu sichern“* (BVerfG 10.11.1998 - NDV-RD 1999, 24).
Das Kapital aber darf die Löhne so festsetzen, dass sie aus Alg II und anderen Steuermitteln aufgestockt werden müssen.

Erwerbslose haben Interesse an höheren Freibeträgen, um sich zu den Armutsregelbedarfen von 446€ etwas dazu zu verdienen. Dieses Interesse ist berechtigt, da erst ein Regelbedarf von mindestens 650 € das heutige soziale Existenzminimum auf einem unteren Niveau decken würde. Es muss aber eine Regelung gefunden werden, die möglichst verhindert, dass das Interesse der Arbeitslosen am Zuverdienst vom Kapital ausgenutzt wird, um Lohnsenkungen durchzuführen und Alg II als Kombilohn zu nutzen.
Hierzu ist am ehesten die Anerkennung eines Grundfreibetrags geeignet, so wie er heute noch bei Alg I gilt (165 €). In Anlehnung an den neuen Freibetrag für ehrenamtlich Tätige, „Übungsleiter*innen“ und Freiwilligendienste wäre dieser **Grundfreibetrag** allerdings **auf 200 € zu erhöhen**. Darüberhinausgehende Arbeitseinkommen würden weitgehend angerechnet. Sinnvoll ist ein einheitlicher Grundfreibetrag in dieser Höhe, aber **nur in Kombination** mit den nachstehenden Forderungen.

Forderungen

Gesetzlicher Mindestlohn von mindestens 12 € brutto lohnsteuerfrei die Stunde!
Regelbedarfserhöhung auf mindestens 600 €!

Fahrtkosten

Inhaltsübersicht:

1. Im Regelbedarfs von Alg II/HzL/GSi enthalten?

Ja, im Regelbedarf von 446 € (2021) sind 40,00 € für Fahrtkosten enthalten (Rüdiger Böker, Aufteilung nach EVS-Abteilungen des Regel-Bedarfs im Jahr 2021). Damit dürfen Sie sich am öffentlichen Nahverkehr, Bus und Bahn, PKW und Fahrrad beteiligen. Pro Tag können Sie also 1,33 € verfahren. Bis 1.7.1990 waren im Regelbedarf des Haushaltsvorstandes noch zwölf Einzelfahrscheine für Nahverkehrsmittel und eine Bahnfahrkarte für eine Hin- und Rückfahrt über 30 km im Wert von damals etwa 36 DM (18,41 €) enthalten. Gemessen an der Preisentwicklung ist das ein Absturz!

Fahrtkosten, die früher in der Sozialhilfe zusätzlich als ⇨einmalige Beihilfe genehmigt werden konnten, sollen Sie jetzt ebenfalls von den 40,00 € bestreiten.

2.1 Bei alten Menschen

können noch Fahrtkosten für Besuchsreisen im Rahmen der Altenhilfe übernommen werden, um ihnen *„die Verbindung mit nahestehenden Personen [zu] ermöglichen"* (§ 71 Abs. 2 Nr. 6 SGB XII).

2.2 Schule und Klassenfahrten/Ausflüge

Sozialamt und Jobcenter müssen die Kosten einer mehrtägigen Klassenfahrt als einmalige Beihilfe übernehmen. Eintägige **Ausflüge** werden seit 2011 i.d.R. in Form von Gutscheinen/ Direktzahlungen (an die Schule) übernommen. In besonderen Fällen können auch Fahrtkosten zur Schule übernommen werden. Dies ist in den **Leistungen für Bildung und Teilhabe** geregelt (§§ 28 f. SGB II; §§ 34 f. SGB XII).

Näheres ⇨Schüler*innen

2.3 Fahrtkosten zum Besuch Ihrer getrenntlebenden Kinder

⇨Umgangskosten

2.4 Sonderbedarf an Fahrtkosten

Wenn Sie Fahrtkosten haben, um an Beerdigungen naher Angehöriger oder an der Hochzeit ihrer Kinder teilzunehmen, wenn Sie Ihre*n Partner*in oder nahe Angehörige im Krankenhaus besuchen wollen usw., gibt es im SGB II und SGB XII die Möglichkeit, ein **Darlehen** zu bekommen, da es sich um einen einmaligen Bedarf handelt (§ 24 Abs. 1 SGB II/§37 Abs. 1 SGB XII). Voraussetzung ist aber, dass der Bedarf als unabweisbar anerkannt wird (⇨einmalige Beihilfen 3.). Die Rückzahlung kann unter Umständen erlassen werden (⇨Darlehen 9.1; § 44 SGB II/für die Hzl, GSi § 59 der Landeshaushaltsordnung (LHO) und in den dazu ergangenen Verwaltungsvorschriften).

Bei Bezug von HzL/ GSi der Sozialhilfe kann bei einer unabweisbaren, **regelmäßigen** und **erheblichen** Überschreitung des Bedarfs durch Fahrtkosten auch der **Regelbedarf erhöht** werden (§27a Abs. 4 SGB XII; ⇨Regelbedarf). Das wären z.B. erhebliche Kosten für regelmäßige weitere Besuchsfahrten zu nahen Angehörigen im Gefängnis oder einer stationären Einrichtung oder wenn Fahrtkosten aus medizinischen Gründen notwendig sind.

Beim Alg II ist das im Rahmen der ⇨**Härtefallregelung** (2.3) nach § 21 Abs. 6 SGB II möglich.

Mit der Neuregelung im Härtefallbedarf nach § 21 Abs. 6 SGB II können im SGB II seit 1. Januar 2021 auch einmalige Bedarfe gedeckt werden, in der HzL/ GSi wird es weiterhin um „verfassungskonforme Auslegung" gehen. Näheres dazu unter ⇨Härtefallbedarf.

2.5.1 Fahrtkosten zum Sozialamt

„Bei einem Verlangen des zuständigen Leistungsträgers nach § 61 [SGB I - Per-

sönliches Erscheinen] sollen Aufwendungen nur in Härtefällen ersetzt werden" (§ 65a Abs. 1 Satz 2 SGB I).
Härtefälle liegen immer dann vor, wenn die Aufwendung wirtschaftlich nicht zumutbar ist. Mit Sicherheit ist das dann der Fall, wenn die Behörde weit entfernt liegt (⇨Kostenerstattung 3.1, 4.).

F

2.5.2 Fahrtkosten zum Jobcenter
sind auf Antrag zu übernehmen, wenn Leistungsbeziehende zum Meldetermin vorgeladen wurden.

Tipp: Es können immer die tatsächlichen Fahrtkosten geltend gemacht werden, auch wenn der Betrag unterhalb der „Bagatellgrenze" von sechs Euro liegt (BSG 6.12.2007 - B 14/7 b AS 50/06 R; ⇨Kostenerstattung 2.). Weisen Sie Ihre*n Arbeitsvermittler*in darauf hin. Kommen Sie mit dem Kfz zum Jobcenter, können nach dem Bundesreisekostengesetz 0,20 € je zurückgelegter Strecke geltend gemacht werden – und zwar auf der verkehrsgünstigsten Strecke (LSG Bayern 27.3.2012 - L 11 AS 774/10).

2.5.3 Fahrtkosten zur ⇨Weiterbildung (1.5)

2.5.4 Fahrtkosten zum Ein-Euro-Job
⇨Arbeitsgelegenheit (3.2.3)

3. Fahrtkosten anlässlich der Arbeit
- werden von den Behörden bei der Bereinigung des **Erwerbseinkommens** anerkannt (⇨Erwerbstätige, 2.2.1 f. ⇨ Einkommensbereinigung 4.0, 4.2 ⇨ Erwerbstätige 2.2.2) **oder**
- bei ⇨**Selbstständigen** bei der Gewinnermittlung berücksichtigt.

4. ⇨Kraftfahrzeug

5. Verbilligte Monatskarten
In vielen Orten können Sie als Bezieher*in von Alg II und HzL/ GSi der Sozialhilfe verbilligt Monatskarten für öffentliche Verkehrsmittel kaufen (⇨Sozialpass).

Forderungen
Nicht vom Regelbedarf gedeckte Fahrtkosten zu besonderen Anlässen müssen als einmalige Beihilfen und nicht als Darlehen übernommen werden!
Nulltarif bei der Nutzung des öffentlichen Nahverkehrs!

Frauenhaus

Inhaltsübersicht

1. Frauenhäuser in Deutschland
Jährlich suchen rund 40.000 Frauen mit ihren Kindern Schutz vor Misshandlungen durch Ehemänner und „Partner" in den 367 Frauenhäusern und 41 Schutzwohnungen in Deutschland. Da aber nicht genügend Plätze für Betroffene vorhanden sind, mussten im Jahr 2016 in über 13.000 Fällen Schutzsuchende abgewiesen werden (BuzzFeed News, 2.11.2017). Trotzdem haben Frauenhäuser keinen Rechtsanspruch auf Förderung und sind auf freiwillige Leistungen der Kommunen und Länder angewiesen.
Häusliche Gewalt hat während des ersten Corona-bedingten Lockdowns deutlich zugenommen: in Brandenburg beispielsweise um 22,5 Prozent. Trotzdem berichteten Beratungsstellen in dieser Zeit von einer „gespenstischen Stille" in der Beratung (RBB 24, 07.07.2020).

1.1 Hilfe zum Lebensunterhalt

Über 90 Prozent der von Männergewalt betroffenen Frauen sind ⇨erwerbsfähig und gehören daher in das System des Alg II. Wenn Sie als nicht erwerbsfähig gelten, bekommen Sie Sozialhilfe.

1.1.1 Regelbedarf im Frauenhaus

Alg II

Bei Alg II-Anspruch bekommen Sie die volle Regelleistung einer alleinstehenden Person von **446 €.** Wenn Sie zusätzlich alleinerziehend sind, dann erhalten Sie auch den **Mehrbedarf für Alleinerziehende** (§ 20 Abs. 2 SGB II; § 21 Abs. 2 SGB II).
Die Leistung für Ihre unter 15-jährigen Kinder nennt sich ⇨Sozialgeld.
Auch bei kurzfristigem Bezug wird Alg II als **Beihilfe** und nicht als Darlehen gewährt.
Auch wenn Sie die **Energiekosten** im Frauenhaus nicht selbst zahlen, ist ein Abzug der ⇨Stromkosten vom Regelbedarf nicht zulässig (§ 20 Abs. 1 S. 3 SGB II, BSG 24.11.2011 - B 14 AS 151/10 R). Viele Frauenhäuser erheben aber inzwischen die Stromkosten direkt bei den Frauen. Diese **sind dann aber als Unterkunftskosten** nach § 22 Abs. 1 SGB II vom Jobcenter zu zahlen. Zu den Unterkunftskosten gehören alle Kosten, die anlässlich der Nutzung einer Unterkunft, somit auch eines Frauenhauses, anfallen. Diese sind in tatsächlicher Höhe vom Jobcenter zu übernehmen (§ 22 Abs. 1 S. 1 SGB II).

HzL/GSi der Sozialhilfe

Frauenhäuser werden als sogenannte Selbstversorgereinrichtungen geführt, in der Sie selbst haushalten können und müssen. Daher ist Ihnen als Sozialhilfebezieherin der volle Regelbedarf (s.o) zu zahlen. Würde das Frauenhaus die Versorgung für Sie organisieren, könnte das Sozialamt den Regelbedarf entsprechend kürzen. Dies wäre gerechtfertigt, wenn z.B. die Kosten für Ernährung und Stromversorgung durch die Einrichtung getragen werden würden. In diesem Fall könnte der Anteil für Ernährung (⇨Regelbedarf) und ⇨Strom gekürzt werden.

1.1.2 Mehrbedarf für Alleinerziehende

„Grundsätzlich kann davon ausgegangen werden, dass die Voraussetzungen für den Mehrbedarf vorliegen, wenn der Regelbedarf für Alleinstehende/Alleinerziehende anerkannt wird und mindestens ein minderjähriges Kind im Haushalt lebt" (FW 21.9). Das gilt beim Alg II und i.d.R. bei der Sozialhilfe auch für den Aufenthalt im Frauenhaus (⇨ Alleinerziehende 1.1).

F

1.1.3 Unterbringungskosten im Frauenhaus

Da Frauenhäuser meistens nicht ausreichend finanziert werden, müssen diese Unterbringungsverträge mit ihren Bewohnerinnen abschließen. Die Unterbringungskosten oder Nutzungsentgelte beinhalten Kosten für Wohnen, Heizung und Energie, Möbelnutzung, sozialpädagogische Betreuung und Unterstützung sowie natürlich den Schutz des Hauses. Diese Tagessätze werden in den meisten Fällen als Unterkunftskosten im Alg II und der Sozialhilfe übernommen. Die Tagessätze in Frauenhäusern schwanken zwischen ca. acht € und 140 € am Tag.

1.1.4 EU-Bürgerinnen und Frauen aus Drittstaaten

Bei EU-Bürgerinnen und Frauen aus Drittstaaten, die keinen SGB II-/SGB XII-Anspruch haben, wird die Gewährung der sonstigen Leistungen des Leistungskatalogs nach § 8 Nr. 6 SGB XII in das Ermessen des zuständigen Sozialhilfeträgers gestellt (§ 23 Abs. 1 S. 3 SGB XII). Zu den sonstigen Leistungen gehört auch die „Hilfe zur Überwindung besonderer sozialer Schwierigkeiten" (§§ 67-69 SGB XII).
Diese Hilfen können gewährt werden, „soweit dies im Einzelfall gerechtfertigt ist". Das Sozialamt hat also einen weitgehenden Ermessungsspielraum, was die Voraussetzungen der Leistungsgewährung und deren Höhe sowie Art betrifft (Oestreicher, SGB XII/ SGB II, § 23 SGB XII Rn 113). Weitere Voraussetzungen müssen nicht erfüllt sein, damit das behördliche Ermessen eröffnet wird.
Die Hilfen zur „Überwindung besonderer sozialer Schwierigkeiten" sind dann zu gewähren, wenn „besondere Lebensverhältnisse mit sozialen Schwierigkeiten verbunden sind"

und wenn Leistungsberechtigte „aus eigener Kraft hierzu nicht fähig ist" (§ 67 S. 1 SGB XII). „*Die Leistungen umfassen **alle Maßnahmen**, die notwendig sind, um die Schwierigkeiten **abzuwenden, zu beseitigen, zu mildern oder ihre Verschlimmerung zu verhüten.***" Dazu gehören „***insbesondere Beratung und persönliche Betreuung** für die Leistungsberechtigten und ihre Angehörigen, Hilfen zur Ausbildung, Erlangung und Sicherung eines Arbeitsplatzes sowie Maßnahmen bei der Erhaltung und Beschaffung einer Wohnung*" (§ 68 Abs. 1 SGB XII).

Darunter ist eindeutig zu verstehen, dass die Kosten für die Unterbringung in einem Frauenhaus vom Sozialamt zu tragen sind. Wenn die Frauenhäuser bei mittellosen und aus dem Leistungssystem ausgeschlossenen Frauen Pauschalen für Ernährung, Hygiene und Verköstigung erheben würden und dies Teil des Unterbringungsvertrags ist, müssten diese Kosten im Rahmen der Hilfen zur „Überwindung besonderer sozialer Schwierigkeiten" nach §§ 67, 68 SGB XII übernommen werden.

Vom SGB II ausgeschlossene EU-BürgerInnen haben mindestens Anspruch auf Überbrückungsleistungen nach § 23 Abs. 3 Satz 3ff. SGB XII. Das LSG Hessen hat unlängst entschieden, dass UnionsbürgerInnen ohne materielles Aufenthaltsrecht einen Leistungsanspruch zu jeder Zeit während eines tatsächlichen Aufenthalts in Deutschland haben und dass die Begrenzung auf einen Monat unzulässig ist (LSG Hessen 18.4. 2018- L 4 SO 120/18). Im Ergebnis bedeutet dies, dass auch für EU-BürgerInnen ohne materielles Aufenthaltsrecht über den Monat hinaus Kosten zum Lebensunterhalt, und damit auch Kosten für das Frauenhaus, gewährt werden.

Zu Wohnsitzbeschränkungen und Frauenhaus ⇨ Ausländer*innen 1.1.9

1.1.5 Selbstzahlerinnen des Frauenhauses

Immer wieder müssen auch Frauen, die über eigenes Einkommen verfügen, ins Frauenhaus flüchten.

In dem Fall sind alle Regelleistungen, Mehrbedarfe, sämtliche von der Bewohnerin zu erbringenden Frauenhauskosten und ggf. Krankenkasse und Pflegeversicherung als sozialrechtlicher Bedarf zu ermitteln. Dem Bedarf ist dann das tatsächlich zur Verfügung stehende Einkommen, abzüglich des Grundfreibetrags und Erwerbstätigenfreibetrags entgegen zu stellen. Das bedeutet, dass bei einer Vielzahl von Fällen der Selbstzahlerinnen noch ein aufstockender SGB II-/SGB XII-Bedarf besteht.

siehe auch ⇨ Einkommen

1.1.6 Frauenhaus bei Vermögen

Auch Frauen mit eigenem Vermögen müssen immer wieder Frauenhäuser in Anspruch nehmen. Vermögen können dabei Anteile an Immobilien sein, die zuvor bewohnt wurden, aber auch Ferienhäuser oder sonstiges Vermögen. Wenn diese Immobilien aufgrund nicht gewährleisteter Sicherheit nicht selbstgenutzt sind, sind sie auch nicht vor der Verwertung geschützt dann sind Alg II-/HzL- oder GSi-Leistungen zunächst einmal auf Darlehensbasis zu gewähren (§ 9 Abs. 4 SGB II iVm § 24 Abs. 5 SGB II/§ 91 SGB XII). Wenn sich nach Ablauf eines Bewilligungsabschnitts (sechs oder zwölf Monate) herausstellt, dass das Vermögen nicht verwertbar war, dann ist das Darlehen wegen Unverwertbarkeit in einen nicht zurückzuzahlenden Zuschuss umzuwandeln (FW 24.32 mit Verweis auf FW 12.10). Die gleichen Regeln der Nichtverwertbarkeit gelten in der HzL/GSi.

siehe auch ⇨ Vermögen

Tipp: Wurden Alg II-/HzL- oder GSi-Leistungen auf Darlehensbasis gewährt, besteht ein Anspruch auf Wohngeld und zwar auf den Höchstsatz (§ 7 Abs. 1 S. 3 Nr.1 WoGG). Das Wohngeld wird bei Alg II/Sozialhilfe zwar als Einkommen angerechnet, allerdings muss dann weniger zurückgezahlt werden.

1.1.7 Auszubildende und Frauenhaus

Alg II

Vom Grundsatz her gilt zunächst der allgemeine Leistungsausschluss für Auszubildende, die eine grundsätzlich BAföG- bzw. BAB-förderungsfähige Ausbildung durchführen (§ 7 Abs. 5, 1. Teilsatz SGB II). Seit dem 01.08.2016 gilt, dass auch Auszubildende **einen vollen ergänzenden SGB II-Anspruch haben, unabhängig davon, ob** sie einen BAföG- oder BAB-Anspruch haben oder nicht (§ 7 Abs. 6 Nr. 2 SGB II). Dieser volle Leistungsanspruch bezieht sich auf alle Auszubildenden, **bis auf Studierende, die außerhalb des Elternhauses** wohnen. Wenn Sie studieren und vor Gewalt im Elternhaus ins Frauenhaus flüchten mussten, gehören Sie nunmehr zu der Gruppe, die kein Alg II bekommt. Der Leistungsausschluss auf Lebensunterhalt nach § 7 Absatz 5 SGB II besteht stets bei Studierenden an Höheren Fachschulen, Akademien und Hochschulen, die nicht bei den Eltern wohnen. Dieser Personenkreis hat einen Bedarf nach § 13 Abs. 1 Nr. 2 in Verbindung mit Abs. 2 Nr. 2 BAföG.

Sollten Sie aus den oben genannten Gründen keinen Anspruch auf Alg II haben, kann Ihnen dieser im Rahmen der „Härtefallregelung" vom Jobcenter doch gewährt werden (§ 27 Absatz 3 Satz 1 SGB II). *„Trotz eines Anspruchs auf BAföG, BAB oder Abg können Leistungen [...] in Form eines Darlehens erbracht werden, soweit besondere Umstände **die Nichtgewährung** des Alg II als **außergewöhnlich hart und deshalb unzumutbar** erscheinen lassen"*, so die FW 27.7.

Eine Flucht ins Frauenhaus dürfte auf jeden Fall eine solche „besondere Härte" bedeuten. Hier ist dann die Alg II-Leistung als Darlehen zu erbringen, das betrifft aber nicht die „nicht ausbildungsgeprägten Bedarfe", die nach § 7 Abs. 5 2. Teilsatz SGB II iVm 27 Abs. 2 SGB II nicht für Auszubildende ausgeschlossen sind (im Wesentlichen: Alleinerziehenden- und Schwangerenmehrbedarf). Wenn Alg II ansonsten auf Darlehensbasis gewährt wird, besteht außerdem noch ein Anspruch auf Wohngeld (⇨ 1.1.6).

HzL/GSi

Auch hier gilt der Leistungsausschluss für Auszubildende (§ 22 Abs. 1 SGB XII). In der HzL/GSi gelten aber nicht die Rückausnahmen wie im Alg II, sodass die meisten Auszubildenden doch wieder einen Anspruch haben. Ausnahme sind Studierende, die nicht mehr bei den Eltern wohnen (⇨ 1.1.7 erster Absatz).

In dem Fall kann HzL/GSi nur noch im Rahmen der Härtefallregelung des SGB XII gewährt werden (§ 22 Abs. 1 S. 2 SGB XII). Diese eröffnet grundsätzlich die Optionen auf „Beihilfe oder Darlehen", sodass Sie zunächst ersteres versuchen und eine Beihilfegewährung beantragen sollten. Diese sollten Sie auch hinterher mit einem Überprüfungsantrag prüfen lassen.

⇨ Auszubildende

F

1.1.8 Kosten für die bisherige Wohnung

Haben Sie Ihre alte Wohnung verlassen und wird diese nicht von dem Mann bewohnt, vor dem Sie geflohen sind, müssen Sie für die Mietkosten aufkommen. Diese sind dann vom Alg II-, Hzl- oder GSi-Amt als tatsächlich anfallende und rechtlich geschuldete Unterkunftskosten (§ 22 Abs. 1 S. 1 SGB II/§ 35 Abs. 1 S. 1 SGB XII) zu übernehmen. Diese KdU-Kosten sind so lange zu übernehmen, bis es Ihnen möglich ist, die alte Wohnung zu kündigen. Wenn die vermietende Person mit einer vorzeitigen Kündigung nicht einverstanden ist, dann **auch über die vollen drei Monate.** Nach der Flucht ins Frauenhaus ist Ihnen aber auch eine gewisse Orientierungszeit zu geben, in der Sie sich entscheiden sollten, wie sich Ihre Wohnsituation in Zukunft gestalten soll.

Doppelmieten sind nur zu übernehmen, wenn sie **tatsächlich anfallen** und **unvermeidlich** sind (BSG 30.10.2019 - B 14 AS 2/19 R). Unvermeidlich sind sie bis Ablauf der Kündigungsfrist, wenn Sie ins Frauenhaus geflüchtet sind (SG Berlin 31.5.2012 - S 150 AS 25169/09; SG Braunschweig 9.4.2014 - S 49 AS 185/12). Hier müssen Sie dem jeweiligen Amt nachweisbar belegen, dass sie versucht haben, vorzeitig aus dem Mietvertrag entlassen zu werden. Daher sollten Sie unbedingt Gesprächsnotizen erstellen, Mails ausdrucken und den Schriftverkehr dokumentieren.

Beabsichtigen Sie, in Ihre alte Wohnung zurückzukehren, wäre auch eine Übernahme der Mietkosten der alten Wohnung im Rahmen der „Hilfe zur Überwindung besonderer sozialer Schwierigkeiten" nach §§ 67 – 69 SGB XII möglich. Dazu gehören auch *„alle Maßnahmen, die notwendig sind, um die Schwierigkeiten abzuwenden, zu beseitigen, zu mildern oder ihre Verschlimmerung zu* *verhüten [...] sowie Maßnahmen bei der Erhaltung und Beschaffung einer Wohnung"* (§ 68 Abs. 1 S. 1 SGB XII). Diese Hilfen nach dem achten Kapitel des SGB XII sind auch für SGB II-Berechtigte möglich (§ 21 S. 1 SGB XII).

1.1.9 Zuständigkeit bei Doppelmieten

Die Zuständigkeit für die Kostenübernahme hängt vom zukünftigen Wohnort ab:

F

bei Alg II

a. Beabsichtigen Sie, in die alte Wohnung oder den alten Ort zurückzukehren, ist das Jobcenter des Herkunftsorts zuständig, da dort durch Ihre Rückkehrabsicht der **gewöhnliche Aufenthalt** begründet ist (§ 36 Abs. 1 S. 2 SGB II).

b. Wollen Sie definitiv nicht mehr an den Herkunftsort zurück oder wissen Sie noch nicht, wo Sie in Zukunft leben wollen, dann ist das Jobcenter am Ort des **tatsächlichen Aufenthalts**, also des Frauenhauses, zuständig (§ 36 Abs. 1 S. 4 SGB II).

Ob im letzteren Fall die Sachbearbeiterin, die normalerweise die „Frauenhausfälle" bearbeitet, zuständig ist oder eine Mitarbeiterin aus der „normalen" Sachbearbeitung, muss das Jobcenter vor Ort klären.

Sollte es Schwierigkeiten bei den Zuständigkeiten geben, beachten Sie die Regelungen der „vorläufigen Leistungsgewährung", nach der bei einer doppelten Verweissituation derjenige Leistungsträger die Leistungen zu erbringen hat, der zuerst angegangen wurde (§ 43 Abs. 1 SGB I). Näheres dazu unter ⇨**Antrag 1.1**

Von zentraler Bedeutung ist hier das relativ neue BSG-Urteil, welches bestimmt, dass tatsächlich anfallende und unvermeidbare Doppelmieten als KdU zu übernehmen sind (BSG 30.10.2019 - B 14 AS 2/19 R).

bei HzL/GSi

Hier gilt folgende Regel: zuständig für alle Belange ist das Amt an dem Ort, wo sich der oder die Leistungsberechtigten tatsächlich aufhalten (§ 98 Abs. 1 S. 1 SGB XII), also am Ort des Frauenhauses.

1.2 Psychosoziale Betreuung

„Die Erstattungspflicht [des zuständigen Alg II-Trägers] erfasst auch die Aufwendungen für die psychosoziale Betreuung. Deren Bewilligung richtet sich für die Mutter unmittelbar nach § 16 Abs. 2 Nr. 3 SGB II. Die Bewilligung dieser Leistung an die Kinder erfolgte auf der Grundlage des § 7 Abs. 2 Satz 2 Nr. 2 SGB II" (SG Aachen 20.7.2007 - S 8 AS 17/07; LSG NRW 23.2.2010 - L 1 AS 36/09). Der Begriff der psychosozialen Betreuung ist dabei weit auszulegen (LSG Baden-Württemberg 21.10.2011 - L 12 AS 3169/10).

1.3 Leistungen bei Auszug in eine eigene Wohnung

Wenn Sie eine neue Wohnung beziehen und sich Ihr Ex-Partner weigert, Ihnen Hausrat zu überlassen, ist der dadurch entstehende Bedarf als **Erstausstattung** für die Wohnung zu werten und als einmalige Beihilfe zu übernehmen (⇨Hausrat 1.1; 2.) (§ 24 Abs. 3 Nr. 1 SGB II/§ 31 Abs. 1 Nr. 1 SGB XII; BSG 19.9.2008 - B 14 AS 64/07 R, LSG NRW 13.7.2011 - L 12 AS 2155/10).

Es handelt sich um einen **dringenden Bedarf**, der nicht gerichtlich eingeklagt werden muss. Für die Kostenübernahme ist der Träger am neuen Wohnort zuständig, da es sich normalerweise nicht um einen *„frauenhaustypischen"* Bedarf handelt (LSG NRW 13.7.2011 - L 12 AS 2155/10).

Wenn bereits eine Wohnung gefunden und bewilligt wurde, während man noch im Frauenhaus lebt, lassen sich einige Ämter gerne etwas Zeit bei der Bewilligung der Erstausstattung an Hausrat. Ist dies zu erwarten, sollten die Leistungen als Vorschuss nach § 42 Abs. 1 S. 2 SGB I beantragt werden und je nach Fallkonstellation mit einer Frist von nur ein paar Tagen versehen werden, dazu mehr unter ⇨ Antrag 3.3

2. Zuständigkeit für Frauenhauskosten

Bei Bezug von Alg II ist für die Kosten dasjenige Jobcenter zuständig, an dessen Ort sich das Frauenhaus befindet (§ 36a SGB II), in der HzL/GSi nach § 98 Abs. 1 S. 1 SGB XII dasjenige am Ort des Aufenthalts. Für die Zuständigkeit in anderen Fällen siehe ⇨ 1.1.5

2.1 Schnelle Hilfe

Die Behörde soll Anträge von Frauen, die von häuslicher Gewalt betroffen sind, bevorzugt bearbeiten und für eine schnelle Bewilligung von Leistung sorgen. Ggf. sind Ihnen

Vorschüsse, bei nicht geklärten Ansprüchen vorübergehende Leistungen oder Darlehen zu gewähren. Bei Bedarf soll der Nachweis Ihrer Identität durch die Behörde unterstützt werden. Auch der Zugang zu psychosozialer Hilfe soll umgehend ermöglicht werden. Auf dem Amt sollen Frauen für Sie als persönliche Ansprechpartnerinnen zur Verfügung stehen (DV, Empfehlungen des Deutschen Vereins zu Hilfeleistungen an von häuslicher Gewalt betroffene Frauen und ihre Kinder insbesondere im Rechtskreis des SGB II, 2008, 6 ff.; NDV 2008, 365 ff.).

Die meisten Frauen, die ins Frauenhaus flüchten müssen, haben nicht alle Ausweispapiere wie Vermögensnachweise, Heirats-, Geburts- oder Scheidungsurkunden bei sich. Auch Kontoauszüge der letzten Monate werden auf der Flucht meist nicht mitgenommen. Wenn alle diese Unterlagen fehlen, dann muss das Alg II- und GSi-Amt die Leistungen vorläufig gewähren (§ 41a Abs. 1 SGB II/§ 44a Abs. 1 SGB XII) oder bei der Sozialhilfe trotzdem Leistungen als Vorschuss erbringen (§ 42 Abs. 1 SGB I). Näheres dazu unter: ⇨ **Antrag 3.3**

Das jeweilige Amt möchte, dass die Antragstellende die notwendigen Unterlagen vorweist. Diese Mitwirkungspflicht endet aber bei Vorliegen eines wichtigen Grundes. Der liegt immer dann vor, wenn ein Beweisdokument derzeit nicht beschafft werden kann (§ 65 Abs. 1 Nr. 2 SG I). Die Mitwirkungspflicht besteht auch nicht, wenn *„der Leistungsträger sich durch einen geringeren Aufwand als der Antragsteller [...] die erforderlichen Kenntnisse selbst beschaffen kann"* (§ 65 Abs. 1 Nr. 3 SGB I). *Siehe unter* ⇨ **Mitwirkungspflichten**

2.2 Arbeitspflicht

Alg II hat als *„Grundsicherung für Arbeitssuchende"* die Eingliederung in das Erwerbsleben als Ziel. Das würde bedeuten, dass Frauen, die in Frauenhäuser geflüchtet sind, sofort Arbeit suchen müssen bzw., wenn sie unter 25 Jahre alt sind, sofort in eine Arbeit vermittelt werden.

Das würde aber die Verarbeitung der Gewaltsituation und ihre Lösung erschweren, welche für eine gewisse Zeit vorrangig sein sollte.

Der Aufenthalt im Frauenhaus müsste im Bedarfsfall als *„wichtiger Grund"* anerkannt werden, der der Ausübung von Arbeit oder der Annahme eines *„Sofortangebots"* entgegensteht (§ 10 Abs. 1 Nr. 5 SGB II).

Die 14. Konferenz der Gleichstellungs- und Frauenminister*innen und -senator*innen der Länder (GFMK) forderte am 05.10.2004, dass die Arbeitssuche für drei Monate nicht zumutbar sein sollte (info also 6/2004, 282). Diese Forderung wurde aber bis heute nicht umgesetzt.

F

3. Unterhaltspflicht des getrenntlebenden Ehemannes

Alg II

Eine ⇨Bedarfsgemeinschaft mit dem verlassenen Ehemann liegt nicht mehr vor, wenn die Ehegatten *„dauernd getrennt leben"*. Das ist aber nur dann der Fall, wenn *„zwischen ihnen keine häusliche Gemeinschaft besteht und der Ehegatte sie erkennbar nicht herstellen will, weil er die eheliche Lebensgemeinschaft ablehnt"* (§ 1567 BGB zum Getrenntleben). Solange die ins Frauenhaus geflüchtete Frau die eheliche Lebensgemeinschaft nicht ablehnt und nicht ausschließt, wieder mit ihrem Mann zusammenzuziehen, besteht die Bedarfsgemeinschaft eigentlich weiter.

Nach Auffassung der BA bilden Sie jedoch nach dem Umzug in ein Frauenhaus keine Bedarfsgemeinschaft mit Ihrem Ehemann mehr, weil sich darin der Wille zur Trennung ausdrücke (FW 7.66).

Es ist positiv zu bewerten, dass die BA über die enge Definition des BGB hinausgeht:

- liegt keine Bedarfsgemeinschaft vor, kann ein gewalttätiger Ehepartner für die vor ihm geflüchtete Frau auch nicht mehr vertretungsberechtigt sein,
- liegt keine Bedarfsgemeinschaft vor, tritt die Unterhaltspflicht ein und der BGB-Unterhaltsanspruch geht auf das Jobcenter per Gesetz über (§ 33 Abs. 1 SGB II).

Tipp 1: Haben Sie keinen Zugriff auf ggf. bereits an den Mann ausgezahlte Leistungen, soll Ihr Bedarf aufgrund fehlender bereiter Mittel ab Antragstellung für den laufenden Monat neu festgesetzt und Alg II als Zuschuss bewilligt werden (DV, Empfehlungen,ebd., 10).

Tipp 2: Erbringt der unterhaltspflichtige Ehegatte/Elternteil die Unterhaltsleistungen nicht und muss deshalb das Jobcenter Alg II-Leistungen erbringen, geht der BGB-Unterhaltsanspruch in Höhe der erbrachten Alg II-Leistungen per Gesetz auf das Jobcenter über. Oft versuchen dann die Jobcenter Druck auf die Frauen auszuüben und sie dazu zu bewegen, selbst den gewalttätigen Ehemann/Eltern zu verklagen. **Das ist unzulässig,** da der Unterhaltsanspruch nur *„im Einvernehmen mit der Empfängerin oder dem Empfänger der Leistungen auf diese oder diesen zur gerichtlichen Geltendmachung rückübertragen"* werden darf (§ 33 Abs. 4 SGB II). Im Einvernehmen heißt: wenn Sie das möchten. Wenn Sie das nicht möchten, dann darf das Jobcenter dahingehend Ihnen gegenüber keinen Druck ausüben.

Sozialhilfe

Den Unterhaltsanspruch überzuleiten, kann aber nach Meinung des Deutschen Vereins eine *„unbillige Härte"* sein, soweit *„die Zielsetzung der Leistungen im Frauenhaus in der Gewährung von Schutz und Zuflucht vor dem gewalttätigen Partner besteht und diese durch die Mitteilung der Hilfe an den Unterhaltspflichtigen gefährdet erscheint oder durch die Heranziehung eine durch die Frau angestrebte Versöhnung mit dem Partner vereitelt würde"* (Deutscher Verein, Empfehlungen zur Heranziehung Unterhaltspflichtiger in der Sozialhilfe, DV 35/13 AF III, 12.3.2014, Rn. 13).

„Von der Inanspruchnahme nach bürgerlichem Recht Unterhaltspflichtiger ist abzusehen, soweit dies den Erfolg der Hilfe gefährden würde" (§ 68 Abs. 2 Satz 2 SGB XII). Der Erfolg der Hilfe wäre z.B. gefährdet, wenn die Unterhaltspflicht die Lösung der familiären Probleme erschweren würde oder die Frau nur zu Ihrem Mann zurückkehrt, um dessen Heranziehung zum Unterhalt zu vermeiden.

Deshalb haben Frauenhäuser oft ausgehandelt, dass die Behörden für eine gewisse Zeit auf Unterhaltsansprüche an den Mann verzichten oder sie zurückstellen.

Die GFMK empfiehlt, das Partnereinkommen im ersten Monat des Aufenthalts im Frauenhaus nicht heranzuziehen (info also 6/2004, 282).

Kostenersatz

Ehemänner, die ihre Frauen mit Gewalt und/oder Gewaltandrohung aus der Wohnung vertreiben, können jedoch zum Ersatz der Kosten des Frauenhauses herangezogen werden, zumindest für die erste Zeit (VGH Baden-Württemberg 28.1.1998, FEVS 1999, 101 f.).

4. Männerhäuser

Es gibt in Deutschland inzwischen drei Männerhäuser, in denen männliche Opfer häuslicher Gewalt Schutz finden. Sie sind das Pendant zu den Frauenhäusern, und die oben beschriebenen Regelungen für schutzsuchende Frauen sind grundsätzlich auch auf von häuslicher Gewalt betroffene Männer anzuwenden.

5. Forderungen

Nach Artikel 8 der Istanbul-Konvention verpflichtet sich die Bundesrepublik, die angemessenen finanziellen Mittel für die Umsetzung von Maßnahmen zur Verhütung und Bekämpfung von Gewalt gegen Frauen und häuslicher Gewalt bereitzustellen, einschließlich der von nicht-staatlichen Organisationen und der Zivilgesellschaft durchgeführten Maßnahmen. Artikel 22 und 23 der Konvention verpflichten zur Sicherung der Bereitstellung von Unterstützungsdiensten und Schutzunterkünften.

Realität ist jedoch: die Finanzierung von Schutzunterkünften und Unterstützungsdiensten ist in keiner Weise gesichert und unterschreitet den Mindeststandard. Die Lückenhaftigkeit, Inkonsistenz und Komplexität von Finanzierungsregelungen in diesem Bereich wirken sich als Zugangshindernisse primär für Frauen in besonders prekären Lebenssituationen aus.

Eine Tagessatzfinanzierung der Schutzunterkünfte über SGB II und XII lässt mehrere Gruppen von Betroffenen außen vor: Schülerinnen, Studentinnen, Auszubildende, Asylsuchende, Migrantinnen mit ungesichertem Aufenthaltsstatus, Diplomatenfrauen und UN-Angehörige sowie neu zugezogene EU-Bürgerinnen. Frauen mit eigenem Einkommen müssen Sozialleistungen beantragen und/oder sich verschulden, da die Tagessätze ein durchschnittliches Einkommen deutlich übersteigen. Die Mischfinanzierung

erschwert auch wesentlich die Aufnahme von Frauen aus anderen Kommunen oder Bundesländern.
Dahingehend ist eine konsequente Umsetzung der Regelungen der Istanbul-Konvention durch die Bundesregierung zu fordern!
Der effektive Zugang zu Schutzunterkünften und Unterstützungsdiensten wie insbesondere vertraulicher Beratung ist auch durch deren verlässliche Finanzierung zu garantieren. Gewaltschutz und Unterstützung gewaltbetroffener Frauen sind staatliche Pflichtaufgaben.
Ihre angemessene und insbesondere bedarfsdeckende Finanzierung ist durch bundeseinheitliche klare und konsistente Regelungen sowie die Bereitstellung entsprechender Haushaltsmittel zu garantieren.

Information und Adressen von Frauenhäusern

www.autonome-frauenhaeuser-zif.de (Zentrale Informationsstelle autonomer Frauenhäuser)
www.frauen-gegen-gewalt.de
www.frauenhauskoordinierung.de
http://maennerhaeuser.de

Grundsicherung (GSi)

Inhaltsübersicht

1.1 Grundsicherung für ältere und voll erwerbsgeminderte Menschen

Personen, die das Regelrentenalter erreicht haben (§ 41 Abs. 2 SGB XII) und Personen über 18 Jahren, die *„voll erwerbsgemindert im Sinne des § 43 Abs. 2 des Sechsten Buches sind und bei denen unwahrscheinlich ist, dass die volle Erwerbsminderung behoben werden kann"* (§ 41 Abs. 3 SGB XII), können auf Antrag Grundsicherung erhalten (⇨Erwerbsfähigkeit). Seit 1.1.2020 haben volljährige Personen Anspruch auf GSi, wenn sie
„1. in einer Werkstatt für behinderte Menschen [§ 57 SGB IX] oder bei einem anderen Leistungsanbieter [§ 60 SGB IX] das Eingangsverfahren und den Berufsbildungsbereich durchlaufen oder
2. in einem Ausbildungsverhältnis stehen, für das sie ein Budget für Ausbildung [§ 61a SGB IX] erhalten" (§ 41 Abs. 3a SGB XII).

Sie haben Anspruch auf Grundsicherung, wenn Sie

- das **Regelrentenalter** erreicht haben oder
- eine Erwerbsunfähigkeitsrente oder eine volle Erwerbsminderungsrente **auf Dauer** (unbefristet) haben oder
- die gesundheitlichen Voraussetzungen für die dauerhafte volle Erwerbsminderung erfüllen, aber nicht die versicherungsrechtlichen. Das heißt: wenn Sie also in den letzten fünf Jahren vor Eintritt der Erwerbsminderung **keine** drei Jahre pflichtversichert waren sowie insgesamt auch **nicht** die sogenannte „allgemeine Wartezeit" erfüllt haben (mindestens fünf Jahre pflichtversichert in der gesetzlichen Rentenversicherung). Die bindende Entscheidung trifft der Rentenversicherungsträger (§ 45 Abs. 1 Satz 2 SGB XII), nicht ein*e Amtsärzt*in. Oder wenn Sie
- in eine **Werkstatt** für Menschen mit Behinderung aufgenommen worden sind (§ 45 Satz 3 Nr. 3 SGB XII) **und** *„wegen Art oder Schwere der Behinderung nicht auf dem allgemeinen Arbeitsmarkt tätig sein können"* (§ 43 Abs. 2 Satz 3 Nr. 1 SGB VI),
- in einer *Werkstatt* für Menschen mit Behinderung *„das* ***Eingangsverfahren*** *und den* ***Berufsbildungsbereich*** *durchlaufen"* (§ 41 Abs. 3a Nr. 1 SGB XII) oder
- eine Ausbildung absolvieren, die mit dem **Budget für Ausbildung** gefördert wird (§ 41 Abs. 3a Nr. 2 SGB XII).

Anspruch auf Grundsicherung haben Personen *„mit* ***gewöhnlichem Aufenthalt im Inland****"* (§ 41 Abs. 1 SGB XII), wenn sie sich nicht länger als 28 Tage im Ausland aufhalten (§41a SGB XII). Letzteres wurde zum 01.07.2017 eingeführt (⇨Ortsabwesenheit). Welche Behörde zuständig ist, lesen Sie unter ⇨Ortsabwesenheit 2.

1.2 Die Höhe der Leistungen

entspricht denen der Hilfe zum Lebensunterhalt (HzL) der Sozialhilfe.

Die Grundsicherung umfasst:

- *„die* ***Regelsätze*** *nach den* ⇨***Regelbedarfsstufen****"* (§ 42 Nr. 1 SGB XII). Im Einzelfall kann der Bedarf zum Lebensunterhalt, jetzt *„Regelbedarf"*, abweichend festgelegt werden, wenn er *„erheblich vom durchschnittlichen Bedarf abweicht"* (§ 27a Abs. 4 SGB XII). D.h., er kann sowohl erhöht als auch gekürzt werden.
- den ⇨**Mehrbedarf** für Rentner*innen bzw. voll erwerbsgeminderte Menschen, die einen Schwerbehindertenausweis mit dem Merkzeichen „G" bzw. „aG" besitzen, in Höhe von 17 Prozent des maßgebenden Regelbedarfs (§ 42 Nr. 2 i.V. mit § 30 Abs. 1 SGB XII),

- eine eventuelle ⇨Krankenkostzulage (§ 42 Nr. 2 i.V. mit § 30 Abs. 5 SGB XII),
- einen eventuellen Mehrbedarf für ⇨Menschen mit Behinderung, die in einer Werkstatt für behinderte Menschen, bei einem anderen Leistungsanbieter oder im Rahmen anderer tagesstrukturierender Angebote eine gemeinschaftliche Mittagsverpflegung einnehmen (§ 42 Nr. 2 i.V. mit § 42b Abs 2 SGB XII),
- einen eventuellen Mehrbedarf für ⇨Menschen mit Behinderung, die Eingliederungshilfe für Schulbildung, schulische Berufsausbildung bzw. Ausbildung zu einer Tätigkeit bekommen (§ 42 Nr. 2 i.V. mit § 42b Abs 3 SGB XII),
- ⇨**einmalige Beihilfen** für Erstausstattungen der Wohnung, einschließlich Haushaltsgeräten, sowie Erstausstattungen für Bekleidung und Erstausstattungen bei Schwangerschaft und Geburt sowie für die Anschaffung von orthopädischen Schuhen und die Reparatur bzw. Miete für therapeutische Geräte und Ausrüstungen (§ 42 Nr. 2 i.V. mit § 31 SGB XII),
- Beiträge für ⇨Kranken- und Pflegeversicherung (§ 42 Nr. 2 i.V. mit § 32 SGB XII),
- Leistungen für Bildung und Teilhabe für **Kinder** im Haushalt (§ 42 Nr. 3 SGB XII),
- angemessene *„Bedarfe"* für **Unterkunft** (⇨Miete) und ⇨Heizung (§ 42 Nr. 4 SGB XII) und
- ergänzende Darlehen, entsprechend den Regeln der HzL der Sozialhilfe (§ 42 Nr. 5 SGB XII; ⇨einmalige Beihilfen 3.1 ff.).

Darüber hinaus haben GSi-Beziehende natürlich auch Anspruch auf alle weiteren Hilfen nach dem SGB XII, also Eingliederungshilfe für ⇨Menschen mit Behinderung, Hilfe zur Pflege, ⇨Haushaltshilfe usw.

Kritik

Ab 1924 wurde Klein- und Sozialrentner*innen sowie Erwerbsunfähigen (heute: voll Erwerbsgeminderten) ein Mehrbedarf von 25 Prozent zugestanden. Nach dem Krieg wurde er auf 30 Prozent erhöht, ab 1.1.1982 wieder auf 20 Prozent gesenkt. Seit dem 1.7.1996 haben CDU/SPD-Regierungen den Mehrbedarf für Rentner*innen und erwerbsunfähige Menschen faktisch gestrichen, da sie ihn von Gehbehinderungen abhängig gemacht haben. Mit der Einführung der Grundsicherung 2003 gestand man älteren und erwerbsgeminderten Menschen immerhin wieder einen Zuschlag von 15 Prozent zu. Mit der Hartz IV-Reform 2005 und der Eingliederung der Grundsicherung in die Sozialhilfe (SGB XII) hat ihn die rot-grüne Bundesregierung wieder kassiert. Die große Koalition der Kürzer dreht damit für diesen Personenkreis die Geschichte bis zu der Zeit vor 1924 zurück.

1.3 Grundsicherung nur auf Antrag

Um Grundsicherung zu erhalten, müssen Sie einen Antrag stellen (§ 44 Abs. 1 Satz 1 SGB XII). Der Anspruch auf Leistungen geht dann auf den **ersten Tag des Monats** zurück, in dem der Antrag gestellt wurde (§ 44 Abs. 2Satz 1 SGB XII).

Einige Mehrbedarfszuschläge (§ 30 SGB XII), einmalige Beihilfen (§ 31 SGB XII), die Übernahme von Vorsorgebeiträgen (§ 33 SGB XII), Leistungen für Bildung und Teilhabe (§§ 34 ff. SGB XII) und ergänzende Darlehen für vom Regelbedarf umfasste Bedarfe (§ 37 SGB XII) müssen **gesondert** beantragt werden (§ 44 Abs. 1 Satz 2 SGB XII).

Die laufenden Leistungen der GSi werden **für ein Jahr bewilligt** (§ 44 Abs. 3 Satz 1 SGB XII). Nach Ablauf des Jahres müssen Sie einen **Folgeantrag** stellen. Das Sozialamt muss Ihre Leistungen dennoch weiterzahlen, wenn Sie es vergessen, die Voraussetzungen für GSi aber weiterhin erfüllen (BSG 29.9.2009 - B 8 SO 13/08 R).

Die in Gesetz und Rechtsprechung verankerte Voraussetzung der Kenntnis des Sozialhilfeträgers (§ 18 SGB XII) gilt auch bei der GSi. Allerdings müssen z.B. ⇨**Mehrbedarf**szuschläge oder erhöhte Bedarfe aufgrund von atypischen Bedarfslagen **gesondert beantragt** werden (BSG 22.04.2016 - B 8 SO 5/15 R).

Wenn Sie zum **Beginn des Bezugs einer Rente** oder anderer Sozialleistung bereits GSi beziehen oder beantragt haben, müssen Sie zur **Überbrückung des ersten Monats**, in dem die Rente (oder ein anderes Einkommen) erstmalig zum **Monatsende** ausgezahlt wird, ein Darlehen **beantragen**. Das Darlehen benötigen Sie, weil zum Monatsende zufließende Einkünfte bereits auf Ihre GSi-Leistung, die am **Monatsanfang** ausgezahlt wird, angerechnet werden (⇨Einkommen). Für ein solches Überbrückungsdarlehen ist kein Vermögen einzusetzen (§ 37a Abs. 1 SGB XII). Es ist mit fünf Prozent des Regelbedarfes mtl. zu tilgen, jedoch maximal bis zur Hälfte des Eckregelbedarfs (223 €, Stand 2021). Übersteigt das Überbrückungsdarlehen diesen Betrag, ist der nicht getilgte Rest zu erlassen (§ 37a Abs. 2 SGB XII).

1.4 Ihr eigenes ⇨Einkommen und ⇨Vermögen

und das Ihres/r **Partners/*in** werden genauso herangezogen bzw. „geschont" wie in der Sozialhilfe. Sie werden als „Einsatzgemeinschaft" angesehen, weil sie Einkommen und Vermögen füreinander einsetzen müssen. Das trifft auch auf ⇨eheähnliche Gemeinschaften und gleichgeschlechtliche Lebenspartnerschaften zu (§ 43 Abs. 1 SGB XII).

Ausnahme: Das Schonvermögen beträgt in der HzL/GSi **5.000 €** für **jede** volljährige Person der Einsatzgemeinschaft sowie jede **minderjährige alleinstehende** leistungsberechtigte Person und **500 €** für jede weitere (minderjährige) Person im Haushalt, die (von den zuerst genannten Personen) überwiegend unterhalten wird (§ 1 Abs. 1 BarBetrV / Verordnung zu § 90 Abs. 2 SGB XII).

Sind Sie Rentner*in, können Sie von Ihrer **Rente** absetzen:

- Pflichtbeiträge zur **Sozialversicherung** (§ 82 Abs. 2 Nr. 2 SGB XII),
- sowie Beiträge für *„angemessene"* oder *„gesetzlich vorgeschriebene"* **Versicherungen** (§ 82 Abs. 2 Nr. 3 SGB XII; z.B. Haftpflichtvers., Hausratvers. oder Kfz-Haftpflichtvers.),
- **Mitgliedsbeiträge** für den Sozialverband Deutschlands, den Verband der Kriegs- und Wehrdienstopfer (VdK) oder den Verband Volkssolidarität (BVerwG 27.1.1994, NDV 1994, 388 f.) und
- **Gewerkschaftsbeiträge** (BVerwG 4.6.1981, FEVS 29, 441).

Ihre Rente wird um die genannten Beträge bereinigt und erst dann an die Grundsicherung **angerechnet** (⇨Einkommensbereinigung).

Bei Einnahmen aus **Kapitalvermögen** dürfen Sie einen Betrag von **26 €** pro Jahr behalten. Alles was darüber liegt, wird angerechnet (§ 43 Abs. 2 SGB XII). Der Betrag entspricht knapp zwei Prozent des maximalen Schonvermögens. Die Bundesregierung geht offensichtlich davon aus, dass die Europäische Zentralbank ihre Niedrigzinspolitik fortsetzt.

Verletztenrente von Angehörigen der Nationalen Volksarmee (NVA) wird bis zur Höhe der Grundrente nach dem BVG anrechnungsfrei gestellt. Damit werden versehrte ehemalige NVA-Soldat*innen, die eine solche Rente beziehen, versehrten ehemaligen Bundeswehrsoldat*innen gleichgestellt, die stattdessen eine z.T. anrechnungsfreie Rente nach dem BVG erhalten. Abhängig von der Minderung der Erwerbsfähigkeit (20% oder 10%) beträgt die Minderung 2/3 bzw. 1/3 der Mindestgrundrente (§ 43 Abs. 3 SGB XII).

1.4.1 Anrechnung von Einkünften aus zusätzlicher Altersvorsorge

Seit dem 1.1.2018 gelten die Neuregelungen des „Betriebsrentenstärkungsgesetz". Dort wird bestimmt, dass Sie von Einkünften aus einer **freiwilligen zusätzlichen** Altersvorsorge, die mtl. ausgezahlt wird, zunächst **100 €** anrechnungsfrei behalten dürfen. Aus dem übersteigenden Einkommen sind weitere **30 Prozent** anrechnungsfrei, dieser Betrag ist allerdings auf **50 Prozent** der Regelbedarfsstufe 1 (223 €, Stand 2021) beschränkt (§ 82 Abs. 4 u. 5 SGB XII).

Daher „lohnt" sich jetzt für Menschen, die später einmal auf Grundsicherung angewiesen sein werden, eine freiwillige zusätzliche Altersvorsorge abzuschließen.

1.4.2 Freibetrag für Grundrentenbeziehende

Seit dem **1.1.2021** ist das Gesetz für die Grundrente für langjährig Versicherte in Kraft. Wer mindestens 33 Jahre lang in der gesetzlichen Rentenversicherung oder einer anderen verpflichtenden Alterssicherung versichert war, hat Anspruch auf einen Grundrentenzuschlag. Ab 35 Jahre Versicherungszeit wird der Zuschlag in voller Höhe berechnet.

Anspruchsberechtigte der Grundrente erhalten einen **zusätzlichen Freibetrag für Renteneinkommen** bei Leistungen der HzL und GSi nach dem SGB XII (§ 82a SGB XII neu). Wie beim Freibetrag für Einkünfte aus freiwilliger zusätzlicher Altersvorsorge (⇨1.4.1) soll von der Rente mtl. ein Grundbetrag in Höhe von **100 €** anrechnungsfrei bleiben, zuzüglich **30 Prozent** des diesen Betrag übersteigenden gesetzlichen Renteneinkommens. Auch hier ist der Freibetrag auf max. **50 Prozent** der Regelbedarfsstufe 1 (223 €, Stand 2021) begrenzt. Der ab 2018 eingeführte Freibetrag für eine zusätzliche Altersvorsorge ist **zusätzlich** zu gewähren.

G

Näheres zu den Freibeträgen für Einkommen aus privater Altersvorsorge und für Beziehende von Grundrente unter ⇨Altersvorsorge 3.1.

1.5 Einkommen und Vermögen in einer „gemischten" Bedarfsgemeinschaft

Aufgrund der sich ausschließenden Anspruchsvoraussetzungen für Alg II und Grundsicherung nach dem SGB XII kommt es immer wieder vor, dass voll erwerbsgeminderte GSi-Beziehende mit erwerbsfähigen Alg II-berechtigten Partner*innen (ggf. mit Kindern) in einer **„Mischbedarfsgemeinschaft"** wohnen.

Die „strengeren" Regeln für die Heranziehung von Einkommen und Vermögen nach §§ 82 und 90 SGB XII gelten dann nur für den Beziehenden von GSi.

Das **Alg II des/r Partners/*in** ist zwar aufgrund der unterschiedlichen Regelungen der ⇨Einkommensbereinigung unter Umständen etwas höher, es darf aber als zweckidentische existenzsichernde Leistung nicht als Einkommen auf die GSi der Sozialhilfe angerechnet werden (BSG 9.6.2011 - B 8 SO 20/09 R).

Das Gleiche gilt für das höhere **Schonvermögen** von SGB II-Berechtigten. Ihnen muss verbleiben, *„was [ihnen] im Sinne des SGB II nicht genommen werden dürfte"*. Das nach SGB XII-Kriterien anzurechnende Vermögen des/r erwerbsfähigen Partners/*in ist deshalb im Rahmen der **Härtefall**regelung als Schonvermögen anzuerkennen (§ 90 Abs. 3 SGB XII; BSG 20.9.2012 - B 8 SO 13/11 R)

1.6 Keine Vermutung der Bedarfsdeckung durch andere Personen, wenn Sie in einer ⇨Haushaltsgemeinschaft wohnen

Das Sozialamt darf nicht vermuten, dass Eltern oder andere Mitbewohner*innen von Grundsicherungsbeziehern deren Miete zahlen oder dass diese für deren Lebensunterhalt aufkommen, wenn das Einkommen und Vermögen der Mitbewohner*innen die Schongrenzen übersteigt (§ 43 Abs. 6 SGB XII; Nichtanwendung des § 39 Satz 1 SGB XII). Das gilt jedoch nicht, wenn Sie tatsächlich finanzielle Mittel zum Lebensunterhalt von den Mitbewohner*innen Ihrer Haushaltsgemeinschaft erhalten.

2. Unterhaltspflicht

Die nicht gesteigerte Unterhaltspflicht wurde schon 2003 bei GSi weitgehend abgeschafft. Das war bis 2020 ihr **wichtigster Vorteil** gegenüber der Sozialhilfe. **Seit 2020** werden die privilegierten Unterhaltsregelungen der GSi in der gesamten Sozialhilfe angewendet (§ 94 Abs. 1a SGB XII).

Unterhaltsverpflichtete Personen werden nun lediglich zum Unterhalt herangezogen, wenn ihr Jahreseinkommen **mehr als 100.000 €** vor Steuern beträgt (§ 94 Abs. 1a Satz 2 SGB XII). Auch bei zusammenlebenden unterhaltsverpflichteten Eltern gilt diese Einkommensgrenze **pro Elternteil** (BSG 25.4.2013 - B 8 SO 21/11 R).

Daraus folgt, dass „normal" verdienende erwachsene Kinder und Eltern regelmäßig **nicht** zum Unterhalt für die erwerbsgeminderten bzw. verrenteten Angehörigen ersten Grades herangezogen werden, wenn diese Grundsicherung (aber auch andere Leistungen der Sozialhilfe, z.B. Hilfe zu Pflege) beziehen. Das gilt ebenso für Menschen mit Behinderung, die Leistungen der GSi beziehen.

Das Sozialamt darf ohne konkrete Hinweise, dass Unterhaltsberechtigte ein Einkommen in Höhe der Einkommensgrenze oder darüber erzielen, nicht routinemäßig **Einkommensnachweise** fordern, sondern nur *„Angaben verlangen, die Rückschlüsse über die Einkommensverhältnisse [...] zulassen"*, z.B. deren berufliche Stellung usw. Es gilt näm-

lich die Vermutung, dass das Einkommen der Unterhaltsberechtigten unter 100.000 € liegt (§ 94 Abs. 1a Sätze 3 u. 4 SGB XII).
Näheres ⇨Unterhaltspflicht 3.2

3. Hilfe zum Lebensunterhalt (HzL) statt Grundsicherung?

Wer *„seine Bedürftigkeit in den letzten zehn Jahren [...] vorsätzlich oder grob fahrlässig herbeigeführt"* (§ 41 Abs. 4 SGB XII) hat, hat keinen Anspruch auf GSi.

Das trifft zu, wenn Sie Vermögen **verschenken**, das bei der Grundsicherung einzusetzen wäre, z.B. ein Grundstück, ein nicht selbst bewohntes Haus, eine Ferienwohnung, Geldvermögen usw. (⇨Schenkungen).
Voraussetzung ist aber, dass jemand sein Vermögen vorsätzlich oder grob fahrlässig verschenkt. Zwischen Schenkung bzw. hohen Ausgaben und der späteren Bedürftigkeit muss ein ursächlicher Zusammenhang bestehen. Das dürfte umso schwerer nachzuweisen sein, je weiter die Angelegenheit zurückliegt. Ein ursächlicher Zusammenhang ist immer dann nicht gegeben, wenn Ihre Altersvorsorge zum Zeitpunkt der Schenkung ausreichend war.

Ausschluss der Grundsicherung bedeutet, dass der/die Betreffende keine GSi, sondern HzL der Sozialhilfe bekommt. Denn hier fallen ein paar Vorteile weg, die in der Grundsicherung noch immer bestehen.

Kritik

Die Grundsicherung (GSi) trat am 1.1.2003 mit dem Ziel in Kraft, ältere sowie dauerhaft voll erwerbsgeminderte Menschen unabhängig von Sozialhilfe zu machen.
Bis Ende 2004 betrug die Grundsicherung 297 € plus einer Pauschale von 44,55 € (15 Prozent vom Regelbedarf), also 341,55 €. Bis Ende 2004 konnten GSi-Beziehende darüber hinaus einmalige Beihilfen der Sozialhilfe beantragen. Auch das war keine Unabhängigkeit von Sozialhilfe.
Ab 2005 sind einmalige Leistungen nicht mehr möglich. Der 15%ige Zuschlag ist weggefallen. Man bekommt 446 € (Stand 2021) – und Schluss. Der Regelbedarf ist unter Berücksichtigung der Preissteigerung heute noch immer geringer als das frühere Leistungsniveau vor 2005.
Durch die Einbeziehung von GSi in das SGB XII ist nun auch von offizieller Seite aufgegeben worden, Grundsicherungsberechtigte unabhängig von Sozialhilfe zu machen. Grundsicherung ist Sozialhilfe.

Forderungen

Steuerfinanzierte Mindestrente in Höhe von 900 € statt GSi als Sozialhilfeleistung!

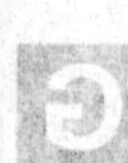

„Härtefallbedarfe“

Mehrbedarf für laufenden und einmaligen unabweisbaren Bedarf

In seinem „*Regelsatzurteil*“ vom 9.2.2010 hat das Bundesverfassungsgericht (BVerfG) eine sogenannte „*Härtefallregelung*“ „*zur Sicherstellung eines unabweisbaren, laufenden, nicht nur einmaligen besonderen Bedarfs*“ gefordert. Weil dieser bis dahin vom SGB II nicht erfasst war, sei er „*zur Gewährleistung eines menschenwürdigen Existenzminimums [...] zwingend zu decken*“ (1 BvL 1/09, 1 BvL 3/09 und 1 BvL 4/09). Das Gericht hat deshalb mit sofortiger Wirkung angeordnet, „*dass dieser Anspruch [...] unmittelbar aus Art. 1 GG in Verbindung mit Art. 20 Abs. 1 GG zu Lasten des Bundes geltend gemacht werden kann*“ (Pressemitteilung BVerfG, 9.2.2010).

Die Sicherung des Anspruchs wurde durch das BVerfG angeordnet und die Bundesregierung hat ihn zum 2.7.2010 fast wortwörtlich ins SGB II übertragen, statt eine flexiblere Regelung nach dem Vorbild der Sozialhilfe (§27a Abs. 4 SGB XII) zu schaffen. „*Bei erwerbsfähigen Leistungsberechtigten wird ein Mehrbedarf anerkannt, soweit im Einzelfall ein unabweisbarer, laufender, nicht nur einmaliger besonderer Bedarf besteht*“ (§ 21 Abs. 6 Satz 1 SGB II – alte Rechtslage bis 01.01.2021).

Als „Härtefallregelung“ für nicht von den SGB II-Leistungen umfasste Bedarfslagen wurde sie von der BA von vornherein zum Ausnahmezustand deklariert: „*Der zusätzliche Anspruch ist [...] angesichts seiner engen und strikten Tatbestandsmerkmale auf wenige Fälle begrenzt*“ (FW 21.36), so die Position der BA.

Richtig wäre gewesen, die Anspruchsvoraussetzungen für einen nicht näher bestimmten Bedarf ergebnisoffen auszulegen. Stattdessen wurde von oben eine restriktive Gewährungspraxis für die neue Leistung angeordnet (Vgl. Klerks, info also 2010, 205).

Das BVerfG hat in einem weiteren Urteil zu den Regelbedarfen darauf hingewiesen, dass die Regelbedarfe in einer Höhe festgesetzt wurden, in der sie **kurz vor der Verfassungswidrigkeit sind** (BVerfG 23.7.2014 – 1 BvL10/12). Das BVerfG hat hier verschiedene Änderungsbedarfe angemerkt, so insbesondere den Bereich der **Elektrogroßgeräte,** der **Brillen** (ebenda Rn 120) und der **einmaligen Bedarfe** (Rn 116) und die Sozialgerichte aufgefordert, die jeweiligen Bedarfe bis zur Schaffung einer Anspruchsgrundlage durch verfassungskonforme Auslegung zu gewähren (BVerfG 23.7.2014 – 1 BvL 10/12, Rn 116).

Mit den „Schulbuchurteilen“ vom Mai 2019 hat das BSG eine solche verfassungskonforme Auslegung vorgenommen, indem es einmalig anzuschaffende, aber laufend benötigte Schulbücher in den Härtefallmehrbedarf nach § 21 Abs. 6 SGB II (alte Fassung) einsortiert hat, in dem laut Gesetz „einmalige Bedarfe“ nicht zulässig waren (BSG 08.5.2019 - B 14 AS 6/18 R und B 14 AS 13/18 R). Damit hat das BSG die vom BVerfG geforderte Lücke hinsichtlich einmaliger Bedarfe vom Grundsatz her geschlossen, die BA setzt diese Urteile jedoch nicht um und hat seitdem auch nicht ihre Weisungen geändert

Zum 1. Januar 2021 wurde nun vom Gesetzgeber der Härtefallmehrbedarf auch für einmalige Bedarfe geöffnet. Es heißt nun im Gesetz: „*Bei Leistungsberechtigten wird ein Mehrbedarf anerkannt, soweit im Einzelfall ein unabweisbarer, besonderer Bedarf besteht*“ (§ 21 Abs. 6 SGB II-neu).

Gleichzeitig wurde der Zugang wieder deutlich erschwert, indem noch eingefügt wurde: „*bei einmaligen Bedarfen ist weitere Voraussetzung, dass ein Darlehen nach § 24 Absatz 1 ausnahmsweise nicht zumutbar oder wegen der Art des Bedarfs nicht möglich ist*“ (§ 21 Abs. 6 SGB II – neu). In der Praxis bedeutet diese Eingrenzung, dass wir jetzt wieder umfassende Diskussionen führen müssen, wann ein Darlehen nach § 24 Absatz 1 „ausnahmsweise“ zumutbar ist.

Hier wird noch viel Streit notwendig sein, um gegen solches gezielt das Recht ignorierende Handeln eigene Ansprüche auf ein menschenwürdiges Dasein entgegenzustellen.

Inhaltsübersicht

1.3 Laufender Bedarf
1.4. Einmaliger Bedarf
2. Regelungen zum laufenden Härtefallmehrbedarf
Darunter: Positiv- und Negativliste der BA, alte Härtefallregelung bis 31.12.2020, Umgangskosten, München als Ausnahme, Einzelentscheidung
3. Härtefallmehrbedarf nach der ab 2021 geltenden Rechtslage / auch einmalige Bedarfe
3.1 Voraussetzungen für einmalige Leistungen im Härtefallbedarf
3.2 Nichtzumutbarkeit eines Darlehen nach § 24 Abs. 1 SGB II
Darunter: Klassische einmalige Bedarfe der neuen Rechtslage:
Elektrogroßgeräte, Computer, Brille, Pass, weitere mögliche einmalige Kosten
3.3 Nichtzumutbarkeit eines Darlehens, wenn schon andere Darlehen bestehen
3.4 Nichtzumutbarkeit eines Darlehens, wenn schon andere Belastungen bestehen
3.5 Einmalige und laufende Bedarfe im SGB XII
3.6 Praxisstrategie SGB II/SGB XII
4. Antrag und Verfahren bei laufen Härtefallleistungen
5. Aktuell: Corona
6. Zusammenbruch der Wasserversorgung im Sommer 2020
Forderungen

1. Härtefallmehrbedarf

1.1 Besonderer Bedarf

Eine besondere Bedarfslage liegt vor, wenn sie in zu geringer Höhe durch den ⇨Regelbedarf abgedeckt ist oder gar nicht darin enthalten ist.

Das ist der Fall, wenn sie

- aufgrund ihrer Besonderheit nicht vom Regelbedarf umfasst ist, weil die Art des Bedarfs nicht in nachweisbarem Umfang bei der Bemessung des Regelbedarfs berücksichtigt wurde (z.B. Kosten für eine Haushaltshilfe, Besuchskosten von Angehörigen in Pflegeeinrichtungen und inhaftierten Angehörigen oder Kosten im Zusammenhang mit der Wahrnehmung des Umgangsrechts),
- zwar dem Grunde nach im Regelbedarf berücksichtigt ist, aber aufgrund der atypischen Bedarfslage ein überdurchschnittlicher ⇨Mehrbedarf auftritt (z.B. krankheits- bzw. hygienebedingte Aufwendungen aufgrund einer schweren Erkrankung oder erhöhte Fahrtkosten aufgrund einer dauerhaften Behandlung),

aber z.B. auch bei

- Dolmetscherkosten bei Therapien (⇨Amtsarzt/Amtsärztin 3.),
- Schulbedarfen und digitalen Endgeräten
- oder coronaspezifische Bedarfe wie Schutzmasken.

1.2 Unabweisbarkeit des Bedarfs

„Der Mehrbedarf ist unabweisbar, wenn er insbesondere nicht durch die Zuwendungen Dritter sowie unter Berücksichtigung von Einsparmöglichkeiten der Leistungsberechtigten gedeckt ist und seiner Höhe nach erheblich von einem durchschnittlichen Bedarf abweicht" (§ 21 Abs. 6 Satz 2 SGB II).

Das bedeutet, Sie müssen zunächst versuchen, den Bedarf durch **vorrangige Leistungen** anderer Träger, z.B. Kranken-, Pflegekasse, Rehabilitationsträger oder durch das Blindengeld abzudecken.

Auf freiwillige **Zuwendungen** von Wohlfahrtsorganisationen oder Angehörigen kann man Sie allerdings nicht verweisen, wenn hierzu keine gesetzliche Verpflichtung besteht. Sie müssen sich nicht vorrangig um Almosen bemühen, wenn solche Zuwendungen nicht ohne Ihr Zutun geleistet werden. Zudem hat das BVerfG in seinem Urteil vom 9.2.2010 darauf hingewiesen, dass Hilfebedürftige nicht auf freiwillige Leistungen des Staates oder Dritter verwiesen werden dürften, deren Erbringung nicht durch ein individuelles Recht des/r Hilfebedürftigen gewährleistet sei (BVerfG 9.2.2010 - 1 BvL 1/09, 1 BvL 3/09, 1 BvL 4/09 - juris Rn. 136).

Welche **Einsparmöglichkeiten** im Regelbedarf bestehen, ist umstritten. Gerade wenn der besondere Bedarf dauerhaft sein soll, kann man Sie langfristig nicht darauf verweisen, den im Regelbedarf enthaltenen **Ansparbetrag** (ca. 50 €) aufzuwenden, weil damit die Unterdeckung bei unregelmäßig wiederkehrenden Bedarfslagen (Ersatzbeschaffung Hausrat, Bekleidung, Reparaturen,

Dienstleistungen usw.) vorprogrammiert ist. Wenn Sie im Bedarfsfall gezwungen sind, dafür ein ⇨Darlehen aufzunehmen, wird dieses mit zehn Prozent des Regelbedarfs aufgerechnet (⇨einmalige Beihilfen 3.) und der Verteilungsspielraum innerhalb des Regelbedarfs reduziert sich auf null. Auch der Verweis auf den Einsatz des **Erwerbstätigenfreibetrages** ist nicht zu rechtfertigen. Dieser soll den höheren Bedarf von Erwerbstätigen decken und als Anreiz für die Ausübung einer Beschäftigung dienen. Auch die BA vertritt diese Auffassung (FW 21.38a). Unserer Meinung nach ist es ebenfalls nicht zulässig, Sie auf den vorrangigen Einsatz des **Anspar- und Schonvermögens** zu verweisen. Ein solcher ⇨**Vermögen**seinsatz würde Sie im Fall einer *„laufenden, nicht nur einmaligen besonderen"* Bedarfslage gegenüber anderen Leistungsberechtigten dauerhaft benachteiligen, denn Leistungen nach dem SGB II sollen ja gerade **nicht** vom Einsatz von Schonvermögen und dem privilegierten Vermögen (§ 12 Abs. 2 u. 3 SGB II) abhängig gemacht werden. Das gilt im Übrigen auch für die anderen ⇨**Mehrbedarf**szuschläge, die ebenfalls besondere Bedarfslagen abdecken.

Entscheidend ist, wann das verfassungsrechtlich gebotene **soziokulturelle Existenzminimum** unterschritten wird und Einsparmöglichkeiten in anderen Bedarfspositionen (z.B. Freizeit/ Unterhaltung/ Kultur oder Beherbergungs- und Gaststättendienstleistungen) ausgeschöpft sind. Auf der anderen Seite dürfen Sie durch die atypische Bedarfslage auch nicht dauerhaft von der Möglichkeit ausgeschlossen werden, z.B. soziale Beziehungen zu Ihrer Umwelt zu unterhalten.

Das BSG hat klargestellt, dass es bei der Höhe des mtl. Bedarfs **keine** allgemeine *„Bagatellgrenze"* von **zehn Prozent** des monatlichen Regelbedarfs gibt und **27,20 €** Fahrtkosten im Zusammenhang mit dem Umgangsrecht anerkannt (BSG 4.6.2014 - B 14 AS 30/13 R). Auch bei mtl. zusätzlichen Hygienekosten in Höhe von **20,45 €** sei im Rahmen der *„Ermessenserwägung"* eine *„Bagatellgrenze"* noch nicht unterschritten (BSG 19.8.2010 - B 14 AS 13/10 R). Das erkennt die BA inzwischen an: *„Eine allgemeine Bagatellgrenze ist im SGB II nicht festgelegt. Es ist daher eine Berücksichtigung der Umstände des Einzelfalls erforderlich"* (FW 21.38). Auch im SGB XII hat das BSG bereits in seiner Rechtsprechung zu § 73 SGB XII geklärt, dass bei regelmäßig monatlich anfallenden Kosten i.H.v. rund 20 € ein Klagebegehren nicht an einer „Bagatellgrenze" scheitere (BSG 19.8.2010 - B 14 AS 13/10 R - juris Rn. 20; LPK-SGB II, 7. Aufl., § 21 Rn 44).

1.3 Laufender Bedarf

Das BVerfG hat bei seinem Urteil zur „Härtefallregelung" vorgegeben, dass der Bedarf langfristig oder dauerhaft sein soll.

Der Bedarf muss demnach **regelmäßig** oder auch in größeren Zeitabständen **wiederkehrend** anfallen. Die BA geht davon aus, dass das erfüllt ist, wenn er in einem sechsmonatigen *„Bewilligungsabschnitt voraussichtlich mehrmals anfällt"* (FW 21.40).

Ob eine wiederkehrende Bedarfslage ggf. auch bei größeren Zeitabständen zwischen dem Entstehen des Bedarfs vorliegt, hängt unserer Ansicht nach vor allem von Art und Höhe des jeweiligen Bedarfs ab. Das LSG NRW hat eine solche Bedarfslage bei einer chronischen Augenerkrankung anerkannt, die zu einer kontinuierlichen Verschlechterung der Sehkraft führt und eine häufigere Anpassung der Sehschärfe notwendig macht. Die Anschaffung einer Brille sei in diesem Fall ein regelmäßig wiederkehrender Sonderbedarf, der dann im Rahmen der Härtefallregelung als Zuschuss zu übernehmen ist (LSG NRW 12.6.2013 - L 7 AS 138/13 B).

1.4. Einmaliger Bedarf

Seit Januar 2021 können auch einmalige Bedarfe offiziell unter die Härtefallregelung fallen. Näheres unter ⇨ 3.

2. Regelungen zum laufenden Härtefallmehrbedarf

Im Folgenden wird detaillierter darauf eingegangen, wie bei ⇨Mehrbedarf die "Härtefallregelung" im Einzelnen ausgelegt wird, welche Fälle dazu gehören (können) und welche ausgeschlossen sind sowie welche Ausnahmen es gibt.

2.1 Positivliste der BA

Da das Bundesministerium für Arbeit und Soziales eine sehr enge und einschränkende Auslegung der „Härtefallregelung" vorgibt, wurde von der BA eine kurze Liste mit

Bedarfslagen erstellt, bei denen **zusätzliche Leistungen** in Frage kommen:

- Pflege- und Hygieneartikel, z.B. bei HIV-Infektion (BSG 19.8.2010 - B 14 AS13/10 R), Hautpflegemittel bei Neurodermitis (SG Bremen 28.2.2011 - S 22 AS 2474/10 ER),
- Putz-/ Haushaltshilfe für körperlich stark beeinträchtigte Personen (z.B. Rollstuhlfahrer), aber auch bei erheblicher Einschränkung nach einer OP (SG Stuttgart 7.7.2010 - S 24 AS 3645/10 ER) und
- angemessene Kosten zur Wahrnehmung des Umgangsrechts (⇨Umgangskosten), vor allem Fahrtkosten, zusätzliche (Fahrt-)Kosten für die Begleitung der Kinder und Kosten für die auswärtige Übernachtung des Elternteils (LSG Niedersachsen-Bremen 9.6.2010 - L 13 AS 147/10 B ER).

Diese Liste ist nicht abschließend (FW 21.41).

2.2 Negativliste der BA

Damit keine Begehrlichkeiten aufkommen, hat die BA auch eine nicht abschließende Liste von Fallgestaltungen beigefügt, bei denen **keine** zusätzlichen Leistungen zu erbringen sind:

- Schulmaterialien und Schulverpflegung,
- Schüler*innenfahrkarte,
- Nachhilfeunterricht,
- Bekleidung und Schuhe in Über- bzw. Untergrößen (a.A. LSG Berlin-Brandenburg ⇨2.3) und
- Kinderbekleidung im Wachstumsalter (FW 21.42)

Außerdem können andere *„Mehrbedarfe nach § 21 Abs. 2 bis 5 nicht im Rahmen der Härtefallregelung aufgestockt werden“* (FW 21.39).

Bei den oben genannten Bedarfslagen wird ein Anspruch nach der *„Härtefallregelung“* regelmäßig daran scheitern, dass ein Bedarf zu geringfügig oder nicht atypisch ist, von höchstrichterlicher Rechtsprechung ausgeschlossen wurde (wachstumsbedingter Kinderbedarf) oder inzwischen durch andere Leistungen, z.B. den *„Leistungen für Bildung und Teilhabe“* (§ 28 SGB II, seit 1.1.2011; ⇨Schüler*innen) abgedeckt ist. Wenn man sich die Weisung der BA anschaut, kommt man zu dem Ergebnis, dass die BA versucht, die Vorschrift maximal restriktiv auszulegen und jeden erdenkbaren Anspruch auszuschließen. Die Weisungen der BA sind zwar kein Gesetz, aber alle Jobcenter werden sich zunächst daran orientieren. Dabei gilt grundsätzlich: Es ist *„sicherzustellen, dass die sozialen Rechte möglichst weitgehend verwirklicht werden“* (§ 2 Abs. 2 SGB I). Die BA regelt mit ihren Weisungen das Gegenteil, hier geht es um maximalen Leistungsausschluss und darum, ihn so lange wie möglich zu zementierten.

In Bezug auf Schulbücher hat das BSG den Anspruch nicht vom Regelbedarf ausreichend gedeckt angesehen, weil darin für Jugendliche von 14 bis 17 Jahren lediglich 0,23 € im Monat (Regelbedarf 2020) für Bildungskosten vorgesehen waren – im RB 2021 wurden die Bildungskosten auf gewaltige 0,66 € im Monat erhöht – und diese auch nicht vom Bildungs- und Teilhabepaket umfasst sind, weswegen das BSG den Anspruch im Rahmen verfassungskonformer Auslegung im Härtefallmehrbedarf nach § 21 Abs. 6 SGB II angesiedelt hat (BSG 8.5.2019 - B 14 AS 6/18 R und B 14 AS 13/18 R). Entsprechend haben verschiedene SGs Zuzahlungen und Eigenanteile zu Schulbüchern ebenfalls in diese Anspruchsgrundlage einsortiert (SG Köln 29.5.2019 – S 40 AS 352/19; SG Düsseldorf 5.8.2019 – S 35 AS 3046/19 ER, SG Dessau-Roßlau 20.6.2019 - S 3 AS 1283/18).

Ab 2021 wurde der Mehrbedarf nach § 21 Abs. 6a SGB II/§ 30 Abs. 9 SGB XII eingeführt, der den Anspruch auf Übernahme von Schulbüchern, Zuzahlungen und Eigenanteile zu Schulbüchern beinhaltet, wenn diese *„aufgrund der jeweiligen schulrechtlichen Bestimmungen oder schulischen Vorgaben Aufwendungen zur Anschaffung oder Ausleihe von Schulbüchern oder gleichstehenden Arbeitsheften bestehen“*. Dass dieser Mehrbedarf eingeführt wurde, ist erst einmal zu begrüßen, systematisch ist er aber völlig verfehlt, da er ins Bildungs- und Teilhaberpaket rein gehört. Über die Platzierung im SGB II und SGB XII sind andere Gruppen, die sonst BuT-Leistungen erhalten, davon ausgeschlossen, so z.B. BuT-Berichtigte im Kinderzuschlag, Wohngeld und Geflüchtete, die Leistungen nach dem AsylbLG erhalten.

2.3 Was gehört noch alles in die „Härtefallregelung“ nach der bis Ende 2020 geltender Rechtslage?

Neben den in der BA-Positivliste aufgeführten Bedarfslagen kommen Mehrbedarfszuschläge **unter anderem** bei folgenden Sonderbedarfen in Betracht (vgl. u.a. Geiger 2019, 308 ff.):

- **Bekleidungsüber-** oder **Untergrößen** (LSG Berlin-Brandenburg 4.4.2011 - L 15 SO 41/11 NBZ; BSG zu vergleichbarer Situation in der Sozialhilfe 24.2.2016 - B 8 S 13/14 R, aber vergleichbar und entgegen der Ansicht der BA ⇨2.2),
- **Besuchskosten** bei Inhaftierung des Kindes (LSG Bayern 10.7.2012 - L 7 AS 963/10;LSG Sachsen-Anhalt 22.06.2016 – L 4 AS 196/15 [hier Ehepartner], 2x im Monat LSG NRW v. 27.12.2011 – L 19 AS 1558/11 B, SG Reutlingen 27.2.2013-S 2 AS 1515/12; SG Ulm 23.10. 2013 - S 8 AS 3164/13 ER; SG Braunschweig 9.4.2014 - S 49 AS 2184/12 und SG Hannover 1.11.2016 - S 54 AS 697/16) oder der kranken Mutter in einer Einrichtung (BSG 20.4.2016 - B 8 SO 5/15 R), Kosten für **Besuchsfahrten** zu einem im Ausland **inhaftierten, volljährigen Kind** oder eines **nahen Angehörigen** in einer Sondersituation (hier: Verhängung von Untersuchungshaft in einem anderen Staat wegen des Vorwurfs der Beteiligung an einem Tötungsdelikt) (BSG 28.11.2018 - B 14 AS 48/17 R). Besuchsfahrten eines Kindes zu dessen im Pflegeheim befindlichen Mutter sind zwei Mal die Woche zu gewähren. Auch für Erwachsenen können verwandtschaftliche Bindungen von herausgehobener Bedeutung sein und fallen in den Schutzbereich Art 6 Abs. 2 Satz 1 GG (Schutz der Familie) (LSG Ba-Wü 4.2.2020 - L 2 AS 3963/19 ER-B ⇨5.),
- **Betreuungskosten** beim Besuch eines/r kranken/ inhaftierten Partners/Partnerin,
- Kosten einer **Gehbehinderung**, soweit ein atypischer Bedarf nachgewiesen wird (BSG 18.2.2010 - B 4 AS 29/09 R),
- erhöhter **Energieverbrauch** wegen Waschzwangs (LSG Niedersachsen-Bremen 23.2.2011 - L 13 AS/09),
- Fahrtkosten bei **Substitutionsbehandlung** bei Drogenabhängigen (LSG BaWü 18.03.2020 – L 3 AS 3212/18: LSG NRW 15.2.2016 - L 7 AS 1881/15; SG Wiesbaden 11.10.2010 - S 23 AS 766/10 ER). Unabweisbar ist ein Bedarf, wenn keine tatsächliche Alternative besteht, also eine wohnortnähere Behandlung oder eine Wegbewältigung zu Fuß, mit dem Fahrrad oder mittels Fahrgemeinschaften nicht möglich ist (SG Gießen 19.8.2010 – S 29 AS 981/10 ER; SG Koblenz 17.3.2015 –S 6 AS 214/15 ER). Der Abzug eines Eigenanteils ist unzulässig (SG Detmold 11.9.2014 - S 23 AS 1971/12),
- **Fahrtkosten bei außergewöhnlichen Umständen**, wie bei Sozialphobie, Fahrtkosten zur Therapie, Besuchskosten bei Krankenhausaufenthalt von Partner*in, Angehörigen oder Kindern, Suchtkliniken, Fahrtkosten zu notwendigen Facharztbesuchen bei Traumastörungen (SG Mainz 12.11.2013 - S 15 AS 1324/10), außergewöhnliche Fahrtkosten für Therapien (SG Dresden 12.12.2016 - S-3 AS 5728/14, SG Freiburg 21.6.2016 – S 7 710/13). Im SGB XII wurde entschieden, dass auch Fahrtkosten zu ambulanten Behandlungen (SG Regensburg 05.9.2014-S 9 SO 61/14 ER), zu Nachsorgeuntersuchungen nach Transplantationen oder zur Bisphosphonattherapie zu tragen sind (LSG Sachsen-Anhalt 17.12.2015 – L 6 KR 31/13 u. 16.5.2015- L 6 KR 49/14), zudem Fahrtkosten zu Kontrolluntersuchungen nach § 60 SGB V (SG Chemnitz 13.10.2014 - S 26 AS 3947/14 ER),
- für spezielle **zuzahlungspflichtige Medikamente** (LSG NRW 12.6.2010 - L 7 AS 701/10 B ER; LSG Sachsen-Anhalt 21.1.2010 - L 10KR 4/07), **nicht** dagegen bei kieferorthopädischer Behandlung, wenn die medizinisch notwendige Versorgung durch das Leistungsrecht der gesetzlichen Krankenversicherung sichergestellt ist (BSG 12.12.2013 - B 4 AS 6/13 R),
- mit der **Schulausbildung** verbundene Kosten, soweit diese nicht von den „*Leistungen für Bildung und Teilhabe*" (§ 28 SGB II) umfasst sind, z.B. vorübergehende Übernahme von Schulgeld, wenn kurz vor dem Abschluss ein Schulwechsel nicht mehr zumutbar ist oder Kostenübernahme für eine*n Schulhelfer*in, falls kein Anspruch auf vorrangige Leistungen der Jugendhilfe besteht (VG Berlin 10.12.2010 - VG 18 L 312.10; LSG NRW 20.12.2013 - L 9 SO 429/13 B ER, nach Geiger 2014, 255, mit weiteren Nennungen),
- **Fahrtkosten** zum Unterrichtsort eines **Nachhilfekurses** i.H.v. 0,20 €/km können als Mehrbedarfsleistungen berücksichtigt werden (LSG NSB v. 22.03. 2018 - L 11 AS 891/16),
- Leihgebühren für die Anschaffung eines Cellos (BSG 10.9.2013 – B 4 AS 12/13 R),
- bei **Kosten für Dolmetscher*innen, Übersetzer*innen** zur **Behandlung bei Ärzt*innen und Therapeut*innen** besteht der Anspruch über § 21 Abs. 6 SGB II (LSG NSB 30.1.2018 - L 4 KR 147/14), da gem. § 630e BGB der/die Ärzt*in verpflichtet ist, Patient*innen über Art, Umfang und Risiken der Behandlung aufzuklären, da keine Übernahmeverpflichtung durch die KV besteht (BSG 10.5.1995 – 1 RK 20/94) und

- die **Anschaffungskosten für schulnotwendige, spezielle Berufskleidung**, im vorliegenden Fall Bekleidung für einen Koch, sind im RB strukturell unzureichend erfasst und müssen durch eine verfassungskonforme Auslegung des § 21 Abs. 6 SGB II abgesichert werden (LSG NDS 26.5.2020 - L 11 AS 793/18).

Dann sind des Weiteren nach unserer Auffassung auch die **Kosten für Dauer- bzw. Monatskontaktlinsen** und **deren Reinigungsmittel** zu übernehmen, da es für die einmalige Anschaffung von Brillen keine Anspruchsgrundlage gibt, obwohl diese Kosten eindeutig, laufend und unabweisbar sind. SGB II-Beziehende sollten aber trotz systematischen Ausschlusses von Brillen aus dem Sozialrecht Anspruch auf menschenwürdiges Dasein mit richtigem Sehen haben.

H

2.4 Digitale Endgeräte als einmal zu beschaffender, aber laufend benötigter Härtefall / alte Rechtslage

Verschiedene Gerichte haben einmalige Anschaffungskosten für Bildungsbedarfe im Rahmen der Härtefallregelung anerkannt. Das ist die gerichtliche Antwort darauf, dass der Gesetzgeber der klaren Aufforderungen des BVerfG, für weitere Schulbedarfe eine Anspruchsgrundlage zu schaffen, bisher nicht nachgekommen ist. Es liegt somit eine planwidrige Regelungslücke vor, die nun verfassungskonform durch Auslegung zu füllen ist. Das erfolgt über die Bewilligung im Rahmen der Härtefallregelung, denn so kann eine Anspruchsgrundlage auf Zuschussbasis geschaffen werden. Die Gerichte sagen zwar, dass hohe Anschaffungskosten einmaliger Schulmaterialien nur einmal bezahlt werden müssen, sie erfüllen jedoch einen laufenden Bedarf (SG Gotha 17.8.2018 - S 26 AS 3971/17).

Bisher wurden so bewilligt:

- **500 € für Computer nebst Zubehör zur Verwirklichung des Rechtes auf Bildung und Chancengleichheit** (LSG Thüringen 8.1.2021- L 9 AS 862/20 B ER)
- **Ausrüstung mit einem Computer, Betriebssystem und Drucker**, in Höhe der Anschaffungskosten (SG Chemnitz 12.11.2020 - S 10 AS 983/20 ER),
- **Schulcomputer nebst Drucker** in Höhe von **220 €** und **240 €** als Corona-bedingter Sonderbedarf nach § 21 Abs. 6 SGB II (SG Köln 10.6.2020 – S 8 AS 1817/20 ER und 24.6.2020 - S 32 AS 2150/20 ER),
- **Schulcomputer in Höhe von 350 €** als laufender Bedarf (SG Leipzig 4.11.2020 – S 21 AS 1820/ER),
- Digitale Endgeräte stellen einen mit Schulbüchern vergleichbaren und damit erforderliches Lernmittel dar und sind daher anlog zu den BSG-Schulbuchurteilen zu übernehmen. Vorliegend ein **Tablet im Wert von 210 €** nach § 21 Abs. 6 SGB II (SG Halle 25.8.2020 - S 5 AS 2203/18),
- **Laptop und Drucker** in Höhe von **450 €** (SG Köln 11.8.2020 – S 15 AS 456/19),
- **Tablet** als Pandemie-bedingter „Mehrbedarf" in Höhe von **150 €**, Bejahung des Anspruchs im Rahmen einer PKH-Entscheidung (LSG NRW 22.5.2020 – L 7 AS 719/20 B ER, L 7 AS 720/20 B ER),
- **Computer mit Zubehör** als Mehrbedarf nach § 21 Abs. 6 SGB II **in Höhe von 350 €** (SG Leipzig 4.11.2020 – S21 AS 1820/ ER),
- **Internetfähiger Laptop** inklusive Zubehör für **500 €** (SG Cottbus 18.12.2019 – S 29 AS 1540/19 ER),
- **PC mit Drucker, Software und Einrichtung** für 600 € (LSG Schleswig-Holstein 11.1.2019 - L 6 AS 238/18 B ER),
- Kosten für **internetfähigen PC**, nebst notwendigem Zubehör und Serviceleistungen in Höhe von **600 €** (SG Gotha 17.8.2018 – S 26 AS 3971/17),
- **Tablet** im Wert von **369 €**, welches schulisch bedingt benötigt wird (SG Hannover 6.2.2018 - S 68 AS 344/18 ER),
- **Laptop**, welcher schulisch bedingt benötigt wird, im Wert von **399 €** (SG Stade 29.8.2018 – S 39 AS 102/18 ER),
- **internetfähiger PC** im Wert von **350 €:**
- **Notebook für 379 €** für den Schulbesuch in der 9. Klasse (SG Kiel 25.10.2019 - S 38 AS 348/18) und
- einen **gebrauchten PC** bis zu **150 €** bei Besuch der Berufsfachschule I für Informationsverarbeitung und Mediengestaltung (SG Mainz 7.10.2019 - S 14 AS 582/19 ER).

Dazu wurde vom SG Cottbus ausgeführt: *„Schulbildung ist ein andauernder langer Zeitraum, der PC eine längerfristige Bedarfslage und daher „ohne Zweifel" ein laufender Bedarf. Der Preis ist von der Höhe unabweisbar und das BVerfG hat darauf hingewiesen, dass zusätzliche existenznotwendige*

Bedarfe neben dem Regelbedarf zu erbringen sind" (SG Cottbus 13.10.2016 – S 42 AS 1914/13). Nachtrag: durch Weisung vom 01.02.2021 hat die BA den Anspruch auf digitale Endgeräte nach der ab dem 1. Januar 2021 geänderten Rechtslage zuerkannt. Mehr unter ⇨3.2

2.5 Kosten zur Wahrnehmung des Umgangsrechts

bei getrenntlebenden Eltern (Fahrt- und Übernachtungskosten) sind im Rahmen der „Sozialüblichkeit" zu übernehmen. Bei Fahrten mit dem PKW sind nach § 5 Abs.1 BRKG 0,20 € pro gefahrenen Kilometer zu übernehmen (LSG NRW 21.3.2013 – L 7 As 1911/12). Das betrifft auch Kosten zur Umgangswahrnehmung bei **im Ausland** lebenden Kindern – so in Kalifornien (LSG RP 20.06.2012 - L 3 AS 210/12 B ER), Australien (SG Bremen 13.5.2013 - S 23 AS 612/12 ER) oder Indonesien (LSG NRW 17.3. 2014 - L 7 AS 2392/13 B ER), jeweils unter der Berücksichtigung von „Sozialüblichkeit" einmal im Jahr. Auch Aufwendungen für Telefonate mit im Ausland lebenden minderjährigen Kindern sind Umgangskosten (LSG Bay 11.8.2011 – L 11 AS 511/11 B ER).
Bei Kindern ab ca. 14 Jahren wird davon ausgegangen, dass sie grundsätzlich selbstständig den ÖPNV benutzen können (LSG Bay 25.6.2010 - L7 AS 404/10 B ER m.w.N.)
Anspruchsinhaber ist entweder das den Umgang wahrnehmende Kind oder der den Umgang wahrnehmende Elternteil. In der Zeit des Aufenthaltes im Haushalt des umgangsberechtigten Elternteils begründet das Kind dort eine „temporäre BG" und hat dort bei einem mehr als 12-stündigen Aufenthalt tagesanteilige Leistungsansprüche (BSG 2.7.2009 - B 14 AS 75/08 R; BSG 12.6.2013 - B 14 AS 50/12 R). Eine temporäre BG ist auch mit Kindern, die gewöhnlich im Ausland leben, aber sich temporär am Ort und in der BG des umgangsberechtigten Elternteils aufhalten, möglich (BSG 28.10.2014 – B 14 AS 65/13 R).

2.6 Ausnahme: Regelleistungshöhe und Mehrbedarfe in München

In München Stadt und Landkreis und weiteren Umlandsgemeinden gibt es im SGB XII eine sog. „örtliche Aufstockung" des Regelbedarfs im SGB XII (in München 14 €, im LK Fürstenfeldbruck 22 €/mtl., bei RB-Stufe 1) wegen höherer Lebenshaltungskosten. Da ein höherer Regelbedarf im SGB II wegen des Pauschalierungsgebotes (§ 20 Abs. 1 S. 3 SGB II) ausgeschlossen ist, haben unserer Auffassung nach Alg II-Beziehende in München aufgrund des Gleichbehandlungsgrundsatzes einen Ausgleichsanspruch zu denen höheren Regelleistungen im HzL/GSi in Form eines Mehrbedarfs nach § 21 Abs. 6 SGB II.
Anmerkung: Es gibt in Bayern eine spezielle SGB XII-Verordnung dazu. Diese gibt es in keinem anderen Bundesland und ist daher ausschließlich auf München anzuwenden.

2.7 Einzelentscheidung

Eine starre Fixierung auf Bedarfslisten ist allerdings wenig hilfreich, weil sie in der Gewährungspraxis davon ablenken, dass ein atypischer Bedarf sich gerade in Bezug auf Art und Fallgestaltung nicht von vornherein in Kategorien fassen lässt. Eine Entscheidung **muss** daher immer unter Berücksichtigung der **Besonderheiten des Einzelfalles** getroffen und entsprechend begründet werden (⇨Ermessen). Mangelt es daran, können Sie gegen einen ablehnenden Bescheid ⇨Widerspruch einlegen.

Tipp: Angesichts der restriktiven Verwaltungsvorgaben und eines relativ neuen Leistungsbereichs, über den die Sozialgerichte zu entscheiden haben, kann es aussichtsreich sein, vom Jobcenter abgelehnte Ansprüche mittels ⇨Klage durchzusetzen.

3. Härtefallmehrbedarf nach der ab 2021 geltenden Rechtslage / auch einmalige Bedarfe

Vorgeschichte: Vom BVerfG ist 2014 gefordert worden, eine Öffnungsklausel für einmalige Bedarfe zu schaffen. Diese Forderung ist vom Bundesrat, den Wohl- und Sozialverbänden, z.B. durch die Tacheles-Kampagne „Schulcomputer sofort", bis hin zum BSG in den Schulbuchurteilen aufgegriffen worden. Anstatt eine weitere Bedarfsposition in den „nicht vom Regelbedarf umfassten Bedarfen" zu eröffnen – wie § 24 Abs. 3 SGB II / § 31 SGB XII –, wurde nun völlig verfehlt der Härtefallmehrbedarf genutzt, um dort die Anspruchsgrundlage zu schaffen. Die Neuregelung ist im Übrigen nur im SGB II getroffen worden, das bedeutet, im SGB XII gibt es keine explizite Anspruchsgrundlage für einmalige Bedarfe. Auch erfolgte kein Hinweis in der Gesetzesbegründung auf eine mögliche Anspruchsgrundlage. Das bedeutet, im SGB XII wird hier ein weiterer Konflikt entstehen, wie diese für SGB XII-Beziehende materiell-rechtlich umzusetzen ist. Natürlich bezieht sich die Kritik des BVerfG auch auf die Höhe und Systematik der Regelbedarfe im SGB XII. Denn einige klassische einmalige Bedarfe fallen auch im SGB XII an – sowie auch für die Geflüchteten die sog. „Analogleistungen", also Leistungen analog dem SGB XII, erhalten.

H

Das BVerfG hat in seinem Urteil aus 2014 darauf hingewiesen, dass die Regelbedarfe in einer Höhe festgesetzt wurden, in der sie kurz vor Verfassungswidrigkeit sind (BVerfG 23.7.2014 – 1 BvL10/12). Das BVerfG hat in dem Urteil verschiedene Änderungsbedarfe angemerkt:

1. **Elektrogroßgeräte:** *„Nach der vorliegenden Berechnungsweise des Regelbedarfs ergibt sich beispielsweise die Gefahr einer Unterdeckung hinsichtlich der akut existenznotwendigen, aber langlebigen Konsumgüter, die in zeitlichen Abständen von mehreren Jahren angeschafft werden, eine sehr hohe Differenz zwischen statistischem Durchschnittswert und Anschaffungspreis. So wurde für die Anschaffung von Kühlschrank, Gefrierschrank und -truhe, Waschmaschine, Wäschetrockner, Geschirrspül- und Bügelmaschine (Abteilung 05; BT Drucks 17/3404, S. 56, 140) lediglich ein Wert von unter 3 € berücksichtigt"* (ebenda Rn 120).
2. **Brillen:** *„Desgleichen kann eine Unterdeckung entstehen, wenn Gesundheitsleistungen wie Sehhilfen weder im Rahmen des Regelbedarfs gedeckt werden können noch anderweitig gesichert sind"* (ebenda Rn 120).
3. **Einmalige Bedarfe:** *„Auf die Gefahr einer Unterdeckung kann der Gesetzgeber durch zusätzliche Ansprüche [...] auf Zuschüsse zur Sicherung des existenznotwendigen Bedarfs reagieren. Fehlt es aufgrund der vorliegend zugrunde gelegten Berechnung des Regelbedarfs an einer Deckung der existenzsichernden Bedarfe, haben die Sozialgerichte Regelungen wie § 24 SGB II über gesondert neben dem Regelbedarf zu erbringende einmalige, als Zuschuss gewährte Leistungen verfassungskonform auszulegen [...]. Fehlt die Möglichkeit entsprechender Auslegung geltenden Rechts, muss der Gesetzgeber einen Anspruch auf einen Zuschuss neben dem Regelbedarf schaffen. Auf ein nach § 24 Abs. 1 SGB II mögliches Anschaffungsdarlehen, mit dem zwingend eine Reduzierung der Fürsorgeleistung um 10 % durch Aufrechnung [...] ab dem Folgemonat der Auszahlung verbunden ist, kann nur verwiesen werden, wenn die Regelbedarfsleistung so hoch bemessen ist, dass entsprechende Spielräume für Rückzahlungen bestehen"* (ebenda Rn 116).

3.1 Voraussetzungen für einmalige Leistungen im Härtefallbedarf

Die allgemeinen Voraussetzungen für Leistungen im Rahmen der Härtefallregelungen sind unter ⇨1.2 dargestellt. In der seit Januar 2021 geltenden Rechtslage heißt es: *„Bei Leistungsberechtigten wird ein Mehrbedarf anerkannt, soweit im Einzelfall ein unabweisbarer, besonderer Bedarf besteht; bei einmaligen Bedarfen ist weitere Voraussetzung, dass ein Darlehen nach § 24 Absatz 1 ausnahmsweise nicht zumutbar oder wegen der Art des Bedarfs nicht möglich ist"* (§ 21 Abs. 6 SGB II-neu).

Im Kern wird es in Zukunft um genau diese Fragestellung gehen, nämlich wann ein Darlehen **„ausnahmsweise nicht zumutbar** oder wegen der **Art des Bedarfes nicht möglich ist"**.

Die Hauptargumentation der Jobcenter wird hier sein, die Regelbedarfe seien umfassend und bedarfsdeckend aufgestellt, höhere Bedarfspositionen seien durch eine mögliche Umverteilung innerhalb der pauschalierten Regelbedarfe durch geringere Ausgaben in einem anderen Lebensbereich auszugleichen (so die Begründung zu § 21 Abs. 6 SGB II, BT-Drs. 17/1465, S. 6). Dieser Verweis auf die Ansparkonzeption greift jedoch nicht, wenn der betreffende Bedarf bei der Ermittlung des Regelbedarfs schon nicht in strukturell realitätsgerechter Weise zutreffend erfasst worden ist (vgl. auch SG Bremen 18.2.2011 - S 22 AS

2474/10 ER). Das BVerfG hat in seiner letzten Entscheidung zu den Regelbedarfen sehr klar gesagt: „*auf ein Anschaffungsdarlehen [...] kann nur verwiesen werden, wenn die Regelbedarfsleistung so hoch bemessen ist, dass entsprechende Spielräume für Rückzahlungen bestehen*" (BVerfG 23.7.2014 – 1 BvL10/12, Rn 116). Für die Praxis bedeutet das: Neben der Prüfung des Einzelfalls auf die Notwendigkeit eines Mehrbedarfs wird auch immer zentral zu prüfen sein, **in welcher Höhe Beträge im Regelbedarf** vorhanden sind; wenn diese **zu gering und nicht in einem absehbaren Zeitraum tilgbar sind**, ist der Verweis auf ein Darlehen nach § 24 Abs. 1 SGB II **nicht zulässig** und die Jobcenter müssen die Leistungen auf Zuschussbasis erbringen.

3.2 Nichtzumutbarkeit eines Darlehen nach § 24 Abs. 1 SGB II

„*Auf ein Anschaffungsdarlehen [...] kann nur verwiesen werden, wenn die Regelbedarfsleistung so hoch bemessen ist, dass entsprechende Spielräume für Rückzahlungen bestehen*", sagt das BVerfG (BVerfG 23.7.2014 – 1 BvL10/12, Rn 116).

Um diese Frage zu stellen, muss als Erstes geschaut werden, was ist im Detail im Regelbedarf enthalten. Dies ist zu finden **in der Drucksache 19/22750** vom 23.09.2020 (Entwurf eines Gesetzes zur Ermittlung von Regelbedarfen und zur Änderung des Zwölften Buches Sozialgesetzbuch sowie des Asylbewerberleistungsgesetzes) Download: https://dip21.bundestag.de/dip21/btd/19/227/1922750.pdf i.V.m Ausschussdrucksache 19(11)830 vom 3.11.2020 i.V.m. der **Steigerung von 2,57 Prozent** (§ 7 Abs. 2 Satz 2 RBEG (2021)).

Vorab aus einer aktuellen Stellungnahme des Bundesrates zu den Regelbedarfen: „*Der Bundesrat vertritt die Auffassung, dass die EVS auch für langlebige und kostenintensive Konsumgüter (weiße Ware) keine geeignete Grundlage für die sachgerechte Bedarfsermittlung darstellt. Der in Abteilung 05 angesetzte Betrag für die Anschaffung von Kühlschränken, Gefriertruhen, Waschmaschinen, Wäschetrockner oder Geschirrspülmaschinen ist so gering angesetzt, dass ein Ansparen kaum möglich ist. Regelmäßig wird hier ein Darlehen für die Anschaffung von Elektrogroßgeräten zu beantragen sein*" (DRs 19/23549 v. 21.10.2020, http://dip21.bundestag.de/dip21/btd/19/235/1923549.pdf).

Klassische einmalige Bedarfe nach der neuen Rechtslage sind:

(alle nachfolgenden Bezüge auf im Regelbedarf (RB) vorhandene Beträge, bezieht sich auf die RB Stufe 1, also alleinstehende Erwachsene)

a. Elektrogroßgeräte

Zunächst das BVerfG dazu: „*Nach der vorliegenden Berechnungsweise des Regelbedarfs ergibt sich beispielsweise die Gefahr einer Unterdeckung hinsichtlich der akut existenznotwendigen, aber langlebigen Konsumgüter, die in zeitlichen Abständen von mehreren Jahren angeschafft werden, eine sehr hohe Differenz zwischen statistischem Durchschnittswert und Anschaffungspreis*" (BVerfG 23.7.2014 – 1 BvL10/12, Rn 120).

Im RB sind enthalten: unter Code 0531 100 für Kühlschränke, Gefrierschränke und -truhen 1,67 € und unter Code 0531 200 für Waschmaschinen, Wäschetrockner, Geschirrspül- und Bügelmaschinen 1,60 € = 3,27 € x Preissteigerung 2,57 % = 3,35 €. Diese Summe x 12 Monate = 40,25 € Gesamtkosten für weiße Ware im RB im Jahr. Wenn jetzt beispielsweise eine defekte Waschmaschine ersetzt werden muss, müssen die Beträge aus dem Code 0531 200 genommen werden (Waschmaschinen, Wäschetrockner, Geschirrspül- und Bügelmaschinen 1,60 €), da darin vier Geräte beinhaltet sind, wäre der Betrag zu vierteln (1,60 € : 4 Geräte = 0,40 €) x Preissteigerung 2,57 % = immer noch 0,40 € x 12 Monate = **4,80 € im Jahr.** Nehmen wir mal an, es müsste eine Waschmaschine angeschafft werden, bei einem bekannten Onlineversandhändler kostet die günstigste 223,23 € zzgl. 29,99 € Transport = 253,32 €. Um eine solche Waschmaschine anzusparen, müsste ein*e Alg II-Beziehende*r dafür **52,78 Jahre ansparen.**

Ein Verweis auf ein Darlehen wegen unabweisbarem Bedarf (nach § 24 Abs. 1 SGB II), also „*auf ein Anschaffungsdarlehen* [ist nur zulässig, wenn] *die Regelbedarfsleistung so hoch bemessen ist, dass entsprechende Spielräume für Rückzahlungen bestehen"* (BVerfG 23.7.2014 – 1 BvL10/12, Rn 116). Diese offensichtlich eklatante Unterdeckung macht deutlich, dass ein „Darlehen nach § 24 Absatz 1 nicht zumutbar" im Sinne der neuen Härtefallregelung ist und daher ein Anspruch auf Zuschussbasis nach § 21 Abs. 6 SGB II besteht.

b. Computer, Drucker, Tastatur, Maus und Software

Computer und *„Internet [sind] auch im Privatleben von zentraler Bedeutung für die Lebensführung und gelten als Lebensgrundlage und sind damit unverzichtbar"* sagt der Bundesgerichtshof (24.1.2013 - III ZR 98/12). Einen Anspruch auf digitale Teilhabe als Menschenrecht, die es Individuen erlaubt, auf digitale Medien zuzugreifen, diese zu nutzen, welche zu kreieren und diese zu publizieren, gibt es aber in Deutschland noch nicht, in einzelnen, anderen EU-Ländern sehr wohl. Gesellschaftliche Teilhabe bezeichnet die Möglichkeit, Fähigkeit und Verantwortung, die Gesellschaft mitzugestalten, in der man lebt. Das BVerfG hat das wie folgt formuliert: *„die Gewährleistung des Existenzminimums notwendige Lebensunterhalt umfasst insbesondere [...] persönlichen Bedürfnissen des täglichen Lebens, dazu gehört in vertretbarem Umfang eine Teilhabe am sozialen und kulturellen Leben in der Gemeinschaft; dies gilt in besonderem Maß für Kinder und Jugendliche. Für Schülerinnen und Schüler umfasst der notwendige Lebensunterhalt auch die erforderlichen Hilfen für den Schulbesuch"* (BVerfG 9.2.2010 - 1 BvL 1/09, 1 BvL 3/09, 1 BvL 4/09, Rn. 135).

In Bezug auf digitale Endgeräte bei Schüler*innen gab es auch schon nach der alten Rechtslage eine Reihe von Gerichtsentscheidungen, die diese bejaht haben. Siehe ⇨ 2.4 Diese wurden nicht nur als pandemischer Bedarf angesehen, sondern grundsätzlich als notwendig. So z.B. das SG Köln: *„Bei dem Bedarf handelt es sich um einen grundsicherungsrechtlich relevanten Bedarf für Bildung- und Teilhabe. Denn die Anschaffung eines Laptops bzw. Drucker ist unabhängig vom hier noch maßgeblichen Präsenzschulbetrieb erforderlich gewesen. Denn selbst wenn hier die schulische Bildung in dieser klassischen analogen Form stattfand und klassische Inhalte vermittelte, verlangte und verlangen die Herausforderungen des digitalen Wandels auch nach einer spezifisch digitalen Bildung. Diese digitale Bildung beinhaltet sowohl die Vermittlung digitaler Kompetenz, d. h. der Fähigkeit zur fachkundigen und verantwortungsvollen Nutzung digitaler Medien (digitale Bildung als Lehr- und Lerninhalt) als auch das Lernen mit digitalen Medien (digitale Bildung als Instrument). Digitale Bildung vermittelt dabei Schlüsselkompetenzen für das selbstbestimmte Handeln in der digital geprägten Welt und schafft die Voraussetzungen für gesellschaftliche Teilhabe und bereitet auf die Qualifikationsanforderungen der digital geprägten Arbeitswelt vor. Dabei basiert sie auf dem gleichberechtigten Zugang zu Bildung und zielt darauf ab, eine digitale Spaltung der Lernenden zu verhindern und kann somit auch einen wichtigen Beitrag zu mehr Bildungsgerechtigkeit leisten"* (SG Köln 11.8.2020 - S 15 AS 456/2019).

Im Regelbedarf von Schüler*innen von 6 bis 13 Jahren, also RB Stufe 5, sind 1,60 € Bildungskosten im Monat und 19,20 € im Jahr enthalten, in den Regelbedarfen für 14- bis 17-Jährige, also RB-Stufe 4, sind Bildungskosten von 0,66 € im Monat und 7,92 € im Jahr enthalten (jeweils für das Jahr 2021).

Wenn wir uns dann wieder die Anschaffung eines Laptops, neben Drucker, Software und Maus für 450 € vorstellen, müssten ein*e Schüler*in von 6 bis 13 Jahren, also RB Stufe 5, bei dem/r 1,60 € Bildungskosten im Monat und 19,20 € im Jahr enthalten sind, **23,43 Jahre auf diesen ansparen** und ein*e Schüler*in von 14 bis 17 Jahren, also RB-Stufe 4, mit Bildungskosten von 0,66 € im Monat und 7,92 € im Jahr, müsste also **56,81 Jahre ansparen**. Er/sie hätte ungefähr einen, wenn er/sie in Rente geht. Diese offensichtlich eklatante Unterdeckung macht deutlich, dass ein „Darlehen nach § 24 Absatz 1 nicht zumutbar" im Sinne der neuen Härtefallregelung ist und daher ein Anspruch auf Zuschussbasis nach § 21 Abs. 6 SGB II besteht (so auch Behrend in jurisPK-SGB II, 5. Aufl. 2020, § 21 Rn).

Nachtrag: durch Weisung vom 01.02.2021 hat die BA den Anspruch auf digitale Endgeräte nach der ab dem 1. Januar 2021 geänderten Rechtslage zuerkannt. Es werden 250 € für ein digitales Gerät und 100 € für einen Drucker zuerkannt.
Die Weisung zum Download: https://t1p.de/esjv
Das BMAS hat den Anspruch durch Weisung für das SGB XII zuerkannt: https://t1p.de/ormb
Musteranträge und Infos auf der Tachelesweb-seite: https://t1p.de/7tzl

c. Brille oder bei medizinischer Indikation Kontaktlinsen

Brillen sind im RB Erwachsener in der Abteilung 06 für Gesundheitspflege unter dem Code 0613 900 therapeutische Mittel und Geräte (einschl. Eigenanteile) in Höhe von 2,23 € enthalten.
Das BVerfG sagt dazu: „*Desgleichen kann eine Unterdeckung entstehen, wenn Gesundheitsleistungen wie Sehhilfen weder im Rahmen des Regelbedarfs gedeckt werden können noch anderweitig gesichert sind*“ (BVerfG 23.7.2014 - 1 BvL10/12, Rn 120).
Wenn wir uns dann wieder die Anschaffung einer Brille im Bereich um 250 € vorstellen, wären im RB 1 unter dem Code 0613 900 therapeutische Mittel und Geräte (einschl. Eigenanteile) Gelder in Höhe von 2,23 € enthalten, Mal 12 Monate = 26,76 € im Jahr. Es wären somit 9,34 Jahre auf eine Brille in dieser Preisklasse anzusparen. Diese offensichtlich eklatante Unterdeckung macht deutlich, dass ein „Darlehen nach § 24 Absatz 1 nicht zumutbar“ im Sinne der neuen Härtefallregelung ist und daher ein Anspruch auf Zuschussbasis nach § 21 Abs. 6 SGB II besteht.
Analog bei medizinischer Indikation von Kontaktlinsen.

d. Pass und Passbeschaffungskosten

Im RB sind Kosten für Personalausweise in Höhe von 0,31 € pro Monat enthalten. Hier gab es eine Steigerung von 6 Cent, weil ab dem 1. Januar 2021 die Kosten für Personalausweise von 28,80 € auf 37,00 € (§ 1 Abs.1 Nr. 2 PAuswGebV) gestiegen sind.
Die rechnerischen monatlichen Kosten des Personalausweises steigen dadurch um 6 Cent von den bisher regelbedarfsrelevanten 0,25 € pro Monat auf 0,31 € pro Monat (37,00 € : 120 Monate = 0,30833 €) (BT-Drs. 19(11)830, Seite 14).
Anders als Deutsche und Unionsbürger*innen, für die ein Personalausweis ausreicht, sind Drittstaatsangehörige nach § 3 AufenthG verpflichtet, einen gültigen Pass zu besitzen, um sich legal in Deutschland aufzuhalten. Die Kosten für die Fahrt zu Botschaft bzw. Konsulat und den Pass betragen oft mehrere hundert Euro. In Einzelfällen sind zur Passbeschaffung auch Reisen ins Herkunftsland nötig. Verstöße gegen die Passpflicht sind nach § 95 Abs. 1 Nr. 1 AufenthG strafbar.

Da ein Reisepass für Deutsche nicht zum sozialhilferechtlichen Existenzminimum zählt, sind Passkosten nicht im Regelbedarf enthalten - lediglich 31 Cent sind als Teil des Regelbedarfs für die Beschaffung eines Personalausweises vorgesehen.
Passbeschaffungskosten werden als Kosten zur Erfüllung der ausländerrechtlichen Mitwirkungspflicht gesehen. Das vom Gesetz eingeräumte Ermessen ist in diesen Fällen auf Null reduziert (Grube/Wahrendorf/Flint, SGB XII u. AsylbLG, 7. Aufl. 2020, § 6 Rn. 26).
Das BSG hat entschieden, dass Passkosten im Regelbedarf enthalten seien und dass daher weder ein Anspruch im Rahmen der verfassungskonformen Auslegung der Härtefallregelung, noch nach sonstigen Bedarfen nach § 73 SGB XII besteht (BSG 12.9.2018 - B 4 AS 33/17 R). Soweit die Kosten bei ausländischen Pässen höher liegen, sind diese aufgrund des pauschalierten Systems der Regelbedarfsermittlung und -zahlung durch interne Ausgleiche abzufangen. Des Weiteren könne ein Darlehen nach § 24 Abs.1 SGB II beantragt werden (Terminbericht zu B 4 AS 33/17 R vom 12.9.2018).
Dann sagt das BSG (BSG 12.9.2018 - B 4 AS 33/17 R, Rn 40), dass angesichts eines geltend gemachten Betrags von 217 € dahinsteht, ob bei extrem hohen Kosten für die Beschaffung eines Passes, um der Ausweispflicht nach § 3 Abs. 1 Satz 1 AufenthG zu genügen, zusätzliche Ansprüche oder die verfassungskonforme Auslegung bestehender Regelungen in Betracht kommen (vgl. BVerfG 23.7.2014 –1 BvL 10/12 u.ä. BVerfGE 137, 34, Rn 116 ff).
Das BSG im SGB XII hat die Übernahme von Passkosten im Rahmen der „sonstigen Lebenslagen“ i.S.d. § 73 SGB XII mit der

Begründung abgelehnt, dass, wenn das Aufenthaltsgesetz andere Möglichkeiten eröffnet, um der Passpflicht im Bundesgebiet zu genügen, besteht kein unabweisbarer Bedarf (BSG 29.5.2019 - B 8 SO 8/17 R).

Es bestehen inhaltlich erhebliche Zweifel an dem BSG-Urteil zu den Pässen (BSG 12.9.2018 - B 4 AS 33/17 R), das BSG setzt hier die Kosten für einen Personalausweis und ausländischen Pass gleich. Spätestens mit der Erhöhung der Kosten für Personalausweise von 25 Cent auf 31 Cent nimmt der Gesetzgeber ausschließlich Bezug auf die gestiegenen Kosten für „Personalausweise" (Ausschuss-Drs 19(11)830 v. 3.11.2020, S. 14, 15). Es sind also definitiv keine Kosten für Pässe im RB 2021 enthalten. Zudem fallen auch neben den reinen Passkosten auch noch **Passbeschaffungskosten** an, also Reise- und Übernachtungskosten zu den jeweiligen Vertretungen der Länder. Der Verweis auf ein Darlehen wegen unabweisbaren Bedarfs nach § 24 Abs. 1 SGB XII dürfte somit nicht mehr zum Tragen kommen. Denn mit 0,31 € im Monat müsste ein*e SGB II-/SGB XII-Leistungen beziehende*r Ausländer*in bei Passkosten bis 217 € (Urteil 12.9.2018) 700 Monate = 58,33 Jahre im Leistungsbezug sein, um diesen Betrag aus den "üppigen" Regelbedarfen zu sein. Bei Pässen ist genauso zu argumentieren, wie bei den anderen ausgeführten einmaligen Bedarfen ⇨3.2 a. bis c.

Weitere mögliche einmalige Kosten:

- **Dolmetscher*innen- und Übersetzer*innenkosten,** bei Ärzt*innen, Behördenangelegenheiten, insofern nicht Art. 3 der VO 883/2004 greift, Schwangerschaft, für die Verfahrensbeistände, Erziehungsberatungsstellen, Ausländerbehörde (sind nicht im RB enthalten),
- **Kosten zur Beseitigung von Ungezieferbefall** (sind nicht im RB enthalten),
- **Kosten zur Dokumentenbeschaffung** (Beschaffung von Geburtsurkunden, Heiratsfähigkeitsbescheinigungen oder Ehefähigkeitszeugnis) (sind nicht im RB enthalten),
- **Kosten für Schlüsseldienst** zur Notöffnung der Wohnung (sind mit 0,50 € im RB enthalten [BT-Drs. 19/22750, Seite 24: 0432 900]),
- **Fahrtkosten zu besonderen Anlässen,** Heirat, Beerdigung, Pflegeheimbesuch, Erkrankung eines Angehörigen (sind im RB enthalten),
- **Raumlüfter bei Allergien,** sofern nicht von der Krankenkasse (sind mit 0,85 € im RB enthalten [BT-Drs. 19/22750, Seite 25: 0531 901]),
- **Perücke bei Krebserkrankung** (sind mit 1,24 € im RB enthalten [BT-Drs. 19/22750, Seite 33: 1213 010]),
- Kauf von Fernseher (sind mit 1,85 € im RB enthalten [BT-Drs. 19/22750, Seite 30: 0911 200]),
- **Spirale** bei besonderen Gründen (ist mit 2,76 € im RB enthalten [BT-Drs. 19/22750, Seite 27: 0612 900]),
- **Kosten für Familienzusammenführung** (Kosten für Visum und Flug etc.) (Kosten für Visum und Flug sind nicht im RB enthalten [Kosten Visum: BT-Drs. 19/22750, Seite 33: aus dem Code-Nummern-Kreis 1270, Kosten Flug: Ausweislich BT-Drs. 19/22750, Seite 28]),
- **Reiseausweise für anerkannte Flüchtlinge**, denn nach der Genfer Flüchtlingskonvention und der EU-Richtlinie 2011-95-EU (Art. 25) besteht die staatliche Pflicht zur Ausstellung, aber ohne Pflicht zur Gebührenbefreiung bei Alg II-Bezug, nur Ermessen (§ 53 Abs. 2 Aufenthaltsverordnung) (sind nicht im RB enthalten),
- **Kosten für Gebärdendolmetscher*innen,** bei Ärzt*in und sonstigen Ämtern (insofern nicht § 19 Abs. 1 S. 2 SGB X greift) (ist nicht im RB enthalten),
- Kosten für sinnvolle und notwendige **Vorsorgeuntersuchungen** (Nichtübernahmefähige IGeL-Kosten und Heilpraktiker*innen) (sind nicht im RB enthalten),
- **Bekleidung** und Sportbekleidung **bei Kur und Reha** oder bei Besuch von Fitnessstudio aus medizinischen Gründen (nicht klärbar, sind möglicherweise im RB enthalten, wenn in 0312 100 bzw. 0312 200) oder
- **Schuhe** bei Besonderheiten am Fuß (sind nicht im RB enthalten).

Anmerkung: bei allen Beträgen, die im RB enthalten sind, sind die Beträge zusammengefasst in einer Reihe von Gegenständen, als Beispiel: der Raumlüfter gehört zur SEA 2013, Seite 86: 0531 433 — Ventilatoren

(ohne Tischventilatoren, 0532 900), Luftbe- und -entfeuchter, u.a. Klimageräte, z.B. Raumklimageräte, Splitklimageräte (auch mobil) und diese Gruppe ist zusammenfasst in sonstige größere Haushaltsgeräte 0,85 € (BT-Drs. 19/22750, Seite 25: 0531 901); Daten zusammengestellt mit freundlicher Unterstützung von Rüdiger Böker.
Diese Liste ist fortsetzbar. Der Grundsatz der Argumentation sollte lauten: wenn die im RB dafür vorgesehenen Beträge zu gering sind, ist ein Darlehen nicht zumutbar und wenn dadurch eine Ansparung erst in Jahren oder Jahrzehnten möglich ist, besteht ein Anspruch im Rahmen des neuen Härtefallbedarfes. Wo im Detail die Grenzen liegen, wird in der Rechtsprechung zu klären sein.

3.3 Nichtzumutbarkeit eines Darlehens, wenn schon andere Darlehen bestehen

Der Gesetzgeber hat mit Einführung der Aufrechnungsmöglichkeit von Darlehen in laufenden Leistungsbezug im Jahr 2011 die Höhe der Aufrechnung auch bei mehreren Darlehen auf zehn Prozent des Regelbedarfes begrenzt (§ 42a Abs. 2 SGB II). Aus der Gesetzesbegründung dazu: *„Um dem Betroffenen ausreichend Mittel zur Bestreitung des Lebensunterhaltes zu belassen, ist die Tilgung für mehrere Darlehen insgesamt auf 10 Prozent des maßgebenden Regelbedarfs begrenzt“* (BT-Drs 17/3982, S. 10).

Mit der Begrenzung der Aufrechnungshöhe wurde ein Überforderungsschutz geregelt. Dieser Überforderungsschutz ist natürlich auch dann anzuwenden, wenn ein weiter Bedarf entsteht, der von den Regelbedarfen gedeckt ist. Hier ist jetzt nach der neuen Rechtslage ein „Darlehen nach § 24 Absatz 1“ und im Sinne der neuen Härtefallregelung nicht zumutbar und es entsteht daher ein Anspruch auf Zuschussbasis nach § 21 Abs. 6 SGB II.

Die Nichtzumutbarkeit wird spätestens dann gesehen, wenn das bisherige Darlehen noch länger als sechs Monate zu tilgen ist. Diese längstens andauernde sechs Monate Tilgungsdauer leiten wir aus der Tilgungsregelung von „höchstens sechs Monaten“ bei Überbrückungsdarlehen nach § 37a Abs. 2 S. 1 SGB XII ab. Dort ist geregelt, dass Überbrückungsdarlehen „zu tilgen [sind]; insgesamt ist jedoch höchstens ein Betrag in Höhe von 50 Prozent der Regelbedarfsstufe 1 nach der Anlage zu § 28 SGB XII zurückzuzahlen. Mit dieser Begrenzung der Rückzahlung i.S. einer Obergrenze will der Gesetzgeber eine finanzielle Überforderung der leistungsberechtigten Personen verhindern (vgl. auch BT-Drs. 18/10519, S. 23).
Es bietet sich an und ist naheliegend, diese Überforderungsgrenze von höchstens sechs Monaten auch im SGB II anzuwenden.

3.4 Nichtzumutbarkeit eines Darlehens, wenn schon andere Belastungen bestehen

Eigentlich gilt: **der Regelbedarf** stellt selbst im Fall von Anspruch auf Erstattung wegen zu Unrecht erbrachter Leistungen, selbst wenn dies durch strafbares Handeln entstanden ist, ein **nicht zu unterschreitendes Existenzminimum dar** (§ 51 Abs. 2 SGB I), bei der Geltendmachung von Darlehen gilt die Pfändungsfreigrenze als nicht zu unterschreitende Regel (§ 51 Abs. 1 SGB I). Mit diesen sozialrechtlichen Grundsätzen wurde mit Einführung der Aufrechnungsregeln in § 42a und § 43 SGB II rechtlich zulässig (§ 37 S. 1 SGB I) – aber Grundrechte brechend – gebrochen.
Bei der Neubewertung der Frage, ob auch einmalige Bedarfe nach § 21 Abs. 6 SGB II (neu) auf Zuschussbasis oder ob doch ein Darlehen zumutbar ist, ist diese Diskussion wieder aufzumachen.
Stehen Leistungsberechtigten die vollen Regelleistungen nicht zur Verfügung, sei es wegen **Begrenzung der KdU** nach einer Kostensenkungsaufforderung und wegen vorgeblicher Unangemessenheit oder fehlender Umzugserfordernis (§ 22 Abs. 1 S. 2, 3 SGB II), dürfte der Verweis auf ein Darlehen für unabweisbaren Bedarf nicht zumutbar sein. Gleiches wird anzuwenden sein bei **Schuldentilgungen** oder weiterer **Tilgung von Schulden von umzugsbedingten Kosten**, wenn diese vom JC abgelehnt wurden, oder bei *Haushaltsenergiekosten, die deutlich oberhalb des Betrages liegen, der dafür im RB vorgesehen ist* (36,19 € im Jahr 2021). Genauso bei **sonstigen besonderen**

Belastungen wie medizinischen Kosten, die nicht von der GKV oder dem Jobcenter übernommen werden, oder bei Zahlungen an den Forderungseinzug der Regionaldirektion oder der Kosteneinzugsstelle von Jobcenter in kommunaler Trägerschaft.

3.5 Einmalige und laufende Bedarfe im SGB XII

Der Gesetzgeber hat im SGB XII keine Öffnungsklausel für einmalige Bedarfe geschaffen. Die Kritik des BVerfG in seinem Regelsatzurteil von 2014 (⇨ 3.) ist selbstverständlich auch auf das SGB XII anzuwenden. Weil im SGB II die Regelbedarfe pauschaliert sind (§ 20 Abs. 1 S. 4 SGB II), wurde die Öffnungsregel, die zum Härtefallbedarf in § 21 Abs. 6 SGB II geführt hat, vom BVerfG 2010 angeordnet. Im SGB XII ist eine solche Öffnungsregel nicht notwendig, da diese durch individuelle RB-Erhöhungen (§ 27a Abs. 4 S. 1 SGB XII) umgesetzt werden können. Das Gesetz schließt im SGB XII einmalige Bedarfe im Rahmen des RB dezidiert aus und sagt nur laufende, „nicht nur einmalig[e]" Bedarfe (§ 27a Abs. 4 2.HS SGB XII). Daher würde bei abweichenden Bedarfen, die vom RB umfasst sind, nur die Möglichkeit bestehen, ein Darlehen wegen „ergänzender Bedarfe" nach § 37 Abs. 1 SGB XII zu erhalten. Für Bedarfe, die nicht vom RB umfasst sind, besteht die Möglichkeit, einen Anspruch „in anderen Lebenslagen" nach § 73 SGB XII geltend zu machen.

Andererseits sind vom Grundsatz her die Menschen in beiden Existenzsicherungssystemen des SGB II und SGB XII gleich zu behandeln, das bedeutet, da der Gesetzgeber im SGB XII eine offensichtliche Regelunglücke geschaffen hat und keine Öffnungsklausel für einmalige Bedarfe wie die neue Härtefallbedarfe nach § 21 Abs. 6 SGB II – neu angeordnet hat, diese durch verfassungskonforme Auslegung gewährt werden müssen. Und zwar analog des Regelbedarfsurteils des BVerfG von 2014, in dem die Sozialgerichte wegen der eklatanten Unterdeckung zur Verfassungskonformen Auslegung aufgefordert wurden (BVerfG 23.07.2014 – 1 BvL 10/12, Rn 116).

In der Praxis muss erst einmal geschaut werden, ob es sich um einen vom RB umfassten, also typischen Bedarf handelt und ob dieser kostenmäßig so erheblich ist (⇨ 3.2), dass eine Darlehensgewährung für ergänzende Bedarfe nach § 37 SGB XII nicht zumutbar ist ⇨ (3.3) oder deswegen nicht zumutbar ist, weil schon andere Darlehen laufen oder sonstige besonderen Belastungen bestehen (⇨3.4): dann besteht ein Anspruch im Rahmen der verfassungskonformen Auslegung nach § 27a Abs. 4 S. 1 SGB XII . Für die nicht vom RB umfassten Bedarfe aus anderen Lebenslagen wird ein Anspruch nach § 73 SGB XII bestehen.

Beachten Sie: Sozialhilfeleistungen nach dem 3. Kap. des SGB XII gibt es erst ab behördlicher Kenntnis der Notlage (§ 18 Abs. 1 SGB XII). Das bedeutet, ohne einen vorherigen Antrag bei der Behörde entfällt jeder Anspruch, aber die hinreichende Kenntnis des Sozialhilfeträgers, dass eine Bedarfslage möglicherweise vorliegt, reicht um den Anspruch auszulösen (BSG 20.4.2016 - B 8 SO 5/15 R).

3.6 Praxisstrategie SGB II/SGB XII

Vielmals werden die Jobcenter und Sozialämter diese einmaligen Bedarfe nicht gewähren. Die Handhabungspraxis entgegen der Rechtslage, soziale Rechte möglichst weit auszulegen (§ 2 Abs. 2 SGB I) wird sein, möglichst nichts zu gewähren und wenn, dann nur bei Anzeichen von Gegenwehr oder auf richterliche Anordnung. Es kann aber auch sein, dass Ihnen das jeweilige Amt nur ein Darlehen für einen unabweisbaren Bedarf nach § 24 Abs. 1 SGB II bzw. ergänzendes Darlehen nach § 37 Abs. 1 SGB XII anbietet. Da Sie aber häufig dringend auf die Leistungsgewähr angewiesen sind, empfiehlt es sich, zunächst ein solches Darlehensgewährungsangebot anzunehmen, denn damit ist der akute Bedarf gedeckt, und dann nach Erhalt des Geldes gegen die Darlehensgewährung und gegen die Aufrechnung des Darlehens in den Widerspruch zu gehen. Der Widerspruch entfaltet nach § 86a Abs. 1 SGG aufschiebende Wirkung, das bedeutet, die Behörde hat ohne Bestandskraft des Ursprungsbescheides keinen Anspruch gegen Sie und darf in der Folge die Aufrechnung zur Tilgung des Darlehens nicht vollziehen. Sollten Sie einen Zettel unterschrieben haben, mit dem Sie der Aufrechnung zustimmt haben, ist dies bei Einlegung eines

Widerspruchs gegen den Ursprungsbescheid eine Vereinbarung, die wegen fehlender Bestandskraft gegen Rechtsvorschriften verstößt und daher unwirksam ist (§ 53 Abs. 1 S. 1 SGB X). Sie müssen und sollten dann aber das Rechtsmittelverfahren mit fachkundiger Hilfe weiter betreiben.
Das BMAS vom 09. Februar 2021 (Aktz: Vb1-50114) besteht auch im Rechtskreis des SGB XII der Übernahmeanspruch auf digitale Endgeräte entsprechend der Weisung der BA im SGB II (Weisung 202102001/ GR 1- II-1900 vom 01.02.2021) in Höhe von gesamt 350 EUR. Die Argumentat0ionslinie des BMAS ist, dass nach § 37 Absatz 1 SGB XII eine Darlehensgewährung mit gleichzeitigem dauerhaften Verzicht auf die Rückzahlung nach § 37 Absatz 4 SGB XII möglich ist. Diese verbindliche Erklärung des dauerhaften Verzicht auf die Rückzahlung sollte gleich mit dem Antrag gestellt werden. https://t1p.de/ormb

4. Antrag und Verfahren bei laufen Härtefallleistungen

Leistungen nach der „Härtefallregelung" sind **vom Grundantrag auf Alg II erfasst** (§ 37 Abs. 1 SGB II; wie z.B. Betriebskostennachforderungen: BSG 22.3.2010 - B 14 AS 6/09 R). Weil der besondere Bedarf nach Art und Höhe dem Jobcenter aber nicht bekannt sein kann, müssen Sie einen Antrag stellen und geeignete Nachweise für die Bedarfslage vorlegen.
Bei medizinisch begründetem Mehrbedarf wird ein entsprechendes ärztliches Attest benötigt. Die Übernahme der hierfür entstehenden Kosten können Sie beim Jobcenter beantragen (⇨Kostenersatz).
Der Bedarf kann unter Umständen **rückwirkend** auch für mehrere Bewilligungszeiträume erbracht werden, wenn Sie im Monat der Entstehung eines Anspruchs hilfebedürftig waren und entsprechende Aufwendungen nachweisen können. Außerdem darf Ihnen kein Nachteil entstehen, weil Sie auf dem Antragsformular versäumt haben anzukreuzen, dass ein *„unabweisbarer, laufender, nicht nur einmaliger besonderer Bedarf"* besteht (Alg II-Hauptantrag, 3). Hier darf das Jobcenter nicht von einem Verzicht auf Leistungen ausgehen. Bei dieser Formulierung handelt es sich mithin um einen für *„rechtsunkundige Laien nicht ohne weiteres zu durchschauenden unbestimmten Rechtsbegriff"*, den Sie nicht verstehen müssen (LSG NRW 4.3.2014 - L 19 AS 1516/13 B).

Die Mehrbedarfe sind jeweils längstens für einen Bewilligungszeitraum anzuerkennen. Die Bewilligung sollte in der Regel endgültig erfolgen. Wenn die genaue Höhe nicht absehbar ist, ist über die Leistungsanspruch nach § 41a Abs. 1 SGB II vorläufig zu entscheiden (FW 21.43).
Nicht zweckentsprechende Verwendung: Sollten Sie einen ausgezahlten Mehrbedarf nicht **zweckentsprechend verwenden** haben, ist ein Widerruf oder Rückforderung nur möglich, wenn Sie vom Jobcenter auf die Nachweispflicht und die Möglichkeit eines Widerrufs bei der Bewilligung hingewiesen wurden (§ 47 Abs. 2 Nr. 1 SGB X; FW 21.44).

Einen nachträglichen Nachweis über die zweckentsprechende Verwendung der Leistung dürfte allerdings nur in begründeten Fällen zu fordern sein. Sie müssen zuvor darauf hingewiesen werden, damit Sie entsprechende Belege sammeln können. Grundsätzlich dürfen Sie nicht unter Generalverdacht gestellt werden. Auch ist es nicht zulässig, dass die Jobcenter eine Erstattungsregelung einführen. SGB II-Leistungen und die Mehrbedarfe müssen monatlich im Voraus erbracht werden (§ 42 Abs. 1 SGB II). Steht die genaue Höhe des Anspruchs noch nicht fest, dann muss der Bedarf vom Jobcenter realitätsnah prognostiziert werden (§ 41a Abs. 2 S. 3 SGB II) und es hat eine vorläufige Leistungsgewährung erfolgen.

5. Aktuell: Corona

Von einigen Leistungsberechtigten wurden in der ersten Lockdownzeit Anträge auf Zuschläge wegen der Corona-Pandemie gestellt und von den Sozialgerichten verworfen. Diese Ablehnung lag zum einen daran, dass die jeweiligen Mehrbedarfe von den Antragstellenden nicht glaubhaft gemacht wurden. Es wurde also nur gesagt, es werde ein Mehrbedarf von 200 € benötigt, aber nicht konkret beziffert, wie sich dieser zusammensetzt. Das SG Konstanz (2.4.2020 - S 1 AS 560/20 ER) lehnte einen solchen Corona-Zuschlag ab: *„Ein unabweisbarer Mehrbedarf sei nicht damit begründet, dass Lebensmittel aufgrund der Corona-Ausbreitung teurer werden. Schutzmasken (sog. FFP3-Masken) sowie Schutzkleidung seien darüber hinaus im allgemeinen Handel kaum erhältlich.*

Zudem fehle es an einer klaren Empfehlung, diese Schutzmaßnahmen für Personen, sofern sie nicht im Gesundheitssektor tätig sind, einzuhalten". Das LSG NRW entschied, SGB II-/SGB XII-Beziehenden ist kein Mehrbedarf für den Kauf von Gesichtsschutzmasken zuzugestehen. Da im Rahmen der Maskenpflicht keine zertifizierten Masken vorgeschrieben sind, sondern auch selbst angefertigte Alltagsmasken oder auch Schals ausreichen, sieht das Gericht keinen Grund für einen unabweisbaren Bedarf. Die Anschaffungskosten für den Gesichtsschutz gehören daher zur Kleidung und sind mit dem Regelbedarf abgegolten (LSG NRW 6.5.2020 - L 7 AS 635/20)

Bewertung: Solche Entscheidungen sind ein Armutszeugnis für den Rechtsstaat. Es mag sein, dass nicht jeder Antrag wohlfeil begründet und glaubhaft gemacht wurde, aber solche Mängel sind dann vom Gericht durch richterliche Hinweise im Sinne der Antragstellenden ausgleichend zu unterstützen. Der Corona-Lockdown mit geschlossenen Kindergärten und Schulen hat insbesondere diejenigen Menschen getroffen, die ohnehin bereits in Armut leben, nur wenig Wohnraum zur Verfügung haben und oftmals auch keine ausreichende Versorgung mit digitalen Endgeräten besitzen, die gerade für eine Teilnahme von Schüler*innen am Online-Unterricht zwingend notwendig ist. Dies sind oft Haushalte, in denen schon geringfügige Preissteigerungen von Lebensmitteln oder anderen Bedarfen des alltäglichen Lebens (z.B. Klopapier) unmittelbar existenzgefährdend werden. Diese Bedarfe wurden von Politik und den Gerichten mit absoluter Arroganz versagt, spätestens die Gerichte hätten hier mangels politischen Willens agieren müssen.
Besonders unangenehm hervorgetan haben sich hier das SG Berlin und das SG Düsseldorf, in Klageverfahren erfolgten hier die richterlichen Hinweise, für digitale Endgeräte mangele es an einer gesetzlichen Grundlage, schließlich könnten Schüler*innen ihre Hausaufgaben ja auch am Handy machen. Mit diesen Hinweisen wird von Seiten der Richter*innen versucht, den Anspruch abzubügeln. Das BVerfG hat in seiner Regelbedarfsentscheidung von 2014 diverse Defizite in der Festsetzung der Regelbedarfe festgestellt und die Gerichte dazu aufgefordert, diese im Zweifelsfall verfassungskonform auszulegen. Nun treten in der aktuellen Pandemie diese Defizite noch deutlicher zutage, sodass umso mutigere Entscheidungen der Gerichte notwendig werden. Solche Entscheidungen, wie sie das SG Berlin und Düsseldorf getroffen haben, sind leider das absolute Gegenteil davon.

6. Zusammenbruch der Wasserversorgung im Sommer 2020

In der Gemeinde Lauenau (Landkreis Schaumburg) ist im Sommer die Wasserversorgung zusammengebrochen. Für die Einwohner*innen bedeutete dies inmitten des Lockdowns, dass sie sich ihr Trinkwasser im Supermarkt kaufen mussten. Aufgrund der Klimakatastrophe ist damit zu rechnen, dass es in Zukunft häufiger zum Zusammenbruch der Wasserversorgung kommen wird. Das wird arme Menschen umso härter treffen. Solche speziellen Wasserersatzbeschaffungskosten sind keine Ernährungskosten im Sinne von § 21 Abs. 5 SGB II, sondern unabweisbare, laufende Kosten, die den Regelbedarfen zuzuordnen sind und daher in den Härtefallmehrbedarf nach § 21 Abs. 6 SGB II einzusortieren sind. Im Fall der Fälle müssten Quittungen aufbewahrt werden und könnten auch später beim Jobcenter /GSi-Amt eingereicht werden. In HzL müssen die Kosten vorher beim Sozialamt angezeigt werden, denn sonst verlieren Sie den Anspruch ⇨ Antrag.

Forderungen

Schaffung einer klaren Anspruchsgrundlage für einmalige unabweisbare Bedarfe im SGB II und SGB XII! Schaffung einer Anspruchsgrundlage für digitale Endgeräte und Schulbücher im Rahmen des Bildungs- und Teilhabepakets nach § 28 SGB II/§ 34 SGB XII!

Haushaltsgemeinschaft

Alg II

*„Leben Hilfebedürftige in Haushaltsgemeinschaft mit **Verwandten** oder **Verschwägerten**, so wird vermutet, dass sie von ihnen Leistungen*

zum Lebensunterhalt erhalten, soweit dies nach deren Einkommen und Vermögen erwartet werden kann" (§ 9 Abs. 5 SGB II).
Leben Sie „nur" mit Freund*innen zusammen, darf nicht vermutet werden, dass Sie von diesen unterstützt werden. Der Begriff der Haushaltsgemeinschaft ist dem Begriff der ⇨Bedarfsgemeinschaft subsidiär. Erfüllen die zusammenlebenden Personen die Voraussetzungen für eine Bedarfsgemeinschaft, gehen die Regeln über die Bedarfsgemeinschaft den Regelungen über die Haushaltsgemeinschaft vor (LPK-SGB II, 7. Aufl., § 9 Rn. 55, 57).

Hilfe zum Lebensunterhalt (HzL) der Sozialhilfe

„Lebt eine nachfragende Person [die Sozialhilfe beansprucht] gemeinsam mit anderen Personen in einer Wohnung oder in einer entsprechenden anderen Unterkunft, so wird vermutet, dass sie gemeinsam wirtschaften (Haushaltsgemeinschaft) und dass die nachfragende Person von [diesen] ... Leistungen zum Lebensunterhalt erhält, soweit dies nach ihrem Einkommen und Vermögen erwartet werden kann" (§ 39 Satz 1 SGB XII).
Mit *„anderen Personen"* sind Eltern, volljährige Kinder, Verwandte und Freund*innen gemeint, nicht aber Ehegatten, Lebenspartner*innen und eheähnliche Partner*innen. Für sie gelten besondere Regeln zur Berücksichtigung von Einkommen und Vermögen, z.B. § 19 Abs. 3 SGB XII.

Grundsicherung (GSi)

„§ 39 Satz 1 ist nicht anzuwenden" (43 Abs. 56 SGB XII).
Bei Beziehenden von Grundsicherung, die mit anderen Personen in einer Haushaltsgemeinschaft leben, wird also nicht geprüft, ob sie Mittel zum Lebensunterhalt von ihnen bekommen.
Insbesondere für dauerhaft voll Erwerbsgeminderte ist das ein Fortschritt. 80 Prozent der behinderten Menschen, die in Werkstätten arbeiten, leben mit ihren Eltern bzw. Verwandten in einem gemeinsamen Haushalt. Ihr eigenständiger Anspruch wird gestärkt.

Inhaltsübersicht

1.1 Was ist eine Haushaltsgemeinschaft?

Das bloße Zusammenwohnen reicht nicht aus. Sie müssen *„gemeinsam wirtschaften"* (§ 39 Abs. 1 SGB XII; ⇨Wohngemeinschaft). Eine gemeinsame Nutzung von Bad, Küche und ggf. Gemeinschaftsräumen reicht allein nicht aus. Auch nicht der in Wohngemeinschaften häufig anzutreffende gemeinsame Einkauf von Grundnahrungsmitteln, Reinigungs- und Sanitärartikeln aus einer Gemeinschaftskasse, in die alle Mitbewohner*innen zu gleichen Teilen einzahlen. Die Personen müssen den Haushalt über die bloße Wohngemeinschaft im Sinne einer Wirtschaftsgemeinschaft gemeinsam führen. Eine Haushaltsgemeinschaft ist also dadurch gekennzeichnet, dass ihre Mitglieder einen gemeinsamen Haushalt in der Weise führen, dass sie aus einem „Topf" wirtschaften (BSG 19.2.2009 – B 4 AS 68/07 R).

Tipp: Eine Haushaltsgemeinschaft besteht überhaupt nur dann, wenn gemeinsam gewirtschaftet wird. Dies muss das Jobcenter beweisen (BSG 27.1.2009 - B 14 AS 6/08 R).

1.2 Was sind Verwandte?

Verwandte sind Personen, die voneinander abstammen oder von einer bestimmten dritten Person (§ 1589 BGB). Der Grad der Verwandtschaft bestimmt sich nach der Zahl der Geburten, die zwischen den Personen liegen. Eltern im Verhältnis zu ihren Kindern sind Verwandte ersten Grades. Großeltern im Verhältnis zu ihren Enkeln sind Verwandte zweiten Grades. Tanten, Onkel, Neffen und Nichten, Cousins und Cousinen sind Verwandte dritten Grades.

1.3 ...und Verschwägerte?

Verschwägerte sind Verwandte eines Ehegatten oder Partners/*in (§ 1590 BGB), also Schwiegereltern und -kinder, Stiefväter, -mütter bzw. Stiefkinder und Schwägerin oder Schwager.

Nur Verwandte ersten Grades sind unterhaltspflichtig (⇨Unterhaltspflicht), müssen also ihr über dem Selbstbehalt liegendes Einkommen einsetzen. Bei allen anderen (u.a. bei Schwiegereltern) kann nur vermutet werden, dass sie etwas zahlen. Sie müssen es aber nicht.
Die Bundesregierung hat beim Alg II allerdings mit dem Konstrukt der ⇨**Bedarfsgemeinschaft** eine Unterhaltsverpflichtung der Stiefeltern für die im Haushalt lebenden Kinder eingeführt.

1.4 ... andere Personen?

Das SGB XII dehnt die Unterhaltsvermutung auf alle Personen aus, mit denen Sie gemeinsam in einer Wohnung wohnen und wirtschaften (haushalten).
Nicht nur Verwandte und Verschwägerte (wie im SGB II und im früheren BSHG), sondern **alle Personen**, mit denen jemand zusammenwohnt, stehen unter dem Verdacht, dem/r Sozialhilfe beziehenden Mitbewohner*in etwas zuzustecken.

1.5 Was heißt „Leistungen erhalten"?

Vom Regelbedarf umfasster Bedarf

Erhalten Sie von Ihren Angehörigen ein **Taschengeld**, kann dieses grundsätzlich als Einkommen an die Leistung angerechnet werden.
Beziehen Sie **Alg II,** bleiben Sachzuwendungen i.d.R. unberücksichtigt. So darf kostenlose **Verpflegung** (BSG 18.6.2008 - B 14 AS 46/07 R) oder kostenloser **Strom** (BSG 24.11.2011 - B 14 AS 151/10 R) nicht mehr bedarfsmindernd auf Ihr Alg II angerechnet werden.
In der **HzL** oder **Grundsicherung** (GSi) der Sozialhilfe sieht das anders aus. *„Im Einzelfall wird der individuelle Bedarf abweichend vom Regelsatz festgelegt"* (§ 27a Abs. 4 SGB XII). Eine Kürzung der Regelleistung ist demnach erlaubt. Werden Sie von Verwandten **voll verpflegt**, können Ihnen der Ernährungsanteil des Regelbedarfs oder der Anteil einer kostenlosen **Strom**nutzung als abweichender Bedarf in Abzug gebracht werden. Näheres unter ⇨Regelbedarf

Tipp: Wenn Sie gemeinsame Mahlzeiten angeben und plausibel erklären, dass Sie Ihren Angehörigen den finanziellen Gegenwert der Mahlzeiten erstatten, kann Ihnen keine geldwerte Leistung vom Regelbedarf abgezogen werden.

Unterkunftskosten

Wenn Sie **kostenlos** bei Ihren Verwandten wohnen, werden Ihnen vom Amt keine Unterkunftskosten geleistet. Beteiligen Sie sich **anteilig** an den Kosten der Unterkunft, wird Ihnen nur der tatsächlich gezahlte Anteil vom Amt erstattet.
Sie haben allerdings **Anspruch** darauf, dass Ihnen die angemessenen Kosten der Unterkunft vom Amt erstattet werden, wenn diese Ihrem tatsächlichen Mietanteil entsprechen. Angemessen sind dabei die durch die Kopfzahl der Bewohner*innen geteilten **warmen Unterkunftskosten** (BSG 23.11.2006 - B 11b AS1/06 R; ⇨Miete).

1.6 Was heißt „erwartet werden kann"?

Weitere Voraussetzung ist, dass „nach deren [der Verwandten oder Verschwägerten] Einkommen und Vermögen erwartet werden kann", dass Leistungen erbracht werden. Damit wird sowohl festgelegt, wann die Annahme der Vermutung gerechtfertigt ist, also auch, in welchem Umfang die vermuteten Unterstützungsleistungen erbracht werden

(BSG 3.9.2020 – B 14 AS 55/19 R). Die Vermutungsregelung hat aber nur eine beschränkte Wirkung: Steht fest, dass Unterstützung geleistet wird, bedarf es einer Vermutungsregelung nicht; steht fest, dass keine Unterstützung geleistet wird, ist die Rechtsvermutung widerlegt (BSG 3.9.2020 - B 14 AS 55/19 R). Es kann aber nicht erwartet werden, dass minderjährige Kinder ihre Eltern von ihrem Vermögen versorgen; Eltern sind zur fremdnützigen Verwaltung des Kindesvermögens verpflichtet, weshalb es als pflichtwidrig anzusehen ist, wenn sie das Geld für eigene Zwecke gebrauchen (BSG 3.9.2020 – B 14 AS 55/19 R).

1.7 Widerlegung der Vermutung

In einer Haushaltsgemeinschaft können Personen leben, die einander unterhaltspflichtig sind oder auch nicht.
Wenn Sie nach bürgerlichem Recht unterhaltspflichtig sind, werden Sie i.d.R. im Rahmen der ⇨**Unterhaltspflicht** herangezogen. Werden Sie aufgrund **sozialrechtlicher Vorschriften** zum Unterhalt für Personen herangezogen, die mit Ihnen in einer Haushaltsgemeinschaft wohnen, können Sie die Unterhaltsvermutung widerlegen.

Sind Sie **nicht unterhaltspflichtig**, hängt es ausschließlich von Ihrer Bereitschaft ab, ob Sie eine Person in der Haushaltsgemeinschaft unterstützen. Wenn Sie es wollen und tatsächlich tun, vermindert sich der Bedarf des/r Hilfebedürftigen entsprechend Ihrer Unterstützung.
Wenn Sie **nicht** unterstützen wollen oder nach Ihrer Meinung nicht können, können Sie die Vermutung der Unterstützung durch eine eidesstattliche Versicherung widerlegen (BVerwG NDV 1966, 250). Das Jobcenter kann dies überprüfen. Ist nachgewiesen, dass Sie tatsächlich keine Leistungen erbringen, ist die Vermutung endgültig widerlegt (BSG 18.2.2010 – B 14 AS 32/08 R).

2. Welche Personen sind zum Unterhalt verpflichtet?

2.1 Haushaltsgemeinschaft mit Unterhaltspflichtigen nach dem BGB

Ob die Vorschriften der §§ 9 Abs. 5 SGB II, 39 S. 1 SGB XII im Falle des Zusammenlebens mit Unterhaltspflichtigen nach dem BGB anwendbar sind, kann zweifelhaft sein. Weil für unterhaltspflichtige Personen gem. §§ 33 SGB II, 94 SGB XII besondere Regelungen hinsichtlich des Übergangs dieser Ansprüche auf den Leistungsträger gelten, die den Vorschriften der §§ 9 Abs. 5 SGB II, 39 S. 1 SGB XII vorgehen. Nach FW 9.18 hat dies zur Folge, dass von einer Prüfung der Leistungsfähigkeit nicht abgesehen werden kann. Nach FW 9.18a wird durch § 9 Abs. 5 SGB II in diesen Fallgestaltungen insoweit „vorgegriffen", als Hilfebedürftigkeit durch die Vermutung weiterer Leistungen auf Grund einer gesteigerten Unterhaltspflicht zumindest verringert wird. Diese Frage ist aber gerichtlich – soweit erkennbar – bisher nicht problematisiert worden.

2.1.1. Alg II

1. Schritt: Wer ist unterhaltspflichtig?

- **Eltern gegenüber ihren unter 25-jährigen Kindern**
  Bei Alg II-Bezug bzw. der Überprüfung, ob Hilfebedürftigkeit eines unter 25-Jährigen nach SGB II vorliegt, werden die Eltern für die unter 25-jährigen Kinder in ihrem Haushalt **gesteigert** in die Unterhaltspflicht genommen. Sie bilden mit den Kindern eine ⇨**Bedarfsgemeinschaft** (s. auch ⇨Jugendliche und junge Erwachsene).
- **Eltern gegenüber ihren mind. 25-jährigen Kindern**
  Erst wenn die „Kinder" im Haushalt der Eltern das **25. Lebensjahr vollendet** haben, werden sie nach dem SGB II wie Erwachsene behandelt. Sie bekommen dann den vollen Regelbedarf und die mit ihnen in der **Haushaltsgemeinschaft** wohnenden Eltern sind für sie **nicht gesteigert** unterhaltspflichtig.
- **Volljährige Kinder gegenüber ihren Eltern**
  Leben volljährige Kinder, die ihren Lebensunterhalt mit eigenem Einkommen bestreiten können, zusammen mit den Alg II-beziehenden Eltern in einem Haushalt, vermutet das Jobcenter eine **Haushaltsgemeinschaft** und geht von einer **nicht gesteigerten** Unterhaltspflicht der Kinder aus.

Tipp: Von einer Haushaltsgemeinschaft zwischen Eltern und volljährigen „Kindern" kann nur ausgegangen werden, wenn über eine bloße Wohngemeinschaft hinaus der Haushalt in einer Wirtschaftsgemeinschaft geführt wird (BSG 18.2.2010 - B 14 AS 32/08 R, B 4 AS 5/09 R). Hierfür trägt das Jobcenter die Beweislast (BSG 27.1.2009 - B 14 AS 6/08 R).

2. Schritt: In welchem Umfang?
Liegt tatsächlich eine Haushaltsgemeinschaft mit entsprechender Unterhaltsverpflichtung der Eltern gegenüber mind. 25-jährigen Kindern oder der volljährigen Kinder gegenüber deren Eltern (bzw. einzelner Elternteile) vor, wird die **Hälfte** des Einkommens der unterhaltsverpflichteten Person zum Unterhalt herangezogen, das **über dem Selbstbehalt** liegt.
Der Selbstbehalt ergibt sich für die **unterhaltsverpflichtete Person** aus
dem **doppelten Regelbedarf** (§ 20 Abs. 1 Satz 1 SGB II),
also 892€,
plus maßgeblicher ⇨Regelbedarf für jede weitere mit der unterhaltsverpflichteten Person in einer „Bedarfsgemeinschaft" lebenden Person,
plus ggf. ⇨**Mehrbedarf**szuschläge,
plus Aufwendungen für **Unterkunft** und Heizung.

Das zu berücksichtigende ⇨**Einkommen** muss um die **Absetzbeträge** (§ 11 b SGB II) bereinigt werden. Bei Erwerbseinkommen jeder Person ist ein Erwerbstätigenfreibetrag (§ 11b Abs. 3 SGB II) in Abzug zu bringen (§ 1 Abs. 2 Alg II-V; ⇨Einkommensbereinigung).
Da es sich im Rahmen der Haushaltsgemeinschaft um eine „Unterstützungserwartung" handelt, dürfen Sie darüber hinaus jegliche Versicherungsbeiträge, Kosten für Fort- und Weiterbildung, Unterhaltszahlungen, Sonderbedarfe, Zinsen und Tilgung für Kredite (SG Kassel 3.11.2009 - S 6 AS 733/07) usw. vom Einkommen abziehen.
Wenn das so ermittelte Einkommen Ihren Selbstbehalt übersteigt, verlangen die Jobcenter, dass Sie die Hälfte des Differenzbetrages als Unterhalt für Ihre*n Mitbewohner*in im Haushalt zahlen. Eine darüberhinausgehende Unterstützung darf nicht gefordert werden.

⇨**Vermögen** der unterhaltsverpflichteten Personen, die mit Hilfebedürftigen eine Haushaltsgemeinschaft bilden, soll in Höhe der Vermögensfreigrenzen nach § 12 SGB II geschützt sein, die auch für hilfebedürftige Personen im Alg II-Bezug gelten (§ 7 Abs. 2 Alg II-V). Das ist im Sinne einer unteren Grenzziehung gemeint. Falls das Jobcenter vermutet, Vermögen sei in der Vergangenheit für den Unterhalt eingesetzt worden, *„lässt sich eine fehlende Verwertung jederzeit einfach nachweisen"* (Eicher/Luik SGB II, 4. Aufl. § 9 Rn. 102).

2.1.2 HzL der Sozialhilfe

1. Schritt: Wer ist unterhaltspflichtig?
- **Eltern** sind **ihren volljährigen Kindern gegenüber** in der Regel nur **nicht gesteigert** unterhaltspflichtig. **Ausnahme:** Eltern, in deren Haushalt noch Kinder zwischen 18 und 21 Jahren leben, die sich in der allgemeinen Schulausbildung befinden, sind noch **gesteigert** unterhaltspflichtig. Wohnen Sie also mit Ihrem volljährigen HzL-berechtigten Kind in einer Haushaltsgemeinschaft zusammen, werden Sie i.d.R. gemindert zum Unterhalt herangezogen.
- **Volljährige Kinder gegenüber ihren Eltern** Leben volljährige Kinder, die ihren Lebensunterhalt mit eigenem Einkommen bestreiten können, zusammen in einem Haushalt mit ihren Eltern (Elternteilen), die HzL der Sozialhilfe beziehen, vermutet das Sozialamt eine **Haushaltsgemeinschaft** und geht von einer **nicht gesteigerten** Unterhaltspflicht der Kinder aus.

2. Schritt: In welchem Umfang?
In beiden Fällen sollen nach dem Urteil des BVerwG vom 1.10.1998 – 5 C 32/97 – FEVS 49, 55 die Empfehlungen des Deutschen Vereins über die Heranziehung **nicht gesteigert** Unterhaltspflichtiger (vgl. Empfehlungen des Deutschen Vereins NDV 2002, 431) zugrunde gelegt werden. Die Entscheidung bezieht sich auf die Leistungsfähigkeit eines Vaters gegenüber seinem erwachsenen Kind, das mit ihm in Haushaltsgemeinschaft lebt:
- Der angemessene Eigenbedarf von unterhaltspflichtigen **Eltern** gegenüber erwachsenen Kindern beträgt mindestens 1.400 € (⇨Unterhaltspflicht 3.3.2; Düsseldorfer Tabelle A. 5.).
- Der angemessene Selbstbehalt von unterhaltspflichtigen volljährigen **Kindern**

gegenüber ihren Eltern betrug nach der Düsseldorfer Tabelle 2020 D. I. 2.000 €; in der Düsseldorfer Tabelle 2021 D. I. ist ein Betrag nicht mehr genannt. Jedoch ist der angemessene Eigenbedarf zu belassen, wobei bei dessen Bemessung Zweck und Rechtsgedanke des Angehörigenentlastungsgesetzes vom 10.12.2019 (BGBl. I S. 2135) zu beachten sind (vgl. § 94 Abs. 1a SGB XII) (⇨Unterhaltspflicht 3.3.3).

Liegt Ihr bereinigtes ⇨**Einkommen** darüber, können Sie nur mit der **Hälfte** des übersteigenden Einkommens zum Unterhalt herangezogen werden (⇨Einkommensbereinigung).

Haben Sie als nicht gesteigert unterhaltspflichtiges Mitglied einer Haushaltsgemeinschaft ein zu berücksichtigendes Einkommen unterhalb dieses Selbstbehalts, darf das Sozialamt keine Unterhaltsleistung mehr vermuten.

⇨**Vermögen** der unterhaltsverpflichteten Person im Haushalt ist nach den Regeln des bürgerlichen Unterhaltsrechts einzusetzen. D.h., ein Sachvermögen, insbesondere ein Eigenheim, wird regelmäßig nicht herangezogen, während Geldvermögen nur berücksichtigt wird, wenn es 12.500 €, in abgeschwächten Unterhaltsverhältnissen 25.000 bis 75.000 € (ohne Wohneigentum) nicht übersteigt (LPK SGB XII, 12. Aufl., § 39 Rn. 18; Näheres: DV, Empfehlungen für die Heranziehung Unterhaltspflichtiger in der Sozialhilfe, DV 35/13 AF III, 12.3.2014, Rn. 98 ff.). Für die Zeit ab 1.3.2020 (bis mindestens 31.3.2021, BGBl. I S. 2855) gilt die **Corona-Sonderregelung** des § 141 SGB XII; nach § 141 Abs. 2 SGB XII wird auch in den Fällen des § 39 SGB XII Vermögen nicht berücksichtigt, es sei denn das Vermögen ist „erheblich". Erheblich ist das Vermögen in Anlehnung an die Verordnung zu § 21 Nr. 3 WoGG, wenn es die Freibeträge von 60.000 € für das erste zu berücksichtigende Haushaltsmitglied und von 30.000 € für jedes weitere Haushaltsmitglied überschreitet (LPK-SGB XII, 12. Aufl., § 141 Rn. 17).

2.1.3. Kostenloses Wohnrecht?

Wenn Sie volljährig/ bei Alg II-Bezug mind. 25 Jahre alt sind und im Haushalt Ihrer Eltern wohnen, darf nicht automatisch vermutet werden, dass diese über Ihren Unterhaltsbeitrag hinaus die Miete für Sie bezahlen. *„Vielmehr gehört der auf den Kläger [den Sozialhilfebeziehenden] entfallende Unterkunftsanteil zu dessen Lebensunterhalt"* (BVerwG ebenda). Das gilt erst recht für Schwiegereltern, die ohnehin einen höheren Freibetrag beanspruchen können, bevor die Vermutung greift (⇨2.2).

2.2 Haushaltsgemeinschaft mit nicht unterhaltspflichtigen Personen

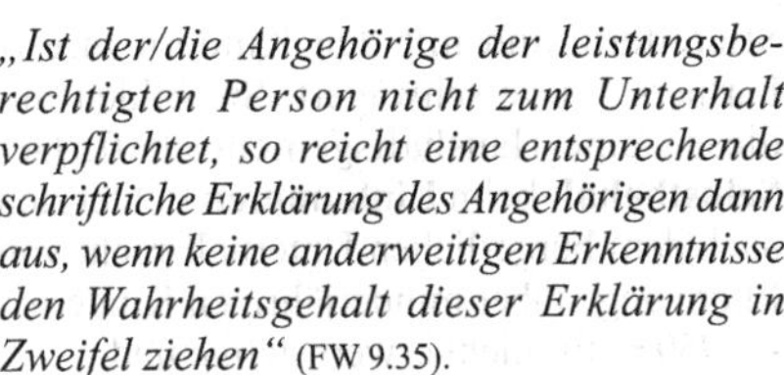

Alg II

„Ist der/die Angehörige der leistungsberechtigten Person nicht zum Unterhalt verpflichtet, so reicht eine entsprechende schriftliche Erklärung des Angehörigen dann aus, wenn keine anderweitigen Erkenntnisse den Wahrheitsgehalt dieser Erklärung in Zweifel ziehen" (FW 9.35).

„Das Vorliegen einer HHG [Haushaltsgemeinschaft] wird grundsätzlich durch die Erklärung der leistungsberechtigten Person festgestellt. Bei eigenen Ermittlungen der Grundsicherungsstelle ist die Verhältnismäßigkeit (Persönlichkeitsrechte) zu wahren" (FW 9.10).

Sie, und nicht ihre Verwandten, müssen sich äußern.

HzL der Sozialhilfe

Hier gilt dasselbe. *„Soweit nicht gemeinsam gewirtschaftet wird* ***oder*** *die nachfragende Person von den Mitgliedern der Haushaltsgemeinschaft keine ausreichenden Leistungen zum Lebensunterhalt erhält, ist ihr Hilfe zum Lebensunterhalt zu gewähren"* (§ 39 Satz 2 SGB XII).

Wenn Sie glaubhaft darlegen, dass getrennt gewirtschaftet wird und Sie nicht unterstützt werden, ist die Vermutung widerlegt.

Gibt es Zweifel an Ihrer Erklärung, spielt es eine Rolle, ob im Falle einer Anrechnung unterstellter Zahlungen der Familienfrieden zerstört oder die Haushaltsgemeinschaft sogar aufgelöst wird. Dadurch können noch höhere Kosten z.B. für einen Umzug entstehen. Eine Rolle bei der Entscheidung spielt auch die Intensität der Beziehung zwischen Antragstellendem/r und Angehörigen, die Dauer der Haushaltsgemeinschaft usw.

2.2.1 Stiefelternunterhalt innerhalb des Haushalts

Alg II

Stiefeltern bilden mit ihren nicht leiblichen unter 25-jährigen Kindern im Haushalt eine ⇨Bedarfsgemeinschaft. Ihr Einkommen und Vermögen wird **gesteigert** herangezogen. Bei mind. 25-Jährigen entfällt jegliche Unterhaltspflicht der Stiefeltern.

HzL der Sozialhilfe

Stiefeltern sind mit den Kindern ihres/r Partners/*in verschwägert. Sie bilden mit diesen eine Haushaltsgemeinschaft. Der **Selbstbehalt** beim **Einkommen** richtet sich nach dem bürgerlichen Unterhaltsrecht von Eltern gegenüber minderjährigen Kindern:

- 960 € für nicht erwerbstätige und
- 1.160 € für erwerbstätige Stiefväter und -mütter.

(Düsseldorfer Tabelle A. 5.)

Als geschütztes **Vermögen** wird ein Betrag von mindestens 12.500 € genannt (LPK SGB XII, 12. Aufl., § 39 Rn 18).

3. Keine Unterstützung durch Mitbewohner*innen

3.1 Mangelnde Leistungsfähigkeit widerlegt die Vermutung immer

Nur wenn Einkommen und Vermögen von Verwandten, Verschwägerten oder *„anderen Personen"* es erwarten lassen, dass sie Leistungen erbringen, dürfen Zahlungen überhaupt *„vermutet"* werden.

Die Vermutung ist von vorneherein widerlegt, wenn Sie **kein** Einkommen haben, das *„deutlich über den Leistungen zur Sicherung des Lebensunterhalts"* liegt (FW 9.32; BVerwG 31.1.1968, FEVS 15, 134) und Ihr Vermögen **nicht** deutlich über den Vermögensfreigrenzen (d.h. bei der Sozialhilfe nicht mehr als 8.000 bis 12.500 €, LPK SGB XII, 12. Aufl., § 39 Rn. 18) liegt.

Wann die **Jobcenter** die Vermutung immer für widerlegt halten, finden Sie unter 2.1.1.

In der **Sozialhilfe** ist die Vermutung immer widerlegt, wenn Sie mit Ihrem bereinigten Einkommen unterhalb des Selbstbehalts bei nicht gesteigerter Unterhaltspflicht liegen (BVerwG 1.10.1998 – 5 C 32/97, FEVS 49, 55; ⇨2.1.2).

Der Selbstbehalt bei Personen, die nicht unterhaltspflichtig sind, muss **immer** höher ausfallen als bei Unterhaltspflichtigen (VGH BW, FEVS 38, 256).

3.2 Tatsächliche Zahlungen entscheidend, nicht die Erwartung

Wenn Mitglieder einer Haushaltsgemeinschaft ein ausreichendes Einkommen über dem Selbstbehalt haben, um zum Lebensunterhalt des/r Hilfesuchenden beizutragen, darf die Behörde dennoch die Leistungen zum Lebensunterhalt für den/die Hilfesuchende*n nicht automatisch ablehnen. Entscheidend ist, ob Sie zahlen wollen bzw. tatsächlich zahlen. Häufig wird einfach die Unterstützung verweigert, weil sie erwartet wird, obwohl sie nicht erfolgt. Das ist rechtswidrig.

Alg II

„Ist der/die Angehörige der leistungsberechtigten Person nicht zum Unterhalt verpflichtet, so reicht eine entsprechende schriftliche Erklärung des Angehörigen dann aus, wenn keine anderweitigen Erkenntnisse den Wahrheitsgehalt dieser Erklärung in Zweifel ziehen" (FW 9.35).

Aber: *„wenn es sich bei dem Angehörigen um einen zum Unterhalt verpflichteten Elternteil der leistungsberechtigten Person handelt"*, reicht eine solche Erklärung nach Auffassung der BA nicht aus. *„Zur Widerlegung der Vermutung müssen weitere nachvollziehbare und überprüfbare Tatsachen vorgetragen werden"* (FW 9.36).

Da nur noch die mind. 25-jährigen *„Kinder"* mit den Eltern eine Haushaltsgemeinschaft bilden (die jüngeren werden ja in die ⇨Bedarfsgemeinschaft gezwungen), besteht keine gesteigerte Unterhaltspflicht. Damit hängt das Ausmaß der Unterstützung für Ihre mind. 25-jährigen Kinder ausschließlich von Ihrem freien Willen ab. Der Unterhalt kann trotz auferlegter Beweislastumkehr nicht von der Alg II-Behörde erzwungen werden.

HzL der Sozialhilfe

Leistungsberechtigte können die Unterhaltsvermutung widerlegen, wenn sie glaubhaft erklären, dass sie **keinen Unterhalt** von Mitbewohner*innen erhalten. Die Anforderungen an die Glaubhaftmachung *„dürfen nicht zu weit gefasst werden“*. Weil der/die Leistungsberechtigte selbst keine Möglichkeit hat, eine entsprechende Erklärung von den Haushaltsangehörigen zu erzwingen, muss sich der Sozialhilfeträger letztlich mit seiner Erklärung begnügen. Allerdings werden die Anforderungen an die Aussagekräftigkeit einer solchen Erklärung des/r Hilfesuchenden umso höher, *„je höher das Einkommen und Vermögen der Mitbewohner ist“* (LPK SGB XII, 12. Aufl.,§ 39 Rn. 19).

Achtung: Der Sozialhilfeträger kann den Unterhalt von Haushaltsangehörigen praktisch erzwingen, indem er beantragte Leistungen nicht bewilligt. Nach der Rechtsprechung des BVerwG wird noch immer davon ausgegangen, dass die Mitbewohner*innen im Haushalt, die in diesem Fall dem/r Leistungsberechtigten „Nothilfe“ leisten, ihren Unterhaltspflichten im Rahmen der Haushaltsgemeinschaft nachkommen (BVerwG 23.2.1966, NDV 1966, 250). *„Es muss jedoch möglich sein, diese eventuell in der Vergangenheit zutreffende [Unterhalts-]Vermutung für die Zukunft zu widerlegen“* (LPK SGB XII, 12. Aufl. § 39 Rn 20).

Tipp: Der/die Mitbewohner*in im Haushalt sollte in diesem Fall schriftlich erklären, dass er/sie künftig nicht mehr bereit ist, Nothilfe zu leisten und Ihnen Unterhalsleistungen zu gewähren.

4. Keine Unterhaltsvermutung im Rahmen der Haushaltsgemeinschaft

4.1 Wenn schwangere Kinder bzw. alleinerziehende Kinder mit einem Kind bis zu sechs Jahren im Haushalt leben

Die Unterhaltsvermutung im Rahmen der Haushaltsgemeinschaft ist aufgehoben *„für Schwangere oder Personen, die ihr leibliches Kind bis zur Vollendung seines sechsten Lebensjahres betreuen und mit ihren Eltern oder einem Elternteil zusammenleben“* (§ 39 Satz 3 Nr. 1 SGB XII; entsprechend § 9 Abs. 3 SGB II). Einkommen und Vermögen der Eltern sind hier weder im Rahmen der Unterhaltspflicht noch der Haushaltsgemeinschaft anrechenbar.

4.2 Zusammen mit behinderten oder pflegebedürftigen Menschen im Haushalt (nur SGB XII)

Ebenso gilt die Befreiung der Mitwohnenden von der Unterhaltsverpflichtung auch, wenn die Leistungsberechtigten *„im Sinne des § 99 SGB IX in Fähigkeit zur Teilhabe an der Gesellschaft in erheblichem Maße eingeschränkt sind oder im Sinne des § 61a pflegebedürftig sind und [...] betreut werden; dies gilt auch, wenn die genannten Voraussetzungen einzutreten drohen und das gemeinsame Wohnen im Wesentlichen zum Zweck der Sicherstellung der Hilfe und Versorgung erfolgt“* (§ 39 Satz 3 Nr. 2 SGB XII).

5. Auskunftspflicht

„Auskunftspflichtig [...] sind auch Personen, von denen nach § 39 trotz Aufforderung unwiderlegt vermutet wird, dass sie Leistungen zum Lebensunterhalt an andere Mitglieder der Haushaltsgemeinschaft erbringen. Die Auskunftspflicht der Finanzbehörden [...] erstreckt sich auch auf diese Personen“ (§ 117 Abs. 1 Satz 3, Satz 4 SGB XII; sinngemäß auch § 60 Abs. 1 SGB II). D.h., auch das Finanzamt muss den Sozialbehörden bei Bedarf Bericht erstatten. Alg II-/ HzL-Beziehende haben keine Auskunftspflicht über Einkommen der Mitglieder der Haushaltsgemeinschaft, nur diese selbst. Das kann bedeuten, dass Verwandte, ggf. Bekannte, mit denen Sie zusammenwohnen, dazu aufgefordert werden, ihre Einkommens- und Vermögensverhältnisse offen zu legen (vgl. ⇨eheähnliche Gemeinschaft 6.).

Tipp: Widerlegen Sie in Ihrem Interesse durch Erklärung die Vermutung, dass Sie Unterhalt zahlen (⇨3.2), bevor Sie mit Bußgeldandrohung zur Auskunft über Ihre Einkommens- und Vermögensverhältnisse gezwungen werden.

Kritik

Zusammenlebende Personen werden immer mehr so behandelt, als ob sie unterhaltspflichtig wären. SGB II und SGB XII dehnen die Vermutung gegenüber dem früheren BSHG erheblich aus.

Die Beweislast ist umgekehrt worden (BT-Drs. 15/1514, 61). Sie müssen nun glaubhaft machen, dass Sie nichts erhalten bzw. Ihre Verwandten, dass sie nichts zahlen. Das gilt vor allem dann, wenn Sie in einer Haushaltsgemeinschaft mit Ihren Eltern bzw. erwachsenen Kindern wohnen. Ein bloßer Zweifel oder eine Erwartung der Behörde soll schon ausreichen, um Ihnen Leistungen zu versagen, wenn Sie den „Gegenbeweis" nicht antreten können. Allerdings muss die Behörde zuerst beweisen, dass eine Haushaltsgemeinschaft besteht und nicht eine bloße Wohngemeinschaft.

H

Während die „Verantwortung" von Unternehmen abnimmt, für die Folgen der von ihnen verursachten Arbeitslosigkeit aufzukommen, werden vom Gesetzgeber private Verpflichtungen konstruiert, um soziale Risiken unter den Haushaltsangehörigen zu verteilen.

„Es wird davon ausgegangen, dass innerhalb einer HHG [Haushaltsgemeinschaft] eine sittliche Pflicht, entsprechend dem Gedanken der Familiennotgemeinschaft, zur gegenseitigen Unterstützung besteht" (FW 9.21). Die 1920er und 30er Jahre lassen grüßen.

Forderungen

Abschaffung der Unterhaltspflicht innerhalb der Haushaltsgemeinschaft!

Anrechnung nur von Unterhalt, der tatsächlich und freiwillig gezahlt wird!

Haushaltshilfe

Wenn Sie Ihren Haushalt zeitweise nicht weiterführen können, können Sie eine Haushaltshilfe beanspruchen.

Alg II vom Jobcenter, HzL/GSi vom Sozialamt (SGB XII)

Wenn Sie krankenversichert sind, gelten zunächst die Bestimmungen der Krankenversicherung über Haushaltshilfen (§ 38 SGB V).

Inhaltsübersicht

1. Haushaltshilfen über die Krankenkasse

Wenn Sie ins Krankenhaus, in eine Mutter-Kind-Kur oder in eine Reha-Einrichtung gehen, haben Sie Anspruch auf eine Haushaltshilfe. Voraussetzung ist, dass Sie

- entweder ein behindertes Kind haben, das auf Hilfe angewiesen ist oder
- ein Kind, das jünger als 12 Jahre ist und
- keine im Haushalt lebende Person den Haushalt weiterführen kann.

Weiterhin bekommen Sie auch dann Haushaltshilfe, wenn Ihnen die Weiterführung des Haushalts wegen schwerer Krankheit oder wegen akuter Verschlimmerung einer Krankheit, insbesondere nach einem Krankenhausaufenthalt, nach einer ambulanten Operation oder nach einer ambulanten Krankenhausbehandlung, nicht möglich ist (§ 38 Abs. 1 SGB V). Das kann z.B. auch aufgrund eingeschränkter Mobilität (Gips, Rollstuhl etc.) sein.

Haushaltshilfen sind auch dann notwendig, wenn die *„haushaltsführende Person"* aus medizinischen Gründen mit ihrem kranken Kind ins Krankenhaus eingewiesen worden ist.

Die Leistung ist eine **Sachleistung**, die vom Versicherten vorrangig in Anspruch genommen werden muss. Das bedeutet, dass die Krankenkasse in erster Linie eine Haushaltshilfe stellt. Allerdings kann die Krankenkasse geeignete Personen selber anstellen oder über Einrichtungen, mit denen Verträge bestehen, wie z.B. Sozialstationen oder Wohlfahrtsverbände, vermitteln (§ 132 Absatz 1 SGB V). Wenn die Krankenkasse selbst keine Kraft stellt, können Sie sich eine Haushaltshilfe selber beschaffen. Die Kosten hierfür werden dann von der Krankenkasse erstattet – allerdings nur in angemessenem Umfang (§ 38 Abs. 4 SGB V). Daraus ergibt sich, dass vor Inanspruchnahme ein **Antrag** bei der Krankenkasse gestellt werden muss, um dieser die Möglichkeit zu geben, die Leistung als Sachleistung zu erbringen (dazu auch Urteil des BSG 26.3.1980 - 3 RK 62/79).

Für **Verwandte** und Verschwägerte bis zum 2. Grad werden keine Kosten erstattet. Die Kasse kann hier die erforderlichen Fahrtkosten und einen eventuellen Verdienstausfall zahlen, wenn das in einem angemessenen Verhältnis zu den Kosten steht, die sonst für eine Haushaltshilfe entstehen würden (§ 38 Abs. 4 SGB V). Für **private Haushaltshilfen** werden von den Kassen bis zu 10 € die Stunde gezahlt. Sie müssen nachweisen, dass Sie das Geld vorgestreckt haben. Die Kasse erstattet Ihnen dann die Kosten. Auch die Rentenversicherung erbringt die Kosten für eine Haushaltshilfe, wenn sie Träger der Maßnahme ist. Geht die Erstattung auf Ihrem Konto ein, ist es natürlich kein Einkommen, sondern nur eine Kostenerstattung.

Eine Haushaltshilfe kommt ggf. auch in anderen Fällen in Frage, wenn Sie nicht in der Lage sind, Ihren Haushalt zu führen und dafür keine andere im Haushalt lebende Person zur Verfügung steht (§ 38 Abs. 2 SGB V). Diese Regelungen kann aber jede Kasse in ihrer Satzung selber festlegen. Die Kassen haben ihre Satzungen im Internet auf ihrer jeweiligen Website veröffentlicht.

2. Hilfe zur Weiterführung des Haushaltes (§ 70 SGB XII)

Wenn Sie nicht krankenversichert sind, oder krankenversichert sind, aber nach dem SGB V keinen Anspruch auf eine Haushaltshilfe haben, *„sollen"* Sie Hilfe zur Weiterführung des Haushalts bekommen,
- wenn Sie Ihren Haushalt nicht mehr führen können,
- kein Haushaltsangehöriger da ist, der ihn weiterführen kann und
- die *„Weiterführung des Haushalts geboten ist"* (§ 70 SGB XII).

Anspruch auf eine Haushaltshilfe haben Sie z.B.,
- wenn Sie in Reha, ins Krankenhaus usw. gehen,
- wenn aus Sie aus einem anderen Grund (z.B. häusliche Gewalt) den Haushalt vorübergehend verlassen müssen **und**
- Ihre Kinder zu Hause versorgt werden müssen **oder**
- wenn Sie nur **vorübergehend** Bedarf an hauswirtschaftlicher Unterstützung haben (LSG NRW 16.9.2005 - L 20 B 9/05 SO ER).

Es gilt die entsprechende ⇨Einkommensgrenze (§ 85 SGB XII). Wer darüber liegt, muss einen zumutbaren Eigenanteil leisten. Leistungen der Krankenkasse oder der Kinder- und Jugendhilfe (SGB VIII) sind immer **vorrangig (§ 2 SGB XII).**
Für eine Haushaltshilfe sollen die angemessenen Aufwendungen übernommen werden (§ 70 Abs. 3 SGB XII). Sie können in besonderen Fällen Ihr Kind auch bei Verwandten unterbringen, wenn das *„geboten ist"*. Diese haben dann Anspruch auf *„Übernahme der angemessenen Kosten"* (§ 70 Abs. 4 SGB XII).

Wenn Sie zu Hause leben und **dauerhaft** auf eine Hilfe zur Haushaltsführung angewiesen sind, weil einzelne, für den Haushalt wesentliche Aufgaben nicht mehr erfüllt werden können (Einkaufen, Wäsche waschen, Reinigung der Wohnung etc.), wird die Haushaltshilfe i.d.R. im Rahmen der Regelbedarfserhöhung oder als Mehrbedarf (⇨3.) gewährt werden. In bestimmten Fällen kommen auch Leistungen der **„Hilfe zur Pflege"** in Betracht (§§ 61 ff. SGB XII; SG Oldenburg 30.5.2005 - S 2 SO 49/05 ER).

Allerdings kann bei nicht pflegebedürftigen Personen Hilfe zur Haushaltsführung **auch dauerhaft** erbracht werden, *„wenn durch die Leistungen die Unterbringung in einer stationären Einrichtung [z.B. Pflegeheim] vermieden oder aufgeschoben werden kann"* (§ 70 Abs. 1 Satz 3). Das kann abhängig von Ihrem Einkommen günstiger sein, als die unter ⇨ 4. beschriebene Leistung, da Sie einen höheren Selbstbehalt haben, bevor Sie den Eigenanteil finanzieren müssen.

3. Regelbedarfserhöhung/Mehrbedarf

HzL/GSi vom Sozialamt (SGB XII)

Können Sie auf Dauer nicht mehr selbst einkaufen, putzen, Fenster reinigen, kochen usw., aber sonst noch Ihren Haushalt im Wesentlichen selbst führen? Dann kann Ihr ⇨**Regelbedarf** erhöht werden, wenn Sie GSi/ HzL vom Sozialamt beziehen. Denn Sie können dann einen Bedarf haben, der *„unabweisbar seiner Höhe nach erheblich von einem durchschnittlichen Bedarf abweicht"* (§ 27a Abs.4 SGB XII).

Zum Beispiel wurde einem 80-jährigen Mann, der sich keine warme Mahlzeit zubereiten kann, eine Regelbedarfserhöhung von 150 € im Monat abzüglich eines Eigenanteils für *„Essen auf Rädern"* zugesprochen (SG Lüneburg, 22.2.2005 - S 23 SO 29/05 ER).

Die Regelbedarfserhöhung darf nicht mit Ihrem Mehrbedarfszuschlag verrechnet werden (OVG Münster, info also 1992, 137).

Alg II

Wenn Sie als Alg II-Bezieher*in dauerhafte Unterstützung bei der hauswirtschaftlichen Versorgung benötigen (s.o.), kann Ihnen zur Deckung der Kosten ein Mehrbedarf nach der ⇨**Härtefallregelung** gewährt werden. Es besteht dann *„ein unabweisbarer, besonderer Bedarf"* (§ 21 Abs. 6 SGB II). Die BA hat eine *„Putz-/ Haushaltshilfe für körperlich stark beeinträchtigte Personen"* in ihre Positivliste für den Mehrbedarf aufgenommen (⇨ Härtefall 2.1) (FW 21.41).

4. Haushaltshilfe vom Sozialamt auch für Personen, die keine HzL/GSi beziehen

„Hilfe zum Lebensunterhalt kann auch Personen geleistet werden, die ihren notwendigen Lebensunterhalt aus eigenen Mitteln und Kräften bestreiten können, jedoch einzelne im Haushalt erforderliche Tätigkeiten nicht verrichten können" (§ 27 Abs. 3 Satz 1 SGB XII).

Das betrifft vor allem Personen, die ihren Lebensunterhalt mit Rentenleistungen gerade noch decken können, aber durch die Aufwendungen für eine dauerhafte Haushaltshilfe „bedürftig" werden. Mit den *„im Haushalt erforderlichen Tätigkeiten"* ist eindeutig die hauswirtschaftliche Versorgung gemeint, für die Hilfe gebraucht wird.

Diese Regelung erfolgt analog zur Regelbedarfserhöhung von Hzl-/ GSi-Bezieher*innen, die aufgrund der benötigten Haushaltshilfe einen erhöhten Bedarf haben (⇨3.).

Tipp: Stellen Sie beim Sozialamt einen Antrag und lassen Sie sich nicht mit dem Argument abweisen, Sie seien nicht hilfebedürftig.

Alternativ ist immer ein Antrag gem. § 70 SGB XII möglich, wenn Sie unter den Einkommensgrenzen im § 85 SGB XII liegen (⇨Einkommensgrenze).

5. Haushaltshilfe für ⇨Pflegebedürftige Menschen

Pflegebedürftige, die Leistungen der Pflegeversicherung oder Hilfe zur Pflege nach dem SGB XII beziehen, werden im Rahmen der häuslichen Pflege auch hauswirtschaftlich versorgt.

Beratung, Hilfe und Infos

Leitfaden Sozialhilfe für Behinderte und Pflegebedürftige von A-Z, 10. Aufl., Frankfurt 2018, ⇨Bestellung s. Anhang

Infos zu Haushaltshilfen vor Ort erhalten Sie über Einrichtungen der Wohlfahrtsverbände, Sozialstationen und örtliche Pflegestützpunkte.

Hausrat

Der laufende Bedarf für **Ersatzbeschaffung** von Möbeln, Einrichtungsgegenständen und Hausrat soll für Beziehende von Alg II und HzL/ GSi der Sozialhilfe über den ⇨Regelbedarf abgedeckt sein, nur die **Erstausstattung** nicht (⇨Einmalige Beihilfen).

Im Eckregelbedarf ist in § 5 Abs. 1 RBEG Abteilung 5 für „Innenausstattung, Haushaltsgeräte und -gegenstände, laufende Haushaltsführung" aufgrund der Einkommens- und Verbrauchsstichprobe für das Jahr 2021 ein Betrag in Höhe von 26,49 € enthalten. Für akut existenznotwendige, langlebige Konsumgüter wie Kühlschrank, Gefrierschrank und -truhe, Waschmaschine, Wäschetrockner, Geschirrspül- und Bügelmaschine war im Jahre 2011 lediglich ein Betrag von weniger als 3,00 € monatlich berücksichtigt (BVerfG 23.7.2014 – 1 BvL 10/12 u.a. Rn. 120); bis heute hat sich daran nichts (bis auf die jährlichen Erhöhungen) geändert, immerhin sind im Jahr 2021 4,80 € im RB. Das BVerfG hat darin die Gefahr einer Unterdeckung gesehen und darauf hingewiesen, dass der Gesetzgeber auf die Gefahr einer Unterdeckung durch zusätzliche Ansprüche auf Zuschüsse zur Sicherung des existenznotwendigen Bedarfs reagieren müsse. Fehle es an einer solchen Regelung, haben die Sozialgerichte Regelungen wie § 24 SGB II über gesondert neben dem Regelbedarf zu erbringende einmalige, als Zuschuss gewährte Leistungen verfassungskonform auszulegen. Sei dies nicht möglich, habe der Gesetzgeber einen Anspruch auf einen Zuschuss neben dem Regelbedarf zu schaffen. Auf ein Darlehen darf danach nur verwiesen werden, wenn die Regelbedarfsleistung so hoch bemessen ist, dass entsprechende Spielräume für Rückzahlungen bestehen (BVerfG 23.7.2014 – 1 BvL 10/12 u.a. Rn. 116). Rechtsprechung, mit der diese Vorgaben umgesetzt worden sind, ist kaum bekannt (s.u. Kritik).

Für Erstausstattungen und Erstanschaffungen ist im Regelbedarf auf jeden Fall nichts drin. Deshalb müssen sie als **Beihilfe** zusätzlich zum Regelbedarf gezahlt werden.

Inhaltsübersicht

1.1 Was gehört zur Erstausstattung?

„Nicht vom Regelbedarf [...] umfasst sind Bedarfe für 1. Erstausstattungen für die Wohnung einschließlich Haushaltsgeräten [...]"
(§ 24 Abs. 3 Satz 1 Nr. 1 SGB II; sinngemäß: § 31 Abs. 1 Nr. 1 SGB XII).

Das BSG (6.8.2014 – B 4 AS 57/13 R) hat Regeln aufgestellt, unter denen eine Ersatzbeschaffung einer **Erstanschaffung gleichzusetzen** ist: Der konkrete Bedarf muss durch **außergewöhnliche Umstände** bzw. durch ein **besonderes Ereignis** entstanden und **speziell** sein und es muss ein **ursächlicher Zusammenhang** zwischen den außergewöhnlichen Umständen bzw. dem besonderen Ereignis und dem Bedarf bestehen.

Nach der Gesetzesbegründung kommen Erstausstattungen vor allem in Frage
- nach einem Wohnungsbrand (BSG 19.08.2010 - B 14 AS 36/09),
- nach einer Haftentlassung (BSG 11.4.2011 - B 14 AS 53/10 R) oder
- aufgrund von *„außergewöhnlichen Umständen"* (BT-Drs. 15/1514, 60).

Die Hartz IV-Parteien wollen, dass möglichst der gesamte Einrichtungsbedarf normaler Arbeitslosenhaushalte aus dem Regelbedarf gedeckt wird, es sei denn, die Wohnung brennt ab.

Außergewöhnliche Umstände sind nur „von außen" einwirkende Ereignisse, nicht durch den/die Antragstellende*n (mit-)verursachte Ereignisse. Mit diesem Kriterium sollen die „maßgeblichen" Gründe von den „unmaßgeblichen" Gründen (allgemeine Gründe für den Verschleiß oder den Untergang der Gegenstände) abgegrenzt werden (LSG Baden-Württemberg 9.7.2020 – L 7 SO 3313/18 – ZFSH/SGB 2020, 580).

Außergewöhnliche Umstände, die eine Erstausstattung erfordern, sind z.B.:
- **Änderung der Wohnsituation**
  - ein Rauswurf von Jugendlichen aus der elterlichen Wohnung,
  - bei Neugründung eines Haushalts nach dem Auszug bei den Eltern (SG Lüneburg 24.3.2005 - S 29 SO 78/05 ER),
  - bei Neugründung eines Haushalts nach Heirat (SG Gelsenkirchen 18.7.2006 - S 11 AS 75/05 ER, SG Oldenburg 12.1.2006 – S 47 AS 1027/05 ER),
  - bei Zuzug aus dem Ausland (BSG 27.9.2011 - B 4 AS 202/10 R),
  - bei Anmietung einer Wohnung durch Wohnungslose (BSG 23.3.2010 - B 14 AS 81/08 R),
  - nach einer Trennung/ Scheidung (BSG 19.9.2008 - B 14 AS 64/07 R) bzw. nach Aufenthalt im ⇨Frauenhaus (LSG Berlin-Brandenburg 26.10.2006 - L 19 B 516/06 ER),
- **Änderung der persönlichen Situation**
  - der Ausbruch einer Krankheit, die spezielle Ausstattungsgegenstände, etwa eine Bandscheibenmatratze erfordert (SG Münster 2.4.2007 - S 5 AS 55/07 ER),
- **Änderung des Bedarfs**
  - bei einem Umzug in eine größere angemessene Wohnung, wenn notwendige Möbelstücke nicht vorhanden sind,

- wenn aufgrund des Umzuges andere Geräte notwendig sind, z.B. Elektro- statt Gasherd (SG Braunschweig 7.3.2005 - S 18 AS 65/05 ER),
- bei einem Umzug aus einer Wohnung mit Einbauküche bzw. Teil- oder Vollmöblierung in eine Wohnung ohne Einrichtung (SG Aurich 6.12.2005 - S 25 AS 254/05 ER),
- wenn die Geburt eines Kindes die Erstausstattung eines Kinderzimmers erforderlich macht (⇨ Schwangerschaft) oder
- wenn bei Kindern/ Jugendlichen ein Erstausstattungsbedarf nicht vom Regelbedarf umfasst ist (BSG 23.5.2013 - B 4 AS 79/12 R, Jungendbett statt Kindergitterbett; ⇨Kinder 2.2.1).
- bei Zuzug eines Kindes z.B. aus dem Heim oder von einer Pflegefamilie,
- **Verlust oder Unbrauchbarwerden des gesamten oder von Teilen des Hausrats durch**
- Zerstörung bei einem notwendigen Umzug (BSG 1.7.2009 - B 4 AS 77/08 R) (auch durch einen nicht vom Leistungsträger veranlassten Umzug, SG Neuruppin 30.7.2014 – S 26 AS 1486/14 ER),
- Verlust oder Zerstörung der Möbel durch die betroffene Person selbst infolge einer psychischen Krankheit (LSG Baden-Württemberg 9.7.2020 – L 7 SO 3313/18 – ZFSH/SGB 2020, 580),
- Verlust der Möbel nach einem Umzug (SG Reutlingen 14.11.2016 – S 7 AS 449/16),
- ein erfolgloser Suizidversuch, vor dem der Hausrat bereits entsorgt wurde (SG Düsseldorf 6.11.2009 - S 35 AS 206/07),
- Unverwertbarkeit alter Möbel, z.B. aufgrund ihrer Größe, infolge eines notwendigen Umzuges (LSG NRW 23.2.2010 - L 1 AS 77/08 R; die Beweislast liegt bei dem/r Antragstellenden),

Besonders in den Fällen des Verlusts oder Unbrauchbarwerden des gesamten Hausrats wird der Begriff der außergewöhnlichen Umstände eng gesehen. So sind die folgenden Fälle nicht als außergewöhnliche Umstände anerkannt worden:

- Verlust des Hausrats durch eine von dem/r Antragstellenden verschleppte Ungezieferbekämpfung (LSG Hessen 23.6.2017 – L 7 AS 415/16),
- Untergang oder Unbrauchbarwerden des Hausrats durch eine Suchterkrankung (BSG 6.8.2014 – B 4 AS 57/13 R),
- Vernichtung der nach einer Zwangsräumung eingelagerten Möbel, wenn der/die Antragstellende die angebotene Rücknahme unter Verweis auf den schlechten Zustand der Einrichtung verweigert hat (LSG Baden-Württemberg 12.6.2017 – L 1 AS 1310/17 ER-B),
- Umzug ins Ausland ohne Kündigung der Wohnung; Verwertung der Möbel durch die vermietende Person (SG Wiesbaden 17.12.2015 – S 33 AS 300/13).

Grundsätzlich ist aber der Begriff Erstausstattung für die Wohnung *„nicht zeitlich, sondern bedarfsbezogen zu verstehen"* (LSG Rheinland Pfalz 12.7.2005 - L 3 ER 45/05 AS). Voraussetzung ist also nicht, dass etwas zum ersten Mal im Leben angeschafft wird, sondern dass ein entsprechender Anlass besteht.

Im Gesetzestext ist auch von Erstausstattung **für die** Wohnung die Rede, nicht von Erstausstattung **der** Wohnung. Erstausstattung **der** Wohnung bedeutet die komplette Erstausstattung nach dem Gesamtverlust der Ausstattung, Erstausstattung **für die** Wohnung schließt aber ein, dass einzelne notwendige Möbel oder Haushaltsgeräte nicht vorhanden sind und erstmalig angeschafft werden müssen. *„Besitzt ein Hilfebedürftiger [...] zum Beispiel noch keine Waschmaschine, besteht insoweit ein bislang noch nicht gedeckter Bedarf, der erstmals zu befriedigen ist"* (Eicher/Luik SGB II, 4. Aufl., § 24, Rn. 91). Das gilt auch, wenn aus freier Entscheidung eine Wohnung bislang weitgehend unmöbliert war (BSG 20.8.2009 - B 14 AS 45/08 R; auch LSG Bayern 28.8.2006 - L 7 B 481/06 AS ER, für den Fall, dass Haushaltsgeräte oder Möbel beim Umzug in eine neue Wohnung nicht vorhanden sind).

1.2 Bedarf selbst verschuldet?

Auch wenn Sie den Verlust von vorhandenem Hausrat durch **vorsätzliches** oder **grob fahrlässiges Verhalten** ohne wichtigen Grund verursacht haben, besteht jedenfalls nach der älteren Rechtsprechung ein Anspruch auf Übernahme einer Erstausstattung. Ausschlaggebend ist, dass *„der im SGB II zu deckende Bedarf grundsätzlich aktuell*

bestehen muss", dann ist er auch aktuell zu decken (BSG 27.9.2011 - B 4 AS 202/10 R). Das gilt z.B., wenn Sie bei Verlust/ Räumung Ihrer Wohnung den Hausrat ohne wichtigen Grund aufgegeben haben.
Muss Ihre Wohnungseinrichtung infolge von Handlungen ersetzt werden, die auf Ihre gesundheitliche oder psychische Situation zurückzuführen sind, liegen außergewöhnliche Umstände vor (SG Bremen 2.3.2010 - S 23 AS 257/10 ER, bei Verwahrlosung der Wohnung; SG Düsseldorf 6.11.2009 – S 35 AS 206/07, erfolgloser Suizidversuch; LSG Baden-Württemberg 9.7.2020 – L 7 SO 3313/18 – ZFSH/SGB 2020, 580, Entsorgung von Möbeln in der krankheitsbedingten Überzeugen, sie seien „vergiftet" und „verflucht").

1.3 Notwendiger Bedarf

Der Begriff Erstausstattung umfasst die *„wohnraumbezogenen Gegenstände [...], die eine geordnete Haushaltsführung und an den herrschenden Lebensgewohnheiten orientiertes Wohnen ermöglichen"* (BSG 16.12.2008 - B 4 AS 49/07 R). Von dem Begriff des Wohnens wird nur die Befriedigung der grundlegenden Bedürfnisse Essen, Schlafen und Aufenthalt umfasst, dagegen nicht Gegenstände, die Beziehungen zur Umwelt, Informationsdeckung und Teilhabe am kulturellen Leben ermöglichen (LSG Nordrhein-Westfalen 19.3.2015 – L 7 AS 2346/13). Vergleichsmaßstab ist die Bevölkerungsschicht im unteren Segment des Einkommensniveaus (BSG 13.4.2011 – B 14 AS 53/10 R).

Zum Hausrat gehören u.a. die folgenden Gegenstände:

- Sofa, Stühle, Öfen, Lampen, Gardinen bzw. Rollos (SG Dresden 10.10.2014 – S 20 AS 5639/14 ER),
- Waschmaschine (BSG 19.9.2008 – B 14 AS 64/07 R),
- Kücheneinrichtung (SG Stade 14.7.2009 – S 19 SO 58/09 ER),
- (Küchen-)Schränke (SG Hamburg 24.6.2005 – S 62 AS 406/05 ER),
- (Küchen-)Tisch zur Zubereitung und zum Verzehr von Speisen (SG Berlin 20.11.2013 – S 205 AS 4714/11)
- Herd, Kochtöpfe, Staubsauger, Bügeleisen, Kühlschrank (LSG Nordrhein-Westfalen 29.10.2007 – L 20 AS 12/07),
- Schreibtisch für ein schulpflichtiges Kind (BSG 23.5.2013 – B 4 AS 79/12 R),
- Bettzeug (Decken, Kissen, Bettzeug, Matratze) (BSG 20.8.2009 – B 14 AS 45/08 R),
- Teppich, Teppichboden (SG Gelsenkirchen 11.4.2005 – S 11 AS 25/05 ER).

Zu den Kosten gehören auch die Kosten für den Transport und den Aufbau.

Der **Fernseher** gehört allerdings nach Ansicht des BSG nicht mehr dazu (24.2.2011 - B 14 AS 75/10 R). Eine ⇨Renovierung auch nicht.

Ein **PC** samt Zubehör gehört **nicht** zur Erstausstattung (LSG NRW 23.4.2010 - L 6 AS 297/10 B; LSG NRW 19.3.2015 – L 7 AS 2346/13).

Die Erstausstattung kann als

1.4 Sachleistung oder Geldleistung

gezahlt werden (§ 24 Abs. 3 Satz 5 SGB II). Das gilt auch für Beziehende von HzL/ GSi der Sozialhilfe (§ 10 Abs. 1 SGB XII).
Jedenfalls hat die Geldleistung Vorrang (Eicher/Luik SGB II, 4. Aufl., § 24, Rn. 60), denn ⇨**Sachleistung**sgewährung ist tendenziell diskriminierend (LPK SGB II, 7. Aufl.,§ 4, Rn. 9).
Auch bei Sozialhilfe gilt: *„Geldleistungen haben Vorrang vor Gutscheinen und Sachleistungen"* (§ 10 Abs. 3 SGB XII).

Erstausstattung kann auch mit

1.5 Pauschalbeträgen

abgegolten werden (§ 24 Abs. 3, Satz 5 SGB II; ebenso § 31 Abs. 3 SGB XII).
Die Pauschalen werden von den einzelnen Jobcentern festgelegt, sodass ein Überblick nur schwer möglich ist. Für eine Erstausstattung eines Einpersonenhaushalts zahlt Berlin 1.213 €, Remscheid 998,00 €, Hamburg 809 € Leipzig 1.189 €, der Landkreis Bautzen bis zu 600 €. Der Bildung der Pauschalen liegen dieselben Rechtsvorschriften zugrunde:

„Bei der Bemessung der Pauschalbeträge sind geeignete Angaben über die erforderlichen Aufwendungen und nachvollziehbare Erfahrungswerte zu berücksichtigen" (§ 24 Abs. 3, Satz 6 SGB II; § 31 Abs. 3 Satz 2 SGB XII).
Die geeigneten Angaben müssten öffentlich sein, damit Sie nachvollziehen können, was zugestanden wird. Die Pauschalbeträge müssen tatsächlich ausreichen, um die notwendige Erstausstattung zu kaufen.

Die Gerichte können die Festsetzung der Höhe der Pauschalen kontrollieren (BSG 13.4.2011 – B 14 AS 53/10 R; 27.9.2011 – B 4 AS 202/10 R). Dazu gehört auch die Kontrolle, ob die Pauschalen auf nachvollziehbaren Erfahrungswerten beruht (BSG 13.4.2011 – B 14 AS 53/10 R). Der Leistungsträger kann beispielsweise eine Bezugsquelle für alle notwendigen Anschaffungsgegenstände und den tatsächlichen Preis für den Erwerb bei verschiedenen Versandhäusern aufführen (LSG Nordrhein-Westfalen 19.3.2014 – L 7 AS 606/13 B).

Tipp: Werden in Ihrer Kommune Ihrer Ansicht nach zu geringe Beträge gezahlt, können Sie diese vor Gericht überprüfen lassen. Hierzu müssen Sie zunächst ⇨Widerspruch einlegen.

1.6 Gebrauchter Hausrat

ist grundsätzlich zulässig (u.a. LSG Mecklenburg-Vorpommern 12.2.2007 - L 8 B 150/06; ⇨Einmalige Beihilfen 3.3). V.a. bei Möbeln können Preise für gebrauchte Ware berücksichtigt werden (LSG Sachsen-Anhalt 24.11.2011 - L 2 AS 81/08).

Bei Elektrogeräten halten wir gebrauchte Geräte allerdings nicht für zumutbar. Da ihre Haltbarkeit geringer ist, tritt schneller ein Ersatzbedarf auf, der jetzt aus dem Regelbedarf bestritten werden muss, aber kaum bestritten werden kann. Der überdurchschnittlich hohe Energie- und Wasserverbrauch gebrauchter Elektrogeräte führt ebenfalls zu einer indirekten Regelbedarfssenkung.

2. Erstausstattung oder Ersatzbedarf?

Erstausstattungen sind immer als **Zuschuss/ Beihilfe** zu gewähren.

Der Ersatzbedarf aber soll im Regelbedarf enthalten sein. Ist der Bedarf für eine **Ersatzbeschaffung** trotzdem ungedeckt (s.o.), ist er unter bestimmten Voraussetzungen als **Darlehen** zu übernehmen. Ausführlich dazu ⇨Einmalige Beihilfen 3.

Kritik

Was passiert, wenn der Ersatzbedarf nicht oder nicht vollständig mit dem Regelbedarf abgedeckt ist?

Der Ersatzbedarf ist immer auf eine bestimmte durchschnittliche Gebrauchsdauer (Abschreibungszeitraum) eines Gegenstandes bezogen, außerdem auf einen als angemessen geltenden Wert. Wenn ein Hausratsgegenstand einen angemessenen Wert von 100 € und eine Haltbarkeit (bei Kleidung: Tragezeit) von z.B. zehn Jahren hat, ist der Ersatzbedarf jährlich 10 € oder mtl. 0,84 €. Nach Ablauf des vollen Abschreibungszeitraums steht der Ersatzbedarf an, nicht die Erstausstattung.

Für den Ersatzbedarf soll man ansparen. Voraussetzung dafür wäre, zu wissen, wie viel und für was. Doch das wird nicht bekannt gegeben.

Es gibt keine gesetzliche Verpflichtung, aus dem Regelbedarf eine bestimmte Summe anzusparen. *„Über die Verwendung der [...] Leistung entscheiden die Leistungsberechtigten eigenverantwortlich; [aber!] dabei haben sie das Eintreten unregelmäßig anfallender Bedarfe zu berücksichtigen"* (§ 20 Abs. 1 Satz 4 SGB II). Im SGB II gibt es neuerdings die Verpflichtung, sein Schonvermögen und alles Angesparte vorrangig für den Ersatzbedarf auszugeben (§ 42a Abs. 1 SGB II). Ansonsten gibt es dafür kein Darlehen.

In der Praxis ist es kaum möglich, den für den Ersatzbedarf vorgesehenen Betrag im Regelbedarf ausreichend anzusparen. Wenn ein Ersatzbedarf in Höhe von 100 € zwei Jahre nach Antragstellung auftritt, hätten in unserem Beispiel rein rechnerisch nur 24 mal 0,84 Cent oder 20,16 € angespart werden können. Der Restbetrag muss als Darlehen gewährt werden. Sie werden gezwungen, in der Zukunft für die Vergangenheit anzusparen. So wird künftige Unterdeckung vorprogrammiert. Das BVerfG (23.7.2014 – 1 BvL 10/12 u.a. Rn. 120) hat ausgeführt, dass im Regelbedarf für die Ansparung langlebiger Konsumgüter ein Betrag in Höhe von 3,00 € vorgesehen ist. Es hat den Behörden und Gerichten eine verfassungskonforme Auslegung des § 24 SGB II auferlegt (BVerfG 23.7.2014 – 1 BvL 10/12 u.a. Rn. 116). Hier bietet sich an, zwar ein Darlehen zu gewähren, die Rückzahlungsrate aber auf den in der Regelleistung enthaltenen Anteil zu beschränken (vgl. SG Magdeburg 24.7.2015 – S 14 AS 1925/15 ER – info also 2015, 224: Rückzahlung eines Darlehens gem. § 22 Abs. 2 SGB II in monatlichen Raten von monatlich 1,91 €). Es wird aber auch vertreten, dass eine verfassungskonforme Auslegung nicht möglich ist, weshalb eine Gefährdung des Existenzminimums besteht und der Gesetzgeber handeln muss (Knickrehm in: Festschrift für Wolfhard Kohte, 2016, S. 721 ff.).

Forderungen

Offenlegung der für die Gegenstände des notwendigen Bedarfs (Hausrat/ Kleidung) anzusparenden Beträge!

Öffnungs- bzw. Härteklausel für Gewährung einmaliger Beihilfen in § 24 SGB II bzw. § 31 SGB XII!

Wiedereinführung von einmaligen Beihilfen für (neuwertige) langlebige Elektrohaushaltsgeräte der Energieeffizienzklasse A+! (⇨Strom)

Bemessung der Pauschalen und Beträge für Erstausstattungsbedarf orientiert am Wert neuwertiger Möbel und Gebrauchsgüter!

Heizkosten

Alg II, HzL/GSi der Sozialhilfe

„Bedarfe für Unterkunft und Heizung werden in Höhe der tatsächlichen Aufwendungen anerkannt, soweit diese angemessen sind" (§ 22 Abs. 1 Satz 1 SGB II; sinngleich für HzL der Sozialhilfe: § 35 Abs. 1 Satz 1 u. Abs. 2 Satz 1 SGB XII und GSi: § 42 Nr. 4 SGB XII).

Das gilt für alle Heizungsarten, ob Sie nun eine Zentralheizung haben oder Ihre Brennstoffe selber kaufen.

Zu den Heizkosten gehören **laufende** und **einmalige** Kosten der Heizung (BSG 16.5.2007 - B 7b AS 40/06 R). Sie umfassen Vorauszahlungen für Energie- und Fernwärmelieferungen, Kosten für Brennstoffe (z.B. Öl und Kohle) sowie Wartungs- und Instandhaltungskosten. Zu den Heizkosten gehören auch Nachzahlungen nach Ablauf eines Abrechnungszeitraumes. Seitdem die Pauschalierung der Bedarfe von Unterkunft und Heizung (§ 22 Abs. 10 SGB II) eingeführt ist, haben die kommunalen Leistungsträger regional unterschiedliche Arbeitsanweisungen, Satzungen oder Verordnungen hierzu erlassen, die aber nach dem Urteil des BSG vom 19.01.2019 - B 14 AS 41/18 R u.a., größtenteils neu zu fassen waren.

Hier kann deshalb nur empfohlen werden, diese Anweisungen, die zumeist im Internet zugänglich sind, zu beschaffen. Eine Kommentierung kann deshalb nur unter Hinweis auf bundeseinheitliche Rechtsprechungsstandards hin erfolgen.

Inhaltsübersicht

1. Zentralheizung oder Etagenheizung

Zu den tatsächlichen Aufwendungen zählen hier vor allem die monatlichen Vorauszahlungen, aber auch die Heizkostennachzahlungen.

1.1 Monatliche Vorauszahlungen

Mietvertraglich vereinbarte Heizkostenvorauszahlungen werden in der von der vermietenden Person veranschlagten Höhe nur anerkannt, wenn diese als „angemessen" im Sinne des § 22 Abs. 1 SGB II beurteilt werden. Das Gleiche gilt für die monatlichen Abschlagszahlungen, die von den Energieversorgungsunternehmen verlangt werden. Höhere Mietkosten können danach aber durch geringere Energie/Heizkosten ausgeglichen werden. Es werden also die Gesamtkosten betrachtet (BSG 18. 6. 2008 – B 14/7b AS 44/06 R, Rn. 7, BT-Dr.18/8041, 41f , LSG Sachsen Anhalt 31.01.2018, L 5 AS 201/17).

1.2 Heizkostennachzahlungen
im Rahmen der Endabrechnung der Neben- bzw. Heizkosten durch die vermietende Person/ den Energieversorger **müssen** übernommen werden, wenn Sie zum **Zeitpunkt der Forderung SGB II-Leistungen beziehen und die aktuell bewohnte Wohnung betroffen ist** (BSG 25.06.2015 B 14 AS 40/14 R).

Wenn Sie aber für eine **früher bewohnte Wohnung** eine Nachzahlung für einen Abrechnungszeitraum erhalten, in der Sie **als Leistungsbezieher*in** Unterkunftskosten erstattet bekamen, sind diese Nachforderungen vom Jobcenter/ Sozialamt nur dann zu übernehmen, wenn die Behörde Sie aufgefordert hat, die Kosten der ehemaligen Wohnung durch einen Umzug in eine günstigere Wohnung zu senken (BSG 20.12.2011 - B 4 AS 9/11 R, BSG 25.06.2015 B 14 AS 40/14 R Rn. 18).
Zuständig ist immer der Träger, der zum Zeitpunkt der Fälligkeit Leistungen erbringt (BSG 22.3.2010 - B 4 AS 62/09 R).

Umgekehrt heißt das aber auch: Wenn Sie aus dem **Bezug ausgeschieden** sind und eine Nebenkostenabrechnung aus dem Zeitraum davor erhalten, haben Sie keinen Anspruch auf Übernahme (BSG 7.11.2006 - B 7b AS 8/06 R).
Da die Nachzahlung im Monat ihrer Fälligkeit allerdings in voller Höhe den Unterkunftskosten zuzuordnen ist, ist es möglich, dass Sie **im Monat der Nachforderung** zu geringe Mittel zum Leben haben und einen Neuantrag auf Alg II stellen können.

Tipp1: Erhöhen Sie ggf. die Vorauszahlungen wenigstens bis zur anerkannten Obergrenze, sodass möglichst geringe oder gar keine Nachzahlungen anfallen.
Siehe auch: Kritik⇨ Mietnebenkosten 3.1

Nachzahlungen **während eines Bewilligungszeitraums**, die in den Bereich der Unterkunfts- und Heizkosten fallen, sind vom regulären Antrag auf SGB II-Leistungen umfasst (BSG 22.3.2010 - B 4 AS 62/09 R) und somit **ohne gesonderten Antrag** zu übernehmen. Sie müssen vom Amt darauf hingewiesen werden, dass die Endabrechnung im Rahmen der Mitwirkungspflichten beim Jobcenter/ Sozialamt eingereicht werden muss.

1.3 Heizkostenguthaben
mindern die tatsächlichen Aufwendungen nach dem Monat, der auf die Rückerstattung des Guthabens folgt (§ 22 Abs. 3 SGB II). Sie werden kopfanteilig auf die Mitglieder der Bedarfsgemeinschaft verteilt und **als Einkommen** bei den Unterkunftskosten des Folgemonats **angerechnet** (Näheres ⇨ Mietnebenkosten 3.2).
*„Eine **Bereinigung** des Einkommens nach § 11 Abs. 2 SGB II ist hingegen wegen der ausdrücklichen gesetzlichen Zuordnung zu den Aufwendungen der Unterkunft und Heizung **nicht** vorzunehmen“* (BSG 24.6.2020 - B 4 AS 8/20 R).

Es lohnt sich also nicht, im Kalten zu sitzen, um Heizkosten zu sparen.

Problematisch wird es, wenn ein **Heizkostenguthaben mit früheren Forderungen** der vermietenden Person **verrechnet** wird, und nicht ausgezahlt bzw. nicht der künftigen Miete gutgeschrieben wird. Steht das Guthaben nicht zur Bestreitung der Unterkunftskosten im Folgemonat zur Verfügung, darf die Behörde Ihnen die Leistungen **nicht** entsprechend **kürzen**. Einkommen darf nur angerechnet werden, wenn es tatsächlich zufließt. Haben Sie die Altforderungen vorsätzlich oder grob fahrlässig verursacht, kann das Amt einen Ersatzanspruch geltend machen (⇨Rückforderung).

Seit 1.8.2016 gilt beim Alg II: *„Rückzahlungen, die sich auf die Kosten für Haushaltsenergie oder **nicht anerkannte Aufwendungen** für Unterkunft und **Heizung** beziehen, bleiben außer Betracht“* (§ 22 Abs. 3 2. Halbsatz SGB II).
Das bezieht sich auf Guthabenanteile, die Sie selbst aus dem Regelbedarf finanziert haben, z.B. weil das Jobcenter nicht die vollen Heizkostenvorauszahlungen übernommen hat. In diesem Fall dürfen Sie den Anteil behalten, den Sie als „nicht anerkannte Aufwendungen“ aus dem Regelbedarf gezahlt haben.

Wenn Sie **vor dem Alg II-Bezug** sparsam geheizt haben, sodass aus Ihren (inzwischen vom Jobcenter anerkannten) Vorauszahlungen ein Guthaben entstanden ist, das während des Leistungsbezugs ausgezahlt wird, wird dieses **als Einkommen** auf die Unterkunftskosten **angerechnet**. Für die Anrechnung zählen allein die Verhältnisse zum Zeitpunkt der Berücksichtigung. Das gilt auch, wenn das Guthaben von mehreren Personen „erwirtschaftet" wurde, von denen zum Zeitpunkt der Auszahlung/ Gutschrift eine Person ausgezogen ist. Das Guthaben wird in voller Höhe den verbliebenen Personen zugerechnet (BSG ebenda).

1.4 Besonderheiten bei anderen Heizarten

- Heizen Sie mit **Strom** oder benötigen Sie zusätzlich Elektrizität zum Betrieb von Heizungspumpe und Zündung, schlagen Sie nach unter ⇨7.
- Heizen Sie mit **Öl, Holz oder Kohle**, benötigen Sie Brennstoffbeihilfen, finden Sie Näheres unter ⇨8.

2. Was sind „angemessene" Heizkosten?

Mit der Einführung des § 22 Abs. 10 bei der letzten Novellierung des SGB II hat der Gesetzgeber die Bildung einer Gesamtangemessenheitsgrenze für die Aufwendungen von Unterkunft und Heizung für zulässig erachtet. Diese soll nun den bisher offenen Begriff der „Angemessenheit" ausfüllen und führt seitdem zu einer Vielzahl auch widersprechender gerichtlicher Entscheidungen darüber, welche Heizkosten angemessen sind. Sämtlichen Entscheidungen, die wie bisher die Heizkosten getrennt von den Mietkosten unter Berücksichtigung z.B.

- der Wärmeisolierung des Gebäudes, der Höhe der Räume,
- der Lage der Wohnung (z.B. Dachgeschoss) und der Räume (Zahl der Außenwände),
- der Wohnfläche des Hauses (je größer, desto geringere Heizkosten pro m²),
- des Wirkungsgrads der Heizung und ihrer Wartung,
- der Art der Heizenergie (z.B. ineffiziente Stromheizungen),
- der Zahl der Heiztage in der Heizperiode,
- der Höhe der Energiepreise usw.

beurteilt haben, wurden damit weitestgehend die Grundlage entzogen. In der Entscheidung des BSG (19.1.2019 - B 14 AS 41/18 R) wurde der Angemessenheitsbegriff jedoch als unbestimmter Rechtsbegriff wieder der vollen gerichtlichen Kontrolle unterworfen und damit auch die regionalen Regelungen zu den Kosten der Unterkunft. Sollte in der Praxis der höchstzulässige Wert überschritten sein, so ist zunächst zu prüfen, ob der Wert schlüssig und zulässig ermittelt wurde. Schon diesbezüglich setzt die Rechtsprechung hohe Hürden, ist aber auch uneinheitlich. Einigkeit besteht hingegen darin, dass Leistungsbeziehende zunächst die Gründe darlegen sollte, warum sie diese Höchstgrenzen überschritten haben. Diese sind diesbezüglich sogar im Sinne der Beweislast verpflichtet. Die im vorgehenden Absatz genannten Gründe dürften dabei meistens ausschlaggebend sein. Sollte das Amt weiterhin die Kosten als unangemessen betrachten, so kann letztendlich nur ein Gutachten im Sozialgerichtsprozess darüber Aufschluss geben, ob tatsächlich für den individuellen Fall unangemessene Kosten gegeben sind.

Da Sie jedoch auf die meisten Faktoren keinen Einfluss haben und insbesondere auch die Angemessenheit im Lichte des Sozialstaatsprinzips grundrechtskonform auszulegen ist, stellen die Sozialgerichte auch weiterhin sehr hohe Anforderungen an die statistische Ermittlung dieser Gesamtangemessenheitsgrenze. So wurde eine entsprechende nach § 22 a SGB II erlassene Verordnung des Landes Berlin vom Bundessozialgericht kassiert (BSG 04.06.14 - B 14 As 53/13 R). Dieses Urteil, das detaillierte Aussagen zu den statistischen Werten trifft, die vom Satzungsgeber zu berücksichtigenden sind, ist allerdings durch § 22 Abs. 10 SGB II vom Gesetzgeber wieder korrigiert werden. Es wird jetzt nicht nur auf den Höchstwert des jeweils kostenaufwendigsten Energieträgers abgestellt. Der Gesetzgeber versucht hiermit, die individuellen Klagen und Ermittlungen der Heizkosten zu verhindern (LPK SGB II, 7. Aufl., § 22 Rn. 274). Weiterhin gilt jedoch der sozialstaatliche Gewährungsanspruch auf menschenwürdiges Wohnen. Demnach darf durch derartige Satzungen nicht die gesamte bisherige Rechtsprechung in Frage gestellt werden. Im Übrigen werden in den meisten uns bekannten diesbezüglichen Ermittlungen auch die Höchstwerte berücksichtigt und damit eher den Forderungen des Bundessozialgerichts als denen des Gesetzgebers genüge getan. Damit wird den nachfolgend geschilderten Grundsätzen weiterhin entsprochen.

So muss der Umfang, in dem Haushaltsangehörige auf die Nutzung geheizter Räume angewiesen sind, eine Rolle spielen.

Arbeitslose haben z.B. einen höheren Bedarf an Heizkosten als Berufstätige (SG Duisburg 3.8.2006 - S 23 SO 75/05), Familien mit Kindern einen höheren Bedarf als Familien ohne Kinder. Für ein schulpflichtiges Kind z.B. ist ein Raum zu berücksichtigen, in dem es Schularbeiten machen kann (OVG Niedersachsen, FEVS 33, 156).

Die Heizkosten hängen auch von Ihrem Alter (LSG NRW 29.6.2007 - L 20 B 90/07 AS) oder Ihrem Gesundheitszustand ab (z.B. bei Arthrose: OVG Berlin 23.1.1970, FEVS 17, 416), außerdem vom völlig unterschiedlichen subjektiven Temperaturempfinden (SG Aachen 1.2.2006 - S 11 AS 99/05).

Bei der Beurteilung der Angemessenheit muss die Behörde all diese besonderen Faktoren berücksichtigen (BSG 20.8.2009 - B 14 AS 65/08 R). Maßgeblich ist der **Einzelfall** (BSG 7.11.2006 - B 7b AS 18/06 R). Sollten Sie die in ihrem Wohnort geltenden Angemessenheitsregelungen anfechten wollen, so ist der Ausblick auf kommende Entscheidungen des BSG zur statistischen Ermittlung durch die Bundessozialrichterin Knickrehm empfohlen (Knickrehm, Das schlüssige Konzept im Wandel von Rechtsprechung und Politik, In: SGb 2017 S. 241-250)

3. Unangemessenheit der Heizkosten

3.1 ...bei Unwirtschaftlichkeit

Wenn Ihnen die Heizkosten gekürzt werden sollen, weil Sie Ihre Wohnung angeblich unwirtschaftlich beheizen, muss die Behörde Sie zuvor **schriftlich zunächst anhören und Sie anschließend** darüber **belehren**, wie die Heizkosten gesenkt werden können. Danach sind die unangemessenen Heizkosten auch dann noch vom Leistungsträger zu übernehmen, solange es nicht möglich oder zumutbar ist, diese Kosten zu senken (§ 22 Abs. 1 S. 3 SGB II).

Tipp: Nutzen Sie in diesem Fall die Gelegenheit, Stellung zu nehmen und im **Einzelfall** darzulegen, welche Faktoren für den erhöhten Heizenergieverbrauch eine Rolle spielen.

Angemessenheitsfiktion während der Corona-Pandemie

Diese Regelung erfährt für den Zeitraum der Corona-Pandemie gem. § 67 Abs. 3 SGB II und 141 Abs. 3 SGB XII entscheidende Einschränkungen. Für alle Bewilligungszeiträume zwischen dem März 2020 und März 2021 – eventuelle Verlängerungen sind möglich und müssen beachtet werden – werden die Heizkosten, als Bestandteil der Kosten der Unterkunft, als angemessen fingiert. Das betrifft aber nicht Bewilligungszeiträume, die vor März 2020 oder nach dem März 2021 beginnen oder enden. Wurden die Unterkunftskosten bereits vor dem März 2020 per Verwaltungsakt abgesenkt, dann gilt das nicht. Wurde aber vor dem März 2020 nur eine Kostensenkungsaufforderung erlassen, die noch nicht durch Verwaltungsakt tatsächlich umgesetzt wurde (Absenkung im Leistungsbescheid), dann sind die angemessenen Heizungskosten für den Zeitraum ungekürzt weiter zu zahlen. Da gesetzlich fingiert ist, dass die Kosten der Unterkunft in diesem Zeitraum angemessen sind, darf auch keine Kostensenkungsaufforderung in dieser Zeit ergehen.

3.2 ...bei zu großer Wohnung

Die Heizkosten gelten nicht automatisch als unangemessen, wenn die Wohnungsgröße unangemessen ist.

Zwar ist es vom Grundsatz her zulässig, dass die Behörde Heizkosten nur für die als angemessen betrachtete Wohnungsgröße bezahlt und diese in der entsprechenden kommunalen Angemessenheitsvorschrift zugrunde legt. Das bedeutet aber nur, dass bei der Ermittlung der als **maximal** angemessen geltenden Heizkosten von der für Sie angemessenen Wohnungsgröße auszugehen ist (BSG 2.7.2009 - B 14 AS 36/08 R; ⇨4.1; ⇨Miete 2.1). Eine **pauschale Kürzung** der Leistungen für die Heizkosten in Höhe des Anteils der überschrittenen Wohnfläche ist unzulässig und auch dahingehend zu überprüfen, ob die

Ausgaben für Miete und Heizung insgesamt die Angemessenheit überschreiten.

Beispiel: Wenn Ihre Wohnung 64 m² groß ist, Ihnen aber nur 45 m² zustehen, darf das Jobcenter nicht pauschal 30 Prozent (der Quadratmeteranteil über 45 m²) der tatsächlichen Heizkosten kürzen. Es muss Ihnen zumindest Heizkosten in der Höhe erstatten, die **maximal** bei einer 45-m²-Wohnung ungeprüft als angemessen übernommen werden.

Wenn das Jobcenter/ Sozialamt Ihnen aber den **Umzug** in eine zu große Wohnung **genehmigt**, ohne Sie darüber aufzuklären, dass Heizkosten ggf. nicht in voller Höhe übernommen werden, wäre das ein Verstoß gegen die Aufklärungs- und Beratungspflicht. In diesem Fall müssten die tatsächlichen Heizkosten auch dann übernommen werden, wenn Sie unangemessen sind (⇨ Nachzahlung 1.).

Eine Begrenzung der Heizkosten darf nur vorgenommen werden, wenn Sie **ohne Zustimmung** in eine unangemessen große Wohnung gezogen sind, bereits **vor** dem Leistungsbezug dort gewohnt haben oder wenn angemessene Heizkosten sich in unangemessene erhöhen.

3.3 ...bei Beheizung eines ⇨Eigenheims

Alg II-Beziehenden steht z.B. bei einem Vierpersonenhaushalt je nach Bundesland eine 85 bis 95 m² große **Mietwohnung** zu. Bei einem freistehenden **Eigenheim** wäre bei vier Personen eine Wohnfläche bis 130 m² als geschütztes **Vermögen** anerkannt.

Aufgrund der vom BSG geforderten **Gleichbehandlung** von Mieter*innen und Eigenheimbesitzer*innen müssen allerdings nur die Heizkosten übernommen werden, die maximal bei einer 85 bis 95 m² großen Mietwohnung ungeprüft als angemessen übernommen werden (BSG, ebenda).

Da bei freistehenden Eigenheimen mit einer Baufläche unter 100 m² aber nicht auf die vom BSG eingeführten Grenzwerte des **bundesweiten Heizspiegels** (⇨4.1) zurückgegriffen werden kann, sind im Zweifelsfall bei kleineren Gebäuden Wärmegutachten zur Beurteilung der angemessenen Heizkosten zu erstellen (SG Lüneburg 16.2.2010 - S 45 AS 34 10 ER).

4.1. Prüfgrenze nach dem bundesweiten Heizspiegel

Bei der Erstattung angemessener Heizkosten in **zentral beheizten** Gebäuden geht das **BSG** von einer Prüfgrenze aus, bis zu deren Höhe die jeweiligen Heizkosten unbesehen vom Jobcenter übernommen werden müssen. Diese Grenzen wurden nun weitestgehend in die kommunalen Angemessenheitssatzungen übernommen.

Erst wenn Ihre Heizkosten die in den kommunalen Vorschriften festgesetzten **Grenzen übersteigen**, haben Sie dem Jobcenter konkret darzulegen, warum Ihre Heizkosten über dem Grenzwert liegen und dennoch nach der Besonderheit des Einzelfalles angemessen sind. Dabei können alle unter ⇨2. dargelegten Kriterien eine Rolle spielen. Wird Ihre Begründung von der Behörde angezweifelt, kommt zur Überprüfung Ihrer Angaben auch eine Besichtigung des Wohnhauses/ der Wohnung und ggf. der Heizanlage in Betracht.

Auch bei Überschreiten der Prüfgrenze ist also eine generelle Begrenzung der Heizkosten auf die Höhe der Prüfgrenze nicht erlaubt. Tragen Sie Gründe für erhöhte Heizkosten vor, muss eine Ermessensentscheidung im **Einzelfall** getroffen werden (BSG, ebenda, Rn. 23; BSG 19.10.2010 - B 14 AS 15/09 R und 12.6.2013 - B 14 AS 60/12 R).

Bei der Festlegung der Prüfgrenze orientiert sich das BSG an dem **bundesweiten Heizspiegel** (www.heizspiegel.de), der von co2online gGmbH zusammen mit dem Deutschen Mieterbund herausgegeben wird. Dieser Heizspiegel differenziert nach Heizungsart (Öl, Gas und Fernwärme) und Größe des Wohnhauses. Die Verbrauchswerte werden jeweils in kWh pro m² pro Jahr oder € pro m² pro Jahr angegeben. Der Heizenergieverbrauch wird in vier Stufen – *„niedrig"*, *„mittel"*, *„erhöht"* und *„zu hoch"* – unterteilt. Das BSG sieht für die Ermittlung der Prüfgrenze vor, den jeweiligen Wert der Stufe ***„zu hoch"*** einzusetzen, weil davon auszugehen ist, dass Leistungsbeziehende, die auf das untere Preissegment des Wohnungsmarktes verwiesen werden, z.B. aufgrund der regelmäßig schlechteren Bausubstanz und/ oder der geringeren Effizienz der Heizanlage überdurchschnittliche Heizkosten haben (BSG, ebenda). Diese Grenzen dürften auch weitestgehend in der zukünftigen Rechtsprechung relevant bleiben, da ansonsten die Leistungsträger gezwungen wären, ein sogenanntes schlüssiges Konzept zur Ermittlung der Heizkosten selbstständig zu erarbeiten. Zu den kommunalen Heizspiegeln: siehe unten.

Achtung: Die Angaben im Heizspiegel beziehen sich seit 2014 auf die **Heizkosten inklusive Warmwasserbereitung**. Enthalten Ihre Heizkosten keine Warmwasserbereitung, müssen die berechneten Werte um 24 kWh/ 1,90 € angepasst werden.

H

So wird die Prüfgrenze bei Heizkosten ermittelt:

Zunächst müssen die Gesamtwohnfläche des Wohnhauses geschätzt und die Heizungsart bestimmt werden. Dann kann der Wert aus der jeweiligen Zeile des Heizspiegels unter der Stufe ***„zu hoch“*** abgelesen werden. Dieser Wert wird mit der jeweils für die Haushaltsgröße (Personenzahl) angemessenen Wohnungsgröße in m² multipliziert.

Beispiel: Die vierköpfige Familie Hitzig bewohnt eine mit 95 m² etwas zu große Wohnung in einem Achtfamilienhaus mit einer **Gesamtwohnfläche** von **800 m²**. Das Haus wird mit Fernwärme beheizt, die Warmwasserversorgung ist zentral und in den Heizkosten enthalten. Der Energieverbrauch liegt bei mtl. **1.500 kWh**, die Kosten bei mtl. **140,00 €**.

Laut bundesweitem Heizspiegel (2020/19), letzte Spalte, beträgt der maximale Jahresverbrauchswert hier pro m² **210 kWh** und die Jahreskosten pro m² **19,71 €**. Die angemessene Wohnfläche für 4 Personen liegt hier bei **90 m²**.

Die Prüfgrenze berechnet sich:

90 m² x 210 kWh / 90 m² x 19,71 €

Sie liegt im Jahr bei: 18.900 kWh / 1.773,90 €

Sie liegt im Monat bei: 1.575 kWh / 147,82 €

Die Heizkosten der Hitzigs müssen ohne weitere Prüfung als angemessen anerkannt werden.

Ohne Kosten für Warmwasserversorgung müssten die Heizspiegelwerte angepasst werden:

216 kWh - 24 kWh = 194 kWh

20,20 € - 1,90 € = 18,30 €

In Ermangelung belastbarer Verbrauchserhebungen wird der Heizspiegel auch zur Ermittlung der Prüfgrenze von dezentralen Heizanlagen, z.B. **Gasetagenheizungen, Öl- und Gaseinzelöfen** usw. herangezogen. In diesem Fall sind immer die Heizspiegel-Werte der **kleinsten Gebäudefläche** zugrunde zu legen (BSG 12.6.2013 - B 14 AS 60/12 R). Da diese am höchsten ausfallen, sind die Werte in den meisten Fällen bedarfsdeckend.

Die im Heizspiegel angegebenen Werte beziehen sich auf Gebäudeflächen von mehr als 100 m². Dennoch kann auch bei Wohneinheiten/ Eigenheimen mit einer **Fläche unter 100 m²** der Heizspiegel-Wert der kleinsten Gebäudefläche als Prüfmaßstab zugrunde gelegt werden, wenn bei Überschreitung die Prüfung der Heizkosten unter Berücksichtigung der Besonderheiten des Einzelfalles möglich bleibt.

Auch bei anderen Heizenergiearten wie **Strom, Holz oder Solarenergie**, die im Heizspiegel nicht gesondert aufgeführt sind, sind die Heizspiegel-Werte des teuersten Energieträgers bei der kleinsten Gebäudefläche zugrunde zu legen (BSG, ebenda). Bei Überschreitung wäre ebenfalls eine Einzelfallentscheidung durch das Jobcenter/ Sozialamt zu treffen.

90 Kommunen haben inzwischen einen **kommunalen Heizspiegel** mit regionalen Vergleichswerten veröffentlicht. Diese Werte werden dort zur Berechnung der Prüfgrenze herangezogen, wobei zu prüfen ist ob diese den strengen Anforderungen des BSG (19.1.2019 - B 14 AS 41/18 R u.a) entsprechen. Sie finden sie unter www.heizspiegel.de. In allen anderen Städten und Kreisen wird der bundesweite Heizspiegel herangezogen.

Werden die örtlichen Angemessenheitsgrenzen anhand der **Bruttowarmmiete** als ***„Gesamtangemessenheitsgrenzen“*** bestimmt (§ 22 Abs. 10 Satz 1 SGB II; ⇨3.3; ⇨Miete 2.5.3), *„kann für die Aufwendungen für Heizung der Wert berücksichtigt werden, der bei einer gesonderten Beurteilung der Angemessenheit der Aufwendungen für Unterkunft und der Aufwendungen für Heizung ohne Prüfung der Angemessenheit im Einzelfall höchstens* *anzuerkennen wäre"* (§ 22 Abs. 10 Satz 2 SGB II). Das sind regelmäßig Heizkosten in Höhe der aus dem Heizspiegel ermittelten Prüfgrenzen **plus** der angemessenen Bruttokaltmiete.

4.2 Sind Obergrenzen/Pauschalen für Heizkosten erlaubt?

Alg II

Viele Behörden zahlen Heizkosten nur bis zu bestimmten Höchstbeträgen. Das führt teilweise zur erheblichen **Senkung der Leistung**, da die übersteigenden Heizkosten aus dem Regelbedarf gedeckt werden müssen. Dafür gab es **vor** April 2011 keine rechtliche Grundlage (BSG 16.5.2007 - B 7b AS 40/06 R; ⇨1.1).

Tipp: Wenn die Behörde Ihre Heizkosten wegen Anwendung rechtswidriger Obergrenzen nicht vollständig übernommen hat, können Sie einen Überprüfungsantrag stellen (§ 44 SGB X) und die illegal einbehaltenen Beträge zurückverlangen. Rechtswidrige Bescheide sind aber nur rückwirkend bis zum Beginn des Vorjahres aufzuheben (⇨ Nachzahlung 3.1).

Kommunale Satzung für Unterkunfts- und Heizkosten

Seit April 2011 können Kommunen und Landkreise unter bestimmten Voraussetzungen eine eigene Satzung für die Kosten der Unterkunft und Heizung erlassen, in denen auch Obergrenzen und Pauschalen für die Heizkosten (auch für Betriebskosten oder eine Bruttowarmmiete) festgelegt werden können (§ 22b Abs. 1 SGB II; entsprechend § 35a SGB XII). Dabei sind die strengen Vorgaben der Rechtsprechung zu beachten.

Auch in einer kommunalen Satzung ist eine Festlegung der angemessenen Heizkostenobergrenzen/ -pauschalen an **Durchschnittsverbrauchswerten** nur zulässig, wenn die zugrunde liegende Berechnung den Vorgaben des schlüssigen Konzeptes entspricht. *„Der Wärmebedarf ist von verschiedenen Faktoren abhängig und allein die Überschreitung von Durchschnittswerten kann die Unangemessenheit der Heizkosten nicht ohne weiteres begründen"* (LSG Niedersachsen-Bremen 15.12.2005, ebenda, ⇨2.).

Durchschnittswerte, die sich auf den Standard des gesamten Wohnungsbestandes beziehen, vernachlässigen die Lebenslage. Erwerbslose halten sich häufiger in der Wohnung auf als Erwerbstätige. Erwerbslose und Arme sind auch häufiger krank, behindert oder alt oder leben in Haushalten mit mehreren Kindern. Sie brauchen deshalb unter Umständen mehr Heizenergie. Zu den statistischen Anforderungen siehe (Eicher/Luik, 4. Aufl., § 22 Rn 64 -72, Geiger KdU, S. 153 ff).

Bei der **Ermittlung** von Obergrenzen bzw. Pauschalen muss die Kommune/ der Kreis auf geeignete statistische Datenerhebungen und -auswertungen zurückgreifen. Bei der Bemessung wird man – wie das BSG beim Setzen der Heizspiegel-Prüfgrenze – von einem überdurchschnittlichen Heizenergieverbrauch von Leistungsbeziehenden ausgehen müssen.
Die Methodik der Datengrundlage soll in die Begründung der Satzung einfließen. Die Werte sollen alle zwei Jahre überprüft und ggf. angepasst werden (§ 22c SGB II). Das alles können Sie mit einem Normenkontrollantrag beim zuständigen LSG überprüfen lassen.
Näheres zur kommunalen Satzung unter ⇨ **Miete** 2.5.1

4.3 Obergrenzen/Pauschalen nach der Wohngeldverordnung

Nach der neuen Satzungsregelung können Obergrenzen/ Pauschalen für die Angemessenheit der Miete inklusive Nebenkosten (ohne Heizkosten) auch nach der Wohngeldtabelle (§ 12 Abs. 1 WoGG) festgelegt werden, wenn kein geeignetes Datenmaterial vorliegt (§ 22c Abs. 1 Satz 2 SGB II). Auf die Festlegung der Heizkosten hat das jedoch keinen Einfluss.
Die in der Wohngeldverordnung (§ 6 Abs. 2 Nr. 1 WoGV) bestimmte Pauschale für Heizung in Höhe von 0,80 €/m² ist nicht mehr zeitgemäß, weil sie unter den Werten der WoGV von 1988 liegt (1,60 DM oder 0,82 €/m²). Stattdessen ist die anhand des aktuellen bundesweiten Heizspiegels ermittelte Prüfgrenze heranzuziehen (⇨4.1).

HzL/GSi der Sozialhilfe

5. Pauschalen und kommunale Satzung

„Leistungen für Heizung und zentrale Warmwasserversorgung [⇨Warmwasser] werden

in tatsächlicher Höhe erbracht, soweit sie angemessen sind. Die Leistungen können durch eine monatliche ***Pauschale*** *abgegolten werden. Bei der Bemessung der Pauschale sind die persönlichen und familiären Verhältnisse, die Größe und Beschaffenheit der Wohnung, die vorhandenen Heizmöglichkeiten und die örtlichen Gegebenheiten zu berücksichtigen"* (§ 35 Abs. 4 SGB XII).

Heizkosten ***„können"*** pauschaliert werden, müssen aber nicht. I.d.R. wenden Sozialhilfeträger die gleichen Maßstäbe an wie die Jobcenter der Kommune/ des Kreises.

H

Pauschalen, mit denen angemessene Heizkosten auf Grundlage von Durchschnittswerten eines kommunalen Energieversorgers festgelegt werden, die keine ⇨**Ermessen**entscheidung mehr zulassen, wären jedenfalls rechtswidrig.

Die Pauschalierung von Heizkosten kann daher nur auf einer geeigneten Datengrundlage (z.B. örtlicher Heizspiegel) erfolgen **und** muss Ermessensspielräume im Einzelfall zulassen. Anderenfalls gelten die Vorgaben des BSG für die Ermittlung einer Prüfgrenze für angemessenen Heizkosten (⇨4.1).

Eine **kommunale Satzung** für die Kosten der Unterkunft und Heizung (⇨4.2), die eine Kommune/ ein Landkreis nach dem SGB II erlässt, ist automatisch auf das SGB XII anzuwenden, sofern sie auf die persönlichen Verhältnisse **älterer Menschen** abgestimmt ist. Hier wären Pauschalen unter strengen Vorgaben möglich (⇨Miete 2.5.1 f.).

6. Wenn die Heizkosten unangemessen sind

Alg II, HzL/GSi der Sozialhilfe

Sollten Heizkosten im Einzelfall unangemessen hoch sein, sind sie bei Alg II-/ Sozialhilfe-Bezug *„solange zu berücksichtigen, wie es [...] nicht möglich oder nicht zuzumuten ist, durch einen Wohnungswechsel, durch Vermieten oder auf andere Weise die Aufwendungen zu senken, in der Regel jedoch längstens für sechs Monate"* (LPK SGB XII, 12. Aufl., § 35 Rn. 123 verweist auf § 22 Abs. 1 Satz 4 SGB II).

Unangemessen hohe Heizkosten dürfen vom Amt aber erst nach **Aufklärung, Fristsetzung, konkreter Feststellung und Kostensenkungsaufforderung** auf den „angemessenen" Betrag gesenkt werden. Werden sie sofort gesenkt, müssten Sie sie aus dem Regelbedarf zahlen und haben weniger zum Leben. Oder Sie müssten zur Kostensenkung im Winter die Heizung noch ein paar Grad herunter drehen und frieren.

Das BSG gibt hierzu folgende Verfahrensschritte vor (12.6.2013 - B 14 AS 60/12 R):

a. Das Jobcenter/ Sozialamt muss Sie darüber **aufklären**, welche Heizkosten als angemessen gelten. Dann erhalten Sie zumindest Gelegenheit, **Stellung** zu **nehmen** und die Faktoren zu benennen, die in Ihrem Fall einen erhöhten Heizenergiebedarf zur Folge haben (⇨2.; ⇨4.1). Die Behörde muss dann im Rahmen ihrer **Amtsermittlungspflicht** (§ 20 SGB X) prüfen, ob Erhöhungsfaktoren in Frage kommen und ob die Heizkosten **im Einzelfall** angemessen sind.

b. Ist der Träger der Auffassung, Ihre Heizkosten seien unangemessen hoch, muss er Sie darüber in Kenntnis setzen, dass Sie durch **wirtschaftliches Heizen** eine Senkung der Heizkosten auf das angemessene Maß herbeiführen sollen. Sie bekommen hierzu regelmäßig eine **Frist von einem halben bis zu einem Jahr** gesetzt, bis die kommende Abrechnungsperiode abgelaufen ist. Erst dann kann anhand des tatsächlichen Verbrauchs ermittelt werden, ob eine Kostensenkung durch Energieeinsparung erzielt werden konnte oder ob fortgesetztes unwirtschaftliches Heizverhalten bzw. äußere Faktoren wie mangelhafte Bausubstanz für die unangemessenen Heizkosten verantwortlich sind. Jobcenter/ Sozialamt müssen hierzu eine **konkrete Feststellung** treffen.

c. Erst wenn die Behörde festgestellt hat, dass **unwirtschaftliches Heizverhalten** Ursache der hohen Energiekosten ist, dürfen die vom Jobcenter/ Sozialamt übernommenen Heizkosten abgesenkt werden. Sind Sie aber der Ansicht, dass **äußere Faktoren** für die hohen Heizkosten verantwortlich sind, müssen Sie gegen den Absenkungsbescheid ⇨Widerspruch einlegen.

d. Da aber die Unangemessenheit der Heizkosten in den meisten Fällen auf äußere Faktoren, nämlich die **Beschaffenheit**

des Wohnhauses oder **der Heizung** zurückzuführen ist, können die Kosten letztlich nur durch aufwendige Sanierungsmaßnahmen/ Reparaturen oder einen **Wohnungswechsel** auf das angemessene Maß gesenkt werden.

- Kommt eine **Behebung der Mängel** ohne ein zeit- und kostenaufwendiges Klageverfahren gegen die vermietende Person in Betracht, muss Ihnen die Behörde die Fristen zur Kostensenkung einräumen, die nach dem Mietrecht für die Beseitigung von Mängeln gelten.
- Wurde festgestellt, dass für die Kostensenkung ein **Wohnungswechsel** erforderlich ist, muss Ihnen die Behörde einen Übergangszeitraum von **sechs Monaten** gewähren, um die Heizkosten durch einen ⇨Umzug in eine andere Wohnung zu senken.

Ein Wohnungswechsel soll allerdings nur verlangt werden, wenn dieser zu niedrigeren Gesamtkosten für die Unterkunft führt. Wäre ein **Umzug** insgesamt **unwirtschaftlich**, weil die hohen Heizkosten durch eine niedrige Bruttokaltmiete ausgeglichen werden können oder auf dem Wohnungsmarkt keine günstigen Wohnungen verfügbar sind, soll auf den Umzug verzichtet werden. In diesem Fall sind „unangemessene" Heizkosten weiterhin durch die Behörde zu übernehmen (BSG, ebenda).

7. Trennung von Haushalts- und Heizenergie

Hier finden Sie einige Beispiele für den Fall, dass mit Strom geheizt wird, die Heizanlage zusätzlich Elektrizität zum Laufen benötigt oder andere Kostenfaktoren beim Heizen ins Spiel kommen (z.B. Grundgebühren für Gas).

Die Prüfgrenze bei Stromheizungen sieht das BSG bei Überschreiten der höchsten Heizspiegel-Werte des teuersten Energieträgers (⇨4.1). Darüber liegende Energiekosten sind im Rahmen einer Einzelfallentscheidung auf ihre Angemessenheit zu überprüfen (⇨2.).

7.1 Wenn Sie mit Strom heizen,

aber auch ⇨Warmwasser bereiten, kochen usw., müssen die Energiekosten sauber getrennt werden:

Im Rahmen der **Kosten für Unterkunft und Heizung** werden bei Alg II, HzL und GSi die im Zusammenhang mit dem Betrieb der **Heizung** stehenden Stromkosten (SG Freiburg 13.2.2006 - S 7 AS 2122/05; SG Hamburg 30.3.2005 - S 59 AS 107/05 ER) und, seit 2011, die Kosten für **Warmwasserbereitung** übernommen. Wenn die Wohnung teilweise mit zusätzlichen Stromgeräten beheizt werden muss, gehören auch diese Kosten zu den Heizkosten.

Haushaltsenergie (ohne Warmwasser mtl. 38,32 € (Regelbedarf 2021); ⇨Strom) müssen Sie aus Ihrem ⇨Regelbedarf zahlen. Der Stromgrundpreis soll bereits darin enthalten sein. Ebenfalls sind im Posten Haushaltsenergie Wohnen und Instandhaltung mit enthalten, was in der Fachwelt fast einhellig als unzureichend klassifiziert wird.

Ist der Stromverbrauch mangels entsprechender Stromzähler nicht in seine Anteile aufzuschlüsseln, können Sie den Verbrauch z.B. anhand von Geräteleistung und -laufzeit **schätzen** oder z.B. bei Nachtspeicheröfen **Erfahrungswerte** des Energieversorgers zugrunde legen. Das alles führt aber im Zweifelsfall zu nachteiligen Ergebnissen.

Die einzig „saubere" Lösung: Abzug der Strompauschale für Haushaltsstrom

Von den gesamten Stromkosten entfallen bei Alleinstehenden **38,32 €** auf den **Regelbedarf** und der **Rest** auf die Kosten für **Heizung und Warmwasser**, die die Behörde zu zahlen hat (zur Berechnung bei Bedarfsgemeinschaften ⇨Strom 1.).

Anders sind solche Energiekosten auch unter Berücksichtigung des Mehrbedarfs für ⇨ Warmwasser nicht zu trennen. Auch ein Stromtarif, bei dem Haupt- und Nebentarifstrom getrennt berechnet werden, gibt oft keinen Aufschluss über den tatsächlichen Verbrauch von Heiz- und Haushaltsstrom. Er gibt in vielen Fällen nur an, wie viel günstigeren Nacht- und teureren Tagstrom Sie verbraucht haben.

7.2 Wenn Sie getrennte Stromzähler für Heizungs- und Haushaltsstrom haben,

können die Heizkosten in tatsächlicher Höhe ermittelt und vom Amt übernommen werden.

Nur der Mehrbedarf für ⇨Warmwasser muss Ihnen zusätzlich zum Regelbedarf erbracht werden, wenn Sie es dezentral mit Strom bereiten.

7.3 Ist Betriebsstrom der Gas- oder Ölheizung in den Stromkosten enthalten,

muss er herausgerechnet und den Heizkosten zugerechnet werden. Heizkosten bezahlt das Amt.

Der durchschnittliche Gesamtverbrauch einer **Gasetagenheizung** an Strom soll sich nach Auskunft der Firma Viessmann auf 500-700 kWh im Jahr belaufen. Legt man den mittleren Strompreis in 2020 von 30,01 Cent zugrunde, macht das ca. 150 € bis 210 € aus. Das LSG NRW berechnet fünf Prozent der Gaskosten für den Betriebsstrom einer Gasetagenheizung (26.3.2012 - L 19 AS 2051/11), bei einer **Zentralheizung** beträgt er nach Schätzungen fünf bis acht Prozent der Brennstoffkosten (LSG Baden-Württemberg 5.3.2011 - L 12 AS 2404/08). Das BSG sieht das bei der Heizanlage eines Eigenheims ebenso, lässt aber die Ermittlung des Betrags offen (7.7.2011 - B 14 AS 51/10 R).

Inzwischen haben viele Sozialgerichte einen pauschalen **5%-Aufschlag** für Betriebsstrom von Heizungen anerkannt, wenn die tatsächlichen Kosten nicht nachgewiesen werden können.

Tipp: Mit preiswerten Zwischenzählern lässt sich der Stromverbrauch von Heizanlagen exakt ermitteln.

7.4 Aufteilung der Grundgebühren für Gas

Diese sind seit 1990 nicht mehr im Regelbedarf enthalten. Wenn Sie Ihre Haushaltsenergie inklusiveWarmwasser vollständig über Strom abdecken, aber **mit Gas heizen**, muss also die Grundgebühr für Gas im Rahmen der Heizkosten erstattet werden (OVG Niedersachsen 12.12.2001 - 4 L 3946/00). Der Mehrbedarf für ⇨ Warmwasser steht Ihnen dann zusätzlich zum Regelbedarf zu.

Heizen und bereiten Sie Warmwasser mit Gas und benötigen Sie **zusätzlich** Gas zum **Kochen**, dann entfallen nicht nur die Gas-Grundgebühren auf die Heizkosten, sondern auch das Gas zum Kochen. *„Lässt sich ein Bezugspunkt für eine realitätsnahe Schätzung des Energieanteils, der für das Kochen in der Regelleistung enthalten sein soll, nicht finden, hat ein entsprechender Abzug von den Heizkosten [...] zu unterbleiben"* (BSG 19.10.2010 - B 14 AS 50/10 R).

8. Tatsächliche Aufwendungen bei Brennstoffbeihilfen (Ofenheizung)

Auch hier sind die tatsächlichen Aufwendungen, die Sie für den Kauf von **Öl, Holz oder Kohle** haben, im Rahmen einer Einzelfallentscheidung als angemessen anzuerkennen, auch wenn sie über den Richtwerten der Behörden liegen (SG Würzburg 7.11.2005 - S 16 AS 146/05; SG Berlin 10.1.2006 - S 37 AS 10707/05 ER). Es sei denn, sie wären unwirtschaftlich, weil Sie nachweislich zum Fenster hinaus heizen.

Als Maßstab für die Zahlung der Beihilfe kann der Jahresdurchschnittsverbrauch des Vorjahres oder der Vorjahre gelten. *„In jedem Fall ist die Angemessenheit der Aufwendungen unter Betrachtung eines längeren Zeitraums zu prüfen, in der Regel eines Jahres"* (LSG Niedersachsen-Bremen 2.2.2006 - L 8 AS 439/05 ER).

Die Angemessenheit bestimmt sich nicht in erster Linie nach den Kosten: *„Maßgebend ist vielmehr der Verbrauch"* (ebenda).

Im **Internet** können Sie mit dem *„Heiz-Check"* der Energieagentur co2online die Heizkosten bei Beheizung mit **Öleinzelöfen/ Stromöfen** ermitteln, wenn Sie Baujahr, Wohnungsgröße, Art und Lage des Hauses, Zahl der Nutzer usw. eingeben (www.co2online.de ⇨Service ⇨EnergiesparChecks ⇨HeizCheck). Diese Werte können bei Einzelöfen **Anhaltspunkte** auch für die Kosten anderer Brennstoffarten liefern, die als Heizkosten anerkannt werden müssen.

Die **tatsächlichen Aufwendungen** für den Verbrauch müssen dann erstattet werden, **wenn sie auftreten** (BSG 16.5.2007 - B 7b AS 40/60 R). Eine monatliche Erstattung in Form von Pauschalen würde zu Regelbedarfssenkungen und/ oder Schulden führen, da man in Vorleistung treten muss. Deshalb ist es rechtswidrig, bei der Befüllung eines **Heizöltanks** mit einer größeren Menge Öl den Bedarf nur mit wenigen Monatspauschalen zu decken (LSG Bayern 17.3.2006 - L 7 AS 3/05).

Wurden Kohle oder Heizöl schon **vor** dem Leistungsbezug angeschafft, werden die Kosten nicht mehr erstattet, egal ob Sie noch damit heizen oder nicht. Erst wenn ein Bedarf im **Bewilligungszeitraum** entsteht, weil kein Brennmaterial mehr vorhanden ist, sind die tatsächlichen Aufwendungen für Heizmaterial zu erstatten (BSG, ebenda).
Wenn Sie mit gefülltem Brennstofftank aus dem Leistungsbezug ausscheiden, ist das Pech fürs Amt. Um das zu vermeiden und weil Kosten nur für den **gegenwärtigen Heizbedarf** übernommen werden müssen, können Brennstofflieferungen für einen längeren Zeitraum auch zunächst als Darlehen zur Verfügung gestellt werden, das bei entsprechendem Brennstoffverbrauch in eine Beihilfe umgewandelt wird (LSG Sachsen-Anhalt 18.9.2009 - L 5 B 593/08 AS ER). Oder die Kosten werden auf die Mengen beschränkt, die voraussichtlich im jeweiligen Bewilligungszeitraum anfallen (LSG Sachsen 30.5.2011 - L 3 AS 342/11 B ER).

Tipp: Sollte die Behörde Ihren gegenwärtigen Bedarf an Brennstoff nicht decken und Sie frieren lassen, sind Sie gezwungen, eine ⇨einstweilige Anordnung beim Sozialgericht zu beantragen. Hier müssen Sie vor Gericht nachweisen, dass der Brennstoffvorrat erschöpft ist oder nur noch wenige Tage reicht (LSG NRW 15.11.2010 - L 7 AS 1911/10 B ER).

9. Höhere Heizungskosten durch nicht genehmigtem ⇨Umzug (1.1)

Kritik

Durch die letzte SGB II-Reform sollen Heizkosten nach Durchschnittswerten und/ oder mit festen Obergrenzen bewilligt werden. Die Erlangung des grundgesetzlich geschützten Anspruchs auf menschenwürdiges Wohnen wurde damit erschwert und das Verfahren für die Leistungsträger erleichtert. Erwerbslose und Arme wohnen in der Regel in unterdurchschnittlich ausgestatteten Wohnungen und haben deswegen überdurchschnittlichen Heizenergiebedarf. Werden Sie mit Durchschnittswerten abgefunden, ist das eine der zahlreichen Spielarten, den Regelbedarf indirekt zu senken.

Forderungen

Anerkennung der tatsächlichen Heizkosten!
Übernahme der vollen Umzugskosten, wenn der Umzug zur Reduzierung der Heizkosten erforderlich ist!
Keine Deckelung der Heizkosten eines Eigenheims auf die Kosten kleinerer Mietwohnungen!

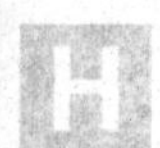

Jugendliche und junge Erwachsene

Inhaltsübersicht:

Alg II

1.1 Regelsatz plus Kosten der Unterkunft

Ab 15 Jahren gelten Jugendliche als ⇨erwerbsfähig und können damit Alg II beziehen. Das gilt auch, wenn ihre Eltern HzL/GSi der Sozialhilfe empfangen.
Sind Jugendliche ab 15 nicht erwerbsfähig und leben mit Alg II-Berechtigten zusammen, bekommen sie ⇨Sozialgeld.
Jugendliche zwischen 15 und 18 müssen mit einem Regelsatz in Höhe von 373 € (2021) ihren mtl. Bedarf zum Leben decken.

Über 18 Jährigen, jungen Erwachsenen, die noch im Haushalt ihrer Eltern oder eines Elternteils wohnen, wurde der Regelbedarf ab Juli 2006 von 100 Prozent auf 80 Prozent des Eckregelsatzes gekürzt. Sie wurden zurück in die ⇨Bedarfsgemeinschaft der Eltern geschickt. Ihr mtl. Regelsatz beträgt 357 € (2021).

Der Pro-Kopf-Anteil an den Gesamtausgaben des Haushalts für **Unterkunft, Nebenkosten und Heizung** gehört außerdem zum Bedarf von Jugendlichen und jungen Erwachsenen.

⇨Schüler*innen, ⇨Studierende oder ⇨Auszubildende haben nur unter bestimmten Bedingungen Anspruch auf Alg II. Näheres unter den entsprechenden Stichworten.

1.2 Junge Erwachsene bis zum Alter von 25 Jahren – Unterhaltspflicht der Eltern?

Bis zum 1.7.2006 bildeten volljährige Kinder im Haushalt ihrer Eltern eine eigene Bedarfsgemeinschaft. Das entsprach dem Bürgerlichen Gesetzbuch (BGB) und jahrzehntelanger Praxis in der Sozialhilfe. Ihre Eltern mussten für sie in der Regel keinen Unterhalt mehr zahlen. Das war ein Fortschritt gegenüber der alten Sozialhilfe. Nur gegenüber Kindern unter 25 Jahren, die ihre Erstausbildung noch nicht abgeschlossen haben, besteht die nicht gesteigerte ⇨Unterhaltspflicht weiter (§ 1610 Abs. 2 BGB).

Jetzt bilden Kinder zwischen 18 und 25 Jahren, die noch **bei den Eltern wohnen**, mit ihren Eltern eine Bedarfsgemeinschaft. Eltern sollen mit ihrem gesamten Einkommen und Vermögen oberhalb ihres Alg II-Bedarfs für ihre volljährigen Kinder einstehen (§ 9 Abs. 2 Satz 2 SGB II). Das BSG hält dies für verfassungsgemäß (BSG 19.10.2010 - B 14 AS 51/09 R). Volljährige werden damit minderjährigen Kindern gleichgestellt, für die eine **gesteigerte Unterhaltspflicht** der Eltern besteht.

Die **nicht gesteigerte Unterhaltspflicht** der Eltern für ihre unter 25-jährigen Kinder, die **nicht im Haushalt leben**, wirkt im SGB II nur dann, wenn ein volljähriges Kind die Erstausbildung noch nicht abgeschlossen hat (§ 33 Abs. 2 Nr. 2 b SGB II). Unter 25-Jährige, die Ihre Ausbildung bereits abgeschlossen haben, müssten ihren Unterhaltsanspruch gegenüber den Eltern schon **freiwillig** geltend machen und den Unterhalt auch tatsächlich beziehen, damit das Jobcenter ihn bedarfsmindernd auf das Alg II anrechnen kann. Das Jobcenter darf sie aber **nicht** dazu **zwingen**!

Tipp: Wenn Ihr unter 25-jähriges Kind bereits einmal eine berufliche Erstausbildung begonnen und aus eigenem Antrieb abgebrochen hat, werden die Eltern aus dieser Unterhaltsverpflichtung entbunden. Sie können dann nicht mehr vom Jobcenter zum Unterhalt für das Kind herangezogen werden (Eicher/Luik, SGB II; 4. Aufl., § 33 Rn. 46, Verletzung der Ausbildungsobliegenheit).

J

Kritik

Die Ausdehnung der Bedarfsgemeinschaft auf das Verhältnis zwischen Eltern und volljährigen „Kindern" unter 25 Jahren, die in ihrem Haushalt leben, bricht das BGB mit voller Absicht. Nach BGB sind Eltern nur *„ihren minderjährigen unverheirateten Kindern gegenüber verpflichtet, alle verfügbaren Mittel zu ihrem und der Kinder Unterhalt gleichmäßig zu verwenden. Den minderjährigen unverheirateten Kindern stehen volljährige unverheiratete Kinder bis zur Vollendung des 21. Lebensjahrs gleich, solange sie im Haushalt der Eltern oder eines Elternteils leben und sich in Schulausbildung befinden"* (§ 1603 Abs. 2 BGB). Für ihre volljährigen Kinder müssen Eltern (mit der genannten Ausnahme) eben **nicht** alle ihre verfügbaren Mittel verwenden.

Seit 2006 hat die schwarz-rote Bundesregierung durch eine dem BGB entgegenstehende „Sozialgesetzgebung" dem Staat finanzielle Vorteile in Höhe von rd. 500 Mio. € jährlich verschafft. Damit konnten Unternehmen durch Gewinnsteuersenkungen entlastet werden. Nach dem Motto, *„Familie soll für einander einstehen"* (Ex-Arbeitsminister Müntefering), werden Kosten für die hohe Zahl von jungen Erwachsenen, die von Unternehmen nicht gebraucht werden, auf ihre Familien verlagert.

1.3 Allgemeines Verbot des Auszugs bis zum Alter von 25 Jahren

„Sofern Personen, die das 25. Lebensjahr noch nicht vollendet haben, umziehen, werden ihnen Leistungen für Unterkunft und Heizung für die Zeit nach einem Umzug bis zur Vollendung des 25. Lebensjahres nur erbracht, wenn der kommunale Träger dies ***vor Abschluss*** *des Vertrages über die Unterkunft zugesichert hat"* (§ 22 Abs. 5 SGB II).
Damit sich die Eltern dem aufgezwungenen Unterhalt nicht entziehen können, haben die Hartz IV-Parteien den Auszug Volljähriger unter 25 Jahren aus der elterlichen Wohnung von der Genehmigung der Behörde abhängig gemacht. Auch hierin werden junge Erwachsene Minderjährigen gleichgestellt. Nur dass nicht das Jugendamt, sondern das Jobcenter die Erlaubnis zum Auszug erteilen muss.

Ziehen arbeitslose junge Erwachsene **ohne Genehmigung** des Jobcenters aus, erhalten sie
- bis zur Vollendung des 25. Lebensjahres nur einen Regelsatz von 357 € statt 373 € (2021) (§ 20 Abs. 3 SGB II). Sie werden so gestellt, als ob sie noch bei ihren Eltern leben würden.

Sie erhalten zudem bis zum 25. Geburtstag
- keine Kosten für Unterkunft und Heizung (§ 22 Abs. 5 Satz 1 SGB II),
- keine Beihilfe für die Erstausstattung der Wohnung (§ 24 Abs. 6 SGB II) und
- als Schüler*innen/ Auszubildende (§ 7 Abs. 5 u. 6 SGB II) keine aufstockenden Leistungen für Unterkunft und Heizung (§ 22 Abs. 5 Satz 1 SGB II) und auch der Regelsatz wird auf 357 € begrenzt (§ 20 Abs. 3 SGB II; ⇨Auszubildende 2.2 ff.).

Wenn junge Erwachsene unter 25 Jahren, die noch keine Alg II-Beziehende sind, *„vor der Beantragung von Leistungen in der Absicht umziehen, die Voraussetzungen für die Gewährung der Leistungen herbeizuführen"*, werden ihnen ebenfalls keine Unterkunfts- und Heizkosten ersetzt (§ 22 Abs. 5 Satz 4 SGB II).

Im Extremfall kann das dazu führen, dass junge Erwachsener, die mit 18 Jahren „illegal" ausziehen, sieben Jahre lang mit einem gekürzten Regelbedarf ohne Aussicht auf eine eigene Wohnung bleiben. Das sind die härtesten Strafen des *„Strafgesetzbuches"* SGB II. Sonst laufen Sanktionen in der Regel nach drei Monaten aus.

1.4 Wann muss ein Auszug genehmigt werden?

Die Behörde ist zur Zusicherung verpflichtet, wenn

*„1. der Betroffene aus **schwerwiegenden sozialen Gründen** nicht auf die Wohnung der Eltern oder eines Elternteils verwiesen werden kann“* (§ 22 Abs. 5 Nr. 1 SGB II).

Schwerwiegende soziale Gründe können sein (vgl. u.a. Geiger 2020, 122):

- Rausschmiss – Eltern setzen ein volljähriges Kind vor die Tür, z.B. weil es ihre Bedingungen, eine Ausbildung zu suchen bzw. fortzuführen nicht erfüllt hat.
- unüberbrückbare persönliche Differenzen, die ein weiteres Zusammenleben unmöglich machen,
- eine dauerhaft gestörte Eltern-Kind-Beziehung (SG Hamburg 2.5.2006 - L 5 B 160/06 ER AS),
- massive Streitigkeiten mit dem Stiefvater (SG Dresden 3.11.2009 - S 10 AS 5249/09 ER),
- religiöser Übereifer der Eltern (SG Stade 22.4.2009 - S 28 AS 793/08),
- eine Suchterkrankung der Eltern (SG Nürnberg 2.11.2006 - S 19 AS 811/06 ER) oder des jungen Erwachsenen,
- sexuelle bzw. gewaltförmige Übergriffe,
- Straffälligkeit (eines Elternteils oder des Kindes),
- unzumutbare räumliche Unterbringung (SG Berlin 9.11.2007 - S 37 AS 8402/06),
- ein Zusammenleben mit Geschwistern in einer Wohnung, in der Geschlechtertrennung nicht möglich ist (Empfehlungen des DV zu § 22 Abs. 2 a SGB II, Berlin 12/2006, im Folgenden: DV 2006).

Tipp: Bei einer dauerhaft gestörten Eltern-Kind-Beziehung, die gerade in vom Existenzminimum lebenden Bedarfsgemeinschaften nicht selten auftritt, fordert das LSG Sachsen-Anhalt (16.6.2010 - L 5 AS 383/09 B ER) zur Leistungserlangung eine vorherige Inanspruchnahme von nicht aussichtlosen Hilfen des Jugendhilfeträgers. Bösartigerweise werden die Wertungen des § 1 Abs. 1 SGB VIII, dass *„[j]eder junge Mensch [...] ein Recht auf Förderung seiner Entwicklung und auf Erziehung zu einer eigenverantwortlichen und gemeinschaftsfähigen Persönlichkeit [hat]“*, gerade nicht als Grund für den Auszug eines unter 25-Jährigen akzeptiert. Verfassungsrechtlich u.a. problematisch ist, dass die Gruppe der unter 25-Jährigen eigentlich diskriminiert wird (LPK SGB II, 7. Aufl., § 22 Rn. 194). Meist akzeptieren Jobcenter dann familiäre Probleme, wenn der unter 25-Jährige, insbesondere auch beim Zusammenleben mit Geschwistern, eine Empfehlung des Jugendamtes zum Auszug vorlegen kann. Von daher wird dringend bei berechtigten Auszugswünschen der betroffenen Jugendlichen eine vorherige Inanspruchnahme des Jugendamtes angeraten.
Weiterhin dürfte auch der Wegzug von unter 25-Jährigen aus strukturschwachen ländlichen Regionen immer mit der besseren Chance der Eingliederung in den Arbeitsmarkt nach § 22 Abs. 5 Nr. 2 SGB II argumentativ zu begründen sein und sollte bei der Beantragung vorgebracht werden.

*„2. der Bezug der Unterkunft zur **Eingliederung in den Arbeitsmarkt** erforderlich ist“* (§ 22 Abs. 5 Nr. 2 SGB II).

Voraussetzung ist, dass

- bei Aufnahme einer Ausbildung eine Fahrtzeit zur Arbeit von zwei Stunden für Hin- und Rückweg (von Haustür zu Haustür) überschritten wird (BA, GA BAB, 60.1.6),
- bei Aufnahme einer (Vollzeit-)Arbeit eine Fahrtzeit von 2,0 bis 2,5 Stunden überschritten wird (FW 10.34),
- ein längeres Praktikum oder eine Bildungsmaßnahme die Arbeitsaussichten verbessern.

Das gilt unter Umständen auch bei einem Umzug in eine Region mit besseren Chancen auf dem Arbeitsmarkt.

*„3. ein sonstiger, **ähnlich schwerwiegender Grund** vorliegt“* (§ 22 Abs. 5 Nr. 3 SGB II).

Das ist z.B. der Fall, wenn

- ein unter 25-jähriger Kindsvater mit der Mutter/ Schwangeren eine Familie gründen will (DV 2006) oder
- generell, wenn zwei unter 25-Jährige heiraten und eine Familie gründen wollen. Ob eine Heirat Voraussetzung sein muss, ist allerdings umstritten.

Unter den oben genannten Voraussetzungen kann unter Umständen von einer Zusiche-

J

rung der Behörde abgesehen werden, wenn es dem Jugendlichen *„aus wichtigem Grund* ***nicht zumutbar*** *war,* ***die Zusicherung einzuholen"*** (§ 22 Abs. 5 Satz 3 SGB II). Das wäre ggf. bei einem Auszug wegen schwerwiegender sozialer Gründe der Fall, wenn eine akute Bedrohungssituation herrscht.

Die Liste ist nicht abschließend. Es gibt kein Verbot für das Jobcenter, weitere Gründe anzuerkennen, z.B.:
- Ein erwachsenes Kind darf nicht bestraft werden, wenn die Eltern es **vor die Tür setzen**. Hier **muss** ein wichtiger Grund vorliegen. Wenn z.B. einfach der Wohnungstürschlüssel entzogen wird, ist i.d.R. nicht einmal Zeit, die Zusicherung des Jobcenters einzuholen.
- Eine Zusicherung kann auch erteilt werden, wenn die oder der Auszugswillige **demnächst 25** Jahre alt wird (DV 2006), usw.

Nach einem BSG (2.6.2004 - B 7 AL 38/03 R) dürfen an *„schwerwiegende Gründe"* keine strengeren Anforderungen gestellt werden, anderenfalls würde die drohende Leistungskürzung massiv in die Lebensführung der volljährigen Kinder und ihrer Eltern eingreifen.

1.5 Wann muss ein Auszug nicht genehmigt werden?

Der Wortlaut des Gesetzes in § 22 Abs. 5 SGB II erfasst **alle** Umzüge von unter 25-Jährigen, auch von denen, die längst nicht mehr im Elternhaus wohnen.

Aus der Gesetzesbegründung geht aber eindeutig hervor, dass **nur** der **Erstauszug bei Bezug** oder **zum Bezug** von Alg II gemeint sein kann: *„Ursache hoher Kosten ist unter anderem der Erstbezug einer eigenen Wohnung durch Personen, die entweder bislang wegen Unterstützung innerhalb einer Haushaltsgemeinschaft keinen Anspruch hatten oder als Teil der Bedarfsgemeinschaft niedrigere Leistungen bezogen haben"* (Ausschussdrucksache 16(11)80 vom 7.2.2006).

Kein Auszug nach § 22 Abs. 5 SGB II liegt vor:
- wenn junge Erwachsene umziehen, die **zuvor** schon eine **eigene Wohnung** hatten. Sie brauchen für einen Umzug nicht die Erlaubnis des Jobcenters einzuholen. Unter 25-Jährige, die selbstständig leben, müssen nicht in den Haushalt ihrer Eltern zurückkehren, wenn sie arbeitslos und Alg II-Beziehende werden.
- wenn unter 25-Jährige ausziehen, die nicht zur Bedarfsgemeinschaft (BG) der Eltern gehörten, weil sie ihren Lebensunterhalt durch **eigenes Einkommen** selbst bestreiten können (§ 7 Abs. 3 Nr. 4 SGB II). Wenn Sie also eine Arbeit finden, von der Sie sich selbst unterhalten können, können Sie ausziehen (vgl. Berlit, in: info also 2/2006, 54).
- wenn eine unter 25-jährige Frau **schwanger** ist oder ein **Kind bis zur Vollendung des sechsten Lebensjahres** betreut. Hier entfällt die Unterhaltspflicht der Eltern (§ 9 Abs. 3 SGB II). Die junge Frau kann also frei wählen, ob sie Unterstützung der Eltern annimmt (SG Berlin 19.6.2006 - S 103 AS 3267/06 ER; LSG Hamburg 2.5.2006 - L 5 B 160/06 ER AS).
- wenn ein unter **25-jähriges Paar**, egal ob verheiratet oder nicht, aus dem Elternhaus des/der einen Partners/Partnerin ausziehen möchte. Das Paar bildet eine eigene BG.
- wenn ein unter 25-Jähriger von einem **getrennt lebenden Elternteil** zum anderen zieht.
- wenn die **Eltern** aus der Wohnung **ausziehen** und ihr unter 25-jähriges Kind in der Wohnung zurücklassen (LSG Schleswig-Holstein 19.3.2007 - L 11 B 13/07 AS ER; LSG Niedersachsen-Bremen 30.3.2007 - L 13 AS 38/07 ER).
- wenn **nicht erwerbsfähige unter 25-Jährige** aus dem Elternhaus ausziehen. Sie wechseln in die Sozialhilfe.

In diesen Fällen darf es **keine** Sanktionen geben!

2. Eingliederung in Arbeit

Laut Gesetz sind bei den Leistungen zur Eingliederung in Arbeit Neigung, individuelle Lebenssituation, voraussichtliche Dauer der Hilfebedürftigkeit und die Dauerhaftigkeit der Eingliederung zu berücksichtigen (§ 3 Abs. 1 SGB II). Das gilt auch für Jugendliche und junge Erwachsene.

Nicht wenige Verantwortliche betrachten es jedoch als „Verführung Minderjähriger", wenn junge Menschen überhaupt vom Staat Sozialleistungen bekommen, ohne zu arbeiten. Auch ihnen sind Arbeit und Aus-

bildung zunächst „nur" unter den allgemein geltenden Bedingungen zumutbar.
Wann und unter welchen Bedingungen Arbeit, Ausbildung oder Maßnahmen zur Eingliederung zumutbar sind, lesen Sie unter ⇨Arbeit 1.3 ff.

Trotzdem soll auch Jugendlichen und jungen Erwachsenen *„bei der Beantragung von Leistungen […] unverzüglich **Leistungen zur Eingliederung** […] erbracht werden. Bei fehlendem Berufsabschluss sind insbesondere die Möglichkeiten zur Vermittlung in eine Ausbildung zu nutzen"* (§ 3 Abs. 2 SGB II).
Das gilt **seit 1.8.2016 und** ist eine gewisse Verbesserung gegenüber der Vorgängerregelung, die vorsah, unter 25-Jährige *„unverzüglich nach Antragstellung […] in eine Arbeit, eine Ausbildung oder eine Arbeitsgelegenheit zu vermitteln"* (§ 3 Abs. 2 SGB II alt). Ein solches „Sofortangebot" bestand oft aus Trainingsmaßnehmen oder Arbeitsgelegenheiten. Ausbildungsplätze gab es so gut wie keine.
Jetzt stehen unter 25-jährigen Antragssteller*innen immerhin alle *„Leistungen zur Eingliederung"* zur Verfügung, von denen ⇨**Arbeitsgelegenheiten** immer **nachrangig** sind. Zudem wird am Grundsatz des **Vorrangs der Ausbildung**, der bereits in der alten Fassung des § 3 Abs. 2 SGB II Geltung hatte, festgehalten.
Obwohl diese mit der Gesetzesänderung zum 1.8.2016 aus dem SGB II gestrichen wurden, geht die Bundesregierung offensichtlich davon aus, dass *„die auf der Grundlage des § 15a [alt] erbrachten **Sofortangebote** zur Eingliederung in Arbeit […] erhalten [bleiben]. Satz 1 macht deutlich, dass die im jeweiligen Einzelfall notwendigen Eingliederungsleistungen unverzüglich erbracht werden sollen"* (BT-Drs. 18/8041, 28). Achten Sie darauf, dass sie wirklich *„im Einzelfall notwendig"* sind.

Werden unter 25-jährigen Antragstellenden *„unverzüglich Leistungen zur Eingliederung"* oder ein Ausbildungsplatz *„erbracht"* und **lehnen sie dies ab**, folgt eine ⇨**Sanktion**. Viele werden schon dadurch eingeschüchtert und verzichten von sich aus auf Alg II.

Ansonsten gesteht der Gesetzgeber allen Neuantragstellenden nicht zu, zunächst selbst nach ⇨Arbeit (1.2.1) zu suchen. Das trifft auch auf unter 25-Jährige zu, die nach nicht verschuldetem Abbruch einer Ausbildung noch keinen Anspruch auf Alg I haben und Alg II beantragen müssen sowie auf Hochschulabsolvierende und Schulabgehende allgemein.

Tipp 1: Bestehen Sie als Studienabsolvent*in darauf, dass Sie Zeit haben müssen, in Ihrem frisch erworbenen Beruf Arbeit zu suchen. Verlangen Sie dabei Unterstützung durch die Behörde. Alles andere würde bedeuten, dass Ihre Ausbildung für die Katz gewesen sein könnte und Sie Zeit und Geld verschwendet haben.

Tipp 2: Jugendliche zwischen 15 und 18 Jahren unterliegen zudem noch der Berufsschulpflicht. Arbeit ist also nur eingeschränkt zumutbar und nur, *„wenn sie der Berufsschulpflicht nicht entgegensteht"* (FW 10.23).

Stellen Eltern einen Alg II-Antrag, haben alle **erwerbsfähigen Kinder** ab 15 Jahren ebenfalls Alg II-Ansprüche. Gelten diese als ausbildungs- oder arbeitssuchend, sollen auch ihnen *unverzüglich Leistungen zur Eingliederung"* oder ein Ausbildungsplatz *„erbracht werden"*.

Tipp: Bestehen Sie auf den Vorrang der *„Vermittlung in eine Ausbildung"* (⇨3.1.)

Welche Leistungen der Eingliederung in Arbeit nach dem SGB II und dem SGB III auch für junge Menschen zur Verfügung stehen, lesen Sie unter ⇨Arbeit 2. ff.

2.1. Förderung schwer zu erreichender junger Menschen (§ 16 h)

Unter welchen Voraussetzungen unter 25-Jährige eine Förderung erhalten, um *„eine schulische, ausbildungsbezogene oder berufliche Qualifikation abzuschließen oder anders ins Arbeitsleben einzumünden und […] Sozialleistungen zu beantragen und anzunehmen"* (§ 16h Abs. 1 SGB II) lesen Sie unter ⇨Arbeit 2.1.8.

3. Ausbildung

3.1 Vorrang der Ausbildung

In der Gesetzesbegründung zum Neunten SGB II-Änderungsgesetz stellt die Bundesregierung klar *„dass - wie bisher - der Grundsatz Anwendung findet, dass die Vermittlung von Personen ohne Berufsabschluss primär in eine Ausbildung erfolgt. Dies wird im Wesentlichen junge Menschen unter 25 Jahre betreffen, die noch am Anfang des Berufslebens stehen"* (BT-Drs. 18/8041, 28).

Den Vorrang der Ausbildung vor Arbeit und *„Leistungen zur Eingliederung"* formuliert der folgende Satz: *„Bei fehlendem Berufsabschluss sind insbesondere die Möglichkeiten zur Vermittlung in eine Ausbildung zu nutzen"* (§ 3 Abs. 2 Satz 2 SGB II).

Erst Vermittlung in Ausbildung, **dann** alles Weitere und **zuletzt** Ein-Euro-Jobs (⇨4.).

Aber: *„Die Bestimmung verpflichtet die Bundesagentur nicht, eine Ausbildung aus eigenen Mitteln bereitzustellen, wenn eine Vermittlung in Ausbildung nicht möglich ist"* (BT-Drs. 15/1516, 51, in Bezug auf die Vorgängerregelung). Ein Recht auf Ausbildung oder Arbeit gibt es auch mit Hartz IV nicht.

Tipp: Überlegen Sie sich, welche Berufsausbildung Sie machen wollen und warum Sie sich für geeignet halten. Machen Sie Ihrem/r Fallmanager*in bzw. Arbeitsvermittler*in Vorschläge.

Als junge Erwachsene ohne Berufsabschluss gelten übrigens auch solche, die zwar einen Berufsabschluss haben, aber schon mehr als vier Jahre eine an- oder ungelernte Tätigkeit verrichten (BT-Drs. 15/1516, 51).

Folgende **„Eingliederungsmaßnahmen"** zur Förderung der Ausbildung können nach § 16 Abs. 1 SGB II in Verbindung mit den jeweiligen Regelungen nach dem SGB III für Jugendliche gewährt werden:

3.1.1 Ausbildungsbegleitende Hilfen / Assistierte Ausbildung

Die Ausbildung von lernbeeinträchtigten oder sozial benachteiligten jungen Menschen kann durch ausbildungsbegleitende Hilfen (abH) während der Arbeitszeit gefördert werden. AbH gibt es auch, wenn ohne sie eine Ausbildung nicht begonnen werden kann. Für die Jahre 2020/21 wurden die (abH) zur „Assistierten Ausbildung" gesetzlich neu novelliert. Dabei werden die bereits bewilligten Maßnahmen fortgeführt. Dies assistierte Ausbildung dient dem Abbau von Sprach- und Bildungsdefiziten, der Förderung fachpraktischen und fachtheoretischen Ausbildungsinhalten und der sozialpädagogischen Betreuung. Weiteres siehe FW § 130 SGB III „Assistierte Ausbildung"

3.1.2 Berufsausbildung in außerbetrieblichen Einrichtungen

Die Berufsausbildung lernbeeinträchtigter oder sozial benachteiligter junger Menschen kann für ein Jahr in einer außerbetrieblichen Einrichtung gefördert werden, wenn diese

- auch mit ausbildungsfördernden Leistungen nicht in eine betriebliche Ausbildung vermittelt werden können **oder**
- nach Auflösung eines betrieblichen Ausbildungsverhältnisses eine Ausbildung nur außerbetrieblich fortsetzen können

(§76 Abs. 1 SGB III).

3.1.3 Berufsausbildung für (schwer-) behinderte junge Menschen

Arbeitgeber von schwerbehinderten Auszubildenden können regelmäßig 80 Prozent der monatlichen Azubivergütung für das letzte Lehrjahr erstattet bekommen, **wenn die Aus- bzw. Weiterbildung sonst nicht zu erreichen ist**. Bei behinderten Menschen beträgt die Förderung unter denselben Bedingungen i.d.R. 60 Prozent.

Wenn schwerbehinderte Menschen nach der Ausbildung übernommen werden, kann für ein Jahr ein Eingliederungszuschuss von 70 Prozent des Arbeitsentgelts gezahlt werden (§ 73 SGB III).

Tipp: Der Antrag auf Förderung muss vor Abschluss des Ausbildungsvertrages gestellt werden.

Arbeitgeber können Zuschüsse für eine **behindertengerechte Ausgestaltung** des Ausbildungsplatzes erhalten, sofern das erforderlich ist, um die dauerhafte Teilhabe am Arbeitsleben zu erreichen (§ 46 Abs. 2 SGB III).

J

3.1.4 Eingliederungszuschuss für Arbeitslose mit *„Vermittlungshemmnissen"*

Die speziellen Qualifizierungs- und Eingliederungszuschüsse für unter 25-Jährige wurden seit 2013 ohne Altersbeschränkung im Arbeitgeberzuschuss für schwer Vermittelbare zusammengefasst.
Personen, *„deren Vermittlung wegen in ihrer Person liegender Gründe erschwert ist"* (§ 88 SGB III) können abhängig von den vorliegenden *„Einschränkungen"* für max. zwölf Monate einen Lohnzuschuss von bis 50 Prozent des Arbeitsentgelts erhalten (§ 89 SGB III).

3.2 Trainingsmaßnahmen (§ 16 SGB II, 45 SGB III)

Der/die Arbeitsvermittler*in kann unter 25-Jährige auch zu sogenannten *„Maßnahmen zur Aktivierung und beruflichen Eingliederung"* verpflichten. Hierunter fallen u.a. die *„Heranführung an den Ausbildungs- und Arbeitsmarkt"* (z.B. Bewerbungstraining, Maßnahmen zur Prüfung der Arbeitsbereitschaft) oder die *„Feststellung, Verringerung oder Beseitigung von Vermittlungshemmnissen"* (z.B. Training zur Vermittlung von Fertigkeiten und Fähigkeiten, aber auch Potenzialanalyse/ „Profiling") (§ 16 Abs. 3 Satz 2 SGB II).
Die Behörde zahlt das Alg II weiter und zusätzlich eine Fahrtkostenpauschale.
Näheres unter ⇨Arbeit 2.2.4

3.3 Nachholen des Hauptschulabschlusses jetzt § 53 Abs. 3 SGB III

Alg II-berechtigte junge Menschen ohne Schulabschluss haben einen Anspruch auf die Übernahme der Kosten einer Vorbereitung auf den nachträglichen Erwerb des **Hauptschulabschlusses** im Rahmen einer beruflichen Weiterbildungsmaßnahme (§ 53 Abs. 3 SGB III). Der Abschluss soll nach entsprechender Vorbereitung auf einer allgemeinbildenden Schule nachgeholt werden können.

4. Arbeitsgelegenheiten zur Qualifizierung?

Erst wenn alle Möglichkeiten ausgeschöpft sind, Ausbildung oder Arbeit zu finden, dürfen ⇨Arbeitsgelegenheiten/ **Ein-Euro-Jobs** ins Spiel kommen. Das gilt nicht zuletzt auch für Jugendliche ohne Berufsabschluss.
Bis zum 31.7.2016 galt: *„Können Leistungsberechtigte ohne Berufsabschluss nicht in eine Ausbildung vermittelt werden, soll die Agentur für Arbeit darauf hinwirken, dass die vermittelte Arbeit oder Arbeitsgelegenheit auch zur Verbesserung ihrer beruflichen Kenntnisse und Fähigkeiten beiträgt"* (§ 3 Abs. 2 Satz 2 SGB II alt).
Seit dem 1.8.2016 sollen bei fehlendem Berufsabschluss nachrangig zur Ausbildung *„Leistungen zur Eingliederung in Arbeit"* erbracht werden. Und bei diesen Leistungen stehen Ein-Euro-Jobs immer an letzter Stelle. *„Die Nachrangigkeit gilt somit auch für Jüngere unter 25 Jahren [...] Dem entsprechend kann das Angebot auch zur Erfüllung des operativen Mindeststandards ‚Erstangebot U25' nur noch nachrangig genutzt werden"* (BA, FW zu Arbeitsgelegenheiten nach § 16d SGB II,).

Tipp: Fordern Sie Ihre*n Arbeitsvermittler*in auf darzulegen, welches individuelle Eingliederungskonzept mit einer Ein-Euro-Job-„Maßnahme" verfolgt wird.

Die Zahl der Arbeitsgelegenheiten wurde seit 2009 stark reduziert. 2013 gab es nur noch 6.100 unter 25-jährige Ein-Euro-Jobber, 2009 waren es noch 47.274. Wegen der weiteren Fördermöglichkeiten z.B. des § 16i SGB II geht die Anzahl der Arbeitsgelegenheiten weiterhin zurück.

5. Strafen

Die Strafen für Jugendliche und junge Erwachsene wurden vorerst durch Weisung weitestgehend denen für Erwachsene angepasst. Näheres unter ⇨**Sanktionen** 2.

Kritik

Statt Unternehmen gesetzlich zu verpflichten, ausreichend Ausbildungsplätze zur Verfügung zu stellen, statt dafür zu sorgen, dass die Schulen für Kinder der unteren Einkommensschicht lebensnäher gestaltet werden und bessere Qualifikationen und Kompetenzen vermitteln, werden die arbeitslos gemachten jungen Menschen selbst zum Urheber ihrer Arbeitslosigkeit abgestempelt.

Hartz IV droht Jugendlichen und jungen Erwachsenen, die Alg II beanspruchen, mit Strafen und zwingt sie, bis zum 25. Geburtstag im Elternhaus zu leben. Die Regierung bestraft sie mit Sonderregelungen für den Mangel an Interesse an ihrer Arbeitskraft und nicht die Verursacher dieser Situation, die Arbeitgeber.

„*Sofortangebote*", die jungen Menschen unterbreitet werden, haben vor allem das Ziel der „*Verhinderung der Antragsstellung*" (interne Anweisung der damaligen ARGE Wuppertal) und des Provozierens von Pflichtverletzungen, die sanktioniert werden. Dann ist der Zweck von Hartz IV erreicht, die offizielle Arbeitslosigkeit zu reduzieren. *„Die Regelung soll dazu beitragen, dass Arbeitslosigkeit junger Menschen und eine Gewöhnung an den Bezug von Sozialleistungen vermieden werden"* (BT-Drs. 15/1516, 51).

Forderungen

Kein Auszugsverbot für unter 25-Jährige!

Individuelle berufliche Aus- und Weiterbildung statt „Sofortangebote"!

Kaution

Inhaltsübersicht:

1. Kaution und Genossenschaftsanteile

Aufwendungen für eine Mietkaution und Erwerb von Genossenschaftsanteilen können bei vorheriger Zusicherung durch den am Ort der neuen Unterkunft zuständigen kommunalen Träger als Bedarf anerkannt werden (§ 22 Abs. 6 SGB II und § 35 Abs. 2 SGB XII).

Es ist mittlerweile unstreitig, dass Genossenschaftsanteile genauso behandelt werden wie die Mietkaution, sodass in Folgendem nicht mehr gesondert darauf eingegangen wird. Diejenigen, die Genossenschaftsanteile zahlen, können jederzeit das Wort Kaution durch Genossenschaftsanteil ersetzen.

1.1 Übernahme der Kaution

Die Kaution kann übernommen werden, wenn der Leistungsträger die Zusicherung für die Übernahme erteilt. Die **vorherige Zusicherung** ist letztendlich also Voraussetzung für die Gewährung der Mietkaution.

Diese Zusicherung soll erteilt werden, wenn die Behörde **zum Umzug auffordert oder ein Umzug „aus anderen Gründen notwendig ist“** (ebenda). Zur Notwendigkeit eines Umzugs aus anderen Gründen ⇨Umzug.

Um die Zusicherung zu erhalten ist es weiterhin erforderlich,

- dass die neue Miete angemessen ist (⇨ Miete) und bei einem Umzug in einen neuen Zuständigkeitsbereich,
- dass das am Ort der neuen Unterkunft zuständige Amt der Anmietung und der Übernahme der künftigen Kosten zugestimmt hat.

Ohne vorherige Zusicherung, haben Sie in der Regel keinen Anspruch auf Übernahme der Kaution.

Zwar wird vertreten, dass in Einzelfällen die Kaution auch dann bewilligt werden kann, wenn die Miete über den Angemessenheitsgrenzen liegt, z.B. wenn krankheitsbedingt eine größere Wohnung notwendig ist oder wenn die neue Miete nur knapp über den Angemessenheitsgrenzen liegt und der Differenzbetrag selbst gezahlt wird. Allerdings läuft in diesen Fällen das Verfahren regelmäßig auf einen Rechtsstreit heraus, der angesichts des Umstandes, dass die Kaution ohnehin nur als Darlehen gewährt wird, aus Sicht des Verfassers nicht lohnenswert ist.

1.2 Generelle Ablehnung von Kautionen

Wie sich aus § 22 SGB II ergibt, ist die Kaution eine Kann-Leistung, die somit ⇨Ermessen voraussetzt. Dies bedeutet, dass auch dann, wenn die Zusicherung erteilt worden ist, die Kaution als nicht notwendig erachtet werden kann. Dies kommt jedoch nur dann in Betracht, wenn ausreichend Wohnraum zur Verfügung steht, bei dem keine Kaution gezahlt werden muss. Im Hinblick darauf, dass es mittlerweile absolut üblich ist, eine Kaution zu verlangen, dürfte eine derartige Ermessensentscheidung rechtswidrig sein.

Hier besteht im Regelfall eine Ermessensreduzierung auf Null, so dass dann, wenn die Zusicherung erteilt worden ist, auch die Kaution gewährt werden muss.

Tipp: Sofern dennoch die Kaution generell abgelehnt wird, fordern Sie eine Aufstellung von freien Wohnungen, die ohne Kaution angemietet werden können, bei Ihrem/r Sachbearbeiter*in an. Sofern solche Wohnungen überhaupt existieren, stellt sich dann die Frage, ob ohne Kaution auch an eine*n Leistungsempfänger*in nach dem SGB II/SGB XII vermietet wird. Dies dürfte regelmäßig nicht der Fall sein.

2.1 Kautionen als ⇨Darlehen

Kautionen sollen gem. § 22 Abs. 6 SGB II als Darlehen erbracht werden.

Die frühere Praxis der Garantieerklärung wird bei neuen Mietverhältnissen praktisch nicht mehr vorkommen. Aufgrund der Einführung des § 41 wird im Rahmen des SGB II im Regelfall das Darlehen auch zurückgefordert, was zu erheblichen Einschränkungen in der Praxis führt.

2.2 Rückzahlung des Kautionsdarlehens

SGB XII

Ursprünglich war ein Kautionsdarlehen im Bereich des SGB XII tilgungsfrei. Diese Regelung wurde im SGB II anfangs übernommen. Nachdem das SGB II eine Tilgungsregelung eingeführt hatte, wurde dies auch für das SGB XII übernommen. Gemäß §§ 35 und 37 SGB XII kann ein Darlehen i.H.v. 5 % der Regelbedarfsstufe 1 zurückgefordert werden (zur Zeit € 22,30 / RB 2021).

K

Hier ist jedoch eine Ermessensentscheidung notwendig, die entsprechend begründet werden muss.

SGB II

Im SGB II wird in der Regel gem. § 42 a SGB II auch ein Kautionsdarlehen i.H.v. 10 % der jeweiligen Regelleistung einbehalten.

Hinweis: Kautionsdarlehen dürfen nur von denjenigen zurückgefordert werden, die auch das Darlehen benötigen. Dies ist im Regelfall nicht die komplette Bedarfsgemeinschaft, sondern die Person bzw. die Personen, die den Mietvertrag unterschrieben haben, also im Regelfall ein oder zwei erwachsene Personen der Bedarfsgemeinschaft. Nur diesen kann das Kautionsdarlehen gewährt werden und nur von diesen kann das Kautionsdarlehen i.H.v. 10 % der jeweiligen Regelleistung zurückgefordert werden, und zwar durch Aufrechnungsbescheid.

Jede weitere Aufrechnung ist rechtswidrig und muss dringend mit einem Widerspruch angegriffen werden.

Hinweis: Insgesamt war die Frage nach der Kautionsrückzahlung in der Rechtsprechung lange streitig. Das LSG NRW hatte diesbezüglich entschieden, dass die zehnprozentige Rückzahlung bei Mietkautionsdarlehen rechtswidrig ist. Das Bundessozialgericht hat diese Entscheidung allerdings aufgehoben und grundsätzlich die Verfassungsmäßigkeit der Mietkautionsaufrechnung in Höhe von 10 % bejaht (BSG 28.11.2018 - B 14 AS 31/17 R). Entsprechend dürften hier Rechtsmittel wenig Aussicht auf Erfolg haben.

Ausnahme:
Eine Ausnahme könnte für große Bedarfsgemeinschaften gelten oder in teuren Ballungsräumen, bei denen die Kaution über einen sehr langen Zeitraum aufgerechnet werden müsste (z.B. mehr als drei Jahre). Hier geht es dann aber um Einzelfallentscheidungen, die nicht zu generalisieren sind.

3. Rückzahlung der Kaution während des Bezuges

Wird Ihnen aus einer vorherigen Wohnung während des laufenden Leistungsbezuges eine Kaution ausgezahlt, so ist dies kein ⇨ Einkommen, sondern ⇨ Vermögen und fällt unter die Vermögensfreibetragsregelungen.

Natürlich gilt dies nur in der Höhe, in der Sie das Darlehen bereits getilgt haben. Besteht diesbezüglich noch eine Darlehensforderung des Jobcenters in voller Höhe oder eine Restforderung, ist dieser Betrag an das Jobcenter zu erstatten.

4. Auszahlung der Kaution direkt an die vermietende Person

Grundsätzlich sind auch die Kosten der Unterkunft, zu denen auch das Kautionsdarlehen zählt, an den/die Leistungsempfänger*in zu zahlen. Nur dann, wenn Bedenken an der ordnungsgemäßen Verwendung bestehen, ist direkt an die vermietende Person zu zahlen, oder wenn Sie dies ausdrücklich wünschen.

5. Zuständigkeit SGB II

Wenn Sie umziehen, ist das bisher zuständige Jobcenter für die Genehmigung des Umzuges sowie die Übernahme der Umzugs- und Wohnbeschaffungskosten zuständig.

Für die Genehmigung und Übernahme der Mietkaution ist jedoch das Jobcenter des künftigen Wohnorts zuständig.

Tipp: Hier empfiehlt es sich eine Bescheinigung über die Notwendigkeit des Umzugs vom alten Jobcenter gleich mitzubringen. Denn ohne diese kann das neue Jobcenter nicht über den Kautionsantrag entscheiden.

Im SGB XII zuständig ist die Behörde, in deren Zuständigkeitsgebiet Sie sich tatsächlich aufhalten. Wird die Kaution also vor Einzug fällig, ist noch die alte Behörde zuständig, ansonsten die neue. Ein Antrag beim falschen Leistungsträger ist jedoch gem. § 18 Abs. 2 SGB XII / 16 Abs. 2 SGB I unschädlich.

Kritik
Die Gewährung bzw. Nichtgewährung der Kaution stellt für die Jobcenter ein erhebliches Machtmittel dar, um Leistungsempfänger*innen die Umzüge zu verweigern. Daher sollte es eine generelle Regelung dahingehend geben, dass die Kaution grundsätzlich zu gewähren ist und nur im Falle eines Umzugs in eine unangemessene Wohnung eine Tilgung verlangt wird, allerdings in deutlich geringerer Höhe als bisher.

Kinder

Nach einer Studie der Bertelsmann Stiftung aus dem Jahr 2020 leben rd. 21,3 Prozent aller Kinder dauerhaft oder wiederkehrend in einer Armutslage: dies sind ca. 2,8 Mio. Kinder und Jugendliche. Besonders problematisch ist dabei die Feststellung, dass Kinderarmut in Deutschland ein Dauerzustand ist. *„Wer einmal arm ist, bleibt lange arm. Zu wenige Familien können sich aus der Armut befreien“* (Jörg Dräger, Vorstand der Bertelsmann Stiftung). Die Folgen davon sind schlechtere Bildung, Ausgrenzung von gesellschaftlichen Leben und dadurch bedingt ein insgesamt ungesunderes Leben. Die Gründe dafür ergeben sich unter anderem aus der Unterversorgung der Kinder im Rahmen der Sozialleistungen, die im Folgenden dargestellt werden:

Inhaltsübersicht

1.1. Kinder unter 15 Jahren,
die mit erwerbsfähigen Leistungsberechtigten in einer ⇨ **Bedarfsgemeinschaft** leben, bekommen das sogenannte ⇨**Sozialgeld** (§ 23 SGB II) im Jahr 2021 in Höhe von

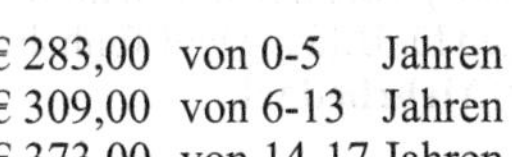

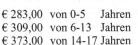

€ 283,00 von 0-5 Jahren
€ 309,00 von 6-13 Jahren
€ 373,00 von 14-17 Jahren

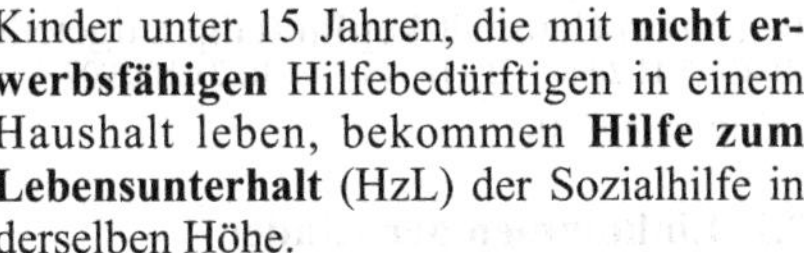

Kinder unter 15 Jahren, die mit **nicht erwerbsfähigen** Hilfebedürftigen in einem Haushalt leben, bekommen **Hilfe zum Lebensunterhalt** (HzL) der Sozialhilfe in derselben Höhe.

1.2. Kinder von 15 bis 18 Jahren
haben Anspruch auf Alg II, wenn sie ⇨ **erwerbsfähig** sind (§ 7 Abs. 1 SGB II), unabhängig davon, mit wem sie in einem Haushalt leben. Sie haben aber als *„sonstige erwerbsfähige Angehörige der Bedarfsgemeinschaft“* nur einen Anspruch auf Alg II in Höhe der Regelbedarfsstufe IV in Höhe von € 373,00.

Nicht erwerbsfähige Kinder haben einen Anspruch auf Sozialgeld, wenn sie mit erwerbsfähigen Hilfebedürftigen in Bedarfsgemeinschaft leben, ansonsten erhalten sie HzL der Sozialhilfe.

1.3. Kinder ab 18 Jahren
gehören bis zur Vollendung des 25. Lebensjahrs zu der ⇨ Bedarfsgemeinschaft der Eltern, wenn sie noch in deren Haushalt leben (§ 7 Abs. 3 Nr. 2,4 SGB II). Sie erhalten Leistungen nach der Regelbedarfsstufe III in Höhe von € 357,00. Vorübergehend erwerbsgeminderte oder nicht erwerbsfähige Kinder erhalten Sozialgeld oder HzL in gleicher Höhe.

Durch die Erhöhung der Regelbedarfsstufen zum Jahre 2021 bekommen somit die 14- bis 17-Jährigen erstmals höhere Leistungen als die 18-Jährigen.

1.4. Kinder, die selbst ein Kind haben bilden hierzu eine **Ausnahme**. Sie bilden eine eigene Bedarfsgemeinschaft und haben entsprechend Anspruch auf die volle Regelleistung und ggfs. den Anspruch auf Mehrbedarf für ⇨ **Alleinerziehende**. Dies gilt auch für minderjährige unverheiratete Kinder, die selbst ein Kind haben.

2.1. Der Bedarf von Kindern setzt sich zusammen aus dem jeweiligen Regelbedarf sowie den Kosten für Unterkunft und Heizung (KdU). Hinzu kommen mittlerweile „Leistungen für Bildung und Teilhabe" und ggfs. ein ⇨ **Mehrbedarf**.

Die Unterkunftskosten werden auf jede Person im Haushalt **kopfanteilig** aufgeteilt (BSG 23.11.2006 – B 11b AS 1/06 R; 31.10.2007 – B 14/11b AS 7/07 R).

2.2. Einkommen der Kinder sind ⇨ Unterhalt, ⇨ Unterhaltsvorschuss, ⇨Kindergeld, ggfs. ⇨Wohngeld, ⇨BAföG, Ausbildungsgehalt, Erwerbseinkommen aus Nebenjob oder die sonstigen in § 11 SGB II genannten Einkünfte.

Tipp: Nicht als Einkommen zu berücksichtigen sind Einnahmen von Schüler*innen, die das 25. Lebensjahr noch nicht vollendet haben, aus Erwerbstätigkeit, die in den Schulferien für höchstens vier Wochen je Kalenderjahr ausgeübt wird, soweit ein Betrag i. Höhe von € 2.400,00 nicht überschritten wird (§ 1 Abs. 4 Alg II-V). Ein Ferienjob lohnt sich also.

2.3. Einmalige Beihilfen sind nicht mehr gesondert vorgesehen, sondern sind in den Regelbedarfen erhalten und müssen davon angespart werden.

Ausnahme: Neben der **Erstausstattung** für Neugeborene gibt es nach der Rechtsprechung des BSG (23.5.2013 - B 4 AS 79/12 R) auch einen Anspruch auf erstmalige Beschaffung eines Jugendbettes als Erstausstattung, da dies nicht vom Regelbedarf umfasst ist. Unseres Erachtens ist dieser Entscheidung auch auf alle anderen erstmalig auftretenden Bedarfe von Kindern übertragbar. Seit Januar 2021 sind weitere einmalige Leistungen möglich ⇨ Härtefallbedarf

2.4. Schulbedarf wird Kindern, die eine Schule besuchen, in Höhe von 103,00 € im August und € 51,50 im Februar (im Jahr 2021, im nächsten Jahr werden die Beträge wieder angepasst) gewährt. Zudem soll zukünftig eine prozentuale Anhebung erfolgen.

Anspruch Sonderbedarfe wegen Schulbüchern: Nach einer Entscheidung des BSG (08.05.2019 - B 14 AS 6/18 R und B 14 AS 13/18 R) wurde für Schulbücher ab dem 1. Januar 2021 ein Mehrbedarf für Schulbücher eingeführt, soweit dies bei Schüler*innen aufgrund der jeweiligen schulrechtlichen Bestimmungen oder schulischen Vorgaben Aufwendungen zur Anschaffung oder Ausleihe von Schulbüchern oder gleichstehenden Arbeitsheften entsteht (§21 Abs. 6a SGB II/§ 30 Abs. 9 SGB XII).

Besonderheit Tablet / PC / Digitale Endgeräte

Durch die Corona-Pandemie ist die Problematik der Ausstattung mit einem internetfähigen PC oder Tablet deutlich in Fahrt gekommen. Zunächst hatte das SG Gotha einen solchen Bedarf anerkannt, der aber von kaum einem Jobcenter akzeptiert wurde. Durch den plötzlichen Distanzunterricht gab es dann einige positive Gerichtsentscheidungen (SG Chemnitz 12.11.2020 - S 10 AS 983/20 ER; SG Köln 10.6.2020 – S 8 AS 1817/20 ER und 24.6.2020 - S 32 AS 2150/20 ER; SG Leipzig 4.11.2020 – S 21 AS 1820/ER; SG Halle 25.8.2020 - S 5 AS 2203/18; SG Köln 11.8.2020 – S 15 AS 456/19, LSG NRW 22.5.2020 – L 7 AS 719/20 B ER, L 7 AS 720/20 B ER; SG Leipzig 4.11.2020 – S21 AS 1820/ ER; SG Cottbus 18.12.2019 – S 29 AS 1540/19 ER; LSG Schleswig-Holstein 11.1.2019 - L 6 AS 238/18 B ER; SG Gotha 17.8.2018 – S 26 AS 3971/17; SG Hannover 6.2.2018 - S 68 AS 344/18 ER; SG Stade 29.8.2018 – S 39 AS 102/18 ER; SG Cottbus 13.10.2016 – S 42 AS 1914/13; SG Kiel 25.10.2019 - S 38 AS 348/18; SG Mainz 7.10.2019 - S 14 AS 582/19 ER),die einen Anspruch zur Kostenübernahme für ein digitales Endgerät bejahen, wenn es für den Unterricht erforderlich ist.

Seit dem 1. Januar 2021 wurde der Härtefallbedarf in § 21 Abs. 6 SGB II auch für einmalige Bedarfe geöffnet, darunter sind natürlich auch digitale Endgeräte zu verstehen. Näheres unter ⇨ Härtefallbedarf 3.2, 2.4 ⇨ Einmalige Beihilfen 1.1, 6.1

2.5. Leistungen für Bildung und Teilhabe
werden gesondert erbracht (§ 28 SGB II; § 34 SGB XII). Schauen Sie dazu unter ⇨ Schüler*innen.

3. Kinder mit Ausbildungsgehalt
Kinder, die Ausbildungsgehalt bekommen, werden einkommensrechtlich sehr ungünstig behandelt. Mit ihrem Ausbildungsgehalt müssen sie nach Abzug der ⇨Freibeträge zunächst ihren kompletten Lebensunterhalt sicherstellen, außerdem wird das Kindergeld ihren Eltern angerechnet, sodass dem/r Auszubildenden in der Regel nur der Freibetrag als zusätzliches Geld zur Verfügung steht.

4. Besuchskosten für getrennt Lebende
können unter ⇨ Umgangskosten nachgeschlagen werden.

5.1. Kindergarten
Seit dem 01.08.2013 gibt es für Kinder ab dem vollendeten ersten Lebensjahr einen Rechtsanspruch auf einen Betreuungsplatz. Betreuungskosten fallen für Alg II-/Sozialhilfebeziehende in der Regel nicht an, da sie unter der ⇨Einkommensgrenze liegen. Da die Kostentragungspflicht kommunal geregelt wird, kann es hier jedoch in einzelnen Gemeinden Ausnahmen geben.

Kosten für Verpflegung können durch Leistungen für Bildung und Teilhabe übernommen werden, mit Ausnahme des Eigenanteils in Höhe des im Regelbedarfs vorgesehenen Betrages. Beim Mittagessen beträgt dieser regelmäßig 1,00 €.

Tipp: Kindergartenbeiträge sind als Werbungskosten absetzbar. ⇨ Erwerbstätige

5.2. Ausflüge/Klassenfahrten
Die tatsächlichen Kosten für eintägige (Schul-)**Ausflüge** und mehrtätige (Klassen-) **Fahrten** für Schüler*innen und Kinder in Kindertageseinrichtungen werden im Rahmen der Leistungen für Bildung und Teilhabe übernommen (§ 28 Abs. 2 SGB II; § 34 Abs. 2 SGB XII; ⇨ Schüler*innen). **Wichtig:** Der Antrag auf Übernahme der Kosten muss **vor** der ersten Zahlung gestellt werden.

6.1. Zumutbare Arbeit bei Kindererziehung
⇨ Arbeit

6.2. Erkrankung des Kindes und Arbeit
Wird ein Kind krank und ein Elternteil muss zu Hause bleiben, so hat jeder Elternteil zehn Arbeitstage, an denen er sich um das Kind kümmern kann, während der Arbeitgeber in der Regel das Entgelt fortzahlen muss. Wichtig ist hier, dass eine entsprechende Bescheinigung durch den/die Kinderärzt*in ausgestellt wird. Alleinerziehende haben entsprechend einen Anspruch auf 20 Arbeitstage.

Die zehn bzw. 20 Arbeitstage gelten pro Kind, sind jedoch auf 25 Arbeitstage bei Familien und 50 Arbeitstage bei Alleinerziehenden begrenzt.

Allerdings muss das Kind jünger als zwölf Jahre alt sein und keine andere Person kann die Aufsicht und Betreuung übernehmen. Es kann aber sein, dass diese Regelung im Rahmen der Coronapandemie noch ausgeweitet wird.

Werden sie selbst krank, kann unter Umständen eine ⇨ **Haushaltshilfe** beantragt werden.

Kritik
Die derzeitige Rechtslage führt dazu, dass Kinder aus sozial benachteiligten Familien immer größere Schwierigkeiten haben. Dadurch werden Aufstiegschancen erschwert und die Schere zwischen Arm und Reich wird immer größer. Dies wird sich durch die zunehmende Digitalisierung im Schulbereich noch weiter verschärfen.

Daher sind folgende Mindest**forderungen** unbedingt notwendig:
- Sozialpass für Kinder aus Familien mit geringem Einkommen zu kostenlosen Nutzung des ÖPNV, der öffentlichen Sport- und

Freizeiteinrichtungen sowie der Teilnahme an Ferienfreizeiten.
- Einführung eines Sonderbedarfs für die Erstausstattung von Grundschüler*innen.
- Vollständige Lernmittelfreiheit.
- Allgemeine Gebührenfreiheit für den Besuch von Krippen, Kindergärten und Schulen.

Kindergeld

Inhaltsübersicht

K

1. Kindergeld

Kindergeld wird als ⇨Einkommen auf Alg II/HzL oder auch Grundsicherung angerechnet. Die Anrechnung erfolgt jedoch regelmäßig bei dem Kind, was eigentlich systemwidrig ist, da kindergeldberechtigt im Regelfall ein Elternteil ist.

Geregelt ist das Kindergeld im Einkommenssteuergesetz bzw. im Bundeskindergeldgesetz.

1.1. Wie hoch ist das Kindergeld?

seit Januar 2021

- für das erste Kind	219,00 €
- für das zweite Kind	219,00 €
- für das dritte Kind	225,00 €
- für jedes weitere Kind	250,00 €

Weitere Erhöhungen sind derzeit noch nicht geplant.

1.2. Wer erhält Kindergeld? (§ 62 EStG)

Deutsche Staatsangehörige, die ihren gewöhnlichen Aufenthalt in Deutschland haben oder dort steuerpflichtig sind. Des Weiteren freizügigkeitsberechtigte EU-Bürger*innen sowie Asylberechtigte und anerkannte Flüchtlinge. Ferner Ausländer*innen, die eine Niederlassungserlaubnis, eine Aufenthaltserlaubnis zum Zweck der Erwerbstätigkeit oder eine Aufenthaltserlaubnis nach dem Aufenthaltsgesetz oder zum Familiennachzug haben.

Kindergeld wird für alle Kinder gezahlt, die in Deutschland, einem Mitgliedsstaat der EU oder des europäischen Wirtschaftsraums ihren Wohnsitz haben (Familienkasse, Merkblatt Kindergeld, 6 f). Es gibt jedoch Bestrebungen, das Kindergeld für im Ausland lebende Kinder einzuschränken. ⇨Ausländer*innen 1.3

1.3. Bis wann wird Kindergeld gezahlt?

Im Regelfall wird Kindergeld bis zur Vollendung des 18. Lebensjahres gezahlt. Ausbildungs- oder arbeitssuchend gemeldete junge Erwachsene können bis zum vollendeten 21. Lebensjahr Kindergeld bekommen.

Bis zur Vollendung des 25. Lebensjahres wird Kindergeld gezahlt,
- während einer schulischen oder betrieblichen Ausbildung oder während des Studiums,
- in einer Übergangszeit von vier Monaten zwischen zwei Ausbildungsabschnitten,
- wenn die Berufsausbildung mangels Ausbildungsplatz nicht fortgesetzt werden kann,
- während eines freiwilligen sozialen oder ökologischen Jahres, der Absolvierung des Bundesfreiwilligendienstes oder eines anderen in § 32 Abs. 4 Nr. 1 EStG genannten Grundes.

In den besonderen Fällen des § 32 Abs. 5 EStG kann Kindergeld auch über das 25. Lebensjahr hinaus gewährt werden.

1.4 Kindergeld bei Einkommen

Seit 2012 wird Kindergeld unabhängig vom Einkommen gezahlt. Während einer Zweitausbildung fällt das Kindergeld jedoch weg, wenn zusätzlich noch eine Erwerbstätigkeit von mehr als 20 Wochenstunden ausgeübt wird.

1.5 Menschen mit Behinderung

Menschen mit Behinderung, die sich nicht selbst unterhalten können, bekommen Kindergeld bis zum Lebensende oder dem Lebensende des letzten Kindergeldberechtigten, wenn die Behinderung vor dem 25. Lebensjahr entstanden ist. Dafür muss eine Behinderung vorliegen, die ursächlich dafür ist, dass sich behinderte Kinder nicht selbst unterhalten können. Im Regelfall ist dies gegeben, wenn ein Schwerbehindertenausweis mit Merkzeichen H vorliegt. Haben volljährige behinderte Kinder Einkommen und übersteigt dieses den Grundfreibetrag von 9.000 €, entfällt in der Regel der Anspruch auf das Kindergeld, wobei nachgewiesene behinderungsbedingte Ausgaben den Grundfreibetrag erhöhen (siehe Familienkasse, Merkblatt Kindergeld, 21 f.).

2. Kindergeld als anzurechnendes Einkommen bei Alg II oder SGB XII

Kindergeld wird als Einkommen auf die jeweilige Leistung des Kindes angerechnet, dem es zufließt. Dies hat das Bundesverfassungsgericht auch so bestätigt (1 BvR 3163/09).

Kindergeld ist zunächst in tatsächlicher Höhe dem jeweiligen Kind zuzuordnen (§ 11 Abs. 1 SGB II). Nicht benötigtes Kindergeld ist dann wieder dem jeweiligen kindergeldberechtigten Elternteil anzurechnen. Ab dem dritten Kind müsste bei korrekter Vorgehensweise das Kindergeld gleichmäßig auf alle Kinder verteilt werden. Dies geschieht praktisch jedoch so gut wie nie. Da regelmäßig die jüngeren Kinder länger Teil der Bedarfsgemeinschaft sind, während die älteren Kinder durch Ausbildung oder Studium, selbst wenn sie noch zu Hause wohnen, aus dem Leistungsbezug ausgeschieden sind, kann sich hier ein Widerspruch gegen die Anrechnung der tatsächlichen Höhe des Kindergeldes lohnen, da gerade bei den jüngeren Kindern häufig dann ein zu hohes Kindergeld berücksichtigt wird.

2.1 Kindergeld als Einkommen der Eltern

Im Regelfall wird das Kindergeld, wie oben erwähnt, als Einkommen des jeweiligen Kindes zugerechnet. Da jedoch der/die eigentliche Berechtigte der/die Erwachsene ist, wird dann, wenn das Kind auch ohne das Kindergeld seinen Lebensunterhalt sicherstellen kann, z.B. durch Unterhaltszahlungen, Unterhaltsvorschuss, Ausbildungsgehalt, usw., das nicht zur Bedarfsdeckung notwendige Kindegeld wieder als Einkommen den Eltern angerechnet (§ 11 Abs. 1 SGB II).

2.2 Einkommensbereinigung

Im Bereich des SGB II ist entsprechend der Alg II-Verordnung bei volljährigen Kindern, die Einkommen erzielen, die Versicherungspauschale zu berücksichtigen.

Tipp: Achten Sie darauf, dass, sobald Ihr Kind 18 Jahre alt wird und weiter Kindergeld bezieht, diese Versicherungspauschale im Bescheid berücksichtigt ist. Ist dies nicht der Fall, legen Sie umgehend ⇨Widerspruch ein.

Bei minderjährigen Kindern wird die Versicherungspauschale nur ausgelöst, wenn das Kind selbst über eine notwendige Versicherung verfügt. Da im Regelfall die Versicherungen jedoch über die Eltern laufen, profitieren Minderjährige nur in ausgesprochen seltenen Fällen von der Versicherungspauschale.

Wird das Kindergeld, wie in 2.1 beschrieben, den Eltern zugerechnet, ist auch hier die Versicherungspauschale, sofern kein anderes Einkommen erzielt wird, abzuziehen. Auch dies geschieht häufig nicht!

Hinweis für **Alleinerziehende**: Durch die weitere Erhöhung des Kindergeldes in Verbindung mit Leistungen des Unterhaltsvorschussgesetzes scheiden die Kinder häufiger als bisher aus dem Leistungsbezug aus. Der dann entstehende Überschuss wird dem Elternteil angerechnet, allerdings unter Berücksichtigung der Versicherungspauschale, sodass der Bedarfsgemeinschaft dadurch 30,00 € mehr zur Verfügung stehen. Allerdings nur dann, wenn der Elternteil kein anderweitiges Einkommen erzielt. Unter Umständen lohnt auch die Beantragung von ⇨ Wohngeld **für das Kind,** um damit einen Überschuss zu erzielen, der bei dem Elternteil die Versicherungspauschale auslöst.

Im Bereich des SGB XII (Grundsicherung/HzL) gibt es diese Einkommensbereinigung nicht, sodass hier das Kindergeld im Regelfall voll angerechnet wird, jedoch um notwenige Versicherungen (Hausrat/Haftpflicht) in **tatsächlicher** Höhe bereinigt werden kann.

3. Besonderheiten für Volljährige

Bei volljährigen Kindern gilt das Obengenannte. **Wichtig:** Beachten Sie immer, dass die 30,00 € Versicherungspauschale berücksichtigt wird.

K

Lebt das volljährige Kind **nicht mehr im Haushalt**, wird das Kindergeld den Eltern, denen es auch tatsächlich zufließt, als Einkommen angerechnet. Es ist zwar möglich, durch Überweisungsbelege nachzuweisen, dass das Kindergeld an das Kind weitergeleitet wird, allerdings ist dies mühsam und führt regelmäßig zu Kürzungen und damit zu finanziellen Problemen.

Sinnvoll ist es hier, einen sogenannten **Abzweigungsantrag** bei der Familienkasse zu stellen. Diesen Antrag kann das Kind erfolgreich stellen, wenn die Eltern keinen Unterhalt zahlen können, was bei Leistungsbezug nach dem SGB II oder SGB XII regelmäßig der Fall sein dürfte. Wird dann nachgewiesenermaßen das Kindergeld direkt durch die Familienkasse an das Kind gezahlt, kann dem berechtigten Elternteil das Kindergeld nicht mehr angerechnet werden.

3.1 Abzweigungsantrag durch den Sozialleistungsträger?

Beziehen Sie Kindergeld für ein **volljähriges behindertes Kind**, das **nicht in Ihrem Haushalt** lebt und selbst auf Leistungen der Sozialhilfe angewiesen ist, darf der Anspruch auf Kindergeld nicht ungeprüft auf das Sozialamt übergeleitet werden. Inwieweit ein Anspruch auf Kindergeld übergeht, muss die Familienkasse unter Berücksichtigung der Besonderheiten des Einzelfalls im Rahmen einer ⇨**Ermessen**sentscheidung feststellen. Dabei sind die tatsächlichen Aufwendungen, die durch die Betreuung des Kindes entstehen, in nachgewiesener Höhe zu berücksichtigen.

Haben Sie Aufwendungen i.H. des Kindergeldes, kommt eine Abzweigung nicht in Betracht (BFH 09.02.2009- III R 37/07).

4. Kindergeld wird angerechnet, aber nicht gezahlt

Kindergeld darf nur dann als Einkommen angerechnet werden, wenn es auch tatsächlich zufließt. Wird es nachgezahlt, erfolgt die Anrechnung entsprechend dem Kapitel im Bereich ⇨Einkommen.

5. Rückforderung von Kindergeld trotz Anrechnung im SGB II

Da Kindergeld auf Leistungen nach dem SGB II angerechnet wird, stellt sich die Frage, was passiert, wenn Kindergeld zurückgefordert wird. So kommt es insbesondere bei volljährigen Kindern immer wieder vor, dass Kindergeld gezahlt wird, obwohl der Anspruch nicht mehr besteht (z.B. Überschreitung der Altersgrenze; Aufnahme einer Beschäftigung; keine Nachweise über Ausbildungsbemühungen, usw.). In diesen Fällen wird die Familienkasse das Kindergeld zurückfordern, ohne dass dabei Verschulden erforderlich ist. Auch Fehler der Familienkasse, z.B. durch zu lange Bearbeitungszeiten, ändern an der Rechtmäßigkeit der Rückforderung nichts. Ein Einspruch gegen die Rückforderung, bei dem die Berechnung grundsätzlich stimmt, hat daher in der Regel keine Aussicht auf Erfolg.

Überraschend ist, dass das Jobcenter aber auch nicht die Rückforderung übernehmen muss. Dies hat das BSG (B 14 AS 165/10 R) schon recht früh entschieden. Begründet wird dies damit, dass das Kindergeld zur Bedarfsdeckung zur Verfügung stand und deshalb die Anrechnung zu Recht erfolgte. Eine spätere Rückforderung sei dann nicht mehr Sache des Jobcenters. Vor dem Hintergrund dieser Entscheidung gibt es nur die Möglichkeit über einen **Antrag auf Erlass gemäß §227 AO**.

5.1. Antrag Auf Erlass gemäß § 227 AO / Unbilligkeitserlass

Um der Zahlungspflicht zu entgehen, besteht daher nur die Möglichkeit, bei der Familienkasse einen **Erlassantrag wegen Unbilligkeit gemäß § 227 AO** zu stellen. Unbillig ist die Rückforderung dann, wenn eine Anrechnung bereits stattgefunden hat und die Rückforderung somit einer Doppelbelastung entspricht. Es empfiehlt sich dem Antrag den entsprechenden Bewilligungsbescheid beizufügen, aus dem die Anrechnung hervorgeht. Die Erfahrung in der Praxis zeigt, dass die Familienkasse bezüglich dieser Anträge bei nachgewiesener Anrechnung häufig positiv entscheidet.

6. Kindergeld für EU-Bürger*innen

Grundsatz: Gemäß § 62 EStG hat einen Anspruch auf Kindergeld für seine Kinder, wer seinen Wohnsitz oder gewöhnlichen Aufenthalt in Deutschland hat. Dies gilt grundsätzlich auch für EU-Bürger*innen.

Ausnahme: Gemäß § 62 Absatz 1a) EStG gilt dies für EU-Bürger*innen in den ersten drei Monaten ab Wohnsitznahme nur dann, wenn sie Einkommen aus einem Beschäftigungsverhältnis oder selbständiger Tätigkeit erzielen.

Problem: Der Gesetzgeber will auf diese Art eine „Einwanderung in das Sozialsystem" begrenzen, verkennt aber, dass eine Ungleichbehandlung zwischen EU-Bürger*innen und deutschen Bürger*innen nur unter sehr engen Voraussetzungen möglich ist, die im EStG nicht erfüllt sind, so dass diese Regelung europarechtswidrig sein dürfte.

Anspruchsvoraussetzungen:

a) Wohnsitz des Kindes

Der Wohnsitz des Kindes in Deutschland ist nicht erforderlich. Gemäß § 63 EStG genügt ein Wohnsitz in der EU.

b) Wohnsitz des Elternteils

Einen Wohnsitz in Deutschland hat, wer eine zu Wohnzwecken benutzbare Wohnung tatsächlich nutzt, beibehält und jederzeit nutzen kann (vgl. FG Münster 19.9.2019 - 5 K 3345/17).

c) gewöhnlicher Aufenthaltsort

Es genügt auch, wenn der gewöhnliche Aufenthaltsort in Deutschland ist. Dies ist nach §9 Abgabenordnung dann der Fall, wenn man sich länger, mindestens sechs Monate, an einem Ort aufhält, zu einem solchen gewöhnlichen Aufenthalt, bedarf es nicht zwingend einer eigenen Wohnung, eine Unterbringung bei Bekannten oder Sammelunterkünften des Arbeitgebers stehen einen gewöhnlichen Aufenthalt nicht entgegen.

Problem: Pflegekräfte aus Osteuropa

In der Entscheidung des FG Münster vom 19.09.2019 wurde Kindergeld für eine polnische Pflegekraft abgelehnt, da diese nie sechs Monate am Stück in Deutschland war und die von ihr während des Aufenthalts genutzte Wohnung ab dem Zeitpunkt ihrer Rückreise weitervermietet wurde, so dass sie nach den oben genannten Voraussetzungen weder über einen Wohnsitz noch über einen gewöhnlichen Aufenthaltsort in Deutschland verfügte.

d) kein Einkommen nach drei Monaten

Wer nach drei Monaten sein Freizügigkeitsrecht allein aus dem Recht zur Arbeitssuche herleiten kann, erhält auch dann kein Kindergeld nach § 62 Abs1a EStG.

e) Erwerbstätigkeit

Grundsätzlich ist Erwerbstätigkeit aber keine Voraussetzung für den Bezug von Kindergeld. Wer also bereits gearbeitet hat und dann arbeitslos wird und auch Leistungen nach dem SGB II bezieht, hat dennoch weiter einen Anspruch auf Kindergeld (EUGH 7.2.2019, Az. C-322/17).

f) Konkurrenz zu anderen Leistungen

Lebt das Kind im EU-Ausland und besteht auch dort ein Anspruch auf Kindergeld, so ist dieser vorrangig zu gewähren. Besteht aber auch ein Anspruch auf deutsches Kindergeld und ist dieses höher als das Kindergeld in dem EU-Land, in dem das Kind lebt, zahlt die Familienkasse die Differenz, bis der Betrag des deutschen Kindergeldes erreicht ist. Für das Kind muss man somit die € 219,00 Kindergeld insgesamt bekommen.

Problem: Derzeit wird geprüft inwieweit eine Beschränkung dieser Zahlung auf den örtlichen Lebensstandard (sog. Indexierung) zulässig ist. Nach der bisherigen Rechtsprechung des EuGH dürfte dies jedoch unzulässig sein.

Kritik
Die grundsätzlich positive Entwicklung des Kindergeldes geht leider spurlos an Beziehenden von Sozialleistungen vorbei, da hier eine vollständige Anrechnung des Kindergeldes mit Ausnahme der Versicherungspauschale, die auch nur unter Umständen gewährt wird, erfolgt. Letztendlich hat dies zur Folge, dass jede Kindergelderhöhung die Einkommensschere weiter öffnet und die Benachteiligung von Leistungsempfänger*innen zunimmt.

Bei der Gewährung von Kindergeld für EU-Bürger*innen wird deutlich, dass der Gesetzgeber versucht, seine Leistungspflicht soweit wie möglich zu reduzieren. Insgesamt ist erkennbar, dass es für EU-Bürger*innen immer schwieriger wird, wirksam von ihrem Freizügigkeitsrecht Gebrauch zu machen; das Kindergeld ist letztendlich nur ein Beispiel dafür.

Informationen
Gesonderte Informationen erhalten Sie bei der Familienkasse im Merkblatt Kindergeld, dort sind auch die entsprechenden Anträge zu stellen.

K

Kinderzuschlag

Mit dem Alg II wurde im Zuge der Hartz-Reform auch der Kinderzuschlag (§ 6a BKGG) als **vorrangige** Leistung für Familien eingeführt, die dem Grunde nach leistungsberechtigt nach den SGB II sind. Der Zuschlag ist für Eltern gedacht, die ihren Bedarf weitgehend mit eigenem Einkommen decken können und „nur" wegen des Bedarfs ihrer Kinder entweder auf SGB II-Leistungen angewiesen wären oder deren Einkommen nur knapp über dem SGB II-Leistungsniveau liegt. Zusammen mit dem **Kindergeld** und ggf. einem ⇨**Wohngeld**anspruch sollen der Kinderzuschlag (KiZ) **und** das sonstige Familieneinkommen dazu führen, dass im Monat der KiZ-Antragstellung **kein Anspruch** auf Leistungen nach dem SGB II **besteht**.

Der Zuschlag beträgt seit dem **1. Januar 2021** pro Kind maximal **205 €** (zuvor 185 €). Er muss bei der **Familienkasse** der zuständigen Agentur für Arbeit beantragt werden und wird jeweils für sechs Monate bewilligt.

Da wegen der komplizierten Regelungen bis 2019 nur relativ wenige Familien den Kinderzuschlag beantragt oder erhalten haben, wurden durch das *„Starke-Familien-Gesetz"* einige wesentliche **Änderungen und Vereinfachungen** beim Kinderzuschlag vorgenommen. Sie traten in zwei Schritten ab dem **1. Juli 2019** und ab dem **1. Januar 2020** in Kraft. Die Neuerungen erleichtern Familien den Zugang zum KiZ, erhöhen den Einkommensbereich, in dem der Kinderzuschlag beansprucht werden kann, und machen ihn insgesamt zu einer verlässlicheren Sozialleistung, die sich nicht Monat für Monat ändern kann.

Inhaltsübersicht

1.1 Kinderzuschlag oder Alg II-Bezug?
Der KiZ ist zwar **vorrangig** gegenüber dem SGB II, er schließt aber gleichzeitigen Alg II-Bezug nicht mehr grundsätzlich aus. Seit 2020 soll durch den Kinderzuschlag nicht mehr *„Hilfebedürftigkeit nach § 9 [SGB II] ... vermieden"* werden (§ 6a Abs. 1 Nr. 4 BKGG a.F.), sondern *„bei Bezug des Kinderzuschlags **keine** Hilfebedürftigkeit im*

Sinne des § 9 [SGB II] ... besteh[en]" (§ 6a Abs. 1 Nr. 3 Satz 1 BKGG n.F.). Das bezieht sich immer auf die **Einkommensverhältnisse im KiZ-Antragsmonat** und es gibt dazu eine Ausnahmeregelung (⇨1.2).

Wenn sich das Familieneinkommen in den Folgemonaten verringert und der SGB II-Bedarf unterschritten wird, kann der Kinderzuschlag, der für sechs Monate bewilligt wird, durchaus **mit Alg II aufgestockt** werden. In diesem Fall fällt allerdings bereits bewilligtes Wohngeld weg, das nicht mit SGB II-Leistungen kombiniert werden kann.

Außerdem dürfen Sie vom Jobcenter nur auf den vorrangigen KiZ (ggf. inklusive Wohngeld) verwiesen werden, wenn die Hilfebedürftigkeit Ihrer Bedarfsgemeinschaft *„für einen zusammenhängenden Zeitraum von **mindestens drei Monaten** beseitigt würde"* (§ 12a Nr. 2 SGB II).

Dennoch kann der Kinderzuschlag und mit ihm der Wegfall von Alg II-Leistungen unter Umständen zu finanziellen Einbußen führen, weil z.B. die **GEZ-Befreiung und** der Anspruch auf einen ⇨Sozialpass entfallen oder die Befreiungsgrenzen für die **Zuzahlungen** bei der gesetzlichen **Krankenversicherung** viel höher ausfallen.

Bei unverheirateten Paaren kann der Versicherungsschutz bei der gesetzlichen **Krankenversicherung wegfallen**, wenn ein*e Partner*in sozialversicherungspflichtig arbeitet und der/die andere nicht mehr über Alg II krankenversichert ist. Dann müssen Sie beim Jobcenter einen **Zuschuss** zur freiwilligen ⇨Krankenversicherung beantragen.

Wenn kein Mitglied der Bedarfsgemeinschaft Alg II/ Sozialgeld erhält, bleiben bei der Prüfung, ob keine „SGB II-Hilfebedürftigkeit" besteht, *„Bedarfe nach § 28 [SGB II] ... außer Betracht"* (§ 6a Abs. 1 Nr. 3 BKGG). Da es sich hier um **Leistungen für Bildung und Teilhabe** (⇨Schüler*innen 5.1 ff.) handelt, auf die Familien bei Bezug des Kinderzuschlag einen eigenständigen Anspruch haben, entsteht Ihnen hierdurch kein Nachteil.

1.2 Verzicht auf SGB II-Leistungen

Bis zum Juni 2019 konnten Familien zwischen Alg II und dem Kinderzuschlag **wählen** und ggf. auf den Zuschlag verzichten. Ein Anspruch entfiel, wenn sie KiZ *„wegen eines damit verbundenen Verlusts von anderen höheren Ansprüchen nicht geltend machen woll[t]en"* (§ 6a Abs. 5 BKGG a.F.). Dieses „kleine Wahlrecht" wurde mit dem *„Starke-Familien-Gesetz"* gestrichen und gegen die Option ausgetauscht, auf SGB II-Leistungen zu verzichten.

Seit dem 01.07.2019 besteht abweichend ein Anspruch auf Kinderzuschlag, *„wenn*

1. bei Bezug von Kinderzuschlag Hilfebedürftigkeit besteht, der Bedarfsgemeinschaft zur Vermeidung von Hilfebedürftigkeit aber mit ihrem Einkommen, dem Kinderzuschlag und dem Wohngeld höchstens 100 Euro fehlen,

2 sich bei der Ermittlung des Einkommens der Eltern nach § 11b Absatz 2 und 3 des Zweiten Buches Sozialgesetzbuch wegen Einkommen aus Erwerbstätigkeit Absetzbeträge in Höhe von mindestens 100 Euro ergeben und

3.kein Mitglied der Bedarfsgemeinschaft Leistungen nach dem Zweiten oder nach dem Zwölften Buch Sozialgesetzbuch erhält oder beantragt hat" (§ 6a Abs. 1a BKGG n.F.).

Sie können demnach KiZ beantragen, wenn Sie mit Ihrem Familieneinkommen und Ihrem voraussichtlichen Anspruch auf Kinderzuschlag (ggf. plus Wohngeld) **max. 100 € unter dem SGB II-Bedarf** liegen, über ein **Erwerbseinkommen** mit den entsprechenden Einkommensfreibeträgen verfügen, um die 100€-Differenz auszugleichen, und wenn Sie und Ihre Familie **freiwillig auf SGB II-Leistungen verzichten**.

Das kann dann für Sie von Vorteil sein, wenn Sie vom Alg II-Bezug und dem „Fördern und Fordern" des Jobcenters „die Nase voll haben".

Tipp: Diesen Verzicht können Sie selbstverständlich jederzeit widerrufen und zurück vom Kinderzuschlag in den SGB II-Leistungsbezug wechseln.

2.1 Wer hat Anspruch auf Kinderzuschlag

Sie erhalten den KiZ für Ihre im Haushalt lebenden unverheirateten Kinder unter 25

Jahren, wenn
- Sie für diese Anspruch auf **Kindergeld** haben,
- Sie mit Ausnahme des Wohngeldes **und** des Kindergeldes über ein Einkommen (nach § 11 SGB II) von **mindestens 900 € bei Paaren** oder **600 € bei Alleinerziehenden** verfügen,
- bei Ihrer Bedarfsgemeinschaft *„bei Bezug des Kinderzuschlags **keine Hilfebedürftigkeit** im Sinne des § 9 des Zweiten Buches Sozialgesetzbuch **besteht** [...].Bei der Prüfung der Hilfebedürftigkeit ist das für den Antragsmonat bewilligte Wohngeld zu berücksichtigen. Wird kein Wohngeld bezogen und könnte mit Wohngeld und Kinderzuschlag Hilfebedürftigkeit vermieden werden, ist bei der Prüfung Wohngeld in der Höhe anzusetzen, in der es voraussichtlich für den Antragsmonat zu bewilligen wäre"* (§ 6a Abs. 1 Nr. 3 BKGG n.F.).

K

Der Anspruch auf den KiZ **entfällt**, *„für Zeiträume, in denen zumutbare Anstrengungen unterlassen werden, Ansprüche auf Einkommen des Kindes [z.B. Unterhalt, Unterhaltsvorschuss] geltend zu machen"* (§ 6a Abs. 3 Satz 4 BKGG).

2.2 Wie wird der Kinderzuschlag bewilligt?

Der KiZ wird jeweils für **sechs Monate bewilligt, beginnend mit dem Monat der Antragstellung**. Bei Folgeanträgen beginnt der der neue Bewilligungszeitraum frühestens nach Ablauf des laufenden KiZ-Anspruchs (§ 6a Abs. 7 Sätze 1 u. 2 BKGG n.F.).

Mit dem *„Starke-Familien-Gesetz"* trat ab dem 1.7.2019 eine deutliche **Verbesserung der Bewilligungspraxis** in Kraft. *„Änderungen in den tatsächlichen oder rechtlichen Verhältnissen während des laufenden Bewilligungszeitraums sind abweichend von § 48 [SGB X] ... nicht zu berücksichtigen"* (§ 6a Abs. 7 Satz 3 BKGG) Anders als zuvor wird der Kinderzuschlag – ist er einmal bewilligt – bis zum Ende des Bewilligungszeitraums **unverändert weitergezahlt**, auch wenn sich das Einkommen oder der Bedarf der Familie in der Zeit verändert. Wenn sich das Einkommen erhöht, kann der KiZ trotzdem in unverminderter Höhe weiter bezogen werden. Es droht **keine Rückforderung** der bezogenen Leistung. Verringert sich das Einkommen in dem Zeitraum, können die Familien sogar **zusätzlich zum Kinderzuschlag Alg II beantragen**.

Eine **Neuberechnung** des Kinderzuschlags im Bewilligungszeitraum erfolgt nur, wenn der Gesetzgeber in der Zeit den **KiZ erhöht** oder sich die **Zusammensetzung der Bedarfsgemeinschaft** ändert. Wenn der Bewilligungsbescheid wegen einer Änderung der Bedarfsgemeinschaft aufgehoben wurde, beginnt ein neuer Bewilligungszeitraum automatisch im Monat, nach dem die Änderungen bei der Bedarfsgemeinschaft (z.B. Geburt eines Kindes, Auszug einer Person usw.) eingetreten sind (§ 6a Abs. 7 Sätze 3 u. 4 BKGG).

Damit wird der Kinderzuschlag zu einer verlässlicheren Sozialleistung, die sich nicht Monat für Monat ändern kann.

2.3 Keine Erstattung bei Aufhebung der Bewilligung von KiZ

Wird der Bewilligungsbescheid aufgehoben, was nur noch bei Änderungen der Bedarfsgemeinschaft zum Nachteil der leistungsberechtigten Familien erfolgen kann, *„sind bereits erbrachte Leistungen abweichend von § 50 [Abs. 1 SGB X] ... nicht zu erstatten, soweit der Bezug von Kinderzuschlag den Anspruch auf Leistungen nach dem Zweiten Buch Sozialgesetzbuch ausschließt oder mindert"* (§ 11 Abs. 5 BKGG).

2.4 Wie wird für den KiZ das Einkommen ermittelt?

Seit dem 1.7.2019 ist *„[f]ür die Ermittlung des monatlich zu berücksichtigenden Einkommens ... [sowohl beim KiZ-berechtigten Kind als auch bei seinen Eltern] der Durchschnitt des Einkommens [nach §§ 11 ff. SGB II] aus den **sechs Monaten vor Beginn des Bewilligungszeitraums** maßgeblich"* (§ 6a Abs. 8 Satz 1 BKGG). Das Einkommen wird also nicht mehr wie zuvor Monat für Monat neu berechnet oder vorläufig für sechs Monate als Durchschnittseinkommen geschätzt, sondern es wird immer das Durchschnittseinkommen ermittelt, das in den letzten sechs Monaten **vor der Antragstellung** erzielt wurde, und bei der Berechnung für den kommenden sechsmonatigen Bewilligungszeitraum zugrunde gelegt.

Das hat zur Folge, dass ein Elternteil bei Neuaufnahme einer Beschäftigung zunächst für mehrere Monate Einkommen erzielen muss, um ein Einkommensniveau zu erreichen, aus dem ein Anspruch auf Kinderzuschlag resultiert. Es bietet aber auch Raum für eine „kreative" Antragstellung, weil z.B. mit entsprechend hohem Einkommen der KiZ bereits vier Monate nach Beschäftigungsbeginn (und Einkommenserzielung) beantragt werden kann, weil nach sechs Monaten Einkommenserzielung das Durchschnittseinkommen zu hoch für einen KiZ-Anspruch wäre.

2.5 Welches Vermögen wird beim KiZ berücksichtigt?

Das geschützte ⇨Vermögen wird **wie beim Alg II** gemäß § 12 SGB II berücksichtigt. Maßgeblicher Zeitpunkt für die Beurteilung des Vermögens ist der **Beginn des Bewilligungszeitraums** (§ 6a Abs. 8 Satz 5 BKGG), d.h. der erste Tag.

Aufgrund der **Corona-Sonderregelungen** für den erleichterten Zugang zu Sozialleistungen (§ 20 Abs. 6a BKGG i.V. mit § 67 Abs. 2 SGB II; Sozialschutzpaket I) gelten im SGB II und damit **auch** beim Kinderzuschlag im Zeitraum vom **1.3.2020 bis zum 31.12.2021** ein **erhöhtes Schonvermögen**. Für das erste zu berücksichtigende Haushaltsmitglied sind 60.000 € als Vermögen geschützt und für jedes weitere zu berücksichtigende Haushaltsmitglied 30.000 € (FW 67, Nr. 1.2, mit Verweis auf Verwaltungsvorschrift zu § 21 WoGG, 21.37).

2.6 Welche Unterkunftskosten werden berücksichtigt?

Bei **Mieter*innen** *„sind als monatliche Bedarfe für Unterkunft und Heizung die [tatsächlichen] laufenden Bedarfe für den ersten Monat des Bewilligungszeitraums zugrunde zu legen"* (§ 6a Abs. 8 Satz 2 BKGG). Das bietet deutliche Vorteile gegenüber dem Alg II-Bezug, weil beim Bezug von Kinderzuschlag dauerhaft die **tatsächlichen Unterkunftskosten anerkannt** werden, und „unangemessene" Aufwendungen nicht – wie im SGB II – i.d.R. nach sechs Monaten Kostensenkungsfrist auf das angemessene Maß herabgesenkt werden müssen (⇨Miete). In Monaten, in denen KiZ-Familien aufgrund von Heiz- oder Betriebskostennachzahlungen bzw. der Beschaffung von Brennstoffen **unter das SGB II-Niveau** geraten, ist es zudem möglich, **Alg II** zu beantragen und **aufzustocken**.

„Bei Personen, die an dem selbst genutzten ***Wohnraum Eigentum*** *haben, sind als monatliche Bedarfe für Unterkunft und Heizung die Bedarfe aus den durchschnittlichen Monatswerten des Kalenderjahres vor Beginn des Bewilligungszeitraums zugrunde zu legen"* (§ 6a Abs. 8 Satz 3 BKGG).

3.1 Wie wird der KiZ berechnet?

Liegen die unter ⇨2.1 genannten Anspruchsvoraussetzungen für den KiZ vor, wird in vier Schritten vorgegangen.

1. Zuerst wird anhand des **Einkommens und Vermögens** eines jeden Kindes dessen Kinderzuschlag berechnet. Verfügt das Kind über eigens Einkommen (Wohngeld, Kindergeld und der Kinderzuschlag selbst werden hier **nicht** berücksichtigt) und Vermögen, wird der Höchstbetrag für den Kinderzuschlag entsprechend gemindert. Einkommen des Kindes wird seit Juli 2019 **nur noch zu 45 Prozent** angerechnet. Der addierte KiZ aller Kinder in einer Bedarfsgemeinschaft nennt sich *„Gesamtkinderzuschlag"*.
2. Dann wird der fiktive SGB II-Bedarf der Eltern, die sogenannte ***„Bemessungsgrenze"***, ermittelt und dem **Elterneinkommen** (Vermögen) gegenübergestellt.
3. Der Gesamtkinderzuschlag wird um das Elterneinkommen gemindert, das den SGB II-Bedarf der Eltern übersteigt. Allerdings wird das **übersteigende Erwerbseinkommen** der Eltern seit Januar 2020 **nur noch zu 45 Prozent** an den Gesamtkinderzuschlag angerechnet.
4. Zum Schluss muss eine **SGB II-Kontrollberechnung** durchgeführt werden, um zu überprüfen, ob mit dem KiZ im Antragsmonat keine SGB II-Hilfebedürftigkeit besteht.

1. Schritt: Berechnung des KiZ pro Kind und des Gesamtkinderzuschlags

Der max. Kinderzuschlag pro Kind beträgt **205 €** (Stand 2021). **Seit 01.07.2019** wird das mtl. zu berücksichtigende **Einkommen des**

Kindes nur noch zu **45 Prozent** an den max. KiZ angerechnet. Zuvor verringerte es den Kinderzuschlag um 100 Prozent. **Kindergeld und** der auf das Kind entfallende Anteil des **Wohngeldes** werden als Einkommen **nicht** berücksichtigt.
Vermögen des Kindes, welches das Schonvermögen von 3.100 € (§ 12 Abs. 2 Nr. 1a SGB II; ⇨2.5) übersteigt, verringert den Kinderzuschlag um 100 Prozent. Ist das zu berücksichtigende Vermögen höher als der um das Einkommen bereinigte KiZ im ersten Monat, entfällt der KiZ-Anspruch für dieses Kind vollständig. Ist das Vermögen geringer, wird es im ersten Monat auf den Kinderzuschlag angerechnet und im zweiten Monat wird der KiZ ohne Berücksichtigung von Vermögen berechnet.
Die Differenz zwischen max. KiZ und anzurechnendem Einkommen und Vermögen ist der **individuelle Kinderzuschlag**.
(§ 6a Abs. 3 BKGG)

Beispiel:
Ein vierjähriges Kind erhält einen mtl. **Unterhaltsvorschuss** in Höhe von **174 €**. Dieser wird nur noch zu 45 Prozent angerechnet. Vermögen (Kindersparbuch) beträgt 2.650 € und ist nicht zu berücksichtigen.

205,00 €	max. Kinderzuschlag
– 78,30 €	Unterhaltsvorschuss (45 %)
126,70 €	individueller Kinderzuschlag

Bei **mehreren Kindern** werden die individuellen Kinderzuschläge zum **Gesamtkinderzuschlag** der Familie addiert (§ 6a Abs. 4 BKGG n.F.).

2. Schritt: Ermittlung der *„Bemessungsgrenze“* und des Elterneinkommens
Voraussetzung: Elternpaare müssen **mindestens** über 900 € und ein alleinerziehender Elternteil muss mindestens 600 € Einkommen **erzielen**.
Zur Berechnung des zustehenden Kinderzuschlags wird der elterliche fiktive SGB II-Bedarf, die **Bemessungsgrenze** (§ 6a Abs. 5 BKGG n.F.), aus den jeweiligen ⇨**Regelbedarfen**, ⇨**Mehrbedarf**zuschlägen und einem festgelegten **Anteil** der Eltern an den **tatsächlichen**, nicht den „angemessenen“ **Kosten der Unterkunft und Heizung** (KdU) ermittelt (BSG 14.3.2012 - B 14 KG 1/11 R). Die Höhe dieser Wohnkostenanteile ist davon abhängig, ob es sich um eine Ein- oder Zweielternfamilie handelt und wie viele Kinder im Haushalt leben. Der Anteil der elterlichen Unterkunftskosten ergibt sich aus dem 12. Bericht der Bundesregierung über die Höhe des Existenzminimums von Erwachsenen und Kindern, er beträgt bei:

Alleinerziehenden mit	elterlicher KdU-Anteil
1 Kind	76,64%
2 Kinder	62,13%
3 Kinder	52,24%
4 Kinder	45,06%
5 Kinder	39,62%

Elternpaaren mit	elterlicher KdU-Anteil
1 Kind	83,16 %
2 Kinder	71,17 %
3 Kinder	62,2 %
4 Kinder	55,24 %
5 Kinder	49,69 %

Beispiel: Bemessungsgrenze der Eltern
Fünfköpfige Familie, Elternpaar, 3 Kinder; die warmen Unterkunftskosten betragen 900 €

802 €	Regelbedarfe der Eltern (2 x 401 €) (Stand 2021)
+ 18,40 €	Mehrbedarf ⇨**Warmwasserbereitung** (2 x 9,20 €)
+ 559,80 €	Unterkunftskosten (62,2% von 900 €)
1.380,20 €	Elternbedarf

Das **Elterneinkommen und -vermögen** wird nach den Regelungen der §§ 11-12 SGB II ermittelt und der Bemessungsgrenze gegenübergestellt (⇨Einkommensbereinigung; ⇨Vermögen). **Wohngeld** wird dabei nicht berücksichtigt.
Das über dem Bedarf liegende Einkommen wird ermittelt. Dabei ist das Einkommen getrennt nach Erwerbseinkommen und anderen Einkommensarten zu ermitteln. Auf den elterlichen Bedarf werden **zuerst andere Einkünfte** und dann **Erwerbseinkommen** angerechnet (§ 6a Abs. 6 BKGG). Übersteigt das Einkommen der Eltern die Bemessungsgrenze, wird auf diese Wiese sichergestellt, dass regelmäßig das Erwerbseinkommen den

übersteigenden Teil des Einkommens bildet. Das ist wegen der Ermittlung des Betrags wichtig, der nicht an den Gesamtkinderzuschlag anzurechnen ist (⇨3. Schritt).

3. Schritt: Anrechnung Elterneinkommen und -vermögen an den Gesamtkinderzuschlag

Das mtl. Einkommen und das ggf. einzusetzende Vermögen der Eltern, das die Bemessungsgrenze übersteigt, wird nach einer speziellen Methode an den Gesamtkinderzuschlag angerechnet.

Besteht das Elterneinkommen aus **Erwerbseinkommen** und ggf. anderen Einkünften, bewirkt die unter Schritt 2 genannte vorrangige Anrechnung anderer Einkünfte an den fiktiven Elternbedarf, dass i.d.R. das Erwerbseinkommen die Bemessungsgrenze übersteigt. Das übersteigende Erwerbseinkommen wird nämlich nur **zu 45 Prozent an den Gesamtkinderzuschlag angerechnet** (bis zum 31.12.2019 waren es noch 50 Prozent). Der Anspruch auf den KiZ sinkt demnach mit steigendem Erwerbseinkommen nur langsam.

Besteht das Elterneinkommen vorwiegend aus **anderen Einkünften** und übersteigen diese die Bemessungsgrenze, wird der übersteigende Betrag **zu 100 Prozent an den Gesamtkinderzuschlag angerechnet**. Das gleiche gilt für zu berücksichtigendes **Vermögen** (§ 6a Abs. 6 BKGG). In diesem Fall sinkt der KiZ-Anspruch deutlich schneller als bei übersteigendem Erwerbseinkommen. Das soll den Anreiz erhöhen, eine Erwerbstätigkeit auszuüben.

4. Schritt: Kontrollberechnung

Der SGB II-Bedarf der gesamten **Bedarfsgemeinschaft** muss nun ermittelt werden, um festzustellen, ob mit dem bewilligten KiZ plus aller anderen Familieneinkünfte und dem ggf. zustehenden Wohngeld **Hilfebedürftigkeit** nach dem SGB II **nicht besteht**. Ist das der Fall, wird der errechnete Kinderzuschlag bewilligt. *„Wird kein Wohngeld bezogen und könnte mit Wohngeld und Kinderzuschlag Hilfebedürftigkeit vermieden werden, ist bei der Prüfung Wohngeld in der Höhe anzusetzen, in der es voraussichtlich für den Antragsmonat zu bewilligen wäre“* (§ 6a Abs. 1 Nr. 3 Satz 3 BKGG). In diesem Fall müsste das Wohngeld als vorrangiges Einkommen sofort beantragt werden.

3.2 Beispiel: KiZ für Elternpaar mit zwei Kindern

Frau Kurz hat aus einem Teilzeitjob ein nach SGB II-Regeln bereinigtes **anzurechnendes Erwerbseinkommen von 950 €** (Durchschnittseinkommen der sechs Monate vor Antragstellung). Herr Kurz bezieht seit acht Monaten 650 € **Alg I**, das (abzgl. der 30€-Versicherungspauschale) bereinigt **620 € anzurechnendes anderes Einkommen** ergibt.

Das Elterneinkommen übersteigt mit **1.570 €** das 900€-Mindesteinkommen.

Ihr Sohn Karl (15 Jahre) bezieht aus einem Minijob konstant ein nach SGB II-Regeln bereinigtes **anzurechnendes Einkommen von 120 €** und ihre Tochter Petra (12 Jahre) hat **kein** zu berücksichtigendes Einkommen, das den KiZ mindert. Die Warmmiete inkl. Warmwasserbereitung beträgt **820 €**. Vermögen ist nicht vorhanden.

1. Gesamtkinderzuschlag

KiZ Karl 205 € - 54 € (45 % v. 120 €)	**= 151 €**
KiZ Petra	**= 205 €**
Gesamt-KiZ:	**= 356 €**

2. Bemessungsgrenze (fiktiver Elternbedarf)

Die Warmmiete wird bei Eltern mit zwei Kindern zu **71,17 Prozent** angerechnet (⇨Tab. 3.1, Schritt 2):

Regelsatz Frau Kurz	401,00 €
Regelsatz Herr Kurz	401,00 €
71,17% der Miete	583,59 €
Elternbedarf (fiktiv)	**1.385,59 €**

3. Anrechnung Elterneinkommen an den KiZ

Das bereinigte Elterneinkommen in Höhe von **1.570 €** übersteigt die Bemessungsgrenze **1.385,59 €** (2.) um **184,41 €**. Der Gesamtkinderzuschlag (1.) wird um **45 Prozent** des übersteigenden **Erwerbseinkommen** gemindert = **82,98 €**. Das Alg I von Herrn Kurz wird zuerst an die Bemessungsgrenze angerechnet, dann folgt das Erwerbseinkommen seiner Frau.

Gesamt-KiZ	356,00 €
Minderungsbetrag	- 82,98 €
KiZ-Anspruch	**273,02 €**
(gerundet	273,00 €)

4. SGB II-Kontrollrechnung

SGB II-Bedarf	
Regelsatz Eltern (2 x 401 €)	802 €
Regelsatz Karl (Rb 4)	373 €
Regelsatz Petra (Rb 5)	309 €
Warmmiete	820 €
Bedarf	**2.304 €**

anzurechnendes Einkommen + KiZ	
Gesamteinkommen (Eltern)	1.570 €
Erwerbseinkommen Karl	120 €
Kindergeld Karl	219 €
Kindergeld Petra	219 €
KiZ-Anspruch	273 €
Familieneinkommen	**2.401 €**

K

Familie Kurz liegt also mit dem Kinderzuschlag **97 € über dem SGB II-Bedarf**. Die werden z.T. durch Rundfunkbeiträge und erhöhte Zuzahlungen bei der gesetzlichen Krankenkasse aufgefressen. Unter Umständen besteht zusätzlich Anspruch auf Wohngeld, um das Einkommen von Familie Kurz etwas aufzubessern.

3.3 Beispiel: KiZ für Alleinerziehende mit einem Kind

Frau Lang, alleinerziehend, erzielt ein nach SGB II-Regeln bereinigtes **anzurechnendes Erwerbseinkommen von 970 €** (Durchschnittseinkommen der sechs Monate vor Antragstellung). Das Einkommen überschreitet das 600-€-Mindesteinkommen. Ihre Tochter Bea, 16 Jahre, erhält mtl. **309 €** Unterhaltsvorschussgeld (UVG). Die Warmmiete inkl. Warmwasserbereitung beträgt **620 €**. Vermögen ist nicht vorhanden.

1. Kinderzuschlag (1 Kind)

KiZ Bea 205 € - 139,05 € (45 % v. 309 €)
= **65,95 €**

2. Bemessungsgrenze (fiktiver Elternbedarf)

Die Warmmiete wird bei Alleinerziehenden mit einem Kind zu **76,64 Prozent** angerechnet (⇨Tab. 3.1, Schritt 2). Der Mehrbedarf für Alleinerziehende ist hier zu berücksichtigen.

Regelsatz Frau Lang	446,00 €
Mehrbedarf Frau Lang	53,52 €
76,64% der Miete	475,17 €
Elternbedarf (fiktiv)	**974,69 €**

3. Anrechnung Elterneinkommen an den KiZ

Frau Lang liegt mit ihren **970 €** anzurechnendem Erwerbseinkommen **4,69 € unter der Bemessungsgrenze von 974,69 €** (2.). Übersteigendes Elterneinkommen, das den KiZ mindert, ist **nicht vorhanden**. Kinderzuschlag (1.) für Bea wird in Höhe von **66 €** (gerundet von 65,95 €) gewährt.

4. SGB II-Kontrollrechnung

Bedarf-SGB-II	
Regelsatz Frau Lang	446,00 €
Mehrbedarf Frau Lang	53,52 €
Regelsatz Bea	373,00 €
Warmmiete	620,00 €
Bedarf	**1.492,52 €**

anzurechnendes Einkommen + KiZ	
Erwerbseinkommen Frau Lang	970 €
Kindergeld	219 €
UVG	309 €
KiZ	66 €
Familieneinkommen	**1.564 €**

Frau Lang und Bea haben mit dem KiZ lt. Kontrollrechnung **72 € mehr als mit Alg II**. Allerdings fallen auch hier ggf. Vergünstigungen durch SGB II-Bezug weg (⇨1.1). Unter Umständen kann zusätzlich Wohngeld bezogen werden. Weil beim KiZ dauerhaft die tatsächlichen – nicht die angemessenen – Kosten der Unterkunft und Heizung berücksichtigt werden, könnte der KiZ-Bezug gegenüber dem SGB II auf Dauer von Vorteil sein.

4.1 Leistungen für Bildung und Teilhabe

stehen auch allen kindergeldberechtigten Kindern zu,

- wenn sie in einem Haushalt leben, in dem **für mindestens ein Kind** ein **KiZ** gezahlt wird oder

- wenn sie in einem Haushalt leben, in dem **Wohngeld** bezogen wird (§ 6b Abs.1 BKGG). Näheres dazu unter ⇨Schüler*innen

4.2 Befreiung von KiTA-Gebühren

Familien, die den Kinderzuschlag beziehen, sind seit dem **1.8.2019** von der Zahlung von KiTa-Gebühren befreit (*„Gute-KiTa-Gesetz“*). Oft wissen die die Familien nichts von ihrem Glück, weil viele Kommunen nicht über die Vergünstigung aufklären und die Befreiung von einer Antragstellung abhängig ist.

Tipp: Stellen Sie umgehend einen Antrag beim Jugendamt, das i.d.R. zuständig ist.

4.3 Übergang von Alg II zum KiZ

„Nur wenn mit hinreichender Sicherheit ein vorrangiger Anspruch auf KiZ (ggf. unter Berücksichtigung von Wohngeld) besteht, ist der Antrag auf Leistungen nach dem SGB II abzulehnen und die Kundin/der Kunde auf die Beantragung von KiZ (und ggf. Wohngeld) hinzuweisen“ (FW 12a.17). Das Jobcenter darf Sie also nicht auf Verdacht auf den vorrangigen KiZ verweisen, sondern muss eine Vergleichsberechnung anstellen.

Tipp: Lassen Sie sich diese Berechnung aushändigen, um einen Vergleichsmaßstab zu haben.

Wenn Ihnen ohne den KiZ Mittel zum Lebensunterhalt fehlen, kann das Jobcenter bis zur Bewilligung des KiZ SGB II-Leistungen in **Vorleistung** erbringen und einen Erstattungsanspruch (§ 104 SGB X) gegenüber der Familienkasse (ggf. der Wohngeldstelle) geltend machen. *„Gleiches gilt zur* ***Vermeidung von Zahlungsunterbrechungen****, sofern sich ein KiZ-Anspruch während des laufenden Bezugs von Leistungen nach dem SGB II ergibt“* (FW 12a.21).

Selbst wenn die vorläufigen Berechnungen des Jobcenters *„zutreffen und den Antragstellern Wohngeld und Kinderzuschlag zustehen sollte, rechtfertigt es dies nicht, den Antragstellern die bereits bewilligte Leistung zum Lebensunterhalt ohne verbindliche Prüfung anderer Leistungsansprüche zu entziehen“* (SG Dresden 7.11.2008 - S 5 AS 5410/08 ER).

Tipp: Legen Sie ⇨Widerspruch ein, wenn die SGB II-Leistungen einfach eingestellt werden und das Jobcenter Sie auf den KiZ verweist. Die Familienkasse braucht etliche Wochen, bis der KiZ bewilligt ist, das Wohngeldamt ebenso.

Kritik

Der 2005 eingeführte Kinderzuschlag soll das Ziel haben, *„Armut von Kindern zu vermindern“* (BT-Dr. 15/1516, 1). Und zwar dadurch, dass Kindergeld plus Zuschlag plus Wohngeldanteil *„den durchschnittlichen Bedarf von Kindern an Arbeitslosengeld bzw. Sozialgeld abdecken“* (ebenda, 3). Regelbedarfe plus einmalige Beihilfen sind aber für die Mehrzahl der Kinder mit der Hartz IV-Reform gesenkt worden. Wie kann ein verringertes Leistungsniveau von Armen die Armut vermindern, bloß weil es in Form von Kindergeld plus Zuschlag plus Wohngeld abgedeckt wird?

Der Kinderzuschlag soll vermeiden, dass Lohnarbeitende „nur“ wegen ihrer Kinder auf Alg II angewiesen sind. Er deckt damit auf, dass Löhne nicht einmal ausreichen, um den Nachwuchs von Arbeitskräften zu ernähren.

Der Kinderzuschlag wurde vor allem durch den immensen Prüfaufwand bekannt. Nur wenige Familien hatten überhaupt einen Anspruch. Von 2005 bis Ende 2007 wurden 993.787 Anträge auf den Zuschlag gestellt. Von diesen wurden ganze 121.613 bewilligt. 87,1 Prozent der Anträge wanderten in den Papierkorb (BMFSFJ: Dossier Kinderzuschlag, April 2008). Ende 2007 wurden 100.000 Kindern in 36.000 Familien *„erreicht“*. Zu wenig für die damalige Familienministerin. Daraufhin wurde der KiZ zum Oktober 2008 *„weiterentwickelt“*. Die Anspruchsvoraussetzungen wurden mit dem Ziel erleichtert, weitere 150.000 Kinder aus Hartz IV herauszuholen. Nach Angaben des zuständigen Bundesministeriums für Familie, Senioren, Frauen und Jugend wurden Anfang 2012 durch den Kinderzuschlag *„rund 300.000 Kinder und ihre Eltern erreicht“* (www.bmfsfj.de) – Tendenz in den Folgejahren wieder nachlassend. Nach einer zaghaften Erhöhung des KiZ 2017 wurde klar, dass nur durch eine weitreichendere Reform die Attraktivität des Zuschlags gesteigert werden kann. Die kam mit dem *„Starke Familien-Gesetz"* in zwei Schritten zum 1.7.2019 und 1.1.2020 und verschob einerseits Höhe des KiZ und die Einkommensspanne für den berechtigte Familien deutlich nach oben und führte andererseits zu einigen überfälligen Erleichterungen beim Berechnungs- und Bewilligungsverfahren. 2021 wurde der max. Zuschlag pro Kind schließlich um 20 € auf 205 € angehoben.

Dennoch ist das Berechnungsverfahren beim KiZ für Laien (und leider auch für viele Berater*innen) noch immer kaum nachvollziehbar. Die betroffenen Familien werden vom Jobcenter zur Familienkasse und notgedrungen zur Wohngeldstelle verwiesen, ohne dass wirklich Großes für sie herausspringt. Einziges Motiv, KiZ und Wohngeld zu beantragen, ist häufig, den Schikanen des Jobcenters zu entkommen.

Durch eine vereinfachte Berechnung, den Wegfall der sogenannten „Abbruchkante" und der Tatsache, dass der Kinderzuschlag Hilfebedürftigkeit im SGB II nicht mehr vermeiden muss, haben allerdings seit 2020 auch Familien einen Anspruch, deren Einkommen von vornherein über dem Hartz IV-Niveau liegt. Diese können selbst bei Bezug eines „Mini-KiZ" von damit verbundenen Vergünstigungen wie Leistungen für Bildung und Teilhabe und KiTa-Gebührenbefreiung profitieren. Schade ist nur, dass gerade diese Familien oft nichts von ihrem Anspruch wissen, weil es an Aufklärung fehlt.

Letztlich ist das alles ist nicht der Schlag gegen die Kinderarmut, den man vorgaukelt. Das ist die Bereinigung der Hartz IV-Statistik und die weiterentwickelte Vertuschung der Armut von Familien mit Kindern.

Forderungen

Bedarfsdeckende Kindergrundsicherung statt Kinderzuschlag!

Ein gesetzlicher Mindestlohn, mindestens 13 € pro Stunde – lohnsteuerfrei!

Information

Familienkasse der BA unter www.kinderzuschlag.de

Hierunter findet sich der KiZ-Lotse der Familienkasse, ein animiertes Online-Berechnungsprogramm, mit dem der Anspruch auf den Kinderzuschlag relativ einfach überprüft werden kann: www.arbeitsagentur.de/familie-und-kinder/kiz-lotse

Kleidung

Inhaltsübersicht

1. Kleidung: Grund- und Ersatzbedarf

Der laufende Bedarf für Kleidung, Wäsche, Schuhe und ihre Instandhaltung/ Reparatur soll im Regelbedarf für Alg II und Hzl/ GSi der Sozialhilfe enthalten sein (§ 20 Abs. 1 SGB II; § 27a SGB XII; § 42 Nr. 1 SGB XII). Im ⇨ Regelbedarf (2021) eines alleinstehenden Erwachsenen von 446 € sind 37,00 € für Bekleidung und Schuhe enthalten. Das sind 444,00 € im Jahr. Der Regelbedarf soll ebenso wie die alten Kleiderpauschalen nach dem BSHG nur den Ersatzbedarf befriedigen, nicht die Grund- oder Erstausstattung selbst (BT-Drs. 15/1514, 59; VGH BW 3.11.1992 - info also 1993, 26 f.).

1.1 Erstausstattung nur bei Totalverlust?

„Nicht vom Regelbedarf nach § 20 umfasst sind Bedarfe für [...] Erstausstattungen für Bekleidung und Erstausstattungen bei Schwangerschaft und Geburt" (§ 24 Abs. 3 Nr. 2 SGB II; entsprechend § 31 Abs. 1 SGB XII).

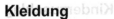

Laut Gesetzesbegründung soll damit z.B. ein Bedarf nach dem **Gesamtverlust** der Kleidung durch einen Wohnungsbrand oder aufgrund **außergewöhnlicher Umstände**

gemeint sein, wie z.B. bei starker krankheitsbedingter Gewichtszunahme oder -abnahme (LSG Hamburg 27.10.2011 - L 5 AS 342/10) oder Bekleidungsbedarf nach Haftentlassung (SG Chemnitz 20.9.2012 - S 29 AS 3229/12 ER) bzw. nach Beendigung der Wohnungslosigkeit (BT-Dr. 15/1514, 60). Auch Zuzug aus dem Ausland oder eine Flucht aus dem Haushalt wegen ehelicher Gewalt können einen Anspruch hervorrufen (FRL SGB II - § 24 Abs. 3 Satz 1 Nr. 1 und 2, 24.8.2011, 7); ebenso Totalverlust nach einer Überschwemmung.

In Frankfurt werden für eine angeblich *„ausreichende Grundausstattung"* 300 € für Personen ab 14 Jahren und 240 € für unter 14-jährige Personen zuerkannt. In Wuppertal sind es für Jugendliche und Erwachsene 425 €, für 6- bis 14-Jährige 350 € und für unter 6- Jährige 290 €, während die Behörde in Berlin Frauen (ab 16 Jahren) 379 €, Männern (ab 16 Jahren) 357 €, 7- bis 15-Jährigen 371 € und unter 7-Jährigen 356 € für eine Erstausstattung zugesteht. (Weiter Beträge finden Sie unter: www.harald-thome.de/oertliche-richtlinien.html)
Geeignete Angaben über Zusammenstellung, geforderte Qualität der Kleidungsstücke und zugrunde gelegte Einzelpreise fehlen in den vorliegenden Richtlinien fast durchgehend. Die Unterschiede verdeutlichen, dass es an einheitlichen, nachvollziehbaren Maßstäben fehlt.
Das BSG hielt bei einem haftentlassenen Mann 230 € für eine Bekleidungserstausstattung für angemessen (BSG 13.4.2011 - B 14 AS 53/10 R). Dabei kann z.T. auf den Kauf von Second-Hand-Ware verwiesen werden, da dies inzwischen allgemein üblich sei.

Zur Erstausstattung bei **Schwangerschaft** und **Geburt** schlagen Sie bitte unter ⇨ Schwangerschaft nach.

1.2 Erstausstattung auch bei fehlenden Teilen der Grundausstattung

„Erstausstattung bedeutet nicht, dass der gesamte Bedarf an Bekleidung fehlte; es muss vielmehr ausreichen, dass wesentliche Teile benötigt werden, die wegen des damit verbundenen finanziellen Aufwandes eben nicht durch den Regelsatz zu decken sind" (Grube/Wahrendorf/Flint, 7. Aufl.,SGB XII, § 31 Rn. 9).

Das bedeutet: Kleidungsstücke und Schuhe, die bei der notwendigen Grundausstattung an Bekleidung fehlen, gehören zum Bedarf an Erstausstattung und sind als Beihilfe zu bewilligen.

In Bezug auf ⇨Hausrat gibt es schon einige Entscheidungen, die unsere Auffassung stützen. Das BSG ist der Auffassung, *„dass sich der Anspruch [auf Erstausstattung der Wohnung] auch in diesen Fällen nicht notwendig stets auf eine komplette Ausstattung richtet. Welche Gegenstände benötigt werden, hängt vielmehr jeweils von den Besonderheiten des Einzelfalles ab"* (19.9.2008 - B 14 AS 64/07 R). *„Der Begriff der ‚Erstausstattungen' darf nicht zu eng ausgelegt werden, zumal es an einer Öffnungsklausel für Sondersituationen fehlt und somit die Gefahr steter Bedarfsunterdeckung besteht"* (SG Dresden 29.5.2006 - S 23 AS 802/06 ER). Oder: *„Eine Erstausstattung der Wohnung [ist] sowohl dann gegeben, wenn der entsprechende Bedarf erstmalig auftritt als auch dann, wenn er sich wegen außergewöhnlicher Umstände neu ergibt"* (SG Gelsenkirchen 18.7.2005 - S 11 AS 75/05 ER, in Bezug auf die Anschaffung einer Waschmaschine).
Noch nicht geklärt ist in diesem Zusammenhang auch, ab welchen Kosten ein Teilausstattungsbedarf für Bekleidung als erheblich anzusehen ist.

1.3 Was gehört zur Grund- oder Erstausstattung?

1990 hat der Deutsche Verein seine Empfehlungen zur Erstausstattung letztmalig überarbeitet. Die Liste ist z.T. etwas überholt, gibt aber Anhaltspunkte für eine notwendige Grundausstattung (VGH BW - FEVS 39, 247).

Grundausstattung an Bekleidung					
(in Klammern: durchschnittliche Tragezeit in Jahren)	Frauen	Männer	Mädchen + Jungen 7-15 Jahre	beide	Mädchen + Jungen 2-6 Jahre
Wintermantel/Parka	1(4)	1(2)		1(1)	
Sommermantel bzw. Regenmantel/Anorak	1(4)	2(2)		1(1)	
Regenschirm	1(5)				
Kleid	2(3)				
Anzug		1(4)			
Rock/Hose	6(2)	4(2)		6(2)	8(1)
Jacke	3(4)	2(2)		1(2)	
Strickjacke	1(2)	6(2)		8(1)	
Pullover	3(2)	6(2)		8(1)	
Bluse	4(2)	5(1)		8(1)	
Ober-/Freizeithemd	5(1)	5(1)		8(1)	
Winterschuhe	1(4)	1(1)		1(1)	
Regen-, Gummstiefel	1(1)	1(1)		1(5)	
Halbschuhe	2(2)	2(1)		2(2)	
Sandalen/Freizeitschuhe	1(1)	1(1)		1(1)	
Hausschuhe	1(2)	1(1)		1(1)	
Unterhemd/T-Shirt	7(2)	7(1)		10(1)	
Unterhose	7(1)	7(1)		10(1)	
Schlüpfer	7(1)	7(1)		7(1)	
Büstenhalter	2(1)				
Hüfthalter	2(2)				
(Woll-)Strumpfhose	2(2)	2(1)		4(1)	
Nachtkleidung	3(2)	3(2)		4(1)	
Turnhose/-hemd				1(1)	
Turnschuhe	1(3)	1(2)		1(1)	
Badehose/Badeanzug	1(3)	1(2)		1(1)	
Bademütze	1(3)	1(2)		1(1)	
Bademantel	1(5)		1(2)		
Trainings-, Gymnastik-anzug	1(3)	1(4)	1(2)	1(1)	
Kittel	1(2)				
Reparatur/Reinigung					
(Chemische Reinigung)	6(1)				

(aus: Günter Bäumerich und Lore Blosser-Reisen „Bekleidungs- und Heizungsbeihilfen", Kleinere Schriften des Deutschen Vereins Bd. 60, Frankfurt 1990)

Frankfurt zahlt nur dann eine Erstausstattung für Bekleidung, wenn jemand für weniger als zwei bis drei Tage Oberbekleidung bzw. für weniger als eine Woche Unterwäsche zum Wechseln zur Verfügung hat. Zweifellos reicht eine Hose für zwei bis drei. Mehr als eine braucht man also nicht zum Leben...

Tipp: Prüfen Sie, ob Ihre Grundausstattung an Bekleidung ausreicht, und stellen Sie eventuell einen Antrag auf Erstausstattung mit den Kleidungsstücken, die fehlen.

1.4 Kinder: Erstausstattungsbedarf wegen Wachstums ?

Kinder haben die natürliche Anlage zu wachsen. Deshalb entsteht unserer Meinung nach jedem Wachstumsschub ein neuer, erstmaliger Bekleidungsbedarf.

Das **BSG** sieht das anders: *„Entscheidend ist bezogen auf die Erstausstattung mit Bekleidung, ob auf Grund eines besonderen Umstandes erstmals ein Bedarf für die Ausstattung mit Bekleidung entsteht. [...] Zwar entsteht mit jedem Wachstumsschritt bei Kindern ein Bedarf für ein bestimmtes Kleidungsstück in einer bestimmten Größe ‚erstmalig'. Gleichwohl gehört gerade bei Kindern die Notwendigkeit, Kleidungsstücke sowohl wegen des Wachstums als auch wegen des erhöhten Verschleißes in kurzen Zeitabschnitten zu ersetzen, zu dem* ***regelmäßigen Bedarf*** *"* (BSG 23.3.2010 - B 14 AS 81/08 R, Rn. 16).

Bei Änderung der Konfektionsgröße aufgrund eines Wachstumsschubes des Kindes liegt demzufolge kein Erstausstattungsbedarf vor. Der Bedarf ist aus dem Regelbedarf zu decken.

Das trifft jedoch auf *„außergewöhnliches Größenwachstum"* nicht zu. In solchen Fällen kommt weiterhin die Gewährung einer Erstausstattung in Betracht (BSG ebenda).

1.5 Grundausstattung außerhalb des Grundsicherungsrecht

Im bayrischen „Härtefonds für Notstände durch Elementarereignisse/Härtefondsrichtlinien – HFR" wird unter 3.3.3.1. im Fall von vernichtetem Hausrat z. B. Folgendes gewährt: Finanzhilfe für eine Grundausstattung eines **Einpersonenhaushalts in Höhe von 13.000 €,** für **Ehegatten oder den/die Lebenspartner*in in Höhe von 8.500 €. Zu dieser Grundausstattung gehören die** erforderlichen **Möbel, Bekleidungs- und Wäschestücke** sowie hauswirtschaftlichen Geräte. Wie viel davon für Bekleidung gedacht ist, lässt sich aus den Härtefondsrichtlinien nicht ersehen, wird aber gewiss mehr sein als die 230 €, die das BSG einem haftentlassenen Mann an Bekleidungserstausstattung zugestanden hat (BSG 13.4.2011 - B 14 AS 53/10 R).

2. Sach- oder Geldleistung

Wie bei ⇨Hausrat können auch bei Erstausstattungen für Bekleidung entweder ⇨Sachleistungen (i.d.R. ein Gutschein) oder Geldleistungen erbracht werden. Geldleistungen haben im SGB XII Vorrang vor Sachleistungen (§ 10 Abs. 3 SGB XII). Beim Alg II muss eine begründete ⇨**Ermessen**entscheidung über die Art der Leistungen getroffen werden (BSG 19.8.2010 - B 14 AS 10/09 R).

Bei der Geldleistung sind **Pauschalen** möglich. Hier müssen aber geeignete Angaben über die erforderlichen Aufwendungen (⇨ 1.1) berücksichtigt werden (§ 24 Abs. 3 Satz 5 und 6 SGB II; sinngleich § 31 Abs. 3 SGB XII).

Tipp: Beantragen Sie die Offenlegung der Einzelpositionen, aus denen die Bekleidungspauschale ermittelt wurde. Nur so können Sie nachprüfen, ob der Pauschalbetrag realitätsgerecht bemessen wurde.

3. Ersatzbedarf als Darlehen

Wenn Sie rein rechnerisch gar nicht die Möglichkeit hatten, ausreichende Beträge für den Ersatzbedarf an Kleidung und Schuhen anzusparen, wird der nicht durch Ansparungen gedeckte Teil für Kleidung, die Sie zwingend benötigen, i.d.R. als **Darlehen** erbracht.

Näheres zu Ansparungen und Darlehen unter ⇨Einmalige Beihilfen (2. ff.; 3. ff).

In welchen Fällen unter Umständen ein **Zuschuss** für Erstausstattung gewährt werden muss, lesen Sie unter ⇨Hausrat 2.

4. Was tun, wenn es nicht reicht?

Die sinnvollste Variante wäre, eine Liste einzureichen, in der alle Kleidungsstücke aufgeführt sind, die Sie konkret benötigen:

d.h., präzise die Anzahl der Socken, T-Shirts, Pullover, Hemden, Hosen, BHs, Mäntel und auch Schuhe zu beantragen und dann darauf zu bestehen, dass Sie exakt das haben wollen und im Zweifel den Streit um diese Bedarfe durchzufechten. Denn „Bedarfe" sind zusätzlich zu den Regelbedarfen zu gewähren (§ 24 Abs. 3 S. 1 SGB II/§ 31 Abs. 1 S. 1 SGB XII). Sofern die Wünsche „gerechtfertigt" sind (§ 33 S.2 SGB I), sollen sie erfüllt werden. Die Auswahl der Kleidungsstücke richtet sich nach Körpergröße, Körperumfang und Schuhgröße (§ 33 S. 1 SGB I) der Betroffenen. Zudem ist ein Leben in Würde sicherzustellen (§ 1 Abs. 1 SGB II/§ 1 S. 1 SGB XII). Die Pflicht der Sicherstellung eines menschenwürdigen Existenzminimums bedeutet auch, dass Leistungsberechtigte aufgrund ihres Leistungsbezuges nicht schlechter gestellt werden dürfen als Menschen der unteren Einkommensgruppen, die selbst keine Leistungsbeziehenden sind. Das wiederum bedeutet, die Erstausstattung muss so bemessen sein, dass sie diskriminierungsfrei ist. Dafür muss im Zweifel gestritten werden.

Die zweite Variante ist: Sie legen nach Erhalt der Bekleidungserstausstattung Widerspruch ein und begründen ihn mit Bedarfsunterdeckung. Hier werden Sie aber Quittungen vorlegen müssen, um die fehlende Bedarfsdeckung zu beweisen.

5. Besondere Bekleidungsbedarfe

Dazu finden Sie Näheres unter ⇨Härtefallbedarfe 3.2

Konto

Inhaltsübersicht

1. Basiskonto

1.1 Recht auf ein Basiskonto (Guthabenkonto)

Seit Mitte 2016 gibt es ein Rechtsanspruch für alle (also vor allem: unabhängig von Bonität und Einkommen) auf ein Girokonto. Das Konto wird **Basiskonto**" genannt und wurde mit dem Zahlungskontengesetz eingeführt (§§ 30 bis 45 ZKG). Jedes Institut, das Zahlungskonten auf dem Markt anbietet, muss für Verbraucher*innen ein Basiskonto eröffnen. Dazu gehören auch Onlinebanken. Das Recht gilt insbesondere für alle, die bisher kein eigenes Konto haben.

Außerdem profitieren davon Personen,
- die nachweisen, dass sie ihr bisheriges Konto im Soll gekündigt haben,
- die den Nachweis erbringen, dass sie das alte Konto wegen Aufrechnung nicht mehr nutzen können (⇨1.5) oder
- die eine Kontokündigung abwehren oder Leistungseinschnitte bei ihrem bisherigen Guthabenkonto (z.B. Verweigerung einer Zahlungskarte) vermeiden wollen und ihr bisheriges Konto als Basiskonto weiterführen möchten.

Verbraucher*innen können die kontoführende Bank frei auswählen. Alle Geldinstitute, die Zahlungskonten für Verbraucher*innen anbieten, müssen auch ein Basiskonto einrichten.

1.2 Antragsberechtigte

„Verbraucher mit rechtmäßigem Aufenthalt in der Europäischen Union einschließlich Personen ohne festen Wohnsitz und Asylsuchende sowie Personen ohne Aufenthaltstitel, die aber aus rechtlichen oder tatsächlichen Gründen nicht abgeschoben werden können", haben Anspruch auf Einrichtung

eines Basiskontos (§ 31 Abs. 1 Satz 2 ZKG). Der rechtmäßige Aufenthalt in der EU bezieht sich ausdrücklich auch auf ausländerrechtlich „Geduldete" (§ 2 Abs. 1 Satz 2 ZKG).
Zu den Personen ohne festen Wohnsitz zählen „Obdachlose" sowie Asylsuchende, die nach Registrierung durch die Erstaufnahmeeinrichtung noch keinen festen Wohnsitz haben, sich aber als Asylsuchende rechtmäßig in der EU aufhalten (BT-Drucks. 18/7204, S. 76).

Für die Kontoeröffnung genügt die Angabe einer postalischen Anschrift; eine Meldebescheinigung oder -adresse ist nicht erforderlich. Das heißt, die Erreichbarkeit über Angehörige, Freunde oder eine Beratungsstelle (z.B. der Wohnungslosenhilfe) reicht aus (vgl. § 11 Abs. 4 Nr. 1e Geldwäschegesetz - GwG).

Stets erforderlich ist aber, dass Antragstellende ihre **Identität** nachweisen (§ 11 ff. GwG). Daher können Menschen ohne Ausweisdokumente auch kein Basiskonto erhalten. Ausnahmen davon macht allerdings die Zahlungskonto-Identitätsprüfungsverordnung (ZIdPrüfV). Dort sind weitere Dokumente angeführt, welche die Banken als Identitätsnachweis akzeptieren müssen. Asylsuchende etwa können der Bank den Ankunftsnachweis nach § 63a des Asylgesetzes vorlegen (§ 1 Abs. 2 Nr. 2 ZIdPrüfV). Ebenso genügt eine Bescheinigung über die Aussetzung der Abschiebung nach § 60a Absatz 4 des Aufenthaltsgesetzes gemäß Anlage D2b in Verbindung mit Anlage D2a der Aufenthaltsverordnung (§ 1 Abs. 2 Nr. 1 ZIdPrüfV).

1.3 Antrag auf ein Basiskonto

Das Antragsformular zum Abschluss eines Basiskontovertrags ist nach dem Gesetz bundesweit einheitlich und muss von der Bank kostenlos zur Verfügung gestellt werden bzw. ist in elektronischer Form im Internet herunterzuladen (§ 33 Abs. 2 ZKG).

Die Bank ist verpflichtet, den Eingang des Antrags unter Beifügung einer Antragskopie zu bestätigen (§ 31 Abs. 2 Satz 2 ZKG). Damit lassen sich sowohl der Beginn der Bearbeitungsfrist und die Vollständigkeit der Antragsunterlagen belegen (aber auch ggf., dass Unterlagen nicht vollständig eingereicht wurden und der Antrag deshalb noch nicht bearbeitet werden kann).

Den Antrag muss die Bank unverzüglich bearbeiten. Bei Vollständigkeit der Unterlagen müssen Vertragsabschluss und die Freischaltung des Basiskontos spätestens **innerhalb von zehn Geschäftstagen** durchgeführt sein (§ 31 Abs. 2 Satz 1 ZKG). Allerdings zählt eine Bedenkzeit, die der/die Antragsteller*in eventuell selbst nach dem Vertragsangebot durch die Bank bis zur eigenen Vertragsannahme benötigt, bei der 10-Tage-Frist nicht mit.

1.4. Wann darf das Basiskonto verwehrt werden?

Die Bank darf einen Vertragsabschluss für ein Basiskonto nur aus den im Gesetz genannten Gründen ablehnen. Dazu zählen insbesondere, wenn

- ein Basiskonto oder ein Konto mit vergleichbaren Funktionen vorhanden und tatsächlich nutzbar ist (§ 35 Abs. 1 ZKG),
- der/die Antragsteller*in in der Vergangenheit bereits ein Basiskonto bei dieser Bank hatte, das aber innerhalb des letzten Jahres gekündigt wurde, weil der/die Antragsteller*in die Kontoführungsgebühren über eine Zeit von mehr als drei Monaten nicht zahlte und dieser Zahlungsrückstand mehr als 100 € betrug (§ 37 i.V. mit § 42 Abs. 3 Nr. 2 ZKG),
- der/die Antragsteller*in wegen einer früheren vorsätzlichen Straftat gegen das Bankinstitut, dessen Mitarbeiter*innen oder Kund*innen verurteilt worden ist oder Geldwäsche bzw. Terrorismusfinanzierung verhindert werden sollen (§ 36 ZKG).

1.5 Wann darf ein Basiskonto nicht verweigert werden?

Eine negative SCHUFA-Auskunft, schlechte Bonität oder drohende Vollstreckungsmaßnahmen sind **kein** Ablehnungsgrund.

Ein Konto mit Nutzungsmöglichkeit ist nicht vorhanden, wenn das bestehende Zahlungskonto für Zahlungsaufträge blockiert ist,
- weil es gepfändet wurde und (z.B. beim Gemeinschaftskonto) keine Umwandlung in ein P-Konto (⇨1.6) möglich ist oder
- weil die kontoführende Bank beim P-Konto im Soll eingehende Lohngutschriften mit dem Sollstand verrechnet

(vgl. BT-Drucks. 18/7204, S. 78).

Außerdem darf die Eröffnung eines Basiskontos nicht abgelehnt werden, *„wenn das [bestehende] Konto gekündigt wurde oder der Berechtigte von der Schließung dieses Zahlungskontos benachrichtigt wurde"* (§ 35 Abs. 1 Satz 3 ZKG). Der/die Verbraucher*in muss nicht die tatsächliche Kontoschließung abwarten, sondern es genügt der Zugangsnachweis seiner/ihrer eigenen Kündigungserklärung (Rückschein oder Eingangsbestätigung der Bank) bzw. die Kündigung des alten Geldinstituts.

1.6 Basiskonto als ⇨P-Konto führen

Jedes bestehende Basiskonto muss auf Antrag jederzeit kostenlos in ein P-Konto umgewandelt werden (§ 850 k Abs. 7 ZPO; ab 01.12.2021: § 850 k Abs. 1 ZPO-12/2021).

Außerdem können Sie bereits zusammen mit der Eröffnung eines Basiskontos beantragen, dass dieses als Pfändungsschutzkonto geführt wird (§ 33 Abs. 1 Satz 3 ZKG). Das geht auch, wenn Ihr altes, gekündigtes Konto ein P-Konto war/ist. Da Sie jedoch nur über ein P-Konto verfügen dürfen, müssen Sie per Ermächtigung zur Kontenwechselhilfe (§§ 20 ff. ZKG) einen Stichtag bestimmen, ab dem ausschließlich das neue P-Konto gelten soll.

Tipp: Durch einen Antrag auf Kontenwechselhilfe können Sie das abgebende Geldinstitut ermächtigen und gleichzeitig verpflichten, keine Gutschriften mehr anzunehmen und zugleich Ihrer neuen kontoführenden Bank alle für den laufenden Zahlungsverkehr relevanten Daten mitzuteilen, damit alle durch Sie autorisierten Zahlungsaufträge nach dem Wechsel nahtlos ausgeführt werden können. Gleichzeitig wird die neue kontoführende Bank autorisiert, die P-Konto-Funktion ab dem gewählten Stichtag auf das neue Konto zu übertragen.

1.7 Leistungen des Basiskontos

Das Konto muss Ihnen ermöglichen,
- Ein- und Auszahlungen in bar zu tätigen (auch an Geldautomaten),
- Lastschriften abzuwickeln,
- Überweisungen einschließlich Daueraufträgen auszuführen sowie
- eine Bankkarte als Zahlkarte zu nutzen

(§ 38 Abs. 2 ZKG).

Die Anzahl der Zahlungsgeschäfte darf bei Basiskonten nicht beschränkt werden (§ 38 Abs. 4 Satz 2 ZKG) und deren Nutzer*innen dürfen bezüglich Bargeldautomaten, Online-Banking usw. nicht gegenüber anderen Kontoinhaber*innen benachteiligt werden (§ 40 ZKG). Auf Grund dieses **Diskriminierungsverbots** darf eine Bank den Verfügungsrahmen eines Basiskontos auch nicht unter das eines "Normalkontos" einschränken (LG Leipzig 13.6.2018, 05 O 2018/17)

Eine Überziehungsmöglichkeit kann nur im Einzelvertrag vereinbart werden (§ 39 Satz 2 ZKG).

1.8 Was darf ein Basiskonto kosten?

Die im Basiskontovertrag getroffenen Vereinbarungen zur Entgelthöhe für einzelne Dienste müssen **„angemessen"** sein (§ 41 Abs. 2 ZKG). Der BGH hat betont, dass bei der Prüfung der Angemessenheit in den Blick zu nehmen sei, dass die Vorschriften über das Basiskonto allen, d.h. insbesondere auch einkommensarmen Verbrauchern, den Zugang zu einem Zahlungskonto mit grundlegenden Funktionen und damit die Teilhabe am Zahlungsverkehr ermöglichen sollen und **nicht durch zu hohe Entgelte unterlaufen werden dürfen** (BGH 30.6. 2020, XI ZR 119/19). Ein monatlicher Grundpreis von 8,99 € plus jeweils 1,50 € für diverse Leistungen wie beleghafte Überweisungen wurden vom BGH als zu hoch eingestuft!

Kritik

Die positive BGH-Entscheidung ändert nichts daran, dass das Zahlungskontengesetz zu vage formuliert ist. Es lässt den Geldinstituten Spielraum, die Entgelte eher unattraktiv zu gestalten, da sich an einkommensschwachen Basiskonto-Kund*innen sonst nicht allzu viel verdienen lässt. Ein Reformantrag, dass ein Basiskontos nicht teuer sein darf als das preisgünstigste Angebot des Instituts für ein Konto (BT-Drucks. 19/19537 vom 27.5.2020; anders LG Köln, 23.10.2018, 21 O 53/17), wurde abgelehnt. Damit hat der Gesetzgeber erneut die sozialpolitische Zielsetzung des Basiskontos klar hinter die Interessen der Banken gestellt und die Preisfindung letztlich dem Markt und dem Gewinnstreben der Kreditinstitute überlassen.

1.9 Kündigung des Basiskontos durch die Bank

a. Das Basiskonto kann ordentlich mit einer Frist von mindestens zwei Monaten gekündigt werden, wenn
- über mehr als 24 Monate kein Zahlungsvorgang ausgeführt wurde,
- die persönlichen Voraussetzungen (⇨1.2) entfallen sind,
- ein weiteres Zahlungskonto zur Verfügung steht oder
- der/die Kontoinhaber*in eine Änderung des Basiskontovertrags (§ 675g BGB) ablehnt, die das Institut allen Basiskonten-Inhaber*innen wirksam angeboten hatte

(§ 42 Abs. 2 ZKG).

b. Es kann außerordentlich mit einer Frist von mindestens zwei Monaten gekündigt werden, wegen
  - einer vorsätzlichen Straftat zum Nachteil der Bank, ihrer Mitarbeiter*innen oder Kund*innen und
  - eines „nicht unerheblichen" Zahlungsrückstands von mehr als 100 €, der aus Kontoführungsentgelten oder Kosten über einen Zeitraum von mehr als drei Monaten resultiert; und wenn gleichzeitig abzusehen ist, dass aus der Führung des Basiskontos weitere Forderungen entstehen werden, deren Erfüllung nicht gesichert ist – was immer Letzteres auch heißen mag…

(§ 42 Abs. 3 ZKG).

c. Eine außerordentliche fristlose Kündigung des Basiskontovertrages ist möglich, wenn der/die Kontoinhaber*in
  - das Konto vorsätzlich zu verbotenen Zwecken, wie Geldwäsche oder Finanzbetrug, nutzt oder
  - unzutreffende Angaben gemacht hat, um den Basiskontovertrag abschließen zu können und bei Vorlage der zutreffenden Angaben ein solcher Vertrag mit ihm/r nicht geschlossen worden wäre.

(§ 42 Abs. 4 ZKG)

Eine Kündigung des Basiskontos durch das Geldinstitut muss schriftlich erfolgen, der Kündigungsgrund ist i.d.R. anzugeben. Außerdem sind die Stellen anzugeben, bei denen der/die Kontoinhaber*in Beschwerde gegen die Kündigung einlegen kann (§ 43 ZKG; ⇨1.10).

1.10 Rechtsschutz

Wenn das Geldinstitut Ihnen die Einrichtung eines Basiskontos trotz vollständiger Antragsunterlagen grundlos verweigert oder die Bearbeitung über die zehn Geschäftstage hinaus verzögert, sollten Sie das sogenannte BaFin-Verwaltungsverfahren beantragen (§ 48 Abs. 1 ZKG; Formular auf www.bafin.de oder Anlage 4 des ZKG). Die BaFin kann die Bank Ihrer Wahl zur Kontoeröffnung zwingen und zugleich ein Bußgeld bis 300.000 € verhängen. Wird der Basiskonto-Vertrag grundlos gekündigt, werden einzelne Zahlungsdienste verweigert, Inhaber*innen von Basiskonten gegenüber anderen Kund*innen diskriminiert oder stehen die Entgelte für Ihr Konto in keinem Verhältnis zur angebotenen Leistung, sollten Sie dies zunächst schriftlich bei der kontoführenden Bank reklamieren. Erfolgt darauf keine befriedigende Reaktion, ist eine Beschwerde bei der Bundesanstalt für Finanzdienstleistungsaufsicht (BaFin) der Weg, der am meisten Erfolg versprechen dürfte. Die BaFin ist für das Basiskonto im Besonderen und das Zahlungskontengesetz im Allgemeinen als Aufsichtsstelle zuständig (§ 46 Abs. 2 ZKG, ⇨1.11 Adressen).

Neben der BaFin-Beschwerde gibt es drei weitere Möglichkeiten, seine Rechte gegenüber dem Geldinstitut durchzusetzen:

a. eine ⇨einstweilige Anordnung beim Landgericht beantragen (§ 51 Abs. 3 ZKG). Hierzu können Sie ggf. ⇨Beratungshilfe und ⇨Prozesskostenhilfe in Anspruch nehmen.

b. die Schlichtungsstelle der Deutschen Bundesbank anrufen (§ 14 UKlaG) oder

c. die Beschwerdestelle des jeweiligen Bankenverbandes einschalten

(⇨1.11 Adressen).

Tipp: Bevor Sie konkrete Schritte einleiten, sollten Sie sich z.B. in einer Verbraucherzentrale oder Schuldnerberatungsstelle über Ihre Rechte und Rechtsschutzmöglichkeiten als Verbraucher*in aufklären lassen.

1.11 Beschwerdestellen und Informationen

- https://hilfe.diakonie.de/checkliste-basiskonto/ (auch in Arabisch und Englisch)
- www.soziale-schuldnerberatung-hamburg.de/basiskonto/
- Bundesanstalt für Finanzdienstleistungsaufsicht (BaFin), www.bafin.de → suche: Basiskonto
- www.bundesbank.de/de/service/schlichtungsstelle
- Beschwerdestelle des jeweiligen Bankenverbandes über Die Deutsche Kreditwirtschaft,

2. Kostenfreie Auszahlung der Leistung

Behörden *„sollen Geldleistungen kostenfrei auf ein Konto des Empfängers [überweisen] oder, wenn der Empfänger es verlangt, kostenfrei an seinen Wohnsitz“* übermitteln (§ 47 SGB I).

Eine klare Aussage. Weil man aber mit dem SGB II andere Gesetze einfach aufhebt, gilt das nur noch für Beziehende von HzL/GSi der Sozialhilfe, nicht aber für Alg II-Beziehende:

„Werden sie [die Geldleistungen] an den Wohnsitz oder gewöhnlichen Aufenthalt der Leistungsberechtigten übermittelt, sind die dadurch veranlassten Kosten abzuziehen. Dies gilt nicht, wenn Leistungsberechtigte nachweisen, dass ihnen die Einrichtung eines Kontos bei einem Geldinstitut ohne eigenes Verschulden nicht möglich ist“ (§ 42 Abs. 3 Sätze 2 und 3 SGB II).

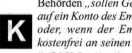

Sie müssten also **nachweisen, dass Sie kein Konto eröffnen können**, wenn Sie keins haben. Dazu verlangt das Jobcenter i.d.R. die Bescheinigung mehrerer Banken oder Sparkassen.

Mit Einführung des Basiskontos ist es einem Geldinstitut nur in außergewöhnlichen Fällen noch möglich, den Abschluss eines Vertrages über die Führung eines Basiskontos zu verweigern (⇨1.2 ff.). Demnach ist es sehr schwer nachzuweisen, dass die Eröffnung eines Kontos bei einer örtlichen Bank nicht möglich ist. Eine Klage gegen ein Bankinstitut auf Einrichtung eines Kontos darf von Ihnen allerdings nicht verlangt werden (Gagel/Kallert SGB II § 42 Rn. 81-84 mit Verweis auf SG Berlin, 14.10.2005, S 37 AS 4307/05). Hingegen führt allein die Entstehung von **Kontoführungsgebühren** nicht zu einem Anspruch auf kostenfreie Barauszahlung (SG Gießen, 30.3.2009, S 29 AS 801/06).

Einige Jobcenter haben eine Zeitlang in dringenden Fällen eine **Barauszahlung am hauseigenen Automaten ermöglicht.** Das ist nun nicht mehr der Fall, stattdessen nutzen die Jobcenter in gemeinsamer Einrichtung seit Sommer 2019 zur Auszahlung von Akutleistungen das sogenannte **Barcode-Verfahren**: Die Berechtigten bekommen einen Auszahlungsschein mit einem Barcode und können sich die dringend begehrten Leistungen an den Kassen von örtlichen **Supermärkten und Drogerieketten** auszahlen lassen. Die Auszahlung erfolgt in der Theorie ohne Kaufzwang. Eine Identitätsprüfung erfolgt nicht bei Auszahlung im Einzelhandel, sondern bei der Ausgabe der Barcodes. Trotzdem ist das Barcode-Verfahren abzulehnen. „Alltägliche Besuche im Supermarkt müssen ohne Scham möglich sein. Wir fordern die Jobcenter auf, Barauszahlungen stigmatisierungsfrei zu gestalten“, so zu Recht das Diakonischen Werk Württemberg (PM 09.1.2020). Außerdem ist die Einbindung eines privaten Zahlungsdienstleisters (Cash Payment Solutions GmbH; www.barzahlen.de) kritisch zu sehen (vgl. BT-Drucksache 19/507).

2.1 Anonymisierte Auszahlung der Leistung?

Der Alg II-Bezug ist eine Sozialleistungsinformation, die unbefugt nicht offenbart werden darf (BSG 25.01.2012, B 14 AS 65/11 R).

Allerdings hat das LSG München entschieden, dass das Jobcenter die Kundennummer bzw. BG-Nummer nach § 51a SGB II sowie die Bezeichnung der leistenden Behörde bei einer Überweisung nutzen darf (LSG Bayern. 01.07.2011 -7 AS 461/11 und vom 17.7.2013- L 7 AS 48/13). Dies sei zur Erfüllung der gesetzlichen Aufgabe der Erbringung der Leistungen erforderlich. Auch das Bundessozialgericht hält die Nennung der BG-Nummer und der Absenderangabe für zulässig (BSG 23.5.2013- B 4 AS 294/12 B, Rn. 9 mit Verweis auf § 69 Abs. 1 Nr. 1 SGB X).

3. P-Konto

Näheres unter ⇨Pfändung (P-Konto) 2.

4. Konten bei Bezahldienstleistern
Zu den Konteninformationen, die Sie beim Antrag auf Alg II/Sozialhilfe angeben müssen, gehören auch Auszüge von PayPal-Konten, Prepaid-Kreditkarten und vergleichbaren Bezahldienstkonten. Vor allem Jobcenter wollen überprüfen, ob solche Konten im Guthaben geführt werden und ob darüber Zahlungen eingehen.
Näheres unter ⇨Kontoauszüge 1.3

Kraftfahrzeug

Inhaltsübersicht

1. Anschaffung eines Kfz
Zunächst einmal bestehen keinerlei Bedenken, dass Sie sich aus dem Schonvermögen, unabhängig davon, ob es das Schonvermögen nach dem SGB II oder dem SGB XII ist, ein Kfz anschaffen dürfen. Auch hier ist es unerheblich, ob es sich dabei um einen Pkw, ein Motorrad oder ein anderes Fahrzeug handelt.

Eine Übernahem der Anschaffungskosten eines Pkw durch das Jobcenter/Sozialamt erfolgt jedoch in der Regel nicht. Davon gibt es jedoch Ausnahmen:

a. Im Rahmen der **Eingliederungshilfe** für behinderte Menschen kann aus Mitteln der Sozialhilfe ein Pkw finanziert werden, wenn eine wesentliche Behinderung vorliegt und das Kfz dazu beiträgt, einen Beruf oder eine Tätigkeit auszuüben, am Leben in der Gemeinschaft teilzuhaben oder möglichst unabhängig von Pflege zu werden.
b. Sofern das Kfz benötigt wird, um eine selbständige Tätigkeit zu begründen oder auszuüben, können sie einen Zuschuss **oder** ein Darlehen als **Eingliederungsleistung** für ⇨ Selbständige erhalten (vgl. FW zu Leistungen zur Eingliederung von Selbständigen nach § 16 c SGB II).
c. Sofern das Fahrzeug erforderlich ist, um eine Arbeit aufzunehmen oder zu erhalten, kann ein Zuschuss für ein Kfz im Rahmen der „freien Förderung“ (§ 16 f SGB II) gewährt werden. Letztere Leistungen sind dann möglich, wenn der Arbeitsplatz mit öffentlichen Verkehrsmitteln nicht in zumutbarere Weise erreicht werden kann, z.B. bei schlechtem ÖPNV, ländlichen Gebieten oder bei Tätigkeitsbeginn oder -ende zu Zeiten, in denen nur wenig ÖPNV verkehrt, z.B. bei Nachtschichten, Tätigkeiten im Objektschutz usw.

1.1. laufende Betriebskosten
Betriebskosten sind im Eckregelbedarf nicht vorgesehen und werden in der Regel auch nicht übernommen.

Tipp: Ist das Kfz für die Erwerbstätigkeit erforderlich, können laufende Betriebskosten vom Erwerbseinkommen abgesetzt werden. Wahlweise über die Entfernungskilometerpauschale i.H.v. 0,20 € oder, bei nachgewiesen höheren Kosten, in der Höhe der tatsächlichen Kosten. Hier ist jedoch zu bedenken, dass die Fahrtkosten im Regelfall von der 100,00 € Freibetragspauschale gedeckt werden (§11b Abs. 2 SGB II), die bei Erwerbseinkommen ohnehin berücksichtigt wird.

1.2. Reparaturen
Für Reparaturen gilt im Ergebnis das Gleiche wie für die Anschaffung. Sofern eine der oben genannten Ausnahmen vorliegt, können auch Reparaturen übernommen werden.

1.3 Führerschein
Kosten für den Erwerb eines Führerscheins werden in der Regel nicht übernommen. Ist jedoch ein Führerschein erforderlich, um eine Arbeitsaufnahme möglich zu machen, kann der Führerschein im Rahmen der freien Förderung gem. § 16 f SGB II zumindest bezuschusst werden. Allerdings handelt es sich um eine ⇨**Ermessen**sleistung

1.4 Wiedererlangung des Führerscheins

Gleiches gilt im Übrigen auch für die Wiedererlangung des Führerscheins, wobei hier die Hürden im Einzelfall deutlich höher sein werden.

Ein*e Berufskraftfahrer*in Mitte 50, der/die einen Aufbaukurs mit anschließender MPU absolvieren muss, dürfte jedoch zur Wiedererlangung des Führerscheins ebenfalls die Möglichkeit haben, zumindest ein Darlehen, unter Umständen auch einen Zuschuss zu erhalten. ⇨ Bewerbung 3.

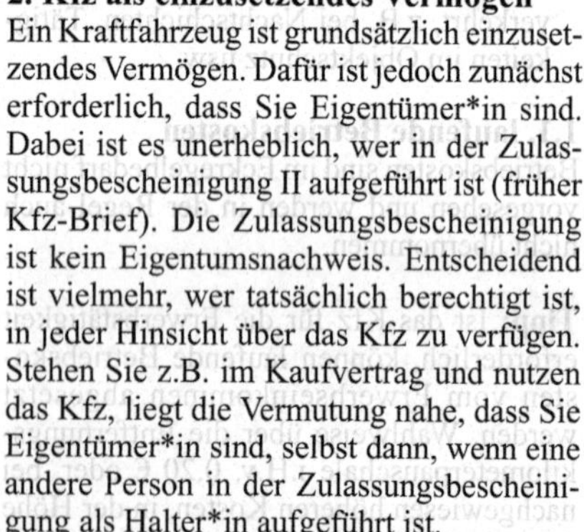

2. Kfz als einzusetzendes Vermögen

Ein Kraftfahrzeug ist grundsätzlich einzusetzendes Vermögen. Dafür ist jedoch zunächst erforderlich, dass Sie Eigentümer*in sind. Dabei ist es unerheblich, wer in der Zulassungsbescheinigung II aufgeführt ist (früher Kfz-Brief). Die Zulassungsbescheinigung ist kein Eigentumsnachweis. Entscheidend ist vielmehr, wer tatsächlich berechtigt ist, in jeder Hinsicht über das Kfz zu verfügen. Stehen Sie z.B. im Kaufvertrag und nutzen das Kfz, liegt die Vermutung nahe, dass Sie Eigentümer*in sind, selbst dann, wenn eine andere Person in der Zulassungsbescheinigung als Halter*in aufgeführt ist.

Tipp: Sofern durch das Kfz der Vermögensfreibetrag überschritten werden könnte, treffen Sie mit dem/r tatsächlichen Eigentümer*in eine klare **schriftliche Vereinbarung**, aus der die Eigentümerstellung eindeutig hervorgeht.

2.1 Wann ist ein Kraftfahrzeug zu verwerten?

Alg II

Im Bereich des Alg II ist für jede in der Bedarfsgemeinschaft lebende erwerbsfähige Person ein angemessenes Kraftfahrzeug nicht als Vermögen zu berücksichtigen (§ 12 Abs. 3 Nr. 2 SGB II). Da Erwerbsfähigkeit bereits ab 15 Jahren vorliegt, können auch die Kinder Eigentümer*innen von Kfz sein, die dann nicht als Vermögen zu berücksichtigen sind. Praktisch in Betracht kommen hier dann Mofas oder Motorräder.

Das Kfz löst einen gesonderten Vermögensfreibetrag aus, der nur für das Kfz gilt und der zusätzlich zu dem regulären Vermögensfreibetrag zu berücksichtigen ist. Dabei hat das Bundessozialgericht im Jahr 2007 festgestellt, dass eine Angemessenheitsgrenze für diese Kfz in Höhe von **7.500 €** gilt.

Aufgrund des Alters der Entscheidung könnte aktuell durchaus auch ein höherer Wert als angemessen berücksichtigt werden, wenn es darauf ankäme.

Die zuständigen Jobcenter werden allerdings mit der Grenze von € 7.500 rechnen. Maßgeblich ist dabei der Wert, den ein*e private*r Verkäufer*in auf dem Markt erzielen kann.

In der **Coronazeit** gilt derweil für Neuanträge, die bis März 2021 gestellt werden, ein geschontes Vermögen von 60.000 € für die erste und 30.000 € für jede weitere Person im Haushalt (§ 67 Abs. 2 SGB II / § 141 Abs. 2 SGB XII). Zu diesem Vermögen gehören auch Vermögen in Geldeswert, also Kfz.

Tipp: Sofern es darauf ankommt und der Wert tatsächlich streitig ist, empfiehlt es sich, ein unverbindliches Angebot über die Plattform „Wir kaufen dein Auto.de" einzuholen, da dort ein realistischer Wert ermittelt wird.

Sollte der Wert des Kfz den Betrag von 7.500 € überschreiten, wird der restliche Wert, so das BSG, auf den allgemeinen Vermögensfreibetrag angerechnet.

Beispiel: Ihr Vermögensfreibetrag beträgt mit 60 Jahren 9.000 €. Das Kraftfahrzeug hat einen Wert von 11.000 € und liegt somit 3.500 € über der Angemessenheitsgrenze für Kfz. Ihr sonstiges Vermögen beträgt 5.000 € Somit ist der allgemeine Vermögensfreibetrag i.H.v. 9.000 € nicht erreicht (5.000 € + 3.500 € = 8.500 €), sodass Sie trotz des teuren Autos einen Anspruch auf Leistungen nach dem SGB II haben.

In begründeten Einzelfällen kann der Wert von 7.500 € aber auch überschritten werden, z.B. wenn eine sehr große Familie ein großes Fahrzeug benötigt, wenn ein Fahrzeug aufgrund einer Behinderung individuell umgebaut wurde, usw. ⇨ Vermögen 12.

2.2. Wertermittlung des Kfz

Ein praktisches Problem ist oft die Wertermittlung. Das Jobcenter setzt häufig einen zu hohen Verkaufspreis an, da die Wertermittlung oft durch die Sachbearbeiter*innen des Jobcenters anhand von Verkaufsangeboten über Internetportale ermittelt werden. Im Streitfall ist diese Art der Wertermittlung jedoch nicht ausreichend, sondern das Jobcenter muss dann ein Wertgutachten einholen. Im Zweifelsfall müssen bis zur Vorlage des Gutachtens vorläufig Leistungen erbracht werden (so auch LSG Niedersachsen Bremen vom 16.5.2019 - L 11 AS 122/19 B ER)

SGB XII

Im Rahmen der HzL und der Grundsicherung ergibt es keinen gesonderten Vermögensfreibetrag für ein Kraftfahrzeug. Das bedeutet, dass der Wert des Pkw voll auf den Vermögensfreibetrag anzurechnen ist. Dieser beträgt für jede volljährige Person gem. § 90 SGB XII i.V.m. § 1 Durchführungsverordnung zu § 90 SGB XII **5.000 €**.

Dies hat zur Folge, dass Sie, wenn Sie vom SGB II in den SGB XII-Bezug wechseln, vor dem Problem stehen können, dass ein bisher als angemessen anerkanntes Fahrzeug, nun nicht mehr angemessen ist und Ihrem Leistungsbezug entgegensteht.

Beispiel: Sie verfügen über keinerlei anderes Vermögen, haben aber einen Pkw im Wert von 11.000 € und haben zuletzt Leistungen nach dem SGB II bezogen. Durch den allgemeinen Vermögensfreibetrag und dem Vermögensfreibetrag für den Pkw war im SGB II kein einzusetzendes Vermögen vorhanden. Durch den altersbedingten Wechsel in den Leistungsbereich des SGB XII verbleibt nun noch ein Restfreibetrag von 5.000 €, sodass der Pkw zunächst verwertet werden muss, bevor überhaupt Leistungen nach dem SGB XII gewährt werden.

Tipp: Beim Wechsel vom SGB II in den Bereich des SGB XII empfiehlt es sich, rechtzeitig die Vermögensfreibeträge an den Leistungsbezug des SGB XII anzupassen, um hier Versorgungslücken zu vermeiden. Im Falle von notwendigen Anschaffungen oder Renovierungen, die immer aufgeschoben worden sind, ist nun der richtige Zeitpunkt, um diese umzusetzen, damit Sie auch etwas von Ihrem Ersparten haben.

Freibetrag bei Ehepartner*innen

Sofern Sie als Ehepaar Leistungen nach dem SGB XII beziehen, beträgt der Vermögensfreibetrag insgesamt 10.000 €.

Verkauftes Kfz-„Vermögen“ als Härtefall § 90 Abs. 3 SGB XII

In der Regel ist der Verkauf des Pkw keine Härte. Eine Härte kann allenfalls vorliegen, wenn Sie

a. nur vorübergehend Sozialhilfe beziehen werden, da z.B. eine Lebensversicherung kurzfristig fällig wird oder eine Erbschaft in Kürze ausgezahlt wird,
b. wenn Sie wegen Behinderung auf ein Kfz angewiesen sind,
c. wenn das Kfz aus geschütztem Einkommen oder Vermögen besteht, wie z.B. ausgezahltem Schmerzensgeld,
d. wenn aufgrund fehlenden öffentlichen Personennahverkehrs auf dem Land ein Kfz erforderlich ist.

Kein fiktiver Vermögensverbrauch

Verkaufen Sie das Kfz nicht, haben Sie solange keinen Anspruch auf Leistungen nach dem SGB XII, wie der Wert des Kfz die Freibeträge übersteigt. Es kommt nicht darauf an, dass Sie den über dem Freibetrag liegenden Bedarf angespart haben.

Beispiel: Ihr Pkw hat einen Wert von 6.000 € und liegt somit 1.000 € über dem erlaubten Freibetrag. Aufgrund anderweitigen Einkommens hätten Sie einen Anspruch auf Leistungen nach dem SGB XII i.H.v. monatlich 250 €. Sie entscheiden, um das Auto zu behalten, sich vier Monate lang extrem einzuschränken und stellen im fünften Monat einen neuerlichen Antrag auf Leistungen nach dem SGB XII. Der Wert des Autos beträgt immer noch 6.000 €. Der Antrag wird erneut abgelehnt, da das Vermögen immer noch vorhanden ist. Das vermeintliche Einsparen der SGB XII-Leistungen hilft nicht weiter, weil es nicht auf das bestehende Vermögen angerechnet wird!

Glaubwürdigkeit der Finanzierung
Während Sie im SGB II bei bestehendem Einkommen die Kosten eines Pkw absetzen können oder entsprechende Freibeträge haben, haben Sie diese Möglichkeiten im SGB XII nahezu nicht.

Sofern Sie einen Pkw unterhalten, ohne dass Sie über anderweitiges Vermögen verfügen, könnte seitens des Sozialamtes der Verdacht entstehen, dass Sie über nicht angegebenes Einkommen verfügen. Um dem vorzubeugen, sollten Sie unter Umständen nachweisen können, wie Sie ihren Lebensunterhalt **und** das Auto finanzieren.

Unentgeltliche Überlassung eines Pkw

Die unentgeltliche Überlassung eines Pkw stellt kein Einkommen im Sinne des SGB II oder SGB XII dar: insofern ist die unentgeltliche Überlassung eines Pkw unproblematisch. Allerdings wird das zuständige Amt sicherlich nachfragen, aus welchem Grund ein Pkw kostenfrei überlassen wird.

Erhält ein*e Leistungsempfänger*in von einem Dritten jedoch Zahlungen, um damit laufende Kosten des Pkw zu decken, wie z.B. Versicherung, Steuer, Benzin usw., ist dies Einkommen und wird entsprechend auf die Leistungen angerechnet.

Kritik
Zum einen muss berücksichtigt werden, dass in vielen Fällen ein Pkw erforderlich ist, um überhaupt am Arbeitsleben teilhaben zu können. Vor diesem Hintergrund müsste sich auch im Regelbedarf ein Teil für den Pkw wiederfinden.

Des Weiteren ist es nicht nachvollziehbar, aus welchem Grund Erwerbsgeminderte, Ältere und Behinderte, trotz der Anhebung der Freibeträge, deutlich schlechter gestellt werden und es für diesen Personenkreis praktisch unmöglich ist, am individuellen Personenverkehr teilzunehmen, was insbesondere außerhalb der großen Städte problematisch ist.

Entsprechend ist es erforderlich, dass SGB II und SGB XII diesbezüglich gleichgestellt werden und auch Betriebskosten mit im Regelbedarf Berücksichtigung finden.

Zudem ist es an der Zeit, den angemessenen Wert eines Fahrzeuges zu überdenken: der Betrag von 7.500 €, der im SGB II unbeachtlich ist, muss angepasst werden.

Krankenkostzulage

Hilfe zum Lebensunterhalt (HzL)/ Grundsicherung (GSi)

„Für Leistungsberechtigte wird ein Mehrbedarf anerkannt, wenn deren Ernährungsbedarf aus medizinischen Gründen von allgemeinen Ernährungsempfehlungen abweicht und die Aufwendungen für die Ernährung deshalb unausweichlich und in mehr als geringem Umfang oberhalb eines durchschnittlichen Bedarfs für Ernährung liegen (ernährungsbedingter Mehrbedarf). 2Dies gilt entsprechend für aus medizinischen Gründen erforderliche Aufwendungen für Produkte zur erhöhten Versorgung des Stoffwechsels mit bestimmten Nähr- oder Wirkstoffen, soweit hierfür keine vorrangigen Ansprüche bestehen. 3Die medizinischen Gründe nach den Sätzen 1 und 2 sind auf der Grundlage aktueller medizinischer und ernährungswissenschaftlicher Erkenntnisse zu bestimmen. 4Dabei sind auch die durchschnittlichen Mehraufwendungen zu ermitteln, die für die Höhe des anzuerkennenden ernährungsbedingten Mehrbedarfs zugrunde zu legen sind, soweit im Einzelfall kein abweichender Bedarf besteht" (§ 30 Abs. 5 SGB XII, bei GSi i.V. mit § 42 Nr. 2 SGB XII; ⇨Mehrbedarf).

Alg II

„Bei Leistungsberechtigten, die aus medizinischen Gründen einer kostenaufwändigen Ernährung bedürfen, wird einen Mehrbedarf in angemessener Höhe anerkannt" (§ 21 Abs. 5 SGB II).

Inhaltsübersicht

1. Regelwerte bei Krankenkostzulagen

Grundlage für die Festsetzung des Mehrbedarfs sind die 2020 herausgegebenen *„Empfehlungen des Deutschen Vereins zur Gewährung des Mehrbedarfs bei kostenaufwändiger Ernährung gemäß § 30 Abs. 5 SGB XII“* (DV 12/204): https://www.deutscher-verein.de/de/uploads/empfehlungen-stellungnahmen/2020/dv-12-20_kostenaufwaendige-ernaehrung.pdf.

Die Empfehlungen ersetzen jene aus dem Jahre 2014. Sie beziehen sich namentlich auf den Mehrbedarf bei kostenaufwändiger Ernährung im Bereich des SGB XII (Leistungen des Sozialamtes), können aber auch im Bereich der Grundsicherung für Arbeitsuchende (SGB II) herangezogen werden, da die BA diese Empfehlungen anerkennt (FW 21.25, dort wird sich noch auf die Fassung von 2014 bezogen). Eine **Abweichung** sei nur im Einzelfall, z.B. bei Nahrungsmittelunverträglichkeiten vorgesehen (FW 21.25 Absatz 4). Eine von den Empfehlungen des Deutschen Verein (DV) abweichende Entscheidung ist nur im Einzelfall unter Einbeziehung des Ärztlichen Dienstes bzw. des zuständigen Gesundheitsamtes möglich. Dies gilt ebenfalls, sofern ein Mehrbedarf für Erkrankungen geltend gemacht wird, die nicht in den Empfehlungen des DV aufgeführt sind (FW 21.28).

1.1 Nahrungsmittelintoleranzen

- Laktoseintoleranz: i.d.R. ist keine kostenaufwendige Ernährung erforderlich (DV 12/20 S. 10). Ausnahmen gelten für Besonderheiten im Einzelfall, beispielsweise bei einem angeborenen Laktasemangel, der einer medizinischen Behandlung bedarf. *„Ein weiterer Ermittlungsbedarf ergibt sich insbesondere dann, wenn Anhaltspunkte vorliegen, die einen höheren Mehrbedarf rechtfertigen könnten. Hierzu zählen z.B. (krankheitsassoziierte) Mangelernährungszustände im Kindes- und Jugendalter sowie krankheitsbedingte Ernährungseinschränkungen, bei denen der altersspezifische besondere Ernährungsbedarf von Kindern berücksichtigt werden muss, wie etwa eine Laktoseintoleranz im Säuglings- und Kleinkindalter“* (ebenda S. 15). Das SG Berlin hat (05.04.2013 - S 37 AS 13126/12) 13 €/mtl. zuerkannt und das SG Dresden (18.9.2012 - S 38 AS 5649/09) 30 €/mtl.
- Fruktosemalabsorption (Transportstörung von Fruchtzucker im Dünndarm): Auch hier besteht ein Mehrbedarf i.d.R. nicht, *„hiervon abzugrenzen ist die hereditäre (Anm. d. Verf. = vererbte) Fruktoseintoleranz. Hier muss die Fruktose vollständig vermieden werden, sodass ein Mehrbedarf entstehen kann. Die Ermittlung der Höhe des ggf. bestehenden Mehrbedarfs bei der hereditären Fruktoseintoleranz muss im Einzelfall erfolgen“* (DV 12/20 S. 10-11).
- Histaminunverträglichkeit: diese führt regelhaft nicht zu einem Mehrbedarf (DV 12/20 S. 10-11)

1.2 Krankheitsassoziierte Mangelernährung

Mehrbedarf: **44,60 €**/ 10% d. Eckregelbedarfs (Regelbedarfsstufe 1, Regelbedarf 2021, im Folgenden RS; DV 12/20, S. 11ff, Quelle für alle weiteren Mehrbedarfszuschläge)

Genannt werden folgende Erkrankungen:
- Krebs,
- Multiple Sklerose,
- Colitis ulcerosa,
- Morbus Crohn,
- COPD,
- Neurologische Erkrankungen (auch Schluckstörungen),
- Niereninsuffizienz, insb. bei Dialyse,
- Lebererkrankungen (z.B. alkoholische Steatohepatitis, Leberzirrhose) und
- weitere Erkrankungen mit gestörter Nährstoffaufnahme bzw. Nährstoffverwertung.

Die aufgezählten Krankheiten führen nicht zwingend in einen Zustand der Mangelernährung. Die Diagnostik einer Mangelernährung erfolgt anhand von bestimmten Kriterien, die ärztlich festgestellt werden müssen.

Da auch diese Erkrankungen diätetisch allgemein mit Vollkost zu behandeln sind, erkennt der DV einen krankheitsbedingten Mehrbedarf i.d.R. **nur *„bei schweren Verläufen"*** an, wenn
- der **BMI** [Body-Mass-Index] unter 20 liegt, wenn Sie unter 70 Jahre alt sind **oder** unter 22 liegt, wenn Sie über 70 Jahre alt sind

oder
- ein unbeabsichtigter Gewichtsverlust (mehr als fünf Prozent innerhalb der letzten sechs Monate oder mehr als zehn Prozent über sechs Monate) zu verzeichnen ist.

oder
- sich die Muskelmasse stark reduziert hat (gemessen mit gültigen Messmethoden zur Bestimmung der Körperzusammensetzung) (vgl. ebenda S. 12).

K

Dass müssen Sie jeweils nachweisen!

Der BMI, auch Körpermassenindex genannt, setzt das Körpergewicht ins Verhältnis mit der Körpergröße. Wie er berechnet wird, finden Sie unter https://www.bzga-essstoerungen.de/habe-ich-eine-essstoerung/body-mass-index-bmi/?L=0.
Normalgewichtige Personen haben einen BMI von 18,5 bis 24, Untergewicht besteht bei einem BMI von weniger als 18,5. Sind Sie übergewichtig (BMI ab 25) und haben eine *„verzehrende Erkrankung"*, muss die Krankheit länger an Ihnen zehren, bis Sie Anspruch auf den Mehrbedarf haben.

Tipp: Dann müssen Sie Ihren Gewichtsverlust genau kontrollieren und vom Arzt dokumentieren lassen, damit Sie einen *„schnellen krankheitsbedingten Gewichtsverlust"* überhaupt nachweisen können.

Kritik
Diese Kriterien sind zynisch, nicht behördentauglich und werden den Bedürfnissen z.B. von fortgeschrittenen Krebs- oder HIV-Kranken nicht gerecht.

1.3 weitere Krankheiten

1.3.1 Mukoviszidose
Mehrbedarf: **133,80 €**/ 30% d. RB

1.3.2 Niereninsuffizienz mit Dialysediät
Mehrbedarf: **22,30 €**/ 5% d. RB

1.3.3 Zöliakie/Sprue
Mehrbedarf: **89,20 €**/ 20% d. RB

1.3.4 Schluckstörungen
Mehrbedarf in Höhe der tatsächlichen Aufwendungen

2. Abweichungen von den Empfehlungen

2.1 Andere Erkrankungen
Die Liste des Deutschen Vereins ist in Bezug auf die Erkrankungen nicht abschließend. Eine Ablehnung mit der Begründung, die Erkrankung stehe nicht im *„Katalog des Deutschen Vereins"*, ist nicht zulässig (DV 12/20, S.11).
„Maßgeblich ist stets der Betrag, mit dem der medizinisch begründete, tatsächliche Kostenaufwand für eine Ernährung ausgeglichen werden kann, die von der Regelleistung nicht gedeckt ist [...]. Er ist im Einzelfall im Wege der Amtsermittlung durch Einholung medizinischer und/ oder ernährungswissenschaftlicher Stellungnahmen oder Gutachten zu klären" (BSG 27.2.2008 - B14/7b AS 64/06 R).
Auch bei anderen Erkrankungen, z.B. bei Allergien (LSG Baden-Württemberg 2.1.2007 - L 13 AS 4100/06 PKH-B), Laktoseintoleranz (BSG 14.2.2013 - B 14 AS 48/12 R), Laktose- und Fruktoseintoleranz (BSG 21.11.13 - B 14 AS 140/13 B, Vorinstanz LSG Hessen 21.3.2013 - L 6 AS 665/10) und Gelenkerkrankungen (SG Aachen 29.12.2005 - S 11 AS 110/05 ER) muss der Anspruch auf Mehrbedarf ergebnisoffen geprüft werden.

Tipp: Wenn Sie einen Mehrbedarf geltend machen und das durch ein hausärztliches Attest belegen, muss die Behörde *„von Amts wegen"* ermitteln (BSG 22.11.2011 - B 4 AS 138/10 R; § 20 Abs. 1 SGB X, ⇨Beratung). Sie müssen sich natürlich zu den entsprechenden Untersuchungen bereit erklären.

Ein durch **psychische Zwangsstörungen** verursachtes Ernährungsverhalten, das mit dem Einkaufen von teilweise hochpreisigen Lebensmitteln und dem Wegwerfen der zum Teil ungenutzten Nahrungsmittel einhergeht, begründet jedoch **keinen Mehrbedarf**, da ein aus *„physiologischen Gründen objektiver Bedarf an einer besonderen Ernährung"* fehle (BSG 20.1.2016 - B 14 AS 8/15 R).

2.2 Abweichungen von den Regelwerten

sind möglich (z.B. bei Schluckbeschwerden, Nahrungsmittelunverträglichkeiten, Verdauungsstörungen, häufigem Erbrechen, Durchfall usw.). In diesen Fällen muss ggf. ein weiteres ärztliches Attest eingeholt werden.

2.3 Mehrere Krankheiten

Liegen die Voraussetzungen für die Gewährung mehrerer Krankenkostzulagen gleichzeitig vor, ist durch ein ärztliches bzw. ernährungswissenschaftliches Gutachten zu klären, welcher ernährungsbedingte Mehrbedarf tatsächlich anfällt.
Wenn mehrere Krankheitsmehrbedarfe bestehen, müssen **die real höheren Kosten**, welche ärztlich festgestellt werden, bezahlt werden (LSG Sachsen 26.1.2006 - L 3 B 299/05 AS-ER). Auch hier muss die Behörde den Sachverhalt von Amts wegen ermitteln. Sie darf Ihnen nicht die Beweislast aufbürden (BSG, ebenda).

2.4 Krankenkostzulagen bei Kindern und Jugendlichen

Die neuen Empfehlungen des DV beziehen sich auf Erwachsene, Kinder und Jugendliche. Weil es sowohl bei mehreren Erwachsenen, die in einem Haushalt zusammenleben, als auch bei Minderjährigen an einer ausreichenden Datenbasis zur Ermittlung der Höhe des Mehrbedarfs fehlt, sind die für einen alleinstehenden Erwachsenen maßgebenden **Euro-Beträge** auch als Richtwerte für alle Erwachsenen **und** Minderjährige anzuerkennen (DV 12/20, S. 15.; FW 21.27). *„Ein weiterer Ermittlungsbedarf ergibt sich insbesondere dann, wenn Anhaltspunkte vorliegen, die einen höheren Mehrbedarf rechtfertigen könnten. Hierzu zählen z.B. (krankheitsassoziierte) Mangelernährungszustände im Kindes- und Jugendalter sowie „krankheitsbedingte Ernährungseinschränkungen, bei denen der altersspezifische besondere Ernährungsbedarf von Kindern berücksichtigt werden muss, wie etwa eine Laktoseintoleranz im Säuglings- und Kleinkindalter"* (DV 12/20, S. 15).

2.5 Ernährungsberatung

Die Ernährungsberatung ist in vielen Fällen ein wichtiger Bestandteil der Therapie. Versicherten der GKV kann die Krankenkasse gemäß § 43 Abs. 1 Nr. 2 SGB V Patientenschulungsmaßnahmen genehmigen. Hierzu zählt auch eine Ernährungsberatung durch qualifizierte Personen. Voraussetzung dieser Leistung ist, dass die Patientenschulung aus medizinischen Gründen erforderlich ist. Hierzu kann der/die behandelnde Ärzt*in formlos eine ärztliche Notwendigkeitsbescheinigung ausstellen (DV 12/20 S. 8).

3. Antragsverfahren

Sie sollen bei Erstantragstellung und bei Weiterbewilligung über den Zweck der Krankenkostzulage **aufgeklärt** werden. Der Mehrbedarf ist zwar vom **Antrag** auf Leistungen umfasst, Sie müssen jedoch ein Zusatzformular ausgehändigt bekommen – achten Sie darauf! Dieses muss der/die behandelnde Ärzt*in ausfüllen. Er/sie muss u.a. die Erkrankung nennen und die Notwendigkeit einer bestimmten Kostform bestätigen (FW 21.29). Die damit verbunden Kosten übernimmt das Jobcenter in *„angemessenem Umfang"*, derzeit 5,36 € (FW 21.30).
In Zweifelsfällen wird der/die ⇨**Amtsarzt/Amtsärztin** eingeschaltet (FW 21.31).
Sind zum Nachweis für eine bestimmte Krankenkost weitergehende **Kosten für ärztliche Gutachten** erforderlich, können diese auf Antrag übernommen werden (§ 65a Abs. 1 SGB I i.V. mit § 62 SGB I).

Diätzulagen sind regelmäßig auf zwölf Monate befristet. Dann müssen Sie das Zusatzformular erneut ausfüllen lassen. Einer wiederholten Überprüfung des Erfordernisses einer kostenaufwändigen Ernährung bedarf es nicht, wenn eine unheilbare, aber nicht verzehrende Krankheit vorliegt und der behandelnde Arzt sowie der medizinische Dienst der BA zusätzlich die Notwendigkeit einer dauerhaften kostenaufwändigen Ernährung bescheinigen (FW 21.30 (4)).

Näheres über **andere medizinische Bedarfe** finden Sie unter dem Stichwort ⇨ **Krankheit**.

Kritik

Krankenkostzulagen sind seit 1.1.1982 keine Leistung der Hilfe in besonderen Lebenslagen mehr, sondern der Hilfe zum Lebensunterhalt. Das war die erste Kürzung. Die zweite kam 1997. Der *„notwendige Aufwand"* für die verschiedenen Typen der Diät war nach den damaligen Untersuchungen des Deutschen Vereins im Verhältnis zum Ernährungsaufwand im Regelbedarf erheblich höher als die Krankenkostzulage, die festgesetzt wurde. Sozialhilfebezieher*innen wurde erstmals ein *„Eigenanteil"* verordnet.

Immerhin gab es u.a. noch 25,56 € (bzw. 50 DM) für Vollkost z.B. bei HIV-Infektion/ AIDS, Diabetes mellitus Typ I, Dickdarmschleimhaut-Geschwür, Krebs, Magengeschwür, Multiple Sklerose, Neurodermitis, Zwölffingerdarmgeschwür usw. Eine fortgeschrittene bzw. fortschreitende Erkrankung musste damals noch nicht nachgewiesen werden. Die Gesundheit durfte, zumindest ansatzweise, noch durch gesunde Ernährung erhalten werden.

Mit den Empfehlungen vom Oktober 2008 hat der Deutsche Verein (DV) dem *„aktuellen medizinischen-ernährungswissenschaftlichen Erkenntnisstand"* Rechnung getragen und die Krankenkostzulage für Vollwerternährung endgültig abgeschafft. Da einem Erwachsenen mit dem Regelbedarfsanteil für Ernährung von damals 3,85 € pro Tag angeblich schon eine gesunde Vollkost ermöglicht wurde, folgerte der DV, dass bei bestimmten Krankheitsbildern, vor allem bei Diabetes Mellitus, kein Mehraufwand für kostenaufwändige vollwertige Ernährung mehr anerkannt werden muss.
Der Eckregelbedarf von 2021 enthält 5,16 € für Ernährung und Getränke pro Tag (ohne Verpflegung außer Haus: 0,39 €/Tag). Das sind im Schnitt 2,43 € zu wenig, um nach den Angaben des Forschungsinstituts für Kinderernährung mit gesunder Ernährung den Kalorienbedarf eines Erwachsenen sicherzustellen (⇨Regelbedarf, 01/02 Nahrungsmittel/ Getränke/ Tabak). Auch wenn Bundesregierung und DV versuchen, es schönzurechnen: Erwachsenen fehlen durchschnittlich 73 € im Monat für die gesunde, vollwertige, abwechslungsreiche Ernährung, die den Energiebedarf bei mittlerem Aktivitätsniveau deckt.
Diabetiker*innen sollen jetzt ohne Zulage mit dem im Regelbedarf enthaltenen Ernährungsanteil von mtl. 154,75 € eine kohlehydrat- und fettreduzierte Kost finanzieren, die z.B. aus magerem Fleisch, Fisch, Gemüse und Obst besteht. Sie sollen ausreichend Vollkornprodukte kaufen können, die reich an Ballaststoffen, Vitaminen und Mineralien sind. Das ist aber schon *„gesunden Armen"* nicht möglich.

Die mit allerlei Aufwand betriebenen Rechenkünste der staatlichen Armuts- und Ernährungsforschung haben vor allem das Ziel, Sozialleistungen zu senken. *„Für die Bemessung des Regelsatzes spielt hingegen der Energiebedarf keine unmittelbare Rolle, da ausschließlich auf die tatsächlichen Ausgaben unterster Einkommensschichten zurückgegriffen wird"* (DV 25/08, III.2, ⇨Information). Das stimmt. Der reale Energiebedarf und die Qualität der Ernährung sind gleichgültig. Das Statistik-Modell erfasst nur die tatsächlichen Ausgaben der Armutsbevölkerung für Ernährung. Solange Sozialgerichte diese Beträge zur Gewährleistung einer ausgewogenen, gesunden Vollkost anerkennen, haben Klagen von Diabetiker*innen für Krankenkostzulagen keine Aussicht auf Erfolg (u.a. LSG Rheinland-Pfalz 16.3.2016 - L 6 AS 403/14; LSG Hamburg 19.3.2015 - L 4 AS 333/12; BSG 10.5.2011 - B 4 AS 100/10 R; LSG NRW 15.3.2010; L 19 20AS 50/09).

Forderungen

Anerkennung von Diätzulagen bei Diabetes Mellitus und anderen Erkrankungen, die eine ausgewogene Vollwertkost erfordern!

Information

Empfehlungen des Deutschen Vereins zur Gewährung des Mehrbedarfs bei kostenaufwändiger Ernährung gemäß § 30 Abs. 5 SGB XII vom 16.9.20, DV 12/20, (https://www.deutscher-verein.de/de/uploads/empfehlungen-stellungnahmen/2020/dv-12-20_kostenaufwaendige-ernaehrung.pdf)

Die vorhergehenden Empfehlungen des Deutschen Vereins für die Gewährung von Krankenkostzulagen in der Sozialhilfe, DV 28/14, Dezember 2014 sind noch im Netz (https://www.deutscher-verein.de/de/uploads/empfehlungen-stellungnahmen/2014/dv-28-14-krankenkostzulagen.pdf).

Die „alten" DV-Empfehlungen von 2008 mit einer Begründung der Streichung des Mehrbedarfs für Vollwerternährung (zu finden unter www.harald-thome.de/media/files/Dies%20und%20das/DVMehrbedarfErnaehrung2008Oktober.pdf)

Zur Kritik an den DV-Empfehlungen (2008): Rainer Roth, „Fördern" durch Mangelernährung, Frankfurt/M 2009, 21 ff. https://www.yumpu.com/de/document/read/7847089/hartz-iv-fordern-durch-mangelernahrung-klartext-ev

Krankenversicherung

Inhaltsübersicht

Alg II

1.1 Gesetzliche Krankenversicherung (GKV)

1.1.1 Pflichtversichert in der KV

sind Bezieher*innen von Alg II, soweit sie als Minderjährige unter 15 Jahren nicht über die Familienversicherung mitversichert sind. Der **Beitragssatz** in der KV beträgt 14,0 %, hinzu kommt ein **Zusatzbeitrag**, der je nach Krankenkasse unterschiedlich ist (⇨ 1.1.4). Der durchschnittliche Zusatzbeitragssatz liegt 2021 bei 1,3%. Der Beitrag inkl. Zusatzbeitrag wird vom Jobcenter als Pauschalbeitrag (d.h. egal, wie hoch Ihre Leistungen sind) an das Bundesamt für soziale Sicherung (bis zum 31.12.19 hieß das Bundesversicherungsamt) überwiesen, welches die Beiträge dann direkt an die Krankenkassen weiterleitet. Bis zum 31.12.08 wurden alle Bezieher*innen von Alg II, die nicht familienversichert waren, in der GKV pflichtversichert. Das wurde zum 1.1.2009 geändert.

Nunmehr ist es nicht mehr möglich, aus einer privaten Krankenversicherung (PKV) über den Bezug von Alg II in die GKV zu rutschen (⇨ 1.1.2).

Der Vorrang der **Familienversicherung** wurde zum 1.1.2016 abgeschafft (§ 5 Abs. 1 Nr. 2a SGB V). Beide Ehepartner*innen und/oder die Kinder ab Vollendung des 15. Lebensjahres, die in der Bedarfsgemeinschaft leben, werden durch den **Alg II-Bezug** automatisch **pflichtversichert**. Ehepartner*innen müssen sich dann nicht mehr entscheiden, wer pflicht- und wer familienversichert ist. Trennen sich die Partner*innen, kann das von Vorteil sein.

Den größten Vorteil dieser Regelung haben allerdings die Krankenversicherungsunternehmen durch höhere Beitragseinnahmen.

Tipp: Oft verlangen Krankenkassen von allen pflichtversicherten Mitgliedern der Bedarfsgemeinschaft eine individuelle **Befreiung** von **Zuzahlungen** im Krankheitsfall. Berufen Sie sich auf § 62 Abs. 2 Satz 6 SGB V, der die Anwendung der Obergrenze von 107,04 € (2021) für die **gesamte Bedarfsgemeinschaft** vorschreibt. (⇨Krankheit 5.1)

Seit 1.4.2007 gilt die **gesetzliche Versicherungspflicht** (§ 5 Abs. 1 Nr. 13 SGB V). Nichtversicherte werden bei Alg II-Bezug i.d.R. automatisch bei der Krankenkasse Mitglied, bei der sie zuletzt versichert waren (§ 174 Abs. 3 und § 175 Abs. 3 SGB V). **Rückständige Beiträge** kann die Krankenkasse rückwirkend längstens bis zum 1.4.2007 erheben. Dann greifen aber sofort die Verjährungsregeln (§ 25 SGB IV). Zahlen muss man das lfd. Kalenderjahr und die letzten vier Jahre – alle anderen Zeiträume sind verjährt. Inzwischen beachten das die meisten Kassen von alleine – wenn nicht, muss man die Einrede der Verjährung geltend machen, d.h. einfach schreiben: „Ihre Forderungen für die Zeit „vom – bis“ sind bereits verjährt“. Die nicht verjährten Forderungen der Krankenkassen werden aber i.d.R. während des SGB II-Leistungsbezugs gestundet. Selbst wenn Sie deshalb bei der Kasse verschuldet sind, haben Sie während des Alg II-Bezugs Anspruch auf den **vollen KV-Schutz** (§ 16 Abs. 3a Satz 2 zweiter Halbsatz SGB V). Das gilt auch für Beziehende von HzL/ GSi der Sozialhilfe.

Tipp: Stellen Sie bei der Kasse vorsichtshalber einen Antrag auf Stundung bzw. Erlass oder Niederschlagung Ihrer Beitragsschulden (§ 76 SGB IV). Sie vermeiden dadurch Tilgungszahlungen und Säumniszuschläge/ Mahngebühren.

Allein über das SGB II haben Pflichtversicherte **keinen Anspruch auf Krankengeld** (§ 44 Abs. 2 SGB V i.V. mit § 5 Abs. 1 Nr. 2a SGB V; FW 12a.47). Wer nur ergänzendes Alg II zu Alg I oder zu einer sozialversicherungspflichtigen Beschäftigung bezieht (sog. Aufstocker*innen), hat doch Anspruch auf Krankengeld (FW 12a.49 und 12a.50). Hier entsteht dann eine Doppelversicherung, d.h. sowohl der Arbeitgeber / die Arbeitsagentur (Alg I) als auch das Jobcenter zahlen Beiträge an die Krankenkasse.

Endet die KV-Pflichtversicherung über das Alg II, sind Sie noch **einen Monat nachversichert** (§ 19 Abs. 2 SGB V). Innerhalb dieses Zeitraums, spätestens aber innerhalb von drei Monaten nach dem letzten Leistungstag von Alg II, müssen Sie sich unbedingt freiwillig weiterversichern, wenn Sie vom Jobcenter ins Sozialamt überwechseln. Das Sozialamt zahlt dann die Beiträge direkt an die Krankenkasse. Wenn Sie aus dem Alg II-Bezug heraus eine sozialversicherungspflichtige Tätigkeit aufnehmen, werden Sie vom Arbeitgeber zur Pflichtversicherung angemeldet. Seit dem 1.8.2013 gibt es die obligatorische Anschlussversicherung (OAV, § 188 Abs. 4 SGB V). D.h., die Krankenkasse versichert Sie freiwillig weiter, auch wenn Sie keinen Antrag stellen und es keine Folgeversicherung gibt (Ausnahme: Wechsel zum Sozialamt, dann greift die OAV nicht). Wenn Sie auf die Briefe der Krankenkasse nicht reagieren, wird Ihr Einkommen „geschätzt“ und Sie müssen den Höchstbeitrag (2021 über 900 € mtl. für Kranken- und Pflegeversicherung) zahlen. Dann laufen hohe Beitragsschulden auf, die man dann z.T. auch dann nicht mehr rückgängig machen kann, wenn man Unterlagen nachreicht. Seit dem 1.1.2019 hat man nun zwölf Monate Zeit, um Einkommensunterlagen nachzureichen (§ 240 Abs. 1 SGB V). Die Krankenkasse muss dann die Beiträge auch rückwirkend wieder herabsetzen, wenn man wenig Einkommen hatte. Auch Säumniszuschläge dürfen dann nur auf den korrekten Beitrag von der Krankenkasse erhoben werden.

1.1.2 Nicht pflichtversichert

sind Personen, die **Sozialgeld** nach dem SGB II beziehen. Besteht kein Anspruch auf Familienversicherung, z.B. über den/die Partner*in oder bei unter 23-Jährigen über einen Elternteil, müssen Sozialgeldbeziehende bei der Krankenkasse einen Antrag auf freiwillige Weiterversicherung stellen. Das Jobcenter übernimmt dann die Beiträge für die KV (§ 26 Abs. 1 Satz 2 SGB II) und Pflegeversicherung (§ 26 Abs. 3 Satz 2 SGB II).

Nicht pflichtversichert **trotz Alg II-Bezugs** sind Personen seit dem 1.1.2009, wenn sie vor dem Leistungsbezug

- privat krankenversichert waren (§ 5 Abs. 5a SGB V),
- weder gesetzlich noch privat krankenversichert waren **und**
  * hauptberuflich selbständig waren (§ 5 Abs. 5, 5a SGB V) **oder**
  * als Arbeiter*in, Angestellte*r, Beamte/in usw. von der Sozialversicherungspflicht befreit waren (§§ 5 Abs. 5a, 6 Abs. 1, 2 SGB V) oder
- über 55 Jahre alt sind **und** in den letzten

fünf Jahren nicht gesetzlich krankenversichert waren **und**

* mindestens in der Hälfte dieser Zeit als Arbeiter*in, Angestellte*r, Beamte/in usw. von der Sozialversicherungspflicht befreit waren **oder**
* mindestens in der Hälfte dieser Zeit als hauptberuflich Selbständige nicht versicherungspflichtig waren (§§ 5 Abs. 5a, 6 Abs. 3a SGB V).

Diese Personen müssen sich **privat krankenversichern** (⇨1.2).

Wer als hauptberuflich Selbständige*r bei Antragstellung nicht krankenversichert und auch ggf. schon länger nicht mehr versichert ist, wird über den Alg II-Bezug gesetzlich pflichtversichert, wenn zuletzt (egal wie lange das her ist) eine gesetzliche Versicherung bestanden hat (egal, ob es eine Familienversicherung, Pflichtversicherung oder freiwillige Versicherung gewesen ist). Lassen Sie sich von der Krankenkasse nicht zur PKV abwimmeln mit dem Hinweis, Sie seien ja selbständig!

Wenn Sie Alg II auf **Darlehens**basis beziehen, sind Sie ebenfalls nicht pflichtversichert. Ebenso, wenn Sie nur ⇨einmalige Beihilfen beziehen (§ 5 Abs. 1 Nr. 2a SGB V). Sie müssen sich auf Antrag bei der Krankenkasse freiwillig versichern. Bei Darlehensbezug können Sie die KV-Beiträge dann ebenfalls im Rahmen des Darlehens erhalten.

Schüler*innen, Auszubildende und Studierende, die keine Regelleistung, aber einen Mehrbedarfszuschlag oder Zuschuss zu den Unterkunftskosten erhalten, sind nicht über den Alg II-Bezug pflichtversichert. Leistungen für Auszubildende nach § 27 SGB II gelten seit 2011 nicht mehr als Alg II-Leistung (§ 27 Abs. 1 Satz 2 SGB II).

1.1.3 Überhaupt keine Krankenversicherung ...

... besteht für Leistungsberechtigte, denen das Alg II zu 100 Prozent gekürzt wurde (inklusive Kosten der Unterkunft). Solch eine Null-Sanktion ist seit dem Urteil des BVerfG vom 5. Nov. 2019 **nicht mehr zulässig**. ⇨ Sanktionen. Werden Ihnen aber die Leistungen wegen fehlender ⇨ Mitwirkung nach § 66 SGB I versagt oder führt das Jobcenter eine vorläufige Zahlungseinstellung nach § 40 Abs. 2 Nr. 4 SGB II iVm § 331 SGB III durch, zahlt das Jobcenter keine KV-Beiträge mehr, die Pflichtversicherung wird unterbrochen. Seit dem 1.8.2013 greift dann die OAV „automatisch“. Wenn Sie den Beitrag nicht bezahlen, ruht Ihr Leistungsanspruch, und Sie haben lediglich Anspruch auf eine **Notversorgung**. Nach Ablauf der Sanktion müssen Sie trotzdem die säumigen Beiträge nachzahlen, da Sie durchgehend versichert gewesen sind – wenn auch mit sehr eingeschränktem Leistungsanspruch.

1.1.4 Zusatzbeitrag der gesetzlichen KV

Seit 2009 gibt es den **Einheitsbeitrag** bei der gesetzlichen KV. Preisunterschiede der Kassen ergeben sich dann über einen **Zusatz**beitrag, den die Kassen erheben (§ 242 SGB V). Zur Entlastung der Arbeitgeber wurde der Zusatzbeitrag bis zum 31.12.18 nur von den Versicherten gezahlt; seit dem 1.1.2019 wird er hälftig vom Arbeitgeber und hälftig vom Versicherten gezahlt (§ 249 SGB V). Auch Erstattungen der Kassen (Prämien) an die Mitglieder waren von 2009 bis zum 31.12.14 nach dem neuen System möglich, wenn deren Ausgaben niedriger waren.

Die **Höchstgrenze** des Zusatzbeitrages ist nicht gesetzlich vorgeschrieben. Seit dem 1.1.2015 wird der Zusatzbeitrag prozentual vom Einkommen erhoben. Ende 2020 erheben alle bundesweit geöffneten Kassen einen Zusatzbeitrag zwischen 0,39 % (hkk) und 1,54 % (Novitas BKK), regionale Kassen zwischen 0 % (AOK Sachsen-Anhalt) und 2,2 % (BKK Herkules). Der vom Bund ermittelte durchschnittliche Zusatzbeitrag liegt 2021 bei 1,3 %.

Für pflichtversicherte Leistungs-bezieher*innen nach dem SGB II dürfen die Krankenkassen seit dem 1.1.2015 lediglich einen Zusatzbeitrag in Höhe des ***„durchschnittlichen Zusatzbeitrags“*** erheben (§ 242 Abs. 3 Nr. 1 SGB V). Dieser wird durch den Bund übernommen (§ 251 Abs. 4 SGB V) und belastet Sie nicht.

Ausnahme: Das gilt jedoch nicht, wenn Sie als **Aufstocker*in** sozialversicherungspflichtig beschäftigt sind. Hier können Sie die Erhöhung des Zusatzbeitrags umgehen, indem Sie von Ihrem **Sonderkündigungsrecht** Gebrauch machen und in eine Kasse wechseln, die einen niedrigeren Zusatzbeitrag erhebt (§ 175 Abs. 4 Sätze 5-7 SGB V). Sie müssen dann vor Ablauf des Monats kündigen, in dem der neue bzw. erhöhte Zusatzbeitrag zum ersten Mal erhoben wird. Die Kasse muss Sie einen Monat vor der Erhöhung über Ihr Kündigungsrecht und die Höhe des durchschnittlichen Zusatzbeitragssatzes aufklären. Und sie muss Sie auf die Übersicht des GKV-Spitzenverbandes über die Zusatzbeiträge aller Krankenkassen (www.gkv-zusatzbeitraege.de) hinweisen. Auch wenn Sie das Sonderkündigungsrecht verpasst haben, können Sie jederzeit die Krankenkasse wechseln, wenn Ihr letzter Kassenwechsel mind. 18 Monate her ist (§ 175 Abs. 4 SGB V). Zum 1.1.2021 wurde diese Frist von 18 auf 12 Monate verkürzt (MDK-Reformgesetz).

K

1.2 Private Krankenversicherung (PKV)

Seit dem 1.1.2009 ist für privat Krankenversicherte der Weg in die gesetzliche Krankenversicherung über den Alg II-Bezug versperrt. Das gilt auch für Nicht-Krankenversicherte, die zuletzt privat versichert waren und für Personen, die noch nie in Deutschland oder einem EU-Land versichert waren und hauptberuflich selbständig sind sowie unter bestimmten Bedingungen auch für unversicherte Menschen über 55 Jahren (§§ 5 Abs. 5a, 6 Abs. 3a SGB V; ⇨**1.1.2**). Sie sollten sich deshalb zum sogenannten ***„Basistarif"*** weiter privat krankenversichern bzw. die Aufnahme in den Basistarif der privaten Krankenversicherungen **beantragen**. Die private Krankenkasse können Sie sich bei einer Neu- oder Wiederversicherung aussuchen.

Tipp: Prüfen Sie, ob Sie Ihre Kinder unter 15 Jahren in der gesetzlichen KV familienversichern können. Bei Leistungsbezug vom Sozialamt wäre ggf. eine Familienversicherung über den/die Ehepartner*in möglich.

Der Höchstbeitrag im Basistarif, der bei allen PKV-Kassen gleich ist, beträgt 2021 769,16 € KV plus 147,54 € PV (www.pkv.de). Für Bezieher*innen von **Alg II** und **Sozialhilfe** wird nur die **Hälfte des Höchstbeitrags im Basistarif**, also max. 384,58 € KV erhoben. Hinzu kommen die halbierten Beiträge für die private Pflegeversicherung (2021 i.H.v. 73,77 €). Von der Halbierung der Beiträge profitieren auch Personen, die über Einkommen verfügen und nur aufgrund des Beitrages der privaten Krankenversicherung hilfebedürftig werden (⇨2).

Sind Sie privat versichert und auf Alg II angewiesen, ist mit Wirkung zum 1.1.2017 geregelt, dass das Jobcenter einen Zuschuss zu Ihren Beiträgen zahlt. *„Der Zuschuss ist begrenzt auf die Höhe des nach § 152 Absatz 4 des Versicherungsaufsichtsgesetzes halbierten Beitrags für den Basistarif in der privaten Krankenversicherung, den Hilfsbedürftige zu leisten haben"* (§ 26 Abs. 1 Satz 1 Halbsatz 2 SGB II). Die bisher existierende Deckungslücke für die Beiträge zur privaten Kranken- und Pflegeversicherung wurde damit beseitigt, ein entsprechendes Urteil des Bundessozialgerichts vom 18.1.2011 (B 4 AS 108/10 R) gesetzlich umgesetzt. Damit deckt der Zuschuss vom Jobcenter bei PKV-Versicherung im Basistarif den gesamten zu zahlenden Beitrag ab.

Achtung: Nur wenn Sie im Basistarif privat versichert sind, wird Ihr Beitrag bei Hilfebedürftigkeit nach dem SGB II (Jobcenter) oder SGB XII (Sozialamt) halbiert! Sind Sie einem sog. Normaltarif versichert, erfolgt keine Halbierung. Übersteigt der von Ihnen zu zahlende Beitrag dann den maximalen Zuschussbeitrag, entsteht eine Deckungslücke. Dieser Deckungslücke können Sie entgehen, wenn Sie in den Basistarif wechseln. Bei Bezug von Alg II oder Sozialhilfe können Sie jederzeit wechseln (§ 193 Abs. 5 VVG, § 152 Abs. 2 VAG).
Das Jobcenter überweist den Beitrag direkt an Ihre PKV-Kasse (§ 26 Abs. 5 SGB II).

Tipp: Sind vor dem BSG-Urteil im Zeitraum vom 1.1.2009 bis 17.1.2011 aufgrund der Deckungslücke Beitragsschulden bei der privaten KV aufgelaufen, müssen Sie beim Versicherungsunternehmen einen Antrag auf Erlass bzw. Niederschlagung dieser Forderung stellen.

Haben Sie **Beitragsschulden** bei der privaten KV, erfolgt nach zwei Monaten Rückstand die Ruhendstellung Ihres regulären Vertrages und die Umwandlung Ihres Vertrages in den sog. Notlagentarif (NLT, § 193 Abs. 6 VVG), damit Sie die Schulden schneller zurückzahlen können (der NLT kostet – unterschiedlich je nach privater Krankenkasse – nur zwischen 70 und 90 € mtl.). Sie sind dann weiterhin versichert, haben jedoch nur Anspruch auf eine Notversorgung im Krankheitsfall (§ 153 VAG). Sobald Sie Alg II oder HzL/ GSi der Sozialhilfe beziehen, endet das Ruhen, Ihr ursprünglicher Vertrag lebt wieder auf und Sie haben **vollen KV-Schutz** (§ 193 Abs. 6 VVG). Allerdings sind damit die Beitragsschulden nicht verschwunden, und das PKV-Unternehmen wird weiterhin versuchen, die Rückstände von Ihnen zu bekommen.

Sind Sie in einem **anderen Tarif** privat versichert und wechseln bei Alg II-Bezug nicht in den Basistarif, muss das Jobcenter zumindest die Kosten in Höhe des Betrages übernehmen, den Sie im halbierten Basistarifs zu zahlen hätten (LSG Bayern 19.7.2011 - L 8 SO 26/10; vgl. § 26 Abs. 1 Satz 1 Halbsatz 2 SGB II neu). Sie müssen dazu eine Bescheinigung Ihres PKV-Unternehmens beim Jobcenter einreichen, auf der genau steht, wie viel Sie im Basistarif zu zahlen hätten.

Über dem halben Basistarif liegende Beiträge der privaten KV/PV können nicht vom Erwerbseinkommen abgesetzt werden (FW 11.132, „*in angemessener Höhe, z.B. halber Basistarif*“; ⇨Einkommensbereinigung 1.3). Auch das Bundessozialgericht (BSG) hat entschieden, dass die über den halben Basistarif hinausgehenden Kosten einer privaten Krankenversicherung nicht als angemessene Kosten einer Versicherung nach § 11b Abs. 1 Satz 1 Nr. 3 SGB vom Einkommen eines Alg II-Beziehenden abgesetzt werden (BSG 16.10.2012 - B 14 AS 11/12 R).

Tipp: Regelung bis 14.3.20: Sind Sie nur vorübergehend auf Alg II angewiesen, sollten Sie sich gut überlegen, ob Sie als Privatversicherter von einem ggf. günstigeren Normaltarif in den teuren Basistarif wechseln. Entfällt die Hilfebedürftigkeit, zahlen Sie einen Krankenversicherungsbeitrag von bis zu 703,32 € mtl. – ein Wechsel in Ihren alten, günstigeren Tarif ist dann i.d.R. nicht mehr möglich. Aber beachten Sie bei der Überlegung auch ggf. von Ihnen zu übernehmende Selbstbehalte im bisherigen Tarif und den gewählten Leistungsumfang. Oft schließen die günstigen Tarife in den Normaltarifen viele Leistungen aus.
Regelung seit 15.3.20: Sind Sie nach dem 15.3.20 aufgrund des Bezuges von Alg II (oder HzL/Grundsicherung) in den Basistarif gewechselt und endet Ihre Hilfebedürftigkeit innerhalb von zwei Jahren nach dem Wechsel, können Sie innerhalb von drei Monaten nach dem Ende der Hilfebedürftigkeit schriftlich bei Ihrer Privatkasse die Rückkehr in Ihren Ursprungstarif beantragen, also in den Tarif, in dem Sie bis zum Wechsel in den Basistarif versichert waren. Ab dem 1. Tag des übernächsten Monats nach der Antragstellung sind Sie dann wieder in Ihrem alten Tarif versichert – ohne neue Gesundheitsprüfung, etwaiger Risikozuschläge etc. Ebenso bleiben Ihre Altersrückstellungen erhalten. Sie müssen das Ende Ihrer Hilfebedürftigkeit schriftlich bei der Privatkasse nachweisen (Bescheid oder Bescheinigung vom Jobcenter) (§ 204 Abs. 2 VVG).

1.2.1 Selbstbeteiligung von privat Krankenversicherten an den Gesundheitskosten

Grundsätzlich ist es Alg II-Beziehenden, die privat krankenversichert sind, zuzumuten, **in den Basistarif** der PKV zu **wechseln**, um ohne Selbstbeteiligung eine Versorgung im Krankheitsfall sicherzustellen, die dem Leistungsumfang der gesetzlichen KV entspricht.
Solange Sie jedoch nicht durch das Jobcenter über die **Möglichkeit eines Wechsels** und die Folgen eines Verbleibs in Ihrem alten Tarif **beraten** wurden, kann ein Anspruch auf Übernahme der Zuzahlungen im Rahmen der Selbstbeteiligung bestehen. Eine Übernahme von Krankenbehandlungskosten ist dann im Rahmen der ⇨Härtefallregelung (§ 21 Abs. 6 SGB II) möglich, wenn diese auch durch eine gesetzliche KV übernommen worden wären (BSG 29.4.2015 - B 14 AS 8/14 R).

Achtung: Aufgrund der Regelungen in den §§ 193 Abs. 5 VVG und § 152 Abs. 2 VAG ist ein Wechsel rechtlich immer möglich. Die meisten Jobcenter lassen inzwischen die Betroffenen Merkblätter unterschreiben, in denen die Modalitäten genau beschrieben sind und kommen damit ihrer Beratungspflicht nach.

1.3 Hilfebedürftigkeit allein durch Kranken- und Pflegeversicherungsbeiträge

Für Personen, die in der gesetzlichen KV **pflichtversichert** oder **freiwillig versichert** sind *„und die allein durch die Zahlung des Beitrags hilfebedürftig würden, wird ein Zuschuss zum Beitrag in Höhe des Betrages geleistet, der notwendig ist, um die Hilfebedürftigkeit zu vermeiden"* (§ 26 Abs. 2 Satz 1 Nr. 1 SGB II).

Das gilt auch, wenn Sie **privat krankenversichert** sind (§ 26 Abs. 2 Satz 1 Nr. 2 SGB II). Außerdem werden die Beiträge für die gesetzliche oder private **Pflegeversicherung** übernommen, falls diese Zahlung Sie unter das Existenzminimum drückt (§ 26 Abs. 4 SGB II).

Der Zuschuss *„kann auch den **Zusatzbeitrag** zur gesetzlichen Krankenversicherung nach § 242 SGB V in der erforderlichen Höhe umfassen"* (BT-Drs. 18/8041, 43).

Beispiel: Ein unverheiratetes Paar gilt als ⇨**eheähnliche Gemeinschaft**. Der Partner verliert nach dem Bezug von Alg I den Krankenversicherungsschutz über die Pflichtversicherung durch die Arbeitsagentur. Sein Antrag auf Alg II wird mit der Begründung abgelehnt, die erwerbstätige Partnerin müsse im Rahmen der ⇨Bedarfsgemeinschaft mit ihrem Einkommen für den arbeitslosen Partner aufkommen. Der Anspruch auf Alg II fällt bereits weg, wenn das Einkommen der Partnerin geringfügig über dem Gesamtbedarf liegt (⇨Bedarfsberechnung). Da bei unverheirateten Paaren kein Anspruch auf Familienversicherung besteht, muss der arbeitslose Partner sich freiwillig kranken- und pflegeversichern bzw. kommt auch ohne Antrag in die obligatorische Anschlussversicherung (OAV, § 188 Abs. 4 SGB V). Die beiden laufen Gefahr, durch die Beitragszahlungen unter das Existenzminimum zu rutschen. Der **Zuschuss** zur KV/PV soll das Paar oberhalb des Alg II-Bedarfs halten und Hilfebedürftigkeit vermeiden.

2. HzL/GSi der Sozialhilfe

2.1 Beiträge für die Krankenversicherung

Sozialhilfe- und GSi-Bezieher*innen sind über den Leistungsbezug SGB XII grundsätzlich **nicht pflichtversichert** (kein Versicherungstatbestand im § 5 SGB V).

Das Sozialamt übernimmt lediglich die KV/PV-Beiträge bei

- gesetzlich Versicherten, die über eigenes **Einkommen** verfügen **und** nur aufgrund der Beiträge für die Kranken- und Pflegeversicherung **hilfebedürftig** nach dem Dritten und Vierten Kapitel SGB XII werden, wenn die KV-Beiträge direkt an diese gezahlt werden (§ 32 Abs. 1, § 42 Nr. 2 SGB XII),
- Pflichtversicherten in der Auffang-Pflichtversicherung gem. § 5 Abs. 1 Nr. 13 SGB V, die in dieser Versicherung verbleiben können, wenn die Bedürftigkeit erst nach dem Beginn dieser Mitgliedschaft einsetzt (§ 190 Abs. 13 Satz 2 SGB V),
- Personen, die einen **Rentenantrag** stellen und sich bis zur endgültigen Entscheidung über die Rente in einer Krankenkasse pflichtversichern müssen (§ 189 SGB V).

Außerdem werden in zwei weiteren Fällen KV-Beiträge vom Sozialamt übernommen:

a. Bei freiwilliger Weiterversicherung von aus der Pflichtversicherung oder Familienversicherung ausgeschiedenen Personen als Pflichtleistung (§ 32 Abs. 2 SGB XII i.V. mit § 9 Abs. 1 SGB V). Das ist der Fall, wenn Sie die letzten 12 Monate vor dem Ausscheiden ununterbrochen pflichtversichert und / oder familienversichert waren (oder 24 Monate in den letzten fünf Jahren mit Lücken) und sich innerhalb von drei Monaten freiwillig in der gesetzlichen KV weiterversichern. Der zu zahlende Beitrag in der GKV gilt als angemessen (§ 32 Abs. 2 SGB XII). Das gilt auch dann, wenn Sie vor dem Leistungsbezug über die obligatorische Anschlussversicherung (OAV, § 188 Abs. 4 SGB V) in die freiwillige Versicherung aufgenommen wurden und dann erst zu einem späteren Zeitpunkt der Leistungsbezug beim Sozialamt beginnt.

b. Bei privat Versicherten werden i.d.R. die *„angemessenen"* Aufwendungen übernommen, d.h. Beiträge in Höhe des halben Basistarifs der privaten KV (§ 32 Abs. 4 Satz 1 und 2 SGB XII; ⇨1.2). Ein höherer Beitrag kann als angemessen anerkannt werden, wenn Sie voraussichtlich nur für einen Zeitraum von bis zu drei Monaten Leistungen vom Sozialamt benötigen. Im begründeten Ausnahmefall kann auf Antrag ein höherer Beitrag auch im Fall einer Leistungsberechtigung für einen Zeitraum von bis zu sechs Monaten als angemessen anerkannt werden. Nämlich dann, wenn vor Ablauf der drei Monate oder bereits bei Antragstellung davon auszugehen ist, dass Ihre Leistungsberechtigung beim Sozialamt für einen begrenzten, aber mehr als drei Monate andauernden Zeitraum bestehen wird (§ 32 Abs. 4 Satz 3 und 4 SGB XII).

Tipp: Um den Anspruch auf die freiwillige Weiterversicherung zu wahren, müssen Sie den Antrag zwingend innerhalb von drei Monaten nach Beendigung der letzten KV stellen (§ 9 Abs. 2 SGB V). Lassen Sie die Frist verstreichen, steht Ihnen ggf. nur noch eine Auftragsversorgung über das Sozialamt zu (⇨ 2.2, § 264 SGB V). Sie können dann die Kasse nicht mehr wechseln, haben keinen Anspruch auf Leistungen aus der Pflegeversicherung über die Kasse und bekommen eine besondere Chipkarte (ohne die Möglichkeit der Behandlung im EU-Ausland (keine EHIC)). Eine reguläre Versicherungsmöglichkeit besteht dann nur bei Ausscheiden aus dem Leistungsbezug SGB XII.

Werden die Beiträge für die gesetzliche oder private KV vom Sozialhilfeträger übernommen, werden auch die damit zusammenhängenden Beiträge der **Pflegeversicherung** gezahlt (§ 32 Abs. 5 SGB XII).

Fallen bei gesetzlich Versicherten **Zusatzbeiträge** (⇨1.1.4) an, sind auch diese in voller Höhe vom Sozialamt zu übernehmen (§ 32 Abs. 3 SGB XII).

2.2 *„Hilfen zur Gesundheit"*

Beziehende von HzL/ GSi der Sozialhilfe, die **nicht** in einer Krankenversicherung versichert sind (⇨2.1) und die sich auch nicht gesetzlich oder privat versichern können (Ausschluss, z.B. § 5 Abs. 8a SGB V), wählen beim Sozialamt eine Krankenkasse, die ihre Versorgung übernehmen soll und erhalten von dieser eine **„Gesundheitskarte"**. Diese Auftragskrankenkasse rechnet alle erbrachten Leistungen der Gesundheitsversorgung und -vorsorge plus fünf Prozent Verwaltungszuschlag quartalsweise mit dem Sozialamt ab. Die Kosten werden als „Hilfen zur Gesundheit" übernommen (Fünftes Kapitel SGB XII). Das nennt sich **„Quasiversicherung"** nach § 264 SGB V.

Die Kassen bekommen auf diese Weise die tatsächlichen Kosten für „teure", weil leistungsgeminderte und ältere Sozialhilfebeziehende erstattet. Die Leistungen der Hilfen zur Gesundheit entsprechen i.d.R. dem Leistungskatalog der gesetzlichen Krankenkassen. Es besteht freie Arztwahl. Zuzahlungen und Zuzahlungsbefreiungen greifen wie bei regulär Versicherten. Nachteile ⇨ 2.1 Tipp

3. Ruhen der Versicherung wegen Beitragsrückständen

Sind Sie mehr als zwei Monate im Verzug und hat ihre gesetzliche Krankenkasse Sie gemahnt, ruht die Krankenversicherung (§ 16 Abs. 3a S. 2 SGB V). „Vom Ruhen ausgenommen sind Untersuchungen zur Früherkennung von Krankheiten [...] sowie bei Schwangerschaft und Mutterschaft" (§ 16 Abs. 3a S. 2 SGB V).

3.1 Krankenversicherung bei Hilfebedürftigkeit *„Das Ruhen tritt nicht ein oder endet, wenn Versicherte hilfebedürftig im Sinne des Zweiten oder Zwölften Buches sind oder werden"* (§ 16 Abs. 3a S. 4 SGB V).

Das bedeutet: Beantragen Sie Alg II/HzL oder GSi „werden" Sie hilfebedürftig. Bekommen Sie diese Leistungen „sind" Sie hilfebedürftig. Durch den Alg II-/HzL- oder GSi-Bezug haben beitragsrückständige Menschen zumindest ihr Problem, dass die Krankenversorgung ruht, gelöst. Das ist ein Umstand, auf den die Krankenkassen im Rahmen ihrer ⇨ Beratungspflicht nicht unbedingt hinweisen. Weitere Infos: ⇨ Krankenkasse

Kritik

Die „Gesundheitsreform" 2007 hatte zum Ziel, alle Nichtversicherten in die gesetzliche oder private Krankenversicherung zurückzuholen. Alg II- und Sozialhilfebeziehende, denen ab 2009 der Weg zurück in die gesetzliche KV verschlossen blieb, mussten deshalb bis zur Entscheidung des BSG (⇨1.2) mtl. mehr als ein Drittel ihres Regelsatzes für private KV-/ PV-Beiträge zuzahlen, anstatt damit ihren Lebensunterhalt zu bestreiten. Obwohl das höchste Gericht die Behörden im Januar 2011 zur Zahlung der vollen Beiträge verpflichtete, hat die große Koalition die gesetzliche Regelungslücke bei der Übernahme der privaten Versicherungsbeiträge erst mit Wirkung zum 1.1.2017 geschlossen. Rechtssicherheit von Leistungsberechtigten hat keine Priorität.

Nicht krankenversicherte Personen, denen der Weg in die gesetzliche KV eröffnet wird, haben nicht verjährte rückständige Beiträge für Zeiten der Nichtversicherung (Beginn der Mitgliedschaft frühestens ab 1. April 2007) nachzuzahlen (bis zu max. fünf Jahre rückwirkend). Für die Eintrittskarte in die KV müssen sie sich oft hoch verschulden. Die Beitragsschulden entstehen i.d.R., weil die Versicherungspflicht für rückliegende Zeiträume nachgezahlt werden muss. Deshalb sollen die Kassen die Beiträge für die Zeit seit dem Eintritt der Versicherungspflicht angemessen ermäßigen. Säumniszuschläge sind vollständig zu erlassen (§ 256a SGB V). Die Ermäßigung auf einen mtl. Betrag in Höhe von rund 58 € ist aber nur möglich, wenn im Nachzahlungszeitraum keine Leistungen in Anspruch genommen wurden bzw. auf eine Erstattung verzichtet wird (Abgabe einer Verzichtserklärung).

Das vollständige Erlassen der Beiträge (Beitragsamnestie) wurde nur über einen kurzen Zeitraum gewährt und endete zum 31.12.2013. Dieser Erlass sollte unbegrenzt und dauerhaft wirken.

Die meisten Personen, die keine lfd. Leistungen vom Sozialamt erhalten, sind von den *„Hilfen zur Gesundheit"* der Sozialhilfe (Fünftes Kapitel SGB XII) ausgeschlossen, da seit dem 1.8.2013 durch die obligatorische Anschlussversicherung (OAV gem. § 188 Abs. 4) eine „automatische Folgeversicherung" gewährleistet, dies gilt aber auch bei Leistungsversagung wegen fehlender Mitwirkung durch das Jobcenter

Information

Claudia Mehlhorn, Beitragsschulden im Krankenkassenrecht, https://tacheles-sozialhilfe.de/startseite/aktuelles/d/n/2358/

Ein immer wiederkehrendes Problem aus der Sozialberatung: Zahnersatz https://tacheles-sozialhilfe.de/startseite/aktuelles/d/n/2359/

Forderungen

Pflichtversicherung in der KV für alle Beziehenden von Alg II und HzL/ GSi der Sozialhilfe!

Erlass rückständiger Beiträge bei Wiedereintritt in die gesetzliche KV!

Keine Sanktionen, die zum Wegfall der Pflichtversicherung führen!

Krankheit

Alg II

Wenn Sie krank werden, sind Sie arbeitsunfähig. Alg II wird weitergezahlt, unabhängig davon, ob Sie pflicht- oder privatversichert sind.

Inhaltsübersicht:

4.7 Zahnersatz
5. Begrenzung der Zuzahlungen und Darlehen für Zuzahlung
6. Selbstbeteiligung von privat Krankenversicherten an den Kosten
7. Auslagen für Untersuchungen
Kritik
Forderungen
Information

1.1 Anzeigepflicht

Sie müssen dem Jobcenter ***„unverzüglich"***, d.h. ohne schuldhaftes Zögern anzeigen, dass und wie lange Sie voraussichtlich krank sind (§ 56 Abs. 1 Satz 1 Nr. 1 SGB II). I.d.R. wäre das am ersten Tag der Krankheit, wenn Sie dazu in der Lage sind. Die Krankmeldung kann auch telefonisch erfolgen. Den Befund brauchen Sie dem Amt nicht zu nennen. Solange Ihre Arbeitsunfähigkeit nicht angezeigt ist, können Sie voll zur Vermittlung bzw. Eingliederung über Maßnahmen herangezogen werden.

Spätestens vor Ablauf des dritten Tages Ihrer Krankheit **müssen** Sie über die Arbeitsunfähigkeit und deren voraussichtliche Dauer eine **ärztliche Bescheinigung** vorlegen („Krankschreibung") (§ 56 Abs. 1 Satz 1 Nr. 2 SGB II). Sind Sie nach Ablauf der bescheinigten Krankheitsdauer immer noch krank, müssen Sie eine neue Arbeitsunfähigkeitsbescheinigung vorlegen. Beziehende von Sozialgeld sind nicht anzeigepflichtig.
Fällt das Ende der Abgabefrist auf das Wochenende oder einen Feiertag, endet die Frist mit Ablauf des nächsten Werktages.

Seit August 2016 soll die Pflicht, eine Arbeitsunfähigkeit unverzüglich anzuzeigen und spätestens am dritten Krankheitstag eine Arbeitsunfähigkeitsbescheinigung vorzulegen, in Ihrer **Eingliederungsvereinbarung** (EinV) festgelegt werden. Eine Sanktionierung nach § 31 Abs. 1 SGB II darf allerdings nicht erfolgen, wenn Sie dieser Verpflichtung nicht oder nicht rechtzeitig nachkommen (§ 56 Abs. 1 Satz 2 SGB II). Dafür entfällt die allgemeine Anzeige- und Bescheinigungspflicht bei Arbeitsunfähigkeit für alle Alg II-Beziehenden. Sie müssen sich also nur beim Jobcenter krankmelden, wenn das in der EinV festgelegt wurde.
Näheres dazu ⇨Eingliederungsvereinbarung 1.1.5

Um die *„Missbrauchsmöglichkeiten im Zusammenhang mit dem Ausstellen einer Arbeitsunfähigkeitsbescheinigung"* einzuschränken, ist das Jobcenter *„berechtigt"*, von Ihnen zu verlangen, die ärztliche Bescheinigung auch bei Erkrankungen vorzulegen, die kürzer als drei Tage andauern (§ 56 Abs. Satz 1 SGB II; FH 56.5). Das Jobcenter müsste Sie allerdings innerhalb dieses kurzen Zeitraums entsprechend aufklären und über die Rechtsfolgen belehren (s.u.).

Wenn Sie die Arbeitsunfähigkeit nicht anzeigen, liegt **keine** Ordnungswidrigkeit nach § 63 SGB II (Bußgeldvorschriften) oder **keine** Pflichtverletzung vor, die eine ⇨Sanktion nach § 31 SGB II zur Folge haben kann. Weil Sie aber Ihren **Mitwirkungspflichten** nicht nachgekommen sind, kann Ihnen die Leistung bis zur Nachholung der Mitwirkung ganz oder teilweise versagt oder entzogen werden (§§ 60 ff. SGB I). Zuvor müssen Sie aber schriftlich auf die Folgen fehlender Mitwirkung hingewiesen werden und das Jobcenter muss Ihnen eine Frist zur Einreichung der Krankmeldung einräumen. Mit dem Urteil des Bundesverfassungsgerichtes vom 5. November 2019 (1 BvL 7/16) wurden die Sanktionsmöglichkeiten des Jobcenters allerdings stark eingeschränkt. Das Gericht hat Sanktionen für mit dem Grundgesetz unvereinbar erklärt, soweit die Minderung nach wiederholten Pflichtverletzungen innerhalb eines Jahres die Höhe von 30 Prozent des maßgebenden Regelbedarfs übersteigt oder gar zu einem vollständigen Wegfall der Leistungen führt. Auch eine regelhafte Dauer der Sanktion von drei Monaten sieht das Gericht nicht als korrekt an. Lassen Sie sich daher auf jeden Fall bei einer Beratungsstelle beraten, wenn das Jobcenter gegen Sie eine Sanktion verhängt hat.

Wenn das Jobcenter Zweifel an der Richtigkeit Ihrer ärztlichen Bescheinigung hat, weil Sie z.B. mit Verweis auf eine Krankheit wiederholt nicht zu Meldeterminen oder Vor-

stellungsgesprächen erschienen sind, kann es den Medizinischen Dienst der Krankenkasse (MDK) mit einer Überprüfung Ihrer Arbeitsunfähigkeit beauftragen (§ 56 Abs. 1 Satz 6 SGB II i.V. mit § 275 Abs. 1 Nr. 3 b und Abs. 1 a SGB V). Sie müssen sich dann ggf. einer Untersuchung durch den MDK unterziehen.
Allein die Arbeitsunfähigkeitsbescheinigung begründet nach Ansicht des BSG keinen Nachweis eines gesundheitlichen Unvermögens, zu einem Meldetermin zu erscheinen (9.11.2010 - B 4 AS 27/10). Nicht zulässig ist es in solchen Fällen dagegen, die Vorlage einer sogenannten „Bettlägerigkeitsbescheinigung" zu verlangen.

Übrigens: Arbeitsunfähige Arbeitslose fallen aus der Arbeitslosenstatistik heraus, da sie dem Arbeitsmarkt nicht zur Verfügung stehen. Allein im Zeitraum April bis August 2020 waren das 328.000 Personen (BA Monatsbericht 8/2020).
Wenn Sie krank und arbeitsunfähig werden, „bekämpfen" Sie also die Arbeitslosigkeit.

1.2 Unterschiedliche Maßstäbe für Arbeitsunfähigkeit

Seit Juli 2012 gilt: *„Erwerbsfähige Leistungsberechtigte, die Leistungen zur Sicherung des Lebensunterhalts nach dem SGB II [...] beantragt haben oder beziehen, sind arbeitsunfähig, wenn sie krankheitsbedingt nicht in der Lage sind, mindestens drei Stunden täglich zu arbeiten oder an einer Eingliederungsmaßnahme teilzunehmen"* (§ 2 Abs. 3a Arbeitsunfähigkeits-Richtlinie). Der Gemeinsame Bundesausschuss – bestehend aus Kassenärztlicher- und Kassenzahnärztlicher Bundesvereinigung, Deutscher Krankenhausgesellschaft und GKV-Spitzenverband – sowie das BMAS sind der Meinung, dass für Alg II-Beziehende bei der Bewertung der Arbeitsunfähigkeit andere Maßstäbe gelten müssen, als für Beziehende von Alg I oder für Beschäftigte ohne ergänzenden Alg II-Bezug.

Kritik

Mit dieser Änderung wird der Hausarzt/die Hausärztin Ihres Vertrauens zum verlängerten Arm des Jobcenters. Er/sie muss bei jeder Krankmeldung den Bewertungsmaßstab der vollen ⇨Erwerbsunfähigkeit zugrunde legen oder bestens im Bilde sein, was Ihnen im Rahmen einer Eingliederungsmaßnahme alles abverlangt wird. Er/sie muss wissen, wie fit Sie sein müssen für ein Vorstellungsgespräch, die Erfüllung Ihrer Bewerbungsauflagen oder für ein Gespräch mit dem/r Arbeitsvermittler*in vom Amt. Ärztliche Entscheidungsfreiheit wird ohne Not eingeschränkt, das Vertrauen zwischen Arzt/Ärztin und Patient*in wird belastet und Alg II-Beziehende werden zu Patient*innen zweiter Klasse gestempelt.
Das alles entscheiden Spitzenfunktionäre des Gesundheitssystems gemeinsam mit dem Gesundheitsministerium hinter verschlossenen Türen unter dem Vorwand des „gefühlten Leistungsmissbrauchs". Dabei gibt es keine Belege, dass Alg II-Beziehende Krankmeldungen in auffälligem Maß nutzen, um sich Eingliederungspflichten zu entziehen. Ein „Bauchgefühl" genügt offensichtlich, um die Rechtsposition von Arbeitslosen in einem sensiblen Bereich einzuschränken.

2. Krankengeld

Pflichtversicherte Alg II-Beziehende haben bei Arbeitsunfähigkeit keinen Anspruch auf Krankengeld (§ 44 Abs. 2 Nr. 1 SGB V). Das gilt auch für Beziehende von HzL/ GSi der Sozialhilfe.
Ausnahme: Sie sind Aufstocker*in als versicherungspflichtig Beschäftigte*r bzw. beziehen Alg I und aufstockend Alg II. Dann entsteht aus Ihrer Beschäftigung bzw. Ihrem Alg I-Bezug ein Anspruch auf Krankengeld.
Ganz wichtig: Sie müssen Ihre Krankschreibung (Arbeitsunfähigkeitsbescheinigung, AU) i.d.R. selber an die Krankenkasse schicken. Ab 1.1.2022 ist geplant, dass Ärzt*innen die AU direkt an die Krankenkasse übermitteln (elektronische Übermittlung der AU, eAU (§ 295 Abs. 1 Satz 10 SGB V (zukünftige Fassung)). Erst wenn die AU dort vorliegt, bewilligt die Kasse das Krankengeld (§ 49 Abs. 1 Nr. 5 SGB V).
Weiterhin müssen Sie sehr drauf achten, dass Sie bei fortdauernder Erkrankung nahtlose Krankschreibungen vom Arzt/von der Ärztin holen (und natürlich wieder bei der Kasse einreichen). Eine Lücke bei den Krankschreibungen kann zum vollständigen Verlust des Krankengeldanspruchs führen (§ 46 SGB V)!

3. Sozialamt – Hilfen zur Gesundheit

Bei Alg II-Bezug sind Sie entweder gesetzlich pflichtversichert oder privat versichert bzw. müssen sich neu privat versichern, wenn Sie unversichert sind und zuletzt privat versichert waren (⇨Krankenversicherung).

Sind Sie nicht krankenversichert und beziehen laufende Leistungen nach dem SGB XII vom Sozialamt, haben Sie unter Umständen Anspruch auf Hilfen zur Gesundheit (§§ 47 - 52 SGB XII). Da seit 2007 Versicherungspflicht in der Krankenversicherung besteht, lässt sich meistens eine rückwirkende Versicherung herstellen. Ist dies nicht der Fall, wird das Sozialamt Sie bei einer Kasse Ihrer Wahl zur Auftragsversorgung gem. § 264 SGB V anmelden. Diese „Hilfen zur Gesundheit" als Auftragsversorgung gem. § 264 SGB V entsprechend den Leistungen der gesetzlichen Krankenversicherung (§ 52 Abs. 1 SGB XII i.V.m. § 264 Abs. 4 SGB V); diese erhalten auch Beziehende von Hilfe zum Lebensunterhalt und Grundsicherung der Sozialhilfe, die von der Krankenversicherungspflicht ausgeschlossen sind (§ 5 Abs. 8a SGB V) und weder in der gesetzlichen Krankenversicherung freiwillig (§ 9 SGB V), familien- (10 SGB V) noch privat krankenversichert sind (⇨Krankenversicherung 3.1 f.).

4. Kassenleistungen bei Alg II/ Sozialhilfe

4.1 Arztwahl

Sie haben freie Arztwahl unter den Ärzt*innen, die Verträge mit den Kassen abgeschlossen haben (sog. Vertragsärzt*innen). Reine Privatpraxen ohne Kassenzulassung können Sie nur dann aufsuchen, wenn Sie privat in einem sog. Normaltarif versichert sind (nicht bei Vertrag im Basistarif). Möglich sind auch psychotherapeutische Behandlungen durch dafür zugelassene Psychotherapeut*innen oder Vertragsärzt*innen (§ 28 Abs. 3 Satz 1 SGB V).

Die **Praxisgebühr** wurde zum Januar 2013 abgeschafft. Sie können die 17,02 €, die Ihnen (s. 1.1.2021) für *„Gesundheitspflege"* im ⇨Regelsatz zur Verfügung stehen, nun für andere Bedarfe aus diesem Bereich ausgeben, z.B. für nicht verschreibungspflichtige Arzneimittel. Vergünstigungen bei Ihrer Krankenkasse bekommen Sie ggf., wenn Sie sich zuerst von ihrem/r Hausarzt/Hausärztin behandeln lassen (sog. Hausarzttarif).

4.2 Versorgung mit Medikamenten, Verband-, Heil- und Hilfsmitteln

Von der Kasse werden nur Kosten für verschreibungspflichtige Medikamente und ärztlich verordnete Verbandmittel erstattet. Rezeptfreie Medikamente müssen Sie selbst bezahlen, auch wenn sie notwendig sind (Ausnahme: Kinder unter 12 und Jugendliche zwischen 12 und 18 Jahren mit Entwicklungsstörungen. Diese bekommen auch nicht verschreibungspflichtige Medikamente als Kassenleistung, wenn sie ärztlich verordnet wurden (§ 34 SGB V). Es führt also faktisch zu einer Regelbedarfskürzung, wenn Sie ein bestimmtes rezeptfreies Medikament, z.B. gegen Allergien, brauchen und dafür im Monat mehr als die im Regelbedarf vorgesehenen 17,02 € mtl. (Betrag seit 1.1.21) benötigen.

Bei Arznei- und Verbandmitteln werden 10 Prozent der Kosten als Zuzahlung verlangt, höchstens 10 €, mindestens aber 5 €. Liegt der Preis unter 5 €, muss er voll bezahlt werden (§ 31 Abs. 3 SGB V). Kinder und Jugendliche unter 18 Jahren sind von Zuzahlungen befreit (Ausnahme: Fahrkosten (§ 60 SGB V).

Beim **Alg II** sind vom Arzt verordnete, aber nicht von der Krankenkasse übernommene Arznei- oder Heilmitteln als Mehrbedarf für laufende, unabweisbare Bedarfe nach § 21 Abs. 6 SGB II zu übernehmen. Schon die Gesetzesbegründung weist darauf hin, dass diese vom ⇨Härtefallmehrbedarf 2.2 umfasst sind (BT-Drs. 17/1465, 9). Auch eine Reihe von Gerichten hat das mittlerweile so entschieden (so z.B. LSG NRW 4.6.2014 - L 7 AS 357/13 B, LSG Bayern 25.6.2010 – L 7 AS 1432/08, LSG Sachsen-Anhalt 23.6.2011 – L5 AS 129/11 B ER, SG Bremen 18.2.2011 – S 22 AS 2474/10 ER, SG Gießen 19.8.2010 - S 29 AS 981/10 ER).

In der **HzL/ GSi** gibt es keinen Mehrbedarf, hier wären die Medikamentenkosten als im Einzelfall **abweichende Regelsatzfestsetzung** nach § 27a Abs. 4 SGB XII behördlicherseits zu berücksichtigen. Das BSG hat die Härtefallregelung in Bezug auf den Bedarf an rezeptfreien Medikamenten allerdings auf wenige Sonderfälle beschränkt (z.B. Neurodermitis oder HIV-Erkrankungen mit besonderem Bedarf), da die gesetzlichen Krankenkassen in der Pflicht seien, das gesundheitliche Existenzminimum abzusichern (BSG 25.6.2011 - B 14 AS 146/10 R). Seitdem hat aber auch gegen die BSG-Entscheidung eine Reihe von Gerichten solche Medikamentenmehrbedarfe zuerkannt. Das Gericht geht davon aus, dass rezeptfreie Arzneimittel, die bei schweren Erkrankungen Therapiestandard seien, von der gesetzlichen Krankenversicherung übernommen werden. Sie müssen dann künftig die Kasse verklagen, nicht das Jobcenter.

Tipp 1: Manchmal gibt es für ein nicht verschreibungspflichtiges Medikament eine verschreibungspflichtige Alternative. Besprechen Sie das mit Ihrem/r Arzt/Ärztin. Zuzahlungen für günstige Medikamente werden halbiert oder fallen weg, wenn ihr Preis 30 Prozent niedriger ist als der von den Kassen festgelegte Höchstpreis (z.B. wenn Ihre Kasse Rabattverträge mit Arzneimittelherstellen abgeschlossen hat). Wurde für ein Medikament ein Festbetrag festgesetzt, so bezahlt Ihre Kasse auch nur diesen Betrag, auch wenn das vorordnete Medikament teurer ist. Fragen Sie Ihre*n Ärzt*in oder Apotheker*in nach wirkungsgleichen Alternativen – Sie müssen sonst den Differenzbetrag selber bezahlen.

Tipp 2: Leiden Sie unter einer chronischen Erkrankung, die laufende und erhebliche Ausgaben, z.B. für notwendige Medikamente, Verbandmittel oder Hautpflegeprodukte erfordert, können Sie einen ⇨ Mehrbedarf geltend machen. Besteht ein *„unabweisbarer, laufender, nicht nur einmaliger besonderer Bedarf"*, der erheblich ist, ist Ihnen im Rahmen der ⇨**Härtefallregelung** ein Zuschlag zur Regelleistung zu gewähren (§ 21 Abs. 6 SGB II).

Bei **Heilmitteln,** z.B. Massage oder Krankengymnastik, müssen Sie 10 Prozent der Kosten selbst tragen, plus 10 € pro Verordnung.

Tipp: Lassen Sie sich eine möglichst große Anzahl auf einmal verordnen. Leider sind die Ärzte bei der Verordnung an die Heilmittelrichtlinien und den Heilmittelkatalog gebunden und können daher nicht eigenständig von den Vorschriften abweichen.

4.2.1 Kosten einer neuen Brille?

Hilfsmittel wie Brillen trägt die Kasse bis auf Einzelfälle nicht (Gläser, Gestelle niemals (§ 33 Abs. 2 Satz 4 SGB V). Sie müssen demnach auch von Leistungsbeziehenden selbst gezahlt werden.

Ausnahme: Sie sind stark sehbehindert oder minderjährig (§ 33 Abs. 2 SGB V).
Zum 01.01.2021 wurde hier das Gesetz geändert, näheres zum nunmehr doch möglichen Anspruch finden Sie unter ⇨ Härtefallmehrbedarf 3.2

Kritik

Das Problem ist schon lange bekannt. *„Der Gesetzgeber belastet [...] die Regelsätze mit Anteilen einmaliger Leistungen der Krankenhilfe und hat keinerlei Regelungen über eine etwaige Anpassung der Regelsätze getroffen"* (VGH Bay 02.09.2004, info also 2004, 265). Das Bundesverfassungsgericht hat in seinem Beschluss vom 23.7.2014 Handlungsbedarf reklamiert, wenn es feststellt, dass *„eine Unterdeckung entstehen [kann], wenn Gesundheitsleistungen wie Sehhilfen weder im Rahmen des Regelbedarfs gedeckt werden können noch anderweitig gesichert sind"* (1 BvL 10/12, Rn. 120).

Einige Beispiele:

- *Die* Kosten für eine Brille und für Brillengläser sind (angeblich) im ⇨**Regelbedarf** enthalten (LSG NRW 17.5.2005 - L 9 SO 10/05 B ER; ⇨Tipp 1).
- Auch als **Leistung zur Teilhabe** behinderter Menschen am Arbeitsleben (§ 16 Abs. 1 SGB II i.V. mit §§ 97ff. SGB III) kommt nach Ansicht des LSG Rheinland-Pfalz die Kostenübernahme einer Brille zur Ausübung einer Beschäftigung nicht in Betracht, wenn die Sehhilfe *„nicht nur für den Beruf, sondern auch im täglichen Leben zur Befriedigung elementarer Grundbedürfnisse benötigt"* wird (6.12.2008 - L 5 AS 422/08 B; ⇨Tipp 3).
- Das *Sozialgericht* Frankfurt legte jüngst die Anspruchsgrundlage weiter aus und verurteilte das Jobcenter zur Übernahme der Kosten für eine **Gleitsichtbrille** im

Rahmen der Förderung aus dem **Vermittlungsbudget** (§ 16 SGB II i.V. mit § 44 SGB III). Erwerbsfähige Hilfebedürftige müssten uneingeschränkt für den allgemeinen Arbeitsmarkt zur Verfügung stehen und *„eine ausreichende Sehfähigkeit auch für die Ferne [ist] erforderlich, um unnötige Gefährdung für sich und andere nach Möglichkeit auszuschließen."* Im vorliegenden Fall sei das Ermessen auf null reduziert, weil die für die dauerhafte Eingliederung in das Erwerbsleben *„notwendige Sehhilfeversorgung"* nicht abgelehnt werden dürfe (19.3.2016 - S 19 AS 141/13; ⇨Tipp 2).

- Nach Ansicht des LSG NRW kommt bei wiederkehrendem Bedarf die Übernahme der Kosten für eine Sehhilfe auch im Rahmen der **Härtefallregelung** nach § 21 Abs. 6 SGB II in Betracht (NRW 12.6.2013 - L 7 AS 138/13 B; ⇨Tipp 4).

Nach einem Urteil des LSG Rheinland-Pfalz muss der **Sozialhilfe**träger grundsätzlich nicht für die Kosten einer Gleitsichtbrille aufkommen. Das LSG hob hier die Entscheidung der Vorinstanz auf, die dem *Grundsicherungsbezieher* eine Beihilfe für die Anschaffung einer Gleitsichtbrille bewilligt hatte. Sozialhilfebeziehenden sei es zuzumuten, nach Bedarf eine günstigere Fern- und Nahbrille im Wechsel zu nutzen. Auch ein Darlehen für die Gleitsichtbrille scheide aus, da es sich nicht um einen unabweisbaren Bedarf handele (23.7.2015 - L 5 SO 25/15).

Tipp 1: Wenn Sie die Kosten für eine neue Brille nicht tragen können, können Sie regelmäßig ein **Darlehen** für einen von der Regelleistung umfassten unabweisbaren Bedarf beantragen (LSG NRW 12.6.2013 - L 7 AS 138/13 B, Anschaffung Gleitsichtbrille; ⇨einmalige Beihilfe). Dieses wird dann mtl. mit 10 Prozent des Regelbedarfs getilgt.

Tipp 2: Wenn Sie eine Brille benötigen, weil Sie ohne Sehhilfe aufgrund Ihres eingeschränkten Sehvermögens auf dem **allgemeinen Arbeitsmarkt** keine Beschäftigung finden können, beantragen Sie die Übernahme der Kosten aus dem **Vermittlungsbudget** (§ 16 SGB II i.V. mit § 44 SGB III; SG Frankfurt, ebenda).
⇨weitere Infos: Härtefallbedarfe 3.2

Tipp 3: Wenn Sie eine Brille oder sonstige Hilfsmittel **ausschließlich** zur Aufnahme oder Fortsetzung einer Arbeit, Ausbildung oder AGH benötigen, kann die Kostenübernahme im Rahmen der **Teilhabeleistungen** (§ 16 Abs. 1 SGB II i.V. mit §§ 97ff. SGB III; LSG Rheinland-Pfalz, ebenda) **oder** aus dem Vermittlungsbudget (§ 16 SGB II i.V. mit § 44 SGB III; SG Frankfurt, ebenda) in Frage kommen.

Tipp 4: Wenn Sie unter einer **chronischen Augenerkrankung** leiden, die zu einer kontinuierlichen Verschlechterung der Sehkraft führt, kann eine häufigere Anpassung der Sehschärfe notwendig sein. Die Anschaffung einer Brille ist dann ein regelmäßig wiederkehrender Sonderbedarf, der im Rahmen der ⇨**Härtefallregelung** nach § 21 Abs. 6 SGB II als Zuschuss zu übernehmen ist (LSG NRW, ebenda).

Tipp 5: Beschaffen Sie sich Monatskontaktlinsen. Diese stellen laufende, unabweisbare Kosten da und müssen bei Alg II-Beziehenden im Rahmen des → Härtefallmehrbedarfes nach § 21 Abs. 6 SGB II übernommen werden. Bei der HzL/ GSi müssen die Kosten als abweichende Regelsatzfestsetzung nach § 27a Abs. 4 SGBB XII übernommen werden.

Zum 1.1.2021 trat aber nun zumindest hinsichtlich der Ansprüche auf einen Mehrbedarf eine Änderung in Kraft (§ 21 Abs. 6 SGB II): nunmehr wird ein neuer Mehrbedarf anerkannt, *„soweit im Einzelfall ein unabweisbarer, besonderer Bedarf besteht; bei einmaligen Bedarfen ist weitere Voraussetzung, dass ein Darlehen nach § 24 Absatz 1 ausnahmsweise nicht zumutbar oder wegen der Art des Bedarfs nicht möglich ist."* Das bedeutet, dass seit dem 1.1.2021 zumindest bei Alg II-Bezug Anträge bei den Jobcentern z.B. auf Übernahme der Kosten für Brillen(gestelle) gestellt werden können. Allerdings muss dann noch dargelegt werden, dass ein Darlehen entweder nicht zumutbar oder nicht möglich ist. Bislang gab es Mehrbedarfe nur für laufende unabweisbare Bedarfe, nicht aber für einmalige unabweisbare Bedarfe.
→ Härtfallmehrbedarf 3.2
Wir dürfen gespannt sein, wie sich die Rechtsprechung zum „Dauerthema" Brille weiterentwickeln wird.

4.3 Krankenhausbehandlung

Sie haben die freie Wahl unter den Krankenhäusern, die von den Kassen zugelassen sind (§ 39 i.V.m. § 108 GB V). Als Krankenhäuser zählen stationäre Einrichtungen mit ständiger medizinischer und pflegerischer Versorgung. Vorsorge- und Rehabilitationseinrichtungen sind Kliniken, in denen Kuren sowie Mutter-/Vater-Kind-Kuren durchgeführt werden (§ 107 SGB V). Hier haben Sie nur einen bedingten Einfluss auf die Wahl (⇨Kur).

... bei Alg II-Bezug

„Wer voraussichtlich für weniger als ***sechs Monate*** *in einem Krankenhaus [...] untergebracht ist"* (§ 7 Abs. 4 SGB II), erhält weiter Leistungen nach dem SGB II.

Wenn also das Krankenhaus nach Ihrer Aufnahme feststellt, dass Sie voraussichtlich länger als sechs Monate untergebracht sein werden, haben Sie nach Erstellung der **Prognose** nur Anspruch auf Hilfe zum Lebensunterhalt (HzL) vom Sozialamt (SGB XII). Ändert sich die Prognose während des Krankenhausaufenthalts zu Ihren Gunsten, können erneut Leistungen nach dem SGB II beantragt werden (BSG 6.9.2007 - B 14/7b AS 60/06 R).

Gibt es keine Prognose, können Sie nach sechsmonatiger Krankenhausbehandlung in die HzL zum Sozialamt geschoben werden. Davon sollte aber im Einzelfall abgesehen werden, wenn der Aufenthalt nur unerheblich länger ist.

Dauert die Krankenhausbehandlung über den Zeitraum der ursprünglichen Prognose hinaus an, sollen bereits bewilligte Alg II-Leistungen weiter bis zum Endes des Bewilligungszeitraums erbracht werden (BSG, ebenda).

Wenn weiterhin Alg II-Anspruch besteht, wird der volle Regelbedarf weitergezahlt. Eine Kürzung der Regelleistung aufgrund der Ersparnis durch Krankenhausverköstigung ist rechtswidrig (BSG 18.6.2008 - B 14 AS 46/07 R).

... bei Bezug von HzL/GSi des Sozialamtes

Eine Kürzung des Regelbedarfs ist nicht mehr möglich! Während des Kuraufenthalts kann Ihnen der ⇨Regelbedarf zum Lebensunterhalt nicht mehr gekürzt werden, weil *„ein Bedarf ganz oder teilweise anderweitig gedeckt ist"* (§ 27a Abs. 4 Satz 1 SGB XII, BSG B 8 SO 17/09 R - 23.2.2010). Eine Kürzung der Regelleistung aufgrund der Ersparnis durch Krankenhausverköstigung ist rechtswidrig.

4.4 Zuzahlungen

Jede*r volljährige Patient*in muss bei Klinikaufenthalten einen *„Eigenanteil"* von 10 € pro Tag für maximal 28 Tage im Kalenderjahr zuzahlen (§ 39 Abs. 4 SGB V). Theoretisch müssten Sie bei der Entlassung bzw. bei Eingang der Rechnung mit bis zu 280 € in Vorleistung treten. Das frisst Ihren Regelbedarf größtenteils auf. Die Befristung auf 28 Tage gilt für Krankenhausbehandlungen und Maßnahmen der Anschlussheilbehandlung. In der stationären Rehabilitation über die Rentenversicherung (DRV) sind die 10 €-Zuzahlungen für bis zu 42 Tage zu leisten, bei einer Anschlussheilbehandlung (AHB) ist diese Zuzahlung allerdings auf max. 14 Tage begrenzt (§ 32 SGB VI). Eine Übersicht findet man unter http://reha-atlas.de/zuzahlungen/

Im Kalenderjahr bereits geleistete Zuzahlungen (z.B. für eine Krankenhausbehandlung) sind anzurechnen. Die Zuzahlungsbefreiung der Krankenversicherung gilt gegenüber der DRV nicht, da die DRV eigene Befreiungsvorschriften hat.
https://t1p.de/089g

Bezieher von Alg II, HzL und GSi werden auf Antrag von der Zuzahlung befreit. Daher ...

Tipp 1: Stellen Sie sofort einen Befreiungsantrag bei Ihrer Krankenkasse. Zahlen Sie Zuzahlungen nur bis zur Höhe der Belastungsgrenze (⇨5.1).

Tipp 2: Bezieher*innen von Leistungen des Sozialamtes (SGB XII), können bei Aufnahme in eine stationäre Einrichtung (Heim) die darlehensweise Übernahme der Zuzahlungen bis zur Belastungsgrenze beantragen (⇨5.2).

Tipp 3: Beantragen Sie bei einer medizinischen Rehabilitation über die Rentenversicherung eine Befreiung. Das Formular *„G160"* sollte Ihren Reha-Unterlagen beiliegen. Falls nicht, ist es über das Internet zu beziehen: https://t1p.de/evml

4.5 Fahrkosten
für Krankentransporte von und zu Krankenhäusern sind Kassenleistungen. Sie müssen für jede Fahrt 10 Prozent der Kosten, höchstens 10 €, aber mindestens 5 € zuzahlen. Das gilt auch für Kinder und Jugendliche (§ 60 SGB V).
Fahrten zu einer **ambulanten Behandlung** werden nur nach vorheriger Genehmigung und ärztlicher Verordnung in besonderen Ausnahmefällen (§ 8 Krankentramsportrichtlinien, KrTRL) übernommen. Dazu gehören u.a. Fahrten zur Dialysebehandlung oder zur onkologischen Strahlen- bzw. Chemotherapie. Auch Fahrten zur vor- und nachstationären Behandlung werden übernommen, wenn dadurch eine an sich gebotene stationäre Krankenhausbehandlung (§ 39 SGB V) vermieden oder verkürzt wird oder diese nicht ausführbar ist, s.a.
https://www.gkv-spitzenverband.de/krankenversicherung/ambulante_leistungen/fahrkosten_krankentransport/fahrkosten_krankentransport.jsp

Liegt keine Dialyse, Strahlenbehandlung oder Chemotherapie vor, werden die Kosten nur übernommen, wenn der/die Patient*in mit einem durch die Grunderkrankung vorgegebenen Therapieschema behandelt wird, das eine **hohe Behandlungsfrequenz** über einen längeren Zeitraum aufweist
oder wenn diese Behandlung oder der zu dieser Behandlung führende Krankheitsverlauf den/die Patient*in in einer Weise beeinträchtigt, dass eine Beförderung zur Vermeidung von Schaden an Leib und Leben unerlässlich ist
oder wenn der/die Versicherte einen Schwerbehindertenausweis mit den Merkzeichen „aG" (außergewöhnliche Gehbehinderung), „Bl" (blind) oder „H" (hilflos) besitzt
oder wenn der/die Versicherte eine Einstufung in den Pflegegrad 3, 4 oder 5 nachweisen kann. Bei der Einstufung in den Pflegegrad 3 muss zugleich eine dauerhafte Beeinträchtigung der Mobilität vorliegen, die einen Bedarf an einer Beförderung zur Folge hat. Die Verordnungsvoraussetzungen sind auch bei Versicherten erfüllt, die bis zum 31.12.2016 in die Pflegestufe 2 eingestuft waren und seit 01.01.2017 mindestens in den Pflegegrad 3 eingestuft sind.

4.7 Zahnersatz
bedeutet den Ersatz von Zähnen durch Kronen, Brücken, Prothesen sowie Implantaten. Die Kosten werden seit 1.1.2005 über Festzuschüsse der Krankenkasse getragen, die je nach Eintrag im Bonusheft 60 bis 75 Prozent der Kosten einer Regelversorgung abdecken (bis zum 30.9.2020 waren es nur 50 bis 65 Prozent der Kosten). Füllungen sind kein Zahnersatz. Sie werden zu 100 Prozent finanziert.

Bezieher*innen von Alg II und HzL/ GSi des Sozialamtes (SGB XII) erhalten im Rahmen der Härtefallregelung der KV für Zahnersatz Leistungen bis zur Höhe des doppelten Festzuschusses (§ 55 Abs. 2 SGB V). Damit sind die Kosten für die Regelversorgung (Zahnersatz nur aus Nichtedelmetall-Legierungen) in jedem Fall abgedeckt. Das Gleiche gilt u.a. auch für BAföG-/ BAB-Bezieher*innen oder Geringverdienende, deren mtl. Bruttoeinkommen 1.316 € bzw. bei einem Angehörigen 1.809,50 € plus 329,00 € für jeden weiteren Angehörigen (alle Werte s. 1.1.2021) nicht überschreitet (§ 62 SGB V).
Wählen Sie eine teurere Behandlung, müssen Ihnen zumindest die für die Regelversorgung bewilligten doppelten Festzuschüsse gewährt werden.

Tipp: Fragen Sie Ihre*n Zahnärzt*in, ob Ihre Versorgung die von der Kasse anerkannte Regelversorgung übersteigt. Unterschreiben Sie keine Privatverträge über zusätzliche Zahnarztleistungen, bevor Sie nicht bei der Kasse nachgefragt und deren Zustimmung eingeholt haben.

4.8 Zuzahlungen für orthopädische Schuhe
Bei orthopädischen Schuhen muss zwischen der Zuzahlung und dem zu leistenden Eigenanteil unterschieden werden. Die Zuzahlung (10 Prozent, maximal 10 €, mind. 5 €) müssen Sie leisten, wenn Sie in dem Kalenderjahr

noch nicht von den Zuzahlungen befreit sind (⇨ 5.1). Der Eigenanteil stellt den Betrag dar, den Sie auch für „normale" Schuhe ausgeben müssten. Das ist ein fiktiver Betrag, der bei allen Kassen gleich hoch ist, unterteilt in die verschiedenen Schuharten (Winterschuhe, Sandalen etc.). Dieser Eigenanteil muss sowohl bei Alg II-Bezug als auch bei Leistungen vom Sozialamt seit 1.1.2011 als einmalige Beihilfe übernommen werden (§ 24 Abs. 3 Nr. 3 SGB II bei Alg II-Bezug und § 31 Abs. 1 Nr. 3 SGB XII bei Leistungen vom Sozialamt).

4.9 Therapeutische Geräte und Ausrüstung

Hier sind Reparaturkosten bzw. Mietkosten therapeutischer Geräte und Ausrüstung als ⇨ **einmalige Beihilfe** (4.2) zu übernehmen (§ 24 Abs. 3 Nr. 3 SGB II bei Alg II-Bezug und § 31 Abs. 1 Nr. 3 SGB XII bei Leistungen vom Sozialamt)

K

5.1 Begrenzung der Zuzahlungen

Zuzahlungen sind auf **zwei Prozent** der jährlichen Bruttoeinnahmen begrenzt. Bei einem Bruttoeinkommen von z.B. 1.200 € mtl. oder 14.400 € jährlich müssen Sie bis zu 288 € zuzahlen. Die Härtefallgrenze, unterhalb derer man vollständig von Zuzahlungen befreit war, wurde abgeschafft.

Auch Bezieher*innen von Alg II und HzL/ GSi des Sozialamtes (SGB XII) müssen zuzahlen. Für sie gilt der Regelsatz von 446 € (s. 1.1.2021) als *„Bruttoeinnahme"*. Diese *„**Belastungsgrenze**"* für Zuzahlungen gilt für *„die **gesamte Bedarfsgemeinschaft**"* (§ 62 Abs. 2 Satz 6 SGB V), nicht für jede einzelne Person. Die Grenze gilt auch, wenn **mehrere pflichtversicherte Personen** in einer Bedarfsgemeinschaft leben, denn seit dem 1.1.2016 sind alle volljährigen Familienmitglieder im Alg II-Bezug einzeln pflichtversichert.
Und sie gilt für alle *„Versicherten, die Leistungen zur Sicherung des Lebensunterhalts nach dem Zweiten Buch erhalten"* (ebenda), also auch für alle, die zusätzlich zum Erwerbseinkommen noch ergänzendes Alg II beziehen.

Chronisch Kranke, die unter die „Chronikerregelung" der Krankenversicherung fallen, zahlen nur **ein Prozent** des Bruttoeinkommens bzw. des Eckregelsatzes. Die chronische Erkrankung muss vom Arzt / von der Ärztin auf einem speziellen Formular bescheinigt werden (Muster hier: http://www.kbv.de/media/sp/Abbildung_Muster55.pdf).

Bezieher*innen von Alg II/ Leistungen des Sozialamtes müssen also generell 107,04 € bzw. 53,52 € (Werte s. 1.1.2021) pro Jahr vorlegen, bevor sie bei ihrer Kasse einen Antrag auf Befreiung stellen können. Im schlechtesten Fall werden Sie innerhalb eines Monats mit 107,04 € oder 24 Prozent Ihres Regelbedarfs belastet.

Tipp 1: Heben Sie alle Quittungen über Zuzahlungen auf. Wenn Sie Belege verlieren, erhöhen sich Ihre Zuzahlungen. Rechnen Sie die Belege zusammen, damit Sie wissen, wann die Belastungsgrenze erreicht ist. Stellen Sie sofort, wenn diese erreicht ist, bei Ihrer Kasse einen Befreiungsantrag. Zahlungen über die Belastungsgrenze hinaus werden rückerstattet.

Tipp 2: Oft verlangen Krankenkassen von allen pflichtversicherten Mitgliedern der Bedarfsgemeinschaft eine individuelle Befreiung von den Zuzahlungen und jeweils das Erreichen der Belastungsgrenze. Berufen Sie sich auf § 62 Abs. 2 Satz 6 SGB V, der die Anwendung der Obergrenze von 107,04 € (Wert 2021) für die gesamte Bedarfsgemeinschaft vorschreibt.

Tipp 3: Sollten Sie von der Krankenkasse Rückerstattungen wegen höherer Zuzahlungen als die Belastungsgrenze erhalten, sind diese nicht als Einkommen zu werten, bei der HzL/GSi ist das klar geregelt (§ 82 Abs. 1 S. 2 SGB XII), im Alg II gibt es eine solche klare Regelung nicht, hier geht es nur über den Einkommensbegriff: Einkommen ist wertmäßiger Zuerhalt (BSG v. 30.07.2008 - B 14 AS 26/07 R, Rn. 23; BSG v. 30.09.2008 - B 4 AS 29/07 R, Rn. 18), da hier nur zurückerstattet wird, hat kein Zuerhalt stattgefunden.

5.2 Darlehen für den jährlichen Zuzahlungsbetrag

erhalten Sie per Gesetz nur noch, wenn Sie Leistungen des Sozialamtes (HzL/ GSi) in einer stationären Einrichtung, z.B. in einem

Heim, beziehen. Das Sozialamt zahlt dann darlehensweise den jährlichen Zuzahlungsbetrag direkt an die Krankenkasse und Sie werden sofort von allen Zuzahlungen befreit. Das Amt tilgt das Darlehen, indem es Ihnen mtl. ein Zwölftel des jährlichen Zuzahlungsbetrages vom Regelbedarf bzw. Barbetrag abzieht (§ 37 Abs. 2-4 SGB XII).
Auf diese Möglichkeit hat das BSG auch bei Alg II-Bezug verwiesen (22.4.2008 - B 1 KR 10/07 R; Darlehen nach § 24 Abs. 1. SGB II). Das sollte auch für alle Bezieher*innen von Leistungen des Sozialamtes (SGB XII) gelten, die sich nicht in einer stationären Einrichtung/ in einem Krankenhaus befinden (Darlehen nach § 37 Abs. 1 SGB XII).

Tipp: Stellen Sie entsprechende Anträge, wenn innerhalb kürzester Zeit hohe Zuzahlungen anfallen.

6. Selbstbeteiligung von privat Krankenversicherten an den Kosten

⇨Krankenversicherung 1.3

7. Auslagen für Untersuchungen

Wenn Sie Auslagen haben für ärztliche oder psychologische Untersuchungen, die die Behörde von Ihnen verlangt, können Sie sich auf Antrag *„notwendige Auslagen"* (z.B. Attestkosten, Fahrkosten zum Arzt/zur Ärztin, Kopierkosten usw.) sowie einen eventuellen Verdienstausfall in angemessenem Umfang ersetzen lassen (§ 65a SGB I).

Kritik

Langzeitarbeitslose sind etwa doppelt so oft krank wie vergleichbare Beschäftigte, was als direkte Folge von den Arbeits- und Lebensbedingungen auftritt, durch die Körper und Psyche vermehrt belastet werden. Menschen aus den untersten 20 Prozent der Einkommensgruppen in Deutschland sterben deshalb durchschnittlich elf Jahre früher als Menschen aus den obersten 20 Prozent (G. Trabert, 27.6.2008, www.armut-gesundheit.de). An Menschen mit geringem Einkommen geht der demographische Trend des Immer-Älter-Werdens weitgehend vorbei: sie sind Menschen zweiter Klasse.

Gleichzeitig wird der Leistungskatalog der gesetzlichen Krankenkassen schrittweise zurückgefahren und Zuzahlungen werden erhöht. Die Zwei-Klassen-Medizin ist längst eingezogen in die Arztpraxen und Krankenhäuser. Die schlechtere Gesundheit der Armutsbevölkerung wird mehr und mehr zu deren Privatsache, damit Arbeitgeberbeiträge zur Sozialversicherung gesenkt oder wenigstens stabil gehalten und staatliche Ausgaben damit reduziert werden können.

Forderungen

Keine Zuzahlungen für Bezieher*innen von Alg II und HzL/ GSi des Sozialamtes!
Wiedereinführung einer Härtefallregelung, die das Existenzminimum freilässt!
Jobcenter/ Sozialämter müssen bei Zuzahlungen in Vorlage treten, damit nur maximal 2% bzw. 1% des Regelsatzes in jedem Monat für Zuzahlungen aufgebracht werden müssen!

Information

Unabhängige Patientenberatung Deutschland (UPD), Tel. (kostenfrei): 0800 – 01177-22, Mo-Fr 8 bis 22 Uhr, Sa bis 18 Uhr (Türkisch -23; Russisch -24; Mo-Sa 8 bis 18 Uhr), www.patientenberatung.de
Weiterhin gibt es eine/n **Patientenbeauftragte/n** der Bundesregierung (https://www.patientenbeauftragte.de/). Kontakt zur/m Bundesbeauftragten: Friedrichstr. 108, 10117 Berlin, Kontakt Patientenrechte: 030/18 441-3424, Kontakt Pflege: 030/18 441-3425, Telefax: 030/18 441-4499
Zuzahlungsfreie Arzneimittel unter www.gkv-spitzenverband.de (⇨Krankenversicherung ⇨Arzneimittel ⇨zuzahlungsbefreite Arzneimittel)
Claudia Mehlhorn, Beitragsschulden im Krankenkassenrecht ⇨ https://tacheles-sozialhilfe.de/startseite/aktuelles/d/n/2358/
Claudia Mehlhorn, Ein immer wiederkehrendes Problem aus der Sozialberatung: Zahnersatz ⇨ https://tacheles-sozialhilfe.de/startseite/aktuelles/d/n/2359/

Kur

Inhaltsübersicht

K

1. Medizinische Rehabilitation

Der Fachbegriff für Kur heißt **medizinische Rehabilitation**.

Für eine Kur gibt es in Deutschland verschiedene Kostenträger: Für erwerbsfähige Menschen, die noch keine Rente beziehen bzw. noch nicht im Rentenalter sind, ist die Rentenkasse (DRV) im Regelfall Kostenträger (SGB VI). Nur wenn die Voraussetzungen bei der Rentenkasse nicht vorliegen, wird die Krankenkasse zuständig.

Für Menschen, die nicht mehr erwerbsfähig sind bzw. eine Altersrente beziehen, ist im Regelfall die Krankenkasse Kostenträger (SGB V). Damit wird bei Alg II-Bezug meist die Rentenkasse, bei Leistungen vom Sozialamt (SGB XII) meist die Krankenkasse Kostenträger sein.

Ausnahme:

1.1 Mütter/Väter-Kuren bzw. Mutter-Vater-Kind-Kuren

Hier sind immer die Krankenkassen Kostenträger

Mütter (und Väter) haben gegenüber der Krankenversicherung Anspruch auf eine Müttergenesungskur, wenn sie aus medizinischen Gründen erforderlich ist (§§ 24, 41 SGB V). Sie gilt als Vorsorgekur oder im Krankheitsfall als Reha-Kur. Mutter-Kind-Kuren sind zwar Kuren für Mütter, Kinder dürfen aber mitfahren. Wenn auch für das Kind / die Kinder ein ärztliches Attest vorliegt, werden sie zusätzlich entsprechend ihrer Indikation behandelt. Es gibt von diversen Trägern Beratungsstellen des Müttergenesungswerkes, die bei der Antragstellung helfen.

Sie brauchen ein Attest Ihrer Hausärztin/Ihres Hausarztes auf einem gesonderten Formular. In manchen Fällen ist die Zustimmung des Medizinischen Dienstes der Krankenkasse nötig.

1.2 Kuren allgemein

Die Rentenkassen, die die Kosten tragen, erbringen Leistungen gem. § 15 SGB VI. Die Kuren dauern im Regelfall drei Wochen (mit Verlängerung vier Wochen; § 15 Abs. 3 bei der DRV, § 40 Abs. 3 Satz 13 und 14 bei der Krankenkasse) und können auch nur alle vier Jahre in Anspruch genommen werden (§ 12 Abs. 2 SGB VI bei der DRV, § 40 Abs. 3 Satz 16 SGB V bei der Krankenkasse). Ausnahme ist die sog. Anschlussheilbehandlung (AHB) direkt nach einem Krankenhausaufenthalt (⇨Rentenversicherung).

Krankenkassen erbringen entweder Vorsorgekuren (§ 23 SGB V) oder Rehabilitationskuren (§ 40 SGB V). Es gilt inzwischen: ambulant vor stationär, d.h. Kuren in anerkannten Kurklinken werden nur dann bewilligt, wenn ambulante Maßnahmen am Wohnort nicht ausreichen.

Tipp: Alle Versicherten, ob erwerbstätig oder arbeitslos, haben Anspruch auf eine Kur (*„Medizinische Vorsorgeleistung"* nach § 23 SGB V). Sie ist z.B. notwendig, wenn eine *„Schwächung der Gesundheit, die in absehbarer Zeit voraussichtlich zu einer Krankheit führen würde, beseitigt wird"* oder wenn Krankheiten durch sie verhütet oder ihre Verschlimmerung vermieden werden kann (§ 23 Abs. 1 Nr. 1 und 3 SGB V).

Tipp: Wenn Sie unter gesundheitlichen Einschränkungen leiden oder davon bedroht sind, fragen Sie am besten Ihren Arzt/Ihre Ärztin, ob eine Kur für Sie infrage kommt.

2. Kuraufenthalt bei Alg II-Bezug

Kostenträger ist in erster Linie die Rentenkasse (DRV), und nur wenn dort die Voraussetzungen nicht erfüllt sind (z.B. wenn man nicht lange genug dort eingezahlt hat), ist die Krankenkasse Kostenträger. Seit August 2006 sind Alg II-Leistungen für diejenigen ausgeschlossen, die in einer stationären Einrichtung untergebracht sind (§ 7 Abs. 4 Satz 1 SGB II). **Aber:** *„Abweichend von Satz 1 erhält Leistungen nach diesem Buch, 1. wer voraussichtlich für weniger als sechs Monate in einem Krankenhaus (§ 107 des Fünften Buches) untergebracht ist"* (§ 7 Abs. 4 Satz 3 SGB II; ⇨Krankheit 4.3).

Der § 107 SGB V definiert, was unter Krankenhäusern (Abs. 1) und was unter Vorsorge- und Rehabilitationseinrichtungen (Abs. 2) zu verstehen ist. Kurheime und Kuranstalten fallen unter Letzteres. *„Der Verweis [...] auf den gesamten § 107 SGB V stellt klar, dass ein Aufenthalt in einer Vorsorge- oder Rehabilitationseinrichtung [...] ebenfalls von dieser Ausnahmevorschrift erfasst wird"* (FW 7.102).

2.1 Verpflegungsanteil vom Regelsatz abziehen?

Eine solche Kürzung wäre rechtswidrig, weil im Alg II die Regelbedarfe als Pauschale erbracht werden (§ 20 Abs. 1 S. 3 SGB II; ⇨Einkommen 1.1.2; vorher BSG 18.6.2008 - B 14 AS 46/07 R). Falls das Jobcenter Ihre Leistungen trotzdem kürzt, legen Sie ⇨Widerspruch ein.

3. Kuraufenthalt bei Leistungen vom Sozialamt

Sind Sie Bezieher*in von HzL oder GSi und **nicht krankenversichert**, wird das Sozialamt Sie bei einer Krankenkasse anmelden (§ 264 SGB V). Sie werden dort zwar nicht reguläres Mitglied, erhalten aber eine Chipkarte und alle Leistungen wie Versicherte. Die Krankenkasse legt die Kosten aus und schickt dem Sozialamt dann quartalsweise die Rechnungen über die erbrachten Leistungen. Daher werden die Kosten der Kur bei nicht krankenversicherten Sozialhilfebeziehenden nur noch im Ausnahmefall über die *„vorbeugende Gesundheitshilfe"* vom Sozialamt getragen. Eine Kur wird nur bewilligt, wenn *„ohne diese nach ärztlichem Urteil eine Erkrankung oder ein sonstiger Gesundheitsschaden einzutreten droht"* (§ 47 Satz 2 SGB XII). Alternativ kommt bei Krankheit dann eine Reha-Kur infrage (§ 48 SGB XII, Hilfe bei Krankheit). Die Bewilligung erfolgt nur, wenn die Kur nötig ist, um eine Krankheit zu erkennen, zu heilen, ihre Verschlimmerung zu verhüten oder Krankheitsbeschwerden zu lindern.

Beziehen Sie HzL oder GSi und sind in einer gesetzlichen Krankenkasse **versichert** (es ist egal, ob Sie freiwillig, pflicht- oder familienversichert sind), werden die Kosten der Kur von der Krankenversicherung getragen.

3.1 Kürzung des Regelbedarfs nicht mehr möglich

Während des Kuraufenthalts kann Ihnen der ⇨Regelbedarf zum Lebensunterhalt nicht mehr gekürzt werden, weil *„ein Bedarf ganz oder teilweise anderweitig gedeckt ist"* (§ 27a Abs. 4 Satz 1 SGB XII, das hat das BSG schon seit 2010 entschieden (BSG 23.2.2010 - B 8 SO 17/09 R)).

Näheres unter ⇨Krankheit 4.3

3.2 Unterkunftskosten

Während der Kur müssen die Kosten für Unterkunft und Heizung weitergezahlt werden.

4. Zuzahlungen

Eine gute Übersicht findet man unter http://reha-atlas.de/zuzahlungen/

Ist die **Krankenkasse Kostenträger**, so ist sowohl bei einer ambulanten als auch bei einer stationären Kur eine Zuzahlung von tgl. 10 € zu entrichten (§ 40 Abs. 5 SGB V bzw. bei stationärer Vorsorge-Reha § 23 Abs. 6 SGB V). Das gilt auch für Alg II-/ Sozialhilfebezieher*innen. Die Härtefallregelung wurde abgeschafft. Menschen unter 18 Jahren zahlen nichts dazu (Kinderrehabilitation). Eine zeitliche Begrenzung der Zuzahlungen gibt es nicht. Dauert eine ambulante Kur aus medizinischen Gründen jedoch länger als 42 Tage, ist die Zuzahlung auf normalerweise 28 Tage im Kalenderjahr begrenzt. Das gleiche gilt für eine stationäre Kur, die länger als sechs Wochen dauert. Dabei werden Zuzahlungen zu ambulanten und stationären Kuren sowie zu Krankenhausaufenthalten angerechnet, die bereits im selben Kalenderjahr an den Rentenversicherungsträger oder die Krankenkasse geleistet wurden.

Bei einer **AHB als Leistung der Krankenkasse** ist die Zuzahlung in der Regel auf 28 Tage innerhalb eines Kalenderjahres begrenzt (§ 40 Abs. 6 SGB V) und es gibt die Möglichkeit der Befreiung bei Überschreiten der Belastungsgrenze.

Beziehende von Alg II oder HzL/ GSi vom Sozialamt müssen also bei einem dreiwöchigen Aufenthalt 210 €, bei einem vierwöchigem 280 € vorstrecken. Aber nur dann, wenn Sie mit Ihren Zuzahlungen zu den Krankheitskosten die Belastungsgrenze von zwei Prozent des jährlichen Regelbedarfs (107,04 € s. 1.1.21) noch nicht überschritten haben und die Kasse noch keine Bescheinigung über die Befreiung von Zuzahlungen ausgestellt hat (§§ 61 und 62 SGB V). Liegt eine chronische Erkrankung vor (das bescheinigt der/die Ärzt*in auf einem besonderen Formular der Krankenkasse), muss nur ein Prozent des jährlichen Regelsatzes an Zuzahlungen geleistet werden (s. 1.1.21 53,52 €). Zuviel geleistete Zuzahlungen werden von der Kasse erstattet, wenn man die Original-Quittungen einreicht.

Bei Rehamaßnahmen über die **Rentenversicherung (DRV)** müssen ebenfalls 10 € pro Tag an Zuzahlungen geleistet werden, nur bei einer AHB (Anschlussheilbehandlung nach Krankenhaus) gibt es die abweichende Regelung für die Zuzahlung, dass diese auf max. 14 Tage begrenzt ist (§ 32 SGB VI). Wurden bereits Reha- oder Krankenhausleistungen erbracht, werden die Zuzahlungen (auch bei einem anderen Kostenträger) angerechnet. Bei geringem Einkommen besteht die Möglichkeit der Befreiung der Zuzahlung. Eine Tabelle der Einkommensgrenzen finden Sie unter https://www.deutsche-rentenversicherung.de/DRV/DE/Reha/Warum-Reha/zuzahlung.html
Bei ambulanter Reha ist keine Zuzahlung zu entrichten.

Tipp: Versuchen Sie, erst dann in Kur zu fahren, wenn Sie bereits eine Bescheinigung über die Befreiung haben. Da abzusehen ist, dass Sie mit den Zuzahlungen für die Kur die Belastungsgrenze überschreiten, sollten Sie sich von Ihrer Krankenkasse schon vor der Kur eine Befreiungskarte ausstellen lassen. Hierzu müssen Sie vorab Ihren noch offenen Eigenanteil bis zum Erreichen der Belastungsgrenze einbezahlen.

5. Haushaltshilfe

Wenn Sie ohne ihre Kinder in Kur fahren müssen, können Sie für diese unter Umständen eine ⇨Haushaltshilfe (s. bei **2.**) beantragen.

6. Antrag

Kuren sollten sehr früh beantragt werden. Wenn Sie sicher sein wollen, dass es klappt, empfiehlt es sich, zwischen August und Oktober den Antrag für das folgende Jahr zu stellen. Hinsichtlich des Ortes und des Zeitraums haben Sie sowohl bei der Rentenkasse als auch bei der Krankenkasse ein Mitspracherecht (sog. Wunsch- und Wahlrecht (§ 8 Abs. 1 SGB IX)). Natürlich muss die Rehaklinik Ihre Krankheit/en behandeln können und auch einen Vertrag mit dem Kostenträger haben, aber Sie können auf jeden Fall konkrete Wünsche angeben.

7. Privatversicherte

Seit dem 1.1.2009 ist die Rückkehr aus der privaten Krankenversicherung (PKV) in die gesetzliche Krankenversicherung (GKV) über den Bezug von Alg II versperrt (⇨ Krankenversicherung 1.2). Wer bei Antragstellung privat versichert ist oder unversichert und zuletzt privat versichert war, der bleibt in der PKV bzw. muss einen Vertrag bei der PKV abschließen. Auch bei Leistungen vom Sozialamt (SGB XII) rutscht man nicht zurück in die GKV.
Wer privat versichert ist, hat in seinem Vertrag oft keinen Kurtarif abgeschlossen. Ist die DRV Kostenträger, werden die Kosten auch bei Privatversicherten von der DRV übernommen. Ist aber die Krankenkasse Kostenträger, so bleibt nur ein schneller Wechsel in den sog. Basistarif (BT, § 193 VVG, § 152 VAG), der auf jeden Fall Kuren vorsieht. Meist erfolgt ein Wechsel in den BT ja schon mit Beginn des Bezuges von Alg II oder Leistungen des Sozialamtes (SGB XII).

Kritik

Seit 2007 ist die medizinische Rehabilitation (= Kur) eine Pflichtleistung der gesetzlichen Krankenversicherung. Seitdem sind die

Bewilligungszahlen auch der Mutter-Vater-Kind-Kuren wieder etwas im Aufwärtstrend. Dennoch ist die Bewilligungspraxis der Kassen bei Kuren allgemein sehr zurückhaltend. Informationen darüber sind eher rar gesät. Kuren sind kein Urlaub, sondern dienen dazu, Erschöpfungszustände aus Kindererziehung, Hausarbeit oder Berufstätigkeit zu beheben, Krankheiten vorzubeugen bzw. zu lindern oder Patient*innen nach einer Krankenhausbehandlung wieder in das berufliche und gesellschaftliche Leben einzugliedern (hier kennt sich der Sozialdienst der Klinik i.d.R. bestens aus und stellt auch den Antrag bei der DRV).
Sollte Ihr Kurantrag von der DRV oder von der Krankenkasse abgelehnt werden, legen Sie am besten Widerspruch ein. Stellen Sie weitere Anträge, wenn der vorige abgelehnt wurde. Die Hälfte derjenigen, die Widerspruch einlegen, hat damit Erfolg (FR 22.05.2004). Die Träger von Kuren bzw. die entsprechenden Beratungsstellen unterstützen Sie dabei.

Information
Beratungsstellen des Müttergenesungswerkes, die bei der Antragstellung und ggf. bei Widersprüchen helfen:
https://www.muettergenesungswerk.de/kur-fuer-mich/beratung/

Deutscher Arbeitskreis für Familienhilfe e.V, www.ak-familienhilfe.de: Infos, Vermittlung von Kuren für Mütter/Väter/Kinder
https://www.kur.org/ informiert über Mutter-Vater-Kind-Kuren / Familienkuren und Anlaufstellen in Deutschland
www.tk.de, dann bei Suche Kur eingeben, gibt einen brauchbaren Überblick zu den unterschiedlichen Arten von Kuren und zum Thema Kuren allgemein
Hier:
https://tinyurl.com/y9aru4a9 gibt es Infos zu den Voraussetzungen für eine Kur über die Rentenkasse (DRV).

Hier:
https://www.deutsche-rentenversicherung.de/SharedDocs/Formulare/DE/Formularpakete/01_versicherte/reha/_DRV_Paket_Rehabilitation_Med_Rehabilitation.html?groupName_str=formulare
gibt es die Antragsformulare für eine Kur, wenn die DRV Kostenträger ist. Die Formulare sind bei allen Rentenversicherungen identisch.

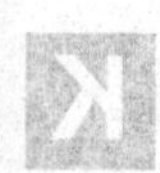

Lebensversicherung

Inhaltsübersicht:

1. Mit Riester geförderte Lebensversicherungen geschützt
2. Nicht Riester geförderte Lebensversicherungen beim Alg II
3. Leistungen der Sozialhilfe

3.1 Lebensversicherungen sind nur geschützt

4. Wert der Lebensversicherungen = Rückkaufswert
5. Beiträge zu Lebensversicherungen vom Einkommen absetzbar?

Kritik
Information
Forderungen

1. Mit Riester geförderte Lebensversicherungen geschützt

Das gilt für Alg II- und Sozialhilfebeziehende gleichermaßen (⇨Altersvorsorge 1.1).

2. Nicht Riester geförderte Lebensversicherungen beim Alg II

Wenn Lebensversicherungen vor dem Eintritt in den Ruhestand gekündigt werden können, sind sie nur im Rahmen des allgemeinen Grundfreibetrags von 150 € pro Lebensjahr geschützt (⇨Vermögen 6.). Ihre Verwertung stellt aber eine besondere Härte dar, wenn Sie sie kurz vor dem Rentenalter einsetzen müssten, obwohl Ihre Rente nicht ausreicht (BT-Drs. 15/1749, 32; Eicher/Luik, 4. Aufl., SGB II, § 12 Rn. 115).

Ist die **Verwertung** einer Lebensversicherung, also die Möglichkeit einer Kündigung vor Eintritt in den Ruhestand, durch einen **Vertrag mit dem Versicherungsunternehmen** (§ 168 Abs. 3 Versicherungsvertragsgesetz) **ausgeschlossen**, ist **zusätzlich** ein Rückkaufswert in Höhe von bis 750 € pro Lebensjahr geschützt (§ 12 Abs. 2 Satz 1 Nr. 3 SGB II) (⇨Altersvorsorge 2.1). Eine entsprechende Regelung fehlt im SGB XII, die fehlende Kündbarkeit wird aber auch dort anerkannt (LSG Sachsen 12.3.2020 – L 8 SO 22/15 – Revision beim BSG, Az. B 8 SO 4/20 R).

Für Personen, die nicht der Rentenversicherungspflicht unterliegen (Selbstständige in diversen Berufsgruppen), sind Lebensversicherungen in angemessenem Umfang geschützt. Welcher Umfang angemessen ist, hängt davon ab, ob die spätere Rente dem Niveau der gesetzlichen Rentenversicherung entspricht (⇨Altersvorsorge 3.).

3. Leistungen der Sozialhilfe

Lebensversicherungen sind für das Sozialamt ⇨Vermögen, das grundsätzlich verwertet werden muss, sofern es die kümmerlichen Vermögensfreibeträge übersteigt (Ausnahme: Riester-Vermögen ⇨Altersvorsorge 1.1).

3.1 Lebensversicherungen sind nur geschützt

...bei Unverwertbarkeit

Wenn das Altersvorsorgevermögen durch Ausschluss der Kündigung nicht verwertbar ist; dann ist aber ein Darlehen und kein Zuschuss zu gewähren (LSG Sachsen 12.3.2020 – L 8 SO 22/15 – Revision beim BSG Az. B 8 SO 4/20 R).

... als Härtefall

Wenn die Auflösung einer Altersvorsorge-Lebensversicherung eine Härte wäre (§ 90 Abs. 3 SGB XII), ist sie geschützt.

„Dies ist bei der Leistung nach dem Fünften bis Neunten Kapitel [= Hilfen zur Gesundheit, Hilfe zur Pflege, Hilfe zur Überwindung besonderer sozialer Schwierigkeiten, Hilfe in anderen Lebenslagen] insbesondere der Fall, soweit [...] die Aufrechterhaltung einer angemessenen Alterssicherung wesentlich erschwert würde" (§ 90 Abs. 3 Satz 2 SGB XII).

Obwohl nicht ausdrücklich erwähnt, kann eine Härte auch bei Hilfe zum Lebensunterhalt vorliegen.

Bei ehemals Selbstständigen, die eine Lebensversicherung als Alterssicherung abgeschlossen haben, müsste sie als Härtefall geschützt sein. Die Alterssicherung würde durch die Auflösung *„wesentlich erschwert"*. Es wäre widersinnig, einerseits die Absetzbarkeit der Beiträge vom Einkommen anzuerkennen (⇨5.), andererseits aber die Verwertung als Vermögen zu verlangen.

Es gilt nicht als Härte, wenn nur allgemeine Einwendungen gegen die Verwertung der Lebensversicherung vorgebracht werden; vielmehr müssen atypische Gründe vorgetragen werden (z.B. langjährig*e Selbstständige*r, der/die von der Versicherungspflicht in der gesetzlichen Rentenversicherung befreit ist und selbst für sein/ihr Alter vorsorgen muss, eine Häufung belastender Umstände wie Versorgungslücke, Behinderung, gesundheitliche Leistungsfähigkeit, Lebensalter, Ausbildung, atypische Erwerbsbiographie) (BSG 25.8.2011 – B 8 SO 19/10 R); für Alg II-Beziehende (⇨4.1).

Tipp: Wenn die sofortige Verwertung Ihrer Lebensversicherung nicht möglich ist oder eine Härte darstellt, soll Sozialhilfe auf ⇨Darlehensbasis (§ 91 SGB XII) gezahlt werden. Beantragen Sie ggf. ein solches Darlehen, um die vorzeitige Auflösung Ihrer Lebensversicherung abzuwenden.

Eine Härte ist z.B. gegeben, wenn Teilauszahlungen der Lebensversicherung in absehbarer Zeit anstehen (VGH Bayern 23.2.2000 - 12 C 99.1422).

Bekommen Sie vom Sozialamt darlehensweise Leistungen bis zur Höhe des Rückkaufswerts, können Sie ggf. die vorzeitige Verwertung der Versicherung und die damit verbundenen enormen Verluste vermeiden.

4. Wert der Lebensversicherungen = Rückkaufswert

Ob eine Lebensversicherung die Freibeträge übersteigt und angerechnet wird, hängt von ihrem Rückkaufswert ab. Der Rückkaufswert ist die Summe, die Ihnen die Versicherung nach Kündigung des Vertrages auszahlt. Den Rückkaufswert können Sie bei Ihrer Versicherung erfragen.

4.1 Alg II: Rückkaufswert

Wenn der Rückkaufswert nur geringfügig – in der Regel bis zehn Prozent – unter der von Ihnen eingezahlten Summe liegt, ist eine Verwertung der Lebensversicherung für Alg II-Beziehende *„nicht offensichtlich unwirtschaftlich* (FW 12.37). Es ist aber kein fester Prozentsatz festgelegt, an dem die Verwertung offensichtlich unwirtschaftlich ist (siehe auch ⇨Vermögen 7.). Das BSG stellt auf eine Gesamtschau der zu berücksichtigenden Umstände wie Verlustquote, konkrete Vertragsbedingungen, konkrete Vertragssituation, eventuelle Beleihung (BSG 20.2.2014 – B 14 AS 10/13 R) ab. Wichtig ist daher die Darlegung, welche Vorteile durch die Kündigung der Lebensversicherung verlorengehen können. Dann müssen Sie die Lebensversicherung nicht kündigen. Liegt der Rückkaufswert über Ihrem Freibetrag, können Sie ggf. eine vorzeitige „Teilkündigung" für die über dem Freibetrag liegende Summe vornehmen. Diese ist natürlich ebenfalls mit Verlusten verbunden.

4.2 Verwertung einer nicht geschützten Lebensversicherung

Wenn Sie **kein Alg II** bekommen, weil Ihre Lebensversicherung als verwertbares Vermögen gilt, können Sie einen höheren Erlös als den Rückkaufswert erzielen, wenn Sie Ihre Lebensversicherung an eine private Gesellschaft verkaufen, die die Versicherung übernimmt, weiter bedient und am Ende die Prämien usw. kassiert. Sie können sich die Lebensversicherung z.B. auch von Verwandten abkaufen lassen.

Sie können dann das Vermögen als „Nichtleist ungsbeziehende*r" verbrauchen und sich noch ein bisschen was vom Leben gönnen (⇨Vermögen 9.2). Sie müssen sich dann allerdings freiwillig kranken- und pflegeversichern.

5. Beiträge zu Lebensversicherungen vom Einkommen absetzbar?

Näheres unter ⇨Einkommensbereinigung

Kritik

Mehr als die Hälfte der Lebensversicherungsverträge werden nach Angabe des Bundes der Versicherten vor ihrem regulären Ablauf gekündigt. Nicht zuletzt dank Lohnsenkungen, Arbeitslosigkeit und vorrangiger Verwertung bei Alg II/ Sozialhilfe. Lebensversicherungen werden häufig mit Verlust aufgelöst. Man hat dann nur für die Profitzwecke von Allianz und Co. eingezahlt. Es geht um Milliarden, da sich die Rückkaufswerte schon 2003 auf 12,4 Mrd. € beliefen.

Lebensversicherungen lohnen sich kaum. Der Garantiezins von 0,9 Prozent und voraussichtlich von 0,5 Prozent ab 2022 fällt nur auf den Umfang der eingezahlten Beiträge an, nachdem Verwaltungskosten, Gebühren, Vertreterprovisionen und Rückstellungen für den Fall des vorzeitigen Todes usw. abgezo-

gen sind. Der effektive Jahreszins liegt daher deutlich unter dem Garantiezins.
Für arme Leute sind Lebensversicherungen sinnlos, wenn die Gesamtrente später niedriger ist als das Einkommen aus Grundsicherung im Alter. Dann sparen Sie nur für den Staat. Das ist auch ein Zweck der privaten Altersvorsorge. Denn mit der privaten Altersvorsorge soll die Belastung der öffentlichen Hand nach Möglichkeit vermieden werden (BVerwG 27.6.2002 - 5 C 43/01).
Wenn Sie 40 Jahre alt sind, sind beim Alg II max. 36.000 € geschützt. Bis 60 kommen noch mal 18.000 € dazu. Damit erwerben Sie vielleicht einen Rentenanspruch von 350 € mtl. Prüfen Sie, ob sich das lohnt.

Allianz und Co. halten für eine vernünftige private Altersvorsorge 1.500 bis 2.000 € pro Lebensjahr für notwendig. Sie sind daran interessiert, die gesetzliche Rente weiter abzusenken, damit das für sie profitable Produkt „private Altersvorsorge" seinen Markt erweitern kann.
Besser als eine mickrige private Vorsorge aus sinkenden Löhnen und Grundsicherung für die Aufstockung sinkender Renten wäre eine gesetzliche Mindestrente, die deutlich über dem Sozialhilfeniveau liegt (vgl. jetzt die Grundrente nach dem Grundrentengesetz vom 12.8.2020 – BGBl. I 2020, 1879). Die Mindestrente müsste jede Person beanspruchen können, unabhängig davon, wie lange sie gearbeitet hat. Private Vorsorge wäre dann nur notwendig, wenn man dieses Niveau überschreiten will, aber nicht, um es überhaupt zu erreichen. Ein erster Einstieg hierfür ist die Anrechnungsfreiheit einer zusätzlichen privaten Altersvorsorge: Von der zunächst ein „Grundfreibetrag" von 100 € und aus den übersteigenden Einkünften weitere 30 Prozent anrechnungsfrei sind, max. gedeckelt auf ½ des Eckregelbedarfs von derzeit 223€ (§ 82 Abs. 4, Abs. 5 SGB XII/Regelbedarf 2021).

Information
Bund der Versicherten e.V., www.bundderversicherten.de (⇨Merkblätter ⇨Lebensversicherung)

Forderungen
Gleicher Schutz von Lebensversicherungen für Alg II- und Sozialhilfebeziehende!
Gesetzliche Mindestrente in Höhe von 1000 €!

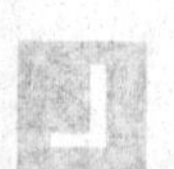

Mehrbedarfe

Inhaltsübersicht

1. Mehrbedarfszuschlag

Folgende Gruppen bekommen Mehrbedarfszuschläge:

1.1 alte Menschen im Rentenalter

(§ 30 Abs. 1 SGB XII; ⇨Grundsicherung) und

1.2 voll ⇨Erwerbsgeminderte über 18 Jahren und unter 65 Jahren,

die Sozialgeld (§ 23 Nr. 4 SGB II) oder HzL/ GSi der Sozialhilfe beziehen (§ 30 Abs. 1 Nr. 2 SGB XII). Die Erwerbsminderung muss durch die Rentenversicherung festgestellt sein.
Den Zuschlag bekommen Sie aber **nur**, wenn Sie **gehbehindert** sind und einen Schwerbehindertenausweis mit dem Merkzeichen **„G“** oder **„aG“** (nach § 69 Abs. 4 SGB IX) als Nachweis für die Behinderung vorlegen.

1.3 werdende Mütter

ab der 13. ⇨**Schwangerschafts**woche (§ 21 Abs. 2 SGB II; § 30 Abs. 2 SGB XII). Seit 1.Januar 2021 wird dieser Schwangerenmehrbedarf nicht mehr bis zum Tag der Entbindung, sondern bis Ende des Monats der Entbindung gewährt.

1.4 ⇨Alleinerziehende,

die mit einem Kind unter 7 Jahren und/oder zwei oder drei Kindern unter 16 Jahren **oder** mit Kindern unter 18 Jahren zusammenleben und alleine für deren Pflege und Erziehung sorgen (§ 21 Abs. 3 SGB II; § 30 Abs. 3 SGB XII),

1.5 ⇨ erwerbsfähige behinderte Menschen,

die **Alg II *und*** Leistungen zur Teilhabe am Arbeitsleben (nach § 49 SGB IX mit Ausnahme der Leistungen nach § 49 Abs. 3 Nr. 2 und 5 SGB IX) ***oder*** Eingliederungshilfe für behinderte Menschen (§ 54 Abs. 1 Satz 1 Nr. 1 bis 3 SGB XII) erhalten.
Der Mehrbedarf **kann** *„auch nach Beendigung der [...] genannten Maßnahmen während einer angemessenen Übergangszeit, vor allem einer Einarbeitungszeit, angewendet werden“* (§ 21 Abs. 4 Satz 2 SGB II). Die Dauer soll drei Monate nicht übersteigen (FW 21.23).
Wer „nur“ Alg II bezieht, behindert ist und arbeitet, bekommt keinen Mehrbedarf.

Für Beziehende von **HzL/ GSi der Sozialhilfe** und von **Sozialgeld** nach dem SGB II gibt es den Mehrbedarf, wenn sie Eingliederungshilfe für behinderte Menschen (§ 54 Abs. 1 Satz 1 Nr. 1 bis 3 SGB XII) erhalten (§ 42b Abs. 3 SGB XII; § 23 Nr. 2 und 3 SGB II).

1.6 kranke, genesende, behinderte oder von einer Krankheit oder Behinderung bedrohte Menschen,

wenn sie „aus medizinischen Gründen einer kostenaufwendigen Ernährung bedürfen“ (§ 21 Abs. 5 SGB II, § 30 Abs. 5 SGB XII). Näheres unter ⇨**Krankenkostzulage.**

1.7 Personen, bei denen *„im Einzelfall ein unabweisbarer, besonderer Bedarf besteht; bei einmaligen Bedarfen ist weitere Voraussetzung, dass ein Darlehen nach § 24 Absatz 1 ausnahmsweise nicht zumutbar oder wegen der Art des Bedarfs nicht möglich ist“* (§ 21 Abs. 6 SGB II).

Dieser Härtfallmehrbedarf ist zum 1.Januar 2021 reformiert worden und auf einmalige Bedarfe ausgeweitet worden. Damit wurde vom Gesetzgeber endlich der Forderung des BVerfG, des Bundesrates und auch der Sozial- und Wohlfahrtsverbände entsprochen. Allerdings wird wieder einmal versucht den Anspruch maximal kleinzuhalten. Im SGB XII ist er nicht vorgesehen, weil hier die abweichende Erhöhung des ⇨Regelbedarfs (6.1) und durch die **Sonstigen Hilfen** in § 73 SGB XII möglich ist. Näheres unter ⇨**Härtefallregelung**

1.8 Haushalte mit dezentraler ⇨ *Warmwasser*erzeugung

Seit 2011 ist Warmwasser in den Unterkunftskosten enthalten. Den Mehrbedarfszuschlag gibt es i.d.R. bei Warmwassererzeugung mittels Haushaltsstrom. Die Höhe ist abhängig von den Personen in der Bedarfsgemeinschaft und deren Regelbedarfen (§ 21 Abs. 7 SGB II/§ 30 Abs. 7 SGB XII).

2. Höhe des Mehrbedarfs

Wie hoch die Mehrbedarfszuschläge sind, lesen Sie unter den jeweiligen ⇨Stichworten. Mehrbedarfszuschläge sind mit Ausnahme der „Härtefallregelung", des Mehrbedarfs für Krankenkost und des Warmwassermehrbedarfs Prozentanteile des maßgebenden Regelbedarfs.

Alle Mehrbedarfszuschläge werden nebeneinander gewährt.

M

Die Gesamtsumme der unter 1.1 bis 1.6 genannten Mehrbedarfszuschläge darf 100 Prozent des maßgebenden Regelbedarfs nicht überschreiten (§ 21 Abs. 8 SGB II; § 30 Abs. 6 SGB XII).

3. Rückwirkende Mehrbedarfe

Im Alg II und der GSi sind die Mehrbedarfe auch rückwirkend zu gewähren, weil der Alg II-/GSi-Antrag alle Leistungen umfasst, somit auch die Mehrbedarfe (§ 37 Abs. 1 S. 1 SGB II; § 44 Abs. 1 S. 1 SGB XII). Die rückwirkende Erbringung im Leistungsbezug geht höchstens bis Januar des jeweiligen Vorjahres (§ 48 Abs. 1 S. 2 Nr. 1 SGB X und § 44 Abs. 1 S. 1 SGB X iVm § 40 Abs. 1 Nr. 1 SGB II / bzw. § 116a Abs. 1 Nr. 1 SGB XII). Die rückwirkende Erbringung gilt nicht für den Mehrbedarf wegen kostenaufwändiger Ernährung nach § 21 Abs. 5 SGB II. Hier sagt das BSG, dieser müsse gesondert beantragt werden (BSG 20.2.2014 - B 14 AS 65/12 R); diese Regelungslage wird auch bei der GSi anzuwenden sein.

In der HzL muss nicht nur der Bedarf bestehen, sondern auch das Sozialamt Kenntnis vom Bedarf haben. Ohne Kenntnis, die in der Regel mit einem Antrag gleichzusetzen ist, gibt es keine Leistungen (§ 18 Abs. 1 SGB XII). Die Kenntnis wirkt in der HzL auch nicht auf den Monat zurück, sondern genau auf den Tag, an dem Sie den Bedarf anmelden. Das bedeutet, wenn Sie einen Bedarf am 15. eines Monats anmelden, gibt es 15/30 von dem Mehrbedarf in diesem Monat.

Miete

(Kosten der Unterkunft (KdU))

Inhaltsübersicht

Eine Anfrage im Bundestag hat ergeben, dass im Jahr 2018 bundesweit bei jeder Bedarfsgemeinschaft, deren tatsächliche Miete nicht in vollem Umfang übernommen wurde, durchschnittlich 82,08 € monatlich (985 € jährlich) an Miete nicht vom Jobcenter übernommen wurden (Drs 19/13029 v. 5.9.2019, Tabelle 8, Seite

158). Im Jahr 2018 wurden insgesamt 538 Millionen € nicht von Jobcentern übernommen, im Jahr 2011 waren es sogar 692 Millionen € (ebenda, Tabelle 1 S. 11). Im Jahr 2018 beträgt für die vorgenannten Bedarfsgemeinschaften beim Jobcenter Saalfeld-Rudolfstadt der Nichtübernahmebetrag 131,17 € im Monat, beim Jobcenter Oberallgäu 193,33 € und bei dem Jobcenter Ebersberg sogar 209,58 € pro Monat (ebenda, Tabelle 8).

Diese Zahlen machen deutlich, in welchem Umfang Unterkunftskosten von den SGB II-Leistungsträgern nicht übernommen werden und die Tricksereien bei den angemessenen Unterkunftskosten zur Sanierung der kommunalen Kassen verwendet werden. Sie machen auch deutlich, dass hier dringendst etwas passieren muss.

1. Was gehört zu den Kosten der Unterkunft?

1.1 Zunächst: Miete in Höhe der tatsächlichen Aufwendungen

„Leistungen für die Unterkunft werden in Höhe der tatsächlichen Aufwendungen erbracht" (§ 35 Abs.1 Satz 1 SGB XII; für GSi §§ 42 Nr. 4, 42a SGB XII). Im SGB II wird ergänzt: *„soweit diese angemessen sind"* (§ 22 Abs. 1 Satz 1 SGB II). Durch das Bundesteilhabegesetz (BTHG) und die Änderungen bei der Eingliederungshilfe nach dem SGB IX müssen leistungsberechtigte Menschen mit Behinderung, die ab dem 1.1.2020 in einer „sonstigen Wohnform" (ehemals stationäre Einrichtung) untergebracht sind, einen Kostenbeitrag für das Wohnen aus ihren Leistungen zum Lebensunterhalt erbringen. Hierfür ist ein Teil des Regelbedarfs aufzuwenden. Die Unterkunftskosten werden vom Amt in Höhe der „durchschnittlichen angemessenen tatsächlichen Aufwendungen für die Warmmiete von Einpersonenhaushalten" im Zuständigkeitsbereich des örtlichen Trägers erbracht. Sie können für zusätzliche Wohn-, Wohnneben- und sonstige Nutzungskosten (Strom, TV, Kommunikation usw.) um bis zu 25 Prozent erhöht werden, wenn diese Kosten in einem Vertrag mit dem Wohnraumgeber gesondert ausgewiesen sind (§ 42a Abs. 5 SGB XII).

1.1.1 Leistungen für die Unterkunft

Eine Unterkunft im Sinne des SGB II / SGB XII ist eine Einrichtung oder Anlage, die geeignet ist, vor den Unbilden des Wetters bzw. der Witterung zu schützen und eine gewisse Privatsphäre gewährleistet (BSG 17.6.2010 – B 14 AS 79/09 R). Leistungen für die Unterkunft sind daher nicht nur Mieten oder die Kosten eines Eigenheims, sondern auch

- reale Unterbringungskosten bei Dritten,
- Unterbringungskosten in einem ⇨Frauenhaus (§ 36a SGB II beachten),
- Hotel- oder Pensionszimmer, wenn nicht sofort eine Wohnung erhältlich ist (SG Reutlingen 13.12.2007 – S 3 AS 3532/07; SG Augsburg 23.3.2009 – S 9 AS 187/09),
- Nutzungsentgelte jeglicher Art (SG OL 29.9.2005 – S 47 AS 757/05 ER),
- Untermietsverhältnisse (LSG Niedersachsen-Bremen 22.6.2006 - L 8 AS 165/06 ER),
- mietvertragsähnliche Nutzungen (SG Berlin 28.11.2005 – S 37 AS 10613/05 ER),
- Unterhaltskosten für Wohnmobil wie Kfz-Steuer, Versicherung, Heizgas, Diesel, Wartung (BSG 17.6.2010 - B 14 AS 79/09 R),
- Bau- und Wohnwagen (LSG Hessen 28.10.2009 – L 7 AS 326/09 B ER),
- Stellplatzkosten für einen Wohnwagen (VGH HE 3.9.1991, info also 1992, 30f.),
- Schiffe (KdU Richtlinie Kreis Höxter v. 10.6.2010) und Hausboot (Eicher/Luik, 4. Aufl., § 22 Rn 36),
- Gartenhaus oder Gartenlaube (LSG Berlin-Brandenburg 8.3.2006 – L 19 B 42/06 AS ER),
- Miet- und Pachtkosten für einen Schrebergarten (KdU-RiLi Krefeld),
- Gebühren in Obdachlosenunterkunft oder Zimmer in Obdachlosenunterkunft und Lagerraum für persönliche Gegenstände (BSG 16.12.2008 – B 4 AS 1/08 R), (⇨Wohnungslose),
- Einlagerungskosten (BSG 16.12.2008 – B 4 AS 1/08 R; LSG NRW 26.1.2017 – L 7 AS 2508/16 B ER),
- Kosten für Campingplatz (BSG 17.6.2010 - B 14 AS 79/09 R),
- Doppelmieten, auch von nicht bewohnten Unterkünften, wenn sie tatsächlich anfallen und unvermeidbar sind (⇨Wohnungsbeschaffungskosten 2.) (BSG 30.10.2019 - B 14 AS 2/19 R),
- Gebühren für Flüchtlingsunterkunft im Monat der Fälligstellung (LSG NRW 9.10.2019 - L 7 AS 922/18).

Für die Übernahme kommt es nicht auf die ordnungsrechtliche Legalität der Nutzung an, sondern darauf, dass die Kosten durch

vertragliche Regelung oder anlässlich der Nutzung konkret anfallen (Eicher/Luik, 4. Aufl. § 22 Rn 35; BayLSG 15.3.2007 - L 7 AS 134/06; SG Neuruppin 29.7.2010 - S 26 AS1032/10 ER).

Also alle Aufwendungen, die mit der Nutzung einer Unterkunft in Zusammenhang stehen.

1.1.2 Garage

Die Kosten einer Garage werden nur als Unterkunftskosten anerkannt, wenn sie unvermeidbar sind. Das sind sie, wenn im Mietvertrag steht, dass nur Sie die Garage nutzen dürfen und niemand sonst und der/die Vermieter*in sich weigert, eine Teilkündigung vorzunehmen (Bay. LSG 29.4.2020 – L 11 AS 656/19; LSG BW 4.5.2020 – L 1 AS 2007/19). In diesem Fall zählen sie zu den laufenden Kosten der Unterkunft (BSG 7.11.2006 - B 7b AS 10/06 R; vgl. hierzu BSG zu Kabelgebühren, wenn mietvertraglich geregelt: 19.05.2009 - B4 AS 48/08 R; Rundfunk- und Fernsehgebühren).

Die Miete inklusive Garage ist also **zunächst** vollständig zu berücksichtigen, bevor im zweiten Schritt die „angemessenen“ Unterkunftskosten bestimmt werden (2. ff.). Nach Auffassung des Bay. LSG und des LSG BW ist ein*e Leistungsempfänger*in nicht verpflichtet, seine/ihre Garage bzw. seinen/ihren Kfz-Stellplatz unterzuvermieten, um die Unterkunftskosten zu senken, wenn seine/ihre Kosten der Unterkunft auch unter Berücksichtigung der Kosten für die Garage insgesamt angemessen sind (Bay. LSG 29.4.2020 – L 11 AS 656/19; LSG BW 4.5.2020 – L 1 AS 2007/19). Da diese Frage zwischen den Landessozialgerichten umstritten ist, ist derzeit ein genau diese Frage betreffendes Verfahren beim BSG - B 14 AS 39/20 R anhängig.

1.1.3 Tatsächliche Aufwendungen

bedeutet, dass nicht nur Mieten, sondern allgemein die tatsächlichen Kosten einer Unterkunft getragen werden müssen. Es kommt auch nicht darauf an, ob Sie dort polizeilich gemeldet sind oder überhaupt einen Miet- oder Nutzungsvertrag vorweisen können. In einer Unterkunft fallen auch ohne Mietvertrag Kosten an. Die tatsächlichen Aufwendungen sind entscheidend. Diese müssen Sie natürlich nachweisen. Wenn nicht über den Mietvertrag, dann mit aktuellen Überweisungsbelegen (⇨Kontoauszügen) oder Quittungen.

Die Miete muss **zunächst immer in voller Höhe** übernommen werden (§ 22 Abs. 1 Satz 3 SGB II; § 35 Abs. 2 Satz 2 SGB XII für GSi §§ 42 Nr. 4, 42a SGB XII), wenn

- Sie zum ersten Mal Alg II bzw. HzL/ GSi der Sozialhilfe beantragen und Ihre Wohnung über den Angemessenheitsgrenzen liegt (2. ff.),
- Sie erst kurz vor dem Leistungsbezug in eine „unangemessen“ teure Wohnung gezogen sind (BSG 17.12.2009 - B 4 AS 19/09 R),
- Sie z.B. nach einer Trennung plötzlich allein in einer 100 m² großen, zu teuren Wohnung leben oder
- Ihre angemessene Miete sich in eine unangemessene Miete verwandelt, weil
  * ein Kind ausgezogen,
  * ein*e Haushaltsangehörige*r verstorben oder
  * die Miete erhöht worden ist.

1.2 Anteilige Unterkunftskosten

Wenn nur ein Teil der in einer Wohnung lebenden Personen Alg II/ Sozialhilfe beansprucht, werden die Kosten der Unterkunft in der Regel durch die Zahl der Bewohner*innen geteilt, um die tatsächlichen Aufwendungen jeder einzelnen Person zu ermitteln (BSG 23.6.2006 - B 11b AS 1/06 R). Das ist die sogenannte **Kopfanteilsmethode**. Eine Aufteilung der Miete nach der Quadratmeterzahl der genutzten Räume kann z.B. bei **Wohngemeinschaften** durch einen Untermietvertrag geregelt sein. Dann gilt die **vereinbarte Miethöhe**, soweit sie angemessen ist. (BSG 22.8.2013 - B 14 AS 85/12 R). Es wird oft verlangt, dass Sie den Hauptmietvertrag vorlegen. Wenn die Untermiete sowieso „angemessen“ ist, ist das überflüssig. Wenn Ihr*e Vermieter*in sich weigert, Ihnen als Untermieter*in oder der Behörde den Mietvertrag vorzulegen, dürfen Ihnen daraus keine Nachteile erwachsen. Sie haben Ihre Mitwirkungspflicht nicht verletzt, weil die Vorlage des Hauptmietvertrags ja von der Mitwirkung eines anderen abhängt.

1.3 Untervermietung

Wenn Sie selbst Alg II beziehen und eine*n Untermieter*in haben, gilt: *„Einnahmen aus Untervermietung mindern die Kosten der Unterkunft“* (FW 11.72). Das gilt auch für HzL/

GSi der Sozialhilfe (OVG Niedersachsen 26.6.2002, FEVS 54, 546). Wenn Sie sich die Wohnung mit einem/r Untermieter*in teilen, ist es falsch, Ihnen nur die halbe Miete als Bedarf anzuerkennen, und gleichzeitig die Untermiete als Einkommen anzurechnen. Denn Sie haben ja gerade durch *„Vermieten"* die Anforderung des Amts erfüllt, *„die Aufwendungen [für die Unterkunft] zu senken"* (§ 22 Abs. 1 Satz 3 SGB II; § 35 Abs. 2 Satz 2 SGB XII), damit sie als „angemessen" anerkannt werden.
Mieteinnahmen aus möblierter Vermietung sind als *„Einkünfte aus Vermietung"* zu 70 bis 90 Prozent als Einkommen anzurechnen (§ 7 Abs. 4 der VO zu § 82 SGB XII). Das berücksichtigt, dass Sie als Vermieter*in auch für den Austausch und Ersatz defekter Möbel zuständig sind (⇨Einkommensbereinigung).

1.4 Zu Kosten bei Wohneigentum
schlagen Sie nach bei ⇨Eigenheim/ Eigentumswohnung.

2. Wann sind Mieten „angemessen"? Im SGB II und SGB XII selbst steht dazu nichts.
Die Ermittlung der angemessenen Miete hat nach BSG in zwei Schritten zu erfolgen: Zunächst sind die *abstrakt* angemessenen Aufwendungen für die Unterkunft, bestehend aus Nettokaltmiete und kalten Betriebskosten (= Bruttokaltmiete), zu
ermitteln; dann ist die *konkrete (= subjektive)* Angemessenheit dieser Aufwendungen im Vergleich mit den tatsächlichen
Aufwendungen, insbesondere auch im Hinblick auf die Zumutbarkeit der notwendigen Einsparungen, einschließlich eines Umzugs,
zu prüfen (BSG 7.11.2006 - B 7b AS 18/06 R; 30.1.2019 – B 14 AS 24/18 R). Nach ständiger Rechtsprechung des BSG wird die abstrakt
angemessene Miete wie folgt ermittelt: angemessene Miete = angemessene Wohnungsgröße x angemessener Quadratmeterpreis (BSG 7.11.2006 - B 7b AS 18/06 R; 30.1.2019 – B 14 AS 24/18 R, sog. Produkttheorie; ⇨2.3.1 ff).
Die angemessene Wohnungsgröße bestimmt sich nach den jeweiligen Werten der Wohnraumförderbestimmungen der Länder (2.1.).

Als angemessener Quadratmeterpreis ist grundsätzlich der örtliche Mietpreis (unteres Preissegment des lokalen Mietniveaus, ⇨2.2 ff) zu berücksichtigen.

Das BSG hat in einer wichtigen Entscheidung (25.4.2018 – B 14 AS 14/17 R) noch einmal klargestellt, dass sich die
Bestimmung der angemessenen Wohnungsgröße und somit auch der Angemessenheit der Miete nicht nach der Zahl der Bewohner*innen, sondern allein nach der Zahl der Mitglieder der Bedarfsgemeinschaft (BG) richtet, auch wenn alle Bewohner*innen einer Familie angehören (BSG 18.2.2010 – B 14 AS 73/08 R u. 25.4.2018 – B 14 AS 14/17 R). Fällt daher zum Beispiel das einzige Kind einer alleinerziehenden Mutter wegen bedarfsdeckenden Einkommens des Kindes gemäß § 7 Abs. 3 Nr. 4 SGB II aus der Bedarfsgemeinschaft, ist für die Prüfung, ob die tatsächlichen – nach der Kopfanteilsmethode ermittelten – hälftigen Unterkunftskosten der Mutter angemessen sind, die jeweilige örtliche Angemessenheitsgrenze für einen Ein-Personen-Haushalt heranzuziehen. Und nicht die Hälfte der örtlichen Angemessenheitsgrenze für einen Zwei-Personen-Haushalt (siehe Beispielberechnung unter ⇨ 2.3.1).

Aus der Produkttheorie des BSG folgt, dass die Aufwendungen (Bruttokaltmiete) für eine Unterkunft dann angemessen sind, wenn sie innerhalb des Wertes liegt, der sich ergibt, wenn man die angemessene Wohnungsgröße mit dem angemessenen Quadratmeterpreis multipliziert. Eine isolierte Angemessenheitsprüfung einzelner Faktoren wie Wohnungsgröße oder Höhe der Betriebskosten durch die Behörde ist daher **unzulässig**. Seit **1.8.2016** ist *„zur Beurteilung der Angemessenheit der Aufwendungen für Unterkunft und* ***Heizung*** *[...] die Bildung einer Gesamtangemessenheitsgrenze zulässig"* (§ 22 Abs. 10 SGB II; ⇨Heizung 4.1).

Tipp: Als Folge der Produkttheorie des BSG haben Sie daher einen Spielraum bei der Auswahl angemessenen Wohnraums: Sie können zum Beispiel eine Wohnung anmieten, die kleiner ist, als Ihnen zugestanden wird, aber einen höheren Quadratmeterpreis aufweist.

M

Umgekehrt können Sie auch eine größere Wohnung mit geringem Quadratmeterpreis wählen: Ferner können Sie hohe Betriebskosten mit einer geringeren Kaltmiete ausgleichen und umgekehrt (Beispielberechnung 2.3.2).

2. Sonderregelungen für die KdU wegen der Corona-Pandemie

Wegen der Auswirkungen der **Corona-Pandemie** wurden durch das Sozialschutz Paket I + II auch ergänzende Regelungen im SGB II und SGB XII aufgenommen (§§ 67, 68 SGB II; 141, 142 SGB XII), welche u.a. die Frage der ***Angemessenheit der Kosten der Unterkunft und Heizung*** regeln (§§ 67 Abs. 3 SGB II; 141 Abs. 3 SGB XII).

Diese Regelungen gelten für alle Bewilligungszeiträume, die in der Zeit von März 2020 bis **März 2021** beginnen bzw. begonnen haben (§§ 67 Abs. 1 bzw. 68 Abs. 1 S. 1 SGB II iVm. Art. 4 Nr. 6 a) bzw. Nr. 7 RBEGAnpG 2021, §§ 141 Abs. 1 SGB bzw. 142 Abs. 1 SGB XII iVm. Art. 2 Nr. 3b) a) bzw. Nr. 3c) a) RBEGAnpG 2021). Erfasst sind daher sowohl Erstbewilligungen als auch in dieser Zeit beginnende Weiterbewilligungszeiträume, unabhängig davon, ob die Hilfebedürftigkeit durch die Corona-Pandemie eingetreten ist (LSG Niedersachsen-Bremen 29.9.2020 – L 11 AS 508/20 B ER).

Für Bewilligungszeiträume die zwischen März 2020 und **März 2021** begonnen haben bzw. beginnen **gelten die Unterkunftskosten** (KdU) für **sechs Monate als angemessen** (§ 67 Abs. 3 SGB II /§ 141 Abs. 3 SGB XII). Dies bedeutet, dass erst nach Ablauf des Sechs-Monats-Zeitraums die regulären Vorschriften über die Angemessenheit von Kosten für Unterkunft und Heizung anwendbar sind.

Voraussetzung ist, dass die KdU im vorangegangen Bewilligungszeitraum nicht schon wegen Unangemessenheit abgesenkt **wurde**.

In der Praxis bedeutet dies: dass eine vor März 2020 erfolgte Kostensenkungsaufforderung, die vor März 2020 noch nicht zu einer Absenkung der KdU geführt hat, durch die gesetzlich geregelte Angemessenheitsfiktion für sechs Monate nicht wirksam geworden ist und nicht umgesetzt werden darf (LPK-SGB II, 7. Aufl.,§ 67, Rn 37, SG Berlin 20.5.2020 – S 179 AS 3426/20 ER).

Nach Ablauf der vorgenannten Angemessenheitsfrist von sechs Monaten beginnt der sechsmonatige Zeitraum zur Wohnungssuche unter Fortführung der vollen Mietkostenübernahme im Sinne der Kostensenkungsaufforderung gem. § 22 Abs. 1 S. 3 SGB II (Senkung der Kosten ⇨4.). Eine erneute Kostensenkungsaufforderung durch das Jobcenter ist grundsätzlich nicht erforderlich, es sei denn, die Sachlage hat sich verändert (z.B. Eintritt einer schweren Erkrankung, Einzug eines/r Angehörigen; (LPK-SGB II, § 67, Rn 37)). Dies hat zur Folge, dass die Behörde die KdU für diesen Zeitraum übernehmen muss, auch wenn diese an sich über der Mietobergrenze (MOG) liegen und daher unangemessen ist. Nach Ablauf der sechs Monate muss die Behörde die tatsächlichen Kosten, auch wenn diese nicht angemessen sind und die MOG überschreiten, so lange übernehmen, wie die Behörde kein Kostensenkungsverfahren gemäß § 22 Abs. 1 S. 3 SGB II durchgeführt hat.

BEACHTE: Die Regelung des § 67 Abs. 3 SGB II gilt nicht, wenn die KdU aufgrund eines fehlenden Umzugserfordernisses auf die bisherige Miete nach § 22 Abs. 1 S. 2 SGB II begrenzt wurde. Ferner nicht, wenn bei unter 25-Jährigen bei nicht erforderlichen Erstauszügen gemäß § 22 Abs. 5 SGB II kein Anspruch auf KdU besteht.

Erhöhen sich im Fall eines Erst-Antrages ab März 2020 Kosten für Unterkunft und Heizung durch einen Umzug, der wegen einer Kündigung des Mietverhältnisses vor dem 1.3.2020 erforderlich ist, gelten auch die Kosten für die neue Wohnung als angemessen, mit der Folge, dass auf Antrag auch Umzugskosten nach § 22 Abs. 6 SGB II übernommen werden müssen. Dagegen löst ein Wohnungswechsel, der erst im laufenden Leistungsbezug erforderlich wird, auch für Bewilligungszeiträume mit Beginn März 2020 bis März 2021 eine reguläre Angemessenheitsprüfung, ggf. eine Kostendeckelung nach § 22 Abs. 1 Satz 2, aus (LPK-SGB II, 7. Aufl. § 67, Rn 33).

§ 67 Abs. 3 SGB II erfasst auch den Fall, dass ab März 2020 ein Hilfebedarf dadurch eintritt, dass Ihr*e Untermieter*in krisenbedingt die Miete nicht mehr zahlt und wegen Art. 5, § 2 Art. 5, § 2 des Gesetzes zur Abmilderung der Folgen der COVID-19-Pandemie im Zivil-, Insolvenz- und Strafverfahrensrecht für die Monate April bis Juni 2020 auch nicht durch Kündigung des Untermietverhältnisses zur Zahlung gedrängt werden kann. Hier haben Sie als Hauptmieter*in Anspruch auf Übernahme der vollen, tatsächlichen Miete. Ihr Anspruch gegen den/die Untermieter*in geht nach § 33 SGB II auf das Jobcenter über (LPK-SGB II, 7. Aufl. § 67, Rn 38).

2.1 Angemessene Wohnungsgrößen

„Bei der Wohnungsgröße ist die für Wohnberechtigte im sozialen Mietwohnungsbau anerkannte Wohnraumgröße zu Grunde zu legen [...] Nach Aufhebung des Wohnungsbindungsgesetzes ist dabei auf die Wohnungsgrößen, die sich aus § 10 des Gesetzes über die soziale Wohnraumförderung vom 13. September 2001 (WoFG, BGBl I 2376) ergeben, abzustellen" (BSG 7.11.2006 - B 7b AS 18/06 R, Rn. 19; entsprechend u.a. 22.9.2009 - B 4 AS 18/08 R).

Diese betragen (mit leichten Unterschieden in den einzelnen Bundesländern):
45-50 m² für eine Person,
60-65 m² für zwei Personen (2 Zi.-Whg.)
72-80 m² für drei Personen, (3 Zi.-Whg.)
84-95 m² für vier Personen, (4 Zi.-Whg.)
und
10-15 m² für jede weitere Person.

Für diese Bestimmung ist nicht die Zahl der Bewohner*innen, sondern allein die Zahl der Mitglieder der BG (⇨Bedarfsgemeinschaft) **entscheidend; auch dann, wenn alle** Bewohner*innen einer Familie angehören (BSG 18.2.2010 – B 14 AS 73/08 R u. 25.4.2018 – B 14 AS 14/17 R).

Die vorgenannten Werte sind **Regelgrößen** nach den **Länderverordnungen** zur Durchführung der sozialen Wohnraumförderung. Sie erhöhen sich im Einzelfall bei Pflegebedürftigkeit, Behinderung, chronischer Krankheit (§§ 5 WoBindG iVm 27 WoFG, 5a WoBindG), aber auch unter Umständen nach **Einzelfallprüfung** bei Alleinerziehenden (BSG 16.4.2013 - B 14 AS 28/12 R), bei zukünftigem Wohnraumbedarf, z.B. bei Schwangeren (LSG Niedersachsen Bremen 17.10.2006 - L 6 AS 556/06 ER; LPK SGB II, 7. Aufl.,§ 22 Rn. 45), Eltern, die ihr Umgangsrecht wahrnehmen und ihre Kinder häufig zu Besuch haben (BSG 17.2.2016 - B 4 AS 2/15 R, u. 29.8.2019 – B 14 AS 43/18 R) oder Haushalten mit erwachsenen Kindern, die über ein bedarfsdeckendes Einkommen verfügen (SG Oldenburg 31.10.2005 - S 47 AS 256/05 ER). Ob bei der Ausübung des Umgangsrechts ein erhöhter Wohnbedarf zu bejahen ist, ist nach BSG eine Frage des jeweiligen Einzelfalles, bei der Faktoren wie die Anzahl der zu betreuenden Kinder, die Häufigkeit und die Zeitdauer des Umgangs, das Lebensalter und die Lebenssituation der Kinder wie die der umgangsberechtigten Person, ihr Verhältnis zum Kind, dem Verhältnis zwischen den getrenntlebenden Elternteilen und die konkreten Wohnverhältnissen (BSG 29.8.2019 – B 14 AS 43/18 R). Eine derartige Einzelfallprüfung ist nicht notwendig, wenn die getrenntlebenden Eltern ihr Kind gleichmäßig betreuen und somit ein familienrechtliches Wechselmodell („50/50") besteht. In diesem Fall bejaht das BSG einen erhöhten Wohnbedarf und das Kind hat dann einen rechtlich anzuerkennenden Wohnungsbedarf in den Wohnungen beider Eltern, welcher von dem Jobcenter zu berücksichtigen ist (BSG 11.7.2019 - B 14 AS 23/18 R).

Ein Wohnflächen-Mehrbedarf kann sich aus Bestimmungen des sozialen Wohnungsbaus oder aus beruflichen oder persönlichen Umständen eines BG-Mitglieds ergeben. Eine Satzung nach § 22a SGB II muss Regelungen für einen Flächenmehrbedarf vorsehen (§ 22b Abs. 3 SGB II).

Die BA erkennt Regelwohnungsgrößen als angemessen an. Immer mehr Kommunen versuchen jedoch, die „angemessenen" Wohnflächen nach unten zu definieren. Hier will man zu Lasten von Erwerbslosen Geld einsparen (⇨2.5.1).

Tipp: Einige dieser **Erhöhungstatbestände** für angemessenen Wohnraum, z.B. bei der Wahrnehmung des Umgangsrechts, werden regelmäßig von den Jobcentern/ Sozialämtern nicht anerkannt. Sie müssen sie ggf. mit Widerspruch und Klage durchsetzen.

Auch **Kinder** unter **drei Jahren sind** entgegen der Meinung erfinderischer Ämter Personen und benötigen Wohnraum. Ob ein Umzug erforderlich ist, wird aber oft im Einzelfall unter Berücksichtigung von Schnitt und Größe der bisherigen Wohnung entscheiden.

In **Wohngemeinschaften** orientiert sich die angemessene Wohnungsgröße **jedes/r** Bewohners/*in an der Größe für Alleinstehende und nicht am Kopfanteil einer entsprechenden Bedarfsgemeinschaft (BSG 18.6.2008 - B 14/11b AS 61/06 R).

2.2 Wohnstandard

„Angemessen sind die Aufwendungen für eine Wohnung nur dann, wenn diese nach Ausstattung, Lage und Bausubstanz einfachen und grundlegenden Bedürfnissen genügt und keinen gehobenen Wohnstandard aufweist" (BSG 7.11.2006 - B 7b AS 18/06 R, Rz. 20).

M

Eine erste Orientierung über die am Wohnort marktüblichen Wohnungsmieten geben örtliche Mietspiegel.

2.2.1 Örtlicher Mietspiegel

Örtliche Mietspiegel sind der vorrangige Maßstab für die Frage, ob eine Miete angemessen ist (BSG, ebenda, Rn. 23; LSG Hessen 8.3.2006 - L 9 AS 59/05 ER; LSG Niedersachsen-Bremen 15.12.2005 - L 8 AS 427/05 ER; LSG Thüringen 7.7.2005 - L 7 AS 334/05 ER). Die Mietspiegel weisen die ortsüblichen Quadratmeterpreise aus, je nach Baualter des Hauses oder der Wohnung. Die für Sie zutreffende Grundmiete (Miete ohne Nebenkosten) richtet sich nach dem Baujahr Ihres Miethauses.

Nicht alle Kommunen führen Mietspiegel und nicht alle Mietspiegel erfüllen die qualitativen Voraussetzungen: Ein qualifizierter Mietspiegel muss z.B. alle zwei bis drei Jahre angepasst werden und erhält seine Glaubwürdigkeit durch die Beteiligung unterschiedlicher Interessenvertreter des Wohnungsmarktes an seiner Erstellung (SG Frankfurt/Oder 2.9.2010 – S 21 AS 375/10). Außerdem muss der gesamte zu bewertende Wohnungsmarkt abgebildet sein. Daten großer Wohnungsgesellschaften dürfen nicht überproportional vertreten sein.

Tipp 1: Falls an Ihrem Ort verfügbar, erhalten Sie den geltenden Mietspiegel bei der zuständigen Wohnungsbehörde, bei Meldestellen und Mietervereinen. Lokale Mietspiegel finden Sie auch im Internet über Suchmaschinen.

Tipp 2: Ob Ihre Mietkosten angemessen sind, können Sie von den Mitarbeiter*innen der örtlichen Wohnungsbehörde überprüfen lassen, aber auch von Mietervereinen und Sozialberatungsstellen.

2.2.2 Mietpreisspiegel

Fehlt ein Mietspiegel, kann der Preisspiegel des Verbandes Deutscher Makler ein *„gewichtiger Anhaltspunkt"* sein (VGH BW 6.5.1997, info also 1997, 202).

2.2.3 Mietobergrenzen laut Wohngeldtabelle?

„Nur soweit Erkenntnismöglichkeiten im lokalen Bereich nicht weiter führen, kann ein Rückgriff auf die Tabelle zu § 8 WoGG [jetzt § 12] ... in Betracht kommen. Bei einem Rückgriff auf Tabellen [...] wird zu erwägen sein, ob ***zu Gunsten*** *des Leistungsempfängers ein mögliche Unbilligkeiten der Pauschalierung ausgleichender* ***Zuschlag*** *(etwa von* ***10%*** *zu den Tabellenwerten...) in Betracht kommt"* (BSG, ebenda, Rn. 23; BSG 30.1.2019 – B 14 AS 24/18 R).

Das entbindet allerdings das Gericht nicht davon, *„zunächst die angemessenen Unterkunftskosten anhand eines* ***vorrangigen*** *schlüssigen Konzepts zu ermitteln"*. Erst bei *„Ausfall von lokalen Erkenntnismöglichkeiten"* ist die Wohngeldtabelle **plus Sicherheitszuschlag** zugrunde zu legen (BSG 12.12.2013 - B 4 AS 87/12 R; ⇨2.3.1 ff.).

Die Werte der Wohngeldtabelle beziehen sich auf die kalte **Miete** zuzüglich **Nebenkosten** und sind kein absoluter Maßstab, sondern allenfalls ein Anhaltspunkt (BSG 18.6.2008 - B 14/7b AS 44/06). Sie haben in erster Linie den Zweck, die staatlichen Ausgaben für Wohngeld zu regulieren und nicht, die tatsächliche Lage auf dem Wohnungsmarkt abzubilden. Deswegen sind sie auch von 2001 bis 2008 nicht erhöht worden, während die Mieten in selben Zeitraum um 10,6 Prozent angestiegen sind (Monatsberichte der Bundesnk, Juni 2008, 66*; Stat. Taschenbuch 2007, Tab. 6.2). Erst mit der Wohngeldreform 2009 wurden die Tabellenwerte um acht Prozent erhöht. Bei der seit **1. Januar 2016** gültigen Wohngeldtabelle sollten nach Angaben des Bundesbauministeriums die Tabellenwerte um durchschnittlich 39 Prozent angehoben worden sein (www.bmub.bund.de). Eine Aussage, die einer Überprüfung offensichtlich nicht standhält (s. nachfolgende Tabellenwerte).

Das OVG Niedersachsen hielt wegen Nichtberücksichtigung der Mietsteigerung einen allgemeinen Aufschlag von zehn Prozent für notwendig (25.10.2001, FEVS 53, 218). Für das Rhein-Main-Gebiet erkannte der VGH Hessen die Werte der Wohngeldtabelle plus 25 Prozent noch als „*angemessen*" an (22.8.1995, NJW 1996, 672). *„Der Sicherheitszuschlag ist auch im Rahmen von § 12 WoGG erforderlich, da die in § 12 WoGG festgeschriebenen Werte ebenso wenig wie die in § 8 WoGG aF den Anspruch erheben, die realen Verhältnisse auf dem Markt zutreffend abzubilden"* (BSG 12.12.2013 - B 4 AS 87/12 R). Zum 1.1.2020 wurde infolge der Wohngeldreform das Wohngeld nach Angaben der Regierung um ca. 30 Prozent erhöht. Zudem wurde eine neue siebte Mietstufe in die Tabelle nach § 12 WoGG eingeführt, die den extrem hohen Mieten in einigen deutschen Ballungsgebieten Rechnung tragen und dort den Wohngeldanspruch zusätzlich erhöhen soll. Ab 1.1.2022 soll das Wohngeld übrigens jährlich fortgeschrieben und damit der Entwicklung der Mietpreise angepasst werden (§ 43 WoGG).

Vor diesem Hintergrund ist der vom BSG eingeführte Sicherheitszuschlag von zehn Prozent auch nach der Erhöhung 2016 bzw. 2020 als Richtwert für die Anhebung der Wohngeldtabellenwerte anzusehen (Bay LSG 18.1.2016 – L 7 AS 869/15 B ER; LSG NRW 12.12.2016 – L 19 AS 1457/16, BSG 30.1.2019 – B 14 AS 24/18 R u. 3.9.2020 – B 14 AS 34/19 R).

Mietobergrenzen Miete nach § 12 Wohngeldgesetz in €*						
	ab 01.01.2009 bis 31.12.2015		ab 1.1.2016		ab 1.1.2020	
In einem Haushalt mit	In Gemeinden der Stufe		In Gemeinden der Stufe		In Gemeinden der Stufe	
einer Person	I	2921	I	312	I	338
	II	308	II	351	II	381
	III	330	III	390	III	426
	IV	358	IV	434	IV	478
	V	385	V	482	V	525
	VI	407	VI	522	VI	575
					VII	633
zwei Personen	I	352	I	378	I	409
	II	380	II	425	II	461
	III	402	III	473	III	516
	IV	435	IV	526	IV	579
	V	468	V	584	V	636
	VI	501	VI	633	VI	697
					VII	767

drei Personen	I	424	I	450	I	487
	II	451	II	506	II	549
	III	479	III	563	III	614
	IV	517	IV	626	IV	689
	V	556	V	695	V	757
	VI	594	VI	753	VI	830
					VII	912
vier Personen	I	490	I	525	I	568
	II	523	II	591	II	641
	III	556	III	656	III	716
	IV	600	IV	730	IV	803
	V	649	V	811	V	884
	VI	693	VI	879	VI	968
					VII	1.065
fünf Personen	I	561	I	600	I	649
	II	600	II	675	II	732
	III	638	III	750	III	818
	IV	688	IV	834	IV	918
	V	737	V	927	V	1.010
	VI	787	VI	1004	VI	1.106
					VII	1.217
Mehrbetrag für jedes Haushaltsmitglied	I	66	I	71	I	77
	II	72	II	81	II	88
	III	77	III	91	III	99
	IV	83	IV	101	IV	111
	V	88	V	111	V	121
	VI	99	VI	126	VI	139
					VII	153

* inklusive kalter Nebenkosten (Wohngeld)

In diesem Zusammenhang ist zu berücksichtigen, dass die Bundesregierung am 9. Oktober 2019 das Klimaschutzprogramm 2030 zur Umsetzung des Klimaschutzplans 2050 beschlossen hat, mit der Folge, dass ab 2021 eine CO2-Bepreisung für die Sektoren Verkehr und Wärme eingeführt wird. Um dementsprechend Wohngeldempfänger*innen bei den Heizkosten zu entlasten, wird eine nach der Haushaltsgröße gestaffelte CO2-Komponente eingeführt. Zur Berechnung der CO2-Komponente wird die durchschnittliche Wohnfläche in Abhängigkeit von der Anzahl der Haushaltsmitglieder zugrunde gelegt (sog. Richtfläche in der Systematik des Wohngeldes). Für einen Ein-Personen-Haushalt sind dies 48 qm, für einen Zwei-Personen-Haushalt 62 qm und für jede weitere Person 12 qm. Der Zuschlag beträgt 0,30 € je qm Richtfläche pro Monat. Als monatliche Beträge zur Entlastung bei den Heizkosten (CO2-Komponente) ergeben sich somit folgende Werte für die jeweilige Haushaltsgröße:

Anzahl der zu berücksichtigenden Haushaltsmitglieder	Betrag zur Entlastung bei den Heizkosten in Euro
1	14,40
2	18,60
3	22,20
4	25,80
5	29,40
Mehrbetrag für jedes weitere zu berücksichtigende Haushaltsmitglied	3,60

Die CO2-Bepreisung ab 01.01.2021 und die damit verbundene Erhöhung der Heizkosten muss auch zu einer Anpassung der Höhe der angemessenen Heizkosten im Rahmen des SGB II und SGB XII Leistungsbezug führen.

2.2.4 Mietobergrenzen in benachbarten Wohnorten?

Manche Alg II-Träger verweisen auf Gemeinden mit günstigerem Mietniveau und ausreichendem Leerstand. Maßstab für die Angemessenheit ist *„in erster Linie"* der Mietpreis des Wohnortes (BSG 7.11.2006 - B 7b AS 18/06 R, Rn. 21). Die Behörde darf Sie i.d.R. nicht einfach zum Umzug in einen umliegenden Wohnort oder gar Landkreis mit günstigerem Mietniveau auffordern. Ausnahmen können bei kleineren Gemeinden bestehen.

„Bei der Bildung des räumlichen Vergleichsmaßstabs kann es - insbesondere im ländlichen Raum - geboten sein, größere Gebiete als Vergleichsgebiete zusammenzufassen, während in größeren Städten andererseits eine Unterteilung in mehrere kleinere Vergleichsgebiete [...] geboten sein kann" (ebenda).

Städte wie Augsburg, Freiburg, Kiel, Wilhelmshaven und Zweibrücken werden als einheitlicher Wohnungsmarkt (räumlicher Vergleichsmaßstab) gewertet. Aber auch Großstädte wie Berlin (LSG Berlin-Brandenburg 30.2.2010 - L 28 AS 1266/08), Dresden (SG Dresden 29.6.2010 - S 40 AS 390/09) und Essen (BSG 17.12.2009 - B 4 AS 27/09 R).

2.3.1 BSG: angemessene Miete = angemessener Quadratmeterpreis mal angemessene Wohnfläche

Die Aufwendungen (Bruttokaltmiete) für eine Unterkunft sind angemessen, wenn sie innerhalb des Produkts liegen, das sich ergibt, indem der angemessene **Quadratmeterpreis** (Wohnstandard)
bezogen auf einen räumlichen **Vergleichsmaßstab** (z.B. das gesamte Stadtgebiet)
mit der angemessenen **Wohnfläche** (nach den Wohnraumförderbestimmungen der Länder) multipliziert wird (BSG, ebenda, Rn. 20).
Das ist die sogenannte **Produktmethode**.

Den Quadratmeterpreis ermittelt das BSG je nach vorliegendem **Datenmaterial**:
- Liegen der Erhebung nur die Daten einfacher Wohnungen des Vergleichsraums zugrunde, soll die Angemessenheitsgrenze am oberen Wert der Mietpreisspanne festgelegt werden (BSG 22.9.2009 - B 4 AS 18/09 R).
- Erfasst die Erhebung den Gesamtwohnungsbestand, muss eine schlüssige Methode angewendet werden, mit der ein Quadratmeterpreis im unteren Preissegment (einfache Ausstattung, Lage und Bausubstanz) ermittelt wird, der gewährleistet, dass im konkreten Vergleichsraum eine angemessene Wohnung dieses Standards tatsächlich anzumieten ist (ebenda).

Auch wenn das BSG unterschiedliche Ermittlungsmethoden zulässt, die zum beschriebenen Ergebnis kommen sollen, verlangt es vom Leistungsträger für ein ***„schlüssiges Konzept"*** (ebenda):
- Die Datenerhebung darf ausschließlich in dem genau eingegrenzten Vergleichsraum und muss über den gesamten Vergleichsraum erfolgen (keine Ghettobildung),
- es bedarf einer nachvollziehbaren Definition des Gegenstandes der Beobachtung, z.B. welche Art von Wohnungen
- Differenzierung nach Standard der Wohnungen, Brutto- und Nettomiete (Vergleichbarkeit), Differenzierung nach Wohnungsgröße,

* Angaben über den Beobachtungszeitraum,
* Festlegung der Art und Weise der Datenerhebung (Erkenntnisquellen, z.B. Mietspiegel),
* Repräsentativität des Umfangs der eingezogenen Daten,
* Validität der Datenerhebung,
* Einhaltung anerkannter mathematisch-statistischer Grundsätze der Datenauswertung und
* Angaben über die gezogenen Schlüsse (z.B. Spannoberwert oder Kappungsgrenze)".

Viele Kommunen und Landkreise haben ihre angemessenen Unterkunftskosten nicht nach einem *„schlüssigen Konzept"* ermittelt, das einer Prüfung der Sozialgerichte standhält (u.a. BSG 16.6.2015 - B 4 AS 44/14 R, Breisgau-Hochschwarzwald; 22.3.2012 - B 4 AS 16/11 R, Rn. 15 f., Träger in Baden-Württemberg; BSG 20.12.2011 - B 4 AS 19/11 R, Rn. 21 u. BSG 17.9.2020 - B 4 AS 11/20 R, Duisburg; BSG 23.8.2011 - B 14 AS 91/10 R, Rn. 24, Cuxhaven; BSG 22.9.2009 - B 4 AS 18/09 R, Rn. 18, Wilhelmshaven; BSG 18.6.2008 - B 14/7b AS 44/06 R, Rn. 7, BSG 19.10.2010 - B 14 AS 50/10 R, BSG 03.09.2020 - B 14 AS 40/19 R u. B 14 AS 37/19 R, Berlin; Gelsenkirchen BSG 17.9.2020 – B 4 AS 22/20 R; BSG 3.9.2020 – B 14 AS 34/19 R Stadt Hof).

Der Vergleichsraum ist ein ausgehend vom Wohnort der leistungsberechtigten Person bestimmter ausreichend großer Raum der Wohnbebauung, der aufgrund räumlicher Nähe, Infrastruktur und insbesondere verkehrstechnischer Verbundenheit einen insgesamt betrachtet homogenen Lebens- und Wohnbereich bildet (BSG 30.1.2019 – B 14 AS 24/18 R).

Ist die Ermittlung dieses abstrakten Angemessenheitswerts („schlüssiges Konzept") vom Gericht rechtlich zu beanstanden, ist dem Jobcenter Gelegenheit zu geben, diese Beanstandungen durch Stellungnahmen, ggf. nach weiteren eigenen Ermittlungen, auszuräumen (BSG 30.1.2019 – B 14 AS 24/18 R)

Gelingt es dem Jobcenter nicht, die Beanstandungen des Gerichts auszuräumen, ist das Gericht nicht befugt, selbst eine eigene Vergleichsraumfestlegung vorzunehmen oder ein schlüssiges Konzept – ggf. mit Hilfe von Sachverständigen – zu erstellen (BSG 30.1.2019 – B 14 AS 24/18 R).

Die Rückschreibung eines Konzepts zur Bestimmung der angemessenen Aufwendungen für die Unterkunft in die Zeit vor der Aufstellung des Konzepts ist unzulässig (BSG 30.1.2019 – B 14 AS 11/18 R).

Ein wirksames schlüssiges Konzept zur Ermittlung der Mietobergrenze (MOG) und somit auch der Angemessenheit der Nebenkosten setzt nach BSG voraus, dass auch die Nebenkosten schlüssig ermittelt wurden, was dann nicht der Fall ist, wenn hierbei nur die durchschnittlichen Nebenkosten der Alg II-Haushalte berücksichtigt wurden, um die angemessenen Nebenkosten für die MOG zu ermitteln (BSG 17.9.2020 – B 4 AS 22/20 R). Richtigerweise muss zur Ermittlung der angemessenen Nebenkosten der gesamte Wohnungsmarkt des Vergleichsraums und nicht nur die Wohnungen mit einfachem Standard einbezogen werden (BSG 17.9.2020 – B 4 AS 22/20 R).

Die Wirksamkeit eines schlüssigen Konzepts scheitert nicht daran, dass es auf Angebotsmieten beruht. Bei der Prüfung des Angemessenheitsbegriffs ist letztlich entscheidend, ob der jeweilige Kläger im konkreten Vergleichsraum eine „angemessene" Wohnung anmieten kann. Insofern können Angebotsmietenkonzepte ein geeignetes Verfahren darstellen, um ein wohnungsbezogenes Existenzminimum zu ermitteln, auch wenn keine Bestandsmieten erhoben werden (BSG 17.9.2020 – B 4 AS 22/20 R).

Wird der Wohnungsmarkt nicht deutlich überwiegend oder nahezu ausschließlich durch große Wohnungsunternehmen und Genossenschaften geprägt, bedarf es zur repräsentativen Abbildung des Wohnungsmarktes der Sicherstellung, dass auch ausreichend Daten von kleineren Vermieter*innen in die Erhebung einfließen, was nicht der Fall ist, wenn lediglich 35 Datenpunkten von privaten Vermieter*innen im Verhältnis zu 1.030 Datenpunkten von Wohnungsunternehmen erfasst wurden und auswertungsrelevant letztlich nur 24 Datenpunkte privater Vermieter*innen (Anteil 2,63%) im Vergleich zu 887 von Wohnungsunternehmen (Anteil 97,37%) waren (BSG 3.9.2020 – B 14 AS 34/19 R, Bay LSG 28.03.2018 – L 11 AS 52/16).

Die Angemessenheitsbestimmung ist besonders schwierig im heterogen besiedelten

ländlichen Raum. Dem war teils durch eine Methode begegnet worden, die innerhalb des Landkreises als Vergleichsraum mehrere Wohnungsmarkttypen mit ähnlichen Wohnungsmarkt- und Mietpreisstrukturen bildete, denen dann die einzelnen Gemeinden oder Gemeindeteile innerhalb des Landkreises zugeordnet wurden, ohne dass es auf einen räumlich-infrastrukturellen Zusammenhang ankam (sog. Clusteranalyse).
Das BSG hat die Clusteranalyse als unzulässig verworfen, da dort die Voraussetzung nicht eingehalten wird, dass der einzelne Wohnungsmarkttyp, um auch als Vergleichsraum gelten zu können, einen aufgrund räumlicher Nähe, Infrastruktur und insbesondere verkehrstechnische Verbundenheit insgesamt betrachtet homogenen Lebens- und Wohnbereich darstellen muss (BSG 30.1.2019 – B 14 AS 24/18 R).
Die gebotene Aussagekraft für den Wohnungsmarkt im Vergleichsraum fehlt den Daten sowie dem hierauf aufbauenden Konzept, wenn nach den eigenen Ermittlungen des Leistungsträgers lediglich 2,73 Prozent der Wohnungsinserate für den gesamten Vergleichsraum bzw. ein Prozent für die Kreisstadt eindeutig innerhalb der vom Leistungsträger festgelegten Mietobergrenze liegen (LSG Nds-Br. 4.4.2019 – L 11 AS 72/19),

Für ein schlüssiges Konzept muss die Datengrundlage u. a. in ihrer Gesamtheit hinreichend repräsentativ und aktuell sein; bei einem angespannten Wohnungsmarkt können Wohnungsdaten, die zum Zeitpunkt des Inkrafttretens eines schlüssigen Konzepts bereits mehrere Jahre alt sind, nicht herangezogen werden (SG Leipzig 13.12.2019 – S 16 AS 2257/18).

Der „Wohnungsmix" ist bei einem ländlichen Vergleichsraum unzureichend berücksichtigt, wenn Daten von Wohnungen in Ein- und Zweifamilienhäusern nicht erhoben worden sind; der (lokale) Mietwohnungsmarkt ist in seiner Struktur und in der Struktur der relevanten Merkmale wirklichkeitsgetreu abzubilden (LSG Sachsen-Anhalt 27.8.2019 – L 4 AS 343/18).

Das BSG hat für die Stadt Duisburg entschieden, dass auch unter Berücksichtigung der sogenannten „Schürkes-Liste" die Heranziehung der Werte des vorliegenden Konzepts ohne dessen abschließende Beurteilung nicht den methodischen Anforderungen entspricht. Das BSG hat bereits entschieden, dass die Werte der „Schürkes-Liste" selbst nicht planmäßig ermittelt worden sind. Diese Datensammlung grenzt den Gegenstand der Beobachtung nicht ausreichend ein und erfasst wesentliche Faktoren, wie z.B. den Wohnungsstandard, nicht in der gebotenen Weise (BSG 17.9.2020 - B 4 AS 11/20 R, Stadt Duisburg).

Die angemessene Wohnungsgröße und somit auch die Angemessenheit der Miete richtet sich **nicht** nach der Zahl der Bewohner*innen,
sondern allein nach der Zahl der Mitglieder der BG (Bedarfsgemeinschaft), auch wenn alle Bewohner einer Familie angehören (BSG 18.2.2010 – B 14 AS 73/08 R u. 25.4.2018 – B 14 AS 14/17 R). Dies gilt auch, wenn ein minderjähriges Kind seinen Bedarf durch eigenes Einkommen decken kann und somit gemäß § 7 Abs. 3 Nr. 4 SGB II aus der Bedarfsgemeinschaft ausscheidet (BSG 25.4.2018 – B 14 AS 14/17 R). In diesem Fall ist für die Prüfung der angemessenen Miete der alleinerziehenden Mutter die örtliche Angemessenheitsgrenze für eine Ein-Personen-Bedarfsgemeinschaft heranzuziehen und nicht die Hälfte der örtlichen Angemessenheitsgrenze für eine Zwei-Personen-Bedarfsgemeinschaft.

Welche Auswirkungen diese Rechtsprechung hat, zeigt folgendes **Beispiel**:

Frau A wohnt mit ihrer minderjährigen Tochter in einer **60-m²-Wohnung**, für die eine Bruttokaltmiete von 500 € sowie Heizkosten von 80 € monatlich zu zahlen sind. Es wird unterstellt, dass die Heizkosten angemessen sind. Ihre Tochter hat bedarfsdeckendes Einkommen und fällt gem. § 7 Abs. 3 Nr. 4 SGB II aus der Bedarfsgemeinschaft. In der Gemeinde beträgt gem. § 12 WoGG die angemessene Bruttokaltmiete für eine Ein-Personen-BG 371,80 € (338 € + 33,80 € (= 10 % Sicherheitszuschlag) und für eine Zwei-Personen-BG 449,90 € (409 € + 40,90 €).

a) tatsächliche Mietkosten pro Person nach Kopfanteilsmethode

M

Bruttokaltmiete: 250 € (500 € : 2)
Heizkosten: 40 € (80 € : 2)

Frau A muss somit eine Bruttokaltmiete von 250 € und Heizkosten in Höhe von 40 € monatlich zahlen.

b) angemessene Bruttokaltmiete nach Zahl der BG-Mitglieder

aa) falsche Ermittlung der angemessenen Miete:
449,90 € (2-Personen-BG) : 2 = 224,95 €. Hiernach wäre von der Bruttokaltmiete ein Betrag von 25,05 € (250 € - 224,95 €) offen, den Frau A selbst tragen müsste.

bb) **richtige Ermittlung** der angemessenen Miete:

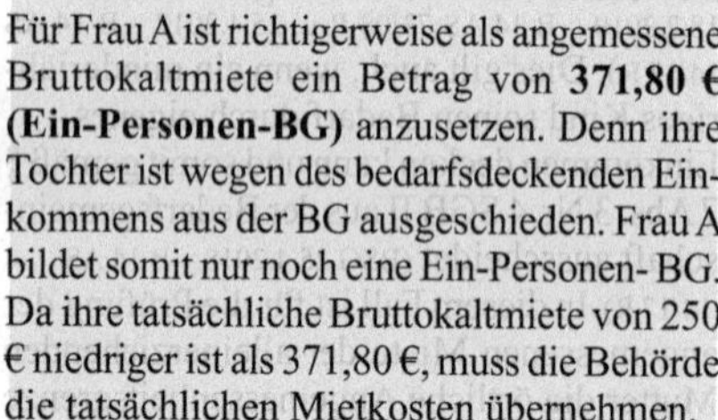

Für Frau A ist richtigerweise als angemessene Bruttokaltmiete ein Betrag von **371,80 € (Ein-Personen-BG)** anzusetzen. Denn ihre Tochter ist wegen des bedarfsdeckenden Einkommens aus der BG ausgeschieden. Frau A bildet somit nur noch eine Ein-Personen- BG. Da ihre tatsächliche Bruttokaltmiete von 250 € niedriger ist als 371,80 €, muss die Behörde die tatsächlichen Mietkosten übernehmen.

Frau A erhält bei richtiger Berechnung daher 25,05 € mehr von der Behörde.

Tipp: Wenn die Behörde Ihre Unterkunftskosten nicht als angemessen anerkennt, ist es unter Umständen erfolgversprechend, sich mit Widerspruch und Klage zu wehren. Informieren Sie sich bei örtlichen **Beratungs**stellen oder Anwält*innen, ob es in Ihrer Kommune oder Ihrem Landkreis ein anerkanntes und schlüssiges Konzept zur Ermittlung der angemessenen Miete gibt.

2.3.2 Beispiele für die Produktmethode

a. Herr A. wohnt in einer **60-m²-Wohnung**.
Der angemessene Quadratmeterpreis (Bruttokaltmiete) im Vergleichsraum beträgt nach dem Mietspiegel 7,59 €.
Da für eine Person nur eine Fläche von 45 m² angemessen sein soll, gilt für die Wohnung eine Miete von 341,55 € als angemessen (7,59 € x 45 m²).
Da die Wohnung 60 m² groß ist, darf die Quadratmetermiete (inkl. Nebenkosten) max. **5,69 €** betragen, um die angemessene Miete von 341,55 € nicht zu überschreiten.

b. Würde Herr A. in einer **35-m²-Wohnung** wohnen, würde sich die angemessene Miete nicht verändern. Sie beruht nicht auf der konkreten Wohnfläche, sondern auf der allgemein als angemessen anerkannten Wohnfläche (45 m²; BSG, ebenda). Bei 35 m², dürfte der Quadratmeterpreis also bis zu **9,75 €** betragen, um noch innerhalb der angemessenen Bruttokaltmiete von max. 341,55 € zu bleiben. Je kleiner die Wohnung ist, desto mehr kann der Quadratmeterpreis den „abstrakt" angemessenen Wert übersteigen (BVerwG 28.4.2005 - 5 C 15.04).

Fazit:

- Ist Ihre **Wohnungsgröße** unangemessen, können die Unterkunftskosten dennoch angemessen sein, wenn der Quadratmeterpreis geringer ist als angemessen. Das Problem könnte dann die Angemessenheit der Mietnebenkosten werden, vor allem der Heizkosten. Auch sie werden nach der angemessenen Wohnungsgröße bemessen.
- Ist Ihr Quadratmeterpreis unangemessen hoch, können die Unterkunftskosten dennoch angemessen sein, wenn die Wohnungsgröße unterhalb der angemessenen Fläche liegt.

2.4 Verfügbarkeit von Wohnungen – Maßstab für die Festsetzung der „Angemessenheitsgrenzen"

„Schließlich wird zu überprüfen sein, ob nach der Struktur des Wohnungsmarktes am Wohnort D. die Kläger tatsächlich auch die konkrete Möglichkeit haben, eine abstrakt als angemessen eingestufte Wohnung konkret auf dem Wohnungsmarkt anmieten zu können" (BSG 7.11.2006 - B 7b AS 18/06 R, Rn. 22; entsprechend BVerwG, ebenda).

Höhere als die als angemessen geltenden Mieten sind dann anzuerkennen, wenn es im öffentlich geförderten Wohnraum solche Wohnungen nicht gibt (SG Köln 30.1.2006 - S 14 AS 41/05 ER).

Die Angemessenheit bestimmt sich letztlich daran, *„dass alle örtlich Alg-II-Beziehenden zu diesem Preis auch eine bedarfsgerechte und menschenwürdige Wohnung bekommen* *könnten. Es müssen daher zum als angemessen bestimmten Preis auch entsprechende Wohnungen verfügbar sein*" (LSG Thüringen 7.7.2005 - L 7 AS 334/05 ER; LSG Hessen 8.3.2006 - L 9 AS 59/05 ER).

Mietspiegel erfassen aber nur Mieten bestehender Mietverhältnisse, **nicht** Mieten bei Neuvermietungen. Bei **Neuvermietung** sind die Mieten häufig höher als die Bestandsmieten. *„Es ist zu berücksichtigen, dass bei der Anmietung einer Wohnung der örtliche Mietspiegel in der Regel vom Vermieter überschritten wird"* (VGH BW 5.7.1989 - 6 S 1242/88). Deshalb erkannte z.B. das OVG Lüneburg einen Aufschlag von zehn Prozent an, um die üblichen Aufschläge bei Neuvermietung aufzufangen (21.8.2002 - 4 ME 305/02).

Das Mietniveau von Neuvermietungen kann man z.B. anhand von Immobilienanzeigen feststellen, aber auch von freien Wohnungen bei Wohnungsbaugesellschaften.
Wenn Wohnungen inseriert werden oder frei sind, bedeutet das aber noch lange nicht, dass Arbeitslose, Sozialhilfebeziehende und Rentner*innen sie auch tatsächlich anmieten können. Arbeitslose können nicht die geforderten Gehaltsnachweise vorlegen, sind häufig in der Schufa negativ verzeichnet und werden in stärkerem Maß durch Vorurteile belastet als Beschäftigte. Genauso wie bei der Arbeitssuche, stehen Langzeitarbeitslose auch bei der Wohnungssuche hinten an. Von zehn freien *„angemessenen"* Wohnungen sind vielleicht nur drei für Alg-II-Beziehende konkret verfügbar.

Tipp: Führen Sie bei der Wohnungssuche ein Protokoll, um nachzuweisen, dass preiswerter Wohnraum, der der Angemessenheit entspricht, für Sie nicht verfügbar ist.

Wohlfahrtsverbände könnten sich nützlich machen, indem sie örtlich Marktpreise von Mieten ermitteln. Lokale **Initiativen** wie Tacheles e.V. (noch zu BSHG-Zeiten) und 2006 der Runde Tisch (zu den Auswirkungen der Hartz-Gesetze in Freiburg) haben es geschafft, mit den Ergebnissen ihrer lokalen **Wohnungsmarktanalysen** erfolgreich Druck zur Erhöhung der örtlichen Angemessenheitsgrenzen auszuüben (www.harald-thome.de →Download).
Das SG Düsseldorf hat ein **Sachverständigengutachten** darüber angefordert, wie viele Wohnungen konkret für Alg II-/ Sozialhilfebeziehende verfügbar wären, wenn künftig nur noch Quadratmetermieten von 6,40 € inkl. Nebenkosten angemessen sein sollen (12.12.2005 - S 35 AS 349/05). Es sollte auch erhoben werden, wie viele Bewerber*innen es für solche Wohnungen gibt. Sofort nachdem die Ergebnisse des Gutachtens bekannt wurden, wurden in Düsseldorf ab 1.5.2006 die Miethöchstsätze von 6,40 € inkl. Betriebskosten auf 7,35 € erhöht (inzwischen betragen sie 9,34 € bis max. 11,13 €; Stand: 11/2020; https://www.duesseldorf.de/soziales/sozialhilfe/miete-unterkunftskosten.html).

Aus all dem folgt,
dass letztlich weder die Mietobergrenzen nach dem Wohngeldgesetz noch örtliche Mietspiegel oder Mietpreisübersichten der Maklerverbände oder Auswertungen von Wohnungsangeboten in lokalen Zeitungen maßgeblich sind. Sie alle geben keinerlei Auskunft darüber, wie viele Wohnungen bei welchen Angemessenheitsgrenzen für Alg II-/ Sozialhilfehaushalte frei und tatsächlich verfügbar sind. Das aber ist der entscheidende Maßstab (vgl. Putz, in: info also 3/2006, 129-131).

2.5 Wer legt die „Angemessenheit" der Miete fest?

Die kreisfreien Städte und die Landkreise sind für die Leistungen der Unterkunft und Heizung für Alg II-Beziehende und damit auch für die entsprechenden Richtlinien zuständig (§ 6 Abs. 1 S. 1 Nr. 2 SGB II). Dasselbe gilt für HzL/ GSi der Sozialhilfe.

„Die umfassende Ermittlung der Daten sowie die Auswertung im Sinne der Erstellung eines schlüssigen Konzepts ist Angelegenheit des Grundsicherungsträgers und bereits für die sachgerechte Entscheidung im Verwaltungsverfahren notwendig" (BSG 17.12.2009 - B 4 AS 50/09 R). Darin müssen Kommunen und Kreise nachvollziehbar erläutern und belegen, dass geltende angemessene Mietgrenzen in Bezug auf **Vergleichsräume, Wohnungsgröße,**

Wohnstandard und Verfügbarkeit ausreichend bemessen sind. Vor Gericht tragen sie die Beweislast.

Erst wenn wegen *„Erkenntnisausfalls"* **kein schlüssiges Konzept** ermittelt werden kann, *„ist zur Bestimmung der angemessenen Nettokaltmiete zuzüglich der kalten Betriebskosten [...] auf den jeweiligen Höchstbetrag der Tabelle [nach § 8 WoGG a.F., jetzt Anlage 1 zu § 12 WoGG], also die rechte Spalte, zurückzugreifen und ein ‚Sicherheitszuschlag' [in Höhe von 10%] einzubeziehen"* (BSG 22.3.2012 - B 4 AS 16/11 R; 30.1.2019 – B 14 AS 24/18 R u. 3.9.2020 – B 14 AS 34/19 R).

2.5.1 Kommunale Satzung für Unterkunftskosten

Alg II

Mit dem „Regelbedarfsermittlungsgesetz" wurde seit April 2011 die Möglichkeit für Kommunen und Landkreise geschaffen, unter bestimmten Voraussetzungen eine Satzung zu erlassen, in der die Höhe der Kosten der Unterkunft und Heizung geregelt wird.

„Die Länder können die Kreise und kreisfreien Städte durch Gesetz ermächtigen oder verpflichten, durch Satzung zu bestimmen, in welcher Höhe Aufwendungen für Unterkunft und Heizung in ihrem Gebiet angemessen sind" (§ 22a Abs. 1 Satz 1 SGB II).

Hier besteht sogar die Möglichkeit, **Pauschalen** für die Unterkunftskosten zu erlassen, wenn Regelungen vorgesehen sind, die verhindern sollen, *„dass die Pauschalierung im Einzelfall zu unzumutbaren Ergebnissen führt"* (§ 22a Abs. 2 SGB II).

„Die Bestimmung der angemessenen Aufwendungen für Unterkunft und Heizung soll die Verhältnisse des einfachen Standards auf dem örtlichen Wohnungsmarkt abbilden" und die Auswirkungen auf dem örtlichen Wohnungsmarkt berücksichtigen (§ 22a Abs. 2 SGB II).

In der Satzung ist zu bestimmen:

- *„welche Wohnfläche [...] als angemessen anerkannt wird und*
- *in welcher Höhe die Aufwendungen für die Unterkunft als angemessen anerkannt werden"* (§ 22b Abs. 1 S. 1 SGB II).

Darunter fallen neben der Pauschalierung auch Angemessenheitsgrenzen für **Heiz- und Mietnebenkosten**, **Quadratmeterhöchstmieten** und „**Gesamtangemessenheitsgrenzen"** (Bruttowarmmietenkonzept; ⇨2.5.3).

„Um die Verhältnisse des einfachen Standards auf dem örtlichen Wohnungsmarkt realitätsgerecht abzubilden, können die Kreise und kreisfreien Städte ihr Gebiet in mehrere Vergleichsräume unterteilen, für die sie jeweils eigene Angemessenheitswerte bestimmen" (§ 22b Abs. 1 S. 4 SGB II).

Für Personen mit einem **besonderen Bedarf** für Unterkunft und Heizung **sollen** Sonderregelungen getroffen werden. Dies gilt insbesondere für Personen, die wegen einer Behinderung oder der Ausübung ihres Umgangsrechts einen erhöhten Raumbedarf haben (§ 22b Abs. 3 SGB II).

Bei der **Ermittlung** von Obergrenzen bzw. Pauschalen muss die Kommune/ der Kreis auf qualifizierte Mietspiegel und Mietdatenbanken sowie geeignete örtliche statistische Datenerhebungen und -auswertungen zurückgreifen. *„Hilfsweise können auch die monatlichen Höchstbeträge [...] des Wohngeldgesetzes berücksichtigt werden."*

Die Methodik der Datengrundlage soll in die Begründung der Satzung einfließen. Die Werte sollen alle zwei Jahre überprüft und ggf. angepasst werden (§ 22c SGB II).

Die neue Satzungsregelung tritt **nur in Kraft**, wenn die **Bundesländer** ihre Kommunen und Kreise per Gesetz ermächtigen, Satzungen zu erlassen. **Hessen** hat als erstes Bundesland im Juni 2011 ein entsprechendes Landesgesetz verabschiedet, **Berlin** folgte kurz danach und **Schleswig-Holstein** 2012. In anderen Bundesländern zeichnen sich derzeit keine entsprechenden Gesetzesinitiativen für kommunale Satzungen ab. Hier bleibt in Sachen Unterkunftskosten bis auf weiteres alles beim Alten.

Überprüfung der kommunalen Satzung

Erlässt eine Kommune/ ein Landkreis eine Satzung für Unterkunfts- und Heizkosten, kann jede*r davon betroffene Leistungsberechtigte einen **Normenkontrollantrag** beim zuständigen LSG stellen. Das Gericht prüft die kommunalen Regelungen dann auf ihre Gültigkeit und kann sie ggf. für unwirksam erklären. Diese Entscheidung gilt dann für alle vergleichbaren Fälle in dem Bereich, wo die Satzung gilt (§55a SGG).

Das LSG Berlin-Brandenburg z.B. hat die Berliner *„Wohnaufwendungenverordnung"* (WAV) vom 3.4.2012 und die dort vorgesehenen „Gesamtangemessenheitsgrenzen" in zwei Entscheidungen für unwirksam erklärt (25.4.2013 - L 36 AS 2095/12 NK; 4.9.2013 - L 36 AS 1414/12 NK). Die Ungültigkeit der WAV wurde inzwischen vom BSG bestätigt (4.6.2014 - B 14 AS 53/13 R).

Kritik
Mit der Möglichkeit, Satzungen zu erlassen, bekommen klamme Kommunen und Kreise ein neues Instrument in die Hand, um im Bereich der Unterkunftskosten zusätzliche Kürzungen vorzunehmen. Denn es besteht die Gefahr einer indirekten Regelbedarfskürzung, wenn Leistungsbeziehende gezwungen werden, Teile der Miete, Heiz- oder Nebenkosten aus dem Regelbedarf zu zahlen. Es ist davon auszugehen, dass z.B. bei den „angemessenen" Wohnraumgrenzen oder den Obergrenzen für bestimmte Verbrauchswerte bestehende, durch BSG-Entscheidungen gefestigte Mindeststandards unterschritten werden und sich die Betroffenen mittels Normenkontrollantrag beim Landesozialgericht dagegen wehren müssen.

Unserer Auffassung nach haben die unter 2. ff. beschriebenen **Mindestanforderungen** für die Bestimmung von angemessenen Mieten und Verbrauchswerten (Heiz- und Mietnebenkosten) auch für Satzungen Gültigkeit. Das **BSG** fordert für die Ermittlung der Angemessenheitsgrenzen ein ***„schlüssiges Konzept"*** (⇨2.3.1). Bei der Überprüfung der Satzungen durch die LSG müssen die hier gewonnenen Erkenntnisse und Standards angewendet und weiterentwickelt werden, um bei Beziehenden von Alg II und HzL/ GSi der Sozialhilfe dauerhafte Bedarfsunterdeckung, Ghettobildung usw. auszuschließen.

HzL/GSi der Sozialhilfe

„Hat ein Kreis oder eine kreisfreie Stadt eine Satzung nach den §§ 22a bis 22c des Zweiten Buches erlassen, so gilt sie für Leistungen für die Unterkunft nach § 35 Absatz 1 und 2 des zuständigen Trägers der Sozialhilfe entsprechend, sofern darin [...] Sonderregelungen für Personen mit einem besonderen Bedarf für Unterkunft und Heizung getroffen werden und dabei zusätzlich auch die Bedarfe älterer Menschen berücksichtigt werden" (§ 35a Satz 1 SGB XII).
Eine Satzung, die eine Kommune/ ein Landkreis nach dem SGB II erlässt, wird demnach **auf das SGB XII übertragen**, sofern sie auf die persönlichen Verhältnisse älterer Menschen abgestimmt ist. Das sollte auch für die besonderen Bedürfnisse von behinderten und kranken Menschen gelten, die häufig auf Leistungen der Sozialhilfe angewiesen sind. Bei der Berliner WAV vom 3.4.2012 waren solche besonderen Wohnbedarfe nicht konkret ausgeführt, daher wurde sie für das SGB XII für ungültig erklärt (BSG 17.10.2013 - B 14 AS 70/12 R).

2.5.2 Pauschalierung der Kosten der Unterkunft möglich?

HzL/GSi der Sozialhilfe

„Der Träger der Sozialhilfe kann für seinen Bereich die Leistungen für die Unterkunft durch eine monatliche Pauschale abgelten, wenn auf dem örtlichen Wohnungsmarkt hinreichend angemessener freier Wohnraum verfügbar und in Einzelfällen die Pauschalierung nicht unzumutbar ist. Bei der Bemessung der Pauschale sind die tatsächlichen Gegebenheiten des örtlichen Wohnungsmarkts, der örtliche Mietspiegel sowie die familiären Verhältnisse der Leistungsberechtigten zu berücksichtigen" (§ 35 Abs. 3 SGB XII).
Eine Pauschalierung der Unterkunftskosten in der Sozialhilfe war und ist **möglich**. Aufgrund angestrebter einheitlicher Regelungen bei der Gewährung von Unterkunftskosten im SGB II **und** SGB XII haben Sozialhilfeträger nach unseren Erkenntnissen von der Möglichkeit bislang keinen Gebrauch gemacht.
Das kann sich freilich mit der Einführung der **Satzung**sregelung im SGB II und mit der Möglichkeit zur Pauschalierung ändern.

Alg II

Mietpauschalen im SGB II waren bislang nicht möglich, weil das BMAS keine entsprechende Rechtsverordnung erlassen hatte (§ 27 Nr. 1 SGB II alt).

Mit der **kommunalen Satzung** ist es seit April 2011 möglich – sofern eine Kommune/ ein Kreis davon gebraucht macht –, eine Pauschalierung von Unterkunftskosten zu regeln. Eine Pauschale ist jedoch ein **Festbetrag**, der für die jeweilige angemessene Wohnungsgröße (abhängig von den Personen im Haushalt) **an alle** gezahlt werden und immer den **Bedarf des größten Teils** der Leistungsberechtigten **decken muss. Deshalb** ist es fraglich, ob Leistungsträger überhaupt pauschalieren werden. Immerhin müssten sie dann auch allen Alg II-Beziehenden mit geringeren Kosten für die Unterkunft den jeweils höheren Pauschbetrag für die Wohnung auszahlen. Das kann teuer werden. Die Festlegung von **Obergrenzen** für Miete, Heiz- und Nebenkosten wäre für die Träger lukrativer.

M

Auf der anderen Seite bedeutet eine Pauschalierung auch immer eine Vereinfachung der gerade im Bereich der Unterkunftskosten sehr arbeitsintensiven **Verwaltung**. Auch das bedeutet Kürzungen, allerdings zunächst einmal für die Verwaltung.
Tendenzen in Richtung Pauschalierung sind bislang nicht zu erkennen.

2.5.3 Gesamtangemessenheitsgrenzen unter Einbeziehung der Heizkosten

Alg II

Mit Inkrafttreten des Neunten SGB-II-Änderungsgesetzes **zum 1.8.2016** ist *„zur Beurteilung der Angemessenheit der Aufwendungen für Unterkunft und Heizung [...] die Bildung einer Gesamtangemessenheitsgrenze zulässig“* (§ 22 Abs. 10 SGB II; ⇨Heizung 4.1). Jede Kommune/ jeder Landkreis kann nun auch **ohne** Erlass einer kommunalen Satzung selbst entscheiden, ob von der Möglichkeit Gebrauch gemacht wird.

Ist das in Ihrer Stadt/ Ihrem Landkreis der Fall, dann wäre es Mieter*innen und Wohneigentümer*innen möglich, höhere Heizkosten durch niedrigere sonstige laufende Unterkunftskosten auszugleichen und umgekehrt. Die Gesamtkosten für das Eigenheim würden sich dann an der Bruttowarmmiete für eine angemessene Mietwohnung orientieren, die der Haushaltsgröße (Personenzahl) entspricht. Das war bislang aufgrund der strikten Trennung von Unterkunfts- und Heizkosten bei der Beurteilung der angemessenen Kosten nicht möglich.
Diese Regelung wurde jedoch (noch) nicht in das Sozialhilferecht (SGB XII) übernommen. Weil unterschiedliche Maßstäbe im SGB II und SGB XII nicht erwünscht sein werden, ist es derzeit unwahrscheinlich, dass kommunale Träger die angemessenen Unterkunftskosten im Rahmen einer Gesamtangemessenheitsgrenze bestimmen werden. Außerdem sind die Erfahrungen, die Berlin bei der Bestimmung der Angemessenheit nach dem „Bruttowarmmietekonzept“ gemacht hat, für Kommunen/ Kreise nicht gerade ermutigend: Die Berliner *„Wohnaufwendungenverordnung“* wurde durch alle Gerichtsinstanzen hindurch für unwirksam erklärt (⇨2.5.1).

3. Möglichkeiten der Senkung einer unangemessenen Miete auf das „angemessene“ Maß

3.1 ...wegen Mietpreisüberhöhung

„Unangemessen hoch sind Entgelte, die [...] die üblichen Entgelte um mehr als 20 vom Hundert übersteigen, die in der Gemeinde oder in vergleichbaren Gemeinden [...] vereinbart [...] worden sind“ (§ 5 Abs. 2 Wirtschaftsstrafgesetz). Mieten von mehr als 20 Prozent über den ortsüblichen Mieten zu verlangen, ist eine Ordnungswidrigkeit, die mit einer Geldbuße bis zu 50.000 € geahndet werden kann. Sie können den Teil der Miete einbehalten, der mehr als 20 Prozent über der ortsüblichen Vergleichsmiete liegt. Der/die Vermieter*in muss die Miete reduzieren und kann gezwungen werden, den Unterschiedsbetrag zurückzuerstatten.

Tipp: Sind Sie gerade in eine Wohnung eingezogen, können Sie prüfen, ob die Miete bei Wiedervermietung zehn Prozent über das Niveau der ortsüblichen Vergleichsmiete angehoben wurde. In festgelegten Regionen mit angespanntem Wohnungsmarkt soll dann die ***„Mietpreisbremse“*** wirken. Eine

Erhöhung der Miete über dieses Niveau wäre unwirksam (§§ 556d ff BGB; Infos: https://www.mieterverein-hamburg.de/export/sites/default/.content/dokumente/infoblaetter/info55-Mietpreisbremse.pdf)

3.2 ...wegen Mietwuchers

Mietwucher liegt nach der herrschenden Rechtsprechung vor, wenn die gezahlte Miete um mehr als 50 Prozent über der ortsüblichen Vergleichsmiete liegt. Mietwucherer können mit einer Freiheitsstrafe bis zu drei Jahren bestraft werden.

Tipp: Wenn die Sozialbehörde Sie trotz Verdacht auf Mietpreisüberhöhung oder Mietwucher wegen der Miethöhe unter Druck setzt, sollten Sie sich an die zuständige Wohnungsbehörde wenden.

3.3 ...wegen Mieterhöhung über den Mietspiegel hinaus

Ihre Miete kann sich durch Mieterhöhungen aus einer angemessenen in eine unangemessene Miete verwandeln. Wenn Ihr*e Vermieter*in Ihre Miete erhöhen will, geben Sie Ihre Zustimmung nicht sofort. Prüfen Sie vorher, ob die geforderte Miete dem Mietspiegel entspricht oder ob die Mieterhöhung andere gesetzliche Anforderungen nicht erfüllt (§§ 557 ff BGB). Sie müssen ggf. nur bis zur Höhe des Mietspiegels zahlen (§§ 558 ff BGB). Sie sollten das Mieterhöhungsverlangen, bevor Sie diesem zustimmen, der Behörde übersenden und einen Antrag auf Übernahme der erhöhten Miete stellen. Denn hat die Behörde in diesem Fall keine Einwände gegen die Wirksamkeit der Mieterhöhung geäußert, kann sie sich im Nachhinein nicht auf die Unwirksamkeit der Mieterhöhung berufen und muss die erhöhte Miete übernehmen (BSG 6.10.2011 – B 14 AS 66/11 R; dort ist zwar die Frage der Übernahme von Schönheitsreparaturen streitig, die dortigen Ausführungen sind aber auf die Fälle der Mieterhöhung übertragbar). Sollte die erhöhte Miete die Mietobergrenze (MOG) überschreiten, muss die Behörde diese solange übernehmen, bis von Seiten der Behörde ein wirksames Kostensenkungsverfahren gemäß § 22 Abs. 1 S. 3 SGB II durchgeführt wurde

Äußert die Behörde Zweifel an der Wirksamkeit des Mieterhöhungsverlanges, darf sich die Behörde nicht einfach darauf beschränken, Ihren Antrag auf Übernahme der erhöhten Miete abzulehnen. Die Behörde muss Ihnen darlegen, warum es die Mieterhöhung für unwirksam hält und Ihnen zeigen, wie Sie gegen den/die Vermieter*in vorgehen können, um Ihre Rechte zu wahren (BSG 24.11.2011 – B 14 AS 15/11 R).

3.4 ...durch Mietminderung wegen Mängeln der Wohnung

Da Ihnen die Behörde nur die tatsächlichen Aufwendungen zahlt, vermindern sich diese auch, wenn Sie wegen Wohnungsmängeln die Miete mindern. Kommt es zu einem Prozess, den Sie verlieren, müsste die Behörde dann die Rückzahlung der Mietminderung als tatsächliche Kosten der Unterkunft übernehmen (§ 44 Abs. 1 Nr. 1 SGB X). Lassen Sie sich das vorsorglich schriftlich bestätigen.

Tipp: Lassen Sie sich zu 3.1 bis 3.4 beim örtlichen Mieterverein über mögliche Schritte beraten. Verständliche Informationen erhalten Sie im Internet unter www.berliner-mieterverein.de Infomarkt & Mietrecht Infoblätter.

3.5 ...durch eine andere Einstufung des Baujahrs

Wenn Modernisierungen mit entsprechenden Mieterhöhungen stattgefunden haben, das Baujahr aber bleibt, wird unter Umständen auch die Angemessenheit Ihrer Miete zu niedrig eingestuft. Prüfen Sie, ob es Modernisierungen gab, die die Einstufung beeinflussen. Es gibt Kommunen/ Kreise, die bei den Angemessenheitsgrenzen nach Baujahresklassen des Hauses differenzieren.

3.6 ...durch Untervermietung

Wenn Ihre Wohnung groß genug und Untervermietung möglich (durch Erlaubnis des/r Vermieters/*in) und zumutbar ist (§ 553 BGB), können Sie untervermieten, wenn Sie die Wohnung nicht wechseln wollen (OVG Hamburg 13.7.1993, FEVS 1994, 409 ff.).

3.7 ...durch Wohnungswechsel

Eine unangemessene Miete wird meist nur übernommen, um Ihnen Zeit zu geben, eine angemessene Wohnung zu finden. Näheres unter ⇨**Umzug**

3.7.1 Wann ist ein Wohnungswechsel nicht zuzumuten?

Nach Kriterien, die in den Richtlinien der Kommunen für Unterkunftskosten oder von

der Rechtsprechung entwickelt wurden, kann das der Fall sein, wenn
- Sie nachweislich (innerhalb der gesetzten Frist) keine angemessene Wohnung finden konnten,
- Ihre Miete nur geringfügig über der Angemessenheitsgrenze liegt, z.B. um 65 € bei einem Dreipersonenhaushalt (SG Oldenburg 5.7.2006 - S 49 AS 734/05),
- Sie schwer krank, behindert, pflegebedürftig oder psychisch krank sind (u.a. LSG Berlin-Brandenburg 27.3.2009 - L 14 AS 274/09 B ER: psychische Erkrankung),
- Sie unter Platzangst leiden (LSG NRW 20.7.2009 - L 7 B 182/09 AS),
- Sie suizidgefährdet sind (BVerfG 27.6.2005 - 1 BvR 224/05),
- Sie z.B. blind sind und sich in Ihrer bisherigen Umgebung sehr gut auskennen,
- Sie z.B. als Erwerbslose*r nur vorübergehend Unterstützung erhalten (OVG Lüneburg, FEVS 29, 78),

- das Ende des Leistungsbezugs z.B. aufgrund der Verrentung bevorsteht (LSG NRW 17.4.2009 - L 19 B 75/09 AS ER),
- Sie schwanger sind (LSG Mecklenburg-Vorpommern 7.5.2009 - L 8 AS 57/08),
- Sie in Elternzeit sind,
- die sozialen Beziehungen Ihrer Kinder im Einzelfall gefährdet wären (SG Oldenburg 6.7.2006 - S 49 AS 734/05), diese mögliche Schulprobleme bekommen oder die Erziehungsprobleme größer werden,
- Sie nur einmalige Leistungen bzw. geringfügige Leistungen (10 bis 12,50 € mtl.) von der Behörde bekommen,
- die Einsparungen an Miete in keinem angemessenen Verhältnis zu den Mehrkosten für Umzug, Renovierung, Kaution, Maklergebühren, Doppelmieten, Neuanschaffungen usw. stehen (§ 22 Abs. 1 Satz 4 SGB II; BSG 19.2.2009 – B 4 AS 30/08 R und 15.6.2016 – B 4 AS 36/15 R),
- wenn Sie Alg II auf Darlehensbasis beziehen,
- wenn eine Vielzahl von Leistungsberechtigten einer Siedlung umziehen müssten.

Tipp 1: Wenn wenige Euro Mieterspamis mit hohen zusätzlichen Kosten für Umzug, Auszugs- und Einzugsrenovierung, Kaution, doppelte Mietzahlungen, Wohnungssuche usw. verbunden sind, handelt die Behörde unwirtschaftlich. *„Eine Absenkung der [...] unangemessenen Aufwendungen muss nicht gefordert werden, wenn diese unter Berücksichtigung der bei einem Wohnungswechsel zu erbringenden Leistungen unwirtschaftlich wäre"* (§ 22 Abs. 1 Satz 4 SGB II).

Tipp 2: Die Behörde würde auch Sie zur Unwirtschaftlichkeit zwingen, denn Sie haben beim Umzug Mehrausgaben. Außerdem stören sinnlose Umzüge Sie dabei, den Zweck der Grundsicherung für Arbeitssuchende zu erfüllen, nämlich Arbeit zu suchen (§ 1 Abs. 2,Satz 2 SGB II).

4. Senkung der Kosten (Sonderregeln wegen Corona-Pandemie ⇨2.)

4.1 Ein halbes Jahr Frist, um unangemessene Mieten zu senken

„Soweit die Aufwendungen für die Unterkunft den der Besonderheit des Einzelfalles angemessenen Umfang übersteigen, sind sie als Bedarf des allein stehenden Hilfebedürftigen oder der Bedarfsgemeinschaft solange zu berücksichtigen, wie es allein stehenden Hilfebedürftigen oder der Bedarfsgemeinschaft nicht möglich oder nicht zuzumuten ist, durch einen Wohnungswechsel, durch Vermieten oder auf andere Weise die Aufwendungen zu senken, in der Regel jedoch längstens für sechs Monate" (§ 22 Abs. 1 Satz 3 SGB II; entsprechend: § 35 Abs. 2 Satz 2 u. 3 SGB XII).

Die **Sechsmonatsfrist** zur Senkung der Unterkunftskosten auf das angemessene Maß muss durch eine hinreichende **Aufklärung** der Behörde in Gang gesetzt werden. Darin ist darzulegen, *„in welcher Weise und in welcher Intensität sie [die Leistungsbeziehenden] nach einer billigeren Unterkunft suchen [müssen] und welche Nachweise sie dafür zu erbringen"* haben (LSG Bayern 26.10.2006 - L7 AS 90/06; ebenso: LSG Baden-Württemberg 30.1.2007 - L 8 AS 57755/06; LSG Rheinland-Pfalz 5.10.2006 - L 3 ER 187/06 AS). Schließlich können Sie nicht wissen, dass Sie Ihre Kosten senken sollen, wie und bis wann das von Ihnen verlangt wird und wie Sie das der Behörde gegenüber dokumentieren sollen.

Auch wenn die **Kostensenkungsaufforderung** kein Verwaltungsakt ist, der mit einem Widerspruch angegriffen werden kann, hat sie eine „Aufklärungs- und Warnfunktion" (BSG 07.11.2006 - B 7b AS 10/06 R). Es sind gewisse Anforderungen zu erfüllen, damit zumindest klar wird, was genau von Ihnen gefordert wird. Das BSG stellt allerdings keine erhöhten inhaltlichen oder formellen Anforderungen an das Aufforderungsschreiben (ebenda).

Hält die Behörde diese Vorgaben des BSG nicht ein und vermittelt Ihnen nicht hinreichend genug, was von Ihnen gefordert wird, kommt die Behörde ihrer Aufklärungspflicht nicht nach. Das hat zur Folge, dass Sie keine Maßnahmen zur Kostensenkung ergreifen können; die tatsächliche Miete ist deshalb von der Behörde weiter zu übernehmen (LSG NRW 6.10.2010 – L 12 AS 35/08, LSG Niedersachsen-Bremen 27.11.2014 – L 8 SO 112/11, BSG 17.12.2009 – B 4 AS 19/09 R).

Da vermietbare Wohnungen in der Regel zu Preisen oberhalb des Mietspiegels angeboten werden, ist es durchaus möglich, dass Sie im geforderten Zeitraum keine angemessene Wohnung finden. Laut Gesetzestext sollen unangemessene Mieten so lange übernommen werden, wie es Ihnen nicht möglich ist, die Aufwendungen zu senken.
Wenn es Ihnen trotz *„ernsthafter und intensiver Bemühungen"* (BVerwG 30.5.1996, info also 1996, 201) nicht gelingt, in sechs Monaten eine billigere Wohnung zu finden, muss Ihre Miete weiter übernommen werden (BVerwG 11.9.2000 - 5 C 9/2000).
Fragt sich nur, wie viele Monate sie ernsthaft und intensiv suchen müssen. Muss nicht irgendwann Schluss sein mit der Suche nach einer Wohnung, die unter den vorgegebenen Konditionen nicht zu finden ist?

Tipp: Wenn Sie sich nachweislich intensiv, aber erfolglos um eine neue Wohnung bemüht haben und Ihr*e Sachbearbeiter*in Ihnen nach einem halben Jahr trotzdem die Miete kürzt, sollten Sie Widerspruch einlegen und eine einstweilige Anordnung beantragen.

4.2 Nachweis der Wohnungssuche

Sie sollten sich beim Wohnungsamt als wohnungssuchend melden.
Fragen Sie Ihre*n Sachbearbeiter*in, wie viele Wohnungssuchnachweise er/sie von Ihnen verlangt und in welcher Form er/sie sie anerkennt. Legen Sie unbedingt ein **„Wohnungssuchprotokoll"** an, in dem Sie Ihre Suche dokumentieren (entsprechend der Bewerbungsnachweise; ⇨Bewerbungen).
Da drei bis zehn Bewerbungen um Arbeit im Monat zumutbar sind, gehen wir davon aus, dass je nach Wohnungsmarkt fünf bis zehn Nachweise zur Wohnungssuche genügen sollten.
Erklären Sie, keine Wohnung zu finden, kann die Behörde den Gegenbeweis antreten, indem sie Ihnen eine einzige billigere und verfügbare Wohnung anbietet (BVerwG, info also 1996, 201). Die muss allerdings auch tatsächlich an Sie vermietet werden können.

Tipp: Beantragen Sie Wohnungsbeschaffungskosten, noch bevor die Kosten anfallen (Fahrtkosten, je nach Wohnungsmarkt Maklerkosten, Kosten für Zeitungen, Inserat usw.; ⇨Umzug).

4.3 Bei langen Kündigungsfristen Umzug nicht möglich

Bei Mietverhältnissen, die vor dem 1.9.2001 geschlossen wurden, **können** aufgrund von **Sondervereinbarungen** mit dem/r Vermieter*in längere Kündigungsfristen von bis zu einem Jahr gelten. Liegt keine solche Vereinbarung vor, gilt die nach dem 1.9.2001 gültige Kündigungsfrist von drei Monaten (§ 573 c Abs. 1 Satz 1 BGB).

Nehmen wir an, Sie haben für Ihre alte Wohnung eine Kündigungsfrist von einem Jahr. Vier Monate nach der Aufforderung durch das Amt finden Sie eine angemessene Wohnung, die Sie in zwei Monaten beziehen können. Wenn Sie sofort kündigen, haften Sie für alle Verluste, die dem/r Vermieter*in aus Ihrem vorzeitigen Auszug entstehen. Um das zu umgehen, müssten Sie sich mit Ihrem/r Vermieter*in einigen, ob er/sie Sie früher aus dem Vertrag entlässt, wenn Sie z.B. eine*n Nachmieter*in stellen. Der/die Vermieter*in ist aber in seiner/ihrer Entscheidung frei. Er/Sie kann auf der Einhaltung des Mietvertrags bestehen. Die Sechsmonatsfrist der Behörde wäre in diesem Fall hinfällig.

Auch wenn die Kündigungsfrist nur drei Monate beträgt, können Sie jedoch erst dann kündigen, wenn Sie eine neue Wohnung tatsächlich anmieten können. Offensichtlich geht die Bundesregierung bei ihrer Sechsmonatsfrist davon aus, dass Sie ohne Probleme innerhalb von drei Monaten eine neue Wohnung anmieten können und die geringstmögliche Kündigungsfrist haben. Die Frist von sechs Monaten ist lebensfremd und stellt Leistungsbeziehende, die umziehen müssen, vor große Schwierigkeiten.

Tipp: Es gibt kein Sonderkündigungsrecht für Alg II-Beziehende und kein Recht auf Vertragsbruch. Bestehen Sie also auf die Zusage, dass die doppelte Miete übernommen wird, falls Sie vor Ablauf der Kündigungsfrist umziehen müssen. Wird diese Zusage nicht erteilt, scheitert die Anmietung der neuen Wohnung, da sie gezwungen wären, die Doppelmiete aus dem Regelbedarf zu zahlen.

Das BSG hat entschieden, wenn **Doppelmieten** beispielsweise **wegen Renovierung** tatsächlich anfallen und unvermeidbar sind, sind diese vom Jobcenter als KdU gemäß § 22 Abs. 1 S. 1 SGB II zu übernehmen, wenn Sie beide Wohnungen auch tatsächlich nutzen (BSG 30.10.2019 - B 14 AS 2/19 R). Das ist zwar zunächst nur eine SGB II-Entscheidung, wird aber genauso auf das SGB XII übertragbar sein. Sie werden aber nachweisen müssen, dass Sie sich bemüht haben, die Kosten zu vermeiden und dass Sie versucht haben, den/die Vermieter*in dazu zu bewegen, Ihnen für die Zeit der Renovierung die Wohnung kostenfrei zu überlassen.

Näheres dazu ⇨ Wohnungsbeschaffungskosten

4.4 Mieterhöhung aufgrund von Modernisierung löst neue Sechsmonatsfrist aus

Erhöht sich nach einer Modernisierungsmaßnahme die Miete, ist sie im Rahmen der Unterkunftskosten **in tatsächlicher Höhe** zu übernehmen (BSG 19.10.2010 - B 14 AS 2/10 R). Wird durch den Modernisierungszuschlag die Angemessenheitsgrenze überschritten, wird die sechsmonatige Frist zur Kostensenkung neu ausgelöst, allerdings nur, wenn ein Umzug mit Blick auf die entstehenden Kosten überhaupt „wirtschaftlich" ist (§ 22 Abs. 1 Satz 4 SGB II). Die Modernisierungsvereinbarung muss nicht vom Jobcenter, das die Mieterhöhung übernimmt, genehmigt werden (BSG 23.8.2012 - B 4 AS 32/12 R).

5.1 Kann die Mietzahlung eingestellt werden, wenn Sie eine „angemessene" Wohnung nicht nehmen?

Nein. Es muss wenigstens die als angemessen betrachtete Miete gezahlt werden. Denn: *„Leistungen für die Unterkunft [...] werden in Höhe der tatsächlichen Aufwendungen erbracht, soweit sie angemessen sind"* (§ 22 Abs. 1 SGB II; sinngleich § 35 SGB XII).

Wenn jemand **nicht** aus einer unangemessenen in eine angemessene Unterkunft umzieht, obwohl er die Möglichkeit dazu hätte, müssen wenigstens die angemessenen Unterkunftskosten weitergezahlt werden.

Sie können auch ohne Zusicherung der Behörde von einer Wohnung mit unangemessener Miete in eine Wohnung mit geringerer, aber immer noch unangemessen hoher Miete umziehen. Der angemessene Teil ist **immer** zu übernehmen (§§ 22 Abs. 1 Satz 1, 35 Abs. 2 Satz 4 SGB XII; BVerwG 1.10.1998, FEVS 49, 150 ff.).

5.2 Differenz zwischen „angemessener" und unangemessener Miete selbst aufbringen

Sie können über die Verwendung Ihres Regelbedarfs selbst bestimmen. Sie sind frei, auch den unangemessenen Teil der Miete daraus zu decken (SG Düsseldorf 25.2.2006 - S 35 AS 360/05 ER). Meist bewegen sich die Differenzen um 30 bis 90 € (junge Welt 3.2.2006 über Berlin). Wenn Sie über Erwerbseinkommen, Mehrbedarfszuschläge usw. verfügen, können Sie die Differenz auch daraus decken.

Tipp: Bedenken Sie aber, dass die Bezuschussung der Miete oft dauerhaft nötig ist und dass Sie sich dabei nicht finanziell übernehmen.

Es kann aber auch **jemand anderes** die Differenz zahlen. Ein Zuschuss der Eltern in Höhe von 200 € zu dem Zweck, den unangemessenen Teil der Miete zu decken, *„beeinflusst die Lage der Klägerin nicht so günstig, dass daneben Leistungen nach dem SGB II nicht gerechtfertigt wären"* (LSG Rheinland-Pfalz 6.11.2009 - L 5 AS 221/09). Er darf daher nicht als Einkommen angerechnet werden.

Tipp: Damit solche Zuwendungen vom Jobcenter nicht als anzurechnendes Einkommen gewertet werden, ist es sinnvoll, dass die Summe vom „Spender" direkt und zweckbestimmt an den/die Vermieter*in gezahlt wird. Das LSG Rheinland-Pfalz (ebenda) hatte der Klägerin zwar die volle Verfügung über den Zuschuss der Eltern zugebilligt, aber man kann nie wissen, wie andere Gerichte urteilen.

6.1 Mietübernahme bei Antragstellung

Seit dem 1.4.2011 geht der Antrag auf Leistungen beim **Alg II** (bei der **GSi** schon vorher) auf den **Ersten eines Monats** zurück (§ 37 Abs. 2 Satz 2 SGB II). Die Miete für diesen Monat ist dann voll zu berücksichtigen, wie auch alle Einkommen, die Sie im Monat erzielen.

Bei **HzL der Sozialhilfe** beginnt der Anspruch auf Leistungen erst ab dem Tag, ab dem das Sozialamt von Ihrer Hilfebedürftigkeit erfährt. Die Miete muss dann nur anteilig für den Monat erbracht werden.

6.2 Miete direkt an Vermieter*in?

„Soweit Arbeitslosengeld II für den Bedarf für Unterkunft und Heizung geleistet wird, ist es ***auf Antrag*** *der leistungsberechtigten Person möglich, an den Vermieter oder andere Empfangsberechtigte zu zahlen.*

Es ***soll*** *an den Vermieter oder andere Empfangsberechtigte gezahlt werden, wenn die zweckentsprechende Verwendung durch die leistungsberechtigte Person nicht sichergestellt ist.*

Das ist insbesondere der Fall, wenn

1. *Mietrückstände bestehen, die zu einer außerordentlichen Kündigung des Mietverhältnisses berechtigen,*
2. *Energiekostenrückstände bestehen, die zu einer Unterbrechung der Energieversorgung berechtigen,*
3. *konkrete Anhaltspunkte für ein krankheits- oder suchtbedingtes Unvermögen der leistungsberechtigten Person bestehen, die Mittel zweckentsprechend zu verwenden, oder*
4. *konkrete Anhaltspunkte dafür bestehen, dass die im Schuldnerverzeichnis eingetragene leistungsberechtigte Person die Mittel nicht zweckentsprechend verwendet"* (§ 22 Abs. 7 SGB II; entsprechend § 35 Abs. 1 Satz 2 u. 3 SGB XII).

Tipp Sie sollten im Normalfall darauf bestehen, dass Sie die Unterkunftskosten ausgezahlt bekommen und eigenverantwortlich an den/die Vermieter*in überweisen. Dann haben Sie selbst die Kontrolle über Ihre Zahlungen und merken, wenn etwas schiefläuft. Dies ist deshalb wichtig, da nach dem BGH eine Kündigung des/r Vermieters/*in grundsätzlich auch möglich ist, wenn Sie zwar alles richtig gemacht haben, die Miete von der Behörde dem/r Vermieter*in aber nicht oder verspätet überwiesen wurde (⇨Mietschulden 5.2.)

7. Beiträge für einen Mieterschutzbund

Wenn Sie sich gegen überhöhte Mieten oder Mietnebenkosten wehren, setzen Sie sich für die Interessen der Behörde ein. Haben Sie Erfolg, muss diese weniger zahlen. Das gilt auch für die Durchsetzung notwendiger Reparaturen und Maßnahmen zur Instandhaltung der Wohnung gegenüber Ihrem/r Vermieter*in. Können Sie damit die Bewohnbarkeit Ihrer Wohnung dauerhaft sicherstellen, entfallen die mit dem Wohnungswechsel verbundenen Kosten.

Tipp: Beantragen Sie in diesen Fällen die Übernahme des Beitrags zu einem Mieterverein durch die Behörde. Wenn ein Beitritt sich für diese lohnt, zahlt sie ihn auch (so z.B. in Wiesbaden oder Hamburg). Das Sozialamt Darmstadt hatte z.B. mit dem Mieterverein eine Sondermitgliedschaft für Sozialhilfebeziehende vereinbart.

8. Nur in Wohnungen mit „angemessener" Miete umziehen?

Wenn Ihnen keine andere Wahl mehr bleibt, als umzuziehen, müssen Sie Folgendes beachten:

HzL/GSi der Sozialhilfe

„Vor Abschluss eines Vertrages über eine neue Unterkunft haben Leistungsberechtigte den dort zuständigen Träger der Sozialhilfe [...] in Kenntnis zu setzen. Sind die Aufwendungen für die neue Unterkunft unangemessen hoch, ist der Träger der So-

zialhilfe nur zur Übernahme angemessener Aufwendungen verpflichtet, es sei denn, er hat den darüber hinausgehenden Aufwendungen vorher zugestimmt" (§ 35 Abs. 2 Satz 3 u. 4 SGB XII).

Sie müssen also **keine** vorherige Zustimmung zum Umzug selbst einholen, sondern nur das Sozialamt des Orts, an den Sie ziehen wollen, vom geplanten Umzug *„in Kenntnis setzen"*. Das sollten Sie auch wirklich tun. Denn nur so können Sie erfahren, ob das neue Sozialamt die Unterkunftskosten für angemessen hält (⇨2.).

Wenn Sie allerdings **Umzug**skosten bzw. Wohnungsbeschaffungskosten erstattet bekommen wollen, müssen Sie zuvor beim Sozialamt, das **bis** zum Umzug zuständig ist, einen Antrag stellen (§ 35 Abs. 2 Satz 5 u. 6 SGB XII).

Tipp: Verlassen Sie sich nicht darauf, dass das Sozialamt Ihres Herkunftsortes die Miete Ihrer Wohnung im Bereich eines anderen Sozialamts für angemessen erklärt und Ihre Umzugskosten übernimmt. Beantragen Sie die Übernahme der Kosten immer **vorher**. Lassen Sie sich alles **schriftlich** geben!

Hält das Sozialamt des Ortes, in den Sie ziehen, die Miete für unangemessen und Sie ziehen trotzdem um, muss es nur die angemessene Miete zahlen.

Das gilt auch, wenn Sie das neue Sozialamt vor dem Umzug **nicht** informiert haben. Der angemessene Teil **muss** selbst dann berücksichtigt werden, wenn Sie die Differenz zur Gesamtmiete nicht dauerhaft tragen können (BVerwG 1.10.1998, BVerwG 107, 239).

Wenn Sie nicht in der Lage sind, die Differenz zur tatsächlichen Miete zu zahlen, können ⇨**Mietschulden** auflaufen. Diese werden nicht übernommen, wenn die Miete unangemessen ist. Irgendwann könnten Sie also geräumt werden (⇨Räumung).

Der Umzug in eine unangemessen teure Wohnung kann zulässig sein, wenn der Umzug unausweichlich und damit unaufschiebbar war, z.B. wenn Wohnungslosigkeit drohte und keine Alternativen bestanden (BVerwG 30.5.1996, info also 1996, 200). Gründe können Feuchtigkeit, Kälte, Erkrankungen aufgrund der Beschaffenheit der alten Wohnung sowie Druck der Mitmieter*innen sein. Sie müssten allerdings nachweisen, dass Sie trotz intensiver Bemühungen keine günstigere Wohnung finden konnten.

Tipp: Auch hier gilt: lieber vorher die Zustimmung einholen, denn nur dann ist die Behörde auch verpflichtet, die unangemessene Miete zu tragen (§ 35 Abs. 2 Satz 4 SGB XII).

Alg II

„Vor Abschluss eines Vertrages über eine neue Unterkunft soll die leistungsberechtigte Person die Zusicherung des für die neue Unterkunft örtlich zuständigen kommunalen Trägers zur Berücksichtigung der Aufwendungen für die neue Unterkunft einholen. Der kommunale Träger ist zur Zusicherung verpflichtet, wenn die Aufwendungen für die neue Unterkunft angemessen sind" (§ 22 Abs. 4 SGB II).

Das gilt **seit 1.8.2016** und ist eine deutliche Verbesserung gegenüber der Vorgängerregelung. Demnach müssen Sie die Übernahme der künftigen Unterkunftskosten von dem Jobcenter **genehmigen** lassen, das **am Ort der neuen Wohnung** zuständig ist. Das ergibt Sinn. Bis zum 31.7.2016 war das Jobcenter am alten Wohnort für diese Genehmigung zuständig.

Außerdem **entfällt** die **Erforderlichkeit** des Umzuges als **Voraussetzung** für die Zusicherung der Übernahme künftiger Mietzahlungen. Es handelt sich lediglich um eine Vorsichtsmaßnahme um sicherzustellen, dass die Kosten der neuen Wohnung auch tatsächlich angemessen sind und in voller Höhe übernommen werden.

Auch für die Übernahme der **Kaution** (Genossenschaftsanteile) müssen Sie beim **neuen** Jobcenter die Zusicherung einholen (§ 22 Abs. 6 Satz 1, 2. HS SGB II). Für die Genehmigung der mit dem **Wohnungswechsel/ Umzug** verbundenen Kosten ist, wie bisher, das **alte** Jobcenter zuständig. Voraussetzung für die Übernahme dieser Kosten ist aber, dass der **Umzug erforderlich** ist (§ 22 Abs. 6 SGB II)

8.1. Nicht erforderlicher Umzug in eine teurere Wohnung

nur Alg II

Ist ein Umzug **nicht erforderlich**, die neue Miete zwar angemessen, aber **höher** als die frühere Miete, werden Miete und Heizung **nur in Höhe der früheren Aufwendungen** gezahlt (§ 22 Abs. 1 Satz 2 SGB II). Das gilt auch, wenn Sie ohne Erlaubnis in eine unangemessene Wohnung umziehen. Der Maßstab für Angemessenheit wird gerade für diejenigen gesenkt, die in den billigsten und schlechtesten Wohnungen leben. Arbeitslose sollen sich nicht einmal im Rahmen angemessener Unterkunfts- und Heizkosten verbessern dürfen. Diese „Mietpreisbremse" für Alg-II-Beziehende gibt es schon seit August 2006 und sie gilt für die Dauer des Leistungsbezugs.

Tipp 1: Wenn Sie in einer unzumutbaren, billigen Wohnung wohnen, beantragen Sie die Anerkennung der **Erforderlichkeit** Ihres Umzuges (mögliche Gründe unter ⇨Umzug 1.1). Wenn das Amt die Notwendigkeit anerkennt, haben Sie Anspruch auf den angemessenen Mietpreis und die Übernahme der Umzugskosten.

Tipp 2: Die Beschränkung der Unterkunftskosten bei nicht erforderlichem Umzug auf die früheren Miet- und Heizkosten **entfällt**, sobald Sie aufgrund von Einkommenszufluss den Leistungsbezug für mindestens einen Monat unterbrechen (BSG 9.4.2014 - B 14 AS 23/13 R).

Das **Bundessozialgericht** hat die „lebenslange" Begrenzung der Unterkunftskosten allerdings eingeschränkt: Sie greift nur dann, wenn zum Zeitpunkt des nicht erforderlichen Umzugs **rechtmäßig ermittelte kommunale Angemessenheitsgrenzen** existierten, die auf Grundlage eines schlüssigen Konzepts festgelegt wurden (BSG 29.4.2015 - B 14 AS 6/14 R).

Ist das der Fall, dürfen die Leistungen für Unterkunft und Heizung nicht statisch auf die alten Aufwendungen zum Zeitpunkt **vor** dem Umzug begrenzt werden. Es hat vielmehr eine **Dynamisierung** zu erfolgen, die sich an den Veränderungen der kommunalen Angemessenheitsgrenzen seit dem Vergleichszeitpunkt orientiert und die berücksichtigt, *„dass sich zeitlich nachfolgende Anhebungen dieser Angemessenheitsgrenzen auf die Deckelung auswirken"* (BSG 17.2.2016 - B 4 AS 12/15 R).

Tipp 1: Überprüfen Sie, ob die örtlichen Angemessenheitsgrenzen anhand eines schlüssigen Konzepts ermittelt wurden (⇨2.3 ff.). Wenn nicht, wäre die Deckelung von Beginn an rechtswidrig. Sie können den entsprechenden Kürzungsbescheid mit Hilfe eines Überprüfungsantrags bis zu vier Jahre rückwirkend angreifen (⇨Nachzahlung 3.1).

Tipp 2: Ist die Deckelung rechtmäßig, machen Sie Ihre*n Sachbearbeiter*in auf die erforderliche Dynamisierung Ihrer begrenzten Unterkunftskosten aufmerksam.

Ziehen Sie aber auf eigenen Wunsch, ohne Erforderlichkeit und Zusicherung der Behörde in einen **anderen Wohnort** um, der einem Wohnungsmarkt mit anderem Mietpreisniveau unterliegt (anderer Vergleichsraum), können Sie auch in eine Wohnung ziehen, die teurer ist als die alte. Sie haben in diesem Fall Anspruch auf eine Wohnung nach den **Angemessenheitskriterien des neuen Wohnortes** (BSG 1.6.2010 - B 4 AS 60/09R u. 30.1.2019 - B 14 AS 10/18 R: Denn die Deckelung der anzuerkennenden Bedarfe für Unterkunft und Heizung bei einem nicht erforderlichen Umzug auf die Aufwendungen für die bisherige Wohnung (§ 22 Abs. 1 S. 2 SGB II) ist auf den Fall des innerhalb eines Vergleichsraums durchgeführten Umzugs beschränkt).

Kritik

Der Staat trägt zum hohen Mietpreisniveau bei, indem er sich weitgehend aus dem Sozialen Wohnungsbau zurückgezogen hat. Der Bestand an Sozialwohnungen ist in Deutschland von knapp 3 Mio. Wohnungen 1992 (BT-Drs. 12/2883) über ca. 2,1 Mio. im Jahr 2006 auf nicht einmal mehr 1,14 Mio. Wohnungen Ende 2019 (https://www.zdf.de/nachrichten/politik/weniger-sozialwohnungen-100.html) zurückgegangen. Seitdem schrumpft der Bestand jährlich um mehrere zehntausend Wohnungen. Außerdem verkauft der Staat viele Wohnungen aus seinem Bestand an private Fonds, die damit ihre Rendite steigern wollen. All das treibt die Mieten nach oben.

Weil Kommunen ein Großteil der Unterkunftskosten für Alg -II- und HzL-Beziehende aufbringen müssen, haben sie ein Interesse, die Kosten zu senken. Deshalb werden Angemessenheitskriterien nach unten geschraubt.

Der Wohnungsmarkt aber bietet regelmäßig nicht genug zumutbare Unterkünfte, die der geforderten Angemessenheit entsprechen. Die Suppe muss eine immer größere Zahl Leistungsbeziehender auslöffeln, die ihre Miete aus dem Regelbedarf finanzieren muss. Im Juni 2012 unterschritten bei 796.000 Bedarfsgemeinschaften die anerkannten Kosten die tatsächlichen Kosten für Unterkunft und Heizung. Im gleichen Monat wurden von den tatsächlichen Unterkunftskosten 51 Mio. € nicht von den Jobcentern übernommen (BT-Drs. 17/11946, 7). Die betroffenen Bedarfsgemeinschaften mussten demnach im Juni 2012 im Durchschnitt 64 € für die Miete selbst aufbringen.
Mit dem Druck auf die Unterkunftskosten wird auch Druck aufgebaut, Billigjobs anzunehmen.

Forderungen
Die Angemessenheitsgrenzen müssen je nach Wohnungsmarkt um einem „Verfügbarkeitszuschlag" angehoben werden!
Bemessung der angemessenen Unterkunftskosten auf der Basis der bei Neuvermietungen zu zahlenden Mieten!
Deutlich höhere Investitionen in den sozialen Wohnungsbau!

Information
Udo Geiger; Unterkunftskosten nach dem SGB II, 6. Aufl., Stand: 02/2020, Fachhochschulverlag, 582 S.
Deutscher Mieterbund, Das Mieterlexikon, Ausgabe 2020/2021, 698 S., Bezug über den Buchhandel oder örtliche Mietervereine

Beratung
Örtliche Mietervereine und Verbraucherzentralen
Sozialberatungsstellen und Erwerbsloseninitiativen kennen sich i.d.R. gut aus mit Unterkunftsproblemen von Leistungsbeziehenden.

Internet
www.mieterbund.de
(dort finden Sie auch ein bundesweites Adressverzeichnis für Beratungsstellen der Mietervereine)

Mietnebenkosten

gehören zu den Leistungen für die Unterkunft (§ 22 Abs. 1 Satz 1 SGB II; § 35 Abs. 1 Satz 1 SGB XII). Die Mietpartei muss nur die Mietnebenkosten/Betriebskosten tragen, die im Mietvertrag aufgeführt sind, wobei ein Verweis auf „alle Kosten nach der Betriebskostenverordnung (BetrKV)" genügt (§§ 556 ff BGB, BetrKV).

Inhaltsübersicht

1. Was gehört zu den Nebenkosten (Betriebskosten)

Zu den Nebenkosten, die von der vermietenden Person auf die Mietpartei umgelegt werden können, zählen die laut Betriebskostenverordnung (BetrKV Stand: 10.5.2012) zu zahlenden Betriebskosten, z.B. für Fahrstuhl, Gartenpflege, Gebäude-, Fußweg- und Schornsteinreinigung, Gemeinschaftsantenne oder Kosten der mtl. Grundgebühren für Breitbandanschlüsse, Grundsteuer, Hausbeleuchtung, Hausreinigung, Hausmeister, Reinigung und Wartung der Heizungsanlage, Müllabfuhr, Sach- und Haftpflichtversicherung der vermietenden Person, Straßenreinigung, Ungezieferbekämpfung und sonstige Betriebskosten.
Die Kosten für **Wasser** und **Abwasser** gehören auch zu den Nebenkosten und sind als Unterkunftskosten zu übernehmen.
Nebenkosten und mtl. Abschlags- bzw. Vorauszahlungen sind **im Mietvertrag vereinbart**. Da sie **unvermeidbar** sind, müssen sie übernommen werden, auch wenn

einzelne Kosten nach SGB II oder SGB XII nicht als notwendig angesehen werden (LSG Niedersachsen-Bremen 15.12.2005 - L 8 AS 427/05 ER; LSG Sachsen-Anhalt 10.11.2010 – L 2 AS 182/10 B ER; SG Hannover 18.8.2005 - S 47 264/05; in Bezug auf **Kabelanschluss**: BVerwG 28.11.2001, info also 2002, 127 ff.; BSG 19.2.2009 - B 4 AS 48/08 R, keine Übernahme, wenn nicht mietvertraglich geschuldet).

Reparaturkosten und Verwaltungskosten sind **nicht** auf die Nebenkosten umlagefähig (§ 1 Abs. 2 BetrKV) und daher nicht von der Mietpartei, sondern von der vermietenden Person zu zahlen.
⇨**Stromkosten** sind schon im ⇨Regelbedarf enthalten.
⇨**Heizkosten** werden gesondert abgerechnet.
⇨**Warmwasser**kosten werden im Rahmen der Unterkunfts- und Heizkosten erstattet oder gesondert als ⇨Mehrbedarf erbracht.

2.1 Angemessene Nebenkosten

Nebenkosten müssen in tatsächlicher Höhe übernommen werden, *„soweit diese angemessen sind"* (§ 22 Abs. Satz 1 SGB II; sinngleich: § 35 Abs. 1 Satz 1, Abs. 2 Satz 1 SGB XII).

Regelmäßig bilden die **durchschnittlichen „kalten" Nebenkosten zusammen** mit der **Grundmiete** den Maßstab für die angemessenen Unterkunftskosten und **nicht** die jeweiligen Einzelbestandteile (BSG 20.11.2011 - B 4 AS 19/11 R). Liegt Ihre tatsächliche **Bruttokaltmiete** deutlich darüber, sollen Sie diese auf das angemessene Maß absenken (⇨2.2). Wegen der Auswirkungen der **Corona-Pandemie** wurden durch das Sozialschutz-Paket I + II auch ergänzende Regelungen im SGB II und SGB XII aufgenommen (§§ 67, 68 SGB II; 141, 142 SGB XII), welche u.a. die Frage der ***Angemessenheit der Kosten der Unterkunft und Heizung*** und somit auch die Frage der Angemessenheit der Nebenkosten regeln (§§ 67 Abs. 3 SGB II; § 141 Abs. 3 SGB XII).

Diese Regelungen gelten für alle Bewilligungszeiträume, die in der Zeit von März 2020 bis **März 2021** beginnen bzw. begonnen haben (§§ 67 Abs. 1 bzw. 68 Abs. 1 S. 1 SGB II iVm. Art. 4 Nr. 6 a) bzw. Nr. 7 RBEGAnpG 2021, §§ 141 Abs. 1 SGB bzw. 142 Abs. 1 SGB XII iVm. Art. 2 Nr. 3b) a) bzw. Nr. 3c) a) RBEGAnpG 2021). Erfasst sind daher sowohl Erstbewilligungen als auch in dieser Zeit beginnende Weiterbewilligungszeiträume (LSG Niedersachsen-Bremen 29.9.2020 – L 11 AS 508/20 B ER).

Für Bewilligungszeiträume die zwischen März 2020 und **März 2021** begonnen haben bzw. beginnen, **gelten die Unterkunftskosten** (KdU) und somit auch die Nebenkosten für **sechs Monate als angemessen** (§ 67 Abs. 3 SGB II /§ 141 Abs. 3 SGB XII). Voraussetzung ist, dass die KdU im vorangegangen Bewilligungszeitraum nicht schon wegen Unangemessenheit abgesenkt wurde.

Dies bedeutet, dass die Behörde die KdU für diesen Zeitraum übernehmen muss, auch wenn diese an sich über der Mietobergrenze (MOG) liegen und daher unangemessen ist. Nach Ablauf der sechs Monate muss die Behörde die tatsächlichen Kosten, auch wenn diese nicht angemessen sind und die MOG überschreiten, solange übernehmen, solange die Behörde kein Kostensenkungsverfahren gemäß § 22 Abs. 1 S. 3 SGB II durchgeführt hat.

Zu beachten ist, dass diese Regelung nicht gilt, wenn die KdU aufgrund eines fehlenden Umzugserfordernisses auf die bisherige Miete nach § 22 Abs. 1 S. 2 SGB II begrenzt wurde. Ferner nicht, wenn bei unter 25-Jährigen bei nicht erforderlichen Erstauszügen gemäß § 22 Abs. 5 SGB II kein Anspruch auf KdU besteht.

Die meisten Bestandteile der Mietnebenkosten können in ihrer Höhe von der Mietpartei nicht beeinflusst werden. Sie müssen also zunächst in der von der vermietenden Person geforderten Höhe anerkannt werden.

Tipp: Bei deutlich erhöhten Abrechnungswerten ist es sinnvoll, Ihre vermietenden Person schriftlich zur Überprüfung der Abrechnung und Verbrauchswerte aufzufordern und ggf. einen Mieterverein einzuschalten (⇨Miete 7.). So können Sie gegenüber der Behörde nachweisen, dass Sie nicht untätig sind und einem Kostensenkungsverfahren entgegenwirken.

2.2 Betriebskostenspiegel

Zur Ermittlung „angemessener" Nebenkosten soll auf **regionale** bzw. **örtliche Betriebskostenübersichten** und die sich daraus ergebenden **Durchschnittswerte**

M

zurückgegriffen werden. Ein wirksames schlüssiges Konzept zur Ermittlung der Mietobergrenze (MOG) und somit auch der Angemessenheit der Nebenkosten setzt nach BSG jedoch voraus, dass auch die Nebenkosten schlüssig ermittelt wurden, was dann nicht der Fall ist, wenn hierbei nur die durchschnittlichen Nebenkosten der Alg II-Haushalte berücksichtigt wurden, um die angemessenen Nebenkosten für die MOG zu ermitteln (BSG 17.9.2020 – B 4 AS 22/20 R). Richtigerweise muss zur Ermittlung der angemessenen Nebenkosten der gesamte Wohnungsmarkt des Vergleichsraums und nicht nur die Wohnungen mit einfachem Standard einbezogen werden (BSG 17.9.2020 – B 4 AS 22/20 R).

Tipp: Es ist davon auszugehen, dass viele schlüssige Konzepte an diesem Mangel leiden und daher kein Maßstab für die Angemessenheit der Miete und der Nebenkosten sein können. Sie sollten daher Widerspruch bzw. einen Überprüfungsantrag gem. § 44 SGB X einreichen, falls Ihre tatsächliche KdU von der Behörde nicht übernommen wird.

Ergeben sich jedoch konkrete Anhaltspunkte, *„dass die vom Deutschen Mieterbund für das gesamte Bundesgebiet aufgestellten Übersichten (Betriebskostenspiegel) das örtliche Niveau besser abbilden, kann auf diese zurückgegriffen werden"* (BSG 19.10.2010 - B 14 AS 50/10 R).

Der 2019 erschienene 13. **bundesweite** Betriebskostenspiegel des Mieterbundes (www.mieterbund.de ⇨Service; differenziert nach West/Ost) aus dem Auswertungsjahr 2017 zeigt, dass bundesweit die „kalten" Mietnebenkosten mtl. im Schnitt bei 2,07 **€/m²** liegen (3,10 € abzüglich 1,03 € Heiz- und Warmwasserkosten). Dieser **„kalte" Durchschnittswert**, der sämtliche Betriebskosten umfasst, hat als angemessen zu gelten, auch wenn bestimmte Kostenarten (z.B. Aufzug) bei Ihnen gar nicht anfallen.

Übersteigen Ihre Nebenkosten diesen Durchschnittswert, heißt das aber noch nicht, dass sie nicht mehr übernommen werden. In bestimmten Fällen ist es möglich, im **Einzelfall** höhere Nebenkosten anzuerkennen, z.B. bei krankheitsbedingt erhöhtem Wasserbedarf.

Außerdem bilden die kalten Nebenkosten **zusammen** mit der Grundmiete als **Bruttokaltmiete** den Betrag, nach dem die **Angemessenheit** der Unterkunftskosten **bewertet** wird. Höhere Nebenkosten können somit durch eine geringere Grundmiete ausgeglichen werden und umgekehrt. Erst wenn der Gesamtbetrag die örtlich zulässige **Angemessenheitsgrenze** überschreitet, kann man Sie zur Senkung der Unterkunftskosten auffordern. Sie bekommen dafür einen Übergangszeitraum von **sechs Monaten** eingeräumt. Näheres unter ⇨Mieten 4.; ⇨Heizkosten 6.

Seit 2011 ist es den Kommunen und Kreisen erlaubt, im Rahmen einer kommunalen **Satzung** für Kosten der Unterkunft und Heizung Höchstwerte auch für die Nebenkosten festzulegen (§§ 22a bis 22c SGB II). Aber auch hier müssen die oben beschriebenen Standards zur Ermittlung eines Durchschnittswerts eingehalten werden. Näheres zur kommunalen Satzung ⇨Miete 2.5.1.

Zudem ist es **seit 1.8.2016** möglich, die Angemessenheit auf Grundlage der **Bruttowarmmiete** als ***„Gesamtangemessenheitsgrenze"*** zu bestimmen, in der die angemessene Bruttokaltmiete und angemessenen Heizkosten zusammengefasst werden (§ 22 Abs. 10 SGB II neu; ⇨Miete 2.5.3; ⇨Heizkosten 4.1).

2.3 Angemessenheit der Wasserkosten

Die Höhe des Wassergelds ist vom individuellen Verbrauch abhängig. Die Angemessenheit muss sich am Durchschnittsverbrauch orientieren. Dieser lag 2017 in Deutschland laut Angaben des Bundesverband der Energie- und Wasserwirtschaft (BDEW) bei durchschnittlich 127 Liter pro Tag und Kopf oder 3,875 m³ im Monat bzw. 46,5 m³ im Jahr (www.co2online.de/energie-sparen/heizenergie-sparen/warmwasser/wasserverbrauch-singlehaushalt/).

Besonders in älteren Wohnhäusern werden die Kosten für Wasser/ Abwasser nicht auf die einzelnen Wohneinheiten umgelegt, weil es noch keine getrennten Wasseruhren gibt. Ist das der Fall, können Sie nicht für einen überdurchschnittlichen Wasserverbrauch in Ihrem Wohnhaus verantwortlich gemacht werden. Sie können noch so viel Wasser sparen, wenn ein Nachbar seinen Wasserhahn

niemals zudreht. Es muss bei den Wasserkosten – wie regelmäßig bei allen anderen Betriebskosten – immer Toleranzwerte geben, weil Durchschnittswerte dem **Einzelfall** nicht gerecht werden können.
Nicht zulässig ist es, wenn Behörden Wasserkosten isoliert auf ihre Angemessenheit hin überprüfen und ggf. kürzen. Vielmehr sollen die auf regionaler bzw. bundesweiter Datengrundlage ermittelten **durchschnittlichen „kalten" Nebenkosten** insgesamt zusammen mit der **Grundmiete** als **Maßstab für die angemessenen Unterkunftskosten** dienen, nicht einzelne Faktoren.

Manche Stadtwerke fordern bei Vertragsbeginn oder zu Beginn des Jahres einen höheren **Abschlag** für Wasser- oder auch Müllkosten in Höhe von mehreren hundert Euro. Die Behörde hat hier den gesamten Betrag zu übernehmen, unabhängig davon, wie lange Sie noch Hilfeempfänger*in sind. Maßgeblich ist der Zeitpunkt, an dem der Betrag fällig ist, nicht der Zeitraum, für den im Voraus zu zahlen ist.

3.1 Nachzahlungen am Ende des Abrechnungszeitraums

gehören ebenso wie die **Vorauszahlungen** zu den Kosten der Unterkunft (BVerwG 14.2.1988, BVerwGE 79, 46) und müssen **im Monat der Fälligkeit** übernommen werden (SG Lüneburg 15.3.2005 - S 23 S 75/05 ER; SG Hannover 3.3.2005 - S 51 SO 75/05 ER; OVG NRW 17.10.1988 - 8 A 1333/85).

Auch Nachzahlungen, die **Zeiträume vor dem Bezug** von Alg II/ Sozialhilfe betreffen, aber während des Leistungsbezugs eingehen, müssen i.d.R. übernommen werden. Allerdings nur, wenn Sie noch **in derselben Wohnung** wohnen, für die die Nachzahlung fällig wird. Ist das **Mietverhältnis** bereits **beendet**, gehört die betreffende Nachzahlung für einen Abrechnungszeitraum **vor** dem Bezug von Leistungen nicht zu den übernahmefähigen Unterkunftskosten (BSG 25.6.2015 - B 14 AS 40/14 R).
Eine Nachforderung, die eine **ehemalige Wohnung** betrifft, kann nach Rechtsprechung des BSG ausnahmsweise dann übernommen werden, wenn Sie sowohl im Zeitpunkt der Entstehung der Kosten als auch im Zeitpunkt ihrer Fälligkeit **im Bezug von Alg II standen**. Außerdem muss die Aufgabe der betreffenden Wohnung im Rahmen einer **Kostensenkungsaufforderung** durch das Jobcenter erfolgt sein und der Nachzahlbetrag darf noch nicht gedeckt sein (BSG 20.12.2011 - B 4 AS 9/11 R). Das sollte jedoch auch gelten, wenn der Umzug während Ihres Leistungsbezuges erfolgte und er aus anderen, nicht von Ihnen zu vertretenden Gründen **erforderlich** war (z.B. Krankheit, Behinderung, Vergrößerung der Bedarfsgemeinschaft usw.).
Eine Nachforderung, die eine ehemalige Wohnung betrifft, ist auch dann zu übernehmen, wenn ein durchgehender Leistungsbezug vom Zeitpunkt der Entstehung der Nachforderung (Abrechnungszeitraum) bis zu deren Fälligkeit bestand und eine Zusicherung hinsichtlich des Umzugs vorlag (BSG 30.3.2017 – B 14 AS 13/16 R; BSG 13.7.2017 – B 4 AS 12/16 R).

M

Nach Auffassung zweier LSG ist Voraussetzung für die Übernahme einer fälligen Nebenkostennachforderung für eine nicht mehr bewohnte Wohnung lediglich, dass ein durchgehender Leistungsbezug vom Zeitpunkt der Entstehung der Nachforderung (Abrechnungszeitraum) bis zu deren Fälligkeit bestand. Auf eine Kostensenkungsaufforderung oder eine Zusicherung eines Umzuges durch die Behörde kommt es nicht an (LSG NRW 23.5.2019 – L 7 AS 1440/18; LSG BB 30.4.2020 – L 19 AS 2352/19). Denn der durchgehende Leistungsbezug bewirke bereits die vom BSG geforderte existenzsicherungsrechtlich relevante Verknüpfung der Nebenkostennachforderung für die in der Vergangenheit bewohnte Wohnung mit dem aktuellen unterkunftsbezogenen Bedarf. Die vom BSG gebildeten Fallgruppen, die eine Übernahme von Kosten für eine nicht mehr bewohnte Wohnung ermöglichen (Erfüllung einer Kostensenkungsobliegenheit bzw. Zusicherung hinsichtlich des Umzugs), sind auch nicht als abschließend anzusehen, was bereits das Wort „jedenfalls" im Urteil des BSG vom 30.3.2017 (B 14 AS 13/16 R) verdeutlicht, das weitere Fallkonstellationen zulässt (LSG NRW 23.5.2019 – L 7 AS 1440/18). Schließlich ist zweifelhaft, ob die Anforderung „Zusicherung hinsichtlich des

Umzuges“ ein sachgerechtes Kriterium für den Übernahmeanpruch sein kann, da sich die Zusicherung nur auf Kosten der künftigen Wohnung bezieht und Kosten der bisherigen Wohnung gerade nicht beeinflusst (LSG NRW 23.5.2019 – L 7 AS 1440/18).

Diese vom BSG getroffene Systematik ist insbesondere unter Berücksichtigung der neuen LSG-Entscheidungen deutlich zu kritisieren. Den Zeitpunkt, wann die vermietende Person eine Betriebskostenabrechnung für eine nicht mehr bewohnte Wohnung vorlegt, können die Mietpartei bzw. Alg II-Beziehenden schwer bis gar nicht steuern. BK-Nachforderungen für nicht mehr bewohnte Wohnungen sind eindeutig Unterkunftskosten, die vertraglich im Leistungsbezug fällig werden. Sie wären daher vom Jobcenter als tatsächliche Unterkunftskosten zu übernehmen. Hier wird die Auffassung vertreten, dass die genannten LSG-Entscheidungen zutreffend sind und ein Übernahmeanspruch bereits besteht, wenn ein durchgehender Leistungsbezug vom Zeitpunkt der Entstehung der Nachforderung (Abrechnungszeitraum) bis zu deren Fälligkeit bestand. Da nicht auszuschließen ist, dass Jobcenter dazu neigen, einen Übernahmeanspruch nur zu bejahen, wenn die Fallgruppen der BSG Urteile vorliegen, muss gerade im Hinblick auf die neuen LSG-Entscheidungen die Diskussion weitergeführt werden, indem immer wieder Anträge gestellt und durch die Gerichte gebracht werden. Die BSG-Entscheidung ist auch systematisch falsch, denn KdU sind KdU, wenn sie im Leistungsbezug fällig gestellt werden. Die Alternative dazu wäre: sie sind Schulden und der/die SGB II-Beziehende muss sich deshalb gegenüber seiner alten vermietenden Person verschulden, weil er/sie diese Forderung aus seinen/ihren Hungerregelleistungen nicht zahlen kann.

Nachzahlungen, die **nach dem Ende des Bezugs** eingehen, aber Zeiten des Bezugs betreffen, werden nicht übernommen (⇨Heizkosten 1.2 f.). Wenn Sie aber im Monat der Fälligkeit einen Leistungsantrag stellen, muss als Alg II-/ Sozialhilfe-Bedarf der normale sozialrechtliche Bedarf (RB, Mehrbedarfe, laufende KdU) zzgl. des jeweiligen Nachzahlbetrags drauf gerechnet werden. So haben frühere Leistungsbezieher*innen, die erfolgreich in den Niedriglohn vermittelt wurden, immer noch einen ganz- oder teilweisen Übernahmeanspruch auf BK-Abrechnungen aus noch bewohnten Wohnungen. Ein Übernahmeanspruch heißt: Das Jobcenter/Sozialamt muss diese als tatsächliche Unterkunftskosten auf Zuschussbasis übernehmen (§ 22 Abs. 1 S. 1 SGB II/§ 35Abs. 1 S. 1 SGB XII). Das bezieht sich auf BK-Abrechnungen und Heizkostennachforderungen des Energieversorgers. Ferner sind einmalige unterkunftsbezogene Aufwendungen (hier: Beschaffung von jährlichem Heizmaterial) als aktueller Bedarf im Monat der Fälligkeit gemäß § 22 Abs. 1 S. 1 SGB II auch dann zu übernehmen, wenn durch die Bevorratung mit Heizmaterial allein im Monat der Fälligkeit Hilfebedürftigkeit entsteht und der/die Antragsteller*in gerade nicht für längere Zeit im Leistungsbezug ist (BSG 8.5.2019 – B 14 AS 20/18 R; Folge des insoweit geltenden Monatsprinzips). Eine Verteilung der Kosten auf mehrere Monate durch das Jobcenter eines in einem bestimmten Monat anfallenden Bedarfs für Heizmaterial, das für einen längeren Zeitraum gekauft worden ist, ist nicht zulässig, da hierfür im SGB II keine Rechtsgrundlage existiert (BSG 8.5.2019 – B 14 AS 20/18 R).
Wenn Sie aber nach dem Monat der Fälligkeit den Antrag stellen, sind es Schulden, dann besteht kein Übernahmeanspruch mehr.

Nachforderungen für Nebenkosten müssen auch übernommen werden, wenn sie **später bei der Behörde eingereicht** werden. Auch eine neun Wochen verspätete *„Geltendmachung“* führt nicht dazu, dass aus der Forderung der vermietenden Person Schulden werden, für deren Übernahme strengere Voraussetzungen gelten (LSG Baden-Württemberg 15.3.2007 - L 12 AS 618/07 NZB; LSG Sachsen 3.4.2008 - L 3 AS 164/07, Jobcenter muss auch nach einem halben Jahr noch übernehmen).
Nachforderungen während eines Bewilligungszeitraums, die in den Bereich der Unterkunfts- und Heizkosten fallen, sind **vom** regulären **Antrag** auf SGB II-Leistungen **erfasst** (BSG 22.3.2010 - B 4 AS 62/09 R). Sie müssen sie nicht gesondert beantragen. Die Behörde muss demnach die **Endabrech-**

nung als Nachweis für die tatsächlichen Aufwendungen für Unterkunft und Heizung routinemäßig von Ihnen einfordern.
Sie muss eine Nachzahlung auch übernehmen, wenn Sie sie schon an die vermietende Person gezahlt haben, bevor sie dem Jobcenter/ Sozialamt vorgelegt wird (SG Frankfurt/M 18.8.2008 - S 26 AS 1333/07).

Tipp 1: Mit Hilfe eines **Überprüfungsantrages** (⇨Nachzahlung 3.1) können Nachforderungen aus zurückliegenden Bewilligungszeiträumen bis zu **einem Jahr** rückwirkend geltend gemacht werden, auch wenn sie schon Schulden geworden sind (LSG Sachsen, ebenda).

Tipp 2: Achten Sie darauf,
- dass die zu übernehmenden Vorauszahlungen im Rahmen der Angemessenheitskriterien so hoch sind, dass möglichst keine Nachzahlungen entstehen und
- dass Sie nur Endabrechnungen bezahlen, die innerhalb einer **Frist von zwölf Monaten** eingegangen sind. Nach diesem Zeitraum ist eine Betriebskostennachforderung der vermietenden Person unwirksam (§ 556 Abs. 3 S.3 BGB). Wenn Sie sie schon bezahlt haben sollten, können Sie sie bis zu drei Jahre danach von der vermietenden Person zurückverlangen (BGH 18.1.2006 - VIII ZR 94/05).

3.2 Guthaben am Ende des Abrechnungs-zeitraums

Guthaben aus Endabrechnungen sind **Einkommen** und werden angerechnet. Sie mindern die Unterkunftskosten in dem Monat **nach** der Rückzahlung (§ 22 Abs. 3 SGB II). Das gilt auch, wenn das Guthaben aus einem Zeitraum **vor dem Leistungsbezug** stammt (BSG 22.3.2012 - B 4 AS 139/11 R; ⇨Heizkosten 1.3; BSG 24.6.2020 – B 4 AS 7/20 R). Übersteigt das zurückgezahlte Guthaben die KdU dieses Monats, erfolgt keine gleichmäßige Verteilung des Guthabens auf sechs Monate nach § 11 Abs. 3 SGB II, sondern das Guthaben wird ab dem Folgemonat des Zuflusses solange auf die KdU angerechnet, bis das Guthaben verbraucht ist, da § 22 Abs.3 1. HS. SGB II als Sonderregel dem § 11 Abs. 3 SGB II vorgeht (BSG 24.6.2020 - B 4 AS 8/20 R).

Wurden Leistungen jedoch gemäß § 41a SGB II **vorläufig bewilligt**, ist bei der abschließenden Entscheidung gemäß § 41a Abs. 4 SGB II unter Berücksichtigung der Rechtsprechung des BSG auch im Hinblick auf das zurückgezahlte Nebenkostenguthaben für den Bewilligungszeitraum ein Durchschnittseinkommen zu bilden (BSG 11.7.2019 – B 14 AS 44/18 R; SG Hannover 11.6.2020 – S 43 AS 3130/19).

Zum 1.8.2016 wurde mit dem Neunten SGB-II-Änderungsgesetz eine Rechtsauslegung des BSG ausnahmsweise zugunsten von Alg II-Beziehenden korrigiert: *„Rückzahlungen, die sich auf die Kosten für Haushaltsenergie oder* ***nicht anerkannte Aufwendungen*** *für Unterkunft und* ***Heizung*** *beziehen,* ***bleiben außer Betracht***“ (§ 22 Abs. 3 2. Halbsatz SGB II).
Das bezieht sich auf Guthabenanteile, die Sie selbst aus dem Regelbedarf finanziert haben, z.B. weil das Jobcenter nicht die volle Bruttokaltmiete übernommen hat. In diesem Fall dürfen Sie den Anteil behalten, den Sie als „nicht anerkannte Aufwendungen“ aus dem Regelbedarf gezahlt haben. Das BSG hat am 24.6.2020 entschieden, dass ein Guthaben aus einem Zeitraum vor dem Leistungsbezug nicht mit „nicht anerkannten Aufwendungen“ im Sinne des § 22 Abs. 3 2. HS SGB II gleichzusetzen ist und daher voll anzurechnen ist nach § 22 Abs. 3 SGB II (BSG 24.6.2020 – B 4 AS 7/20 R).

Zu Guthaben, die sich auf Haushaltsenergie beziehen, lesen Sie ⇨**Strom** 2.4

Wird ein Betriebskostenguthaben von der vermietenden Person **gegen Mietrückstände aufgerechnet** und kann deshalb von der Mietpartei nicht oder nicht ohne weiteres auf rechtliche Weise realisiert werden, dürfen die *„existenznotwendigen Aufwendungen der Unterkunft und Heizung“* vom Jobcenter nicht gekürzt werden (BSG 16.5.2012 - B 4 AS 132/11 R).

Forderung
Übernahme der Mietnebenkosten einschließlich des Wassergelds in tatsächlicher Höhe!

Mietschulden

Mietschulden und daraus resultierende Wohnungsräumungen sind der häufigste Grund für Obdachlosigkeit.

Inhaltsübersicht

1.1 Kündigung durch die vermietende Person bei Mietschulden

Die vermietende Person kann Ihnen **fristlos** kündigen, wenn

- Sie in zwei aufeinander folgenden Monaten die Miete entweder gar nicht zahlen oder insgesamt mehr als eine Monatsmiete schuldig bleiben (§ 543 Abs. 2 Nr. 3a BGB i.V. mit § 569 Abs. 3 Nr. 1 BGB),
- der Mietrückstand mindestens zwei Monatsmieten erreicht (§ 543 Abs. 2 Nr. 3b BGB) oder
- Sie die Kaution nicht zahlen oder bei Teilzahlungen mit der Kautionszahlung in Höhe von zwei Monatsmieten in Verzug sind (§ 569 Abs. 2a BGB).

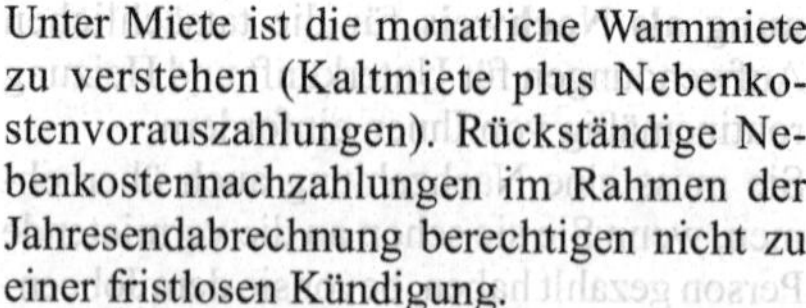

Unter Miete ist die monatliche Warmmiete zu verstehen (Kaltmiete plus Nebenkostenvorauszahlungen). Rückständige Nebenkostennachzahlungen im Rahmen der Jahresendabrechnung berechtigen nicht zu einer fristlosen Kündigung.

Wenn die Kündigung wirksam wird, erlischt das Mietverhältnis. Statt der früheren Miete müssen Sie eine Nutzungsentschädigung mindestens in Höhe der vereinbarten Miete zahlen (§ 546a BGB).

Sonderregeln aus Anlass der Corona-Pandemie (Art. 5 Gesetz zur Abmilderung der Folgen der COVID-19-Pandemie im Zivil-, Insolvenz- und Strafverfahrensrecht v. 27.03.2020 iVm. Art. 240 § 2 Einführungsgesetz zum Bürgerlichen Gesetzbuch (EGBGB / Kündigungsbeschränkung wg. Zahlungsverzugs):

Die Corona-Pandemie ist für viele Personen mit erheblichen Einkommensverlusten verbunden.

Aus diesem Grund wurde mit Wirkung zum 01.04.2020 geregelt, dass eine vermietende Person ein Mietverhältnis nicht allein aus dem Grund kündigen kann, dass die Mietpartei im Zeitraum vom 01.04.2020 bis 30.06.2020 trotz Fälligkeit die Miete nicht gezahlt hat, sofern die Nichtzahlung der Miete auf den Auswirkungen der Corona-Pandemie beruht (Art. 240 § 2 Abs. 1 S. 1 EGBGB). Den Zusammenhang von Corona-Pandemie und Nichtzahlung der Miete muss die Mietpartei im Streitfall nachweisen bzw. glaubhaft machen (z.B. durch Antrag auf staatl. Leistungen, Bescheinigung des Arbeitgebers, der Arbeitsagentur, etc.; (Art. 240 § 2 Abs. 1 S. 2 EGBGB).

Die Kündigungsmöglichkeit der vermietenden Person wegen anderer Kündigungsgründe (z.B. Eigenbedarf oder aufgrund erheblicher Pflichtverletzung der Mietpartei gegenüber der vermietenden Person) bleibt in diesem Zeitraum jedoch bestehen (Art. 240 § 2 Abs. 1 S. 3 EGBGB).

Da der besondere Kündigungsschutz wegen Zahlungsverzuges nur für Zahlungsrückstände für die Monate April 2020 bis einschließlich Juni 2020 gilt, kann das Mietverhältnis gekündigt werden wegen Zahlungsrückständen, die ab dem 1. Juli 2020 entstehen – auch in Kombination mit eventuellen früheren

Zahlungsrückständen aus der Zeit vor April 2020 –, wenn die Mietpartei insgesamt mit mehr als einer Monatsmiete in Verzug geraten.

Wichtig

Der vorgenannte Kündigungsausschluss besteht bis zum 30.06.2022 (Art. 240 § 2 Abs. 4 EGBGB). Dies bedeutet, dass der Rückstand für die Monate April 2020 bis Juni 2020 spätestens bis zum 30.06.2022 ausgeglichen werden muss. Denn ab 01.07.2022 kann die vermietende Person die Kündigung erklären, wenn der Rückstand bis dahin nicht vollständig beglichen ist und die Voraussetzungen des § 543 Abs. 2 S. 1 Nr. 3 BGB erfüllt sind.

1.2 Sich mit der vermietenden Person arrangieren

Auch wenn Sie die Miete nicht aufbringen können, kann die vermietende Person von ihrem Recht auf fristlose Kündigung absehen. Sie sollten die Hintergründe klarmachen, eine Tilgungsperspektive entwickeln und aufzeigen, dass künftige Mietzahlungen gesichert sind. Räumungen sind auch für vermietende Personen ein Ärgernis, bedeuten Stress und Kosten. Sie haben deswegen in der Regel ein Interesse an einer einvernehmlichen, gütlichen Regelung (⇨Räumung 2.3).

2.1 Die fristlose Kündigung ist/wird unwirksam

- wenn Sie den Mietrückstand vor dem Erhalt der Kündigung zahlen (§ 543 Abs. 2 Nr. 3 Satz 2 BGB),
- wenn Sie den Mietrückstand **innerhalb von zwei Monaten** zahlen, nachdem die **Räumungsklage** *„rechtshängig"* ist, d.h. nach der ordnungsgemäßen Zustellung der Klageschrift an Sie durch das Gericht oder
- wenn Sie in diesem Zeitraum der vermietenden Person eine Erklärung einer öffentlichen Stelle (Sozialamt, Jobcenter) vorlegen, dass die rückständige Miete übernommen wird (§ 569 Abs. 3 Nr. 2 Satz 1 BGB).

Die Zusage muss sich auf die gesamten Mietrückstände beziehen, nicht auf künftige Mieten.

Vorsicht!

- Wenn Sie innerhalb der letzten zwei Jahre schon einmal wegen Mietschulden fristlos gekündigt wurden, bleibt trotz Nachzahlung eine **erneute** fristlose Kündigung wirksam (§ 569 Abs. 3 Nr. 2 Satz 2 BGB).
- Bei einer zweiten fristlosen Kündigung innerhalb von zwei Jahren kann der Mietrückstand durch das Amt **nur** übernommen werden, wenn das Mietverhältnis nachweislich fortgesetzt und somit die Unterkunft gesichert werden kann (§ 22 Abs. 8 SGB II).
- Wenn Ihre vermietende Person die fristlose Kündigung mit einer fristgerechten verbindet, kann durch die vollständige Zahlung der säumigen Miete innerhalb von zwei Monaten **nur** die fristlose Kündigung geheilt werden, **nicht** aber die fristgerechte (BGH 16.2.2005 - VII ZR 6/04; BGH 23.2.2016 – VIII ZR 321/14 dort Rn. 4).

Tipp: Stecken Sie nicht den Kopf in den Sand, wenn Mietschulden auflaufen. Sie können ⇨**Räumung**en vermeiden. Wenn Sie nach einer Räumungsklage von der **Wohnraumsicherungsstelle** des Sozialamts angeschrieben werden, sprechen Sie unbedingt dort vor, wenn Sie eine Räumung verhindern wollen. Melden Sie sich nicht, geht das Amt davon aus, dass Sie sich selbst helfen.

2.2 Räumungsklage mit schriftlichem Vorverfahren

Hat das Gericht bei einer Räumungsklage das schriftliche Vorverfahren (§ 276 ZPO) und nicht einen frühen ersten Termin zur mündlichen Verhandlung angeordnet, müssen Sie die vom Gericht gesetzte Fristen beachten, um sich die Möglichkeit zu erhalten, die Räumungsklage durch Zahlung der Miete innerhalb von zwei Monaten abzuwenden.

Denn beim schriftlichem Vorverfahren werden Sie mit Zustellung der Räumungsklage aufgefordert, dem Gericht innerhalb einer Frist von zwei Wochen nach Zustellung der Klage schriftlich mitzuteilen, ***ob*** Sie sich gegen die Räumungsklage verteidigen wollen und innerhalb einer Frist von mindestens zwei weiteren Wochen mitzuteilen, ***wie*** Sie sich gegen die Räumungsklage verteidigen wollen, also Ihre Argumente zu übermitteln (§ 276 Abs. 1 ZPO).

Teilen Sie Ihre Verteidigungsbereitschaft dem Gericht nicht innerhalb der ersten zwei Wochen schriftlich mit, wird ein *„Versäumnisurteil"* erlassen, bei dem die Ausführungen in der Klage vom Gericht als wahr unterstellt werden und aus dem sofort die Zwangsvollstreckung betrieben sowie ein*e Gerichtsvollzieher*in mit der Räumung beauftragt werden kann. Für die Mitteilung der Verteidigungsbereitschaft genügt, dass Sie dem Gericht schriftlich mitteilen, dass Sie sich gegen die Klage verteidigen möchten. Bitte beachten Sie hierbei, dass die zwei Wochenfrist zu Anzeige der Verteidigungsbereitschaft eine Notfrist ist und daher nicht verlängert werden kann. Die zweite Frist zur Übermittlung Ihrer Argumente an das Gericht kann verlängert werden; der Verlängerungsantrag muss aber vor Ablauf der Frist bei Gericht eingehen und die Gründe benennen, warum Sie eine Fristverlängerung beantragen (z.B. Krankheit).

M

Bei einem schriftlichen Vorverfahren haben Sie nur dann die Möglichkeit, die Räumungsklage durch Zahlung der Miete innerhalb von zwei Monaten abzuwenden, wenn Sie Ihre Verteidigungsbereitschaft dem Gericht innerhalb von zwei Wochen nach Zustellung der Räumungsklage schriftlich mitteilen.

3.1 Wann ist die Übernahme von Mietschulden möglich?

Alg II, HzL/GSi der Sozialhilfe

„Sofern Leistungen für Unterkunft [...] erbracht werden, können auch Schulden übernommen werden, soweit dies zur Sicherung der Unterkunft [...] gerechtfertigt ist. Sie sollen übernommen werden, wenn dies gerechtfertigt und notwendig ist und sonst Wohnungslosigkeit einzutreten droht" (§ 22 Abs. 8 SGB II; entsprechend § 36 Abs. 1 SGB XII).

Mietschulden von Alg II-Beziehenden, Auszubildenden und Schüler*innen, die ergänzende SGB II-Leistungen beziehen, werden vom **Jobcenter** übernommen (§ 22 Abs. 8 SGB II).

Für erwerbsfähige Personen, die **keine** Alg II-Ansprüche haben, weil ihr Einkommen geringfügig oberhalb des Alg II-Bedarfs liegt (§ 21 Satz 2 SGB XII), für voll Erwerbsgeminderte und Altersrentner*innen mit Renteneinkommen knapp oberhalb des Sozialhilfebedarfs sowie für Beziehende von HzL/ GSi der Sozialhilfe ist das **Sozialamt** zuständig (§ 36 SGB XII).
Auch für Auszubildende, Schüler*innen und Studierende, die keine laufenden Leistungen nach dem SGB II beziehen, ist seit 1.8.2016 das Sozialamt für die Mietschuldenübernahme zuständig (in Folge der Streichung von § 27 Abs. 5 SGB II [alt]).

3.2 Schon⇨vermögen vorrangig einsetzen?

Bei Bezug von **Alg II** müssen Sie seit 2011 Ihr komplettes Schonvermögen von 150 € pro Lebensjahr, den **Ansparbetrag** (750 € pro Person in der Bedarfsgemeinschaft) und nach dem Wortlaut des Gesetzes sogar das Kinderschonvermögen vorrangig für die Mietschulden einsetzen (§ 22 Abs. 8, Satz 3 i.V. mit § 42a Abs. 1 SGB II; ⇨Darlehen).

Tipp: Mietschulden werden vom Jobcenter darlehensweise übernommen. Das BSG hat entschieden, dass nur der/die mietvertraglich verantwortliche*n Schuldner*in Darlehensnehmer*in für diese Leistung ist/sind (BSG 18.11.2014 - B 4 AS 3/14 R; ⇨4.3). Andere Mitglieder der Bedarfsgemeinschaft, allen voran die Kinder, können nicht als Darlehensnehmer herangezogen werden. Folglich ist nur das Schonvermögen des Darlehensnehmers/der Darlehensnehmerin einzusetzen, das der restlichen Bedarfsgemeinschaft bleibt geschützt.

Wenn das **Sozialamt** Ihre Mietschulden übernimmt, weil Sie sozialhilfeberechtigt oder Geringverdiener*in **ohne** Alg II-Anspruch sind, müssen Sie Ihr Vermögen erst ab dem Freibetrag von 5.000 € einsetzen.

3.3 Wann ist die Übernahme gerechtfertigt?

Voraussetzung für die Schuldenübernahme ist, dass Wohnungsgröße und Miete **angemessen** sind (⇨Miete 2.).
Die Schuldenübernahme ist gerechtfertigt, wenn sie einen **wichtigen Grund** dafür vorweisen können, z.B.

- wegen Einkommensarmut oder einer akuten Überschuldungsituation,
- wenn besondere Problemlagen vorliegen, z.B. *„Isolation, psychische Störungen, Suchtproblematik, Krankheit, schwieriges häusliches Umfeld“* (Empfehlungen des Deutschen Vereins (DV) zur Übernahme von Mietschulden und Energiekostenrückständen im SGB II und SGB XII, 11.3.2015, 11, im Folgenden: DV 17/14),
- wenn Sie eine Familie mit (kleinen) **Kindern** haben,
- wenn Ihnen aufgrund von **Krankheit, Behinderung** oder wegen des hohen **Alters** ein Umzug in eine andere Wohnung nicht zuzumuten ist,
- wenn die Verschuldungssituation auf eine vorübergehende (ggf. krankheitsbedingte) Krisensituation zurückzuführen ist oder
- wenn aufgrund einer ⇨Sanktion Mietschulden aufgelaufen sind.

Nicht gerechtfertigt ist dagegen die Schuldenübernahme,
- wenn bereits **wiederholt Mietschulden** entstanden sind. Das reduziert zumindest die Aussichten auf Schuldenübernahme durch die Behörde (OVG NRW, FEVS 35, 28). In diesem Fall könnte man Ihnen *„sozialwidriges Verhalten“* unterstellen. Um das zu widerlegen, müssten Sie schon plausible Gründe dafür anführen, warum es künftig zu keinem weiteren Mietrückstand mehr kommt (z.B. Therapie gegen Spielsucht, laufende Budgetberatung im Rahmen der Schuldnerberatung usw.).
- wenn Sie z.B. ausreichende Einkünfte hatten, um die Miete zu zahlen, sie aber dennoch nicht gezahlt haben (OVG Hamburg, FEVS 41, 327).

Beim **Alg II-Bezug** ist die Übernahme nicht gerechtfertigt,
- wenn es um die Sicherung einer unangemessen teuren Wohnung geht (LSG Berlin-Brandenburg 22.4.2008 - L 5 B 510/08 AS ER).

3.4 Notwendigkeit der Übernahme

Notwendig ist die Übernahme, solange die Räumung durch die vermietende Person noch abgewendet werden kann (LSG Hessen 26.10.2005 - L 7 AS 65705 ER), bei deren Vollziehung **jedoch** Wohnungslosigkeit entstehen würde, d.h.,
- wenn eine Räumungsklage eingereicht ist oder konkret beabsichtigt ist bzw.
- wenn die Räumung vollstreckt werden soll.

*„Wegen der erheblichen Folgen eines drohenden Wohnungsverlustes ist das gesetzlich eingeräumte Ermessen des Leistungsträgers in diesen Fällen regelmäßig **auf null** reduziert; eine Schuldenübernahme kann nur in atypischen Ausnahmefällen abgelehnt werden“* (DV 17/14, 23; vgl. BSG 17.6.2010 - B 14 AS 58/09 R).

Nicht notwendig wäre die Übernahme, wenn Sie die Wohnung schon **verloren** haben oder wenn die Wohnung durch die Schuldenübernahme nicht **dauerhaft gesichert** werden kann (z.B. bei Abriss des Wohnhauses; eine zulässige fristgerechte Kündigung wurde parallel zur fristlosen Kündigung eingereicht und die vermietende Person verzichtet nicht darauf).

3.5 Verpflichtung zur Übernahme?

Wenn die Übernahme „nur“ **gerechtfertigt** ist (s.o. 3.3), ***„können“*** Mietschulden übernommen werden. Hierüber hat die Behörde nach pflichtgemäßem ⇨Ermessen zu entscheiden und dies schriftlich zu begründen.

Wenn sie **gerechtfertigt und** es **zur Vermeidung der Wohnungslosigkeit notwendig** ist (s.o. 3.4), ***„sollen“*** Mietschulden übernommen werden.

Das ⇨Ermessen ist also im letzteren Fall regelmäßig *„auf null“* reduziert, d.h. nur in begründeten Ausnahmen, z.B. bei „sozialwidrigem Verhaltenen“, kann die Übernahme der Schulden abgelehnt werden.

„Die Möglichkeit zur Unterbringung in einer Not- oder Obdachlosenunterkunft lässt das Tatbestandsmerkmal der drohenden Wohnungslosigkeit nicht entfallen“ (DV 17/14, 21; BSG 17.6.2010 - B 14 AS 58/09 R dort insbes. Rn 28).

Bei drohendem Verlust der Wohnung steht häufig keine konkret anmietbare Ersatzwohnung zur Verfügung, sodass eine eilige Entscheidung der Behörde erforderlich ist, ob die Mietschulden von dieser übernommen werden. Lehnt die Behörde die Übernahme der Mietschulden ab, so ist ein Antrag auf Eilverfahren bei dem Sozialgericht einzureichen (⇨Einstweilige Anordnung). Bisher wurde der hierfür notwendige Anordnungsgrund (= dringende Notlage bzw. Eilbedürftigkeit) meist verneint, wenn „nur" fristlos gekündigt worden war und von der vermietenden Person noch keine Räumungsklage eingereicht wurde. Das Bundesverfassungsgericht (BVerfG) hat nun klargestellt, dass diese Auffassung nicht richtig ist und das Grundrecht auf effektiven Rechtsschutz gem. Art. 19 Abs. 4 S. 1 GG verletzt, da zu diesem Zeitpunkt eine erhebliche Rechtsbeeinträchtigung des/r Betroffenen bereits eingetreten ist (BVerfG 1.8.2017 – 1 BvR 1910/12). Das BVerfG verlangt, dass statt einer schematischen Beurteilung des Anordnungsgrundes („Räumungsklage ja oder nein") eine einzelfallbezogene Prüfung zu erfolgen hat. Und zwar dahingehend, welche negativen Folgen finanzieller, sozialer, gesundheitlicher oder sonstiger Art ein Verlust gerade dieser konkreten Wohnung für den/die Betroffene*n hätte. Relevante Nachteile können daher nicht nur in einer Wohnungs- oder Obdachlosigkeit liegen, sondern auch in der Kostenbelastung, welche eine eingereichte Räumungsklage mit sich bringt.

Somit kann daher bei Vorliegen einer Kündigung und vor Einreichung der Räumungsklage durch die vermietende Person ein Anordnungsgrund für eine Einstweilige Anordnung bestehen.

Tipp 1: Wenn Sie Ihre Miete nicht mehr zahlen können, bzw. Mietschulden anfallen, sollten Sie sofort zur zuständigen Behörde gehen. Mietschulden *„können"* auch schon übernommen werden, **bevor** die fristlose Kündigung ausgesprochen bzw. die Räumungsklage eingereicht wird. Lassen Sie es lieber nicht darauf ankommen.

Tipp 2: Wenn die **Kosten** für Umzug und ggf. Neueinrichtung einer neuen Wohnung **höher** sind als die Übernahme der Mietschulden, ist das ein gewichtiges Argument für die Übernahme.

Tipp 3: Legen Sie dar, warum die Übernahme der Mietschulden zur **dauerhaften Sicherung** der Unterkunft gerechtfertigt ist und kurzfristig die Anmietung einer anderen Wohnung für Sie nicht möglich ist, z.B. aufgrund des angespannten Wohnungsmarktes oder eines negativen SCHUFA-Eintrages.

3.6 Unterrichtung der zuständigen Behörde über den Eingang einer Räumungsklage

Geht bei einem Amtsgericht eine Räumungsklage ein, teilt dieses dem zuständigen Träger (Jobcenter/ Sozialamt) oder der beauftragten kommunalen Stelle, i.d.R. die **Wohnungssicherungsstelle**, den Eingang der Klage, die Namen und die Anschrift der beteiligten Parteien, die Höhe der laufenden Miete und der Mietschulden sowie den Termin der mündlichen Verhandlung mit (§ 22 Abs. 9. SGB II, § 36 Abs. 2 SGB XII).

Dass die Voraussetzungen für die Übernahme von Mietschulden vorliegen, kann nach einer Unterrichtung durch das Amtsgericht von der Behörde selbst festgestellt werden. Es ist daher nicht zulässig, Sie wegen nicht nachgewiesener Notlage abzuweisen oder zusätzliche Nachweise zu verlangen, dass Ihre Wohnungslosigkeit tatsächlich einzutreten droht. Vielmehr eröffnet die Meldepflicht für die Behörden die Option, präventiv tätig zu werden, betroffene Personen anzuschreiben und über eine mögliche Antragstellung auf Übernahme der Mietschulden aufzuklären (DV 17/14, 17).

4.1 Beihilfe oder ⇨Darlehen

Für Alg II-Beziehende

sollen Mietschulden als Darlehen übernommen werden (§ 22 Abs. 8 Satz 4 SGB II). Erwerbslose werden vorrangig auf Darlehen verwiesen. Beihilfen sind aber z.B. in Härtefällen nicht völlig ausgeschlossen. So hat das BSG entschieden, dass eine Leistung für Mietschulden vom Jobcenter als Zuschuss zu übernehmen ist, wenn die Behörde durch ihr fehlerhaftes Verhalten wesentlich an der Entstehung der Mietschulden mitgewirkt hat (BSG 18.11.2014 – B 4 AS 3/14 R).

Für HzL-/GSi-Beziehende

dagegen **können** Mietschulden als Beihilfe **oder** als Darlehen übernommen werden (§ 36 Abs. 1 Satz 3 SGB XII). In der Praxis bewilligen

Sozialämter regelmäßig Darlehen und üben bei der Entscheidung immer seltener ihr Ermessen pflichtgemäß aus. Dabei ist zu beachten:
*„Eine Darlehensvergabe ist in der Regel **nur** bei einer realistischen Rückzahlungsperspektive ermessensgerecht. Das zentrale Ziel der Sozialhilfe, von ihr unabhängig leben zu können (§ 1 Satz 2 SGB XII), darf durch die Darlehensgewährung nicht gefährdet sein."* Bei der Entscheidung ist demnach zu berücksichtigen, *„ob den Leistungsberechtigten die Rückzahlung in absehbarer Zeit nach Darlehensvergabe und innerhalb eines überschaubaren Zeitraumes tatsächlich möglich sein wird"* (DV 17/14, 25).

Tipp: Legen Sie ⇨Widerspruch ein, wenn das Sozialamt Ihnen ohne weitere Begründung zur Begleichung der Mietschulden ein Darlehen statt einer Beihilfe gewährt. Ziel dieses Verfahrens ist die Umwandlung des Darlehens in eine Beihilfe, wenn die Wohnung bereits gesichert ist.

4.2 Aufrechnung von Mietschulden-Darlehen mit HzL/GSi der Sozialhilfe?

Wenn Sie die laufende Miete vom **Sozialamt** bekommen, sie aber nicht an die vermietende Person weitergeleitet haben, **können** vom Sozialamt übernommene Mietschulden mit den laufenden Leistungen aufgerechnet, d.h. verrechnet werden (§ 26 Abs. 3 SGB XII; ⇨Ermessen). Das wäre aber nur dann gerechtfertigt, wenn Sie eine zweckwidrige Verwendung der Unterkunftskosten tatsächlich durch vorsätzliches oder grob fahrlässiges Handeln vereitelt, d.h. die Mietschulden schuldhaft herbeigeführt hätten. Besondere Problemlagen (z.B. Spielsucht oder andere Suchterkrankungen) sind bei der Entscheidung zu berücksichtigen. Außerdem muss in Betracht gezogen werden, dass das Sozialamt selbst das Auflaufen von Mietschulden durch Direktüberweisung an die vermietende Person hätte verhindern sollen, wenn aufgrund besonderer Umstände Zweifel an der zweckentsprechenden Verwendung der Unterkunftskosten bestehen (§ 35 Abs. 1 Satz 3 u. 4 SGB XII; ⇨Miete 6.2).

Liegt schuldhaftes Verhalten vor, soll die Sozialhilfe bis auf das *„zum Lebensunterhalt Unerlässliche"* gekürzt werden (§ 26 Abs. 2 SGB XII). Als unerlässlich wird i.d.R. ein um bis zu 25 Prozent geminderter Regelbedarf angesehen. Was jedoch im Einzelfall für den Lebensunterhalt unerlässlich ist, ist unter Berücksichtigung der besonderen Lebenslage zu überprüfen. Bei alten, kranken oder behinderten Menschen kann dies auch bedeuten, dass gar nichts oder nur zehn Euro einbehalten werden.

4.3 Aufrechnung von Mietschulden-Darlehen mit Alg II?

Bei Alg II-Bezug sind jegliche Darlehen seit 2011 mit **zehn Prozent des Regelsatzes** aufzurechnen (§ 42a Abs. 2 SGB II). Das gilt auch für Darlehen zur Übernahme von Mietschulden. Zuvor gab es dafür im SGB II keine gesetzliche Grundlage.

Allerdings ist die Aufrechnung des Darlehens **nicht** bei allen Personen der Bedarfsgemeinschaft vorzunehmen, sondern nur bei der Person/ den Personen, die aus dem Mietvertrag gegenüber der vermietenden Person zu Mietzahlung verpflichtet ist/ sind (BSG 18.11.2014 - B 4 AS 3/14 R). Mit dem Regelbedarf der Kinder einer Bedarfsgemeinschaft darf ein solches Darlehen folglich nicht aufgerechnet werden (⇨Darlehen 1.4 f.).

5.1 Direktüberweisung der Miete durch die Behörde

Näheres unter ⇨Miete 6.2

5.2 Mietschulden, verursacht durch die Behörde?

Hat ein*e Mietschuldner*in rechtzeitig einen Antrag auf Übernahme der Unterkunftskosten bei dem zuständigen Träger gestellt und sind die zur Mietzahlung erforderlichen Unterkunftskosten nicht rechtzeitig bewilligt worden, kann die vermietende Person dennoch einen Mietvertrag wirksam kündigen. Der Bundesgerichtshof hat entscheiden, dass bei einem Zahlungsverzug von sechs Monatsmieten eine Kündigung selbst dann rechtmäßig ist, wenn die Mietpartei den Sozialhilfeträger bereits auf dem Wege einer ⇨einstweiligen Anordnung zur Zahlung hat

verpflichten lassen. Demnach befreien bei Geldschulden die wirtschaftlichen Schwierigkeiten des Schuldners/der Schuldnerin auch dann nicht von den Folgen verspäteter Zahlung, wenn sie der/die Schuldner*in selbst nicht zu verantworten hat (BGH 4.2.2015 - VIII ZR 175/14; BGH 29.6.2016 – VIII ZR 173/15).
Liegt allerdings bereits eine Zusicherung der Mietschuldenübernahme durch das Sozialamt vor, muss sich die vermietende Person bei Zahlungsverzug zunächst an das Sozialamt wenden und darf nicht die Mietpartei haftbar machen (LG Karlsruhe 14.7.1989, ZfF 1991, 108 f.; gilt auch im SGB II).

Eine fristlose Kündigung ist nicht zulässig, wenn das Jobcenter die Miete mehrmals einige Tage zu spät direkt an die vermietende Person überwiesen hat, obwohl sie mit maximaler Verspätung von drei Werktagen auf dem Konto eingehen muss (BGH 21.10.2009 - VIII ZR 64/09).

M

6. Kosten einer ⇨Räumung
Wenn Sie sich nicht um die Begleichung der Mietschulden in der Zweimonatsfrist kümmern, kommen erhebliche Kosten auf Sie zu (⇨Räumung 4.1). Gesamtforderungen von 3.000 bis 5.000 € sind keine Seltenheit.

Kritik
Mietrückstände sind unfreiwillige Schulden der Mietpartei bei dem/r Wohnungsbesitzer*in. Nirgendwo gibt es so schnell eine so hohe Sanktionierung (die drohende Wohnungslosigkeit) für das Nichterfüllen einer Zahlungsverpflichtung.

Die Verhinderung der Wohnungslosigkeit von einem Antrag beim Jobcenter/ Sozialamt abhängig zu machen, ist in der Realität problematisch. Einige der Gekündigten erreicht diese Hilfe nicht, weil sie nichts davon wissen. Ein anderer Teil der Betroffenen dringt mit dem Antrag auf Mietschuldenübernahme beim Amt gar nicht, nicht rechtzeitig oder nur mit anwaltlicher Unterstützung durch. Solange viele Behörden mauern, sich taub stellen oder freihändig Obergrenzen setzen, bis zu denen Mietschulden überhaupt übernommen werden, läuft sozialstaatlicher Schutz vor Wohnungslosigkeit ins Leere.

Forderungen
Verbesserung des Kündigungsschutzes von Mietern und Mieterinnen statt Erweiterung der Kündigungsrechte von vermietenden Personen!
Einheitliche Mindeststandards zur schnelleren Übernahme von Mietschulden durch Jobcenter und Sozialämter!

Nothelfer*in

Inhaltsübersicht

Alle Leistungen der Sozialhilfe

1. Erstattungsanspruch gegenüber dem Amt

„Hat jemand in einem Eilfall einem anderen Leistungen erbracht, die bei rechtzeitigem Einsetzen von Sozialhilfe nicht zu erbringen gewesen wären, sind ihm die Aufwendungen in gebotenem Umfang zu erstatten" (§ 25 SGB XII). Diese Person wird als Nothelfer*in bezeichnet.

Da Sozialhilfe einsetzt, *„sobald dem Träger der Sozialhilfe oder den von ihm beauftragten Stellen bekannt wird, dass die Voraussetzungen für Leistungen vorliegen"* (§ 18 Abs. 1 SGB XII), bezieht sich der Erstattungsanspruch nur auf den **Zeitraum vor Bekanntwerden der Notlage** beim Amt (bei ⇨GSi vor Antragstellung). Sinn und Zweck der Vorschrift ist, spontane Hilfebereitschaft Dritter in solchen Fällen zu erhalten und zu stärken, in denen Sozialhilfeträger für die in Not geratene – und möglicherweise sozialhilfeberechtigte Person – zu spät kommen. Im Kern handelt es sich um einen eigenständigen Erstattungsanspruch der helfenden Person mit der Besonderheit, dass die andere Person Inhaber*in des Anspruchs wird (LPK SGB XII, 12. Aufl., § 25 Rn 1).

Bekannte oder Freund*innen könnten als Nothelfer*in mit Erstattungsanspruch gegenüber dem Amt einspringen, wenn z.B. am Wochenende oder wegen anderer Gründe eine Notlage nicht den zuständigen Behörden angezeigt werden kann. Einen Erstattungsanspruch gegenüber dem Amt kann auch ein Krankenhaus haben, das eine Notbehandlung durchführt (BSG 19.5.2009 - B 8 SO 4/08 R).

Weitere Voraussetzungen:

a) Der/die Helfer*in sollte mit dem/r Hilfeempfänger*in nicht verwandt oder verschwägert sein. Sonst könnte eine *„rechtliche oder sittliche Verpflichtung"* behauptet werden, die den Erstattungsanspruch ausschließt (§ 25 2. TS SGB XII).
b) Der/die Nothelfer*in muss die Erstattung rechtzeitig beantragen.
c) Quittungen müssen vorgelegt werden.
d) Nur der/die Nothelfer*in, nicht aber der/die Sozialhilfeberechtigte hat einen Anspruch auf Rückerstattung seiner/ihrer Ausgaben durch das Sozialamt (BVerWG 2.12.1992, ZfSH/SGB 1993, 254).

1.1 Typische Fälle:

Die Nothelferregelung beruht auf dem Gedanken, *„unbillige Ergebnisse für solche Fälle zu vermeiden, in denen bei plötzlichen Notlagen Hilfe geleistet wird, die an sich aus öffentlichen Mitteln zu tragen ist, aber mangels Kenntnis der Situation von den Sozialhilfeträgern [...]nicht geleistet werden kann"* (OVG Koblenz 4.3.1983 - 8 A 67/81, Gottschick/Giese, BSHG, 9. Aufl. 1985, Rn 1). Schon der Wortlaut („Eilfall", „rechtzeitig") zeigt an, dass der **Mangel an Zeit** das bestimmende Merkmal der Nothilfe ist. Also findet § 25 vorzugsweise auf Leistungen Anwendung, die sofort und nicht erst in einigen Tagen zu erbringen sind. Deshalb ist die ärztliche oder **Krankenhausbehandlung** in der Alternative der Notfallaufnahme der typische Anwendungsfall der Nothilfe (eine Auflistung typischer medizinischer Notfälle bei Waldhorst-Kahnau, in jurisPK-SGB XII, 3. Aufl. 2020, § 25 Rn 24, 25).

Ebenso könnte ein **Schlüsseldienst,** der einem bedürftigen Menschen die Türe öffnet, welcher nicht in der Situation zahlungsfähig ist, und dann eigenständig seinen Anspruch gegenüber dem Sozialamt geltend macht, ein Nothelfer sein.

1.2 Eilfall

Der Erstattungsanspruch des Nothelfers/der Nothelferin setzt voraus, dass in einem **Eilfall** Hilfe gewährt wurde. Der Begriff des „Eilfalls" wird eng ausgelegt, um zu verhindern, den Sozialhilfeträger in die Rolle eines „Ausfallbürgen" zu drängen (BVerwG 28.3.1974

- V C 27/73, Rn 7). Ein Eilfall liegt vor, wenn nach den Umständen des Einzelfalls sofort geholfen werden muss und eine rechtzeitige Einschaltung des Trägers der Sozialhilfe nicht möglich ist (LSG Niedersachen-Bremen 26.11.2009 - L 8 SO 172/07, Rn 20; BVerwG 31.5.2001 - 5 C 20/00, Rn 11). Die rechtzeitige Leistung des Sozialhilfeträgers muss von vornherein ausgeschlossen sein (LSG NRW 13.9.2007 - L 9 SO 8/06, Rn 18).

1.3 Erstattungsanspruch innerhalb einer angemessenen Frist beantragen

Ein Erstattungsanspruch des Nothelfers/der Nothelferin besteht nur, wenn die Erstattung innerhalb einer angemessenen Frist beim zuständigen Träger der Sozialhilfe beantragt wird (§ 25 Satz 2 SGB XII). Sinn und Zweck der Frist ist es, dass das HzL-Amt möglichst frühzeitig von dem Hilfefall unterrichtet wird, um gegebenenfalls Vorkehrungen für die weitere Hilfegewährung treffen zu können (Grube/Wahrendorf/Flint 7. Aufl., § 25, Rn. 39, 40). Das bedeutet so früh wie möglich: eine Orientierung an der 6-Monats-Frist in § 28 SGB X ist nicht angezeigt. In der Regel ist **eine einmonatige Frist angemessen** (BSG 23.8.2013 – B 8 SO 19/12 R, LSG Berlin – Brandenburg 22.2.2018 - L 23 SO 77/17).

N

2.Leistungsanspruch gegenüber dem Amt

Sobald nämlich Sozialhilfe einsetzt, hat der/die **Hilfebedürftige** selbst den **Anspruch auf Leistungen** gegenüber der Behörde (LPK SGB XII, 12. Aufl., § 25 Rn. 16). Ein*e Nothelfer*in müsste sich in diesem Fall die Aufwendungen von dem/r Betroffenen erstatten lassen, egal wann diese*r die Leistung vom Amt erhält.

Das ist der Fall, wenn das Sozialamt
- Zahlungen verzögert, die es schon bewilligt hat oder
- einen Antrag nicht bearbeitet, obwohl es ihn bei einer Bearbeitung positiv entscheiden müsste.

Tipp: Egal ob der Anspruch letztendlich gegenüber der Behörde oder gegenüber dem/r Hilfebedürftigen geltend gemacht werden muss: der/die Nothelfer*in trägt ein gewisses Risiko, ob seine/ihre Aufwendungen tatsächlich und in voller Höhe erstattet werden. Er/sie trägt in jedem Fall die Beweislast für den Anspruch.

3. Alg II

Im SGB II gibt es keine eigene Nothelferregelung. Diese Regel findet nur im SGB XII Anwendung.

3.1 Regelung der Geschäftsführung ohne Auftrag (GoA) (§§ 677–687 BGB)

Die Nothelferregel ist eine sozialhilferechtlich ausgeprägte Geschäftsführung ohne Auftrag. Im Alg II gibt es keine Nothelferregel. Es könnte aber jemand anderes ohne unmittelbaren Auftrag vorrübergehend für den/die Betroffen und Berechtigten handeln. Das nennt man Geschäftsführung ohne Auftrag. Eine GoA liegt vor, wenn jemand ein Geschäft für eine andere Person besorgt, ohne durch einen Auftrag oder einen sonstigen Grund hierzu berechtigt zu sein. Der Begriff des Geschäfts ist hierbei weit zu verstehen und umfasst jede Tätigkeit, die dem/r anderen dient. Dazu gehört der Abschluss eines Rechtsgeschäfts oder die Stellung eines Antrages auf Sozialleistungen, etwa auf Sachleistungen für Personen, denen die finanzielle Unterstützung vom Amt gestrichen wurde. Die GoA ist vorläufig, also „schwebend" unwirksam, wird aber wirksam, wenn der/die „Andere" diese nachträglich bestätigt und gutheißt.

In der Praxis bedeutet dies:
Sie, als Privatperson oder als Beratungsstelle, bekommen mit, dass jemand aus medizinischen oder persönlichen Gründen verhindert ist, einen Weiterbewilligungsantrag zu stellen oder einen Widerspruch einzulegen und führen diese Handlung als i.A. durch: dann ist dies eine GOA-Handlung. Wird dies nachträglich von dem/r Betreffenden als ihm/r dienlich angesehen, dann wird die GOA-Handlung wirksam.

Ortsabwesenheit

Beziehen Sie Alg II, unterliegen Sie einer Art Residenzpflicht. Sie müssen sich im *„zeit- und ortsnahen Bereich"* aufhalten und dürfen nur mit Genehmigung Ihres Jobcenters verreisen. Für Beziehende von HzL und GSi der Sozialhilfe sind die Regelungen zur Erreichbarkeit weniger streng.

Inhaltsübersicht

Alg II

1. Verfügbarkeit bei Alg II-Bezug

Beziehende von Alg II dürfen wie Alg I-Beziehende drei Wochen / 21 Kalendertage (im Kalenderjahr) in den „Urlaub" fahren. Für Alg I-Beziehende heißt das *„Freistellung von der Verfügbarkeit"* (BSG 10.8.2000 – B 11 AL 101/99 R), weil die Verfügbarkeit zum sog. Stammrecht auf Alg I gehört (§ 138 Abs. 1 Nr. 3, Abs. 5 Nr. 2 SGB III). Für Alg II-Beziehende wird der Begriff der Verfügbarkeit aus dem SGB III übernommen; dies führt zu Problemen bei der Auslegung, welche Rechtsvorschriften im Einzelnen gelten sollen. Drei Wochen schließen auch Sonntage, Feiertage und Samstage mit ein. Geregelt ist das in der **Erreichbarkeits-Anordnung (EAO)** der BA vom 23.10.1997, zuletzt geändert durch AO vom 26.9.2008. Im SGB II gilt eine differenzierte Regelung. Seit dem 1.8.2006 verweist das Gesetz auf die damals geltende Erreichbarkeits-Anordnung:

„Leistungen nach diesem Buch erhält nicht, wer sich ohne Zustimmung des persönlichen Ansprechpartners außerhalb des in der Erreichbarkeitsanordnung vom 23. Oktober 1997 (ANBA 1997, 1685), geändert durch die Anordnung vom 16. November 2001 (ANBA 2001, 1476) definierten zeit- und ortsnahen Bereichs aufhält; die übrigen Bestimmungen dieser Anordnung gelten entsprechend" (§ 7 Abs. 4a SGB II alt).

Diese Regelung ist bereits zum 1.4.2011 durch eine neue ersetzt worden. **Sie gilt aber so lange weiter**, bis das BMAS in einer **Rechtsverordnung** *„nähere Bestimmungen zum zeit- und ortsnahen Bereich"* erlässt und dort regelt *„wie lange unter welchen Voraussetzungen sich [...] Leistungsberechtigte außerhalb des zeit- und ortsnahen Bereichs aufhalten dürfen, ohne den Anspruch auf Leistungen [...] zu verlieren"* (§ 13 Abs. 3 i.V. mit § 77 Abs. 1 SGB II).

Wenn das Ministerium die Verordnung erlassen hat, gilt: *„Erwerbsfähige Leistungsberechtigte erhalten keine Leistungen, wenn sie sich ohne Zustimmung des zuständigen Trägers nach diesem Buch außerhalb des zeit- und ortsnahen Bereichs aufhalten und deshalb nicht für die Eingliederung in Arbeit zur Verfügung stehen"* (§ 7 Abs. 4a Satz 1 SGB II).

Es wird wohl in Zukunft vor allem auf den Inhalt der Verordnung ankommen, wenn sie denn kommt. Im Jahre 2013 hat die Bundesregierung ausgeführt, sie habe bislang keine Notwendigkeit gesehen, von der Verordnungsermächtigung Gebrauch zu machen (BT-Drs. 17/13394, 70). Auch **zehn Jahre später** gibt es wohl immer noch keine Notwendigkeit, eine Neuregelung zu treffen und die eigentlich seit 1.4.2011 geltende („neue") Rechtslage durch Erlass einer Verordnung wirksam werden zu lassen.

1.1 Pflichten nach der EAO

Nach bisheriger Auffassung der BA muss das Jobcenter Sie werktags täglich per Post erreichen können. Die an einem Samstag

oder vor einem Feiertag eingehende Post müsste demnach am Tag vor dem nächsten Werktag zur Kenntnis genommen werden (§ 1 Abs. 1 Satz 2 EAO). Ein Kontakt über eine Mittelsperson ist nicht ausreichend (BSG 9.8.2001 - B 11 AL 17/01 R).
Es reicht aber aus, wenn Sie bis zum Ende des Tages Ihre Wohnung aufsuchen, um die „zahlreichen" Vermittlungsangebote der BA zu sichten (Gagel SGB III, § 138 Rn. 243; Winkler, info also 2007, 3 ff.).

Sie sollen durch die Anordnung der Erreichbarkeit in der Lage sein, *„unverzüglich"*
- Mitteilungen der Behörde zu empfangen,
- die Behörde aufzusuchen,
- mit einem möglichen Arbeitgeber Kontakt aufzunehmen und ihn aufzusuchen und
- eine vorgeschlagene Arbeit anzunehmen oder
- an einer beruflichen Eingliederungsmaßnahme teilzunehmen (§ 1 Abs. 1 EAO, FW 7.126).

Die Regelung soll sicherstellen, dass leistungsberechtigte Personen *„ohne Verzug jede zumutbare Beschäftigung aufnehmen können"* (FW 7.111). Die Erreichbarkeitsanordnung soll die Arbeitsvermittlung verbessern, sonst nichts.

Die Anwendung des § 1 Abs. 1 EAO auf das SGB II ist allerdings **umstritten**. *„Auf Grund des eingeschränkten Verweises in § 7 Abs. 4a SGB II, der sich nicht auf § 1 EAO erstreckt, muss der Grundsicherungsempfänger also nicht sicherstellen, dass der Träger ihn persönlich an jedem Werktag an seinem Wohnsitz oder gewöhnlichen Aufenthaltsort durch Briefpost erreichen kann"*. Zweck der Regelung im SGB II sei nämlich „nur", einem **Leistungsmissbrauch** bei ungenehmigter Ortsabwesenheit vorzubeugen (LSG NRW 12.1.2009 - L 20 B 135/08 AS; Eicher/Luik, 4. Aufl. § 7 Rn. 167). Stattdessen wird auf den zeit- und ortsnahen Bereich abgestellt (Eicher/Luik, 4. Aufl., § 7 Rn. 166, s.u. 1.3).

Tipp: Wenn Sie also Ihren gewöhnlichen Aufenthaltsort gar nicht verlassen haben, kann man Ihnen die Leistung nicht komplett streichen. Wenn Sie sich nicht um die Post gekümmert haben und deshalb einen Meldetermin versäumen, kommt allenfalls eine zehnprozentige ⇨Sanktion in Frage.

Um den Anforderungen des § 7 Abs. 4a SGB II zu genügen, dürfen Sie sich von Ihrem *„Wohnsitz oder gewöhnlichen Aufenthalt"* **nur** entfernen,
- wenn Sie der Behörde *„rechtzeitig ... [Ihre] Anschrift für die Dauer der Abwesenheit mitgeteilt"* haben,
- Sie auch an diesem Aufenthaltsort die obigen Anforderungen erfüllen können und
- Sie sich im Nahbereich der Behörde aufhalten. *„Zum Nahbereich gehören alle Orte in der Umgebung [...], von denen aus der Arbeitslose erforderlichenfalls in der Lage wäre, die Agentur für Arbeit [den Leistungsträger] täglich ohne unzumutbaren Aufwand zu erreichen"* (§ 2 Nr. 3 EAO; FW 7.127).

1.2 Freistellung nach Genehmigung durch den/die Arbeitsvermittler*in

Sie sind für 21 Kalendertage (drei Wochen) von diesen Verpflichtungen freigestellt, wenn das Jobcenter vorher seine Zustimmung erteilt hat (FW 7.117), ⇨ s.u. 1.5.
Diese wird nur erteilt, wenn Ihre berufliche Eingliederung dadurch nicht beeinträchtigt wird.
- Sie soll in den ersten drei Monaten der Arbeitslosigkeit nur in begründeten Ausnahmefällen (FW 7.118) erteilt werden (vgl. auch § 3 Abs. 1 Satz 2 EAO, ist in der alten Fassung vom 16.11.2001 für das SGB II gültig). Wohlgemerkt: der Arbeitslosigkeit, nicht des Alg II-Bezugs. Wenn Sie aus dem Alg I-Bezug kommen, gilt die Urlaubssperre nicht.

  Ausnahmen sind möglich, z.B.: Schulferien Ihrer Kinder, Urlaubsplanung des Partners/der Partnerin, bereits gebuchte Reisen sowie insgesamt die individuelle und familiäre Situation.
- Sie soll auch nicht erteilt werden in Zeiten des Arbeitskräftemangels aufgrund saisonaler Nachfrage (z.B. in der Spargelstechsaison) oder von Großereignissen, z.B. Messen, wenn *„der Hilfebedürftige für eine Vermittlung in Betracht kommt"* (FW 7.119).
- Auch nicht, wenn die Zuweisung in eine ⇨Arbeitsgelegenheit beabsichtigt ist.

1.2.1 Verlängerung der Freistellung

Die Zeit erlaubter Ortsabwesenheit kann um 21 Kalendertage verlängert werden, wenn Sie

- an ärztlich verordneten Vorsorge- oder Reha-Maßnahmen teilnehmen (§ 3 Abs. 2 Nr. 1 EAO) oder
- an Veranstaltungen teilnehmen, die staatspolitischen, kirchlichen, gewerkschaftlichen Zwecken oder der Fortbildung dienen oder sonst im öffentlichen Interesse liegen. Sie müssen allerdings auch hier werktags persönlich unter der neuen Anschrift erreichbar sein und die Teilnahme jederzeit abbrechen können (§ 3 Abs. 2 Nr. 2 EAO).
- eine ehrenamtliche Tätigkeit ausüben (§ 3 Abs. 2 Nr. 3 EAO).
- ortsabwesend sind, weil Sie sich im In- und Ausland um eine Arbeit bemühen oder eine Beschäftigung auf Probe mit unklarer Einstellungsaussicht begonnen haben.
- Ihr Kind für einen längeren Zeitraum (hier: sechs Wochen) zu einer stationären Kinderrehabilitation begleiten (LSG Sachsen-Anhalt 17.9.2012 - L 5 AS 378/10 B ER).

In außergewöhnlichen, unvorhersehbaren und unvermeidbaren Härtefällen kann die 21-Tage-Frist um drei Tage verlängert werden (§ 3 Abs. 3 EAO), z.B. bei einem Motorschaden Ihres Kfz im Urlaub. Krankheitstage verlängern die Freistellung von der Verfügbarkeit laut BA nicht, es sei denn, Sie sind nachweislich nicht transportfähig (FW 7.124). Darüber hinaus kann es aber im Einzelfall auch zu einer längeren Freistellung kommen, weil § 3 EAO nur *„entsprechend"* anwendbar ist und es der Zweck des SGB II ist, verfassungswidrige Notlagen abzuwenden (LPK-SGB II, 7. Aufl., § 7 Rn. 170).

1.2.2 Daraus folgt,

- Sie dürfen sich ohne Erlaubnis des Jobcenters im **Nahbereich** bewegen (damit ist mit heutigen Verkehrsmitteln durchaus ein Großraum, z.B. das Ruhrgebiet oder größer gemeint). Wenn Sie Konflikte vermeiden wollen, sollten Sie täglich nach Ihrer Post sehen.
- Wenn Sie in den **Nachbarort** zum Einkaufen fahren, müssen Sie die Behörde nicht darüber informieren.
- Es gibt keinen vernünftigen Grund, warum Sie nicht samstags auch ohne Erlaubnis wegfahren können, wenn Sie Sonntagabend wieder zurück sind und in den Briefkasten schauen. Warum sollen Alg II-Beziehende nicht am **Wochenende** in die Bundeshauptstadt fahren dürfen, um z.B. gegen Hartz IV zu demonstrieren? Die Wahrnehmung staatsbürgerlicher Rechte hat nichts mit *„missbräuchlicher Inanspruchnahme"* von Fürsorgeleistungen (BT-Drs. 16/1696) während der Ortsabwesenheit zu tun (LPK SGB II, 7. Aufl., § 7 Rn. 166).

1.3 Was bedeutet zeit- und ortsnah?

Die BA meint damit in der Regel einen Bereich, der innerhalb der zumutbaren **Pendelzeit von 2,5 Stunden** für Hin- und Rückweg zum Amt abzudecken ist (FW 7.116). Damit wird auf den Maßstab in § 140 Abs. 4 SGB III abgestellt. Im SGB II ist eine gesetzliche Grundlage *„für diese Daumenregel [...] allerdings nicht erkennbar"* (Eicher/Luik, 4. Aufl., § 7 Rn 166).

In § 2 Nr. 3 EAO ist von dem *„Nahbereich [...] in der Umgebung des Arbeitsamtes"* die Rede, nicht von Ort. Wenn Sie in einem 500-Seelen-Dorf wohnen, müssen Sie nicht jedes Verlassen des Dorfs vorher genehmigen lassen. Es gibt allerdings immer noch viele Sachbearbeiter*innen, die meinen, ein Aufenthalt außerhalb Ihres Wohnortes wäre zu melden.

Die EAO soll dazu dienen, Sie mit unsinnigen Auflagen zu schikanieren. Am **Wochenende** können Sie z.B. im gesamten Bundesgebiet (oder benachbarten Ausland) unterwegs sein, ohne dass Ihre Vermittlungsfähigkeit an Werktagen eingeschränkt wäre. Was soll diese Einschränkung der grundgesetzlich garantierten Freizügigkeit (Art. 11 GG)?

1.4 Für wen gilt die EAO?

„Nach dem Wortlaut gilt die Regelung [Anm.: des § 7 Abs. 4a SGB II] für alle Mitglieder der Bedarfsgemeinschaft" (FW 7.112). Die BA schränkt den Personenkreis sofort ein: *„Eine wörtliche Auslegung würde jedoch Sinn und Zweck der Regelung widersprechen, weil die Arbeitslosigkeit keine Voraussetzung für den Leistungsanspruch nach dem SGB II darstellt"* (FW 7.112).

- Sie nimmt alle **Personen unter 15 Jahren** von der Bewegungsmeldepflicht aus (so auch das LSG Baden-Württemberg 14.7.2010 - L 3 AS 3552/09).

- **Schüler*innen über 15 Jahre** dagegen brauchen die amtliche Zustimmung zur Ortsabwesenheit. Warum, wo doch Schule Vorrang vor der Arbeitspflicht hat? Die Ortsabwesenheit sollte Ihnen aber zumindest, z.B. bei längerer Abwesenheit in den Ferien, nicht verweigert werden.
- Selbst bei **Personen**, denen **Arbeit nicht zumutbar** ist oder die vorübergehend nicht *„eingliederbar"* sind (Alleinerziehende, denen eine Arbeitsaufnahme nicht zumutbar ist, Sozialgeldbeziehende allgemein), soll im Einzelfall entschieden werden, ob die Zustimmung erforderlich ist oder nicht. *„Dies kann im Interesse der Vermeidung von Leistungsmissbrauch zu bejahen sein"* (FW 7.112). Damit wird die Regelung vollends zum Schikaneinstrument.
- Für **„erwerbsfähige Leistungsberechtigte**, die **nicht arbeitslos** sind (z.B. bei bestehender sozialversicherungspflichtiger Beschäftigung oder während Maßnahmen zur Eingliederung in Arbeit)" gelten die Regelungen der EAO nicht. Das heißt, **diese** müssen sich **nicht mehr** bei Ortsabwesenheit abmelden. Dies gilt grundsätzlich auch für Teilnehmer an **Maßnahmen zur Eingliederung**; jedoch hält es die BA für zweckmäßig, *„die voraussichtliche Dauer der Abwesenheit zu erheben"* (FW 7.113). Bei Selbstständigen könnte es Probleme geben, wenn deren mtl. Einkommen die 400-Euro-Grenze unterschreitet.
- Personen, die in Ausübung des **Umgangsrechts** mit ihren getrenntlebenden Kindern von Freitagsmittag bis Sonntagsabend ortsabwesend sind, müssen sich nicht abmelden (FW 7.122).

Vollzeit-Beschäftigte mussten sich bis Mai 2007 außerhalb ihrer Urlaubszeit einen Besuch bei den 200 km entfernt wohnenden Eltern genehmigen lassen. Diese weltfremde Position war für die BA nicht mehr haltbar, in manchem Jobcenter lebt sie allerdings weiter.

1.5 Wie die Abwesenheit melden?

Die Ortsabwesenheit bedarf der Zustimmung der persönlichen Ansprechpartner*in (FW 7.117). Dies setzt i.d.R voraus, dass die Information vor der Ortsabwesenheit erfolgt. Die Notwendigkeit einer Ortsabwesenheit kann sich auch plötzlich ergeben. Wenn Sie telefonisch nicht durchkommen, keine Zeit haben, sich einen Termin zu holen oder stundenlang auf eine Vorsprache zu warten, haben sie einen wichtigen Grund, ohne Zustimmung abzureisen. Ist die Behörde nicht erreichbar, können Sie Ihre Abwesenheit auch nicht vorher beantragen. Nach FW 7.117 ist eine Genehmigung nur zu erteilen, wenn Sie glaubhaft darlegen, dass es Ihnen nicht möglich oder zumutbar war, die Zustimmung vorher einzuholen.

Tipp: Wenn Sie allerdings **Probleme** mit dem Jobcenter **vermeiden** wollen, sollten Sie das schikanöse Abmeldespiel lieber mitspielen. Lassen Sie sich Ihre Ortsabwesenheit **schriftlich** bestätigen.

1.6 Folgen unerlaubter Abwesenheit

Wer die jeweils genehmigte Ortsabwesenheit von i.d.R. längstens drei Wochen überschreitet, hat **keinen Anspruch** mehr **auf Alg II** (FW 7.127, Ausnahmen ⇨1.2.1). Ist das Alg II bereits bewilligt worden, muss dies durch Rücknahme des Bewilligungsbescheids umgesetzt werden (FW 7.127).

Wenn Sie eine Ortsabwesenheit nicht gemeldet haben **und** dabei erwischt werden, müssen Sie damit rechnen, dass die Leistung für die gesamte Zeit der Ortsabwesenheit gestrichen wird. Das gleiche gilt für die Zeit, in der Sie länger vom Ort abwesend sind als erlaubt oder wenn Sie sich trotz verweigerter Zustimmung des Arbeitsvermittlers/der Arbeitsvermittlerin aus Ihrem Ort entfernen. Dann müssen Sie die für diese Tage **gezahlten Beträge** (Regelsatz, Kosten der Unterkunft, Heizung, Mehrbedarf usw.) wegen unerlaubten Fehlens **zurückzahlen**.

Für diese Zeit entfällt rückwirkend auch der normale ⇨**Krankenversicherung**sschutz. Nach Einstellung der Leistung haben Sie allerdings noch einen Monat Anspruch auf Leistungen der Krankenkasse (§ 19 Abs. 2 S. 1 SGB V); dies gilt jedoch nur, wenn bei „prognostischer Betrachtung" davon auszugehen ist, dass Sie spätestens nach Ablauf eines Monats eine anderweitige Absicherung im Krankheitsfall erlangen werden (BSG 4.3.2014 – B 1 KR 68/12 R). Ansonsten bzw. nach Ablauf

des Monats sind Sie gem. § 188 Abs. 4 SGB V freiwillig oder gem. § 10 SGB V familienversichert (FW 7.129). Im Falle der freiwilligen Versicherung schulden Sie die Zahlung der Beiträge (§ 250 Abs. 2 SGB V). Es ist aber möglich, dass Sie gegenüber dem Jobcenter gem. § 26 SGB II einen Anspruch auf Zuschuss zu den Beiträgen haben können.
Ab dem Zeitpunkt, an dem Sie sich wieder an Ihrem gewöhnlichen Aufenthaltsort befinden, haben Sie wieder Anspruch auf **alle** SGB II-Leistungen. Dann sind Sie auch wieder in der Krankenversicherung pflichtversichert.

Tipp 1: Sie sollten sich **schnellstmöglich** beim Jobcenter persönlich **zurückmelden**, damit Sie nachweisen können, ab wann Sie wieder Anspruch auf Leistungen haben.

Tipp 2: Auch wenn Sie sich später beim Jobcenter melden, können Sie Ihre Rückreise und Erreichbarkeit am Wohnort ggf. mit einem Flug- oder Bahnticket belegen.

Tipp 3: Haben Sie während Ihrer Abwesenheit Post vom Jobcenter erhalten, schauen Sie nach, ob Sie Meldetermine beim Amt wahrnehmen müssen.

Tipp 4: Sie sollten dann auch vorsorglich einen Antrag auf Übernahme der Beiträge zur Kranken- und Pflegeversicherung stellen.

Die nicht genehmigte Ortsabwesenheit wird ohne Vorwarnung mit einer **100%-Kürzung** für den Zeitraum der Abwesenheit bestraft. Die Höhe der Strafe hängt demnach von der Dauer der **bekannt gewordenen** ungenehmigten Abwesenheit ab.

Tipp 5: Sind **nicht alle Personen** einer Bedarfsgemeinschaft ungenehmigt ortsabwesend, müssen die Bedarfsanteile der Abwesenden an den **Unterkunftskosten** auf die zu Hause verbleibenden Personen umgelegt werden, da (zumindest vorübergehend) deren eigener Wohnbedarf in voller Höhe gedeckt werden muss (BSG 19.10.2010 - B 14 AS 50/10 R).

Da die Leistung i.d.R. bereits ausgezahlt wurde, wird die Ortsabwesenheit im Nachhinein durch einen **Aufhebungsbescheid** sanktioniert. Der überzahlte Betrag wird dann mit der laufenden Alg II-Zahlungen **in Höhe von 30 Prozent** der maßgebenden Regelleistung **aufgerechnet** (§ 43 Abs. 2 Satz 1 SGB II). Wird eine längere Ortsabwesenheit bekannt, können auch bereits bewilligte laufende Leistungen eingestellt werden.

1.7 Sanktionen

Wenn Sie aufgrund einer Ortsabwesenheit einen Meldetermin, die Bewerbung auf eine angebotene Stelle usw. verpassen, greifen die üblichen ⇨Sanktionen (FW 7.131).

Es gibt aber im § 7 Abs. 4a SGB II, der die Ortsanwesenheit regelt, keinen Verweis auf die Sanktionen nach § 31 SGB II und in diesem Paragrafen wiederum keinen Hinweis, dass Sanktionen bei unerlaubter Ortsabwesenheit in Kraft treten.
Wenn die ohnehin gesetzlich vorgeschriebene Ortsanwesenheit als Pflicht in Ihrer ⇨**Eingliederungsvereinbarung** (EinV) festgeschrieben ist, darf es bei Nichterfüllung keine zusätzliche Sanktion geben. Eine Doppelbestrafung wäre rechtswidrig.
Das hat inzwischen auch die BA erkannt. Die gesetzlichen Regelungen für *„Ortsabwesenheiten dürfen nicht durch eine abweichende Regelung in der Eingliederungsvereinbarung umgangen und durch Sanktionierung nach § 31 Abs. 1 Satz 1 Nr. 1b ersetzt werden“* (BA Wissensdatenbank, § 15 Nr. 150003).

Tipp: Bestehen Sie deshalb darauf, dass die Erreichbarkeit nicht noch einmal als Pflicht in Ihrer EinV aufgenommen wird. Sie steht schon im SGB II selbst und gilt bereits für Sie. Sollten Sie aufgrund einer Ortsabwesenheit doppelt bestraft werden, müssen Sie ⇨Widerspruch und ⇨Klage erheben.

HzL/GSi der Sozialhilfe

2. Keine Verfügbarkeit bei Sozialhilfebezug

Beziehende von HzL und GSi können wegfahren, wie sie wollen und können. Sie müssen keine Ortsabwesenheit anmelden. Sie stehen dem Arbeitsmarkt nicht voll, sondern allenfalls nur eingeschränkt zur Verfügung (⇨ Erwerbsfähigkeit).

HzL

Das Bundesverwaltungsgericht geht *„entsprechend der üblichen Sozialhilfepraxis davon aus, dass kurzfristige Abwesenheiten während des Bewilligungszeitraums von regelmäßig* ***einem Monat*** *die Zuständigkeit des Sozialhilfeträgers unberührt lassen"* (BVerwG 22.12.1998, FEVS 51, 147; auch BVerwG - NDV 1995, 170; vgl. auch BSG 25.4.2018 – B 8 SO 20/16 zu § 23 Abs. 1 SGB XII, das allerdings offenlässt, ob die Monatsfrist auch für § 98 SGB XII gilt). Diese *„übliche Sozialhilfepraxis"* wurde von manchen Trägern auf drei Wochen verkürzt.

Bei einer längeren Abwesenheit als einem Monat endet der zugestandene Urlaubs- und Erholungsbedarf. Dann **entfällt die Zuständigkeit** des bisherigen Sozialhilfeträgers. *„Für die Sozialhilfe örtlich zuständig ist der Träger der Sozialhilfe, in dessen Bereich sich die Leistungsberechtigten tatsächlich aufhalten"* (§ 98 Abs. 1 SGB XII). Das Sozialamt an Ihrem Wohnort kann dann von Ihnen den Ersatz seiner Kosten fordern (OVG NRW 15.3.2004 - 12 A 3993/02).

Wenn Sie sich zu lange vorübergehend im Bereich eines anderen Trägers oder im Ausland aufhalten, kann nur der Regelsatz gestrichen werden. Das bisherige Sozialamt bleibt weiterhin für die Kosten der Unterkunft zuständig. Allerdings nur, wenn die Wohnung unter Abwägung der bei Verlust der Wohnung entstehenden Kosten erhalten werden muss. Auch Krankenversicherungsbeiträge sind zunächst weiterzuzahlen. Bei Auslandsaufenthalten aber nur, wenn auch Krankheitskosten im Ausland übernommen werden oder durch die Beitragsübernahme der Anspruch auf Weiterversicherung in der gesetzlichen KV gesichert wird (BVerwG 22.12.1998 - 5 C 21/97).

GSi

Anspruch auf Grundsicherung haben Personen *„mit* ***gewöhnlichem Aufenthalt*** *im Inland"* (§ 41 Abs. 1 SGB XII). Seit dem 1.7.2017 gilt aber § 41a SGB XII, wonach Leistungsberechtigte, die sich länger als vier Wochen / 28 Tage ununterbrochen im Ausland aufhalten, nach Ablauf der vierten Woche bis zu ihrer nachgewiesenen Rückkehr ins Inland keine Leistungen erhalten. Demnach müssten Sie nach 28 Tagen einmal einen Fuß auf deutschen Boden setzen – nachgewiesen durch eine Bescheinigung des Zolls oder eine Bordkarte im Flieger. *„Ausreichend hierfür ist die Einreise ins Inland; nicht erforderlich ist die Rückkehr zum gewöhnlichen Aufenthaltsort. Das Datum der Rückkehr ins Inland kann beispielsweise durch Reiseunterlagen nachgewiesen werden"* (BMAS Rundschreiben 2018/2 v. 28. Juni 2018 - Vb1-50235). *„Eine Zusammenrechnung mehrerer Auslandsaufenthalte ist unzulässig, auch wenn diese in Summe einen Gesamtzeitraum von mehr als vier Wochen ergeben. Zudem normiert § 41a SGB XII auch keine für eine Zusammenrechnung von mehreren Auslandsaufenthalten erforderliche Rahmenfrist. Vielmehr ist jeder einzelne Auslandsaufenthalt gesondert zu prüfen. Demzufolge zieht jede Unterbrechung eines Auslandsaufenthalts eine neue Berechnungsfrist nach sich"* (BMAS ebenda).

Zusammengefasst: Wenn Sie nur einmal kurz ins Inland zurückkehren, können Sie weitere vier Wochen wieder im Ausland verweilen. Hierbei ist aber zu prüfen, ob die Wiedereinreise so stark ist, dass sie einen neuen Vier-Wochen-Zeitraum begründet. Dies sollten Sie mit dem Sozialamt absprechen.

Beachtlich ist, dass der Gesetzgeber keine Härtefallklausel eingefügt hat. Wenn Sie nämlich wegen Fluglotsenstreik, Streik des Motors Ihres Autos oder Erkrankung mit Reiseunfähigkeit im Ausland stranden, müssten Sie den Leistungsanspruch in den Tagen oberhalb der vier Wochen verlieren. Hier vertreten wir die Auffassung, dass dann die Regelung verfassungskonform ausgelegt werden muss. Wenn Sie nachweisen können, dass ein solches unausweichliches Hindernis vorlag, muss Ihnen das GSi/HzL-Amt weiter Leistungen gewähren (so auch Schellhorn u.a. SGB XII § 41a Rn. 13).

2.1. GSi: Landesrechtliche Zuständigkeitsregelungen oft unzureichend

Dass für die GSi der örtliche Sozialhilfeträger **zuständig** ist, *„in dessen Bereich der gewöhnliche Aufenthaltsort des Leistungsberechtigten liegt"* (*§ 98 Abs. 1 Satz 2SGB XII alt*), ist aus dem SGB XII gestrichen worden. Seit dem 1.1.2013 soll dies in den Landesausführungsgesetzen zum SGB XII

geregelt werden (§ 46b Abs. 1 SGB XII). Die meisten Bundesländer haben eine sinngleiche Regelung in ihr SGB XII-Ausführungsgesetz aufgenommen.
In Berlin, Bremen, Hamburg, Rheinland-Pfalz, Sachsen, Sachsen-Anhalt und Thüringen fehlt jedoch der Zusatz *„[am] gewöhnlichen Aufenthaltsort des Leistungsberechtigten"* bei der Zuweisung der Zuständigkeit an den örtlichen Sozialhilfeträger. Hieraus entsteht eine Regelungslücke: Bei längerer Ortsabwesenheit kann das zur Folge haben, dass sich der örtliche Sozialhilfeträger am **gewöhnlichen** Aufenthaltsort nicht mehr zuständig fühlt, da wie bei der HzL der **tatsächliche** Aufenthaltsort für die Zuständigkeit ausschlaggebend sei. Schlimmstenfalls könnten die Leistungen eingestellt werden.

Tipp: Hiergegen müssen Sie sich mit Widerspruch und ggf. Klage wehren. Unklare Landesregelungen müssen so ausgelegt werden, dass der gewöhnliche Aufenthaltsort für die Zuständigkeit ausschlaggebend ist.

Kritik

Die Bundesregierung wollte mit der EAO eine *„missbräuchliche Inanspruchnahme von Fürsorgeleistungen bei einem nicht genehmigten vorübergehenden auswärtigen Aufenthalt innerhalb und außerhalb der Bundesrepublik [...] vermeiden"* (BT-Drs. 16/1696, 26 zu Nr.3 b). § 7 Abs. 4a SGB II bezieht sich lediglich auf den Verlust des Anspruchs auf Alg II bei Aufenthalt außerhalb des orts- und zeitnahen Bereichs. Die Regelungen der postalischen Erreichbarkeit im SGB III greifen daher im SGB II nicht (Eicher/Luick, 4. Aufl., § 7 Rn. 167).
Aufgrund der Kritik u.a. des Bundesrechnungshofs an der Vermittlungspraxis der Jobcenter kehrt die BA aber die Erreichbarkeit der Alg II-Beziehenden für die Eingliederung in Arbeit oder Beschäftigung in den Vordergrund und verordnet sogar die uneingeschränkte postalische Erreichbarkeit jedes erwerbsfähigen Mitglieds der Bedarfsgemeinschaft (FW 7.112).
Den Hartz IV-Parteien ging es aber gar nicht um Erreichbarkeit zur Vermittlung. Warum sollten Alg II-Beziehende schnell auf nicht vorhandene Vermittlungsvorschläge reagieren? Die Regierung wollte schärfere Waffen gegen Leistungsmissbrauch. Die EAO macht es unabhängig von der Notwendigkeit der Arbeitsvermittlung möglich, einfach nur zu kontrollieren, ob Leistungsbeziehende den Nahbereich verlassen oder nicht. Damit wird die Regelung zum Selbstzweck. Sie schafft im Wesentlichen Vorwände, Alg II zu streichen und das Misstrauensklima gegen Arbeitslose anzuheizen, die sich mit Fürsorgeleistungen im Ausland „tummeln".
Im Gegensatz zum Arbeitslosengeld hat Alg II zu einem bedeutenden Teil die Funktion, als Kombilohn für knapp 1,2 Millionen erwerbstätige „Aufstocker" den Lebensunterhalt zu sichern (BA Monatsbericht, Juni 2016). Die EAO und die Schikane mit der Erreichbarkeit soll diesen Menschen mit Armutslöhnen das Aufstocken ihrer Einkommen auf das Existenzminimum verleiden.

3.1 Urlaub als Leistung von Alg II/ Sozialhilfe?

Urlaub, bezahlt durch die Behörde, gibt es für *„normale"* Beziehende von Alg II, HzL/ GSi der Sozialhilfe nicht. Urlaubsreisen sind Luxus (z.B. VGH HE 26.10.1993, FEVS 1995, 25).

Wenn Ihnen die Abwesenheit erlaubt ist und Sie in den Urlaub fahren, kann die Behörde misstrauisch werden. Es können nicht angegebene Einkommen vermutet werden.
Wenn Sie aber z.B. bei Freunden oder Verwandten gewohnt haben oder von ihnen irgendwohin mitgenommen worden sind, können Sie das zerstreuen. So wie Sie an Ihrem Heimatort leben, können Sie auch an jedem anderen Ort leben, vielleicht sogar billiger.

3.2 Urlaub für alte und behinderte Menschen?

Für ⇨alte Menschen können die Kosten einer Seniorenfahrt oder eines Besuchs nahestehender Verwandten im Rahmen der Altenhilfe übernommen werden (§ 71 Abs. 2 Nr. 5 und 6 SGB XII).
Für ⇨behinderte Menschen sind Ferienaufenthalte als „Hilfe zur Teilhabe am Leben in der Gemeinschaft" im Rahmen der Eingliederungshilfe möglich.

3.3 Familienerholung
Jedes Bundesland hat eigene Richtlinien zur Förderung der Familienerholung, sofern die Zuschüsse noch nicht gestrichen sind.
www.urlaub-mit-der-familie.de (⇨Zuschüsse) informiert über Landesförderungen sowie Angebote.
Ferienfreizeiten können ebenfalls bezuschusst werden (⇨Kinder).

Forderungen
- Streichung der Erreichbarkeitsanordnung im SGB II!
- Postalische Erreichbarkeit nur für arbeitssuchende Leistungsbeziehende!
- Erhöhung des „Jahresurlaubs“ bei Bezug von Leistungen nach SGB II und SGB III!

O

Pfändung/P-Konto

Ein Gläubiger darf nicht ohne Weiteres eine (Lohn-)Pfändung vornehmen! Vielmehr braucht er dafür einen sog. **Vollstreckungstitel** – meist einen Vollstreckungsbescheid, ein Urteil oder ein notarielles Schuldanerkenntnis. Nur dann kann er beim Vollstreckungsgericht beantragen, dass Ihr Einkommen gepfändet wird.

Inhaltsübersicht

1. Pfändung von Sozialleistungen direkt beim Sozialleistungsträger

Die Pfändbarkeit von Sozialleistungen ist stark eingeschränkt, weil diese regelmäßig der Sicherung des Lebensunterhalts dienen. Wurden Ihre Sozialleistungen bereits auf Ihr Konto überwiesen, sind Sie nur noch **auf einem P-Konto geschützt** (⇨2.). Ein Gläubiger kann jedoch schon vorher, direkt beim Leistungsträger, pfänden.

1.1 Unpfändbar sind

der Anspruch auf **Sozialhilfe**, insbesondere die Hilfe zum Lebensunterhalt sowie der Anspruch auf Grundsicherung im Alter und bei Erwerbsminderung (§ 17 Abs. 1 Satz 2 SGB XII). Das heißt, das Sozialamt darf Ihre laufende Sozialhilfe nicht an einen pfändenden Gläubiger abführen.

Beim **Alg II** gibt es dieses gesetzliche Pfändungsverbot von Leistungen zum Lebensunterhalt erst seit dem 1.8.2016 (§ 42 Abs. 4 SGB II).

Außerdem kann ein pfändbarer Betrag bei Bezug von HzL/ GSi und Alg II regelmäßig nicht entstehen, da diese Leistungen **unter den Pfändungsfreigrenzen** (⇨3.1) liegen.

Weitere unpfändbare Sozialleistungen sind nach § 54 Abs. 3 SGB I unter anderem:

- Elterngeld (bis max. 300 € mtl./ 150 € mtl. bei verlängertem Bezug, ElterngeldPlus),
- Mutterschaftsgeld, bis zur Höhe des Elterngeldes und den gleichen Pfändungsgrenzen wie dort (Ausnahme: Mutterschaftsgeld, das aus einer Teilzeitbeschäftigung während der Elternzeit (vgl. § 15 Abs. 4 BEEG) herrührt)
- Wohngeld (Ausnahme: bei aktuellen Mietforderungen des gegenwärtigen Vermieters)
- Geldleistungen, die dafür bestimmt sind, den durch einen Körper- oder Gesundheitsschaden bedingten Mehraufwand auszugleichen, z.B. Pflegegeld nach § 37 SGB XI, Grundrenten nach dem Bundesversorgungsgesetz (§ 31 BVG), nicht aber Erwerbsminderungs-/Verletztenrente, da diese dem Ausgleich von Einkommensverlusten dienen (vgl. BT-Drs. 12/5187, 29).

Außerdem sind unpfändbar

- Kindergeld (Ausnahme: bei gesetzlichen Unterhaltsansprüchen eines Kindes, das bei der Festsetzung des Kindergeldes berücksichtigt wird, § 76 EStG),
- Pflegegeld im Rahmen der Kinder- und Jugendhilfe (§ 39 SGB VIII, § 850a Nr. 6 ZPO; LG Essen, 25.5.2016, 10 T 110/16)

Des Weiteren hat der Bundesfinanzhof entschieden, dass es sich bei der **Corona-Soforthilfe** aufgrund ihrer Zweckbindung um eine regelmäßig nicht pfändbare Forderung handelt (Beschluss 9.7.2020, VII S 23/20 (AdV) unter Verweis auf § 851 Abs. 1 ZPO i.V.m. § 399 Alt. 1 BGB).

1.2 Pfändbar sind

Sozialleistungen, die eher Lohnersatzfunktion haben, wie z.B. Arbeitslosengeld, Krankengeld, Unterhaltsgeld, Renten usw., sind pfändbar. Hierbei sind jedoch von dem Sozialleistungsträger automatisch die **Pfändungsfreigrenzen** der aktuellen Pfändungstabelle zu berücksichtigen (⇨3.1). Das heißt, nur der oberhalb des persönlichen Pfändungsfreibetrages liegende Anteil der Sozialleistung darf an den pfändenden Gläubiger abgeführt werden.

2. Pfändungsschutz auf dem Konto nur noch mit P-Konto

Überweist der Träger die Sozialleistung auf das Konto des Sozialleistungsbeziehers geschieht zweierlei:
erstens hat damit der Sozialleistungsträger seine Leistung erbracht. Zweitens entsteht durch die Kontengutschrift ein Auszahlungsanspruch des Leistungsempfängers gegen seine Bank. Dieser Anspruch gilt allerdings als ein „neutraler" Zahlungsanspruch, der losgelöst von seiner Herkunft als Sozialleistung und daher grundsätzlich pfändbar ist!

Deshalb brauchen Sie, wenn eine Sozialleistung oder auch Kindergeld auf ein gepfändetes Konto überwiesen wird, zwingend ein **Pfändungsschutzkonto** nach § 850k ZPO **(sog. P-Konto)**! Nur dann besteht ein Schutz von **Kontoguthaben** vor Pfändungen sowie vor Aufrechnungen durch die kontoführende Bank mit eingehenden **Sozialleistungen** und **Kindergeld**.

Achtung! Das P-Konto schützt – aktuell – nicht grundsätzlich vor Verrechnung mit **Überziehungskrediten** bzw. **bei Sollstand**.
Sozialleistungen und Kindergeld sind nur auf einem P-Konto und nur **14 Tage** nach Eingang auf Ihrem Girokonto **vor Verrechnung** mit einem Überziehungskredit **geschützt**. Lediglich das Entgelt für die Kontoführung darf von der Bank einbehalten werden (§ 850k Abs. 6 ZPO).

Alg II und Hzl/ GSi der Sozialhilfe müssen Ihnen also innerhalb von 14 Tagen ausgezahlt werden, auch wenn Ihr Konto im Soll ist oder Sie Ihren Dispo überschritten haben. Achten Sie darauf, dass Sie in diesem Zeitraum alle wichtigen Überweisungen tätigen.

Tipp 1: Falls die Bank trotzdem verrechnet, kann die Androhung rechtlicher Schritte oder ein Anruf Ihrer Behörde bzw. der Schuldnerberatung bei der Bank helfen. Helfen diese Schritte nicht, müssen Sie beim Amtsgericht Leistungsklage auf Auszahlung erheben. Der Verrechnungsschutz gilt allerdings **nicht für Lohn** und andere Gutschriften.

Tipp 2: Deshalb ist es äußerst wichtig, dass P-Konten möglichst im Guthaben geführt werden. Bei einem Sollstand gilt es, mit der Bank eine Umschuldung verbindlich zu vereinbaren, damit Lohngutschriften nicht zu 100 Prozent einbehalten und verrechnet werden.

Tipp 3: Unter Umständen ist auch ein neues Guthabenkonto bei einer anderen Bank ein Ausweg. Dabei sollte die P-Konto-Eigenschaft bei der alten Bank umgehend rückgängig gemacht werden, damit anschließend das neue Guthabenkonto in Ihr (einziges!) P-Konto umgewandelt werden kann (⇨Konto 1.6).

Ab dem 01.12.2021 besteht allerdings ein Aufrechnungs-/Verrechnungsschutz (§ 901 ZPO-12/2021; eingeführt durch das Pfändungsschutzkonto-Fortentwicklungsgesetz – PKoFoG vom 22.11.2020, BGBl. I S. 2466)!

2.1 Wer kann ein P-Konto nach § 850 k ZPO einrichten?

Jede natürliche **Person**, d.h. jeder geschäftsfähige Mensch darf jeweils ein P-Konto führen, Gemeinschaftskonten müssen also in Einzelkonten **unterteilt** werden. Jede*r Kontoinhaber*in hat **Anspruch** auf die **Umwandlung** seines/ihres Kontos in ein P-Konto. Die Bank hat die Umwandlung innerhalb von drei Geschäftstagen zu vollziehen.

Wenn Sie **kein eigenes Konto** führen, haben Sie seit dem 19. Juni 2016 einen Rechtsanspruch auf ein **Basiskonto**. Das Basiskonto ist ein Guthabenkonto für jedermann, das Sie bei einer Privatkundenbank Ihrer Wahl beantragen können. Die Bank hat innerhalb von zehn Tagen über Ihren Antrag zu entscheiden. Wenn Sie kein weiteres aktives Konto führen, wird die Bank Ihrem Antrag entsprechen und Ihnen ein Guthabenkonto einrichten müssen.

Ein Basiskonto kann auf Antrag jederzeit kostenlos **in ein P-Konto umgewandelt** werden (§ 850 k Abs. 7 ZPO; ab 01.12.2021: Abs. 1). Sie können auch gleich mit dem Antrag auf ein Basiskonto die Führung als P-Konto beantragen, sodass Ihr Basiskonto von Anfang an als P-Konto geführt wird (§ 33 Abs. 1 Satz 3 ZKG).
Näheres zum Basiskonto ⇨**Konto**

Auch **bereits gepfändete Konten** können umgewandelt werden. Der Pfändungsschutz besteht dann auch rückwirkend, wenn die Umwandlung in ein P-Konto innerhalb einer Frist von vier **Wochen** ab Zustellung der Pfändung bei der Bank (Moratorium) vollzogen wird (§ 835 Abs. 3 ZPO; ab 01.12.2021 beträgt die Frist einen Monat). Erst nach Ablauf des Moratoriums würde das Kontoguthaben an den pfändenden Gläubiger abgeführt.

Tipp: Hierbei müssen Sie drei Bearbeitungstage berücksichtigen, d.h. Ihr Konto ist ab dem vierten Tag nach dem Antrag auf Umwandlung geschützt.

2.2 Was ist auf dem P-Konto geschützt?

- Der gesetzliche **Sockelfreibetrag** von 1.178,59 € (Stand: 1.7.2019; der Freibetrag erhöht sich von 2021 an jährlich) ist automatisch geschützt, egal wie sich das Guthaben zusammensetzt.
- **Zusätzliche Freibeträge** gibt es für höchstens fünf gesetzlich unterhaltsberechtigte Personen, denen der/die Kontoinhaber*in Unterhalt leistet bzw. für höchstens fünf Mitglieder der Bedarfsgemeinschaft, für die der/die Kontoinhaber*in Leistungen nach SGB II oder SGB XII bezieht Ab dem 01.12.2021 gilt dies auch für Schuldner, die Geldleistungen nach dem **Asylbewerberleistungsgesetz** für Personen entgegennimmt, mit denen er in einem gemeinsamen Haushalt zusammenlebt (§ 850k Abs. 2 Nr. 1 ZPO; ab dem 01.12.2021: § 902 Nr. 1 ZPO-12/2021).

2.2.1 Freibeträge ab 1.7.2019 in Zahlen

- **1.178,59 €** Gesetzlicher **Sockelfreibetrag**
- **1.622,16 €** bei **einer** Unterhaltspflicht (+ 443,57 €)
- **1.869,28 €** bei **zwei** Unterhaltspflichten (+ 247,12 €)
- **2.116,40 €** bei **drei** Unterhaltspflichten (+ 247,12 €)
- **2.363,52 €** bei **vier** Unterhaltspflichten (+ 247,12 €)
- **2.610,64 €** bei **fünf/ mehr** Unterhaltspflichten (+ 247,12 €)

(gültig bis zum 30.6.2021)

Die **Freibeträge** werden **erhöht**, wenn auf dem gepfändeten Konto eingehen (§ 850k Abs. 2 ZPO; ab 01.12.2021 § 902 ZPO-12/2021):
- **Kindergeld**,
- **Kinderzuschlag** (§ 6a BKGG),
- Sozialleistungen **bei Körper**- oder **Gesundheitsschaden** (Schwerstbeschädigtenzulage, Pflegegeld) oder
- **einmalige** Sozialleistungen, z.B. Kosten für eine **Klassenfahrt**, **Erstausstattung** und Umgangskosten
- ab 01.12.2021: Leistungen nach dem **Asylbewerberleistungsgesetz** und der **Stiftung „Mutter und Kind“**

Diese erhöhten Freibeträge werden vom Geldinstitut aber **nur berücksichtigt**, wenn die Voraussetzungen
- durch **Bescheinigungen bestimmter Stellen** oder **Personen** belegt werden können, z.B.
  - *Arbeitgeber (aussagekräftige Lohnabrechnung),
  - *Familienkassen (Kindergeldbescheid),
  - *Sozialleistungsträger (Leistungsbescheid oder P-Konto-Bescheinigung nach § 850k Abs. 5 ZPO),
  - *Rechtsanwält*in/ Steuerberater*in (verlangt i.d.R. eine Vergütung dafür) und
  - *anerkannte Schuldnerberatungsstellen nach § 305 Abs. 1 Nr. 1 InsO (Bescheinigung nach § 850k Abs. 5 ZPO) oder hilfsweise
- durch das **Vollstreckungsgericht** auf Antrag des Schuldners festgestellt werden (§ 850k Abs. 5 Satz 4 ZPO). Letzteres ist allerdings in der Praxis schwer durchzusetzen, da viele Gerichte „mauern“.

Ab dem 01.12.2021 wird der Nachweis in dem neuen § 903 ZPO-2021 geregelt sein. Ab dann sind die Familienkasse und Sozialleistungsträger verpflichtet, eine Bescheinigung zu erstellen. Die Bescheinigung wird dann allerdings nur zwei Jahre gültig sein.

2.2.2 Abweichende individuelle Bestimmung des „P-Konto-Freibetrages“ (§ 850k Abs. 4 ZPO; ab 01.12.2021: § 906 ZPO-12/2021)

Zudem kann beim Vollstreckungsgericht beantragt werden,

- den **Pfändungsfreibetrag** auf dem Konto **individuell** nach der Pfändungsfreigrenze **laut Pfändungstabelle** zu bestimmen (⇨Beispiel 1),
- dem Schuldner wegen besonderer **persönlicher Bedürfnisse** zusätzliche Anteile des eigentlich pfändbaren Betrages zu belassen (z.B. bei kostenaufwendiger Ernährung, Kosten für Wahrnehmung des Umgangsrechts) oder
- den Freibetrag individuell zu erhöhen,
  * wegen besonderer **beruflicher Bedürfnisse** (z.B. Kinderbetreuungskosten, hohe Fahrtkosten zur Arbeitsstelle),
  * bei **mehr als fünf Unterhaltspflichten** oder
  * wenn die **Nachzahlung einer Sozialleistung** eingegangen ist bzw. erwartet wird (⇨Beispiel 2).

Beispiel 1:
individuelle Bestimmung der Pfändungsfreigrenze laut Pfändungstabelle
Ein alleinstehender Arbeitnehmer verdient mtl. 1.300 € netto. Ein Antrag auf einen individuellen Freigabeantrag ist notwendig, wenn

a. der Lohn bereits an der Quelle gepfändet wurde (Lohnpfändung) und der laut Tabelle unpfändbare Lohnrest von 1.215,01 € gutgeschrieben wird. Denn auf dem P-Konto ist nur der Sockelbetrag von 1.178,59 € geschützt;

b. nur das Konto gepfändet ist und die 1.300 € dort eingehen. Auch hier muss das Vollstreckungsgericht die laut Pfändungstabelle unpfändbaren 1.215,01 € individuell freigeben, damit der volle Betrag geschützt ist.

Ab dem 01.12.2021 wird dies in dem neuen § 906 ZPO-12/2021 geregelt sein.

Beispiel 2:
Nachzahlung von Sozialleistungen
Werden Sozialleistungen für mehrere Monate auf einen Schlag nachgezahlt, kann dies zu erheblichen Problemen bei einem gepfändeten P-Konto führen. In diesem Fall ist ein Antrag beim Vollstreckungsgericht (Amtsgericht) nach § 850k Abs. 4 ZPO möglich und auch erforderlich. Der Bundesgerichtshof hat hier entschieden, dass dieser Nachzahlbetrag auch dem Pfändungsschutz unterliegt (BGH, 24.01.2018, VII ZB 21/17 und www.soziale-schuldnerberatung-hamburg.de/?p=14482)

Ab dem 01.12.2021 wird die Nachzahlung von Sozialleistungen/Asylbewerberleistungen und Kindergeld in dem neuen § 904 ZPO-12/2021 geregelt sein. Eine Nachzahlung wird dann nicht mehr von der Pfändung erfasst werden.

2.3 Was ist auf dem P-Konto verfügbar?

Wird das Konto im Guthaben geführt, besteht ein Auszahlungsanspruch automatisch in Höhe des **Sockelfreibetrags.** Oder er besteht aufgrund von Bescheinigungen in Höhe der **zusätzlichen Freibeträge** oder in Höhe des **individuellen Freibetrags,** der durch das Vollstreckungsgericht für jede Kontopfändung wieder neu zu beschließen ist. Bei den auszuzahlenden Freibeträgen wird stets auf den Kalendermonat abgestellt. Dabei ist es egal, woher das Geld kommt und für welchen Monat es bestimmt ist.
Zusätzlich ist ein Anspar-Guthaben maximal in Höhe Ihres Freibetrages **bis zum Ablauf** des auf den Zufluss **folgenden Kalendermonats** auf dem Konto **geschützt**. Sie können also unverbrauchtes Guthaben **einmal** als Rücklage in den nächsten Monat mitnehmen. Dies geht auch, wenn am Monatsende Alg II/ Sozialhilfe für den Folgemonat ausgezahlt wird (BGH 4.12.2014 - IX ZR 115/14).

Tipp: Im Folgemonat muss mindestens über den Übertrag aus dem letzten Monat verfügt werden. Allerdings wird der verfügbare (Anspar-)Betrag nicht separat ausgewiesen (z.B. auf dem Kontoauszug), sodass es an Transparenz fehlt.

Ab dem 01.12.2021 gibt es Verbesserungen: es wird möglich sein, ein wenig anzusparen. § 899 Abs. 2 ZPO-12/2021 bestimmt, dass ein nicht verbrauchter Freibetrag in den **drei nachfolgenden Kalendermonaten zusätzlich** genutzt, also übertragen werden kann. Außerdem werden die Banken verpflichtet, über das im laufenden Kalendermonat noch verfügbare, von der Pfändung nicht erfasste Guthaben zu informieren (§ 908 Abs. 2 ZPO-12/2021).

2.4 Was kostet das P-Konto?

Die **Gebühren** für das P-Konto sind nicht gesetzlich geregelt, dürfen jedoch nach aktueller Rechtsprechung **nicht höher** sein als für das entsprechende Girokonto ohne P-Konto-Funktion (BGH 13.11.2012 - XI ZR 500/11 und XI ZR 145/12, 16.7.2013 - XI ZR 260/12 und 10.2.2015 - XI ZR 187/13). Regeln die Geschäftsbedingungen Ihrer Bank zum Pfändungsschutzkonto höhere Kontoführungsgebühren, sind diese unwirksam.

Erstattet Ihre Bank zu Unrecht geltend gemachte Extragebühren für ein P-Konto, darf der Erstattungsbetrag nicht auf Ihre Sozialleistung angerechnet werden, weil Sie die Gebühren aus der Regelleistung gezahlt haben (§ 82 Abs. 1 Satz 2 SGB XII). Das gilt auch im SGB II.

Das **reguläre Kontoführungsentgelt** darf die Bank allerdings von den auf Ihrem P-Konto eingehenden Sozialleistungen bzw. vom Freibetrag **einbehalten**.

Tipp: Musterschreiben zur Rückforderung erhöhter Entgelte beim P-Konto sowie Widerspruch gegen Leistungseinschränkungen finden Sie auf der Seite der Verbraucherzentrale (https://www.verbraucherzentrale.nrw/wissen/geld-versicherungen/kredit-schulden-insolvenz/unzulaessigen-zusatzentgelten-und-leistungseinschraenkungen-widersprechen-6478).

2.5 Befristete Unpfändbarkeit des Kontos durch Anordnung des Gerichts

Das Vollstreckungsgericht *„kann"* eine befristete Unpfändbarkeit des Kontoguthabens für bis zu zwölf Monate anordnen. Das ist möglich, wenn der Schuldner nachweist, *„dass dem Konto in den letzten sechs Monaten vor Antragstellung ganz überwiegend nur unpfändbare Beträge gutgeschrieben worden sind"*, und er glaubhaft macht, *„dass auch innerhalb der nächsten zwölf Monate nur ganz überwiegend nicht pfändbare Beträge zu erwarten sind"* (§ 805 l ZPO). Diese Anordnung entlastet Sie als Schuldner aber auch Ihre Bank und das Gericht. Ab dem 01.12.2021 genügt es, wenn glaubhaft gemacht wird, dass in den nächsten **sechs** Monaten nur unpfändbare Gelder eingehen (§ 907 ZPO-12/20217

3. Pfändung von Arbeitseinkommen direkt beim Arbeitgeber

3.1 Unpfändbare Anteile des Arbeitseinkommens sind (nach § 850a ZPO)

- Urlaubsgeld (Zuschuss zum urlaubsbedingten Mehraufwand),
- 50% der Netto-Überstundenvergütung,
- Weihnachtsgeld (bis max. 500 €), dazu kann auch eine Sondervergütung für erbrachte Arbeit gehören, sofern sie aus Anlass des Weihnachtsfests gezahlt wird (BAG, 14.3.2012, 10 AZR 778/10)
- Auslöse, Reisekostenerstattungen, Aufwandsentschädigungen, Erschwerniszulagen usw.

3.2. Pfändbar sind

grundsätzlich alle anderen Formen von Arbeitseinkommen. Allerdings hat der Arbeitgeber dabei „automatisch" die Pfändungsfreigrenze (§ 850c ZPO) zu beachten. Einkommen unterhalb dieser Grenzen ist nicht pfändbar!

Die Pfändungsfreigrenzen für N**ettoarbeitseinkommen** betragen seit dem 1.7.2019 (gemäß Anlage zu § 850c Abs. 3 ZPO; Pfändungsfreigrenzenbekanntmachung 2019, BGBl. I S. 443):

bis 1.179,99 €	für eine Person ohne Unterhaltspflicht
bis 1.629,99 €	bei Unterhaltspflicht für eine Person
bis 1.869,99 €	bei Unterhaltspflicht für zwei Personen
bis 2.119,99 €	bei Unterhaltspflicht für drei Personen
bis 2.369,99 €	bei Unterhaltspflicht für vier Personen
bis 2.619,99 €	bei Unterhaltspflicht für fünf Personen

Die Pfändungsfreigrenzen wurden bislang alle zwei Jahre entsprechend der Steigerung des Grundfreibetrags bei der Einkommensteuer erhöht (§ 850c Abs. 2a ZPO). Die nächste Erhöhung erfolgt zum **1.7.2021** und danach jährlich (§ 850c Abs. 4 ZPO-12/2021)

Wenn Sie netto mehr als den Pfändungsfreibetrag verdienen, dann wird dieser Mehrbetrag <u>nicht</u> vollständig an den Gläubiger abgeführt, sondern zwischen Ihnen und dem Gläubiger **aufgeteilt**. Von jedem Euro, den Sie mehr verdienen, dürfen Sie – je nach Anzahl der Unterhaltspflichten – 30 bis 90 Cent behalten (§ 850c Abs. 2 Satz 1 ZPO).

Den tatsächlich pfändbaren Einkommensanteil können Sie der **Pfändungstabelle** entnehmen (www.soziale-schuldnerberatung-hamburg.de/lohnpfaendung/).

Achtung: Die Pfändungstabelle gilt allerdings **nicht** bei Unterhaltsgläubigern oder wenn die Unterhaltsvorschusskasse pfändet (§ 850d ZPO). Ebenso entfällt der Schutz bei Forderungen „aus einer vorsätzlich begangenen unerlaubten Handlung" (§ 850f Abs. 2 ZPO), worunter etwa Straftaten zu verstehen sind. In diesen Fällen kann der Gläubiger in den sog. „Vorrechtsbereich" pfänden und dem Schuldner verbleibt – stark vereinfacht – nur der Sozialhilfebedarf (vgl. BGH 5.7.2018 - VII ZB 40/17).

Tipp: Erzielt der/die Ehepartner*in des Schuldners auch eigenes Einkommen, wird dieses bei Anwendung der Pfändungstabelle nicht einfach auf das Einkommen des Schuldners addiert. Vielmehr muss der Gläubiger extra beim Vollstreckungsgericht beantragen, dass der/die Ehepartner*in nicht oder nur noch teilweise als unterhaltsberechtigte Person berücksichtigt wird (§ 850c Abs. 4 ZPO). Diesen Antrag kann der Gläubiger aber nur stellen, wenn er das Einkommen des Partners/der Partnerin kennt. Daher gilt die Regel: niemals dem Gläubiger das Einkommen des Partners/der Partnerin mitteilen!

P

3.3 Erhöhung der Pfändungsfreigrenzen auf den Bedarf von Alg II/ Sozialhilfe

Ist bei Anwendung der Pfändungsfreigrenzen der notwendige Lebensunterhalt im Sinne des SGB II/XII nicht (mehr) gedeckt, kann das Vollstreckungsgericht den unpfändbaren Betrags erhöhen (§ 850f Abs. 1 Buchstabe a) ZPO; ab 01.12.2021: § 850f Abs. 1 Nr. 1 ZPO-12/2021). Wegen der Dynamisierung der Pfändungstabelle ist dies in der Praxis kaum noch relevant, weil dieser regelmäßig niedriger ist als die Pfändungsfreibeträge.

Sollte jedoch z.B. aufgrund von krankheitsbedingtem Mehrbedarf, bei hohen Mietbelastungen, Unterhaltsverpflichtungen gegenüber getrenntlebenden Kindern oder bei hohen Aufwendungen infolge eines ⇨Härtefalles ggf. ein entsprechend erhöhter Alg II-/ Sozialhilfebedarf bestehen, müssen Sie das mit Hilfe einer ⇨Bedarfsberechnung überprüfen. **Wenn** Ihr Bedarf Ihre Pfändungsfreigrenzen tatsächlich **übersteigt**, können Sie sich vom Jobcenter/ Sozialamt oder einer Schuldnerberatungsstelle eine entsprechende **Bescheinigung über Ihr Existenzminimum** ausstellen lassen und eine Erhöhung der Pfändungsfreigrenzen bei Gericht beantragen.

Auf diese Weise kann auch die **„faktische Unterhaltspflicht"**, die nach dem SGB II gegenüber einem/r Partner*in besteht, auch wenn man nicht verheiratet ist (sog. „Einstandspflicht" nach § 7 Abs. 3 Nr. 3c SGB II), im Pfändungsrecht berücksichtigt werden (LG Bielefeld, 28.1.2020, 23 T 38/20). Ob diese Möglichkeit auch noch nach dem 01.12.2021 besteht, weil dann der geänderte § 850f Abs. 1 Nr. 1 ZPO-12/2021 („gesetzlich zum Unterhalt verpflichtet") gilt, ist zu hoffen, bleibt aber unsicher.

Solange die Erhöhung der Pfändungsfreigrenzen noch nicht vom Vollstreckungsgericht beschlossen ist, steht Ihnen das gepfändete Einkommen nicht zur Verfügung. Es darf dann aber auch nicht vom Amt angerechnet werden, da es kein „bereites Mittel" ist (BVerwG 15.12.1977 - V C 35.77; BSG 8.2.2017 - B 14 AS 22/16 R). ⇨Einkommen 1.3.

3.4 Individuelle Erhöhung der Pfändungsfreigrenzen

In der Praxis ist es allerdings i.d.R. **einfacher**, direkt eine **individuelle Erhöhung** der Pfändungsfreigrenzen beim Vollstreckungsgericht zu beantragen. Diese können Sie mit den ***„besonderen persönlichen Bedürfnissen"*** (z.B. außergewöhnlich hohe Mietbelastung, hohe Nebenkostennachzahlung, besondere Krankheitskosten, Kosten des Umgangsrechts usw.) ***oder „besonderen beruflichen Bedürfnissen"*** (z.B. Hortkosten, hohe Fahrtkosten, doppelte Haushaltsführung, notwendige Fortbildungskosten usw.) begründen (§ 850f Abs. 1 Buchstabe b) ZPO). Nur damit oder beim Nachweis von mehr als fünf gesetzlichen Unterhaltspflichten (§ 850f Abs. 1 Buchstabe c) ZPO) werden Sie letztlich einen Erhöhungsbedarf durchsetzen können.

Tipp 1: Vor einer rechtskräftigen Entscheidung des Amtsgerichts sollten Sie bei dem/der Rechtspfleger*in die einstweilige Einstellung der Zwangsvollstreckung und die vorläufige Auszahlung z.B. des Lohns in Höhe des Alg II-Bedarfs beantragen.

Tipp 2: Sind Sie mit der Entscheidung des Amtsgerichts nicht einverstanden, können Sie – ohne Rechtsanwalt – beim Amtsgericht das Rechtsmittel der „sofortigen Beschwerde“ einlegen, über die das Landgericht entscheiden wird.

3.5 Abtretung

Bei einer Lohn- und Gehaltsabtretung gelten zwar auch die gesetzlichen Pfändungsfreigrenzen, Sie können aber **keinen** Antrag auf individuelle Erhöhung der Pfändungsfreigrenze aufgrund besonderer persönlicher oder beruflicher Bedürfnisse stellen (ohne Pfändung ist kein Vollstreckungsgericht zuständig). Aber Sie können beim zuständigen Amtsgericht am Wohnsitz des pfändenden Gläubigers mit einer **negativen Feststellungsklage** gegen den Gläubiger klären lassen, in welcher Höhe Ihr Einkommen vor Abtretungen geschützt ist. Auch Eilverfahren sind möglich. Da nur pfändbare Beträge abgetreten werden dürfen, wird das Gericht den pfändbaren Betrag um Ihre notwendigen Bedürfnisse reduzieren (⇨3.3 f.).

Bei einer **Gehaltsabtretung** und gleichzeitigem Antrag auf Alg II geht das Jobcenter davon aus, dass Ihr Nettoeinkommen verfügbar ist, obwohl es abgetreten wurde. Der abgetretene Lohnanteil wird Ihnen dann ggf. vom Jobcenter als **⇨Einkommen** auf die Leistung angerechnet, und steht für den Lebensunterhalt nicht mehr zur Verfügung. *„Von der grundsätzlichen Berücksichtigung der [...] gepfändeten Anteile des Einkommens ist aber dann eine Ausnahme zu machen, wenn der im laufenden SGB-II-Bezug stehende Berechtigte die Rückgängigmachung der Pfändung aus Rechtsgründen überhaupt nicht oder nicht ohne Weiteres realisieren kann [...], weil ihm dann bereite Mittel zur Bedarfsdeckung nicht zur Verfügung stehen.“* Nur wenn sich die Abtretung z.B. durch eine negative Feststellungsklage nicht mehr rückgängig machen lässt, sind *„die gepfändeten Anteile des Einkommens [...] in gleicher Weise wie die Aufwendungen zur Erfüllung gesetzlicher Unterhaltsverpflichtungen [...] vom Einkommen abzusetzen“* (BSG 10.5.2011 - B 4 KG 1/10 R, Rn. 19, zur Berücksichtigung von gepfändeten Einkommensanteilen bei Unterhaltsschulden). Auch in anderen Fällen wird es darauf ankommen, dass Einkommen tatsächlich als *„bereite Mittel“* zu Verfügung stehen.

4. Pfändung von Arbeitseinkommen auf Ihrem Konto?

Ihr Arbeitseinkommen ist nur auf dem P-Konto geschützt und auch zunächst nur in Höhe des Sockelfreibetrages von 1.178,59 € bzw. des erhöhten Pfändungsschutzes auf Grundlage von Bescheinigungen/ Bescheiden (⇨2. ff.).
Liegt Ihr Arbeitseinkommen **über** den Pfändungsfreibeträgen (⇨ 3.2), müssen Sie einen **individuellen Freigabeantrag** an das Vollstreckungsgericht stellen, damit Ihnen im Fall einer **Doppelpfändung** von Lohn und Konto der **unpfändbare Lohnanteil,** der auf dem P-Konto eingeht, zu 100 Prozent verbleibt. Und damit, wenn allein das Konto gepfändet ist, genauso viel von Ihrem Lohn vom Vollstreckungsgericht freigegeben wird, wie Ihnen auch bei der Pfändung an der Quelle (beim Arbeitgeber) laut Pfändungstabelle verbleiben würde.

Tipp: Der Arbeitgeber muss die Pfändungstabelle automatisch zur Anwendung bringen, bei der Lohnpfändung auf Ihrem P-Konto müssen allerdings Sie aktiv werden und den **individuellen Freigabeantrag** beim Vollstreckungsgericht nach § 850k Abs. 4 ZPO stellen (⇨2.2.2 mit Beispiel 1).

5. Pfändungs- und Überweisungsverfügung durch eine Behörde

Wird eine Zwangsvollstreckung z.B. vom Finanzamt, Ordnungsamt oder vom Jobcenter verfügt und von der Vollstreckungsstelle, der Stadtkasse oder von dem Hauptzollamt vollzogen, müssen Sie Ihren Antrag auf Vollstreckungsschutz direkt an die Vollstreckungsbehörde (Vollstreckungsstelle, Stadtkasse, Hauptzollamt) richten, die die Pfändungsverfügung erlassen hat. Also nicht an die Stelle/ Behörde, die den Bescheid erlassen hat. Für die individuelle P-Konto-Freigabe ist ebenfalls die Vollstreckungsstelle und nicht das Vollstreckungsgericht zuständig (www.agsbv.de/2017/10/information-zur-kontenpfaendung-durch-oeffentliche-glaeubiger/).

Beratung
Sind Sie von einer Pfändung betroffen, wenden Sie sich umgehend an eine Schuldnerberatungsstelle, eine Verbraucherzentrale oder (mit ⇨**Beratungshilfe**schein) an eine*n Anwält*in.

Adressen und Information
- www.soziale-schuldnerberatung-hamburg.de/p-konto und .../lohnpfaendung
- ⇨ Schulden

Forderung
Gesetzlicher Pfändungsschutz ohne zusätzlichen Antrag auch für nachgezahlte SGB-II-/SGB-XII-Leistungen!
Berücksichtigung von nicht verheirateten BG-Mitgliedern wegen „faktischer Unterhaltspflicht" ins Gesetz !

Pflegebedürftige

Leistungen bei Pflegebedürftigkeit sind im 11. Sozialgesetzbuch (SGB XI) geregelt. Es gibt Leistungen für die/den Pflegebedürftige/n selbst und Leistungen für Menschen, die Pflegebedürftige pflegen. Beides kann sowohl bei Leistungsbezug vom Jobcenter als auch bei Leistungsbezug vom Sozialamt vorkommen.

Ein Anspruch auf Hartz IV entfällt nicht automatisch, wenn jemand Pflegeleistungen benötigt. Das Jobcenter prüft die Erwerbsfähigkeit. Diese kann auch gegeben sein, wenn jemand Pflegeleistungen bekommt (z.B. im Rollstuhl sitzt, aber noch arbeiten kann). Allerdings haben Menschen, die in einem Pflegeheim leben, unabhängig vom Alter keinen Anspruch auf Alg II, sondern ausschließlich auf Leistungen vom Sozialamt (§ 7 Abs. 4 SGB II).

Pflegeversicherung
Gesetzlich krankenversicherte Alg II-Beziehende sind automatisch auch gesetzlich pflegeversichert (Beitrag seit 1.1.2021 mtl. 22,74 €). Der Beitrag wird zusammen mit dem KV-Beitrag vom Jobcenter direkt überwiesen. **Privat krankenversicherte** Alg II-Beziehende sind automatisch in der privaten Pflegeversicherung versichert (§ 110 SGB XI). Wer im Basistarif versichert ist, zahlt mtl. maximal 73,77 € (Beitragshöhe seit 1.1.2021), da der Beitrag hier begrenzt ist. Dieser Betrag wird auch vom Jobcenter übernommen und direkt an die PKV überwiesen.

Bezieher*innen von HzL und GSi des Sozialamtes sind pflegeversichert, wenn sie in der Krankenversicherung pflichtversichert, freiwillig versichert oder Mitglied einer privaten Krankenversicherung sind (⇨ Krankheit 3.1). Das Sozialamt übernimmt die angemessenen Beiträge zur Pflegeversicherung und überweist sie direkt an die Krankenkasse (§ 32 SGB XII). Angemessen sind die Beiträge in der gesetzlichen Pflegeversicherung und bei einer privaten Versicherung maximal in Höhe des halbierten Höchstbeitrags in der sozialen Pflegeversicherung (seit 1.1.2021 mtl. 73,77 €).

Der **Beitragssatz** der gesetzlichen Pflegeversicherung beträgt seit 1.1.2021 3,05 %. Kinderlose, die über 23 Jahre alt sind, müssen seit 2005 0,25 % mehr an die Pflegeversicherung zahlen, also seit 1.1.2021 3,3 % (§ 55 SGB XI) (*Anmerkung: Auch Arbeitgeber sind kranken- und pflegeversichert und müssen den Zuschlag zahlen*). Wer arbeitet, trägt den Zuschlag für Kinderlose alleine, denn der Arbeitgeber muss davon nicht die Hälfte übernehmen. (§ 58 Abs. 1 Satz 3 SGB XI). Kinderlose Alg II-Beziehende und Menschen, die vor dem 1.1.1940 geboren wurden, sind von dem Beitragszuschlag ausgenommen (§ 55 Abs. 3 Satz 7 SGB XI).

Wer Leistungen aus der Pflegeversicherung benötigt, braucht die Feststellung eines Pflegegrades. Es gibt die Pflegegrade 1 bis 5 und je nach Pflegegrad Leistungen in unterschiedlicher Höhe. Wer nicht regulär gesetzlich oder privat krankenversichert ist (⇨Krankenversicherung), sondern z.B. über das Sozialamt gem. § 264 SGB V von einer Krankenkasse auftragsversorgt wird, muss alle Pflegeleistungen beim Sozialamt im Rahmen der Hilfe zu Pflege beantragen (§ 61 ff. SGB XII).
Pflegebedürftige Menschen, die privat zu Hause z.B. von Angehörigen gepflegt werden,

bekommen von der Pflegekasse ab einem Pflegegrad 2 ein Pflegegeld (§ 37 SGB XI), um die pflegenden Angehörigen zu bezahlen. Das Pflegegeld ist weder bei SGB XII- noch bei SGB II-Bezug des Pflegebedürftigen bei diesem anzurechnen (§§ 82 und 83 SGB XII i.V.m. § 64a SGB XII bzw. zweckbestimmte Einnahme im Alg II, FW 11.109).

Die Pflegekasse entrichtet unter bestimmten Bedingungen und ab einem Mindestpflegeumfang für die pflegenden Personen Rentenversicherungsbeiträge.

Beziehen **Freunde und Bekannte** Pflegegeld für die Pflege und beziehen gleichzeitig Arbeitslosengeld II oder Leistungen des Sozialamtes (SGB XII), so wird dieses **Pflegegeld als Einkommen angerechnet**. Bei pflegenden Angehörigen ist dieses nicht der Fall. Nach der herrschenden Rechtsprechung ist das Pflegegeld für den Angehörigen kein Einkommen i.S.d. § 82 SGB XII, d. h., es wird nicht auf HzL bzw. GSi vom Sozialamt angerechnet (HessVGH, 9 TG 3060/95, Entscheidung vom 7.12.1995 zum alten § 76 BSHG).

Die herrschende Rechtsprechung begründet es damit, dass ansonsten der Sinn des Pflegegeldes, nämlich die Erhaltung der Pflegebereitschaft der Pflegeperson, nicht erreicht werden würde.

Für das Arbeitslosengeld II bzw. Sozialgeld gilt ebenso, dass es nicht angerechnet werden darf. Im § 1 Abs. 1 Nr. 4 der Arbeitslosengeld II-/ Sozialgeld-Verordnung wird ausdrücklich geregelt, dass nicht steuerpflichtige Einnahmen einer Pflegeperson für Leistungen der Grundpflege und der hauswirtschaftlichen Versorgung nicht als berücksichtigungsfähiges Einkommen gelten.

Informationen

- Bei den örtlichen Pflegestützpunkten. Übersicht hier: http://gesundheits-und-pflegeberatung.de/Pflegestutzpunkte/pflegestutzpunkte.html
- Leitfaden Sozialhilfe für Menschen mit Behinderungen und bei Pflegebedürftigkeit von A-Z, AG TuWas (Hrg.), 10. Aufl., Frankfurt 2018, ⇨Bestellung
- Weitere Infos über Pflegebedürftigkeit, Hilfe zur Pflege, Pflegegeld, Pflegekräfte, Pflegeversicherung erhalten Sie unter https://www.bundesgesundheitsministerium.de/ dort unter dem Stichwort „Pflege“ https://www.bundesgesundheitsministerium.de/fileadmin/Dateien/5_Publikationen/Pflege/Broschueren/200310_BMG_RG_Pflege_barr.pdf

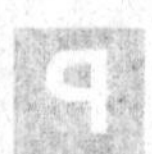

Räumung

Inhaltsübersicht

1. Räumungsklage

Wenn beim Amtsgericht eine Räumungsklage eingeht, muss dieses dem Jobcenter bzw. dem Sozialamt oder einer von diesen Behörden beauftragten Stelle davon *„unverzüglich"* Mitteilung machen (§ 22 Abs. 9 SGB II; § 36 Abs. 2 SGB XII).

Das Gericht muss den Tag des Eingangs der Klage, den Namen des Mietschuldners/der Mietschuldnerin und des Vermieters/der Vermieterin, die Höhe der Miete und der Mietrückstände sowie den Termin der Verhandlung mitteilen. Die Behörde ist verpflichtet, Kontakt zu den von Wohnungsverlust bedrohten Haushalten aufzunehmen, um zu prüfen, ob die Räumung durch die **Übernahme der Mietschulden** abgewendet werden kann (ausführlich ⇨Mietschulden).

1.1 Mietrechtsänderung schwächt Mieterposition

Die im Mai 2013 in Kraft getretene Änderung erleichtert **fristlose Kündigungen** (⇨Mietschulden) und Räumungen.

1.2 Räumung per einstweiliger Verfügung

Streiten sich Mieter*in und Vermieter*in in einem Räumungsprozess über Mieten, Mietrückstände oder Mietminderungen, kann das Gericht auf Antrag des Vermieters/der Vermieterin anordnen, dass der/die Mieter*in den strittigen Betrag bzw. eine entsprechende Nutzungsentschädigung (⇨4.) in der Höhe hinterlegt, die bis zur gerichtlichen Klärung anfällt (§ 283a ZPO). Zahlt oder reagiert der/die Mieter*in auf diese **Sicherungsanordnung** nicht, kann das Gericht die Räumung der Wohnung per einstweiliger Verfügung anordnen (§ 940a Abs. 3 ZPO). Die Wohnung wäre dann verloren, noch bevor das Gericht über die eigentliche Räumungsklage entschieden hat.

2. Möglichkeiten, die Räumung aufzuschieben

2.1 Räumungsfrist beantragen

Sie können beim Amtsgericht einen Antrag stellen, die Räumung aufzuschieben (§ 721 ZPO). Dieser Antrag muss vor dem Schluss der letzten mündlichen Verhandlung, auf die das Urteil ergeht, gestellt werden (§ 721 Abs. 1 S. 2 ZPO) Sie sollten ausführlich erklären, warum Sie bisher **keine Ersatzwohnung** finden konnten. Üblicherweise beträgt die vom Gericht zugestandene Räumungsfrist drei bis sechs Monate. Die Frist kann bis zwei Wochen vor Ablauf auf Antrag **verlängert** werden (§ 721 Abs. 3 S. 2 ZPO), darf aber insgesamt ein Jahr nicht überschreiten (§ 721 Abs. 5 S. 1 ZPO).

Eine Räumungsfrist zu bewilligen, liegt im Ermessen des Gerichtes. Voraussetzung ist, dass Sie sich nachweisbar hinreichend um Ersatzwohnraum bemüht haben und die Zahlung der laufenden Nutzungsentschädigung gewährleistet ist. Zudem wird vorausgesetzt, dass in absehbarer Zeit Wohnraum zur Verfügung steht oder eine Härte vorliegt (⇨2.2).

2.2 Vollstreckungsschutz

Wenn Sie keine Räumungsfrist erhalten oder die Frist abgelaufen ist, beauftragt der/die Vermieter*in den/die Gerichtsvollzieher*in mit der Zwangsräumung. Diesen Räumungstermin kündigt der/die Gerichtsvollzieher*in Ihnen gegenüber an. Zwischen dem Tag, an dem Ihnen die Mitteilung des Räumungstermins von dem/der Gerichtsvollzieher*in zugestellt worden ist, und dem Tag der Räumung müssen mindestens drei Wochen liegen (§ 128 Abs. 2 S. 5 Geschäftsanweisung für

R

Gerichtsvollzieher (GVGA); www.jvv.nrw.de/anzeigeText.jsp?daten=1050&daten3=GVGA_#inhalt bzw. http://www.jvv.nrw.de ⇨ Suche ⇨GVGA).

Jetzt können Sie nur noch Vollstreckungsschutz (§ 765a ZPO) beantragen. Der Antrag muss in der Regel spätestens zwei Wochen vor dem Räumungstermin bei Gericht vorliegen.

Ausnahme: Ein Härtefall tritt kurzfristig – also später als zwei Wochen vor dem Räumungstermin – auf, wenn Sie z.B. akut erkrankt sind. Das Vollstreckungsgericht kann die Räumung ausnahmsweise untersagen, wenn sie *„unter voller Würdigung des Schutzbedürfnisses des Gläubigers wegen ganz besonderer Umstände eine Härte"* bedeuten würde, *„die mit den guten Sitten nicht vereinbar ist"*. Das ist z.B. der Fall, wenn Sie kurz vor der Entbindung stehen, schwer krank sind oder eine akute Suizidgefahr droht (BVerfG 15.10.2020 - 2 BvR 1786/20). Der Vollstreckungsschutz schützt auch diejenigen, die schon einen Mietvertrag für eine neue Wohnung haben, aber durch die Räumung vorübergehend obdachlos würden.

Allein die Tatsache, dass Ersatzwohnraum fehlt, ist aber **kein** Grund für Vollstreckungsschutz.

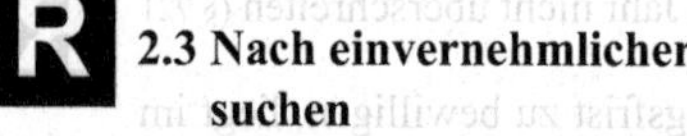

2.3 Nach einvernehmlicher Lösung suchen

Auch während des Vollstreckungsverfahrens sind einvernehmliche Lösungen noch möglich. Wohnungsbaugesellschaften sind mitunter bereit, das Mietverhältnis fortzuführen, wenn Mietschulden und Verfahrenskosten nachträglich von der Behörde (Wohnungssicherungsstelle) übernommen werden.

Die Kooperationsbereitschaft steigt, wenn kostspielige Renovierungsmaßnahmen anstehen, die der/die Altmieter*in nicht zahlen kann und die der/die Vermieter*in sonst für Neumieter*innen aufwenden müsste oder wenn eine Stabilisierung der persönlichen oder sozialen Verhältnisse des Altmieters/der Altmieterin zu erwarten ist (laufende Sozialberatung/Therapie, Zahlungen rückständiger Miete usw.).

Vermieter*innen haben auch Interesse an einer einvernehmlichen Lösung, weil sie die Kosten des Räumungsverfahrens vorstrecken müssen. Mit Räumungskosten, Gerichtskosten, ggf. Einlagerungskosten usw. kommen schnell Beträge von bis zu 5.000 € zusammen.

Solange aber der alte Mietvertrag nicht wieder in Kraft gesetzt bzw. kein neuer abgeschlossen wurde, nutzen Sie die Wohnung ohne mietrechtliche Grundlage und können bei der geringsten Regelwidrigkeit erneut geräumt werden.

Tipp: Achten Sie darauf, dass die mit dem/der Vermieter*in getroffene einvernehmliche Lösung auch eine Regelung über das Wiederaufleben des alten Mietvertrages enthält oder dass ein neuer Mietvertrag abgeschlossen wird!

3. Welche Unterkunftsangebote sind zumutbar?

3.1 Billigste Wohnung oder Unterkunft?

Wenn Sie auf Übernahme der künftigen Unterkunftskosten durch das Jobcenter/Sozialamt angewiesen sind, müssen Sie sich bereits bei der Wohnungssuche auf eine nach den Vorgaben der Behörden „angemessene" Wohnung beschränken (⇨Miete).

Tipp: Informieren Sie sich, welche Höchstmieten durch die Behörden übernommen werden.

Sollten Sie aufgrund der kurzen Zeit, die Ihnen zur Wohnungssuche bleibt, keine zumutbare Wohnung mit einer nach den örtlichen Vorgaben angemessenen Miete finden, kann Ihnen (vorübergehend) auch eine Wohnung mit deutlich geringerem Standard und/ oder wesentlich geringeren Mietkosten zugemutet werden. Unter solchen Umständen kann der Unterkunftsbedarf eines Alleinstehenden schon durch ein möbliertes Zimmer oder ein Zimmer in Untermiete gedeckt sein.

3.2 Unterbringung nach der Räumung

Finden Sie selbst keine Wohnung bzw. keine Aufnahme bei Verwandten oder Bekannten, können Sie in Wohnheimen oder anderen Obdachlosenunterkünften, in anderen kommunalen Notunterkünften oder im Hotel untergebracht werden. Letzteres kommt vor allem für Arbeitende mit Einkommen, Familien oder Personen mit Kindern oder Menschen mit schwerwiegenden Behinderungen oder Erkrankungen in Frage.

3.3 Wohnungsvermittlung

Sollen Sie die Wohnung räumen, können Sie sich dann beim Wohnungsamt wohnungssuchend melden, wenn Sie sich langfristig am Ort aufhalten und über ein geringes Einkommen verfügen. Hier erhalten Sie ggf. bevorzugt Vermittlungsangebote.

4. Kosten der Räumung

Das Räumungsurteil verpflichtet Sie neben der Räumung der gekündigten Wohnung regelmäßig

- zur Zahlung des Mietrückstandes,
- zur Zahlung ausstehender **Nutzungsentschädigungen** (§ 546a BGB),
- zur Erstattung der Verfahrenskosten (u.a. der Gerichts- und Anwaltskosten des Vermieters/der Vermieterin),
- zur Erstattung der Vollstreckungsksten, z.B. der Kosten für den/die Gerichtsvollzieher*in und der Kosten der Räumung durch eine Spedition (für die aber zunächst der/die Vermieter*in Vorschuss leisten muss) sowie
- zur Zahlung von Verzugszinsen für die oben genannten Beträge, auch für die, die der/die Vermieter*in vorstrecken musste.

4.1 Lagerung und Lagerkosten

Wenn Ihre Habe bei einer Spedition eingelagert werden muss, hat der/die Vermieter*in noch die Lagerkosten **für einen Monat** (§ 885 Abs. 4 ZPO) vorzuschießen. Die Lagerfrist kann länger sein, wenn Sie die Gebühren zahlen. Danach werden Ihre Sachen entweder verwertet oder vernichtet. Jedoch müssen Ihnen Ihre eingelagerten unpfändbaren Hausratsgegenstände und Haustiere (§§ 811 Abs. 1, 811c ZPO) sowie Ihre **persönlichen Papiere** auf Ihr Verlangen hin ausgehändigt werden. Und zwar, **ohne** dass auf **Kostenersatz für die Zeit der Einlagerung** bestanden werden kann. Dies gilt grundsätzlich auch für von dem/der Vermieter*in im Wege des Vermieterpfandrechtes einbehaltene Sachen.

Tipp: Sie sollten versuchen, vor der Räumung den Auszug selbst zu organisieren oder zumindest möglichst viele **Sachen anderswo unterzustellen.** Vor allem sollten Sie **Ihre Papiere** und **wichtigen Unterlagen** sichern.

Lagerkosten können vorübergehend vom Jobcenter/ Sozialamt übernommen werden, entweder als Leistungen für Unterkunft (§ 22 Abs. 1 SGB II; § 35 Abs. 1 SGB XII, vgl. BSG 16.12.2008 – B 4 AS 1/08 R; LSG NRW 26.1.2017 – L 7 AS 2508/16 B ER) oder im Rahmen der Wohnraumsicherung (§ 22 Abs. 8 SGB II; § 36 Abs. 1 SGB XII ggf. auch im Rahmen der Hilfe zur Überweindung besonderer sozialer Schwierigkeiten nach §§ 67 ff SGB XII). Auch Inhaftierte haben einen Anspruch darauf (⇨Strafgefangene 2.5).

4.2 *„Berliner Räumung"*

Hat ein*e Vermieter*in die Räumung vor Gericht durchgesetzt, kann er/sie dem/r Gerichtsvollzieher*in einen beschränkten Vollstreckungsauftrag erteilen. Der muss dann nur noch die **Rückgabe der Wohnung** veranlassen, also den/die Mieter*in vor die Tür setzen.
Der/die Vermieter*in ist in diesem Fall verpflichtet, das Räumungsgut für einen Monat zu verwahren (§ 885a Abs. 4 ZPO). Auch in diesem Fall hat der/die Eigentümer*in einen Herausgabeanspruch auf alle seine/ihre unpfändbaren Gegenstände ohne Kostenerstattungspflicht (⇨4.1).

R

Beratung

Bei Mietschulden oder drohender Zwangsräumung sollten Sie sich umgehend an eine Beratungsstelle oder einen ⇨Anwalt/Anwältin (⇨Beratungshilfe) wenden.
Näheres unter ⇨Adressen

Regelbedarfe

Regelsätze heißen seit 2011 *„Regelbedarfe"*, so das Regelbedarfsermittlungsgesetz (RBEG) der damaligen schwarz-gelben Bundesregierung. Dabei ist Regelbedarf eine Beschönigung. Es handelt sich nicht um Bedarfe, sondern um Ausgaben von Armutshaushalten – und nicht einmal die werden voll beim Regelbedarf berücksichtigt. Das SGB XII verwendet zum Teil noch den alten Begriff Regelsatz (§§ 27a, 29 SGB XII).

Tab. 1
SGB II-/SGB XII-Regelbedarfe ab 01.01.2021 in €

Rbs* 1	Rbs 2	Rbs 3	Rbs 4	Rbs 5	Rbs 6
Allein stehende	Ehe-/ Lebens-/ Partner**	Kinder ab 18 Jahren***	Kinder 14-17 Jahre	Kinder 6-13 Jahre	Kinder unter 6 Jahren
446	401	357	373	309	283

* Rbs = Regelbedarfsstufe
** Im SGB XII wird Rbs 2 außerdem auf Pers. Angewendet, die in einer stationären Einrichtungen leben
*** Gilt nur für das SGB II, im SGB XII wird Rbs 3 nur auf Pers. in stationären Einrichtungen angewendet

Inhaltsübersicht:

1. Regelbedarfsstufe 1 446 €

Alg II

Der Begriff Eckregelsatz ist durch den Begriff *„Regelbedarfsstufe 1“* (Rbs 1) ersetzt worden. Der Regelbedarf eines/r Alleinstehenden hat immer noch die Wirkung des früheren Eckregelsatzes. Die Regelbedarfe von Partner*innen leiten sich mit 90 Prozent und die Regelbedarfe von volljährigen Haushaltsangehörigen, die keinen eigenen Haushalt führen, leiten sich mit 80 Prozent von ihm ab. Die Regelbedarfe für minderjährige Kinder werden nicht mehr mit Prozentsätzen von der Regelbedarfsstufe 1 abgeleitet.

Der Regelbedarf der Rbs 1 von **446 €** wird an Alleinstehende und Alleinerziehende gezahlt, ferner auch an Personen, deren Partner*in minderjährig ist (§ 20 Abs. 2 SGB II). Leben Ehegatt*innen, Lebenspartner*innen und eheähnliche Partner*innen (⇨Eheähnliche Gemeinschaft) zusammen, bekommt jede*r Ehegatte/*in oder Partner*in je 90 Prozent der Rbs 1, also **401 €** (Rbs 2; § 20 Abs. 4 SGB II).

Seit dem 1.7.2006 erhalten volljährige Kinder unter 25 Jahren, die im Haushalt ihrer Eltern oder eines Elternteils wohnen und keinen eigenen Haushalt führen, nicht mehr den früheren Eckregelsatz/die Rbs 1, sondern nur noch 80 Prozent davon, also **357 €** (Rbs 3). Leben volljährige Kinder allerdings im Haushalt der Eltern oder eines Elternteils mit einem/r minderjährigen Lebenspartner*in zusammen oder sind alleinerziehend, erhalten sie weiterhin den Regelbedarf von 446 €. Kinder über 25, die noch im Haushalt der Eltern wohnen, erhalten ebenfalls den Regelbedarf von 446 €, da sie nicht mehr zur ⇨Bedarfsgemeinschaft der Eltern gehören (§ 7 Abs. 3 Nr. 4 SGB II).

HzL/GSi der Sozialhilfe

1.1 Regelbedarf für behinderte und erwerbsgeminderte Menschen

die mit anderen **zusammenwohnen**.
Das SGB XII hat dieselben Regelbedarfsstufen wie das SGB II.

Mit dem RBEG und der Neubemessung der Regelbedarfe auf Grundlage der EVS 2013 (BT-Drs. 18/9984) wurden **zum Januar 2017** erstmals die Vorgaben der herrschenden BSG-Rechtsprechung zur Anerkennung der Regelbedarfsstufe 1 für erwachsene Menschen mit Behinderung in das Gesetz aufgenommen und gelten offiziell gleichermaßen für die **HzL** nach dem dritten und **GSi** nach dem vierten Kapitel SGB XII.
Demnach beläuft sich der Regelbedarf *„in der **Regelbedarfsstufe 1** auf [446 €, Stand 2021] für jede erwachsene Person, die **in einer Wohnung lebt** und für die nicht Nummer 2 gilt [d.h. Rbs 2], [...] in der Regelbedarfsstufe 3 auf [357 €, Stand 2021] für eine **erwachsene Person**, deren notwendiger Lebensunterhalt sich nach § 27b des Zwölften Buches Sozialgesetzbuch bestimmt **(Unterbringung in einer stationären Einrichtung)**"* (RBEG, BT-Drs. 18/9984, 10 f.).
Das gilt auch nach der aktuellen Neubemessung der Regelbedarfe auf Grundlage der **EVS 2018** durch das „Gesetz zur Ermittlung der Regelbedarfe und zur Änderung des Zwölften Buches Sozialgesetzbuch sowie weiterer Gesetze" (kurz: Regelbedarfsermittlungsgesetz/RBEG, Entwurf vom 23.9.2020, BT-Drs 19/22750), das am **1.1.2021** in Kraft getreten ist.
Damit steht **allen erwachsenen** Leistungsberechtigten der HzL und GSi, die ohne Partner*in in einer Wohngemeinschaft (mit Ausnahme von besonderen Wohnformen) oder im Haushalt zusammen mit Eltern oder Angehörigen **in einer Wohnung leben,** der Regelbedarf der Rbs 1 zu. Das betrifft auch ohne Ausnahme behinderte, pflegebedürftige oder erwerbsgeminderte Menschen.

Eine Ausnahme bilden alleinstehende **Bewohner*innen von *„besonderen Wohnformen"***, die im Rahmen der Eingliederungshilfe für Menschen mit Behinderung (mit)finanziert werden (§ 42a Abs. 2 Nr. 2 SGB XII). Für sie gilt die **Rbs 2** in Höhe von **401 €.** Rbs 2 wird gezahlt, *„für jede erwachsene Person, wenn sie [...] nicht in einer Wohnung lebt, weil ihr allein oder mit einer weiteren Person ein **persönlicher Wohnraum** und mit weiteren Personen zusätzliche Räumlichkeiten nach § 42a Absatz 2 Satz 3 zur gemeinschaftlichen Nutzung überlassen sind"* (Rbs. 2, Anlage zu § 28 SGB XII). Für Unterkünfte, in denen *„persönlicher Wohnraum"* zur Verfügung gestellt wird, hat sich in der Fachwelt die Bezeichnung *„besondere Wohnformen"* etabliert (in Anlehnung an § 113 Abs. 5 SGB IX). Hierunter fallen die **ehemaligen „Heime"** oder ganzheitlich **betreute Wohngemeinschaften** für Menschen mit Behinderung, die infolge des Bundesteilhabegesetzes nicht mehr als stationäre Einrichtungen bezeichnet werden (sollen). Daher bekommen die Bewohner*innen einer *„besonderen Wohnform"* seit 1.1.2020 auch nicht mehr den Barbetrag bei Unterbringung in einer stationären Einrichtung, sondern den Regelbedarf in Höhe der Rbs 2 ausgezahlt. Davon müssen jedoch **monatliche Abgaben** an den Träger der *„besonderen Wohnform"* geleistet werden, weil hier Nahrung, Möbel, Strom, Kommunikationsmittel, Hygienebedarf usw. zur Verfügung gestellt werden.

Lediglich bei erwachsenen Personen, die **in einer stationären Einrichtung untergebracht** sind und keine eigene Wohnung (mehr) unterhalten, wird der Regelbedarf in Höhe der Rbs 3 zugrunde gelegt. Dabei hat die Rbs 3 vor allem Bedeutung für die Höhe der Kostenerstattung von Leistungen in einer stationären Einrichtung durch den Sozialhilfeträger. Personen, die in einer stationären Einrichtung untergebracht sind, erhalten i.d.R. nämlich den sogenannten Barbetrag nach § 27b SGB XII, ein Taschengeld in Höhe von 120,42 € (Stand 2021; ⇨6.4).

Exkurs: Alte Rechtslage bis zum 31.12.2016
Bis Ende 2016 wurde in der Anlage zu § 28 SGB XII die Regelbedarfsstufe 3 mit damals

324 € auf alle *„erwachsenen leistungsberechtigten Personen"* angewendet, die weder einen eigenen, noch als Ehegatt*innen, Lebens- oder eheähnliche Partner*innen einen gemeinsamen Haushalt führen. Auch alle Personen über 25 bekamen im Gegensatz zum SGB II den Regelbedarf von 324 € statt 404 €, wenn sie mit anderen in einem Haushalt leben. Nach gefestigter Rechtsprechung des BSG war die Regelung aber völkerrechts- und verfassungswidrig, weil sie gegen den **Gleichbehandlungsgrundsatz** (Art. 3 Abs. 1 GG) verstößt: *„bezogen auf die Minderung des Regelsatzes [...] wegen Annahme einer Haushaltsersparnis [sind] für eine unterschiedliche Behandlung zwischen der Personengruppe der SGB-XII- und SGB-II-Leistungsempfänger im Hinblick auf die identische sozialrechtliche Funktion beider Leistungen (Sicherstellung des Existenzminimums) keine sachlichen Gründe erkennbar"* (BSG 9.6.2011 - B 8 SO 11/10 R; entsprechend: B 8 SO 1/10 R; 23.3.2010 - B 8 SO 17/09 R; 19.5.2009 - B 8 SO 8/08 R). Das galt im SGB XII für alle Volljährigen, die im Haushalt mit Angehörigen wohnen, und betraf häufig behinderte und pflegebedürftige Menschen, die bei Ihren Eltern leben.

Das BSG hat diese Rechtsprechung 2014 und 2015 weiterentwickelt. Demnach sei es für den Anspruch auf Regelbedarfsstufe 1 nicht entscheidend, dass ein eigener Haushalt vollständig oder teilweise geführt wird. Es genüge, wenn eine leistungsberechtigte Person einen eigenen Haushalt gemeinsam mit weiteren Personen – ggf. mit Eltern, einem Elternteil oder Mitbewohner*innen in einer Wohngemeinschaft – führt, die nicht ihre Partner*innen sind. Nur wenn *„keinerlei eigene Haushaltsführung"* beim Zusammenleben festgestellt werden kann, sei die Anwendung der Regelbedarfsstufe 3 denkbar (23.7.2014 - B 8 SO 14/13 R; B 8 SO 31/12 R; B 8 SO 12/13 R). Beim Zusammenleben einer behinderten Person mit den Eltern oder einem Elternteil bestehe aber eine gesetzliche Vermutung einer gemeinsamen und damit auch **eigenen**, nicht fremden **Haushaltsführung**. Demnach können Träger nur mittels *„qualifiziertem Sachvortrag"*, dass keine eigene Haushaltführung vorliege, die vermutete Haushaltsführung widerlegen (BSG 24.3.2015 - B 8 SO 5/14 R und B 8 SO 9/14 R)

Erst **ab dem 31.3.2015** hatte das Bundesministerium für Arbeit und Soziales (BMAS) in Form einer Weisung die BSG-Rechtsprechung zur Regelbedarfsstufe 3 bei der **GSi** nach dem vierten Kapitel SGB XII angewendet. Demnach sollten erwachsene Leistungsberechtigte, die außerhalb von stationären Einrichtungen bei ihren Angehörigen oder in einer WG leben, zwar weiterhin formell der Regelbedarfsstufe 3 zugeordnet werden, der **Regelbedarf** und etwaige Mehrbedarfe sollten aber **abweichend nach Stufe 1** festgesetzt werden. Beide Regelungen waren **rückwirkend zum 1.1.2013** anzuwenden, alte Bescheide entsprechend zu korrigieren und zu Unrecht vorenthaltene Leistungen nachzuzahlen. Für die HzL mussten Leistungsberechtigte die Stufe 1 oft auf der Grundlage der BSG-Rechtsprechung mit Rechtsmitteln durchsetzen, weil die zuständigen kommunalen Träger nicht bereit waren, die Weisung des BAMS ohne Weiteres auf das dritte Kapitel SGB XII anzuwenden, erst recht nicht rückwirkend.

2.1 Wie wird die Regelbedarfsstufe 1 festgesetzt?

Grundlage sind Sonderauswertungen der Einkommens- und Verbrauchsstichprobe (§ 1 RBEG). Die Einkommens- und Verbrauchsstichprobe (EVS) umfasst knapp 60.000 Personen. Diese dokumentieren auf freiwilliger Basis ihre gesamten Einnahmen und Ausgaben, über das Jahr verteilt jeweils ein Viertel der Haushalte für jeweils drei Monate. Die EVS wird alle fünf Jahre erhoben. Die letzte stammt aus dem Jahre 2018. Sie ist die Grundlage des Regelbedarfs seit 2021. Zugrunde gelegt werden die Verbrauchsausgaben einer Bezugsgruppe aus den untersten Verbrauchergruppen der Einpersonenhaushalte (⇨3.1).

2.2 Was soll mit Regelbedarfsstufe 1 abgedeckt sein?

Von 446 € (Stand: 2021) müssen Sie alle Ausgaben, insbesondere für Ernährung, Körperpflege, Haushaltsenergie (ohne ⇨Heizung und ⇨Warmwasser) und Bedarfe des täglichen Lebens bestreiten. Dazu gehört *„in vertretbarem Umfang eine Teilnahme am sozialen und kulturellen Leben in der Gemeinschaft"*

R

(§ 27a Abs. 1 SGB XII; § 20 Abs. 1 SGB II). Ausgaben für ⇨Kleidung und ⇨Hausrat sind seit 2005 im Regelbedarf enthalten, mit Ausnahme der Erstausstattungen für Wohnung und Bekleidung (⇨Einmalige Beihilfen).

Tab. 2 Verbrauchspositionen der EVS in Regelbedarfsstufe 1

EVS = Einkommens- und Verbrauchsstichprobe; die Beträge für 2021 wurden ausgehend von der EVS 2018 auf 2021 hochgerechnet, d.h. als Prozentanteile der EVS 2018 berechnet und auf den nach dem Gesetz (RBEG-E, BT-Drs. 19/22750 und den Änderungen durch die Beschlussempfehlung v. 4.11.2020, BT-Drs. 19/24034) auf den für 2021 fortgeschriebenen Regelbedarf angewendet; im Vergleich zu 2019 (auf der Basis der EVS 2013) und 2015 (auf der Basis der EVS 2008).

	RB 2021 EVS 2018 446,00 €	**RB 2019 EVS 2013** 424,00 €	**RB 2015 EVS 2008** 404,00 €
Abteilung			
Ernährung gesamt	**166,41 €**	**158,38 €**	**151,43 €**
01/02 Nahrungsm./Getränke	**154,76 €**	**147,83 €**	**143,44 €**
davon: Nahrungsmittel	*138,32 €*	*128,91 €*	*125,19 €*
alkoholfreie Getränke	*13,23 €*	*15,02 €*	*14,91 €*
12 Liter Mineralwasser statt alkoholischer Getränke	3,21 €	3,90 €	*3,34 €*
Tabakwaren	-	-	-
11 Verpflegungsdienstl. (früher: Verzehr außer Haus)	**11,65 €**	**10,55 €**	**7,99 €**
03 Bekleidung und Schuhe	**37,01 €**	**37,16 €**	**33,94 €**
Bekleidung, Stoffe, Zubehör	27,36 €	27,48 €	25,10 €
Änd., Reparaturen und Miete von Bekleidung (o. Reinigung)	0,44 €	0,43 €	0,41 €
Schuhe, Zubehör	8,91 €	8,86 €	7,93 €
Schuhreparatur	0,29 €	0,39 €	0,50 €
04 Wohnen, Energie, Wohnungsinstandhaltung	**37,81 €**	**37,60 €**	**33,77 €**
Strom	36,20 €	35,77 €	31,40 €
davon *Strom Mieter*	*36,20 €*	*35,77 €*	*29,93 €*
Strom Eigentümer	-	-	*1,47 €*
Instandhaltung Wohnung, Reparaturen und Schönheitsreparaturen	1,46 € (Fehlbetrag)	1,44 € (Fehlbetrag)	2,15 € (Fehlbetrag)
05 Innenausstattung Haushaltsgeräte und -gegenstände	**27,16 €**	**26,14 €**	**30,61 €**
darunter:			
Möbel/Einrichtungsgeg.	6,90 €	6,41 €	11,29 €
Lieferung u. Installation	-	-	0,13 €
Teppiche/Bodenbeläge	0,72 €	0,62 €	1,34 €
Kühl- und Gefriergeräte	1,71 €	1,77 €	1,24 €
Waschmaschinen etc.	1,64 €	1,70 €	1,30 €
andere Haush.-großgeräte	0,87 €	1,19 €	1,61 €

R

Reparat., Miete Haush.-geräte	0,29 €	0,29 €	-
Heimtextilien	2,42 €	2,42 €	-
Verbrauchsgüter Haushaltsf.	4,44 €	3,90 €	-
Rest inkl. Reparat. (2015 inkl. Heimtextilien und Verbrauchsg.)	4,73 €	7,21 €	13,70 €
06 Gesundheitspflege	**16,57 €**	**16,10 €**	**17,36 €**
pharmazeut. Erzeugnisse	11,24 €	10,17 €	9,53 €
davon: mit Rezept (Zuzahlung)	*3,80 €*	*3,82 €*	*3,87 €*
ohne Rezept	*7,43 €*	*6,35 €*	*5,66 €*
andere med. Erzeugnisse mit u. ohne Rezept	3,50 €	3,04 €	2,36 €
therapeut. Mittel u. Geräte	2,29 €	2,90 €	2,52 €
Praxisgebühren	-	-	2,95 €
07 Verkehr	**40,00 €**	**35,33 €**	**25,44 €**
Kaufpreis f. Fahrräder	1,34 €	-	
Fahrradzubehör u. -teile	1,65 €	1,42 €	2,01 €
Fahrräder: Wartung/Reparatur	0,95 €	1,25 €	0,64 €
fremde Verkehrsdienstleistung	36,05 €	31,80 €	22,79 €
davon: Öffentlicher Nahverkehr	-	*28,39 €*	*20,56 €*
(Fern-) Reisen	-	*3,41 €*	*2,23 €*
08 Nachrichtenübermittlung	**39,88 €**	**37,92 €**	**35,69 €**
Kauf u. Reparat. von Festnetztel. (seit 2019 inkl. Mobiltelefon)	2,96 €	2,46 €	1,31 €
Post- und Paketdienstl.	2,62 €	2,94 €	3,86 €
Kommunikationsdienstleistungen	34,30 €	32,52 €	31,83 €
davon: Internet/Onlinedienste	-	-	*2,55 €*
Gebühren Telefon/Fax (2019 inkl. Internet/Mobiltel.)	-	-	*27,97 €*
09 Freizeit, Unterh., Kultur	**43,54 €**	**40,68 €**	**44,62 €**
darunter:			
Radio- (Audio-) u. Fernsehgeräte	2,51 €	2,39 €	3,45 €
Datenverarbeitung inkl. Software	3.45 €	2,71 €	3,84 €
Bild-, Daten- und Tonträger (ab 2019 inkl. Downloads)	2,01 €	2,35 €	2,89 €
Sportartikel, Spielwaren, Sport- und Hobbykurse	5,93 €	4,89 €	2,79 €
sonstige Gebrauchsgüter für Freizeit u. Reparat.	3,42 €	2,90 €	2,96 €
Gartenpflege, Blumen	-	-	-
Sport-, Freizeit- und Kulturveranstaltungen	10,52 €	8,99 €	8,58 €
Zeitungen/Zeitschriften (2019 inkl. Downloads)	5,49 €	5,85 €	7,29 €
Bücher, Broschüren	3,77 €	4,95 €	5,74 €
Schreibwaren	2,83 €	2,61 €	2,69 €
sonstige Freizeitdienstl. (inkl. Kultur. u. Fotodienstl.)	2,46 €	1,86 €	3,45 €
Ausleihgebühren	0,98 €	0,97 €	0,95 €

10 Bildungswesen	**1,61 €**	**1,08 €**	**1,53 €**
Kursgebühren			
11 Beherbergungs- und Gaststättendienstl.	**unter Abteilung 01**		
12 Andere Waren und Dienstleistungen	**35,59 €**	**33,62 €**	**29,59 €**
Körperpflege gesamt	27,17 €	26,13 €	24,93 €
davon Friseur und andere Dienstl. f. Körperpfl.	*11,13 €*	*10,86 €*	-
Artikel f. Körperpfl.	*16,05 €*	*15,27 €*	-
Finanzdienstleistungen	2,54 €	2,07 €	2,21 €
Dienstl. Personalausweis	0,32 €	0,27 €	0,28 €
Mitgliedsbeitr., Uhren/Schmuck (seit 2019 ohne Schmuck)	5,56 €	5,15 €	2,16 €
	445,58 €	**424,01 €**	**403,98 €**

(**Regelbedarf 2015 – EVS 2008:** Der Paritätische 2011, Die Regelsatzberechnungen der Bundesregierung nach der Einigung im Vermittlungsausschuss sowie der Vorschlag des Paritätischen Gesamtverbandes für bedarfsdeckende Regelsätze; BT-Drs. 17/3404, 55 ff., eigene Berechnung, Rundungsdifferenzen möglich; **Regelbedarf 2019 – EVS 2013**: BT-Drs. 18/9984, 35 ff., 109 ff., eigene Berechnung der einzelnen Positionen als Prozentanteil der EVS 2013 angewendet auf den aktuellen Regelbedarf, Rundungsdifferenzen möglich. Wenn die genannten Quellen keine konkreten Angaben enthalten, wurden entsprechende Positionen offengelassen.)

2.3 Regelbedarfsrelevante Ausgaben (relevant = wichtig)

Die Bezugsgruppe (⇨3.1) der EVS 2018 besteht aus 2.311 Einpersonenhaushalten (EVS 2013: 2.023 Haushalte, EVS 2008: 1.678 Haushalte). Die Bezugsgruppe der letzten drei EVS hatte insgesamt folgende Verbrauchsausgaben.

Tab. 3	**durchschnittliche Verbrauchsausgaben der Bezugsgruppe**			
	2021 (EVS 2018)	**2017** (EVS 2013)	**2011** (EVS 2008)	
	989,63 €	903,55 €	843,09 €	
Minus	393,22 €	371,19 €	340,01 €	für Miete/Heizung
	596.41 €	532,36 €	503,08 €	

(BT-Drs. 19/22750 , 20; Sonderauswertung der EVS 2018, BT-Drs. 18/9984, 35, 109 ff., BT-Drs. 17/3404, 139, Der Paritätische 2011, eigene Berechnung.)

Nur die *„regelbedarfsrelevanten*“, nicht die gesamten Verbrauchsausgaben der Bezugsgruppe gehen in den Regelbedarf der Rbs 1 ein. Als relevant gelten in erster Linie nur Ausgaben, die „existenzsichernd“ sind, nicht das soziokulturelle Existenzminimum. Miete und Heizung werden gesondert übernommen. Die Konsumausgaben von 596,41 € wurden 2018 auf die Rbs 1 von 435 € herunter gerechnet. Dieses Werk verrichten unbekannte Mitarbeiter*innen des Bundesministeriums für Arbeit und Soziales (BAMS) in nichtöffentlichen Sitzungen. Sie stützen sich auf Sonderauswertungen des Statistischen Bundesamtes, die nicht vollständig veröffentlicht werden.

01/02 Nahrungsmittel/Getränke/Tabak

Die Regelbedarfsanteile für Nahrungsmittel und nicht alkoholische Getränke sind 2021 um 26,32 € höher als 2004 im Regelsatz des Jahres vor Hartz IV (130,44 €). Die Preise für Nahrungsmittel sind von Januar 2004 bis Januar 2021 um 38,95 Prozent gestiegen. Ein*e Alleinstehende*r müsste 2021 182,38 € mtl. für Nahrungsmittel ausgeben, um sich das leisten zu können, was man ihm/r 2004 zugestand, hat dafür aber 2021 nur 154,76 €. Die Bundesregierung hat Hartz IV-Beziehenden in 17 Jahren rund 15 Prozent der Mittel für Nahrung entzogen.

1990 gingen noch zwei Drittel der Ausgaben für Tabakwaren in den früheren Eckregelsatz ein, mit Einführung von Hartz IV noch 50 Prozent, seit 2011 dann gar nicht mehr. Die Armutspädagog*innen der Bundesregierung haben 10,82 € aus dem Regelbedarf 2021 gestrichen. Dabei raucht nicht einmal jede*r Fünfte der untersten Verbrauchergruppen (Sonderauswertung der EVS 2018). Dafür fallen 55,19 € pro Monat an. Durch den Wegfall von 10,82 € lässt sich niemand vom Rauchen abhalten. Den Nichtraucher*innen jedoch entzieht man einfach nur Geld zum Leben, damit sie gesund bleiben.

Ausgaben für alkoholische Getränke gingen früher zu 100 Prozent in den Regelbedarf ein, seit 2011 nicht mehr. 38 Prozent der Personen der Bezugsgruppe der EVS 2018 trinken gar keinen Alkohol. 62 Prozent „versaufen" pro Tag 52 Cent (15,60 € mtl.). Alkohol hat als *„gesundheitsgefährdendes Genussgift"* (Sonderauswertung der EVS 2018) ihre Gesundheit erheblich gefährdet. Die *„Pauschale fürs Saufen"* (FTD 10.2.2010) musste gestrichen werden. Die Armutsforscher*innen der Bundesregierung bereinigten die durchschnittlichen Kosten für alkoholische Getränke von 9,47 € um den Anteil der Spirituosen (die dienen nicht zur Flüssigkeitsaufnahme) und unterstellen, dass man mit den verbleibenden 7,50 € 24 Flaschen 0,5er Bier für je 0,31 € kaufen kann. Diesen Flüssigkeitsbedarf von 12 l erkennen sie 2021 in Form von Mineralwasser für 3,13 € mtl. an.

5,23 € stehen einem/r Alleinstehenden pro Tag für Essen und Trinken zu. Je 40 Prozent davon entfallen auf Mittag- bzw. Abendessen (je 2,09 €). 20 Prozent oder 1,05 € entfallen auf Frühstück. Zwischenmahlzeiten wie Obst, Kaffee und Kuchen entfallen.

„Verzehr außer Haus" (⇨Abteilung 11)

Kritik: Mangelernährung mit Hartz IV – 84,60 € fehlen (vgl. auch ⇨4.4)

Erwachsene im Alter von 19 bis 64 Jahren brauchen im Schnitt 2.550 kcal pro Tag, um ihren Energiebedarf zu decken. Dieser besteht aus dem Grundumsatz, mit dem alle körperlichen Funktionen im Ruhezustand aufrechterhalten werden, und dem Energiebedarf für körperliche Aktivitäten.

Der Grundumsatz, bezogen auf heutige Durchschnittsmenschen, beträgt 1.700 kcal. Der Energiebedarf für ausreichende körperliche Aktivitäten auf der Grundlage des tatsächlichen Durchschnittsgewichts wird mit 50 Prozent des Grundumsatzes bewertet oder 850 kcal (Näheres Roth 2009, 15-18). Minderjährige Kinder verschiedener Altersstufen haben einen jeweils verschiedenen Kalorienbedarf.

Das Forschungsinstitut für Kinderernährung (FKE) in Dortmund hat ausgerechnet, wie viel Geld ein Mensch pro 1.000 kcal braucht, um sich gesund zu ernähren. Es kam auf der Basis von Mittelwerten für Preise bei Discountern und Supermärkten (ohne Bioläden) für Mai 2007 auf einen Wert von 2,16 € pro 1.000 kcal, der für alle Altersgruppen gilt (Kersting, Clausen 2007, 509 f.). Vom Mai 2007 bis Mai 2020 sind die Preise für Nahrungsmittel um 34,13 Prozent gestiegen. Pro 1.000 kcal mussten also im Mai 2020 2,90 € aufgewandt werden.

Das FKE unterstellte, dass der Energiewert der Lebensmittel zu 100 Prozent verwertet wird. Das entspricht nicht der Realität. Nehmen wir, wie in der Sozialhilfe der 80er-Jahre, für *„Schwund und Verderb"* acht Prozent an, brauchte man ab Mai 2020 bei gesunder Ernährung für 1.000 kcal 3,13 € oder 7,98 € pro Tag. Im Regelbedarf sind aber nur 5,16 € pro Tag enthalten. Davon kann man 1.649 kcal mit gesunder Ernährung bestreiten, gegenüber dem Bedarf von 2.550 kcal rund 900 kcal zu wenig. Tag für Tag fehlen also 2,82 €, im Monat rund 84,60 €. Weil zur gesunden Ernährung aber eine Erhöhung des Anteils um 55 Prozent nötig wäre, bedeutet Hartz IV Mangelernährung.

Silvia Peul hat für 2005 als Normalkosten einer gesunden Ernährung für Erwachsene ab dem Alter von 19 Jahren 195 € angegeben (S. Peul, Monatsschrift Kinderheilkunde 12/2004, 137), ebenfalls rund 50 Prozent mehr als die damals im Regelbedarf enthaltenen 130 €. Eine deutliche Erhöhung des Regelbedarfsanteils für Ernährung ist deshalb notwendig. Mit der EVS geht das aber nicht.

03 Bekleidung und Schuhe

2005 wurden mit 34,26 € nur 90 Prozent der Ausgaben anerkannt, um bei Hartz IV-Bezug den Kauf von Pelzmänteln und Maßkleidung zu unterbinden, seit 2006 sind wieder 100 Prozent relevant. Dafür gibt es 2021 mit 37,01 € mtl. etwa acht Prozent mehr als 2005 mit einem auf 90 Prozent gekürzten Regelbedarfsanteil. Übrigens: Alleinstehende Bundesbürger*innen gaben 2008 im Schnitt rund 60 € im Monat für Kleidung aus (Destatis Fachserie 15, Heft 4, Wiesbaden 2011, 28), unter Berücksichtigung der Preissteigerungsrate etwa 78 Prozent mehr als heute Alg II-Beziehenden per Gesetz zusteht.

04 Wohnung, Strom

Die Ausgaben für ⇨ Strom werden seit 2011 zu 100 Prozent anerkannt statt nur zu 85 Prozent. Das Bundesverfassungsgericht (BVerfG) hatte den Abschlag von 15 Prozent für Stromheizung für *„nicht empirisch belegt"* erklärt (BVerfG 2010, Rn. 177). In der EVS 2018 wurden allerdings nur noch die Stromausgaben aller Mieterhaushalte zugrunde gelegt, die nicht mit Strom heizen. Diese wurden jedoch auf alle stromverbrauchenden Haushalte hochgerechnet. Die deutlich höheren Haushaltsenergieausgaben von 102 Eigentümerhaushalten in der Bezugsgruppe bleiben unberücksichtigt (Sonderauswertung der EVS 2018), was zu einer leichten Reduzierung der regelbedarfsrelevanten Stromausgaben führt, und die Durchschnittsausgaben auf eine größere Bezugsgruppe hochgerechnet, was nochmals zu einer Kürzung von mtl. 2,65 € führt. Es ist daher nicht verwunderlich, dass der Stromanteil im Regelbedarf 2021 auf Grundlage der EVS 2018 mit mtl. 36,20 € um 26 Cent niedriger ausfällt als der Stromanteil von 2020 auf Grundlage der EVS 2013. Auch die anerkannten Ausgaben für Instandhaltung **und** Schönheitsreparaturen sanken zum wiederholten Mal auf nunmehr 1,46 € mtl.

Kritik: 2021 gesteht der Hartz IV-Regelbedarf Alleinstehenden 434,40 € für Strom zu. Bei einem durchschnittlichen kWh-Preis von 31,47 Cent (inkl. Grundgebühren, Durchschnitt 2020) ist ein Jahresverbrauch von 1.380 kWh möglich. Das liegt jedoch deutlich unter dem Durchschnittsverbrauch eines Einpersonenhaushalts von 1.800 kWh (ohne Warmwasserbereitung; Energieagentur NRW). Diese Bedarfsunterdeckung führt in vielen Fällen zu einer erheblichen indirekten Regelbedarfssenkung, nicht selten zu Energieschulden und -sperren.
Ausgaben für die Instandhaltung der Wohnung sind seit 2005 im Regelbedarf enthalten, seit 2011 auch die Kosten für Schönheitsreparaturen mit Centbeträgen, obwohl es sich hier unserer Meinung nach um Unterkunftskosten handelt (⇨Renovierung).

05 Möbel, Einrichtungsgegenstände und Haushaltsgeräte

Die Ausgaben für Möbel werden zu 100 Prozent anerkannt, nicht mehr nur zu 80 Prozent wie zu Zeiten der EVS 2003. Den Transport zur Wohnung, der Aufbau, die Verlegung von Teppichböden etc. müssen Sie aber selbst zum Nulltarif erledigen, obwohl Ihnen keine Mittel für ein Kfz gewährt werden. Auch die Kosten für fremde Installationen von Haushaltsgroßgeräten oder anfallende Möbelreparaturen tauchen in der EVS 2018 gar nicht auf und werden deshalb nicht berücksichtigt.

06 Gesundheitspflege

Ausgaben für Gesundheitspflege werden nun zu 60 Prozent anerkannt. In Der EVS 2013 waren es noch 62 Prozent. Das wir damit begründet, dass Leistungsberechtigte durch Gebührenbefreiung, Vollkostenzuschuss bei Zahnersatz und einmaligen Beihilfen für orthopädische Schuhe sowie Miete und Reparatur von therapeutischen Geräten finanziell entlastet werden. Leistungen, wie Arzt- bzw. Zahnarztleistungen, Versorgung und Dienstleistungen in Krankenhäusern oder außerhalb, die die Kassen seit der „Gesundheitsreform" 2004 nicht oder nicht mehr voll anerkennen, gelten nicht mehr als regelbedarfsrelevant. Überdurchschnittlich viele Hartz IV-Beziehende sind aber gesundheitlich angeschlagen und haben solche

Zusatzkosten zu tragen. Das führt zu einer realen Senkung ihres Regelbedarfs. Brillen und Brillengläser, Hörgeräte usw. müssen arme Leute nach wie vor selbst zahlen, ⇨Verhütungsmittel auch.
Eigene Zahlungen für nicht verschreibungspflichtige Medikamente (z.B. Schmerzmittel) sowie für andere medizinische Erzeugnisse, die es nicht auf Rezept gibt, wurden 2021 immerhin mit 7,43 € in den Regelbedarf aufgenommen. Für chronisch Kranke, die z.B. homöopathische Mittel finanzieren müssen oder Medikamente, die von den Kassenleistungen nicht umfasst sind, sind diese Beträge aber völlig unzureichend.

07 Verkehr
Pkw sind nicht *„existenzsichernd"* und damit kein regelbedarfsrelevanter Grundbedarf (BT-Drs. 19/22750, 28). Erwerbslose dürfen seit Hartz IV zwar ein angemessenes ⇨Kfz besitzen – zwecks Eingliederung in Arbeit –, alle Pkw-Kosten müssen sie aber eigenverantwortlich selbst tragen. Sie können ihren Pkw nur nutzen, wenn sie z.B. bei der Ernährung sparen. Die Bezugsgruppen der EVS 2008, 2013 und 2018 decken ihren Mobilitätsbedarf von den Kosten her überwiegend mit Pkw. Der Pkw ersetzt bis zu einem gewissen Grad die *„fremden Verkehrsdienstleistungen"*. Deshalb legt die Bundesregierung jetzt als regelbedarfsrelevant nur die Verbrauchsausgaben der Personen zugrunde, die keine Ausgaben für Kraftstoffe und Schmiermittel haben. Außerdem wurde die Gruppe der ÖPNV-Nutzer fiktiv vergrößert (⇨2.4). Dadurch steigen die anerkannten Ausgaben für *„fremden Verkehrsdienstleistungen"* (ohne Luftverkehr) 2021 auf 36,05 € oder 1,20 Cent pro Tag. Die EVS 2018 differenziert im Gegensatz zu den früheren EVS nicht mehr in Reisekosten mit und ohne Übernachtung, was eine annähernde Bestimmung der Ausgaben für den ÖPNV bzw. Fernverkehr unmöglich macht. Knapp 20 Prozent der Bezugsgruppe hatten allerdings überhaupt keine Ausgaben für Mobilität. Würde man auch sie herausrechnen, käme man auf über 43 € mtl. für „fremden Verkehrsdienstleistungen".
Auch wenn der Betrag mit der EVS 2018 angehoben wurde, ist es immer noch nahezu unmöglich, dafür ein „Sozialticket" zu kaufen (wenn es denn eines gibt: ⇨Sozialpass).

08 Nachrichtenübermittlung
Ausgaben für Telefon und Fax werden seit 2006 zu 100 Prozent anerkannt, vorher zu 60 Prozent.
Während in der EVS 2013 entweder die Ausgaben für Festnetz plus Internet oder die Ausgaben für Mobilfunk plus Internet berücksichtigt wurden, sind in der EVS 2018 unter der Rubrik *„Kommunikationsdienstleistungen"* alle Ausgaben möglicher Gebührenkombinationen eingeflossen und werden zu 100 Prozent anerkannt. Für Telefon- und Internetgebühren sowie die Gebühren für Mobiltelefone und Faxgeräte in unterschiedlicher Kombination mit anderen Telekommunikationsdienstleistungen sind 2021 mtl. 34,30 € im Regelbedarf enthalten. Trotz dieser Großzügigkeit stieg der Gesamtbetrag in dieser Bedarfsposition gegenüber den Werten von 2019 um ganze 1,96 € auf mtl. 39,88 €.

09 Freizeit, Unterhaltung, Kultur
Die Ausgaben unterer Verbrauchergruppen für Freizeit, Unterhaltung und Kultur sind seit 2005 von rund 95 € auf 85 € (EVS 2018) gesunken. Die regelbedarfsrelevanten Ausgaben konnten deshalb ab der EVS 2008 zu 100 Prozent anerkannt werden, deren Höhe beträgt 2021 43,54 € gegenüber 39,48 € im Jahr 2005. Im Vergleich zur EVS 2013 sind die Verbrauchsausgaben dieser Abteilung in der EVS 2018 zwar etwas gestiegen, das kann aber auf die mittlere Preissteigerung von Gebrauchsgütern und Dienstleistungen in diesem Zeitraum zurückgeführt werden.
Nicht regelbedarfsrelevant sind nach Auffassung der Bundesregierung eine ganze Reihe von Ausgaben, *„da es sich hier nicht um Bedarfe des physischen Existenzminimums handelt"* (Sonderauswertung der EVS 2018). Die Gartenpflege (4,76 €) wurde schon lange aus dem Regelbedarf gestrichen. 2011 sind auch Zimmerpflanzen und Schnittblumen (2,95 €) als nicht „existenzsichernd" herausgefallen. Die vormals nicht relevanten Bild-, Daten- und Tonträger (2,35 €) gelten seit 2013 wieder als „existenzsichernd". Computer ohne Datenträger? Das ließ sich nicht aufrechterhalten. Fotoapparate sind nach wie vor nicht relevant.

Ausgaben für Haustiere (6,19 €) sind nicht notwendig. Einsamkeit muss man anders ertragen. Pauschalreisen (12,44 €) sind nicht lebensnotwendig, Ortsabwesenheit nicht erwünscht. Glücksspiele (Lotto, 3,61 €) sind nicht relevant, da Hartz IV von Haus aus glücklich macht! Dafür sind Ausgaben für Datenverarbeitungsgeräte und Software in Höhe von 3,36 € jetzt zu 100 Prozent als *„existenzsichernd"* anerkannt, statt wie 2005 nur zu 40 Prozent.

10 Bildungswesen
Auf Grundlage der EVS 2018 werden 2021 ganze 1,61 € für Kursgebühren als relevant anerkannt; Studien- und Prüfungsgebühren an Schulen und Universitäten (7,48 €) natürlich nicht. In der Abteilung 09 wurden ferner 2,14 € mtl. für außerschulischen (Musik-)Unterricht und Sport-/Hobbykurse aufgenommen.

11 Verzehr außer Haus
wird grundsätzlich nicht gefördert, da *„auswärtige Verpflegung [...] nicht zum physischen Existenzminimum zählt"* (BT-Drs. 19/22750, 32). Dass Hartz IV-Beziehende in Cafés herumsitzen, an Imbissbuden stehen oder sich in Kneipen herumtreiben, geht zu weit. Sie sollen gefälligst zu Hause bleiben. Dort dürfen sie den Gegenwert oder auch *„Wareneinsatz"* der Produkte konsumieren, die die Bezugsgruppe in Kneipen, Cafés usw. zu sich nimmt.
Das Statistische Bundesamt geht im Gastgewerbe von einem *„Wareneinsatz"* von 34,1 Prozent aus. So kommt man aktuell auf 11,65 € oder 0,39 € pro Tag.

12 Andere Waren und Dienstleistungen
Ausgaben für Uhren, früher *„erkennbar nicht regelbedarfsrelevant"*, sind es auf einmal doch. Macht mtl. 0,86 €. Schmuck (1,07 € mtl.) dagegen brauchen arme Menschen nicht.
Ausgaben für Finanzdienstleistungen werden jetzt zu 100 Prozent statt zu 25 Prozent anerkannt. Von den 2,54 € kann man aber meistens nicht einmal die Kontoführungsgebühren zahlen. Die Jobcenter/ Sozialämter setzen den Besitz eines Kontos voraus. Kontogebühren für Einkommensbeziehende unter 1.000 € betragen bei der Postbank 3,90 €. Barüberweisungen für Miete, Energie, Telefon, usw. schlagen mit über 5 € mtl. zu Buche (auf einem Postbankkonto; ca. 8 € auf anderen Bankkonten). Wer kein Konto hat, hat einen gekürzten Regelbedarf, weil Gebühren für Verrechnungsschecks und andere Geldtransfers fällig werden. Wer eins hat, kommt mit dem anerkannten Betrag auch nicht hin.
Haftpflicht- und Hausratversicherung in Höhe von 7,23 € mtl. gehören nicht, wie vor 2005, zum anzuerkennenden Bedarf. Zahlen Sie dafür Beiträge, führt das zur direkten Senkung des Regelbedarfs.

2.4 EVS – ungeeignet für die Festsetzung des sozialen Existenzminimums

a. Durchschnittsausgaben statt Grundbedarf

Die Regelbedarfe orientieren sich daran, was sich arme Leute bei real sinkenden Ausgaben noch leisten können. Was sich arme Leute nicht mehr leisten können, zählt nicht mehr zum Existenzminimum.
Statt eines Grundbedarfs zählen i.d.R. die Durchschnittsausgaben, die aber in vielen Fällen statistisch nicht repräsentativ sind. Für *„fremden Verkehrsdienstleistungen"* stehen in der EVS 2018 z.B. 35,16 €zur Verfügung (hochgerechnet auf 2021 ergibt das 36,05 €). Dieser Wert entspricht nicht den Durchschnittsausgaben der 2.311 Einpersonenhaushalte der Bezugsgruppe, denn nur 1061 Personen, hatten tatsächlich Ausgaben für den ÖPNV und gaben mtl. 47,01 € dafür aus. Würde man hier nur die Durchschnittsausgaben der ganzen Bezugsgruppe berücksichtigen, müsste der Regelbedarfsanteil für Verkehrsdienstleistungen 21,58 € betragen. Dieses Verfahren hatte das BVerfG am 23.6.2014 bei der Regelsatzbemessung auf Grundlage der EVS 2008 bemängelt und die Bundesregierung zur Korrektur aufgefordert (BVerfG 2014, Rn. 114).
Damit die Ausgaben der Minderheit nicht von der Mehrheit der Bezugsgruppe gänzlich nach unten gedrückt werden, haben die Regesatzjongleure im BAMS sich folgende Berechnung ausgedacht: In einer fiktiven Hochrechnung werden alle Haushalte, die nicht regelbedarfsrelevante Ausgaben für Kfz-Kraft- und Schmierstoffe haben, der Gruppe der ÖPNV-Nutzer zugeordnet, die

R

gleichzeitig keine Ausgaben für ein Kfz haben. Damit wurde die ÖPNV-Nutzergruppe künstlich um gut zwei Fünftel erhöht. Diesem Personenkreis wurden mtl. Pro-Kopf-Ausgaben in Höhe von 47,01 € unterstellt und aus der Summe dieser hochgerechneten Ausgaben wurde wiederum der Durchschnittswert aller Personen der Bezugsgruppe gebildet (38,19 €). Von diesem Wert wurden schließlich die hochgerechneten Kosten für den Luftverkehr (3,03 €) als nicht regelbedarfsrelevant in Abzug gebracht. Mit Hilfe dieses Berechnungstricks konnten die „Durchschnittsausgaben" aus der EVS 2018 für *„fremden Verkehrsdienstleistungen"* von 21,58 € auf 35,16 € angehoben werden.
Wer jedoch ausschließlich öffentliche Verkehrsmittel nutzt, kann auch mit den auf 2021 fortgeschriebenen 36,05 € seine realen Ausgaben nicht decken. Der reale Regelbedarf ist noch zu niedrig, um ein Sozialticket mit Begrenzung auf ein Tarifgebiet zu finanzieren (Ausnahme: Berlin und Nürnberg). Würden Grundbedürfnisse zählen, müsste ein Durchschnittsbetrag für eine Monatskarte im Regelbedarf des Rbs 1 enthalten sein, plus Zuschläge für Fahrten ins benachbarte Tarifgebiet und gelegentliche Fahrkarten für den Fernverkehr. Eine Feststellung des Grundbedarfs mit der EVS-Methode nach dem Prinzip „Durchschnittsausgaben gleich Bedarf" ist unzulässig.

Um aufzuzeigen, welche Auswirkungen diese Methode auf die Höhe des Regelbedarfs hat, einige Beispiele aus der EVS 2018 (Sonderauswertung der unteren 15% der nach dem Haushaltsnettoeinkommen geschichteten Einpersonenhaushalten ohne SGB II-/XII-Bezug):

- 15 Prozent der Haushalte kauften weder Kleidung noch Schuhe. Das reduziert die Durchschnittsausgaben um rund 7 €.
- 7,5 Prozent der Haushalte hatten 2018 keine Ausgaben für Strom. Wie das? Die Durchschnittsausgaben sinken um ca. 2,50 €.
- 20 Prozent hatten keinerlei Ausgaben für Möbel, Hausrat und Gebrauchsgüter der Haushaltsführung. Macht 7,50 € weniger.
- 9 Prozent nahmen keine Freizeit- und Kulturdienstleistungen in Anspruch. Macht knapp 4 € weniger.
- 22 Prozent saßen nie im Café oder einer Kneipe. Das macht beim Wareneinsatz, der in den Regelbedarf eingeht, ca. 3 € weniger.
- Unglaubliche 3,5 Prozent gaben für Körperpflegemittel und -geräte keinen Cent aus. Macht rund 0,80 € weniger usw.

Verzicht aus Armut, z.T. auch aus Gründen des Alters, ist die Grundlage der Festsetzung des Alg II-*„Regelbedarfs"*. Mit diesem Verfahren können Grundbedarfe nicht gedeckt werden. Der Hartz IV-Satz liegt deshalb weit unter dem soziokulturellen Existenzminimum.

Die Ausgaben für Telefon und Internet, für öffentliche Verkehrsmittel bzw. Fahrräder und Strom wurden auf Grundlage der EVS 2008 zum ersten Mal durch Sonderauswertungen ermittelt, in denen nur die Haushalte berücksichtigt wurden, die keine Ausgaben für Mobilfunk, für Benzin/ Öl bzw. Stromheizung hatten. Da sich dadurch die Bezugsgruppe verkleinert, erhöhen sich die Durchschnittsausgaben. Ohne die Sonderauswertungen würde der Regelbedarf noch niedriger ausfallen. Warum werden nicht bei allen Verbrauchsabteilungen die Haushalte herausgenommen, die Ausgaben für nicht regelbedarfsrelevante Dinge haben wie Alkohol, Tabak, bestimmte medizinische Leistungen, Pauschalreisen, Haustiere, Glücksspiele, Studiengebühren usw.?

b. Durchschnittsausgaben, gedeckt durch „Vermögen" und Kredite

Die Bundesregierung hält die Einkommen der für den Regelbedarf maßgeblichen Bezugsgruppe geheim. Ein nicht unwesentlicher Teil der regelbedarfsrelevanten Ausgaben dürfte nur möglich sein, weil Ersparnisse aufgelöst oder Kredite aufgenommen wurden. *„Die Einbeziehung [...] von Personen, die ihre Ausgaben nicht nur aus eigenem Einkommen, sondern auch durch Auflösung von Vermögen und Zuwendungen Dritter tätigen („versteckte Armut") in das unterste Quintil würde in der Tat die Datenbasis verfälschen"* (BVerfG 2010, Rz. 169).
Haushalte Alleinlebender in der EVS 2013 mit einem Nettoeinkommen zwischen 659 und 951 € mtl. hatten im Schnitt ein Haushaltsnettoeinkommen von 776 €. Ihre Konsumausgaben in den Abteilungen 01 bis 12 jedoch betrugen 888 € (I. Becker, 2016a, 10;

I. Becker 2016b, 15). Die Differenz beträgt 112 € oder 14,4 Prozent. Sie wird gedeckt u.a. durch Einnahmen aus der Auflösung von Geldvermögen und Aufnahme von Krediten (Statistisches Bundesamt 2010, 128-9). Wären die Reserven aufgelöst, würden alle Verbrauchsausgaben um über 14 Prozent fallen. Die Datenbasis ist also erheblich verfälscht. Was folgt daraus? Müssten nicht alle Haushalte, deren Einkommen nicht ausreicht, die Ausgaben zu finanzieren, aus der Bezugsgruppe herausgerechnet werden?

2.5 Alg II-Beziehende leben schlechter als die untersten 20 Prozent

Grundprinzip der Regelbedarfsfestsetzung soll sein, dass Alg II-/ Sozialhilfebeziehende ähnlich leben wie Nicht-Sozialhilfebeziehende der untersten Verbrauchergruppen. Warum wurden dann in der EVS 2013 26,3 Prozent oder etwa 127 € der Konsumausgaben dieser Bezugsgruppe nicht als regelbedarfsrelevant eingestuft (I. Becker 2016a, 19) Alg II-/ Sozialhilfebeziehende leben nicht *„ähnlich"* wie die untersten Verbrauchergruppen, sondern erheblich schlechter. 2013 betrug die Armutsschwelle von Einpersonenhaushalten 979 € (www.destatis.de). Schon die EVS-Bezugsgruppe lag mit ihrer Einkommensobergrenze von 951 € deutlich darunter.

In der EVS 2018 wurde die entsprechende Einkommensgrenze auf 1086 € angehoben. Gleichzeitig hat sich die Summe der nicht regelsatzrelevanten Konsumausgaben der Bezugsgruppe auf mtl. 159,85 Euro erhöht (Diakonie Deutschland, Regelsatz: willkürliche Abzüge im Gesetzentwurf 2020, 08/2020, 4).

Wenn man die Freiheit armer Leute akzeptieren könnte, ihr Geld nach ihrem Geschmack auszugeben, könnten auf der Grundlage der EVS 2018 etwa 546 € der 596 € für Konsumausgaben als regelbedarfsrelevant eingestuft werden. Rund 50 € wären als *„zwingende Abschläge"* herauszurechnen, da sie über Gebührenbefreiung bzw. andere Leistungen gedeckt werden könnten. Darunter fallen z.B. 17,50 € für Rundfunk- und Fernsehgebühren, Einsparungen durch Sozialtickets und andere Vergünstigungen, Ausgaben für Haushaltshilfe, orthopädische Schuhe, Materialkosten Zahnarzt, Reparatur und Miete therapeutischer Geräte sowie Nachhilfe.

3.1 Bezugsgruppe/ Referenzgruppe): unterste 15 oder 20 Prozent?

Rechtliche Grundlage für die Bestimmung der Bezugsgruppe war bis Ende 2010 die Regelsatzverordnung (RSV). *„Zu Grunde zu legen sind die Verbrauchsausgaben der untersten 20 vom Hundert der nach ihrem Nettoeinkommen geschichteten Haushalte der Einkommens- und Verbrauchsstichprobe **nach** Herausnahme der Empfänger von Leistungen der Sozialhilfe"* (§ 2 Abs. 3 RSV vom 2.3.2009).

Mit Haushalten sind Einpersonenhaushalte gemeint, da die Regelbedarfsstufe 1 der Regelbedarf von Alleinstehenden ist (BVerfG 2010, Rz. 168). Das Sozialhilfeniveau auf der Basis von Sozialhilfe-Haushalten festzusetzen, wäre ein *„Zirkelschluss"*.

Die Frage ist nur, ob Sozialhilfebeziehende vor oder nach der Bildung der Bezugsgruppe der untersten 20 Prozent herausgenommen werden müssen? *„Aus der gesetzlichen Formulierung ergibt sich ... [das] nicht eindeutig"* (Becker 2006, 3). Bei Einführung von Hartz IV galt: *„Die untersten 20% der [...] Haushalte werden aus der EVS separiert, in einem zweiten Schritt werden aus dieser Gruppe die Sozialhilfebezieher herausgenommen – die verbleibenden Personen bilden dann die zu betrachtende Referenzgruppe"* (Der Paritätische 2004, 11). Das BVerfG stellt mit Bezug darauf fest: *„Die Auswahl der Referenzgruppe ist verfassungsrechtlich nicht zu beanstanden"* (BVerfG 2010, Rn. 168). Es spricht davon, dass die untersten 20 Prozent *„mit Ausnahme der Einpersonenhaushalte im Sozialhilfebezug heranzuziehen"* seien (BVerfG 2010, Rn. 55). Die Leistungsbezieher*innen sind laut BVerfG eindeutig nach Bestimmung der untersten 20 Prozent herauszunehmen.

In der Auswertung der EVS 2003 wurden aus den untersten 20,4 Prozent der Einpersonenhaushalte 0,5 Prozent Sozialhilfebeziehende herausgenommen. In der Auswertung der EVS 2013 wurden aus 21,8 Prozent der Einpersonenhaushalte acht Prozent Alg II- und Sozialhilfebeziehende herausgenommen. Es verblieben 13,8 Prozent der Bezugsgruppe von 21,8 Prozent. Sie wurden auf die untersten 15 Prozent hochgerechnet. Deshalb ist seit 2011 im RBEG mit den untersten 15 Prozent der Einpersonenhaushalte der Prozentsatz **nach**, nicht mehr der vor Herausnahme von Alg II- und HzL-/ GSi-Beziehenden festgeschrieben worden (§ 4 Nr. 1 RBEG).

Der Unterschied, ob Alg II-/ Sozialhilfe-Beziehende **vor oder nach** der Berechnung der „ärmsten" EVS-Haushalte herausgenommen werden, wird an einem Rechenbeispiel mit EVS 2008 deutlich: Die untersten 15 Prozent der Einpersonenhaushalte haben hier ein Durchschnittseinkommen von 843,09 €, die untersten 20 Prozent von 875,47 €. Ihre Konsumausgaben sind höher, folglich auch die regelbedarfsrelevanten Ausgaben. Wären entgegen des BVerfG die Ausgaben der untersten 20 Prozent herangezogen worden, hätte der Regelbedarf der Rbs 1 schon 2011 382 € statt 364 € betragen müssen (Der Paritätische 2010, 11).

Die Vorgehensweise der Bundesregierung bei der Festsetzung der Bezugsgruppe ist vom BVerfG gedeckt. Nur der Umfang der herausgerechneten Alg II- und Sozialhilfehaushalte ist erheblich höher als früher, u.a. wegen der Verwandlung von Berechtigten der Arbeitslosenhilfe, die früher nicht herausgerechnet wurden, in Alg II-Beziehende, die heute herauszurechnen sind.

Der Vorgabe des BVerfG, dass die verbleibenden Haushalte *„zuverlässig über der Sozialhilfeschwelle"* liegen müssen, ist bei Alg II-/ Sozialhilfe-Beziehenden mit Einkommen aus Erwerbstätigkeit angeblich erfüllt. Sie werden seit der EVS 2013 nicht aus der Bezugsgruppe der Haushalte herausgenommen (§ 3 Abs. 2 RBEG), weil sie wegen ihrer nicht angerechneten Einkommen oberhalb der Sozialhilfeschwelle liegen.

3.2 Bezugsgruppe mit oder ohne „Dunkelziffer"

Das BVerfG hat im Februar 2010 in Bezug auf das Regelsatzniveau von 2005 erklärt, der Verzicht auf die Schätzung der Dunkelziffer sei damals vertretbar gewesen. Aber: *„Der Gesetzgeber bleibt freilich [...] verpflichtet, bei der Auswertung künftiger Einkommens- und Verbrauchsstichproben darauf zu achten, dass Haushalte, deren Nettoeinkommen unter dem Niveau der Leistungen nach dem Sozialgesetzbuch Zweites Buch und dem Sozialgesetzbuch Zwölftes Buch inklusive der Leistungen für Unterkunft und Heizung liegt, aus der Referenzgruppe ausgeschieden werden"* (BVerfG 2010, Rn. 169). Die EVS 2008 und 2013 sind bezogen auf 2005 *„künftige"* Einkommens- und Verbrauchsproben. Die Bundesregierung hat diese Verpflichtung missachtet.

In der Bezugsgruppe befinden sich Personen, die einen Anspruch auf Alg II bzw. HzL/ GSi der Sozialhilfe haben, ohne ihn geltend zu machen. Die sogenannte „Dunkelziffer" ist erheblich. 2007 nahmen laut einer Untersuchung von Irene Becker 5,9 Millionen Personen ihre Ansprüche nicht wahr, nahezu jede*r Zweite. Alle Haushalte mit einem Einkommen unterhalb ihres Hartz IV-Niveaus hätten herausgerechnet werden müssen, um die regelbedarfsrelevanten Ausgaben der Bezugsgruppe zu erhöhen. Mit der Festlegung einer Mindesteinkommensgrenze oberhalb des Hartz IV-Niveaus könnte man nicht realisierte Ansprüche feststellen und die betreffenden Haushalte aus der Bezugsgruppe herausnehmen. Daran hat die Bundesregierung kein Interesse.

3.3 Bezugsgruppe: überwiegend Rentner*innen

Nach wie vor hält die Bundesregierung detaillierte Angaben über Einkommen, soziale Zusammensetzung, Altersklassen usw. der Bezugsgruppe geheim. 2010 ließ sie sich jedoch entlocken, dass 37,7 Prozent RentnerInnen seien, 18,3 Prozent Nicht-Erwerbstätige, 20,2 Prozent Erwerbslose, 19,6 Prozent Beschäftigte und 4,1 Prozent Selbstständige (DIE LINKE 2010, 4).

Drei Viertel der Einkommen von Einpersonenhaushalten Nicht-Erwerbstätiger mit einem Einkommen unter 900 € waren laut EVS 2008 Renten (Statistisches Bundesamt 2010, 112). Da Rentner*innen ebenfalls erwerbstätig sein können, könnte die Mehrheit der Bezugsgruppe aus Rentner*innen bestehen. Der Regelbedarf nach Rbs 1 ist, salopp gesagt, ein Senioren-Regelbedarf. Das ist er schon, seit die EVS 1990 Grundlage der Regelbedarfsbemessung wurde. Die EVS 1983 wies damals den Anteil über 65-Jähriger an der Bezugsgruppe mit über 60 Prozent aus (Statistisches Bundesamt, Fachserie 15, EVS 1983, Heft 5, Tab. 1.4.01.03). Die Fachhochschulprofessoren

Hanesch, Stahlmann und Weth schlossen deshalb damals auf *„die grundsätzliche Ungeeignetheit des vorgeschlagenen Statistikmodells für die Regelsatzbemessung"* (info also 1/88, 5). Das gilt noch heute.
Die Ausgaben von Rentner*innen sind in wichtigen Ausgabenbereichen bei gleichem Einkommen niedriger als die von erwerbsfähigen Personen. Das drückt den Regelbedarf nach unten. Daten über das unterschiedliche Ausgabeverhalten werden geheim gehalten.

4.1 Kinderregelbedarfe (⇨Sozialgeld)

Das BVerfG beklagte, dass nicht schon bei Einführung von Hartz IV eine Sonderauswertung der EVS 1998 über die Verbrauchsausgaben von minderjährigen Kindern vorgenommen wurde (BVerfG 2010, Rn. 198). Ein entsprechender Verteilungsschlüssel (⇨4.3, Münnich 2002) habe vorgelegen. Dieses Versäumnis habe seit 2005 zu überhöhten Kinderregelbedarfen geführt.
2008 nahm die Bundesregierung die geforderte Sonderauswertung der EVS 2003 vor. Sie ergab einen Regelbedarf von 191,23 € für Kinder unter 6 Jahren – statt 207 € –, 240 € für Kinder zwischen 6 und 13 – statt 207 € – und 257,66 € statt 276 € für Kinder von 14 bis 17 Jahren (BVerfG 2010, Rn. 74). Die Regelbedarfe waren also ab 1.7.2006 für zwei Altersgruppen erheblich höher.
Die Sonderauswertung zeigte auch, dass Kinder von 6 bis 13 Jahren erheblich mehr brauchen als Vorschulkinder. Eine Binsenweisheit, die SPD/ Grüne und CDU/ CSU/ FDP jahrelang abgestritten hatten. Hatten sie doch ab 2005 Schulkindern gemeinschaftlich sowohl den Wachstums- und Entwicklungsbedarf als auch jeglichen Schulbedarf aberkannt. Zu diesem Zweck senkten sie den Regelbedarf von Schulkindern unter 14 (bislang 70 Prozent des früheren Eckregelsatzes) auf das Niveau des Regelbedarfs für Kinder im Vorschulalter ab (60 Prozent), den von Jugendlichen von 14 bis 17 auf das Niveau von erwachsenen Haushaltsangehörigen (80 statt bisheriger 90 Prozent).
Das stieß auf erheblichen Widerstand (z.B. www.kinderarmut-durch-hartz4.de). Ohne den vielfältigen Druck zur Erhöhung der Kinderregelbedarfe und zur Wiederanerkennung des Schulbedarfs wäre es weder zur Sonderauswertung noch ab 1.7.2009 zur Rücknahme der Kürzung des Regelbedarfs für Kinder im Alter von 6 bis 13 gekommen. Ab da erhielten diese 251 statt 215 € (bzw. 70 statt 60 Prozent des früheren Eckregelsatzes).
Das höchste Gericht sah zwar ein, dass *„sich der Bedarf eines schulpflichtigen Kindes in der Pubertät offensichtlich von dem Bedarf eines Säuglings oder eines Kleinkindes unterscheidet"* (BVerfG 2010, Rn. 196). Es verteidigte aber zäh das Gegenteil. Es *„ist nicht ersichtlich, dass der Betrag von 207 € nicht ausreicht, um das physische Existenzminimum, insbesondere den Ernährungsbedarf, von Kindern im Alter von 7 bis zur Vollendung des 14. Lebensjahres zu decken. In Anbetracht des weiten gesetzgeberischen Gestaltungsspielraums hinsichtlich der Frage, in welchem Umfang Leistungen zur Sicherung des Existenzminimums eine Teilhabe am gesellschaftlichen Leben ermöglichen müssen, kann deshalb nicht festgestellt werden, dass der Gesamtbetrag von 207 € das zur Sicherung des Existenzminimums Notwendige offensichtlich unterschreitet"* (ebenda, Rn. 157).
13-Jährige vom Geldbedarf mit Säuglingen gleichzusetzen, ist nicht *„offensichtlich unzureichend"*? Beiden standen 78 € für Essen und Trinken zu, obwohl 7- bis 13-Jährige für gesunde Ernährung und Bewegung mit 2.045 kcal doppelt so viele Kilokalorien brauchen wie Vorschulkinder (Roth 2008, 16).
Das BVerfG legte das physische Existenzminimum als Maßstab an. So war wirklich *„nicht ersichtlich"*, dass Schulkinder mit diesem Betrag nicht mehr physisch existieren können. Folge dieses Urteils: der kinderfeindliche Regelbedarf von 211 € musste nicht rückwirkend aufgehoben werden.
Die Kritik des BVerfG zeigte Wirkung. Die Kinderregelbedarfe wurden abgesenkt: 213 € statt 215 €, 242 € statt 251 € und 275 € statt 287 € sollten sie ab 2011 betragen (§ 8 Abs. 1 RBEG). Die Bundesregierung hatte aber ein Einsehen. Sie entschied, die Kürzung schrittweise umzusetzen. Solange sich durch die Fortschreibung ab 1.1.2012 kein höherer Regelbedarf ergeben würde, würden die alten Regelsätze bestehen bleiben (§ 77 Abs. 4 SGB II). Inzwischen hat die Fortschreibung der Kinderregelbedarfe dazu geführt, dass sie alle deutlich über dem Stand von 2011 liegen.

Tab. 4
Regelbedarfe/Leistungsniveau in €

	2021	**2019**	**2016**	**2011**	**2008**
Kinder	Regelbedarfe				
unter 6 Jahren	**283**	245	237	215 (213)	211
6-13 Jahre	**309**	302	270	251 (242)	211
14-17 Jahre	**373**	322	306	287 (275)	281

4.2 *„Kinder sind keine kleinen Erwachsenen"*

Eine Weisheit von überwältigender Schlichtheit. Das BVerfG kritisierte damit den Abschlag von 40 Prozent beim Regelbedarf für Kinder unter 14, der *„auf einer freihändigen Setzung ohne irgendeine empirische und methodische Fundierung"* beruhe (BVerfG 2010, Rn. 191).

In der Tat hatte die Kürzung des Bedarfs von Schulkindern auf den von Vorschulkindern, die 4½ Jahre galt, keinerlei *„empirische Fundierung"*. Ebenso wenig die Aberkennung des Schulbedarfs.

Die seit 1990 geltenden früheren Prozentsätze der Kinderregelbedarfe waren jedoch keineswegs ohne empirische Fundierung. Sie beruhten aber noch nicht auf den untersten 20 Prozent der Haushalte der EVS. Grundlage war eine fiktive „Sozialhilfeschwelle" (Regelbedarfe plus 15 Prozent für einmalige Beihilfen plus Mehrbedarf und Warmmiete). Diese Schwelle konnte von den Referenzhaushalten bis zu 25 Prozent überschritten werden. Auf dieser Basis wurden mit Daten der EVS 1983 zwei Bezugsgruppen gebildet, eine von Paarhaushalten ohne, und eine von Paarhaushalten mit einem Kind unter 18 Jahren. Die Differenz der Ausgaben wurde den Kindern zugerechnet. Mit Ausnahme des Verzehrs außer Haus wurden sie zu 100 Prozent anerkannt. Kinder mit relativ gleichen Ausgaben wurden in Altersgruppen zusammengefasst. Daraus entstanden die Prozentsätze im Verhältnis zum früheren Eckregelsatz, die bis 2004 beibehalten wurden (Zur Entwicklung der Kinderregelsätze: Rainer Roth, Hartz IV: Sechster Anlauf zur Senkung der Regelsätze für Kinder seit 1990, 2008).

Tab. 5 **„Kindesbedarf" 2021 in €**
(EVS 2018-Abteilungen jeweils auf die entsprechenden Prozentwerte des auf 2019 fortgeschriebenen Regelbedarfs hochgerechnet; ***kursiv***: Abteilungen errechnet auf der Basis der früheren Prozentanteile des Regelbedarfs nach Rbs 1, gerundet)

Abteilung	Kinder unter 6	*60%*	6-13	*70%*	14-17	*80%*	*90%*
1 Nahrungsmittel/ alkoholfreie Getränke	92,86	*93*	121,10	*108*	164,59	*124*	*139*
3 Bekleidung/Schuhe	45,28	*22*	37,45	*26*	44,50	*30*	*33*
4 Wohnen, Energie, Wohnungsinstandhaltung	8,86	*23*	14,24	*26*	20,25	*30*	*34*
(darunter Strom)	(8,01)	*(22)*	(13,70)	*(25)*	(18,91)	*(29)*	*(33)*
5 Innenausstattung/ Haushaltsgeräte usw.	16,24	*16*	13,23	*19*	17,02	*22*	*24*
6 Gesundheitspflege	8,26	*10*	8,16	*12*	11,00	*13*	*15*
7 Verkehr	26,04	*24*	24,60	*28*	23,54	*32*	*36*
8 Nachrichtenüberm.	24,76	*24*	26,79	*28*	26,74	*32*	*36*
9 Freizeit, Unterhaltung, Kultur	45,31	*26*	44,25	*30*	39,20	*35*	*39*
10 Bildung	1,56	*1*	1,61	*1*	0,67	*1*	*1*
11 Beherb. /Gaststättendienstleistungen	3,20	*7*	6,98	*8*	10,25	*9*	*10*
12 Andere Dienstl. (Körperpflege, Friseur u.a.)	10,64	*21*	10,60	*25*	14,99	*28*	*32*
Regelsatz	**283,01**	*267*	**309,01**	*311*	**372,75**	*356*	*390*

Auch nach der Neuberechnung des *„Kindesbedarfs“* wird Kindern faktisch ein Prozentsatz des Alleinstehenden-Regelbedarfs zugestanden, nur meist ein geringerer (58% statt 60%; 71% statt 70% und 76% statt 80%). Kinder bleiben (formal) *„kleine Erwachsene“*.

Ausgaben für Schulbesuch sind nach wie vor nicht im Regelbedarf enthalten, obwohl sie von der Einschulung bis zum Schulabschluss regelmäßig anfallen und nicht nur einmalig sind. Das BVerfG kritisierte 2010, die geplante einmalige Beihilfe für Schulbedarf von 100 € im Jahr sei nicht empirisch ermittelt, sondern nur als *„sozialpolitisch angemessen“* begründet worden (BVerfG 2010, Rn. 80). Es stellte fest: *„Notwendige Aufwendungen zur Erfüllung schulischer Pflichten gehören zu ihrem [der Kinder] existentiellen Bedarf“* (BVerfG 2010, Rn. 192). Es erklärte aber nicht, dass dieser Bedarf über den Regelbedarf abzudecken sei, sondern verwies auf das Sozialgeld. Der Regelbedarf stellt nur einen Teil des Alg II/ Sozialgeldes dar (§ 19 Abs. 1 SGB II).

Alg II und Sozialgeld wurden 2011 um die zusätzlichen *„Leistungen für Bildung und Teilhabe“* ergänzt (§ 19 Abs. 2 SGB II; Näheres ⇨Schüler*innen). Seit August 2019 wurden zudem die hier enthaltenen Beihilfen für den persönlichen Schulbedarf um gut 50 Prozent erhöht (2021 liegen sie bei 153 € pro Jahr). Nach wie vor fehlt es jedoch an einer empirischen Grundlage für die Bemessung der Leistung. Die *„sozialpolitisch angemessene“* Beihilfe wird aber immerhin seit 2021 gemäß der Regelbedarfsfortschreibung prozentual angepasst. Wir vertreten dagegen die Auffassung, dass der normale Schulbedarf in den Regelbedarf gehört und dieser laut BVerfG empirisch ermittelt werden muss.

Ausgaben für KiTa- und Klassenausflüge, mehrtägige Klassenfahrten, Nachhilfe, Lernmittelbedarf, wenn die Lernmittelfreiheit nicht umgesetzt wird, atypische Fahrtkosten, Mehraufwendungen für KiTa- und Schulmittagessen, Vereinsbeiträge, Musikunterricht usw. werden ab 1.1.2011 gesondert erbracht – vor allem in Form von Gutscheinen und Direktzahlungen an den Erbringer der Leistungen. Die Bundesregierung und die damalige Ministerin von der Leyen wehrten sich mit Händen und Füßen dagegen, den Bedarf konkret zu beziffern und in Form höherer Regelleistungen an die Kinder bzw. deren Eltern auszuzahlen, damit diese die Mittel eigenverantwortlich einsetzen können. Höhere Kinderregelbedarfe führen eben zu höheren Leistungsansprüchen und verschieben die Einkommensgrenze für „Aufstocker“-Familien mit Anspruch auf SGB II-Leistungen insgesamt nach oben. Dies gilt es offensichtlich zu vermeiden.

Die Regelbedarfsbeträge für Kinder der drei Altersstufen werden aus den privaten Konsumausgaben von Dreipersonenhaushalten (Paare mit einem Kind) der untersten 20 Prozent der nach Einkommen geschichteten Verbrauchergruppen berechnet. Diese Bezugsgruppen bilden in der EVS 2018 tatsächlich die untersten 20,5 bis 21,1 Prozent der nach Einkommen geschichteten Verbrauchsgruppen ab. Weniger als ein Prozent wurden als SGB II- und SGB XII-Haushalte aus diesen Bezugsgruppen herausgerechnet. Sie lagen mithin über der gesetzlichen Höchstgrenze von 20 Prozent. Die Bezugsgruppen zur Ermittlung der Kinderregelbedarfe sind dennoch deutlich kleiner als beim Erwachsenenregelbedarf (2311 Haushalte): Bei den Kinderregelbedarfen der unter 6-Jährigen umfassen sie 268, bei den der 6- bis 13-Jährigen 130 und bei den der 14- bis 17-Jährigen 78 Haushalte. Je kleiner eine Bezugsgruppe ist, desto höher ist allerdings die statistische Fehlerquote der Datenerhebung.

Tab. 6 Ausgaben der untersten 20 Prozent der Dreipersonenhaushalte mit einem Kind
EVS 2018 in €

	unter 6	6-13	14-17
Private Konsumausgaben	2.239	2.344	2.408
davon Warmmiete	656	670	720
Konsumausgaben Kinder*	365	393	466
Konsumausgaben Eltern*	1.218	1281	1.222

*ohne Warmmiete
(Sonderauswertung der EVS 2018, eigene Berechnung)

R

Mit der Geburt von Kindern erhöht sich das Einkommen nicht im selben Maße wie die Ausgaben. *„Damit bleibt die Möglichkeit, dass Erwachsene nach der Geburt von Kindern ihr Konsumniveau beibehalten können, eher die Ausnahme"* (Münnich 2006, 646).

Je älter die Kinder werden, desto mehr steigen ihre Kosten. Vor allem die Ausgaben für Kinder ab dem Schulalter werden mit Konsumverzicht der Eltern bezahlt (⇨Tab. 6). *„Dass Mütter und Väter bei den Ausgaben für den privaten Konsum zuerst an ihrer eigenen Lebenshaltung Abstriche machen und Wohlstandsverluste hinnehmen, ehe sie Ausgaben für ihre Kinder reduzieren"*, (ebenda, 666) trifft am meisten auf die untersten Verbrauchergruppen zu.

4.3 Die EVS ist als Grundlage der Festsetzung des Existenzminimums untauglich

- Familien der untersten Verbrauchergruppen decken in starkem Maße private Konsumausgaben mit Schulden. Für die untersten zehn Prozent gibt Münnich auf der Basis der EVS 2003 ein Haushaltsnettoeinkommen von 1.357 € und private Konsumausgaben von 1.555 € an. Die Differenz wurde nicht aus Vermögen gedeckt, da keins vorhanden war. Bei den unteren 20 Prozent dürfte es ähnlich sein (⇨2.4 b). Das ist eine *„Verfälschung der Datenbasis"* (BVerfG 2010).
- Je höher der Anteil Erwerbstätiger aus dem Niedriglohnbereich, deren Nettoeinkommen real sinkt, desto größer der Druck auf die Regelbedarfe der Kinder.
- Haushalte, die Ansprüche auf Hartz IV haben, ohne sie wahrzunehmen, sind entgegen dem Urteil des BVerfG nicht aus der Bezugsgruppe herausgerechnet worden (⇨3.2).
- Je höher Ausgaben für private Altersvorsorge, Versicherungen, Schuldendienst usw. sind, desto geringer sind private Konsumausgaben und damit die Ausgaben, die in die Kinderregelbedarfe eingehen können.
- Die 20 Prozent-Stichprobe umfasst nur eine sehr geringe Zahl an Haushalten. Bei Dreipersonenhaushalten sind es je nach Altersstufe zwischen 268 und 78 Haushalten (⇨4.2). Viele Beträge der Ausgabepositionen, die in die Regelbedarfe eingehen, werden nicht einmal veröffentlicht, da sie aus Ausgaben von weniger als 25 Haushalten ermittelt wurden. Was im Einzelnen in den Regelbedarfen enthalten ist, ist häufig unbekannt. Zum Beispiel gibt es bei Kindern von 6 bis 17 Jahren keine Angaben über die Ausgaben für Fahrräder, Leihgebühren von Büchern und Zeitschriften sowie Campingartikel.

4.4 Mangelernährung bei Kindern

Tab. 8
Tagesbedarf für Essen und Trinken im Regelbedarf 2021 in €
Angaben zu den erwünschten Mengen an Kilokalorien von Mathilde Kersting
(eigene Umrechnung auf aktuelles Preisniveau, entsprechend der Berechnung unter ⇨**2.3**)

		Essen	Trinken	**für gesunde Ernährung sind notwendig**
Kinder unter 6				
Monatsbedarf	92,86	84,57*	8,30	**113,70 € 3,79 € für 1.210 kcal**
Tagesbedarf	3,10	2,57	0,28	
Frühstück	0,62	0,51	0,06	
Mittag/Abendessen	je 1,24	1,03	0,11	

Kinder von 6 bis 13				
Monatsbedarf	121,10	110,50*	10,59	**184,80 €** **6,16 € für** **1.968 kcal**
Tagesbedarf	4,04	3,68	0,35	
Frühstück	0,81	0,74	0,07	
Mittag/Abendessen	je 1,62	1,47	0,14	
Kinder von 14 bis 17				
Monatsbedarf	164,59	145,11*	19,49	**253,50 €** **8,45 € für 2.700 kcal**
Tagesbedarf	5,49	4,84	0,65	
Frühstück	1,10	0,97	0,13	
Mittag/Abendessen	je 2,20	1,94	0,26	
**Der Betrag für Nahrungsmittel (Essen) enthält einen „Korrekturbetrag". Er beträgt bei unter 6-Jährigen mtl. 7,17 €, bei 6- bis 13-Jährigen 17,95 € und bei 14- bis 17-Jährigen 12,31 €.*				

Schulkindern wird kein Vormittagssnack oder Pausenbrot zugestanden. Die von Ernährungsexperten vorgeschlagenen fünf Mahlzeiten am Tag gibt es nicht. Fünf Mahlzeiten würden den im Regelbedarf enthaltenen Anteil fürs Mittagessen senken.

5.1 Festsetzung der Regelbedarfe

Die Höhe der Regelbedarfe wird durch die Bundesregierung festgesetzt. Es sei denn, einzelne Bundesländer weichen davon ab, indem sie auf der Basis der bundeseinheitlichen Vorgaben eigene regionale Auswertungen der EVS vornehmen. Die Länder können regionale Sozialhilfeträger ermächtigen, regionale Regelbedarfe aufgrund regionaler Auswertungen der EVS vorzunehmen (§ 29 Abs.1-3 SGB XII). Das ist allerdings nur noch für die HzL der Sozialhilfe möglich, da für die GSi ab 2013 wie beim Alg II bundeseinheitliche Regelbedarfe gelten (§ 42 Nr. 1 i.V. mit § 29 Abs.1 Satz 1 SGB XII).

Die **Stadt München**, der **Landkreis München** und der **Landkreis Fürstenfeldbruck** sind unserer Kenntnis nach die einzigen Sozialhilfeträger, die von der Reglung Gebrauch machen. HzL-Beziehende erhalten dort einen Regelbedarf von 468 €, 470 € bzw. 469 € (Stand: 2021), die Kommune/ der Kreis stockt also freiwillig 22 €, 24 € bzw. 23 € auf die Regelbedarfsstufe 1 von 446 € auf. Auch die anderen Regelbedarfsstufen werden entsprechend anteilig erhöht.

5.2 Fortschreibung der Regelbedarfe

Die Regelbedarfe werden jeweils zum 1.1. des Jahres neu festgesetzt.

Sie werden ab 1.1.2012 mit einem „***Mischindex***" fortgeschrieben, der sich zu 70 Prozent aus der Entwicklung der Durchschnittspreise der regelbedarfsrelevanten Verbrauchsausgaben und zu 30 Prozent aus der Entwicklung des durchschnittlichen Nettolohns je beschäftigtem/r Arbeitnehmer*in ergibt (§ 28 a Abs. 2 SGB XII).

Der durchschnittliche Nettolohn je beschäftigtem/r Arbeitnehmer*in stieg von 2007 bis 2019 um 36,4 Prozent (Statistisches Bundesamt 2020, Volkswirtschaftliche Gesamtrechnungen, Fachserie 18, Reihe 1.4). Er lag in diesem Zeitraum deutlich über der Inflationsrate von 17,5 Prozent.

Der *„Mischindex"* ist ein Fortschritt gegenüber der Regelung von 1993 bis 2010, durch die die Regelbedarfe mit dem Prozentsatz erhöht wurden, in dem sich der Rentenwert erhöht. Der Rentenwert ist die Monatsrente, die ein*e Versicherte*r mit einem durchschnittlichen Bruttojahresentgelt nach einem Jahr Beitragszahlung erhält. Die Riester-Rente und das Verhältnis zwischen Beitragszahlern und RentnerInnen vermindern den Rentenwert. Das BVerfG stellte fest, dass der Rentenwert *„keinen Bezug zum Existenzminimum auf[weist]. [...] Er ist deshalb zur realitätsgerechten Fortschreibung des Existenzminimums nicht tauglich"* (BVerfG 2010, Rn. 184).

Seit der Regelbedarf 1990 zum ersten Mal auf der Basis der EVS festgesetzt wurde, lag der Anstieg der Verbraucherpreise bis 2010 zehn bis 15 Prozentpunkte über der Anpassung des Leistungsniveaus (Regelbedarf plus einmalige Beihilfen). Hartz IV-Beziehende haben heute real weniger als 1990. Wären ausgehend vom Regelbedarf nach Rbs 1 von 345 € (2005) die Preissteigerungen von 2004 bis 2020 berücksichtigt worden, müsste der Regelbedarf 2021 430 € statt 446 € betragen. Der Mischindex und die Lohnerhöhungen der letzten Jahre führen seit 2019 dazu, dass die reale Regelbedarfserhöhung seit 2005 erstmals über der Preissteigerungsrate liegt – jedoch weiterhin deutlich unter der Entwicklung der Löhne in Deutschland.

5.3 Regelbedarfe verfassungswidrig?

Das BVerfG hat die früheren Regelsätze von 1982 bis 1984 als verfassungs- und sozialstaatsgemäß eingestuft, obwohl sie real gesenkt worden waren (BVerfG 3.6.1986 - 1BvR 1124/85), ebenso diejenigen von 1986 bis 1988 (BVerfG 25.9.1992, NJW 1992, 3153). Das Bundesverwaltungsgericht stellte die Rechtmäßigkeit der damaligen Regelsatzfestsetzung mit Hilfe des Statistikmodells zum 1.7.1990 fest (NDV 1997, 196). 2010 urteilte das BVerfG über Hartz IV: *„Der Gesetzgeber hat [...] durch die Regelleistung zur Sicherung des Lebensunterhalts [...] das Ziel, ein menschenwürdiges Existenzminimum zu gewährleisten, dem Grunde nach zutreffend definiert"* (BVerfG 2010, Rn. 146). Auch die Aberkennung des Wachstumsbedarfs von Schulkindern war menschenwürdig. Die Regelbedarfe seien nicht *„evident unzureichend"*. Nur das Verfahren zu ihrer Festsetzung wurde wegen mangelhafter Ermittlungen als verfassungswidrig bezeichnet (vgl. Roth 2010). Die reale bzw. absolute Senkung von Armutsunterstützungen befindet sich in voller Übereinstimmung mit dem Grundgesetz. Die Verfassungswidrigkeit der Regelbedarfe kann nicht daraus abgeleitet werden, dass die Höhe der Regelbedarfe mit den jeweils eigenen Vorstellungen von *„Menschenwürde"* nicht übereinstimmt. Was verfassungswidrig ist und was nicht, entscheidet laut Grundgesetz letztlich nur das BVerfG (Art. 93 ff. GG), das aus von CDU und SPD bestellten Richtern besteht. Aus dem Urteil des BVerfG ergab sich keineswegs die Notwendigkeit einer deutlichen Anhebung.

Über den ab 2011 geltenden, nach dem RBEG festgesetzten Regelbedarf befand das BVerfG 2014, dass dessen Festsetzung *„verfassungsrechtlich nicht zu beanstanden"*, also mit dem Grundgesetz *„derzeit noch vereinbar"* ist (23.7.2014 - 1 BvL 10/12; Rn. 89/92 u. 73) Allerdings käme *„der Gesetzgeber jedoch an die Grenze dessen, was zur Sicherung des Existenzminimums verfassungsrechtlich gefordert ist"* (ebenda, Rn. 121). Zwar sieht das BVerfG Prüfungsbedarf in den Bereichen Mobilität, Preisentwicklung beim Strom, einmaligen Ersatzbeschaffungen von höherem Wert (z.B. Brille, Waschmaschine, Kühlschrank), der Bedarfsdeckung bei Familien mit Kindern und bei Fahrtkosten im Zusammenhang mit Teilhabeleistungen für Kinder (⇨Schüler*innen 5.1.2), es lasse sich trotzdem *„nicht feststellen, dass die Leistungen evident unzureichend festgesetzt sind"* (ebenda, Rn. 86). Die Regelbedarfe stellen das sozialrechtliche Existenzminimum dar, das immerhin eine menschenwürdige Existenz sicherstellen muss. Die „Vier minus", die der Gesetzgeber vom BVerfG für die Ermittlung der Regelbedarfe erhalten hat, enthält gleichzeitig die Aufforderung, die Bedarfsermittlung mittels EVS, orientiert am Ausgabenverhalten von Armutshaushalten, fortzusetzen. Mit der EVS stütze dieser sich *„auf geeignete empirische Daten"*. Auch wenn *„durch die Herausnahme und durch Kürzungen einzelner Positionen abgewichen wird, bestehen [...] keine durchgreifenden verfassungsrechtlichen Bedenken."* Lediglich die *„damit einhergehenden spezifischen Risiken der Unterdeckung müssen [...] im Rahmen der nächsten Aktualisierung der Regelbedarfe bewältigt werden"* (ebenda, Rn 89). Diese nächste Aktualisierung auf Grundlage der EVS 2013 wurde nicht planmäßig zum Januar 2016 durchgeführt, sondern zum Januar 2017. Hier wurden in den vom BVerfG monierten Bereichen (s.o.) die vollen Ausgaben der Bezugsgruppe anerkannt oder der Bedarf wurde anhand von Sonderauswertungen ermittelt. Hierdurch konnten die im Regelbedarf anerkannten Bedarfe für Mobilität, Haushaltsstrom und Ersatzbeschaffung von Waschmaschine, Kühlschrank usw. etwas erhöht werden, gleichzeitig wurden aber in anderen Bereichen, etwa bei Möbeln und

Einrichtungsgegenständen, der Gesundheitspflege und im Bereich Freizeit, Unterhaltung und Kultur deutlich gekürzt. Der Schein der Verfassungsmäßigkeit des Regelbedarfs wird mit Hilfe von Rechentricks von der Bundesregierung mit Mühe und Not aufrechterhalten. Diese Verschleierungstaktik wurde auch bei der Ermittlung der Regelbedarfe auf Grundlage der EVS 2018, die seit 2021 gültig sind, fortgeführt.

6.1 Individuelle Erhöhung der Regelbedarfe

Alg II

Im SGB II ist eine solche Erhöhung des Regelbedarfs nicht möglich: *„Die nach diesem Buch vorgesehenen Leistungen decken den Bedarf"*. 36,20 € für Strom decken den Bedarf, auch wenn damit nur 1.380 kWh Verbrauch im Jahr möglich sind usw.

Wenn ein ***„unabweisbarer"*** **Bedarf** auftritt, der zwar im Regelbedarf enthalten ist, für den Sie aber nicht genug Rücklagen aus dem Regelbedarf gebildet haben, wird i.d.R. ein ⇨**Darlehen** zugestanden und von den folgenden Regelbedarfszahlungen wieder abgezogen. *„Weitergehende Leistungen sind ausgeschlossen"* (§ 24 Abs. 1 Satz 3 SGB II). Um die Kritik des BVerfG am starren Regelbedarf auszuräumen, wurde der ⇨**Mehrbedarf** für im Einzelfall unabweisbare **besondere Bedarfslagen** geschaffen, der *„seiner Höhe nach erheblich von einem durchschnittlichen Bedarf abweicht"* (§ 21 Abs. 6 SGB II). Erheblich sind mehr als fünf Prozent vom Regelbedarf, zurzeit also rund 22 € (BVerwG 30.12.1996, FEVS 47, 337). Das BSG hat allerdings klagestellt, dass es **keine** allgemeingültige **Geringfügigkeitsgrenze** gibt, um einen solchen Anspruch auszulösen (BSG 4.6.2014 - B 14 AS 30/13 R). D.h., die Entscheidung hat unter Berücksichtigung der Besonderheiten des Einzelfalles zu erfolgen.

Näheres unter ⇨**Härtefall**regelung, ⇨Umgangskosten

HzL/GSi der Sozialhilfe

Im alten BSHG waren Regelbedarfe zu erhöhen, *„soweit dies nach der Besonderheit des Einzelfalles geboten"* war (§ 22 Abs. 1 Satz 2 BSHG). Heute muss der **Bedarf** *„nicht nur einmalig, sondern für eine Dauer von voraussichtlich* ***mehr als einem Monat*** *[...] unausweichlich in mehr als geringem Umfang* ***oberhalb durchschnittlicher Bedarfe*** *[liegen] ... und die dadurch bedingten Mehraufwendungen begründbar nicht anderweitig ausgeglichen werden können"* (§ 27a Abs. 4 Satz 1 Nr. 2 SGB XII). Was als durchschnittlicher Bedarf gilt, orientiert sich an *„den bei der Ermittlung der Regelbedarfe zugrundeliegenden durchschnittlichen Verbrauchsausgaben"* (ebenda).

Das kann z.B. zutreffen bei ⇨AIDS-Kranken (1.1), alten oder behinderten Menschen (⇨Haushaltshilfe 3.1), regelmäßig notwendigen Fahrtkosten, unabweisbar hohen Stromkosten, ⇨Umgangskosten, digitalen Endgeräte für die Schule oder sonstigen ⇨Härtefällen. Solche Regelbedarfserhöhungen dürfen nicht auf Darlehensbasis vorgenommen werden.

6.2 Individuelle Senkung der Regelbedarfe bei geringerem Bedarf

HzL/GSi der Sozialhilfe

„Im Einzelfall wird der Regelsatz abweichend von der maßgebenden Regelbedarfsstufe festgesetzt [...], wenn ein durch die Regelbedarfe abgedeckter ***Bedarf*** *nicht nur einmalig, sondern für eine Dauer von voraussichtlich mehr als einem Monat nachweisbar vollständig oder teilweise* ***anderweitig gedeckt*** *ist"* (§ 27a Abs. 4 Satz 1 Nr. 1 SGB XII, neu 2017). Wenn Sie z.B. in einem Hotel/ Wohnheim leben und die Stromkosten dadurch abgedeckt sind oder Sie vorübergehend, voraussichtlich aber länger als einen Monat im Krankenhaus sind und dort keine Verpflegungskosten haben, können die Regelbedarfe um entsprechende Anteile vermindert werden. Mit der Gesetzesänderung **zum Januar 2017** wurde klargestellt, dass die vorübergehend anderweitige Deckung der Bedarfe *„voraussichtlich mehr [länger] als einen Monat"* dauern **muss**.

Tipp: Einige Sozialämter kürzen den Regelbedarf bereits bei deutlich kürzeren Krankenhausaufenthalten. Legen Sie gegen entsprechende Bescheide ⇨Widerspruch ein!

R

Alg II

Im SGB II gab es bislang keinen Paragrafen, der im Einzelfall eine Regelbedarfskürzung zulässt, wenn der Bedarf anderweitig gedeckt ist. Verpflegung während eines Krankenhausaufenthalts und einer Kur usw. darf **nicht als häusliche Ersparnis** berücksichtigt und vom Regelbedarf abgezogen werden. Das Gleiche gilt für Verpflegung durch Eltern, Verwandte oder Freunde. Das BSG hatte am 18.6.2008 in zwei Urteilen (B 14 AS 22/07 ER und B 14 AS 46/07 ER) die Rechtswidrigkeit der jahrelangen Anrechnungspraxis festgestellt. Verpflegung darf mit Ausnahme der im Rahmen einer Erwerbstätigkeit bereitgestellten Verpflegung auch nicht als Sacheinnahme an das Alg II angerechnet werden (§ 1 Nr. 11 Alg II-V).

6.3 Dispositionsfreiheit (Verfügungsfreiheit)

Ihnen steht frei, wie Sie den Regelbedarf verwenden (§ 20 Abs. 1 SGB II). Sie müssen nur *„das Eintreten unregelmäßig anfallender Bedarfe [...] berücksichtigen"*. Der Regelbedarf kann **nicht** gekürzt werden, wenn Sie Geld für Dinge ausgeben, die die Bundesregierung nicht für notwendig hält, z.B. für Zigaretten, Bier, Blumen, ein Haustier, ein Pedelec, ein Kfz, Urlaub usw. Ebenfalls nicht, wenn Sie weniger Strom verbrauchen als im Regelbedarf vorgesehen, kein Geld für Fahrtkosten aufwenden usw.

6.4 Barbetrag/Taschengeld bei stationärer Unterbringung

HzL/GSi der Sozialhilfe

Wenn Sie in einer **stationären Einrichtung untergebracht** sind und keine eigene Wohnung mehr unterhalten (müssen), wird nur noch ein Barbetrag/Taschengeld ausgezahlt, der sogenannte ***„weitere notwendige Lebensunterhalt"***. Der *„notwendige Lebensunterhalt in Einrichtungen"* berücksichtigt alle in der stationären Einrichtung erbrachten Leistungen zum Lebensunterhalt und lediglich der darüberhinausgehende *„weitere notwendige Lebensunterhalt"* wird mtl. als Geldleistung erbracht. *„Der notwendige Lebensunterhalt in stationären Einrichtungen entspricht dem Umfang der Leistungen der Grundsicherung nach § 42 Nummer 1, 2 und 4* (§ 27b Abs. 1 SGB XII). Die Bundesregierung geht demnach davon aus, dass durch die Einrichtung neben dem Großteil des Regelbedarfs, die ⇨**Mehrbedarf**szuschläge und Bedarfe für ⇨**einmaligen Beihilfen** gedeckt werden. Diese Leistungen werden in einer stationären Einrichtung nicht mehr zusätzlich gewährt.

*„Der weitere notwendige Lebensunterhalt umfasst insbesondere **Kleidung** und einen angemessenen **Barbetrag** zur persönlichen Verfügung"* (§ 27b Abs. 2 Satz 1 SGB XII). Der angemessene Barbetrag beträgt für volljährige Leistungsberechtigte 27 Prozent des Regelbedarfs der Rbs 1 von 446 €, also **120,42 €** (ebenda, Satz 2; Stand 2021). Für minderjährige Heimbewohner*innen, wird der Barbetrag durch die zuständigen Landesbehörden oder die überörtlichen Träger der Sozialhilfe festgesetzt (ebenda, Satz 3). *„Der Barbetrag wird gemindert, soweit dessen bestimmungsgemäße Verwendung durch oder für die Leistungsberechtigten nicht möglich ist"* (ebenda, Satz 4). Das ist z.B. der Fall, wenn ein*e Schwerstpflegebedürftige*r das Bett nicht mehr verlassen kann und ausschließlich durch die Einrichtung versorgt wird.
Es heißt, der *„weitere notwendige Lebensunterhalt"* umfass ***„insbesondere"*** den Bedarf für Kleidung und den Barbetrag/das Taschengeld. D.h., neben den aufgeführten Leistungen können individuell **zusätzliche Bedarfe**, z.B. für Mobilität, in tatsächlicher Höhe beantragt werden. Der Bedarf für Kleidung wird i.d.R. durch eine Bekleidungspauschale gedeckt, die mtl. oder halbjährlich ausgezahlt wird.

Tipp 1: Zusätzliche Bedarfe, z.B. regelmäßige anfallende Reisekosten, werden gerne mit dem Argument abgelehnt, sie seien bereits im Barbetrag/Taschengeld enthalten. Das ist falsch! Hier muss ⇨Ermessen ausgeübt werden. Legen Sie gegen ablehnende Entscheidungen ⇨Widerspruch ein.

Tipp 2: Die Bekleidungspauschale wird von den zuständigen Sozialhilfeträgern oft in unterschiedlicher Höhe festgesetzt. Der

Bedarf in einer stationären Einrichtung bemisst sich nach der Regelbedarfsstufe 3 (80%-Regelbedarf). Achten Sie darauf, dass die Beträge auch tatsächlich dem im Regelbedarf für *„Bekleidung und Schuhe"* (⇨2.2, Tab. 2, Abteilung 03, davon 80 Prozent) vorgesehenen Betrag entsprechen (das SG Stade verpflichtete den zuständigen Sozialhilfeträger die Bekleidungspauschale entsprechend zu erhöhen; 20.3.2013 - S 19 SO 58/11). Das sind bei Erwachsenen mtl. **29,61 €** (Stand: 2021). Einige Sozialhilfeträger zahlen inzwischen auch höhere Leistungen aus, was dem Grundsatz der individuellen Bedarfsdeckung Rechnung trägt. Werden niedrigere Pauschalen ausgezahlt, sollten Sie sich wehren!

Ausnahme: Alleinstehende Bewohner*innen von **„besonderen Wohnformen"**, die im Rahmen der Eingliederungshilfe für Menschen mit Behinderung (mit)finanziert werden (§ 42a Abs. 2 Nr. 2 SGB XII), gelten seit **1.1.2020 nicht mehr als stationär untergebracht**. Sie erhalten wegen der Änderungen durch das Bundesteilhabegesetz nicht mehr Barbetrag und Kleidergeld, sondern bekommen die Regelbedarfsstufe 2 (90%-Regelbedarf) ausgezahlt (⇨1.1).

Kritik

Die Festsetzung der Höhe der Regelbedarfe wird oft als willkürlich bzw. freihändig bezeichnet oder als politisch gewollt. Das trifft nicht den Kern. Alle Bundesregierungen folgten dem ökonomischen Interesse der Unternehmerverbände, das Leistungsniveau für Erwachsene und vor allem für Kinder möglichst niedrig anzusetzen, um Arbeit für Armutslöhne *„attraktiver"* zu machen.

Hartz IV erkennt immerhin noch Unterhaltskosten für Kinder an. Deshalb ist das gegenwärtige Hartz IV-Niveau den Arbeitgeber*innen ein Dorn im Auge. Deren Vertreter*innen beschweren sich bitter darüber, dass der Hartz IV-Bedarf von Paaren mit zwei Kindern vielfach höher ist als das Lohnniveau von Alleinverdienenden plus Kindergeld. Millionenfach werden Löhne gezahlt, die keinerlei oder zu wenig Kosten für den Nachwuchs an Arbeitskräften enthalten. Arbeitgeberverbände, ihre Wissenschaftler*innen (z.B. der Sachverständigenrat der Bundesregierung) und Politiker*innen fordern seit langem eine deutliche Senkung der Regelbedarfe um 25 bis 30 Prozent, die Halbierung oder sogar die völlige Streichung, wie z.B. die Bertelsmann-Stiftung und Hans-Werner Sinn. Nur so würde sich Arbeit (für Löhne unterhalb des Existenzminimums) wieder lohnen. Ansonsten säßen Erwerbslose, vor allem die mit Kindern, in der „Hartz IV-Falle", aus der sie nie wieder herauskämen. Dass mehr als ein Viertel der erwerbsfähigen Hartz IV-Beziehenden arbeitet, Eltern mit Kindern häufiger noch als Alleinstehende, wird gerne verschwiegen.

Für das Unternehmerlager ist die von Angebot und Nachfrage nach Arbeitskraft abhängige Lohnhöhe absoluter Maßstab für die Höhe des Hartz IV-Existenzminimums. Lohnarbeiter*innen jedoch messen das offizielle Existenzminimum daran, ob damit Grundbedürfnisse von Alleinstehenden und Familien befriedigt werden können. Sie halten in der Regel Hartz IV für viel zu niedrig.

Alle Bundesregierungen stehen in der Zwickmühle, diese entgegengesetzten Interessen zu *„versöhnen"*, um nicht bei Wahlen abgestraft zu werden. Sie handeln nach der taktischen Richtlinie der Deutschen Bank: *„Das Niveau der Lohnersatzleistungen muss reduziert oder es müssen die Bedingungen für den Anspruch auf diese Leistungen verschärft werden"* (Chefvolkswirt der Deutschen Bank, Walter, in Passauer Neue Presse 2.8.2006). Am besten beides. Minimalziel ist, das Regelbedarfsniveau wenigstens real zu senken. *„Politisch lässt sich eine solche versteckte Kürzung leichter durchsetzen"* (FAZ 17.10.2006).

- Wenn 2005 das 1990 angewandte Verfahren beibehalten worden wäre, fast alle regelsbedarfsrelevanten Ausgabepositionen zu 100 Prozent anzuerkennen, hätte der frühere Eckregelsatz 2005 nicht 345 €, sondern 398 € betragen müssen (eigene Berechnung nach Der Paritätische 2004, 22-27). Mit Hartz IV wurde eine Erhöhung verhindert und damit der Eckregelsatz indirekt gesenkt. Die Abschaffung der Arbeitslosenhilfe war dagegen eine direkte Kürzung, ebenso die Kürzung der Regelbedarfe für Kinder von 7 bis 17.
- 2006 wurde auf der Basis der EVS 2003 ein gesamtdeutscher Eckregelsatz eingeführt.

Einkommen und damit auch Ausgaben waren in Ostdeutschland niedriger als in Westdeutschland. Wären die damaligen regelsatzrelevanten Ausgaben nach den Kriterien der Auswertung der EVS 1998 festgesetzt worden, hätte der gesamtdeutsche Regelsatz auf 331 € festgesetzt, der westdeutsche Regelsatz also gekürzt werden müssen. Um das zu vermeiden, wurden verschiedene Abschläge reduziert. So ergab sich ein neues statistisches Wunder. 345 € blieben 345 €. In Ostdeutschland wurde der Eckregelsatz erhöht, in Westdeutschland real gesenkt.

- 2011 wurde der Regelbedarf nach Rbs 1 auf der Basis der EVS 2008 erneut real gesenkt. Eine direkte Kürzung wurde vermieden. Nur die Regelbedarfe der Kinder wurden absolut gesenkt. Leistungen für Bildung, die mit Hartz IV 2005 komplett abgeschafft worden waren, wurden mit dem Bildungspaket nach jahrelanger erbitterter Verweigerung wieder eingeführt. Nachhilfeunterricht, Schulbedarf (seit 1.7.2009), Mittagessen in Kitas und Schulen sowie atypische Fahrtkosten von ⇨Schüler*innen müssen ab 1.1.2011 nicht mehr aus dem Regelbedarf beglichen werden. Auch eintägige Schulausflüge werden jetzt gesondert bezahlt. Was arme Kinder vor 16 Jahren verloren hatten, bekamen sie vor 10 Jahren wieder. Ein bedeutender Teil der wieder eingeführten Leistungen hätte jedoch in Form höherer Regelbedarfe für Kinder gezahlt werden müssen. Das aber hätte den Druck auf Lohnerhöhungen verstärkt. Das Interesse an Regelbedarfssenkungen für Kinder wird beim Bildungspaket besonders deutlich.
- 2016 hätte die nächste Regelbedarfsbemessung anhand der EVS 2013 erfolgen sollen. Diese wurde auf 2017 verschoben, weil das Datenmaterial nicht rechtzeitig vorlag. Bei der Neubemessung sollten die Vorgaben des BVerfG-Urteils von 2014 eingelöst werden, um den *„derzeit noch"* mit dem Grundgesetz zu vereinbarenden Regelbedarf dauerhaft verfassungsgemäß auszugestalten (23.7.2014 - 1 BvL 10/12; ⇨5.3). Die Regelbedarfsjongleure der Bundesregierung haben daher die vom BVerfG als zu niedrig kritisierten Bedarfe angehoben und die Beträge bei anderen Bedarfspositionen wieder zusammengestrichen. Das erklärt die geringe Erhöhung des Regelbedarfs nach der Neuberechnung: Von 2016 auf 2017 wurde die Regelbedarfsstufe 1 lediglich um 5 € auf 409 € erhöht. Damit ist nach Auffassung von CDU und SPD die Verfassungsmäßigkeit des Regelbedarfs gewährleistet.
- 2021 fiel die Erhöhung der Regelbedarfsstufe 1 mit 16 € gegenüber 2020 etwas höher aus. Das ist jedoch vor allem auf den Anstieg von Löhnen und Preisen zurückzuführen. Die strukturellen Mängel der Regelbedarfsbemessung wurden fortgeschrieben. In einigen Abteilungen der EVS 2018 führte das beim Regelbedarf 2021 sogar zur Kürzung der Beträge gegenüber 2020, wie z.B. bei alkoholfreien Getränken, Bekleidung und Schuhen oder dem Anteil für Haushaltsstrom. An andere Stelle wurde dagegen etwas zugelegt, wie bei Nahrungsmitteln, Mobilitätskosten (Verkehr), Nachrichtenübermittlung oder Freizeit, Unterhaltung, Kultur. Beibehalten wurde auch das Kürzen der Bedarfe aus dem Regelbedarf, die als nicht regelbedarfsrelevant erachtet werden. Diese beliefen sich bei der EVS 2018 auf rund 160 € bei Alleinstehenden (⇨2.5).
- Die Corona-Pandemie hat das starke Interesse der schwarz-roten Regierungsparteien an der Beibehaltung des bestehenden Regelbedarfssystems noch einmal deutlich gemacht. Von März bis Dezember 2020 wurden die Forderungen nach einer (vorübergehenden) Anhebung der Regelbedarfe im SGB II, SGB XII und AsylbLG wegen pandemiebedingter Zusatzkosten (z.B. Masken, Hygienebedarf etc.) ignoriert. Erst als sich zum Jahresbeginn 2021 eine weitere Verlängerung der strikten Kontaktbeschränkungen abzeichnete, wurde zur deren Kompensation neben den Hilfen für Unternehmen und einem einmaligen Kinderbonus von 150 € pro Kind auch ein einmaliger „Corona-Zuschlag" in Höhe von 150 € für erwachsene Berechtigte von Alg II, Hzl und GSi beschlossen. Anstatt den Regelbedarf dauerhaft anzuheben, versucht die Regierung, den öffentlichen Druck durch eine Einmalzahlung zu senken. Aus ihrer Sicht würde auch nur ein vorübergehendes Abweichen von den

R

bestehenden starren Regelbedarfen, die Schwächen des Systems offenlegen und weitere Begehrlichkeiten wecken.

Das Alg II-Leistungsniveau hat die Funktion eines Mindestlohns. Je niedriger es ist, desto eher scheinen Armutslöhne gerechtfertigt. Alg II ist eine Armutslohnmaschine. Deshalb haben Lohnarbeiter*innen ein objektives Interesse an einer deutlichen Erhöhung des Regelbedarfs. Die Arbeitgeberverbände dagegen versuchen, ihnen ein Interesse an der Senkung des offiziellen Existenzminimums und damit der Regelbedarfe schmackhaft zu machen. Fürs *„Nichtstun"* dürfe es nicht mehr geben als für Lohnarbeit. Alles andere sei ungerecht. Als ungerecht gilt dagegen nicht, dass man von seinem Lohn nicht leben kann.
Die EVS, die das Existenzminimum daran koppelt, was sich arme Leute leisten können, ist für die Bestimmung des soziokulturellen Existenzminimums untauglich, auch wenn alle Verbrauchsausgaben zu 100 Prozent in den Regelbedarf nach Rbs 1 einfließen. Das zeigt sich deutlich, wenn z.B. bei Nahrungsmitteln der wirkliche Bedarf für gesunde Ernährung ermittelt wird. Das soziokulturelle Existenzminimum von Erwachsenen und Kindern muss es im Durchschnitt möglich machen, Grundbedürfnisse ausreichend zu befriedigen. Die Warenkorb-Methode, die sich am realen Bedarf orientiert, muss das „Statistikmodell", das die Ausgaben der Armutsbevölkerung abbildet, vollständig ersetzen. Diese Aufgabe steht an. Die Unterversorgung z.B. beim Grundbedarf für Ernährung, Strom und Mobilität muss deshalb als Schritt dahin mehr in das Bewusstsein gerückt werden.
Große Teile der sozialen Bewegung und in ihrem Gefolge auch Teile der Partei DIE LINKE haben sich auf einen Regelbedarf von **mindestens** 600 € geeinigt und auf dieser Basis auf die Forderung nach einem gesetzlichen Mindestlohn von 11 € (lohnsteuerfrei). Es lohnt sich, für diese äußerst bescheidenen Forderungen zu kämpfen (www.mindestlohn-11-euro.de).

Forderungen

Regelbedarfsstufe 1 in Höhe von mindestens 600 €!
Bedarfsdeckende Kindergrundsicherung statt unzureichende Kinderregelbedarfe!
Aufnahme des durchschnittlichen Schul- und Teilhabebedarfs von Kindern, Jugendlichen und jungen Erwachsenen in die Regelbedarfe!
Voller Regelbedarf für volljährige Kinder!
Regelbedarfsbemessung anhand der Warenkorb-Methode!

Information/Literatur

- Irene Becker, Bedarfsgerechtigkeit und soziokulturelles Existenzminimum, Der gegenwärtige Eckregelsatz vor dem Hintergrund aktueller Daten, Arbeitspapier Frankfurt 2006
- Irene Becker, Regelbedarfsbemessung: Gutachten zum Gesetzentwurf 2016 für Diakonie Deutschland – Evangelischer Bundesverband, 3.10.2016, zitiert als I. Becker 2016 a
- Dr. Irene Becker/Benjamin Held, Regelbedarfsbemessung – eine Alternative zum gesetzlichen Verfahren - Berechnungen auf Basis der EVS 2018 unter Berücksichtigung von normativen Vorgaben der Diakonie Deutschland, Projektbericht im Auftrag der Diakonie Deutschland – Evangelischer Bundesverband, Berlin 18.12.2020
- BVerfG, 1 BvL 1/09 vom 9.2.2010, zitiert als BVerfG 2010
- BVerfG, 1 BvL 10/12, 1 BvL 12/12, 1 BvR 1691/13 vom 23.07.2014, zitiert als BVerfG 2014
- Der Paritätische Wohlfahrtsverband, „Zum Leben zu wenig ...", Berlin Dezember 2004
- Der Paritätische Wohlfahrtsverband, „Zum Leben zu wenig ..." Neue Regelsatzberechnung 2006, Berlin Mai 2006
- Der Paritätische, Die Regelsatzberechnungen der Bundesregierung sowie der Vorschlag des Paritätischen Gesamtverbandes für bedarfsdeckende Regelsätze, Berlin 22.10.2011
- Deutscher Bundestag, Ausschuss für Arbeit und Soziales, Unterrichtung durch das Bundesministerium für Arbeit und Soziales, Auswertung der Einkommens- und Verbrauchsstichprobe (EVS) 2003, Ausschussdrucksache 16(11)286 vom 15.Juni 2006

- Deutscher Bundestag, Entwurf eines Gesetzes zur Ermittlung von Regelbedarfen und zur Änderung des Zweiten und Zwölften Buches Sozialgesetzbuch vom 26.10.2010, zitiert als BT-Drs. 17/3404
- Deutscher Bundestag, Entwurf eines Gesetzes zur Ermittlung von Regelbedarfen und zur Änderung des Zweiten und Zwölften Buches Sozialgesetzbuch vom 17.10.2016, zitiert als BT-Drs. 18/9984
- Deutscher Bundestag, Entwurf eines Gesetzes zur Ermittlung von Regelbedarfen und zur Änderung des Zwölften Buches Sozialgesetzbuch sowie des Asylbewerberleistungsgesetzes vom 23.09.2020, zitiert als BT-Drs. 19/22750
- Diakonie Deutschland, Regelsatz: willkürliche Abzüge im Gesetzentwurf 2020, 08/2020
- Hrsg: DIE LINKE. im Bundestag, Kurzexpertise von Irene Becker, Regelbedarfsbemessung – Methode und Ergebnisse: Eine kritische Bestandsaufnahme, zitiert als I. Becker 2016 b
- Mathilde Kersting und Kerstin Clausen, Wie teuer ist eine gesunde Ernährung für Kinder und Jugendliche? Die Lebensmittelkosten der optimierten Mischkost als Referenz für sozialpolitische Regelleistungen, Ernährungs-Umschau 9/2007

- Margot Münnich, Thomas Krebs, Ausgaben für Kinder in Deutschland, Wirtschaft und Statistik 12/2002, 1080-1100
- Margot Münnich, Einkommensverhältnisse von Familienhaushalten und ihre Ausgaben für Kinder, Wirtschaft und Statistik 6/2006, 644-670
- Rainer Roth, Hartz IV: „Fördern“ durch Mangelernährung, Warum der Eckregelsatz mindestens 500 € und der gesetzliche Mindestlohn mindestens zehn € betragen muss, Frankfurt 2009
- Rainer Roth, „Fördern“ durch Kürzen, Zur Aberkennung des Wachstumsbedarfs von Schulkindern und Jugendlichen mit Einführung von Hartz IV, Frankfurt 2008
- Rainer Roth, Hartz IV: Sechster Anlauf zur Senkung der Regelsätze für Kinder seit 1990, Frankfurt September 2008
- Rainer Roth, Ist das Urteil des Bundesverfassungsgerichts zu begrüßen? Nein! 13.2.2010
- Rainer Roth, Was ist eigentlich das Existenzminimum? – Warum der Regelsatz eines Alleinstehenden mindestens 600 Euro, der gesetzliche Mindestlohn mindestens elf Euro (steuerfrei) betragen muss, Frankfurt Dezember 2016, http://mindestlohn-11-euro.de/Was_ist_ExistenzminimumA5.pdf
- Helga Spindler, Die neue Regelsatzverordnung – Das Existenzminimum stirbt in Prozentschritten, info also 4/2004, 147-151
- Helga Spindler, Allein der notwendige Anteil für Energiekosten im Regelsatz für 2006 war um ca. 150 € zu niedrig, info also 2/2007, 61-64
- Statistisches Bundesamt, Wirtschaftsrechnungen, Einkommens- und Verbrauchsstichprobe 2003, Fachserie 15, Heft 4 Einnahmen und Ausgaben privater Haushalte, Wiesbaden 2005
- Statistisches Bundesamt, Einkommens- und Verbrauchsstichprobe, Einnahmen und Ausgaben privater Haushalte, Fachserie 15, Heft 4, Wiesbaden 2011
- Statistisches Bundesamt, Anlage zum Gesetzentwurf des RBEG 2020, Ausgaben des Privaten Konsums sowie Versicherungsbeiträge und sonstige Übertragungen (SEA-Einzel-Codes) von Haushalten (ohne SGB II/SGB XII-Empfänger), zitiert als Sonderauswertung der EVS 2018
- Angaben über Lohn- und Preisentwicklung wurden dem Angebot des Statistisches Bundesamts (www.destatis.de) entnommen (falls keine abweichenden Angaben vorliegen)

Renovierung

Unter dem Stichwort Renovierung werden hier die zwei Themen Schönheitsreparaturen und Instandhaltung/Kleinreparaturen behandelt. Schönheitsreparaturen und Instandhaltung sind eigentlich Sache der vermietenden Person, da diese gemäß § 535 Abs. 1 S. 2 BGB verpflichtet ist, die Wohnung der Mietpartei in einem bewohnbaren Zustand zu übergeben und während der Mietzeit in diesem Zustand zu erhalten. Das gilt dann nicht, wenn die vermietende Person im Mietvertrag die Pflicht zur Ausführung dieser Arbeiten wirksam

auf die Mietpartei übertragen hat. Dies kann durch vorformulierte Standardklauseln (sog. Allgemeine Geschäftsbedingungen (AGB) in dem Mietvertrag oder durch individuelle Vereinbarung zwischen vermietender Person und Mietpartei geschehen.
Da die Mietpartei bei Verwendung von Standardklauseln (AGB) im Mietvertrag keine Möglichkeit hat, den Inhalt dieser AGB zu beeinflussen, diese also der vermietenden Person einseitig gestellt werden, hat der Gesetzgeber (§§ 305 ff BGB) und die Rechtsprechung zum Schutz der Mietpartei hohe Anforderungen an die Wirksamkeit dieser AGB gestellt.
Dieser Schutz gilt grundsätzlich nicht, wenn keine AGB, sondern eine individuelle Vereinbarung zwischen der Mietpartei und der vermietenden Person vorliegt, da bei dieser die Mietpartei den Inhalt der Regelung beeinflussen kann und daher weniger schutzbedürftig ist (§§ 305 Abs. 1 S. 3, 305 b BGB).

Um den Schutz der Mietpartei nicht zu umgehen, liegt eine individuelle Vereinbarung nur dann vor, wenn die vermietende Person der Mietpartei die Möglichkeit gibt, tatsächlich Einfluss auf den Inhalt der Regelung zu nehmen und diesen zu gestalten. Die Vertragsbedingungen werden somit im Einzelnen zwischen den Vertragsparteien ausgehandelt (Merke: Aushandeln bedeutet mehr als bloßes Verhandeln! (BGH 20.3.2014 – VII ZR 248/13)). Wird lediglich eine allgemeine Klausel handschriftlich dem Vertrag zugefügt, ist das keine Individualvereinbarung (BGH 27. 5. 2009 - VIII ZR 302/07). Formularmäßigen Bestätigungsklauseln mit dem Inhalt, die Vertragsbedingung sei im Einzelnen ausgehandelt worden, kommt keine Beweiskraft zu. Im Zweifel muss die vermietende Person beweisen, dass die Klausel individuell mit der Mietpartei ausgehandelt wurde.

Inhaltsübersicht

1. Schönheitsreparaturen
sind alle Arbeiten, die der Beseitigung typischer Gebrauchsspuren dienen. Sie umfassen Tapezieren, Streichen von Wänden und Decken, Fußböden, Heizkörpern, Innentüren, Fenstern und Außentüren von innen (§ 28 Abs. 4 Satz 2 Berechnungsverordnung), also das, was man im Volksmund als Renovierung bezeichnet.
Die Kosten für mietvertraglich vereinbarte Schönheitsreparaturen **gehörten** bis 2010 wie die Miete und die Betriebskostenzahlung zu den *„Leistungen für Unterkunft"* nach § 22 Abs. 1 SGB II und § 35 Abs. 1 SGB XII (BSG 19.3.2008 - B 11b AS 31/06 R).
In der zum Januar 2005 in Kraft getretenen Regelsatzverordnung kommen Schönheitsreparaturen nicht vor. In ihrer Begründung ist lediglich die Rede von *„Ausgaben für Reparatur und Instandhaltung der Wohnung"*, die im Regelbedarf *„voll anerkannt"* wären (BR-Drs. 206/04, 7 f.). Und zwar damals im Umfang von 5,19 €. **Ab 2011** sollen Schönheitsreparaturen **im ⇨ Regelbedarf berücksichtigt** sein. In der Begründung zum Regelbedarfs-Ermittlungsgesetz (RBEG) vom 26.10.2010 ist in der Bedarfsposition 04 *„Wohnen, Energie und Wohnungsinstandhaltung"* von *„Ausgaben für Instandhaltung **und** Schönheitsreparaturen"* die Rede (BT-Drs. 17/3404, 55). **2016** steht dafür hochgerechnet ein Betrag von mtl. **2,15 €** zur Verfügung. Das ist eine direkte Kürzung des Regelbedarfs gegenüber 2005 (5,19 €) und 2010 (2,85 €). Im **Regelbedarf 2021** stehen nunmehr nur noch **1,42 €** zur Verfügung (BT-Drs: 19/22750).
Unabhängig davon hat die Rechtsprechung in der Zeit nach 2011 jedoch entschieden, dass die Kosten für wirksam auf die Mietpartei übertragenen Schönheitsreparaturen nach wie vor als Kosten der Unterkunft im Sinne des § 22 Abs. 1 SGB II/§ 35 Abs. 1 SGB XII zu behandeln und daher von den Behörden zu übernehmen sind (LSG Berlin-Brandenburg 12.2.2014 – L 18 AS 2908/12 und 21.4.2016 – L 15 SO 165/12; Geiger KdU 2020 S. 191, 198).
Voraussetzung für die Übernahme der Kosten durch die Behörde ist daher, dass die Mietpartei durch eine wirksame Regelung im Mietvertrag verpflichtet wird, die Schönheitsreparaturen durchzuführen.
Hierbei ist zu berücksichtigen, dass die Prüfung, ob eine Standardklausel (AGB)

wirksam ist, die die Mietpartei zu Schönheitsreparaturen verpflichtet, sehr komplex ist, da es immer auf den jeweiligen Einzelfall bzw. die im Mietvertrag jeweils verwendete Formulierung ankommt. Aus diesem Grund ist die Rechtsprechung zu der Frage, unter welchen Voraussetzungen eine Übertragung der Schönheitsreparaturen im Mietvertrag auf die Mietpartei wirksam bzw. unwirksam ist, mittlerweile sehr umfangreich und kaum noch überschaubar.

Daher sollten Sie bei Kosten für Schönheitsreparaturen rechtzeitig einen Antrag auf Übernahme dieser Kosten bei der Behörde stellen und ihr die entsprechende Regelung des Mietvertrages zu den Schönheitsreparaturen vorlegen.

Denn hat die Behörde in diesem Fall keine Einwände gegen die Wirksamkeit der Schönheitsreparaturklausel geäußert, kann sie sich im Nachhinein nicht auf die Unwirksamkeit der Schönheitsreparaturklausel berufen und muss die entsprechenden angemessenen Kosten übernehmen (BSG 6.10.2011 – B 14 AS 66/11 R).

Äußert die Behörde Zweifel an Ihrer Verpflichtung zur Übernahme von Schönheitsreparaturen, weil sie die Schönheitsreparaturklausel des Mietvertrages für unwirksam hält, darf sich die Behörde nicht einfach darauf beschränken, Ihren Antrag auf Kostenübernahme abzulehnen. Die Behörde muss Ihnen darlegen, warum es die Klausel für unwirksam hält und Ihnen zeigen, wie Sie gegen die vermietende Person vorgehen können, um Ihre Rechte zu wahren (BSG 24.11.2011 – B 14 AS 15/11 R). Unterbleibt eine solche Unterstützung der Behörde, ist sie zur Übernahme der angemessenen Kosten für Schönheitsreparaturen verpflichtet, wenn Sie die Maßnahmen durchführen, um eine gerichtliche Auseinandersetzung mit der Mietpartei zu vermeiden, oder dieser die Maßnahmen selbst durchführt und Ihnen in Rechnung stellt (BSG 24.11.2011 – B 14 AS 15/11 R; LSG Berlin-Brandenburg 12.2.2014 – L 18 AS 2908/12).

2. Instandhaltung/Kleinreparatur

umfasst das Beheben kleinerer Schäden an den Installationsgeräten für Elektrizität, Wasser und Gas, Heiz- und Kocheinrichtungen sowie Verschlüssen von Fenstern, Türen und Fensterläden (§ 28 Abs. 3 Satz 2 Berechnungsverordnung), die von der Mietpartei häufig benutzt werden und durch den normalen Wohngebrauch entstanden sind. Nicht hierunter fallen daher Schäden, die die Mietpartei pflichtwidrig verursacht haben und nicht Folge des normalen Wohngebrauchs sind.

Da die Kosten für solche Reparaturen vom Regelbedarf umfasst sind, kommt zur Übernahme dieser Kosten bestenfalls ein Darlehen in Frage (§ 24 Abs. 1 SGB II; §37 Abs. 1 SGB XII; LSG NRW 14.11.2016 – L 19 AS 1375/15; LSG Baden-Württemberg 20.1.2009 - L 7 SO 5864/08; SG Köln 29.7.2010 - S 32 AS 2091/10).

Aus diesem Grund ist es besonders wichtig zu prüfen bzw. prüfen zu lassen, ob Sie überhaupt verpflichtet sind, derartige Kosten zu tragen.

Wie bereits erwähnt, ist die Mietpartei nur verpflichtet, diese Kosten zu tragen, wenn das im Mietvertrag durch Klausel (sog. Kleinreparaturklausel/AGB) oder Individualvereinbarung wirksam geregelt wurde.

Eine wirksame Regelung durch AGB setzt u.a. voraus, dass zwei Obergrenzen für die Kosten der Mietpartei festgelegt sind. Und zwar eine Obergrenze für die einzelne Reparatur (100 – 110 € AG Braunschweig 17.3.2005 – 116 C 196/05 bzw. AG Würzburg 17.5.2010 – 13 C 670/10) <u>**und**</u> eine Obergrenze für mehrere in einem Kalenderjahr anfallende Reparaturen (6 Prozent der Jahresbruttomiete BGH 6.5.1992 - VIII ZR 129/91). Ferner darf sich die Klausel nur auf solche Teile der Mietwohnung beziehen, die dem direkten und häufigen Zugriff der Mietpartei ausgesetzt sind (BGH 6.5.1992 - VIII ZR 129/91).

Die Mietpartei trifft bei einer wirksamen Kleinreparaturklausel nur eine Kostentragungspflicht, aber keine Vornahmepflicht (BGH, 6.5.1992 - VIII ZR 129/91). Das bedeutet, dass die Mietpartei nicht verpflichtet ist, die Reparaturen selbst vorzunehmen bzw. eine*n Handwerker*in mit diesen Arbeiten zu beauftragen. Eine Klausel, welche die Mietpartei verpflichtet, diese Arbeiten selbst vorzunehmen oder in Auftrag zu geben, ist unwirksam.

Diese Arbeiten muss immer die vermietende Person in Auftrag geben.

Dies ist deshalb wichtig, da die geregelte Obergrenze für die einzelne Reparatur – z.B. 100 € – zur Folge hat, dass die Mietpartei nur für eine Reparatur zahlen muss, die höchstens

100 € kostet. Eine Verpflichtung, dass die Mietpartei bei jeder Reparatur – also auch teureren als 100 € – anteilig maximal 100 € zahlen muss, ist unwirksam (BGH 7.6.1989 – VIII ZR 91/88)!

Tipp: Sind die Reparaturkosten für die einzelne Reparatur also höher als die zulässig vereinbarte Obergrenze, müssen Sie als Mietpartei gar nichts zahlen - auch nicht anteilig (BGH 7.6.1989 – VIII ZR 91/88; OLG Düsseldorf 11.06.2002 – I 24 U 183/01)! Lassen Sie sich daher bei jeder Reparatur, die unter die Kleinreparaturklausel fällt, von der vermietenden Person die Rechnung vorlegen, um prüfen zu können, ob Sie überhaupt etwas zahlen müssen.

Tipp: Wenn eine Schönheitsreparatur/ Renovierung Ihrer Wohnung **dringend notwendig** ist, beantragen Sie einfach schriftlich die Übernahme der Kosten als Beihilfe und begründen Sie deren Notwendigkeit. Manche Jobcenter/ Sozialämter übernehmen die Kosten noch immer. Wird der Antrag abgelehnt oder ein Darlehen bewilligt, müssen Sie ggf. ⇨Widerspruch einlegen.

3. Renovierungskosten insbesondere für Schönheitsreparaturen bei Ein- und Auszug

dienen weder der Instandhaltung einer bestehenden Wohnung, noch sind es Kosten, die dem Wortlaut nach der Wohnungsbeschaffung oder dem Umzug (§ 22 Abs. 6 SGB II) zuzuordnen sind. Sie *„sind vielmehr Bestandteil der Kosten der Unterkunft nach § 22 Abs. 1 SGB II"* (ebenso: § 35 Abs. 1 SGB XII).

Wie bereits erwähnt, ist die Rechtsprechung zu den Schönheitsreparaturklauseln sehr umfangreich und kaum noch zu überschauen. Der Rechtsprechung können jedoch folgende **Grundsätze** für die Wirksamkeit einer Schönheitsreparaturklausel entnommen werden:

Die Mietpartei muss nur Schönheitsreparaturen für die Abnutzungen vornehmen, die sie selbst „abgewohnt" hat. Ist diese Voraussetzung erfüllt, muss Mietpartei auch nur dann Schönheitsreparaturen vornehmen, wenn auch die vermietende Person diese vornehmen müsste. Dafür ist nicht der Ablauf von irgendwelchen Fristen entscheidend, sondern der Zustand der Wohnung, der Schönheitsreparaturen notwendig macht. Denn andernfalls müsste die Mietpartei früher Maßnahmen durchführen als die vermietende Person, was eine unangemessene Benachteiligung der Mietpartei darstellt.

Hieran anknüpfend nachfolgend einige Grundsätze aus der Rechtsprechung:

Eine Abwälzung von Schönheitsreparaturen auf die Mietpartei durch AGB ist nur zulässig, wenn die vermietende Person der Mietpartei eine renovierte Wohnung überlassen hat. War die Wohnung unrenoviert, sind sämtliche Klauseln zu Schönheitsreparaturen unwirksam. Eine Ausnahme besteht nur, wenn die vermietende Person der Mietpartei für den Renovierungsaufwand einen angemessenen Ausgleich gewährt hat (BGH 18.3.2015 - VIII ZR 185/14).

Eine Regelung durch AGB zulasten der Mietpartei, eine unrenovierte Wohnung zu Mietbeginn oder kurz danach zu renovieren, ist daher ohne entsprechende Ausgleichszahlung unwirksam, denn die Mietpartei würde sich damit verpflichten, die Abnutzungen ihrer Vorgängerpartei zu beseitigen (BGH 18.3.2015 - VIII ZR 185/14).

Auch wenn keine Verpflichtung zur Einzugsrenovierung besteht, sind solche Kosten von der Behörde zu übernehmen, wenn sie angemessen sind (BSG 16.12.2008 - B 4 AS 49/07 R, LSG Berlin-Brandenburg 29.1.2018 – L 18 AS 126/18 B ER).

Da **Einzugsrenovierungen** nicht von der Regelleistung umfasst sind, ist weder eine Übernahme als Darlehen (§ 24 Abs. 1 SGB II; § 37 Abs. 1 SGB XII) noch eine Übernahme im Rahmen der Erstausstattung (§ 24 Abs. 3 Nr.1 SGB II; § 31 Abs. 1 Nr. 1 SGB XII) möglich (BSG 16.12.2008 - B 4 AS 49/07 R, Rn. 11). Die Kosten sind als Beihilfe zu übernehmen.

Wenn die Kosten der Einzugsrenovierung nach § 22 Abs. 1 SGB II (§ 35 Abs. 1 SGB XII) übernommen werden, entfällt die Notwendigkeit, die vorherige **Zusicherung** vom Leistungsträger einzuholen.

„Angemessene" Kosten müssen demnach anerkannt werden, wenn der ⇨Umzug notwendig (BVerwG 30.4.1992, FEVS 1993, 95) und die Miete der neuen Wohnung angemessen ist. Unabhängig davon müssen die Kosten der

Renovierung auf ihre **Angemessenheit** hin überprüft werden:

„Angemessen sind die Kosten einer Einzugsrenovierung dann,

a) wenn die Maßnahme/ Renovierung erforderlich ist, um die Bewohnbarkeit der Wohnung herzustellen,

b) die Einzugsrenovierung ortsüblich ist, weil keine renovierten Wohnungen im unteren Wohnsegment in nennenswertem Umfang zur Verfügung stehen und

*c) soweit sie der Höhe nach zur Herstellung des Standards einer Wohnung im unteren Wohnsegment erforderlich ist" (*BSG 16.12.2008 - B 4 AS 49/07 R, Rn. 28 ff.). Treffen diese Kriterien im konkreten Fall zu, ist auch ein Fußbodenbelag zu übernehmen (ebenda; LSG NRW 28.9.2018 – L 21 AS 51/18 B; LSG Berlin-Brandenburg 29.1.2018 – L 18 AS 126/18 B ER).

Die Behörde hat auch wirksam mietvertraglich geregelte **und** erforderliche **Auszugsrenovierungen** zu übernehmen (BSG 6.10.2011 - B 14 AS 66/11 R). Allerdings gelten allgemeine Klauseln in Standardmietverträgen (AGB), die eine Auszugsrenovierung vorschreiben, nur, wenn die Wohnung von der Mietpartei – wie erwähnt – komplett renoviert übernommen wurde.

Viele Mietverträge enthalten eine sog. Quotenklausel. Danach müsste die Mietpartei, wenn die maßgeblichen Fristen für die Durchführung von Schönheitsreparaturen noch nicht abgelaufen sind, zwar nicht renovieren, aber einen anteiligen Betrag auf der Grundlage eines Kostenvoranschlags an die vermietende Person zahlen. Diese Quotenklauseln sind immer ungültig (BGH 18.03.2015 - VIII 242/13)!

Schuldet die Mietpartei keine Schönheitsreparaturen, da die vertragliche Regelung der Schönheitsreparaturen nach den obigen Grundsätzen unwirksam ist, kann diese die hierfür aufgewendeten Kosten von der vermietenden Person wegen ungerechtfertigter Bereicherung gem. § 812 BGB zurückverlangen. Diese Ansprüche verjähren jedoch bereits sechs Monate nach Ende des Mietverhältnisses (§ 548 Abs. 2 BGB; BGH 31.1.2012 – VIII ZR 141/11). Soweit die Behörde diese Kosten übernommen hat, steht dieser der Erstattungsanspruch gegenüber der vermietenden Person zu (§ 33 SGB II).

Wurde für die Mietpartei eine wirksame Pflicht zur Vornahme von Schönheitsreparaturen bzw. zur Instandhaltung/Kleinreparatur begründet, ist zu beachten, dass die Ansprüche der vermietenden Person hieraus bereits sechs Monate nach Zurückerhaltung der Wohnung verjähren (§ 548 Abs. 1 BGB). Denn nach dieser Vorschrift verjähren alle Ersatzansprüche der vermietenden Person wegen Veränderungen und Verschlechterungen der Mietsache sechs Monate nach Rückgabe der Mietsache an diese.

Die von der Rechtsprechung für AGB zum Schutz der Mietpartei entwickelten Grundsätze gelten wie bereits erwähnt nicht, wenn Sie eine individuelle Vereinbarung mit der vermietenden Person schließen (§ 305 Abs. 1 S. 3 BGB). Verpflichtend ist eine Auszugsrenovierung also dann, wenn sie ausdrücklich individuell mietvertraglich vereinbart wurde und eben nicht einseitig von der vermietenden Person als AGB gestellt wurde – einen Standardtext gibt es nicht (BGH 18.3.2015 - VIII ZR 185/14, VIII 242/13)!

So liegt z.B. eine zulässige, individuelle Vereinbarung vor, wenn die Mietpartei auf eigenen Wunsch und mit Zustimmung der vermietenden Person die von dem/der Vormieter*in geschuldeten Auszugs-Schönheitsreparaturen übernimmt (hierzu BGH 22.8.2018 – VIII ZR 277/16).

Die Behörde muss diese Kosten jedoch nicht übernehmen, da die Mietpartei hierzu gesetzlich nicht verpflichtet ist, sondern diese Pflicht freiwillig durch Vertrag begründet hat. Sie sollten daher derartige Vereinbarungen nicht abschließen bzw. sich vorab von der Behörde schriftlich (!) zusichern lassen (§ 34 Abs. 1 S. 1 SGB X), dass von dieser die Kosten hierfür übernommen werden.

Eine individuell mit der vermietenden Person getroffene Vereinbarung, z.B. über eine Auszugsrenovierung im Sinne des § 305 Abs. 1 S. 3 BGB, kann selbst dann wirksam sein, wenn der Mietvertrag eine unwirksame Klausel (AGB) zur Auszugsrenovierung enthält (BGH 14.1.2009 – VIII ZR 717/08).

Tipp: Aus diesem Grund sollten Sie keine Vereinbarung unterzeichnen, wenn die vermietende Person am Ende des Mietverhältnisses im Zusammenhang mit der

Abnahme der Wohnung auf eine schriftliche Verpflichtung zu Reparaturen oder auf eine Quotenabgeltung drängt. Dies ist in der Regel für Sie nur nachteilig und Sie sind hierzu auch nicht verpflichtet.

Hat die Mietpartei die Wohnung zu Mietbeginn in neutralen Farben übernommen und die Wände anschließend farbig gestrichen, muss sie diese am Ende des Mietverhältnisses wieder in neutralen Farben streichen, auch wenn sie an sich keine Schönheitsreparaturen bei Auszug vornehmen muss (BGH 6.11.2013 – VIII ZR 416/12).

Tipp: Es handelt sich hierbei um Kosten der Auszugsrenovierung, welche die Behörde als Kosten der Unterkunft nach § 22 Abs. 1 SGB II /§ 35 Abs. 1 SGB XII übernehmen muss. Denn Sie können sich während des Mietverhältnisses die Farben und Materialien grundsätzlich nach ihrem Geschmack aussuchen und sind nicht an Vorgaben der vermietenden Person gebunden (BGH 18.6.2008 – VIII ZR 224/07).

Zuständig für die Renovierungskosten bei Umzug waren nach bisheriger Auffassung bei Alg II das bisherige Jobcenter (§ 22 Abs. 3 Satz 1 SGB II) und bei HzL-/ GSi-Bezug das Sozialamt, in dessen Zuständigkeitsbereich Sie sich zum Zeitpunkt der Antragstellung befinden (LSG Baden-Württemberg 23.11.2006 - L7 SO 4415/05).

Doppelmieten wegen Renovierung
Das BSG hat entschieden, wenn Doppelmieten beispielsweise wegen Renovierung tatsächlich anfallen und unvermeidbar sind, sind diese vom Jobcenter als KdU zu übernehmen. (BSG 30.10.2019 - B 14 AS 2/19 R). Das ist zwar zunächst nur eine SGB II-Entscheidung, wird aber genauso auf das SGB XII übertragbar sein. Sie werden aber nachweisen müssen, dass Sie sich bemüht haben, die Kosten zu vermeiden und dass Sie versucht haben, die vermietende Person dazu zu bewegen, Ihnen für die Zeit der Renovierung die Wohnung kostenfrei zu überlassen.

3.1 Renovierungskosten in welcher Höhe?

Renovierungskosten sind in tatsächlicher Höhe zu übernehmen.

Dazu gehören die Materialkosten. Es empfiehlt sich, den Bedarf möglichst umfassend zu beantragen: ob für Tapete, Kleister, Farbe, Abdeckfolie, Kreppband, Schmirgelpapier, Farbrollen, Pinsel, Bürste, Zollstock, Spachtel, Abstreichgitter usw.
Die Behörde kann Ihnen eine Quadratmeterpauschale anbieten. Hier sollten Sie genau nachrechnen. Reicht die Pauschale nicht aus, müssen die notwendigen tatsächlichen nachgewiesenen Kosten für eine „angemessene" Renovierung bewilligt werden.

Es ist zulässig, Sie beim Renovieren auf **Selbsthilfe** zu verweisen. Sind Sie aus persönlichen Gründen (Krankheit, Behinderung, Alter usw.) dazu nicht in der Lage und können auch Freunde, Bekannte oder Verwandte diese Arbeiten nicht übernehmen, müssen auch Entgelte für nachbarschaftliche Hilfe bezahlt werden. Möglich sind Aufwandsentschädigungen bis zu 7,50 € die Stunde. Möglich sind aber auch private oder gewerbliche Anbieter. Dann müssten Sie vor der Bewilligung Kostenvoranschläge vorlegen. Wie der Renovierungsbedarf befriedigt wird, **hängt vom Einzelfall ab**. Pauschale Regelungen der Behörde sind nicht zulässig, wenn sie keine Ausnahmen vorsehen.

R

Tipp: Beantragen Sie die Übernahme von Renovierungskosten immer, **bevor** die Kosten entstehen.

Rentenversicherung

Inhaltsübersicht

3. HzL/GSi der Sozialhilfe
4. Erwerbsminderungsrente (EM-Rente § 43 SGB VI)
5. Rehabilitation bzw. Leistungen zur Teilhabe (§§ 9 - 32 SGB VI)
5.1 Medizinische Rehabilitation (Reha) (§§ 15 SGB VI, 42 ff SGB IX)
5.2 Berufliche Rehabilitation (Reha) (§§ 16 SGB VI, 49 ff SGB IX)
6. Erziehungsrente (§ 47 SGB VI)
7. Grundrente (seit 01.01.2021)
8. Sonderregelungen wegen der Corona-Pandemie
9. Beratung/Information

Kritik

1. Alg II

1.1 Wer begründet Rentenansprüche?

Beziehende von Alg II waren bis Ende 2010 in der gesetzlichen Rentenversicherung pflichtversichert. Auch wenn sie mit den geringen Beitragszahlungen, die für sie abgeführt wurden, nach einem Jahr Leistungsbezug nur einen Anspruch auf eine Mini-Rente von 2,09 € mtl. erwarben, galt der Alg II-Bezug wenigstens als **Beitragszeit**.

Zum 1. Januar **2011** wurden für Alg II-Beziehende die Rentenzahlungen ersatzlos gestrichen. Der Mini-Rentenanspruch fällt weg und Leistungsbezug begründet fortan nur noch eine **Anrechnungszeit** in der gesetzlichen Rentenversicherung (§ 58 Abs. 1 S.1 Nr. 6 SGB VI). Die Anrechnungszeiten stellen sicher, dass über die Rentenversicherungspflicht erworbene Anwartschaften (für Rehabilitationsmaßnahmen oder Erwerbsminderungsrenten) nicht verloren gehen (vgl. nur §§ 3 S. 1 Nr. 3 2. HS, 11 Abs. 2 S. 3 und 43 Abs. 4 Nr. 1 SGB VI). Somit bleiben während des Alg II-Bezugs bestehende Ansprüche auf

- Rehabilitationsleistungen der Rentenversicherung (§§ 9 ff, 11 Abs. 2 S. 3, 58 Abs. 1 S. 1 Nr. 6 SGB VI; ⇨5.) und auf
- Erwerbsminderungsrente (§ 43 Abs. 4 Nr. 1, 58 Abs. 1 S. 1 Nr. 6 SGB VI; ⇨4.)

erhalten.

- Bei der **Regelaltersrente** (§§ 35, 50 Abs. 1 S.1 Nr. 1 SGB VI) werden Ansprüche nur aufgrund von mindesten fünf Beitragsjahren innerhalb des Erwerbslebens begründet (allgemeine Wartezeit, § 50 Abs. 1 S.1 Nr. 1 SGB VI). Alg II-Bezugszeiten bringen hier nichts mehr.
- Bei der (Alters-)**Rente für langjährig Versicherte** (§ 36 SGB VI) und **für schwerbehinderte Menschen** (§ 37 SGB VI) werden die Zeiten des Alg II-Bezuges lediglich auf die **Wartezeiten** (Mindestversicherungszeiten) angerechnet, die einen Anspruch auf eine Rente begründen (§§ 36 S. 1 Nr. 2 bzw. 37 S. 1 Nr. 3 i.V.m. 50 Abs. 4, 51 Abs. 3, 54 Abs. 1 Nr. 2 i.V.m. Abs. 4 SGB VI). Das Beitragskonto füllt sich nicht mehr.

Alle, die keinen bestehenden Anspruch auf Leistungen der Rentenversicherung haben, können fortan durch den Alg II-Bezug keinen neuen Anspruch mehr begründen.

Achtung: Wenn Sie nur noch aufgrund von Anrechnungszeiten Ihren Anspruch aufrechterhalten, müssen Sie darauf achten, dass diese nicht unterbrochen werden, z.B. weil Sie Ihren Folgeantrag zu spät eingereicht haben. Selbst wenn Sie nur vorübergehend aus dem Bezug fallen und damit keine Anrechnungszeit mehr begründen, kann unter Umständen nicht mehr auf die anspruchsbegründenden früheren Beitragszeiten zurückgegriffen werden.

1.2 Rentenansprüche neben dem Alg II begründen

Prüfen Sie, ob Beitragszeiten für die Rentenversicherung (vgl. hierzu Aufzählung in § 3 SGB VI) bestehen, die neben dem Bezug von Alg II möglich sind. Hierzu zählen

- Zeiten der **Kindererziehung** ab Geburt des Kindes drei Jahre lang (§§ 3 S. 1 Nr. 1, 56, 55 Abs. 1 S. 3, 54 Abs. 1 Nr. 1, SGB VI),
- Zeiten als **Pflegeperson**, in denen Sie Angehörige nicht erwerbsmäßig pflegen (§ 3 S. 1 Nr. 1a i.V.m. S. 2 und 3 SGB VI),
- Zeiten, in denen Sie neben dem Leistungsbezug eine sozialversicherungspflichtige **Beschäftigung** ausüben (§ 1 S. 1 Nr. 1 SGB VI) und
- Zeiten, in denen Sie einen **Minijob** ausüben, der versicherungspflichtig ist (seit 01.01.2013: §§ 1 S. 1 Nr. 1, 5 Abs. 2, S. 1 Nr. 1, 6 Abs. 1b SGB VI i.V.m. § 8 Abs. 1 Nr. 1 oder § 8a i.V.m. § 8 Abs. 1 Nr. 1 SGB IV) oder bei dem Sie auf die Versicherungsfreiheit verzichten (gilt für Minijobs nach altem Recht, die bis zum 31.12.2012 begonnen wurden).

1.2.1 Minijob (= geringfügige Beschäftigung i.S.d. §§ 8, 8a SGB IV) und Rentenansprüche

Eine Beschäftigung kann als geringfügig eingeordnet werden, entweder weil der Lohn (= Entgelt) besonders niedrig ist (Entgeltgeringfügigkeit) oder weil der/die Beschäftigte nur wenig Zeit auf sie verwendet (Zeitgeringfügigkeit).

Entsprechend der gesetzlichen Regelung des § 8 SGB IV sind somit zwei Arten von Minijobs bzw. geringfügiger Beschäftigung zu unterscheiden:

- **einen auf** Dauer **angelegten, geringfügig entlohnten, bei dem das Arbeitsentgelt in der Regel 450 € monatlich nicht übersteigt** (**450-Euro-Minijob**, § 8 Abs. 1 Nr. 1 SGB IV/ **Entgeltgeringfügigkeit**) und
- **einen von der Höhe des Lohnes unabhängigen, aber** kurzfristigen, **von vornherein zeitlich begrenzten, bei dem die Beschäftigung innerhalb eines Jahres beschränkt ist auf längstens drei Monate oder 70 Arbeitstage** (§ 8 Abs. 1 Nr. 2 SGB IV, **Zeitgeringfügigkeit**).

Für geringfügige **Beschäftigungen in Privathaushalten** gem. **§ 8a SGB IV** gelten teilweise spezielle Regeln (näher hierzu unten).

Geringfügige Beschäftigungen sind grundsätzlich für den/die Arbeitnehmer*in versicherungsfrei, mit der Folge, dass er/sie keine Sozialversicherungsbeiträge zur Kranken-, Pflege- und Arbeitslosenversicherung zahlen muss (§ 7 Abs. 1 SGB V, § 20 Abs. 1 S. 1 SGB XI, § 27 Abs. 2 S. 1 SGB III), aus ihnen aber auch keinen eigenen Sozialversicherungsschutz ableiten kann und somit keine Ansprüche hat.

Die zeitgeringfügigen Beschäftigungen im Sinne des § 8 Abs. 1 Nr. 2 SGB IV sind auch von der Rentenversicherungspflicht befreit (§ 5 Abs. 2 Nr. 1 SGB VI).

Seit 1.1.2013 besteht für die entgeltgeringfügige Beschäftigungen, sog. **450-Euro-Minijobs** (§ 8 Abs. 1 Nr. 1 SGB IV), Versicherungspflicht in der gesetzlichen Rentenversicherung und somit auch Beitragspflicht; von der man aber auf Antrag befreit werden kann (§ 6 Abs. 1b SGB VI).

Nur bei den **450-Euro-Minijobs** im Sinne des § 8 Abs. 1 Nr. 1 SGB IV besteht somit die Möglichkeit Rentenansprüche zu erwerben, indem Sie nur minimal an der Beitragspflicht beteiligt sind, da der Arbeitgeber grundsätzlich den größten Anteil an dem Rentenversicherungsbeitrag leisten muss.

Sind Sie Minijobber*in in einem 450-Euro-Minijob und haben bereits Rentenansprüche aus früherer Beschäftigung erworben oder wollen Sie Ansprüche auf Erwerbsminderungsrente oder Rehabilitationsleistungen neu erwerben, können Sie bei Jobs, die **vor dem 1.1.2013** begonnen haben, durch **Verzicht auf die Versicherungsfreiheit** für kleines Geld Rentenbeitragszeiten neu begründen.

450-Euro-Minijobs, die **ab dem 1.1.2013** begonnen wurden, sind, wie bereits erwähnt, **generell rentenversicherungspflichtig**. Ebenso zuvor begonnene Minijobs, deren regelmäßiges monatliches Entgelt jetzt mehr als 400 € und weniger als 450,01€ beträgt (Ausnahmen gibt es für Altersrentner*innen und Pensionär*innen).

Seit 2013 müssen Sie als Minijobber*in in einem 450-Euro-Minijob einen **Antrag** stellen, wenn Sie sich von der Rentenversicherungspflicht **befreien** lassen wollen. Dieser Antrag ist bei dem Arbeitgeber zu stellen (zu den Einzelheiten: § 6 Abs. 1 b SGB VI).

Haben Sie einen 450-Euro-Minijob bzw. hatten Sie bei vor 2013 begründeten 450-Euro-Minijobverhältnissen auf die Versicherungsfreiheit verzichtet, gilt bei der **Beitragszahlung** Folgendes zu beachten:

- Üben Sie einen 450-Euro-Minijob im Sinne des § 8 Abs. 1 Nr. 1 SGB IV aus, zahlt Ihr Arbeitgeber Rentenbeiträge in Höhe eines Pauschalbetrages von 15 Prozent des Arbeitsentgelts an die gesetzliche Rentenversicherung (§ 168 Abs. 1 Nr. 1b bzw. § 172 Abs. 3 S. 1 SGB VI). Bleibt es bei der Versicherungspflicht – wird also kein Antrag auf Befreiung von der Rentenversicherungspflicht nach § 6 Abs. 1 b SGB VI gestellt – müssen Sie neben der Zahlung des Arbeitgebers die Differenz zwischen dem aktuellen Beitragssatz zur gesetzlichen Rentenversicherung von zurzeit 3,6 Prozent (allgemeiner Beitragssatz 2021: 18,6 %) selbst tragen.

- Bei einem 450-Euro-Minijob in Privathaushalten profitiert der Arbeitgeber vom sogenannten „Haushälter*innen-Bonus“. Er zahlt Rentenbeiträge nur in Höhe von fünf Prozent des Arbeitsentgelts (§ 168 Abs. 1 Nr. 1c bzw. § 172 Abs. 3a SGB VI). Im Fall der Versicherungspflicht – es wird also kein Antrag auf Befreiung nach § § 6 Abs. 1 b SGB VI gestellt – beträgt der Arbeitnehmer-Aufstockungsbeitrag somit zurzeit 13,6 Prozent.
- Bei einem 450-Euro-Minijob ist als Beitragsbemessungsgrundlage für den Rentenversicherungsbeitrag mindestens ein Arbeitsentgelt von 175 € anzusetzen, auch wenn das tatsächliche Arbeitsentgelt niedriger ist (§ 163 Abs. 8 SGB). Bei einem niedrigen Arbeitsentgelt von unter 175 € mtl. muss daher ein Mindestzahlbetrag von 32,55 € (18,6 % von 175 €) bei der Rentenversicherung eingezahlt werden. Sie müssen bei einem monatlichen Lohn, der niedriger ist als 175 € (z.B. 100 €), nicht die 3,6 Prozent von 100 €, also 3,60 €, bzw. 13,6 Prozent von 100 €, also 13,6 €, aufbringen, sondern den Differenzbetrag zwischen 32,55 € und dem tatsächlichen Arbeitgeberanteil, bei 3,6 Prozent also 6,30 € bzw. bei 13,6 Prozent also 23,80 €.

- Durch Beitragsaufstockung können auch 450-Euro-Minijobber*innen mit Altverträgen jederzeit vollwertige Ansprüche in der Rentenversicherung erwerben.

Tipp: Wenn Sie unsicher sind, ob es sich für Sie lohnt, in Ihrem 450-Euro-Minijob Beiträge zur Rentenversicherung zu leisten, sollten Sie sich durch die Rentenversicherung beraten lassen. Wegen der ab 01.01.2021 in Kraft getretenen Grundrente (⇨7.) ist es in der Regel sinnvoll, sich nicht von der Rentenversicherungspflicht befreien zu lassen. Denn für die Grundrente sind mindestens 33 Jahre Grundrentenzeiten erforderlich und die Zeiten des Minijobs mit Rentenversicherungspflicht zählen zu diesen Grundrentenzeiten und werden daher bei der Prüfung, ob die Grundrentenzeiten erfüllt sind, mitgezählt. Minijobber*innen dürfen sich also nicht von der Versicherungspflicht zur Rentenversicherung befreien lassen, wenn die Arbeitszeit im Minijob zur Grundrentenzeit zählen soll.

Tipp 1: Sollten Sie sich jedoch die Möglichkeit der Rehabilitation durch die Rentenversicherung aufbauen wollen, lohnt es sich unter Umständen, die Beiträge zu entrichten.

Tipp 2: Für Fragen rund um das Thema Minijob können Sie sich auch an die Minijob-Zentrale der Deutschen Rentenversicherung Knappschaft-Bahn-See unter der Telefonnummer 0355 2902-70799 (Service-Center) und im Internet unter: www.minijob-zentrale.de wenden.

1.3 Von der Versicherungspflicht in der gesetzlichen Rentenversicherung befreite Alg II-Beziehende,

also z.B. Selbstständige, bekamen den Zuschuss zu ihren freiwilligen Beiträgen ebenfalls ab Januar 2011 gestrichen (§ 26 SGB II). Freiwillig zuzahlende Beiträge für die Altersvorsorge können ⇨Selbstständige nur noch von ihrem Einkommen absetzen (§ 11b Abs. 1 S. 1 Nr. 3 b SGB II; ⇨Einkommensbereinigung 1.3).

1.4 Zwangsweise in die Frührente?

Ab dem 63. Lebensjahr kann der/die Arbeitsvermittler*in Sie auffordern, die vorzeitige Rente mit Abschlägen zu beantragen (§ 12a S. 2 Nr. 1 SGB II; hierbei zu beachten: § 13 Abs. 2 SGB II i.V.m. Beachte aber: § 13 Abs. 2 SGB II i.V.m. Unbilligkeitsverordnung). Hierbei ist jedoch die Entscheidung des BSG vom 9.8.2018 – B 14 AS 1/18 R zu beachten, wonach der Verweis auf die Inanspruchnahme der Altersrente mit Abschlägen unbillig ist, wenn zwischen abschlagsbehafteter und abschlagsfreier Altersrente ein Abstand von vier Monaten liegt, weil in diesem Fall die Möglichkeit der Altersrente ohne Abschläge „in nächster Zukunft“ (im Sinne des § 13 Abs. 2 SGB II i.V.m. § 3 Unbilligkeitsverordnung) besteht. Näheres zur Zwangsverrentung von Alg II-Beziehenden unter ⇨Ältere Menschen 2.2.1.

1.5 Übergang Alg II in die Rente

Zur Bedarfsdeckungslücke beim Übergang zur Rente ⇨Ältere Menschen 2.1

2. Arbeitslose ohne Anspruch auf Arbeitslosengeld

Tipp: Arbeitslose ohne Anspruch auf Arbeitslosengeld, die zudem **keinen Alg II-**

Anspruch haben, weil sie aufgrund von eigenem Einkommen, Partner*inneneinkommen oder Vermögen oberhalb der Freibeträge nicht bedürftig sind, sollten sich bei der Bundesagentur für Arbeit **arbeitslos melden**. Auch wenn Sie kein Arbeitslosengeld/ Alg II mehr beziehen, zählen Zeiten der gemeldeten Arbeitslosigkeit (gem. § 16 SGB III) als Anrechnungszeiten für Ihre Rente (§ 58 Abs. 1 S. 1 Nr. 3 und Abs. 2 SGB VI).

3. HzL/GSi der Sozialhilfe

Nichterwerbsfähige HzL- und GSi-Beziehende sind nach wie vor **nicht** pflichtversichert.
Aber: *„Um die Voraussetzungen eines Anspruchs auf eine angemessene Alterssicherung zu erfüllen, können die erforderlichen Aufwendungen als Bedarf berücksichtigt werden, soweit sie nicht [...] vom Einkommen abgesetzt werden"* (§ 33 Abs. 1 SGB XII).
Diese Regelung hat das Ziel, durch Beitragszahlungen Sozialhilfebedürftigkeit im Alter zu vermeiden oder zu verringern. Die Übernahme von Renten- und privaten Altersvorsorgebeiträgen durch das Amt ist aber nur dann zu erwarten, wenn entsprechende Wartezeiten bzw. Versicherungsverträge kurz vor der Erfüllung stehen und der zu erwartende Ertrag künftige Aufwendungen des Sozialhilfeträgers voraussichtlich mindert.

Seit 2003 haben arme Rentner*innen Anspruch auf ⇨**Grundsicherung** im Alter in Höhe der Sozialhilfe und evtl. Anspruch auf Grundrente (⇨7.)

4. Erwerbsminderungsrente (EM-Rente § 43 SGB VI)

Sind Sie gesundheitlich eingeschränkt und liegt ihr „Restleistungsvermögen" unter sechs Stunden Arbeitsleistung unter den Bedingungen des Arbeitsmarktes (⇨Erwerbsminderung), haben Sie ggf. einen Anspruch auf EM-Rente. Bei einem Restleistungsvermögen von unter drei Stunden am Tag ist dies die volle EM-Rente (volle Rentenhöhe, § 43 Abs. 2 SGB VI) und bei einem Restleistungsvermögen von drei bis unter sechs Stunden ist dies die teilweise EM-Rente (halbe Rentenhöhe, § 43 Abs. 1 SGB VI). Bei einem Restleistungsvermögen von sechs und mehr Stunden gibt es einige Ausnahmetatbestände für eine teilweise Erwerbsminderung bei Berufsunfähigkeit für vor dem 02.01.1961 geborene Versicherte (§ 240 SGB VI).

Voraussetzung für EM-Rente ist,
- dass Sie die **allgemeine Wartezeit** (§ 50 SGB VI) von **fünf Beitragsjahren** erfüllen **und**
- dass Sie in den letzten fünf Jahren vor dem Eintritt der Erwerbsminderung **drei Jahre** mit **Pflichtbeitragszeiten** der Rentenversicherung belegt haben. Falls innerhalb der letzten fünf Jahre nicht drei Jahre mit Pflichtbeiträgen belegt sind, kann sich der Fünfjahreszeitraum um bestimmte Zeiten verlängern (vgl. hierzu §§ 43 Abs. 4, 57, 58 SGB VI), z.B. um **Anrechnungszeiten** durch Alg II-Bezug oder Kindererziehungszeiten.

Der **Mindestversicherungszeitraum (allgemeine Wartezeit)** von fünf Jahren kann unter den Voraussetzungen des § 53 SGB VI auch **verkürzt** werden. So ist gemäß § 53 Abs. 1 und 3 SGB VI die allgemeine Wartezeit vorzeitig erfüllt, wenn die **teilweise Erwerbsminderung** auf einen **Arbeitsunfall** oder eine **Berufskrankheit**, auf eine **Wehrdienst- oder Zivildienstbeschädigung** oder auf den **Gewahrsam** im Sinne des **Häftlingshilfegesetzes** zurückzuführen ist. Bei Vorliegen eines Arbeitsunfalles oder einer Berufskrankheit ist weitere Voraussetzung, dass Sie bei Eintritt des Arbeitsunfalls oder der Berufskrankheit versicherungspflichtig waren oder in den letzten zwei Jahren davor mindestens ein Jahr Pflichtbeiträge für eine versicherte Beschäftigung oder Tätigkeit hatten (näher hierzu § 53 Abs. 1 und 3 SGB VI). Die allgemeine Wartezeit ist gemäß § 53 Abs. 2 und 3 SGB VI auch dann vorzeitig erfüllt, wenn bei Ihnen eine **volle Erwerbsminderung** innerhalb von **sechs Jahren nach** Beendigung einer **Ausbildung** eingetreten ist. Voraussetzung hierfür ist, dass Sie in den letzten zwei Jahren vorher mindestens ein Jahr Pflichtbeiträge für eine versicherte Beschäftigung oder Tätigkeit hatten. Der Zeitraum von zwei Jahren vor Eintritt der vollen Erwerbsminderung verlängert sich um Zeiten einer schulischen Ausbildung nach Vollendung des 17. Lebensjahres bis zu sieben Jahren (näher hierzu § 53 Abs. 2 und 3 SGB VI).

Einen **Antrag** auf EM-Rente müssen Sie ggf. auch stellen, weil Sie vom Jobcenter, dem Sozialamt oder der Bundesagentur usw. dazu aufgefordert werden. Hier dient die Entscheidung der Rentenversicherung über Ihre Arbeits- und Leistungsfähigkeit zur Feststellung, welcher Träger für die Erbringung einer Sozialleistung zuständig ist (§ 44a Abs. 2 SGB II). EM-Rente ist eine vorrangige Leistung gegenüber dem Alg II und der Sozialhilfe und entlastet deren Träger.

Besteht zwischen mehreren Leistungsträgern (Jobcenter, Sozialhilfeträger, Rentenversicherungsträger und Krankenkasse) Streit über Ihre Erwerbsfähigkeit, ist das Jobcenter bis zur rechtskräftigen Entscheidung über Ihre Erwerbsfähigkeit/Erwerbsunfähigkeit bzw. bis zu dem Zeitpunkt, in dem der eigentlich zuständige Sozialleistungsträger Ihnen Leistungen gewährt, gemäß § 44a Abs. 1 S. 7 SGB II verpflichtet, Ihnen Alg II Leistungen zu gewähren (BSG 7.11.2006 – B 7b AS 10/06 R (Rn. 19 f) u. 2.4.2014 – B 4 AS 26/13 R; LSG BW 27.6.2017 – L 9 AS 1742/14).

Hieraus ergibt sich, dass auch während eines länger dauernden Rentenverfahrens wegen einer Erwerbsminderungsrente, z.B. nach Auslaufen oder zur Aufstockung des Krankengeldes oder eventuell auch des Anspruches auf Arbeitslosengeld I, Arbeitslosengeld II von Jobcenter zu zahlen ist. Zwar setzt auch Alg II voraus, dass die berechtigte Person erwerbsfähig und daher ein Leistungsvermögen von mindestens drei Stunden am Tag hat, was eine volle Erwerbsminderung an sich gerade ausschließt. Das Jobcenter hat aber eigenständig zu prüfen, ob eine Erwerbsfähigkeit besteht (§ 44a SGB II). Eine Weiterzahlung von Alg II ist erst dann ausgeschlossen, wenn von dem Rentenversicherungsträger unanfechtbar volle Erwerbsminderung festgestellt wurde (§ 44a Abs. 1 S. 7 SGB II; Wertung des § 44a Abs. 2 SGB II).

Selbst wenn das Sozialgericht in der ersten Instanz eine volle Erwerbsminderungsrente zugesprochen hat, der Rentenversicherungsträger jedoch gegen diese Entscheidung Berufung eingelegt hat, muss das Jobcenter Alg II bis zu einer abschließenden Entscheidung im Rentenverfahren weiterzahlen (LSG Berlin-Brandenburg vom 22.2.2008 – L 20 B 947/08). Dies gilt, wie bereits erwähnt, auch dann, wenn sich die beteiligten Sozialleistungsträger (Jobcenter, Sozialhilfeträger, Rentenversicherungsträger und Krankenkasse) um ihre Zuständigkeit und das Vorliegen einer vollen Erwerbsminderung streiten. Das Jobcenter muss hier eine gutachterliche Stellungnahme des Rentenversicherungsträgers über die Erwerbsfähigkeit einholen (§§ 44a Abs. 1 S. 4 ff i.V.m. 109a Abs. 3 SGB VI).

Der Antrag auf Alg II bringt keine Nachteile im Rentenverfahren. Denn der Rentenversicherungsträger ist an die Feststellung der Erwerbsfähigkeit bzw. Erwerbsminderung durch das Jobcenter nicht gebunden. Auch vor den Sozialgerichten ist mit keinen Nachteilen zu rechnen. Denn diese sehen in der Gewährung von Alg II regelmäßig kein Indiz für eine Erwerbsfähigkeit, da das Alg II lediglich den Lebensunterhalt während der Dauer des Rentenverfahrens sicherstellen soll (BSG 7.11.2006 – B 7b AS 10/06 R (Rn. 19 f) u. 2.4.2014 – B 4 AS 26/13 R; LSG BW 27.6.2017 – L 9 AS 1742/14).

Tipp 1: Während der Dauer eines laufenden Rentenverfahrens sollte daher grundsätzlich immer ein Antrag auf Alg II gestellt werden und nicht ein Antrag auf Grundsicherung bei Erwerbsminderung nach §§ 41 ff SGB XII. Denn die Prüfung der Bedürftigkeit ist hier strenger als beim Alg II. Insbesondere wird das Vermögen im Rahmen der Grundsicherung nach dem SGB XII viel strenger herangezogen. Ein weiterer Vorteil ist, dass der Bezug von Alg II in der gesetzlichen Rentenversicherung als Anrechnungszeit anerkannt wird.

Tipp 2: Wenn Sie jedes Jahr eine Renteninformation von der Deutschen Rentenversicherung erhalten, ist das ein Beleg dafür, dass Sie die allgemeine Wartezeit von fünf Jahren erfüllt haben. Sie haben die weiteren versicherungsrechtlichen Voraussetzungen der Erwerbsminderungsrente erfüllt, wenn die Renteninformation für die Rente wegen Erwerbsminderung einen Betrag angibt. Zeigt die jährliche Renteninformation bei Ihnen keine Rente wegen Erwerbsminderung an, sollten Sie die Ursache hierfür bei der Deutschen Rentenversicherung abklären und sich beraten lassen, wie Sie den Versicherungsschutz der Erwerbsminderungsrente wieder erreichen können.

Lediglich 45,78 Prozent der Anträge auf EM-Rente wurden 2019 bewilligt. Die durchschnittliche Rentenhöhe aller neu bewilligten EM-Renten betrug im gleichen Jahr mtl. 806 €. Bei voller Erwerbsminderung beträgt der Durchschnitt mtl. 853 € und liegt damit unter dem Existenzminimum. 47,70 Prozent der EM-Renten wurde befristet für ein bis drei Jahre bewilligt (Deutsche Rentenversicherung, Erwerbsminderungsrenten im Zeitablauf, Stand: 2020; www.deutsche-rentenversicherung.de →Über uns → Zahlen & Fakten →Statistiken & Berichte →Erwerbsminderungsrenten im Zeitablauf 2020).

5. Rehabilitation bzw. Leistungen zur Teilhabe (§§ 9 - 32 SGB VI)

Die Aufgabe der gesetzlichen Rentenversicherung besteht nicht nur darin, Renten an die Versicherten zu leisten. Ihre Aufgabe ist auch die Erhaltung, Besserung und Wiederherstellung der Erwerbsfähigkeit der Versicherten (Rehabilitationsleistungen bzw. Leistungen zur Teilhabe, § 9 SGB VI). Diese Leistungen haben Vorrang vor Rentenleistungen (§ 9 Abs. 1 S. 2 SGB VI; „Reha vor Rente"). Grundsätzlich werden Leistungen zur Teilhabe nur auf Antrag erbracht (§§ 19 S. 1 SGB IV, 115 Abs. 1 SGB VI). Der Antrag auf Leistungen zur medizinischen Rehabilitation oder zur Teilhabe am Arbeitsleben gilt unter bestimmten Voraussetzungen auch als Antrag auf Rente wegen Erwerbsminderung (§ 116 Abs. 2 SGB VI).

Die persönlichen Voraussetzungen sind in § 10 SGB VI und die versicherungsrechtlichen in § 11 SGB VI geregelt.

Achtung: Wenn Sie von der Krankenkasse Krankengeld beziehen und bei Ihnen aufgrund eines ärztlichen Gutachtens die Erwerbsfähigkeit erheblich gefährdet oder gemindert ist, kann die Krankenkasse Ihnen eine Frist von zehn Wochen setzen, innerhalb derer Sie einen Antrag auf Leistungen zur medizinischen Rehabilitation und zur Teilhabe am Arbeitsleben stellen müssen. Stellen Sie diesen Antrag innerhalb der Frist nicht, entfällt der Anspruch auf Krankengeld mit Ablauf der Frist (§ 51 Abs. 1 und 3 SGB V).

5.1 Medizinische Rehabilitation (Reha) (§§ 15 SGB VI, 42 ff SGB IX)

nach § 9 SGB VI soll Ihnen helfen, wenn chronische Erkrankungen von mehr als sechsmonatiger Dauer Ihre Teilhabe am gesellschaftlichen Leben einschränken. Außerdem sollen drohende Einschränkungen der Erwerbsfähigkeit und Pflegebedürftigkeit vermieden, überwunden oder gemindert werden. Letztlich soll mit der Reha auch der Bezug von Sozialleistungen vermieden oder reduziert werden (§ 42 Abs. 1 Nr. 2 SGB IX).

Anspruch auf Reha haben Sie u.a., wenn Sie eine Wartezeit von 15 Versicherungsjahren erfüllt haben, oder eine EM-Rente beziehen oder

- in den letzten zwei Jahren vor Antragstellung sechs Monate Pflichtbeiträge im Rahmen einer sozialversicherungspflichtigen Beschäftigung gezahlt wurden,
- wenn innerhalb von zwei Jahren nach einer Ausbildung bis zur Antragstellung eine sozialversicherungspflichtigen Beschäftigung oder Selbstständigkeit ausgeübt wurde oder wenn man nach dieser Beschäftigung arbeitsunfähig oder arbeitslos war oder
- wenn eine Wartezeit von fünf Jahren erfüllt wurde und eine Erwerbsminderung (nicht unbedingt eine EM-Rente) vorliegt oder dieser Zustand einzutreten droht (§ 11 SGB VI).

Die Zweijahresfrist, innerhalb derer Pflichtbeiträge für mindestens sechs Monaten gezahlt sein müssen, verlängert sich durch die Anrechnungszeit beim Bezug von Alg II (§ 11 Abs. 2 S. 3 SGB VI). Haben Sie also bereits Anspruch auf eine Reha erworben, bleibt dieser erhalten, wenn Sie nahtlos ins Alg II fallen.

Als Formen medizinischer Reha (§§ 15 SGB VI, 42 ff SGB IX) kommen in Betracht:

- Reha stationär in einer Klinik (⇨Kur) oder ambulant in Wohnortnähe,
- Anschlussheilbehandlung (AHB) nach einer Krankenhaus-Akutbehandlung,
- Leistungen wegen psychischer Erkrankungen oder
- Entwöhnungsbehandlung bei Suchterkrankungen.

Tipp: Erfüllen Sie nicht die rentenversicherungsrechtlichen Voraussetzungen für eine medizinische Reha, soll die Leistung von der gesetzlichen Krankenversicherung erbracht werden, wenn die Maßnahme medizinisch notwendig ist. Stellen Sie einen entsprechenden Antrag bei der Krankenkasse.

R

5.2 Berufliche Rehabilitation (Reha) (§§ 16 SGB VI, 49 ff SGB IX)

Leistungen zur Teilhabe am Arbeitsleben (berufliche Reha) können aus medizinischen Gründen durch den Rentenversicherungsträger erbracht werden. Diese umfassen alle Hilfen, die erforderlich sind, um Ihre Erwerbsfähigkeit zu bessern oder wiederherzustellen und eine berufliche Wiedereingliederung auf Dauer zu ermöglichen. Der Erhalt eines bestehenden Arbeitsplatzes hat dabei Vorrang.

Als Leistungen kommen u.a. in Betracht (§ 49 SGB IX):

- Hilfen zur Erhaltung oder Erlangung eines Arbeitsplatzes inkl. Kraftfahrzeughilfen, um trotz Einschränkungen den Arbeitsplatz erreichen zu können,
- Berufsvorbereitung einschließlich der wegen Behinderung notwendigen Grundausbildung,
- berufliche Anpassung, Ausbildung und Weiterbildung, wie z.B. Umschulungen,
- Gründungszuschuss bei Aufnahme einer selbstständigen Tätigkeit,
- Eingliederungszuschüsse an Arbeitgeber usw.

Die persönlichen Voraussetzungen für eine berufliche Reha bestehen, wenn

- bei erheblich gefährdeter Erwerbsfähigkeit eine drohende Erwerbsminderung abgewendet werden kann,
- die bereits geminderte Erwerbsfähigkeit wesentlich gebessert, wiederhergestellt oder eine wesentliche Verschlechterung abgewendet werden kann oder
- bei teilweise geminderter Erwerbsfähigkeit ohne Aussicht auf wesentliche Besserung der Arbeitsplatz erhalten werden kann (§§ 10 - 16 SGB VI § 49 SGB IX).

Als versicherungsrechtliche Voraussetzung gilt, dass ohne berufliche Reha eine EM-Rente gezahlt werden müsste oder eine Wartezeit von mind. 15 Versicherungsjahren erfüllt wurde.

Außerdem kann eine berufliche Reha auch bewilligt werden, wenn sie für den erfolgreichen Abschluss der medizinischen Reha notwendig ist. Aus einer medizinischen Rehabilitation heraus kann demnach eine berufliche Reha angeregt werden, wenn die versicherungsrechtliche Wartezeit noch nicht erfüllt worden ist (§ 11 SGB VI). So kann die Wartezeit für berufliche Reha auf sechs Monate Pflichtbeitragszeiten in den letzten zwei Jahren reduziert werden. Das gilt aber nur, wenn die berufliche Reha ebenfalls in Trägerschaft der Rentenversicherung erfolgt.

6. Erziehungsrente (§ 47 SGB VI)

Alleinerziehende haben es finanziell oft nicht leicht. Stirbt der/die Ehepartner*in plötzlich, und die monatlichen Unterhaltszahlungen fallen deshalb aus, können Geschiedene mit Kindern dadurch erst recht in eine schwierige Situation geraten. Hier kann die Erziehungsrente gemäß § 47 SGB VI helfen. Die Erziehungsrente gehört zu den Renten wegen Todes. Sie soll den Unterhalt des/der verstorbenen Partners/*in ersetzen und so die Erziehung des Kindes ermöglichen. Anders als etwa die Witwenrente wird die Erziehungsrente aus der Versicherung des/r Überlebenden gezahlt.

Die Voraussetzungen für eine Erziehungsrente sind:

- die Ehe wurde nach dem 30.6.1977 geschieden und der/die geschiedene Ehegatte/*in ist gestorben, und
- es wird ein eigenes Kind oder ein Kind des/r geschiedenen Ehegatten/*in, welches das 18. Lebensjahr noch nicht vollendet hat, erzogen und
- der/die überlebende Ehegatte/*in hat nicht wieder geheiratet und
- der/die überlebende Ehegatte/*in hat beim Tod des/r geschiedenen Ehegatten/*in die allgemeine Wartezeit (§ 50 Abs. 1 SGB VI) erfüllt.

Die Erziehungsrente gilt auch für Lebenspartnerschaften im Sinne des Lebenspartnerschaftsgesetzes (LPartG) (§ 47 Abs. 4 SGB VI).

Die Erziehungsrente muss beim zuständigen Rentenversicherungsträger beantragt werden. Bezogen werden kann sie bis zum 18. Geburtstag des Kindes. Eigenes Einkommen oberhalb eines bestimmten Freibetrags wird zu 40 Prozent auf die Höhe der Rente angerechnet (§ 97 SGB VI).

7. Grundrente (seit 01.01.2021)

Wer viele Jahre gearbeitet und dabei unterdurchschnittlich verdient hat, erhält künftig eine Grundrente. Durchschnittlich darf das Einkommen während des Berufslebens höchstens 80 Prozent des Durchschnittsverdienstes betragen haben.

Das Grundrentengesetz trat am 1.1.2021 in Kraft. Die Grundrente ist keine eigenständige Leistung, sondern ein Plus zur bestehenden Rente. Der Zuschlag kommt für alle Renten in Betracht und wird deshalb zu allen Altersrenten, Erwerbsminderungsrenten, Erziehungsrenten und Hinterbliebenenrenten gezahlt.

Die Grundrente wird automatisch geprüft und ausgezahlt. Ein Antrag ist nicht erforderlich.

Voraussetzung ist, dass mindestens 33 Jahre Grundrentenzeiten vorliegen (§ 76g Abs. 1 SGB VI). Dazu zählen Pflichtbeitragszeiten von Beschäftigten und Selbstständigen, Zeiten der Kindererziehung und Pflege sowie Zeiten, in denen während Krankheit oder Rehabilitation eine Leistung bezogen wurde; nicht berücksichtigt werden Zeiten, für die freiwillige Beiträge gezahlt wurden, Zeiten der Arbeitslosigkeit und die Zurechnungszeit (§ 76g Abs. 2 SGB VI).

Der Zuschlag ist gestaffelt und erreicht bei 35 Jahren Grundrentenzeiten die volle Höhe (§ 76g Abs. 4 S. 5 SGB VI). Auf die Grundrente wird Einkommen angerechnet (§ 97a SGB VI).

Voraussetzung für den Erhalt der Grundrente ist, dass das während des gesamten Berufslebens im Durchschnitt erreichte Einkommen eine bestimmte Obergrenze (80 Prozent des monatlichen Durchschnittsverdiensts) nicht übersteigt. Unterschreiten einzelne Zeiten eine festgelegte Untergrenze (30 Prozent des monatlichen Durchschnittsverdiensts), bleiben diese für die Berechnung des Durchschnittswerts unberücksichtigt (§ 76g Abs. 3 SGB VI).

Sind die Voraussetzungen für die Grundrente erfüllt, dann wird der Durchschnittswert aus den Zeiten verdoppelt, die für die Berechnung der Grundrente relevant sind. Allerdings erfolgt eine Begrenzung dieses Werts auf einen Wert, der maximal 80 Prozent des Durchschnittsverdienstes entspricht. Der so errechnete Betrag wird um 12,5 Prozent gekürzt und für höchstens 35 Jahre berechnet.

Beispiel: Frau A. bekommt eine monatliche Altersrente in Höhe von rund 838 Euro brutto. Für sie ergibt sich unter Berücksichtigung der Kürzung um 12,5 Prozent eine Erhöhung der Rente um rund 105 € brutto.

Bei der Grundrente erfolgt eine Einkommensprüfung. Das bedeutet, dass die Grundrente in voller Höhe nur diejenigen Rentner*innen bekommen, die als Alleinstehende ein Monatseinkommen von bis zu 1.250 € oder als Ehepaar von bis zu 1.950 € zur Verfügung haben. Liegt das Einkommen darüber, wird es zu 60 Prozent auf die Grundrente angerechnet. Ab einem Monatseinkommen von 1.600 € beziehungsweise 2.300 € bei Ehepaaren wird es zu 100 Prozent angerechnet. Als Einkommen sollen die eigene Rente und weiteres zu versteuerndes Einkommen berücksichtigt werden. Maßgebend ist grundsätzlich das Einkommen des vorvergangenen Kalenderjahres, 2021 also das Einkommen des Jahres 2019 (§ 97a SGB VI).

Das Einkommen muss von den Rentner*innen grundsätzlich nicht gemeldet werden. Informationen hierüber werden zwischen den Finanzbehörden und der Rentenversicherung automatisch ausgetauscht. Ausnahmen gibt es aber für Kapitalerträge oberhalb der Sparerfreibeträge und für Einkünfte von im Ausland lebenden Rentnerinnen und Rentnern. Hier muss eine Meldung durch die Rentner*innen erfolgen", DRV zu Grundrente.

Für die Grundrente wird ein **Freibetrag** bei Bezug von **Alg II-Leistungen** gemäß §§ 12 Abs. 2a SGB II i.V.m. 82a SGB XII, 69 SGB II, von **Hilfe zum Lebensunterhalt** bzw. von **Grundsicherung** gemäß §§ 82a, 143 SGB XII und von **Wohngeld** gemäß § 17a WoGG berücksichtigt. Die Grundrente wird auf diese Leistungen wie folgt angerechnet:

Haben Sie mindestens 33 Jahre an Grundrentenzeiten erreicht, wird ein Betrag in Höhe von 100 € Ihrer monatlichen Bruttorente zuzüglich 30 Prozent der darüber liegenden Rente nicht angerechnet. Dieser Freibetrag wird auf 50 Prozent des Regelbedarfs zur Grundsicherung begrenzt. Der Freibetrag liegt somit im Jahr 2021 bei maximal 223 € (446 € : 2).

Beispiel:

Sie haben mindestens 33 Jahre Grundrentenzeiten erfüllt und ihre monatliche Bruttorente beträgt 550 €.

Hiervon sind 100 € anrechnungsfrei. Von

R

den verbleibenden 450 € werden 30 Prozent angerechnet. 30 Prozent von 450 € betragen 135 €. Es ergibt sich ein nicht anzurechnendes Einkommen von 235 €. Mit diesem Betrag werden 50 Prozent des Regelbedarfs zur Grundsicherung überschritten. Der Freibetrag für die Grundsicherung oder das Wohngeld ist daher im Jahr 2021 auf 223 € zu begrenzen. Das bedeutet: von Ihrer Rente in Höhe von 550 €werden nur 327 € (550 € - 223 €) auf die Grundsicherung oder das Wohngeld angerechnet.

„Aktuell geht die Deutsche Rentenversicherung davon aus, dass etwa 1,3 Millionen Menschen in Deutschland von der Grundrente profitieren werden. Der Zuschlag wird sich voraussichtlich im Schnitt auf rund 75 € monatlich belaufen. Da rund 26 Millionen Konten geprüft werden müssen, dauert es voraussichtlich bis Mitte 2021, bis die ersten Grundrentenbescheide verschickt werden können. Die Beträge, auf die ab Januar 2021 ein Anspruch besteht, werden in allen Fällen ***nachgezahlt****"* DRV zu Grundrente.

8. Sonderregelungen wegen der Corona-Pandemie

R

Laut Mitteilung der Deutschen Rentenversicherung (Stand: 2.11.2020) sind die Ansprüche auf Kinder-Reha aufgrund der Corona-Pandemie länger gültig. Die gute Nachricht ist: Man muss nicht befürchten, dass man den Anspruch auf die medizinische Reha verliert, wenn man diese nicht zeitnah antreten kann. Die Bescheide der Rentenversicherung sind aufgrund der besonderen Umstände momentan ein Jahr gültig

Da die Corona-Pandemie weiter anhält, gilt auch im Jahr 2021 eine deutliche höhere **Hinzuverdienstgrenze** für **vorgezogene Altersrenten**. Seit 1. Januar 2021 liegt sie bei 46.060 € (§§ 34 Abs. 2 ff i.V.m. 302 Abs. 8 SGB VI) gegenüber 44.590 € in 2020. Jahreseinkünfte bis zu dieser Höhe kürzen somit nicht eine vorgezogene Altersrente. Ab voraussichtlich 2022 gilt wieder die ursprüngliche Hinzuverdienstgrenze von 6.300 € pro Kalenderjahr.

Für 2020 war die ursprüngliche Hinzuverdienstgrenze von 6.300 € im März auf 44.590 € erhöht worden – dies als Reaktion auf den durch die Corona-Pandemie gestiegenen Bedarf an medizinischem Personal und die durch Erkrankungen oder Quarantäneanordnungen ausgelösten Personalengpässe in anderen Wirtschaftsbereichen. Mit der Regelung soll die Weiterarbeit oder Wiederaufnahme einer Beschäftigung nach Renteneintritt erleichtert werden.
Die höhere Hinzuverdienstgrenze gilt für alle, die eine Altersrente vor der Regelaltersgrenze beziehen, gleich, ob sie schon eine Altersrente beziehen oder erst im kommenden Jahr in Rente gehen werden. Keine Änderungen gibt es hingegen bei den Hinzuverdienstregelungen für Renten wegen verminderter Erwerbsfähigkeit und bei der Anrechnung von Einkommen auf Hinterbliebenenrenten.

Ein Anspruch auf Waisenrente gemäß § 48 SGB VI besteht auch dann, wenn wegen der durch das Coronavirus verursachten epidemischen Lage von nationaler Tragweite eine Schul- oder Berufsausbildung oder ein freiwilliger Dienst im Sinne des § 48 Abs. 4 S. 1 Nr. 2a) und c) SGB VI nicht angetreten werden kann oder die Übergangszeit nach § 48 Abs. 4 S. 1 Nr. 2b) SGB VI überschritten wird (§ 304 Abs. 2 SGB VI).

9.Beratung/Information

Um Ihren Rentenverlauf prüfen oder sich z.B. bei drohender Erwerbsminderung über Rehabilitationsansprüche aufklären zu lassen, sollten Sie wegen der schwierigen Materie, die hier nicht abschließend dargestellt wird, möglichst eine kompetente Beratungsstelle aufsuchen. Um einschätzen zu können, wie hoch Ihre künftige Rente sein wird, können Sie einen Antrag auf „Kontenklärung" direkt beim zuständigen Rentenversicherungsträger stellen.
Trägerinfos: Deutsche Rentenversicherung, www.deutsche-rentenversicherung.de (hier finden Sie auch die Anschriften der anderen RV-Träger), kostenloses Servicetelefon: 0800-10004800 (Mo bis Do 7.30 bis 19.30 h, Fr 7.30 bis 15.30 h), bei Fragen zur Reha über www.deutsche-rentenversicherung.de ⇨Altersvorsorge

Tipp 1: Um Ihre rentenrechtliche Situation zu klären, sollten Sie sich an die Deutsche

Rentenversicherung wenden und dort eine Kontenklärung mit Rentenauskunft beantragen. Die alljährliche Renteninformation ist insoweit nicht ausreichend. In diesem Zusammenhang sollte auch ein Versicherungsverlauf (= Kontoauszug) von der Deutschen Rentenversicherung angefordert werden

Tipp 2: Auf der Internetseite der Deutschen Rentenversicherung finden Sie eine Reihe gut verständlicher Broschüren zu allen Fragen der Rentenversicherung (www.deutsche-rentenversicherung.de →Über uns & Presse →Broschüren)

Kritik
Frühere Beziehende von Arbeitslosenhilfe waren bis 1999 noch auf der Basis von 80 Prozent ihres letzten Nettogehaltes rentenversichert, seit 2000 nur noch auf der Basis ihrer Arbeitslosenhilfe.
Bei früheren erwerbsfähigen Sozialhilfebeziehenden galten bis zum Jahr 2000 Zeiten der Arbeitslosigkeit als beitragsfreie Zeiten, in denen sie Rentenansprüche in Höhe der durchschnittlichen Rentenansprüche (Entgeltpunkte) erwarben, die sie im bisherigen Erwerbsleben erarbeitet hatten. Das wurde auf Wunsch der Arbeitgeberverbände zum 1.1.2001 abgeschafft. Rentenzahlungen sollten gebremst werden, damit die Arbeitgeberbeiträge sinken und die Gewinne steigen können.
Ab 2005 wurde die Rentenversicherung bei Alg II-Bezug auch für die früheren Sozialhilfebeziehenden wieder eingeführt, aber auf niedrigerem Niveau als noch im Jahr 2000. Für ehemalige Arbeitslosenhilfebeziehende wurden mit Hartz IV die Beitragszahlungen erneut gesenkt. Die minimale Rücknahme einer deutlichen Verschlechterung bei der Sozialhilfe wurde als großartige Verbesserung verkauft. Ein Fall von politischer Bilanzfälschung.
Doch dieser Zustand war nur von kurzer Dauer: 2007 wurden die Rentenbeiträge für Alg II-Beziehende halbiert und zum Januar 2011 ersatzlos gestrichen. Insgesamt sollte der Wegfall der Rentenversicherung beim Alg II zu Einsparungen von über 1,8 Mrd. € pro Jahr führen – Einnahmeausfälle, die die Rentenversicherung zu verkraften hat. Ein propagandistisches Lockmittel für die *„Hartz IV-Reform“* wurde nach sechs Jahren abgeschafft.

Durch die Bewertung von Alg II-Bezugszeiten als Anrechnungszeiten bei der gesetzlichen Rentenversicherung können Beziehende von SGB II-Leistungen zumindest bereits erworbene Ansprüche auf Erwerbsminderungsrente und Rehabilitation, z.B. Kuren, erhalten. Neue Ansprüche können i.d.R. während des Leistungsbezugs allerdings nicht mehr erworben werden. Es bleibt abzuwarten, wann diese letzte Verbindung zur Rentenversicherung für einen kleiner werdenden Kreis von Alg II-Beziehenden ganz gekappt wird.

Rundfunkbeitrag

Inhaltsübersicht

1. Rundfunkbeitrag pro Wohnung unabhängig von tatsächlicher Nutzung

2013 wurde die alte Rundfunkgebühr („GEZ-Gebühr“) vom „Rundfunkbeitrag“ abgelöst. Seitdem ist der Beitrag grundsätzlich pro Wohnung zu zahlen, unabhängig davon, ob man ein Rundfunkgerät oder einen Fernseher zum Empfang bereit hält oder nicht.

Der Rundfunkbeitrag beträgt seit 1.4.2015 monatlich 17,50 €. 2017 und 2018 wurden je über 7,7 Milliarden € an Rundfunkbeiträgen eingenommen (22. KEF-Bericht, S. 229). Die Beitragshöhe ist in § 8 Rundfunkfinanzierungsstaatsvertrag geregelt. Die Regelungen zur Befreiung bzw. Ermäßigung finden sich im **Rundfunkbeitragsstaatsvertrag** (RBStV). Der Beitrag ist nach Ansicht des Bundesverfassungsgerichts mit dem Grundgesetz vereinbar (BVerfG 18.07.2018 - 1 BvR 1675/16, 1 BvR 981/17, 1 BvR 836/17, 1 BvR 745/17). Auch der Europäische Gerichtshof hat entschieden, dass der Wechsel zum Beitragssystem europarechtlich nicht zu beanstanden ist (EuGH 3.12.2018 - Rechtssache C 492/17).

2.1 Befreiung und Ermäßigung vom Rundfunkbeitrag

ist keine Leistung der Sozialbehörde, sondern der Rundfunkanstalten. Fast zehn Prozent der Wohnungsinhabenden sind von der Beitragszahlung befreit (22. KEF-Bericht, 232 f.). Der Anteil der befreiten und teilbefreiten Wohnungen an den angemeldeten Wohnungen (sog. „Befreiungsquote") soll 2021-2024 bei fast elf Prozent liegen (ebd, 236).

Auf Antrag sind u.a. zu befreien (**§ 4 Abs. 1 RBStV**):

- Beziehende von HzL/ GSi der Sozialhilfe,
- Berechtigte von Alg II/ Sozialgeld einschließlich der Leistungen nach § 22 SGB II,
- Beziehende von Leistungen nach dem AsylbLG,
- Beziehende von Hilfe zur Pflege,
- Auszubildende, die nicht bei ihren Eltern wohnen **und** BAföG, BAB oder Ausbildungsgeld für behinderte Menschen beziehen,
- taubblinde Menschen und Berechtigte von Blindenhilfe nach § 72 SGB XII.

Einen **ermäßigten Beitrag von monatlich 5,83 €** können behinderte Personen beantragen, denen das Merkzeichen „RF" zuerkannt wurde (§ 4 Abs. 2 RBStV). Das sind

- blinde oder dauerhaft wesentlich sehbehinderte Menschen, mit einem Grad der Behinderung von wenigstens 60 allein wegen der Sehbehinderung,
- gehörlose oder schwer hörgeschädigte Menschen, denen eine ausreichende Verständigung über das Gehör auch mit Hörhilfen nicht möglich ist und
- behinderte Menschen mit einem Grad der Behinderung von wenigstens 80, die deswegen ständig nicht an öffentlichen Veranstaltungen teilnehmen können.

Diese Personengruppe „RF" war vor 2013 noch von den Gebühren befreit.

Härtefallregelung

Wer keine der oben genannten Sozialleistungen erhält, kann gesondert eine Befreiung als besonderer Härtefall beantragen. Ein Härtefall liegt insbesondere vor, wenn eine Sozialleistung in einem Bescheid mit der Begründung versagt wurde, dass die Einkünfte die jeweilige Bedarfsgrenze um weniger als die Höhe des Rundfunkbeitrags (17,50 €) überschreiten (§ 4 Abs. 6 RBStV; ⇨Bedarfsberechnung). Aber auch wer von den für die Rundfunkbeitragsbefreiung einschlägigen Sozialleistungen ganz ausgeschlossen ist (z.B. Studierende, die nicht bei den Eltern wohnen und kein BAföG bekommen, Aufenthalt außerhalb des zeit- und ortsnahen Bereichs ohne Zustimmung nach § 7 Abs. 4a SGB II) oder auf diese verzichtet hat, kann bei niedrigem Einkommen befreit werden, Der Begriff des besonderen Härtefalls erfasst vor allem die Fälle, in denen der/die Beitragsschuldner*in eine mit den Empfänger*innen von Hilfe zum Lebensunterhalt nach dem SGB XII vergleichbare Bedürftigkeit nachweisen kann. Hierzu zählen einkommensschwache Beitragsschuldner*innen, die nach Abzug ihrer Wohnkosten weniger Einkommen zur Verfügung haben als Beziehende von derartigen Leistungen und auch kein verwertbares Vermögen haben. Gründe der Verwaltungsvereinfachung rechtfertigen es nicht, einkommensschwachen Personen, die mit ihrem Einkommen unter den sozialhilferechtlichen Regelbedarfen liegen und dieses zur Deckung ihres Lebensbedarfs benötigen, eine Befreiung zu versagen, während die Empfänger*innen von Hilfe zum Lebensunterhalt nicht auf ihr Einkommen zur Entrichtung des Rundfunkbeitrags zurückgreifen müssen. Die Rundfunkanstalten müssen in solchen Fällen anhand der von dem/r Beitragspflichtigen vorzulegenden Nachweise das Vorliegen einer vergleichbaren Bedürftigkeit prüfen (BVerwG 30.10.2019 - 6 C 10.18). Es gibt aber eine Tendenz in der Rechtsprechung, auch in diesen Fällen vorrangig einen Antrag auf die für die Rundfunkbeitragsbefreiung einschlägige Sozialleistung oder ein Härtefalldarlehen (§ 27 Abs. 3 Satz 1 SGB II) zu verlangen, damit das System der bescheidgebundenen Befreiung nicht unterlaufen wird (OVG Lüneburg, 21.1.2020 - 4 LA 286/19; OVG NRW 17.9.2020 - 2 E 239/20; VG Göttingen 2.10.2020 - 2 A 276/18; OVG Berlin-Brandenburg 30.11.2020 - OVG 11 N 24.19).

2.2 Antragstellung

Sie müssen den Antrag auf Befreiung beim „Beitragsservice" von ARD/ ZDF/ Deutschlandradio (der früheren GEZ) schriftlich stellen. Das Antragsformular erhalten Sie in den jeweiligen Sozialbehörden, der Stadt-/ Gemeindeverwaltung oder online (https://www.rundfunkbeitrag.de/buergerinnen_und_buerger/formulare/befreiung_oder_ermaes-

sigung_beantragen/index_ger.html). Den unterschriebenen Antrag, der automatisch auch die Anmeldung enthält, senden Sie mit entsprechenden Nachweisen an: ARD ZDF Deutschlandradio, Beitragsservice, 50656 Köln.
Den **Nachweis** über die bescheidgebundene Befreiungsberechtigung erbringen Sie durch
- eine Bescheinigung der leistungsgewährenden Behörde (**in den Alg II-Bewilligungsbescheiden finden Sie mittlerweile einen entsprechenden Vordruck zur Gebührenbefreiung**),
- den Bewilligungsbescheid in gut lesbarer Kopie oder
- den Schwerbehindertenausweis (Vorder- und Rückseite) in gut lesbarer Kopie.

Nur bei Taubblindheit reicht ein aktuelles ärztliches Attest oder eine amtliche Bescheinigung in Kopie. Wer auf eine Sozialleistung verzichtet (§ 46 Abs. 1 SGB I), muss neben dem Bewilligungsbescheid der Sozialbehörde auch die schriftliche Verzichtserklärung einreichen.
Zum Nachweis eines Einkommens unter dem sozialhilferechtlichen Regelbedarf gibt es keine Hinweise unter www.rundfunkbeitrag.de, sodass bei Ausschluss von Sozialleistungen die Vorlage von Kontoauszugskopien und einer schriftlichen Versicherung, dass daneben kein verwertbares Vermögen vorhanden ist, ratsam sein dürfte.

Tipp: Schicken Sie dem Beitragsservice am besten die Bescheinigung der Behörde über den Sozialleistungsbezug, aber niemals einen Originalbescheid. Wenn Sie den aus der Hand geben, können Sie schlechter ⇨ Widerspruch einlegen. Eine gut lesbare vollständige Kopie genügt.

2.3 Wann beginnt die Befreiung/ Ermäßigung?

Seit 2017 ist eine **bis zu drei Jahren rückwirkende** Befreiung/ Ermäßigung möglich! § 4 Abs. 4 RBStV lautet:
„Die Dauer der Befreiung oder Ermäßigung richtet sich nach dem Gültigkeitszeitraum des Nachweises nach Abs. 7 Satz 2 [z.B. des Alg II-Bescheides]. Sie beginnt mit dem Ersten des Monats, in dem der Gültigkeitszeitraum beginnt, frühestens jedoch drei Jahre vor dem Ersten des Monats, in dem die Befreiung oder Ermäßigung beantragt wird."

Tipp: Denken Sie daran, nach Erhalt eines Bescheides für jeden neuen Bewilligungszeitraum erneut einen Befreiungsantrag zu stellen.

3. Gebühren für Kabelfernsehen

sind Ihr Privatvergnügen. Sie zählen nicht zum notwendigen Lebensunterhalt (BSG 19.2.2009 - B 4 AS 48/08 R, 414; OVG Lüneburg 26.11.1997 - NDV-RD 1998, 59).

Ausnahme:
Sie werden im Einzelfall übernommen,
- wenn am Wohnsitz keine normalen Bedingungen für den Empfang über Antennen bestehen (s.o., OVG Lüneburg ebenda),
- wenn Sie **mietvertraglich** zur Zahlung **verpflichtet** sind und die Gebühren unabhängig vom Willen des/r Alg II-/ Sozialhilfebeziehenden entstehen, z.B. weil der/die Vermieter*in nicht bereit ist, den Anschluss durch Einbau einer Sperrdose stillzulegen. In solchen Fällen gehören Kabelgebühren zu den laufenden Kosten der Unterkunft (BSG ebenda; BVerwG 28.11.2001, info also 2002, 127 f.).

Tipp: Wenn die Gebühren für Kabelfernsehen aus den Kosten der Unterkunft herausgerechnet werden, obwohl Sie diese Kosten nicht vermeiden können, sollten Sie ⇨ Widerspruch einlegen.

Kosten für Kabel-TV können aber nur übernommen werden, wenn die Unterkunftskosten einschließlich der Grundgebühr für den Kabelanschluss angemessen sind (BVerwG ebenda; ⇨ Miete 2.).

Forderungen
- Anhebung der Einkommensgrenze für die Gebührenbefreiung auf den anderthalbfachen Regelbedarf!
- Alle Befreiungsberechtigten sollten ohne gesonderten Antrag während des Leistungsbezuges automatisch vom Rundfunkbeitrag befreit werden. Organisatorisch kann das über eine Pflichtbefreiungsmeldung des jeweiligen Leistungsträgers abgewickelt werden.

Informationen
- www.soziale-schuldnerberatung-hamburg.de/tag/rundfunkbeitrag-gez/
- Informationen in anderen Sprachen: www.rundfunkbeitrag.de/welcome/index_ger.html
- Text Rundfunkbeitragsstaatsvertrag: www.rundfunkbeitrag.de/e175/e4794/Rundfunkbeitragsstaatsvertrag.pdf

Sanktionen

Man sollte meinen, bei den Regelbedarfen gäbe es nichts mehr zu kürzen – Irrtum. Im Jahre 2017 wurden pro Monat 136.799 Sanktionen verhängt. Im Jahr 2019 waren es 806.812 Sanktionen. Mit der Entscheidung des Bundesverfassungsgerichts vom 5.11.19 - 1 BvL 7/16 wurde zwar die bisherige Verwaltungspraxis des Arbeitszwanges mittels Aushungern durch eine maximale Absenkung der Regelleistungen um 30 Prozent weitestgehend unterbunden, dennoch ergeben sich wegen der bisher nicht erfolgten Neuformulierung der Regelungen durch den Gesetzgeber derzeit unklare Anwendungsregelungen. Diese sind unter: https://www.arbeitsagentur.de/datei/fw-sgb-ii-31-31b_ba015902.pdf einsehbar und enthalten am Anfang die vom BVerfG vorübergehend bis zur Neufassung der Regelungen aufgestellten Grundsätze.

Inhaltsübersicht

Alg II

Beim Alg II gibt es im Gegensatz zur früheren Arbeitslosenhilfe keine Sperrzeiten, sondern „nur" Kürzungen und Streichung bzw. „Absenkung und Wegfall" der Leistung. Allerdings werden für Personen, die Alg II ergänzend zum Alg I beziehen, diese Sperrzeiten nach § 31b SGB II vollumfänglich übernommen.

Die Strafen sind abgestuft nach Alter. Sie sind am härtesten bei Personen unter 25 Jahren, die das Bundesverfassungsgericht ausdrücklich aus dem Urteil ausgenommen hat (⇨2.). Jedoch dürfte auch hier im noch zu erlassenden Gesetz keine Absenkung von über 30 Prozent erfolgen und der Grundsatz der zeitlichen Begrenzung/Aufhebung der Sanktionierung bei Erfüllen der Pflichten gelten. Derzeit gelten für diese Personengruppe ⇨ 2.2. die Regelungen für die über 25-Jährigen, sofern diese nicht ungünstiger sind als die bisherigen Regelungen. Letzteres betrifft die zeitliche Begrenzung der Sanktion, die vor der Entscheidung des BVerfG nur bei den unter 25-Jährigen zur Anwendung kam. Es darf prognostiziert werden, dass in der neuen gesetzlichen Regelung die Sondervorschriften für unter 25-Jährige generell wegfallen werden.

Wenn Alg II gekürzt wird, haben Sie **keinen** Anspruch auf ergänzende Sozialhilfe (§ 31b Abs. 2 SGB II).

Zum **1.4.2011** wurde der unübersichtliche alte Sanktionsparagraf 31 SGB II geändert und in vier Paragrafen neu gegliedert:

- Der Sanktionsparagraf 31 SGB II beschreibt die **Pflichtverletzungen**,
- § 31a SGB II die **Sanktionsfolgen** und
- § 31b SGB II regelt deren **Dauer**.
- In § 32 SGB II sind separat die **Meldeverstöße** geregelt.

S

1. Strafenkatalog für Personen über 25 Jahre

1.1 Erste Stufe bei einmaligem Verstoß

Der Regelbedarf wird in einer ersten Stufe um **30 Prozent** gekürzt (§31a Abs. 1 Satz 1 SGB II), wenn Sie *„trotz **schriftlicher Belehrung** über die Rechtsfolgen oder deren **Kenntnis**"*

- die in der ⇨**Eingliederungsvereinbarung** (EinV) oder einem entsprechenden Eingliederungsverwaltungsakt festgelegten Pflichten nicht erfüllen. Wenn Sie z.B. keine ausreichenden Eigenbemühungen (⇨Bewerbungen) nachweisen oder einen darin festgelegten Ein-Euro-Job oder eine andere *„Eingliederungsmaßnahme"* nicht antreten,
- sich weigern, eine **zumutbare Arbeit**, Ausbildung, Arbeitsgelegenheit oder eine geförderte Arbeitsstelle *„aufzunehmen, fortzuführen oder deren Anbahnung durch Ihr Verhalten verhindern"*; oder wenn Sie
- eine zumutbare **Eingliederungsmaßnahme** *„nicht antreten, abbrechen oder Anlass für den Abbruch gegeben haben"* (§ 31 Abs. 1 Satz 1 SGB II).

Das heißt: 30 Prozent des Hartz-IV-Regelbdarfs (2021) für Alleinstehende von 446 € sind 133,80 €. Sie bekommen also nur noch 312,20 € Lebensunterhalt für den Monat.

S

Eine Sanktion ist **nicht** zulässig, wenn Sie einen *„**wichtigen Grund**"* für Ihr Verhalten nachweisen (§ 31 Abs. 1 Satz 2 SGB II). An die Prüfung, ob ein wichtiger Grund besteht, soll ein *„strenger Maßstab"* angelegt werden (FW 31.17; ⇨3.2).

„Ebenfalls sind an Sanktionen wegen Verstößen gegen die Eingliederungsvereinbarung strenge Maßstäbe anzusetzen. Nach der Rechtsprechung des BSG (23.6.2016 - B 14 AS 30/15 R) sind an die Wirksamkeit der Eingliederungsvereinbarung hohe Anforderungen zu stellen. Sie muss individuelle, konkrete und verbindliche Leistungsangebote zur Eingliederung in Arbeit enthalten, die in der EinV bestimmten Obliegenheiten müssen in einem angemessenen Verhältnis zu den vom Jobcenter zu übernehmenden Leistungsverpflichtungen stehen" (FW 31.3).

1.1.1 Kürzung der Leistung für Unterkunft und Heizung bzw. des Mehrbedarfs in der ersten Stufe?

Mit der 30%igen Kürzung des Regelbedarfs dürfen schon in der ersten Stufe alle Alg II-Leistungen, auch die für Unterkunft und Heizung sowie Mehrbedarfe, gekürzt bzw. gestrichen werden. Das ist der Fall, wenn Sie z.B. Einkommen erzielen, Alg II aufstocken und keinen oder nur einen geringen Regelbedarf beziehen.

1.1.2 Dauer der Kürzung/Streichung

Die Kürzung oder Streichung des Regelsatzes dauerte **immer drei Monate**, *„unabhängig davon, ob die Pflichtverletzung zwischenzeitlich beendet wurde"* (BT Drs. 15/1516, 61). Das hat das BVerfG als verfassungswidrig moniert. Leider gehen u.E. die FW 31.40 ff. zur Umsetzung des Urteils immer noch von einer Regelkürzungszeit von drei Monaten aus und lassen diese ausnahmsweise entfallen: *„Sofern der Leistungsberechtigte seine Mitwirkungspflicht nachträglich erfüllt oder sich ernsthaft und nachhaltig hierzu bereit erklärt, soll das Jobcenter die Leistungen ab diesem Zeitpunkt unter Berücksichtigung aller Umstände des Einzelfalls wieder in vollem Umfang erbringen"*.

1.1.3 Beginn der Sanktion

Eine Sanktion beginnt mit dem Monat, der dem Monat folgt, in dem Ihnen der Sanktionsbescheid zugeht (§ 31 Abs. 6 Satz 2 SGB II). Wirksam wird der Bescheid, wenn er Ihnen mit der Zustellung bekannt wird.

Beispiel

Am 15. Februar wird die Kürzung verfügt, am 18. Februar wird sie Ihnen bekannt. Die Strafe beginnt am 1. März und dauert bis zum 31. Mai.

Eine sofortige Sanktion noch im Februar ist also ebenso rechtswidrig wie eine Sanktion ohne **Sanktionsbescheid**.

Ein Sanktionsbescheid muss seit 2011 **innerhalb von sechs Monaten** ab dem Zeitpunkt der Pflichtverletzung erlassen werden. Diese lange Frist schützt Jobcenter davor, dass zu spät verhängte Sanktionen von den Gerichten einkassiert werden. In mehreren Entscheidungen hatten Sozialgerichte gefordert, dass

der Sanktionsbescheid innerhalb einer Frist von **drei Monaten** nach Bekanntwerden der Pflichtverletzung erlassen werden muss (u.a. SG Hamburg 09.11.2007 - S 62 AS 1701/06; SG Freiburg 27.11.2007 - S 4 AS 151/07). Rechtsverstöße der Behörden werden durch einseitige Gesetzgebung der Bundesregierung legalisiert.
Wurde durch einen Sanktionsbescheid die Kürzung kalendermäßig festgelegt, bedarf es zusätzlich auch eines neuen Leistungsbescheides. (BSG 17.12.2009 - B 4 AS 30/09)

Mehrere zeitgleiche Pflichtverletzungen berechtigen das Jobcenter **nicht** zu mehreren Kürzungen. Auch wenn Sie mehrere Angebote gleichzeitig ablehnen, ist allenfalls eine 30%ige Kürzung gerechtfertigt (LSG Berlin-Brandenburg 12.5.2006 - L 10 B 191/06 AS ER). Erneute Kürzungen kann es erst nach einem Sanktionsbescheid geben (BSG 9.11.2010 - B 4 AS 27/10 R). Der Gesetzgeber hat verstanden: *„Eine wiederholte Pflichtverletzung liegt nur vor, wenn bereits zuvor eine Minderung festgestellt wurde"* (§ 31a Abs. 1 Satz 4 SGB II).

1.2 Zweite Stufe beim zweiten Verstoß

Vor der Sanktionsentscheidung des BVerfG galt:
Wenn Sie **innerhalb eines Jahres nach dem Beginn einer Sanktion** zum zweiten Mal eine der in ⇨1.1 genannten Auflagen der Behörde nicht befolgen, werden **60 Prozent** des jeweiligen Regelbedarfs gekürzt (§ 31a Abs. 1 Satz 2 SGB II).
Von dieser Erhöhung in der zweiten Stufe sind Meldeverstöße ausgenommen (⇨1.4). Nunmehr dürfte das eine neue 30-Prozent-Sanktion zur Folge haben.

Beispiel
Sie können bei einem Termin mit dem Arbeitsvermittler am 14. Mai nicht die in der EinV festgelegten Bewerbungsnachweise erbringen. Ihr Alg II wird für Juni, Juli und August um 30 Prozent Ihres Regelbedarfs gekürzt.
Am 12. September lehnen Sie einen Ein-Euro-Job ab. Ihr Alg II wird ab dem 1. Oktober bis Ende Dezember (statt wie vorher um 60 Prozent) nun wieder um 30 Prozent Ihres Regelbedarfs gekürzt.

1.3 Dritte Stufe beim dritten Verstoß

Beim dritten Verstoß gegen die in ⇨1.1 genannten Auflagen **innerhalb eines Jahres** wurde das gesamte Alg II um **100 Prozent** gekürzt (§ 31b Abs. 1 Satz 3 SGB II).
Sanktion auf null bedeutete keine Leistung, d.h. auch keine Leistungen für Unterkunft und Heizung, keinen Mehrbedarf und keine Krankenversicherungsbeiträge (⇨1.3.1). Diese Praxis, die unseres Erachtens sogar hinsichtlich der Intensität die Vorschriften des Strafrechts bei weitem überschritt, ist nunmehr wenigstens als verfassungswidrig gewürdigt worden. Es gilt nun ⇨1.2.

1.4 Meldeverstöße: Der Regelbedarf wird um zehn Prozent gekürzt,

wenn Sie sich ohne *„wichtigen Grund"* *„trotz* ***schriftlicher Belehrung*** *über die Rechtsfolgen oder deren* ***Kenntnis****"* nicht bei Ihrer Behörde melden oder nicht zu einem ärztlichen oder psychologischen Untersuchungstermin erscheinen (§ 32 Abs. 1 SGB II).
Zehn Prozent von 446 € sind 44,60 €.
Dass Sie *„schriftlich"* belehrt worden sind, hat die Behörde nachzuweisen (LSG Berlin-Brandenburg 12.3.2007 - L 28 B 153/07 AS ER). Das ist aber durch den neuen Zusatz, dass Sie lediglich Kenntnis der Rechtsfolgen haben müssen, von der Bundesregierung ausgehöhlt worden.
Das BSG hat entschieden: Bestellen Jobcenter alle paar Tage Hartz IV-Beziehende erfolglos zum Meldetermin in der Behörde ein, dürfen sie das nicht jedes Mal mit einer zehnprozentigen Kürzung des Alg II ahnden. Werden innerhalb von acht Wochen sieben gleichlautende Meldeaufforderungen an den/die Hilfebedürftige*n versandt, sind die nach dem dritten Meldeversäumnis festgesetzten Sanktionen rechtswidrig (BSG 29.4.2015 - B 14 AS 19/14 R und B 14 AS 20/14 R)

Zu den Voraussetzungen der Sanktionierung hat das BSG in vorgenannter Entscheidung wörtlich ausgeführt. *„Die Voraussetzungen für die Feststellung eines Meldeversäumnisses nach § 32 Abs. 1 SGB II sind: Eine leistungsberechtigte Person muss eine Aufforderung des zuständigen Jobcenters, sich bei ihm zu melden oder bei einem Untersuchungstermin zu erscheinen, erhalten haben (Meldeaufforderung), mit der ein zulässiger*

Meldezweck verfolgt wurde (§ 59 SGB II, § 309 Abs 2 SGB III)*; die Person muss eine schriftliche Belehrung über die Rechtsfolgen erhalten oder von diesen Kenntnis haben und ohne wichtigen Grund der Meldeaufforderung schuldhaft nicht nachgekommen sein.*"

Meldetermine während der Corona-Pandemie
Im Zuge der pandemiebedingten Praxis erfolgt die Aufforderung, Meldetermine nun telefonisch durchzuführen. Eine Meldeaufforderung zu einem Telefontermin ist nicht sanktionsfähig, da § 309 Abs. 1 Satz 1 SGB III als Pflicht vorschreibt, „zu erscheinen". Eine Nichterfüllung eines Telefontermins ist kein nicht Erscheinen und deshalb auch nicht sanktionsfähig.

Achtung: Zum 1.4.2011 wurde die stufenweise Verschärfung der Sanktionshöhe (10%, 20%, 30% usw.) bei wiederholten Meldeverstößen abgeschafft. Achten Sie darauf, dass sich das Jobcenter daran hält.

2. Strafenkatalog bei ⇨Jugendlichen und jungen Erwachsenen unter 25 Jahren

2.1 Erste Stufe beim ersten Verstoß

„Bei erwerbsfähigen Hilfebedürftigen, die das 25. Lebensjahr noch nicht vollendet haben, wird das Arbeitslosengeld II bei einer Pflichtverletzung nach § 31 auf die für die Bedarfe nach § 22 zu erbringenden Leistungen beschränkt" (§ 31a Abs. 2 Satz 1 SGB II).
Leistungen nach § 22 sind die Kosten für Unterkunft und Heizung.
Das bedeutet: Unter 25-jährigen Erwerbsfähigen wurden sofort **100 Prozent des Regelbedarfs** und evtl. Mehrbedarfszuschläge für Schwangere, Alleinerziehende oder Krankenkost und alle Ansprüche auf einmalige Leistungen gestrichen, wenn sie nicht spurten.
Nunmehr gilt laut FW eine 30-Prozent-Sanktion, wie bei den über 25-Jährigen.
Das Jobcenter *„**kann** die Minderung des Auszahlungsanspruchs [...] unter Berücksichtigung aller Umstände des Einzelfalls auf sechs Wochen verkürzen"* (§ 31b Abs. 1 Satz 4 SGB II). Was nunmehr wiederum auch für über 25-jährige gilt.

Tipp: Machen Sie Ihre*n Arbeitsvermittler*in/ Fallmanager*in darauf aufmerksam.

2.2 Zweite Stufe beim zweiten Verstoß

Diese wird nunmehr laut FW 31 5.2 **nicht mehr** angewendet. Diese lautet: *„Auf die Personen im Alter von 15 bis unter 25 Jahren finden die Regelungen für Personen ab 25 Jahren ebenfalls Anwendung, soweit dies nicht zu einer Schlechterstellung der Person unter 25 Jahren im Vergleich zur gesetzlichen Regelung des § 31a Absatz 2 SGB II führt. Eine Minderung bei Personen im Alter von unter 25 Jahren führt auch weiterhin nicht zu geminderten Auszahlungsbeträgen für die Bedarfe für Unterkunft und Heizung (Günstigkeitsbetrachtung). Insofern ist eine Vergleichsbetrachtung erforderlich. Dies schließt den Entfall von Sanktionsstufen ein."*

2.3 Meldeverstöße

Melden sich unter 25-Jährige nicht bei der Behörde bzw. versäumen sie Untersuchungstermine, sind die Kürzungen identisch mit denen bei über 25-Jährigen, nämlich zehn Prozent des Regelbedarfs (⇨1.4).

3. Bei allen Alg II-Sanktionen zu beachten!

3.1 Belehrung und Anhörung muss sein

Voraussetzung einer Kürzung des Regelbedarfs ist, dass Sie **vorher** in **schriftlicher**, bei Bedarf zusätzlich in **mündlicher** Form über die Rechtsfolgen **belehrt** wurden **oder** – seit dem 1.4.2011 – dass Sie ***„Kenntnis"*** der Rechtsfolgen **hatten** (§ 31 Abs. 1 Satz 1 SGB II).

Die Belehrung muss Ihnen zeitlich vor der Sanktion ***„konkret, verständlich, richtig und vollständig"*** erläutern, was von Ihnen verlangt wird und welche Auswirkungen abweichendes Verhalten ggf. nach sich ziehen kann (BSG 15.12.2010 - B 14 AS 92/09 R; LSG Niedersachsen-Bremen 31.7.2007 - L8 AS 605/06 ER).
Bei jedem Beschäftigungsangebot muss die Behörde Sie **einzeln** darüber belehren, welche Folgen eine Ablehnung des Angebots hat, oder die Belehrung muss zumindest in einem **engen zeitlichen Zusammenhang** zu dem geforderten Verhalten stehen. Sie

S

können **nicht** auf eine allgemeine Rechtsfolgenbelehrung in einer zuvor abgeschlossenen Eingliederungsvereinbarung verwiesen werden (LSG Hessen 26.3.2007 - L 9 AS 38/07 ER; zur Rechtslage ab 1.4.2011: SG Landshut 16.8.2011 - S 10 AS 536/11 ER).

Eine schriftliche Rechtsfolgenbelehrung allein reicht jedoch nicht aus, wenn davon auszugehen ist, dass Sie z.B. aufgrund von Sprachschwierigkeiten oder Analphabetismus deren Inhalt nicht verstanden haben (Berlit, info also, 2/2011, 55).

Eine zeitnah erfolgte schriftliche Rechtsfolgenbelehrung ist nur zulässig, wenn die konkrete **Pflichtverletzung**, der exakte **Minderungssatz** (auch bei wiederholter Pflichtverletzung) und der **Zeitraum** der Sanktion genannt werden. Sie ist bereits rechtswidrig, wenn statt auf eine 60%ige Minderung der Leistung auf den Wegfall des Alg II hingewiesen wird (LSG Bayern 23.4.2014 - L 11 AS 512/13).

Die seit 1.4.2011 geltende Regelung, dass eine **„*Kenntnis*" der Rechtsfolgen** genügt, um von einer Pflichtverletzung auszugehen, wirft viele Fragen auf. Die Bundesagentur lässt diese in ihren fachlichen Weisungen dann zu, wenn kurz zuvor sanktioniert wurde, hält aber die schriftliche, einzelfallbezogenen Belehrung weiterhin für geboten (FW 31.14).

Von daher gilt weiterhin: Aufgrund ihrer Warn- und Signalfunktion muss die Rechtsfolgenbelehrung einzelfallbezogen auf einen bestimmten möglichen Pflichtverstoß hin erfolgen, damit eine *„positive, aktuelle Kenntnis"* der Folgen bei dem/der Betroffenen vorausgesetzt werden kann (Berlit, ebenda). Ein bloßes „Kennen müssen" oder „Kennen können" reicht hier nicht aus.

Es genügt unserer Ansicht nach nicht, wenn

- man Ihnen zum Leistungsbeginn eine (abstrakt gefasste) Infobroschüre in die Hand drückt, wo alles drinstehen soll (BSG 18.2.2010 - B 14 AS 53/08 R),
- Sie vor Jahren schon einmal wegen eines ähnlichen Pflichtverstoßes sanktioniert wurden,
- der/die Arbeitsvermittler*in Sie beim Verabschieden zwischen Tür und Angel mündlich auf die Folgen einer Pflichtverletzung hinweist oder
- alle möglichen Sanktionstatbestände kleingedruckt, in Form von Gesetzestexten an eine Eingliederungsvereinbarung angehängt werden (BSG, ebenda).

Bei der Prüfung, ob eine Kenntnis der jeweiligen Rechtfolgen vorgelegen hat, kommt es auf den Einzelfall an. *„Die – differenzierte – Kenntnis ist vom Leistungsträger nachzuweisen und ggf. zu beweisen"* (Berlit, ebenda, 56).

Auch das Bundesverfassungsgericht verlangt eine ausdrückliche Prüfung der vorherigen Belehrung/Kenntnis. Die Sanktionsentscheidung vom 01.10.2019 wurde erst zugelassen, nachdem der Kläger ausdrücklich versicherte, von den Rechtsfolgen der Sanktionierung Kenntnis gehabt zu haben. Zuvor war das Ausgangsgericht SG Gotha gerügt worden, diesen Sachverhalt nicht geprüft zu haben. Daraus kann geschlussfolgert werden, dass auch das BVerfG hinsichtlich der Kenntnis gesteigerte Ansprüche hat.

Tipp: Entspricht die Rechtsfolgenbelehrung nicht den hier genannten Voraussetzungen, können Sie gegen einen Sanktionsbescheid Widerspruch einlegen und klagen. Das Jobcenter muss die Rechtmäßigkeit der Belehrung nachweisen (SG Gießen 14.1.2013 - S 29 AS 676/11). Sie müssen allerdings die Einsetzung der aufschiebenden Wirkung des ⇨ Widerspruchs (5.2) beantragen.

Außerdem müssen Sie vor dem Erlass des Kürzungsbescheides **angehört** werden. Das ist nach § 24 SGB X zwingend notwendig. Wird dies nicht eingehalten, ist die Kürzung rechtswidrig (SG Berlin 27.3.2006 - S 104 AS 2272/06; SG Osnabrück 22.6.2005 - S 10 AS 68/05 ER). Das wurde ebenfalls vom Bundesverfassungsgericht als zwingende Vorrausetzung der Rechtmäßigkeit qualifiziert (BVerfG 05.11.2019 -1 BvL 7/16, Rn 143).

Die Sanktion *„gilt nicht, wenn der erwerbsfähige Hilfebedürftige einen **wichtigen Grund** für sein Verhalten nachweist"* (§ 31 Abs. 1 Satz 2 SGB II). Sie müssen vor Erlass eines Sanktionsbescheids angehört werden, ob Sie einen wichtigen Grund vortragen können.

Tipp 1: Legen Sie Widerspruch ein, wenn Sie ohne Anhörung sanktioniert werden.

Tipp 2: Sanktionsbescheide können auch nach Ablauf der Widerspruchsfrist mit einem Überprüfungsantrag (⇨Nachzahlung 3.1) angegriffen werden (SG Berlin 14.7.2008 - S 37 AS 19402/08 ER).

3.2 Wichtiger Grund

Eine Strafe ist rechtswidrig, wenn Sie einen wichtigen Grund für Ihr Verhalten, das die Sanktion begründet, nachweisen können.
Das ist z.B. der Fall, wenn

- Sie einen Ein-Euro-Job abgebrochen haben, weil die *„Maßnahme“* nicht zumutbar war (⇨Arbeitsgelegenheiten 3.2) oder weil Sie stattdessen einen Minijob angefangen haben, selbst wenn dieser nur eine ungewisse Aussicht auf eine sozialversicherungspflichtige Beschäftigung bietet (VG Bremen 12.6.2008 - S 3 V 1605/08),
- Sie sich weigern, einen Job anzunehmen, dessen Bezahlung sittenwidrig ist (SG Düsseldorf 2.2.2009 - S 31 AS 317/07; ⇨Arbeit 1.3.3 f.),
- Sie die Bewerbungs- und Fahrtkosten für auferlegte Bewerbungen nicht zahlen können und das Jobcenter hierzu keine Übernahmeregelung angeboten hat (LSG NRW 5.12.2011 - L 19 AS 1870/11),
- Sie eine Eingliederungsmaßnahme ablehnen, für die Ihnen das Jobcenter nicht einmal die Übernahme der damit verbundenen Kosten zugesichert hat (LSG Niedersachsen-Bremen 17.6.2013 - L 7 AS 332/13 B ER),
- Sie die in Ihrer Eingliederungsvereinbarung festgelegten Bewerbungsbemühungen nicht erfüllen, weil das Jobcenter Ihnen darin keine Bewerbungskostenerstattung angeboten hat und Ihre Pflichten in einem unangemessen Verhältnis zu den Leistungsverpflichtungen der Behörde stehen (BSG 23.6.2016 - B 14 AS 30/15 R),
- überzogene Bewerbungsbemühungen von Ihnen verlangt werden (⇨ Bewerbungen),
- Sie alleinerziehend sind und ein Job/ eine Maßnahme die Erziehung und Betreuung Ihrer Kinder gefährden würde (SG Bremen 07.01.2013 - S 21 AS 2221/12 ER; ⇨Arbeit 1.3.6),
- Sie eine Sanktion erhalten, weil Sie sich nicht auf ein Arbeitsangebot des Jobcenters gemeldet haben, dass Sie postalisch niemals erreicht hat,
- Sie gesundheitlich nicht in der Lage sind, eine angebotene Arbeit oder Maßnahme auszuführen,
- dem Job familiäre oder persönliche Gründe (z.B. religiöse oder Gewissensgründe) entgegenstehen.
- Sie in einem Frauenhaus leben (FW 31.19).

Weitere wichtige Gründe, die der **Arbeitsaufnahme** entgegenstehen, finden Sie unter ⇨Arbeit 1.3.8 (außerdem Geiger 2019, *„Wichtiger Grund von A – Z“*, 893). Die BA hat auch ein internes „Das A-Z des wichtigen Grundes“, das finden Sie unter: https://harald-thome.de/fa/redakteur/Harald_2018/Sanktionen-A-Z.pdf

Wenn Sie einen wichtigen Grund vorbringen, tragen Sie dafür die **Beweislast**, wenn dieser auf persönlichen, familiären und gesundheitlichen Gründen beruht oder sonstige Umstände die in Ihren Verantwortungsbereich fallen.
Das Jobcenter trägt die Beweislast für Tatsachen, die in seinen Verantwortungsbereich fallen, z.B. den postalischen **Zugang von Schreiben** (BSG 3.6.2003 - B 11 AL 71/03R, in Bezug auf Alg I).
Wenn Sie die in der EinV festgelegten Bewerbungsauflagen nicht erfüllt haben, tragen Sie die Beweislast für den wichtigen Grund, der dies rechtfertigt (LSG NRW 18.6.2008 - L 7 B 12 1/08 AS ER; nach Geiger 2019, 901). Es sei denn, die Übernahme der Bewerbungskosten wurde nicht darin vereinbart (BSG 23.6.2016 - B 14 AS 30/15 R; ⇨Eingliederungsvereinbarung 1.3.2, ⇨Bewerbungen 6.). Weiterhin müssen die angeordneten Maßnahmen rechtmäßig und zumutbar sein. So entschied das SG Braunschweig, dass ein nicht schulfähiger junger Erwachsener, der bereits vielfach Maßnahmen abgebrochen hat und in stationärer Jugendhilfe lebt, ohne eine Prüfung der Maßnahmenfähigkeit durch das des Jobcenter zusammen mit dem Jugendhilfeträger nicht sanktionierbar ist (SG Braunschweig 5.12.2014 - S 33 AS 653/14 ER). Intellektuelle oder körperliche Überforderung der Maßnahme machen die Maßnahme unrechtmäßig und unzumutbar (SächsLSG 14.08.2008 L 2 B 482/08 AS ER; LPK SGB II, 7. Aufl., § 31 Rn. 64). Insgesamt ist festzustellen, dass die Rechtsprechung an die Rechtmäßigkeit von Eingliederungsvereinbarungen bzw. diese ersetzende Verwaltungsakte hohe Anforderungen stellt und man damit letztendlich oft Sanktionen erfolgreich angreifen kann (⇨ Eingliederungsvereinbarung).

Tipp: Wenn Sie eine Maßnahme/ ein Arbeitsangebot des Jobcenters aus wichtigem Grund ablehnen bzw. abbrechen, sollten Sie diesen immer unaufgefordert und zeitnah dem/r Fallmanager*in (schriftlich) erläutern. Je länger ein Sachverhalt zurückliegt, desto schwerer lässt er sich im Nachhinein beweisen.

3.3. Sanktionierungshindernis - Außergewöhnliche Härte

Eine Sanktionierung hat außerdem zu unterbleiben, wenn eine außergewöhnliche Härte vorliegt. Das wird nun auch vom Verfassungsgericht gefordert, welches u.E. diesbezügliche Kommentarliteratur bestätigt (z.B. LPK SGB II, 7.Aufl., § 31a Rn. 32). Danach ist eine außergewöhnliche Härte dann gegeben, wenn eine Ausnahmesituation vorliegt, in der man zwar die Mitwirkungspflicht erfüllen konnte, es aber aufgrund besonderer Umstände unzumutbar wäre, die Nichterfüllung mit Leistungsminderung zu sanktionieren (BVerfG 5.11.19 - 1 BvL 7/16).
Hieran sind hohe Anforderungen zu stellen. Eine solche Härte soll aber dann gegeben sein, wenn die Sanktionierung z.B. kontraproduktiv für die Eingliederung in den Arbeitsmarkt ist, weil der/die Betroffene z.B. auf Grund von komplexen Vermittlungs- und Integrationslagen besonders der motivierenden Unterstützung bedarf (LPK SGB II, 7. Aufl., § 31 a Rn 34 ff).

3.4. Sanktionen treffen auf Aufrechnungen

Seit **1.8.2016** gilt: *„Eine Aufrechnung ist nicht zulässig für Zeiträume, in denen der Auszahlungsanspruch ... [aufgrund von Sanktionen] um mindestens 30 Prozent des maßgebenden Regelbedarfs gemindert ist. Ist die Minderung des Auszahlungsanspruchs geringer, ist die Höhe der Aufrechnung auf die Differenz zwischen dem Minderungsbetrag und 30 Prozent des maßgebenden Regelbedarfs begrenzt“* (§ 43 Abs. 3 SGB II).
Das Zusammentreffen einer Aufrechnung mit dem Regelbedarf **und** Sanktionen führt dazu, dass die Aufrechnung entsprechend abgesenkt bzw. der Regelsatz maximal um 30 Prozent insgesamt abgesenkt werden kann (⇨ Darlehen, Aufrechnung).

Das gilt auch für die Aufrechnungen von Darlehen (§ 42 a Abs. 2 Satz 2 SGB II).
Selbstverständlich verlängert sich die verbleibende Aufrechnung um den Zeitraum der Aussetzung, Sie kriegen als Sanktionierte*r nichts geschenkt. Dennoch ist die Neuregelung eine Verbesserung gegenüber dem vorherigen (Kürzungs-)Zustand.

Tipp: Machen Sie Ihre*n Sachbearbeiter*in ggf. auf die Beschränkung bzw. Aussetzung der Aufrechnung aufmerksam.

Alg II, HzL/GSi der Sozialhilfe

4. Weitere Gründe für Strafen

Der Regelbedarf kann in SGB II und SGB XII auch noch gekürzt werden,wenn Sie

4.1 Ihr Einkommen oder Vermögen vermindern,

„in der Absicht, die Voraussetzungen für die Gewährung oder Erhöhung der Leistung herbeizuführen“ (§ 26 Abs. 1 Nr. 1 SGB XII; sinngleich § 31 Abs. 2 Nr. 1 SGB II).

Das wäre der Fall,
- wenn Sie z.B. ein Erbe, einen Lottogewinn o.ä. absichtlich **„verjubeln“**, um möglichst bald wieder in den Leistungsbezug zu kommen,
- wenn Sie ein Erbe für die Begleichung von **Altschulden** verwenden (LSG Schleswig-Holstein 25.8.2005 - L 6 B 200/05 AS ER, unter bestimmten Voraussetzungen ist das jedoch möglich ⇨Vermögen 8.),
- wenn Sie Ihr Vermögen (Auto, Geld, Haus usw.) **verschenken**, um Alg II/ Sozialhilfe zu bekommen, aber auch,
- wenn Sie eine **Arbeit aufgeben** oder
- einen **Minijob aufgeben**, der sich wegen der hohen Abzüge nicht rechnet.

Es muss ein ***„unmittelbarer Vorsatz“*** vorhanden gewesen sein, grobe Fahrlässigkeit reicht nicht aus (FW 31.20). Und dieser Vorsatz muss vom Amt nachgewiesen werden.

oder wenn Sie

4.2 unwirtschaftliches Verhalten

an den Tag legen und *„trotz Belehrung ihr unwirtschaftliches Verhalten fortsetzen“* (§ 26 Abs. 1 Nr. 2 SGB XII; sinngleich § 31 Abs. 2 Nr. 2 SGB II).

S

Alg II

Die BA versteht darunter, dass jemand *„bei allen oder einzelnen seiner Handlungen jede wirtschaftlich vernünftige Betrachtungsweise vermissen lässt und dadurch weitere Hilfebedürftigkeit auslöst"* (FW 31.23).
Fragt sich nur, wann das der Fall ist?
- Wenn Ihre Telefonrechnung doppelt so hoch ist wie im Regelbedarf vorgesehen?
- Wenn Sie ein Kfz fahren, obwohl die Benzinkosten im Regelbedarf nicht berücksichtigt sind?

Das kann **kein Grund** für eine Sanktion sein, solange Sie dadurch nicht offensichtlich weitere Hilfebedürftigkeit auslösen. Einen solchen Grund müsste das Jobcenter erst einmal finden und begründen.
Weiterhin wird davon ausgegangen, dass wenn ein*e Alg II-Beziehende*n eine bestehende, weniger als 15 Stunden wöchentlich umfassende Beschäftigung aufgibt, weil dieser Hinzuverdienst unter den Anrechnungsbedingungen des § 11b nicht mehr lohnend erscheint, diese Kündigung deswegen erfolgt, um die Voraussetzungen für eine Erhöhung des Alg II herbeizuführen (FW 31.21). Es ist in diesen Fällen dringend geboten, im Rahmen der Anhörung bzw. des Widerspruchs darzulegen, dass diese Kündigung gerade nicht mit diesem Vorsatz erfolgte, sondern andere Gründe vorlagen, z.B. familiäre, gesundheitliche oder ein Zerwürfnis mit dem Arbeitgeber.
Sind Suchterkrankungen, psychische Erkrankungen oder sonstige persönliche Gründe Ursache für *„unwirtschaftliches Verhalten"*, wäre eine Kürzung der Leistung durch das Jobcenter jedenfalls unzulässig und als *„Hilfsangebot"* fehl am Platz.

HzL/GSi der Sozialhilfe

Unter dem Verdacht des *„unwirtschaftlichen Verhaltens"* stehen Sie insbesondere, wenn Sie ein Kfz besitzen und fahren (ausführlich ⇨Kfz 3.).
Ansonsten müssen klare Nachweise für ein solches Verhalten vorliegen. Krankhafte Ursachen z.B. müssen ausgeschlossen sein, bevor eine Strafe verhängt wird.

4.3 Umfang der Strafen

Alg II

Das Jobcenter **muss** *„in einer ersten Stufe um 30 Prozent"* (§ 31a Abs. 1 SGB II) kürzen.
Für **Erwachsene über 25 Jahren** wird die Geldstrafe bei wiederholter „Unwirtschaftlichkeit" innerhalb eines Jahres verdoppelt usw. (wie unter ⇨1.2 f. beschrieben).
Die Strafen gelten jeweils **für drei Monate.**

HzL/GSi der Sozialhilfe

Das Sozialamt **soll** (§ 26 Abs. 1 SGB XII) den Regelsatz um *„auf das zum Lebensunterhalt Unerlässliche"* kürzen. In der Praxis bedeutet das i.d.R. eine **20%ige Kürzung** (LPK SGB XII, 12. Aufl., § 26 Rn. 9). Durch das Sanktionsurteil des BVerfG (5.11.2019 - 1 BvL 7/16) dürfte nunmehr auch hier klargestellt sein, dass eine 30%ige Sanktion als äußerste Grenze bei besonders schweren Verstößen gilt.

Die Dauer der Sanktionen ist in diesem Fall nicht ausdrücklich begrenzt. Hier **muss** eine Ermessensentscheidung unter Berücksichtigung der Besonderheiten des Einzelfalles getroffen werden. Zeigt die Sanktion keine Wirkung auf das Verhalten der betroffenen Person, muss ggf. zu anderen Mitteln (z.B. wöchentliche Auszahlung der Leistung etc.) gegriffen werden. In jedem Fall sollte eine Leistungskürzung auch in der Sozialhilfe auf **höchstens drei Monate** befristet werden (LPK SGB XII, 12. Aufl., § 26 Rn. 10).

5. Weiterer Strafkatalog bei HzL der Sozialhilfe

Die Strafen sind bei nicht erwerbsfähigen Leistungsbeziehenden nicht so hart wie bei Erwerbsfähigen.
*„Lehnen Leistungsberechtigte entgegen ihrer Verpflichtung die **Aufnahme einer Tätigkeit** oder die Teilnahme an einer erforderlichen **Vorbereitung** ab, vermindert sich der maßgebende Regelsatz in einer ersten Stufe um bis zu 25 vom Hundert, bei wiederholter Ablehnung in weiteren Stufen um jeweils bis zu 25 vom Hundert. Die Leistungsberechtigten sind vorher entsprechend zu belehren"* (§ 39a Abs. 1 SGB XII).

- **Bis zu 25** Prozent bedeutet, dass es auch **weniger** sein kann. Bei Alg II sind es sofort 30 Prozent.
- Dasselbe gilt für die weiteren Stufen.

In der **Sozialhilfepraxis** (HzL) haben Sanktionen nach § 39a SGB XII eine geringe Bedeutung, weil die Leistungsberechtigten entweder voll erwerbsgemindert sind oder das Regelrentenalter erreicht haben. Unter Umständen könnten Sanktionen bei **behinderten Menschen** verhängt werden, wenn diese die Aufnahme einer **zumutbaren** Tätigkeit in einer Werkstatt für behinderte Menschen ablehnen. Hier kommen pro Stufe allerdings deutlich mildere Strafen, z.B. fünf bis zehn Prozent in Betracht, über die im Rahmen einer Ermessensentscheidung unter Berücksichtigung der Besonderheit des Einzelfalles zu entscheiden ist. Wobei auch hier die Sanktionsregelungen, Arbeit quasi als Gegenleistung für das Existenzminimum zu verlangen, gerade bei Schwerbehinderten zumindest fragwürdig erscheint. Fiskalisch dürfte wegen der hohen Kosten von derartigen Beschäftigungen diese Arbeitspflicht meist zu Lasten des Steuerzahlers gehen.
Häufigere Anwendung kann die Sanktionsregelung bei erwerbsfähigen Personen finden, die nach 2 Abs. 1 AsylbLG Leistungen entsprechend dem Dritten Kapitel SGB XII beanspruchen können (⇨Asylbewerber*innen).
Bei Beziehenden von **GSi der Sozialhilfe** können Sanktionen nach § 39a Abs. 1 nicht angewendet werden (LPK SGB XII, 12. Aufl., § 39a Rn. 1).

Grenze nach unten:
„So weit wie möglich ist zu verhüten, dass die unterhaltsberechtigten Angehörigen oder andere mit ihnen in Haushaltsgemeinschaft lebende Angehörige durch die Einschränkung der Leistung mitbetroffen werden" (§ 26 Abs. 1 Satz 2 i.V. mit § 39a Abs. 2 SGB XII).
Sie werden aber auf jeden Fall mitbetroffen, wenn der Regelbedarf um die Hälfte gekürzt werden sollte. Sanktionen können also allenfalls bei Alleinstehenden zur Senkung unter das zum Lebensunterhalt Unerlässliche (70 bis 80 Prozent des Regelbedarfs) führen.

Auch hier ist die **Dauer** der Sanktionen nicht durch das Gesetz begrenzt (⇨4.3).

6. Strafkatalog bei nicht erwerbsfähigen Sozialgeldbeziehenden (§ 31a Abs. 4 SGB II)

Bei Meldeverstößen usw. (⇨1.4) oder „Unwirtschaftlichkeit" und selbst verursachtem Leistungsbezug (⇨4. ff.) gilt derselbe Strafkatalog wie bei **über** 25-jährigen Alg-II-Beziehenden (nunmehr 30%ige Sanktion). Nach hiesiger Rechtsaufassung dürfte in Auslegung des BVerfG-Urteils auf Grund der geforderten Verhältnismäßigkeit nunmehr jedoch nur noch eine 10%ige Sanktion des § 32 in Betracht kommen, was sich aber laut FW nur bei Meldeversäumnissen zwingend ergibt.
Das gilt natürlich **nicht** für minderjährige Sozialgeldbeziehende

7. Sperrzeiten bei Alg I-Bezug

- Während einer Sperrzeit bei Alg I können Sie **auf Antrag** zur Sicherung des Lebensunterhalts Alg II beziehen, aber zur Strafe ebenfalls um bis zu 30 Prozent gekürzt.
- Als **Alg II-Aufstockende*r** im Bezug von Alg I nehmen Sie Ihre SGB III-Sperrzeit genauso ins SGB II mit, wie bei einem Alg II-Bezug, der direkt **nach** Ablauf des Alg I-Anspruchs folgt. Ebenfalls werden Sie nach § 31 Abs.2 Nr. 4 SGB II sanktioniert, wenn Sie die Voraussetzungen zum Bezug von Alg I zum Beispiel wegen mangelnder Anwartschaftszeit nicht erfüllen, aber die Pflichten nach § 159 Abs. 1 Nr.1 SGB III (Arbeitsaufgabe) verletzt haben. Der Grund des § 159 Abs. 1 Nr. 1 SGB III ist aber ausschließlich und die weiteren Gründe Nr. 2-7 können nicht zu einer Sanktionierung nach dieser Norm führen (FW 31.27). Bei Sanktionierungen wegen Meldeversäumnissen beim Arbeitsamt darf aber lediglich die 10%ige Sanktionierung des §32 SGB II erfolgen.(§ 31 Abs. 2 Nr. 3 u. 4 SGB II; ⇨Arbeitslose 2.2).

Nach dem jüngsten Verfassungsgerichtsurteil hat sich der Petitionsausschuss des Bundestages dieser Problematik angenommen. Dieser plädiert für eine Befugnis und für die Sperrfristenregelung im SGB III zum Arbeitslosengeld I. In der Petition wird jedoch darauf verwiesen, dass durch die im SGB III geregelten Sperrfristen das Existenzminimum genauso entzogen werde wie durch Sanktionen nach dem SGB II. Zur

Neuregelung ist diese Problematik aber an das BMAS überwiesen worden.

8. Sich gegen Sanktionen wehren
Gegen einen Sanktionsbescheid können Sie ⇨Widerspruch einlegen und ggf. klagen (⇨ Klage) wenn,
- die unter 1.1.3 und 3.1 ff. beschriebenen **Mindestvoraussetzungen** für den Vollzug einer Sanktion **nicht erfüllt** sind,
- die **Pflichtverletzungen**, mit denen die Sanktion begründet wird, **nicht zutreffen** bzw. die Umstände verzerrt/ einseitig dargestellt werden oder
- Sie einen **wichtigen Grund** für Ihr Verhalten hatten, das vom Amt als Sanktionstatbestand gewertet wird (⇨3.2).

Alg II

Da Widerspruch und Klage gegen einen Bescheid, *„der die Pflichtverletzung und die Minderung des Auszahlungsanspruchs feststellt"*, keine aufschiebende Wirkung haben (§ 39 Abs. 1 Nr. 1 SGB II), sollten Sie bereits in Ihrem Widerspruch beantragen, die aufschiebende Wirkung desselben durch das Jobcenter anordnen zu lassen. Hierauf wird jedoch i.d.R. keine Reaktion erfolgen.
Wollen Sie den sofortigen Vollzug der Kürzung wirksam vermeiden, müssen Sie die **Einsetzung der aufschiebenden Wirkung** von Widerspruch und Klage im Rahmen einer ⇨**einstweiligen Anordnung** beim Sozialgericht beantragen. Im Eilverfahren kann das Gericht anordnen, den Vollzug der Sanktion auszusetzen.
Eine einstweilige Anordnung ist allerdings nur erfolgversprechend, wenn die Existenz durch die gekürzte Alg II-Leistung nicht mehr ausreichend sichergestellt werden kann. Diese Vorrausetzung ist bei einer **30%igen Sanktion** erfüllt (LSG NRW 25.3.2015 - L 6 AS 332/15 B ER, L 6 AS 332/15 B).

HzL/GSi der Sozialhilfe

Hier entfalten Widerspruch und Klage gegen einen Sanktionsbescheid **noch** aufschiebende Wirkung.

Kritik
Sanktionen haben den Zweck, eine Verhaltensänderung hinsichtlich der Mitwirkung zur Integration in den Arbeitsmarkt herbeizuführen. Dieser Zweck wurde vom Bundesverfassungsgericht als verfassungskonform beurteilt. Tacheles e.V. wurde aufgrund jahrelanger Kritik, dass Sanktionen nicht dazu geeignet sind, motivierend und positiv auf die gewünschten Verhaltensänderungen einzuwirken, sondern ganz im Gegenteil oftmals eine Verschlimmerung der Gesamtsituation herbeiführen, am Verfahren in Karlsruhe beteiligt. Diese Einwände wurden auch im Urteil zur Kenntnis genommen und dahingehend gewürdigt, dass diesbezüglich keine empirischen Erhebungen existieren würden. Dennoch wurde die Sanktionierung grundsätzlich als legitimes verfassungskonformes Verfahren des Gesetzgebers gewürdigt und lediglich der Eingriff in die Grundrechte auf Menschwürde, Leben und körperliche Unversehrtheit durch Sanktionierungen von über 30 Prozent der Regelleistung und die starre Dauer von drei Monaten als übermäßiger Grundrechtseingriff gewürdigt. Ausnahmsweise hat die Sanktionierung zu unterbleiben wenn eine ausgewöhnliche Härte vorliegt.

Forderungen
Ersatzlose Streichung der Sanktionsparagrafen §§ 31 ff. SGB II und beim Alg I, SGB III!
Sinnvolle Qualifizierungs- und Arbeitsangebote statt nicht geeigneter Strafen!
Keine Sippenhaftung für Haushaltsangehörige!

Schenkungen

Inhaltsübersicht

S

1.1 Was ist eine Schenkung?

„Eine Zuwendung, durch die jemand aus seinem Vermögen einen anderen bereichert, ist Schenkung, wenn beide Teile darüber einig sind, dass die Zuwendung unentgeltlich erfolgt" (§ 516 BGB).

Ebenfalls als Schenkung zählen u.a.
- der Verzicht auf eine Forderung (Schulderlass) oder die Ausübung eines Rechtes (z.B. Wohnrecht),
- ein Scheingeschäft (BFH 7.11.2006 - IX R 4/06) und
- ein Scheindarlehen (SG Aachen 10.9.2013 - S 11 AS 481/13; nach Geiger 2019, 676).

Eine Schenkung kann auch dann bestehen, wenn ein extremes Missverhältnis zwischen Leistung und Gegenleistung bei einem Kaufvertrag oder bei einer Vermögensübertragung besteht. Wenn also z.B. ein Haus erheblich unter Wert verkauft wurde oder der Schenkung eines Hauses nicht vergleichbare Pflegeleistungen bzw. Werte von Wohnrechten gegenüberstehen.

Sie können
- selbst der/die **Schenker*in** sein (⇨1.2 - 4.) oder
- als **Beschenkte*r** Schenkungen erhalten (⇨5.1 f.).

Wenn Sie **keine** Leistungen wie Alg II, Hilfe zum Lebensunterhalt (HzL) oder GSi der Sozialhilfe beziehen, können Sie Ihr Haus, Geldbeträge und vieles mehr verschenken, spenden oder auf andere Personen übertragen, wie Sie es wollen.

1.2 Herausgabe einer Schenkung

Probleme gibt es jedoch, wenn Sie innerhalb von **zehn Jahren** nach der Schenkung Alg II-, HzL-, oder GSi-Bezieher*in werden. Für Ihre Behörde sind Sie dann ein*e „verarmte*r Schenker*in". Sie kann von Ihnen verlangen, die Schenkung rückgängig zu machen.
Dabei stört sich niemand daran, dass nach Meinung der Bundesregierung jemand, der Alg II, HzL oder GSi der Sozialhilfe bezieht, gar nicht arm ist, weil *„der Sozialstaat wirkt"* (Pressemitteilung BMAS, 25.6.2008).

„Soweit der Schenker nach Vollziehung der Schenkung außerstande ist, seinen angemessenen Unterhalt zu bestreiten [...], kann er von den Beschenkten die Herausgabe des Geschenkes nach den Vorschriften über die Herausgabe einer ungerechtfertigten Bereicherung fordern" (§ 528 BGB).

Bei Alg II-Bezug besteht ein Herausgabeanspruch wegen Verarmung des/r Schenkers/*in gemäß § 528 BGB. Wenn wegen der Weigerung des Herausgabeanspruchs Alg II-Hilfebedürftigkeit entsteht, geht der Anspruch nach § 33 Abs. 1 Satz 1 SGB II auf das Jobcenter über.
Bei den Leistungen der **Sozialhilfe** geht der Herausgabeanspruch gemäß § 93 SGB XII auf den Sozialhilfeträger über.
Die Herausgabe des Geschenks wird selbst dann verlangt,
- wenn der/die Beschenkte das Geschenk schon an einen Dritten weiterverschenkt hat (BGH 10.2.2004; NJW 2004, 314),
- wenn der/die *„verarmte Schenker*in"* verstirbt (BGH 16.9.1993, IDAS 1/94, I.2.1) oder
- wenn der/die Beschenkte Erb*in des/r verstorbenen *„Schenkers/*in"* geworden ist (BGH 4.10.1995, IDAS 1995, I 2.1).

Den **Nachweis** der Schenkung hat die Behörde zu führen (OLG Köln 12.1.2001 - 19 U 134/00 FamRZ 2002, 27).

S

1.3 Rückforderung sofort durchsetzbar?

Wenn der Rückforderungsanspruch einer Schenkung nicht sofort durchsetzbar ist, fehlen Ihnen die bereiten Mittel, um Ihren Lebensunterhalt zu bestreiten. Die Behörde muss dann in Vorleistung treten (LSG Berlin-Brandenburg 10.10.2007 - L 23 B 146/07 SO ER; LSG NRW 17.7.2008 - L 20 B 32/08 AS ER; nach Geiger 2019, 675). Wurden bereits Leistungen erbracht, kann der Träger den Rückforderungsanspruch bei dem/r Beschenkten selbst eintreiben (LSG Thüringen 30.7.2009 - L 9 AS 1159/08 ER; nach Geiger, ebenda).

2. Wann ein Geschenk nicht zurückverlangt werden darf...

2.1 Verjährung

liegt vor, wenn vom Zeitpunkt der Schenkung bis zum *„Eintritt der Bedürftigkeit"* zehn Jahre verstrichen sind (§ 529 BGB Abs. 1). Die Bedürftigkeit tritt ein, wenn Sie Alg II/ HzL/ GSi beantragen.

Niemand kann Sie zwingen, für zehn Jahre rückwirkend Ihre gesamten Kontobewegungen offenzulegen oder die Sparbücher der letzten zehn Jahre zugänglich zu machen. *„Nur wenn eine Schenkung bejaht oder Anhaltspunkte dafür vorliegen, dass die Angaben unvollständig oder gar falsch sind, sollten entsprechende Nachweise gefordert werden"* (Gutachten Deutscher Verein 4.8.1992, NDV 1992, 302).

2.2 Schenkungen sind geschütztes ⇨Vermögen

wenn Ihre frühere Schenkungen sich im Rahmen Ihrer heutigen Vermögensfreibeträge hält. Wenn Sie z.B. ein als Vermögen geschützten Barbetrag oder (bei Alg II-Bezug) ein Auto im Rahmen der Freibeträge verschenkt haben, kann das Geschenk nicht zurückgefordert werden. Die Rückforderung würde an Ihrer Hilfsbedürftigkeit nichts ändern (LPK SGB II, 7. Aufl., § 33 Rn. 29, a.A. Eicher/ Luik, 4. Aufl., SGB II, § 33 Rn. 33, bei Abwendung der Rückforderung in Form von Unterhaltszahlung, ⇨3.).

2.3 Das Geschenk ist futsch

wenn *„die Verpflichtung zur Herausgabe oder zum Ersatz des Wertes [...] ausgeschlossen [ist], soweit der Empfänger nicht mehr bereichert ist"* (§ 818 Abs. 3 BGB zum Umfang des Bereicherungsanspruchs).

S

Wenn der/die Beschenkte z.B. das Geschenk verkauft und den Geldbetrag für Dinge **ausgegeben** hat, die er/sie sich normalerweise nicht hätte leisten können (Weltreise, Luxusausgaben, Hebung des Lebensstandards), kann das Geschenk nicht zurückverlangt werden. Es kann nur zurückverlangt werden, wenn es in Form eines Geldbetrages oder in anderer Form (z.B. als Immobilie) noch existiert, wenn also der/die Beschenkte entsprechend „reicher" ist als vor der Schenkung. Ist es noch vorhanden, kann der/die Beschenkte die Herausgabe durch Zahlung des für den Unterhalt erforderlichen Betrages abwenden (§ 528 Abs. 1 BGB).

2.4 Der Unterhalt des/r Beschenkten ist gefährdet

„Der Anspruch auf Herausgabe des Geschenks ist ausgeschlossen, [...] soweit der Beschenkte bei Berücksichtigung seiner sonstigen Verpflichtungen außerstande ist, das Geschenk herauszugeben, ohne dass sein standesgemäßer Unterhalt oder die Erfüllung der ihm kraft Gesetzes obliegenden Unterhaltspflichten gefährdet wird" (§ 529 Abs. 2 BGB).

Der standesgemäße Unterhalt ist auf jeden Fall nicht gegeben, wenn Sie durch die Herausgabe selbst Alg-II- oder sozialhilfebedürftig würden. Je nach Lebensstandard ist das Standesgemäße aber auch höher anzusetzen.

Die Gefährdung der Unterhaltspflicht liegt immer dann vor, wenn Sie durch die Herausgabe einer ⇨Unterhaltspflicht gemäß Düsseldorfer Tabelle nicht mehr nachkommen könnten (BGH NJW 2000, 3488).

2.5 Sittliche Verpflichtung

„Schenkungen, durch die einer sittlichen Pflicht oder einer auf den Anstand zu nehmenden Rücksicht entsprochen wird, unterliegen nicht der Rückforderung" (§ 534 BGB).

Eine sittliche Pflicht besteht dann, wenn es **anstößig** wäre, nichts zu schenken. Zum Beispiel als Ausgleich dafür, dass eine Pflegeperson schwere persönliche Opfer gebracht hat und dadurch in eine Notlage geraten ist (BGH 9.4.1986, NJW 1986, 1926). Wenn aber die Pflegeperson in geordneten wirtschaftlichen Verhältnissen lebt, entspringt die Schenkung an sie nur einer verwandtschaftlichen Verbundenheit, nicht einer sittlichen Pflicht, so der BGH.

Schenkungen an Kinder beruhen in der Regel nicht auf einer sittlichen Pflicht. Sie gelten als *„belohnende Schenkung"*, die man zurückfordern kann.

2.6 Nach Trennung

Schenkungen zwischen **Ehegatten**, Lebenspartner*innen oder eheähnlichen Partner*innenn können nach einer Trennung nicht von der Behörde zurückverlangt werden.

2.7 Geschenk als Gegenleistung

Wenn die Schenkung mit der **Verpflichtung zu Gegenleistungen** verbunden ist, kann sie nur in Höhe des Teils zurückgefordert werden, der keiner Gegenleistung entspricht.

Wenn die Beschenkten Pflege- oder Unterhaltsleistungen (z.B. ein lebenslanges Wohnrecht, das in Geld bewertet werden muss) oder Umbauten, Schuldentilgung, Sanierungen als volle Gegenleistung erbracht haben, handelt es sich nicht um eine Schenkung, die zurückgefordert werden kann (VGH Hessen 28.8.1990, IDAS 2/92, I.2.1 und 24.10.1995, IDAS 1/96, I.2.1).

2.8 Anstandsschenkungen
sind gebräuchliche **Geburtstags-, Weihnachts-** oder **Hochzeits**geschenke. Sie dürfen nicht zurückverlangt werden.

2.9 Eine besondere Härte
liegt z.B. vor, wenn der/die Beschenkte nicht bereit ist, die Schenkung zurückzugeben und es dem Schenker aufgrund familiärer Nähe nicht zugemutet werden kann, den Rückforderungsanspruch über eine Klage gegen den/die Beschenkte*n durchzusetzen (OVG NRW 14.10.2008 - 16 A 1409/07, nach Geiger 2019, 686).

2.10 Bedürftigkeit durch Fehlverhalten
„Der Anspruch auf Herausgabe des Geschenkes ist ausgeschlossen, wenn der Schenker seine Bedürftigkeit ***vorsätzlich*** *oder durch* ***grobe Fahrlässigkeit*** *herbeigeführt hat"* (§ 529 Abs. 1 BGB).
Ein*e Beschenkte*r soll nicht für späteres Fehlverhalten des/r Schenkers/*in büßen müssen.

3. Höhe des Herausgabeanspruchs
Der/die Beschenkte muss „nur" die benötigten Mittel für den **Unterhalts**bedarf des/r Schenkers/*in und der mit diesem in einer Bedarfsgemeinschaft Lebenden herausgeben. Bei laufendem Unterhaltsbedarf so lange, bis der **Wert** des Geschenks **erschöpft** ist.

4. Geldstrafen und Kostenersatz
Wenn Sie mit der Schenkung die Absicht hatten, *„die Voraussetzungen für die Gewährung"* von Alg II oder HzL/ GSi der Sozialhilfe herbeizuführen, wird Ihr Regelbedarf durch eine ⇨**Sanktion** um 30 bzw. 25 Prozent gekürzt.

Wenn Sie „vorsätzlich oder grob fahrlässig" die Voraussetzungen für die eigene oder die Hilfebedürftigkeit von anderen herbeigeführt haben, sind Sie gleichzeitig auch zum **Kostenersatz** verpflichtet (⇨ Rückforderung).

Voraussetzung von Sanktion und Kostenersatz ist, dass Ihnen vom Amt Absicht, Vorsatz oder wenigstens grobe Fahrlässigkeit nachgewiesen werden kann. Das ist umso schwieriger, je länger die Schenkung zurückliegt.

Für die **Grundsicherung im Alter und bei Erwerbsminderung** (GSi) gilt,
„wer in den letzten zehn Jahren die Bedürftigkeit vorsätzlich oder grob fahrlässig herbeigeführt hat" hat **keinen Anspruch** (§ 41 Abs. 4 SGB XII).
Hier sind vor allem Schenkungen von Vermögen gemeint, das bei der Grundsicherung einzusetzen wäre, z.B. ein Grundstück, ein nicht selbst bewohntes Haus, eine Ferienwohnung, Geldvermögen usw.
Die Betroffenen können statt auf GSi auf HzL der Sozialhilfe verwiesen werden. Das Amt kann den Kostenersatz so bei den Angehörigen eintreiben.

5.1 Wenn Leistungsbeziehende Geld geschenkt bekommen
wird das als einmaliges ⇨**Einkommen** an Ihre Leistung angerechnet. Der/die Schenker*in sollte sich das vorher gut überlegen. Für kleine Geschenke und Zuwendungen Dritter gibt es Ausnahmen (⇨Einkommen 2.9.2).

5.2 Wenn Leistungsbeziehende Sachgeschenke erhalten

Alg II

Hier gilt seit dem **1.8.2016**, dass Sachgeschenke als ***„Einnahmen in Geldeswert"*** nicht als Einkommen angerechnet werden (§ 11 Abs. 1 Satz 1 SGB II neu; Streichung der Wörter *„oder Geldeswert"*). Das trifft auch auf eine Schenkung in Geldeswert zu, etwa eine Immobilie oder ein Kfz. Eine Einnahme in Geldeswert ist im Folgemonat ⇨**Vermögen** und muss dann ggf. verwertet und vorrangig zum Lebensunterhalt eingesetzt werden. Ge-

S

hört das Geschenk aber als selbst genutztes ⇨**Eigenheim** oder ⇨**Kraftfahrzeug** zu Ihrem **Schonvermögen**, ist es vor dem Zugriff des Jobcenters geschützt. Auch **Hausrat** können Sie im üblichen Rahmen geschenkt bekommen, ohne dass dies leistungsrechtliche Probleme aufwirft.

HzL/GSi der Sozialhilfe

Hier sind Einkünfte in Geldeswert also auch Sachgeschenke weiterhin als ⇨**Einkommen** zu berücksichtigen (§ 82 Abs. 1 S. 1 SGB XII).

Kritik

Inhaber*innen von Unternehmen können ohne Sorgen ihr Vermögen auf Partner*in und Kinder übertragen. Im Konkursfall müssen die Schenkungen nicht rückgängig gemacht werden, auch wenn sie die Pleite vorsätzlich herbeigeführt haben. Das gibt es nur bei Alg II, HzL und GSi der Sozialhilfe.

Forderung

Reduzierung der Rückforderungsfrist von Schenkungen auf ein Jahr vor dem Leistungsbezug!

Information

umfassende Darstellung: Geiger 2019, S. 675 ff.

S

Schmerzensgeld

... als Einkommen

Wird Entschädigung als Schmerzensgeld *„wegen einer Verletzung des Körpers, der Gesundheit, der Freiheit oder der sexuellen Selbstbestimmung“* (§ 253 Abs. 2 BGB) gezahlt, ist es bei Alg II-, HzL- und GSi-Bezieher*innen grundsätzlich *„nicht als Einkommen zu berücksichtigen“* (§ 11a Abs. 2 SGB II, § 83 Abs. 2 SGB XII; FW 11.82).

... als Vermögen

Das Schmerzensgeld ist – unabhängig von seiner Höhe – auch als Vermögen geschützt. Stammt das Vermögen zumindest überwiegend aus einer Schmerzensgeldzahlung, stellt dessen Verwertung einen Härtefall dar, der bei Bezug von Sozialhilfe/ Alg II die Anrechnung ausschließt (BVerwG 18.5.1995 - FEVS 1996, 57; BSG 15.4.2008 - B 14/7b AS 6/07 R).

Diese Härtefallregelungen gibt es in § 90 Abs. 3 SGB XII und § 12 Abs. 3 Nr. 6 SGB II. Wenn Schmerzensgeld als Einkommen geschützt ist, gilt das auch beim Vermögen!

Daher bleibt das Schmerzensgeld auch geschützt, wenn es aus der laufenden Zahlung angespart wird oder wenn es als Einmalbetrag, z.B. nach einem lang andauernden Rechtstreit ausgezahlt wird. Anders als die Behörden oft meinen, ist dies auch nicht zeitnah und zweckentsprechend auszugeben (BSG 15.4.2008 - B 14/7b AS 6/07 R). Wichtig ist jedoch, dass Sie darlegen können, dass ein Guthaben noch aus der Zahlung von Schmerzensgeld stammt. Deshalb bietet es sich einerseits an, dass z.B. bei einer Vereinbarung zur Zahlung von Schmerzensgeld und Schadensersatz beides **getrennt ausgewiesen** wird, denn Schadensersatz wird ggf. angerechnet (vgl. BSG 9.8.2018- B 14 AS 20/17 R). Andererseits ist es sinnvoll das Schmerzensgeld getrennt von anderen Geldern anzulegen.

Ergeben sich aus der Anlage des Schmerzensgeldes **Zinsen,** sind diese jedoch **als Einkommen anrechenbar** (BSG 22.8.2012 – B 14 AS 103/11 R).

Schulden

Inhaltsübersicht

1. Schulden und Arbeitslosigkeit

Personen, die sich in finanziellen Schwierigkeiten befinden oder sogar von Überschuldung betroffen sind, sind keine Einzelfälle! Allein in 2019 haben sich über 580.000 Personen durch eine Schuldnerberatungsstelle beraten lassen und es wurden über 66.000 Verbraucherinsolvenzen eröffnet. Etwa **28.000 €** betrugen im Schnitt die Schulden dieser Ratsuchenden, noch immer ist die häufigste Ursache für Überschuldung die **Arbeitslosigkeit**: Bei jedem fünften, nämlich bei 19,9 Prozent der Fälle, war die Arbeitslosigkeit der Hauptauslöser der Überschuldung. Aber auch Trennung, Scheidung oder Tod des Partners/der Partnerin, Krankheit, Sucht oder ein Unfall sind häufige Auslöser. Niedrigeinkommen sind mit all diesen Ursachen verbunden (Statistik zur Überschuldung privater Personen, 2019, Fachserie 15, Reihe 5, www.destatis.de; www.butenob.de/linkliste (Nummer 28)).

1.1 Schulden vor dem Alg II-/Sozialhilfebezug

Wenn Sie **vor dem Bezug** von Alg II/ Sozialhilfe mit Ihrem Vermögen Schulden abzahlen, kann Ihnen nicht vorgeworfen werden, dass Sie dies tun, um in den „Genuss" von Alg II/ Sozialhilfe zu kommen (SG Düsseldorf31.8.2015 - S 35 AS 257/15 mit Verweis auf Bundesverfassungsgericht, 12.05.2005, 1 BvR 569/05). Wenn Sie z.B. fälligen Zahlungsverpflichtungen nachkommen und damit Pfändungsbeschlüssen vorbeugen, können Sie Vermögen immer zur Schuldentilgung verwenden (BSG 21.11.2002 - B 11 AL 10/02 R).

Das Bundessozialgericht hat zudem entschieden (20.2.2020 - B 14 AS 52/18 R), dass Vermögen zur Schuldentilgung eingesetzt werden darf und **ab dem Tag des Vermögensverbrauchs** ein SGB II-Leistungsanspruch bestehen kann. Denn abweichend von der Einkommensberücksichtigung (vgl. § 11 Abs. 2, 3 SGB II) gibt es bei der Berücksichtigung von Vermögen im SGB II keine normative Grundlage für ein Monatsprinzip, so dass auch Leistungen ab Monatsmitte bzw. bei Eintritt der Hilfebedürftigkeit zu gewähren sein können.

Tipp 1: Wenn Sie **vor** der Antragstellung Ihr Einkommen oder Vermögen schmälern, *„um die von [Ihnen] eingegangenen rechtlichen Verpflichtungen zu erfüllen"*, darf deshalb später der **Regelbedarf** nicht gekürzt werden (VG Sigmaringen 7.12.2001 - 7 K 1647/01; ⇨Sanktionen).

Tipp 2: Sollten Sie bis auf Miete, Energie und ggf. Telekommunikation Ihre Tilgungsraten nicht mehr aufbringen können, stellen Sie diese Zahlungen ein. Wenn es dann noch immer nicht zum Leben reicht, können Sie Alg II oder HzL/ GSi der Sozialhilfe beantragen.

Tipp 3: Wenn Ihre Gläubiger Forderungen eintreiben, indem sie Ihr Konto pfänden, müssen Sie ein ⇨**P-Konto** einrichten, um den Pfändungsfreibetrag auf Ihrem Konto zu schützen.

Näheres zur **Kontenpfändung** ⇨Pfändung/ P-Konto 2. ff.
Näheres zur **Lohnpfändung** ⇨Pfändung/P-Konto 3. ff.

1.2 Schulden während des Alg II-/ Sozialhilfebezugs

Wenn Sie Alg II/ Sozialhilfe beziehen, können Sie in aller Regel Ihre Schulden nicht mehr bedienen. Sie sollten dies auch nicht unter dem Druck von Schreiben der Gläubiger, die Ihnen mit Pfändungen drohen, tun. Sozialhilfe-Leistungen dürfen nicht gepfändet werden (§ 17 Abs. 1 Satz 2 SGB XII). Das gilt seit 2016 auch für Alg II (§ 42 Abs. 4 SGB II). Beide Leistungen sind i.d.R. so niedrig, dass sie unter den ⇨**Pfändung**sschutz fallen.

Auch wenn Sie während des Leistungsbezuges ein einmaliges ⇨Einkommen (Steuererstattung, Erbe usw.) erzielen, sollten Sie dies **nicht** zur Schuldentilgung verwenden. Bezieher*innen von Alg II bzw. HzL/ GSi der Sozialhilfe müssen Einkommen immer zuerst für den **Lebensunterhalt** einsetzen. Dies gilt selbst dann, wenn es dadurch nicht mehr möglich ist, bestehende vertragliche Verpflichtungen zu erfüllen. Offene Schulden sind nämlich nicht vom Einkommen abzusetzen. Wird das Einkommen trotzdem zur Schuldentilgung eingesetzt, wird die Zahlung deshalb nicht einkommensmindernd anerkannt (BSG 8.2.2017 - B 14 AS 22/16 R, Rn. 25). Dies gilt auch für eine Zahlung für Rückstände von titulierten, also rechtmäßig verlangten Unterhaltsforderungen (BSG 20.2.2014 - B 14 AS 53/12 R). Lediglich laufende gesetzliche Unterhaltszahlungen, insofern tituliert, sind vom Einkommen abzuziehen (§ 11b Abs. 1 Nr. 7 SGB II). Das sind auch keine Schulden, sondern

Verpflichtungen. Schulden sind es erst, wenn der Schuldner sie in dem jeweiligen Monat nicht gezahlt hat.

Zahlungen einer **Restschuldversicherung** sind kein anrechenbares Einkommen im Sinne des § 11 SGB II, auch wenn dies zu einer Darlehenstilgung führt. Denn die Versicherungsleistungen gehen direkt auf das Darlehenskonto und stellen für den Schuldner keine „bereiten Mittel" dar (BSG 29.8.2019 - B 14 AS 42/18 R).

1.2.1 Schulden, weil die Behörde nicht geleistet hat

Sie haben Schulden gemacht, weil die Behörde eine notwendige Leistung nicht oder nicht rechtzeitig erbracht hat, obwohl sie die Notlage kannte (vgl. BVerwG 30.4.1992 - 5 C 12/87).

Beispiel

Ein Antrag auf Bewilligung von Umzugskosten wird genehmigt. Das Geld wird aber vor dem Umzug nicht rechtzeitig ausgezahlt und Sie müssen es sich deshalb von Bekannten leihen. Die Behörde darf nicht damit argumentieren, es bestünde kein Bedarf mehr, da Sie die Umzugskosten in Selbsthilfe mit einem Notdarlehen gedeckt hätten.

Tipp 1: Sie haben **Anspruch** auf Erstattung der Kosten und können davon das Notdarlehen zurückzahlen (⇨Nothelfer).

Tipp 2: Schließen Sie für ein Notdarlehen einen **Darlehensvertrag** ab, in dem die Zweckbindung des Darlehens geregelt ist (z.B. hilfsweise und vorübergehende Finanzierung der Umzugskosten) sowie die Rückzahlung nach Erhalt der beantragten und zustehenden Leistungen (in unserem Beispiel: für die Umzugskosten).

1.2.2 Miet- und Stromschulden

Näheres unter ⇨Mietschulden und ⇨Strom 3.0

1.2.3 Schulden auf Eigenheimen/Eigentumswohnungen

Wenn Sie ein Eigenheim besitzen, auf dem Grundschulden bzw. Hypotheken liegen, erkennt die Behörde die **Schuldzinsen** als notwendige Kosten der Unterkunft an, in der Regel aber nicht die Tilgung (⇨Eigenheim 2.1).

2. Entschuldung – wie?

2.1 Vergleichsverhandlungen / Forderungserlass

Sie können mit den Gläubigern Verhandlungen mit dem Ziel führen, nur einen Teil der Forderung(en) zu zahlen und dann den Forderungsrest erlassen zu bekommen. Mustertexte von Einzelvergleichen finden Sie unter www.butenob.de/linkliste (Nummer 30). In aller Regel aber ist es besser, sich Hilfe von einer Schuldnerberatungsstelle zu holen, um den Fallstricken der Vertragsverhandlungen zu entgehen!

2.2 Insolvenzverfahren und Restschuldbefreiung

Seit 1999 gibt es für zahlungsunfähige und von Zahlungsunfähigkeit bedrohte Privatpersonen sowie für aktive und ehemalige Selbstständige die Möglichkeit, ein (Verbraucher-)Insolvenzverfahren sowie die Restschuldbefreiung zu beantragen.
Seit 1.12.2001 können sämtliche anfallenden Kosten des Verfahrens auf Antrag gestundet werden, wenn das Vermögen des Schuldners *„voraussichtlich nicht ausreichen wird, um diese Kosten zu decken"* (§ 4a Abs. 1 Insolvenzordnung). Damit ist eine wichtige Zugangshürde gefallen.
Im Jahr 1999 gab es 3.300 beantragte Verbraucherinsolvenzen, 2005 waren es schon knapp 74.000. In 2010 gab es mit über 114.000 die bislang meisten Verbraucherpleiten und 2019 waren es fast 70.000. Seit Einführung des Verbraucherinsolvenzverfahrens 1999 wurden bis einschließlich 2019 über 1,5 Millionen Privatinsolvenzverfahren beantragt und davon 97 Prozent eröffnet (www.destatis.de, GENESIS-Tabelle: 52411-0009; eigene Berechnung).

Auch Alg II-/Sozialhilfebezieher*innen können am Insolvenzverfahren teilnehmen und eine **Restschuldbefreiung** erhalten. Die Insolvenzordnung schreibt keine Mindestquote zur Befriedigung der Gläubiger vor. Auch wenn Sie kein Geld haben, um Gläubigern etwas zu zahlen, können Sie **drei Jahre** nach Verfahrenseröffnung schuldenfrei sein – vorausgesetzt, Sie halten sich an die Spielregeln des Insolvenz-/Restschuldbefreiungsverfahrens. Sie müssen z.B. den pfändbaren Anteil Ihres Einkommens (dazu ⇨Pfändung/P-Konto 3. ff.) abgeben, sich aktiv bemühen, eine Arbeitsstelle zu finden, dürfen keine zumutbare Arbeit ablehnen und müssen das ggf. nachweisen. Sie müssen Ihre Einkommens- und Vermögensverhältnisse offenlegen und mitteilen, wenn sich Ihre Einkommenssituation ändert. Auch einen Umzug oder Wechsel Ihres Beschäftigungsverhältnisses müssen Sie dem Insolvenzverwalter/Treuhänder und dem „Insolvenzgericht" (dem örtlichen Amtsgericht) melden.

Nach der Restschuldbefreiung haften Sie allerdings noch weitere **48 Monate für die gestundeten Verfahrenskosten** nach den Grundsätzen der ⇨Prozesskostenhilfe.

Bis 30.9.2020 dauerte das Restschuldbefreiungsverfahren sechs Jahre. Dies wurde Ende 2020 auf die aktuell geltenden **drei Jahre** verkürzt. Gegner einer kurzen Restschuldbefreiungszeit behaupten gerne, dass Verbraucher*innen dadurch zu einer sorgenbefreiten oder gar missbräuchlichen Überschuldung verleitet werden würden. Zu Recht bewertet Ex-BGH-Richter Pape dies als ein Argument *„aus der Mottenkiste"* und stellt fest: *„Dieses Argument ist durch die inzwischen mehr als zwanzigjährige Anwendungszeit der InsO widerlegt.* ***Eine frivole Schuldenmacherei im Hinblick auf die Möglichkeit der Restschuldbefreiung hat es nie gegeben"*** (ZInsO 2020, 1347).

2.3 Schuldnerberatung

Wollen Sie Ihre Schulden über ein Insolvenzverfahren regeln, dann sollten Sie sich wegen der vielen Fallstricke des Verfahrens vorher fachkundigen Rat von einer anerkannten Schuldner- und Insolvenzberatungsstelle einholen. Sie kann Ihnen bei der Aufarbeitung Ihrer Verschuldungssituation helfen.

Seriöse und soziale Schuldnerberatung ist in der Regel **kostenlos** und wird von Wohlfahrtsverbänden, Kommunen oder auch Verbraucherzentralen getragen. Manche Stellen verlangen eine Beratungsgebühr; fragen Sie vorher danach.

Alg II

Wenn Sie Alg II beziehen, kann das Jobcenter die Schuldnerberatung selbst leisten bzw. Sie an eine Schuldnerberatungsstelle verweisen, wenn es *„für die Eingliederung der oder des erwerbsfähigen Leistungsberechtigten in das Erwerbsleben erforderlich ist"* (§ 16a Nr. 2 SGB II).

Auch wenn Sie z.B. als Alleinerziehende mit zwei Kindern dem Arbeitsmarkt momentan nicht zur Verfügung stehen, dient eine Entschuldung ihrer langfristigen beruflichen Eingliederung. Im Gesetz steht nichts davon, dass Schuldnerberatung nur bei kurzfristig möglicher Eingliederung gefördert wird. Schulden und ⇨Pfändungen erschweren die (Wieder-)Einstellung von Arbeitslosen.

HzL/GSi der Sozialhilfe

„Ist die weitere Beratung durch eine Schuldnerberatungsstelle [...] geboten, ist auf Ihre Inanspruchnahme hinzuwirken. Angemessene Kosten einer Beratung [...] sollen übernommen werden, wenn eine Lebenslage, die Leistungen der Hilfe zum Lebensunterhalt erforderlich macht oder erwarten lässt, sonst nicht überwunden werden kann" (§ 11 Abs. 5 SGB XII).

Fragen Sie beim Sozialamt nach entsprechenden Hilfsangeboten.

Tipp: Hüten Sie sich vor gewerblichen „Schuldenregulierern", die aus Ihrer Notlage Profit schlagen wollen, und vor Umschuldungen, insbesondere durch „Kredithaie" sowie vor SCHUFA-freien Krediten.

Adressen von Schuldnerberatungen / Informationen

- Seriöse Beratungsstellen können Sie finden über: www.meine-schulden.de/beratung/beratung-finden/adressverzeichnis
- Ein sehr guter und zudem günstiger Ratgeber ist die Broschüre der Bundesarbeitsgemeinschaft Schuldnerberatung (BAG SB) mit dem Titel „Schulden erfolgreich bewältigen - Von der Pfändung bis zur Privatinsolvenz" (Beck-Verlag; ISBN 978-3-406-70620-2; 5,50 Euro)
- Sowohl aktuelle Informationen als auch Grundlagen sind zu finden auf der Webseite

S

der Landesarbeitsgemeinschaft Schuldnerberatung Hamburg: www.soziale-schuldnerberatung-hamburg.de/informationen-fuer-ratsuchende/

Kritik

Es gibt in Deutschland nicht genügend Schuldnerberatungsstellen. Sie sollten sich daher frühzeitig um einen Erstberatungstermin bei einer Schuldnerberatung bemühen und haben nicht selten mit langen Wartezeiten bis zum Beginn der Schuldenbestandsaufnahme/ -regulierung zu rechnen. In existenziellen **Krisen** (z.B. bei Kontosperre, Haftandrohung oder fristloser Kündigung wegen Mietschulden) kann aber meist auf Akutsprechstunden/Notfallberatung zurückgegriffen werden.

Das Insolvenzverfahren/Restschuldbefreiungsverfahren ist zu kompliziert aufgebaut.

Überschuldung ist häufig noch mit einem Stigma verbunden. Dabei kann es jede*n treffen (siehe eingangs zu den Auslösern von Überschuldung)! Schuldenprävention bedeutet daher nicht nur, die individuelle Finanzkompetenz der Einzelnen zu erhöhen, sondern vor allem grundsätzlich den Sozialstaat zu stärken und die (Einkommens-) Armut zu bekämpfen.

Forderungen

- Unkompliziertes und kostenfreies Insolvenzverfahren für arme Leute!
- Ausbau der unabhängigen und kostenfreien Schuldnerberatung!
- Einklagbarer Rechtsanspruch auf Schuldnerberatung!
- Regelung und Begrenzung von Inkassokosten und Stärkung der Aufsicht über die Inkassounternehmen!
- Regulierung von Einträgen in Auskunfteien wie der SCHUFA!

Schüler*innen

Schüler*innen sind mit Vollendung des 15. Lebensjahrs in der Regel ⇨erwerbsfähig. Als solche haben sie Anspruch auf Alg II (§ 7 Abs. 1 Nr. 1 SGB II).

Sind Schüler*innen nicht erwerbsfähig, haben sie entweder Anspruch auf ⇨Sozialgeld oder Sozialhilfe; sind sie volljährig, besteht möglicherweise ein Anspruch auf Grundsicherung für dauerhaft voll Erwerbsgeminderte.

Schüler*innen **unter** 15 Jahren haben
- Anspruch auf Sozialgeld, wenn ihre Eltern Anspruch auf Alg II haben oder
- Anspruch auf Sozialhilfe, wenn ihre Eltern Anspruch auf Sozialhilfe haben.

Hartz IV macht alles nicht einfacher.

Schüler*innen, die das 15. Lebensjahr vollendet haben, haben aber regelmäßig **nur dann** Anspruch auf Alg II, wenn sie entweder *„dem Grunde nach"* **keinen Anspruch auf BAföG** haben oder wenn sie BAföG beantragt haben, BAföG erhalten oder nur wegen der Vorschriften zur Berücksichtigung von Einkommen und Vermögen nicht erhalten (⇨1. ff.).

Seit 2011 haben Schüler*innen und minderjährige Kinder Anspruch auf **Leistungen für Bildung und Teilhabe** (⇨5.).

Inhaltsübersicht

1. Ansprüche der Schüler*innen, die eine dem Grunde nach BAföG-förderfähige Ausbildung absolvieren

Mit dem Neunten SGB II-Änderungsgesetz wurde **ab dem 1.8.2016** der Anspruch für Schüler*innen auf SGB II-Leistungen neu geregelt. Dadurch ist manches komplizierter, aber auch einiges besser geworden.

Zwar heißt es weiterhin:

„Auszubildende, deren Ausbildung im Rahmen des Bundesausbildungsförderungsgesetzes dem Grunde nach förderungsfähig ist, haben über die Leistungen nach § 27 hinaus keinen Anspruch auf Leistungen zur Sicherung des Lebensunterhalts“ (§ 7 Abs. 5 Satz 1 SGB II).

- Was genau ***„dem Grunde nach förderungsfähig“*** bedeutet, finden Sie unter ⇨Studierende 1.
- Welche ***„Leistungen nach § 27 SGB II“*** Schüler*innen regelmäßig zustehen, lesen Sie unter ⇨1.3 ff.

Dieser Ausschluss von Schüler*innen und Studierenden von SGB II-Leistungen wird durch drei sogenannte „Rückausnahmen“ eingeschränkt, d.h., „durch die Hintertür“ wird ihnen der SGB II-Leistungsbezug in einigen Fällen doch ermöglicht:

„Absatz 5 Satz 1 ***ist nicht anzuwenden*** *auf Auszubildende*

- *1. die aufgrund von § 2 Absatz 1a des Bundesausbildungsförderungsgesetzes keinen Anspruch auf Ausbildungsförderung haben“* – diese **erste Rückausnahme** betrifft Schüler*innen, die in begründeten Fällen nicht auf die Wohnung der Eltern verwiesen werden können (⇨1.2) –
- *„2. deren Bedarf sich nach §§ 12, 13 Absatz 1 in Verbindung mit Absatz 2 Nummer 1 oder nach § 13 Absatz 1 Nummer 1 in Verbindung mit Absatz 2 Nummer 2 des Bundesausbildungsförderungsgesetzes bemisst und die Leistungen nach dem Bundesausbildungsförderungsgesetz*
  a) erhalten oder nur wegen der Vorschriften zur Berücksichtigung von Einkommen und Vermögen nicht erhalten oder
  b) beantragt haben und über deren Antrag das zuständige Amt für Ausbildungsförderung noch nicht entschieden hat; lehnt das zuständige Amt für Ausbildungsförderung die Leistungen ab, findet Absatz 5 mit Beginn des folgenden Monats Anwendung“
  – diese neue und gegenüber der Vorgängerregelung weitreichende **zweite Rückausnahme** ermöglicht es Schüler*innen, die eine dem Grunde nach eine BAföG-förderfähige Ausbildung absolvieren, in den meisten Fällen aufstockend SGB II-Leistungen zu beanspruchen (Einschränkungen gelten fortan noch für ⇨Studierende) – *„oder*
- *3. die eine Abendhauptschule, eine Abendrealschule oder ein Abendgymnasium besuchen, sofern sie aufgrund von § 10 Absatz 3 des Bundesausbildungsförderungsgesetzes keinen Anspruch auf Ausbildungsförderung haben“* – diese **dritte Rückausnahme** galt bereits nach altem Recht für Schüler*innen, die eine Abendschule besuchen und wegen ihres Alters über 30 Jahren i.d.R. keinen Anspruch auf BAföG haben (§ 7 Abs. 6 SGB II).

Die **erweiterte zweite Rückausnahme** ermöglicht Schüler*innen, die nach § 7 Abs. 5 Satz 1 SGB II eigentlich von SGB II-Leistungen ausgeschlossen sind,

- **SGB II-Leistungen aufstockend** in Anspruch zu nehmen, wenn deren Bedarf zum Lebensunterhalt nicht durch BAföG, Kindergeld oder andere Einkommen gedeckt ist, oder
- auch „nur“ **übergangsweise Alg II zu beziehen**, wenn sie BAföG zwar beantragt haben, aber über den Antrag noch nicht entscheiden ist.

Der BAföG-Antrag kann auch beim Jobcenter gestellt werden, das verpflichtet ist, ihn an das BAföG-Amt weiterzuleiten (§ 16 Abs.

S

2 SGB I) und zumindest bis zur Entscheidung des BAföG-Amts Schüler*innen SGB II-Leistungen bewilligen muss, wenn deren Bedarf nicht gedeckt ist.
Näheres unter ⇨2.1

1.1 Dem Grunde nach Anspruch auf BAföG haben Schüler*innen

- von Berufsfachschulklassen und Fachschulklassen, deren Besuch keine abgeschlossene Berufsausbildung voraussetzt und die in einem mindestens zweijährigen Bildungsgang einen berufsqualifizierenden Abschluss vermitteln,*
- von Fach- und Fachoberschulklassen, deren Besuch eine abgeschlossene Berufsausbildung voraussetzt,
- von Abendhauptschulen, Berufsaufbauschulen, Abendrealschulen, Abendgymnasien und Kollegs,
- von Höheren Fachschulen und Akademien sowie
- ⇨Studierende an Hochschulen.

(§ 2 Abs. 1 Nr. 2-6 BAföG)

Schüler*innen an Schulen im Sinne von § 2 Abs. 1 Nr. 1 BAföG, also

- an weiterführenden allgemeinbildenden Schulen (z.B. Gesamtschule, Gymnasium, Realschule, Stadtteilschule) ab Klasse 10,
- an Schulen beruflicher Grundbildung ab Klasse 10,
- an Berufsfachschulen ab Klasse 10 (* wenn sie nicht unter § 2 Abs. 1 Nr.2 BAföG fallen) und
- an Fach- und Fachoberschulen, deren Besuch keine abgeschlossene Berufsausbildung voraussetzt (* wenn die Fachschule nicht unter § 2 Abs. 1 Nr. 2 BAföG fällt)

haben Anspruch auf BAföG nur, wenn sie **nicht bei ihren Eltern wohnen und**

- deren Ausbildungsstätte von der Wohnung der Eltern aus nicht erreichbar ist (d.h. eine tägliche Hin- und Rückfahrt von zusammen mehr als zwei Stunden) **oder**
- die einen eigenen Haushalt führen und verheiratet sind **oder**
- einen eigenen Haushalt führen und mit mindestens einem Kind zusammenleben (§ 2 Abs. 1a BAföG).

Die Schüler*innen an diesen Schulen, die nicht diese speziellen Voraussetzungen nach § 2 Abs. 1a BAföG erfüllen, haben einen normalen Anspruch auf Alg II (§ 7 Abs. 6 Nr. 1 SGB II) bzw. Sozialhilfe (§ 22 Abs. 2 Nr. 1 SGB XII). Schüler*innen bis zur Klasse 9 können kein BAföG bekommen und haben daher in der Regel Anspruch auf Sozialgeld bzw. ab Vollendung des 15. Lebensjahres auf Alg II.

Wenn Schüler*innen **infolge von Erkrankung oder Schwangerschaft gehindert** sind die Ausbildung durchzuführen, wird über das Ende des dritten Kalendermonats hinaus keine Ausbildungsförderung geleistet (§ 15 Abs. 2a BAföG). **Ab dem 4. Kalendermonat** liegt keine dem Grunde nach förderungsfähige Ausbildung vor, so dass ab dann im SGB II und SGB XII **kein Leistungsausschluss** mehr besteht.

1.2. Höhe des BAföG

Die Höhe der vorrangigen Ausbildungsförderung ist abhängig vom eigenen Einkommen und Vermögen sowie vom Einkommen der Eltern und des Ehegatten. Als Bedarfe werden im BAföG vorgesehen je nach der Schule, die besucht wird, und wo jemand wohnt:

a. Schüler*innen,
- die **bei ihren Eltern** wohnen und
- eine Berufsfachschule oder **Fachschule** besuchen, deren Besuch keine abgeschlossene Berufsausbildung voraussetzt (§ 12 Abs. 1 Nr. 1 BAföG),

haben einen BAföG-Anspruch von **247 €**.

b. Schüler*innen, die
eine Berufsfachschule, Fach- oder Fachoberschule besuchen, deren Besuch **keine** abgeschlossene Berufsausbildung voraussetzt **und die nicht bei ihren Eltern wohnen**, haben einen BAföG-Anspruch von **585 €** (§ 12 Abs. 2 Nr. 1 BAföG).

c. Schüler*innen, die
eine Abendhauptschule, Berufsaufbauschule, Abendrealschule oder Fachoberschule besuchen, deren Besuch eine abgeschlossene Berufsausbildung voraussetzt, und
- die **bei ihren Eltern wohnen**, haben einen BAföG-Anspruch von **448 €** (§ 12 Abs. 1 Nr. 2 BAföG);
- die **nicht bei Ihren Eltern wohnen**, haben einen BAföG-Anspruch von **681 €** (§ 12 Abs. 2 Nr. 2 BAföG).

d. Schüler*innen/ Studierende, die
eine Fachschulklasse, deren Besuch eine abgeschlossene Berufsausbildung

voraussetzt, ein Abendgymnasium oder ein Kolleg besuchen, und

- die **bei ihren Eltern wohnen**, haben einen Anspruch auf BAföG von **398 € plus 56 €** für die Unterkunftskosten (§ 13 Abs. 1 Nr. 1 u. Abs. 2 Nr. 1 BAföG);
- die **nicht bei ihren Eltern wohnen**, haben einen Anspruch auf BAföG von **398 € plus 325 €** für die Unterkunftskosten (§ 13 Abs.1 Nr. 1 u. Abs. 2 Nr. 2 BAföG).

e. Studierende/ Schüler*innen, die eine Höhere Fachschule, Akademie oder Hochschule besuchen, **und**

- die **bei ihren Eltern wohnen**, haben einen Anspruch auf BAföG von **427 € plus 56 €** für die Unterkunftskosten (§ 13 Abs. 1 Nr. 2 u. Abs. 2 Nr. 1 BAföG);
- die **nicht bei ihren Eltern wohnen**, haben einen Anspruch auf BAföG von **427 € plus 325 €** für die Unterkunftskosten (§ 13 Abs. 1 Nr. 2 u. Abs. 2 Nr. 2 BAföG).

Sind Schüler*innen in der **Kranken- und Pflegeversicherung** nicht familienversichert, sondern selbst beitragspflichtig versichert, kommen mtl. **109 €** für Versicherungsbeiträge hinzu, was aber nur gilt, wenn keine Versicherungspflicht über den SGB II-Bezug besteht; für über 30 Jahre alte freiwillig krankenversicherte Schüler*innen können bis zu 189 € als Kranken- und Pflegeversicherungsbedarf berücksichtigt werden (§ 13a BAföG). Für Schüler*innen und Schüler, die ein eigenes Kind haben, gibt es zusätzlich einen **Kinderbetreuungszuschlag** von 150 € je Kind unter 14 Jahren (§ 14b BAföG).

Diese BAföG-Beträge liegen in vielen Fällen unterhalb des Existenzminimums von Alg II/ Sozialhilfe. Deshalb musste die Bundesregierung **ab 1.8.2016** die zweite Rückausnahme des § 7 Abs. 6 Nr. 2 SGB II deutlich erweitern. Das ermöglicht Schüler*innen in BAföG-förderfähigen Ausbildungen in den meisten Fällen, aufstockende SGB II-Leistungen zu beantragen, wenn ihr Bedarf zum Lebensunterhalt nicht gedeckt ist (⇨2.).

1.3 *„Leistungen für Auszubildende"* nach § 27 SGB II

Schüler*innen, die keinen Anspruch auf aufstockendes Alg II haben weil ihr BAföG-Antrag aus anderen Gründen als den Vorschriften zur Berücksichtigung von Einkommen und Vermögen abgelehnt wurde (z.B. in einer nicht nach § 7 Abs. 2 BAföG geförderten Zweitausbildung, wegen Überschreitens der Altersgrenze nach § 10 Abs. 3 BAföG, nach einem nicht nach § 7 Abs. 3 BAföG genehmigten Fachrichtungswechsel oder Ausbildungsabbruch, oder Menschen ohne deutschen Pass, die die Voraussetzungen nach § 8 BAföG nicht erfüllen), können nach § 27 SGB II **zusätzliche Leistungen** nach dem SGB II für **nicht ausbildungsgeprägte Bedarfe** beanspruchen, die nicht in den BAföG-Sätzen berücksichtigt sind. Darüber hinaus stehen unter Umständen Härtefall- und Überbrückungsdarlehen zur Verfügung.

Alle Leistungen für Auszubildende und Schüler*innen nach § 27 SGB II *„gelten nicht als Arbeitslosengeld II"* (§ 27 Abs. 1 Satz 2 SGB II). Sie begründen demnach u.a. keinen Krankenversicherungsschutz und keinen Anspruch auf Miet- und Energieschuldenübernahme durch das Jobcenter (⇨2.1).

1.3.1 Anspruch auf ⇨Mehrbedarfszuschläge

für ⇨Schwangere, ⇨Alleinerziehende, bei kostenaufwändiger ⇨Krankenkost und einen unabweisbaren laufenden, nicht nur einmaligen besonderen Mehrbedarf in ⇨Härtefällen (§ 27 Abs. 2 SGB II); Näheres unter ⇨Studierende 3.1

1.3.2 Anspruch auf ⇨einmalige Beihilfen

für **Erstausstattungen** für Bekleidung sowie bei ⇨Schwangerschaft und Geburt (§ 27 Abs. 2 SGB II); Näheres unter ⇨Studierende 3.2

1.3.3 Anspruch SGB II-Leistungen bei Härtefällen

SGB II-Leistungen (Regelbedarf, Unterkunfts- und Heizungskosten, Warmwassermehrbedarf, Kranken- und Pflegeversicherungsbeiträge, Leistungen für Bildung und Teilhabe) können für Schüler*innen, Auszubildende oder Studierende **als Darlehen** erbracht werden, *„sofern der Leistungsausschluss [...] eine besondere Härte bedeutet"* (§ 27 Abs. 3 SGB II).

Das dürfte bei Schüler*innen nur auf wenige Ausnahmesituationen beschränkt sein, da wegen der oben beschriebenen *„Rückausnahmen"* meist die Möglichkeit besteht, SGB II-Leistungen aufzustocken. Näheres zum Härtefalldarlehen unter ⇨Studierende 3.3 ff.

Seit dem 1.8.2016 gilt ein gesetzlich definierter neuer **Härtefalltatbestand** für alle Schüler*innen – **nicht** jedoch für Studierende –, die aufgrund der **Vollendung des 30. Lebensjahres keinen Anspruch auf BAföG** haben, wenn deren *„Ausbildung im Einzelfall für die Eingliederung der oder des Auszubildenden in das Erwerbsleben zwingend erforderlich ist und ohne die Erbringung von Leistungen zum Lebensunterhalt der Abbruch der Ausbildung droht: in diesem Fall sind Leistungen* ***als Zuschuss*** *zu erbringen"* (§ 27 Abs. 3 Satz 2 SGB II).

1.3.4 Alg II-Darlehen bei Ausbildungsaufnahme

„Für den Monat der Aufnahme einer Ausbildung können Leistungen ... [als Darlehen] erbracht werden" (§ 27 Abs. 3 Satz 4 SGB II).
Dieses Darlehen können auch Schüler*innen **zur Überbrückung** bei Beginn der Ausbildung beantragen, wenn der BAföG-Antrag bereits aus anderen Gründen als anzurechnendem Einkommen und Vermögen abgelehnt wurde und bis zum Monatsende voraussichtlich ein Einkommen zu erwarten ist, wozu auch (weitergeleitetes) Kindergeld gehören kann.

S

Tipp: Wenn Sie nicht genau wissen, ob Ihre Einkünfte am Monatsende zufließen und ausreichen, um den Alg II-Bedarf tatsächlich zu decken, können Sie als Schüler*in zur Überbrückung **vorsorglich** aufstockendes Alg II beantragen. Zufließende Einkommen werden dann im Zuflussmonat angerechnet.
Näheres unter ⇨Studierende ⇨3.4 f.

1.4 Weitere zusätzliche Leistungen für Schüler*innen

1.4.1 Schuldenübernahme zur Wohnraumsicherung

Bei Schüler*innen, die aufstockend Leistungen nach dem SGB II beziehen (⇨2.), kommt eine Übernahme von Miet- und Energieschulden durch das Jobcenter in Betracht, wenn es sich nicht um die Schulden der Eltern handelt.
Bei Schüler*innen, die kein aufstockendes Alg II beziehen, ist die Übernahme von **Miet- und Energieschulden** unter bestimmten Voraussetzungen durch das Sozialamt möglich (§ 36 SGB XII).
Näheres unter ⇨Auszubildende 2.4

1.4.2 Anspruch auf Sozialhilfe in besonderen Lebenslagen

Schüler*innen sind bei der Sozialhilfe nur von Leistungen zur Sicherung des Lebensunterhalts ausgeschlossen, nicht aber von Hilfe zur Pflege, Hilfe zur Überwindung sozialer Schwierigkeiten und Hilfe in anderen Lebenslagen, z.B. zur Weiterführung des Haushalts, Blindenhilfe, Hilfe in sonstigen Lebenslagen und für Bestattungskosten (Fünftes bis Neuntes Kapitel SGB XII). Außerdem haben sie Anspruch auf Eingliederungshilfe für behinderte Menschen (§§ 90ff SGB IX).

2. Anspruch auf Alg II/Sozialgeld

2.1 Für Schüler*innen, die unter die *„Rückausnahmen"* fallen

Die unter § 7 Abs. 6 SGB II fallenden Schüler*innen bilden die Gruppe der Rückausnahmen aus dem SGB II-Leistungsausschluss und können (aufstockend) **Alg II beanspruchen**, wenn ihr Bedarf zum Lebensunterhalt nicht durch BAföG, Kindergeld, ggf. Unterhaltszahlungen der Eltern, Stipendien oder zusätzlichem Erwerbseinkommen gedeckt ist.

Tipp: Bevor BAföG, Kindergeld und andere Einkünfte an den Alg II-Bedarf des/r Schüler*in angerechnet werden, muss das ⇨Einkommen bereinigt werden (⇨Einkommensbereinigung). Vom BAföG sind **mindestens 100 €** abzusetzen (§ 11b Abs. 2 S. 5 SGB II) und werden daher nicht als Einkommen angerechnet. Erfasst werden von diesem Mindestbetrag die Absetzbeträge nach § 11b Abs. 1 S. 1 Nr. 3 - 5 SGB II, so dass es sich ggf. lohnen kann, höhere Aufwendungen beim Jobcenter geltend zu machen.

Für **Schulgeld** wurde die Absetzbarkeit nach der bis 31.7.2016 geltenden Rechtslage verneint (BSG 17.3.2009 - B 14 AS 61/07 R; 62/07 R und 63/07 R). Die Verfassungsbeschwerde gegen diese BSG-Entscheidungen wurde abgewiesen (BVerfG 7.7.2010 - 1 BvR 2556/09). Da die Ausbildungsförderung nach dem BAföG im SGB II seit 1.8.2016 nicht mehr als (teilweise) zweckbestimmte Leistung angesehen wird (§ 11a Abs. 3 S. 2 Nr. 3 SGB II), werden die Ausgaben für Schulgeld der Art nach nicht bereits bei der Ermittlung des Einkommens wegen einer besonderen Zweckbestimmung berücksichtigt, sodass durch die Gesetzesänderung der BSG-Argumentation die Grundlage entzogen wurde. Außer dem Kinderbetreuungszuschlag (§ 14b BAföG) ist kein Teil der Ausbildungsförderung nach dem BAföG noch als zweckgebundene Einnahme bei der SGB II-Einkommensermittlung privilegiert. Wenn ohne die Zahlung von Schulgeld die Ausbildung nicht betrieben werden kann, handelt es sich um einen Bedarf, der ausschließlich wegen der Tatsache der Ausbildung besteht und der mit der Ausbildung unmittelbar zusammenhängt, sodass diese Ausgaben als notwendig mit der Erzielung des Einkommens BAföG verbunden (§ 11b Abs. 1 S. 1 Nr. 5 SGB II) absetzbar anerkannt werden können (LSG Hamburg 18.6.2019 - L 4 AS 155/19 B ER).

Einnahmen von Schüler*innen allgemein- oder berufsbildender Schulen, die das 25. Lebensjahr noch nicht vollendet haben, aus **Erwerbstätigkeiten**, die **in den Schulferien** ausgeübt werden, werden nicht angerechnet, soweit diese 2.400 € kalenderjährlich nicht überschreiten; das gilt nicht, wenn sie Anspruch auf Ausbildungsvergütung haben (§ 1 Abs. 4 Alg II-V).

Näheres zur Bedarfsberechnung, Einkommensanrechnung und Anspruchsvoraussetzungen lesen Sie unter ⇨**Auszubildende 2.2.1** (dabei ist BAföG der Berufsausbildungsbeihilfe/ BAB gleichzusetzen).

2.2 Für Schüler*innen, weil kein Anspruch auf BAföG besteht

Schüler*innen auf
- weiterführenden allgemeinbildenden Schulen (z.B. Realschule, Gesamtschule, Gymnasium) ab Klasse 10,
- Schulen beruflicher Grundbildung ab Klasse 10,
- Berufsfachschulen ab Klasse 10 und
- Fach- und Fachoberschulen, deren Besuch keine abgeschlossene Berufsausbildung voraussetzt; (§ 2 Abs. 1 Nr. 1 BAföG),

haben Anspruch auf Alg II, wenn sie
- **bei den Eltern wohnen** oder
- **nicht** bei den Eltern wohnen, aufgrund der Entfernung des Elternhauses zur Schule jedoch **bei ihnen wohnen könnten** (tägliche Hin- und Rückfahrt unter zwei Stunden) und daher keine Ausbildungsförderung bekommen (§ 2 Abs. 1a Satz 1 Nr. 1 BAföG).

3. Leistungen bei Bezug von Alg II/ Sozialgeld

3.1 Höhe des Alg II/Sozialgeldes

Schüler*innen, die **bei den Eltern wohnen** erhalten 2021
- im Alter von **6 bis 13** Jahren **309 €**
- im Alter von **14 bis 17** Jahren **373 €** und
- im Alter von **18 bis 24** Jahren **357 €**

als ⇨Regelbedarf .

Wohnen Schüler*innen **nicht bei ihren Eltern** und sind alleinstehend, erhalten sie i.d.R. **446 €**.

Zusätzlich wird der Anteil der **Kosten für Unterkunft und Heizung** übernommen, der auf den/die Schüler*in entfällt (⇨Miete; ⇨Mietnebenkosten; ⇨Heizkosten).

Näheres über den Anspruch auf Leistungen von Schüler*innen, die „ungenehmigt“ **aus dem Elternhaus ausgezogen** sind, lesen Sie unter ⇨Jugendliche 1.3.

3.2 Anspruch auf ⇨Mehrbedarfe

Hier bestehen dieselben Ansprüche wie unter ⇨1.3.1 beschrieben; hinzu kommt ggf. ein Anspruch auf einen Mehrbedarf für die Bereitung von ⇨Warmwasser und ggf. ein Anspruch auf Erstausstattungen für die Wohnung einschließlich Haushaltsgeräten sowie für Anschaffung und Reparaturen von orthopädischen Schuhen, Reparaturen von therapeutischen Geräten und Ausrüstungen sowie die Miete von therapeutischen Geräten.

Soweit ein*e Schüler*in aufgrund der jeweiligen schulrechtlichen Bestimmungen oder schulischen Vorgaben Aufwendungen zur Anschaffung oder Ausleihe von **Schulbüchern** oder gleichstehenden Arbeitsheften hat, sind sie als Mehrbedarf anzuerkennen (§ 21 Abs. 6a SGB II). Das ist in allen Bundesländern relevant, die keine (vollständige) Lernmittelfreiheit vorsehen.

4. Pflichten bei Alg II-Bezug

4.1 Arbeitsverpflichtung für Schüler*innen, die das 15. Lebensjahr vollendet haben?

Alg II nennt sich Grundsicherung für Arbeitssuchende. Jedem erwerbsfähigen Hilfebedürftigen ist demzufolge *„jede Arbeit zumutbar"* (§ 10 Abs. 1 SGB II).

Sie ist allerdings nicht zumutbar, wenn *„der Ausübung der Arbeit ein sonstiger wichtiger Grund entgegensteht"* (§ 10 Abs. 1 Nr. 5 SGB II, ⇨Arbeit). Das wird von der BA bei Schüler*innen anerkannt beim Besuch einer allgemeinbildenden Schule und einer berufsvorbereitenden Bildungsmaßnahme, außerdem auch während der Erstausbildung, *„d.h. wenn die/der Leistungsberechtigte nicht über einen Berufsabschluss verfügt, der nach bundes- oder landesrechtlichen Vorschriften mit einer Ausbildungsdauer von mindestens 2 Jahren festgelegt ist"* und für die Beendigung einer Ausbildung, wenn durch die (sofortige) Arbeitsaufnahme der angestrebte Abschluss nicht erreicht wird und die Gefahr droht, ohne den Abschluss langfristig von Leistungen nach dem SGB II abhängig zu sein (FW 10.22).

„Nach Beendigung der Schulpflicht, die nach den Schulgesetzen der Länder 9 oder 10 Jahre beträgt, unterliegen die Jugendlichen bis zur Vollendung des 18. Lebensjahres der Berufsschulpflicht. Da die Berufsschulpflicht nur eine Teilschulpflicht darstellt, steht sie, wenn kein Ausbildungsverhältnis besteht, der Aufnahme einer Tätigkeit nicht grundsätzlich entgegen" (FW 10.23). Das Vorliegen des sonstigen wichtigen Grundes kann nach Abwägung der Umstände des Einzelfalles anerkannt werden auch *„bei Aufnahme einer Zweitausbildung bzw. eines Bildungsganges im zweiten Bildungsweg, soweit dies nicht der festgelegten Integrationsstrategie entgegensteht"* (FW 10.24).

4.2 ⇨Ortsabwesenheit während der Ferien

Schüler*innen unter 15 Jahren sind nicht erwerbsfähig. *„Deshalb ist die Erteilung einer Zustimmung zu Ortsabwesenheiten von Personen, die das 15. Lebensjahr noch nicht vollendet haben, entbehrlich"* (FW 7.123). Wie gnädig!

„Einem erwerbsfähigen Schüler beispielsweise eine längere Ortsabwesenheit während der Sommerferien zu verweigern, entspräche nicht dem Grundsatz der Verhältnismäßigkeit und wäre rechtswidrig" (FW 7.58 alt, von: 20.12.2013). Deswegen sollte auch die Ortsabwesenheit von 15-jährigen und älteren Schüler*innen nicht von der Genehmigung durch das Jobcenter abhängig gemacht werden.

Wenn die Verweigerung *„rechtswidrig"* wäre, muss man das Jobcenter überhaupt um Erlaubnis zu bitten? Pro forma ja. Lassen Sie aber nicht zu, dass der/die Arbeitsvermittler*in ihrem (erwerbsfähigen) Schulkind zeitliche Einschränkungen auferlegt.

4.3 Vorlage der Schulzeugnisse verpflichtend?

Weil Schüler*innen frühzeitig vor der Schulentlassung durch den/die Fallmanager*in bei Berufsorientierung und -beratung sowie Bewerbungs- und Vermittlungsbemühungen unterstützt werden sollen, möchten diese oft Zeugnisse sehen. Das gehört zwar zu den Mitwirkungspflichten des § 38 Abs. 2 SGB III, kann aber im SGB II nicht durch ⇨Sanktionen bestraft werden. Daher kann die Vorlage der Zeugnisse auch nicht verpflichtend in einer ⇨Eingliederungsvereinbarung (1.2.1) festgehalten werden – bestenfalls als einvernehmlicher „Hilfeplan" (BA Wissensdatenbank SGB II, § 15).

Aber Achtung: Wer nicht zur „freiwilligen" Selbstauskunft bereit ist, dem droht Schikane durch den Psychologischen Dienst. Das versteht die BA unter Freiwilligkeit.

5. Leistungen für Bildung und Teilhabe

5.1 Bildungs- und Teilhabebedarfe nicht vom Regelbedarf umfasst

Mit seinem Urteil zur Verfassungsmäßigkeit der Regelbedarfe hat das BVerfG im Februar

2010 den Gesetzgeber aufgefordert, die Regelbedarfe für Kinder ab 2011 anhand einer eigenen, geeigneten Verbrauchserhebung zu ermitteln. Zuvor waren die Kinderregelsätze prozentual vom Eck⇨regelbedarf der Erwachsenen abgeleitet. Näheres unter ⇨Regelbedarf 4.1

Bei den seit 2011 geltenden Regelbedarfen für Kinder sind Ausgaben für (Schul-)Bildung minimal und für gesellschaftliche Teilhabe nur zum Teil berücksichtigt worden. Um diese Bedarfe abzudecken, hat die Bundesregierung ein Leistungspaket für Bildung und Teilhabe geschnürt. Diese Leistungen werden im Bedarfsfall i.d.R. auf Antrag und in Form von Gutscheinen oder Direktzahlungen an die jeweiligen Anbieter erbracht.

Statt höhere Kinderregelbedarfe auszuzahlen, damit Eltern die Mittel für ihre Kinder eigenverantwortlich und individuell einsetzen können, wurde mit dem Bildungs- und Teilhabepaket ein kostenaufwendiges, bürokratisches und für Kinder und Eltern diskriminierendes Leistungssystem geschaffen, das wenig Gebrauchswert hat.

5.1.1 Wer hat Anspruch?

Anspruchsberechtigt sind Kinder, Jugendliche und junge Erwachsene in Haushalten von Beziehenden von **Alg II** (§§ 28 f. SGB II), **HzL/ GSi der Sozialhilfe** (§§ 34 ff. SGB XII), ⇨**Wohngeld** und ⇨**Kinderzuschlag** (beides nach § 6b BKGG; nachfolgend werden Gesetzesstellen nur für das SGB II angegeben) sowie Leistungsberechtigten nach den **AsylbLG** (§ 3 Abs. 3 AsylbLG i.V. mit §§ 34 ff. SGB XII).

„Bedarfe für Bildung und Teilhabe" sollen auch bei Auszubildenden, Schüler*innen und Studierenden berücksichtigt werden, die keinen Anspruch auf Alg II haben und ein **Härtefalldarlehen** des Jobcenters in Anspruch nehmen (§ 7 Abs. 3 Satz 1 SGB II).

Die Leistungen für **Bildung** stehen insbesondere allen **unter 25-jährigen Schüler*innen** zu, die eine allgemein- oder berufsbildende Schule besuchen und keine Ausbildungsvergütung erhalten (§ 28 Abs. 1 SGB II).

Leistungen für **Mittagsverpflegung** und **Ausflüge** stehen außerdem Vorschulkindern in Kindertagesstätten zu.

Die Leistungen für *„**Teilhabe** am sozialen und kulturellen Leben in der Gemeinschaft"* stehen **allen minderjährigen** Leistungsberechtigten zu (§ 28 Abs. 7 SGB II).

Von den Leistungen für Bildung und Teilhabe muss nur noch die Lernförderung (§ 28 Abs. 5 SGB II) einzeln und für jedes Kind gesondert **beantragt** werden (§ 37 Abs. 1 Satz 2 SGB II; ⇨5.1.4).

*„Im begründeten Einzelfall **kann** ein **Nachweis** über die zweckentsprechende Verwendung der Leistung verlangt werden"* (§ 29 Abs. 4 SGB II). Wenn Sie den nicht erbringen können, **soll** die Bewilligungsentscheidung widerrufen werden.

5.1.2 Welche Leistungen für Bildung?

a. Für Schüler*innen und Kinder in Kindertageseinrichtungen (Kitas) werden die **tatsächlichen** Aufwendungen für

- (Schul-)**Ausflüge** und
- mehrtägige **Klassenfahrten** im Rahmen der schulrechtlichen Bestimmungen bzw. Fahrten für Kitakinder übernommen (§ 28 Abs. 2 SGB II).

Die Aufwendungen dürfen nicht durch das Jobcenter/ Sozialamt auf bestimmte Beträge begrenzt oder pauschaliert werden. Auch höhere Kosten einer Abschlussfahrt ins Ausland, die mit den schulrechtlichen Bestimmungen in Einklang steht, sind angemessen.

Das SGB II sieht als Altersbegrenzung für eine Kostenübernahme die Vollendung des 25. Lebensjahres vor. Die volle Übernahme von Ausflügen und Klassenfahrten dient dazu, dass Kinder von Erwerbslosen und Armen nicht von gemeinsamen Klassenfahrten ausgeschlossen werden und Bildungsreisen nicht vom Geldbeutel abhängig sind. Das hat das BSG im Zusammenhang mit mehrtägigen Klassenfahrten entschieden (13.11.2008 - B 14 AS 36/07 R).

Auch die Kosten für einen dreiwöchigen **Schüleraustausch** in die USA können im Rahmen der Bildungsleistungen in voller Höhe übernommen werden, wenn die Fahrt pädagogisch sinnvoll ist, außerhalb der Schule stattfindet und mehrere Schüler*innen daran beteiligt sind. Voraussetzung ist jedoch, dass der Austausch nach landesrechtlichen

Schulbestimmungen einer Klassenfahrt gleichgesetzt werden kann (BSG 22.11.2011 - B 4 AS 204/10 R zutreffend für Baden-Württemberg).

Die **Vorschriften der Bundesländer** sind maßgeblich. Als Klassenfahrten gelten demnach auch *„Veranstaltungen zu einzelnen Unterrichtsbereichen - z.B. religiöse Freizeiten, Seminare zur Sucht- und Drogenvorbeugung, Schulorchesterfreizeiten, Veranstaltungen zur Berufsorientierung, Schullandheimaufenthalte mit sportlichem Schwerpunkt [...]. Dabei ist es für ein Schulorchester geradezu charakteristisch, dass dieses sich nicht aus Schülern eines bestimmten Klassen- oder Kursverbandes zusammensetzt"* (SG Dortmund 9.6.2010 - S 29 AS 209/08; NRW-Richtlinien für Schulwanderungen und Schulfahrten).

Solche weiter ausgelegten Regelungen zur Erstattung der Kosten für Schulausflüge sind auch auf entsprechende **Angebote von Kindertageseinrichtungen** anzuwenden, z.B. einer mehrtägigen Ferienfreizeit des Hortes während der Schulferien, die allen Hortkindern angeboten wurde (SG Speyer 23.2.2016 - S 15 AS 857/15).

Die **Aufwendungen** für Ausflüge und Klassenfahrten sollen regelmäßig **direkt** an die Schule/ Kita **gezahlt** werden. Sie können aber auch **in bar an die Eltern** ausgezahlt werden, wenn die Kommune/ der Kreis diese Möglichkeit vorsieht (§ 29 Abs. 1 Satz 2 SGB II).

b. Für **persönlichen Schulbedarf** der Schüler*innen werden jeweils zum Schuljahresbeginn im August **103 €** und zum Halbjahresbeginn im Februar **51,50 €** bewilligt (§ 28 Abs. 3 Satz 1 SGB II, ab 2022 ist eine Dynamisierung vorgesehen). Diese Leistung muss **nicht** gesondert beantragt werden. Sie steht allen Schulkindern zu, die jeweils zu den Stichtagen 1. August und 1. Februar im Leistungsbezug sind. Es gibt eine Ausnahmeregelung für Schüler*innen *„die im jeweiligen Schuljahr nach den [...] Stichtagen erstmalig oder aufgrund einer Unterbrechung ihres Schulbesuches erneut in eine Schule aufgenommen werden"*; sie bekommen im Aufnahmemonat je nach Zeitpunkt 1/3, 2/3 oder 3/3 des Jahresbetrags ausgezahlt (§ 34 Abs. 3 Satz 2 SGB XII). Damit soll vor allem den Bedürfnissen von geflüchteten Schulkindern Rechnung getragen werden, die aufgrund ihrer Flucht i.d.R. nicht zu den regulären Terminen ein- bzw. umgeschult werden können (BT-Drs. 18/8909, 31 f.).

Mit den Beträgen von ursprünglich 70+30 € war nach Ansicht der Bundesregierung der regelmäßig anfallende Schulbedarf gedeckt (mit Ausnahme der unter c. bis e. aufgeführten Leistungen). Die 2016 veröffentlichte Studie des Sozialwissenschaftlichen Instituts der EKD *„Schulbedarfskosten in Niedersachsen"* kam zu einem anderen Befund: Demnach lagen die durchschnittlichen Schulbedarfskosten pro Schuljahr zwischen 208 € in Förderschulen und 302 € in Gymnasien und damit weit über der 100€-Pauschalleistung. Daneben gibt es Schuljahre mit abweichenden, besonderes hohen finanziellen Belastungen, z.B. bei der Einschulung oder in der 5. Klasse (Ev.-luth. Landeskirche Hannover, Schulbedarfe Bildungs- und Teilhabegerechtigkeit für Kinder und Jugendliche, Rote Reihe 6, 22 f.). Die niedrige, einheitliche und starre Pauschale kann den Anforderungen auch nach der Erhöhung und Dynamisierung nicht gerecht werden.

Die Bundesregierung hat eine Erhöhung der Leistung nach der Besonderheit des Einzelfalles nicht gesetzlich vorgesehen. Damit besteht die Möglichkeit, **erhebliche und belegte Mehrausgaben** für die Schule, die dauerhaft sind und vom Bedarf her unabweisbar, in besonderen Ausnahmefällen im Rahmen der ⇨**„Härtefallregelung"** zu beantragen und notfalls vor Gericht durchzusetzen. Nachdem die Rechtsprechung in verfassungskonformer Auslegung einen Anspruch nach § 21 Abs. 6 SGB II für Schulbücher zuerkannt hatte, wenn keine vollständige Lernmittelfreiheit durch unentgeltliche Ausleihe besteht (BSG 8.5.2019 - B 14 AS 13/18 R), wurde **zum 01.01.2021** für Aufwendungen zur Anschaffung oder Ausleihe von **Schulbüchern** oder gleichstehenden Arbeitsheften aufgrund der jeweiligen schulrechtlichen Bestimmungen oder schulischen Vorgaben ein **gesonderter Mehrbedarf** anerkannt (§ 21 Abs. 6a SGB II), was in den Bundesländern relevant ist, die keine vollständige Lernmittelfreiheit vorsehen. Der Streit, ob die Kosten z.B. für Tablet, Notebook oder PC und Drucker sowie Standardsoftware für den Schulunterricht im Rahmen der Härtefallregelung vom Jobcenter übernommen werden müssen oder nur ein Anspruch auf ein Darlehen besteht, ist bisher vom Bundessozialgericht nicht entschieden. Die Chancen vor Gericht hängen immer vom Einzelfall ab. Es ist damit zu rechnen, dass die Hürden für mit dem Schulbesuch zusammenhängende Bedarfe nach der „Härtefallregelung" eher höher werden (eine Hilfestellung und Musterschreiben zu Beantragung und Durchsetzung von digitalen Endgeräte für den Schulunterricht finden Sie unter https://tacheles-sozialhilfe.de/startseite/aktuelles/d/n/2634/). Nähere Infos dazu unter ⇨Härtefall 3.2

Schulnotwendige spezielle Berufskleidung (Set für Berufseinstiegsklasse Lebensmittelhandwerk und Gastronomie), nicht aber eine Zweitausstattung war in verfassungskonformer Auslegung von § 21 Abs. 6 SGB II vom Jobcenter zu übernehmen (LSG Niedersachsen-Bremen 26.5.2020 - L 11 AS 793/18), nicht dagegen im schulischen Kochunterricht zu tragende Kleidung (weiße Hose, weißes T-Shirt und rutschfeste Schuhe), die auch im Alltag genutzt werden kann (LSG Niedersachsen-Bremen 15.4.2020 - L 11 AS 922/18 NZB).

*„Im begründeten Einzelfall kann ein Nachweis über eine **zweckentsprechende Verwendung** der Leistung verlangt werden"* (§ 29 Abs. 4 Satz 1 SGB II). Können Sie den Nachweis nicht erbringen, soll das Jobcenter/ Sozialamt die Bewilligungsentscheidung widerrufen und das Geld zurückfordern. Eine routinemäßige und unbegründete Nachweisforderung eines Jobcenters gegenüber allen Antragstellenden wäre allerdings rechtswidrig, weil Leistungsberechtigte hierdurch pauschal diskriminiert würden.

c. Schülerbeförderungskosten zur nächstgelegenen Schule des gewählten Schulzweigs werden auf Antrag nur übernommen, wenn die Distanz zur Schule dies erfordert und die Nutzung regulärer Schülerbeförderung oder durch die Schulbehörde (teil-)finanzierter Schülermonatskarten für den ÖPNV nicht möglich ist (§ 28 Abs. 4 SGB II). Leistungen Dritter gehen den Leistungen für Bildung und Teilhabe regelmäßig vor. Ob Fahrtkosten übernommen werden, hängt von den entsprechenden schulrechtlichen Bestimmungen der Bundesländer ab (⇨5.3).

d. Ergänzend zu schulischen Angeboten können Schüler*innen auf Antrag eine **angemessene Lernförderung** erhalten, soweit diese geeignet und zusätzlich erforderlich ist, um die nach den schulrechtlichen Bestimmungen festgelegten wesentlichen Lernziele zu erreichen. Auf eine bestehende Versetzungsgefährdung kommt es dabei nicht an (§ 28 Abs. 5 SGB II). Dazu benötigt Ihr Kind einen geeigneten Nachweis, z.B. eine entsprechende Bescheinigung der Lehrkraft/ Schule. Die Nachhilfe wird von speziellen Anbietern erbracht, die von der Kommune/ dem Kreis beauftragt sind. Sie wird mit Gutscheinen oder Direktzahlungen an den Anbieter vergütet. Auch freiberufliche Anbieter können beauftragt werden, insbesondere wenn Ihr Kind oder Sie diese bevorzugen.

Der Nachhilfeunterricht muss im Einzelfall **geeignet** sein, die **Leistungen** des/r Schülers/ *in **zu verbessern**. Die Freiwilligkeit des Förderangebots dürfte dafür die Voraussetzung sein. Wenn zwar die Versetzung gefährdet ist, sich jedoch trotz Lernförderung die Noten des/r Schülers/*in weiter verschlechtern, ist eine Übernahme der Nachhilfekosten nicht erforderlich (SG Frankfurt/M 5.5.2011 - S 26 AS 463/11 ER). In **NRW** soll im Einzelfall entschieden werden. Beschränkungen bei Maßnahmen zur Herstellung der Sprachfähigkeit und zur Unterstützung bei Lese-/ Rechtschreibschwäche und Dyskalkulie fallen genauso weg wie die Einschränkungen im Zusammenhang mit Lernförderung bei Gesamtschulen, Förderschulen und in der Schuleingangsphase. Gefördert werden darf auch, wenn das Lernniveau der Schüler*innen dadurch gesteigert werden kann. Ziel dieser erweiterten Auslegung ist es, die Chancen auf dem Ausbildungsmarkt und bei der weiteren Entwicklung im Beruf zu verbessern. Damit käme auch eine Lernförderung in Betracht, wenn eine Empfehlung zum Wechsel in eine höhere Schulform angestrebt wird. (Erlass des Ministerium für Arbeit, Integration Gesundheit und Soziales NRW vom 18.7.2012, Umsetzung des Bildungs- und Teilhabepakets in NRW)

e. Mehraufwendungen für gemeinschaftliche **Mittagsverpflegung** in Schulen und Kitas werden ebenfalls erstattet (§ 28 Abs. 6 SGB II). Die Vergütung der Mehraufwendung wird kommunal geregelt und entweder über ein

Gutscheinsystem oder über Direktzahlungen an die Schule/ Kita sichergestellt. Damit soll die zweckentsprechende Verwendung der Mittel sichergestellt werden.

5.1.3 Was sind Leistungen für Teilhabe?

Zur Teilhabe am sozialen und kulturellen Leben in der Gemeinschaft wird für minderjährige Kinder ein Betrag von mtl. **15 €** berücksichtigt (§ 28 Abs. 7 SGB II). Dieser mickrige Betrag kann ausgezahlt werden, aber auch durch Gutscheine oder in Form von Direktzahlungen an Vereine und andere Leistungserbringer erbracht werden.

Damit sollen

- **Mitgliedsbeiträge** in Sport-, Musik- oder kulturellen Vereinen gezahlt werden,
- Musik**unterricht** oder **Kurse** der künstlerischen bzw. kulturellen Bildung i.d.R. bei öffentlichen Anbietern (z.B. VHS),
- aber auch **Ferienfreizeiten** etc., die von der Kommune, Wohlfahrtsverbänden oder Kirchengemeinden angeboten werden. Dafür dürfen Sie 15 € mtl. **ansparen**.

Außerdem sollen *„weitere **tatsächliche Aufwendungen** berücksichtigt werden, wenn sie im Zusammenhang mit der Teilnahme […] entstehen und es den Leistungsberechtigten im **begründeten Ausnahmefall** nicht zugemutet werden kann"*, diese zu zahlen (§ 28 Abs. 7 Satz 2 SGB II; § 34 Abs. 7 Satz 2 SGB XII). Die zusätzliche Kosten sollen laut Bundesregierung nur dann übernommen werden, wenn das Mitmachen bei einem Angebot daran scheitert, *„dass die nötige Ausrüstung fehlt (zum Beispiel Musikinstrumente, Schutzkleidung für bestimmte Sportarten)"* (BT-Drs. 17/12036, 7). Wie das in der Praxis aussehen soll, ist noch immer unklar. Einerseits sind hier viele Bedarfslagen denkbar, andererseits schränkt die Regierung die Anwendung von vornherein stark ein, weil *„eine Mehrzahl der hierfür in Frage kommenden Bedarfe"* vom Kinderregelbedarf umfasst sein sollen (ebenda).

S

Nach alter Rechtslage kamen **Leihgebühren** für Instrumente, z.B. ein Cello, nicht als SGB II-Leistungen für Schüler*innen in Frage (BSG 10.9.2013 - B 4 AS 12/13 R, hier nach § 21 Abs. 6 SGB II). Das gilt nicht mehr: Tatsächliche Aufwendungen können berücksichtigt werden, wenn sie im Zusammenhang mit Musikunterricht oder Sport entstehen und im begründeten Ausnahmefall die Bestreitung aus dem Regelbedarf nicht zugemutet werden kann. Nach der neuen Vorschrift haben Schüler*innen z.B. monatlich insgesamt 30 € für Teilnahme am Instrumentalunterricht zugesprochen bekommen (SG Detmold 27.9.2016 - S 7 AS 2145/13; dazu Anm. Spindler info also 2017, S. 183).

Tipp: Weil bei dieser Regelung restriktive Bewilligung vorprogrammiert ist, müssen Sie bei Ablehnung von Instrumenten, Sportausrüstungen usw. ggf. ⇨ Widerspruch einlegen und klagen.

Werden die Leistungen als Gutschein erbracht, haben Sie zumindest die Möglichkeit, sie z.B. für Ferienangebote **anzusparen**. Anderenfalls sollten Kommunen/ Kreise die Möglichkeit anbieten, mtl. Beträge für solche Ferienangebote anzusparen.

Das Abrufen von höheren Beträgen hängt immer davon ab, ob Sie zuvor genug Zeit hatten, für ein bestimmtes Angebot (z.B. in den Sommerferien) anzusparen. Ist das nicht der Fall, kann das Jobcenter/ Sozialamt im Rahmen einer Ermessensentscheidung auch Leistungen im Voraus erbringen, damit Ihr Kind ein geeignetes Angebot zur Teilhabe in den Sommerferien auch tatsächlich nutzen kann. Neue Regeln für die Antragstellung kommen Ihnen hier entgegen (⇨5.1.4).

Wenn die Teilhabeleistung selbst nur 15 € beträgt, stellt sich die Frage, wie **Fahrtkosten** bestritten werden sollen, die unmittelbar im Zusammenhang mit der Teilhabe entstehen. Das BVerfG hat mit einer verfassungskonformen Auslegung der Regelung vorgegeben, dass auch solche Kosten im Einzelfall in tatsächlicher Höhe übernommen werden müssen (23.7.2014 - 1 BvL 10/12, Rn. 132 und 148). Stellen Sie bei Bedarf einen Antrag!

5.1.4 Regelungen zur Antragstellung und Erstattung

Die Lernförderung wird **nur auf gesonderten Antrag** gewährt (§ 37 Abs. 1 S. 2 SGB II), der nur auf den Ersten des Monats zurückwirkt, in dem der Zusatzbedarf anfällt (§ 37 Abs. 2

S. 2 SGB II). Für alle anderen Bedarfe für Bildung und Teilhabe ist kein gesonderter Antrag mehr erforderlich, so dass diese auch noch nachträglich geltend gemacht werden können; ein Überprüfungsantrag nach § 44 SGB X wirkt aber nur auf das vergangene Kalenderjahr zurück (§ 40 Abs. 2 Nr. 2 SGB II).

„Berechtigte Selbsthilfe"

Stellen Sie einen berechtigten **Antrag** auf Bildung und Teilhabe, der nicht rechtzeitig bewilligt wird, und waren Sie **gezwungen** für die Leistung in **Vorkasse** zu treten, ist der Träger *„zur Übernahme der berücksichtigungsfähigen Aufwendungen verpflichtet"*. Das gilt auch, wenn es Ihnen *„nicht möglich [war], rechtzeitig einen Antrag zu stellen"* (§ 30 SGB II; § 34b SGB XII). Ein Antrag ist demnach in diesem **besonderen** Fall nicht mehr nötig, er gilt fiktiv als gestellt, wenn Sie die Leistung in berechtigten Fällen vorstrecken mussten. Das gilt nicht für die Lernförderung.

Kritik

Bei der Gewährung der Bildungs- und Teilhabeleistungen müssen sich „Hartz IV-Kinder" oft in ihrem sozialen Umfeld outen. Leistungen als Gutschein oder Sachleistung (Direktzahlung) sind tendenziell diskriminierend und schränken die Verfügungsfreiheit ein. Daher ist der Gebrauchswert dieser Leistungen für Kinder sehr begrenzt und hängt stark von der Qualität des örtlichen Angebots ab. Ein Jahr nach der Einführung des „Bildungs- und Teilhabe-Pakets" wurde in NRW im ersten Halbjahr 2012 gerade mal die Hälfte der dafür vorgesehenen Bundesmittel ausgeschöpft (Schreiben des MAIGS-NRW vom 19.11.2012 an den Ausschuss für Arbeit, Gesundheit und Soziales, Anlage 1). Nicht gerade eine Erfolgsstory, doch die setzt sich fort: Der Deutsche Kinderschutzbund (DKSB) und der Paritätische Wohlfahrtsverband sahen das Bildungs- und Teilhabepaket fünf Jahre nach seiner Einführung als gescheitert an, weil *„die Leistungen [...] in ihrer Höhe unzureichend und in der bestehenden Form nicht geeignet [seien], Bildung und Teilhabe für benachteiligte Kinder und Jugendliche zu ermöglichen"* (gemeinsame Pressemitteilung DKSB und der Paritätische, 7.4.2016).

154,50 € pro Jahr pauschal für Schulbedarf vom Ranzen über den Malkasten bis zur Sportbekleidung: Das reicht schon nicht aus, wenn keine Grundausstattung zur Einschulung, keine Ersatzbeschaffung der Sportsachen nach einem Wachstumsschub oder keine teure Anschaffung von Schulbüchern fällig ist. Der Betrag ist erst recht unzureichend, wenn ein besonderer Schulbedarf notwendig ist, weil Kinder musisch gefördert werden oder in einer privaten Einrichtung besser aufgehoben wären. Eine Schulerstausstattung, die der Deutsche Kinderschutzbund (DKSB) anhand von Informationsblättern mehrerer Schulen zusammengestellt hat, kostete bereits 200 € (Pressemitteilung ebenda). Hier sind die während des Schuljahrs anfallenden Kosten nicht einmal berücksichtigt.

Der Leistungsinhalt des „Teilhabepakets" ist zynisch und erfüllt vor allem die Aufgabe, Ausgaben zu begrenzen. Arme Kinder werden zum Spartarif von mtl. 15 € mit Sachleistungen abgespeist. Was ist mit der nötigen Sport- bzw. Freizeitausrüstung, den Kostümen, der Literatur oder einem Musikinstrument? Wie kommen die Kids überhaupt zum Teilhabeangebot, wenn die Fahrtkosten zur Teilhabe beim Paket einfach „vergessen" wurden? Die oben geschilderte Nachbesserung, dass tatsächliche Aufwendungen übernommen werden **können**, oder die Vorgaben des BVerfG, im **Einzelfall** Fahrtkosten zu bewilligen, sind Notreparaturen ohne Gebrauchswert für die Praxis. Selbst wenn all diese Klippen umschifft sind, bleibt immer noch die Gefahr, mit einem Gutschein in der Hand als Leistungsbezieher*in ertappt zu werden oder ihn gar nicht einlösen zu können, weil keine passenden Angebote vor Ort verfügbar sind.

Um das Bildungs- und Teilhabepaket öffentlich vorzubereiten, hat man sich der üblichen Vorurteile bedient: Arbeitslose Eltern würden die Leistungen ihrer Kinder für Alkohol und Konsum verpulvern. Nur in Form von Gutscheinen und Chipkarten könne der Missbrauch verhindert werden und würde die Leistung überhaupt bei den Kindern ankommen.
Um den Vorgaben des BVerfG für den 2011 entwickelten Kinderregelbedarf zu genügen,

hat die Bundesregierung ein „Bürokratiemonster" geschaffen. Bedarfe für Bildung und Teilhabe wurden kurzerhand ausgelagert. Das Ergebnis kann sich sehen lassen: Für jeden Euro, der in „Bildung und Teilhabe" gesteckt wird, gingen allein 30 Cent für die Verwaltung des „Pakets" drauf (SZ, 12.12.2012). Diese Kosten und das angerichtete Verwaltungschaos werden gerne in Kauf genommen, weil die Kinderregelbedarfe insgesamt nicht wegen des Bildungs- und Teilhabebedarfs steigen dürfen. Damit soll der Erhöhung des Hartz IV-Niveaus bei Familien mit Kindern entgegen gewirkt werden. Nur so kann der Anstieg von Familien, die „Hartz IV" aufstocken, gebremst werden.

5.2 Schulkosten auf andere Weise decken
Schulmaterialien im kleineren Rahmen können **zur Not** auch als **Darlehen** bewilligt werden (§ 24 Abs. 1 SGB II). Voraussetzung dafür ist, dass ein vom Regelbedarf *„umfasster Bedarf"* nicht ausreichend befriedigt und unabweisbar ist. Man muss also froh sein, dass auch nach der Einführung der *„neuen"* Kinderregelbedarfe und der Leistungen für Bildung und Teilhabe noch ein kleiner Rest der Bildungskosten im Regelbedarf erhalten geblieben ist.

S

Tipp: Wenn Sie ein **Darlehen** beantragen müssen, beantragen Sie gleichzeitig, dass Ihnen die Einziehung des Darlehens **erlassen** werden soll, weil das unbillig wäre (§ 44 SGB II). Es ist mit Sicherheit unbillig, Eltern und Kindern mit Regelbedarfssenkungen dafür zu strafen, dass die Kinder schulpflichtig sind.

Aufwendungen für **besondere Bedarfslagen** können unter Umständen im Rahmen der ⇨*„Härtefallregelung"* erbracht werden (⇨5.1.2 b.).

Freiwillige kommunale Leistungen

Tipp 1: Alg II-/ Sozialhilfe-Beziehende sind meist **von Zahlungen** bei der entgeltlichen Ausleihe von Lernmitteln **befreit**. Das sollten Sie in Anspruch nehmen. Es nützt aber nichts, wenn die verlangten Lernmittel, z.B. Atlanten, gar nicht ausgeliehen werden können.

Tipp 2: In vielen Städten werden **Lernmittel** auf Antrag beim zuständigen Schulamt **erstattet** oder bezuschusst.

Einige Städte, darunter Wuppertal, haben diese freiwillige Leistung 2012 mit Verweis auf Bildungs- und Teilhabeleistungen ersatzlos gestrichen. Die betroffenen Familien stehen jetzt schlechter da als 2010 vor der Einführung.

5.3 Schülerbeförderung
wird von den jeweiligen Bundesländern gefördert und ist regelmäßig gegenüber der Schülerbeförderung im Rahmen von Bildung und Teilhabe vorrangig. Schüler*innen der Klassen 1 bis 4 haben i.d.R. Anspruch auf Fahrtkostenerstattung, wenn der Schulweg bis zur zuständigen Grundschule länger ist als 2 km. Bei den Klassen 5 bis 10 dürfen es 3 oder 3,5 km bis zur nächstgelegenen aufnahmefähigen Schule sein. Ab der 11. Klasse und bei Berufsschulen müssen je nach Landesregelung auch weitere Schulwege bis 5 km in Kauf genommen werden.
Die Anträge sind beim Schulamt oder über die Schule zu stellen.

Unter Anrechnung des schulrechtlichen Anspruchs auf Schülerbeförderung, dessen Umfang je nach Bundesland unterschiedlich sein kann, besteht der Anspruch auf Übernahme der Schülerbeförderungskosten (§ 28 Abs. 4 SGB II) ⇨5.1.2.c.

5.4 ⇨Einmalige Beihilfen
die Schüler*innen früher über Sozialhilfe zuerkannt wurden, wurden 2005 in den Regelbedarf aufgenommen und „verstekken" sich seit 2011 gut getarnt im Paket für Bildung und Teilhabe.
Um einen Eindruck über Bedarfe zu vermitteln, die jetzt größtenteils aus der jährlichen 154,50€-Pauschale für persönlichen Schulbedarf gedeckt werden müssen, dokumentieren wir frühere Leistungen nach dem bis 2004 geltenden BSHG:
- Beihilfen bei **Einschulung,** z.B. für Schulranzen (mindestens 25 €), Schultüte (13 € - BVerwG 21.1.1993 – 5 C 34/92), Lernmittel (72 € - BVerwG 28.3.1996 - 5 C 33/95) und Turnbeutel (8 € - VG Hannover),

- **Fahrtkosten**, die notwendig sind und nicht von Schulämtern über Schülerfahrkarten übernommen wurden,
- **besondere Lernmittel** wie Atlanten, Duden, Wörterbücher, Computer, Formelsammlungen, Schulbücher usw. Hierunter fiel mehr und mehr auch ein Computer. Das OVG Lüneburg hatte den Computer als notwendiges Lernmittel anerkannt, wenn die Schule die Nutzung eines PCs erwartet und die schulischen PC-Angebote nicht ausreichen (OVG Lüneburg 11.06.2003– 4 LB 279/02); ⇨ Härtefallmehrbedarf 3.2
- **Möbel** für Schulaufgaben,
- Kleiderbedarf bei Einschulung, Schulwechsel oder -entlassung,
- Kosten einer **eintägigen Klassenfahrt,**
- **Nachhilfeunterricht** sowie
- **Schulmaterialien** bei Beginn des Schuljahres (bewilligt wurden 2004 zwischen 31 € und 100 € pro Schuljahr).

Aber: Das SG Berlin hat am 15.2.2012 eine einmalige Beihilfe für die Erstbeschaffung eines gebrauchten Schülerschreibtisches (Wert 70 €) im Rahmen der Erstausstattung für die Wohnung anerkannt (§ 24 Abs. 3 Nr. 1 SGB II): In der Wohnung gäbe es keinen anderen Platz, wo die Schülerin in Ruhe ihre Aufgaben erledigen könne (S 174 AS 28285/11 WA).

Tipp: Der Einzelfall zählt. Versuchen Sie es mit einem entsprechenden Antrag.

In einigen Kommunen und Kreisen wurden 2007/ 2008 freiwillige Beihilfen für Schulmaterialien zur Einschulung oder zum Beginn des Schuljahres wieder eingeführt. Das erfolgte regelmäßig, weil örtliche Gruppen oder Bündnisse öffentlichen **Druck auf die Kommunalpolitik** ausgeübt hatten. Wir hoffen auch hier, dass die Kommunen diese Leistungen nicht alle wieder kassiert haben, weil sie mit der Einführung von Bildungs- und Teilhabeleistungen entbehrlich wurden.

6. Schularbeitenhilfe

läuft als Hilfe zur Erziehung über die Jugendhilfe (§ 27 SGB VIII). Sie dient überwiegend dazu, das Sozialverhalten der Kinder und ihre individuelle Entwicklung zu fördern. Sie ist mit Hausaufgabenhilfe und sozialpädagogischer Betreuung verbunden, beschränkt sich aber nicht darauf. Die Schularbeitenhilfe kann einkommensunabhängig in Anspruch genommen werden.
Kinder z.B. mit **Legasthenie** (Lese- und Rechtschreibschwäche) können auch im Rahmen der Eingliederungshilfe (§ 35a SGB VIII) gefördert werden.
Infos: Bundesverband Legasthenie und Dyskalkulie e.V., Alemannenstr. 5, 53175 Bonn, www.bvl-legasthenie.de

Forderungen

BAföG immer in Höhe des Alg II-Existenzminimums plus Lernmittel und Fahrtkosten!
Tatsächliche Lernmittelfreiheit in allen Bundesländern!
Kostenloses Schul- und Kitamittagessen für alle!
Abschaffung der Bildungs- und Teilhabeleistungen und Erhöhung der Kinderregelsätze plus individuelle Leistungen!

Schwangerschaft (Geburt)

Inhaltsübersicht

1. Mehrbedarfszuschlag

Werdende Mütter, die Alg II oder HzL/ GSi der Sozialhilfe beziehen, bekommen vom Beginn der 13. Schwangerschaftswoche an einen Mehrbedarfszuschlag von **17 %** des jeweiligen ⇨**Regelbedarfs** (§ 21 Abs. 2 SGB II; § 30 Abs. 2 SGB XII). Die 13. Schwangerschaftswoche ist mit dem 85. Tag der Schwangerschaft erreicht. Seit dem 01.01.2021 wurde der Mehrbedarf dahingehend geändert, dass er **bis Ende des Monats der Entbindung** zu erbringen ist (§ 21 Abs. 2 SGB II; § 30 Abs. 2 SGB XII).

17 % vom Eckregelsatz in Höhe von 446 € sind **75,82 €**. Bei einer Bedarfsgemeinschaft mit einem Ehepartner/ eheähnlichen Partner sind es 17 % von 401 €, also **68,17 €** (Regelbedarf 2021). Schwangeren ⇨Studierenden, Auszubildenden oder Schülerinnen steht der Mehrbedarf ebenfalls zu, insofern sie hilfsbedürftig im Sinne des Alg II/Sozialhilfe sind.

Bei Empfängerinnen von Sozialhilfe kann der Mehrbedarf *„im Einzelfall"* erhöht oder gesenkt werden, wenn individuell *„ein abweichender Bedarf besteht"* (§ 30 Abs. 2 SGB XII), bei Bezug von Alg II gilt das nicht. Eine solche Erhöhung oder auch Kürzung im SGB XII ist den Autoren nicht bekannt.

Die Schwangerschaft ist von einem Arzt oder einer Hebamme zu bestätigen. Der Mehrbedarf wird nun bis Ende des Monats der Entbindung erbracht. Bei Alleinerziehenden ist nun eine Überschneidung des Schwangeren- und des Alleinerziehendenmehrbedarfs bis Ende des Entbindungsmonats möglich.

S

Das BSG hat am 25.10.2018 (B 7 AY/1/18 R) entschieden, dass Grundleistungsbeziehende nach § 3 AsylbLG keinen pauschalen Mehrbedarf für Alleinerziehende (entsprechend § 30 Abs. 3 SGB XII) beanspruchen können. Vielmehr müsse ein tatsächlicher Mehraufwand stets konkret-individuell nachgewiesen und geltend gemacht werden. Es ist zu erwarten, dass das BSG diesen lebensfernen Unsinn auch bezüglich des Schwangerschaftsmehrbedarfs bei Geflüchteten beschließen wird. Das LSG Hessen hat in einem beachtenswerten Urteil entschieden, dass vom SGB II ausgeschlossene EU-BürgerInnen ohne materielles Aufenthaltsrecht einen Leistungsanspruch zu jeder Zeit während eines tatsächlichen Aufenthalts in Deutschland haben und dass die Begrenzung auf einen Monat unzulässig ist (LSG Hessen 18.4.2018 - L 4 SO 120/18). Auch die Beschränkung auf gekürzte Leistungen des gesamten soziokulturellen Bedarfs ist nach Ansicht des LSG verfassungsrechtlich unzulässig. Allerdings sollen nach dem Urteil die soziokulturellen Bedarfe (also für Fahrtkosten, Telekommunikation, Freizeit, Unterhaltung, Kultur, Bildung usw.) gegebenenfalls individuell geltend gemacht werden müssen. Analog müssten auch schwangerschaftsbedingte Bedarfe individuell geltend gemacht werden. Mit den Schwangerschaftsmehrbedarfen sind abgegolten: die besonderen Kosten, die mit einer Schwangerschaft anfallen. Zu nennen sind hier beispielsweise Ernährung, Reinigung der Wäsche, Körperpflege, Fahrtkosten und erhöhter Informationsbedarf (Gagel/Düring, Stand: 9/2013, § 21 SGB II, Rn 16).

1.1 Rückwirkende Gewährung:

Im Alg II und in der GSi sind Schwangerenmehrbedarfe **rückwirkend zu gewähren**, auch wenn sie erst im 4. oder gar 6. Monat dem Amt bekannt gegeben werden. Der Mehrbedarf ist eine Änderungen „zu Gunsten" von Ihnen und er wird Ihnen höchstens bis zu Beginn des jeweiligen Vorjahres gewährt (§ 48 Abs. 1 S. 2 Nr. 1 SGB X).

In der HzL besteht **kein Anspruch auf eine rückwirkende Leistungsgewährung,** da hier ein Leistungsanspruch erst mit behördlicher Kenntnis der Notlage beginnt. Das bedeutet: das Sozialamt erbringt erst dann Leistungen, wenn es Kenntnis von der Notlage hat. Diese hat es, wenn Sie die Schwangerschaft beim Sozialamt bekannt geben. Dann besteht in der HzL ab diesem Tag der Leistungsanspruch auf den Mehrbedarf (§ 18 Abs. 1 SGB XII).

1.2 Datenschutz bei der Schwangerschaft

Oftmals machen die Alg II- oder HzL/ GSi-Leistungsträger die Gewährung des Schwangerenmehrbedarfes von der Vorlage eines Mutterpasses abhängig. Aber: Sie müssen den Mutterpass nicht vorlegen! Als Nachweis hierfür ist eine ärztliche Bescheinigung ausreichend. Der Mutterpass selbst enthält eine Vielzahl von medizinischen

Daten, die nicht erforderlich sind. Er darf vom Grundsatz her nicht in Kopie zur Akte genommen werden (Hinweise der Bürgerbeauftragten für Soziale Angelegenheiten und des Unabhängigen Landeszentrums für Datenschutz Schleswig-Holstein (ULD) zum Antragsvordruck ALG II, Stand 01.10.2004). Auch die Weisungen der BA sagen, dass bei der Vorlage des Mutterpasses keine Kopie zur Akte genommen werden darf (Handbuch der Leistungssachbearbeitung (HaLeiSa), Seite 174, 6.2012, Download: https://t1p.de/jj88).

Sollte eine Kopie des Mutterpasses zur Akte genommen worden sein, haben Sie einen Anspruch auf Löschung ⇨ Datenschutz

2. Schwangerenbedarfe und Erstausstattungen

Sowohl während der Schwangerschaft als auch bei der Geburt besteht ein Anspruch auf eine Erstausstattung der jeweiligen spezifischen Bedarfe, die mit dieser Situation entstehen. Auf diese wird nachfolgend im Einzelnen eingegangen.

2.1 Schwangerschaftskleidung: Grundausstattung

Bezieherinnen von Alg II oder HzL/ GSi der Sozialhilfe haben Anspruch auf *„Erstausstattungen bei Schwangerschaft“* (§ 24 Abs. 3 Nr. 2 SGB II; § 31 Abs. 1 Nr. 2 SGB XII).

Der Deutsche Verein hat 1990 als Bedarf an Schwangerschaftskleidung empfohlen: 1 Mantel/Jacke, 1 Umstandskleid, 1 Freizeit-/ Jogginganzug, 2 Umstandshosen, 2 Umstandsblusen, 2 Pullover/ Sweatshirts, 1 Paar Schuhe. Ferner 2 Unterhemden, 7 Schlüpfer, 1 Umstandsmieder, 2 Umstands-Büstenhalter, 2 Still-Büstenhalter, 2 Umstands-Strumpfhosen, 4 Nachthemden sowie 1 Bademantel/ Morgenrock, 1 Gymnastik-Anzug, 1 Umstands-Badeanzug sowie sechsmal Reinigungsbedarf (Günter Bäumerich und Lore Blosser-Reisen, Bekleidungs- und Heizungsbeihilfen Kl. Schriften des DV, Bd. 60, Frankfurt 1990, 29).

2.1.1 Besonderheit des Einzelfalles

Der Bedarf muss nach der **Besonderheit des Einzelfalles** bestimmt werden (z.B. Übergrößen, erhöhter Wäsche- und Bekleidungsbedarf, Schuhe usw.).

In Frankfurt wird nach Vorlage des Mutterpasses oder sonstigen Bescheinigung zum Nachweis der Schwangerschaft eine einmalige Beihilfe in Höhe von 190 € gezahlt, in Essen ab der 12. SSW 210 €. Im Landkreis Dahme-Spreewald sind es (einschließlich Klinikbedarf) 300 €, der Landkreis Potsdam-Mittelmark zahlt im Sommer 248 € und im Winter 278 €, in Berlin sind es ganzjährig 206 €, in Wuppertal und im Landkreis Rügen 160 €, in den schleswig-holsteinischen Landkreisen einheitlich 135 €, in Bochum und Hannover sind es 130 €, gefolgt von München mit *„mindestens 128 €“* und in Bremen sind es ganze 100 €. (Die hier und unter 2.2 aufgeführten Beträge sind den jeweiligen örtlichen Verwaltungsrichtlinien zur Erstausstattung der Wohnung mit Hausrat, Bekleidung und bei Bedarfen bei Schwangerschaft und Geburt zu entnehmen, unter www.harald-thome.de/oertliche-richtlinien.html.)

150 € Bekleidungspauschale führen laut SG Wiesbaden zur strukturellen Bedarfsunterdeckung (19.10.2006 - S 12 AS 427/06). Das SG Oldenburg kommt für 1 Umstandskleid, 2 Umstandshosen, 2 Umstandsblusen und 2 Still-BH auf 158,93 € (14.3.2008 - S 44 AS 1419/07). Fallen nicht handelsübliche Übergrößen an, sind die Beträge entsprechend anzupassen. Das LSG Bayern hielt einen zusätzlichen Betrag von 250 € (zur Pauschale von 128 €) für bedarfsgerecht, der aber nur als Darlehen gewährt wurde (19.10.2006 - L 7 AS 94/05 ER). Das LSG Mecklenburg-Vorpommern hielt eine Pauschale von 100 € für ausreichend, da auf gebrauchte Ware verwiesen werden könne (21.12.2007 - L 8 B 301/07ER).

2.1.2 Wiederholter Schwangerschaftsbedarf

Bei einer **zweiten Schwangerschaft** innerhalb kürzerer Zeit werden bei vielen Jobcentern/Sozialämtern die Pauschalen für Schwangerenbekleidung herabgesetzt oder halbiert.

Dem ist entgegenzutreten: Die Erstausstattung bei Schwangerschaft und Geburt ist als ein bedarfs- und anlassbezogener Bedarf auszulegen. Der Anspruch besteht anlässlich jeder Schwangerschaft und Geburt. Fristenpläne der Behörde, Schwangerschaftsbekleidung und Kinderbedarfe hätten beispielsweise für zwei, drei oder vier Jahre aufbewahrt zu werden, sind rechtswidrig. Sind aus vorheriger Schwangerschaft noch Gegenstände vorhanden, besteht **kein** Bedarf; sind sie nicht vorhanden, dann **muss das jeweilige**

Amt diese Bedarfe als Erstausstattung auf Zuschussbasis erbringen (§ 24 Abs. 3 Nr. 2 SGB II/§ 31 Abs. 1 Nr. 2 SGB XII).

Darüber hinaus bewilligt der Landkreis Dahme-Spreewald für die Teilnahme und Fahrtkosten des **Volkshochschulkurses** *„Starke Eltern, Starke Kinder"* eine Beihilfe von 50 € je TeilnehmerIn bei Vorlage der Anmeldebestätigung. *„Das Jobcenter soll auf die Inanspruchnahme des Angebots durch möglichst beide Elternteile hinwirken"* (Verwaltungsrichtlinien ebenda).

2.1.3 Kritik

Wenn der notwendige Bedarf in der Schwangerschaft nicht mit der Pauschale abgedeckt werden kann, müssen die weiteren Kosten ebenfalls als Beihilfe übernommen werden. Dass der Bedarf nicht durch gebrauchte Bekleidung gedeckt werden kann, ist eine Selbstverständlichkeit. Außerdem hängt der Bedarf auch von der Jahreszeit ab. Der Verweis auf den Ansparbetrag im Regelsatz ist rechtswidrig, weil er nur für im Regelsatz enthaltene Bedarfe in Anspruch genommen werden muss.

Die Reduzierung des Betrags bei einer erneuten Schwangerschaft innerhalb von zwei Jahren setzt voraus, dass die Schwangerschaftskleidung noch vorhanden bzw. noch einwandfrei ist und auch passt. Ist das nicht der Fall, sollten Sie das begründen und ⇨Widerspruch einlegen. Wurden Sie z.B. bereits bei der ersten Schwangerschaft auf gebrauchte Bekleidung verwiesen, muss von einer eher begrenzten Haltbarkeit ausgegangen werden.

2.2 Erstausstattungen bei Geburt

„Erstausstattungen bei [...] Geburt" (§ 24 Abs. 3 Nr. 2 SGB II bzw. § 31 Abs. 1 Nr. 2 SGB XII) sind ebenfalls zusätzlich zum Regelsatz zu zahlen.

Hierzu gehört die Erstlingsausstattung an Bekleidung sowie die Erstausstattung mit Möbeln (Kinderbett, Schrank usw.) und Gebrauchsgegenständen für Kleinkinder (Wickeltisch, Wickelauflage, Hygienebedarf, Kinderwagen usw.).

Die Hilfe muss **vor der Geburt** geleistet werden (BVerwG 18.10.1990, FEVS 41, 309), und zwar etwa 8 bis 12 Wochen vorher (OVG Rheinland-Pfalz 30.3.2000, FEVS 2001, 15).

Tipp: Stellen Sie den Antrag rechtzeitig vor der Geburt Ihres Kindes, damit Sie sich die Sachen in Ruhe kaufen können. Lassen Sie sich nicht mit der Unverschämtheit abwimmeln, Ihr Kind könne ja tot zur Welt kommen.

2.2.1 Erstausstattung bei Geburt im Einzelnen

Zur „Erstausstattung anlässlich Geburt" gehört die **komplette Ausstattung** (vgl. BT-Drucks. 16/140, S. 24) **für neugeborene Kinder**, zu der sowohl **Babykleidung** (vor allem Hemden, Jäckchen, Strampelanzüge, Gummihosen und Mützen) gehören als auch **Möbel** (z.B. **Wickelkommode**, LSG Rheinland-Pfalz 12.7.2005-L 3 ER 45/05; LSG Berlin-Brandenburg 3.3.2006-L 10B 106/06 AS ER), **Kinderhochstuhl, Kinderwagen mit Zubehör, Matratze, Badewanne** (SG Hannover 18.10.2011 – S 7 AS 3009/11; LSG Bln-Bbg 3.3.2006 – L 10 B 106/06 AS ER; ausführlich SG Hamburg 23.3.2005 – S 57 AS 125/05 ER, SAR 2005, 75 ff.; SG Lüneburg 20.6.2005 – S 25 AS 231/05 ER, ZFSH/SGB 2005, 416 f.; SG Speyer 13.6.2005 – S 16 ER 100/05 ER), eine **Babytragetasche** (SG Lüneburg 22.4.2005 – S 30 AS 107/05 ER) und ein **Windeleimer**. Ist ein sachgerechtes und gefahrloses Baden und Wickeln eines Kleinkindes anderweitig nicht möglich, so umfasst der notwendige Bedarf für ein Wickelkind auch eine **Bade-Wickel-Kombination** (SG Lüneburg 22.4.2005 – S 30 AS 107/05 ER). Bei entsprechendem Bedarf kann auch ein **Babyautositz** zum Erstausstattungsbedarf gehören und aus hygienischen Gründen ein **zweiter Satz Babybettwäsche** (SG Heilbronn 28.7.2015 – S 11 AS 44/15). Ebenso ein **Kinderwagen** (LSG Rheinland-Pfalz 12.7.2005 - L 3 ER 45/05) und **weiteres Zubehör** wie z.B. Decke für den Kinderwagen, Fellsack für den Kinderwagen, Bettzeug für das Kinderbett, Wickelauflage, Fläschchen, Fläschchenwärmer, Babybadewanne, Badethermometer, Schnuller, Windeleimer, etc. (SG München 22.1.2008 -n S 51 AS 217/08).

Entsteht durch das Heranwachsen des Kindes der Bedarf an größeren Möbeln, wie ein Kinder- und Jugendbett, oder wird ein Schreibtisch benötigt, sind diese im Rahmen der Erstausstattung für die Wohnung (§ 24 Abs. 3 Nr. 1 SGB II/§ 31 Abs. 1 Nr. 1 SGB XII) auf Zuschussbasis zu gewähren (BSG 23.5.2013 – B 4 AS 79/12 R in Bezug auf ein Jugendbett)

2.2.2 Erstausstattung bei Geburt in Pauschalen

Die Kosten für die notwendige Ausstattung können in Form von Pauschalbeträgen erbracht werden. Bei der Bemessung der Pauschalbeträge sind geeignete Angaben über die erforderlichen Aufwendungen und nachvollziehbare Erfahrungswerte zu berücksichtigen (§ 24 Abs. 3 Satz 5 SGB II.).

In Frankfurt gibt es ca. einen Monat vor der Geburt des Kindes eine Pauschale von 250 € für die Bekleidungserstausstattung, für einen gebrauchten Kinderwagen 75 €, ein komplettes Kleinkinderbett 100 €, einen zweitürigen Kleiderschrank 100 € und eine Wickelauflage 25 €, zusammen 550 €. In Hamburg gibt es dafür eine Pauschale von 500 €. In Wuppertal sind Beihilfen für Bekleidung, Hygiene- und Gebrauchsgegenstände und Einrichtung in Höhe von insgesamt 445 € vorgesehen, in Essen gibt es ab der 22. SSW 550 €, in Würzburg sind es gerade mal völlig unzureichende 387 €. In München wird dafür eine Pauschale von 700 € gewährt, im Landkreis Potsdam-Mittelmark sind es 550 €, in Berlin immerhin 526 €, während die schleswig-holsteinischen Landkreise 480 € dafür gewähren(Beträge ebenda).

Das LSG Berlin-Brandenburg hält ca. 500 € für ausreichend (3.3.2006 - L 10 B 106/06 AS ER), das SG Oldenburg kommt auf 468,57 € (14.3.2008 - S 44 AS 1419/07, mit detaillierter Auflistung).

Sind weitere Anschaffungen nötig, werden Sie auf Ansparen aus dem Regelsatz bzw. geschütztes Vermögen und Elterngeld verwiesen. Was aber ist mit Bettwäsche, Kopfkissen und Bettdecke (⇨Hausrat)? Früher wurden auch noch 1 Gummiunterlage für Kinderbett/Kinderwagen, 1 Wolldecke, 4 Frottiertücher oder 2 Badetücher, 1 Topf mit Deckel zum Auskochen der Flaschen und 1 Plastikbadewanne für notwendig gehalten. Ist das jetzt alles im ⇨Regelsatz (2.1) enthalten?

Wenn die Geburt des vorherigen Kindes nicht länger als zwei Jahre zurückliegt, werden z.B. in Frankfurt nur noch 275 € gezahlt. Die schleswig-holsteinischen Landkreise zahlen sogar *„bei nachfolgenden Kindern – bis zu einem Zeitraum von drei Jahren"* nur 240 €. Sie müssen also alles aufheben (Beträge ebenda).

Die Formulierung *„Erstausstattung bei Geburt"* bedeutet, dass Anschaffungen, die nicht direkt nach der Geburt benötigt werden, nicht zur Erstausstattung zählen, sondern als *„Ersatzbeschaffung"* aus dem Regelsatz zu bestreiten sind, z.B. Laufstall, Kinderhochstuhl, das nächst größere Kinderbett usw. In einigen kommunalen Erstausstattungspauschalen sind die hier genannten Bedarfe teilweise schon berücksichtigt (z.B. 15 € für einen Hochstuhl im Betrag von 526 € in Berlin; 88,98 € für eine *„Säuglingszweitausstattung"* im Betrag von 500 € in Dortmund; Beträge ebenda).

Tipp: Reichen die Pauschalen nicht aus, müssen Sie das begründen und die Erhöhung der Pauschale im Rahmen einer Einzelfallentscheidung beantragen.

2.2.3 Zeitpunkt der Gewährung

In der Regel gewähren die meisten Jobcenter **irgendwann nach der 13. Schwangerschaftswoche (SSW) die Schwangerschaftsbekleidung.** Bedenken Sie dabei, dass im Alg II und in der GSi diese Bedarfe gesondert beantragt werden müssen (§ 37 Abs. 1 S. 2 SGB II/§ 44 Abs. 1 SGB XII) und dass bei der HzL der Anspruch erst ab Kenntnis besteht (§ 18 Abs. 1 SGB XII), was materiell ein gesonderter Antrag ist. Der LK Hildesheim sagt in seiner Richtlinie, die **Erstausstattung anlässlich der Geburt kann ab der 13. SSW** erfolgen (LK Hildesheim, GA Erstausstattung - Stand 01.11.2016).

Grundsätzlich gilt, dass die Bedarfe anlässlich der Geburt **rechtzeitig zu gewähren sind**, sodass sie ohne Schwierigkeiten vor der Geburt beschafft werden können, **etwa im sechsten Monat der Schwangerschaft** (Eicher/Luik SGB II, 4. Aufl., § 24 Rn 111). Die „rechtzeitige Gewährung" ist natürlich auf den Einzelfall bezogen. Das heißt, es soll berücksichtigt werden, ob Schwangerschaftskomplikationen vorliegen, ob die Schwangere ein Auto besitzt oder auf ÖPNV angewiesen ist. Handelt es sich um die erste Schwangerschaft, unterstützt eine rechtzeitige Leistungsgewährung das menschenwürdige Einfinden in die neue Situation. Denn *„soziale Rechte **sind weit auszulegen**"*, so § 2 Abs. 2 SGB I, der auch aufgrund § 37 S. 1 SGB I im Alg II/HzL und GSi zu gelten hat.

Im Übrigen werden Kinder manchmal auch unerwartet und deutlich vor dem errechneten Entbindungstermin geboren. Daher ist hier der Standpunkt zu vertreten: Gewährung ab 13. Schwangerschaftswoche für die Bedarfe anlässlich der Geburt.

2.2.4 Schwangerenbedarfe für NichtleistungsbezieherInnen

Die Schwangerenbekleidung und Erstausstattung anlässlich der Geburt (und auch die Erstausstattung für Hausrat) sind auch für Menschen zu gewähren die keine laufenden Alg II- bzw. HzL- und GSi-Leistungen beziehen, aber dennoch Geringverdiener sind (§ 24 Abs. 3 S. 4, 5 SGB II/ § 31 Abs. 2 SGB XII). Dabei können die Alg II-/Sozialhilfeämter das Einkommen berücksichtigen, welches Sie innerhalb eines Zeitraumes von bis zu sechs Monaten nach Ablauf des Monats erwerben, in dem über die Hilfe entschieden wurde (Entscheidungsmonat und sechs Folgemonate ergeben insgesamt sieben Heranziehungsmonate). Ob, und ggf. für welchen Zeitraum, das jeweilige Amt diese Ansparregel anwendet, hat es nach pflichtgemäßem ⇨ Ermessen zu entscheiden

2.3 Auszubildende und Schwangerschaft

Vom Grundsatz her gibt es zunächst einen allgemeinen Leistungsausschluss für Auszubildende auf Alg II/HzL und GSi (§ 7 Abs. 5 1. Teilsatz SGB II/§ 22 Abs. 1 SGB XII). In den jeweiligen Gesetzen steht aber weiter, dass dies nicht für die Leistungen nach § 27 SGB II gilt (§7 Abs. 5 2. Teilsatz SGB II). Im § 27 SGB II steht dann, dass der Schwangerschaftsmehrbedarf und die Schwangerenbekleidung sowie Babyerstausstattung doch zu gewähren sind (§ 27 Abs. 2 SGB II). In der HzL/GSi besteht keine derartige gesetzlich geregelte Rückausnahme für die nichtausbildungsgeprägten Bedarfe. (wie § 27 SGB II). Hier ist der Sachverhalt durch die Rechtsprechung im Vorgängergesetz das BSHG geregelt und als allgemein herrschende Meinung anerkannt: *„der sog. nichtausbildungsgeprägte Bedarf ist nicht vom Leistungsausschluss umfasst“* (Grube/Wahrendorf, 5. Aufl. § 22 Rn 8).

Seit dem 1.8.2016 gilt im Alg II, dass auch Auszubildende, die BAföG und BAB bekommen oder dies nicht aufgrund der Vorschriften zur Anrechnung von Einkommen und Vermögen der Eltern erhalten einen vollen SGB II-Anspruch haben. Das bedeutet: normale Leistungen zum Lebensunterhalt und natürlich auch die schwangerschaftsbedingten Bedarfe (§ 7 Abs. 6 Nr. 2 SGB II). Dieser volle Leistungsanspruch bezieht sich auf alle Auszubildenden, bis auf Studierende, die außerhalb des Elternhauses wohnen.

Der Leistungsausschluss auf Lebensunterhalt nach § 7 Absatz 5 SGB II besteht stets bei Studierenden an Höheren Fachschulen, Akademien und Hochschulen, die nicht bei den Eltern wohnen. Dieser Personenkreis hat einen Bedarf nach § 13 Absatz 1 Nummer 2 in Verbindung mit Absatz 2 Nummer 2 BAföG.

Zur Info: kein allgemeiner Leistungsausschluss bei Teilzeitausbildung

Ein Anspruch auf Ausbildungsförderung nach dem BAföG besteht für Studierende nur dann, wenn das Studium die Arbeitskraft der oder des Studierenden im Allgemeinen voll in Anspruch nimmt (§ 2 Abs. 5 BAföG). Dies wird bei einer Vollzeitausbildung an einer Hochschule unterstellt (Tz. 2.5.3 der BAföG-VwV). Für ein Teilzeitstudium besteht demnach kein Anspruch auf Ausbildungsförderung. Der Ausschlusstatbestand des § 7 Absatz 5 SGB II greift in diesen Fällen nicht (FW 7.155).

Alle weiteren Infos unter ⇨ Auszubildende und ⇨ Studierende

3. Krankenversicherung bei Schwangerschaft und Mutterschaft (§ 50 SGB XII)

Grundsätzlich genießen Sie bei Schwangerschaft und Mutterschaft einen besonderen Anspruch auf Krankenversicherung oder Kassenleistungen, die in unmittelbarem Bezug zu Ihrer Schwangerschaft oder Mutterschaft stehen:

3.1 Krankenversicherung während der Schwangerschaft

Während der Schwangerschaft haben **Sozialhilfebezieherinnen**, die nicht krankenversichert sind, Anspruch auf alle Kassenleistungen wie ärztliche Behandlung und

Betreuung sowie Hebammenhilfe, Versorgung mit Arznei-, Verband- und Heilmitteln, Pflege in einer stationären Einrichtung sowie häusliche Pflegeleistungen (§ 50 SGB XII).

3.2 Ruhen der Versicherung wegen Beitragsrückständen

Sind Sie mehr als zwei Monate im Verzug und hat ihre gesetzliche Krankenkasse Sie gemahnt, ruht die Krankenversicherung (§ 16 Abs. 3a S. 2 SGB V). *„Vom Ruhen ausgenommen sind Untersuchungen zur Früherkennung von Krankheiten [...] sowie bei Schwangerschaft und Mutterschaft“* (§ 16 Abs. 3a S. 2 SGB V).

3.3 Krankenversicherung bei Hilfebedürftigkeit

„Das Ruhen tritt nicht ein oder endet, wenn Versicherte hilfebedürftig im Sinne des Zweiten oder Zwölften Buches sind oder werden“ (§ 16 Abs. 3a S. 4 SGB V). Das bedeutet: Beantragen Sie Alg II/HzL oder GSi *„werden“* Sie hilfebedürftig. Bekommen Sie diese Leistungen *„sind“* Sie hilfebedürftig. Durch den Alg II-/HzL- oder GSi-Bezug haben beitragsrückständige Menschen zumindest ihr Problem, dass die Krankenversorgung ruht, gelöst. Das ist ein Umstand, auf den die Krankenkassen im Rahmen ihrer ⇨ Beratungspflicht nicht unbedingt hinweisen. Weitere Infos: ⇨ Krankenkasse

4. Schwangere, die bei ihren Eltern wohnen

Sind Sie schwanger und wohnen bei Ihren Eltern, müssen Ihnen Leistungen bewilligt werden, ohne das Einkommen und Vermögen der Eltern zu berücksichtigen sind. Das gilt auch, wenn Sie Ihr Kind von den (Groß-)Eltern betreut wird (⇨Bedarfsgemeinschaft). Das Jobcenter/Sozialamt darf in diesem Fall nicht auf eine Unterhaltspflicht der Eltern verweisen, da ab Schwangerschaft die Unterhaltspflicht entfällt (§ 9 Abs. 3 SGB II/§ 19 Abs. 4 SGB XII). In der Folge darf das Jobcenter oder Sozialamt auch nicht Unterlagen über Einkommen und Vermögen der Eltern verlangen, denn sobald die Unterhaltspflicht entfällt, gibt es auch keine Befugnis mehr, die Vorlage dieser Unterlagen zu verlangen (§ 67a Abs. 1 S. 1 SGB X).

Schwangerschaft kann bei **unter 25-Jährigen** neben familiären oder sozialen Problemlagen auch einen **Auszug** aus der elterlichen Wohnung begründen. Weil Eltern *„aus familienpolitischen Gründen“* aus der Unterhaltsverpflichtung herausgenommen werden, können Schwangere frei entscheiden, ob sie bei den Eltern wohnen wollen oder nicht (SG Gießen 15.5.2009 - S 26 AS 490/09 ER; nach Geiger 2014, 118). Auch **beengte Verhältnisse** und (nach der Geburt) Säuglingslärm können Auszugsgründe sein (OVG Bremen 27.7.2007 - S 2 B 299/07).

Bei **Konfliktsituationen** reicht es aus, an Eides statt zu versichern, dass ein Vater/Mutter-Kind-Konflikt vorliegt. Die Anforderungen an eine Glaubhaftmachung werden überspannt, *„wenn man nur handfeste Beweise in Form von tätlichen Auseinandersetzungen bis hin zu Polizeieinsätzen gelten ließe“* (LSG Hamburg 2.5.2006 - L 5 B 160/06 ER AS); ⇨Jugendliche/junge Erwachsene)

Tipp: Das Jobcenter (Sozialamt) muss zuvor dem Auszug zustimmen und neben den künftigen laufenden Kosten für die eigene Wohnung auch die ⇨**Umzug**skosten und Erstausstattung (⇨Hausrat) übernehmen.

5. Mutter und Kind-Stiftung

Die Bundesstiftung *„Mutter und Kind - Schutz des ungeborenen Lebens“* gibt schwangeren Frauen Geld, damit sie nicht aufgrund finanzieller Notlagen abtreiben. Auf Zuteilung und Höhe der Mittel aus dem Stiftungstopf haben Sie **keinen Rechtsanspruch**.

Frauen bzw. Familien mit einem Einkommen in Höhe von Alg II/ Sozialhilfe haben vom Grundsatz her immer Anspruch auf Gelder der Mutter und Kind-Stiftung. Diese werden nicht auf Alg II/ Sozialhilfe angerechnet (§ 5 Abs. 2 Stiftungsgesetz i.V. mit § 11 Abs. 3 Nr.1a SGB II; SG Magdeburg 17.3.2015 - S 21 AS 3987/11).

Sie können Beihilfen für die Erstausstattung Ihres Kindes, die Weiterführung des Haushalts, für Wohnung und Einrichtung und die Betreuung Ihres Kindes bekommen, wenn Sie keine ausreichenden Mittel dafür haben. *„Leistungen aus Mitteln der Stiftung dürfen nur gewährt [...] werden, wenn die Hilfe auf andere Weise nicht oder nicht rechtzeitig möglich ist oder nicht ausreicht“* (§ 4 Abs. 2 des Ge-

setzes zur Errichtung einer Stiftung Mutter und Kind). Das dürfte mit den geringen Pauschalen bei Alg II/ Sozialhilfe heute häufiger der Fall sein.
Sie dürfen jedoch nicht von Jobcentern/ Sozialämtern darauf verwiesen werden, zuerst die Stiftungsgelder in Anspruch zu nehmen.

Anträge stellen Sie z.B. bei Schwangerschaftskonfliktberatungsstellen, beim Diakonischen Werk, der Caritas oder dem Sozialdienst Katholischer Frauen. Die Konfession spielt dabei keine Rolle.

Information
www.bundesstiftung-mutter-und-kind.de

Schwangerschafts-abbruch

2019 gab es 100.893 registrierte Schwangerschaftsabbrüche (www.destatis.de). Nach wie vor ist ein Schwangerschaftsabbruch nach § 218 Strafgesetzbuch (StGB) strafbar. Im § 218a StGB ist geregelt, unter welchen Umständen ein Schwangerschaftsabbruch straflos ist.

Inhaltsübersicht

S

1. Medizinische Indikation

Ein Abbruch ist rechtmäßig,
wenn medizinische Gründe vorliegen, d.h. Gefahr für das Leben oder für die körperliche oder seelische Gesundheit besteht (§ 218a Abs. 2 StGB, medizinische Indikation, das traf 2019 auf ca. vier Prozent der Abbrüche zu) oder

2. kriminologische Indikation

wenn Sie sexuell missbraucht, genötigt oder vergewaltigt wurden (§ 218a Abs. 3 StGB, kriminologische Indikation).

In beiden Fällen zahlen die Kassen der Betroffenen/des Opfers.

3. Fristenlösung/soziale Indikation

Ein Abbruch ist rechtswidrig, aber **straffrei** (§ 218a Abs.1 StGB, **soziale Indikation**),
- wenn Sie sich für einen Abbruch entscheiden, weil es Sie in unzumutbarer Weise belasten würde, das Kind auszutragen und zur Welt zu bringen. Die Entscheidung darüber treffen **nur Sie**;
- wenn Sie sich von einer anerkannten **Beratungsstelle** mindestens vier Tage vor dem Eingriff beraten lassen. Darüber müssen Sie der Ärztin/dem Arzt, die/der den Abbruch vornimmt, eine schriftliche Bestätigung vorlegen;
- **und** wenn der Abbruch bis zum Ende der **zwölften Woche** nach der Empfängnis von einer Ärztin/einem Arzt vorgenommen wird.

Das betraf ca. 96 Prozent der registrierten Schwangerschaftsabbrüche.

4. Schwangerschaftsabbruch über die Krankenkasse?

Wenn eine **soziale Indikation** vorliegt, übernehmen die Kassen lediglich für folgende Leistungen (Grundkosten) die Kosten und stellen entsprechende Berechtigungsscheine aus:
- für Kosten zur Feststellung der Schwangerschaft und Behandlung während der Schwangerschaft
- für Kosten der ärztlichen Beratung über Erhalt und Abbruch der Schwangerschaft
- für ärztliche Behandlung bei Komplikationen während und nach dem erfolgten Abbruch
- für medizinisch notwendige stationäre Behandlung im Krankenhaus für die Tage vor und nach dem Abbruch, nicht aber für den Tag des Abbruchs selbst (§ 24b Abs. 3 und 4 SGB V).

Dies gilt auch für privat krankenversicherte Frauen (Übernahme der Grundkosten).

Alle anderen Kosten, die sog. abbruchbedingten Kosten, müssen „normal verdienende" Frauen **selbst zahlen**.

Für Frauen mit **geringem** oder **ohne Einkommen** gelten andere Regelungen (§ 19 SchKG /Gesetz zur Vermeidung und Bewältigung von Schwangerschaftskonflikten).

Erzielen Sie Einkommen, ist die Übernahme der Kosten an eine **Einkommensgrenze** gebunden. Dabei wird das Einkommen oder Vermögen des Ehepartners oder der Eltern **nicht** berücksichtigt.
Die **Grenze** ist an den Rentenwert der gesetzlichen Rentenversicherung gekoppelt und beträgt **1.258 €** für Sie, plus **298 €** für **jedes** minderjährige im Haushalt lebende **Kind**. Zusätzlich werden für den Teil der **Unterkunftskosten (Miete)**, der 368 € übersteigt, max. 368 € aufgeschlagen (Stand: 1.7.2020).
Es wird geprüft, ob Sie kurzfristig verwertbares Vermögen haben.
Bedürftigkeit wird ohne weitere Berechnungen bei allen Frauen unterstellt, die **Alg II- oder Leistungen vom Sozialamt (SGB XII)** beziehen, weiterhin bei Bezieherinnen von BAföG, BAB, Arbeits- und Berufsförderungsleistungen für behinderte Menschen, Leistungen nach dem AsylbLG und Frauen in Einrichtungen, die von der Sozial- oder der Jugendhilfe getragen werden (§ 19 Abs. 3 SchKG).

Erfüllen Sie diese Voraussetzungen und sind Sie gesetzlich krankenversichert, übernimmt Ihre Krankenkasse die abbruchbedingten Kosten als sog. Übertragungsaufgabe, d.h. die Bundesländer erstatten den Kassen diese Kosten (§ 22 SchKG). Sind Sie nicht gesetzlich krankenversichert, müssen Sie eine Kasse am Ort Ihres Wohnsitzes wählen und dort einen Antrag auf Übernahme der Kosten für Abbruch, Beratung und Behandlung stellen. Die Kasse schießt dann die Kosten vor und bekommt sie ebenfalls von den Bundesländern erstattet.

5. Unterhaltspflicht
der Familienangehörigen und des Vaters des Kindes für einen Schwangerschaftsabbruch wurde 1992 abgeschafft.

Beratung/Information
Bundesverband Pro Familia, Mainzer Landstr. 250 – 254, 60326 Frankfurt, Tel. 069/ 26 95 77 90, Fax: 069 26 95 77 930, Email: info[at]profamilia.de
bundesweite Beratungsstellen über www.profamilia.de
Broschüre (in div. Sprachen):
https://www.profamilia.de/publikationen/themen/schwangerschaftsabbruch.html
Broschüre in Deutsch:
www.profamilia.de/fileadmin/publikationen/Reihe_Koerper_und_Sexualtitaet/schwangerschaftsabbruch.pdf

„Schwarzarbeit“

Die Leistungen des Alg II oder HzL/ GSi der Sozialhilfe reichen oft nicht bis zum Monatsende, weil sie politisch kleingerechnet werden. Die Bundesregierung räumt dazu gegenüber dem Fernsehmagazin *Monitor* ein, die Frage der Höhe des Regelbedarfs und des soziokulturellen Existenzminimums sei „nicht vorrangig eine Frage des Berechnungsverfahrens - sie muss politisch beantwortet werden“ (Tagesschau.de 17.05.2018). Der Regelbedarf einer alleinstehenden Person beträgt derzeit **446 €** (im Jahr 2021) zum Leben. Der RB müsste, nach Ansicht der Paritätischen Forschungsstelle, eigentlich 198 € mehr betragen, nämlich 644 €, wenn er nicht politisch kleingerechnet worden wäre (www. der-paritätische.de). Zudem zahlt jede Bedarfsgemeinschaft bundesweit durchschnittlich 18 € an nicht übernommener Miete im Monat selber (Drs 19/3073 v. 29.06.2018, Tabelle 2, Seite 12). Zudem begünstigen die kleinlichen Anrechnungsvorschriften bei Erwerbstätigkeit die Schwarzarbeit.

Wenn Sie arbeiten, ohne Ihr Einkommen oder Ihr volles Einkommen anzugeben, fordert die Behörde bei Bekanntwerden die überzahlte Summe zurück (§ 50 SGB X). Sie haben vorsätzlich falsche Angaben über Ihr Einkommen gemacht.
Die ⇨Rückforderung wurde vom Bundessozialgericht als rechts- und verfassungskonform beurteilt (BSG 09.03.2016, B 14 AS 20/15 R) und darf mit der Alg II- bzw. Sozialhilfeleistung aufgerechnet werden, allerdings nur bis zu 30 Prozent des Regelsatzes bei Alg II (§ 43 Abs. 2 SGB II) bzw. mit etwa 20 bis 30 Prozent (als äußerste Grenze) bei Sozialhilfe (§ 26 Abs. 2 SGB XII; LPK SGB XII, 12. Aufl. § 26 Rn. 9; 20%), und das maximal für drei Jahre (⇨Aufrechnung).

Wenn Sie Ihr Einkommen nicht angegeben haben, kann ein **Bußgeld** wegen fehlender

Mitwirkung verhängt werden. Die Verletzung der ⇨Mitwirkungspflichten ist eine Ordnungswidrigkeit.
Wenn die nicht angegebenen Einnahmen eine bestimmte Höhe überschreiten, kann es zudem zu einem **Strafverfahren** kommen. Das kann bei sehr hohen Beträgen auch mit einer Gefängnisstrafe enden. Achten Sie von daher peinlichst darauf, sämtliche zusätzlichen Einnahmen, die selbstverständlich nicht aus „Schwarzarbeit" stammen sollten, dem Leistungsträger unaufgefordert anzuzeigen. Es gibt leider nicht wenige Sachbearbeiter*innen, die sämtlichen Verdacht auf Leistungsbetrug sofort an die Staatsanwaltschaft weiterreichen und mit den entsprechenden Staatsanwaltschaften eine Kriminalisierung des Sozialleistungsbezuges erreichen möchten. So wurden alleine 2014 insgesamt 54.470 Anzeigen auf Leistungsbetrug gegen SGB II-Beziehende bei den Staatsanwaltschaften bearbeitet.

Um die Höhe der Rückforderung festzustellen, muss nachträglich eine Neuberechnung derart gemacht werden, als ob Ihr Arbeitslohn bekannt gewesen wäre. Der Arbeitslohn muss um Freibetrag, Werbungskosten usw. bereinigt werden. Sollten Sie im Rahmen einer Anhörung diesbezüglich vom Leistungsträger mündlich oder schriftlich zur Stellungnahme aufgefordert werden, so beachten Sie unbedingt, dass Sie sich nicht selbst belasten müssen. Nehmen Sie gerade bei drohenden strafrechtlichen Sanktionen rechtzeitig anwaltliche Hilfe in Anspruch und nehmen Sie erst nach Akteneinsicht Stellung.

Tipp: Achten Sie darauf, dass bei einer Überzahlung nur Alg II/ Sozialhilfe in Höhe Ihres tatsächlich anzurechnenden Einkommens zurückgefordert wird.

⇨Datenabgleich
Über einen automatisierten Datenabgleich wird spätestens alle drei Monate überprüft, ob Sie geringfügig oder versicherungspflichtig beschäftigt sind (§ 52 Abs. 1 Satz 1 Nr. 2 SGB II; § 118 Abs. 1 Nr. 2 SGB XII). Beim Alg II **können** Jobcenter seit 1.8.2016 den Datenabgleich auch mtl. durchführen, wenn Ihnen der Dreimonatszeitraum nicht genügt (§ 52 Abs. 1 Satz 3 SGB II). Arbeitgeber müssen geringfügige und versicherungspflichtige Beschäftigungsverhältnisse bei der Minijob-Zentrale (Knappschaft) melden. Sie können **nicht** davon ausgehen, dass die Behörde „das schon nicht mitbekommen wird".

Arbeitgeber haben eine **Auskunftspflicht** (§ 60 SGB II), ebenso die **Finanzbehörden**, soweit Behörden es verlangen (§ 21 Abs. 4 SGB X). *„Die für die Bekämpfung von Leistungsmissbrauch und illegaler Beschäftigung zuständigen Stellen"* sollen Daten an die Alg II-Behörden übermitteln (§ 50 Abs. 1 SGB II). Damit ist vor allem die Zollverwaltung gemeint, die dafür zuständig ist, „Schwarzarbeit" aufzudecken. Umgekehrt sollen die Alg II-Behörden im Bedarfsfall ebenfalls Daten an die Zollverwaltung übermitteln.

Kritik
Wenn es keine Unternehmen geben würde, die aus Profitgründen Schwarzarbeiter*innen einsetzen und keine Auftraggeber (Unternehmen und Behörden), die mit Dumpingpreisen Unternehmen zum Einsatz von Schwarzarbeiter*innen zwingen, gäbe es den Großteil der Schwarzarbeit nicht. Alle bisherigen Ergebnisse von Datenabgleichen zeigten, dass allenfalls ein bis zwei Prozent der Sozialhilfehaushalte nicht angegebene Arbeitseinkommen haben, meist mit einem Zusatzeinkommen von etwa 100 € im Monat. Das entspricht der Summe, um die der ⇨Regelsatz unseres Erachtens **mindestens** erhöht werden müsste. Ursachen waren nach Auskunft von Sachbearbeiter*innen in der Mehrheit dieser Fälle Unkenntnis und fehlender Überblick. Bewusster Missbrauch wurde nur für ein Viertel der Fälle als Grund genannt (Rainer Roth, Sozialhilfemissbrauch, Wer missbraucht hier eigentlich wen?, Frankfurt 2004, 19).

Selbstständige

Auch selbstständig Tätige haben einen Anspruch auf Alg II nach dem SGB II, wenn ihr Einkommen und Vermögen nicht ausreichen, um ihren Lebensunterhalt zu bestreiten. Hierzu ist jedoch vorwegzuschicken, dass das System nicht darauf ausgerichtet ist, Selbstständige zu unterstützen, sodass diese in der Regel dadurch benachteiligt werden, dass Sie entweder zu wenig Leistungen zum Leben erhalten oder sich Rückforderungszahlungen ausgesetzt sehen. Aus unserer Sicht ist es so nur sehr schwer möglich, über einen längeren Zeitraum eine ernsthafte Selbstständigkeit zu betreiben, die dazu führen soll, dauerhaft aus dem Leistungsbezug auszuscheiden. Ergänzende selbstständige oder freiberufliche Tätigkeit kann jedoch sinnvoll sein, um die Freibeträge bei Einkommen aus Erwerbstätigkeit auszuschöpfen.

Inhaltsübersicht

1. Vorläufige EKS

Die meisten Jobcenter benutzen das Formular EKS (Einkommen aus selbstständiger Tätigkeit), um den Gewinn zu ermitteln. Das Problem dabei ist, dass die Leistungen nach dem SGB II gewährt werden, bevor der tatsächliche Gewinn überhaupt feststeht. Also ist es erforderlich, das Einkommen aus selbstständiger Tätigkeit vorläufig zu schätzen, was dem/r Selbstständigen obliegt. Hier beginnen bereits die Probleme. Schätzen sie das Einkommen zu optimistisch ein, erhalten sie für den gesamten vorläufigen Bewilligungszeitraum von sechs Monaten nicht einmal das Existenzminimum. Schätzen Sie das Einkommen zu gering ein, müssen Sie, sobald das Einkommen endgültig festgesetzt ist, mit einer erheblichen Nachzahlung rechnen. Da diese endgültige Festsetzung aus verschiedenen Gründen teilweise erst 1 bis 1 ½ Jahre nach dem Bewilligungszeitraum erfolgt, ist es für dauerhaft Beziehende von Leistungen nach dem SGB II schwierig, in dieser Zeit Rücklagen zu bilden, die unangetastet bleiben. Können Sie dann die Rückzahlung nicht leisten, wird mit Ihren Leistungen aufgerechnet, sodass Sie dann wieder unterdeckt sind. Das Dilemma ist offensichtlich.

2. Endgültige EKS

Nach Abschluss des Bewilligungszeitraums fordert das Jobcenter von Ihnen die endgültige EKS, in der dann die tatsächlichen Zahlen aus dem Bewilligungszeitraum ausgewertet werden. Dies führt dann zu der folgenden dargestellten Gewinnermittlung.

2.1 Einkommen Selbstständiger

Zur Berechnung des Einkommens sind von den Betriebseinnahmen die im Bewilligungszeitraum tatsächlich geleisteten notwendigen Ausgaben ohne Rücksicht auf steuerrechtliche Vorteile abzusetzen (§ 3 Alg II-V).

Hier wird deutlich, dass

1. steuerrechtliche Abschreibungen nicht automatisch auch für den Leistungsbezug nach dem SGB II gelten und,
2. dass nur notwendige Ausgaben überhaupt abgesetzt werden können. Was notwendig ist, entscheidet jedoch das Jobcenter.

2.2 Berechnungszeitraum

Bewilligt wird in der Regel bei Selbstständigen für einen Zeitraum von sechs Monaten. Dabei wird entsprechend der Alg II-V der erzielte Gewinn gleichmäßig auf sechs Monate verteilt. Zwar kann in besonderen Fällen auch bei Selbstständigen der Bewilligungszeitraum auf zwölf Monate ausgeweitet werden (z.B. besondere Saisonarbeiten). Allerdings ist dies die absolute Ausnahme. Für Sie bedeutet dies, dass Sie Einnahmen und Ausgaben in den Bewilligungszeiträu-

men so verteilen müssen, dass Sie nicht in einem Bewilligungszeitraum plötzlich Verluste haben.
Ein Ausgleich von Verlusten findet nicht statt

Beispiel: Sie haben einen kleinen Handwerksbetrieb und beziehen Leistungen nach dem SGB II ergänzend. Der Bewilligungszeitraum läuft von Januar bis Juni. Im Mai erhalten Sie einen großen Auftrag. Sie kaufen dafür Material in erheblichem Umfang, so dass Sie im Bewilligungszeitraum sogar Verluste machen. Dies bedeutet, dass Sie im Rahmen der abschließenden EKS die vollen Leistungen nach dem SGB II erhalten, allerdings überhaupt keine Freibeträge, da Sie ja keinen Gewinn erzielt haben.
Im August liefern Sie dann aus und erhalten umgehend auch die Rechnung in voller Höhe bezahlt. Die Einnahmen sind nun so hoch, dass Sie im zweiten Bewilligungszeitraum überhaupt keinen Anspruch mehr auf Leistungen nach dem SGB II haben. Dies aber nur deshalb nicht, weil der Wareneinkauf aus dem ersten Zeitraum und der damit verbundene Verlust nicht in den zweiten Zeitraum übertragen wird.
Steuerrechtlich ist dies kein Problem, da alles im gleichen Geschäftsjahr erfolgt ist, so dass Sie steuerrechtlich keinen Nachteil haben.

S

Dieses Beispiel zeigt jedoch, wie stark die Benachteiligung bei Selbstständigen ist, da diese mehrere Zeiträume bei ihren Kalkulationen berücksichtigen müssen.

3. Gewinn(-ermittlung)

Wie wird der Gewinn ermittelt? Der Gewinn ist Ihr Saldo aus Einnahmen und Ausgaben.

3.1 Einnahmen

Einnahmen sind die Einkünfte in Geld, aber auch die Entnahme von Waren und die Nutzung von Betriebsmitteln, z.B. private Kfz oder Telefonnutzung.

Beispiel Kfz: Wird ein Kfz überwiegend betrieblich genutzt, sind die tatsächlich geleisteten notwendigen Ausgaben für dieses Kraftfahrzeug als betriebliche Ausgaben abzusetzen. Dies ist der Fall, wenn Sie mehr als 50 Prozent der Fahrten gewerblich nutzen. Private Fahrten werden dann i.H.v. 0,10 € pro Kilometer als Einnahme abgezogen. Nutzen Sie das Kfz überwiegend gewerblich, können aber sämtliche damit verbundenen Ausgaben, wie Steuern, Versicherung, Benzin, Reparaturen und sonstige Kosten, die mit dem Kfz verbunden sind, als Ausgaben abgesetzt werden. Dies ist im Regelfall von Vorteil.
Nutzen Sie das Kfz überwiegend privat, können Sie für jeden betrieblich gefahrenen Kilometer nur 0,10 € als Ausgabe absetzen und auch nur dann, wenn Sie dies durch ein Fahrtenbuch nachweisen.

Tipp: Dokumentieren Sie Ihre Kfz-Kosten und gefahrenen Kilometer. Wenn möglich, sparen Sie private Kilometer, um das Kfz als betriebliches Fahrzeug geltend machen zu können, damit die laufenden Betriebskosten abgedeckt sind.

Weitere Einnahmen sind u.a.:
- betriebliche Zinseinnahmen
- erstattete Umsatzsteuer
- zurückerstattete Betriebsausgaben
- betriebliche Einlagen

Betriebliche Einlagen sind Bareinzahlungen, die dem Betrieb zugeführt werden, um die laufenden Betriebskosten zu decken. Sie erhöhen jedoch Ihre Betriebseinnahmen und mindern damit die Alg II-Leistungen.

Tipp: Vermeiden Sie nach Möglichkeit betriebliche Einlagen, da diese immer nur zu Ihrem Nachteil berücksichtigt werden.

3.2 Betriebsausgaben

Betriebsausgaben sind belegte und notwendige betriebliche Aufwendungen ohne Rücksicht auf steuerrechtliche Vorschriften. Im Einzelnen:
- die tatsächlichen Kfz-Kosten, wie oben erwähnt, bei nachgewiesen überwiegend betrieblicher Nutzung oder 0,10 € für jeden gefahrenen Kilometer für nachgewiesene betriebliche Fahrten bei überwiegend privat genutztem Kfz
- Vorauszahlungen und Nachzahlungen von Umsatzsteuer (Mehrwertsteuer)
- Werbungskosten, Steuerberaterkosten, Büromaterialien und sonstige Materialien,

- Mietkosten
- Versicherungen
- Beiträge für Berufsständige Vereinigungen (z.B. Handwerkskammer)
- IT-Kosten und Telefonkosten
- Weiterbildungskosten und Fachliteratur
- usw.

Die oben genannten Kosten werden in der Regel als Ausgaben nur dann durch das Jobcenter akzeptiert, wenn sie in einem angemessenem Verhältnis zum Einkommen stehen.

Problem: Sachanschaffungen und Investitionen
Dies erkennen Jobcenter häufig nicht an, insbesondere dann nicht, wenn sie vorher nicht die Zustimmung dazu ereilt haben. Diese vorherige Zustimmung dient jedoch lediglich der Sicherheit von Ihnen und ist nicht zwingende Voraussetzung für eine Investition.

Beispiel: Sie benötigen einen neuen Rechner für Ihre selbstständige Tätigkeit. Sie erwerben einen zum Preis von 500 €, ohne vorher die Zustimmung des Jobcenters eingeholt zu haben. Das Jobcenter verweigert nur wegen der fehlenden Zustimmung die Berücksichtigung als Betriebsausgaben, obwohl es den Computer eigentlich auch als notwendig betrachtet. Diese Vorgehensweise ist nicht zulässig. Gerade die Anschaffung eines Computers ist oft kurzfristig erforderlich, da der Betrieb ohne einen solchen nicht weitergeführt werden kann. Hier können Sie nicht abwarten, bis das Jobcenter entschieden hat. Allerdings tragen Sie regelmäßig das Risiko, dass erst in einem Klageverfahren vor dem Sozialgericht die Ausgabe anerkannt wird.

Tipp: Überlegen Sie gründlich, ob die Investition notwendig ist und reichen Sie im Zweifel teurere Gegenangebote ein, um zu belegen, dass Sie hier die preisgünstigste Alternative gewählt haben.

Problem: Personalkosten
Da die Erträge aus Ihrem Unternehmen nicht ausreichen, um Ihren Lebensunterhalt sicherzustellen, ist es oftmals schwierig, wenn Sie noch eine*n Angestellte*n beschäftigen. Allerdings ist dies teilweise unvermeidbar, z.B., wenn Sie eine selbstständige Tätigkeit ausüben, die körperlich sehr schwer ist und für die Sie bereits deshalb eine zweite Person benötigen.

Tipp: Lassen Sie sich bei Neueinstellungen während des Leistungsbezuges immer die vorherige Zustimmung des Jobcenters geben.

Problem: Arbeitszimmer
Üben Sie Ihre selbstständige Tätigkeit von Zuhause aus, z.B. Büroservice, eBay-Shop oder Ähnliches, möchte das Jobcenter regelmäßig, dass Sie ein Arbeitszimmer angeben. Dies ist zwar grundsätzlich unproblematisch, führt aber gerade bei Beginn einer Selbstständigkeit oft zu Problemen. Das Arbeitszimmer wird Ihnen nämlich von den ⇨Kosten der Unterkunft abgezogen. Diese Kosten sind zwar Betriebsausgaben, die Ihnen jedoch nur etwas bringen, wenn Sie auch entsprechende Einnahmen haben. Gerade zu Beginn hat man Ausgaben, aber noch fehlende Kund*innen und oftmals keine oder nur geringe Einkünfte, sodass Sie dann auch noch einen Teil der Unterkunftskosten selbst zahlen müssten.

Tipp: Vermeiden Sie zu Beginn der Selbstständigkeit die Angabe eines Arbeitszimmers. Sollten Sie regelmäßige Einkünfte erzielen, können Sie zu einem späteren Zeitpunkt immer noch angeben, dass Sie ein Arbeitszimmer jetzt benötigen.

3.3 Keine Betriebsausgaben

Nicht zu den Betriebsausgaben zählen Aufwendungen, die ganz oder teilweise vermeidbar sind, wenn sie offensichtlich nicht den Lebensumständen während des Bezuges der Leistungen entsprechen, soweit das Verhältnis der Ausgaben zu den jeweiligen Erträgen in einem auffälligen Missverhältnis steht und soweit Sie Ausgaben tätigen, für die Sie einen Zuschuss oder Darlehen vom Jobcenter zur Förderung Ihrer Existenzgründung erhalten haben (§ 3 ALG II-V).

Problem: Anhand der nicht eindeutig bestimmten Formulierungen wird deutlich, dass hier den Sachbearbeiter*innen sehr viel Spielraum zugestanden wird, ohne dass die tatsächliche Kompetenz im Regelfall vorhanden ist. Nur in seltenen Fällen gibt es qualifizierte Selbstständigen-Teams in den Jobcentern. Versuchen Sie gerade bei größeren Investitionen vorab zu klären, inwieweit diese Anerkennung finden. Vermeiden Sie gerichtliche Auseinandersetzungen, da Sie selbst im Erfolgsfall erst nach Jahren die notwendigen Aufwendungen anerkannt bekommen.

4. Abgabe der abschließenden EKS

Großes Problem: § 41 a Abs. 3 SGB II

Der Gesetzgeber hat mit § 41 a Abs. 3 SGB II eine Regelung eingeführt, die es den Jobcentern ermöglicht, Druck insbesondere auf Selbstständige, aber auch auf nicht selbstständige Leistungsbeziehende mit schwankendem Einkommen auszuüben und hat hier ein Mittel in die Hand gegeben, dass für Sie unter Umständen verheerende Folgen haben kann.

Nach § 41 a SGB II sind Sie verpflichtet, die leistungserheblichen Tatsachen, die vom Leistungsträger gefordert werden, innerhalb einer angemessenen Fristsetzung nachzuweisen. Eine angemessene Fristsetzung sind mind. drei Monate (SG Augsburg 12.3.2018 - S 8 AS 95/18).

Kommen Sie dieser Aufforderung nicht innerhalb der Frist nach, setzt das Jobcenter die Leistungen nur in der nachgewiesenen Höhe fest.

Für Selbstständige bedeutet dies, dass, wenn die abschließende EKS nicht innerhalb der gesetzten Frist abgegeben wird, alle(!) für den bewilligten Zeitraum erbrachten Leistungen zurückgefordert werden und zwar für alle(!) Mitglieder der Bedarfsgemeinschaft.

Das Problem entsteht vor allen Dingen dann, wenn Steuerberater*innen beauftragt werden, auch die abschließende EKS anzufertigen und diese aus pragmatischen Gründen erst mit Ende des Geschäftsjahres erledigen wollen. Versäumen Sie hier die entsprechenden Fristen dadurch, dass Ihr*e Steuerberater*in die EKS nicht erledigt, müssen Sie mit den oben genannten Folgen kämpfen.

Diese ergeben sich auch aus einem zweiten Problem: Die Pflicht zur Mitwirkung kann, im Gegensatz zu vielen anderen Fällen im Rahmen des SGB II, nicht nachgeholt werden. Jedenfalls nicht nach Klageerhebung (SG Duisburg 2.1.2018 - S 49 AS 3349/17). Eine Nachholung der Mitwirkung vor Ablauf des Widerspruchverfahrens ist jedoch möglich (BSG 12.9.2018 - B 4 AS 39/17 R und B 14 AS 4/18 R)

Im Hinblick auf die weitreichenden Folgen ist ein besonderes Augenmerk auf die Rechtsmittelbelehrung zu legen, die regelmäßig unzureichend sein dürfte.

Wenn jedoch Entscheidungen vorliegen, werden die Jobcenter ihre Rechtsmittelbelehrungen anpassen, sodass dann tatsächlich die Rückforderung aller Leistungen droht.

Tipp: Kommen Sie unbedingt der Aufforderung des Jobcenters nach, innerhalb der gesetzten Frist die abschließende EKS vorzulegen. Sollte dies nicht möglich sein, muss jedenfalls im Widerspruchsverfahren die abschließende EKS vorgelegt werden.

5. Bereinigung des Einkommens

Auch selbstständige Tätigkeit ist Tätigkeit, die mit Erwerbseinkommen verbunden ist, sodass auch hier die Freibetragsberechnungen bei ⇨Einkommen gelten.

6. Vorsorge-/Versicherungsbeiträge

Sofern Sie im Rahmen der selbstständigen Tätigkeit privat krankenversichert sind, können hier die Beiträge bis zur Höhe des hälftigen Basistarifs der Krankenkasse übernommen werden. Rentenversicherungsbeiträge, auch für eine private Rentenversicherung, können ebenfalls abgesetzt werden.

7. Durchschnittseinkommen

Das BSG hat nochmals deutlich gemacht, dass bei der abschließenden Entscheidung unter den Voraussetzungen des § 41a Absatz 4 SGB II ein Durchschnittseinkommen aus allen Einkommensarten zu bilden ist (BSG 11.7.2019 - B 14 AS 44/18 R). Dies kann durchaus positiv sein, da dadurch eine Ausschöpfung der Freibeträge über den gesamten Zeitraum möglich ist. Viele Jobcenter rechnen jedoch Einkünfte in Teilabschnitten ab. Dies ist rechtswidrig. ⇨13.4 ⇨ vorläufige Leistungsgewährung

S

8. Selbstständigkeit aufgeben
Sie können nicht verpflichtet werden, Ihre Selbstständigkeit zu beenden. Allerdings können Sie verpflichtet werden, sich um eine sozialversicherungspflichtige Beschäftigung zu bemühen, wenn absehbar ist, dass Sie dauerhaft mit Ihrer selbstständigen Tätigkeit nicht aus dem Leistungsbezug ausscheiden können.
Nach unserer Auffassung können Sie jedoch nicht verpflichtet werden, eine Maßnahme mitzumachen, die dazu führt, dass Sie faktisch Ihre Selbstständigkeit nicht mehr ausüben können, wenn diese Maßnahme nicht zu einem höheren Einkommen führt.

9. Geringfügige Tätigkeit
Sofern Sie nur geringfügig selbstständig oder freiberuflich tätig sind, sollten Sie darauf achten, zumindest im Bewilligungszeitraum einen Gewinn von 600 € zu erzielen, um die Freibeträge maximal ausschöpfen zu können.
Achtung! Es gibt Jobcenter, die eine solche Tätigkeit als „Hobby" deklarieren und dann lediglich die Versicherungspauschale i.H.v. 30 € abziehen. Dies ist nicht zulässig, auch wenn Sie nur in geringem Umfang Einkommen erzielen, ist es Einkommen aus Erwerbstätigkeit (SG Halle 18.10.2016 - S 17 AS 1033/14).

10. Übungsleiterpauschale
Handelt es sich bei Ihrer selbstständigen Tätigkeit um eine Tätigkeit durch Unterricht, als Künstler*in oder Ähnliches, die unter die Übungsleiterpauschale fallen, haben Sie auch hier die Möglichkeit, den erhöhten Freibetrag von € 200 monatlich geltend zu machen. Achten Sie jedoch darauf, dass Sie nicht in einen Bewilligungszeitraum den gesamten Betrag erhalten, der Ihnen für das Jahr zusteht.

11. Künstler*innen im Alg II-Bezug
Die Tätigkeit von Künstler*innen wird oft nicht als Erwerbstätigkeit anerkannt. Sofern Sie hier gezwungen werden sollen, die Tätigkeit aufzugeben, unterschreiben Sie auf keinen Fall die ⇨Eingliederungsvereinbarung. Versuchen Sie, sich soweit wie möglich gegen Repressalien zur Wehr zu setzen.

12. Unterstützung zur Existenzgründung
Da grundsätzlich der Gesetzgeber eine sozialversicherungspflichtige Tätigkeit bevorzugt, sind die Mittel zur Existenzgründung bei Selbstständigen relativ beschränkt. In Betracht kommen
a.) Beratungen durch geeignete Dritte,
b.) Trainingsmaßnahmen zur Heranführung einer selbstständigen Tätigkeit,
c.) Darlehen und/oder Zuschüsse bis zu € 5.000 für Betriebsinvestitionen und, als interessantestes Mittel,
d.) das Einstiegsgeld gemäß § 16 b SGB II, das deshalb besonders interessant ist, da es entgegen dem Gründungszuschuss nach dem SGB III für Alg I-Empfänger*innen nicht auf die SGB II-Leistungen angerechnet wird.

13. Sonderregelungen wegen Corona
Durch Corona sind viele Selbstständige in finanzielle Nöte geraten und mussten Leistungen nach dem SGB II beantragen, da teilweise das gesamte Einkommen weggebrochen ist. Neben den allgemeinen Regeln sind insbesondere die Sonderregeln des § 67 SGB II zu beachten.

13.1 Vermögen
Es erfolgt lediglich eine reduzierte Vermögensprüfung, so dass nur erhebliches Vermögen maßgeblich ist (⇨Vermögen).
Bei fehlender Rentenversicherung gilt ein zusätzlicher Vermögensfreibetrag in Höhe von 8000 €/Jahr der Selbstständigkeit (FW 67, Nr. 1.2, Stand: 2.10.2020).

13.2 ⇨Kosten der Unterkunft
Eine Angemessenheitsprüfung findet derzeit für nach dem 01.03.2020 gestellten Anträge bis zum Auslaufen der Sonderregelungen des § 67 SGB II nicht statt. Danach erfolgt zunächst eine Mietsenkungsaufforderung, mit der Folge, dass nochmals sechs Monate Zeit bleiben. Besteht dann noch die Notwendigkeit für den Leistungsbezug, erfolgt eine Kürzung auf den jeweils in der Kommune geltenden Angemessenheitswert.

Achtung! Diese Sonderregelung gilt nicht für Selbstständige, die bereits vor dem 01.03.2020 aufstockend Leistungen erhalten haben.

13.2 private Krankenversicherung

Privat Krankenversicherte erhalten einen Zuschuss zur PKV in Höhe von maximal dem halben Basistarif. Liegt der eigene Beitrag darunter, wird dieser in voller Höhe übernommen. Liegt der Betrag darüber, kann in den Basistarif gewechselt werden, der dann voll übernommen wird. Der Basistarif bietet in etwa die gleichen Leistungen der GKV, ist aber bei Ärzt*innen unbeliebt und führt immer wieder zu Problemen bei der Abrechnung, da diese nach wie vor privat erfolgt. Der Basistarif ist außerhalb des Bezuges von Leistungen extrem teuer, da er dem Maximalbetrag der freiwilligen GKV entspricht (aktuell € 735,94 zzgl. Pflegeversicherung). Dafür gibt es keinerlei Eigenanteile wie in der PKV. Im Falle eines Wechsels in den Basistarif, ist ein Wechsel in den alten Tarif ohne Gesundheitsprüfung innerhalb von zwei Jahren auf Antrag möglich.

ACHTUNG! Ein Wechsel in den Basistarif sollte gut überlegt sein, da die Leistungen erheblich reduziert sind und bei Versäumung der 2- Jahres-Frist und Ausscheiden aus dem Leistungsbezug erhebliche Mehrkosten entstehen. Deshalb sollte aus Sicherheitsgründen, wenn ein grundsätzlicher Wechsel in die GKV nicht möglich ist, an dem bestehenden Tarif festgehalten werden.
Keinesfalls darf das Jobcenter Sie zwingen, in den Basistarif zu wechseln.

13.3 Corona-Soforthilfe

Zur Überbrückung von Liquiditätsengpässen wurden von einigen Bundesländern Soforthilfen in Höhe von 9000 € zur Verfügung gestellt. Dabei dürfte es sich um zweckbestimmte Zuschüsse zu den Betriebskosten handeln. Da viele, die die Leistungen erhalten haben, gar keine Betriebskosten in dieser Höhe haben, ist insbesondere die im Raum stehende Frage der Rückerstattung für viele ungewiss. Entsprechend ist auch die Anrechnung auf SGB II-Leistungen im Moment noch nicht abschließend geklärt. Nach unserer Auffassung handelt es sich um zweckbestimmte Einnahmen für die Betriebskosten, sodass für den Zeitraum der Gewährung keine Betriebskosten gewinnmindernd berücksichtigt werden können. Da darüber hinausgehende Beträge erstattet werden müssen, darf aber auch keine Anrechnung des SGB II-Trägers auf die Lebenshaltungskosten erfolgen. Im Zweifel muss dies gerichtlich für jeden Einzelfall geklärt werden.

13.4 vorläufige Bewilligung

Bei Bewilligungszeiträumen die zwischen März 2020 und März 2021 begonnen haben und bei denen nach § 41a SGB II vorläufig gewährt wurde, darf das Jobcenter nur auf Antrag des/r Leistungsberechtigten eine abschließende Entscheidung treffen (§ 67 Abs. 4 S. 2 SGB II / § 141 Abs. 4 SGB XII). Ein solcher Antrag sollte wohlüberlegt werden, weil er erhebliche finanzielle Vor- sowie Nachteile entfalten kann.
Im Zweifelsfall ist das Jobcenter beratungspflichtig (§ 14 SGB I, § 14 Abs. 2 SGB II; ⇨Beratung). Das bedeutet die Verpflichtung des Amtes, auf Antrag, aber auch spontan ohne Antrag auf sich ergebende, rechtliche für den/die Leistungsberechtigte*n günstige und auch nachteilige Fallgestaltung hinweisen zu müssen (ständige Rspr. BSG 4.9.2013 - B 12 AL 2/12 R; BGH 2.8.2018 – III ZR 466/16).

In der Praxis bedeutet dies:

- Bei Überzahlungen darf Jobcenter/Sozialamt den Leistungsanspruch nicht endgültig festsetzen und damit zu viel gezahltes Geld zurückfordern.
- Bei zu geringer Leistungsgewährung, erfolgt nur dann eine Nachzahlung, wenn der/die Leistungsberechtigte innerhalb eines Jahres nach Ablauf des BWZ die endgültige Festsetzung beantragt (§ 41a Abs. 5 S. 1 SGB II iVm § 67 Abs. 4 S. 2 SGB II).

Ein solcher Antrag auf *„Festsetzung des Leistungsanspruchs auf Grundlage des tatsächlichen monatlichen Einkommens"* (§ 41a Abs. 3 S.1 SGB II iVm § 41a Abs. 4 S. 2 Nr. 3 SGB II) muss dieses Begehren dezidiert zum Ausdruck bringen, das Einreichen von Einkommensunterlagen darf nicht vom Jobcenter / Sozialamt als solches ausgelegt werden.

Tipp: Hat das Jobcenter Einkünfte berücksichtigt, obwohl keine Einkünfte vorlagen, empfiehlt sich ein Antrag auf endgültige Festsetzung. Hat das Jobcenter keine Gewinne angerechnet und es lagen doch welche

S

vor, ist auf den Antrag zu verzichten. Eventuelle Nachfragen des Jobcenters können ignoriert werden.

ACHTUNG! Diese Regelung entbindet nicht von der ⇨Mitwirkungspflicht. Ist klar erkennbar, dass die wirtschaftliche Situation sich verbessert, muss dies dem Jobcenter trotzdem angezeigt werden.

Kritik
Selbstständigkeit ist nicht erwünscht, erst recht nicht im Bereich des SGB II. Der Gesetzgeber fördert lieber Zeitarbeit zu Dumpingpreisen durch aufstockende Leistungen als selbstständige Tätigkeit von SGB II-Empfänger*innen. Eine Änderung dieser Praxis ist nicht in Sicht, vielmehr wird deutlich, dass es durch immer neue Gesetzesverschärfungen Selbstständigen immer schwerer gemacht wird, Selbstständigkeit im Bereich des SGB II aufrecht zu erhalten.

Der Grund mag sein, dass es einige Selbstständige gibt, die die Selbstständigkeit ausnutzen, um Leistungen zu erhalten, ohne tatsächlich viel arbeiten zu müssen oder zu wollen. Dies rechtfertigt jedoch nicht die Drangsalierung der großen Mehrheit der selbstständig Tätigen, die mit hohem persönlichen Einsatz versuchen, ihren Leistungsbezug zu verhindern und durch Abführung von Umsatzsteuern und weiteren Abgaben sogar Teil des Wachstums sind.

Sozialgeld

„Nichterwerbsfähige Leistungsberechtigte, die mit erwerbsfähigen Leistungsberechtigten in einer Bedarfsgemeinschaft leben, erhalten Sozialgeld, soweit sie keinen Anspruch nach dem Vierten Kapitel des Zwölften Buches [d.h. auf ⇨Grundsicherung im Alter und bei Erwerbsminderung/ GSi] haben“ (§ 19 Abs. 1 Satz 2 SGB II).

Leben nicht erwerbsfähige Personen im Alter ab 15 Jahren mit erwerbsfähigen Personen zusammen, erhalten sie **Sozialgeld**. Sind sie alleinstehend, bekommen sie **Hilfe zum Lebensunterhalt** (HzL) der Sozialhilfe. Sind volljährige Personen im Haushalt **dauerhaft** nicht erwerbsfähig, erhalten sie ⇨**Grundsicherung** (GSi). Das nennt sich „Hilfe aus einer Hand“. Näheres unter ⇨Erwerbsminderung

Der Bund zahlt demnach im Rahmen der SGB II-Leistungen nicht nur die Kosten für Regelbedarfe und Mehrbedarf von Erwerbsfähigen, sondern auch die Kosten ihrer nicht erwerbsfähigen Haushaltsangehörigen, die mit ihnen in einer Bedarfsgemeinschaft leben.

Das sind z.B.
- Kinder bis 14 Jahre,
- dauerhaft voll erwerbsgeminderte Jugendliche von 15 bis 17 Jahren,
- vorübergehend voll erwerbsgeminderte Partner im Alter von 18 Jahren bis zur Rente,
- vorübergehend voll erwerbsgeminderte Kinder im Haushalt der Eltern ab 15 Jahren bis zur Vollendung des 25. Lebensjahres,
- vorübergehend voll erwerbsgeminderte Eltern, die mit einem 15- bis 24-jährigen erwerbsfähigen Kind in einer Bedarfsgemeinschaft leben oder
- unter Umständen Ausländer*innen ohne Arbeitserlaubnis.

Bei über 18-jährigen erwerbsgeminderten Personen ist der Anspruch auf **GSi vorrangig** vor dem Anspruch auf Sozialgeld.

Nicht erwerbsfähige über 25-jährige Kinder, die im Haushalt der Eltern wohnen, gehören nicht mehr zur Bedarfsgemeinschaft, erhalten also kein Sozialgeld, sondern ggf. HzL/ GSi der Sozialhilfe.

Das Sozialgeld ist genauso hoch wie die entsprechenden ⇨**Regelbedarfe** für Alg II/ Sozialhilfe. Es beträgt
- bei Kindern unter 6 Jahren 283 €
- bei 6- bis 13-jährigen Kindern 309 €,
- bei 14- bis 17-jährigen Jugendlichen 373 €,
- bei 18- bis 24-jährigen erwerbsgeminderten *„Kindern“* 357 € (80% Regelbedarf)
- bei Ehepaaren/ Partner*innen 401 € (90%) und
- bei Alleinerziehenden 446 € (100%; Stand 2021)

monatlich.

S

Erwerbsgeminderte und **gehbehinderte** Beziehende von Sozialgeld bekommen einen **Mehrbedarf**, wenn Sie einen Schwerbehindertenausweis mit dem Merkzeichen „G" oder „aG" besitzen (⇨Behinderte 4.).

Sozialpass

Mittlerweile gibt es in vielen Städten und Landkreisen Sozialpässe, mit denen man **Ermäßigungen** bei Eintrittspreisen für **kommunale Einrichtungen** bzw. das Recht auf deren **kostenlose** Benutzung bekommt. Erkundigen Sie sich danach bei Ihrer Stadt- oder Gemeindeverwaltung, beim Sozialamt oder Jobcenter.
Die Vergünstigungen können gelten z.B. für Museen, Theater, kommunale Kinos, Zoos, botanische Gärten, Ausstellungen, Schwimmbäder, Volkshochschulen usw. Für ⇨**Kinder** gibt es ggf. zusätzliche Freizeit-, Sport- oder Bildungsangebote u.a. für die Ferien.

Außerdem erhalten Sie vielerorts ein ermäßigtes, regelmäßig nicht übertragbares Sozialticket für den öffentlichen **Personennahverkehr** (ÖPNV).
Das Anfang 2008 in Dortmund eingeführte Sozialticket für 15 € war für kurze Zeit das einzige Monatsticket bundesweit, das sich annähernd an dem im ⇨Regelbedarf (2.3) enthaltenen Anteil für *„fremde Verkehrsdienstleistungen"* von 14,26 € (Stand 2008) orientierte. Bis 2021 wurde der Anteil für öffentliche Verkehrsmittel (Nah- und Fernverkehr) im Regelbedarf auf 36,05 € angehoben und der Preis für das in Dortmund geltende „Sozialticket" des Verkehrsverbunds Rhein-Ruhr auf stolze 39,35 €. Nach der Verdopplung des Preises 2010 sind in Dortmund über ein Drittel der Nutzer abgesprungen.
Auch andernorts werden Sozialtickets zu unterschiedlichen Preisen angeboten. Das Sozialticket kostet für Erwachsene z.B. im VRS im Kölner Raum 38,90 €, oder in Stuttgart 33,80 € für eine deutlich kleinere Tarifzone. Das Berliner „Ticket S" für mtl. 27,50 € ist eines der wenigen Beispiele für ein Sozialticket, das rechnerisch aus dem Regelbedarf finanziert werden kann (Stand 2021).

Anspruchsberechtigt
sind in jedem Fall Beziehende von **Alg II** und **Hzl/ GSi** der Sozialhilfe sowie Beziehende von Leistungen nach dem Bundesversorgungsgesetz, AsylbLG und i.d.R. der „wirtschaftlichen Jugendhilfe". In manchen Städten werden auch Personen einbezogen, deren Einkommen oberhalb des Sozialhilfe-/ Alg II-Bedarfs liegt, z.B. Beziehende von Wohngeld. In Frankfurt sind Einpersonenhaushalte mit pauschal bis zu 976 € Nettoeinkommen anspruchsberechtigt. Für jede weitere Person im Haushalt erhöht sich das Einkommen i.d.R. zusätzlich um 288 € (Kindergeld gehört nicht zum anzurechnenden Einkommen, Stand 2021).

Durchsetzung
Gerade weil von vielen Kommunen und Landkreisen die Angebote für Sozialpässe/ Sozialtickets drastisch zusammengestrichen wurden oder Ermäßigungen so gering sind, dass sie keinen Gebrauchswert bieten, kämpft eine Reihe von kommunalpolitischen Initiativen und Bündnissen für Sozialpässe/ Sozialtickets, deren Erhalt oder Verbesserung.
Infos unter http://agora.free.de/sofodo/themen/do-spez-1/sozialticket

Forderungen
Bundesweit Sozialpässe für alle Menschen mit geringem Einkommen!
Orientierung an der Einkommensgrenze des Pfändungsschutzkontos, d.h. 1.178,59 € netto plus 443,57 € für die zweite und 247,12 € für jede weitere unterhaltsberechtigte Person!
Orientierung des Preises für Sozialtickets an den Bedarfssätzen für ÖPNV im Regelbedarf!
Mindestens 50 Prozent Ermäßigung auf alle Eintrittspreise im Bildungs-, Kultur- und Sportbereich!

Sterbegeldversicherung

Bestattungsvorsorge

In der gesetzlichen Krankenversicherung wird seit 1.1.2004 kein Sterbegeld mehr gezahlt. Der Tod ist ja keine Krankheit. Geld für Tote ist eine „versicherungsfremde" Leistung.

Inhaltsübersicht

1. Übernahme der Beiträge
2. Abzug der Beiträge vom Einkommen
3. Vermögen als Rücklage für den Todesfall

1. Übernahme der Beiträge

HzL/GSi der Sozialhilfe

Weisen Sie dem Sozialamt *„Aufwendungen zur Erlangung eines Anspruchs auf ein angemessenes Sterbegeld vor Beginn der Leistungsberechtigung nach, so werden diese in angemessener Höhe als Bedarf anerkannt, soweit sie nicht [...] vom Einkommen abgesetzt werden“* können (§ 33 Abs. 2 SGB XII; bei der GSi i.V. mit § 42 Nr. 2 SGB XII). Die Regelung wurde zum 1.7.2017 neu gefasst und betont den Anspruch auf Übernahme einer Sterbegeldversicherung, wenn diese bereits vor dem Bezug von Sozialhilfe abgeschlossen war. Das sollte auch für Bestattungsvorsorgeverträge gelten. Diese Beiträge können nach der neuen Regelung auch übernommen werden, wenn die zur Übernahme der ⇨Bestattungskosten verpflichteten Angehörigen in der Lage wären, diese zu zahlen.

Nach Meinung des OVG NRW (11.7.2001, info also 2002, 132) sind Beiträge nur in Ausnahmefällen zu übernehmen, wenn Sie die Versicherung während des Sozialhilfebezugs abschließen. Diejenigen, die es in besseren Tagen versäumt haben, eine solche Versicherung abzuschließen, dürfen in schlechteren Tagen nicht bessergestellt werden. Die Regelung ist also regelmäßig auf bereits bestehende Verträge anzuwenden.

Tipp: Achten Sie beim Abschluss der Sterbegeldversicherung darauf, dass eine zweckentsprechende Verwendung der Versicherungssumme vertraglich geregelt ist. Wenn die Versicherung vorzeitig aufgelöst und für andere Zwecke verwendet werden kann, werden die Beiträge nicht als Bedarf übernommen.

Angemessen müsste ein Sterbegeld immer sein, wenn es die ortsüblichen Kosten für eine einfache aber würdige Bestattung nicht übersteigt. Obere Richtschnur sind wohl aber die im Bundessdurchschnitt liegenden Kosten (OVG NRW 16.11.2009 - 12 A 1363/09), laut Stiftung Warentest **etwa 6.000 €** (Stand 2013).

Alg II

Im Rahmen des Alg II werden solche Beiträge nicht übernommen.

2. Abzug der Beiträge vom Einkommen

(⇨Einkommensbereinigung 2.2)

3. Vermögen als Rücklage für den Todesfall

Sozialhilfe

Laut Bundesverwaltungsgericht ist eine angemessene finanzielle Vorsorge für den Todesfall im Rahmen der Härtefallregelung als Vermögen geschützt (11.12.2003 - FEVS 56, 302 ff.). Selbst wenn ein*e Sozialhilfebeziehende*r einen Grabpflegevertrag kündigen kann, muss wenigstens eine angemessene **Grabpflege** erhalten bleiben (BVerwG ebenda).

„Die Sozialhilfe darf ferner nicht vom Einsatz oder von der Verwertung von Vermögen abhängig gemacht werden, soweit dies für den [Betroffenen] ... und seine unterhaltsberechtigten Angehörigen eine Härte bedeuten würde“ (§ 90 Abs. 3 Satz 1 SGB XII).

„Dem Wunsch des Menschen für die Zeit nach seinem Tode durch eine angemessene Bestattung und Grabpflege vorzusorgen“, hat das BVerwG Rechnung getragen *„und Vermögen aus einem Bestattungsvorsorgevertrag sowohl für eine angemessene Bestattung als auch für eine angemessene Grabpflege als Schonvermögen in Sinne der Härtefallregelung angesehen“* (BSG 18.03.2008 - B 8/9 b SO 9/06 R; vgl. BT-Drs. 16/239, 10, 15, 17).

Das verfassungsrechtlich geschützte allgemeine Persönlichkeitsrecht umfasst auch das Recht, über die eigene Bestattung zu bestimmen (Art. 2 Abs. 1 GG; LPK SGB XII, 12. Aufl., § 90 Rn. 81).

Damit eine **Zweckbindung** des Vermögens sichergestellt ist, ist regelmäßig eine **zweckgebundene** Sterbegeldversicherung oder ein Bestattungsvorsorgevertrag einer allgemein verwertbaren Sterbegeldversicherung vorzuziehen. Solche Vermögensverträge *„sind*

S

auch dann geschützt, wenn die Zweckbindung erst kurz vor Entstehen des Sozialhilfebedarfs vorgenommen wurde" (LPK SGB XII ebenda; vgl. BSG ebenda).

Für die Vorsorge sind auch Beträge **angemessen**, die über den Kosten einer *„Sozialamtsbestattung"* liegen. Das SG Düsseldorf hat zusammengestellt, was *„instanzgerichtlich"* als angemessenes Bestattungsvorsorgevermögen anerkannt wurde: Die Beträge liegen zwischen 3.200 € und 7.000 € (23.3.2011 - S 17 SO 57/10). Das OVG NRW (19.12.2003 - 16 B 2078/03) bewertete z.B. Bestattungsvorsorgeverträge in Höhe von 7.000 € für ein Familiengrab, das LSG Sachsen (7.9.2006 - L 3 AS 11/06) eine Versicherungssumme von 5.000 €, das SG Frankfurt (8.5.2018 - S 27 SO 274/15) von 8.500 € und das LSG Bayern (25.9.2008 - L 11 SO 32/07) einen Betrag in Höhe von 3.200 € *„jedenfalls"* als angemessenen.

Das SG Gießen erkannte Sterbegeldversicherungen mit Rückkaufswert in Höhe von 5.398,43 € für Eheleute im Rahmen der Härtefallregelung als angemessen an, obwohl die Versicherungen jederzeit hätten gekündigt werden können, mithin verwertbar waren. Sterbegeldversicherungen und Bestattungsvorsorge- ebenso wie -treuhandverträge genügten dem SG zufolge dem Grundsatz der strikten Zweckbindung (SG Gießen 14.8.2018 - S 18 SO 65/16).

S

Alg II

Vermögensrückstellungen für eine würdige Beerdigung und für Grabpflege (Bestattungssparbuch, Treuhandvermögen oder Dauerpflegevertrag) können *„kurz vor dem Rentenalter"* als *„besondere Härte"* geschützt sein (FW 12.40; § 12 Abs. 3 Nr. 6 SGB II). Das Rentenalter beginnt für die BA schon mit 60 Jahren (FW 12.20).

Tipp: Die Ämter behandeln Vorsorgebeträge für den Todesfall oft als normales ⇨Vermögen und kassieren es ein. Achten Sie darauf, dass es als „Härtefall" gesondert freigestellt ist.

Information

Aeternitas - Verbraucherinitiative Bestattungskultur, Torsten Schmitt, Finanzielle Bestattungsvorsorge – Wie weit reicht der Schutz vor dem Zugriff des Sozialhilfeträgers, 2020, http://www.aeternitas.de/inhalt/downloads → Ratgeber „Bestattungsvorsorge und Sozialamt" (Nennung weiterer Urteile)

Forderung

Angemessene Rücklagen für Beerdigungen müssen immer geschütztes Vermögen sein!

Strafgefangene

Inhaltsübersicht

1. Regelmäßig kein Alg II-Anspruch

Strafgefangene und **Untersuchungshäftlinge** sind vom Bezug von Alg II-Leistungen ausgeschlossen, da sie im Gefängnis untergebracht sind. *„Dem Aufenthalt in einer stationären Einrichtung ist der Aufenthalt in einer Ein-*

richtung zum Vollzug richterlich angeordneter Freiheitsentziehung gleichgestellt" (§ 7 Abs. 4 Satz 2 SGB II; zum Einrichtungsbegriff und der zugehörigen Rechtsprechung ⇨Wohnungslose 6.1 f.).

Das gilt auch bei Ersatzzwanghaft (§ 890 ZPO), Beugehaft (§ 70 StPO), Maßregelvollzug (§§ 63, 64 StGB), einstweilige Unterbringung im Krankenhaus (§ 126a StPO), Unterbringung psychisch Kranker und Suchtkranker nach den Unterbringungsgesetzen der Länder, zivilgerichtlich genehmigten Freiheitsentziehungen (§ 1631b BGB: Unterbringung eines Kindes zu dessen Wohl, § 1906 BGB: Unterbringung im Rahmen einer Betreuung) und Ersatzfreiheitsstrafe (§ 43 StGB; BSG 24.2.2011 - B 14 AS 81/09 R). Die Verbüßung eines Jugendarrests hingegen führt nicht zum Leistungsausschluss (SG Dresden, 27.1.2014 - S 7 AS 2328/13).

Inhaftierte sind aber auch bei längerer Haftdauer noch immer **Teil der Bedarfsgemeinschaft**, wenn an einer Ehe oder Lebenspartnerschaft festgehalten wird. Sie müssen also mit ihrem Einkommen und Vermögen voll für zurückbleibende Partner*innen und ggf. Kinder im Leistungsbezug aufkommen (BSG 18.2.2010 - B 4 AS 49/09). Allerdings sind die Geldbeträge, die Inhaftierten im Gefängnis zur Verfügung stehen (Hausgeld / Taschengeld) kein anrechenbares Einkommen. Zudem sind aus dem **Arbeitseinkommen** in einer Haftanstalt vorrangig der **Haftkostenbeitrag** (§ 50 StVollzG/§ 39 StVollzG NRW),der Ansparbetrag für das **Überbrückungsgeld** (§ 51 StVollzG/§37 StVollzG NRW) und ggf. titulierte **Unterhaltsansprüche** zu leisten. Erst wenn darüber hinaus noch Einkommen übrig bleibt, steht es der Bedarfsgemeinschaft zur Verfügung und kann auf deren Leistung angerechnet werden.

(Hinweis: Im Zuge der Föderalismusreform 2006 wurde den Bundesländern u.a. die Zuständigkeit für die Strafvollzugsgesetzgebung übertragen. Daher wurden neben dem (Bundes-) Strafvollzugsgesetz (StVollzG) im Laufe der Jahre die Strafvollzugsgesetze der Länder verabschiedet. Solange diese noch nicht in Kraft getreten waren, wurde das StVollzG angewendet. Hier sind beispielhaft die entsprechenden Regelungen aus dem Gesetz zur Regelung des Vollzuges der Freiheitsstrafe in **Nordrhein-Westfalen** (StVollzG NRW) vom 13.01.2015 genannt.)

Da während der Haft **keine Wirtschaftsgemeinschaft** mit den früheren Haushaltsangehörigen mehr besteht, müssen alleinlebende bzw. alleinerziehende Partner*innen Inhaftierter immer den vollen Regelbedarf von 446 € bekommen, nicht den von Paaren in einer Bedarfsgemeinschaft. Bei Freigänger*innen ist der Mischregelbedarf von 401 € zulässig (SG Berlin 4.7.2005 - S 37 AS 4325/05 ER).

1.1. Ansprüche der Angehörigen von Inhaftierten

Der/dem „zu Hause gebliebenen" Partner*in ist ein **Mehrbedarf wegen Alleinerziehung** zu gewähren, sobald tatsächlich die Pflege und Erziehung durch die/den inhaftierte*n Partner*in für ein minderjähriges Kind nicht mehr möglich ist (SG Trier 25.6.2012 - S 4 AS 239/12 ER).

Minderjährige Kinder eines/r Inhaftierten haben weiter Anspruch auf **Umgang mit dem inhaftierten Elternteil**. Daher sind Fahrtkosten für Besuchsfahrten als unabweisbarer ⇨**Härtefall**mehrbedarf zu bewilligen (§ 21 Abs. 6 SGB II). Das gilt auch für den Umgang mit einem Stiefelternteil, wenn dieser den leiblichen Elternteil tatsächlich ersetzt (SG Hannover 1.11.2016 - S 54 AS 697/16: wöchentliche Besuche für 8-Jährigen bei seinem inhaftierten Stiefvater sind angemessen).

Diese Grundsätze sind nicht auf **volljährige Kinder** übertragbar. In Sonderfällen jedoch *„gilt [dies] – unter Beachtung der Unterschiede zur Ausübung des Umgangsrechts – ebenso für intensive Familienbindungen jenseits der umgangsrechtlichen Eltern-Kind-Beziehung. Auch zwischen Erwachsenen oder im Großeltern-Kind-Verhältnis können verwandtschaftliche Bindungen für die personale Existenz von herausgehobener Bedeutung sein, wie deren besonderer Schutz durch Art 6 Abs 1 GG belegt"* (BSG 28.11.2018 - B 14 AS 48/17 R: mehrfache Besuche der leistungsberechtigten Mutter bei ihrer Tochter, die in Ungarn inhaftiert war und u.a. aufgrund fehlender Sprachkenntnisse dringend eines Beistands bedürfe; das Verfahren wurde zur genaueren Prüfung der Ausnahmesituation, insbesondere der Umstände der Inhaftierung und deren Auswirkungen auf die Tochter an das LSG zurückverwiesen.)

Eheleuten steht nach bisheriger Rechtsprechung keine Kostenerstattung für eigene Besuchsfahrten zu. Nur als **Begleitung des Kindes** steht ein entsprechender **Mehrbedarf** zu. Kosten, die zur Aufrechterhaltung des persönlichen Kontakts von Eheleuten dienen, seien jedoch nicht durch Sozialleistungen zu decken (LSG Hessen 6.7.2012 – L 7 AS 275/12 B ER; SG Hannover 1.11.2016 - S 54 AS 697/16).

Dagegen kann jedoch angeführt werden, dass die Ehe unter dem besonderen Schutz von Art. 6 GG steht und der persönliche Kontakt zwischen Ehegatten zum Grundbedürfnis des täglichen Lebens zählt (OVG NRW 28.3.1984 - 8 A 1886/83). Das LSG Sachsen-Anhalt hat daher bei einer dauerhaften Trennung nicht getrenntlebender Eheleute einen als erheblich anzusehenden Wunsch nach kontinuierlicher Begegnung anerkannt, der einen Mehrbedarf begründet (22.6.2016 - L 4 AS 196/15: regelmäßige Besuche des in einer stationären Einrichtung untergebrachten Ehemanns). Auch BSG hält die Übernahme von Besuchskosten für den Besuch der Ehegattin/des Ehegatten zumindest dann für gerechtfertigt, wenn der Schutz der Familieneinheit auf keine andere Weise gesichert werden kann (z.B. durch Brief, Telefon oder Internetdienste) und wenn persönlicher Kontakt allein von der Kostenübernahme durch das Jobcenter abhängt (28.11.2018 - B 14 AS 47/17 R: zum Anspruch auf Übernahme der Kosten für den Besuch des Ehegatten im Ausland).

Partner*innen eines/r dauerhaft Inhaftierten haben Anspruch auf den **Regelbedarf von Alleinstehenden** (Regelbedarfsstufe 1), obwohl die Bedarfsgemeinschaft durch die Haft nicht aufgelöst wird (BSG 16.4.2013 - B 14 AS 71/12 R: für Trennung durch Unterbringung des Ehepartners im Pflegeheim).

Wenn es sich jedoch „nur“ um eine vorübergehende Haft – in der Regel Untersuchungshaft – handelt, dann soll weiter der Partner-Regelbedarf (Regelbedarfsstufe 2) anwendbar sein (SG Trier 25.6.2012 - S 4 AS 239/12 ER: 2-monatige U-Haft). Überzeugend ist das nicht! Wenn der/die Partner*in in Haft ist, fallen die – ohnehin schon sehr fragwürdigen – Einsparmöglichkeiten weg, die angeblich bei einem Paar-Haushalt entstehen. Das SG Trier meint, dass für die Dauer des Bestehens der Bedarfsgemeinschaft und für nur vorübergehende Haftzeiten auch der Partner-regelbedarf gelten müsse. Vorübergehend ist aber eine Haft bis zu sechs Monate (z.B.: LSG Berlin-Brandenburg 4.8.2011 - L 25 AS 1035/09) und das ist eine lange Zeit, die faktische Regelbedarfskürzungen nicht hinnehmbar macht.

Wir vertreten die Auffassung, dass die oben aufgeführte Rechtsprechung des BSG trotz Fortführung der Bedarfsgemeinschaft immer auch auf die Partner*innen von Strafgefangenen anzuwenden ist (BSG, ebenda). Das Konstrukt der Bedarfsgemeinschaft nach dem SGB II ist zu statisch und trifft nicht die Lebensrealität. In der Anlage zu § 28 SGB XII ist der Sachverhalt klarer beschrieben: Die Regelbedarfsstufe 2 wird lediglich auf eine erwachsene Person angewendet, *„wenn sie **in einer Wohnung** […] mit einem Ehegatten oder Lebenspartner oder in eheähnlicher oder lebenspartnerschaftsähnlicher Gemeinschaft mit einem Partner **zusammenlebt**.“*

1.2 Freigänger*innen (§ 53 Abs. 2 Nr. 4 StVollzG NRW) in Arbeit

sind **nicht** von Alg II-Leistungen ausgeschlossen, wenn sie mindestens **15 Wochenstunden** in einem **freien Beschäftigungsverhältnis** (§31StVollzG NRW) auf dem **allgemeinen Arbeitsmarkt** stehen oder als Selbständige außerhalb der Anstalt tätig sind (§ 7 Abs. 4 Satz 3 Nr. 2 SGB II). Davon ausgenommen sind Arbeiten außerhalb der Vollzugsanstalt, die unter besonderer Aufsicht stehen, oder auswärtige gemeinnützige Arbeiten, da diese nicht unter den Bedingungen des allgemeinen Arbeitsmarktes erbracht werden.

Verfügt ein*e Freigänger*in über eine eigene Wohnung, sind auch die angemessenen Unterkunftskosten zu übernehmen (LSG Berlin-Brandenburg 2.2.2006 - L 14 B 1307/05 AS ER).

Wird der Regelbedarf allerdings um den Verpflegungsanteil gemindert, der von der Haftanstalt geleistet wird, hat das im SGB II keine gesetzliche Grundlage (LSG NRW3.12.2007 - L 20 AS 2/07) (⇨Regelbedarf).

1.3 Arbeitslose Freigänger*innen,

die **ohne Auflagen** einer Beschäftigung auf dem allgemeinen Arbeitsmarkt nachgehen **können**, sind zwar arbeitsuchend, haben aber **keinen** Anspruch auf Grundsicherung für Arbeitssuchende (Alg II).

Das BSG befand, der Gesetzgeber verfolge das Ziel, Inhaftierte *„generalisiert“* vom Alg II-Bezug auszuschließen (BT-Drs. 16/1410, 20). *„Es kommt folglich bei den Einrichtungen zum Vollzug richterlich angeordneter Frei-*

heitsentziehungen nicht mehr darauf an, ob sie nach ihrer Art die Aufnahme einer mindestens dreistündigen täglichen Erwerbstätigkeit auf dem allgemeinen Arbeitsmarkt von vornherein ausschließen" (24.2.2011 - B 14 AS 81/09 R: Korrektur der vertretenen Meinung vom 7.5.2009 - B 14 AS 16/08).
Arbeitsuchenden Freigänger*innen stehen demzufolge **keine Leistungen zur Eingliederung** in Arbeit nach dem SGB II zur Verfügung, was sich nachteilig auf die Chancen einer Integration auf dem Arbeitsmarkt auswirkt.

2. Während der Haft: i.d.R. Sozialhilfeanspruch

Strafgefangene und Untersuchungshäftlinge haben Anspruch auf Sozialhilfe. Sie gehören seit 2006 nicht mehr zu den *„Personen, die nach dem Zweiten Buch als Erwerbsfähige oder als Angehörige dem Grunde nach leistungsberechtigt sind"* und erhalten daher **bei Bedarf** Hilfe zum Lebensunterhalt der Sozialhilfe (§ 21 Satz 1 SGB XII).
Da der Lebensunterhalt, die Unterkunft und auch die medizinische Versorgung in Haft i.d.R. durch die Justizvollzugsanstalt abgedeckt werden, kommen nur noch bestimmte Leistungen der Sozialhilfe in Frage.

2.1 Taschengeld

Untersuchungshäftlinge haben Anspruch auf Taschengeld (BSG 14.12.2017 - B 8 SO 16/16 R. Das müssen Sie beim Sozialamt beantragen, wenn Sie während der U-Haft **mittellos** sind. Das gilt aber nur, wenn in den Untersuchungshaftvollzugsgesetzen der Bundesländer keine entsprechenden Taschengeldzahlungen oder diese nur für eine begrenzte Dauer vorgesehen sind.
Nehmen Sie für die Antragstellung ggf. Hilfe des Sozialdiensts der Haftanstalt in Anspruch. Sie bekommen dann einen i.d.R. geminderten *„Barbetrag zur persönlichen Verfügung"* ausgezahlt (§ 27 Abs. 2 Satz 1 SGB XII).
Auch wenn die Höhe des Barbetrags im Einzelfall abweichend festgelegt werden kann (was früher bei Untersuchungshaft oft der Fall war), hat das BSG entschieden, dass für Untersuchungshäftlinge der **ungeminderte Betrag** in Höhe von 27 Prozent der Regelbedarfsstufe 1 ausgezahlt werden muss, also 120,42 € (Stand 2021; § 27b Abs. 2 Satz 2 SGB XII; BSG, 14.12.2017, B 8 SO 16/16 R, Rn. 25 f.).

2.2 Übernahme der Unterkunftskosten während der Haft

2.2.1 Nach welcher Rechtsnorm kann die Wohnung gesichert werden?

Mietkosten während der Inhaftierung können **nicht** als laufende Unterkunftskosten nach § 35 SGB XII übernommen werden, wenn die Wohnung von dem/r Strafgefangenen, mangels Vollzugslockerungen, nicht selbst bewohnt werden kann (BSG 12.12.2013 - B 8 SO 24/12 R, Rn. 20).
Daher kommt zur Sicherung des Wohnraums eine vorübergehende Übernahme der Unterkunftskosten im Rahmen der ***„Hilfe zur Überwindung besonderer sozialer Schwierigkeiten"*** in Betracht (§§ 67 ff. SGB XII).
Der *„drohende Wohnungsverlust nach der Haftentlassung gehört danach im Grundsatz zu den ‚besonderen Lebensumständen mit sozialen Schwierigkeiten' im Sinne des § 67 SGB XII, weil der Verlust der Wohnung [...] für einen Haftentlassenen deutlich schwerer zu kompensieren ist als für andere Bürger"* (BSG 12.12.2013 - B 8 SO 24/12 R, Rn. 17; § 1 Abs. 2 i.V.m. § 4 DVO § 69 SGB XII: Entlassung aus einer geschlossenen Einrichtung und fehlender bzw. nicht ausreichender Wohnraum begründen besondere soziale Schwierigkeiten; anders: LSG NRW 14.1.2015 - L 20 SO 503/14 B ER: drohender Wohnungsverlust durch Haft allein genügt nicht; es ging um eine 5-monatige Haft).

2.2.2 Für welche Haftdauer?

Die Miete **kann** regelmäßig nur bei einer **begrenzten Haftdauer** übergangsweise vom Sozialamt übernommen werden. Viele Sozialämter erkennen den Anspruch nur an, wenn die Dauer der Haft **sechs Monate** nicht überschreitet. Diese starre Auffassung ist vom Gesetz nicht zwingend gedeckt. So kommt die Übernahme der Miete im **Einzelfall** auch für einen längeren Zeitraum in Betracht, solange keine Dauerleistung begründet wird (LSG Bayern 17.9.2009 - L 18 SO 111/09.B.ER, Übernahme der Unterkunftskosten für sieben Monate bei zusätzlichen familiären Problemlagen, LSG Bayern 22.8.2014 - L 8 SO 117/14 B ER: im Regelfall nur für einen Zeitraum von bis zu einem Jahr).

„Ein möglicher Anspruch scheitert jedenfalls nicht von vornherein an der Haftdauer" – eine Dauer z.B. **von einem Jahr** etwa bildet, rechtlich beurteilt, **keine Obergrenze** für die Übernahmefähigkeit der Kosten. *„Je näher [aber] die Haftentlassung bevorsteht,*

S

desto konkreter kann sich die Notwendigkeit von Geldleistungen anstelle sonstiger Hilfen ergeben" (BSG, ebenda, Rn. 19).
Die Rechtsprechung bleibt allerdings bei der Beurteilung der Haftdauer als Voraussetzung für den Anspruch auf Leistungen eher vage. Letztendlich müssen nämlich **weitere Kriterien** erfüllt sein, die für die Überwindung besonderer sozialer Schwierigkeiten zusätzlich von Bedeutung sind, und es müssen **alle Aspekte** zusammengenommen bei der Einzelfallentscheidung abgewogen werden.

Tipp: Mit Blick auf eine eher restriktive Praxis der Sozialämter sollten Sie bei voraussehbar **deutlich längerer** Haftdauer als sechs Monate möglichst Ihre Wohnung sofort kündigen. Eine Übernahme der Kosten durch das Sozialamt wird immer unwahrscheinlicher, je länger die Haft dauert. Nur so können hohe Mietschulden effektiv vermeiden werden.

2.2.3 In welchen Lebenslagen?

Über die Übernahme der Unterkunftskosten muss immer unter Berücksichtigung der **Besonderheiten des Einzelfalles** entschieden werden, wobei sich die Entscheidung *„insbesondere nach der Art des Bedarfs, den örtlichen Verhältnissen, den eigenen Kräften und Mitteln der Person"* zu richten hat (§ 9 Abs. 1 SGB XII).

*„Personen, bei denen besondere Lebensverhältnisse mit sozialen Schwierigkeiten verbunden sind, sind Leistungen zur Überwindung dieser Schwierigkeiten zu erbringen, wenn sie **aus eigener Kraft** hierzu nicht fähig sind"* (LSG NRW 30.6.2005 - L 20 B 2/05 SO ER; Übernahme der Unterkunftskosten bei Haftstrafen unter sechs Monaten; zur Anwendbarkeit von §§ 67 ff. SGB XII).
Im Rahmen einer **Prognose** muss im Einzelfall *„im Hinblick auf die zu erwartende Situation bei Haftentlassung"* entschieden werden, *„ob besondere Lebensumstände 'verbunden mit ‚sozialen Schwierigkeiten'"* vorliegen (BSG; ebenda, Rn. 19).

Folgende Aspekte werden bei einer solchen **Ermessensentscheidung** zu berücksichtigen sein:
- die Gesundheit, vor allem die psychische Konstitution des/r Inhaftierten,
- das soziale Umfeld (familiäre/ partnerschaftliche Beziehungen, existierende Beschäftigungsaussichten nach der Haft) und die damit verbundenen Selbsthilfemöglichkeiten,
- der Status und die Ausstattung der bestehenden Wohnung, z.B., ob diese bereits aus Sozialleistungen finanziert wurde,
- die Einlagerungsmöglichkeiten des existierenden, erhaltungswürdigen Hausrats und
- die mit einer Wohnungssuche, Neuanmietung und Ausstattung einer angemessenen Wohnung nach der Inhaftierung verbunden Kosten **im Verhältnis** zu den Kosten, die bei einer Sicherung der Unterkunft während der Haft entstehen (vgl. Manfred Hammel, Wohnraumverlust während der Haft verhindern, BAG-S Informationsdienst Straffälligenhilfe, 1/2015, 12).

Weitere wichtige Argumente für eine Sicherung der Wohnung während der Haft können sein:
- eine unsichere Sozialprognose,
- die Verschuldungssituation des/r Inhaftierten (z.B. negativer SCHUFA-Eintrag), die seine Akzeptanz auf dem Wohnungsmarkt beeinträchtigt (SG Berlin, 20.03.2017, S 126 AS 20196/14: keine realistische Wohnungssuche u.a. wegen Schufa-Eintrag), und
- eine angespannte Situation auf dem örtlichen Wohnungsmarkt, welche den mit der Wohnungssuche und Neuanmietung verbundenen Unterstützungsbedarf und die voraussichtlich entstehenden Kosten entscheidend beeinflusst.

Tipp 1: Beantragen Sie die Übernahme der Kosten frühzeitig **zu Beginn der Inhaftierung** und legen Sie die Gründe für eine Kostenübernahme in Bezug auf Ihre *„besonderen Lebensumstände"* nach der Haftentlassung schriftlich und möglichst ausführlich dar. Nehmen Sie dabei ggf. Hilfe des Sozialdiensts der Haftanstalt in Anspruch.

Tipp 2: Bringen Sie frühzeitig Belege bei, dass die Wohnung tatsächlich gefährdet ist (z.B. Mahn- bzw. Kündigungsschreiben des/r Vermieters/*in) und **nicht** durch darlehensweise Übernahme der Kosten, etwa durch Verwandte oder Bekannte, für die Dauer der Haft gesichert werden kann.

2.2.4 Als Beihilfe oder Darlehen?

Wird die Unterkunft im Rahmen der *„Hilfe zu Überwindung besonderer sozialer Schwierigkeiten"* (§ 67 SGB XII) gesichert, hat das Sozialamt die Kosten i.d.R. als **Beihilfe** zu übernehmen. Schulden beim Amt würden schließlich zusätzliche *„Schwierigkeiten"* mit sich bringen.

Viele Sozialhilfeträger bearbeiten **Anträge** auf Übernahme der Unterkunftskosten während der Haft nur schleppend oder lehnen sie zunächst ab. Sie versuchen, die Leistungsgewährung **bis zum Ende der Haft auszusitzen**. Wenn die Wohnung bis dahin noch nicht geräumt wurde, hat sich diese Strategie bewährt: Die Wohnung kann nämlich fortan durch Übernahme der ⇨Mietschulden (⇨2.4) zur Vermeidung von Wohnungslosigkeit (§ 22 Abs. 8 SGB II; § 36 SGB XII) gesichert werden. Dies erfolgt regelmäßig als **Darlehen**.

Tipp: Bei Ablehnung des Antrages müssen Sie ⇨ Widerspruch einlegen. Droht die Räumung der Wohnung während der Haft, können Sie die rechtzeitige Übernahme der Unterkunftskosten als Beihilfe nur noch mit einer ⇨einstweiligen Anordnung beim Sozialgericht durchsetzen.

Kritik

Das BSG erkennt an, dass der Wohnungsverlust für Haftentlassene *„deutlich schwerer zu kompensieren ist als für andere Bürger"* (BSG, ebenda, Rn. 19). Dennoch liegen in der Praxis die Hürden für die Anerkennung „besonderer sozialer Schwierigkeiten" zum Zeitpunkt der Haftentlassung sehr hoch. Nicht zuletzt die UN-Mindestgrundsätze für die Behandlung von Gefangenen stellen klar, dass „wirksame soziale Hilfe" in Verbindung mit einer Haftentlassung zu den allgemein anerkannten Grundsätzen gehört (60.2, 61 UN-Grundsätze).

Neben dem absehbar **bevorstehenden Entlassungstermin** muss die **Wohnung** nachweislich **gefährdet** sein und es muss prognostisch plausibel dargelegt werdenden, dass bei der Entlassung voraussichtlich ***„besondere soziale Schwierigkeiten"*** vorliegen werden. Das stellt hohe Anforderungen an die Antragsbegründung und die Nachweise, die der/die Antragsteller*in aus der Haft heraus erbringen muss. In einer solchen Situation kann die Gewährung von Leistungen bereits durch das Verhalten Dritter beeinträchtigt werden, wenn diese z.B. die Kontaktaufnahme verweigern oder benötigte Nachweise nur zögerlich erbringen. Auch sind einige der oben genannten Kriterien i.d.R. durch handfeste Belege nicht nachzuweisen.

Das eröffnet dem Sozialhilfeträger wiederum zahlreiche Einfallstore, eine Entscheidung ggf. zu verzögern und im Fall eines zwischenzeitlich eingetretenen Wohnungsverlusts Fakten zu schaffen. Tatsächlich werden hohe Anforderungen auch an die Ermessensentscheidung der Behörde gestellt, die gefordert ist, eine individuelle Prognose zu treffen und sensibel zu sein für die Folgen eines Wohnungsverlusts für den/die noch Inhaftierte*n zum Zeitpunkt der Haftentlassung. Mit Blick auf die eher restriktive Gewährungspraxis der Sozialämter, wird es Betroffenen regelmäßig schwerfallen, bestehende Ansprüche ohne kompetente Unterstützung von außen oder durch den Sozialdienst der Haftanstalt, ggf. auch durch das Mittel einer ⇨einstweiligen Anordnung vor Gericht durchzusetzen.

2.3 Lagerkosten von Hausrat während der Haft

Wenn Sie Ihre Wohnung verloren haben und zeitweise Möbel und Hausrat einlagern müssen, wertete das BVerwG das als *„Kosten der Unterkunft"* (BVerwG - FEVS 46, 311), die das Sozialamt zu übernehmen habe. *„Zur Sicherung der Unterkunft gehört [...] auch eine Sicherstellung von Einrichtungsgegenständen und sonstiger Habe des Häftlings (in angemessenem Umfang) während der Haft"* (OVG NI 04.12.2000 - FEVS 52, 275). Das gilt auch im Fall der Wohnungslosigkeit (VGH Bayern 14.05.2004, info also 6/2004, 266).

„Allerdings muss die Höhe der Einlagerungskosten gemessen an den eingelagerten Gegenständen wirtschaftlich und angemessen sein" (BSG 16.12.2008 - B 4 AS1/08 R; Hammel, ZfF 2017, 53-58). Die Angemessenheit kann freilich auch daran gemessen werden, ob die Bewilligung einer Wohnungsersteinrichtung nach Haftentlassung nicht kostspieliger wäre als die Übernahme der Einlagerungskosten (VG Bremen 24.9.2009 _ S 5 K 3709/08).

Als Anspruchsgrundlage für die Übernahme der Lagerkosten „*kommt neben § 34 [jetzt § 36] Abs. 1 SGB XII [...] auch ein unmittelbarer Rückgriff auf § 29 [jetzt § 35] SGB XII [...] in Betracht, sofern man die Einlagerung von Haushaltsgegenständen unmittelbar den Unterkunftskosten zuordnet [...]. Daneben ist [...] ein Anspruch nach §§ 67 ff. SGB XII i.V. mit § 1 Abs. 2, § 4 der ‚Verordnung zur Durchführung der Hilfe zur Überwindung besonderer sozialer Schwierigkeiten' in Betracht zu ziehen*" (LSG NRW 11.9.2006 - L 20 SO 36/06).
Wir vertreten die Auffassung, dass auch die Einlagerungskosten entsprechend der Übernahme von Unterkunftskosten während der Haft als „Hilfen zur Überwindung besonderer sozialer Schwierigkeiten" nach § 67 SGB XII zu übernehmen sind. Zur Antragsbegründung und zu Problemen, die im Rahmen der Leistungsgewährung auftreten können, lesen Sie bitte ⇨2.2 ff.

Alg II, GSi der Sozialhilfe

2.4 Angemessenheit der Unterkunftskosten

Wenn Sie in einer **Bedarfsgemeinschaft mit Partner*in und Kindern** Leistungen bezogen haben, vermindert sich mit Ihrer Inhaftierung die Zahl der Haushaltsangehörigen. Dadurch können die Unterkunftskosten für den **Rest-Haushalt** unangemessen hoch werden (⇨Miete 4. ff.).
Sind Sie lediglich für einen Zeitraum von unter **sechs Monaten** inhaftiert, ändert sich nichts, denn die Aufforderung, eine Wohnung mit angemessener Miete zu suchen, lässt Ihrer Familie eine Frist von sechs Monaten (BSG 19.10.2010 - 14 AS 50/10 R).
Diese **Frist** kann mit Blick auf die besonderen Umstände **verlängert** werden. Es wäre unsinnig, wenn Ihre Familie sechs Monate nach Ihrem Strafantritt in eine kleinere Wohnung umzieht, Sie aber sechs Monate später entlassen werden und dann wieder eine größere Wohnung suchen dürfen. Die Absenkung der Unterkunftskosten „*muss nicht gefordert werden, wenn diese unter Berücksichtigung der bei einem Wohnungswechsel zu erbringenden Leistungen unwirtschaftlich wäre*" (§ 22 Abs. 1 Satz 4 SGB II).

Tipp: Liegt Ihre Haftstrafe zwischen sechs bis 18 Monaten, sollte Ihr*e Partner*in schriftlich eine Verlängerung der Frist zur Kostensenkung beantragen, weil ein Umzug unter Berücksichtigung des Einzelfalles unwirtschaftlich und i.d.R. der Familie nicht zuzumuten ist.

2.5 ⇨Mietschulden

Wenn Mietschulden während der Haft aufgelaufen sind und der **Verlust der Wohnung** droht, können Sie die Übernahme der Mietschulden beim zuständigen **Sozialamt** beantragen. Mietschuldenübernahme nach§ 36 SGB XII ist als **Darlehen oder** als **Beihilfe** möglich. Schuldenübernahme kommt besonders bei kurzer Haftdauer in Frage, wenn der Wohnungsverlust dadurch noch abgewendet werden kann.
Ist Ihre **Haft** bereits **beendet und** beziehen Sie **Alg II** beim Jobcenter, müssen Sie die Übernahme der Mietschulden dort beantragen (§ 22 Abs. 8 SGB II). In diesem Fall gibt es nur ein **Darlehen**.

2.6 Übernahme der Besuchskosten Angehöriger

Beim regelmäßigen Besuch **Alg II**-leistungsberechtigter Angehöriger in entfernt gelegenen Haftanstalten, können erhebliche **Fahrtkosten** anfallen, die aus deren ⇨Regelbedarfen nicht mehr gedeckt werden können. In diesem Fall sollte die Übernahme der Besuchskosten im Rahmen der ⇨**Härtefall**regelung beantragt werden, da ein „*unabweisbarer, laufender, nicht nur einmaliger besonderer Bedarf besteht*" (§ 21 Abs. 6 SGB II).
Das SG Braunschweig hat den Bedarf anerkannt und sah die Besuchsfahrten der Eltern zu Ihrem in Jugendhaft genommenen Sohn zwei Mal mtl. als erforderlich an, „*um den Familienzusammenhalt aufrecht zu erhalten und für die soziale Integration nach Ende der Haft vorzusorgen*" (9.4.2014 - S 49 AS 2184/12).
Das gilt auch für den regelmäßigen Besuch von (Ehe-)Partnern*innen mit Kindern Strafgefangener in der Haftanstalt und es sollte auch für Partner*innen von Strafgefangenen ohne Kinder gelten (⇨1.1).

Für Beziehende von **HzL und GSi** der Sozialhilfe können die entsprechenden Besuchskosten durch die individuelle Erhöhung des Regelbedarfs gedeckt werden, da der Bedarf *„unabweisbar seiner Höhe nach erheblich von einem durchschnittlichen Bedarf abweicht"* (§ 27a Abs. 4 Satz 1 SGB XII).

3. Nach der Haftentlassung

Alg II und Sozialhilfe

3.1 ⇨Wohnungsbeschaffungskosten

Kurz vor Haftende bzw. nach der Haftentlassung können Sie die Übernahme der *„Wohnungsbeschaffungskosten"* für eine neue Wohnung beantragen. Ein Antrag ist allerdings nur möglich, wenn Sie beim Jobcenter ein **konkretes Wohnungsangebot** vorlegen. Der Mietvertrag sollte dann noch **nicht** abgeschlossen sein.
Unter Wohnungsbeschaffungskosten fallen
- ⇨**Kaution**, evtl. Genossenschaftsanteile,
- Kosten für den ⇨**Umzug** und
- Kosten für die ⇨**Renovierung** (nach Haftentlassung: LSG Sachsen Anhalt 14.2.2007 - L 2 B 261/06 AS ER).

3.2 Erstausstattung

3.2.1 der Wohnung

Außerdem können Kosten für eine Erstausstattung der Wohnung übernommen werden, wenn Möbel während der Haft nicht eingelagert werden konnten (BSG 11.4.2011 - B 14 AS 53/10 R; SG Bremen 2.7.2009 - S 23 AS 894/09 ER).
Näheres unter ⇨Hausrat

Tipp: Erkundigen Sie sich, welche Behörde nach der Haft für Sie zuständig ist. Bei Personen ohne Anspruch auf Arbeitslosengeld I (zuständig ist die Arbeitsagentur) ist das regelmäßig das **örtliche** oder bei einem **Umzug** an einen anderen Ort das **dortige** Jobcenter bzw. das Sozialamt.

3.2.2. für Bekleidung

Fehlen einem/r Haftentlassenen wesentliche Elemente der **Bekleidungsgrundausstattung,** kann eine Erstausstattung für Bekleidung beantragt werden. Das ist auch noch neun Monate nach Haftentlassung möglich. *„Die Grundausstattung an Bekleidung muss dem Hilfebedürftigen ein mehrfaches Wechseln der Kleidung innerhalb einer Woche und zwar entsprechend der Witterungsverhältnisse ermöglichen"* (SG Chemnitz 20.9.2012 - S 29 AS 3229/12 ER: hier fehlten Winter- und Übergangskleidung sowie Leibwäsche).
Näheres unter ⇨Kleidung

3.3 Überbrückungsgeld (Entlassungsgeld)

Überbrückungsgeld/ **Ü-Geld** soll den notwendigen Lebensunterhalt für Sie und Ihre unterhaltsberechtigten Angehörigen für die ersten **vier Wochen** nach der Entlassung sichern (§ 51 Abs. 1 StVollzG/§ 37 Abs. 1 StVollzG NRW). Ü-Geld ist inzwischen nicht mehr in allen Strafvollzugsgesetzen der Bundeländer vorgesehen, in Rheinland-Pfalz und dem Saarland wurde es z.B. abgeschafft.

3.3.1 Ü-Geld: Einkommen oder Vermögen?

Beantragen Sie aber nach der Haft Alg II, HzL oder GSi der Sozialhilfe, kann das Ü-Geld nach dem sogenannten Zuflussprinzip entweder als ⇨**Einkommen** gewertet und auf Ihre Leistung angerechnet werden **oder** es kann als ⇨**Vermögen** gewertet und im Rahmen der Vermögensfreigrenzen anrechnungsfrei gestellt werden. Maßgeblich dafür sind immer der **Zeitpunkt des Zuflusses** und der **Zeitpunkt der Antragstellung** (BSG 6.10.2011 - B 14 AS 94/10 R; ⇨Einkommen 3.2).

Der für die Abgrenzung zwischen Einkommen und Vermögen entscheidende **Antrag** auf Leistungen zur Sicherung des Lebensunterhalts wirkt sowohl beim **Alg II** als auch bei der **GSi** auf den **ersten Tag des Antragsmonats** zurück; auch wenn Sie für den Zeitraum, in dem Sie noch inhaftiert waren, zumindest auf Leistungen nach dem SGB II keinen Anspruch hatten (BSG 28.10.2014 - B 14 AS 36/13 R; ⇨1.). Aufgrund der **Rückwirkung des Antrages** auf den Monatsersten stellt das im Monat der Antragstellung **zugeflossene** Ü-Geld Einkommen dar und ist demzufolge leistungsmindernd anzurechnen (BSG, ebenda).

Bei **HzL** der Sozialhilfe entsteht der Anspruch auf Leistungen erst mit dem Tag des Bekanntwerdens der Hilfebedürftigkeit – der Antrag wirkt **nicht** auf den Monatsersten zurück. Auch hier gilt das Zuflussprinzip, wonach Einnahmen zum Zeitpunkt des Zuflusses als Einkommen zu bewerten sind. Da aber das Ü-Geld immer **vor** dem Bedarfszeitraum zufließt, ist es, wenn der Antrag auf HzL erst am Tag **nach** der Entlassung gestellt wird, kein Einkommen sondern Vermögen. Als Einkommen ist eine Einnahme zu bewerten, wenn sie **innerhalb** des Bedarfszeitraums zufließt (BVerwG 18.2.1999 - 5 C 35/97, Rn. 14, 15).

Alg II, GSi der Sozialhilfe

Fließt das Überbrückungsgeld aber **im Monat vor der Antragstellung** zu, ist es zum Zeitpunkt der Antragstellung **Vermögen** (BSG 6.10.2011 - B 14 AS 94/10 R).

Tipp 1: Wenn Ihr Ü-Geld vollständig im Rahmen des Schonvermögens anrechnungsfrei gestellt werden soll, müssen Sie Ihren Antrag auf Leistungen **im Monat nach der Entlassung** stellen. In diesem Fall müssen Sie sich **freiwillig krankenversichern** (⇨3.4) und ihren Lebensunterhalt aus dem Ü-Geld bestreiten. Das ist regelmäßig von Vorteil, wenn der Tag der Haftentlassung am Monatsende liegt.

Tipp 2: Übersteigt das Ü-Geld Ihren Bedarf zum Lebensunterhalt für den Restmonat zuzüglich Ihrer Beiträge für die freiwillige ⇨Krankenversicherung, kann es ebenfalls sinnvoll sein, den Antrag erst im Folgemonat zu stellen.

Aber Achtung! Die Verschiebung der Antragstellung auf den Folgemonat ergibt nur Sinn, wenn Sie nicht auf Übernahme der Kosten durch das Jobcenter/ Sozialamt angewiesen sind, die in Verbindung mit der **Anmietung und Bezug** einer neuen **Wohnung** stehen (⇨3.1 f.). Hier ist es oft günstiger, die Unterstützung der Behörde bereits im Entlassungsmonat in Anspruch zu nehmen.

3.3.2 Nachtäglicher Verzicht auf Antragstellung möglich?

Nein. Haben Sie in Unkenntnis der Anrechnungsregelungen von Ü-Geld einen Antrag auf Leistungen nach dem SGB II gestellt, können Sie diesen Antrag nicht mehr zurücknehmen und auf den Folgemonat verschieben. Nachdem er einmal gestellt ist, liegt die Verschiebung der Wirkung des Antrages nicht mehr in Ihrer rechtlichen Gestaltungsmöglichkeit (BSG 24.4.2015 - B 4 AS 22/14 R). Das wird auch für **HzL/ GSi** der Sozialhilfe gelten.

3.3.3 Für wie lange wird Ü-Geld angerechnet?

Alg II

Seit dem 1.8.2016 gilt: *„Überbrückungsgeld [...] oder vergleichbare Leistungen nach landesrechtlichen Regelungen sind nicht als Einkommen zu berücksichtigen, soweit sie **den Bedarf** der leistungsberechtigten Person für 28 Tage **übersteigen**“* (§ 11a Abs. 6 Satz 1 SGB II).

Ist Ihr Ü-Geld **höher** als der Betrag, der Ihren **Bedarf für 28 Tage** deckt, dürfen Sie den **Rest** als **Vermögen** behalten. Der Tag der Anrechnung beginnt am **Tag nach der Haftentlassung** und läuft genau 28 Tage.

Weil in diesem Fall Ihr Bedarf für 28 Tage durch das Ü-Geld gedeckt ist, und Sie deshalb **keinen Anspruch auf Alg II hätten**, wird das anzurechnende Ü-Geld als einmalige Einnahme **auf sechs Monate verteilt angerechnet** (§ 11a Abs. 6 Satz 2 SGB II). Es wird also nur zu einem Sechstel pro Monat berücksichtigt und mindert sechs Monate lang Ihren Anspruch auf Alg II. Diese Regelung soll sicherstellen, dass Sie mit dem Tag der Antragstellung auch tatsächlich Anspruch auf SGB II-Leistungen haben und darüber Krankenversicherungsschutz „genießen“. Sie müssen dann den entsprechenden Teil des Ü-Geldes aufteilen und zurücklegen, damit er zur Bestreitung des Lebensunterhalts für sechs Monate zur Verfügung steht.

Kritik

Kaum praxistauglich ist die Regelung deshalb, weil das Ü-Geld für jegliche Bedarfe eingesetzt werden muss, die 28 Tage nach der Haftentlassung anfallen. Das sind nicht nur die laufenden Leistungen zum Lebensunterhalt wie Regelbedarf, Kosten der Unterkunft und Beiträge für die Krankenversicherung, sondern auch alle in den ersten 28 Tagen anfallende Bedarfe für die **Beschaffung der Wohnung** (einschließlich Kaution) und für

Erstausstattung (BT-Drs. 18/8041, 33). Das wird entweder dazu führen, dass beim Bezug einer Wohnung und bei Inanspruchnahme von Erstausstattungen regelmäßig das Ü-Geld **voll für den Bedarf eingesetzt werden muss** oder dass **Anreize** geschaffen werden, **Bedarfe** für die Beschaffung der Wohnung und Erstausstattungen erst **nach Ablauf von 28 Tagen geltend zu machen**. Für die Resozialisierung nach der Entlassung werden damit erste Hürden aufgebaut. *„Die Reglung soll den Zugang zum SGB II im Anschluss an die Haftentlassung verbessern"*, so die Bundesregierung in der Gesetzesbegründung (ebenda). Allerdings müsste dann der Einsatz des Ü-Geldes auf die laufenden Leistungen zum Lebensunterhalt beschränkt sein.

Reicht das Ü-Geld **nicht aus**, um den Bedarf für 28 Tage voll zu decken, wird Alg II anteilig **aufgestockt**.
Auch Ü-Geld als Einkommen muss **bereinigt** werden (⇨Einkommensbereinigung).

HzL und GSi der Sozialhilfe

Nicht nur nach dem SGB II, sondern auch nach der Rechtsprechung des BSG zum Alg II ist Ü-Geld für den **Zeitraum von vier Wochen** nach der Haftentlassung anzurechnen, falls es Einkommen und nicht Vermögen ist. Das leitet das BSG aus der Zweckbindung des Ü-Geldes gemäß § 51 Abs. 1 Strafvollzugsgesetz (§ 37 Abs. 1 StVollzG NRW) ab (BSG 28.10.2014 - B 14 AS 36/13 R). Das sollte auch bei HzL und GSi gelten. Allerdings fehlt im Sozialhilferecht die Regelung für die Verteilung des Ü-Geldes auf sechs Monate, wenn der Anspruch auf Leistungen durch das Ü-Geld ganz entfällt.

3.3.4 Ü-Geld verbraucht – Anspruch auf Leistungen?

Wenn Sie Alg II/ Sozialhilfe im Monat der Haftentlassung beantragen müssen, weil Sie Ihr **Überbrückungsgeld ausgegeben** haben, kommt es darauf an, wofür Sie es ausgegeben haben und ob Sie wissen konnten, dass Sie es **vorrangig** zum Lebensunterhalt hätten verwenden müssen. Grundsätzlich müssen Ihnen Leistungen zum Lebensunterhalt gewährt werden, wenn **keine bereiten Mittel zum Leben** mehr vorhanden sind (BSG 12.12.2013 B 14 AS 76/12 R, in Bezug auf eine vorzeitig verbrauchte Erbschaft).

Will das Jobcenter Ihnen **seit dem 1.1.2017** in solchen Fällen ein **Darlehen** gewähren, weil Sie eine einmalige Einnahme (das Ü-Geld) vorzeitig verbraucht haben (§ 24 Abs. 4 Satz 2 SGB II, zu den Schwierigkeiten mit dieser neuen Norm: Geiger, ASR 2017, 2-11), könnte dies rechtswidrig sein, wenn Ihnen zuvor niemand gesagt hat, wie lange Ihr Ü-Geld hätte reichen müssen und wann es vorzeitig verbraucht wäre (⇨Einkommen 3.2.1).

Einen **vollen Leistungsanspruch** haben Sie allerdings nur, wenn Sie mit dem Überbrückungsgeld **gutgläubig** z.B. Schulden getilgt, als gehbehinderte*r Haftentlassene*r eine Kfz-Reparatur gezahlt (LSG NRW 23.12.2009 - L 12 B 147/09 AS ER) oder andere wirtschaftlich sinnvollen Ausgaben getätigt haben. Sie müssen dann nachweisen, dass Sie das Geld nicht unwirtschaftlich „verprasst" haben.

Tipp: Sie können Ihr Überbrückungsgeld aber auch bereits während der Haft ausgegeben, wenn die Ausgaben der Wiedereingliederung dienen und die Anstaltsleitung dies genehmigt (§ 51 Abs. 3 StVollzG/§ 37 Abs. 4 StVollzG NRW). Das Jobcenter erhält keine Auskunft über bereits ausgegebenes Überbrückungsgeld, sondern nur über den ausgezahlten Betrag am Entlassungstag.

Haben Sie das Geld **vorsätzlich** oder **grob fahrlässig** unwirtschaftlich ausgegeben, um den **Alg II**-Bezug herbeizuführen, kann das Jobcenter **Kostenersatz** fordern (⇨Rückforderung 3.1.). Sie haben zwar Anspruch auf Sicherung der Existenz, müssen aber die „zu Unrecht" erhaltenen Leistungen durch ⇨**Aufrechnung** von 30 Prozent des Regelbedarfs zurückzahlen. Zudem kann die Behörde Ihre Leistungen mit einer ⇨**Sanktion** für drei Monate kürzen.

Das gilt auch für **HzL/ GSi** der Sozialhilfe, jedoch mit abweichenden Aufrechnungs- und Sanktionsregelungen.

3.4 Krankenversicherungsschutz nach der Entlassung

Waren Sie vor der Haft pflichtversichert und beziehen Sie nach der Haft nahtlos Alg II/Sozialhilfe, werden Sie wieder in die ⇨Krankenversicherung aufgenommen (für Sozialhilfebezug: SG Lübeck 9.2.2009 - S 14 KR 1006/08 ER; SG Augsburg 2.6.2009 - S 12 KR 161/09 ER). Das ist auch der Fall, wenn Sie unter dieser Voraussetzung nahtlos in eine sozialversicherungspflichtige Beschäftigung übergehen. Sie genießen dann ebenfalls den Schutz der gesetzlichen Kranken- und Pflegeversicherung.

Wenn Sie keinen Antrag auf Leistungen stellen, müssen Sie direkt nach der Entlassung bei einer Krankenkasse Ihrer Wahl (am besten Ihrer alten KV) eine freiwillige Weiterversicherung beantragen.

Achtung! Wenn Haftentlassene bei einer Kasse um Krankenversicherungsschutz nachsuchen, kommt es vor, dass deren **Aufnahme verweigert** wird, da das Versicherungsverhältnis durch die Haft für einen längeren Zeitraum unterbrochen war. Das ist rechtswidrig. Das Tatbestandsmerkmal *„zuletzt gesetzlich krankenversichert"* als Voraussetzung für die Wiederaufnahme in die gesetzliche Krankenversicherung ist erfüllt, wenn Sie vor der Inhaftierung bei einer Kasse versichert waren. Die zwangsweise Unterbrechung durch die Gesundheitsfürsorge im Strafvollzug ist für diese Voraussetzung unschädlich (LSG Baden-Württemberg 25.2.2009 - L 11 KR 497/09 ER-B; SG Aachen 15.5.2009 - S 13 KR 71/09 ER).

S

Die Regelung für den Krankenversicherungsschutz gilt entsprechend für Personen, die vor der Haft bei einer privaten Kasse krankenversichert waren.

3.5 Strafhaft: kein Kostenersatz wegen sozialwidrigen Verhaltens

Nur weil Sie straffällig geworden sind und aufgrund der Haftstrafe für sich und ggf. Ihre Bedarfsgemeinschaft auf Sozialleistungen angewiesen sind, darf das Jobcenter keinen Kostenersatz von Ihnen fordern. Die Erstattungspflicht (§ 34 SGB II) erfasst *„nur ein Verhalten mit spezifischem Bezug, d.h. ‚innerem Zusammenhang', zur Herbeiführung der Hilfebedürftigkeit bzw. Leistungserbringung"*. Das mit einer Straftat und Inhaftierung verbundene Verhalten ist in seiner Handlungstendenz aber regelmäßig nicht *„auf die Einschränkung bzw. den Wegfall der Erwerbsfähigkeit oder -möglichkeit bzw. die Herbeiführung von Bedürftigkeit gerichtet"* (BSG 2.11.2012 - B 4 AS 39/12 R). Eine Kostenersatzforderung der Behörde wäre demnach rechtswidrig.

Information
BAG für Straffälligenhilfe e.V., Wegweiser für Inhaftierte, Entlassene und deren Familien, 19. Aufl. 2019, https://www.bag-s.de/materialien/wegweiser (in Deutsch, Englisch, Russisch und Arabisch; als Broschüre dort zu bestellen oder als PDF-Datei zum Herunterladen)

Strom

„Der Regelbedarf [...] umfasst insbesondere [...] Haushaltsenergie ohne die auf die Heizung und Erzeugung von Warmwasser entfallenden Anteile" (§ 20 Abs. 1 Satz 1 SGB II).
Dasselbe gilt für Beziehende von Hilfe zum Lebensunterhalt (HzL) und Grundsicherung (GSi) der Sozialhilfe (§ 27a Abs. 1 Satz 1 SGB XII).
Haushaltsenergie, d.h. Strom für Beleuchtung, elektrische Geräte und Gas für Kochfeuerung, sind also im Regelbedarf enthalten. Die Kosten für die Bereitung von ⇨Warmwasser sind seit Januar 2011 nicht mehr vom Regelbedarf umfasst und werden im Rahmen der Kosten für Unterkunft und Heizung übernommen.
Nachzahlungen für Strom aufgrund einer Endabrechnung sind folglich ebenfalls im Regelbedarf enthalten, ob Sie das Geld haben oder nicht. Aufgelaufene Stromschulden (⇨ 3.1) sollen Sie möglichst eigenverantwortlich durch Ratenzahlung an den Energieversorger abtragen (LSG Niedersachsen-Bremen 19.8.2005 - L 7 AS 182/05 ER).

Tipp: Achten Sie darauf, dass die Kosten für Haushaltsenergie und Heizung/ Warmwasserbereitung sauber getrennt werden. ⇨ Heizkosten und ⇨Warmwasserkosten sind von der Behörde zu übernehmen, auch als Nachzahlungen.

Inhaltsübersicht

2.4 Guthaben nach Endabrechnung
3. Stromschulden (Energieschulden)
Darunter: Rückzahlungsvereinbarung mit dem Energieversorger, Darlehen für einen unabweisbaren Bedarf, Unverhältnismäßigkeit der Sperre, Darlehen zur „Sicherung der Unterkunft", vorrangige Selbsthilfemöglichkeiten
3.3.2 Selbsthilfemöglichkeiten ausgeschöpft – Stromschuldenübernahme durch die Behörde
3.3.3 Wer hat wo Anspruch auf Übernahme der Energieschulden?
Darunter: Übernahme als Beihilfe oder Darlehen, Aufrechnung von Darlehen, Direktüberweisung an den Energieversorger
4.1 Stromschulden beglichen
4.2 Wann darf der Energieversorger kündigen?
Kritik
Forderung
Information

1. Haushaltsenergie im Regelbedarf

Im Eckregelbedarf von 1998 waren 26,31 € für Haushaltsenergie enthalten, in dem von 2021 sind es 38,32 €, wobei Instandhaltung und Wohnen noch zusätzlich darin enthalten sein sollen.

Zum Januar 2011 ist der Stromanteil für **Erwachsene** verhältnismäßig stark angehoben worden. Er lag bis 2010 noch bei 22,58 € und erhielt sogar noch die Kosten für Warmwasserbereitung. Die Verbraucherzentrale NRW hat dagegen den durchschnittlichen Stromverbrauch 2019 mit 52 € für einen Einpersonenhaushalt ermittelt.

Mit dem Regelbedarfsanteil für Haushaltsenergie sollen auch der Grundpreis für Gas und der Gasverbrauch für Kochfeuerung gedeckt sein. Der Grundpreis für Gas allerdings nur, wenn nicht gleichzeitig mit Gas geheizt wird (⇨Heizkosten).

Wenn Sie **Warmwasser mit Strom** bereiten, bekommen Sie zusätzlich zum Regelbedarf einen ⇨Mehrbedarf für dezentrale Warmwasserbereitung (§ 21 Abs. 7 SGB II; § 30 Abs. 7 SGB XII; ⇨Warmwasser 2.2 f.).

Anteil für Haushaltsenergie pro Person

	2021	2020	2019	2018	2008
Alleinstehende ‚Alleinerziehende	**36,19 €**	36,39 €	35,72 €	35,05 €	22,11 €
Partner*innen	**32,57 €**	32,78 €	32,19 €	31,52 €	19,90 €
Haushaltsange-höriger ab 18	**28,95 €**	29,09 €	28.58 €	27,99 €	17,69 €
14 bis 17-jährige „Kinder"	**18,94 €**	19,48 €	19,12 €	18,76 €	17,69 €
6 bis 13-jährige Kinder	**13,70 €**	14,09 €	13,82 €	13,55 €	13,27 €
0 bis 5-jährige Kinder	**8,00 €**	8,77 €	8,59 € €	8,41 €	13,27 €

Bei der Tabelle ist zu beachten, dass die Regelbedarfsanteile für Haushaltsenergie von 1998 und 2008 noch den Bedarf für Warmwasserbereitung enthielten.

Die **Kinderregelbedarfe** von 2011 wurden erstmalig anhand der separierten Verbrauchsausgaben für Dreipersonenhaushalte (Paar mit Kind der jeweiligen Altersstufe) aus der EVS 2008 ermittelt. Bei den Ausgaben für Wohnungsinstandhaltung und Strom wurden die Haushaltsausgaben anhand eines Verteilungsschlüssels aufgeteilt. Auf das Kind entfallen demnach die Stromkosten auf der Basis des Anteils eines Kinderzimmers an der gesamten Wohnfläche des Haushalts (BT-Drs. 17/3404, 64 ff.). Das erklärt, warum trotz

S

Erhöhung des Stromanteils im Regelbedarf der Anteil der Kinder in den Keller gefallen ist. Bedarfsgerecht sieht anders aus!

Wenn Sie als Alg II-Bezieher*in Miete oder Unterbringungskosten **inklusive Strom** zahlen, z.B. in einer Wohngemeinschaft, Gemeinschaftsunterkunft für Geflüchtete, im Betreuten Wohnen in einer Trägerwohnung usw. darf Ihnen das Jobcenter die Stromkosten **nicht** vom Regelbedarf abziehen, da es sich im SGB II um **pauschalierte** Regelbedarfe (§ 20 Abs. 1 S. 3 SGB II) handelt (BSG 24.11.2011 - B 14 AS 151/10 R). Bei HzL- und GSi-Bezug ist ein solcher Abzug gem. § 27a Abs. 4 S.1 SGB XII in Höhe von mtl. 38,36 € (Alleinstehende / RB im Jahr 2021) möglich.

2.1 Stromkosten oberhalb der Regelbedarfsanteile

HzL und GSi der Sozialhilfe

„Im Einzelfall wird der Regelsatz abweichend von der maßgebenden Regelbedarfsstufe festgesetzt (abweichende Regelsatzfestsetzung), wenn ein durch die Regelbedarfe abgedeckter Bedarf nicht nur einmalig, sondern für eine Dauer von voraussichtlich mehr als einem Monat [...]unausweichlich in mehr als geringem Umfang oberhalb durchschnittlicher Bedarfe liegt" (§ 27a Abs. 4 Satz 1 SGB XII).

S

Wenn Ihr erhöhter Strombedarf unausweislich ist und in mehr als geringem Umfang von Ihrem im Regelbedarf anerkannten Bedarf abweicht, sollten Sie eine Regelbedarfserhöhung beantragen. Das ist nur bei Sozialhilfebezug möglich.

Ein unausweislich in mehr als geringem Umfang oberhalb durchschnittlicher Bedarf kann unter besonderen Umständen vorliegen, vor allem bei krankheitsbedingtem Stromverbrauch, z.B. aufgrund medizinischer Apparaturen und Hilfsmittel wie E-Rollstuhl etc.

Tipp: In solchen Fällen müssen Sie **vorrangig** einen Zuschuss zu den Stromkosten bei der **Krankenkasse** beantragen (BSG 06.2.1997 – 3 RK 12/96).

In den meisten Fällen werden hier mtl. Pauschalen erstattet, bei höherem nachweislichem Verbrauch auch höhere tatsächliche Kosten. Erst wenn das nicht reichen sollte, kommt die Übernahme der Stromkosten durch das Sozialamt in Betracht.

Alg II

Wenn Ihr Strombedarf aus oben genannten Gründen erheblich vom Regelbedarfsanteil für Haushaltsenergie abweicht und eine Kostenübernahme durch die Krankenkasse nicht möglich ist bzw. den Bedarf nicht deckt, können Sie einen ⇨**Mehrbedarf** nach § 21 Abs. 6 SGB II beantragen. Diese Leistungen für unabweisbare, laufende besondere Bedarfe werden jedoch sehr eingeschränkt bei ⇨ Härtefällen gewährt. Ein Bedarf für erhöhte Stromkosten ist in der Härtefallliste der BA nicht aufgeführt (FW 21.41 ff.).

2.2 Stromkosten unterhalb der Regelbedarfsanteile – Regelbedarfssenkung?

Es ist unzulässig, Ihnen den Regelbedarf zu kürzen, weil Sie weniger Strom verbrauchen als vorgesehen (⇨Regelbedarf).

Nur wenn Sie HzL oder GSi der Sozialhilfe z.B. in einer **Einrichtung** beziehen und dort keine Stromkosten haben, kann der Regelbedarf entsprechend gekürzt werden (*„Barbetrag"* nach § 27b Abs. 2 Satz 1 SGB XII), nicht aber bei Alg II-Bezug.

2.3 Nachforderung nach Endabrechnung

Wenn Sie am Ende der Jahresabrechnung eine Nachforderung für Stromkosten erhalten, müssen Sie diese aus dem Regelbedarf oder vorhandenem ⇨Vermögen zahlen. Wenn Sie den Betrag nicht aufbringen können, müssen Sie ein **Darlehen** beantragen (⇨ einmalige Beihilfe). Es handelt sich hier um einen *„vom Regelbedarf umfassten und nach den Umständen unabweisbaren Bedarf"* (§ 24 Abs. 1 SGB II; sinngleich: § 37 Abs. 1 SGB XII).

Das ⇨Darlehen wird beim Alg II mit **zehn Prozent** (§ 42a Abs. 2 SGB II), bei HzL/ GSi der Sozialhilfe mit **bis zu fünf Prozent** (§ 37 Abs. 4 SGB XII) mit dem künftigen Regelbedarf aufgerechnet.

2.4 Guthaben nach Endabrechnung

Alg II

Ist nach dem Abrechnungszeitraum aus den Vorauszahlungen für Strom ein Guthaben entstanden, darf dieses nicht als ⇨ Einkommen angerechnet werden. Sie haben es schließlich aus dem Regelbedarf bezahlt. *„Rückzahlungen, die sich auf die Kosten für Haushaltsenergie [...] beziehen, bleiben außer Betracht"* (§ 22 Abs. 3 2. Halbsatz SGB II).

HzL und GSi der Sozialhilfe

Hier gilt erst seit dem **1.4.2011**: *„Einkünfte aus Rückerstattungen, die auf Vorauszahlungen beruhen, die Leistungsberechtigte aus dem Regelsatz erbracht haben, sind* ***kein*** *Einkommen"* (§ 82 Abs. 1 Satz 2 SGB XII). Den Sozialämtern müsste mittlerweile bekannt sein, dass Stromguthaben nicht mehr angerechnet werden dürfen.

3. Stromschulden (Energieschulden)

Im Jahr 2018 wurden rund 300.000 Stromsperrungen im Auftrag der Grundversorger durchgeführt (der Paritaetische). Der Bundesregierung lägen keine statistischen Daten zur Struktur der Personengruppen vor, die von Stromsperrungen betroffen sind, so die Antwort der BR – DS 19/1604 vom 11.04.2018. Allerdings verweist die BR auf eine Studie, nach der **etwa die Hälfte aller von Stromsperren** betroffenen Haushalte Leistungen der Grundsicherung (SGB II oder SGB XII) bezieht (http://dip21.bundestag.de/dip21/btd/19/016/1901604.pdf). Mahngebühren, Inkasso-Gebühren, Gebühren für die Stromsperre selbst und Wiederaufnahmegebühren werden auf die reinen Stromschulden aufgeschlagen.

Nach der Stromgrundversorgungsverordnung (StromGVV), die für alle nach dem 12.7.2005 abgeschlossene Versorgungsverträge gilt, darf die **Stromlieferung gesperrt** werden, wenn

- es eine Zahlungsaufforderung gegeben hat (§ 17 StromGVV),
- frühestens **zwei Wochen** danach die Zahlung angemahnt wurde,
- die Liefersperre angedroht wurde (das erfolgt i.d.R. mit der Mahnung),
- eine Nachfrist von vier **Wochen** nach Zugang der Sperrandrohung verstrichen ist, ohne dass die Forderung beglichen wurde,
- **drei Wochentage** vor der Sperre eine schriftliche Ankündigung zugeht,
- die Stromsperre keine **unverhältnismäßigen Folgen** hat und
- die Stromforderung **mindestens 100 €** beträgt. Forderungen, die form- und fristgerecht sowie schlüssig begründet beanstandet wurden, bleiben dabei außer Betracht (§19 StromGVV; für Gas gilt entsprechend die GasGVV).

Für Versorgungsverträge, die vor dem 12.7.2005 abgeschlossen wurden, gelten die Allgemeinen Versorgungsbedingungen Elektrizität (AVBEltV) mit entsprechendem Inhalt. Die Nachfrist nach Zugang der Sperrandrohung ist hier allerdings auf **zwei Wochen** begrenzt (§ 33 Abs. 2 Satz 1 AVBV). Für Fernwärme gilt entsprechend die AVBFernwämeV.

Ist die Strom-/ Energiesperre angedroht, gibt es mehrere Möglichkeiten diese abzuwenden:

3.1 Rückzahlungsvereinbarung mit dem Energieversorger

Sie können die Sperre verhindern, wenn **hinreichende Aussicht** besteht, dass Sie Ihren Verpflichtungen nachkommen, z.B. indem Sie

- dem Energieversorger eine plausible Ratenzahlung anbieten,
- eine möglichst zinslose Stundung und die Zahlung aus einer zukünftigen Einnahme (Steuererstattung usw.) vereinbaren,
- die Abschlagszahlungen per Dauerauftrag sicherstellen; eventuell auch höhere Abschlagszahlungen, um den Rückstand aufzuholen bzw. erneute Nachforderungen zu vermeiden oder
- auf Drittmittel wie Verwandten- oder Arbeitgeberdarlehen zurückgreifen.

Tipp: Achten Sie bei Ihrem Rückzahlungsangebot darauf, dass Energieschulden mit Ratenzahlungen üblicherweise vor der nächsten Jahresverbrauchsabrechnung beglichen sein müssen, sonst lässt sich der Energieversorger nicht darauf ein.

3.1.1 Zweiter Versuch: Darlehen für einen unabweisbaren vom Regelbedarf umfassten Bedarf

Kommt eine Zahlungsvereinbarung nicht zustande, können Sie immer noch versuchen,

S

bei der Behörde ein ⇨**Darlehen** (⇨Einmalige Beihilfe 3.) für einen unabweisbaren Bedarf zu beantragen. Unabweisbar ist ein Bedarf z.B., wenn die Stromsperre in einem Haushalt mit Kindern droht und ein Ansparen während des Leistungsbezugs nicht möglich war (§ 24 Abs. 1 SGB II i.V. mit § 42a SGB II; § 37 Abs. 1 SGB XII).

„*Voraussetzung hierfür ist, dass ein im Einzelfall unabweisbarer Bedarf nicht auf andere Weise (z.B. durch eine Ratenzahlungsvereinbarung mit dem Energieversorgungsunternehmen) gedeckt werden kann. Die Unabweisbarkeit des Bedarfs ist bei einer drohenden Stromsperre gegeben*“ (DV, Empfehlungen des Deutschen Vereins (DV) zur Übernahme von Mietschulden und Energiekostenrückständen im SGB II und SGB XII, 11.3.2015, 9, im Folgenden: DV 17/14).

3.1.2 Wann liegt ein vom Regelbedarf umfasster Bedarf vor, wann sind es Stromschulden?

Für die Übernahme der Energieforderungen als Darlehen nach § 24 Abs. 1 SGB II oder 37 Abs. 1 SGB XII ist **Voraussetzung**, dass es sich hier um einen **vom Regelbedarf umfassten, unabweisbaren Bedarf** handelt und **nicht** um **Altschulden**. „*Monatliche Abschläge sind ebenso wie aufgrund der Jahresabrechnung erforderliche Nachzahlungen grundsätzlich aus dem laufenden Regelbedarf zu zahlen. Schulden, die während des Bezugs von Arbeitslosengeld II oder Sozialhilfe neu entstehen, können nicht nach § 22 Abs. 8 SGB II bzw. § 36 Abs. 1 SGB XII übernommen werden*“ (FW 24.2, 24.3; DV 17/14).

Folgt man dieser Auffassung, fallen sämtliche während des laufenden Bezugs von SGB II-/ SGB XII-Leistungen entstandenen Energieforderungen unter diese Darlehensregelung, die für den vom Regelbedarf umfassten, unabweisbaren Bedarf gilt. Das ist von Bedeutung, da hier die Schwelle zur Leistungsgewährung niedriger liegt, als bei der Übernahme von Energieschulden zur Wohnraumsicherung (§ 22 Abs. 8 SGB II; § 36 Abs. 1 SGB XII). Sollte der Leistungsträger die Übernahme verweigern, so sollte Eilantrag beim Sozialgericht eingelegt werden, da das Wohnen ohne Strom nicht der Menschenwürde entspricht (BSG 18.11.2014 - B4 AS 3/14 R).

Lediglich für Energieforderungen, die **vor dem Bezug** von Leistungen **entstanden** sind, und bei Heizstrom kommt demnach die Schuldenübernahme „*zur Sicherung der Unterkunft*“ in Betracht (FW 24.3; ⇨3.3).

Tipp: Auch wenn diese Auffassung umstritten ist, sollten Sie sich bei der Antragstellung auf die Empfehlungen des Deutschen Vereins beziehen und die richtigen Paragrafen nennen (§ 24 Abs. 1 SGB II oder 37 Abs. 1 SGB XII).

3.2 Unverhältnismäßigkeit der Sperre

Sie können die Sperre auch verhindern, wenn sie unverhältnismäßig zur Schwere der „*Zuwiderhandlung*“ wäre (§ 19 Abs. 2 Satz 2 StromGVV).

Das kann der Fall sein, wenn Sie zum ersten Mal in Verzug sind, die ausstehenden Zahlungen gering sind und Sie glaubhaft machen können, die Schuld zu tilgen.

Das kann auch der Fall sein, wenn die Sperre für Kleinkinder, Kranke, Behinderte, alte Menschen usw. schwerwiegende Folgen hätte, z.B. drohende Gesundheitsschäden mangels Heizung oder wegen fehlender Versorgung durch elektrische Geräte. Unverhältnismäßig wäre eine Sperre auch, wenn dadurch die Einkommenserzielung durch Heimarbeit unmöglich gemacht würde oder erhebliche Einbußen durch Verderb des Tiefkühltruheninhalts entstünden.

Sie können beim **Amtsgericht** eine **einstweilige Anordnung** auf Weiterversorgung beantragen, wenn die Stromsperre unverhältnismäßig ist. Das Amtsgericht kann die Sperre verbieten oder aufheben.

Das hat Aussicht auf Erfolg,

- wenn die Forderung anerkannt und um Stundung gebeten wurde und bereits regelmäßige Zahlungen eingehen (AG München 19.9.2007 - 242 C 4590/07; AG Bad Homburg 26.4.1996 - 2 C 4116/95-15),
- wenn bereits zumutbare Schritte zur Begleichung der Schulden, z.B. durch Klage gegenüber dem Sozialleistungsträger auf ein Darlehen, unternommen wurden (LG Düsseldorf 11.1.1995 - 313 C 93/04 23 S 286/94),
- wenn eine Alleinerziehende mit Kleinkindern vor dem Insolvenzverfahren steht und keine Aussicht besteht, dass die Stromrückstände beglichen werden können (AG Darmstadt 29.4.2004 -313 C 93/04) oder
- wenn die Forderung eher niedrig ist (hier:

S

284 €) und eine geordnete Haushaltsführung von Mutter und Kleinkindern praktisch unmöglich gemacht wird (AG Würzburg 13.2.2007).
- bei drohenden schweren gesundheitlichen Schäden (SG Berlin 8.10.2009 - S 121AS 32195/09 ER; hier vorrangig gegenüber der Schuldenübernahme durch den Träger; ⇨3.1.3).

Ob eine Sperre unverhältnismäßig ist, hängt immer von der persönlichen Situation der Betroffenen **und** der Höhe der Forderungen ab. Die **Chancen**, eine Stromsperre mit einer Eilentscheidung vom Amtsgericht abzuwenden, sind aber eher bescheiden. Die Materie ist für Laien schwer verständlich und die Erfolgsaussichten sind kaum abzuschätzen. Häufig scheitern solche einstweiligen Anordnungen schon daran, dass sich die Rechtspfleger*innen beim Amtsgericht weigern, entsprechende Anträge aufzunehmen.

Tipp: Schalten Sie über Beratungs- und ⇨ Prozesskostenhilfe eine*n ⇨Anwalt/Anwältin ein und lassen Sie sich über die Erfolgsaussichten einer einstweiligen Anordnung beraten. Verlieren Sie einen Zivilprozess, tragen Sie trotz der Gewährung von Prozesskostenhilfe im Zivilverfahren ein beträchtliches **Kostenrisiko, nämlich die Kosten der gegnerischen Anwält*innen**.

3.3 Übernahme von Stromschulden zur *„Sicherung der Unterkunft"*

Dass die Übernahme der Stromschulden nach § 22 Abs. 8 SGB II/ § 36 SGB XII nur in Betracht käme, wenn die Sperre nicht durch **Selbsthilfe** vermieden werden kann, stellte zwischenzeitlich eine Mindermeinung dar. Dabei darf das Jobcenter/ Sozialamt nur auf Hilfemöglichkeiten verweisen, die dazu geeignet und zumutbar sind, die Sperre zu verhindern (Gotzen, ZfF 2099, 107), Eine Wohnung ohne Strom ist mit Obdachlosigkeit zu vergleichen (LPK SGB II, 7. Aufl. § 22 Rn 254).

3.3.1 Vorrangige Selbsthilfemöglichkeiten

Alg II-Beziehende müssen vorrangig ihr **Schonvermögen** (150 € pro Lebensjahr), das Kinderschonvermögen und den **Ansparbetrag** (750 € pro Person) zur Begleichung der Stromschulden verwenden (zur konkreten Höhe § 12 Abs. 2 SGB II, § 22 Abs. 8 Satz 3 i.V. mit § 42a Abs. 1 Satz 1 SGB II7
Beziehende von HzL und GSi der Sozialhilfe müssen das nicht (⇨Darlehen).

Solange Sie die Forderung in **Raten zurückzahlen** können (⇨3.1), übernimmt das Sozialamt/ Jobcenter nichts, sondern erst dann, wenn Sie die Schulden nicht aufbringen können (OVG Münster 28.4.1999, FEVS 51, 89). I.d.R. halten die Behörden Ratenzahlungen von **bis zu 20 Prozent** des Regelbedarfs für zumutbar. Wenn Sie dazu nicht bereit sind, wird auch die Übernahme der Stromschulden verweigert. Besondere Lebenssituationen wie etwa Krankheiten müssen allerdings berücksichtigt werden.

Nur selten bestehen reelle Chancen, eine Sperre mit Hilfe einer **einstweiligen Anordnung beim Amtsgericht** abzuwenden (⇨3.2). Als vorrangige Selbsthilfemöglichkeit wird ein Eilverfahren gegen den Energieversorger daher regelmäßig nicht zumutbar sein.
Ist eine Sperre jedoch offensichtlich unverhältnismäßig und verweist der Sozialleistungsträger auf zivilrechtlichen Eilrechtschutz, hat er den Antragstellenden bei der gerichtlichen Durchsetzung durch *„flankierende Beratung"* zu unterstützen (LSG NRW 2.4.2008 - L 7 B 251/07 AS ER).

Es ist jedoch fraglich, ob das in der Praxis tatsächlich funktioniert. Nach Meinung des LSG Berlin-Brandenburg ist die *„vorrangige Anstrengung eines solchen Verfahrens vor Inanspruchnahme möglicher darlehensweiser Leistungen durch den Grundsicherungsträger im Regelfall nicht zumutbar"* (14.9.2012 - L 18 AS 2308/12 B ER). Das Jobcenter darf nämlich nur die Mitwirkung abverlangen, *„die objektiv und subjektiv zumutbar ist"*. Deshalb dürfen Leistungsbeziehende, denen es *„regelmäßig an Erfahrung auf dem Gebiet des zivilgerichtlichen Eilrechtsschutzes fehlt, [nicht] pauschal und ohne das Angebot von (ggf. auch rechtsanwaltlicher) Beratung und Hilfestellung auf diese besondere Form des gerichtlichen Rechtsschutzes" verwiesen werden* (LSG NRW 15.10.2012 - L 7 AS 1730/12 B ER, L 7 AS 1731/12 B).

Ein einmaliger **Anbieterwechsel** kommt als vorrangige Selbsthilfemöglichkeit eher selten in Betracht. Meist wird der Wechsel schon dadurch vereitelt, dass nicht genug Zeit bis zur Sperre verbleibt. Außerdem werden **verschuldete Energiekunden** vom neuen Anbieter meist nicht angenommen.

Eine entsprechende Klausel findet sich bestimmt auch in dem Versorgungsvertrag, den Sie mit dem neuen Energieversorger abschließen müssen. Schon deshalb ist von (wiederholtem) „Lieferanten-Hopping" abzuraten, weil bei bestehenden Energieschulden aufgrund des Verdachts auf *„Eingehungsbetrugs"* strafrechtliche Verfolgung droht.

3.3.2 Selbsthilfemöglichkeiten ausgeschöpft – Stromschuldenübernahme durch die Behörde

Alg II, HzL und GSi der Sozialhilfe

„Schulden können nur übernommen werden, wenn dies zur Sicherung der Unterkunft oder zur Behebung einer vergleichbaren Notlage gerechtfertigt ist" (§ 36 Abs. 1 SGB XII; sinngleich mit Einschränkung auf Beziehende von Alg-II-Leistungen und Auszubildende: § 22 Abs. 8 SGB II).

„Die Nichtversorgung mit Energie stellt eine der Obdachlosigkeit vergleichbare Notlage dar" (SG Köln 15.11.2005, info also 1/2006, 35).

S

Stromschulden können also übernommen werden, wenn sie zur Stromsperre führen würden (LSG Niedersachsen-Bremen 28.5.2009 - L 7 AS 546/09 B ER, LSG NRW 12.12.2008 - L 7 B 384/08 AS; LSG Bayern 7.12.2005 - L 11 B 530/05 SO ER).

„Die Entscheidung, ob Schulden übernommen werden, liegt regelmäßig im pflichtgemäßen Ermessen der Verwaltung. [...] Bei der Ermessensentscheidung sind die „besonderen Umstände des Einzelfalls in Betracht zu ziehen" sowie *„alle entscheidungserheblichen Belange in eine[r] umfassende[n] Gesamtschau"* (DV 17/14, 22).

Hierbei ist z.B. zu berücksichtigen, *„ob besonders schutzbedürftige Personen (z.B. Kleinkinder, Menschen mit körperlichen Einschränkungen) von einer etwaigen [...] Energiesperre mit betroffen wären. Zu erwägen ist auch, ob Zahlungsrückstände erstmals oder wiederholt aufgetreten sind, ob ein Wille zur Verhaltensänderung erkennbar ist und welche Bemühungen zum Ausgleich der Rückstände gezeigt werden"* (DV, ebenda).

Bei Familien mit minderjährigen Kindern, bei Schwangeren oder bei alten bzw. bettlägerigen Menschen sowie bei erstmaligen Stromschulden dürfte die Übernahme immer dann gerechtfertigt sein, wenn eine einstweilige Anordnung gegen den Energieversorger nicht zuzumuten ist (⇨3.2). Dann geht das ⇨Ermessen auf null.

Stromschulden müssen auch übernommen werden, ***„um eine Stromsperre zu beenden"*** (SG Köln, ebenda). Mit der Stromsperre wird die Wohnung *„faktisch unbewohnbar"*, erklärt das Gericht. Damit sei *„eine dem sozialhilferechtlichen Mindeststandard genügende Unterkunft nicht mehr vorhanden"* (ebenda, 36; ebenso SG Aachen 14.6.2005 - S 20 SO 53/05 ER).

Allerdings scheidet eine Übernahme *„von Schulden [...] grundsätzlich auch dann als **nicht gerechtfertigt** aus, wenn es wiederholt zu Rückständen gekommen und ein Wille des Hilfebedürftigen, sein Verhalten zu ändern, nicht erkennbar sei"* (LSG Baden-Württemberg 30.4.2009 - L 12 AS 2296/09 ER B; ansonsten bejahend).

Ebenso bei ***„sozialwidrigem Verhalten"***, wenn im Vertrauen auf ein späteres Darlehen die Abschläge an den Energieversorger nicht gezahlt wurden (LSG Rheinland-Pfalz 27.12.2010 - L 3 AS 557/10 B ER).

3.3.3 Wer hat wo Anspruch auf Übernahme der Energieschulden?

Der Sozialhilfeträger übernimmt die Schulden nach § 36 SGB XII

- bei Leistungsbeziehenden von **HzL und GSi der Sozialhilfe**,
- bei erwerbsfähigen Personen mit niedrigem Einkommen, **die keinen Anspruch auf Alg II** haben (§ 21 Satz 2 SGB XII),
- bei nicht erwerbsfähigen Personen, deren Einkommen knapp **über** der Sozialhilfegrenze liegt und die deshalb **keinen Anspruch auf HzL/ GSi** haben und
- bei **Auszubildenden, Schüler*innen** und **Studierenden,** da kein Alg II-Bezug *„für den Bedarf für Unterkunft und Heizung"* (§ 22 Abs. 8 Satz 1 SGB II) vorliegt.

Das Jobcenter ist für die Übernahme der Stromschulden nach § 22 Abs. 8 SGB II zuständig

- bei Beziehenden von Alg II „für den Bedarf für Unterkunft und Heizung" (ebenda).

Tipp: In vielen Städten/ Landkreisen gibt es gemeinsame Stellen für Wohnungssicherung. Diese sind i.d.R. bei drohender Sperre auch für die Übernahme der Energieschulden zuständig bzw. **beratungspflichtig**.

3.3.4 Beihilfe oder Darlehen?

*„Geldleistungen **können** als **Beihilfe oder** als **Darlehen** erbracht werden"* (§ 36 Abs. 1 Satz 3 SGB XII). In der **Sozialhilfe** waren bis 1993 Darlehen nur bei vorübergehender Notlage statthaft. Das gilt vom Grundsatz noch immer: *„Eine Darlehensvergabe ist in der Regel nur bei einer realistischen Rückzahlungsperspektive ermessensgerecht. Das zentrale Ziel der Sozialhilfe, von ihr unabhängig leben zu können (§ 1 Satz 2 SGB XII), darf durch die Darlehensgewährung nicht gefährdet sein."* Bei der Entscheidung ist demnach zu berücksichtigen, *„ob den Leistungsberechtigten die Rückzahlung in absehbarer Zeit nach Darlehensvergabe und innerhalb eines überschaubaren Zeitraumes tatsächlich möglich sein wird"* (DV 17/14, 25).

In der Sozialhilfepraxis werden **Beihilfen** jedoch **nur noch selten** gewährt. Das ist rechtswidrig, eine Ermessensausübung muss bei der Entscheidung klar erkennbar sein. Auch die teilweise Gewährung von Darlehen wäre z.B. möglich (DV, ebenda).

Tipp: Legen Sie ⇨Widerspruch ein, wenn das Amt Ihnen pauschal ein Darlehen andrehen will.

Energieschulden **erwerbsfähiger Personen**, die keine Alg II-Ansprüche haben, weil ihr Einkommen geringfügig oberhalb des Alg II-Bedarfs liegt, *„können"* nach § 36 SGB XII ebenfalls vom Sozialamt als Beihilfe oder Darlehen übernommen werden (§ 21 Satz 2 SGB XII i.V. mit § 36 Abs. 1 Satz 3 SGB XII). Darlehensvergabe ist hier jedoch die Regel.

Die Energieschulden von **Alg II-Beziehenden sollen** als Darlehen übernommen werden (§ 22 Abs. 8 Satz 4 SGB II). Eine Beihilfe oder ein Erlass der Schulden kommt nur in atypischen Fällen in Betracht.

3.4 ⇨Aufrechnung von ⇨Darlehen

Mit den Stromschulden übernimmt das **Sozialamt** einen Bedarf, der schon mit dem im Regelbedarf enthaltenen Anteil für Strom abgedeckt gewesen sein sollte. Weil es gewissermaßen zweimal für ein und denselben Bedarf zahlt, kann es Stromdarlehen mit der laufenden HzL/ GSi aufrechnen (§ 26 Abs. 3 SGB XII).

Tipp: Vereinbaren Sie möglichst eine mtl. Aufrechnung, die max. fünf Prozent des Regelbedarfs (22,30 € bei RB 2021) beträgt (LPK SGB XII, 12. Aufl.,§ 26 Rn. 22).

Bei **Alg II**-Beziehenden ist die Aufrechnung von Darlehen für Energieschulden (§ 22 Abs. 8 SGB II) in Höhe von **zehn Prozent** des maßgebenden Regelbedarfs festgelegt (§ 42a Abs. 2 SGB II). Auch Darlehen für einen vom Regelbedarf umfassten, unabweisbaren Bedarf werden in Höhe von zehn Prozent mit dem Regelbedarf aufgerechnet (⇨2.3).

3.5 Direktüberweisungen von Stromkosten an Energieunternehmen

Um zukünftige Stromschulden und Finanzierungsengpässe zu vermeiden, kann die Behörde Vorauszahlungen für Strom von Ihren Leistungen abzweigen und direkt an das Energieunternehmen überweisen. Es muss den/die Bezieher*in darüber informieren (§ 22 Abs. 7 S. 4 SGB II / § 35 Abs. 1 S. 5 SGB XII).

Tipp: Sprechen Sie diese bei Bedarf darauf an.

4.1 Stromschulden beglichen

Werden die Stromschulden inklusive Ein- und Ausschaltkosten vom Jobcenter/ Sozialamt übernommen, **muss** der Energieversorger eine Stromsperre aufheben (LSG NRW 15.7.2005 - L 1B 7/05 SO ER).

Um künftige Stromschulden zu vermeiden, werden von einigen Stromversorgern Vorauskasse-Automaten eingebaut. Diese sogenannten **„Prepaid"-Zähler** liefern nur den Strom, den Sie vorher bezahlt haben. Das Verbrauchsguthaben ist zwar jederzeit ablesbar und teures Sperren und Wiedereinschalten wird so vermieden, aber Energiearmut, Verschuldung bzw. Mangel an anderer Stelle und soziale Ausgrenzung bleiben erhalten. Letztendlich sperren die Energiekund*innen

S

sich damit ihren Strom bei Mittellosigkeit eigenverantwortlich ab.

4.2 Wann darf der Energieversorger kündigen?

Bei **schweren Verstößen** gegen die Nutzungsbedingungen, besonders bei Manipulation und Umgehung von Energiezählern, kann der Versorger den Strom sofort sperren und im Wiederholungsfall den Versorgungsvertrag fristlos kündigen.
Bei **wiederholtem Zahlungsverzug** kann der Vertrag innerhalb von zwei Wochen gekündigt werden, wenn dies zuvor schriftlich angedroht wurde (§ 21 StromGVV).

Kritik

Manipulation an den statistischen Daten, unzureichende Anpassung an die Preisentwicklung und mehrjährige Deckelung der Sozialhilfe führten zwischen 1998 und 2008 zu einer Kürzung des Energieanteils im Regelbedarf um 4,20 €. Im selben Zeitraum sind die Strompreise um ca. 30 Prozent gestiegen. Diese krasse Unterdeckung ist aufgeflogen. Mit der Neufestsetzung der Regelleistung zum Januar 2011 war die Bundesregierung erstmals zum Gegensteuern gezwungen. Das Ergebnis ist allerdings reine Bedarfskosmetik. Von den im Eckregelbedarf vorgesehenen 1.575 kWh pro Jahr konnte man sich 2012 gerade mal 1.380 kWh einkaufen.

2018 sind für Haushaltsenergie 35,05 € im Eckregelbedarf enthalten. Der durchschnittliche Strompreis eines Haushalts in Deutschland betrug im Mai 2017 29,23 Cent pro kWh (Bundverband für Energie- und Wasserwirtschaft). Demnach können Alleinstehende im Durchschnitt mtl. 123 kWh für Haushaltsenergie verbrauchen (ohne Warmwasserbereitung). Von dem Regelbedarfsanteil für Haushaltsenergie muss zudem bei Bedarf noch das Gas für die Kochfeuerung gezahlt werden. Der Erhöhung von 2011 zum Trotz liegt die Strommenge, die aus dem Eckregelbedarf finanziert werden kann, noch immer deutlich unter dem durchschnittlichen Strombedarf eines Ein-Personen-Haushalts von 143 kWh im Monat (ohne Warmwasserbereitung; Energieagentur NRW, Tab. 1 „Jahresstromverbrauch nach Haushaltsgrößen", 11/2015).

Forderung

Wegen der praktisch nicht zu realisierenden Pauschalisierung von Strom – ähnlich wie Haushaltsenergiekosten – sollten diese genauso wie die Kosten der Unterkunft ebenfalls bedarfsdeckend neben dem Regelbedarf geleistet werden.
Rechtsansprüche zur Übernahme von Energieforderungen nach dem SGB II und SGB XII stärken!
Gesetzliche Maßnahmen zur Vermeidung von Stromsperren!
Einführung einer garantierten Grundenergiemenge für jeden Verbraucher!

Information

DV, Empfehlungen des Deutschen Vereins zur Übernahme von Mietschulden und Energiekostenrückständen im SGB II und SGB XII, (DV 17/14), 11.3.2015, www.deutscher-verein.de/de/empfehlungenstellungnahmen-2015-1859.html
Bündnis für ein menschenwürdiges Existenzminimum, Bezahlbare Energie für alle!, www.menschenwuerdiges-existenzminimum.org/wp-content/uploads/forderung_bezahlbare_energie.pdf

Studierende

„Auszubildende, deren Ausbildung im Rahmen des Bundesausbildungsförderungsgesetzes [BAföG] dem Grunde nach förderungsfähig ist, haben über die Leistungen nach § 27 hinaus keinen Anspruch auf Leistungen zur Sicherung des Lebensunterhalts" (§ 7 Abs. 5 Satz 1 SGB II).

Inhaltsübersicht

Darlehen zu Beginn des Studiums, Überbrückungsleistung für Studierende mit Alg II-Anspruch, Schuldenübernahme zur Wohnraumsicherung, Sozialhilfe in besonderen Lebenslagen
4. SGB II-Leistungen für Familienangehörige von Studierenden
5. BAföG als Einkommen im SGB II?
6. Wohngeld
Kritik
Forderungen

1. Dem Grunde nach förderungsfähig?

Diese Formulierung bedeutet nicht, dass Studierende tatsächlich gefördert werden, sondern nur, dass das Studium grundsätzlich nach dem BAföG gefördert werden **könnte** (BVerwG NDV 1994, 313). Das Bundesverwaltungsgericht sah den allgemeinen Ausschluss von Studierenden aus der Sozialhilfe als verfassungsgemäß an, weil Studierende Selbsthilfemöglichkeiten durch Nebentätigkeiten hätten. Sie sind auch heute i.d.R. von Alg II ausgeschlossen, bei dem Ausschluss kommt es auf die *„abstrakte Förderfähigkeit"* an (BSG 6.9.2007 - B 14/7b AS 36/06 R).

Nur in den Fällen, in denen ein Studium ausnahmsweise **nicht BAföG-förderfähig** ist, besteht grundsätzlich ein Alg II-Anspruch.

Aber: Ein Studium, das nicht BAföG-förderfähig ist, gilt als **„abstrakt" förderfähig,** wenn die gleiche Ausbildung an einer anderen (öffentlichen) Ausbildungsstätte BAföG-förderungsfähig wäre (LSG Berlin-Brandenburg 6.5.2008 - L 14 B 571/08 AS ER; LSG Sachsen 22.3.2011 - L 7 AS 217/09 B ER). Die Flucht an eine private Hochschule ist keine Lösung.

1.1 Die Höhe des BAföG

können Sie auch für Studierende nachlesen unter ⇨Schüler*innen 1.2

1.2 Urlaubssemester

Studierende sind nach Auffassung des Bundessozialgerichts während eines Urlaubssemesters dann nicht von Leistungen zur Sicherung des Lebensunterhalts gemäß § 7 Abs. 5 SGB II ausgeschlossen, wenn sie das Studium tatsächlich nicht betreiben. Wer dagegen während der Beurlaubung ein studienrelevantes Praktikum macht, die Zeit für intensive häusliche Prüfungsvorbereitungen nutzt oder an Wiederholungsprüfungen teilnimmt, soll keinen SGB II-Anspruch haben (BSG 22.3.2012 - B 4 AS 102/11 R), obwohl nach der Rechtsprechung zum BAföG während eines Urlaubssemesters kein Anspruch auf Ausbildungsförderung besteht (BVerwG, 25.6.2015 - 5 C 15/14). Damit droht die Gefahr, während einer Beurlaubung keinerlei Sozialleistung zu bekommen (FW 7.153). Oder es kann passieren, dass nur im Rahmen der Härtefallregelung ein Darlehen in Betracht kommt (LSG Sachsen 30.11.2010 - L 3 AS 649/10 B ER; ⇨3.3).

1.3 Hinderung am Studium infolge von Krankheit oder Schwangerschaft

Wenn Auszubildende infolge von Erkrankung oder Schwangerschaft gehindert sind, die Ausbildung durchzuführen, wird über das Ende des dritten Kalendermonats hinaus keine Ausbildungsförderung geleistet (§ 15 Abs. 2a BAföG. und § 69 Abs. 2 SGB III); daher liegt ab dem 4. Kalendermonat keine dem Grunde nach förderungsfähige Ausbildung vor, sodass ab dann kein Leistungsausschluss mehr besteht (SG Augsburg, 31.5.2016 - S 8 AS 416/16; FW 7.150 und 7.154).

1.4 Teilzeitstudium

Wenn Sie z.B. aufgrund von Kinderbetreuung, Behinderung, Erkrankung oder Erwerbstätigkeit offiziell ein Teilzeitstudium absolvieren, haben Sie **Anspruch** auf Alg II, denn es handelt sich *„nicht um eine Ausbildung, die im Rahmen des BAföG dem Grunde nach förderungsfähig ist"* (§ 2 Abs. 5 Satz 1 BAföG; LSG Thüringen, 15.1.2007 - L 7 AS 1130/06 ER; FW 7.155).

1.5 Promotionsstudiengänge

„gehören grundsätzlich nicht zu den BAföG förderungsfähigen Ausbildungen, da sie nicht zu einem berufsqualifizierenden Abschluss führen". Sie haben den Alg II-Anspruch, unabhängig davon, ob Sie immatrikuliert sind oder nicht (FW 7.156; LSG Sachsen-Anhalt 3.4.2008 - L 2 AS 71/06).

1.6. „Freischuss"

Einige Prüfungsordnungen sehen die Möglichkeit einer **Wiederholungsprüfung zur Notenverbesserung** vor. Während der Vorbereitung hierauf besteht die Immatrikulation zwar weiter, es handelt sich aber nicht mehr

S

um eine dem Grunde nach förderungsfähige Ausbildung, sodass ein Alg II-Anspruch besteht (LSG Berlin-Brandenburg 24.6.2008 - L 14 AS 117/07).

1.7 Ende des Studiums – Beginn des Alg II-Anspruchs

Ausbildungsförderungsrechtlich endet eine Hochschulausbildung mit Ablauf des Monats, in dem das Gesamtergebnis bekanntgegeben wird, spätestens jedoch mit Ablauf des zweiten Monats nach dem Monat, in dem der letzte Prüfungsteil abgelegt wurde (§ 15b Abs. 3 Satz 3 BAföG; FW 7.176). Ab dem Monat danach, im Falle einer Exmatrikulation auch früher, beginnt der SGB II-Anspruch. Für schulische Ausbildungen ist das Datum des Zeugnisses maßgebend; wird ein solches nicht erteilt, endet die förderungsfähige Ausbildung mit Ablauf des Monats, in dem die Abschlussprüfung bestanden wurde, oder, wenn eine solche nicht vorgesehen ist, mit Ablauf des Monats, in dem der Ausbildungsabschnitt tatsächlich planmäßig geendet hat (§ 15 Abs. 3 Sätze 1 und 2 BAföG).

2. Wer hat Anspruch auf Alg II?

Keinen Anspruch auf Alg II oder Sozialgeld bedeutet: Ansprüche auf *„Leistungen zur Sicherung des Lebensunterhalts"*, also auf Regelbedarfe, einmalige Beihilfen und Kosten der Unterkunft bestehen für Studierende in einem nach dem BAföG förderungsfähigen Studiengang **im Regelfall** nicht.

S

Dieser Leistungsausschluss ist allerdings seit 1.8.2016 **oft nicht mehr anzuwenden auf Studierende, die bei ihren Eltern wohnen** oder in einer Wohnung, die im Eigentum der Eltern steht. Diese haben Anspruch auf (aufstockende) Leistungen nach dem SGB II, wenn sie Leistungen nach dem BAföG

a) erhalten oder nur wegen der Vorschriften zur Berücksichtigung von Einkommen und Vermögen nicht erhalten oder

b) beantragt haben und über deren Antrag das zuständige BAföG-Amt noch nicht entschieden hat. Lehnt das zuständige BAföG-Amt den BAföG-Antrag ab, findet der Leistungsausschluss nach § 7 Abs. 5 SGB II mit Beginn des folgenden Monats Anwendung (§ 7 Abs. 6 Nr. 2 SGB II). Diese Ausnahme gilt außerdem für ⇨Schüler*innen, die eine nach dem BAföG förderfähige Ausbildung absolvieren, unabhängig davon, ob sie im Haushalt der Eltern oder im eigenen Haushalt wohnen (dazu gehören auch Auszubildende am Studienkolleg, die ausbildungsförderungsrechtlich wie Schüler*innen zu behandeln sind, auch wenn sie an einer Hochschule eingeschrieben sind (FW 7.160)). Beide genannten Gruppen können (aufstockend) Alg II beanspruchen, wenn ihr Bedarf zum Lebensunterhalt nicht durch BAföG, Kindergeld, ggf. Unterhaltszahlungen der Eltern, Stipendien oder zusätzlichem Erwerbseinkommen gedeckt ist. Der BAföG-Antrag kann auch beim Jobcenter gestellt werden, das verpflichtet ist, ihn an das BAföG-Amt weiterzuleiten (§ 16 Abs. 2 SGB I). Das Jobcenter muss zumindest bis zur Entscheidung des BAföG-Amts SGB II-Leistungen bewilligen, wenn der Bedarf nicht gedeckt ist.

Näheres zur Bedarfsberechnung, Einkommensanrechnung und Anspruchsvoraussetzungen lesen Sie unter ⇨**Auszubildende 2.2.1** (dabei ist BAföG der Berufsausbildungsbeihilfe (BAB) gleichzusetzen).

3. SGB II-Leistungen für Studierende, die vom Leistungsausschluss nach § 7 Abs. 5 SGB II erfasst werden

sind seit 2011 in § 27 SGB II zusammengefasst. Dieser Paragraph wurde **zum 1.8.2016** weitgehend geändert.

Alg II kann Studierenden nur für die Leistungen versagt werden, bei denen ein *„ausschließlich ausbildungsgeprägter Bedarf"* (BVerwG 17.1.1985 - FEVS 33, 12 ff.) vorliegt. Das sind alle Leistungen, mit denen ausschließlich der Lebensunterhalt von Studierenden bestritten wird.

Die Leistungen für Auszubildende nach § 27 SGB II (Ausnahme ⇨2.) *„gelten nicht als Arbeitslosengeld II"* (§ 27 Abs. 1 Satz 2 SGB II). Sie begründen demnach u.a. keinen Krankenversicherungsschutz, keinen Anspruch auf Miet- und Energieschuldenübernahme durch das Jobcenter und keinen Anspruch auf Befreiung von der Rundfunkbeitragspflicht (OVG Münster 6.9.2018 - 2 A 1829/15). Allerdings erfolgt auch keine Anrechnung als Einkommen beim Wohngeld (14.31 Nr. 16 WoGVwV).

3.1 Anspruch auf ⇨Mehrbedarfszuschläge

„Leistungen werden in Höhe der Mehrbedarfe nach § 21 Absätze 2, 3, 5 und 6 [...] erbracht, soweit die Mehrbedarfe nicht durch zu berücksichtigendes Einkommen oder Vermögen gedeckt sind" (§ 27 Abs. 2 Satz 1 SGB II).

Studierende haben deshalb Anspruch auf ⇨Mehrbedarfe für

- ⇨Alleinerziehende
- ⇨Schwangere
- ⇨Krankenkostzulage und
- einen nach dem Einzelfall unabweisbaren, laufenden, besonderen Bedarf (⇨Härtefallregelung).

Diese Mehrbedarfe ergeben sich nicht durch den Lebensunterhalt für die Ausbildung, sie sind also nicht ausbildungsgeprägt. Studierende erhalten sie, wenn sie hilfebedürftig sind. Um das festzustellen wird eine ⇨Bedarfsberechnung vorgenommen und das Einkommen angerechnet (FW 27.5).

3.2 Anspruch auf ⇨einmalige Beihilfen

Erstausstattungen für Bekleidung sowie bei **Schwangerschaft** und **Geburt** (§ 24 Abs. 3 Nr. 2 SGB II) sind ebenfalls nicht ausbildungsgeprägt und werden auf gesonderten Antrag erbracht, wenn Sie hilfebedürftig sind (§ 27 Abs. 2 SGB II; ⇨Einmalige Beihilfen 6.1).

Warum die schwarz-gelbe Bundesregierung Auszubildenden und Studierenden nicht andere einmaligen Beihilfen, z.B. für Erstausstattung der Wohnung oder für Anschaffung und Reparaturen von orthopädischen Schuhen, Reparaturen von therapeutischen Geräten usw. zugesteht, geht aus der Gesetzesbegründung nicht hervor (vgl. BT-Drs. 17/3404, 103). Auch diese sind **nicht** ausbildungsgeprägt.

3.3 Anspruch auf Darlehen bei besonderen Härtefällen

„Leistungen können für Regelbedarfe, den Mehrbedarf nach § 21 Absatz 7, Bedarfe für Unterkunft und Heizung, Bedarfe für Bildung und Teilhabe und notwendige Beiträge zur Kranken- und Pflegeversicherung ***als Darlehen*** *erbracht werden, sofern der Leistungsausschluss [...] besondere Härte bedeutet"* (§ 27 Abs. 4 Satz 1 SGB II).

Bei besonderen Härtefällen kann für erwerbsfähige Studierende, die unter den Leistungsausschluss fallen, vom Jobcenter nur ein Darlehen gezahlt werden, keine Beihilfe. Das Darlehen kann aber unter besonders widrigen Umständen erlassen werden (⇨Darlehen 7.). Erwerbsunfähige Studierende können dagegen in Härtefällen **Sozialhilfe** zum Lebensunterhalt als Beihilfe **oder** als Darlehen bekommen (§ 22 Abs. 1 Satz 2 SGB XII). Der Sozialhilfeträger hat das Auswahlermessen im Einzelfall zu begründen.

Ein Härtefall besteht **nicht** schon darin, dass das Studium abgebrochen werden müsste oder Studierende unterhalb des Existenzminimums leben müssten (BVerwG 20.1.1988 - NDV 1991, 35). Auch die BA geht davon aus, *„dass z.B. die bloße Unterschreitung des Lebensniveaus eines Beziehers von Leistungen nach dem SGB II/ SGB XII [...] noch keine besondere Härte in diesem Sinne darstellt."* Jungen, belastbaren Menschen ohne einengende persönliche Verpflichtungen sei regelmäßig ein Nebenjob zumutbar (FW 27.9).

Eine besondere Härte ist grundsätzlich nur bei atypischen Fällen gegeben. Dabei ist aufgrund der Zielsetzung des SGB II zu beachten, dass alle Entscheidungen unter dem Gesichtspunkt getroffen werden müssen, ob sie die Eingliederung in Arbeit fördern. Insofern sind die Anforderungen an die Härte im Verhältnis zur alten Sozialhilfe etwas gelockert worden. Ob die Möglichkeit der verfassungskonformen Auslegung des Leistungsausschlusses in Verbindung mit der Anwendung der Härtefallvorschrift besteht, muss in jedem Einzelfall geprüft werden (BVerfG 17.12:2019 – 1 BvL 6/16).

Sich mit Arbeit die notwendigen Lebenshaltungskosten zu verdienen, ist denen *„nicht eröffnet, denen eine Arbeit nicht zumutbar ist. [...] Es bestehen keine Bedenken, in diesen Fällen das Vorliegen eines Härtefalls anzunehmen"* (FW 27.10).

Das ist z.B. der Fall bei

3.3.1 Alleinerziehenden...

Nach Auffassung der BA *„wird Alleinerziehenden neben dem Studium eine Erwerbstätigkeit in der Regel nicht möglich sein, ohne*

S

ihr Kind zu vernachlässigen" (FW 27.10; SG Oldenburg 15.2.2005 - S 46 AS 44/05 ER).

3.3.2 …oder bei Erziehung eines Kindes unter drei Jahren,

da Arbeit hier nicht zumutbar ist (OVG Lüneburg 29.9.1995 - FEVS 46, 422).

Das kann der Fall sein z.B. bei

3.3.3 unmittelbar bevorstehendem Abschluss der Ausbildung…

Im Prüfungssemester ist Studierenden Arbeit nicht mehr zumutbar, da sie sich auf die Abschlussarbeit bzw. die Abschlussprüfungen konzentrieren müssen (vgl. LSG Sachsen-Anhalt 21.12.2005 - L 2 B 72/05 AS ER; SG Hamburg 6.6.2005 - S 51 AS 312/05 ER; OVG Berlin - FEVS 31, 364 ff).

3.3.4 …und Wegfall

einer zuvor gesicherten **finanziellen Grundlage**, ohne dass dies von dem/r Hilfesuchenden zu vertreten ist, und wenn die Ausbildung schon fortgeschritten ist **und** der/die Hilfesuchende begründete Aussicht hat, danach eine Erwerbstätigkeit ausüben zu können (LSG Hessen 11.8.2005 - L 9 AS 14/05 ER 1/6; LSG Sachsen-Anhalt 15.4.2005 - L 2 B 7/05 AS ER; LSG Hamburg 24.11.2005 - L 5 256/05 ER AS).

Eine Voraussetzung genügt nicht!

Nach dem BSG gilt ein drohender Abbruch der Ausbildung dann als Härte, wenn **nachweislich** Aussichten bestehen, dass der Abschluss der Ausbildung **in absehbarer Zeit** erfolgt **und** *„wenn der Lebensunterhalt während der Ausbildung durch […] BAföG/ SGB III-Leistungen oder [mit] anderen finanziellen Mittel[n] … gesichert war, die kurz vor Abschluss der Ausbildung entfallen"* (BSG 6.9.2007 - B 14/7b AS 28/06 R). Wenn also z.B. BAföG ausläuft, ein Nebenjob aufgegeben werden muss, Lebenspartner*in oder Eltern keinen Unterhalt mehr zahlen können.

Besondere Härtefälle liegen weiterhin vor bei

3.3.5 Schwerbehinderten,

denen es bei Abbruch der Ausbildung langfristig nicht möglich wäre, ihren Lebensunterhalt durch Erwerbstätigkeit ausreichend zu sichern (VGH Hessen 4.6.1992 - FEVS 1993, 74f.; OVG Lüneburg 29.9.1995, info also 1996, 137 ff.; LSG NRW 3.8.2005 - L 20 B 5/05 SO ER; LSG Hamburg 31.8.2005 - L 5 B 185/05 ER AS). Das trifft auch auf erheblich psychisch Erkrankte zu (SG Hamburg 6.6.2005 - S 51 AS 312/05 ER).

3.3.6 Personen,

deren Studium sich wegen **Krankheit** oder **Behinderung** oder wegen der **Geburt eines Kindes** über die BAföG-Förderungshöchstdauer verlängert hat (BSG 6.9.2007 - B 14/7b AS 28/06 R, LSG Berlin-Brandenburg 26.1.2006 - L 5 B 1351/05 AS ER).

3.3.7 Auszubildenden,

die sich in einem Rechtsstreit mit dem BAföG-Amt befinden. Eine besondere Härte wurde wegen der Ausschlusswirkung des § 7 Abs. 5 SGB II bis zum Abschluss eines einstweiligen Rechtsschutzverfahrens vor dem Verwaltungsgericht um BAföG-Leistungen bejaht (LSG Berlin-Brandenburg 15.6.2020 - L 31 AS 585/20 B ER).

3.4 Alg II-Darlehen zu Beginn des Studiums

können Studierende, die nicht bei ihren Eltern wohnen, im ersten Ausbildungsmonat **nur** bekommen, wenn bis zum Monatsende noch eigenes Einkommen zu erwarten ist (§ 27 Abs. 4 Satz 2 SGB II). Für den Fall, dass Sie BAföG beantragt haben und auf die erste Zahlung warten, kommt ein solches Darlehen meist nur in Betracht, wenn Sie (weitergeleitetes) Kindergeld bekommen oder anderes Einkommen, z.B. aus einem Job, voraussichtlich anfällt. Bis neu beantragtes BAföG ausgezahlt wird, vergehen oft acht bis zwölf Wochen. Teilweise dauert es noch länger, da die BAföG-Ämter ein EDV-Programm benutzen, das eine Zahlung zum Monatsende mit einem erheblichen Vorlauf für die Eingabe vorsieht. Für einen solchen Zeitraum besteht kein regulärer Anspruch auf ein überbrückendes Alg II-Darlehen.

Tipp 1: Ist über den ersten BAföG-Antrag sechs Kalenderwochen nach Antragstellung noch nicht entschieden oder kann die Leistung nicht binnen zehn Kalenderwochen gezahlt werden, hat die BAföG-Stelle einen **Vorschuss** in Höhe von bis zu vier Fünftel des zustehenden BAföG-Satzes auszuzahlen. Ausgehend vom Höchstsatz für Studierende beträgt der mtl. Vorschuss bis zu 601,60 € (§ 51 Abs. 2 BAföG).

Tipp 2: Stehen zu Beginn des Studiums keine Mittel zum Lebensunterhalt zur Verfügung und kann der Vorschuss durch die BAföG-Stelle aufgrund der Fristen noch nicht beansprucht werden, *„kann in Einzelfällen das Vorliegen eines besonderen Härtefalles anerkannt werden"* (so früher FW 27.11 Stand: 20.01.2016, SG Bremen 2.9.2009 - S 26 AS 1516/09 ER ⇨3.3). Ist Ihr Studium aufgrund von Mittellosigkeit gefährdet, beantragen Sie beim Jobcenter ein Darlehen für Regelbedarfe, Unterkunftskosten und Beiträge zur Kranken- und Pflegeversicherung. Die Härtefallregelung darf nicht erst am Ende der Ausbildung greifen!

3.5 Überbrückungsleistung für Studierende mit Alg II-Anspruch

Wohnen Studierende bei den Eltern und beginnen ein BAföG-förderfähiges Studium, haben Sie Anspruch auf **aufstockendes Alg II** (⇨2.). In diesem Fall kann das **Jobcenter** problemlos **in Vorleistung treten**, wenn das BAföG noch nicht bewilligt und ausgezahlt ist. Das Jobcenter kann dann einen Anspruch auf das zu erwartende BAföG beim Amt für Ausbildungsförderung auf sich überleiten. Das nachgezahlte BAföG wird dann direkt an das Jobcenter gezahlt (⇨Auszubildende 2.2.2).

Keinen Anspruch auf diese Überbrückungsleistung haben Studierende, die **nicht** bei ihren Eltern wohnen.

3.6 Schuldenübernahme zur Wohnraumsicherung

Ob diese für Studierende möglich ist, wenn Mietschulden aufgelaufen sind und der Verlust der Wohnung droht (ebenso unter bestimmten Voraussetzungen bei Energieschulden und einer bevorstehenden Energiesperre), ist seit dem 1.8.2016 unklar (Streichung § 27 Abs. 5 SGB II alt). Solche Schulden werden i.d.R. darlehensweise übernommen. Zuständig hierfür ist bei den meisten Studierenden nicht das Jobcenter, sondern das Sozialamt (§ 36 SGB XII).

Lediglich für Studierende, die bei ihren Eltern wohnen **und** (aufstockende) Leistungen nach dem SGB II beziehen (⇨2.), kommt eine Übernahme von Miet- und Energieschulden durch das Jobcenter in Betracht. Aber nur, wenn es sich nicht um die Schulden der Eltern handelt.

Näheres unter ⇨Auszubildende 2., ⇨Mietschulden und ⇨Strom

3.7 Anspruch auf Sozialhilfe in besonderen Lebenslagen

Studierende sind bei der Sozialhilfe nur von Leistungen zur Sicherung des Lebensunterhalts ausgeschlossen, nicht aber von Hilfe zur Pflege, Hilfe zur Überwindung sozialer Schwierigkeiten und Hilfe in anderen Lebenslagen, z.B. zur Weiterführung des Haushalts, Blindenhilfe, Hilfe in sonstigen Lebenslagen und für Bestattungskosten (Fünftes bis Neuntes Kapitel SGB XII). Außerdem haben sie Anspruch auf Eingliederungshilfe für behinderte Menschen (§§ 90ff SGB IX).

4. SGB II-Leistungen für Familienangehörige Studierender

Da Studierende in der Regel erwerbsfähig sind, fallen sie mitsamt ihren Kindern unter den Geltungsbereich des SGB II (SG Oldenburg 24.1.2005 - S 46 AS 24/05 ER). **Kinder von Studierenden** haben Anspruch auf ⇨**Sozialgeld**, einmalige Beihilfen und anteilige Kosten für Unterkunft und Heizung (FW 7.155). Hinzugekommen sind 2011 Leistungen für Bildung und Teilhabe für unter 25-jährige Kinder Studierender (§ 28 SGB II; ⇨Schüler*innen 5.1).

⇨Kindergeld für minderjährige Kinder ist i.d.R. kein Einkommen des studierenden Elternteils, sondern Einkommen des Kindes, soweit es zur Sicherung von dessen Lebensunterhalt benötigt wird (§ 11 Abs. 1 Satz 4 SGB II).

5. BAföG als Einkommen im SGB II?

Wenn geprüft wird, ob Sie (und ggf. Ihre Familie) Anspruch auf Leistungen nach dem SGB II haben, wird eine fiktive ⇨**Bedarfsberechnung** durchgeführt (BSG 22.3.2010 - B 4 AS 69/09 R). Dabei wird auch Ihr Kindergeld und das BAföG als ⇨**Einkommen** sowie ggf. ein vorhandenes Erwerbseinkommen auf den fiktiven Bedarf zum Lebensunterhalt angerechnet. Falls Sie aufgrund von **Elternunterhalt** kein BAföG erhalten, wird bei der Prüfung der Anspruchsvoraussetzungen statt des BAföG der Elternunterhalt als Einkommen angerechnet (⇨Auszubildende 2.2.1).

Vor der BAföG-/ Unterhaltsanrechnung ist jedoch eine ⇨**Einkommensbereinigung** durchzuführen.

Vom BAföG/ Unterhalt ist ein Betrag von **„mindestens“ 100 €** für Versicherungsbeiträge, geförderte Altersvorsorge und die mit der Erzielung des Einkommens verbundenen notwendigen Ausgaben abzusetzen. Nachgewiesene höhere Kosten können in tatsächlicher Höhe berücksichtigt werden (§ 11b Abs. 2 Satz 4 SGB II). Allerdings werden beim Nachweis höherer Ausbildungskosten **Studiengebühren** nach bisheriger BSG-Rechtsprechung nicht anerkannt (siehe aber ⇨Schüler*innen 2.1), wohl aber der Semesterbeitrag, der im Monat der Fälligkeit (= Zahlung) zu berücksichtigen ist. Das kann, was zumindest für diesen Monat zu einem höheren SGB II-Anspruch führen kann, wenn neben der 30 € Versicherungspauschale mehr als 70 € nachgewiesen werden. Auch die Beiträge für eine freiwillige Krankenversicherung fallen unter die Absetzung für Versicherungsbeiträge.

Erzielen Studierende zusätzlich Erwerbseinkommen, werden die o.g. Absetzbeträge stattdessen vom Erwerbseinkommen abgesetzt (⇨Erwerbstätige 2.2 ff., 2.3 ff.).

Der **100-Euro-Pauschbetrag** reduziert die möglichen Absetzbeträge Studierender gegenüber der bis zum 31.7.2016 geltenden 20%-Absetzregelung erheblich. Diese Schlechterstellung Studierender, Schüler*innen und Auszubildender begründet die Bundesregierung mit der Vereinfachung des Rechts für die Jobcenter.

Der **Kinderbetreuungszuschlag** (§ 14b BAföG) ist nicht als Einkommen zu berücksichtigen (§ 11a Abs. 3 Satz 2 Nr. 3 SGB II).

Wer ausschließlich **BAföG** bezieht, liegt nach Abzug der Absetzbeträge regelmäßig **unter dem fiktiven Alg II-Bedarf**. Wohnen Sie bei den Eltern, haben Sie ggf. Anspruch auf aufstockendes Alg II oder müssen mit Ihrem BAföG nicht für Ihre*n Partner*in oder Ihre Kinder aufkommen, wenn diese SGB II-Leistungen beziehen.

6. Wohngeld

Studierende, die *„dem Grunde nach“* Anspruch auf BAföG haben, sind vom Wohngeld ausgeschlossen (§ 20 Abs. 2 WoGG). Diese Wohngeldnorm ist allerdings nicht so umfassend auszulegen, wie der entsprechende Leistungsausschluss für Auszubildende im SGB II, der kaum Ausnahmen zulässt.

Deshalb können Studierende für die **eigene** Wohnung Wohngeld erhalten, wenn kein Anspruch auf BAföG vorliegt, z.B. wenn

- eine nach dem BAföG nicht mehr **förderungsfähige** weitere Ausbildung absolviert wird (§ 7 Abs. 2 BAföG),
- die **Förderungshöchstdauer** des BAföG abgelaufen ist (§ 15a BAföG) und kein Verlängerungsgrund anerkannt wird (§ 15 Abs. 3 BAföG),
- der BAföG-Anspruch aufgrund des **Abbruchs der Ausbildung** oder eines **Fachrichtungswechsels** ohne wichtigen bzw. unabweisbaren Grund entfallen ist (§ 7 Abs. 3 BAföG),
- die entsprechenden **Leistungsnachweise** im Studium nicht erbracht wurden, die nötig sind, um ab dem 5. Fachsemester BAföG zu bekommen (§ 48 BAföG),
- die **Altersgrenze** für einen BAföG-Anspruch überschritten wurde (§ 10 BAföG),
- wegen eines Stipendiums kein BAföG-Anspruch besteht (§ 2 Abs. 6 Nr. 2 BAföG),
- Ausbildungsförderung ausschließlich als **Bankdarlehen** gewährt wird oder
- bei **Ausländer*innen** die speziellen Leistungsvoraussetzungen (§ 8 BAföG) nicht erfüllt werden.

In diesen Fällen könnten Sie sich z.B. mit einem Minijob und Wohngeld durchschlagen.

Wohngeld können Studierende auch bekommen, wenn sie **in einem Haushalt** leben, **der nicht nur aus Auszubildenden besteht**. In § 20 Abs. 2 WoGG wird der Ausschluss von der Bedingung abhängig gemacht, dass alle Haushaltsmitglieder in einer Ausbildung sind, für die es BAföG oder Berufsausbildungsbeihilfe geben kann. Ist nur eine Person ohne Ausbildungsstatus, ist der gesamte Wohngeldhaushalt von der Ausschlussregelung des § 20 Abs. 2 WoGG nicht erfasst. Das betrifft

- Auszubildende mit Kindern,
- Auszubildende, die mit Verwandten zusammenwohnen, die selbst nicht Auszubildende sind (z.B. Eltern oder Geschwister), und
- Auszubildende, die mit Ehegatten, eingetragenen Lebenspartner*innen oder eheähnlichen Partner*innen zusammenwohnen, die selbst nicht Auszubildende sind.

Kritik

1976 wurden Studierende vom Sozialhilfebezug ausgeschlossen, 1982 vom Bezug von Ausbildungshilfe. Seither müssen sie zusehen, wie sie mit den traurigen BAföG-Sätzen zurechtkommen, die unter dem Alg II-Bedarf liegen. Auch nach der letzten Anhebung der BAföG-Sätze zum 1.8.2020 wird das Existenzminimum deutlich unterschritten, weil darin die Ausbildungskosten bereits vollständig enthalten sein sollen und im Höchstsatz nur 325 € für die Unterkunftskosten berücksichtigt wurden. Studierende, die im Haushalt der Eltern wohnen, können immerhin seit 1.8.2016 aufstockend Alg II beziehen, wenn das BAföG nicht reicht. Studierende mit eigenem Haushalt sind weiterhin von dieser Möglichkeit ausgeschlossen, außer wenn sie in einer Wohnung leben, die im Eigentum ihrer Eltern steht.

Lange BAföG-Bewilligungszeiten sowie straffe und verschulte Studiengänge mit kurzen Zeitvorgaben führen dazu, dass immer mehr Studierende am Anfang und am Ende der Studienzeit ohne BAföG-Mittel dastehen. Die wenigsten von ihnen können als Alg II-Aufstockende überbrücken oder im Rahmen der Härtefallregelung beim Jobcenter ein Alg II-Darlehen ergattern. Ohne zusätzliches Geld von Eltern, Bekannten oder mit Hilfe eines Privatkredits sind aber für viele die Übergänge kaum zu schultern. Zum Studienbeginn muss der Semesterbeitrag, der an vielen Unis mittlerweile über 300€ liegt , in einer Summe gezahlt werden. Das stellt für junge Menschen ohne Geld eine erhebliche Belastung und Hürde dar.

Ein Schuldenberg am Ende des Studiums schafft heute scheinbar die richtige Einstellung für den erfolgreichen Einstieg ins Berufsleben. Auch Studiengebühren tragen dazu bei, noch mehr Kinder aus Familien von Arbeitern und einfachen Angestellten vom Studium auszuschließen und die Hochschulen für die Kinder der Besserverdienenden zu reservieren. Zumal die Gebühren nicht einmal bei der SGB II-Einkommensbereinigung als ausbildungsbedingte Bedarfe vom Einkommen BAföG absetzbar sein sollen. Bildung für alle ist schon lange out, aber nicht einmal „Chancengleichheit" ist erwünscht.

Forderungen

- Kein Ausschluss von Studierenden von Alg II/ Sozialhilfe, solange es keine existenzsichernde Ausbildungsförderung gibt!
- BAföG-Höchstsatz mindestens in Höhe des Alg II-Bedarfs plus Ausbildungsbedarf!
- Die BAföG-**Förderungshöchstdauer muss** über die Regelstudienzeit hinaus ausgeweitet werden und wieder zumindest ein Semester zur **freien Studiengestaltung** umfassen!
- Sonderbedarf für den Semesterbeitrag zum Studienbeginn!

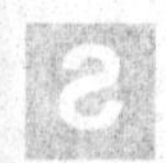

Telefon

Inhaltsübersicht:
1. Kosten für Kommunikation
2. Ausnahmen
3. Sozialtarif der Telekom

1. Kosten für Kommunikation

Im Alg II-/ Sozialhilfe-Regelbedarf eines alleinstehenden Erwachsenen sind im Jahr 2021 insgesamt 38,62 € für die Nachrichtenübermittlung enthalten. Die niedrigste Grundgebühr bei der Telekom kostet 21,40 €, hinzu kommen 2,9 Cent je Einheit bei Telefonaten ins Festnetz usw.

Damit sollen Anschlusskosten (70 €) oder Übernahmekosten bei Umzug (30 €) bzw. Kauf oder Reparatur der Geräte gezahlt werden? Eine Nutzung des Internets nebst der dazu benötigten Geräte dürfte davon nicht zu decken sein. Die Kosten eines Handys sind nunmehr im Regelbedarf berücksichtigt, ohne diesen Posten aber nennenswert erhöht zu haben (siehe hierzu Der Paritätische: Regelbedarfe 2021. Alternative Berechnungen zur Ermittlung der Regelbedarfe in der Grundsicherung).

2. Ausnahmen:

Kosten eines speziellen Telefons können im Rahmen der **Eingliederungshilfe** für behinderte Menschen übernommen werden (z.B. Schreibtelefon für Gehörlose: VGH Hessen 10.12.1991, FEVS 42, 273 f.), um Ihnen die Verbindung mit nahestehenden Personen und soziale Kontakte zu ermöglichen.

Sind Sie auf Aufforderung des Amtes umgezogen und hat dieses der Anmietung Ihrer neuen Wohnung zugestimmt, haben Sie Anspruch auf die Übernahme der ⇨ **Umzugskosten 2.0**. Darunter fallen auch Telefonanschlusskosten (BSG 10.8.2016 - B 14 AS 58/15 R; SG Dresden 6.6.2006 - S 23 AS 838/06 ER; LPK SGB II, 7. Aufl. § 22 Rn. 234; LPK SGB XII, 12. Aufl. § 35 Rn. 102).

3. Sozialtarif der Telekom

Die Telekom hat einen Sozialtarif. Er ist keine Alg II-/ Sozialhilfe-Leistung, sondern eine **freiwillige Leistung** des Konzerns.
Die Telekom erlässt

- 6,94 €, wenn Sie von der Rundfunkgebührenpflicht befreit sind oder BAföG beziehen,
- 8,72 €, wenn Sie als blinder, gehörloser oder sprachbehinderter Mensch, mindestens einen Grad der Behinderung von 90 Prozent nachweisen.

Es gibt keinen Nachlass bei den Telefongrundgebühren, sondern nur noch Freieinheiten bei den Netzverbindungen. Das gilt auch für ISDN-Verbindungen.

Tipp: Voraussetzung für die Freieinheiten: Sie nutzen das Telekomnetz (keine Flatrate, keine Billigvorwahlen). Freieinheiten sind nicht auf den nächsten Monat übertragbar.

Den Sozialtarif können Sie in einer Telekom-Niederlassung beantragen, wenn Sie einen Bescheid über die Rundfunkgebührenbefreiung oder Ihren Schwerbehindertenausweis vorlegen. Das Formular finden Sie unter: https://www.telekom.de/hilfe/downloads/auftrag-sozialtarif.pdf

Da die GEZ meist zwei bis drei Monate braucht, um die Rundfunkgebührenbefreiung zu erteilen, zieht die Telekom trotz amtlich anerkannter Hilfebedürftigkeit auch für diesen Zeitraum noch die vollen Telefongebühren ein. Eine Beschwerde beim Vorstandsvorsitzenden der Telekom brachte 2006 in einem uns bekannten Fall eine Rückerstattung ein.

Kritik

Fast 100 Prozent aller Haushalte unterer Verbrauchergruppen, also auch von Alg II- und Sozialhilfebeziehenden, haben ein Telefon. Telefonieren über ein privates Telefon wird von Alg II/ Sozialhilfe nicht mehr als Luxus betrachtet. Es wird aber zum Luxus, da seine realen Kosten nicht voll anerkannt werden (⇨1.1). Die geringen Beträge werden u.a. erreicht, weil Mobiltelefonie gar nicht bzw. nur unzureichend berücksichtigt wurden.

Grade in Coronazeiten mit gebotener Kontaktminimierung und Lockdown-Phasen ist es unabdingbar, dass einkommensschwache Haushalte für Homeschooling, aber auch zur gesellschaftlichen Teilhabe einen kostenfreien Internetzugang haben. Aus den SGB II/SGB XII-Regelbedarfen sind diese nicht bezahlbar.

Forderungen

- Gewährung des Sozialtarifs unter Vorlage der Originalbescheide oder ab Datum des Antrags auf Rundfunkgebührenbefreiung!
- Bedarfsdeckende Regelsatzanteile für Kommunikation!

T

Umgangskosten

Laut Bundesverwaltungsgericht sind *„die Ausübung des Umgangsrechts durch den nicht-sorgeberechtigten Elternteil ein persönliches Grundbedürfnis seines täglichen Lebens [...] und hieraus entstehende Kosten [...]* ***Teil des notwendigen Lebensunterhalts****"* (22.8.1995 - FEVS 1996, 92).

Laut Bundesverfassungsgericht ist die Ausübung des Umgangsrechts ein **Grundrecht**. *„Pflege und Erziehung der Kinder sind das natürliche Recht der Eltern und die zuvörderst ihnen obliegende Pflicht"* (Art. 6 Abs. 2 Satz 1 GG). Das zu verhindern, ist verfassungswidrig (BVerfG 25.10.1994, NDV 1995, 262 ff.)

Selbst wenn die **Eltern** verheiratet sind, jedoch **dauernd getrennt** leben, ist die Übernahme der Umgangskosten nicht von vornherein ausgeschlossen. Nämlich dann, wenn ein wichtiger Grund, vorliegt, warum die Wohnsitze getrennt sind. Das wäre z.B. der Fall, wenn ein ausländischer Elternteil eine Beschäftigung in seinem Heimatland annimmt (BSG 11.2.2015 - B 4 AS 27/14 R; beantragt war die Übernahme der Reisekosten zum Besuch der zehnjährigen Tochter in Rumänien).

Inhaltsübersicht

1. Fahrtkosten zum Besuch Ihrer Kinder

Alg II

Wenn Sie Alg II beziehen und Ihre Kinder besuchen wollen, die nach Ihrer Scheidung/ Trennung beim anderen Elternteil wohnen, fallen Fahrtkosten an. Diese sind nicht in den 36,05 € des Regelbedarfs enthalten, die für *„fremde Verkehrsdienstleistungen"* (ÖPNV, Reisen) vorgesehen sind. Im Regelbedarf sind nur **typische** Ausgaben erfasst – und die nicht einmal in voller Höhe.

Vor Hartz IV war die Übernahme der Fahrtkosten über die Sozialhilfe als einmalige Beihilfe üblich. Das SGB II jedoch sieht einmalige Beihilfen, die als Zuschuss gezahlt werden, für solche Sonderbedarfe nicht mehr vor (§ 24 Abs. 3 SGB II).
Bis zum Urteil des **Bundesverfassungsgerichts** über die Verfassungsmäßigkeit des Regelbedarfs vom 9.2.2010 (BVerfG - 1 BvL 1/09, 1 BvL 3/09 und 1 BvL 4/09) herrschte Unklarheit darüber, wie die Kosten für die Wahrnehmung des Umgangsrechts im SGB II abgedeckt werden können. Die Verfassungsrichter*innen ordneten deshalb an:
„Der Gesetzgeber hat bei der Neuregelung [des SGB II] auch einen Anspruch auf Leistungen zur Sicherung eines unabweisbaren, laufenden, nicht nur einmaligen ***besonderen Bedarfs*** *für die nach § 7 SGB II Leistungsberechtigten vorzusehen, der bisher nicht von den Leistungen nach § 20 ff. SGB II erfasst wird, zur Gewährleistung eines menschenwürdigen Existenzminimums jedoch zwingend zu decken ist"* (BVerfG, ebenda)

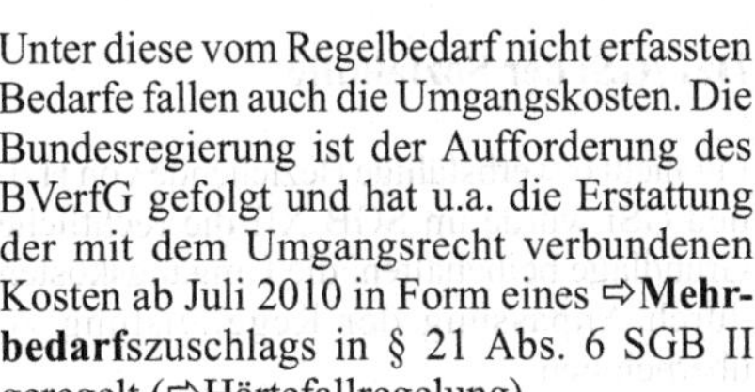

Unter diese vom Regelbedarf nicht erfassten Bedarfe fallen auch die Umgangskosten. Die Bundesregierung ist der Aufforderung des BVerfG gefolgt und hat u.a. die Erstattung der mit dem Umgangsrecht verbundenen Kosten ab Juli 2010 in Form eines ⇨**Mehrbedarf**szuschlags in § 21 Abs. 6 SGB II geregelt (⇨Härtefallregelung).

Werden die Fahrtkosten der Kinder nicht durch das Einkommen des anderen Elternteils bestritten, muss für diese ein **Antrag** auf Übernahme beim Jobcenter der umgangsberechtigten Person gestellt werden.

*„Bei Nutzung **öffentlicher Verkehrsmittel** können die tatsächlich entstandenen Aufwendungen bis zu den in der niedrigsten Klasse anfallenden Kosten übernommen werden; Fahrpreisermäßigungen (z.B. Spartarife der DB) sind möglichst in Anspruch zu nehmen"* (FW 21.41).

Nutzen Sie Ihr **privates Kfz**, können 0,20 € **für jeden gefahrenen Kilometer** (§ 5 BRKG) übernommen werden (BSG 4.6.2014 - B 14 AS 30/13 R, FW 21.14).

Tipp: Stellen Sie die Anträge auf Fahrtkostenübernahme vor Antritt Ihrer Reise.

Zur Vermeidung von Fahrtkosten kann unter Umständen geprüft werden, ob z.B. *„das Kind alt genug ist, um den umgangsberechtigten Elternteil ohne (dessen) Begleitung besuchen zu können"* (FW 21.41). Ob eine unbegleitete Bahnfahrt des Kindes allerdings möglich ist, hängt auch von der Zustimmung des sorgeberechtigten Elternteils ab.

Keine Bagatellgrenze: Es spielt keine Rolle, wie niedrig die Kosten sind, die im Rahmen der ⇨ **Härtefallregelung** im Allgemeinen und der Umgangskosten im Besonderen anfallen. Eine allgemeine Geringfügigkeitsgrenze in Höhe von zehn Prozent des Regelbedarfs, die erst überschritten werden muss, um überhaupt einen Anspruch auf Leistungen zu rechtfertigen, gibt es nicht. 27,20 € Fahrtkosten mit dem Kfz, die nach einer Kilometerpauschale nach dem Bundesreisekostengesetz ermittelt wurden, sind z.B. zu übernehmen (BSG 4.6.2014 - B 14 AS 30/13 R), ggf. auch niedrigere Kosten.

U

HzL/GSi der Sozialhilfe

Für nicht erwerbsfähige Beziehende von HzL und GSi wurde im SGB XII die rechtliche Grundlage beibehalten, die Umgangskosten durch Anpassung der Regelleistung zu übernehmen.

Hier ist eine individuelle Erhöhung des Regelbedarfs möglich, wenn ein Bedarf erwiesenermaßen erheblich von einem durchschnittlichen Bedarf abweicht (§ 27a Abs. 4 Satz 2 SGB XII). Das ist bei Fahrtkosten im Rahmen des Umgangsrechts meist der Fall (LSG Baden-Württemberg 17.8.2005 - L 7 SO 2117/05 ER-B).

2. Verpflegungskosten Ihrer Kinder

Zu den Umgangskosten gehören außer Fahrtkosten vor allem Verpflegungskosten für die Kinder. Diese werden z.B. auf 4,50 € pro Tag und Kind eingestuft (SG Duisburg 11.7.2005 - S 27 AS 233/05 ER; LSG Baden-Württemberg, ebenda). Die Bedürfnisse eines Kindes lassen sich aber nicht auf Essen und Trinken beschränken.

2.1 Der Aufenthalt Ihres Kindes dauert länger als zwölf Stunden

Dann bilden Sie mit Ihrem Kind eine sogenannte „**temporäre** (zeitweise) **Bedarfsgemeinschaft**" und haben Anspruch auf die Zahlung des Kinderregelbedarfs für den Zeitraum des Kindesaufenthalts.

Tipp: Beantragen Sie rechtzeitig die Übernahme des **anteiligen Regelbedarfs** für Ihr Kind beim Jobcenter bzw. Sozialamt.

Alg II

Das BSG hat mit seinem Urteil vom 7.11.2006 deutlich gemacht, dass auch die zusätzlichen Lebenshaltungskosten während der Besuche der Kinder zu übernehmen sind. Deshalb ist *„die Annahme einer zeitweisen Bedarfsgemeinschaft im Sinne des § 7 Abs. 3 Nr. 4 SGB II [...] gerechtfertigt"*. D.h., dass dieser Teil der Umgangskosten **durch die Behörde** zu übernehmen ist. Auch hierbei ist zu beachten, dass den Kindern selbst die Leistungen zustehen, selbst wenn diese nur tageweise dem Haushalt des Alg II-beziehenden Elternteils angehören (BSG 7.11.2006 - B 7b AS 14/06 R, Rn. 8; SG Aachen 19.11.2007 - S 14 AS 80/07).

Die temporäre Bedarfsgemeinschaft besteht für jeden Tag, an dem sich das Kind **länger als zwölf Stunden** beim umgangsberechtigten Elternteil aufhält (BSG 2.7.2009 - B 14 AS 75/08 R).

„Für Leistungen an Kinder im Rahmen der Ausübung des Umgangsrechts hat die umgangsberechtigte Person die Befugnis, Leistungen nach diesem Buch zu beantragen und entgegenzunehmen, soweit das Kind dem Haushalt angehört" (§ 38 Abs. 2 SGB II).

Wird der anteilige Regelbedarf des Kindes für die zeitweise Bedarfsgemeinschaft gewährt, darf der Betrag nicht vom ⇨**Kindergeld** abgezogen werden. Dies steht i.d.R.

dem sorgeberechtigten Elternteil als kindergeldberechtigter Person zu (BSG, ebenda).

Ob der anteilige ⇨**Unterhaltsvorschuss** nach Unterhaltsvorschussgesetz (UVG), den der Elternteil, bei dem das Kind wohnt, ggf. ausgezahlt bekommt, als Einkommen gilt und deshalb vom Regelbedarf des Kindes abgezogen werden kann, ist umstritten. Das BSG sagt ja, denn Zahlungen nach dem UVG seien Einkommen des Kindes (BSG 2.7.2009 - B 14 AS 54/08 R). Das SG Mainz sagt nein – zu Recht! Denn Geld nach dem UVG sei zwar Einkommen des Kindes, stehe aber zur Bedarfsdeckung während der Umgangszeit tatsächlich gar nicht zur Verfügung (5.4.2012 - S 3 AS 321/11). Es wäre wünschenswert, das BSG würde seine Auffassung dahingehend korrigieren.

Näheres zur temporären Bedarfsgemeinschaft ⇨5.2, ⇨Kritik

HzL/GSi der Sozialhilfe

Hält sich Ihr Kind nach einer Trennung oder Scheidung an Wochenenden oder in den Ferien vorübergehend länger als zwölf Stunden bei Ihnen auf, muss der anteilige Regelbedarf des Kindes auf Tagessätze umgerechnet und an Sie ausgezahlt werden. Zuständig ist das Sozialamt des Ortes, an dem Sie wohnen (BVerwG 18.2.1993 - NDV 1993, 349). Das gilt noch heute.

2.2 Der Aufenthalt Ihres Kindes dauert kürzer als zwölf Stunden

Entstehen bei Besuchszeiten unter zwölf Stunden Kosten für die Versorgung der Kinder, kann ggf. ein Mehrbedarf nach § 21 Abs. 6 SGB II geltend gemacht werden, wenn der Bedarf nicht durch Unterhaltsverpflichtungen des anderen Elternteils gedeckt werden kann (LSG Sachsen 14.12.2016 - L 7 AS 1202/14; ⇨1., ⇨5.1). Den Nachweis über die Versorgungskosten müssen Sie erbringen.

3.1 Größere Wohnung erforderlich

Wenn Sie regelmäßig Ihr Umgangsrecht wahrnehmen und Ihr/e Kind/er häufiger bei Ihnen übernachten, ist eine größere Wohnung erforderlich. Die Alg II-Behörde kann Sie dann nicht mehr auf die Wohnungsgröße für Alleinstehende (45-50 m²) verweisen. Bei mehreren Kindern hielt das SG Aachen z.B. 60 m² statt 45 m² für angemessen (SG Aachen 19.11.2007 - S 14 AS 80/07).

„In der Satzung [die Kommunen/Kreise für die Regelung der Unterkunftskosten erlassen können] soll für Personen mit einem besonderen Bedarf für die Unterkunft und Heizung eine Sonderregelung getroffen werden. Dies gilt [...] für Personen, die einen erhöhten Raumbedarf haben wegen [...] der Ausübung des Umgangsrechts“ (§ 22b Abs. 3 SGB II). D.h., eine größere Wohnung hat der Gesetzgeber in diesem Fall ausdrücklich vorgesehen.

Da es **keine** konkreten **gesetzlichen Vorgaben** für erhöhten Wohnraumbedarf von umgangsberechtigten Eltern gibt, kann davon ausgegangen werden, dass ein zusätzliches (Kinder-)Zimmer benötigt wird. Dessen Größe richtet sich nach der Anzahl der Kinder, die regelmäßig gemeinsam zu Besuch kommen. Ihre Wohnung muss für die zeitweise Unterbringung Ihrer Kinder **geeignet** sein.

Tipp: Ist ein Umzug erforderlich, um das Umgangsrecht zu ermöglichen, müssen Sie der Behörde nach Größe und Aufteilung geeignete Wohnungsangebote vorlegen und die Kostenübernahme aushandeln. Jobcenter/ Sozialamt haben nach den Besonderheiten des Einzelfalles zu entscheiden.

Besteht bei **Schüler*innen, Studierenden und Auszubildenden** mit eigenen Kindern infolge der Wahrnehmung des Umgangsrechts ein zusätzlicher Wohnraumbedarf, kann auch dieser im Rahmen höherer Bedarfe für Unterkunfts- und Heizkosten bei aufstockenden SGB II-Leistungen (§ 7 Abs. 5 und 6 SGB II) oder beim Härtefalldarlehen (§ 27 Abs. 3 SGB II) berücksichtigt werden (BSG 17.2.2016 - B 4 AS 2/15 R zu den entsprechenden Leistungen nach § 27 Abs. 3 und 4 SGB II alt).

3.2 Wer hat Anspruch auf Wohnkosten?

Höhere Wohnkosten, die einem umgangsberechtigten Elternteil entstehen, stellen immer einen **Bedarf des leistungsberechtigten Elternteils**, nicht des Kindes dar. Das Kind hat schließlich seinen Lebensmittelpunkt beim anderen Elternteil (BSG 17.2.2017 - B 4 AS 2/15 R).

Folglich ist beim Bestehen einer temporären Bedarfsgemeinschaft, also wenn ein Kind zeitweilig beim umgangsberechtigten Elternteil lebt, ein **Abzug** der anteiligen Unterkunftskosten **beim anderen Elternteil nicht zulässig** (LSG Sachsen 14.12.2016 - L 7 AS 1202/14).

Beim sogenannten ***„Nest-Modell"***, bei dem die Kinder fest in der Wohnung wohnen und von je einem Elternteil im Wochenwechsel dort betreut werden, sind die hälftigen Mieten für die Familienwohnung und das zusätzliche WG-Zimmer des leistungs- und umgangsberechtigten Elternteils zu übernehmen (LSG Niedersachsen-Bremen 19.5.2017 - L 11 AS 245/17).

3.3 Übernachtungskosten müssen getragen werden,

wenn der umgangsberechtigte Elternteil sein Kind andernfalls nicht besuchen kann (SG Stuttgart 22.9.2005 - S 17 AS 5846/05 ER). Der Bedarf ist wie die Fahrtkosten nach der Härtefallregelung (§ 21 Abs. 6 SGB II; ⇨1.) zu übernehmen.

4. Zahl der Besuche

Das Bundesverfassungsgericht hält die Einschränkung der Besuche auf ein Wochenende im Monat für verfassungswidrig. Die Grenze sei erst da zu ziehen, wo *„konkrete Anhaltspunkte"* dafür vorliegen, dass Unterhaltskosten missbräuchlich auf das Sozialamt abgeschoben werden (BVerfG 25.10.1994 - NDV 1995, 262 ff.). Die Zahl der zu finanzierenden Besuche hängt ab von *„Alter, Entwicklung und Zahl der Kinder, Intensität ihrer Bindung zum Umgangsberechtigten, Einstellung des anderen Elternteils zum Umgangsrecht, insoweit vom Vorliegen und Inhalt einverständlicher Regelungen, Entfernung der jeweiligen Wohnorte und Art der Verkehrsverbindungen"* (BVerwG 22.8.1995, ebenda, 93 f.). Das gilt auch bei Alg II-Bezug.

Regelmäßige Besuche an jedem zweiten Wochenende sollten **im Inland** angemessen sein.

Das Sozialgericht Bremen hat einem Alg II-Bezieher zugestanden, seine Tochter einmal im Jahr für sieben Tage in Australien zu besuchen, und dafür 1.362 € als angemessen angesehen (13.5.2013 - S 23 AS 612/13 ER).

5.1 Heranziehung des anderen Elternteils?

Fahrt- und Übernachtungskosten **der Kinder** werden nur übernommen, wenn *„diese nicht aus evtl. vorhandenem Einkommen, der Regelleistung oder Leistungen Dritter bestritten werden"* können (FW 21.41).

Daraus folgt, dass geprüft werden kann, ob der andere Elternteil über seine ⇨**Unterhaltspflicht** für die Erstattung der Kosten herangezogen werden kann, wenn er über ein entsprechendes Einkommen verfügt.

Das heißt aber nicht, dass Jobcenter die Leistungen für Kinder einfach versagen können, wenn unklar ist, ob der andere Elternteil *„leistungsfähig"* ist. Sollten Unterhaltsansprüche bestehen, gehen sie nach § 33 SGB II automatisch auf den SGB II-Träger über (BSG 2.7.2009 - B 14 AS 75/08 R, Rn. 22).

Das Jobcenter kann den auf sich übergegangenen Anspruch später eigenständig bei dem/r Unterhaltsverpflichteten einfordern. Dafür muss es ihm/r zuvor in Form einer Rechtswahrungsanzeige darlegen, dass es den Unterhalt statt des/r Verpflichteten erbringt (§ 33 Abs. 3 S. 1 SGB II). Da der Elternteil, bei dem sich das Kind überwiegend aufhält, jedoch seiner Unterhaltsverpflichtung gegenüber dem Kind bereits nachkommt, wird ein vom Jobcenter geltend gemachter Anspruch im Regelfall ins Leere laufen.

5.2 Beide Elternteile beziehen Leistungen nach SGB II/SGB XII

Dann wird dem Elternteil, bei dem sich das Kind überwiegend aufhält, der **Regelbedarf** der Kinder **anteilig gekürzt. Und zwar für den Zeitraum,** in dem sich diese beim umgangsberechtigten Elternteil in einer **temporären Bedarfsgemeinschaft** aufhalten und dort Leistungen beziehen. Denn bei den Leistungen nach dem SGB II handelt es sich um einen individuellen Anspruch jedes Kindes (BSG 7.11.2006 - B 7b AS 14/06 R). Und der Regelbedarf einer Person kann für einen Zeitraum nur einmal ausgezahlt werden.

Mit der Bildung einer zeitweisen Bedarfsgemeinschaft und Leistungskürzungen beim anderen Elternhaushalt sind Spannungen vorprogrammiert, weil im Regelbedarf z.B. Anteile für Kleidung oder Hausrat enthalten sind, die

U

vom Elternteil angespart werden müssen, bei dem sich das Kind für gewöhnlich aufhält.

Wenn jedoch das Umgangskind seinen gewöhnlichen Aufenthaltsort im **Zuständigkeitsbereich eines anderen Jobcenters** hat, und dieses für den Zeitraum der Wahrnehmung des Umgangsrechts trotz Kenntnis den Regelbedarf des Kindes ungekürzt weiterzahlt, darf dies nicht zum Nachteil des umgangsberechtigten Elternteils am anderen Ort geschehen. Das am Umgangsort zuständige Jobcenter muss dann den **Kinderregelbedarf** für die temporäre Bedarfsgemeinschaft **in voller Höhe erbringen** und es darf diese Leistung auch nicht versagen oder nachträglich zurückfordern, wenn es später von der Zahlung des anderen Jobcenters erfährt. Denn unabhängig von der „fehlerhaften" Zahlung des Jobcenters am gewöhnlichen Aufenthaltsort des Kindes besteht bei dem anderen, am Umgangsort zuständigen Jobcenter ein Anspruch auf Gewährung des Kinderregelbedarfs für den Zeitraum der temporären Bedarfsgemeinschaft in voller Höhe weiter (BSG 12.6.2013 - B 14 AS 50/12 R).

Um die mit der Aufteilung der Regelbedarfe verbundenen **Konfliktsituationen** zu vermeiden und den Elternteil, bei dem sich das Kind überwiegend aufhält, nicht zu benachteiligen, hat das Sozialgericht Dresden entgegen der Rechtsprechung des BSG entschieden, dass die sorgeberechtigte Mutter **Anspruch auf** den **ungekürzten Regelbedarf der Kinder** hat, obwohl das Kind teilweise beim Vater lebt. Denn die zeitweise Bedarfsgemeinschaft beim Vater führt nicht dazu, *„dass es im Haushalt der Mutter [...] zu entsprechenden Einsparungen kommen würde"* (26.3.2012 - S 20 AS 5508/10; ⇨Kritik).

5.3 Finanzierung des Umgangs durch Reduzierung des Unterhalts?

„Sofern das Kind bzw. der mit ihm in Bedarfsgemeinschaft lebende Elternteil keine Leistungen nach dem SGB II bezieht und die umgangsberechtigte Person aufgrund eines Unterhaltstitels Unterhalt zahlt, kann zur Eigenfinanzierung der Fahrtkosten auch eine Aufforderung zur Abänderung des Unterhaltstitels (Erhöhung des Selbstbehalts bzw. Minderung des unterhaltsrechtlich relevanten Einkommens) in Betracht kommen" (FW 21.41). Sollten Sie als Alg II-Aufstocker*in tatsächlich titulierte Unterhaltszahlungen von Ihrem Erwerbseinkommen absetzen, könnte das Jobcenter mit Blick auf die zitierte Weisung Sie dazu auffordern, Ihre titulierten Unterhaltszahlungen reduzieren zu lassen, weil die umgangsbedingten Kosten Ihr unterhaltsrechtlich relevantes Einkommen verringern. Eine solche Aufforderung durch das Jobcenter zur Abänderung des Unterhaltstitels ist nach Auffassung des BSG jedoch unzulässig, da die Entscheidung über die Festsetzung eines solchen Titels unter die Verantwortung der Jugendämter fällt und nur Mitarbeiter*innen mit dezidierten familienrechtlichen Kenntnissen übertragen werden darf (BSG 9.11.2010 - B 4 AS 78/10 R).

Durch eine solche Unterhaltskürzung würden zudem Konflikte mit dem anderen Elternteil provoziert und die im Zusammenhang mit dem Umgang nötigen Vereinbarungen und Absprachen erschwert. Angesicht zweifelhafter Einsparpotenziale und unverhältnismäßiger negativer Auswirkungen auf die Ausübung des Umgangsrechts, halten wir solche Vorgaben für unzumutbar. Zudem bestehen Zweifel, ob Familiengerichte oder beurkundende Jugendämter ohne konkrete Veränderung der Einkommensverhältnisse einer Abänderung des Unterhaltstitels überhaupt zustimmen würden.

Tipp: Werden Sie vom Jobcenter zur Abänderung des Unterhaltstitels aufgefordert, legen Sie schriftlich dar, warum diese Maßnahme für Sie unverhältnismäßig und nicht zumutbar ist.

6. Ungenehmigte Ortsabwesenheit bei Ausübung des Umgangsrechts ist unschädlich

Halten sich Alg II-Beziehende *„zur Ausübung des Umgangsrechts [...] in der Zeit von Freitagmittag bis Sonntagabend außerhalb des zeit- und ortsnahen Bereiches auf, ist dieser Aufenthalt [...] in der Regel nicht genehmigungspflichtig"* (FW 7.130). Wie gnädig! Wochenendtage, an denen Sie Ihre Kinder besuchen, werden Ihnen auch nicht von Ihrem 21-tägigen Anspruch auf ⇨Ortsabwesenheit abgezogen.

7. Mehrbedarfszuschlag für ⇨Alleinerziehende

Kritik

Die Wahrnehmung des Umgangsrechts ist in Bezug auf den Bedarf des Kindes kein Nullsummenspiel. Es liegt auf der Hand, dass mit der tagesgenauen Aufteilung des Kinderregelbedarfs auf zwei Bedarfsgemeinschaften der Lebensunterhalt des Kindes in den Haushalten der getrenntlebenden Eltern nicht sichergestellt werden kann. Die Notlösung der „temporären Bedarfsgemeinschaft" ist mit großem Nachweis- und Prüfaufwand verbunden und provoziert familiäre Spannungen, die die Wahrnehmung des Umgangsrechts mit dem getrenntlebenden Kind insgesamt beeinträchtigen können.
Eine unbürokratische und realitätsgerechte Lösung wäre, dem alleinerziehenden Elternteil, bei dem sich das Kind überwiegend aufhält, den vollen Kinderregelbedarf weiterhin auszuzahlen. Und darüber hinaus dem umgangsberechtigten Elternteil – soweit SGB II-hilfebedürftig – einen zusätzlichen Mehrbedarf für die Wahrnehmung des Umgangsrechts zu gewähren. Die tagesgenaue, das Umgangsrecht hemmende Aufteilung des Regelbedarfs würde entfallen und der tatsächliche Mehrbedarf des Kindes, der durch den Aufenthalt in zwei Haushalten entsteht, wäre bei entsprechender Ausgestaltung der Leistung gedeckt.
Bei der Ausübung des sogenannten Wechselmodells und der Aufteilung des Sorgerechts könnten Kinderregelbedarf und Mehrbedarfszuschlag hälftig auf beide hilfebedürftigen Elternhaushalte aufgeteilt werden.

Forderungen

- Einführung eines bedarfsdeckenden Mehrbedarfs für das Umgangsrecht statt Bildung von temporären Bedarfsgemeinschaften!
- Anerkennung der angemessenen Fahrt- und Unterhaltskosten ohne Heranziehung des anderen Elternteils!
- Keine Anrechnung der anteiligen UVG-Zahlungen für die Umgangszeit auf den Bedarf des Kindes!

Umzug

Inhaltsübersicht

1.1 Werden nach einem Umzug Unterkunftskosten gezahlt?

Bezieher*innen von Alg II und HzL/ GSi der Sozialhilfe können grundsätzlich umziehen, wohin Sie wollen – unabhängig davon, ob eine Behörde den Umzug als notwendig abgesegnet hat. Für alle leistungsberechtigte Personen gilt das Grundrecht auf Freizügigkeit nach Art. 11 GG (vgl. LSG Berlin-Brandenburg 28.07.2016 - NL 32 AS 1945/14).

Alg II

Wenn ein Umzug **vom Amt nicht als erforderlich anerkannt wird** und die Kostenübernahme der neuen Wohnung **nicht zugesichert** wurde, müssen bei Alg II-Bezug Unterkunftskosten nur **in bisheriger Höhe** übernommen werden (§ 22 Abs. 1 Satz 2 SGB II). Das bezieht sich auf die Summe der Kosten, gilt also auch, wenn die Kostensteigerung lediglich durch höhere **Heizkosten** verursacht wird (LPK SGB II, 7. Aufl., § 22 Rn 117). Die Unterkunftskosten dürfen dann aber nicht dauerhaft auf diesem Niveau gedeckelt werden, das Jobcenter muss sie zumindest entsprechend der Mietpreissteigerung anpassen. Maßstab hierfür *„ist die Dynamisierung der nach dem schlüssigen Konzept ermittelten Angemessenheitsgrenzen"* (BSG 17.2.2016 - B 4 AS 12/15 R; ⇨Miete). Es ist also erforderlich, dass es überhaupt eine wirksame Richtlinie für angemessene Kosten der Unterkunft an dem Ort gibt.
Eine solche Deckelung der Unterkunftskosten trifft diejenigen am härtesten, die vor dem Umzug in einer billigen und oft schlechten Unterkunft gewohnt haben: wenn nämlich die Kosten der alten Wohnung **deut-**

lich unter den Unterkunftskosten liegen, die das Jobcenter im Normalfall als **angemessen** anerkennt. Der Fehlbetrag muss folglich aus dem Regelsatz finanziert werden. Umso wichtiger ist es in solchen Fällen, dass Sie die Erforderlichkeit oder zumindest einen anzuerkennenden plausiblen Grund für den Umzug darlegen (⇨Umzug 1.2.2.)

Ziehen Sie in einen **anderen Wohnort**, müssen dort die neuen Unterkunftskosten vom Jobcenter anerkannt werden, wenn sie innerhalb der **dort gültigen** Angemessenheitsgrenzen liegen (BSG 1.6.2010 - B 4 AS 60/09 R).

Wann die Begrenzung der Unterkunftskosten noch **entfällt**, lesen Sie unter ⇨Miete 8.; Näheres zur Zuständigkeit unter ⇨3.

HzL/ GSi der Sozialhilfe

Bei Sozialhilfebezug sind nach einem Umzug **immer** die **angemessenen** Kosten der Unterkunft zu übernehmen (§ 35 Abs. 2 Satz 4 SGB XII).

Tipp: Holen Sie als Alg II-Bezieher*in **vor** dem Abschluss des Mietvertrages zur Sicherheit die schriftliche **Zusicherung** für die Übernahme der künftigen Miete ein, wenn Sie nicht auf Kosten für die Miete sitzen bleiben oder der Kostenübernahme hinterherlaufen wollen.

1.2 Wann werden Umzugskosten übernommen?

Werden die neuen Unterkunftskosten nicht als angemessen anerkannt, trägt die Behörde **im Normalfall** auch nicht die Umzugskosten (BSG 24.11.2011- B 14 AS 107/10 R). Ist der Umzug nicht erforderlich, gilt das ebenso. In beiden Fällen **können** aber die Kosten durchaus übernommen werden. Das ist durch kein Gesetz ausgeschlossen.

*„Umzugskosten können **bei vorheriger Zusicherung** durch den **bis zum Umzug zuständigen** kommunalen Träger als Bedarf anerkannt werden. [...] Die Zusicherung **soll** erteilt werden, wenn der Umzug durch den kommunalen Träger **veranlasst** oder aus anderen Gründen **notwendig** ist und wenn ohne die Zusicherung eine Unterkunft in einem angemessenen Zeitraum nicht gefunden werden kann"* (§ 22 Abs. 6 SGB II; sinngleich § 35 Abs. 2 S. 4 und 5 SGB XII).

1.2.1 Die Behörde muss die Umzugskosten nur übernehmen, wenn

- der Umzug notwendig (erforderlich) oder von der Behörde veranlasst ist,
- die ⇨Miete angemessen ist **und**
- der Antrag auf Zusicherung (SGB II)/ Zustimmung (SGB XII) zu den Umzugskosten bei der Behörde gestellte wurde, bevor der Umzug stattfindet.

Wenn der Antrag rechtzeitig gestellt wurde, die Behörde die Bearbeitung aber treuwidrig verzögert, muss ausnahmsweise die vorherige Zusicherung/ Zustimmung nicht vorliegen (BSG 6.5.2010 – B 14 AS 7/09R).

Ist ein Umzug **notwendig**, die neue Miete aber **unangemessen**, werden viele Behörden die Übernahme der Umzugskosten einfach verweigern (so auch VGH Hessen 19.3.1991, FEVS 41, 422; VGH Mannheim, FEVS 39, 73). Die Angemessenheit der neuen Wohnung ist aber **keine** zwingende **Voraussetzung** für die Übernahme der Umzugskosten. Das ist nur die Notwendigkeit des Umzuges. Die Umzugskosten können z.B. übernommen werden, wenn die/der Betroffene sich zuvor bereit erklärt, die überschießenden Unterkunftskosten selbst zu tragen (SG Duisburg 13.9.2007 - S 7 AS 77/05).

Ist ein Umzug **nicht notwendig**, die neue Miete aber **angemessen**, **kann** die Behörde die Umzugskosten dennoch übernehmen. Sie muss auch in einem solchen Fall einen Antrag prüfen und bescheiden (SG Schleswig 21.2.2005 - S 6 AS 30/05 ER). Je gewichtiger die Gründe sind (z.B. schlechte sanitäre Verhältnisse, mangelnde Heizbarkeit, schlechter Zuschnitt usw.) und je geringer die Mehrkosten bei einem Umzug sind, desto eher muss die Entscheidung positiv ausfallen.

Umzugskosten gehören zu den Kosten der Unterkunft (LPK SGB II, 7. Aufl., § 22 Rn 216). Sie sind also **nicht** im Regelbedarf enthalten.

Besonderheit während der Corona-Pandemie – Angemessenheitsfiktion für die Unterkunftskosten

Mit § 67 SGB II und § 141 SGB XII existieren Regelungen für ein vereinfachtes Verfahren zum Zugang zu sozialer Sicherung aus Anlass der Corona-Pandemie. Danach gelten jeweils nach Abs. 3 der Vorschrift die tatsächlichen Aufwendungen für Unterkunft und Heizung für die Dauer von sechs Monaten als angemessen. Die Übergangsvorschriften gelten für alle Bewilligungszeiträume deren **Beginn** in die Zeit ab März 2020 bis März 2021 (Stand Dezember 2020) fällt, unabhängig davon, ob dies Erstanträge oder Weiterbewilligungsanträge sind. Bewilligungszeiträume, die schon vor März 2020 begonnen haben, fallen nicht hierunter, ebenso wenig solche, die erst nach dem März 2021 beginnen. Etwaige Verlängerungen der Regelungen bleiben abzuwarten. Es gelten also jegliche Unterkunftskosten als angemessen und müssen daher von der Behörde übernommen werden, ohne dass diese auch nur die Angemessenheit zu prüfen hat. Voraussetzung ist jedoch, dass die Unterkunftskosten nicht bereits vorher wegen Unangemessenheit abgesenkt worden waren, also bereits vor März 2020 nur noch die angemessenen Aufwendungen übernommen wurden (SG Berlin 20.5.2020 - S 179 AS 3426/20 ER).

Beachten Sie bitte, dass eine schon ausgesprochenen Kostensenkungsaufforderung, die noch nicht umgesetzt wurde – also wenn die Unterkunftskosten noch nicht abgesenkt wurden –, wegen der Corona-Sonderreglung keine Wirkung entfalten kann und nicht umgesetzt werden darf.

Während des Sechs-Monats-Zeitraumes darf es auch keine (erneute) Kostensenkungsaufforderung geben, denn diese setzt voraus, dass die Kosten der Unterkunft unangemessen sind, was jedoch wegen der gesetzlichen Fiktion der Angemessenheit nicht der Fall ist.

Damit sind auch Nachzahlungen aus Nebenkostenabrechnungen zu übernehmen, die in den genannten Zeitraum fallen, selbst wenn sich daraus ergibt, das die Unterkunfts- und Heizkosten die Angemessenheitsgrenzen übersteigen. Dabei ist auch nicht relevant, dass die Nebenkosten in einem Zeitraum vor März 2020 verursacht worden sind.

Nach § 22 Abs. 2 Satz 3 SGB II und § 35 Abs. 2 Satz 2 SGB XII sind unangemessene Kosten für Unterkunft und Heizung solange zu übernehmen, wie eine Senkung der Kosten nicht möglich oder nicht zumutbar ist, längstens in der Regel jedoch für sechs Monate. Auf diese Frist von sechs Monaten wird die Frist aus der Corona-Sonderregelung nicht angerechnet, wirkt sich also nicht mindernd aus.

Diese Regelungen bedeuten letztlich, dass Menschen während der Geltung der Corona-Sondervorschriften Wohnungen anmieten können, auch wenn diese nicht den sonst anzuwendenden Angemessenheitsrichtlinien entsprechen und die Behörde die höheren Kosten übernehmen muss. Erst nach Beendigung der Geltung dieser Regelungen kann ein Kostensenkungsverfahren durchgeführt werden, bei dem dann zunächst die Sechs-Monats-Frist aus § 22 Abs.1 Satz 3 SGB II bzw. § 35 Abs 2 Satz 2 SGB XII einzuhalten ist. Sollte die Behörde Ihnen einen Antrag auf Zusicherung zu den künftigen Unterkunftskosten nach § 22 Abs. 4 SGB II wegen (vermeintlicher) Unangemessenheit abgelehnt haben, ist dies während der Geltung der Corona-Sonderregelung rechtswidrig. Sie können dagegen mit einem Widerspruch oder bei Ablauf der Widerspruchsfrist mit einem Überprüfungsantrag vorgehen. Sie können aber auch ohne die Zusicherung umziehen, denn wegen der Fiktion der Angemessenheit muss die Behörde jegliche Unterkunftskosten übernehmen.

Aber: Die Regelung bedeutet nicht, dass Sie die vollen KdU bekommen, wenn der Umzug nicht erforderlich war und daher die Miete auf die bisherige Höhe der Miete nach § 22 Abs. 1 Satz 2 SGB II begrenzt wird. Gleichfalls können unter 25-Jährige nach nicht erforderlichen Erstauszügen bei den Eltern hierüber nicht die vollen KdU erhalten.

1.2.2 Ein Umzugsgrund liegt vor,

- *„wenn der Umzug durch den kommunalen Träger [bzw. Träger der Sozialhilfe] veranlasst wird"* (§ 22 Abs. 6 Satz 2 SGB II; § 35 Abs. 2 Satz 6 SGB XII), um die Unterkunftskosten zu senken bzw.
- *„wenn der Umzug [...] aus anderen Gründen notwendig ist"* (SGB II ebenda; SGB XII ebenda).

Das liegt u.a. vor,

- wenn ein rechtskräftiges **Räumungsurteil** vorliegt (LSG Berlin Brandenburg 15.2.2010 – L 25AS 35/10 B ER); bei selbst verschuldeter Kündigung können die neuen Unterkunftskosten allerdings auf die Höhe der bisherigen Kosten begrenzt werden (SG Berlin 16.7.2010 - S 82 AS 7352/09),

- wenn Ihre bisherige Wohnung **zu klein** ist, u.a. weil Sie ein **Kind** bekommen haben (LSG Berlin Brandenburg 20.3.2014 - L 25 AS 2038/10; LSG Mecklenburg-Vorpommern 7.5.2009 - L 8 AS 87/08; weitere Nennungen: Geiger, KdU, 2020, 329 f.) oder weil sie das ⇨**Umgangsrecht** mit einem getrennt lebenden Kind wahrnehmen wollen (SG Bremen, 31.5.2010 - S 23 AS 987/10 ER),
- wenn Ihre bisherige Wohnung **zu groß** ist,
- wenn ihre bisherige Wohnung **zu klein** ist, z.B. 19,38 m² für einen Alleinstehenden (SG Stade 8.10.2010 - S 28 AS 724/10 ER; LSG Hessen 12.3.2007 - L 9 AS 260/06, deutet an, dass weniger als 35 m² für eine Person unzumutbar ist; zitiert nach: Geiger, ebenda, 262),
- wenn die Wohnung **bauliche Mängel** hat, z.B. zu feucht ist und die Mängel nicht in angemessener Frist zu beheben sind (OVG Lüneburg, FEVS 36, 332),
- wenn die Wohnung im **gesundheitsgefährdend**en Ausmaß mit Schimmel befallen ist (SG Bremen 19.3.2009 - S 23AS 485/09 ER, ein Abwarten, ob die Mängel durch den Vermieter beseitigt werden, ist dann nicht hinnehmbar; weitere Nennungen: Geiger, ebenda, 329 f.),
- wenn die Wohnung **keine Badewanne** hat, obwohl ein Kleinkind im Haushalt lebt (OVG Lüneburg, FEVS 36, 291),
- wenn die **sanitären Verhältnisse** schlecht sind (LSG Sachsen-Anhalt 31.3.2011 - L 5 AS 359/10 B ER; SG Dortmund 22.12.2005 - S 31 AS 562/05 ER, SG Berlin 4.11.2005 - S 37 AS 10013/05 ER),
- wenn **Anschlüsse** für Licht, Herd oder Heizung fehlen,
- wenn **Wasserversorgung**, Abort, Schallschutz, ausreichender **Wärmeschutz**, ausreichendes **Tageslicht** oder ausreichende Luftzufuhr **fehlen** oder Aufenthaltsräume weniger als zwei Meter hoch sind (FRL SGB XII-29-B-27.04.2006, 3),
- wenn Ihre Wohnung **nicht behinderten-, gesundheits- oder altersgerecht** ist (z.B. kein Aufzug usw.),
- wenn Sie **gehbehindert** sind und die Treppen in Ihre Wohnung nicht mehr bewältigen können (SG Gießen 10.1.2013 - S 25 AS 832/12 ER),
- wenn das **Wohnumfeld** z.B. aufgrund von Bedrohung, Verwahrlosung, Lärmbelästigung usw. unzumutbar ist (LSG Sachsen 21.6.2012 - L 3 AS 828/11 und 24.2.2009 - L 3 B 650/08 AS PKH; LSG Berlin-Brandenburg 31.3.2008 - L 29 B 296/08 AS ER),
- wenn die Wohnung **ungünstig geschnitten** und schlecht beheizbar ist (LSG Baden-Württemberg 11.8.2011 - L 12 AS 3144/11 ER-B; SG Berlin 16.12.2005 - S 37 AS 11501/05 ER),
- wenn Beheizung mit Kohle aus **gesundheitlichen Gründen** unzumutbar ist (LSG Berlin-Brandenburg 25.3.2009 - L 25 AS 470/09 B ER),
- wenn sich Eheleute oder unverheiratete Paare **trennen** (LSG Mecklenburg-Vorpommern 30.4.2008 - L 10 B 134/07, bei gescheiterter Ehe bereits vor Ablauf des Trennungsjahres erforderlich, zitiert nach: Geiger, ebenda, 259),
- wenn Sie mit einem/r Partner*in **zusammenziehen** oder diese*n heiraten wollen,
- wenn es **Konflikte** in einer WG gibt (SG Lüneburg 19.8.2005 - S 24 AS 472/05 ER),
- wenn Sie durch geringere Unterkunftskosten **von Unterstützung unabhängig** werden können (FRL SGB XII-29-B-27.04.2006, 2) oder
- wenn Sie einen anderen **wichtigen Grund** haben.

Ein Umzug ist also auch dann als erforderlich anzusehen, wenn ein **plausibler, nachvollziehbarer und verständlicher Grund** für den Wohnungswechsel vorliegt, von dem sich auch ein Nichthilfebedürftiger leiten lassen würde (BSG 24.11.2011 - B 14 AS 107/10 R).

1.2.3 Notwendiger Umzug im Alg II

Wenn Sie Alg II beziehen, gilt zudem, dass der Umzug notwendig ist,
- wenn Sie den **Arbeitsplatz wechseln**,
- der bisherige Wohnort **zu weit von** Ihrer **Arbeitsstelle** entfernt war oder
- wenn Sie an einen Ort ziehen, an dem Sie **Arbeit gefunden** haben oder eher **Arbeit finden** können.

Je weiter die neue Unterkunft von der alten entfernt ist, desto höher werden die Umzugskosten sein. Solange aber der Umzug notwendig ist bzw. die Mehrkosten nicht unverhältnismäßig sind, müssen die Behörden Umzugskosten übernehmen.

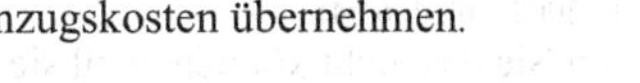

2. Umzugskosten

Zu den notwendigen Umzugskosten gehören Kosten, die im Zusammenhang mit dem Umzug und wegen des Umzugs anfallen. Darunter fallen z.B.
- die Kosten fürs **Packen** (Umzugskartons; LSG Niedersachsen-Bremen 28.1.2008 - L 9 AS 647/07 ER),
- **Transport**, Versicherungen, Benzin, die Anmietung eines vollkaskoversicherten Fahrzeugs (BSG 6.10.2011 - B 14 AS 152/10 R; zu Pauschalen s.u.), **nicht aber** die **Schaden**sersatzforderungen des Autovermieters aufgrund einer Beschädigung des Mietfahrzeugs (BSG, ebenda),

- die Aufwendungen für die erforderliche **Versorgung der Umzugshelfer*innen** (übliche Getränke- und Verpflegungskosten; LSG Sachsen 26.10.2010 - L 3 B 768/08 SO ER; SG Dresden 15.8.2005 - S 23 AS 692/05 ER). Sie können schlecht verlangen, dass Ihre ansonsten unbezahlten Umzugshelfer*innen sich selbst verköstigen.
- eine **Haftpflichtversicherung** bei privaten Umzugshelfer*innen. Diese ist notwendig, weil diese nicht für die Beschädigung oder den Verlust Ihrer Wohnungseinrichtung und Ihrer Besitztümer haften (SG Düsseldorf 18.5.2005 - S 3 SO 118/05 ER),
- **Sperrmüll**gebühren (SG Hamburg 29.3.2006 - S 59 AS 503/06 ER),
- **Wiederbeschaffung**skosten von Hausrat und Möbeln, die aufgrund des Umzugs funktionsuntüchtig geworden sind (BSG 1.7.2009 - B 4 AS 77/08 R; LSG Niedersachsen-Bremen 21.2.2006 - L 9 B 37/06 AS) und
- ein **Postnachsendeantrag** sowie Kosten für die Bereitstellung des neuen **Telefon- und Internetanschlusses.** Diese sind bei einem durch die Behörde veranlassten oder sonst notwendigen Umzug als Umzugskosten bei vorheriger Zusicherung zu übernehmen (BSG **10.08.2016 - B 14 AS 58/15 R).**

Umzugspauschalen für den Umzugswagen, Helfer*innen etc. sind i.d.R. zulässig, z.B.
- 200 € für einen Zweipersonenhaushalt (LSG Berlin-Brandenburg 5.2.2008 - L 10 B 2193/07 AS ER),
- 381 € für einen Dreipersonenhaushalt (LSG Sachsen 10.12.2008 - L 2 AS 93/07).

Sie sollen den Umzug grundsätzlich in **Selbsthilfe** mit Freund*innen, Bekannten oder Verwandten organisieren (OVG Berlin 26.11.2004 – 6S 426/04).

Wenn Sie das nicht können, weil sie z.B. zu **alt, behindert oder krank** sind und keine Helfer*innen vorhanden sind, müssen die Kosten für ein **gewerbliches Unternehmen** übernommen werden (BSG 6.5.2010 - B 14 AS 7/09 R; LSG Hamburg 29.3.2006 - L 5 B 111/06 ER AS; SG Dresden s.o.) bzw. für gewerbliche Helfer*innen (OVG Berlin s.o.).

Besondere Regelungen während der Corona-Pandemie

Während der Corona-Pandemie ist ein Verweis auf die Durchführung eines Umzugs mithilfe von Familie, Bekannten, studentischen Hilfen u.ä. unzulässig. Dies würde einerseits eine erhebliche Ansteckungsgefahr beinhalten und im Übrigen gegen Regelungen zum Mindestabstand sowie Kontaktbeschränkungen verstoßen. Die Kosten für einen mit einem gewerblichen Umzugsunternehmen durchgeführten Umzug sind daher zwingend zu übernehmen (SG Dortmund 12.11.2020 – S 30 AS 4219/20 ER).

Verlangt von Ihnen das Alg II-, HzL- oder GSi-Amt die Vorlage von **Kostenvoranschlägen für Umzugsunternehmen**, ist das unserer Rechtsauffassung nach unzulässig. Besonders, da das jeweilige Amt dies über eine Mitwirkungsaufforderung begründet. Die Beschaffung von Kostenvoranschlägen gehört aber nicht zu den Mitwirkungspflichten nach §§ 60 ff SGB I (⇨ Mitwirkungspflichten 2.6.1).

Die Ermittlung der Kosten für den Umzug gehört nach unserer Auffassung zu den behördlichen Amtsermittlungspflichten. Wenn das Amt dies auf Sie abschiebt und Ihnen dadurch Kosten entstehen, ist unserer Auffassung nach das beauftragende Amt nach § 21 Abs. 3 Satz 4 SGB X i. V. m. § 670 BGB zur Übernahme der Kosten verpflichtet (so auch SG Braunschweig 13.1.2016 - S 17 AS 3211/12 in Sachen Attestkosten). Sollten Sie einen Versagungs- oder Entziehungsbescheid wegen der vermeintlichen Verletzung von Mitwirkungspflichten erhalten, können Sie dagegen Widerspruch einlegen. Sie können das damit begründen, dass eine Verletzung von Mitwirkungspflichten nicht vorliegt, da das Einholen von Kostenvoranschlägen zur Aufgabe der Behörde gehört.

Die angemessenen Kosten für **Räumung und Entsorgung von Möbeln und Gebrauchsgütern** können auch bei einem **Umzug in ein Pflegeheim** übernommen werden (BSG 15.11.2012 - B 8 SO 25/11 R, wenn der Hausrat nicht vollständig mitgenommen werden kann).

3. Zuständigkeit

Zuständig für die Übernahme der Umzugskosten ist die Alg II-Behörde **des Orts, aus dem Sie wegziehen** (§ 22 Abs. 6 SGB II). Im SGB XII (§ 35 Abs. 2 Sätze 4 und 5 SGB XII) ist das noch nicht entsprechend geregelt, muss aber so gehandhabt werden wie im SGB II (LSG Baden-Württemberg 23.11.2006 - L 7 SO 4415/05).

Für die darlehensweise Übernahme einer ⇨**Kaution** bzw. von **Genossenschaftsanteilen** ist das Jobcenter **am Ort der neuen Unterkunft** zuständig (§ 22 Abs. 6 Satz 1 SGB II). Dort bekommen Sie auch Auskunft darüber, ob Ihre neue Wohnung angemessen ist (§ 22 Abs.4 SGB II). Das Gleiche gilt für die Sozialhilfe (§ 35 Abs.2 Satz 3 SGB XII).

4. Weitere Umzugskosten

Wenn Sie umziehen, können eine Abschlussrenovierung in der alten sowie eine Einzugsrenovierung in der neuen Wohnung anfallen. Näheres unter ⇨**Renovierung**

Wenn Sie umziehen müssen, fallen ⇨**Wohnungsbeschaffungskosten** an, um die neue Wohnung zu suchen und anmieten zu können. Hierzu zählen auch ⇨**Kaution** und ⇨**Genossenschaftsanteile**. Schlagen Sie dort nach.

Wenn Sie umziehen, fallen auch Telefoneinrichtungskosten an. Näheres unter ⇨**Telefon**

Wenn Sie umziehen, können doppelte Mietzahlungen anfallen. Näheres lesen Sie unter ⇨Wohnungsbeschaffungskosten 2.

Wenn Sie umziehen müssen, sollten Sie die Zusicherung der künftig zuständigen Behörde für die Übernahme der Kosten der neuen Wohnung einholen. Näheres unter ⇨**Miete 8.**

Sie brauchen die Zusicherung bei einem nicht erforderlichen Umzug in eine teurere Wohnung siehe ⇨**Miete 8.1.**

Tipp: Alle Aufwendungen müssen **im Voraus beantragt** werden. Unterschreiben Sie einen Vertrag z.B. mit einem Umzugsunternehmen oder einer Mietwagenfirma daher erst **nach** schriftlicher Kostenzusage der Behörde (LSG NRW 26.2.2013- L 9 SO 437/12 B)!

Unterhalt für Kinder

Inhaltsübersicht

1. Unterhaltszahlungen für Kinder

Die Höhe des zu zahlenden Kindesunterhalts ergibt sich aus der Düsseldorfer Tabelle und den Unterhaltsleitlinien der Oberlandesgerichte der jeweiligen Bundesländer.

Wenn Sie Unterhalt an Kinder zahlen und zum/r Bezieher*in von Alg II/ Sozialhilfe werden, können Sie i.d.R. den Unterhalt nicht mehr aufbringen.

Es gibt **zwei** Möglichkeiten:

- Sie setzen den Unterhalt aus (⇨1.1) **oder**
- Sie zahlen den Unterhalt weiter, weil Sie Einkommen erzielen. Dieses wird dann um den Unterhalt bereinigt, bevor es auf die Alg II-Leistung angerechnet wird (⇨1.2).

1.1 Unterhaltszahlungen bei Alg II/ Sozialhilfebedürftigkeit aussetzen

„Unterhaltspflichtig ist nicht, wer bei Berücksichtigung seiner sonstigen Verpflichtungen außerstande ist, ohne Gefährdung seines angemessenen Unterhalts den Unterhalt zu gewähren" (§ 1603 BGB).

Unterhaltszahlungen sind i.d.R. nicht zuzumuten, wenn man dadurch zum/r Sozialhilfebezieher*in wird (BVerwG 27.1.1965, FEVS 12, 81).

Sie können beim Familiengericht einen **Antrag auf Herabsetzung des Unterhalts** oder **Aussetzen der Unterhaltspflicht** stellen, wenn Sie durch den Unterhalt unter die Bedarfsgrenze von Alg II/ Sozialhilfe rutschen. Laufende Unterhaltsverpflichtungen können dann mangels Einkünften auf null reduziert werden. Besteht allerdings ein **Unterhaltstitel** und wird dieser nicht abgeändert, laufen in der Zeit der Reduzierung der Unterhaltszahlungen **Schulden** auf.

1.2 Unterhaltszahlungen vom Einkommen absetzbar?

Alg II

„Vom Einkommen abzusetzen sind [...] 7. Aufwendungen zur Erfüllung gesetzlicher Unterhaltsverpflichtungen bis zu dem in einem Unterhaltstitel oder in einer notariell bekundeten Unterhaltsvereinbarung festgelegten Betrag" (§ 11b Abs. 1 S. 1 Nr. 7 SGB II).

Tipp: Beschaffen Sie sich einen Unterhaltstitel kostenfrei, z.B. beim Jugendamt (§§ 59 Abs. 1 S. 1 Nr. 3 und 4, 60 SGB VIII).

Sozialhilfe

Bei Hilfe zum Lebensunterhalt (HzL) und Grundsicherung (GSi) der Sozialhilfe können Unterhaltszahlungen nicht vom Einkommen abgesetzt werden (BVerwG 2.7.1993 - 5 B 158.92). Ausnahme: Der Unterhalt wird gepfändet. Dann muss der Unterhalt vom Einkommen abgezogen werden (BVerwG 15.12.1977, FEVS 1978, 99 ff; VGH Baden-Württemberg 12.6.1996, FEVS 1997, 364 ff.). Das Sozialamt fordert Sie jedoch auf, beim zuständigen Gericht Einwendung gegen die Art und Weise der Zwangsvollstreckung zu erheben (§ 766 ZPO), denn Sozialhilfe darf nicht gepfändet werden (⇨Pfändung). Mehr und mehr verbreitet sich die Auffassung, dass der „notwendige Unterhalt" (§ 850d Abs. 1 Satz 2 ZPO), der Ihnen verbleiben soll, von vornherein mit dem sozialhilferechtlichen Bedarf gleichzusetzen ist. Bei Pfändung wegen Unterhaltsansprüchen muss Ihnen dann wenigstens der Sozialhilfebedarf bleiben. Wenn Ihr Unterhalt nicht gepfändet wird und Ihr Einkommen durch den Unterhalt unter Ihren Sozialhilfebedarf fällt, verlangt das Sozialamt von Ihnen, die Unterhaltszahlungen einzustellen oder zu reduzieren (⇨1.1). Beziehen Sie oder ein Mitglied der im Haushalt lebenden Familie jedoch Leistungen nach dem **fünften bis neunten Kapitel SGB XII** („Sozialhilfe in unterschiedlichen Lebenslagen"*)*, können Unterhaltsverpflichtungen als besondere Belastungen vom Einkommen abgesetzt werden (§ 87 Abs. 1 SGB XII; Empfehlungen des DV für den Einsatz von Einkommen und Vermögen, 2007, Rn. 103).

2. Höhe des Selbstbehalts

Nach der **Düsseldorfer Tabelle** (Stand: 1.1.2021, gültig für alle Bundesländer) müssen einem/r Nichterwerbstätigen mit einem Einkommen bis zu 1.900 € netto nach Erfüllung der Unterhaltspflicht für minderjährige Kinder wenigstens 960 € bleiben, einem Erwerbstätigen 1.160 €. Darin sind 430 € für die warmen Unterkunftskosten enthalten. Personen, die gegenüber minderjährigen und privilegiert volljährigen Kindern unterhaltsverpflichtet sind, unterliegen jedoch einer **gesteigerten Erwerbsobliegenheit**. D.h., sie sind ggf. zu Mehrarbeit verpflichtet, um den Unterhalt aufzubringen, zudem werden bei Arbeitslosen hohe Anforderungen an die Eigenbemühungen (Bewerbungen) gestellt. Näheres unter gesteigerte ⇨Unterhaltspflicht.

2.1 Halbes ⇨Kindergeld abziehen

Die Höhe des Kindesunterhalts wird so ermittelt, dass von den Beträgen der Düsseldorfer Tabelle noch das halbe Kindergeld abgezogen wird (§ 1612b BGB). Das ist bei dem seit 2008 geltenden Unterhaltsrecht für alle Einkommensstufen möglich. Seit dem 01. Juli 2019 beträgt das Kindergeld für das erste und zweite Kind 204 €, für das dritte Kind 210 € und ab dem vierten Kind 235 €. Zum 01. Januar 2021 erhöhte sich das Kindergeld auf 219 € für das 1. + 2. Kind, auf 225 € für das 3. Kind und für jedes weitere 250 €. Die sich nach Abzug des halben Kindergeldes ergebenden Zahlbeträge können Sie auch der Düsseldorfer Tabelle entnehmen (dort Seite 7 Anhang Tabelle Zahlbeträge) (Stand: 2021).

2.2 Verteilung der Unterhaltszahlung auf mehrere Kinder

Übersteigt der Kindesunterhalt die Differenz von bereinigtem Nettoeinkommen und Selbstbehalt, muss nur bis zur Höhe des Selbstbehalts Unterhalt gezahlt werden, wenn ein Einkommensverlust nicht schuldhaft herbeigeführt wurde. Trifft dies zu, kann der **Selbstbehalt** auch **unterschritten** werden. Ist der Unterhalt auf mehrere unterhaltsberechtigte Kinder zu verteilen, wird der verbleibende Verteilungsbetrag gleichmäßig auf jedes Kind im Verhältnis des nach der Altersstufe zustehenden Betrages verteilt. Das nennt man ***Mangelfallberechnung***. (Beispielsberechnung in Düsseldorfer Tabelle auf Seite 5 unter C. Mangelfälle)

Wenn der unterhaltsverpflichtete Elternteil nicht zahlt, gibt es ⇨ Unterhaltsvorschuss. Die Details dazu finden Sie in eben diesem Stichwort.

Kritik

Die gegenwärtige Höhe des Selbstbehalts führt zu „Unterhaltsflüchtlingen". Unterhaltszahlungen drücken zahlreiche

Menschen unter das Alg II-/ Sozialhilfeniveau, auch wenn sie arbeiten. Unterhalt für Kinder ist steuerlich nicht abzugsfähig, ein Geschäftswagen hingegen schon.

Forderungen
- Volle Abzugsfähigkeit der Unterhaltszahlungen vom Einkommen, auch wenn der Unterhalt nicht tituliert ist!
- Unterstützungsangebote außerhalb von SGB II/ SGB XII, wenn Unterhaltszahlungen ausbleiben!

Information
Christian Müller/ Maria Wersig, Der Rückgriff gegen Angehörige von Sozialleistungsempfängern, 7. Aufl., Baden-Baden 2016
Düsseldorfer Tabelle mit Leitlinien: https://www.olg-duesseldorf.nrw.de/infos/Duesseldorfer_Tabelle/Tabelle-2021/index.php
Unterhaltsleitlinien der Oberlandesgerichte: www.famrz.de/arbeitshilfen/unterhaltsleitlinien.html

Unterhaltspflicht

Unterhaltspflichten können aufgrund unterschiedlicher Rechtsgrundlagen entstehen. Die häufigste Grundlage für Unterhaltspflichten ist das **BGB** (Bürgerliches Gesetzbuch). Abweichend davon können Angehörige oder **Mitglieder einer ⇨Bedarfs- bzw. ⇨Haushaltsgemeinschaft** auch über das SGB II und SGB XII zum sozialrechtlichen Unterhalt herangezogen werden. Hier werden Art und Umfang der Verpflichtung i.d.R. an entsprechenden Vorschriften des BGB orientiert festgelegt.
Richtwerte zur Ermittlung von Unterhaltspflichten nach dem BGB findet man in der *„Düsseldorfer Tabelle" und den Unterhaltsleitlinien der Oberlandesgerichte des jeweiligen Bundeslandes (zu finden unter www.famrz.de/arbeitshilfen.html)*. Die *„Düsseldorfer Tabelle"* enthält Empfehlungen des Oberlandesgerichts Düsseldorf, die keine rechtliche Bindung haben, aber bundesweit als **Orientierung** zur Ermittlung des Unterhaltsanspruchs bzw. der -verpflichtung herangezogen werden. Das bedeutet, dass die Höhe von Unterhaltszahlungen nach dem BGB i.d.R. immer **individuell ermittelt** werden muss und nicht einfach aus der Tabelle abgelesen werden kann.

Unterhaltspflichten, die auf Grundlage des BGB bestehen, sind **grundsätzlich vorrangig** gegenüber Unterhaltspflichten auf Grundlage des SGB II/ SGB XII, wobei hier die zum 01.01.2020 in Kraft getretenen Änderungen des „Angehörigen-Entlastungsgesetz" zu berücksichtigen sind, welche Auswirkungen auf die „unterhaltsrechtlichen" Regelungen des SGB XII und auf das Unterhaltsrecht nach dem BGB hat.

Durch das *„Angehörigen-Entlastungsgesetz"* und die damit verbundene Einfügung des Abs. 1a in § 94 SGB XII werden die privilegierten Regelungen der Unterhaltsverpflichtung von Angehörigen nach dem BGB, die im Vierten Kapitel SGB XII (GSi) geregelt waren (§ 43 Abs. 5 SGB XII a.F.), auf das gesamte SGB XII übertragen (§ 94 Abs. 1a SGB XII), ausgenommen hiervon ist lediglich die Unterhaltsverpflichtung gegenüber minderjährigen Kindern, die Leistungen nach dem 3. Kapitel des SGB XII (HzL) beziehen (§ 94 Abs. 1a S. 6 SGB XII). Die Vorschrift des § 43 Abs. 5 SGB XII a.F. wurde daher aufgehoben. Der Gesetzgeber wollte hiermit u.a. Kinder sozialhilfebedürftiger Eltern wirtschaftlich entlasten und nur wirklich einkommensstarke Personen für Sozialhilfeaufwendungen an ihre Angehörigen haften lassen (BT-Drucks. 19/13399 S.1).

§ 94 Abs.1a SGB XII regelt, dass Unterhaltsansprüche von SGB XII-Leistungsbeziehenden gegenüber Kindern und Eltern bei der Gewährung von Leistungen nach dem SGB XII nicht zu berücksichtigen sind, es sei denn das jährliche Gesamteinkommen (vor Steuern) der Kinder und Eltern als Unterhaltsverpflichteten beträgt jeweils mehr als 100.000 € (Jahreseinkommensgrenze). Der Übergang von Ansprüchen nach § 94 SGB XII ist somit ausgeschlossen, sofern Unterhaltsansprüche nach § 94 Abs. 1a SGB XII nicht zu berücksichtigen sind. Es wird vermutet, dass das Einkommen der Unterhaltsverpflichteten die Jahreseinkommensgrenze nicht überschreitet. Zur Widerlegung der Vermutung kann der zuständige Träger von den Leistungsberechtigten Angaben verlangen, die Rückschlüsse auf die Einkommensverhältnisse der Unterhaltspflichtigen zulassen. Liegen im Einzelfall hinreichende Anhaltspunkte für ein Überschreiten der Jahreseinkommensgrenze vor, gilt die Auskunftspflicht nach § 117 SGB XII (§ 94 Abs. 1a S. 1 - 5 SGB XII).

Obwohl der Gesetzgeber im Unterhaltsrecht des BGB nichts verändert hat, haben das „Angehörigen-Entlastungsgesetz" bzw. die Regelung in § 94 Abs. 1a SGB XII auch Auswirkungen auf das Unterhaltsrecht des BGB und dort insbesondere auf den Elternunterhalt (Unterhalt von Kindern gegenüber ihren Eltern). Denn wenn der Gesetzgeber unterhaltspflichtige Kinder nur dann zum Unterhalt heranziehen will, wenn diese ein Einkommen von mehr als 100.000 € brutto im Jahr verdienen, was je nach Beschäftigungsart ein Nettoeinkommen zwischen 5.000 € und 3.700 € monatlich bedeutet, zeigt dies, dass der Gesetzgeber die bisherigen Selbstbehaltssätze im Elternunterhalt von 1.800 € (DT 2019 B VI 1c)) bzw. seit 2020 2.000 € (DT 2020 B VI 1c)) nicht für angemessen hält. Es wird daher vorgeschlagen, den Selbstbehalt für Alleinstehende auf 5.000 € und bei Zusammenleben mit einem Ehegatten auf 9.000 anzuheben (vgl. im Einzelnen Hauß 2020, Rn. 5, 89). Dass eine Anpassung der Selbstbehaltssätze beim Elternunterhalt wegen der 100.000 €-Einkommensgrenze des § 94 Abs. 1a SGB XII zu erfolgen hat, ergibt sich nun auch aus der Düsseldorfer Tabelle 2021. Dort ist insoweit kein Betrag mehr genannt, sondern es wird unter D. I. ausgeführt:

„***Angemessener Selbstbehalt gegenüber den Eltern:*** *Dem Unterhaltspflichtigen ist der angemessene Eigenbedarf zu belassen. Bei dessen Bemessung sind Zweck und Rechtsgedanken des Gesetzes zur Entlastung unterhaltspflichtiger Angehöriger in der Sozialhilfe und in der Eingliederungshilfe (Angehörigenentlastungsgesetz) vom 10. Dezember 2019 (BGBl I S. 2135) zu beachten.*"
Insoweit muss die zukünftige Entwicklung der unterhaltsrechtlichen Rechtsprechung beobachtet werden (näher unter 3.3.3).

Die Neuregelung führt somit zu einer deutlichen Entlastung unterhaltsverpflichteter Angehöriger von Leistungsberechtigten v.a. der HzL und der Hilfe zur Pflege (Kostenerstattung Pflegeheim). Auch bei der seit 1.1.2020 im Zweiten Teil des SGB IX geregelten Eingliederungshilfe für Menschen mit Behinderung wurde die Unterhaltsverpflichtung der Angehörigen abgeschafft (hier traf es meist die Eltern, vgl. auch § 94 Abs. 2 SGB XII).

Inhaltsübersicht

1.1 Unterhaltspflichtig nach dem BGB sind

a. Ehegatten untereinander, ebenso gleichgeschlechtliche Partner*innen in einer eingetragenen Lebenspartnerschaft bzw. in einer seit 01.10.2017 möglichen gleichgeschlechtlichen Ehe (gem. § 20a LPartG können Lebenspartner*innen ihre Lebenspartnerschaft auf Antrag seit 01.10.2017 in eine Ehe umwandeln) (§§ 1360 und 1361 BGB), unter bestimmten Voraussetzungen auch geschiedene Ehegatten (§§ 1569 ff BGB) und

b. Eltern im Verhältnis zu ihren minderjährigen und volljährigen Kindern **und** umgekehrt (§§ 1601, 1589 Abs. 1 S. 1 BGB),

c. Großeltern im Verhältnis zu ihren minderjährigen und volljährigen Enkeln **und** umgekehrt, wenn die Eltern der Enkel nicht leistungsfähig sind (§§ 1606 Abs. 3, 1607 Abs. 1 BGB / Süddeutsche Leitlinien 2020, 21.3.4),

d. Väter gegenüber den nichtehelichen Müttern ihrer Kinder in der Zeit von vier Monaten vor und bis zu drei Jahren nach der Geburt, wenn die Mutter wegen Pflege und Erziehung des Kindes nicht erwerbstätig ist (§ 16151 BGB) (⇨7.2). Und umgekehrt, wenn der Vater das Kind betreut (§ 16151 Abs. 3 BGB).

1.2 Nicht unterhaltspflichtig nach dem BGB sind

a. Geschwister untereinander,

b. Tanten/ Onkel gegenüber Nichten und Neffen und umgekehrt,

c. nicht eingetragene Lebenspartner*innen,

d. Partner*innen ⇨eheähnlicher Gemeinschaften (sog. nichteheliche Lebensgemeinschaft),

e. Schwiegereltern gegenüber Schwiegerkindern und umgekehrt sowie

f. Stiefeltern gegenüber Stiefkindern und umgekehrt.

1.3 Unterhaltspflicht nach dem SGB II und SGB XII

a. wie unter 1.1,

b. Partner*innen, die länger als ein Jahr zusammenleben und eine ⇨eheähnliche Gemeinschaft bilden (§ 7 Abs. 3 Nr. 3 c i.V.m Abs. 3a SGB II) (keine konkrete Fristsetzung im SGB XII (§§ 20, 39, 43 Abs. 5 SGB XII)) und

c. Stiefeltern gegenüber Stiefkindern (nur SGB II; ⇨Bedarfsgemeinschaft; ⇨Haushaltsgemeinschaft).

Zahlungen von nach dem BGB nicht unterhaltspflichtigen Personen, die mit Hilfebedürftigen in einem Haushalt zusammenleben, hängen im Wesentlichen von deren Bereitschaft zum Unterhalt ab und sind nicht verpflichtend oder einklagbar (⇨Haushaltsgemeinschaft).

2.1 Gesteigerte Unterhaltspflicht nach dem BGB

Gesteigert unterhaltspflichtig sind **Ehegatten** (seit 01.10.2017: auch gleichgeschlechtliche Ehegatten) und eingetragene Lebenspartner*innen untereinander sowie **Eltern** im Verhältnis zu ihren **minderjährigen Kindern**. Sie müssen sich mehr, also gesteigert, darum bemühen, Unterhalt zu zahlen.

Eltern, die in einem Haushalt mit **volljährigen unverheirateten Kindern unter 21 Jahren** zusammenleben, die sich in der allgemeinen Schulausbildung befinden, sind ebenfalls gesteigert unterhaltspflichtig (= privilegierte volljährige Kinder, § 1603 Abs. 2 BGB; ⇨2.2).

Eine **besondere Rolle** nimmt die **Unterhaltspflicht gegenüber minderjährigen und privilegierten volljährigen Kindern** ein. Hier gelten durch die gesteigerte Unterhaltspflicht und aufgrund des Umstandes, dass diese Kinder besonders schutzbedürftig sind, **strengere Regeln**. Die Eltern müssen quasi ihr letztes Hemd mit den Kindern teilen (§ 1603 Abs. 2 S. 1 BGB: *„[...] sind verpflichtet alle verfügbaren Mittel zur ihrem und der Kinder Unterhalt gleichmäßig zu verwenden.“*).

Zur Erfüllung ihrer Unterhaltspflichten unterliegen Verpflichtete einer *„gesteigerten Erwerbsobliegenheit“* (Arbeitsverpflichtung). Verpflichtete werden dazu angehalten, ihre Unterhaltspflicht entweder durch **Mehrarbeit** (bis zu 48 Stunden/Woche, angelehnt an § 3 ArbZG (8 Std. x 6 Werktage)) oder durch erhöhte Bewerbungsauflagen zu erfüllen.

Kommen Verpflichtete der *„gesteigerten Erwerbsobliegenheit“* nicht nach, können Unterhaltsverpflichtungen nach einem fiktiven Einkommen berechnet werden. Außerdem kann eine **Strafanzeige** gestellt werden (§170 StGB).

Die festgelegte Unterhaltspflicht ändert sich nicht automatisch. Haben sich Ihre **Verhältnisse geändert** und können Sie den Unterhalt nicht mehr in voller Höhe zahlen, müssen Sie mit der zuständigen Behörde oder dem/r Unterhaltsberechtigten Kontakt aufnehmen und eine Herabsetzung bzw. Stundung vereinbaren. Oder es muss eine Herabsetzungsklage (sog. Abänderungsantrag) angestrebt werden. Wenn Sie **Unterhaltszahlungen** einfach **herabsetzen/ einstellen**, verletzen Sie Ihre Unterhaltspflicht und es laufen **Schulden** auf.

2.2 Gesteigerte Unterhaltspflicht SGB II/ SGB XII bei Zusammenlebenden

Leben Ehegatten, eingetragene Lebenspartner*innen bzw. eheähnliche Partner*innen, die Leistungen beziehen, mit minderjährigen (beim Alg II: unter 25-jährigen) Kindern zusammen, wird ihre Unterhaltspflicht über den Einsatz von Einkommen und Vermögen im Rahmen der ⇨Bedarfsgemeinschaft/ Einstandsgemeinschaft erfüllt (§ 33 Abs. 2 Nr. 1 SGB II; entsprechend für HzL/ GSi der Sozialhilfe § 94 Abs. 1 S. 3 i.V. mit § 19 SGB XII).

Sie müssen Ihr gesamtes ⇨**Einkommen und** ⇨**Vermögen** oberhalb Ihres Bedarfs an Alg II, HzL/ GSi der Sozialhilfe bzw. oberhalb der jeweiligen Vermögensfreigrenzen einsetzen. Das gilt aber nur für die **Partner*innen untereinander** und für die **Eltern** und ihre Partner*innen **gegenüber den Kindern**, nicht aber umgekehrt.

U

Diese Regelung trifft vor allem diejenigen, die **nach einer Trennung** von dem/r Partner*in mit einem leiblichen Kind zusammenleben, das aus dieser Partnerschaft hervorgegangen ist. Beide Elternteile haften gemeinschaftlich für die Unterhaltsansprüche des Kindes. Während dem vom Kind getrenntlebendem Elternteil aber ein ***„Selbstbehalt"*** zugestanden wird (⇨2.3 ff.), haftet diejenige Person, die mit dem Kind zusammenlebt, mit ihrem gesamten Einkommen und Vermögen. Beim Unterschreiten des sozialhilferechtlichen Existenzminimums kann diese Alg II/ HzL oder GSi beantragen. Da die ⇨Regelbedarfe für Kinder jedoch nicht bedarfsdeckend sind, wird der mit dem Kind zusammenlebende Elternteil darüber hinaus aus seinem Regelbedarf Deckungslücken zu kompensieren haben.

2.3 Gesteigerte Unterhaltspflicht bei Getrenntlebenden

„Unterhaltspflichtig ist nicht, wer bei Berücksichtigung seiner sonstigen Verpflichtungen außerstande ist, ohne Gefährdung seines angemessenen Unterhalts den Unterhalt zu gewähren" (§ 1603 BGB).

Unterhaltspflichtigen wird ein *„Selbstbehalt"* zugestanden. Die Höhe des Unterhalts hängt ab

- von der Höhe des Selbstbehalts (⇨2.3.1) und
- der Höhe des anzurechnenden Einkommens (⇨2.3.2).

2.3.1 Unterhaltsrechtlicher Selbstbehalt

Das BGB macht keine Angaben über den angemessenen Selbstbehalt. Deshalb haben Oberlandesgerichte unterhaltsrechtliche Leitlinien entwickelt, insbesondere das OLG Düsseldorf (⇨Düsseldorfer Tabelle/DT 2021). Die Düsseldorfer Tabelle wird seit 2008 im gesamten Bundesgebiet als Orientierung verwendet.

Danach gilt beim Kindesunterhalt für Erwerbstätige ein **Mindestselbstbehalt** (notwendiger Eigenbedarf) von 1160 € und für Nicht-Erwerbstätige von 960 €. Darin enthalten sind 430 € für die Bruttowarmmiete. *„Der Selbstbehalt soll erhöht werden, wenn die Wohnkosten (Warmmiete) den ausgewiesenen Betrag überschreiten und nicht unangemessen sind"* (DT 2021, A. 5.).

Die **Düsseldorfer Tabelle** sowie die *„Leitlinien zum Unterhalt"* finden Sie unter www.olg-duesseldorf.nrw.de →Rechts-Infos→ Düsseldorfer Tabelle und die Unterhaltsleitlinien der Oberlandesgerichte der anderen Bundesländer unter *www.famrz.de/arbeitshilfen.html*.

Achtung: Die Düsseldorfer Tabelle und die Unterhaltsleitlinien der anderen Oberlandesgerichte haben **keine rechtliche Bindung**, sondern stellen nur einen **Richtwert** für individuell zu ermittelnde Verpflichtungen oder Bedarfe dar. So kann der Selbstbehalt im Einzelfall (z.B. bei besonderen Belastungen) angehoben oder gesenkt werden.

Tipp: Wenn sich mit der jährlichen Angleichung der Düsseldorfer Tabelle Ihr Selbstbehalt erhöht, sollten Sie eine Neuberechnung des Unterhalts beantragen. Behörden berücksichtigen das nicht automatisch.

2.3.2 Unterhaltsrechtlich anzurechnendes Einkommen

Ob bei gesteigertem oder nicht gesteigertem Unterhalt:
Einkommen im Sinne des Unterhaltsrechts ist so gut wie alles. Im Folgenden werden die bei beiden Unterhaltsformen gleichen Bestimmungen aufgeführt. Bei der nicht gesteigerten Unterhaltspflicht ist die Einkommensanrechnung weniger scharf (⇨3.3.1; 3.3.4).

Zu den anzurechnenden Einkommen gehören z.B.

- **Nettoerwerbseinkommen**, außerdem Lohnsteuerjahresausgleich, Einkünfte aus Nebentätigkeiten, Krankengeld, Lohnfortzahlung, Arbeitslosengeld, Wohngeld (soweit es nicht Aufwendungen oberhalb des Betrags im Selbstbehalt abdeckt), Miet- und Pachteinnahmen, Pensionen, Renten, Vermögenserträge usw.
- **Fiktive Einkünfte**
  Kommt eine zu Unterhalt verpflichtete Person ihrer Arbeitsverpflichtung (Erwerbsobliegenheit) nicht nach, wird ihr Einkommen danach ermittelt, was sie verdienen könnte, wenn sie einer Erwerbstätigkeit nachgehen würde, die ihrer Ausbildung oder Erwerbsmöglichkeit entspricht.
- **Wohnwert von Wohneigentum**
  Wenn Sie mietfrei in Ihrem Eigenheim wohnen, wird der Wohnwert abzüglich der Belastungen und umlagefähigen Kosten als Einkommen (sog. Wohnvorteil) zugrunde gelegt. Hierbei ist zu beachten, dass die Nebenkosten, die gemäß § 2 Betriebskostenverordnung (BetrKV) auf die Mietpartei umgelegt werden könnten, vom Wohnwert nicht abgezogen werden können. Bei gesteigerter Unterhaltspflicht wird nach der Scheidung der objektive Wohnwert herangezogen, d.h. der auf dem Markt zu erzielende Mietpreis für das Eigenheim. Vor der Scheidung bzw. bis zur Einreichung des Scheidungsantrages ist es der relative Wohnwert, d.h. die in Bezug auf persönliche und wirtschaftliche Verhältnisse angemessene Miete (Leitlinien zur DT, 5.). Der relative Wohnwert ist natürlich niedriger. Bei nicht gesteigerter Unterhaltspflicht (Elternunterhalt) wird nur der relative Wohnwert zugrunde gelegt. Bei den Belastungen werden beim gesteigerten Unterhalt nur die Zinszahlungen anerkannt (BGH - FamRZ 2000, 950), die Tilgungsleistungen dagegen nur im Einzelfall. Bei nicht gesteigerter Unterhaltspflicht (Elternunterhalt) auch die Tilgungsbeiträge (BGH - FamRZ 2003, 1179).
  Wird aufgrund der 100.000 €-Einkommensgrenze des § 94 Abs. 1a SGB XII der Selbstbehalt ab 01.01.2020 beim Elternunterhalt mit 5000 € angesetzt, beeinflusst ein Wohnvorteil die unterhaltsrechtliche Leistungsfähigkeit des Kindes nur noch unwesentlich, weil auch in diesem Fall nur ein angemessener Wohnvorteil zu berücksichtigen ist (Hauß 2020, Rn. 327).
- **Ersparnis aufgrund gemeinsamer Haushaltsführung**
  Der Bundesgerichtshof begründet die höheren **Eigenbedarfssätze (Selbstbehalt)** von Alleinstehenden gegenüber Unterhaltsverpflichteten, die in der Haushaltsgemeinschaft leben, mit einer *„Ersparnis"* aufgrund gemeinsamer Haushaltsführung. Dies erhöhe das Einkommen und sei somit zu berücksichtigen (BGH - FamRZ 2010, 1535 ff.; Müller 2012, 107 ff.). Der BGH beziffert die Höhe dieser häuslichen Ersparnis mit zehn Prozent (abgeleitet aus der bis zum 31.12.2010 gültigen Fassung des § 20 Abs. 3 SGB II) und reduziert entsprechend die Selbstbehalte von in Haushalt lebenden Unterhaltsverpflichteten (BGH 28.7.2010 – XII ZR 170/07; 05.02.2014 – XII ZB 25/13). Bei Unterhaltsansprüchen eines nachrangigen, geschiedenen Ehegatten beträgt der Selbstbehalt eines mit dem/r Unterhaltspflichtigen (dessen/deren Selbstbehalt, wenn erwerbstätig: 1280 €) zusammenlebenden Ehegatten, der erwerbstätig ist, daher nur 1024 €, denn es ist eine Ersparnis von 256 € zu berücksichtigen (10 % von 1280 € = 128 € x 2; €; DT 1/2021, B. IV und VI.).

2.3.2.1 Bereinigung des Nettoeinkommens um

- **Berufsbedingte Aufwendungen**
  * in Höhe von fünf Prozent des Nettoer-

werbseinkommens sind ohne Nachweis (einige OLGs verlangen in ihren Unterhaltsleitlinien konkrete Nachweise, z.B. OLG Bremen) abzusetzen (mindestens 50 €, höchstens 150 €), bei höheren Aufwendungen mit Nachweis (z.B. 0,30 € pro gefahrenem Kilometer bei beruflicher Nutzung des Autos; ab dem 31. km nur noch 0,20 €/km);
- Kinderbetreuungskosten
  * sind abzuziehen, soweit sie wegen Berufstätigkeit erforderlich sind;
- Schulden
  * können nach den Umständen des Einzelfalls als *„sonstige Verpflichtung"* (§ 1603 BGB) geltend gemacht werden, d.h. nicht alle Schulden sind anrechnungsfähig;
- **Unterhaltszahlungen**
  * an nicht im Haushalt lebende Unterhaltsberechtigte werden abgezogen;
- mit der Ausübung des **Umgangsrechts** verbundene Kosten.

(OLG Düsseldorf, Leitlinien zum Unterhalt, 1.1.2020, 10.7)

Bei **nicht** gesteigertem Unterhalt ist die Einkommensbereinigung etwas großzügiger gestaltet (⇨3.3.4).

2.3.2.2 Nicht zum Einkommen zählen

Elterngeld (bis 300 €), Pflegegeld (nach § 13 Abs. 6 SGB XI), Sozialhilfe, Unterhaltsvorschuss, Schmerzensgeld und Kindergeld (⇨Unterhalt für Kinder 2.2) (OLG Düsseldorf, ebenda, 2. ff., 3.).

2.3.3 Höhe des gesteigerten Unterhalts nach bürgerlichem Recht

Übersteigt das anzurechnende Einkommen den Selbstbehalt laut DT 2021, A., wird die Differenz in voller Höhe herangezogen.

2.3.4 Rangfolge der Unterhaltspflicht

Wenn wegen mangelnder Leistungsfähigkeit nicht allen Unterhaltsberechtigten Unterhalt gezahlt werden kann, gilt seit 1.1.2008 folgende Rangfolge:

„1. minderjährige Kinder und Kinder im Sinne des § 1603 Abs. 2 Satz 2 [d.h. Kinder bis zur Vollendung des 21. Lebensjahres, wenn sie im Haushalt der Eltern/ eines Elternteils leben, unverheiratet sind und sich in der allgemeinen Schulausbildung befinden],
2. Elternteile, die wegen der Betreuung eines Kindes unterhaltsberechtigt sind oder im Fall einer Scheidung wären, sowie Ehegatten und geschiedene Ehegatten bei einer Ehe von langer Dauer[...],
3. Ehegatten und geschiedene Ehegatten, die nicht unter Nummer 2 fallen,
4. Kinder, die nicht unter Nummer 1 fallen,
5. Enkelkinder und weitere Abkömmlinge,
6. Eltern,
7. weitere Verwandte der aufsteigenden Linie; unter ihnen gehen die Näheren den Entfernteren vor" (§ 1609 BGB).

Wenn der/die Unterhaltspflichtige zwar Unterhalt zahlen kann, dieser aber nicht ausreicht, wird der Unterhalt, der geleistet werden kann, im Verhältnis des jeweiligen Unterhaltsbedarfs auf die Unterhaltsberechtigten der jeweiligen Stufe aufgeteilt (*„Mangelfallberechnung"*, vgl. Beispielberechnung DT 2021, C.).

2.3.5 *„Sozialhilferechtlicher"* Eigenbedarf – Untergrenze

Grundsätzlich kann nur der Unterhaltsanspruch übergehen, der nach dem BGB besteht, d.h., beim Einkommen müssen die dort festgelegten **Selbstbehalte** berücksichtigt werden. Allerdings ist die Einkommensberechnung im Unterhaltsrecht anders als im Sozialrecht. Deshalb sind Fälle denkbar, bei denen Nichtleistungsbeziehende aufgrund der ungünstigeren Berücksichtigung von Einkommen weniger bleibt als Beziehenden von Alg II, HzL/ GSi der Sozialhilfe. Dieser Bedarf gilt letztlich als notwendiger Lebensunterhalt, der nicht unterschritten werden darf (§ 33 Abs. 2 Satz 3 SGB II; § 94 Abs. 3 Satz S. 1 Nr. 1 SGB XII). *„Unterhaltsrechtlich leistungsfähig ist nicht, wer selbst sozialhilfebedürftig ist oder es durch Erfüllung des Unterhaltsanspruchs werden würde"* (Deutscher Verein für öffentliche und private Fürsorge *„Empfehlungen für die Heranziehung Unterhaltspflichtiger in der Sozialhilfe"*, März 2014, im Folgenden: DV 35/13 AF III, Rn. 80; entsprechend: FW 33.37).

Der **Vergleich** des unterhaltsrechtlichen Selbstbehalts mit dem Alg II-/ Sozialhilfebedarf soll sicherstellen, dass das sozialhilferechtliche Existenzminimum durch Unterhaltszahlungen **nicht** unterschritten wird.

2.3.6 Kein Unterhalt bei Unterhaltsverzicht?

Ehegatten können seit 1977 für die Zeit nach der Scheidung auf gegenseitige Unterhaltsansprüche verzichten (§ 1585c BGB).

Der Verzicht ist unwirksam, wenn ein Ehegatte verzichtet, obwohl abzusehen war, dass dies zur Hilfebedürftigkeit nach dem SGB II/ SGB XII führen würde (§ 138 Abs. 1 BGB). Das verstößt gegen *„die guten Sitten"*.

Der Verzicht wird auch unwirksam, wenn gemeinsame, minderjährige Kinder zu versorgen sind und der geschiedene Ehegatte den Unterhalt braucht, um das Kind betreuen zu können (BVerfG 6.2.2001, NJW 2001, 957). Er wird nach der neuen Rechtsprechung des BGH teilweise unwirksam, wenn ein*e Partner*in gemeinsame Kinder betreut und deshalb den eigenen Beruf zeitweise oder ganz aufgegeben hat (FR 30.12.2004).

Nur wenn nicht abzusehen war, dass ein Ehegatte nach der Scheidung hilfebedürftig wird, ist der vereinbarte Unterhaltsverzicht i.d.R. wirksam.

Allerdings kann auch bei Einkommen oberhalb des sozialhilferechtlichen Bedarfs ein unwirksamer Unterhaltsverzicht vorliegen, wenn z.B. von beiden Partner*innen einvernehmlich ein Höchstbetrag für den Trennungsunterhalt vereinbart wurde, der in der zweijährigen Trennungszeit den gesetzlich vorgesehenen Unterhalt um mehr als ein Drittel unterschreitet (BGH 30.9.2015 - XII ZB 1/15). Hierbei ist auch zu berücksichtigen dass auf zukünftig zu zahlenden Trennungsunterhalt an sich nicht wirksam verzichtet werden kann (§§ 1361 Abs. 4 S. 4, 1360a Abs. 3 i.V.m. 1614 Abs. 1 BGB).

3. Nicht gesteigert unterhaltspflichtig

- sind Eltern gegenüber ihren volljährigen Kindern (Ausnahme: unverheiratete, im Haushalt eines Elternteils lebende Kinder bis zu 21 Jahren in Schulausbildung, dort gilt die gesteigerte Unterhaltspflicht) **und** umgekehrt (Elternunterhalt, vgl. Einschränkungen aufgrund § 94 Abs. 1a SGB XII; DT 2021 D. I.)

oder

- Unterhaltsverpflichtete gegenüber ihren **nachrangig** geschiedenen/ getrenntlebenden Ehegatten (§ 1609 BGB Nr.3; ⇨2.3.4; Näheres zum nicht gesteigerten Unterhalt bei nichtehelicher Vaterschaft ⇨7.2).

Die Heranziehung nicht gesteigerter Unterhaltsverpflichteter bei Sozialleistungen ist in den letzten Jahren stark eingeschränkt worden. Sie wirkt im Wesentlichen noch in der Sozialhilfe, seltener bei Alg II und GSi. Die Unterhaltspflicht besteht hier zwar noch weiter, eine Reihe von Ansprüchen darf aber nicht mehr auf die Behörde übergehen.

Alg II

3.1.1 Das Jobcenter darf keinen Unterhalt fordern (§ 33 Abs. 2 SGB II)

- von Eltern, deren Alg II-bedürftige Kinder **mind.** 25 Jahre alt sind,
- von Eltern, deren Alg II-bedürftige Kinder **unter** 25 Jahre alt sind, die nicht in der Bedarfsgemeinschaft leben **und**
  * entweder eine **Erstausbildung** schon abgeschlossen
  * oder sie selbstverschuldet abgebrochen, mithin ihre Ausbildungsobliegenheit *„nachhaltig verletzt"* haben (Eicher/Luik, SGB II, 4. Aufl. § 33 Rn. 46; dann besteht i.d.R. bereits kein Unterhaltsanspruch mehr, der auf das Jobcenter übergehen könnte),
  * oder die aller Voraussicht nach **keine** Erstausbildung schulischer Art oder nach dem Berufsbildungsgesetz absolvieren werden (§ 33 Abs. 2 Nr. 2 b SGB II; LPK SGB II, 7. Aufl., § 33 Rn. 34, zur Art der Ausbildung),
- von Eltern, deren Tochter **schwanger** ist oder die ihr *„leibliches Kind"* bis zur Vollendung des sechsten Lebensjahres betreut (§ 33 Abs. 2 Nr. 3 a) und b) SGB II). Das gilt auch für minderjährige Töchter, letzteres sogar für Söhne.

Aber auch nicht

- von Kindern, deren Eltern **selbst** Alg II beziehen, wenn diese nicht mit ihnen zusammen in einer ⇨Haushaltsgemeinschaft wohnen.

Tipp: Wenn Sie einen Unterhaltsanspruch nach dem BGB gegen eine*n Unterhaltsve rpflichtete*n in den oben genannten Fällen nicht geltend machen, kann das Jobcenter Sie **nicht** dazu verpflichten (§33 Abs. 2 Nr. 2 SGB II). Haben Sie aber in einem oben genannten Fall Ansprüche „freiwillig" **geltend gemacht**, dann kann das Jobcenter diesen Unterhalt von dem/r Verpflichteten einfordern.

Allerdings sind auch Fälle bekannt geworden, bei denen Leistungsberechtigte vom Jobcenter **unter Druck gesetzt** wurden, damit sie „freiwillig" Unterhaltsansprüche bei Verwandten geltend machen. Lassen Sie sich nicht darauf ein!

3.1.2 Umgekehrt darf das Jobcenter Unterhalt nur fordern

- von Eltern gegenüber minderjährigen Kindern, die nicht in der Bedarfsgemeinschaft, z.B. bei Pflegeeltern leben (gesteigert),
- von Eltern gegenüber volljährigen Kindern unter 25 Jahren, die die Erstausbildung (s.o.) noch nicht abgeschlossen haben (nicht gesteigert),
- von Eltern gegenüber volljährigen Kindern unter 21 Jahren, die im Haushalt der Eltern oder eines Elternteils leben, unverheiratet sind und sich in allgemeiner Schulausbildung befinden (§ 1603 Abs. 2 BGB, gesteigert) und
- von Verwandten, denen gegenüber „freiwillig" Unterhaltsansprüche geltend gemacht wurden (nicht gesteigert) (§ 33 Abs. 2 SGB II).

Bei **mind. 25-jährigen Personen** in SGB II-Leistungsbezug werden nicht gesteigert Unterhaltspflichtige (⇨3.3 f.) **nicht** zum Unterhalt herangezogen.

Leistungen nach dem SGB XII (HzL der Sozialhilfe, Grundsicherung (GSi), Hilfe zur Pflege, etc.)

U

3.2 Unterhaltspflicht stark eingeschränkt gemäß § 94 Abs. 1a SGB XII

„Unterhaltsansprüche der Leistungsberechtigten gegenüber ihren Kindern und Eltern sind nicht zu berücksichtigen, es sei denn deren jährliches Gesamteinkommen [*] im Sinne des § 16 des Vierten Buches beträgt jeweils mehr als 100.000 Euro (Jahreseinkommensgrenze). Der Übergang von Ansprüchen der Leistungsberechtigten ist ausgeschlossen, sofern Unterhaltsansprüche nach Satz 1 nicht zu berücksichtigen sind. Es wird vermutet, dass das Einkommen der unterhaltsverpflichteten Personen nach Satz 1 die Jahreseinkommensgrenze nicht überschreitet. Zur Widerlegung der Vermutung nach Satz 3 kann der jeweils für die Ausführung des Gesetzes zuständige Träger von den Leistungsberechtigten Angaben verlangen, die Rückschlüsse auf die Einkommensverhältnisse der Unterhaltspflichtigen nach Satz 1 zulassen. Liegen im Einzelfall hinreichende Anhaltspunkte für ein Überschreiten der Jahreseinkommensgrenze vor, so ist § 117 anzuwenden. Die Sätze 1 bis 5 gelten nicht bei Leistungen nach dem Dritten Kapitel an minderjährige Kinder" (§ 94 Abs. 1a SGB XII).

*„*Gesamteinkommen*" ist die Summe der Einkünfte im Sinne des Einkommensteuerrechts gemäß § 2 Abs. 2 EStG (bei Land- und Forstwirtschaft, Gewerbebetrieb und selbständiger Arbeit der Gewinn: §§ 4 bis 7k und 13a EStg; und bei den anderen Einkunftsarten der Überschuss der Einnahmen über die Werbungskosten: §§ 8 bis 9a EStG).

„*Es umfasst insbesondere das Arbeitsentgelt und das Arbeitseinkommen*" (§ 16 SGB IV).

Gesamteinkommen ist wegen des Verweises auf das SGB IV das Bruttoeinkommen abzüglich berufsbedingter Aufwendungen, nicht das Nettoeinkommen.

Der Begriff des „*Gesamteinkommens*" bezieht sich auf die Summe aller Einkünfte, die eine **Einzelperson** bezieht (Müller 2012, 182 f.).

Das Sozialamt darf wegen § 94 Abs. 1a SGB XII insbesondere bei Gewährung von HzL, GSi und Hilfe zur Pflege keinen Unterhalt fordern

- von **Kindern**, deren Gesamteinkommen **jeweils unter 100.000 €** liegt, wenn deren Vater und/ oder Mutter Grundsicherung beziehen,
- von **Elternteilen**, deren Gesamteinkommen **jeweils unter 100.000 €** liegt (BSG 25.4.2013 - B 8 SO 21/11 R), wenn dauerhaft voll erwerbsgeminderte Kinder Grundsicherung beziehen,

Das **Vermögen** von Kindern und Eltern spielt **bei Anwendung des § 94 Abs. 1a SGB XII keine** Rolle (LPK SGB XII, 12. Aufl.,§ 94 Rn. 36).

Gemäß der gesetzlichen Regelung wird zunächst vermutet, dass das Einkommen der Eltern und Kinder die 100.000 €-Einkommensgrenze des § 94 Abs. 1a S. 1 SGB XII nicht überschreitet (§ 94 Abs. 1a S. 3 SGB XII).

Das Sozialamt ist zunächst an diese Vermutung gebunden.

„Zur Widerlegung der Vermutung nach Satz 3 kann der jeweils für die Ausführung des Gesetzes zuständige Träger von den Leistungsberechtigten Angaben verlangen, die Rückschlüsse auf die Einkommensverhältnisse der Unterhaltspflichtigen nach Satz 1 zulassen. Liegen im Einzelfall hinreichende Anhaltspunkte für ein Überschreiten der Jahreseinkommensgrenze vor, so sind die Kinder oder Eltern der Leistungsberechtigten gegenüber dem Träger der Sozialhilfe verpflichtet, über ihre Einkommensverhältnisse Auskunft zu geben, soweit die Durchführung dieses Buches es erfordert" (§§ 94 Abs. 1a S. 4 u. 5 i.V.m. 117 SGB XII).

Rückschlüsse können sich ergeben, wenn zum Beispiel nach der beruflichen Stellung der Unterhaltsverpflichteten gefragt wird oder der Quelle ihrer Einkommen. Ist Ihr Kind z.B. Chefärzt*in, liegt ein Anhaltspunkt vor, der dazu führen kann, dass das Sozialamt Auskunft über die Einkommensverhältnisse verlangt. Andererseits werden potentiell unterhaltsverpflichtete Personen i.d.R. darüber **informiert**, dass sie bei hohen Einkünften zum Unterhalt herangezogen werden. Diese wären dann **verpflichtet**, dem Sozialamt zu melden, wenn ihr Gesamteinkommen 100.000 € vor Steuern überschreitet.

Tipp: Sie sind nicht verpflichtet, Auskunft über die Einkommensverhältnisse Ihrer unterhaltspflichtigen Angehörigen zu geben. Sie kennen diese auch in aller Regel nicht. Schreiben Sie, falls im Antrag danach gefragt wird, dass Sie es nicht wissen.

3.3 Das Sozialamt darf ferner keinen Unterhalt fordern

- von **getrenntlebenden** Ehegatten oder eingetragenen Lebenspartner*innen, wenn ihre Partner*innen Grundsicherung beziehen (§ 43 Abs. 1 SGB XII),
- von Verwandten zweiten Grades (§ 94 Abs. 1 Satz 3 SGB XII; seit 1974) und
- von Eltern, deren Tochter schwanger ist oder ihr leibliches Kind bis zur Vollendung des sechsten Lebensjahres betreut (§ 94 Abs. 1 Satz 4 SGB XII).

3.3.1 Selbstbehalt bei nicht gesteigerter Unterhaltspflicht

Die Selbstbehalte sind höher als bei gesteigerter Unterhaltspflicht. Gemäß der Regelung des § 94 Abs. 1a SGB XII (100.000 €-Einkommensgrenze) wird ein Selbstbehalt in Höhe von 5000 € bis 5500 € monatlich diskutiert (vgl. oben Einleitung Ausführungen zum Angehörigen-Entlastungsgesetz).

Dabei wird Eltern gegenüber ihren volljährigen Kindern eine stärkere Pflicht zum Unterhalt auferlegt als umgekehrt; u.a. deswegen, weil erwachsene Kinder die Generation der Eltern schon über ihre Rentenversicherungsbeiträge versorgen.

Auch die Bereinigung des Einkommens ist bei der nicht gesteigerten Unterhaltspflicht *„großzügiger"*.

3.3.2 Selbstbehalt von Eltern gegenüber ihren nicht privilegierten volljährigen Kindern

In der Regel beträgt er mindestens **1.400 €** mtl., unabhängig davon, ob man erwerbstätig ist oder nicht (DT 2021, A. 5.). In den 1.400 € sind bis 550 € Warmmiete enthalten.

Plus

1120 € für den Ehegatten (DT 2021, B. VI. 2. b))

plus

Wohnkosten, die den Anteil im Selbstbehalt erheblich überschreiten und nicht vermeidbar sind.

Der Selbstbehalt darf nicht gesenkt werden, wenn Ihre Mietkosten geringer sind (BGH - FamRZ 2004, 186).

Leben **gesteigert unterhaltsberechtigte** minderjährige, unverheiratete **Kinder** oder volljährige, unverheiratete Kinder in Schulausbildung (bis zum Alter von 21 Jahren) im Haushalt der unterhaltspflichtigen Eltern, sind diese **vorrangigen** Unterhaltsansprüche **zuerst** vom Einkommen abzusetzen.

Für unterhaltsberechtigte **studierende Kinder** mit eigenem Haushalt kann ein Betrag in Höhe von 860 € (darunter 375 € für die Unterkunftskosten) vorrangig abgesetzt werden (DT 2021, A. 7.).

Erst vom **Restbetrag** wird der Selbstbehalt der Eltern gebildet. Bleibt dann noch etwas von deren Einkommen übrig, kann es zur

Hälfte bzw. bei Paarhaushalten zu 55 Prozent zum Unterhalt für das volljährige Kind herangezogen werden (die Berücksichtigung vorrangiger Unterhaltspflichten ist unter ⇨3.3.3 dargestellt).

3.3.3 Selbstbehalt volljähriger Kinder gegenüber ihren Eltern (Elternunterhalt)

Wie bereits oben in der Einleitung dargestellt wurde, hat das zum 01.01.2020 in Kraft getretene Angehörigen-Entlastungsgesetz und der damit eingeführte § 94 Abs. 1a SGB XII nicht nur erhebliche Auswirkungen auf das Recht des SGB XII, sondern auch auf das Unterhaltsrecht des BGB und dort insbesondere auf den Elternunterhalt.
Um die Problematik besser verstehen zu können, wird nachfolgend zunächst kurz die Rechtslage bzw. Rechtsentwicklung bis zum Inkrafttreten des Angehörigen-Entlastungsgesetz dargestellt, bevor auf die Auswirkungen des § 94 Abs. 1a SGB XII für das Unterhaltsrecht ab 01.01.2020 eingegangen wird.

Der Unterhaltsanspruch von Eltern gegenüber ihren volljährigen Kindern (sog. Elternunterhalt) ist ein Fremdkörper im deutschen Recht und hat aus diesem Grund vom Gesetzgeber auch nur eine schwache Stellung erhalten (vorletzte Position in der Rangfolge der möglichen Unterhaltsberechtigten, § 1609 Nr. 6 BGB). Aus diesem Grund, und weil man als Kind nicht damit rechnet und sich daher auch nicht darauf einstellt, irgendwann seinen Eltern Unterhalt zahlen zu müssen, hat die Rechtsprechung schon früh entschieden, dass die Kinder vor der Inanspruchnahme auf Elternunterhalt besonders zu schützen sind (BGH 26.2.1992 – XII ZR 93/91, FamRZ 1992, 795 (797)). Dies auch deshalb, da die Kinder oft in einem Alter (Durchschnittsalter: 55 Jahre) für Elternunterhalt herangezogen werden, in dem sie schon einen Lebensstandard entwickelt und sich entsprechend eingerichtet haben. Die Schutzbedürftigkeit ergibt sich auch daraus, dass diese Kinder oft zu der „sog. Sandwichgeneration“ gehören. Das heißt, sie finanzieren über ihre Rentenversicherungsbeiträge die aktuelle Rentnergeneration – folglich auch ihre Eltern und haben meist selbst Kinder, denen sie vorrangig Unterhalt schulden.

Der BGH hat daher bereits im Jahr 2002 entschieden:
Ein seinen Eltern unterhaltspflichtiges Kind braucht durch den Elternunterhalt keine spürbare und dauerhafte Senkung seines berufs- und einkommenstypischen Lebensniveaus hinzunehmen, sofern es nicht einen unangemessenen Aufwand betreibt und nicht im Luxus lebt, ***sog. Lebensstandardgarantie*** (BGH 23.10.2002 – XII ZR 266/99, FamRZ 2002,1698).
Diese Lebensstandardgarantie hatte auch Auswirkungen auf die Ausgaben, welche vom Einkommen abgezogen werden konnten. Denn sie erlaubte Abzüge vom Einkommen in größerem Umfang als im übrigen Unterhaltsrecht.

Weiter wurde der Schutz der Kinder dadurch erreicht, dass ihnen hohe Selbstbehalte für das Einkommen und ein hohes Schonvermögen (Altersvorsorgevermögen, Vorsorgevermögen, Notgroschenvermögen, Ausbildungsvermögen, geschützte angemessene selbstgenutzte Immobilie), das nicht für den Elternunterhalt eingesetzt werden musste, gewährt werden.

Für eine*n Alleinstehende*n betrug der Selbstbehalt im Jahr 2019 mindestens **1.800 €** mtl. (einschließlich 480 € Warmmiete) **zuzüglich der Hälfte** des darüber hinausgehenden Einkommens; bei Vorteilen des Zusammenlebens mit einer anderen Person in der Regel 45 Prozent des darüberhinausgehenden Einkommens (DT 2019 B VI 1c)), so dass dann 55 Prozent des über dem Selbstbehalt liegenden Einkommens zum Unterhalt herangezogen werden konnte. Im Jahr 2020 erhöhte sich dieser Selbstbehalt laut der DT 2020 auf 2.000 € (DT 2020 B VI 1c)).

Der Umstand, dass trotz des Angehörigen-Entlastungsgesetzes und der 100.000 €-Einkommensgrenze der Selbstbehalt in der DT für das Jahr 2020 nur 2.000 € beträgt, beruhte darauf, dass die DT für das Jahr 2020 bekannt gegeben wurde, bevor das Angehörigen-Entlastungsgesetz verabschiedet wurde.

In der neuen DT für das Jahr 2021 heißt es hierzu unter D. I. nun:
„***Angemessener Selbstbehalt gegenüber den Eltern:*** *Dem Unterhaltspflichtigen ist der*

angemessene Eigenbedarf zu belassen. Bei dessen Bemessung sind Zweck und Rechtsgedanken des Gesetzes zur Entlastung unterhaltspflichtiger Angehöriger in der Sozialhilfe und in der Eingliederungshilfe (Angehörigenentlastungsgesetz) vom 10. Dezember 2019 (BGBl I S. 2135) zu beachten.“
Der Selbstbehalt erhöhte sich um mindestens 1440 € für einen Ehegatten.

Aufgrund der ab 01.01.2020 geltenden 100.000 €- Einkommensgrenze des § 94 Abs. 1a SGB XII muss der Selbstbehalt daher deutlich erhöht werden. Es wird daher vorgeschlagen, den **Selbstbehalt** für **Alleinstehende** auf **5.000 €** und bei Zusammenleben **mit** einem **Ehegatten** auf **9.000 €** zu erhöhen (Hauß 2020, Rn. 89). Dies wird auch dadurch gestützt, dass der BGH in mehreren Entscheidungen zum Ehegattenunterhalt erklärt hat, dass davon auszugehen ist, dass Ehegatten ein Einkommen bis zum doppelten des Höchstsatzes der DT (Höchstsatz 5500 €) für ihren Lebensunterhalt verbrauchen (BGH 25.9.2019 - XII ZB 25/19). Nach dieser Rechtsprechung darf man also davon ausgehen, dass es nicht ungewöhnlich ist, einen Betrag von 5.500 € monatlich für den Lebensunterhalt zu verbrauchen, ohne Rücklagen bilden zu können. Wenn man aber das Bekenntnis des BGH zur Lebensstandardgarantie im Elternunterhalt ernst nimmt, ist ein Selbstbehalt in Höhe von 5.000 € bzw. 9.000 € die logische Folge dieser Rechtsprechung (Hauß 2020, Rn. 89).

3.3.4 Einkommen bei nicht gesteigerter Unterhaltspflicht

Für die Auslegung des Unterhaltsrechts nach dem BGB nach Inkrafttreten des Angehörigen-Entlastungsgesetzes gibt es soweit ersichtlich noch keine einschlägigen Gerichtsentscheidungen. Insbesondere im Hinblick auf die in der Literatur vorgeschlagenen deutlich erhöhten Selbstbehalte ist fraglich, ob dann noch für die von der Rechtsprechung bis zum 31.12.2019 angewendeten großzügigen Einkommensbereinigungen Raum ist. Ob die nachfolgenden Ausführungen auch in Zukunft anwendbar sind, bleibt abzuwarten und wird von den Gerichten entschieden werden.

Ihr Einkommen wird berechnet und bereinigt wie bei gesteigerter Unterhaltspflicht (⇨2.3.2).
Aber: Sie können Ihr Einkommen in höherem Umfang um **besondere Belastungen** bereinigen.

3.3.4.1 Bereinigung des Einkommens um besondere Belastungen

„Hier müssten als angemessen grundsätzlich alle Ausgaben anerkannt werden, die sich bei dem zur Verfügung stehenden Familieneinkommen im Rahmen einer objektiv vernünftigen Lebensführung hielten“ (BGH 26.2.1992, FamRZ 1992, 796). Dies ist auch Folge der Lebensstandardgarantie-Rechtsprechung des BGH. Da Sie beim Elternunterhalt – anders als beim Kindesunterhalt – nicht damit rechnen und sich auch nicht darauf einstellen mussten, ihren Eltern einmal Unterhalt zahlen zu müssen, sind grundsätzlich alle Ausgaben zu berücksichtigen, welche Sie schon hatten, bevor Sie wussten, dass Sie eventuell Elternunterhalt zahlen müssen. Denn diese Ausgaben haben Ihren bisherigen Lebensstandard geprägt. Jedoch ist zu berücksichtigen, dass bestimmte Ausgaben bereits im Selbstbehalt enthalten sind, und daher in jedem Einzelfall zu prüfen ist, ob die Ausgabe neben der Berücksichtigung des Selbstbehaltes noch vom Ihrem Einkommen abgezogen werden kann.

Das sind z.B. folgende Ausgaben:

3.3.4.2 Schuldverpflichtungen, auch Tilgung für Hypotheken

„Schulden können je nach den Umständen des Einzelfalls (Art, Grund und Zeitpunkt des Entstehens) das anrechenbare Einkommen vermindern“ (OLG Düsseldorf, Leitlinien zum Unterhalt, 1.8.2015, 10.4). *„In Fällen des Kindes- und Ehegattenunterhalts kann es angemessen sein, Schulden nur im Verhältnis zum Ehegatten oder zum ... [nicht-gesteigert] Unterhaltsberechtigten anzuerkennen, nicht aber gegenüber [gesteigert unterhaltsberechtigten] minderjährigen Kindern“* (DV 35/13 AF III, Rn. 93).
Die mit *„Anschaffungen wie dem Erwerb eines Eigenheims oder eines Kraftfahrzeugs verbundenen langfristigen Belastungen“*

gelten als angemessen (BGH, ebenda). Das gilt besonders für bereits bestehende Belastungen: *„Schuldverpflichtungen, die vor Kenntnis der Unterhaltsbedürftigkeit des Berechtigten eingegangen worden sind, sind i.d.R. vom unterhaltsrelevanten Einkommen abzusetzen“* (DV 35/13 AF III, Rn. 94).

3.3.4.3 Bildung von Rücklagen
Rücklagen, die der Aufrechterhaltung des bisherigen Lebensstandards dienen, sind geschützt, wie z.B. Rücklagen für Reparaturen am Eigenheim, Ersatzbeschaffung für langlebige Konsumgüter einschließlich eines Kfz, Aufwendungen für eine zusätzliche Altersvorsorge, Rücklagen für Notlagen oder übliche Familienausgaben wie die Kosten eines Urlaubs (BGH, ebenda, 795-797). Wenn Sie keine Rücklagen bilden dürften, wären Sie gezwungen, sich im Bedarfsfall zu verschulden. Auch Rücklagen für eventuelle Notlagen sind anzuerkennen.

3.3.4.4 Ausgaben für den Lebensbedarf,
z.B. *„für größere einmalige Anschaffungen oder [...] den Familienurlaub“* (BGH, ebenda). Wenn Schulden bzw. Rücklagen für solche Zwecke anerkannt werden, dann auch die entsprechenden Ausgaben, die nicht aus abzugsfähigen Rücklagen oder Schulden getätigt wurden.

3.3.4.5 Kosten für Fort- und Weiterbildung
als nachgewiesene berufsbedingte Ausgaben, wenn dadurch die Pauschale von höchstens 150 € mtl. überschritten wird (DT 1/2018, A. 3.).

3.3.4.6 Ausgaben für Familienereignisse
(Geburt, Kommunion/ Konfirmation/ Jugendweihe, Heirat, Tod usw.).

3.3.4.7 Besondere Belastungen
Was vor 1995 laut § 84 BSHG dazu gehörte, ist auch heute noch ein Anhaltspunkt:
- Fahrtkosten für den Besuch von Angehörigen in Heimen usw.,
- Aufwendungen für Kranke, Pflegebedürftige und Behinderte,
- vorrangige Unterhaltsleistungen,
- Aufwendungen für die Sicherung der Wohnung (Mietschulden, Umzug, Renovierung, Tilgungsbeträge, Baukostenzuschüsse) oder
- Anwalts- und Gerichtskosten (DV NDV 1992, 37).

Ferner:
- Schul- und Kindergartenbeiträge (VGH Hessen 18.2.1992, ZfSH/SGB 1992, 360),
- Versicherungen, die bei der Bereinigung des Einkommens nicht anerkannt wurden, z.B. eine Rechtsschutzversicherung (OVG Lüneburg 29.11.1989, FEVS 42, 110),
- Kfz-Versicherung (BVerwG 62, 261) und Kfz-Steuer (OVG Lüneburg 29.11.1989, FEVS 42, 110), wenn das Auto für den Weg zur Arbeit notwendig ist.

3.3.4.8 Angemessene Altersvorsorge
Der BGH hat beim Elternunterhalt (Unterhalt gegenüber Eltern) fünf Prozent des Bruttoeinkommens und, bei Einkommen oberhalb der Beitragsbemessungsgrenze, der Rentenversicherung als absetzfähig anerkannt. Bei Personen, die von der gesetzlichen Rentenversicherungspflicht befreit sind, werden 25 Prozent (DT Leitlinien 01.08.2015) bzw. 24 Prozent (Unterhaltsleitlinien der anderen OLG) des Bruttoeinkommens für zusätzliche Altersvorsorge als absetzfähig anerkannt (BGH FamRZ 2004, 792). In den anderen Unterhaltsverhältnissen (Kindesunterhalt, Ehegattenunterhalt) sind es vier Prozent des Bruttoeinkommens. Die eigene Altersvorsorge hat Vorrang vor dem (Eltern-)Unterhalt.

4. Unterhaltspflicht von Eltern gegenüber volljährigen behinderten oder pflegebedürftigen Kindern

Wenn Kinder in erheblichem Maße zur Teilhabe an der Gesellschaft eingeschränkt (§ 99 SGB IX) oder pflegebedürftig im Sinne von § 61a SGB XII sind, ist die Unterhaltspflicht der Eltern erheblich eingeschränkt. Für Hilfe zur Pflege müssen unabhängig von Einkommen und Vermögen nur bis zu 34,44 € mtl. gezahlt werden. Für Hilfe zum Lebensunterhalt (3. Kapitel SGB XII) und Grundsicherung im Alter und bei Erwerbsminderung (4. Kapitel SGB XII) nur bis zu 26,49 € mtl. (§ 94 Abs. 2 S.1 SGB XII; Fortschreibung der Beträge seit 2005; Stand: 2020).

Die Beträge erhöhen sich um den Prozentsatz, um den das Kindergeld erhöht wird (§ 94 Abs. 2 Satz 3 SGB XII).

Dabei **vermutet** das Sozialamt, dass Sie die Beträge zahlen können (§ 94 Abs. 2 S. 2 SGB XII).

Tipp: Haben Sie nur ein niedriges Einkommen, rechnen Sie nach, ob Sie damit unter dem für Sie maßgeblichen Selbstbehalt der nicht gesteigerten Unterhaltspflicht liegen. Wenn ja, beantragen Sie, dass der pauschale Unterhaltsbeitrag nicht erhoben wird.

5. Keine Unterhaltspflicht bei *„unbilliger Härte"*

Unterhaltsansprüche können nicht auf das Sozialamt übergehen, wenn dies *„eine unbillige Härte bedeuten würde"* (§ 94 Abs. 3 S.1 Nr. 2 SGB XII). Nicht einfach nur Härte, sondern *„unbillige Härte"*.

Eine *„unbillige Härte"* liegt z.B. vor,
- wenn Sie für Eltern bzw. Kinder zahlen sollen, denen Sie völlig entfremdet sind (BVerwG, FEVS 21, 86),
- wenn Sie durch sie vernachlässigt, missbraucht oder grob schlecht behandelt wurden (das müssen Sie allerdings glaubhaft machen),
- wenn Sie als Kind im Heim aufgewachsen sind oder
- wenn Ihre Eltern ihrer Unterhaltspflicht gegenüber Ihnen als minderjähriges Kind nicht nachgekommen sind,
- wenn die Höhe der Unterhaltszahlung in keinem Verhältnis zu einer *„zu befürchtenden nachhaltigen Störung des Familienfriedens"* steht (DV 35/13 AF III, Rn. 13) oder Ihren Verbleib im Haushalt des Unterhaltspflichtigen gefährden könnte,
- wenn die Unterhaltspflicht *„mit Rücksicht auf die Höhe und Dauer des Bedarfs zu einer nachhaltigen und unzumutbaren Beeinträchtigung des Unterhaltspflichtigen und der übrigen Familienmitglieder führen würde"* (DV ebenda),
- wenn Sie *„vor Eintreten der Sozialhilfe über das Maß ... [Ihrer] zumutbaren Unterhaltsverpflichtung hinaus die leistungsberechtigte Person gepflegt und betreut"* haben (ebenda; BVerwG, FamRZ 2003, 1468) oder noch immer *„einen wesentlichen Teil des Pflege- und sonstigen Unterhaltsbedarfs [...] in Natur leisten"* (DV ebenda) oder
- wenn die Zielsetzung der Leistungen in einem Frauenhaus durch die Heranziehung des gewalttätigen Partners gefährdet ist oder eine von der schutzsuchenden Frau angestrebte Versöhnung dadurch vereitelt würde (⇨Frauenhaus 3.) (DV ebenda).

Allerdings hat der Bundesgerichtshof zuletzt 2014 klargestellt, dass nur bei einer **schweren Verfehlung** des unterhaltsberechtigten Elternteils eine teilweise oder völlige Verwirkung von Unterhaltsansprüchen in Betracht kommt. Ein **langanhaltender Kontaktbruch** stelle zwar eine Verfehlung dar, jedoch führe nur ausnahmsweise das Hinzukommen weiterer erschwerender Umstände dazu, dass eine Unterhaltsleistung eine unbillige Härte darstellen würde (BGH 12.2.2014 - XII ZB 607/12).

6. Einsatz des Vermögens der Unterhaltsverpflichteten

Unterhaltsverpflichtete werden auch mit ihrem Vermögen zum Unterhalt herangezogen, wenn ihr Einkommen nicht zur Abdeckung der Unterhaltspflichten ausreicht. Das Vermögen ist dabei *„bis zur vollen Deckung des monatlichen Unterhaltsbedarfs des Berechtigten einzusetzen"* (DV 35/13 AF III, Rn. 99; Umkehrschluss aus § 1602 Abs. 2 BGB: nur bei minderjährigen Kindern ist der Vermögensstamm geschützt und muss nicht für den Unterhalt herangezogen werden).
Aber: *„Unterhaltspflichtig ist nicht, wer bei Berücksichtigung seiner sonstigen Verpflichtungen außerstande ist, ohne Gefährdung seines angemessenen Unterhalts den Unterhalt zu gewähren"* (§ 1603 Abs. 1 BGB; OLG Karlsruhe, NJW 2004, 296).

Von Vermögensschutz ist hier nicht die Rede. Der Vermögenseinsatz wird nur dadurch eingeschränkt, dass er den *„angemessenen Unterhalt"* nicht gefährden soll.
Wenn Sie fortlaufende Einkommen aus Vermögen zur Bestreitung Ihres eigenen Unterhalts brauchen, bleibt das Vermögen verschont. Nur die verfügbaren Vermögenserträge werden angerechnet (DV 35/13 AF III, Rn. 98).

6.1.1 Barvermögen bei gesteigerter Unterhaltspflicht

Als angemessener Unterhalt wird beim Barvermögen zumindest ein „Notgroschen" als Vermögensreserve gewertet. Der Notgroschen entspricht in der Regel dem Schonvermögen nach SGB XII, das seit 01.04.2017 für volljährige Personen 5.000 € beträgt (früher: 1.600/2.600 € und 614 € für Partner*in) (BGH NJW 2004, 678 in Bezug auf das Schonvermögen nach dem alten BSHG; DV 2008, Rn. 102). Übersteigendes Vermögen muss voll eingesetzt werden.

6.1.2 Barvermögen bei nicht gesteigerter Unterhaltspflicht

Das Angehörigen-Entlastungsgesetz bzw. § 94 Abs. 1a SGB XII stellt für die unterhaltsrechtliche Heranziehung ausschließlich auf das Einkommen ab. Hieraus kann für die Unterhaltspflicht nach dem BGB jedoch nicht geschlossen werden, dass das Vermögen unterhaltspflichtiger Kinder vollständig unberücksichtigt bleibt (Hauß 2020, Rn. 95). Da durch das Angehörigen-Entlastungsgesetz insbesondere die Kinder, deren Eltern Sozialhilfe beziehen, entlastet werden sollten, sind jedenfalls die nachfolgenden Regeln, die der BGH zum Schutz von Kindern bei Inanspruchnahme auf Elternunterhalt bereits vor dem 01.01.2020 aufgestellt hat, auch weiterhin anzuwenden.

Nicht gesteigert Unterhaltspflichtige müssen zwar grundsätzlich auch ihren Vermögensstamm einsetzen (§ 1603 Abs. 1 BGB). Bei nicht gesteigerter Unterhaltspflicht muss der/die Unterhaltsverpflichtete den Stamm seines/ihres Vermögens jedoch nicht einsetzen, wenn er/sie das Vermögen und die daraus erzielten Einkünfte für seinen/ihren *„Lebensbedarf einschließlich seiner Altersversorgung"* für sich, den Ehegatten sowie *„zur Erfüllung berücksichtigungsfähiger Verbindlichkeiten einschließlich seiner [weiteren] Unterhaltspflichten"* benötigt. Die Heranziehung des Vermögens erfolgt *„unter Berücksichtigung seiner voraussichtlichen Lebensdauer"*, *„seiner künftigen Erwerbsmöglichkeiten"* und seiner *„Lebensstellung"* (DV 35/13 AF III, 100).

Der BGH hat in Folge seiner Lebensstandardgarantie-Rechtsprechung und des damit beabsichtigten Schutzes der Kinder vor Inanspruchnahme auf Elternunterhalt Grundsätze entwickelt, die den Kindern ein hohes Schonvermögen gewähren.

Hierbei sind als mögliches Schonvermögen insbesondere das Altersvorsorgevermögen, das Vorsorgevermögen (z.B. Ansparungen für konkret zu benennende Immobilieninstandsetzungsmaßnahmen), Notgroschenvermögen (zur Sicherung vor Notlagen durch unvorhersehbaren Krankheiten, eventuelle Reparaturen und Ersatzbeschaffungen) und Ausbildungsvermögen (zur Sicherung der Ausbildung von Kindern) zu nennen.

Insbesondere die Berechnung des geschützten **Altersvorsorgeschonvermögens** als Vorsorge für ein angemessenes Alterseinkommen nach den Vorgaben des BGH gewährt dem Kind sehr hohe Freibeträge. Zur Berechnung dieses Schonvermögens wird wie folgt vorgegangen: Für die Ermittlung wird von dem Einkommen ausgegangen, welches das Kind zum Zeitpunkt der Inanspruchnahme auf Elternunterhalt hat. Hiernach werden fünf Prozent des letzten den Lebensstandard prägenden Einkommens plus 24 Prozent des nicht sozialversicherungspflichtigen Einkommens (BGH FamRZ 2010, 1535) aufgezinst mit vier Prozent über die Lebensarbeitszeit (Renteneintrittsalter) ab dem 18. Lebensjahr (arg. aus § 851c ZPO) (BGH 30.08.2006 – XII ZR 98/04) angesetzt. Hierbei ist auch zu berücksichtigen, dass die Art der zusätzlichen Altersvorsorge unerheblich ist, soweit sie überhaupt zur Altersvorsorge geeignet ist. Es kann sich etwa um Bar- und Bankvermögen, Wertpapiervermögen, Kapitalwerte aus Lebensversicherung oder Sachvermögenswerte (fremdgenutzte Immobilien) handeln (BGH 19.02.2003 – XII ZR 67/00).

Bei Beamt*innen kann eine Begrenzung des Altersvorsorgeschonvermögens dahingehend vorgenommen werden, als deren Einkommen ohne eine Beitragsbemessungsgrenze altersversorgungsbildend ist. Dies hat zur Folge, dass bei der Bestimmung des Altersvorsorgeschonvermögens lediglich der Ansatz von fünf Prozent des letzten den Lebensstandard prägenden Einkommens berechnet über die Lebensarbeitszeit, berechtigt ist. Dies hat seinen Grund in der Besonderheit der beamtenrechtlichen Versorgungskonstruktion.

Beispielberechnung Altersvorsorgeschonvermögen: :

Herr K. soll im Alter von 55 Jahren Elternunterhalt zahlen. Sein monatliches Bruttoeinkommen beträgt 2500 €. Er hat ein Bankguthaben in Höhe von 40.000 € und eine Lebensversicherung im Wert von 60.000 €.

Alter im Zeitpunkt der Inanspruchnahme:	55 Jahre
Versorgung >Ansparphase daher:	37 Jahre (55 - 18)
Jahresbruttoeinkommen/ Monatsbrutto:	30.000 € / 2.500 €
Einkommen unter Beitragsbemessungsgrenze (West 2021: 7.100 €) daher:	
Versorgungsrücklage mtl. (5 % vom 2.500 €)	125 €
Altersvorsorgerücklage, verzinst mit 4 % über 37 × 12 Monate =	444 Monate
Altersvorsorgeschonvermögen daher:	**122.553 € (!)**

Da grundsätzlich jede Art von zusätzlicher Altersvorsorge anerkannt ist und das Vermögen des Herrn K in Höhe von 100.000 € nicht über dem Altersvorsorgeschonvermögens Betrag in Höhe von 122.553 € liegt, ist er nicht leistungsfähig und muss keinen Elternunterhalt zahlen.

Hierbei ist zu berücksichtigen, dass nach der Rechtsprechung das geschützte Altersvorsorgeschonvermögen dem Kind eine angemessene Altersvorsorge ermöglichen soll. Hier wird diskutiert, dass jedenfalls eine monatliche Rente von 1.800 € angelehnt an den Selbstbehalt eines/r Alleinstehenden beim Elternunterhalt anzusetzen ist (Hauß 2020, Rn 3741 ff). Im Hinblick auf die unterschiedlichen Erwerbsbiografien kann daher auch ein höheres Altersvorsorgeschonvermögen geltend gemacht werden, wenn dies notwendig ist, um die angemessene Rente zu erzielen.

Nimmt man als Angemessenheitsmaßstab für eine zukünftige Rente den Selbstbehalt der unterhaltspflichtigen Person an, wäre im Jahr 2020 für eine 50-jährige unterhaltspflichtige Person – ausgehend von einem Selbstbehalt von 5.000 € und einem Bruttojahreseinkommen von 100.000 € – ein Altersvorsorgevermögen in Höhe von 725.594 € als Altersvorsorgeschonvermögen geschützt (Hauß 2020, Rn. 638).

Hiernach ergibt sich, dass Folge der pauschalisierenden Berechnung des Schonvermögens teilweise ein sehr hohes Altersvorsorgeschonvermögen ist. Ob die Rechtsprechung aus diesem Grund zukünftig ab einem bestimmten Betrag eine Begrenzung des Altersvorsorgeschonvermögens vornehmen wird, ist derzeit nicht abzusehen, würde aber der Lebensstandardgarantie-Rechtsprechung des BGH und dem sich aus der 100.000 €-Einkommensgrenze (§ 94 Abs. 1a SGB XII, DT 2021 D. I.) ergebenden Selbstbehalt von 5.000 € widersprechen.

Es ist daher unzutreffend, wenn manche Sozialbehörden nur feste Beträge als geschütztes Altersvorsorgeschonvermögen anerkennen.

Die **selbstgenutzte Wohnung oder das Haus** ist neben dem Altersvorsorgeschonvermögen geschützt. Entgegen der Auffassung mancher Sozialbehörden reduziert die selbstgenutzte Immobilie daher nicht die Höhe des Altersvorsorgeschonvermögens (BGH 07.08.2013 – XII ZB 269/12).

Neben dem Altersvorsorgeschonvermögen und der geschützten selbstgenutzten Immobilie ist u.a. auch das **Notbedarfsvermögen** geschützt. Dieses Vermögen dient u.a. zur Reparatur oder dem Ersatz von Haushaltsgeräten oder eines PKW und soll bei Krankheit und anderen unverhofften Einnahmeausfällen die laufenden Zahlungen und den Unterhalt der Familie sicherstellen. Hierbei geht der BGH grundsätzlich von einem geschützten Betrag in Höhe von drei Monatsnettoeinkommen aus. Der BGH hat jedoch auch darauf hingewiesen, dass bei einem niedrigen Nettoeinkommen das Notbedarfsvermögen entsprechend höher sein muss, da bei einem niedrigen Einkommen kein Spielraum für Rückstellungen besteht. So hat der BGH bei einem Nettoeinkommen in Höhe von 1400 € ein Notbedarfsvermögen in Höhe von 10.000 € angesetzt (BGH 07.08.2013 – XII ZB 269/12).

6.2 Sachvermögen: Hausbesitz

Auch bei gesteigerter Unterhaltspflicht darf in der Regel die Veräußerung eines selbst genutzten Familienheims nicht verlangt werden (DV 35/13 AF III, Rn. 100).

Bei nicht gesteigerter Unterhaltspflicht ist ein selbstbewohntes Haus mit nicht mehr als zwei Wohnungen oder eine selbstbewohnte Eigentumswohnung geschützt (DV ebenda). Eine Obergrenze hat der DV nicht angegeben. Das Bundesverfassungsgericht hat entschieden, dass erwachsene Kinder für die Begleichung der Sozialhilfekosten ihrer pflegebedürftigen Eltern kein Darlehen auf ihr selbstbewohntes Haus aufnehmen müssen (BverfG 1 - BvR 1508/96, FTD 8.6.2005).

Wenn Sie unterhaltspflichtig sind und den Besitz eines Hauses angeben, das Sie **nicht** selbst bewohnen, kann die Verwertung im Rahmen der Unterhaltspflicht verlangt werden (in Bezug auf ein Ferienhaus: BGH 23.10.1985, ZfF 1986, 181). Bei nicht selbst genutzten, vermieteten Eigentumswohnungen oder Einfamilienhäusern können die Mieteinnahmen bzw. das Vermögen aber auch als angemessene Alterssicherung betrachtet werden (VGH Bayern 4.12.1992, FEVS 1993, 229).

6.3 Kraftfahrzeug

Selbstgenutzte Kfz sind bei nicht gesteigerter Unterhaltspflicht geschützt (Müller 2012, 124).

6.4 Keine Unterhaltspflicht, wenn der/die Unterhaltsberechtigte Vermögen hat, das nach Alg II/ Sozialhilfe geschützt ist, nicht aber nach dem BGB

Die Unterhaltspflicht ist im Bürgerlichen Gesetzbuch von 1900 geregelt. *„Unterhaltsberechtigt ist nur, wer außerstande ist, sich selbst zu unterhalten"* (§ 1602). Ein*e Unterhaltsberechtigte*r muss also sein/ihr gesamtes Vermögen ohne Einschränkungen einsetzen, bevor er/sie einen Anspruch auf Unterhalt hat. *„Im Unterschied zum SGB XII gibt es im bürgerlichen Recht beim Berechtigten keine Schutzvorschriften zugunsten bestimmter Vermögensteile. Das kann zur Folge haben, dass der Unterhaltsberechtigte zwar Anspruch auf Sozialhilfe hat, aber nicht oder nicht voll bedürftig im Sinne des BGB ist"* (DV 35/13 AF III, Rn. 74). Das Gleiche gilt auch für sein/ihr Einkommen und Arbeitskraft.

SGB XII und SGB II kennen aber anrechnungsfreies Vermögen und Einkommen und schränken auch die Zumutbarkeit der Arbeit ein.

Wenn also Unterhaltsberechtigte Vermögen besitzen, das bei Alg II/ Sozialhilfe geschützt ist, aber nach den bürgerlich-rechtlichen Unterhaltsbestimmungen nicht, muss die Unterhaltspflicht entfallen. Das erkennt auch der Deutsche Verein an: *„Grundsätzlich hat ein dem Grunde nach Unterhaltsberechtigter auch den Stamm seines Vermögens, unabhängig von dessen Art, für seinen eigenen Unterhalt einzusetzen, bevor er von einem ihm dem Grunde nach Unterhaltsverpflichteten Unterhalt verlangen kann"* (DV ebenda, Rn. 72). *„Diese Möglichkeit kann z.B. bestehen, wenn der Berechtigte nach § 90 Abs. 2 SGB XII geschütztes Vermögen besitzt"* (DV ebenda, Rn. 74).

Die Unterhaltspflicht entfiel schon vor der Einführung des SGB II, wenn Beziehende von Arbeitslosenhilfe **Schonvermögen** besaßen (BSG, FEVS 38, 164ff). Das geschützte ⇨Vermögen in der ehemaligen Arbeitslosenhilfe und jetzt im SGB II liegt deutlich über dem, was als „Notgroschen" (Vermögensstamm) anerkannt ist.

Auch ein nach SGB II/ SGB XII geschütztes Eigenheim eines/r Unterhaltsberechtigten müsste demnach zuerst verwertet werden, bevor die Unterhaltspflicht nach dem BGB greift (Müller 2012, 89).

Ob eine Verwertung des Vermögens unterhalb des sozialhilferechtlichen Schonvermögens zuzumuten ist, damit der Anspruch auf Unterhalt überhaupt erst entsteht, muss der Sozialhilfeträger **im Einzelfall prüfen**. Dabei sind dem/r Unterhaltsberechtigten seit 01.04.2017 i.d.R. ein Barbetrag für volljährige Personen in Höhe von 5000 € sowie *„geringwertige Gegenstände"* freizustellen (DV ebenda).

6.5 Aufrechnung von Unterhalt mit Darlehensforderungen

Ein*e Unterhaltspflichtige*r darf die vom Sozialamt festgesetzten Unterhaltszahlungen mit Darlehen aufrechnen, die er/sie den Unterhaltsberechtigten gegeben hat. Die Unterhaltspflicht entfällt bis zur Höhe des Darlehens (LG Heilbronn 21.9.1989, ZfF 1991, 115).

7.1 Unterhalt vom Unterhalt? *„verdeckte Schwiegerkindhaftung"*

Nach Inkrafttreten des Angehörigen-Entlastungsgesetzes und des § 94 Abs. 1a SGB XII sowie der sich danach ergebenden Erhöhung der Selbstbehalte (Alleinstehender: 5.000 € und bei Zusammenleben mit Ehegatten: 9.000 €, Hauß 2020 Rn. 89) dürfte die Problematik der verdeckten Schwiegerkindhaftung weitestgehend an Bedeutung verloren haben.

7.2 Unterhaltspflicht gegenüber der Mutter bzw. dem Vater eines nichtehelichen Kindes

Die Mutter eines nichtehelichen Kindes hat seit 1995 gegenüber dem Vater des Kindes einen Unterhaltsanspruch für die Dauer von sechs Wochen vor und acht Wochen nach der Geburt. Auch die Kosten infolge Entbindung und Schwangerschaft sind vom Vater zu übernehmen (§ 1615 l Abs. 1 BGB).
Wenn die Mutter infolge der Schwangerschaft nicht erwerbstätig ist und nach der Geburt wegen **Pflege und Erziehung** des Kindes keine Erwerbstätigkeit erwartet werden kann, muss der Vater ihr vier Monate vor bis zu drei Jahre nach der Entbindung Unterhalt zahlen (§ 1615 l Abs. 2 BGB). Für eine Verlängerung dieses Betreuungsunterhalts über drei Jahre hinaus können neben Gründen des Kindeswohls (§ 1615 l Abs. 2 Satz 4 u. 5 BGB neu) *„auch elternbezogene Gründe"* ausschlaggebend sein. Das ist umso eher der Fall, je mehr die Beziehung der Eltern mit *„einer Ehe vergleichbar war"* (BGH 16.7.2008 - XII ZR 109/05).
Der **Selbstbehalt** des Vaters beträgt bei Erwerbstätigkeit 1.280 €, wenn er nicht erwerbstätig ist: 1.180 € (hierin enthalten jeweils: 490 € Warmmiete) (DT 1/2021, D. II.).

Wenn der **Vater** wegen Erziehung und Pflege seines nichtehelichen Kindes nicht erwerbstätig sein kann, hat auch er umgekehrt gegen die Mutter einen Unterhaltsanspruch von bis zu drei Jahren nach der Geburt (§ 1615 l Abs. 4 BGB).

8. Darf eine Behörde Sie abweisen, wenn Ihnen Unterhalt zusteht?

Nein, denn Sie haben einen unmittelbaren Bedarf in der Gegenwart, der nicht durch den Verweis auf eine zukünftige Bedarfsdeckung abgewiesen werden darf. Die Behörde muss also **vorleisten**. Nur wenn der Unterhaltsanspruch **sofort** realisiert werden kann, ist es zulässig, vorrangig auf Unterhaltspflichtige zu verweisen.

8.1 Automatischer Übergang des Unterhaltsanspruchs auf die Behörde

Alg II/HzL der Sozialhilfe

„Hat die leistungsberechtigte Person für die Zeit, für die Leistungen erbracht werden, nach bürgerlichem Recht einen Unterhaltsanspruch, geht dieser bis zur Höhe der geleisteten Aufwendungen [...] auf den Träger der Sozialhilfe über" (§ 94 Abs. 1 Satz 1 SGB XII; sinngleich: § 33 Abs. 1 SGB II), es sei denn, die Voraussetzungen des § 94 Abs. 1a SGB XII liegen vor, die den Übergang des Unterhaltsanspruches ausschließen. Auch Unterhaltsansprüche von Alg II-Beziehenden gehen jetzt automatisch auf die Behörde über.
Allerdings muss die unterhaltspflichtige Person vom Sozialamt/ Jobcenter **schriftlich** auf ihre mögliche Unterhaltspflicht hingewiesen werden (⇨10.).

Bleiben Unterhaltszahlungen trotz Verpflichtung aus, muss sich die Behörde darum kümmern.
Im Einvernehmen kann die Behörde Unterhaltsansprüche aber auf Sie **rückübertragen** (§ 94 Abs. 5, Satz 1 SGB XII; sinngleich: § 33 Abs. 4 SGB II). Dies hat zur Folge, dass die gerichtlichen Auseinandersetzungen nicht mehr durch die Behörde geführt werden, sondern durch den/die Unterhaltsberechtigte*n selbst. Allerdings geht das nur *„im Einvernehmen mit dem Empfänger der Leistungen"* (ebenda). Einer Rückübertragung müssen Sie **nicht zustimmen**, denn es können erhebliche Kosten und Mühen entstehen und der erstrittene Unterhalt wird Ihnen ohnehin als Einkommen angerechnet.
Sollten Sie sich trotzdem darauf einlassen, gilt: *„Kosten, mit denen die leistungsberechtigte Person dadurch selbst belastet wird, sind zu übernehmen"* (§ 94 Abs.5 Satz 2 SGB XII; sinngleich § 33 Abs. 4 Satz 2 SGB II).

GSi

Da die Unterhaltspflicht bei GSi wegen § 94 Abs. 1a SGB XII weitgehend entfallen ist, geht auch der Unterhaltsanspruch **nicht** automatisch auf die Behörde über (DV 35/13 AF III, Rn. 8).

8.2 Widerspruch und Klage?

Alg II-/ Sozialhilfebeziehende können sich aufgrund des gesetzlichen Anspruchsübergangs nicht mehr mit Widerspruch und Klage gegen die Unterhaltspflicht von Angehörigen wehren. Es handelt sich beim Anspruchsübergang nicht um einen Verwaltungsakt. Auch die Unterhaltspflichtigen können weder Widerspruch einlegen noch klagen. Sie können aber zu den Unterhaltsberechnungen **Stellung nehmen** (DV 35/13 AF III, Rn. 228) und sollten das auch tun. Gegebenenfalls können sie auch eine **Herabsetzungsklage (sog. Abänderungsantrag)** beim Familiengericht anstreben. **Achtung**, dieses Verfahren ist, anders als beim Sozialgericht, kostenpflichtig!

Wenn Sie den festgesetzten Unterhalt nicht zahlen wollen oder können, dann zahlen Sie einfach nur das, was Sie für richtig halten. Sie lassen es dann darauf ankommen, dass die Behörde einen Mahnbescheid schickt und die Zwangsvollstreckung betreibt. Wenn Sie dem Mahnbescheid widersprechen, kommt es zum Prozess vor dem Familiengericht, bei dem die tatsächlichen Unterhaltsverpflichtungen geklärt werden (§ 94 Abs. 5 Satz 3 SGB XII). Hier tragen Sie allerdings das Risiko, auf den **Kosten des Mahn- und Zwangsvollstreckungsverfahrens** sitzen zu bleiben, wenn Sie vor Gericht verlieren.

U

Tipp: Lassen Sie sich vorher von einem/r Anwält*in beraten.

9. Auskunftspflicht

„Verwandte in gerader Linie sind einander verpflichtet, auf Verlangen über ihre Einkünfte und ihr Vermögen Auskunft zu erteilen, soweit dies zur Feststellung eines Unterhaltsanspruchs oder einer Unterhaltsverpflichtung erforderlich ist" (§ 1605 Abs. 1 BGB). Mit dem Unterhaltsanspruch leitet die Behörde auch den Auskunftsanspruch auf sich über (§ 94 Abs. 1 Satz 1 SGB XII). Der Auskunftsanspruch schließt auch die Vorlage von **Beweisurkunden** ein.

Wenn Sie also Alg II/ Sozialhilfe beantragen, werden Sie nach den Adressen unterhaltspflichtiger Eltern, Kinder, Ehegatten usw. gefragt bzw. nach der Anschrift von deren Arbeitgebern. Sie sind zwar zur Auskunft verpflichtet, aber **nicht** gezwungen, über alle gewünschten Informationen zu verfügen. Was Sie nicht wissen, können Sie nicht weitergeben. Bei Alg II sind Sie **nicht** zur Auskunft über Personen verpflichtet, die nach dem SGB II gar nicht zum Unterhalt für Sie herangezogen werden können.
Sie sind außerdem **nicht** zur Auskunft über die Einkommens- und Vermögensverhältnisse Ihrer unterhaltspflichtigen Angehörigen verpflichtet (⇨Datenschutz 2.2 ff.).

Tipp: Wenn allerdings bei Unterhaltspflichtigen offensichtlich nichts zu holen ist, sollten Sie das glaubhaft machen, um ein Anschreiben des Amts an die Angehörigen zu vermeiden.

9.1 Auskunftspflicht des Unterhaltspflichtigen

Der/die Unterhaltspflichtige ist zur Auskunft und zur Vorlage von **Belegen** verpflichtet (§ 60 Abs. 2 SGB II; § 117 Abs. 1 SGB XII), allerdings nur dann, wenn Unterhaltszahlungen **nicht** offensichtlich **ausgeschlossen** sind (BVerwG 21.1.1993, NDV 1993, 346). Das wäre der Fall, wenn der/die Verpflichtete selbst Alg II/ Sozialhilfe bezieht.
Wenn Unterhalt in Betracht kommt, besteht die Auskunftspflicht unabhängig davon, ob am Ende tatsächlich Unterhalt gezahlt werden muss. *„Die Rechtmäßigkeit des Auskunftsverlangens [...] setzt nicht voraus, dass der [...] Unterhaltsanspruch besteht"* (BVerwG, ebenda).
Weigern sich unterhaltspflichtige Ehegatten, Eltern oder Kinder, Angaben zu machen bzw. Unterhalt zu zahlen, **muss** Alg II/ Sozialhilfe **weitergezahlt werden**. Die Behörde muss sich dann selbst mit dem/r Unterhaltsverpflichteten herumärgern.

9.2 Auskunftspflicht der nicht unterhaltspflichtigen Personen

Auch *„nicht getrenntlebende Ehegatten"*, die nicht unterhaltspflichtig sind (z.B. gegenüber der Schwiegermutter), müssen Auskünfte über ihre Einkommens- und Vermögensverhältnisse geben (§ 117 Abs. 1 SGB XII). Hat ein Ehegatte eigenes Einkommen, dann könnte er/sie damit ggf. nicht nur sich selbst, sondern auch die unterhaltspflichtige Person und die gemeinsamen Kinder unterhalten. Das kann zu höheren Unterhaltszahlungen der unterhaltspflichtigen Person führen (⇨7.1).

Die Unterhaltspflichtigen selbst sind **nicht** zur Auskunft über die Einkommens- und Vermögensverhältnisse ihrer (nicht unterhaltspflichtigen) Ehegatten verpflichtet, nur diese selbst (BVerwG 21.1.1993, NDV 1993, 346 f.).

9.3 Auskunftspflicht des Arbeitgebers

Arbeitgeber sind verpflichtet, Auskunft über Art und Dauer der Beschäftigung und den Arbeitsverdienst von Unterhaltspflichtigen und deren nicht getrenntlebenden Ehegatten oder Lebenspartner*innen zu geben (§ 117 Abs. 4 SGB XII; § 60 Abs. 3 SGB II).

9.4 Auskunftspflicht der Finanzämter

Diese sind zur Auskunft über die Einkommensverhältnisse von Unterhaltspflichtigen (aber auch von Hilfebeziehenden) verpflichtet, **soweit es erforderlich ist** (§ 21 Abs. 4 SGB X).

9.5 Wenn Sie keine Auskunft geben – was dann?

Die Behörde kann wegen des gemäß §§ 33 Abs. 1 S. 4 SGB II, 94 Abs. 1 S. 1 SGB XII auf die Behörde übergegangenen zivilrechtlichen Auskunftsanspruchs nach § 1605 BGB **vor dem Familiengericht** auf Auskunft **klagen**. Einen solchen Prozess werden Sie höchstwahrscheinlich verlieren. Und Sie zahlen noch Gerichts- und Anwaltskosten.

Der sozialrechtliche Auskunftsanspruch der Behörde gemäß §§ 60 Abs. 2 SGB II, 117 Abs. 1 SGB XII kann auch im Rahmen eines **Verwaltungszwangsverfahrens** durchgesetzt werden. Das Auskunftsverlangen ist ein Verwaltungsakt (BVerwG 21.1.1993, NDV 1993, 347). Das Sozialamt/ Jobcenter kann dann ein **Zwangsgeld** androhen, festsetzen und beitreiben; bei Erfolglosigkeit kann ein Amtsgericht sogar auf Antrag **Ersatzzwanghaft** anordnen. Zwangsgelder können auch mehrfach festgesetzt werden. Sie sind nicht mit Bußgeldern aufgrund einer Ordnungswidrigkeit gleichzusetzen.

10. Ab wann müssen Unterhaltsverpflichtete Unterhalt zahlen?

Alg II/HzL der Sozialhilfe

„Für die Vergangenheit kann der Träger der Sozialhilfe den übergegangenen Unterhalt [...] nur von der Zeit an fordern, zu welcher er dem Unterhaltspflichtigen die Erbringung der Leistung schriftlich mitgeteilt hat" (§ 94 Abs. 4 SGB XII; ähnlich § 33 Abs. 3 SGB II).

Die Unterhaltspflicht setzt nicht mit dem Tag ein, an dem Alg II/ Sozialhilfe gezahlt wird, sondern mit dem Tag, an dem Ihnen die Behörde **schriftlich anzeigt**, dass eine unterhaltsberechtigte Person Sozialleistungen erhält, und Sie ggf. unterhaltspflichtig sind.

10.1 Verjährung und Verwirkung

Laufende Unterhaltsansprüche verjähren drei Jahre nach dem Ende des Jahres, in dem der Anspruch entstanden ist und der Gläubiger vom Anspruch Kenntnis erlangt hat (§§ 195, 199 Abs. 1 BGB).

Die Unterhaltsansprüche können verwirkt werden, wenn der/die Unterhaltsberechtigte (hier stellvertretend die Behörde) den Unterhaltsanspruch längere Zeit nicht geltend gemacht hat und der/die Verpflichtete sich darauf einrichten konnte, dass das auch so bleibt. Laut Deutschem Verein ist das bei mehr als einjähriger Untätigkeit der Fall (DV 35/13 AF III, Rn. 36; BGH 23.10.2002 – XII ZR 266/99, FamRZ 2002, 1698).

Da Unterhaltsrückstände immer höher werden, wenn der Anspruch nicht verfolgt wird, verfällt der Anspruch für Zeiträume, die länger als ein Jahr zurückliegen. Wenn auch auf eine Rückfrage nicht geantwortet wurde, konnten Sie auf jeden Fall darauf vertrauen, dass Sie nicht in Anspruch genommen werden (BGH, FamRZ 2002, 1698).

Ausnahme: Sollten Sie aufgrund eines gerichtlichen **Vergleichs** oder **Urteils** bzw. Beschlusses zu Unterhaltszahlungen verpflichtet worden sein, dann verlängert sich die Frist für die fälligen Unterhaltsansprüche, die zum Zeitpunkt des Abschluss des Vergleiches bzw. des Erlasses des Urteils bereits entstandenen sind, auf 30 Jahre (§ 197 Abs. 1 Nr. 3 u. 4 BGB). Ist in dem Vergleich bzw. dem Urteil auch eine Verpflichtung zur Zahlung von monatlichem Unterhalt enthalten, der erst zukünftig, also erst nach Abschluss des Vergleichs bzw. Erlass des Urteils fällig ist, gilt für diese die regelmäßige Verjährungsfrist von drei Jahren (§ 197 Abs. 2 BGB).

Je weiter die „nicht gesteigerte" Unterhaltspflicht zurückgenommen wird, desto offener treten sozialrechtlich konstruierte „gesteigerte" Unterhaltsverpflichtungen zwischen Ehegatten, Partner*innenn, Freunden und ihren volljährigen Kindern an ihre Stelle. Die Risiken der Existenzsicherung werden zunehmend auf Beziehungen von Menschen übertragen, die in einem Haushalt zusammenleben. Diese Form der Zwangshaftung schafft neuartige Unterhaltspflichten, die es nach der Logik des BGB nicht gibt. Mit Hilfe angeblicher ⇨Bedarfsgemeinschaften sollen im SGB II Personen voll füreinander einstehen, auch wenn sie es zivilrechtlich gar nicht müssen und im richtigen Leben gar nicht tun.

Forderungen

- Keine Anrechnung fiktiver Einkommen als Grundlage für Unterhaltszahlungen!
- Unterhaltspflicht des Kapitals für die von ihm Freigesetzten!
- Erhöhung der Regelbedarfe für Arbeitslose, Erwerbsgeminderte und Rentner*innen auf mindestens 650 € plus *„angemessener"* Miete!

Information

AG TuWas, Leitfaden für Menschen mit Behinderung und bei Pflegebedürftigkeit von A-Z, 10. Aufl. 2018;

Literatur

Jörn Hauß, Elternunterhalt: Grundlagen und Strategien, 6. Aufl., Bielefeld 2020

Christian Müller / Maria Wersig, Der Rückgriff gegen Angehörige von Sozialleistungsempfängern, 7. Aufl., Baden-Baden 2016

Düsseldorfer Tabelle mit Erläuterungen: www.olg-duesseldorf.nrw.de/infos/Duesseldorfer_tabelle/index.php

Die Leitlinien der Oberlandesgerichte zur Bemessung des Unterhalts und weiterführende Infos finden Sie beim Deutschen Familiengerichtstag unter www.dfgt.de >Leitlinien bzw. unter https://www.famrz.de/arbeitshilfen/unterhaltsleitlinien.html

Deutscher Verein (DV), Empfehlungen für die Heranziehung Unterhaltspflichtiger in der Sozialhilfe, DV 3AF III, Berlin März 2014, www.deutscher.verein.de

Unterhaltsvorschuss

Zahlt der andere Elternteil Ihres Kindes z.B. nach Trennung oder Scheidung zu wenig oder keinen Unterhalt, können ⇨Alleinerziehende einen Unterhaltsvorschuss bei der Unterhaltsvorschusskasse des Jugendamtes beantragen. Anspruch haben Sie auch, wenn sie verwitwet oder ledig sind. Wenn Sie (wieder) heiraten, entfällt der Anspruch.

Inhaltsübersicht

1. Anspruch

haben nichteheliche und eheliche Kinder grundsätzlich unabhängig von deren Einkommen und Vermögen (nur bei Kindern, die keine allgemeinbildende Schule mehr besuchen, erfolgt eine Einkommensanrechnung nach § 2 Abs. 4 UVG). Für Kinder mit ausländischer Staatsangehörigkeit gibt es in bestimmten Fällen keinen Anspruch (§ 1 Abs. 2a UVG).

Der Unterhaltsvorschuss wird für Kinder, die das zwölfte **Lebensjahr** nicht vollendet haben, seit 1.7.2017 ohne die vorher geltende Befristung auf höchstens sechs Jahre gezahlt. Außerdem gibt es seitdem Unterhaltsvorschuss auch für ältere Kinder bis zur Vollendung des 18. Lebensjahres, wenn

- das Kind keine Leistungen nach dem SGB II bezieht oder
- durch den Unterhaltsvorschuss die Hilfebedürftigkeit nach § 9 SGB II des Kindes vermieden wird oder

- der alleinerziehende Elternteil im SGB II-Bezug mindestens 600 € brutto verdient.

1.1 Unterhaltsvorschuss: vorrangiges Einkommen bei Sozialleistungsbezug

Bei Bezug von Alg II und HzL/ GSi der Sozialhilfe wird der Unterhaltsvorschuss **als Einkommen** des Kindes **angerechnet**. Deshalb sind Sie verpflichtet, einen Antrag zu stellen.

Wenn Sie den Antrag auf den vorrangigen Unterhaltsvorschuss nicht stellen, kann das Jobcenter den Antrag für Sie stellen (§ 5 Abs. 3 SGB II). Wenn Sie dann gegenüber dem Jugendamt Ihren **Mitwirkungspflichten** nicht nachkommen und Angaben z.B. über den Vater des Kindes verweigern und deswegen der Vorschuss bestandskräftig abgelehnt wird, darf das Jobcenter die Leistungen für das Kind nicht ganz oder teilweise nach § 5 Abs. 3 Satz 3 SGB II versagen (FW 5.14; SG Duisburg 12.2.2019 - S 49 AS 5042/18 ER).

Die Beantragung von vorrangigen Leistungen konnte nur **bis 31.7.2016** als Verpflichtung in die ⇨Eingliederungsvereinbarung aufgenommen werden (§ 15 Abs. 1 Nr. 3 SGB II alt). Das ist seitdem nicht mehr zulässig.

1.2 Höhe des Unterhaltsvorschusses

Kinder alleinstehender Mütter und Väter erhalten einen Vorschuss gemäß der untersten Stufe der ⇨Düsseldorfer Tabelle, abzüglich des Kindergelds (§ 2 Abs. 1 und 2 UVG).

Für Kinder unter sechs Jahren werden **174 €**, für Kinder von sechs bis elf Jahren **232 €** und für Kinder von zwölf bis 17 Jahren **309 €** mtl. gezahlt (www.bmfsfj.de; Stand: 2021). Dieser Betrag reduziert sich um tatsächliche Unterhaltszahlungen und Waisenbezüge (§ 2 Abs. 3 UVG) und bei Kindern, die keine allgemeinbildende Schule mehr besuchen, um deren Einkommen (§ 2 Abs. 4 UVG).

2.1 Die Rückzahlung des Unterhaltsvorschusses

Die **Unterhaltspflichtigen** müssen den Vorschuss zurückzahlen. Deshalb will das Jugendamt den Namen des Vaters wissen und Sie haben eine entsprechende Auskunftspflicht (§ 1 Abs. 3 UVG).

Durch das *„Unterhaltsvorschussentbürokratisierungsgesetz“* wurde im Zuge eines erweiterten Datenabgleichs den Jugendämtern ab dem 1.7.2013 der Rückgriff auf Unterhaltsschuldner erleichtert.

2.2 Den Namen des Vaters nicht nennen – was dann?

Wenn Sie den Vater nicht kennen, können Sie auch seinen Namen nicht angeben. Es gibt eine regelrechte *„One-Night-Stand“*-Rechtsprechung, die von der Mutter fordert, plausibel und widerspruchsfrei nicht nur die Umstände zu schildern, wie es zu der gemeinsam verbrachten Nacht gekommen ist, sondern auch, warum sie sich getrennt haben, ohne Adressen auszutauschen, und welche Bemühungen sie unternommen hat, den Vater ausfindig zu machen, nachdem sie die Schwangerschaft festgestellt hat. Es wird eine gesteigerte Mitwirkungspflicht *„im Rahmen des Möglichen und Zumutbaren“* angenommen. Wenn die Mutter sich weigert, die Auskünfte zu erteilen oder bei der Feststellung der Vaterschaft oder des Aufenthalts des anderen Elternteils mitzuwirken, soll kein Anspruch bestehen (VG Gelsenkirchen 5.1.2004 - 19 K 3731/02; VGH Baden-Württemberg 17.10.2018 - 12 S 773/18).

Wenn Sie den Vater kennen, sind Sie nur dann berechtigt, den Namen **nicht** mitzuteilen, wenn Sie eine *„beachtliche anerkennenswerte Konfliktlage“* schildern (BVerwG 26.6.1968, FEVS 16, 201; OVG NW, FEVS 33, 420; VGH Baden-Württemberg 15.4.1992 - 6 S 634/90, IDAS 2/93, I.2.1).

Das kann z.B. die Furcht vor Gewaltübergriffen oder anderen Repressalien sein. Eine Konfliktlage besteht auch dann, wenn der Vater des Kindes z.B. von Scheidung bedroht wäre, selbst noch minderjährige Kinder hat und sowieso wahrscheinlich nichts zahlen könnte (VGH Baden-Württemberg, s.o.).

Das Bundesverfassungsgericht hat erklärt, die Mutter habe ein Grundrecht auf Schutz ihrer Intimsphäre. Dieser müsse gegenüber dem Recht des Kindes auf Kenntnis über seinen Vater abgewogen werden (Beschluss vom 6.5.1997 - 1 BvR 409/90, NJW 1997, 1769).

Wenn Sie den Vater kennen, seinen Namen nicht nennen und **kein** glaubhafter Konflikt vorliegt, **entfällt der Anspruch** auf Unterhaltsvorschuss (§ 1 Abs. 3 UVG).

Das Jobcenter kann dann bis zur **Nachholung der Mitwirkung** Leistungen versagen (⇨1.1). Zur Nachholung müssten Sie den Antrag beim Jugendamt erneut stellen und den Vater angeben.
Alternativ wäre es möglich, Sie zum Ersatz der Kosten zu verpflichten, da Sie Ihr Kind bzw. sich selbst vorsätzlich hilfebedürftig gemacht haben (⇨Rückforderung 3.1).

Kritik

Zum 31.12.2019 wurde für 822.779 Kinder Unterhaltsvorschuss gezahlt (BT-Drs. 19/21368). Bei 70 bis 80 Prozent der Kinder wurde 2009 der Vorschuss mit immensem Verwaltungsaufwand auf SGB II-Leistungen angerechnet, ohne dass die Kinder davon etwas hatten (Bundesrechnungshof, BT-Drs. 17/10322, 4). Lediglich die Statistik der Kinderarmut wurde dadurch frisiert. Daran hat auch die Verbesserung des Unterhaltsvorschussgesetzes zum 1.7.2017 kaum etwas geändert.

⇨Unterhalt bleibt aus, weil nichts zu holen ist (ein Drittel), weil die Unterhaltspflichtigen unauffindbar sind (ein weiteres Drittel) oder weil sie Zahlungen verweigern (ein Fünftel). Die Zahlungsbereitschaft hängt auch von der Höhe des Selbstbehalts ab. Der liegt 2021 bei Nettoeinkommen bis 1.900 € bei 1.160 € bei Erwerbstätigen, bei Nichterwerbstätigen bei 960 €. Nur 18 Prozent der Unterhaltsvorschüsse wurden 2010 zurückgezahlt, 2015 waren es 23 Prozent (BT-Drs.18/5888), 2018 betrug die Rückgriffsquote (Einnahmen/Ausgaben) 13 Prozent und 2019 17 Prozent (BT-Drs, 19/21368).
Der Unterhaltsvorschuss läuft als Schuld des Unterhaltspflichtigen auf, auch wenn dieser aktuell nicht zahlungsfähig ist. Solange der unterhaltspflichtige Elternteil im SGB II-Bezug ist und über kein eigenes Einkommen im Sinne von § 11 Abs. 1 Satz 1 SGB II verfügt, wird der übergegangene Unterhaltsanspruch nicht verfolgt (§ 7a UVG). Aber die Schuld verjährt erst nach 30 Jahren und die Bundesregierung arbeitet daran, solche Schulden in Zukunft verstärkt einzutreiben.

Information

Bundesministerium für Familie, Senioren, Frauen und Jugend (BMFSFJ), Der Unterhaltsvorschuss, 11. Auflage Februar 2020, bestellen online (herunterladen unter: www.bmfsfj.de ⇨Familie ðFamilienleistungen ⇨ Unterhaltsvorschuss) oder BMFSFJ, 11018 Berlin UVG
Bernd Eckardt Sozialrecht Justament 3-2017 Änderungen zum 1.7.2017: https://tinyurl.com/y72r2dko
GGUA Info: UVG für Ausländer v. 27.02.2018: https://tinyurl.com/y73vls4d

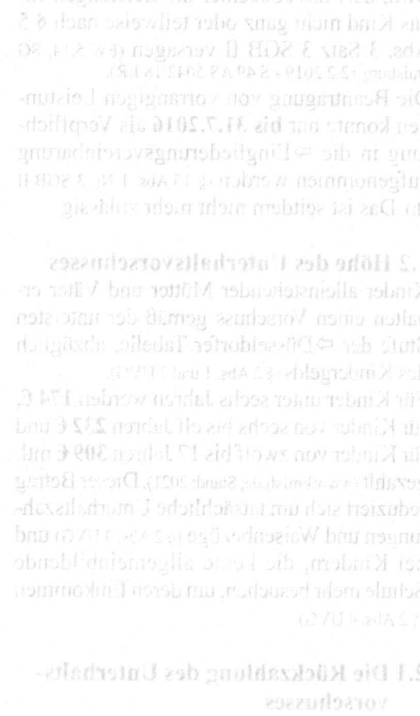

U

Verhütungsmittel

Inhaltsübersicht

1. Verhütungsmittel für Frauen

„Die Kosten für empfängnisverhütende Mittel werden übernommen, wenn diese ärztlich verordnet worden sind" (§ 49 SGB XII).

Dies muss aber entsprechend den Bestimmungen der Krankenkassen geschehen (§ 52 Abs.1 S.1 SGB XII). Diese sehen vor, dass Verhütungsmittel nur noch bis zum vollendeten 22. Lebensjahr finanziert werden (§ 24a Abs. 2 SGB V). Bis 2004 gab es keine Altersbegrenzung. Ab 18 Jahren müssen Sie die gesetzliche Zuzahlung in Höhe von zehn Prozent des Verkaufspreises, mindestens fünf Euro und höchstens zehn Euro leisten.

In **besonderen Fällen**, z.B. bei Menschen mit geistiger Behinderung, müssen Sozialämter auch bei Personen für die Verhütungsmittel aufkommen, die die vorgesehene Altersgrenze überschreiten noch für Verhütungsmittel aufkommen (SG Duisburg 9.9.2008 - S 7 SO 10/07).

Sozialämter/Jobcenter können weiterhin die Kosten für die Pille, aber auch für die Spirale als **freiwillige Leistung** übernehmen. So sehen z.B. Berlin und München die Kostenübernahme von Verhütungsmitteln für über 21-Jährige in Bezug von SGB II-/ SGB XII-Leistungen vor, ebenso eine steigende Anzahl von Kommunen und Landkreisen.

Tipp: Fragen Sie nach, ob Ihr Sozialamt oder bei örtlichen Schwangerschaftsberatungsstellen vor Ort die Kosten für Verhütungsmittel übernehmen.

Zum 1.1.2021 wurde der Härtefallmehrbedarf nach § 21 Abs. 6 SGB II auch für einmalige Bedarfe geöffnet. Dies zwar nur, wenn es nicht zumutbar ist, auf ein Darlehen zurückzugreifen. Darunter sind nun auch die Kosten für eine Spirale vorstellbar. Dies wird im Einzelfall noch zu erstreiten sein, aber der Weg dahin ist jetzt grundsätzlich offen. Näheres dazu unter ⇨ Härtefallbedarf unter 3.2 weitere mögliche einmalige Kosten

1.1 Kosten für Verhütung sind im Regelbedarf enthalten

Da Kosten für Verhütungsmittel mit 14,74 € im Regelbedarf 2021 enthalten sind, besteht kein zusätzlicher Anspruch auf Hilfe zur Gesundheit nach § 48 ff. SGB XII (BSG 15.11.2012-B 8 SO 6/11R). Die 14,74 € aus dem Bereich Gesundheitspflege beziehen sich neben Verhütungsmitteln aber auch auf anderen Gesundheitsbedarf wie Zuzahlungen für Medikamente, Nasenspray, Pflaster, Kopfschmerztabletten und andere Hilfsmittel. Der Medizinische Arbeitskreis pro familia NRW hat eine Tabelle zu den Verhütungsmittelkosten für das Jahr 2019 herausgegeben, demnach belaufen sich die monatlichen Kosten für die Pille auf 4,49 € bis 22,10 €, für Verhütungsringe auf 18,65 € bis ca. 24 € und für Hormonpflaster auf 20,84 € (https://t1p.de/yjhq). Es ist offensichtlich, dass die Kosten für Verhütungsmittel nicht bedarfsgerecht im Regelbedarf abgegolten sind und eine deutliche Bedarfsunterdeckung vorliegt.

In einem aktuellen Aufsatz schlagen die Professorinnen Maria Wersing und Susanne Dern folgende Lösungen vor:

Entweder ist zur Überbrückung von Ansparzeiten ein Darlehen wegen eines unabweisbaren Bedarfs nach § 24 Abs. 1 SGB II zu gewähren oder es sind für alle Kosten oberhalb des hälftigen Betrages der Kosten für Gesundheitspflege von 16,42 € (RB 2020), also 8,21 €, die Kosten für Verhütungsmittel im Rahmen des Härtefallmehrbedarfs nach § 21 Abs. 6 SGB II auf Zuschussbasis zu übernehmen (Maria Wersing/Susanne Dern, info also 2/2020, S. 56-60).

1.2 Modellprojekt „biko" in sieben Städten

Mit dem vom Bundesfrauenministerium geförderten Projekt „biko" erprobte der pro familia Bundesverband in sieben Städten über einen Zeitraum von drei Jahren den Zugang zur Kostenübernahme verschreibungspflichtiger Verhütungsmittel für Frauen mit geringem Einkommen. Während der Kernlaufzeit des Projekts von Juli 2017 bis Juni 2018 gab es insgesamt rund 6100 Anfragen für Kostenübernahmen, davon wurden rund 4500 bewilligt. Zudem wurden rund 4750 Beratungsgespräche geführt. In einer Befragung gab die Hälfte der Frauen an, dass sie ohne die finanzielle Unterstützung des Projekts entweder gar nicht oder zumindest deutlich unsicherer verhütet hätten. In der Folge des biko-Projekts wurde die Altersgrenze für die Kostenübernahme verschreibungspflichtiger Verhütungsmittel bei der GKV zum 29. März 2019 vom vollendeten 20. auf das vollendete 22. Lebensjahr angehoben. Darüber hinausgehende Regelungen wurden allerdings nicht getroffen.

1.3 Kondome

Kondome können von der Krankenkasse bei unter 20-jährigen Männern nur übernommen werden, wenn sie *„ärztlich verordnet"* sind (§ 24a SGB V). Vereinzelt gibt es sie bei Gesundheitsämtern zur kostenlosen Mitnahme.

1.4 Gefahr einer HIV-Infektion

⇨AIDS

2. Sterilisation

Bis 2004 wurden alle nicht rechtswidrigen Sterilisationen vom Sozialamt getragen. Mittlerweile werden in Anlehnung an die Leistungen der gesetzlichen Krankenkassen nur noch Kosten für eine Sterilisation übernommen, die aufgrund einer Krankheit medizinisch notwendig ist (§ 51 SGB XII).

Kritik

Das Europäische Parlament forderte die Regierungen der Mitgliedsstaaten auf, darauf hinzuwirken, *„dass kostenlose oder kostengünstige Verhütungsmittel [...] für unterversorgte Gruppen [...] bereitgestellt werden"* (pro familia laut BAG-SHI Rundbrief Dezember 2004, 32). Die Bundesregierung verschob jedoch die Verhütungsmittel in einen Regelbedarf, in dem sie nur ungenügend berücksichtigt sind, u.a. weil die Verbrauchsausgaben von Rentner*innen eine wesentliche Grundlage für die Festsetzung des ⇨Regelbedarfs bilden. Die Verschiebung von Verhütungsmitteln vom Krankenkassenrecht in die Regelbedarfe ist eine Form der indirekten Regelbedarfssenkung, in diesem Fall um mtl. zehn bis 16 €. Nach einer Umfrage von pro familia aus Köln ist die Zahl der regelmäßig verhütenden Alg II-Beziehenden dort im Zeitraum von 2005 bis 2010 von 67 auf 30 Prozent gesunken (SZ, 23.12.2010).

Wenn Länder und Kommunen bei der Kostenübernahme für Verhütungsmittel einspringen, wie Berlin 2008 mit 2,6 Mio. €, dann jedoch nicht aus reiner Nächstenliebe. Berlin z.B. konnte damit die Zahl der ⇨ Schwangerschaftsabbrüche, die mit jeweils ca. 500 € eine kostspielige Angelegenheit sind, um vier Prozent gegenüber dem Vorjahr senken (ebd.).

Forderung

Familienplanung ist ein Menschenrecht, von daher müssen alle anfallenden Kosten für Verhütungsmittel für Beziehende von Sozialleistungen sowie Menschen mit geringem Einkommen im Rahmen des Krankenkassenrechts übernommen werden. Als Zwischenlösung sollte ein rechtlich verankerter Übernahmeanspruch im Rahmen der Mehrbedarfe oder der nicht vom Regelbedarf umfassten Bedarfe geschaffen werden.

Durch die Rechtsänderung im Härtefallbedarf können zumindest ab Januar 2021 im SGB II laufende und einmalige Kosten für Verhütungsmittel geltend gemacht werden ⇨ Härtefallbedarf 3.1

Information

www.profamilia.de und profa-Materialen zum biko-Kurzbericht: Selbstbestimmt verhüten! Unter: https://t1p.de/p0p6

Vermögen

Vermögen ist grundsätzlich zur Bestreitung des Lebensunterhaltes einzusetzen. Dies gilt sowohl für den Bereich des SGB II (Alg II) als auch für das SGB XII (HzL; GSi). Es gibt jedoch Freibeträge und geschützte Vermögenswerte, die nicht eingesetzt werden müssen. Dies wird im folgenden Kapitel verdeutlicht.

Inhaltsübersicht

1. Unterschied zwischen Einkommen und Vermögen
2. Was gehört zum Vermögen?
3. Einzusetzen ist das gesamte verwertbare Vermögen
4. Vermögenswert
5. Tatsächliche Verwertbarkeit
6. Geschütztes Vermögen
6.1 Barvermögen
6.2 Sachvermögen
7. Unwirtschaftlichkeit der Verwertung
8. Verwertung als besondere Härte
9.1 Verwertung geschützten Vermögens
9.2 Verwertung nicht geschützten Vermögens
10. Vermögen verschleudert
11. Kein fiktiver Verbrauch von Vermögen
12. Vermögen während der Corona-Sonderregelung
12.1 Geltungsdauer
12.2 Berechtigte

1. Unterschied zwischen Einkommen und Vermögen

Zunächst einmal ist der Unterschied zwischen Einkommen und Vermögen zu klären. Hier gilt der Grundsatz, dass **Einkommen** *„alles das [ist], was jemand in der [...] Bedarfszeit wertmäßig dazu erhält“* und **Vermögen** *„das, was er in der Bedarfszeit bereits hat“* (BSG 30.7.2008 - B 14 AS 26/07 R; BSG 30.9.2008 - B 4 AS 29/07 R).

Ausnahme im Bereich des SGB II:
Seit 2016 ist Einkommen nur eine Einnahme in Geld und nicht mehr in Sachwerten. Sachwerte werden damit unmittelbar dem Vermögen und den damit verbundenen Freibeträgen und Beschränkungen zugeführt. Dies betrifft insbesondere Schenkungen und Erbschaften und kann von erheblicher wirtschaftlicher Bedeutung sein.

Beispiel: Die von Ihnen genutzte, aber Ihren Eltern gehörende Eigentumswohnung wird auf Sie im Rahmen einer notariellen Schenkung ordnungsgemäß übertragen. Zuvor war das als anzurechnendes Einkommen zu berücksichtigen, jetzt ist es im Monat des Eigentumsübergangs berücksichtigungsfreies Einkommen und im Folgemonat wird es Vermögen. Wird dieses selbst genutzt und ist es angemessen, ist es im SGB II geschontes Vermögen (siehe unten), dessen Verwertung nicht verlangt werden darf.

Achtung: Diese Sonderregelung gilt nicht für Leistungsbeziehende nach dem SGB XII. Hier werden die Sachwerte weiterhin als Einkommen berücksichtigt.

2. Was gehört zum Vermögen?

Zum Vermögen gehört alles, was einen wirtschaftlichen Wert hat und sich deshalb „zu Geld machen lässt“. Dazu gehören Geldvermögen, Konten, Sparbücher, Bausparverträge, Lebensversicherungen **ohne Verwertungsausschluss** und Sachvermögen, wie z.B. Wohneigentum, Grundstücke, Hausrat, Erbstücke, Schmuck, ⇨Kfz, usw. Zum Vermögen können aber auch Rechte gehören. So kann bei eintretender Vermögenslosigkeit auch eine Schenkung innerhalb der letzten zehn Jahre zurückgefordert werden. Sofern das Jobcenter Kenntnis davon erlangt, kann es von dem/r Leistungsempfänger*in verlangen, dass diese*r versucht, die Schenkung zurückzufordern. Dieses Recht muss jedoch durchsetzbar sein.

Beispiel: Sie haben vor dem Leistungsbezug Ihren Eltern im Ausland Geld überwiesen, um diese finanziell zu unterstützen. Dies stellt das Jobcenter bei Prüfung der Kontoauszüge fest und fordert nun, dass Sie die Schenkung zurückfordern. Haben Ihre Eltern das Geld jedoch verbraucht und ist die rechtliche Durchsetzung im Ausland schwierig bis unmöglich, kann das Jobcenter dies nicht als Vermögen berücksichtigen.

3. Einzusetzen ist das gesamte verwertbare Vermögen

Verwertbares Vermögen im Sinne des § 12 SGB II ist, wenn die Vermögensgegenstände verbraucht, übertragen (verkauft) oder belastet werden können (BSG 24.5.2017 - B 14 AS 16/16 R).

Nicht verwertbar sind Vermögensgegenstände, wenn der/die Inhaber*in in der Verfügung über den Gegenstand beschränkt ist und die Aufhebung der Beschränkung nicht erreichen kann. Dies sind z.B.:

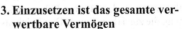

- Ansprüche auf Betriebsrenten,
- Sparbücher, die z.B. von Großeltern unter dem Namen der Enkel eingerichtet werden, so dass diese erst bei Volljährigkeit darüber verfügen können (LSG Hamburg 25.8.2011 - L 5 AS 33/08),
- Geldbeträge, die treuhänderisch übergeben wurden und mit einer Verfügungsbeschränkung versehen sind (z.B. Beerdigungskosten für die Eltern).

  Achtung: Diese Verfügungsbeschränkung muss eindeutig sein und im Zweifel nachgewiesen werden,
- Grundstücke mit lebenslangem Nutzungs- bzw. Nießbrauchsrecht,
- Vermögen, das Teil der Insolvenzmasse in einem Insolvenzverfahren ist,
- Abtretung von Vermögen, z.B. an eine Bank, **vor** dem Leistungsbezug.

4. Vermögenswert

Der Wert des Vermögens richtet sich nach dem tatsächlichen Marktwert unter ausnahmsweiser Berücksichtigung der mit diesem Wert verknüpften Schulden.

Beispiel: Die Eigentumswohnung im Wert von 50.000 € ist noch mit 45.000 € belastet. Da Sie die Schulden praktisch mit verkaufen müssten, beträgt hier der tatsächliche Marktwert 5.000 €.

Dies gilt nicht für unabhängige Schulden, die weiter Ihr Privatproblem bleiben. Verfügen Sie über ein Barvermögen i.H.v. 10.000 € bei gleichzeitigem Verbraucherdarlehen über 5.000 €, werden diese nicht miteinander verrechnet, sondern der Leistungsträger geht ausschließlich von einem Vermögen von 10.000 € aus.

Keinen Marktwert haben Vermögenswerte, die abgetreten sind, z.B. eine Lebensversicherung, die zur Tilgung eines Baudarlehens bereits an den Finanzierer abgetreten ist.

Achtung: Hier muss die Abtretung allerdings vor dem Leistungsbezug erfolgen und darf auch ersichtlich nicht dazu dienen, sich bedürftig zu machen.

5. Tatsächliche Verwertbarkeit

Aufgrund wechselnder Marklagen kann der Verwertung eine tatsächliche Komponente im Wege stehen, nämlich dann, wenn Gegenstände nicht (mehr) marktgängig sind oder sie, wie Grundstücke infolge sinkender Immobilienpreise, über den Marktwert hinaus belastet sind (BSG 24.5.2017 - B 14 AS 16/16 R).

Beispiel 1: Sie erben ein vermeintlich wertvolles Bild, dass einmal für 30.000 DM gekauft worden ist. Motiv oder Maler*in sind derzeit jedoch überhaupt nicht gefragt, sodass Sie keine Möglichkeit haben, das Bild zu verkaufen. Damit ist eine tatsächliche Verwertbarkeit nicht gegeben.

Beispiel 2: Ihnen gehört ein Grundstück in einer ländlichen Gegend, in der die Immobilienpreise seit Jahren fallen. Dadurch ist das Grundstück nun so stark belastet, dass die Belastung über den tatsächlichen Verkauferlöspreis gehen würde. Auch hier ist eine tatsächliche Verwertbarkeit nicht gegeben.

5.1 Was passiert wenn das Vermögen nicht verwertbar ist?

Ist das Vermögen nur kurzfristig nicht verwertbar, da z.B. ein Immobilienverkauf einige Zeit in Anspruch nimmt, muss Alg II als ⇨ **Darlehen** vergeben werden. Sozialhilfe **soll** als Darlehen vergeben werden.

Ist dagegen Vermögen auf absehbare Zeit nicht verwertbar (siehe oben), darf Alg II/ Sozialhilfe **nicht** als Darlehen gewertet werden. Hier ist jedoch maßgeblich, dass Sie Verwertungsbemühungen nachweisen. So müssen Sie z.B. eine*n Makler*in beauftragen oder andere Bemühungen vorlegen können, um die fehlende Verwertbarkeit trotz Bemühungen nachweisen zu können.

Tipp: Ist eine Vermögensverwertung auf absehbare Zeit nicht wahrscheinlich, müssen Ihnen die Leistungen als Beihilfe, die nicht zurückzuzahlen ist, gewährt werden. Daher sollten Sie gegen alle Darlehensbescheide, die in einem solchen Fall ergehen können, ⇨Widerspruch einlegen.

6. Geschütztes Vermögen

6.1 Barvermögen

Alg II

Leistungsbeziehende nach dem SGB II haben einen Grundfreibetrag i.H.v. 150 € je vollendetem Lebensjahr, mindestens aber 3.100 €. Gleiches gilt für volljährige Kinder der Bedarfsgemeinschaft.

Der Freibetrag für minderjährige Kinder beträgt 3.100 €.

Hinzu kommt ein Sonderfreibetrag für notwendige Anschaffungen i.H.v. 750 € für **jedes** Mitglied der Bedarfsgemeinschaft.

Gemeinsamer Vermögensfreibetrag oder individueller Vermögensfreibetrag?
Innerhalb einer Bedarfsgemeinschaft werden die Partner*innen mit einem gemeinsamen Vermögensfreibetrag und einem gemeinsamen Gesamtvermögen berücksichtigt.

Die Vermögensfreibeträge der Kinder werden nicht hinzugezählt, umgekehrt können auch Vermögensfreibeträge der Eltern, wenn die Kinder über Vermögen verfügen, nicht auf die Kinder übertragen werden (BSG 13.5.2009 - B 4 AS 58/07

Ausnahme: Der Freibetrag für notwenige Anschaffungen i.H.v. 750 € wird dem Gesamtvermögen des Partners/der Partnerin gegenübergestellt.

Bei Mischgemeinschaften, wenn also ein*e Partner*in Alg II und der/die andere Grundsicherung bezieht, wird ebenfalls ein gemeinsamer Vermögensfreibetrag gebildet (BSG 20.9.2012 - B 8 SO 13/11 7

GSi/HzL

Durch die Änderung der Verordnungsdurchführung des § 90 Abs. 2 Nr. 9 SGB XII haben sich die Vermögensfreibeträge im Bereich des SGB XII deutlich verbessert.

Nun gilt ein Vermögensfreibetrag für jede erwachsene Person oder für jede alleinstehende minderjährige Person i.H.v. 5.000 € und für jede Person, die unterhalten wird, i.H.v. 500 €.

Beispiel: Eine Einstehensgemeinschaft mit zwei Erwachsenen und einem minderjährigen Kind, hat einen Vermögensfreibetrag von insgesamt 10.500 € (5.000 € + 5.000 €+ 500 €). Nach altem Recht hätte der Vermögensfreibetrag bei 3.470 € gelegen.

Barvermögen, das darüber hinausgeht, muss verwertet werden.

6.2 Sachvermögen

Zum geschützten Sachvermögen gehören
- im Bereich des **SGB II** ein ⇨Kfz bis 7.500 €
- selbstgenutztes Wohneigentum, sofern dieses angemessen ist.

  Achtung: Die Leistungsträger gehen im Regelfall einzig und allein von der Wohnungsgröße aus. Diese Angemessenheitskriterien betragen für eine Person 80 m² und 20 m² mehr für jede weitere Person, die in der Wohnung lebt. Geringfügige Überschreitungen von bis zu zehn Prozent spielen dabei jedoch keine Rolle (BSG 18.9.2014 - B 14 AS 58/13 R).

  Es sind jedoch noch weitere Kriterien zu prüfen: letztendlich ist es immer eine Einzelfallprüfung. Sofern ein Leistungsträger von Ihnen die Verwertung eines selbstgenutzen Wohneigentums fordert, sollten Sie **unbedingt** rechtlichen Rat in Anspruch nehmen.
- Altersvorsorge im **SGB II**

  Hier ist zu berücksichtigen, dass eine Altersvorsorge von 750 € pro Lebensjahr als angemessen angesehen wird. Voraussetzung ist jedoch, dass diese tatsächlich der Altersvorsorge dient. Dies ist nach ständiger Rechtsprechung des Bundessozialgerichts nur der Fall, wenn eine Verwertung vor Eintritt des Rentenalters **ausgeschlossen** ist. Ist dies nicht der Fall, wird auch eine als Rentenversicherung bezeichnete Versicherung, die zurückgekauft werden kann, **nicht** als Altersvorsorge berücksichtigt. Entsprechend anrechnungsfrei sind jedoch die staatlichen Riester- und Rürup-Renten.

Tipp 1: Ist die Verwertung Ihrer Lebensversicherung **nicht** ausgeschlossen, d.h. verwertbares Vermögen, und bekommen Sie deshalb kein Alg II, können Sie, anstatt die Lebensversicherung mit einem niedrigeren Rückkaufswert kündigen zu müssen, diese auch an private Gesellschaften, die diese dann übernehmen, weiter bedienen und am Ende die Prämie kassieren, oder auch an Verwandte verkaufen. Von dem daraus resultierende Vermögen können Sie dann ganz normal als „Nichtleistungsbeziehende*r“ leben (⇨9.2), allerdings müssen Sie sich dann freiwillig kranken- und pflegeversichern.)

Sonderfall Sterbeversicherung:
Eine angemessene Sterbeversicherung ist grundsätzlich geschütztes Vermögen. Hier ist das Problem, dass Sterbeversicherungen oft „verkappte“ Lebensversicherungen sind, die zu einem bestimmten Zeitpunkt auch regulär fällig werden und nicht nur im Falle des Todes des Versicherungsnehmers. Ist dies der Fall, so handelt es sich dabei um eine rückkaufbare Lebensversicherung, die dann wieder nicht anrechnungsfrei ist.

Aber auch eine Sterbeversicherung muss angemessen sein. So dürfte eine Sterbeversicherung mit einem Wert von 20.000 € nicht angemessen sein und müsste selbst bei einem Verwertungsausschluss bis zur Angemessenheitsgrenze wohl beliehen werden. So dürfte ein Betrag für ein Begräbnis bis 5.000 € zzgl. etwaiger Grabpflegekosten angemessen sein.

Tipp: Achten Sie bei Abschluss eines solchen Vertrags unbedingt darauf, dass die Fälligkeit nur mit dem Tod eintritt. Vereinbaren Sie unbedingt einen **Verwertungsausschluss**.

7. Unwirtschaftlichkeit der Verwertung

Vermögen darf nicht verwertet werden, wenn es unwirtschaftlich ist, dies zu verwerten. Maßgeblich dafür ist der sogenannte Substanzwert, also der Wert, der aufgewendet werden musste, um den Vermögenswert in seiner jetzigen Form zu erhalten. Bei einer Lebensversicherung sind dies z.B. die eingezahlten Beiträge.

Auch hier ist es letztendlich immer eine Einzelfallentscheidung, die rechtliche Hilfe unbedingt erfordert. Im Folgenden können daher nur einige grobe Grenzen dargestellt werden:

- Aktien und Wertpapiere unterliegen immer einem gewissen Kursrisiko, daher hat die bisherige Rechtsprechung die Unwirtschaftlichkeit abgelehnt, wenn gerade im Zeitpunkt niedriger Kurse der Verkauf gefordert wird.
- Bei Lebensversicherungen und Bausparverträgen soll ein Verlust von 19,12 Prozent zum Substanzwert noch nicht unwirtschaftlich sein. Das BSG hat bisher nur zu einem Verlust von 44 Prozent (BSG 20.2.2014 - B 14 AS 10/13 R) eine verbindliche Entscheidung gefällt.
- Bei Immobilien wird ein Verlust von 30 Prozent als wirtschaftlich tragbar angesehen (LSG NRW 1.12.2014 - L 19 AS 1860/14).

Es muss somit ein sehr „deutliches“ Missverhältnis zwischen dem Grundstücks- und Erbauungspreis und dem Marktwert vorliegen. Im Fall einer Erbschaft kommt es darauf nicht an, sondern nur auf den Wert zum Zeitpunkt des Anfalls der Erbschaft und dem Wert zum Zeitpunkt des Verkaufs. Nur wenn in diesem Verhältnis ein krasses Missverhältnis vorliegt, ist eine Verwertung unwirtschaftlich.

8. Verwertung als besondere Härte

Im Rahmen des SGB II liegt eine besondere Härte dann vor, wenn Vermögen aus Schmerzensgeld verwertet werden soll. Dieses ist somit nicht zu verwerten (BSG 15.4.2008 - B 14/7 B AS 6/07 R).

Im Bereich der Sozialhilfe kann eine besondere Härte daneben nur in besonderen Einzelfällen angenommen werden, z.B. bei nur vorübergehendem Bezug von Sozialhilfe oder wenn die spätere Rente im wesentlichen Umfang aus dem Vermögen bestritten werden muss.

Keine Härte ist jedoch z.B. die Verwertung von angespartem Sozialgeld, sofern dies überhaupt möglich ist.

9.1. Verwertung geschützten Vermögens

Was passiert, wenn ich geschütztes Vermögen, wie z.B. die selbstgenutzte Eigentumswohnung aufgrund eines günstigen Angebots verwerte?
Sobald ich dies tue, und der Erlös vorhanden ist, ist dieser nicht mehr geschützt und wird voll als Vermögen angerechnet. Da dadurch ein Ausscheiden aus dem Leistungsbezug im Regelfall erfolgen dürfte, kann dann das vorhandene Vermögen aber wieder so verwendet werden, dass z.B. eine neue geschützte Eigentumswohnung angeschafft wird.

9.2 Verwertung nicht geschützten Vermögens

Sofern ich vor dem Leistungsbezug über Vermögen verfüge oder z.B. durch eine Erbschaft im laufenden Leistungsbezug ungeschütztes Vermögen erhalte, das ich verwerten muss, so teilt der Leistungsträger im Regelfall mit, ab wann überhaupt erst wieder ein Leistungsanspruch erfolgen darf. Dabei wird im Regelfall der ermittelte Bedarf hochgerechnet. Dies ist unzulässig. Vor dem Leistungsbezug dürfen Sie über Ihr Vermögen frei verfügen, sofern das Vermögen nicht verschleudert wird, sondern alle Anschaffungen nachweislich wirtschaftlich sind, z.B. neue Elektrogeräte, ein „normaler" Urlaub, Kfz-Reparaturen, Kleidung, Brille, Zahnsanierung usw., dürfen Sie das Vermögen auch auf diese Art und Weise verbrauchen, ohne dass Ihnen fiktives Vermögen unterstellt werden kann.

Wird das Vermögen jedoch verschleudert, so besteht unter Umständen ein Kostenersatzanspruch.

Unseres Erachtens dürfen Sie auch das Vermögen zur Schuldentilgung verwenden, insbesondere dann, wenn die Schulden nicht mehr getilgt werden können, sobald der Leistungsbezug vorliegt.

Tipp: Hier ist jedoch darauf zu achten, dass auch tatsächlich nachweislich die Schulden zurückgezahlt werden müssen. Dies kann problematisch sein, wenn ein Darlehensvertrag mit Verwandten geschlossen worden ist, ohne dass hier eine Rückzahlungsvereinbarung erfolgt ist.

10. Vermögen verschleudert

Haben Sie das Vermögen tatsächlich verschleudert, haben Sie dennoch einen Anspruch auf Leistungen nach dem SGB II und auch nach dem SGB XII, da Sie, wenn Sie über keinerlei Vermögen mehr verfügen, nicht ohne finanzielle Hilfe gelassen werden können.

Allerdings besteht hier die Gefahr des Kostenersatzes bzw. der **Rückforderung**.

11. Kein fiktiver Verbrauch von Vermögen

Sofern Sie über Vermögen verfügen, dies aber nicht verwerten wollen und kurzfristig ihren Lebensunterhalt anders sicherstellen, gilt dieses Vermögen dann nicht als verbraucht, selbst wenn Sie theoretisch das Vermögen verbraucht hätten. **Beispiel:** Sie haben einen Vermögensfreibetrag von 8.000 €. Ihr Bedarf liegt bei 800 €. Sie verfügen über Vermögen von 8.500 €, dass aus Ihrer Sicht gut angelegt ist und dass Sie deshalb nicht aufgeben wollen. Wenn Sie nun einen Monat keine Leistungen in Anspruch nehmen, hätten Sie fiktiv 800 € Bedarf verbraucht. Ihr Vermögen würde theoretisch auf 7.700 € sinken und läge damit unterhalb Ihres Freibetrages. Da es jedoch noch vorhanden ist, gilt es nicht als vermindert, so dass Sie auch im Folgemonat keinen Anspruch auf Leistungen nach dem SGB II haben.

Achtung: Dies kann unter Umständen zu erheblichen Folgen führen. So hat das BSG entschieden, dass ein Leistungsempfänger, der ein Sparkonto nicht angegeben hatte und somit über ein Vermögen von ca. 15.000 € verfügte, für den gesamten Zeitraum, in dem er Leistungen erhalten hat, diese erstatten muss, obwohl diese mit ca. 31.000 € das Vermögen deutlich überstiegen (BSG 25.4.2018 - B 4 AS 29/17 7

12. Vermögen während der Corona-Sonderregelung

Bei Erst- als auch Weiterbewilligungsanträgen, die zwischen März 2020 und März 2021 gestellt wurden, wird gesetzlich vermutet, dass die Antragstellenden nicht über erhebliches Vermögen verfügen, wenn dies im Antrag erklärt wird. Dabei gelten folgende Regelungen: 60.000 € für die erste Person, zzgl. 30.000 € für jede weitere Person. Diese Beträge können bei den Personen in der Bedarfsgemeinschaft addiert und ein Gesamtvermögensbetrag begründet werden (FW 67, Nr. 1.2, Stand: 30.12.2020; sowie § 67 Abs. 2 S. 2 SGB II /§ 141 Abs. 2 S. 2 SGB XII). Diese Regelung ist in den „Vereinfachten Antrag" unter Nr. 7 aufgenommen worden. Diese Vermutungsregelung gilt jeweils für sechs Monate (§ 67 Abs. 2 S. 1 SGB II /§ 141 Abs. 2 S. 1 SGB XII). Wenn

in der Corona-Zeit mehrere Bewilligungsabschnitte begonnen haben, gilt das jeweils. In der Praxis bedeutet dies: die jeweiligen Sozialleistungsträger dürfen nicht das Ausfüllen der Sonderformulare zu Vermögen, im Alg II die „Anlage VM" (Vermögen), verlangen (FW 67, Nr. 1.2, Stand: 30.12.2020). Nach Ablauf des jeweiligen Bewilligungsabschnitts wird keine Vermögensprüfung nachgeholt.
Ferner bestimmt die BA: dass bei der Vermögensprüfung nur die kurzfristig verwertbaren Vermögensgegenstände wie Barmittel, Sparguthaben, Tagesgelder, Wertpapiersparpläne und -depots, Immobilien oder Wertgegenstände, sowie Kunstwerke oder Edelmetalle zu berücksichtigen sind. Nicht in die Prüfung einzubeziehen sind die nicht kurzfristig verwertbaren bzw. frei verfügbaren Vermögensbestände, da diese nicht kurzfristig zur Bestreitung des Lebensunterhalts eingesetzt werden können. Dazu gehören insbesondere: selbstgenutzte Wohnimmobilien, Altersvorsorgeprodukte wie Kapitallebens- oder Rentenversicherungen (FW 67, Nr. 1.2, Stand: 30.12.2020).
Bei Solo-Selbstständigen/Freiberufler*innen gilt ein Altersvorsorgevermögen in Höhe von 8.000 € für jedes angefangene Jahr der Selbstständigkeit als nicht zu berücksichtigendes Vermögen. Diese Regelung betrifft sowohl von der Rentenversicherungspflicht Befreite als auch Nichtbefreite. Betriebsvermögen bleibt ebenfalls unberücksichtigt. Eingeschlossen sind beispielsweise auch für die Erwerbstätigkeit genutzte Teile einer selbstbewohnten Immobilie (z. B. Arbeitszimmer) und Kraftfahrzeuge
Dies gilt auch dann, wenn auf dem Vermögen kein Verwertungsausschluss nach VVG abgeschlossen wurde (FW 67, Nr. 1.2, Stand: 30.12.2020).

12.1 Geltungsdauer

Diese Sonderregelung gilt für alle Neu- **und** Folgeanträge, die zwischen dem 01.03.2020 und 31.03.2021 gestellt werden, eine etwaige Verlängerung ist möglich, wenn die Geltungsdauer des § 67 SGB II verlängert wird.

12.2 Berechtigte

Diese Vorteile der ausbleibenden Vermögensprüfung genießen auch diejenigen, die bereits vor dem 01.03.2020 Leistungen bezogen haben, allerdings wegen vorhandenen, aktuell nicht verwertbaren Vermögens nur als Zuschuss. Wenn dieses Vermögen nicht **erheblich** ist, ist hier die darlehensweise Gewährung in eine Beihilfe umzuwandeln.

Tipp: Da nicht davon auszugehen ist, dass dies alle Jobcenter beachten, sollten Betroffene gegen anderslautende Bescheide Widerspruch einlegen oder Überprüfungsanträge stellen.

Kritik und Forderungen

Die Vermögensfreibeträge sind, trotz der Anpassung im Bereich des SGB XII, immer noch verhältnismäßig gering und führen oft, gerade bei älteren Empfänger*innen nach dem SGB II zu Härten, die dem Gesetz nach nicht als unverhältnismäßig angesehen werden. Oftmals muss dann auch die Altersvorsorge geopfert werden, wenn diese teilweise durch Fehlberatung der Verkäufer*innen nicht „Hartz IV-sicher" ist.

Aufgrund vieler unbestimmter Rechtsbegriffe fehlt eine klare Regelung, insbesondere auch zum selbstgenutzten Wohneigentum. Hier ist im Hinblick auf das Grundgesetz eine deutliche Stärkung der Wohnungseigentümer*innen erforderlich. Insgesamt muss der Freibetrag auch angehoben werden, zumindest auf die Freibeträge der Arbeitslosenhilfe von 2002.

Vorläufige Entscheidung

Inhaltsübersicht

3. Die abschließende Entscheidung
3.1 Initiative zur abschließenden Entscheidung
Darunter: Antrag der leistungsberechtigten Person, Initiative vom Jobcenter, Fiktive abschließende Entscheidung
3.2 Mitwirkungspflichten und ihre Folgen
Darunter: Voraussetzungen und Folgen
3.3 Höhe der Leistung
Darunter: Durchschnittseinkommen und die verschiedenen Ausnahmen
4. Folgen der abschließenden Entscheidung
Darunter: Nachzahlung und Erstattung von Leistungen
5. Verfahren
Darunter: bei vorläufiger und abschließender Entscheidung

1. Struktur der vorläufigen Entscheidung

In der Regel ist der Sachverhalt und/oder die Rechtslage klar, weshalb eine **endgültige Entscheidung** als ⇨Bescheid ergeht. Dieser kann nur unter den Voraussetzungen der §§ 45, 48 SGB X abgeändert werden (⇨Rückforderung). In vielen Fällen ist der Sachverhalt aber unklar. So kann der Bedarf (z.B. ist es nicht klar, wie häufig Kinder zu Besuch kommen ⇨Umgangskosten 2.2) oder die Höhe des bedarfsdeckenden Einkommens bzw. Vermögens ungewiss sein (z.B. Erwerbseinkommen in schwankender Höhe). Es muss aber trotz dieser Ungewissheit eine Entscheidung getroffen werden; dazu ist die **vorläufige Entscheidung** nach § 41a SGB II da, die seit dem 1.8.2016 an die Stelle der alten Vorschriften der §§ 40 Abs. 1 Nr. 1 SGB II a.F., § 328 SGB III getreten ist. Sie wurde durch die Übergangsvorschrift des § 80 Abs. 2 SGB II ergänzt, mir der die Altfälle von vor 2016 geregelt wurden.

Für die Leistungen der Grundsicherung nach dem Vierten Kapitel des SGB XII (§§ 41 ff. SGB XII) gilt mit § 44a SGB XII eine ähnliche Vorschrift, die allerdings nicht völlig identisch ist. Die Regelung gilt nicht für Leistungen der Hilfe zum Lebensunterhalt (HzL-Leistungen) nach dem Dritten Kapitel des SGB XII (§§ 27 ff. SGB XII), was nicht nachvollziehbar ist. Hier muss weiterhin eine monatliche Anpassung vorgenommen werden. Auch hier müssen Sie alle Einkommensnachweise aufheben und rechtzeitig einreichen.

Die vorläufige Entscheidung wird in der Regel später überprüft, und eventuell entstandene Überzahlungen sind dann zu erstatten (⇨4.2), ohne dass Sie einwenden können, Sie hätten darauf vertraut, dass Ihnen die vorläufig bewilligten Leistungen endgültig zustehen **(kein Vertrauensschutz)**; dazu muss aber die vorläufige Entscheidung rechtmäßig sein (⇨2.4). Inzwischen erlassen die Jobcenter die meisten Entscheidungen vorläufig. Die Vorschrift ist kompliziert, weil sich die Entscheidung über den Leistungsanspruch mehrfach ändern kann. Sie müssen daher immer genau prüfen, in welchem Stadium sich die vorläufige Entscheidung gerade befindet. Dazu sind die folgenden „Phasen" zu unterscheiden:

- **Es ergeht eine vorläufige Entscheidung** entweder als originäre vorläufige Entscheidung (die Vorläufigkeit steht von Anfang an fest) oder als umgewandelte endgültige Entscheidung, z.B. weil im laufenden Bewilligungszeitraum nunmehr schwankendes Einkommen erzielt wird (§ 41a Abs. 1, Abs. 2 Satz 1 bis 3 SGB II ð2.)
- **Innerhalb des Bewilligungszeitraums der** vorläufigen Entscheidung ändert sich etwas, sodass die vorläufige Entscheidung für die Zukunft zu ändern ist (§ 41a Abs. 2 Satz 4, 5 SGB II ⇨2.3)
- **Nach Ablauf des Bewilligungszeitraums** wird eine abschließende Entscheidung getroffen (§ 41a Abs. 3, Abs. 4, Abs. 5 SGB II ⇨3.)
- **Die vorläufig und die abschließend gewährten** Leistungen sind zu vergleichen; der Differenzbetrag ist nachzuzahlen oder zu erstatten (§ 41a Abs. 6 SGB II ⇨4.)

Die vorläufige Entscheidung ist daher **nicht eine punktuelle Entscheidung**, sondern stellt einen **Prozess über einen relativ langen Zeitraum** dar, in dem viele Besonderheiten zu beachten sind; dies ist der Hauptgrund dafür, dass die Kontrolle vorläufiger Entscheidungen schwierig und zeitaufwendig ist. Deshalb werden auch einige Hinweise zum Verfahren gegeben (⇨5.).

Wegen der **Corona**-Pandemie gelten für die vorläufige Entscheidung Sonderregeln (§ 67 Abs. 4, Abs. 5 SGB II, § 141 Abs. 4, Abs. 5 SGB XII), deren Anwendung durch Gesetz vom 9.12.2020 (BGBl. I S. 2855) bis zum 31.3.2021 verlängert worden ist, wobei aber die Regelungen der §§ 67 Abs. 5 SGB II, 141 Abs. 5 SGB XII mit Wirkung zum 31.8.2020 aufgehoben worden sind. Die Sonderregeln betreffen die Bewilligung der Leistungen in Form einer vorläufigen Entscheidung (§ 67 Abs. 5 Satz 4 SGB II a.F., § 44a Abs. 5 Satz 2 SGB XII a.F.) (⇨2.), den Bewilligungszeitraum (§ 67 Abs. 4 Satz 1, Abs. 5 Satz 4 [a.F.] SGB II, § 44a Abs. 5 Satz 3 SGB XII a.F.) (⇨2.1.6, ⇨2.3), und den Ausschluss der abschließenden Entscheidung von Amts wegen (§ 67 Abs. 4 Satz 2 SGB II, § 44a Abs. 4 SGB XII) (⇨3.1.2).

2. Die vorläufige Entscheidung

Eine vorläufige Entscheidung ist möglich, wenn entweder der **Sachverhalt** (⇨2.1) oder die **Rechtslage** (⇨2.2) **ungewiss** ist. Bis zum 31.08.2020 galt die Sonderregelung des § 67 Abs. 5 Satz 4 SGB II (und § 141 Abs. 5 Satz 3 SGB XII), wonach für den Folgezeitraum weiter eine vorläufige Entscheidung ergehen sollte, wenn für den vorhergehenden Zeitraum bereits eine vorläufige Entscheidung getroffen worden war. Dies galt *„abweichend von Satz 3"* (bzw. in § 141 Abs. 5 Satz 3 SGB XII abweichend von Satz 2). Dabei wich § 67 Abs. 5 Satz 4 SGB II (bzw. § 141 Abs. 5 Satz 3 SGB XII) nur von § 67 Abs. 5 Satz 3 SGB II (bzw. § 141 Abs. 5 Satz 2 SGB XII) insoweit ab, als es um die Dauer des Bewilligungszeitraums ging (sechs Monate statt zwölf Monate). Die Abweichung bezog sich aber nicht auf die weitere Voraussetzung des § 67 Abs. 5 Satz 3 SGB II (bzw. § 141 Abs. 5 Satz 2 SGB XII) *„unter Annahme unveränderter Umstände"*. Dies bedeutete, dass eine vorläufige Entscheidung (weiterhin) nur ergehen durfte, wenn die Voraussetzungen (Ungewissheit) weiter vorlagen. Waren dagegen die Voraussetzungen gewiss, musste eine endgültige Entscheidung erfolgen (LPK-SGB II, 7. Aufl., § 41a Rn. 33, § 67 Rn. 48).

2.1 Vorläufige Entscheidung bei ungewissem Sachverhalt

Das Gesetz unterscheidet **zwei Fälle** der tatsächlichen Ungewissheit: Im ersten Fall ist für die Feststellung der Voraussetzungen des Anspruchs auf Geld- und Sachleistung voraussichtlich längere Zeit erforderlich, und die Voraussetzungen für den Anspruch liegen mit hinreichender Wahrscheinlichkeit vor (§ 41a Abs. 1 Satz 1 Nr. 1 SGB II). Im zweiten Fall besteht den Anspruch auf Geld- und Sachleistungen dem Grunde nach, und zur Feststellung seiner Höhe ist voraussichtlich längere Zeit erforderlich (§ 41a Abs. 1 Satz 1 Nr. 2 SGB II) (⇨2.1.1). Im ersten Fall ist der **Anspruch dem Grunde und der Höhe nach noch ungeklärt**, im zweiten Fall **besteht der Anspruch dem Grunde nach, der Anspruch der Höhe nach ist aber noch ungeklärt**. In den meisten Fällen wird nicht genau unterschieden, welcher Fall konkret vorliegt.

Beispiele für die Ungewissheit des Bestehens eines Anspruchs dem Grunde nach:
- Es ist unklar, ob Sie bedürftig sind, weil unklar ist, ob Sie über ein hohes (verwertbares) ⇨Vermögen verfügen.
- Es ist unklar, ob ein Leistungsausschluss besteht (§ 7 Abs. 1 Satz 2 ff., Abs. 4, Abs. 4a, Abs. 5 SGB II).

Beispiele für die Ungewissheit der Höhe des Anspruchs (FW 41a.15):
- Die Höhe des zukünftigen Bedarfs ist unklar, so z.B. bei einer temporären Bedarfsgemeinschaft (⇨Umgangskosten).
- Die Höhe des zukünftigen Einkommens ist unklar, so z.B. bei schwankendem Einkommen aus Beschäftigung (BSG 29.11.2012 – B 14 AS 6/12 R) oder
- bei Einkommen aus selbstständiger Tätigkeit (⇨Selbstständige 2.ff)

Dagegen ist eine vorläufige Entscheidung nicht statthaft, wenn Veränderungen noch nicht absehbar sind oder die nur vage Möglichkeit besteht, dass sich etwas ändern könnte, so z.B. bei möglichen Regelbedarfs- und Mehrbedarfserhöhungen zum Jahreswechsel oder erwarteten Betriebskostenabrechnungen mit Guthaben oder Nachzahlungen (FW 41a.10).

Eine vorläufige Ablehnung von Leistungen ist nicht erlaubt, da § 41a SGB II nur eine Bewilligung ermöglicht und nur durch eine

Bewilligung das Existenzminimum gesichert werden kann. Will das Jobcenter die Bewilligung ablehnen, muss es dies mit einer endgültigen Entscheidung tun.

Ist der Sachverhalt tatsächlich ungewiss und liegen die Voraussetzungen für einen Anspruch mit hinreichender Wahrscheinlichkeit vor, **muss** das Jobcenter einen vorläufigen Bescheid erlassen (zur Höhe ⇨2.1.5). Nach früherem, bis zum 31.7.2016 geltenden Recht stand die Entscheidung noch im Ermessen des Jobcenters.

Die vorläufige Entscheidung kommt bei Geldleistungen (§ 4 Abs. 1 Nr. 2 SGB II, also z.B. Alg II) und ⇨Sachleistungen in Betracht. Damit ist es möglich, Leistungen zur Sicherung des Lebensunterhalts, Eingliederungsleistungen und Leistungen für Bildung und Teilhabe entweder in Form einer Geldleistung oder (wenn das nach dem Gesetz möglich ist) einer Sachleistung vorläufig zu bewilligen.

§ 44a Abs. 1 SGB XII enthält eine ähnliche Regelung; im Unterschied zu § 41a SGB II betrifft § 44a SGB XII nur Ansprüche auf Geldleistungen.

2.1.1 Voraussichtlich längere Zeit/Hinreichende Wahrscheinlichkeit

Zur Feststellung der Voraussetzungen muss *„voraussichtlich längere Zeit erforderlich"* sein (§ 41a Abs. 1 S. 1 SGB II, § 44a Abs. 1 SGB XII). Eine absolute zeitliche Grenze ist damit nicht gemeint. Es kommt auf den Zeitraum zwischen dem Antrag auf Leistungen (⇨Antragstellung) und dem Erlass des Bescheids (⇨Bescheid 3.2) an, wobei das Gebot des § 17 Abs. 1 Nr. 1 SGB I zu beachten ist, dass Leistungen **zügig zu erbringen ist**. Die BA entscheidet unter Beachtung des konkreten Einzelfalls situationsabhängig, *„wobei die Sicherstellung des Existenzminimums der antragstellenden Person(en) stets im Vordergrund steht"*; die abschließende Entscheidung ist *„spätestens nach Ablauf des Kalendermonates, in dem der Antrag gestellt wurde"* zu treffen (FW 41a.13).

Neben der zeitlichen Dimension ist auch eine qualitative Dimension erforderlich. Die Voraussetzungen müssen *„mit hinreichender Wahrscheinlichkeit vorliegen"* (§ 41a Abs. 1 Satz 1 Nr. 1 SGB II, § 44a Abs. 1 Nr. 1 SGB XII). Dies gilt nur in dem Fall, nicht im Fall § 41a Abs. 1 Satz 1 Nr. 2 SGB II. Nach Meinung der BA ist die *„bloße Möglichkeit des Bestehens [...] nicht ausreichend. Vielmehr muss bei vernünftiger Abwägung und objektiver Betrachtung aller Umstände des Einzelfalls ein deutliches Übergewicht für das Bestehen eines Leistungsanspruchs vorliegen"* (FW 41.12). Dieser Maßstab ist zu eng. Vielmehr reicht unter dem Aspekt der Sicherung einer menschenwürdigen Existenz gem. Art. 1 Abs. 1 GG i.V.m. Art. 20 Abs. 1 GG, dass das Bestehen eines Anspruchs als möglich erscheint (BVerfG 12.5.2005 – 1 BvR 569/05 – info also 2005, 166).

Der Maßstab der hinreichenden Wahrscheinlichkeit gilt nur im Fall, dass der Anspruch dem Grunde und der Höhe nach ungewiss ist (§ 41a Abs. 1 Satz 1 Nr. 1 SGB II, § 44a Abs. 1 Nr. 1 SGB XII). Er gilt aber nicht in dem Fall des § 41a Abs. 1 Satz 1 Nr. 2 SGB II, § 44a Abs. 1 Nr. 2 SGB XII. Hier muss der Leistungsanspruch dem Grunde nach sicher vorliegen, und allein für die Feststellung des Anspruchs seiner Höhe nach muss voraussichtlich längere Zeit erforderlich sein.

2.1.2 Kein Vertretenmüssen

„Eine vorläufige Entscheidung ergeht nicht, wenn Leistungsberechtigte die Umstände, die einer sofortigen abschließenden Entscheidung entgegenstehen, zu vertreten haben" (§ 41a Abs. 1 Satz 3 SGB II; ähnlich § 44a Abs. 2 Satz 2 SGB XII). Nach der Gesetzesbegründung (BT-Drs. 18/8041, 52) soll verhindert werden, dass leistungsberechtigte Personen eine vorläufige Entscheidung durch Verschleierung leistungserheblicher Tatsachen missbräuchlich herbeiführen. Daneben sind aber auch die allgemeinen Mitwirkungspflichten der §§ 60 ff. SGB I anwendbar (FW 41a.6). Die Umstände sind erst dann von Ihnen „zu vertreten", wenn Sie ein Verschulden daran trifft, dass Sie die Unterlagen nicht vorlegen. Dazu ist aber erforderlich, dass das Jobcenter genau mitteilt, welche Unterlagen es für die Entscheidung benötigt, und Sie darauf nicht reagieren, obwohl Sie hätten reagieren können.

Nach Auffassung der BA reicht es, wenn ein anderes Mitglied der Bedarfsgemeinschaft schuldhaft handelt, um eine Entscheidung für alle Mitglieder der Bedarfsgemeinschaft nicht zu erlassen: *„Bei einer Mehr-Personen-BG sind sie [die Umstände] zu vertreten, wenn eine Person ihren Mitwirkungspflichten nicht nachkommt"* (FW 41a.6). Dies geht aber zu weit und berücksichtigt nicht die Tatsache, dass jedes Mitglied der Bedarfsgemeinschaft einen eigenen Anspruch auf Leistungen hat (vgl. ⇨ 2.1.3). Dies bedeutet, dass Sie ein fremdes Verschulden nur trifft, wenn das Gesetz dies vorsieht (z.B. §§ 278, 1629 BGB, § 38 Abs. 2 SGB II).

2.1.3 Sonderproblem: Vorläufige Entscheidung bei Bestehen einer Bedarfsgemeinschaft

„Besteht eine Bedarfsgemeinschaft aus mehreren Personen, ist unter den Voraussetzungen des Satzes 1 über den Leistungsanspruch aller Mitglieder der Bedarfsgemeinschaft vorläufig zu entscheiden" (§ 41a Abs. 1 Satz 2 SGB II, eine entsprechende Regelung fehlt in § 44a SGB XII). Nach Meinung der BA ist in jedem Fall vorläufig zu entscheiden, wenn nur für ein Mitglied der Bedarfsgemeinschaft eine vorläufige Entscheidung getroffen werden muss (FW 41a.7; BT-Drs. 18/8041, 52). Dadurch wird aber für die nicht betroffenen Mitglieder der Bedarfsgemeinschaft der Vertrauensschutz unterlaufen. Eine vorläufige Entscheidung darf auch nach § 41a Abs. 1 Satz 2 SGB II nur *„unter den Voraussetzungen des [§ 41a Abs. 1] Satzes 1"* getroffen werden. Dies ist so zu verstehen, dass für jedes einzelne Mitglied der Bedarfsgemeinschaft ein Vorläufigkeitsgrund vorliegen muss. Liegt er nicht vor, muss insoweit eine endgültige Entscheidung getroffen werden. Diese Fälle sind eher selten. Im Normalfall erzielt etwa ein Elternteil schwankendes Einkommen, sodass es nach der Verteilungsregel des § 9 Abs. 2 SGB II auf alle Mitglieder der Bedarfsgemeinschaft zu verteilen ist (⇨Bedarfsgemeinschaft). Es sind aber auch Ausnahmefälle denkbar:

Beispiele (LPK-SGB II, 7. Aufl., § 41a Rn. 20):
- Es ist nur der Mehrbedarf eines Mitglieds der Bedarfsgemeinschaft ungewiss.
- Nur das Kind erzielt schwankendes Erwerbseinkommen, aber in einer so geringen Höhe, dass nicht zu erwarten ist, dass das Kindergeld auf die Eltern zu verteilen ist (§ 11 Abs. 1 Satz 5 SGB II).

2.1.4 Grund der Vorläufigkeit

„Der Grund der Vorläufigkeit ist anzugeben" (§ 41a Abs. 2 S. 1 SGB II, ähnlich § 44a Abs. 2 S. 1 SGB XII). Aus dem Bescheid muss sich ergeben, aus welchem Grund Leistungen zur Sicherung Lebensunterhalts nur vorläufig bewilligt wurden (BSG 23.8.2012 – B 4 AS 169/11 R). Dies kann sich daraus ergeben, dass das Wort „vorläufig" verwendet und ausgeführt wird, welche Tatsachen noch ungeklärt sind, aber auch daraus, dass sich die Vorläufigkeit aus dem Zusammenhang (etwa durch ein Erläuterungsschreiben) ergibt (BSG 6.4.2011 – B 4 AS 119/10 R; dagegen LSG Hessen 23.4.2018 – L 6 AS 109/18 B ER: Hinweis muss im Verfügungssatz des Bescheids auftauchen). Wird der Grund der Vorläufigkeit nicht genannt, liegt nur eine unzureichende Begründung vor, wenn sich die Vorläufigkeit der Regelung sonst aus dem Bescheid ergibt (LSG NRW 31.8.2018 – L 19 AS 616/18 B); fehlt sie dagegen, kann der Bescheid rechtswidrig sein (LSG Hessen 23.4.2018 – L 6 AS 109/18 B ER).

2.1.5 Höhe der vorläufigen Entscheidung

Liegen die Voraussetzungen für eine vorläufige Entscheidung vor, muss das Jobcenter eine vorläufige Entscheidung erlassen (⇨2.1). Auch hinsichtlich der Höhe der Leistungen ist das Jobcenter nicht frei: sie hängt i.d.R. von der Höhe des Bedarfs und von der Höhe des anzurechnenden Einkommens ab. Der **Bedarf** muss **grundsätzlich in tatsächlicher Höhe** berücksichtigt werden; ein Abschlag wegen der Vorläufigkeit scheidet regelmäßig aus (BSG 6.4.2011 – B 4 AS 119/10 R). Hinsichtlich der **Höhe des Einkommens** enthält § 41a Abs. 2 SGB II (anders als § 44a SGB XII) wichtige Vorgaben für die Bemessung der Leistungen (nur) zur Sicherung des Lebensunterhalts (bei selbstständig tätigen Personen gilt § 3 Alg II-V, LSG Bayern 16.7.2019 – L 11 AS 52/19):

Bei der Ermittlung der Höhe sind *„die im Zeitpunkt der Entscheidung bekannten und prognostizierten Verhältnisse zugrunde zu legen"* (§ 41a Abs. 2 Satz 3 SGB II). Es ist eine Prognoseentscheidung zu treffen, bei der (auch) die Erkenntnisse der Vergangenheit zu berücksichtigen sind. Die Grundlage für die Prognose muss richtig festgestellt werden, und das Jobcenter muss alle in Betracht kommenden Umstände hinreichend und sachgerecht würdigen. Ist dies nicht der Fall, ist die vorläufige Entscheidung rechtswidrig. Ist die Prognose richtig erfolgt, ändert sie sich aber (es vermindert sich z.B. Ihr monatliches Einkommen), kann für die Zukunft eine neue Entscheidung getroffen werden (⇨2.3).

Unterdeckungsschutz bei Vorläufiger Leistungsgewährung

„Die vorläufige Leistung ist so zu bemessen, dass der monatliche Bedarf zur Sicherung des Lebensunterhalts gedeckt wird" (§ 41a Abs. 2 Satz 2 Hs. 1 SGB II). Dies bedeutet, dass das Einkommen nicht zu hoch angesetzt werden darf; die Zahlung muss noch ausreichend hoch sein.

Bei der Bemessung *„kann der Absetzbetrag nach § 11b Abs. 1 Satz 1 Nr. 6 ganz oder teilweise unberücksichtigt bleiben"* (§ 41a Abs. 2 Satz 2 Hs. 2 SGB II). Die Abzüge nach § 11b Abs. 1 Satz 1 Nr. 1 bis 5, 7, 8, Abs. 2 Satz 1 SGB II müssen daher berücksichtigt werden (100 € Grundfreibetrag, Unterhaltsverpflichtungen etc.); nur der weitere Freibetrag gem. § 11b Abs. 1 Satz 1 Nr. 6, Abs. 3 SGB II „kann" ganz oder teilweise unberücksichtigt bleiben; es ist also vom Jobcenter Ermessen auszuüben und zu begründen (SG Freiburg 28.11.2016 – S 19 AS 4524/16 ER – ZFSH/SGB 2017, 2357

Tipp 1: Machen Sie Ihre Sachbearbeiter*innen darauf aufmerksam, wenn Schwankungen mit niedrigem Einkommen zu erwarten sind und achten Sie darauf, dass die tatsächlichen Einkommensverhältnisse berücksichtigt werden. Setzt das Jobcenter ein Einkommen an, das Sie voraussichtlich niemals erzielen werden, erheben Sie gegen den Bescheid Widerspruch.

Tipp 2: Stellt sich im Laufe des Bewilligungszeitraums heraus, dass das Einkommen niedriger als prognostiziert ist, können Sie bei dem Jobcenter die **Anpassung des vorläufigen Bescheids** für die Zukunft beantragen (§ 41a Abs. 2 Satz 4 SGB II ⇨2.3). Ansonsten kann die Höhe des Einkommens nur im Rahmen der abschließenden Entscheidung beantragt werden (⇨3)

2.1.6 Dauer der vorläufigen Entscheidung

Der Bewilligungszeitraum für die vorläufige Entscheidung beläuft sich regelmäßig nur auf sechs Monate statt auf zwölf Monate (§ 41 Abs. 3 Satz 2 Nr. 1 SGB II). Er „soll" auf sechs Monate verkürzt werden, d.h., es gibt auch atypische Situationen, in denen der Bewilligungszeitraum länger oder kürzer sein kann als sechs Monate. Sinn der Verkürzung ist, dass der Leistungsanspruch schneller erfolgen kann (BT-Drs. 18/8041, 51). Eine Verkürzung auf weniger als sechs Monate führt dazu, dass das Durchschnittseinkommen (⇨3.3.1) entsprechend höher anfällt. Eine Verkürzung auf drei Monate ohne sachlichen Grund ist rechtswidrig (LSG Niedersachsen-Bremen 11.6.2020 – L 15 AS 255/18).

Corona-Regelungen: Durch die Corona-Regelungen (§ 67 SGB II, § 141 SGB XII) sind hinsichtlich der Dauer der vorläufigen Entscheidung Sonderregelungen getroffen worden:

- für die Zeit vom 1.3.2020 bis zum 31.12.2020 ist zwingend für sechs Monate zu entscheiden (§ 67 Abs. 4 Satz 1 SGB II, § 141 Abs. 5 Satz 3 XII; verlängert durch Rechtsverordnungen vom 25.6.2020 – BGBl. I S. 1509, vom 16.9.2020 – BGBl. I S. 2001),
- für Leistungen, deren Bewilligungszeitraum in der Zeit vom 31.3.2020 bis vor dem 31.8.2020 endet, galt § 41a Abs. 5 Satz 4 SGB II (ähnlich § 141 Abs. 5 Satz 3 SGB XII): *„Soweit bereits die vorausgegangene Bewilligung nach § 41a vorläufig erfolgte, ergeht [...] auch die Weiterbewilligungsentscheidung nach § 41a aus demselben Grund für sechs Monate vorläufig."* § 41a Abs. 5 SGB II, § 141 Abs. 5 SGB XII sind mit Wirkung zum 1.1.2021 aufgehoben worden, weil der Zeitraum abgelaufen ist (BGBl. I S. 2855, vgl. BT-Drs. 19/24034, 37) und
- für die Zeit vom 1.1.2021 bis zum 31.3.2021 gelten die Regelungen des § 67 Abs. 4 Satz 1 SGB II, § 141 Abs. 5 Satz 3 SGB XII (§ 67 Abs. 1 SGB II, § 141 Abs. 1 SGB XII), (BGBl. I S. 2855).

2.2 Vorläufige Entscheidung bei rechtlicher Ungewissheit

Liegt ein Fall der rechtlichen Ungewissheit nach § 41a Abs. 7 SGB II vor, kann das Jobcenter einen vorläufigen Bescheid erlassen. Dies ist der Fall, wenn

- es um eine Vorschrift des SGB II geht, deren Vereinbarkeit mit höherrangigem Recht vom BVerfG oder EuGH geprüft wird oder
- eine entscheidungserhebliche und grundsätzliche Rechtsfrage beim BSG anhängig ist.

Anders als bei tatsächlicher Ungewissheit (⇨2.1) steht dem Jobcenter also Ermessen zu. Es genügt auch nicht jede rechtliche Ungewissheit, sondern nur die Ungewissheit, dass es um eine Rechtsnorm geht, deren Rechtmäßigkeit vor dem Bundesverfassungsgericht oder dem Europäischen Gerichtshof geprüft wird, oder dass es um eine entscheidungserhebliche Rechtsfrage von grundsätzlicher Bedeutung geht, die vor dem Bundessozialgericht geprüft wird. In § 44a SGB XII fehlt eine entsprechende Regelung.

2.3 Änderung der vorläufigen Entscheidung während der Laufzeit

"Soweit die vorläufige Entscheidung nach Absatz 1 rechtswidrig ist, ist sie für die Zukunft zurückzunehmen" (§ 41a Abs. 2 Satz 4 SGB II, ähnlich § 44a Abs. 3 SGB XII). Damit sind alle Umstände erfasst, die dazu führen, dass die bisherige vorläufige Bewilligung so nicht mehr richtig ist:

- Das bisherige vorläufig angerechnete Einkommen erhöht oder vermindert sich (neue vorläufige Entscheidung mit neuer Einkommensprognose).
- Das bisher vorläufig angerechnete Einkommen fällt weg (abschließende Entscheidung statt vorläufiger Entscheidung).
- Es wird eine Minderung nach §§ 31, 32 SGB II festgestellt, wodurch sich der Leistungsanspruch verändert.

Es kommen die folgenden neuen Entscheidungen in Betracht:

- Es wird eine neue vorläufige Entscheidung getroffen (wenn der Sachverhalt weiter ungewiss ist).
- Es wird eine neue endgültige Entscheidung getroffen (wenn der Sachverhalt gewiss ist).

Diese Entscheidungen wirken aber nur *„für die Zukunft"*. Stellt sich heraus, dass die vorläufige Entscheidung von Anfang an rechtswidrig war, kann dies nur im Rahmen einer abschließenden Entscheidung umgesetzt werden.

Anders ist dies im SGB XII: *„Steht während des Bewilligungszeitraums fest, dass für Monate, für die noch keine vorläufig bewilligten Leistungen erbracht wurden, kein Anspruch bestehen wird und steht die Höhe des Anspruchs für die Monate endgültig fest, für die bereits vorläufig Geldleistungen erbracht worden sind, kann der ausführende Träger für den gesamten Bewilligungszeitraum eine abschließende Entscheidung bereits vor dessen Ablauf treffen"* (§ 44a Abs. 4 SGB XII).

Corona-Regelungen:
Nach § 67 Abs. 4 Satz 1 SGB II (diese Vorschrift gilt für Leistungen der Bewilligungszeiträume, die in der Zeit vom 1.3.2020 bis zum 31.3.2021 beginnen, § 67 Abs. 1 SGB II) sind vorläufige Leistungen zwingend für sechs Monate zu bewilligen. Dies bedeutet nach der Gesetzesbegründung (BT-Drs. 19/18107, 26), dass auch die vorläufige Entscheidung nicht verändert werden soll; Sie sollen bis zum Ablauf des Bewilligungszeitraums warten und können dann eine abschließende Entscheidung beantragen. Damit wäre aber unter Umständen für eine lange Zeit das Existenzminimum nicht gesichert (Beispiel: Ihnen sind Leistungen für die Monate März 2020 bis August 2020 bewilligt worden, wobei ein Einkommen in Höhe von 400 € zugrundegelegt worden ist; ab April 2020 reduziert sich das Einkommen auf 100 €; Ihr Anspruch ändert sich ab April 2020, eine abschließende Entscheidung kann aber erst nach Ablauf des Monats August 2020 beantragt werden); dies ist unzumutbar, weshalb § 67 Abs. 4 Satz 1 SGB II zu Ihren Ungunsten nicht anwendbar ist (LPK-SGB II, 7. Aufl., § 41a Rn. 38).

2.4 Was gilt, wenn die vorläufige Entscheidung rechtswidrig ist?

Das BSG unterscheidet genau zwischen einer vorläufigen und einer endgültigen Entscheidung; beide Entscheidungsformen stellen ein „Aliud", also etwas anderes dar (BSG 12.9.2018 – B 4 AS 39/17 R). Daher führt die Wahl einer falschen Entscheidungsform dazu, dass der Bescheid rechtswidrig ist. Erlässt das Jobcenter eine endgültige Entscheidung, obwohl es eine vorläufige Entscheidung hätte treffen müssen, fehlt der Grund der Vorläufigkeit gem. § 41a Abs. 2 Satz 1 SGB II (⇨2.1.4), ist der Bewilligungszeitraum zu kurz oder zu lang (⇨2.1.6), kann diese Entscheidung zu Ihren Lasten nur unter den Voraussetzungen des § 45 SGB X abgeändert werden, also nur dann, wenn Sie nicht bösgläubig waren (BSG 29.11.2012 – B 14 AS 6/12 R; zur Bösgläubigkeit ⇨Rückforderung 1.1); diese Bösgläubigkeit kann aber schon bestehen, wenn Sie von früheren Entscheidungen gewusst haben, dass Ihnen die Leistung noch nicht endgültig zusteht; die Kenntnis oder grob fahrlässige Unkenntnis muss sich auf die konkrete Möglichkeit beziehen, dass sich der Leistungsanspruch noch zu Ihren Lasten verändern kann (BSG 24.6.2020 – B 4 AS 10/20 R).

3. Die abschließende Entscheidung

Die abschließende Entscheidung ergeht in der Zeit **nach Ablauf des Bewilligungszeitraums**; dies ist nur **innerhalb eines Jahres nach Ablauf des Bewilligungszeitraums** (§ 41a Abs. 5 Satz 1 SGB II, § 44a Abs. 6 Satz 1 SGB XII) möglich.

Beispiel:
Das Jobcenter hat Leistungen für die Zeit vom 1.1.2021 bis zum 30.6.2021 bewilligt. Die abschließende Entscheidung kann vom 1.7.2021 an ergehen. Nach dem 1.7.2022 (ein Jahr nach Ablauf des Bewilligungszeitraums) kann keine abschließende Entscheidung mehr ergehen

Es gelten unterschiedliche Fristen je nachdem, ob Sie oder das Jobcenter eine abschließende Entscheidung haben wollen:

- Sie können den Antrag auf abschließende Festsetzung schon vor Ablauf des Bewilligungszeitraums, aber nur bis zum Ablauf eines Jahres nach dessen Ablauf stellen.
- Für das Jobcenter gilt, dass eine abschließende Festsetzung „ergeht" (§ 41a Abs. 5 Satz 1 SGB II). D.h., die abschließende Festsetzung muss nach Ablauf des Bewilligungszeitraums erstellt und Ihnen bis zum Ablauf eines Jahres nach dessen Ablauf wirksam geworden (= bekanntgegeben) sein (§ 39 Abs. 1 SGB X) (LPK-SGB II, 7. Aufl., § 41a Rn. 74).

Das Jobcenter entscheidet abschließend über den monatlichen Leistungsanspruch, *„sofern die vorläufig bewilligte Leistung nicht der abschließend festzustellenden entspricht oder die leistungsberechtigte Person eine abschließende Entscheidung beantragt"* (§ 41a Abs. 3 Satz 1 SGB II, § 44a Abs. 5 Satz 1, 2 SGB XII). *„Ergeht innerhalb eines Jahres nach Ablauf des Bewilligungszeitraums keine abschließende Entscheidung nach Absatz 3, gelten die vorläufig bewilligten Leistungen als abschließend festgesetzt"* (§ 41a Abs. 5 Satz 1 SGB II, § 44a Abs. 6 Satz 1 SGB XII). Das bedeutet, dass in jedem Fall eine abschließende Entscheidung ergeht: Entweder beantragen Sie die abschließende Entscheidung, oder das Jobcenter trifft die abschließende Entscheidung von Amts wegen. Sollte ausnahmsweise weder Ihr Antrag noch eine Tätigkeit des Jobcenters vorliegen, wird die vorläufige Entscheidung zur abschließenden Entscheidung, d.h. sie *„gelten [...] als abschließend festgesetzt"* (ebenda).

Gegenüber der bisherigen Rechtslage ist die Beschränkung der Überprüfbarkeit auf ein Jahr nach Ablauf des Bewilligungszeitraums eine Erleichterung; nach altem Recht konnte praktisch unbefristet rückwirkend eine abschließende Entscheidung getroffen werden (vgl. etwa LSG Sachsen-Anhalt 6.6.2019 – L 4 AS 272/17: abschließende Festsetzung und Erstattung von Leistungen aus dem Jahre 2007 mit Bescheid vom 18.6.2013). Dies war mit zum Teil hohen Erstattungsforderungen verbunden; auch werden nicht immer alle Unterlagen aufbewahrt, sodass eine eingehende inhaltliche Auseinandersetzung schwierig sein konnte.

Die abschließende Entscheidung wird in der Regel mit der Erstattungs- oder Nachzahlungsentscheidung getroffen (dazu ⇨4). Es kommt aber auch vor, dass die abschließende Entscheidung zunächst isoliert ergeht und erst später die Erstattungs- oder Nachzahlungsentscheidung erfolgt, nachdem die abschließende Entscheidung bestandskräftig geworden ist. Dadurch kommt es zu Problemen, wenn Sie Leistungen erstatten müssen, weil die Jobcenter und die Gerichte davon ausgehen müssen, dass die abschließende Entscheidung rechtmäßig war; Sie müssen dann einen Überprüfungsantrag gem. § 44 SGB X stellen (⇨Nachzahlung 3.2).

Tipp: Prüfen Sie bei jeder abschließenden Entscheidung, ob sie rechtmäßig ist; Sie sollten vorsorglich einen Widerspruch erheben, bis geklärt ist, ob und welche Beträge Sie erstatten müssen oder ob und welche Beträge Ihnen nachgezahlt werden.

3.1 Initiative zur abschließenden Entscheidung

Die abschließende Entscheidung kann nur innerhalb eines Jahres nach Ablauf des Bewilligungszeitraums (⇨3) erfolgen; ansonsten wird die vorläufige Entscheidung zur abschließenden Entscheidung (⇨3.1.3). In der Regel kümmert sich das Jobcenter um die abschließende Entscheidung (⇨3.1.2); Sie können aber auch selbst einen Antrag stellen (⇨3.1.1).

3.1.1 Antrag der leistungsberechtigten Person

Sie können einen Antrag auf abschließende Entscheidung stellen (§ 41a Abs. 3 Satz 1 Hs. 2 SGB II, § 44a Abs. 5 Satz 2 SGB XII). Ein solcher Antrag ist dann sinnvoll, wenn Sie eine Nachzahlung erwarten, etwa weil das zu berücksichtigende Einkommen niedriger ist als vorläufig festgesetzt. Durch einen schnellen Antrag verkürzen Sie u.U. den Zeitraum bis zur abschließenden Entscheidung gegenüber dem Zeitraum, den das Jobcenter benötigt, um aus eigener Initiative (⇨3.1.2) zu entscheiden. Der Antrag ist aber auch dann sinnvoll, wenn damit eine sog. fiktive abschließende Entscheidung ausgeschlossen werden kann; denn solche Entscheidungen können noch zu Ihren Ungunsten aufgehoben werden (⇨3.1.3.2).

3.1.2 Initiative des Jobcenters

Das Jobcenter entscheidet abschließend über den monatlichen Leistungsanspruch, *„sofern die vorläufig bewilligte Leistung nicht der abschließend festzustellenden entspricht“* (§ 41a Abs. 3 Satz 1 Hs. 1 SGB II, ähnlich § 44a Abs. 5 Satz 1 SGB XII).

Für Leistungszeiträume zwischen dem 1.3.2020 und dem 31.3.2021 (§ 67 Abs. 1 SGB II, § 141 Abs. 1 SGB XII) gilt **corona**bedingt § 67 Abs. 4 Satz 2 SGB II: *„In den Fällen des Satzes 1 [vorläufige Entscheidung nach § 41a Abs. 1 Satz 1 SGB II] entscheiden die Träger der Grundsicherung für Arbeitsuchende abweichend von § 41a Abs. 3 nur auf Antrag abschließend über den monatlichen Leistungsanspruch“* (ähnlich § 44a Abs. 4 SGB XII). Dies bedeutet, dass Sie allein es in der Hand haben, die bisherige vorläufige Entscheidung zu verändern oder nicht. Die Veränderung ist nur durch Ihren Antrag statthaft (⇨3.1.1). Daher sollten Sie gut überlegen, ob Sie einen Antrag auf abschließende Entscheidung treffen:

- Ergibt sich, dass Sie z.B. weniger Einkommen erzielt haben oder dass Ihre Kinder im Rahmen des Umgangsrechts häufiger bei Ihnen waren als in den vorläufigen Bescheiden angesetzt ist, sollten Sie überlegen, einen Antrag auf abschließende Entscheidung zu treffen, da dann Aussicht besteht, dass Sie noch eine Nachzahlung erhalten.
- Ergibt sich, dass Sie z.B. höheres Einkommen erzielt haben als in den vorläufigen Bescheiden angesetzt ist, sollten Sie überlegen, einen Antrag auf abschließende Entscheidung nicht zu stellen, da dann Aussicht besteht, dass Sie Geld an das Jobcenter zurückzahlen müssen.
- **Das sollten Sie beachten:** Stellen Sie den Antrag auf abschließende Leistung, prüft das Jobcenter den Sachverhalt vollständig. Ergibt sich etwa ein Leistungsausschluss (siehe dazu ⇨2.1), kann es sein, dass das Jobcenter Ihren Leistungsanspruch auf 0 € festsetzt und die Erstattung aller Leistungen verlangt. Sie müssen auch sehen, dass Sie im Rahmen der abschließenden Festsetzung Mitwirkungspflichten treffen, die ebenfalls dazu führen können, dass Ihr Leistungsanspruch auf 0 € festgesetzt und die Erstattung aller Leistungen verlangt wird (siehe dazu ⇨3.2.).

3.1.3 Fiktive abschließende Entscheidung

3.1.3.1 Regel

Reagiert weder die leistungsberechtigte Person noch das Jobcenter innerhalb eines Jahres nach Ablauf des Bewilligungszeitraums, *„gelten die vorläufig bewilligten Leistungen als abschließend festgesetzt“* (§ 41a Abs. 5 Satz

2, § 44a Abs. 6 Satz 2 SGB XII). Es bleibt dann bei den vorläufig bewilligten Leistungen: Sie können weder eine Nachzahlung fordern noch müssen Sie die Erstattung fürchten.

3.1.3.2 Ausnahme von der Regel

Von dieser Regel gibt es eine Ausnahme nur zugunsten des Leistungsträgers:

Eine abschließende Festsetzung gilt nicht, wenn
„[...] der Leistungsanspruch aus einem anderen als dem nach Absatz 2 Satz 1 anzugebenden Grund nicht oder nur in geringerer Höhe als die vorläufigen Leistungen besteht und der Träger der Grundsicherung für Arbeitsuchende über den Leistungsanspruch innerhalb eines Jahres seit Kenntnis von diesen Tatsachen, spätestens aber nach Ablauf von zehn Jahren nach der Bekanntgabe der vorläufigen Entscheidung, abschließend entscheidet" (§ 41a Abs. 5 Satz 2 Nr. 2 SGB II, ähnlich § 44a Abs. 6 Satz 2 Nr. 2 SGB XII).

Beispiel: Ihnen werden für die Zeit vom 1.1.2019 bis zum 30.6.2019 vorläufig Leistungen wegen schwankenden Erwerbseinkommens bewilligt. Nach Ablauf des Bewilligungszeitraums erfolgt keine abschließende Festsetzung, sodass die vorläufige Bewilligung für die Zeit ab 1.7.2020 als abschließend festgesetzt gilt (§ 41a Abs. 5 Satz 1 SGB II). Am 1.8.2020 erfährt das Jobcenter, dass Sie über bedarfsdeckendes Vermögen verfügt haben, und verlangt die Erstattung aller Leistungen für die Zeit vom 1.1.2019 bis zum 30.6.2019.
- Der Leistungsanspruch besteht (nach Auffassung des Jobcenters) „aus einem anderen als dem nach Absatz 2 Satz 1 anzugebenden Grund" (es geht nicht um das schwankende Erwerbseinkommen) nicht.
- Das Jobcenter darf jetzt innerhalb eines Jahres nach Kenntnis der Tatsachen, spätestens aber nach Ablauf von zehn Jahren nach Bekanntgabe der vorläufigen Entscheidung abschließend entscheiden.
- Vertrauensschutzgründe können nicht geltend gemacht werden.

Damit steht dem Jobcenter die Möglichkeit der Erstattung über einen sehr langen Zeitraum (bis zu zehn Jahren später) zu, ohne dass Sie durch Vertrauensschutzregelungen geschützt sind (nach der Gesetzesbegründung soll dies nur bei pflichtwidrigem Verhalten gelten (BT-Drs. 18/8041, 54) diese Rechtsfolge ergibt sich aber nicht aus dem Wortlaut des Gesetzes).

Hiergegen gibt es nur die Möglichkeit, dass Sie selbst die abschließende Entscheidung beantragen (§ 41a Abs. 3 Satz 1 Hs. 2 SGB II, § 44a Abs. 5 Satz 1 Hs. 2 SGB XII); dann gibt es eine „echte" abschließende Entscheidung und nicht eine „fiktive" abschließende Entscheidung, die durch § 41a Abs. 5 Satz 2 Nr. 2 SGB II, § 44a Abs. 6 Satz 2 Nr. 2 SGB XII wieder „ausgehebelt" werden kann. Im SGB XII gilt dies zusätzlich dann nicht, *„wenn der für die Ausführung des Gesetzes [...] zuständige Träger die Unkenntnis von den entscheidungserheblichen Tatsachen zu vertreten hat"* (§ 44a Abs. 6 Satz 3 SGB XII). Eine solche Regelung fehlt im SGB II.

§ 41a Abs. 5 Satz 2 Nr. 2 SGB II, § 44a Abs. 6 Satz 2 Nr. 2 SGB XII muss gestrichen werden; mindestens muss ergänzend aufgenommen werden, dass eine abschließende Entscheidung in solchen Fällen nur möglich ist, wenn die leistungsberechtigte Person vorsätzlich oder grob fahrlässig gehandelt hat.

3.2 Mitwirkungspflichten und ihre Folgen

Im Rahmen der abschließenden Festsetzung treffen Sie gem. § 44a Abs. 3 Satz 2 bis 4 SGB II bzw. gem. § 44a Abs. 5 Satz 3 bis 5 SGB XII besondere Mitwirkungspflichten (vgl. auch ⇨Selbstständige 4.); verletzen Sie die Mitwirkungspflichten, ist das Jobcenter bzw. das Sozialamt befugt festzustellen, dass Sie keinen Anspruch auf Leistungen hatten (§ 44a Abs. 3 Satz 4 SGB II, § 44a Abs. 5 Satz 5 SGB XII). Dann müssen Sie alle Leistungen erstatten.

3.2.1 Voraussetzungen

Sie müssen *„die geforderten leistungserheblichen Tatsachen"* (§ 41a Abs. 3 Satz 2 SGB II, § 44a Abs. 5 Satz 3 SGB XII) nachweisen, d.h., das Jobcenter bzw. das Sozialamt müssen genau mitteilen, welche Informationen sie von Ihnen haben wollen. Diese Informationen sollten Sie aber auch vorlegen.

Tipp 1: Heben Sie alle Nachweise (insbesondere Kontoauszüge, Lohnabrechnungen, Ausgaben etc.) auf und reichen Sie diese rechtzeitig ein.

Tipp 2: Reichen Sie immer nur eine Kopie – niemals das Original! – ein und lassen Sie sich für eingereichte Unterlagen immer eine Eingangsbestätigung geben.

Tipp 3: Die Mitwirkungspflichten verdrängen nicht die Pflicht des Jobcenters, den Sachverhalt von Amts wegen zu ermitteln (BSG 12.9.2018 – B 4 AS 39/17 R). Sollten Sie Probleme haben, Nachweise vorzulegen (z.B. gibt der Arbeitgeber keine Lohnbescheinigungen, und Sie haben sie nicht mehr), müssen Sie das Jobcenter bitten, die Unterlagen selbst zu erbitten. Davon sollten Sie aber **nur im Ausnahmefall Gebrauch** machen, weil das Jobcenter dies häufig nicht tut und Ihnen dann anlastet, Sie hätten Ihre Mitwirkungspflicht nicht erfüllt. Sollte Ihnen das Jobcenter dies anlasten, können Sie aber gegen eine Entscheidung nach § 41a Abs. 3 Satz 3, 4 SGB II einwenden, dass eine Mitwirkungspflicht nicht bestand, weil das Jobcenter zur Amtsermittlung verpflichtet war

Es muss Ihnen eine *angemessene Frist* zur Vorlage der Unterlagen (§ 41a Abs. 3 Satz 3 SGB II, § 44a Abs. 5 Satz 4 SGB XII) gesetzt werden (vgl. SG Augsburg 3.7.2017 – S 8 AS 400/17; SG Berlin 25.9.2017 – S 179 AS 6737/17; SG Dresden 11.1.2018 – S 52 AS 4382/17; SG Osnabrück 29.1.2018 – S 24 AS 586/17). Ob die Frist angemessen ist, ist eine Frage des Einzelfalls. Eine Frist von weniger als einem Monat ist in der Regel zu kurz; bei Vorliegen besonderer Umstände (geht es z.B. um die Vorlage von Unterlagen bei selbstständiger Tätigkeit) sollte die Frist mindestens zwei Monate betragen (FW 41a.23). Ist die Frist nicht angemessen, kann der Leistungsträger eine endgültige Entscheidung zu Lasten des/r erwerbsfähigen Leistungsberechtigten selbst dann nicht treffen, wenn sich der/die erwerbsfähige Leistungsberechtigte nicht geäußert hat (SG Augsburg 12.3.2018 – S 8 AS 95/18).

Von der angemessenen Frist zu unterscheiden ist die Frage, bis zu welchem Zeitpunkt Sie die Unterlagen noch vorlegen können. Nach dem Gesetz ist dies *„bis zur abschließenden Entscheidung"* (§ 41a Abs. 3 Satz 3 SGB II, § 44a Abs. 5 Satz 4 SGB XII), also bis zur letzten Verwaltungsentscheidung möglich, nämlich bis zum Erlass des Widerspruchsbescheids (vgl. BSG 12.9.2018 – B 4 AS 39/17 R). Das Widerspruchsverfahren ist mit Zugang des Widerspruchbescheides im Sinne des § 37 Abs. 2 SGB X abgeschlossen.

Beispiel:
Das Jobcenter fordert Sie mit Schreiben vom 6.1.2020 auf, die Unterlagen für die Monate Juli 2019 bis Dezember 2019 bis zum 9.3.2020 vorzulegen. Mit Bescheid vom 16.3.2020 entscheidet es abschließend über Ihren Leistungsanspruch in der Weise, dass Ihnen keine Leistungen zustehen. Sie legen dagegen mit Schreiben vom 2.4.2020 Widerspruch ein und legen die geforderten Unterlagen vor. Das Jobcenter weist den Widerspruch mit Widerspruchsbescheid vom 15.5.2020 zurück, weil die Unterlagen zu spät eingereicht sind. Dies ist rechtswidrig, weil die Unterlagen noch vor der abschließenden Entscheidung (Widerspruchsbescheid) vorlagen.

Es muss eine *„schriftliche[..] Belehrung über die Rechtsfolgen"* erfolgen (§ 41a Abs. 3 Satz 3 SGB II, § 44a Abs. 5 Satz 4 SGB XII). Die Anforderungen an die Rechtsfolgenbelehrung sind durch das BSG noch nicht geklärt (offengelassen durch BSG 12.9.2018 – B 4 AS 39/17 R; vgl. den Überblick bei Klerks, info also 2019, 195). Die Rechtsfolgenbelehrung muss insbesondere Hinweise auf diese Rechtsfolgen einer Verletzung der Mitwirkungspflicht enthalten:
- das nur teilweise Bestehen oder Nichtbestehen des Anspruchs auf Leistungen (SG Osnabrück 16.4.2019 – S 16 AS 245/18),
- der damit verbundene endgültige Verlust des Leistungsanspruchs (SG Duisburg 2.1.2018 – S 49 AS 3349/17),
- die Pflicht zur Erstattung der erhaltenen Leistungen (SG Berlin 25.9.2017 – S 179 AS 6737/17) und
- die korrekte Information über die letzte Möglichkeit zur Einreichung der geforderten Unterlagen (LSG Berlin-Brandenburg 9.4.2019 – L 32 AS 816/18 B PKH – info also 2019, 214)

Tipp: Die Rechtsfolgenbelehrung berücksichtigt in der Regel nicht, dass Unterlagen nicht nur bis zum Ablauf der vom Jobcenter gesetzten Frist, sondern bis zum Erlass des

Widerspruchsbescheids vorgelegt werden können; Sie sollten sich aber bemühen, die Unterlagen wenigstens bis dahin vorzulegen; erforderlichenfalls sollten Sie eine Fristverlängerung beantragen.

3.2.2 Folgen

Das Gesetz sieht mehrere Rechtsfolgen vor, wenn die Unterlagen nicht rechtzeitig vorgelegt werden: Die Leistungen werden nur in der Höhe abschließend festgesetzt, *„in welcher seine Voraussetzungen ganz oder teilweise nachgewiesen wurden“* (§ 41a Abs. 3 Satz 3 SGB II) bzw. *„soweit der Leistungsanspruch nachgewiesen ist“* (§ 44a Abs. 5 Satz 4 SGB XII). Für die übrigen Monate wird festgestellt, *„dass ein Leistungsanspruch nicht bestand“* (§ 41a Abs. 3 Satz 4 SGB II, § 44a Abs. 5 Satz 5 SGB XII, sog. Nullfestsetzung). Hierbei ist aus Gründen der Verhältnismäßigkeit zu prüfen, ob der Anspruch trotzt der fehlenden Unterlagen wenigstens teilweise festgestellt werden kann, bevor die Nullfestsetzung erfolgt.

Die vorläufig erbrachten Leistungen werden dann zurückgefordert (§ 41a Abs. 6 Satz 3 SGB II, § 44a Abs. 7 Satz 3 SGB XII) und bei laufendem Leistungsbezug aufgerechnet (§ 43 Abs. 1 Nr. 4 SGB II [nur Erstattungsansprüche gem. § 41a Abs. 6 Satz 3 SGB II, nicht Erstattungsansprüche nach § 41 Abs. 6 Satz 4 SGB II], § 44b SGB XII). Die Höhe beläuft sich auf zehn Prozent des Regelbedarfs (§ 43 Abs. Satz 1 SGB II) bzw. auf fünf Prozent der Regelbedarfsstufe (§ 44b Abs. 2 SGB XII). Der Widerspruch gegen den Erstattungsbescheid und den die Aufrechnung verfügenden Bescheid entfaltet aufschiebende Wirkung (§ 86a Abs. 1 SGG; ⇨Widerspruch 5.).

3.3 Höhe der Leistung

Liegen alle geforderten Unterlagen vor, kann die abschließende Entscheidung getroffen werden. Dabei wird dann der Bedarf und das eventuell anzurechnende Einkommen und Vermögen ermittelt. Dabei gelten für das Einkommen Sonderregelungen (⇨3.3.1).

3.3.1 Durchschnittseinkommen

„Bei der abschließenden Feststellung des Leistungsanspruches nach Absatz 3 ist als Einkommen ein monatliches Durchschnittseinkommen zugrunde zu legen“ (§ 41a Abs. 4 Satz 1 SGB II). *„Als monatliches Durchschnittseinkommen ist für jeden Kalendermonat im Bewilligungszeitraum der Teil des Einkommens zu berücksichtigen, der sich bei der Teilung des Gesamteinkommens im Bewilligungszeitraum durch die Anzahl der Monate im Bewilligungszeitraum ergibt“* (§ 41a Abs. 4 Satz 3 SGB II). Entsprechende Vorschriften gibt es in § 44a SGB XII nicht.

Die Berechnung nach Durchschnittseinkommen ist i.d.R. günstiger als die monatliche Berechnung, weil die Freibeträge für jeden Monat angesetzt werden. Die Berechnung nach Durchschnittseinkommen ist vor allem dann i.d.R. günstiger, wenn Sie nur in einigen Monaten des Bewilligungszeitraums Einkommen erzielt haben, in anderen Monaten aber nicht.

Für die Berechnung des Durchschnittseinkommens gelten die folgenden Grundsätze (vgl. BSG 11.7.2019 – B 14 AS 44/18 R):

- Es werden alle Einkommensarten für alle Monate eines Bewilligungszeitraums einbezogen, egal ob es sich dabei um schwankendes Einkommen oder festes Einkommen handelt.
- Aus jeder Einkommensart muss gesondert ein Durchschnittseinkommen gebildet werden; dazu kann wie folgt unterschieden werden (LPK-SGB II § 41a Rn. 66):
  - Laufende Einnahmen nach § 11 Abs. 2 SGB II mit Absetzbeträgen,
  - bei Erwerbstätigkeit (§ 11b Abs. 2 Satz 1, 2 SGB II) (⇨Erwerbstätige 2.2, Einkommensbereinigung),
  - aus steuerprivilegierten Einnahmen (§ 11b Abs. 2 Satz 3 SGB II) (⇨Einkommensbereinigung),
  - aus sonstigen Einnahmen (§ 11b Abs. 1 Satz 1 Nr. 3 SGB II, § 6 Abs. 1 Nr. 1 Alg II-V) (⇨Einkommensbereinigung 2.).
  - Einmalige Einnahmen nach § 11 Abs. 3 SGB II mit Absetzbeträgen nach § 11b Abs. 1 Satz 2 SGB II (es gelten die Zuflussregeln des § 11 Abs. 3 Satz 1, Satz 3 SGB II (LSG Berlin-Brandenburg 30.8.2017 – L 32 AS 1605/15 [zum alten Recht]).
  - Einkommen in Form eines Betriebskostenguthabens gem. § 22 Abs. 3 SGB II (SG Hannover 11.6.2020 – S 43 AS 3130/19).

- Das Einkommen im Bewilligungszeitraum wird – getrennt nach Einkommensarten – addiert und durch die Anzahl der Monate im Bewilligungszeitraum geteilt; die monatlichen Beträge werden um die Absetzbeträge nach § 11b SGB II bereinigt und dem Bedarf gegenübergestellt.

3.3.2 Ausnahme vom Durchschnittseinkommen

„Satz 1 [Bildung des Durchschnittseinkommens] gilt nicht
1. *in den Fällen des Absatzes 3 Satz 4,*
2. *soweit der Leistungsanspruch in mindestens einem Monat des Bewilligungszeitraums durch das zum Zeitpunkt der abschließenden Feststellung nachgewiesene zu berücksichtigende Einkommen entfällt oder*
3. *wenn die leistungsberechtigte Person vor der abschließenden Feststellung des Leistungsanspruches eine Entscheidung auf der Grundlage des tatsächlichen monatlichen Einkommens beantragt"* (§ 41a Abs. 4 Satz 2 SGB II).

In drei Fällen wird kein Durchschnittseinkommen gebildet:
- bei der Nullfestsetzung (⇨3.3.2.1),
- wenn das Einkommen in einem Monat höher ist als der Bedarf (⇨3.3.2.2),
- wenn Sie dies beantragen (⇨3.3.2.3).

Die Ausnahmen vom Durchschnittseinkommen gelten in einer Bedarfsgemeinschaft nur für das Mitglied der Bedarfsgemeinschaft, bei dem der Ausnahmefall vorliegt (SG Berlin 12.8.2020 – S 142 AS 918/20). Sie gelten nicht für das Einkommen aus selbstständiger Tätigkeit (⇨Selbstständige 2); hier gilt § 3 Abs. 4 Alg II-V (LSG Bayern 16.7.2019 – L 11 AS 52/19, SG Berlin 12.8.2020 – S 142 AS 445/19, FW 41a.29; kritisch dazu LPK-SGB II, 7. Aufl., § 41a Rn. 63, wonach die Fälle des § 41a Abs. 4 Satz 2 SGB II (insbesondere der Nr. 3) aus Gleichbehandlungsgründen auch den selbstständigen Personen offenstehen müssen; vgl. auch LSG Berlin-Brandenburg 11.5.2020 – L 18 AS 732/18 zu § 41a Abs. 4 Satz 2 Nr. 2 SGB II).

3.3.2.1 Nullfestsetzung

Im Fall der sog. Nullfestsetzung gem. § 41a Abs. 3 Satz 4 SGB II (⇨3.2.2) kann kein Durchschnittseinkommen gebildet werden, da dann keine (vollständigen) Unterlagen vorliegen, die Grundlage für eine solche Bildung sein könnten (BT-Drs. 18/8041, 53 f.).

3.3.2.2 Einkommen ist in einem Monat höher als der Bedarf

Ist das tatsächliche Einkommen in einem Monat höher als der Bedarf in diesem Monat, ist die Berechnung eines Durchschnittseinkommens nicht statthaft. Hierzu wird dem Bedarf das tatsächlich zugeflossene Einkommen in diesem Monat gegenübergestellt. Bei einem Einmaleinkommen muss aber auch die Zuflussregel des § 11 Abs. 3 Satz 3 SGB II berücksichtigt werden.

3.3.2.3 Antrag der leistungsberechtigten Person auf Grundlage des monatlichen Einkommens

Die leistungsberechtigte Person muss die abschließende Feststellung des Leistungsanspruchs auf der Grundlage des tatsächlichen monatlichen Einkommens *„vor der abschließenden Feststellung des Leistungsanspruches"* beantragen. Dies bedeutet, dass eine Entscheidung nicht mehr möglich ist, wenn bereits eine abschließende Feststellung des Leistungsanspruchs erfolgt ist. Nach unserer Auffassung liegt eine abschließende Feststellung wie im Falle des § 41a Abs. 3 Satz 3 SGB II (⇨3.2.1) erst mit der letzten Verwaltungsentscheidung vor, sodass der Antrag noch im Widerspruchsverfahren gestellt werden kann. Das Jobcenter ist zur Auskunft über die verschiedenen Berechnungsergebnisse verpflichtet (LPK-SGB II, 7. Aufl., § 41a Rn. 71).

Tipp: Lassen Sie sich von dem Jobcenter vor der Entscheidung über die abschließende Bewilligung ausrechnen, wo hoch der Leistungsanspruch bei der Abrechnung nach Durchschnittseinkommen ist und wie hoch der Leistungsanspruch bei monatlicher Abrechnung ist.

4. Folgen der abschließenden Entscheidung

Die vorläufig gezahlten Leistungen werden hinsichtlich der Höhe mit der Höhe der abschließend festgesetzten Leistungen verglichen. Die vorläufig erbrachten Leistungen werden auf den Anspruch auf abschließend festgesetzte Leistungen angerechnet. Eine Besonderheit ist, dass der Vergleich nicht monatsweise erfolgt, sondern der gesamte

Bewilligungszeitraum und der „Saldo“ verglichen wird: *„Soweit im Bewilligungszeitraum in einzelnen Kalendermonaten vorläufig zu hohe Leistungen erbracht wurden, sind die sich daraus ergebenden Überzahlungen auf die abschließend bewilligten Leistungen anzurechnen, die für andere Kalendermonate dieses Bewilligungszeitraums nachzuzahlen wären“* (§ 44a Abs. 6 Satz 2 SGB II, § 44a Abs. 7 Satz 2 SGB XII). Damit soll ein aufwendiges Erstattungsverfahren vermieden werden (BT-Drs. 18/8041, 55).

Haben Sie insgesamt vorläufig weniger Leistungen erhalten als abschließend festgesetzt, erhalten Sie eine Nachzahlung. Haben Sie mehr Leistungen als abschließend festgesetzt erhalten, müssen Sie die Überzahlung erstatten (§ 44a Abs. 6 SGB II, § 44a Abs. 7 SGB XII).

4.1 Nachzahlung von Leistungen

Ergibt sich bei der Saldierung ein Nachzahlungsanspruch, ist er zu leisten. Im Gesetz ist dieser Fall nicht ausdrücklich geregelt. Der Anspruch ergibt sich aber aus § 41a Abs. 3 Satz 1 SGB II bzw. § 44 Abs. 5 Satz 1 SGB XII i.V. mit dem Bescheid, mit dem abschließend über den Leistungsanspruch entschieden wird.

4.2 Erstattung von Leistungen

„Überzahlungen, die nach der Anrechnung fortbestehen, sind zu erstatten“ (§ 41a Abs. 6 Satz 3 SGB II, § 44a Abs. 7 Satz 3 SGB XII). Das bedeutet, dass das Jobcenter bzw. der Sozialhilfeträger nur die bisher (vorläufig) festgestellten Leistungen mit der Höhe der abschließend festgesetzten Leistungen vergleichen und die Differenz errechnen muss; haben Sie zu viel erhalten, müssen Sie die Differenz erstatten. Damit kann eine überzahlte Leistung ohne aufwendiges Verfahren zurückgefordert werden; ein Vertrauensschutz steht Ihnen nicht zu, d.h., Sie können nicht einwenden, dass Sie gedacht haben, Sie könnten alle Leistungen behalten.

Die Erstattung betrifft nicht die Erstattung von Kranken- und Pflegeversicherungsbeiträgen, da ein Verweis auf § 335 Abs. 1, Abs. 2, Abs. 5 SGB III nicht erfolgt ist; dagegen sollen Zuschüsse zu solchen Beiträgen gem. § 26 SGB II erstattet werden können (FW 41a.36). Eine solche Ungleichbehandlung ist nicht verständlich. Deshalb sollten auch Zuschüsse gem. § 26 SGB II nicht der Erstattung unterliegen.

Sachleistungen können nicht erstattet werden, weil dies in § 41a SGB II, § 44a SGB XII nicht geregelt ist (LPK-SGB II, 7. Aufl., § 41a Rn. 83).

Das Jobcenter darf mit Erstattungsansprüchen gem. § 41a Abs. 6 Satz 3 SGB II gegen Ansprüche auf laufende Leistungen aufrechnen (§ 43 Abs. 1 Nr. 4 SGB II); dies gilt nicht für Erstattungsansprüche gem. § 41a Abs. 6 Satz 4 SGB II (⇨Aufrechnung 1.1, LPK-SGB II, 7. Aufl., § 41a Rn. 84, § 43 Rn. 13). Das Sozialamt kann mit bestandskräftigen Erstattungsansprüchen gem. § 44a Abs. 7 Satz 3 SGB XII gegen Ansprüche auf laufende Leistungen mit fünf Prozent der maßgebenden Regelbedarfsstufe aufrechnen (§ 44b Abs. 1, Abs. 2 SGB XII).

5. Verfahren

Das Verfahren besteht aus zwei Verfahren (Verfahren der vorläufigen Entscheidung, Verfahren der abschließenden Entscheidung).

5.1 Verfahren der vorläufigen Entscheidung

Gegen eine vorläufige Entscheidung ist der Widerspruch und die Klage statthaft. Ein solches Verfahren ist aber kaum effektiv, weil eine abschließende Entscheidung, die für diesen Zeitraum ergeht, dazu führt, dass die vorläufige Entscheidung erledigt ist (§ 39 Abs. 2 SGB X) und die abschließende Entscheidung gem. § 86 SGG bzw. § 96 SGG an die Stelle der vorläufigen Entscheidung tritt (vgl. BSG 5.7.2017 – B 14 AS 36/16 R). Um zu einer schnellen Entscheidung zu kommen, muss hier geprüft werden, ob nicht ein Antrag auf Erlass einer einstweiligen Anordnung gem. § 86b SGG in Betracht kommt.

5.2 Verfahren der abschließenden Entscheidung

Gegen eine abschließende Entscheidung sind Widerspruch und Klage statthaft. In der Regel wird die abschließende Entscheidung mit der Erstattungsentscheidung verbunden. Es kann aber auch vorkommen, dass erst die abschließende Entscheidung ergeht und erst nach dessen Bestandskraft die Erstattungsentscheidung. Die zeitliche Trennung ist nicht untersagt, eine Verbindung gem. § 50 Abs. 3 Satz 2 SGB X ist nicht zwingend vorgeschrieben. In diesem Fall ist die Erstattungsentscheidung rechtmäßig, weil die abschließende Entscheidung für die Berechnung des Erstattungsanspruchs Tatbestandswirkung hat (LSG NRW 30.1.2019 – L 19 AS 180/18 B – ZFSH/SGB 2019, 224). Um diese Tatbestandswirkung zu beseitigen, muss hinsichtlich der abschließenden Entscheidung ein Überprüfungsantrag gem. § 44 SGB X gestellt werden.

Haben Sie gegen die abschließende Entscheidung ein Rechtsmittel (Widerspruch bzw. Klage) nicht bzw. zu spät eingelegt, ist grundsätzlich ein Überprüfungsantrag gem. § 44 SGB X statthaft. Sie müssen dann darlegen, warum die abschließende Entscheidung rechtswidrig war. Ob etwa die sog. Nullfestsetzung (⇨3.2.2) noch im Überprüfungsverfahren abgeändert werden kann, hängt davon ab, mit welcher Begründung Sie sie für rechtswidrig halten: Sind Sie der Ansicht, dass Sie nicht mit der Nachreichung von Unterlagen ausgeschlossen sein dürfen, ist noch nicht klar, ob dies so richtig ist. Das BSG hat noch nicht entschieden, ob § 41a Abs. 3 Satz 3 SGB II eine Präklusionsvorschrift darstellt (BSG 12.9.2018 – B 4 AS 39/17 R). Sie können aber unserer Ansicht geltend machen, dass die Rechtsfolgenbelehrung (⇨3.2.1) nicht richtig war.

Eine fiktive abschließende Festsetzung gem. § 41a Abs. 5 Satz 1 SGB II soll nicht überprüfbar sein (SG Karlsruhe 15.7.2019 – S 5 AS 4062/18). Hier kommt es darauf an, ob Sie geltend machen können, dass die Voraussetzungen für eine solche fiktive abschließende Festsetzung nicht vorlagen.

Sowohl bei der abschließenden Entscheidung als auch bei der Erstattungsentscheidung ist § 1629a BGB (⇨Rückforderung 2.5) zu beachten (BSG 28.11.2018 – B 14 AS 34/17 R; LSG NRW 30.1.2019 – L 19 AS 180/18 B). Es kann auch ein Antrag auf Erlass gem. § 44 SGB II gestellt werden (vgl. BSG 28.11.2018 – B 14 AS 34/17 R).

Warmwasser

Inhaltsübersicht

1. Warmwasser zählt zu den Unterkunftskosten

*„Leistungen für Heizung und **zentrale Warmwasserversorgung** werden in tatsächlicher Höhe erbracht, soweit sie angemessen sind"* (§ 35 Abs. 4 Satz 1 SGB XII).

Das trat zum 1. April 2011 mit dem *„Regelbedarfsermittlungsgesetz"* in Kraft und gilt rückwirkend seit 1.1.2011. Die Kosten für Warmwasserbereitung sind also seit 2011 nicht mehr im Regelbedarf enthalten. Sie werden im Rahmen der Unterkunftskosten gesondert erbracht.

Das **gilt auch** beim Alg II, obwohl es die entsprechende Regelung aufgrund des hektischen Gesetzgebungsverfahrens nicht mehr rechtzeitig in den § 22 SGB II *„Bedarfe für Unterkunft"* geschafft hat und dies seitdem nicht nachgeholt wurde. Im SGB II finden wir an anderer Stelle zwei deutliche Hinweise für die Übernahme der Warmwasserkosten:

- In § 20 Abs. Satz 1 SGB II steht, dass der Regelbedarf *„Haushaltsenergie **ohne** die auf Heizung und auf die Erzeugung von Warmwasser entfallenden Anteile"* umfasst.
- In § 21 Abs. 7 SGB II wird ein **Mehrbedarf** für dezentrale Warmwassererzeugung anerkannt, *„soweit Warmwasser durch in der Unterkunft installierte Vorrichtungen erzeugt wird [...] und deshalb keine Bedarfe für zentral bereitgestelltes Warmwasser **nach § 22 anerkannt** werden"* (ebenso: § 30 Abs. 7 SGB XII; zur Bedeutung der Regelung ⇨2.2).
  § 21 Abs. 7 ist rechtlich unklar gefasst, da er nach seinem Wortlaut nicht eindeutig auf die durch § 22 zu übernehmenden Heizkosten abstellt. Richtig müsste es heißen: *„soweit Warmwasser separat von der Heizung durch Haushaltsenergie erzeugt wird"* (LPK SGB II, 7. Aufl., § 21 Rn. 55). Die hier zu übernehmenden Kosten sind unter 2.2.1 berechnet.

Die Neuregelung ist eine deutliche Verbesserung, wirft allerdings etliche Fragen auf.

Tipp: Prüfen Sie, ob die Kosten für Warmwasser bei Ihren Leistungen entweder bei den Unterkunftskosten oder als Mehrbedarf „Warmwasser" berücksichtigt wurden. Mittels Überprüfungsantrag (⇨Nachzahlung 3.1) können Sie vergangene Leistungszeiträume überprüfen, rückwirkend korrigieren und sich vorenthaltene Leistungen nachzahlen lassen.

2.1 Warmwasser in den Heizungskosten

Wenn Warmwasserkosten in den ⇨Heizkosten enthalten sind, werden sie *„in tatsächlicher Höhe erbracht, soweit sie angemessen sind"* (§ 35 ebenda). Das ist bei *„zentraler Warmwasserversorgung"* natürlich der Fall. Wenn Warmwasser also durch eine **zentrale Heizanlage** bereitet wird und Sie die Kosten der Warmwasserbereitung in Form von mtl. Vorauszahlung und ggf. Nachzahlungen an die vermietende Person oder den Energieerzeuger zahlen, sind sie als Unterkunftskosten zu übernehmen.

Das trifft erst recht auf größere Wohnhäuser mit Zentralheizung/ Fernwärme zu, in denen die Warmwasserkosten pro Wohneinheit häufig getrennt abgelesen und berechnet werden.

Auch wenn die Bundesregierung nur *„zentral bereitgestelltes Warmwasser"* im Gesetzestext erwähnt hat, gilt die neue Regelung auch, wenn **Warmwasser mittels Heizenergie** „zentral" in Ihrer Wohnung bereitet wird.

Das ist i.d.R. der Fall, wenn Sie z.B. eine **Gasetagenheizung** mit einem integrierten Durchlauferhitzer betreiben. Aufgrund der Neuregelung ist es nicht mehr nötig, die Kosten für Heizung und Warmwasser getrennt zu berechnen. Die Gesamtkosten für Heizgas müssen nun im Rahmen der Unterkunftskosten vollständig übernommen werden.

2.1.1 Was sind angemessene Warmwasserkosten?

Nach der gesetzlichen Regelung zur Erstattung der Unterkunftskosten sind zunächst die **tatsächlichen** Warmwasserkosten zu berücksichtigen, soweit sie angemessen sind. Im Regelfall muss die Behörde also tatsächliche Vorauszahlungen und ggf. Nachzahlungen für Warmwasserkosten übernehmen.

Viele Landkreise/ Kommunen haben bereits eigene Richtlinien mit sehr niedrigen Obergrenzen für „angemessene" Warmwasserkosten erlassen.

- Rechtswidrig, aber oft praktiziert, ist es, die unter ⇨2.2 aufgeführten mtl. **Pauschalbeträge** für den **Mehrbedarfszuschlag** bei dezentraler Warmwasserbereitung (§ 21 Abs. 7 SGB II; § 30 Abs. 7 SGB XII) **als Obergrenze** für angemessene Kosten zentraler Warmwasserbereitung heranzuziehen (LSG NRW 28.5.2013 - L9 AS 541/13 B).
- Ebenfalls unzulässig ist es, den **Pauschalaufschlag** des **Bundesweiten Heizspiegels** für Haushalte ohne zentrale Warmwasserbereitung (die Angaben im Heizspiegel sind inkl. Warmwasserbereitungskosten) **als Obergrenze** für angemessene Warmwasserkosten heranzuziehen. Dieser Pauschalaufschlag lag beim Heizspiegel 2015 bei 1,90 € bzw. 24 kWh pro m² Wohnungsfläche pro Jahr. Im Heizspiegel selbst ist angegeben (5 f.): *„Der Heizspiegel stellt kein geeignetes Instrument für Einzelfallentscheidungen nach SGB dar."*
- Auch die **Durchschnittswerte des** Heizspiegels dürfen nicht **als Obergrenze** für angemessene Warmwasserkosten herangezogen werden. Diese lagen für das Abrechnungsjahr 2018 bei 1,50 € für Heizung und Warmwasser pro m² Wohnungsfläche pro Jahr. Zunehmend legen die Kommunen die Kosten der Warmwasseraufbereitung zusammen mit den sonstigen Unterkunftskosten nach einem sogenannten „schlüssigen Konzept" fest. Da hier meistens die Kosten für Warmwasser und Heizung zusammenaddiert werden oder aber nur die angemessenen gesamten Betriebskosten festgelegt werden, sollte bei der Prüfung immer beachtet werden, dass hier nie einfach die Durchschnittswerte, sondern die Höchstwerte zu übernehmen sind. Da aber die durchschnittlichen Betriebskosten nach Betriebskostenspiegel NRW bei 2,37 € (ohne Heizkosten/WW) liegen und nach Rechtsprechung zu den Kosten der Unterkunft die **jeweiligen Höchstwerte** und nicht die Durchschnittswerte zu Grunde zu legen sind, sollte man bei Kostensenkungsaufforderungen oder Nichtübernahme der Kosten ⇨Widerspruch und ⇨Klage einlegen (⇨Heizkosten).Im Übrigen wird bei der strengen Beachtung der Durchschnittswerte, welche meist durch den Durchschnittsverbrauch des letzten Jahres gebildet werden, bei Nichtbeachtung der Höchstwerte meist missachtet, dass diese Werte stark von der Witterung des Vorjahres abhängig sind. Sollte also Ihre Kommune unter strenger Anwendung des neuen § 22 Abs. 10 SGB II bei einem strengen Winter die Kosten nicht übernehmen wollen, so dürften Widerspruch und Klage erfolgreich sein. Der neue § 22 Abs. 10 SGB II entspricht nicht der Rechtsprechung, welche mindestens die Übernahme der statistischen Durchschnittshöchstwerte fordert (⇨Heizkosten). In **München** gelten für die erste Person einer Bedarfsgemeinschaft **je nach Heizenergie** die folgenden **Prüfgrenzen** für Warmwasserbereitungskosten bei Sammelheizungen **pro Jahr** (erst bei Überschreitung der Prüfgrenzen erfolgt eine Einzelfallprüfung):

370 € bei Fernwärme;
280 € bei Heizöl;
310 € bei Erdgas
Für jede weitere Person:
230 € bei Fernwärme;
165 € bei Heizöl; 1
95 € bei Erdgas
(Leistungen für Unterkunft und Heizung § 22 SGB II, 22-2, 9, www.muenchen.de/rathaus/Stadtverwaltung/Sozialreferat/Sozialamt/Kosten_Unterkunft.html).

Lediglich die Münchener Prüfgrenzen für „angemessene" Jahreskosten bei zentraler Warmwasserbereitung erscheinen gestützt auf Erfahrungswerte aus der Sozialberatung bedarfsgerecht.

Da noch immer keine einschlägige Rechtsprechung zu diesem Sachverhalt existiert, können noch keine Vorgaben für eine bundeseinheitliche Behördenpraxis genannt werden. Warmwasserpauschalen, die den Bedarf nicht annähernd decken, sind aber unzulässig. In atypischen Fällen (z.B. bei bestimmten Erkrankungen) muss eine Entscheidung **nach der Besonderheit des Einzelfalles** immer möglich sein.

Ab 2011 dürfen Landkreise und Kommunen unter bestimmten Voraussetzungen ***„Satzungen"*** erlassen (§§ 22a - 22c SGB II), in denen u.a. regionale **Pauschalen und Höchstwerte** für Unterkunftskosten festgelegt werden. Hierunter fallen auch die Warmwasserkosten. Alle hier festgelegten Werte müssen auf qualifizierten Datenerhebungen basieren und regelmäßig überprüft werden. Näheres unter ⇨Miete

Tipp: Fallen die örtlichen Verbrauchsgrenzen in den kommunalen Satzungen zu niedrig aus, können Sie diese im Rahmen einer Normenkontrollklage vor dem LSG überprüfen lassen.

2.2 Warmwasserbereitung dezentral

2.2.1 Warmwasser dezentral mit Strom

Wird Warmwasser dezentral mittels eines elektrischen Durchlauferhitzers oder Boilers erwärmt, sind die tatsächlichen Kosten für die Warmwasserbereitung kaum zu beziffern. Sie zahlen diese versteckten Kosten mit der monatlichen Stromrechnung aus dem Regelbedarf. In diesem Fall wird ein ⇨**Mehrbedarf**zuschlag für Warmwasserkosten anerkannt, der nach Art und Anzahl der Personen Ihrer Bedarfsgemeinschaft berechnet wird (§ 21 Abs. 7 SGB II; § 30 Abs. 7 SGB XII). Mit dieser Pauschale **soll** Ihr Warmwasserbedarf gedeckt sein, es sei denn Sie können **höhere Kosten** oder einen besonderen Bedarf **nachweisen** (⇨2.2.2 f.).

Seit dem 01.01.2021 wurde der § 21 Abs. 7 Satz 3 dahingehend novelliert, dass nunmehr nur noch Mehrkosten über den unten stehenden Pauschalen gewährt werden, wenn diese durch eine separate Messeinrichtung nachgewiesen werden. Vorher war geregelt, dass dieser von der Behörde nach Prüfung anerkannt wird.

Mehrbedarf: Kosten der Warmwasserbereitung

Stand: 2021	Zahlbetrag in €	Prozentanteil der RB-Stufe*
Alleinstehende, Alleinerziehende	10,26	2,3%
Partner*innen	9,22	2,3%
Haushaltsangehöriger ab 18 Jahren	8,21	2,3%
14- bis 18-jährige „Kinder"	5,22	1,4%
6- bis 13-jährige Kinder	3,71	1,2%
0- bis 5-jährige Kinder	2,26	0,8%

* ergibt 30 % des Haushaltsenergieanteils der jeweiligen Regelbedarf-Stufe

Die Pauschalen für Warmwasser gehen auf eine Empfehlung des „Deutschen Vereins für öffentliche und private Fürsorge" aus dem Jahr 1991 zurück. Hiernach entfallen in Haushalten mit dezentraler Warmwasserversorgung 30 Prozent der Haushaltsenergie (Strom) auf die Warmwasserversorgung. Den 30%igen Anteil haben die Armutsforscher der Bundesregierung aus den in der jeweiligen Regelbedarfsstufe enthaltenen Beträgen für Haushaltsenergie gebildet. Das Ergebnis wurde schließlich als Prozentanteil des jeweiligen Regelbedarfs in § 21 Abs. 7 SGB II bzw. § 30 Abs. 7 SGB XII dargestellt (siehe Tabelle letzte Spalte).

Das Bundessozialgericht hat entschieden (BSG 7.12.2017 – B 14 AS 6/17 R), dass ein höherer, von

den Pauschalen abweichender Bedarf nicht mittels technischer Einrichtung nachgewiesen werden muss. Der Verweis auf den pauschalierten Warmwassermehrbedarf dürfe nur erfolgen, wenn gerichtlich ermittelt wurde, dass das sozialrechtliche Existenzminimum sichergestellt sei, so das BSG. Wie das aber umzusetzen ist, hat uns das BSG in dem Urteil allerdings nicht verraten und das Problem der Ermittlung eines abweichenden Bedarfes den unteren Gerichtsinstanzen überlassen.
Nunmehr wurde diese Rechtsprechung vom Gesetz ausgehöhlt, in dem diese technische Messeinrichtung im § 21 Abs. 7 SGB II gefordert wird.
Einer tatsächlichen Gewährung durch Anerkennung des höheren Bedarfs, wenn beispielsweise krankheitsbedingt hoher Warmwasserverbrauch entsteht, ist damit ab 2021 ohne separate Messeinrichtung der Weg versperrt. Leider regelt das neue Gesetz aber keinen Anspruch auf Kostenübernahme für eine solche separate Messeinrichtung. Es ist vorliegend zu empfehlen, einen Antrag auf Kostenübernahme einer separaten Messeinrichtung zu stellen, wenn beispielsweise die vermietende Person eine solche nicht zur Verfügung stellt. Argumentieren kann man mit gutem Gewissen, dass auch die Kosten der Warmwasseraufbereitung zum verfassungsrechtlich geschützten soziokulturellen Existenzminimum gehören und ohne die Messeinrichtung dieser Anspruch ja nicht verwirklicht werden kann. Ob die Sozialgerichte das bestätigen, bleibt spannend.

Tipp: Wir empfehlen Ihnen deshalb als sichersten Weg des Nachweises, sich z.B. einen Hutschienen Wechselstromzähler (zum Einbau im Sicherungskasten) anzuschaffen und die Kosten nach vorherigem Antrag dem Jobcenter in Rechnung zu stellen. Diesen gibt es ab 20 € zu kaufen. Lassen Sie diesen von einem Fachmenschen einbauen, dann haben Sie präzise bezifferbare abweichende Warmwasserkosten, die das Jobcenter oder Sozialamt in tatsächlicher Höhe zu übernehmen hat.

Kritik

a. Auf der Grundlage der Sonderauswertung für Familienhaushalte der Einkommens- und Verbrauchsstichprobe (EVS) 2008 ergeben sich vor allem für Kinder sehr niedrige Haushaltsenergieanteile (⇨Strom 1.). Daraus werden mit dem 30%igen Anteil sehr niedrige Beträge für Warmwasserenergie errechnet (s. Tabelle), die durch Erfahrungswerte nicht bestätigt werden. In allen drei Kategorien liegen allein die bei der Körperhygiene anfallenden Energiekosten zur Warmwasserbereitung deutlich über den Pauschalbeträgen.
   Um die Validität des 30%igen Warmwasseranteils zu belegen, werden in einer internen Erläuterung des Vermittlungsausschusses zu den Änderungen bei den Warmwasserkosten nur Haushaltsenergiekosten von Einpersonenhaushalten als aktuelle Datengrundlage herangezogen (Anlage 3, Regelungsvorschlag für den Vermittlungsausschuss, 6.2.2011, S 4). Nach dem Urteil des BVerfG (9.2.2010 – 1 BvL 1/09) darf der Kinderbedarf jedoch nicht einfach vom Erwachsenenbedarf abgeleitet werden. Das gilt auch für den Energieanteil für Warmwasserbereitung.
b. Die „Regelbedarfsermittler" der Bundesregierung haben die Bedarfsanteile für Warmwasserenergie als 30%ige Anteile aus eben den Positionen für Haushaltsenergie gebildet, aus denen sie zuvor die Warmwasserkosten schon herausgerechnet hatten. Wenn im Eckregelbedarf ein Betrag von 38,32 € für Haushaltsenergie vorgesehen ist (EVS 2020 für 2021), in dem Kosten für Warmwasserbereitung gar nicht mehr berücksichtigt sind (ebenda, S 3), kann dieser Betrag nicht für die Berechnung des Mehrbedarfszuschlags für Warmwasser zugrunde gelegt werden. Vielmehr müssen die Kosten für Haushaltsenergie von Haushalten zugrunde gelegt werden, die ihr Warmwasser dezentral mit Strom bereiten. Daraus muss der 30%ige Anteil für Warmwasser berechnet werden.

Nach den Ausführungen der Bundesregierung betragen die um Warmwasserbereitung bereinigten Kosten für Haushaltsenergie nur 70 Prozent der Energiekosten, die die Warmwasserkosten enthalten. Der Energiebetrag, der zur Ermittlung der Warmwasserkosten bei Alleinstehenden und Alleinerziehenden zugrunde gelegt werden müsste, hätte 2020 ca. 52 € (Strom) statt 38,32 € betragen.

2.2.1.1 Wie der Mehrbedarf für Warmwasser richtig berechnet werden müsste,

erfahren Sie in dem Artikel *„Neuregelung der Warmwasserkosten: Pleiten, Pech und Pannen“* (http://www.tacheles-sozialhilfe.de/aktuelles/2011/Warmwasser.aspx; Berechnung auf Grundlage der Werte der EVS 2008).

2.2.1.2 Kaum Konsequenzen für die Praxis

Bei der gesetzlichen Festsetzung der Warmwasserpauschale wurden gravierende Berechnungsfehler gemacht, die aber nicht einfach durch Gerichtsbeschluss korrigiert werden können. Um eine gesetzliche Regelung zu kassieren, müsste ein Sozialgericht verfassungsrechtliche Zweifel anmelden und beim Bundesverfassungsgericht (BVerfG) einen Vorlagebeschluss zur Überprüfung des Warmwassermehrbedarfs erlassen. Das ist bislang noch nicht geschehen. Und selbst wenn es geschehen sollte, dürften nicht allzu große Erwartungen in das BVerfG gesetzt werden. Beim Regelbedarfsurteil vom 23.7.2014 hat das höchste Gericht die Bemessungsmethoden der Regelbedarfe (auch des Energieanteils) auf den Prüfstand gestellt und befunden, dass der Gesetzgeber zwar *„an die Grenze dessen [komme], was zur Sicherung des Existenzminimums verfassungsrechtlich gefordert ist“*, im Ergebnis aber sei die Höhe der Regelbedarfe *„nicht zu beanstanden“* und mit dem Grundgesetz *„derzeit noch vereinbar“*. An dieser Auffassung wird sich unserer Einschätzung nach so bald nichts ändern.

2.2.2 Dezentrale Warmwasserbereitung mit anderer Energie

Bereiten Sie Warmwasser z.B. über einen mit Gas betriebenen Durchlauferhitzer, der **ausschließlich** der Warmwasserbereitung dient, konnten Sie bislang die hier entstehenden Kosten für Gas in voller, nachgewiesener Höhe geltend machen. Das war der Fall, wenn Warmwasser mit Gas und die Heizung mit einem anderen Brennstoff, z.B. Kohle oder Öl betrieben wird. Auch nach der Änderung von 2021, die eine separate Messeinrichtung fordert, dürfte die verfassungsrechtliche Auslegung ergeben, dass beispielsweise an eine 20 Liter Propangasflasche zum Nachweis des tatsächlichen Verbrauchs kein extra Gaszähler angeschraubt werden muss, was aber nach reiner Wortlautauslegung nunmehr so vorgeschrieben ist.

2.2.3 Nachgewiesene höhere Kosten

Können Sie tatsächliche Kosten der dezentralen Warmwasserbereitung, die über den o.g. Pauschalbeträgen liegen, aufgrund gesonderter Zählung und Abrechnung nachweisen, müssen diese in voller Höhe übernommen werden. Es ist allerdings auch durch die Gesetzesnovellierung nicht gerichtlich nicht geklärt, ob es genügt, wenn Sie einen handelsüblichen Stromzähler vor dem Durchlauferhitzer installieren, oder ob es ein Zähler des Energieversorgers sein muss. Letzteres wäre mit erheblichen Gebühren verbunden und wahrscheinlich unrentabel.

2.3 Dezentrale und zentrale Warmwasserbereitung

Wird ein Teil der Warmwasserversorgung dezentral bereitet, z.B. in der Küche durch einen Wasserboiler/ Durchlauferhitzer, und der andere Teil (z.B. im Bad) durch zentrale Warmwasserbereitung, *„sind die Anteile beider Warmwasserquellen zu ermitteln und entsprechend die Kosten auf Nebenkosten [für Unterkunft] ... und Mehrbedarf aufzuteilen“* (Anlage 3, Regelungsvorschlag für den Vermittlungsausschuss, 6.2.2011, S 5).

Tipp: Hier kann nur geschätzt werden. Achten Sie darauf, dass das Jobcenter die Ermittlung auf der Grundlage realistischer Verbrauchsangaben vornimmt, sonst legen Sie drauf.

3.1 Nachzahlungen aufgrund von Warmwasserverbrauch

sind im Rahmen der Unterkunftskosten zu übernehmen, wenn die Gesamtkosten angemessen sind (⇨2.1.1).

3.2 Guthaben aufgrund von Vorauszahlungen für Warmwasserbereitung

sind i.d.R. als Einkommen an die Unterkunftskosten des Folgemonats anzurechnen. Näheres unter ⇨Heizkosten 1.3

4. Wartung von Gasboilern

Die Wartung von Gasboilern oder -durchlauferhitzern gehört, wenn die Mietpartei sie laut Mietvertrag selbst zu zahlen hat, zu den Kosten der Unterkunft und Heizung. Weil sie im Regelbedarf nicht enthalten sind, sind solche Wartungskosten **auf Antrag** vom Jobcenter/ Sozialamt zu übernehmen.

Forderungen

- auch die Kostenübernahme durch den Leistungsträger für die nun ab 2021 geforderten separaten Messeinrichtungen gesetzlich zu verankern
- Keine Deckelung der Kosten für zentrale Warmwasserbereitung!
- Ein bedarfsgerechtes und transparentes Verfahren zur Ermittlung von Warmwasserpauschalen bei dezentraler Bereitung mit Strom!

Weiterbildung (berufliche)

Bei Alg II-Beziehenden **kann** die berufliche Weiterbildung (früher Umschulung) gefördert werden (Vierter Abschnitt des Dritten Kapitels SGB III: §§ 81-87 sowie §§ 131a und 131b). Sie haben **keinen** Rechtsanspruch darauf (§ 16 SGB II; ⇨Arbeit 2.). Die Gewährung steht im ⇨Ermessen der Behörde.

Inhaltsübersicht:

1.1 Voraussetzungen, die Sie erfüllen müssen

Die Weiterbildung muss notwendig sein,

- um Sie bei **Arbeitslosigkeit** beruflich einzugliedern oder
- um eine **drohende** Arbeitslosigkeit abzuwenden, z.B. weil Sie schon gekündigt sind oder Ihr Arbeitsverhältnis befristet ist.

Zudem müssen Sie **vor** Beginn der Maßnahme ein Beratungsgespräch führen (§ 81 Abs. 1 Satz 1 Nr. 1 und 2 SGB III).

Anerkannt wird die Notwendigkeit der Weiterbildung bei arbeitslosen Arbeitnehmer*innen auch, wenn durch den Erwerb erweiterter beruflicher Kompetenzen die individuelle Beschäftigungsfähigkeit verbessert wird und sie nach Lage und Entwicklung des Arbeitsmarktes zweckmäßig ist (§ 81 Abs. 1a SGB III).

Der **nachträgliche Erwerb eines Berufsabschlusses** wird durch Übernahme der Weiterbildungskosten gefördert, wenn Sie

- nicht über einen Berufsabschluss verfügen, für den eine Ausbildungsdauer von mindestens zwei Jahren festgelegt ist, oder
- aufgrund einer mehr als vier Jahre ausgeübten Beschäftigung in an- oder ungelernter Tätigkeit (Zeiten der Arbeitslosigkeit, der Kindererziehung bzw. der Pflege pflegebedürftiger Personen mit mindestens Pflegegrad 2 fallen auch unter die vier Jahre unterqualifizierte Beschäftigung) eine Ihrem Berufsabschluss entsprechende Beschäftigung voraussichtlich nicht mehr ausüben können.

Weitere Voraussetzungen sind dann, dass Sie für den angestrebten Beruf geeignet sind, voraussichtlich erfolgreich an der Maßnahme teilnehmen werden und mit dem angestrebten Beruf Ihre Beschäftigungschancen verbessern.

Wenn Sie ohne solchen Berufsabschluss sind und noch keine drei Jahre beruflich tätig waren, können Sie nur gefördert werden, wenn eine Berufsausbildung oder eine berufsvorbereitende Bildungsmaßnahme aus in Ihrer Person liegenden Gründen nicht möglich oder nicht zumutbar ist oder die Weiterbildung in einem Engpassberuf angestrebt wird (§ 81 Abs. 2 SGB III).

1.2 Welche Weiterbildung kann gefördert werden?

Die Förderung einer Weiterbildung setzt voraus, dass sowohl der Träger der Maßnahme als auch die konkrete Maßnahme zugelassen sind (§ 81 Abs. 1 Satz 1 Nr. 3 SGB III, Zertifizierung nach §§ 176-181 SGB III und der Akkreditierungs- und Zulassungsverordnung Arbeitsförderung - AZAV).

Die Maßnahmenträger müssen zuverlässig sein, die nötige Unterstützung bei der Eingliederung bieten, über geeignetes Lehrpersonal und Qualitätssicherung verfügen sowie angemessene Teilnahmebedingungen sicherstellen (§ 178 SGB III).

Um zugelassen werden zu können, müssen die Maßnahmen u.a.

- durch Inhalt, Methode, Lehrmaterialien und -organisation eine erfolgreiche Teilnahme erwarten lassen und *„nach Lage und Entwicklung des Arbeitsmarktes zweckmäßig"* sein,
- wirtschaftlich und sparsam (d.h. schnell) durchgeführt werden,
- berufliche Fertigkeiten, Kenntnisse und Fähigkeiten erhalten, erweitern, der technischen Entwicklung anpassen oder einen beruflichen Aufstieg ermöglichen,
- einen beruflichen Abschluss vermitteln oder *„zu einer anderen beruflichen Tätigkeit"* befähigen und
- mit einem Zeugnis abschließen (§§ 179 Abs. 1 und 180 Abs. 2 SGB III).

Maßnahmen können nur gefördert werden, wenn sie als Weiterbildung/ **Umschulung** eingestuft sind. Ein Problem ist, dass bei Vollzeitmaßnahmen, die zu einem Abschluss in einem anerkannten Ausbildungsberuf führen, die Ausbildungszeit um mindestens ein Drittel verkürzt sein muss. In bestimmten Ausbildungsberufen ist eine Verkürzung aber ausgeschlossen, sodass dort eine Förderung nicht möglich ist; Ausnahmen davon gelten nur, wenn bereits zu Beginn die Finanzierung der Maßnahmekosten auch für das dritte Weiterbildungsjahr gesichert ist (§ 180 Abs. 4 SGB III), und für Ausbildungen nach dem Pflegeberufegesetz. Die Altenpflege (§ 131b SGB III) gilt ebenfalls als Ausnahme.

Alle **Ausbildung**sgänge, auch im Fall einer Zweitausbildung, sind dagegen nach dem SGB II nicht förderungsfähig (⇨Auszubildende).

1.2.1 Anspruch auf Förderung des Hauptschulabschlusses

Arbeitslose oder von der Arbeitslosigkeit Bedrohte ohne Schulabschluss, die die o.g. Voraussetzungen für Weiterbildung erfüllen, haben einen **Rechtsanspruch** auf Übernahme der Kosten für die Vorbereitung zum Erwerb des Hauptschulabschlusses, wenn eine erfolgreiche Teilnahme an der Maßnahme zu erwarten ist (§ 81 Abs. 3 SGB III). Auch hier werden die Erfolgsaussichten überprüft.

1.2.2 Maßnahmen zum Erwerb von Grundkompetenzen

Arbeitnehmer*innen können zum Erwerb von Grundkompetenzen durch Übernahme der Weiterbildungskosten gefördert werden, wenn

1. die Weiterbildung notwendig ist, um sie bei Arbeitslosigkeit beruflich einzugliedern oder eine ihnen drohende Arbeitslosigkeit abzuwenden,
2. sie nicht über ausreichende Grundkompetenzen verfügen, um erfolgreich an einer beruflichen Weiterbildung teilzunehmen, die zu einem Abschluss in einem Ausbildungsberuf führt, für den eine Ausbildungsdauer von mindestens zwei Jahren festgelegt ist, und
3. nach einer Teilnahme an der Maßnahme zum Erwerb von Grundkompetenzen der erfolgreiche Abschluss einer beruflichen Weiterbildung nach Nr. 2 erwartet werden kann (§ 81 Abs. 3a SGB III).

1.2.3 Weiterbildung im bestehenden Arbeitsverhältnis

Im Rahmen eines bestehenden Arbeitsverhältnisses kann eine volle oder teilweise Übernahme der Weiterbildungskosten erfolgen, wenn

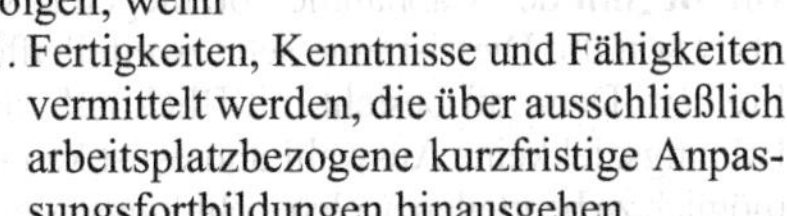

1. Fertigkeiten, Kenntnisse und Fähigkeiten vermittelt werden, die über ausschließlich arbeitsplatzbezogene kurzfristige Anpassungsfortbildungen hinausgehen,
2. der Erwerb des Berufsabschlusses, für den nach bundes- oder landesrechtlichen Vorschriften eine Ausbildungsdauer von mindestens zwei Jahren festgelegt ist, in der Regel mindestens vier Jahre zurückliegt,

3. der/die Arbeitnehmer*in in den letzten vier Jahren vor Antragsstellung nicht an einer nach § 82 SGB III geförderten beruflichen Weiterbildung teilgenommen hat,
4. die Maßnahme außerhalb des Betriebes oder von einem zugelassenen Träger im Betrieb, dem sie angehören, durchgeführt wird und mehr als 120 Stunden dauert und
5. die Maßnahme und der Träger der Maßnahme für die Förderung zugelassen sind.

Der Arbeitgeber soll sich in angemessenem Umfang an den Lehrgangskosten beteiligen, wovon aber in Kleinbetrieben abgesehen werden kann. Arbeitgeber können durch Zuschüsse zum Arbeitsentgelt gefördert werden, soweit die Weiterbildung im Rahmen eines bestehenden Arbeitsverhältnisses durchgeführt wird (§ 82 SGB III).

1.3 Beratung vor Beginn der Maßnahme

Um zu gewährleisten, dass eine Weiterbildungsmaßnahme geeignet ist, **muss** vor Beginn der Weiterbildung eine Beratung durch den/die Arbeitsvermittler*in erfolgen (§ 81 Abs. 1 Satz 1 Nr. 2 SGB III). Im Rahmen dieser Beratungsverpflichtung durch die Behörde wird häufiger der ärztliche oder psychologische Dienst der BA eingeschaltet, insbesondere um die Motivation der Teilnehmenden für die jeweilige Maßnahme zu überprüfen.

1.4 Bildungsgutschein

Ist die Notwendigkeit der Weiterbildung und der Maßnahme anerkannt, bekommen Sie einen „Bildungsgutschein". Der Bildungsgutschein kann zeitlich befristet sowie regional und auf bestimmte Bildungsziele beschränkt werden. Der von Ihnen ausgewählte Träger hat der Agentur für Arbeit den Bildungsgutschein **vor Beginn** der Maßnahme vorzulegen (§ 81 Abs. 4 SGB III). Dies ist eine sehr zweifelhafte Freiheit. Denn oft besteht mit Blick auf das Bildungsziel keine Auswahl und es ist kaum möglich zu beurteilen, welcher Bildungsträger eine gute Qualität bietet. Gut qualifizierte Personen können den Bildungsgutschein i.d.R. gezielter einsetzen. Nur 80 bis 90 Prozent der Gutscheine werden überhaupt fristgerecht eingelöst.

Tipp: Wenn Sie eine ⇨Eingliederungsvereinbarung unterschrieben haben, in der die von Ihnen gewünschte Weiterbildung nicht genehmigt wurde, können Sie unabhängig davon immer einen **Antrag** auf Weiterbildung stellen.

Bei Ablehnung ist die Behörde zumindest verpflichtet, die pflichtgemäße Ausübung des ⇨Ermessens ausführlich zu begründen (§ 35 Abs. 1 Satz 3 SGB X). Es genügt z.B. nicht, mit dem pauschalen Hinweis auf das fortgeschrittene Alter des/r Antragstellers/*in eine Maßnahme abzulehnen (SG Koblenz 30.8.2005 - S 3 RJ 131/04).

Tipp: Sie können in solchen Fällen ⇨Widerspruch einlegen und danach ggfs. klagen.

1.5 Förderung

Während der beruflichen Weiterbildung wird Ihr Alg II weitergezahlt. Kosten, die Ihnen durch die Teilnahme an der Weiterbildung entstehen (Weiterbildungskosten), können übernommen werden. Dazu gehören:

- als **Lehrgangskosten** Prüfungsgebühren plus Lernmittel/ Materialkosten, Arbeitskleidung, Kosten für eine Eignungsfeststellung usw. (§ 84 Abs. 1 SGB III),
- Kosten für öffentliche Verkehrsmittel 2. Klasse oder 0,20 € pro tatsächlich gefahrene Kilometer zur Bildungsstätte und zurück (§ 5 Abs. 1 Bundesreisekostengesetz nach § 85 SGB III i.V.m. § 63 Abs. 1 und 3 SGB III). Eine Ungleichbehandlung von Alg I- und Alg II-Beziehenden ist hier nicht gestattet (BSG 6.4.2011 - B 4 AS 117/10 R),
- Kosten einer erforderlichen auswärtigen **Unterbringung** in Höhe von 60 € pro Tag (höchstens 420 € je Kalendermonat) und in diesem Fall **Verpflegung** in Höhe von 24 € pro Tag (höchstens 168 € je Kalendermonat (§ 86 SGB III) und
- **Kinderbetreuungskosten** in Höhe von 150 € pro aufsichtsbedürftigem Kind und Monat (§ 87 SGB III).

1.6 Weiterbildungsprämie

Für die erfolgreiche Absolvierung von Zwischen- und Abschlussprüfungen gibt es Prämien, die nicht als Einkommen auf SGB II-Leistungen angerechnet werden: Wer an einer nach § 81 SGB III geförderten beruflichen Weiterbildung teilnimmt, die zu einem Abschluss in einem Ausbildungsberuf führt, für den nach bundes- oder landesrechtlichen Vorschriften eine Ausbildungsdauer von mindestens zwei Jahren festgelegt ist, erhält 1.000 € nach Bestehen einer Zwischenprüfung und 1.500 € nach Bestehen der Abschlussprüfung (§ 131a Abs. 2 SGB III). Die Weiterbildung muss vor dem 31.12.2023 begonnen werden.

Kritik

Weiterbildung ist meist ganztägig. Früher stand Umschüler*innen bei erhöhtem Aufwand für Ernährung, Kleidung, Körperpflege und Reinigung eine Erhöhung des Regelbedarfs zu (BVerwG 21.07.1994, FEVS 45, 177). Für die Zeit, in der Sie in einem Betrieb produktiv arbeiteten, wurde Ihnen auch ein Freibetrag wegen Erwerbstätigkeit zuerkannt (OVG Berlin FEVS 1985, 247; OVG Niedersachsen 26.09.1990, info also 1992, 35). Heute **soll** ein konkreter Mehrbedarf für Ernährung, Kleidung, Körperpflege und Reinigung, möglicherweise auch Arbeitskleidung schon in Ihrem ⇨Regelbedarf enthalten sein. Das ist eine indirekte Regelbedarfssenkung. Bei Ein-Euro-Jobs wird ein Mehraufwand anerkannt, ebenso bei Azubis. Warum nicht bei ganztägiger Weiterbildung?

2. Meister-BAföG nach dem Aufstiegsfortbildungsförderungsgesetz (AFBG)

schließt Alg II grundsätzlich nicht aus; demnach besteht Anspruch, außer es handelt sich um eine Aufstiegsfortbildung, für die auch BAföG in Betracht kommt (z.B. Fachschule für Sozialpädagogik). Die Zahlungen für die **Maßnahmenkosten** im Rahmen des Meister-BAföG und der Zuschuss zu den Kosten der Kinderbetreuung sind zweckgebunden und deshalb nicht als Einkommen anrechenbar. Der erhaltene **Unterhaltsbeitrag** des Meister-BAföG (§ 10 Abs. 2 AFBG) wird als Einkommen angerechnet, wobei mindestens 100 € frei bleiben, wenn keine Erwerbstätigkeit ausgeübt wird. Höhere Werbungskosten können nur bei konkretem Nachweis abgesetzt werden (§ 11b Abs. 2 Satz 5 SGB II). Der Unterhaltsbeitrag für den/die Teilnehmende*n und dessen/deren Familie wird teils als Beihilfe, teils als Darlehen erbracht. Es gibt aber keine Verpflichtung, das Darlehen bei der KfW in Anspruch zu nehmen. Deshalb ist es wichtig, dass der Unterhaltsbeitrag nach dem AFBG stets nur in Höhe des tatsächlich geleisteten Betrages zu berücksichtigen ist. § 34a SGB II bleibt unberührt (BT-Drs. 18/8041, S. 34), sodass die Gefahr besteht, dass Ersatzansprüche geltend gemacht werden, wenn das Darlehen nicht in Anspruch genommen wird. Freibeträge für Erwerbstätige (§ 11b Abs. 3 SGB II) können nicht vom Einkommen abgezogen werden, da die Fortbildung nicht als Erwerbstätigkeit gilt. Andere Absetzbeträge müssen bei der ⇨Einkommensbereinigung berücksichtigt werden.

Forderungen

Drastische Erhöhung des Eingliederungstitels!
Anerkennung eines Mehrbedarfs bei Weiterbildung!
Sinnvolle berufliche Weiterbildung statt Ein-Euro-Jobs und Trainingsmaßnahmen!
Abschaffung der Anrechnung von Darlehen beim Meister-BAföG als Einkommen!

Wohngeld

„Das Wohngeld dient der wirtschaftlichen Sicherung angemessenen und familiengerechten Wohnens“ (§ 1 Abs. 1 WoGG).
Es wird gezahlt als Mietzuschuss für **Mieter*innen** von Wohnungen/Zimmern (unter Umständen auch als *„Pflegewohngeld“* für Heimbewohner*innen) oder als Lastenzuschuss für **Eigentümer*innen** von ⇨Eigenheimen/Eigentumswohnungen.

Aufgrund gestiegener Heizenergiekosten hatte die Bundesregierung **2009** einen Zuschuss für Heizkosten im Wohngeld eingeführt. Zum Januar **2011** wurde dieser dann wieder abgeschafft. Haushaltskonsolidierung ist offenbar wichtiger als Unterstützung armer Haushalte. **2016** wurde das Wohngeld nach sieben Jahren erstmalig wieder erhöht. **2020** folgte mit dem *„Wohngeldstärkungsgesetz“* eine deutlichere Anpassung an gestiegene Einkommensverhältnisse und Mietpreise und zum **1.1.2021** erfolgte durch das *„CO2-Bepreisungsentlastungsgesetz“* eine leichte Erhöhung, die steigende Heizkosten infolge der CO2-Bepreisung ausgleichen soll. Nach Angaben der Bundesregierung soll die Reform von 2020 eine **Wohngelderhöhung** von durchschnittlich **30 Prozent** bewirken, rund 180.000 Haushalten erstmals einen Anspruch auf Wohngeld „bescheren" und die Gesamtzahl der Wohngeldhaushalte auf ca. 660.000 erhöhen (BMI, Pressemitteilung 16.12.2019). Die CO2-Komponente soll den Wohngeldanspruch eines Zweipersonenhaushalts lediglich 12 € anheben (BMI, Pressemitteilung 29.12.2020).

Ab **2022** soll das Wohngeld schließlich alle zwei Jahre dynamisch an die Miet- und Einkommensentwicklung angepasst werden (§ 43 WOGG). Mit der Dynamisierung will die Bundesregierung das Wohngeld offensichtlich als „verlässliche" Leistung oberhalb des Grundsicherungssystems positionieren und Wanderbewegungen zwischen den Systemen reduzieren (⇨Kritik).

Inhaltsübersicht

1. Die Höhe des Wohngeldes nach dem WoGG

Die Berechnung des Wohngeldes erfolgt nach einer komplizierten Formel (§ 19 WoGG). Die Höhe hängt ab von der **Anzahl der Haushaltsmitglieder**, der Höhe des zu berücksichtigenden **Einkommens**, der möglichen **Absetzbeträge** und der Höhe der zu berücksichtigenden angemessenen **Miete** bzw. Belastung.

Das Einkommen wird als **Jahreseinkommen** aus dem Gesamteinkommen aller Haushaltsmitglieder berechnet und nach den besonderen Regeln des WoGG um *„Abzugsbeträge"* und *„Freibeträge"* bereinigt (§§ 13 ff. WoGG). Insbesondere für Haushalte mit Pflegebedürftigen und Menschen mit Behinderung wurden 2020 die Freibeträge deutlich angehoben.

Die **angemessene Miete bzw. Belastung**, die bei der Wohngeldberechnung berücksichtigt wird, ist in der Anlage 1 zu § 12 Absatz 1 WoGG (ehemalige Wohngeldtabelle; ⇨**Miete** 2.2.3) festgesetzt. Nach Mietstufen und Haushaltsgrößen zugeordnet werden hier Maximalbeträge als Rechengrößen angegeben. Jede Gemeinde in Deutschland ist einer solchen Mietstufe zugeordnet. Mit dem „Wohngeldstärkungsgesetz" wurde 2020 eine **siebte Mietstufe** neu eingeführt, die auf Regionen mit besonders teurem Wohnungsmarkt angewendet wird (aktuell in München und Umgebung).

Im **Jahr 2019** bezogen **504.411 Haushalte** Wohngeld, rund acht Prozent weniger als 2018 (www.destatis.de, auch Quelle der folgenden Angaben. aktuellere Zahlen lagen bei Redaktionsschluss nicht vor). Die Anzahl von 605.525 Erst- und Weiterbewilligungen von Wohngeld im ersten Quartal 2020 deutet allerdings auf einen signifikanten Anstieg der Wohngeldhaushalte hin. Der durchschnittliche monatliche Wohngeldanspruch lag am **31.12.2019** bei **reinen** Wohngeldhaushalten in den alten Bundesländern bei **163,76 €** und in den neuen Bundesländern bei **114,81 €** pro Haushalt. Der höchste durchschnittliche Wohngeldanspruch liegt bei **185 € in Hamburg** und **Hessen**, gefolgt von **168 €** in **Baden-Württemberg**, der niedrigste lag mit **107 € in Sachsen-Anhalt**. Bei diesen Angaben muss bedacht werden, dass es sich um die Durchschnittsansprüche von Wohngeldhaushalten unterschiedlicher Größe handelt, wobei Einpersonenhaushalte am häufigsten vertreten sind. Zudem muss in Betracht gezogen werden, dass die Wohngelderhöhungen 2020 und 2021 sich noch nicht in der Statistik niederschlagen und die Höhe des individuellen Wohngeldanspruchs ohnehin sehr stark vom jeweiligen Haushaltseinkommen und der zu berücksichtigenden Miete abhängt.

Tipp: Eine recht einfache und relativ genaue Berechnung Ihres Wohngeldanspruchs können Sie mit Hilfe von Wohngeldrechnern im Internet durchführen (z.B. unter www.wohngeldrechner.nrw.de).

2.1 Leistungsausschluss oder nicht?

Beziehende von Alg II, HzL/ GSi der Sozialhilfe sind i.d.R. vom Wohngeld ausgeschlossen (§ 7 Abs. 1 Satz 1 WoGG).
Beziehen Sie aber Alg II oder HzL-Leistungen als **Darlehen**, haben Sie Anspruch auf Wohngeld (§ 7 Abs. 1 Satz 3 Nr. 1 WoGG). Das reduziert zumindest Ihre Darlehenslast.

Sobald Sie Alg II oder HzL/ GSi der Sozialhilfe beantragen, gilt der **Wohngeldausschluss**. Nehmen Sie Ihren Antrag auf Leistungen zurück, wird er abgelehnt oder wird eine bereits bewilligte Leistung versagt, entzogen oder nur noch als Darlehen gewährt, *„gilt der Ausschluss als nicht erfolgt"* (§ 8 Abs. 1 Satz 3 WoGG). D.h., Sie haben **rückwirkend Anspruch** auf Wohngeld, wenn Sie den **Antrag** innerhalb von sechs Monaten nach Ablauf des Monats stellen, in dem die andere Leistung rechtskräftig abgelehnt wurde. Die Antragsfrist verlängert sich um das Widerspruchsverfahren (§ 28 SGB X; ⇨Antragstellung 1.9).

Tipp: Wohngeld wird nur auf Antrag erbracht. Stellen Sie **im Zweifel** den Wohngeldantrag parallel oder beantragen Sie es rechtzeitig nach Ablehnung der anderen Leistung.

2.2 Alg II, HzL/GSi der Sozialhilfe oder Wohngeldanspruch?

Haben Sie einen Anspruch auf Leistungen nach SGB II oder XII, der geringer ist als die Summe aus Ihrem anzurechnenden Einkommen **und** dem zustehenden Wohngeld, dann **müssen** Sie Wohngeld beantragen, weil es **vorrangig** ist (§ 12a S. 1 SGB II).
Sie müssen das aber **nicht** tun, wenn damit nicht die Hilfebedürftigkeit **aller** Mitglieder der Bedarfsgemeinschaft für **mindestens drei Monate** entfällt (§ 12a S. 2 Nr. 2 SGB II). Das „Müssen" ist zudem relativ, weil das Jobcenter Sie nämlich nicht durch Sanktionen zur Wohlgeldbeantragung zwingen kann. Beantragen Sie eine vorrangige Sozialleistungen nicht, „muss" das Jobcenter diese an Ihrer Stelle beantragen (§ 5 Abs. 3 SGB II).
Wenn Sie Wohngeld beantragen, darf die Wohngeldstelle bzw. das Wohnungsamt Sie nicht wegschicken und auf den anderen Sozialleistungsträger verweisen.

Tipp: Lassen Sie sich Ihren Anspruch am besten von beiden infrage kommenden Behörden ausrechnen.

Wenn Sie den Antrag auf vorrangiges Wohngeld stellen, **müssen** Ihre **Alg II-, HzL-/ GSi-Leistungen gewährt** und so lange **weitergezahlt** werden, bis das Wohngeld rückwirkend bewilligt und ausgezahlt wird. Der Leistungsausschluss gilt nicht, *„wenn durch Wohngeld die Hilfebedürftigkeit im Sinne des § 9 des Zweiten Buches Sozialgesetzbuch, des § 19 Abs. 1 und 2 des Zwölften Buches Sozialgesetzbuch oder des § 27a des Bundesversorgungsgesetzes vermieden oder beseitigt werden kann und*

*a) **die Leistungen nach Satz 1 Nr. 1 bis 7 [u.a.** Alg II, HzL/GSi] während der Dauer des Verwaltungsverfahrens zur Feststellung von Grund und Höhe dieser Leistungen noch nicht erbracht worden sind oder*
*b) **der zuständige Träger eine der in Satz 1 Nr. 1 bis 7 genannten Leistungen als nachrangig verpflichteter Leistungsträger nach § 104 des Zehnten Buches Sozialgesetzbuch erbringt"*** (§ 7 Abs. 1 Satz 3 Nr. 2 WoGG).

Das Jobcenter/ Sozialamt muss dann für den Zeitraum, in dem es in Vorleistung tritt, einen **Erstattungsanspruch** beim Wohngeldamt geltend machen (§ 40a SGB II; § 104 SGB X). Dadurch soll der nahtlose Leistungsbezug beim Wechsel in den Wohngeldbezug sichergestellt werden, denn es dauert nicht selten acht bis zwölf Wochen, bis das beantragte Wohngeld bewilligt wird.

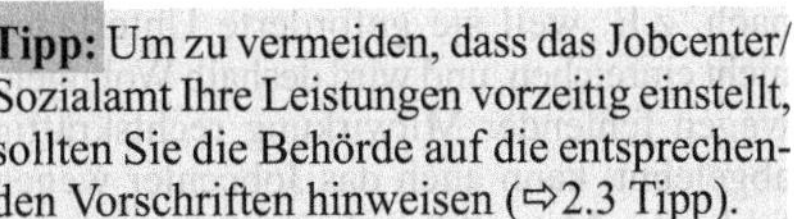

Tipp: Um zu vermeiden, dass das Jobcenter/ Sozialamt Ihre Leistungen vorzeitig einstellt, sollten Sie die Behörde auf die entsprechenden Vorschriften hinweisen (⇨2.3 Tipp).

Der ⇨**Kinderzuschlag** ist vorrangig gegenüber Wohngeld, wird aber i.d.R. einen Wohngeldanspruch nicht ausschließen.

Kombinieren Familien mit Kindern beide Leistungen, erhöht sich das Familieneinkommen ggf. deutlich über Alg II-Niveau.

Andererseits können Sie auch **freiwillig auf ergänzendes Alg II verzichten**, wenn Ihr Einkommen plus Wohngeld nur geringfügig unter dem Alg II-Bedarf liegt (§ 8 Abs. 2 WoGG). Dann haben Sie zwar ein paar Euro weniger zum Leben, wären aber wenigstens die Betreuung durch das Jobcenter und die „Alg II-Mühle" los.

2.3 Wohngeld für Personen im Haushalt, die keinen Anspruch auf Alg II und HzL/GSi der Sozialhilfe haben

Wenn Sie keine dieser Leistungen beziehen, haben Sie auch dann einen Wohngeldanspruch, wenn Sie mit Beziehenden von Alg II und GSi/ HzL der Sozialhilfe zusammen in einer Wohnung wohnen. Als Miete gilt dann Ihre anteilige Miete. Die anteilige Miete besteht aus der **Kaltmiete** plus Nebenkosten, geteilt durch die Zahl der Personen, die im Haushalt leben (§ 11 Abs. 3 WoGG).

Seit 2008 prüfen Jobcenter, ob **unter 25-jährige „Kinder"** in einer Bedarfsgemeinschaft mit **eigenem Einkommen**, z.B. Unterhaltsleistungen, Kindergeld und dem ggf. zustehenden Wohngeld, aus dem Leistungsbezug herausfallen könnten. Das betrifft vor allem Kinder von ⇨**Alleinerziehenden**. Auf diese Weise werden über 100.000 Kinder und junge Erwachsene aus dem SGB II- in den Wohngeldbezug verschoben, das verschönert die Hartz IV-Statistik.

In diesem Fall können Eltern (ggf. erwachsene Kinder) aufgefordert werden, vorrangiges Wohngeld zu beantragen. Bei Weigerung kann die Behörde das Wohngeld auch anstelle der Eltern beantragen (§ 5 Abs. 3 Satz 1 SGB II). Kommen die Eltern dann gegenüber dem Wohngeldamt ihren Mitwirkungspflichten nicht nach, z.B. weil sie geforderte Unterlagen nicht einreichen, und wird deshalb Wohngeld wegen fehlender Mitwirkung rechtskräftig abgelehnt, kann auch das Jobcenter wegen fehlender Mitwirkung Leistungen solange entziehen oder versagen, bis die Eltern ihre Mitwirkung bei der Beantragung von Wohngeld nachholen (§ 5 Abs. 3 Sätze 3 bis 5 SGB II). Letzteres gilt seit 1.1.2017.

Es ist nicht zulässig, Eltern zur Wohngeldstelle zu schicken, um einen Antrag zu stellen, und gleichzeitig die SGB II-Leistungen ihrer Kinder einzustellen. Das Jobcenter hat die Leistung so lange zu erbringen, bis die Wohngeldstelle zahlt. Da Wohngeld ab Antragstellung erbracht wird, leitet das Jobcenter Wohngeldansprüche für den zurückliegenden Zeitraum i.d.R. auf sich über (⇨2.2).

Tipp: Lassen Sie sich über den übergeleiteten und nachträglich angerechneten Wohngeldbetrag vom Jobcenter einen Bescheid ausstellen. Nur so können Sie überprüfen (lassen), ob das Jobcenter die Wohngeldnachzahlung richtig angerechnet hat oder Ihnen ggf. noch ein Rest davon zusteht.

2.4 Wohngeld in Haushaltsgemeinschaften

Seit 2008 kann nach dem Muster von Hartz IV das Einkommen aller im Haushalt lebenden **verwandten** oder **verschwägerten** Personen sowie der **eheähnlichen Partner*innen** herangezogen werden, um den Wohngeldanspruch zu reduzieren oder zu versagen.

Auch **Pflegekinder** bilden mit ihren Pflegeeltern eine Haushaltsgemeinschaft.

Voraussetzung ist, dass die Personen zusammen mit dem/r Antragstellenden eine **Wirtschaftsgemeinschaft** bilden. *„Eine Wirtschaftsgemeinschaft liegt vor, wenn Personen sich ganz oder teilweise gemeinsam mit dem täglichen Lebensbedarf versorgen. Sie wird vermutet, wenn Personen in einer Wohngemeinschaft leben"* (§ 5 Abs. 4 WoGG).

Den restriktiven Begriff der *„Einstehensgemeinschaft"* hat man eins zu eins aus dem SGB II ins WoGG übernommen (⇨eheähnliche Gemeinschaft 1. ff.). Ebenso die Übertragung von Unterhaltsverpflichtungen innerhalb der ⇨Haushaltsgemeinschaft.

Tipp: Sie müssen die Vermutung widerlegen, dass eine Wirtschaftsgemeinschaft vorliegt. Das sollte bei reinen Wohngemeinschaften unter Verwandten oder nicht verwandten Personen kein Problem sein. Eine entsprechende Erklärung der Mitbewohner*innen, dass keine Bereitschaft besteht, den/die andere*n finanziell zu unterstützen, und der Nachweis, dass getrennte finanzielle Verhältnisse vorliegen, sollten hierfür genügen.

2.5 Wohngeld für Studierende und Auszubildende,

die *„dem Grunde nach"* Anspruch auf BAB und BAföG haben, bekommen **kein** Wohngeld (§ 20 Abs. 2 WoGG). Das gilt auch für Schüler*innen und Azubis, die einen Anspruch auf aufstockende Leistungen nach dem SGB II haben (⇨Auszubildende). Die Kosten für die Wohnung sollen mit diesen Leistungen abgedeckt sein.
Der Begriff *„dem Grunde nach"* ist allerdings nicht so umfassend auszulegen wie der entsprechende Leistungsausschluss für Auszubildende im SGB II, der kaum Ausnahmen zulässt.

Schüler*innen, Azubis und Studierende, die BAföG/ BAB als Darlehen oder einen Studienkredit beziehen und solche, die **keinen** Anspruch auf oben genannte Leistungen haben, weil sie etwa die Altershöchstgrenze überschritten haben oder eine Zweitausbildung absolvieren, können unter Umständen Wohngeld beantragen. Anspruchs**voraussetzung** ist, dass sie eine eigene Wohnung haben **und** nicht nur vorübergehend, d.h. für die Zeit der Ausbildung, vom Haushalt der Eltern abwesend sind.

Tipp: Sollte die Wohngeldstelle anderes vermuten, müssen Sie dies glaubhaft widerlegen.

Wohngeld können Schüler*innen, Azubis und Studierende außerdem beanspruchen,
- wenn sie im Haushalt zusammen mit ihren Alg II/ Sozialhilfe beziehenden Eltern oder Elternteil wohnen **und** kein BAföG/ BAB mehr erhalten oder
- wenn sie mit anderen Personen zusammen im Haushalt wohnen, die keinen Anspruch auf BAföG/ BAB haben. So können z.B. studierende Paare, die mit ihren Kindern zusammen im Haushalt wohnen, ggf. Wohngeld für diese beantragen.

Zu den weiteren Ausnahmen ⇨ **Studierende**

2.6 Zusätzliche Leistungen für Kinder und SchülerInnen

Für Kinder von Wohngeldbeziehenden **und** Kinder, die Wohngeld beziehen und zusammen mit Alg II und HzL/ GSi beziehenden Elternteilen wohnen, werden seit 2011 *„Leistungen für Bildung und Teilhabe"* erbracht (§ 6b Abs. 1 Nr. 2 BKGG). Näheres zum Leistungskatalog unter ⇨Schüler*innen.

Tipp: Diese Leistungen müssen gesondert **beantragt** werden. Fragen Sie beim Wohngeldamt oder Rathaus nach, welche Behörde vor Ort zuständig ist.

3. „Wohngeldrabatt" bei Rückforderung von Alg II oder HzL/GSi der Sozialhilfe

Müssen zu Unrecht erbrachte Leistungen erstattet werden, weil sich nachträglich herausgestellt hat, dass z.B. wegen des verfügbaren Einkommens kein Leistungsanspruch bestand, durfte für den Zeitraum **bis zum 31.12.2016** ein **fiktiver Wohngeldanspruch** nicht zurückgefordert werden. Diese Regelung berücksichtigt, dass statt der zurückgeforderten Leistung ein Anspruch auf Wohngeld bestanden hätte. Der „Wohngeldrabatt", den Sie behalten dürfen, beträgt **56 Prozent** der Kosten für Unterkunft und Heizung.
Zum 1.1.2017 wurde diese Regelung ersatzlos gestrichen, weil es (bereits seit 1.1.2016) möglich ist, den Wohngeldanspruch rückwirkend geltend zu machen, wenn die Bewilligung von SGB II-/ SGB XII-Leistungen zum Lebensunterhalt zurückgenommen wurde (§ 8 Abs. 1 Satz 3 WoGG; ⇨2.1).

4. Wohngeld bei Überschreiten des Alg II-, HzL- oder GSi-Schonvermögens

Wurde Ihnen Alg II und HzL/ GSi abgelehnt, weil Ihr ⇨Vermögen das nach SGB II/SGB XII geschützte Schonvermögen übersteigt, haben Sie regelmäßig zumindest rückwirkend Anspruch auf Wohngeld (⇨2.1.1).
Das Schonvermögen beträgt beim Wohngeld **60.000 €** für das antragstellende Haushaltsmitglied und **30.000 €** für jedes weitere zu berücksichtigende Haushaltsmitglied. Diese Werte werden in den Verwaltungsvorschriften zum § 21 WoGG festgesetzt. Nach einer Entscheidung des BVerwG sind diese Gren-

zen, die sich am nicht mehr geltenden Vermögenssteuergesetz orientierten, allerdings nur als grobe Richtwerte anzusehen. Im Einzelfall kann auch bei höhere (Geld-)Vermögenswerten ein Anspruch auf Wohngeld bestehen (BVerwG 18.4.2013 -5 C 21.12).

4.1 Corona-Sonderregelung

Im Rahmen des vereinfachten Zugangs zu SGB II-/ SGB XII-Leistungen, der am 28.3.2020 mit den **„Corona-Sonderregelungen“** (Sozialschutz-Paket I - III) in Kraft trat, wird für **Bewilligungszeiträume**, die zwischen dem **1.3.2020** und dem **31.12.2021** beginnen, das Schonvermögen nach dem WoGG auch **für die ersten sechs Monate** des Leistungsbezuges von Alg II und HzL/ GSi anerkannt. Leistungsberechtigte müssen erklären, dass sie nicht über **erhebliches Vermögen** verfügen. Erst nach Ablauf dieser Frist darf eine reguläre (verschärfte) Vermögensprüfung vorgenommen werden (§ 67 Abs. 2 SGB II, § 441 Abs. 2 SGB XII; ⇨Vermögen).

Kritik

Mit Hilfe des Wohngelds sollen Mieten bezahlt werden, die im Verhältnis zum Einkommen aus Löhnen oder Renten zu hoch sind. Es ist eine indirekte Subvention für Unternehmen, die Armutslöhne zahlen, denen wiederum Armutsrenten folgen und sorgt zunehmend dafür, Personen mit geringen Einkommen knapp über Hartz IV-Niveau zu halten. Dennoch bekommen Sie als Alleinstehende*r Wohngeld nur bis zu einem bereinigten Nettoeinkommen von 1.158 € netto (Stand: 2021), wenn Sie in der Region mit den höchsten Wohnkosten und der Mietstufe VII (München und Umland) wohnen. Das ist ein Einkommen weit unterhalb des Pfändungsfreibetrages.

Auch die Wohngelderhöhungen 2016, 2020 und 2021 haben das reale Wohngeldniveau nicht erhöht, sondern es nicht einmal an die gestiegenen Mietpreise und die Einkommensentwicklung angepasst. Die Wirkung des Ende 2019 als sozial angepriesenen *„Wohngeldstärkungsgesetzes“* beziffert die Bundesregierung mit einem Plus von 180.000 Wohngeldhaushalten. Dabei liegen die vom Innenministerium selbst veröffentlichten Prognosen von 660.000 Wohngeldhaushalten im Jahr 2020 deutlich unter der eigenen Zuwachserwartung. 2010, kurz nach der Einführung des Heizkostenzuschusses im WoGG, lag die Zahl der Wohngeldhaushalte immerhin bei rund 1.060.000. Nachdem der Zuschuss ein Jahr später wieder abgeschafft wurde, sanken die Wohngeldhaushalte 2012 um knapp 300.000. Solange das Wohngeld nicht deutlich angehoben und in einen höheren Einkommensbereich verschoben wird, führen die die „Wohngeldreförmchen“ der Hartz IV-Parteien vor allem zu einer (vorübergehenden) Reduzierung der Beziehenden von Alg II, HzL und GSi.

Dass der Großteil der „zusätzlichen“ Wohngeldausgaben an anderer Stelle eingespart und in einem Abwasch die (Hartz IV-)**Armutsstatistik geschönt** wird, verschweigen die zuständigen Ministerien. Viele Haushalte stehen nach einer „Wohngeldreform“ sogar schlechter da, wenn sie mit Wohngeld zwar Einkommen knapp oberhalb des Hartz IV-Bedarfs erzielen, ihnen durch den Wegfall von Vergünstigungen wie Rundfunkgebührenbefreiung, Anspruch auf ⇨Sozialpass und -ticket sowie höhere Zuzahlungen im Krankheitsfall am Ende weniger Geld übrig bleibt als im Alg II-/ Sozialhilfebezug.
Um solche finanziellen Nachteile zu vermeiden, brauchen Leistungsberechtigte ein **Wahlrecht**, mit dem sie auf vorrangiges Wohngeld verzichten und „freiwillig“ Alg II oder Sozialhilfe beanspruchen können.

Forderungen

- Wiedereinführung eines bedarfsgerechten Heizkostenzuschusses!
- Deutliche Anhebung der Einkommensgrenzen und bezuschussungsfähigen Miete!
- Wahlrecht zum Verzicht auf Wohngeld, wenn Alg II/ Sozialhilfe plus weitere Vergünstigungen höher sind als das zustehende Wohngeld!

Information

Die Tabelle mit Mietobergrenzen nach § 12 WoGG vor und nach der Wohngeldreform finden Sie unter ⇨Miete 2.2.3
Broschüre des BMI: Wohngeld 2020 – Ratschläge und Hinweise, https://t1p.de/0e2b

Wohngemeinschaft

Leben Sie als Bezieher*in von **Hilfe zum Lebensunterhalt** (HzL) der Sozialhilfe in einer Wohngemeinschaft (WG) mit anderen Personen, vermutet das Sozialamt, dass Sie als ⇨**Haushaltsgemeinschaft** gemeinsam wirtschaften und von Ihren Mitbewohner*innen unterstützt werden (§ 39 Satz 1 SGB XII).

Beziehen Sie **Alg II**, darf sich diese Vermutung **nur** auf Verwandte und Verschwägerte in einer Haushaltsgemeinschaft erstrecken (§ 9 Abs. 5 SGB II), nicht auf weitere Personen. Haushaltsgemeinschaft bedeutet, dass man nicht nur zusammen wohnt, sondern auch **zusammen wirtschaftet.**

Bekommen Sie **Grundsicherung** (GSi), darf ein solche Vermutung nicht angestellt werden, egal mit wem Sie in einer WG wohnen (§ 43 Abs. 1 SGB XII). Es besteht i.d.R. keine Haushaltsgemeinschaft.

Inhaltsübersicht

1. Was ist eine Wohngemeinschaft?

Grundsätzlich spricht man von einer WG, wenn mehrere Personen zusammen in einer Wohnung wohnen und dabei bestimmte Räume wie z.B. Küche und Bad gemeinsam genutzt werden. Im rechtlichen Sinn ist die reine WG von der ⇨Haushaltsgemeinschaft und der ⇨Bedarfsgemeinschaft zu trennen.

HzL der Sozialhilfe

Die Haushaltsgemeinschaft unterscheidet sich von der reinen Wohngemeinschaft durch das gemeinsame Wirtschaften aus einem Topf. Allein das Zusammenleben in einer Wohnung und die gemeinschaftliche Nutzung von Räumen, z.B. Küche und Bad, oder das Vorhandensein von Gemeinschaftsräumen reicht nicht für die Annahme einer Haushaltsgemeinschaft. Eine reine Wohngemeinschaft setzt voraus, dass die Bewohner*innen selbstständig und **getrennt wirtschaften**. Dies ist z.B. anzunehmen, wenn jeder für sich kocht, seine Lebensmittel selbst einkauft und sein eigenes Konto hat.
Auch wenn Sie nur **eine** Küche haben und gelegentlich gemeinsam kochen und Lebensmittel oder Reinigungsartikel aus einer gemeinsamen Haushaltskasse finanzieren, können Sie trotzdem getrennt wirtschaften und einen eigenen Haushalt führen (BSG 27.1.2009 – B 14 AS 6/08 R). Nur wenn Sie gemeinsam „aus einem (Haushalts-)Topf" wirtschaften, liegt keine WG, sondern eine Haushaltsgemeinschaft vor.
Dass alle Mieter*innen einer Wohngemeinschaft im Mietvertrag eingetragen sind, bedeutet nicht automatisch, dass sie gemeinsam wirtschaften. Sie haben die Wohnung gemeinsam gemietet, um gemeinsam wohnen zu können und haften der vermietenden Person gegenüber gegenseitig für alle Verpflichtungen aus dem Mietverhältnis. Mehr nicht. Die Vermutung, dass bei gemeinsamem Wohnen auch gemeinsam gewirtschaftet wird, kann durch eine Erklärung der Mitbewohner*innen widerlegt werden.

Alg II

Hier hat es keine Bedeutung, ob Sie zusammen kochen, putzen, waschen, einkaufen und sich gegenseitig unterstützen, also eine Haushalts- und Wirtschaftsgemeinschaft (⇨2.) bilden. Vorausgesetzt, Sie sind nicht **verwandt oder verschwägert**. Erst dann ist die Vermutung zulässig, dass Ihnen als Alg II-Bezieher*in von verwandten oder verschwägerten Mitbewohnern Leistungen zum Lebensunterhalt erbracht werden. Das können Sie widerlegen. *„Der Begriff ist [auch bei Verwandten und Verschwägerten] eng auszulegen. Eine Haushaltsgemeinschaft liegt* ***nicht*** *vor, wenn zwar eine Wohnung gemeinsam bewohnt, jedoch selbständig und getrennt gewirtschaftet wird"* (FW 9.9).
„Bei Untermietverhältnissen [...] wird in der Regel keine Haushaltsgemeinschaft bestehen" (FW, ebenda), sondern eine WG mit Angehörigen.

Wohnen zwei Personen zusammen, könnte das allerdings als *„eheähnliche Gemeinschaft"* oder gleichgeschlechtliche *„lebenspartnerschaftsähnliche Gemeinschaft"* gewertet werden, wenn zwischen den Personen eine Partnerschaft besteht. *Wenn „Partner*

*länger als ein Jahr zusammen**leben**"* (§ 7 Abs. 3a SGB II), **vermuten** Jobcenter **oft** eine Einstehensgemeinschaft (⇨Bedarfsgemeinschaft 3.1), in der jeder sein gesamtes Einkommen und Vermögen für den anderen einsetzen muss (§ 7 Abs. 3 Nr. 3c und Abs. 3a SGB II). Das müssen Sie dann widerlegen.

Aber: Allein die Nutzung einer gemeinsamen Wohnung berechtigt nicht dazu, die Privatsphäre der Mitbewohner*in auszuforschen (BVerfG 2.9.2004 - 1 BvR 1962/04).

Bedeutet Zusammenwohnen auch Zusammenleben? Nach der zutreffenden Entscheidung des LSG Niedersachsen-Bremen ist dies nicht so (LSG Niedersachsen-Bremen 3.8.2006 - L9 AS 349/06).

Zusammenleben setzt **Wirtschaften aus einem Topf** voraus.

Näheres unter ⇨eheähnliche Gemeinschaft.

2. ⇨Haushalts- und Wirtschaftsgemeinschaft

„Dabei ist der Begriff der Haushaltsgemeinschaft gegenüber demjenigen der Wohngemeinschaft dadurch gekennzeichnet, dass ihre Mitglieder nicht nur vorübergehend in einer Wohnung zusammenleben, sondern einen Haushalt in der Weise führen, dass sie aus einem Topf wirtschaften" (BSG 18.2.2010 - B 4 AS 5/09 R). Das heißt: Wenn der Eine dem Anderen mal etwas mitbringt oder für ihn mit kocht, ist das noch lange kein gemeinsames Wirtschaften. Auch eine gelegentliche finanzielle Unterstützung in geringem Umfang in Erwartung der Rückzahlung führt nicht zu einer Wirtschaftsgemeinschaft und damit auch nicht zu einer Haushalts- oder gar Einstehensgemeinschaft. Es liegt dann nur eine WG vor (SG Freiburg 21.7.2006 - S 9 AS 3120/06 ER).

Für das Vorliegen einer Haushalts- und Wirtschaftsgemeinschaft mit Verwandten und Verschwägerten **trägt das Jobcenter die Beweislast** (BSG 27.1.2009 - B 14 AS 6/08 R).

Tipp: Zum Nachweis, dass **keine** Haushaltsgemeinschaft vorliegt *„reicht eine entsprechende schriftliche Erklärung des Angehörigen [...] aus"*, wenn keine anderweitigen Erkenntnisse bestehen (FW 9.35).

3. Höhe der Leistungen

Mitglieder einer WG, die Leistungen beziehen, gelten als alleinstehend und bekommen den vollen ⇨**Regelbedarf** von 446 € (Stand 2021). Die ⇨**Miete** wird anteilig **nach Kopfzahl aufgeteilt**. Dabei hat jede Person Anspruch auf die „angemessenen" **Unterkunftskosten für Alleinstehende**. Es ist rechtswidrig, von den zugrunde gelegten Kriterien für Mehrpersonenhaushalte auszugehen (BSG 18.6.2008 - B 14/11b AS 61/06 R).

Es ist möglich, bei der Aufteilung der Unterkunftskosten einer WG vom *„Kopfteilprinzip" (d.h., die Kosten der Unterkunft werden entsprechend der Anzahl der in der Wohnung lebenden Personen aufgeteilt)* abzuweichen, wenn es eine wirksame **vertragliche Vereinbarung** über eine andere, ungleiche Aufteilung der Wohnung gibt (BSG 22.8.2013 - B14 AS 85/12 R).

⇨**Alleinerziehende** erziehen ihr Kind alleine und haben Anspruch auf einen Mehrbedarfszuschlag. Das gilt auch, wenn sie in einer Wohn- oder Haushaltsgemeinschaft leben (BSG 23.8.2012 - B 4 AS 167/11 R).

Tipp: Im Antrag müssen Sie keinerlei Angaben über die nichthilfebedürftigen Mitbewohner*innen Ihrer Wohngemeinschaft (*„andere im Haushalt lebende Personen"*) machen, nur Angaben über deren Mietanteil bzw. die Höhe der Untermiete (BVerfG 2.9.2004 - 1 BVR 1962/04).

Wohnungsbeschaffungs- u. Umzugskosten

können für Alg II- und HzL-/ GSi-Beziehende durch die Behörde übernommen werden. Sie **müssen** die Kostenübernahme jedoch vorher, d.h. vor Entstehung der Kosten beantragen, z.B. bevor Sie den Vertrag mit einem/r Makler*in abschließen. Die Übernahme entsprechender Kosten muss grundsätzlich **vor** dem Entstehen vom Amt **zugesichert** worden sein (§ 22 Abs. 6 S. 1 SGB II). Im SGB XII spricht das Gesetz zwar von vorheriger **Zustimmung**, meint aber letztlich dasselbe (§ 35 Abs. 2 Satz 5 SGB XII). Haben Sie die Zusicherung so rechtzeitig beantragt, dass die Behörde hierüber fristgerecht hätte entscheiden können, wird diese aber treuwidrig verzögert, dann ist eine vorherige Zusicherung für die Kostenübernahme (BSG 6.5.2010 – B 14 AS 7/09 R) nicht erforderlich. Wird Ihnen die Übernahme der Wohnungsbeschaffungskosten in rechtswidriger Weise abgelehnt und müssen Sie die Kosten daher auslegen, haben Sie einen Anspruch auf Kostenerstattung gegen die Behörde (BSG 6.8.2014 – B 4 AS 37/13).

Es handelt sich um Ermessensleistungen (Kann-Leistungen). Für die Zusicherung/ Zustimmung nennt das Gesetz jedoch Gründe, bei denen sie erteilt werden **soll:**
- wenn ein Umzug durch die Behörde veranlasst wurde,
- wenn ein Umzug aus anderen Gründen notwendig ist, z.B. wegen Arbeitsaufnahme oder drohendem Wohnungsverlust **und**
- wenn ohne Zusicherung eine Wohnung in einem angemessenen Zeitraum nicht gefunden werden kann

(§ 22 Abs. 6 SGB II; entsprechend § 35 Abs. 2 Sätze 5 und 6 SGB XII, für GSi i.V. mit §§ 42 Nr. 4a, 42a SGB XII).

Was ein angemessener Zeitraum ist, hängt vor allem davon ab, wie dringlich eine Wohnung beschafft werden muss. Bei drohender Obdachlosigkeit ist die Dringlichkeit am größten.

Wichtige Gründe für einen notwendigen ⇨Umzug 1.2.2

Inhaltsübersicht

1. Maklergebühren

Zu den Wohnungsbeschaffungskosten zählen alle Aufwendungen, die mit dem Finden und Anmieten einer Wohnung verbunden sind, insbesondere Maklergebühren. Vor allem in Ballungszentren ist es oft unmöglich, Wohnungen zu bekommen, die nicht von Makler*innen vermittelt werden. Bei angespanntem Wohnungsmarkt gehört daher auch die Übernahme der Maklerkosten zu den Wohnungsbeschaffungskosten (BSG 18.2.2010 - B 4 AS 28/09 R; LSG NRW 2.4.2009 - L 7 B 33/09 AS ER).

Wenn Maklergebühren nicht zugesichert werden, ist Leistungsbeziehenden ein bedeutender Teil des Wohnungsmarkts verschlossen. Deswegen ist es in diesem Fall nicht zulässig, nach sechs Monaten eine unangemessene Miete auf das als angemessen betrachtete Niveau zu senken (SG Frankfurt 31.3.2006 - S 48 AS 123/06 ER). Die Zusicherung zur Übernahme dieser Kosten kommt aber nur in Betracht, wenn ein konkretes Wohnungsangebot von einem/r Makler*in vorliegt (LSG Baden-Württemberg 30.7.2008 - L 7 AS 2809/08 ER-B).

Sind genug Wohnungen ohne Makler*innen verfügbar, besteht **kein Anspruch**. Die Behörde muss das nachweisen.

Auf dem Wohnungsmarkt für Mietwohnungen gilt das **Bestellprinzip**: Derjenige, der den/die Makler*in beauftragt, muss für die Gebühren aufkommen. Wohnungssuchende können demnach bei Anmietung der Wohnung nicht mehr die Maklergebühren für die neue Wohnung auferlegt bekommen. Ob aber umgekehrt auf angespannten Wohnungsmärkten vom Leistungsberechtigten selbst ein*e Makler*in eingeschaltet und bezahlt werden muss, um überhaupt eine Chance auf eine angemessene Wohnung zu erhalten, wird sich dort in naher Zukunft zeigen. Sollte das der Fall sein, sind die Maklerkosten weiterhin als Wohnungsbeschaffungskosten anzuerkennen.

2. Doppelte Mietzahlungen

Wenn Umzüge notwendig sind, entstehen nicht selten doppelte Mietzahlungen.

Mieter*innen können unbefristete Mietverträge mit einer Frist von drei Monaten kündigen, es sei denn, eine andere Kündigungsfrist ist wirksam vereinbart worden. Sie können aber erst dann kündigen, wenn Ihnen eine neue Wohnung sicher ist und ggf. wenn die Behörde die Zusicherung zur Übernahme der künftigen Unterkunftskosten erteilt hat (§ 22 Abs.4 SGB II).

Dabei kommt es vor, dass Sie schon in die neue Wohnung einziehen müssen, obwohl Sie für die alte Wohnung noch Miete zahlen müssen. Auch eine mietvertraglich vereinbarte Schlussrenovierung nach Auszug kann zu einer doppelten Mietzahlung führen, oder aber die Notwendigkeit des sofortigen Umzugs ins Pflegeheim aus gesundheitlichen Gründen (SG Aachen 24.2.2015 – S 20 SO 132/14).

Wenn doppelte Mieten hinreichend begründet und **unvermeidbar** sind, sind sie zu übernehmen. Dasselbe gilt im SGB XII für die Überschneidungskosten, wenn hier ebenfalls der Auszug aus der alten Wohnung und Einzug in die neue Wohnung aus unvermeidbaren Gründen nicht nahtlos aufeinander abgestimmt werden können (SG Aachen 24.2.2015- S 20 SO 6/08). Dies ist z.B. häufig der Fall, wenn aus gesundheitlichen Gründen ein Umzug in ein Pflegeheim stattfindet und dieser unverzüglich wegen des Gesundheitszustandes oder der Verfügbarkeit des Heimplatzes erfolgen muss.

In einer Entscheidung des BSG (BSG 30.10.2019 – B 14 AS 2/19) wurde angenommen, dass es sich bei der doppelten Miete um Unterkunftskosten und nicht um Wohnungsbeschaffungskosten handelt, weil beide Wohnungen im Auszugsmonat genutzt worden waren (BSG, ebenda). Sofern jedoch eine zeitliche Überschneidung nur hinsichtlich der vertraglichen Verpflichtung stattfindet, ohne dass die eine der Wohnungen genutzt wird, handelt es sich hingegen um Wohnungsbeschaffungskosten. Hierfür muss dann die vorherige Zusicherung eingeholt werden.

Allerdings müssen Sie die Kosten so niedrig wie möglich halten und dazu alles Mögliche und Zumutbare getan haben, z.B. durch die Suche einer Nachmieterpartei (LSG NRW 18.2.2010 - L 9 SO 6/08) oder indem Sie bei der neuen bzw. alten vermietenden Person um die Gewährung einer mietfreien Übergangsfrist bitten. Verzögerungen, die unvermeidbar sind, sind jedoch unschädlich. Dies ist etwa für die betreuungsgerichtliche Genehmigung der Wohnungskündigung anzunehmen (LSG Berlin-Brandenburg 10.3.2011 - L 15 SO 23/09). Der/die Betreuer*in hat auf die Dauer des Genehmigungsverfahrens beim Betreuungsgericht keinen Einfluss.

Tipp: Sie sollten frühzeitig die Übernahme doppelter Mieten bei der Behörde als Wohnungsbeschaffungskosten beantragen und die Unvermeidbarkeit gut begründen. Ist diese nicht damit einverstanden, ist die Anmietung der in Aussicht stehenden Wohnung für Sie nicht zumutbar. In diesem Fall muss Ihnen die Frist zur Kostensenkung ⇨Miete 4.1verlängert werden.

Sie brauchen regelmäßig die Zusicherung/Zustimmung, **bevor** Sie den Mietvertrag unterschreiben und kündigen, sonst bleiben Sie eventuell auf den doppelten Mietkosten sitzen.

3. Kosten der Wohnungssuche

Wenn die Behörde Sie auffordert, in eine billigere Wohnung umzuziehen, zwingt sie Sie, eine neue Wohnung zu suchen. Das aber kostet Sie ggf. zusätzliches Geld. Sie müssen Zeitungen kaufen, telefonieren, eine Anzeige aufgeben, haben Fahrtkosten zu Wohnungsbesichtigungen usw. Wenn Sie zehn Wohnungen im Monat besichtigen, können schnell 50 € Zusatzkosten zusammenkommen. Das alles sind Wohnungsbeschaffungskosten.

Tipp: Beantragen Sie die Kostenübernahme **vorher**. Dokumentieren und begründen Sie entstandene Kosten und stellen Sie sie der Behörde in Rechnung.

4. Genossenschaftsanteile

Genossenschaftsanteile werden einer **Mietkaution** rechtlich gleichgestellt. Diese soll nach vorheriger Zusicherung durch den **am Ort der neuen Unterkunft zuständigen** Träger **als Darlehen** erbracht werden (§ 22 Abs. 6 Satz 1 und 3 SGB II).

Näheres finden Sie deshalb unter ⇨Kaution

Auch in der Sozialhilfe werden Genossenschaftsanteile den Wohnungsbeschaffungskosten zugeordnet (OVG Niedersachsen 25.7.2002 - 4 LA 145/02). Hier gibt es jedoch keine gesetzliche Vorgabe der Zuständigkeit (⇨8.; ⇨Kaution).

5. Einzugsrenovierungen

gehören unter Umständen zu den Unterkunftskosten (⇨Renovierung 3.),

6. Abstandszahlungen

an die Vormieterpartei können unter Umständen übernommen werden (VGH Mannheim 8.11.1995, FEVS 46, 287). Allerdings werden diese i.d.R. nur dann übernommen, wenn der Wohnungsmarkt angespannt und keine alternative

Wohnung ohne Abstandszahlungen anmietbar ist. Zu berücksichtigen ist auch, ob durch die Zahlung an die Vormieterpartei ggf. Kosten für Erstausstattung gemindert werden.

7. Reisekosten
Wollen oder müssen Sie in eine andere Stadt umziehen (z.B. wegen Arbeitsaufnahme) und hat die Behörde dem Umzug zugestimmt, haben Sie Anspruch auf Reise- und ggf. Übernachtungskosten für Wohnungsbesichtigungen.

8. Zuständigkeit
Bei **Alg II**-Bezug hängt die Übernahme von Wohnungsbeschaffungskosten i.d.R. von der vorherigen Zusicherung durch **den bis zum Umzug zuständigen Träger** ab, der sie dann auch zu übernehmen hat. Bei ⇨Kautionen oder Genossenschaftsanteilen müssen Sie allerdings das am Ort der neuen Unterkunft zuständige Jobcenter zwecks Zusicherung anfragen (§ 22 Abs. 6 Satz 1 SGB II).

Bei **HzL/ GSi der Sozialhilfe** sieht das LSG Baden-Württemberg die Verteilung der Zuständigkeiten wie beim Alg II (23.11.2006 - L7 SO 4415/05), obwohl es hierzu keine gesetzliche Regelung gibt.

Vorsicht! Die Behörden missachten häufig folgende Unterscheidung: Vor Abschluss eines Mietvertrags soll eine Zusicherung zu den künftigen Unterkunfts- und Heizkosten eingeholt werden (§ 22 Abs.1 SGB II). Im SGB XII muss sogar die Behörde nur über die maßgeblichen Umstände in Kenntnis gesetzt werden (§ 35 Abs.2, Satz 3 und 4 SGB XII). Grundsätzlich ist es also möglich, auch ohne diese Voraussetzungen einen Mietvertrag abzuschließen und die angemessenen Unterkunftskosten zu erhalten (⇨Miete 8.). Eine Zusicherung/ Zustimmung für die Wohnungsbeschaffungskosten ist jedoch zwingend erforderlich. Ohne diese können Sie grundsätzlich keine Wohnungsbeschaffungskosten erhalten (§ 22 Abs.6 SGB II, § 35 Abs. 2 Satz 5 SGB XII).

Wohnungslose

Wenn Sie erwerbsfähig sind, haben Sie Anspruch auf Alg II. Wenn Sie nicht erwerbsfähig sind, entweder auf Hilfe zum Lebensunterhalt (HzL) oder ⇨Grundsicherung (GSi) der Sozialhilfe.

Inhaltsübersicht

1.1 ⇨Regelbedarf
Obwohl Sie kein Telefon, keine Möbel und Haushaltsgeräte besitzen und eventuell keine Stromkosten usw. für Sie anfallen, haben Sie Anspruch auf den vollen Regelbedarf von 446 € (Stand 2021). Der Regelbedarf darf nicht gekürzt werden, weil Sie bestimmte Ausgaben nicht haben (SG Berlin 31.3.2005 - S 37 AS 919/05 ER; SG Kassel 1.2.2005 - S 20 AS 3/05 ER). Grundsätzlich gilt: Die SGB II-Regelbedarfe werden als Pauschale erbracht, daher ist eine abweichende Bedarfsfestsetzung weder nach oben, noch nach unten möglich (§ 20 Abs. 1 S. 3 SGB II). Solle also das JC bei Wohnungslosen mit dem Argument kommen, „Sie haben ja als Wohnungslose*r keinen Strom, daher kürzen wir den Regelbedarf um den dafür vorgesehenen Betrag“, dann ist das rechtswidrig.

Wenn Sie nur auf der Durchreise sind, haben Sie beim Alg II und der Sozialhilfe Anspruch auf die entsprechenden ungekürzten Tagessätze (knapp 15 € pro Tag).

Tipp: Sollte die Behörde Ihnen nicht den vollen Regelbedarf/Tagessatz auszahlen, wenden Sie sich an eine Beratungsstelle.

1.2 Kürzung des Regelbedarfs möglich?

In der **Sozialhilfe** darf der Regelbedarf nur gekürzt werden, wenn er *„für eine Dauer von voraussichtlich mehr als einem Monat [...] nachweisbar vollständig oder teilweise anderweitig gedeckt ist"* (§ 27a Abs. 4 SGB XII). Das wäre bei Wohnungslosen nur der Fall, wenn sie **im Wohnheim kostenlos verköstigt** würden (⇨6.1 f.).

2. ⇨Einmalige Beihilfen

fallen weitgehend weg.

Ausnahmen:

- ein ⇨**Darlehen** bei einem unabweisbarem Bedarf (§ 24 Abs. 1 SGB II, § 37 Abs. 1 SGB XII).
- Wenn Sie eine Wohnung finden und beziehen, haben Sie Anspruch auf eine **Erstausstattung** für ⇨**Hausrat** und Möbel. Dafür gibt es regelmäßig eine Pauschale von ca. 1.200 € (+/- 300 € ggf. weniger, für einen Einpersonenhaushalt), wenn Sie aus der Wohnungslosigkeit dort einziehen. Sie wird reduziert, sollten noch eigene Möbel vorhanden sein. In einigen Kommunen werden stattdessen noch Gutscheine für Möbellager oder Sozialkaufhäuser ausgegeben, um den Bedarf für die Erstausstattung zu decken.
- Wenn Sie nicht über ausreichende bzw. brauchbare Bekleidung verfügen, können Sie einen Antrag auf eine Erstausstattung für ⇨**Kleidung** stellen.

(§ 24 Abs. 3 Nr. 1 u. 2 SGB II, § 31 Abs. 1 Nr. 1 u. 2 SGB XII)

3. Kosten der Unterkunft

Wenn Sie wohnungslos geworden sind, können dennoch Kosten der Unterkunft anfallen, die von der Behörde übernommen werden müssen (⇨Miete).

Zum Beispiel,

- wenn Sie bei Freunden oder Bekannten übernachten und diesen dadurch Kosten entstehen, die sie von Ihnen einfordern,
- wenn Sie vorübergehend in einer Pension/einem Hostel leben müssen (SG Reutlingen 13.12.2007 - S 3 AS 3532/07),
- wenn Sie auf einem Campingplatz oder in einem Wohnwagen wohnen,
- wenn Sie in einer Obdachlosenunterkunft unterkommen usw.

4.1 Gewöhnlicher Aufenthalt

Einen Wohnsitz zu haben, ist keine Voraussetzung für den Bezug von Alg II/HzL der Sozialhilfe. Sie müssen sich allerdings in Deutschland aufhalten, um Anspruch zu haben (§ 7 Abs. 1 Nr. 4 SGB II). Nur für die GSi der Sozialhilfe benötigen Sie einen *„gewöhnlichen Aufenthalt im Inland"* (§ 41 Abs. 1 SGB XII).

Ihren örtlichen Aufenthalt haben Sie immer dann nachgewiesen, wenn Sie über eine Betreuungs- oder Beratungseinrichtung für die Behörde erreichbar sind. Kann man einen gewöhnlichen Aufenthalt nicht feststellen, ist immer das Jobcenter zuständig, in dessen Zuständigkeitsbereich Sie sich **tatsächlich** aufhalten (§ 36 Satz 4 SGB II; FW 36.7).

Das gilt für die HzL der Sozialhilfe entsprechend (§ 98 Abs. 1 SGB XII).

Entscheidend ist nicht, ob und wo Sie **polizeilich gemeldet** sind. Auch eine vorübergehende Unterkunft bei einem/r Bekannten, auf einem Campingplatz usw. lässt den Bezug von Alg II/HzL zu.

Lassen Sie sich also nicht abwimmeln, wenn Sie z.B. zur Arbeitssuche aus einem anderen Ort kommen und noch keine neue Wohnung an Ihrem neuen Aufenthaltsort haben.

4.2 Erreichbarkeit

Alg II

Sie müssen täglich auf dem Postweg, z.B. über die Adresse eines/r Bekannten, erreichbar sein, damit man Ihnen ein Arbeits- oder Maßnahmenangebot unterbreiten oder Sie persönlich einladen kann. Für die BA gelten Sie auch als erreichbar, wenn Sie sich **an jedem Werktag** bei einer Einrichtung der Wohnungslosenhilfe melden (FW 7.145). Dazu müssen Sie ein Formular mit Bestätigung der jeweiligen Einrichtung beim Jobcenter einreichen. Tun Sie das nicht, entfällt ggf. der Leistungsanspruch (⇨Ortsabwesenheit).

Vorsicht! Wenn Ihr Alg II-Anspruch wegen Nichterreichbarkeit entfällt, haben Sie **keinen** Sozialhilfeanspruch (§ 21 Abs. 1 SGB XII).

HzL und GSi der Sozialhilfe

Eine tägliche Erreichbarkeit wird hier nicht gefordert. Schließlich gelten Sie als nicht erwerbsfähig, denn HzL/GSi erhalten Sie nur,

- wenn eine volle ⇨Erwerbsminderung vom medizinischen Dienst der Arbeitsagentur oder von der Rentenversicherung festgestellt wurde oder

- unter Umständen, wenn Sie fest in einer stationären Einrichtung leben (zu den Nachteilen ⇨6.1 f.).

5. ⇨Antrag

Um Alg II/GSi zu beziehen, müssen Sie einen Antrag stellen, der formlos sein darf. Der Anspruch gilt ab dem ersten Tag des Monats, in dem Sie den Antrag stellen.
Im Gegensatz dazu setzt HzL der Sozialhilfe ein, wenn die Behörde **Kenntnis** von Ihrer Notlage hat, z.B. weil sie von der Wohnungsloseneinrichtung verständigt wurde.

6.1 Stationärer Aufenthalt

Wohnungslose, die *„in einer stationären Einrichtung untergebracht"* sind (§ 7 Abs. 4 SGB II), hätten nach dem Wortlaut des Gesetzes **keinen Anspruch auf Alg II**. Es bliebe dann nur die HzL der Sozialhilfe.

Kritik

Die Hartz IV-Parteien unterstellen im Gesetz pauschal, dass erwerbslose Wohnungslose in stationären Einrichtungen nicht erwerbsfähig sind. Aber ausgerechnet diejenigen, die auf der Straße leben, haben als erwerbsfähige Personen volle Ansprüche auf Alg II. Dabei sind nach Angaben der BAG Wohnungslosenhilfe e.V. zwei Drittel der 50.000 Wohnungslosen in Heimen genauso erwerbsfähig. Der Grund für diese Haltung ist klar: Die Kosten sollen den Kommunen als Sozialhilfeträger untergejubelt werden, und wohnungslose Menschen sollen aus der Arbeitslosenstatistik herausfallen. Deshalb haben die diversen Bundesregierungen der vergangenen elf Jahre das Gesetz bis heute nicht an die praktischen Anforderungen der Lebensrealität von Wohnungslosen angepasst, obwohl das Bundessozialgericht (BSG) schon 2007 und wiederholt 2014 andere Vorgaben für den Leistungsausschluss formuliert hat.

Die BA bezieht sich vage auf die Rechtsprechung des BSG und schreibt in ihren Fachlichen Weisungen: *„Im Einzelfall zählen auch Mütterhäuser und Einrichtungen der Wohnungslosenhilfe nach §§ 67 - 69 SGB XII"* zu den stationären Einrichtungen (FW 7.94).
Im Einzelfall bedeutet, dass **weitere Aspekte** bei der Beurteilung berücksichtigt werden müssen.

6.2 Objektive Möglichkeit zur Erwerbstätigkeit begründet Alg II-Anspruch

Alg II erhält **nach dem Gesetz**, *„wer in einer stationären Einrichtung untergebracht und unter den üblichen Bedingungen des Arbeitsmarkts mindestens **15 Stunden wöchentlich** erwerbstätig ist"* (§ 7 Abs. 4 S. 3 Nr. 2 SGB II).
Arbeiten Sie, haben Sie als Bewohner*in einer Einrichtung den „Erwerbstätigkeitsbeweis" erbracht und bekommen nach dem Gesetz Ihr Erwerbseinkommen mit Alg II aufgestockt.

Neben der gesetzlichen Norm **hat das BSG erweiterte Vorgaben entwickelt**, wonach in stationären Einrichtungen **Anspruch auf Alg II** besteht:
Das ist bei Personen der Fall, die zwar in einer Einrichtung stationäre Leistungen erhalten **und** dort auch formell aufgenommen, **jedoch nicht** im „engeren Sinne" untergebracht sind. Eine **stationäre Unterbringung** besteht erst, *„wenn der Träger der Einrichtung nach Maßgabe seines Konzeptes die Gesamtverantwortung für die tägliche Lebensführung und die Integration des Hilfebedürftigen übernimmt"* (BSG 5.6.2014 - B 4 AS 32/13 R, Rn. 28). Das ist i.d.R. bei Einrichtungen für Wohnungslose nicht der Fall.
Eine stationäre Einrichtung begründet den Leistungsausschluss erst, *„wenn diese so strukturiert und gestaltet ist, dass es dem dort Untergebrachten nicht möglich ist, aus der Einrichtung heraus mindestens drei Stunden täglich erwerbstätig zu sein"* (BSG 6.9.2007 - B 14/7b AS 16/07 R). Nach den Fachlichen Weisungen der BA ist demnach im Einzelfall zu prüfen, ob es sich um eine stationäre Einrichtung handelt, die einen Ausschluss aus dem Alg II begründet.

Das BSG fasst die **neuen Kriterien** wie folgt zusammen:
- *„Steht der Untergebrachte aufgrund einer **Gesamtverantwortung** des Trägers der Einrichtung **für** dessen **tägliche Lebensführung** und seiner **Integration** dem allgemeinen Arbeitsmarkt nicht zur Verfügung, ist er dem Regelungsbereich des **SGB XII** zuzuordnen.*
- *Besteht **keine** derart **umfassende Verantwortung** mit der Folge, dass der Leistungsberechtigte **in den Arbeitsmarkt integriert***

*werden kann, ist er [...] entsprechend dem mit dem **SGB II** verfolgten Leitbild einer auf dem Grundsatz der Eigenverantwortung beruhenden Eingliederung in den Arbeitsmarkt diesem Leistungssystem zuzuordnen"* (BSG 5.6.2014, ebenda, Rn. 33).

Anspruch auf Alg II (Leistungen nach dem SGB II) bedeutet zum einen Anspruch auf den ungekürzten ⇨Regelbedarf und Zugang zu Eingliederungsleistungen. Es bedeutet aber auch *„Fördern und Fordern"*, z.B. Bewerbungsbemühungen, Arbeitsangebote und bei „Pflichtverletzungen" Leistungskürzungen (⇨Sanktionen).

6.3 Kostenersatz bei Leistungen in stationären Einrichtungen

Wohnen Sie in einem Wohnheim, in dem Leistungen zum Lebensunterhalt erbracht werden, kann die Einrichtung von Ihnen eine Zahlung aus dem Regelbedarf als Kostenersatz verlangen (z.B. Essens- oder Stromgeld). Hierfür gibt es keine bundesgesetzliche Regelung. Diese Praxis beruht oft auf Vereinbarungen, die Träger der Wohnungslosenhilfe mit Kostenträgern in den einzelnen Bundesländern getroffen haben (⇨Regelbedarf 6.2).

7. Anspruch auf SGB II plus Leistungen nach § 67 SGB XII

Leistungen des SGB II und Leistungen der Wohnungslosenhilfe als *„Hilfe zur Überwindung besonderer sozialer Schwierigkeiten"* nach dem Achten Kapitel des SGB XII schließen sich nicht aus. Es handelt sich hierbei nicht um Hilfen zum Lebensunterhalt (SG Stralsund 12.5.2005 - S 9 SO 37/05 ER).

Sie können also Alg II beziehen und zusätzlich über das Sozialamt Leistungen für ein Übergangswohnheim, Unterstützung bei der Wohnungssuche oder „betreutes Wohnen" erhalten.

Information

Johannes Münder, Stationäre Einrichtungen im Sinne des § 7 Abs. 4 SGB II, 2006, http://www.frank-jaeger.info/fachinformationen/stat-Einrichtung-Gutachten-Muender.pdf

Teil II
Sich wehren
von A - Z

Akteneinsicht

Inhaltsübersicht

1. Alg II/Sozialhilfe: Akteneinsicht zur Geltendmachung rechtlicher Interessen

Sie haben einen Rechtsanspruch darauf, Ihre Akte einzusehen, "soweit deren Kenntnis zur Geltendmachung oder Verteidigung Ihrer rechtlichen Interessen erforderlich ist" (§ 25 Abs. 1 SGB X). Dies ist dann erforderlich, wenn Sie beabsichtigen, Widerspruch einzulegen oder schon eingelegt haben. Dann können Sie diejenigen Teile Ihrer Akte einsehen, die das Verfahren betreffen. Darüber hinaus besteht Anspruch auf Akteneinsicht auch bei Überprüfungsanträgen nach § 44 SGB X (von Wulffen, SGB X, § 25 Rn. 19).
Außerhalb eines Widerspruchsverfahrens hingegen steht es im Ermessen der Behörde, ob diese Ihnen Akteneinsicht zugesteht (BVerwGE 67, 300).

Der Anspruch auf Akteneinsicht gehört ebenso wie der Anspruch auf rechtliches Gehör zu den **tragenden Prinzipien eines rechtsstaatlichen Verwaltungsverfahrens**. Er ist eine wesentliche Voraussetzung dafür, dass die Beteiligten – also Sie – ihren Anspruch auf rechtliches Gehör realisieren können.

Werden die Beteiligten durch ⇨**Bevollmächtigte** vertreten, können auch diese Einsicht in die Akten nehmen, ⇨**Beistände** hingegen haben kein eigenständiges Akteneinsichtsrecht. Das ergibt sich aus deren begrenzten Befugnisse in § 13 Abs. 4 SGB X (von Wulffen, SGB X, § 25, Rn 6). Beistände können aber selbstverständlich Betroffene bei einer Akteneinsicht zur Behörde begleiten; dies darf nicht verwehrt werden.

Um Ihre Akte einzusehen, müssen Sie schriftlich oder mündlich einen **Antrag** stellen. Die aktenführende Behörde hat Ihnen einen baldigen Termin zu geben. Sie können auch einen ⇨Beistand mitnehmen. Die Akteneinsicht erfolgt i.d.R. bei der Behörde. Sie kann auch in den Räumlichkeiten des/r Betroffenen durchgeführt werden, wenn diese*r aufgrund von Krankheit oder Behinderung die Einsicht nur zu Hause vornehmen kann (LPK SGB X, § 25 Rn. 15) oder aber auch in der jeweiligen örtlichen Gemeindevertretung oder jeder anderen Behörde im Wege der Amtshilfe (juris PK-SGB X, § 25 Rn: 29). Sie können **Abschriften** fertigen oder sich von der Behörde **Kopien** anfertigen lassen (§ 25 Abs.5 SGB X). Das Abfotografieren der Dokumente mit dem Smartphone ist unserer Auffassung nach durch diese Regelung gedeckt

Akteneinsicht in Zeiten der Kontaktvermeidung
Der Anspruch auf Akteneinsicht kann nicht mit Verweis auf **Corona** und Kontaktvermeidung verweigert werden. Wenn die Behörde eine Akteneinsicht im Hause ablehnt, muss sie andere zeitgemäße Alternativen anbieten (§ 17 Abs. 1 Nr. 1 SGB I): in der Regel den elektronischen Download der Akte, oder mindestens aber die Daten elektronisch per Stick oder CD/DVD zugänglich zu machen.

1.1 Umfang der Akteneinsicht

Der Anspruch betrifft die Gesamtheit der Schriftstücke, die der Sozialleistungsträger im Original, als Abschrift oder als Kopie für das jeweilige konkrete Verfahren angefertigt oder herangezogen hat. Ausgenommen sind Entscheidungsentwürfe und vorbereitende Arbeiten: darunter fallen auch hinzugezogene Gutachten, Zeichnungen, Notizen, Filme, Fotos oder Tonaufzeichnungen, die ggf. notwendig sind, um sich ein vollständiges Bild von der Entscheidungsgrundlage der Behörde zu machen (juris PK SGB X, § 25 Rn. 19). Wird ein Sachverhalt im Zusammenhang mit

Kosten der Unterkunft und Heizung geprüft, erstreckt sich das Recht auf Akteneinsicht auch auf Unterlagen, die Aufschluss darüber geben, wie ein schlüssiges Konzept erstellt und begründet wurde (von Wulffen, SGB X, § 25 Rn. 13). Das Akteneinsichtsrecht ist aber auf die erforderlichen Akten begrenzt, denn es besteht nur für diejenigen Akten *„deren Kenntnis zur Geltendmachung oder Verteidigung Ihrer rechtlichen Interessen erforderlich ist"* (§ 25 Abs. 1 SGB X).

Tipp: Wollen Sie feststellen, in welcher Höhe und zu welchem Zeitpunkt Ihre Leistungen vom Amt an wen gezahlt wurden, sollten Sie sich eine „Zahlliste", auch Horizontal- oder Kontenübersicht genannt, aushändigen lassen. Diese kann mit jedem Computerprogramm der Leistungsabteilung erstellt werden. Der Anspruch auf diese Zahlliste ergibt sich über das Recht auf Akteneinsicht.

1.2 Aktenführungspflicht der Behörde – „Wahrheitspflicht"

Aus dem Recht auf Akteneinsicht folgt, dass die Behörde zu einer sachgerechten Dokumentation ihrer Vorgänge verpflichtet ist, um diesen Anspruch nicht ins Leere laufen zu lassen (LSG Baden-Württemberg 5.2.2010 - L8 AL 66/08). Der/die Beteiligte muss bei der Akteneinsicht davon ausgehen, dass ihm/r alle relevanten Unterlagen vorgelegt werden und die Akteneinsicht mithin vollständig ist. Die Behörde ist gehalten, sämtliche Unterlagen vorzulegen, auch wenn diese getrennt voneinander aufbewahrt werden (BSG 20.11.2003 - B 13 RJ 41/03 R).

Auch Behördenmitarbeiter*innen unterliegen der Wahrheitspflicht. Bei der Dokumentation oder Vorlage unwahrer Aussagen unterliegen Behördenbedienstete denselben Strafen wie Privatpersonen (z.B. §§ 153 ff. Strafgesetzbuch (StGB), bei Falschaussagen vor Gericht, §§ 186, 187 StGB bei übler Nachrede und Verleumdung), so die Antwort des Niedersächsischen Innenministeriums bei der Sitzung des Landtages am 13.5.2015 (http://tinyurl.com/qjblele).

1.3 Elektronische Akte

Bei Sozialbehörden verbreitet sich zunehmend die **elektronische Aktenführung**. Bei Vorsprachen werden i.d.R. nur noch elektronische Aktenvermerke angefertigt. Das Recht auf Akteneinsicht im jeweiligen Verfahren schließt also auch das Recht ein, Ihre elektronische Akte beim Jobcenter oder Sozialamt einzusehen.

1.4 Einsicht in medizinische Gutachten

Auch hier haben Sie das Recht auf Akteneinsicht. Die Behörde kann allerdings den Inhalt durch eine*n Ärzt*in vermitteln lassen, z.B. wenn medizinische Unterlagen dem Laien nicht verständlich sind. Ein*e Ärzt*in **soll** hinzugezogen werden, wenn ein unverhältnismäßiger gesundheitlicher Nachteil für den/die Betroffene*n zu befürchten ist, falls diese*r unvorbereitet Einsicht nimmt (§ 25 Abs. 2 Satz 2 SGB X).

Tipp: Durch ärztliche oder psychologische Untersuchungen wird festgestellt, ob Sie als erwerbsfähig oder nicht erwerbsfähig eingestuft werden. Sie können in Ihrem Interesse versuchen, darauf Einfluss zu nehmen, indem Sie die zugrunde liegenden Gutachten prüfen.

1.5 Einsicht in „Profiling"-Daten

Das Recht auf Akteneinsicht bezieht sich auch auf Daten Dritter, z.B. vom Jobcenter beauftragte Träger, die Profiling (Potenzialanalyse), Trainingsmaßnahmen, Qualifizierung oder sonstige Eingliederungsmaßnahmen durchführen.

1.6 Einsicht in die Bewerberangebotskartei

Das Recht auf Akteneinsicht bezieht sich auch auf die Daten, die das Jobcenter Arbeitgebern zur Verfügung stellt, wenn es erforderlich ist, Ihre rechtlichen Interessen geltend zu machen. Im Zweifelsfall können Sie vom Amt die Auskunft verlangen, an wen welche Daten gegangen sind (§ 83 Abs. 1 Nr. 2 SGB X). Näheres unter ⇨Auskunftsrecht 2.1

Tipp: Wird Ihnen **Akteneinsicht verweigert**, können Sie sich bei der Fachaufsicht deswegen beschweren ⇨ Beschwerde. Wenn das nichts hilft, verbleibt Ihnen nur der normale Rechtsweg mit ⇨Widerspruch und ⇨Klage.

1.7 Kosten

Für Kopien *„kann"* die Behörde *„Ersatz ihrer Aufwendungen in angemessenem Umfang"* verlangen (ebenda). Normalerweise werden 25 Cent pro Seite verlangt. Die Behörde sollte unserer Meinung nach die Kosten bei Beziehenden von Alg II und HzL/ GSi der Sozialhilfe erlassen (§§ 59 Abs. 1 Nr. 1 i.V. mit 105 Abs. 1 Nr. 2 Bundeshaushaltsordnung i.V. mit § 367 Abs. 1 SGB III für SGB II; § 59 Landeshaushaltsordnung für SGB XII). Ansonsten ist die Akteneinsicht **kostenfrei**.

2. Einsicht in Sozialdaten

Sie können Einsicht in die zu Ihrer Person gespeicherten Sozialdaten nehmen (⇨Auskunftsrecht 1.1).

3. Aufbewahrungsfristen von Akten

Akten sind aus Behördensicht Beweismittel. Sie müssen zu Prüfungszwecken für andere Ämter, Gerichte und andere Institutionen („berechtigte Dritte") aufbewahrt werden. Allerdings nicht ewig. Die Regelfrist beträgt fünf Jahre, bei bestehenden Forderungen (z.B. Darlehen, Rückforderungen, Erstattungsansprüchen usw.) mit Beginn des auf den Eingang der letzten Einnahme folgenden Jahres. Die Aufbewahrungsfrist für medizinische Unterlagen ist längstens zehn Jahre (analog § 304 Abs. 1 Satz 1 i.V. mit. § 292 SGB V).

Das BSG hat, zumindest für den Zeitraum vor Wirksamwerden der DSGVO am 24. Mai 2018, entschieden, dass die Jobcenter Kontoauszüge **bis zu zehn Jahre lang speichern** dürfen (BSG 14.05.2020 - B 14 AS 7/19 R). Denn das JC kann bis zu zehn Jahre unter bestimmten Voraussetzungen nachträgliche Bescheidkorrekturen durchführen, daher ist hier die Speicherung der Daten erforderlich und somit auch zulässig.

4. Akteneinsicht in der Behörde

Die Akteneinsicht „soll" in der Behörde erfolgen. Das ist jedoch nicht zwingend. Ist es aus medizinischen Gründen nicht möglich, ins Amt zu kommen, kann sie auch in der Wohnung des Betroffenen erfolgen. Im Sozialrecht kann die Akteneinsicht nach § 25 Abs. 4 SGB X auch bei einer anderen Behörde vorgenommen werden, z.B. in ländlichen Regionen nach Übersendung an die Gemeindeverwaltung. Beim Arbeitslosengeld nach dem SGB III wird auch durchaus mal eine Leistungsakte an Beratungsstellen oder Anwälte versandt.

Es wird von Behörden öfter behauptet, dass Sie Akteneinsicht nur im Amt bekommen können. Sie sollten prüfen, inwieweit die Soll-Regel richtig ausgelegt wurde.

Das Jobcenter Wuppertal erklärt in Ignoranz der Soll-Regel: *„Grundsätzlich haben sich die Regeln zur Akteneinsicht durch Einführung der elektronischen Akte nicht verändert [...] Es bleibt also weiterhin so, dass zur Wahrnehmung des Akteneinsichtsrechts die Akteneinsicht in den Räumlichkeiten des Jobcenters stattzufinden hat [...] Sollte es den Bevollmächtigten im Ausnahmefall aufgrund des eigenen engen Terminplans nicht möglich sein, in den Räumlichkeiten des Jobcenters zu erscheinen, besteht zudem die Möglichkeit,* ***das Dokument auf einem Speichermedium zu übergeben****"* (Brief JC-Leiter vom 18.09.2018).

5. Informantenschutz

Das Akteneinsichtsrecht wird durch § 25 Abs. 3 SGB X eingeschränkt, denn: *„Die personenbezogenen Daten eines Behördeninformanten, der einem Sozialhilfeträger unaufgefordert Informationen über einen Leistungsempfänger übermittelt hat, sind durch das Sozialdatengeheimnis geschützt"* (BVerwG 4.9.2003 - 5 C 48/02).

Tipp: Diesen Denunziantenschutz kann man durchbrechen, wenn man Akteneinsicht beim Sozialgericht verlangt (§ 120 Abs. 1 SGG). Allerdings kann auch dort die übermittelnde Behörde die Akteneinsicht in Teilen ausschließen (§ 120 Abs. 1 SGG).

6. Rechtsweg

Verweigert die Behörde die Akteneinsicht durch einen Bescheid, können Sie dagegen ⇨Widerspruch einlegen und ggf. ⇨Klage erheben. Wird der Antrag nicht bearbeitet, ist eine ⇨Beschwerde und Untätigkeits⇨klage möglich. Allerdings ist strittig, ob Akteneinsicht in einem getrennten Verfahren oder nur zusammen mit dem Hauptanliegen gerichtlich durchsetzbar ist. Hier sollte im Zweifelsfall eine Beschwerde bei der Fachaufsichtsbehörde eingelegt werden.

A Amtsarzt/Amtsärztin

Inhaltsübersicht

Alg II/Sozialhilfe

Für das Sozialleistungssystem gilt: *„Wer Sozialleistungen beantragt oder erhält, soll sich auf Verlangen des zuständigen Leistungsträgers ärztlichen und psychologischen Untersuchungsmaßnahmen unterziehen, soweit diese für die Entscheidung über die Leistung erforderlich sind"* (§ 62 SGB I).

1.1 Erforderlichkeit der ärztlichen Untersuchung

Sie müssen sich nur ärztlich untersuchen lassen, wenn die Untersuchung erforderlich ist. Nicht erforderlich sind unnötige Untersuchungen, z.B. zur Feststellung der Arbeitsfähigkeit bei einem Bandscheibenvorfall. Es ist auch unnötig, eine Stuhlprobe abgeben zu müssen oder sich einer Blutuntersuchung zu unterziehen. Nicht erforderlich sind auch Untersuchungen, die rein vorsorglich oder grundlos vorgenommen werden. All dies verstößt gegen den Sozialdatenschutz (Art. 6 Abs. 1 lit. e) DSGVO i. V. m. § 67a Abs. 1 SGB X).; ⇨Datenschutz).

1.1.1 Vorrang von Stellungnahmen der behandelnden Ärzte

Die Behörde bestimmt Art und Umfang der Ermittlungen. Sie ist nicht an Einlassungen des Betroffenen gebunden (§ 20 Abs. 1 Satz 2 SGB X). Sie hat aber die für den Betroffenen günstigen Umstände zu berücksichtigen (§ 20 Abs. 2 SGB X) Solche Betroffeneneinlassungen sind ärztliche Atteste und Stellungnahmen der eigenen, behandelnden Ärzte. Leistungsbezieher*innen haben hier kein Mitbestimmungsrecht.

Nicht erforderlich sind Untersuchungen auch, wenn ein medizinischer Sachverhalt schon umfassend geprüft wurde und entsprechende Unterlagen bei einem anderen Sozialleistungsträger bereits vorhanden sind (Art. 6 Abs. 1 lit. e) DSGVO i. V. m. § 67a Abs. 1 SGB X). In dem Fall hat sich der Sozialleistungsträger im Rahmen der Amtshilfe (§§ 3 ff SGB X) die schon vorhandenen Unterlagen zu beschaffen bzw. den Leistungsberechtigten aufzufordern, der Vorlage dieser Beweisdokumente zuzustimmen (§ 60 Abs. 1 Nr. 1 SGB I). Allerdings müssen Sie den Arzt/die Ärztin, die Klinik oder den anderen Sozialleistungsträger zuvor durch eine schriftliche Erklärung von ihrer Schweigepflicht entbinden.
Unserer Auffassung nach sind Untersuchungen erst dann erforderlich, wenn die Behörde an den Attesten Ihres Arztes/Ihrer Ärztin berechtigte Zweifel hat. Dann sollte der Amtsarzt/die Amtsärztin z.B. die Notwendigkeit einer ⇨Krankenkostzulage überprüfen können. Die Ermittlungsbefugnis beschränkt sich nur auf die Behebung eigener Zweifel. Die Behörde braucht daher, sofern sich nicht aus der Gesamtlage des Falles Bedenken aufdrängen, einem Tatbestand nicht durch eigene Ermittlungen nachgehen (Begründung Br-8/2034, S. 32, von Wullfen/Schütze, 8. Aufl., § 20 Rn 8).

1.2 Pflicht zur Mitwirkung

Die Pflicht, sich ärztlichen oder psychologischen Untersuchungen zu unterziehen, gehört zu den ⇨Mitwirkungspflichten (§ 62 SGB I). Kommen Sie Ihren Mitwirkungspflichten **nach vorheriger schriftlicher Belehrung** ohne wichtigen Grund nicht nach, kann – nicht muss – die Behörde die Leistungen ganz oder teilweise einstellen. Das aber nur, wenn dadurch die Aufklärung des Sachverhalts **erheblich** erschwert wird und deswegen die Voraussetzungen für den

Leistungsbezug nicht nachgewiesen werden können (§ 66 Abs. 1 SGB I).

Beispiel: Ihr Umzug steht bevor und ist bereits vom Jobcenter genehmigt. Sie haben wegen eines schweren Rückenleidens die Übernahme der Kosten eines Umzugsunternehmens beantragt. Sie kommen aber der Aufforderung nicht nach, sich einer ärztlichen Untersuchung zu unterziehen, die feststellen soll, dass die Hilfe eines Umzugsunternehmens aus medizinischen Gründen notwendig ist. In diesem Fall darf Ihnen nicht die gesamte Leistung gestrichen werden, nur die beantragten Umzugskosten können ganz oder teilweise abgelehnt werden.

Tipp: Sie brauchen nicht mitzuwirken, wenn eine behördlich vorgeschriebene Untersuchung nicht *„in einem angemessenen Verhältnis zu der in Anspruch genommenen Sozialleistung steht"* (§ 65 Abs.1 Nr. 1 SGB I). Wenn also z.B. der Geldbetrag, den Sie bekommen, niedriger ist als die Kosten der Untersuchung. Oder wenn diese z.B. mit einer langen Wegstrecke verbunden oder nur unter großer körperlicher Anstrengung zu bewältigen ist (§ 65 Abs.1 Nr. 2 SGB I).

1.3 Widerspruch gegen Aufforderung nicht möglich

Die Aufforderung zum Amtsarzt/zur Amtsärztin zu gehen, ist kein Verwaltungsakt. Sie können also keinen Widerspruch einlegen. Sie können aber die Behörde bitten darzulegen, warum die ärztliche Untersuchung erforderlich ist, was festgestellt werden soll und welche Untersuchungen dazu vorgenommen werden sollen. Sie können erklären, dass Sie bis zur Klärung des Sachverhalts den Amtsarzttermin nicht wahrnehmen. Da Sie sich nicht weigern mitzuwirken, sondern zunächst nur wissen wollen, was und warum untersucht werden soll, ist eine Leistungskürzung (⇨2.) nicht zulässig.

Tipp: Sollte Ihnen die Behörde wegen fehlender Mitwirkung die Leistung versagen oder einfach nicht zahlen, so entfaltet der ⇨Widerspruch gegen den Versagungsbescheid wegen fehlender ⇨Mitwirkung bei SGB II-Beziehenden **ab dem 1.8.2016** keine aufschiebende Wirkung mehr (⇨2.), d.h. die Leistung wird trotzdem versagt. Im SGB XII hingegen muss sie bis zur endgültigen Klärung weiter gezahlt werden.

1.4 Unmöglichkeit einer Untersuchung

Wenn die Mitwirkung – aus welchen Gründen auch immer – nicht möglich ist, sollten Sie das dem Amt gegenüber schriftlich erklären. Das Amt darf Leistungen wegen fehlender Mitwirkung nicht versagen, wenn ein wichtiger Grund vorliegt (§ 65 Abs. 1 Nr. 2 SGB I): *„Unter einem wichtigen Grund sind die die Willensbildung bestimmenden Umstände zu verstehen, die die Weigerung bzw. die Nichterfüllung der Mitwirkungshandlung entschuldigen und sie als berechtigt erscheinen lassen. Dabei sind auch Umstände seelischer, familiärer und sozialer Art zu berücksichtigen"* (LSG Berlin-Brandenburg 5.11.2008 - L 34 B 1982/08 AS ER).

Nicht immer ist bei Betroffenen die Einsicht vorhanden, dass sie unter einer Erkrankung, insbesondere einer psychischen, leiden oder dass eine von Amts wegen angeordnete Untersuchung erforderlich ist. Liegen Anhaltspunkte vor, dass der Betroffene seine Erkrankung nicht wahrhaben will, muss die Behörde persönlich beraten (§ 14 SGB I, § 14 Abs. 2 SGB II) und prüfen, ob sie nicht auf anderem Weg an die gewünschten Informationen kommen kann. Zum Beispiel kann sie medizinische Berichte bei einem anderen Leistungsträger anfordern (§§ 3 ff. SGB X), den Sachverhalt durch einen Hausbesuch klären oder ggf. gänzlich von der Untersuchung Abstand nehmen. Bei Vorliegen einer psychischen Erkrankung und Krankheitsuneinsichtigkeit darf wegen fehlender Bereitschaft, sich untersuchen zu lassen, **niemals** die Leistung teilweise oder ganz versagt werden.

1.5 Beistand

Die Anwesenheit ist dem Beistand auch bei behördlich veranlassten Begutachtungen des Beteiligten gestattet (LSG NRW 2.11.2009 - L 12 B 57/09 SO - juris Rn. 16; VG Münster 16.5.2012 - 4 L 113/12). Damit haben Sie auch einen gerichtlich festgestellten Anspruch auf einen ⇨ Beistand bei ärztlichen Untersuchungen: und zwar nicht nur bis vor die Tür, sondern auch im Untersuchungszimmer selbst. Denn

der Arzt/die Ärztin entscheidet über Sachverhalte, die Einfluss auf die Leistungen der Behörde haben und arbeitet im Auftrag der Behörde. In der Rechtsprechung wird das zum Teil anders gesehen: die ärztliche Untersuchung sei keine „Behördenangelegenheit", daher würde hier das Beistandsrecht nicht greifen. Wir denken, dass im Zweifelsfall eine solche Frage bis hoch zum Bundessozialgericht geklärt werden muss.

1.6 Medizinische Akten und Stellungnahmen

Über medizinische Sachverhalte entscheiden die medizinischen Dienste, nicht Ihr/Ihre SachbearbeiterIn. Er/Sie kann nur Prüfungsaufträge veranlassen. Alle Stellungnahmen von ÄrztInnen oder Krankenhäusern, insbesondere psychologische Stellungnahmen, gehen daher den/die SachbearbeiterIn nichts an. Sie können entsprechende Stellungnahmen direkt an den medizinischen Dienst weitergeben oder in einem verschlossenen Umschlag weitergeben lassen. Der medizinische Dienst kann sich auch Vollmachten geben lassen, um die notwendigen Informationen direkt bei den behandelnden ÄrztInnen einzuholen. Auch Sie selbst können sich dort Einsicht in medizinische Gutachten verschaffen (⇨Akteneinsicht).

1.7 Widerspruch gegen Untersuchungsbefunde?

Wenn Sie mit Untersuchungsergebnissen nicht einverstanden sind, können Sie dagegen **keinen** ⇨Widerspruch einlegen, da diese keine Verwaltungsakte sind. Erst wenn es aufgrund der Untersuchungsbefunde zu einer Entscheidung der Behörde kommt, können Sie im Rahmen eines Widerspruchs dagegen vorgehen.

Beispiel: Auf Grundlage einer amtsärztlichen Begutachtung werden bestimmte Tätigkeiten für Sie und Ihre Gesundheit für zumutbar gehalten. Das Jobcenter macht Ihnen entsprechende Arbeitsangebote, die Sie ablehnen, weil Sie Ihrer Ansicht nach körperlich nicht dazu in der Lage sind, diese Tätigkeiten auszuführen. Wenn Sie daraufhin vom Jobcenter sanktioniert werden, können Sie dagegen Widerspruch einlegen und ggf. klagen. Im Rahmen des Widerspruchs haben Sie das Recht auf ⇨Akteneinsicht in das amtsärztliche Gutachten. Im Rahme eines Klageverfahrens kann unter Umständen ein alternatives medizinisches Gutachten gefordert werden. Ein gewichtiges Argument kann dabei die mangelnde fachliche Qualifikation des Amtsarztes/der Amtsärztin sein. So kann ein/e AllgemeinmedizinerIn ohne Zusatzausbildung psychische, orthopädische, chirurgische, gynäkologische oder geriatrische Sachverhalte in vielen Fällen nicht ausreichend beurteilen. **Allerdings empfehlen wir**, es gar nicht erst auf die Sanktion ankommen zu lassen. Machen Sie unmittelbar nachdem Ihnen das Jobcenter Ihre scheinbar medizinisch festgestellte Arbeitsfähigkeit bekannt gegeben hat, eine Einrede, widersprechen Sie der Feststellung und weisen Sie darauf hin, dass diese von dem Arzt/der Ärztin möglicherweise unzureichend geprüft wurde.

2. Leistungsversagung, wenn Sie Untersuchungen nicht wahrnehmen

Das Nichterscheinen zu einem angeordneten Untersuchungstermin ist ein Verstoß gegen die ⇨Mitwirkungspflicht (§ 62 SGB I), sofern kein wichtiger Grund vorliegt. Die **Leistung** kann dann **ganz oder teilweise versagt** werden (§§ 66 und 67 SGB I). Wenn Sie die Mitwirkung nachholen, muss die Leistung wieder erbracht werden. Nur die jeweils beantragte Leistung darf bei fehlender Mitwirkung versagt werden, nicht die Gesamtheit der Leistungen. Eine Leistung zu versagen ist nur zulässig, wenn durch die fehlende Mitwirkung *„die **Aufklärung des Sachverhaltes erheblich erschwert**"* wird (§ 66 Abs. 1 Satz 1 SGB I). Die Aufklärung nur leicht zu erschweren, darf also nicht dazu führen, dass eine Leistung verweigert wird.

Tipp: Ein Widerspruch gegen einen Versagungsbescheid wegen fehlender Mitwirkung entfaltet bei BezieherInnen von Sozialhilfe aufschiebende Wirkung (§ 86a Abs. 1 Satz 1 SGG), d.h. der Sachverhalt muss erst geklärt werden, bevor ein Bescheid vollstreckt werden kann. Für Beziehende von Alg II gilt das **ab dem 1.8.2016** nicht mehr (§ 39 Satz 1 Nr. 1 SGB II). Letztere müssen die aufschiebende

Wirkung des ⇨Widerspruchs mit einem Antrag auf ⇨einstweilige Anordnung vom Sozialgericht anordnen lassen.

2.1 Leistungsversagung im Alg II

Wenn Alg II-Beziehende zu einem durch eine **Meldeaufforderung** angeordneten ärztlichen oder psychologischen Untersuchungstermin ohne wichtigen Grund nicht erscheinen, wird der Regelsatz für drei Monate **um 10 Prozent gekürzt** (§ 32 Abs.1 SGB II). Das Nichterscheinen gilt als Verstoß gegen die *„allgemeine Meldepflicht"* (§ 59 SGB II i.V. mit § 309 SGB III). Näheres dazu unter ⇨Sanktionen

Tipp: Prüfen Sie immer, ob es sich um eine Meldeaufforderung nach § 59 SGB II oder um eine Aufforderung zur Mitwirkung nach § 62 SGB I handelt. Die Rechtsfolgen unterscheiden sich deutlich.

3. Erstattung notwendiger Kosten

Werden Sie zu Untersuchungen aufgefordert, hat Ihnen die Behörde die „notwendigen Auslagen" auf Antrag zu erstatten (§ 65a Abs. 1 SGB I). Darunter fallen vor allem die notwendigen **Reise-** und ⇨**Fahrtkosten** (in der Regel öffentliche Verkehrsmittel, in Covid-19-Zeiten für besonders gefährdete Personen auch Taxifahrten), aber auch notwendige Kosten von **Begleitpersonen** (§ 309 Abs. 4 SGB III), **Kinderbetreuungskosten** oder **Dolmetscherkosten**. Aufgrund einer Entscheidung des BSG (6.12.2007 - B 14/7b AS 50/06 R), die zum Kostenersatz bei Meldeaufforderungen nach § 59 SGB II erfolgte, dürfte es nicht länger haltbar sein, kleinere Fahrtkostenbeträge unter 7 € nicht zu übernehmen. Auch diese sind für SGB II/ SGB XII-Beziehende erheblich. Näheres unter ⇨Kostenerstattung

3.1 Kosten für Atteste und Gutachten

Wenn Sie von Ihrer Behörde aufgefordert werden, *„Beweisurkunden"*, also z.B. ärztliche Atteste über Ihren Gesundheitszustand oder Gutachten über Erkrankungen etc., vorzulegen, sind Ihnen bzw. den Gutachtern die notwendigen Auslagen für diese Atteste und Gutachten zu erstatten: *„Falls die Behörde Zeugen, Sachverständige und Dritte herangezogen hat, erhalten sie auf Antrag [...] eine Entschädigung oder Vergütung; mit Sachverständigen kann die Behörde eine Vergütung vereinbaren"* (§ 21 Abs. 3 Satz 4 SGB X).

Übersteigen die Kosten einer vom Jobcenter geforderten ärztlichen Bescheinigung die Höhe der Attestkosten, die nach der Gebührenordnung für Ärzte regelmäßig übernommen werden, muss das Jobcenter auch für die darüber liegenden Kosten aufkommen (SG Braunschweig 13.1.2016 - S 17 AS 3211/12; Anspruchsgrundlage: § 21 Abs. 3 Satz 4 SGB X i.V. mit § 670 BGB7

Verlangen Jobcenter/ Sozialämter **Übersetzungen** von ausländischen Krankenberichten oder Attesten/ Gutachten, ist zunächst zu prüfen, ob die Übersetzung nicht durch einen Mitarbeiter der Behörde mit Sprachkenntnissen angefertigt werden kann (§ 19 Abs. 2 S. 2 SGB X). Ist das nicht der Fall, sind die Übersetzungskosten zu übernehmen. Näheres unter ⇨Antrag 1.13.1 ff.

Information

Bayerischer Landesbeauftragter für den Datenschutz, Erhebung medizinischer Daten durch Sozialbehörden (www.datenschutz-bayern.de/4/optionskommunen-bericht.html; Zusammenfassung und Pressemitteilung dazu, http://tinyurl.com/jh6f2yn)

Bundesanstalt für Arbeit, Leitfaden für die arbeitsamtsärztliche Begutachtung und Beratung, 2000

GKV-Spitzenverband, Begutachtungsanleitung Arbeitsunfähigkeit (AU), 2011

Beides zu finden auf der Seite des Arbeitskreises sozialmedizinisch interessierter Ärzte e.V. (http://sozialmediziner.de ⇨Arbeitshilfen)

Antragstellung

Inhaltsübersicht

1. Antrag auf Alg II/Sozialgeld

1.1 Leistungen nur auf Antrag

„Leistungen der Grundsicherung für Arbeitssuchende werden auf Antrag erbracht” (§ 37 Abs. 1 SGB II).

Tipp 1: Aufgepasst beim Ausfüllen des Antragsformulars: eine Reihe von Fragen müssen Sie gar nicht beantworten. Näheres unter ⇨Datenschutz 2.1.1

Tipp 2: Bevor Ihr Arbeitslosengeld I ausläuft, müssen Sie rechtzeitig einen Antrag auf Alg II stellen, um nahtlos Leistungen zu erhalten. Darauf müssen Sie von der Bundesagentur für Arbeit im Rahmen der ⇨**Beratung**spflicht hingewiesen werden (FW 37.14).

1.1.1 Bewilligungszeitraum

Alg II ist in der Regel für zwölf Monate zu bewilligen (§ 41 Abs. 3 S. 1 SGB II), diese Regelung gilt aber nur bei „normaler“, also nicht vorläufiger Bewilligung (§ 41 Abs. 3 S. 1 Nr. 1 SGB II; ⇨ 4.1). Nach Ablauf des Bewilligungszeitraums müssen Sie einen Weiterbewilligungsantrag stellen. Das Jobcenter muss rechtzeitig vor Ablauf eines Bewilligungsabschnittes einen Hinweis geben, dass ein Fortsetzungsantrag gestellt werden muss. Wurde dies versäumt, liegt ein schwerwiegender Beratungsfehler nach § 14 SGB I und § 14 Abs. 2 SGB II des Jobcenters vor, weswegen im Rahmen des „sozialrechtlichen Herstellungsanspruchs“ ein ⇨ Nachzahlungsanspruch entsteht (BSG 18.1.2011 – B 4 AS 29/10 R; LSG NSB 24.2.2015 – L 7 AS 187/14, BGH 2.8.2018 – III ZR 466/16).

Wenn Sie im Haushalt Ihrer Eltern leben und das 25. Lebensjahr vollendet haben, müssen Sie einen eigenen Antrag auf Alg II stellen. Das Jobcenter hat Sie im Rahmen seiner Beratungspflicht darauf hinzuweisen.

1.1.2 Grundsätze der Antragstellung

Alg II-Leistungen werden auf Antrag erbracht. Die Antragstellung ist an keine Form gebunden (⇨ 1.4). Der Antrag ist eine einseitige, sogenannte empfangsbedürftige Willenserklärung, mit der der/die Antragsteller*in dem Leistungsträger gegenüber zum Ausdruck bringt, eine Sozialleistung in Anspruch nehmen zu wollen. Das Jobcenter ist gehalten, den wirklichen Willen des/r Antragstellenden – ggf. durch Rückfragen – zu erforschen und den Antrag auszulegen. Hierbei ist mit Blick auf § 2 Abs. 2 SGB I im Zweifel davon auszugehen, dass der/die Bürger*in die ihm/ihr günstigere Leistung aus dem von ihm/ihr angegangenen Sozialleistungsbereich in Anspruch zu nehmen wünscht (FW 37.1).

Die BA schreibt ferner vor: *„Bei der Ermittlung des Willens des Antragstellers ist auch zu erfragen, ob dieser Leistungen ab einem bestimmten Zeitpunkt begehrt (Antragstel-*

lung mit Wirkung zum ...)" (FW 37.2). Das kann wichtig sein, weil der Zeitpunkt der Antragstellung für Sie günstige Regelungen beinhalten kann, z.B. wenn Sie im Antragstellungsmonat eine einmalige Einnahme erzielen, wie eine Lohnsteuerrückerstattung oder eine Nachzahlung einer anderen Sozialleistung. Diese würde das Jobcenter voll anrechnen müssen. Wenn Sie Ihren Antrag aber erst ab dem Folgemonat stellen, würde diese Einnahme zu ihrem Vermögen zu rechnen sein. Die Behörden sind verpflichtet, Sie darauf hinzuweisen ⇨ Beratung als Amtspflicht 1.2.

1.2 Wer kann Anträge stellen?

Ab dem Alter von 15 Jahren können Personen Anträge auf Sozialleistungen stellen und Sozialleistungen entgegennehmen (§ 36 Abs. 1 Satz 1 SGB I). Der Sozialleistungsträger unterrichtet allerdings die Eltern von Minderjährigen davon (§ 36 Abs. 1 Satz 2 SGB I, FW 37.3).
Auch Dritte können für handlungsunfähige Leistungsberechtigte Anträge stellen. Diese sind wirksam, das Amt kann aber die nachträgliche Vorlage einer Vollmacht verlangen (§ 13 Abs. 1 SGB X). Das trifft z.B. zu, wenn Sie akut im Krankenhaus behandelt werden (FW 37.4).

1.3 Wo sind Anträge zu stellen?

Informieren Sie sich, bevor Sie einen Antrag stellen, welche Behörde überhaupt **zuständig** ist. In der Regel finden Sie das über einen Anruf bei der Stadt- oder Kreisverwaltung oder der Arbeitsagentur/ Jobcenter heraus. Jeder Sozialleistungsträger ist zur Auskunft über die ⇨Zuständigkeit verpflichtet (§ 15 Abs. 2 SGB I).
Haben Sie den zuständigen oder unzuständigen Sozialleistungsträger oder sonstige Behörde gefunden, darf diese *„die Entgegennahme von Erklärungen oder Anträgen, die in ihren Zuständigkeitsbereich fallen, nicht deshalb verweigern, weil sie die Erklärung oder den Antrag in der Sache für unzulässig oder unbegründet hält"* (§ 20 Abs. 3 SGB X).
Anträge bei unzuständigen Leistungsträgern ⇨1.9

1.4 Wie sind Anträge zu stellen?

Der Antrag ist an keine Form gebunden (§ 9 SGB X, FW 37.1). Als Antrag gilt jede schriftliche, mündliche oder fernmündliche Erklärung, die erkennen lässt, dass Leistungen begehrt werden. Das sollten Sie sich allerdings schriftlich bestätigen lassen. Besser ist es, einen „beweissicheren" schriftlichen Antrag **per Fax** (mit Sendeprotokoll) zu stellen oder ihn **persönlich** gegen **Eingangsbestätigung** bei der Behörde einzureichen. Das ist sicherer, da Sie den Eingang des Antrags bei der Behörde nachweisen müssen, falls er dort verloren geht. Der Antrag gilt mit Eingang beim Amt als gestellt.

Manche SGB II-Sachbearbeiter*innen meinen, ein Antrag sei erst gestellt, wenn das über 20-seitige Antragsformular vollständig ausgefüllt und eingereicht ist. Das ist falsch. Der Eingang des formlos gestellten Antrags gilt als **Datum der Antragstellung.**
Da die Behörde den Sachverhalt von Amts wegen ermitteln muss, ist sie aber berechtigt, von Ihnen im Rahmen Ihrer ⇨**Mitwirkungspflicht** die Verwendung der Antragsformulare zu fordern (§ 60 Abs. 2 SGB I). Hauptzweck der Verwendung von Antragsformularen ist es jedoch, die Verwaltung zu vereinfachen und die Ermittlung der Sachverhalte zu erleichtern. Sind die Antragsformulare **fehlerhaft** oder **unvollständig** ausgefüllt, ist eine Versagen der Leistung wegen fehlender Mitwirkung nicht zulässig (Mrozynski, SGB I, § 60 Rn. 38). Vielmehr ist der Leistungsträger verpflichtet, dafür Sorge zu tragen, dass unvollständige Angaben ergänzt werden (§ 16 Abs. 3 SGB I). Im Einzelfall heißt das: in vorhandenen Unterlagen nachzuschauen, ob die gewünschte Information dort vorhanden ist oder sich im Rahmen der Mitwirkungspflichten (§ 60 Abs. 1 S. 1 Nr. 1 SGB I) bei Ihnen die Befugnis zu holen, die gewünschten Informationen selbst bei Dritten abzufragen zu dürfen.
Das SGB I verpflichtet die Behörden zu *„allgemein verständlichen Antragsvordrucken"* (§ 17 Abs. 1 Nr. 3 SGB I). Die Leistungsträger sind auch verpflichtet, den wirklichen Willen des/r Antragstellenden im Rahmen der allgemeinen Beratungspflicht zu erforschen (§ 14 SGB I), den Antrag ggf. entsprechend auszulegen und dafür Sorge zu tragen, dass *„unverzüglich klare und sachdienliche Anträge gestellt und **unvollständige Angaben ergänzt** werden"* (§ 16 Abs. 3 SGB I; BSG 28.10.2009 - B 14 AS 56/08 ER).

Bei Antragstellenden, die der deutschen Sprache nicht mächtig sind, ist die Verwendung des (deutschen) Antragsformulars nicht erforderlich. Bei dessen Verwendung handelt es sich um eine **Soll**-Vorschrift, von der im Einzelfall abgewichen werden kann (Mrozynski, SGB I, § 60 Rn. 38). Näheres unter ⇨1.13.1

1.5 Rückwirkende Geltung von Anträgen

*„Leistungen der Grundsicherung für Arbeitssuchende werden **nicht** für Zeiten vor der Antragstellung erbracht"* (§ 37 Abs. 2 Satz 1 SGB II), allerdings **wirkt ein Antrag** auf den **Ersten des Monats zurück**, in dem er gestellt wird (§ 37 Abs. 2 S. 2 SGB II).
Von diesem „allgemeinen" Antrag auf SGB II-Leistungen sind vom Grundsatz her alle weiteren Leistungsansprüche umfasst (Ausnahmen ⇨1.6).

Der **Antrag** auf Leistungen zu Bildung und **Teilhabe** (§ 28 SGB II; ⇨Schüler*innen 5.1.3) wirkt bei laufendem Leistungsbezug grundsätzlich auf den **Beginn** des **Bewilligungsabschnitts zurück** und muss seit August 2018 nicht mehr gesondert beantragt werden. Ausnahme: der Nachhilfeunterricht nach § 28 Abs. 5 SGB II muss weiterhin gesondert beantragt werden (§ 37 Abs. 1 S. 2 SGB II).

1.6 Bestimmte Leistungen müssen extra beantragt werden

Das betrifft
- unabweisbarer Bedarf (§ 24 Abs. 1 SGB II; ⇨Einmalige Beihilfen),
- Erstausstattung der Wohnung (⇨Hausrat) und Bekleidung (⇨Kleidung),
- Leistungen bei ⇨Schwangerschaft und Geburt und
- orthopädische Schuhe, Reparatur und Miete von therapeutischen Geräten (Brillenreparatur) (§ 24 Abs. 3 SGB II; ⇨Einmalige Beihilfen),
- vorfällige Zahlungen/ Vorschüsse bis 100 € (§ 42 Abs. 2 SGB II),
- Lernförderung (§ 28 Abs. 5 SGB II),
- Mehrbedarf für kostenaufwendige Ernährung nach § 21 Abs. 5 SGB II aufgrund BSG-Rechtsprechung (BSG 20.2.2014 - B 14 AS 65/12 R) ⇨ Mehrbedarfe

Auch hier wirkt der Antrag i.d.R. auf den Monatsersten zurück.

1.7 Anspruch verwirkt nicht

Ein Antrag auf Alg II gilt auch dann noch, wenn der Anspruch aus dem Grundantrag erst **sechs Monate später** geltend gemacht wird. Die Behörde ist verpflichtet, darauf hinzuwirken, dass klare, sachdienliche Anträge gestellt und **unvollständige Angaben ergänzt werden** (§ 16 Abs. 3 SGB I). Meldet sich der Antragsteller nicht mehr, hat das Jobcenter den/die Antragsteller*in über die Mitwirkungspflichten aufzufordern, den Antrag zu vervollständigen (BSG 28.10.2009 - B 14 AS 56/08 R).

1.8 Sozialrechtlicher Herstellungsanspruch kann Antrag ersetzen

Das Jobcenter hat wie alle anderen Sozialleistungsträger die Pflicht zur ⇨**Beratung** und zur ⇨**Auskunft**. Wird diese Pflicht verletzt und haben Sie in Folge dessen keinen oder keinen vollständigen Antrag gestellt, müssen Sie so von der Behörde behandelt werden, als hätten Sie rechtzeitig einen Antrag gestellt (LSG Niedersachsen-Bremen 24.2.2015 - L 7 AS 187/14). Das entspricht der Rechtsprechung des Bundessozialgerichts. Voraussetzung ist eine Pflichtverletzung (z.B. wurden Sie über offensichtliche Ansprüche nicht informiert), die Rechtswidrigkeit der Pflichtverletzung, eine fehlende gesetzliche Regelung der Rechtsfolgen der Pflichtverletzung, ein Schaden, die Verursachung des Schadens durch die Pflichtverletzung und die Möglichkeit, den Schaden durch eine Korrektur der Amtshandlung zu beheben (SG Augsburg 6.9.2005 - S 1 AS 228/05; vgl. BSG 5.8.1999 - B 7 AL 38/98 R).

Der sozialrechtliche Herstellungsanspruch hat für Alg II-Beziehende eine große Bedeutung, weil die Beratungsfehler bei den Jobcentern so zahlreich sind wie nie zuvor. Außerdem haben Sachbearbeiter*innen/ Arbeitsvermittler*innen eine weitgehende Beratungs- und Aufklärungspflicht auch über den jeweiligen Anlass der Beratung hinaus (Eicher/Luik, § 4 Rn. 6ff; BSG 27.7.2004 - B 7 SF 1/03 R; LSG Bayern 27.2.2014 - L 7 AS 642/12, zur Pflicht des Leistungsträgers, unaufgefordert zu beraten).

Mit dem Neunten SGB II-Änderungsgesetz wurde **zum 1.8.2016** der Anspruch auf Beratung gestärkt. Die Beratung wurde in den Leistungskatalog der Grundsicherung aufgenommen (§ 1 Abs. 3 Satz 1 Nr. 1 SGB II). *„Art und Umfang der Beratung richten sich nach dem Beratungsbedarf der leistungsberechtigten Person“* (§ 14 Abs. 2 SGB II). Offensichtlich erkennt der Gesetzgeber an, dass Alg II-Beziehende in besonderem Maße beratungsbedürftig sind und die Akzeptanz der Rechte und Pflichten von dem Wissen darüber abhängt. Mit diesem gestärkten Beratungsanspruch wird bei fehlerhafter oder unterlassener Beratung auch der sozialrechtliche Herstellungsanspruch an sich gestärkt. Sie müssen ihn „nur“ i.d.R. vor dem Sozialgericht durchsetzen.

Näheres unter ⇨**Nachzahlung 1.**

Grundlegend dazu: Der (sozialrechtliche) Herstellungsanspruch v. Kai Grötschel, Download: https://t1p.de/y07z

1.8.1 Spontanberatung

Die Leistungsträger sind zur **Spontanberatung von Amts wegen verpflichtet** (BSG 24.7.1985- 10 RKg 18/84; BSG 13.12.1984- 11 RA 68/83). Voraussetzung hierfür ist ein konkreter Anlass zwischen Ihnen und der Behörde, der eine Beratung notwendig macht. Das können der laufende Leistungsbezug oder Detailfragen sein, die sich für die Behörde erschließen. Ein Beispiel: Sie teilen als langzeitarbeitlose*r Alg II-Beziehende*r Ihrem/r Arbeitsvermittler*in mit, dass Sie eine versicherungspflichtige Tätigkeit aufnehmen. In der Regel werden solche Arbeitsaufnahmen mit Einstiegsgeld nach § 16b SGB II gefördert, in Wuppertal z.B. mit sechsmal 300 €. Diese Förderung erhalten Sie nur, wenn der Antrag vor Arbeitsaufnahme gestellt wurde. Hat das Jobcenter unterlassen, Sie auf diese Förderungsmöglichkeit hinzuweisen, stellt das einen schwerwiegenden Beratungsunterlassungsfehler da. Ein nachträglich gestellter Antrag auf Einstiegsgeld ist dann im Rahmen des sog. sozialrechtlichen Herstellungsanspruchs so zu werten, als hätten Sie diesen rechtzeitig gestellt. Das Jobcenter wäre hier **spontanberatungspflichtig gewesen, das bedeutet:** die Verpflichtung der Behörde, auf **sich aus dem Einzelfall ergebende**, rechtliche für den/die Leistungsberechtigte*n **günstige** und auch **nachteilige Fallgestaltung** von Amtswegen **hinweisen** zu müssen (ständige Rspr. BSG 4.9.2013 - B 12 AL 2/12 R, BGH 2.8.2018 – III ZR 466/16).

Ein weiteres Beispiel: Sie wollen eine Wohnung mieten, aber der Leistungsträger hat Sie nicht darauf hingewiesen, dass die Übernahme der Kaution vorher zugesichert sein muss und das Jobcenter lehnt die Übernahme der Kaution wegen des Fehlens einer vorherigen Zusicherung ab (SG Lüneburg 13.11.2006 - S 25 AS 163/06).

Diese Spontanberatung ist jedoch nicht auf Rechtsberatung beschränkt, sondern umfasst jedwede Beratung mit dem Ziel, Leistungen zu erhalten und Eingliederung in Arbeit sowie Vermittlung von Unterhaltsleistungen zu ermöglichen, wenngleich die Grenzen zur Rechtsberatung fließend sind. Ist eine Person aufgrund von Sprachbarrieren nicht in der Lage, ein Widerspruchsschreiben, eine Klage- oder Berufungsschrift zu verfassen, ist der Leistungsträger verpflichtet, ihr bei der Abfassung des Schreibens behilflich zu sein (BSG 14.6.1988- 7 BAr 58/88). Im Rahmen der allgemeinen (§ 14 SGB I) und verschärften Beratungspflicht im SGB II (§ 1 Abs. 3 Nr. 1 SGB II iVm § 14 Abs. 2 SGB II) sind deshalb sämtliche erforderlichen Hilfeleistungen nichtrechtlicher Art zur Überwindung von Sprach-, Verständnis- und Formulierungsschwierigkeiten vom Jobcenter oder anderen Ämtern zu erbringen. Der Bundesgerichtshof (BGH) hat in einem enorm bedeutsamen Urteil deutlich auf die Beratungspflicht von Sozialleistungsträgern hingewiesen. Der Kläger, ein Mann, der mit seiner Behinderung eigentlich eine Erwerbsminderungsrente hätte bekommen müssen, hatte diese wegen lückenhafter Beratung beim Sozialamt aber nicht beantragt. Stattdessen beantragte er nur die deutlich niedrigere Grundsicherung. Seit dem Jahre 2004 seien ihm dadurch mehr als 50.000 € entgangen. Der Bundesgerichtshof sprach dem Kläger nun gemäß § 839 BGB i.V.m. Art 34 GG (Amtshaftungsanspruch) Schadensersatz zu.

Als Begründung führte der BGH aus: *„Ist anlässlich eines Kontakts des Bürgers mit einem anderen Sozialleistungsträger für diesen ein zwingender rentenversicherungsrechtlicher Beratungsbedarf eindeutig erkennbar, so besteht für den aktuell angegangenen Leistungsträger auch ohne ein entsprechendes*

Beratungsbegehren zumindest die Pflicht, dem Bürger nahezulegen, sich (auch) von dem Rentenversicherungsträger beraten zu lassen (vgl. § 2 Abs. 2 HS 2, § 17 Abs. 1 SGB I)" (BGH 2.8.2018 – III ZR 466/16). siehe dazu auch ⇨ Beratung als Amtspflicht 1.2

1.9 Rückwirkende Antragstellung bei Ablehnung einer anderen Sozialleistung

Haben Sie keinen Alg II-Antrag gestellt, weil Sie eine andere Sozialleistung (z.B. Alg I, ⇨Kinderzuschlag, ⇨Wohngeld usw.) beantragt haben und wird dieser Antrag dann abgelehnt, können Sie stattdessen Alg II beantragen und zwar rückwirkend bis zu dem Zeitpunkt, an dem Sie den Antrag für die andere Sozialleistung gestellt haben, aber maximal ein Jahr zurück. (§ 40 Abs. 7 SGB II i.V. mit § 28 Satz 1 SGB X). Voraussetzung dafür ist: Sie stellen den Antrag *„unverzüglich **nach Ablauf des Monats**, in dem die Ablehnung oder Erstattung der anderen Leistung **bindend** geworden ist"* (§ 40 Abs. 7 SGB II).
Bei anderen Sozialleistungen gilt nach § 28 SGB X für diese sogenannte *„wiederholte Antragstellung"* eine **Sechs-Monats-Frist**.

Beispiel:
Sie stellen am 1.6. einen Antrag auf Alg I. Mit Bescheid vom 6.10. wird der Alg I-Antrag abgelehnt, weil Sie nicht lange genug sozialversicherungspflichtig beschäftigt waren. Die Entscheidung wird am 9.11. bindend, da Sie keinen ⇨Widerspruch eingelegt haben. Wenn Sie **bis Ende November** einen Antrag auf Alg II stellen (das machen Sie besser schon früher), wirkt dieser Antrag auf den 1.6. zurück, d.h., Sie werden so gestellt, als hätten Sie den Antrag auf Alg II schon am 1.6 gestellt.

Das gilt auch, wenn Sie z.B. einen Kinderzuschlag bewilligt bekommen haben, ihn aber wegen nachträglich geänderter Einkommensverhältnisse erstatten müssen und der Bescheid zurückgenommen wurde. Wenn Sie dann rechtzeitig einen Antrag auf Alg II stellen, wirkt dieser ein Jahr zurück (§ 28 S. 1 SGB X, FW 37.28).

Haben Sie anstelle des Antrags auf *„wiederholte Antragstellung"* unwissentlich einen Überprüfungsantrag nach § 44 SGB X (oder Widerspruch) gestellt (⇨Nachzahlung 3.1), ist dieser von Amts wegen entsprechend umzudeuten, auch wenn dies ausdrücklich nicht beantragt wurde (BSG 19.10.2010 - B 14 AS 16/09 R).

Tipp: Wurde ein Antrag auf andere Sozialleistungen abgelehnt, sollten Sie prüfen, ob Sie nicht einen rückwirkenden Anspruch auf Alg II haben. Auch wenn die meisten Jobcenter vorgeben, diesen Paragrafen nicht zu kennen, es gibt ihn!

1.10 Grundsatz der „Meistbegünstigung"

Neben der wiederholten Antragstellung gibt es im sozialrechtlichen Verfahren den Grundsatz der Meistbegünstigung. Danach stellt ein Antrag eine einseitige, „empfangsbedürftige", öffentlich-rechtliche Willenserklärung dar. Auf diese werden mangels speziellerer sozialrechtlicher Regelungen die Vorschriften des Bürgerlichen Gesetzbuches (BGB) angewendet (BSG 17.7.1990 - 12 RK 10/89, Rn. 20). Es ist durch Auslegung zu ermitteln, welche Leistungen der/die Antragstellende begehrt. Hierbei ist nach dem Grundsatz der Meistbegünstigung zu entscheiden (BSG 21.7.1977 - 7 Rar 132/75, Rn. 24), das heißt, der/die Antragstellende soll die maximalen Leistungen bekommen, die ihm/r zustehen. Es ist davon auszugehen, dass der/die Hilfebedürftige auch die Leistung beantragt, die ihm/r nach der Rechtslage zusteht und von der er den größten Nutzen hat, sofern er nicht ausdrücklich anderes zu erkennen gibt (BSG 26.8.2008 - B 8/9b SO 18/07 R; SG Berlin 25.11.2009 - S 160 AS 7256/08; SG Berlin 19.12.2008 - S 37 AS 17404/07).

Allerdings beinhaltet z.B. ein Alg I-Antrag nicht automatisch einen Alg II-Antrag (BSG 2.4.2014 - B 4 AS 29/13 R), da es sich um einen *„expliziten Antrag"* auf Alg I handelt. Würde aber auf dem Alg I-Antrag handschriftlich ergänzt werden, *„es wird diese und jede andere in Frage kommende Sozialleistung beantragt"*, dann schon.

1.11 Antrag bei unzuständigen Leistungsträgern/Gemeinden

Anträge auf Alg II können auch bei sogenannten unzuständigen Leistungsträgern (nach §§ 18-29 SGB I) gestellt werden. Darunter fallen

Träger der Kranken-, Unfall-, Arbeitslosen- oder Rentenversicherung, Wohngeldstellen, Jugendämter, Leistungsträger für Kindergeld, Elterngeld usw. (§ 16 Abs. 2 Satz 1 SGB I).
„Ist die Sozialleistung von einem Antrag abhängig, gilt der Antrag als zu dem Zeitpunkt gestellt, in dem er ... [bei einer unzuständigen Stelle] eingegangen ist" (§ 16 Abs. 2 Satz 2 SGB I). Dazu zählen bei Städten und Gemeinden auch der/die Bürgermeister*in, das Rathaus/ Bürgerbüro oder kommunale Außenstellen (BSG 20.6.2016 - B 8 SO 5/15 R, Rn. 11).
Die Anträge sind unverzüglich an die zuständige Behörde weiterzuleiten. Wenn Sie z.B. bei der Arbeitsagentur einen Antrag auf die Übernahme von Bestattungskosten stellen, muss diese den Antrag an das Sozialamt weiterleiten und Sie darüber informieren.

Für EU-Bürger*innen und Flüchtlinge in EU-Ländern gilt zudem, dass Anträge, Erklärungen oder Rechtsbehelfe bei jeder Behörde, einem Träger oder einem Gericht eines anderen Mitgliedstaats eingereicht werden können (§ 30 Abs. 2 SGB I i.V. mit Art. 81 Satz 1 VO (EG) 883/2004; ⇨1.13.3).

Es ist rechtswidrig, einen Antrag wegen Unzuständigkeit abzulehnen. Genauso rechtswidrig ist es, einen Antrag wegen Unzuständigkeit nicht an die zuständige Behörde weiterzuleiten (SG Düsseldorf 20.4.2006 - S 35 AS 102/06 ER).
Wenn das Jobcenter einen Antrag, für den das Sozialamt zuständig ist, wegen Unzuständigkeit zurückweist und ihn nicht an das Sozialamt weiterleitet, ist es verpflichtet, Ihnen *„in diesem Fall als der zuerst angegangene Leistungsträger Leistungen vorläufig zu erbringen"* (SG Düsseldorf, ebenda, mit Verweis auf § 43 Abs. 1 SGB I.).

Allerdings umfasst die Pflicht zur Entgegennahme und Weitergabe bei unzuständigen Leistungsträgern/ Gemeinden **nur Anträge**. Wenn allerdings für den Antrag erforderliche Unterlagen nachgereicht werden, wie Kontoauszüge zum Nachweis der Hilfebedürftigkeit, Unterlagen über Einkommen und Vermögen oder eine Kopie des Personalausweises, dann umfasst die Pflicht zur Entgegennahme und Weiterleitung **auch diese** mit der Antragstellung verbundenen Dokumente, so auch § 20 Abs. 3 SGB X.

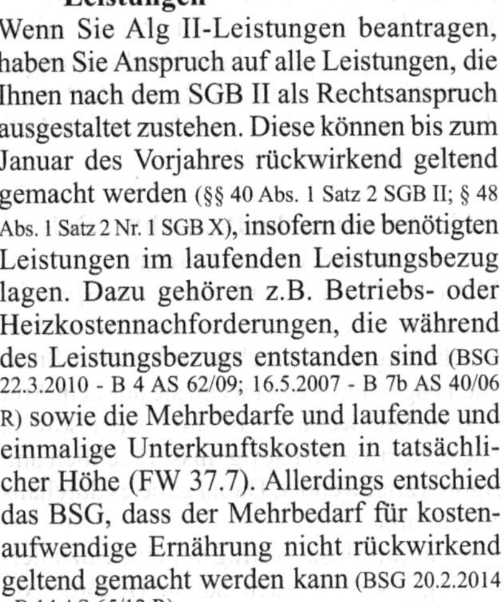

1.12 Alg II-Antrag umfasst fast alle Leistungen

Wenn Sie Alg II-Leistungen beantragen, haben Sie Anspruch auf alle Leistungen, die Ihnen nach dem SGB II als Rechtsanspruch ausgestaltet zustehen. Diese können bis zum Januar des Vorjahres rückwirkend geltend gemacht werden (§§ 40 Abs. 1 Satz 2 SGB II; § 48 Abs. 1 Satz 2 Nr. 1 SGB X), insofern die benötigten Leistungen im laufenden Leistungsbezug lagen. Dazu gehören z.B. Betriebs- oder Heizkostennachforderungen, die während des Leistungsbezugs entstanden sind (BSG 22.3.2010 - B 4 AS 62/09; 16.5.2007 - B 7b AS 40/06 R) sowie die Mehrbedarfe und laufende und einmalige Unterkunftskosten in tatsächlicher Höhe (FW 37.7). Allerdings entschied das BSG, dass der Mehrbedarf für kostenaufwendige Ernährung nicht rückwirkend geltend gemacht werden kann (BSG 20.2.2014 - B 14 AS 65/12 R).

Tipp: Wurden o.g. Leistungen vorenthalten, können Sie einen Überprüfungsantrag stellen und die betreffenden Bescheide überprüfen lassen (§ 44 SGB X; ⇨Nachzahlung 3.1).

Seit 2011 müssen manche Leistungen gesondert beantragt werden (⇨1.6).

1.12.1 Ein Antrag für alle Mitglieder der Bedarfsgemeinschaft – oder auch nicht?

Das Jobcenter vermutet, dass der/die Antragstellende bevollmächtigt ist, für alle Mitglieder der Bedarfsgemeinschaft SGB II-Leistungen zu beantragen und entgegenzunehmen (§ 38 Abs. 1 SGB II). Demnach genügt ein*e Antragstellende*r für alle.

Diese Vermutung gilt solange, *„soweit dem Anhaltspunkte nicht entgegenstehen"* (§ 38 Abs. 1 Satz 1 SGB II). Sobald ein Mitglied der Bedarfsgemeinschaft sich beim Jobcenter beklagt, dass die ihm zustehenden Leistungen nicht bei ihm ankommen, ergibt sich ein solcher *„Anhaltspunkt"*. Jetzt muss der Sachverhalt ermittelt werden, und das Jobcenter muss ggf. anbieten, die Leistungen direkt zu zahlen. Betroffene können dies auch beantragen. Ist die Vermutung der Bevollmächtigung widerlegt, sind die Leistungsansprüche für

jedes nicht vertretene Mitglied separat zu bescheiden und zu überweisen (FW 38.9).

Wenn das Geld bei einer Person nicht ankommt, hat diese einen Direktzahlungsanspruch, auch wenn Sachbearbeiter*innen dies wegen des damit verbundenen Aufwands nur ungern machen.

1.13 „Amtssprache Deutsch" – Dolmetscher, Übersetzungen

Mit dem Hinweis auf die *„Amtssprache Deutsch"* wird in deutschen Amtsstuben regelmäßig das Sprechen in anderen Sprachen abgelehnt, selbst wenn sie auf dem Amt gesprochen werden (§19 Abs. 1 Satz 1 SGB X). Diese Norm wird häufig missbräuchlich und rigoros angewendet. Dabei gäbe es durchaus Spielräume:

- Ist ein formloser Antrag auf eine Sozialleistung gestellt worden, hat die Behörde von Amts wegen den Antrag zu vervollständigen (§16 Abs. 3 SGB I). Sind Antragsformulare in anderen Sprachen vorhanden, hat der Leistungsträger darauf zu verweisen. Die BA hat Alg II-Anträge z.B. in einer Reihe von Sprachen vorliegen.
- Im Rahmen der Beratungs- und Auskunftspflicht (§§14 und 15 SGB I) **darf** ein*e Behördenmitarbeiter*in, der/die über die nötigen Sprachkenntnisse verfügt, jederzeit die Muttersprache des/r ausländischen Antragstellenden verwenden (BSG 24.4.1997 - 11 Rar 89/96; VwVfG Kommentar, § 23 Rn. 34).
- Bei fremdsprachigen Anträgen und Dokumenten ist eine Übersetzung nur zu verlangen *„insofern [die Behörde] nicht in der Lage ist, Anträge und Dokumente zu verstehen"* (§ 19 Abs. 2 Satz 1 SGB X). Diese Norm ist selbstverständlich im Rahmen der weiten Auslegung sozialer Rechte (§ 2 Abs. 2 SGB I) auch auf Gespräche anzuwenden. D.h., die Behörde hat zunächst zu prüfen, ob sie über hinreichend qualifizierte Mitarbeiter*innen mit entsprechenden Sprachkenntnissen verfügt. Damit könnte das Mitbringen eines/r Dolmetscher*in oder die Anfertigung von Übersetzungen vermieden werden.

Dazu gibt es eine Weisung der BA aus dem internen **Handbuch der Jobcenter** zur **„Inanspruchnahme von Übersetzungs- und Dolmetscherdiensten"**, in der die Weisungslage und Rechtslage aus Sicht der BA dargelegt wird. Diesen Handbuchhinweis gibt es hier: https://t1p.de/un4k, dazu ergänzend BA Weisung 201611028 vom 21.11.2016 zu Dolmetscher- und Übersetzerdiensten: https://t1p.de/o3a9

Tipp: Viele Wohlfahrtsverbände und Beratungsstellen bieten Behördendolmetscherdienste an, fragen Sie bei den örtlichen Migrationsberatungsstellen an.

1.13.1 Vorlage von Dokumenten

Werden in einer fremden Sprache Anträge, Eingaben, Belege und Urkunden vorgelegt, muss die Behörde diese zunächst entgegennehmen (§ 20 Abs. 3 SGB X).

Die Behörde soll eine Übersetzung von dem/r Betroffenen einfordern (§ 19 Abs. 2 Satz 1 SGB X). Diese Übersetzung hat im Regelfall nicht über eine*n beeidigte*n Dolmetscher*in zu erfolgen, sie kann auch von Bekannten, Freund*innen oder Familienangehörigen angefertigt werden (juris PK-SGB X, § 19 Rn. 31). Das ist für den/die Antragstellende*n nicht mit Kosten verbunden.

Wird ein Dokument in einer *„gängigen Fremdsprache"* vorgelegt, dessen Inhalt *„ohne größere Schwierigkeiten les- und verstehbar ist"*, soll das Dokument sogar ohne Übersetzung berücksichtigt werden (VG Frankfurt 5.6.1994 - 5G41143/94.A, in Bezug auf Englisch).

1.13.2 Übersetzungen/Dolmetscher*innen bei EU-Bürgern im Rahmen der Arbeitnehmerfreizügigkeit

Im Rahmen der Freizügigkeit innerhalb der EU können Arbeitnehmer*innen in jedem Mitgliedsland eine Beschäftigung ohne Beschränkung aufnehmen. *„Für diesen Personenkreis soll [...] der Zugang zu den Beratungs- und Sozialleistungen der BA nicht durch Sprachbarrieren erschwert werden. Daher können Dolmetscher- und Übersetzungsdienste im erforderlichen Umfang in Anspruch genommen werden"* (BA Weisung 201611028 vom 21.11.2016 zu Dolmetscher- und Übersetzerdiensten Quelle: https://t1p.de/o3a9).

Bürger*innen der Europäischen Union können nach Art. 76 Abs. 7 Verordnung (EG) Nr. 8893/2004 ihre Anträge und Eingaben in der Amtssprache ihres Herkunftslandes einreichen oder vorbringen. Das gilt auf Grund von Abkommen zwischen der EU und u.a. der Türkei auch für Personen türkischer Staatsangehörigkeit (EuGH 04.05.1999-C-262/96-Sürül).

Sonderregeln des internationalen Rechts haben Vorrang vor nationalem Recht (§ 30 Abs. 2 SGB I). Im EU-Recht gibt es eine Reihe von Regelungen zur Anerkennung der Sprachen eines anderen Mitgliedslandes im jeweiligen Inland. Diese ordnen an, dass der Gebrauch der Sprache in einem anderen Mitgliedsland ohne Nachteil bleiben muss (EWG-VO 1408/71; EG-VO Nr. 883/2004, Abl EU L 166/1).

Weiterhin besteht ein Anspruch auf Übersetzungsdienstleistungen für EU-Bürger*innen, die innerhalb der Gemeinschaft zu- und abwandern. Danach gehört es zu den Aufgaben der Verwaltungskommission der EU, auf Antrag der Bürger*innen kostenlose Übersetzungen aller Unterlagen der zuständigen Behörden, Träger und Gerichte, die sich auf die Anwendung der Verordnung „soziale Sicherheit" beziehen, anzufertigen; insbesondere die Übersetzung der Anträge von Personen, die nach dieser Verordnung anspruchsberechtigt sind (Art. 81 der Verordnung (EWG) Nr. 1048/71 des Rates über die Anwendung der Systeme der sozialen Sicherheit auf Arbeitnehmer und Selbständige sowie deren Familienangehörige; HEGA 05/11 - 08).

Tipp: Lassen Sie sich im Jobcenter zu diesem kostenlosen Übersetzungsdienst der EU-Verwaltung beraten, der Anspruch besteht nach § 14 SGB I und nach § 14 Abs. 2 Satz 2 SGB II.

1.13.3 Übersetzungen/Dolmetscher*innen für Flüchtlinge

Auch *„Staatenlose und Flüchtlinge mit Wohnort in einem Mitgliedstaat [...] sowie [...] ihre Familienangehörigen und Hinterbliebenen"* (Art. 2 Abs. 1 der VO (EWG) Nr. 883/2004) haben wie EU-Bürger*innen Anspruch auf Dolmetscher*innen- und Übersetzungsleistungen bzw. die Übernahme der hierdurch entstehenden Kosten.
Manche Jobcenter halten sich bereits daran, wenn glaubhaft gemacht wird, dass Formulare und Informationsschreiben nicht verstanden werden und Selbsthilfemöglichkeiten innerhalb der Familie oder im sozialen Umfeld nicht vorhanden sind (Näheres unter http://tinyurl.com/gqpocvn).

1.13.4 Übersetzungskosten im Rahmen des Vermittlungsbudgets

Kosten für die Übersetzung von Zeugnissen, Abschlüssen und Arbeitsbescheinigungen können bei erwerbsfähigen Leistungsberechtigten auch aus dem ⇨Vermittlungsbudget übernommen werden (§ 16 Abs. 1 SGB II i.V. mit § 44 SGB III), wenn sie der Integration auf dem Arbeitsmarkt dienen.

1.13.5 Übersetzungen/Dolmetscher*innenkosten in anderen Fällen

Dolmetscher*innenkosten können auch in außergewöhnlichen Bedarfslagen entstehen, z.B. im Rahmen von Psychotherapien von traumatisierten Menschen. Da diese Kosten nicht in den Arzthonoraren enthalten sind, müssen sie von den Patient*innen erbracht werden. Da gem. § 630e BGB der/die Ärzt*in verpflichtet ist, den/die Patient*in über Art, Umfang und Risiken der Behandlung aufzuklären, begründet sich der Anspruch nach § 21 Abs. 6 SGB II (LSG NSB 30.1.2018 - L 4 KR 147/14).; ⇨Härtefallregelung). Im SGB XII könnten diese Kosten über eine individuelle Erhöhung des Regelbedarfs gedeckt werden (§ 27a Abs. 4 Satz 1 SGB XII), so das SG Münster 8.6.2020 - S 20 AY 3/17, oder über die Hilfe in sonstigen Lebenslagen (§ 73 SGB XII; SG Hildesheim 1.12.2011 - S 34 SO 217/10).

2. Antrag auf Sozialhilfe

2.1 HzL der Sozialhilfe ab Kenntnis der Notlage

Diese Leistung ist antragsunabhängig. *„Die Sozialhilfe [...] setzt ein, sobald dem Träger der Sozialhilfe oder der von ihm beauftragten Stelle bekannt wird, dass die Voraussetzungen für die Gewährung vorliegen"* (§ 18 Abs. 1 SGB XII).
Wenn Sie Ihrem/r Sachbearbeiter*in von Ihrer Notlage berichten oder diese/r von Dritten davon erfährt, ist dem Sozialamt bekannt, dass die Voraussetzungen für die Gewährung vorliegen. Das Sozialamt darf sich nicht damit herausreden, dass kein Antrag gestellt wurde. *„Die Behörde ermittelt den Sachverhalt von Amts wegen"* (§ 20 Abs. 1 SGB X).

Ab dem Tag des Bekanntwerdens besteht der Leistungsanspruch. Eine rückwirkende Leistungsgewährung ist ausgeschlossen, da die Prinzipien der Sozialhilfe vorgeben, dass *keine Hilfe für die Vergangenheit* geleistet wird (Grube/Wahrendorf, SGB XII, § 18 Rn. 29.).

Erfolgt die mündliche Mitteilung über die Bedürftigkeit bei einem/r Sozialarbeiter*in des kommunalen Sozialdienstes oder des Jugendamtes usw., wird dort *„bekannt“*, dass Sozialhilfe beansprucht wird (§ 18 Abs. 1 SGB XII). Das gilt auch, wenn Sie Sozialhilfe beim Jobcenter, bei einem nicht zuständigen Sozialamt, einer nicht zuständigen Gemeinde oder z.B. der Betreuungsstelle des Kreises (SG Frankfurt/M 27.9.2013 - S 30 SO 138/11) beansprucht haben. Dann *„sind die darüber bekannten Umstände dem zuständigen Träger der Sozialhilfe [...] unverzüglich mitzuteilen“* (§ 18 Abs. 2 SGB XII). Das Sozialamt muss von dem Tag an zahlen, an dem einer nicht zuständigen Behörde bekannt wurde, dass Sie Sozialhilfe beansprucht haben (§ 18 Abs. 2 Satz 2 SGB XII). Durch diesen antragsunabhängigen Anspruch auf Sozialhilfe muss das HzL-Amt also **von Amts wegen tätig werden**, es darf nicht abwarten, bis ein Antrag gestellt ist. Der sog. Kenntnis- und Amtsgrundsatz sollen einen niedrigschwelligen Zugang zur Sozialhilfe sicherstellen.

2.2 Sicherheitshalber immer einen Antrag stellen

Sie sollten sich aber nicht darauf verlassen, dass Ihre Notlage dem Amt ohne Antrag bekannt wird oder dass der § 18 SGB XII (⇨2.1) dem Amt bekannt ist. Stellen Sie möglichst **immer einen Antrag**.

Tipp: Warten Sie mit der Antragstellung nicht, bis Sie eine/n Sachbearbeiter*in erreichen und einen Termin vereinbaren können. Das kann dauern. Stellen Sie den Antrag **schriftlich** (mit Datum) und **formlos** schon vor Ihrem Termin. Geben Sie ihn am besten gegen Eingangsbestätigung bei dem/r Pförtner*in im Beisein eines Zeugen ab oder übersenden Sie diesen per Fax (mit Sendebericht) (LPK-SGB XII, 12. Aufl, § 18 Rn 2).

Beachten Sie: Der HzL-Antrag wirkt nicht auf den Monatsersten zurück, sondern gilt genau ab Eingang der Kenntnis der Notlage/des Antrages.

Unzuständiger Träger: Erfolgt die Kenntnis der Notlage bei einem unzuständigen Leistungsträger oder einer unzuständigen Gemeinde(struktur), setzt die Sozialhilfe ab Kenntnis bei dieser unzuständigen Stelle ein (§ 18 Abs. 2 SGB XII).

2.2.1 Eine Ausnahme

vom Prinzip „Keine Hilfe für die Vergangenheit“ ist der **Anspruch auf Übernahme von Bestattungskosten** (§ 74 SGB XII). Dabei handelt es sich um einen sozialhilferechtlichen Anspruch eigener Art. In dem Fall spielt es keine Rolle, dass die Bestattung bereits vor Unterrichtung des Sozialhilfeträgers durchgeführt wurde und die Kosten vor seiner Entscheidung beglichen wurden. Denn der sozialhilferechtliche Bedarf ist nicht die Bestattung, sondern die Entlastung der Verpflichteten von deren Kosten (BSG 25.08.2011-B 8 SO 20/10 R).

2.3 Anspruch auf rückwirkende Sozialhilfeleistung?

Näheres unter ⇨Nachzahlung 3.1 ff

2.4 GSi der Sozialhilfe: Antrag erforderlich

Die Grundsicherung im Alter und bei Erwerbsminderung (GSi) ist als einzige Leistung der Sozialhilfe von einem Antrag abhängig (§ 44 Abs. 1 SGB XII). Der Antrag wirkt auf den **Ersten** des Antragsmonats zurück (§ 44 Abs. 2 Satz 1 SGB XII).

Da GSi antragsabhängig ist, gelten die Regelungen der *„wiederholten Antragstellung“* wie beim Alg II (⇨1.9). Genauso gibt es auch einen sozialrechtlichen Herstellungsanspruch, wenn ein Antrag auf GSi wegen mangelnder Beratung oder falscher Auskünfte nicht gestellt wurde (⇨1.8) und die Möglichkeit, einen ⇨Überprüfungsantrag nach § 44 SGB X zu stellen (⇨Nachzahlung 3.4).

Anders als beim Alg II, muss bei der GSi **kein Weiterbewilligungsantrag** gestellt werden. Der einmal gestellte Grundantrag wirkt über die jeweiligen Bewilligungszeiträume von zwölf Monaten hinaus fort (BSG 20.9.2009

- B 8 SO 13/08 R). In der Regel bekommen Sie dennoch einen Antrag zur Weiterbewilligung zugeschickt, um abzufragen, ob Änderungen eingetreten sind.

Entstehen innerhalb eines Bewilligungszeitraums die **Anspruchsvoraussetzungen** z.B. auf einen atypischen Bedarf (⇨Härtefall) oder Mehrbedarf wegen ⇨Krankenkost **neu**, müssen Sie dies der Behörde mitteilen. Der Anspruch gilt dann erst ab Kenntnis des Trägers (BSG 20.4.2016 - B 8 SO 5/15 R). Sie können sich in diesem Fall nicht auf die Dauerwirkung Ihres Grundantrages berufen.

2.5 Gesonderte Beantragung bei der GSi

Bestimmte Leistungen sind gesondert zu beantragen und nicht im Grund- und Folgeantrag enthalten (§ 44 Abs. 1 S. 2 SGB XII). Durch die Einführung der gesonderten Beantragung will der Gesetzgeber natürlich Ihren Leistungsanspruch einschränken. Im Detail müssen gesondert beantragt werden:

- <u>alle</u> **Mehrbedarfe** nach § 30 SGB XII,
- **Erstausstattung der Wohnung** (⇨Hausrat) und Bekleidung (⇨Kleidung),
- **Leistungen** bei **⇨Schwangerschaft und Geburt** und
- **orthopädische Schuhe** und **Reparatur und Miete** von **therapeutischen Geräten (Brillenreparatur)** (§ 31 Abs. 1 SGB XII; ⇨Einmalige Beihilfen),
- Bedarfe für **eine Kranken- u. Pflegeversicherung** (§ 32 SGB XII),
- **angemessene Alterssicherung** (§ 33 Abs. 1) oder ein **angemessenes Sterbegeld** (§ 33 Abs. 1, 2 SGB XII),
- sowie Bedarfe für **Bildung und Teilhabe** (§ 34 Abs. 5 SGB XII),
- **ergänzende Darlehen** (§ 42 Nr. 5 i. V. m. § 37 Abs. 1 SGB XII) und
- Darlehen bei am Monatsende fälligen Einkünften (⇨ Darlehen 2.1) (§ 37a Abs. 1 S. 1 SGB XII).

Die dahingehend gestellten Anträge wirken auf den Monatsersten zurück (§ 44 Abs. 2 Satz 1 SGB XII), ansonsten müssen Sie diese gesonderte Antragstellung im Blick haben. Diese Regelung ist im Übrigen **erheblich schärfer** als im Alg II.

3. Antragsverfahren

3.1 Vorleistungspflicht bei Zuständigkeitsstreitigkeiten

Wenn sich Jobcenter, Sozialamt oder andere Ämter über die Zuständigkeit streiten, ist die Behörde, bei der Sie den Antrag zuerst gestellt haben, zur Vorleistung verpflichtet. Sie erbringt die Leistungen vorläufig, bis die Behörden sich geeinigt haben, wer zuständig ist. Sie müssen dann, wenn beide Sie wegschicken, bei der Behörde, die Sie zuerst angegangen haben, die **Vorleistung beantragen** (§ 43 Abs. 1 Satz 2 SGB I). Lassen Sie sich nicht abwimmeln, die Vorleistungspflicht beginnt ab Antragstellung! Dem Antrag ist **spätestens** nach **einem Monat** nach <u>Eingang des gesonderten Antrages</u> **stattzugeben** (§ 43 Abs. 1 S. 2 SGB I).

Näheres unter ⇨Zuständigkeit

3.2 Anträge sind schnell zu bearbeiten

*„Die Leistungsträger **sind verpflichtet, darauf hinzuwirken**, dass [...] jeder Berechtigte die ihm zustehenden Sozialleistungen in zeitgemäßer Weise, umfassend und **zügig erhält**"* (§ 17 Abs. 1 SGB I). *„Das Verwaltungsverfahren ist einfach, zweckmäßig und zügig durchzuführen"* (§ 9 Satz 2 SGB X).

Zügig heißt nicht, bei Mittellosigkeit zwei, drei Wochen auf Geld warten zu müssen oder, wie es bei den Jobcentern häufiger vorkommt, sogar Monate. *„Die Bearbeitung eines auf die Bewilligung von Regelsatzleistungen gerichteten Hilfeantrags, [...] duldet keinen Aufschub und ist wegen des existentiellen Gewichts einer schnellen und wirksamen Bearbeitung baldmöglichst abzuschließen. [...] Dem Hilfesuchenden kann nicht zugemutet werden, bis zum Abschluss der Ermittlungen [...] auf das für seinen Lebensunterhalt Notwendige zu verzichten"* (BVerwG 23.6.1994, IDAS 1/95, I.2.1).

Bei einer gegenwärtigen Notlage ist ***„sofort und ohne jeden Aufschub"*** zu zahlen (VGH Hessen, FEVS 57,156).

3.3 Anspruch auf einen Vorschuss

Wenn Sie einen Anspruch auf eine Sozialleistung haben und die Behörde für die Berechnung zu lange braucht, haben Sie Anspruch auf einen **Vorschuss.** Die Behörde *„hat Vorschüsse [...] zu zahlen, wenn der Berechtigte es beantragt"* (§ 42 Abs. 1 Satz 2 SGB I). Der Vorschuss **muss** spätestens einen

Kalendermonat nach Eingang Ihres Antrags gezahlt werden. Es **kann** Ihnen aber auch vorher ein Vorschuss gezahlt werden. Es ist unzumutbar, einen Monat ohne Geld auskommen zu müssen. Wenn Sie mittellos sind, reduziert sich das **Ermessen auf null**.
Die Gewährung von ⇨**Sachleistungen** als Vorschuss ist im Rahmen einer Antragstellung **nicht zulässig**.

Verweise auf ergänzende Angebote der Wohlfahrtsverbände oder Lebensmitteltafeln sind rechtswidrig (SG Bremen 20.3.2009 - S 26 AS 528/09 ER). Auch der Verweis auf einen Bankkredit ist nicht zumutbar (OVG Hessen, FEVS 57, 156).

Alg II und GSi

3.3.1 Vorläufige Leistungserbringung / Anspruch auf Vorschuss?

Zum **1.8.2016** wurden im SGB II und zum 01.07.2017 im SGB XII bei der GSi neue Regelungen zur vorläufigen Entscheidung über Leistungen eingeführt (§ 41a SGB II; ⇨Bescheid 3.5 ff. //§ 44a Abs. 1 Nr. 2 SGB XII). Nach Ansicht der Bundesregierung werden infolge dessen *„Vorschuss und vorläufige Entscheidung [...] für den Bereich der Grundsicherung für Arbeitsuchende spezialgesetzlich in einer Vorschrift zusammengefasst“* (BT-Drs. 18/8041, 52). Daher verdrängen diese neu eingeführten Regelungen der vorläufigen Leistungsgewährung des § 41a Abs. 1 Satz 1 Nr. 2 SGB II /§ 44a Abs. 1 Nr. 2 SGB XII als spezielle Regelung für den Bereich des Alg II und seit 01.07.2017 auch in der GSi die Vorschussregelung des § 42 SGB I, wonach der zuständige Leistungsträger Vorschüsse in einer nach pflichtgemäßem Ermessen bestimmten Höhe gewähren kann oder gegebenenfalls auch muss, wenn ein Anspruch auf Geldleistungen dem Grunde nach besteht und zur Feststellung seiner Höhe voraussichtlich längere Zeit erforderlich ist. Die Regelungen im SGB II/SGB XII gehen inhaltlich über die allgemeine Vorschussregelung nach § 41 SGB I hinaus, weil die vorläufige Entscheidung nach § 41a SGB II / § 44a SGB XII **auch greift**, wenn **noch nicht abschließend feststeht, ob der Anspruch dem Grunde nach besteht**, es vielmehr genügen lässt, dass der Anspruch mit **hinreichender Wahrscheinlichkeit** besteht, und ausdrücklich als **„Muss-Regelung“ ausgestaltet** ist. Der große Nachteil ist, dass im Gesetz jeweils **kein Stichtag** genannt wird, bis wann die Leistung bewilligt werden muss.
Allerdings wurde die Vorschussregelung im SGB II in Bezug auf das SGB II/SGB XII bzw. GSi **nicht per Gesetz abgeschafft**. Nach wie vor regelt § 37 Satz 1 SGB I, dass hier das SGB I anzuwenden ist. Deshalb ist unserer Auffassung nach die **Vorschussregelung** auch **weiterhin anzuwenden**, insbesondere bei Mittellosigkeit, wenn einen Monat nach Antragstellung weder Leistungen bewilligt noch erbracht wurden (⇨3.3).
Vorschussregelungen gelten definitiv weiter in der HzL
Da in der HzL keine Regelung mit vorläufiger Leistungsgewährung getroffen wurde, gilt dort die Vorschussregelung des SGB I. Nach der sind Leistungen spätestens einen Monat nach Eingang eines gesonderten Antrages zu erbringen (§ 42 Abs. 1 S. 2 SGB I).

3.3.2 *„Vorzeitige“* Erbringung von Leistungen: 100€-Vorschuss im Alg II

Zum 1.8.2016 wurde ein Anspruch auf einen „Mini-Vorschuss“ gesetzlich eingeführt. *„Auf Antrag der leistungsberechtigten Person können durch Bewilligungsbescheid festgesetzte, zum nächsten Zahlungszeitpunkt fällige Leistungsansprüche vorzeitig erbracht werden“* (§ 42 Abs. 2 Satz 1 SGB II). In einer Bedarfsgemeinschaft können auf Antrag auch mehrere Personen diese vorläufige Leistung erhalten, der Anspruch ist auf maximal 100 € pro Person begrenzt. Beim Antrag, den jede Person i.d.R. für sich stellen muss, ist eine Notwendigkeit des Vorschusses zu begründen (FW 42.2).
Der „Mini-Vorschuss“ verringert den Auszahlungsanspruch im Folgemonat. Ist das nicht mehr möglich, im Monat danach (§ 42 Abs. 2 Satz 3 - 4 SGB II).
Die vorzeitige Leistung ist ausgeschlossen, wenn im folgenden Monat bereits eine Aufrechnung zu erwarten ist, der Leistungsanspruch durch eine Sanktion gemindert ist oder der „Mini-Vorschuss“ bereits in einem der vorangegangenen zwei Kalendermonate in Anspruch genommen wurde (§ 42 Abs. 2 Satz 5 Nr. 1 - 3 SGB II).

Kritik

Mit dem „Mini-Vorschuss“, der Leistungsberechtigten i.d.R. im Folgemonat in voller Höhe abgezogen wird, ist die Bedarfsunterdeckung vorprogrammiert: die Notlage wird in die nahe Zukunft verschoben. Die Bundesregierung verfolgt damit offensichtlich das Ziel, die Gewährung von Darlehen vor allem für einen vom Regelbedarf umfassten, unabweisbaren Bedarf (§ 24 Abs. 1 SGB II; ⇨einmalige Beihilfe) drastisch einzuschränken. Die bestehenden Darlehensregeln gewährleisten aber immerhin einen gewissen Schutz vor Unterdeckung, weil die Aufrechnung auf zehn Prozent des Regelbedarfs der darlehensnehmenden Person begrenzt ist.

Für die Jobcenter ist es attraktiv, einen „Mini-Vorschuss“ zu zahlen, weil sie das Geld zeitnah und ohne Aufrechnung zurückbekommen. Daher ist zu erwarten, dass Leistungsberechtigte vermehrt darauf verwiesen werden und reguläre Darlehen versagt bekommen. Die Neuregelung schließt auch in Zukunft Darlehen nach bestehendem Recht nicht aus, es wird aber schwerer, sie durchzusetzen.

Tipp: Beantragen Sie schriftlich ein Darlehen und begründen Sie dies mit dem Schutz vor Bedarfsunterdeckung, sobald der Bedarf, den Sie decken müssen, unabweisbar ist und die monatliche Aufrechnungsrate von zehn Prozent des Regelbedarfs (ca. 40 € bei Alleinstehenden) deutlich übersteigt.

Alg II, HzL/GSi der Sozialhilfe

3.4 Behörden müssen ausreichendes Personal haben

Die Leistungsträger sind verpflichtet, *„darauf hinzuwirken, dass […] die zur Ausführung von Sozialleistungen erforderlichen Dienste und Einrichtungen rechtzeitig und ausreichend zur Verfügung stehen“* (§ 17 Abs. 1 Nr. 2 SGB I).

Bei vielen Alg II-Behörden ist das auch dreizehn Jahre nach der Einführung von Hartz IV immer noch nicht der Fall. Sie bearbeiten wachsende Fallzahlen mit demselben oder sogar mit weniger Personal. Es ist längst keine Ausnahme mehr, wenn ein*<e Sachbearbeiter*in für 300 bis 400 Personen zuständig ist.

3.5 Ortswechsel: Pflicht zur vorübergehenden Weiterleistung

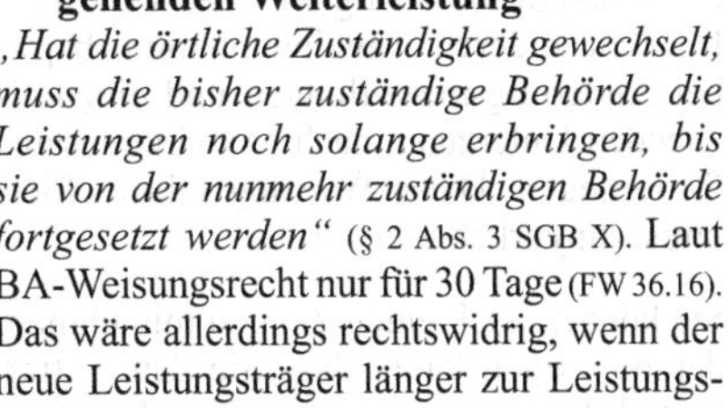

„Hat die örtliche Zuständigkeit gewechselt, muss die bisher zuständige Behörde die Leistungen noch solange erbringen, bis sie von der nunmehr zuständigen Behörde fortgesetzt werden“ (§ 2 Abs. 3 SGB X). Laut BA-Weisungsrecht nur für 30 Tage (FW 36.16). Das wäre allerdings rechtswidrig, wenn der neue Leistungsträger länger zur Leistungsgewährung benötigt.

3.6 Was tun, wenn ein Antrag nicht schnell bearbeitet wird?

Schlagen Sie bei ⇨Untätigkeit nach, beantragen Sie eine **vorläufige Leistungserbringung** (⇨3.3.1) im Alg II/GSi oder einen Vorschuss nach § 43 SGB I bei der HzL. Bringt das alles nichts und sind Sie ohne Mittel, um Ihre Existenz zu sichern, können Sie beim Sozialgericht eine ⇨**einstweilige Anordnung** beantragen.

3.7 Anträge schriftlich stellen!

Anträge auf Sozialleistungen können Sie schriftlich oder mündlich stellen; **schriftlich** ist **sicherer**.

Die Sachbearbeiter*innen sind verpflichtet, jeden schriftlichen Antrag zu den Akten zu nehmen und zu bearbeiten (§ 20 Abs. 3 SGB X).

Tipp: Verlangen Sie am besten gleich bei der Antragstellung einen schriftlichen ⇨Bescheid.

3.8 Eingangsbestätigung auf der Kopie!

Oft verschwinden Anträge. Wir empfehlen deshalb, von Ihrem Antrag immer eine Kopie oder Abschrift zu machen. Lassen Sie sich von einem/r Sachbearbeiter*in, einem/r Pförtner*in oder der Poststelle der Behörde den Eingang des Antrags mit Datum und Stempel auf der Kopie bestätigen. Das ist der sicherste Zugangsnachweis und Sie behalten den Überblick über Ihre Anträge. Die BA hat mit Weisung 201806011 vom 20.06.2018 bestimmt: *„Die BA befürwortet die Ausstellung von Eingangsbestätigungen durch Jobcenter trotz fehlender gesetzlicher Verpflichtung auf ausdrücklichen Wunsch der Leistungsberechtigten sowie für fristwahrende Schreiben wie Widersprüche und*

Anträge". Mit „auf ausdrücklichen Wunsch der Leistungsberechtigten" meint die BA: In allen anderen Angelegenheiten, bspw. bei Änderungsmitteilungen und einzureichenden Unterlagen nach Mitwirkungsaufforderungen. Diese Weisung gibt es hier: https://tinyurl.com/ycy9rmue

Sie können auch einen Zeugen mitnehmen, der bestätigen kann, dass Sie den Antrag gestellt bzw. eingeworfen haben. Von Einschreiben mit Rückschein ist abzuraten, da zu teuer und im Zweifelsfall nutzlos. Besser ist eine Faxübersendung (mit Sendebericht). Das wird als Zugangsbeweis anerkannt (SG Duisburg 3.12.2010 - S 38 AS 676/10). Sicherheitshalber sollten Sie den Antrag parallel noch einmal per Post übersenden.

3.8.1 Übersendung per Mail / E-Government-Gesetz

Grundsätzlich trägt der Antragsteller die Beweislast für den Zugang des Antrags, d.h. der abrufbaren Speicherung der E-Mail im elektronischen Postfach des JC (vgl. BSG 26.7.2007 - B 13 R 4/06 R). Nach einem aktuellen Urteil des LSG NRW ist allerdings die Vorlage des Ausdrucks der Sendebestätigung mit korrekter Angabe der E-Mail-Adresse des Jobcenters ausreichend (LSG NRW 14.9.2017 – L 19 AS 360/17). Wir würden nicht die Übersendung per E-Mail empfehlen, für den Fall der Fälle kann der Tenor der LSG-NRW Entscheidung aber wichtig sein.

Ein beweisbarer, rechtssicherer **Zugang per De-Mail** wäre auch möglich, insofern der Empfänger hierfür einen Zugang eröffnet hat (§ 36a Abs. 1 SGB I). Für Bundesbehörden gilt ab 08/2013 das E-Government-Gesetz des Bundes. In den Ländern gelten die E-Government-Gesetze der Länder. Für die Jobcenter als gemeinsame Einrichtung gilt das E-Government-Gesetz des Bundes, für die Jobcenter in Optionskommunen gelten die E-Government-Gesetze der Länder. **Allen gemeinsam ist, dass die Jobcenter von der Pflicht, einen gesicherten E-Mailzugang zu erstellen, ausgenommen sind,** so § 1 Abs. 5 Nr. 3 EGovG (Bund) oder beispielsweise § 1 Abs. 4 Nr. 3 EGovG NRW, und ihnen der Gesetzgeber damit die Möglichkeit einräumt, weiter in einem **grundrechtsfreien Raum** zu agieren. Die HzL/GSi-Behörden sind kommunale Leistungsträger, für die es jeweils nach Landesgesetz eine Pflicht gibt, einen gesicherten elektronischen E-Mail Zugang zu eröffnen. Gibt es das Landesgesetz und hat das HzL/GSi-Amt versäumt, in der Rechtmittelbelehrung auf die Möglichkeit des Widerspruchs per E-Mail hinzuweisen, gilt übrigens eine Widerspruchsfrist von einem Jahr (§ 66 Abs. 2 SGG).

3.8.2 Umfang von Unterlagenverlusten / Anspruch auf Eingangsbestätigung

Eine Umfrage über „Kundenzufriedenheit" bei Wuppertaler Alg II-Beziehenden im Jahr 2009/2010 hat ergeben, dass fast 45 Prozent aller Befragten **mehr als dreimal** Erfahrungen mit dem Verlust von eingereichten Unterlagen gemacht haben (http://www.frank-jaeger.info/fachinformationen/Bericht-Umfrage.pdf/view, 18 ff.). Dieser Befund ist noch heute aktuell. Er macht deutlich, warum es notwendig ist, **Beweise** für den Zugang beim Amt eingereichter Unterlagen zu **sichern**.

Es gibt im Sozialgesetzbuch keinen Paragrafen, der jede Behörde verpflichtet, auf Verlangen eine Eingangsbestätigung herauszugeben.

Aber: Der Anspruch auf eine Eingangsbestätigung ist aus dem Grundrecht auf ein faires und rechtsstaatlichen Verfahren ableitbar. Dieser Anspruch gehört zu den wesentlichen Grundsätzen eines rechtsstaatlichen Verfahrens und wird als allgemeines Prozessgrundrecht qualifiziert. Seine Wurzeln werden im Rechtsstaatsprinzip (Art. 20 Abs. 3 GG) gesehen, das sich mit den Freiheitsrechten und Art. 1 Abs. 1 GG verbindet.

In dem Kommentar GK-SGB II, Hohm § 37 Rn. 30 wird die Auffassung vertreten, dass sich ein Anspruch aus § 71b Abs. 3 S. 1 VwVfG i.V.m. § 71a Abs. 2 VwVfG und § 88 SGG ergibt. Danach haben Leistungsträger und Kommunen die Pflicht, als öffentliche Einrichtungen eine Empfangsbestätigung auszustellen, wenn es sich um einen Antrag, Widerspruch, eine Willenserklärung, Änderungsmitteilung oder um für eine Bearbeitung erforderliche Unterlagen handelt;

obwohl nach § 2 Abs. 2 Nr. 4 VwVfG die VwVfG eben nicht im Sozialrecht gilt. Die Kommentatoren leiten im Sinne der Leistungsberechtigten ab. Das ist zu begrüßen.

Wie in ⇨ 3.8 beschrieben, hat die BA mit Weisung 201806011 zumindest bestimmt, dass die Ausstellung von Eingangsbestätigungen zu "befürworte[n]" ist.

Wir vertreten die Auffassung, dass die Bestätigung des Eingangs von eingereichten Unterlagen zum Anspruch auf ein faires und rechtsstaatliches Verfahren gehört und dass endlich der Rechtsanspruch auf eine Eingangsbestätigung ins SGB I eingeführt werden muss.

Tipp: Sollten auch von Ihnen eingereichte Unterlagen regelmäßig verschwinden, können Sie ein Schreiben an den/die Amtsleiter*in schicken und ihn/sie bitten, die Vorgänge im Rahmen der Fachaufsicht (⇨Beschwerde) zu prüfen.

3.9 Keine Originale abgeben!

Da so manches in den Behörden verloren geht, sollten Sie **nur Kopien** und niemals die Dokumente im Original abgeben. Einzelne Jobcenter haben mit der Digitalisierung der Akten bereits begonnen und bitten Sie, keine Originale zu übersenden, da diese ein paar Wochen später **vernichtet** werden.

4. Antragsbewilligung

4.1 Bewilligungszeitraum

Alg II

„*Die Leistungen sollen jeweils für zwölf Monate bewilligt und monatlich im Voraus erbracht werden*“ (§ 41 Abs. 3 SGB II). Von diesem Grundsatz soll abgewichen werden und der Zeitraum auf **sechs Monate** verkürzt werden. Insbesondere wenn **Leistungen vorläufig bewilligt** werden oder eine Kostensenkung der Unterkunftskosten bevorsteht (§ 41 Abs. 3 Satz 2 Nr. 1 und 2 SGB II). In Ausnahmefällen, etwa wenn Ihr Leistungsanspruch früher endet (z.B. wegen Erreichens des Regelrentenalters,) kann der Bewilligungszeitraum auch noch weiter verkürzt werden.

Bei **zu erwartenden Änderungen** sind Leistungen vorläufig zu gewähren (⇨Bescheid 3.5).

HzL der Sozialhilfe

Hier ist der Bewilligungszeitraum nicht gesetzlich geregelt. In der Praxis wird Sozialhilfe für einen Monat bewilligt. Die Bewilligung wirkt fort, solange die Zahlung nicht durch einen Aufhebungsbescheid zurückgenommen wird. *„Ein Verwaltungsakt bleibt wirksam, solange und soweit er nicht zurückgenommen, widerrufen, anderweitig aufgehoben [...] oder auf andere Weise erledigt ist"* (§ 39 Abs. 2 SGB X).
Ändern sich die Verhältnisse, müssen Sie das mitteilen (⇨Mitwirkungspflicht), ohne dass ein neuer Antrag nötig ist. In der Praxis werden ohne Rechtsnorm bei der HzL die Leistungen auch für ein Jahr bewilligt, insofern keine Gründe für eine kürzere Bewilligung vorliegen.

GSi

Hier beträgt der Bewilligungszeitraum zwölf Monate (§ 44 SGB Abs. 3 XII). Es ist rechtswidrig, danach die Zahlung einzustellen, selbst wenn Sie keinen Weiterbewilligungsantrag gestellt haben (BSG 20.9.2009 - B8 SO 13/08 R; ⇨2.4). Liegen die Voraussetzungen für einen weiteren Bezug von GSi vor, muss nahtlos weitergezahlt werden. Das ist i.d.R. der Fall, wenn Sie im Rahmen Ihrer ⇨Mitwirkungspflicht keine Änderungen mitgeteilt haben. Wird allerdings **vorläufig entschieden** (⇨3.3.1), dann gilt seit Juli 2017, dass der Bewilligungszeitraum auf **höchstens sechs Monate** „verkürzt“ werden soll (§ 44 Abs. 3 S. 2 SGB XII). Bei einer Kostensenkungsaufforderung ist, anders als beim Alg II, keine vorläufige Leistungsgewährung zulässig.

4.2 Alg II: Weiterbewilligungs- und Folgeantrag

Ungefähr sechs Wochen vor Ablauf des Bewilligungszeitraums sollten Sie vom Jobcenter eine schriftliche Aufforderung bekommen, den Weiterbewilligungsantrag zu stellen. Dieser wird im Regelfall zusammen mit einer Einkommenserklärung und -bescheinigung verschickt (FW 37.15).

Laut BSG **muss** für jeden Bewilligungszeitraum ein neuer Antrag gestellt werden, wenn der SGB II-Leistungsträger über die Notwendigkeit eines Folgeantrages informiert hat (BSG 18.1.2011 - B 4 AS 99/10 R; LSG Niedersachsen-Bremen 24.2.2015 - L 7 AS 187/14).

Durch die **Rückwirkung** des Alg II-Antrags auf den Ersten des Monats (⇨1.5) gibt es weniger Probleme, wenn Sie den Folgeantrag nicht rechtzeitig stellen. Auch wenn Sie den Antrag erst im Monat **nach Ablauf** des Bewilligungszeitraums stellen, wirkt dieser auf den Ersten des Monats zurück. Sie bekommen die Leistung zwar verspätet, aber immerhin wird sie nachgezahlt.
Wenn Sie den Antrag **über einen Monat** nach Ablauf des alten Bewilligungszeitraums einreichen, müssen Sie mit einer „Zahlungslücke" rechnen.

Tipp 1: Die Behörde muss im Zweifel den rechtzeitigen postalischen Zugang des Weiterbewilligungsantrages beweisen (§ 37 Abs. 2 Satz 3 SGB X). Nur so erhalten Sie überhaupt die Möglichkeit, den Antrag rechtzeitig zu stellen. Ist das Formular für den Folgeantrag nicht zugegangen und wurden Sie nicht über die Notwendigkeit des Folgeantrages informiert, müssen Leistungen nahtlos weitergewährt werden.

Tipp 2: Um unnötigen Ärger mit der Behörde zu vermeiden und einen nahtlosen Leistungsbezug sicherzustellen, denken Sie mit und stellen Sie den geforderten Weiterbewilligungsantrag am besten **rechtzeitig vor Ablauf des Bewilligungszeitraums**.

4.3 Deckung des Bedarfs erst nach Antragstellung?

Die Rechtsprechung des BSG stellt klar, dass ein Leistungsanspruch auch rückwirkend besteht, selbst wenn Sie den Bedarf bereits gedeckt haben (⇨1.9). Das gilt **nicht**, wenn eine gesonderte Beantragung gefordert ist (⇨1.6).
Ist der Anspruch vom Grund- und Folgeantrag umfasst und müssen die Bedarfe **nicht** gesondert beantragt werden, z.B. Nachzahlungen für Betriebs- und Heizkosten, Kosten einer Einzugsrenovierung, Umzugskosten nach Genehmigung des Umzuges usw., kann der Bedarf **notfalls** gedeckt werden, **bevor** er bei der Behörde geltend gemacht wird.
In den Fällen, bei denen eine gesonderte Beantragung erforderlich ist, **muss** der Bedarf **zuerst beantragt** werden, bevor er gedeckt wird. Siehe auch ⇨ 1.6 für Alg II, ⇨ 2.1 für HzL, ⇨ 2.5 für GSi

In der Praxis empfehlen wir, möglichst **immer zuerst** den Antrag zu stellen bzw. den Bedarf geltend zu machen und **nach** der Bewilligung der Leistung den Bedarf zu dekken. Oft verfügen Leistungsbeziehende nicht über ausreichende finanzielle Mittel, um in Vorleistung zu gehen. Wenn Sie Bedarfe **„auf Pump"** decken, tragen Sie das Risiko, dass der Betrag nicht in voller Höhe vom Amt bewilligt und ausgezahlt wird.
Mussten Sie dennoch in **Vorleistung** treten, um einen Bedarf zeitnah zu befriedigen, ist es nicht zulässig, den Antrag mit der Begründung abzulehnen, der Bedarf sei bereits gedeckt.

Tipp: Auch bei einmaligen Bedarfen wie Hausrat, Mietkaution usw. besteht **auf Antrag** weiterhin der Anspruch auf eine alsbaldige vorläufige Leistungsgewährung (bei Alg II und GSi) und einen Vorschuss (§ 42 Abs. 1 Satz 2 SGB I) bei der HzL. Bei Alg II und GSi muss das Amt die Leistungen unverzüglich erbringen, denn die Leistungen werden mit der Antragstellung fällig (§ 41 SGB I), bei einem gesonderten Antrag in der HzL spätestens nach einem Monat. Ist der Bedarf akut und haben Sie dies gegenüber dem Leistungsträger begründet, sind Leistungen auch vorher zu bewilligen (§ 42 Abs. 1 S. 2 SGB I). ⇨ 3.3.1

4.4 Nicht auf mündliche Zusicherung verlassen!

Im Sozialrecht wird an einer Reihe von Stellen eine **Zusicherung** verlangt, z.B. vor Anmietung einer Wohnung, Auszug eines U-25-Jährigen aus dem Elternhaus oder bei Ortsabwesenheit. Eine Zusicherung ist eine von der zuständigen Behörde erteilte Zusage, einen bestimmten Verwaltungsakt später zu erlassen oder zu unterlassen. Die Zusicherung eines/r Sachbearbeiters/Sachbearbeiterin, dieses oder jenes zu bewilligen oder zuzustimmen, *„bedarf zu ihrer Wirksamkeit der **schriftlichen Form**"* (§ 34 Abs. 1 SGB X). Näheres unter ⇨Bescheid 2.1

Daher passen Sie auf und fordern Sie von dem/der Sachbearbeiter*in eine schriftliche Bestätigung ein, weil die Zusicherung nur so wirksam ist. Sie haben nach § 33 Abs. 2 S. 2 SGB X einen **Anspruch auf eine schriftliche Bestätigung.**

5. Antragstellung

5.1 Was müssen Sie mitbringen?

Sie ersparen sich Lauferei und Wartezeiten, wenn Sie je nach Bedarf folgende Unterlagen vorlegen:

- Personalausweis oder Meldebescheinigung,
- unter Umständen Aufenthaltsgenehmigung,
- Nachweis über Einkünfte wie Lohnbescheinigung, Bescheide über Arbeitslosengeld, Rente, Wohngeld, Kindergeld etc., Nachweise über Unterhalt usw.,
- Mietvertrag, Mietquittung, Heizkostenabrechnung, Nebenkostenabrechnung, Belege über die Abschlagszahlung beim Energieversorger (Jahresabrechnung),
- Unterlagen über Versicherungsbeiträge (Hausrat, Haftpflicht, Sterbegeld, freiwillige Krankenversicherung, Kfz-Versicherung usw.),
- Nachweis über Unterhaltszahlungen, gepfändete Einkünfte,
- Nachweis über Erwerbsminderung und ggf. Nachweis über die Aussteuerung von Ihrer Krankenkasse,
- Atteste bei Diät oder Pflegebedürftigkeit,
- Heiratsurkunde, Geburtsurkunden der Kinder, ggf. Scheidungsurkunde,
- Unterlagen über Vermögen, Sparbücher, Nachweise über Einzahlsumme und Rückkaufswert einer Lebensversicherung und
- Kontoauszüge der letzten drei Monate (⇨Konto).

Sie können Unterlagen auch nachreichen. Der Antrag gilt trotzdem als gestellt.

5.2 Laufzettel für den Ämter-Umlauf

Fordern Sie Ihre*n Sachbearbeiter*in gleich bei Antragstellung auf, Ihnen einen **vollständigen** „Laufzettel" zu geben, welche Unterlagen er benötigt und wo Sie überall Nachweise besorgen müssen.

In welchem Umfang Sie mitwirken müssen und welche Daten die Behörde erheben darf, finden Sie unter den Stichworten ⇨Mitwirkungspflicht und ⇨Datenschutz.

6. Wann darf ein Antrag abgelehnt werden?

Eine Leistung darf nur abgelehnt werden,

- wenn tatsächlich kein Bedarf besteht,
- wenn Umstände, die für die Entscheidung wesentlich sind, nicht aufgeklärt werden können oder
- andere Ausschlusstatbestände vorliegen.

Bei der Prüfung des Antrags muss die Behörde den Sachverhalt sorgfältig von Amts wegen untersuchen und alle für den Antragsteller sprechenden Umstände berücksichtigen (§ 20 Abs. 3 SGB X). Sind Sie akut hilfebedürftig, müssen Ihnen die Leistungen bei Alg II/GSi vorläufig gewährt werden, bei HzL ist ein Vorschuss zu leisten (⇨3.3.1).

Nicht selten werden Antragstellende trotz eines tatsächlichen Bedarfs mit rechtswidrigen Begründungen weggeschickt wie z.B.:

- *„Selbständige haben keinen Anspruch."*
- *„Überziehen Sie erst mal Ihr Girokonto."*
- *„Verkaufen Sie erst mal Ihr Auto."*
- *„Leihen Sie sich irgendwo Geld."*
- *„Ohne polizeiliche Anmeldung gibt's keine Leistungen."*
- *„Ohne Mietbescheinigung Ihres Vermieters wird die Miete nicht übernommen."*
- *„Urteile eines Gerichts gelten bei uns nicht."*
- *„Machen Sie erst mal Unterhaltsansprüche bei Ihren Eltern geltend."*

Und vieles mehr.

Lassen Sie sich in solchen Fällen die Antragstellung bestätigen und bestehen Sie auf einem **schriftlichen ⇨Bescheid,** auf dem die Ablehnung begründet ist. Die Behörde ist dazu verpflichtet (§ 33 Abs. 2 Satz 2 SGB X).

Es ist unzulässig, Antragstellende abzuweisen und ihnen dann bei erneuter Antragstellung vorzuhalten, sie hätten ja überlebt und dies begründe Zweifel an Ihrer Hilfebedürftigkeit (LSG NRW 1.8.2005 - L 19 AS 14/05 ER; OVG Schleswig 21.3.2003, info also 2004, 226).

Tipp 1: Auch wenn Sie voraussichtlich vorrangige Sozialleistungen oder Unterhaltszahlung erwarten, die Ihnen aber erst mit zeitlicher Verzögerung zufließen, sind Ihnen Alg II- bzw. HzL-/ GSI-Leistungen zunächst zu bewilligen, um die aktuelle Mittellosigkeit zu überbrücken. Das jeweilige Amt muss dann beim eigentlich zuständen Leistungsträger einen Erstattungsanspruch geltend machen.

Tipp 2: Nur wenn Sie eine falsche Aufklärung und ⇨Beratung bei der Antragstellung **nachweisen** können, haben Sie Anspruch auf ⇨Nachzahlung, wenn Ihnen dadurch ein materieller Nachteil entstanden ist (⇨Beistand).

7. Verzicht auf Sozialleistungen

Grundsätzlich können Sie jederzeit auf Sozialleistungen verzichten. Der Verzicht kann jederzeit mit Wirkung für die Zukunft widerrufen werden (§ 46 Abs. 1 SGB I).

Es werden immer mehr Fälle bekannt, in denen die Jobcenter EU-Bürger*innen oder auch Leistungsberechtigte, die eine Arbeit aufgenommen haben, auffordern, eine Verzichtserklärung abzugeben.

Dazu folgende Grundsätze: Wenn Menschen Sozialleistungen beantragen, hat die Behörde über den Antrag zu entscheiden, entweder bewilligt sie ihn oder sie lehnt ihn ab. Bevor das Amt ablehnt, muss sie den/die Antragstellende*n nach § 24 SGB X anhören und ihm/r damit die Möglichkeit auf rechtliches Gehör einräumen. Nach dem rechtlichen Gehör hat sie einen rechtsmittelfähigen Versagungsbescheid zu erlassen, um dem/r Antragstellenden so das förmliche Rechtsmittelweg zu eröffnen. Danach kommt die Entscheidung, ob der/die Antragstellende Leistungen bekommt oder nicht. Als Alternative könnte noch versucht werden, von dem/r Antragstellenden eine Verzichtserklärung nach § 46 SGB I abzuverlangen. Das Zurückziehen eines Antrages ist faktisch eine Verzichtserklärung.

Allerdings regelt das Gesetz, dass **ein Verzicht a**uf Sozialleistungen nach § 46 Abs. 2 SGB I **unwirksam ist**, wenn:

- damit Rechtvorschriften umgangen werden (wenn wegen behördlicher Falschbehauptung, dass kein Anspruch mehr bestünde, die Verzichterklärung wegen behördlicher Umgehung von Rechtsvorschriften zurückgezogen wurde),
- damit andere Personen belastet werden; das liegt immer dann vor, wenn im SGB II mehr als eine Person Antragstellende ist,
- wenn Minderjährige, die im Sinne des § 36 SGB I sozialrechtsfähig sind, ohne Zustimmung des gesetzlichen Vertreters auf den Antrag verzichtet haben. Der Verzicht bedarf gemäß § 46 Abs. 1 SGB I der **Schriftform.**

Ein wirksamer Verzicht kann jederzeit mit **Wirkung für die Zukunft widerrufen** werden. Der Widerruf ist formlos, der/die Berechtigte muss lediglich zum Ausdruck bringen, dass er/sie die Sozialleistung in Zukunft wieder in Anspruch nehmen will. Der Widerruf kann daher z. B. auch aus einem Widerspruch oder Überprüfungsantrag gefolgert werden und ist behördlicherseits so auszulegen.

7.1 Verzicht in der Praxis

Ein Leistungsantrag ist bis **zur Bestandskraft des dahingehenden Bescheides** widerrufbar (FW zu § 46 SGB I, Nr. 1.3.2). Sowohl Widerruf als auch Rücknahme des Antrages sind in der Leistungsakte durch eine schriftliche Erklärung des/r Antragstellenden zu dokumentieren, so die BA in den FW zu 37.8. Der Verzicht wirkt sich nur auf die künftig fällig werdenden Leistungsansprüche aus, auf bereits „abgewickelte" Leistungsansprüche kann sich der Verzicht nach § 46 SGB I nicht erstrecken (SG Berlin 29.7.2013 - S 197 AS 15266/10).

Das LSG Bayern hat entschieden, dass die Rücknahme eines Antrags möglich ist und die Antragswirkung auf einen anderen Zeitpunkt verschoben werden kann (LSG Bayern 27.2.2014 - L 7 AS 642/12). Zudem müsse das Jobcenter bezüglich der optimalen Antragstellung pflichtmäßig beraten. Geschieht dies wie im verhandelten Fall nicht, ist der/die Betroffene über den sozialrechtlichen Herstellungsanspruch im Nachhinein so zu stellen, als hätte er/sie den Antrag für seine Zwecke optimal terminiert. Die zentrale Argumentation des LSG lautete: *„Durch die Dispositionsfreiheit bei der Antragstellung hat der Betroffene auch das Recht, seinen Leistungsanspruch im Rahmen der Gesetze zu optimieren. Er handelt nicht rechtsmissbräuchlich. Nach § 2 Abs. 2 SGB I haben Sozialbehörden sicherzustellen, dass die sozialen Rechte möglichst weitgehend verwirklicht werden. Der Leistungsträger ist gemäß § 17 Abs. 1 Nr. 1 SGB I verpflichtet, darauf hinwirken, dass jeder Leistungsberechtigte die ihm zustehenden Sozialleistungen umfassend erhält."*

Da BA regelt in ihren Weisungen: *„Der Antrag kann als Willenserklärung bis zum Zugang der Bewilligung widerrufen werden. Nach Zugang des Antrags kann dieser bis zur Bestandskraft der Entscheidung hierüber zurückgenommen werden"* (FW 37.8; Stand 20.03.2019, Eicher/Luik, 4. Aufl. § 37 Rn 23).

Dann sagt die BA: *„Antragstellerinnen und Antragsteller sind jedoch nicht befugt, durch nachträgliche Beschränkung oder teilweise Rücknahme des Antrags nach Antragstellung zugeflossenes Einkommen in Vermögen zu wandeln"* (FW 37.8).

Das BSG hat aber entschieden, dass Alg II-Leistungsberechtigte nicht befugt seien, einen einmal gestellten Antrag zurückzunehmen, um auf diesem Wege zugeflossenes Einkommen in Vermögen umwandeln zu können, um so für sich positive Vermögensdispositionen treffen zu können (BSG 24.4.2015 - B 4 AS 22/14 R).

Wir vertreten die Auffassung, dass eine Antragsrücknahme auf künftig fällig werdenden Leistungsansprüche, die noch nicht bereits vom Jobcenter „abgewickelt", also zur Auszahlung gebracht wurden, möglich sein muss. Denn Leistungsberechtigte müssen das Recht haben, durch die Dispositionsfreiheit bei der Antragstellung die für sie günstigsten Leistungsansprüche maximal zu gestalten. Die BSG-Entscheidung aus 2015 ist maximal leistungsausschließend und muss vor dem Hintergrund, dass 2016 die Einkommensanrechnung zu einem „behördlichen Vermögensraub" mutiert wurde, neu betrachtet werden. Bis 2016 wurde bei einmaligen Zahlungen differenziert: wenn diese aus einem laufenden Leistungsanspruch entstammen, waren sie ausschließlich nur im Zuflussmonat als Einkommen anzurechnen, Überschüsse wurden dann zu Vermögen. Zum 1.8.2016 wurde durch den Gesetzgeber bestimmt, dass, wenn die einmalige Zahlung aus vorangegangenen Zeiträumen entstammt, sie dann wie eine einmalige Einnahme anzurechnen ist und im Zweifelsfall auf sechs Monate zu verteilen ist (§ 11 Abs. 3 S. 2 SGB II). Diese Rechtsänderung stellt behördlich verordneten Vermögensraub da. Da der Gesetzgeber diesen Weg des Vermögensraubes geht, muss die Möglichkeit der Rücknahme eines gestellten, aber mind. noch nicht abgewickelten Leistungsantrages möglich sein. Diese Position wird in der Rechtsprechung zu prüfen sein.

Adressen

- der örtlichen Jobcenter/ Agenturen für Arbeit erhalten Sie unter www.jobcenter-ge.de
- der Sozialverwaltungen (zuständig für HzL/GSi der Sozialhilfe) finden Sie auf der Internetseite Ihrer Kommune/ Ihres Landkreises oder im örtlichen Telefonbuch

Anwält*innen

Anders als in der Vergangenheit sind heute viele Anwält*innen bereit, sozialrechtliche Mandate anzunehmen. Dies ist maßgeblich auf den seit 2005 sprunghaft angestiegenen Beratungsbedarf vor allem durch die Einführung von „Hartz IV" zurückzuführen, der sich auch an der Verdoppelung der Fachanwaltschaften für Sozialrecht in den Jahren 2005 bis 2012 ablesen lässt. Viele Kanzleien bieten heute Sozialrecht mit an, einige Anwält*innen haben sich sogar ausschließlich auf sozialrechtliche Mandate spezialisiert.

Näheres zum Thema ⇨**Beratungshilfe** finden Sie unter dem entsprechenden Stichwort.

Inhaltsverzeichnis

1. Wie finde ich den/die richtige*n Anwält*in?
2. Anwält*in vor Ort oder Distanzmandat?
3. Erste Kontaktaufnahme

4. Welche Unterlagen werden benötigt?
5. Wie wird der/die Anwält*in bezahlt?
6. Jobcenter darf nicht gegen Anwaltskosten aufrechnen
7. Wann kann der/die Anwält*in ein Beratungshilfemandat ablehnen?
8. Kann der/die Rechtsanwält*in die Vorlage eines Berechtigungsscheins verlangen?
9. Rechte und Pflichten im Mandatsverhältnis
   Darunter: Grundpflichten des Rechtsanwalts/der Rechtsanwältin, Pflicht zur Übernahme der Prozessvertretung, Handakten des Rechtsanwalts/der Rechtsanwältin, Hinweis auf Beratungs- und Prozesskostenhilfe
10. Adressen von Anwält*innen

1. Wie finde ich den/die richtige*n Anwält*in?

Die Möglichkeiten, nach einem/r Anwält*in für Sozialrecht zu suchen, sind heute vielgestaltig. Viele Anwält*innen inserieren in den örtlichen Telefonbüchern oder lassen sich im Internet über eine Stichworteingabe (etwa: „Rechtsanwalt für Sozialrecht Wuppertal") in den gängigen Suchmaschinen finden.

Nur weil ein*e Anwält*in damit wirbt, im „Sozialrecht" zu vertreten, bedeutet das jedoch noch nicht, dass diese*r auch Fachwissen und Berufserfahrung in diesem Rechtsgebiet mitbringt. Gerade viele junge Rechtsanwält*innen werben damit, in fast allen Rechtsgebieten zu vertreten – das können aber selbst sehr erfahrene Anwält*innen nicht leisten. Der Titel **„Fachanwalt/Fachanwältin für Sozialrecht"** ist ein Hinweis darauf, dass Sie hier mit Ihrem sozialrechtlichen Anliegen richtig liegen könnten, mehr aber auch nicht. In den meisten Städten und Gemeinden haben sich Anwält*innen in den verschiedenen Rechtsgebieten einen gewissen Ruf erworben. **Soziale Einrichtungen** wie Erwerbsloseninitiativen oder Beratungsstellen der Wohlfahrtsverbände führen oft Listen mit Anwält*innen, mit denen sie gute Erfahrungen gemacht haben. Auch einige Amtsgerichte führen solche Listen.

Eine gute Informationsmöglichkeit bieten auch die **Internetauftritte** von Rechtsanwält*innen (Websites, Blogs), in denen Anwält*innen über ihre Tätigkeit berichten, sowie einschlägige Adressdateien im Internet (⇨10.; ⇨Adressen). Auch Empfehlungen von Freund*innen oder Bekannten, die bereits gute Erfahrungen mit einem/r Anwält*in im Sozialrecht gemacht haben, können bei der Anwaltswahl helfen.

Demgegenüber ist vor Anwält*innen zu warnen, die etwa vor den Jobcentern oder flächendeckend in ganzen Stadtteilen Flyer verteilen, weil sie hier das große Massengeschäft wittern. Erfahrungsgemäß haben diese Anwält*innen weniger die Interessen ihrer Mandant*innen als ihre eigenen Geldbeutel im Blick. Entsprechend schlecht und im Ergebnis für Mandant*innen weniger erfolgversprechend können dann auch ihre anwaltlichen Aktivitäten ausfallen.

2. Anwält*in vor Ort oder Distanzmandat?

Immer mehr Anwaltskanzleien werben auch im Sozialrecht damit, Mandant*innen im gesamten Bundesgebiet zu vertreten. In Einzelfällen können über Distanz geführte Mandate sinnvoll sein, etwa dann,

- wenn einzelne Rechtsanwält*innen über **besondere Expertise** in rechtlich besonders anspruchsvollen Rechtsgebieten verfügen, die kein*e Anwält*in vor Ort besitzt,
- oder wenn vor allem in ländlichen Regionen keine mit sozialrechtlichen Mandaten vertraute Anwält*innen vor Ort ansässig sind.

I.d.R. ist jedoch von solchen Distanzmandaten eher abzuraten. Denn gerade im Sozialrecht kommt es häufig auf den **persönlichen Kontakt** an. Bescheide müssen gelegentlich vor Ort „per Hand" mit Einkreisungen und Markierungen erklärt werden. Die für das Sozialrecht typische Papierfülle – schon einzelne Bescheide mit 60 Seiten sind keine Seltenheit – per Post, Fax oder als E-Mail-Anhang zu versenden, ist aufwendig und viele Mandant*innen verfügen auch gar nicht über die technischen Voraussetzungen dafür. Gerade im Sozialrecht kommt es zudem häufig auf die **Kenntnis der Behördenpraxis** und Rechtsprechung vor Ort an, über die in der Regel nur die im Sozialrecht tätigen Rechtsanwält*innen vor Ort verfügen.

Gleiches gilt für den persönlichen Kontakt zu den Behördenmitarbeiter*innen vor Ort, der es nicht selten ermöglicht, für den/die Mandant*in „auf dem kurzen Dienstweg" vor allem eilige Angelegenheiten kurzfristig zu erledigen.

3. Erste Kontaktaufnahme
Haben Sie eine*n Anwält*in gefunden, kontaktieren Sie diese*n per Telefon oder E-Mail und fragen, ob er/sie sich auf SGB II-/ SGB XII-Mandate **spezialisiert** hat. Das ist wichtig, denn allein das SGB hat zwölf Bücher und die wenigsten Sozialrechtsanwält*innen sind Expert*innen in allen zwölf Rechtsgebieten, zu denen auch Spezialgebiete wie Renten- oder Krankenversicherungsrecht gehören.
Haben Sie den/die richtige*n Anwält*in gefunden, schildern Sie ihm/r Ihr Problem und fragen Sie ihn/sie, ob er/sie Sie vertreten kann. Sie sollten jetzt auch schon die **Kostenfrage** ansprechen: Leben Sie von Sozialleistungen, haben Sie in der Regel einen Anspruch auf **Beratungshilfe**. Klären Sie mit dem/r Anwält*in, ob Sie zu dem ersten Beratungstermin einen **Berechtigungsschein** vom Amtsgericht mitbringen sollen oder der/die Anwält*in für Sie die ⇨Beratungshilfe (1.) nachträglich beantragt.

4. Welche Unterlagen werden benötigt?
Das hängt davon ab, ob Sie dem/r Anwält*in einen Berechtigungsschein für Beratungshilfe mitbringen oder er/sie für Sie nachträglich Beratungshilfe beantragen soll. Bringen Sie einen Berechtigungsschein bei, benötigt Ihr*e Anwält*in lediglich alle Unterlagen, die für die Bearbeitung des Mandats erforderlich sind (Bescheide, Abrechnungen, Schriftwechsel mit der Behörde etc.).
Regelmäßig wird Ihnen Ihr*e Anwält*in bei der Terminvereinbarung genau sagen, welche Unterlagen er/sie benötigt und es Ihnen danken, wenn Sie Ihre Unterlagen gut sortiert mitbringen. Für die nachträgliche Beantragung von Beratungshilfe braucht Ihr*e Rechtsanwält*in zudem alle für die Beratungshilfebeantragung erforderlichen Unterlagen (⇨Beratungshilfe 2.).

5. Wie wird der/die Anwält*in bezahlt?
Anwält*innen müssen von ihrer Arbeit leben, auch wenn sie im Sozialrecht tätig sind. Vertritt Ihr*e Rechtsanwält*in Sie in einem Widerspruchsverfahren und ist das Widerspruchsverfahren zu 100 Prozent erfolgreich, **muss die Behörde die Kosten** von Ihrem/r Rechtsanwält*in **übernehmen** (§ 63 SGB X). In der Regel erstatten die Behörden die sogenannte Schwellengebühr die seit dem 01.01.2021 bei der Vertretung einer Person bei 359 € (Nr. 2302 VV RVG) zuzüglich der Pauschale für Entgelte für Post- und Telekommunikationsdienstleitungen (Nr. 7002 VV RVG) sowie der gesetzlichen Umsatzsteuer liegt, die dem/r Anwält*in im Regelfall eine kostendeckende Bearbeitung ermöglicht.
Für eine Tätigkeit im Verwaltungsverfahren oder dann, wenn der Widerspruch keinen Erfolg hat, haben Sie einen Anspruch auf ⇨Beratungshilfe. Die Gebühren für den/die Anwält*in liegen hier seit dem 01.01.2021 zwischen 38,50 € (Beratung) bis 93,50 € (Vertretung einer Person) netto. Ihr*e Anwält*in kann darüber hinaus nur eine **Selbstbeteiligung von 15 €** netto (vgl. Nr. 2500 VV RVG) verlangen (§ 8 Abs. 2 BerHG), die er/sie Ihnen aber auch **erlassen kann**. Wird die Beratungshilfe bei nachträglicher Beantragung durch den/die Rechtsanwält*in (§ 6 Abs. 2 BerHG) allerdings abgelehnt, so hat der/die Anwält*in einen Anspruch auf seine/ihre gesetzliche Vergütung in Höhe von 359 € netto zuzüglich Telekommunikationspauschale und Umsatzsteuer bei der Vertretung einer Person, wenn er Sie bei der Mandatsaufnahme hierauf **hingewiesen** hat (§ 8 Abs. 4 BerHG).

Tipp 1: Gerade dann, wenn die Gewährung von Beratungshilfe nicht sicher ist (etwa im Anhörungsverfahren, ⇨Beratungshilfe 3.3.2), sollten Sie sich **vor dem Termin** bei dem/r Anwält*in einen Berechtigungsschein besorgen, damit Sie bei Ablehnung von Beratungshilfe nicht Gefahr laufen, mit hohen Anwaltskosten konfrontiert zu werden.

Tipp 2: Wird Beratungshilfe abgelehnt, sprechen Sie Ihre*n Anwält*in darauf an. Häufig können Anwält*innen für Sie den Beratungshilfeanspruch doch noch durchsetzen. Viele Anwält*innen im Sozialrecht lassen außerdem über die Kosten mit sich reden. Es ist nicht unüblich, für eine Beratung etwa 50 €

zu vereinbaren, für die viele Anwält*innen auch Formulierungshilfen (etwa im Rahmen eines Anhörungsverfahrens) geben.

6. Jobcenter darf nicht gegen Anwaltskosten aufrechnen

Das Bundessozialgericht hat mit Urteilen vom 20.02.2020 zu den Az. B 14 AS 3/19 R, B 14 AS 17/19 R sowie B 14 AS 4/19 R entschieden, dass eine **Aufrechnung des Jobcenters gegen den anwaltlichen Vergütungsanspruch** gemäß § 63 SGB X nach einem **erfolgreichen Widerspruchsverfahren** mit eigenen Erstattungsforderungen gegenüber dem/r Leistungsempfänger*in nicht zulässig ist. In den vom BSG entschiedenen Fällen hatten Anwält*innen ihre Mandant*innen im Widerspruchsverfahren gegenüber den Jobcentern erfolgreich vertreten. Die geltend gemachten Anwaltskosten hatten die Jobcenter zwar dem Grunde und der Höhe nach als erstattungsfähig anerkannt, eine **Zahlung** aber trotzdem **abgelehnt**. Sie hatten nämlich die Kostenerstattungsansprüche mit anderen Erstattungsforderungen gegenüber den Widerspruchsführern **aufgerechnet**.

Diese Aufrechnung war **unzulässig.** Denn einer wirksamen Aufrechnung steht ein aus dem Sinn und Zweck des § 63 SGB X folgendes **Aufrechnungsverbot** entgegen, das sich nach Ansicht des BSG aus den Funktionen des Kostenerstattungsanspruchs nach § 63 SGB X ergibt:

- § 63 SGB X kompensiert den Umstand, dass die Verwaltung die an sie auf Art. 20 Abs. 3 GG gestützte Erwartung, sie werde nach **Gesetz und Recht handeln, nicht erfüllt** hat.
- § 63 SGB X sichert die **Widerspruchsführer** vor der **Kostenlast** bei einem erfolgreichen isolierten Vorverfahren ab.
- § 63 SGB X gibt im Wege des Freistellungsanspruchs **Rechtsanwält*innen** die Sicherheit, ihre **Gebühren und Auslagen** auch bei Vertretung von unbemittelten Widerspruchsführern **zu erhalten.**
- § 63 SGB X soll gewährleisten, dass auch **unbemittelte Widerspruchsführer** Anwält*innen finden, die **zu ihrer Vertretung bereit** sind, weil sie im Erfolgsfall dieselbe Vergütung erwarten können wie bei bemittelten Mandant*innen.

Diese Funktionen würden nach der Rechtsprechung des BSG **vereitelt**, wenn Anwält*innen damit rechnen müssten, dass Grundsicherungsträger, welche die Kosten des Vorverfahrens zu erstatten haben, ihrerseits mit Forderungen gegenüber Widerspruchsführern wirksam **aufrechnen** könnten. Die Aufrechnung betreffe zudem die **Rechtsschutzgleichheit** von Unbemittelten und Bemittelten insbesondere im Bereich des SGB II, in dem Widerspruchsführer **typischerweise unbemittelt** sind. Denn Rechtsanwält*innen müssten aufgrund der **großen Anzahl von Erstattungsbescheiden** im Bereich des SGB II (vgl. nur BT-Drucks 19/12241, S. 2) befürchten, ihre Vergütung nicht über den Kostenerstattungsanspruch nach § 63 SGB X zu erhalten. Es bestehe deshalb die **Gefahr**, dass sie die Übernahme entsprechender Mandate **ablehnen**. Letztlich könnten Jobcenter durch gezielte Anweisung zur Aufrechnung von Erstattungsforderungen verhindern, dass Leistungsberechtigte anwaltliche Beratung und Vertretung finden.

7. Wann kann der/die Anwält*in ein Beratungshilfemandat ablehnen?

Der/die Rechtsanwält*in kann die Beratungshilfe im Einzelfall aus wichtigem Grund ablehnen oder beenden. Ein wichtiger Grund kann in der Person des Rechtsanwalts/der Rechtsanwältin selbst oder in der Person oder dem Verhalten des/r Mandant*in liegen. Ein wichtiger Grund kann aber auch darin liegen, dass die Beratungshilfebewilligung nicht den Voraussetzungen des Beratungshilfegesetzes entspricht (→Beratungshilfe 3).

Ein **wichtiger Grund** liegt insbesondere vor, wenn der/die Rechtsanwält*in durch Erkrankung oder durch berufliche Überlastung an der Beratung/Vertretung gehindert ist, der/die beratungshilfeberechtigte Mandant*in die für die Mandatsbearbeitung erforderliche Mitarbeit verweigert, das Vertrauensverhältnis zwischen Anwält*in und Mandant*in aus Gründen, die im Verhalten oder in der Person des/r Mandant*in liegen, schwer gestört ist oder sich herausstellt, dass die Einkommens- oder Vermögensverhältnisse (→Beratungshilfe 3.1) des/r Mandant*in die Bewilligung von Beratungshilfe nicht rechtfertigen (§ 16a Abs. 2 und 3 BORA).

Auch **fehlende Rechtskenntnisse** oder Erfahrungen des Rechtsanwalts/der Rechtsanwältin in einem Rechtsgebiet können im Einzelfall dann eine Mandatsablehnung rechtfertigen, wenn dem/r Rechtsanwält*in eine kurzfristige Einarbeitung in zumutbarer Weise nicht möglich ist (Bescheid des Bundesministeriums der Justiz vom 13.3.2009, abgedruckt in BRAK-Mitt 2/2009, 66).

In der Praxis gibt es hier tatsächlich selten Probleme, denn Rechtssuchende haben für gewöhnlich kein Interesse daran, irgendeine*n Anwält*in zu haben, sondern eine*n gute*n und engagierte*n Anwält*in. Wenn der/die Anwält*in aber bereits von sich aus erklärt, das Rechtsgebiet nicht zu beherrschen oder einfach auch nur Desinteresse signalisiert, werden Ratsuchende von sich aus eine*n andere*n Anwält*in konsultieren.

8. Kann der/die Rechtsanwält*in die Vorlage eines Berechtigungsscheins verlangen?

Nach Auffassung des Bundesministeriums der Justiz kann der/die Rechtsanwält*in die Vorlage eines Beratungshilfe-Berechtigungsscheins nicht verlangen, wenn sich der/die Rechtsuchende direkt an ihn/sie wendet (Bescheid des Bundesministeriums der Justiz vom 13.3.2009, abgedruckt in BRAK-Mitt 2/2009, 66).

Ob diese Rechtsauffassung nach der Reform des Beratungshilferechts noch Bestand haben kann, erscheint zweifelhaft. Auch spricht der Wortlaut von § 16a Abs. 2 BORA („*Der Rechtsanwalt ist nicht verpflichtet, einen Beratungshilfeantrag zu stellen*“) eher dafür, dass mit dieser Formulierung nicht allein gemeint ist, dass der/die Rechtsanwält*in das Beratungshilfeformular nicht für seine*n Mandant*in ausfüllen muss, sondern es ihm/r freisteht, „*den Mandanten auf die Möglichkeit der Inanspruchnahme von Beratungshilfe zu verweisen und die Übernahme des Mandats davon abhängig machen kann, dass der Mandant zunächst selbst den Antrag bei dem zuständigen Amtsgericht stellt und einen Berechtigungsschein beibringt*“ (Anwaltskammer München, http://rak-muenchen.de/berufsrecht/pkhberatungshilfe/).

Jedenfalls wird man dem/r Anwält*in dieses Recht zusprechen müssen, wenn diese*r – und sei es nur aufgrund der ihm/r bekannten Gewährungspraxis des zuständigen Amtsgerichts – **begründete Zweifel** an einer nachträglichen Beratungshilfegewährung hat.

Allerdings gibt es hier in der Praxis wenig Probleme, da die Vorlage eines Berechtigungsscheins im Regelfall im Interesse sowohl des Anwalts/der Anwältin als auch des/r Rechtsuchenden liegt (⇨3.; ⇨Beratungshilfe 3.3.2). Lediglich dann, wenn der/die Rechtsuchende einen **weiten Weg zum Amtsgericht** zurücklegen muss oder etwa gehbehindert ist, stellt der Weg zum Amtsgericht im Einzelfall eine echte Hürde dar. In derartigen Fällen wird jede*r vernünftige Anwält*in nachträgliche Beratungshilfe gewähren. Gleiches gilt für Fälle, in denen **Fristen** ablaufen oder die sehr eilig sind.

In der aktuellen **Corona-Pandemie** ist der Zugang zu den Amtsgerichten, bei denen Beratungshilfe bewilligt und Berechtigungsscheine ausgestellt werden, stark eingeschränkt. Die Amtsgerichte verweisen Rechtsuchende derzeit regelmäßig auf das schriftliche Antragsverfahren, das nicht wenige Rechtsuchende überfordert und sich bisweilen so lange hinzieht, dass **Fristen** wie etwa Widerspruchsfristen oder – wenn die Beratung über die Erfolgsaussichten einer Klage begehrt wird – Klagefristen längst **abgelaufen** sind, wenn den Rechtsuchenden der Berechtigungsschein endlich vorliegt und ein Termin bei einem/r Rechtsanwält*in stattfinden kann. Aus diesem Grunde empfiehlt sich in der aktuellen pandemischen Lage, die nachträgliche **Beantragung der Beratungshilfe durch den/die Rechtsanwält*in** auf digitalem Wege über sein/ihr „besonderes elektronisches Anwaltspostfach“ (beA).

9. Rechte und Pflichten im Mandatsverhältnis

Die Rechte und Pflichten des Rechtsanwalts/der Rechtsanwältin sind in der Bundesrechtsanwaltsordnung (BRAO) und der Berufsordnung für Rechtsanwälte (BORA) geregelt. Die wichtigsten Rechte und Pflichten sollen hier kurz dargestellt werden.

9.1 Rechtsanwält*in als unabhängiges Organ der Rechtspflege

Der/die Rechtsanwält*in ist ein unabhängiges Organ der Rechtspflege und

unabhängige*r Berater*in und Vertreter*in seines/ihres o oder seiner/ihrer Mandant*in (§ 1 Abs. 1, § 3 Abs. 1 BRAO). Als solche*r ist der/die Rechtsanwält*in **nicht an die Rechtsauffassung seines/r Mandant*in gebunden**. Der/die Anwält*in ist nicht gezwungen, rechtliche Ausführungen zu machen, welche er/sie selbst für unzutreffend hält. Er ist nicht „verlängerter Schreibarm" seines/r Mandant*in. Über die Gestaltung seiner/ihrer Schriftsätze, die er/sie mit seiner/ihrer Unterschrift zu beglaubigen hat, entscheidet er/sie selbst. Lückenhaften Sachvortrag muss er/sie auf Mandant*innenweisung selbstverständlich vervollständigen.

9.2 Grundpflichten des Rechtsanwalts/ der Rechtsanwältin

Zu den Grundpflichten eines Rechtsanwalts/ einer Rechtsanwältin gehört seine/ihre Pflicht zur **Verschwiegenheit**. Diese Pflicht bezieht sich auf alles, was ihm/r in der Ausübung seines/ihres Berufes bekannt geworden ist. Die Verschwiegenheitspflicht gilt allerdings nicht für Tatsachen, die offenkundig sind oder ihrer Bedeutung nach keiner Geheimhaltung bedürfen. Der/die Rechtsanwält*in ist zur Sachlichkeit verpflichtet, d.h. er/sie darf insbesondere keine Unwahrheiten verbreiten oder sich ohne Anlass herabsetzend äußern (§ 43a BRAO).

9.3. Widerstreitende Interessen

Der/die Rechtsanwält*in darf nicht tätig werden, wenn er/sie eine andere Partei in derselben Rechtssache im widerstreitenden Interesse bereits beraten oder vertreten hat oder mit dieser Rechtsache in sonstiger Weise befasst war (§ 3 Abs. 1 BORA, §§ 45, 46 BRAO).

9.4 Mitteilung der Ablehnung eines Auftrages

Will der/die Rechtsanwält*in einen Auftrag nicht annehmen, muss er/sie dies **unverzüglich** erklären. Er/sie hat den Schaden zu ersetzen, der aus einer schuldhaften Verzögerung dieser Erklärung entsteht (§ 44 BRAO).

9.5 Pflicht zur Übernahme der Prozessvertretung

Der/die auf Prozesskostenhilfebasis beigeordnete Rechtsanwält*in muss im gerichtlichen Verfahren die Vertretung einer Partei übernehmen (§ 48 Abs. 1 Nr. 1 BRAO i.V. mit § 121 ZPO). Der/die Anwält*in kann allerdings die Aufhebung der Beiordnung beantragen, wenn hierfür ein wichtiger Grund – etwa eine unüberbrückbare Zerstörung des Vertrauensverhältnisses zu dem/r Mandant*in – vorliegt (§ 48 Abs. 2 BRAO).

9.6 Pflicht zur Übernahme der Beratungshilfe

(§ 49a BRAO; ⇨7.)

9.7 Anwaltsvergütung bei Selbstzahlern

Liegen die Beratungs- oder Prozesskostenhilfevoraussetzungen nicht vor (⇨Beratungshilfe 3.), müssen Sie ihre Anwaltskosten selbst zahlen. Dem/r Anwält*in ist es grundsätzlich untersagt, geringere Gebühren zu vereinbaren, als es das Rechtsanwaltsvergütungsgesetz vorsieht. Im **Einzelfall** ist es dem/r Anwält*in aber gestattet, **besonderen Umständen** in der Person seines/r Mandant*in – insbesondere dessen/deren Bedürftigkeit – durch Ermäßigung oder Erlass von Gebühren nach Erledigung des Auftrages Rechnung zu tragen (§ 49b BRAO). **In außergerichtlichen Angelegenheiten** kann eine **niedrigere** als die gesetzliche Vergütung vereinbart werden (§ 4 Abs. 1 Satz 1 RVG).

In sozialrechtlichen Angelegenheiten rechnet der/die Rechtsanwält*in **für eine Vertretung** in der Regel die sogenannte **Betragsrahmengebühr** ab. Der Betragsrahmen geht von 60 € bis 768 € (Nr. 2302 VV RVG). Innerhalb dieses Rahmens kann der/die Anwält*in seine/ihre Gebühr nach Umfang, Schwierigkeit, Bedeutung für den/die Mandant*in sowie dessen/deren Einkommens- und Vermögensverhältnissen bestimmen.

Tipp: Sprechen Sie den/die Anwält*in auf die zu erwartenden Gebühren an, er/sie hat hier viel Spielraum, Ihnen entgegenzukommen. Unterstützen Sie Ihre*n Rechtsanwält*in bei seiner/ihrer Arbeit. Das reduziert seinen/ihren Arbeitsumfang und Ihre Kosten.

9.8 Handakten des Rechtsanwalts/der Rechtsanwältin

Der/die Rechtsanwält*in muss durch Anlegung von Handakten ein geordnetes Bild

über die von ihm/r entfaltete Tätigkeit geben können. Die Handakten hat der/die Anwält*in in der Regel für die Dauer von fünf Jahren nach Beendigung des Auftrages aufzubewahren. Die Herausgabe der Akten kann er/sie verweigern, bis er seine/sie ihre vollständige Vergütung erhalten hat, es sei denn, dass dies nach den Umständen unangemessen wäre (§ 50 BRAO).

9.9 Unterrichtung des/r Mandant*in

Der/die Anwält*in muss Sie über alle den Fortgang der Sache wesentlichen Vorgänge unverzüglich unterrichten und Ihnen insbesondere alle wesentlichen erhaltenen und versandten Schriftstücke zur Kenntnis geben sowie Ihre Anfragen unverzüglich beantworten (§ 11 BORA).

9.10 Unterrichtung bei Mandatswechsel

Übernimmt der/die Rechtsanwält*in ein Mandat von einem/r Kolleg*in, muss er/sie diese*n von der Mandatsübernahme unverzüglich unterrichten.

9.11 Hinweis auf Beratungs- und Prozesskostenhilfe

Der/die Anwält*in ist standesrechtlich verpflichtet, bei begründetem Anlass – etwa aufgrund der ihm/r bekannt gewordenen Einkommensverhältnisse – von sich aus auf die Möglichkeiten von Beratungs- und Prozesskostenhilfe hinzuweisen (§ 16 Abs. 1 BORA). Nach Bewilligung von Prozesskostenhilfe oder Inanspruchnahme von Beratungshilfe darf der/die Rechtsanwält*in von seinem/r Mandant*in oder Dritten Zahlungen oder Leistungen nur annehmen, die freiwillig und in Kenntnis der Tatsache gegeben werden, dass der/die Mandant*in oder der Dritte zu einer solchen Leistung nicht verpflichtet ist (§ 16 Abs. 2 BORA). Etwaige Zahlungen sind dann aber von dem/r Anwält*in anzugeben (§ 55 Abs. 5 Satz 3 RVG) und auf die Beratungshilfe (§ 9 BerHG i.V.m. § 58 Abs. 1 RVG) bzw. Prozesskostenhilfe (§ 589 Abs. 2 RVG) **anzurechnen**

9.12 Akteneinsicht durch den/die Rechtsanwält*in

Die dem/r Anwält*in im Wege der Akteneinsicht in seine/ihre Kanzlei übersandte Verwaltungsakte (§ 120 Abs. 2 Satz 2 SGG) darf diese*r nur an Mitarbeiter*innen der Kanzlei aushändigen, Mandant*innen aber Kopien überlassen, soweit das Akteneinsichtsrecht nicht zulässig beschränkt wurde (§ 19 BORA).

10. Adressen von Anwält*innen,

die sich mit Alg II/ Sozialhilfe beschäftigen, können Sie im Internet unter www.my-sozialberatung.de (⇨Adressen) abfragen bzw. **als Anwält*in** selbst einstellen.

Aufrechnung

(von Erstattungs- und Ersatzansprüchen)

Inhaltsübersicht

1. Aufrechnung bei Alg II

Grundsätzlich darf das sozialhilferechtliche Existenzminimum in Form von SGB II-/ SGB XII-Leistungen auch bei Ansprüchen der Behörden, sei es aufgrund von Darlehen, Beitragsrückständen oder Rückforderungen, nicht unterschritten werden (§§ 42 Abs. 4 SGB II, § 17 Abs. 1 SGB XII). Abweichend hiervon bestehen aber für die Leistungsträger meh-

rere Möglichkeiten, mit eigenen Ansprüchen gegen laufende Ansprüche nach dem SGB II bzw. SGB XII aufzurechnen. Damit wird der Leistungsanspruch geschmälert, obwohl das Bundesverfassungsgericht noch 2010 festgestellt hatte, dass das *„verfassungsrechtlich garantierte Existenzminimum“* nicht dauerhaft unterschritten werden darf (BVerfG 9.2.2010 - 1 BvL 1/09). Die Rechtsprechung geht allerdings überwiegend davon aus, dass die Aufrechnung verfassungsgemäß ist (BSG 9.3.2016 – B 14 AS 20/15 R.

Aufrechnen bedeutet, dass die Behörde eigene Ansprüche/ Forderungen von der laufenden Leistung abziehen kann, obwohl diese das Existenzminimum abbildet und nicht gepfändet oder abgetreten werden darf (§§ 54 SGB I, § 42 Abs. 4 SGB II). Eine Aufrechnung setzt eine sog. Aufrechnungslage und eine Aufrechnungserklärung voraus:

- Eine **Aufrechnungslage** besteht, wenn zwei Personen einander gleichartige Leistungen schulden und die aufzurechnende Forderung durchsetzbar und die Forderung der anderen Person mindestens erfüllbar ist. D.h., das Jobcenter muss Ihnen die Zahlung von Geld schulden (Arbeitslosengeld II) und Sie müssen dem Jobcenter die Zahlung von Geld schulden (Erstattung von Leistungen).
- Das Jobcenter muss gem. § 43 Abs. 4 Satz 1 SGB II die Aufrechnung durch Verwaltungsakt verfügen.

Das Jobcenter **hat Darlehen** in Höhe von **zehn Prozent** des maßgeblichen Regelbedarfs aufzurechnen (§ 42a Abs. 2 SGB II). **Erstattungsansprüche wegen Überzahlung** oder **Ersatzansprüche können** je nach Grund des Anspruchs in Höhe von **zehn Prozent** oder **30 Prozent** des maßgeblichen Regelbedarfs der Person, gegen die der Anspruch besteht, aufgerechnet werden (§ 43 Abs. 2 SGB II). Als Grund für die Erstattungs- und Ersatzansprüche muss nicht einmal ein „Verschulden“ eines/r Leistungsbeziehenden vorliegen. Es wird auch im laufenden Leistungsbezug aufgerechnet, wenn das Jobcenter die Überzahlung verursacht hat. Das Verschulden spielt eher bei der Höhe der Aufrechnung eine Rolle, weil die Höhe der Aufrechnung in den Fällen, in denen kein Verschulden des/r Leistungsberechtigten vorliegt, zehn Prozent der Regelleistung beträgt und in den Fällen, in denen ein Verschulden des/r Leistungsberechtigten vorliegt, 30 Prozent der Regelleistung (§ 43 Abs. 2 S. 1 SGB II; s.u. ⇨ 1.2, 1.3.).

Näheres über die **Aufrechnung** von ⇨**Darlehen** 1.7 ff finden Sie dort.

Näheres zum Entstehen von **Ersatz- und Erstattungsansprüchen** finden Sie unter ⇨**Rückforderung**

1.1 Voraussetzung: bestandskräftiger Aufhebungs- und Erstattungsbescheid

Voraussetzung für die Aufrechnung ist ein i.d.R. kombinierter Aufhebungs- und Erstattungsbescheid (§§ 45, 48, 50 SGB X), der **bestandskräftig** ist. Die Widerspruchsfrist muss also abgelaufen sein. Außerdem muss das Jobcenter die Aufrechnung verfügen. Das kann getrennt vom anderen Bescheid erfolgen oder in Form einer Kombination von Aufhebungs-, Erstattungs- und aufrechnungsverfügendem Bescheid (§ 43 Abs. 4 Satz 1 SGB II). Weitere mögliche Ansprüche der Jobcenter, die eine Aufrechnung erlauben, sind (§ 43 Abs. 1 SGB II):

- Ersatzansprüche nach §§ 34, 34a SGB II (§ 43 Abs. 1 Nr. 2 SGB II),
- Erstattungsansprüche nach § 34b SGB II (§ 43 Abs. 1 Nr. 3 SGB II),
- Erstattungsansprüche nach § 41a Abs. 6 Satz 3 SGB II (§ 43 Abs. 1 Nr. 3 SGB II).

Tipp: Liegt ein Erstattungsanspruch nach § 41a Abs. 6 Satz 4 SGB II vor, ist eine Aufrechnung nicht statthaft (LPK-SGB II, 7. Aufl., § 41a Rn. 84, § 43 Rn. 13).

Der Widerspruch gegen den Erstattungs- und den aufrechnungsverfügenden Bescheid entfaltet jeweils **aufschiebende Wirkung** (§ 86a Abs. 1 SGG). Solange das Widerspruchs- und ggf. Klageverfahren nicht abgeschlossen ist, darf das Jobcenter nicht aufrechnen.

Näheres unter ⇨Darlehen 1.8

1.2 Zehnprozentige Aufrechnung

Folgende Erstattungsansprüche aufgrund von Überzahlungen können in Höhe von **zehn**

Prozent der Regelbedarfe aller überzahlten Mitglieder einer Bedarfsgemeinschaft aufgerechnet werden (§ 43 Abs. 2 Satz 1 SGB II):

- ⇨**Vorläufige Entscheidungen** (§ 41a Abs. 6 Satz 3 SGB II); SGB II-Leistungen können vorläufig gewährt werden, wenn die genaue Einkommenshöhe oder die Voraussetzungen für den Anspruch noch nicht feststehen. Erstattungsansprüche sind durch Rückforderungsbescheide geltend zu machen.
- **Nachträglicher Zufluss von Einkommen** (§§ 48 Abs. 1 Satz 2 Nr. 3 i.V. mit 50 SGB X); wurde, nachdem ein Bewilligungsbescheid auf Dauer ergangen ist, Einkommen erzielt bzw. Vermögen verwertbar und dies dem Jobcenter angezeigt, entsteht ein Erstattungsanspruch, ohne dass es auf ein Verschulden der leistungsberechtigten Person ankommt (⇨Rückforderung 1.2).

1.3 Dreißigprozentige Aufrechnung

Folgende Erstattungsansprüche aufgrund von Überzahlungen können in Höhe von **30 Prozent der Regelbedarfe** aller überzahlten Mitglieder einer Bedarfsgemeinschaft aufgerechnet werden (§ 43 Abs. 2 Satz 1 Hs. 2 SGB II):

- **Überzahlungen aufgrund arglistiger Täuschung, Drohung oder Bestechung oder falscher Angaben** (§ 45 Abs. 2 Satz 3 Nr. 1 und 2 SGB X) oder aufgrund von Angaben, die der/die Begünstigte **vorsätzlich** oder grob fahrlässig im Wesentlichen **unrichtig** oder **unvollständig** gemacht hat (§ 45 Abs. 2 Satz 3 Nr. 1 und 2 SGB X).
- **Überzahlungen**, die das **Jobcenter verursacht hat,** der/die Betroffene dies aber erkannt oder grob fahrlässig nicht erkannt hat (§ 45 Abs. 2 Satz 3 Nr. 3 SGB X).
- **Überzahlungen aufgrund nachträglichen Zuflusses von Einkommen** oder **Verwertbarkeit von Vermögen** (§ 48 Abs. 1 Satz 2 Nr. 2 SGB X), wenn der/die Leistungsberechtigte das dem Amt nicht unverzüglich mitgeteilt hat oder die Mitteilung nicht nachweisen kann.
- **Jede andere Rückforderung**, die nicht unter die 10%-Regelung fällt (§ 43 Abs. 2 Satz 1 SGB II). Darunter fallen z.B. Rückforderungen aufgrund von Verstößen gegen die Erreichbarkeitsanordnung (§ 7 Abs. 4a SGB II; ⇨Ortsabwesenheit), aber auch z.B. Aufhebungen mit Rückwirkung, weil der/die Betroffene wusste oder grob fahrlässig nicht wusste, dass der sich aus dem Verwaltungsakt ergebende Anspruch kraft Gesetzes zum Ruhen gekommen oder ganz oder teilweise weggefallen ist (§ 48 Abs. 1 Satz 2 Nr. 4 SGB X).
- **Ersatzansprüche wegen sozialwidrigen Verhaltens** (§ 34 SGB II); hat jemand vorsätzlich oder grob fahrlässig und ohne wichtigen Grund seine oder die Hilfebedürftigkeit der Mitglieder der Bedarfsgemeinschaft herbeigeführt, erhöht, aufrechterhalten oder nicht verringert, ist er zum Ersatz der daraus entstehenden Leistungen verpflichtet (§ 34 Abs. 1 SGB II; ⇨Rückforderung 3.0 ff.).
- **Ersatzansprüche bei rechtswidrig erbrachten Sozialleistungen** (§ 34a SGB II). Damit sollen Personen, die durch vorsätzliches oder grob fahrlässiges Verhalten die Leistungsgewährung gegenüber Dritten herbeigeführt haben, zum Kostenersatz herangezogen werden. Und alle von der Überzahlung Begünstigten sollen gesamtschuldnerisch für alle Forderungen haftbar gemacht werden. Damit eröffnet sich für die Behörde die bequeme Möglichkeit, Überzahlungen bei jedem Mitglied der Bedarfsgemeinschaft einzutreiben (⇨ Rückforderung 4.).
- **Erstattungsansprüche bei Doppelleistungen** (§ 34b SGB II). Diese greifen, wenn ein vorrangig verpflichteter Leistungsträger seine Leistungen zunächst nicht erbringt, während das Jobcenter bereits SGB II-Leistungen gewährt, und keinen Erstattungsanspruch nach §§ 102 ff SGB X beim vorrangig verpflichteten Leistungsträger geltend gemacht hat. Oder wenn die vorrangige Leistung trotz übergeleitetem Anspruch an den/die Berechtigte*n statt an das Jobcenter gezahlt wird (⇨Rückforderung 5.).
- **Rückforderung** wegen abschließender Feststellung des Leistungsanspruchs **nach vorläufiger Entscheidung** (§ 41a Abs. 3 Satz 4 SGB II). Und zwar, wenn abschließend festgestellt wurde, **dass kein Leistungsanspruch besteht.** Das ist der Fall, wenn SGB II-Leistungen vorläufig gewährt wurden und bei abschließender Feststellung ein Erstattungsanspruch besteht (⇨vorläufige Entscheidung 4.2).

Kritik

Mit dem Neunten SGB-II-Änderungsgesetz, der sogenannten ***„Rechtsvereinfachung“***,

wurden **zum 1.8.2016** die Aufrechnungsregelungen im SGB II erheblich verschärft: Der Katalog der Erstattungs- und Ersatzansprüche wurde ausgeweitet, die dreißigprozentigen Aufrechnungen auch.
Vereinfachen wird sich dadurch nichts, aber die Lage der Leistungsberechtigten wird deutlich verschlechtert. Skandalös ist die 30-prozentige Aufrechnung besonders bei Überzahlungen, die die Jobcenter selbst verursacht haben. Betroffene werden durch derart unverhältnismäßige Strafaufrechnung genauso sanktioniert wie Personen, die in betrügerischer Absicht gehandelt haben.

1.4. Gegen wen darf aufgerechnet werden?

Die Aufrechnungsbefugnis besteht **gegenüber jeder Person** in der Bedarfsgemeinschaft, wenn gegen sie ein entsprechender Aufhebungs- und Erstattungs- und Aufrechnungsbescheid erlassen wurde und **bestandskräftig ist** (§ 43 Abs. 1 SGB II). *„Die Aufrechnung ist gegenüber der leistungsberechtigten Person schriftlich durch Verwaltungsakt zu erklären“* (§ 43 Abs. 4 Satz 1 SGB II).
Der Verwaltungsakt muss bestimmt sein (§ 33 Abs. 1 SGB X), d.h., der/die Betroffene muss Klarheit u.a. über den Beginn der Aufrechnung haben. Ergibt sich dies nicht aus dem Verwaltungsakt, ist er rechtswidrig (LSG BB 15.11.2017 – L 18 AS 2067/16).
Dabei ist zu beachten, dass insbesondere **Kinder**, die im Haushalt leben, häufig **nicht zur Bedarfsgemeinschaft gehören**, da sie ihren Lebensunterhalt mit eigenem Einkommen oder Vermögen sicherstellen können (§ 7 Abs. 3 Nr. 4 SGB II). Das ist dann der Fall, wenn die Kinder ihren Bedarf (Regelbedarf, ggf. Mehrbedarfe, kopfanteilige Miete und Heizung) mit Kindergeld Unterhalt/ UVG, BAföG/ BAB, Ausbildungsvergütung usw. decken können. Da sie dann keine *„leistungsberechtigte Personen“* sind, kann es gegen sie keine Aufrechnung geben.

1.5 Ermessen ausüben, ob aufgerechnet wird

Die Jobcenter ***„können“*** aufrechnen (§ 43 Abs. 1 Satz 1 SGB II). Sie **müssen** also ⇨Ermessen ausüben, ob überhaupt aufgerechnet werden soll. Kommt ein Jobcenter zu dem Ergebnis, dass es aufrechnen will, ist es an die gesetzlich vorgeschriebenen Aufrechnungsbeträge von zehn bzw. 30 Prozent des maßgeblichen Regelbedarfs gebunden. In Bezug auf die Höhe gibt es kein Ermessen.

Leben neben der Person, die die Aufrechnung verursacht hat, weitere Personen in einer Bedarfsgemeinschaft, die zwangläufig davon betroffen sind, wird das Jobcenter im Rahmen der **pflichtgemäßen Ermessenausübung** regelmäßig zu dem Ergebnis kommen müssen, dass es aus den folgenden Gründen **nicht aufrechnen** darf:

a. Erfolgt eine Aufrechnung gegen eine Person, die die Aufrechnung nicht verursacht hat, wird deren sozialrechtlicher **Individualanspruch** in unzulässiger Weise eingeschränkt. Hier werden Unbescholtene für das Verhalten eines Dritten in **„Sippenhaftung“** genommen. Um bei einer Null-Sanktion andere Mitglieder der Bedarfsgemeinschaft vor den Auswirkungen einer Kürzung der Unterkunftskosten zu schützen, hat die Rechtsprechung in verfassungskonformer Auslegung der Sanktionsregelungen vorgegeben, bei Verteilung der Unterkunftskosten von der sogenannten Kopfanteilsmethode abzuweichen (BSG 2.12.2014 - B 14 AS 50/13 R; BSG 23.5.2013 - B 4 AS 67/12 R; LSG NRW 22.3.2012 - L 6 AS 1589/10). Dieser Maßstab muss auch bei der Ausübung des Ermessens, ob gegen unschuldige Dritte aufgerechnet wird, zum Tragen kommen.

b. Eine Aufrechnung gegen **minderjährige Kinder**, die ja die Überzahlung nicht verursacht haben können, ist verfassungsrechtlich bedenklich. Kinder werden zwar von ihren Eltern gesetzlich vertreten und das Handeln des Vertreters wirkt gegen den Vertretenen – mit der rigiden Aufrechnungsvorgabe des § 43 SGB II wird jedoch dem **Minderjährigenschutz, der** auch in der sozialgerichtlichen Rechtsprechung entwickelt wurde, entgegengewirkt. Eine pflichtgemäße Ausübung des Ermessens müsste regelmäßig zum Ergebnis kommen, dass Minderjährigen eine Aufrechnung von Ersatz- und Erstattungsansprüchen nicht zuzumuten ist.

c. Wird gegen mehr als eine Person in Höhe von 30 Prozent des Regelbedarfs aufgerechnet, tritt eine **Bedarfsunterdeckung** ein, die nicht mehr zu vertreten ist. Sanktionierte Leistungsberechtigte können bei Kürzungen, die 30 Prozent übersteigen, ergänzende Sachleistungen beantragen. Sind Minderjährige in der Bedarfsgemeinschaft, **müssen** diese gewährt werden (§ 31a Abs. 3 SGB II). Bei der Aufrechnung von Ansprüchen gegen mehrere Personen in einer Bedarfsgemeinschaft, kann eine entsprechende **Schutzfunktion** nur erzielt werden, wenn die Aufrechnung im Rahmen einer Ermessensentscheidung auf eine Person beschränkt wird.

d. Eine 30-prozentige Kürzung ist nach herrschender Meinung bei **Sanktionen** maximal für eine **Dauer von drei Monaten** möglich. Aufrechnungen enden jedoch *„spätestens“* **nach 36 Monaten** (§ 43 Abs. 4 Satz 2 SGB II). Das Jobcenter wird demnach im Rahmen einer zweiten Ermessensentscheidung zu prüfen haben, wie lange aufgerechnet wird, d.h. wie lange die Aufrechnung im konkreten Einzelfall zumutbar ist (⇨Darlehen 1.12).

e. Laut Art. 1 GG gibt es ein Grundrecht auf Gewährleistung des menschenwürdigen Existenzminimums. Darunter ist nicht nur die Sicherung der physischen Existenz zu verstehen, sondern auch die Gewährung eines Mindestmaßes an gesellschaftlicher Teilhabe. Die menschenwürdige Existenz ist aber aufgrund von Aufrechnungshöhe und -dauer nicht mehr gewährleistet. Auch weitere besondere Belastungen der Bedarfsgemeinschaft müssen bei dieser Ermessensabwägung eine Rolle spielen.

1.6 Weitere Alternative: Aushandlung der Rückzahlung

Das Jobcenter kann, statt aufzurechnen, mit den Betroffenen eine Regelung über die freiwillige Rückzahlung von Erstattungs- und Ersatzansprüchen treffen. Wenn diese Vereinbarungen nicht die gesetzlich vorgeschriebenen Beträge der Aufrechnung beinhalten (zehn oder 30 Prozent des Regelbedarfs), handelt es sich nicht um einen ⇨öffentlich-rechtlichen Vertrag, sondern um eine Verzichtserklärung (§ 46 Abs. 1 SGB I), die Sie gegenüber dem Jobcenter abgeben. Hier sind alle Beträge verhandelbar und zulässig. Ein solcher **Verzicht** kann jederzeit mit Wirkung für die Zukunft widerrufen werden (§ 46 Abs. 2 SGB I). Ferner kann das Jobcenter den Vorgang auch an den Forderungseinzug der Regionaldirektion geben (⇨Darlehen 10; ⇨öffentlich-rechtlicher Vertrag 2.).

1.7 Aufschiebende Wirkung des Widerspruchs

Aufgerechnet werden darf erst, wenn der Aufrechnungsbescheid bestandskräftig ist (⇨1.1). Der Widerspruch gegen Aufrechnungen entfaltet aufschiebende Wirkung (LSG Bayern 21.6.2013 - L 7 AS 329/13 B ER; LSG Sachsen-Anhalt 27.12.2011 - L 5 AS 473/11 B ER; ⇨Widerspruch 5. f.)

Tipp: Legen Sie also ⇨Widerspruch gegen den die Aufrechnung bestimmenden ⇨Bescheid (1.1.8) ein. Sollte das Jobcenter die aufschiebende Wirkung nicht anerkennen, müssen Sie diese über eine ⇨**einstweilige Anordnung** herstellen lassen.

1.8 Wenn die Widerspruchsfrist abgelaufen ist

gibt es noch folgende Möglichkeiten:

- Fehlt ein Aufrechnungsbescheid für jede einzelne Person, können Sie einen **Überprüfungsantrag** (§ 44 SGB X) stellen, mit dem Sie die ungeminderte Höhe der Leistungen beanspruchen. Wird die Überprüfung abgelehnt, können Sie Widerspruch gegen den Bescheid einlegen und dessen aufschiebende Wirkung mit einer einstweiligen Anordnung vom Gericht herstellen lassen. Wird Ihrem Antrag stattgegeben, gilt die aufschiebende Wirkung ab Eingang des Antrags bei Gericht.
- Wurde gegen Personen aufgerechnet, die nicht zur Bedarfsgemeinschaft gehören, sollte ebenfalls ein Überprüfungsantrag gestellt (⇨Darlehen 1.5) und dann wie oben verfahren werden.
- Stellen Sie einen **Erlass- oder Stundungsantrag**, wenn die Aufrechnung zur existenziellen Notlage führt. Das gilt v.a. dann, wenn das Jobcenter die Kürzung nicht durch Sachleistungen ausgleicht. Sie müssen im Antrag die Notlage glaubhaft darlegen. Wird dieser abgelehnt, können Sie Widerspruch einlegen und die Herstellung der aufschie-

benden Wirkung bei Gericht beantragen. Näheres unter ⇨Darlehen 1.12

1.9 Dauer der Aufrechnung

Die Befugnis zur Aufrechnung von Erstattungs- und Ersatzansprüchen endet **spätestens nach drei Jahren** (§ 43 Abs. 4 Satz 2 SGB II). Wenn eine Aufrechnung jedoch **unbillig** ist, kann das Jobcenter sie auch schon nach zwei oder drei Monaten beenden. Das SG Berlin hält eine Unterschreitung des Existenzminimums von zehn Prozent des Regelbedarfs für einen Zeitraum von mehr als 20 Monaten (aufgrund eines Darlehens) schon für unzulässig (SG Berlin 30.9.2011- S 37 AS 24431/11 ER). Demzufolge werden höhere Aufrechnungsbeträge über kürzere Zeiträume genauso eine unzulässige Unterschreitung des Existenzminimums darstellen. Demgegenüber hält das BSG sogar eine Aufrechnung mit 30 Prozent des Regelbedarfs für einen Zeitraum von 36 Monaten für statthaft (BSG 9.3.2016 – B 14 AS 20/15 R). Hier kommt es aber auf den Einzelfall an, d.h. darauf, wie es zur Überzahlung gekommen ist und inwieweit die Sicherung des Lebensunterhalts durch die Aufrechnung gefährdet ist.

Das Jobcenter hat hinsichtlich der **Dauer** Ermessen auszuüben. Dabei wird der Grund der Aufrechnung zu würdigen sein, z.B. ob das Jobcenter selbst die Überzahlung verursacht hat. Es wird die Schwere des Verschuldens der Leistungsbeziehenden zu berücksichtigen haben und ob die Überzahlung irrtümlich oder grob fahrlässig herbeigeführt wurde. Auch der spezielle Bedarf des/r Leistungsbeziehenden wird zu berücksichtigen sein, z.B. krankheitsbedingte Mehrkosten. Im Einzelfall kann auch ganz von einer Aufrechnung abgesehen werden (Hohm/Groth, GK SGB II, § 43 Rn. 53, zur alten Rechtslage).

Die Aufrechnungsbescheidung entfaltet, wenn sie zusammen mit dem Bewilligungsbescheid ergeht, eine Bindungswirkung nur für den Bewilligungsabschnitt. Wenn Sie unabhängig davon erfolgt, über diesen hinaus (Hohm/Groth, GK SGB II, § 43 Rn. 49, zur alten Rechtslage bis 3/2011).

Tipp 1: Wurde im Aufrechnungsbescheid kein Aufrechnungszeitraum genannt, können Sie Widerspruch einlegen und diesen hinsichtlich der Dauer umfassend begründen. Ist der Bescheid rechtskräftig, können Sie einen Überprüfungsantrag stellen.

Tipp 2: Bevor ein Aufrechnungsbescheid erlassen wird, der Ihre Leistungen herabsetzt, muss die Behörde Sie anhören (§ 24 SGB X). Nutzen Sie das um darzulegen, welche besonderen Aspekte bei der Entscheidung über Berechtigung und Dauer der Aufrechnung berücksichtigt werden müssen.

Folgende Aspekte spielen bei einer **sachgerechten Ermessensausübung** eine Rolle:
- Gegen wen richtet sich die Aufrechnung (z.B. gegen Kind oder neu in die Bedarfsgemeinschaft aufgenommenen Partner*in)?
- Liegen besondere Bedarfslagen vor, die nicht unter die Härtefallregelung fallen?
- Welche Umstände haben zur Überzahlung geführt (Versäumnisse des Jobcenters, Unbeholfenheit des/r Leistungsberechtigten)?
- Welche Auswirkungen hat die Aufrechnung? (Wurden Leistungen schon längere Zeit durch Darlehenstilgungen aufgerechnet? Wie viele Personen sind betroffen?)
- Welche Auswirkung hat die Aufrechnung auf das Selbsthilfepotential des/r Leistungsbeziehenden?
- Läuft ein Überprüfungsantrag wegen der Rückforderung?
- Beruht die Rückforderung auf einer zweifelhaften Rechtslage (unterschiedliche Rechtsprechung, angekündigte Änderung, Abhilfeersuchen im Petitionsausschuss)? (⇨1.5 e.)

2. Aufrechnung früherer Sozialhilfe

Auch Erstattungsansprüche aus der Sozialhilfe nach dem BSHG (vor 2005) können im Alg II-Bezug aufgerechnet werden, wenn es sich nicht um Darlehensforderungen handelt (§ 65e Satz 1 SGB II). Allerdings ist diese Regelung auf die ersten zwei Jahre des SGB II-Leistungsbezuges beschränkt (§ 65e Satz 2 SGB II). Beziehen Sie schon länger Alg II, wäre eine Aufrechnung rechtswidrig.

3. Aufrechnung bei HzL/GSi der Sozialhilfe

„Die Leistung kann bis auf das jeweils Unerlässliche mit Ansprüchen des Trägers der Sozialhilfe gegen eine leistungsberechtigte Person aufgerechnet werden,[...]“

a. *„wenn es sich um Ansprüche auf Erstattung zu Unrecht erbrachter Leistungen der Sozialhilfe handelt, die die leistungsberechtigte Person durch* ***vorsätzlich oder grob fahrlässig*** *unrichtige oder unvollständige Angaben oder durch* ***pflichtwidriges Unterlassen*** *veranlasst hat, oder wenn es sich um Ansprüche auf Kostenersatz nach den §§ 103 und 104 handelt"* (§ 26 Abs. 2 SGB XII). Zur Aufrechnung berechtigen Erstattungsansprüche aufgrund *„vorsätzlich oder grob fahrlässig unrichtiger oder unvollständiger Angaben"* (§ 45 Abs. 2 Satz 3 Nr. 2 SGB X). Also wenn Sie z.B. Arbeitseinkünfte, Zuwendungen durch Partner*in, Eltern usw. oder Vermögen bei Ihrem Antrag verschwiegen haben. Oder wenn Erstattungsansprüche bestehen, weil Sie unter Verletzung Ihrer Mitwirkungspflichten eine leistungsrelevante Änderung nicht mitgeteilt haben (§ 48 Abs. 1 Satz 2 Nr. 2 SGB X).
Alle anderen Erstattungsansprüche, insbesondere diejenigen, die aufgrund von vermuteter Kenntnis der Rechtswidrigkeit ergangen sind (§ 45 Abs. 2 Satz 3 Nr. 3 SGB X; § 48 Abs. 1 Satz 2 Nr. 4 SGB X), **dürfen nicht aufgerechnet werden.**

b. wenn das Sozialamt **Schulden** für Dinge übernommen hat, die schon durch Sozialhilfeleistungen gedeckt waren, z.B. ⇨Mietschulden, obwohl die Miete schon bezahlt war, ⇨Stromschulden, obwohl der Strom mit dem Regelbedarf schon bezahlt gewesen sein soll (§ 26 Abs. 3 SGB XII). Sind die Miet- oder Energieschulden allerdings **vor** dem Leistungsbezug entstanden, ist eine Aufrechnung des dafür gewährten Darlehens im Leistungsbezug rechtswidrig. Ein Darlehen darf nur dann aufgerechnet werden, wenn der Bedarf zuvor durch den Sozialhilfeträger erbracht wurde (§ 26 Abs. 3 SGB XII).

Nur in diesen Fällen darf das Sozialamt die Rückforderung über eine Aufrechnung mit laufender Sozialhilfe eintreiben. Voraussetzung ist auch hier ein Aufhebungs- und Erstattungsbescheid (§ 50 SGB X), ein die Aufrechnung verfügender Bescheid oder ein die Darlehensaufrechnung verfügender Bescheid.

Das Aufrechnungsverbot aus dem Sozialhilfebezug (§ 51 Abs. 1 SGB I) wird durch § 26 SGB XII umgangen. Die Leistung kann **bis auf** das ***„jeweils Unerlässliche"*** gekürzt werden. Je nach Kommentarmeinungen können höchstens **20 bis 30 Prozent** (Hauck/ Noftz, SGB XII, § 26 Rn. 59), bis zu **25 Prozent** (Grube/Wahrendorf/Flint, 7. Aufl., SGB XII, § 26 Rn 4) oder regelmäßig etwa **20 Prozent** (Schellhorn u.a. Kommentar SGB XII, § 26 Rn 15; LPK-SGB XII, 12. Aufl., § 26 Rn. 9) der jeweiligen Regelleistung einbehalten werden. Das *„Unerlässliche"* ist nach den **Besonderheiten des Einzelfalls** zu bemessen. 75 Prozent des vollen Regelbedarfs wären 312,20€ zum Leben (2021).

3.1 Dauer der Aufrechnung

Aufgrund eines Erstattungsbescheides darf maximal **drei Jahre** lang aufgerechnet werden. Auch hierbei ist ⇨Ermessen auszuüben. Der Zeitraum kann also auch deutlich kürzer sein (⇨1.9). Bei Darlehen für Bedarfe, die bereits durch Sozialhilfeleistungen gedeckt waren, ist keine zeitliche Obergrenze normiert. Hier ist aber auch von einem kürzeren Zeitraum auszugehen, da das *„verfassungsrechtlich garantierte Existenzminimum"* nicht dauerhaft unterschritten werden darf (BVerfG 9.2.2010 - 1 BvL 1/09). Über die Dauer ist im Einzelfall nach Ermessen zu entscheiden.

Der Zeitraum bezieht sich auf die Aufrechnung **einer** Forderung. Bei einer weiteren Aufrechnung fängt die Frist von vorne an.

3.2 Widerspruch entfaltet aufschiebende Wirkung

Legen Sie Widerspruch gegen den Aufhebungs- und Erstattungsbescheid sowie den Aufrechnungsbescheid ein, entfaltet dieser bei der HzL/ GSi der Sozialhilfe **immer** aufschiebende Wirkung (§ 86a Abs. 1 SGG). Das Sozialamt darf erst aufrechnen, wenn der Bescheid rechtskräftig ist.

4. Was tun bei rechtswidriger Aufrechnung?

Alg II und HzL/GSi der Sozialhilfe

Wenn die Behörde überzahlte Leistungen aufrechnet, ohne die rechtlichen Voraus-

setzungen zu beachten, sollten Sie gegen den die Aufrechnung verfügenden Bescheid **Widerspruch** einlegen. Der Widerspruch hat aufschiebende Wirkung (⇨1.8; ⇨3.2). Allerdings kann die aufschiebende Wirkung aufgehoben werden, indem die Behörde die sofortige Vollziehung der Aufrechnung anordnet (§ 86a Abs. 2 Nr. 5 SGG). Dann werden Sie zur ⇨einstweiligen Anordnung gezwungen.

Ist der Aufrechnungsbescheid bereits rechtskräftig, können Sie die **Überprüfung** eines rechtswidrigen, belastenden Verwaltungsaktes beantragen (§ 44 SGB X; ⇨1.8; ⇨Nachzahlung 3.1).

5. Aufrechnung von Kostenersatz bei *„sozialwidrigem Verhalten"*

⇨Rückforderung

Forderung
Keine Aufrechnung unter das Existenzminimum!

Auskunftsrecht und -pflicht

Inhaltsübersicht

1. Allgemeines Recht auf Auskunft der Behörde (§ 15 SGB I)

Zur Auskunft verpflichtet sind die kommunalen Behörden wie Gemeinden, Landkreise und Bezirksämter sowie die Träger von Sozialleistungen wie Sozialämter, Jobcenter, die gesetzlichen Krankenkassen, die Rentenversicherung usw. Diese sind verpflichtet, jedem die zuständigen Leistungsträger zu nennen (§ 15 Abs. 2 Satz 1 SGB I). Angesichts der verwirrenden ⇨**Zuständigkeit**en bei Alg II ist es besonders wichtig zu wissen, wer überhaupt zuständig ist. Die Auskunftspflicht wird ergänzt durch die ⇨**Beratung**spflicht nach § 14 SGB I, § 14 Abs. 2 SGB II und § 11 SGB XII

Die Behörden müssen Ihnen in allen Sach- und Rechtsfragen Auskunft erteilen, die für Sie *„von Bedeutung sein können"* (§ 15 Abs. 2 SGB I), für das Alg II hat sich die Beratung nach dem Beratungsbedarf des/r Leistungsberechtigten zu richten (§ 14 Abs. 2 S. 3 SGB II), das heißt, das Amt hat auch in fremden Sprachen und in einfacher Sprache zu beraten sowie bei Analphabetismus und Behinderung Verständigungsbrücken zu bauen, denn sie hat sich am Empfängerhorizont zu orientieren. Es sei denn, die jeweilige Behörde ist dazu aufgrund ihrer Kompetenzen nicht imstande. Die Behörde ist also verpflichtet, Ihnen z.B. mitzuteilen, wie die Regelung zu den angemessenen Unterkunftskosten aussieht. Sie muss Ihnen auch Auskunft darüber geben, welche*r Sachbearbeiter*in für was zuständig ist.

Personen und Beratungsstellen können bei Behörden auch die Herausgabe von ⇨Verwaltungsrichtlinien, Mitarbeiter*innenlisten und Informationen über Zuständigkeitsbereiche etc. in Kopie oder elektronischer Form einfordern. Diese Auskunftsersuchen haben aber nichts mit dem Auskunftsrecht nach § 15 SGB I zu tun, sondern stützen sich auf die **Informationsfreiheitsgesetze** (IFG) von Bund und Ländern. Der Auskunftsanspruch nach sonstigen Gesetzen geht dem Anspruch nach dem IFG vor (§ 1 Abs. 3 IFG).
Näheres unter ⇨**Verwaltungsrichtlinien**.

1.1 Anspruch auf Auskunft

Einen Anspruch auf Auskunft haben jeder Mensch, jede juristische Person (z.B. Vereine oder Vereine in Gründung) und Zusammenschlüsse von Betroffenen. Ein eingetragener Verein zu sein, ist keine Voraussetzung. Auskünfte sind kostenfrei (§ 64 SGB X). Sie müssen kurzfristig erteilt werden, denn die *„Leistungsträger sind verpflichtet, darauf hinzuwirken, dass [...] jeder Berechtigte die ihm zustehenden Sozialleistungen in zeitgemäßer Weise, umfassend und zügig erhält"* (§ 17 Abs. 1 Nr. 1 SGB I). Wenn Ihnen

Auskünfte verweigert werden, können Sie Dienstaufsichtsbeschwerde (⇨Beschwerde) oder ⇨ Widerspruch einlegen und ⇨Klage einreichen (LPK SGB I, § 15 Rn. 12).
Die BA regelt in ihren Dienstanweisungen zum SGB I, dass der Anspruch auf Beratung **natürliche** und **juristische Personen** betrifft, also nicht nur Leistungsberechtigte, sondern auch Beratungsstellen oder Angehörige, unabhängig von Wohn- und Aufenthaltsort und Nationalität (FW zu § 14 SGB I).

1.2 Auskunftspflicht

Auskunftspflichtig sind die nach Landesrecht für Sozialleistungen zuständigen Stellen (§ 15 Abs. 1 SGB I), i.d.R. Kommunen und Landkreise sowie die Träger der gesetzlichen Kranken- und Rentenversicherung. Die Auskunftsstellen sind untereinander zur Zusammenarbeit verpflichtet, damit Ihnen eine Stelle möglichst umfassend Auskunft erteilen kann (§ 15 Abs.3 SGB I).

1.3 Falsche Auskünfte

Entstehen Ihnen durch fehlerhafte, unvollständige oder verweigerte Auskünfte wirtschaftliche Schäden, haftet die zuständige Behörde dafür. Sie können einfordern, dass Sie so gestellt werden, als hätten Sie aufgrund einer richtigen Auskunft den richtigen Antrag gestellt. Das nennt sich **sozialrechtlicher Herstellungsanspruch** und ist eine von der Sozialgerichtsbarkeit entwickelte Rechtsauffassung, nach der wie bei einer Amtspflichtverletzung (Art. 34 GG, § 839 BGB, BGH 02.08.2018 - III ZR 466/16) korrigiert werden muss. Näheres dazu ⇨Nachzahlung 1.1 ff. ⇨Antragstellung 1.8.1

2. Auskunft über gespeicherte Sozialdaten (nach deutschem Recht)

„Dem Betroffenen ist auf Antrag Auskunft zu erteilen über 1. die zu seiner Person gespeicherten Sozialdaten, auch soweit sie sich auf Herkunft oder Empfänger dieser Daten beziehen, und 2. den Zweck der Speicherung" (Art. 15 DSGVO iVm § 83 Abs. 1 SGB X).

Sozialdaten sind *„personenbezogene Daten [der Betroffenen]"*, die von der Sozialbehörde *„im Hinblick auf ihre Aufgaben [...] verarbeitet werden"* (§ 67 Abs. 2 SGB X). Sozialdaten sind sowohl in schriftlichen Akten als auch elektronischen Dateien zu finden.

Auskunft ist auch über **Empfänger** zu erteilen, an die der Sozialleistungsträger Sozialdaten weitergegeben hat, z.B. andere Leistungsträger, Polizei, Verfassungsschutz usw. (Art. 15 DSGVO iVm § 83 Abs. 1 Satz 1 Nr. 2 SGB X).
Die Auskunft sollte innerhalb einer angemessenen Frist von zwei bis drei Wochen nach Antragstellung erfolgen (LPK SGB X, § 83 Rn. 2), nach DSGVO besteht ein unverzüglicher Auskunftsanspruch, d.h. spätestens nach einem Monat (Art. 12 Abs. 3 DSGVO).

Neben der Einsichtnahme können Sie auch das Recht wahrnehmen, **Daten berichtigen, sperren oder löschen** zu lassen (§ 84 SGB X) oder Schadenersatz zu verlangen, wenn Ihnen durch fehlerhafte Dateneingabe ein Schaden entstanden ist (Art. 82 DSGVO iVm § 82 SGB X).
Anders als bei der ⇨Akteneinsicht brauchen Sie keine Gründe anzugeben, warum Sie Auskunft haben wollen. Sie sollten im Antrag aber möglichst Angaben über die Art der verlangten Sozialdaten machen.

3. Einschränkungen des Auskunftsrechts

Ihr Recht auf Auskunft ist unabdingbar und darf nicht *„durch Rechtsgeschäfte ausgeschlossen oder beschränkt werden"* (§ 84a Abs. 1 SGB X). Nur die *„Form der Auskunftserteilung"* liegt im Ermessen der Behörde (§ 83 Abs. 1 Satz 3 SGB X).
Auskünfte können jedoch abgelehnt werden, wenn z.B. dadurch die Aufgaben der Behörde nicht mehr ordnungsgemäß erfüllt werden könnten oder die öffentliche Sicherheit bzw. das *„Wohl des Bundes oder eines Landes"* gefährdet wäre oder die berechtigten Interessen eines Dritten verletzt würden (§ 83 Abs. 4 SGB X), z.B. die eines Informanten.

Wenn Ihr Auskunftsantrag nicht oder nur teilweise erfüllt wird, können Sie den **Bundes- oder Landesbeauftragten für Datenschutz und Informationsfreiheit** einschalten und ihn um Prüfung bzw. Unterstützung bitten (§ 83 Abs. 6 SGB X). Diese Prüfung des Sachverhalts durch die „Bürgerbeauftragten" ist für Sie kostenlos, während bei einer Klage je nach Behörde Gerichtskosten auf Sie zukommen können.
Auskünfte über Sozialdaten sind kostenfrei (§ 83 Abs. 7 SGB X), ebenso Auskünfte über Zuständigkeiten, sowie Sach- und Rechtsfragen.

4. Auskunft über gespeicherte Sozialdaten (nach EU-Recht/ Datenschutz-Grundverordnung)

Seit dem 25. Mai 2018 gilt in allen Mitgliedstaaten der EU die ⇨ Datenschutz-Grundverordnung (DSGVO). Nationales Recht der Mitgliedstaaten, das ihr widerspricht, darf seit diesem Zeitpunkt nicht mehr angewandt werden. Gleichzeitig wurde das Bundesdatenschutzgesetz (BDSG) umfassend geändert. Viele Vorschriften des BDSG wurden durch Regelungen der DSGVO ersetzt. Grundsätzlich gelten die Regelungen des SGB I und des SGB X. Durch die Sonderregelung in § 37 S. 2 SGB X gelten in Verbindung mit § 30 Abs. 2 SGB I die Regelungen der DSGVO unmittelbar vorrangig vor deutschem Recht. Wir denken, die genaue Beschäftigung mit der DSGVO und dem neuen BDSG wird bestimmt noch einige interessante Fragestellungen und Probleme für die beteiligten Behörden, beauftragten Stellen und Beschäftigungsträger bringen.

4.1 Umfang des Auskunftsrechts

Nach Art. 15 Abs. 1 DSGVO steht Ihnen ein umfassendes Auskunftsrecht zu. Demnach können Sie vom Jobcenter/ HzL/ GSi oder auch von Beschäftigungsträgern, zu denen das Jobcenter Menschen geschickt hat, eine Bestätigung darüber verlangen, ob dort personenbezogene Daten von Ihnen verarbeitet werden und, sollte dies der Fall sein, um welche Daten genau es sich dabei handelt. Darüber hinaus sind vom Verantwortlichen nach Art. 15 Abs. 1 DSGVO vor allem noch Informationen mitzuteilen:

- über die Verarbeitungszwecke,
- über die Kategorien personenbezogener Daten, die verarbeitet werden,
- über die gegebenen oder möglichen Datenempfänger bzw. Kategorien von Empfängern,
- soweit möglich über die geplante Speicherdauer,
- **über die Rechte auf Berichtigung, Löschung, Einschränkung der Verarbeitung sowie über ein Widerspruchsrecht nach Art. 21 DSGVO,**
- über das Beschwerderecht bei der Aufsichtsbehörde,
- über die Herkunft der Daten, soweit sie diese nicht von der betroffenen Person selbst erhoben haben,
- soweit zutreffend über das Bestehen einer automatisierten Entscheidungsfindung einschließlich Profiling.

4.2 Form und Frist der Auskunftserteilung

Die Auskunftserteilung an Sie kann je nach Sachverhalt schriftlich, elektronisch oder mündlich erfolgen (Art. 12 Abs. 1 S. 2, 3 DSGVO). Dabei ist Ihnen eine Kopie der personenbezogenen Daten, die Gegenstand der Verarbeitung sind, zur Verfügung zu stellen. Als datenschutzfreundlichste Möglichkeit wird ein Fernzugriff der betroffenen Person auf ihre eigenen Daten genannt (Nr. 63 Satz 4 ErwGr)
Auskunftserteilungen müssen gemäß Art. 12 Abs. 3 DSGVO **unverzüglich** erfolgen, **spätestens aber innerhalb eines Monats**. Die Monatsfrist darf nur in begründeten Ausnahmefällen überschritten werden.

4.3 Berichtigungs- und Löschungsrecht

Auch die neue DSGVO ist mit einem Berichtigungs- und Löschungsrecht ausgestattet. Allerdings wurden deren Voraussetzungen und die Grundlagen für eine Berichtigung reformiert.
Während eine Berichtigung, zu der ausdrücklich auch die Vervollständigung gezählt wird, nach Art. 16 DSGVO dann verlangt werden kann, wenn die erhobenen Daten unrichtig sind, muss das Amt/der Beschäftigungsträger dem Anspruch auf Löschung dann Rechnung tragen, wenn

- **der Zweck der Datenverarbeitung erreicht** wurde und die personenbezogenen Daten insofern nicht mehr erforderlich sind,
- der/die Betroffene seine/ihre Einwilligung widerrufen hat und keine anderweitige (gesetzliche) Rechtsgrundlage für die Verarbeitung im Sinne von Art. 6 Abs. 1 lit. b-f DSGVO eingreift,
- der/die Betroffene gegen die Verarbeitung Widerspruch im Sinne des Art. 21 DSGVO eingelegt hat,
- die personenbezogenen Daten unrechtmäßig, also nicht von Art. 6 DSGVO gedeckt, erhoben, verarbeitet oder genutzt wurden oder
- der/die Betroffene seine/ihre Einwilligung als Minderjährige*r gemäß Art. 8 DSGVO abgegeben hat und die Löschung verlangt.

Weiteres unter → **Datenschutz**
Siehe auch: **Sozialdatenschutz - Die Bürger und ihre Daten im Netz der sozialen Sicherheit** (Der Bundesbeauftragte für den Datenschutz, Mai 2020), Download: https://t1p.de/u4nt

Befangenheit von „Amtsträgern“

Inhaltsübersicht

Hartz IV-Beziehende werden im „Neusprech“ der BA „Kunden“ genannt. Allerdings fühlen sich „Jobcenter-Kunden“ selten als König. Das liegt z.T. an den Arbeitsbedingungen der Mitarbeiter*innen dort und vor allem an den Vorgaben der BA-Zentrale in Nürnberg und der örtlichen Geschäftsführungen. Mehrere Befragungen von Alg II-Beziehenden, die von Erwerbsloseninitiativen oder Wohlfahrtsverbänden durchgeführt wurden, haben ergeben, dass die Atmosphäre auf Jobcentern häufig als unfreundlich und abweisend bezeichnet wird und der Umgangston zu wünschen übrig lässt. Daran können Sie wenig ändern. Wenn aber Ihr/e Sachbearbeiter*in/ Fallmanager*in Ihnen gegenüber voreingenommen, offen feindlich oder schikanös auftritt oder Sie mit ihm in Ihrem nächsten privaten Umfeld zu tun haben, können Sie ihn wegen Befangenheit ablehnen.

1. Ausschlussgründe per Gesetz

Befangenheit wird per Gesetz angenommen, wenn Behördenmitarbeiter*innen selbst Beteiligte sind, wenn sie Angehörige eines Beteiligten sind, einen Beteiligten per Vollmacht vertreten oder dessen Beistand sind, wenn sie Angehörige einer Person sind, die einen Beteiligten in dem Verfahren vertreten, einen Beteiligten beschäftigen oder dessen Vorstand sind oder wenn sie außerhalb amtlicher Tätigkeiten ein Gutachten abgegeben haben oder sonst wie tätig sind (§ 16 Abs. 1 SGB X). In diesen Fällen ist es egal, ob im Einzelfall Anhaltspunkte bestehen, dass der/die Ausgeschlossene sich von unsachlichen Motiven leiten lässt.

2. Weitere Gründe für Befangenheit

Die Befangenheitsregelungen (§ 17 SGB X) ergänzen die Regelungen des § 16 SGB X. *„Die Besorgnis der Befangenheit verlangt einen gegenständlichen vernünftigen Grund, der die Beteiligten von ihrem Standpunkt aus befürchten lassen kann, dass der Amtsträger nicht unparteiisch sachlich entscheiden werde. Fälle dieser Art können z.B. eine bestehende Freundschaft oder Feindschaft zwischen dem Amtsträger und einem der Beteiligten, die Berührung wirtschaftlicher oder sonstiger persönlicher Belange des Amtsträgers, unsachliche Äußerungen zu Anträgen eines Beteiligten, vorzeitige Festlegung in einer bestimmten Rechtsauffassung, offenbare Voreingenommenheit u.ä. sein"* (BT-Drs. 7/910, 47, zu § 17 SGB X). Die Gründe müssen objektiv vorliegen und dürfen nicht nur in Ihrer Vorstellung bestehen. Die Gründe sollten zudem gewichtig sein, denn ein/e Behördenchef*in wird einem/r Mitarbeiter*in ohne wichtigen Grund keine Schwierigkeiten machen.

Gründe können also sein

- eine persönliche oder auf früheren dienstlichen Anlässen beruhende Feindschaft zwischen Ihnen und dem/r Amtsträger*in,
- eine private Bekanntschaft oder Abhängigkeit (z.B. Angehörige/r von Vermieter*innen),
- die Möglichkeit, wirtschaftliche Vorteile zu erlangen (von Wulffen SGB X, 9. Aufl., § 17 Rn. 5),
- beleidigende Äußerungen jeglicher Art, z.B. Unterstellungen, Sie wären *„arbeitsscheu"*, hätten Ihr Kind nur bekommen, um sich vor der Arbeit zu drücken usw.,
- die voreilige und vorschnelle Festlegung bei Sachverhalten, d.h. keine gründliche, unvoreingenommene Prüfung.

Letzteres hat eine große Bedeutung, weil insbesondere in den Jobcentern viel zu viele Mitarbeiter*innen beschäftigt sind, die ohne fundierte Kenntnisse des SGB II falsche Behauptungen aufstellen und diese auch noch gegen Sie durchsetzen wollen. Die Voreingenommenheit kann sich auch in der Art und Weise äußern, wie eine Eingliederungsvereinbarung durchgesetzt wird. Wenn z.B. rechtswidrige Dinge vereinbart werden sollen, willkürliche Auflagen gemacht werden oder keinerlei Eingehen auf Ihre persönliche Situation festzustellen ist. Voreingenommenheit ist die Grundlage dafür, jemanden als befangen zurückzuweisen.

B

3. Zurückweisung von Sachbearbeiter*innen

Wenn Sachbearbeiter*innen als Amtsträger*in Ihnen gegenüber ihr Amt nicht *„unparteiisch"* ausüben, müssen Sie das äußern und begründen. *„[...] wird von einem Beteiligten [also von Ihnen] das Vorliegen eines solchen Grundes behauptet, hat [der Amtsträger] den Leiter der Behörde [...] zu unterrichten und sich auf dessen Anordnung der Mitwirkung zu enthalten"* (§ 17 Abs. 1 SGB X).

Wir empfehlen, den **Befangenheitatrag** nicht bei dem/r betreffenden Sachbearbeiter*in zu stellen, sondern direkt bei seinem/r Vorgesetzten – und zwar **schriftlich**. Das erhöht den Druck. Wenn Sie einen schriftlichen Antrag stellen, bekommen Sie in der Regel auch einen schriftlichen Bescheid. Die Ablehnung, Ihnen eine/n andere/n Sachbearbeiter*in zuzuweisen, ist ein Verwaltungsakt, gegen den ⇨Widerspruch möglich ist.

Wenn Sie den/die Amtsleiter*in selbst der Befangenheit beschuldigen, hat diese/r die jeweilige Aufsichtsbehörde (beim Alg II die Bundesagentur oder das zuständige Landesministerium, bei den optierenden Kommunen und der Sozialhilfe den/die Bürgermeister*in und den/die Regierungspräsident*in) davon in Kenntnis zu setzen (§ 47 Abs. 1 und 2 SGB II).

4. BSG stellt sich gegen Betroffene

Mit Urteil vom 22.9.2009 - B 4 AS 13/09 R stärkt das BSG die Position der Arbeitsvermittler*innen/ Fallmanager*innen im „Eingliederungsprozess". Der Betroffene habe weder Anspruch auf eine bestimmte Eingliederungsmaßnahme noch auf einen unbefangenen und qualifizierten persönlichen Ansprechpartner. Es bestände kein subjektiv-öffentliches Recht, eine/n andere/n Mitarbeiter*in benannt zu bekommen. Allerdings ist diese Entscheidung zur Wahlfreiheit von Betroffenen beim Abschluss einer ⇨Eingliederungsvereinbarung nicht unmittelbar auf andere Situationen übertragbar.

Unserer Auffassung nach ist es wichtig, gegen Befangenheit von Behördenmitarbeiter*innen mit Dienstaufsichtsbeschwerden und in besonders gravierenden Fällen mit Befangenheitsanträgen vorzugehen, um Fehlverhalten aktenkundig zu machen.

Wird der Befangenheitsantrag abgelehnt, ist dagegen kein Rechtsmittel wie Klage und Widerspruch möglich. Rechtlich ist nur der Widerspruch gegen den jeweiligen Bescheid möglich, der von einem/r befangenen Mitarbeiter*in durchgeführt wurde.

5. Wahl der Mittel

Sie können in einer ersten Stufe eine **Dienstaufsichtsbeschwerde** stellen. Wenn danach die voreingenommenen Äußerungen und Handlungen des Amtsträgers/der Amtsträgerin weitergehen oder sich gar verstärken, sollten Sie einen Befangenheitsantrag stellen. Zu prüfen wäre auch eine **Fachaufsichtsbeschwerde** (⇨Beschwerde).

Ein Befangenheitsantrag kann auch „ganz oben" gestellt werden, z.B. beim Arbeits- und Sozialministerium des jeweiligen Bundeslandes oder bei der Regionaldirektion der BA. Der Antrag wandert dann die Dienstgrade langsam nach unten und alle bekommen den Vorgang mit.

Tipp 1: Verschießen Sie Ihre Munition nicht auf einen Schlag. Das ist vielleicht gut für ihr Selbstbewusstsein, nutzt Ihnen aber in der Sache nichts. Fangen Sie also mit dem leichtesten Mittel an, und arbeiten Sie sich bei Bedarf langsam hoch.

Tipp 2: Auch wenn der Befangenheitsantrag formell nicht möglich ist, zeigt er der Behördenleitung, dass da etwas nicht stimmt und führt trotzdem zu einem Wechsel des Sachbearbeiters/der Sachbearbeiterin. Daher sollten Sie Ihren Befangenheitsantrag auch stellen.

6. Befangenheit im Gerichtsverfahren

Haben Sie den Eindruck, dass im sozialgerichtlichen Verfahren ein/e Richter*in oder Sachverständige*r nicht unparteiisch, sondern unsachlich, voreingenommen oder gar feindlich auftritt, kann auch diese Person wegen möglicher Befangenheit abgelehnt werden (§ 60 SGG i.V. mit §§ 41 ff. ZPO).

Die sogenannte Besorgnis der Befangenheit liegt vor, wenn ein geeigneter Grund vorhanden ist, Misstrauen gegen die Unparteilichkeit eines Richters/einer Richterin (oder Sachverständigen) zu rechtfertigen. Geeignet hierfür sind nur objektive Gründe, die vom

Standpunkt des Ablehnenden aus und bei vernünftiger Betrachtungsweise die Befürchtung wecken können, der/die Richter*in stehe der Sache nicht unvoreingenommen und unparteiisch gegenüber.

Die bloße unterschiedliche Beurteilung der Sachlage durch den/die Richter*in stellt keinen objektiven Befangenheitsgrund dar, auch die Erteilung von gebotenen Verfahrenshinweisen begründet die Besorgnis der Befangenheit nicht (BSG 18.11.2009 - B 1 KR 74/08 B). Auch der Umstand, dass ein/e Richter*in bereits in der Vergangenheit eine für den Betroffenen nachteilige Entscheidung getroffen hat, rechtfertigt die Besorgnis der Befangenheit nicht (BSG 2.7.2013 - B 9 SB 2/13 C), ebenso wenig die Teilnahme eines Richters/einer Richterin an Tagungen zu aktuellen Rechtsfragen (BSG 18.7.2007 - B 13 R 28/06 R). Hingegen kann eine *„instanzübergreifende Richterehe"* ein Ablehnungsgrund sein (BSG 24.11.2005 - B 9a VG 6/05 B), also die Tätigkeit des Ehegatten/der Ehegattin des Richters/der Richterin in der Rechtsanwaltskanzlei, welche die Gegenseite vertritt (BGH 15.3.2012 - V ZB 102/11) oder aber beleidigende Äußerungen des Richters/der Richterin.

Beistand/ „Begleitschutz"

Inhaltsübersicht

1. Recht auf Beistand

Sie haben das Recht, eine Person Ihres Vertrauens mit auf die Behörde zu nehmen: einen sogenannten Beistand (§ 13 Abs. 4 SGB X).

Wenn Sie mit einem Beistand auf der Behörde erscheinen, werden Sie in der Regel respektvoller behandelt. Der/die SachbearbeiterIn geht korrekter mit Ihnen um, weil Sie nicht alleine sind und ein Zeuge vorhanden ist. Wenn Sie ängstlich sind oder Konflikte haben, empfiehlt es sich, einen Beistand mitzunehmen. Aber achten Sie darauf: was der Beistand sagt, muss von der Behörde so behandelt werden, als hätten Sie es selbst gesagt. Es sei denn, Sie widersprechen unverzüglich (§ 13 Abs. 4 SGB X).

Grundsätzlich handelt es sich bei einem Beistand um eine Vertrauensperson. Der Beistand tritt nicht für, sondern **neben dem Beteiligten** bei Verhandlungen und Besprechungen auf. Die Beistandschaft ist deshalb auf mündliche Erörterungen beschränkt. Die Beistandschaft setzt die persönliche Anwesenheit des Beteiligten und des Beistands voraus. Eine vorherige Anmeldung oder gar eine Genehmigung der Behörde ist für die Anwesenheit des Beistands nicht erforderlich. Die Anwesenheit ist dem Beistand auch bei behördlich veranlassten Begutachtungen des Beteiligten gestattet (LSG NRW 2.11.2009 - L 12 B 57/09 SO - juris Rn. 16; VG Münster 16.5.2012 - 4 L 113/12). Soweit die Anwesenheit des Beistands zu einer möglichen Verfälschung des Begutachtungsergebnisses geführt hat, hat der Sachverständige in seinem Gutachten darauf hinzuweisen.

Ansprechpartner aus Beratungsstellen und Initiativen können Sie im Internet unter anderem unter www.my-sozialberatung.de, https://www.erwerbslos.de/adressen oder www.elo-forum.org/suche-biete-begleitung-arge-jobcenter finden.

Tipp: Bereiten Sie sich vor einem Behördentermin zusammen mit Ihrem Beistand gründlich vor. Besprechen Sie den Sachverhalt, und entwickeln Sie eine gemeinsame Gesprächsstrategie.

2. Wie weit geht das Recht auf Beistand?

Der Beistand kann **mit Ihnen** an allen notwendigen Terminen im Rahmen der Beantragung und des Bezugs von Sozialleistungen teilnehmen. Er kann bei jeder Vorsprache anwesend sein und darf nicht von Gesprächen ausgeschlossen werden. Das gilt auch

für Gespräche über ⇨Eingliederungsvereinbarungen, für Eignungsuntersuchungen im Rahmen eines „Profiling“ oder für gesundheitliche Untersuchungen beim ⇨Amtsarzt oder medizinischen Dienst (LSG NRW 2.11.2009 - L 12 B 57/09 SO).
Ein Beistand ist Ihre Vertrauensperson und nicht Ihr Bevollmächtigter. Er tritt **nicht für Sie**, sondern **neben Ihnen** bei Verhandlungen und Besprechungen auf. Die Beistandschaft ist daher auf die mündliche Erörterung beschränkt. Ein Beistand muss nicht vorher angemeldet werden. Es genügt, wenn der Beistand zusammen mit Ihnen erscheint (LPK SGB X, 5. Aufl., § 13, Rn. 23).

Ein Beistand kann nur zurückgewiesen werden, wenn er zum *„sachgemäßen Vortrag"* nicht fähig ist (§ 13 Abs. 6 SGB X), also dummes Zeug redet oder die Amtsmitarbeiter beschimpft oder anschreit.
Er kann auch zurückgewiesen werden, wenn er geschäftsmäßig fremde Rechtsangelegenheiten besorgt, ohne dazu befugt zu sein (§ 13 Abs.5 SGB X). Das liegt aber nur vor, wenn *„[die Angelegenheit] eine rechtliche Prüfung des Einzelfalls erfordert“* (§ 2 Abs. 1 RDG). Wenn Sie ohne rechtliche Prüfung des Einzelfalls andere begleiten, handelt es sich nicht um Besorgung fremder Rechtsangelegenheiten im Sinne des Rechtsdienstleistungsgesetzes (RDG). Dann ist die Begleitung *„geschäftsmäßig“*, d.h. auch wiederholt oder mit Wiederholungsabsicht zulässig.

2.1 Ein oder mehrere Beistände

Gerade im Zuge von offensiverem Auftreten von Erwerbslosen kommt es immer wieder zum Streit, ob der Begriff *„Beistand“* des § 13 Abs. 4 SGB II sich auf eine Person oder mehrere Personen bezieht. Es darf nicht nur ein Beistand zugelassen werden, sondern nach Sinn und Zweck der Regelung können Betroffene sich durchaus von zwei oder drei Beiständen unterstützen lassen (SG Kassel 12.9.2008 - S 7 AS 554/08 ER; Hauck/Noftz SGB X, § 13 Rn. 20). Die Beistände müssen nur für die Aufgabe geeignet sein. Wobei wir die Auffassung vertreten, dass eine Beistandschaft bestehend aus drei oder mehr Personen i.d.R. nicht geeignet ist, eine ruhige und sachliche Gesprächssituation herbeizuführen.

2.2 Ausweispflicht von Beiständen?

Beistände dürfen nur neben Betroffenen auftreten, haben keine Vertretungsvollmacht, dürfen selbst keine Anträge stellen und nur das Anliegen mündlich vortragen. Deshalb besteht keine Ausweispflicht eines Beistandes. Die behördliche Ermittlung des Namens eines Beistandes ist erst dann *„erforderlich“* im Sinne des § 67a Abs. 1 Satz 1 SGB X, wenn die Behörde zu dem begründeten Eindruck kommt, dass der Beistand gegen Rechtsvorschriften verstößt bzw. er nicht als Beistand auftreten darf. Vorher ist das Verlangen, sich auszuweisen unzulässig. *„Der Beistand bedarf keiner besonderen Legitimation. Es genügt, dass der Beteiligte mit ihm zu Verhandlungen und Besprechungen erscheint“* (von Wulffen, SGB X, 7. Aufl., § 13 Rn. 12). Nach § 13 Abs. 5 SGB X **sind** Bevollmächtigte und Beistände zurückzuweisen, wenn sie entgegen § 3 RDG Rechtsdienstleistungen erbringen. Eine Rechtsdienstleistung im Sinne dieses Gesetzes ist jede Tätigkeit in konkreten fremden Angelegenheiten, sobald sie eine rechtliche Prüfung des Einzelfalls erfordert (§ 2 Abs. 1 RDG). Sitzt der Beistand nur dabei oder vermittelt er zwischen Ihnen und dem Sachbearbeiter, findet keine Rechtsdienstleistung statt.

In letzter Zeit wird wiederholt nach Ausweisen von Beiständen gefragt. Die Behörden machen das, um Beistände abzuschrecken. Für ein Verlangen sich auszuweisen, gibt es ohne konkreten Anlass aber keine Rechtsgrundlage und keinen sachlichen Grund. Leistungsbeziehende selbst bieten sich oft als Beistand an. Wird ihre Tätigkeit aufgrund der Vorlage des Ausweises im Amt bekannt, müssen Sie mit Nachteilen rechnen. Allein aus diesem Grund ist die Ausweispflicht von Beiständen abzulehnen.
Dennoch hat das SG Stuttgart eine generelle Ausweispflicht bejaht, denn das Jobcenter hätte einen Anspruch zu erfahren, wer sich mit im Amtszimmer aufhält (28.11.2014 - S 4 AS 6236/14 ER). Das kann jedoch im Rahmen gängiger Umgangsformen auch ohne Vorlage des Ausweises in Erfahrung gebracht werden. Eine Feststellung der Personalien, ohne dass dafür ein begründeter Anlass besteht, ist gerade deshalb abzulehnen, weil die „norma-

len“ Umgangsformen im Jobcenter gewahrt bleiben müssen. Das SG Köln hat entschieden, dass eine Ausweispflicht besteht, denn einem SGB II-Träger muss die Möglichkeit eingeräumt sein, zur Aufrechterhaltung der Sicherheit der Beschäftigten und des Publikums jeweils Kenntnis darüber zu erlangen, wer sich innerhalb des Behördengebäudes aufhält. Dies gilt auch, um Adressaten eines Hausverbots zu ermitteln und die Einhaltung von Hausverboten kontrollieren zu können. Eine Ausweispflicht besteht auch, um zu kontrollieren, ob der Beistand nach § 3 RDG in Verbindung mit § 13 Abs. 5 SGB X eine unzulässige Rechtsdienstleistungen erbringe (SG Köln 3.3.2020 - S 28 AS 5110/18, SG Stuttgart 28.11.2014 - S 4 AS 6236/14 ER), so die Ansicht dieser beiden Gerichte.

2.3 Zurückweisung von Beiständen in Coronazeiten

Es ist verschiedentlich bekannt geworden, dass in der Zeit nach dem Lockdown Beistände generalpräventiv von Jobcentern zurückgewiesen wurden, so hat beispielsweise das JC Rhein-Kreis Neuss Meldeaufforderungen nach§ 59 SGB II mit folgenden Hinweisen versendet: „Beachten Sie bitte darüber hinaus, dass Sie den Beratungstermin ausschließlich alleine wahrnehmen können und verzichten Sie daher auf Begleitpersonen.“

Derartige Verwaltungspraxen und Meldeaufforderungen sind rechtswidrig, denn sie verstoßen gegen das unabdingbare Recht auf Beistand, welches auch nicht durch Corona eingeschränkt werden darf (§ 13 Abs. 4 SGB X iVm § 31 SGB I). Eine Meldeaufforderung von Jobcentern mit der Anweisung, nicht mit Beistand zu erscheinen, ist als Verwaltungsakt anzusehen, gegen den ⇨Widerspruch eingelegt werden kann, welcher nach § 86a Abs. 1 SGG aufschiebende Wirkung hat. Das bedeutet: die Betreffenden können mit Beistand erscheinen. Wird der Besuch dann vonseiten der Behörde abgebrochen, ist eine Sanktion rechtswidrig.

Die Sozialleistungsträger führen in der Coronazeit zunehmend Meldeaufforderungen durch Telefontermin durch, diese sind auch kritisch zu bewerten, weil dadurch ein Beistand ausgeschlossen wird. Wer nicht alleine mit der Behörde den Kontakt sucht, kann diesen Telefonmeldetermin ablehnen. Dies auch, da Meldeaufforderungen nach § 59 SGB II iVm 309 SGB III ausschließlich Meldungen in Form eines persönlichen Erscheinens vorsieht. Eine Sanktion bei Weigerung einen telefonischen Meldetermin durchzuführen ist daher nicht zulässig.

3. Folgen rechtswidriger Zurückweisung eines Beistands

Wenn ein Beistand zurückgewiesen wird, muss das sowohl Ihnen als auch dem Beistand schriftlich mitgeteilt werden (§ 13 Abs. 7 SGB X), natürlich mit Begründung. Sie können und sollten dagegen gerichtlich vorgehen. Handlungen, die vor der Zurückweisung erfolgten, bleiben weiter wirksam.

Wenn Sie einen Termin zum Abschluss einer Eingliederungsvereinbarung oder einen Untersuchungstermin nicht wahrnehmen, weil Ihr Beistand rechtswidrig zurückgewiesen wurde, darf das nicht gegen Sie ausgelegt werden, sondern muss als *„wichtiger Grund"* anerkannt werden, der die ⇨Sanktion ausschließt (§ 31 Abs. 1 Satz 2 SGB II).

Auch Ihre ⇨Mitwirkungspflichten haben Sie in diesem Fall nicht verletzt, denn Sie hatten auch hier einen *„wichtigen Grund"* (§ 65 Abs. 1 Nr. 2 SGB I).

4. Begleitschutz

Erwerbslosengruppen und Beratungsstellen organisieren vermehrt Begleitschutz bei Behördengängen. Diese Form solidarischer Unterstützung wird zunehmend gebraucht und ist die passende Antwort auf allseits überhandnehmende „Aktivierung“ und „Schikanierung“ der Arbeitslosenverwaltung. Begleitschutz ist zudem eine einfache Möglichkeit, sich zu organisieren und sich gemeinsam zu wehren und kann schnelle Erfolge bringen. Die Beteiligten benötigen kein besonderes Fachwissen, sondern lediglich Grundkenntnisse und gewisse kommunikative Fähigkeiten im Umgang mit dem Amt. Diese Form der Ämterbegleitung ist keine Vertretung oder Besorgung in fremden Rechtsangelegenheiten und wird vom Rechtsdienstleistungsgesetz als unentgeltliche Rechtsdienstleistung *„in nachbarschaftlichen oder ähnlichen persönlichen Beziehungen"* gedeckt (§ 6 Abs. 2 Satz 1 RDG).

Tipp: Begleitschutz kann mit unterschiedlichen Zielsetzungen durchgeführt werden. Je nachdem, ob der Behördentermin eher klärenden, Ansprüche einfordernden oder demonstrativen Charakter hat, kann die **Zahl der Beistände** von einer Person bis zur aktionsfähigen Kleingruppe variieren. Wichtig ist nur, dass sich die Beteiligten über ihr Ziel und die Rollenverteilung einig sind. (⇨2.1)

Beratung

Inhaltsübersicht

1. Beratung als allgemeine Aufgabe für alle Sozialbehörden

1.1. Gesetzliche Regelungen

Die Beratungspflicht der Behörden und Ihr Recht auf Beratung ergeben sich aus diversen Vorschriften:

Allgemein:

§ 2 Abs. 2 Halbsatz 2 SGB I: Bei der Auslegung sozialer Rechte nach dem SGB *„ist sicherzustellen, dass die sozialen Rechte möglichst weitgehend verwirklicht werden."*

§ 14 SGB I: *„Jeder hat Anspruch auf Beratung über seine Rechte und Pflichten nach diesem Gesetzbuch."*

§ 15 Abs. 1 und 2 SGB I: *„Die nach Landesrecht zuständigen Stellen [...] sind verpflichtet, über alle sozialen Angelegenheiten nach diesem Gesetzbuch Auskünfte zu erteilen. Die Auskunftspflicht erstreckt sich auf die Benennung der für die Sozialleistungen zuständigen Leistungsträger sowie auf alle Sach- und Rechtsfragen, die für die Auskunftssuchenden von Bedeutung sein können und zu deren Beantwortung die Auskunftsstelle imstande ist."*

§ 17 Abs. 1 SGB I: *„Die Leistungsträger sind verpflichtet, darauf hinzuwirken, dass 1. jeder Berechtigte die ihm zustehenden Sozialleistungen in zeitgemäßer Weise, umfassend und zügig erhält, 2. die zur Ausführung von Sozialleistungen erforderlichen sozialen Dienste und Einrichtungen rechtzeitig und ausreichend zur Verfügung stehen, 3. der Zugang zu den Sozialleistungen möglichst einfach gestaltet wird, insbesondere durch Verwendung allgemein verständlicher Antragsvordrucke und 4. ihre Verwaltungs- und Dienstgebäude frei von Zugangs- und Kommunikationsbarrieren sind und Sozialleistungen in barrierefreien Räumen und Anlagen ausgeführt werden."*

Für Leistungen vom Jobcenter nach SGB II:

§ 1 Abs. 3 Nr. 1 SGB II: *„Die Grundsicherung für Arbeitsuchende umfasst Leistungen zur Beratung."*

§ 4 Abs. 2 S. 1 SGB II: *„Die [...] zuständigen Träger wirken darauf hin, dass erwerbsfähige Leistungsberechtigte und die mit ihnen in einer Bedarfsgemeinschaft lebenden Personen die erforderliche Beratung und Hilfe anderer Träger, insbesondere der Kranken- und Rentenversicherung, erhalten."*

§ 14 Abs. 2 SGB II: *„Leistungsberechtigte Personen erhalten Beratung. Aufgabe der Beratung ist insbesondere die Erteilung von Auskunft und Rat zu Selbsthilfeobliegenheiten und Mitwirkungspflichten, zur Berechnung der Leistungen zur Sicherung des Lebensunterhalts und zur Auswahl der*

Leistungen im Rahmen des Eingliederungsprozesses. Art und Umfang der Beratung richten sich nach dem Beratungsbedarf der leistungsberechtigten Person."

§ 14 Abs. 3 SGB II: „*Die Agentur für Arbeit soll eine persönliche Ansprechpartnerin oder einen persönlichen Ansprechpartner für jede erwerbsfähige leistungsberechtigte Person und die mit dieser in einer Bedarfsgemeinschaft lebenden Personen benennen.*"

Beratung nach Ermessensausübung zur Eingliederung in Arbeit

§ 16 Abs. 1 S. 2 Nr. 1 SGB II i.V.m. § 29 SGB III: „*Das Jobcenter kann jungen Menschen und Erwachsenen, die am Arbeitsleben teilnehmen oder teilnehmen wollen, Berufsberatung anbieten. Art und Umfang der Beratung richten sich nach dem Beratungsbedarf der oder des Ratsuchenden. Das Jobcenter berät geschlechtersensibel. Insbesondere wirkt es darauf hin, das Berufswahlspektrum von Frauen und Männern zu erweitern. Das Jobcenter soll bei der Beratung die Kenntnisse über den Arbeitsmarkt des europäischen Wirtschaftsraumes und die Erfahrungen aus der Zusammenarbeit mit den Arbeitsverwaltungen anderer Staaten nutzen.*"

§ 16a Nr. 2 und 4 SGB II: „*Zur Verwirklichung einer ganzheitlichen und umfassenden Betreuung und Unterstützung bei der Eingliederung in Arbeit können die folgenden Leistungen, die für die Eingliederung der oder des erwerbsfähigen Leistungsberechtigten in das Erwerbsleben erforderlich sind, erbracht werden: die Schuldnerberatung, die Suchtberatung.*"

§ 16c Abs. 2 S. 1 SGB II: „*Erwerbsfähige Leistungsberechtigte, die eine selbständige, hauptberufliche Tätigkeit ausüben, können durch geeignete Dritte durch Beratung oder Vermittlung von Kenntnissen und Fertigkeiten gefördert werden, wenn dies für die weitere Ausübung der selbständigen Tätigkeit erforderlich ist.*"

Für Leistungen vom Sozialamt nach SGB XII:

§ 8 SGB XII: „*Die Sozialhilfe umfasst [...] die jeweils gebotene Beratung.*"

§ 10 Abs. 2 SGB XII: „*Zur Dienstleistung gehören insbesondere die Beratung in Fragen der Sozialhilfe und die Beratung und Unterstützung in sonstigen sozialen Angelegenheiten.*"

§ 11 Abs. 2 SGB XII: „*Die Beratung betrifft die persönliche Situation, den Bedarf sowie die eigenen Kräfte und Mittel sowie die mögliche Stärkung der Selbsthilfe zur aktiven Teilnahme am Leben in der Gemeinschaft und zur Überwindung der Notlage. Die aktive Teilnahme am Leben in der Gemeinschaft umfasst auch ein gesellschaftliches Engagement. Zur Überwindung der Notlage gehört auch, die Leistungsberechtigten für den Erhalt von Sozialleistungen zu befähigen. Die Beratung umfasst auch eine gebotene Budgetberatung.*"

§ 11 Abs. 3 S. 5: „*Leistungsberechtigte nach dem Dritten [Hilfe zum Lebensunterhalt] und Vierten Kapitel [Grundsicherung im Alter und bei Erwerbsminderung] erhalten die gebotene Beratung für den Umgang mit dem durch den Regelsatz zur Verfügung gestellten monatlichen Pauschalbetrag (§ 27a Absatz 3 Satz 2 SGB XII).*"

§ 11 Abs. 5 SGB XII: „*Auf die Beratung und Unterstützung von Verbänden der freien Wohlfahrtspflege, von Angehörigen der rechtsberatenden Berufe und von sonstigen Stellen ist zunächst hinzuweisen. Ist die weitere Beratung durch eine Schuldnerberatungsstelle oder andere Fachberatungsstellen geboten, ist auf ihre Inanspruchnahme hinzuwirken. Angemessene Kosten einer Beratung nach Satz 2 sollen übernommen werden, wenn eine Lebenslage, die Leistungen der Hilfe zum Lebensunterhalt erforderlich macht oder erwarten lässt, sonst nicht überwunden werden kann; in anderen Fällen können Kosten übernommen werden. Die Kostenübernahme kann auch in Form einer pauschalierten Abgeltung der Leistung der Schuldnerberatungsstelle oder anderer Fachberatungsstellen erfolgen.*"

Speziell zur Familienplanung:

§ 49 S. 1 SGB XII: „*Zur Familienplanung [wird] die ärztliche Beratung [...] geleistet.*"

§ 51 SGB XII: „*Bei einer durch Krankheit erforderlichen Sterilisation [...][wird] die ärztliche [...] Beratung [...] geleistet.*"

Speziell zur Eingliederungshilfe:

Natürlich sind auch die Leistungsträger nach dem Bundesteilhabegesetz über § 14 SGB I

B

beratungspflichtig. Zur Stärkung der Beratung und zur Selbstbestimmung von Menschen mit Behinderungen und von Behinderung bedrohter Menschen fördert das Bundesministerium für Arbeit und Soziales eine von Leistungsträgern und Leistungserbringern unabhängige Teilhabeberatung als niedrigschwelliges Angebot, das bereits im Vorfeld der Beantragung konkreter Leistungen zur Verfügung steht. Dieses Angebot besteht neben dem Anspruch auf Beratung durch die Rehabilitationsträger (§ 32 Abs. 1 SGB IX).

Speziell zur Hilfe zur Pflege:
§ 64f Abs. 2 SGB XII: „*Ist neben der häuslichen Pflege nach § 64 eine Beratung der Pflegeperson geboten, sind die angemessenen Kosten zu übernehmen.*"

Speziell zur Hilfe zur Überwindung besonderer sozialer Schwierigkeiten:
§ 68 Abs. 1 S. 1 SGB XII: „*Die Leistungen umfassen [...] insbesondere Beratung [...] für die Leistungsberechtigten und ihre Angehörigen* [...]."

Speziell zur Hilfe zur Weiterführung des Haushalts:
§ 70 Abs. 3 S. 3 SGB XII: „*Ist neben oder anstelle der Weiterführung des Haushalts [...] eine Beratung [...] geboten, sind die angemessenen Kosten zu übernehmen.*"

Speziell zur Altenhilfe:
§ 71 Abs. 2 Nr. 3 und 4 SGB XII: „*Als Leistungen der Altenhilfe kommen insbesondere in Betracht: Beratung und Unterstützung im Vor- und Umfeld von Pflege, insbesondere in allen Fragen des Angebots an Wohnformen bei Unterstützungs-, Betreuungs- oder Pflegebedarf sowie an Diensten, die Betreuung oder Pflege leisten; Beratung und Unterstützung in allen Fragen der Inanspruchnahme altersgerechter Dienste.*"

Für Menschen mit Behinderung:
§ 6 Abs. 3 S. 3 und 4 SGB IX: „*Mit Zustimmung und Beteiligung des Leistungsberechtigten kann die Bundesagentur für Arbeit mit dem zuständigen Jobcenter eine gemeinsame Beratung zur Vorbereitung des Eingliederungsvorschlags durchführen, wenn eine Teilhabeplankonferenz nach § 20 nicht durchzuführen ist. Die Leistungsberechtigten und das Jobcenter können der Bundesagentur für Arbeit in diesen Fällen die Durchführung einer gemeinsamen Beratung vorschlagen.*"
§ 20 Abs. 1 S. 1 und 2 SGB IX: „*Mit Zustimmung der Leistungsberechtigten kann der für die Durchführung des Teilhabeplanverfahrens nach § 19 verantwortliche Rehabilitationsträger zur gemeinsamen Beratung der Feststellungen zum Rehabilitationsbedarf eine Teilhabeplankonferenz durchführen. Die Leistungsberechtigten, die beteiligten Rehabilitationsträger und die Jobcenter können dem nach § 19 verantwortlichen Rehabilitationsträger die Durchführung einer Teilhabeplankonferenz vorschlagen.*"
All diese Normen zeigen, wie hoch der Anspruch an Art und Umfang der Beratung durch Behörden ist. Nun mag jeder selbst diesen Anspruch mit der Realität „auf dem Amt" vergleichen…
Die Sachbearbeiter*innen arbeiten oft selbst unter schlechten Bedingungen und hohem Druck. Unter solchen Bedingungen ist es für die Angestellten der Behörden schwierig, wirkliche Kompetenzen zu entwickeln und für eine gute Beratung ist natürlich eigenes, sicheres Fachwissen unverzichtbar. An dieser Stelle ist anzumerken, dass der Dienstherr (also der Bund und/oder die Kommunen) verpflichtet ist, seine Behörde personell und materiell so auszustatten, dass sie ihre Aufgaben effektiv und gesetzestreu erfüllen kann. Scheitert die gute Beratung also an fehlendem oder schlecht ausgebildetem Personal, dann liegt eine Amtspflichtverletzung des Dienstherrn vor.
Bestehen Sie darauf, dass Ihnen ein*e persönliche*r Ansprechpartner*in genannt wird und verlangen Sie von diesem/r freundlich, aber bestimmt eine Beratung zu allen leistungsrelevanten Fragen. Fragen Sie nach rechtlichen Grundlagen, wenn von Ihnen etwas verlangt wird. Und bestehen Sie auf die Einhaltung der oben zitierten Gesetzesvorschriften.

Tipp: Sie können Beratungsanfragen auch schriftlich stellen und um eine schriftliche Auskunft oder einen Termin bei Ihrem/r Sachbearbeiter*in bitten.

1.2. Beratung als Amtspflicht

Selbst wenn es all die unter 1.1. aufgezählten Normen nicht gäbe, besteht für alle Behörden-Mitarbeiter*innen eine Amtspflicht zur Beratung und Aufklärung der Bürger*innen. Diese Pflicht ergibt sich direkt aus dem Grundgesetz und dem dort geregelten Grundsatz der rechtmäßigen Verwaltung (Art. 20 Abs. 3 GG).

Nach der ständigen Rechtsprechung des Bundesgerichtshofs (BGH) ergibt sich Folgendes (vgl. 2.2.1997 – III ZR 241/95; 26.4.2018 – III ZR 367/16; BeckOGK/Dörr, BGB, § 839 Rn. 183; BGH 2.8.2018 – III ZR 466/16):
Auskünfte, die ein*e Behörden-Mitarbeiter*in erteilt, müssen vollständig, richtig und unmissverständlich sein, sodass Sie sich auf diese Auskünfte verlassen und danach planen und handeln können. Vor allem, wenn der/die Behörden-Mitarbeiter*in bei Ihnen keine Rechts- oder Fachkenntnisse voraussetzen kann, muss er/sie Form und Inhalt der Auskunft so gestalten, dass bei Ihnen Missverständnisse möglichst ausgeschlossen sind. Das heißt also auch, dass bei komplizierteren Themen die Auskunft schriftlich zu erfolgen hat, wenn nur so Missverständnisse vermieden werden können. Die Mitarbeiter*innen der Behörde können sich bei einer Falschauskunft nicht auf ihre Unkenntnis berufen – Sie dürfen davon ausgehen, dass jede*r einzelne*r von ihnen die aktuelle Rechtslage, inklusive der aktuellen Rechtsprechung, kennt (BGH 20.2.1992 – III ZR 188/90).

Darüber hinaus können besondere Lagen und Verhältnisse nach ständiger Rechtsprechung des BGH für den/die Behörden-Mitarbeiter*in zusätzliche (Fürsorge-)Pflichten begründen. Wenn der/die Mitarbeiter*in bspw. erkennt oder erkennen muss, dass Sie die Rechts- oder Sachlage zur Erreichung Ihrer Ziele nicht richtig überblicken (können), dann muss diese*r Ihnen beratend und helfend zur Seite stehen, damit Sie Ihre Ziele möglichst bald und möglichst umfassend erreichen können. Insbesondere darf der/die Mitarbeiter*in der Behörde nicht „sehenden Auges" zulassen, dass Sie Schäden erleiden, die er/sie durch einen kurzen Hinweis, eine Belehrung mit wenigen Worten oder eine entsprechende Aufklärung über die Sach- und Rechtslage vermeiden könnte (z.B. BGH 7.12.1995 – III ZR 141/94; 9.10.2003 – III ZR 414/02, 3.3.2005 – III ZR 186/04; 20.4.2017 – III ZR 470/16). Diese zusätzlichen Aufklärungs- und Belehrungspflichten ergeben sich aus dem Grundsatz, dass Behörden-Mitarbeiter*innen nicht nur Vollstrecker staatlichen Willens, nicht nur Diener des Staates, sondern zugleich „Helfer des Bürgers" sein sollen. Diese Pflichten betreffen Fallkonstellationen, in denen sich die notwendige Hilfe oder eine andere gebotene Verhaltensweise situationsbedingt aufdrängt (BGH 9.10.2003 – III ZR 414/02; BeckOGK/Dörr, BGB, § 839, Rn. 181, 195).

Besondere Beratungs- und Betreuungspflichten bestehen im Sozialrecht für die Sozialleistungsträger. Denn eine umfassende Beratung ist die Grundlage für das Funktionieren des immer komplizierter werdenden sozialen Leistungssystems. Im Vordergrund steht dabei nicht mehr nur die Beantwortung von Fragen oder Bitten um Beratung, sondern die verständnisvolle Förderung der Leistungsbeziehenden, also die aufmerksame Prüfung durch den/die Sachbearbeiter*in, ob Anlass besteht, die Leistungsbeziehenden auch von Amts wegen auf Gestaltungsmöglichkeiten oder Nachteile hinzuweisen, die sich mit deren Anliegen verbinden. Denn schon gezielte Fragen setzen Sachkunde voraus, über die Leistungsbeziehende oft nicht verfügen (BGH 6.2.1997 – III ZR 241/95). Die Beratungspflicht ist nicht unbedingt auf die Normen beschränkt, die der betreffende Sozialleistungsträger anzuwenden hat. Der Leistungsträger kann sich nicht auf die Beantwortung konkreter Fragen oder abgegrenzter Bitten beschränken, sondern muss sich bemühen, das konkrete Anliegen des/r Ratsuchenden zu ermitteln, Und er muss – unter dem Gesichtspunkt einer verständnisvollen Förderung – prüfen, ob über die konkrete Fragestellung hinaus Anlass besteht, auf Gestaltungsmöglichkeiten, Vor- oder Nachteile hinzuweisen, die sich mit dem Anliegen verbinden (BGH 6.2.1997 – III ZR 241/95; BeckOGK/Dörr, BGB, § 839, Rn. 185; Pressemitteilung BGH Nr. 130/2018 zu BGH 2.8.2018 – III ZR 466/16.

Das Bundessozialgericht geht in ständiger Rechtsprechung davon aus, dass die allgemeine Beratungspflicht nicht nur die Behörde betrifft, die eine Leistung zu erbringen hat. Auch eine „andere Behörde“ kann beratungspflichtig sein – im Klartext: wenn bspw. dem Jobcenter bekannt wird, dass bei Ihnen ein Rehabilitationsbedarf besteht (bzgl. Teilhabe am Arbeitsleben, Teilhabe am sozialen Leben, Teilhabe an Bildung, medizinische Reha), dann kann sich die Beratungspflicht des Jobcenters auch auf Möglichkeiten für Reha-Leistungen erstrecken, obwohl es für solche Leistungen eigentlich nicht zuständig ist. Das kommt insbesondere dann in Betracht, wenn die Zuständigkeitsbereiche beider Stellen materiell-rechtlich eng miteinander verknüpft sind und das Jobcenter zum maßgeblichen Zeitpunkt auf Grund eines bestehenden Kontakts der „aktuelle Ansprechpartner“ für Sie ist, der auf Grund ihm bekannten Umstände erkennen kann, dass bei Ihnen im Hinblick auf Reha-Leistungen ein dringender Beratungsbedarf in einer gewichtigen Frage besteht (z.B. BSG 22.10.1996 – 13 RJ 69/95; BSG 30.9.2009 – B 9 VG 3/08 R). Kontaktieren Sie also bspw. das Jobcenter und wird für die Behörde ein zwingender Reha-Beratungsbedarf ersichtlich, so besteht für das Jobcenter auch ohne ein entsprechendes Beratungsbegehren, durch das in der Regel die Beratungspflicht erst ausgelöst wird, zumindest die Pflicht, Ihnen nahezulegen, sich (auch) von einem zuständigen Reha-Träger beraten zu lassen. Eine solche Spontanberatungspflicht bzgl. einer für die Behörde fachfremden Angelegenheit kommt aber nur dann in Betracht, wenn die in dem konkreten Behördenkontakt zutage tretenden Umstände insoweit eindeutig sind, als dass sie ohne weitere Ermittlungen einen dringenden Reha-Beratungsbedarf o.ä. erkennen lassen (BSG 6.5.2010 – B 13 R 44/09 R).

All die dargestellten Grundsätze, die sich vor allem aus dem Amtshaftungsrecht ergeben, wurden hier weitgehend nach der Entscheidung des BGH vom 2.8.2018 - III ZR 466/16 zitiert. In dieser Entscheidung ging es um einen Beziehenden von Grundsicherung, der vom Sozialamt zu rentenrechtlichen Fragen hätte beraten werden müssen. Nach Ansicht des BGH hätte das Sozialamt zumindest darauf hinweisen müssen, dass er sich dringend Beratung von der zuständigen Rentenversicherung einholen soll.

Da langzeitiger Bezug von Leistungen bzw. Armut krank machen kann und andersherum Krankheit oft zu Verarmung und Leistungsbezug führt, muss von Mitarbeiter*innen von Jobcentern vor allem verlangt werden, dass sie diesen Umstand im Blick haben. Statt zu sanktionieren, sollten die Betroffenen bspw. zu Leistungen nach dem SGB IX (Behindertenrecht / Teilhaberecht) beraten werden (SG Dresden 16.5.2014 – S 12 AS 3729/13).

1.3. Wann muss die Behörde beraten – Beratungsanspruch

Die entscheidende Frage ist nun: Wann muss die Behörde Sie beraten und all die oben dargestellten Grundsätze einhalten? Muss die Behörde nur beraten, wenn Sie ausdrücklich darum bitten? Oder muss die Beratung von Amtswegen erfolgen (sogenannte „Spontanberatung“)? Dazu ergibt sich schon einiges aus den Darstellungen zur Amtshaftung – grundsätzlich muss die Behörde nicht von Amts wegen tätig werden, es sei denn, die Umstände des Einzelfalls gebieten das.

Also, wenn keine besonderen Umstände vorliegen, muss die Behörde Sie nur beraten, wenn Sie ausdrücklich eine Beratung wünschen. Daher sind Sie letztlich nur auf der ganz sicheren Seite, wenn Sie stets nachfragen / um Beratung bitten, sobald Ihnen etwas unklar ist. Achten Sie auch darauf, dass Ihre Bitte um Beratung aktenkundig wird! Im Zweifel reichen Sie eine schriftliche Bitte um Beratung ein, die dann zur Akte genommen wird.

Für den Bereich des Alg II muss gefordert werden, dass an das Beratungsbegehren keine hohen Anforderungen gestellt werden. Die Beantragung oder auch nur die Frage nach bestimmten Leistungen muss stets so ausgelegt werden, dass auch eine Beratung dazu gewollt ist, wie diese Leistungen schnell und umfassend erreicht werden können und ob ggf. weitere Anträge in diesem Zusammenhang sinnvoll wären. Das Sozialrecht im Allgemeinen und das SGB II im Besonderen sind kompliziert – wie sollen Sie aber um Beratung zu etwas bitten können, was Sie selbst nicht vollständig verstehen (können)? Es muss daher als ausreichend angesehen werden, wenn sich aus der Akte ergibt, dass spezifische Hilfebedarfe bestehen und Sie dazu Beratung benötigen.

Was ergibt sich dazu aus dem Gesetz?
Vor allem bezeichnet § 1 Abs. 3 Nr. 1 SGB II drei Leistungen, die gleichberechtigt nebeneinanderstehen und vom Alg II-Antrag umfasst sind:
1. Beratung,
2. Eingliederung in Ausbildung oder Arbeit,
3. Lebensunterhaltssicherung.

Daraus muss sich ergeben, dass die Beratung zu allen Fragen der Eingliederung und Lebensunterhaltssicherung mit dem Alg II-Antrag bereits ausdrücklich beantragt ist und somit ein ausdrückliches Beratungsersuchen stets vorliegt. Wenn also etwa eine Schwangerschaft aktenkundig ist, dann muss die Behörde von sich aus auf die Gewährung von Mehrbedarfen und Einmalleistungen hinwirken. Wenn eine Erkrankung aktenkundig ist, bei der eine kostenaufwändige Ernährung nötig sein kann, dann muss die Behörde Sie darauf hinweisen und Ihnen die entsprechenden Antragsformulare aushändigen etc.

In § 4 Abs. 2 S. 1 SGB II verpflichtet das Gesetz die Jobcenter zudem, dafür zu sorgen, dass Sie auch „die erforderliche Beratung und Hilfe anderer Träger“ (Kranken-, Pflege-, Rentenversicherung, Agentur für Arbeit, Jugendamt etc.) erhalten. Das Gesetz sieht es also als unverzichtbar an, dass auch diese (eigentlich sachfremden) Beratungsleistungen erbracht werden, um das Ziel der Eingliederung in Ausbildung oder Arbeit und der Lebensunterhaltssicherung zu erreichen. Wenn das aber so ist, dann hat § 1 Abs. 3 Nr. 1 SGB II auch zur Folge, dass diese Beratungsleistungen mit dem Hauptantrag mit beantragt sind. Bei aktenkundiger Krankheit, wenn Sie einen Familienangehörigen pflegen, wenn Leistungen der Rentenversicherung erreichbar sein könnten, wenn sich Reha-Leistungen aufdrängen, wenn Jugendhilfeleistungen in Frage stehen etc. – immer dann muss Ihnen das Jobcenter zumindest aufzeigen, wie Sie an sachkundige Beratung und Hilfe kommen können.

Um all diese Beratungsanforderungen erfüllen zu können, muss die Behörde Ihren „Fall“ natürlich sehr genau kennen und es müssen die Kapazitäten bestehen, diese Beratungen auch sachgerecht zu leisten. § 14 Abs. 3 SGB II sieht dafür vor, dass Ihnen zwingend ein **p**ersönlicher **A**nsprech**p**artner (pAp) zu benennen ist, der Sie durch das Dickicht des SGB manövriert. Hier ist anzumerken, dass die notorisch unterbesetzten Jobcenter mit Mitarbeiter*innen in teilweise prekären Verhältnissen diesen Ansprüchen nicht gerecht werden – Bund und Kommunen trifft hier die Amtspflicht, ihre Behörden personell und materiell so auszustatten, dass sie ihre Aufgaben effektiv und im Sinne des § 2 Abs. 2 Halbsatz 2 SGB I (Es „ist sicherzustellen, dass die sozialen Rechte möglichst weitgehend verwirklicht werden“) erfüllen können. Der Ist-Zustand der meisten Jobcenter dokumentiert somit eine andauernde Amtspflichtverletzung des Bundes und der Kommunen. Dieser Zustand kann aber keine Rechtfertigung für die Vernachlässigung der Beratung sein – ein rechtswidriger Zustand kann nie irgendetwas rechtfertigen.

1.4. Umfang der behördlichen Beratung

Beratung ist die **umfassende** und **gezielte Information** der einzelnen Person über ihre **Rechte und Pflichten** nach dem Sozialgesetzbuch. Der Begriff der Beratung umfasst auch **Rechtsberatung**, die Hilfestellung bei der Antragstellung und ggf. beim Anfertigen von Schriftsätzen. Dazu gehört auch, dass das Amt eigeninitiativ bestimmte rechtliche Gestaltungsmöglichkeiten aufzeigt (SG Duisburg 9.6.2006 - S 27 AS 289/05; LSG NRW 20.11.2006 - L 20 AS 89/06). Beratung heißt auch, die Rechtslage verständlich zu erläutern, auf anhängige Verfahren bei den obersten Gerichten aufmerksam zu machen und ggf. auf bevorstehende Gesetzesänderungen hinzuweisen (BSG SozR 3 - 5750 Art. § 6 Nr. 7).

Zur **Spontanberatung** der Behörde kann auch gehören, dass Ausländer*innen, die der deutschen Sprache nicht mächtig sind, in ihrer Muttersprache beraten werden, falls entsprechende Sprachkenntnisse vorhanden sind, oder sie darauf hingewiesen werden, dass ein Anspruch auf Übernahme der Kosten für Dolmetscher und Übersetzer bestehen kann (⇨Antrag 1.13. ff.).

B

Selbst wenn Zweifel an Ihrer Bedürftigkeit bestehen, muss die Behörde Sie beraten, wie Sie diese **Zweifel ausräumen** können. Sie ist verpflichtet, *„dem Antragsteller den Weg zur Gewährung der Sozialleistung aufzuzeigen"* (SG Düsseldorf 26.1.2005 - S 35 AS 6/05 ER). Es ist rechtswidrig, bei Zweifeln dem/r Hilfebedürftigen die Beweislast darüber aufzubürden, dass er/sie bedürftig ist. *„Diese Sicht der Dinge verkennt die Aufklärungspflichten der Antragsgegnerin. [...] Stattdessen ist die Behörde verpflichtet, bestehende Zweifel [...] durch geeignete eigene Ermittlungen auszuräumen. [...] In diesem Rahmen kann sie den Antragsteller zur Mitwirkung verpflichten"* (SG Düsseldorf 26.1.2005 - S 35 AS 6/05 ER).
Das SG Düsseldorf folgt *„ausdrücklich nicht der [...] Rechtsprechung der Verwaltungsgerichtsbarkeit, wonach allein Zweifel der Behörde an der Hilfebedürftigkeit [...] ausreichend sein sollen, um der Antragstellerin die Beweislast für ihre Vermögenslosigkeit aufzuerlegen"* (SG Düsseldorf 1.2.2005 - S 35 SO 9/05 ER).
Sogar dann, wenn alle von der Behörde verlangten Mitwirkungspflichten erfüllt wurden: *„Die Behörde hat alle für den Einzelfall bedeutsamen, auch die für die Beteiligten günstigen Umstände zu berücksichtigen"* (§ 20 Abs. 2 SGB X, Untersuchungsgrundsatz).

Das Bundesverfassungsgericht hat das bestätigt. Alg II darf nicht verweigert werden, ohne dass dem/r Antragstellenden konkret dargelegt wird, welche Pflichten dies*r verletzt hat und was er/sie tun muss, um einen Anspruch zu haben (BVerfG 12.5.2005 - 1 BvR 569/05). Das BVerfG hat Urteile von Sozialgerichten wegen Grundrechtsverletzungen aufgehoben, in denen die Verweigerung von Alg II im Jahre 2005 mit ungeklärten Zweifeln an der Sozialhilfebedürftigkeit aus dem Jahre 2004 begründet wurde. Das würde eine lebenslängliche Strafe bedeuten und sei nicht damit zu vereinbaren, dass es eine *„staatliche Pflicht zur Sicherstellung einer menschenwürdigen Existenz"* gebe (BVerfG 12.5.2005 - 1 BvR 569/05). Diese Grundsätze sind leider immer noch nicht selbstverständlich. Der 5. Senat des LSG Berlin-Brandenburg verneinte bspw. die Hilfebedürftigkeit eines Antragstellers im Eilverfahren, u.a. weil dieser einen Kontoauszug aus 2012 nicht vorlegen konnte (es ging um Leistungen für 2016!) (LSG Berlin-Brandenburg 26.10.2016 – L 5 AS 2357/16 B ER; eine Verfassungsbeschwerde dagegen war zumindest bzgl. der Ablehnung von PKH erfolgreich: BVerfG 14.2.2017 – 1 BvR 2507/16).

1.5 Sozialrechtlicher Herstellungsanspruch bei Beratungsfehlern

Entsteht Ihnen bei Alg II-/Sozialhilfebezug durch eine falsche, unzureichende oder missverständliche Beratung oder durch eine unterlassene Beratung ein nachweisbarer Schaden, weil Ihnen Rechtsansprüche vorenthalten wurden, werden Sie so gestellt, als hätten Sie rechtzeitig einen Antrag gestellt (zum Herstellungsanspruch bspw.: LSG Niedersachsen-Bremen 24.2.2015 – L 7 AS 187/14; LSG Bayern 27.2.2014 – L 7 AS 642/12). Das nennt man *„sozialrechtlicher Herstellungsanspruch"* (⇨Nachzahlung 1.; ⇨Antragstellung 1.8).

Aber Vorsicht! Wer leichtfertig auf einen sozialrechtlichen Herstellungsanspruch setzt, landet oft auf dem harten Boden der Realität. Die Voraussetzungen für einen solchen Anspruch sind tückisch und meist scheitert der Anspruch an mindestens einer dieser Voraussetzungen (vgl. bspw.: BSG 30.3.2011 – B 12 AL 2/09 R; BSG 18.1.2011 – B 4 AS 29/10 R): a) Pflichtverletzung der Behörde – hier Beratungspflicht; b) Schaden bei Ihnen; c) Kausalität zwischen Pflichtverletzung und Schaden (die Pflichtverletzung muss wesentliche Bedingung für den Schaden sein); d) Schaden kann durch rechtmäßiges Behördenhandeln beseitigt werden; e) die Korrektur durch einen Herstellungsanspruch darf dem Gesetzeszweck nicht widersprechen.

Oft scheitert der Herstellungsanspruch schon daran, dass die Pflichtverletzung nicht bewiesen werden kann. Daher ist es wichtig, Nachweise zu schaffen, dass Sie um Beratung nachgesucht haben und Ihnen diese Beratung aber nicht oder nicht richtig oder vollständig gegeben wurde. Reichen Sie also Beratungsersuchen schriftlich zur Akte. Bestehen Sie darauf, dass ein Aktenvermerk erstellt wird, wenn Sie im persönlichen Gespräch um Beratung gebeten haben. Nehmen Sie Zeugen mit zu persönlichen Gesprächen. Fertigen Sie sofort nach persönlichen Gesprächen Gedächtnisprotokolle an. Notieren Sie sich stets den Namen Ihres Gesprächspartners/ihrer Gesprächspartnerin. Wenn Beratungen mündlich erfolgen, bestehen Sie auch hier auf einem Beratungsvermerk, der zur Akte genommen wird oder bestehen Sie auf einer schriftlichen Beratung. Viele Jobcenter gehen auch dazu über, alle denkbaren Beratungen in Beratungsheftchen etc. zu packen. Wenn Ihnen also Info-Broschüren, Beratungsformulare etc. ausgehändigt werden: Vorsicht! Nehmen Sie nichts an, unterschreiben Sie nichts, von dem Sie nicht absolut sicher sind, dass Sie alles gelesen und verstanden haben! Im Zweifel verweigern Sie die Entgegennahme / Unterschrift und bitten darum, den Text erst einmal unverbindlich mitnehmen zu dürfen, um zu lesen und zu verstehen und in einem späteren Vorsprachetermin dazu Fragen stellen zu können. Wenn Sie eine Leseschwäche haben oder generell Schwierigkeiten haben, längere Texte zu verstehen, erklären Sie das und bitten Sie ausdrücklich um eine mündliche Beratung. Seien Sie selbstbewusst und fordern Sie die für Sie geeignete Beratungsform ein und – einmal mehr – achten Sie darauf, dass alles Wesentliche auch schriftlich in der Akte landet und Ihnen ggf. auch in Schriftform ausgehändigt wird.

Sie sehen: schon bei dieser ersten Voraussetzung für einen Herstellungsanspruch wird es in der Praxis oft sehr eng. Und dann muss auch noch der Schaden nachgewiesen werden. Das kann im Einzelfall auch schwierig werden, wird aber in der Regel vergleichsweise einfach sein: Das Jobcenter weiß, dass Sie schwanger sind und tut pflichtwidrig nichts, um Ihnen eine Erstausstattung zur Schwangerschaft und/oder einen Mehrbedarf für werdende Mütter zu verschaffen – der Schaden ist die entgangene Erstausstattung und/oder der entgangene Mehrbedarf.

Bei der Kausalität kommt es vor allem darauf an, ob die Pflichtverletzung der Behörde die einzige Ursache für den Schaden ist und, wenn es weitere Ursachen gibt, welche Ursache die „wesentliche Bedingung" für den Schaden ist. Hatte das Jobcenter Sie bspw. eingeladen, um die Schwangerschaftsbedarfe zu besprechen und Sie sind ohne wichtigen Grund nicht zu diesem Termin erschienen, dann wird dieses Nichterscheinen als wesentlich für den Schaden angesehen werden. Pauschale Checklisten können hier allerdings nicht funktionieren – es kommt immer auf den Einzelfall an.

Wenn durch einen Beratungsfehler Leistungen verhindert wurden, ist es einfach: die Behörde kann durch eine Nachbewilligung den Schaden beseitigen. Wenn es aber um Tatsachen oder Anspruchsvoraussetzungen geht, die fehlen, weil die Beratung falsch war, dann kann die Behörde diesen Schaden oft nicht durch rechtmäßiges Handeln beseitigen und der Herstellungsanspruch scheitert daran. Ein Beispiel: Sie beantragen Alg II, haben aber eine private Lebensversicherung mit einem Rückkaufswert von 20.000 €. Das Jobcenter hat Sie nicht dazu beraten, dass Sie nur dann einen Leistungsanspruch haben, wenn Sie einen Verwertungsausschluss in Ihren Versicherungsvertrag aufnehmen. Dann kann das Jobcenter unmöglich rückwirkend diesen Verwertungsausschluss in Ihrem Versicherungsvertrag vornehmen oder auch nur fingieren. Sie sehen, auch hier kann es tückisch werden.

Schließlich muss auch genau geprüft werden, ob es um einen sozialrechtlichen Herstellungsanspruch geht oder um Amtshaftung (ein*e Behördenmitarbeiter*in hat schuldhaft nicht oder falsch beraten und dadurch einen Schaden verursacht, für den Sie nun Entschädigung verlangen). Der Herstellungsanspruch wird im Streitfall vor dem Sozialgericht – gerichtskostenfrei – verhandelt. Der Amtshaftungsanspruch muss dagegen vor dem Landgericht verhandelt werden. Das bedeutet: Anwaltspflicht und Gerichtskosten und das heißt, Sie tragen ein erhebliches Kostenrisiko (Kosten für eigene*n Anwält*in + für gegnerische*n Anwält*in + Gerichtskosten).

1.6 Aufklärungspflicht

„Die Leistungsträger [...] sind verpflichtet, im Rahmen ihrer Zuständigkeit die Bevölke-

rung über die Rechte und Pflichten nach diesem Gesetzbuch aufzuklären" (§ 13 SGB I). Aufklärung z.B. über Ratgeber, Merkblätter usw. wäre eine Form der Beratung. Dabei muss die Behörde u.a. auf eine einfache Sprache achten. Arbeitslose und Sozialhilfebeziehende kennen häufig ihre Rechte nicht, haben noch nie das SGB II bzw. das SGB XII gesehen, geschweige denn die ⇨Verwaltungsrichtlinien bzw. die Fachlichen Weisungen der BA, nach denen die Behörden Leistungen erbringen sollen. Daher ist zu fordern, dass die Behörden ihre Fachlichen Weisungen und sonstige Weisungen, nach denen sie im Wesentlichen handeln, frei und einfach zugänglich machen.

Kritik

Die Bundesregierung, Hartz IV-Parteien und Medienkonzerne tragen zu der Meinung bei, dass Aufklärung und Beratung über gesetzliche Ansprüche auf Leistungen selbst schon Missbrauch wären. Das frühere Bundesministerium für Wirtschaft und Arbeit unter dem heutigen Aufsichtsrat Clement klagte uns als Autor*innen dieses Leitfadens an, wir würden *„Beihilfe zum Betrug"* statt Beratung betreiben. Der Spiegel bescheinigte uns, dieser Leitfaden enthalte *„alle Informationen, die für den höchstmöglichen Bezug staatlicher Leistungen von Nöten sind"* (Spiegel 43/2005, 42). Gerade das stört und wird von den Oberen als Betrugsversuch empfunden.

Es ist aber genau umgekehrt – vielerorts findet massenhafter behördlicher Sozialleistungsbetrug statt: *„Wenn wir die Leute über ihren Anspruch aufklären würden, wären wir schnell pleite. Um überleben zu können, müssen wir gesetzesuntreu sein, und wir sind es auch"* (Aussage eines Trierer Sozialamtsleiters über die Aufklärungspflicht der Behörden nach dem SGB I, zitiert im Spiegel Nr. 52/1976, 52). Das gilt auch heute noch.

Der frühere Arbeitsminister Clement kreidete uns dieses Zitat an. Er sprach von einem *„angeblichen Zitat"*, mit dem wir unter Beweis stellen würden, dass wir die Behörden als *„natürliche Gegner"* ansehen. In der Tat sehen wir Behörden, die vorsätzlich Gesetze brechen, als natürliche Gegner an. Wir plädieren aber dringend dafür, dass Behörden sich rechtstreu verhalten und (wie es der BGH fordert) sich mehr als Diener der Bürger*innen begreifen und nicht ihrerseits die Antragstellenden als „natürlichen Gegner" betrachten. Auch und vor allem das zuständige Ministerium sollte rechtsuntreue Behörden als Problem betrachten, was aber natürlich viel verlangt ist, angesichts der Tatsache, dass das Bundesministerium für Arbeit und Soziales durch die personelle Unter- und Schlechtbesetzung der Behörden Teil des Rechtsbruch-Problems ist.

1.7 Beratung durch die Veröffentlichung von Verwaltungsrichtlinien der Sozialämter, der Optionskommunen und die Durchführungshinweise der BA

Nach dem Informationsfreiheitsgesetz des Bundes (IFG) sollen Bundesbehörden ab Januar 2006 ihre Verwaltungsanweisungen veröffentlichen, in der Regel im Internet (§ 1 i.V. mit § 11 IFG). Seit 2011 gilt für alle SGB II-Leistungen, einschließlich der kommunalen Leistungen (Kosten der Unterkunft, Erstausstattung, Wohnraumsicherung, Bildungs- und Teilhabepaket und kommunale Leistungen nach § 16a SGB II) das Informationsfreiheitsgesetz des Bundes (§ 50 Abs. 4 SGB II).

In Baden-Württemberg, Berlin, Brandenburg, Bremen, Hamburg, Hessen, Mecklenburg-Vorpommern, NRW, Rheinland-Pfalz, Saarland, Sachsen-Anhalt, Schleswig-Holstein, und Thüringen, also allen Bundesländern bis auf Bayern, Niedersachsen und Sachsen gibt es inzwischen Landesinformationsfreiheitsgesetze. Zudem gibt es eine Reihe von Kommunen, die „Informationsfreiheitssatzungen" verabschiedet haben, nach denen die kommunalen Behörden zur Auskunftserteilung verpflichtet sind.

Danach hat jede*r Bürger*in Anspruch auf die Herausgabe von landesspezifischen oder kommunalen Informationen, z.B. örtliche Richtlinien zu Kosten der Unterkunft, Listen der Erstausstattungsbedarfe, Berechnungsgrundlagen für Sozialpässe usw. Auch Protokolle von Sozialausschusssitzungen, Trägerversammlungen und Jobcenter-Beiräten sind auf diese Weise einzusehen. Im Bereich der Unterkunftskosten im SGB II sehen entsprechende Landesgesetze eine spezielle Veröffentlichungspflicht vor (solche Gesetze gibt es in Hessen, Schleswig-Holstein und Berlin, Stand: 05/2016).

2. Alg II: Umfang des erweiterten Beratungsauftrags der Jobcenter

Dazu wurde bereits unter 1.3. etwas gesagt. Hier soll vor allem § 14 Abs. 2 SGB II hervorgehoben werden: *„Leistungsberechtigte Personen erhalten Beratung. Aufgabe der Beratung ist insbesondere die Erteilung von Auskunft und Rat zu Selbsthilfeobliegenheiten und Mitwirkungspflichten, zur Berechnung der Leistungen zur Sicherung des Lebensunterhalts und zur Auswahl der Leistungen im Rahmen des Eingliederungsprozesses. Art und Umfang der Beratung richten sich nach dem Beratungsbedarf der leistungsberechtigten Person."*

Kritik

Der Gesetzgeber wollte mit dieser seit dem 1.8.2016 geltenden Regelung vor allem *„das Verhältnis und die Akzeptanz der leistungsberechtigten Personen für die Grundsicherung für Arbeitsuchende [...] verbessern"* (BT Drs. 18/8041, 36). Das klingt leider sehr danach, dass bei den Jobcentern keine Fehler erkannt wurden. Sie, also die Leistungsempfänger*innen, bräuchten aber ein wenig mehr Erklärungen, um zu verstehen, dass alles seine Ordnung hat. Unabhängig davon, ob diese polemische Auslegung zutrifft: Der Gesetzgeber hat bis heute nicht anerkannt, dass die Beratung durch Jobcenter im Argen liegt. Daher genügt bloße „Gesetzeskosmetik" nicht. Die Jobcenter müssen mit ausreichend geschultem Personal ausgestattet werden, um die schöne Gesetzeslyrik in eine bürgerfreundliche Praxis zu verwandeln. Anspruch und Wirklichkeit dürfen nicht weiter so drastisch auseinanderklaffen.

2.1 Welche Ansprüche müssten sich aus dem konkretisierten Beratungsauftrag ableiten lassen?

a. Erteilung von Auskunft und Rat zu Selbsthilfeobliegenheiten

Zu den Selbsthilfeobliegenheiten (§§ 2 Abs. 2, 5 Abs. 3 und 12a SGB II) gehört insbesondere die Beantragung vorrangiger Sozialleistungen. Da dies aber mit einer Vielzahl von Hürden verbunden sein kann, besteht nun die Möglichkeit, **beratende Unterstützung** durch das Jobcenter in Anspruch zu nehmen. Diese Beratung sollte in der Lage sein, Sie durch den Behördendschungel zu lotsen und die Flut an Nachweisforderungen und auszufüllender Formulare zu bewältigen.

b. Erteilung von Auskunft und Rat bei Mitwirkungspflichten

Sie unterliegen einer Fülle von ⇨Mitwirkungspflichten (§§ 60 ff. SGB I, §§ 56 ff. SGB II). Diese werden Ihnen in umfangreichen und schwer verständlichen Rechtsfolgenbelehrungen in den Bescheiden oder sonstigen Schreiben des Jobcenters dargelegt. Eigentlich sollten Sie unaufgefordert in verständlicher und umfassender Weise durch Ihren persönlichen Ansprechpartner über Ihre Mitwirkungspflichten aufgeklärt werden. Das können Sie bei Bedarf nutzen, um bei bestehenden Unklarheiten, z.B. in welcher Form geforderte Nachweise zu erbringen sind, zeitnah einen persönlichen Termin zu vereinbaren.

c. Erteilung von Auskunft und Rat zur Berechnung der Leistungen zur Sicherung des Lebensunterhalts

Da Sie Ihre Leistungen zum Lebensunterhalt nicht selbst berechnen müssen, kann damit nur gemeint sein, dass Sie durch das Jobcenter beraten und aufgeklärt werden, wie Ihre Leistungen berechnet und welche Lebensumstände dabei berücksichtigt wurden. Diese *„Information und Erläuterung des Leistungssystems"* können Sie nutzen, indem Sie die Leistungsbewilligung für sich nachvollziehbarer und transparenter machen und damit Ihre *„Akzeptanz [...] für die Grundsicherung für Arbeitsuchende ... verbessern"* (BT-Drs. ebenda). Auch hier sollten Sie die Möglichkeit eines zeitnahen persönlichen Termins beim Jobcenter in Betracht ziehen, um Fragen zur Leistungshöhe und anderen Leistungsangelegenheiten zu klären.

d. Erteilung von Auskunft und Rat zur Auswahl der Leistungen im Rahmen des Eingliederungsprozesses

Eines der wichtigsten Instrumente des Eingliederungsprozesses ist die ⇨Eingliederungsvereinbarung (EinV). Diese bekommen SGB II-Beziehende i.d.R. vorgefertigt zur Unterschrift vorgelegt – oft mit der Vorgabe, sie müssten sie sofort unterzeichnen, z.T. ohne sie richtig gelesen zu haben. Das ist rechtswidrig (⇨ Eingliederungsvereinbarung 1.3.2 und 3.1)! Verhandlungen auf Augenhöhe, wie es sonst beim Abschluss von Vereinbarungen/Verträgen üblich ist, gibt es im rauen Jobcenter-Alltag eher selten. Der gesetzliche Beratungsauftrag an die Jobcenter sollte in diesem Zusammenhang offensiv genutzt werden, um den Aushandlungsprozess zu beeinflussen und eine umfangreiche Aufklärung über alle individuell in Frage kommenden Eingliederungsleistungen einzufordern.

Sie sollten nach **individuellen Strategien** suchen, um den Beratungsanspruch für Ihre eigenen Interessen einzusetzen. Allerdings wird es weiterhin nicht leicht sein, dem Jobcenter eine nicht erfolgte, unzureichende oder fehlerhafte Beratung nachzuweisen und daraus einen Wiedergutmachungsanspruch abzuleiten (⇨ 1.2; ⇨Nachzahlung 1.).
Auch wenn das Jobcenter seit 1.8.2016 zur (noch) umfassenderen Beratung verpflichtet ist, wird es nicht gegen die „faktisch eigenen Interessen" beraten (gesetzestreue Jobcenter würden freilich Ihr Interesse an der effektiven und umfassenden Durchsetzung sozialer Rechte zu ihrem eigenen Interesse machen). Deshalb schränkt auch der erweiterte Beratungsauftrag der Jobcenter den Anspruch auf ⇨Beratungshilfe nicht ein. Eine Auslegung, *„dass es einem Rechtsuchenden zumutbar sei, selbst kostenlos Widerspruch einzulegen und dabei die Beratung derjenigen Behörde in Anspruch zu nehmen, die zuvor den Ausgangsverwaltungsakt erlassen hatte, wird den verfassungsrechtlichen Anforderungen nicht gerecht"* (BVerfG 11.5.2009 - 1 BvR 1517/08).

3. Von Behörden unabhängige Beratung

Sie sollten sich auch, wenn möglich, behördenunabhängig beraten lassen. Doch nicht überall, wo Behördenunabhängigkeit draufsteht, ist sie auch drin.
Die Beratungsstelle eines Beschäftigungsträgers/Wohlfahrtsverbandes z.B., der Ein-Euro-Jobs nutzt, dürfte kaum geeignet sein, Ihnen eine gute Beratung darüber zu bieten, wie Sie sich gegen diesen wehren können. Das kann – je nach Träger und Personal – auch für Arbeitslosenzentren gelten.

Tipp: Erkundigen Sie sich – wenn möglich – vorher über die Qualität des jeweiligen Beratungsangebots und holen Sie bei Bedarf eine „zweite Meinung" bei einer anderen Stelle ein. Das gilt für alle unter 3.2.1 ff. beschriebenen Beratungsmöglichkeiten.

3.1 Vom Rechtsberatungsgesetz zum Rechtsdienstleistungsgesetz

Nach 75 Jahren wurde das aus der Nazizeit stammende Rechtsberatungsgesetz (RBerG) endlich abgeschafft und zum Juli 2008 durch das Rechtsdienstleistungsgesetz (RDG) ersetzt. Das Rechtsberatungsgesetz diente im Dritten Reich dazu, jüdische Menschen aus der Rechtsberatung auszuschließen. Auch danach wurde es immer wieder benutzt, um unliebsame oder „freche" Sozialhilfe- oder Erwerbslosengruppen und streitbare Einzelpersonen, die Erwerbslose gegen die Ämter unterstützten, wegen angeblicher Verstöße gegen das RBerG einzuschüchtern. Es war eine Art Damoklesschwert, das über der von Behörden und Anwälten **unabhängigen** Sozialberatung hing. Damit ist endlich Schluss!

Nach dem RDG sind *„unentgeltliche Rechtsdienstleistungen außerhalb familiärer, nachbarschaftlicher oder ähnlich enger persönlicher Beziehungen"* erlaubnisfrei und zulässig (§ 6 Abs. 2 RDG). Erwerbslosengruppen und -initiativen oder Vereine können nach dieser neuen Regelung Beratungsdienstleistung **für Mitglieder** anbieten. In diesem Rahmen können sie auch ohne Probleme als ⇨Beistand und sogar als Verfahrensbevollmächtigte auftreten (RDG, Beck-Texte im dtv, 1. Aufl. Vorwort v. Prof. Dr. Martin Henssler, Seite XIX).
Eine Erwerbslosengruppe oder -initiative, die nach innen berät, fällt unserer Meinung nach unter die Rubrik *„unentgeltliche Rechtsdienstleistungen"*. Sie braucht somit keine*n Anwält*in im Hintergrund, der/die die fachliche Aufsicht führt und rechtliche Standards sicherstellt. Wir empfehlen dennoch, mit Anwält*innen und erfahrenen Fachleuten aus der Sozialberatung zu kooperieren. Sollte eine Beratung im Rahmen der Aufklärung über Rechte und Pflichten von Ratsuchenden angeboten werden, die keine Prüfung des

Einzelfalls erfordert, liegt kein Konflikt mit dem RDG vor (§ 2 Abs. 1 RDG).

Erreicht die anfangs überschaubare, größtenteils auf persönlichen Kontakten basierende Beratungsarbeit eine mengenmäßig und vom Organisationsgrad höhere Stufe, bedarf es eines juristischen *„Anleiters"*. Das ist der Fall, wenn in größerem Stil Rechtsberatung und -dienstleistung unentgeltlich oder gegen Gebühr erbracht wird, die nach außen gerichtet ist. Unentgeltlich meint nicht gänzlich kostenfrei, sondern **nicht auf Gewinnerzielung ausgerichtet**. Mitgliedsbeiträge oder Aufwandsentschädigungen in Form von Gebühren stehen der Unentgeltlichkeit nicht entgegen.
Unter Anleitung ist eine Kooperation mit einem/r Volljurist*in zu verstehen. Diese Fachkraft kann durch einen Kooperationsvertrag mit der Gruppe verbunden sein. Sie kann auch auf Landes- oder Bundesebene einer übergeordneten Organisation angehören, muss jedoch einweisen und fortbilden und es muss die Möglichkeit bestehen, im Einzelfall nachzufragen (§ 6 Abs. 2 RDG). Die sozialrechtliche Fortbildung kann aber auch an anderer Stelle durchgeführt werden.

Weiter sieht das RDG vor, dass Berufs- und Interessenvereinigungen und Genossenschaften, also auch Vereine und Gewerkschaften, ihre Mitglieder beraten und für diese Rechtsdienstleistungen erbringen dürfen (§ 7 Abs. 1 RDG). Diese müssen zur Erfüllung der Aufgaben über die personelle, fachliche und finanzielle Ausstattung verfügen und die Anleitung durch eine*n Volljurist*in sicherstellen.
Mit *„öffentlichen Mitteln geförderte"*, z.B. durch kommunale-, Landes-, Bundes- oder EU-Mittel unterstützte Einrichtungen gelten als öffentlich anerkannte Stellen. Diese Einrichtungen und auch Wohlfahrtsverbände dürfen für Nichtmitglieder Beratungs- und Rechtsdienstleistungen anbieten (§ 8 Abs. 1 Nr. 4 RDG). Auch hier müssen die Beratenden qualifiziert sein, unter Anleitung stehen und sich regelmäßig fachlich fortbilden.

Durch das RDG sind der unabhängigen Beratung auf der einen Seite die Fesseln genommen worden, auf der anderen werden von ihr höhere Qualitätsstandards gefordert. Mehr Fachlichkeit, Praxisnähe und engere Kooperation kann aber beiden Seiten, sowohl Anwält*innen als auch Beratungsanbietern, nicht schaden. Daher sollte die Chance genutzt werden, Kooperationsverbünde zu schaffen, um der Sozialberatung mehr Schlagkraft und Fachkompetenz zu geben.

3.2.1 Beratung durch Erwerbslosen- und Sozialhilfegruppen

Sie sind in der ganzen Bundesrepublik zu finden. Einige haben eigene Räume und Zentren, andere treffen sich in Gaststätten oder Wohnzimmern. Durch die Proteste gegen die Agenda 2010 und Hartz IV haben sich erfreulicherweise bundesweit eine Vielzahl von zumeist kleinen Gruppen und Initiativen gegründet.
Aber Vorsicht: **Neonazis** versuchen zunehmend Hartz IV-Beratung anzubieten, um ihre braune Propaganda zu verbreiten. Achten Sie darauf und bedenken Sie: **Nazis können nie der richtige Ansprechpartner sein**!
Wie Sie Zugang zu sauberen Adressen bekommen, finden Sie im Anhang.

3.2.2 Zusammenarbeit zum Wohl der Leistungsbeziehenden

Das SGB I verpflichtet im Übrigen die Sozialleistungsträger *„in Zusammenarbeit mit gemeinnützigen und freien Einrichtungen und Organisationen darauf hinzuwirken, dass sich die Tätigkeit der Leistungsträger und die der Einrichtungen und Organisationen zum Wohle der Leistungsempfänger wirksam ergänzen"* (§ 17 Abs. 3 SGB I). Unter die hier genannten Organisationen fallen auch Selbsthilfeorganisationen (LPK SGB I, § 17 Rn. 27). Das kann im Einzelfall die Position unabhängiger Beratung gegenüber der Behörde stärken. Die Leistungsbeziehenden haben ein **Wunsch- und Wahlrecht** (§ 33 Satz 2 SGB I), ob sie sich durch die Behörde oder unabhängige Dritte beraten lassen möchten.

3.2.3 Beratung durch Gewerkschaften und Sozialverbände

Gewerkschaften dürfen Erwerbslose und Sozialhilfebeziehende, die Mitglieder sind, rechtlich beraten und vertreten, da sie be-

B

rufsständische Vereinigungen sind (§ 7 Abs. 1 Nr. 1 RDG). Gleiches gilt für die großen Sozialverbände wie VdK, SoVD oder den Arbeitslosenverband.
Die Kosten für Beratung und rechtliche Vertretung sind mit den Mitgliedsbeiträgen abgedeckt. Mitgliedsbeiträge können von jeder Art von Einkommen abgesetzt werden (§ 11b Abs. 12 Nr. 5 SGB II; ⇨Einkommensbereinigung 4.1). Sie können aber auch als notwendige Kosten im Rahmen der ⇨Kostenerstattung 1.1 bei Widersprüchen geltend gemacht werden.
Prüfen Sie bei diesen Angeboten stets, ob das Beratungspersonal auch ausreichend kompetent und geschult ist.

3.2.4 Beratung durch Amtsgerichte/ Anwaltskammern

Amtsgerichte leisten manchmal auch direkt Beratungshilfe. In einigen Städten gibt es auch kostenlose **„Armenberatung"** durch die jeweiligen Anwaltskammern.

3.2.5 Beratung durch Anwält*innen

Näheres unter ⇨Anwalt/Anwältin, ⇨Beratungshilfe und ⇨Prozesskostenhilfe

3.2.6 Beratung über das ⇨Internet

Beratung und Information über das Internet haben wachsende Bedeutung. Zu fast allen Rechtsgebieten gibt es Anbieter mit umfassenden Informationsangeboten und Diskussionsforen. Zum Thema SGB II und SGB XII sind die Seiten von Tacheles e.V. aus Wuppertal (www.tacheles-sozialhilfe.de) und der Koordinierungsstelle gewerkschaftlicher Erwerbslosengruppen (www.erwerbslos.de) zu empfehlen. Informatives zum Bereich Alg II und Sozialhilfe finden Sie über Suchmaschinen im Internet. Es gibt auch eine Reihe von Diskussionsforen im Netz, in denen sozialrechtliche Fragen gestellt werden können. Auch hier sollten Sie vorsichtig sein, wenn Sie die Fachkompetenz der Auskunftsperson nicht einschätzen können.
In Zukunft wird es auch immer mehr „Legal Tec"-Anwaltsbüros geben. Das sind Anwaltsbüros, die fast ausschließlich im Internet existieren und die mit „künstlicher Intelligenz" (KI) arbeiten. Sie scannen bspw. Ihren Leistungsbescheid ein, machen diverse Angaben zu Ihrem Fall und die KI ermittelt, ob der Bescheid fehlerhaft ist. Das mag für einige attraktiv sein – wir raten jedoch eher zur Skepsis, da eine KI immer nur so schlau ist, wie diejenigen Personen, die sie programmiert haben. Und das sind in der Regel keine Sozialrechtsexpert*innen. Zudem erscheint es uns widersinnig, sich bei der anwaltlichen Beratung zum Objekt einer KI zu machen, wo Sie doch gerade dem Zustand entkommen wollen, „Objekt des Jobcenter-Handelns" zu sein.

Forderungen

Aufstockung und bessere Schulung des Personals der Alg II-Behörden!
Rechtsanspruch auf öffentliche Finanzierung einer unabhängigen Erwerbslosen- und Sozialhilfeberatung in jeder Kommune/jedem Kreis über § 17 Abs. 3 SGB I!
Veröffentlichung aller kommunalen Sozialrichtlinien entsprechend § 11 IFG!
Keine Kriminalisierung der Rechtsberatung für Sozialleistungsbeziehende!

Information

Gesetzestexte in aktueller Fassung finden Sie im Internet unter www.gesetze-im-internet.de.
Fachinformationen unter www.harald-thome.de/download.html
Welche Literatur und Ratgeber wir verwendet haben und empfehlen können, finden Sie im Anhang (⇨Literatur).

Beratungshilfe

Haben Sie einen Konflikt mit einem Sozialleistungsträger und verfügen Sie nur über ein geringes Einkommen, können Sie Beratungshilfe bekommen, um sich vom einem Rechtsanwalt/einer Rechtsanwältin rechtlich beraten und, soweit erforderlich, auch vertreten zu lassen. Wird Ihnen Beratungshilfe gewährt, ist der anwaltliche Rat und die anwaltliche Vertretung für Sie kostenlos. Der/die Anwält*in kann lediglich eine **Beratungshilfegebühr von 15 €** von Ihnen verlangen, die er/sie Ihnen aber auch erlassen kann (Nr. 2500 VV RVG) – was viele

Anwält*innen auch machen. Beratungshilfe kann auf allen Rechtsgebieten, also auch im Sozialrecht, erteilt werden. Lediglich in Angelegenheiten des Strafrechts und des Ordnungswidrigkeitsrechts wird Beratungshilfe nur für eine Beratung und nicht auch für eine Vertretung gewährt (§ 2 Abs. 2 BerHG). Anwält*innen sind standesrechtlich zur Übernahme von Beratungshilfemandaten verpflichtet (§ 49a BRAO).

Inhaltsübersicht

1. Wie bekomme ich Beratungshilfe?

Um Beratungshilfe zu bekommen, müssen Sie einen Antrag auf Beratungshilfe bei dem für Sie zuständigen **Amtsgericht** stellen. Bei Vorliegen der Beratungshilfevoraussetzungen stellt Ihnen der/die Rechtspfleger*in am Amtsgericht dann einen **Berechtigungsschein** mit der genauen Bezeichnung der Angelegenheit aus, mit dem Sie einen ⇨Anwalt/eine Anwältin ihrer Wahl aufsuchen können (§ 6 Abs. 1 BerHG). Sie können sich aber auch direkt an den/die Rechtsanwält*in wenden. Alle Anwält*innen halten das amtliche Beratungshilfeformular vor und können für Sie den Beratungshilfeantrag auch nachträglich stellen (§ 6 Abs. 2 BerHG). Das Beratungshilfeformular muss in diesem Fall vor der anwaltlichen Beratung ausgefüllt und von Ihnen unterzeichnet werden (BVerfG 16.1.2008 - 1 BvR 2392/07). Der Antrag ist seit Januar 2014 **innerhalb von vier Wochen** nach Beginn der Beratungstätigkeit zu stellen (§ 6 Abs. 2 Satz 2 BerHG; bis 31.12.2013 keine zeitliche Befristung; BVerfG 19.12.2007 - 1 BvR 1984/06 u.a.).

Tipp: Besorgen Sie sich bei dem für Sie zuständigen Amtsgericht einen Berechtigungsschein, **bevor** Sie eine*n Anwält*in aufsuchen. Für die Anwält*innen bedeutet das Ausfüllen des Beratungshilfeantrages sowie das Kopieren der Einkommens- und Vermögensnachweise viel Arbeit. Außerdem ist der/die Rechtsanwält*in bei Vorlage eines Berechtigungsscheins auf der sicheren Seite, dass er/sie später die Beratungshilfevergütung bekommt und Sie müssen nicht befürchten, im Falle der Ablehnung von Beratungshilfe auf Ihren Anwaltskosten sitzen zu bleiben.

Viele Anwält*innen nehmen aufgrund zunehmender Streitigkeiten mit den Amtsgerichten um die Bewilligung von Beratungshilfe Beratungshilfemandate ohnehin nur noch gegen Vorlage eines Berechtigungsscheins an (⇨Anwält*innen 6.).

2. Welche Nachweise muss ich meinem Beratungshilfeantrag beifügen?

Bringen Sie nach Möglichkeit gleich beim ersten Gang zum Amtsgericht alle Unterlagen mit, die der/die Rechtspfleger*in benötigt, um über Ihren Antrag auf Beratungshilfe positiv entscheiden zu können (§ 4 Abs. 3 Nr. 1 und Abs. 4 BerHG). Dazu gehören

B

- Ihr **Personalausweis**,
- **Einkommensnachweise** (Gehaltsabrechnungen der letzten drei Monate, Alg II/ Grundsicherungsbescheid, Wohngeldbescheid o.ä.),
- lückenlose **Kontoauszüge** der letzten – je nach Amtsgericht – vier bis acht Wochen bis aktuell und gegebenenfalls Nachweise über sonstige Konten/Sparbücher sowie
- soweit Ihre tatsächliche Miete über der vom Grundsicherungsträger anerkannten Miete liegt und sich deswegen nicht aus Ihrem Leistungsbescheid ergibt – auch einen **aktuellen Mietnachweis**.

Im Einzelfall, und nur soweit es erforderlich ist, sollten Sie Nachweise zu sonstigen Belastungen (kostenaufwändige Ernährung, Abzahlungsverpflichtungen o.ä.) mitnehmen.
Unbedingt mitnehmen sollten Sie die Unterlagen (Schreiben, Bescheide der Behörde o.ä.), aus denen sich Ihr Rechtsproblem ergibt.

3. Unter welchen Voraussetzungen erhalte ich Beratungshilfe?

Grundsätzlich wird Beratungshilfe nur für die Wahrnehmung von Rechten **außerhalb eines gerichtlichen Verfahrens** gewährt (§ 1 Abs. 1 BerHG). Für die anwaltliche Vertretung ab Klageerhebung kann Ihnen bei Vorliegen der Voraussetzungen nur noch ⇨**Prozesskostenhilfe** (PKH) bewilligt werden. Deswegen sollten Sie sich vor Erhebung einer Klage überlegen, ob Sie anwaltlichen Rat benötigen. Haben Sie erst einmal selbst Klage erhoben, können Sie sich von einem/r Anwält*in nicht mehr auf Beratungshilfebasis über die Erfolgsaussichten einer Klage beraten lassen und die Prozesskostenhilfegewährung ist oft langwierig und hängt davon ab, ob das Prozessgericht Ihrer Klage Aussicht auf Erfolg beimisst. Benötigen Sie anwaltlichen Rat außerhalb eines gerichtlichen Verfahrens, hängt die Bewilligung von drei Voraussetzungen ab:

3.1 Die Kosten eines/r Anwalts/Anwältin können nicht aufgebracht werden

Ihr Einkommen und Vermögen muss so gering sein, dass Ihnen ⇨Prozesskostenhilfe ohne Eigenanteil zusteht (§ 1 Abs. 2 Satz 1 BerHG). Bei Bezug von GSi, HzL und Alg II liegt das Einkommen regelmäßig innerhalb der Freigrenzen. Alg II-Beziehende müssen aber auf die **Vermögensfreigrenzen** achten (§ 115 Abs. 3 ZPO i.V. mit § 90 Abs. 2 Nr. 9 SGB XII i.V. mit § 1 Abs. 1 BarBetrVO v. 22.3.2017): Geschützt sind seit 1.4.2017 für jede volljährige Person sowie für jede alleinstehende minderjährige Person 5.000 € sowie 500 € für jede weitere Person, der Unterhalt gezahlt wird.

3.2 Keine andere zumutbare Hilfsmöglichkeit

Voraussetzung ist weiter, dass Ihnen keine anderen Möglichkeiten für eine Hilfe zur Verfügung stehen, deren Inanspruchnahme Ihnen zumutbar ist (§ 1 Abs. 1 Nr. 2 BerHG).

3.2.1 Mitgliedschaft in einer Beratungsorganisation

Möglichkeiten für eine zumutbare andere Hilfe sind etwa, bei einer entsprechender Mitgliedschaft, ein **Mieterverein**, ein **Sozialverband** mit dem Rechtsgebiet Sozialrecht, eine **Gewerkschaft** mit den Rechtsgebieten Arbeitsrecht und gegebenenfalls Sozialrecht (nachfragen!) oder ein **Selbsthilfeverein** (BVerfG 10.1.2014 - 1 BvR 256/14 u.a.). Im Vorfeld einer Rentenantragstellung kann das Amtsgericht eine*n Ratsuchende*n an den beratungspflichtigen Rentenversicherungsträger verweisen (§ 14 SGB I; BVerfG 14.12.2011 - 1 BvR 2735/11; 4.4.2016, 1 BvR 2607/15), nicht aber, wenn sich der/die Hilfesuchende mit einem Widerspruch gegen eine Entscheidung des Rentenversicherungsträgers wehren will (BVerfG 29.4.2015 - 1 BvR 1849/11).

Tipp: Insbesondere einige Gewerkschaften bieten Ihren Mitgliedern auch Rechtsberatung im Sozialrecht an, ohne über das hierfür erforderliche Fachwissen und entsprechend geschultes Personal zu verfügen. Viele Rechtspfleger*innen an den Amtsgerichten wissen das und gewähren etwa Gewerkschaftsmitgliedern trotzdem Beratungshilfe, weil deren Inanspruchnahme besonders in kompliziert gelagerten Fällen nicht „zumutbar" ist (§ 1 Abs. 1 Nr. 2 BerHG). Häufig genügt es, den Rechtspfleger*innen glaubhaft zu versichern, dass Sie sich um Rechtsrat bei Ihrer Gewerkschaft bemüht haben, diese Ihnen aber nicht weiterhelfen konnte. Einige Gewerkschaften bescheinigen dies auch schriftlich für die Amtsgerichte. In letzterem Fall ist Ihnen stets Beratungshilfe zu bewilligen.

3.2.2 Rechtschutzversicherungen?

Da Rechtschutzversicherungen im Regelfall nur Rechtsschutz **ab dem gerichtlichen Verfahren** bieten, stellen diese regelmäßig keine andere Hilfsmöglichkeit dar. Nur sehr wenige Altverträge decken auch die Kosten einer außergerichtlichen Beratung und Vertretung ab. Bietet Ihnen Ihre Versicherung Kostendeckung auch für außergerichtlichen Rechtschutz, sollten Sie bei Ihrer Versicherung erfragen, ob auch das **Rechtsgebiet Sozialrecht abgedeckt** ist und wie hoch Ihr Eigenanteil ist. In vielen Versicherungsverträgen ist ein **Eigenanteil** von 150 € vereinbart, der weit über den Beratungshilfegebühren liegt. In diesem Fall steht Ihnen trotz einer Rechtsschutzversicherung für Sozialrecht im vorgerichtlichen Bereich Beratungshilfe zu.

3.2.3 Büros der Bürgerbeauftragten?

Keine andere zumutbare Möglichkeit für eine Rechtsberatung sind die Büros der Bürgerbeauftragten der Bundesländer, denn Bürger*innen, die sich an den Bürgerbeauftragten wenden, führen eine Petition. Das in der Verfassung verankerte Petitionsrecht beruht ausnahmslos auf Freiwilligkeit. Aus diesem Grunde kann das Führen einer Petition nicht Voraussetzung für die Gewährung von Beratungshilfe sein (Stellungnahme der Bürgerbeauftragen des Landes Schleswig-Holstein vom 4.9.2009 sowie vom 25.02.2016).

3.2.4 Öffentliche Rechtsberatung?

In den Stadtstaaten Hamburg und Bremen gibt es eine öffentliche Rechtsberatung für Bürger*innen mit geringem Einkommen. Die hierfür eingerichteten öffentlichen Beratungsstellen (ÖRA) erteilen Rechtsrat und, soweit erforderlich, auch praktische Hilfe und Unterstützung (etwa durch Schreiben an die Gegenseite, Akteneinsicht usw.) unter vergleichbaren Voraussetzungen, unter denen sonst Beratungshilfe gewährt wird. Der Eigenanteil beträgt zwischen 3 € und 10 €. Unter Hinweis auf die öffentlichen Beratungsstellen lehnen die Amtsgerichte in Bremen und Hamburg Beratungshilfe für die anwaltliche Beratung regelmäßig ab. In Berlin haben Ratsuchende ein Wahlrecht zwischen ÖRA-Beratung und beratungshilfefinanziertem anwaltlichem Rechtsrat.

3.2.5 Schuldnerberatungsstellen?

Die Gewährung von Beratungshilfe für den außergerichtlichen Schuldenbereinigungsversuch gemäß § 305 Abs. 1 Nr. InsO ist grundsätzlich möglich. Soweit vor Ort für den/die Schuldner*in kostenlos arbeitende Schuldnerberatungsstellen existieren, stellen diese aber eine andere Möglichkeit der Hilfe dar, auf die das Amtsgericht verweisen kann. Bei zu langen Wartezeiten kann der Verweis im Einzelfall allerdings unzumutbar sein, so dass Beratungshilfe für eine*n Anwält*in zu gewähren ist (BVerfG 4.9.2006 - 1 BvR 1911/06).

3.2.6 Kostenlose Rechtsberatung durch (anwaltliche*n) Berufsbetreuer*in?

In der Praxis der Amtsgerichte kommt es immer wieder vor, dass **betreuten Rechtsuchenden** Beratungshilfe mit der Begründung verwehrt wird, ihr*e (anwaltliche*r oder auch nicht anwaltliche*r) Berufsbetreuer*in könne sie rechtlich beraten oder vertreten - etwa indem er/sie Widerspruch bei einer Behörde für sie einlegt. Diese Praxis ist evident rechtswidrig. Der/die **nicht anwaltliche Berufsbetreuer*in** darf bereits keine Rechtsdienstleistungen erbringen. Aber auch der/die **anwaltliche Berufsbetreuer*in** ist nicht zu einer kostenlosen rechtlichen Beratung seines/ihres Betreuten verpflichtet. Er/sie kann diese gemäß § 1835 Abs. 3 BGB nach anwaltlichem Gebührenrecht abrechnen (BGH, Beschluss vom 14.5.2014, XII ZB 683/11). Deswegen stellte die Beratung durch den/die anwaltliche*n Berufsbetreuer*in keine „andere zumutbare Hilfsmöglichkeit“ im Sinne von § 1 Abs. 1 Nr. 2 BerHG dar. Ein*e Rechtanwält*in als Berufsbetreuer*in **muss** nach den Grundsätzen der kostensparenden Amtsführung für den Betreuten deswegen sogar Beratungshilfe in Anspruch zu nehmen (AG Tempelhof-Kreuzberg, Beschluss vom 7.11.2013, 70a II 3276/13) und kann mit der Beratung oder Vertretung seines/ihres Betreuten auch eine*n fachkundige*n Kolleg*in beauftragen.

B

3.2.7 Rechtsanwält*in „pro bono" oder gegen Honorar?

Die Möglichkeit, sich durch eine*n Rechtsanwält*in unentgeltlich („pro bono") oder gegen Vereinbarung eines Erfolgshonorars beraten oder vertreten zu lassen, begründet keine andere Hilfemöglichkeit (§ 1 Abs. 2 Satz 2 BerHG).

3.3 Keine mutwillige Inanspruchnahme der Beratungshilfe

Zuletzt darf die Inanspruchnahme der Beratungshilfe nicht mutwillig erscheinen (§ 1 Abs. 1 Nr. 3 BerHG). **Mutwilligkeit** liegt nach dem Gesetz vor, wenn Beratungshilfe in Anspruch genommen wird, obwohl ein*e Rechtsuchende*r, der/die keine Beratungshilfe beansprucht, bei verständiger Würdigung aller Umstände der Rechtsangelegenheit davon absehen würde, sich auf eigene Kosten rechtlich beraten oder vertreten zu lassen. Bei der Beurteilung der Mutwilligkeit sind die Kenntnisse und Fähigkeiten des/r Antragstellenden sowie seine/ihre besondere wirtschaftliche Lage zu berücksichtigen (§ 1 Abs. 3 BerHG). Mit dieser Formulierung hat der Gesetzgeber zum 1.1.2014 die bisherige Rechtsprechung des BVerfG zur „zumutbaren Selbsthilfe" umgesetzt. Das Sozialrecht ist eine Spezialmaterie, die besondere Rechtskenntnisse und Erfahrungen erfordert, sodass **bei sozialrechtlichen Problemen im Regelfall anwaltliche Hilfe notwendig** ist (BVerfG 6.9.2010 - 1 BvR 440/10; 11.5.2009 - 1 BvR 1517/08; zur PKH BT-Drucks. 8/3068, S. 22 f.). Anwaltlicher Rat kann dabei nicht nur bei Rechtsfragen erforderlich sein, sondern auch bei schwierigen **Tatsachenfragen** (BVerfG 7.10.2015 - 1 BvR 1962/11). Gerade um Bürger*innen in ungünstigen wirtschaftlichen Verhältnissen auch in sozialrechtlichen Fragen eine Beratung durch den/die „Anwält*in des Vertrauens" zu ermöglichen, wurde das Sozialrecht im Jahre 1994 als eines der Gebiete, für das Beratungshilfe gewährt werden kann, in § 2 Abs. 2 BerHG a.F. ausdrücklich aufgeführt (BT-Drucks. 12/7009, 6).

3.3.1 Keine Beratungshilfe für jedes einzelne Mitglied einer Bedarfsgemeinschaft

Legt ein*e Rechtsanwält*in für jedes einzelne Mitglied einer Bedarfsgemeinschaft Widerspruch gegen denselben Bescheid aufgrund der gleichen Rechtsfrage ein, gibt es nur für eines der Bedarfsgemeinschaftsmitglieder Beratungshilfe. Denn ist die Parallelität der Fallgestaltungen offenkundig, ist es den Mitgliedern einer Bedarfsgemeinschaft zuzumuten, sich im Widerspruchsverfahren selbst zu vertreten und in ihren Verfahren auf die Anwaltsschriftsätze des anwaltlich vertretenen Bedarfsgemeinschaftsmitgliedes zu verweisen (BVerfG 8.2.2012 - 1 BvR 1120/11).

3.3.2 Erhöhungsgebühr bei Vertretung einer Bedarfsgemeinschaft

Vertritt ein*e Rechtsanwält*in mehrere Mitglieder einer SGB II-Bedarfsgemeinschaft, die alle betroffen und damit beschwert sind, kommt die Erhöhungsgebühr nach Nr. 1008 VV RVG zur Entstehung. Dies gilt auch, wenn nur ein Mitglied der Bedarfsgemeinschaft Beratungshilfe beantragt und nur diesem durch die Ausstellung eines Berechtigungsscheines Beratungshilfe bewilligt worden ist (LG Kiel, Beschluss vom 5.7.2018, 7 T 8/18).

3.3.3 Beratungshilfe für eine Vertretung im Verwaltungsverfahren?

Bereits in mehreren Entscheidungen hat das BVerfG die Auffassung vertreten, dass Rechtsuchende im **Verwaltungsverfahren** sowie im Verfahrensstadium der **Anhörung** über eine Rückforderung von Leistungen auf die zur Beratung verpflichtete Behörde (§ 14 SGB I) verwiesen werden dürfen. Das BVerfG argumentiert, die Behörde habe nach § 2 Abs. 2 SGB I die sozialen Rechte bei der Auslegung der Vorschriften und der Ausübung von Ermessen zu beachten. Von einer Gegnerschaft zwischen Behörde und Rechtsuchenden könne erst im Widerspruchsverfahren gesprochen werden (30.6.2009 - 1 BvR 470/09). Bemittelte Rechtsuchende müssten darüber hinaus die Kosten der Rechtsverfolgung für das Verwaltungsverfahren selbst tragen. Aufwendungen für die Hinzuziehung anwaltlicher Unterstützung würden im Erfolgsfall erst für das Widerspruchsverfahren, nicht aber für das Verwaltungsverfahren erstattet (§ 63 Abs. 2 SGB X). Daher stünde auch Unbemittelten eine solche Kostenerstattung nicht zu (BVerfG 7.2.2012 - 1 BvR 804/11).

Diese Entscheidungen sind zu **kritisieren**. Aufgabe der Beratungshilfe ist es gerade, rechtliche Auseinandersetzungen zu vermeiden und zu einem **frühestmöglichen Zeitpunkt** eine Streitbeilegung zu erwirken. Ein **Rechtskonflikt** kann zudem auch bereits im Verwaltungsverfahren oder im Anhörungsverfahren vorliegen. In keinem anderen Rechtsgebiet wird zudem die Gewährung von Beratungshilfe davon abhängig gemacht, ob im Fall des Obsiegens ein Kostenerstattungsanspruch gegen den Gegner besteht. Letztlich liegt eine möglichst frühzeitige Klärung des Rechtskonfliktes auch im Interesse der Sozialleistungsträger und der Steuerzahler*innen, die bei einem erfolgreichen Widerspruchsverfahren Anwaltskosten tragen müssen, die rund das Dreifache der Beratungshilfegebühr betragen.

Tipp: Versuchen Sie in solchen Fällen ruhig, sich den Berechtigungsschein für die Beratungshilfe zu besorgen. Der/die Rechtspfleger*in beim Amtsgericht **kann** Ihnen durchaus Beratungshilfe gewähren, muss es aber nicht.

3.3.4 Beratungshilfe für die Durchfürung eines Widerspruchsverfahrens

Grundsätzlich nicht zumutbar ist es einem/r Rechtsuchenden, selbst Widerspruch gegen einen Bescheid einer Behörde einzulegen und dabei die Beratung derjenigen Behörde in Anspruch zu nehmen, die zuvor den Ausgangsverwaltungsakt erlassen hat (grundlegend BVerfG 11.5.2009 - 1 BvR 1517/08; dem folgend: 29.4.2015 - 1 BvR 1849/11; 30.6.2009 - 1 BvR 470/09; 31.8.2010 - 1 BvR 2318/09; 14.9.2009 - 1 BvR 40/09; Beschlüsse vom 6.8.2009 - 1 BvR 1554/08 - 1 BvR 321/09 - 1 BvR 320/09 - 1 BvR 319/09 - 1 BvR 281/09 - 1 BvR 1550/08 - 1 BvR 1551/08 - 1 BvR 1552/08 - 1 BvR 322/09). Die Vertretungsgebühr kann der/die Rechtsanwält*in allerdings nur abrechnen, wenn er/sie den Widerspruch auch begründet (LG Kiel, Beschluss vom 2.7.2018, 7 T 12/18).

3.3.5 Bagatellgrenze

Mutwillig ist i.d.R. die Beantragung von Beratungshilfe bei einer Bagatellforderung von unter **10 €**, weil wegen des Missverhältnisses von Kosten und Nutzen ein*e Nichtbedürftige*r auf die Konsultation eines/r Rechtsanwaltes/Rechtsanwältin verzichten würde (AG Halle 22.8.2011 - 103 II 1513/11). Der Antrag auf Beratungshilfe zur Durchsetzung einer Forderung von **29,84 €** ist hingegen **nicht mutwillig** (AG Kiel 14.4.2015 - 7 UR II 11433/14).

3.3.6 Weitere Einzelfälle

- Für die anwaltliche Androhung eines einstweiligen Verfügungsverfahrens zwecks Durchsetzung der **Barauszahlung** von existenzsichernden Sozialleistungen innerhalb der Sieben-Tage-Frist des § 55 Abs. 1 SGB I (a.F.) ist Beratungshilfe zu gewähren (BVerfG 9.11.2010 - 1 BvR 787/10).
- Der **Verweis** auf eine **Erstberatung** bei der Verbraucherzentrale kann zumutbar sein (BVerfG 20.2.2012 - 1 BvR 2695/11).
- Die Abwehr einer Sanktion wegen Vorliegens eines wichtigen Grundes setzt eine juristische Wertung und die Verhängung einer Sanktion auf Grundlage der komplexen Norm des § 31 SGB II eine rechtliche Durchdringung voraus, die von einem juristischen Laien nicht geleistet werden kann, so dass – nicht zuletzt vor dem Hintergrund der Sicherung des Existenzminimums – die Beantragung von Beratungshilfe nicht mutwillig ist (BVerfG 28.9.2010 - 1 BvR 623/10).
- Für die **Beratung über die Erfolgsaussichten einer Klage gegen einen Widerspruchsbescheid** ist gesondert Beratungshilfe zu bewilligen. Die Beratungstätigkeit bildet gebührenrechtlich keine einheitliche Angelegenheit mit dem vorausgegangen Widerspruchsverfahren (AG Kiel, Beschluss vom 1.9.2020, 7 UR II 21/20).
- Vor allem bei **Aufhebungs- und Erstattungsbescheiden** stellt sich stets die sowohl in rechtlicher als auch tatsächlicher Hinsicht häufig schwierige Frage, ob die strengen Voraussetzungen für eine rückwirkende Aufhebung eines begünstigenden Verwaltungsaktes vorliegen (BVerfG 8.2.2012 - 1 BvR 1120/11)
- Das Amtsgericht darf Beratungshilfe nicht mit dem pauschalen Hinweis ablehnen, die bloße *Einlegung* des Widerspruches durch den/die Rechtsuchende*n selbst wahre seine/ihre Rechte genauso effektiv wie die Einlegung eines *begründeten* Widerspruches durch eine*n Rechtsanwält*in. Denn regelmäßig führt nicht bereits die bloße Erhebung des Widerspruches zur begehrten Änderung

der angefochtenen Entscheidung, sondern erst dessen **sorgfältige Begründung** (BVerfG 7.10.2015 - 1 BvR 1962/11).

- Der undifferenzierte Hinweis des Amtsgerichts auf das angebliche Bestreben des/r Rechtsuchenden, *„für jegliche Lebenslagen eine anwaltliche Vertretung zu erlangen"*, trägt nicht die Annahme der „Mutwilligkeit" des Antrags auf Beratungshilfe für ein **konkretes Widerspruchsverfahren** (BVerfG 7.10.2015 - 1 BvR 1962/11).
- Ist für den/die Rechtsuchende*n ohne Schwierigkeiten zu erkennen, dass es in weiteren Bescheiden um **die gleiche rechtliche** und tatsächliche **Problematik** geht, ist es ihm/r zuzumuten, selbst Widerspruch einzulegen (BVerfG 2.9.2010 - 1 BvR 1974/08; vgl. auch 30.5.2011 - 1 BvR 3151/10 - Abmahnungen).
- Keine Beratungshilfe ist für die **Überprüfung** sämtlicher Bescheide ab 1.1.2005 „wegen verfassungsrechtlicher Bedenken" zu gewähren, denn eine verzögerte Überprüfung ohne konkrete Anhaltspunkte nimmt nur diejenige Person vor, für die Kosten keine Rolle spielen (BVerfG 19.8.2010 - 1 BvR 465/10).
- Für ein **erfolgreiches Überprüfungsverfahren** nach § 44 SGB X steht dem/r Rechtsanwält*in die **Erledigungsgebühr** nach Nr. 1002 VV RVG i.V.m. Nr. 2508 (1) VV RVG zu (LG Kiel, Beschluss vom 12.11.2019, 5 T 53/19).
- Vor Einholung anwaltlicher Hilfe kann zunächst zumutbare Eigeninitiative etwa durch Nachfragen bei der Behörde sowie die Beschaffung der wesentlicher Unterlagen bei dieser abverlangt werden (BVerfG 15.7.2010 - 1 BvR 2681/09).
- **Analphabetentum** begründet keinen Anspruch auf Beratungshilfe, weil diese kein Instrument der allgemeinen Lebenshilfe ist (BVerfG 12. 6.2007 - 1 BvR 1014/07).
- Trotz *„der in der Beratungshilfe ohnehin zu niedrigen Gebühren"* ist es *„noch vertretbar"*, wenn das Amtsgericht bei der Beratung über **Kindesunterhalt** und das **Umgangsrecht** des Vaters von einer Angelegenheit ausgeht und deswegen nur einmal Beratungshilfe bewilligt (BVerfG 31.10.2001 - 1 BvR 1720/01).
- Beratungshilfe kann versagt werden, wenn der/die Rechtsanwält*in lediglich **Unterlagen nachreicht** (BVerfG 7.2.2012 - 1 BvR 804/11)

oder

- wenn das Jobcenter **noch ermittelt**, ohne eine rechtsverbindliche Entscheidung getroffen zu haben (BVerfG 9.1.2012 - 1 BvR 2852/11).
- Verwaltungsverfahren und Widerspruchsverfahren sind **verschiedene Angelegenheiten**, für die jeweils Beratungshilfe bewilligt werden kann, vgl. § 17 Nr. 1a RVG (AG Rendsburg 30.9.2015 - 5 UR II 1622/15).

4. Rechtsschutz bei Ablehnung von Beratungshilfe

An vielen Amtsgerichten wird es für Rechtsuchende immer schwieriger, Beratungshilfe zu erhalten. Beratungshilfe ist eine Sozialleistung und wie bei allen Sozialleistungen gilt auch bei der Beratungshilfe, dass Betroffene für ihre Rechte gelegentlich kämpfen müssen.

4.1 Anspruch auf förmlichen Beschluss über den Beratungshilfeantrag

Es kommt immer wieder vor, dass sich Rechtspfleger*innen an Amtsgerichten weigern, Beratungshilfeanträge überhaupt anzunehmen oder über gestellte Beratungshilfeanträge förmlich durch Beschluss zu entscheiden. Stattdessen verweisen sie die Rechtsuchenden in sozialrechtlichen Angelegenheiten an die Behörden oder erteilen selbst Rechtsauskünfte und erklären die Angelegenheit damit für erledigt (§ 6 Abs. 1 BerHG). Diese Praxis ist grob rechtswidrig.

Haben Sie ausdrücklich einen Berechtigungsschein für die Konsultation eines/r Rechtsanwalts/Rechtsanwältin beantragt und haben sich Ihre Fragen durch die Auskunft des/r Rechtspflegers/*in aus Ihrer Sicht nicht erledigt, haben Sie einen **Anspruch** darauf, dass Ihr Antrag angenommen und über diesen förmlich **durch Beschluss entschieden** wird (BVerfG 29.4.2015 - 1 BvR 1849/11). Zudem entspricht es ständiger Rechtsprechung des BVerfG, dass ein*e Rechtsuchende*r jedenfalls für die Beratung über die Erfolgsaussichten eines Widerspruchsverfahrens nicht an dieselbe Behörde verwiesen werden darf, gegen die er/sie sich mit seinem/ihrem Widerspruch wenden will (⇨ 3.3.3).

4.2 Erinnerung gegen den Rechtspfleger*innenbeschluss

Gegen den Beschluss des/r Rechtspflegers/*in, durch den Ihr Antrag auf Bewilligung von Beratungshilfe zurückgewiesen worden ist, ist das **Rechtsmittel der Erinnerung**, die sogenannte Rechtspflegererinnerung, statthaft (§ 7 BerHG). Über Ihre Erinnerung, also Ihre Anfechtung der Entscheidung des/r Rechtspflegers/*in, entscheidet der/die am Amtsgericht für Beratungshilfesachen zuständige Richter*in. Die Erinnerung ist **an keine Frist gebunden**. Gegen den Beschluss des Amtsgerichts ist die **Beschwerde** zum Landgericht zulässig, wenn entweder der Beschwerdewert von 200 € erreicht ist (§ 56 Abs. 2 Satz 1 RVG i.V.m. § 33 Abs. 3 Satz 1 RVG) oder das Amtsgericht die Beschwerde wegen grundsätzlicher Bedeutung zugelassen hat (§ 33 Abs. 3 Satz 2 RVG). Die Nichtzulassung der Beschwerde durch das Amtsgericht ist nicht anfechtbar (§ 33 Abs. 4 Satz 4 2. Halbsatz RVG). Wollen Sie gegen einen etwaigen ablehnenden Beschluss des Amts- oder Landgerichts **Verfassungsbeschwerde** erheben (⇨ 4.3), müssen Sie den nicht befristeten Rechtsbehelf der Erinnerung allerdings innerhalb der für das Verfassungsbeschwerdeverfahren geltenden Einlegungsfrist von **einem Monat** erheben (BVerfG 25.11.2009 - 1 BvR 2464/09). Für das Beratungshilfeverfahren (einschließlich Erinnerungsverfahren und Gehörsrüge) muss **keine Verfahrenskostenhilfe** gewährt werden - wie für das PKH-Verfahren im Regelfall keine PKH gewährt werden muss (BVerfG, Beschlüsse vom 9.11.2017, 1 BvR 2440/16 u. 1 BvR 2441/16).

4.3 Rechtschutz gegen der Richter*innenbeschluss

Gegen Beschlüsse der Amtsgerichte in Beratungshilfesachen ist kein Rechtsmittel zu einem weiteren Fachgericht gegeben. Allerdings haben Sie die Möglichkeit, sich gegen einen die Beratungshilfegewährung ablehnenden Beschluss an das **Bundesverfassungsgericht** (BVerfG) zu wenden und eine Verletzung Ihres Anspruches auf Rechtswahrnehmungsgleichheit zu rügen (Art. 3 Abs. 1 i.V. mit Art. 20 Abs. 1 und 3 GG).

Der/die Rechtsanwält*in kann bei Ablehnung eines Antrages auf **nachträgliche Bewilligung** von Beratungshilfe nur dann die gesetzliche Vergütung verlangen, wenn er/sie Sie bei der Mandatsaufnahme darauf hingewiesen hat (§ 8a Abs. 4 Satz 1 BerHG). Sie selbst sind deshalb nur dann in Ihrer **Rechtsschutzgleichheit betroffen** und können den Anspruch auf Beratungshilfe geltend machen, wenn der/die Anwält*in Ihnen einen solchen Hinweises tatsächlich erteilt hat (BVerfG 23.3.2016 - 1 BvR 2831/15; 12.2.2018, 1 BvR 975/17). Die Erteilung dieses Hinweises sollte deswegen von dem/der Rechtsanwält*in **aktenkundig** gemacht und von Ihnen **schriftlich bestätigt** werden.

Die Gründe für eine Grundrechtsverletzung müssen von Ihnen in der Verfassungsbeschwerde substantiiert dargelegt werden (§ 23 Abs. 1 Satz 2; § 92 BVerfGG). Der Grundsatz der Subsidiarität der Verfassungsbeschwerde verlangt darüber hinaus, dass Sie die Umstände, die Sie Ihrer Meinung nach in Ihrem Grundrecht auf Rechtswahrnehmungsgleichheit verletzen, auch schon beim Amtsgericht vorgetragen haben.

Waren Sie im Beratungshilfe-Bewilligungsverfahren nicht anwaltlich vertreten, darf die Darlegungslast dabei allerdings nicht zu hoch angesetzt werden (BVerfG 30.5.2011 - 1 BvR 3151/19). Vor dem BVerfG besteht **kein Anwaltszwang**, d.h., Sie können sich selbst vertreten. Das Verfahren ist grundsätzlich **gerichtskostenfrei**. Nur in sehr seltenen Ausnahmefällen gewährt das BVerfG ⇨ Prozesskostenhilfe und ordnet eine*n Rechtsanwält*in bei. Steht die **Höhe der Vergütung** im Streit – etwa weil das Amtsgericht mehrere Angelegenheiten gebührenrechtlich zu einer Angelegenheit zusammenfasst – sind nicht Sie beschwert, sondern allein Ihre **Rechtsanwält*in**. Diese*r kann in diesem Fall Verfassungsbeschwerde erheben und einen Eingriff in seine Berufsausübungsfreiheit (Art. 12 GG) rügen (BVerfG 11.4.2011 - 1 BvR 2390/10; 31.10.2001 - 1 BvR 1720/01).

Tipp: Sollten Sie erwägen, sich gegen einen etwaigen ablehnenden Beschluss des Amtsgerichts vor dem BVerfG zur Wehr zu setzen, sollten Sie bereits die Erinnerung gegen den ablehnenden Rechtspfleger*innenbeschluss sehr gewissenhaft begründen und schon an dieser Stelle darauf hinweisen, dass und warum Sie sich durch die Ablehnung von Beratungshilfe durch den/die Rechtspfleger*in in Ihrem Grundrecht auf Rechtswahrnehmungsgleichheit verletzt sehen.

B

5. Anwaltswechsel und Beratungshilfe

Beratungshilfe für eine anwaltliche Beratung wird für dieselbe Angelegenheit i.d.R. **nur einmal gewährt** (§ 4 Abs. 2 Nr. 2 BerHG). Deswegen sollten Sie im Vorfeld einer Mandatierung genau erfragen, ob der/die von Ihnen ins Auge gefasste Rechtsanwält*in der/die Richtige für Sie ist. Sind Sie mit der Arbeit Ihres/r Anwalts/Anwältin trotz sorgfältiger Auswahl nicht zufrieden, können Sie diese*n nur unter der Maßgabe wechseln, dass Sie den/die zweite*n Anwält*in aus eigener Tasche bezahlen.

Sind Ihrem/r Rechtsanwält*in nachweislich **schwere Fehler** wie etwa Fristversäumnisse oder Verfahrensfehler **unterlaufen**, sodass Sie das Vertrauen zu ihm/r verloren haben, sollten Sie das Gespräch mit Ihrem/r Anwält*in suchen. Die meisten Rechtsanwält*innen werden in diesem Fall Verständnis für Ihren Wunsch nach einem Anwaltswechsel haben und Ihrem/r neuen Anwält*in die Beratungshilfegebühren überlassen. Ein Druckmittel in Ihrer Hand wäre die Meldung eklatanter Fehler bei der zuständigen Anwaltskammer.

Bescheid

Inhaltsübersicht

1. Was ist ein Verwaltungsakt?

Beim Alg II und bei der GSi der Sozialhilfe leitet die Behörde **auf Antrag** (§ 37 Abs. 1 SGB II; § 44 Abs. 1 SGB XII) ein Verwaltungsverfahren ein. Bei HzL der Sozialhilfe besteht wie bei den Leistungen nach dem Fünften bis Neunten Kapitel SGB XII ein Anspruch **ab Kenntnis** der Notlage (§ 18 Abs. 1 SGB XII). Der Bescheid ist der Verwaltungsakt, der das Verwaltungsverfahren abschließt. Ein Verwaltungsakt ist jede **hoheitliche Entscheidung** oder Maßnahme, die eine Behörde zur **Regelung des Einzelfalls** auf dem Gebiet des öffentlichen Rechtes mit unmittelbarer **Rechtswirkung** nach außen trifft (§ 31 SGB X).

Ein Verwaltungsakt kann darin bestehen, dass Leistungen ganz, teilweise oder gar nicht erbracht werden. Auch die Einstellung von Leistungen, auf die ein Anspruch besteht, ist ein Verwaltungsakt. Die gesetzlichen Regelungen zum Thema Verwaltungsakt finden Sie in den §§ 31 bis 50 des SGB X.

„Ein Verwaltungsakt kann schriftlich, elektronisch, mündlich oder in anderer Weise erlassen werden" (§ 33 Abs. 2 Satz 1 SGB X). Verwaltungsakte werden in der Regel schriftlich erlassen. Die schriftliche Bekanntgabe eines Aktes der Verwaltung ist der **Bescheid**. Den Zugang eines Bescheides muss im Zweifel die Behörde nachweisen (§ 37 Abs. 2 SGB X).

2. Schriftlichkeit des Verfahrens

2.1 Anspruch auf einen schriftlichen Bescheid

Grundsätzlich ist der Verwaltungsakt nicht an eine bestimmte Form gebunden (§ 33 Abs. 2 Satz 1 SGB X). Wegen seiner Verbindlichkeit ist die Schriftform aber die Regel. Ergeht ein Verwaltungsakt nur mündlich, muss die Behörde ihn **schriftlich bestätigen**, wenn der Betroffene es **unverzüglich verlangt** und ein berechtigtes Interesse hat (§ 33 Abs. 2 Satz 2 SGB X). Oft sind Sachbearbeiter*innen nicht bereit, mündliche Ablehnungen schriftlich zu bestätigen. Sie sollten im diesem Fall darauf bestehen und Ihrem/r Sachbearbeiter*in den Paragrafen nennen. Die Weigerung, einen schriftlichen Bescheid zu erteilen, stellt ein Dienstvergehen dar. Sie können Ihrem/r Sachbearbeiter*in mit einer ⇨Dienstaufsichtsbeschwerde drohen. **Unverzüglich** bedeutet in diesem Fall: innerhalb von vier Wochen.

Berechtigt ist Ihr Interesse, wenn Sie prüfen wollen, ob der Verwaltungsakt korrekt ist oder ob Sie ⇨Widerspruch einlegen sollen. Liegt eine wirksame Bevollmächtigung vor, so muss sich die Behörde an den/die Bevollmächtigte*n wenden (§ 13 Abs. 3 Satz 1 SGB X). Daher ist es der Behörde grundsätzlich verwehrt, sich unter Umgehung des/r Bevollmächtigten unmittelbar an den/die Beteiligte*n zu wenden. Wendet sich die Behörde wider die Vollmacht mit einem Bescheid direkt an den/die Vollmachtgeber*in oder auch Betreuer*in und versäumt der/die Bevollmächtigte deshalb die Widerspruchsfrist, ist Wiedereinsetzung in den vorigen Stand gemäß § 27 SGB X zu gewähren (VGH BaWü 29.06.1987 - 7 S 243/87), d.h., die Frist gilt als nicht versäumt. ⇨Bevollmächtigte

Gibt es nur einen mündlichen oder einen *„auf andere Weise"* erlassenen Verwaltungsakt (z.B. Alg II-Zahlung ohne Bescheid) und fehlt ein Bescheid mit **Rechtsmittelbelehrung,** beträgt die **Widerspruchsfrist ein Jahr** (§ 66 Abs. 2 SGG).

Tipp: Auch gegen einen Verwaltungsakt, der mündlich erlassen wurde oder einfach nur in Form der Einstellung von Leistungen ergeht, können Sie ⇨Widerspruch einlegen. Siehe auch: ⇨7

2.2 Zusicherungen – Vorstufe eines Verwaltungsaktes – immer schriftlich!

Wenn Ihr*e Sachbearbeiter*in Ihnen eine mündliche Zusicherung gibt (z.B.: *die Unterkunftskosten sind angemessen; Sie können die Wohnung anmieten, wir übernehmen die Umzugskosten* usw.), hat das **keine** bindende Wirkung. Denn *„eine von der zuständigen Behörde erteilte Zusage [...] bedarf zu ihrer Wirksamkeit der schriftlichen Form"* (§ 34 Abs. 1 SGB X). Schriftliche Zusicherungen dürfen nur nach einer entsprechenden **Änderung** der Sach- oder Rechtslage wieder zurückgenommen werden (§ 34 Abs. 3 SGB X). D.h., ohne Änderung ist die Behörde an ihre schriftlich erteilte Zusicherung gebunden. Zusicherungen gibt es beim SGB II/ SGB XII in Bezug auf Unterkunftskosten, die Anmietung von Wohnungen (§ 22 Abs. 4 SGB II), den Auszug unter 25-Jähriger (§ 22 Abs. 5 SGB II), der Übernahme von Wohnungsbeschaffungs- und Umzugskosten sowie von Kaution bzw. Genossenschaftsanteilen (§ 22 Abs. 6 SGB II) und bei der Genehmigung einer ⇨Ortsabwesenheit (§ 7 Abs. 4a SGB II).

Tipp: Fordern Sie Ihre*n Sachbearbeiter*in zu Ihrer eigenen Sicherheit auf, die Zusage schriftlich zu bestätigen. Eine Verweigerung wäre ein Dienstrechtsverstoß, weswegen Sie mit dem Vorgesetzten reden oder eine ⇨Dienstaufsichtsbeschwerde einlegen können.

3. Anforderungen an den Bescheid

3.1 Hinreichende Bestimmtheit des Bescheides

Bescheide müssen hinreichend klar und deutlich formuliert sein (§ 33 Abs. 1 SGB X). Voraussetzung für einen wirksamen Bescheid (Verwaltungsakt) ist, dass er eine vollständige und eindeutige Regelung trifft, die den/die Beteiligte*n erkennen lässt, was die Behörde regelt (BSG 30.8.2011 - B 4 RA 114/00 R; BSG 15.12.2010 - B 14 AS 92/09 R; BSG 17.12.2009 - B 4 AS 30/09R). Der Bescheid muss in sich widerspruchsfrei sein. Unklarheiten bezüglich der Bestimmtheit gehen zu Lasten der Behörde.

Es reicht jedoch aus, wenn sich der Regelungsinhalt eines Bescheides aus den Umständen oder dem Zusammenhang ergibt.

Maßgebender Zeitpunkt der Bestimmtheit ist der Zugang des Bescheides. Umstände, die sich nach Bekanntgabe des Bescheides hinzutreten, können nicht zu dessen Verständnis herangezogen werden (⇨Rückforderung).

Aufhebungsbescheide (§ 48 SGB X) und Rücknahmebescheide (§ 45 SGB X) müssen erkennen lassen, wer Adressat*in des Bescheides ist, welche Leistungsbewilligung für welchen Zeitraum und in welchem Umfang aufgehoben wird (LSG Sachsen 24.5.2012 - L 3 AS 208/11).

Tipp: Ist der Bescheid nicht hinreichend bestimmt, ist er rechtswidrig. Sie können ⇨Widerspruch einlegen, weil Sie Anspruch auf eine eindeutige Regelung haben.

3.2 Wirksamkeit eines Verwaltungsaktes

Ein Verwaltungsakt wird **gegenüber** derjenigen Person wirksam, für die er bestimmt oder die von ihm betroffen ist. Er wird wirksam zum **Zeitpunkt**, an dem er Ihnen zugeht

(§ 39 Abs. 1 Satz 1 SGB X). Der Verwaltungsakt wird **mit dem Inhalt wirksam**, mit dem er bekannt gegeben (⇨4.) wird (§ 39 Abs. 1 Satz 2 SGB X). Er **bleibt so lange** wirksam, wie er nicht zurückgenommen, widerrufen oder aufgehoben wird (§ 39 Abs. 2 SGB X). Wirksamkeit des Zugangs bei ⇨Bevollmächtigten
Die Beweispflicht des **Zugangs** des Bescheides trifft die Behörde (§ 37 Abs. 2 Satz 3 SGB X).

3.3 Bescheide müssen begründet sein

Im Bescheid müssen die *„wesentlichen tatsächlichen und rechtlichen Gründe"* dargelegt werden, *„die die Behörde zu ihrer Entscheidung bewogen haben"* (§ 35 Abs. 1 SGB X). Ferner müssen Bescheide die Rechtsgrundlagen enthalten.

Bei Ermessensentscheidungen (d.h. bei „Kann-", „Soll-" oder „Darf-Leistungen") müssen die Maßstäbe der Ausübung des ⇨Ermessens dargelegt werden.

Ist das nicht der Fall, ist der Bescheid formell rechtswidrig, aber dennoch nicht etwa unwirksam. Nichtig, also nicht gültig, ist ein Bescheid nur dann, wenn er *„an einem besonders schwerwiegenden Fehler"* leidet (§ 40 Abs. 1 SGB X). Dazu zählen Formfehler, wie z.B. fehlende Begründung, in der Regel nicht. Die Behörde kann Formfehler, z.B. die fehlende Begründung, nachträglich korrigieren und zwar noch bis zum Ende des Gerichtsverfahrens der zweiten Instanz (§ 41 Abs. 2 SGB X).

Nichtig wäre ein „Bescheid" auch, wenn er von einer Firma erlassen wird, die mit dem Jobcenter kooperiert, aber kein Amt ist und auch nicht befugt, hoheitlich zu handeln, wie das über Jahre von einer Amtshelferfirma des Jobcenters Wuppertal gelaufen ist.

Sie können nur dann einen Bescheid wegen Formfehlern anfechten, wenn auch eine andere Entscheidung in der Sache hätte getroffen werden können bzw. müssen (§ 42 SGB X).

3.4 Umdeutung von fehlerhaften Verwaltungsakten

Ein fehlerhafter Verwaltungsakt kann nur umgedeutet, d.h. in eine gültige Ersatzregelung umgewandelt werden, wenn diese auf das gleiche Ziel gerichtet ist und die Behörde sie so rechtmäßig hätte erlassen können (§ 43 Abs. 1 SGB X).

Das ist nicht möglich, wenn der Verwaltungsakt eine erkennbar andere Absicht hatte oder die Rechtsfolgen für den/die Betroffene*n ungünstiger sind (§ 43 Abs. 2 SGB X). Eine durch ein Gesetz gebundene Entscheidung darf nicht in eine Ermessensentscheidung umgedeutet werden (§ 43 Abs. 3 SGB X).

3.5 Alg II/GSi: vorläufiger Bescheid über Leistungen

Den Komplex der vorläufigen Leistungsgewährung im Bereich Alg II/GSi schauen Sie bitte unter dem Stichwort ⇨ vorläufige Entscheidung nach.

4. Wann gilt ein Bescheid als bekanntgegeben?

Ein schriftlicher Verwaltungsakt gilt **am dritten Tag** nach der Aufgabe zur Post als bekannt gegeben (§ 37 Abs. 2 Satz 1 SGB X). Das nennt man **Zugangsfiktion**. Der Tag, an dem der Brief zur Post gegeben wird, wird hier nicht mitgezählt (§ 26 Abs. 1 SGB X). Die Fiktion des Zugangs greift auch dann, wenn der für die Bekanntgabe maßgebende dritte Tag nach der Aufgabe zur Post auf einen Samstag, Sonntag oder Feiertag fällt (BSG 6.5.2010 - B 14 AS 12/09 R).

Die Drei-Tages-Zugangsfiktion des § 37 Abs. 2 Satz 1 SGB X setzt voraus, dass der Sozialleistungsträger den Tag der Aufgabe des Schriftstückes zur Post in der Akte vermerkt hat (BSG 3.3.2009 - B 4 AS 37/08 R, Rn. 17; LSG NRW 16.7.2020 – L 21 AS 574/20 B –, Rn. 8, juris). Es existiert kein allgemeiner Grundsatz, wonach ein Verwaltungsakt am Tag seiner Erstellung (oder an einem bestimmten anderen nachfolgenden Tag) auch die Behörde verlässt, so dass die Grundsätze des Anscheinsbeweises (vgl. dazu auch BSG 26.7.2007 – B 13 R 4/06 R, Rn 19) nicht gelten, zumal der Behörde die Möglichkeit der förmlichen Zustellung offensteht. Greift die Zugangsfiktion nicht ein, hat die Behörde im Zweifel den Zeitpunkt des Zugangs des Verwaltungsaktes nachzuweisen.

Auf den so genannten Anscheinsbeweis, der auf einen typischen, nicht aber den tatsächlichen Geschehensablauf abstellt, kann der Zugangsnachweis hingegen nicht gestützt werden (LSG NRW 16.7. 2020 – L 21 AS 574/20 B).

Allerdings gilt das nur, wenn Ihnen der Bescheid tatsächlich zugegangen ist. Ist er später zugegangen, sollten Sie das dokumentieren und bei Bedarf glaubhaft machen.

Im Zweifel muss die Behörde beweisen, dass der Bescheid zugegangen ist und, wenn ja, wann (§ 37 Abs. 2 Satz 3 SGB X). Die Zugangsfiktion gilt im Übrigen für alle Behördenschreiben, die z.B. Fristen auslösen. Auch hier liegt die Beweislast für den Zugang bei der Behörde. Wird der Zugang eines Schreibens von dem/r Leistungsberechtigten bestritten, muss die Behörde den Zugang beweisen, dies gilt auch dann, wenn Darstellungen des Klägers/der Klägerin nicht in jedem Falle der Wahrheit entsprochen hat (LSG Sachsen 28.5.20 - L 3 AS 64/18).

Tipp: Bei den gemeinsamen Einrichtungen werden die Allegro-Leistungsbescheide (Software für die Jobcenter in sog. gemeinsamen Einrichtungen) zentral in Nürnberg gedruckt. Bei diesen Alg II-Bewilligungsbescheiden gibt es oft neben dem normalen Datum oben rechts, an dem der Bescheid erstellt wurde, ein zweites Datum quer unten links, an dem der Bescheid gedruckt und verschickt wurde. Beide Daten können bis zu einer Woche voneinander abweichen. Das i.d.R. spätere Datum unten links gilt als Tag der Postaufgabe zuzüglich der drei Tage Postlaufzeit.

5. Widerspruchsfrist

Ausgehend von der Zugangsfiktion ergibt sich die **„Rechtsmittelfrist"**, innerhalb der Sie ⇨Widerspruch gegen einen Bescheid einlegen können. Diese beträgt bei Sozialleistungsbescheiden regelmäßig **einen Monat** (§ 84 Abs. 1 SGG).

Fehlt bei einem Bescheid die Rechtsmittelbelehrung, ist diese unrichtig oder handelt es sich um einen mündlichen Verwaltungsakt (z.B. eine Ablehnung), verlängert sich die Widerspruchsfrist auf ein Jahr (§ 66 Abs. 2 SGG).

Tipp: Beachten Sie, dass ein Widerspruch gegen einen Bescheid immer nur für den entsprechenden **Bewilligungszeitraum** gilt. Beginnt ein neuer Bewilligungsabschnitt, muss, sofern es sich um den gleichen Sachverhalt handelt, **erneut** Widerspruch gegen den **neuen** Bewilligungsbescheid eingelegt werden.

7. E-Government-Gesetze und Folgen für die Widerspruchsfrist

Ein beweisbarer, rechtssicherer **Zugang per De-Mail** wäre auch möglich, insofern der/die Empfänger*in hierfür einen Zugang eröffnet hat (§ 36a Abs. 1 SGB I). Für Bundesbehörden gilt seit 08/2013 das E-Government-Gesetz des Bundes. In den Ländern gelten die E-Government-Gesetze der Länder. Für die Jobcenter als gemeinsame Einrichtung gilt das E-Government-Gesetz des Bundes, für die kommunalen Träger gelten die E-Government-Gesetze der Länder. Allen gemeinsam ist, dass die **Jobcenter von der Pflicht,** einen gesicherten E-Mail-Zugang zu erstellen, **ausgenommen sind**, so § 1 Abs. 5 Nr. 3 EGovG (Bund) oder beispielsweise § 1 Abs. 4 Nr. 3 EGovG NRW. Damit räumt ihnen der Gesetzgeber die Möglichkeit ein, weiter in einem **grundrechtsfreien Raum** zu agieren.

Die HzL-/GSi-Behörden sind kommunale Leistungsträger, für die es je nach Landesgesetz eine Pflicht gibt, einen gesicherten elektronischen E-Mail-Zugang zu eröffnen. Gibt es das Landesgesetz und hat das HzL/GSi-Amt versäumt, in der Rechtmittelbelehrung auf die Möglichkeit des Widerspruchs per E-Mail hinzuweisen, gilt eine **Widerspruchsfrist von einem Jahr** (§ 66 Abs. 2 SGG).

Forderung

Automatische Erteilung eines schriftlichen Bescheides!
SGB II-/ SGB XII-Bescheide müssen transparent und nachvollziehbar sein!

Beschwerde

(Dienstaufsichts- und Fachaufsichtsbeschwerde)

„Jedermann hat das Recht, sich [...] schriftlich mit [...] Beschwerden an die zuständigen Stellen [...] zu wenden", heißt es im Grundgesetz (Art. 17 GG). Eine solche Beschwerde kann mündlich, schriftlich oder per E-Mail und Fax geführt werden. Man nennt dieses Grundrecht auf Behördendeutsch *„Petitionsrecht"*.

Inhaltsübersicht

1. Die Dienstaufsichtsbeschwerde

ist eine besondere Form des Petitionsrechts. Wenn Sachbearbeiter*innen

- Ihnen gegenüber abfällige oder beleidigende Äußerungen machen,
- Ihnen unbegründet Leistungen vorenthalten oder
- einfach untätig sind bzw.
- schlampig arbeiten,

können Sie oder eine Beratungsstelle, Initiative oder sonstige befreundete Person, die unrechtmäßiges oder unrichtiges Handeln der Behörden mitbekommt, über eine Dienstaufsichtsbeschwerde Vorgesetzte des Sachbearbeiters/der Sachbearbeiterin darüber informieren. Vorgesetzte müssen das dienstliche Verhalten oder Benehmen ihrer Sachbearbeiter*innen überprüfen und ggf. einschreiten.

Tipp: Wenn die Beschwerde von einer anderen Stelle oder Person erfolgt, sollte dieser immer eine Vollmacht zur datenschutzrechtlichen Entbindung der Behörde gegenüber des Beschwerdeführers beigefügt sein, denn sonst darf die Behörde sich in ihrer Antwort nicht an den Beschwerdeführer wenden.

Dienstaufsichtsbeschwerden sind **keine** Widersprüche und ersetzen diese nicht. Sie können aber neben einem Widerspruch betrieben werden. Vergessen Sie also über Ihre Beschwerde nicht, fristgemäß ⇨Widerspruch einzulegen. Die Beschwerde muss in angemessener Frist beschieden werden. Die Angemessenheit ergibt sich aus dem Einzelfall.

Tipp: Wenn die Behörde nicht auf ihre Beschwerde reagiert, haken Sie schriftlich nach, ggf. beim Vorgesetzten. Wenn Sie nach drei Monaten immer noch keine schriftliche Antwort haben, können Sie ⇨Untätigkeitsklage einreichen (§ 75 VwGO). Für eine Klage auf Bescheidung einer Dienstaufsichtsbeschwerde gegen Mitarbeiter*innen eines Jobcenters ist nach dem LSG Berlin-Brandenburg der Verwaltungsrechtsweg eröffnet (LSG Berlin-Brandenburg 6.12.2011 - L 5 AS 2040/11 B). Bei einem Rechtsstreit über ein Hausverbot ist der Rechtsweg zur Sozialgerichtsbarkeit gegeben, wenn ein Rechtsverhältnis zwischen der Behörde, die das Hausverbot ausspricht, und dem/r Adressat*in des Hausverbots besteht und für Streitigkeiten aus diesem Rechtsverhältnis der Rechtsweg zur Sozialgerichtsbarkeit eröffnet ist (BSG 21.7.2014 - B 14 SF 1/14 R). Diese Position wird als zutreffend angesehen, was besonders wichtig ist, da in der Sozialgerichtsbarkeit Kostenfreiheit herrscht, beim Verwaltungsgericht nicht.

2. Fachaufsichtsbeschwerde

Die Fachaufsichtsbeschwerde wendet sich gegen den sachlichen Inhalt von Entscheidungen, aber auch gegen fachlich zweifelhafte Praktiken von Mitarbeiter*innen oder gar einer Behörde. Kommen z.B. Bescheide wiederholt zwei Wochen zu spät an (Differenz zwischen dem Datum auf dem Bescheid und dem Umschlag), kann das Anlass für eine solche Beschwerde sein.

Fachaufsichtsbeschwerden sind gerade dann sinnvoll, wenn in einer Behörde häufig und über den Einzelfall hinaus das gleiche Problem auftritt. Wird z.B. immer ein Hausbesuch durchgeführt, wenn eine Erstausstattung für eine Geburt beantragt wird, ist dies ein nicht zu rechtfertigender rechtswidriger Generalverdacht, es würde an der Bedürftigkeit fehlen. In solchen Fällen kann eine Fachaufsichtsbeschwerde durchaus Abhilfe schaffen.

3.1 Wie sich beschweren?

Sie sollten bei jeder Form von Beschwerde alle Vorkommnisse möglichst genau aufschreiben, immer mit Datum, Gesprächsinhalt und Beweis oder Zeugenangabe (⇨Beistand).

Dienst- und Fachaufsichtsbeschwerden können mündlich oder schriftlich, als Brief, Fax oder E-Mail erhoben werden. Schriftliche werden aber eher ernst genommen. Schließen Sie die schriftliche Beschwerde am besten mit dem Vermerk ab: *„Setzen Sie mich bitte unaufgefordert über Ergebnisse der Beschwerde in Kenntnis."*

3.2 Anspruch auf Beantwortung einer Beschwerde

Die Behörde muss Beschwerden prüfen und dem Beschwerdeführer in einer angemessenen Frist die Art der Erledigung schriftlich mitteilen (BVerfGE 2, 225; BVerwG NJW 76, 637). Das könnten Sie sogar einklagen. Sie haben jedoch keinen Anspruch darauf, dass eine Behörde dienstrechtliche Maßnahmen gegen eine*n Verwaltungsbedienstete*n einleitet. Hier dürfte die Zuständigkeit beim Sozialgericht liegen ⇨ 1.

4. Beratungsstellen oder Erwerbslosen- und Sozialhilfeinitiativen als Beschwerdeführer

Um das Beschwerderecht auszuüben, muss man laut Grundgesetz nicht selbst betroffen sein. Auch juristische Personen sind Grundrechtsträger (Art. 19 Abs. 3 GG). Wenn Beratungsstellen oder Initiativen das Beschwerderecht wahrnehmen, fällt das nicht unter unerlaubte Rechtsberatung (⇨Beratung), sondern unter den Schutz des Grundgesetzes.

5. An wen richten Sie die Beschwerde?

Wenn Sie Alg II von einem Jobcenter beziehen, können Adressaten sein:

a. die direkten Vorgesetzten (Teamleiter*in, Abteilungsleiter*in, Leiter*in des Jobcenters), dann:
  * für die Jobcenter als **gemeinsame Einrichtungen** von BA und Kommune/ Landkreis (das sind bundesweit 335)

b. die jeweilige Regionaldirektion der BA,
c. die Zentrale der BA in Nürnberg und
d. das Bundarbeitsministerium (§ 47 Abs. 1 SGB II),
  * für die Jobcenter bei einem **zugelassenen kommunalen Träger** (Optionskommunen; das sind bundesweit 110)

e. der/die Oberbürgermeister*in/ Landrät*in,
f. das jeweilige Landesministerium für Arbeit und Soziales und
g. das Bundesarbeitsministerium (§ 48 Abs.1 GB II).

Wenn Sie **HzL/ GSi der Sozialhilfe** beziehen, können Adressaten sein:

a. die direkten Vorgesetzten (Teamleiter*in, Abteilungsleiter*in, Dienststellenleiter*in),
b. die Amtsleitung,
c. der/die Dezernent*in/ Beigeordnete für Soziales,
d. der/die Oberbürgermeister*in/ Landrät*in,
e. die Fachaufsicht bei dem/der Regierungspräsident*in,
f. das jeweilige Landesministerium für Arbeit und Soziales.

Eine Beschwerde über den Rahmen der kommunalen Verwaltung hinaus kann sehr wirkungsvoll sein, da sich der/die Bearbeiter*in der Beschwerde und die Person, gegen die sich die Beschwerde richtet, nicht kennen und i.d.R. genauer geprüft wird.

Tipp: Erkundigen Sie sich z.B. bei Beratungsstellen, Wohlfahrtsverbänden, Stadtverordneten, Journalist*innen, Parteien usw., wer der geeignete Ansprechpartner für die Beschwerde ist. Eine richtig platzierte Beschwerde bringt am meisten. Über die zentrale Telefonvermittlung der Stadt/ des Landkreises können Sie die Namen der jeweiligen Vorgesetzten des Sozialamts erfragen. Bei den Jobcentern dürfte das schwieriger sein. Sie können auch Ihren Sachbearbeiter*innen nach deren Vorgesetzten fragen und sich dort erkundigen. Es besteht ein Rechtsanspruch auf Auskunft über die zuständige Stelle (⇨Auskunftsrecht). Weitere Quellen sind Telefonlisten auf Internetseiten der Kommunen/ Kreise.

5.1 Wirkung von Beschwerden

Dass Vorgesetzte und Aufsichtsbehörden eingeschaltet werden, empfinden die Sachbearbeiter*innen, gegen die sich die Beschwerde richtet, in der Regel als unangenehm. Sie verändern häufig das beanstandete Verhalten bzw. werden zumindest vorsichtiger. Beschwerden können amtsinterne Rügen bzw. Vermerke in der Personalakte auslösen. Einige Behördenleiter*innen achten sehr genau darauf, wie oft Beschwerden über

Mitarbeiter*innen eingehen. Sie wollen schließlich den Eindruck einer *„bürgerfreundlichen Verwaltung"* erwecken. Gehäuftes Auftreten von Beschwerden kann zu höherer Aufmerksamkeit und ggf. auch zu Konsequenzen führen.

6. Kundenreaktionsmanagement
Für den Bereich des SGB II und des SGB III gibt es ein „Kundenreaktionsmanagement" (KrM), also eine Beschwerdestelle. Sie existiert in jedem größeren Jobcenter auf Landesebene und in Nürnberg auf Bundesebene. Im Einzelfall ist es sinnvoll, sich an das KrM in Nürnberg zu wenden. Das prüft Ihre Beschwerde und greift ein, wenn die Verwaltungspraxis zu bemängeln ist. Wir hören immer wieder von Fällen, in denen der Einsatz des KrM zu einem Erfolg im Sinne des Verfassers der Beschwerde geführt hat. Das bundesweite KrM ist zu erreichen unter:
Bundesagentur für Arbeit
BA-Service-Haus
Kundenreaktionsmanagement
Regensburger Str. 104
90478 Nürnberg
Tel.: 0911/ 179-0, Fax: 0911/ 179-2123,
E-Mail: Service-Haus.Kundenreaktionsmanagement@arbeitsagentur.de

7. Bürgerbeauftragte, Beschwerdestelle/Ombudsmenschen
Bei den Jobcentern gibt es örtlich oft sehr unterschiedliche Beschwerdestellen. Manchmal sind es im Jobcenter integrierte Stellen, die mehr oder weniger abhängig dort ihre Tätigkeit verrichten. Beim Jobcenter Wuppertal, einem zugelassenen kommunalen Träger, ist das Beschwerdemanagement im Vorzimmer des Chefs (Vorstandsvorsitzenden) angesiedelt. Beim Jobcenter in Duisburg gab es einen Ombudsmann, der vom dortigen Geschäftsführer einen Maulkorb verhängt bekommen hat und daraufhin kündigte usw.
Erkundigen Sie sich vor Ort, vielleicht können die jeweiligen Beschwerdestellen Ihnen weiterhelfen.
Auch kann es sinnvoll sein, sich an Petitionsausschüsse und Bürgerbeauftragte des Bundes oder der Bundesländer zu wenden. Auch die Landtage und Bürgerschaften der Bundesländer verfügen über Petitionsausschüsse. Fast alle Bundesländer haben zudem den elektronischen Einreichungsweg für Petitionen eingeführt. Einige Bundesländer verfügen zusätzlich über einen parlamentarischen Bürgerbeauftragten. Auch dort können Sie Probleme thematisieren. Immer muss der Sachverhalt glaubhaft gemacht werden, bei gut dargestellten Sachverhalt können auch auf dem Wege Lösungen gefunden werden. Beachten Sie aber immer: der Beschwerdeweg ersetzt **nie das Rechtsmittelverfahren**.

8. Andere Möglichkeiten
Wie Sie sich sonst noch wehren können, ohne den Rechtsweg einzuschlagen, ist unter dem Stichwort ⇨Wehren ohne Rechtsweg nachzulesen.

Bevollmächtigte

Sie können sich bei Behördengängen auch von anderen vertreten lassen, auch von Vertretern von Wohlfahrts- oder Sozialverbänden oder Erwerbslosengruppen. Dazu müssen Sie eine Vollmacht ausstellen. Die Vollmacht ermächtigt zu allen Handlungen, die das Verfahren betreffen, sofern sich aus dem Inhalt der Vollmacht nichts anderes ergibt (§ 13 Abs. 1 SGB X).

Inhaltsübersicht
1. Grundsätze
2. Grenzen der Bevollmächtigung
3. Bevollmächtigte bei Bedarfsgemeinschaften im SGB II
4. Widerruf der Bevollmächtigungsfiktion in einer BG
5. Antragsbevollmächtigung gleich Widerspruchsbevollmächtigung?
6. Darlehensbevollmächtigte im SGB II

1. Grundsätze
Immer wieder gibt es Probleme, zwischen einem/r **Bevollmächtigen** und einem ⇨ **Beistand zu unterscheiden**. Ein*e Bevollmächtigte*r handelt im Rahmen des Umfangs, der in der Vollmacht festgeschrieben ist. Bevollmächtigte können **Anträge** stellen, **Widersprüche** und **Klagen** einlegen, **Akten einsehen**, **Erörterungen** mit der Behörde

durchführen und alle notwendigen Handlungen stellvertretend für Sie vornehmen. Der/die Bevollmächtigte muss eine rechtsfähige Person sein. Ein Verein oder eine Beratungsstelle, die keine zuständige Person nennt, kann nicht bevollmächtigt werden. Die **Schriftform** ist für die Bevollmächtigung nicht vorgeschrieben. Sie ist aber auf Verlangen der Behörde schriftlich nachzuweisen (§ 13 Abs. 1 Satz 3). Der Nachweis **per Telefax ist ausreichend** (LSG Schleswig-Holstein 12.6.2014 - L 6 AS 522/13 B PKH - juris Rn. 7). Analog wird eine Übersendung per Mail als ausreichend anzusehen sein. In der Vollmacht muss der/die Vollmachtgeber*in, der/die Bevollmächtigte, der Inhalt und der Umfang der Vollmacht sowie der Zeitpunkt genannt werden, ab dem die Vollmacht gilt. Es steht im Ermessen der Behörde, ob sie im Einzelfall die Vorlage einer schriftlichen Vollmacht verlangt oder auf eine solche verzichtet. Die Vollmacht ist grundsätzlich für alle Verfahrenshandlungen zulässig. Bei widersprechenden Erklärungen des/r Beteiligten und des/r Bevollmächtigten hat der zuletzt erklärte Wille Vorrang; ansonsten muss die Behörde selbst den Sachverhalt ermitteln (§ 20 SGB X). Der/die Beteiligte kann auch die Vollmacht jederzeit **widerrufen.** Liegt eine wirksame Bevollmächtigung vor, so **muss sich die Behörde an den/die Bevollmächtigte*n wenden** (§ 13 Abs. 3 Satz 1 SGB X). Daher ist es der Behörde grundsätzlich verwehrt, sich unter Umgehung des/r Bevollmächtigten unmittelbar an den/die Beteiligte*n zu wenden. Wendet sich die Behörde trotz Vollmacht mit einem Bescheid direkt an den/die Vollmachtgeber*in oder auch an eine*n rechtliche*n Betreuer*in, der vom Grundsatz her einem/r Bevollmächtigten gleichzustellen ist, wenn das Gericht ihn/sie in Behördenangelegenheit bestellt hat, und versäumt dieser deshalb die Widerspruchsfrist, **ist Wiedereinsetzung in den vorigen Stand gemäß** § 27 SGB X **zu gewähren** (VGH BaWü 29.6.1987 - 7 S 243/87). Das heißt, die Frist gilt als nicht als versäumt: dem Bescheid kann noch widersprochen werden.

In der Vollmacht müssen Name und Anschrift des/der Bevollmächtigenden (also Sie) und Name und Anschrift des/der Bevollmächtigten genannt sein. Wenn der/die Bevollmächtigte an Ihrer statt zum Amt geht, muss er sich ausweisen.

Beispiel
"Hiermit bevollmächtige ich ... Name ... Straße ... Wohnort ...
Herrn/Frau X ... Straße ... Wohnort ...,
mich in meinen Alg II-/ Sozialhilfe-/ Grundsicherungsangelegenheiten gegenüber der Behörde Y der Stadt Z ... zu vertreten.
Die Vollmacht bezieht sich auf folgende Sachverhalte .... Sie umfasst die Übersendung der Schriftstücke an die Adresse des Bevollmächtigten.
Die Behörde ist gegenüber dem Bevollmächtigten von allen datenschutzrechtlichen Bestimmungen entbunden. Die Vollmacht gilt bis zu ihrem Widerruf.
Ort, Datum und Unterschrift"

Ggf. könnte es von Interesse sein, die Vollmacht um den Zusatz zu ergänzen, dass die Behörde berechtigt ist, per Fax oder Mail mit dem/r Bevollmächtigen zu kommunizieren.

2. Grenzen der Bevollmächtigung

Wenn Sie als Bevollmächtigte*r Familienangehörigen oder auch Nachbarn helfen, ist das nach dem Rechtsdienstleistungsgesetz in der Regel kein Problem. Wenn Sie aber für verschiedene Personen Verfahrensbevollmäc htigte*r werden sollten, könnte die Behörde Ihnen unerlaubte Rechtsberatung vorwerfen (⇨Beratung 2.1). Daher sollten Sie nur in begrenztem Umfang als Bevollmächtigte*r bei der Behörde in Erscheinung treten.

3. Bevollmächtigte bei Bedarfsgemeinschaften (BG) im SGB II

Das Gesetz geht davon aus, dass die Person, die den Antrag auf Alg II stellt, Bevollmächtigte*r der restlichen Mitglieder der Bedarfsgemeinschaft ist (§ 38 SGB II). Die Vertretungsbefugnis bezieht sich ausschließlich auf die Antragstellung und Entgegennahme von Leistungen, Der Gesetzgeber wollte mit dieser Bevollmächtigungsfiktion aus Gründen der Verwaltungsökonomie verhindern, dass sie es mit einer Vielzahl von Ansprechpartner*innen zu tun hat. Müssen Unterlagen vorgelegt werden, muss sich die Behörde im Rahmen des sog. Direkterhebungsgrundsatzes direkt an den/die jeweilige*n Antragsteller*in wenden (§ 67a Abs. 2 S. 1 SGB X). Der/die Bevollmächtigte darf nur den Antrag auf Alg II stellen und die Leistungen entgegennehmen.

Die Bevollmächtigung gilt für eine Bedarfsgemeinschaft. Diese Bevollmächtigungsfiktion gilt, solange dem Amt keine Anhaltspunkte vorliegen (ihre mündliche oder schriftliche Mitteilung), dass diese ungültig ist. Zum Beispiel muss der Hinweis, dass Leistungen an andere BG-Mitglieder überwiesen werden sollen, das Jobcenter veranlassen, die Leistungen entsprechend auszuzahlen (§ 38 Satz 1 SGB II).

Sozialrechtliche Handlungsfähigkeit besteht für die Beantragung und die Verfolgung einer Sozialleistung und deren Entgegennahme **ab dem 15. Lebensjahr** (§ 36 SGB I). Alle, die das 15. Lebensjahr vollendet haben, können demnach die Vertretung der BG übernehmen. Das ist unter Umständen dann wichtig, wenn ein alleinerziehender Elternteil dauerhaft erkrankt ist oder wenn bei Menschen mit Migrationshintergrund Sprachbarrieren bestehen. In solchen Fällen kann ein jugendliches Kind Sozialleistungen beantragen und mit der Behörde Kontakt aufnehmen.

4. Widerruf der Bevollmächtigungsfiktion in einer BG

Die Bevollmächtigungsfiktion in § 38 Abs. 1 SGB II beinhaltet keine gesetzliche Bevollmächtigung wie oben beschrieben, sondern die Bevollmächtigung **wird vermutet** und kann **jederzeit widerlegt werden**. Solche der Vermutung entgegenstehenden Anhaltpunkte können sein: Trennung der Partnerschaft bei Verbleib in der Wohnung und Partner*in erklärt, bei ihr kommt kein Geld an oder wenn das Geld wegen z.B. Suchtproblematiken nicht sachgemäß verwendet wird.

„*Die Bevollmächtigungsvermutung ist jedenfalls widerlegt, wenn ein Mitglied der Bedarfsgemeinschaft gegenüber dem Träger erklärt, seine Interessen selbst wahrnehmen zu wollen*“, so die BA in FW 38.6.

„*Ist die Bevollmächtigungsvermutung widerlegt, sind die Alg II-Gelder für jedes nicht vertretene Mitglied separat zu bescheiden und zu überweisen*“ (FW 38.9).

5. Antragsbevollmächtigung gleich Widerspruchsbevollmächtigung?

Die gesetzlich fingierte Antragsbevollmächtigung (einer für alle) beinhaltet streng genommen nicht die Bevollmächtigung, Widersprüche für alle Mitglieder der Bedarfsgemeinschaft zu stellen. Sind von der Entscheidung einer Behörde alle Mitglieder der BG betroffen, müsste theoretisch jedes BG-Mitglied einzeln Widerspruch einlegen. Das BSG hat allerdings entschieden, das mit der Bevollmächtigung alle Verfahrenshandlungen erfasst sind, die mit der Antragstellung und der Entgegennahme der Leistungen zusammenhängen und der Verfolgung des Antrags dienen. Dazu gehört also auch die Einlegung des Widerspruchs (BSG 7.11.2006 - 7b AS 8/06 R).

In neueren Bescheiden sichern SGB II-Leistungsträger allerdings zu, dass der Widerspruch einer Einzelperson für alle Mitglieder der Bedarfsgemeinschaft gilt. Eine solche Zusicherung ist, wenn sie schriftlich erfolgt, wirksam (§ 34 Abs. 1 SGB X).

Hinweis: Klagen müssen im Namen eines/r jeden Leistungsberechtigten einzeln eingelegt werden. Haben Sie das versäumt, gibt in der Regel das Gericht einen Hinweis. ⇨ Klage

6. Darlehensbevollmächtigte im SGB II

Aufpassen müssen Sie, wenn Sie ein **Darlehen** beantragen. Hier gilt die gleiche Regel: Das Jobcenter nimmt an, dass Sie das Darlehen **für alle** beantragen (§ 38 SGB II), wenn Sie dem nicht widersprechen. Das bedeutet, das Schonvermögen **jedes** Darlehensnehmers muss vorrangig eingesetzt werden und das Darlehen muss in Höhe von zehn Prozent des Regelsatzes **aller** Darlehensnehmer getilgt werden.

Allerdings scheiden minderjährige Kinder als Darlehensnehmer generell aus, denn damit würde der **Minderjährigenschutz** umgangen. ⇨ Darlehen 1.5

Zudem kann bei Darlehen für bestimmte Zwecke nur diejenige Person Darlehensnehmer sein, die dafür **zivilrechtlich verantwortlich** ist. So kann nur diejenige Person ein Darlehen zur Übernahme von Energieschulden beantragen, die den Energieversorgungsvertrag abgeschlossen

hat. Nur die Person, die den Mietvertrag unterschrieben hat, kann ein Darlehen zur Übernahme von Mietschulden oder einer Mietkaution erbitten usw.
Näheres unter ⇨Darlehen

Tipp: Widersprechen Sie der Vermutung, die gesamte Bedarfsgemeinschaft zu vertreten und beantragen Sie das Darlehen für sich alleine. Dann müssen nur Sie als „Darlehensnehmer*in" Ihr Schonvermögen einsetzen, und nur Ihr Regelsatz kann zu zehn Prozent zur Tilgung aufgerechnet werden.
Siehe auch ⇨ Darlehen 1.4

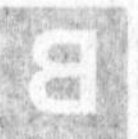

Darlehen

Alg II und HzL/ GSi der Sozialhilfe müssen Sie vom Grundsatz her nicht zurückzahlen. Leistungen zum Lebensunterhalt sind keine Darlehen, sondern **Zuschüsse**. Es ist nicht zulässig, nachträglich eine Zahlung in ein Darlehen umzuwandeln.
Unter bestimmten Voraussetzungen ist es möglich, Alg II und HzL/ GSi der Sozialhilfe für **bestimmte Bedarfe** als Darlehen zu vergeben. Diese Darlehen durften **früher** nur in wenigen Ausnahmen während des Leistungsbezugs aus dem Regelbedarf getilgt werden. Diese Tilgung nennt man ⇨ **Aufrechnung**.

Mit dem „Regelbedarfsermittlungsgesetz" wurden **2011** die Regelungen zur Darlehensgewährung im **SGB II** erheblich verschlechtert. Seitdem ist vor der Gewährung eines Darlehens das **Schonvermögen** vorrangig einzusetzen. Früher wurden lediglich Darlehen aufgrund eines vom Regelbedarf umfassten, unabweisbaren Bedarfs in Höhe von **bis zu 10 Prozent** des zu zahlenden Regelbedarfs getilgt. Seit 2011 sind **fast alle** Darlehen **starr mit 10 Prozent** der Regelsätze der Mitglieder einer Bedarfsgemeinschaft aufzurechnen, die das Darlehen beantragt haben – aber nur, wenn sie volljährig sind. Auch bei mehreren Darlehen ist die Aufrechnungshöhe auf insgesamt 10 Prozent des Regelsatzes begrenzt (§ 42a Abs. 2 S. 1 SGB II, FW 42a 13). In Ausnahme dazu steht die Regelung des § 42 Abs. 2 SGB II, die eine vorzeitige Auszahlung von 100 € der nächsten fälligen SGB II-Leistungen auf Antrag zulässt. Diese 100 € werden aber sofort und vollständig von der nächsten SGB II-Leistung abgezogen und nicht bloß in Höhe von 10 Prozent. ⇨ 4.1
Bei der **HzL/ GSi** der Sozialhilfe gelten (noch) „erleichterte" Regelungen zur Darlehensgewährung.

Inhaltsübersicht

1. Darlehen während des Alg II-Bezugs

1.1 Viele Möglichkeiten der Darlehensgewährung

Folgende Leistungen werden beim Alg II als Darlehen erbracht (mit Übersicht über die Regelung zur Aufrechnung):

D

- Darlehen für **Miet⇨kaution** und seit 1.8.2016 auch für **Genossenschaftsanteile** (§ 22 Abs. 6 Satz 3 SGB II), Aufrechnung während des Leistungsbezugs (§42a Abs. 2 SGB II);
- Darlehen für **⇨Miet- und Energieschulden** (§ 22 Abs. 8 SGB II; ⇨Strom 3.), Aufrechnung während des Leistungsbezugs (§42a Abs. 2 SGB II);
- Darlehen für **unabweisbaren, vom Regelsatz umfassten Bedarf** (§ 24 Abs. 1 SGB II; ⇨ Einmalige Beihilfen 3.), Aufrechnung während des Leistungsbezugs (§42a Abs. 2 SGB II);
- Darlehen bei im Leistungsmonat **zu erwartendem ⇨Einkommen** (§ 24 Abs. 4 Satz 1 SGB II), Aufrechnung während des Leistungsbezugs (§42a Abs. 2 SGB II);
- Darlehen wenn Sie eine **einmalige Einnahme**, z.B. ein Erbe, **vorzeitig verbraucht** haben (§ 24 Abs. 4 Satz 2 SGB II), Aufrechnung während des Leistungsbezugs (§42a Abs. 2 SGB II);
- Darlehen, wenn der sofortige Verbrauch oder die **Verwertung von ⇨Vermögen nicht möglich** ist oder eine besondere Härte bedeuten würde (§ 24 Abs. 5 SGB II), Fälligkeit nach erfolgter Vermögensverwertung (§ 42a Abs. 3 Satz 1 SGB II);
- Darlehen für **Instandhaltung und Reparatur** bei **⇨Eigenheimen** (§ 22 Abs. 2 Satz 2 SGB II), Aufrechnung während des Leistungsbezugs (§42a Abs. 2 SGB II);
- „**Härtefall**darlehen" für **Auszubildende** oder **Überbrückungs**darlehen für den Monat der Ausbildungsaufnahme (§ 27 Abs. 3 SGB II; ⇨ Auszubildende 2.2.3), Fälligkeit nach Abschluss der Ausbildung (§ 42a Abs. 5 SGB II);
- Darlehen zur **Eingliederung von ⇨ Selbstständigen** (§ 16c Abs. 1 SGB II), hier gilt die monatliche Aufrechnung nach § 42a SGB II nicht (FW 42a.3) Die Rückzahlung hat von den Einnahmen aus der Selbstständigkeit zu erfolgen;
- Vorzeitige Auszahlung von 100 €, nach § 42 Abs. 2 SGB II, hier in der Regel sofortige Aufrechnung im nächsten Leistungsmonat in voller Höhe.

In der Praxis sind die Darlehen für Mietkaution, für Miet- und Energieschulden, bei unabweisbarem, vom Regelbedarf umfassten Bedarf und bei zu erwartendem Einkommen im Leistungsmonat am häufigsten. Monatlich werden zwischen 10.000 bis 20.000 Darlehen gewährt. Die Gesamtforderungen liegen bei über 6 Mrd. €. Ein deutliches Zeichen dafür, dass die Regelleistungen zu niedrig sind.

1.2 Vermögenseinsatz vor Anspruch auf Darlehen

Bevor ein Anspruch auf ein Darlehen besteht, muss das gesamte verfügbare Barvermögen des jeweiligen Darlehensnehmers eingesetzt werden (§ 42a Abs.1 S. 1 SGB II). Damit ist gemeint:

- der **altersabhängige Grundfreibetrag** von 150 € pro Lebensjahr, mindestens 3.100 €, des/der Anspruchsberechtigten und dessen/deren Partner*in (§ 12 Abs. 2 Satz 1 Nr. 1 SGB II),
- der **Grundfreibetrag für minderjährige Kinder** in Höhe von 3.100 € (§ 12 Abs. 2 Satz 1 Nr. 1a SGB II). Hier gilt jedoch einschränkend, dass das Vermögen eines minderjährigen Kindes nur dann angegriffen werden kann, wenn der bestehende mit Darlehen zu deckende Bedarf dem Kind zugutekommen soll (FW 42a 5). Insoweit wurde der vielfachen Kritik, auch aus der Vorauflage dieses Leitfadens gegen den Grundsatz, dass minderjährige Kinder praktisch für ihre Eltern zahlen, seit August 2016 zumindest teilweise Rechnung getragen. (⇨1.5)
- **der Ansparfreibetrag** in Höhe von 750 € für jede Person der Bedarfsgemeinschaft (§ 12 Abs. 2 Satz 1 Nr. 4 SGB II).

1.3 Vermögenseinsatz bei Darlehen zur Wohnraumsicherung

Handelt es sich um ein Darlehen wegen Miet- und Energieschulden (§ 22 Abs. 8 SGB II), ist lediglich der altersabhängige Grundfreibetrag (150 € pro Lebensjahr) der Erwachsenen einzusetzen (§ 22 Abs. 8 Satz 3 SGB II). Diese spezielle Norm geht der allgemeinen Regelung zur Vermögensverwertung (§ 42a Abs. 1 Satz 1 SGB II) vor. Als Darlehensnehmer, deren Vermögen einzusetzen ist, kommen zudem ausschließlich die Personen in Frage, die als Vertragspartner den Mietvertrag unterschrieben bzw. den Versorgungsvertrag beim Energieversorger abgeschlossen haben (⇨1.4).

1.4 Ein oder mehrere Darlehensnehmer?

„Darlehen können an einzelne Mitglieder von Bedarfsgemeinschaften oder an mehrere gemeinsam vergeben werden" (§ 42a Abs. 1 Satz 2 SGB II).

Die gesetzliche Regelung enthält **keine Ermächtigung** für das Jobcenter, zu bestimmen, ob das Darlehen **gegen den Willen** einzelner Mitglieder der Bedarfsgemeinschaft **an alle** oder nur **an eine Person** vergeben wird.

Ein Darlehen zur Begleichung von Stromschulden ist allein der **zivilrechtlichen Vertragspartei** zu gewähren (LSG Sachsen 24.2.2015 - L 2 AS 1444/14 B ER). In Bezug auf ein Darlehen zur Begleichung von Mietschulden argumentiert das BSG entsprechend (18.11.2014 - B 4 AS 3/14 R). Das Jobcenter kann demnach nicht nach Belieben die Darlehensnehmer bestimmen, sondern die oder der Darlehensnehmer ergeben sich aus den konkreten Umständen des Einzelfalls. Ausschlaggebend ist also:

- bei Mietkautionsdarlehen, wer den Mietvertrag abgeschlossen hat;
- bei Darlehen zur Begleichung von Energieforderungen, wer den Vertrag mit dem Energieversorgungsunternehmen abgeschlossen hat;
- bei einem Darlehen für Ersatzbeschaffung, wer z.B. die Waschmaschine anschaffen wird, usw.

Ein Zwangsdarlehen an minderjährige Kinder wäre unter diesen Voraussetzungen gar nicht zulässig (Minderjährigenschutz ⇨1.5.)

An einer gemeinsamen Vergabe eines Darlehens **an alle** Mitglieder der Bedarfsgemeinschaft dürfte das Jobcenter allerdings Interesse haben, weil damit vorrangig das Vermögen **aller Darlehensnehmer** einzusetzen wäre und bei mehreren Personen das Darlehen in Höhe von 10 Prozent **aller** Regelleistungen schneller getilgt wäre. Die Weisung der BA (FW 42a.6) regelt die Entscheidung über die Darlehensbewilligung danach, für wen der Antrag gestellt wurde und bei wem „eine spezielle Bedarfssituation“ besteht. Von daher ist die oft praktizierte Vergabe an alle Mitglieder der Bedarfsgemeinschaft in diesen Fällen mit einem Widerspruch anzugreifen.

Tipp: Da die antragstellende Person i.d.R. die Bedarfsgemeinschaft vertritt und stellvertretend Leistungen für alle beantragt (§ 38 Abs. 1 SGB II), müssen Sie **ausdrücklich erklären**, dass Sie das Darlehen nur als Einzelperson bzw. als Eltern beantragen.

1.5 Minderjährigenschutz bei der Darlehensvergabe

Ein Darlehen ist allein mit der zivilrechtlichen Vertragspartei zulässig. In der Rechtsprechung setzt sich folgende Auffassung durch: wird ein Darlehen auf alle Mitglieder der Bedarfsgemeinschaft verteilt, folgt daraus eine **faktische Mithaftung** der nicht am jeweiligen Vertrag Beteiligten für unerfüllte Vertragsschulden. Das träfe insbesondere auch die **minderjährigen Kinder**. Es wird daher als sachgerecht angesehen, nur die durch den Vertrag zivilrechtlich verpflichteten Personen als Darlehensnehmer anzusehen (BSG, ebenda).

Zudem ist die Erweiterung der Darlehensgewährung auf minderjährige Mitglieder einer Bedarfsgemeinschaft auch deshalb ermessensfehlerhaft und damit rechtswidrig, weil sie den gesetzlichen Minderjährigenschutz umgeht (LSG Sachsen, ebenda; LSG NRW 17.9.2013 - L 19 AS 1501/13 B; zum Minderjährigenschutz allgemein: BSG 7.7.2011 - B 14 AS 153/10 R). Sorgeberechtigte Eltern dürfen ohne Zustimmung des Familiengerichts **keine Verträge zu Lasten ihrer Kinder** abschließen (§§ 1643 Abs. 1 BGB i.V. mit § 1822 Nr. 8 BGB). Das gilt auch für Darlehensverträge. Diese Grundsätze wurden in den fachlichen Weisungen vom 04.08.16 zumindest teilweise beachtet. Darlehen dürfen danach nur noch an Minderjährige gewährt werden, wenn die Leistungen diesen persönlich zugutekommen. Eine gesamtschuldnerische Haftung des Minderjährigen ist laut den Weisungen “zu vermeiden“. Nach hiesiger Auffassung wäre diese rechtswidrig. Immerhin soll die Darlehnsvergabe an Minderjährige nur in Ausnahmefällen erfolgen (FW 42a.5, 42a.7). Damit ist den vorgehenden rechtlichen Ausführungen aber nur teilweise Rechnung getragen.

Tipp: Mit dem Hinweis auf Minderjährigenschutz können bestehende Aufrechnungsverfügungen durch einen Überprüfungsantrag angegriffen werden (§ 40 Abs. 1 Satz 1 SGB II i.V. mit § 44 Abs. 1 SGB X) und eine Erklärung, mit der einer Darlehenstilgung zugestimmt wurde, kann mit Verweis auf Unwirksamkeit aufgrund der „Umgehung von Rechtsvorschriften“ als unwirksam erklärt werden (§ 46 Abs. 2 SGB I).

Sollten die Kinder aber zu ihrem 18. Geburtstag aus der Bedarfsgemeinschaft ausgeschieden sein, so kann das auch den Rückzahlungsanspruch zum Erlöschen bringen. (Die Beschränkung der Haftung Minderjähriger ⇨8.)

D

1.6 Verfahren der Darlehenstilgung

Im Leistungsbezug **ist** das Darlehen ab dem Monat, der auf die Auszahlung folgt, durch mtl. Aufrechnung **zu tilgen**. Die Aufrechnung ist vorher gegenüber den Darlehensnehmern schriftlich durch **Verwaltungsakt** zu erklären (§ 42a Abs. 2 Satz 1 SGB II).

Das Jobcenter hat also **keine** Wahl der Mittel, wie es die Schulden wieder eintreibt. Es gibt im Leistungsbezug **ausschließlich** den Weg der Aufrechnung. Ein Vertrag über eine freiwillige Herabsetzung des Regelbedarfs um 100 €, damit das Darlehen schnellstmöglich abgezahlt ist, wäre genauso **rechtswidrig** wie die Beauftragung des Forderungseinzugs der Regionaldirektion oder der Stadtkasse.

1.7 Aufrechnungshöhe auf 10 Prozent des maßgeblichen Regelsatzes begrenzt

Darlehen im SGB II, egal welcher Art, sind in Höhe von **10 Prozent** des maßgeblichen Regelbedarfs **des Darlehensnehmers** aufzurechnen. Maßgeblich sind nur die Regelbedarfe, nicht aber Mehrbedarfe, Miete und Heizung. Den Jobcentern steht bei Festlegung der Tilgungsrate, im Gegensatz zu früher, kein **Ermessenspielraum** nach unten mehr zu.

*„Um dem Betroffenen ausreichend Mittel zur Bestreitung des Lebensunterhaltes zu belassen, ist die Tilgung für **mehrere** Darlehen insgesamt auf 10 Prozent des maßgebenden Regelbedarfs begrenzt“* (BT-Drs. 17/3982, S. 24). Auch wenn mehrere Darlehen parallel anfallen, ist die Aufrechnung von **10 Prozent** des Regelbedarfs die **Obergrenze**.

Die BA hat **bis März 2016** in ihren Fachlichen Hinweisen vertreten, *„bei mehreren Darlehen nach § 42a ergibt sich mithin eine Gesamtbegrenzung der Aufrechnung entsprechend § 43 Abs. 2 Satz 2 auf 30% des maßgeblichen Regelbedarfs“* (FW 42a.13 gültig bis März 2016). Aufgrund ständiger Rechtsprechung und nicht zuletzt wegen des anhaltenden Drucks durch Tacheles e.V. musste die BA diese Rechtsauslegung zurücknehmen (Schreiben an den Verein Tacheles vom 12.1.2016, http://tinyurl.com/gq7gh3w) und ihre **Weisungen korrigieren**: *„Die Höhe der Tilgung beträgt 10 Prozent des maßgebenden Regelbedarfes (§ 42a Absatz 2 Satz 1). Eine abweichende Aufrechnung ist unzulässig. Auch bei mehreren Darlehen ist die Tilgung durch Aufrechnung auf insgesamt 10 Prozent des maßgebenden Regelbedarfs begrenzt“* (FW 42a.13). Während eines Minderungszeitraums aufgrund einer Sanktion oder mehrerer Meldeversäumnisse in Höhe von 30 Prozent ist eine Aufrechnung nicht zulässig. Ist das Alg II/SozG aufgrund von Meldeversäumnissen lediglich um 10 oder 20 Prozent gemindert, ist eine weitere Aufrechnung der Darlehensforderung in Höhe von 10 Prozent des maßgebenden Regelbedarfs bis zu 30 Prozent möglich (FW 42a.15). Ob diese Regelung seit dem Sanktionsurteil des BVerfG 1 BvL 7/16 vom 05.11.2019 verfassungsgemäß ist, bleibt fraglich. Das gilt auch für die Regelung des Bestehens einer zusätzliche Aufrechnung durch „Verschuldete Rückforderungen“, auch hier kann bis 30 Prozent der RL aufgerechnet werden (⇨ Aufrechnung) (LPK SGB II, 7. Aufl., 43 Rn.23).

1.8 Aufschiebende Wirkung des Widerspruchs

Ein Widerspruch gegen den die Aufrechnung feststellenden Bescheid bei Darlehen (§ 42a Abs. 2 Satz 1 SGB II) entfaltet aufschiebende Wirkung (§ 86a Abs. 1 SGG). Zwar entfalten Widersprüche im „Hartz IV-Sonderrecht“ in den meisten Fällen keine aufschiebende Wirkung (§ 39 SGB II), aber bei Widersprüche gegen einen die Aufrechnung verfügenden Bescheid ist dies (noch) der Fall (FW 43.20, LSG Bayern 21.06.13- L 7 AS 329/13 B ER). Das ist z.B. bei der Aufrechnung von Darlehen oder Erstattungs- und Ersatzansprüchen der Fall.

Eine Aufrechnungsverfügung muss allerdings nach Auffassung des LSG Bayern nicht für jeden Bewilligungszeitraum neu festgesetzt werden, denn es handele sich lediglich um eine wiederholende Verfügung (LSG Bayern, ebenda). Eine Aufrechnung kann demnach im nächsten Bewilligungsabschnitt fortgesetzt werden, ohne dass ein Widerspruch zulässig wäre (andere Ansicht: LSG NRW 22.6.2015 - L7 AS 671/15 B). Sicherheitshalber sollte der Widerspruch zusätzlich „hilfsweise“ auch als Überprüfungsantrag gestellt werden (⇨1.9).

1.9 Wie verfahren bei Bestandskraft des Bescheides?

Ist der Aufrechnungsbescheid bestandskräftig, gibt es folgende Möglichkeiten:

- einen **Überprüfungsantrag** stellen (§ 40 Abs. 1 Satz 1 SGB II i.V. mit § 44 Abs. 1 SGB X; ⇨ Nachzahlung 3. ff.), wenn die Aufrechnung rechtswidrig war. Der Bescheid kann z.B. rechtswidrig sein, wenn
  * der Darlehensnehmer nicht der zivilrechtliche Schuldner ist (⇨1.4),
  * gegen minderjährige Kinder aufgerechnet wird (⇨1.5),
  * mehr als 10 Prozent des Regelbedarfs des Darlehensnehmers aufgerechnet werden (⇨1.7) oder
  * die Leistung nur auf Zuschussbasis hätte gewährt werden dürfen (z.B. Finanzierung eines Kfz zur Aufnahme in eine oder zum Erhalt einer Beschäftigung, Finanzierung eines Führerscheins, wiederholter Erstausstattungsbedarf wegen besonderer Umstände usw.; ⇨1.11);
- einen **Antrag auf Erlass** stellt, z.B. wenn schon länger als ein Jahr getilgt wurde (⇨1.12).

1.10 Aufrechnung des Darlehens auf Grundlage einer Erklärung

Obwohl die Aufrechnung von Darlehen per Bescheid im SGB II zwingend vorgeschrieben ist (§ 42a Abs. 2 SGB II), übergeben einige Jobcenter die Forderung stattdessen dem Forderungseinzug der Regionaldirektion der BA oder einer kommunalen Einzugsstelle (⇨ 9.). Hier wird i.d.R. zuvor eine Ratenvereinbarung oder eine Aufrechnungserklärung abgeschlossen. Oft wird das Darlehen nur gewährt, wenn Sie zuvor „freiwillig“ erklärt haben, dass Sie mit der Ratenzahlung/ Aufrechnung einverstanden sind.

Diese Erklärung bzw. Vereinbarung ist ein ⇨**öffentlich-rechtlicher Vertrag.** Der ist allerdings nur zulässig, wenn er nicht gegen geltendes Recht verstößt (§ 53 Abs. 1 SGB X). Da Darlehen im Leistungsbezug **ausschließlich** durch einen die Aufrechnung verfügenden Bescheid aufzurechnen sind, ist eine vertragliche Regelung über die Tilgung **immer rechtswidrig** und **unwirksam** (BSG 22.3.2012 - B 4 AS 26/10 R). Sie sollten diese Erklärung trotzdem widerrufen und mitteilen, dass die Erklärung nicht nur widerrufen wird, sondern auch für die Vergangenheit unwirksam war.

1.11 Darlehenstilgung bei illegaler Darlehensgewährung?

Wurden Ihnen zu Unrecht Leistungen als Darlehen gewährt, die von Rechts wegen als Zuschuss hätten gewährt werden müssen, ist das rechtswidrig. Das ist z.B. der Fall bei

- der Finanzierung eines Kfz oder eines Führerscheins zur Aufnahme oder zum Erhalt einer Beschäftigung auf Darlehensbasis,
- bei wiederholtem Erstausstattungsbedarf wegen besonderer Umstände, der als Darlehen gewährt wird oder
- bei Nachforderungen vom Vermieter/ Energieversorger, die den Bedarf der Unterkunftskosten betreffen und nur darlehensweise übernommen werden.

Tipp: Beantragen Sie die Aufhebung des Darlehensbescheides mit der Begründung, es wurden Rechtsvorschriften umgangen, des die Aufrechnung verfügenden Bescheides und in Folge die Rückerstattung aller aufgrund dieser rechtswidrigen Bescheide geleisteten Zahlungen. Wurden die zu Unrecht erhobenen Zahlungen an den Forderungseinzug der Regionaldirektion oder die Stadt- bzw. Kreiskasse gezahlt, haben Sie dort einen Rückerstattungsanspruch. Erfolgte die Zahlung an das Jobcenter, müssen Sie sich dorthin wenden.

1.12 Dauerhafte Unterschreitung des Existenzminimums: Schuldenerlass

Darlehen sind nach dem Gesetzeswortlaut ohne Ausnahme aufzurechnen. Sind mehrere Darlehen hintereinander gewährt worden, kann über Jahre aufgerechnet werden, weil es **kein** gesetzliches **Limit** bei der Dauer der Aufrechnung gibt. Dies führt zu einer dauerhaften Unterschreitung des verfassungsrechtlich garantierten Existenzminimums.

Das BVerfG hat mit Urteil vom 9.2.2010 (1 BvL 1/09) vorgegeben, dass das Existenzminimum zwar vorübergehend unterschritten werden darf, jedoch **nicht dauerhaft**. Bei Erstattungs- und Ersatzansprüchen sind Aufrechnungen deshalb auf einen Zeitraum von **höchstens 3 Jahren** beschränkt. Werden gleichzeitig zur Darlehensaufrechnung Erstattungsansprüche aufgerechnet oder Leistungen aufgrund von ⇨Sanktionen gekürzt, reduziert dies das Existenzminimum zusätzlich.

Bei **Sanktionen** muss daher **seit 1.8.2016** die Darlehens- (und sonstige) **Aufrechnung** sofort **ausgesetzt** werden, sobald Ihr Regelbedarf **um mehr als 30Prozent unterschritten** wird (§§ 42a Abs. 2 Satz 2 i.V. mit 43 Abs. 3 Satz 1 SGB II neu).

Können Darlehensnehmer die dauerhafte Tilgung durch zehnprozentige Aufrechnung nicht mehr leisten, kann nur über einen **Erlass** der Darlehensforderungen Abhilfe geschaffen werden (§ 44 SGB II). Diesen Erlass müssen Sie **beantragen.**

Ob eine dauerhafte 10-Prozent-Unterschreitung des Regelsatzes, insbesondere beim Mietkautionsdarlehn und bei Genossenschaftsanteilen, verfassungsgemäß ist, **ist höchst zweifelhaft**, da der Bedarf der Mietkaution wohl den überwiegenden Teil der SGB II-Beziehenden irgendwann treffen wird. Dann über Jahre hinweg zu kürzen verstößt nach hiesiger Auffassung gegen das Sozialstaatsgebot, so auch LSG NRW vom 29.06.2017 - L 7 AS 607/17. Das BSG hat am 28.11.2018 diese begrüßenswerte Entscheidung wieder verworfen (B 14 As 31/17 R), so dass die Mietkautionsaufrechnung weiterhin rechtens ist. Die diesbezügliche Pressemitteilung zu diesem Urteil merkt zur Unterdeckung des verfassungsrechtlich garantierten Existenzminimums an: „*Zur Vermeidung einer solchen Unterdeckung im Einzelfall stehen im SGB II indes mehrere Instrumente zur Verfügung, wie die abweichend von der Soll-Regelung in § 22 Abs. 6 Satz 3 SGB II mögliche Erbringung der Mietkaution als Zuschuss, die zeitliche Aufrechnungsbegrenzung auf drei Jahre in entsprechender Anwendung von § 43 Abs. 4 SGB II oder ein Erlass oder Teilerlass des Darlehens nach § 44 SGB II.*“ Diese sollten Sie also nutzen. Hilfreiche Argumente für einen Erlassantrag finden sich in einem Gutachten des wissenschaftlichen Dienstes des Bundestages unter https://t1p.de/wrxs

Die weitere stattgebende landessozialgerichtliche Rechtsprechung – so sollte z.B. eine regelmäßige Unterschreitung des Existenzminimums über einen Zeitraum von mehr als 23 Monaten nicht vertretbar und daher rechtswidrig sein (SG Berlin 30.9.2011 - S 37 AS 24431/11 ER; Tilgung einer Mietkaution), oder das LSG Berlin-Brandenburg (17.2.2016 – L 32 AS 516/15 B PKH) bewertete eine Darlehnstilgung von über 21 Monaten als verfassungsrechtlich bedenklich– ist seit dem Sanktionsurteil des BVerfG 1 BvL 7/16 vom 5.11.2019 wieder offen, somit sollten Sie weiterhin Ihre vorbeschriebenen Rechte geltend machen.

In der HzL/GSi ist seit Juni 2017 ein Überbrückungsdarlehen für den ersten Monat bei Eintritt in die Rente geregelt worden (§37a SGB XII). Hier ist auf Antrag ein Überbrückungsdarlehen zu gewähren, welches mit 5 Prozent (!) des Regelbedarfs zu tilgen ist, also 22,30 €/Monat. Die Aufrechnung wird auf die Hälfte des Eckregelbedarfs begrenzt, also 223 € (RB 2021) (§ 37a Abs. 2 S. 1 SGB XII). Ist bis zu diesem Betrag das Darlehen getilgt, entfällt der weitere Behördenanspruch. Praktisch bedeutet das eine Tilgungsdauerbegrenzung auf zehn Monate. Dies scheint von der Erkenntnis geleitet: mehr kann gegen aufstockende Rentner*innen wegen der so geringen Regelbedarfe nicht geltend gemacht werden.

Diese gleiche Erkenntnis könnte auch im SGB II angewendet werden, da hier ja mit 10 Prozent zu tilgen ist. Unser Vorschlag wäre: eine Begrenzung der Tilgung auf maximal fünf Monate und danach ein Erlass des Darlehens.

Der Erlass einer Darlehensforderung kommt außerdem in Betracht, wenn zusätzlich zur dauerhaften Belastung durch die Aufrechnung weitere **besondere Belastungen** auftreten.

Diese können vorliegen, wenn

- Sie erhebliche Anteile der Unterkunftskosten aus dem Regelbedarf zahlen,

- deutlich höhere Stromkosten anfallen, als im Regelbedarf vorgesehen sind,
- Zahnbehandlungskosten anfallen, die nicht übernommen werden,
- eine notwendige Ersatzbeschaffung bevorsteht (z.B. eine Waschmaschine),
- besondere Belastungen aufgrund einer chronischen Erkrankung vorliegen usw.

Tipp: Sie müssen Ihre Gründe im **Antrag** auf einen Schuldenerlass glaubhaft machen. Bei Ablehnung durch das Jobcenter müssen Sie gegen den Ablehnungsbescheid Widerspruch einlegen und die Anordnung der aufschiebenden Wirkung beim Sozialgericht beantragen.

1.13 Aufrechnung von Darlehen, die vor 2011 entstanden sind?

Die oben dargestellte starre Aufrechnungsregelung von SGB II-Darlehen **gilt seit 1.4.2011**. Alle **davor** entstandenen Darlehensforderungen dürfen im SGB II-Bezug **nicht** nach diesen Regeln aufgerechnet werden.

Tipp: Beantragen Sie die Überprüfung des Bescheides, der die Aufrechnung verfügt (⇨1.9).

2. Darlehen bei HzL/GSi der Sozialhilfe

Im SGB XII sind die Darlehensregeln (noch) nicht so hart wie beim Alg II. *„Kann im Einzelfall ein von den Regelbedarfen umfasster Bedarf auf keine andere Weise gedeckt werden [...] sollen hierfür Darlehen gewährt werden"* (§ 37 Abs. 1 SGB XII). Das Darlehen kann *„**bis zur Höhe von** jeweils 5%"* des Eckregelbedarfs der Darlehensnehmer einbehalten werden (§ 37 Abs. 4 SGB XII). Das Gleiche gilt für Bezieher*innen von Grundsicherung (§ 42 Satz 2 Nr. 5 SGB XII).

2.1 Darlehensgewährung bei HzL/GSi der Sozialhilfe

Hier können die folgenden Leistungen als Darlehen erbracht werden:

- Darlehen bei besonderen **Härtefällen von ⇨Auszubildenden**. Hier **können** die Leistungen als Zuschuss **oder** als Darlehen erbracht werden (§ 22 Abs. 1 Satz 2 SGB XII); keine Aufrechnung während des Leistungsbezugs;
- Darlehen für **⇨Mietkaution** (§ 35 Abs. 2 Satz 5 SGB XII), keine Aufrechnung während des Leistungsbezugs;
- Darlehen für **⇨Miet- und Energieschulden** können als Zuschuss **oder** Darlehen erbracht werden (§ 36 Abs. 1 Satz 3 SGB XII; ⇨Strom), keine Aufrechnung während des Leistungsbezugs;

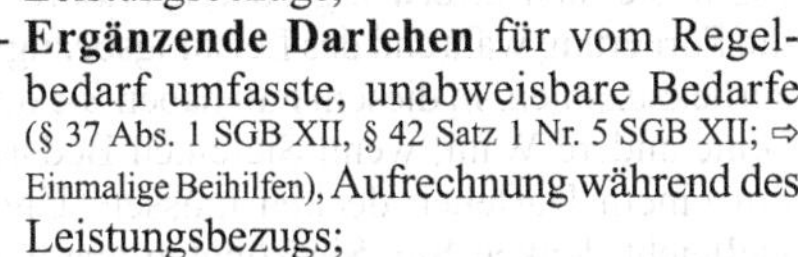

- **Ergänzende Darlehen** für vom Regelbedarf umfasste, unabweisbare Bedarfe (§ 37 Abs. 1 SGB XII, § 42 Satz 1 Nr. 5 SGB XII; ⇨ Einmalige Beihilfen), Aufrechnung während des Leistungsbezugs;
- Darlehen zur Vorauszahlung der **Zuzahlungen bei der Krankenkasse** (§ 37 Abs. 2 SGB XII; ⇨Krankheit 5.2), Aufrechnung während des Leistungsbezugs auf 12 Monate verteilt (§ 37 Abs. 4 Satz 2 SGB XII);
- Darlehen bei am Monatsende fälligen Einkünften (§ 37a SGB XII), monatliche Aufrechnung, nach Tilgung von der Hälfte des Regelbedarfs automatischer Erlass
- Darlehen bei **vorrübergehender Notlage** (§ 38 Abs. 1 Satz 1 SGB XII), keine Aufrechnung während des Leistungsbezugs;
- Leistungen in **sonstigen Lebenslagen** auf Darlehen (§ 73 Satz 1 SGB XII), keine Aufrechnung während des Leistungsbezugs;
- Darlehen bei **nicht verwertbarem ⇨ Vermögen** (§ 91 Satz 1 SGB XII), keine Aufrechnung während des Leistungsbezugs, aber ggf. dingliche Sicherung.

2.2 Unabweisbarer Bedarf: ⇨Sachleistung oder Geldleistung?

Bei **Alg** II-Bezug **kann** das Darlehen als Sach- **oder** Geldleistung gewährt werden (§ 24 Abs. 1 Satz 1 SGB II). Die Behörde könnte Ihnen also z.B. einen Wintermantel oder eine Waschmaschine zukommen lassen, Ihnen den Anschaffungswert in Rechnung stellen und in Raten vom Regelbedarf abziehen.
Im **SGB XII** sollen die *„notwendigen Leistungen"* erbracht werden (§ 37 Abs. 1 SGB XII). Die Form bleibt zunächst offen. Allerdings haben **Geldleistungen Vorrang** vor Gutscheinen und Sachleistungen (§ 10 Abs. 3 SGB XII).

2.3 Tilgungserklärung/Verzicht auf Leistungen

Weil Sozialämter nicht generell im Leistungsbezug aufrechnen dürfen wie Jobcenter beim Alg II, wird oft zu Lasten der Betroffenen getrickst. Wird Ihnen bei **HzL/ GSi** ein Darlehen für eine Kaution, die Übernahme von Energieschulden oder bei vorübergehender Notlage angeboten, wird häufig eine Tilgungserklärung vorgelegt und Sie erhalten das Darlehen nur dann, wenn Sie sich „freiwillig" bereit erklären, die Forderung während des Leistungsbezugs zurückzuzahlen. In diesem Fall haben Sie oft keine andere Wahl, wenn Sie einen Bedarf mit einem Darlehen decken müssen. Und vielleicht denken Sie, Sie könnten aus der Tilgungsvereinbarung nicht mehr aussteigen. **Das stimmt nicht!**

Forderungen der Behörde aufgrund von Darlehen dürfen **nicht** im Leistungsbezug aufgerechnet werden (§ 51 Abs. 1 SGB I), wenn im jeweiligen Gesetz nichts anderes bestimmt ist (§ 37 Satz 1 SGB I). Beim Alg II ist seit April 2011 in den meisten Fällen die Aufrechnung während des Leistungsbezugs zulässig (⇨1.1), bei HzL/ GSi der Sozialhilfe nur bei unabweisbarem Bedarf (§ 37 Abs. 4 SGB XII), bei der Übernahme der Zuzahlung der Krankenkasse (§ 37 Abs. 2 SGB XII) und Darlehen bei am Monatsende fälligen Einkünften (§ 37a SGB XII). In **allen** anderen Fällen darf bei HzL/ GSi ein Darlehen **nicht** im Leistungsbezug aufgerechnet werden.

Haben Sie eine solche Tilgungserklärung zur Aufrechnung eines Darlehens im Leistungsbezug unterschrieben, ist dies **kein** ⇨ öffentlich-rechtlicher Vertrag, da dieser gegen geltendes Recht verstößt und deswegen unwirksam ist (§ 53 Abs. 1 Satz 1 SGB X). Eine solche Tilgungserklärung stellt einen **Verzicht auf Sozialleistungen** dar (§ 46 Abs. 1 SGB I), kann jederzeit mit Wirkung **für die Zukunft widerrufen** werden (§ 46 Abs. 1 Satz 2 SGB I) und ist, *„soweit [...] Rechtsvorschriften umgangen werden"* **unwirksam** – auch für die Vergangenheit (§ 46 Abs. 2 SGB I; BSG 22.3.2012 - B 4 AS 26/10 R, in Bezug auf SGB II; ⇨1.10).

3. Darlehen bei nicht sofort verwertbarem Vermögen

Alg II

„Soweit Leistungsberechtigten der sofortige Verbrauch oder die sofortige Verwertung von zu berücksichtigendem Vermögen nicht möglich ist oder für sie eine besondere Härte bedeuten würde, sind Leistungen als Darlehen zu erbringen. Die Leistungen können davon abhängig gemacht werden, dass der Anspruch auf Rückzahlung dinglich oder in anderer Weise gesichert wird" (§ 24 Abs. 5 Satz 1 SGB II).

HzL/GSi der Sozialhilfe

„Soweit nach § 90 für den Bedarf der nachfragenden Person Vermögen einzusetzen ist, jedoch der sofortige Verbrauch oder die sofortige Verwertung des Vermögens nicht möglich ist oder für die, die es einzusetzen hat, eine Härte bedeuten würde, soll die Sozialhilfe als Darlehen geleistet werden" (§ 91 SGB XII).

In der Praxis heißt das, die Sozialleistungen werden nur noch als Darlehen gewährt und das Sozialamt sichert sich diese Zahlungen beispielsweise durch Eintragung einer Sicherungshypothek im Grundbuch ein. Bei Verwertung der Immobilie z.B. nach dem Tod des Sozialleistungsbeziehers wird die Behörde dann aus dem Verkaufs- oder Versteigerungserlös befriedigt. Gutachterkosten und die Kosten der dinglichen Sicherung hat die jeweilige Behörde zu erbringen (⇨ Kostenerstattung 4.).

Alg II und HzL/GSi der Sozialhilfe

Nicht möglich ist z.B.

- die sofortige Verwertung eines Erbes, wenn Sie aufgrund von Streitigkeiten der Erbengemeinschaft keinen Zugriff auf das Erbe haben oder
- die Verwertung einer Immobilie, die Sie nicht selbst bewohnen, wenn Sie Miteigentümer*innen haben, die nicht verkaufen wollen usw.

Mit der Darlehensregelung wird die Verwertung des nicht geschützten Vermögens auf die Zukunft verschoben.

In welchem Zeitraum muss Vermögen verwertbar sein?

Wenn beim **Alg II** die Verwertung **innerhalb von sechs Monaten**, also dem Bewilligungszeitraum, nicht möglich ist, muss die Leistung als **Zuschuss** gezahlt werden. Allerdings müssen auch weiterhin zumutbare

Schritte unternommen werden, um das Vermögen in Zukunft zu verwerten und damit künftig Alg II-Bezug zu beenden oder zu verringern (BSG 27.1.2009 - B 14 AS 42/07 R).
In der **Sozialhilfe** gilt ebenfalls die Verwertungsfrist von maximal **sechs Monaten** (LPK SGB XII, § 38 Rn. 6).
Wenn sich nach **sechs Monaten** herausstellt, dass das Vermögen nicht verwertbar war, muss die Darlehensgewährung rückwirkend aufgehoben werden und in einen Zuschuss umgewandelt werden (LPK SGB XII, 12. Aufl., § 38 Rn. 6).

Wenn die Verwertung einer Immobilie aufgrund von **Nießbrauch** in absehbarer Zeit unmöglich ist, stellt sie kein verwertbares Vermögen dar (BSG 6.12.2007 - B 14/7b AS 46/06 R). Allerdings sind Immobilien auch dann verwertbares Vermögen, wenn diese übertragen oder belastet werden können. Auch wenn die Immobilie selbstbewohnt ist, hindert das den Grundsicherungsträger nicht daran, diese bei unangemessener Größe als Vermögen zu verwerten (BSG 12.10.2016-4 AS 4/16 R).

Eine **Härte** kann bei **HzL/ GSi der Sozialhilfe** z.B. vorliegen, wenn sie eine Lebensversicherung mit Verlusten von 10 Prozent auflösen sollen, obwohl diese in absehbarer Zeit ausbezahlt wird. Oder wenn Sie chronisch krank sind und ein nicht geschütztes Kfz haben, das Sie regelmäßig für Arztbesuche und Einkäufe benötigen.
Von **Alg II**-Beziehenden verlangt der Gesetzgeber mehr als von Nichterwerbsfähigen. Nur bei **besonderer Härte** *„sind Leistungen als Darlehen zu erbringen"*. Was auch immer eine besondere Härte bedeutet, liegt sie vor, gibt es bei der Entscheidung **kein ⇨ Ermessen** mehr. Man gesteht Arbeitslosen zwar ein höheres Vermögen zu, verlangt aber auch schneller dessen Verwertung (⇨ Vermögen 3.1.1).

Das Darlehen kann bei Alg II und HzL/ GSi der Sozialhilfe von einer **dinglichen Sicherung** abhängig gemacht werden, d.h. von der Eintragung einer Grundschuld oder Hypothek oder von der Sicherungsabtretung einer Lebensversicherung oder eines Bausparvertrags bzw. von einer Bürgschaft (§ 24 Abs. 5 SGB II, § 91 Satz 2 SGB XII).

Tipp: Werden Ihre Leistungen komplett als Darlehen gewährt, haben Sie Anspruch auf Wohngeld (⇨4.1).

4. Darlehen, wenn Einkommen zu erwarten ist oder vorzeitig verbraucht wurde

Alg II

4.1 Überbrückungsdarlehen, wenn im selben Monat Einkommen zu erwarten ist

„Leistungen zur Sicherung des Lebensunterhalts können als Darlehen erbracht werden, soweit in dem Monat, für den die Leistungen erbracht werden, voraussichtlich Einnahmen anfallen" (§ 24 Abs. 4 SGB II).

Einnahmen werden im Monat des Zugangs als ⇨Einkommen gerechnet, auch wenn sie erst am Monatsende zufließen (§ 11 Abs. 2 Satz 1 SGB II). Da Alg II mtl. im Voraus zu erbringen ist, entsteht eine Bedarfsdeckungslücke, bis Sie Ihr Gehalt bekommen. In solchen Fällen können Darlehen erbracht werden. Seit April 2011 besteht der Anspruch nur noch, wenn Sie kein bereites Vermögen mehr besitzen (⇨1.2).
Voraussetzung für die darlehensweise Gewährung von Leistungen ist, dass der Zufluss des Einkommens bereits **feststeht**. Vorbeugend ein Darlehen zu gewähren, weil Sie **möglicherweise** Einkommen erzielen könnten, ist rechtswidrig.
Im Regelfall ist auch bei einer Arbeitsaufnahme davon auszugehen, dass Ihre Alg II-Leistung weitergezahlt wird. Sollten Sie dann tatsächlich im selben Monat Einkommen erzielen, können der Bescheid immer noch rückwirkend aufgehoben und überzahlte Leistungen zurückgefordert werden (⇨ Rückforderung).

Tipp 1: Sollte das Einkommen wider Erwarten nicht am Monatsende, sondern am Ersten des **Folgemonats** oder später eingehen, oder der Arbeitgeber das Gehalt verspätet oder auf ein falsches Konto überwiesen haben, muss das Darlehen in einen **Zuschuss** umgewandelt werden. Stellen Sie einen entsprechenden Antrag.

D

Tipp 2: Wird Ihnen Alg II oder HzL/ GSi auf Darlehensbasis gewährt, haben Sie während der Zeit Anspruch auf **Wohngeld**, ansonsten wäre es im Alg II-/ HzL-/ GSi-Bezug ausgeschlossen (§ 7 Abs. 1 Satz 3 Nr. 1 WoGG). Bei der Berechnung des Wohngeldanspruchs werden die Leistungen, die Sie als Darlehen erhalten, nicht berücksichtigt.

Durch den Bezug von ⇨**Wohngeld** können Sie Ihre Rückzahlungsverpflichtungen deutlich reduzieren. Darauf weisen die Jobcenter und Sozialämter Sie i.d.R. aber nicht hin.

Tipp: Hat die Behörde Sie nicht darauf hingewiesen, dass ein Anspruch auf Wohngeld besteht, hat sie ihre ⇨**Beratung**spflicht verletzt. Es besteht unter Umständen ein sozialrechtlicher Herstellungsanspruch (⇨ Nachzahlung 1.).

Wohngeld über wiederholte Antragstellung:
Andererseits besteht die Möglichkeit, innerhalb von **sechs Monaten** nach Aufhebung des ursprünglichen Alg II-/ Sozialhilfebescheides im Rahmen der *„wiederholten Antragstellung"* rückwirkend einen Wohngeldantrag zu stellen und das entgangene Wohngeld geltend zu machen (§ 28 SGB X; ⇨ Antragstellung 1.9). Das sollte auch gelten, wenn Ihre Alg II-/Sozialhilfeleistung aufgehoben und nur noch darlehensweise gewährt wird.

4.2 Darlehen bei vorzeitigem Verbrauch einer einmaligen Einnahme

(§ 24 Abs. 4 Satz 2 SGB II neu) Näheres unter ⇨ Einkommen 3.2 f.

5. Darlehen bei kurzer Dauer des Hilfebezugs

HzL/GSi der Sozialhilfe

„Sind Leistungen nach § 27a Absatz 3 und 4 [Regelbedarf], der Barbetrag nach § 27b Absatz 2 sowie nach den §§ 30 [Mehrbedarfe], 32 [Kranken- und Pflegeversicherung], 33 [Vorsorgebeiträge] und 35 [Kosten der Unterkunft und Heizung] voraussichtlich nur für kurze Dauer zu erbringen, können Geldleistungen als Darlehen gewährt werden" (§ 38 Satz 1 SGB XII).

Es können nur laufende Geldleistungen als Darlehen vergeben werden, Leistungen nach § 31 SGB XII, z.B. Erstausstattung für die Wohnung, sind hier nicht vorgesehen.
Im SGB XII ist mit *„kurzer Dauer"* ein **Zeitraum bis sechs Monate** gemeint, was allerdings hier als *„äußerste Grenze"* zu verstehen ist. Das Sozialamt muss hierüber eine Ermessensentscheidung treffen, wobei die Dauer des darlehnsweisen Leistungsbezugs auch von Ihren Selbsthilfemöglichkeiten abhängt und bei älteren oder kranken Menschen eher niedriger ausfallen wird als bei jungen (LPK SGB XII, 12. Aufl., § 38 Rn. 6.).
Sollten die sechs Monate aus der Nichtbescheidung von z.B. Pflegeversicherungsleistungen oder Erwerbsunfähigkeitsrenten resultieren, die eine mindestens sechsmonatige Beeinträchtigung voraussetzen, so ist eine darlehensweise Gewährung auch wegen § 102 SGB X rechtswidrig.

Die kurze Dauer des Leistungsbezuges **muss** bei Antragstellung klar erkennbar sein. Wenn die Prüfung ergibt, dass Sie voraussichtlich länger Sozialhilfe erhalten und dann doch vor Ablauf von sechs Monaten aus der Sozialhilfe ausscheiden, darf ebenfalls nicht in ein Darlehen umgewandelt werden (§ 47 Abs. 2 Satz 2 SGB X).
Wenn die Voraussicht **nicht** eingetroffen ist, dass Sie nur für kurze Dauer Sozialhilfe beziehen, **muss** das Darlehen in eine Beihilfe umgewandelt werden. Sozialhilfebeziehende, bei denen sich erst nachträglich herausstellt, dass sie langfristig auf Leistungen angewiesen sind, dürfen nicht schlechter gestellt werden, als diejenigen, bei denen es von vornherein feststeht.

Tipp: Auch hier haben Sie bei Darlehensgewährung Anspruch auf Wohngeld (⇨4.)

5.1 Ermessen ausüben

Nach §38 SGB XII **können** Leistungen bei voraussichtlich kurzer Dauer des Leistungsbezugs als Darlehen vergeben werden, müssen aber nicht. Es ist also rechtswidrig, automatisch Darlehen zu bewilligen. Dabei spielt auch eine Rolle, ob Sie das Darlehen überhaupt zurückzahlen können.
Wenn bei Antragstellung feststeht, dass Ihr **Einkommen** in absehbarer Zeit so **gering**

sein wird, dass Sie ein Darlehen nicht zurückzahlen können, ohne wieder hilfebedürftig zu werden, darf kein Darlehen vergeben werden (BVerwGE 111, 328). Selbst dann nicht, wenn Sie voraussichtlich nur für kurze Dauer Sozialhilfe beziehen (OVG Bremen 23.9.1985, FEVS 35, 48 ff.). Das gilt auch, wenn Sie **besondere Belastungen** haben, z.B. aufgrund von Krankheit, Schulden, Unterhaltspflichten, Versicherungen usw.

6. Darlehen bei Miet- und Energieschulden

⇨Mietschulden von Alg II- und HzL-/ GSi-Beziehenden können übernommen werden (§ 22 Abs. 8 SGB II, § 36 Abs. 1 SGB XII). Ebenso Energieschulden, die zu einer *„vergleichbaren Notlage"* führen (⇨Mietschulden, ⇨ Stromschulden 3.1). Schlagen Sie unter den entsprechenden Stichworten nach.

„Geldleistungen können als Beihilfe oder als Darlehen erbracht werden" (§ 36 Abs. 1 Satz 3 SGB XII). In der **Sozialhilfe** muss Ermessen ausgeübt werden. Wenn trotz der Kann-Bestimmung kein Ermessen ausgeübt wurde, war die Darlehensgabe rechtswidrig (OVG Bremen, FEVS 35, 36). Dann können Sie bei Aufforderung zur Rückzahlung ⇨Widerspruch einlegen. Bei vorübergehenden Notlagen werden Schulden eher als Darlehen übernommen. Wenn Sie das Darlehen voraussichtlich nicht zurückzahlen können, ist eine Beihilfe sinnvoll.

Bei **Alg II**-Bezug *„sollen"* Miet- und Stromschulden als Darlehen übernommen werden (§ 22 Abs. 8 Satz 4 SGB II). Beihilfen sind also nur in außergewöhnlichen Fällen möglich.

7. Darlehen für Auszubildende, Schüler*innen und Studierende

7.1 Härtefalldarlehen

In *„besonderen **Härtefällen**"* ist es möglich, ⇨Auszubildenden, ⇨Schüler*innen oder ⇨ Studierenden ein Darlehen zu zahlen, auch wenn sie keinen Anspruch auf Leistungen zum Lebensunterhalt nach SGB II/ SGB XII haben. Besondere Härte meint dabei nicht, dass die Ausbildung wegen fehlender Mittel nicht absolviert werden kann, sondern, dass der Leistungsausschluss als im hohen Maße unbillig erscheint. Dies betrifft im Wesentlichen folgende Fallgruppen:

a. Studierende, die nicht bei den Eltern wohnen, die bei Ausbildungsbeginn mittellos sind, weil das BAföG-Amt zu viel Zeit für die Bearbeitung des Antrags benötigt,

b. Studierende während des Abschlusssemesters, wenn aufgrund von Abschlussarbeit und Prüfungen eine zusätzliche Arbeit nicht zumutbar ist,

c. alleinerziehende Studierende, bei denen i.d.R. neben Studium und Erziehung eine zusätzliche Arbeit nicht zuzumuten ist,

d. sonstige Härtefälle, z.B. der/die einkommenserzielende Partner*in ist verstorben und Fremdfinanzierung nicht möglich,

e. besonderer Bedarf von Studierenden/ Schüler*innen, z.B. für die Übernahme einer Mietkaution oder der Kosten für die Wohnungserstausstattung bei notwendigem Auszug aus dem Elternhaus,

f. Studierende mit Behinderung, die voll erwerbsgemindert sind und aufgrund ihrer Behinderung das Studium nicht innerhalb der BAföG-Förderungshöchstdauer abschließen können (i.d.R. SGB XII-Anspruch),

g. Auszubildende mit Behinderung mit Anspruch auf Ausbildungsgeld, die in einem Wohnheim oder Internat untergebracht sind und eine eigene Wohnung bewohnen, zur Finanzierung derselben oder

h. Geflüchtete, die eine Schulausbildung oder ein Studium absolvieren, ohne Anspruch auf BAföG, weil sie noch nicht lange genug in Deutschland sind (der Anspruch entsteht erst nach 15 Monaten Aufenthalt) und die keine anderen Ansprüche auf Leistungen zum Lebensunterhalt haben,

i. Studierende, die z.B. mangels ausgefallener Hinzuverdienstmöglichkeiten und keiner anderen vorrangigen Notförderung anlässlich der **Covid-Pandemie** ihren Lebensunterhalt nicht decken können. Diese werden zwar nicht ausdrücklich in § 67 SGB II (vereinfachtes Verfahren wg. Covid) erwähnt, dennoch dürfte wegen des Sozialstaatsprinzips und des Fehlens der Hinzuverdienstmöglichkeiten auch hier ein erleichterter Zugang zu § 27 SGB II Leistungen bestehen (LPK SGB II, 7. Aufl., § 67 Rn. 7). Es existiert diesbezüglich aber noch keine Rechtsprechung, so dass Betroffenen nur geraten werden kann,

Leistungen zu beantragen und gegen den voraussichtlich ablehnenden Bescheid wegen § 7 Abs. 5 SGB II Widerspruch und Eil-Rechtschutz zu beantragen (LSG NRW 5.11.2020 - L 7 AS 1395/20 B ER).

Wenn Auszubildende, Schüler*innen oder Studierende nicht erwerbsfähig sind, d.h. Sozialhilfe beziehen können, kann die Leistung *„als Beihilfe* **oder** *Darlehen gewährt werden“* (§ 22 Abs. 1 Satz 2 SGB XII).

Bei Erwerbsfähigen wird **nur** ein Darlehen gezahlt (§ 27 Abs. 3 Satz 1 SGB II). Es sei denn es handelt sich um Mehrbedarfsleistungen des § 27 Abs. 2 SGB II, z.B. Mehrbedarf bei kostenaufwändiger Ernährung, Schwangerschaft, Erstausstattung für und Bekleidung bei Schwangerschaft und Geburt oder unabweisbarer laufender Bedarf nach § 21 Abs.6 SGB II, welcher **als Zuschuss** ohne Ermessen zu gewähren ist.

7.2 Darlehen bei Ausbildungsbeginn

Auszubildende, die aus dem Alg II-Bezug heraus eine Berufsausbildung beginnen und deren bedarfsdeckende Ausbildungsvergütung erst **am Ende des Monats** zufließt, können zur Überbrückung ein Darlehen beantragen (§ 27 Abs. 3 S. 4 SGB II). ⇨Auszubildende ⇨Schüler*innen

7.3 Darlehen zur Sicherung der Unterkunft

Die Übernahme von ⇨**Miet- und Energieschulden** (⇨Strom) von ⇨Auszubildenden, ⇨Schüler*innen und ⇨Studierenden ist als eigenständiger Anspruch **seit 1.8.2016** aus dem SGB II **gestrichen worden**.

Beziehen diese jedoch aufstockend SGB II-Leistungen, ist eine darlehensweise Übernahme der Mietschulden nach § 22 Abs. 8 SGB II durch das Jobcenter möglich.

Haben sie keinen Anspruch auf aufstockende SGB II-Leistungen, ist das Sozialamt für die Übernahme von Mietschulden zuständig (§ 36 SGB XII). Auch hier dürften anlässlich der Covid-Pandemie erleichterte Anspruchsvoraussetzungen zu prüfen sein (⇨ 7.1.i).

Näheres dazu erfahren Sie unter den jeweiligen Stichwörtern.

8. Die Beschränkung der Haftung Minderjähriger

Einer Darlehensforderung des Jobcenters oder Sozialamts, die während der Minderjährigkeit entstanden ist, steht die *„Beschränkung der Minderjährigenhaftung“* entgegen (§ 1629a BGB). Danach ist die Haftung eines/r Volljährigen für Verbindlichkeiten, die während der Minderjährigkeit entstanden sind, beschränkt auf den Vermögensbestand des/r Minderjährigen bei Eintritt der Volljährigkeit.

Diese Haftungsbeschränkung ist auf Forderungen gegenüber dem/r Volljährigen, die infolge der Deckung seines/ihres Existenzminimums als Minderjährige*r durch Leistungen nach dem SGB II entstanden sind, uneingeschränkt anzuwenden (BSG 7.7.2011 - B 14 AS 153/10 R). Das wurde auch für den Fall bekräftigt, in dem der/die Minderjährige erst im laufenden Klage-/Widerspruchsverfahren volljährig wurde (BSG 28.11.2018 B 14 AS 34/17 R und B 4 AS 43/17 R). Das gilt auch für das SGB XII.

Tipp: Ist die Haftung auf das **Vermögen** beschränkt, welches **bei Eintritt** in die Volljährigkeit beim Schuldner vorhanden ist, können **davor** aus dem ggf. vorhandenen Schonvermögen längst fällige Investitionen getätigt werden.

Mit Eintritt der Volljährigkeit ist eine **„Änderung zugunsten“** des Betroffenen eingetreten (§ 48 Abs. 1 Satz 2 Nr. 1 SGB X). Das Jobcenter/ Sozialamt hat in diesem Fall die Aufrechnung von Amts wegen einzustellen (BSG, ebenda), wenn kein Vermögen vorhanden oder das einzusetzende Vermögen verbraucht ist.

Haben Jobcenter, Sozialamt, Regionaldirektion der BA usw. weiterhin Leistungen aufgerechnet oder Forderungen eingezogen, um alte Darlehen zu tilgen, besteht ein **Rückzahlungsanspruch**. Den können Sie geltend machen, auch wenn die Tilgungszahlungen schon ein paar Jahre zurückliegen.

Durch die **Verkürzung der Rücknahmefrist** bei Überprüfungsanträgen bei Alg II, HzL/ GSi der Sozialhilfe und beim AsylbLG muss **seit 1.8.2016** der Antrag auf Überprüfung und Korrektur innerhalb von vier Jahren gestellt werden (§ 40 Abs. 1 Satz 2 Nr. 1 SGB II; § 116a Satz 1 Nr. 1 SGB XII; § 9 Abs. 4 Satz 2 AsylbLG; ⇨Rückforderung 2.1.1).

Tipp: Sie sollten das Jobcenter auf die *„Beschränkung der Minderjährigenhaftung"* hinweisen und nachfolgende Einrede ans Amt zu schicken.

Einrede (Muster)
Sehr geehrte Damen und Herren,
Sie machen gegen mich eine Forderung von XXX € geltend. Ich habe am XX.XX.XX das 18. Lebensjahr vollendet und lege hiermit eine Einrede mit dem Zweck der Beschränkung der Minderjährigenhaftung gemäß § 1629a BGB ein. Ich verfüge über keinerlei Vermögen. Aus diesem Grund bitte ich Sie, die Forderung gegen mich nicht weiter zu verfolgen und mir eine entsprechende Bestätigung auszustellen.
Ich fordere Sie zudem auf, Zahlungen, die von mir nach Vollendung des 18. Lebensjahrs geleistet, bzw. Forderungen, die seitdem mit meiner Leistung aufgerechnet wurden, an mich zurückzuzahlen.
MfG

9. Das Darlehen wird durch Forderungseinzug eingetrieben

Alg II

Obwohl die Aufrechnung von Darlehen im SGB II verbindlich vorgeschrieben ist, geben manche Jobcenter die Forderungen an die Regionaldirektionen bzw. kommunale Kassen (Stadt- oder Kreiskasse) weiter, die den Forderungseinzug betreiben. Das ist zwar rechtswidrig, im Prinzip für Sie aber günstiger, weil damit die Möglichkeit der Aufrechnung im Leistungsbezug (§ 42a SGB II) entfällt.
Die **Regionaldirektion/ Stadt- oder Kreiskasse** sind wie ein normale Gläubiger, nur dass diese öffentlich-rechtlicher Natur sind. Beim Einzug der Forderung gilt die ⇨**Pfändung**sfreigrenze (§ 42 Abs. 4 SGB II), was i.d.R. im Leistungsbezug dazu führen wird, dass Sie gar nichts zahlen müssen, weil die Forderung bei Ihnen nicht gepfändet werden kann.

Regionaldirektion/ Stadt- oder Kreiskasse sollten mit sozialen Belangen vertraut sein und **können** Ihnen verträgliche und geeignete Möglichkeiten der Tilgung, Stundung bis hin zum Erlass der Forderung anbieten, die Ihrer Leistungsfähigkeit und persönlichen Situation entsprechen.
Auch wenn sich entsprechende **Zahlungsaufforderungen** nicht immer freundlich anhören und Ihnen eine 14-tägige Frist zur Begleichung der Forderung setzen, läuft das Verfahren regelmäßig glimpflicher ab. Diese Aufforderung an sich stellt keinen Verwaltungsakt dar, gegen den Sie Widerspruch einlegen können (BSG 26.5.2011 - B 14 AS 54/10 R). Die Regionaldirektion/ Stadt- oder Kreiskasse ist nicht befugt, Mahngebühren zu erheben (BSG, ebenda, in Bezug auf das SGB II). Das kann nur das Jobcenter selbst, das ist aber nicht üblich.
Wenn Sie zahlen können, wird die Forderung nicht in einer Summe fällig, auch wenn das häufig dem ersten Scheiben zu entnehmen ist. Der Forderungseinzug „weiß", dass bei Ihnen nichts zu holen ist und man nur mit Geduld und „sozialverträglichen" Lösungen bei Ihnen Geld eintreiben kann. Im Umgang mit diesen Stellen ist in den meisten Fällen zu empfehlen, auf Schreiben zu **reagieren** und z.B. Tilgungsangebote zu machen oder Stundung, Niederschlagung bzw. Erlass zu beantragen (⇨9.1) und das Vorliegen einer **Härte** mit Ihrer wirtschaftlichen und persönlichen Situation zu begründen. Diese Härte ist dann gegeben, wenn Sie durch die Tilgung weniger haben als beim Sozialleistungsbezug und das soziokulturelle Existenzminimum bzw. die Pfändungsfreigrenze damit unterschritten sind. Leider sind, obwohl beide Normen die Sicherung des Existenzminimums bezwecken, die Pfändungsfreigrenzen und der Regelbedarf in unterschiedlicher Höhe geregelt, jedoch unproblematisch im Internet zu ermitteln. Ebenfalls werden die Forderungen vollumfänglich geltend gemacht, wenn Sie aus dem SGB II-/ SGB XII-Bezug z.B. wegen Aufnahme einer Arbeit oder Vermögenszufluss ausscheiden und der Leistungsträger z.B. deshalb nicht mehr aufrechnen kann. Beachten Sie, dass auch hier die Pfändungsfreigrenzen zu beachten sind und Ihnen bei mangelndem ausreichenden Vermögen nur Ratenzahlungen zuzumuten sind.

Was die **Tilgung** angeht, gibt es folgende Alternativen:

- Sie können die Darlehensforderung in kleinen Raten abstottern, z.B. auch in Kleinbeträgen von 5, 10 oder 20 €. In diesem Fall sollten Sie innerhalb der gesetzten Frist ein entsprechendes **Tilgungsangebot** unterbreiten, weil sonst Verzugszinsen anfallen. Wird mit Ratenzahlung getilgt, fallen regelmäßig **keine Zinsen** an.
- Wenn Sie in ein **Insolvenz**verfahren gehen, ist es unter Umständen sinnvoll, die Forderungen auflaufen zu lassen und im Vorfeld des Verfahrens keine Gläubiger mehr zu bedienen. Klären Sie das mit Ihrer Schuldnerberatung ab (⇨Schulden).

HzL/GSi der Sozialhilfe

Forderungen gehen hier nur an die **Stadt- oder Kreiskasse**. Es gelten aber prinzipiell die gleichen Regeln, wie beim Alg II, die Pfändungsfreiheit ergibt sich aus § 54 SGB I.

Alg II und HzL/GSi der Sozialhilfe

9.1 Stundung und Erlass von Forderungen

Die Regionaldirektionen oder kommunalen Einzugsstellen sind seit Einführung von Hartz IV erheblich mit
SGB II-/ SGB XII-Forderungen beschäftigt. Deren Mitarbeiter*innen sind bei ihrer Arbeit täglich mit der Realität der Armut konfrontiert und sollten wissen, dass Alg II- und Sozialhilfebeziehende mit Ihren Leistungen regelmäßig nur eingeschränkt oder gar keine Forderungen begleichen können.
Aus diesem Grund gibt es Vorschriften zur **Veränderung von Ansprüchen**, die entsprechenden Gestaltungsspielraum bieten (§§ 34 Abs. 1 und 59 Abs. 1 BHO; LHO und § 76 Abs. 2 SGB IV, bei Forderungen nach dem SGB II entsprechend anzuwenden):

- die Forderung darf **gestundet** werden, *„wenn die Einziehung mit erheblichen Härten […] verbunden wäre **und** der Anspruch durch die Stundung nicht gefährdet wird“* (§ 59 Abs. Nr. 1 BHO),
- sie darf **niedergeschlagen** werden, *„wenn feststeht, dass die Einziehung keinen Erfolg haben wird“* oder der Behörde dadurch unverhältnismäßige Kosten entstehen (§ 59 Abs. 1 Nr. 2 BHO) und
- die Forderung darf **erlassen** werden, *„wenn die Einziehung nach Lage des einzelnen Falles […] eine besondere Härte bedeuten würde“* (§ 59 Abs. 1 Nr. 3 BHO).

Erlassen bedeutet auch teilerlassen. Erfahrungsgemäß sind einige Regionaldirektionen durchaus bereit, Teilerlasse gegen Ratenzahlungsangebote durchzuführen, oder gar Vergleiche: Der Gläubiger zahlt in einer Summe einen Teil der Forderung – i.d.R. ein Drittel bis die Hälfte der Forderung – der Rest wird danach erlassen.

Tipp: Wichtig ist, dass Sie die **Gründe**, die eine solche besondere Härte darstellen können, der Regionaldirektion darlegen und glaubhaft machen (⇨1.12).

Informationen

BA, Bestimmungen über die Veränderung von Ansprüchen (VABest), im SGB II: https://t1p.de/5lvt und SGB III: https://t1p.de/jbgc
Erlassregelungen eines kommunalen Jobcenters (Wuppertal) finden Sie hier: https://wuppertal.tacheles-sozialhilfe.de/dienstanweisungen/forderungseinzug/

9.2 Regelungen mit den Forderungseinzugsstellen sind wirksame Verträge

Vereinbarungen, die Sie mit der Regionaldirektion usw. über Rückzahlung eines Darlehens oder sonstigen Forderung treffen, sind ⇨öffentlich-rechtliche Verträge (§ 53 ff SGB X). Diese sind zunächst für beide Seiten bindend.
Bei Unzumutbarkeit oder Änderung der Verhältnisse können Sie eine **Anpassung** verlangen. Ist diese nicht möglich, können Sie **kündigen** (§ 59 Abs. 1 SGB X).
Näheres unter ⇨1.12 und ⇨öffentlich-rechtlicher Vertrag

10. Verjährung von Darlehensforderungen

Es gibt bei Darlehensforderungen verschiedene **Verjährungsfristen**. Ist die Verjährung eingetreten, kann der Anspruch durch die Behörde nicht mehr durchgesetzt werden, auch wenn die Anspruchsgrundlage an sich noch besteht. *„Nach Eintritt der Verjährung ist der Schuldner berechtigt, die Leistung zu verweigern"* (§ 214 Abs. 1 BGB). Allerdings beginnt die Verjährungsfrist von neuem zu laufen, wenn ein Darlehen getilgt oder aufgerechnet wird, weil dadurch der Anspruch des Gläubigers anerkannt wird (§ 212 BGB).

Die Verjährungsfrist wird gehemmt, wenn bestimmte Gründe vorliegen. Die **Hemmung der Verjährung** bewirkt, dass die Frist nicht weiterläuft. Das ist bei Darlehensforderungen z.B. der Fall, während zwischen Gläubiger und Schuldner über die Rückzahlungskonditionen verhandelt wird (§ 203 BGB) oder bei „Rechtsverfolgung" (§ 204 BGB), u.a. wenn ein Mahn- und Vollstreckungsverfahren eingeleitet wird. Die Fristhemmung wirkt, solange das Verfahren betrieben wird.

10.1 Forderungsanspruch auf Grundlage eines öffentlich-rechtlichen Vertrages

Besteht eine Forderung aufgrund eines öffentlich-rechtlichen Vertrages, ohne dass die Behörde sie später durch Rückforderungsbescheid festgesetzt hat, ist diese **nach Ablauf von drei Jahren** verjährt. Die Frist beginnt mit dem ersten Tag des Folgejahres, indem der Anspruch entstanden ist (BVerwG 15.3.2017-10 C 3.16).

Tipp: Sind die Voraussetzungen für die Verjährung erfüllt, können Sie der Behörde schriftlich mitteilen, dass Sie die Rückzahlung verweigern.

10.2 Forderungsanspruch auf Grundlage eines Bescheides

In der Regel wird jedoch die Forderung aufgrund eines Bescheides geltend gemacht. Somit kommt es zunächst darauf an, welche Regelung der Bescheid trifft.

- Wird in dem Bescheid über die Gewährung eines Darlehens mitgeteilt, dass über die Tilgung des Darlehns ein gesonderter Verwaltungsakt ergeht (z.B. nach Abschluss einer Ausbildung, Aufnahme einer Arbeit, Auszug aus einer Wohnung), dann gilt die **dreijährige Verjährungsfrist** des BGB (⇨ 10.1). Fristbeginn ist (immer) der erste Tag des Folgejahres, nachdem die Aufrechnung eingestellt wurde.
- Wird in dem Verwaltungsakt die Darlehensforderung der Behörde in Form eines **Rückforderung**sbescheides festgestellt, dann beträgt die **Verjährungsfrist regelmäßig 30** Jahre (§ 52 Abs. 2 SGB X; LSG NRW 22.5.2014 - L 9 SO 185/13).

D

10.2.1 Darlehnsforderung per Rückforderungsbescheid

Wenn Darlehen nicht mit dem Regelsatz aufgerechnet werden dürfen, müssen Sie mit einem ⇨**Rückforderung**sbescheid eingetrieben werden. Vor dem Erlass dieses Bescheids müssen Sie angehört werden (§ 24 SGB X).

Nach Erhalt des Rückforderungsbescheids können Sie

- ⇨**Widerspruch** einlegen, wenn die Forderung rechtswidrig erhoben wurde, oder
- die **Umwandlung** in eine Beihilfe oder **Erlass** beantragen (z.B. nach § 44 SGB II), wenn die Forderung für Sie eine besondere Härte darstellt.

Tipp: Solange ein Widerspruchs- und ⇨**Klage**verfahren gegen einen Rückforderungsbescheid läuft, ist der Bescheid nicht bestandskräftig und Sie müssen die Forderung nicht zurückzahlen.

Forderungen

Keine Rückzahlung von Darlehen während des Bezugs von Alg II und Sozialhilfe!
Einmalige Beihilfen für größere Anschaffungen als Beihilfe, nicht als Darlehen!
Abschaffung der Darlehensvergabe bei kurzer Bezugsdauer von Sozialhilfe!

Datenabgleich

Grundsätzlich sollen Sozialdaten beim Betroffenen erhoben werden. Ausnahmen sind in SGB X und SGB I nur unter engen Voraussetzungen vorgesehen. Dennoch: Die Jobcenter/ Sozialämter haben weitreichende Möglichkeiten, Daten automatisch mit anderen Stellen abzugleichen. Daten werden dann weder beim Betroffenen erhoben, noch muss die Datenerhebung erforderlich sein. Angeblicher Zweck: Eindämmung des missbräuchlichen Bezugs von Sozialleistungen.

Inhaltsübersicht

1. Automatisierter Datenabgleich

Alg II/Sozialhilfe

Seit 1.8.2006 überprüfen die **Alg II**-Behörden automatisch alle drei Monate zum 1.1., 1.4., 1.7. und 1.10. die entsprechenden Datenbestände (§ 52 Abs. 1 SGB II). **Seit dem 1.8.2016 „können"** Jobcenter sogar **jeden Monat** überprüfen. Der automatisierte Datenabgleich ist grundsätzlich vierteljährlich durchzuführen, sagt die BA. *„Davon abweichend können die Jobcenter eigenverantwortlich entscheiden, ob der Abgleich mit Beschäftigungsdaten monatlich erfolgen soll"* (FW 52.3).

Jobcenter würden *„dadurch früher über die Aufnahme einer Beschäftigung informiert werden und damit [können] Überzahlungen vermieden oder reduziert werden."* Die HzL-Behörde dagegen muss keine Daten abgleichen, sondern **kann** es (§ 118 Abs. 1 SGB XII).

Daten dürfen nur bei Personen abgeglichen werden, die Leistungen beziehen, nicht bei Personen, die einen Antrag stellen oder keine Leistungen mehr beziehen. Das galt bis zum 31.7.2016 auch beim **Alg II**.

Seit 1.8.2016 dürfen Jobcenter auch Daten von Personen abgleichen, die **selbst nicht leistungsberechtigt** sind, aber mit Personen, die SGB II-Leistungen beziehen, **in einer Bedarfsgemeinschaft** leben (§ 52 Abs. 1 Satz 2 SGB II). Das können z.B. Partner*innen bzw. Elternteile von Leistungsberechtigten sein, die das Regelrentenalter erreicht haben oder dauerhaft voll erwerbsgemindert sind.

Das **gilt nicht** für Personen, die **nicht** zur Bedarfsgemeinschaft, aber zum **Haushalt** gehören, z.B. Kinder, Jugendliche und junge Erwachsene, die mit eigenem Einkommen oder Vermögen ihren Lebensunterhalt sicherstellen können (§ 7 Abs. 3 Nr. 4 SGB II).

Hinsichtlich dieser Regelung für **Nicht**leistungebeziehende werden erhebliche verfassungsrechtliche Bedenken angemeldet, weil sie einen schweren Eingriff in das Grundrecht auf informelle Selbstbestimmung darstellen und unverhältnismäßig sind (Eicher/Luik, SGB II, 4. Aufl., § 52 Rn 4a).

Tipp: Sollte das Jobcenter bei diesen Personen rechtswidrig Daten abfragen, können Sie den Beauftragten für ⇨Datenschutz einschalten.

Arbeitslosenbehörden müssen und Sozialämter können Daten abgleichen, um festzustellen,

- ob, in welcher Höhe und wann Sie Leistungen der gesetzlichen **Unfall- oder Rentenversicherung** beziehen oder bezogen haben,
- ob und in welchem Umfang Sie während des Leistungsbezugs sozialversicherungspflichtig oder geringfügig **beschäftigt** sind bzw. waren (Abgleich mit der Datenstelle der Rentenversicherungsträger; ⇨Schwarzarbeit),
- ob und in welcher Höhe Freistellungsaufträge beim Bundesamt für Finanzen und ausländische **Zinserträge** auf **Konten und Depots** innerhalb der **EU** bei der Bundeszentrale für Steuern registriert sind,
- ob die als Vermögen geschützte **Riester-Rente** noch dem Zweck der Altersvorsorge dient,
- ob, in welcher Höhe und wann Sie **Leistungen der BA** nach dem **SGB III** beziehen oder bezogen haben (§ 52 Abs. 1 Nr. 1 bis 5 SGB II; § 118 Abs. 1 Nr. 1 bis 4 SGB XII),
- ob, in welcher Höhe und wann Sie **Leistungen bei einem anderen Träger der Sozialhilfe** beziehen oder bezogen haben (§ 118 Abs. 2 SGB XII); Letzteres kann nur das **Sozialamt** überprüfen. Und
- ob, in welcher Höhe und wann Sie von **anderen** Jobcentern Leistungen nach dem **SGB II** beziehen oder bezogen haben (§ 52 Abs. Nr. 6 SGB II); Letzteres überprüfen nur die Jobcenter.

Das Jobcenter darf an die entsprechenden Stellen nur übermitteln:
- Name und Vorname,
- Geburtsdatum und -ort,
- Anschrift und
- Versicherungsnummer (§ 52 Abs. 2 SGB II).

Das Sozialamt darf darüber hinaus noch
- Nationalität und
- Geschlecht übermitteln (§ 118 Abs. 1 Satz 2 SGB XII).

Alle Daten, die das Jobcenter über Sie und Ihre Bedarfsgemeinschaften erhebt, können seit 1.8.2006 auch *„bei der Durchführung des automatisierten Datenabgleichs nach § 52 sowie bei der Bekämpfung von Leistungsmissbrauch"* (§ 51b Abs.4 Nr. 4 und 5 SGB II) genutzt werden.

1.1 Abgleichzeiträume Alg II

Beim Alg II dürfen nur die Daten des **vorangegangenen Kalendervierteljahres** abgeglichen werden (§ 1 Abs. 1 Satz 1 Verordnung über den automatisierten Datenabgleich bei Leistungen der Grundsicherung für Arbeitsuchende [GrSiDAV] zu § 52 Abs. 4 SGB II). Davon abweichend dürfen Daten für Freistellungsaufträge und Zinserträge auch für das **vorausgegangene Jahr** abgefragt werden (§ 1 Abs. 1 Satz 2 GrSiDAV).
Immer wieder wird bekannt, dass Jobcenter Daten aus Zeiträumen ermitteln, die mehrere Jahre vor dem Leistungsbezug liegen. Diese Daten werden **rechtswidrig erhoben**, ihre Weitergabe ist unzulässig, und sie dürfen aufgrund unzulässiger Erhebung nicht verwendet werden. Hier gilt das sogenannte **Beweisverwertungsverbot**.

1.2 Abgleichzeiträume Sozialhilfe

In der Sozialhilfe dürfen nur die Daten des vorangegangenen Kalendervierteljahres abgeglichen werden (§ 2 Abs. 2 Nr. 1 SozhiDAV zu § 118 SGB XII).

Die Sozialämter wollen *„zur Vermeidung rechtswidriger Inanspruchnahme von Sozialhilfe"* (§ 118 Abs. 4 SGB XII) mehr wissen als die Jobcenter.
Sie können mit den entsprechenden Stellen auch regelmäßig abgleichen,
- wann und wo Sie geboren sind,
- welchen Personen- und Familienstand Sie haben,
- wie lange, zu welcher Miete und wo Sie wohnen,
- seit wann und in welcher Höhe Sie Strom, Gas, Wasser, Fernwärme und Leistungen der Abfallentsorgung beziehen und
- ob Sie Kfz-Halter sind (§ 118 Abs. 4 Nr. 1 bis 6 SGB XII).

Grundsicherung der Sozialhilfe

Bei GSi-Beziehenden ist ein automatisierter Datenabgleich nicht zulässig (§ 118 Abs. 1 Satz 1 SGB XII).

2. Überprüfung von Kfz-Haltern

Sozialhilfe

Da die Sozialämter die Verwertung eines Kfz oberhalb des Schonvermögensbetrages von 5.000 € für eine Person als Vermögen einstufen, können sie auch im Wege des automatisierten Datenabgleichs mit dem Kraftfahrt-Bundesamt Daten über *„die Eigenschaft als Kraftfahrzeughalter"* abrufen. Das Bundesamt übermittelt bis zu einem Jahr vor dem Datum des Abgleichs Angaben darüber, ob Sie Fahrzeughalter waren oder sind bzw. ein Kfz stillgelegt oder abgemeldet haben. Fahrzeugtyp, Kennzeichen, Baujahr, Erstzulassung oder andere Daten, aus denen sich eine Vermutung über den Wert des Autos ableiten ließe, werden nicht übermittelt.
Auch abgemeldete Kfz sind Vermögen. Bei Anmeldung eines Kfz bzw. fehlender Angabe eines Kfz, wird verschwiegenes Einkommen bzw. Vermögen unterstellt.
Wenn der Besitz eines nicht angegebenen Kfz bekannt wird, kann es zu Rückforderungen von Sozialhilfe kommen, falls die Prüfung ergibt, dass der Wert des Kfz-Vermögens über den ⇨Vermögensfreibeträgen lag.

Alg II

Hier ist der automatisierte Datenabgleich mit den Kfz-Zulassungsstellen abgeschafft. Neu eingeführt wurde die Möglichkeit *„zur Bekämpfung von Leistungsmissbrauch"* beim Kraftfahrt-Bundesamt. Es kann nun *„Daten über ein Fahrzeug, für das die*

D

Person als Halter eingetragen ist", einholen, wenn es erforderlich ist (§ 52a Abs. 1 Nr. 1 SGB II). Es können Daten über Halter, Art, Hersteller und Typ des Fahrzeugs sowie das Kfz-Kennzeichen eingeholt werden (§ 39 Abs. 1 Nr. 5 und 11 Straßenverkehrsgesetz). Das Jobcenter hat aber keine Ermächtigung, einen regelmäßigen, automatisierten Datenabgleich beim Kraftfahrt-Bundesamt vorzunehmen. Die Abfrage ist nur dann zulässig, wenn sie zur Bekämpfung von Leistungsmissbrauch erforderlich ist (§ 52 Abs. 1 SGB II).

3. Sonstige Anfragen

„Sozialbehörden" dürfen außerdem, soweit dies *„zur Bekämpfung von Leistungsmissbrauch erforderlich ist"* (§ 52a Abs. 1 SGB II, entsprechend § 118 Abs. 4 SGB XII s.o.), Daten bei den **Melderegistern** abfragen. Das sind, neben den durch die oben genannten Abfragen ohnehin schon bekannten Daten, z.B. die früheren Adressen, Tag des Ein- und Auszugs, Vor- und Familiennamen sowie Anschrift des (getrennt lebenden) Ehegatten/Lebenspartners oder der Ehegattin/Lebenspartnerin usw.

Das Jobcenter „darf" bei Personen, die SGB II-Leistungen beantragt haben, beziehen oder bezogen haben, Auskünfte beim Ausländerzentralregister einholen (§ 52a Abs. 1 Satz 1 Nr. 2 SGB II). Das „dürfen" fällt auch hier unter den Grundsatz, dass dies erforderlich sein muss. Dazu gehören die Grunddaten nach § 14 AZRG (Gesetz über das Ausländerzentralregister) und die abweichenden Daten nach § 18a AZRG. Ansonsten ist die Datenerhebung und Abfrage bei Ausländer*innen, die sich nicht nur vorübergehend (d. h. länger als drei Monate) in Deutschland aufhalten sowie Daten u. a. von Ausländer*innen, die einen Aufenthaltstitel haben oder hatten sowie von solchen, die Asyl begehren, begehrt hatten oder anerkannte Asylbewerber*innen sind, zulässig (FW 52a.23). Eine solche Datenabfrage ist bei EU-Bürger*innen unzulässig (FW 52a.25).

4.1 Kontenabruf

Seit April 2005 können nicht nur Finanzämter, sondern auch Sozialbehörden auf eine Datenbank beim Bundesministerium für Finanzen (BMF) zugreifen. Aus dieser ist ersichtlich, welcher Kontoinhaber (mit Geburtsdatum) welche Konten (oder Depots) mit welchen Kontonummern im Inland bei welcher Bank unterhält. Der Tag der Einrichtung bzw. Auflösung eines Kontos (Depots) kann ebenso abgefragt werden wie Name und Anschrift von Kontobevollmächtigten. Die Jobcenter können beim Alg II bis zu sechs Monate vor dem Leistungsbezug abfragen (Geschäftsanweisung BA 27/2007, Rn. 5). Kontostände können nicht abgefragt werden. Laut Mitteilung des Bundesministeriums der Finanzen sollen 2019 mehr als 900.000 Kontenabrufe durch Behörden genehmigt worden sein, Wie viele der Kontenabrufverfahren Abrufersuchen der Jobcenter waren, wurde nicht mitgeteilt (Wagner in: Schlegel/Voelzke, jurisPK-SGB II, 5. Aufl., § 52 (Stand: 01.03.2020), Rn. 102).

4.2 Kontenabruf auch bei Alg II-Bezug möglich

Kontenabruf war früher nur bei Beziehenden von HzL/ GSi der Sozialhilfe möglich. Im August 2007 wurde er auch beim Alg II eingeführt (§ 93 Abs. 8 AO). Der Kontenabruf durch die jeweiligen Ämter muss aber geeignet, erforderlich und verhältnismäßig sein. Voraussetzung dafür ist, dass ein vorheriges Auskunftsersuchen der Behörde nicht zum Ziel geführt hat oder keinen Erfolg verspricht. Ebenso müssen Betroffene zuvor über die Möglichkeit des Kontenabrufs hingewiesen worden sein, wozu ein Hinweis auf Vordrucken oder Merkblättern ausreichen soll. Nach dem Kontenabruf **müssen Betroffene** über den Abruf und das Ergebnis **informiert werden** (Art. 14 DSGVO, § 93 Abs. 9 AO). Die Rechtmäßigkeit eines Kontenabrufs kann vom Sozialgericht überprüft werden (BVerfG 4.2.2005 - 2 BvR 308/04, Abs. Nr. 19). Das BSG sieht das Kontenabrufverfahren als rechtmäßig und zur Bekämpfung von Leistungsmissbrauch erforderlich an (BSG 24.4.2015 - B 4 AS 39/14 R).

Ergibt der Kontenabruf, dass Sie über zwei oder drei Konten verfügen, obwohl Sie nur ein Konto angegeben haben, kann die Behörde von Ihnen verlangen, den Kontostand im Rahmen der Mitwirkungspflichten offen zu legen, um möglicherweise nicht angegebene

Einnahmen oder Vermögen festzustellen. Das Kontenabrufverfahren bezieht sich auch auf Paypal, Prepaid-Kreditkarten und vergleichbare Bezahldienstkonten, denn diese müssen eine Bankzulassung haben und sind dadurch automatisch beim BMF erfasst.

4.3 Kontenabruf durch andere Sozialbehörden

Kontenabruf ist außerdem den Trägern der Kranken-, Renten- und Unfallversicherung erlaubt, und zwar bei Bezug von BAföG, Wohngeld, Erziehungsgeld, Unterhalt für Wehrdienstpflichtige und Leistungen der sozialen Wohnraumförderung. Sonst nicht.

4.4 Rechtsschutz gegen Kontenabrufverfahren?

Der Kontenabruf stellt einen sog. Realakt dar. Dieser ist nicht selbstständig anfechtbar. Zur Überprüfung der Rechtmäßigkeit des Kontenabrufs bleibt den Betroffenen entweder die rückwirkende Überprüfung des auf den Kontenabruf zurückzuführenden Leistungs- bzw. Rückforderungsbescheides oder die Feststellungs⇨klage mit dem Ziel der Feststellung der Rechtswidrigkeit des Kontenabrufs. Die Unrechtmäßigkeit eines Kontenabrufs führt allerdings nicht regelmäßig zu einem Beweisverwertungsverbot.
Sie können nur im Rahmen der Feststellungsklage feststellen lassen, dass das Abrufverfahren rechtswidrig war, Sie können auch den ⇨ Datenschutzbeauftragten einschalten und die Rechtswidrigkeit von diesem feststellen lassen. Etwaig überzahlte Gelder müssen Sie aber trotz rechtswidriger Datenerhebung zurückzahlen.

5. Routinemäßige Datenabfrage ist verfassungswidrig

Die routinemäßige und *„anlasslose"* Überprüfung aller Finanzdaten von Erwerbslosen im In- und EU-Ausland verstößt unserer Auffassung nach gegen das Grundrecht auf informationelle Selbstbestimmung (Art. 2 Abs. 1 i.V. mit Art. 1 Abs. 1 GG). Es handelt sich nicht um eine Einzelfallprüfung zur Ermittlung von rechtsmissbräuchlichem Leistungsbezug, sondern um eine grundlose Regelüberprüfung. Es bestehen erhebliche Zweifel an der Angemessenheit und der Verfassungsmäßigkeit dieser Maßnahme, diese sei „hart an der Grenze des verfassungsrechtlich zulässigen" (Eicher/Luik, SGB II, 4. Aufl., § 52 Rn. 6 f.; LPK SGB II, 7. Aufl., § 52, Rn. 8 ff.).

Denn grundsätzlich gilt, dass Sozialdaten beim Betroffenen selbst zu erheben sind (§ 67a Absatz 2 Satz 1 SGB X). Flankiert wird dieser Grundsatz durch die Mitwirkungspflichten der Leistungsbeziehenden (vgl. § 60 Abs. 1 Nr. 1 SGB I). Eine Datenerhebung ist nur dann im Sinne von § 67a Abs. 1 S. 1 SGB X erforderlich, wenn sie nicht beim Betroffenen erhoben werden können. Daher halten wir anlasslose Datenanfragen für unzulässig.

„Jeder Kontenabruf stellt einen Eingriff in das Grundrecht auf informationelle Selbstbestimmung dar." Das erklärt der Bundesdatenschutzbeauftragte Ulrich Kelber in einer Stellungnahme vom 29.01.2020, ebenso wies er darauf hin, dass es im Jahr 2012 noch 72.000 solcher Abrufersuchen gab, im Jahr 2019 hingegen mehr als 900.000 Kontenabrufe durch Behörden durchgeführt wurden: „Ich bezweifle, ob die Kontenabrufe angesichts der seit Jahren steigenden Zahlen noch verhältnismäßig sind" (ebenda).

Datenschutz

Laut Bundesverfassungsgericht gehört das **Recht auf informationelle Selbstbestimmung** zu den Grundrechten aller Bürger*innen dieses Landes (BVerfGE 65, 1). Es besagt, dass jede*r grundsätzlich selbst entscheiden kann, wann und innerhalb welcher Grenzen persönliche Sachverhalte offenbart werden. Das Bundesverfassungsgericht erklärt es für verfassungswidrig, *„wenn der Staat das Recht für sich in Anspruch nehmen könnte, den Menschen zwangsweise in seiner ganzen Persönlichkeit zu registrieren und zu katalogisieren [...] und ihn damit wie eine Sache zu behandeln, die einer Bestandsaufnahme in jeder Beziehung zugänglich ist"* (BVerfGE 27, 1 und 6).
Datenschutz ist der Sammelbegriff für alle allgemeinen gesetzlichen Regelungen, die das Recht auf informationelle Selbstbestimmung sichern sollen (§ 35 SGB I; §§ 67 bis 85a SGB X).

Inhaltsübersicht

1. Sozialgeheimnis

Sozialdaten sind personenbezogene Daten, die von einem Leistungsträger (BA/Jobcenter/Sozialamt) im Hinblick auf ihre gesetzlichen Aufgaben verarbeitet werden (§ 67 Abs. 2 Satz 1 SGB X). „Personenbezogene Daten" sind alle Informationen, die sich auf Sie und Ihre physische, physiologische, genetische, psychische, wirtschaftliche, kulturelle oder soziale Identität beziehen (Art. 4 Nr. 1 DSGVO).
Vom „Verarbeiten" sind automatisierte Verfahren, aber auch alle damit im Zusammenhang stehende Maßnahmen umfasst: Erheben, Erfassen, Organisieren, Ordnen, Speichern, Anpassen, Verändern, Auslesen, Abfragen, Verwenden, Offenlegen, Verbreitung oder sonstige Bereitstellung, Abgleich, Einschränkung, Löschung, Vernichtung (Art. 4 Nr. 2 DSGVO).
Im Rahmen des Datenschutzes gilt: *„Jeder hat Anspruch darauf, dass die ihn betreffenden Sozialdaten [...] von den Leistungsträgern [BA/Jobcenter/Sozialamt] nicht unbefugt verarbeitet werden"* (§ 35 SGB I). Das ist das sogenannte Sozialgeheimnis.

Schutzwürdig sind also alle Angaben über Sie, nicht nur medizinische Gutachten, sondern z.B. auch Name, Anschrift oder der Umstand, dass Sie Alg II oder HzL/ GSi der Sozialhilfe beziehen.
Behörden verstoßen dann nicht gegen den Datenschutz, wenn sie
- nur Sozialdaten erheben, die erforderlich sind,
- die Sozialdaten nur bei den Betroffenen selbst erheben,
- den Zweck der Erhebung angeben oder
- die Erhebung nicht erforderlicher Daten auf einer Rechtsgrundlage beruht.

2. Erhebung von Sozialdaten muss erforderlich sein

„Das Erheben von Sozialdaten [...] ist zulässig, wenn ihre Kenntnis zur Erfüllung einer Aufgabe der erhebenden Stelle [...] erforderlich ist" (§ 67a Abs. 1 SGB X; Art. 5 Abs. 1 Bst. b und c DSGVO; LSG Hessen 29.1.2020 – L 4 SO 154/19 B).
Wenn Sie z.B. keine Nachweise über Ihr Vermögen oder keinen Nachweis über Mietzahlungen vorlegen würden, könnte die Behörde ihre Aufgabe, die Leistung zu berechnen, nicht erfüllen. Sie sind verpflichtet, entsprechende Angaben zu machen, wenn Sie Alg II oder HzL/ GSi der Sozialhilfe bekommen wollen (§ 60 SGB I; ⇨Mitwirkungspflicht).

2.1 Das Antragsformular bei Alg II

Im aktuellen Antragsformular (Stand 04.2020) wurden einige Mängel behoben. Insbesondere beschränkt sich das Formular nun auf die Ermittlung des Einkommens und Vermögens von Mitgliedern der Bedarfsgemeinschaft. Es wird auch darüber informiert, dass automatisierte Datenabgleiche (§ 52 SGB II) zum Einkommen und Vermögen erfolgen (z.B. zu Arbeitsentgelten, Kapitalerträgen, Renten).
Früher wurde nach allen unterhaltspflichtigen Angehörigen außerhalb der Haushaltsgemeinschaft gefragt (mit Geburtsdatum, versteht sich). In der aktuellen Antragsfassung beschränken sich die Fragen auf tatsächlich relevante Umstände bzgl. des Unterhalts.

Die früher verwendeten Antragsformulare, mit denen massenhaft nicht erforderliche Daten erhoben wurden, wurden mittlerweile weitgehend korrigiert. Dennoch gilt es, im Einzelfall aufmerksam zu prüfen, ob die abgefragten Daten tatsächlich erforderlich sind. Das gilt vor allem, wenn Ihr Jobcenter selbstgestrickte Zusatzformulare verwendet, wie z.B. den *„Antrag auf einen Antrag"* oder Formulare mit denen Sozialbehörden ermächtigt werden, selbst Einblick in Bankkonten vorzunehmen. Solche „Formulare" werden regelmäßig von Aufsichtsbehörden und Datenschutzbeauftragten „kassiert".

Tipp: Wenn Daten zur Erfüllung der Aufgaben der Behörde nicht erforderlich sind, *„besteht keine Auskunftspflicht [...] und keine Pflicht zur Vorlegung oder Auslieferung von Schriftstücken"*, Akten und Dateien (§ 35 Abs. 3 SGB I). Lesen Sie zuerst das Antragsformular und die Ausfüllhinweise. Halten Sie einzelne abgefragte Informationen nicht für erforderlich, bemühen Sie sich um Aufklärung und Beratung dazu. Wenn dieses Bemühen scheitert, streichen Sie die entsprechenden Zeilen durch oder versehen Sie sie mit einem Fragezeichen. Antragsformulare, die aus sich heraus nicht eindeutig verständlich sind, verstoßen zudem gegen das Gebot der einfachen Verständlichkeit (§ 17 Abs. 1 Nr. 3 SGB I).

2.2 *„Sozialdaten sind beim Betroffenen zu erheben"*,

steht in § 67a Abs. 2 SGB X und ergibt sich aus Verfassungsrecht (LSG Hessen, 17.04.2013, L 4 SO 285/12 mit weiteren Nachweisen).

Allerdings kann sich der/die Betroffene auch durch eine*n Bevollmächtigte*n vertreten lassen – dann sind die Sozialdaten über den/die Bevollmächtigte*n zu erheben (§ 13 SGB X). Im SGB II gilt grds., dass der „Kopf der Bedarfsgemeinschaft" die gesamte BG vertritt (§ 38 SGB II). Zu dieser Beantragungs- und Geldentgegennahmebefugnis gehört aber nicht die Herausgabe von Sozialdaten dritter BG-Mitglieder. Wenn das JC Unterlagen über Einkommen und Vermögen haben möchte, muss es sich an die jeweilige bedürftige Person individuell wenden und diese im Rahmen der Mitwirkungspflichten auffordern, diese Unterlagen vorzulegen. Denn der § 38 SGB II regelt nur die Vermutung auf Bevollmächtigung zur Beantragung von SGB II-Leistungen und Geldentgegennahme von SGB II-Leistungen.

Das Antragsformular (Stand: 04.2020) und das Formular zum vereinfachten Antrag enthalten dazu nicht ganz zutreffende Hinweise:

„Sofern zu Ihrer Bedarfsgemeinschaft noch weitere Personen gehören, sollten Sie als Vertreterin/Vertreter beim Ausfüllen des Antrags alle Mitglieder einbeziehen und die wesentlichen sowie die sie betreffenden Angaben mit ihnen abstimmen. Stellen Sie zudem bitte sicher, dass alle Mitglieder alle notwendigen Informationen (z. B. Bescheide) erhalten."

Zwar wird also darauf hingewiesen, dass Angaben zu den weiteren BG-Mitgliedern mit diesen abgestimmt werden sollten; es sollte jedoch eindeutig herausgestellt werden, dass Sie auch als „Kopf der BG" nicht befugt sind, Daten ohne Zustimmung der anderen BG-Mitglieder weiterzugeben und dass sich das Jobcenter im Falle der Verweigerung einer solchen Zustimmung direkt an das betreffende BG-Mitglied wenden wird.

2.2.1 Erhebung von Sozialdaten bei Dritten?

Bei Dritten dürfen Ihre Sozialdaten ohne Ihre Mitwirkung / Zustimmung vor allem dann erhoben werden, wenn eine Rechtsvorschrift das zulässt (§ 67a Abs. 2 Nr. 2a SGB X). Anrufe der Jobcenter bei Ihrem Arbeitgeber, bei Ihrem/r (ehemaligen) Vermieter*in (BSG 25.1.2012 - B 14 AS 65/11 R) oder bei den Stadtwerken sind genauso wenig von einer Rechtsvorschrift gedeckt, wie das Ausforschen von Nachbar*innen (SG Düsseldorf 23.11.2005 - S 35 AS 343/05 ER, bezüglich der Befragung von Vermieter*innen). Wenn Sozialdaten berechtigt bei Dritten erhoben werden, muss die Behörde den Dritten auf seine Auskunftspflicht unter Nennung der Rechtsvorschrift hinweisen (§ 82a Abs. 2 SGB X) und Sie müssen umfassend informiert werden (§ 82a Abs. 1 SGB X; Art. 14 DSGVO: a) Bezeichnung der datenerhebenden Behörde, b) Kontaktdaten des zuständigen Datenschutzbeauftragten, c) Zweck und Rechtsgrundlage der Datenerhebung, d) Bezeichnung der erhobenen Daten, e) Bezeichnung der Empfänger personenbezogener Daten, f) Dauer der geplanten Datenspeicherung, g) Belehrung zu Auskunfts- Berichtigungs-, Löschungs-, Widerspruchs-, Beschwerderechten).

2.2.2 Gehaltsnachweis nur durch Bescheinigung der Arbeitgeber?

Die Höhe des Einkommens von Arbeitnehmer*innen oder der Zahlungszeitpunkt kann ohne Probleme durch Verdienstbescheinigungen / Arbeitsverträge / Kontoauszüge durch den/die Betroffene*n nachgewiesen werden. Dennoch verpflichtet Sie das SGB II, ein entsprechendes Formular der BA dem Arbeitgeber zum Ausfüllen vorzulegen und bedroht Sie andernfalls mit einer Geldbuße von bis zu 2.000 € (§ 58 Abs. 2 SGB II i.V. mit § 63 Abs. 1 Nr. 3 SGB II).

Der Gesetzgeber besteht damit darauf, dass Ihr Arbeitgeber von Ihrer Hilfebedürftigkeit erfährt. Dieses Verlangen erscheint auf den ersten Blick als Verstoß gegen den Datenschutz. Allerdings gibt es mit § 58 SGB II eine Rechtsgrundlage dafür und damit kann juristisch gegen das Formular „Einkommensbescheinigung", das durch den Arbeitgeber auszufüllen ist, nichts eingewendet werden (§ 67a Abs. 2 SGB X). Zwischen dem Jobcenter und dem Arbeitgeber besteht ein besonderes Verhältnis. Man spricht von der „Indienstnahme" des Arbeitgebers durch das Jobcenter aufgrund einer „öffentlich-rechtlichen Verpflichtung" des Arbeitgebers gegenüber dem Jobcenter. In der Konsequenz gibt es sogar einen direkten Anspruch der Jobcenter auf Auskunft gegen den Arbeitgeber zu allen leistungsrelevanten Umständen des Arbeitsverhältnisses (§ 57 SGB II). Wenn der Arbeitgeber falsche oder unvollständige Daten herausgibt, besteht auch ein direkter Schadenersatzanspruch des Jobcenters gegen den Arbeitgeber (§ 62 SGB II).

Gelegentlich liest man, dass das Verlangen, Bescheinigungen vom Arbeitgeber vorlegen zu müssen, gegen § 37 SGB I verstoße, weil dort geregelt sei, dass abweichende Datenschutzregelungen außerhalb der SGB I und X unzulässig seien. Auf den ersten Blick erscheint das logisch, denn es wird verboten, Abweichungen von den Datenschutzregelungen im SGB X im SGB II oder anderen SGB vorzunehmen, aber leider trügt dieser erste Blick (§ 37 Satz 2 SGB I: von § 35 SGB I darf nicht abgewichen werden, der auf den 2. Abschnitt des SGB X verweist, der wiederum das Datenschutzrecht enthält; **aber:** § 67a Abs. 2 SGB X lässt ausdrücklich Normen, wie § 58 SGB II zu; siehe auch § 60 Abs. 3 SGB II).

Kritik

Nach öffentlichen Protesten wurde die Pflicht von Selbstständigen, von den Auftraggebern Formulare über Ihre Aufträge ausfüllen zu lassen, abgeschafft. Dasselbe muss auch bei Lohnabhängigen geschehen. Die Lohnbestätigung durch den Arbeitgeber ist für die Leistung nicht erforderlich, da Sie die Höhe Ihres Lohns auch selber nachweisen können. Etwas anderes kann nur gelten, wenn Anhaltspunkte für ein Scheinarbeitsverhältnis vorliegen. Die Ausdehnung der Mitwirkungspflicht auf den Arbeitgeber per Gesetz erweckt den Eindruck, lediglich der Abschreckung und Einschüchterung zu dienen. Hier muss der Gesetzgeber handeln – Behörden und Gerichte sind an das geltende Recht gebunden und müssen derzeit die Vorlage der Einkommensbescheinigung vom Arbeitgeber verlangen.

2.3. Einreichung von Kontoauszügen

Kontoauszüge sind eine der wichtigsten Informationsquellen für die Leistungsbehörden. Grundsätzlich ist daher die Einreichung von Kontoauszügen erforderlich und geboten und verstößt nicht gegen Datenschutzrecht (BSG vom 14.05.2020, B 14 AS 7/19, Rn. 20 ff.). Die Daten auf den Kontoauszügen zu Empfänger*innen von Zahlungsabgängen dürfen geschwärzt werden, soweit diese Zahlungsabgänge nicht leistungsrelevant sind (BSG aaO, Rn. 22). Darauf muss die Behörde bei der Anforderung der Kontoauszüge auch hinweisen (BSG aaO, Rn. 23). Zur Prüfung eines Leistungsantrags dürfen grundsätzlich Kontoauszüge bis rückwirkend drei Monate vor Antragstellung verlangt werden (BSG aaO, Rn. 22 mit weiteren Nachweisen).

2.4 Informationspflichten

Werden bei Ihnen direkt personenbezogene Daten erhoben, muss Ihnen die Behörde folgende Informationen geben, soweit die Behörde nicht sicher weiß, dass Sie diese Informationen bereits haben (Art. 13 DSGVO):

a) Namen und Kontaktdaten der erhebenden Behörde,
b) Kontaktdaten des/r zuständigen Datenschutzbeauftragten,
c) Zweck und Rechtsgrundlage für die Datenverarbeitung,

d) berechtigte Interessen der Behörde oder eines anderen, wenn die Datenerhebung mit der Wahrung solcher Interessen der Behörde oder eines anderen gerechtfertigt wird,
e) ggf. die Empfänger der erhobenen Daten,
f) Dauer der Datenspeicherung – falls das nicht möglich ist: Kriterien für die Festlegung dieser Dauer,
g) Recht auf Auskunft; Recht auf Berichtigung; Recht auf Löschung; Recht auf Einschränkung der Verarbeitung; Widerspruchsrecht; Recht auf Datenübertragbarkeit,
h) ggf. Recht auf Widerruf der Einwilligung,
i) Recht auf Beschwerde bei einer Aufsichtsbehörde,
j) ggf. Verpflichtung zur Datenbereitstellung und mögliche Folgen bei Nicht-Bereitstellung und
k) ggf. Bestehen einer automatisierten Entscheidungsfindung inklusive involvierter Logik dabei und die Auswirkungen auf Sie.

Werden Daten über Sie bei anderen erhoben, dann sind Sie von der Behörde über Folgendes zu informieren (Art. 14 DSGVO):
a)-i) wie oben,
j) Kategorien der Daten, die verarbeitet werden,
k) Quelle der Daten und ggf., ob es eine öffentlich zugängliche Quelle ist,
l) ggf. Bestehen einer automatisierten Entscheidungsfindung inklusive involvierter Logik dabei und die Auswirkungen auf Sie.

Die Informationen müssen Ihnen in präziser, transparenter, verständlicher und leicht zugänglicher Form in einer klaren und einfachen Sprache gegeben werden, wobei Schriftlichkeit die Regel sein soll (Art. 12 Abs. 1 DSGVO).

3. Schutz von personenbezogenen Daten (Sozialgeheimnis)

„Die Wahrung des Sozialgeheimnisses umfasst die Verpflichtung, auch innerhalb des Leistungsträgers sicherzustellen, dass die Sozialdaten nur Befugten zugänglich sind oder nur an diese weitergegeben werden" (§ 35 Abs. 1 Satz 2 SGB I). Die Realität genügt diesem Anspruch nicht immer: Im März 2015 war bekannt geworden, das SGB II-Leistungsakten des Jobcenters des Kreises Steinfurt im öffentlichen Müll eines nahegelegenen Einkaufszentrums entsorgt wurden (www.hartziv.org, 4.3.2015).

Weder darf der Name eines/r Erwerbslosen öffentlich aufgerufen werden, wenn er/sie zur Vorsprache gebeten wird, noch dürfen unbefugte Personen im selben Raum das Gespräch mithören, wenn Sie das nicht möchten. Der Bundesdatenschutzbeauftragte (Bfdi) hat sogar die Verwendung des Jobcenterlogos auf Briefumschlägen des Jobcenters für unzulässig erachtet, da so unbefugten Dritten der Leistungsbezug bekannt wird (Bfdi 27.5.2014 - II-302-2 II#1743).

Das Sozialgeheimnis innerhalb des *„Leistungsträgers"* soll durch das ALLEGRO-Programm gesichert werden. Verantwortlich für die Einhaltung datenschutzrechtlicher Vorgaben ist jeweils das bearbeitende Jobcenter, wobei durch ALLEGRO freilich eine zentrale Datenverarbeitung bundesweit besteht. Um unberechtigte Datenzugriffe innerhalb des „Leistungsträgers" zu verhindern, gibt es das sogenannte Rollen- und Berechtigungskonzept, womit sichergestellt werden soll, das jeweils nur der/die zuständige Sachbearbeiter*in auf Daten zugreifen kann, die er/sie für die Erledigung einer konkreten Aufgabe benötigt (Antwort der Bundesregierung auf eine kleine Anfrage am 12.07.2018, BT-Drs. 19/02916, insb. Antwort zu Frage 4). Sollten Sie Anhaltspunkte dafür haben, dass in Ihrem Jobcenter unbefugte Mitarbeiter*innen Zugriff auf Ihre Daten haben, sollten Sie den/die Datenschutzbeauftragte*n einschalten.

Die Behörde darf weder Ihrem/r **Vermieter*in** noch Nachbar*innen und Verwandten mitteilen, dass Sie Leistungsempfänger*in sind. Sie darf auch die **Bank** auf dem Überweisungsbeleg nicht darüber informieren, dass Sie Sozialhilfe beziehen (BVerwGE 96, 147). Das Gleiche gilt für Alg II/GSi (BSG 25.1.2012 - B 14 AS 65/11 R; LSG Hessen, 17.04.2013 – L 4 SO 285/12: zu Auskunftsverlangen gegenüber potentiell Unterhaltspflichtigen).

3.1 Ausnahmeregelung: Direktzahlung von Unterkunftskosten

2011 wurde die Ausnahme geschaffen, dass unter bestimmten Voraussetzungen Leistungen für Miete und Heizung direkt an den/die Vermieter*in und Energieversorger zu zahlen sind. Das ist insbesondere der Fall, wenn bereits **Miet- oder Energierückstände** aufgelaufen sind oder wenn konkrete Anhaltspunkte für ein **krankheits- oder suchtbedingtes Unvermögen** vorliegen, die Mittel zweckentsprechend zu verwenden (§ 22 Abs. 7 SGB II).

Wenn Sie ausdrücklich beantragen, dass Miete und/oder Heizkosten direkt an den/die Vermieter*in und/oder Energieversorger gezahlt werden sollen, dann muss das Jobcenter dies auch tun (§ 22 Abs. 7 Satz 1 SGB II). In folgenden Fällen soll das Jobcenter auch ohne Ihre Einwilligung Direktzahlungen vornehmen:

1. Es bestehen Mietrückstände, die eine fristlose Kündigung durch den/die Vermieter*in rechtfertigen (§ 543 Abs. 2 Nr. 3 BGB);
2. Es bestehen Energiekostenrückstände, die zur Unterbrechung der Energieversorgung berechtigen (§ 19 StromGVV; dazu: Heindl/Liessem, **Ursachen von Stromsperren in Privathaushalten - Empirische Ergebnisse aus der Allgemeinen Sozialberatung**, Sozialer Fortschritt 2018, 595-619);
3. Es bestehen konkrete Anhaltspunkte für ein krankheits- oder suchtbedingtes Unvermögen, die Mittel zweckentsprechend zu verwenden;
4. Sie sind im Schuldverzeichnis eingetragen und es bestehen konkrete Anhaltspunkte dafür, dass Sie die Mittel nicht zweckentsprechend verwenden.

Diese Aufzählung ist nicht abschließend. Das Jobcenter kann also auch ähnliche Gründe anführen, die zur Annahme führen, dass die Mittel nicht zweckentsprechend verwendet werden, z.B. die früher bereits notwendig gewordene Schuldenübernahme.

Rechtsprechung und Datenschutzbeauftragte werden zu klären haben, wie lange eine solche behördliche Entmündigung wirken darf. Wir sind der Auffassung, dass eine Direktzahlung nur zulässig ist, solange konkrete Anhaltspunkte bestehen, dass die Gefahr einer nicht dem Zweck entsprechenden Verwendung der Mittel weiterhin vorhanden ist und die Direktzahlung ausschließlich in Ihrem Interesse ist.

Die klassische Entmündigung durch die Bestellung eines Vormundes für Volljährige wurde 1992 abgeschafft. Dafür gab es zahlreiche Gründe, u.a. die diskriminierende und stigmatisierende Wirkung einer solchen Entmündigung und nicht zuletzt auch die gesundheitsgefährdende Komponente (BT-Drs. 11/4528, S. 49 f.). Ziel des Sozialstaats im Allgemeinen und des SGB II im Besonderen soll es sein, den Hilfebedürftigen zu helfen! Eine Entmündigung ohne Ihren Willen oder gegen Ihren Willen wird jedoch in der Regel zu einer Verschärfung der Hilfebedürftigkeit, auf keinen Fall aber zu einer Besserung führen. Hier umgeht der Gesetzgeber die Abschaffung der altertümlichen Entmündigung und führt sie teilweise wieder ein. Das ist ein gesellschaftlicher Rückschritt. Im Ergebnis muss Ihr Wille den Ausschlag geben und die Verminderung der Hilfebedürftigkeit muss im Zentrum jeder Überlegung stehen. Gegen die so verstandene Direktzahlung zur Abwendung einer konkreten Notsituation ist nichts einzuwenden. Eine dauerhafte Direktzahlung gegen Ihren Willen muss jedoch unzulässig sein. Das Jobcenter hat stattdessen geeignete Hilfemaßnahmen vorzuschlagen, die die Ursache der Zweckentfremdung der Mittel angehen (SG Dresden, 16.05.2014, S 12 AS 3729/13: bevor belastende Maßnahmen erfolgen, sind ggf. Betreuungs- und Unterstützungsleistungen zur psychischen, sozialen und rechtlichen Stabilisierung zu gewähren). Es wäre wünschenswert, dass das Gesetz hier entsprechend angepasst wird und zumindest eine enge zeitliche Vorgabe eingeführt wird.

Soweit auf eine Eintragung im Schuldnerverzeichnis abgestellt wird (siehe oben Punkt 4), stellt sich die Frage, wie das Jobcenter von diesem Umstand Kenntnis erlangen soll. Die Jobcenter dürfen nicht bei jedem/r Hartz IV-Beziehenden oder Antragstellenden die Vorlage eines Auszugs aus dem Schuldnerverzeichnis verlangen. Das kommt nur dann in Frage, wenn eine Entscheidung über die Frage „Direktzahlung ja oder nein?" getroffen werden muss. Erklären Sie sich z.B. „freiwillig" mit einer Direktzahlung einverstanden, ist die Vorlage eines Eintrages im Schuldnerverzeichnis nicht erforderlich. In der Vergangenheit gab es Fälle, dass Jobcenter im Zusammenhang mit Alg II-An-

trägen Schufa-Auskünfte verlangt haben. Ein solches Verlangen ist definitiv unzulässig, weil es für die Leistungsgewährung nicht erforderlich ist (§ 67a Abs. 1 S. 1 SGB X) und deswegen auch nicht zu den Mitwirkungspflichten nach § 60 Abs. 1 Nr. 3 SGB I gehört.
Das Amt kann den Schuldnerlisteneintrag auch selbst beim Amtsgericht anfordern. Das kann jeder. Aber auch hier gilt, dass die Behörde nicht per se ermitteln darf, sondern nur in Fällen, in denen konkrete Anhaltspunkte für eine nicht zweckentsprechende Verwendung der Mittel vorliegen.

Das Jobcenter soll ferner die Unterkunfts- und Heizkosten bei Personen direkt zahlen, denen aufgrund von ⇨ **Sanktionen** der Regelsatz um mehr als 60 Prozent gekürzt wurde (§ 31a Abs. 3 Satz 2 SGB II). Diese Konstellationen sollten aber nach der Sanktionsentscheidung des Bundesverfassungsgerichts (Urteil vom 05.11.2019 – 1 BvL 7/16) ohnehin der Vergangenheit angehören.

4. Erhebung medizinischer Daten durch Sozialbehörden

Näheres unter ⇨Amtsarzt/Amtsärztin 1.6, Information

5. Datenverarbeitung und -nutzung, datenschutzrechtliche Verantwortung

5.1 Öffnung des Datenpools der BA für private Unternehmen/Träger

„Die Träger der Leistungen nach diesem Buch dürfen abweichend von § 80 Abs. 5 des Zehnten Buches zur Erfüllung ihrer Aufgaben nach diesem Buch einschließlich der Erbringung von Leistungen zur Eingliederung in Arbeit und Bekämpfung von Leistungsmissbrauch nichtöffentliche Stellen mit der Erhebung, Verarbeitung und Nutzung von Sozialdaten beauftragen, auch soweit die Speicherung der Daten den gesamten Datenbestand umfasst" (§ 51 SGB II; sinngleich § 395 Abs. 2 SGB III).
Nicht-öffentliche Stellen sind z.B. private Arbeitsmakler*innen, private Maßnahmenträger bzw. von Arbeitsagentur und Sozialamt gemeinsam gebildete private Stellen, aber auch Telefonbefragungen durch Call-Center, die damit Hoheitsaufgaben zugewiesen bekommen, oder Rechtsanwaltskanzleien, die Jobcenter im Widerspruchsverfahren oder vor Gericht vertreten (Definition: § 67 Abs. 11 SGB X).

Der Einsatz von verdeckt ermittelnden sogenannten Sozialdetektiv*innen dürfte bestenfalls in extremen Missbrauchsverdachtsfällen zulässig sein. Die Einschaltung solcher „nicht-öffentlicher Stellen" entbindet nicht von der Pflicht, Ihnen stets Auskunft darüber zu geben, wer welche Daten zu welchem Zweck über Sie erhebt, verarbeitet, speichert usw. Der verfassungsrechtliche Grundsatz, dass Sie entscheiden sollen, ob und welche Sozialdaten das Jobcenter oder Sozialamt erhält, muss beachtet werden – darüber hinaus kann auch nur mit Ihrer Einbindung in die Datenerhebung gesichert werden, dass nicht etwa unzutreffende oder nicht mehr aktuelle Daten ermittelt werden (LSG Thüringen, 25.11.2010, 3 KO 527/08, Rn 42 mit Verweis auf: Mann in Schellhorn/Fischer/Mann, 3. Auflage 2007, § 62 Rn. 31 m.w.N.). Aber die „nicht-öffentlichen Stellen" sollen vor allem in Fällen des Missbrauchsverdachts eingeschaltet werden, sodass oft die Information an Sie unterbleiben wird, weil sonst der Zweck der Maßnahme gefährdet würde (vgl. § 82 Abs. 2 SGB X i.V.m. Art. 14 Abs. 5 Bst. c). Der Grund für die „verdeckte Ermittlung" muss aktenkundig gemacht werden (§ 82 Abs. 3 Satz 2 SGB X) und die Öffentlichkeit muss über die Maßnahme informiert werden (§ 82 Abs. 3 Satz 1 SGB X, ⇨ 2.4). Sie müssen so schnell wie möglich über die Maßnahme informiert werden – spätestens zwei Wochen nachdem die Maßnahme abgeschlossen wurde (§ 82 Abs. 4 SGB X).

Die „nicht-öffentlichen Stellen" haben sich an die gleichen Datenschutzregelungen zu halten, wie die Jobcenter und Sozialämter selbst. Die Jobcenter und Sozialämter haben sich von den „nicht-öffentlichen Stellen" eine entsprechende Verpflichtung geben zu lassen (§ 78 Abs. 1 Satz 2 SGB X). Schließlich muss das Bundesministerium für Arbeit und Soziales bzw. das zuständige Landessozialministerium schriftlich über die Beauftragung einer „nicht öffentlichen Stelle" informiert werden (§ 80 Abs. 1 SGB X).

Die Erhebung und Verarbeitung von Sozialdaten im Auftrag durch nicht-öffentliche Stellen ist aber **nur zulässig**, *„wenn 1. beim Auftraggeber sonst Störungen im Betriebsablauf auftreten können oder 2. die übertragenen Aufgaben beim Auftragnehmer erheblich kostengünstiger besorgt werden können"* (§ 80 Abs. 3 SGB X). Es dürfen sogar private Rechenzentren im Ausland eingeschaltet werden (§ 80 Abs. 2 SGB X).

Die Nutzung von Call-Centern als „nicht-öffentliche Stellen" ist eine Entscheidung der jeweiligen Jobcenter-Trägerversammlung. Ob und, wenn ja, welche vertragliche Regelungen zwischen Jobcenter und Call-Center in Bezug auf den Datenschutz bestehen, können Sie mit Hilfe eines Antrags nach dem Informationsfreiheitsgesetz erfahren (⇨Verwaltungsrichtlinien).

5.2 Strafen bei Verstößen gegen den Datenschutz

Werden Sozialdaten unbefugt erhoben oder verarbeitet bzw. zum Abruf bereitgehalten (d.h. nicht gelöscht), können Sie eine Ordnungswidrigkeitenanzeige erstatten (§ 85a Abs. 1 SGB X i.V.m. § 41 BDSG). Im Fall eines Verstoßes kann eine Geldbuße von bis zu 20 Mio. € verhängt werden – die Geldbuße muss wirksam, verhältnismäßig und abschreckend sein (Art. 83 DSGVO). **Aber**: Die DSGVO normiert nur die Möglichkeit, Unternehmen und sonstige nicht-öffentliche Stellen zu sanktionieren. Für Behörden und öffentliche Stellen wird es den Mitgliedstaaten freigestellt, ob die Verhängung von Bußgeldern ermöglicht werden soll (Art. 83 Abs. 7 DSGVO). § 85a Abs. 3 SGB X setzt das um und schreibt vor, dass gegen eine Behörde kein Bußgeld erhoben werden darf. Gerechtfertigt wird diese Regelung damit, dass zum einen Behörden ohnehin verfassungsrechtlich zum gesetzmäßigen Handeln verpflichtet sind und es zum anderen mit der Amtshaftung bereits ein Mittel zur Ahndung von Rechtsverstößen gäbe, so dass ein Bußgeldverfahren entbehrlich sei (Schwartmann/Jacquemain in: Schwartmann/Jaspers/Thüsing/Kuglmann, Art. 83 DSGVO, Rn 16 mit Verweis auf: Paal/Pauly-Frenzel Art. 83, Rn 27 f.; BeckOK DatenSR-Holländer Art. 83, Rn 79.1).

Ein Bußgeldverfahren gegen konkrete Mitarbeiter*innen der Behörde ist ebenfalls ausgeschlossen (Kühling/Martini, Die DSGVO und das nationale Recht, S. 275). Allerdings kann hier eine strafrechtliche Sanktionierung greifen (Art. 84 DSGVO i.V.m. § 83 Abs. 1 SGB X i.V.m. § 42 Abs. 1 und 2 BDSG).

Kritik:
Das Argument, dass die Behörden ohnehin an das Gesetz gebunden seien und damit Sanktionen nicht erforderlich seien, überzeugt nicht. Gerade diese Pflicht zu gesetzmäßigem Handeln muss zwingend eine spürbare Folge für den Fall eines Verstoßes nach sich ziehen (vgl.: Kühling/Buchner-Bergt, Art. 83, Rn 26). Die erlebte Praxis des real existierenden Behördenverhaltens gibt auch keinen Anlass dazu, anzunehmen, dass eine Sanktionierung von Rechtsverstößen entbehrlich sei. Es wird zu beobachten sein, ob es Feststellungen zu Datenschutz-Verstößen geben wird und ob diese Feststellungen zu einer nachhaltigen Abhilfe führen werden. Ergeben sich Anhaltspunkte, dass Behörden wiederholt gegen Datenschutzrecht verstoßen, muss der Gesetzgeber handeln und Bußgelder gegen Behörden ermöglichen.

Zum Verweis auf die Amtshaftung ist anzumerken, dass die Möglichkeit dazu sicher kein geeignetes Mittel als „Ersatz" für ein Bußgeld sein kann. Im Bußgeldverfahren müssen Sie lediglich eine Anzeige machen und danach muss von Amts wegen ermittelt werden – Sie werden weder inhaltlich noch finanziell weiter mit diesem Verfahren belastet. Einen Amtshaftungsanspruch müssen Sie dagegen darlegen und beweisen und im Zweifel vor dem zivilrechtlichen Landgericht einklagen. Dort fallen Gerichtskosten an und es besteht Anwaltszwang, so dass für Sie ein dreifaches Kostenrisiko entsteht (Gerichtskosten, eigene Anwaltskosten, gegnerische Anwaltskosten). Ein Staat, der effektiv für eine Einhaltung der Gesetzmäßigkeit der Verwaltung sorgen will, würde seine Bürger*innen nicht auf die Amtshaftung verweisen!

Ob ein Bußgeld gegen die Behörde selbst sinnvoll wäre, mag bezweifelt werden, da sich die Frage stellen würde, aus welchem Budget solche Bußgelder (bis zu 20 Mio. € - Art. 83 DSGVO) gezahlt werden sollten. Daher erschiene es sachgerechter, die Bußgelder gegen den Rechtsträger (also in der Regel die Kommune, das Land oder den Bund) zu richten. Damit dürfte die Motivation gesteigert werden, für eine gesetzmäßige Verwaltung zu sorgen.

5.3 Löschung von Daten

Um festzustellen, ob Daten unbefugt gespeichert werden, haben Sie das Recht auf ⇨Akteneinsicht bzw. Einsicht in Ihre Dateien (§ 83 SGB X i.V.m. Art. 15 DSGVO). *„Die betroffene Person hat das Recht, von dem Verantwortlichen eine Bestätigung darüber zu verlangen, ob sie betreffende personenbezogene Daten verarbeitet werden; ist dies der Fall, so hat sie ein Recht auf Auskunft über diese personenbezogenen Daten"* (Art. 15 Abs. 1 DSGVO: mit weiteren konkreten Informationen, die an Sie herauszugeben sind). Sie können verlangen, dass über Sie erhobene Daten gelöscht werden, wenn z.B. a) die Daten für die Behörde nicht mehr notwendig sind (vgl.: LSG Berlin-Brandenburg vom 30.04.2019, L 26 AS 2621/17: Anspruch auf Löschung einer Kopie des Personalausweises in der Leistungsakte), b) Sie eine nötige Einwilligung widerrufen haben, c) Sie Widerspruch gegen die Datenverarbeitung eingelegt haben und die Behörde keine guten Gründe für die weitere Speicherung hat und d) die Daten rechtswidrig erhoben wurden (§ 17 Abs. 1 DSGVO i.V.m. § 84 SGB X). Sie können einen Nachweis verlangen, dass gelöscht wurde, in dem Sie z.B. erneut Einsicht in Ihre Daten nehmen.

5.4 Berichtigung, Einschränkung der Verarbeitung, Widerspruch

Neben der Löschung können Sie auch die Berichtigung von Daten verlangen, wenn diese unzutreffend sind (Art. 16 DSGVO i.V.m. § 84 SGB X). Das Recht auf Einschränkung der Verarbeitung umfasst vor allem die Pflicht der Behörde, vor einer Verarbeitung Ihre Einwilligung einzuholen. Ihre Einwilligung ist in solchen Fällen nur entbehrlich, wenn das dem Schutz berechtigter Interessen anderer dient oder wichtige öffentliche Interessen betroffen sind (Art. 18 Abs. 2 DSGVO). Ihr Recht auf Einschränkung können Sie geltend machen, wenn a) Sie die Richtigkeit erhobener Daten in Zweifel ziehen (für den Zeitraum, den die Behörde zur Überprüfung braucht), b) die Daten rechtswidrig erhoben wurden, Sie aber die Löschung ablehnen, c) die Behörde die Daten nicht mehr benötigt, für Sie aber die weitere Speicherung von Interesse ist, um Ihre Rechtsansprüche nicht zu gefährden und d) Sie Widerspruch gegen eine Datenverarbeitung erhoben haben (für den Zeitraum der Prüfung, ob Ihre Interessen oder die der Behörde überwiegen) (Art. 18 Abs. 1 DSGVO i.V.m. § 84 SGB X).

Gegen die Verarbeitung aller Sie betreffender Daten können Sie grds. jederzeit Widerspruch erheben – eine bestimmte Form oder Frist muss nicht eingehalten werden (Art. 21 Abs. 1 DSGVO). Auf dieses Recht sind Sie von der Behörde bei der ersten Antragstellung in einer verständlichen und von anderen Informationen getrennten Form hinzuweisen (Art. 21 Abs. 4 DSGVO). Der Widerspruch hemmt die weitere Verarbeitung Ihrer Daten, es sei denn, die Behörde kann „zwingende schutzwürdige Gründe" dagegen anführen (Art. 21 Abs. 1 S. 2 DSGVO). Wenn eine Rechtsvorschrift zur Datenverarbeitung verpflichtet oder ein zwingendes öffentliches Interesse an der Datenverarbeitung besteht, dann soll das Widerspruchsrecht entfallen (§ 84 Abs. 5 SGB X). Aus unserer Sicht verstößt dieser Ausschluss des Widerspruchsrechts gegen die DSGVO. Wenn ein öffentliches Interesse oder eine Rechtsnorm die Datenverarbeitung rechtmäßig machen, dann wird der Widerspruch scheitern – das Recht auf Widerspruch für solche Fälle vollständig zu versagen, erscheint rechtstaatsfeindlich. Denn in einem Rechtsstaat ist der effektive Rechtsschutz (Art. 19 Abs. 4 GG bzw. Art. 13 EMRK) ein hohes Gut. Es kann auch nicht gesagt werden, dass der Widerspruchsausschluss notwendig wäre, denn in diesen Fällen hat der Widerspruch keine datenverarbeitungshemmende Wirkung. Europarechts- und verfassungsrechtskonform kann § 84 Abs. 5 SGB X also nur so ausgelegt werden, dass der direkte Weg zum Sozialgericht eröffnet ist. Ob das vom Gesetzgeber gewollt war?

Nach Art. 23 DSGVO darf der Gesetzgeber u.a. das Widerspruchsrecht grds. beschränken. Der hier kritisierte Ausschluss von Widersprüchen kann darauf aber nicht gestützt werden.

D

Art. 23 DSGVO verlangt bestimmte, sehr gewichtige Gründe für die Beschränkung von Rechten (Abwehr von Gefahren für Staat und Gesellschaft; Kampf gegen Kriminalität u.ä.) und verlangt zudem, dass der Wesensgehalt des beschränkten Rechts nicht berührt wird und der Grundsatz der Verhältnismäßigkeit beachtet wird. Ein Widerspruch gegen eine Datenverarbeitung, die vermeintlich im zwingenden öffentlichen Interesse steht, wird die nationale Sicherheit jedoch nicht gefährdet – stattdessen dürfte aber der Wesensgehalt des Widerspruchsrechts (effektiver Rechtsschutz gegen jede staatliche belastende Maßnahme) berührt sein.

Für Sie bleibt festzuhalten: Sie erheben stets Widerspruch, wenn Sie Zweifel an der Rechtmäßigkeit einer Datenerhebung bzw. -verarbeitung haben – wenn Ihnen das Widerspruchsrecht abgestritten wird, gehen Sie direkt zum Sozialgericht. Die mit dem neuen Recht entstandenen schwierigen offenen Rechtsfragen müssen nicht Sie klären…

6. Datenschutzbeauftragte

Alg II

Wenn die Behörde unzulässige Daten von Ihnen erheben will oder erhebt, haben Sie das Recht, sich an den/die zuständige*n Datenschutzbeauftragte*n des Bundes zu wenden (§ 81 SGB X). Damit können Sie Druck auf die Behörden ausüben, sich an die Gesetze zu halten.

Für die Jobcenter, die als gemeinsame Einrichtung von BA und kommunalen Trägern organisiert sind, ist der/die Bundesdatenschutzbeauftragte zuständig (§ 50 Abs. 4 Satz 3 SGB II).

Für Jobcenter, die unter der alleinigen Verantwortung der Kommune stehen (Optionskommunen) ist der/die jeweilige Landesdatenschutzbeauftragte zuständig (§ 6a SGB II).

Allerdings hat die christlich-soziale Koalition *„kafkaeske Zustände"* geschaffen, mit denen die gesetzlich vorgeschriebene Kontrolle durch die Datenschutzbeauftragten ausgehebelt wird (http://www.dvs-buch.de/pdf/lf_datenschutz.pdf, S. 6). Jobcenter, Kommunen und BA schieben die Schuld für Verstöße gegen den Datenschutz jeweils auf den anderen, sodass sich keiner für zuständig erklärt. Das Unabhängige Landeszentrum für Datenschutz Schleswig-Holstein/ULD formulierte vorsichtig: *„Ein Schelm könnte den Eindruck haben, hier würden bürokratische Abläufe aufgebaut, um die Arbeitslosen daran zu hindern, ihre Rechte wahrzunehmen. Die aktuellen Verhältnisse führen tatsächlich dazu."*

Falls Sie auch an anderer Stelle ⇨Beschwerde einreichen wollen: Für den Teil des Jobcenters in gemeinsamer Trägerschaft, der der BA unterliegt, wird die **Fachaufsicht** an die Regionaldirektionen der BA delegiert (§ 47 Abs. 1 SGB II). Für den kommunalen Teil des Jobcenters und bei den zugelassenen kommunalen Trägern (Optionskommunen) obliegt die Fachaufsicht den jeweiligen Landesbehörden (§ 47 Abs. 2 SGB II).

Tipp: Wenn Sie sich zur Überprüfung möglicher Datenschutzverstöße der Jobcenter an den/die falsche*n Datenschutzbeauftragte*n oder die falsche Fachaufsicht gewendet haben, wird diese*r Ihre Anfrage gewiss an die richtige Stelle weiterleiten. Grds. dürfte es freilich nie zu Unklarheiten kommen, da Sie von der Behörde stets über den/die zuständige*n Datenschutzbeauftragte*n zu informieren sind (§ 82a Abs. 1 SGB X; Art. 14 DSGVO).

HzL/GSi der Sozialhilfe

Hier sind die Landesbeauftragten für Ihre Datenschutzeingaben zuständig. Die Fachaufsicht liegt bei der Bezirksregierung.

Tipp: Datenschutzbeauftragte haben sich in einer Reihe von Fragen positiv für die Rechte von Leistungsbeziehenden engagiert. Viele leistungsrelevante Sachverhalte betreffen den Datenschutz. Eine Unterstützung durch Datenschutzbeauftragte ist kostenlos. Nehmen Sie sie ruhig in Anspruch!

Wenn sich Datenschutzbeauftragte zu Ihrer Eingabe äußern, übersenden Sie die Stellungnahme bitte an Tacheles e.V., damit sie ggf. weiter veröffentlicht werden kann.

Kritik

Wenn der Grundsatz des Sozialgeheimnisses tatsächlich ernst genommen werden soll, dann muss das gesamte System der Datenerhebung und -verarbeitung bei Jobcentern überarbeitet werden. Die Antragsformulare sind bereits so umfangreich und kompliziert, dass sie eine erhebliche Barriere beim Zugang zu Leistungen darstellen. Ein Indiz dafür, dass die Antragsformulare zu kompliziert sind, ist auch der Umstand, dass während der Corona-Pandemie „vereinfachte Antragsformulare“ verwendet wurden, da „untypische“ Klientelen Alg II beantragen musste (insbesondere pandemiegeschädigte Unternehmer*innen).

Die Datenerhebung zum Umfeld des/r Hilfebedürftigen geht zu weit: Das Konstrukt der Bedarfsgemeinschaft, dass die Unterhaltsregeln des BGB umgeht, die zwingende Beteiligung des Arbeitgebers bei der Datenerhebung usw. lassen den Eindruck entstehen, dass jede*r, der/die sich mit einem/r Hilfebedürftigen einlässt, überprüft werden soll. Hier wäre eine Abkehr vom System des Generalverdachts „Die betrügen doch alle!“ wünschenswert.

Der beste Datenschutz nützt nichts, wenn die Betroffenen keine realistische Chance haben, ihre Rechte zu kennen und die staatlichen Behörden keine Sanktionen fürchten müssen. Bisher gab es, nach hiesiger Kenntnis, kein einziges Bußgeld- oder Strafverfahren gegen Sozialleistungsbehörden (als das noch möglich war), obwohl viel dafür spricht, dass dort massenhaft gegen den Sozialdatenschutz verstoßen wird. Die Umsetzung der DSGVO hat die Lage noch unübersichtlicher gemacht. Wer sich über seine Rechte informieren will, muss sich durch kaum verständliche und viel zu lange Gesetzestexte der SGB I/X, der DSGVO und weiterer Gesetze quälen.

Forderungen

Ausgabe eines Antragsformulars, mit dem die erhobenen Daten auf ein erforderliches Mindestmaß beschränkt werden!
Ermöglichung der konsequenten Anwendung des Ordnungsrechtes bei Verstößen gegen den Sozialdatenschutz bei Behörden!
Verwendung der Ordnungsgelder für die Finanzierung von Erwerbslosenarbeit!
Schaffung eines eigenständigen Datenschutz SGB, in dem alle Regelungen zum Sozialdatenschutz in einfacher und verständlicher Sprache zusammengefasst sind!
Effektive und verständliche Beratung und Aufklärung durch die Behörden über die geltenden Datenschutzregelungen!

Information

Kontaktadressen von Datenschutzinstitutionen in Deutschland: www.datenschutz.de/institutionen/adressen.
Viele Informationen zu Hartz IV finden sich in den Veröffentlichungen der Landesdatenschutzbeauftragten, die bis 2011 auch für Hartz IV zuständig waren.
BA, VerBIS Arbeitshilfe vom 18.9.2009: Sozialdatenschutz im Zusammenhang mit der Erfassung sensibler Daten und Veröffentlichung von Bewerberdaten in der *JOB-BÖRSE*, www.harald-thome.de/media/files/E-Mail-Info-2009-09-22-Anlage-1.pdf,
Unabhängiges Landeszentrum für Datenschutz Schleswig Holstein, Datenschutz im Sozialamt - häufig gestellte Fragen, unter: https://www.datenschutzzentrum.de/sozialdatenschutz/faq-sozialamt/
Unabhängiges Landeszentrum für Datenschutz Schleswig Holstein: Datenschutz: Sozialhilfe, Grundsicherung und Arbeitslosengeld II (nicht mehr ganz aktuell): https://www.datenschutzzentrum.de/uploads/blauereihe/blauereihe-alg2.pdf
Sozialdatenschutz – Die Bundesbeauftragte für den Datenschutz und die Informationsfreiheit, Rechte der Versicherten, Mai 2018 u.a. zu SGB II, Download: https://tinyurl.com/ybuwj33p
Bieresborn, ZFSH/SGB 2020, 436-450

nerhebung und -verarbeitung bei Jobcentern überarbeitet werden. Die Antragsformulare sind bereits so umfangreich und kompliziert, dass sie eine erhebliche Barriere beim Zugang zu Leistungen darstellen. Ein Indiz dafür, dass die Antragsformulare zu kompliziert sind, ist auch der Umstand, dass während der Corona-Pandemie „vereinfachte Antragsformulare" verwendet wurden, da „untypische" Klientelen Alg II beantragen musste (insbesondere pandemiegeschädigte Unternehmer*innen).

Die Datenerhebung zum Umfeld des/r Hilfebedürftigen geht zu weit: Das Konstrukt der Bedarfsgemeinschaft, dass die Unterhaltsregeln des BGB umgeht; die zwingende Beteiligung des Arbeitgebers bei der Datenerhebung usw. lassen den Eindruck entstehen, dass jede*r, der/die sich mit einem/r Hilfebedürftigen einlässt, überprüft werden soll. Hier wäre eine Abkehr vom System des Generalverdachts „Die betrügen doch alle!" wünschenswert.

Der beste Datenschutz nützt nichts, wenn die Betroffenen keine realistische Chance haben, ihre Rechte zu kennen und die staatlichen Behörden keine Sanktionen fürchten müssen. Bisher gab es, nach hiesiger Kenntnis, kein einziges Bußgeld- oder Strafverfahren gegen Sozialleistungsbehörden (als das noch möglich war), obwohl viel dafür spricht, dass dort massenhaft gegen den Sozialdatenschutz verstoßen wird. Die Umsetzung der DSGVO hat die Lage noch unübersichtlicher gemacht. Wer sich über seine Rechte informieren will, muss sich durch kaum verständliche und viel zu lange Gesetzestexte der SGB I-X, der DSGVO und weiterer Gesetze quälen.

Forderungen

Ausgabe eines Antragsformulars, mit dem die erhobenen Daten auf ein erforderliches Mindestmaß beschränkt werden!

Ermöglichung der konsequenten Anwendung des Ordnungsrechtes bei Verstößen gegen den Sozialdatenschutz bei Behörden!

Verwendung der Ordnungsgelder für die Finanzierung von Erwerbslosenarbeit!

Schaffung eines eigenständigen Datenschutz SGB, in dem alle Regelungen zum Sozialdatenschutz in einfacher und verständlicher Sprache zusammengefasst sind!

Effektive und verständliche Beratung und Aufklärung durch die Behörden über die geltenden Datenschutzregelungen!

Information

Kontaktadressen von Datenschutzinstitutionen in Deutschland: www.datenschutz.de/institutionen/adressen.

Viele Informationen zu Hartz IV finden sich in den Veröffentlichungen der Landesdatenschutzbeauftragten, die bis 2011 auch für Hartz IV zuständig waren.

BA, VerBIS Arbeitshilfe vom 18.9.2009: Sozialdatenschutz im Zusammenhang mit der Erfassung sensibler Daten und Veröffentlichung von Bewerberdaten in der JOB-BÖRSE, www.harald-thome.de/media/files/E-Mail-Info-2009-09-22-Anlage-1.pdf,

Unabhängiges Landeszentrum für Datenschutz Schleswig Holstein. Datenschutz im Sozialamt - häufig gestellte Fragen, unter: https://www.datenschutzzentrum.de/sozialdatenschutz/faq-sozialamt/

Unabhängiges Landeszentrum für Datenschutz Schleswig Holstein: Datenschutz: Sozialhilfe, Grundsicherung und Arbeitslosengeld II (nicht mehr ganz aktuell): https://www.datenschutzzentrum.de/uploads/blauereihe/blauereihe-alg2.pdf

Sozialdatenschutz – Die Bundesbeauftragte für den Datenschutz und die Informationsfreiheit, Rechte der Versicherten, Mai 2018 u.a. zu SGB II, Download: https://tinyurl.com/ybuwj33p

Bieresborn, ZFSH/SGB 2020, 436-450

Einstweilige Anordnung

Es ist bei Alg II- und Sozialhilfeangelegenheiten häufig nicht zumutbar, Entscheidungen im normalen ⇨ **Klage**verfahren abzuwarten. Bis eine Entscheidung in der ersten Instanz ergeht, können durchaus schon mal ein bis zwei Jahre ins Land ziehen. Bis ein Rechtsstreit vom Bundessozialgericht entschieden wird, können sogar drei, vier Jahre vergehen. Deshalb wird über einen beträchtlichen Teil der bei Sozialgerichten anhängigen Verfahren vorläufig, d.h. „einstweilig", im Eilverfahren entschieden.

Inhaltsübersicht

Einstweilige Anordnungen (EA) sind Anträge auf Eilverfahren oder auf „vorläufigen Rechtsschutz". Es geht schneller, weil es keine Klagen sind. D.h., das Gericht prüft „summarisch", ob auf die begehrte Leistung **ein Anspruch besteht** (Anordnungsanspruch) und ob eine **besondere Dringlichkeit** (Anordnungsgrund) vorliegt. Wenn die Richter*innen zu dem Ergebnis kommen, dass man in einem normalen Klageverfahren mit überwiegender Wahrscheinlichkeit zu dem gleichen Ergebnis kommen würde, wird der EA stattgegeben.

Wenn im Eilverfahren eine vollständige Aufklärung nicht möglich ist, soll die Entscheidung so abgewogen werden, dass *„die Gerichte [...] sich schützend und fördernd vor die Grundrechte des Einzelnen stellen"* (vgl. BVerfG NJW, 1236; BVerfG 12.5.2005 - 1 BvR 569/05). Hört sich gut an.

In der Regel ist ein Eilverfahren in zwei bis sechs Wochen abgeschlossen. In besonders dringenden Fällen auch erheblich schneller. Im Eilverfahren sind Sie nicht Kläger*in, sondern Antragsteller*in. Es gibt auch kein Urteil, sondern einen Beschluss, häufig aber auch einen Vergleich, mit dem Ihnen zumindest ein Teil der Leistungen zuerkannt wird. Der Antrag auf EA ersetzt nicht die Klage in der Hauptsache. Die ⇨Klage muss gesondert innerhalb der Klagefrist erhoben werden. Hier ist es möglich, dass sowohl eine positive als auch eine negative Entscheidung des Eilverfahrens aufgehoben wird. Die Entscheidung ist also nur vorläufig.

Tipp: Wenn Sie feststellen, dass die Behörde vermutlich rechtswidrig entschieden hat, lohnt es oft nicht, lange zu verhandeln oder die Entscheidung im Widerspruchsverfahren abzuwarten. Stellen Sie, wenn die Voraussetzungen für eine EA vorliegen, möglichst früh einen Antrag auf einstweilige Anordnung. Der Beschluss des Gerichts regelt nämlich immer **nur** die Leistungsansprüche, die für den Zeitraum **ab** dem Eingang des EA-Antrags bei Gericht bis zum Ende des jeweiligen Bewilligungsabschnitts geltend gemacht werden.

Wenn die **Leistung** gänzlich **versagt** wurde, kommt eine Begrenzung auf den jeweiligen Bewilligungszeitraum nicht in Betracht (BSG 6.9.2007 - B 14/7b AS 16/07 R, Rn. 12). Gleiches dürfte auch für HzL/ GSi der Sozialhilfe gelten.

1. Voraussetzungen für den Antrag auf einstweilige Anordnung (EA)

1.1 Begründeter Rechtsanspruch (Anordnungsanspruch)

Wenn ein Verstoß gegen Rechtsansprüche glaubhaft gemacht werden kann, hat die EA

Aussicht auf Erfolg (§ 86b Abs. 2 Satz 1 SGG), z.B. wenn die Behörde

- bei einem Erstantrag nicht die tatsächliche Miete zahlt,
- Ihnen ein Einkommen unterstellt, das Sie nicht haben,
- Ihnen eine eheähnliche Gemeinschaft unterstellt, die nicht besteht,
- Sie sanktioniert, obwohl Sie einen *„wichtigen Grund"* für Ihr Verhalten hatten,
- Sie sanktioniert, ohne dass Sie Sachleistungen vom Amt erhalten,
- die Kaution einer Wohnung nicht zahlt, obwohl sie der Anmietung zugestimmt hat,
- Kühlschrank, Herd und Waschmaschine als Erstausstattung verweigert oder
- Ihnen mit Verweis auf ein nicht zur Verfügung stehendes Einkommen oder Vermögen Leistungen verweigert.

Bei **„Kann-Vorschriften"**, d.h. bei Ermessensentscheidungen, werden Sie im Eilverfahren nur Erfolg haben, wenn das ⇨Ermessen **auf null** reduziert ist und die beantragte Leistung die einzige Möglichkeit der behördlichen Entscheidung sein kann.

1.2 Dringende Notlage (Anordnungsgrund)

Sie können eine einstweilige Anordnung nur beantragen,

„wenn sie zur Abwendung wesentlicher Nachteile nötig erscheint" (§ 86b Abs. 2 Satz 2 SGG), Sie also in einer *„dringenden Notlage"* sind.

Sie müssen daher darlegen, dass es keine Möglichkeit gibt, sich anderweitig zu behelfen.

Wenn Sie nicht in einer aktuellen Notlage sind und „nur" Fehler aus vergangenen Zeiträumen angreifen, ist eine EA i.d.R. nicht zulässig, und Sie werden auf das normale Klageverfahren verwiesen (LSG Sachsen 21.11.2005 - L 3 B 152/05 AS ER).

Ausnahme: Es geht um die Geltendmachung eines konkreten *„Nachholbedarfes"*, der aus dem rechtswidrigen Handeln entstanden ist (LSB Berlin-Brandenburg 6.2.2006 - L 14 B 1177/05 AS ER).

Dringenden Bedarf haben Sie beispielsweise immer, wenn Sie

- überhaupt keine oder deutlich zu wenig Leistungen bekommen, obwohl Sie mittellos sind,
- notwendigen Hausrat dringend benötigen, die Behörde Ihnen diesen aber verweigert,
- nicht krankenversichert sind, aber behandelt werden müssen,
- eine Stromsperre droht (LSG Berlin-Brandenburg 22.6.2006 - L 25 B 459/06 AS ER; LSG NRW 20.10.2006 - L 9 B 103/06 AS ER) oder schon eingetreten ist,
- eine Kündigung des Vermieters/der Vermieterin ausgesprochen wurde (LSG NRW 25.3.2015 - L 6 AS 419/15 B ER; LSG Berlin-Brandenburg 27.5.2014 - L 34 AS 1150/14 B ER).

1.2.1 Dringende Notlage auch bei Eingliederungsleistungen

Eine dringende Notlage könnte auch vorliegen, wenn Sie z.B. einen Arbeitsplatz deshalb nicht bekommen, weil Ihnen Leistungen aus dem Vermittlungsbudget verweigert werden (⇨Arbeit 2.), z.B. Fahrtkosten, Vermittlungsgutschein usw. oder wenn Reparaturkosten für Ihr Auto abgelehnt werden, Sie es aber dringend benötigen, um zur Arbeit zu kommen. Dies wiegt genauso schwer wie der drohende Verlust eines Arbeitsplatzes und rechtfertigt deshalb eine Klärung von Ermessensentscheidungen im Eilverfahren (Uwe Berlit, info also 2005, 11).

1.2.2 Dringende Notlage – ab welchem Einkommen

Es ist immer wieder strittig, ab welcher Unterschreitung des Regelbedarfs ein Anordnungsgrund besteht. Es gibt zumindest keine Rechtsgrundlage, dass ein Anordnungsgrund erst ab **30 Prozent** Unterschreitung des Regelbedarfs besteht (LSG Niedersachsen-Bremen 4.6.2008 - L 13 B 177/07 AS). Das kann schon bei einer Unterschreitung von 12,90 € wegen nicht übernommener Heizkostenabschlagszahlung (LSG NRW 23.5.2007 - L 20 B 77/07 AS ER) oder bei einer Unterschreitung von **mehr als zehn Prozent** des jeweiligen Regelbedarfs (SG Lüneburg 10.12.2007 - S 25 AS 1585/07 ER) der Fall sein. Dagegen hält das SG Duisburg eine Unterschreitung von **14 Prozent** noch für **zumutbar** (21.10.2007 - S 32 AS 334/07 ER).

„Eine dauerhafte Unterschreitung des verfassungsrechtlich garantierten Existenzminimums ist unzulässig" (BVerfG 9.2.2010 - 1 BvL 1/09, 1 BvL 3/09, 1 BvL 4/09, Rn 136). Das BSG hat

in Bezug auf einen Mehrbedarfszuschlag (§ 21 Abs. 6 SGB II) entschieden, dass auch geringere Beträge als zehn Prozent des Regelbedarfs *„unabweisbar“* sind (BSG 4.6.2014 - B 14 AS 30/13 R; ebenso SG Berlin 22.2.2013 - S 37 AS 25006/12; SG Mainz 12.12.2014 - S 3 AS 130/14, Vorlagebeschluss zur Prüfung der Verfassungskonformität einer Absenkung der Unterkunftskosten, denn das BVerfG aus Formalgründen abgewiesen hat Beschl. v. 06.10.2017- 1 BvR 617/14).

Klar ist, je gravierender die rechtswidrige Entscheidung einer Behörde von der allgemein anerkannten Auslegung einer Norm abweicht, desto eher sind die Gerichte bereit, auch bei geringfügiger Unterschreitung einen Anordnungsgrund anzuerkennen.
Unserer Meinung nach muss jede Unterschreitung des Leistungsniveaus von Alg II, HzL/ GSi der Sozialhilfe zu einer einstweiligen Anordnung berechtigen (⇨Kritik). Das ergibt sich auch aus § 51 Abs. 2 SGB I, der regelt, dass bei der Erstattung von Ansprüchen das sozialhilferechtliche Existenzminimum nicht unterschritten werden darf.

1.2.3 – ab welchem Vermögen?

Eine ganze Palette von geschütztem ⇨Vermögen (z.B. von Rücklagen für Altersvorsorge, Eigenheim, Kfz usw.) ist gar **nicht verwertbar**. Geschütztes, nicht verwertbares Vermögen muss auch geschützt bleiben, wenn man es wagt, gegen die Behörde zu klagen, die einem den Schutz dieses Vermögens zugesteht.
Der allgemeine **Grundfreibetrag** von 150 € pro Lebensjahr, mindestens 3.100 €, ist genauso wenig als Verfügungsmasse gedacht, um Rechtsstreitigkeiten zu überstehen, wie der **Ansparbetrag** für notwendige Anschaffungen (§ 12 Abs. 2 Nr. 1 und 4 SGB II).
Dennoch werden Anträge auf einstweiligen Rechtsschutz von Gerichten i.d.R. abgelehnt, weil Schonvermögen zur vorrangigen Sicherung der Existenz **bereitsteht**. Ist Vermögen verwertbar, liegt demnach kein Anordnungsgrund, also keine dringende Notlage vor. Ob der Einsatz von Vermögen zuzumuten ist, hängt mithin vom Einzelfall und der Einzelmeinung des/r jeweiligen Richters/Richterin ab.

1.2.4 Nur 80 Prozent des Leistungsniveaus zuerkennen?

Vielerorts erkennen Gerichte den Antragsteller*innenn auch bei „gewonnener“ EA nur 80 Prozent der Regelleistung zu (SG Düsseldorf 26.1.2005 - S 35 AS 6/05 ER). Das wird mit dem *„vorläufige[n] Charakter“* des EA-Verfahrens begründet. Das Bundesverfassungsgericht hat das bestätigt. *„Diese besonderen Anforderungen an Eilverfahren [gemeint ist der Schutz der Grundrechte und der Würde des Menschen] schließen andererseits nicht aus, dass die Gerichte den Grundsatz der unzulässigen Vorwegnahme der Hauptsache vermeiden, indem sie zum Beispiel Leistungen nur mit einem Abschlag zusprechen“* (BVerfG 12.5.2005 - 1 BvR 569/05 Rn 26). Die Würde des Menschen ist also trotz eines (höchstwahrscheinlichen) Rechtsverstoßes einer Behörde auch mit 356,80 € statt mit 446 € gewahrt. Das ist untragbar (⇨Kritik).

Diese höchstrichterliche Meinung wird glücklicherweise von immer mehr Gerichten nicht mehr geteilt. Im einstweiligen Rechtsschutzverfahren sind **in der Regel 100 Prozent** des Regelbedarfs zuzusprechen (LSG NRW 31.3.2011 - L 6 B 86/09 AS mit weiteren Nachweisen). Alg II ist so knapp, dass es wegen der langen Dauer eines Hauptsacheverfahrens nicht zumutbar ist, in diesem Zeitraum nur einen abgesenkten Leistungssatz zuzubilligen (ebenda; LSG Niedersachsen-Bremen 13.2.2008 - L 13 AS 237/07 ER). Der elementare Lebensbedarf eines Menschen kann nur in dem Augenblick befriedigt werden, in dem er entsteht (Gegenwärtigkeitsprinzip). Deshalb kann die durch eine (generelle) Leistungskürzung verursachte Beeinträchtigung nachträglich nicht mehr ausgeglichen werden (BVerfG 12.5.2005 -1 BvR 569/05 Rn. 19).

1.2.5 Unterkunfts- und Heizkosten in Eilverfahren

Es gab insbesondere vom LSG NRW eine Rechtsprechung, nach der die Übernahme der Unterkunftskosten im Eilverfahren regelmäßig abgelehnt wurde, solange keine Wohnungslosigkeit drohe. Diese drohe nach der bisherigen Rechtsprechung in NRW erst, wenn die vermietende Person schon eine Räumungsklage eingereicht habe.
Das BVerfG hat entschieden (BVerfG 01.08.2017- 1 BvR 1910/12), dass damit gegen das Grund-

recht auf effektiven Rechtsschutz verstoßen wird und die LSGs die Prüfung der Eilbedürftigkeit *„übermäßig streng"* auslegen. Ob die vorläufige Übernahme der Unterkunftskosten besonders eilig sei, könne nicht allein von einer Mietkündigung oder Räumungsklage abhängig gemacht werden.

E

Denn Hartz IV-Beziehende hätten **Anspruch auf Sicherstellung ihres Existenzminimums**. Dazu gehöre auch, in **der gewählten Wohnung zu bleiben**. Gerichte müssten daher auch die **negativen Folgen finanzieller, sozialer, gesundheitlicher** oder **sonstiger Art** prüfen, wenn der Verlust gerade der konkreten Wohnung drohe. Dies sei hier unterlassen worden.

Würde die Gewährung vorläufiger Unterkunftsleistungen pauschal vom Vorliegen einer Mietkündigung und einer Räumungsklage abhängen, könnte zu diesem Zeitpunkt der Verlust der Wohnung unter Umständen nicht mehr verhindert werden, mahnte das Bundesverfassungsgericht.

Unter „negativen Folgen" sind beispielsweise Kosten gemeint, die durch fristlose oder ordentliche Kündigung entstehen. Dazu gehören z.B. Anwaltskosten, Mahngebühren, Ab- und Anschaltkosten für Energie, aber auch keine saubere Mietschuldenfreiheitsbescheinigung *„Dazu gehört es, den gewählten Wohnraum in einem bestehenden sozialen Umfeld nach Möglichkeit zu erhalten"* (BVerfG 01.08.2017-1 BvR 1910/12).

1.3 ⇨Widerspruch als Voraussetzung der EA

Bevor Sie einen Antrag auf einstweilige Anordnung stellen, **müssen** Sie Widerspruch gegen den Ablehnungsbescheid bei der Behörde einlegen. Ein EA-Verfahren ersetzt nicht den normalen Rechtsweg. Es ist auch möglich, den Widerspruch über das Gericht an die Behörde weiterleiten zu lassen.

1.4 EA erst, wenn das Amt nicht handelt

Die Sozialgerichte sind mit Hartz IV-Verfahren völlig überlastet. Daher versuchen die Gerichte massiv, Klagen und EA abzuwimmeln. Sie sollten daher zunächst immer versuchen, Ihre Ansprüche gegenüber dem Amt direkt geltend zu machen. Erst wenn das Amt nicht oder nicht zeitnah genug reagiert und es Ihnen nicht mehr zumutbar ist, weiterhin zu warten, sollten Sie zum Gericht gehen. Andererseits ist es keine Voraussetzung für eine EA, dass sich ein Antragsteller zunächst an den Leistungsträger wendet (LSG NRW 23.11.2009 - L 19 B 262/09 AS).

„Nur bei besonderen Umständen kann […] das Recht abgesprochen werden, zur Existenzsicherung gerichtlichen Rechtsschutz in Anspruch zu nehmen." (LSG NRW 11.1.2011 - L 6 AS 1602/10 B) *„Solange er [der/die Antragsteller*in] die ihm zumutbaren Möglichkeiten nicht ausgeschöpft hat, das erstrebte Ziel auch ohne Einschaltung des Gerichts zu erlangen, fehlt es an der Notwendigkeit gerichtlichen Eingreifens"* (LSG NRW 19.4.2011 - L 6 AS 399/11 B ER; ebenso LSG NRW 31.03.2011 - L 6 B 86/09 AS).

Daher gilt: **nicht zu früh,** aber auch **nicht zu spät** zum Sozialgericht gehen.

Tipp: Setzen Sie der Behörde schriftlich eine kurze Frist (z.B. 5-7 Tage), um Ihnen Leistungen zu gewähren, und kündigen Sie an, dass Sie nach Ablauf der Frist eine EA beantragen werden.

2. Wie den Antrag auf einstweilige Anordnung stellen?

2.1 Wo den Antrag stellen?

Stellen Sie ihn direkt bei der Geschäftsstelle/ Rechtsantragsstelle des Sozialgerichts. Nehmen Sie Ihren Personalausweis mit. Rufen Sie vorher an, und fragen nach den Öffnungszeiten (meist von 8 bis 12 Uhr). Sie können den Antrag mündlich zur Niederschrift vortragen. Die Rechtspfleger*innen des SG helfen Ihnen kostenlos beim Formulieren des Antrags und schreiben ihn nieder. Sie achten auch darauf, dass alle Formalien erfüllt werden. Sie erhalten dort eine Durchschrift des Antrags.

Tipp: Bringen Sie sämtliche Nachweise und Beweise mit, die Ihre Notlage belegen, insbesondere die letzten Kontoauszüge. Das SG Düsseldorf hat deutlich gemacht, dass mit der Vorlage des letzten Kontoauszugs die Notlage zunächst ausreichend belegt sei (26.1.2005, s.o. und 1.2.2005 - S 35 SO 9/05 ER). Ggf.

sollten Sie auch entsprechende eidesstattliche Versicherungen von Zeugen mitbringen. Je besser Ihre „Beweisführung" ist, desto eher kann das Gericht den Sachverhalt nachvollziehen und sich Ihnen anschließen. Lieber zu viele Beweise vorbringen als zu wenig.

2.2 Antrag selbst stellen?

Wenn Sie sich das zutrauen, können Sie sich selbst vertreten.
Stellen Sie den Antrag **schriftlich** von zu Hause, müssen Sie die Voraussetzungen für die EA erfüllen. Zum Beispiel gehört unter die Antragsschrift die eidesstattliche Versicherung: *„Die in der Antragsschrift gemachten Angaben werden hiermit im Wissen der strafrechtlichen Folgen falscher eidesstattlicher Versicherungen eidesstattlich versichert."*
Die Antragsschrift und alle Dokumente (auch um die dringende Notlage zu belegen ⇨1.2 ff.) sollten in zweifacher Ausfertigung übersandt werden. Um den Vorgang zu beschleunigen, können Sie den Schriftsatz **vorab per Fax** senden (lassen).
In den ersten beiden Instanzen gibt es keinen Anwaltszwang. Der beginnt erst beim Bundessozialgericht.

Wenn Sie eine*n ⇨**Anwalt/Anwältin** nehmen und die EA trotz Ablehnung der ⇨Prozesskostenhilfe weiterverfolgen, bleiben Sie auf den Anwaltskosten sitzen, wenn Sie **verlieren**.

Tipp: Erkundigen Sie sich bei Bedarf bei örtlichen Erwerbslosen- und Sozialhilfegruppen über im SGB II/ SGB XII erfahrenen Anwält*innen oder schauen Sie nach bei www.my-sozialberatung.de.

2.3 Zwei Varianten der EA

sind im Existenzsicherungsrecht des SGB II und SGB XII von Bedeutung:

2.3.1. Antrag auf Anordnung der aufschiebenden Wirkung

Das Sozialgericht kann auf Antrag *„in den Fällen, in denen Widerspruch oder Anfechtungsklage keine aufschiebende Wirkung haben, die aufschiebende Wirkung ganz oder teilweise anordnen"* (§ 86b Abs. 1 Satz 1 Nr. 2 SGG). Dann tritt der Bescheid erst einmal nicht in Kraft.

Die EA ist also dann statthaft, wenn bereits Widerspruch gegen einen Bescheid des Jobcenters eingelegt bzw. Klage erhoben wurde. Und auch dann, wenn (wie im SGB II) Widerspruch und Klage gegen einen Bescheid, der u.a. Leistungen aufhebt, zurücknimmt, widerruft, entzieht oder mindert, keine aufschiebende Wirkung entfalten (§ 39 SGB II). Der Antrag auf Anordnung der aufschiebenden Wirkung ist dann begründet, wenn das Gericht Ihr Klärungsinteresse für wichtiger erachtet als das Vollzugsinteresse der Behörde. Oder wenn ernsthafte Zweifel an der Rechtmäßigkeit des Bescheides bestehen. Schließlich kann eine Güter- und Folgenabwägung den Ausschlag für die Anordnung der aufschiebenden Wirkung geben, wenn der Vollzug sonst mit wesentlichen Nachteilen für den/die Antragsteller*in verbunden wäre.

Ignoriert ein Jobcenter die aufschiebende Wirkung von Widerspruch und Anfechtungsklage in den Fällen, in denen diese im SGB II **noch** existiert, wird diese i.d.R. deklaratorisch durch das Sozialgericht angeordnet (LSG Sachsen-Anhalt 25.7.2013 - L 5 AS 711/13 B ER; LSG Sachsen 15.1.2013 - L 3 AS 1010/12 B PKH).

2.3.2 Antrag auf Anordnung der vorläufigen Leistungsgewährung:

Das Sozialgericht kann im Eilverfahren auch eine einstweilige Anordnung *„in Bezug auf den Streitgegenstand treffen, wenn die Gefahr besteht, dass durch eine Veränderung des bestehenden Zustands die Verwirklichung eines Rechts des Antragstellers vereitelt oder wesentlich erschwert werden könnte"* (§ 86b Abs. 2 Satz 1 SGG).
Ein Antrag auf Erlass einer einstweiligen Anordnung hat dann Aussicht auf Erfolg, wenn dem/r Antragsteller*in nicht zugemutet werden kann, die Hauptsacheentscheidung, also die Entscheidung über Widerspruch und Klage, abzuwarten; wenn z.B. Mittellosigkeit vorliegt und das Jobcenter einen Vorschussantrag nicht bearbeitet, einen Umzug nicht bewilligt, die Übernahme von Mietschulden verweigert, obwohl die vermietende Person bereits Räumungsklage eingelegt hat oder sich bei der Gewährung einer Erstausstattung für die Wohnung unendlich Zeit lässt.

3. Gang des Verfahrens

Das Gericht faxt der jeweiligen Behörde den Antrag zu und fordert sie auf, sich innerhalb einer kurzen Frist zum Sachverhalt zu äußern und die Akten zu übersenden.

Wenn der Antragsgegner (die Behörde) die begehrte Leistung teilweise zusagt, werden Sie oft gefragt, ob die EA damit für Sie erledigt sei. Das Gericht will natürlich möglichst viele Klagen durch „Einigung" vom Tisch bekommen, um nicht in einer Flut von Klagen zu ersticken.
Prüfen Sie, ob das „Angebot" der Behörde auch das ist, was Sie wollen. Wenn ja, können Sie die Sache für erledigt erklären. Sie können aber auch sagen, dass Sie die Klage in den Punkten aufrechterhalten, in denen es keine Zugeständnisse gab.

Es gehört zur Taktik von Sozialleistungsträgern, die begehrte Leistung zu bewilligen, um zu verhindern, dass ein Beschluss ergeht. Die Behörde stellt die EA dann „klaglos" ein. Ein Beschluss hätte nämlich in allen vergleichbaren Fällen bindende Wirkung für das Amt.

Um Sie zu hinzuhalten, gibt die gegnerische Behörde in ihrer Stellungnahme oft unverschämte Äußerungen von sich und stellt den Sachverhalt andersherum dar. Lassen Sie sich davon nicht einschüchtern. Verdrehungen, Übertreibungen und Abstreitung gehören zum Geschäft.
Wenn die Behörde nachweislich die Unwahrheit sagt, müssen Sie das dem Gericht aufzeigen. Sie sollten **in jedem Fall erwidern**, die strittigen Punkte klarstellen und Ihre Position untermauern. Sie können das wieder über die Geschäftsstelle/ Rechtsantragsstelle mündlich erledigen oder schriftlich mit der Post (ggf. vorab per Fax).

3.1 ⇨Akteneinsicht

Sie haben das Recht, Ihre Akte einzusehen, soweit die übersendende Behörde das nicht ausschließt (§ 120 Abs. 1 SGG). Ein Ausschluss ist nur möglich, wenn ansonsten anderen Personen, z.B. Informant*innen, unzumutbare Nachteile entstehen würden.
Gegen eine Gebühr können Sie sich ggf. auch auf der Geschäftsstelle des Gerichts Abschriften/ Kopien von der Gerichtsakte machen lassen (§ 120 Abs. 2 SGG). Unter den Anspruch auf Abschriften fällt auch das Fotografieren mit dem Handy.

3.2 Beschluss

Wenn das Verfahren nicht durch das Nachgeben der gegnerischen Behörde endet, ergeht ein Beschluss.
Auch wenn die einstweilige Anordnung abgelehnt wird (z.B. wegen fehlendem Anordnungsgrund ⇨1.2 ff.), kann der Beschluss entscheidende Hinweise darauf enthalten, dass der Bedarf in einer normalen ⇨**Klage** anerkannt würde. Oder er kann die Bedingungen nennen, unter denen das Gericht einen Anspruch auf einstweilige Anordnung anerkennen würde. Lesen Sie also den Beschluss genau durch, und nutzen Sie ihn ggf., um Ihre Ansprüche weiter zu verfolgen.
Wenn der Beschluss für Sie positiv ist, muss die Behörde zahlen. In diesem Fall können Sie auch Ihre **Kosten** (Fahrtkosten, Porto, Fotokopien usw.) geltend machen. **Alle Belege aufheben!**
Haben Sie eine*n ⇨Anwalt/Anwältin eingeschaltet, wird diese*r seine/ihre Kosten selbst beim Antragsgegner geltend machen. Eine **Verrechnung** des Anspruchs auf Erstattung des Anwaltshonorars mit Forderungen des Jobcenters gegen den Leistungsberechtigten ist **rechtswidrig** (LSG Rheinland-Pfalz 6.5.15 - L 6 AS 288/13 und L 6 AS 34/15).

Wird einem Eilantrag vom Gericht stattgegeben, muss das Jobcenter/Sozialamt den Beschluss mit Zugang sofort umsetzen. Es hat dabei keine Überlegensfrist. Will das Amt nicht zahlen, muss es Beschwerde gegen den Beschluss einlegen und beim LSG die Aussetzung des Vollzugs beantragen (§199 Abs. 2 SGG).
Verzögert das JC/Sozi die Ausführung des Eilbeschlusses, können Sie einen Antrag auf Festsetzung eines Zwangsgeldes (§201 SGG) beim SG beantragen. Das gilt auch dann, wenn im Beschluss der zu zahlende Betrag nicht genau beziffert ist. Das Zwangsgeld ist bis max. 1000 € möglich.
Gleiche Regeln gelten für positive Vergleiche. Viele Gerichts- und Eilverfahren werden durch Vergleiche erledigt. Hier gelten die Grundsätze des ⇨öffentlich-rechtlichen Vertrags (§§ 53-61 SGB X). Eine Niederschrift des Vergleichs oder ein EA-Beschluss ist

vorläufig, d.h. sofort vollstreckbar. Sie sollten dem Amt eine kurze Frist zur Zahlung einräumen.

3.2.1 Zwangsgeld gegen Jobcenter

Fordern Sie am besten die Behörde eine Woche nach Zugang des Gerichtsbeschlusses mit Durchschrift an das Gericht zur **Zahlung** auf. Setzen Sie eine **Frist** von einer weiteren Woche. Kommt die Behörde dem nicht nach, sollten Sie als nächsten Schritt bei Gericht einen Antrag auf Androhung und **Festsetzung eines Zwangsgeldes** nach § 201 SGG stellen. Ihnen ist nicht länger zuzumuten, auf das Geld zu warten.

Folgt das Gericht dem Antrag, setzt es der Behörde eine Frist zur Zahlung der Leistung. Zahlt die Behörde nicht innerhalb der Frist, kann das Gericht ein Zwangsgeld von bis zu 1.000 € erlassen (SG Berlin 23.10.2012 - S 37 AS 23126/12 ER; SG Fulda 5.9.2012 - S 4 U 8/06; SG Düsseldorf 27.9.2012 - S 37 AS 1564/11, 500 € oder SG Düsseldorf 27.4.2016 - S 35 AS 159/15, 150 € jeweils gegen das Jobcenter Wuppertal; info also 2007, S. 243). Behalten Sie dabei die **Monatsfrist** im Auge. Wenn nach drei Wochen nichts passiert ist, sollten Sie als nächsten Schritt den Pfändungsbeschluss beantragen.

3.2.2 Jobcenter Pfändung

Hier müssen Sie zunächst einen **Zwangsvollstreckungsauftrag** beim Amtsgericht beantragen. Allerdings fallen dafür Gebühren an, die Sie vorleisten müssen. Daher sollten Sie beim Amtsgericht auch einen Antrag auf ⇨**Prozesskostenhilfe** (PKH) stellen. Wird PKH bewilligt, werden Ihnen die Gebühren wieder erlassen. Erhalten Sie keine PKH, müssen Sie die Gebühren dem Jobcenter in Rechnung stellen.

Im Juni 2012 hat ein Alg II-Bezieher gegen das Jobcenter Leipzig medienwirksam eine Zwangsvollstreckung durchgesetzt. Das Jobcenter Leipzig erlitt dadurch einen beträchtlichen Imageverlust und sah sich genötigt, öffentlich Stellung zu nehmen.

Überlegen Sie sich Ihre **Strategie,** und nehmen Sie für diese Schritte ggf. anwaltliche Hilfe in Anspruch. Hat allerdings die Behörde die Leistung versprochen und das Versprechen nicht gehalten oder haben Sie als rechtsunkundige*r Bürger*in die Notwendigkeit der Vollstreckung nicht erkannt und dadurch die **Monatsfrist versäumt**, ist eine Wiedereinsetzung in den vorherigen Stand möglich (§ 67 SGG; Meyer-Ladewig, SGG, 9. Aufl., § 86b Rn 46).

3.3 Beschwerde

Sie können **innerhalb eines Monats** nach Bekanntgabe gegen den ablehnenden EA-Beschluss schriftlich oder mündlich (zur Niederschrift) Beschwerde beim Sozialgericht oder direkt beim Landessozialgericht einlegen. In der zweiten Instanz besteht (noch) kein Anwaltszwang. Seit 2008 ist für die zweite Instanz aber ein **Mindeststreitwert** von 750 € erforderlich, oder dem Verfahren muss eine grundlegende Bedeutung beigemessen werden (§ 144 SGG) **und** das SG hat aus diesem Grund die Berufung zugelassen. Damit liegen die Hürden vor den LSG ziemlich hoch. Über die Beschwerde entscheidet das LSG durch Beschluss (§ 176 SGG).

4. Kosten der einstweiligen Anordnung

Es entstehen Ihnen **keine Gerichtskosten** oder Gebühren. Solche Verfahren sind grundsätzlich (noch) kostenfrei (§ 183 SGG). Selbst wenn Sie verlieren, fallen keine gegnerischen Anwaltskosten an, da die Behörde zwar eine*n Anwält*in beauftragen kann, jedoch keinen Anspruch auf Kostenersatz hat (§ 193 Abs. 4 i.V. mit § 184 Abs. 1 SGG). Nur Ihre eigenen ⇨**Anwalt**skosten müssen Sie im Falle einer Niederlage tragen, es sei denn, Sie haben PKH bewilligt bekommen, dann werden über die PKH die Anwaltskosten übernommen.

5. Wie das zuständige Gericht finden?

Für SGB II-/ SGB XII-Verfahren sind die Sozialgerichte zuständig (§ 51 Abs. 1 Nr. 4a und 6a SGG). Sie können sich über die Stadtverwaltung nach dem zuständigen Gericht erkundigen oder im Internet unter https://www.justizadressen.nrw.de/de/justiz/suche

6. Überlange EA-Verfahren

Auch eine EA kann unzumutbar in die Länge gezogen werden. Der 2011 eigeführte *„Rechtsschutz bei überlangen Gerichtsverfahren“* ist auch auf EA-Verfahren anzuwenden (§ 198 Abs. 6 Nr. 1 GVG). Näheres unter ⇨Klage 3.

Forderungen
Jede Unterschreitung des Existenzminimums muss als Anordnungsgrund für einstweilige Anordnungen anerkannt werden!
Drohender Verlust der Unterkunft ab der 1. Mahnung muss als Anordnungsgrund anerkannt werden!
Keine Regelbedarfskürzung bei gewonnenen Eilverfahren!
Senkung des Streitwertes von 750 € auf 130 € (= 30 % des Regelbedarfes)!
Auferlegung von Gerichtskosten auf die Jobcenter im Verlierensfall!

Information
Uwe Berlit, Vorläufiger gerichtlicher Rechtsschutz im Leistungsrecht der Grundsicherung für Arbeitslose – ein Überblick, info also 1/2005, 3-12
LPK SPK II, Anhang Verfahren, wo in 41 Seiten Grundsätze des Verwaltungsverfahrens dargestellt werden
Geiger 2019, Hinweise zu Verfahren ab S. 1002 und Hinweise zu Rechtsschutz ab S. 1107 gegeben werden.
Hamburger Justiz, Die Klage, https://justiz.hamburg.de/die-klage/
BA, **Praxishandbuch für das Verfahren nach dem Sozialgerichtsgesetz,** Stand: 10/20290, https://harald-thome.de/fa/redakteur/Harald_2020/Praxishandbuch-Sozialgerichtsgesetz_9-2020.pdf (Anmerkung: Tipps und Hinweise zum Rechtsmittelverfahren)
Eilrechtsschutz und Klageverfahren in der Sozialen Arbeit, Walhalla Verlag, 2011 (inkl. CD mit Formulierungshilfen)

Ermessen

Inhaltsübersicht

1. „Kann"-Leistungen

Ermessensentscheidungen unterscheiden sich von sog. gebundenen Entscheidungen. Gebundene Entscheidungen erkennen Sie daran, dass im Gesetzestext die Hilfsverben „hat", „muss", „ist zu (gewähren)", „wird geleistet" oder „darf nicht (versagt werden)" verwendet werden. Bei Ermessensentscheidungen werden die Hilfsverben „kann", „darf", „ist berechtigt" oder „ist befugt" verwendet; dies gilt etwa für Leistungen zur Eingliederung in Arbeit (§ 3 Abs. 1 Satz 1 SGB II), bei der Übernahme von Wohnungsbeschaffungs- und Umzugskosten (§ 22 Abs. 6 SGB II) oder Miet- und Energieschulden (§ 22 Abs. 8 SGB II), bei der Aufrechnung (§ 43 Abs. 1 SGB II) oder bei der Entscheidung über einen Erlassantrag (§ 44 SGB II). Gebundene und Ermessensentscheidungen unterscheiden sich hinsichtlich der Rechtsfolge: liegen die Voraussetzungen für eine gebundene Entscheidung vor, muss der Leistungsträger die Entscheidung treffen; geht es um eine Sozialleistung, besteht ein Rechtsanspruch auf diese Leistung (§ 38 SGB I). Liegen die Voraussetzungen für eine Ermessensentscheidung vor, kann der Leistungsträger aber grundsätzlich zwischen mehreren Rechtsfolgen wählen, d.h., er kann z.B. eine Leistung gewähren oder sie ablehnen. Dabei hat er aber die Grenzen des Ermessens zu beachten (§ 39 Abs. 1 Satz 1 SGB I).
Neben den „reinen" Ermessensentscheidungen und den „reinen" gebundenen Entscheidungen gibt es noch die „Soll"-Bestimmungen: bei ihnen ist im Regelfall kein Ermessen auszuüben; liegt aber ein atypischer Fall vor, ist wieder Ermessen auszuüben (BSG 27.7.2000 – B 7 AL 42/99 R).
Die Leistungsträger sind bei Ermessensentscheidungen nicht völlig frei, sondern durch § 39 Abs. 1 Satz 1 SGB I gebunden; Sie haben Anspruch darauf, dass dieses Ermessen auch ausgeübt wird:
„Auf pflichtgemäße Ausübung des Ermessens besteht ein Anspruch" (§ 39 Abs. 1 Satz 2 SGB I). Bei der Ausübung des Ermessens gibt es keinen rechtsfreien Raum (Kasseler Kommentar, SGB I, § 39 Rn. 2). Es muss eine dem Einzelfall entsprechende, angemessene und sachgerechte Lösung gefunden werden (⇨ 2.1).

2.1 Grundsätzliches zur Ermessensausübung

Ist der Sozialleistungsträger befugt, Ermessen auszuüben, muss er davon Gebrauch

machen. Er muss also zunächst von Amts wegen (§ 20 SGB X) die Voraussetzungen für die Ausübung des Ermessens klären. Er muss ermitteln, ob ihm überhaupt ein Ermessensspielraum zusteht und welchen Rahmen der Gesetzgeber ihm dafür einräumt.
Es wird dabei zwischen **Entschließungs-** und **Auswahlermessen** unterschieden. Das **Entschließungsermessen** bezieht sich auf die Entscheidung der Behörde, ob sie eine in ihr Ermessen gestellte Maßnahme ergreifen bzw. Leistung erbringen wird oder nicht. Das **Auswahlermessen** gilt, wenn es mehreren Möglichkeiten gibt, zwischen denen sich der Leistungsträger entscheiden muss.
§ 39 Abs. 1 Satz 1 SGB I gibt den Leistungsträgern hinsichtlich der Ermessensentscheidung vor, dass sie *„ihr Ermessen entsprechend dem Zweck der Ermächtigung auszuüben und die gesetzlichen Grenzen des Ermessens einzuhalten"* haben. Wie das Ermessen auszuüben ist, wird teilweise näher konkretisiert, so in § 33 SGB I und in § 3 Abs. 1 Satz 2 SGB II.

Verwaltungsrichtlinien können vorbestimmen, wie Ermessen auszuüben ist. Sie sorgen dafür, dass Sachverhalte, die in der Vergangenheit auf eine ganz bestimmte Weise behandelt wurden, nach dem Gleichheitsprinzip auch zukünftig auf diese Art und Weise geregelt werden. In dem Fall spricht man von **Selbstbindung der Verwaltung**. (Art. 3 Abs. 1 GG). Sie sind nach außen verbindlich und verschaffen dem/r Bürger*in einen Rechtsanspruch auf eine bestimmte Entscheidung der Verwaltung (Mrozynski SGB I, § 39 Rn. 53). Die Richtlinie einer Verwaltung ist allerdings kein Gesetz, sie kann sogar dagegen verstoßen.

Seit 2011 haben Sie bei allen Jobcentern einen Anspruch auf Herausgabe der kommunalen Richtlinien (u.a. für Kosten der Unterkunft und Erstausstattung, ⇨Verwaltungsrichtlinien). Viele Richtlinien finden Sie unter www.harald-thome.de/oertliche-richtlinien.html.

Obwohl eine Entscheidung im Ermessen des Leistungsträgers steht, kann im Einzelfall nur eine Entscheidung richtig sein, wenn jede andere Entscheidung ermessensfehlerhaft wäre; dann spricht man von einer Ermessensreduzierung auf Null (BSG 12.10.2017 – B 11 AL 24/16 R).

2.2 Ermessensausübung muss im Einzelfall begründet sein

Besteht ein Anspruch auf die pflichtgemäße Ermessensausübung, muss der/die Leistungsberechtigte (und die Sozialgerichtsbarkeit) diese Entscheidung nachvollziehen und überprüfen können (⇨ 3). „In der Begründung sind die wesentlichen tatsächlichen und rechtlichen Gründe mitzuteilen, die die Behörde zu ihrer Entscheidung bewogen haben. Die Begründung von Ermessensentscheidungen muss auch die Gesichtspunkte erkennen lassen, von denen die Behörde bei der Ausübung ihres Ermessens ausgegangen ist" (§ 35 Abs. 1 Satz 2, 3 SGB X). *„**Formelhafte Wendungen**, etwa dass ‚keine Besonderheiten gegeben' seien oder ‚hinsichtlich der Umstände nichts Besonderes ersichtlich' sei, **reichen** für die vorgeschriebene Begründung von Ermessensentscheidungen **nicht aus**, weil bei derartigen ‚**Leerformeln**' nicht nachgeprüft werden kann, ob der Leistungsträger von seinem Ermessen überhaupt und ggf. in einer dem Zweck der ihm erteilten Ermächtigung entsprechenden Weise Gebrauch gemacht hat. Erforderlich ist eine **auf den Einzelfall** eingehende Darlegung, dass und welche Abwägung der einander gegenüberstehenden Interessen stattgefunden hat und welchen Erwägungen dabei die tragende Bedeutung zugekommen ist, damit dem Betroffenen bzw. dem Gericht die Prüfung ermöglicht wird, ob die Ermessensausübung den gesetzlichen Vorgaben entspricht*" (LSG NRW 12.1.2015 - L 19 AS 2211/14 B ER).

Tipp: Achten Sie auf die Begründung und fordern Sie diese bei Bedarf ein.

3. Überprüfung des Ermessens im Widerspruchs- und Klageverfahren

Das Ermessen kann im Widerspruchsverfahren voll überprüft werden, weil sich die Nachprüfung auf die *„Rechtmäßigkeit und Zweckmäßigkeit des Verwaltungsaktes"* (§ 78 Abs. 1 Satz 1 SGG) bezieht. Im gerichtlichen Verfahren erfolgt die Prüfung nur insoweit, ob *„die gesetzlichen Grenzen [...*

des] Ermessens überschritten sind oder von dem Ermessen in einer dem Zweck der Ermächtigung nicht entsprechenden Weise Gebrauch gemacht ist" (§ 54 Abs. 2 Satz 2 SGG). Solche Ermessensfehler kommen in drei Fällen vor:

- **Ermessensnichtgebrauch bzw. Ermessensunterschreitung:** Der Leistungsträger stellt überhaupt keine Ermessenserwägungen an (und legt sie auch im Bescheid entgegen § 35 Abs. 1 S. 3 SGB X nicht dar) oder schöpft den ihm zustehenden Ermessensspielraum nicht aus (vgl. etwa BSG 29.4.2015 – B 14 AS 19/14 R bei einer Vielzahl gleichlautender Meldeaufforderungen).
- **Ermessensüberschreitung:** Der Leistungsträger wählt eine Rechtsfolge, die nicht mehr im Rahmen der Ermessensvorschrift liegt (SG Cottbus 11.11.2009 – S 14 AS 516/08: Bewilligung einer nicht vorgesehenen Vermittlungsprämie statt des beantragten Vermittlungsgutscheins).
- **Ermessensfehlgebrauch bzw. Ermessensfehlgebrauch:** Der Leistungsträger nutzt das eingeräumte Ermessen nicht ausreichend bzw. fehlerhaft (LSG Hamburg 17.1.2020 – L 4 AS 269/18: Verwendung nur formelhafter Wendungen bzw. Satzbausteinen).

Hat das Amt gebunden, also nach seinen Richtlinien entschieden, ohne Ermessen auszuüben, hat *„die Behörde […] keine Möglichkeit der Umdeutung […], da es eine Ermessensentscheidung ist"*, sie aber kein Ermessen ausgeübt hat (§ 43 Abs. 3 SGB X; LSG NRW 9.11.2007 - L 20 B 189/07 AS ER). Für eine Ermessensentscheidung reicht es eben nicht aus, das Wort „Ermessen" im Bescheid zu erwähnen.

Hausbesuch

Immer öfter werden von den Jobcentern Hausbesuche durchgeführt, um zu klären, ob die Angaben aus dem Antrag korrekt sind. Um Ausgaben zu senken, haben die Hartz IV-Parteien beschlossen, dass die Arbeitslosenbehörden *„einen Außendienst zur Bekämpfung von Leistungsmissbrauch einrichten [sollen]"* (§ 6 Abs. 1 Satz 2 SGB II). Weder das SGB II noch das SGB XII sehen Hausbesuche als zu erduldende (Mitwirkungs-)Pflicht vor (LSG NRW 19.12.2007 - L 7 B 284/07 AS ER). Dem Grundgesetz zufolge **ist die Wohnung sogar unverletzlich** (Art. 13 Abs. 1 GG). Zudem gibt es das Recht auf informationelle Selbstbestimmung, also das Recht des Einzelnen, selbst über die Preisgabe und Verwendung seiner personenbezogenen Daten zu bestimmen. **Die Privat-, Geheim- und Intimsphäre des Menschen wird dadurch geschützt** (Art. 1 Abs. 1 i.V. mit Art. 2 Abs. 2 GG). Ein Hausbesuch darf weder routinemäßig noch zur bloßen Ausforschung durchgeführt werden (LSG Bayern 23.7.2009 - L 8 AL 337/06). Genau das aber machen Jobcenter zuhauf. Eine routinemäßige Durchführung von Hausbesuchen zur Feststellung von Leistungsmissbrauch ohne vorherige Indizien ist nicht zulässig. Das Betreten der Wohnung ist nur mit Einverständnis der oder des Betroffenen zulässig. Gemäß Artikel 7 Absatz 1 DSGVO ist zum Zwecke der Nachweisführung die Einwilligung der bzw. des Betroffenen zu dokumentieren; nach § 67b Absatz 2 Satz 1 SGB X soll die Einwilligung schriftlich oder elektronisch erteilt werden (FW 6.16).

Kaum ein Jobcenter wird sich daran halten. In das Grundrecht auf Unverletzlichkeit der Wohnung darf nur durch richterliche Anordnung eingegriffen werden. Selbst die Polizei darf nur mit einer richterlichen Anordnung „Hausbesuche" machen, es sei denn, es ist „Gefahr im Verzug".

Inhaltsübersicht

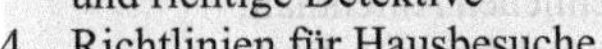

1. Hausbesuch gehört nicht zur Mitwirkungspflicht

In den Paragrafen, die die ⇨Mitwirkungspflichten regeln, (§§ 60-64 SGB I) gibt es keine Pflicht, Hausbesuche im Rahmen der Mitwirkungspflichten zuzulassen (LSG Hessen 30.1.2006 - L 7AS 1/06 ER; LSG NRW 19.12.2007 - L 7 B 284/07 AS ER; LSG Baden-Württemberg 22.1.2008 - L 7 B 284/07 AS ER). Auch für den Landesdatenschutzbeauftragten von NRW *„ist [im SGB I] eine Mitwirkungspflicht der betroffenen SozialhilfeempfängerInnen, einen [...] Wohnungsbesuch dulden zu müssen, nicht enthalten"* (Stellungnahme vom 7.8.2000, http://tacheles-sozialhilfe.de/startseite/aktuelles/d/n/1261/). Das sieht auch die BA so (BA, Leitfaden Außendienst, 12/2019, Rn 6.23).

Zudem dürfen *„Pflichten nur begründet, festgestellt, geändert oder aufgehoben werden, soweit ein Gesetz es vorschreibt oder zulässt"* (§ 31 SGB I).

Allerdings muss in diesem Zusammenhang auch beachtet werden: Die anspruchsbegründenden Tatsachen muss der/die Antragsteller*in beweisen (SG Lübeck 14.02.2008-S 27 AS 106/08 ER), zu dem Beweis kann aber auch unabhängig von der allgemeinen Mitwirkungspflicht eine Duldung eines Hausbesuches gehören, aber nur, wenn massive Zweifel an der Hilfebedürftigkeit bestehen, die Behörde vorher alle anderen Sachverhaltsermittlungsoptionen durchgeführt hat und der Hausbesuch quasi die Ultima Ratio ist, um den Sachverhalt zu ermitteln.

1.1 Hausbesuch nur, wenn erforderlich

Zwar kann ein Sozialleistungsträger *„den Augenschein einnehmen"* (§ 21 Abs. 1 Nr. 4 SGB X). Eine allgemeine Erlaubnis zum Hausbesuch bedeutet das aber nicht (Brühl, info also 1998, 203 ff.). Zudem muss der Hausbesuch *„zur Ermittlung des Sachverhalts [...] erforderlich"* sein (§ 21 Abs. 1 Satz1 SGB X). Das heißt, er muss nach dem Grundsatz der Verhältnismäßigkeit (Art. 1 Abs. 3, Art. 20 Abs. 3 GG) das geeignete Mittel sein, einen Sachverhalt zu ermitteln.

Erforderlich **könnte** ein Hausbesuch sein, um z.B. Folgendes zu klären:
- den tatsächlichen Aufenthalt,
- ob und in welchem Umfang eine Erstausstattung für die Wohnung benötigt wird,
- die Aufteilung selbstgenutzten Wohneigentums,
- die Aufteilung der Wohnbereiche in einer ⇨Wohngemeinschaft, falls dies nicht durch einen Untermietvertrag geregelt ist,
- die Vermutung (nicht aber die Feststellung) einer ⇨eheähnlichen Lebensgemeinschaft („Einstandsgemeinschaft") oder
- den Umfang der Übernahme von ⇨Renovierungskosten.

Ein Hausbesuch könnte auch erforderlich sein, um Zweifel auszuräumen, z.B. ob verwertbare Vermögensgegenstände vorhanden sind.
Hausbesuche sind erforderlich, *„wenn im konkreten Einzelfall bereits tatsächliche Anhaltspunkte für Leistungsmissbrauch vorliegen"* (der Landesdatenschutzbeauftragte von NRW in einer unveröffentlichten Stellungnahme vom 2.4.2001) **und** der Sachverhalt nicht anders ermittelt werden kann, z.B. durch Anhörung (§ 24 SGB X) oder Aufforderung zur Beweismittelvorlage (§ 60 Abs. 1 Nr. 3 SGB I).

„Ein Hausbesuch stellt immer einen tiefgehenden Eingriff in die Rechte der Betroffenen dar. Aus diesem Grunde sollte der Hausbesuch nur als letztes Mittel der Sachverhaltsermittlung eingesetzt werden. Die Ziele des Hausbesuches sind hierbei vor der Durchführung zu definieren und zu dokumentieren. Während des Hausbesuchs haben sich die Mitarbeiter auf die nach dem SGB II erforderlichen Aufgaben und zuvor definierten Erkenntnisse zu beschränken. Die während des Hausbesuches erhobenen Daten sind in einem Protokoll festzuhalten. Den Betroffenen sollte am Ende des Hausbesuches eine Durchschrift des Protokolls ausgehändigt werden" (unveröffentlichte Stellungnahme der Bundesbeauftragten für den Datenschutz und die Informationsfreiheit vom 23.1.2015 anlässlich eines Hausbesuchs des Jobcenter Krefeld).

1.2 Kein Hausbesuch, wenn nicht erforderlich

Wenn ein Sachverhalt auch durch Antragsformulare, Beweisdokumente, Nachfragen, Erklärungen oder eine Anhörung des Betroffenen aufgeklärt werden kann, ist ein Hausbesuch nicht erforderlich (SG Koblenz 30.5.2007 - S 2 AS 595/06). Hausbesuche dürfen von der Behörde nur als **letztes Mittel** eingesetzt werden.

Beispiele:
- Zweifel, ob jemand eine selbstständige Tätigkeit aufgegeben hat, lassen sich nicht durch einen Hausbesuch klären (LSG Hessen 30.1.2006 - L 7 AS 1/06 ER).
- Es ist unmöglich, durch einen Hausbesuch eine eheähnliche Gemeinschaft festzustellen (LSG Sachsen-Anhalt 22.4.2005 - L2 B 9/05 AS ER; LSG Hessen 21.7.2005 - L 7 AS 1/05 ER; SG Düsseldorf 6.2.2006 - S 35 AS 25/06). Die Anwesenheit einer Zahnbürste oder eines Rasierpinsels erlaubt keine Aussage darüber, ob jemand seine eigenen Bedürfnisse hinter denen des Partners/der Partnerin zurückstellt und inwieweit ein*e Ehepartner*in zum Unterhalt bereit ist.
- Um Unterlagen über Vermögen zu bekommen oder die Arbeitsfähigkeit zu überprüfen, sind Hausbesuche nicht erforderlich (VGH Hessen 6.1.2004 - 10 TG 3103/03). Aber: Die Hartz IV-Parteien stört das nicht. Ihrer Meinung nach soll der Außendienst auch überprüfen, ob bei Alg II-Beziehenden *„eigenes Einkommen und Vermögen oder Einkommen und Vermögen von Mitgliedern der Bedarfsgemeinschaft vorhanden ist"* (Begründung zum Gesetzesentwurf des *„Fortentwicklungsgesetzes"*, BT-Drs. 16/1410 vom 9.6.2006, 18).
- Bei Zweifeln, ob z.B. ein*e Bezieher*in von Alg II, HzL/ GSi der Sozialhilfe in der angegebenen Wohnung lebt, ist ein Hausbesuch nicht erforderlich. Das gilt für den Fall, dass

zum Beweis Mietvertrag, Meldebescheinigung oder die Gasrechnung vorgelegt wird und darüber hinaus ein Vertreter der Behörde den/die Hilfesuchende*n telefonisch in der Wohnung erreicht hat (VG Braunschweig 23.4.1985 - 4 VG D 34/85).

- *„Zur Feststellung einer Verantwortungs- und Einstehensgemeinschaft sind Informationen erforderlich, die nur schwer im Wege eines Hausbesuches geklärt werden können. Aspekte, die für das Vorliegen einer Verantwortungs- und Einstehensgemeinschaft sprechen* (§ 7 Absatz 3a), *können in der Regel über die Angaben der Anlage VE auch ohne Hausbesuch festgestellt werden. Der Hausbesuch ist allenfalls bei Widerlegung der Vermutung zur Indizienfeststellung erforderlich"* (FW 6.17).

Tipp: Sozialdaten, z.B. auch Informationen über persönliche Verhältnisse, sind zunächst immer bei den Betroffenen selbst zu erheben (§ 67a Abs. 2 SGB X; ⇨3.2).

1.3 Hausbesuche ohne Anlass nicht zulässig

Sie haben nur die *„Pflicht zur Angabe von Tatsachen, die für die Leistung erheblich sind"* (§ 60 Abs. 1 Nr. 1 SGB I ⇨Mitwirkungspflicht). Sie brauchen also einen Hausbesuch nicht zu dulden, der damit begründet wird, man wolle sich Ihre Wohnung mal anschauen und Sie hätten dazu eine Mitwirkungspflicht. Wenn es nur um die Sammlung von Daten zu einem Zweck geht, den der Ermittler noch gar nicht kennt, ist ein Hausbesuch unzulässig. Vorbeugendes Inspizieren ist nicht erforderlich.

Ein Hausbesuch zur allgemeinen Überprüfung des Antrags auf Alg II ist ebenfalls nicht zulässig, da Sie schon alle Tatsachen angegeben haben, die für die Leistung erheblich sind. *„Anlassunabhängige oder flächendeckende Nachforschungen, die erst zur Verdachtsschöpfung führen, sind [...] unzulässig"*, so der Landesdatenschutzbeauftrage von NRW in einer (unveröffentlichten) Stellungnahme vom 2.4.2001.

Hausbesuche damit zu begründen, dass mit Steuergeldern sparsam umgegangen werden müsse, reicht auch nicht (BVerfG 3.7.2006 - 2 BvR 2030/04).

„Vor Durchführung eines Hausbesuchs ist also grundsätzlich [...] zu verlangen, dass er [der Träger] seine berechtigten Zweifel an den jeweiligen Angaben in jedem Einzelfall dem Betroffenen darlegt und auch in Abhängigkeit von den Umständen des jeweiligen Einzelfalls beurteilt, ob der Hausbesuch ein taugliches Mittel zur Feststellung des begehrten Bedarfs ist" (LSG Hessen 30.1.2006 - L 7 AS 1/06 ER; ebenso BVerwG 30.7.1991 - 5 ER 657/91; SG Düsseldorf 22.4.2005 - S 35 AS 119/05). Es muss konkret begründet werden, warum eine bestimmte Mitwirkungshandlung geboten ist (LSG Niedersachsen-Bremen 29.6.2006 - L 9 AS 239/06 ER).

Tipp 1: Wenn ein Hausbesuch verlangt wird, fragen Sie nach den konkreten Gründen, die angeblich durch *„Inaugenscheinnahme"* erforscht werden müssen. *„Werden Sozialdaten beim Betroffenen erhoben, ist er [...] über die Zweckbestimmungen der Erhebung [...] zu unterrichten"* (§ 67a Abs. 3 SGB X). Dann können Sie beurteilen, ob ein Hausbesuch erforderlich ist.

Tipp 2: Beschweren Sie sich bei Ihrem jeweiligen ⇨**Datenschutz**beauftragten, wenn ein Hausbesuch verlangt wird, der nicht erforderlich ist.

1.4 Bundesweiter Rechtsbruch

Bundesweit wird uns davon berichtet, dass die Arbeitslosenbehörden (aber auch einige Sozialämter) vor allem dann Hausbesuche machen, wenn es um die Beantragung von Erstausstattung für die Wohnung oder das Baby geht. Es soll geprüft werden, ob die beantragten Einrichtungsgegenstände nicht doch vorhanden sind. Indirekt bezichtigen die Arbeitslosenbehörden Sie hier des Betruges. Sie unterstellen Ihnen falsche Angaben, ohne Anhaltspunkte dafür zu haben, und führen auf Grundlage eines Generalverdachts den Hausbesuch durch. Die Arbeitslosenverwaltung weiß genau, dass diese Praxis nicht zulässig ist. Sie verstößt damit gegen die Vorgaben in den Fachlichen Weisungen der BA:

„Eine routinemäßige Durchführung von Hausbesuchen zur Feststellung von Leistungsmissbrauch ohne vorherige Indizien ist nicht zulässig" (FW 6.16).

Wir empfehlen, eine solche Praxis öffentlich zu machen, die **Fachaufsicht** (⇨Beschwerde) oder den zuständigen ⇨**Datenschutz**beauftragten einzuschalten.
Es gibt auch gute Gründe, wegen des Verdachts des Hausfriedensbruches (§ 123 StGB), der Nötigung (§ 240 StGB) und falscher Verdächtigung (§ 164 StGB) die Staatsanwaltschaft einzuschalten. Aber nach unserer Erfahrung werden in Deutschland solche Verfahren gegen eine Sozialbehörde ganz schnell niedergeschlagen.

H

2. Streichung der Leistung bei Ablehnung eines Hausbesuchs

In den überwiegenden Fällen stellt das Amt Sozialleistungen wegen fehlender Mitwirkung ein (§ 66 SGB I), wenn Sie einen Hausbesuch ablehnen. Und das, obwohl die Erduldung eines Hausbesuches **nicht zu den Mitwirkungspflichten gehört** und folglich Leistungen auch nicht wegen unterlassener Mitwirkung ganz oder teilweise versagt werden dürfen.

Tipp: Sie sollten gegen einen Bescheid, der die Leistung wegen fehlender Mitwirkung versagt, ⇨Widerspruch einlegen.
Solche Widersprüche entfalten im Bereich des SGB II **keine aufschiebende Wirkung** mehr (§ 39 SGB II), d.h., der Bescheid bleibt rechtsgültig, die Leistung wird erst mal nicht gewährt. Sie müssen die Anordnung der aufschiebenden Wirkung durch das Sozialgericht im Rahmen einer ⇨einstweiligen Anordnung beantragen. Im Bereich des SGB XII entfalten sie (noch) aufschiebende Wirkung (§ 86a Abs. 1 SGG).
Näheres dazu unter ⇨Mitwirkung 5.3 und ⇨Widerspruch 5.

Wenn Sie einen Hausbesuch verweigern, darf die Behörde Ihnen nur dann die Leistung streichen, wenn die Tatsachen, zu deren Feststellung der Hausbesuch dienen sollte, anders nicht festgestellt werden können. **Und** wenn ohne deren Feststellung der Bedarf an Leistungen nicht ermittelt werden kann (BVerwG FEVS 34, 309; VGH Hessen, info also 1986, 34; VG Braunschweig 23.4.85, info also 1985, 53). Diese Entscheidungen sind auf Alg II übertragbar (LSG Hessen 30.1.2006, ebenda; SG Wiesbaden 21.3.2005 - S 16 AS 16/05 ER).

Tipp: Ist Letzteres nicht der Fall, sollten Sie Widerspruch einlegen, der Behörde eine Frist von wenigen Tagen einräumen und danach Ihre Ansprüche auf dem Weg einer ⇨einstweiligen Anordnung durchsetzen.

Falls Sie einen **erforderlichen** Hausbesuch abgelehnt haben und Ihnen das Geld wegen fehlender Mitwirkung gestrichen wurde, *„kann der Leistungsträger Sozialleistungen, die er nach § 66 [fehlende Mitwirkung] versagt oder entzogen hat, nachträglich ganz oder teilweise erbringen"* (§ 67 SGB I), wenn Sie die von der Behörde verlangte **Mitwirkung** später noch **nachholen**. Weil SGB II-/ SGB XII-Leistungen das Existenzminimum darstellen, müssen die Sozialleistungen immer nachgezahlt werden, sofern die Voraussetzungen dafür weiter gegeben sind.

All das bedeutet:
Hausbesuche sind und bleiben **rechtswidrig**. Sachbearbeiter*innen dürfen sie nur im Ausnahmefall einfordern. Keinesfalls dürfen Sie über eine ⇨Eingliederungsvereinbarung dazu gezwungen werden, Ihr generelles Einverständnis zur Erduldung von Hausbesuchen zu geben. Eine solche Erklärung ist unwirksam (§§ 32 i.V. mit 31 SGB I).

3. Durchführung eines Hausbesuchs

3.1 Ein*e Behördenmitarbeiter*in/ Sozialdetektiv*in steht ohne Anmeldung vor der Tür

Wenn ein*e Mitarbeiter*in der Behörde klingelt, fragen Sie zunächst, warum diese*r ohne Anmeldung kommt. Wenn ein Hausbesuch unangemeldet oder zu einer nicht vereinbarten Zeit erfolgt, brauchen Sie i.d.R. nicht einzuwilligen.
Sozialdetektiv*innen *„müssen eindeutig klarstellen, dass er [der Hilfeempfänger]* ***nicht*** *verpflichtet ist, ihnen Einlass zu gewähren"* (Landesdatenschutzbeauftragter Baden-Württemberg in: info also 1998, 53 f.).
Fragen Sie immer nach den Gründen, die einen Hausbesuch erforderlich machen. Die Ermittler*innen haben Sie zunächst über die Rechtslage beim Hausbesuch zu informieren, Sie über Ihre **Rechte** und **Pflichten** aufzuklären und den **Zweck** der Ermittlungen

mitzuteilen (§ 67a Abs. 3 Nr. 1 - 3 SGB X). „Eine routinemäßige Durchsicht der Schränke ist nicht zulässig. Unter Berücksichtigung des Grundsatzes der Verhältnismäßigkeit kann sie jedoch erforderlich sein, wenn eine Sachverhaltsklärung sonst nicht möglich wäre. Hierzu bedarf es jedoch der ausdrücklichen Einwilligung der betroffenen Person (FW 6.22).

Tipp 1: Wenn der Hausbesuch erforderlich sein sollte und Sie in diesem Moment keinen Hausbesuch zulassen wollen, können Sie angeben, dass Sie eine*n Freund*in oder ein*e Nachbar*in als ⇨Beistand hinzuziehen möchten (§ 13 Abs. 4 SGB X). Das ist Ihr gutes Recht. Dann muss der Hausbesuch verschoben werden.

Tipp 2: Natürlich kann es auch sein, dass Sie einen Termin haben, es Ihnen aber nicht gut geht, Sie krank sind usw. Auch dann muss der Hausbesuch verschoben werden.
Wenn Sie einen erforderlichen Hausbesuch zulassen, haben Ermittler*innen **keine Befugnis**, auch nur irgendein Behältnis, einen Schrank, Kühlschrank oder eine Zimmertür ohne Ihre Erlaubnis zu öffnen. Andernfalls kann das ein Grund für eine ⇨Dienstaufsichtsbeschwerde und eine Beschwerde beim Datenschutzbeauftragten sein.
Die Ermittler*innen dürfen sich auch **nicht** in der ganzen Wohnung umschauen, wenn es nur um das einsturzgefährdete Bett geht, dessen Neuanschaffung Sie nicht aus Ihrem Regelbedarf zahlen können. Es dürfen **nur** Sachverhalte ermittelt werden, die für eine beantragte Leistung erheblich sind.
Ermittler*innen dürfen auch vorhandenen Hausrat nicht schriftlich in Inventarlisten dokumentieren. Für solche Ermittlungen gibt es keine Mitwirkungspflicht.

3.2 Daten sind beim Betroffenen zu erheben

Die Behörde hat sich zunächst an den Betroffenen zu wenden (§ 67a Abs. 2 Satz 1 SGB X). Im SGB II dürfte das der/die Antragsteller*in sein. Ist der/die Antragsteller*in bei einem unangemeldeten Hausbesuch nicht zugegen, darf das Amt nicht die Kinder (⇨3.3) oder Mitbewohnende bitten, *„mal eben reinschauen"* zu dürfen. Hier werden die Ermittler*innen noch einmal kommen müssen.
Die Erhebung von Sozialdaten ist vom Grundsatz her auch bei Dritten (Mitbewohnende, Nachbar*in, Bekannte, Vermieter*in, Hausmeister*in usw.) möglich. Dies aber **nur**, wenn die Erhebung beim Betroffenen einen **unverhältnismäßigen Aufwand** erfordern würde und **keine Anhaltspunkte** dafür bestehen, dass überwiegende **schutzwürdige Interessen** des Betroffenen beeinträchtigt werden (§ 67a Abs. 2 Satz 2 Nr. 2 b SGB X). Ohne Ihre **Zustimmung** besteht unserer Auffassung nach immer die Gefahr, dass Ihre schutzwürdigen Interessen beeinträchtigt werden.

„Wer Sozialleistungen beantragt oder erhält, hat [...] der Erteilung der ***erforderlichen*** *Auskünfte durch Dritte zuzustimmen"* (§ 60 Abs. 1 Nr. 1 SGB I). Dies ist gegenüber der SGB X-Vorschrift *„soweit keine Anhaltspunkte dafür bestehen, dass überwiegende schutzwürdige Interessen des Betroffenen beeinträchtigt werden"* vorrangig.
Sie können also mit der Behörde darüber reden, was erforderlich ist und wie das Amt unter Wahrung des Sozialgeheimnisses zu den gewünschten Informationen kommt. Es gehört ggf. zu Ihren *„schutzwürdigen Interessen"*, dass Ihre Hilfsbedürftigkeit nicht bekannt wird, weil dadurch Ihr Ruf beeinträchtigt werden könnte, Sie gegenüber dem/r Vermieter*in/ dem Arbeitgeber erpressbar werden könnten oder Ihre Kreditwürdigkeit in Frage gestellt würde.

3.3 Keine Befragung Minderjähriger

Eine Befragung Minderjähriger über die persönlichen Verhältnisse eines Dritten ist grundsätzlich unzulässig. Minderjährige dürfen nur befragt werden, wenn sie unmittelbar betroffen sind und das Einverständnis des gesetzlichen Vertreters vorliegt (FW 6.14).

3.4 Kein Erschleichen des Zugangs zur Wohnung

Grundsätzlich unzulässig ist es, sich den Zugang zur Wohnung unter Vorspiegelung falscher Tatsachen oder über Dritte zu verschaffen, z.B. den/die Hausmeister*in oder eine im Haushalt lebende Person, die nicht zur Bedarfsgemeinschaft gehört.

3.5 Angemeldete oder unangemeldete Hausbesuche?

Oft wird behauptet, Behörden dürften nur angemeldete Hausbesuche durchführen. Das ist **nicht richtig.**

„Hausbesuche sollten grundsätzlich im Vorfeld angekündigt werden, es sei denn, die Ankündigung würde den Zweck des Hausbesuches vereiteln.

Die Erforderlichkeit von unangekündigten Hausbesuchen ergibt sich insbesondere bei Verdacht auf Leistungsmissbrauch, z. B. bei der Ermittlung des tatsächlichen Aufenthaltes. Die Begründung hierzu ist ebenfalls zu dokumentieren" (FW 6.19).

Wenn ein Hausbesuch erforderlich ist, weil alle anderen Ermittlungsmethoden ausgeschöpft wurden, muss die Behörde prüfen, ob sie ihn anmeldet oder nicht. Da ein unangemeldeter Hausbesuch weiter in das Selbstbestimmungsrecht des Leistungsbeziehers/der Leistungsbezieherin eingreift, darf es dazu nur kommen, wenn die Behörde mit überwiegender Wahrscheinlichkeit davon ausgehen kann, dass sie mit einem angemeldeten Besuch den realen Sachverhalt nicht ermitteln kann. Hätte sie aber den Sachverhalt mit einem angemeldeten Hausbesuch ermitteln können und bestand nicht die begründete Gefahr, dass eine Verfälschung der Sachlage vorgenommen wird, ist der unangemeldete Hausbesuch rechtswidrig.

Tipp: Die Rechtswidrigkeit eines Hausbesuchs kann der ⇨**Datenschutz**beauftragte, die **Fachaufsicht** (⇨1.5) oder das Sozialgericht im Rahmen einer Feststellungs⇨**klage** (§ 55 Abs. 1 SGG) ermitteln.

3.6 Einsicht in das Protokoll?

„Während des Hausbesuches ist der Betroffene über die Verfahrensabläufe zu informieren. Er hat das Recht, während des Hausbesuches Einsicht in das Prüfprotokoll zu nehmen" (FW 6.21). Die Bundesdatenschutzbeauftragte sagt, *„eine Durchschrift des Protokolls"* **sollte** ausgehändigt werden (⇨1.2); ebenso die BA: *„Dem Betroffenen ist auf Wunsch eine Abschrift des Prüfprotokolls zu überlassen"* (FW 6.21). Dieses Recht sollten Sie nutzen. Wenn im Prüfprotokoll falsche Angaben gemacht werden, sollten Sie darauf bestehen, dass diese korrigiert werden oder zumindest Ihr Einwand festgehalten wird.

Sie müssen sich davor schützen, dass der Sachverhalt hinterher von den Ermittler*innen ganz anders oder verzerrt dargestellt wird. Stimmen Sie nicht mit dem Protokoll überein, haben Sie das Recht *„nach Abschluss des Hausbesuches eine Gegendarstellung [zu] erstellen"* (FW 6.23).

3.7. Fotografieren beim Hausbesuch

Foto- bzw. Videoaufnahmen stellen eine besondere Form der Datenerhebung bzw. Datenspeicherung dar. Auch hier muss der Grundsatz der Erforderlichkeit beachtet werden. Beides führt zur Dokumentation einer Vielzahl von Informationen über den Betroffenen. In den wenigsten Fällen dürfte eine visuelle Datenerhebung bzw. -speicherung erforderlich sein. Es kann daher nur in begründeten Einzelfällen erforderlich und damit zulässig sein (Hinweise des Unabhängiges Landeszentrum für Datenschutz Schleswig-Holstein zur datenschutzgerechten Ausgestaltung von Hausbesuchen, Stand: 1.9.2007).

Werden in Ihrer Wohnung Fotos **ohne Ihre Zustimmung** angefertigt, ist das unzulässig und stellt einen Straftatbestand dar: *„Verletzung des höchstpersönlichen Lebensbereichs durch Bildaufnahmen"* (§ 201a Abs. 1 StGB, Strafmaß: bis zu einem Jahr Haft).

3.8 Beweisverwertungsverbot illegal ermittelter Daten

Illegal ermittelte Sozialdaten dürfen nicht gegen den/die Ausgeforschte*n verwendet werden (SG Düsseldorf 23.11.2005 - S 35 AS 343/05 ER; LSG Bayern 25.1.2008 - L 7 AS 72/07 oder LSG Bayern 23.7.2009 - L 8 AL 337/06).

Einen informativen Aufsatz zum Beweisverwertungsverbot im Sozialrecht hat Karl Friedrich Köhler geschrieben (ZFSH/SGB 08/2009, 451 ff).

3.9 Observation und richtige Detektiv*innen

Die BA in ihren aktuellen Weisungen: *„Die Durchführung von Observationen ist unzulässig. Bei Observationen handelt es sich um zielgerichtete Überwachungen von Personen oder Immobilien unabhängig von der Dauer der Überwachung. Für die Durchführung von Observationen und die Erhebung* *entsprechender Ermittlungsergebnisse zur Vermeidung eines Leistungsmissbrauchs gibt es im SGB II keine Rechtsgrundlage. Die Sachverhaltsaufklärung hat vielmehr durch Inaugenscheinnahme von Beweismitteln zu erfolgen, z. B. durch Hausbesuche (s. Kapitel 2.1) oder Prüfung von Geschäftsunterlagen"* (FW 6.10).

Die BA regelt gleichzeitig die Grenzen der Ermittlungstätigkeit:
„Die Grenzen der Ermittlungstätigkeit des Außendienstes sind in den Grundrechten der Betroffenen, insbesondere deren verfassungsmäßig geschützter Persönlichkeitssphäre (gemäß Artikel 1 Absatz 1 i. V. m. Artikel 2 Absatz 1 GG) zu sehen. Dies ist insbesondere bei Befragungen Dritter von Bedeutung. Bei Hausbesuchen ist die Unverletzlichkeit der Wohnung (gem. Artikel 13 GG; siehe Kapitel 2.1) zu beachten. Die Ermittlung von Sachverhalten und Erhebung von Beweisen dürfen zudem nur unter Beachtung sozialdatenschutzrechtlicher Vorschriften (SGB X - Zweites Kapitel; DSGVO) erfolgen. Soweit sich die Ermittlung des Sachverhaltes auf Sozialdaten erstreckt, sind die Bestimmungen des Zweiten Kapitels des SGB X zum Schutz der Sozialdaten vorrangig (§ 37 Satz 3 SGB I)" (FW 6.11)
Leider halten sich Jobcenter (aber auch Sozialämter) oft nicht an diese verbindliche Weisung.

Tipp: Was (Sozial-)Detektiv*innen über Sie zu Protokoll gegeben haben, können Sie über Ihr Recht auf ⇨ Akteneinsicht herausfinden.

4. Richtlinien für Hausbesuche
Es gibt mittlerweile verschiedene Richtlinien zu Hausbesuchen, z.B. von Datenschutzbeauftragten zur datenschutzgerechten Ausgestaltung von Hausbesuchen. Zu finden unter www.datenschutzzentrum.de/sozialdatenschutz/hausbesuche.htm
Zudem gibt es die Weisungen der BA zu § 6 SGB II und den hier zitierten BA-Leitfaden Außendienst, 12/2019unter https://harald-thome.de/sgb-ii-hinweise/

Information
www.datenschutz.de

Unabhängiges Landeszentrum für Datenschutz Schleswig-Holstein, Hinweise zur datenschutzrechtlichen Ausgestaltung von Hausbesuchen, April 2006
Manfred Hammel, Möglichkeiten, Grenzen und Wirkungen des Einsatzes von Sozial(hilfe)detektiven durch Sozialämter, Starnberg 2000, Verlag R.S.Schulz

Klage

Wird Ihr Widerspruch von der Behörde mit einem Widerspruchsbescheid abgelehnt, bleibt Ihnen als nächster Schritt nur eine Klage vor dem Sozialgericht.

Im Jahr 2018 wurden in Bezug auf das SGB II rund 606.000 Widersprüche und knapp 104.000 Klagen eingereicht. Rund 34 Prozent der Widersprüche und 40 Prozent der Klagen wurden teilweise oder ganz stattgegeben. Über die Zahlen berichtet das Webportal „O-Ton-Arbeitsmarkt", einem Infoportal zu Arbeitsmarkt-Daten unter fachlicher Aufsicht des Instituts für Sozialpolitik und Arbeitsmarktforschung (ISAM) der Hochschule Koblenz.

Bei den verhandelten Klagen lohnt aber ein zweiter Blick. Ging der Rechtsstreit vor Gericht, wurden 2018 knapp 9.000 Urteile im Sinne der betroffenen Hartz IV-Empfänger*innen gesprochen, was einer Erfolgsquote von knapp 8,2 Prozent entspräche. Weit mehr Klagen endeten aber damit, dass sich Jobcenter und Kläger*in außergerichtlich einigten. Hier wurden immerhin rund 33.000 Rechtsstreite teilweise oder ganz zugunsten der Hartz IV-Empfänger*innen entschieden, was die Erfolgsquote auf knapp 40 Prozent hebet.

Sich wehren lohnt sich also durchaus. Die meisten Klagen und ⇨einstweiligen Anordnungen wurden übrigens über außergerichtliche Vergleiche erledigt (⇨2.2.2); diese gehen nicht in die offizielle Statistik ein.

Für Angelegenheiten bei Alg II und HzL/ GSi der Sozialhilfe ist das Sozialgericht zuständig (§ 51 Abs. 1 Nr. 4a und 6a SGG). Bei einer Klage gegen ein vom **Jobcenter verhängtes Hausverbot sind die Sozial-** und nicht Verwaltungsgerichte zuständig, weil es sich hier auch um eine Alg II-Angelegenheiten handelt (BSG 21.7.2014 - B 14 SF 1/14 R). Die Sozialgerichtsbarkeit ist auch zuständig, wenn es sich um ein Hausverbot gegen einen ⇨Beistand handelt (SG Dortmund 9.11.2017- S 30 AS 5263/17 ER). Diese Regelungen dürften auch für HzL/ GSi gelten.

Inhaltsübersicht

1. Welche Gerichte und Stellen zuständig sind

Örtlich zuständig ist in der Regel das Sozialgericht, in dessen Bezirk der/die Kläger*in zur Zeit der Klageerhebung seinen/ihren Sitz, Wohnsitz oder seinen Aufenthaltsort hat. Die Gerichtsadressen finden Sie unter www.justiz.de/OrtsGerichtsverzeichnis/index.php

Um die Klagefrist zu wahren, können Sie die Klageschrift innerhalb der Frist statt beim zuständigen Sozialgericht auch bei einer anderen inländischen Behörde oder bei einem Versicherungsträger einreichen (§ 91 Abs. 1 SGG). **Hinweis:** Wer Spaß daran hat, könnte seine Klage auch beim Alg II- und HzL-/ GSi-Amt einreichen, damit diese sie an das Gericht weiterreichen müssen.
Bürger*innen aus Staaten der EU, Staaten der EWR und des EU-Wirtschaftsraumes sowie Flüchtlinge in diesen Staaten können Klagen bei einer entsprechenden Behörde, einem Träger oder einem Gericht eines anderen EU-Mitgliedstaats einreichen (§ 30 Abs. 2 SGB I i.V. mit Art. 81 Satz 1 VO (EG) 883/2004; ⇨Antragstellung 1.13.2 f.).

1.1 Verschiedene Formen von Klagen

a. Anfechtungsklage heißt die Klage, wenn Sie die Aufhebung eines Bescheids durchsetzen wollen, mit dem Ihnen eine

Leistung ganz oder teilweise entzogen wird. Sie wendet sich z.B. gegen Aufrechnungen, Rückforderungen von Darlehen, Kürzungen, Forderungen zur Erstattung zu Unrecht erbrachter Leistungen usw.

b. Verpflichtungsklage, oft **Untätigkeitsklage** genannt, legen Sie ein, wenn die Behörde einen Antrag oder Widerspruch nicht bearbeitet. Eine Verpflichtungsklage ist bei Anträgen nach sechs Monaten Untätigkeit möglich (§ 88 Abs. 1 SGG), bei Widersprüchen nach drei (§ 88 Abs. 2 SGG).

c. Leistungsklage heißt die Klage, wenn Sie die Behörde zu einer Leistung verpflichten wollen, die sie rechtswidrig abgelehnt, in zu geringer Höhe oder für zu kurze Zeit bewilligt hat. Die einfachste Form der Leistungsklage wendet sich gegen die Einstellung einer bereits bewilligten Leistung, ohne dass ein entsprechender Aufhebungsbescheid erlassen wurde. In diesem Fall brauchen Sie keinen Widerspruch einzulegen.

d. Feststellungsklage heißt die Klage, wenn Sie feststellen lassen wollen, welches Rechtsverhältnis besteht: ob Sie z.B. erwerbsfähig sind oder nicht, ob Sozialamt oder Jobcenter zuständig ist, ob der in einer ⇨Eingliederungsvereinbarung geregelte Inhalt zulässig ist usw. Hier brauchen Sie ebenfalls keinen Widerspruch einzulegen.

e. Ein Antrag auf **Androhung und Festsetzung eines Zwangsgeldes** kommt in Frage, wenn Ihnen aufgrund eines Gerichtsbeschlusses, -urteils oder -vergleichs eine Zahlung der Behörde zusteht, dieses aber die Auszahlung verweigert. Näheres unter ⇨einstweilige Anordnung 3.2.1

Die meisten Klagen sind **kombinierte Klagen**. Häufig sind Anfechtungs- und Leistungsklagen (§ 54 Abs. 4 SGG), aber auch Anfechtungs- und Verpflichtungsklagen (§ 54 Abs. 1 SGG). Sie verlangen hier sowohl die Rücknahme eines Bescheides als auch die Erbringung einer bestimmten Leistung bzw. eine bestimmte Handlung der Behörde.

Tipp: Klagen Sie ohne Anwält*in, müssen Sie die Art der Klage nicht angeben. Das Gericht ist verpflichtet, Sie bei der Ausgestaltung von Klagen zu beraten. Sie müssen nur deutlich machen, gegen was Sie klagen wollen und ob Sie mit Ihrer Klage einen Widerspruchsbescheid anfechten und/ oder eine einstweilige Anordnung beantragen. Das Gericht muss Ihre Klage sachgerecht auslegen.

1.2 Voraussetzungen für eine Klage

a) Ihre Klage muss folgende **Angaben** enthalten:
- Wer ist der/die Kläger*in? Unbedingt alle Mitglieder der Bedarfsgemeinschaft angeben!
- Gegen wen klagen Sie? (Jobcenter, AA, Sozialamt)
- Gegen was klagen Sie? (Bescheid vom xx.xx (Datum) in der Fassung des Widerspruchsbescheids vom xx.xx.xx (Datum) mit Aktenzeichen)
- Was beantragen Sie?
- Unterschrift, Ort und Datum
- die zur Begründung der Klage erforderlichen Beweismittel sollen angegeben und in Kopie beigefügt werden.

b) Wenn Sie die Klage nicht selbst schreiben wollen, können Sie zur **Rechtsantragsstelle** beim Sozialgericht gehen. Dort nehmen Rechtspfleger*innen die Klage zusammen mit Ihnen auf. Alles Weitere finden Sie unter ⇨einstweilige Anordnung 2.1.

c) In den ersten beiden Instanzen herrscht **kein** Anwaltszwang.

d) Ihre Klage muss innerhalb einer **Frist von einem Monat** nach Zugang des Widerspruchsbescheides beim Gericht oder bei einer inländischen (§ 91 Abs. 1 SGG) oder EU-Behörde (⇨1.) eingegangen sein. Wurde bei den HzL/GSi-Behörden versäumt, in der Rechtsmittelbelehrung einen Hinweis auf die Möglichkeit der elektronischen Rechtsmitteleinlegung zu geben und gibt es im jeweiligen Bundesland ein E-Government-Gesetz, dann beträgt die Rechtsmittelfrist **ein Jahr** (§ 66 Abs. 2 SGG). Näheres zu den Fristen unter ⇨Bescheid 7. ⇨ Widerspruch 3.

Tipp 1: Um die **Frist zu wahren**, können Sie die Klage auch ohne Begründung einreichen. Begründungen müssen Sie innerhalb von drei Monaten nachreichen oder wenn das Gericht

Sie dazu auffordert, sonst gilt die Klage als zurückgenommen. Sie haben also Zeit, sich Informationen bei Beratungsstellen, einem/r ⇨**Anwalt/Anwältin** usw. zu holen (§ 102 Abs. 2 SGG).

Tipp 2: Die Klage soll in **zweifacher Ausfertigung** eingereicht werden. Legen Sie immer eine Kopie des entsprechenden Widerspruchsbescheids bei. Für sich selbst brauchen Sie auch eine Kopie.

Sie können jederzeit ohne besondere Formalien oder Begründungen eine eingereichte Klage zurückziehen. Es entstehen keine Kosten.

1.3 Ziel der Klage

Sie müssen kein Klageziel angeben. Die Klage soll zwar einen bestimmten Antrag enthalten (§ 92 SGG), muss es aber nicht zwingend. Sie müssen also auch noch nicht genau beziffern, in welcher Höhe Sie Geld nachgezahlt bekommen wollen.
Das Gericht soll darauf hinwirken (§§ 106, 112 SGG), dass spätestens bis zur letzten mündlichen Erörterung geklärt ist, welche Klageziele Sie konkret verfolgen.

1.4 Gegenstand des Gerichtsverfahrens

Im Klageverfahren geht es **nur** um den **Ursprungsbescheid**. Nachfolgende Bescheide kann man nur dann einbeziehen, wenn diese den angefochtenen Verwaltungsakt abändern oder ersetzen (§ 96 Abs. 1 SGG). D.h., Sie **müssen** gegen jeden nachfolgenden neuen Bescheid (z.B. nach Beginn eines neuen Bewilligungszeitraums) **erneut Widerspruch und Klage** einlegen, damit er in die laufende Klage einbezogen wird.
Handelt es sich bei dem angefochtenen Bescheid **nicht** um eine Einzelentscheidung (z.B. eine Sanktion), kann ein mit dem Klageverfahren verbundener Sachverhalt nur über den **jeweiligen Bewilligungszeitraum** geklärt werden.

1.5 Wer darf klagen?

Diejenigen sind „*befugt*" zu klagen, die in ihren Rechten verletzt sind. Bei einer Bedarfsgemeinschaft **müssen** also **alle betroffenen** BG-Mitglieder klagen. Minderjährige Kinder werden dabei von ihren sorgeberechtigten Eltern vertreten. Wenn der Widerspruchsbescheid nur an die Person gerichtet ist, die in Vertretung der Bedarfsgemeinschaft den Widerspruch eingelegt hat (§ 38 SGB II), reicht es zunächst aus, wenn diese die Klage einreicht. Das Gericht soll Sie beraten, wie Sie die Klage form- und sachgerecht stellen (§ 106 Abs. 1 SGG).

2.1 Gang des Verfahrens

Näheres unter ⇨einstweilige Anordnung 3. f.

2.2. Mündliche Verhandlung

Bis zur Verhandlung dauert es im Schnitt gut ein Jahr. Es kann aber auch erheblich länger dauern. Wie lange es dauert, hängt u.a. davon ab, wie viele Verfahren das zuständige Gericht abarbeiten muss.

2.2.1 Beistand

Zur Verhandlung müssen Sie in der Regel persönlich erscheinen. Sie können einen ⇨Beistand oder eine*n **Bevollmächtigte*n** mitbringen und sich von ihm/r vertreten lassen (§ 73 Abs. 5 SGG). Was der Beistand sagt, gilt so, als hätten Sie es gesagt, solange Sie dem nicht widersprechen.
Die Zurückweisung eines Beistandes aus einer Beratungseinrichtung wird nach dem seit 2008 geltenden Rechtsdienstleistungsgesetz nicht mehr erfolgen, da es keine unerlaubte Rechtsdienstleistung mehr darstellt (⇨Beratung), Beistand zu sein.

Findet in dem Verfahren ein **Erörterungstermin** mit dem/r Richter*in statt, um Sachverhalte zu klären oder die Beweisaufnahme zu besprechen und zu konkretisieren, sind diese Termine nicht öffentlich. Wollen Sie dort mit Beistand erscheinen, sollten Sie das Gericht darüber informieren. Handelt es sich um eine freundschaftliche Begleitung, darf diese nicht abgelehnt werden.

Tipp: Sollte der Beistand dennoch wegen unerlaubter Rechtsberatung zurückgewiesen werden, können Sie ihn im Flur warten lassen und die Unterbrechung des Verfahrens beantragen, damit Sie sich mit ihm beraten können. Dann wird das Gericht vielleicht von selbst anregen, dass Sie den Beistand offiziell hinzuziehen.

2.2.2 Ablauf der mündlichen Verhandlung

Wenn ohne mündliche Verhandlung entschieden werden soll, sollten Sie widersprechen. Denn dann fehlt Ihnen eine Möglichkeit, dem Gericht Ihre Sicht der Dinge darzulegen.

In der mündlichen Verhandlung hat der/die vorsitzende Richter*in, welche*r das Verfahren leitet, darauf hinzuwirken, dass die für den Sachverhalt erheblichen Tatsachen vollständig geklärt sowie angemessene und sachdienliche Anträge gestellt werden (§ 112 SGG).

Das Gericht wird den Sachverhalt vortragen und Ihnen nahelegen, sich außergerichtlich mit der Behörde auf einen **Vergleich** zu einigen. Es sei denn, es will die Klage abweisen.

Oft heißt ein Vergleich auch, dass nur ein Teil Ihrer Forderungen anerkannt wird.

Manche Gerichte wollen auf diesem Weg die Klage vom Tisch haben, damit sie kein Urteil schreiben müssen. Es kommt vor, dass Richter*innen Ihnen sogar mit der Abweisung der Klage drohen, um Sie zur Annahme eines Vergleichs zu bewegen. Es kann aber auch sein, dass das Gericht mit einem Vergleich das Bestmögliche für Sie herausholen und eine Zurückweisung der Klage vermeiden will.

Lässt das Gericht erkennen, dass es sich vermutlich zu Ihren Gunsten entscheidet, wird die Behörde ebenfalls versuchen, sich mit Ihnen im Vergleich zu einigen. Urteile zu Ungunsten der Behörde sind nämlich für sie bindend. Lieber also ein „freiwilliges" Zugeständnis ohne Urteil, das das Amt nicht in anderen Fällen bindet, als ein erzwungenes „Zugeständnis" mit einem Urteil, das dann bei vergleichbaren Fällen herangezogen werden muss.

Tipp: Lassen Sie sich auf eine außergerichtliche Einigung nur ein, wenn Sie meinen, kein besseres Ergebnis erzielen zu können.

2.2.3 Beweisaufnahme/Gutachter*in

Das Gericht entscheidet in der Regel schon vor der Verhandlung, welche Beweise aufgenommen werden müssen. Es kann z.B. von Amts wegen ein Sachverständigengutachten einholen, wenn es um ungeklärte Gesundheitsfragen geht. Sie können auch selbst eine*n Gutachter*in Ihrer Wahl benennen. Allerdings müssen Sie die Kosten für den/die Gutachter*in vorlegen, wenn das Gericht die Hinzuziehung eines Gutachters/einer Gutachterin nicht für notwendig erachtet. Gewinnen Sie das Verfahren, sind die Kosten vom Gericht zu übernehmen. In der Verhandlung können Sie Beweisanträge stellen bzw. Zeugen mitbringen.

Wenn die Leistungsträger erkennbare und notwendige Ermittlungen unterlassen haben und diese nun im gerichtlichen Verfahren nachgeholt werden müssen, kann das Gericht der Behörde die Kosten ganz oder teilweise auferlegen (§ 192 Abs. 4 SGG).

2.2.4 Protokoll

Sachverhalte, die nicht durch die Klageschrift oder den Schriftverkehr dokumentiert sind bzw. die nicht in der mündlichen Verhandlung ins Protokoll aufgenommen wurden, gelten im Zweifelsfall als nicht vorgetragen.

Achten Sie also darauf, dass alle für das Verfahren wichtigen Sachverhalte ins Protokoll aufgenommen werden. Sie können einen entsprechenden Antrag stellen.

2.3 Urteil

Das Verfahren kann abgeschlossen werden,

- indem ein Vergleich geschlossen wird; dann ergeht kein Urteil (⇨2.2.2),
- indem Sie die Klage zurücknehmen; dann ergeht auch kein Urteil oder
- indem das Gericht ein Urteil verkündet, wenn Sie an der Klage festgehalten und sich nicht mit der Behörde geeinigt haben.

2.4 Berufung

Wenn Sie mit dem Urteil nicht einverstanden sind, können Sie Berufung beim Landessozialgericht einlegen (§ 143 SGG). Wenn der Wert des *„Beschwerdegegenstandes"* unter 750 € liegt, muss die Berufung vom Sozialgericht zugelassen werden. Bei Beträgen darüber oder wenn es sich um eine wiederkehrende oder laufende Leistung für mehr als ein Jahr handelt oder es um eine Sache von grundsätzlicher Bedeutung geht, bedarf es keiner Zulassung (§ 144 SGG).

Tipp: Wenn Sie in Berufung gehen wollen, müssen Sie in der mündlichen Verhandlung anregen, dass das Sozialgericht die Berufung im Urteil zulässt.

2.5 Kein Anwaltszwang

Anders als im Verwaltungsrecht besteht auch in der zweiten Instanz vor dem Landessozialgericht kein Zwang, eine*n ⇨Anwalt/Anwältin zu einzuschalten. Sie können sich daher auch dort selbst vertreten oder durch einen Beistand oder den/die Rechtssekretär*in Ihrer Gewerkschaft vertreten lassen.

3. Überlange Verfahren

Nachdem Deutschland vor dem Europäischen Gerichtshofes für Menschrechte immer wieder wegen überlanger Verfahrensdauer verurteilt wurde, erließ man Ende 2011das *„Gesetz über den Rechtsschutz bei überlangen Gerichtsverfahren"* (§§ 198-201 GVB), das in mehrere bestehende Gesetze eingefügt wurde.

Es normiert einen Entschädigungsanspruch in Höhe von 1.200 € für jedes Jahr überlanger Gerichtsverfahrensdauer (§ 198 Abs. 2 GVB). Dieser Betrag kann abweichend festgesetzt werden. Ein Anspruch auf Entschädigung besteht aber nur, wenn das Gericht zuvor eine Verzögerungsrüge erhalten hat; diese ist frühestens nach sechs Monaten nach Eingang der Klage möglich (§ 198 Abs. 3 Satz 1 GVG). Dann hat das Gericht weitere sechs Monate Zeit, die Klage abschließend zu bearbeiten. Frühestens sechs Monate nach Erhebung der Verfahrensrüge kann die Entschädigungsklage eingelegt werden (§ 198 Abs. 5 GVG).

Der Entschädigungsanspruch ist verschuldensunabhängig. Es kommt also nicht darauf an, ob den Richter*innen, den Gerichts- oder Landesjustizverwaltungen ein Vorwurf zu machen ist. Neben der neuen Entschädigung sind zusätzlich – wie bisher – Amtshaftungsansprüche denkbar, wenn die Verzögerung auf einer schuldhaften Amtspflichtverletzung beruht. Dann kann umfassend Schadensersatz verlangt werden.

Anwendbar sind die Vorschriften in allen Gerichtsbarkeiten, auch in Verfahren auf Beantragung von Prozesskosten- oder Verfahrenskostenhilfe und in einstweiligen Rechtsschutzsachen. Ausgenommen sind lediglich eröffnete Insolvenzverfahren (§ 198 Abs. 6 Nr. 1 GVG).

Die Entschädigungszahlung kann bei einer solchen Klage durchaus höher sein als der Streitwert des Ausgangsverfahrens (BSG 12.2.2015 - B 10 ÜG 11/13 R). Entschädigungsleistungen für überlange Gerichtsverfahren stellen nach Ansicht des LSG NB anzurechnendes Einkommen da. Dem Urteil zufolge sind die Entschädigungszahlungen *„weder gem. § 11a Abs. 2 SGB II noch gem. § 11a Abs. 3 SGB II oder § 1 Alg II-V von der Anrechnung ausgenommen"*. Die Summe wird entsprechend ihrer Höhe entweder in dem Monat auf den Hartz IV-Regelbedarf angerechnet, in dem sie zufließt oder aber gemäß § 11 Abs. 3 SGB II in einem Zeitraum von **sechs Monaten** gleichmäßig aufgeteilt berücksichtigt (LSG NSB 26.11.2019 - L 11 AS 1044/18).

4. Kosten einer Klage

a. **Gerichtskosten** entstehen für Beziehende von Alg II und HzL/ GSi der Sozialhilfe keine, selbst wenn sie den Prozess verlieren. Das gilt für alle Sozialgerichtsverfahren (§ 183 SGG).
b. **Anwaltskosten der Behörde** haben Sie nicht zu tragen (§ 193 Abs. 4 i.V. mit § 184 Abs. 1 SGG).
c. **Eigene Anwaltskosten**
   Überlegen Sie sich sehr genau, ob Sie eine*n Anwält*in einschalten wollen. Sie können ⇨Prozesskostenhilfe (PKH) beantragen, also die Übernahme Ihrer Anwaltskosten durch die Justizbehörden. Bekommen Sie **keine** PKH und verlieren Sie die Klage, fallen Kosten von mehreren Hundert Euro für den/die Anwält*in an. Näheres unter ⇨Anwalt/Anwältin

Eine Verrechnung des Anspruchs auf Erstattung des Anwaltshonorars mit Forderungen des Jobcenters gegen den Leistungsberechtigten ist rechtswidrig. Die BA hat genau diese Praxis in ihren Dienstanweisungen angewiesen, um so anwaltliche Vertretung von Alg II-Beziehenden zu behindern. Die Jobcenter hatten eine klare Anweisung der Bundesagentur für Arbeit: Bevor die Behörden die Kosten für das Widerspruchsverfahren übernehmen, sollten sie prüfen, ob eine Aufrechnung in Betracht kommt – und zwar auch dann, wenn einerseits der/die Rechtsanwält*in Erstattung seiner/ihrer Kosten verlangt und andererseits der/die Hartz-

IV-Empfänger*in dem Jobcenter noch Geld schuldet. Das BSG hat dieser Praxis nun ein Ende gemacht und ein **Aufrechnungsverbot** erlassen (BSG 20.2.2020 - B 14 AS 17/19 R; B 14 AS 4/19 R; B 14 AS 3/19 R).

5. Wenn das Jobcenter/Sozialamt trotz Urteil nicht zahlt,
schlagen Sie nach unter ⇨einstweilige Anordnung 3.2.1

Forderung
Reduktion des Streitwertes auf 200 €!
Keine Einführung von Sozialgerichtsgebühren!
Erhebung von Missbrauchsgebühren von den Leistungsträgern, wenn diese Verfahren mutwillig herbeiführen!
Einführung einer Verpflichtungsklage nach sechs Monaten Untätigkeit des Gerichts!

Informationen:
BA: Praxishandbuch für das Verfahren nach dem Sozialgerichtsgesetz, 4. Aufl. Stand: 10/2020, Download: https://t1p.de/i4k9
Hamburger Justiz, Die Klage, http://justiz.hamburg.de/die-klage/1291562/klage.html
Eilrechtsschutz und Klageverfahren in der Sozialen Arbeit, Walhalla Verlag, 2011 (inkl. CD, mit Formulierungshilfen)

Kontoauszüge

Inhaltsübersicht

1. Kontenabfrage
Stellen Sie einen Erstantrag auf Alg II oder HzL/ GSi der Sozialhilfe, werden Sie meist aufgefordert, die Kontoauszüge der letzten Monate vorzulegen.
Wenn Sie das ablehnen, droht man Ihnen, Alg II/ Sozialhilfe wegen **„fehlender Mitwirkung"** zu versagen.

1.1 Einsicht in die Kontoauszüge der letzten drei Monate vor Antragstellung
Ihre ⇨Mitwirkungspflicht besteht darin, alle Tatsachen anzugeben, die für die Leistung *„erheblich"* sind. Sie sind auch verpflichtet, *„auf Verlangen [...] Beweisurkunden vorzulegen oder ihrer Vorlage zuzustimmen"* (§ 60 Abs. 1 Nr. 1 und Nr. 3 SGB I). Kontoauszüge sind zweifellos Beweisurkunden. Sie geben Auskunft darüber, ob Sie mittellos sind. Ihre Vorlage kann also für die Leistung erheblich sein.
Das BSG hat die Pflicht, Kontoauszüge sogar für die **letzten drei Monate** vor der Antragstellung vorzulegen, für zulässig erklärt (19.9.2008 - B 14 AS 45/07 R). Die Vorlage von Kontoauszügen zur Einsicht ist eine rechtmäßige Datenerhebung, um **„Leistungsmissbrauch"** vorzubeugen, eine konkrete Begründung der Behörde sei nicht notwendig (LSG Bayern 21.5.2014 - L 7 AS 347/14 B ER).
Auch bei jedem neuen **Weiterbewilligungs- bzw. Folgeantrag** darf die Vorlage der Kontoauszüge der vorherigen drei Monate gefordert werden (BSG 19.2.2009 - B 4 AS 10/98 R). In dieser Entscheidung hat das BSG die Möglichkeit, **Schwärzungen vorzunehmen** für zulässig erklärt.
Das BSG hat entschieden, zumindest für den Zeitraum vor Wirksamwerden der DSGVO, also bis 24. Mai 2018, dass die Jobcenter **Kontoauszüge bis zu zehn Jahre speichern** dürfen (BSG 14.5.2020 - B 14 AS 7/19 R). Denn das JC kann bis zu zehn Jahre unter bestimmten Voraussetzungen nachträgliche Bescheidkorrekturen durchführen, daher ist hier die Speicherung der Daten erforderlich und zulässig. Das BSG hat aber auch bestätigt, dass nicht leistungsrelevante Kontodaten geschwärzt werden dürfen, weil diese nicht erforderlich im Sinne von § 67a Abs. 1 S. 1 SGB X sind.

Kritik
Das BSG schafft mit dieser Rechtsprechung einen **Generalverdacht gegen alle Hartz IV-Beziehenden**. Das Recht des Einzelnen, grundsätzlich selbst über die Preisgabe und Verwendung seiner personenbezogenen Da-

ten zu bestimmen, wird damit eingeschränkt. Trotz BSG-Entscheidung ist es unserer Meinung nach aufgrund der Vorgaben des ⇨Datenschutzes nicht zulässig, auf einen allgemeinen Verdacht hin unverhältnismäßig Daten zu erheben. Wozu gibt es dann den erheblich ausgebauten ⇨Datenabgleich? Wozu gibt es die Regel, dass bei verschwiegenem Einkommen und Vermögen, wenn es aufgedeckt wird, zu viel gezahlte Leistungen zurückgefordert und aufgerechnet werden und sogar Strafverfolgung möglich ist? Wozu gibt es ferner die Verpflichtung, alle für die Leistung wesentlichen Tatsachen mitzuteilen?
Das BSG hält die Vorlage von lückenlosen Kontoauszügen von sechs Monaten für zulässig, davon für drei Monate rückwirkend. Für Ihren Anspruch auf Leistungen ist allerdings nur Ihre finanzielle Lage zum Zeitpunkt der Antragstellung relevant.

Unserer Meinung nach ist die verdachtslose Aufforderung, in erheblichem Umfang Kontoauszüge vorzulegen, trotz der BSG-Entscheidungen rechtswidrig. *„Das Zweite Kapitel des Zehnten Buches geht dessen Erstem Kapitel vor, soweit sich die Ermittlung des Sachverhaltes auf Sozialdaten erstreckt"* (§ 37 Satz 3 SGB I). Hier wird der Vorrang der datenschutzrechtlichen Vorschriften (§ 35 SGB I und §§ 67 - 85a SGB X) vor den Ermittlungsbefugnissen der Behörde (§ 20 und 21 SGB X) bestimmt. Damit ist der Schutz der Sozialdaten von Betroffenen höherrangig zu werten als das Ermittlungsinteresse der Behörde. Sozialdatenschutz darf nur in begründeten Fällen eingeschränkt werden. Generalverdacht gegen Erwerbslose bei routinemäßigen Abfragen ist nicht begründet.

1.2 Direkterhebungsgrundsatz

Sozialdaten sind beim Betroffen zu erheben (§ 67a Abs. 2 Satz 1 SGB X). „Betroffener" ist die leistungsberechtigte oder antragstellende Person. Eine Ausnahme besteht bei der gesetzlichen Vertretung von minderjährigen Kindern durch ihre Eltern. Möchte eine Behörde von einer Person die Kontoauszüge sehen, hat die Behörde sich an die jeweilige Person zu wenden. Das Jobcenter darf sich nicht an das antragsbevollmächtigte Mitglied einer **Bedarfsgemeinschaft** wenden, wenn es Daten anderer volljähriger Mitglieder anfordert.
Der/die **Partner*in** eines Antragstellers ist selbst auskunftspflichtig (§ 60 Abs. 4 SGB II). Deshalb muss sich das Jobcenter an den/die Partner*in selbst wenden, eine ggf. bestehende Mitwirkungspflicht durch einen Verwaltungsakt feststellen und diese Mitwirkung auf dem Weg einer Zwangsvollstreckung durchsetzen (BSG 25.6.2015 - B 14 AS 30/14 R; LSG Schleswig-Holstein 13.6.2013 - L 13 AS 83/10).
Von dem/der Partner*in, der/die selbst keine Leistungen beantragt hat (⇨eheähnliche Gemeinschaft), kann lediglich die Erteilung von Auskünften verlangt werden, nicht aber die Vorlage von Belegen über das Einkommen und Vermögen (§ 60 Abs. 4 Satz 1 Nr. 1 SGB II; BSG 24.2.2011 - B 14 AS 87/09 R).

K

1.3 Konten bei Bezahldienstleistern

Zu den Konteninformationen, die Sie angeben müssen, gehören auch Auszüge von **PayPal, Prepaid-Kreditkarten** und vergleichbaren Bezahldienstkonten. Keinesfalls darf das Jobcenter verlangen, dass Sie Ihr PayPal-Passwort oder dergleichen angeben. Da bei PayPal die E-Mailadresse einer Kontonummer gleichgestellt ist, wird diese statt der Kontonummer anzugeben sein. Die Mitteilungspflicht ergibt sich aus der Notwendigkeit, Ihr Einkommen und Vermögen zu überprüfen, um über Ihren Anspruch auf Leistungen zu entscheiden (§ 60 Abs. 1 Nr. 2 SGB I).
Auch bei diesem Konto können i.d.R. Angaben bis drei Monate vor der Antragstellung gefordert werden.

1.4 Kontoauszüge schwärzen?

SGB II-Leistungsträger sind verpflichtet, auf die Möglichkeit hinzuweisen, Angaben zu schwärzen (BSG. 19.9.2008 - B 14 AS 45/07 R und 19.2.2009 - B 4 AS 10/98 R). Hierzu zählen insbesondere die „besonderen Sozialdaten", die Hinweise über die **ethnische Herkunft, politische Meinungen, religiöse oder philosophische Überzeugungen, Gewerkschaftszugehörigkeit** oder das **Sexualleben** geben können (§ 67 Abs. 12 SGB X). Das BSG gesteht hier eine Schwärzung des **Zahlungsempfängers** und des **Verwendungszwecks** zu. Der Betrag selbst muss aber fürs Amt

ersichtlich bleiben. *„Geschützt ist mithin nur die Geheimhaltung des Verwendungszwecks bzw. des Empfängers der Überweisung, nicht deren Höhe. Würde sich aus den insoweit geschwärzten Kontoauszügen eines Leistungsempfängers ergeben, dass in auffälliger Häufung oder Höhe Beträge überwiesen werden, so ist im Nachfolgenden jeweils im Einzelfall zu entscheiden, inwieweit ausnahmsweise nicht doch eine Offenlegung auch des bislang geschwärzten Adressaten gefordert werden kann"* (BSG 19.9.2008 - B 14 AS 45/07 R, Rn. 25, 26; BSG 14.5.2020 - B 14 AS 7/19 R).
Obwohl das Amt laut BSG und Rechtslage (§ 14 Abs. 2 S. 2 SGB II) auf die Möglichkeit hinweisen muss, Angaben zu schwärzen, ist diese Aussage offensichtlich noch nicht bei den Jobcentern angekommen.

Kontoauszüge sind nicht nur diejenigen, die Sie am Automaten oder von der Bank ausgedruckt bekommen, sondern auch die per **Onlinebanking** ausgedruckten Auszüge. Diese nicht zu akzeptieren und zu behaupten, sie könnten gefälscht sein, ist Unsinn. Gefälscht werden kann alles. Wenn Hartz IV-Beziehende Onlinebanking als geeignetes Verfahren wählen, ist das ihr gutes Recht. Sie sparen damit wenigstens ein paar Euro.

Die Aufforderung von Behörden, generell ungeschwärzte Auszüge vorzulegen, **ist ein Verstoß** gegen das Grundrecht auf informationelle Selbstbestimmung (⇨Datenschutz).
Der Landesbeauftragte für Datenschutz Bremen hat klargestellt: *„Festzustellen ist, dass die Forderung nach Vorlage lückenlos ungeschwärzter Kontoauszüge grundsätzlich nur dann erforderlich und datenschutzrechtlich zulässig ist, wenn eine konkrete Frage zur Einkommens- und Vermögenssituation nicht anders geklärt werden kann"* (Schreiben vom 25.2.2004 - Az. 45-040-99.04/4; so auch SG Nürnberg 15.2.2006 - S 20 AS 75/06 ER).

Tipp: Auch wenn Sie es für Ihr gutes Recht halten: es bringt nichts, Kontoauszüge zu schwärzen und gegenüber der Behörde darauf zu beharren. Sie wird Ihnen die Leistung versagen. Bis Sie den Anspruch per Klage durchgesetzt haben, kann einige Zeit vergehen. Daher schalten Sie bei überzogenen Nachweisforderungen lieber die **Datenschutzbeauftragten** der Länder/ des Bundes ein oder klagen Sie **nachträglich**. Eine Feststellungs⇨**klage** kann geführt werden, um zu klären, ob das Verlangen, ungeschwärzte Kontoauszüge vorzulegen, rechtmäßig ist (§ 55 Abs.1 Nr.1 SGG).

2. Blankovollmachten unzulässig

Manche Jobcenter und Sozialämter verlangen bei Antragstellung manchmal Blankovollmachten, über die sie Ihre Kontobewegungen bei Banken direkt einsehen wollen. Sie sind zwar verpflichtet, der *„Erteilung der **erforderlichen** Auskünfte durch Dritte zuzustimmen"* (§ 60 Abs. 1 Nr.1 SGB I). Eine Blankovollmacht gegenüber Ihrer Bank gehört **nicht** dazu, weil sie **nicht erforderlich** ist. Erstens sind Sozialdaten beim Betroffenen zu erheben (§ 67a Abs. 2 SGB X), Sie können die Kontoauszüge also selbst vorlegen. Zweitens gilt für die Bankauskünfte ebenfalls das, was schon unter ⇨1.1 ausgeführt wurde. Die Blankovollmacht zur Erteilung von Bankauskünften darf also im Regelfall gar nicht von Ihnen verlangt werden. Liegt ein konkreter Betrugsverdachtsfall vor, muss der Sozialleistungsträger den Fall sowieso an die Strafverfolgungsbehörden abgeben. Der Bank auf diese Weise zu offenbaren, dass Sie Alg II/ Sozialhilfe beziehen, verstößt zudem gegen den ⇨Datenschutz.

Tipp: Sollten Behörden solche Blankovollmachten in Anträgen von Ihnen verlangen, können Sie diese bedenkenlos durchstreichen. Sie sollten solche Vorgänge der Öffentlichkeit bekannt machen oder dem Bundesdatenschutzbeauftragten melden. Am besten entsprechende Formulare in Kopie als Nachweis beilegen.

3. Kostenerstattung für Kontoauszüge?

Vom Grundsatz her sind Sie nicht verpflichtet, Kontoauszüge zu sammeln. Sie sollten es aber trotzdem tun. Wenn Sie sich aufgrund der Aufforderung der Behörde bei Ihrer Bank Kontoauszüge nachträglich besorgen müssen, werden oft höhere Gebühren fällig.

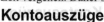

Ihre Bank darf aber **keine** 15 € für die wiederholte Herausgabe der Kontoauszüge verlangen (BGH 17.12.2013 - XI ZR 66/13). Wenn sie es dennoch tut, sollten Sie auf das Urteil des Bundesgerichtshofs hinweisen und mit der Einschaltung der Bundesanstalt für Finanzdienstleistungsaufsicht (BaFin) oder eines/r Anwaltes/Anwältin drohen.

3.1. Kosten von Mitwirkungshandlungen

⇨Mitwirkung 8.

4. Kostenfreie und anonymisierte Auszahlung

⇨Konto 2.1 f.

5. P-Konto

⇨Pfändung (P-Konto) 2.

6. Kontenabruf bei in- und ausländischen Banken

⇨Datenabgleich 4.2 ff.

Forderungen

Keine regelmäßige Vorlage der Kontoauszüge der letzten drei Monate!
Entfernung aller Blankovollmachten aus Antragsformularen!
Kostenlose Barauszahlung auch bei Alg II-Bezug!

Kostenerstattung

Inhaltsübersicht

1.1 Kostenerstattung von Aufwendungen bei gewonnenen Widersprüchen

Wenn Ihr ⇨Widerspruch gegen einen Bescheid der Behörde erfolgreich war, können Sie Kostenersatz geltend machen. *„Soweit der Widerspruch erfolgreich ist, hat der Rechtsträger, dessen Behörde den angefochtenen Verwaltungsakt erlassen hat, demjenigen, der Widerspruch erhoben hat, die zur zweckentsprechenden Rechtsverfolgung [...] notwendigen Aufwendungen zu erstatten"* (§ 63 Abs. 1 SGB X).

Aufwendungen sind z.B. Kosten zur Urkundenbeschaffung, für ärztliche Atteste, für Beschäftigungsnachweise, für Briefverkehr, für Porto, Abschriften, Fotokopien, Zuzahlungen bei Beratungshilfe, aber auch für Dolmetscher*innen (Schütze, SGB X, § 63 Rn. 18 f.) sowie für Fahrten zum Amt, zu Ärzt*innen, zu einer Ortsbesichtigung oder zu einem/r Bevollmächtigten (Hauck/Noftz SGB X, § 63 Rn. 66), aber auch für Telefon (ebenda, § 63 Rn. 65) und sonstige notwendige Aufwendungen.

Beratungsstellen wie z.B. die Verbraucherzentrale oder Sozialverbände verlangen für ihre Unterstützung teilweise Gebühren oder Beiträge. Auch diese Kosten sind, wenn notwendig, als Aufwendungen im Widerspruchsverfahren zu erstatten. Angesichts der Komplexität des Sozialrechtes ist die Unterstützung von einer Beratungsstelle in der Regel auch bei einem einfachen Widerspruch notwendig.
Die Behörde hat in einem Widerspruchsabhilfebescheid gleich eine Kostengrundentscheidung zu treffen, in der geregelt wird, dass auf Antrag Kosten übernommen werden können. Sie müsste erklären, dass geltend gemachte Aufwendungen übernommen werden.

Ein erfolgreicher Überprüfungsantrag nach § 44 SGB X löst **keinen** Kostenerstattungsanspruch (SG Dortmund 19.5.2015 - S 27 AS 2651/11).

Tipp: Fehlt dem Abhilfebescheid – also dem Bescheid, dass Ihr Widerspruch erfolgreich war – die Kostenentscheidung, können Sie Widerspruch einlegen. Falls Sie tatsächlich Aufwendungen hatten, sollten Sie diese dann gleich belegen. Siehe auch: ⇨ Aufwendungsersatz auch bei Kleinbeträgen 2.

1.2 Übernahme der Kosten Bevollmächtigter

„Die Gebühren und Auslagen eines Rechtsanwalts oder eines sonstigen Bevollmächtigten im Vorverfahren sind erstattungsfähig, wenn die Zuziehung eines Bevollmächtigten notwendig war" (§ 63 Abs. 2 SGB X). Vorverfahren nennt man das dem Gerichtsverfahren vorausgehende Widerspruchsverfahren. Eine*n Rechtsanwält*in hinzuziehen kann notwendig sein, wenn es nicht nur darum geht, Sachverhalte richtig zu stellen, sondern auch darum, Sachverhalte rechtlich zu bewerten (LPK SGB II, Anhang Verfahren Rz. 55). Angesichts der Komplexität des Sozialrechtes ist die Hinzuziehung eines Anwalts/einer Anwältin auch bei einem einfachen Widerspruch im Regelfall notwendig (Hauck/Noftz SGB X, § 63 Rn. 50).

Auch Vertreter von Gewerkschaften, Sozialverbänden, Rentenberatungen, Wohlfahrtsverbänden, Verbraucherorganisationen und ähnlichen Stellen können Kosten verursachen. Wenn diese als Ihre Bevollmächtigten Gebühren und Auslagen geltend machen, müssen sie vom Amt erstattet werden (§ 63 Abs. 2 SGB X).

Über die Notwendigkeit und die Höhe der Kostenerstattung entscheidet die Behörde. Ist der Widerspruch nur teilweise erfolgreich, werden Ihre Kosten auch nur teilweise zu erstattet.

Das Ausmaß des Obsiegens und Unterliegens muss die Behörde in der Kostenentscheidung durch eine Kostenquote zum Ausdruck bringen (LSG Berlin-Brandenburg 29.11.2017 - L 7 KA 64/14).

Verrechnung von Anwaltsgebühren mit Nachzahlungsanspruch

Um anwaltliche Unterstützung soweit wie möglich auszuhebeln, haben die Jobcenter auf Weisung der BA bei gewonnenen Widersprüchen zu prüfen, ob eine Aufrechnung in Betracht kommt – und zwar auch dann, wenn einerseits der/die Rechtsanwält*in Erstattung seiner/ihrer Kosten verlangt und andererseits der/die Hartz IV-Empfänger*in dem Jobcenter noch Geld schuldet. Das BSG hat dieser unsäglichen Praxis nun ein Ende gemacht und diese Verrechnung von behördlichen Ansprüchen mit dem Anspruch auf Übernahme der Anwaltskosten für rechtwidrig erklärt und damit ein Aufrechnungsverbot erlassen (BSG 20.2.2020 - B 14 AS 17/19 R; B 14 AS 4/19 R und, B 14 AS 3/19 R). Die Pressestelle des BSG erklärte dazu dem LTO 22.3.2020:

„Wenn ein Leistungsberechtigter nach dem SGB II im Widerspruchsverfahren gewinnt, muss das Jobcenter die ihm entstandenen Rechtsanwaltskosten übernehmen. Dieser Anspruch darf nicht dadurch entwertet werden, dass das Jobcenter mit Gegenansprüchen aufrechnet".

Damit ist endlich dieser unsäglichen Verwaltungspraxis zur Beschränkung der anwaltlichen Vertretung ein Ende gesetzt worden, diese Begrenzung hat aber fast 15 Jahre gedauert.

1.3 ...bei gewonnenen Einstweiligen Anordnungen und Klagen

Auch hier haben Sie Anspruch auf Ersatz der Kosten der Rechtsverfolgung, z.B. der Anwaltskosten und der notwendigen Aufwendungen der Beteiligten (Fahrtkosten, Zeugengelder, Kopien usw.; § 193 SGG).

1.4 Kostenerstattungsanspruch bei Formfehlern der Behörde

Die Behörde ist beim Erlass von Verwaltungsakten an eine Reihe von formalen Vorschriften gebunden. Enthält der Bescheid Formfehler, ist dieser rechtswidrig und im Widerspruchsverfahren aufzuheben. Dabei ist es unerheblich, ob diese Formfehler im Laufe des Verfahrens korrigiert werden können und dadurch unbeachtlich sind (§ 41 Abs. 1 SGB X).

Solche Fehler können z.B. vorliegen, wenn
- eine erforderliche Begründung fehlt oder
- die erforderliche Anhörung versäumt wurde (§ 41 Abs. 1 Satz 1 Nr. 1 - 6 SGB X).

Im Falle der Nachholung ist der Mangel zwar geheilt, die Behörde muss Ihnen aber trotzdem die Kosten erstatten, die durch den Widerspruch angefallen sind (§ 63 Abs. 1 Satz 2 SGB X).

1.5 Notwendige Aufwendungen bei Gericht

werden entsprechend ⇨ 1.1 übernommen. Hinzu kommen ggf. auch Verdienstausfall und Fahrtkosten, besonders wenn persönliches Erscheinen angeordnet wurde. Sie müssen die Erstattung der Kosten bei der Gegenseite beantragen und Belege einreichen.

2. Aufwendungsersatz auch bei Kleinbeträgen

Nach einer Entscheidung des BSG sind auch Fahrtkosten in Höhe von 1,72 € für einen Leistungsbeziehenden **erhebliche Beträge**, die bei einer Meldeaufforderung nach § 59 SGB II zu übernehmen sind. Der Verweis auf Bagatellgrenzen von 6 € (die es im SGB III gegeben hat) ist rechtswidrig (BSG 6.12.2007 - B 14/7 b AS 50/06 R). Diese Entscheidung betrifft zwar nicht den Aufwendungsersatz, ist aber richtungweisend dafür, dass grundsätzlich auch kleinere Beträge zu übernehmen sind. Das dürfte auch für die Sozialhilfe gelten.

3.1 Aufwendungsersatz bei Mitwirkungspflichten

„Wer einem Verlangen des zuständigen Leistungsträgers nach den §§ 61 [persönliches Erscheinen] oder 62 [ärztliche oder psychologische Untersuchungen] nachkommt, kann auf Antrag Ersatz seiner notwendigen Auslagen in angemessenem Umfang erhalten. Bei einem Verlangen des zuständigen Leistungsträgers nach § 61 sollen Aufwendungen nur in Härtefällen ersetzt werden" (§ 65a SGB I).

Wenn Sie also wegen eines Antrags auf Krankenkostzulage zur Untersuchung in das nächstgelegene Gesundheitsamt fahren müssen, können Sie beim Amt einen Antrag auf Übernahme der entsprechenden Fahrtkosten stellen, auch für notwendige Kosten von **Begleitpersonen** (§ 309 Abs. 4 SGB III).

Das gilt auch, wenn die Behörde mit Verweis auf Ihre Mitwirkungspflichten verlangt, dass Sie wegen der Antragsstellung oder sonstiger Leistungsangelegenheiten persönlich erscheinen. Da solche Fahrtkosten nur in Härtefällen übernommen werden sollen, ist die BSG-Entscheidung (⇨2.) hilfreich, nach der auch kleine Beträge als erhebliche Beträge gelten können (⇨Amtsarzt 3.1).

Die Kosten können auch nachträglich übernommen werden, *„wenn ein persönliches Erscheinen oder Untersuchen nachträglich als notwendig"* erachtet wird (§ 65a Abs. 2 SGB I). Scheuen Sie sich nicht, Kosten, die im Rahmen der Mitwirkungspflichten entstehen, geltend zu machen. Zu den hier geltend zu machenden Kosten können auch Transport bzw. Fahrtkosten von Menschen mit hohem Infektionsrisiko, gerade in **Corona**-Zeiten, gehören, seien es Fahrtkosten durch den Transport im PKW eines Freundes oder, wenn erforderlich, auch mit einem Taxi. Hier wird gewiss ein ärztliches Attest zur Glaubhaftmachung vorzulegen sein und eine klare, nachvollziehbare Erklärung, dass ein Transport mit dem ÖPNV nicht möglich ist.

3.2 Übersetzungen

Die Amtssprache ist deutsch (§ 19 Abs. 2 SGB X). Werden Belege, Urkunden und sonstige Dokumente in fremder Sprache vorgelegt, **soll** die Behörde von Ihnen eine Übersetzung verlangen (§ 19 Abs. 2 Satz 1 SGB X).

Wie Sie am besten darauf reagieren und welche Kosten übernommen werden, lesen Sie unter ⇨Antragstellung 1.13 ff.

3.3 Kostenvoranschläge

Werden Sie vom Alg II-, HzL- oder GSi-Amt dazu aufgefordert, einen Kostenvoranschlag beispielsweise für einen Umzug, eine Renovierung, Reparatur einer Waschmaschine oder Anschluss eines Gasherdes vorzulegen, handelt es sich **nicht um eine Mitwirkungspflicht**, da die Beschaffung von Kostenvoranschlägen **nicht** zu den Mitwirkungspflichten nach §§ 60 ff SGB I gehört.

Es handelt sich hierbei um Verfahrenskosten (nach § 20 Abs. 1 SGB X). Da Verfahren im Sozialrecht grundsätzlich kostenfrei sind (§ 64 Abs. 2 S. 1 SGB X) ⇨ 4., müssen Sie also nichts zahlen (Mrozynski, SGB I, § 65a, Rn. 14).

Hat das Amt von Ihnen die Tragung der Kosten verlangt, dann haben Sie einen Rückerstattungsanspruch nach § 21 Abs. 3 Satz 4 SGB X i. V. m. § 670 BGB (SG Braunschweig 13.1.2016 - S 17 AS 3211/12 in Sachen Attestkosten).

4. Kostenfreiheit

„Geschäfte und Verhandlungen, die aus Anlass der Beantragung, Erbringung oder der Erstattung einer Sozialleistung nötig werden, sind kostenfrei. Von Beurkundungs-

und Beglaubigungskosten sind Urkunden, die [...] im Sozialhilferecht, im Recht der Grundsicherung für Arbeitssuchende, im Recht der Grundsicherung im Alter und bei Erwerbsminderung [...] aus Anlass der Beantragung, Erbringung oder Erstattung einer nach dem Zwölften, dem Zweiten (Buch) [...] vorgesehenen Leistung benötigt werden [...] befreit" (§ 64 Abs. 2 SGB X). In nicht sozialrechtlichen Bereichen sind Amtshandlungen in bestimmten Fällen kostenpflichtig. Dies gilt insbesondere für Verwaltungsgebühren, für bestimmte Amtshandlungen oder sonstige Verwaltungstätigkeiten einer öffentlichen Verwaltung, die z.B. nach kommunalen Gebühren- und Kostensatzungen erhoben werden. Im Gegensatz zum allgemeinen Verwaltungsrecht sind Verfahren im Sozialrecht kostenfrei.

Kostenfreiheit bedeutet, dass
- keine Gebühren, also Entgelte für bestimmte Amtshandlungen wie Erteilung eines Bescheides (§ 31 SGB X) und für Beratung/Auskunft (§§ 14, 15 SGB I) erhoben werden,
- keine Auslagen für die Amtshandlungen wie anteilige Personalkosten, Porto- oder Telefonkosten, Reisekosten, Gebühren für Sachverständige usw. erhoben werden. Dies gilt auch für Portokosten, die durch eine Aktenübersendung im Widerspruchsverfahren anfallen,
- Gutachten über den Verkehrswert Ihres Hauses oder Grundstücks (FW 12.48) bzw.
- alle Gutachten über Vermögenswerte, deren Einsatz die Behörde verlangt (BVerwG - NVwZ 87, 1070 f.), nicht vom Amt verlangt werden dürfen.

Kosten, die Sie selbst anlässlich der Beantragung von Sozialleistungen haben, z.B. für Kontoauszüge, Kopien oder Kosten für Ausweisdokumente, müssen Sie selber tragen, wenn Sie diese Dokumente ohne Aufforderung des Amts beschaffen. Zum Thema Übersetzungen schauen Sie unter (⇨3.2) nach.

Tipp: Wurden Sie im Rahmen der Mitwirkungspflichten nach § 60 ff SGB I aufgefordert, bestimmte Beweisdokumente vorzulegen, die Sie aus Kostengründen nicht beschaffen können, liegt ein *„wichtiger Grund"* im Sinne von § 65 Abs. 1 Nr. 2 SGB I vor: Sie sind dann per Gesetz von der Mitwirkungspflicht befreit. Teilen Sie der Behörde diesen wichtigen Grund möglichst schriftlich mit und verweisen Sie darauf, dass sich die betreffende Mitwirkungsaufforderung wegen des Vorliegens eines **wichtigen Grundes** hiermit erledigt hat (§ 65 Abs. 1 Nr. 2 SGB I). ⇨Mitwirkungspflicht 2.1

5. Kosten für Kostenvoranschläge

Die Behörde kann bei größeren Ausgaben, z.B. bei Umzügen oder Renovierungen durch ein Unternehmen zwei bis drei Kostenvoranschläge verlangen. Sollten für die Erstellung solcher Kostenvoranschläge Kosten erhoben werden, sind diese nicht im Regelsatz enthalten. Sie müssen deshalb auf Ihren Antrag hin erstattet werden (§ 64 Abs. 2 Satz 1 SGB X; BVerwG - NVwZ 87, 1070 - 1071). ⇨ 3.3

6. Kosten für Personalausweis

Behörden verlangen bei der Beantragung von Alg II/ Sozialhilfe einen gültigen Personalausweis. Wenn Sie **mittellos** sind und Leistungen beantragen, ohne in Besitz eines gültigen Ausweises zu sein, ist Ihnen zunächst vorläufig die Leistung zu gewähren (⇨ Antrag 3.3). Oder man sollte Ihnen einen Vorschuss auszahlen und für die Vorlage des Ausweises im Rahmen der Mitwirkungspflichten eine angemessene Frist einräumen. Falls **Zweifel an Ihrer Identität** bestehen, können diese ggf. mit einer eidesstattlichen Versicherung eines Dritten vorläufig ausgeräumt werden.

Das Sozialgericht Berlin hat ein **Darlehen** in Höhe von zehn € für die Ausstellung eines vorläufigen Personalausweises zuerkannt, da Antragstellende in einer derartigen Situation nicht vollkommen schutzlos gelassen werden könne (SG Berlin 28.3.2013 - S 149 AS 30511/12 ER).

Anspruch auf Gebührenbefreiung nach Passgesetz

Wer einen neuen Personalaus benötigt und über 24 Jahre alt ist, muss seit einer Gebührenerhöhung zum 1.1.2021 dafür 37 € bezahlen (§1 Abs. 1 Nr. 2 PAuswGebV), das ist eine Preissteigerung von fast 30 Prozent.

Allerdings sagt das Gesetz auch: *„Die Gebühr kann ermäßigt oder von ihrer Erhebung abgesehen werden, wenn die Person, die die Gebühr schuldet, bedürftig ist"* (§ 1 Abs. 6 PAuswGebV). Das Verwaltungsgericht Berlin hat einen solchen Fall entschieden, und klargestellt: *„Als bedürftig im Sinne von § 1 Abs. 6 PAuswGebV ist derjenige anzusehen, der Leistungen nach dem SGB II oder SGB XII bezieht. Ob und inwieweit eine Gebührenermäßigung oder -befreiung für einen in diesem Sinne bedürftigen Gebührenschuldner tatsächlich gewährt oder versagt wird - insbesondere in den Fällen, in denen bedürftige Personen erst einen sehr geringen Teil der Personalausweisgebühr ansparen konnten -, steht im pflichtgemäßen Ermessen der Personalausweisbehörden".* Das VG Berlin hat ausgeführt, dass im RB ein Anteil von monatlich 0,31 € (seit 2021) für die Ansparung von Personalausweisgebühren enthalten sei. Wenn der Beginn des Leistungsbezugs erst kurze Zeit zurück liegt, kommt unter Umständen ein vollständiger Gebührenerlass in Betracht (VG Berlin 21.4.2016 - VG 23 K 329.15).

Das OVG Berlin hat dieses Urteil gekippt und folgende Definition entwickelt: *„Die Personalausweisgebührenverordnung definiert den Begriff der Bedürftigkeit nicht. Nach allgemeinem Sprachgebrauch ist derjenige bedürftig, der außerstande ist, sich selbst zu unterhalten (vgl. auch § 1602 Abs. 1 BGB), und auch keine Hilfe von anderen erhält. Ähnlich definiert das Zweite Buch Sozialgesetzbuch den rechtlich eigenständigen Begriff der Hilfebedürftigkeit in § 9 Abs. 1 SGB II (vgl. auch § 27 Abs. 1 SGB XII). Danach ist hilfebedürftig, wer seinen Lebensunterhalt nicht oder nicht ausreichend aus dem zu berücksichtigenden Einkommen oder Vermögen sichern kann und die erforderliche Hilfe nicht von anderen, insbesondere von Angehörigen oder von Trägern anderer Sozialleistungen, erhält. Diese Definition zeigt den Grundsatz des Nachrangs der Sozialhilfe auf; der Träger der Sozialhilfe, welche aus Bundesmitteln bestritten wird (vgl. § 46 Abs. 1 Satz 1 SGB II, § 46a Abs. 1 Nr. 2 SGB XII a.F.), soll erst dann Leistungen erbringen müssen, wenn nicht vorrangig Angehörige oder Träger anderer Sozialleistungen Hilfe leisten"* (OVG Berlin-Brandenburg 23.11.2017 – OVG 5 B 3.16 Rn. 27, juris).

Die Argumentation des OVG Berlin-Brandenburg ist angreifbar, denn es kommen zu den Gebühren noch Passfotos in Höhe von mind. 8 € dazu. Auch ist nicht jeder Sozialleistungsbeziehende schon so lange im Sozialleistungsbezug, um die Kosten für einen neuen Personalausweis angespart zu haben. Zudem stellt sich die Frage, für wen eigentlich die Gebührenbefreiung im Rahmen der Härtefallregelung von § 1 Abs. 6 PAuswGebV anzuwenden ist, wenn nicht für Alg II-/SGB XII-Beziehende.

Daher empfehlen wir Ihnen, wenn Sie aufgrund der Dauer des Alg II-/Sozialhilfe-Bezuges nicht in der Lage waren, Personalausweisgebühren aus Ihrer Regelleistung anzusparen oder wenn es Ihnen aufgrund von Mietkürzungen, längeren Aufrechnungen von Darlehen oder sonstiger Belastungen nicht möglich war, Ihren Anteil für zukünftige Personalausausweise anzusparen, einen Erlassantrag zu stellen.

Passkosten siehe ⇨ Asylbewerber*innen 6. ⇨ Härtefall 3.2 d.) ⇨Einmalige Beihilfen 1.2

Wir vertreten die Auffassung, dass grundsätzlich jede Person, die SGB II/Sozialhilfeleistungen bezieht, bedürftig im Sinne der Personalausweisgebührenverordnung und ohne Diskussion bei Vorlage eines Leistungsbescheides von den Gebühren zu befreien ist.

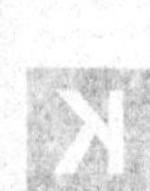

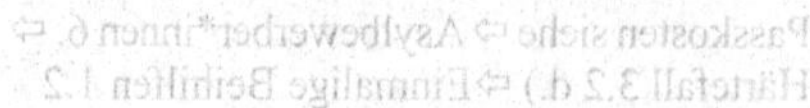

Mitwirkungspflichten

„Die Behörde ermittelt den Sachverhalt von Amts wegen“ (§ 20 SGB X). Dabei muss sie *„alle für den Einzelfall bedeutsamen, auch die für die Beteiligten günstigen Umstände”* berücksichtigen (§ 20 Abs. 2 SGB X). Sie kann Auskünfte einholen, andere Personen anhören, Urkunden und Akten beiziehen und Dinge in Augenschein einnehmen (§ 21 Abs. 1 SGB X). Sie bestimmt dabei Art und Umfang der Ermittlungen und ist nicht an die Beweisanträge der Beteiligten gebunden (§ 20 Abs. 1 Satz 2 SGB X). Das gehört zu den **Mitwirkungspflichten der Behörde**.
Die Behörde hat im Rahmen des *„Untersuchungsgrundsatzes”* (§ 20 SGB X) den Sachverhalt von Amts wegen zu ermitteln und Ihnen im Rahmen der Beratungspflichten detailliert aufzuzeigen, welche Sachverhalte Sie aufklären müssen, damit Alg II oder HzL/ GSi der Sozialhilfe geleistet werden kann (auch BVerfG 12.5.2005 - 1 BvR 569/05).
Sie darf Ihnen also die Leistung nicht bloß deswegen streichen, weil sie meint, dass Sie nicht die Wahrheit sagen oder Dinge verschweigen (OVG Berlin 28.3.1990 - FEVS 1991, 57; in Bezug auf Alg II: SG Düsseldorf 1.2.2005 - SA 35 SO 9/05 ER 1/2).

Seit 1.8.2016 *„erhalten“* **Alg II-Beziehende** vom Jobcenter *„Auskunft und Rat [insbesondere] zu Selbsthilfeobliegenheiten und Mitwirkungspflichten“* (§ 14 Abs. 2 SGB II). Diese Beratungspflicht hat sich in *„Art und Umfang der Beratung [...] nach dem Beratungsbedarf der leistungsberechtigten Person“* zu richten (§ 14 Abs. 2 Satz 3 SGB II). **Eine Beratung über Ihre Mitwirkungspflichten gehört also zu den Mitwirkungspflichten des Jobcenters**: Diese Beratung hat zunächst auf Antrag zu erfolgen, aber auch dann, wenn sich aufgrund der Fallgestaltung der Behörde die Beratungsnotwendigkeit erschließt (= Spontanberatung). Spontanberatung bedeutet die Verpflichtung der Behörde, auf aus dem Einzelfall sich ergebende, rechtliche für den Leistungsberechtigten günstige und auch nachteilige Fallgestaltung von Amtswegen hinzuweisen zu müssen (ständige Rspr. BSG 4.9.2013 - B 12 AL 2/12 R; BGH 2.8.2018 – III ZR 466/16). Näheres unter ⇨Beratung 2. f.

Inhaltsübersicht

1. Mitwirkungspflichten der Leistungsberechtigten

Wer Sozialleistungen erhält oder beantragt, muss im Rahmen der Mitwirkungspflicht Folgendes leisten: alle leistungsrelevanten Sachverhalte unverzüglich mitteilen, Beweisdokumente benennen und auf Verlangen vorlegen, Befragungen Dritter zustimmen, persönlich erscheinen, sich medizinisch untersuchen lassen, Heilbehandlungen durchführen lassen und bei Leistungen zur Teilhabe am Arbeitsleben mitwirken. Die Mitwirkungspflichten sollen Sie dazu anhalten, die Behörde bei der Ermittlung des Sachverhalts von Amts wegen zu unterstützen. Nicht mehr, aber auch nicht weniger. *„Die Beteiligten sollen bei der Ermittlung des Sachverhalts mitwirken. Sie sollen insbesondere ihnen bekannte Tatsachen und Beweismittel angeben”* (§ 21 Abs. 2 SGB X).
Bei den Behörden, die die Beziehenden von Alg II und HzL/ GSi der Sozialhilfe verwalten, kommt es immer wieder vor, dass Mitwirkungspflichten frei erfunden werden und letztlich dazu dienen, Vorwände für Streichungen und Kürzungen zu schaffen.

Die Mitwirkungspflichten werden ***„abschließend“*** in den §§ 60 bis 64 SGB I aufgelistet (Giese/Krahmer 1999, § 60 Rn. 3). Alle Mitwirkungspflichten, die dazu dienen, Informationen über Sie einzuholen oder das Einholen von Ihnen zu verlangen, stehen unter dem Vorbehalt, dass die **Erhebung der Daten *„erforderlich"*** sein muss (§ 67a Abs. 1 Satz 1 SGB X).

Außer den im Folgenden genannten acht Mitwirkungspflichten haben Sie keine.

Die acht Mitwirkungspflichten:

1.1 Pflicht 1

ist, ***„alle Tatsachen anzugeben, die für die Leistung erheblich sind"*** (§ 60 Abs. 1 Nr. 1 SGB I).

Sie müssen also Auskunft über Einkommen, Vermögen, Alter, Familienverhältnisse, unterhaltspflichtige Personen, eheähnliche Gemeinschaften, Haushaltsgemeinschaften usw. geben.

Sie müssen keine Angaben zu Tatsachen machen, die für die Bewilligung der Leistung nicht *„erheblich"* sind.

Nicht erheblich ist i.d.R.

- die Vorlage von ⇨Kontoauszügen, die bei der Antragstellung mehr als drei Monate alt sind (BSG 19.9.2008 - B 14 AS 45/07 R; BSG 19.2.2009 - B 4 AS 10/08 R) f. Ausnahme: Das Amt hat den begründeten Verdacht, dass Vermögen beiseitegeschafft wurde,
- die Vorlage einer Vermieterbescheinigung zusätzlich zum Nachweis von aktuellen Mietüberweisungen und Betriebskostenabrechnungen (BSG 25.1.2012 - B 14 AS 65/11 R; LSG Hessen 22.8.2005 - L 7 AS 32/05 ER),
- die Erlaubnis Ihres/r Vermieters/Vermieterin für die Untervermietung durch den/die Hauptmieter*in (LSG Niedersachsen-Bremen 22.6.2006 - L 8 AS 165/06 ER; SG Schleswig 6.10.2011- S 1 AS 137/11 ER),
- der Einkommensnachweis der Eltern von Schwangeren oder jungen Eltern, die ihr Kind bis zur Vollendung des sechsten Lebensjahres innerhalb und außerhalb des Elternhauses betreuen (§ 9 Abs. 3 SGB II, § 33 Abs. 2 Nr. 3 SGB II),
- Ihre Telefonnummer oder E-Mail-Adresse usw.

Es besteht keine Pflicht, solchen behördlichen Aufforderungen Folge zu leisten.

Grenzen der Mitwirkungspflichten: *„Die Mitwirkungspflichten nach den §§ 60 bis 64 bestehen nicht, […] soweit der Leistungsträger sich durch einen geringeren Aufwand als der Antragsteller oder Leistungsberechtigte die erforderlichen Kenntnisse selbst beschaffen kann"* (§ 65 Abs. 1 Nr. 3 SGB I).

Ebenfalls entfällt die Mitwirkungspflicht *„wenn die erstrebte Sachentscheidung - aus anderen Gründen - bereits möglich ist"* (BVerwG 17.1.1985 - NDV 1985, 269).

Sie müssen nicht zulassen, dass die gesamte Einrichtung Ihrer Wohnung mittels Hausbesuch erfasst wird, wenn Ihnen nur ein Kühlschrank fehlt. Sie brauchen keine Lohnbescheinigung vom Arbeitgeber und keinen Arbeitsvertrag vorzulegen, wenn ein Kontoauszug als Beleg ausreicht. Sie müssen sich auch nicht rechtfertigen, warum Sie ein Handy, einen Computer oder Internetzugang haben, um Alg II zu bekommen. Davon hängt die Sachentscheidung nicht ab.

„Eine Pflicht, vorsorglich alles der Behörde mitzuteilen, was möglicherweise irgendwann relevant werden kann, lässt sich aus § 60 Abs. 1 SGB I nicht entnehmen" (VGH Baden-Württemberg 12.3.1997 - NDV-RD 1998, 124; ⇨Datenschutz).

1.2 Pflicht 2

ist, ***„auf Verlangen des zuständigen Leistungsträgers der Erteilung der erforderlichen Auskünfte durch Dritte zuzustimmen"*** (§ 60 Abs. 1 Nr. 1 2. Halbsatz SGB I).

Beispiele dafür können sein:

- die Entbindung eines Arztes/einer Ärztin von der Schweigepflicht,
- die Zustimmung zur Weitergabe der Krankenakte oder auch
- die Zustimmung dazu, bei anderen Sozialleistungsträgern Auskünfte einzuholen.

Diese Pflicht ist aber begrenzt vom »Direkterhebungsgrundsatz«. Der besagt, dass Sozialdaten zunächst immer und ausschließlich beim Betroffenen zu erheben sind (§ 67a Abs. 2 S. 1 SGB X). Nur wenn dies nicht möglich ist, kann Ihnen die Behörde diese Art der Mitwirkung auferlegen. Es gehört nicht zu Ihren Mitwirkungspflichten, Auskunft über Einkommen und Vermögen Dritter, z.B. ⇨Unterhaltspflichtiger, Lebenspartner*innen, Mitwohnender usw. zu geben (BVerfG 2.9.2004 - BvR 1962/04). Ihre Mitwirkungspflicht bezieht sich nur auf Ihre eigenen Einkommens- und Vermögensverhältnisse. Wenn Dritte nicht mitwirken (z.B.

eine Bescheinigung nicht ausstellen), darf Ihnen deswegen nicht die Sozialleistung verweigert werden. Es liegt dann ein *„wichtiger Grund“* vor, der die Mitwirkungspflicht aufhebt (§ 65 Abs. 1 Nr. 2 SGB I).

1.3 Pflicht 3

ist, ***„Änderungen in den Verhältnissen, die für die Leistung erheblich sind, [...] unverzüglich mitzuteilen“*** (§ 60 Abs.1 Nr. 2 SGB I).

Das bezieht sich z.B. auf den Ein- oder Auszug von Personen in Ihrem Haushalt, auf Änderungen bei Einkommen und Vermögen, auf den Beginn oder das Ende einer Arbeitsunfähigkeit, auf die Aufnahme einer Arbeit und andere leistungsrelevante Sachverhalte.

Es gehört nicht zu den Mitwirkungspflichten, im laufenden Bezug einen neuen Erstantrag oder Fortzahlungsantrag (⇨Antragstellung 4.2) auszufüllen, obwohl es keine Änderung in Ihren Verhältnissen gibt. Wenn sich in den Verhältnissen, die für die Leistung erheblich sind, nichts geändert hat, haben Sie Ihre Mitwirkungspflichten erfüllt. Allerdings müssen Sie einen Folgeantrag stellen, um rechtzeitig nach Ablauf eines Bewilligungszeitraumes Ihre Leistungen weiter zu erhalten.

Angaben zu Verhältnissen, die sich erst in Zukunft ändern, gehören nicht zu den Mitwirkungspflichten, da sie für die Leistung nicht erheblich sind. Sie müssen z.B. nicht angeben, dass Sie irgendwann ein Erbe in Aussicht haben. Sie müssen es erst angeben, wenn Sie den Erbschein in den Händen halten.

Ebenso wenig ist es erheblich, Einnahmen anzugeben, wenn Sie innerhalb eines Kalendermonats zehn € nicht übersteigen (§ 1 Abs. 1 Nr. 1 ALG II-V). Es dürfte auch nicht erheblich sein, Erwerbseinkommen unter 100 € mtl. anzugeben, da es anrechnungsfrei ist. Die Nichtangabe stellt dennoch eine Ordnungswidrigkeit dar, die aber laut Weisung der Jobcenter nicht verfolgt werden soll (FW 63.62).

1.4 Pflicht 4

ist, ***„Beweismittel zu bezeichnen und auf Verlangen des zuständigen Leistungsträgers Beweisurkunden vorzulegen oder ihrer Vorlage zuzustimmen“*** (§ 60 Abs. 1 Nr. 3 SGB II).

Belege über Einkommen, Vermögen, Kosten der Unterkunft, Wohnungsgröße, Heizkosten usw. müssen vorgelegt werden, damit Alg II oder HzL/ GSi der Sozialhilfe berechnet werden kann.

Es ist aber unmöglich, ein Beweismittel vorzulegen, dass man **kein** Einkommen hat oder Nachweise, dass man **keine** Erwerbstätigkeit ausübt. An diesen Negativnachweis dürfen keine zu hohen Anforderungen gestellt werden (BVerfG 12.5.2005 - BvR 569/05).

Es ist umgekehrt: Die Behörde muss die Sachverhalte von Amts wegen ermitteln (Untersuchungsgrundsatz nach § 20 SGB X). Wenn Sie erklären, kein Einkommen zu haben und keine Anhaltspunkte dagegen sprechen, ist der Sachverhalt geklärt. Es gibt keine Beweislastumkehr in dem Sinne, dass Ihnen Einkommen unterstellt wird, solange Sie nicht beweisen können, dass Sie kein Einkommen erzielen.

M

1.5 Pflicht 5

ist, ***„auf Verlangen [...] persönlich [zu] erscheinen“*** (§ 61 SGB I).

Im Rahmen der Mitwirkungspflichten kann ein Verstoß gegen die Aufforderung, sich zu melden, nur sanktioniert werden, wenn Sie vorher schriftlich zur Mitwirkung aufgefordert, über die Folgen fehlender Mitwirkung belehrt wurden und Ihre Abwesenheit die Aufklärung eines Sachverhalts erheblich erschwert (⇨4.). Sind Sie aus medizinischen Gründen nicht in der Lage, persönlich zu erscheinen, liegt ein *„wichtiger Grund“* vor, der die Mitwirkungspflicht aufhebt (§ 65 Abs. 1 Nr. 2 SGB I).

Davon zu unterscheiden ist die Meldeaufforderung unter Androhung von ⇨Sanktionen (§ 32 Abs. 1 SGB II)

1.6 Pflicht 6

ist, ***„sich auf Verlangen [...] ärztlichen und psychologischen Untersuchungen [zu] unterziehen, soweit diese für die Entscheidung über die Leistung erforderlich sind“*** (§ 62 SGB I).

Näheres unter ⇨Amtsarzt/Amtsärztin 1.4

1.7 Pflicht 7

ist, ***„sich auf Verlangen [...] einer Heilbehandlung [zu] unterziehen“*** (§ 63 SGB I).

1.8 Pflicht 8
ist, ***„auf Verlangen [...] an berufsfördernden Maßnahmen teil[zu]nehmen"*** (§ 64 SGB I).

2. Grenzen der Mitwirkung (§ 65 SGB I)

Die Mitwirkungspflicht entfällt, wenn

2.1
sie ***„nicht in einem angemessenen Verhältnis zu der in Anspruch genommenen Sozialleistung"*** steht (§ 65 Abs. 1 Nr. 1 SGB I). Dabei sind grundsätzlich **objektive** Kriterien wie der **finanzielle, zeitliche und körperliche Aufwand** der Mitwirkung maßgeblich. Unzumutbar könnte die Mitwirkung auch sein, wenn die Beschaffung einer Urkunde mit hohen Kosten verbunden, die infrage stehende Sozialleistung aber gering ist. Oder wenn das persönliche Erscheinen eine lange und/ oder beschwerliche Anreise voraussetzt, die beantragte oder in Anspruch genommene Sozialleistung jedoch wirtschaftlich unbedeutend ist.

2.2
sie ***„dem Betroffenen aus einem wichtigen Grund nicht zugemutet werden kann"*** (§ 65 Abs. 1 Nr. 2 SGB I). Wichtige Gründe können sein: Krankheit oder Behinderung, Urlaub, hohes Alter, Inhaftierung. Oder wenn die Mitwirkung von der Bereitschaft Dritter, wie ehemaliger Arbeitgeber, Vermieter*innen, Ex-Partner*innen abhängig wäre usw. Deswegen können bestimmte Mitwirkungspflichten jedenfalls für bestimmte Zeit unzumutbar sein.

2.3
„der Leistungsträger sich durch einen geringeren Aufwand als der Antragsteller [...] die erforderlichen Kenntnisse selbst beschaffen kann" (§ 65 Abs. 1 Nr. 3 SGB I).
So kann z.B. der Bezug von Kindergeld (mit Ihrer Erlaubnis) auch per Anruf von der Familienkasse der Arbeitsagentur bestätigt werden. Die Familienkasse ist zur Auskunft im Rahmen der Amtshilfe verpflichtet (§§ 3 ff. SGB X).

2.4
*„**Behandlungen und Untersuchungen**, 1. bei denen [...] ein **Schaden** für Leben oder Gesundheit nicht mit hoher Wahrscheinlichkeit ausgeschlossen werden kann, 2. die mit erheblichen **Schmerzen** verbunden sind oder 3. die einen erheblichen Eingriff in **körperliche Unversehrtheit** bedeuten, **können abgelehnt werden**"* (§ 65 Abs. 2 SGB I).

2.5
*„**Angaben**, die dem Antragsteller, dem Leistungsberechtigten oder ihnen nahestehende Personen (§ 383 Abs. 1 Nr. 1 bis 3 ZPO) die Gefahr zuziehen würde, wegen einer **Straftat** oder einer **Ordnungswidrigkeit** verfolgt zu werden, **können verweigert werden**"* (§ 65 Abs. 3 SGB I).

2.6 Mitwirkungspflicht = Aufklärung des Sachverhalts

Die Mitwirkungspflicht bezieht sich ausschließlich auf die **Aufklärung eines bestimmten Sachverhalts**. Sie umfasst **nicht** ein *„dem Antragsteller aufgegebenes Verhalten"*, z.B. sich beim Arbeitsamt als Arbeitssuchende*r zu melden und sich um Arbeit zu bemühen (BVerwG 17.05.1995, IDAS 1/96, I.2.4).
⇨**Arbeits**- und ⇨**Bewerbungs**pflichten haben nie etwas mit Mitwirkungspflichten zu tun. Wegen fehlender Mitwirkung ist auch keine ⇨**Sanktion** nach §§ 31 ff. SGB II möglich.

2.6.1 Kostenvoranschläge

Wird vom Alg II-, HzL- oder GSi-Amt dazu aufgefordert, einen Kostenvoranschlag beispielsweise für einen Umzug, eine Renovierung, Reparatur einer Waschmaschine oder Anschluss eines Gasherdes einzuholen, handelt es sich **nicht um eine Mitwirkungspflicht**, da die Beschaffung von Kostenvoranschlägen **nicht** zu den Mitwirkungspflichten nach §§ 60 ff SGB I gehört.
Es handelt sich hierbei um Verfahrenskosten (nach § 20 Abs. 1 SGB X), die Aufgrund des Kostenfreiheitsprinzips (§ 64 Abs. 2 S. 1 SGB X) für Sie kostenfrei sein müssen (Mrozynski, SGB I, § 65a, Rn. 14).
Hat das Amt von Ihnen verlangt, die Kosten zu tragen, dann haben Sie einen Rückerstattungsanspruch nach § 21 Abs. 3 Satz 4 SGB X i. V. m. § 670 BGB (so auch SG Braunschweig 13.01.2016 - S 17 AS 3211/12 in Sachen Attestkosten).

2.7 Beantragung vorrangiger Sozialleistungen – keine Mitwirkungspflicht

Der Nachweis, dass Sie vorrangige Sozialleistungen beantragt haben, gehört **nicht** zu den Mitwirkungspflichten. Wird dieser Nachweis dennoch unter der Androhung, die Leistung zu versagen, von Ihnen verlangt, ist das rechtswidrig.
Diese Verpflichtung für Alg II-Beziehende ergibt sich aus § 12a SGB II und ist nach derzeitiger Rechtslage ohne Rechtsfolgen, da das Jobcenter vorrangige Sozialleistungen an Ihrer Stelle selbst beantragen kann (§ 5 Abs. 3 Satz 1 SGB II).

2.7.1 Versagung vorrangiger Leistungen aufgrund fehlender Mitwirkung beim vorrangigen Träger

Allerdings darf das Jobcenter SGB II-Leistungen **ganz oder teilweise versagen**, wenn es an Ihrer Stelle einen Antrag gestellt hat, Sie jedoch gegenüber dem **vorrangigen Leistungsträger** Ihren Mitwirkungspflichten **nicht** nachkommen und die vorrangige Leistung deshalb **bestandskräftig entzogen** oder versagt wird. Erst wenn Sie Ihre Mitwirkung beim vorrangigen Träger nachholen, muss das Jobcenter Ihnen wieder Alg II gewähren. Eine Einschränkung der Leistung ist aber nur möglich, wenn Sie von der Behörde im Vorfeld über die Folgen fehlender Mitwirkung aufgeklärt wurden. *„Wird die Mitwirkung gegenüber dem anderen Träger nachgeholt, ist die Versagung oder Entziehung* ***rückwirkend aufzuheben****"* (§ 5 Abs. 3 Sätze 3 bis 5 SGB II; ⇨5. ff.).
Die Befugnis des Jobcenters, Ihr Alg II zu streichen, **gilt nicht** für Mitwirkungspflichten gegenüber dem Rentenversicherungsträger im Rahmen der Beantragung einer **vorzeitigen Altersrente** mit Abschlägen (§ 5 Abs. 3 Satz 6 SGB II).

Alg II, HzL und GSi der Sozialhilfe

3. Allgemeine Auskunftsermächtigung

Eine allgemeine Auskunftspflicht verstößt gegen den (Sozial-)⇨**Datenschutz**, ist nirgendwo vorgesehen und gehört nicht zu den Mitwirkungspflichten.
Wenn in einem Antrag ohne konkreten Grund eine allgemeine Auskunftsermächtigung von Ihnen verlangt wird, um im ganzen Stadtgebiet/ Bundesland nach Ihren Konten fahnden zu können, dann ist das aus denselben Gründen rechtswidrig wie eine allgemeine Konteneinsicht (⇨Kontoauszug).

Wenn in Ihrem Antragsformular oder anderen Formularen eine pauschale Aufhebung der ärztlichen Schweigepflicht verlangt wird, können Sie sich beim ⇨**Datenschutz**beauftragten des Bundes oder Ihres jeweiligen Bundeslandes beschweren. Die Aufhebung der ärztlichen Schweigepflicht ist nur *„im Einzelfall"* möglich (§ 100 Abs. 1 SGB X). Sie darf z.B. verlangt werden, wenn dies für die Prüfung der Voraussetzungen einer konkreten Sozialleistung (z.B. Mehrbedarf für Krankenkost) erforderlich ist.

Tipp: Achten Sie darauf, dass in der Einwilligung (die übrigens schriftlich erfolgen muss: § 100 Abs. 1 Satz 2 SGB X) präzise dargestellt wird, warum Auskünfte eingeholt werden sollen und die Personen und Stellen, bei denen nachgefragt werden soll, einzeln benannt werden.

4. Telefonabfrage

Seit dem 1.8.2006 ist es privaten Call-Centern erlaubt, Telefonabfragen im Auftrag der Arbeitslosenverwaltung durchzuführen (§ 51 SGB II). Zweck soll natürlich die *„Bekämpfung von Leistungsmissbrauch"* sein (ebenda).
Sie müssen dieser Sorte von „Ermittler*innen", die Sie zwischen 8 und 20 Uhr zu Hause anrufen, **keine** Auskünfte erteilen. Die Antwort auf deren Fragen gehört nicht zu den Mitwirkungspflichten.
Sie sind sowieso verpflichtet, alle erforderlichen Angaben zu Änderungen zu machen. Dazu braucht es kein Call-Center. Die Telefonabfragen dienen ausschließlich dazu, Ihnen den Bezug von Alg II zu verleiden und Sie zu verunsichern. Den Auftraggebern dienen Telefonabfragen vermutlich nur dazu, falsche Zahlen über „Leistungsmissbrauch" zu verbreiten, z.B. weil Sie die Teilnahme an der Abfrage ablehnen oder nicht zu Hause erreicht wurden.

Tipp: Um Belästigungen zu vermeiden, müssen Sie dem Amt im Antrag **keine** Telefonnummer oder E-Mailadresse angeben. Sie können auch die Löschung dieser Daten beantragen. Auch der ehemalige Bundesbeauftragte für Datenschutz, Peter Schaar, hat bestätigt, dass die Angabe der Telefonnummer freiwillig ist.

5. Folgen fehlender Mitwirkung: Versagung der Sozialleistung

„Kommt derjenige, der eine Sozialleistung beantragt oder erhält, seinen Mitwirkungspflichten [...] nicht nach und wird hierdurch die Aufklärung des Sachverhalts erheblich erschwert, kann der Leistungsträger ohne weitere Ermittlungen die Leistung bis zur Nachholung der Mitwirkung ***ganz oder teilweise*** *versagen oder entziehen"* (§ 66 Abs. 1 SGB I).

Alg II und HzL/ GSi der Sozialhilfe kann also nicht wegen jeder Kleinigkeit gestrichen werden. Die Aufklärung eines Sachverhalts muss **erheblich erschwert** werden. Wenn Sie z.B. eine Bescheinigung nicht rechtzeitig beibringen, darf das kein Grund für die Verweigerung der Leistung sein. Die behördliche Maßnahme muss geeignet, erforderlich und verhältnismäßig sein. Es muss genau bezeichnet werden, in welcher Angelegenheit Sie in welcher Weise mitwirken sollen.

„Sozialleistungen dürfen wegen fehlender Mitwirkung nur versagt oder entzogen werden, nachdem der Leistungsberechtigte auf diese Folge schriftlich hingewiesen worden ist und seiner Mitwirkungspflicht nicht innerhalb einer ihm gesetzten angemessenen Frist nachgekommen ist" (§ 66 Abs. 3 SGB I).

Vor jeder Streichung müssen Sie also

a. schriftlich darauf hingewiesen worden sein

Es reicht nicht aus, auf ein allgemeines Merkblatt hinzuweisen, das Sie irgendwann einmal unterschrieben haben.

und

b. eine Ihnen gesetzte angemessene Frist nicht eingehalten haben.

In der Regel gilt eine Frist von zwei Wochen als angemessen. Wenn es sich um Materialien handelt, die schwierig zu besorgen sind, auch länger.

Werden diese Bedingungen nicht eingehalten, ist die Leistungsversagung rechtswidrig.

Tipp 1: Nicht selten hängt Ihre Mitwirkung von anderen ab, z.B. von einem Arbeitgeber, der einfach keinen Gehaltsnachweis ausstellt, oder davon, dass Ihr*e Vermieter*in im Urlaub ist. Teilen Sie das der Behörde mit und kündigen Sie an, dass Sie die Behörde in Kenntnis setzen, wenn sich die Sachlage ändert.

Tipp 2: Haben Sie ein entsprechendes Mitwirkungsschreiben nicht erhalten, muss die Behörde den Zugang beweisen (§ 37 Abs. 2 Satz 3 SGB X). Kann sie das nicht, **fehlt** die schriftliche Belehrung und eine Versagung der Leistungen **ist rechtswidrig**.

Die Leistungsversagung wegen fehlender Mitwirkung stellt einen **Verwaltungsakt** dar (⇨Bescheid).

5.1 Keine Sippenhaftung bei fehlender Mitwirkung

Die Leistungsversagung kann natürlich **nur** gegen die Person erfolgen, die ihren Mitwirkungspflichten nicht nachkommt. Zwar vertreten Eltern ihre **Kinder** als gesetzliche Vertreter, aber der Grundsatz „Vertreterhandeln wirkt gegen den Vertretenen" dürfte im Regelfall nicht gegen minderjährige Kinder anzuwenden sein. Die Versagung der Leistung ist eine ⇨**Ermessen**sentscheidung. Bei der pflichtgemäßen Ausübung des Ermessens wird zu berücksichtigen sein, dass Kinder nicht unter den Folgen fehlender Mitwirkung der Eltern zu leiden haben. Gleiches gilt nach dem Grundsatz, Sippenhaftung auszuschließen, für die Partner*innen (BSG 2.12.2014 - B 14 AS 50/13 R; LSG NRW 22.3.2012 - L 6 AS 1589/10; BSG 23.5.2013 - B 4 AS 67/12 R in Bezug auf Sanktionen).

5.2 Widerspruch aufschiebende Wirkung? HzL und GSi: ja – Alg II: nein

Der ⇨Widerspruch gegen einen Entziehungsbescheid wegen fehlender Mitwirkung (§ 66 SGB I) entfaltet **im allgemeinen Sozialrecht**, so auch bei HzL/ GSi der Sozialhilfe, **aufschiebende Wirkung** (§ 86a Abs. 1 SGG), d.h., der Bescheid ist bis zur Klärung nicht wirksam.

In Folge des Neunten SGB-II-Änderungsgesetzes ist **seit dem 1.8.2016** die **aufschieben-**

de Wirkung von Widerspruch und Anfechtungsklage auch bei Entziehungsbescheiden wegen fehlender Mitwirkung **abgeschafft** worden. Die aufschiebende Wirkung des Widerspruchs kann nur noch über einen Antrag auf ⇨einstweilige Anordnung durch das Gericht angeordnet werden (§ 86b Abs. 1 Nr. 2 SGG, ⇨Widerspruch 5.1).

6. Nachholen der Mitwirkung

„*Wird die Mitwirkung nachgeholt und liegen die Leistungsvoraussetzungen vor, kann der Leistungsträger Sozialleistungen, die er nach § 66 versagt oder entzogen hat, nachträglich ganz oder teilweise erbringen*" (§ 67 SGB I). Bei den Sozialleistungen Alg II, HzL/ GSi der Sozialhilfe geht es regelmäßig darum, akute Notlagen zu decken und das Existenzminimum sicherzustellen. Hier wird die Ermessensentscheidung der Behörde („*kann ... erbringen*") **auf null** reduziert. Die Leistungsträger müssen daher bei nachgeholter Mitwirkung nachzahlen.

7. Keine Verwirkung eines Antrages

Immer wieder behaupten Behörden, dass ein gestellter Antrag verwirkt sei, wenn die Mitwirkungspflichten innerhalb von drei Wochen, einem Monat oder zwei Monaten nicht erfüllt würden. Das BSG hat das verneint: Es gibt keine Verwirkung eines Antrages (BSG 28.10.2009 - B 14 AS 56/08 R). Das Jobcenter ist zur Entscheidung über einen Antrag verpflichtet.

8. Systematische Leistungsversagung über Mitwirkungspflichten

Einige Jobcenter versuchen, Leistungsansprüche systematisch durch ständige Mitwirkungsaufforderungen auszuhebeln. Zunächst werden einige Unterlagen eingefordert, Fristsetzung zwei Wochen, wenn diese dann beigebracht werden, werden die nächsten Unterlagen eingefordert, wieder Fristsetzung zwei Wochen. Dann stellt die Behörde fest, dass die zunächst angeforderten Unterlagen nicht mehr vorhanden sein und werden nochmal angefordert. Da der Antrag nunmehr Wochen her ist, werden auch noch die aktuellen Kontoauszüge der letzten Wochen angefordert und es wird eine Erklärung gefordert, wie und wovon den die letzten Wochen gelebt wurde. Zwischenzeitlich sind Mietschulden angelaufen, vielleicht ist sogar fristlos gekündigt worden, die Energieversorgung eingestellt, die Krankenversicherung ruht. Gerne wird zwischenzeitlich auch noch wegen fehlender Mitwirkung versagt. Es gibt Jobcenter, da läuft eine solche Verwaltungspraxis systematisch. Wenn dann in Anfragen gefragt wird, wie lange die durchschnittliche Bearbeitungszeit ist, kommen Ergebnisse von zwei Wochen raus. Natürlich ab Eingang aller Unterlagen.

Was können Sie tun?

Im Kern sollte ein Antrag auf eine ⇨ vorläufige Leistungsentscheidung nach § 41a Abs. 1 S. 1 Nr. 1 SGB II/ § 44a Abs. 1 SGB XII gestellt werden. Das Gesetz sagt ganz klar, es **ist** vorläufig zu entscheiden, also ohne Ermessensspielraum, wenn sich die Antragsbearbeitung voraussichtlich längere Zeit hinziehen wird oder wenn zum Entscheidungszeitpunkt über den Leistungsantrag keine abschließende Entscheidung möglich ist und die Leistungsvoraussetzungen mit hinreichender Wahrscheinlichkeit vorliegt (FW 41a.2). Die BA geht in ihren Weisungen noch weiter und sagt, ob vorläufig zu gewähren ist, „*ist nach § 20 Sozialgesetzbuch Zehntes Buch (SGB X) von Amts wegen zu prüfen. Der Antrag der leistungsberechtigten Person muss sich daher nicht explizit auf vorläufige Leistungen erstrecken*" (FW 41a.3).

Die Vorläufigkeit erstreckt sich auf alle mit einem Bescheid bewilligten Leistungen (Arbeitslosengeld II, Regelbedarfe, Mehrbedarfe und Bedarfe für Unterkunft und Heizung], Sozialgeld, Zuschüsse zur Kranken- und Pflegeversicherung, Bedarfe für Bildung und Teil-habe, Einmalbedarfe und die Leistungen nach § 27 Absatz 2 in Höhe der Mehrbedarfe). Die vorläufige Leistungserbringung ist für diese Leistungen einheitlich auszusprechen (FW 41a.5).

Der Antrag auf vorläufige Leistungserbringung muss nicht gestellt werden, wir empfehlen es aber. In Akutfällen auch mit der Erstantragstellung zusammen. Sollte die Behörde nicht rechtzeitig reagieren, gibt es die Möglichkeit eine ðBeschwerde einzulegen oder ins ðEilverfahren zu gehen. Und lassen

Sie sich nicht abwimmeln, dokumentieren Sie jede Vorsprache und besorgen Sie sich Eingangsbestätigungen ðAntrag.

9. Kosten von Mitwirkungshandlungen

Erstattung von Kosten im Rahmen der ärztlichen Begutachtung ⇨Amtsarzt 3.1 f.

Erstattung von Kosten für Übersetzungen und Dolmetscher*innen ⇨Antragstellung 1.13.1 ff., Härtefall 2.3 + 3.2

Erstattung von sonstigen Auslagen im Rahmen der Mitwirkungspflichten ⇨Kostenerstattung 3.1 ff.

Nachzahlung
(vorenthaltener Leistungen)

Inhaltsübersicht

1. Sie stellen keinen Antrag, weil die Behörde Sie falsch berät – sozialrechtlicher Herstellungsanspruch

Die Behörde hat eine umfassende Beratungs-, Informations- und Betreuungspflicht (§§ 13-17 SGB I). *„Die Leistungsträger sind verpflichtet, darauf hinzuwirken, dass unverzüglich klare und sachdienliche Anträge gestellt [...] werden"* (§ 16 Abs. 3 SGB I; BSG 28.10.2009 - B 14 AS 56/08 ER). ⇨ Beratung 1.1 ff

Die Behörde ist also verpflichtet, entweder **von Amts wegen** einen Antrag zu ergänzen oder Sie auf unvollständige Angaben hinzuweisen und Sie zur Ergänzung aufzufordern. Wenn falsch oder unvollständig beraten wurde, die Behörde nicht auf naheliegende Gestaltungsmöglichkeiten hingewiesen hat und Sie dadurch einen Nachteil haben, ist die Behörde zur Korrektur verpflichtet (Eicher/Luik, 4. Aufl., SGB II, § 4 Rn. 9). Das nennt sich **sozialrechtlicher Herstellungsanspruch**. ⇨ Beratung 1.5

Der Nachteil des/r Betroffenen muss mit der Verletzung der Beratungspflicht in ursächlichem Zusammenhang stehen und durch eine zulässige Amtshandlung beseitigt werden können (BSG 18.1.2011 - B 4 AS 99/10 R).

Wenn Sachbearbeiter*innen Sie mit falschen Auskünften daran hindern, einen Antrag zu stellen, z.B. mit aus der Luft gegriffenen Behauptungen wie:

- *„Gehen Sie arbeiten. Jeder, der arbeiten will, findet Arbeit."*
- *„Ihr Freund muss für Sie aufkommen, nicht wir."*
- *„Erst nach einem Umzug in eine billigere Wohnung werden Leistungen gezahlt."*
- *„Ohne Abmeldung Ihres Gewerbes keine Leistung."*
- *„Für Auszubildende gibt es grundsätzlich kein Hartz IV."*

und viele andere mehr (⇨Antragstellung 1.8 ff; ⇨Beratung als **Amtspflicht** 1.2)

und sich im Nachhinein herausstellt, dass Ihnen dadurch Leistungen vorenthalten wurden, haben Sie einen Anspruch auf Korrektur im Rahmen der normalen Rechtsmittel (Widerspruch und Überprüfungsantrag). Wenn diese jedoch nicht mehr greifen, z.B. weil Sie tatsächlich keinen Antrag gestellt haben, können Sie die Korrektur im Rahmen des sozialrechtlichen Herstellungsanspruchs durchsetzen (BSG 19.10.2010 - B 14 AS 16/09 R).

1.1 Ausbleibende oder fehlerhafte Beratung

Der sozialrechtliche Herstellungsanspruch greift insbesondere, wenn ein Verlust entsteht, weil der Leistungsträger seiner *„Nebenpflicht zur Auskunft, Beratung und verständnisvollen Förderung"* nicht nachgekommen ist, weil er sie *„nicht oder nicht ausreichend erfüllt hat"*. Das ist typischerweise immer dann der Fall, wenn der (Versicherungs- bzw.) Sozialleistungsträger den/die Sozialleistungsberechtigte*n *„nicht auf solche Gestaltungsmöglichkeiten hingewiesen hat, die klar zutage liegen und deren Wahrnehmung offensichtlich zweckmäßig erscheint, dass sie jeder verständige Versicherte [bzw. Leistungsberechtigte] mutmaßlich nutzen würde"* (BSG 29.9.1987 - 7 RAr 23/86).

Die Sozialleistungsträger haben bei der Erfüllung ihrer Aufgaben sicherzustellen, dass die sozialen Rechte möglichst weitgehend verwirklicht werden (§ 2 Abs. 2 SGB I).

Dies gilt besonders für **Alg II-Beziehende**, weil mit dem Neunten SGB-II-Änderungsgesetz **ab 1.8.2016** der Anspruch auf Beratung deutlich aufgewertet wurde. Zum einen wurde **Beratung** ausdrücklich **zur Leistung** der Grundsicherung für Arbeitssuchende **erklärt** (§ 1 Abs. 3 Satz 1 Nr. 1 SGB II) und zudem wurde sie unter § 14 SGB II *„Grundsatz des Förderns"* konkretisiert: *„Leistungsberechtigte Personen erhalten Beratung. Aufgabe der Beratung ist insbesondere die Erteilung von Auskunft und Rat zu Selbsthilfeobliegenheiten und Mitwirkungspflichten, zur Berechnung der Leistungen zur Sicherung des Lebensunterhalts und zur Auswahl der Leistungen im Rahmen des Eingliederungsprozesses. Art und Umfang der Beratung richten sich nach dem Beratungsbedarf der leistungsberechtigten Person"* (§ 14 Abs. 2 SGB II; Umfassend dazu ⇨Antragstellung 1.8 ff).

Verpflichtung zur Beratung setzt immer voraus, dass dafür nach den Umständen des Einzelfalls besonderer Anlass besteht. Diesen Anlass kann der/die Leistungsberechtigte durch eine Anfrage bzw. einen Antrag selbst herbeiführen, er kann sich aber auch aus den Umständen ergeben.

Wenn Sie z.B.

- dem Jobcenter mitteilen, dass Ihr Kind in den Sommerferien eine Kinderfreizeit besucht, müssen Sie auf die Möglichkeit der Kostenübernahme im Rahmen des Teilhabepakets (⇨Schüler*innen 5.) hingewiesen werden,
- schwanger sind, muss man Sie darüber aufklären, dass Sie einen Anspruch auf den Mehrbedarf bei ⇨Schwangerschaft und eine Erstausstattung bei Schwangerschaft und Geburt haben,
- SGB II-Leistungen als Darlehen erhalten, weil Sie ein derzeit nicht verwertbares ⇨Vermögen besitzen, müssen Sie darauf hingewiesen werden, dass Sie ggf. Anspruch auf ⇨Wohngeld haben, mit dem Sie das Darlehen beim Jobcenter deutlich reduzieren können (§ 7 Abs. 1 Satz 3 Nr. 1 WoGG),
- von der Arbeitsagentur wissen wollen, bis wann Sie Ihren Antrag auf Alg I stellen müssen, hat diese Sie klar und deutlich auf die gesetzlichen Fristen hinzuweisen (SG Gießen 8.7.2015 - S 14 AL 13/15, Verurteilung der BA zur Zahlung von Alg I trotz verspäteter Antragstellung).

Werden Sie in den genannten und vergleichbaren Fällen gar nicht oder fehlerhaft beraten und aufgeklärt und entstehen Ihnen daraus **Nachteile**, weil Sie versäumt haben, entsprechende Anträge zu stellen, besteht unter Umständen ein Korrekturanspruch im Rahmen des sozialrechtlichen Herstellungsanspruchs. Sie müssen das aber erst einmal nachweisen (⇨1.3).

1.2 Schadensersatz

Vom sozialrechtlichen Herstellungsanspruch sind auch Schadensersatzansprüche umfasst, wenn die Behörde Fehler macht, z.B. weil

- aufgrund einer Computerpanne Leistungen zum Lebensunterhalt nicht rechtzeitig ausgezahlt werden und Ihnen dadurch Mahnkosten, Rückbuchungsgebühren usw. entstehen,
- das Jobcenter eine Woche vor Ablauf einer Mitwirkungsfrist bereits Ihre Leistungen versagt hat und Ihnen dadurch wirtschaftliche Schäden entstehen oder
- weil das Jobcenter nach einem Wohnungswechsel die Miete versehentlich an die alten statt an die neue vermietende Person gezahlt hat und Ihnen dadurch Mahnkosten oder gegnerische Anwaltskosten entstehen. Das gilt natürlich auch für die Korrektur der Fehlbuchung und die unverzügliche Nachzahlung auf das Konto des richtigen Empfängers (SG Koblenz 8.4.2016 - S 1 R 291/16 ER).

In diesen oder ähnlichen Fällen entsteht Ihnen ein Schadensersatzanspruch im Rahmen des sozialrechtlichen Herstellungsanspruchs.

Die herrschende Rechtsmeinung vertritt die Auffassung, dass ein Korrekturanspruch nach dem sozialrechtlichen Herstellungsanspruch vier Jahre rückwirkend, ausgehend vom Beginn des Jahres, in dem der Anspruch geltend gemacht wurde, besteht (analog der Regelung des § 44 Abs. 4 SGB X; juris PK SGB X, § 44, Rn. 126).

1.3 Problem: Nachweis des Herstellungsanspruchs

Sie können nur dann gegen die falsche oder unterlassene Beratung vorgehen, wenn **Sie nachweisen** können, dass die Beratungspflicht durch das Amt verletzt wurde und Ihnen daraus ein wirtschaftlicher Nachteil entstanden ist (BSG 29.10.2002 - B 4 RA 6/02 R). Das ist in der Praxis nur mit Zeugen oder einem schriftlichen Beleg der Behörde möglich. Umfassend dazu: ⇨ **Beratung** als Amtspflicht 1.2 ⇨ Beratung 1.3

Tipp 1: Gehen Sie gegenüber Jobcentern und Sozialämtern auf Nummer sicher. Machen Sie von den Gesprächen dort Gesprächsnotizen. Lassen Sie sich die Ablehnung der Antragstellung stets **schriftlich als ⇨Bescheid** begründen, damit Sie dagegen vorgehen können. Sie haben ein Recht darauf (§ 33 Abs. 2 Satz 2 SGB X).

Tipp 2: Gehen Sie möglichst mit einem ⇨**Beistand** als Zeugen aufs Amt.

2. Sie stellen einen Antrag und die Behörde zahlt zu wenig – Beschwerde bzw. Widerspruch

Die Bescheide der Behörde, die Alg II oder HzL/ GSi der Sozialhilfe auszahlt, enthalten zahlreiche Fehler, die oft zu Ihren Lasten gehen. Zum Beispiel:

- Mieten, Heizkosten oder Warmwasser werden nicht in voller Höhe übernommen,
- Einkommen oder Vermögen werden angerechnet, die nicht hätten angerechnet werden dürfen,
- Personen, die nicht unterhaltspflichtig sind, werden voll zum Unterhalt herangezogen (⇨Bedarfsgemeinschaft),
- ⇨ eheähnliche Gemeinschaften werden unterstellt, die keine sind,
- Mehrbedarfe oder sogar leistungsberechtigte Personen werden vergessen usw.

Mangelnde Schulung, Gesetzes- und Richtlinienchaos und die unüberschaubare Flut von Weisungen, Zeitdruck und schlecht funktionierende Datenverarbeitungsprogramme tragen zu diesem Chaos bei.

Tipp: Um zu verhindern, dass Ihre Unterstützung unter das offizielle Existenzminimum fällt, sollten Sie alle Ihre ⇨Bescheide sorgfältig prüfen oder überprüfen lassen.

Wenn Sie feststellen, dass die Leistung falsch berechnet wurde, weisen Sie sofort Ihre*n Sachbearbeiter*in darauf hin. Wenn diese*r daraufhin unverzüglich den Bescheid korrigiert, müssen Sie keinen Widerspruch einlegen. Das ist der einfachste Weg und manchmal ist es auch der schnellste.
Wenn er/sie den Bescheid **nicht** korrigiert, legen Sie ⇨**Widerspruch** ein. Beachten Sie dabei unbedingt die **Fristen**. Wenn Sie die Frist einhalten, ist eine Nachzahlung für die entsprechenden Zeiträume möglich, entweder über das Widerspruchsverfahren oder eine ⇨Klage.

Wenn eine leistungsrelevante „***Änderung zugunsten des Betroffenen*** *erfolgt*", soll ein bestandskräftiger Bescheid rückwirkend zum Zeitpunkt der Änderung erhoben werden (§ 48 Abs. 1 Satz 2 Nr. 1 SGB X). Seit 2011 ist dies bei Alg II, HzL/ GSi der Sozialhilfe aber nur noch **ein Jahr rückwirkend möglich**, von Beginn des Jahres an gerechnet, in dem der Antrag auf Korrektur gestellt wird (§ 40 Abs. 1 Satz 2 Nr. 2 SGB II bzw. § 116a S. 1 Nr. 2 SGB XII i.V. mit § 48 Abs. 4 SGB X i.V. mit § 44 Abs. 4 SGB X). Im allgemeinen Sozialrecht gilt eine Rücknahmefrist von **vier Jahren.**

3. Rücknahme eines rechtswidrigen Bescheides, der zu Ihrem Nachteil ist

3.1 Der Bescheid ist bestandskräftig, und Sie merken, dass Ihnen zu wenig gezahlt wurde

Wenn Sie die Widerspruchsfrist nicht einhalten, wird der Verwaltungsakt *„bestandskräftig"*, also gültig. Das kann leicht passieren, wenn Ihnen ein Fehler der Behörde erst zu spät auffällt.
Dann müssen Sie einen **Überprüfungsantrag** stellen (§ 44 Abs. 1 SGB X; ⇨3.2).

„Soweit sich im Einzelfall ergibt, dass bei Erlass eines Verwaltungsaktes das Recht unrichtig angewandt oder von einem Sachverhalt ausgegangen worden ist, der sich

als unrichtig erweist, und soweit deshalb Sozialleistungen zu Unrecht nicht erbracht oder Beiträge zu Unrecht erhoben worden sind, ist der Verwaltungsakt, auch nachdem er unanfechtbar geworden ist, mit Wirkung für die Vergangenheit zurückzunehmen" (§ 44 Abs. 1 SGB X: Rücknahme eines rechtswidrigen, nicht begünstigenden Verwaltungsaktes).

Alg II-Beziehende haben in diesen Fällen Anspruch auf Nachzahlung, auch wenn ein Bescheid bestandskräftig geworden ist, weil Sie keinen Widerspruch eingelegt haben. Denn: *„Für das Verfahren ... [im SGB II] gilt das Zehnte Buch"* (§ 40 Abs. 1 Satz 1 SGB II; BSG 7.11.2006 - B 7b AS 8/06 R und 19.3.2008 - B 11b AS 23/06 R).

3.2 Überprüfungsantrag

Wenn das Recht unrichtig angewandt oder falsche Sachverhalte unterstellt wurden, müssen Sie das Jobcenter mit einem Überprüfungsantrag auffordern, *den „**rechtswidrigen, nicht begünstigenden** Verwaltungsakt"* zurückzunehmen.

N

Tipp: Auch wenn Sie einen Widerspruch zu spät eingelegt haben, muss die Behörde ihn automatisch als Überprüfungsantrag auslegen. Im Zweifel machen Sie das Jobcenter schriftlich darauf aufmerksam. Der Anspruch auf Überprüfung ist nicht von einem Antrag abhängig, denn im Gesetz steht *„Soweit sich im Einzelfall ergibt..."* (§ 44 Abs. 1 Satz 1 SGB X).

Ein Verwaltungsakt ist **rechtswidrig**,
- wenn die Tatsachen, die ihn rechtfertigen, bei seinem Erlass gar nicht vorgelegen haben (BVerwGE 18, 168),
- oder wenn das Recht **falsch angewendet wurde** und die Behörde einfach anders hätte entscheiden müssen.

Ein Verwaltungsakt ist **nicht begünstigend**, wenn Sie durch ihn benachteiligt werden, z.B. weil
- Sie zu Unrecht **zu wenig bekommen** oder
- die Behörde zu Unrecht **Beiträge** bei Ihnen **erhoben** hat, d.h. zu viel zurückgefordert oder Ihnen anstatt eines Zuschusses ein Darlehen gewährt hat.

Nach Ansicht des Gesetzgebers können Sie von einer Behörde nicht betrogen, sondern nur *„nicht begünstigt"* werden.

Das Jobcenter muss auf Ihren Antrag hin den ursprünglichen Bescheid prüfen.

Wird dem **Antrag stattgegeben**, muss der alte Verwaltungsakt mit einem Rücknahmebescheid zurückgenommen und/ oder mit einem Änderungsbescheid rückwirkend korrigiert werden. Das gilt dann natürlich auch für die Zukunft, selbst wenn der falsche Bescheid für zwölf Monate erlassen wurde. Bei Bedarf müssen auch Bescheide, die davor erlassen wurden, rückwirkend korrigiert werden.

Wird Ihr **Antrag abgelehnt**, muss ein (begründeter) Ablehnungsbescheid ergehen. Gegen diesen können Sie dann ⇨Widerspruch einlegen bzw. klagen.

3.3 Zeitraum für Nachzahlungen, wenn Leistungen nicht erbracht wurden

Das SGB X erklärt: *„Ist ein Verwaltungsakt mit Wirkung für die Vergangenheit zurückgenommen worden, werden Sozialleistungen [...] längstens für einen Zeitraum bis zu vier Jahren vor der Rücknahme erbracht"* (§ 44 Abs. 4 Satz 1 SGB X).

Für das SGB II und SGB XII wurde für zu **Unrecht nicht erbrachte Leistungen** ein **Sonderrecht** eingeführt und der Zeitraum **auf ein Jahr rückwirkend verkürzt**, allerdings rückwirkend **vom Beginn des Jahres** an gerechnet, in dem der Antrag auf Überprüfung gestellt wird (§ 40 Abs. 1 Satz 2 Nr. 2 SGB II i.V. mit § 44 Abs. 4 SGB X; § 116a S. 1 Nr. 2SGB XII i.V. mit § 44 Abs. 4 SGB X).

3.3.1 Ausnahmen für kürzere Zeiträume

Alg II

a. Wenn das Bundesverfassungsgericht oder das Bundessozialgericht eine Rechtsvorschrift oder die Rechtsauslegung **einer Behörde** für rechtswidrig bzw. verfassungswidrig erklärt **oder** dies in „ständiger Rechtsprechung" der Gerichte festgestellt wird, besteht **seit 1.8.2016** nur noch ein Korrekturanspruch für den Zeitraum **ab der Entscheidung** des BVerfG, BSG bzw. ab der Herausbildung der ständigen Rechtsprechung (§ 40 Abs. 3 Satz 1 Nr. 2 SGB II)

Bisher musste eine von der Rechtsprechung abweichende **Rechtsauslegung von allen Jobcentern vertreten** werden sein (einheitliche Verwaltungspraxis), um Ansprüche Betroffener nach § 44 SGB X auf die Zeiträume nach der korrigierenden Rechtsprechung zu beschränken. Seit 1.8.2016 gilt: Werden SGB II-Beziehenden zu geringe Leistungen gewährt, gibt es bei Entstehen einer höchstrichterlichen oder ständigen Rechtsprechung nur noch rückwirkend Leistungen, wenn die Betroffenen vorher bereits Widerspruch eingelegt hatten. Das BSG hatte 2011 noch festgestellt, dass der Ausschluss von rückwirkenden Korrekturen nur gilt, wenn es eine bundeseinheitliche Rechtsauslegung **aller** Jobcenter gibt (21.6.2011 - B 14 AS 118/10 R). Da eine einheitliche Rechtsauslegung aller Jobcenter in strittigen Fragen sehr unwahrscheinlich ist, der Gesetzgeber aber trotzdem Leistungsansprüche von SGB-II-Beziehenden verkürzen will, reicht nach der neuen Regelung nur noch die abweichende **Rechtsauslegung** des *„zuständigen Trägers der Grundsicherung für Arbeitsuchende"* (§ 40 Abs. 3 Satz 1 Nr. 2 SGB II) aus, d.h. **eines einzigen Jobcenters**, um die Rückwirkung des Nachzahlungsanspruchs zu hemmen. Damit wurde das Urteil des BSG zu Lasten der Betroffenen ausgehebelt.

b. Alg II-Beziehende, die mit Blick auf eine (anstehende) Gerichtsentscheidung einen Überprüfungsantrag gegen die Höhe in einer kommunalen Satzung festgesetzten Unterkunfts- und Heizkosten beantragen (§§ 22a SGB II ff.), sollen erst ab der betreffenden Entscheidung des Landes- oder Bundessozialgerichts höhere Leistungen für Unterkunfts- und Heizkosten rückwirkend erhalten; nicht aber für Zeiten vor dem Gerichtsurteil (§ 40 Abs. 3 Satz 1 Nr. 2 SGB II). Durch Überprüfungsanträge durchgesetzte Nachzahlungen für Zeiträume vor der Gerichtsentscheidung werden damit ausgeschlossen.

In beiden Fällen wurde das Recht ab 1.8.2016 deutlich zu Ungunsten der Leistungsberechtigten verschlechtert. Jobcenter können, ohne eine rückwirkende Korrektur befürchten zu müssen, durch „eigenwillige Rechtsauslegung" SGB II-Berechtigten rechtswidrig Leistungen vorenthalten. **Diese Ausnahmen gelten (noch) nicht bei HzL / GSi.**

Alg II HzL/ GSi der Sozialhilfe

3.3.2 Rückwirkende Korrektur vier Jahre

Die Jahresfrist gilt nur für die rückwirkende Erstattung von Sozialleistungen. Ein Überprüfungsantrag reicht aber weiter zurück.

Beispiel Darlehen:
Sie sind 25 Jahre alt, bekommen Alg II und ziehen aus Ihrem Elternhaus erstmals in eine eigene Wohnung. Das Jobcenter hat Ihnen nach dem Auszug ein **Darlehen** für die Erstausstattung der Wohnung bewilligt. Das Darlehen ist inzwischen bis auf 200 € getilgt. Sie erfahren nach 3 Jahren, dass Ihnen für die Erstausstattung eine **Beihilfe** zugestanden hätte (§ 24 Abs. 3 Nr. 1 SGB II, entsprechend § 31 Abs. 1 Nr. 1 SGB XII). Die **Darlehensgewährung** war demnach **rechtswidrig**.
Wenn Sie jetzt einen Überprüfungsantrag stellen, ist der drei Jahre alte Bescheid, der die Darlehensgewährung bestimmt hat, durch das Jobcenter zu überprüfen und zu korrigieren. Sie müssen also in Zukunft nichts mehr tilgen. Außerdem bekommen Sie die bereits zu Unrecht getilgten Beträge mit Zinsen zurückerstattet. In diesem Fall der Nachzahlung ist es unerheblich, ob der Vorgang schon ein, zwei oder mehr Jahre zurückliegt. Denn hier handelt es sich **nicht** um zu Unrecht vorenthaltene Leistungen, sondern um **„zu Unrecht erhobene Beiträge"**, also aufgerechnete Tilgungsbeträge.
Gleiches gilt z.B. auch für zu Unrecht erhobene **Rückforderungen** wegen angeblicher Überzahlungen, die es tatsächlich nicht gegeben hat, oder zu Unrecht erhobene **Ersatzansprüche** für angeblich sozialwidriges Verhalten, das sich nachträglich als ganz normal herausstellt, usw. (⇨Rückforderung).

Wären Ihnen stattdessen **Leistungen zu Unrecht vorenthalten** worden, wäre der Zeitraum für die Nachzahlung auf die **Jahresfrist** beschränkt.

Verkürzte Rücknahme- und Korrekturfrist:
Sowohl für Beziehende von **Alg II** als auch von **HzL/ GSi der Sozialhilfe** und von Leistungen nach dem **AsylbLG** gilt **seit 1.8.2016** eine Verkürzung der Rücknahme- und Korrekturfrist: Der rückwirkende Zeitraum, innerhalb dem ein rechtswidriger, nicht begünstigender Bescheid zurückgenommen und korrigiert werden muss, wird **auf vier Jahre beschränkt** (§ 40 Abs. 1 Satz 2 Nr. 1 SGB II; § 116a Satz 1 Nr. 1 SGB XII; § 9 Abs. 4 Satz 2 AsylbLG). Das wird ebenfalls von Beginn des Jahres angerechnet, in dem der Überprüfungsantrag gestellt wird.
Die Frist zur Beantragung einer nachträglichen Korrektur und Erstattung zu Unrecht erhobener Beiträge wird damit von 30 Jahre auf vier Jahre verkürzt.

Unter dem Motto *„Rechtsvereinfachung"* betreibt die Bundesregierung den Abbau von Korrekturansprüchen von Leistungsberechtigten.

N

3.4 Überprüfungsantrag bei HzL/GSi der Sozialhilfe?

Lange war strittig, ob Überprüfungsanträge nach § 44 SGB X auch bei Sozialhilfeleistungen gestellt werden können. Spätestens mit der Einführung des Sonderrechts, mit dem der Zeitraum für die Nachzahlung auf ein Jahr verkürzt wurde, ist klar, dass auch im SGB XII ein **Anspruch** auf Überprüfung besteht.

3.4.1 Regelungen im 3. Kapitel SGB XII: HzL

Das BSG hat klargestellt, dass das SGB X **ohne Einschränkung** auch auf das SGB XII anzuwenden ist, solange im SGB XII keine abweichenden Regelungen genannt sind (§ 37 Satz 1 SGB I; BSG 16.10.2007 - B 8/9b SO 8/06 R, für die GSi). Mit der Entscheidung, dass § 44 SGB X auch auf Leistungen nach dem AsylbLG anzuwenden ist (BSG 29.9.2009 - B 8 SO 16/08 R), waren alle Zweifel beseitigt, ob Überprüfungsanträge auch bei der HzL möglich sind. Für das Verfahren gelten – mit gekennzeichneten Ausnahmen – ebenfalls die unter ⇨**3.1 ff.** erläuterten Regeln.

Bei der HzL setzt der Anspruch auf Leistungen ein, *„sobald dem Träger der Sozialhilfe [...] bekannt wird, dass die Voraussetzungen für die Leistung vorliegen"* (§ 18 Abs. 1 SGB XII). Anders als beim Alg II gibt es in der Sozialhilfe das sogenannte **„Gegenwärtigkeitsprinzip"**, nach dem keine Hilfe für die Vergangenheit geleistet wird. Erst ab Kenntnis des Bedarfs/ der Notlage setzt die HzL der Sozialhilfe ein.
Für eine rückwirkende Korrektur und Nachzahlung von Leistungen bedarf es daher
- eines **anspruchsbegründenden Tatbestandes**, z.B. einer Mieterhöhung **und**
- der **Kenntnis des Sozialamts** von der Erhöhung der Unterkunftskosten.

Tipp: Zeigen Sie leistungsrelevante Änderungen unverzüglich und beweissicher dem Sozialamt an.

3.4.2 Regelungen im 4. Kapitel SGB XII: GSi

Bei der **Grundsicherung** im Alter und bei Erwerbsminderung ging man schon länger von der Möglichkeit der Überprüfung nach § 44 SGB X aus, da diese Leistung auf Dauer (i.d.R. für ein Jahr) bewilligt wird. Hier gelten die unter ⇨**3.1 ff.** beschriebenen Regeln fürs Alg II, wenn nicht ausdrücklich auf Abweichungen hingewiesen wird.

3.4.3 Überprüfungsantrag gegen Bescheide, in denen Beiträge zu Unrecht erhoben wurden

Der Überprüfungsantrag ist auch gegen Bescheide möglich, in denen Beiträge zu Unrecht von den jeweiligen Sozialleistungsträgern erhoben wurden (§ 44 Abs. 1 S. 1 SGB X). Im normalen Sozialrecht haben diese Bescheide eine 30-jährige Bestandskraft, daher können sie rückwirkend durch einen Überprüfungsantrag auch so lange angefochten werden (§ 52 Abs. 2 SGB X).

Diese rückwirkende Anfechtung von Bescheiden wurde mit dem 9. SGB II-Änderungsgesetz vom 01.08.2016 auf vier Jahre verkürzt (§ 40 Abs. 1 S. 2 Nr. 1 SGB II/§116a S. 1 Nr. 1 SGB XII).
Bescheide, in denen Beiträge zu Unrecht erhoben wurden, sind allen voran Aufhebungs- und Erstattungsbescheide und Ersatzansprü-

che. Das BSG hat entschieden, dass die auf vier Jahre verkürzte Frist bei zu Unrecht erhobenen Beiträgen nur für Bescheide gilt, die seit der Rechtsänderung am 01.08.2016 erlassen wurden. Sind die Bescheide vorher erlassen worden, gilt weiterhin die 30-Jahres-Regel (BSG 14.5.2020 - B 14 AS 10/19 R).

4. Anspruch auf Verzinsung von Nachzahlungen

War die nachgezahlte Sozialleistung rückwirkend für länger als **sechs Monate fällig** und waren alle für den Antrag auf Leistungen erforderlichen Unterlagen eingereicht, muss der nachzuzahlende Betrag **mit vier Prozent verzinst** werden (§ 44 Abs. 1 SGB I). Das spielt eine Rolle, wenn z.B. für einen längeren Zeitraum Mehrbedarf nachgezahlt wird oder höhere Unterkunftskosten rückwirkend anerkannt werden.

Tipp: Die Verzinsung wird von den Behörden gerne vergessen, von den Gerichten ebenfalls. Machen Sie Ihren Anspruch am besten schriftlich beim Amt oder direkt vor Gericht geltend.

Wurden Ihnen Leistungen auf Grundlage eines ⇨**öffentlich-rechtlichen Vertrags,** beispielsweise einer ⇨Eingliederungsvereinbarung vorenthalten (z.B. ein Zuschuss bei Existenzgründung), kann im Falle einer Nachzahlung neben der 4%igen Verzinsung auch ein **Verzugsschaden, also der durch verspätete Zahlung entstandene Schaden** gegenüber dem Jobcenter geltend gemacht werden. Die Regelungen des BGB sind in diesem Fall anzuwenden (§ 61 SGB X i.V. mit §§ 288 ff. BGB; Mrozynski, SGB I, § 44 Rn. 1b). In Bezug auf das SGB XII hat das BSG jüngst entschieden, dass bei nachgezahlten Sozialleistungen grundsätzlich auch Zinsen zu erbringen sind. Der Anspruch auf Zinsen in Höhe von vier Prozent beginnt nach Ablauf von sechs Kalendermonaten ab Einreichung des vollständigen Antrags auf Sozialleistungen zu laufen (BSG 3.7.2020 - B 8 SO 15/19 R). Im Bereich des AsylbLG besteht kein Anspruch auf Verzinsung nach § 44 Abs. 1 SGB I, da das SGB I dort keine Anwendung findet. Es besteht aber ein Anspruch nach § 291 BGB in Höhe von fünf Prozent (BSG 25.10.2018 - B 7 AY 2/18 R).

5. Nachzahlungen, auch wenn Sie den falschen Antrag gestellt hatten,

können Sie rückwirkend bis zu einem Jahr geltend machen, wenn dieser im allgemeinen Sozialrecht innerhalb von sechs Monaten bis Ende des Monats der Bestandskraft des Bescheides beantragt wurde (§ 28 SGB X). Wenn Sie rückwirkend statt dem falsch gestellten Antrag Alg II-Leistungen benötigen, muss dieser Antrag bis Ende des Monats, in dem der Versagungsbescheid bestandskräftig geworden ist gestellt worden sein (§ 40 Abs. 7 SGB II). Näheres dazu ⇨Antragstellung 1.9

6.1 SGB II-/SGB XII-Nachzahlungen sind nicht als Einkommen anzurechnen

Auch Nachzahlungen aus der jeweils anderen Fürsorgeleistung (Alg II, HzL und GSi), die *„auf der verfassungsrechtlichen Fundierung im Grundrecht auf Gewährleistung eines menschenwürdigen Existenzminimums [...] beruhen"*, dürfen nicht angerechnet werden. Sonst würde durch die Nachzahlung einer *„rechtswidrige[n] Vorenthaltung von Leistungen"* der jeweils andere Leistungsträger belohnt (BSG 25.6.2015 - B 14 AS 17/14 R). Das gilt auch für eine Nachzahlung für Leistungen nach dem AsylbLG, die während des Alg II-/ Sozialhilfebezuges zufließt (⇨Einkommen 2.1).

6.2 Rückerstattung von Vorauszahlungen

Seit 2011 sind bei HzL/ GSi *„Einkünfte aus Rückerstattungen, die auf **Vorauszahlungen** beruhen, die Leistungsberechtigte **aus dem Regelsatz** erbracht haben"*, **kein Einkommen** mehr (§ 82 Abs. 1 Satz 2 SGB XII).

Das ist zwar eine SGB XII-Regelung, sie kann aber auf das SGB II übertragen werden. Damit sind u.a. ⇨**Strom**rückzahlungen gemeint, die auch beim Alg II nicht angerechnet werden. Erweitert wurde diese Regelung zum 1.8.2016 um *„Rückzahlungen, die sich auf [...] nicht anerkannte Aufwendungen für Unterkunft und Heizung beziehen"* (§ 22 Abs. 3 SGB II). Damit sind Guthaben aus Vorauszahlungen für Heiz- und Nebenkosten gemeint, die Sie aus dem Regelbedarf gezahlt haben, weil das Jobcenter sie nicht anerkennt.

Darunter fallen aber auch Rückerstattungen aus abgeschlossenen Zahnbehandlungsversicherungen oder sogenannten „Cash-statt-Handy-Geschäften" – anstelle der subventionierten Handy-Kaufoption erfolgt eine Sofortauszahlung bei Abschluss eines Handy-Vertrages (LSG Hessen 15.4.2015 - L 6 AS 828/12).

6.3 Einmalig ausgezahlte Nachzahlungen aus einem laufenden Anspruch

Alg II

Bis 31.7.2016 galt: Nachzahlungen von Einnahmen, die aus einem laufenden Anspruch entstanden sind und im Bewilligungszeitraum ausgezahlt wurden, waren nicht wie einmalige Einnahme, sondern wie laufendes Einkommen zu behandeln und anzurechnen. Daraus folgte, dass diese Einnahme ausschließlich im Zuflussmonat anzurechnen war. Der nicht verbrauchte Teil der Einnahmen wurde im Folgemonat zu ⇨Vermögen und war im Rahmen der Vermögensfreigrenzen anrechnungsfrei zu stellen (BSG 24.4.2015 - B 4 AS 32/14 R; BSG 21.12.2009 - B 14 AS 46/08 R). Das betraf vor allem Einnahmen aus laufenden Sozialleistungen, die keine SGB II-, SGB XII- und AsylbLG-Leistungen waren (z.B. Renten, Arbeitslosen-, Kinder-, Krankengeld usw.), aber auch aus Lohnnachzahlungen, die während des Alg II-Bezuges zugeflossen sind (BSG 5.6.2014 - B 4 AS 49/13 R). Voraussetzung für die Auszahlung an die Leistungsberechtigten war, dass das Jobcenter keinen Erstattungsanspruch gegenüber dem betreffenden Sozialleistungsträger geltend gemacht hatte (§§ 102 ff. SGB X).

Mit dem seit 01.08.2016 geltenden SGB-II-Änderungsgesetz hat die Bundesregierung diese Regelung aufgehoben und solche Nachzahlungen zu einmaligen Einnahmen umdeklariert. Das hat zu Folge, dass eine einmalige Einnahme, wenn sie höher ist als der monatliche Bedarf, dann auf sechs Monate verteilt angerechnet wird (§ 11 Abs. 3 Satz 2 SGB II). ⇨Einkommen (3.2)

Kritik

Handelt es sich bei der Nachzahlung um eine *„rechtswidrige Vorenthaltung von Leistungen"* eines anderen Leistungsträgers, ist die Neuregelung verfassungsrechtlich bedenklich,

- weil durch die Nachzahlung zu Unrecht vorenthaltener Leistungen anderer Sozialleistungsträger das Jobcenter „belohnt" wird (BSG 25.6.2015 - B 14 AS 17/14 R) und
- aufgrund der Anrechnung von Nachzahlungen aus Rechtsmittelverfahren, also der Anfechtung einer gerichtlichen Entscheidung, der Anspruch auf rechtsstaatliche Korrekturen für Alg II-Beziehende faktisch außer Kraft gesetzt wird.

Diese einseitige Benachteiligung von SGB II-Leistungsberechtigten muss einer verfassungsgerichtlichen Prüfung unterzogen werden. Materiell ist diese Regelung gesetzlich angeordneter Vermögensraub, Alg II-Beziehenden soll noch der letzte Cent aus den Taschen gezogen werden, um sie in Niedriglohn und Zwangsarbeit zu hungern. Die Abschaffung dieser Regelung gehört ganz oben auf die politische Agenda.

HzL/ GSi der Sozialhilfe

Hier gibt es (noch) keine entsprechenden gesetzlichen Einschränkungen wie beim Alg II. Daher vertreten wir die Auffassung, dass die bis zum 31.7.2016 für das SGB II gültige BSG-Rechtsprechung auch im SGB XII anzuwenden ist.

Forderungen

Abschaffung aller Sonderregelungen für Überprüfungsanträge im SGB II und SGB XII!
Nichtanrechnung zu Unrecht vorenthaltener Sozialleistungen und Löhne, wenn sie im Leistungsbezug nachgezahlt werden!

Stichworte:

sozialrechtlicher Herstellungsanspruch ⇨ Nachzahlung 1
Beratungspflicht ⇨ Nachzahlung 1.1
Schadensersatz ⇨Nachzahlung 1.2

Öffentlich-rechtlicher Vertrag

Inhaltsübersicht

1. Öffentlich-rechtlicher Vertrag: Unterschied zu Verwaltungsakt

Die Behörde kann ihr Handeln durch einen Verwaltungsakt (⇨Bescheid) oder durch einen öffentlich-rechtlichen Vertrag regeln. Die Rechtsgrundlagen für den öffentlich-rechtlichen Vertrag sind die §§ 53 ff. SGB X.

Voraussetzungen für den öffentlich-rechtlichen Vertrag:

- Regelungen, die in einem öffentlich-rechtlichen Vertrag getroffen werden, müssen **rechtmäßig** sein (§ 53 Abs. 1 SGB X).
- Ein öffentlich-rechtlicher Vertrag kann nur bei ⇨**Ermessen**sentscheidungen geschlossen werden (§ 53 Abs. 2 SGB X).
- Zu seiner Wirksamkeit bedarf es der **Schriftform** (§ 56 SGB X).
- Wenn ein öffentlich-rechtlicher Vertrag in Rechte **Dritter** eingreift, also auch Dinge anderer Mitglieder der Bedarfsgemeinschaft regelt, wird er erst wirksam, wenn diese schriftlich zustimmen (§ 57 Abs. 1 SGB X).

1.1 Welche Inhalte werden geregelt?

Beim **Alg II** wird der öffentlich-rechtliche Vertrag z.B. rechtmäßig angewendet, wenn

- eine ⇨Eingliederungsvereinbarung abgeschlossen wird,
- zwischen Ihnen und der Forderungsabteilung der Behörde eine Vereinbarung über die Rückzahlung von Erstattungsansprüchen getroffen wird (⇨Rückforderung),
- Sie mit dem Forderungseinzug der Behörde, z.B. Regionaldirektion, Zoll oder Stadtkasse, Vereinbarungen über Rückzahlungen treffen,
- zwischen Ihnen und dem jeweiligen Amt vor Gericht Vergleiche geschlossen werden: z.B. die Behörde bietet Ihnen den Betrag X an, wenn Sie sich im Gegenzug bereit erklären, eine Klage zurückzunehmen (§ 101 SGG) oder
- ein Unterhaltsberechtigter aufgrund von ausbleibenden Unterhaltszahlungen hilfebedürftig wird, der Unterhaltsanspruch auf das Jobcenter übergegangen ist (§ 33 Abs. 1 SGB II) und das Jobcenter mit Ihnen eine Vereinbarung trifft, den Unterhaltsanspruch gerichtlich durchzusetzen (§ 33 Abs. 4 SGB II).

Bei **HzL/ GSi der Sozialhilfe** wird der öffentlich-rechtliche Vertrag z.B. angewendet, wenn

- Ansprüche der Behörde bis auf das „*zum Lebensunterhalt Unerlässliche*" aufgerechnet werden (§ 26 Abs. 1 u. 2 SGB XII),
- Darlehensforderungen vom Sozialamt gegen Sie geltend gemacht werden. Ausgenommen sind Darlehen für einen unabweisbaren, also zwingend notwendigen und vom Regelsatz umfassten Bedarf (⇨ Härtefallregelung) (§ 37 Abs. 1 SGB XII),
- wenn mit Ihnen eine Vereinbarung über den Höchstbetrag der Rückzahlung für ein Darlehen bei am Monatsende fälligen Einkünften nach § 37a Abs. 2 Satz 1 SGB XII getroffen wird (⇨ Darlehen 2.1) und
- Vereinbarungen über Rückzahlungsraten mit dem Forderungseinzug der örtlichen Stadtverwaltung getroffen werden

1.2 Vertragsgrundlagen

Die Behörde darf mit Ihnen, **anstatt** einen **Verwaltungsakt** zu erlassen, auch einen öffentlich-rechtlichen Vertrag abschließen. Dieser ist an die gleichen Adressaten zu richten, an die das Amt sonst den Verwaltungsakt zu richten hat (§ 53 Abs. 1 Satz 2 SGB X). Die Regelungen, die in einem öffentlich-rechtlichen Vertrag getroffen werden, müssen rechtmäßig sein (§ 53 Abs. 1 SGB X).

Ein öffentlich-rechtlicher Vertrag ist nur zulässig, soweit die Erbringung der Sozialleistung im Ermessen des Leistungsträgers steht (§ 53 Abs. 2 SGB X).

Zu seiner **Wirksamkeit** bedarf der Vertrag der Schriftform (§ 56 SGB X). Es muss nicht immer „Vertrag" darüberstehen. Auch eine Gesprächsnotiz, die festhält, dass z.B. zu viel gezahlte Beträge monatlich in Höhe von X € aufgerechnet werden sollen, stellt einen öffentlich-rechtlichen **Vertrag** dar, wenn beide Seiten diese **unterschrieben** haben.

Wenn ein öffentlich-rechtlicher Vertrag in **Rechte Dritter** eingreift, wird er erst wirksam, wenn diese schriftlich zustimmen (§ 57 Abs. 1 SGB X). Wurden z.B. Leistungen einer Bedarfsgemeinschaft zu viel gezahlt, richtet sich die Rückforderung immer gegen alle Mitglieder der Bedarfsgemeinschaft. Wird eine Aufrechnungserklärung nur von einer Person unterzeichnet, ist der Vertrag unwirksam, weil es sich um einen Anspruch des Jobcenters gegen **alle** Mitglieder der Bedarfsgemeinschaft handelt.

Ab 2011 ist beim Alg II bei einer ⇨**Aufrechnung** von **Darlehensforderungen** eine vertragliche Regelung nicht mehr zulässig, da die Höhe der Aufrechnung nicht mehr im **Ermessen** der Behörde steht, denn Darlehen sind aus dem Regelbedarf aufzurechnen (§ 42a Abs. 2 SGB II). Forderungen aufgrund von **Erstattungs- und Ersatzansprüchen** kann das Jobcenter aufrechnen (§ 43 SGB II), also hier kann das Jobcenter statt einem aufrechnungsverfügenden Bescheid auch eine „freiwillige" Rückzahlungsvereinbarung mit Ihnen schließen. Das wäre dann eine zulässige **Verzichtserklärung** (§ 46 Abs. 1 SGB I). In diesem Fall können Sie wenigstens eine moderatere Tilgungsrate mit dem Jobcenter vereinbaren oder solche Rückzahlungsvereinbarungen jederzeit **zurückziehen** bzw. die Höhe der Tilgung **ändern**.

Im Gegensatz zu einer Verzichtserklärung sind ein rechtmäßig abgeschlossener öffentlich-rechtlicher Vertrag und dessen Inhalte vom Grundsatz **unabänderlich**, auch wenn sie Ihnen später nicht mehr passen.

2. Möglichkeit der Anpassung des Vertrags

Haben sich nach Vertragsabschluss die Umstände derart geändert, dass Ihnen die **Einhaltung** des Vertrages **nicht mehr zumutbar** ist, können Sie bei der Behörde eine Anpassung beantragen. Verweigert das Amt unter solchen Umständen die Anpassung, können Sie den Vertrag **kündigen** (§ 59 Abs.1 SGB X).

Beispiel: Wenn Sie in der ⇨Eingliederungsvereinbarung zugestimmt haben, 20 ⇨Bewerbungen im Monat vorzulegen, und nun einen Halbtagsjob gefunden haben, ist die Vereinbarung nicht mehr zumutbar. Sie müssen nun beim Jobcenter eine Änderung des Vertrages beantragen – am besten schriftlich. Kommt es zum Streit, ob Sie oder das Amt den Vertrag einseitig kündigen können, kann im Zweifel beim Sozialgericht eine **Feststellungs⇨ klage** eingereicht werden (§ 55 Abs. 1 Nr. 1 SGG).

Kritik

Mit der Eingliederungsvereinbarung hat sich der öffentlich-rechtliche Vertrag im Sozialrecht breit gemacht. Unter dem Motto *„Stärkung der Eigenverantwortlichkeit"* wird er als Druckmittel ausgebaut. Die Behörden versprechen sich durch die Einbeziehung der Betroffenen eine höhere Akzeptanz bzw. weniger Widerstand gegen einseitige und einschränkende Regelungen. Gerade das Unwissen der meisten Erwerbslosen darüber, was ein öffentlich-rechtlicher Vertrag ist und wie man dagegen vorgehen kann, macht diese Strategie erfolgreich.

Prozesskostenhilfe

Verfügen Sie über ein nur geringes ⇨Einkommen und ⇨Vermögen, können Sie zur Bestreitung von Prozesskosten Prozesskostenhilfe (PKH) in Anspruch nehmen. Dann werden die Kosten Ihrer Prozessführung ganz oder teilweise vom Staat getragen. Da das Verfahren vor den Sozialgerichten für Leistungsberechtigte u.a. nach dem SGB II, SGB III und SGB XII **gerichtskostenfrei** ist (§ 183 SGG) und sich die Behörde durch ihre eigenen Mitarbeiter*innen vertritt, können Ihnen allenfalls Kosten durch die Beauftragung eines/r eigenen Rechtsanwalts/Rechtsanwältin (⇨Anwält*innen) entstehen, die über die Prozesskostenhilfe übernommen werden können.

Inhaltsübersicht

1. Was sollten Sie vor einem Prozess überlegen?

Bevor Sie eine ⇨Klage oder eine ⇨einstweilige Anordnung (Eilantrag) bei einem Sozialgericht einreichen, sollten Sie unbedingt prüfen, ob die beabsichtigte Rechtsverfolgung Aussicht auf Erfolg hat. Für die Prüfung der Erfolgsaussichten sollten Sie ggf. eine*n Anwält*in hinzuziehen. Für eine anwaltliche Beratung **vor** Klageerhebung kann Ihnen ⇨**Beratungshilfe** gewährt werden.

2. Wann brauchen Sie eine*n Anwält*in im Gerichtsverfahren?

Vor dem Sozialgericht und dem Landessozialgericht besteht **kein Anwaltszwang**, d.h., Sie können einen Prozess auch selbst führen (§ 73 Abs. 1 SGG). Trauen Sie sich die Prozessführung selbst zu, müssen Sie deswegen keine*n Anwält*in beauftragen. Sie sollten aber immer bedenken, dass auf Seiten der Behörden im Regelfall ausgebildete Jurist*innen den Prozess führen. Deswegen kann es jedenfalls in schwieriger gelagerten Fällen sinnvoll sein, wenn Sie sich ebenfalls rechtlichen Beistand suchen. Vor dem Bundessozialgericht (BSG) müssen Sie sich – außer für das Prozesskostenhilfeverfahren – durch einen Prozessbevollmächtigten (i.d.R. eine*n Rechtsanwält*in) vertreten lassen (§ 73 Abs. 4 SGG).

3. Unter welchen Voraussetzungen können Sie Prozesskostenhilfe bekommen?

Können Sie nach Ihren persönlichen und wirtschaftlichen Verhältnissen die Anwaltskosten nicht aufbringen, können Sie Prozesskostenhilfe erhalten, wenn die beabsichtigte Rechtverfolgung oder Rechtsverteidigung hinreichende **Aussicht auf Erfolg** bietet und nicht mutwillig erscheint (§ 114 Abs. 1 ZPO) sowie die Vertretung durch eine*n **Anwält*in erforderlich** ist (§ 121 Abs. 2 ZPO). Bei Vorliegen der finanziellen Voraussetzungen wird Ihnen ohne weitere Prüfung der Erfolgsaussichten ein*e Anwält*in beigeordnet, wenn eine anwaltliche Vertretung vorgeschrieben ist (vor dem BSG; ⇨2.) oder die Behörde das Rechtsmittel (Berufung, Revision) eingelegt hat (§ 73 a SGG i.V. mit § 119 Abs. 1 Satz 2 ZPO). Entscheiden Sie sich für eine*n nicht ortsansässige*n Rechtsanwält*in, müssen Sie dessen/deren Fahrtkosten und ggf. Kosten seiner/ihrer Ortsabwesenheit selbst tragen (§ 121 Abs. 3 ZPO).

3.1 Geringe Einkommens- und Vermögensverhältnisse

Ob Ihre ⇨**Einkommens**verhältnisse die Bewilligung von Prozesskostenhilfe erlauben, richtet sich nach § 115 Abs. 1 ZPO. Die ⇨**Vermögens**grenzen orientieren sich am Schonvermögen der Sozialhilfe (§ 115 Abs. 3 ZPO i.V. mit § 90 SGB XII). Maßgeblich sind Ihre Einkommens- und Vermögensverhältnisse zum Zeitpunkt der PKH-Bewilligung, nicht der Antragstellung (§ 115 Abs. 1 Satz 4 ZPO). Das Gericht kann von Ihnen verlangen, dass Sie

P

Ihre Angaben durch Vorlage von Urkunden oder die Abgabe einer eidesstattlichen Versicherung glaubhaft machen (§ 118 Abs. 2 Satz 1 ZPO).

3.1.1 Geringe Einkommensverhältnisse
Beziehen Sie lediglich Leistungen nach dem SGB II oder SGB XII, steht die Höhe Ihres Einkommens einer PKH-Bewilligung nicht entgegen. Anders kann es sich verhalten, wenn Sie Alg II aufstocken oder etwa Wohngeld beziehen. In diesem Fall muss eine genaue Berechnung vorgenommen werden. In einem ersten Schritt sind alle Einkünfte (Netto-Arbeitseinkommen, Sozialleistungen, Zinseinkünfte etc.) zu addieren. Von dem **Gesamteinkommen** sind sodann die **Beiträge** nach § 115 Abs. 1 Satz 3 ZPO **abzusetzen**. Hierzu gehören angemessene Prämien zu Versicherungen, Mindestbeiträge zur Riester-Rente, Werbungskosten sowie die Freibeträge nach § 115 Abs. 1 Satz 3 Nr. 1 b und Nr. 2 ZPO (Stand: 2021):
- **491 €** für den/die Rechtssuchende*n, zusätzlich **223 €** bei (ggf. zusätzlicher) Erwerbstätigkeit,
- weitere **491 €** für den/die Ehepartner*in oder Lebenspartner*in,
- **393 €** für jede*n erwachsene*n Unterhaltspflichtige*n, dem/r Unterhalt – auch Naturalunterhalt – geleistet wird,
- **410 €** für 14- bis 17-jährige Unterhaltspflichtige,
- **340 €** für 6- bis 13-jährige Unterhaltspflichtige und
- **311 €** für unterhaltspflichtige Kinder bis 5 Jahren.

Abzusetzen sind weiter die Unterkunftskosten einschließlich Neben- und Heizkosten (ohne Strom), Mehrbedarfe (§ 21 SGB II bzw. § 30 SGB XII) sowie besondere Belastungen (i.d.R. 30,88 € je Schüler*in unter 18 Jahre, Kosten für ein Schülerticket, Nachhilfekosten, Ratenzahlungen aus Abzahlungskäufen, Zuzahlungen bei Ärzt*innen etc.).
Das Einkommen abzüglich der Absatzbeträge ergibt das sogenannte *„einzusetzende Einkommen"*. Liegt dieses **unter 20 €** (bis 19,99 €), wird Ihnen **ratenfreie Prozesskostenhilfe** bewilligt. Andernfalls werden Raten in Höhe Ihres hälftigen monatlichen Einkommens festgesetzt. Ein guter Rechenbogen wird von Prof. Dr. Dieter Zimmermann von der EH Darmstadt jährlich aktuell im Internet veröffentlicht (leicht zu finden mit den Stichworten „Rechenbogen PKH Zimmermann" mit jeder Suchmaschine).

3.1.2 Geringe Vermögensverhältnisse
Ferner muss auch Ihr Vermögen innerhalb der Vermögensfreigrenzen liegen (§ 115 Abs. 3 ZPO i.V. mit § 90 Abs. 2 Nr. 9 SGB XII i.V. mit § 1 Abs. 1 BarBetrVO v. 22.3.2017):
Geschützt sind seit 1.4.2017 für jede volljährige Person sowie für jede alleinstehende minderjährige Person **5.000 €** sowie **500 €** für jede weitere Person, der Unterhalt gezahlt wird.
Volle PKH ist auch zu bewilligen, wenn Sie Ihre Anwaltskosten nur zum Teil aus ihrem einzusetzenden Barvermögen aufbringen können (§ 114 Abs. 1 Satz 1 ZPO). Welche Vermögensgegenstände nicht zu berücksichtigen sind, ist in § 90 SGB XII geregelt (⇨Vermögen 3.1 ff., 4.).

3.2 Hinreichende Erfolgsaussicht
Weiter muss für die von Ihnen angestrebte Rechtsverfolgung hinreichende Erfolgsaussicht bestehen. Dies ist nach der Rechtsprechung der Fall, wenn das Gericht Ihren Rechtsstandpunkt aufgrund Ihrer Sachverhaltsschilderung und der vorliegenden Unterlagen für zutreffend oder zumindest für **vertretbar** hält und in tatsächlicher Hinsicht von der Möglichkeit der Beweisführung überzeugt ist.
Aus Gründen der Waffengleichheit zwischen den Beteiligten sind an die Erfolgsaussicht **keine überspannten Anforderungen** zu stellen (BVerfG 7.4.2000 - 1 BvR 81/00). Die Gewährung von PKH kommt jedoch dann nicht in Betracht, wenn ein Erfolg in der Hauptsache zwar nicht gänzlich ausgeschlossen ist, die Erfolgschance aber nur eine entfernte ist (BSG 17.2.1989 - B 13 RJ 83/97 R). In Klageverfahren werden von den Sozialgerichten i.d.R. keine überhöhten Anforderungen an die Erfolgsaussichten gestellt und auch dann PKH bewilligt, wenn die Klage ggf. später abgelehnt wird. Verfolgen Sie mit Ihrer Klage mehrere Anliegen, genügt es, wenn eines Ihrer Anliegen Aussicht auf Erfolg hat. Verschlechtern sich die Erfolgsaussichten während des PKH-Verfahrens

durch pflichtwidrige Verzögerung der Bewilligungsentscheidung durch das Gericht, sind die Erfolgsaussichten im Zeitpunkt der PKH-Antragstellung maßgeblich (Philippi in Zöller, ZPO, 22. Aufl., § 119 Rn. 45 f.).

Anders als in Hauptsacheverfahren stellt sich die Praxis der Gerichte in **sozialgerichtlichen Eilverfahren** (⇨einstweilige Anordnung) dar. Regelmäßig wird von den Sozialgerichten im Gleichklang mit der Entscheidung in der Sache auch über den PKH-Antrag entschieden: Hat der Antrag auf einstweilige Anordnung in der Sache Erfolg, wird auch PKH bewilligt, wird der Sachantrag dagegen abgelehnt, ereilt den PKH-Antrag regelmäßig dasselbe Schicksal. Diese Praxis ist zu **kritisieren**. Zur Gewährleistung eines effektiven Rechtsschutzes kann es geboten sein, die Wahrscheinlichkeitsbetrachtung bei der PKH-Bewilligung großzügiger auszugestalten als im Bereich der Sachentscheidung (Groth, NJW 2007, 2294, 2297).

3.3 Keine Mutwilligkeit

Mutwillig ist die Rechtsverfolgung oder Rechtsverteidigung, wenn eine Partei, die keine PKH beanspruchen kann, bei verständiger Würdigung aller Umstände von der Führung eines Prozesses absehen würde, obwohl eine hinreichende Erfolgsaussicht besteht (§ 114 Abs. 2 ZPO). Mutwilligkeit wurde in der Rechtsprechung etwa angenommen, wenn durch ein Urteil für den/die Kläger*in keine Vorteile zu erwarten sind, die Nachteile überwiegen, es einen kostengünstigeren außergerichtlichen Weg gegeben hätte oder sinnvoller Weise die Entscheidung in einem Parallelfall hätte abgewartet und ein Widerspruchsverfahren solange hätte ruhend gestellt werden können (LSG Schleswig-Holstein 26.11.2014 - L 6 AS 271/14 B PKH).

Tipp: Wollen Sie sicher gehen, dass keine Anwaltskosten entstehen, erheben Sie selbst fristwahrend zu Protokoll der Geschäftsstelle des Sozialgerichts Klage, stellen Sie den PKH-Antrag (§ 117 Abs. 1 ZPO) und beantragen Sie die Beiordnung Ihres/r Rechtsanwalts/Rechtsanwältin. Das Gericht wird dann in der Regel kurzfristig über den von Ihnen gestellten PKH-Antrag entscheiden. Bewilligt das Gericht keine PKH und wendet sich weiter an Sie, können Sie dem Gericht mitteilen, dass Sie sich zur Prozessführung nicht in der Lage sehen und an die PKH-Bewilligung erinnern. Sie haben einen Anspruch auf Entscheidung über Ihren PKH-Antrag.

3.4 Keine anderweitige Vertretungsmöglichkeit

Prozesskostenhilfe wird Ihnen auch dann nicht bewilligt, wenn Sie sich anderweitig vertreten lassen können (§ 73a Abs. 2 SGG), etwa als Gewerkschaftsmitglied durch Ihre Gewerkschaft oder die „DGB Rechtschutz GmbH“ oder als Mitglied eines Sozialverbandes durch Ihren Verband (BSG 8.10.2009 - B 8 SO 35/09 B).

4. Nachträgliche Änderung der PKH-Bewilligung

Wurde Ihnen PKH unter Ratenzahlung bewilligt und haben sich Ihre wirtschaftlichen Verhältnisse so **verschlechtert**, dass nunmehr keine Monatsraten mehr zu zahlen sind, kann das Gericht auf Ihren **Antrag** hin die Entscheidung über die zu leistenden Zahlungen ändern (§ 120a Abs. 1 ZPO).

Verbessern sich Ihre wirtschaftlichen Verhältnisse innerhalb von vier Jahren nach Abschluss des Verfahrens, kann das Gericht die PKH-Entscheidung ändern (§ 120a Abs. 1 Satz 4 ZPO). Wesentliche Verbesserungen Ihrer wirtschaftlichen Verhältnisse müssen Sie dem Gericht unverzüglich mitteilen. Einkommenssteigerungen sind „wesentlich“, wenn diese nicht nur einmalig 100 € brutto übersteigen. Gleiches gilt für den Wegfall abzugsfähiger Belastungen (§ 120a Abs. 2 ZPO). Eine wesentliche Verbesserung Ihrer wirtschaftlichen Verhältnisse kann auch dadurch eintreten, dass Sie durch den Gerichtsprozess etwas erlangen. Dies prüft das Gericht von sich aus. Eine Änderung der PKH-Bewilligung ist allerdings ausgeschlossen, soweit Sie bei rechtzeitiger Leistung des durch den Prozess Erlangten ratenfreie PKH erhalten hätten.

Beispiel: Zahlt Ihnen der Grundsicherungsträger über Jahre vorenthaltende Leistungen für die Unterkunft in Höhe von 3.500 € nach, müssen Sie die PKH nicht zurückzahlen, denn bei rechtzeitiger Leistung hätten sie PKH erhalten.

5. Aufhebung der Bewilligung

Das Gericht kann die Bewilligung von PKH auch nachträglich ganz aufheben (§ 124 ZPO). Die Voraussetzungen hierfür sind zum 1.1.2014 erheblich verschärft worden:

- Sie haben durch **unrichtige Darstellung** des Streitverhältnisses die für die PKH-Bewilligung maßgeblichen Voraussetzungen vorgetäuscht (§ 124 Abs. 1 Nr. 1 ZPO).
- Sie haben absichtlich oder aus grober Nachlässigkeit **unrichtige Angaben** zu Ihren persönlichen und wirtschaftlichen Verhältnissen gemacht oder auf Verlangen des Gerichts Änderungen nicht oder ungenügend angegeben (Nr. 2).
- Die PKH-**Voraussetzungen** haben **nicht vorgelegen**. Die Aufhebung ist dann innerhalb der Frist von vier Jahren nach Beendigung des Gerichtsverfahrens möglich (Nr. 3).
- Sie haben wesentliche **Verbesserungen** in Ihren Einkommens- oder Vermögensverhältnissen oder Änderungen Ihrer **Anschrift** absichtlich oder aus grober Nachlässigkeit unrichtig oder **nicht unverzüglich mitgeteilt** (Nr. 4).
- Sie befinden sich länger als drei Monate mit der **Zahlung** einer Monatsrate oder eines sonstigen Betrages **im Rückstand** (Nr. 5).
- Sie haben eine Beweiserhebung (Zeugenvernehmung, Anforderung von Beweisurkunden) beantragt, die aus Gründen, die bei der PKH-Bewilligung noch nicht berücksichtigt werden konnten, keine hinreichende Erfolgsaussicht bietet oder der Beweisantritt erscheint nachträglich mutwillig (§ 124 Abs. 2 ZPO).

Mit diesen **Verschärfungen** sind den Gerichten Tür und Tor für eine Aufhebung der PKH-Bewilligung geöffnet. So kann schon die fehlerhafte oder nicht unverzügliche (d.h. ohne schuldhaftes Zögern) Mitteilung der **Anschriftsänderung** bis zu **vier Jahre** nach Verfahrensbeendigung die Aufhebung der PKH-Bewilligung nach sich ziehen. Kaum ein*e Kläger*in wird – nachdem er/sie Jahre auf seinen Verhandlungstermin bei einem Sozialgericht gewartet hat – vier Jahre nach Beendigung des Gerichtsverfahrens überhaupt noch daran denken, dem Gericht Mitteilungen zu machen, schon gar nicht „unverzüglich“ bei Änderung der Anschrift. Es steht zu befürchten, dass einige Gerichte die neuen gesetzlichen Regelungen als Einfallstore für die Aufhebung der PKH-Bewilligung nutzen werden.

Tipp: Achten Sie nach einer PKH-Bewilligung darauf, Ihre gesetzlichen Verpflichtungen penibel und für Sie nachweisbar einzuhalten (z.B. per Fax mit Sendebericht).

Rückforderung

(von Leistungen)

Es kommt oft vor, dass die Behörde zu viel gezahlt hat. Im Amtsdeutsch spricht man von „Überzahlung". Bei der Aufhebung von Bescheiden und Rückforderung der überzahlten Leistungen werden häufig Fehler gemacht. Etwa ein Drittel aller Rückforderungsbescheide ist fehlerhaft.

Es lohnt sich also, Rückforderungsansprüche der Behörde genau zu prüfen. Bewilligungsbescheide können nur unter besonderen Voraussetzungen aufgehoben bzw. zurückgenommen werden. Die wichtigsten Vorschriften sind die Rücknahme rechtswidriger begünstigender Verwaltungsakte, die zum Zeitpunkt des Erlasses schon rechtswidrig waren (§ 45 SGB X), und die Aufhebung von Verwaltungsakten mit Dauerwirkung bei Eintritt einer wesentlichen Änderung. Also solche, die nach Erlass rechtswidrig geworden sind (§ 48 SGB X). Sie werden durch §§ 40 Abs. 2 Nr. 3 SGB II, 330 Abs. 2, Abs. 3 S. 1, Abs. 4 SGB III modifiziert (Ausschluss der Ermessensregelungen in §§ 45, 48 SGB X, Einführung einer gebundenen Entscheidung).

Das Aufhebungsverfahren ist mehraktig ausgestaltet:

- Mit dem Ursprungs-Verwaltungsakt wird eine Leistung bewilligt. Es handelt sich dabei sozusagen um das Versprechen einer Leistung durch den Leistungsträger; mit der Erbringung der Leistung erfüllt der Leistungsträger sein Versprechen.
- Will der Leistungsträger dies rückgängig machen, so muss er zunächst das Versprechen aufheben (z.B. durch Rücknahme oder Aufhebung) und er muss die Leistung zurückverlangen (Erstattung), die er in Erfüllung des Versprechens erbrachte.

Besonderheiten gelten für vorläufige Leistungen. Der Bescheid über vorläufige Leistungen wird durch eine abschließende Entscheidung ersetzt. Hat der Bürger zu hohe Leistungen erhalten, hat er diese Leistungen zu erstatten (§ 41a Abs. 3, Abs. 5 SGB II; ⇨ vorläufige Entscheidung).

Inhaltsübersicht

5. Alg II: Erstattungsanspruch bei Doppelleistungen
6. Alg II: Rückforderung bei vorläufiger Entscheidung und Verstoß gegen die Mitwirkungspflicht
7. Alg II: Rückforderung bei Tod des/r Leistungsberechtigten

Forderungen

1. War der Ursprungs-Verwaltungsakt bei seinem Erlass rechtswidrig oder rechtmäßig?

1.1 Der Bescheid war von Anfang an falsch: „anfängliche Unrichtigkeit"

War der Bescheid von Anfang an falsch, kann er nur unter den Voraussetzungen des § 45 SGB X zurückgenommen werden. Das Gesetz verwendet den Begriff „begünstigender Verwaltungsakt", also ein Verwaltungsakt, „der ein Recht oder einen rechtlich erheblichen Vorteil begründet oder bestätigt hat". Dies sind solche Entscheidungen, in denen die Behörde eine Leistung bewilligt hat, obwohl kein Anspruch auf eine Leistung bestand, oder in denen sie eine höhere Leistung als wirklich zustehend bewilligt hat (etwa weil sich die Behörde zu Ihren Gunsten verrechnet hat). § 45 SGB X ist nur anwendbar, wenn der Bescheid bei seinem Erlass, also bei Zugang bei dem/r Bürger*in, rechtswidrig war. In den Fällen der Rücknahme eines rechtswidrigen begünstigenden Verwaltungsakts gibt es einen weitreichenden Vertrauensschutz.

„Ein rechtswidriger, begünstigender Verwaltungsakt darf nicht zurückgenommen werden, soweit der Begünstigte auf den Bestand des Verwaltungsaktes vertraut hat und sein Vertrauen unter Abwägung mit dem öffentlichen Interesse an einer Rücknahme schutzwürdig ist" (§ 45 Abs. 2 Satz 1 SGB X). Für die Abwägung zwischen dem öffentlichen Interesse der Behörde an der Rücknahme des Bescheids und dem privaten Interesse an dem Weiterbestand des Bescheids gilt Folgendes:

- Die Behörde hat immer ein Interesse an der Rücknahme des Bescheids.
  Der Bürger kann aber geltend machen, dass er auf den Bestand des Verwaltungsakts vertraut hat und sein Vertrauen unter Abwägung mit dem öffentlichen Interesse an der Rücknahme schutzwürdig ist (§ 45 Abs. 2 Satz 1 SGB X).
- *„Das Vertrauen ist in der Regel schutzwürdig, wenn der Begünstigte erbrachte Leistungen verbraucht [...] hat"* (§ 45 Abs. 2 Satz 2 SGB X).
- Der Leistungsberechtigte kann sich aber in den Fällen des § 45 Abs. 2 Satz 3 SGB X nicht auf Vertrauen berufen.

Dies ist der Fall, soweit

- *„er den Verwaltungsakt durch arglistige Täuschung, Drohung oder Bestechung erwirkt hat"* (§ 45 Abs. 2 Nr. 1 SGB X),
- *„der Verwaltungsakt auf Angaben beruht, die der Begünstigte vorsätzlich oder grob fahrlässig in wesentlicher Beziehung unrichtig oder unvollständig gemacht hat"* (ebenda, Nr. 2) oder
- *„er die Rechtswidrigkeit des Verwaltungsaktes kannte oder in Folge grober Fahrlässigkeit nicht kannte"* (ebenda, Nr. 3).

Die unrichtige oder unvollständige Angabe von Tatsachen (§ 45 Abs. 2 Satz 3 Nr. 2 SGB X) führt zum Ausschluss des Vertrauens. Sie handeln vor allem dann (mindestens) grob fahrlässig, wenn Sie Hinweise in Merkblättern nicht beachten oder in einem Antragsformular gezielte Fragen nicht richtig beantworten.
Ein Kennen oder grob fahrlässiges Nichtkennen der Rechtswidrigkeit (§ 45 Abs. 2 Satz 3 Nr. 3 SGB X) kann die Behörde nicht ohne Weiteres unterstellen, denn grobe Fahrlässigkeit liegt erst dann vor, wenn der Begünstigte die erforderliche Sorgfalt in besonders schwerem Maße verletzt hat. Es kommt auf Ihre individuellen Kenntnisse und Fähigkeiten an (⇨2.1.4).
Sie müssen sich aber nicht besser auskennen als Ihr*e Sachbearbeiter*in. Im Regelfall sind *„die wesentlichen, tatsächlichen Gründe, die die Behörde zu ihrer Entscheidung bewogen haben"* (§ 35 Abs. 1 SGB X) in den Bescheiden nicht nachvollziehbar dargelegt. Der Vorwurf der groben Fahrlässigkeit ist erst dann berechtigt, wenn sich der Fehler aus dem Bescheid selbst oder aus anderen Umständen ergibt und zudem für Sie ohne weiteres erkennbar ist, also bei für Sie augenfälligen Fehlern.

Tipp: Wenn der Bescheid von Beginn an rechtswidrig war, die Behörde die Überzahlung selbst verschuldet hat und das für Sie nicht ersichtlich war, darf der Bescheid nicht zurückgenommen werden. Legen Sie ⇨Widerspruch ein.

1.2 Der Bescheid wurde nach Erlass rechtswidrig: „nachträgliche Unrichtigkeit"

Wird ein Verwaltungsakt mit Dauerwirkung (also z.B. ein Bescheid über Alg II für mehrere Monate) durch *„wesentliche Änderung der Verhältnisse"* rechtswidrig, ist der Vertrauensschutz sehr stark eingeschränkt.

„Soweit in den tatsächlichen oder rechtlichen Verhältnissen, die beim Erlass eines Verwaltungsaktes mit Dauerwirkung vorgelegen haben, eine wesentliche Änderung eintritt, ist der Verwaltungsakt mit Wirkung für die Zukunft aufzuheben" (§ 48 Abs. 1 Satz 1 SGB X).

Der Bescheid darf nach Bekanntwerden der Änderung (z.B. Zuzug, Umzug usw.) nur mit Wirkung für die Zukunft geändert werden.

Mit Wirkung für die Vergangenheit, d.h. rückwirkend, ist der Bescheid aufzuheben, wenn

- *„die Änderungen zugunsten des Betroffenen erfolgt"* (§ 48 Abs. 1 Satz 2 Nr. 1 SGB X),
- der Betroffene *„der Pflicht zur Mitteilung wesentlicher für ihn nachteiliger Änderungen der Verhältnisse vorsätzlich oder grob fahrlässig nicht nachgekommen ist"* (ebenda, Nr. 2),
- Einkommen oder Vermögen erzielt wird (ebenda, Nr. 3) oder
- der Betroffene wusste oder durch besonders schweren Verstoß gegen die Sorgfaltspflicht nicht wusste, dass der Anspruch ganz oder teilweise weggefallen ist (ebenda, Nr. 4).

Der Zeitraum für die Änderung zugunsten des/r Betroffenen (§ 48 Abs. 1 Satz 2 Nr. 1 SGB X) ist beim Alg II und der Sozialhilfe auf ein Jahr begrenzt. Gerechnet wird ab Beginn des Jahres, in dem die Korrektur beantragt oder vorgenommen wird (§ 40 Abs. 1 Satz 2 Nr. 2 SGB II, § 116a Nr. 2 SGB XII i.V. mit § 48 Abs. 4 Satz 1 SGB X i.V. mit § 44 Abs. 4 SGB X). Sie bekommen demnach maximal für diesen Zeitraum Leistungen nachgezahlt.

Das vorsätzliche oder grob fahrlässige Unterlassen der Mitteilung wesentlicher für Sie nachteiliger Änderungen (z.B. Erzielung von Einkommen o.ä.) (§ 48 Abs. 1 Satz 2 Nr. 2 SGB X) berechtigt die Behörde zu einer rückwirkenden Aufhebung des Bescheids. Wenn Sie nachweisen können, dass Sie leistungsrelevante Änderungen der Behörde mitgeteilt haben, diese aber nicht beachtet wurden oder verloren gegangen sind, darf der Bescheid nicht rückwirkend aufgehoben werden, wenn das zu Ihren Ungunsten wäre. Das ist z.B. der Fall, wenn sich anteilige Unterkunftskosten reduzieren, weil jemand in Ihre Wohnung eingezogen ist. Da Sie Ihren Mitwirkungspflichten nachgekommen sind, darf nur mit Wirkung für die Zukunft aufgehoben werden.

Zu Aufhebungen wegen der Erzielung von (höherem) Einkommen oder Vermögen (§ 48 Abs. 1 Satz 2 Nr. 3 SGB X), lesen Sie ⇨2.4

Schwierig zu verstehen ist die Aufhebung, weil Sie wussten oder grob fahrlässig nicht wussten, dass der sich aus dem Verwaltungsakt ergebende Anspruch kraft Gesetzes zum Ruhen gekommen oder ganz oder teilweise weggefallen ist (§ 48 Abs. 1 Satz 2 Nr. 4 SGB X). Damit ist die Kenntnis oder grob fahrlässige Unkenntnis, dass der Verwaltungsakt im Widerspruch zur materiellen Rechtslage steht, gemeint; dies kann nur in besonderen Einzelfällen angenommen werden (Kasseler Kommentar § 48 SGB X Rn. 53a).

Tipp: Teilen Sie Änderungen Ihrer Verhältnisse umgehend mit und achten Sie darauf, dass Sie den Eingang der Änderungsmitteilungen entweder durch einen Zeugen oder eine Eingangsbestätigung, z.B. einen Eingangsstempel der Behörde, nachweisen können. Näheres ⇨Widerspruch 3.3

2. Verfahren der Rückforderung

Nachfolgend finden Sie Prüfschritte, die bei der Aufhebung von Bescheiden zu beachten sind. Werden diese berücksichtigt, können Sie herausfinden, ob ein Aufhebungs- und Erstattungsbescheid ggf. schon aus formellen Gründen angreifbar ist, selbst wenn er inhaltlich richtig ist.

2.1. Aufhebung des rechtswidrigen Bescheides

Zunächst wird ein Verwaltungsakt mit dem Inhalt wirksam, mit dem er bekannt gegeben wurde. Er bleibt so lange wirksam, wie er nicht aufgehoben wurde (§ 39 Abs. 1, 2 SGB X). Wird der Verwaltungsakt rechtswidrig, darf/ muss er aufgehoben werden (§§ 45/ 48 SGB X). Wird er nicht aufgehoben, darf nicht zurückgefordert werden (BVerwG 20.11.1997 - FEVS 1998, 243 f.). Für die Aufhebung eines Bescheides müssen einige formale Voraussetzungen erfüllt sein. Sind diese nicht erfüllt, ist eine Aufhebung nicht möglich, die Behörde darf überzahlte Leistungen dann nicht zurückfordern.

2.1.1 Falsche Angaben bei „anfänglicher Unrichtigkeit"

Haben Sie bei einem Bescheid, der schon zum Zeitpunkt seines Erlasses fehlerhaft war, falsche Angaben gemacht oder beruht der Bescheid auf Angaben, die durch arglistige Täuschung, Drohung oder Bestechung erwirkt wurden (§ 45 Abs. 2 Nr. 1, Nr. 2 SGB X), ist der Bescheid auch mit Wirkung für die Vergangenheit zurückzunehmen.

Die Aufhebung des Bescheides ist nur möglich, wenn der Antragsteller „gelogen und betrogen" hat oder die Rechtswidrigkeit des Bescheides kannte. Diese Voraussetzung muss individuell bei jedem/r von der Überzahlung betroffenen Leistungsbezieher*in vorliegen. Wurden z.B. der/die Partner*in des Antragstellers und andere volljährige Mitglieder der Bedarfsgemeinschaft aufgrund von vorsätzlichen Falschangaben des Antragstellers überzahlt, ist i.d.R. keine Aufhebung gegen diese Personen möglich, wenn sie die Überzahlung nicht mit zu verantworten hatten und nichts von ihr wussten. Dies kann aber anders sein, wenn die Person, die die Falschangaben gemacht hat, die andere Person mit der Vertretung beauftragt hat (LSG Sachsen-Anhalt 9.5.2012 – L 5 AS 234/09).

Minderjährige Kinder werden von ihren Eltern vertreten und das Vertreterhandeln wirkt gegen die vertretenen Kinder. Die Aufhebung gegen minderjährige Kinder ist folglich zulässig. Zum Ausgleich wird aber die so entstandene Schuld bei Eintritt der Volljährigkeit gem. § 1629a BGB auf das Vermögen begrenzt, welches das Kind bei Eintritt der Volljährigkeit hat (⇨ 2.5). Eine Übertragung der Aufhebung vom Stiefelternteil auf das Stiefkind ist hingegen nicht möglich, es sei denn, das Kind wurde adoptiert (BA, Arbeitshilfe „Individuelle Ansprüche in der Bedarfsgemeinschaft", 06/2011, 11).

Nach unserer Einschätzung dürfte ein erheblicher Teil der Bescheide, die wegen *„anfänglicher Unrichtigkeit"* aufgehoben werden, zumindest in Bezug auf die Überzahlungen bei Mitgliedern der Bedarfsgemeinschaft rechtswidrig sein.

Allerdings können Jobcenter seit 2011 einen Ersatzanspruch gegen den Verursacher einer Überzahlung, i.d.R. den Antragsteller, geltend machen (§ 34a SGB II; ⇨4.).

Solche rechtswidrigen Rückforderungsbescheide können mit einem Überprüfungsantrag angegriffen und zu Unrecht zurückgeforderte Leistungen müssen Ihnen nachgezahlt werden (§ 44 Abs. 1 SGB X). Näheres unter ⇨Nachzahlung 3. ff.

Bei Alg II, HzL/ GSi der Sozialhilfe und beim AsylbLG gab es, wie im Sozialrecht üblich, bis 30.7.2016 für die rückwirkende Überprüfung und Korrektur solcher Bescheide keine Begrenzung.

Mit dem Neunten SGB-II-Änderungsgesetz wurde zum 1.8.2016 die Rückwirkung solcher Anträge auf vier Jahre begrenzt (§ 40 Abs. 1 Satz 2 Nr. 1 SGB II; § 116a Satz 1 Nr. 1 SGB XII; § 9 Abs. 4 Satz 2 Nr. 1 AsylbLG). Mit dieser Rechtsänderung werden die rechtlichen Mittel für Leistungsberechtigte zur rückwirkenden Korrektur stark eingeschränkt und im System der Fürsorgeleistungen ein Sozialverfahrensrecht zweiter Klasse etabliert.

2.1.2 Fehlende Änderungsmitteilung bei „nachträglicher Unrichtigkeit"

Haben Sie nach Erlass eines Bewilligungsbescheides eine Veränderung, die Ihren Leistungsanspruch mindert, nicht mitgeteilt, ist der Bescheid auch für die Vergangenheit zurückzunehmen (§ 48 Abs. 1 Satz 2 Nr. 2, Nr. 3 SGB X). Nach der Rechtsprechung des BSG müssen Sie jede leistungsrelevante Änderung mitteilen (BSG 28.3.2013 – B 4 AS 42/12 R). Hier kommt es dann darauf an, ob Sie wussten oder grob fahrlässig nicht wussten, dass diese Änderung für den Sachverhalt „relevant" war. Das wäre z.B. der Fall, wenn Sie Einkommen aus einer neu aufgenommenen Beschäftigung erzielen oder andere Geldzahlungen wie eine Erbschaft, eine Steuernachzahlung o.ä. erhalten.

2.1.3 Jahresfrist

Die jeweilige Behörde kann den rechtswidrigen Bescheid nur innerhalb eines Jahres aufheben, auch wenn er durch schuldhaftes Verhalten des Leistungsbeziehers zustande gekommen ist. Nach Ablauf dieser Frist ist die Aufhebung nicht mehr möglich (§ 45 Abs. 4 SGB X, § 48 Abs. 4 SGB X).

Allerdings beginnt die Frist erst *„seit Kenntnis der Tatsachen [...], welche die Rücknahme [...] rechtfertigen"* (§ 45 Abs. 4 Satz 2 SGB X; § 48 Abs. 4 SGB X). Das ist der Zeitpunkt, ab dem alle entscheidungsrelevanten Sachverhalte dem Amt bekannt sind.

Jobcenter/ Sozialämter gehen oft davon aus, dass die Jahresfrist mit der Anhörung (⇨2.3) beginnt. Häufig verfügt die Behörde aber schon deutlich früher über alle für den Sachverhalt erheblichen Informationen. Die Kenntnis besteht schon dann, wenn die Behörde eine hinreichend sichere Informationsgrundlage bezüglich sämtlicher für eine Rücknahmeentscheidung notwendiger Tatsachen hat (BSG 26.7.2016 – B 4 AS 47/15 R). Ist diese Jahresfrist abgelaufen, kann ein Bescheid weder bei anfänglicher noch bei nachträglicher Unrichtigkeit aufgehoben werden. Rückforderungen sind dann nicht mehr möglich.

Das spielt z.B. eine Rolle, wenn

- der Aufhebungsbescheid sich nur an eine Person richtet, etwa den Vertreter, nicht aber an alle von der Aufhebung betroffenen Personen in der Bedarfsgemeinschaft,
- der Aufhebungs- und Rückforderungsbescheid nicht hinreichend bestimmt ist,
- über § 48 SGB X aufgehoben wurde (gebundene Entscheidung), obwohl er über § 45 SGB X (mit Ermessen) hätte aufgehoben werden müssen. Hier ist eine nachträgliche Ermessensausübung nicht mehr möglich (§ 43 Abs. 3 SGB X (allerdings dürfen die Jobcenter gem. §§ 40 Abs. 2 Nr. 3 SGB II, 330 Abs. 2 SGB III kein Ermessen ausüben); ⇨2.1.6) und nach Ablauf der Jahresfrist ist eine Korrektur des Ursprungbescheides durch Erlass neuer Bescheide nicht mehr möglich.

Es sollte also zuerst geprüft werden, ob die Jahresfrist bereits abgelaufen ist bzw. wann sie endet. Oft steht in den Aufhebungsbescheiden *„mir ist am XX.XX.XX bekannt geworden"* Diese Angabe muss nicht stimmen. Sie kann aber ein erster Anhaltspunkt sein. Unter Umständen kann eine ⇨Akteneinsicht hilfreich sein, um anhand der dort vorhandenen Unterlagen den Zeitpunkt der Kenntnisnahme zu prüfen. Jobcenter übersehen manchmal, dass sie schon länger über alle für eine Rücknahme erforderlichen Unterlagen verfügen.

Tipp 1: Wenn im Aufhebungsbescheid kein Datum der Kenntnisnahme angegeben ist, kann das ein Hinweis dafür sein, dass die Jahresfrist bereits abgelaufen ist. Hier sollten Sie genau prüfen, wann genau die Behörde Kenntnis von den Tatsachen hatte, auf die sich die Rückforderung stützt.

Tipp 2: Bedenken Sie, wenn Sie die Behörde vor Ablauf der Jahresfrist auf einen Fehler aufmerksam machen (z.B. Aufhebung nach § 48 statt nach § 45 SGB X), hat sie eine Möglichkeit zur Korrektur.

Tipp 3: Es kommt immer wieder vor, dass das Amt behauptet, der Aufhebungsbescheid sei innerhalb der Jahresfrist zugegangen. Die Behauptung zählt nicht, im Zweifelsfall muss der Zugang des Bescheides durch die Behörde bewiesen werden (§ 37 Abs. 2 Satz 3 SGB X).

2.1.4 Vertrauensschutz

Wie unter ⇨1. ausgeführt, kann es einen Vertrauensschutz geben, wenn sich die Behörde zu Ihren Gunsten verrechnet hat.

Allerdings können Sie sich, auch wenn die überzahlten Leistungen schon ausgegeben sind, nicht darauf berufen, wenn Sie *„die Rechtswidrigkeit des Verwaltungsaktes kannte[n] oder infolge grober Fahrlässigkeit nicht kannte[n]; grobe Fahrlässigkeit liegt vor, wenn der Begünstigte die erforderliche Sorgfalt in besonders schwerem Maße verletzt hat"* (§ 45 Abs. 2 Satz 3 Nr. 3 SGB X). Der/die Betroffene muss demnach versäumt haben, die einfachsten, nahe liegenden Überlegungen anzustellen. Das ist dann der Fall, wenn nicht beachtet wird, *„was im gegebenen Fall jedem einleuchten musste"* (BSG 31.8.1976 - 7 RAr 112/74). Etwa wenn ungewöhnlich hohe Leistungen auf das Konto überwiesen

wurden. Dabei muss die individuelle Einsichts- und Urteilsfähigkeit des Leistungsempfängers/der Leistungsempfängerin berücksichtigt werden (BSG 8.2.2001 - B 11 AL 21/00 R; Schütze, SGB X, 9. Aufl., § 45 Rn. 69 f.).
Können Alg II-Beziehende anhand der Bewilligungsbescheide nicht ohne Weiteres erkennen, dass Einkommen falsch angerechnet wurde, darf die Behörde Überzahlungen für zurückliegende Zeiträume nicht zurückverlangen (SG Dortmund 22.7.2009 - S 28 AS 228/08).

Wenn Sie bei der Antragstellung richtige Angaben gemacht haben, besteht zunächst kein Anlass und keine Verpflichtung, einen Bescheid genau auf seine Richtigkeit zu prüfen. Andernfalls würde das Risiko der rechtmäßigen Umsetzung korrekter Angaben in Sozialleistungen von der Behörde auf Sie abgewälzt (BSG 8.2.2001 - B 11 AL 21/00 R).
Bei komplizierten Berechnungen und maschineller Verschlüsselung kann man nur dann von grober Fahrlässigkeit ausgehen, wenn die Berechnungen durch einen erklärenden Text hinreichend verständlich gemacht wurden.
„Einem Leistungsempfänger, der die fehlerhafte Zuordnung von Tatsachen nicht aus der Bescheidbegründung selbst erkennen kann, [ist] eine grobe Fahrlässigkeit nur dann vorzuwerfen, wenn ihm der Fehler mit seinen subjektiven Erkenntnismöglichkeiten oder aus anderen Gründen geradezu ‚in die Augen springt'" (SG Würzburg 15.11.2006 - S 10 AS 117/06; BSG 8.2.2001 - B 11 AL 21/00 R; Schütze SGB X, 9. Aufl., § 45 Rn. 68).

Im SGB II ist es seit 1.8.2016 die Aufgabe der Jobcenter, *„Auskunft und Rat [...] zur Berechnung der Leistungen zur Sicherung des Lebensunterhalts"* zu erteilen (§ 14 Abs. 2 SGB II). Diese Beratungsdienstleistung wird es nur auf Antrag geben, da kein Jobcenter von sich aus den Leistungsberechtigten die Erklärung der Bewilligungsbescheide anbieten wird. Zudem werden sie nach unserer Einschätzung dazu auch personell und fachlich nicht in der Lage sein. Aus dem Anspruch auf Beratung ergibt sich andererseits keine Pflicht, diese auch in Anspruch nehmen zu müssen. Sich den Bescheid vom Jobcenter nicht erklären zu lassen, ist gewiss keine „grobe Fahrlässigkeit" (§ 45 Abs. 2 S. 3 Nr. 3 SGB X).

2.1.5 Hinreichende Bestimmtheit des Rückforderungsbescheides

Aufhebungs- und Rückforderungsbescheide müssen hinreichend bestimmt sein (§ 33 Abs. 1 SGB X). Der/die Adressat*in muss in der Lage sein, das von ihm/r Geforderte zu erkennen. Es muss zunächst erkennbar sein, wer Adressat*in des Verwaltungsakts ist (BSG 29.4.2015 – B 14 AS 10/14 R), wobei sich dies aber auch durch den Verfügungssatz oder die Begründung des Verwaltungsakts ergeben kann (BSG 4.6.2014 – B 14 AS 2/13 R). Bei Bedarfsgemeinschaften hat jedes Mitglied der Gemeinschaft einen eigenen Leistungsanspruch. Daher muss sich aus dem Rückforderungsbescheid ergeben, wer betroffene*r Adressat*in ist und ob diese Personen als Gesamtschuldner oder nach Bruchteilen in Anspruch genommen werden (BSG 16.5.2012 – B 4 AS 154/11R). Daneben muss auch der Verfügungssatz bestimmt sein. Es muss für die Beteiligten vollständig, klar und unzweideutig erkennbar sein, was die Behörde will. Sie müssen ihr Verhalten danach ausrichten können (BSG 10.9.2013 – B 4 AS 89/12 R) und der Verfügungssatz muss in sich widerspruchsfrei sein (BSG 15.12.2010 – B 14 AS 92/09 R).
Allerdings kann der Verfügungssatz ausgelegt werden. Dazu können die Begründung des Verwaltungsakts, Anlagen zum Verwaltungsakt oder Anhörungsschreiben und vorherige Bewilligungsbescheide herangezogen werden (BSG 10.9.2013 – B 4 AS 89/12 R). Es müssen nicht einmal alle aufzuhebenden Bescheide genannt werden, wenn sich durch Auslegung ergibt, dass die Rückforderung auch diese Bescheide betrifft (BSG 25.10.2017 – B 1 AS 9/17 R).
Mangelnde Bestimmtheit kann nicht rückwirkend nach § 41 Abs. 2 SGB X geheilt werden (BSG 13.7.2006 - B 7a AL 24/05 R).

2.1.6 Bekanntgabe des Rückforderungsbescheides

Im SGB II gibt es keinen Anspruch der Bedarfsgemeinschaft. Anspruchsinhaber*innen der Leistungen zum Lebensunterhalt sind auch im Rahmen einer Bedarfsgemeinschaft immer die jeweiligen Mitglieder (BSG 7.11.2006 - B 7b AS 8/06 R, Rn. 12).
Da die Rücknahmeentscheidung letztendlich das Spiegelbild der Leistungsbewilligung darstellt, muss die Rückabwicklung im jeweiligen individuellen Leistungsverhältnis

erfolgen (SG Koblenz 16.6.2006 - S 11 AS 305/05). Die Rücknahme kann daher grundsätzlich nur gegenüber dem/r Begünstigten ergehen. Der Leistungsträger muss demnach die Rücknahme und Erstattung überzahlter Leistungen in Bezug auf die Bedarfsgemeinschaft gegenüber jedem einzelnen Mitglied geltend machen. Dazu muss der Verwaltungsakt gem. § 37 Abs. 1 SGB X bekanntgegeben werden. Dies setzt den Zugang bei dem/der Adressat*in voraus. Bei Minderjährigen genügt für eine Bekanntgabe die Bekanntgabe an einen Elternteil (BSG 4.6.2014 – B 14 AS 2/13 R). Eine Bekanntgabe gegenüber Erwachsenen ist nach allgemeinen Grundsätzen möglich. So soll die Bekanntgabe an eine*n Partner*in reichen, wenn die Behörde auch gegenüber dem/r anderen Partner*in einen Willen zur Bekanntgabe hatte und diese*r Partner*in die Möglichkeit der Kenntnisnahme hat (BSG 29.4.2015 – B 14 AS 2/13 R). Siehe auch ⇨ Bescheid 5.

Tipp: Wenn nicht gegen jede*n Leistungsbeziehende*n ein Aufhebungs- und Erstattungsbescheid ergangen und die Jahresfrist abgelaufen ist, ist eine Korrektur nicht mehr möglich.

2.1.7 Ausschluss der Umdeutung?

HzL/GSi der Sozialhilfe

Aufhebungen nach § 48 SGB X aufgrund von nachträglichen Änderungen sind gebundene Entscheidungen, d.h. der rechtswidrige Bescheid „ist" aufzuheben (§ 48 Abs. 1 Satz 2 SGB X). Von Anfang an falsche, also anfänglich unrichtige Bescheide „dürfen" aufgehoben werden (§ 45 SGB X). Hier ist eine ⇨**Ermessen**sentscheidung notwendig.
Rückwirkend ist die Umdeutung einer „gebundenen" Entscheidung in eine „Ermessensentscheidung" nicht möglich. Wird eine gebundene Entscheidung umgedeutet, kommt es zur nachgeschobenen Ermessensausübung. Das ist nicht zulässig (§ 43 Abs. 3 SGB X).
Die Umdeutung eines fehlerhaften Bescheides ist dem Sozialamt nur dann erlaubt, wenn sie auf das gleiche Ziel ausgerichtet ist und wenn die Behörde den durch Umdeutung korrigierten Bescheid *„in der geschehenen Verfahrensweise und Form rechtmäßig hätte erlassen [...] können und [...] die Voraussetzungen für den Erlass des Bescheides erfüllt sind"* (§ 43 Abs. 1 SGB X). Daraus folgt, dass eine Ermessensentscheidung nach § 45 SGB X in eine gebundene Entscheidung nach § 48 SGB X umgedeutet werden kann, wenn sie das gleiche Ziel verfolgt, aber nicht umgekehrt.

Alg II

Hier wurde die Ermessensentscheidung bei der Rücknahme eines Bescheides nach § 45 SGB X abgeschafft (§ 40 Abs. 2 Nr. 3 SGB II i.V. mit § 330 Abs. 2, Abs. 3 Satz 1 SGB III). Eine Umdeutung ist daher möglich (vgl. etwa BSG 15.6.2016 – B 4 AS 41/15 R).

2.2.1 Rücknahme/Aufhebung und Erstattung

Wenn bei einer Überzahlung zurückgefordert wird, muss im ersten Schritt der Ursprungsbescheid zurückgenommen (§ 45 SGB X; „anfängliche Unrichtigkeit") bzw. aufgehoben (§ 48 SGB X; „Änderung der Verhältnisse") werden. Wir nennen beide Verwaltungsakte der Einfachheit halber Aufhebungsbescheide. Aufhebungsbescheide müssen alle Sachverhalte benennen, die der Entscheidung zugrunde liegen.
Im zweiten Schritt muss über eine Erstattung der Leistungen entschieden werden (§ 50 SGB X). Der Erstattungsbescheid muss alle Angaben enthalten, von welchem/r Leistungsbeziehenden welche Leistung zurückgefordert wird. Er muss dementsprechend hinreichend bestimmt sein (⇨2.1.5).

2.2.2 Korrekturbescheid

Die Behörde ist verpflichtet, nicht nur den alten rechtswidrigen Bescheid zurückzunehmen bzw. aufzuheben, sondern ihn auch durch einen rechtmäßigen neuen Bescheid zu ersetzen. Der Aufhebungs- und Korrekturbescheid wird i.d.R. in Kombination erlassen. In der SGB II-Praxis heißt die Korrektur Änderungsbescheid. Diesen sollten Sie auf ihre Richtigkeit hin überprüfen.

2.2.3 Aufhebung und Erstattung in Kombination möglich

Ein Aufhebungs- und Erstattungsbescheid soll i.d.R. miteinander verbunden werden

(§ 50 Abs. 3 Satz 2 SGB X). Diesen kombinierten Vorgang nennen wir Rückforderung von Leistungen, den kombinierten Bescheid nennen wir folglich Aufhebungs- und Erstattungsbescheid oder vereinfacht *„Rückforderungsbescheid"*.

Sind die Bescheide nicht kombiniert, muss der Erstattungsbescheid innerhalb von vier Jahren nach der Aufhebung gestellt werden, sonst verjährt der Anspruch (§ 50 Abs. 4 SGB X).

Ist der Erstattungsanspruch durch Bescheid geregelt und unanfechtbar, verjährt er erst nach 30 Jahren (§ 52 Abs. 2 SGB X).

Möglich ist auch, dass Jobcenter dreifach kombinierte Aufhebungs-, Erstattungs- und Aufrechnungsbescheide erlassen. Die Behörde regelt so die ⇨Aufrechnung der Rückzahlungsansprüche im laufenden Leistungsbezug. Seit April 2011 sind Jobcenter mit umfassenden Aufrechnungsmöglichkeiten im Leistungsbezug ausgestattet. Die Aufrechnung ist durch Verwaltungsakt der leistungsberechtigten Person zu erklären (§ 43 Abs. 4 Satz 1 SGB II).

Aus dem Verfügungssatz am Anfang des Bescheides muss ersichtlich werden, dass zwei bzw. drei Sachverhalte in einem Bescheid geregelt werden, also die Aufhebung (nach §§ 45, 48 SGB X), die Erstattung (nach § 50 SGB X) und ggf. die Aufrechnung (nach § 43 SGB II).

Bezieht sich die Rückforderung auf alle Mitglieder, muss für jeden einzelne*n ein Rückforderungsbescheid erlassen werden (BSG 7.11.2006 - B 7b AS 8/06 R).

2.3 Anhörungen

Vor der Rücknahme eines begünstigenden Bescheides muss es eine Anhörung geben (§ 24 SGB X). Sie müssen aufgefordert werden, sich zu den Gründen zu äußern, die die Behörde für die Rückforderung anführt. Sind mehrere Personen von einer Rücknahme betroffen, sind sie alle anzuhören. Bei Minderjährigen reicht die Anhörung eines Elternteils als Vertreter (§ 1629 Absatz 1 S. 3 BGB, BSG 4.6.2014 – B 14 AS 2/13 R). Das bedeutet nicht, dass Sie der Anhörung nachkommen müssen. Eine fehlende Anhörung kann nachgeholt werden (§ 41 Abs. 2 SGB X). Im gerichtlichen Verfahren ist eine Nachholung ebenfalls noch möglich, allerdings nur in Form eines formalisierten Verwaltungsverfahrens (BSG 26.7.2016 – B 4 AS 47/15 R). Dazu ist i.d.R. eine Aussetzung des Verfahrens erforderlich (§ 114 Abs. 2 S. 2 SGG). Dem Aussetzungsantrag kann das Gericht nach seinem Ermessen stattgeben, muss dies aber nicht (BSG 26.7.2016 – B 4 AS 47/15 R).

Tipp: Bei fehlender Anhörung muss die Behörde immer Anwaltskosten tragen (§ 63 Abs. 1 Satz 2 SGB X), damit kann man nachlässige Ämter ordentlich nerven.

2.4 Widerspruch gegen den Rückforderungsbescheid

Sind die oben dargestellten Voraussetzungen für einen Rückforderungsbescheid nicht erfüllt oder ist er aus sonstigen Gründen rechtswidrig, können Sie ⇨Widerspruch einlegen.

2.4.1 Aufschiebende Wirkung

Ein Widerspruch gegen einen Aufhebungs- und Erstattungsbescheid entfaltet aufschiebende Wirkung (§ 86a Abs. 1 SGG). Die Regelung des Rückforderungsbescheides, gegen den Sie Widerspruch eingelegt haben, darf bis zur endgültigen Bestandskraft des Bescheides vom Leistungsträger nicht vollzogen werden. Denn die aufschiebende Wirkung eines Widerspruchs gegen den Aufhebungsbescheids ist zwar gem. § 39 Nr. 1 SGB II ausgeschlossen, dies betrifft aber nicht den Erstattungsbescheid. Das gilt im SGB II und im SGB XII. Beachten Sie aber, im SGB XII hat ein Widerspruch und die Anfechtungsklage grundsätzlich immer aufschiebende Wirkung (§ 86a Abs. 1 SGG).

Näheres dazu unter ⇨Widerspruch 5.

Tipp 1: Wenn Sie gegen einen Rückforderungsbescheid Widerspruch einlegen, sollten Sie vorsorglich darauf hinweisen, dass der Widerspruch nach § 86a SGG aufschiebende Wirkung entfaltet. Fordern Sie das Jobcenter auf, dies auch der Forderungseinzugsstelle (z.B. Regionaldirektion der BA/ Stadt- bzw. Kreiskasse) mitzuteilen.

Tipp 2: Im Schreiben an die Regionaldirektion bzw. Stadt- oder Kreiskasse sollten Sie ebenfalls darauf hinweisen, dass gegen den Rückforderungsbescheid Widerspruch eingelegt wurde und dass dieser eine aufschiebende Wirkung entfaltet. Bitten Sie darum, bis zur endgültigen Bestandskraft der Forderung von allen Vollstreckungsmaßnahmen Abstand zu nehmen.

Ignoriert die Behörde die aufschiebende Wirkung Ihres Widerspruchs und rechnet rechtswidrig auf, sollten Sie ihr eine Frist von wenigen Tagen setzen (z.B. eine Woche mit konkretem Ablaufdatum). Wird nach Ablauf der Frist weiter aufgerechnet, sollten Sie entweder über eine*n ⇨Rechtsanwalt/ Rechtsanwältin oder selbst mit einer ⇨einstweiligen Anordnung vom Sozialgericht die aufschiebende Wirkung des Widerspruchs anordnen lassen.

2.5 Die Beschränkung der Haftung Minderjähriger

Für die volljährig gewordenen Kinder gilt die sogenannte Minderjährigenhaftungsbeschränkung (§ 1629a BGB). Danach ist die Haftung einer volljährigen Person für Verbindlichkeiten, die die gesetzlichen Vertreter (i.d.R. die Eltern/ ein Elternteil) mit Wirkung für die Person begründet haben, als diese noch minderjährig war, beschränkt auf den Vermögensbestand des/r Minderjährigen bei Vollendung der Volljährigkeit (§1629a Abs. 1 Satz 1 BGB; BSG 7.7.2011 - B 14 AS 153/10 R). Das gilt auch, wenn die Forderung durch den/die ehemals Minderjährige*n selbst verursacht wurde. Es ist dabei unerheblich, ob das Jobcenter den Rückforderungsbescheid vor oder nach dem Eintritt der Volljährigkeit erlassen hat. Es kommt vielmehr darauf an, wann die Forderung durch Überzahlung entstanden ist (BSG 18.11.2014 - B 4 AS 12/14 R).

Tipp: Besitzt das Kind vor dem 18. Geburtstag ⇨Vermögen, sollte ggf. darüber nachgedacht werden, welche sinnvollen Investitionen vor Vollendung der Volljährigkeit getätigt werden können. Vermögensverbrauch ist nicht sozialwidrig.

Die Beschränkung der Haftung Minderjähriger wird von den Sozialleistungsträgern systematisch ignoriert. Rechtlich stellt die Vollendung der Volljährigkeit eine „Änderung zu Gunsten des Betroffenen" dar, weswegen das Jobcenter von Amts wegen die Korrektur durchführen muss (§ 48 Abs. 1 Satz 2 Nr. 1 SGB X). Das heißt, es müsste feststellen, dass die Forderung aus Zeiten der Minderjährigkeit entsprechend der Vermögensverhältnisse bei Vollendung des 18. Lebensjahres angepasst wird. Eine Aufrechnung müsste storniert werden.

Tipp: Hat der Sozialleistungsträger nach Ihrem 18. Geburtstag weiter alte Rückforderungsansprüche aufgerechnet, müssen Sie einen Überprüfungsantrag (§ 44 Abs. 1 SGB X) stellen. Die zu Unrecht zurückgeforderten Leistungen müssen in voller Höhe zurückgezahlt werden. Sie müssen die rückwirkende Korrektur innerhalb von vier Jahren beantragen.
Näheres unter ⇨ Nachzahlung 3. ff. (v.a. 3.3.2)

3. Kostenersatzanspruch bei „sozialwidrigem Verhalten"

Grundsätzlich sind existenzsichernde und bedarfsabhängige Leistungen, auf die ein Rechtsanspruch besteht, unabhängig von der Ursache der entstandenen Notlage und einem vorwerfbaren Verhalten in der Vergangenheit zu leisten (BVerfG 12.5.2005 - 1 BvR 569/05). Von diesem Grundsatz einer „verschuldensfreien" Deckung des Existenzminimums soll durch die ausgeweitete Ersatzpflicht infolge der Änderungen durch das Neunte SGB-II-Änderungsgesetz seit 1.8.2016 abgewichen werden.

Alg II

3.1 Erweiterter Ersatzanspruch bei „sozialwidrigem Verhalten"

Kostenersatz nach dem „Verursacherprinzip" gab es nur in der alten Sozialhilfe. Statt ihn mit Hartz IV ganz zu streichen, ist er auf das SGB II ausgedehnt worden und im Zuge der Gesetzesänderung seit 1.8.2016 drastisch ausgeweitet worden:

„Wer nach Vollendung des 18. Lebensjahres vorsätzlich oder grob fahrlässig die Voraussetzungen für die Gewährung von Leistungen nach diesem Buch an sich oder an Personen, die mit ihr oder ihm in einer Bedarfsgemeinschaft leben, ohne wichtigen Grund herbeigeführt hat, ist zum Ersatz der deswegen gezahlten Leistungen erbrachten Geld- und Sachleistungen verpflichtet. Als Herbeiführung im Sinne des Satzes 1 gilt auch, wenn die Hilfebedürftigkeit erhöht, aufrechterhalten oder nicht verringert wurde.

R

Sachleistungen sind, auch wenn sie in Form eines Gutscheins erbracht worden sein, in Geld zu ersetzen" (§ 34 Abs. 1 SGB II).

3.2 Voraussetzungen für die Ersatzpflicht

Die Ersatzpflicht nach § 34 ist eine Ausnahme von dem Grundsatz, dass existenzsichernde Leistungen regelmäßig unabhängig von der Ursache der Notlage und dem vorwerfbaren Verhalten in der Vergangenheit zu leisten sind. Um diesen Grundsatz nicht völlig zu ignorieren, ist die Ersatzpflicht nur *„auf begründete und eng zu fassende Ausnahmefälle begrenzt"* (FW 34.1).

Ersatzpflichtig ist „nur", wer:
- nach Vollendung des 18. Lebensjahres
- durch vorsätzliches oder grob fahrlässiges sozialwidriges Verhalten,
- das Ursache für die Gewährung von Leistungen in einer bestimmten Höhe ist und
- ohne dass es für dieses Verhalten einen wichtigen Grund gibt,

die Hilfebedürftigkeit an sich und/ oder an Mitgliedern der Bedarfsgemeinschaft herbeigeführt, erhöht, aufrechterhalten oder nicht verringert hat.

R

Der Ersatzpflicht unterliegt der Verursacher, der die Hilfebedürftigkeit herbeigeführt hat. Sie umfasst alle verursachten SGB II-Leistungen für die gesamte Bedarfsgemeinschaft. Deren Fortbestehen ist dafür nicht erforderlich (LSG Bayern 26.4.1012 - L7 AS 453/109). Eine Ersatzpflicht darf dagegen nicht gefordert werden für Leistungen des Partners/der Partnerin, mit dem der Verursacher (noch) nicht in einer Bedarfsgemeinschaft, sondern in einer Wohngemeinschaft zusammenwohnt (⇨eheähnliche Gemeinschaft).

3.3 Was heißt Sozialwidrigkeit?

In vielen Jobcentern besteht eine Tendenz, dass die Kostenersatzpflicht weit ausgelegt wird, z.B. auf Arbeitnehmer*innen, die ihre Arbeitslosigkeit angeblich selbst verschuldet haben, oder auf Personen, die, statt zu arbeiten, eine Ausbildung begonnen oder Schritte unterlassen haben, mit denen die Hilfebedürftigkeit von Familienangehörigen hätte vermieden werden können (z.B. Stellenwechsel usw.).

Nach bisheriger Rechtsprechung des BSG wird ein Ersatzanspruch bei *„sozialwidrigem Verhalten"* nur durch *„ein Verhalten mit spezifischem Bezug, d.h. ‚innerem Zusammenhang', zur Herbeiführung der Hilfebedürftigkeit bzw. Leistungserbringung"* ausgelöst. Es muss in seiner Handlungstendenz *„auf die Einschränkung bzw. den Wegfall der Erwerbsfähigkeit oder -möglichkeit bzw. die Herbeiführung von Bedürftigkeit gerichtet [sein]"* oder einen spezifischen Bezug zu anderen nach den Wertungen des SGB II zu missbilligenden Verhaltensweisen (z.B. § 2 SGB II, § 9 SGB II, § 31 SGB II) aufweisen (BSG 2.11.2012 – B 4 AS 39/12; BSG 16.4.2013 – B 14 AS 55/12 R; BSG 3.9.2020 – B 14 AS 43/19 R; BSG 3.7.2020 – B 8 SO 2/19 R).

Neben der Ursächlichkeit der Handlung muss immer auch zweistufig geprüft werden, ob noch ein wichtiger Grund für das Verhalten vorlag (Eicher/Luik SGB II, 4. Aufl., § 34 Rn. 25 ff).

3.3.1 Was heißt Herbeiführung der Hilfebedürftigkeit?

Eine Herbeiführung liegt nur bei einem Verhalten vor, das dazu führt, dass die Voraussetzungen für die Leistungen geschaffen bzw. bewirkt werden (BSG 8.2.2017 – B 14 AS 3/16 R). Zur Frage der Sozialwidrigkeit der Herbeiführung hat die BA einen Beispielskatalog erstellt, dem die Rechtsprechung nicht immer folgt, weshalb hinter den nachstehend aufgeführten Beispielsfällen einzelne Entscheidungen aufgeführt sind. Nach Ansicht des BA könnte ein sozialwidriges Herbeiführen vorliegen, wenn
- Sie ein Arbeitsverhältnis ohne wichtigen Grund gekündigt haben, der Arbeitsgeber Ihnen aus verhaltensbedingten Gründen kündigt oder wenn Sie ohne Grund und Not einen Aufhebungsvertrag abschließen (LSG Nordrhein-Westfalen 22.4.2013 – L 19 AS 1303/12, SG Kassel 2.7.2014 – S 6 AS 873/12),
- Ihnen als Berufskraftfahrer*in in Folge einer besonders schweren Verletzung der Sorgfaltspflicht im Straßenverkehr (z. B. Trunkenheit am Steuer) die Fahrerlaubnis entzogen wird (aber nicht bei Eintritt dieser Folgen nach einer privaten Trunkenheitsfahrt, LSG Niedersachsen-Bremen 5.7.2018 – L 6 AS 80/17)
- Sie Ihr Vermögen verschenkt oder vergeudet haben, bevor Sie den Antrag stellen (vgl. etwa SG Lübeck 23.3.2017 – S 31 SO 256/15 [Einzelfallprüfung]; LSG Baden-Württemberg 15.10.2015

– L 2 SO 2489/14 [zu § 41 Abs. 4 SGB XII]; SG Braunschweig 23.2.2010 – S 25 AS 1128/08); nach einer gut begründeten Ansicht kommt ein Ersatzanspruch hier erst dann in Betracht, wenn Sie damit beabsichtigt haben, wieder Leistungen nach dem SGB II zu beziehen (SG Düsseldorf 31.8.2015 – S 35 AS 247/15; LSG Mecklenburg-Vorpommern 7.5.2019 – L 10 AS 632/16 – info also 2019, 270)
- Sie mit Ihrem gewalttätigen Verhalten Ihre Ehefrau zwingen, die gemeinsame Wohnung zu verlassen und in ein Frauenhaus zu ziehen, wodurch Hilfebedürftigkeit ausgelöst wird (FW 34.9).

3.3.2 „Sozialwidriges Verhalten", das Hilfebedürftigkeit erhöht, aufrechterhält oder nicht verringert

ist zum 1.8.2016 als (Straf-)Tatbestand für die Ersatzpflicht aufgenommen worden. Das könnte nach Ansicht der BA z.B. vorliegen, wenn

- Sie sich als Alleinerziehende weigern, ohne wichtigen Grund den Vater des Kindes zu nennen und dadurch die Gewährung des Unterhaltsvorschusses verhindert wird,
- Sie Ihr Vermögen verschenken oder vergeuden,
- Sie während des Leistungsbezuges eine nicht bedarfsdeckende Beschäftigung ohne wichtigen Grund aufgegeben haben oder
- ein Arbeitsangebot ohne wichtigen Grund abgelehnt wurde usw. (FW 34.9).

Entgegen des eingangs geschilderten Grundsatzes, dass der Ersatzanspruch „*auf begründete und eng zu fassende Ausnahmefälle*" zu beschränken sei (FW 34.1), macht die BA in ihren Beispielen einen großen Rundumschlag. Den Phantasien der Sachbearbeiter*innen sollen offensichtlich keine Grenzen gesetzt werden. Unserer Ansicht nach dürfte es bei einigen der aufgeführten Beispiele jedoch schwierig sein, ein „*Verhalten mit spezifischem Bezug, d.h. ‚innerem Zusammenhang', zur Herbeiführung der Hilfebedürftigkeit bzw. Leistungserbringung*" (BSG ebenda) nachzuweisen. Hinzu kommt, dass in der Kommentarliteratur die Aufgabe eines Beschäftigungsverhältnisses nicht einvernehmlich als sozialwidriges Verhalten angesehen wird (Hauck/ Noftz SGB II, § 34, Rn. 38 f.).

3.3.3 Prüfung ob ein wichtiger Grund vorliegt

Ein wichtiger Grund liegt vor, wenn unter Berücksichtigung aller Besonderheiten des Einzelfalls Umstände vorliegen, bei denen den Interessen des Einzelnen bei Abwägung mit den Interessen der Allgemeinheit Vorrang einzuräumen ist (Grote-Seifert SGb 2013, 658, 659). Die BA handelt nach den folgenden Grundsätzen:

„*Ein wichtiger Grund liegt vor, wenn der ... [verursachenden Person] ein anderes Verhalten nicht zuzumuten war (z. B. Arbeitsplatzaufgabe aus gesundheitlichen Gründen).*"

„*An das Vorliegen eines wichtigen Grundes sind geringere Anforderungen zu stellen, als im Sperrzeitrecht des SGB III. Ein wichtiger Grund im Sinne des § 34 Abs. 1 ist zu bejahen, wenn ... [die verursachende Person] vernünftige und aus der Sicht eines objektiven Dritten nachvollziehbare Erwägungen zu dem konkreten Verhalten bewogen haben.*"

Dabei ist unerheblich, „*ob ggf. von der der Agentur für Arbeit erlassener Sperrzeitbescheid rechtmäßig ist oder bestandskräftig geworden ist.*"

Ein wichtiger Grund liegt regelmäßig vor, wenn das Verhalten durch andere gesetzliche Vorschriften gebilligt oder gefördert wird (z. B. Inanspruchnahme der Elternzeit nach § 15 Bundeselterngeld- und Elternzeitgesetz)" (FW 34.10).

Ein wichtiger Grund kann bestehen bei dem Verbrauch von Vermögen zur außerplanmäßigen Tilgung einer Darlehensverbindlichkeit (BSG 16.5.2007 – B 11b AS 37/06 R), bei Aufgabe einer ungelernten Tätigkeit mit dem Ziel, durch den Abschluss einer Berufsausbildung den eigenen Lebensunterhalt zu sichern oder zu verbessern (SG Freiburg 7.12.2009 – S 14 AS 4212/08), bei Aufgabe der bisherigen Tätigkeit nach Anfeindungen durch Kollegen (LSG Rheinland-Pfalz 26.6.2012 – L 3 AS 159/12 R).

Tipp: Auch der Kauf eines Autos aus zu berücksichtigendem Einkommen könnte einen wichtigen Grund darstellen, da ein ⇨Kfz im SGB II als Vermögen geschont ist und zur Ermöglichung der Mobilität sogar gefördert werden kann. Ebenso stellen Investitionen in

Hausrat, eine Brille oder Bekleidung einen wichtigen Grund für den Verbrauch von Einkommen oder Vermögen dar.

Das Vorliegen eines wichtigen Grundes ist von Amts wegen zu prüfen (§ 20 Abs. 1 Satz 1 SGB X). Liegt ein für den/die Leistungsberechtigte*n günstiger Umstand vor, ist er vom Jobcenter zu berücksichtigen. Anders als im Sanktionsrecht gibt es in den Regelungen zum Ersatzanspruch keine Darlegungs- und Nachweispflichten des/r Leistungsberechtigten. Gleichwohl können Sie solche Pflichten haben, nämlich dann, wenn die Tatsachen für den wichtigen Grund in Ihrer Sphäre oder in Ihrem Verantwortungsbereich liegen, und bei der Verletzung von Mitwirkungs- und Mitteilungspflichten (Eicher/Luik SGB II, 4. Aufl., § 34 Rn. 32).

3.3.4 Was heißt Vorsatz und grobe Fahrlässigkeit?

„Vorsätzlich handelt, wer die durch sein sozialwidriges Handeln entstandene Leistungspflicht entweder mit Wissen oder Wollen herbeigeführt hat (direkter Vorsatz) oder sie für möglich hält und sie billigend in Kauf nimmt (bedingter Vorsatz)" (FW 34.8).

Grobe Fahrlässigkeit liegt dagegen vor, wenn der/die Leistungsberechtigte „die erforderliche Sorgfalt in besonders schwerem Maße verletzt hat" (§ 45 Abs. 2 Satz 3 Nr. 3 SGB X). Näheres dazu unter ⇨2.1.4

In einigen Fällen ist aber weder Vorsatz noch grobe Fahrlässigkeit ausreichend; dann schadet nur das **absichtliche Handeln**; dies ist insbesondere bei dem vorzeitigen Verbrauch von Einkommen und Vermögen der Fall, weil § 31 Abs. 2 Nr. 1 SGB II als Wertungsmaßstab (zum Wertungsmaßstab oben ⇨ 3.3) nur ein absichtliches Verhalten sanktioniert; ein Ersatzanspruch ist nach hier vertretener Auffassung nur möglich, wenn es gerade darauf ankam, einen Leistungsanspruch nach dem SGB II zu erlangen (so LSG Mecklenburg-Vorpommern 7.5.2019 – L 10 AS 632/16 – info also 2019, 270). (Einfach) fahrlässiges Verhalten führt dagegen nicht zur Ersatzpflicht.

3.4 Höhe und Dauer des Ersatzanspruchs, Verfahren

3.4.1 Ursache bestimmt die Höhe des Anspruchs

Zwischen dem sozialwidrigen Verhalten und dem „Schaden", der für das Jobcenter entstanden ist, muss ein „Kausalzusammenhang" bestehen: *„zum Ersatz der deswegen erbrachten Geld- und Sachleistungen"* (§ 34 Abs. 1 Satz 1 SGB II).

Die Ersatzpflicht darf sich demnach ausschließlich auf die durch das „sozialwidrige Verhalten" verursachten Leistungen nach dem SGB II erstrecken.

Beispiel: Wurde ein 450-Euro-Job ohne wichtigen Grund abgebrochen, kann sich die Ersatzpflicht – wenn überhaupt – nur auf das anrechenbare, also bereinigte Einkommen im Sinne des SGB II beziehen. Das wären in diesem Fall regelmäßig 280 € mtl.

Wird Alg II ganz oder teilweise auf Darlehensbasis gewährt, entfällt die Ersatzpflicht für das Darlehen (Hohm/Groth GK SGB II, § 34, Rn 13).

Seit 1.8.2016 kann auch für gewährte Sachleistungen ein Ersatzanspruch geltend gemacht werden, z.B. Lebensmittelgutscheine, die an sanktionierte Personen herausgegeben wurden (§ 31a Abs. 3 SGB II). Dies wurde von einigen Jobcentern bereits in der Vergangenheit praktiziert. Wir halten das nach altem und neuem Recht für rechtswidrig.

Macht das Jobcenter einen Kostenersatzanspruch geltend, muss zunächst geklärt werden, ob der Anspruch überhaupt berechtigt ist. Im zweiten Schritt ist zu prüfen, ob die Höhe der geltend gemachten Ansprüche zulässig ist. Alle laufenden und einmaligen Leistungen zum Lebensunterhalt können unter den Anspruch fallen: Alg II und Sozialgeld (Regelbedarf, Mehrbedarfe, Bedarfe für Unterkunft und Heizung), Leistungen für Bildung und Teilhabe (§ 28 SGB II), einmalige Leistungen (§ 24 Abs. 3 SGB II), Zuschuss zu den Versicherungsbeiträge (§ 26 SGB II), Leistungen für Auszubildende (§§ 7 Abs. 5, 6 und 27 SGB II) und Beiträge zur Kranken- und Pflegeversicherung.

Darüber hinaus vertritt die BA die Auffassung, auch für Leistungen zur Eingliederung in Arbeit könnten Ersatzansprüche geltend gemacht werden (FW 34.12). Das wird jedoch in der Kommentarliteratur zum Teil ausgeschlossen (Hohm/Groth, GK-SGB II, § 34 Rn 13). Wir vertreten die Auffassung, dass Eingliederungsleistungen, die Ihnen unter Androhung von ⇨Sanktionen „gewährt" werden, nicht vom Ersatzanspruch umfasst sein können.

Tipp: Die Höhe des Ersatzanspruchs muss begründet sein. Gerade bei abgebrochenen oder nicht aufgenommenen Beschäftigungsverhältnissen, bei denen ein regelmäßiges Einkommen noch nicht vorhersehbar war, wird es dem Jobcenter schwerfallen, fiktive Einkommen nachvollziehbar zu begründen. Legen Sie gegen entsprechende Bescheide ⇨Widerspruch ein.

3.4.2 Dauer des Ersatzanspruchs

„Der Ersatzanspruch ist grundsätzlich weder der Höhe nach noch zeitlich begrenzt" (FW 34.17). Die BA möchte einen Ersatzanspruch so lange geltend machen, bis er nach dem Gesetz erloschen ist. *„Der Ersatzanspruch erlischt drei Jahre nach Ablauf des Jahres, für das die Leistung erbracht worden ist"* (§ 34 Abs. 3 SGB II). Die lange Dauer des Ersatzanspruchs soll offenbar als zusätzlicher Anreiz dienen, die Hilfebedürftigkeit aus eigenen Kräften zu beenden.

Unserer Ansicht nach ist die BA-Auslegung, wonach Ersatzansprüche grundsätzlich bis zu ihrem Erlöschen geltend gemacht werden sollen, unverhältnismäßig und willkürlich. Auch die Laufzeit des Anspruchs muss mit Blick auf seine Ursache festgelegt werden. Haben Sie nur einen auf sechs Monate befristeten Job abgelehnt, kann der Ersatzanspruch nicht für drei Jahre und länger geltend gemacht werden. Zur Begrenzung der Dauer des Ersatzanspruchs kann auch auf die Härtefallregelung des § 34 Abs. 1 Satz 6 SGB II zurückgegriffen werden (LPK-SGB II, 7. Aufl., § 34 Rn. 27; zur Härtefallregelung ⇨ 3.4.4). Sollten Sie aber etwa einen Vollzeitjob „sozialwidrig" verloren haben und danach keine Arbeit mehr finden, ist es nach dem Gesetzestext denkbar, dass die Ersatzpflicht bis zum Beginn der Rente reicht. In solchen Fällen muss überlegt werden, wie er Ersatzanspruch der Dauer nach begrenzt werden kann. Hierzu könnte etwa auf den Bewilligungszeitraum (ein Jahr oder sechs Monate, § 41 Abs. 3 SGB II) oder auf den Minderungszeitraum (drei Monate, § 31b Abs. 1 Satz 3 SGB II) abgestellt werden. Eine Begrenzung könnte aber auch dadurch – wie im Recht der Sanktionen – erfolgen, dass sich die leistungsberechtigte Person bereiterklärt, nunmehr ihre Pflichten zu erfüllen (vgl. dazu BVerfG 5.11.2019 – 1 BvL 7/16 Rn. 133); auf diese Begrenzungsmöglichkeit müsste das Jobcenter gem. § 14 Abs. 2 Satz 2 SGB II hinweisen.

3.4.3 Unterbrechung der Hilfebedürftigkeit: Wegfall der Ersatzpflicht

Wird die Hilfebedürftigkeit unterbrochen, für die der Ersatzanspruch geltend gemacht wird, *„entfällt die Ersatzpflicht für Zeiten des Leistungsbezuges nach dem Unterbrechungszeitpunkt"* (FW 31.17). Während der Unterbrechung muss der Bedarf zum Lebensunterhalt mindestens für einen Monat durch eigene Finanzierung (i.d.R. Erwerbseinkommen) und nicht durch Rückgriff auf das Schonvermögen oder Finanzierung Dritter sicher gestellt sein (BSG 30.9.2008 - B4 AS 29/07 R, in Bezug auf Einkommensanrechnung; BSG 9.4.2014 - B 14 AS 23/13 R, in Bezug auf Begrenzung der Unterkunftskosten bei nicht erforderlichen Umzügen).

3.4.4 Keine Ersatzpflicht bei Vorliegen einer Härte

Sind die Voraussetzungen für die Ersatzpflicht erfüllt, ist von Amts wegen zu prüfen, ob die Geltendmachung des Ersatzanspruchs für den/die Betroffene*n eine Härte – „nur" eine einfache, keine besondere Härte – bedeuten würde. Liegt diese vor, ist von der Geltendmachung des Ersatzanspruchs abzusehen. Das Jobcenter hat hier kein Ermessen (§ 34 Abs. 1 Satz 6 SGB II).

„Liegt eine Härte vor, bedeutet das nicht, dass die Ersatzpflicht nicht eingetreten ist oder entfällt. Es ist lediglich für die Zeit, in der die Härte besteht, von der Geltendmachung des Anspruchs abzusehen. [...] Bei Wegfall der Härte kann der Ersatzanspruch wieder geltend gemacht werden" (FW 34.20). Das ergibt sich aus der Formulierung *„soweit sie eine Härte bedeuten würde"* (§ 34 Abs. 1 Satz 6 SGB II).

„Ein Härtefall kann in persönlichen und wirtschaftlichen Umständen der ersatzpflichtigen Person begründet sein" (FW 34.19). Sol-

che Härtefallgründe könnten unserer Ansicht nach vorliegen:
- bei besonderen Belastungen der Person/Familie, wenn die Geltendmachung des Anspruchs Auswirkungen z.B. auf im Haushalt lebende Kinder hätte,
- wenn die ersatzpflichtige Person eine neue Bedarfsgemeinschaft begründet und die neuen Mitglieder der Bedarfsgemeinschaft durch die Höhe der Aufrechnung beeinträchtigt wären,
- bei besonderen medizinischen Belastungen oder Tilgungslasten wegen Zahnersatz,
- bei erforderlichen Schulkosten, die nicht vom Jobcenter übernommen werden,
- bei Gefährdung laufender Schuldentilgung,
- bei hohen Abschlägen oder Schuldentilgung beim Energieversorger,
- bei nicht anerkannten Unterkunftskosten usw.

Ein Härtefall ist ein unbestimmter Rechtsbegriff, dessen Auslegung uneingeschränkt gerichtlicher Kontrolle unterliegt. *„Gemeint sind atypische Fallgestaltungen, in denen die Wiederherstellung der Nachrangigkeit der Leistungen nach dem SGB II unzumutbar oder unbillig erscheint. Das Vorliegen eines Härtefalls ist nach den Umständen des Einzelfalles zu beurteilen. Hierbei ist zu berücksichtigen, dass es vorrangiges Ziel der Härtefallregelung ist, die nachhaltige Integration und Unabhängigkeit von öffentlichen Leistungen nicht zu gefährden"* (FW 34.19).

R

3.4.5 Verfahren zur Geltendmachung des Ersatzanspruchs

3.4.5.1 Ersatzanspruch kraft Gesetzes

Grundsätzlich besteht der Ersatzanspruch kraft Gesetzes, denn der Betroffene *„ist zum Ersatz verpflichtet"* (§ 34 Abs. 1 Satz 1 SGB II). Dieser Anspruch muss aber vom Jobcenter mittels Grundlagen- oder Leistungsbescheid geltend gemacht werden. Der Ersatzanspruch erlischt drei Jahre nach Ablauf des Kalenderjahres, in dem die zu ersetzenden Leistungen erbracht worden sind (§ 34 Abs. 3 SGB II).

3.4.5.2 Anhörungspflicht

Werden dem Jobcenter *„Tatsachen bekannt, die einen Ersatzanspruch begründen könnten, ist die oder der vermutlich Ersatzpflichtige zum Sachverhalt anzuhören (§ 24 SGB X)"* (FW 34.32).

Gegen eine solche Anhörung ist kein Widerspruch möglich. Sie sollten aber überlegen, ob das Ihnen vorgeworfene Verhalten wirklich sozialwidrig war, wie vom Jobcenter behauptet. Überlegen Sie, welche Argumente Ihr Verhalten begründen und wie Sie diese belegen können. Solche Belege könnten sein: ärztliche Stellungnahmen, Stundenzettel vom Betrieb, Arbeitsverträge, Stellungnahmen anderer Stellen und Institutionen, Zeugenaussagen Dritter. Schreiben Sie Ihre Sicht der Dinge auf und fügen Sie Belege bei. Fertigen Sie Kopien für Ihre Akten an und reichen Sie die Unterlagen dem Amt ein.

Tipp 1: Wir raten davon ab, die Anhörung mündlich durchzuführen und Ihr Verhalten in der Behörde zu erörtern. Nicht selten werden Sachbearbeiter*innen geschult, solche Kostenersatzansprüche geltend zu machen und Ihre Argumente gegen Sie auszulegen.

Tipp 2: Suchen Sie im Zweifel eine Beratungsstelle auf. Gehen Sie lieber (noch) nicht zu einem/r ⇨Anwalt/Anwältin, weil Sie für eine Beratung anlässlich einer Anhörung keine ⇨Beratungshilfe bekommen und auch das Amt den/die Anwält*in nicht bezahlt. Erst wenn das Amt Ihre Ausführungen als nicht relevant abtut und einen Bescheid über den Ersatzanspruch erlässt, ist Widerspruch – ggf. unter Hinzuziehung anwaltlicher Hilfe – erforderlich.

3.4.5.3 Grundlagen- und Leistungsbescheid

Um einen Kostenersatzanspruch zu erhalten, muss das Jobcenter einen Bescheid zur Feststellung bzw. Geltendmachung von Ersatzansprüchen erlassen. Im ersten Schritt muss ein Grundlagenbescheid über den Kostenersatz (Feststellung allein der Frage, ob Ihr Verhalten sozialwidrig war) und im zweiten ein (Rück-)Leistungsbescheid (Höhe des Ersatzes) erlassen werden. Das kann getrennt oder kombiniert erfolgen.
Näheres unter ⇨Bescheid 3.1 ff.

Das BSG hält die Aufspaltung in einen Grundlagen- und einen Leistungsbescheid für statthaft (BSG 29.8.2019 – B 14 AS 50/18 R). Dies ist dann besonders gefährlich, wenn Sie gegen den Grundlagenbescheid keinen Widerspruch erheben. Auch wenn in diesem Bescheid (zunächst) nichts von Ihnen gefordert wird, wird damit die „Grundlage" für eine Forderung gegen Sie geschaffen. Ist der Grundlagenbescheid bestandskräftig, können Sie im Verfahren gegen den Leistungsbescheid nicht einwenden, Ihr Verhalten sei nicht sozialwidrig gewesen. Dies steht dann bestandskräftig fest, und Sie müssen dann hinsichtlich des Grundlagenbescheids einen Überprüfungsantrag nach § 44 SGB X (⇨ 3.4.5.7) stellen.

Tipp: Erlässt das Jobcenter einen Grundlagenbescheid (nur isolierte Feststellung, dass Sie sozialwidrig gehandelt haben), legen Sie dagegen unbedingt Widerspruch ein.

3.4.5.4 Begründung des Grundlagen- und Leistungsbescheids

Macht das Jobcenter im Rahmen eines Grundlagen- oder eines Leistungsbescheids einen Ersatzanspruch gegen Sie geltend, muss es auch schon im Bescheid darlegen, warum es Ihr Verhalten als sozialwidrig beurteilt. Ein Verweis etwa auf eine Sperrzeit oder eine Minderung reicht nicht aus. Fehlt es an einer Darlegung, ist der Bescheid rechtswidrig und das Jobcenter kann die Begründung im Klageverfahren nicht nachholen (BSG 29.8.2019 – B 14 AS 49/18 R).

Tipp: Sehen Sie sich die Begründung im Bescheid bzw. im Widerspruchsbescheid genau an. Ist das Jahr, in dem das sozialwidrige Verhalten geschehen sein soll, abgelaufen und sind seitdem drei Jahre vergangen (§ 34 Abs. 3 SGB II), kann das Jobcenter den Begründungsmangel auch nicht mehr in einem neuen Bescheid nachholen.

3.4.5.5 Widerspruch und Anfechtungsklage

gegen einen (Rück)Leistungsbescheid entfalten aufschiebende Wirkung (§ 86a Abs. 1 SGG), die Ausnahmeregelungen im Hartz IV-Sonderecht des § 39 SGB II finden hier keine Anwendung (FW 34.38). Die Forderung kann demnach nicht vollzogen werden. Sollte dies wider Erwarten doch geschehen, müssen Sie das Jobcenter auf die aufschiebende Wirkung des Widerspruchs hinweisen. Wird dies ignoriert, müssen Sie die aufschiebende Wirkung durch eine ⇨einstweilige Anordnung vom Sozialgericht anordnen lassen.

3.4.5.6 Haftung der Erben für den Ersatzanspruch

Eine zu Lebzeiten des Verursachers entstandene Verpflichtung zum Kostenersatz geht auf den/die Erb*in über. *„Sie ist auf den Nachlasswert zum Zeitpunkt des Erbfalls begrenzt"* (§ 34 Abs. 2 SGB II). Bei „sozialwidrigem Verhalten" wird offensichtlich an der Erbenhaftung festgehalten (⇨Erbe).

3.4.5.7 Überprüfungsantrag bei rechtswidrigem Ersatzanspruch

Aufgrund der vagen, teilweise subjektiven Kriterien, die bei der Feststellung eines Ersatzanspruchs wegen *„sozialwidrigen Verhaltens"* zum Tragen kommen, wird ein erheblicher Anteil der Feststellungsbescheide rechtswidrig sein. In diesem Fall werden Beiträge *„zu Unrecht erhoben"*. Ist die Widerspruchsfrist abgelaufen, sollten Sie einen Überprüfungsantrag stellen (§ 44 Abs. 1 SGB X), um die betreffenden Entscheidungen korrigieren zu lassen.

Näheres unter ⇨Nachzahlung 3. ff.
Zum 1.8.2016 wurde die Frist für die rückwirkende Korrektur bei *„zu Unrecht erhobenen Leistungen"* allerdings auf vier Jahre verkürzt (§ 40 Abs. 1 Satz 2 Nr. 1 SGB II).

Kritik

Durch die ausgeweitete Ersatzpflicht im SGB II wird ein weiteres Sanktionsregime eingeführt. Alleine im Jahr 2015 wurden Hartz IV-Beziehenden die Leistungen durch „normale" Sanktionen um 170 Mio. € gekürzt, seit 2007 haben sie durch solche Strafen bereits 1,7 Mrd. € eingebüßt (Die Zeit, 2.5.2016). Neben den Leistungskürzungen durch Sanktionen werden durch die drastische Ausweitung der Ersatzansprüche neue und viel härtere Sanktionsinstrumente in Stellung gebracht. Während der „Sozialstaat"

Sanktionen für Alg II-Beziehende (noch) auf drei Monate beschränkt, können mittels Kostenersatzanspruch wegen „sozialwidrigen Verhaltens" und dessen Aufrechnung Leistungen für drei Jahre (und länger) um 30 Prozent des Regelbedarfs gekürzt werden (§ 43 Abs. 4 Satz 3 SGB II). So werden Arbeitslose durch systematisches Aushungern in den Niedriglohn hineingepresst.

HzL/GSi der Sozialhilfe

3.5 Kostenersatzregelungen im SGB XII

3.5.1 Kostenersatz bei „schuldhaftem" Verhalten

„Zum Ersatz der Kosten der Sozialhilfe ist verpflichtet, wer nach Vollendung des 18. Lebensjahres für sich oder andere durch vorsätzliches oder grob fahrlässiges Verhalten die Voraussetzungen für die Leistungen der Sozialhilfe herbeigeführt hat" (§ 103 Abs. 1 SGB XII).

Beim Alg II heißt es *„sozialwidriges Verhalten"*, bei HzL/ GSi *„schuldhaftes Verhalten"*. Gemeint ist ungefähr das Gleiche: In beiden Fällen geht es um die Wiederherstellung des *„Nachrangs"* der Fürsorgeleistungen (BVerwGE 109, 331, 333). Das BSG wendet denselben Sozialwidrigkeitsbegriff wie in § 34 SGB II an (BSG 3.7.2020 – B 8 SO 2/19 R).

Im Unterschied zum Alg II, bezieht sich die SGB XII-Regel nicht nur auf Leistungsbeziehende, sondern auch auf sonstige Dritte, die Verursacher des Leistungsbezuges sind. Ausgeweitet ist die Regel auch auf Vertreter, d.h. Bevollmächtigte bzw. Betreuer*innen, sofern der/die Vertreter*in die Rechtswidrigkeit kannte oder sie infolge grober Fahrlässigkeit nicht kannte (§ 103 Abs. 1 Satz 2 SGB XII).

Der *„Tatvorwurf"* kann sein, dass
- Einkommen oder Vermögen in der Absicht gemindert wurde, die Voraussetzungen der Hilfebedürftigkeit herbeizuführen,
- der/die Leistungsberechtigte sich fortgesetzt, trotz Belehrung unwirtschaftlich verhält oder
- ein Arbeitsplatz leichtfertig aufgegeben wurde (OVG Lüneburg ZfF 1998, 62, 63 in Bezug auf das BSHG).

Zwischen dem Handeln des/r Leistungsberechtigtem und der daraus entstehenden Hilfebedürftigkeit muss ein kausaler Zusammenhang bestehen und es muss „schuldhaftes" Verhalten, d.h. vorsätzliches oder grob fahrlässiges Verhalten vorliegen (⇨2.1.4).

Die Zahlungspflicht ist zunächst unbegrenzt, sie wird aber durch die Härtefallregelung des § 103 Abs. 1 Satz 3 SGB XII als Ermessensentscheidung eingegrenzt. Die Härtefallregelung erfordert „nur" eine (einfache) Härte, keine besondere Härte. Der Ersatzanspruch kann im SGB XII bis auf das *„zum Lebensunterhalt Unerlässliche"* aufgerechnet werden (§ 26 Abs. 2 Satz 1 SGB XII). Allgemein werden 75 Prozent, vereinzelt auch 70 Prozent, des Regelbedarfs als unerlässlich angesehen, die Kürzung beträgt demnach 25 bis 30 Prozent. Diese Aufrechnungshöhe ist aber mit Hinweis auf vergleichbare SGB II-Regeln das Äußerste, mit Blick auf Behinderung, Alter und gesundheitliche Einschränkungen kann sie auch deutlich niedriger ausfallen. Auch die Dauer der Aufrechnung sollte in Anlehnung an das SGB II auf maximal drei Jahre beschränkt sein (§ 43 Abs. 4 SGB II).

Beim Erlass des Bescheids ist zu entscheiden, ob ein Ersatzanspruch in welcher Höhe vorliegt sowie wie lange und in welcher Höhe er aufgerechnet wird. Dabei ist der Sachverhalt insgesamt zu betrachten, die Schwere der vorgeworfenen Verfehlung sowie die individuelle und familiäre Situation.

Der ⇨Widerspruch gegen den die Aufrechnung verfügenden Bescheid entfaltet aufschiebende Wirkung (§ 86a Abs. 1 SGG).

3.5.2 Ersatzpflicht für zu Unrecht erbrachte Leistungen

„Zum Ersatz der Kosten für zu Unrecht erbrachte Leistungen der Sozialhilfe ist [...] verpflichtet, wer die Leistungen durch vorsätzliches oder grob fahrlässiges Verhalten herbeigeführt hat" (§ 104 SGB XII).

Mit dieser Vorschrift wird der Ersatzanspruch des § 103 SGB XII dem Grunde nach auf Personen ausgedehnt, die nicht hilfebedürftig sind bzw. zur Einsatzgemeinschaft des Hilfebedürftigen gehören und auch keine Vertreter der leistungsberechtigten Person sind. Ansonsten gelten die gleichen Voraussetzungen.

3.5.3. Verfahrensregeln

Für die Kostenersatzregelungen im SGB XII gelten im Wesentlichen die gleichen Regeln zum Verfahren, zum Erlöschen des Anspruchs und zur Härtefallregelung wie im SGB II.

Näheres unter ⇨3.4 ff.

Die Verpflichtung zum Kostenersatz geht auf die Erb*innen über und ist aus dem Nachlass des/r Leistungsbeziehenden zu bestreiten (§ 103 Abs. 2 SGB XII). Sie ist auf den Wert des zum Zeitpunkt des Erbfalls vorhandenen Nachlasses begrenzt (§§ 103 Abs. 2 Satz 2 i.V. mit 102 Abs. 2 Satz 2 SGB XII).

Näheres unter ⇨Erbe

Alg II

4. Ersatzansprüche für rechtswidrig erbrachte Leistungen

Mit der Vorschrift des § 34a SGB II wird dem Jobcenter ermöglicht, Forderungen gegen den/die Verursacher*in von rechtswidrig erbrachten Sozialleistungen geltend zu machen. Das ist z.B. dann für die Behörde von Interesse, wenn ein Leistungsbescheid nicht mehr aufgehoben werden kann.

Während § 34 SGB II die Erstattung rechtmäßig erbrachter Leistungen aufgrund sozialwidrigen Verhaltens regelt, nimmt § 34a die Verursacher*innen rechtswidriger Leistungszahlungen an Dritte in die Verantwortung. Ergänzend zu den Vorschriften des SGB X werden diese zum Ersatz derjenigen Leistungen verpflichtet, die durch ihr Verschulden anderen Personen erbracht wurden.

4.1 Eintritt der Ersatzpflicht

Ersatzpflichtig im Sinne des § 34a ist, wer

- vorsätzlich oder grob fahrlässig, d. h. in schuldhafter Weise
- dafür gesorgt hat, dass
- rechtswidrig Leistungen an Dritte erbracht wurden.

Der Eintritt der Ersatzpflicht steht nicht im Ermessen des Jobcenters.

„Voraussetzung für den Eintritt der Ersatzpflicht ist ein Kausalzusammenhang zwischen der Handlung der Verursacherin/ der des Verursachers und der rechtswidrigen Leistungserbringung. Die Handlung kann ein Tun (z. B. falsche Angaben bei der Antragstellung) oder ein Unterlassen (z.B. Einkommen aus Erwerbstätigkeit wird nicht angezeigt) sein“ (FW 34a.5).

Die Person, welche die Ersatzpflicht auslöst, muss nicht selbst Leistungsbezieher*in oder Mitglied der Bedarfsgemeinschaft sein. Es kann sich z.B. auch um eine*n Arbeitgeber, Vermieter*in oder Angehörigen handeln, der/die falsche Angaben gemacht hat.

Wann vorsätzliches Verhalten oder grobe Fahrlässigkeit vorliegt, lesen Sie unter ⇨3.3.4, ⇨2.1.4.

Lediglich fahrlässiges Handeln führt nicht zur Ersatzpflicht.

4.2 Ersatzanspruch nach § 34a SGB II auch gegen Minderjährige?

Im Gegensatz zum Ersatzanspruch wegen *„sozialwidrigen Verhaltens“* ist der Ersatzanspruch nach § 34a SGB II *„nicht auf Personen begrenzt, die das 18. Lebensjahr vollendet haben“* (FW 34a.9). Ist eine minderjährige Person Verursacher*in einer rechtswidrigen Leistungsgewährung, die nicht nach dem normalen Verwaltungsrecht zurückgefordert werden kann, ist ein Ersatzanspruch nach § 34a SGB II geltend zu machen. Noch unklar ist, ob § 1629a BGB (Haftungsbeschränkung Minderjähriger ⇨ 2.5) im Rahmen des § 34a SGB II anwendbar ist; für den Fall, dass diese Norm nicht anwendbar ist, wird die Anwendung eines Erlasses der Forderung gem. § 44 SGB II erwogen (Eicher/Luik, 4. Aufl., § 34a Rn. 15).

4.3 Umfang des Ersatzanspruchs

Der Ersatzanspruch umfasst wie der Ersatzanspruch gem. § 34 SGB II alle Leistungen nach dem SGB II. Die Ersatzpflicht beschränkt sich damit nicht auf die gesamten SGB II-Leistungen zum Lebensunterhalt, sondern umfasst auch Eingliederungsleistungen und die übernommenen Sozialversicherungsbeiträge (FW 34a.13).

4.4 Feststellung und Geltendmachung des Ersatzanspruchs

„Grundsätzlich ist zwischen dem Eintritt und der Geltendmachung des Ersatzanspruchs zu unterscheiden. Ein Ersatzanspruch nach

§ 34a SGB II entsteht kraft Gesetzes. Die Durchsetzung des Anspruchs erfolgt mittels Leistungsbescheid" (FW 34a.18).
Im zweiten Schritt hat das Jobcenter zu entscheiden, wie der Ersatzanspruch gegenüber dem/r Ersatzpflichtigen geltend gemacht werden kann. Da § 34a SGB II keine Härtefallregelung enthält, spielen die wirtschaftlichen Verhältnisse des/r Ersatzpflichtigen keine Rolle (FW 34a.19).

4.5 Aufschiebende Wirkung des Widerspruchs

Ersatzansprüche nach § 34a SGB II können im Leistungsbezug des Verursachers aufgerechnet werden (§ 43 Abs. 1 Satz 1 Nr. 2 SGB II).
„Die Aufrechnung kann erst erfolgen, wenn der Leistungsbescheid bestandskräftig ist" (FW 34a.20). Die Höhe der Aufrechnung beträgt 30 Prozent des maßgebenden Regelsatzes.
Der Widerspruch gegen den Bescheid, der den Ersatzanspruch festsetzt, und den Bescheid, der die Aufrechnung verfügt, entfaltet jeweils aufschiebende Wirkung (§ 86a Abs. 1 SGG; ⇨Widerspruch 5.).
Näheres zum Vorgehen bei rechtswidrigen aber bestandskräftigen Bescheiden über Ersatzansprüche ⇨3.4.6.5

R

4.6 Verjährung des Ersatzanspruchs

„Der Anspruch nach § 34a erlischt nicht wie der Ersatzanspruch nach § 34 [nach drei Jahren], sondern unterliegt der Verjährung" (FW 34a.32). Das Jobcenter hat die Verjährung von Amts wegen zu beachten.

Es gibt zwei Stufen:

- „Bei Rücknahme bzw. Aufhebung der *Entscheidung verjährt der Ersatzanspruch in vier Jahren nach Ablauf des Kalenderjahres, in dem der Verwaltungsakt, mit dem die Erstattung nach § 50 SGB X festgesetzt worden ist, unanfechtbar geworden ist. Damit gelten für den Ersatzanspruch gegen die verursachende Person die gleichen Verjährungsfristen wie für den Erstattungsanspruch gegen die oder den Leistungsberechtigten nach § 50 SGB X"* (FW 34a.34).
- *„Ist der Verwaltungsakt, mit dem der Ersatzanspruch nach § 34a SGB II durchgesetzt worden ist, unanfechtbar geworden, beträgt die Verjährungsfrist 30 Jahre (§ 52 Abs. 2 SGB X)"* (FW 34a.36).

Alg II

5. Erstattungsanspruch bei Doppelleistungen

„Hat ein vorrangig verpflichteter Leistungsträger in Unkenntnis der Leistung durch Träger nach diesem Buch an eine leistungsberechtigte Person geleistet, ist diese zur Erstattung der Leistung des vorrangigen Trägers an die Träger nach diesem Buch verpflichtet" (§ 34b SGB II; mit „Träger nach diesem Buch" sind Jobcenter gemeint).
Dieser neue „Herausgabeanspruch" des Jobcenters wurde mit dem Neunten SGB-II-Änderungsgesetz geschaffen und gilt ab 1.8.2016.
Er greift, wenn ein vorrangiger Leistungsträger Leistungen noch nicht erbracht hat (z.B. weil die Entscheidung über den Antrag ein Jahr oder länger benötigt), während das Jobcenter bereits SGB II-Leistungen gewährte, den Anspruch auf die vorrangige Leistung jedoch nicht übergeleitet hat (§ 104 SGB X). Er gilt auch, wenn trotz übergeleitetem Erstattungsanspruchs der Nachzahlbetrag versehentlich an den Leistungsberechtigten ausgezahlt wurde.
Damit wird eine letzte Lücke für die Geltendmachung von Ersatzansprüchen geschlossen und Jobcenter werden in die Lage versetzt, den Erstattungsanspruch in voller Höhe durchzusetzen, obwohl andere Maßnahmen, den Anspruch geltend zu machen, durch die Sozialverwaltung selbst versäumt bzw. vereitelt wurden.

Der Erstattungsanspruch des Jobcenters kann mit 30% des Regelsatzes mtl. aufgerechnet werden (§ 43 Abs. 1 Nr. 2, Abs. 2 Satz 1 SGB II).
Der Widerspruch gegen den Bescheid, der die Erstattung festsetzt, und den Bescheid zur Aufrechnung des Anspruchs entfaltet aufschiebende Wirkung (⇨Widerspruch 5.).

Alg II

6. Rückforderung bei vorläufiger Entscheidung und Verstoß gegen die Mitwirkungspflicht

Vgl. zur Rückforderung bei vorläufiger Entscheidung und Verstoß gegen die Mitwirkungspflicht ⇨ Vorläufige Entscheidung 3.2

7. Rückforderung bei Tod des/r Leistungsberechtigten

Verstirbt ein Mitglied einer Bedarfsgemeinschaft, besteht vom Grundsatz her ein Rückforderungsanspruch gegenüber den Hinterbliebenen für Leistungen, die für den Zeitraum nach dem Tod bereits erbracht wurden. Weil eine Änderung eingetreten ist, wären entsprechende Leistungen zurückzuerstatten. Mit dem Neunten SGB-II-Änderungsgesetz wurde zum 1.8.2016 geregelt, dass für den Sterbemonat keine Leistungen an das Jobcenter zurückerstattet werden müssen (§ 40 Abs. 5 Satz 1 SGB II).

Für den Zeitraum nach dem Monat des Todes gilt, dass *„die für die Zeit nach dem Tod des Berechtigten auf ein Konto bei einem Geldinstitut [...] eingehenden Überweisungen [...] als unter Vorbehalt erbracht"* gelten (§ 40 Abs. 5 Satz 2 SGB II i.V. mit § 118 Abs. 3 bis 4a SGB IV). Das Geldinstitut hat die Beträge dem Jobcenter zurückzuzahlen, wenn es diese als *„zu Unrecht erbracht"* zurückfordert. Eine Verpflichtung zur Erstattung besteht nicht, soweit über den entsprechenden Betrag bei Eingang der Rückforderung bereits anderweitig verfügt wurde. Es sei denn, die Rückforderung kann aus dem Kontoguthaben bestritten werden (§ 118 Abs. 3 SGB IV).

Mit dieser Neuregelung wurde der unsäglichen Rückforderungspraxis für Leistungen im Todesmonat endlich ein Ende gesetzt. Das sollte ebenso für HzL/ GSi und Leistungen nach dem AsylbLG geregelt werden. Außerdem wäre es angezeigt, wenn die Behörden die sogenannte *„Todesfallvergünstigung"* aus dem Wohngeldgesetz anwenden würden, nach der für die Dauer von zwölf Monaten nach dem Tod eines Haushaltsmitglieds die bisherigen Unterkunftskosten zu berücksichtigen sind (§ 6 Abs. 2 WoGG).

Forderungen

Abschaffung des Kostenersatzes für „sozialwidriges" und „schuldhaftes" Verhalten!
Keine Aufrechnung von Forderungen während des Leistungsbezugs!
Keine Rückforderung von Leistungen für den Todesmonat bei HzL/ GSi der Sozialhilfe und bei Leistungen nach dem AsylbLG!

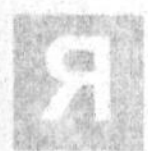

Sachleistungen

Sachleistungen sind eine Form von Sozialleistungen (§ 11 SGB I). Es sind Leistungen, die nicht in Geld oder als Dienstleistungen erbracht werden, sondern sie werden als „Sachen" zur Verfügung gestellt. **Gutscheine** gehören auch zu den Sachleistungen (§ 4 Abs. 1 Nr. 3 SGB II, § 10 Abs. 1Nr. 3 SGB XII).

Zu den Sachleistungen zählen neben Gutscheinen (Wertgutscheinen, Lebensmittelgutscheinen, Berechtigungsscheinen) auch: Essensausgabe, zur Verfügung gestellte Hausratsgegenstände, Kleidung, Kinderwagen, die Bedarfsdeckung über Möbellager, Kleiderkammern usw. Die Direktzahlung an Anbieter von Bildungs- und Teilhabeleistungen (§ 29 Abs. 1 SGB II; § 34a Abs. 2 SGB XII) stellt auch eine Form der Sachleistungsgewährung dar. In der Vergangenheit waren ergänzende Sachleistungen bei Sanktionen oberhalb von 30 Prozent möglich und bei minderjährigen Kindern im Haushalt verpflichtend, mit Urteil 5.11.2019 - 1 BvL 7/16 des BVerfG wurden Sanktionen oberhalb von 30 Prozent derweilen abgeschafft, daher sind derzeit an dieser Front keine Sachleistungen möglich.

Inhaltsübersicht

1. Vorrang von Geldleistungen

Sozialleistungen können als Dienstleistungen (z.B. persönliche Hilfe, Beratung), Geldleistung oder als Sachleistung erbracht werden (§ 4 Abs. 1 SGB II; § 10 Abs. 1 SGB XII). Das Bildungs- und Teilhabepaket soll *„insbesondere in Form von personalisierten Gutscheinen und Direktzahlungen"* an die entsprechenden Anbieter erbracht werden (§ 29 Abs. 1 SGB II/§ 34a Abs. 2 SGB XII). Seit dem 01.08.2019 können diese auch als Geldleistung direkt an die Leistungsberechtigten erbracht werden (§ 29 Abs. 1 S. 1 Nr. 3 SGB II). Vor dem 1.4.2011 sollten SGB II-Leistungen, *„insbesondere"* der Lebensunterhalt, mit Geldleistungen erbracht werden. Jetzt stehen Geld- und Sachleistungen gleichberechtigt nebeneinander (§ 4 Abs. 1 SGB II).

Vom Grundsatz her haben Geldleistungen aber Vorrang. Regelbedarfe müssen in Geld ausgezahlt werden. Im SGB XII wird der Vorrang der Geldleistung sogar ausdrücklich betont. *„Geldleistungen haben Vorrang vor Gutscheinen oder Sachleistungen"* (§ 10 Abs. 3 SGB XII). Auch im SGB II besteht dieser Vorrang (Eicher/Luik, SGB II, 4. Aufl., § 4 Rn. 13; LPK SGB II, 7. Aufl., § 4 Rn. 9), denn Sachleistungen haben einen *„tendenziell diskriminierenden Charakter"* (LPK SGB II, 7. Aufl.,§ 4 Rn. 9).

Vorrang der Geldleistung bedeutet, dass nach pflichtgemäßem ⇨Ermessen entschieden werden muss, ob Geld- oder Sachleistungen vergeben werden. *„Über Art und Maß der Leistungserbringung ist nach pflichtgemäßem Ermessen zu entscheiden"* (§ 17 Abs. 2 Satz 1 SGB XII). Wenn Sachleistungen ohne spezielle Rechtsgrundlage vergeben werden, ist das willkürlich und rechtswidrig.

1.1. ... auch bei Mittellosigkeit

Wenn Sie nichts mehr zu essen haben, brauchen Sie sofort Unterstützung. *„Dem Hilfesuchenden kann [...] nicht zugemutet werden, bis zum Abschluss der Ermittlungen („vorübergehend") auf das für den Lebensunterhalt Notwendige zu verzichten"* (BVerwG 23.6.1994, IDAS 1/95, I.2.1; ⇨Antragstellung).

Der Regelbedarf muss auch dann im Normalfall über Geld gedeckt werden. Mit Lebensmittelgutscheinen können Sie keine Tabakwaren, Fahrkarten oder Handykarten kaufen und keine Medikamentenzuzahlungen leisten. Restgeld wird nicht ausgezahlt. Sie werden vor anderen Kund*innen und den Verkäufer*innen als Empfänger*in von „Stütze" gebrandmarkt. Das verstößt gegen den ⇨Datenschutz (so der Hessische Datenschutzbeauftragte, info also 1989, 134) und verletzt die Menschenwürde (VGH BW, info also 1993, 26).

Tipp: Wenn Alg II, HzL/ GSi der Sozialhilfe – aus welchem Grund auch immer – nicht auf Ihrem Konto eingegangen ist, dürfen Sie ebenfalls nicht mit einem Lebensmittelgutschein abgefertigt werden. Die Geldleistung als Vorschuss in Form von Bargeld oder einem Scheck hat Vorrang – sofort und ohne Aufschub (VGH Hessen, FEVS 57, 156; ⇨Antragstellung 3.3).

Seit Januar 2019 ist es in Jobcentern in gemeinsamer Einrichtung und Arbeitsagenturen möglich, die Auszahlungen von Leistungen über Supermarktkassen sicherzustellen. Mit neutral gehaltenen Zetteln, auf die ein Barcode aufgedruckt ist und die an Supermarktkassen vorgelegt werden können, kann der angezeigte Betrag sofort ausgezahlt werden. Ein Datenschutzverstoß findet dabei nicht statt.

2. Zulässigkeit von Sachleistungen im Alg II

Sachleistungen sind im SGB II nur da zulässig, wo sie ausdrücklich gesetzlich bestimmt sind (LPK SGB II, 7. Aufl., § 4 Rn. 8).

2.1 Nicht bestimmungsgemäße Verwendung des Regelbedarfs

Im Alg II sind Sachleistungen zulässig, wenn Sie Ihren Regelbedarf nicht bestimmungsgemäß verwenden, sondern ihn z.B. für Alkohol oder Drogen verbraucht haben.

„Solange sich der Hilfebedürftige, insbesondere bei Drogen- oder Alkoholabhängigkeit sowie im Falle unwirtschaftlichen Verhaltens, als ungeeignet erweist, mit der Regelleistung [...] seinen Bedarf zu decken, kann die Regelleistung in voller Höhe oder anteilig als Sachleistung erbracht werden" (§ 24 Abs. 2 SGB II).

Allen Drogenabhängigen deswegen nur noch Sachleistungen „auszuzahlen", ist rechtlich **nicht zulässig** (LPK SGB II, 7. Aufl., § 4 Rn. 9). Es muss immer im Einzelfall entschieden werden, und es müssen Erfahrungen vorliegen, die für ein *„ungeeignetes"* Verwenden der Mittel sprechen.

2.2 Antrag auf Erstausstattung

Erstausstattungen für die Wohnung, einschließlich Haushaltsgeräten, Erstausstattungen für Bekleidung und Erstausstattungen bei Schwangerschaft und Geburt, *„können als Sachleistung oder Geldleistung [...] erbracht werden"* (§ 24 Abs. 3 S.5 SGB II).

Geld muss auch hier Vorrang vor Sachleistungen haben (Eicher/Luick, SGB II, 4. Aufl., § 24 Rn. 60). Denn das SGB II soll ja gerade die Eigenverantwortung fördern (§ 20 Abs. 1 Satz 4 SGB II). Nicht zuletzt deswegen werden die meisten früheren einmaligen Beihilfen pauschal mit dem Regelbedarf als Geldleistung abgegolten. Eine Erstausstattung ohne eine auf den Einzelfall bezogene, nachvollziehbare Begründung als Sachleistung zu erbringen, wäre reine Schikane.

Tipp: Wurde bei der Entscheidung über eine Sachleistung **kein** Ermessen ausgeübt, können Sie dagegen mit ⇨Widerspruch und ⇨Klage vorgehen.

Schon zu Zeiten des BSHG wurde überwiegend die Meinung vertreten, dass die Erstausstattung als Geldleistung zu erbringen sei. Neuwertige Ware kaufen zu können, ist auch deshalb so wichtig, weil Leistungsbeziehende für die Ersatzbeschaffung dieser Güter aus ihrem Regelbedarf ansparen müssen. Je schlechter die Qualität der Erstausstattung, desto eher muss aus dem Regelbedarf Ersatz beschafft werden. Das führt indirekt zur Senkung des Regelbedarfs.

2.3 *„Unabweisbarer"* Bedarf

Mit wenigen Ausnahmen sind alle früheren ⇨einmaligen Beihilfen im Regelbedarf enthalten. Wenn Sie nicht in der Lage sind, den Bedarf z.B. für größere Anschaffungen zu decken, können Sie unter **engen Voraussetzungen** ein ⇨Darlehen auch in Form einer Sachleistung erhalten (§ 24 Abs. 1 Satz und 2 SGB II). Sie können ebenfalls auf Sachleistungen in Möbellagern oder Kleiderkammern verwiesen werden. Näheres unter ⇨einmalige Beihilfen 3.1.3

2.4 Leistungen für Bildung und Teilhabe

Weil „Hartz IV-Eltern" von Seiten der „Hartz IV-Parteien" die Verantwortung abgesprochen wird, Leistungen für Bildung, Schule und Kita sowie für gesellschaftliche Teilhabe an ihre Kinder weiterzuleiten, wurde ins **SGB II** aufgenommen, dass diese Leistungen des

Bildungs- und Teilhabepakets in Form eines *„personalisierten Gutscheins oder Direktzahlung“* an die entsprechenden Anbieter zu erbringen sind (§ 29 Abs. 1 Satz SGB II). Seit dem 01.08.2019 können diese auch als Geldleistung direkt an die Leistungsberechtigten erbracht werden (§ 29 Abs. 1 S. 1 Nr. 3 SGB II).
Analog dazu werden auch für **Sozialhilfe**beziehende (§ 34 f. SGB XII) und für Beziehende des ⇨**Kinderzuschlags** und/ oder ⇨**Wohngelds** (§ 6b Abs. 1 BKGG) Bildungs- und Teilhabeleistungen als Gutscheine oder Direktzahlung an den Anbieter gewährt.
Näheres und Ausnahmen dazu unter ⇨Schüler*innen 5. ff.

2.5 Vorläufige Entscheidung über Leistungen

Seit dem 1.8.2016 besteht die Gefahr, dass in Folge des Neunten SGB-II-Änderungsgesetzes Sachleistungen bei den vorläufigen Leistungserbringungen durch die Hintertür ausgeweitet werden. Im Regelfall sind nach wie vor Geldleistungen zu erbringen. Dennoch wird in der Vorschrift zur vorläufigen Entscheidung über Leistungen vorangestellt: *„Über die Erbringung von Geld- und Sachleistungen ist vorläufig zu entscheiden [...]“* (§ 41a Abs. 1 Satz 1 SGB II) (⇨ Antrag 3.3).
Sofern sich das lediglich auf Leistungen für Bildung- und Teilhabe bezieht (§ 28 SGB II), ist die Nennung der Sachleistung rechtlich nicht zu beanstanden. Wenn Jobcenter diese Nennung aber als Aufforderung verstehen, bei vorläufiger Leistungsgewährung zunächst Lebensmittelgutscheine auszugeben, wäre das ebenso **rechtswidrig**, wie in allen anderen Fällen, bei denen nicht ausdrücklich eine Ausnahme geregelt ist (⇨2.1 bis 2.5).

3. Sachleistung zwecks Kostensenkung

HzL/und GSi der Sozialhilfe

„Geldleistungen haben Vorrang vor Gutscheinen oder Sachleistungen, soweit dieses Buch nicht etwas anderes bestimmt oder mit [...] Sachleistungen das Ziel der Sozialhilfe erheblich besser oder wirtschaftlicher erreicht werden kann oder die Leistungsberechtigten es wünschen“ (§ 10 Abs. 3 SGB XII).

Das SGB XII stößt die Tür weit auf, um Sachleistungen den Geldleistungen dann vorzuziehen, wenn sie billiger sind.
Es kann aber auch ein Eigentor sein. Für Sie selbst kann es zweifellos billiger sein, sich im Möbellager oder in Kleiderkammern zu versorgen, aber nicht unbedingt für das Sozialamt. Die Gesamtkosten für den Betrieb solcher Warenlager, umgelegt auf die Waren, die tatsächlich an Leistungsberechtigte ausgegeben werden, können höher sein, als wenn diese ihren Bedarf im Einzelhandel decken würden. Das Ziel der Sozialhilfe, nämlich den notwendigen Lebensunterhalt sicherzustellen, wäre dann unwirtschaftlicher erreicht, nicht wirtschaftlicher.
Bei der Begründung ihrer Entscheidung müssen die Sozialhilfeträger jetzt **offenlegen**, ob die Sachleistung in einem Möbellager tatsächlich *„erheblich wirtschaftlicher“* ist, als wenn Sie sich die Sachen selbst besorgen.
Möbellager und Kleiderkammern halten wir nur dann für sinnvoll, wenn es allen Leuten freigestellt ist, dort billige Möbel oder Kleidung zu kaufen. Die zwangsweise Anordnung, sich dort zu versorgen, ist abzulehnen.

4. Sich wehren gegen Sachleistungen

Werden Ihnen statt Geld- Sachleistungen erbracht, können Sie gegen entsprechende Bescheide ⇨**Widerspruch** einlegen und bei dessen Ablehnung klagen. Sie werden i.d.R. jedoch gegen die Gewährung von Sachleistungen nichts ausrichten können, weil ein Anordnungsgrund für eine ⇨**einstweilige Anordnung** (Eilentscheidung) nicht vorliegt und eine normale ⇨Klage viel zu lange dauert.
Nur wenn eine Sachleistungsgewährung aus einem **wichtigen Grund** nicht zumutbar oder sachdienlich ist, kann eine einstweilige Anordnung Aussicht auf Erfolg haben.
Wenn Sie sich über Ihren Fall hinaus wehren wollen, können Sie auch eine **Feststellungs⇨klage** einlegen, damit wird – vom einzelnen Fall abgetrennt – geklärt, ob das Handeln der Verwaltung zulässig war oder nicht (§ 55 SGG). Die Feststellungsklage ist **ein wichtiges Mittel,** wenigstens hinterher etwaiges rechtswidriges Behördenhandeln vom Gericht feststellen zu lassen.

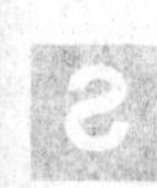

Untätigkeit der Behörde

Inhaltsübersicht

1. Langsame Bearbeitung?

Auf die Leistungen zum Lebensunterhalt Alg II und HzL/ GSi der Sozialhilfe besteht ein **Rechtsanspruch** (§ 38 SGB I), wenn Hilfsbedürftigkeit vorliegt und ein Antrag gestellt wurde. In allen drei Bereichen besteht kein Ermessen, ob überhaupt Leistungen gewährt werden. Die Ämter trifft vielmehr eine **unmittelbare Gewährleistungspflicht**, d.h., die Sozialleistungsträger müssen dafür sorgen, dass jede*r Berechtigte die ihm/r zustehenden Leistungen in zeitgemäßer Weise, umfassend und zügig erhält (§ 17 Abs. 1 Nr. 1 SGB I).
Ansprüche auf Sozialleistungen **entstehen mit der Antragstellung** (§ 40 SGB I) und werden **mit der Antragstellung fällig** (§ 41 SGB I).

Häufig jedoch lässt man Ihre Anträge und Anfragen über Monate liegen. Eine 2010 vom Erwerbslosenverein Tacheles in Wuppertal veröffentlichte Untersuchung über die dortige SGB II-Gewährungspraxis stützt diesen Befund. Die Wuppertaler Erwerbslosen beurteilten die zeitnahe Bearbeitung von Anträgen mit durchschnittlich **4,6** (nach Schulnoten 1-6; die Untersuchung finden Sie unter www.frank-jaeger.info/fachinformationen/Bericht-Umfrage.pdf).
Vergleichbare Umfragen des Sozialbündnisses in Krefeld oder des Diakonischen Werks in Hamburg kommen zu ähnlichen Ergebnissen.

2. Sie haben im Wesentlichen drei Möglichkeiten, zu Ihrem Recht zu kommen

Grundsätzlich gilt: Die Sozialbehörden müssen ein menschenwürdiges Leben sicherstellen. Das ist eine verfassungsrechtliche Verpflichtung des Staates, die unabhängig von den Gründen der Hilfebedürftigkeit besteht (BVerfG 12.5.2005 - 1 BvR 569/0). Demnach sichere ein *„**Grundrecht** auf Gewährleistung eines menschenwürdigen Existenzminimums"* jedem/r Hilfebedürftigen diejenigen materiellen Voraussetzungen zu, *„die für seine physische Existenz und für ein Mindestmaß an Teilhabe am gesellschaftlichen, kulturellen und politischen Leben unerlässlich sind"* (Art. 1 Abs. 1 GG i.V. mit Art. 20 Abs. 1 GG; BVerfG 9.2.2010 - 1 BvL 1/09).

Dieses *„Grundrecht auf Gewährleistung eines menschenwürdigen Existenzminimums"* muss nur noch Einzug in die Amtsstuben halten. Sachbearbeiter*innen sollten wissen, dass es für Alg II-/ Sozialhilfeberechtigte eine Katastrophe darstellt, eine Woche ohne Geld leben zu müssen und dass sie verpflichtet sind, entsprechend zügig zu reagieren.

2.1 Rechtliche Mittel

Zum 1.8.2016 wurde im SGB II und zum 01.07.2017 im SGB XII bei der GSi neue Regelungen zur **vorläufigen Entscheidung über Leistungen** eingeführt (§ 41a SGB II, § 44a Abs. 1 Nr. 2 SGB XII) ⇨vorläufige Leistungsgewährung. Nach Ansicht der Bundesregierung werden infolge dessen *„Vorschuss und vorläufige Entscheidung [...] für den Bereich der Grundsicherung für Arbeitsuchende spezialgesetzlich in einer Vorschrift zusammengefasst"* (BT-Drs. 18/8041, 52). Daher verdrängt diese neu eingeführte Regelungen der vorläufigen Leistungsgewährung des § 41a Abs. 1 Satz 1 Nr. 2 SGB II /§ 44a Abs. 1 Nr. 2 SGB XII als spezielle Regelung für den Bereich des Alg II und seit 01.07.2017 auch in der GSi die Vorschussregelung des § 42 SGB I. Nach der alten Regelung kann der zuständige Leistungsträger nach pflichtgemäßem Ermessen Vorschüsse in einer bestimmten Höhe gewähren, muss es gegebenenfalls auch: nämlich dann, wenn ein Anspruch auf Geldleistung besteht, aber zur Feststellung seiner Höhe voraussichtlich

längere Zeit erforderlich ist. Die Regelungen im SGB II/SGB XII gehen inhaltlich über die allgemeine Vorschussregelung nach § 42 SGB I hinaus, weil die vorläufige Entscheidung nach § 41a SGB II / § 44a SGB XII **auch greift**, wenn **noch nicht abschließend feststeht**, **ob der Anspruch dem Grunde nach besteht**, es vielmehr genügen lässt, dass der Anspruch mit **hinreichender Wahrscheinlichkeit** besteht, und ausdrücklich als **„Muss-Regelung" ausgestaltet** ist.

Der große Nachteil: Im Gesetz ist jeweils kein Zeitpunkt genannt, bis wann die Leistung bewilligt werden muss.

Allerdings wurde die Vorschussregelung im SGB II in Bezug auf das SGB II/SGB XII bzw. GSi **nicht per Gesetz abgeschafft**. Nach wie vor regelt § 37 Satz 1 SGB I, dass hier das SGB I anzuwenden ist. Deshalb ist unserer Auffassung nach die **Vorschussregelung** auch **weiterhin anzuwenden**, insbesondere bei Mittellosigkeit, wenn einen Monat nach Antragstellung weder Leistungen bewilligt noch erbracht wurden (⇨Antrag 3.3).

Der ursprüngliche Zweck der vorläufigen Leistungsgewährung ist eine vorläufige und dadurch schnellere Entscheidung zur existenziellen Sicherung des Lebensunterhaltes und Befriedigung eines bereits vor abschließender Leistungsfeststellung bestehenden Bedarfes, obwohl zum Entscheidungszeitpunkt **noch nicht alle leistungserheblichen Tatsachen feststehen** (FW 41a.1).

U

Vorschussregelungen gelten definitiv weiter in der HzL

Da in der HzL keine Regelung für die vorläufige Leistungsgewährung getroffen wurde, gilt dort definitiv die Vorschussregelung des SGB I, nach der Leistungen spätestens einen Monat nach Eingang eines gesonderten Antrages zu erbringen sind (§ 42 Abs. 1 S. 2 SGB I).Wenn es sich um einen Erst- oder Folgeantrag handelt, **kann** das Amt Ihnen einen **Vorschuss** zahlen. Im Fall akuter Bedürftigkeit **muss** es sofort zahlen, ansonsten spätestens **nach einem Monat,** vorausgesetzt, Sie machen Ihren Anspruch geltend (§ 42 Abs. 1 Satz 2 SGB I).

Beim Alg II **ist** seit 1.8.2016 im Zuge der Regelungen um die *„vorläufigen Entscheidung"* **vorläufig zu entscheiden**, wenn zur Feststellung der Voraussetzungen des Anspruchs auf Geld- und Sachleistungen voraussichtlich längere Zeit erforderlich ist und die Voraussetzungen für den Anspruch mit hinreichender Wahrscheinlichkeit vorliegen (§ 41a Abs. 1 S. Nr. 1 SGB II). Es ist **nur dann** nicht vorläufig zu entscheiden „wenn Leistungsberechtigte die Umstände, die einer sofortigen abschließenden Entscheidung entgegenstehen, zu vertreten haben" (§ 41a Abs. 1 S. 2 SGB II).

Eine vorläufige Entscheidung lässt auch keine ⇨**Sachleistung**sgewährung im Akutfall zu. Regelbedarfe sind im SGB II in Geld zu erbringen (Geldleistungsprinzip), von diesem ist nur abzuweichen, wenn ein ungeeigneter Umgang im Sinne des § 24 Abs. 2 SGB II vorliegt, wenn Sie aus Ihren „üppigen" Regelleistungen es nicht geschafft haben für zukünftige Bedarfe anzusparen und nun ein Darlehen erbracht werden muss (§ 24 Abs. 1 SGB II).

Zur vorläufigen Leistungsgewährung: ⇨Antrag 3.3.1, ⇨vorläufige Leistungsgewährung, ⇨Einkommen 3.1

Erster Schritt:

Bei akuter Hilfebedürftigkeit sollten Sie bei der HzL der Sozialhilfe einen ⇨**Vorschuss** (2.1) und bei Alg II/GSi die **vorläufige Leistungsgewährung** beantragen. Der Antrag sollte möglichst **schriftlich** gestellt werden. Er kann aber auch im Rahmen eines persönlichen Gesprächs geltend gemacht werden. In Fällen akuter Bedürftigkeit sollte dies nachweislich – also schriftlich per Brief, Fax oder im Beisein von Zeugen – dem Amt mitgeteilt werden. Legen Sie dem/r Sachbearbeiter*in plausibel dar, dass Sie **mittellos** sind, nichts zu essen haben, Miete und Strom nicht zahlen können, während die Mahnungen bereits ins Haus flattern usw. Legen Sie möglichst **Belege** vor, z.B. Kontoauszüge, Mahnschreiben, Sperrandrohungen etc. Es ist zu empfehlen, der Behörde eine kurze **Frist** zur Zahlung des Vorschusses bzw. zur vorläufigen Entscheidung zu setzen und weitere rechtliche Schritte, z.B. eine einstweilige Anordnung beim Sozialgericht anzukündigen. Aussagen, dass die Bearbeitung eines Antrages grundsätzlich mind. zwei oder drei Wochen dauern würde, zählen nicht. Hier sagt das Gesetz etwas anderes, nämlich, dass Leistungen zu gewähren sind und zwar bedarfsdeckend (§ 41a Abs. 2 S. 2 SGB II), und eine vorläufige Entscheidung nur dann nicht ergeht, wenn Sie *„die Umstände, die einer sofortigen abschließenden Entscheidung entgegenstehen, zu vertreten haben"* (§ 41a Abs. 1 S. 3 SGB II), das heißt, bei bewusster und kalkulierter Verschleierung von leistungserheblichen Tatsachen.

Zweiter Schritt:
Lässt die Behörde die Frist verstreichen, sollten Sie eine ⇨**einstweilige Anordnung** beim zuständigen Sozialgericht stellen. Dafür müssen Sie gewisse formelle und materielle Voraussetzungen erfüllen.

2.2 Unterstützung durch einen Beistand, Einschalten von Beratungsstellen

Ein anderer Weg kann sein, nicht alleine zum Amt zu gehen, also einen ⇨**Beistand** mitzunehmen. Erfahrungsgemäß verhalten sich Sachbearbeiter*innen dann um ein Vielfaches freundlicher. Fehlverhalten und Missstände werden „öffentlich", und es gibt bei Bedarf einen Zeugen, der gegenüber Vorgesetzten, Richter*innen etc. bestätigen kann, was dort ab- und ggf. schiefgelaufen ist. Unserer Erfahrung nach ist das ein sehr einfacher und effektiver Weg, Ansprüche durchzusetzen.

Auch das Einschalten von **Beratungsstellen** kann helfen. Allein der Anruf einer Beratungsstelle beim Amt kann Wunder bewirken – falls Ihr*e Sachbearbeiter*in erreichbar ist. Ebenso die Übersendung des eigenen Schriftstückes über das Faxgerät der Beratungsstelle. Hier wird signalisiert, dass Sie fachkundige Dritte eingeschaltet haben, die hinter Ihrem Anliegen stehen. Eine Beratungsstelle kann auch helfen, Missverständnisse zu vermeiden sowie schnell und zielgerichtet einen Antrag zu formulieren.
Näheres unter ⇨Beratung ⇨ Anwalt/Anwältin ⇨ einstweilige Anordnung

2.3 Vorgesetzte einschalten, Beschwerdeweg

Um den Konflikt auf eine andere Ebene zu heben, kann es sinnvoll sein, **Vorgesetzte** einzuschalten. Jede*r Sachbearbeiter*in hat eine*n Dienst- und Fachvorgesetzte*n. Ein konstruktiver Dialog an dieser Stelle kann neue Lösungswege eröffnen, weil der/die Vorgesetzte oft mehr Entscheidungsspielraum hat oder ein Fehlverhalten des Sachbearbeiters/der Sachbearbeiterin bereits bekannt ist.

Wenn der Dialog nicht weiterführt, können Sie den offiziellen **Beschwerdeweg** einschlagen und, möglichst **schriftlich,** eine **Dienst- oder Fachaufsichtsbeschwerde** einlegen.
Näheres unter ⇨Beschwerde

2.4 Weitere Möglichkeiten, sich ohne Rechtsmittel durchzusetzen

finden Sie unter dem Stichwort ⇨**Wehren**

2.5 Strategie festlegen – Wahl der Mittel

Sie müssen sich genau überlegen, welche der dargestellten Möglichkeiten der geeignete Weg zur Durchsetzung Ihres Rechtsanspruchs ist. Jedes Mittel hat seine Vor- und Nachteile, und die Auswahl hängt von den Gegebenheiten vor Ort ab. Sie sollten auch abwägen, welche Konsequenzen sowohl die Wahl der Mittel als auch Ihr Auftreten auf dem Amt haben können.

Tipp: Egal, für welche Möglichkeit Sie sich entscheiden, seien Sie im Umgang immer besonnen und lassen Sie sich nicht aus der Reserve locken.

3.1 Untätigkeitsklage bei Nichtbearbeitung eines Antrags

Bei Anträgen können Sie erst nach **sechs (!) Monaten** der Untätigkeit eine Untätigkeitsklage beim zuständigen Sozialgericht einreichen (§ 88 Abs. 1 SGG).
Bei den Verwaltungsgerichten, die früher für Sozialhilfe zuständig waren und jetzt für das Wohngeld, ging das immerhin schon nach drei Monaten.
Da Sie bei Mittellosigkeit keine sechs Monate warten können, ist es besser, andere Wege zu nutzen (⇨2. ff). Es lohnt kaum, bei der Verschleppung von Anträgen auf eine Untätigkeitsklage zu setzen. Verlangen Sie lieber einen Vorschuss (⇨Antragstellung 2.1).

3.2 Untätigkeitsklage bei Nichtbearbeitung eines Widerspruchs

Wenn über einen Widerspruch nicht entschieden wird, können Sie „schon“ nach **drei Monaten** eine Untätigkeitsklage einreichen (§ 88 Abs. 2 SGG). Sie können die Behörde schon nach zwei Monaten ermahnen, innerhalb der nächsten vier Wochen tätig zu werden. **Drohen** Sie ruhig mir einer Klage, falls die Frist abläuft. Das übt Druck aus. Denn wenn Sie eine*n Rechtsanwält*in beauftragen, die Untätigkeitsklage einzulegen, ist das Amt regelmäßig um 150 € bis 200 € für Ihre Anwaltskosten „ärmer“, da solche Klagen meist gewonnen werden. Das beschleunigt i.d.R. auch das künftige Arbeitstempo der Behörde.

Kritik

Es ist paradox, dass ausgerechnet die Arbeitslosenverwaltung, die ja angeblich das Ziel hat, Sie zu „aktivieren”, mangels (gut ausgebildetem) Personal selbst nicht schnell genug handelt und von Ihnen aktiviert werden muss.

Alg II-/ Sozialhilfebeziehenden wird ständig vorgehalten, sie hätten kein Recht auf Faulheit. Arbeitsämter/ Jobcenter/ Sozialämter dagegen können Brutstätten vorsätzlicher oder grob fahrlässiger „Faulheit“ sein. Wir meinen das nicht in dem Sinne, dass Ihre Sachbearbeiter*innen/ Arbeitsvermittler*innen oder Fallmanager*innen persönlich faul wären, sondern: Wenn

- zu wenig Personal eingestellt wird und
- das Personal mit immer neuen Gesetzen, Verordnungen und Richtlinien überschüttet wird,
- das Personal nicht ausreichend geschult und
- außerdem vielfach nur befristet eingestellt und schlecht bezahlt wird,
- wenn ständig umorganisiert wird, um die Ineffektivität der Eingliederung von Arbeitslosen in den allgemeinen Arbeitsmarkt zu „verbessern“,

ist die Verschleppung und der Verlust von Anträgen und Dokumenten vorprogrammiert. Da können Sachbearbeiter*innen usw. noch so fleißig sein und ihren guten Willen zeigen – das Gleiche gilt auch für die Gerichte und ihre Richter*innen.

Die Langsamkeit der Alg II-Behörden wird durch ein schlechtes Gesetz gefördert, das selbst voller Rechtsbrüche, sinnloser Schikanen und Fehler steckt und damit ständigen Klärungsbedarf, Widersprüche und Gerichtsverfahren provoziert.

Die „kundenunfreundliche” Organisation der Behörde zeigt, dass Arbeitslose trotz allem Gerede von Aktivierung und Eingliederung von Wirtschaft und Staat in Wirklichkeit überwiegend abgeschrieben werden.

In der Zeit des coronabedingten Lockdowns im Jahr 2020 haben die Sozialbehörden in weiten Teilen bewiesen, dass sie effizient und weitgehend unbürokratisch arbeiten können, wenn sie denn nur wollen Es ist zu wünschen, dass die Sozialleistungsträger diese Arbeitsweise ausbauen und beibehalten.

Forderungen

Ausreichende Finanzmittel und Personalausstattung für die Sozialbehörden!

Feste gesetzliche Fristen zur Bearbeitung von Anträgen und Widersprüchen!

Einführung einer **Genehmigungsfiktion** von drei Wochen! Bedeutet: Entscheidet die Sozialbehörde nicht binnen drei Wochen, gilt die beantragte Leistung als genehmigt.

Förderung unabhängiger Sozialberatung!

Verjährung / Ausschlussfristen

Inhaltsübersicht

1. Ihre Ansprüche gegen die Behörde

1.1 Ansprüche, die die Behörde nicht per Bescheid abgelehnt hat

Grundsätzlich gilt: *„Ansprüche auf Sozialleistungen verjähren in vier Jahren nach Ablauf des Kalenderjahres, in dem sie entstanden sind“* (§ 45 Abs. 1 SGB I). Das bedeutet, dass Sie einen Anspruch infolge des Zeitablaufs nicht mehr durchsetzen können. Die Behörde ist berechtigt, die Leistung zu verweigern (vgl. § 214 BGB).

Beispiel: Bestand ein Anspruch im laufenden Leistungsbezug, z.B. auf das Schulbedarfspaket (also die 51,50 € und 103 € zum Feb. und Aug., welcher nicht extra beantragt werden muss, ⇨Schüler*innen 5.1.2b; § 28 Abs. 2 SGB II, § 34 Abs. 3, 3a SGB XII) und das Jobcenter hat diese nicht erbracht, dann gilt hier die Vierjahresfrist der Verjährung, denn eine Nichtentscheidung über einen Anspruch ist kein Bescheid.

1.2 Ansprüche, die von der Behörde rechtswidrig per Bescheid abgelehnt wurden

Wurde Ihnen eine Alg II- bzw. HzL/GSi-Leistung **schon rechtswidrig durch Ablehnungsbescheid vorenthalten**, und verlangen Sie durch Überprüfungsantrag (§ 44 SGB X) eine ⇨Nachzahlung (3.2), **gilt die Vierjahresfrist nicht**. Der Zeitraum, für den rückwirkend Leistungen nachgezahlt werden, ist in diesem Fall **auf ein Jahr verkürzt** (§ 40 Abs. 1 Satz 2 Nr. 2 SGB II; § 116a S. 1. Nr. 2 SGB XII). Allerdings wird die Jahresfrist immer von Beginn des Jahres an gerechnet, in dem der Überprüfungsantrag gestellt wurde. Der Ablehnungsbescheid ist also durch den Überprüfungsantrag im Ergebnis nur bis Beginn des jeweiligen Vorjahres angreifbar.

2. Ansprüche der Behörde gegen Sie

2.1 Geltendmachung von Erstattungsansprüche der Behörde aufgrund von Überzahlungen

Kommt es während des Bezugs von Sozialleistungen zur Überzahlung, haben Sie also mehr Geld erhalten als Ihnen zustand, kann die Behörde „zu Unrecht“ erbrachte Leistungen per ⇨Bescheid zurückfordern. Näheres unter ⇨Rückforderung 2.2.1 ff. Hier gib es **unterschiedliche Verjährungs- bzw. Ausschlussfristen** für die Rücknahme des ursprünglichen Bescheids und den Erlass des Erstattungsbescheides.

a. Ein von Anfang an unrichtiger **oder** nachträglich unrichtig gewordener Bescheid muss **innerhalb eines Jahres** aufgehoben werden, nachdem die Behörde **Kenntnis von der Rechtswidrigkeit** erlangt hat (§ 39 Abs. 1 SGB X i.V. mit § 45 Abs. 4 SGB X oder § 48 Abs. 4 SGB X).

b. Handelt es sich **schon bei Erlass** um einen rechtswidrigen, begünstigenden Verwaltungsakt mit Dauerwirkung, ist dieser, auch wenn die Behörde keine Kenntnis hatte, nur innerhalb einer Frist von **zwei Jahren** nach **Bekanntgabe des Bescheides** zurückzunehmen (§ 45 Abs. 3 Satz 1 SGB X).

c. Wenn nach **a.** und **b.** eine Überzahlung u.a. durch **arglistige Täuschung, vorsätzliche oder grob fahrlässige Falschangaben** entstanden ist, kann der Bescheid i.d.R. innerhalb einer Frist von **zehn Jahren** nach **Bekanntgabe des Bescheides** zurückgenommen werden (§ 45 Abs. 2 Satz 3 u. Abs. 3 Satz 3 oder § 48 Abs. 4 SGB X).

d. Ähnliches wie c.) gilt, wenn Leistungen bei Alg II und GSi **vorläufig gewährt** wurden – zum Beispiel nach § 67 SGB II: Vereinfachtes Verfahren aus Anlass der Corona-Pandemie – und der Leistungsanspruch als abschließend festgesetzt gilt. Wurden pflichtwidrig leistungserhebliche Tatsachen verschwiegen oder leistungserhebliche Veränderungen in den Lebensverhältnissen nicht anzeigt und erhält das jeweilige Amt Kenntnis von Tatsachen, die ergeben, dass der Leistungsanspruch nicht oder nur in geringerer Höhe als die endgültig festgesetzten Leistungen bestand, kann das Amt bis **zehn Jahre** über die neuen Tatsachen entscheiden und eine Forderung geltend machen (§ 41a Abs. 5 S. 2 Nr. 2 SGB II / § 44a Abs. 6 S. 2 Nr. 2 SGB XII).

Unter Umständen kann ein Rückforderungsanspruch auch schon vor Ablauf der Verjährungsfrist **verwirkt** sein, sodass der Anspruch ebenfalls nicht mehr geltend gemacht werden kann. Ein derartiger besonderer Umstand kann gegeben sein, wenn der Leistungsträger auf einen Widerspruch gegen einen Aufhebungs- und Erstattungsbescheid über Jahre hinweg untätig bleibt und sogar erneut Leistungen erbringt (SG Gießen - 09.05.2017 - S 18 SO 14/15).

2.2 Bereits durch Bescheid festgestellte Erstattungsansprüche

Im Regelfall gilt der Merksatz "Verwaltungsakt = Titel = 30-jährige Verjährungsfrist" (vgl. § 52 Abs. 2 SGB X). Bei Erstattungsansprüchen nach § 50 SGB X greift allerdings die Sonderregelung nach dessen Absatz 4 S. 1 SGB X: *„Der Erstattungsanspruch verjährt in **vier Jahren** nach Ablauf des Kalenderjahres, in dem der Verwaltungsakt nach Absatz 3 [= der Erstattungsbescheid] unanfechtbar geworden ist*"!

Das LSG Baden-Württemberg hat mit Urteil vom 26.6.2020 - L 8 AL 3185/19 entschieden, dass § 50 Abs. 4 SGB X eine Sonderregelung darstellt, die der Verjährungsregelung in § 52 Abs. 2 SGB X vorgeht. Nur wenn – zusammen mit der Festsetzung der Erstattungsforderung, oder später – **zusätzliche Verwaltungsakte** zur Durchsetzung des Erstattungsanspruchs ergehen, greift aufgrund der Verweisung in § 50 Abs. 4 S. 3 SGB X die 30-jährige Verjährungsfrist des § 52 Abs. 2 SGB X (dazu auch: Geiger info also 2019, 201; Rein, BAG-SB-Informationen 2020, 151, Heft 4).

Die Ansicht des LSG Baden-Württemberg ist nicht unumstritten. Anders sieht es etwa das SG Reutlingen (2.9.2020 - S 4 AS 1417/19). Wie brisant diese Verjährungsfrage allerdings für die BA-Arbeit ist, zeigt sich darin, dass sie durch Rücknahme eines Rechtsmittels dafür sorgte, dass das Bundessozialgericht nicht darüber entscheiden konnte (BSG B 11 AL 5/19 R zu LSG Rheinland-Pfalz vom 27.9.2018, L 1 AL 88/17; dazu Geiger, info also 2020, 20).

Achtung: auch das LSG Baden-Württemberg ist allerdings der Ansicht, dass die Aufrechnung oder die Verrechnung (§§ 51, 52 SGB I) die längere Verjährungsfrist des § 52 Abs. 2 SGB X bewirkt.

2.3 Ansprüche auf Kostenersatz bei *„sozialwidrigem Verhalten"*

verjähren **drei Jahre** nach Ablauf des Jahres, in dem die Leistung erbracht wurde (§ 103 Abs. 3 SGB XII; entsprechend § 34 Abs. 3 SGB II). Näheres unter ⇨Rückforderung 3.

2.4 Ersatzansprüche für rechtswidrig erhaltene Leistungen

gegen **Verursachende** von zu Unrecht erbrachten Leistungen an **Dritte** (§ 34a Abs. 1 SGB II) verjähren **vier Jahren** nach Ablauf des Jahres, in dem der Erstattungsbescheid bestandskräftig geworden ist (§ 34a Abs. 2 SGB II). Näheres unter ⇨Rückforderung 4.

2.5 Erstattungsanspruch bei Doppelleistungen

Hat ein vorrangig verpflichteter Leistungsträger in Unkenntnis des Alg II-Bezuges Leistungen an eine*n SGB II-Beziehende*n erbracht, muss dieser die Leistung des vorrangigen Trägers dem Jobcenter erstatten (§ 34b SGB II). Der Anspruch verjährt vier Jahre nach Ablauf des Kalenderjahres, in dem der vorrangig verpflichtete Leistungsträger die Leistung erbracht hat (§ 34b Abs. 3 SGB II).

3. Bei Rückzahlung eines ⇨Darlehens

Ansprüche auf Rückzahlung von Darlehen, die lediglich auf Grundlage eines ⇨**öffentlich-rechtlichen Vertrags** (z.B. einer Darlehens- oder Tilgungserklärung) bestehen, verjähren **drei Jahre** nach dem Ende des Jahres, in dem der Anspruch entstanden ist und das Amt von den Tatsachen Kenntnis erlangt hat oder hätte erlangen müssen, die die Ansprüche begründen (§§ 195, 199 BGB; ⇨Darlehen10.1).

Hat der Sozialleistungsträger seinen Darlehensanspruch **durch Rückforderungsbescheid geltend gemacht**, greift eine **30-jährige Verjährungsfrist** (§ 52 Abs. 1 SGB X; ⇨Darlehen 10.2).
Der Rückforderungsanspruch kann allerdings verwirkt werden, wenn die Behörde ihn über längere Zeit nicht ausgeübt hat und man auf den Nichtgebrauch des Rückforderungsrechts vertrauen konnte (Giese/Krahmer 1999, § 52 Rn. 7).

Informationen
für diejenigen, die sich näher mit dem Thema beschäftigen wollen: Fach- und Dienstanweisungen u.a. unter http://www.butenob.de/linkliste/ (Nummer 20 - 23).

4. Ersatzansprüche gegen ⇨Erb*innen
Mit Wirkung **zum 1.8.2016** ist der Ersatzanspruch gegen Erb*innen von **Alg II-Beziehenden** ersatzlos gestrichen worden. Zuvor verjährten solche Ansprüche **drei Jahre** nach dem Tode des/r Leistungsberechtigten (§ 35 Abs. 3 SGB II alt).
Hat jemand **Leistungen der Sozialhilfe** bezogen, beträgt die Verjährungsfrist ebenfalls **drei Jahre**, nachdem diese*r bzw. sein/ihr Ehegatte/ Lebenspartner*in gestorben ist (§ 102 Abs. 4 SGB XII).
Bei **GSi der Sozialhilfe** bleiben die Erb*innenen von Ersatzansprüchen verschont (§ 102 Abs. 5 SGB XII).

Verwaltungsrichtlinien

Inhaltsübersicht

1. Anspruch nach dem Informationsfreiheitsgesetz (IFG) des Bundes
Was es in den meisten westeuropäischen Staaten (in Schweden seit 1766, Finnland seit 1919) und in den USA (seit 1966) gibt, besteht seit 2006 auch im deutschen Obrigkeitsstaat: das Recht der Bürger*innen auf freien Zugang zu den in Behörden des Bundes dokumentierten Informationen, die die Grundlage für Entscheidungen öffentlicher Stellen sind (⇨Beratung 1.4; ⇨Ermessen 2.).

Nach dem IFG des Bundes kann jede natürliche oder juristische Person einen **Antrag auf Herausgabe** von behördeninternen Informationen stellen. Der Auskunftsanspruch besteht nicht für Informationen im Entwurfsstadium, für die „Staatssicherheit gefährdende" Informationen und für persönliche Daten.

2.1 IFG-Bund – gilt seit 2011 für alle SGB II-Leistungen
Seit 2011 gilt das IFG des Bundes i.d.R. auch für SGB II-Leistungen, einschließlich kommunaler Leistungen (§ 50 Abs. 4 SGB II). Nach dem Informationsfreiheitsgesetz des Bundes sollen Bundesbehörden seit 2006 ihre Verwaltungsanweisungen veröffentlichen, in der Regel im Internet (§ 1 i.V. mit § 11 IFG).
Da die BA dem nicht nachkam, hat der **Erwerbslosenverein Tacheles** sie in einer Klage dazu gezwungen. Im Juni 2006 hat sich die BA vor Gericht vertraglich verpflichtet, alle **Dienstanweisungen** im Netz zu veröffentlichen. Dem kommt sie allerdings nur begrenzt nach und verlegt immer mehr ins Intranet, um so relevante Informationen intransparent zu machen.

Das Verwaltungsgericht Leipzig hat am 10.1.2013 entschieden (5 K 981/1), dass der Informationsanspruch nach dem IFG des Bundes auch den Anspruch auf Herausgabe der internen **Telefonlisten der Jobcenter** umfasst und die dienstlichen Telefonnummern nicht dem persönlichen Datenschutz des/r einzelnen Mitarbeiters/*in unterliegen. Das Leipziger Urteil ist infolgedessen von einer Vielzahl von Verwaltungsgerichten bestätigt worden.

Das Bundesverwaltungsgericht hat jedoch 2016 entschieden, dass die Jobcenter die Mitarbeiter*innentelefonlisten nicht herausgeben müssten, da eine „*Gefährdung der öffentlichen Sicherheit und Ordnung*" bestehe. Das BVerwG führte in seiner skandalösen Entscheidung aus: „*Sie besteht namentlich in nachteiligen Auswirkungen auf die effiziente und zügige Aufgabenerfüllung der Jobcenter, die infolge von direkten Anrufen bei den Bediensteten eintreten können*" (BVerwG 20.10.2016 -7 C 20.15). Erwerbslose und Beratungsstellen von Erwerbslosen, die zeitnah ihre*n Sachbearbeiter*in erreichen müssen, und deswegen die Telefonnummer ihrer Fallmanager*innen einfordern, **werden** mit dieser skandalösen Rechtsprechung **zum Sicherheitsrisiko** erklärt.

Mittlerweile „verstecken" einige Sozialbehörden sogar ihre **Faxnummern**: Diese werden von Briefköpfen genommen oder von Webseiten gelöscht, um beweisbare Zugänge von Anträgen und Widersprüchen zu erschweren. Solange aber Faxgeräte noch zu den Kommunikationsmitteln von Jobcentern gehören, wird die Herausgabe von Faxnummern im Rahmen von IFG-Anträge möglich sein.

Das IFG des Bundes gilt aber nur für die 335 Jobcenter in gemeinsamen Einrichtungen und nicht für die 110 Jobcenter, die unter der Leitung eines zugelassenen kommunalen Trägers stehen (den sogenannten Optionskommunen). Für diese sind – soweit vorhanden – die Informationsfreiheitsgesetze der Bundesländer gültig (Landes-IFG; ⇨2.2).

Zu begrüßen ist die Ausweitung des IFG des Bundes auf die kommunalen SGB II-Leistungen (im Wesentlichen: KdU, BuT und Erstausstattung). Nun kann jede*r Bürger*in durch IFG-Anträge Licht in den behördlichen Verwaltungsrichtliniendschungel bringen. Auch die Jobcenter der südlichen Bundesländer, die z.T. noch immer nicht über eigene Landes-Informationsfreiheitsgesetze verfügen, sind nun gezwungen, ihre Verwaltungsanweisungen für das SGB II offenzulegen.

Hat eine Kommune oder ein Landkreis im Bereich des SGB II eine **Satzung zu den Unterkunftskosten** erlassen, ist die Verwaltung verpflichtet, diese zu veröffentlichen (§ 22b Abs. 2 SGB II).

2.2 Landesinformationsfreiheitsgesetze

In Baden-Württemberg, Berlin, Brandenburg, Bremen, Hamburg, Mecklenburg-Vorpommern, NRW, Rheinland-Pfalz, Saarland, Sachsen-Anhalt, Schleswig-Holstein und Thüringen gibt es inzwischen Landesinformationsfreiheitsgesetze (Landes-IFG). Bisher haben dreizehn Bundesländer für ihren Zuständigkeitsbereich jeweils eigene ähnliche Gesetze erlassen. In **Bayern, Niedersachsen und Sachsen** existiert hingegen **kein** Landes-Informationsfreiheitsgesetz. In Ländern ohne eigenes IFG gibt es **in einigen Städten** „Informationsfreiheitssatzungen", nach denen die kommunalen Behörden zur Auskunftserteilung verpflichtet sind.

Danach hat jede*r Bürger*in einen Anspruch auf die Herausgabe von landesspezifischen oder kommunalen Informationen, z.B. örtlichen Richtlinien/ Satzungen zur Gewährung von Unterkunftskosten, Erstausstattung, zum Bildungs- und Teilhabepaket oder Berechnungsgrundlagen für Sozialpässe usw.

Keinen Anspruch auf Informationsweitergabe kommunaler Informationen haben Bürger*innen der Bundesländer, in denen kein Landes-IFG existiert. Allerdings sind für einige SGB XII-Leistungen die im SGB II entwickelten Maßstäbe relevant. Im Bereich der Unterkunftskosten ist es sogar vorgeschrieben, dass eine Satzung für SGB II-Unterkunftskosten auch für das SGB XII gilt. So können Sie unter Umständen auch über den Umweg über das Bundes-IFG zu den entsprechenden Informationen gelangen, die für das SGB XII relevant sind.

In bestimmten Fällen kann eine Pflicht zur Herausgabe der begehrten Informationen auch über eine ⇨Akteneinsicht nach § 25 SGB X entstehen.

3. Kosten und Gebühren

Für das Auskunftsersuchen nach den IFG (Land und Bund) können Gebühren erhoben

werden. **Bagatellauskünfte sind kostenfrei**. Für größere Recherchen können Gebühren bis zu 500 € verlangt werden, auch wenn davon Einzelanfragen umfasst sind. Max. 500 € für Gebühren, Auslagen und Kopien sah das BVerwG als zulässig an (BVerwG 20.120.2016 - 7 C 6.15). Wenn Sie die Herausgabe einer Richtlinie zu den Unterkunftskosten beantragen, wird es sich immer um eine Bagatellsache handeln. Außerdem können solche Gebühren auch erlassen werden, weil deren Zahlung SGB II-/ SGB XII-Beziehenden nicht zuzumuten ist. Um Kopierkosten zu vermeiden, können Sie die Herausgabe der begehrten Informationen auch als Datei verlangen.
Oft wird von Behörden versucht, Bürger*innen durch **überhöhte Gebühren** davon abzuschrecken, IFG-Anträge zu stellen. Die Kostenbescheide sind gerichtlich überprüfbar. In einigen Fällen waren solche Gerichtsverfahren bereits erfolgreich. Das VG Berlin hat einen Gebührenbescheid des Bundesinnenministeriums (BMI) mit deutlichen Worten aufgehoben und die Behörde verurteilt, die Gebühren in dem entschiedenen Fall deutlich zu senken. Dabei wollte das Ministerium für die Herausgabe weniger Seiten zur Vorbereitung eines Besuchs des damaligen Ministers Thomas de Maizière (CDU) in der Berliner Niederlassung von Facebook 235 € kassieren. Die Gebühr sei rechtswidrig und verstoße gegen das gesetzliche Verbot abschreckender Gebühren in § 10 Abs. 2 IFG, heißt es in dem Urteil (VG Berlin 29.3.2019 - VG 2 K 95.17).

4. Auskunftserteilung innerhalb eines Monats

Auskunftsanträge nach allen IFG müssen unverzüglich, spätestens aber nach einem Monat von der Behörde entschieden werden. Bei Schwierigkeiten oder Ablehnung können Sie sich an die Beauftragten für die Informationsfreiheit wenden, die bei den jeweiligen Landesdatenschutzbeauftragten bzw. auf Bundesebene bei der Bundesdatenschutzbeauftragten angesiedelt sind. Diese beraten und unterstützen Sie kostenlos.

Tipp: Den/die Beauftragte*n für Datenschutz und Informationsfreiheit einzuschalten, kann das Widerspruchs- oder Klageverfahren nicht ersetzen.

Kritik

Im alten BSHG gab es § 114, nach dem vor dem Erlass allgemeiner Verwaltungsvorschriften sozial erfahrene Personen zu hören waren; besonders aus Vereinigungen, die Bedürftige betreuen, oder aus Vereinigungen von Sozialleistungsbeziehenden. Das ist ersatzlos gestrichen worden. Beteiligung der Betroffenenvertreter ist nicht mehr erwünscht.

Forderung

Schaffung von Beiräten, die vor dem Erlass von Verwaltungsrichtlinien zu beteiligen sind!

Information

Die Verwaltungsanweisungen der BA zum SGB II werden von Tacheles e.V. im Internet veröffentlicht unter http://harald-thome.de/sgb-ii-hinweise/
Die Durchführungshinweise zum SGB III sind außerdem zu finden unter www.arbeitsagentur.de ⇨ Veröffentlichungen ⇨ Weisungen ⇨ Arbeitslosengeld II
Bundesweite kommunale Richtlinien zu Unterkunftskosten, Erstausstattung und Bildung und Teilhabe unter www.harald-thome.de/oertliche-richtlinien.html.
Broschüre: Informationsfreiheitsgesetz des Bundes, Stand: April 2020, Download: https://t1p.de/uaap

werden. **Bagatellauskünfte sind kostenfrei.** Für größere Recherchen können Gebühren bis zu 500 € verlangt werden, auch wenn davon Einzelanfragen umfasst sind. Max. 500 € für Gebühren, Auslagen und Kopien sah das BVerwG als zulässig an (BVerwG 20.10.2016 - 7 C 6.15). Wenn Sie die Herausgabe einer Richtlinie zu den Unterkunftskosten beantragen, wird es sich immer um eine Bagatellsache handeln. Außerdem können solche Gebühren auch erlassen werden, weil deren Zahlung SGB II-/SGB XII-Beziehenden nicht zuzumuten ist. Um Kopierkosten zu vermeiden, können Sie die Herausgabe der begehrten Informationen auch als Datei verlangen.

Oft wird von Behörden versucht, Bürger*innen durch **überhöhte Gebühren** davon abzuschrecken, IFG-Anträge zu stellen. **Die Kostenbescheide sind gerichtlich überprüfbar. In einigen Fällen waren solche Gerichtsverfahren bereits erfolgreich.** Das VG Berlin hat einen Gebührenbescheid des Bundesinnenministeriums (BMI) mit deutlichen Worten aufgehoben und die Behörde verurteilt, die Gebühren in dem entschiedenen Fall deutlich zu senken. Dabei wollte das Ministerium für die Herausgabe weniger Seiten zur Vorbereitung eines Besuchs des damaligen Ministers Thomas de Maizière (CDU) in der Berliner Niederlassung von Facebook 235 € kassieren. Die Gebühr sei rechtswidrig und verstoße gegen das gesetzliche Verbot abschreckender Gebühren in § 10 Abs. 2 IFG, heißt es in dem Urteil (VG Berlin 29.8.2019, VG 2 K 154.17).

4. Auskunftserteilung innerhalb eines Monats

Auskunftsanträge nach allen IFG müssen unverzüglich, spätestens aber nach einem Monat von der Behörde entschieden werden. Bei Schwierigkeiten oder Ablehnung können Sie sich an die Beauftragten für die Informationsfreiheit wenden, die bei den jeweiligen Landesdatenschutzbeauftragten bzw. auf Bundesebene bei der Bundesdatenschutzbeauftragten angesiedelt sind. Diese beraten und unterstützen Sie kostenlos.

Tipp: Den/die Beauftragte*n für Datenschutz und Informationsfreiheit einzuschalten, kann das Widerspruchs- oder Klageverfahren nicht ersetzen.

Kritik

Im alten BSHG gab es § 114, nach dem vor dem Erlass allgemeiner Verwaltungsvorschriften sozial erfahrene Personen zu hören waren; besonders aus Vereinigungen, die Bedürftige betreuen, oder aus Vereinigungen von Sozialleistungsbeziehenden. Das ist ersatzlos gestrichen worden. Beteiligung der Betroffenenvertreter ist nicht mehr erwünscht.

Forderung

Schaffung von Beiräten, die vor dem Erlass von Verwaltungsrichtlinien zu beteiligen sind!

Information

Die Verwaltungsanweisungen der BA zum SGB II werden von Tacheles e.V. im Internet veröffentlicht unter http://harald-thome.de/sgb-ii-hinweise/

Die Durchführungshinweise zum SGB III sind außerdem zu finden unter www.arbeitsagentur.de ⇨ Veröffentlichungen ⇨ Weisungen ⇨ Arbeitslosengeld II

Bundesweite kommunale Richtlinien zu Unterkunftskosten, Erstausstattung und Bildung und Teilhabe unter www.harald-thome.de/oertliche-richtlinien.html.

Broschüre: Informationsfreiheitsgesetz des Bundes, Stand: April 2020, Download: https://t1p.de/naap

(Sich) Wehren ohne Rechtsweg

Der Rechtsweg (⇨Widerspruch und ⇨Klage) ist steinig, und viele trauen sich nicht, ihn zu beschreiten. Nur wenige Alg II-Beziehende und noch viel weniger Beziehende von HzL/ GSi der Sozialhilfe legen Widerspruch ein oder klagen vor Gericht. Für die meisten, die es tun, lohnt es sich aber. Im Jahr 2019 wurden in Bezug auf das SGB II rund 606.000 Widersprüche und knapp 104.000 Klagen eingereicht. Rund 34 Prozent der Widersprüche und 40 Prozent der Klagen wurden teilweise oder ganz stattgegeben. Über die Zahlen berichtet das Webportal „O-Ton-Arbeitsmarkt", einem Infoportal zu Arbeitsmarkt-Daten unter fachlicher Aufsicht des Instituts für Sozialpolitik und Arbeitsmarktforschung (ISAM) der Hochschule Koblenz.

Bei den verhandelten Klagen lohnt aber ein zweiter Blick. Ging der Rechtsstreit vor Gericht, wurden 2018 knapp 9.000 Urteile im Sinne der betroffenen Hartz IV-Empfänger*innen gesprochen, was einer Erfolgsquote von knapp 8,2 Prozent entspräche. Weit mehr Klagen endeten aber damit, dass sich Jobcenter und Kläger*in außergerichtlich einigten. Hier wurden immerhin rund 33.000 Rechtsstreite teilweise oder ganz zugunsten der Hartz IV-Empfänger*innen entschieden, was die Erfolgsquote auf knapp 40 Prozent hebt.

Betrachtet man die sogenannten Erledigungen der Sozialgerichte in NRW, d.h. alle Entscheidungen inklusive der Beendigungen ohne Urteil, gehen ca. 70 bis 80% aller Klagen im Sinne der Alg II-Beziehenden aus (Sozialrichter M. Schillings, SG Düsseldorf, auf der Fachtagung „*Hartz IV und der Wohnungsmarkt*" am 16.4.2008 in Dortmund.)
Die „Erfolgsquote beim Wehren" ist in der Realität noch viel höher, da in dieser Statistik nur die Widersprüche verzeichnet sind, über den Erfolg von Überprüfungsanträgen nach § 44 SGB X gibt es keine Statistik. Aus der Beratungspraxis im Tacheles ist festzuhalten, dass rund die Hälfte der Rechtsmittel Überprüfungsanträge sind. Wenn es im Jahr 2019 rund 606.000 Widersprüche gab, wird es annähernd eine vergleichbare Anzahl an Überprüfungsanträgen gegeben haben. Somit ist der tatsächliche Erfolg von Rechtsmitteln erheblich höher, als es auf den ersten Blick erscheint.

Wer sich nicht wehrt, lebt verkehrt!
Andere Hartz IV-Betroffene bemühen nicht die Gerichtsmühlen, sondern üben den Gegendruck auf andere Weise aus. Das geht einfacher und ist oft schneller. Dazu brauchen Sie vor allem die Fähigkeit, Ihre Meinung zu sagen und Ihre Interessen zu vertreten. Hartnäckigkeit kann sich auszahlen, weil sie die Behörde in Bewegung bringt.

Bevor Sie den Rechtsweg einschlagen (⇨Widerspruch, ⇨einstweilige Anordnung, ⇨Klage), **prüfen Sie also zuerst**, ob Sie nicht mit einfacheren Mitteln zum Ziel kommen. Besonders dann, wenn offensichtlich gegen geltendes Recht verstoßen wird, geht das meist schneller. Sich nicht wegschicken zu lassen, hilft in diesen Fällen manchmal. Fordern Sie den/die Behördenvertreter*in auf, Ihnen die Rechtsgrundlagen darzulegen. Sie haben ein ⇨Auskunftsrecht.
In Bezug auf das SGB II können Sie die internen Dienstanweisungen der BA einsehen (http://harald-thome.de/sgb-ii-hinweise; ⇨Durchführungshinweise) oder die örtlichen Richtlinien zu Unterkunftskosten und Erstausstattung (www.harald-thome.de/oertliche-richtlinien.html) und so die Verwaltung anhand ihrer eigenen Vorschriften überprüfen.

Sie können z.B. mit einem ⇨**Beistand** noch mal Ihr Glück bei einer persönlichen Vorsprache versuchen. Das kann ein*e Bekannte*r sein, der/die sich auskennt, oder ein Mitglied einer **Erwerbslosen- oder Sozialhilfegruppe**. Sie können auch eine Beratungsstelle einschalten.
Sie können sich z.B. auch an unmittelbare **Vorgesetzte** wenden bzw. an die Teamleitung, die Leitung der Dienststelle oder der jeweiligen Behörde.
Manche Sozial- und Arbeitslosenverwaltungen haben auch ein besonderes **Beschwerdemanagement**. Das können nicht in die

Behörde integrierte, also „unabhängige" Bürgerbeauftragte sein, aber auch die behördeninternen Beschwerdestellen (z.B. „*Kundenreaktionsmanagement*" der BA; ⇨Beschwerde 6. f.).

Sie können sich auch an die jeweilige **Dienst- und Fachaufsicht** wenden (⇨**Beschwerde** 1. ff.). In den Behörden, die die Dienst- und Fachaufsicht durchführen, gibt es meist Mitarbeiter*innen, die die Aufgabe haben, Beschwerden von Bürger*innen nachzugehen. Das kann man nutzen, auch wenn hier oft abgewiegelt wird.

In vielen Kommunen und Kreisen gibt es **Bürgerbeauftragte**, **Ombudsleute**, **Frauenbeauftragte**, **Ausländerbeiräte** und Beauftragte für **Behinderte** oder ⇨**Datenschutz. Die können** sich ebenfalls für Sie einsetzen (⇨Beschwerde 7. f.).
Oder Sie wenden sich an **Stadt- oder Kreisverordnete.** Diese können im Einzelfall die Sozialverwaltung kontrollieren. Stadtverordnete können Akteneinsicht nehmen und Sachbearbeiter*innen befragen.
Das Gleiche gilt für **Landtags- und Bundestagsabgeordnete**. Sie beschäftigen meistens Mitarbeiter*innen, die sich auch um Einzelbelange kümmern.

Bei Landtagen und beim Bundestag gibt es **Petitionsausschüsse**, an die Sie sich wenden können. Die arbeiten langsam, sodass Sie sich keine sofortige Abhilfe versprechen können. Dafür sind sie aber oft wirkungsvoll. Sie müssen Ihre Anfragen präzise formulieren und Sachverhalte gut dokumentieren.

Meist ist es nützlich, sich an eine **Beratungsstelle** zu wenden, die sich für Sie einsetzen kann. Adressen können Sie finden unter www.my-sozialberatung.de.

Sie können sich auch direkt an **örtliche Medien**, Rundfunk oder Fernsehen wenden. Der Anruf eines Journalisten/einer Journalistin bei Arbeitsagentur/ Jobcenter/ Sozialamt kann Wunder bewirken. Erst recht eine Veröffentlichung. Ämter haben kein Interesse an Negativschlagzeilen, da sie als „kundenfreundlich" dastehen wollen.

Vorsicht vor Medien, die Ihr Schicksal für ihre wirtschaftlichen Zwecke ausschlachten und Sie als Sozialschmarotzer präsentieren wollen.

Sie können aber auch – und das ist **langfristig das Wichtigste** – Ihre Kraft dadurch stärken, dass Sie sich einer **Gruppe von Erwerbslosen und/ oder Sozialhilfebeziehenden** anschließen oder selbst eine gründen. Bei ver.di gibt es lokale Erwerbslosenausschüsse, vereinzelt auch in anderen Gewerkschaften. Sie finden häufig auch unabhängige Initiativen.
An einigen Orten gibt es Bündnisse gegen Sozial- und Lohnabbau, Sozialforen/ -initiativen oder Ähnliches, die sich für die Interessen von Erwerbslosen und Armen einsetzen. Wenn Sie den Mut und die Geduld aufbringen, in solchen Gruppen mitzuarbeiten, haben Sie mehr Möglichkeiten, Druck zu machen und Ihren Interessen gemeinsam mit anderen Gehör zu verschaffen. Vielleicht können Sie auch mithelfen eine **„Begleitschutz-AG"** aufzubauen, die Erwerbslose bei Ämterterminen unterstützt (⇨Beistand).

All diese Schritte können die Haltung von Sachbearbeiter*innen beeinflussen und dazu führen, dass sie sich entschließen, Entscheidungen zu ändern.

Kombination von Rechtsweg und anderen Formen, sich zu wehren
Häufig ist es notwendig, die verschiedenen Ebenen miteinander zu verknüpfen. Sie können mit Widerspruch und einstweiliger Anordnung drohen und gleichzeitig mit den oben genannten Mitteln Druck machen. Das Gleiche ist auch während eines Verfahrens möglich (⇨Untätigkeit der Behörde).

Wie stark Sie in die Konfrontation gehen, hängt von den Kräfteverhältnissen ab. Es ist nicht zweckmäßig, aus einer schwachen Position heraus aufs Ganze zu gehen oder sich in zahllosen Widersprüchen und im behördlichen Kleinkrieg völlig zu verausgaben. Da Erwerbslose und Sozialhilfebeziehende eine **schwache Rechtsposition** haben, müssen sie notgedrungen auch Niederlagen einstecken oder sich mit Teilerfolgen zufriedengeben. Es ist besser, sich auf die Auseinandersetzungen zu konzentrieren, in denen die Erfolgsaussichten am größten sind. Denn **Erfolge** hat man **bitter nötig**.

Es ist auch sinnvoll, einen Teil seiner Energie darauf zu verwenden, **sich zusammen mit anderen zu organisieren**, statt als Einzelne*r gegen Windmühlen zu kämpfen, sich abzukapseln und am Ende resigniert aufzugeben.

⇨Adressen im Anhang

Widerspruch

Inhaltsübersicht

1. Widerspruch gegen Verwaltungsakte

Gegen Verwaltungsakte ist Widerspruch möglich und zulässig (§ 62 SGB X, § 84 SGG). Ein Verwaltungsakt ist jede Verfügung, Entscheidung oder andere hoheitliche Maßnahme, die eine Behörde zur Regelung eines Einzelfalles auf dem Gebiet des öffentlichen Rechts trifft und die auf unmittelbare Rechtswirkung nach außen (Behörde-Bürger*in) gerichtet ist (§ 31 SGB X). Auch mündliche Ablehnungen sind Verwaltungsakte (§ 31 SGB X; ⇨Bescheid 1.). Um Widerspruch einzulegen, müssen Sie nicht warten, bis Sie einen Bescheid haben. Allerdings empfiehlt es sich im Regelfall auf einen schriftlichen Bescheid/Verwaltungsakt mit einem Widerspruch entgegenzutreten, denn sonst kann es sein, dass das Amt bestreitet, dass es überhaupt eine mündliche Ablehnung gab. Hier liegt die Beweislast bei Ihnen und Sie werden, außer wenn Zeugen dabei sind, ein Beweisproblem haben. Ansonsten gilt: ein mündlicher Verwaltungsakt muss bei unverzüglichem Verlangen schriftlich vom Amt bestätigt werden (§ 33 Abs. 2 SGB X). Sie können auch gegen jede **Handlung** einer Behörde **mit Außenwirkung** Widerspruch einlegen, wenn Sie damit nicht einverstanden sind. Vorsicht: So sind ⇨Eingliederungsvereinbarungen **⇨öffentlich-rechtliche Verträge, da diese zweiseitig sind.** Erklärungen, Anhörungsverlangen, Ankündigungen zu später zu erlassenden Verwaltungsakten (⇨Aufrechnung von Forderungen), Kostensenkungsaufforderungen bezüglich der Unterkunftskosten u.a. sind keine Verwaltungsakte, da diese nur über eine später eintretende „unmittelbare Rechtswirkung nach außen“ informieren (BSG 15.5.2016 - B 4 AS 36/15 R). Dagegen können Sie keinen Widerspruch einlegen.

Wenn Sie einen Verwaltungsakt der Behörde für falsch halten, sollten Sie innerhalb eines Monats Widerspruch einlegen. Richtet sich dieser gegen einen schriftlichen Bescheid, können Sie damit verhindern, dass der Bescheid **bestandskräftig** wird und Bindungswirkung entfaltet (§ 77 SGG). Mit dem Widerspruch fängt der Rechtsweg an. Das Widerspruchsverfahren wird auch **Vorverfahren** genannt, d.h. das Verfahren **vor** der ⇨Klage.

Wenn die Behörde Ihrem Widerspruch „stattgibt“, erhalten Sie die zu Unrecht vorenthaltene Leistung nachgezahlt. Die Nachzahlung darf nicht als ⇨Einkommen auf Ihre laufende

Leistung angerechnet werden (§ 11a Abs. 1 Nr. 1 SGB II, § 82 Abs. 1 Satz 1 SGB XII).

1.1 Widerspruch gegen die Vorbereitung eines Verwaltungsakts?

Sie müssen trennen zwischen einem Verwaltungsakt, der mit einem ⇨Bescheid abgeschlossen wird und den Handlungen der Behörde, die einen Verwaltungsakt erst vorbereiten.

Wenn Sie z.B. aufgefordert werden, Ihre Unterkunftskosten zu senken (⇨Miete 4.), weil diese angeblich zu hoch sind, oder wenn Ihnen eine unzumutbare Stelle angeboten wird, können Sie dagegen noch keinen Widerspruch einlegen (BSG 7.11.2006 - B 7b AS 10/06 R). Es handelt sich noch nicht um einen Verwaltungsakt, weil diese Aufforderungen noch keine Rechtswirkung nach außen entfalten. Dies tut erst der darauffolgende Bescheid, der dann die Kürzung der Miete oder eine ⇨ Sanktion festsetzt. Wenn das Jobcenter Ihren Einwendungen gegen die Kostensenkungsaufforderung nicht folgt und diese ablehnt, ist ein Widerspruch möglich, sobald das Jobcenter durch Bescheid den Rechtsweg eröffnet. Das BSG hat ausnahmsweise (weil ja noch nichts passiert ist) eine Feststellungsklage vor Absenkung der Leistung gegen die JC Kostensenkungsaufforderung zugelassen (BSG 15.6.2016 – B 4 AS 36/15 R).

2. Widerspruchsverfahren

2.1 Wer bearbeitet Widersprüche?

Widersprüche werden im Regelfall zunächst von der gleichen zuständigen Stelle bearbeitet, die den zugrunde liegenden Bescheid erlassen hat. Will der/die Sachbearbeiter*in dem Widerspruch nicht stattgeben, muss er/sie i.d.R. die Zustimmung des/der Vorgesetzten einholen. Will auch diese*r nicht stattgeben, kommt der Widerspruch i.d.R. zur Rechts- bzw. Widerspruchsstelle.

Bevor der Widerspruch dorthin weitergeleitet wird, werden Sie oft zu einer schriftlichen **Anhörung** aufgefordert (§ 24 SGB X). Diese dient lediglich dazu, Sie umzustimmen und den **Widerspruch** „freiwillig" **zurückzuziehen**. In vielen Fällen werden Widerspruchsführer sogar zum persönlichen Termin aufs Jobcenter geladen, um sie zu überreden oder unter Druck zu setzen, den Widerspruch zurückzuziehen. Darauf dürfen Sie sich keinesfalls einlassen. Sie haben einen Rechtsanspruch auf einen regulären, begründeten **Widerspruchsbescheid**.

Weil 34 Prozent der Widersprüche und 40 Prozent der darauf folgenden Klagen zumindest teilweise erfolgreich sind (www.o-ton-arbeitsmarkt.de), ziehen die Jobcenter sämtliche Register, um Sie in Ihren Rechtsmitteln einzuschränken, anstatt dafür zu sorgen, dass das Recht richtig umgesetzt wird.

Die Widerspruchsstelle kann den/die Sachbearbeiter*in anweisen, den Sachverhalt auf eine bestimmte Weise umzusetzen und dem Widerspruch **ganz oder teilweise stattzugeben**. Bleibt die Behörde bei ihrer Entscheidung, wird mit Erlass des Widerspruchsbescheides das **Vorverfahren abgeschlossen**. Gegen diesen Bescheid können Sie nur noch beim Sozialgericht **klagen**. Dann beginnt das Hauptsacheverfahren.

Da die Widerspruchsstellen Teil der Behörde sind, gegen die sich der Widerspruch richtet, handeln sie oft nach den Vorgaben „von oben". Sie neigen dazu, Widersprüche auch dann abzulehnen, wenn die Verwaltung gegen Gesetze oder herrschende Rechtsprechung verstößt. Überprüfen Sie also auch die Ausführungen der Rechtsstellen!

Tipp 1: Bis über einen abgelehnten Widerspruch in der ersten Gerichtsinstanz entschieden ist, können nunmehr coronabedingt mehrere Jahre vergehen. Versuchen Sie deshalb, je nach Lage des Falles, den Sachverhalt zuerst im Rahmen eines Gesprächs mit dem/r Sachbearbeiter*in zu klären (⇨Wehren ohne Rechtsweg). Das kann schneller gehen.

Tipp 2: Wenn die Behörde nicht von ihrem Standpunkt abweicht und es sich um eine dringende Notlage handelt, weil Ihnen Leistungen gekürzt oder gestrichen wurden, sollten Sie ggf. beim Sozialgericht einen Antrag auf eine ⇨einstweilige Anordnung stellen. Voraussetzung dafür ist, dass bereits Widerspruch eingelegt wurde. Weiterhin können Sie in diesem Fall auch einen Vorschuss gem. § 42 SGB I beantragen. Zum Konflikt, ob ein Vorschuss bei Alg II / HzL/ GSi möglich ist ⇨ Antrag 3.ff

2.2 Wie legen Sie Widerspruch ein?

Sie können bei Ihrem/r Sachbearbeiter*in **mündlich** Widerspruch einlegen. Diese*r ist **zur *„Niederschrift"*** verpflichtet (§ 84 Abs. 1 Satz 1 SGG). Sie können ihn/sie auch bei der Widerspruchsstelle der Behörde protokollieren lassen. Wird der Widerspruch aufgenommen, überprüfen Sie den Text, bevor Sie unterschreiben und lassen Sie sich eine Kopie geben.

Besser ist es allerdings, den Widerspruch selbst zu formulieren und **schriftlich** einzureichen. Es muss klar werden, gegen **welche Entscheidung** Sie sich wehren (Datum des Bescheids; um welchen Sachverhalt geht es) und **welche Gründe** Sie dafür haben.
Wenn Sie sich unsicher sind, wie Sie Ihren Widerspruch begründen wollen, können Sie den Widerspruch zunächst *„fristwahrend"* ohne Begründung einreichen. Teilen Sie der Behörde mit, dass Sie die Begründung nachreichen. Sie gewinnen dann genug Zeit, um sich schlau zu machen oder eine **Beratungsstelle** aufzusuchen. Eine sorgfältige Vorbereitung ist wichtig, denn die richtige Begründung ist für den Erfolg des Widerspruchs entscheidend.

Meistens fordert die Behörde Sie auf, den Widerspruch innerhalb von zwei bis drei Wochen zu begründen. Nicht zulässig ist es, Sie damit unter Druck zu setzen, indem man davon ausgehe, Sie würden den Widerspruch zurückziehen, wenn bis dahin keine Begründung eingegangen sei. Das ist genauso unzulässig, wie Sie im Rahmen Ihrer ⇨Mitwirkungspflichten zur Widerspruchsbegründung aufzufordern und mit Versagung der Leistungen zu drohen.
Teilen Sie dem Amt bei Bedarf schriftlich mit, dass Sie noch Zeit bräuchten und dass Sie den Widerspruch aufrechterhalten.

2.3 Schriftliche Form notwendig/Verfristung

Widersprüche sind *„schriftlich"* einzulegen (§ 84 Abs. 1 Satz 1 SGG) und dessen Zugang haben im Zweifelsfall Sie zu beweisen.
Eine E-Mail ohne amtliche Beglaubigung erfüllt die geforderte Schriftform nicht. Die BA ist jedoch großzügig: *„Ein fristgerecht per E-Mail eingehender Widerspruch gilt als formgerecht eingelegt, wenn die/der WF ihre/seine Urheberschaft auf Anforderung schriftlich bestätigt"* (BA, Praxishandbuch für das Verfahren nach dem Sozialgerichtsgesetzt, 9/2020, Seite 14, ⇨Informationen, nachfolgend zitiert als BA Praxishandbuch SGG). Allerdings nur wenn diese Bestätigung innerhalb der Widerspruchsfrist eingeht. Darauf können Sie sich im Zweifelsfall berufen.
In der Rechtsprechung wird das aber anders bewertet: *„Ein per einfacher E-Mail eingelegter Widerspruch gegen einen mit einer ordnungsgemäßen Rechtsbehelfsbelehrung versehenen Bescheid genügt den zur Widerspruchseinlegung erforderlichen Formerfordernissen **nicht**"* (LSG Berlin-Brandenburg 28.9.2010 - L 18 AL 76/10).
Sozialämter folgen hier meistens der strengen Rechtsprechung, weisen aber im Kleingedruckten meist darauf hin, dass Widersprüche per E-Mail unzulässig sind.

Tipp: Verlassen Sie sich lieber nicht auf die Aussage des Praxishandbuchs und legen Sie Ihren Widerspruch immer schriftlich per Brief oder Fax ein.

Für den **Zugang** des Widerspruchs bei der Behörde trägt der Widerspruchsführer die Beweislast (Meyer-Ladewig/Keller/Leitherer, 11. Auf. 2014, § 84 Rn. 5b). Ein übersandtes **Fax mit Sendebericht** und Verkleinerung des übersandten Schriftstückes (Faksimile) gilt als **bewiesener Zugang** (BSG 20.10.2009 - B 5 R 84/09 B; SG Duisburg 3.12.2010 - S 38 AS 676/10; SG Dortmund 19.5.2015 - S 27 AS 2651/11).
Die BA hat mit Datum vom 20.06.2018 bestimmt (Weisung 201806011): *„Die BA befürwortet die Ausstellung von Eingangsbestätigungen durch Jobcenter trotz fehlender gesetzlicher Verpflichtung auf ausdrücklichen Wunsch der Leistungsberechtigten sowie für fristwahrende Schreiben wie Widersprüche und Anträge"*. Mit *„auf ausdrücklichen Wunsch der Leistungsberechtigten"* meint die BA in allen anderen Angelegenheiten, bspw. bei Änderungsmit-

teilungen und einzureichenden Unterlagen nach Mitwirkungsaufforderungen. Immerhin ein Schritt in die richtige Richtung!

Lehnt die Behörde ihren Widerspruch **ab**,
- weil er nicht der erforderlichen Schriftform entspricht, ohne Sie darauf hinzuweisen, oder
- wegen des Überschreitens einer Frist, die Sie nicht zu verantworten haben,

haben Sie eine Frist von zwei **Wochen**, um
a. einen Antrag auf Wiedereinsetzung in den vorherigen Stand zu stellen und
b. innerhalb dieser Frist den Widerspruch frist- und formgerecht nachzuholen
(§ 27 Abs. 2 SGB X; BSG 6.10.2011 - B 14 AS 63/11 B; LSG NRW 20.1.2011 - L 7 AS 887/10 B).
Ansonsten ist ein verfristeter Widerspruch von Amts wegen als **Überprüfungsantrag** auszulegen (⇨4.1 f.; ⇨Nachzahlung 3.1 ff.).

2.4 Wo legen Sie den Widerspruch ein?

Bei der Stelle, die den Verwaltungsakt erlassen hat. Erst wenn diese Stelle dem Widerspruch nicht abhelfen will, wird er von dort an die Widerspruchsstelle weitergeleitet.
Der Widerspruch kann notfalls auch bei jeder *„anderen inländischen Behörde"* in schriftlicher Form abgegeben werden (§ 84 Abs. 2 Satz 1 SGG). Bürger*innen aus Staaten der EU, Staaten der EWR und des EU-Wirtschaftsraumes sowie Flüchtlinge in diesen Staaten können u.a. Widersprüche bei jeder Behörde mit vergleichbarem Aufgabenbereich, einem Träger oder einem Gericht eines anderen EU-Mitgliedstaats einreichen (§ 30 Abs. 2 SGB I i.V. mit Art. 81 Satz 1 VO (EG) 883/2004; ⇨Antragstellung 1.13.2 f.).

Die Widerspruchsfrist gilt dann als gewahrt. Die nicht zuständige Behörde **muss** die *„Widerspruchsschrift"* unverzüglich weiterleiten (§ 84 Abs. 2 Satz 2 SGG).

Tipp: Sie können zur fristgerechten Abgabe z.B. zum Amtsgericht, zur Stadtverwaltung oder zur AOK gehen, wenn die Zeit zu knapp wird, um die Frist auf dem Postweg einzuhalten.

3. Fristen

3.1 Bei Bescheiden mit Rechtsmittelbelehrung

muss der Widerspruch innerhalb **eines Monats** nach Zugang des Bescheids bei der zuständigen Behörde eingegangen sein (§ 84 Abs. 1 SGG). Die Frist beginnt nach der Zustellung der *„Bekanntgabe"*, nicht nach dem Datum des Bescheids. Den genauen Tag der Bekanntgabe kann das Amt konkret nur nachweisen, wenn der Bescheid durch Postzustellungsurkunde verschickt wurde.
Ein schriftlicher Verwaltungsakt gilt i.d.R. **am dritten Tag nach der Aufgabe zur Post** als bekannt gegeben (§ 37 Abs. 2 Satz 1 SGB X); das nennt man **Zugangsfiktion**. Der Tag, an dem der Brief zur Post gegeben wird, wird bei der Frist nicht mitgezählt (§ 26 Abs. 1 SGB X). Die Fiktion der Bekanntgabe greift auch dann, wenn der für die Bekanntgabe maßgebende dritte Tag nach Aufgabe auf einen Samstag, Sonntag oder Feiertag fällt (BSG 6.5.2010 - B 14 AS 12/09 R).

Das gilt allerdings nur, wenn Ihnen der Bescheid **tatsächlich zugegangen** ist. Ist er nicht bei Ihnen angekommen, muss im Zweifel die Behörde den Zugang beweisen. Ohne konkreten Nachweis gilt der von Ihnen behauptete und glaubhaft gemachte Zeitpunkt der Zustellung (§ 37 Abs.2 Satz 3 SGB X).

Tipp: Wenn Sie einen Briefumschlag mit Poststempel erhalten, sollten Sie den Umschlag aufheben.

In der Praxis ergibt sich oft folgendes Problem: Eine leistungsbeziehende Person äußert sich schon vor dem Erlass des Verwaltungsaktes im Rahmen einer Anhörung über dessen voraussichtliche Rechtswidrigkeit. Wenn danach bei Zugang des belastenden Verwaltungsaktes kein Widerspruch von ihr mehr eingelegt wird, da sie glaubt, ihre abweichende Rechtsauffassung schon schriftlich dargelegt zu haben, wurde kein Widerspruch eingelegt. In derartigen Fällen muss die Person also beim Zugang des Bescheides mit der Widerspruchsbelehrung „nochmals" fristgerecht und schriftlich Widerspruch einlegen. Es reicht aus, auf die bereits mündlich dargelegte abweichende Rechtsaufassung mit einem Satz hinzuweisen.

3.2 Bei Bescheiden ohne Rechtsmittelbelehrung

Bei Bescheiden mit unrichtiger oder fehlender Rechtsmittelbelehrung und bei mündlichen Ablehnungen (Verwaltungsakten) haben Sie **ein Jahr** Zeit, um Widerspruch einzulegen (§ 66 Abs. 2 SGG). Das ist vor allem wichtig bei ⇨Nachzahlungen.

3.3 Zugang des Widerspruchs beweisen

In der Praxis behaupten Jobcenter oft tatsachenwidrig sogar vor dem Sozialgericht, den Widerspruch nicht erhalten zu haben. Im Zweifelsfall müssen Sie den fristgerechten Zugang Ihres Widerspruchs bei der Behörde nachweisen. Die Übersendung per Einschreiben mit Rückschein ist reine Geldverschwendung und beweist im Zweifelsfall nur, dass Sie irgendein Schriftstück zum Amt geschickt haben, aber nicht welches. Es sei denn, der Widerspruch wurde im Beisein eines Zeugen in den Briefumschlag gesteckt. Nur so können Sie im Bestreitensfall den Zugang des Widerspruchs beweisen. Eine E-Mail reicht wegen der „Schriftformerfordernis nicht aus (LSG Hessen 31.7.2007 - L 9 AS 161/07; ⇨2.3).

Tipp 1: Sie können den Widerspruch vorab **per Fax** (mit Sendebericht und Verkleinerung des übersandten Schriftstückes) zur Fristwahrung übersenden und dann (mit Originalunterschrift) mit der Post hinterhersenden.

Tipp 2: Sie geben den Widerspruch **persönlich** bei der Behörde ab und lassen sich auf einer Kopie den Eingang des Schreibens gegenzeichnen und abstempeln. Jeder Sozialleistungsträger und jede Behörde ist zur Annahme verpflichtet (§ 20 Abs. 3 SGB X). Weigern sich die Mitarbeiter*innen, den Eingang zu bestätigen, können Sie Druck machen und mit den Vorgesetzten reden. Hat das keinen Erfolg, können Sie den Widerspruch zur *„Niederschrift“* beim Amt mündlich einlegen (§ 84 Abs. 1 SGG; ⇨2.2).

Tipp 3: Sie beweisen den Zugang durch einen **Zeugen**, der beim Eintüten des Schreibens und beim Einwurf in den Behördenbriefkasten zugegen war. Machen Sie für Ihre Akten möglichst einen Postzugangsvermerk mit Unterschrift des Zeugen.

3.4 Wiedereinsetzung in den vorherigen Stand

Haben Sie die Frist **unverschuldet versäumt,** können Sie die Wiedereinsetzung in den vorherigen Stand beantragen (§ 27 Abs. 1 SGB X). Diese Regelung bezieht sich nur auf gesetzliche Fristen, wie z.B. Widerspruchs- und Klagefristen.
Sie müssen **innerhalb von zwei Wochen** nach dem Wegfall eines Hinderungsgrundes, der die fristgerechte Einlegung des Rechtsmittels verhindert hat, die Wiedereinsetzung in den vorherigen Stand **beantragen**. Die Gründe dafür müssen Sie gegenüber der Behörde nachweisen. Dann können Sie die Einlegung des Rechtsmittels fristgerecht nachholen.
Das können Gründe für einen Wiedereinsetzungsantrag sein: zum Fristablauf ein akuter Krankenhausaufenthalt, eine akute Erkrankung mit Bettlägerigkeit (durch Eidesstattliche Versicherung des Betroffenen oder Pflegers zu beweisen), eine Inhaftierung, der Zugang des Bescheides und der Fristablauf während einer urlaubsbedingten Abwesenheit (juris PK-SGB X, § 27 Rn. 20-27).

4. Der Bescheid ist bestandskräftig

Nach Ablauf der Widerspruchsfrist sind auch rechtswidrige Bescheide bestandskräftig. Dagegen können Sie sich nur noch mit einem Überprüfungsantrag wehren (§ 44 SGB X; ⇨ Nachzahlung 3.1 ff.).

4.1 Widerspruch verfristet: Umdeutung als Überprüfungsantrag

Ist der Widerspruch verfristet, ergibt sich regelmäßig bei seiner Durchsicht, dass möglicherweise *„das Recht unrichtig angewandt wurde oder von einem Sachverhalt ausgegangen wurde, der sich als unrichtig erweist“* (§ 44 Abs. 1 Satz 1 SGB X). In diesem Fall hat die Behörde einen verfristeten Widerspruch **von Amts wegen** als Überprüfungsantrag (§ 44 Abs. 1 SGB X) **umzudeuten** (BA Praxishandbuch SGG, 7). Das gilt gleichermaßen für Alg II und HzL/ GSi der Sozialhilfe.

Kommt die Behörde dieser Verpflichtung nicht nach, sollten Sie sie schriftlich auf die Umdeutung des Widerspruchs hinweisen und auf den Erlass eines „Überprüfungsbescheides“ bestehen. Wird der umgedeutete Überprüfungsantrag nicht innerhalb von sechs Monaten bearbeitet, können Sie mit einer ⇨**Untätigkeit 3.1s**⇨**klage** drohen und diese bei Bedarf einlegen (§ 88 Abs. 1 SGG).

5. Aufschiebende Wirkung eines Widerspruchs

Widerspruch und Anfechtungsklage gegen einen belastenden, für Sie ungünstigen Bescheid haben **grundsätzlich** aufschiebende Wirkung (§ 86a Absatz 1 SGG). Die Behörde darf dann den angegriffenen Bescheid nicht vollstrecken und Sie müssen ihm nicht Folge leisten.

Wenn es z.B. angeblich eine Überzahlung gab und das Amt Ihnen deshalb mtl. 100 € aufrechnen will, können Sie die Aufrechnung mit einem Widerspruch solange „aufschieben”, bis über den Widerspruch entschieden worden ist.

5.1 Ausnahmerecht für Alg II-Beziehende

„Keine aufschiebende Wirkung haben Widerspruch und Anfechtungsklage gegen einen Verwaltungsakt, der Leistungen der Grundsicherung für Arbeitsuchende aufhebt, zurücknimmt, widerruft, entzieht, die Pflichtverletzung und die Minderung des Auszahlungsanspruchs feststellt oder Leistungen zur Eingliederung in Arbeit oder Pflichten erwerbsfähiger Leistungsberechtigter bei der Eingliederung in Arbeit regelt, [...] den Übergang eines Anspruchs bewirkt, [...[mit dem zur Beantragung einer vorrangigen Leistung aufgefordert wird oder [...] mit dem [...] zur persönlichen Meldung [...] aufgefordert wird ” (§ 39 SGB II).

Keine aufschiebende Wirkung haben z.B. Widersprüche gegen

- Bescheide über Anrechnung und Berücksichtigung von Einkommen,
- Kürzungen der Regelbedarfe durch Sanktionen bei Pflichtverletzungen und Meldeversäumnissen,
- Heranziehungsbescheide zu Arbeitsgelegenheiten usw.,
- den die ⇨Eingliederungsvereinbarung ersetzenden Verwaltungsakt,
- den Bescheid, mit dem Sie aufgefordert werden, die vorgezogene Altersrente zu beantragen und
- gegen Entziehungsbescheide z.B. wegen fehlender Mitwirkung.

Aufschiebende Wirkung haben z.B. Widersprüche gegen

- ⇨**Rückforderung**sbescheide wegen zu Unrecht erbrachter Leistungen (§§ 45, 48, 50 SGB X; LSG NRW 29.11.2007 - L 9 B 101/07 AS ER; Geschäftsanweisung der BA Nr. 16/2008) **und** Rückforderungsbescheide aufgrund von Erstattungsansprüchen
  * bei *„sozialwidrigem”* Verhalten (§ 34 SGB II; ⇨Rückforderung 3. ff.),
  * bei *„rechtswidrig erbrachten Leistungen“* (§ 34a SGB II; ⇨Rückforderung 4. ff.),
  * bei *„Doppelleistungen“* (§ 34b SGB II; ⇨ Rückforderung 5.),
  * nach *„sonstigen Vorschriften“* (§ 34c SGB II; ⇨Rückforderung 6. f.),
  * nach § 50 SGB X, wenn nach vorläufiger Leistungserbringung festgestellt wurde, dass ein Leistungsanspruch nicht bestand (§ 41a Abs. 3 SGB II, ⇨Bescheid 3.5 ff.),
  * von Beiträgen zur Kranken-, Renten- und Pflegeversicherung (§ 40 Abs. 2 Nr. 5 SGB II) **und**
- **Absenkungsbescheide** wegen ⇨**Aufrechnung** von ⇨**Darlehen** oder **Rückforderungsansprüchen** (§§ 42a, 43 SGB II; LSG Sachsen-Anhalt 27.12.2011 - L 5 AS 473/11 B ER; SG Stuttgart 8.2.2012 - S 14 AS 595/12 ER; SG Berlin 30.9.2011 - S 37 AS 24431/11 ER; LSG Hamburg 8.2.2008 - L 5 B 542/07 ER).

Näheres erfahren Sie unter den entsprechenden Stichworten.

5.2 HzL/GSi der Sozialhilfe

Hier haben Widersprüche und Anfechtungsklagen **grundsätzlich** aufschiebende Wirkung. Einen dem § 39 SGB II vergleichbaren Paragrafen findet man dort nicht.

Ausnahmen gibt es nur *„in Fällen, in denen die sofortige Vollziehung im öffentlichen Interesse oder im überwiegenden Interesse eines der Beteiligten ist und die Stelle, die den Verwaltungsakt erlassen oder über den Widerspruch zu entscheiden hat, die sofortige*

Vollziehung mit schriftlicher Begründung des besonderen Interesses an der sofortigen Vollziehung anordnet" (§ 86 Abs. 2 Nr. 5 SGG). Die Anordnung ist kein Bescheid, gegen den man vorgehen kann. Die sofortige Vollziehung muss aber schriftlich begründet sein.

5.3 Wiederherstellung der aufschiebenden Wirkung

Sie können bei der Behörde beantragen, die aufschiebende Wirkung Ihres Widerspruchs wiederherzustellen (§ 86a Abs. 3 Satz 1 SGG). Die Behörde hat sechs Monate Zeit, darüber zu entscheiden. Wird Ihr Antrag abgelehnt oder können Sie nicht warten, können Sie beim Sozialgericht eine ⇨**einstweilige Anordnung** zur Herstellung der aufschiebenden Wirkung beantragen (§ 86b Abs. 1 Nr. 2 SGG). Das Sozialgericht wird positiv entscheiden, wenn *„ernstliche Zweifel an der Rechtmäßigkeit des angegriffenen Verwaltungsaktes bestehen"* oder wenn die *„Vollziehung [...] eine unbillige, nicht durch überwiegend öffentliche Interessen gebotene Härte zur Folge hätte"* (§ 86a Abs. 3 SGG).

Tipp: Wenn der Widerspruch keine aufschiebende Wirkung hat und die Kürzung bzw. Streichung von Alg II eine dringende **Notlage** erzeugt, sind Sie gezwungen, gleichzeitig mit dem Widerspruch eine ⇨ einstweilige Anordnung beim Sozialgericht zu beantragen.

6. Bearbeitungsfristen von Widersprüchen

Die Behörde muss über einen Widerspruch **innerhalb von drei Monaten** entscheiden (§ 88 Abs. 2 SGG). Wenn sich die Behörde nicht daranhält, schlagen Sie unter ⇨Untätigkeit 3.2 nach. Wenn Ihnen die dreimonatige Frist nicht zuzumuten ist und Sie dringend auf Leistungen angewiesen sind, können Sie eine ⇨einstweilige Anordnung oder einen Vorschuss gem. § 42 Abs. 1 SGB I beantragen.

7. Widerspruchsbescheid und Klage

Hilft die Behörde Ihrem Widerspruch nicht ab, muss sie einen Widerspruchsbescheid erlassen. Dieser ist umfassend zu begründen und mit einer Rechtsmittelbelehrung zu versehen (§ 85 Abs. 3 SGG). Der Widerspruchsbescheid wird meist per Postzustellungsurkunde zugeschickt.
Wenn die Behörde dem Widerspruch nur zum Teil abhilft oder ihn ablehnt, dann müssen Sie klagen, um Ihr Recht durchzusetzen. Sie haben dann eine Frist (⇨3.) von einem Monat, um gegen den Widerspruchsbescheid beim zuständigen Gericht ⇨Klage einzureichen.

8. Kostenerstattung

Wird Ihrem Widerspruch ganz oder teilweise stattgegeben, bekommen Sie auf Antrag die notwendigen Aufwendungen erstattet.
Näheres unter ⇨Kostenerstattung 1.1

Forderung

Wiederherstellung der aufschiebenden Wirkung von Widersprüchen im SGB II!

Information

BA, Praxishandbuch für das Verfahren nach dem Sozialgerichtsgesetz, 9-2020, **https://t1p.de/i4k9** (Anmerkung: Tipps und Hinweise zum Rechtsmittelverfahren)

Vollziehung mit schriftlicher Begründung des besonderen Interesses an der sofortigen Vollziehung anordnet" (§ 86 Abs. 2 Nr. 5 SGG). Die Anordnung ist kein Bescheid, gegen den man vorgehen kann. Die sofortige Vollziehung muss aber schriftlich begründet sein.

5.3 Wiederherstellung der aufschiebenden Wirkung

Sie können bei der Behörde beantragen, die aufschiebende Wirkung Ihres Widerspruchs wiederherzustellen (§ 86a Abs. 3 Satz 1 SGG). Die Behörde hat sechs Monate Zeit, darüber zu entscheiden. Wird Ihr Antrag abgelehnt oder können Sie nicht warten, können Sie beim Sozialgericht eine ⇨**einstweilige Anordnung** zur Herstellung der aufschiebenden Wirkung beantragen (§ 86b Abs. 1 Nr. 2 SGG). Das Sozialgericht wird positiv entscheiden, wenn *„ernstliche Zweifel an der Rechtmäßigkeit des angegriffenen Verwaltungsaktes bestehen"* oder wenn die *„Vollziehung [...] eine unbillige, nicht durch überwiegend öffentliche Interessen gebotene Härte zur Folge hätte"* (§ 86a Abs. 3 SGG).

Tipp: Wenn der Widerspruch keine aufschiebende Wirkung hat und die Kürzung bzw. Streichung von Alg II eine dringende **Notlage erzeugt, sind Sie gezwungen,** gleichzeitig mit dem Widerspruch eine ⇨ einstweilige Anordnung beim Sozialgericht zu beantragen.

6. Bearbeitungsfristen von Widersprüchen

Die Behörde muss über einen Widerspruch **innerhalb von drei Monaten** entscheiden (§ 88 Abs. 2 SGG). Wenn sich die Behörde nicht daranhält, schlagen Sie unter ⇨Untätigkeit 3.2 nach. Wenn Ihnen die dreimonatige Frist nicht zuzumuten ist und Sie dringend auf Leistungen angewiesen sind, können Sie eine ⇨einstweilige Anordnung oder einen Vorschuss gem. § 42 Abs. 1 SGB I beantragen.

7. Widerspruchsbescheid und Klage

Hilft die Behörde Ihrem Widerspruch nicht ab, muss sie einen Widerspruchsbescheid erlassen. Dieser ist umfassend zu begründen und mit einer Rechtsmittelbelehrung zu versehen (§ 85 Abs. 3 SGG). Der Widerspruchsbescheid wird meist per Postzustellungsurkunde zugeschickt.

Wenn die Behörde dem Widerspruch nur zum Teil abhilft oder ihn ablehnt, dann müssen Sie klagen, um Ihr Recht durchzusetzen. Sie haben dann eine Frist (⇨3) von einem Monat, um gegen den Widerspruchsbescheid beim zuständigen Gericht ⇨Klage einzureichen.

8. Kostenerstattung

Wird Ihrem Widerspruch ganz oder teilweise stattgegeben, bekommen Sie auf Antrag die notwendigen Aufwendungen erstattet.

Näheres unter ⇨Kostenerstattung 1.1

Forderung

Wiederherstellung der aufschiebenden Wirkung von Widersprüchen im SGB II!

Information

BA, Praxishandbuch für das Verfahren nach dem Sozialgerichtsgesetz, 9-2020, https://t1p.de/4lk9 (Anmerkung: Tipps und Hinweise zum Rechtsmittelverfahren)

W

Zuständigkeit

Inhaltsübersicht

1. Was tun, wenn keine Behörde zuständig sein will?

Die Leistungsträger *„sind verpflichtet, über alle sozialen Angelegenheiten nach diesem Gesetzbuch Auskünfte zu erteilen“* (§ 15 Abs. 1 SGB I). *„Die Auskunftspflicht erstreckt sich **auf die Benennung der für die Sozialleistungen zuständigen Leistungsträger** sowie auf alle Sach- und Rechtsfragen, die für die Auskunftsuchenden von Bedeutung sein können und zu deren Beantwortung die Auskunftsstelle imstande ist*“, so § 15 Abs. 2 SGB I.

*„Besteht ein Anspruch auf Sozialleistungen und ist zwischen mehreren Sozialleistungsträgern streitig, wer zur Leistung verpflichtet ist, kann der unter ihnen zuerst angegangene Leistungsträger vorläufig Leistungen erbringen, deren Umfang er nach pflichtmäßigem Ermessen bestimmt. Er **hat** Leistungen nach Satz 1 zu erbringen, wenn der Berechtigte es [gesondert] beantragt“* (§ 43 SGB I).

1.1 Vorläufige Leistungsgewährung

Schieben Jobcenter und Sozialamt Sie hin und her, dann haben Sie dem Jobcenter gegenüber einen Anspruch auf *„vorläufige Leistungen“*, wenn Sie den Antrag dort zuerst gestellt und vorläufige Leistungsgewährung beantragt haben (SG Düsseldorf 21.10.2005 - S 35 AS 323/05 ER). Wenn Sie schon ahnen, dass es zu einem Streit um die Zuständigkeit kommen könnte und dem Sozialamt zutrauen, dass Sie dort schneller Leistungen bewilligt bekommen, können Sie auch dort zuerst den Antrag stellen.

Wenn Sie einen vorläufigen Antrag stellen, **muss** der zuerst angegangene Sozialleistungsträger **spätestens** nach einem Monat die Leistungen erbringen (§ 43 Abs. 1 Satz 2 SGB I). Vorher steht die Leistungsgewährung im ⇨Ermessen. Wenn Sie begründen, dass Sie akut hilfebedürftig sind und unmittelbar Leistungen benötigen, dann **reduziert sich das Ermessen „auf null“**, und der Leistungsträger **muss sofort Leistungen erbringen**. **Lebensmittelgutscheine sind bei Akutleistungen rechtswidrig**, insofern Sie nicht Ihr Geld unsachgemäß ausgegeben haben. ⇨ Sachleistungen 1.1

*„Klärt der zuerst angegangene Leistungsträger entgegen seiner Beratungspflicht gemäß § 14 SGB I und der Pflicht zur effektiven Leistungsgewährung aus § 17 Abs. 1 Nr. 1 SGB I den Antragsteller nicht darüber auf, dass auf seinen **Antrag** er die [vorläufigen] Leistung nach § 43 Abs. 1 Satz 2 SGB I zu erbringen hat, reduziert sich sein Ermessen nach § 43 Abs. 1 Satz 1 SGB I darauf, auch ohne ausdrücklichen Antrag die [vorläufigen] Leistung zu erbringen“* (LSG Hessen 9.9.2011 - L 7 SO 190/11 B ER). Diese vom LSG Hessen dargestellte allgemeine Beratungspflicht (⇨Beratung 1.2) ist im SGB II durch die spezielle im SGB II zum 8/2016 eingeführte Beratungspflicht deutlich verstärkt worden. Diese hat sich sogar am „Empfängerhorizont“ zu orientieren (§ 14 Abs. 2 S. 3 SGB II), also daran, wie gut der/die Betreffende die rechtliche Sachlage versteht. Das Amt, bei dem zuerst der Antrag gestellt wurde, hat bei Unterlassen dieser Beratung keinen Ermessensspielraum mehr, sondern **muss** vorläufig Leistungen erbringen.

2. Gewöhnlicher bzw. tatsächlicher Aufenthalt

Alg II

„Leistungen nach diesem Buch erhalten Personen, die [...] ihren gewöhnlichen Auf-

enthalt in der Bundesrepublik Deutschland haben" (§ 7 Abs. 1 Nr. 4 SGB II). *„Für die Leistung der Grundsicherung ... [ist die Behörde] zuständig, in deren Bezirk der erwerbsfähige Hilfebedürftige seinen gewöhnlichen Aufenthalt hat"* (§ 36 Satz 1 SGB II).

„Den gewöhnlichen Aufenthalt hat jemand dort, wo er sich unter Umständen aufhält, die erkennen lassen, dass er an diesem Ort oder in diesem Gebiet nicht nur vorübergehend verweilt" (§ 30 Abs. 3 SGB I). Kann der gewöhnliche Aufenthalt nicht festgestellt werden, z.B. bei ⇨**Wohnungslosen**, die ständig den Ort wechseln, ist der Träger zuständig, in dessen Bereich sich der Leistungsberechtigte tatsächlich aufhält (§ 36 Abs. 1 S. 4 SGB II).

Wenn Sie in ein ⇨**Frauenhaus** gehen, erstattet der zuständige Träger Ihres bisherigen Aufenthaltsorts dem zuständigen Träger Ihres neuen Aufenthaltsorts die Kosten (§ 36a SGB II; ⇨Frauenhaus 2.). Müssen während des Aufenthalts im Frauenhaus die Kosten für die Miete der alten Wohnung übernommen werden, ist ebenfalls **das Amt des bisherigen Ortes** dafür zuständig (⇨Frauenhaus 1.1.8). Es kann aber auch, wie oben, die Miete dem Träger des neuen Aufenthaltsorts erstatten, falls dieser bereits dafür aufkommt.

Sind Erwerbsfähige in **stationären Einrichtungen** untergebracht, verlieren sie vom Grundsatz her ihren Alg II-Anspruch vom ersten Tag an und werden zum Sozialamt verwiesen. Bei Kliniken und Reha-Einrichtungen gilt das nur, wenn Sie **prognostisch länger als sechs Monate** dort sind oder die **Sechsmonatsgrenze bereits überschritten** haben (§ 7 Abs. 4 S. 3 Nr. 1 SGB II).

Näheres unter ⇨Krankheit 4.3, ⇨Strafgefangene, ⇨Wohnungslose 6.1, ⇨Kur 2.

Z

Leistungsvoraussetzung für Alg II ist ein **tatsächlicher Aufenthalt**. Dafür bedarf es **keiner polizeilichen Meldung**. Ein tatsächlicher Aufenthalt kann auch über Wohnen bei Bekannten begründet werden (LSG Schleswig-Holstein 19.12.2007 - L 11 AS 9/07). Sie müssen allerdings postalisch erreichbar sein (§ 7 Abs. 4a SGB II) (⇨Ortsabwesenheit).

2.1 HzL der Sozialhilfe

„Für die Sozialhilfe örtlich zuständig ist der Träger der Sozialhilfe, in dessen Bereich sich die Leistungsberechtigten tatsächlich aufhalten" (§ 98 Abs. 1 Satz 1 SGB XII).

Tatsächlicher und gewöhnlicher Aufenthalt sind etwas völlig Verschiedenes. Menschen haben in der Regel einen Lebensmittelpunkt, d.h. einen gewöhnlichen Aufenthalt, können sich aber tatsächlich an wechselnden Orten aufhalten. Jedes Entfernen vom normalen Wohnort begründet nach dem Gesetzeswortlaut eine neue Zuständigkeit für Sozialhilfe.

Haben Sie einen festen Wohnort, dürfte das Sozialamt Ihnen theoretisch bei Verlassen des Ortes weder die Miete weiterzahlen noch die Heizkosten. Das würde Sie dazu zwingen, täglich an Ihren Wohnort zurückzukehren. Gerichte und Ämter handhaben das in der Praxis etwas lockerer: Wenn die Sozialhilfe schon für den Bedarfsmonat ausgezahlt ist, muss sie bei Auswärtsbesuchen nicht tageweise zurückgezahlt und tageweise anderswo beantragt werden (BVerwG FEVS 21, 328). Aus Gründen der *„Verwaltungsrationalität"* endet die Zuständigkeit des bisherigen Trägers auch bei kurzen **Urlaub**sreisen nicht (BVerwG NDV-RD 1998, 104, 106; ⇨Ortsabwesenheit).

Unerheblich ist, warum sich ein*e Hilfesuchende*r an einem bestimmten Ort aufhält. Diese*r kann sich dort erlaubt oder unerlaubt aufhalten, dauernd oder vorübergehend, zufällig oder absichtlich, freiwillig oder unfreiwillig. Er/sie kann dort polizeilich gemeldet sein oder nicht, eine Unterkunft haben oder obdachlos sein (LPK-SGB XII, 12. Aufl., § 98 Rn 6).

2.2 Auslandsaufenthalte

werfen ebenfalls Zuständigkeitsprobleme auf. Bei Auslandsaufenthalt von **HzL-Beziehenden, also Sozialhilfe nach dem 3. Kapitel**, ist ein kurzzeitiger Auslandsaufenthalt von **bis zu einem Monat Dauer** kein Problem (BVerwG 51, 145; VGH München 18.1.2007 - 12 ZB 06.442; LSG NRW 18.2.2016 - L 9 - SO 175/15; großzügiger SG Hamburg 12.10.2007 -S 56 SO 350/06).

Auch bei einem unverschuldeten längeren Auslandsaufenthalt geben Sie Ihren gewöhnlichen Aufenthalt nicht auf, hier wären normal Leistungen weiter zu zahlen. ⇨ 2.4

2.3 GSi

Für GSi-Berechtigte *„ist der Träger der Sozialhilfe örtlich zuständig, in dessen Bereich der gewöhnliche Aufenthaltsort des Leistungsberechtigten liegt*" (§ 98 Abs. 1 Satz 2 SGB XII alt).

Diese Regelung ist sinnvoller als die für Hilfe zum Lebensunterhalt der Sozialhilfe. Leider wurde sie gestrichen.

Seit dem 1.1.2013 sollen in den Landesausführungsgesetzen zum SGB XII entsprechende Regelungen getroffen werden (§ 46b Abs. 1 SGB XII). Das ist allerdings noch nicht in allen Bundesländern ausgeführt worden. Näheres unter ⇨Ortsabwesenheit 2.

2.4 Auslandsaufenthalte bei GSi-Brechtigten

Bis Sommer 2017 galt der gewöhnliche Aufenthalt nach § 40 Abs. 1 SGB XII, das heißt, GSi-Berechtigte konnten sich bis drei Monate im Ausland aufhalten, ohne ihre Leistungen gestrichen zu bekommen. Dies wurde mit Rechtsänderung zum 01.07.2017 drastisch geändert. Es besteht nur noch ein Leistungsanspruch für vier Wochen bei einem Auslandsaufenthalt. Danach erst wieder nach einer *„nachgewiesenen Rückkehr ins Inland*". Das bedeutet nicht „Rapport" bei dem/der Sachbearbeiter*in, sondern lediglich Rückkehr ins Inland. Allerdings muss diese Rückkehr „nachgewiesen" werden. **Unser Vorschlag dazu:** Bei der Einreise vom Zoll eine *„Einreisebestätigung"* verlangen. Wenn diese vorhanden ist, können Sie sich weitere vier Wochen im Ausland aufhalten. Der Nachweis kann auch durch ein Flugticket und Boardingkarte erfolgen (Hauck/Noftz SGB XII § 41a Rn 11).

Neben der sinnlosen und schikanösen Verkürzung des Auslandsaufenthalts ist besonders kritisch, dass die Regelung keine Ausnahmeregelung ermöglicht. Also für den Fall, dass die Bahn, die Fluglotsen oder der Motor Ihres Autos streiken oder sie reiseunfähig krank im Ausland sind oder Corona-bedingt nicht ausreisen dürften und Sie deshalb nicht zum „Rapport beim Zoll" erscheinen können. Hier sind wir der Meinung, dass die Rechtslage verfassungskonform ausgelegt werden muss und dass Sie weiterhin einen GSi-Leistungsanspruch haben, wenn Sie **unverschuldet** länger im Ausland bleiben müssen. Die zweite Alternative wäre, dass Sie in der Zeit einen Anspruch auf HzL-Leistungen haben. Unsere Prognose dazu: Das werden die Gerichte zu klären haben, weil hier der Gesetzgeber leider unsauber gearbeitet hat und die Gerichte den einzelnen Fall verfassungskonform auslegen müssen.

2.5 HzL/GSi der Sozialhilfe und stationäre Leistungen

„Für die stationäre Leistung ist der Träger der Sozialhilfe örtlich zuständig, in dessen Bereich die Leistungsberechtigten ihren gewöhnlichen Aufenthalt im Zeitpunkt der Aufnahme in die Einrichtung haben oder in zwei Monaten vor der Aufnahme zuletzt gehabt haben" (§ 98 Abs. 2 Satz 1 SGB XII).

3. Zuständigkeit bei Ortswechsel

„Hat die örtliche Zuständigkeit gewechselt, muss die bisher zuständige Behörde die Leistungen noch solange erbringen, bis sie von der nunmehr zuständigen Behörde fortgesetzt werden" (§ 2 Abs. 3 SGB X). *„Mit Blick darauf, dass mit dem Wechsel der örtlichen Zuständigkeit regelmäßig die Gefahr der Unterbrechung des Leistungsbezugs einhergeht, soll die Norm sicherstellen, dass während eines Zuständigkeitswechsels eine Unterbrechung der Leistungen nicht eintritt"* (BT-Drucks 8/2034 S. 30).

Laut Weisungen der BA soll die Zuständigkeit eines Jobcenters bei einem Ortswechsel nur für maximal 30 Tage fortbestehen (FW 36.18). Diese BA-Weisung ist allerdings **rechtswidrig,** wenn der neue Leistungsträger länger zur Leistungsgewährung benötigt: Das vorher zuständige Jobcenter **hat** so lange vorläufig Leistungen nach dem SGB II zu erbringen, bis das durch den Ortswechsel zuständig gewordene Jobcenter Leistungen bewilligt (§ 2 Abs. 3 SGB X und das SG Berlin 11.9.2014 - S 147 AS 20920/14 ER). Die in § 2 Abs. 3 SGB X normierte Leistungspflicht der ursprünglich örtlich zuständigen Behörde endet mit dem Erlass eines ablehnenden Bescheides der örtlich zuständig gewordenen Behörde (LSG Berlin-Brandenburg 31.7.2019 - L 15 SO 133/19 B ER).

Zur Frage, welches Amt bei einem Umzug für die Übernahme der jeweiligen Unterkunftskosten, Umzugskosten, Mietkaution oder ggf. Doppelmieten zuständig ist, schlagen Sie nach unter ⇨Umzug.

4. Zuständig für die Feststellung der ⇨Erwerbsfähigkeit

ist die Arbeitsagentur (§ 44a SGB II). Wenn Übereinstimmung besteht, dass Erwerbsunfähigkeit vorliegt, wechselt die Zuständigkeit zum Sozialamt. Besteht keine Übereinstimmung, siehe unter ⇨1.

5. Polizeiliche Anmeldung am neuen Aufenthaltsort

Das **seit 1.11.2015** geltende Bundesmeldegesetz (BMG) schreibt vor, dass sich jede*r Bürger*in innerhalb von zwei Wochen an- oder ummelden muss (§ 17 Abs. 1 u. 2 BMG). Wer dieser Verpflichtung nicht nachkommt, handelt ordnungswidrig, und das Vergehen kann mit bis zu 1.000 € bestraft werden (§ 54 Abs. 2 Nr. 2 u. 3 BMG). Um sich anzumelden, bedarf es einer **Bescheinigung des Wohnungsgebers**, die sogenannte „*Wohnungsgeberbescheinigung*" (§19 BMG). Die Bescheinigung muss laut Meldegesetz vom Wohnungsgeber ausgestellt werden. Das muss **nicht** zwangsweise die vermietende Person oder eine Immobilienverwaltung sein, sondern kann auch ein Familienmitglied oder ein*e Freund*in sein, bei dem/r jemand eine Unterkunft gefunden hat (§ 19 Abs. 1 Satz BMG). Füllt ein Wohnungsgeber vorsätzlich oder fahrlässig eine falsche Wohnungsgeberbescheinigung aus, kann er mit einem Bußgeld von bis zu 50.000 € bestraft werden (§ 54 Abs. 3 BMG).

Bisher konnten sich **Wohnungslose** bei entsprechenden Stellen der Wohlfahrtspflege polizeilich anmelden und ihre postalische Erreichbarkeit sicherstellen (§ 7 Abs. 4a SGB II i.V. mit § 77 Abs. 1 SGB II). Das neue Meldegesetz verbietet den Wohnungsloseneinrichtungen, dort verkehrenden Wohnungslosen eine Wohnungsgeberbescheinigung auszuhändigen und somit deren polizeiliche Anmeldung zu ermöglichen.

Viele Jobcenter vertreten nun die Auffassung, **ohne Anmeldung** wären sie **nicht zuständig** und es **gäbe keine SGB II-Leistungen**. Diese Auffassung ist rechtswidrig. Ein*e erwerbsfähige*r Leistungsberechtigte*r muss sich gewöhnlich oder tatsächlich an einem Ort aufhalten (§ 36 Satz 3 u. 4 SGB II), damit dort ein Anspruch auf SGB II-Leistungen entsteht. Er/sie muss jedoch nicht an diesem Ort gemeldet sein. Insbesondere dann nicht, wenn er/sie keinen Wohnungsgeber findet, der für die polizeiliche Anmeldung beim Einwohnermeldeamt bestätigt, dass er/sie dort wohnt. Er/sie **muss** zwar **postalisch erreichbar** sein, das ist aber auch über eine c/o-Adresse bei einem/r Bekannten, einer Beratungsstelle oder einem Café möglich. Eine Verpflichtung zur polizeilichen Meldung kann aus dem SGB II nicht abgeleitet werden.

Rechtswidrig ist außerdem, wenn das Jobcenter die Forderung nach einem **Meldestatus „OFW"** (ohne festen Wohnsitz) stellt. Den Autor*innen wurde mehrfach berichtet, dass Meldeämter sich häufiger weigern, den OFW-Meldestatus zu vergeben. Nach den bisher gültigen Durchführungsrichtlinien – *„Vorläufige Hinweise zur Durchführung des Personalausweis- und Passgesetzes"* – vom 26.11.2011 war eine solche Meldung ohne Einschränkungen möglich (Ziffer I.15 *„Eintrag des Wohnorts bei Wohnungslosen"*, http://tinyurl.com/jqq2gw4).

Die Weigerung der Einwohnermeldeämter, OFW-Anmeldungen durchzuführen, dürfte rechtswidrig sein. Gegen eine solche Weigerung kann Widerspruch eingelegt werden, hilfreich könnte aber auch ein Gespräch mit Vorgesetzen sein (⇨Beschwerde).

Kritik

Die bereits 2013 beschlossenen und im Herbst 2015 in Kraft getretenen restriktiven Regelungen des Bundesmeldegesetzes haben vor allem das Ziel, Zuwanderung von Arbeits- und Armutsmigrant*innen zu erschweren bzw. zu steuern. Sie treffen aber auch SGB II-Beziehende, die ihren Wohnsitz wechseln sowie Wohnungslose und Geflüchtete und machen sie nicht selten zu hilflosen Opfern der Bürokratie, die sich für nicht zuständig erklärt. Freizügigkeit gilt nur noch für diejenigen, die sich den Wechsel des Aufenthaltsortes und den Bezug einer Wohnung leisten können.

Z

Anhang

Alg II / Sozialhilfe und Recht im Internet

1.1 Allgemeines über Alg II und Sozialhilfe

www.tacheles-sozialhilfe.de - auf der Homepage von Tacheles e.V. finden Sie umfassende Informationen rund um Alg II und Sozialhilfe. U.a. ein Diskussionsforum, ein **Adressverzeichnis** von Initiativen, Beratungsstellen und AnwältInnen, aktuelle Fachveröffentlichungen, interne **Dienstanweisungen** der BA, bundesweite Richtlinien zu Leistungen für Unterkunft und Heizung, Alg-II-Rechner und vieles mehr.

www.erwerbslos.de - die Homepage der Koordinierungsstelle gewerkschaftlicher Arbeitslosengruppen. Sie bietet wichtige Infos über Erwerbslosigkeit und Rechtsdurchsetzung.

www.elo-forum.org, Internetseite des Erwerbslosenforums, mit Informationen rund um Hartz IV, Ausgrenzung und sozialem Widerstand

www.harald-thome.de - Harald Thomé bietet auf seiner Homepage neben einem ausführlichen Foliensatz zum SGB II und der Möglichkeit, per Email einen Newsletter mit aktuellen Informationen zum SGB II zu abonnieren, alle möglichen Informationen rund um das SGB II und SGB XII, geplante Gesetzesvorhaben, vertrauliche Dokumente aus den zuständigen Behörden und Ministerien, Fachbeiträge und vieles mehr.

www.sozialrecht-justament.de - eine von Bernd Eckhardt herausgegebene Online-Zeitschrift für existenzsichernde Sozialberatung

www.also-zentrum.de/zeitschrift-quer.html - hier ist die Online-Zeitschrift **„quer"** zu finden, die von (selbst-)organisierten politischen Zusammenhängen Erwerbsloser aus Oldenburg herausgegeben wird.

www.alg-ratgeber.de/index.php - viele wichtige Infos rund um Hartz IV; Hilfe zur Selbsthilfe

www.sozialpolitik-aktuell.de - Uni Duisburg-Essen, Institut für Soziologie

www.sozialticker.com - viele Infos rund um Hartz IV

https://aktuelle-sozialpolitik.de - Informationen, Analysen und Kommentare aus den Tiefen und Untiefen der Sozialpolitik von Prof. Stefan Sell

1.2 Gesetze und Gesetzgebungsverfahren

www.buzer.de - gute Gesetzessammlung mit hilfreichen Zusatzfunktionen

www.gesetze-im-internet.de/aktuell.html - alle Bundesgesetze und Verordnungen in aktueller Fassung

1.3 Online-Rechner

Zum SGB II, geschweige denn zum SGB XII gibt es keinen 100% brauchbaren Online Rechner. Wir empfehlen daher unseren Excel/Open-Office Rechner zum Download: https://tacheles-sozialhilfe.de/startseite/sgb-ii-rechner/

Ein solches Berechnungsprogramm kann nicht eine persönliche Beratung ersetzen, es kann aber einen ersten Überblick geben, ob möglicherweise ein bestimmter Sozialleistungsanspruch besteht.

1.3.1 ALG II Rechner,

https://tacheles-sozialhilfe.de/startseite/sgb-ii-rechner/ Excel/Open-Office Rechner

1.3.2 Wohngeld

www.wohngeldrechner.nrw.de

1.3.3 Elterngeld Rechner

www.bmfsfj.de/Elterngeldrechner

1.3.4. Bafög Rechner

www.bafoeg-rechner.de/Rechner

1.3.5 Arbeitslosengeldrechner

https://familienportal.de/familienportal/rechner-antraege/arbeitslosengeld-1-rechner

1.4 Materialen der BA

- Fachliche Weisungen der BA auf deren Seiten: https://www.arbeitsagentur.de/veroeffentlichungen/weisungen
- Fachliche Weisungen Hinweise der BA auf unseren Seiten: https://harald-thome.de/informationen/sgb-ii-dienstanweisungen.html
- Wissensdatenbank der BA: https://www.arbeitsagentur.de/veroeffentlichungen/wissensdatenbank-sgbii
- Hinweise zum SGB III: https://www.arbeitsagentur.de/veroeffentlichungen/weisungen
- Praxishandbuch für das Verfahren nach dem Sozialgerichtsgesetz: https://t1p.de/i4k9

2. Sozialgerichtsbarkeit

www.sozialgerichtsbarkeit.de - hier finden Sie Entscheidungen der Sozialgerichte
https://t1p.de/56q0 - wöchentlicher Rechtsprechungsticker von Tacheles
www.jusline.de/gerichte.html - hier finden Sie das für Sie zuständige Gericht

3. Diskussionsforen zu Alg II/ Sozialhilfe

www.elo-forum.org - Erwerbslosenforum
www.elo-forum.org/suche-biete-begleitung-arge-jobcenter - Nie mehr alleine zum Jobcenter
www.123recht.net/forum_forum.asp?forum_id=42 - Rechtsforum 123 recht
https://www.facebook.com/Hartz4Nachrichten/ - Aktuelle Hartz IV – Nachrichten aus Leipzig

4. Weitere Internetseiten zu Arbeit, Arbeitslosigkeit und Armut

www.labournet.de - Treffpunkt für Ungehorsame, mit und ohne Job, basisnah, gesellschaftskritisch. Informationen zur Einschätzung aktueller Fragen, die die Interessen der ArbeitnehmerInnen betreffen sowie ihren Widerstand gegen Sozialabbau, Lohnkürzungen, Ein€Jobs usw.
www.soziale-schuldnerberatung-hamburg.de - die Kollegen von der LAG Schuldnerberatung Hamburg geben einen aktuellen, übersichtlichen Infoticker zum Bereich Existenzsicherung, SGB II, Sozialrecht allgemein und Schuldnerberatung heraus.
www.infodienst-schuldnerberatung.de - der Infodienst Schuldnerberatung ist ein Informationsdienst für Schuldnerberater mit aktuellen Meldungen, Arbeitshilfen, Gesetzesmaterialien und Infos zur Rechtsprechung.
www.wohngeld.de - Informationen zum Wohngeld
https://www.also-zentrum.de/ - Die ALSO einer der ältesten Erwerbslosengruppen mit umfassenden Infos rund um Erwerbslosigkeit, prekäre Beschäftigung und Migration und Herausgeber der Erwerbslosenzeitung Quer, diese wird mittlerweile als Online-Zeitung herausgegeben: https://www.also-zentrum.de/downloadbereich.html
https://www.erwerbslos.de/ - Koordinierungsstelle gewerkschaftlicher Arbeitslosengruppen (KOS), die KOS arbeitet an der Vernetzung inner- und außergewerkschaftlicher Strukturen der Erwerbslosenarbeit. Als Scharnier zwischen Gewerkschaften und Erwerbsloseninitiativen bieten wir allen Aktiven unsere Unterstützung an.

5. Flüchtlings- und Ausländerrecht

www.fluechtlingsrat-berlin.de/gesetzgebung.php - hier finden Sie zahlreiche Materialien zum Ausländerrecht und über Sozialleistungen für Ausländer.
www.einwanderer.net - Informationen zum Migrations- und Sozialrecht, Übersichten und Arbeitshilfen zum Thema von der GGUA Flüchtlingshilfe e.V.
https://www.ggua.de/startseite/ Die GGUA Flüchtlingshilfe ist ein eingetragener Verein, der soziale und aufenthaltsrechtliche Beratung für Flüchtlinge anbietet. Daneben bestehen weitere Projekte zur Verbesserung der Lebensbedingungen und der Inklusion von Flüchtlingen und anderen Migrant*innen.

6. Diskussionsforen zu anderen Rechtsgebieten
In allen hier angegebenen Diskussionsforen können Sie Fragen stellen. Sie werden in der Regel von kompetenten NutzerInnen der Foren beantwortet.
www.forum-schuldnerberatung.de - Forum zum Thema Schuldnerberatung und einiges mehr
www.info4alien.de - Forum zum Thema Ausländerrecht
https://www.studis-online.de/Fragen-Brett/ - Forum zum Thema BAföG
www.meine-schulden.de – alles rund um Schulden

7. Suchmaschinen
Hier nennen wir keine Namen, es gibt genug davon.
Wenn Sie irgendetwas suchen, geben Sie den/ die entsprechenden Suchbegriffe ein. (Das funktioniert sogar mit Aktenzeichen der Sozialgerichte. Oft erhalten Sie einen Link zur entsprechenden Gerichtsentscheidung.)
„Google“ ist die umfangreichste und schnellste Suchmaschine. Die Suchergebnisse sind nach der Häufigkeit der Zugriffe geordnet. **Aber:** Die Internetkrake „Google“ sammelt von all seinen NutzerInnen riesige Datenmengen. Das gilt auch für Suchanfragen. Was mit den Daten geschieht oder irgendwann mal geschehen wird, ist das Geheimnis von Google. Soviel ist sicher: Man kann damit viel Geld verdienen.
Tipp Über https://startpage.com ist es möglich, anonym und ohne Datenspuren zu googlen.

Adressen: Wo Sie sich hinwenden bzw. mitarbeiten können

In vielen Städten gibt es Erwerbslosengruppen oder Sozial(hilfe)initiativen, lokale oder regionale Bündnisse gegen Sozialabbau, Arbeitslosenzentren und andere Beratungsstellen, Erwerbslosengruppen innerhalb und außerhalb von Gewerkschaften und Wohlfahrtsverbänden.

Adressen von eher unabhängigen Initiativen und Beratungsstellen, Rechtsanwältinnen und -anwälten sowie Initiativen und Personen, die Ämterbegleitung anbieten, finden Sie in der Adressdatenbank von

- Tacheles e.V.: http://tacheles-sozialhilfe.de/adressverzeichnis oder www.my-sozialberatung.de

oder

- in den verschiedenen **Rubriken des Erwerbslosenforums:** www.elo-forum.org,

Adressen von eher unabhängigen Initiativen und Beratungsstellen finden Sie auch
- über die **Koordinierungsstelle gewerkschaftlicher Arbeitslosengruppen** (KOS), Märkisches Ufer. 28-34, 10179 Berlin,
  Tel.030/ 868 767 00, Fax: 030/ 868 76 7021; www.erwerbslos.de
  Hier gibt es ein bundesweites **Adressenverzeichnis** gewerkschaftlicher Arbeitslosengruppen bzw. von Ansprechpersonen für Arbeitslose in den Einzelgewerkschaften und im DGB.
  Das Adressverzeichnis finden Sie unter https://www.erwerbslos.de/adressen
  Die KOS gibt einen monatlichen Info-Rundbrief heraus.
  Ansonsten können Sie hier ggf. Unterstützung finden:
  Caritas: https://www.caritas.de/onlineberatung oder bei der
  Diakonie: https://hilfe.diakonie.de/hilfe-vor-ort/allgemeine-sozialberatung/bundesweit/
- über **Wohlfahrtsverbände** wie das Diakonische Werk, die Caritas, den Paritätischen Wohlfahrtsverband, aber auch über den VAMV (ðAlleinerziehende) auf deren Webseiten,
- die Sozialberatung der **Partei DIE LINKE**, mit bundesweiten Adressverzeichnis: https://www.die-linke.de/partei/die-linke-hilft/ oder
- eine Onlineberatung für Schuldner: http://www.bag-sb.de/ratsuchende/

Regional:
- **Beratungsstellen** im Bereich **Weser-Ems** finden Sie unter www.erwerbslosenberatung-weser-ems.de./stellen/index.html

Oder Sie geben in eine **Internetsuchmaschine** den Begriff *„Sozialberatung"* oder *„Hartz-IV-Beratung"* **und** Ihren Wohnort ein bzw. eine andere geeignete Suchwortkombination. Auch so gelangen Sie unter Umständen zu örtlichen Initiativen/ Beratungsstellen.

Alg II / Sozialhilfe- ⇨Beratung

Erkundigen Sie sich im Internet unter http://tacheles-sozialhilfe.de/adressverzeichnis oder www.my-sozialberatung.de nach einer Beratungsmöglichkeit in Ihrer Nähe

Sozialberatung für Wuppertal und nähere Umgebung durch Tacheles e.V.
Dienstag und Mittwoch
Telefonische Fallaufnahme von 10 bis 13 Uhr unter: 0202/31 84 41
Unsere Berater*innen rufen Sie dann zurück. In der Corona-Zeit keine offene Vor-Ort-Beratung!

Bundesweite Sozialberatung durch Tacheles e.V.:
Donnerstag von 14 bis 17 Uhr unter: 0202/31 84 41
Diese Modalitäten können sich jederzeit ändern, aktuelle Infos finden Sie immer hier:
http://tacheles-sozialhilfe.de/beratung-und-hilfe/
Tacheles e.V.
Rudolfstraße 125 (im ehemaligen Loher Bahnhof)
42285 Wuppertal
Telefon 0202/31 84 41

Aufgrund der Corona-Pandemie können keine Aussagen zu anderen Beratungsstellen und Strukturen gemacht werden. Hier empfehlen wir die entsprechenden Webseiten zu besuchen und dort nach Infos zu suchen

Diese können Sie unter anderem unter folgenden Adressen finden:
www.my-sozialberatung.de oder hier: https://www.erwerbslos.de/adressen
oder bei der Caritas:
https://www.caritas.de/onlineberatung
oder bei der Diakonie:
https://hilfe.diakonie.de/hilfe-vor-ort/allgemeine-sozialberatung/bundesweit/

Oder Sie geben in eine Internetsuchmaschine den Begriff „Sozialberatung" oder „Hartz-IV-Beratung" und Ihren Wohnort ein bzw. eine andere geeignete Suchwortkombination. Auch so gelangen Sie unter Umständen zu örtlichen Initiativen/ Beratungsstellen.

Beraten werden können Sie auch durch Internetforen, so beispielsweise:

www.elo-forum.org - Erwerbslosenforum
www.elo-forum.org/suche-biete-begleitung-arge-jobcenter - Nie mehr alleine zum Jobcenter
www.123recht.net/forum_forum.asp?forum_id=42 - Rechtsforum 123 recht
https://www.facebook.com/Hartz4Nachrichten/ - Aktuelle Hartz IV-Nachrichten aus Leipzig

Literatur

Bundesagentur für Arbeit (BA), Fachliche Weisungen zum SGB II, Stand: Feb. 2021, zitiert als **FH** plus Randziffern (z.B. FW 11.23), einzusehen über www.tacheles-sozialhilfe.de ⇨SGB-II-Hinweise
BA Praxishandbuch SGG, Der Rechtsschutz im SGB II-Praxishandbuch für das Verfahren nach dem Sozialgerichtsgesetz, BA-Zentrale, Stand: 09/2020, Download: https://t1p.de/i4k9

Kommentare
Bieritz-Harder | Conradis | Thie u.a. (Hrsg.), Lehr- und Praxiskommentar SGB XII, 12. Aufl., Baden-Baden 2020, zitiert als **LPK SGB XII**
Diering | Timme | Stähler (Hrsg.), Lehr- und Praxis Kommentar zum SGB X, 5. Aufl. Baden-Baden 2019, zitiert als **LPK SGB X**
Düsseldorfer **T**abelle (DT) (Hrsg. Oberlandesgericht Düsseldorf), jährlich herausgegebene Empfehlungen, DT für 2021, zitiert als **DT**
Wolfgang **Eicher/Steffen Luik** (Hrsg.), Kommentar zum SGB II, 4. Aufl., München 2017, zitiert als **Eicher/Luik, SGB II**
Alexander **Gagel**, Kommentar zum SGB III und SGB II, München, Loseblattsammlung, zitiert als **Gagel, Kom. SGB II**
Dieter **Giese**/Utz **Krahmer**, Kommentar zum Sozialgesetzbuch I und X, Köln, Loseblattsammlung
Grube / Wahrendorf / Flint (Hrsg.), Kommentar zum SGB XII - Sozialhilfe, 7. Aufl. München 2020, zitiert als **Grube/Wahrendorf/ Flint, SGB XII**
Karl **Hauck**/Wolfgang **Noftz** (Hrsg.), Kommentar zum **SGB II**, Berlin, Loseblattsammlung, zitiert als **Hauck/Noftz SGB II**
Karl **Hauck**/Wolfgang **Noftz** (Hrsg.), Kommentar zum **SGB X**, Berlin, Loseblattsammlung, zitiert als **Hauck/Noftz SGB X**
Karl **Hauck**/Wolfgang **Noftz** (Hrsg.), Kommentar zum **SGB XII**, Berlin, Loseblattsammlung, zitiert als **Hauck/Noftz SGB XII**
Jörn **Hauß** (Hrsg.), Elternunterhalt: Grundlagen und Strategien, 5. Aufl., 2015, zitiert als **Hauß**
Karl-Heinz **Hohm**, Kommentar zum SGB II, Köln, Loseblattsammlung, zitiert als **Hohm/ Groth GK SGB II**
Kasseler Kommentar Sozialversicherungsrecht, Kommentar Sozialversicherungsrecht, Loseblattsammlung, München 2021, zitiert als **Kasseler Kommentar**
Meyer-Ladewig / Keller / Leitherer / Schmidt, Kommentar zum SGG, 13. Aufl., München 2020 zitiert als **Meyer-Ladewig/Keller/Leitherer/ Schmidt**
Peter **Mrozynski** (Hrsg.), Kommentar zum **SGB I**, 5. Aufl., München 2014, zitiert als **Mrozynski, SGB I**
Johannes **Münder/Geiger** (Hrsg.), Lehr- und Praxiskommentar zum SGB II, 7. Aufl., Baden-Baden 2021, zitiert als **LPK SGB II**
Ralf **Rothkegel** (Hrsg.), Sozialhilferecht, Existenzsicherung, Grundsicherung, Baden-Baden 2005, zitiert als **Rothkegel 2005**
Helmut **Schellhorn**/Walter **Schellhorn**/Karl-Heinz **Hohm**, Kommentar zum SGB XII, Neuwied 2006
Rainer **Schlegel**/Thomas **Voelzke** (Hrsg.), Kommentar zum SGB X, Saarbrücken 2013, zitiert als **juris PK-SGB X**
Bernd Schütze (Hrsg.), Kommentar zum **SGB X,** 9. Aufl., München 2020, zitiert als **Schütze, SGB X**

Leitfadenliteratur

AG TuWas (Hrsg), Leitfaden Sozialhilfe für Menschen mit Behinderungen und bei Pflegebedürftigkeit von A-Z, 10. Aufl., Frankfurt 2018, ⇨Bestellung s. Anhang
Arbeitslosenprojekt TuWas, Leitfaden für Arbeitslose - Der Rechtsratgeber zum SGB III, Stand: 2020, zitiert als **Leitfaden für Arbeitslose 2020**
Arbeitslosenprojekt TuWas, Leitfaden zum Arbeitslosengeld II, Stand: Nov. 2018, zitiert als **Geiger 2019** (ggf. auch frühere Ausgaben, dann besonders angemerkt)
Arbeitslosenprojekt TuWas, Unterkunfts- und Heizkosten nach dem SGB II, Stand: 2020, Frankfurt 2020, zitiert als **Geiger KdU 2020**

Gesetzestexte

www.buzer.de und
www.gesetze-im-internet.de

Zeitschriften

quer - die Online-Zeitschrift für Erwerbslose und alle anderen mit kritischen Beiträgen zur „Sozialpolitik", der Praxis der Arbeitslosenverwaltung, zur Rechtsdurchsetzung, zu Aktionen und zur Rechtsprechung der Sozialgerichte. Die quer erscheint vierteljährlich und kann als PDF-Datei zum Lesen am Computer und Selbstausdrucken heruntergeladen werden. www.also-zentrum.de/zeitschrift-quer.html
info also, Informationen zum Arbeitslosenrecht und Sozialhilferecht, Fachmagazin (Fachaufsätze, Rechtsprechung und Zeitungsschau), Informationen unter www.info-also.nomos.de

Bestellungen

Leitfaden Alg II/Sozialhilfe von A-Z
Stand Januar 2021, 31. Auflage 19,00 €

Sozialhilfe für Menschen mit Behinderung und bei Pflegebedürftigkeit von A-Z
Stand: 1.9.2018, 10. neu bearbeitete Auflage 10,00 €

Wie bestellen?
Nur online auf www.dvs-buch.de, per Mail, Brief oder Fax, nicht über Telefon. Die Lieferung erfolgt innerhalb Deutschlands versandkostenfrei gegen Rechnung.

DVS, Schumannstr. 51, 60325 Frankfurt
Mail: info@dvs-buch.de
Web: www.dvs-buch.de
Fax: 069/74 01 69